제9판

민사소송법

강현중 저

民事訴訟法

박영사

제9판 머리말

저자는 2023.1. 민사소송법 제8판을 저술한 바 있다. 이제 다시 제9판을 출간하게 되었다.

출간의 첫 번째 이유는, 제8판에서 저자는 당시 실무에서 막 시작하던 전자문서와 영상변론에 관해서 민사소송법학적 입장으로 해설과 견해를 밝힌 바 있었다. 그것은 온전히 저자의 사적 견해였었다.

그런데 그 후 급속하게 AI시대가 도래하면서 전자문서와 영상변론이 재판의 일상이 되었다. 재판실무에서 보면, 당사자들이 모두 또는 어느 한 쪽만 법정에 출석하여 영상재판을 하는 모습을 적지 않게 볼 수 있고, 전자문서의 경우에는 소장을 비롯하여 증거신청 등에서 변호사인 소송대리인들이 거의 다 이를 이용하고 있다. 2020.6.9. 전자문서의 서면요건에 관한 전자문서법 제4조의2가 신설되면서 [종이＝전자문서]의 원칙이 입법되었다. 최근 대전결 2025.7.24, 2021마6542는, 공문서인 결정 · 명령이 종이가 아닌 전자문서로 이루어진 경우의 성립시기에 관해서 법관이 사법전자서명을 완료한 때에 성립한다고 판시함으로써, [종이＝전자문서]라는 원칙이 대법원전원합의체의 판례로도 분명하게 되었다. 전자문서를 검증물로 본다면 위와 같은 판례는 불가능할 것이다. 이에 민사소송법을 전공하는 저자로서 이러한 현실에 눈을 감을 수 없어 이번 개정판에서는 전자문서에 관해서는 단순한 이론적 고찰을 넘어 비교법적 고찰 등의 연구를 하였고, 이 과정에서 2024.7.부터 시행되고 있는 독일민사소송법(ZPO)의 전자문서에 관한 규정에 대해서도 검토하였다. 우리나라에서는 아직 전자문서에 관한 규정을 민사소송법에 두고 있지 아니하지만 독일에서는 ZPO에서 이에 관한 상세한 규정을 두고 있기 때문이다. 아울러 우리 민사소송법의 곳곳에서 [종이＝전자문서]원칙을 반영하고자 노력하였다.

두 번째 이유는, 저자는 오래 전부터 우리나라 판례에 대한 평석을 하여 제8판의 부록으로 판례평석 100선(실제로는 100선이 넘는데 편의상 100선이라고 하였다)을 QR코드로 펴낸 바 있다. 이제 제9판에서는 민사소송법 해설에 대폭적으로 이를 반영하였다. 민사집행에 관해서도 민사소송과 밀접하게 관련된 부분에 관해서는 보다 상세한 해설을 하려고 노력하였다. 예를 들면 [보전처분과 민사소송의 관계] 등 같은 것 들이다. 그러다보니 그 내용이 종전 8편과 매우 달라졌다. 이는 그동안의 우리나라 판례들을 많이 반영되었기 때문일 것이다. 특히 우리의 주거생활은, 집합주택인 아파트생활이 일상화되어 있고, 그에 관한 분쟁도 끊임없어 판례도 이에 관하여 상당히 집적되어 있었는데 이와 관련한 법적 문제에 관하여 그 동안 민사소송법 학계에서는 무관심했던 것으로 보인다. 잘 알다시피 건물과 토지의 분리가 민법상 부동산에 대한 대원칙의 하나이지만 집합주택에서는 법률상은 물론 판례에서도 민법과 달리 토지와 건물의 일체성 원칙이 적용되고 있다. 그 밖에도 집합주택에서는 우리나라에서만 볼 수 있는 여러 특수한 법률문제가 있는데 지금까지 이를 적극적으로 취급하지 못한 것이 아쉬워서 이번에는 이들의 해설에 최대한 노력하였다.

세 번째 이유는, 중요하다고 생각되는 쟁점 들을 독자들이 알기 쉽고 이해하기 편하도록 *표로 본문을 처리하고, 박스로 핵심을 중점적으로 요약하여 중복 설명해 보았다. 이번 제9판은 내용에서 종전 저서와 다른 새로운 부분이 많아져서 이에 대한 독자들 이해의 편의를 위해서이다. 쟁점은, 저자 개인을 떠나 재판실무를 배우는 분, 이에 직접 종사하는 분들의 입장에서 알기 쉽도록 여러 모습으로 꾸며보았다. 그러다보니 책은 입체적으로 구성되었지만 분량이 많이 늘어났다. 독자들의 넓은 이해를 바라마지 않는다. 반응에 따라서 앞으로 이를 좀 더 다양하게 확대해볼 생각이다. 부록의 판례평석100선은 제8판과 그 후에 작성한 부분을 모두 포함하였다.

이 책을 작성함에 있어서 ZPO에 관해서는 사법정책연구원의 서용성 박사님 도움이 컸다. 감사함을 표시한다. 그리고 언제나처럼 아내 김숙자 총장의 보이지 않는 조력과 사랑하는 모든 가족들의 도움이 적지 않았다. 다시 한 번 고마움을 전한다.

분량이 많이 늘어난 이 책의 출판에 기꺼이 응해 준 박영사, 제작에 애를 써준 조성호 이사와, 처음 시도한 박스 요약정리 및 편집 등으로 인하여 뜻밖의 고생을 많이 한 김선민 이사에게 특별히 감사를 표한다.

2025. 12.

저자

머 리 말

著者는 1966년 1월에 실시된 제 6 회 司法試驗에 합격하고 2년간의 硏修過程을 마친 이래, 만 20년 동안 裁判實務에 종사하는 외길을 밟아왔다. 3년간의 海軍法務官 시절을 제외하고는 주로 民事事件을 맡아 처리하여 왔는데 그동안 訴訟節次에 관한 많은 難題에 부딪히게 되어 辛苦를 거듭하지 아니할 수 없었다. 그 해결과정에서 이 책 저 책을 참고하여 익혀 두었던 부분들을 論文으로 정리하여 「司法論集」을 비롯한 각종 法律專門誌에 발표하였다. 그런데 주위에서 그 論文들을 묶어서 出刊하라고 권하는 의견이 있었으나 망설여 오던 중에 용기를 내어 著者가 이미 발표한 論文들에 터 잡아 이제 民事訴訟法體系書를 엮어 출간하게 되었다.

이 책을 꾸밈에 있어서 가장 고심한 것은 民事訴訟法은 무조건 어렵다는 일반적 認識을 어떻게 拂拭시키면서 점차 複雜·多樣해지고 있는 訴訟節次에 관한 많은 문제들을 密度 있게 다룰 것인가 하는 것이었다. 그리하여 다음과 같은 몇 가지 점에 留意하면서 이 책을 만들었다.

첫째, 民事訴訟의 歷史를 되도록 자세하게 설명하였다. 원래 訴訟節次는 어떤 天才나 超人이 단 한번의 機會에 만든 것이 아니라 오랜 歷史를 거치면서 많은 사람들이 그때그때의 訴訟事件을 合理的으로 處理하기 위하여 英智를 모아 이루어 놓은 것이기 때문에 民事訴訟의 基本原理를 제대로 알기 위해서는 그 由來나 歷史的 背景에 精通할 필요가 있기 때문이다.

둘째, 日常生活에서 자주 볼 수 있는 實例를 들어 說明하였다. 訴訟事件은 늘 우리 주변에서 일어나고 있지만 그 處理는 全國을 통틀어 50여 개 法院에서 정해진 시간에 四角의 法廷(court)에서 이루어지고 있기 때문에 일반인들에게는 매우 낯설다. 그러므로 모든 사람들에게 조금이라도 民事訴訟을 익숙하게 하기 위해서는 누구나 잘 알 수 있는 쉬운 事例를 들어 설명할 필요가 있다.

訴訟節次에 관한 現行法의 解釋은 되도록 실제 일어나는 事件의 處理를 위주로 하였고 배우는 학생들이 보다 정확하게 이해할 수 있도록 각 訴訟制度의 比較·差異를 자세하게 설명하였으며 學說의 對立을 紹介함에 있어서는 그 論爭의 實益에 관한 言及을 빠뜨리지 않으려 하였다.

셋째, 1980년대 이후 급격하게 문제되고 있는 公害·環境·製造物責任 등 이른바 「現代型訴訟」과 輸出黑字에 따라 중요성이 강조되고 있는 「國際民事訴訟法」을 정면으로 취급하였다. 변화하는 世界에 適應되지 못하는 訴訟節次라면 이를 운영하는 司法府에 대한 國民의 信賴를 얻기 어렵기 때문에 위의 문제들을 이 책의 內容 속에 포함시키기로 하였으며 英·美의 discovery, 旣判力 등 여러 制度들을 紹介하는 데 인색하지 아니하였다. 그리고 그러한 문제를 취급하는 데는 憲法秩序 속에서 民事訴訟法의 位置가 문제되기 때문에 「民事裁判의 憲法的保障」이라고 하는 項目에 한 節을 割愛하였다.

넷째, 法律專門職에 從事하지 않는 일반인들이 民事訴訟制度를 이용하는 데 편의를 도모할 수 있도록 法院에서 실제 處理된 事件을, 그 接受에서 判決까지 解說을 곁들여 附錄으로 만들었다. 가능한 범위에서 실제와 동일하게 꾸몄으니만큼 本人訴訟에 有用하리라고 믿는다.

이 책을 한 편의 論文으로 評價한다면 앞의 「民事裁判의 憲法的 保障」부분이 序論에, 뒤의 「國際民事訴訟法」과 「現代形訴訟」부분이 結論에 해당할 것이다. 著者는 現代民事訴訟法에 관한 解說을 骨幹으로 하여 民事訴訟法의 過去와 未來를 묶어 하나의 體系를 세워서 將次 닥쳐올 訴訟上의 여러 問題에 對備하고자 의도하였으나 욕심만 앞섰을 뿐 보잘것없는 內容이 되고 말았다. 江湖諸賢들의 忌憚없는 叱正을 바라마지 않는다.

이 책을 엮음에 있어서 많은 분들의 도움을 받았다. 서울地方法院 南部支院의 金弘燁 判事님과 서울地方法院 北部支院의 金明洙, 金宰浩 兩 判事님들은 著者가 처음 原稿를 作成할 때부터 그 體制와 內容을 검토해 주셨고 判例와 法條文의 正確性 與否를 하나하나 살펴 주셨으며, 서울地方法院 北部支院의 池大雲, 金昶寶 兩 判事님들은 實務의 바쁜 틈을 쪼개어 귀찮고 어려운 校正을 맡아 주셨다. 장차 21세기의 司法府를 짊어지고 나갈 이들 젊은 判事님들의 헌신적인 協力이 없었더라면 이 尨大한 量의 책이 이처럼 쉽사리 出刊되기 어려웠을 것이다. 그들의 將來에 無窮한 榮光이 함께 하기를 祈願한다. 事項과 條文 및 判例索引은 明知大學校 法學科를 졸업한 張奉烈 군이 성심성의껏 마쳐 주셨다. 고마움을 표시하여 둔다.

不足한 著者의 能力을 아랑곳하지 않고 이 책의 出版을 快히 승낙하여 주신 博英社 安鍾

萬 社長님과 李明載 常務님에게 감사드리며, 編輯과 校正에 누구보다도 수고를 많이 하여 주신 編輯部의 宋逸根 課長님에게 감사한 마음을 감출 길이 없다.

끝으로 이 책을 완성할 수 있도록 健康과 機會를 주신 하나님께 감사와 모든 榮光을 돌리며, 사랑하는 아내 金淑子 敎授와 세 딸 修眞, 裕眞, 效眞과 더불어 이 책을 出刊하는 기쁨을 나누고자 한다.

1988. 7.

著者

차 례

제1편 총 론

제1장 민사소송의 개념

제2장 민사소송법

제3장 민사소송의 기초 법리

제2편 소송의 주체

제1장 법 원

제2장 당 사 자

제3편 제1심의 소송절차

제1장 소송의 시작

제2장 소송의 심리

제3장 증 거

제4장 소송의 마침

제5장 복잡한 소송

제4편 상소 · 재심 · 간이소송절차

제1장 상소심절차

제2장 재심절차

제3장 간이소송절차

부록 민사소송법 핵심판례 요지

[박스 요약정리 차례]

약 어 표

[참고문헌 약어표]

강현중	민사소송법(제9판), 박영사, 2026.
	신민사소송법강의, 박영사, 2015.
김상수	민사소송법개설(제5판), 법우사, 2009.
김용욱	전정판 민사소송법, 학연사, 1988.
김용진	실체법을 통해본 민사소송법(제5판), 신영사, 2008.
김홍규/강태원	민사소송법(제10판), 삼영사, 2010.
김홍엽	민사소송법(제12판), 박영사, 2024.
	민사집행법, 박영사(제9판), 2025(=김, 민집)
박상일	신민사소송법(상), 법문사, 1963.
박재완	민사소송법강의(제5판), 박영사, 2024.
박찬주	새로 쓴 민사소송법, 조선대학교출판부, 2007.
방순원	전정개판 민사소송법(상), 한국사법행정학회, 1989.
송상현/박익환	민사소송법(신정7판), 박영사, 2014.
이시윤	민사소송법(제17판), 박영사, 2024.
이시윤/조관행	민사소송법(제18판), 박영사, 2025.
	민사집행법(제9개정판), 박영사, 2025(=이, 민집)
이영섭	신민사소송법(상)(제7개정판), 박영사, 1972.
전병서	강의 민사소송법(제5판), 박영사, 2025.
전원열	민사소송법강의(제4판), 박영사, 2024.
정동윤/유병현/김경욱	민사소송법(제11판), 법문사, 2022.
정영환	신민사소송법(제3판), 법문사, 2023
한종원	민사소송법(상), 경북대학교출판부, 1993.
한충수	민사소송법, 박영사(제4판), 2025.
호문혁	민사소송법(제14판), 법문사, 2020.
홍기문	민사소송법, 대명출판사, 2011.

[법령 약어표]

민사소송법	법명 언급하지 않고 조문만 기재함
가소	가사소송법
건설기	건설산업기본법
건축	건축법
개인정보	개인정보보호법
공익사업	공익사업을 위한 토지 등의 취득 및 보상에 관한 법률
공직선거	공직선거법
국가계약	국가를 당사자로 하는 계약에 관한 법률
국가소송	국가를 당사자로 하는 소송에 관한 법률
국민사공	국제민사사법공조법
국사	국제사법
국세기본	국세기본법
국토계획	국토의 계획 및 이용에 관한 법률
근로	근로기준법
금융실명	금융실명거래 및 비밀보장에 관한 법률
노동조합	노동조합 및 노동관계조정법
농협	농업협동조합법
민	민법
민소전자문서	민사소송등에서의 전자문서 이용 등에 관한 법률(약칭, 민소전자문서법)
민소전자문서규	민사소송등에서의 전자문서 이용 등에 관한 규칙(약칭, 민소전자문서규칙)
민소규	민사소송규칙
민비	민사소송비용법
민인	민사소송인지법
민인규	민사소송인지에 관한 규칙
민조	민사조정법
민조규	민사조정규칙
민집	민사집행법
발명진흥	발명진흥법
법조	법원조직법
변리	변리사법

변	변호사법
부등	부동산등기법
부등규	부동산등기규칙
비송	비송사건절차법
부정경쟁	부정경쟁방지 및 영어비밀보호에 관한 법률(약칭, 부정경쟁방지법)
사립	사립학교법
사물관할	민사소송 및 가사소송의 사물관할에 관한 규칙
사보규	사법보좌관규칙
상	상법
상고심	상고심절차에 관한 특례법(약칭, 상고심법)
상표	상표법
소심	소액사건심판법
소심규	소액사건심판규칙
소비기	소비자기본법
소촉	소송촉진 등에 관한 특례법
수산	수산업법
수표	수표법
신탁	신탁법
약관규제	약관의 규제에 관한 법률
어음	어음법
언론중재	언론중재 및 피해구제등에 관한 법률
원격영상	원격영상에 관한 특례법
의료분쟁	의료사고 피해구제 및 의료분쟁 조정 등에 관한 법률
금융투자	자본시장과 금융투자업에 관한 법률
저작권	저작권법
전자문서	전자문서 및 전자거래기본법(약칭, 전자문서법)
전자문서규	전자문서 및 전자거래기본법시행규칙(약칭, 전자문서규칙)
중재	중재법
증집소	증권관련 집단소송법
지방교육	지방교육자치에 관한 법률
집합건물	집합건물의 소유 및 관리에 관한 법률
채무자회생	채무자 회생 및 파산에 관한 법률(약칭, 채무자회생법)

특허	특허법
자산공사	금융기관의 부실자산등의 효율적 처리 및 한국자산관리공사의 설립에 관한 법률(약칭, 한국자산관리공사법)
해난심판	해양사고의 조사 및 심판에 관한 법률(약칭, 해난심판법)
행소	행정소송법
행심	행정심판법
환경분쟁	환경분쟁조정법
헌재	헌법재판소법
형소	형사소송법
형	형법

제 1 편

총　　론

제1장

민사소송의 개념

제1절 민사소송의 뜻

[1] 제1. 소송

1. 들어가기에 앞서

우리나라 민사소송에 관해서는 다음의 두 가지를 먼저 알아둘 필요가 있다.

첫째, 우리 민사소송은 우리나라 고유한 법에 기초한 국가제도가 아니라는 점이다. 민사소송 운영의 기본법인 민사소송법은 1960년 4월 4일 법률 제547호로 제정되어 그해 7월 1일부터 시행되어 왔지만 1910년 한일합병이 될 때까지 존재하고 있었던 우리나라 고유법이나 조선 왕조시대까지 우리나라에 가장 큰 영향을 끼쳤던 중국의 법률체계에 터 잡은 것이 아니다. 우리나라는 1910년 일본에 합병되어 1945년 8월 15일 해방될 때까지 일본 통치를 받으면서 민사소송도 「조선민사령(1912.3.18. 조선총독부제령 제7호)」에 의하여 일본 민사소송법이 적용, 실시되었고, 해방 후 1960년에 민사소송법이 제정될 때까지도 미군정법령 또는 헌법에 의하여 일본 민사소송법은 그 효력이 유지되었다. 그 후 우리 민사소송법이 제정된 뒤에도 일본 민사소송법 영향은 적지 않았다. 그런데 일본 민사소송법 역시 그들 고유법이나 동양법사상을 기반으로 한 것이 아니라 1868년 메이지 유신 이후 유럽대륙 여러 나라 법률들을 받아들이면서 그 하나인 1877년 독일통일민사소송법전(ZPO)을 모범으로 하여 만든 것이다. 한편 독일

민사소송법 역시 독일 고유법에 기초한 것이 아니라 기원전부터 상당기간 유럽대륙을 다스리던 고대 로마의 법체계를 계수(繼受)하여 여기에다 자기들 고유의 게르만법을 덧붙여 만들었던 것이다. 이렇게 보면 우리 민사소송의 뿌리는 기원전 로마 시대까지 올라가게 된다.

둘째, 우리 민사소송은 기본적으로 법원이 스스로 나서서 분쟁을 해결해주는 것이 아니라 당사자들이 서로 다른 주장을 하면서 분쟁해결을 청구하면 그 때 비로소 법원은 당사자 사이의 분쟁을 참과 거짓의 대립으로 보고 무엇이 참인지를 선언하는 형식으로 해결한다는 점이다. 여기서 참과 거짓의 분별은 그리스 철학자 아리스토텔레스의 3단 논법에 의한다는 점에서 민사소송에 의한 분쟁해결은 논리학의 적용범주에 있다. 즉 법원은 아리스토텔레스의 3단 논법이라는 논리적 방법으로 원고 주장의 당부에 관한 재판을 할 때 두 개의 명제를 전제로 하여 결론을 이끌어내는 3단 논법(syllogism)이라는 논법에 의하는 것이다. 두 개의 전제들로부터 결론이 추리되는 형식이므로 간접추리이다. 아리스토텔레스와 그의 후예들은 3단 논법의 정당성이 논법 형식에 의하여 결정된다는 사실을 알고 3단 논법 형식을 고정시켜서 참과 거짓, 정당한 것과 부당한 것을 가려내고자 했다. 즉 대개념(P－술어), 소개념(S－주어), 매개념(M)의 세 가지 개념을 등장시키고 대개념이 있는 것을 대전제, 소개념이 있는 것을 소전제라고 한 다음 논법 형식을 고정시키기 위하여 먼저 대전제, 이어서 소전제를 등장시켜 결론을 낸다. 이렇게 본다면 우리 민사소송은 로마의 합리적 정신과 그리스 논리학의 3단 논법에 대한 이해를 전제로 한다고 하여야 할 것이다.

2. 소송의 뜻

(1) 소송이란 사회생활에서 빚어지는 분쟁을 법적으로 해결하는 절차이다

㈀ 사람은 사회적 동물이라고 한다. 동물의 세계는 평화스럽게 공존하는 경우도 있지만 먹이 등을 이유로 싸우는 경우가 많다. 사람들도 사회생활을 하다보면 이해가 충돌되어 여러 가지 분쟁이 발생하므로 이를 어떠한 모습으로든지 해결하여야 한다. 아마도 가장 쉬운 분쟁해결방법은 동물들의 경우와 같이 개인의 힘에 의해서 해결하는 자력구제일 것이다. 그러나 자력구제는 사회구성원들이 납득할 수 있는 합리적인 방법이 아니라 오로지 개인의 힘으로 분쟁을 해결하는 것이기 때문에 더 큰 혼란이 일어날 수 있다. 사람은 짐승과 달리 논리적으로 말하고 글을 쓰는 능력이 있기 때문에 이성적이고 합리적으로 분쟁을 해결하는 절차를 요구한다. 그 요구에 의한 분쟁해결절차가 소송이다. 고대 로마의 민사소송제도를 살펴보면 자력구제와 소송과의 관계를 잘 알 수 있다.

㈁ 고대 로마 민사소송은 자력구제와 함께 검토하여야 이해하기 쉽다. 로마인도 그 역사 초창기에는 다른 여러 민족과 마찬가지로 사적생활에서 그가 갖고 있거나 갖고 있다고 믿는

권리를 스스로 방어해야 했고, 또 침해되었거나 침해당하였다고 믿는 권리를 스스로 구제하여야 하는 자력구제 시대가 있었다. 그러나 곧 전설상 왕국시대와 공화정시대를 통하여, 그 갖는 권리에 관하여 당사자가 폭력에 호소하여 상대와 다투는 대신에 사회관습에 정통한 원로나 종교가와 같은 제3자 중재에 의하여 분쟁 해결을 구하는 시대를 거쳤다. 그리하여 로마에서는 건국 후 잠깐 사이에, 당사자는 심판인(iudex)을 선정하고, 이 심판인의 심판절차(iudicium)에서 사실을 심리하여 어느 당사자의 주장이 정당한가에 관하여 내린 판단(sentencia)에 따라 쟁송을 해결하였고, 국가는 관할 정무관, 즉 집정관이나 법무관이 심판인을 선정하는 절차를 감독하기 시작하면서 그로부터 민사소송제도가 출발하였다. 그러나 초기 로마 민사소송은 국가권력으로 개인의 권리를 바로 실현하는 것이 아니라 심판인의 판단을 받아서 그 판단사항에 한정하여 개인이 스스로 권리구제를 할 수 있어 결국 심판인 판단은 개인이 합법적으로 자력구제를 할 수 있는 면허장에 불과하다는 점에서 자력구제의 틀을 크게 벗어나지 못하였다고 할 수 있다. 로마는 점차 국가의 공권력이 강화되면서 이에 따라 민사집행 방법도 공권력에 의존하는 형태로 바뀌기 시작하였고 근대에 들어서 유럽도 실체법이 발달함에 따라 강제집행을 전제로 하지 않는 이행소송이나 형성소송도 등장하였지만 로마의 민사소송 자체는 이와 같이 강제집행의 실시와 분리하여 출발하였고 이것, 즉 소송과 집행의 분리, 민사소송법과 민사집행법의 분리원칙은 지금도 그 근본적인 모습은 변하지 않고 있다.

이 변천의 시대에 행하여진 로마 민사소송을 총체적으로 평가하여 보면 오늘날의 중재제도와 비슷하다고 할 수 있다.[1)]

(2) 소송이란 법원이 사회에서 일어나는 분쟁을 공정하게 처리하기 위하여 이해관계인을 당사자로 관여시켜 심판하는 절차이다

소송의 3요소는 법원, 당사자와 분쟁이 될 것이다. 아무리 사람이 논리적으로 말하고 글을 쓰는 능력이 있다고 하더라도 힘에 의한 강제가 따르지 않고서는 종국적인 분쟁해결을 기대할 수 없다. 그런데 국가를 이루는 사회에서 가장 힘이 강한 존재는 국가 자체이다. 막스 베버(Max Weber)는 국가를 '합법적 폭력의 독점체제(The monopoly of the legitimate violence)'라고 정의하였다. 그러므로 사적 생활에서 분쟁주체는 개인들이지만 국가기관인 법원이 분쟁해결의 주체가 되어서 사회의 법규범에 따라 참과 거짓을 구별하는 방법으로 당사자들 사이에서 일어나는 분쟁을 해결하는 절차가 민사소송이라고 할 수 있다.

---

1) 이 부분은 Rudolf von Jhering, Der Geist des Rőmischen Rechts(原田慶吉 監修와 飜譯, 有斐閣, 1950.5) 제1부 제1권, Fritz Schulz, Prinzipien des Rőmischen Rechts(眞田芳憲·森 光 번역, 일본중앙대학 출판부, 2004.1.10.) 전부와 船田 享二, ローマ法 第5巻(岩波書店, 1972) 第6編 이하를 주로 참조하였다.

(3) 소송은 당사자의 대립을 전제로 한다

분쟁이란 당사자가 서로 대립되어 다툰다는 것을 의미한다. 따라서 소송은 당사자의 대립과 다툼을 전제로 한다. 이를 쟁송성(爭訟性)이라고 하며 당사자 사이에 쟁송성이 있어야 소송이 성립한다는 원칙을 대립당사자원칙이라고 한다. 그러므로 소송 중이라도 이 대립관계가 해소되면 소송도 종료된다. 예를 들어 아들의 아버지에 대한 재산관계소송에서 그 아버지가 사망하여 아들이 상속을 받으면 재산에 관한 대립관계가 소멸되므로 소송을 계속할 필요가 없게 되는 것과 같다.

[2] 제2. 소송과 비송(非訟)

1. 개념 및 성질

(1) 개념

(가) 자유 민주 사회에서는 개인 사이에서 일어나는 생활관계의 처리를 각자의 뜻에 맡기는 것이 원칙이지만 국가가 후견적 입장에서 관여할 필요가 있는 사항이 있다. 예를 들어 국가는 개인 간의 분쟁을 예방하거나 분쟁 중에 입을 생활상 불편을 줄여주기 위해 가족관계의 등록, 등기, 공탁 등 제도를 두어서 개인들 편의에 제공하고, 자기 재산을 관리할 수 없거나, 스스로 법적 생활을 할 수 없는 사람들을 위해서 후견인, 재산관리인, 유언집행자등을 선임하거나 감독하고 또는 법적 생활관계의 새로운 형성에 관해서 자주적인 협의가 이루어지지 않은 경우에 관여하는 것(예, 친권자 지정, 상속재산분할 등) 등이다. 이러한 사항 가운데서 연혁적(沿革的) 이유 또는 국가의 정책적 배려에 기초하여 법원의 관할사항이 된 것이 비송사건이다. 즉 쟁송성이 희박하지만 개인들의 법적 생활관계와 밀접한 관련을 맺고 있기 때문에 법원이 후견자적 입장에서 처리하는 사건을 비송사건이라고 한다. 그 일반법이 비송사건절차법(非訟事件節次法)이다.

(나) 비송사건이란 형식적으로는 그 일반법인 비송사건절차법에서 정한 사건[2]과 그 총칙규정을 적용하거나[3] 또는 준용[4]하는 사건 및 파산·개인회생·회생사건 및 공시최고사건, 성질상 비송사건으로 인정되는 사건[5] 등이라고 할 수 있다. 비송사건의 국제재판관할에 관하여는

2) 여기에는 제2편의 민사비송사건, 제3편의 상사비송사건·비송, 제4편의 과태료사건이 있다.
3) 가소 제2조 제1항 2호 라류·마류의 가사비송사건이 이에 속한다.
4) 민조 제39조·가소 제40조·등기관의 처분에 대한 이의(부등 제105조)가 이에 속한다.
5) 대판 2013.9.12. 2013다29035, 29042은, 확정된 개인회생채권을 개인회생채권자표에 기재한 경우 그 기재는 개인회생채권자 전원에 대하여 확정판결과 동일한 효력을 가지는데(채무자회생 제603조 제3항), 여기에서 '확정판

성질에 반하지 않는 범위에서 국제사법 제2조부터 제14조까지의 규정을 준용함으로써(국사 제15조 제1항) 일반민사사건의 국제재판 관할과 큰 차이를 두지 않았다.

(2) 성질

(가) 비송사건도 관념적인 재판에 의하여 이루어진다는 점에서 소송사건과 유사하므로 비송사건의 본질이 무엇이며 소송사건과 어떠한 차이가 있느냐는 등 그 실질 문제에 있어서 학설이 대립되고 있다. 이에 관하여 양쪽의 이론적 구별을 단념하고 실정법이 비송사건으로 규정한 것 또는 소송사건이 아닌 것을 비송사건으로 한다는 실정법설이 있으나,[6] 우리나라의 통설은 소송과 비송의 구별을 국가작용의 성질에서 구하여, 소송사건은 민사사법에 속하고 비송사건은 민사행정에 속한다고 한다(대상설).[7]

(나) (a) 판례에 따르면, 재판상 이혼에 따른 재산분할청구 사건에 관하여서는 협의상 이혼의 경우에도 재산분할청구 규정(민법 제839조의2 제1항)이 준용된다. 또한 금전 지급 등 재산상 의무의 이행을 구하는 가사비송사건에서는 원칙적으로 청구인의 청구취지를 초과하여 의무의 이행을 명할 수 없다(가사소송법 제93조 제2항 본문). 가사비송절차에는 특별한 규정이 없는 한 비송사건절차법 제1편의 규정이 준용되며(가사소송법 제34조 본문), 비송사건에서는 민사소송과 달리 당사자의 주장과 변론에만 의존하지 않고 법원이 직권탐지주의에 의하여 재판의 기초가 되는 자료를 수집한다(비송사건절차법 제11조). 따라서 법원은 당사자의 주장에 구속되지 않고, 재산분할의 대상과 가액을 직권으로 조사·판단할 수 있다.[8] 이러한 판례의 입장은, 비송사건

결과 동일한 효력'은 기판력이 아닌 확인적 효력을 가지고 개인회생절차 내부에 있어 불가쟁의 효력이 있다는 의미에 지나지 않는다고 하면서, 애당초 존재하지 않는 채권이 확정되어 개인회생채권자표에 기재되어 있더라도 이로 인하여 채권이 있는 것으로 확정되는 것이 아니므로 채무자로서는 별개의 소송절차에서 그 채권의 존재를 다툴 수 있다고 판시하였다. 그 이유에 관하여 대판 2017.6.19. 2017다204131은 다음과 같이 상세하게 설명한다. 즉 개인회생채권조사확정재판은 그 신청기간이 비교적 단기간으로 엄격히 제한되어 있을 뿐만 아니라 ① 변론절차가 아니라 이해관계인의 심문을 거쳐 ② 채권의 존부 등에 관한 소명의 유무를 심리하여 '결정'의 형식으로 재판이 이루어진다. 따라서 변론을 거쳐 종국판결을 선고하는 경우와 비교해 볼 때 충분한 절차적 보장 아래 소송당사자가 자기책임으로 소송을 수행하였다고 보기 어렵다. 나아가 확정된 종국판결뿐만 아니라 결정·명령재판에도 실체관계를 종국적으로 판단하는 내용의 것인 경우에는 기판력이 있지만, 민사소송법은 소송비용액확정결정 등 실체관계의 종국적 판단을 내용으로 하는 결정에 대해서는 준재심을 허용함으로써 그 소송절차 등에 중대한 흠이 있는 것이 판명된 경우에 예외적으로 기판력으로부터 해방시켜 그 재판을 시정할 기회를 부여하고 있는데 대하여 채무자회생법은 개인회생채권조사확정재판에 따른 결정이 확정된 경우 기판력이 없기 때문에 이에 대해서 준재심이 문제되지 않는다. 채무자회생법이 개인회생채권조사확정재판에 대하여 '실체관계에 대한 종국적 판단'으로서 기판력을 부여하려 하였다면 이에 대해서 기판력을 배제하는 비상 불복신청방법을 미리 마련해 두었을 것인데 이를 마련하지 않고 별개의 소송절차에서 그 채권을 다툴 수 있다는 이와 같은 판시는, 개인회생채권조사확정재판은 법에서는 확정판결이라고 규정하여 소송사건으로 취급하더라도 그 성질은 비송적 성질의 재판에 불과하다는 의미일 것이다.

6) 정동윤외2 15면.

7) 이시윤 15면; 정영환 27면 등.

8) 대판 2024.5.30. 2024므10370.

에서 법원의 역할이 단순한 판단작용이라고 하기보다는 재량에 따른 결단이 요구되는 행정작용에 가까운 성격을 가진다는 점을 보여준다.

(b) 그러므로 비송사건은 그 처리 주체가 법원이지만 하는 일은 쟁송성이 희박한 가족관계 등록, 등기 따위이기 때문에 사법(司法)이라고 하기보다는 행정에 가까워서 쟁송성이 있는 소송사건과 구별된다. 사법과 행정을 어떻게 구별하는가에 관해서는 학설의 대립이 있지만 일반적으로 사법은 법관이 분쟁을 인간의 논리작용에 의하여 참과 거짓을 판단하는 작용으로 하는데 대하여 행정은 행정청이 국가목적을 구체적으로 실현하는 재량적 결단작용으로 하는 것으로 본다. 비송사건은 그 사건 처리에서 법원의 판단작용보다는 재량에 의한 결단작용이 요구되므로 행정에 가깝다고 보는 것이다.

2. 소송절차와 비송절차의 차이

소송사건은 원칙적으로 민사소송법이 정한 절차에 의하여야 하고, 비송사건은 비송사건절차법에 의하여야 하기 때문에 이 두 법을 비교하여 보면 그 차이를 알 수 있다.

(1) 당사자

쟁송성이 있는 소송은 2당사자대립의 구조인데 그렇지 않은 비송은 2당사자 대립을 전제로 하지 않는다. 그러므로 비송사건의 항고에 있어 이해관계인이 아닌 사람이 항고하더라도 법원은 독자적 입장에서 원(原) 재판을 취소·변경할 수 있다.[9]

(2) 절차의 진행

소송은 처분권주의(제203조), 변론주의, 공개주의, 구술주의 등을 원칙으로 하는데 비송은 법원이 직권으로 사실의 탐지와 필요하다고 인정되는 증거를 조사하여야 하며(비송 제11조), 심문의 비공개(비송 제13조) 및 서면주의를 원칙으로 한다. 여기서의 서면에는 전자문서를 포함하는데, 그 이유는 비송사건절차법에도 민소전자문서법이 적용되기 때문이다(민소전자문서 제3조 7호).

(3) 절차의 방식

소송은 당사자가 소를 제기하여야 시작되고(제248조), 필수적 변론(제134조), 대리인의 자격제한(제87조), 기일마다 조서작성(제152조, 제160조) 및 엄격한 증명이 요구되는데 비송은 당

9) 광주고판 1967.7.25. 67라3.

사자의 신청이 없는 절차의 시작이 허용되고, 임의적 심문(비송 제13조), 대리인자격의 철폐(비송 제6조), 재량적인 조서 작성(비송 제14조) 및 자유로운 증명이 허용된다.

(4) 재판

소송은 판결(제198조)을 원칙으로 하며 기판력 등 구속력이 있는데 비송은 결정(비송 제17조 제1항)을 원칙으로 하며 사정변경에 의한 취소 · 변경이 가능하여(비송 제19조) 기판력 등 구속력이 없다.

(5) 상소

소송은 제1심 · 항소(제390조) · 상고(제422조)의 3심제인데 비송은 결정(비송 제17조)과 항고(비송 제20조)로서 2심제이지만 항고 절차에 관하여는 민사소송법의 항고에 관한 규정을 준용(비송 제23조)하므로 재항고(제442조)가 가능하다.

3. 소송절차와 비송절차의 특징

위에서 본 양쪽의 차이를 보면 소송절차와 비송절차는 다음과 같은 특징이 있음을 알 수 있다.

(1) 소송절차

소송사건은 당사자 행위인 소의 제기에 의하여 소송절차가 시작되어 판결이라고 하는 신중한 재판형식으로 결말을 이루고, 절차의 어느 단계에서든 반드시 공개되어야 하며 그와 필연적으로 구술주의가 결부되어 실시되고, 소송목적의 제시는 당사자 책임이며, 판결로 사실을 인정할 때에는 다툼이 되는 사항의 주요부분에 관하여 증거방법을 한정하고 증거조사를 법정한다는 의미의 엄격한 증명이 요청된다. 또 소송 종료에 이르는 과정에 원칙적으로 처분권주의 · 변론주의가 관철되고 직권탐지주의는 예외적으로 채택되고 있을 뿐이다.

(2) 비송절차

비송사건은 판결 대신에 결정이라고 하는 간략한 형식의 재판에 의하고, 공개주의나 구술주의와의 결합이 빈약하여 서면주의를 원칙으로 하며, 절차의 시작이나 진행과정에서 당사자주의 적 요소가 희박하여 직권주의가 앞에 나타나고, 증거에서도 자유로운 증명에 의존하고 원칙적으로 직권탐지주의에 의하며, 소송사건과 달리 대리인 자격에 제한이 없다.

(3) 특징

㈎ 양쪽의 차이를 비교하여 보면 소송절차는 매우 형식주의적이고 신중함에 대하여 비송절차는 그 운용이 탄력적이고 신속·간략함을 위주로 한다는 점을 알 수 있다. 따라서 비송사건으로 간략하게 처리할 수 있는 것을 민사소송으로 처리할 수 없을 것이다.

㈏ 그러므로 판례[10]는, 법인에게 이사가 없거나 결원이 있을 경우에 임시이사 선임절차는 비송사건절차법에 의하여야 하며 임시이사 선임에 대한 불복이 있을 때에는 비송사건절차법 제20조에 의하여야 함에도 불구하고 보통의 민사소송에 의해서 임시이사 선임결정의 취소를 구하는 청구는, 비송사건절차법에 의한 간이하고 경제적인 특별구제절차가 있음에도 민사소송을 제기하는 것에 해당하여, 소의 이익이 없다는 이유로 각하하여야 한다고 하였으나, 판례는 뒤에 가서, 수소법원이 당사자에게 석명을 구한 결과, 당사자가 소송절차뿐 아니라 비송절차에 의한 처리도 원한다는 의사가 확인된다면, 법원은 그 소제기를 비송사건 신청으로 보아 재배당 후 비송사건으로 심리·판단하여야 하고, 만약 해당 비송사건에 대한 토지관할이 없다면 관할 법원으로 이송하는 것이 타당하다고 하여[11] 법원의 소송지휘권에 의한 폭넓은 비송사건 심리를 허용하였다.

㈐ 비송사건은 가정법원이나 회생법원과 같은 독자적인 법원에서만 처리하는 것이 아니라 법원조직법 제3편 제3장의 지방법원에서도 처리하고 있고, 민사소송법상 관할법원과 비송사건절차법상 관할 법원이 대부분 겹치므로(비송 제2조 참조) 위의 예에서 들고 있는 임시이사 선임신청과 같은 비송사건 등은 지방법원에서 비송사건절차법상 관할법원의 지정 규정(비송 제4조)을 유추하여 관할의 지정(제28조) 또는 이송(제34조)에 의하여 처리할 수도 있을 것이다.

4. 소송의 비송화

(1) 의미

가사소송, 가압류·가처분과 같은 보전처분, 형식적 형성소송, 개인회생절차 등은 비송사건절차법이 적용되지 아니하므로 소송에 속하여 그 성질이 사법이다. 하지만 그 절차는 탄력적이면서도 신속하고, 간편하게 운영하여야 하기 때문에 법원에 그 절차진행에 관해서 많은 재량권이 인정된다. 이와 같이 비송사건절차법이 적용되지 아니하더라도 소송운영에 있어서 법원의 재량범위가 커지고 있는 현상을 소송의 비송화(非訟化)현상이라고 한다. 이것은 소송을 탄력적이고 신속·간략하게 운영하는 모습으로 표현한 것이라고 할 수 있다.

---

10) 대판 1963.12.12. 63다449.
11) 대판 2023.9.14. 2020다238622.

(2) 소송의 비송화 현상

(가) 역사적으로 볼 때 세계 제1차 대전 이후 미국에서 촉발된 세계적 대공황으로 말미암아 전 세계가 경제적 고통으로 시달리게 되자 그에 대한 타개책으로 행정 권력의 집중화가 대세를 이루었고 정치적으로는 지금도 그런 시대에 있다고 할 수 있다. 그런데 세계 제2차 대전 이후 경제적 안정을 이루게 되자 현대사회는 급속한 기술 혁신으로 한층 공업화됨에 따라 분쟁이 다양화·복잡화·대량화되면서 그 해결방책으로 분쟁해결권자인 법관의 결단을 요구하게 되었다. 이에 따라 소송의 운영에 있어서도 법관에게 정확한 판단작용 못지않게 재량권행사에 의하여 탄력적이고 신속·간편한 재판운영을 요구하는 경우가 많아지면서 소송의 비송화 현상이 점차 증가되고 있는 것이 현실이다.

(나) 우리나라가 복지국가로 나아가면서 개인의 생활관계에 대한 국가의 후견적 관여가 높아짐에 따라 비송사건이 증가되는 것은 당연하다. 동시에 실체법상 권리의무의 적용도 탄력적이 되었다. 즉 요건사실을 획일적 입법에 맡겨 그것을 한 칼로 잘라 구체적 사건에 적용하는 방식이 아니라 분쟁당사자의 여러 가지 사정을 비교하고 살펴서 구체적 사정에 따라 양쪽 당사자에게 공평한 권리·의무의 분배를 꾀하는 것이다. 특히 이른바 「정당한 이유」(민 제126조)라든가 「혼인을 계속하기 어려운 중대한 사유」(민 제840조 6호)와 같은 일반조항의 그 해석에 관하여 실제로 재판을 담당하고 있는 법관의 재량이 커지게 되자 위와 같은 경향이 점차 확대되고 있는 것은 당연하다. 그리하여 당사자들도 일도양단(一刀兩斷)적 분쟁해결보다는 소송목적의 틀에 구애받지 않는 절충적 해결을 소망하게 되면서 법원은 실질적으로 공평한 해결을 얻기 위하여 석명권, 특히 법률상 사항진술의 석명(제136조 제4항)을 강화하고, 직권에 의한 증거조사(제292조)가 널리 실시되며, 사실의 해명에 바람직하다면 비공개 재판을 확대하기도 한다. 이에 따라 지금까지 소송사건으로 취급되던 것을 비송사건 처럼 취급하는 「소송의 비송화」현상이 나타나게 된 것이다. 민사조정법의 조정에 갈음하는 결정(민조 제30조), 상법 제379조의 법원 재량에 의한 청구기각, 행정소송법 제28조에 의한 사정판결, 가사소송법 제19조제3항의 형평에 따른 항소기각 제도 등은 이를 반영한 것이다.

(다) 그러나 「소송의 비송화」 현상을 이유로 절차보장 등 소송사건에 적용되는 기본이념이 비송사건과 같이 그 가치를 상실하는 것을 의미하는 것이 아니다. 비송사건에서도 계쟁이익과 관련되어 이해관계인의 이익이 대립되는 경우가 있어서, 법원의 판단을 전제로 이해관계인에 대하여 주장·입증의 기회를 줄 필요가 존재하며, 그 경우에는 재판을 받는 자에 대한 절차보장이 중요하다. 다만 비송사건은, 그 절차보장의 필요가, 소송사건에서 변론주의와 같이 엄격한 형식을 취하지 않고, 실질적인 주장·입증 기회를 보장하는 것으로 충분하다는 형식으로 나타난다는 점에 특징이 있다.

[3] 제3. 소송행위와 사법행위(私法行爲)

1. 구별의 필요성

(가) 법원은 분쟁에 관하여 참과 거짓을 판단할 때 원칙적으로 민법이나 상법 등 실체법을 기준으로 한다. 실체법은 국회에서 제정된 법률이 기본이 되지만 법률을 토대로 한 명령·규칙은 물론 경우에 따라서는 조리(條理)도 포함한다. 법원이 실체법에 근거하여 분쟁에 관해 판단하는 절차를 정한 법이 절차법, 즉 소송법이다. 고대 로마에서는 법은 절차를 규정하는 것에서 비롯되었고, 실체법의 제정에는 이르지 아니하였지만 그 후 실체법도 제정·발전하면서 지금은 양자가 엄격하게 구별되고 있어 실체법상 효과를 생기게 하는 행위를 사법행위, 절차법상 효과를 생기게 하는 행위를 소송행위라고 한다. 실체법과 절차법이 구별되는 이상 사법행위와 소송행위도 구별되고 그 성질도 다르다.

(나) 사적 자치의 원칙은 실체법의 대원칙이다. 개인 각자는 법률의 제한이 없다면 자기 의사에 따라 사회생활을 안심하고 영위할 수 있다는 이 원칙은 소유권절대의 원칙과 더불어 18세기 프랑스 대혁명 이래 근대국가들이 이룩한 위대한 성과 중의 하나일 것이다. 따라서 사람들이 공동생활을 영위하더라도 다른 사람의 생활영역을 함부로 간섭해서는 안 된다. 사람들의 사법행위(私法行爲)는 이 원칙에 따라 각각 독립적이므로 어떤 사람의 사법행위가 무효이거나 취소되더라도 원칙적으로 다른 사람의 사법행위에 영향을 주지 않는다.

(다) 그러나 소송행위는 서로 고립될 수 없다. 예를 들어 당사자가 어떤 분쟁을 해결하기 위해서 법원에 소장을 제출하면 법원은 당사자를 법원에 출석시키거나 그러지 않더라도 영상(映像)을 통하여 변론 및 증거조사를 한 다음 변론을 종결하고 판결을 선고함으로써 그 분쟁을 해결하려 하는데 이와 같은 당사자의 소제기, 법원의 증거조사 및 판결 선고 등과 같은 소송행위들은 선행행위(예, 소제기)가 없다면 후행행위(예, 법원의 변론 및 증거조사)도 없게 되어 후행행위는 선행행위가 이루어진 상태에서 펼쳐지는 것이다. 이와 같이 소송행위들은 사법행위와 같이 독립적이 아니라 연쇄적(chain of process)이어서 선행행위가 무효이거나 취소되면 후행행위도 무효이거나 취소된다. 그러다 보면 여러 개의 후행행위가 모두 정당하게 이루어졌더라도 전제되는 어느 선행행위에 흠(예, 제한능력자의 소제기)이 생겨 무효가 되면 후행행위(예, 제한능력자의 법원에서의 변론 및 증거조사 행위)들도 모두 효력이 없게 되므로 다시 정당한 소송행위를 반복하지 않으면 안 되는데 이것은 시간이 걸리는 행위로서 소송경제에 반한다는 문제가 있다. 법원은 소송절차가 공정하고 신속할 뿐 아니라 경제적으로 진행되도록 노력하여야 하므로(제1조 제1항 참조), 그 해결방법이 소송법의 한 과제가 된다.

2. 임의소송금지의 원칙

(가) 소송행위들은 서로 연결될 뿐 아니라 많은 사람들이 동시에 다발적으로 하는 경우가 많다. 이 경우에 사람들이 소송행위를 사법행위와 같이 각자의 취향에 따라 자유로운 형태로 할 수 있게 한다면 법원은 그 각 소송행위들을 처리하는 데 많은 시간과 노력이 소비되고 또 당사자들도 소송의 장래를 예측하기가 어려울 것이다.

(나) 그러므로 법원은 소송행위를 법에 따라 획일적으로 처리하여야 하며 소송행위자의 편의에 따라 임의로 바꿔서는 안 된다. 이 원칙을 임의소송금지의 원칙이라고 한다. 실체법에서의 사적자치 원칙과 대비되는 소송법의 큰 원칙 중 하나이다. 그러므로 민사소송법상 소송행위에는 특별한 규정이나 사정이 없는 한 민법상 법률행위에 관한 규정을 적용할 수 없어 소송행위에 사기, 강박 또는 착오 등 의사표시의 흠이 있더라도 이를 이유로 함부로 무효나 취소를 주장할 수 없다.[12] 법원은 다수의 사건을 한정된 인원으로 신속하게 처리하지 않으면 안 되는데 이런 다수 사건의 처리 과정에서 사건 하나하나를 각각의 개성에 따라 처리하는 것은 곤란하고 또 효율도 나쁘다. 여기서 다수의 사건을 처리하는 소송절차에서는 개개의 소송행위에 관해서 처리방식을 획일적으로 정하여 소송관계인들로 하여금 이를 준수하게 함으로써 신속하고 확실한 진행을 확보한다고 하는 형식중시의 요청이 강하게 대두되는 것이다. 임의소송을 원칙적으로 금지하는 것은 소송의 형식중시 모습이라 할 수 있다.

(다) 그러나 당사자는 자기의 이익을 스스로 처분할 자유와 권능이 있기 때문에 이 권능과 임의소송금지의 원칙과는 서로 충돌을 피할 수 없는 경우가 있을 수 있다. 또 소송의 행위 면에서는 획일적 처리의 요청이 강하더라도 소송의 평가 면에서까지 모든 사건을 똑같이 획일적으로 할 필요가 있는가는 개별적으로 음미할 여지가 있다. 그러므로 임의소송금지의 원칙은 모든 소송절차에서 엄격하게 적용되는 것이 아니라 법원이 직권으로 주도하는 소송 진행(예, 법원의 기일 지정·변경 등)에 가장 두드러지게 나타난다. 그러나 실체법에서의 사적자치 원칙이 많이 반영되는 소송절차, 즉 법원이 심리하고 판결하는 심판대상의 선정(예, 소의 제기 또는 취하 등)이나 심판 자료의 수집(예, 증거자료의 제출 또는 재판상 자백)절차에서는 당사자의 주도권이 인정되고 있으므로 여기에서는 임의소송금지의 원칙이 완화된다.

3. 의사표시의 흠 불고려의 원칙

(a) 실체법상 법률행위는 그 의사표시에 사기·강박·착오 등 흠이 있으면 당사자는 민법 제110조 등 법률행위에 관한 민법의 일반원칙에 따라 이를 취소할 수 있고, 그 경우에는 법률

---

12) 대판 1980.8.26. 80다76.

행위가 처음부터 소급하여 무효인 것으로 본다(민 제141조 참조).

(b) 연속되는 소송행위에 관해서 당사자들의 흠이 있는 선행 소송행위를 민법총칙의 일반원칙에 따라 취소할 수 있게 한다면 그 소송행위는 무효가 되고, 이를 전제로 한 후행 소송행위도 무효가 되어 소송절차가 불안해지고 또 소송경제에도 반하게 될 것이다. 여기서 소송행위에 관해서는 법률행위의 취소에 관한 민법총칙의 일반원칙을 적용하거나 유추적용을 할 수 없는 원칙이 형성되었다. 이를 의사표시의 흠 불 고려의 원칙이라고 한다.

(c) 판례는 이를 명확하게 하여, 민사소송법상 소송행위에는 특별한 사정이 없는 한 민법상 법률행위에 관한 규정이 적용될 수 없으므로 사기, 강박 또는 착오 등 의사표사의 흠을 이유로 그 무효나 취소를 주장할 수 없다고 하였다.[13] 예를 들어 상고 취하 행위가 정당한 당사자에 의하여 이루어졌다면 기망을 이유로 그 상고취하를 취소할 수 없고, 적법하게 제출된 상고취하의 서면을 함부로 철회할 수 없으며,[14] 원고가 착오로 소를 취하하더라도 착오를 이유로 한 소 취하의 의사표시를 다시 취소할 수 없으므로 그 소취하는 효력이 있고,[15] 지급명령에 대한 이의신청의 취하에 관해서도 의사표시의 취소에 관한 법률행위의 일반원칙이 적용되지 않는다고 하였다.[16] 다만 소의 취하는 취소와 달리 소급효가 없기 때문에 그 소송행위의 효력이 완성되기 이전에는 언제든지 철회가 허용된다.

[4] 제4. 민사소송

1. 뜻

민사소송은 민사사건에 관한 소송을 말한다. 민사사건이란 법률상 지위가 서로 대등한 사람들 사이에서 민법, 상법 등 사법(私法)으로 규율되는 가족관계 또는 경제적 생활관계에 관한 분쟁들이다. 국가도 경제적 생활관계에서 개인과 대등한 지위에 있을 때에는 민사소송의 당사자가 된다.

2. 분류

민사소송은 일반 민사사건에 관하여 적용되는 절차(통상소송절차)와 법이 특별히 정한 민사사건에 관하여 적용되는 절차(특별절차)로 분류할 수 있다.

---

13) 대판 1963.11.21. 63다441, 1967.10.31. 67다204, 1980.8.26. 80다76 참조.
14) 대판 2007.6.15. 2007다2848 · 2855.
15) 대판 2004.7.9. 2003다46758.
16) 대결 2012.11.21. 2011마1980.

(1) 통상소송절차

(가) 판결절차—수소법원(受訴法院)

(a) (i) 법원은 법규(명령, 규칙 조리 등을 포함한다)를 대전제로, 사실을 소전제로 하여 그 사실이 법규에 맞는가를 3단 논법으로 판단하여 법률효과(이를 권리 또는 법률관계, 권리관계라고 표현한다)의 존부를 판결 주문에서 결론으로 선언한다. 이와 같이 판결절차란 원고가 분쟁에서 어떤 권리 또는 법률관계가 존재하거나 부존재한다고 소(訴)로 주장하면 법원이 심리를 하여 원고 주장의 당부를 재판으로 확정하는 절차이다.

(ii) 판결절차는 제1심, 항소심 및 상고심의 절차로 나뉘는데 이것이 민사소송의 가장 일반적인 모습이며 이를 맡은 법원을 수소법원이라 한다.

(b) 수소법원은 뒤에서 설명하는 해당 사건의 보전처분, 즉 가압류 · 가처분(민집 제276조, 제300조)을 아울러 처리할 수 있다.

(나) 민사집행절차—집행법원

(a) (i) 당사자가 판결절차에서 확정된 사법상 이행의무를 이행하지 않는 경우에 국가가 강제력으로 그 이행의무를 실현하는 집행절차를 민사집행 또는 강제집행절차라고 한다. 민사집행을 할 수 있는 자를 채권자, 민사집행을 당하여야 하는 자를 채무자, 민사집행을 실시하는 법원을 집행법원이라고 한다. 민사집행은 원칙적으로 민사집행법(2002년 1월 26일 법률 제6627호로 제정)의 규율을 받는데, 역사적으로는 민사소송과 분리되어 출발하였다, 그러므로 민사집행의 주재자나 당사자도 민사소송의 그것과 구별된다.

(ii) 민사집행법상의 집행기관

(ㄱ) 집행법원과 집행관이 민사집행법상의 집행기관이 된다. 집행법원의 사무는 지방법원 단독판사가 행사하지만(법조 제7조 제4항) 대법원규칙으로 정하는 집행업무 대부분은 법원에 둔 사법보좌관에 맡겼다(법조 제54조 제2항). 그 외에 제1심 수소법원이 집행법원과 같은 역할을 하는 경우도 있다.

(ㄴ) 집행법원의 집행사무로서는 ① 금전 집행으로서는 부동산에 대한 강제집행(민집 제78조 이하), 준부동산인 선박(민집 제172조) · 자동차 · 항공기 · 건설기계 · 소형선박 등(민집 제187조)에 대한 강제집행과 강제관리(민집 163조 이하), 채권 기타 재산권에 대한 강제집행(제223조 이하)이 있고, ② 비금전 집행으로서는 목적물을 제3자가 점유한 경우의 인도집행(민집 제259조)이 있다.

(ㄷ) 집행관의 집행사무로서는 ① 금전 집행으로서는 동산에 대한 집행(민집 제188조 이하)이 있고, ② 비금전 집행으로서는 제3자가 점유한 경우를 제외한 목적물의 인도 집행(민집 제257조) 등이 있다.

(ㄹ) 제1심 수소 법원이 집행법원과 같은 역할을 하는 경우로서는 비금전 채권 집행에 있어서 작위의무 등에 대한 대체집행(민 제389조 제2항 후단·제3항, 제260조), 부작위의무·부대체적 작위의무 등에 대한 간접강제(제261조) 등이 있다.

(iii) 민사집행법에서 규정한 집행행위에 관한 법원의 처분이나 그 행위에 관한 법원의 협력사항을 관할하는 집행법원은 법률에 특별히 지정되어 있지 아니하면 집행절차를 실시할 곳이나 실시한 곳을 관할하는 지방법원이 된다(민집 제3조). 그런데 지방법원·가정법원·회생법원과 지방법원 및 가정법원의 지원, 가정지원 및 시·군법원의 심판권은 단독판사가 행사하므로(법조 제7조 제4항) 지방법원의 심판권을 행사하는 단독판사가 민사집행을 실시하는 집행법원이 된다. 다만 제3자이의의 소는 소송물이 단독판사의 관할에 속하지 아니한 때에는 지방법원 합의부가 이를 관할한다(민집 제48조 제2항). 집행법원은 채권이나 부동산에 대해 직접 집행처분을 할 뿐 아니라 집행에 관한 이의신청(민집 제16조)을 통한 집행관의 집행감독, 급박한 경우에 집행정지명령권이 있다(민집 제46조 제4항, 제48조 제3항).

(iv) 사법보좌관은 민사집행법상 집행문부여명령절차, 채무불이행자명부등재절차, 재산조회절차, 부동산에 대한 강제경매절차, 자동차·건설기계에 대한 강제경매절차, 동산에 대한 강제경매절차, 금전채권 외의 채권에 기초한 강제집행절차, 담보권실행 등을 위한 경매절차, 제소명령절차, 가압류·가처분의 집행취소절차에서의 법원사무 중 대법원규칙으로 정한 업무를 할 수 있다(법조 제54조 제2항 2호). 그렇다고 하여 집행관이나 사법보좌관이 집행법원이 되는 것이 아니며 집행을 실시하는 집행기관이 됨에 불과하다.

(v) 민사집행을 실시할 수 있는 권원을 집행권원이라고 하며, 가장 대표적인 집행권원은 확정된 종국판결이나 가집행의 선고가 있는 종국판결이다(민집 제24조). 그 밖의 집행권원으로서는 ① 항고로만 불복할 수 있는 재판 ② 가집행의 선고가 내려진 재판 ③ 확정된 지급명령 ④ 공증인이 일정한 금액의 지급이나 대체물 또는 유가증권의 일정한 수량의 급여를 목적으로 하는 청구에 관하여 작성한 공정증서로서 채무자가 강제집행을 승낙한 취지가 적혀 있는 것 ⑤ 소송상 화해, 청구의 인낙(認諾) 등 그 밖에 확정판결과 같은 효력을 가지는 것들로서, 이들에 기초하여 강제집행을 실시할 수 있다(민집 제56조).

(vi) 집행법원은 민사 강제집행만 하는 법원이다. 그러므로 강제집행을 정지하는 강제집행정지신청은 집행법원에 해야 하는 신청이 아니고, 수소법원에 해야 하는 신청이다. 따라서 강제집행정지신청의 기각결정은 소송절차신청의 기각결정에 해당하므로 그 불복절차는 당연히 민사집행법 제15조의 즉시항고가 아니라 민사소송법상 즉시항고이므로 그 민사소송의 절차를 밟아야 한다(제444조).[17]

(b) 확정된 종국판결이나 가집행선고가 있는 종국판결이 대표적인 집행권원이므로, 여기서

17) 대결 2016.9.30. 2016그99.

판결절차와 민사집행절차는 불가분의 관계에 있다. 그렇다고 하여 판결절차의 흠이 바로 집행절차의 흠이 된다면 강제집행의 실현이 지연되기 쉽다. 그러므로 신속한 강제집행을 실시하도록 민사집행절차는 판결절차와 엄격하게 구별되어 판결절차의 흠은 바로 집행절차의 흠이 되지 아니하고 집행절차에서 별도로 구제를 받아야 한다(판결절차와 집행절차의 분리 원칙). 이 원칙은 로마법에서부터 유래하였다.

(i) **민법상 강제이행(민 제389조)과 민사집행** 채무자가 임의로 채무를 이행하지 아니한 때에는 채권자는 법원의 도움을 받아서 채무의 내용인 급부를 강제적으로 실현할 수 있다(민 제389조). 이것이 강제이행인데 강제이행은 법원의 도움을 받아야 하고 그 도움이 바로 민사강제집행이라고 할 수 있다.

(ㄱ) **직접강제(민 제389조 제1항, 민집 제257조 이하)** 이것은 민사집행이라고 하는 국가의 강제력에 의하여 직접 급부를 실현하는 것을 말한다. 물건의 인도를 목적으로 하는 「주는 채무」에만 인정된다. 직접강제는 강제집행의 대상인 채무자의 재산 종류에 따라 부동산·유체동산·채권에 대한 집행으로 나눌 수 있다.

(ㄴ) **대체집행** 물건의 인도 이외의 일정한 작위를 내용으로 하는 채무(작위채무)와 일정한 부작위를 내용으로 하는 채무(부작위채무), 즉 「하는 채무」는 "채무의 성질이 강제이행을 하지 못할 것인 때"(민 제389조 제1항 단서)에 해당하여 직접강제가 허용되지 않고, 대체집행에 의한다. 우선 채무가 법률행위를 목적으로 한 때에는 채무자의 의사표시에 갈음할 재판을 법원에 청구할 수 있고(민 제389조 제2항 전단), 채무자의 일신에 전속하지 아니한 작위를 목적으로 한 때에는 채무자의 비용으로 제3자에게 이를 하게 할 것을 법원에 청구할 수 있다(민 제389조 제2항 후단).

(ㄷ) **간접강제** 채무의 내용이 부작위를 목적으로 한 경우에 채무자가 부작위의무를 위반한 때에는 채무자의 비용으로써 그 위반한 것을 제각(除却)하고 장래에 대한 적당한 처분을 법원에 청구할 수 있다(민 제389조 제3항). 그러나 부작위채무나 부대체적 작위채무에 관해서는 성질상 직접 강제를 할 수 없으므로(민 제389조 제1항 단서) 제1심 법원은 채권자의 신청에 따라 「간접강제」를 명하는 결정을 하는데(민집 제261조 제1항 전문) 판결절차와 집행절차의 분리 원칙에 따라 이 경우에도 집행권원이 필요한지 문제된다. 판례는 부작위채무에 관하여 판결절차의 변론종결 당시에 보아 「부작위채무」를 명하는 집행권원이 성립하더라도 채무자가 이를 단기간 내에 위반할 개연성이 있고, 또한 판결절차에서 민사집행법 제261조의 간접강제에 의하여 명할 적정한 배상액을 산정할 수 있는 경우에는 집행권원이 없더라도 판결절차에서 채무불이행에 대한 간접강제를 할 수 있다고 하였고,[18] 「부대체적 작위채무」에 관하여서도 판결

18) 대판 1996.4.12. 93다40614·40621, 2014.5.29. 2011다31225 등.

절차의 변론종결 당시에 보아 집행권원이 성립하더라도 채무자가 부대체적 작위채무를 임의로 이행할 가능성이 없음이 명백하고, 판결절차에서 채무자에게 간접강제결정의 당부에 관하여 충분히 변론할 기회가 부여되었으며, 민사집행법 제261조에 의하여 명할 적정한 배상액을 산정할 수 있는 경우에 한정해서 집행권원이 없더라도 판결절차에서도 채무불이행에 대한 간접강제를 할 수 있다고 하였는데[19] 대법원 전원합의체 판결도 다시 이를 확인하고 있다.[20] 그러므로 성질상 직접강제를 할 수 없는 부작위채무나 부대체적 작위채무에 관해서는 판결절차와 집행절차의 분리원칙이 후퇴되었다고 할 것이다. 이와 같이 판결절차와 집행절차의 분리원칙이 지켜지지 않는 간접강제의 신청에 관한 재판에 대하여도 즉시항고를 할 수 있는데(민집 제261조 제2항) 이에 대한 재판은 가압류이의신청에 대한 재판과 마찬가지로 집행권원 없이 행하여지기 때문에 집행절차에 관한 집행법원의 재판에 해당하지 아니한다. 그러므로 간접강제의 신청에 대한 즉시항고에는 항고이유서 제출기간의 제한에 관한 민사집행법 제15조가 적용되지 않고, 항소이유서의 제출에 관한 민사소송법 규정(제402조의2)이 준용된다.

(ii) *** 부작위채무 등의 불이행에 대비한 간접강제명령을 집행절차가 아니라 판결절차에서 하는 이유는 무엇인가?**[21] (ㄱ) 비금전 집행에 있어서 작위의무 등에 대한 대체집행(민 389조 제2항 후단), 부대체적 작위의무 등에 대한 간접강제(민 제389조 제3항) 등은 제1심 수소법원이 집행기관으로서의 직분을 행한다. 그 이유를 본다.

(ㄴ) 부작위채무 등의 이행을 명하는 집행권원에 따른 강제집행은, 다른 종류의 채무이행을 명하는 집행권원에 따른 강제집행과는 근본적인 차이가 있다. 우선 금전집행, 직접강제나 대체집행은 모두 채무자의 의사와 상관없이 강제적으로 채무 내용을 실현하는 집행방법이다. 예컨대 금전채무의 이행을 명하는 집행권원이 성립한 경우에 채권자는 채무자의 책임재산을 찾아낼 수 있다면 특별한 사정이 없는 한 집행권원에 기한 집행력을 행사할 수 있다. 장애물에 대한 철거 등 대체적 작위의무를 명하는 집행권원에 따른 대체집행의 경우에도 마찬가지로 채무자의 관여 없이 민사집행을 통해서 채무의 강제적인 실현이 가능하다. 그러나 부작위채무 등의 이행을 명하는 집행권원이 성립한다고 해도, 채무자가 부작위채무 등을 임의로 이행하지 않으면 이를 직접강제할 수 없고, 간접강제를 통해서만 채무자의 이행을 유도할 수밖에 없다. 간접강제는 채무자에게 채무불이행에 대하여 손해배상의 제재를 예고하는 방법으로 심리적 압박을 가함으로써 채무자 스스로 채무의 내용을 실현하도록 유도하는 집행방법이기 때문이다. 이 점에서 양쪽은 차이가 있다.

(ㄷ) 금전집행, 직접강제나 대체집행은 모두 그 자체로 채무자의 재산권을 직접적으로 제한

19) 대판 2013.11.28. 2013다50367.
20) 대전판 2021.7.22. 2020다248124(평석은 [82] 참조).
21) 대전판 2021.7.21. 2020다24812의 다수의견에 대한 대법관 김재형의 보충의견을 주로 참고하였다.

하는 반면, 간접강제명령은 그에 기초하여 별도의 금전집행 절차에 나아가지 않는 이상 그 자체로 채무자의 재산권을 직접적으로 제한하지는 않는다. 그러므로 부작위채무 등에서는 판결절차에서 간접강제명령을 통하여 집행공백 상태를 막고 판결의 실효성을 높일 필요성이 크다고 할 수 있다. 채권자가 채권의 강제적 실현을 법원에 청구할 수 있다는 민법 제389조 제1항의 입법 목적을 고려하면, 그러한 집행공백에 대처하여 집행의 실효성을 확보하기 위한 방안을 찾는 것은 법관의 임무에 속한다. 따라서 집행공백 상태로 인하여 채권자의 권리와 이익이 침해될 우려가 있을 때에는 판결절차와 집행절차의 분리라는 원칙은 물러서야 한다. 더구나 민사집행절차는 사법상 이행청구권의 실현을 목적으로 하는 수단으로서의 성격을 가지므로, 실체법상 이행청구권의 강제적 실현이라는 목적이 제대로 구현될 수 있도록 운영되어야 한다. 그러므로 법원이 반드시 필요하다고 판단되는 경우에는 민사집행에 관한 사항도 판결절차에서 다룰 수 있어야 한다.

(ㄹ) 간접강제의 배상금은 국고로 귀속되는 것이 아니라 채무자의 채무불이행으로 인한 채권자의 손해 전보에 충당된다.[22] 판결절차에서 부작위채무 등에 대하여 간접강제를 명하는 것은 실질적으로 보면 채무자에게 부작위채무 등의 이행을 명함과 동시에 채무자가 장래에 이를 위반할 경우 채권자에게 발생하는 손해를 배상하도록 명하는 성격이 있다. 이처럼 간접강제명령은 소송적 요소와 집행적 요소를 함께 갖고 있으므로, 금전집행, 직접강제나 대체집행과 달리 판결절차에서도 가능하다고 보아야 한다.

(ㅁ) 또한 판결절차에서 간접강제를 명하는 것은 채권자의 권리를 신속하게 실현함과 동시에 소송경제 측면에서도 긍정적인 효과가 있다. 따라서 법원은 판결이 확정되거나 가집행선고부 판결이 성립된 이후에 따로 간접강제의 신청, 필수적 심문을 거쳐 간접강제명령을 발령하게 될 경우 채권자의 정당한 권리를 실효적으로 보장하기 어렵다고 볼 수 있는 예외적인 상황에서는 의무이행을 명하는 판결을 선고하면서 이와 함께 간접강제를 명할 수 있다고 보아야 한다. 다만 이러한 간접강제명령이 있다고 해서 곧바로 채무자의 재산에 대해서 직접 강제집행을 할 수는 없고, 이후 판결이 확정되는 등으로 집행권원이 성립되어야 그 의무 위반에 따른 집행문을 부여받아 비로소 금전집행 등을 할 수 있음은 당연하다.

---

22) 대판 2014. 7. 24. 2012다49933.

부작위채무 등의 불이행에 대비한 간접강제명령을 집행절차가 아니라 판결절차에서 하는 이유

1. 부작위채무는 직접강제가 어렵다
    - 금전채무, 직접강제, 대체집행은 채무자의 의사와 관계없이 강제적으로 집행 가능
    - 그러나 부작위채무(ex. 하지 말아야 할 행위, 방해물 철거 등)는 채무자가 임의로 이행하지 않으면 직접 강제할 수 없음. 따라서 간접강제(벌금·배상 예고)를 통해 채무자 스스로 이행하도록 유도해야 함
    - 간접강제는 채무자의 재산권을 직접 제한하지 않음 → 집행 자체보다는 심리적 압박 수단
2. 판결절차에서 간접강제를 명해야 하는 필요성
    - 부작위채무에서는 그 이행까지 집행공백이 생기기 쉬움 → 판결 실효성 저하
    - 민법 제389조 제1항 취지: 채권자가 집행공백을 방지하고 실체법상 권리 실현을 위해 판결절차에서 미리 간접강제를 명할 필요가 있음. 즉 판결과 집행의 분리 원칙보다 실질적 권리보호가 우선
3. 간접강제는 소송적·집행적 요소를 동시에 가진다
    - 배상금은 국고가 아니라 채권자 손해 전보에 사용됨 → 채권자 보호 목적
    - 판결절차에서 간접강제를 명하면 → 부작위채무 이행 명령
    - 채무불이행 시 채권자 손해 배상 명령 → 소송적·집행적 요소 병합
    - 판결과 동시에 명령 가능 → 권리 신속 실현, 소송경제적 효과. 다만, 직접 강제집행은 불가, 손해배상 등 금전집행을 위해서는 이후 집행권원 성립 필요

□ 핵심정리
- 부작위채무는 직접 강제가 어렵기 때문에 심리적 압박 수단으로 간접강제 필요
- 판결절차에서 간접강제를 명함으로써 집행공백 방지 및 판결 실효성 확보
- 간접강제는 소송적·집행적 성격을 동시에 가지므로, 금전집행과 달리 판결절차에서도 명령 가능
- 이후 집행권원 성립 시 금전집행 등 가능

(iii) 부동산 집행에서 강제경매와 담보권의 실행(임의경매)

(ㄱ) 개념 강제경매라 함은 국가의 공권력에 의하여 채무자 소유의 부동산을 강제적으로 압류하여 이를 매각한 다음 그 대금으로 채권자의 채권만족을 얻게 하는 강제집행을 말한다. 집행권원의 존재가 필수적이며 부동산의 압류 → 환가(현금화) → 배당(채권자의 금전채권 만족)의 절차를 밟는데 민사집행법 제80조에서 제162조까지 규정되어 있다. 담보권실행등을 위한 경매는, 폐지된 경매법에서는 임의경매라고 하였는데 현행 민사집행법 제264조에서 제275까지 규정되어 있다. 이것은 집행권원이 없이도 국가의 공권력에 의하여 저당권·가등기담보권·질권·전세권 등 담보권에 근거하여 여기에 내재된 환가권(경매권)을 실행하여 채권자가 피담보채권의 만족을 얻는 절차이다. 유치권에 의한 경매 및 민법·상법 그 밖의 법률에 의한

현금화를 위한 경매도 이에 속한다.

(ㄴ) 차이 강제집행을 할 때 집행권원이 필요하느냐에 따라 강제경매와 담보권실행(임의경매)이 구별되는 점은 위에서 설명하였다. 강제경매는 채무자의 인적책임을 실현하는 것을 내용으로 하므로 경매 대상은 채무자의 어느 재산이든 가리지 않는데 담보권실행(임의경매)은 채무자나 물상보증인 소유의 특정 담보재산을 대상으로 한다. 강제경매는 집행권원이 무효가 되더라도 청구에 관한 이의(민집 제44조) 등으로 그 집행력이 배제되지 않는 한 매수인은 유효하게 목적물의 소유권을 취득하게 된다. 민사집행법 제135조는 「매수인은 매각대금을 다 낸 때에 매각의 목적인 권리를 취득한다」고 규정한다. 이에 대하여 담보권 실행에서의 매수인은 그 기본인 담보권이 무효 · 부존재인 경우에는 동산의 선의취득(민 제249조)을 제외하고는 원칙적으로 목적물의 소유권을 취득할 수 없어 그 지위는 강제경매의 매수인보다 훨씬 불안정하다. 그러므로 민사집행법은, 담보권실행에서의 매수인을 보호하기 위하여 「대금완납을 한 매수인의 부동산 취득은 담보권 소멸로 영향을 받지 아니한다」고 규정한다(민집 제267조).

(ㄷ) * 저당권에 기초한 경매로 소유권을 취득한 매수인의 지위

① 문제의 제기 ㉠ 민사집행법상 담보권 실행 등을 위한 경매절차에서 민사집행법 제267조를 중심으로 부동산금융의 원활한 운영과의 관계에서 볼 때 매수인을 어느 정도로 보호하여야 할지 그 지위를 검토한다. 판례[23]는, '민사집행법 제267조는, 법 정책적 고려에 근거하여 국가기관인 집행기관에게 소유자로부터의 담보권실행에 관한 묵시적 처분권한이 주어진 것을 전제로 담보권 소멸의 모든 경우에 적용되는 것이 아니라 경매개시결정이 있은 뒤에 담보권이 소멸하였음에도 경매가 계속되어 매각된 경우에만 한정적으로 적용된다'고 판시하였다.

㉡ 담보권실행(임의경매)은 기판력이나 집행력이 있는 집행권원에 기초한 것이 아니기 때문에 경매절차가 종료되더라도 매수인의 소유권취득은, 담보권의 경매개시 이전부터의 부존재 · 무효사유는 물론 그 밖에 경매절차개시 이후의 여러 가지 이유로 복멸(覆滅)되기 쉽기 때문에 그 결과 담보권실행제도 내지 부동산금융의 원활한 운영에 악영향을 줄 우려가 있다. 그러므로 폐지된 경매법 하에서는 매수인 지위의 안정이 중요한 과제가 되어서 그 안정의 실현을 위한 입법론으로서, 담보권실행을 위한 임의경매에서도 집행권원을 요구하는 강제경매와 마찬가지로 경매절차로 말미암은 매수인의 소유권취득을, 담보권의 부존재 · 소멸과의 관계와 절단(切斷)시키자고 하였고, 해석론으로서도 학자들은 목적부동산 매수인의 지위 보호를 꾀하기 위해서 담보권실행절차에서도 마치 집행권원이 있는 것과 마찬가지의 효력을 인정하는 '공신적(公信的) 효과'를 주장하였다. 구 민사소송법(1990.1.13. 법률제4201호로 개정된 것)은 경매법

23) 대전판 2022.8.25. 2018다205209(평석은 [109])..

을 폐지하면서 담보권실행(임의경매)에 관한 규정을 민사소송법에 흡수하면서 "대금의 완납에 의한 매수인의 부동산 취득은 담보권 소멸에 의하여 방해받지 아니한다"라는 규정(제727조)을 신설하여 경매의 공신적 효과를 담보권 소멸의 효과로 한정하는 제한적인 공신적 효과를 입법하였고 현행 민사집행법 제267조는 자구만 수정하여 이를 그대로 받아들였다. 그런데 구 민사소송법 당시의 판례[24]는 그 제한적인 공신적 효과를 더 제한하여 담보권 소멸의 효과를 경매개시결정 이후의 담보권 소멸의 경우로 한정하였던 것인데 대전판 2022.8.25. 2018다205209의 [다수의견]도 앞의 임의경매에 관한 규정에 근거에 의거하여 위의 판례를 유지하고 있고, [별개의견]은 담보권이 유효하게 성립한 후 나중에 발생한 사유로 소멸한 경우에는 담보권이 경매절차개시 전에 소멸한 것인지 여부를 묻지 않고 부동산의 취득을 인정하여야 한다고 하여, 경매의 공신적 효과의 확대를 주장하고 있다.[25]

② 경매의 공신적 효과

㉠ 실권효(失權效)설 담보권의 실행에서 매수인의 지위 안정과 경매물건의 대외적 신인도를 제고(提高)하기 위해서는 경매개시결정의 전후를 막론하고 법조문의 문구(文句) 그대로 담보권의 소멸은 소유권취득에 영향을 주지 아니한다고 하여야 한다. 그러나 본래의 소유자가 담보권이 이미 소멸된 사실을 알지 못하여, 경매절차 개시 전이나 경매절차 진행 중에 이에 대해 이의를 제기하지 않은 경우에만 매수인의 소유권 취득에 영향을 미치며, 그 밖의 다른 경우는 매수인의 소유권 취득에 아무런 영향이 없다고 볼 수는 없다는 견해[26]가 절차보장=실권효설이다.

㉡ 소유자의 제출책임과 실권효 (a) 실권효설은, 현행법상 담보목적물의 소유자에게는 집행이의, 집행절차정지 등 담보권 부존재 내지 소멸을 주장하기 위한 여러 가지 절차보장이 주어졌는데도 소유자가 이들을 이용하지 않는 상태에서 경매절차가 종료된 경우에는 절차상 실권효가 생긴다는 것이다. 이것은 소유자에게 대금납입기일 이전에 담보권의 부존재나 소멸을 다투지 않으면 안 되는 제출책임이 있는 것을 전제로 한다. 따라서 소유자에게 담보권실행절차의 개시·진행이 고지되지 않고 절차가 진행되었다면, 매수인이 대금을 납부하였더라도 소유자는 민사집행법 제267조에 불구하고 실체 상 사유에 근거하여 매수인의 소유권취득을 다툴 수 있다. 그런데 경매개시결정 이전에 이미 담보권이 소멸한 경우에는 담보권 자체가 존재하지 않으므로, 비록 경매개시결정이 내려졌다 하더라도 국가가 환가권능을 대행할 수 없다. 따라서 경매개시결정 이전의 담보권 소멸과 경매개시결정 이후의 담보권 소멸은 구별되어야 하며, 제출책임은 후자인 경매개시결정 이후 담보권이 소멸된 경우에만 문제가 되는 것이

24) 대판 1999.2.9. 98다51855.
25) 별개의견과 같은 취지: 이시윤·조관행, 민사집행법(제9전정판), 563면 참조.
26) 이시윤, 신민사집행법, 412면.

다. 민사집행법 제267조의 입법 경위를 보더라도 입법자는 이 조항에 담보권이 부존재하는 경우를 포함시키지 않았는데, 이는 담보권이 부존재하는 경우까지 경매의 공신력을 인정하는 것은 부동산등기에 공신력이 없고 임의경매는 집행권원을 요하지 않는 우리 법체계와 어울리지 않는다고 보았기 때문이다.

(β) 집행권원에 기초한 경매절차가 적법하게 행하여지는 강제경매의 경우에는 청구권의 부존재·무효 혹은 소멸이 확정되더라도 대금납부에 의해서 경매절차가 종료되었다면 경매는 무효가 되지 않고 매수인의 권리취득에 아무런 영향이 없다(민집 제135조). 그 근거에 대해서는, 집행권원의 존재에 구하거나 집행권원의 효력으로서 실체관계와 경매와의 절단(切斷)이라고 설명한다. 이에 대하여 담보권의 실행에서는 집행권원과는 전혀 발상을 달리하여, 경매에 의해서 소유권을 상실한 소유자에 대해서는, 절차보장의 충족을 조건으로 한 실권(失權)의 결과, 매수인의 소유권취득을 다툴 수 없다는 것이다(절차보장=실권효설). 본래 강제경매에서의 공신적 효과는 집행권원의 존재에 의존하는데 이는 채무자나 소유자의 이익보다는 경매에 의한 매수인의 권리취득을 보호하여야 하기 때문이다. 그 이유는, 경매의 신뢰유지와 더불어, 채무자나 소유자는 집행권원의 성립에 관여하고, 또 집행절차 과정에서 그 개시 및 그 후의 진행에 관해 고지를 받고, 그 절차 중에 상소·재심 혹은 청구이의의 소와 이에 부수하는 절차에 의하여 집행을 저지할 기회를 보장받는데 반하여 매수인은 그러한 기회를 보장받지 못하고 오로지 법원의 경매절차진행 만을 신뢰할 수밖에 없는 지위에 있어서 이러한 지위에 있는 매수인의 보호가 불가결하기 때문이다. 그렇다면 담보권실행을 위한 경매에서는, 집행권원 그 자체는 존재하지 않으나, 채무자나 소유자는 경매개시결정의 송달에 의하여 경매절차의 개시를 알 기회가 보장되고, 경매개시 결정에 대한 이의신청(민집 제265조)으로 실체 상 사유도 주장할 수 있으며, 청구이의의 소에 준(準)한 담보권부존재확인의 소에 의하여 경매절차를 저지할 수 있는 지위에 있었으므로 담보권에 문제가 있더라도 일단 경매절차가 완결되면, 매수인 보호를 위해 소유자가 경매개시결정을 송달받았다면 소유자로 하여금 담보권의 흠(부존재·소멸 등)을 이유로 매수인의 권리취득을 더 이상 다툴 수 없도록 하여야 할 것이다. 민사집행법 제267조는 이와 같은 견지에서 오랫동안의 실무를 배경으로 한 거래계의 요청에 따라 집행권원을 요구하는 것을 단념하고, 대신 담보권의 소멸을 이유로 대금을 납입한 매수인의 소유권취득의 효과를 다툴 수 없도록 하였다.

(γ) 그러나 경매신청인이 스스로 매수인이 된 경우에는, 경매신청의 기초로 된 담보권이 부존재 혹은 소멸을 알 수 있었기 때문에 그 무효인 경매를 신청한 본인에게 소유권취득을 인정할 이유가 없으며, 또 담보권의 흠을 알고 있는 제3자에 관해서도 마찬가지로 풀이하여야 한다. 이러한 경우에는, 경매절차에서 매수 효과의 인정은 성립되지 않고 담보권의 소멸이라고 하는 실체관계를 경매절차에 가급적 충실하게 반영할 요구만 존재하여, 채무자와 매수인

양쪽 요구사이에 긴장관계는 존재하지 않으므로 매수인의 대금납입까지 담보권의 흠을 다투지 않으면 안 된다는 제출책임도 인정할 수 없어 실권효는 성립되지 않을 것이다.

③ **절차보장과 실권효** ㉠ 강제경매를 한 경우의 채권자와 채무자를, 담보권실행절차에서의 담보권자와 소유자의 관계와 동일하게 볼 수는 없을 것이다. 그러나 문제는 채권 채무관계 혹은 담보권의 소멸 등에 관해서 전혀 알 기회가 없었고, 이를 다툴 기회도 보장되지 않은 경우에, 공개된 경매에 의하여 소유권을 취득한 매수인을 보호할 것인가 아니면 절차에 관여하여 불복신청 등으로 절차보장이 이루어진 채무자 혹은 소유자를 보호할 것인가의 문제가 제기된다.

㉡ 담보권 실행으로서의 경매에 관해서 본다. 절차보장설에 의하면 당사자의 절차보장을 충족한 경우에는 대금을 납입한 매수인에 대해서 소유자가 채무자의 담보권 소멸에 의한 경매의 무효 나아가 목적부동산의 소유권주장을 허용하지 않는데 이 주장은 대금납입 이전에 이들 점을 다투지 않으면 실권한다는 책임(제출책임)이 소유권자에 있다는 것을 전제로 한다. 즉 매수인의 지위가 안정되어야 한다는 요구와, 실체법상 담보권의 소멸이라는 대립되는 법률관계를 경매절차에 가급적 충실히 반영하여야 한다는 요구 사이에서 초래되는 긴장관계 가운데서, 제출책임의 존부를 판단할 때에는, 담보권의 소멸을 알지 못한 채 대금을 납입한 매수인의 법적 지위를 실체법에 따라 객관적으로 분배해야 한다는 것이다. 이를 위해 자의적 판단을 피하고, 구체적으로 타당한 결론에 가까운 판단 기준을 세워야 할 것이다.

㉢ 먼저, 민사집행법상 요구되는, 소유자에게 경매개시결정의 통지나 문서 송달이 되지 아니하여, 담보권의 소멸에 관한 실체상의 이의나 담보권부존재확인의 소를 제기하여 다툴 여지가 없는 경우에는, 비록 매수인이 대금을 납입하더라도 소유자는 매수인의 소유권 취득을 다툴 수 있다. 예컨대 소유자가 알지 못하는 사이에 위조문서(僞造文書)로 소유권이전등기가 이루어져서 그에 의하여 소유자로 된 자가 저당권을 설정하여 담보권의 실행을 신청한 경우에 참된 소유자는 저당권실행의 통지 등을 송달받지 못하여서 소유자의 절차관여의 기회가 없을 것이다. 따라서 절차보장에 흠이 있다면 등기(登記)에 공신력이 없는 이상 소유자는 매수인의 소유권취득을 부정할 수 있는 것이다. 다만 경매개시결정문이 소유자에게 송달되었고, 소유자에게 절차 계속이 알려졌음에도 불구하고 경매개시결정의 무효를 다투지 아니하였을 때에는 매수인의 대금 납입 이후에 담보권의 소멸을 이유로 매수인의 소유권 취득을 다투는 것은 신의칙에 위반되므로 허용해서는 안 될 것이다.

④ 소유자는 실체법상 본래 처분권한이 없는 무권리자의 무효인 처분행위를 추후 보완할 지위에 있고, 그 추후보완은 묵시적으로도 가능하다. 이와 같은 법적 지위에 있는 자가 자기의 소유물에 관한 무효인 경매가 실행되는 것을 알면서, 또 이에 대처할 실체법상 이의나 소송법상 수단이 인정되고 있는데도 경매개시 결정에 대하여 실체법 상 이의신청도 하지 않고, 담보

권부존재확인의 소도 제기하지 하지 아니한 채 매수인의 대금납입에 까지 이르게 되었다면, 소유자는 실권(失權)이 되고, 따라서 매수인의 소유권취득은 확정적이 된다. 따라서 소유자는 매수인의 소유권취득을 더 이상 다툴 수 없다고 하여야 한다.

⑤ **대전판** 2022.8.25. 2018다205209의 **타당성**

㉠ **문제의 제기** 절차보장=실권효설은 현행법상 담보목적물의 소유자에게는 경매개시결정에 대한 이의 등 담보권의 소멸을 주장하기 위한 여러 가지 절차보장이 주어졌음에도 불구하고, 소유자가 이들을 이용하지 않고 경매절차가 종료된 경우에는 절차상 실권효가 생긴다는 것이므로 경매개시 등 경매절차의 진행상황을 채무자나 소유자가 잘 알 수 있는 사실을 전제로 한다. 따라서 이에 대한 충분한 보장이 이루어지지 못한다면 절차보장설을 전면적으로 내세울 수 없을 것이다. 위 대전판에서 노태악 대법관이 [다수의견]에 대한 [보충의견]에서 피력하였듯이, 채무자나 소유자는 여러 이유에서 경매절차의 진행을 다투지 못할 수 있고, 소유자가 담보권의 소멸 여부와 그 시기를 항상 명백하게 인식할 수 있는 상태에 있다고 보기 어려울 수 있으며, 피담보채권의 소멸시효가 여러 차례 중단되었다가 다시 진행되는 등 시효기간이 지났는지 여부나 공동 근저당권의 경우 피담보채권이 언제 확정·소멸되었는지 여부 등 일반인이 쉽게 알기 어려울 경우도 있을 것이다. 특히 물상보증인인 소유자의 경우 채권자와 피담보채권에 관한 직접적 원인관계가 없어 피담보채권의 소멸 여부 및 경매개시 가능성에 대하여 예견하기 어려운 경우가 많을 것이다. 이와 같은 경우까지 경매에 일률적으로 공신적 효과를 부여하는 것은 어려울 수 있는 것이다.

다음에 그 경우를 본다.

㉡ **발송송달** (α) 발송송달, 즉 우편송달이라 함은 법원사무관등이 소송서류를 등기우편 등 대법원규칙이 정하는 방법으로 송달장소에 발송하면 그 발송 시에 송달된 것으로 보는 송달을 말한다(제187조). 교부송달이나 보충송달에서 송달받을 자의 송달장소가 폐문되어 송달을 받을 수 없는 사람이 모두 부재중인 때에는 교부송달은 물론이고 보충송달이나 유치송달도 할 수 없는 경우에 할 수 있다. 발송송달은 도달주의의 예외이므로 신중을 기하여야 할 것인데 우리나라에서는 강제경매나 담보권실행에서 모두 이를 채택하고 있어 문제이다.

(β) 강제경매의 경우에는, 법원이 부동산강제경매개시 결정을 하면 법원사무관등은 즉시 그 사유를 등기부에 기입하도록 등기관에게 촉탁하여야 하고(민집 제94조 제1항), 등기관은 이에 따라 등기부에 경매개시결정사유를 기입하여야 하므로(민집 제94조 제2항) 절차보장에 특별한 문제가 없다. 다만 부동산 강제경매에서 법원은 이해관계인에게 매각기일과 매각결정기일을 통지하여야 하는데 그 통지는 집행기록에 표시된 이해관계인의 주소에 대법원규칙(민집규 제9조, 제73조 제2항)이 정한 등기우편에 따라 발송할 수 있다(민집 제104조 제2항·제3항). 이것은 이해관계인에 대한 매각기일통지를 의무화하여 이해관계인으로 하여금 매각절차에 참가할

수 있는 권리를 보장해 줌과 동시에, 이해관계인에 대한 매각기일 통지 절차의 지연으로 말미암아 매각절차의 진행이 늦어지는 것을 방지하기 위한 조치로서 이해관계인에 대한 매각기일의 통지를 집행기록에 나타난 주소에 등기우편으로 발송한 때에 송달의 효력이 생기도록 규정한 것이다.

(γ) 담보권실행(임의경매)의 경우 ⓐ 이에 관해서는 금융기관이 신청한 임의경매절차에서 통지 또는 송달을 발송송달에 의하여 진행하도록 규정한 금융회사 부실자산 등의 효율적 처리 및 한국 자산관리공사의 설립에 관한 법률(이하 '한국자산관리공사법') 제45조의 2 제1항의 「발송 송달제도의 위헌성」에 관한 헌법재판소 결정[27)]이 주목된다.

ⓑ 헌결 2011.11.24. 2009헌바100은 ㉮ 한국자산관리공사가 1. 부실자산의 효율적 정리를 위한 업무. 2. 부실징후기업 및 구조개선기업의 경영정상화 자원을 위한 업무. 3. 공공자산의 가치 제고를 위한 업무. 4. 이들 업무와 관련한 업무(이상, 한국자산관리공사법 제26조 제1항) 또는 제1항의 업무에 딸린 업무로서 대상, 방법, 범위 등의 추가 등이 필요한 경우 금융위원회의 승인을 받아 수행하는 부대업무(위 법 제26조 제2항)를 수행할 때 채권자 또는 채권회수 수임인으로서의 위 공사가 신청하여 법원이 지정하는 담보권 실행을 위해서 하는 경매절차에서의 통지 또는 송달은 경매신청 당시 해당 부동산의 등기부에 적혀 있는 주소(주민등록표에 적혀 있는 주소와 다른 경우에는 주소를 법원에 신고한 경우에는 그 주소로 한다)에 발송함으로써 송달된 것으로 본다. 다만 등기부 및 주민등록표에 주소가 적혀 있지 아니하고 주소를 법원에 신고하지 아니한 경우에는 공시송달의 방법으로 하여야 한다는 한국자사관리공사법 제45조의2 제1항의 위헌성에 관해서, 발송송달은 헌법에서 정한 당사자의 재판청구권이나 평등권을 침해하지 아니하여 적법하다고 하였다. ㉯ 그 이유의 요지는, 발송 송달제도는 금융기관으로 하여금 신속한 집행절차를 통하여 그 운영을 정상화하고 금융자금의 유동성을 확보하도록 하기 위한 것으로서 정당한 입법목적을 달성하기 위한 적합 수단이며, 채무변제를 연체한 채무자로서는 금융기관이 담보실행을 위한 경매절차를 진행시킬 것이라는 점을 충분히 예상할 수 있고, 이러한 경우 제한되는 재판청구권은 앞에서의 공익에 비추어 더 크다고 보기 어려우므로 재판청구권을 침해하지 아니하며, 금융기관은 법률의 규정뿐 아니라 행정기간 등의 감시·통제 하에서 높은 공신력과 투명도가 보장되는 기관이며, 국민생활과 경제에 미치는 지대한 영향 때문에 일반 채권자와는 차별적인 업무의 효율성이 요구되므로 담보권실행 절차에 한하여 일반채권자와 달리 금융기관에 대한 발송송달의 특례를 인정하는 것은 합리적인 근거가 있는 차별이며, 나아가 발송송달로 인하여 채무자등 이해관계인이 불측의 피해를 입을 가능성은 담보권실행절차에 비하여 강제경매의 경우가 더 크다고 할 수 있으므로 강제경매와는 달리 담보권실행

27) 헌결 2011.11.24. 2009헌바100.

절차의 경우에만 발송송달을 인정하는 것은 합리적인 근거가 있는 차별이라고 판시하였다.

(δ) 요컨대 한국자사관리공사법 제45조의2 제1항에 의하여 부동산 담보권실행절차에서는 강제경매와 달리 경매개시결정도 발송송달을 할 수 있어 채무자나 소유자는 채무의 연체사유 하나만으로도 경매절차의 진행을 사실상 알기 어렵게 되었다. 집행권원에 기초한 강제경매와 달리 집행권원에 기초하지 않으면서 오로지 담보권에 내재하는 실체적 환가권능에 기초하여 국가에 주어진 처분권에 기초한 임의경매에서 발송송달을 허용하는 것은 위에서 설명한 절차보장=실권효설에 의하면 큰 문제이다. 더구나 위 헌재결정이유에서, 금융기관에 대한 발송송달의 특례를 인정하는 것은 합리적인 근거가 있는 차별이므로 평등권을 침해하지 않는다고 하였는데 이것은 금융기관의 편의만을 위해서 채무자나 소유자 개인의 경매절차에 관여할 절차보장권을 사실상 박탈하는 것이므로 위 헌재 결정은 찬성하기 어렵다.

(ε) 그러므로 실제 채무자나 소유자가 채무변제의 연체를 알지 못하는 경우가 적지 않은 현실을 보면 절차보장=실권효설을 일률적으로 적용하기는 매우 어렵다고 아니할 수 없다. 대전판 2022.8.25. 2018다205209은 이러한 사정을 종합적으로 고려하고 대립되는 이익을 형량(衡量)하여 경매개시결정 후 담보권이 소멸한 경우에만 공신력을 인정하였다고 할 수 있어 타당한 결론이다

⑥ 개별적 검토

㉠ **담보권 설정이 부존재한 경우** (α) 예를 들어 소유자 모르게 위조로 근저당권 설정등기가 이루어지고 그에 기초하여 경매가 실시되는 경우이다. 원래 임의경매를 개시하기 위해서는 집행권원이 요구되지 않으므로 임의경매의 정당성은 담보권의 존재 그 자체에 근거한다. 그런데 민법 제363조 제1항에서 저당권자는 그 채권의 변제를 받기 위하여 저당물의 경매를 청구할 수 있다고 규정하고 있으므로 위 예에서와 같이 처음부터 담보권이 부존재인 경우에는 저당권자의 경매청구권 자체가 인정되지 않는다. 따라서 이 경우에는 어떤 사유로 경매개시결정이 되고 대금완납이 되더라도 소유자는 언제든지 그 경매의 부존재를 소나 항변으로 주장할 수 있다.

(β) 한편, 확정판결 또는 이와 동일한 효력이 있는 집행권원에 기초한 강제집행의 정지는 오직 강제집행에 관한 법규 중에 그에 관한 규정이 있는 경우에 한하여 가능하고, 이와 같은 규정이 없이 일반적인 가처분의 방법으로 강제집행을 정지하는 것은 허용되지 않는다.[28] 그러나 담보권의 부존재인 경우에는 담보권부존재확인을 피보전권리로 하여 일반 가처분으로도 경매절차를 정지시킬 수 있고, 채무부존재확인이나 담보권설정등기말소청구의 소, 청구에 관한 이의의 소를 제기하면서 집행정지의 잠정처분을 받을 수 있을 것이다.

---

28) 대결 2004.8.17., 2004카기93.

㉡ **담보권 설정이 무효인 경우** (α) 담보권 설정이 민법 제103조나 제104에 위반되거나, (협의의) 무권대리에 의하여 이루어져 무효인 경우이다. 이 경우에는 담보권 부존재의 경우와 같이 민사집행법 제267조의 적용이 없다. 그러나 담보권 설정이 무효이더라도 부존재와 달리 소유자가 관여할 기회가 있게 되므로 그 취급이 문제된다.

(β) 생각건대 이 경우는 민사집행법 제267조의 명문에 해당하지 않고, 소유자는 민법 제103조나 제104조 위반 등을 이유로 경매절차를 다툴 수 있으므로 소유자의 제출책임을 전적으로 무시할 수 없다. 따라서 소유자는 매수인이 대금완납으로 목적 부동산의 소유권을 취득할 때까지 경매절차가 무효라고 다투어야 할 책임이 있다고 할 것이다. 그럼에도 소유자가 매수인의 대금완납까지 채무부존재확인이나 담보권설정등기말소청구의 소, 청구에 관한 이의의 소등을 제기하면서 집행정지의 잠정처분을 받지 못하였다면 매수인은 유효하게 소유권을 취득할 수 있을 것이다.

㉢ **담보권설정이 소멸된 경우** (α) 일단 담보권이 설정되었다가 채무변제로 소멸되거나 취소사유로 담보권설정이 취소된 경우에는 민사집행법 제267조 및 대전판 2022.8.25. 2018다205209이 그대로 적용된다.

(β) 경매개시결정 이전에 피담보채권이 소멸됨에 따라 근저당권이 소멸된 경우에 그 소멸된 근저당권을 바탕으로 하여 이루어진 경매개시결정을 비롯한 일련의 절차 및 매각결정은 모두 무효이며 따라서 매수인은 매각부동산의 소유권을 취득할 수 없다.[29]

(γ) 한편 경매개시결정 이후 채무변제가 되거나 민법 제109조나 민법 제110조에 기초한 취소의 의사표시는 모두 경매의 공신적 효과에 의해서 차단되고 매수인은 대금완납으로 유효하게 목적물건의 소유권을 취득하게 된다. 따라서 채무자가 매수인의 대금완납 이전에 채무를 변제하여 담보권을 소멸시켰다고 하더라도 이를 근거로 이의신청을 하지 아니하여 진행되고 있는 나머지 경매절차를 정지시키지 아니한 결과 매수인이 매각대금을 납부하기에 이르렀다면 이로써 매수인은 매각 부동산의소유권을 유효하게 취득하게 되는 것으로 본다.[30]

(δ) 경매개시결정 이전에 담보권설정이 소멸되어서 경매개시결정 당시까지 이를 주장하였다면 경매의 공신적 효과는 생기지 않는다.

(ε) 매수인이 대금납부로 소유권을 취득한 경우에는 저당권은 소멸되었다. 그때서야 비로소 저당권의 피담보채권 부존재와 경매절차의 무효확인을 구하는 청구는 과거의 권리 또는 법률관계에 대한 확인을 구하는 것에 지나지 않아서 확인의 이익이 없어 허용되지 않는다.[31]

29) 대판 1978.10.10. 78다910.
30) 대결 1992.11.11. 92마719.
31) 대판 1993.6.29. 92다43821.

소멸된 근저당권에 기초한 경매로 소유권을 취득한 매수인의 지위

1. 담보권 상태별 경매 및 매수인 취득 과정

담보권 상태	부존재 (처음부터 없음)	경매청구권 자체 불인정
	무효 (설정 자체가 무효)	소유자가 절차 참여·이의 제기 가능
		소유자가 절차상 대응 못함 → 매수인 대금납부 시 취득 가능
	소멸 (설정 후 소멸)	경매개시 결정 전 소멸 → 경매 무효 → 매수인 취득 불가
		경매개시 결정 후 소멸 → 민집 267조 적용 → 매수인 대금완납 시 취득

2. 절차보장과 실권효 관계

경매절차 진행	소유자에게 경매개시 결정 송달, 절차 참여 기회 있음	소유자가 대응 안함 → 실권효 발생 → 매수인 취득 확정
	소유자에게 송달 안 됨, 절차 참여 기회 없음	매수인 대금납부에도 소유자 소유권 주장 가능

3. 대전판 2022.8.25. 2018다205209 요약

경매개시 결정	이후 담보권 소멸 → 공신력 인정 → 매수인 ○
	이전 담보권 소멸 → 공신력 없음 → 매수인 ×

□ 핵심정리

- 공신력(경매효력) 인정: 경매개시 결정 후 담보권 소멸 → 매수인 보호
- 실권효: 소유자가 절차 참여 기회를 받았음에도 대응하지 않으면 매수인 소유권 확정
- 담보권 부존재/무효/소멸 여부 → 매수인 취득 여부 결정
- 임의경매와 강제경매: 임의경매는 집행권원 없으므로 절차보장 강조, 강제경매는 집행권원 자체가 공신력 근거

(iv) **채권에 대한 강제집행** 예컨대 채권자 갑이 채무자 을의 제3채무자 병에 대한 금전채권에 대하여 강제집행을 하는 경우이다.

(ㄱ) 우선 채권자가 집행법원에 그 채권에 대한 압류명령을 신청하여 이것이 제3채무자에게 송달되면 그 채권은 압류된다. 압류명령의 채무자에 대한 송달은 압류의 효력요건이 아니다. 그러나 압류채권자와 채권양수인 간의 경합에서 압류명령이 제3채무자에게 송달된 날과

확정일자 있는 채권양도통지서가 채무자에게 송달된 날을 기준으로 채권양수인의 통지서가 먼저이면 압류채권자의 압류명령은 효력이 없다.[32] 만일 어느 쪽이 앞서는지 분명하지 않은 경우에 제3채무자로서는 이들 중 누구에게라도 채무 전액을 변제하면 다른 채권자에 대한 관계에서도 유효하게 면책 된다.[33] 이 경우 다른 채권자는 그 압류에 따른 집행절차에 참가할 수 없다.[34] 다만 압류된 채권액의 합계액이 압류채권자의 제3채무자에 대한 채권액을 초과할 경우에는 내부적으로 각 채권액을 안분하여 다시 정산을 요구할 수 있다.[35]

(ㄴ) 채무자의 제3채무자에 대한 금전채권의 다른 현금화방법으로는 추심명령과 전부명령이 있다. 추심명령은 채권이 여전히 채무자에게 남아 있으므로 채권자는 채무자의 추심권을 획득하여 제3채무자에게 직접 채무의 이행을 청구하는 방법이고, 전부명령은 압류채권을 집행채권의 변제에 갈음하여 채무자로부터 압류채권자에게 이전하는 방법이다. 따라서 전부명령이 송달되면 다른 채권자에 대한 배당절차라는 것은 없고 집행은 종료되어버린다.

(다) **보전처분**

(a) **보전처분의 개념** (i) 보전처분이라 함은 민사 본안 소송의 지체로 말미암아 당사자 혹은 사회에 생길 위험을 피하기 위한 법원의 잠정적인 구제수단을 말한다. 통상적으로는 민사집행법상 가압류와 가처분이 이에 해당한다.

(ii) 가압류는 금전채권이나 금전으로 환산할 수 있는 채권에 관하여 동산 또는 부동산에 대하여 하는 강제집행을 보전하기 위하여 할 수 있다(민집 제276조). 가처분은 다툼의 대상에 관한 가처분(이른바 계쟁물에 관한 가처분)과 임시의 지위를 정하기 위한 가처분으로 나누어지는데 다툼의 대상에 관한 가처분은 당사자가 현상이 바뀌면 권리를 실행하지 못하거나 이를 실행하는 것이 매우 곤란할 염려가 있을 경우에(민집 제300조 제1항)할 수 있고, 임시의 지위를 정하는 가처분은 다툼이 있는 권리관계에 관하여 임시로 지위를 정하기 위하여(민집 제300조 제2항) 할 수 있다.

(iii) **민사집행법상 보전처분 규정의 특수성** (ㄱ) 가압류·가처분의 집행에 관해서는 집행권원이 아직 존재하지 아니한다는 점에서 통상의 강제집행과 다르다. 하지만 권리의 보전을 꾀하기 위해 강제집행의 일부인 압류를 실시할 필요가 있거나, 가처분의 경우에는 비금전채권의 강제집행 방법을 부분적으로 이용할 필요가 있기 때문에 재판기관과 기능적으로 분리된 집행기관(강제집행 기관)을 이용한다는 점에서는 본래의 강제집행과 마찬가지일 것이다. 여기서는 집행기관에 대하여 집행을 실시할 기준으로 부여되는 법원의 가압류명령·가처분명령 등의 보

32) 대판 2010.10.28. 2010다57213·57220.
33) 대전판 1994.4.26.93다24223.
34) 대판 2004.9.3.2003다22561.
35) 위 대전판 93다24223.

전명령[36]이 필요하고, 보전집행은 그 보전명령을 집행의 전제로 할 필요에서 민사집행법 4 편에 규정되어 있다.

(ㄴ) 그러므로 보전처분에 관한 규정은 민사집행 가운데 흡수되어 있으면서도 두 개의 이질적인 다른 부분을 포함하고 있다. 즉 그 하나는 보전명령인 가압류 명령 · 가처분명령의 발령절차(이른바 보전소송)에 관한 절차를 정한 부분이고, 다른 하나는 보전 명령의 집행절차를 정한 부분이다. 말할 것도 없이 가압류명령 · 가처분명령의 발령절차는 강제집행에 의한 권리의 사실적 형성절차가 아니고, 판결절차에 유사한 권리의 관념적 형성절차로서, 민사집행이 규율하는 다른 사항과 현저히 성격을 달리한다. 그러므로 보전명령은 민사집행법 제276조 이하에 규정되어 있지만 그 성질은 민사집행절차가 아니라 간략한 민사소송[37]의 일종으로 보는 것이다.

(ㄷ) 사실, 보전처분은 로마법상 법무관의 특시명령(interdicts)[38]에서 유래하였다. 로마법상 특시명령이란 오늘날 법관과 유사한 직위에 있는 심판인이 아니라 오늘날의 행정직을 수행하는 정무관 특히 법무관이 민사소송의 원활한 진행 또는 공적 질서를 유지하는 데 필요하거나 또는 적당하다고 인정하는 경우에, 당사자의 신청에 의하여 특정 지위의 발생을 명하거나, 또는 이미 발생한 특정 지위의 방해를 금지하는 일종의 행정처분 적 성질의 명령이었다.[39] 이것은 로마법에서 권리침해에 대해 시민법상 정해진 구제수단이 없는 경우 법무관이 자신의 권한에 기초하여 부여하는 구제수단으로서 법무관은 단순히 그 명령을 발포하는 것이 아니라 조건부로 발포하였고, 조건이 구비된 경우에 한정하여 명령이 효력을 갖도록 하였는데 조건의 구비여부 결정은 오늘날 판사에 해당하는 심판인의 판단을 기다렸다. 이러한 특시명령은 민사소송이 심판인의 심판절차로 인하여 쉽게 현실의 요구에 적응할 수 없는 결함을 보충함으로써 당사자의 자력구제를 가능한 한 줄이기 위한 수단으로 발생하였다고 할 것이다. 아무튼 특시명령이나 보전처분은 강제집행절차에 속하지 않고 오히려 민사소송의 보조수단이라는 점에 주의할 필요가 있다.

(ㄹ) 그럼에도 불구하고, 그 규율이 민사집행법 속에 규정되었다는 것은 가압류 · 가처분제도의 궁극적인 목적이 그 집행의 실시에 있는데 그 집행을 위해서는 가압류소송 · 가처분소송 등 보전소송절차가 필수불가결하기 때문일 것이다. 그 결과 보전처분에서, 보전소송의 규율은 민사소송법과 민사집행법에, 보전집행의 규율은 민사집행법에 분리하여 규정되었다고 할 수 있다.

---

36) 가압류명령·가처분명령에서의 명령은 민사소송법에서 말하는 재판의 형식으로서의 명령이 아니라 법원이 강제력이 있는 잠정적 조치를 명한다는 의미에서 명령이라고 한다.

37) 이시윤, 신 민사집행법 429면은 간이소송 또는 신속한 판결절차라고 한다.

38) 船田享二, ローマ法 第5卷, 264면 이하를 주로 참조하였다.

39) 이것을 공공의 공간을 규율하는 행정명령이라고 번역하는 경우도 있다, 木庭 顯, ローマ法 案內(일본 勁草書房 2019), 90면 참조.

(iv) **민사집행법 태도의 문제점** 사실 보전소송의 규율은 민사소송법에, 보전집행의 규율은 민사집행법에 분리하여 규정하는 것은 언뜻 이론적 요청에 응한 것 같이 보인다. 하지만, 기능적으로 본다면 가압류소송 및 가처분소송은 가압류집행 및 가처분집행의 전제를 이루는 것으로서, 그 집행을 떠나서 독자적 의미를 갖는 것은 아니다. 따라서 그것을 각각 다른 법전에 분리하여 규정하는 것은 여러 가지 불편이 생길 수밖에 없다. 가압류소송(및 가처분 소송)의 문제와 가압류집행(및 가처분 집행)의 문제는 서로 관련하여 고찰할 점이 적지 않은데 그러함에도 불구하고 가압류소송(및 가처분소송)에 관해서는 민사소송법을 보지 않으면 안 되고, 그 집행 면에서는 민사집행법을 보아야 하기 때문이다.

(b) **보전소송의 기본구조** (i) (ㄱ) 보전처분은 보전소송과 집행절차로 나누어진다. 구체적으로는 가압류명령(민집 제280조)·가처분명령(민집 제301조)에 관한 절차와 본안의 제소명령(민집 제287조)절차는 전자에 속하고, 가압류집행(민집 제291조)·가처분집행(민집 제301조)은 후자에 속한다.

(ㄴ) 가압류명령·가처분명령에 관한 절차에는 가압류신청(민집 제279조) 가압류결정에 대한 채무자의 이의신청(민집 제283조) 가압류취소(민집 제288조), 가압류이의 또는 가압류취소신청에 관한 재판에 대한 항고 및 가압류명령신청에 대한 즉시항고가 포함된다.

① 주의할 것은 가압류신청이나 가처분신청을 인가한 가압류명령이나 가처분명령에 대하여 채무자는 민사집행법 제283조, 제301조에 의하여 그 보전명령을 발한 법원에 이의를 신청할 수 있을 뿐이다. 그 인가명령이 항고법원에 의하여 행하여진 경우라 하더라도 이에 대하여 제442조에 의한 재항고나 제444조의 즉시항고로는 다툴 수 없고 이의를 신청하여야 한다.[40] 다만 이의신청에 대하여 법원은 결정으로 가압류의 전부나 일부를 인가·변경 또는 취소할 수 있다(민집 제286조 제5항). 이 인가·변경 또는 취소결정에 대하여는 즉시항고를 할 수 있다(민집 제286조 제7항).

② 가압류 명령이나 가처분 명령에 대하여는 그 뒤에 생긴 사정을 이유로 이를 실효시키는 제도가 사정변경에 의한 취소제도이다. 여기에는 본안의 제소명령에 대한 부제소를 이유로 한 취소(민집 제287조 제3항), 사정변경에 따른 취소(민집 제288조) 등이 있다.

③ 이들 절차는 모두 소송절차로서 민사집행법이 아니라 민사소송법이 적용된다. 예컨대 가압류명령에 대한 이의신청에 대한 재판은 집행절차에 관한 집행법원의 재판에 해당하지 아니하므로[41] 채무자의 가압류 전부나 일부를 인가·변경 또는 취소의 결정(민집 제286조 제5항)에 대한 즉시항고(민집 제286조 제7항)에는 항고이유서 제출기간 제한에 관한 민사집행법 제15조가 적용되지 아니하고 민사소송법의 즉시항고(제444조)에 관한 규정이 적용되어 1주일 이내

40) 대결 2008.12.22. 2008마1752, 2024.2.29. 2023마8214.
41) 대결 2008.2.29. 2008마 145.

에 즉시항고를 하는 것으로 충분하고 항고이유서 제출기간은 제402조의2에 의한다.

(ㄷ) 가압류명령 · 가처분명령 등 보전명령의 신청절차가 개시되면 보전집행에 관한 절차가 실시되고, 이어서 본안소송이나 불복신청에 관한 절차가 제기되는 것이 보통이지만 별개의 절차로도 행하여지는데 보진명령의 집행력은 본안소송이 개시되지 아니하였다고 하여 그 효력에 영향이 있는 것이 아니다. 다만 제소명령에 위반하여 본안소송을 제기하지 않은 경우(민집 제287조)나 본안소송에서 채무자패소판결이 있는 경우(민집 제288조 제1항 1호)에는 가압류명령의 취소를 구할 수 있어 간접적으로 영향을 받을 뿐이다. 보전명령이 확정되더라도 본안소송에는 영향이 없다.

(c) * **보전처분과 민사소송의 관계**

(i) 원칙 보전명령은 가장 높은 수준의 간이소송이다. 거기에는 신중한 본격심리(통상심리)에 갈음하여 간략하고 신속한 약식심리(summarische Kognition)에 기초한 약식재판에 의하여 채권자에게 가장 신속한 임시의 구제를 줄 수 있다(간이구제). 이 간이재판은 공격방어방법의 충분한 심리가 없어도 발령되지 않으면 안 되며, 즉시 집행된다. 보전처분 재판의 기본원칙은, 간이심리의 원칙으로서 「적정 · 공평」의 요청에 대한 「신속」 요청이 우선이고, 그 기본구조는, 간이절차와 사후심리라고 하는 모양새를 갖추었다고 할 수 있다. 현행법에 이들 기본원칙이나 기본구조를 직접 선언한 규정은 없으나 당연히 이들을 전제로 재판한다고 하지 않으면 안 된다.

그러나 간이재판 및 그 집행에 의한 임시 구제가 이루어진 뒤에, 본격심리에 기초한 사후절차가 예정되어 있고, 여기서 간이절차에서 심리되지 않았던 공격방어방법의 심리가 추가되어 종국적인 구제가 이루어질 수 있다. 그리하여 간이재판에 의하여 주어진 임시 구제가 부당하다고 판명되면, 채권자에 대하여 원상회복과 손해배상을 명할 수도 있다.

(ii) 가압류집행과 민사소송의 관계

(ㄱ) 원칙 가압류집행은 신속성을 생명으로 하기 때문에 가압류명령절차는 일반 판결절차에 비하여 현저히 간략하게 되어 있고, 그 집행단계도 될 수 있는 한 신속한 집행요청에 응할 필요가 있다. 그와 동시에 특히 가압류의 경우에는, 종국적 만족을 정당화할 집행권원이 아직 존재하지 않은 상태에서 채무자의 재산에 대하여 현실적인 제약을 가하는 것이기 때문에, 그 취소의 여지를 크게 넓히지 아니하면 공평의 요청에 맞지 않는다. 이리하여 가압류는 권리의 보전에 그친다는 한계를 굳게 지키고, 그 착수의 신속성을 확보하며, 아울러 그 취소의 여지를 채무자의 이익을 위해서 크게 확대하여야 한다.

(ㄴ) 집행문의 원칙적 불필요 보전권원으로서의 가압류명령에 관해서는, 가압류명령을 발령한 법원이 동시에 가압류의 집행법원이 되어서, 가압류명령의 발령과 가압류집행이 연결되어 행하여지기 때문에 보통 집행문의 필요성이 크지 않고 이를 생략할 여지가 있다. 이 점

에서 즉시 집행을 전제로 하는 지급명령과 취지를 같이 한다. 그러므로 지급명령의 경우(민집 제58조)와 마찬가지로 집행문은 원칙적으로 필요하지 않으며, 당사자의 승계가 있는 경우에 한정하여 승계집행문만이 필요하다(민집 제292조 제1항).

(ㄷ) 가압류명령 송달이전의 집행가능성 가압류집행은 신속하게 할 필요가 있기 때문에 통상 민사집행에 요구되는 집행권원(또는 이를 보충하는 집행문)의 사전 혹은 동시 송달은 필요하지 않으며, 가압류명령이 채무자에게 송달되기 이전에도 그 집행을 할 수 있다(민집 제292조 제3항).

(ㄹ) 집행기간 가압류집행은 신속하여야 하기 때문에 가압류명령을 얻은 채권자는 빨리 집행에 착수하여야 한다. 따라서 가압류재판이 고지된 날 또는 채권자에 대하여 가압류결정이 고지된 날부터 2주일이 경과되었을 때에는 집행을 할 수 없다(민집 제292조 제2항).

(ㅁ) 가압류해방금액의 공탁에 의한 집행취소 가압류명령은 금전채권의 집행을 보전하는 것이기 때문에 가압류해방금액 제도가 인정된다. 가압류명령에는 가압류의 집행을 정지시키거나 집행할 가압류를 취소시키기 위하여 채무자가 공탁할 금액을 적어야 하는데(민집 제282조). 이 금액을 가압류해방금액이라고 한다. 채무자에 의하여 가압류해방금액이 공탁되면 그 뒤 가압류의 효력은 채무자가 갖는 공탁금회수청구권 위에 존속하게 되며, 채무자가 해방금액을 공탁하였다면 집행법원은 당해 가압류 집행을 취소하여야 한다(민집 제299조 제1항). 이 취소결정에 대하여는 즉시항고를 할 수 있는데(민집 제17조 제1항) 그렇다고 하여 취소의 효력이 즉시 소멸되는 것이 아니고, 취소결정이 확정되어야 한다(민집 제17조 제2항). 채권의 가압류에 대하여 제3채무자가 가압류해방금액에 상당한 금액을 공탁한 경우(민집 제297조)에도 가압류해방금액의 공탁에 준하여 취급하여도 좋다. 물론 가압류해방금액을 초과하여 공탁한 부분은 가압류해방금액으로 취급할 수 없고 일반 공탁으로 취급하여야 할 것이다.

(ㅂ) 가압류집행절차의 진행 ① 가압류는 권리의 보전에 그치기 때문에 압류가 금전집행의 제1단계가 된다.

② 채무자가 사망한 경우에도 상속인이 있는 경우에는 가압류집행을 속행할 수 있는 점은 다른 민사집행과 동일하다. 승계집행문은 필요하다.

③ 가압류명령에 대해서는 집행권원에 비교되는 여러 가지 불복신청이나 독립된 취소신청제도가 마련되어 있다. 즉 기각·각하 결정에 대한 불복신청(민집 제281조 제2항), 가압류결정에 대한 이의신청(제283조 제1항) 등이다. 이 절차는 이미 설명한 것과 같이 민사소송절차에 의한다.

④ 가압류를 취소한 결정에 대하여 즉시항고가 있는 경우에 법원은 당사자의 신청에 따라 담보를 제공하게 하거나 담보를 제공하지 아니하고 가압류취소결정의 효력을 정지시킬 수 있다(민집 제289조 제1항). 이 절차 역시 민사소송절차에 의한다.

(ㅅ) 가압류 집행에서 본 집행으로 이전

① 의의　　가압류채권자가 소송목적에 관한 집행권원을 취득하여 민사집행을 한다면 그때까지의 보전처분으로서 이루어진 집행처분은 본 집행으로서의 처분으로 전환 된다.42) 즉 집행기관으로서는 보전집행으로 취한 절차를 이용하는 한 본 집행으로 취급하여 본집행의 다음 단계로 나아가는 것이다. 이를 보전집행의 본 집행으로 이전이라고 한다. 이 현상은 다툼의 대상에 관한 가처분(민집 제300조)에 관해서도 생긴다.

② 이전 이후의 가압류의 효력　　일단 가압류가 본 압류로 이행된 뒤에 그 본집행이 취소될 때에 가압류의 효력이 다시 부활될 것인지 문제된다. 가압류채권자가 일단 자기의 의사로 본 압류로 이행한 이상 가압류는 목적을 달성하여 종료되었다고 풀이하여서 본 압류가 취소된 이상 다시 가압류의 효력이 부활하지 아니한다43)고 풀이하여야 할 것이다.

(iii) 가처분 집행과 민사소송의 관계 — 가처분집행의 특이성

① 가처분의 비정형성　　가압류와 가처분은 보전처분으로서 종종 공통적으로 취급되지만 그 정형성(定型性)에 많은 차이가 있다. 가압류는 금전채권이나 금전으로 바꿀 수 있는 청구권이라는 이른바 동질적인 권리에 관해서만 인정되고, 그 집행도, 금전 집행의 첫 단계인 압류방법을 그대로 전용(轉用)하면 충분하다는 점에서 매우 정형적이고, 또 간명하다. 이에 비하여 가처분은 그 피보전권리(즉 가처분으로 보전할 권리)도 각양각색이고, 취하여야 할 보전수단도 천차만별이다.

② 집행방법의 다양성　　보전수단이 다양한 이상 그 집행방법도 일률적이 아니다. 다툼의 대상이 되는 가처분에서 점유이전금지 가처분이나 처분금지가처분은 그 집행방법을 각각 달리하며, 임시의 지위를 정하는 가처분에서도 직무집행정지 · 직무대행자선임가처분, 만족적 가처분 등 집행방법을 각각 달리한다. 이것은 가압류에 의한 채무자의 재산처분 자유의 박탈은 채권자의 채무이행에 관한 장래의 강제집행을 보전하기 위한 조치이므로 그 집행방법이 일률적이지만, 부동산에 관한 이른바 계쟁물에 관한 가처분의 전형적인 형태인 점유이전금지나 처분금지 조치는 장래의 명도나 이전등기를 구할 권리(정확히는 집행)의 보전을, 직무집행정지 · 직무대행자선임가처분, 만족적 가처분 등은 장래의 지위의 보전을 위한 것이기 때문에 그 형태가 일률적일 수 없다.

③ 가처분집행의 통칙　　가처분 집행이더라도 ㉠ 통상의 집행문은 필요하지 않고, 승계집행문만 필요하며, ㉡ 2주간의 집행기간이 정하여 있고, ㉢ 가처분명령의 집행도 가능하다는 점은 가압류집행과 동일하여, 가처분절차에는 원칙적으로 가압류절차에 관한 규정을 준용한다(민집 제301조).

---

42) 대판 2010.19.14.2010다48455.

43) 대판 1980.6.26.80마146.

④ 보증금(담보)의 역할 만약 잘못된 보전처분이 집행된 경우에 상대방이 받은 손해를 전보하기 위한 담보가 보증금이라는 것이 일반적인 설명이다. 아마 보증금이 그러한 기능을 담당하는 것은 문제가 없으나 현실적으로 손해배상을 청구하더라도 보증금이 실제 그런 역할을 하는 경우는 매우 희박하다. 보증금의 기능은 오히려 상대방의 행동을 제약하는 조치를 구하는 측이, 스스로 금전을 제공함으로써 행동제약을 받는 상대방과의 형평을 꾀하는 것이고 그에 의하여 한 쪽은 남용적 신청을 억제하고 다른 쪽은 장래의 불확실한 전망을 담보 설정으로 보다 확실하게 하는 기능이 있다고 하여야 할 것이다. 그렇다면 보증금을 어떻게 설정할 것인가는 본래 사안의 특성에 의해서 다양해지는데 일반적으로는 부동산 가압류의 경우에는 부동산평가액의 얼마라고 유형적 평준화하는 것이 일반적이다. 한편, 청구채권과 가압류의 이유를 소명한 때에도 법원은 담보를 제공하게 하고 가압류를 명할 수 있어(민집 제280조 제3항), 보증금에 의하여 소명을 갈음할 수 없다는 것이 보전처분의 원칙인바 불확정한 장래를 향하여 보전조치를 심리하는 이상 보증금으로 소명을 보완하는 기능을 정면으로 인정하는 것이 실천의 감각에 합치할 뿐 아니라 보전심리의 이론에 의해서 유용한 것이 아닐까 생각된다.

보전처분과 민사소송의 관계

1. 보전처분의 기본 개념과 민사소송과의 관계

- 보전처분의 목적: 채권자가 본안 소송에서 권리를 확보하기 전에, 재산이나 지위가 소송 결과에 영향을 받지 않도록 임시적·신속하게 구제하는 절차
- 신속성을 중시하므로 본격적 심리(통상심리) 대신 약식심리(summarische Kognition)를 통해 임시적 구제 제공
- 보전처분의 구조: 간이심리 + 사후심리 구조
- 간이심리 단계: 신속·임시적 구제 제공, 공격·방어 수단의 충분한 심리는 필요하지 않음.
- 사후 본격심리 단계: 본안 심리에 준하는 심리로, 간이심리에서 심리되지 않은 공격·방어 수단을 다룸
- 부당한 간이재판의 경우 채권자는 원상회복 및 손해배상을 부담할 수 있음

2. 가압류와 민사소송의 관계

- 원칙: 가압류는 금전채권 보전을 위한 신속한 절차
- 종국적 권리확정은 민사소송(본안소송)에서 이루어짐
- 채무자의 권리보호를 위해 취소 가능성을 넓게 인정
- 집행 관련 특징
  - 집행문 불필요: 가압류명령 발령과 동시에 집행 가능, 지급명령과 유사
  - 송달 전 집행 가능: 가압류명령이 채무자에게 송달되기 전에도 집행 가능(민집 제292조 제3항)

◦ 집행 기간 제한: 가압류결정 고지일로부터 2주 내 집행 가능(민집 제292조 제2항)
◦ 가압류해방금액: 채무자가 일정 금액 공탁 시 집행 취소 가능(민집 제282조, 제299조)
◦ 집행절차 진행: 가압류는 권리 보전에 그치며 금전집행의 제1단계. 집행문 필요없으나 상속인 있는 경우 승계집행문 필요
◦ 불복 절차: 가압류결정 이의신청의 기각·각하 결정 불복, 취소결정에는 즉시항고 등 민사소송 절차 적용
◦ 보전집행에서 본집행으로의 이전
◦ 본안소송에서 집행권원을 얻으면 가압류 집행 → 본집행으로 전환
◦ 본집행 취소 시, 가압류 효력은 재부활하지 않음

3. 가처분과 민사소송의 관계

- 가처분의 특이성: 가압류보다 정형성이 낮고 집행방법 다양. 점유이전금지, 처분금지, 직무집행 정지 등 다양한 형태
- 보전 대상 권리와 수단이 다양하기 때문에 일률적 집행 방법 적용 어려움
- 집행 관련 일반 원칙: 가압류 규정 준용(민집 제301조)
- 통상 집행문 필요 없음, 승계집행문만 필요.
- 2주간 집행기간 규정, 신속집행 원칙 적용
- 보증금(담보)의 역할: 잘못된 보전처분으로 인한 손해 전보 목적 외에도 행위 억제·형평성 확보 기능
- 담보금액은 사건 특성에 따라 다양하나, 일반적으로 부동산 가압류는 평가액 기준 설정
- 보증금은 보전처분의 신속·간이심리 원칙과 조화되어, 불확실한 장래 권리 확보에 유용

□ 핵심정리

구분	가압류	가처분
대상	금전채권	금전으로 전환 가능한 권리 다양한 권리, 재산, 지위
집행 방법	압류 위주, 정형화	다양, 사건별 맞춤형
집행문	원칙적으로 불필요 승계집행문 필요	원칙 불필요 승계집행문만 필요
송달 전 집행	가능	가능
집행 기간	2주	2주 (가압류 준용)
담보/보증금	가압류해방금액	보증금, 행위 억제 및 형평성 확보
본집행 전환	가능, 본압류로 이전	가능, 본집행에 준용

정리하면, 보전처분은 민사소송의 임시·신속적 단계로 이해할 수 있으며, 가압류는 금전채권 중심의 정형적 집행, 가처분은 권리·재산 보호를 위한 비정형적 집행이라는 점에서 차이가 있다.

㈑ **부수(附隨)절차** 판결절차나 민사집행절차가 제대로 작동하도록 하게 하는 절차들을

부수절차라고 한다. 판결절차에는 증거보전절차(제375조 이하), 소송비용의 확정절차(제110조 이하) 등이, 민사집행절차에는 집행문부여(민집 제30조 이하), 재산명시절차(민집 제61조 이하) 등이 부수한다.

(마) **민사소송법전** 우리나라는 판결절차와 그 부수절차를 민사소송법에 규정하고, 민사집행과 그 부수절차 및 보전처분 절차를 민사집행법에 규정하고 있다.

(2) 특별소송절차

(가) **간이소송절차(약식소송절차)** 금전 그 밖의 대체물이나 유가증권의 일정 수량 지급을 목적으로 하는 청구에 대하여 적용되는 절차이다. 통상 판결절차보다 간편하고 쉽게 집행권원을 얻을 수 있다. 소액사건심판법에서 정하고 있는 소액사건심판절차, 독촉절차(제462조 이하)등이 이에 속한다. 보전소송은 민사집행이 아니라 간이소송에 속한다는 것은 앞에서 설명하였다.

(나) **가사소송절차**

(a) (i) 가사소송이란 가족관계의 확정·형성을 목적으로 하거나 이와 관련된 민사 및 비송사건의 처리를 위한 절차를 말한다. 그 일반법이 가사소송법이다. 가사소송법은 가사사건을 가사소송사건(가소 제2조 제1항 1호)과 가사비송사건(가소 제2조 제1항 2호)으로 나누었다.

(ii) 가사소송사건에 관해서는 제147조 제2항(주장과 증거의 제출기간의 제한), 제149조(실기한 공격·방법의 각하), 제150조 제1항(자백간주), 제284조 제1항(변론준비절차의 종결), 제285조(변론준비기일을 종결한 효과), 제349조(당사자가 문서를 제출하지 아니한 때의 효과), 제410조(제1심 변론준비절차의 효력)의 규정 및 제220조(화해, 청구의 포기·인낙조서의 효력) 중 청구의 인낙에 관한 규정과 제288조(불요증사실) 중 자백에 관한 규정은 적용하지 아니하지만(가소 제12조 단서), 나머지 가사소송사건에 관해서는 민사소송법 규정에 따른다(가소 제12조 본문).[44]

(iii) 가사비송사건에 관해서는 비송사건절차법 제15조(검사의 의견진술, 참여)를 제외한 비송사건절차법 제1편을 준용한다. 따라서 가사소송사건은 본질이 민사소송이라고 할 수 있고, 가사비송사건은 비송사건이라고 할 수 있다.

(b) (i) 가정법원이 가사소송법 제2조 제1항 1. 가류 또는 나류 가사소송사건을 심리할 때에는 직권으로 사실조사 및 필요한 증거조사를 하여야 하며, 언제든지 당사자 또는 법정대리인을 신문할 수 있다고 「직권조사」를 규정하고 있다(가소 제17조). 여기서 「직권조사」가 무엇인지에 관하여, 판례[45]는 가사소송법상 직권으로 증거를 조사하도록 규정되어 있다고 하여 당사자가 주장하지도 않고 심리과정에서 나타나지도 아니한 독립한 공격방어방법에 대한 사실

---

44) 그러므로 가소 제2조 제1항 1호에서 열거하지 아니한 재산상속·유언무효·유류분사건 등은 모두 민사소송사건이라고 하여야 할 것이다(같은 취지: 이시윤, 13면 참조).

45) 대판 1990.12.21. 90므897.

까지 법원이 조사하여야 하는 것은 아니라고 판시함으로써, 가사소송의 심리절차에 관하여서도 원칙적으로 처분권주의, 변론주의를 배제하지 않고 있다. 그렇다면 가사소송법 제2조 제1항 1호의 가사소송사건은 가족생활에 관한 분쟁을 다루는 심판절차로서 성질상 민사사건이지만 이를 가정법원의 전속관할(가소 제2조 제1항 본문)로 하고 있을 뿐이라고 하여야 할 것이다.

(ii) 가사비송사건에서 재판상 이혼에 따른 재산분할청구사건과 같이 금전의 지급 등 재산상 의무이행을 구하는 경우에는 원칙적으로 청구인의 청구취지를 초과하여 의무의 이행을 명할 수 없다(가소규 제93조 제2항 본문). 하지만 가사비송절차에 관하여는 가사소송법에 특별한 규정이 없는 한 비송사건절차법 제1편의 규정을 준용하며(가소 제34조 본문), 비송사건절차에 있어서는 민사소송의 경우와 달리 당사자의 변론에만 의존하는 것이 아니고, 법원이 자기의 권능과 책임으로 재판의 기초가 되는 자료를 수집하는 직권탐지주의에 의한다(비송 제11조). 따라서 법원으로서는 당사자의 주장에 구애되지 아니하고 재산분할의 대상과 가액을 직권으로 조사·판단할 수 있다.[46] 이점에서 가사소송사건과 가사비송사건은 근본적으로 다르다 할 것이다.

㈐ **채무자 회생절차(도산절차)**

(a) **개념** (i) 채무자의 무자력으로 다수 채권자를 만족시킬 수 없을 때에 채권자의 개별적 민사집행을 금지하고 채무자의 총 재산을 총 채권자를 위하여 공평하게 청산하거나 채무자의 재건 방법을 도모하는 절차를 채무자회생절차 또는 도산절차라고 한다. 그 일반법이 채무자회생법인데 채무자회생절차의 목적은 재정적 어려움으로 말미암아 파탄에 직면해 있는 채무자에 대하여 채권자·주주·지분권자 등 이해관계인의 법률관계를 조정하여 채무자 또는 그 사업의 효율적인 회생을 도모하거나 회생이 어려운 채무자의 재산을 공정하게 환가·배당하는 것을 목적으로 한다(채무자회생 제1조).

(ii) ㈀ 여기에는 회생절차(채무자회생 제34조 이하), 파산절차(채무자회생 제294조 이하), 개인회생절차(채무자회생 제579조 이하) 및 국제도산절차(채무자회생 제628조 이하)가 있다.

㈁ 파산절차에서의 집행을 일반 또는 포괄집행이라고 하는데 특정채권자의 개별만족을 의미하는 강제집행과 구별된다. 개인회생절차는 개인채무자가 부담하고 있는 채무 중 일정한 금액을 변제하면 파산선고 없이 나머지 채무를 변제할 수 있게 해주는 절차로서 최장 5년 동안 생활비를 제외하고 전체 부채의 3% 내지 5%만 갚으면 되고, 원리금의 최대 95%까지 탕감해 준다. 회생절차는 회사가 도산의 위기에 부닥쳤을 때 회사의 재건·갱생의 길을 모색하는 절차이다.

(b) **개별집행과 일반집행** 민사집행은 채무자의 개별재산에 대한 집행을 원칙으로 한다.

---

46) 대판 2024.5.30. 2024므10370.

예를 들어 특정물인도청구권의 민사집행은 그 특정물에 한해서, 금전채권의 경우에는 채무자의 일반재산에 대한 개별적인 강제집행을 통하여 채권자는 만족을 얻는다. 그러나 채무자회생절차에서는 이런 개별적 집행을 금지하고 채무자의 총재산을 환가하여 얻은 환가금을 채권 액에 따른 안분(按分)비례(比例)로 총채권자에게 공평하게 분배한다(채무자회생 제294조 이하). 이를 개별적 민사집행과 비교하여 일반집행 또는 포괄집행이라고 한다. 일반집행은 채무자가 무자력인 경우에 채권자들의 경쟁적 집행에 의하여 총채권자나 채무자가 입을 피해를 줄이기 위한 것이다.

(c) **재판관할(채무자회생 제3조)** (i) 회생사건, 간이회생사건 및 파산사건 또는 개인회생사건은 ① 채무자의 보통 재판적이 있는 곳(1호) ② 채무자의 주된 사무소나 영업소가 있는 곳 또는 채무자가 계속하여 근무하는 사무소나 영업소가 있는 곳(2호) ③ 1호 또는 2호에 해당하는 곳이 없는 경우에는 채무자의 재산이 있는 곳(채권의 경우에는 재판상 청구를 할 수 있는 곳을 말한다)(3호)의 한 곳을 관할하는 회생법원의 관할에 전속한다(채무자회생 제3조 제1항).

(ii) 회생사건 및 파산사건은 위의 전속관할에도 불구하고 채무자의 주된 사무소 또는 영업소의 소재지를 관할하는 고등법원 소재지의 회생법원에도 신청할 수 있으며(채무자회생 제3조 제2항), 채권자의 수가 300인 이상으로서 대통령령이 정하는 금액 이상 채무를 부담하는 법인에 대한 회생사건 및 파산사건은 서울회생법원에도 신청할 수 있다(채무자회생 제3조 제4항).

(d) **소송절차와의 관계** (i) 당사자가 파산선고를 받은 때에 파산재단에 관한 소송절차는 중단된다(제239조 전단). 채무자회생법에 따른 수계가 이루어지기 전에 파산절차가 해지되면 파산절차가 종결되어 위 소송절차의 중단이 해소된다. 그러므로 이 경우에는 파산선고를 받은 자가 당연히 소송절차를 수계(受繼)한다(제239조 후단).

(ii) 채무자회생법에 따라 파산재단에 관한 소송의 수계가 이루어진 뒤 파산절차가 해지된 때에는 파산절차가 종결되어 소송절차는 중단되므로 파산선고를 받은 자가 소송절차를 수계하여야 한다(제240조).

(iii) 채무자에 대한 파산선고 후에 파산폐지의 결정이 내려지고 그대로 확정되면, 채무자는 파산재단의 관리처분권과 파산재단에 관한 소송의 당사자적격을 회복한다. 이러한 사정은 직권조사사항이므로 당사자가 주장하지 않더라도 법원이 직권으로 조사하여 판단하여야 하고, 사실심 변론종결 이후에 당사자적격 등 소송요건에 흠이 있거나 그 흠이 치유된 경우에는 상고심에서도 이를 참작하여야 한다.[47]

(iv) (ㄱ) 소송계속 중에 한 쪽 당사자에 대하여 회생절차개시결정이 있었든가 파산선고가 있었는데, 법원이 회생절차개시결정사실이나 그 파산선고 사실을 알지 못한 채 회사관리인 또

47) 대판 2010.11.25. 2010다64877, 2017.2.9. 2016다45946.

는 파산관재인이나 상대방의 소송수계가 이루어지지 아니한 상태 그대로 소송절차를 진행하여 판결을 선고하였다면, 그 판결은 소송절차의 중단 중에 선고된 것이므로 소송에 관여할 수 있는 적법한 소송수계인이 법률상 소송행위를 할 수 없는 상태에서 심리되어 선고된 것이어서 절차상 위법하다.[48] 그러나 당연무효라고는 할 수 없고 마치 무권대리인에 의하여 적법하게 대리되지 아니하였던 경우와 마찬가지이므로 대리권의 흠을 이유로 하여 상소 또는 재심에 의하여 그 취소를 구할 수 있다.[49]

(ㄴ) 상소심에서 파산선고를 받은 자가 회생채권의 신고 등을 하고 수계절차를 밟은 경우에는 위와 같은 절차상 흠은 치유되어 그 수계와 상소는 적법한 것으로 된다.[50] 그러나 회생채권의 신고 등이 없다면 회생계획인가의 결정이 있는 때에 실권되므로 소송수계를 할 수 없다.[51]

3. 다른 소송절차와의 관련

(1) 헌법소송과의 관련

(가) 헌법재판소는 ① 법원의 제청에 의한 법률의 위헌여부심판 ② 탄핵의 심판 ③ 정당의 해산심판 ④ 권한쟁의에 관한 심판 ⑤ 헌법소원에 관한 심판들의 사항을 관장한다(헌재 제2조).

(나) 헌법재판소의 심판절차에 특별한 규정이 있는 경우를 제외하고는 헌법재판의 성질에 반하지 아니하는 한도에서 민사소송에 관한 법령을 준용한다(헌재 제40조 제1항 전단). 다만 헌법재판소의 관장사항 가운데에서 탄핵심판의 경우에는 형사소송에 관한 법령을 준용하고, 권한쟁의심판 및 헌법소원심판의 경우에는 행정소송법을 함께 준용하며(헌재 제40조 제1항 후단), 이 경우에 형사소송에 관한 법령 또는 행정소송법이 민사소송에 관한 법령에 어긋날 때에는 민사소송에 관한 법령을 준용하지 아니하지만(헌재 제40조 제2항) 헌재 제40조 제1항 전단에 따라 법률의 위헌여부심판 및 정당의 해산심판에 관해서는 민사소송에 관한 법령을 준용하여 심판하여야 한다. 그러므로 헌재의 심판절차는 민사소송법이 기준이다. 이 점에서 헌법소송은 민사소송과 관련을 맺고 있다.

(다) 법률의 위헌결정은 법원과 그 밖의 국가기관 및 지방자치단체를 기속하고(헌재 제47조 제1항), 정당의 해산을 명하는 결정이 선고된 때에는 그 정당은 해산되는데(헌재 제59조) 이 헌

---

48) 대판 2011.10.27. 2011다56057, 2015.10.15. 2015다1826 · 1833.
49) 대전판 1995.5.23. 94다28444.
50) 대판 1999.12.28. 99다8971.
51) 대판 2016.12.27. 2016다35123.

재결정에서 민사소송법상 판결의 무효나 부존재로 평가될 수 있는 위법이 있는 경우에는 기속력이 생길 수 없다.

㈑ 헌법재판소에서 헌법불합치결정이 선고된 경우에는 위헌결정이 선고된 경우와 달리 입법개선을 기다려 개선된 입법을 소급적으로 적용함으로써 합헌적 상태를 회복할 수 있다. 그러나 헌법불합치결정도 위헌결정의 일종이므로 그 결정의 효력은 결정이 있는 날로부터 발생하고, 위헌결정의 경우와 같은 범위에서 소급효가 인정된다. 따라서 헌법불합치결정에 따른 개선입법이 소급하여 적용되는 범위도 위헌결정에서 소급효가 인정되는 범위와 같으므로, 특별한 사정이 없는 한 헌법불합치결정은 그 선고 당시의 시점까지 소급되는 것이 원칙이다[52].

(2) 형사소송과의 관련

㈎ 형사소송은 검사에 의하여 기소된 피고인의 유·무죄 여부, 유죄일 때 적용하는 형량에 관한 심판절차이다. 따라서 민사재판과 형사재판은 별개의 소송절차이고 별개 소송법 원리의 지배를 받고 있으므로 민사재판에서는 형사재판에서 인정된 사실에 구속을 받지 않는다.

㈏ 그러나 동일한 사실관계에 관하여 확정된 형사판결이 유죄로 인정한 사실은 민사소송절차에서도 유력한 증거자료가 된다. 그러므로 민사재판에서 제출된 다른 증거들에 비추어 형사판결의 사실판단을 채용하기 어렵다고 인정되는 특별한 사정이 없는 한 이와 반대되는 사실을 인정해서는 안 될 것이다. 더욱이 민사판결이 있은 후에 형사절차에서 장기간에 걸친 신중한 심리 끝에 결국 그것이 유죄로 밝혀져서 형사판결이 확정된 경우에 법원은 그 형사판결의 존재와 내용을 존중하여 거기에서 인정된 사실은 민사판결에서 인정된 사실보다 진실에 부합하고 신빙성이 있는 것으로 받아들여야 한다.[53]

㈐ 제451조 제1항의 재심사유 가운데에서 ① 재판에 관여한 법관이 그 사건에 관하여 직무에 관한 죄를 범한 때(4호) ② 형사상 처벌받을 다른 사람의 행위로 말미암아 자백을 하였거나 판결에 영향을 미칠 공격 또는 방어방법의 제출에 방해를 받은 때(5호) ③ 판결의 증거가 된 문서, 그 밖의 물건이 위조되거나 변조된 때(6호) ④ 증인·감정인·통역인의 거짓 진술 또는 당사자신문에 따른 당사자나 법정대리인의 거짓 진술이 판결의 증거가 된 때(7호)에는 처벌받을 행위에 대하여서는 유죄의 판결이나 과태료부과의 재판이 확정된 때 또는 증거부족 이외의 이유로 유죄의 확정판결이나 과태료부과의 확정판결을 할 수 없을 때에만 재심의 소를 제기할 수 있으므로(제451조 제2항) 이 점에서 형사소송절차는 민사재심과 밀접한 관련이 있다 할 것이다.

㈑ 형사 제1심 또는 제2심의 공판절차에서 소송촉진 등에 관한 특례법 제25조 제1항에

52) 대판 2024.10.8. 2024다241510.
53) 대판 1994.1.28. 93다29051.

규정된 범죄에 관하여 유죄판결을 선고할 경우에 법원이 직권 또는 피해자나 그 상속인의 신청에 의하여 피고사건의 범죄행위로 말미암아 발생한 직접적인 물적 피해, 치료비 손해 및 위자료의 형사배상을 명할 수 있다(소촉 제25조 제1항). 형사배상명령제도는 형사소송에 부대하여 인정되는 특수한 부대소송으로서 계속 중인 형사재판절차에서 그 범죄행위로 말미암아 발생한 손해에 관한 소송을 병합 심판함으로써 분쟁의 1회적 해결과 민사재판과 형사재판 상호 간에 재판이 어긋나는 것을 회피하면서 범죄행위로 말미암은 손해를 간이·신속하게 배상해 준다는 데 그 취지가 있어 이 점에서도 민사소송과 관련을 맺고 있다.

(3) 행정소송과의 관련

(가) (a) 행정소송은 행정처분에 의하여 불이익을 받은 사람이 그 처분의 적법 여부를 다투는 사건의 심판절차이다. 행정소송에서 국가기관인 행정청은 언제나 피고의 지위에 있다. 이것은 행정소송의 목적이 궁극적으로 국가로 하여금 공정하게 권력행사를 하게 함으로써 개인의 권리를 보장하는 데 있기 때문이다.

(b) 그와 같은 취지에서 행정소송법이 민사소송법과 달리 입법되었고, 거기에는 민사소송과 다른 여러 가지 특례를 인정하고 있다. (i) 임의적 행정심판전치주의(행소 제18조) (ii) 행정법원을 제1심법원(행소 제9조 제1항)으로 하여 모든 행정사건에 3심제 채택 (iii) 관련청구의 병합(행소 제10조) (iv) 직권심리주의(행소 제26조) (v) 집행정지(행소 제23조) 및 집행정지의 취소(행소 제24조) (vi) 재량에 의한 청구기각의 사정판결(행소 제 28조) (vii) 거부처분취소판결의 간접강제(행소 34조) 등이다. 그러나 이와 같은 특례를 제외하고 그 외에는 법원조직법·민사소송법·민사집행법을 준용하고 있으므로(행소 제8조) 행정소송은 민사소송과의 관계에서 특별민사송절차라고 볼 수 있다.

(c) 행정소송사건에서 당사자 아닌 제3자가 소송의 결과에 따라 법률상 권리 또는 이익의 침해를 받게 된다면 행정소송법제16조에 따라 소송참가를 할 수 있고, 이에 해당하지 않는 경우에도 소송의 결과에 이해관계가 있으면 민사소송법에 따라 보조참가를 할 수 있다. 여기서의 '이해관계'란 판결의 기판력이나 집행력을 당연히 받는 경우 또는 그 판결을 전제로 하여 보조참가를 하려는 자의 법률상 지위가 결정되는 관계에 있는 경우를 의미 한다.[54)]

(d) 한편, 행정소송은 행정처분의 직접 상대방이 아닌 제3자라고 하더라도 그 제3자가 일반국민이 공통적으로 가지고 있는 일반적·추상적·간접적 이익이 아니라 행정처분의 근거법규와 관련법규에 의하여 보호되는 개별적·직접적·구체적 이익을 침해받는 경우에는 취소소송을 제기하여 그 당부의 판단을 받을 자격이 있다.[55)]

---

54) 대결 2023.4.27. 2023무547.
55) 대판 2023.1.12. 2022두56630.

(나) 그러나 행정처분이 당연무효라고 볼 수 없는 한 그 행정처분에 취소할 수 있는 위법사유가 있다 하더라도 행정행위의 공정력 또는 집행력에 의하여 그것이 적법하게 취소되기 전까지는 유효하다 할 것이므로, 민사소송절차에서는 그 행정처분의 효력이 취소될 때까지 이를 함부로 부인할 수 없다.[56)]

(다) * **행정상 당사자소송**[57)]

(a) **개념** (i) 행정상 당사자소송이란 행정청이 우월한 지위에서 하는 처분이나 부작위 자체를 대상으로 하는 소송(즉 행소 제3조 1호의 항고소송)이 아니라 그러한 처분이나 부작위의 결과로서 생긴 법률관계 그 밖에 대등한 당사자 간의 공법상 권리·의무에 관하여 행정청이 피고로서 당사자가 되는 소송을 말한다(행소 제3조 2호). 민사소송과 당사자소송은 양 쪽 모두 당사자의 대등한 존재를 전제로 하고 있고, 공권력 행사 자체를 다투는 것이 아니라는 점에서는 동일하지만 행정상 당사자소송은 그 대상인 법률관계가 공법상의 법률관계인데 반하여, 민사소송은 사법상의 법률관계를 그 대상으로 하는 점에서 구별된다. 예컨대 공무원이 면직처분을 받은 경우에 그 면직처분 자체의 위법·무효를 다투는 소송은 항고소송(행소 제3조 1호)이지만 그 처분의 무효를 전제로 공무원지위의 확인을 구하는 소송은 당사자소송(행소 제3조 2호)이 되는 것이다, 또 과세처분에 따라 세금을 납부한 후에는 이미 납부한 세금의 반환을 구하는 소송은 당사자소송으로서 이 경우 과세처분의 부존재확인소송이나 무효확인소송은 확인의 이익이 없지만[58)] 신고납부방식의 조세로서 신고를 하였으나 신고가 무효인 경우에 아직 세금을 납부하지 아니하였다면 이 경우 제기되는 납세의무부존재확인의 소는 공법상 법률관계 그 자체를 다투는 소송으로서 당사자소송이다[59)]. 그러나 원고가 경상북도 구미시를 피고로 하여 도시개발법 제41조 에 따라 원고가 피고에 대하여 부담하는 청산금채무가 3,534,050,553원을 초과하여 존재하지 않는다는 취지로 제기한 채무부존재확인 소송은 공법상 당사자 소송이지만 이 소송의 제1심 계속 중 원고가 피고에게 청산금 명목으로 합계 3,957,827,600원을 지급하고서, 기존의 청구취지를, 자신이 초과 지급한 423,777,047원(=원고가 제1심 계속 중 피고에게 지급한 합계 3,957,827,600원 − 원고가 정당한 청산금이라고 주장하는 3,534,050,553원)을 부당이득으로 반환을 구하는 청구는 행정상 당사자 소송이 아니라 민사소송이다.[60)]

(ii) 행정상 당사자소송의 피고 지정이 잘못된 경우에 법원은 석명권을 행사하여 피고를 경정하게 해야 하고,[61)] 도시 및 주거환경정비법에서 정한 주택재건축정비사업조합을 상대로

56) 대판 1987.7.7. 87다카54, 1991.10.22. 91다26690, 1999.8.20. 99다20179 등 참조.
57) 서울고판 2014.1.10. 2013누8174(평석은 [114] 참조).
58) 대판 1982.3.23. 80누476.
59) 대판 2000.9.8. 99두2765.
60) 대판 2023.6.29. 2022두44262.
61) 대판 2007.4.27. 2005다64033.

관리처분계획안에 대한 조합 총회 결의의 효력을 다투는 소송은 행정상 당사자소송인데도 원고가 고의 또는 중대한 과실 없이 이를 민사소송으로 잘못 제기한 경우에 수소법원이 만약 그 행정소송에 대한 관할도 동시에 갖고 있고 행정소송으로서의 소송요건을 갖추고 있다면 원고로 하여금 행정소송으로 소 변경을 하게 하여야 한다.[62]

(b) **형식적 당사자 소송** 실질적으로는 행정청의 처분 등을 다투는 소송이지만 법규정상 행정청의 처분이나 부작위 자체의 효력을 다툴 수 없어 처분청을 피고로 하지 않으면서도 그 대신 처분 등으로 형성된 법률관계를 다투기 위해서 관련 법률관계의 한 쪽 당사자를 피고로 하여 제기하는 소송을 형식적 당사자 소송이라고 한다. 예컨대 토지보상법 제85조제1항의 규정에 따라 제기하고자 하는 행정소송인 보상금 증액청구의 소는 토지수용위원회의 재결 중 보상금 산정에 관한 부분에 불복하여 그 증액을 구하는 소이므로 실질적으로는 재결을 다투는 항고소송의 성질을 가지고 있다. 하지만 토지보상법에서 토지소유자 등이 보상금 증액 청구의 소를 제기할 때에는 사업시행자를 피고로 한다고 규정하고 있으므로(위 법 제85조 제2항) 처분청을 피고로 할 수는 없다. 그러므로 위 규정에 따른 보상금 증액 청구의 소는 토지소유자 등이 사업시행자를 상대로 제기하는 당사자소송의 형식을 취하고 있어 행정소송법제8조제2항에 따른 민사소송법 및 민사집행법을 준용하는데 특별한 지장이 없는 것이다. 이러한 경우의 소송이 바로 형식적 당사자 소송이라고 할 것이다. 다만 형식적 당사자소송은 개별법에 의하여 인정되는 당사자 소송이라고 할 것이므로 개별법의 규정이 없이 행정소송법에 의하여 일반적으로 인정될 여지는 없다.

(c) **행정상 당사자소송의 내용**

(i) **원고적격** 행정소송법에서는 당사자소송의 원고 적격에 관하여 따로 규정하지는 않고 있다. 그런데 당사자 소송은 민사소송과 유사하여 민사소송법이 준용되므로(행소 제8조 제2항) 소의 이익이 없는 자는 원고가 될 수 없다고 하여야 한다.

(ii) **피고적격** 국가·공공단체 그 밖의 권리주체가 당사자 소송의 피고가 되므로(행소 제39조), 행정청만 피고(행소 제13조 제1항)가 되는 항고소송과 구별된다.

(iii) **재판관할** 행정상 당사자소송의 재판관할에 관하여는 취소소송에 관한 규정이 준용되므로(행소 제40조) 피고의 소재지를 관할하는 행정법원에 보통 재판적이 있게 되나, 행정상 당사자소송은 항고소송의 경우와는 달리 국가·공공단체 기타 권리주체를 피고로 하는 것이므로, 국가나 공공단체가 피고인 때에는 당해 소송과 구체적인 관계가 있는 관계 행정청 소재지를 피고의 소재지로 의제(擬制)하여 그 행정청의 소재지를 관할하는 행정법원이 보통재판적을 가지도록 하고 있다(행소 제40조 단서). 그리하여 행정법원이 설치된 서울에서는 행정법원

62) 대판 2009.11.26. 2008다41383.

만이 행정사건을 관할할 수 있고, 행정법원이 아닌 일반법원은 본원이라 하더라도 행정사건을 관할할 수 없다. 그리고 행정법원이 설치되지 아니한 '서울을 제외한 나머지 지역'에서는 행정법원의 역할을 할 수 있는 지방법원 본원이 행정사건을 관할한다. 다만 행정소송법 제9조 또는 제40조에 항고소송이나 당사자소송의 토지관할에 관하여 이를 전속관할로 하는 명문의 규정이 없는 이상 당사자의 합의에 의한 '합의관할'이나 피고가 제1심 법원에서 관할위반이라고 항변하지 아니하고 본안에 대하여 변론하거나 변론준비기일에서 진술함으로 인한 '변론관할'도 생긴다고 할 수 있다.

(iv) **소송의 제기** 행정소송법 제2장의 취소소송과 비교할 때 소송의 대상이 다른 것은 물론이고 ① 행정심판의 전치(행소 제18조) ② 처분 등이 있음을 안 날로부터 90일 이내에 소를 제기하여야 한다는 제소기간(행소 제20조)의 제한이 없다는 점에서 차이가 있다. 그러나 개별법에서 행정절차를 규정하는 경우에는 그 절차를 밟아야 하며, 당사자소송에 관하여 법령에 제소기간이 정하여져 있을 때에는 그 기간은 불변기간이 된다(행소 제41조).

(v) **행정상 당사자소송을 항고소송으로 변경, 관련청구의 이송·병합** ① 법원은 행정상 당사자 소송을 당해 처분 등에 관계되는 사무가 귀속하는 국가 또는 공공단체에 대한 항고소송으로 변경하는 것이 상당하다고 인정할 때에는 청구의 기초에 변경이 없는 한 사실심의 변론종결 시 까지 원고의 신청에 의하여 결정으로 소의 변경을 허가할 수 있고(행소 제42조, 제21조제1항), 처분이 변경되었을 때에는 소의 변경도 할 수 있다(행소 제44조 제1항, 제22조). ② 행정상 당사자소송과 관련청구소송이 각각 다른 법원에 계속되고 있는 경우에는 당사자의 신청 또는 직권에 의하여 법원은 이를 행정상 당사자소송으로 계속된 법원에 이송할 수 있고(행소 제44조 제2항, 제10조 제1항), ③ 행정상 당사자소송에는 사실심의 변론종결 시 까지 관련청구소송을 병합하거나 피고 외의 제3자를 상대로 한 관련청구소송을 행정상 당사자소송이 계속된 법원에 병합하여 제기할 수 있다(행소 제44조 제2항, 제1항). 이 경우 행정상 당사자소송은 적법하여야 하며 만약 부적법한 경우에는 그에 병합된 관련청구도 부적법하여 각하하여야 한다[63].

(vi) **행정상 당사자소송에서 민사소송으로의 소 변경** 이것 역시 다음과 같은 이유로 금지된다고 볼 수 없다. ① 행정소송법 제8조 제2항은 행정소송에 관하여 민사소송법을 준용하도록 하고 있으므로, 행정소송의 성질에 비추어 적절하지 않다고 인정되는 경우가 아닌 이상 행정상 당사자소송의 경우도 제262조에 따라 그 청구의 기초가 바뀌지 아니하는 한도 안에서 변론을 종결할 때까지 청구의 취지를 변경할 수 있다. ② 대법원은 여러 차례에 걸쳐 행정소송법상 항고소송으로 제기하여야 할 사건을 민사소송으로 잘못 제기한 경우 수소법원으로서는 원고로 하여금 항고소송으로 소 변경을 하도록 석명권을 행사하여 행정소송법이 정하는 절차

63) 대판 2011.9.29. 2009두10963.

에 따라 심리·판단하여야 한다고 판시하여 왔다.[64] 이처럼 민사소송에서 항고소송으로의 소 변경이 허용되는 이상, 행정상 당사자소송과 민사소송이 서로 다른 소송절차에 해당한다는 이유만으로 청구기초의 동일성이 없다고 해석하여 양자 간의 소 변경을 허용하지 않을 이유가 없다. ③ 일반 국민으로서는 행정상 당사자소송의 대상과 민사소송의 대상을 구분하는 것이 쉽지 않고 소송 진행 도중의 사정변경 등으로 인해 행정상 당사자소송으로 제기된 소송을 민사소송으로 변경할 필요가 발생하는 경우도 있다. 소 변경 필요성이 인정됨에도, 단지 소 변경에 따라 소송절차가 달라진다는 이유만으로 이미 제기한 소를 취하하고 새로 민사상의 소를 제기하도록 하는 것은 당사자의 권리 구제나 소송경제의 측면에서도 바람직하지 않다. 따라서 행정상 당사자소송에 대하여도 그 청구의 기초가 바뀌지 아니하는 한도 안에서 민사소송으로 소 변경이 가능하다고 해석하는 것이 타당하다.[65]

(vii) **소제기의 효과** 소가 제기되면 일반 민사소송과 동일하게 원고와 피고 사이에 특정 법원에서 심리와 판결을 받는 소송계속이 생긴다. 그 결과 중복된 소제기는 금지된다(제259조). 그러나 취소소송과 달리 집행정지(행소 제23조)나, 사정판결(행소 제28조)은 인정되지 않는다. 국가를 상대로 하는 당사자소송의 경우에는 가집행선고를 할 수 없다(행소 제43조).

행정상 당사자소송

1. 개념

(1) **정의**: 행정청의 처분·부작위 자체(항고소송)를 다투는 것이 아니라, 그 결과로 생긴 공법상 법률관계에 관하여 행정청을 피고로 제기하는 소송(행소 제3조 2호).

(2) **민사소송과 차이점**

- 둘 다 대등한 당사자 간 권리·의무 다툼이지만 대상이 다름
  - 민사소송 → 사법상 법률관계
  - 당사자소송 → 공법상 법률관계

(3) **사례**

- 공무원 면직처분 → 무효 다툼은 항고소송, 지위확인은 당사자소송
- 이미 납부한 세금 환급 → 당사자소송
- 신고 자체 무효로 납세의무 부존재확인 → 당사자소송

2. **형식적 당사자소송**

(1) **개념**: 실질적으로는 처분을 다투지만, 법 규정상 처분청을 피고로 할 수 없어 관련 당사자를 피고로 하는 소송. 예시: 토지보상법상 보상금 증액청구소송

64) 대판 2020. 1. 16. 선고 2019다264700.
65) 이상은 위 대판 2019다264700의 판결이유.

(2) **성질**: 항고소송

- 법 규정: 사업시행자를 피고로 함 → 당사자소송 형식

(3) **특징**: 개별법에서만 인정됨, 행정소송법 일반 규정으로는 불가

3. 소송의 주요 내용

(1) **원고적격**

- 행소법에 규정 없음 → 민소법 준용
- 소의 이익 있는 자만 원고 가능

(2) **피고적격**

- 국가·공공단체 등 권리주체(행소 제39조)
- 항고소송과 구별됨(항고소송은 피고가 행정청)

(3) **재판관할**

- 취소소송 규정 준용(행소 제40조)
- 피고 소재지 관할 행정법원
- 국가·공공단체가 피고일 경우 관계 행정청 소재지를 피고 소재지로 의제
- 서울 → 행정법원 전속 / 그 외 지역 → 지방법원 본원 관할
- 합의관할·변론관할 가능(전속관할 아님)

(4) **소송제기**

- 취소소송과 달리
  행정심판 전치 불요(행소법 제18조 적용 ×)
  제소기간 제한 없음(행소법 제20조 적용 ×)
- 다만 개별법에 제소기간 있으면 불변기간(행소법 제41조)

(5) **소 변경·병합**

- 당사자소송 ↔ 항고소송 상호변경 가능(행소법 제42조 등)
- 관련청구소송 이송·병합 가능
- 당사자소송 ↔ 민사소송 변경도 가능(청구기초 동일성 범위 내)

(6) **소제기의 효과**

- 소송계속 발생(제259조, 중복제기 금지)
- 취소소송과 차이점
- 집행정지, 사정판결 인정 ×
- 국가 상대로 한 경우 가집행선고 불가(행소법 제43조)

□ **핵심정리**

(1) **행정상 당사자소송: 공법상 권리·의무 다툼 → 민사소송과 구별**

- **형식적 당사자소송: 법 규정상 사업시행자 등 특정 당사자를 피고로 하는 경우이다**

(2) **주요 특징**

- 제소기간 제한 없음
- 행정심판 전치 불요
- 피고는 국가 · 공공단체
- 민사소송과 상호 소 변경 가능
- 집행정지 · 사정판결 없음

(라) (a) 행정소송법 제26조는, 법원은 필요하다고 인정할 때에는 직권으로 증거조사를 할 수 있고, 당사자가 주장하지 아니한 사실에 대하여도 판단할 수 있다는「직권심리」를 규정하고 있다.[66] 한편, 행정소송법 제8조는 행정소송법에 특별한 규정이 없는 사항에 대하여는 법원조직법과 민사소송법 및 민사집행법의 규정을 준용한다고 규정한다.

(b) 그 준용범위에 관하여 판례[67]는, 행정소송에 있어서도 행정소송법 제8조에 의하여 처분권주의에 관한 제203조가 준용되어 법원은 당사자가 신청하지 아니한 사항에 대하여서는 판결할 수 없는 것이고, 행정소송법 제26조에서 직권심리주의를 채용하고 있으나, 이는 행정소송에 있어서 원고의 청구범위를 초월하여 그 이상 청구를 인용할 수 있다는 의미가 아니라 원고의 청구범위를 유지하면서 그 범위 내에서 필요에 따라 주장 외의 사실에 관하여도 판단할 수 있다는 뜻이라고 판시함으로써 행정소송의 심리절차가 민사소송과 같은 궤도에 있다는 것을 명백하게 하고 있다. 그렇다면 행정소송의 심리절차는 행정소송법에 특별한 규정이 없는 경우에는 민사소송이 적용된다고 할 수 있다.[68]

(마) 그러므로 행정처분의 취소소송과 그 처분과 관련되는 손해배상 · 부당이득반환 · 원상회복 등 청구소송이 각각 다른 법원에 계속되고 있는 경우에 관련청구소송이 계속된 법원이 상당하다고 인정하는 때에는 당사자의 신청 또는 직권에 의하여 이들 취소소송이 계속된 법원에 이송할 수 있고(행소 제10조 제1항), 원고가 고의 또는 중대한 과실 없이 당사자소송으로 제기하여야 할 것을 항고소송으로 잘못 제기한 경우라고 하더라도, 당사자소송으로서의 소송요건까지 갖추고 있는 이상 법원으로서는 원고가 당사자소송으로 소 변경을 하도록 하여 심리 · 판단하여야 하고,[69] 원고가 고의 또는 중대한 과실 없이 행정소송으로 제기하여야 할 사건을 민사소송으로 잘못 제기한 경우에 수소법원으로서는 만약 그 행정소송에 대한 관할도 동시에 가지고 있는 경우라면, 행정소송으로서의 전심절차 및 제소기간을 도과하였거나 행정소송의 대상이 되는 처분 등이 존재하지도 아니한 상태에 있는 등 행정소송으로서 부적법하게 되는 경우가 아닌 이상 원고로 하여금 행정소송으로 소 변경을 하도록 하여 그 1심법원으로써 심

66) 그 이외에도 특허법 제159조, 디자인보호법 제71조, 상표법 제146조가 직권심리에 관한 규정을 두고 있다.
67) 대판 1987.11.10. 86누491.
68) 이시윤, 10면 및 정동윤 외 2, 9면은 이를 특별민사소송절차로서의 일면이 있다고 표현한다.
69) 대판 2016.5.24. 2013두14863.

리 · 판단하여야 한다.[70] 따라서 민사사건을 행정소송절차로 진행하더라도 위법이 아니다.[71] 그러나 행정소송법 제10조에서 규정한 「관련소송의 병합」은 본래의 소송인 행정소송이 적법함을 그 요건으로 하므로 권리보호의 이익이 없는 조세부과처분의 무효확인을 구하는 소송에 병합된 민사상 손해배상청구소송은 결국 권리보호의 이익이 없는 부적법한 소송이 된다.[72]한편 민사소송절차에서는 행정소송에 대한 관할도 동시에 갖고 있지 않는 한 행정소송의 대상이 되는 처분무효확인청구를 병합할 수 없다.[73]

㈓ 민사소송의 선결문제로서 행정처분

(i) 행정처분등의 효력 유무 또는 존재여부가 민사소송의 선결문제로 되어 당해 민사소송의 수소법원이 이를 심리 · 판단하는 경우에는 민사소송절차에서 행정처분등의 효력 유무를 심리할 수 있다. 예컨대 국세환급금의 충당과 환급에 관한 과오납부액이 있는 경우와 같이 국가가 납세자의 환급신청을 기다리지 않고 즉시 반환하는 것이 정의와 공평에 합당하다면 납세자는 그 존재와 범위가 확정되어 있는 과오납부액을 행정소송절차를 거치지 않고도 부당이득 반환을 구하는 민사소송으로 환급을 청구할 수 있다(행소 제11조 제1항).[74] 이와 같은 경우의 민사소송 심리에는 행정소송법제11조 제2항에 따라 행정소송법 제17조(행정청의 소송참가), 제25조(기록의 제출명령), 제26조(직권심리), 제33조(소송비용재판의 효력)를 준용한다.

(ii) 그러나 이것은 행정처분이 명백하고 중대한 흠으로 말미암아 당연무효인 경우에 한정된다. 행정처분에는 행정행위의 공정력(公定力) 또는 집행력이 있으므로 행정처분이 무효가 아니라 단순한 취소사유만 있는 경우에는 행정소송절차에서 이것이 적법하게 취소되기 이전에는 민사소송으로 그 행정처분의 효력을 부인할 수 없기 때문이다[75]. 예컨대 국세체납처분의 압류와 해제는 소관 세무서장의 행정처분인데 그 압류등기 당시의 체납 세액을 완납하였다고 하여 공(公)압류처분이 당연히 실효되어 그 압류등기가 무효로 된다고 할 수 없으므로 그 체납 세액의 완납 사유만을 내세워 일반 민사소송으로 그 압류등기의 말소를 구할 수 없는 것이다.

(iii) 결론적으로 행정처분에 당연무효사유가 있는 경우에는 민사소송으로 그 무효를 주장할 수 있으나 단순히 취소사유에 그친 경우에는 행정소송으로 그 행정처분을 취소하여야 할 것이다. 여기서 행정처분의 무효와 취소를 구별하여야 하는데 그 구별기준에 관하여 판례[76]는, 흠 있는 행정처분이 당연무효가 되기 위해서는 그 흠이 '중대할 뿐 아니라 명백한 것'이어

70) 대판 1999.11.26. 97다42250.
71) 대판 2018.2.13. 2014두11328.
72) 서울고판 1974.7.31. 74구36.
73) 인천지판 2016.4.28. 2015나59177.
74) 대판 2015.8.27. 2013다212639 참조.
75) 대판 1999.8.20. 99다20179.
76) 서울지판 1996.9.11. 95나7207.

야 한다고 하였다. 학설도 판례를 지지하는 견해가 다수설[77]이다. 저자도 판례를 지지한다.

4. 민사소송의 목적과 이상

(1) 민사소송의 목적

(가) **목적론** 국가가 많은 비용을 들여 민사소송제도를 설치하고 국민들로 하여금 이를 이용하게 하는 목적이 무엇인가에 관한 논쟁이 민사소송의 목적론이다. 사실 사람들은 민사소송제도를 이용하지 않더라도 각자의 방법으로 분쟁을 해결할 수 있다. 그럼에도 국가가 민사소송제도를 둔 이유는 일정한 국가목적을 수행하기 위한 것이다. 민사소송의 목적론은 국가재판제도의 목적론이라고 할 수 있다.

(나) **학설**

(a) **권리보호설** 민사소송은 국가가 사람들의 자력구제를 금지하는 대신에 개인의 권리를 보호하기 위한 제도라는 견해이다. 우리나라의 다수설이다.

(b) **법질서유지설** 민사소송은 국가가 제정한 사법법규의 실효성을 보장하기 위한 제도라는 견해이다.

(c) **권리보호 및 법질서유지설** 민사소송의 목적은 개인의 권리보호와 사법질서의 유지로 보는 견해이다.

(d) **분쟁해결설** 민사소송의 목적은 국가의 강제력에 의하여 사람들 사이의 분쟁을 해결하는 것이라는 견해이다.

(e) **절차보장설** (i) 민사소송은 소송의 결말이 아니라 소송의 과정에서 당사자들의 공격·방어에 대한 가치를 정당하게 평가하고, 그로부터 목적을 찾아야 한다는 견해이다. 즉 소송절차의 역할은 소송과정에서 양쪽 당사자의 실질적 대등화를 꾀하는데 있으므로 소송절차는 판결결과와 동등 내지 그 이상으로 중요하다. 따라서 소송의 목적은 소송과정에서 양쪽 당사자로 하여금 이성적인 토론 또는 대화를 하게 하여 소제기 이전이나 소송 외에서 깨어진 당사자의 자치를 다시 실현시키는 데 있다는 것이다. 그러나 소송에서 대등 변론의 보장은 중요한 이념이 될 수 있으나 이를 소송의 목적으로까지 보는 것은 지나친 면이 있다. 소송절차에서 당사자의 대등변론을 보장하여야 하는 목적이 무엇이냐가 바로 소송목적론이라고 할 수 있는데 소송목적을 대등변론의 보장이라고 한 것은 물음에 대한 물음으로 대답하는 것이 되기 때문이다. 그러나 이 학설이 전개되면서 소송절차에서 당사자의 권리를 강조하는 당사자권이 정착되고, 기판력을 정당화하는 근거의 하나가 절차보장이 되었다는 점은 큰 성과라고 할 수

---

77) 이시윤 12면; 김홍엽 8면; 전원열 13면.

있다.

(ii) **당사자권(절차적 기본권)**[78] (ㄱ) 사람이 소송절차에서 소송의 주체로서 인정되어야 할 여러 권리를 당사자권이라고 한다. 이송신청권, 제척·기피신청권, 소송대리인 선임권, 소장이나 판결을 송달받을 권리, 기일지정신청권, 기일에 통지를 받을 권리, 구문권(求問權), 소송기록열람권, 소송절차에 관한 이의권, 상소권 등 모두 이에 속한다. 처분권주의와 변론주의의 내용으로서 당사자가 재판을 구할 범위를 지정하고 재판 자료를 한정할 권능, 소의 취하, 청구의 포기·인낙, 화해 등을 할 권능 등도 이에 속한다. 특히 사건의 법률문제와 사실문제에 관해서 필요한 정보 수집권의 보장을 전제로 자기의 주장과 견해를 진술하고 상대방의 것을 청취할 기회를 평등하게 가질 수 있는 지위 및 그 기회가 배제된 상태에서 수집한 자료에 의한 재판을 금지할 수 있는 권리 등이 중요하다. 이 당사자권 가운데에서 재판을 받을 권리(헌 제27조 제1항), 평등권(헌 제11조 제1항) 및 재판공개의 원칙(헌 제109조) 등은 헌법에 의해서도 보장된다. 사람이 소송에서 이런 여러 가지 당사자권을 보장받아서 자기의 이익과 권리를 주장할 수 있는 기회를 갖는다면 그 절차의 결과로 이루어진 재판에 구속되는 것이 정당하다. 따라서 당사자권은 왜 판결이 당사자에게 미치는지를 정당화하는 근거가 될 수 있다.

(ㄴ) 그런데 현행법에서 인정되고 있는 당사자권은 판결의 효력이 미치는 것을 정당화할 수 있을 만큼 만족한 것인가, 당사자 아닌 보조참가인, 제3자 등이 판결의 효력을 받는 경우에 당사자권이 보장되지 아니하더라도 그들에게 미치는 판결은 어째서 정당한 것인가, 이들 당사자 아닌 자에게 판결의 효력이 미칠 필요가 있다면 어떤 형식으로라도 이들에게 일정 범위에서 당사자권을 보장하여야 하지 않을까. 각종 비송사건절차에서 그 소송관계인은 당사자권 중 어느 범위까지 보장되어야 헌법상 「재판을 받을 권리」의 침해가 되지 않을 것인가 등이 당사자권에서의 문제점이다.

(ㄷ) 절차보장설에 의하면 그 논리적 결과로서 당사자는 법원에 대하여 제기된 소송 사건마다 헌법상 「재판을 받을 권리」의 보장 내용을 일일이 명확하게 해줄 것을 요구할 수 있는 권리가 있으므로, 절차상 평등의 원칙, 공개재판의 원칙 등 헌법상 요청은 각 개별적 소송법규가 이를 구체화하는 범위에서 그 보호를 받는다고 할 것이다. 그러나 만약 이들 개별 법규가 없다면 위의 헌법상 원칙은 소송절차에서 소송관계인이 행동하는데 하나의 지도 원리에 불과하다는 데서 당사자권의 한계가 있다.

(다) **결론** (a) 사람들이 민사소송제도를 이용하는 것은 승소판결을 받기 위한 것이다. 승소하기 위하여 인지(印紙)를 첩부하고 변호사를 선임하여 민사소송에 나가는 것이다. 그러므로 소송당사자의 최고 목적은 승소판결을 받는 데 있을 것이다. 그런 실정에서 패소한 사람들

78) 당사자권의 개념, 효용 및 전망에 관한 내용은 이시윤, 129면 이하 참조.

에게 민사소송의 목적이 법질서유지니 분쟁해결이니 절차보장이니 하면서 비록 소송에 패소하였다 하더라도 그 목적들을 달성하였으니 만족하라고 한다면 그들이 쉽게 납득할 리 없다.

(b) 한편 민사소송의 설치·운영자인 국가가 개인에게 민사소송을 이용하게 하는 이유는 자력구제를 금지하자는 데 있다. 그런데 우리 헌법은 그 전문(前文)과 제10조에서 국민의 기본권보장을 헌법의 근본이념으로 삼고 있으며 모든 국가권력에게 국민의 기본권을 보장할 의무를 지우고 있다. 따라서 사법권(司法權)도 헌법의 취지에 따라 기본권인 국민의 민사재판권을 보장하기 위하여 민사소송제도를 설치·운영한다고 풀이하여야 한다. 그러므로 권리보호설이 개인에게나 국가에게나 민사소송의 목적론으로 가장 타당하다.

(2) 민사소송의 이상

(개) 제1조 제1항은 「법원은 소송절차가 공정(公正)하고 신속(迅速)하며 경제적(經濟的)으로 진행되도록 노력하여야 한다」고 되어 있다. 즉 소송절차의 적정(適正)과 공평(公平), 그리고 신속과 경제가 민사소송의 이상이다.

(나) 적정한 재판은 민사사건에 관하여 법관이 법적 3단 논법을 정확하게 구사할 때 이루어진다. 대전제인 법규의 정확한 이해, 소전제인 구체적 사실의 올바른 확정 그리고 이에 의한 명확한 결론을 내는 것이 바로 재판의 적정을 실현하는 것으로서 누구나 바라는 민사소송의 이상이다. 인간은 원래 논리적으로 말하고 글을 쓰는 능력이 있기 때문에 사물을 판단함에 있어서 의식 또는 무의식적으로 3단 논법을 적용하는 경향이 있으므로 정확한 법적 3단 논법의 적용에 의한 적정한 재판은, 보통 사람들의 의사에 부합하여 법적 예측가능성을 높인다. 그 결과 사람들은 어떤 민사 분쟁에 관해서는 어떤 판단이 나온다는 것을 미리 예상할 수 있어 소송자체를 자제하거나 소송제기 이후에라도 화해, 조정 등으로 분쟁을 해결하기가 쉽다. 사회가 고도로 발전함에 따라 민사 분쟁도 다양화·복잡화·대량화하면서 법관 재량의 폭이 커지는 소송의 비송화 현상이 두드러지고 있지만 그렇다고 하여 재판의 적정까지 희생하여 사람들의 예측가능성을 무너뜨려서는 안 될 것이다.

(다) 민사재판은 대등당사자 사이에서 이루어지므로 당사자 사이의 형식적 공평은 법정에서 이루어진다고 하여야 할 것이다. 그러나 본인소송주의가 허용되는 우리 민사 소송제도 아래에서 한 쪽 당사자는 법적 실력이 특출하면서 유능한 변호사의 조력을 받는데 상대방 당사자는 법에 무지하면서도 경제적 빈곤 등의 이유로 변호사 없이 소송에 관여하였을 때 양쪽 당사자 사이에서 실질적 공평이 실현되기는 매우 어려울 것이다. 특히 개인과 대기업 사이, 개인과 국가 또는 지방자치단체 사이의 분쟁이나 고도의 지식수준을 요구하는 지식재산권분쟁이나 의료분쟁 등에서는 실질적 공평의 이상은 더욱 절실하다. 이 경우 법원의 후견자적 역할이 매우 필요한데 그 범위와 한계는 우리 민사소송법이 앞으로 연구하여야 할 과제이다. 소송의

비송화로 인한 법관의 재량권 확대는 재판의 진행에 관한 문제이다. 그러나 실질적 공평의 실현은 재판의 진행뿐 아니라 재판의 결론에 관한 암시를 포함하여야 하기 때문에 그 한계를 정하는 것이 매우 어렵다.

(라) 민사재판의 신속과 경제도 소송의 중요한 이상이다. 1,000만 원짜리 금전소송이 10년을 걸려야 한다든지 5000만 원의 손해배상청구소송에서 소송비용이 수억이 넘는다고 한다면 사람들은 소송을 포기하고 '해결사' 등에 의뢰하여 자력구제를 도모할 유혹에 빠지기 쉬울 것이다.

제2절 소송 아닌 분쟁해결제도

[5] 제1. 총설

1. 자주적 분쟁해결제도

민사소송의 대상이 되는 분쟁은 사적 자치의 원칙이 적용되는 경우가 대부분이므로 그 해결도 자주적으로 해결하는 것이 바람직하다. 민사 분쟁을 해결하기 위하여 국가가 재판제도를 설치·운영하고 있다고 해서 사람들의 자주적 분쟁해결 권능을 부정 또는 제약해서는 안 될 것이고 오히려 국가는 사람들이 스스로 민사 분쟁을 해결할 수 있도록 조력해 주어야 한다. 이와 같이 사람들이 분쟁을 스스로 해결하는 제도를 자주적 분쟁해결제도라고 한다. 소송은 법관이 법적 3단 논법을 엄격하게 적용하여 결론을 내야 하는 제약이 있는데 자주적 분쟁해결제도는 법적 판단과 관계없이 분쟁을 해결할 수 있다는 점에서 법적 3단 논법의 적용이 완화되고 있다.[79] 그 때문에 자주적 분쟁해결은 법률전문가인 법관에 의존하지 않을 수 있어 소송으로 해결할 수 없는 분쟁의 해결에도 이용될 수 있는 장점이 있는 것이다.

2. 대체적 분쟁해결제도(ADR)

(1) 취지

세계 제2차 대전 이후 경제의 고도성장에 따라 사회생활이 복잡화·다양화하고 각 방면의

79) 중재법 제29조 제3항은, 중재판정부는 당사자들이 명시적으로 권한을 부여하는 경우에는 형평과 선(善)에 따라 판정을 내릴 수 있다고 규정한다.

거래가 활발해지면서 민사분쟁도 폭발적으로 증가하게 되었다. 이에 따라 소송으로는 분쟁해결의 수요를 제대로 채울 수 없게 되자 자주적 분쟁해결수단이 소송의 대안으로까지 인식되었다. 그래서 자주적 분쟁해결제도를 대체적 분쟁해결제도(Alternative Dispute Resolution, 약칭해서 ADR)라고도 한다.

(2) 형태

뒤에서 설명하는 화해(settlement) · 조정(conciliation) · 중재(arbitration) 이외에도 상담 · 교섭(negotiation) · 알선(mediation) 등 다양하다. 상담은 상담기관이 당사자의 고충을 듣고 법률문제를 포함하여 분쟁처리방법에 관한 정보를 제공하는 것이다. 상담기관은 정보의 편재를 시정하여 당사자 사이의 교섭능력을 대등하도록 하는 기능을 하지만 원칙적으로 분쟁해결기능은 없다. 교섭(negotiation)이란 당사자 사이에서 대립되는 문제에 관하여 조정이나 합의에 이를 수 있도록 제3자가 조력하는 것을 말한다. 알선은 제3자 기관이 당사자들의 교섭에 의하여 합의를 형성하도록 조력하는 것이다. 다만 알선은 조정에서와 같이 알선 안(案)을 제기할 정도로 강하게 개입하지 못하고, 그 절차도 조정보다 덜 정비되어 있다. 환경분쟁조정법(제27조 이하)은 알선제도를 채택하고 있다. 조정이나 중재는 분쟁의 해결을 전제로 하지만 교섭이나 알선은 분쟁의 해결을 전제로 하지 않는다는 점에서 구별된다.

(3) ADR이 많이 이용되는 이유

미국에서는 물론 우리나라에서도 ADR이 많이 이용되고 있으며 국가에서도 이를 장려하는 경향이 있다. 그것은 ① ADR은 소송과 비교하여 절차가 간략하고 신속하며 비용이 저렴하고, ② 분쟁의 성격이나 성숙도, 전문적 지식의 필요성으로 보아 소송에 적합하지 않은 사건이 증가하고 있어 이를 중재나 화해 등 ADR로 해결할 필요가 있기 때문이다.

(4) ADR의 특질

ADR의 한 가지 형태인 조정을 규율하는 민사조정법 제1조는, 「이 법은 민사에 관한 분쟁을 간이(簡易)한 절차에 따라 당사자 사이의 상호 양해를 통하여 조리(條理)를 바탕으로 실정에 맞게 해결함을 목적으로 한다」고 되어 있어, 간이한 절차와 조리에 의한 해결을 조정의 핵심 요소로 하고 있다. 여기서 간이한 절차라 함은 소송과 같이 엄격한 법적 과정을 요구하지 않는다는 비형식성(informalization), 조리에 의한 해결은 법적 해결만을 고집하지 아니하고 사회의 통념에 따라 분쟁을 처리한다는 법외화(delegalization)를 의미한다. 이와 같이 민사조정 등으로 대표되는 ADR은 비형식성과 법외화를 특질로 하고 있으며 그 외에 그 담당기관을 법관에 한정시키지 않고 사회적으로 덕망이 있는 유지들도 참여시킬 수 있다는 비법조화(deprofessionalization)도 중요한 특질이 된다.

(5) 소송과 ADR의 관계

(가) 삼각형설 소송은 피라미드의 정상에 위치하고, 그 외측 내지 밑변에 ADR이 위치한다는 설이다. 그 이유는 분쟁이 ADR에 의하여 해결될 수 없는 경우에는 최종적으로 소송에 의하여 종국적·강행적으로 처리되기 때문이라는 것이다. 이 견해에 의하면 ADR의 결과도 소송에 의하여 확인 내지 재심사할 수 있어야 한다.

(나) 동심원(同心圓)설 소송이나 ADR은 모두 기본적으로 같은 수준이고 같은 성질의 절차라는 견해이다. 그 이유는 소송 역시 당사자 사이의 대화절차를 잘 정비한 것에 불과하기 때문에 ADR과 큰 차이가 없다는 것이다. 이 견해에 의하면 ADR의 결과를 소송에 의하여 재심사할 필요가 없게 된다.

(다) 결론 소송과 ADR은 상호보완관계에 있어 소송의 기준이 ADR의 분쟁처리에 영향을 주고, 소송으로 처리가 곤란한 분쟁을 ADR이 해결하여 주기도 한다. 또 소송으로 할 것인가, ADR에 의할 것인가는 당사자가 스스로 선택하거나 서로 합의에 의한다. 이 점에서 본다면 ADR의 결과를 소송에 의하여 확인 내지 재심사할 필요는 없으며, 양쪽 모두 같은 성질의 절차로 볼 필요도 없을 것이다. 그리고 양쪽 사이에서는 조정을 경유하여 소송으로 이행되기도 하고, 법원의 집행결정(중재 제37조 제2항)에 의하여 중재판정의 실효성을 보장하는 등 협력관계에 있기도 한다. 생각건대 ADR에 의해서 소송의 한계를 초월한 분쟁해결이 가능한 이상 소송도 자기 개선, 자기 혁신을 태만하게 하면 ADR에 그 영역이 잠식되어 멀지 않은 장래에 소송이 ADR로 대치(代置)될 수도 있다. 이와 같은 점에서 본다면 양쪽의 관계를 단순히 삼각형으로 보거나 동심원으로 보는 것은 어느 한 쪽 만을 지적하는 것으로서 양쪽을 합쳐 고려하여야 할 것이다.

(6) ODR(Online Dispute Resolution)

(가) 개념 ODR이란 디지털 기술을 사용하여 분쟁을 해결하는 방식, 즉 ADR이 인터넷에서 이루어지는 것을 말한다. 오늘날 국가 사이의 분쟁은 전자적 환경에서 지속적으로 증가되고 있는데 여기에서 발생하는 분쟁해결의 장애, 예컨대 물리적 거리나 언어, 문화적 차이, 근거법규, 관할권 등은 종전의 ADR이 더 이상 효과적으로 작동하기 어려운 환경에 처하게 되었으므로 이를 극복하기 위해서 온라인으로 분쟁을 해결하는 절차가 출현하였고 이에 따라 ADR은 더욱 확장된 국면을 맞이하게 된 것이다.

(나) 전자사법제도(e-Justice)와의 관련 전자소송 등 전자사법제도는 전자 및 정보통신기술의 발전을 토대로 정보를 보다 효율적으로 수집하고, 수집된 정보가 사법부의 업무에 효율

적으로 활용되도록 하여 사법부의 업무성과를 향상시키는 것을 목적으로 정착되고 있다. 이 점에서 온라인 분쟁해결과 전자사법제도는 실현수단이나 목적에 있어서 유사하다. 전자사법제도는 전자적 의사소통, 즉 사법절차에 관여하는 모든 자들이 법적으로 구속력이 인정되는 의사를 전자적으로 표시하는 수단을 기반으로 하는데 온라인 분쟁해결도 그 주된 소통과정을 온라인으로 한다는 점에서 전자적 의사소통과 일맥상통하기 때문이다.

(다) **현황** ODR은 국제 전자 상거래에서 발생하는 국제간 대량의 소액 사건에서 발생하는 분쟁을 신속하고 효율적으로 해결하는 데서 출발하였는데 OECD는 오랜 기간에 걸쳐 회원국 간 혹은 비회원국 상호 간에서 일어나는 각종 국제상거래와 관련하여 문제의식을 가져오다가 1999년 12월에 전자상거래상 소비자보호가이드라인(OECD Guidelines for Consumer Protection in Electronic Commerce)을 제시하였고, 2007년에는 위 가이드라인을 바탕으로 각종 소비자보호의 공통원칙을 천명하는 소비자 분쟁해결 및 구제를 위한 권고안(Recommendation on Consumer Dispute Resolution and Redress)을 제시하였으며, 2016년 3월에 1999년 가이드라인을 개정하여 전자상거래 소비자보호 권고안(Consumer Protection in E-Commerce: OECD Recommendation)을 제시하였다. 이 권고안 제45조는 명시적으로 ODR이라는 표현을 통해 소비자가 전자상거래에서 발생한 분쟁을 해결하기 위해 ODR을 이용할 수 있도록 해야 한다고 정하고 있다.

[6] 제2. 화해

1. 개념

화해는 당사자들이 개인 사이의 분쟁을 자주적으로 해결하는 가장 전형적인 방식이다. 화해에 관해서는 어떤 형식으로 분쟁을 해결할 것인가에 관하여 아무런 규제가 없고 분쟁의 해결은 오로지 당사자의 의사가 합치되느냐에 달려있으므로 한 쪽 당사자가 화해를 거부하면 분쟁은 해결되지 않는다.

2. 종류

화해에는 사법상 화해와 재판상 화해가 있다. 재판상 화해에는 소송상 화해와 제소전 화해가 있다.

(1) 사법(私法)상 화해

민법 제731조에서 정한 화해계약을 말하는 것으로서 당사자가 서로 양보하여 분쟁을 끝내기로 약정하는 것이다. 화해계약이 이루어지면 당사자 한 쪽이 양보한 권리는 소멸되고 상대방은 화해로 인하여 그 권리를 취득하는 창설적 효력(민 제732조)이 생김으로써 화해 이전의 법률관계를 다툴 수 없게 되어 분쟁을 해결하게 된다. 화해계약에는 법원이 어떠한 형식으로도 관여하지 아니하므로 당사자 사이의 순수한 자주적 분쟁해결방법이다.

(2) 재판상 화해

㈎ **소송상 화해** (a) 소송상 화해는 소송이 개시된 뒤에 당사자가 판결에 의하지 아니하고 상대방과 합의하여 소송을 마치는 행위를 말한다. 민사소송의 대상은 개인 분쟁이고 당사자가 자유롭게 처분할 수 있는 이익이 대부분이기 때문에 소송이 시작된 뒤에라도 합의에 의한 분쟁해결의 길을 열어 놓아야 한다. 그리하여 민사소송법은 소송의 어느 단계에서도 화해를 환영하며 그 성립에 법관이 조력할 것을 규정하고 있다(제145조).

(b) 소송계속 후 화해가 성립하면 이를 조서에 기재함으로써 소송을 마치게 되는데 그 조서는 확정판결과 같은 효력이 있다(제220조). 따라서 소송상 화해에는 기판력은 물론 화해조서를 집행권원(민집 제56조 5호)으로 하여 강제집행을 할 수 있는 집행력이 인정된다.

(c) 판례[80]는 재판상 화해에 대하여서도 사법상 화해계약에 특유한 창설적 효력을 인정하고 있다. 그 결과 재판상 화해가 이루어지면 제3자에 대하여서는 기판력이나 집행력이 아닌 창설적 효력이 생긴다. 예를 들어 설명한다. 원인무효임을 이유로 한 소유권이전등기의 말소등기청구소송에서 권리자가 그 말소등기청구권을 포기하여 등기명의자의 소유로 확정한다는 내용의 재판상 화해가 성립되었다면 이 경우의 기판력은 당사자 사이에서는 말소등기청구권의 부존재에만 생길 것이지만 창설적 효력은 등기명의자에게 실체법상 소유권을 창설한다. 그 결과 재판상 화해의 창설적 효력에 의하여 원인무효로서 말소될 운명에 있던 등기명의자의 위 부동산은 그 명의의 등기가 실체관계에 부합하는 유효한 등기로 전환됨으로써 실체법상 유효하게 등기명의자의 소유로 확정되게 되었다. 그로 인하여 말소등기청구권에 기초하였다는 이유만으로 원인무효로 인정되었던 제3자 명의의 가등기 역시 그 기초가 되는 등기에 유효한 원인, 즉 실체법상 소유권이 부여됨으로써 원인무효의 사유가 제거되어 유효한 등기로 회복되는 것이다. 이 경우 창설적 효력은 재판상 화해의 기판력이 위 가등기권자에게 미치는가의 여부에 좌우되는 것이 아니다.[81] 따라서 화해의 창설적 효력에 관해서는 사법상 화해계약과 재판

80) 대판 1977.6.7. 77다235, 2006.6.29. 2005다32814.

81) 대판 1986.10.28. 86다카654.

상 화해 사이에 차이가 없으므로 사법상 화해계약의 창설적 효력이 실체법상 제3자에게 미치는 것과 마찬가지로 재판상 화해의 창설적 효력도 제3자에게 미친다. 다만 이 효력은 실체법상 효력이고 소송법상 효력이 아니다. 창설적 효력에 관한 우리나라 판례는 현재 분쟁해결에 뛰어난 기능을 발휘하고 있다.

(나) 제소전 화해(제385조 이하) 소송상 화해에 위와 같은 효력이 인정된다면 그 효력을 소제기 이후로 한정시킬 필요가 없다. 그리하여 소송이 시작되기 이전이라도 당사자가 법원에 임의로 출석하여 화해를 하고 이를 법원사무관등이 조서에 기재하면 소송상 화해와 동일한 효력이 생긴다. 이를 제소전 화해라고 한다.

(다) 서면화해와 화해권고결정 (a) 서면화해라 함은 당사자가 법정에 출석하지 아니하더라도 공증사무소의 인증을 받은 화해의 의사표시를 법원에 제출한 경우에 상대방 당사자가 변론기일에 출석하여 그 화해의 의사표시를 받아들여 성립하는 화해를 말한다(제148조 제3항).

(b) 화해권고결정이라 함은 법원·수명법관 또는 수탁판사가 소송 계속 중인 사건에 대하여 당사자의 이익 등을 참작하여 직권으로 사건의 공평한 해결을 위해서 권고하는 화해결정을 말한다(제225조). 화해권고결정은 이에 대한 이의신청이 없거나 또는 이의신청을 취하하거나 각하된 때, 이의신청에 대한 각하결정이 확정된 때에는 재판상 화해와 같은 효력을 가진다(제231조). 이 모두 국가가 적극적으로 사람들이 스스로 민사분쟁을 해결할 수 있도록 조력해주는 제도이다.

(라) 형사상 화해 형사피고사건에서 피고인과 피해자가 해당 피고사건과 관련된 피해에 관한 민사상 다툼을 서로 합의하여 제1심과 제2심 법원에 그 합의사실을 공판조서에 기재하면, 그 합의가 기재된 공판조서의 효력은 재판상 화해조서와 같이 확정판결과 같은 효력이 있다(제220조, 소촉 제36조 제1항 제5항). 이 경우 비용은 당사자들이 각자 부담한다(제389조 본문, 소촉 제36조 제5항).

[7] 제3. 조정

1. 개념

조정(調停)이란 국가기관인 법관이나 조정위원회가 분쟁당사자를 중개하여 화해가 성립하도록 도와주거거나 협력하는 제도를 말한다. 가사소송법상 가사조정(가소 제49조 이하)과 민사조정법상 민사조정(민조 제2조)이 대표적인 조정제도이다. 물론 이런 공적 조정 이외에 사람들이 국가기관의 관여 없이 스스로 하는 사적 조정도 가능하다. 일단 조정이 성립되어 조서에 기재하면 재판상 화해와 같은 효력이 있다(민조 제28조, 제29조).

2. 민사조정법상 조정절차

(1) 조정사건

민사에 관한 분쟁 당사자는 소송목적의 값을 묻지 않고 법원에 조정을 신청할 수 있다(민조 제2조).

(2) 조정회부

수소법원은 필요하다고 인정하면 항소심 판결 선고 이전까지 소송에 계속 중인 사건을 결정으로 조정에 회부할 수 있다(민조 제6조).

(3) 조정기관

(가) 조정사건은 조정담당판사가 처리하는데(민조 제7조 제1항) 조정담당판사는 스스로 조정을 하거나, 상임조정위원 또는 조정위원회로 하여금 조정을 하게 할 수 있다(민조 제7조 제2항). 수소법원은 조정에 회부한 사건을 스스로 처리할 수 있다(민조 제7조 제3항).

(나) 공동의 이해관계가 있는 다수의 당사자는 그 중 한 사람 또는 여러 사람을 대표당사자로 선임하여 조점에 임할 수 있다(민조 제18조 제1항).

(4) 비송사건절차법의 준용

민사조정절차에 관해서는 민사소송법 외에 비송사건절차법 제1편(제15조 제외)이 준용됨으로써 조정기관은 직권으로 사실의 탐지와 필요하다고 인정되는 증거의 조사를 할 수 있다(비송 제11조).

(5) 조정의 성립

조정은 당사자 사이에 합의된 사항을 조서에 기재함으로써 성립하고(민조 제28조), 조정조서는 재판상 화해조서와 같이 확정판결과 동일한 효력이 있다(민조 제29조). 따라서 조정조서는 당사자 사이에 기판력이 생기므로, 거기에 확정판결의 당연무효 등 사유가 없는 한 설령 그 내용이 강행법규에 위반된다 하더라도 그것은 단지 조정에 흠이 있음에 지나지 아니하여 준재심절차에 의하여 구제받는 것은 별문제로 하고 조정조서를 무효라고 주장할 수 없다. 그리고 조정조서가, 조정참가인이 당사자가 된 법률관계를 내용으로 하는 경우에는 위와 같은 조정조서의 효력은 조정참가인의 법률관계에 관하여도 다를 바 없어 조정참가인 사이에서도 확정판결과 동일한 효력이 있다.[82)]

82) 대판 2014.3.27. 2009다104960 · 104977.

(6) 조정을 갈음하는 결정

(가) 조정담당판사는 합의가 성립되지 아니한 사건 또는 당사자 사이에 성립된 합의의 내용이 적당하지 아니하다고 인정한 사건에 관하여 상당한 이유가 없으면 직권으로 당사자의 이익이나 그 밖의 모든 사정을 고려하여 신청인의 신청취지에 반하지 아니하는 한도에서 사건의 공평한 해결을 위한 결정을 하여야 한다(민조 제30조).

(나) 조정을 갈음하는 결정에 대하여 이의신청 기간 내에 이의신청이 없으면 그 결정은 재판상 화해와 같이 확정판결과 동일한 효력이 있고(민조 제34조 제4항), 나아가 재판상 화해와 마찬가지로 창설적 효력을 가지므로, 당사자 사이에 종전의 다툼이 있는 법률관계를 바탕으로 한 권리의무관계는 소멸하고 결정된 내용에 따른 새로운 권리의무관계가 성립한다.

(다) 확정된 조정을 갈음하는 결정에 인정되는 확정판결과 동일한 효력은, 소송목적인 권리관계의 존부에 관한 판단에만 미치므로, 소송절차 진행 중에 조정을 갈음하는 결정이 확정된 경우에 소송목적 외의 권리관계에 효력이 미치려면 특별한 사정이 없는 한 그 권리관계가 조정을 갈음하는 결정의 결정사항에 특정되거나 결정 중 청구의 표시 다음에 부가적으로 기재함으로써 결정의 기재 내용에 의하여 소송목적인 권리관계가 되었다고 인정할 수 있어야 한다. 특히 조정을 갈음하는 결정은 당사자 사이에 합의가 성립되지 아니한 경우에 조정담당판사나 수소법원이 직권으로 당사자의 이익이나 그 밖의 모든 사정을 고려하여 신청취지 내지 청구취지에 반하지 않는 한도에서 사건의 공평한 해결을 위하여 하는 결정이므로 그 효력이 소송목적 외의 권리관계에 미치는지는 더욱 엄격하게 보아야 한다.[83)]

(라) 특히 조정을 갈음하는 결정은 당사자 사이에 합의가 성립되지 아니한 경우에 조정담당판사나 수소법원이 직권으로 당사자의 이익이나 그 밖의 모든 사정을 고려하여 신청취지 내지 청구취지에 반하지 않는 한도에서 사건의 공평한 해결을 위하여 하는 결정이므로 그 효력이 소송목적 외의 권리관계에 미치는지는 더욱 엄격하게 보아야 한다.[84)]

(마) 또한 당사자가 사용한 문언만으로 법률행위의 의미가 명확하지 않은 경우에는, 문언의 내용뿐만 아니라 그 법률행위의 동기와 경위, 당사자가 달성하려는 목적과 진정한 의사, 거래관행 등을 종합적으로 고려해야 한다. 그리고 사회정의와 형평의 이념에 맞도록, 논리와 경험의 법칙 및 사회일반의 상식과 거래의 통념에 따라 합리적으로 해석하여야 한다. 이러한 원리는 소송 당사자 사이에서 조정을 갈음하는 결정이 확정된 후, 그 결정의 해석을 두고 다툼이 있는 경우에도 동일하게 적용된다.[85)]

---

83) 대판 2017.4.26. 2017다200771.
84) 대판 2017.4.26. 2017다200771.
85) 대판 2023.6.29. 2023다219417.

(7) 조정절차상 소제기로 이행되는 경우

민사조정법상 ① 조정을 신청하였으나 조정을 하지 아니하는 결정(민조 제26조)에 따라 조정을 하지 아니하기로 하는 결정이 있는 경우 ② 조정의 불성립(민조 제27조)에 따라 조정이 성립하지 아니한 것으로 사건이 종결한 경우 ③ 조정을 갈음하는 결정(민조 제30조) 또는 피신청인의 불출석으로 조정을 갈음하는 결정(민조 제32조)에 대하여 2주일 이내에 이의신청이 있는 경우 등에는 조정신청을 한 때에 소가 제기된 것으로 본다(민조 제36조 제1항). 이와 같이 조정사건이 불성립으로 종결되어 소송으로 이행된 경우의 소송계속은 조정신청서 부본이 상대방에게 송달된 때에 발생한다.[86)]

3. 재판상 화해와 같은 효력이 인정되는 조정

환경분쟁조정위원회(환경분쟁조정 제33조 제2항), 전자문서 · 전자거래분쟁조정위원회(전자문서 제32조 이하), 소비자분쟁조정위원회(소비기 제67조 제4항), 의료분쟁조정위원회(의료분쟁 제33조, 제39조), 산업재산권분쟁조정위원회(발명진흥법 제46조 제2항), 한국저작권위원회(저작권 제117조 제2항), 언론중재위원회(언론중재 제23조), 국가계약분쟁조정위원회(국가계약 제31조 제2항), 개인정보분쟁조정위원회(개인정보 제47조 제5항), 건설분쟁조정위원회(건설기 제78조 제4항)에서의 조정은 재판상화해와 같은 효력이 있다.

4. 당사자 사이의 합의와 같은 효력이 인정되는 조정

건축분쟁전문위원회(건축 제96조 제4항), 집합건물분쟁조정위원회(집합건물 제52조의8 제2항), 약관분쟁조정위원회(약관규제 제28조 제1항)의 조정에는 당사자 사이의 합의와 같은 효력이 인정된다.

[8] 제4. 중재

1. 개념

㈎ 중재라 함은 중재인에 의한 분쟁해결절차, 즉 사람들이 분쟁에 관하여 중재인이라는

---

86) 서울지판 1999.4.9. 98가단215282.

사인(私人)에게 그 해결을 맡기고 그 판정에 복종할 것을 약정하는 중재합의를 하면, 중재인이 이 합의에 터 잡아 행하는 분쟁해결 절차를 말한다. 일반법으로 중재법이 있다. 분쟁의 강제적 해결방식이라는 점에서 화해나 조정과 다르지만 당사자 사이에서 중재합의의 존재를 필요로 한다는 점에서 자주적 분쟁해결방식이다. 중재판정도 확정판결과 동일한 효력이 있다(중재 제35조). 상행위로 인하여 발생되는 법률관계에 관한 중재에 관하여는 중재법 및 사단법인 대한상사중재원의 상사중재규칙에 의한다.

(나) (a) 소송과 함께 중재도 모두 로마의 민사소송에서 유래한다. 로마에서는 기원전 8세기 무렵 건국 후 얼마 지나지 않아, 당사자는 오늘날 중재인에 해당하는 심판인(iudex)을 선정하고, 이 심판인의 심판절차(iudicium)에 의하여 사실을 심리하여 어느 당사자 주장의 정당 여부에 관한 판단(sentencia)에 따라 쟁송을 해결하였다. 법무관등 관할 정무관은 당사자들의 심판인 선정 절차를 감독하는 것으로부터 민사소송제도가 출발하였다는 점은 앞에서 설명하였다. 법무관 등 정무관은 국가의 이름으로 공공의 질서와 안녕을 위하여 당사자가 임의로 쟁송해결을 시도하는 것을 금지하고 심판인의 판정에 복종할 것을 강제하고 이를 감독하였다. 법무관 자신은 심판인이 아니라 당사자가 심판절차를 구성하여 그 사이의 쟁송을 해결하는 것을 감독하는 입장에 있으며, 당사자가 선택한 심판인은 법무관과 독립하여 사건에 관하여 판단을 내렸다. 그리하여 이 절차는, 심판절차를 구성하기 위하여 법무관의 면전에서 행하여지는 법정의(in iure) 절차와, 심판인의 면전에서의(apud iudicem) 절차의 2단계로 2분되었다. 이 법정절차의 구성에 관해서도 법무관은 당사자의 출석을 강제하는 것이 아니라 당사자가 상대방과 동반하여 법무관의 면전에 출석하는 절차를 이행하여야 했고, 또 당사자 양쪽의 출석이 없으면 심판절차를 구성할 수 없었다. 또 심판인이 사실을 심리하여 판단을 하더라도, 법무관은 당사자 한 쪽이 위의 판단에 의하여 상대방에게 강제력을 가하는 것을 원조하거나, 또는 판단을 집행하기 위하여 강제력을 행사하지 아니하였다.

그런데 이와 같은 절차제도를 지배하는 공권력과 자력(自力)의 관계는 시대와 함께 변화하여 공권력의 적용 범위가 점차 증대하였고, 절차도 조직적으로 되어서, 로마 고대 및 공화정 전기(前期)에서 있었던 당사자가 법이 규정하는 특정 언어와 동작으로 주장을 함으로써 심판인의 면전에서 절차를 구성하는 법률소송(legis actio) 절차는, 공화정 후기(後期) 및 제정(帝政) 초기 시대에 이르러 당사자가 방식서(formula)를 사용하는 절차로 바뀌었다. 하지만 양자 모두 공권력과 자력의 연합에 의한 권리구제의 절차라고 하는 특징, 따라서 절차가 2분화한다는 특징을 공통으로 했다. 이러한 특징을 구비하는 절차를 통상절차라고 하였다.

(b) 로마 제정(帝政)이 확립되면서 황제 또는 그 대리인인 관리가 재판관이 되어 통치자의 입장에서 피치자인 당사자 사이의 쟁송을 재판하는 새로운 절차가 발달하기 시작하였고, 이 절차에서는, 재판관이 쟁송해결자의 지위에 있었다. 여기서는 법정절차와 심판인 면전절차의

2단계, 2분제는 없어지고, 재판관이 당사자의 출석을 강제하고, 사실을 심리하며, 판결을 내리고, 그 판결의 집행을 위한 강제력을 행사하였다. 그러나 이 절차에도 불구하고, 종전의 통상절차는 완전히 폐지되지 아니하였는데 이는 마치 로마가 그 제정(帝政)의 수립에도 불구하고 공화정의 통치조직, 즉 집정관이나 법무관 등 정무관이나 원로원 및 민회가 계속 존속하였던 것과 같았다. 통상 절차의 오랜 전통과 그 이론의 영향은 뒷날 동로마제국의 유스티니아누스 황제 법의 제정에까지 미쳤다.

재판관에 의한 새로운 소송절차는, 통상절차 옆에서 특별심리절차로 존재하였었는데 최초에는 특수한 경우에서만, 일종의 행정재판과 같은 의미로서, 황제 또는 그 관리가 통치의 필요 또는 편의에 따라 행하였다. 하지만 이 새로운 절차는 통상절차보다도 간편하게 분쟁해결의 목적을 달성할 수 있고, 실제로도 편리하여 차츰 많은 사람들이 이용하기 시작하였으며, 특히 황제의 통치가 공화정의 통치구조를 압도하면서 권력이 절대화되는 전주정(專主政)시대에 이르러서는 이 절차만으로 민사소송이 이루어졌다. 이 절차는 권리의 자력(自力)에 의한 구제를 배척하는, 근대 소송제도와 마찬가지 원리에 입각한 것으로써, 그 일반화에 의하여, 이 제도는 그 진화(進化)의 마지막 단계, 즉 오늘의 민사소송절차에 도달한 것이다.

(c) 로마의 소송제도가 이와 같이 발달하였다고 하여 국민상호간에 일체의 쟁송해결을 재판관에 의한 소송방법에 의하여야 한다는 것을 의미하는 것은 아니다. 쟁송이 있는 당사자가 국가권력의 개입을 구하지 않고, 그들 스스로 쟁송을 해결하는 경우는 언제나 존재하였다. 특히, 전주정의 확립과 함께 국가에 의한 재판제도가 일반화되고 확립되는 시대에서도, 실제로는 국가권력은 야만족의 침입 등에 의해서 점차 쇠퇴(衰退)하고 국민생활을 완전하게 보호할 수 없게 되는 사태에 이르자, 국민들이 국가 이외 다른 힘의 개입에 의해서 쟁송의 해결을 구하는 경우가 증가하였고, 국가도 또한 이러한 방법의 존재를 어느 정도 용인함에 이르렀다. 그리하여 전주정의 확립에도 불구하고, 국가권력의 절대성·통일성이 근대 국가 수준에까지 이르지 않은 로마제국에서는 이와 같은 국가권력에 의하지 않은 분쟁해결제도의 중요성은 잃지 않았다. 그리하여 재판관이 존재함에도 불구하고 당사자들 사이의 합의에 의하여 선정한 중재인이 중재에 의하여 쟁송을 해결하는 방법은, 소송의 곁에서 항상 존속하였다.

(d) 사적 중재절차의 장점은, 국가의 개입을 받지 않고서도 완전하게 자유로이, 따라서 간단하게, 어떤 방식도 필요 없이, 어떤 확립된 규칙에 의하지 않고서도 행할 수 있다는 점에 있다. 하지만 이러한 절차는, 쟁송당사자가 그 방법으로 해결을 구한다는 합의를 하고 중재인이 그 의사에 따라서 중재를 하여야 가능하고, 이 절차에 의하여 쟁송을 해결하는 것은 당사자가 중재인의 판단을 존중하여 이에 복종할 때에 비로소 가능하다는 결점을 수반한다. 그리하여 소송제도는 이와 같은 사적중재의 절차가 매우 불확실하다는 결점을 제거하기 위하여 발달한 것이라고도 할 수 있다. 하지만 그 발달에도 불구하고, 중재절차는 그 고유한 장점 때문에 항

상 존속하였으며, 국가도 그 존재를 인정하는 것에 그치지 않고, 그에 관한 법적 규정을 두게 되었다. 특히, 유스티니아누스황제의 법전은 이와 같은 중재절차에 관하여 여러 종류의 규정을 채용하였고 이것이 현재까지 내려와서 우리나라 중재제도의 모태가 된 것이다.

2. 국제중재

(가) 우리나라는 1958년 6월 10일 뉴욕에서 이루어진 외국중재판정의 승인과 집행에 관한 유엔협약(일명 뉴욕협약)에 가입하고 있다. 전 세계적으로 국제적 분쟁에 관해서는 다른 나라의 재판권에 복종하기보다 중재방식에 의하는 경우가 많으므로 국제상공회의소 중재규칙(The International Chamber of Commerce<ICC> Rules of Arbitration)이 많이 이용되고 있다.

(나) 우리나라 영토 내에서 행하여진 외국의 사법적 행위가 그 나라의 주권적 활동에 속하는 것이거나 이와 밀접한 관련이 있어서 이에 대한 재판권 행사가 외국의 주권적 활동에 대한 부당한 간섭이 될 우려가 있다는 등 특별한 사정이 없는 한, 외국의 사법적 행위에 대하여서도 해당 국가를 피고로 하여 우리나라 법원이 재판권을 행사할 수 있다.[87] 그런데 외국에 투자한 투자자가 상대국가와의 협정상 의무나 투자계약의 위반으로 손해를 입었을 경우에는 국가사이에 자유무역협정, 즉 FTA(Free Trade Agreement)가 이루어지면 필수적으로 체결하는 투자자국가소송협정(Investor-State Dispute, 약칭 ISD)을 이용하여 분쟁을 해결하는 경우가 많아졌다. 즉 투자자는 투자협정을 어긴 상대국 정부를 상대로 당사국 아닌 제3자로서 민간기구인 국제투자분쟁해결기구(International Centre for Settlement of Investment Disputes, 약칭 ICSID)에 국제중재신청을 해서 손해배상을 받을 수 있는 것이다. ICSID는 세계은행(IBRD) 산하기관이다. ICSID는 중재절차가 시작되면 3인의 중재인으로 구성된 중재판정부에 사건을 회부한다. 중재인은 양측에서 한 명씩 선임하고 의장중재인은 양측의 합의에 의해 선임한다. 만일 합의가 되지 않으면 ICSID사무총장이 선임한다. 오늘날 국가사이의 FTA가 국제무역의 추세인 이상 ISD가 많이 이용될 전망이다. 이렇게 보면 국제 상거래나 국제투자분쟁에서는 중재가 소송보다 더 중요한 분쟁해결방법이라고 할 수 있다.

87) 대판 2011.12.13. 2009다16766 참조.

3. 중재합의

(1) 중재합의의 뜻, 성질 및 가능성

㈎ 뜻

중재합의라 함은 계약상의 분쟁인지 여부와 관계없이 일정한 법률관계에 관하여 당사자 사이에 이미 발생하였거나 앞으로 발생할 수 있는 분쟁의 전부 또는 일부를 중재에 의하여 해결하도록 하는 당사자 사이의 합의를 말한다(중재 제3조 2호). 여기서의 '일정한 법률관계'라 함은 중재법 제3조 1호의 '재산권상 분쟁 및 당사자가 화해에 의하여 해결할 수 있는 비 재산권상 분쟁'을 의미한다.

㈏ 법적 성질

(a) **문제의 제기** 중재합의는 민사소송법에는 명문의 규정이 없지만 중재법 제3조에 그 규정이 있으므로 이를 체결하는 데 아무런 법률상 문제가 없다. 다만 그 성질이 소송계약인지 사법계약인지 문제 된다.[88]

(b) **소송계약설** 당사자가 중재절차에 들어가면 중재합의는 법원의 재판권이 배제되는 기초가 되고 중재인의 중재판단은 사법(司法)행위이지 실체법상 형성행위가 아니라는 점에서 중재합의는 중재절차상 효과의 발생을 목적으로 하는 소송계약이라는 견해이다.

(c) **사법계약설** 중재합의는 민사소송법이 아니라 중재법에 규정된 계약이므로 소송계약이 아니라 사법계약으로 보아야 한다. 다만 중재합의는 소송 외 또는 소송 이전에 체결되어 중재절차에서 분쟁을 해결하여야 한다는 실체법상 의무를 발생시키고 있지만, 상대방이 중재합의에 위반하여 법원에 소송을 제기할 경우에는 중재합의의 의무불이행을 이유로 별개의 소송을 제기할 필요가 없이 해당 소송에서 중재합의를 맺은 사실을 항변으로 주장할 수 있다는 견해이다.

(d) **결론** (i) 당사자들이 중재합의를 맺고도 이 합의에 위반하여 법원에 소를 제기하는 경우에 소송계약설에 의하면 중재합의에 의하여 종료된 소송이 법원에 계속된 것으로 보아야 한다. 이 같은 의제(擬制)는 현실성이 없어 따르기 어렵다. 사법계약설이 타당하다.

(ii) 다만 중재합의에 위반된 소가 제기 되더라도 중재합의는 소송 밖에서 이루어지는 경우가 대부분일 것이므로 당사자가 법정에서 이를 주장하지 아니하면 법원은 알 수가 없어 중재합의는 법정에서 항변으로 하여야 하는 항변사항이고, 직권조사사항이 아니다.

㈐ 중재합의를 할 수 있는지 여부가 문제되는 경우

(a) **형사소송의 대상이 되는 사건** 형사소송의 대상이 되는 사건은 중재합의를 맺을 수

---

88) 우리나라에서는 아직 이에 관한 깊은 논의가 이루어지지 않고 있으나 여기에서는 소송계약에 관한 일반이론을 중재법에 유추하여 학설을 전개하였다.

없다. 국가형벌권을 중재인이라는 개인에게 맡길 수 없기 때문이다.

(b) **행정소송사건** 행정소송사건은 원칙적으로 중재합의를 맺을 수 없다. 그러나 각종 특별법에서 중재가 허용되는 경우(예, 노동조합 제62조 이하)에는 중재합의를 맺을 수 있다.

(c) **비송사건** 비송사건은 중재계약을 맺을 수 없다. 당사자의 처분권이 허용되지 않기 때문이다.

(d) **가사소송사건** 가사소송사건은 원칙적으로 중재합의를 맺을 수 없다. 그러나 가정법원에 소를 제기하거나 심판을 청구하려는 사람이 먼저 조정을 신청하여야 하는 가사소송법 제2조 제1항 1의 가사소송사건 나류 사건과 다류 사건, 가사소송법 제2조 제1항 2의 가사비송사건 마류 사건은 중재합의를 맺을 수 있다고 하여야 한다. 왜냐하면 이들 사건에 관해서 법원 이외의 제3자에게 분쟁을 조정할 수 있는 권능이 부여된 이상 중재를 불허할 이유가 없기 때문이다.

(e) **청구에 관한 이의의 소(민집 제44조), 제3자이의의 소(민집 제48조)의 대상 사건** 청구에 관한 이의의 소, 제3자이의의 소 등의 대상이 되는 민사집행사건에 관해서는 중재합의를 맺을 수 없다. 개인인 중재인이 법원에 의하여 만들어진 집행권원상 강제집행행위를 부적법하다고 선언하거나 법원에 대하여 어떤 명령을 할 수 없기 때문이다.

(f) **보전처분사건** (i) 중재합의의 당사자는 중재절차의 개시 이전 또는 중재절차의 진행중에 법원에 가압류나 가처분 등 보전처분을 신청할 수 있다(중재 제10조).

(ii) 그러나 중재합의로 보전처분 자체를 중재인에게 맡길 수는 없다. 왜냐하면 상대방의 재산이나 자유에 직접적으로 개입하는 가압류나 가처분 등 보전처분은 신속성 · 밀행성(密行性)을 본질로 하고 있는데 중재에서는 당사자 양쪽의 심문절차(중재 제25조)가 보장되어 신속성 · 밀행성을 살릴 수 없기 때문이다.

(g) **지급명령사건** 지급명령(제462조 이하)도 중재인에게 맡길 수 없다. 중재절차에서 중재인은 사실관계를 탐지하지 않으면 안 되는데(중재 제28조) 채무자를 심문하지 아니하고 하는 지급명령(제467조)은 이와 맞지 않기 때문이다. 그러나 지급명령에 대한 이의신청을 하면 소송으로 이행되기 때문에(제472조 제2항) 이 경우에는 중재합의를 할 수 있다.

(h) **소송계속중의 분쟁** 어떤 분쟁에 관해서 법원에 소송이 계속되더라도 당사자는 중재합의를 할 수 있다(중재 제9조 제3항). 이 경우에 중재절차를 개시하기 위해서는 원고가 소를 취하하고 피고가 이에 동의하지 않으면 안 되며(제266조 제2항 참조) 그 경우에 중재판정할 중재부는 중재절차를 개시 또는 진행하거나 중재판정을 내릴 수 있다.

(i) **확정판결사항에 대한 중재합의의 적부** 법원이 확정판결로 판시한 사실을 중재합의로 확정판결과 다른 사실로 중재 판정할 수 없다. 그러나 확정판결의 기판력은 표준시 이후에는 작동되지 아니하므로 기판력의 표준시인 사실심의 변론종결시 이후의 변화에 대해서는 그 변

화사실을 중재합의할 수 있다.

(2) 전속적 중재합의와 자유 선택적 중재합의

(가) **전속적 중재합의** (a) 중재합의가 성립하려면 당사자는 중재인에게 분쟁에 관한 판정을 일임하는 의사표시를 하지 않으면 안 된다. 이 의사표시에는 중재인의 판정에 관하여 법원에 불복을 신청할 수 없는 내용이 포함되어야 한다. 이를 전속적 중재합의라고 한다. 이러한 전속적 중재합의를 하면서 그 내용 가운데 중재인의 판정에 관하여 그 정당성 여부를 사후적으로라도 법원이 심판한다는 합의가 포함된다면 그 중재합의는 무효이다.

(b) 예를 들어 공사도급계약서에 '분쟁해결은 당사자 양쪽 모두 중재법에 의거하여 대한상사중재원의 중재에 따르고 "법률적 쟁송"이 있을 경우 도급인의 주소지 관할법원으로 한다.'는 내용의 조항을 둔 경우에 이 조항은 자유선택적 중재합의가 아니라 전속적 중재합의이다. 위 조항에 "법률적 쟁송"이 있을 경우라고 하는 표현이 있지만 이는, 그 중재에 따른 중재판정과 관련하여 제기될 수 있는 소송에 관한 중재법 제7조에서 정하고 있는 관할법원에 관한 합의를 한 것으로 보아야 하기 때문이다.[89)]

(나) **자유 선택적 중재합의** (a) 중재합의를 할 때 법원에 소를 제기할 권한을 완전히 없앨 필요는 없다. 당사자는 중재인에게 중재신청을 할 것인가 아니면 법원에 제소할 것인가를 자유롭게 선택할 수 있고, 또 조정 등을 먼저 행한 다음 조정이 잘 되지 아니할 때에 비로소 중재에 들어간다고 정할 수도 있으며, 조정 또는 중재에 의하여 분쟁을 해결하되 조정에 불복하는 경우에는 법원의 판결에 의한다고 정할 수도 있다. 이러한 중재합의를 자유 선택적 중재합의라고 한다.

(b) 자유 선택적 중재합의에서 문제되는 것은 누구에게 선택권이 있느냐 하는 것이다. 우선 중재합의를 할 때 당사자 어느 한 쪽에 선택권이 있다는 명문규정이 없다든지 또는 당사자 양쪽에 모두 선택권이 있다는 규정이 있는 경우에는 한 쪽 당사자라도 조정에 불복하여 제소를 하면서 중재에 의한 해결을 반대할 경우에는 중재합의의 효력은 없게 되므로 소송으로 분쟁을 해결하여야 할 것이다.[90)] 한 쪽 당사자에게만 선택권이 있는 경우에 다른 법률의 규정이나 약정이 없으면 그 선택권은 채무자에게 있는데(민 제380조 참조) 선택권 행사에 기간의 제한이 있는 경우에, 선택권자가 그 기간 내에 선택권을 행사하지 아니한 때에는 상대방은 상당한 기간을 정하여 그 선택을 최고할 수 있고, 선택권자가 그 기간 내에 선택하지 않으면 선택권은 상대방에게 이전한다(민 제381조 제1항 참조). 선택권행사의 기간이 없는 경우에는 상대방이 선택권 자에게 상당한 기간을 정하여 그 선택을 최고하여도 선택권자가 그 기간 내에 선택

---

89) 대판 2005.5.13. 2004다67264 · 67271.
90) 대판 2004.11.1. 2004다42166.

하지 아니할 때에 선택권은 상대방에게 이전한다(민 제381조 제2항 참조).

(3) 중재합의의 소극적 및 적극적 효과

㈎ **소극적 효과(중재합의의 항변)** (a) 중재합의를 맺은 사건에 관하여 한 쪽 당사자가 법원에 소를 제기하거나, 소가 제기된 뒤에라도 중재합의를 맺은 경우에 본안에 관한 최초의 변론을 할 때까지 소가 제기된 법원에서 피고가 중재합의의 항변을 제출하면(중재 제9조 제2항), 그 항변이 없거나 무효이거나 효력을 상실하였거나 그 이행이 불가능한 경우를 제외하고는 법원은 그 소를 각하하여야 한다(중재 제9조 제1항). 따라서 제소된 사건에 관하여 비록 당사자가 소송 외에서 중재합의를 하였다고 하더라도 중재법 제9조 제2항의 규정에 따른 중재항변의 절차를 밟지 아니하면 중재절차는 개시되지 아니한다.[91]

(b) **중재합의의 항변을 제출할 수 있는 절차** 그러므로 통상 민사소송에서는 소가 제기된 뒤에 본안에 관한 최초의 변론을 할 때까지 중재합의의 항변을 제출할 수 있다.

(c) **상계의 항변** (i) **문제의 제기** 예를 들어 갑과 을이 물품공급계약을 맺으면서 물품대금에 관한 중재합의를 하였다. 그런데 채무자 을이 물품대금을 납부하지 아니하여 중재절차에 들어갔는데 을이 갑에 대하여 중재합의가 없는 대여금채권을 반대채권으로 하여 상계항변을 할 수 있는가,[92] 거꾸로 갑이 을을 상대로 법원에 물품대금청구의 소를 제기하였는데 을이 갑에 대하여 중재합의가 맺어진 대여금 채권을 반대채권으로 하여 상계의 항변을 할 수 있는가[93]라고 하는 문제이다.

(ii) 중재절차에서 중재합의를 맺은 사건에 관하여 중재합의 없는 반대채권으로 상계의 항변을 한 경우에(앞의 전단의 경우) 중재신청인 갑의 이의가 없이 그대로 중재절차를 진행하였다면 갑과 을 사이에 묵시의 중재합의가 성립되었다고 하여 중재인의 중재판단을 인정하여야 할 것이다. 중재합의는 원칙적으로 서면으로 하여야 하지만(중재 제8조 제2항 참조) 어느 한 쪽 당사자가 당사자 간에 교환된 문서내용에 중재합의가 있는 것을 주장하고 상대방 당사자가 이에 대하여 다투지 아니한 경우에는 서면에 의한 중재합의로 보게 되기 때문이다(중재 제8조 제3항 3호 참조). 그러나 갑이 중재절차에서 을의 대여금채권(반대채권)에 관해서는 중재합의가 없다고 이의하는 경우에는 중재인은 이에 관한 판정을 할 수 없기 때문에 을은 대여금 채권에 관하여 별도로 소송을 제기하여야 할 것이다.

(iii) 민사소송절차에서 소구채권에 관하여 중재합의를 맺은 반대채권으로 상계의 항변을

---

91) 대판 1991.4.23. 91다4812.

92) 이것은 중재절차에서 중재합의를 맺은 사건에 관하여 중재합의 없는 반대채권으로 상계의 항변을 한 경우에 중재인이 그 반대채권의 존부에 관해서 판단할 수 있는가의 문제이다.

93) 이것은 민사소송절차에서 소구채권에 관하여, 상대방이 중재합의를 맺은 반대채권으로 상계의 항변을 한 경우에 법원이 그 반대채권의 존부에 관하여 판단을 할 수 있는가의 문제이다.

한 경우(앞의 후단의 경우), 중재합의를 한 갑이 본안에 관한 최초의 변론을 할 때까지 중재합의의 항변을 제출하지 아니하였다면 법원은 을의 반대채권에 관한 상계항변에 대하여 판단하여야 할 것이다. 그러나 갑이 중재합의의 항변을 하였다면 법원은 을의 반대채권에 관한 판단을 할 수 없으며, 필요하다면 을의 반대채권 존부에 관하여 중재인이 중재판정을 할 때까지 변론을 연기하였다가 중재인이 반대채권이 있다고 판정하면 상계의 항변을 받아들이고 중재인이 반대채권을 부정하면 상계의 항변을 배척하여야 할 것이다.

(나) **중재합의의 적극적 효과(중재절차의 개시)**

(a) **중재절차의 개시** 중재합의의 목적은 당사자 사이의 분쟁 해결을 중재인에게 맡겨서 중재판정을 하는 데 있다. 따라서 당사자는 중재절차가 실시될 수 있도록 중재인을 선정하지 않으면 안 된다. 중재인 선정에 관하여 당사자 간에 다툼이 없으면 중재인은 국적에 관계없이 선정될 수 있고(중재 제12조 제1항), 중재인 수는 당사자 간의 합의로 정하는 데 합의가 없으면 중재인 수는 3명으로 한다(중재 제11조 제2항). 중재절차는 당사자 간에 다른 합의가 없는 경우에 피신청인이 중재요청서를 받은 날부터 개시된다(중재 제22조 제1항).

(b) **시효의 중단 또는 법률상 기간의 준수** (i) 중재합의만으로는 시효가 중단되거나 법률상 기간이 준수되지 않는다. 그러나 중재판정은 양 당사자 간에 법원의 확정판결과 동일한 효력이 있으므로 중재절차의 개시는 민사상 청구(민 제168조 1호)와 같이 보아서 시효중단이나 법률상 기간준수의 효력을 인정하여야 할 것이다.

(ii) 시효의 중단이나 법률상 기간준수의 효력은 소장이 피고에게 도달된 때가 아니라 소를 제기한 때에 생긴다(제265조 참조). 법원이 피고에 대한 소장송달을 지연하여 소장송달 이전에 시효가 완성되거나 제척기간이 경과되는 사태를 방지하기 위해서이다. 같은 취지에서 사단법인 대한상사중재원에 중재를 신청하고자 하는 자는 신청서를 사무국에 제출하여야 하는데(대한상사중재원 국내중재규칙 제14조 제1항 참조) 이 신청서를 제출할 때 시효의 중단이나 법률상 기간준수의 효력이 생긴다고 할 것이다.

(iii) 그러나 대한 상사중재원이 아닌 일반 중재에서는 당사자 간의 합의로 중재인의 선정절차를 정한 다음(중재 제12조 제2항 참조) 당사자 간의 다른 합의가 없는 경우 피신청인이 중재요청서를 받아서 중재절차가 개시되는데(중재 제22조 제1항) 이 경우 시효중단 등 효력은 중재절차가 개시될 때 생긴다고 할 것이 아니라 당사자가 중재인을 선정하는 등 필요한 행위를 한 때부터 그 효력이 생긴다고 풀이하여야 할 것이다. 그렇지 않으면 이유 없이 중재절차의 개시가 지연됨으로 말미암아 시효가 완성되거나 제척기간이 경과되는 사태를 방지할 수 없기 때문이다.

(다) **중재합의의 효력이 미치는 범위**

(a) **주관적 범위** (i) **원칙** 중재합의의 효력은 원칙적으로 중재합의 당사자, 대리인

에 의한 경우에는 본인에게 생긴다.

(ii) **포괄승계인** (ㄱ) 중재합의를 한 권리 또는 법률관계의 포괄승계인에게도 반대약정이 따로 없는 한 중재합의의 효력이 미친다. 그러므로 중재합의의 당사자가 사망한 경우에는 그 법률관계를 상속한 상속인에게 중재합의의 효력이 미치므로 법률관계를 공동상속한 공동상속인 전원에게 중재합의의 효력이 미친다. 그러나 상속재산의 분할(민 제1012조 이하)에 의하여 공동상속인 가운데서 1인이 상속한 경우에는 그 사람에게만 중재합의의 효력이 미친다.

(ㄴ) 중재합의 당사자인 법인이 합병으로 소멸된 경우에는 흡수합병으로 존속된 법인에게, 신설합병의 경우에는 신설된 법인에게 중재합의의 효력이 미친다.

(iii) **특정승계인** (ㄱ) 지명채권과 같이 당사자가 그 권리관계를 자유롭게 정할 수 있는 경우에 당사자의 의사표시에 의하여 권리관계가 승계되는 특정승계에서 중재합의가 이루어진 때에는, 중재합의는 실체법상 권리행사의 조건이므로 그 권리관계에 붙어있는 실체적 이해관계의 변경이 된다. 따라서 그 권리관계의 특정승계인은 중재합의를 승계한다고 할 수 있다.

(ㄴ) 그러나 당사자가 양도한 권리관계가 물권인 경우에는 물권법정주의 원칙상 그 내용이 정형화되어 당사자가 함부로 바꿀 수 없고(민 제185조), 부동산인 경우에는 그 합의의 내용을 등기로 공시할 방법이 없어 합의의 효력이 제3자를 구속할 수 없다. 어음·수표의 경우에도 그 내용이 정형화되었으므로 물권의 경우와 동일하다. 따라서 이 경우에는 중재합의가 특정승계인을 구속할 수 없다고 하여야 한다.

(b) **객관적 범위** (i) **원칙** 중재인의 판정권한은 원칙적으로 당사자가 중재합의로 특정한 분쟁에 한정하여 생긴다.

(ii) **중재합의가 주된 계약에 부수하여 맺어진 경우** 가장 일반적인 형태이다.

(ㄱ) 주된 계약이 무효인 것이 다툼이 없는 경우에 중재합의는 당연히 무효가 되기 때문에 중재판정을 할 필요가 없다.

(ㄴ) 주된 계약의 무효 여부가 다툼이 되는 경우에 당사자가 중재합의를 할 때 중재인에게 이에 관한 판단권한을 위임한 경우에는 중재인은 주된 계약의 무효 여부를 판단할 수 있다. 그러한 위임이 없더라도 중재절차의 효율적 차원에서 중재인이 주된 계약의 무효 여부를 판단할 수 있다고 하는 것이 옳을 것이다. 따라서 이 판단에 반하는 특약이 없는 한 중재인은 주된 계약의 무효 여부를 판단할 수 있다.

(ㄷ) 주된 계약이 유효이지만 중재합의가 무효인 경우에는 당연히 주된 계약에서 정한 분쟁에 관해서는 법원에서 판단하여야 할 것이다.

(ㄹ) 앞으로 발생할 수 있는 분쟁의 전부 또는 일부를 중재에 의하여 해결하도록 당사자 사이에서 합의할 수 있다(중재 제3조 2호 후단). 일반적으로 「이 계약에서 생기는 일체의 분쟁을 중재로 해결한다」고 개괄적으로 기재한다. 이 경우 중재인의 판정범위는, 주된 계약의 존속을

전제로 한 계약내용의 해석에 관한 분쟁 혹은 사정변경에 의한 계약내용의 수정에 관한 분쟁의 경우는 물론 계약관계의 종료 원인 혹은 채무불이행에 의한 손해배상청구에 관한 분쟁의 경우 등 모두 포함된다고 할 것이다. 이러한 것들은 결국 주된 계약의 일부가 되기 때문이다.

㈃ **중재합의의 효력 상실**

(a) **중재합의의 무효** (i) 중재합의가 그 성질이 사법계약인 이상 민법 제103조에서 정한 선량한 풍속 기타 사회질서에 위반된 경우에는 무효가 된다. 또한 약관의 규제에 관한 법률 제14조 1호는, 고객에게 부당하게 불리한 소제기나 재판관할에 관한 합의를 금지하고 이에 위반되는 것은 무효[94]로 하여 경제적 약자를 보호하고 있다.[95] 이 취지는 중재합의를 맺는 경우에도 배제할 이유가 없다. 따라서 어떤 분야에서 사실상 독점적 지위에 있는 기업이나 단체가 관여하는 경우, 개인기업과 독점기업, 대리점과 상인, 판매상인과 제조업자와의 관계 등 한 쪽 당사자가 그 경제적 또는 사회적 우위를 이용하여 상대방 당사자에게 중재합의를 맺게 할 우려가 있는 경우에는 약관의 규제에 관한 법률 제14조를 유추적용하여야 할 것이다.

(ii) 그러나 이 경우에도 외관상 유효한 중재합의가 존재하지 않거나 중재인 선정에 관한 합의절차가 사전에 진행되지 않는 경우 등과 같은 특별한 사정이 없는 한, 중재신청의 적법여부를 심리하여 중재합의의 부존재나 무효를 이유로 중재인신청 자체를 기각할 수 없다.[96]

(b) **중재판정** 중재판정이 이루어지면 당연히 중재합의가 그 목적 달성으로 효력이 상실된다.

(c) **중재인의 중재판정 거절** 중재인이 중재합의가 유효하지 않다고 하든가, 중재절차에 들어간 분쟁에 관하여 자기의 중재판정 권한이 부존재하다고 판정을 거절한 경우에도 중재합의는 효력을 상실한다.

(d) **법원 재판의 확정** 중재절차에 들어간 분쟁에 관하여 법원이 중재합의를 간과하거나 중재합의가 성립되지 아니하였다고 하여 본안판결을 하였는데 이 판결이 확정된 경우에도 중재합의의 효력은 상실된다.

(e) **중재합의의 항변권 상실** 제소된 사건에 관하여 비록 당사자가 소송 외에서 중재합의를 하였다고 하더라도 중재법 제9조 제2항의 규정에 따라 본안에 관한 최초의 변론을 할 때까지 중재합의의 항변을 제출하지 아니하고 응소하면 중재합의의 효력은 상실된다.

---

94) 대결 1968.6.29. 98마863은, 대전에 주소를 둔 계약자와 서울에 주영업소를 둔 건설회사 사이에서 서울지방법원을 관할법원으로 한 관할합의조항은 민사소송법상 관할규정보다 불리한 약관이므로 무효라고 판시하였다.

95) 「… 사업자와 고객 사이에서 사업자의 영업소를 관할하는 지방법원으로 전속적 관할합의를 하는 내용의 약관조항이 고객에 대하여 부당하게 불리하다는 이유로 무효라고 보기 위해서는 그 약관조항이 고객에게 다소 불이익하다는 점만으로는 부족하고, 사업자가 그 거래상 지위를 남용하여 이러한 약관조항을 작성 · 사용함으로써 건전한 거래질서를 훼손하는 등 고객에게 부당하게 불이익을 주었다는 점이 인정되어야 한다」(대결 2009.11.13. 2009마1482, 2008.12.16. 2007마1328 참조).

96) 대결 2022.12.29. 2020그633.

(f) **중재합의의 해제조건 성취 또는 기한의 도래** 중재합의도 그 성질이 사법행위이므로 해제조건이 성취되거나 기한이 도래하면 중재합의는 실효된다.

(g) **중재합의의 합의해제** 중재합의도 당사자의 합의에 의하여 해제할 수 있다. 이 해제는 중재판정이 이루어진 뒤에도 가능하다. 중재판정은 확정판결과 동일한 효력이 있지만(중재 제35조) 합의해제는 판정 후의 새로운 사정이기 때문에 중재판정의 영향을 받지 않는다. 그러나 중재판정이 법원에서 승인을 받거나 집행판결을 받은 경우(중재 제37조 제1항·제2항)에는 국가의 공권력이 관여되었기 때문에 중재합의를 합의해제할 수 없다.

(h) **중재합의의 취소 또는 해제** 중재합의는 그 성질이 사법행위이므로 실체법상 계약의 취소 또는 해제사유가 있으면 이를 해제할 수 있고 그 경우에는 중재합의의 효력은 상실된다.

(i) **중재합의의 효력 상실에 관한 분쟁** 중재합의의 효력 상실에 관한 분쟁은 중재인의 판정권한에 속하지 아니하므로 법원이 심판하여야 한다. 즉 소가 제기되어 본안에 관한 심리가 진행될 때 그 전제로서 중재합의의 효력에 관해서 법원이 판단하는 것이다. 당사자는 중재합의의 효력 상실 여부에 관하여 확인하는 소를 제기할 수 있다.

4. 중재판정의 승인 · 집행

(1) 중재판정

(가) 중재판정은 양 쪽 당사자 사이에서는 법원의 확정판결과 동일한 효력이 있다(중재 제35조 본문). 그러나 중재판정이, 중재 제36조에 따라 중재판정취소의 소에 의하여 취소된 경우, 중재법 제38조에 따라 법원에 의하여 승인되지 않거나 집행이 거절될 경우에는 양 쪽 당사자 사이에서도 확정판결과 동일한 효력이 없다(중재 제35조 단서).

(나) **중재판정취소의 소(중재 제36조)** (a) 중재판정에 대한 불복은 법원에 중재판정취소의 소를 제기하는 방법으로 만 할 수 있는데(중재 제36조 제1항) 취소사유는 중재법 제36조 제2항에 법정되어 있다. 즉 1. 중재합의 당사자가 중재합의 당시 무능력자였던 사실 또는 중재합의가 당사자들이 지정한 법에 따라 무효이거나 그러한 지정이 없는 경우에는 대한민국의 법에 따라 무효인 사실. 2. 중재판정의 취소를 구하는 당사자가 중재인의 선정 또는 중재절차에 관하여 적절한 통지를 받지 못하였거나, 그 밖의 사유로 변론을 할 수 없었던 사실. 3. 중재판정이 중재합의의 대상이 아닌 분쟁을 다룬 사실 또는 중재판정이 중재합의의 범위를 벗어난 사항을 다룬 사실. 다만, 중재판정이 중재합의의 대상에 관한 부분과 대상이 아닌 부분으로 분리될 수 있는 경우에는 대상이 아닌 중재판정 부분만을 취소할 수 있다. 4. 중재판정부의 구성 또는 중재절차가 중재법의 강행규정에 반하지 아니하는 당사자 간의 합의에 따르지 아니하였거나 그러한 합의가 없는 경우에는 이 중재법에 따르지 아니하였다는 사실 등이다.

(b) 중재판정 취소의 소는 중재판정 정본 수령일로부터 3개월 이내에 제기하여야 하며(중제 제36조 제3항), 중재판정이 법원의 중재승인 또는 집행결정이 확정된 이후에는 제기할 수 없다(중재 제36조 제4항).

(2) 중재판정의 승인

(가) 중재판정의 승인이라 함은 법원이 중재인의 중재판정에 대하여 법적효력을 인정해주는 재판을 말한다. 중재판정 자체는 양 쪽 당사자 사이에서 확정판결과 동일한 효력이 있지만(중재 제35조) 제3자에 대한 관계에서는 이러한 효력이 없기 때문에 법원의 승인결정에 의하여 제3자에 대해서도 법적효력을 갖게 된다(중재 제35조).

(나) 중재판정의 승인은 중재판정의 정본 또는 사본을 제출한 당사자의 신청에 따라 법원의 결정에 의한다(중재 제 37조 제1항 단서). 승인은 중재법 제38조 또는 제39조의 승인거부사유가 없으면 그 내용의 당부에 관한 판단 없이 하는 자동 승인이다(중제 제37조 제1항 본문).

(3) 중재판정의 집행

(가) 중재판정의 집행이라 함은 중재판정에 기초한 강제집행을 말한다. 이 집행은 중재판정의 정본 또는 사본을 제출한 당사자의 신청에 따라 법원에서 집행결정으로 이를 허가하여야 할 수 있다(중재 제37조 제2항). 이때의 법원은 수소법원이 아니라 집행법원이다.

(나) 중재판정의 집행결정이후 집행법상 청구이의사유가 발생하면 당사자는 집행결정을 한 법원에 청구에 관한 이의의 소(민집 제44조)를 제기할 수 있다. 중재판정은 확정판결과 동일한 효력이 있기 때문이다.

5. 중재기관

(1) 대한상사중재원

대한상사중재원은 중재법에 의거하여 1966년 3월 22일 설립된 상설 법정중재기관이다. 이 중재원은 국내외 상거래에서 발생한 분쟁을 사전에 예방하고, 발생된 분쟁을 중재, 조정, 알선을 통하여 신속하고 공정하게 해결함으로써 건전한 상거래 풍토를 조정하고, 나아가 국가 산업경제 발전에 기여하는 것을 목적으로 하고 있다.

(2) 서울국제중재센터(Seoul International Dispute Resolution Center, Seoul IDRC)

2013년 5월에 개소한 서울 국제중재센터는 동북아 지역에 위치한 최첨단 다목적 심리센터로서 중재심리, 업무회의 및 콘퍼런스를 위한 최첨단 장비를 갖춘 심리실을 제공하고 있다.

또한, 서울국제중재센터는 중재와 관련한 다양한 간행물을 출판할 뿐 아니라 다수의 중재관련 세미나 및 콘퍼런스에 관여하고 있다.

제2장

민사소송법

제1절 민사소송법의 의의와 성질

[9] 제1. 민사소송법의 의의

1. 민사소송법의 뜻

민사소송법을 형식적으로 볼 때에는 민사소송법전(1960.4.4. 제정 법률 제347호)을 말한다. 그러나 실질적으로는 민사소송절차를 규율하는 법규의 전체를 의미한다. 실질적 의미의 민사소송법에는 법원의 조직·권한, 소송당사자, 소송관계인의 자격·능력, 재판, 민사집행을 하기 위한 요건·절차·효과 등에 관한 일체의 법규를 포함한다.

2. 민사소송법의 법원(法源)

(1) 제정법

민사소송법의 법원으로는 민사소송법 이외에 민사집행법(2002.1.26. 법률 제6627호), 법원조직법(1949.9.26. 법률 제51호), 가사소송법(1990.12.31. 법률 제4300호), 행정소송법(1984.12.5. 법률 제3754호), 소액사건 심판법(1973.2.24. 법률 제3754호), 소송촉진 등에 관한 특례법(1981.1.29. 법률 제3361호), 채무자회생 및 파산에 관한 법률(약칭, 채무자회생법)(2005.3.31. 법률 제7428호), 민사소송비용법(1954.9.9. 법률 제336호), 민사소송 등 인지법(1954.9.9. 법률 제337호), 국가를 당사자로 하는 소송에 관한 법률(1991.12.17. 법률 제3466호), 상고심절차에 관한 특례법(1994.7.27. 법률 제4769호), 집행관법(1995.12.6. 법률 제5002호), 변호사법(2000.1.28. 법률 제6207호), 공증인법(1961.9.23. 법률 제723호), 변리사법(1961.12.23. 법률 제864호), 증권관련집단소송법(2004.1.20. 법률 제7074호), 소비자기본법(2006.9.27. 법률 제7988호), 개인정보보호법(2011.3.29. 법률 제10465호), 국제사법(2022.1.4. 전개법률 제18670호), 인지첩부 및 공탁제공에 관한 특례법(1961.12.13. 법률 제832호), 원격영상에 관한 특례법(1995.12.6. 법률 제5004호), 중재법(1999.12.31. 법률 제6083호), 민사조정법(1990.1.13. 법률 제4202호), 특허법(1990.1.13. 법률 제4207호), 해양사고의 조사 및 심판에 관한 법률(약칭, 해난심판법)(1971.1.22. 법률 제2306호), 국제민사사법공조법(1991.3.8. 법률 제4342호), 민사소송 등에서의 전자문서이용 등에 관한 법률(약칭, 민소전자문서법)(2010.3.24. 법률 제10183호), 전자문서 및 전자거래기본법(약칭, 전자문서법)(2002.1.19. 법률 제6614호) 이외에도 민법·상법 등에 포함된 소송절차에 관한 규정 및 헌법 제108조에 의하여 법률에 저촉되지 아니하는 범위 안에서 효력이 있는 대법원이 제정한 민사소송규칙 등 각종 대법원규칙 등이 있고 이들이 민사소송법의 법원(法源)이 된다. 그러나 비송사건절차법(1991.12.14. 전개법률 제4423호)은 민사소송법의 법원이 아니다.

(2) 기타

민사소송법의 법원으로는 위와 같은 제정법 이외에 관습법의 성립을 부정할 이유가 없으며[1] 또 판례법의 형성도 중요한 의미가 있다.

[10] 제2. 민사소송법의 성질

1. 공법

민사소송법은 국가기관인 법원이 국민에 대하여 민사재판권을 행사하는 방법 혹은 한계를 정하고 있기 때문에 전체로서는 공법에 속한다. 특히 민사소송을 기본으로 하는 민사집행절차는 본래 채무자의 의사를 억압하여 강제력을 행사하는 관계에 있으므로 강제력을 사용하는 요건·방법·한계 등을 정하는 규정을 중심으로 한다. 이에 대하여 판결절차는 국가권력인 재판권을 행사하면서도 양쪽 당사자의 이익주장이 정당한지 여부를 관념적으로 판단하는 작용을 중심으로 한다.

1) 토지의 경계선이 분명하지 않는 경우에 법관이 형평의 요구에 따라 계쟁지를 양쪽 당사자에게 배분하기 위하여 경계선을 정하는 것은 로마법 이래 관습법이기 때문에 이 관습법을 근거로 인정되는 소송이 토지경계 확정의 소이다.

2. 민사법

민사소송법은 대등한 당사자 사이의 생활관계에서 일어나는 분쟁의 처리를 위한 법규이다. 이 점에서 민법·상법 등의 사법과 공통되며 민사법을 구성한다.

3. 절차법

(1) 형식적 절차법

법을 실체법과 절차법으로 구별한다면 민법·상법 등 사법은 실체법에 속하고 민사소송법은 절차법에 속한다. 실체법은 개인 간의 생활관계에서 일어나는 이해의 대립을 조정하기 위하여 어떤 경우에 누구에게 어떤 권리 또는 의무가 발생하고, 변경·소멸하는가를 규정한 것이다. 이에 대하여 절차법은 권리·의무의 실현에 관한 법으로서 소송절차를 어떻게 진행하며, 어떻게 사실인정의 자료를 수집하고, 어떠한 방식으로 재판할 것인가를 규정한 것이다. 따라서 민사소송법은 절차법에 속한다. 실체법과 절차법의 관계에 관하여는 종래 실체법이 주된 법이고 절차법은 보조법이라는 견해가 있었으나 실체법은 재판의 결과에 따라 구체적으로 형성될 법규이고 절차법은 이를 구체적으로 실행하는 법규로서 양쪽은 서로 어울려 개인 간의 법률관계를 규율하는 기능을 담당한다. 따라서 기능적으로 양쪽은 동등하며 절차법이 실체법의 보충규정이 아니기 때문에 민사소송법을 실체법의 보조법이라고 할 수 없다.

(2) 실질적 절차법

형식적 의미에서의 실체법과 절차법의 구별은 실질적 의미에서의 구별과 꼭 일치되지 않는다. 민·상법에서도 실질상 소송법규가 있다. 소권에 관한 규정(민 제269조, 제816조, 840조, 제847조 등, 상 제184조, 제376조 등), 소송능력 및 소송대리권에 관한 규정(민 제950조, 상 제11조, 제773조 등), 증명책임분배의 규정(민 제135조, 제437조), 추정규정(민 제197조, 제200조, 제262조 제2항, 상 제47조 제2항) 및 집행방법에 관한 규정(민 제389조) 등이 그 예이다. 한편 민사소송법에서도 실체법규정이 있다. 소송비용의 부담에 관한 규정(제98조 이하), 가집행의 원상회복과 손해배상(제215조), 소송상 담보에 관한 규정(제117조, 제126조) 등은 모두 실체법에 속한다.

(3) 실체법과 절차법의 구별 실익

실체법과 절차법을 구별하는 실익은, 첫째 법률이 개정된 경우에 실체법은 법률불소급이 원칙이므로 부칙에서 예외를 인정하지 않는 한 재판할 때의 개정법을 개정 이전의 사항에 소급하여 적용할 수 없는데 절차법은 개정법규의 소급적용이 원칙이고, 둘째 외국적 요소가 있는 법률관계에서 실체법규에 대하여는 본국법(외국법)적용이 원칙인데 절차법규에 대하여는 법원이 있는 법정지(法廷地)법이 원칙적으로 적용된다.

제2절 민사소송법의 해석과 종류

[11] 제1. 민사소송법의 해석

1. 법의 해석

일반적으로 법의 해석이라 함은 법규가 가지는 의미나 내용을 명백하게 확정하는 것을 말한다. 법의 해석은 법을 적용함에 있어서 그 전제가 되는데 법의 해석에는 유권해석(有權解釋)과 학리해석(學理解釋)이 있다. 유권해석은 법규에 적힌 특정한 용어의 뜻을 다른 법규로서 확정하는 것, 즉 성문법규로서 성문법규를 해석하는 것이다. 학리해석은 법원의 재판을 예측하거나 재판을 지도하려는 의도에서 하는 해석으로서 흔히 해석이라고 하면 학리해석을 뜻한다.

2. 법 해석의 방법

법 해석의 방법 내지 기술에는 문리해석(文理解釋)과 논리해석(論理解釋)이 있다. 문리해석은 법규의 문장·용어를 기초로 그 문자가 가지는 의미에 따라서 하는 해석이고, 논리해석은 법규를 하나의 논리적 체재로 구성하여 각 조문을 전체의 체계와 조화시키려는 해석이다. 논리해석에는 반대해석,[2] 유추해석,[3] 물론해석,[4] 확장해석,[5] 축소해석,[6] 예문해석[7] 등이 있다.

2) 법문에 명시되지 않는 경우에는 그와 반대로 된다고 해석하는 방법이다. 부부 한 쪽이 일상 가사에서 부담한 채무에 대하여 다른 한 쪽이 연대책임을 진다고 하는 규정(민 제832조)으로부터 딸이 일상 가사에 관하여 부담한 채무에 대하여 아버지는 책임을 지지 않는다고 해석하는 것이다.

3) 어떤 사항을 직접 규정한 법규가 없는 경우에 이와 비슷한 사항을 규정한 법규를 적용하는 것을 말한다. 권리능력 없는 사단의 법률관계에 대하여 법인의 규정을 적용하는 경우와 같다. 반대해석과 정반대의 해석이다.

4) 유추해석의 일종으로서 유추 내지 확장해석 등이 상식적으로 명백하고 당연한 것으로 생각되는 경우를 말한다. 예를 들어 자전거의 통행을 금지하는 표지가 있는 경우에는 자전거는 물론, 자동차도 통행해서는 안 된다고 해석하는 경우이다.

5) 법규의 문장이 의미하는 바를 확장하여 널리 이해하는 해석방법이다. 형법 제257조의 「상해」를 생리적 장애에 국한하지 않고 여성의 머리카락을 절단함으로써 외관상 손상을 초래하는 경우에도 상해로 해석하는 경우와 같다.

6) 법문의 의미를 축소하여 좁게 이해하는 법해석을 말한다.

7) 예를 들어 건물의 소유를 목적으로 하는 임대차계약증서에 임대차기간을 1월 또는 2월이라고 하는 단기의 특약

민사소송법의 해석에도 위의 모든 해석방법이 적용된다. 다만 소송법규는 국가가 소송제도를 운영하는 것과 밀접한 관련이 있으므로 그 해석을 할 때에는 민사소송의 이상인 적정 · 공평 · 신속 · 경제의 이념에 합치되도록 하여야 할 것이며 구체적 타당성도 중요하지만 절차의 획일성 · 안정성의 요청을 고려하여야 한다. 결국 민사소송법규의 해석은 소송제도의 이상을 고려하면서 법적 안정성을 유지할 수 있도록 적절하게 할 필요가 있다고 할 것이다.

[12] 제2. 민사소송법규의 종류

소송법규는 일반적으로 소송을 적정 · 신속하게 처리하여야 할 요청에 터 잡아 법원과 당사자에게 그 준수를 요구하고 있으나 그 요구의 강약에 따라 여러 가지로 구별할 수 있다.

1. 효력규정과 훈시규정

효력규정은 이를 지키지 못하면 소송절차의 진행에 영향을 주는 규정이다. 법원의 통지, 송달, 증거조사의 방식 등이 이에 속한다. 훈시규정은 이를 지키지 않더라도 소송절차의 진행에 영향을 주지 않는 규정이다. 판결의 선고기간(제199조), 선고기일(제207조 제1항) 등인데 법원의 행위에 관한 법규 특히 직무규정에 훈시규정이 많다. 훈시규정 위반은 소송절차에 영향을 주지 아니하므로 당사자 누구도 따로 무효를 주장할 수 없다.[8]

2. 강행규정과 임의규정

(1) 강행규정

강행규정이라 함은 공익적 요구가 강하고 소송제도 전체의 기초를 유지하기 위하여 법원이나 당사자가 준수하여야 할 규정을 말한다. 법원의 구성, 전속관할 등이 이에 속한다. 다만 강행규정에 위반되더라도 그 위반의 효과는 소송절차의 진행상태와 관련하여 달라진다는 점에서 실체법상 강행규정위반과 다르다. 즉 소송절차의 진행 중에 강행규정위반이 생기면 원칙적으로 무효로 하여 다시 흠 없는 절차를 밟아야 하지만 일단 종국판결이 있으면 그 이전의

이 기재된 경우에 이것을 예문에 지나지 않는다고 하여 당사자가 이 문구에 구속당할 진의가 없었다는 것을 이유로 그 기간약정의 효력을 인정하지 않는 해석방법이다. 예문해석은 당사자의 의사에 따라 법률행위의 효력을 인정하지 않고 상대방의 무지 또는 경제적 궁박을 부당하게 이용한다는 등 일정한 가치판단하에서 그 효력을 수정하는 것이다. 예문해석은 처음에 임차인에게 불리한 특약의 무효를 선언하기 위하여 사용되었으나 오늘날은 법률행위 전체에 광범위하게 이용되고 있다.

8) 대판 2008.2.1. 2007다9009.

강행규정 위반은 그 판결에 대한 상소이유로 주장할 수 있음에 그치며 또 판결이 확정된 이후에는 재심사유가 있는 경우에 한하여 문제 삼을 수 있을 뿐이다.

(2) 임의규정

임의규정이라 함은 당사자의 의사 내지 태도에 따라 그 규정의 적용이 완화될 수 있는 것으로서 주로 당사자의 소송수행상 이익과 편리를 목적으로 하는 내용의 규정을 말한다. 각종 참가신청, 소송고지의 방식 등이 이에 속한다.

제3절 민사소송법의 적용 범위

[13] 제1. 시적 한계

시적 한계란 시제(時際) 민사소송법에 관한 것이다. 시제 민사소송법이라 함은 민사소송법이 개정된 경우에 생기는 신·구 민사소송법의 적용범위에 관한 문제를 정하는 원칙 내지 법규를 말한다. 실체법에서는 구법시대 사건에 신법을 적용하면 구법상 효과를 예측하여 행동한 사람들의 기대에 어긋나고, 구법에 의하여 생긴 법률효과 내지 기득권을 동요시켜 생활관계의 안정을 해치기 때문에 법률불소급의 원칙이 적용된다. 이에 대하여 소송법에서는 실체법에서와 같은 불안이 생길 우려가 적고 획일적으로 신법을 적용하는 것이 다수의 사건을 취급하는 데 편리하기 때문에 구법 시부터 계속 중인 사건에도 신법을 원칙적으로 적용한다. 다만 구법 시에 마친 소송행위(예, 송달·증거조사 등)에는 구법에 의한 효력을 부여하여야 한다. 그렇지 않으면 구법의 적용을 예측하고 행동한 당사자의 기대에 반하며, 그로 인해서 소송절차의 안정을 해칠 우려가 있기 때문이다. 구법에서 인정된 소송상 신청권을 현실적으로 아직 행사하지 아니하였는데 그 신청권을 인정하지 않는 법 개정이 있는 경우에도 당사자의 이익을 해치지 않기 위하여 종전의 신청권을 허용하여야 할 것이다. 통상적으로는 경과조치(부칙 제2조 내지 제5조 참조)를 두어 입법적으로 해결한다.

[14] 제2. 장소적 한계

㈎ 사법작용(司法作用)은 국가권력에 터 잡은 것이기 때문에 소송은 원칙적으로 법원이 있는 곳의 법률, 즉 법정지(法廷地)법에 의한다. 따라서 우리나라 법원에 계속 중인 소송은 당사

자가 외국인이라 하더라도 또 소송목적 여하를 묻지 않고 모두 우리 민사소송법에 의하여 처리한다.

(나) 외국의 민사소송법은 원칙적으로 우리나라의 소송절차에 적용되지 않는다. 따라서 외국 사법기관의 촉탁을 받아 송달·증거조사 등 소송행위를 하는 경우에도 그 절차는 촉탁국의 소송법에 의하지 않고 우리나라 민사소송법이 정한 절차에 따른다. 외국의 사법기관이 우리나라 법원의 촉탁을 받아 송달 등 소송행위를 할 때에는 그 외국의 민사소송법에 의하여 이루어지지만 그 소송행위가 만약 그 법정지법에 위반되더라도 우리나라 민사소송법에 위반되지 아니한 경우에는 효력이 있다(제296조 제2항 참조). 다만 우리 민사소송법이 그 규정내용을 실체법에 맡겼기 때문에 국제사법에 의한 준거법으로서 외국법이 간접적으로 적용될 수는 있다.[9)]

(다) 외국의 법원에 계속된 사건에 관해서는 당연히 그 법정지법에 의하지만 그곳에서 이루어진 소송행위가 우리나라에서 효력이 있는가는 우리나라 민사소송법에 의하여 판정한다(제217조 제1항 참조).

9) 예컨대 외국인의 소송능력에 대한 특별규정인 제57조의 경우이다.

제3장

민사소송의 기초 법리

제1절 기초이론

[15] 제1. 소권과 소권론

1. 소권(訴權)

(1) 개념

㈎ 민사소송은 소를 제기한 당사자의 지배를 받는다. 당사자가 아무리 큰 피해를 입더라도 소를 제기하지 아니하면 민사소송은 시작되지 않고 또 제기된 소라고 하더라도 법원의 확정판결이 있기 이전에 소의 취하 등으로 자기의 의사에 따라 소송을 마칠 수 있다.

㈏ 당사자의 이와 같은 지배권은 법원에 소를 제기하여 판결을 구할 수 있는 지위에서 나온 권리이다. 이 권리를 소를 제기할 수 있는 권리, 즉 소권이라고 한다. 소의 제기에 대해서 법원은 반드시 판결 등 재판으로 이에 응답할 의무가 있으므로 소권은 당사자의 판결(또는 재판)청구권이라고도 한다.

(2) 로마의 민사소송

우리 민사소송을 이해하기 위해서는 그 뿌리가 되는 고대 로마의 민사소송제도를 먼저 알아둘 필요가 있다. 간단하게 로마의 민사소송제도를 설명한다.

(가) **「악티오(actio)」** 이 말을 현대적 법 개념으로 설명하기는 쉽지 않다. 왜냐하면 현대에서는 실체법과 절차법이 구별되어 있고, 대전제인 법규범과 소전제인 사실을 달리 취급하고 있는데 2,000년보다 더 오래전인 로마시대에는 법이 아직 그 정도까지 발달하지 아니하여 실체법과 절차법이 구별되지 아니하였을 뿐 아니라 법규범과 사실도 분리되지 아니하였기 때문이다. 그러나 그 시대의 로마인들이 이 개념을 생각한 것 자체가 놀라울 뿐이며 나아가 이 악티오를 근간으로 후에 법치주의가 생성되었다는 생각에 미치면 그 의미를 잘 이해할 필요가 있다. 동로마제국의 유스티니아누스 황제시대에 편찬된 법학제요(Institutiones)를 보면 악티오라고 함은 「사람들이 얻어야 할 것을 소송으로 청구할 권능이다」[1]라고 설명하고 있다. 여기서 「사람들이 얻어야 할 것」이란 사람들이 원하는 모든 것이 아니라 국가권력으로 실현할 수 있는 것 중에서 당시의 법률에 개별적으로 정하여진 「것」에 한정된다. 또 「것」은 당시에는 아직 사실과 규범이 분리되지 아니하였으므로 지금처럼 추상화된 규범이 아니라 구체적 사실이라는 매우 좁은 범위에 속하였다. 또한 「것」에 한정해서 소송상 청구가 가능하다는 점에서 악티오는 오늘날 사법상 청구권과 소송상 소권을 겸하였다고 할 수 있다. 그러나 「것」이 뒤에 시간이 경과하고 법에 관한 인식이 발전되면서 사실과 규범이 분리되자 여기서 사실과 준별되는 추상적인 법규범이 생성되어 그 범위가 확대되었지만 현대에서도 여전히 법 규정에 있는 「것」만 권리구제가 가능하다는 점에서 악티오는 오늘날 법치주의의 원형(原形)라고 할 수 있다. 그 후 법의 발달은 소송법과 실체법의 분리를 가져왔고, 그 결과 사법상 청구권과 소송법상 소권도 분리되었으나 아직도 실체법인 민법에 소송법적인 규정(예, 민 제389조의 강제이행규정 등)이, 민사소송법에는 실체법적인 규정(예, 제265조의 소제기에 따른 시효중단의 시기 등)이 남아 있다.

(나) **법무관 소송과 심판인 소송** 로마의 민사소송은 크게 나누어서 세 개의 모습이 있다. 먼저 법률소송절차로서 이것은 기원전 3세기 무렵 나타난 방식서 소송절차와 병존하다가 이에 의해서 밀려나서 기원전 1세기 무렵 거의 소멸되었다. 위 법률소송과 방식서소송의 각 소송절차는 법무관이 관장하는 법정(法廷)절차와 심판인이 주재하는 심판절차라는 절차가 2분화되는 2단계 구조를 채용하였는데 이것을 로마민사소송의 통상소송절차라고 한다. 이 통상소송절차는 절차의 2단계구조를 채택하지 않은 직권심리절차와 로마제정 초기까지 병존하다가 사

1) 원문은 actio auten nihil aliud est, quam jus persequendi judicio quod sibi debetur{Inst. Pr. 1, deact (4.6)}.

람들의 불사용으로 없어지게 되었다. 직권심리절차에서는 전통적인 절차의 2단계구조는 폐지되고 관리로서의 재판관이 심리와 판결을 모두 직권으로 행하였는데 지금의 우리 민사소송은 여기서 발달된 것이지만 그 뿌리 자체는 앞의 통상소송절차에 있다. 통상소송절차가 법무관 소송(in jure)[2]과 심판인 소송(apud judicem)[3]의 2단계구조인 것은, 악티오와 관련되기 때문이다. 법무관 소송은 원고의 청구가 악티오에 해당하는지를 심리하는 절차이다. 심리한 결과 원고의 청구가 악티오에 해당되지 않으면 법무관은 심리를 종결하고 소송을 거절하였고 원고의 청구가 악티오에 해당한다고 판단하면 쟁점을 결정하여 사건을 당사자들이 합의로 선택한 심판인에게 넘겼다. 심판인은 법무관과 달리 당사자들이 선택한 사인(私人)이지만 법정절차에서 결정된 악티오의 존부를 심리하여 원고청구의 당부[4]를 판단하였다. 처음의 법률소송절차는 악티오를 로마공화정시대의 12표법 및 그 후 제정된 시민법에 따라 일체의 유추해석을 금지하고 법 그대로 엄격하게 적용하는 소송절차였다. 이를 법률소송절차라고 하였다. 그 후 로마가 지중해를 중심으로 한 세계국가가 되면서 사회생활이 복잡해지자 소송도 법률소송절차에서 벗어나 법무관이 정하는 방식서에 의하여 쟁점결정을 하는 이른바 방식서 소송절차로, 이어서 로마제국의 후반기에 이르러 황제의 권력이 강화되면서 황제의 관리인 재판관이 법무관과 심판관을 겸함으로써 직권심리절차가 시행되어 2단계 구조는 소멸되었다.

(다) **현대에 영향** 그러나 악티오를 주로 심리하는 로마의 통상소송은 현대의 우리 민사소송에까지 그 영향을 멈추지 않고 있다. 오늘날 법관이 민사소송을 심리함에 있어서 본안(本案)의 당부를 판단할 때에는 먼저 본안심리의 전제요건, 즉 소송요건부터 심리한다. 그 결과 소송요건에 흠이 있을 때에는 본안심리에 들어가지 않고 소를 각하하는 판결 등으로 소송을 마치는데 이와 같은 심리방법은 로마시대의 통상소송에서 유래한 것이라고 할 수 있다.

2. 소권론

소권의 본질이 무엇인가에 관한 학설 대립을 본다.

(1) 사법적 소권설

19세기 중엽 독일 보통법시대에 악티오에서 사법상 청구권이 이론적으로 분리되면서 소송법과 실체법이 비로소 구별되기 시작하였다. 그러나 이때까지만 하더라도 민사소송을 사법

---

2) 이 절차를 법정(法廷)절차라고 한다.
3) 이 절차를 심판인 절차라고 한다.
4) 판결은 피고를 중심으로 판단하였다. 그리하여 원고승소판결은 피고유책(有責)판결, 원고청구를 기각하는 피고패소판결은 면소(免訴)판결이라고 하였다.

상 권리 확정 및 그 행사수단으로 이해하였기 때문에 소권이란 실체법상 사권(私權)이 침해될 때에 생기는 그 변형물 혹은 사권을 강제력으로 현실화하는 수단으로 보았다. 그러나 소송법과 실체법이 구별되면서 사권은 다른 사람에 대한 권리이고 소권은 법원에 대한 권리로서 그 성질이 달라졌으므로 사법적 소권설은 이를 잘 설명할 수 없어 곧 공법적 소권설로 발전되었다.

(2) 공법적 소권설

지금은 사람들이 소송제도를 이용할 수 있는 관계를 국민이 국가 제도를 이용하는, 국민 대 국가의 관계, 즉 공법 관계로 파악하는 것으로 정착되었다. 따라서 소권도 그 성질을 굳이 따진다면 공법관계에 관한 것이라 할 것이므로 공법적 소권이 된다. 이 학설은 다음과 같이 나누어졌다.

㈎ **추상적 소권설** 이 학설은 소권을 소제기 이전에는 소송을 시작할 수 있는 권리로, 소제기 이후에는 어떠한 내용이든 법원에 판결을 구할 수 있는 권리로 본다. 구하는 판결의 종류를 묻지 않고 추상적이라는 점에서 추상적 소권설이라고 하였다. 이 학설에 의하면 법원이 어떤 내용으로든지 판결만 해주면 당사자는 그 내용을 묻지 않고 소권이 만족된다는 결론이 된다. 소권이 권리의 하나라고 한다면 이 학설은 그 권리의 내용이 없다는 점에서 공허하다는 비판을 받는다. 사법적소권설에서 권리보호청구권설로 넘어가는 중간단계의 이론이었다.

㈏ **권리보호청구권설** 이 학설은 국가가 그 기능이 발전하면서 질서유지를 목적으로 개인의 자력구제를 금지하고 분쟁해결기능을 독점하게 된 결과, 국가는 국민의 권리를 보호할 의무가 있고 국민은 국가에 대하여 권리보호를 청구할 권리를 갖게 되는데 이 권리가 소권이라는 것이다. 소권을 비로소 소를 제기한 개인의 권리로 파악하여 그 입장에서 소권의 권리적 성격을 분명하게 하였다는 점에서 탁월하다. 그러나 이 학설은 원고의 소권을 설명할 수 있어도 피고의 권리보호청구권을 제대로 설명할 수 없는 문제점이 있다는 비판을 받았다. 즉 청구기각판결로 피고는 어떠한 권리보호도 얻을 수 없기 때문이다. 그러나 소송은 원고의 지배하에 있고 소권은 이를 반영하는 것으로 생각한다면 청구기각판결은 법원이 원고에 대하여 그 승소목적을 달성할 수 없다고 응답한 것이라고 하여야 할 것이지 피고의 권리보호를 위한 것이라고 할 수 없다. 따라서 청구기각판결을 이유로 권리보호청구권설이 부당하다고 비판할 수 없다.

㈐ **본안판결청구권설** 이 학설은 소권을 원고가 본안판결을 요구하는 권리로 보고 소송의 목적을 당사자들 사이의 권리관계를 둘러싼 분쟁을 실체적으로 해결한다는 데 둔다. 본안판결에는 원고의 청구를 받아들이는 인용판결과 원고의 청구를 배척하는 기각판결을 포함하므로 소권을 피고의 입장에서도 설명할 수 있는 장점이 있다. 그러나 원고가 청구기각판결을 받고도 분쟁이 해결되었다고 만족해야 한다는 것은 아무래도 어색하다. 소송이란 원래 원

고의 의사에 터 잡은 행위인데 그 행위의 목적을 원고의 통상 의사를 떠나서 사회적 이슈가 되는 분쟁해결에 둔다는 것도 이해하기 어렵다.

㈃ **사법행위(司法行爲)청구권설** 이 학설은 소권을 국민이 법원에 대하여 국가가 의무를 지고 있는 여러 사법상(司法上)의 행위를 요구할 수 있는 권리로 본다. 이 학설에 의하면 소권의 목적이 되는 판결은 일체의 판결이므로 추상적 소권설과 비슷하지만 소권을 국민의 재판청구권이라고 하는 기본권보장을 목적으로 하는 개인적 권리로 본다는 점에서는 권리보호청구권설과도 같은 입장이다. 이 학설에 의하면 헌법상 재판청구권과 소권은 본질적으로 같게 된다. 우리나라의 통설이다.

(3) 결론

㈎ 소권론은, 자유·시민국가에서 민사소송제도의 의의·목적(권리보호인가 분쟁해결인가 등)과 관련하여 소송제도의 이용을 둘러싼 개인과 국가와의 관계를 들어냄으로써 민사소송이론의 기초를 제공하였다는 데 의의가 있다. 그러나 그 이외에는 소권을 논할 의미가 그리 크지 않아서 우리나라에서는 이에 관한 깊은 논쟁이 없었다. 현재로서는 소권과 헌법 제27조의 재판청구권과의 관계가 문제되고 있는데 재판청구권을 사법작용의 실시를 요구하는 청구권, 즉 사법행위청구권으로 본다면 소권과 본질적으로 같다고 하는 결론에 이른다.

㈏ 원래 국민과 소송제도의 관계는 법적 의미의 권리의무관계가 아니라 국가가 소송제도를 운영하는 과정에서 국민이 국가의 재판권에 복종한다는 사실을 반영한 것에 불과하다. 따라서 이를 소권론이라는 이름으로 파악하는 데는 여러 측면이 있을 수 있다. 하지만 권리보호청구권설이 소권의 권리성을 잘 표현하고 있으므로 이 견해를 지지하기로 한다. 로마법에서 소송의 출발점이 개인의 권리를 보호하는 데 있었다고 하면 연혁적으로도 이 견해가 타당하다. 우리나라 판례들도 종종 소송요건을 권리보호요건으로, 소의 이익을 권리보호이익이라고 즐겨 표현하고 있다.

[16] 제2. 당사자주의와 직권주의

민사소송절차를 자세히 살펴보면 결국 당사자와 법원의 공동 작업으로 심리가 진행되고 정리되는 것을 알 수 있다. 그렇다면 이때 당사자와 법원이 실제 소송에 관여할 권능과 책임을 어떻게 분배할 것인지 문제된다. 여기서 소송에 관여할 권능과 책임, 즉 소송운영의 주도권을 당사자에게 맡기자는 당사자주의와 법원에 맡기자는 직권주의가 등장한다. 그런데 고대 로마의 민사소송은 개인들로부터 비롯되어 국가가 관여하는 형태였으므로 당사자주의가 기본이었다는 것을 염두에 두어야 할 것이다. 당사자주의와 직권주의는 다음의 세 가지 측면에서 나타난다.

1. 당사자진행주의와 직권진행주의

(가) **개념** 소송절차가 진행될 때 그 주도권을 당사자에게 맡기자는 원칙을 당사자진행주의, 법원에 주도권을 맡기자는 원칙을 직권진행주의라고 한다. 우리 민사소송법은 소송의 진행에 관해서는 법원에 주도권을 인정하고 당사자에 대해서는 법원의 직권진행을 감시하는 권능, 즉 소송절차에 관한 이의권(제151조)을 부여하고 있다.

(나) **법원의 소송지휘권**

(a) **뜻** 소송지휘권은 소송의 심리를 신속·공정하고 충실하게 하기 위하여 법원에 인정된 소송절차의 주재 권능이다. 소송절차를 신속하게 진행하고 공정·충실하게 심리하려면 법규에 적합하게 진행할 필요가 있을 뿐 아니라 사건의 구체적 내용 혹은 심리의 진행상황에 맞추어 기간을 재정(裁定)하고 당사자의 변론을 정리하여 석명을 구하는 등 적절한 여러 조치를 강구하여야 하는데 이 모든 것이 소송지휘권의 형식으로 이루어진다. 우리 법은 융통성 있는 재판진행을 위하여 심리의 전 과정에 획일적·기계적 단계를 두지 아니하고 있다.

(b) **소송지휘권의 주체** (i) 소송지휘권은 원칙적으로 법원에 속한다(제140조~제145조). 변론이나 증거조사의 지휘는 재판장이 그 발언기관이 되며(제135조~제138조, 제327조, 제329조~제331조), 합의부원은 재판장에게 알리고 발언할 수 있다(제136조 제2항). 이러한 재판장 또는 합의부원의 조치에 대하여 당사자가 이의를 하면 법원이 이에 관하여 재판을 한다(제138조, 민소규 제28조). 재판장은 이 밖에 합의체로부터 독립하여 소송지휘권을 갖는 경우도 있다(제165조 제1항, 제194조, 제254조). 수명법관 또는 수탁판사도 수권 받은 사항을 처리할 때에는 소송지휘권이 있다(제165조 제1항 단서, 제280조 제3항, 제332조).

(ii) 소송지휘는 사실행위로 하는 경우도 있고(예, 변론이나 증거조사의 지휘 등) 당사자 그 밖의 관계인에게 일정한 행위를 요구하거나(예, 법정출석의 요구, 문서제출 등의 명령 등) 혹은 심리방법에 관하여 법률상 효과를 발생시키는 형성적 재판(예, 변론의 제한·분리·병합 등)에 의하기도 한다. 재판의 형식을 취하는 경우에 법원의 지위에서 하는 때에는 결정이며, 재판장·수명법관·수탁판사의 자격에서 하는 때에는 명령이다. 소송을 지휘하는 재판은 원래 일정 사항에 관하여 확정적 판단을 하는 것이 아니고 절차의 진행·심리의 방법에 관해서 어떤 조치를 취하는 것이기 때문에 일단 실시된 뒤에라도 불필요하거나 부적당하다고 인정될 때에는 언제든지 스스로 취소할 수 있다(제222조).

(c) **소송지휘의 내용** (i) **소송의 진행에 관한 것** 기일의 지정·변경(제165조), 기간의 재정·신축(伸縮)(제172조), 소송절차의 중지(제246조), 중단절차의 속행(제244조) 등이다.

(ii) **심리의 정리에 관한 것** 변론의 제한 · 분리 · 병합(제141조), 재량이송(제34조 제3항) 등이다.

(iii) **변론의 정리에 관한 것** 특히 변론의 지휘(제135조)가 중요하다. 법정경찰권(법조 제58조 내지 제61조)은 재판 중에 법정 내의 질서를 유지하고 심리의 방해를 저지 · 배제하기 위하여 필요한 조치를 취하는 것이기 때문에 특정사건의 심리내용과 관계가 없고, 또 소송과 관계없는 방청인 등에 대하여 행사된다는 점에서 소송지휘권과는 무관하다.

(iv) **소송관계를 명료하게 하기 위한 조치** 석명권의 행사(제136조), 석명처분(제140조) 등이다.

(v) **소송의 촉진 및 해결방법에 관한 조치** 화해의 권고(제145조), 실기한 공격방어방법의 각하(제149조) 등이다.

(d) **당사자의 신청권** 소송절차의 진행은 주로 법원의 역할이기 때문에 당사자의 신청은 법원이 직권발동을 촉구하는 의미밖에 없다. 그러나 법률은 일정한 경우에 당사자에게 법원에 대하여 절차진행에 관한 소송지휘의 조치를 요구하는 권리를 인정하고 있다. 소송의 이송신청(제34조 제2항, 제35조), 구문(求問)권(제136조 제3항), 상대방의 실기한 공격 방어방법의 각하신청(제149조), 중단절차의 수계신청(제241조) 등이다. 이 경우에 법원은 당사자의 신청을 방치하여서는 안 되고 그 허가 여부를 명백하게 하지 않으면 안 된다.

2. 처분권주의와 직권조사주의

(가) 법원이 법적 3단 논법을 적용하여 결론을 내릴 때 어떤 사항을 심판대상으로 할 것인가에 관한 문제이다. 당사자에게 심판대상을 선택할 주도권을 인정하자는 원칙을 처분권주의, 법원에 그 주도권을 인정하자는 원칙을 직권조사주의라고 한다. 우리 민사소송법은 고대 로마법에서부터 인정되는 처분권주의를 원칙으로 한다. 따라서 어떤 사항에 관하여 법원의 심판을 받을 것인가는 전적으로 당사자의 책임과 권능이 된다. 다만 법적 3단 논법의 대전제가 되는 법규의 해석이나 적용, 심판의 전제가 되어야 할 재판권, 관할 등은 성질상 법관이 스스로 결정할 사항이지 당사자의 주장이나 해석에 구속받아 심판하여야 할 사항이 아니다. 민사소송법은 이것들을 직권조사사항이라고 규정하고 있다(제434조 참조). 여기서 법원이 직권으로 고려하여야 한다는 직권조사주의의 개념이 생성되었다.

(나) 직권조사사항은 로마법상 악티오에 대한 법무관의 심판사항과 비슷하며 이에서 유래되었다고 할 수 있다. 다만 로마법에서는 당사자가 구하는 것이 악티오에 해당되지 아니할 때에는 소송거절을 하였는데 지금은 직권조사사항에 흠이 있는 경우라도 소송거절을 할 수 없고 소송판결이라는 판결을 한다는 데 차이가 있다. 그러나 로마법에서나 지금이나 본안에 관해서

심리를 하지 않는다는 점은 모두 같다.

(다) (a) 그러나 우리나라 판례는 직권조사주의가 적용되는 직권조사사항에 관해서 처분권주의를 부정하지 않는다. 즉 판례[5]는, 「민사소송에 있어서 권리보호요건의 존부는 법원의 직권조사 사항임은 말할 나위도 없으나 위의 요건은 소위 직권탐지 사항과 달라서 그 요건 유무의 근거가 되는 구체적인 사실에 관하여 사실심의 변론종결 당시까지 당사자의 주장이 없는 한 법원은 이를 고려할 수 없고, 또 다툼이 있는 사실에 관하여는 당사자의 입증을 기다려서 판단함이 원칙이라 할 것이므로, 피고가 일단 해당 사건에 관하여 이미 확정재판을 받았다는 본안 전 항변을 하였으나 뒤에 가서 이는 사실관계를 잘못 파악한 것이라고 하여 철회한 후로는 그 점에 대한 이렇다 할 주장 입증을 아니 하였을 뿐 아니라 기록상 이를 가려볼 아무런 자료도 없는 실정에서 사실심이 이에 관한 직권조사를 하지 아니하였다 하여 탓할 바 못 된다」고 하였다. 이 판례에 의하면 직권조사사항은 처분권주의를 기반으로 하고 있음을 알 수 있다. 다만 뒤에서 설명하는 것과 같이 직권조사사항에 관해서는 불이익변경금지의 원칙이 배제된다.[6]

(b) 그러므로 직권조사주의를 원칙으로 하는 가사소송에서는 「직권탐지」라는 용어 대신에 직권조사(가소 제17조)를, 행정소송에서는 직권심리(행소 제26조)를 그 심리원칙으로 규정하면서 처분권주의를 배제하지 않고 있다.

(라) 한편 당사자에게 주도권이 인정되는 사적분쟁에 관해서도 처분권주의가 인정되지 않는 경우가 있다. 즉 재심의 소는 확정판결에 대하여 그 판결의 효력을 인정할 수 없는 흠이 있는 경우에 구체적 정의를 위하여 법적 안정성을 희생시키면서 확정판결의 취소를 허용하는 비상수단이므로 소송제도의 기본목적인 분쟁해결의 실효성과 정의실현과의 조화를 도모하여야 할 필요성에 의하여 재심사유의 존부에 관하여는 당사자의 처분권을 배제한다.[7]

3. 변론주의와 직권탐지주의

법원이 법적 3단 논법을 적용하여 재판을 하려면 법적 3단 논법의 소전제가 되는 사실이 있는지 여부를 판단할 수 있는 재판자료를 수집하여야 한다. 이때 재판자료를 수집할 책임과 권능을 당사자의 담당으로 하게 하자는 원칙을 변론주의, 법원의 담당으로 하자는 원칙을 직권탐지주의라고 한다. 우리 민사소송법은 원칙적으로 재판자료의 수집에 관해서는 당사자에게 주도권을 인정하는 변론주의를 채택하면서 예외적으로 법원에 의한 진실발견의 필요성이 높

5) 대판 1981.6.23. 81다124.
6) 뒤의 [17] 3. (2) 9 (가) (a) (ii) (ㅁ) 참조.
7) 대판 1992.7.24. 91다45691.

고 판결의 효력이 제3자에게 미치는 경우에는 직권탐지주의를 채택하고 있다. 비송사건의 경우에는 직권에 의한 탐지와 증거조사(비송 제11조)를 기본 원칙으로 한다.

4. 결론-당사자주의와 직권주의의 조화

민사소송이 당사자주의에서 출발되었다면 당사자주의와 직권주의는 서로 대립되는 것으로 끝나서는 안 된다. 민사소송의 이상을 실현하기 위해서는 양쪽이 서로 조화되어 운영되어야 할 것이다. 우선 심판대상의 선정에 관하여 처분권주의를 취한다고 하여 재판자료를 수집할 때에도 반드시 변론주의를 취하여야 하는 것이 아니라 직권탐지주의를 채택할 수도 있다. 또 직권조사사항에 관한 사실자료를 수집할 때에도 직권탐지주의가 아니라 변론주의가 적용되는 경우도 있다. 이와 같이 당사자주의와 직권주의는 서로 견제와 협력을 함으로써 법원이 신속, 적정, 공평한 심리를 다할 수 있도록 역할을 한다. 뒤에서 보는 바와 같이 직권조사주의를 원칙으로 하는 가사소송이나 행정소송에서도 처분권주의를 배제하지 않고 있어 당사자주의의 큰 틀에서 벗어나지 않고 있다.

[17] 제3. 소송요건

1. 개념

(1) 원고가 소를 제기하여 승소판결을 받기 위해서는 피고에 대한 원고의 권리주장이 법원에서 받아들여져야 한다. 법원이 그 권리주장을 받아들일만한 것인가를 심리하고 판단하기 위해서 당사자가 먼저 갖추어야 할 사항이 있다. 이 사항을 소송요건이라 한다. 즉 소가 법원에서 적법한 것으로 취급되어 본안판결을 받기 위한 사항을 소송요건이라고 한다.

(2) 법원이 당사자의 소장을 접수하면, 당사자와 법원 사이에서는 소송계속이 생겨서 소송 법률관계가 발생한다. 법원은 이 소송 법률관계에 의해서 당사자의 소에 대하여 소송행위를 할 의무가 있고, 이 의무에 따라 원고의 소에 대해 응답하여야 하는데 이 응답이 본안판결이다. 그런데 법원이 본안판결을 하기 위해서는 먼저 본안판결의 전제요건인 여러 사항을 따져야 한다. 이 사항이 바로 소송요건이다. 소송요건은 이미 소송법률관계가 성립한 것을 전제로 하기 때문에 소송자체의 성립요건은 아니다. 하지만 본안판결을 하기 위한 요건으로서의 성질을 갖는다. 이와 같이 소송요건은 본안판결의 요건이기 때문에 소장을 제출할 때가 아니라 본안판결을 마치는 변론종결 시까지 갖추면 되고, 또 그것으로 충분하다.

(3) 이 개념은 독일 보통법 말기에 O. Bülow가 로마법상 통상소송절차의 법무관소송(in

jure)에서 생각해 낸 것이다. 처음에는 재판권, 당사자능력 등 일정한 사항을 소송의 성립요건으로 파악하여 이것들에 흠이 있으면 소송자체가 성립되지 않는다고 하여 용어를 소송요건이라 하였다. actio의 영향을 받았기 때문일 것이다. 그러나 재판청구권이 헌법상 기본권으로 자리잡아 모든 사항에 관하여 법원의 판단이 필요한 오늘날에는 Bülow식 소송요건의 개념은 유지될 수 없게 되었다. 다만 국가의 재판권행사를 효율적으로 하기 위해서는 소송요건을 먼저 심리한 다음 이에 흠이 없을 때에만 본안심리를 할 필요가 있다. 그 의미에서 소송요건은 소송의 성립요건은 아니지만 본안심리의 전제요건이 된다.

(4) 소송요건에 흠이 생기면 로마법 아래에서는 소송자체의 심리를 거절하였는데 우리 민사소송법에서는 본안에 관한 심리를 거절하는 소송판결을 함으로써 법원의 노고를 덜 수 있다. 결국 소송요건의 흠이 있으면 본안심리에 관한 노고를 덜 수 있게 되었다. 결국 소송요건의 흠이 있으면 본안심리에 관한 노고를 덜게 되므로 법원은 심리의 부담을 줄이기 위해서라도 스스로 원고의 소가 소송요건을 갖추었는지 여부를 먼저 심사하여야 할 것이다.

2. 소송요건이 되는 사항

무엇이 소송요건인가에 관해서 통일적인 규정이 없다. 아래에서 열거하는 사항이 주요한 소송요건 사항이지만 이것 말고도 법원이 심리에 필요할 때에는 다른 사항도 소송요건사항으로 할 수 있다.

(1) 법원에 관한 사항

(a) 피고 및 사건이 우리나라의 재판권에 복종할 것

(b) 법원에 재판권이 있을 것

(c) 법원이 관할권을 가질 것

(d) 소의 제기행위 및 소장송달 등 소송계속을 구성하는 행위가 유효할 것

(2) 당사자에 관한 사항

(a) 당사자가 실제로 있고 당사자능력을 갖출 것

(b) 당사자에게 당사자적격이 있을 것

(c) 당사자가 소송능력이 있어야하고 대리인은 법정대리권이나 소송대리권이, 법인의 대표자는 대표권이 있을 것

(d) 원고가 소송비용의 담보를 제공할 필요가 없거나 그럴 필요가 있을 때에는 담보를 제공할 것(제117조, 상 제176조 제3항)

(3) 소송목적[8)]에 관한 사항

(a) 소의 이익[9)](권리보호의 자격 또는 필요[10)])이 있을 것

(b) 소송목적의 대상 물건이 특정될 것[11)]

(c) 같은 사건에 관하여 다른 법원에 소송이 계속되지 아니할 것

이것은 이미 원고에게 본안판결을 할 기회를 주었으므로 다른 소의 제기를 금지한다는 의미이다.

(d) 확정재판 등의 내용 및 소송절차에 비추어 그 확정재판이 대한민국의 선량한 풍속이나 그 밖의 사회질서에 어긋나지 아니할 것. 예를 들어 인신매매나 인육의 인도를 명하는 판결과 같이 판결주문에서 선량한 풍속이나 그 밖의 사회질서에 어긋나는 판결을 하는 경우가 이에 해당한다.

(e) 실체적 권리관계 이외에 소송법상 권리관계에 관해서는 법률에서 정한 특별한 절차에 의해서만 그 확정을 구할 수 있을 것. 예컨대 소송대리권의 존부(제89조), 소송비용상환액의 결정(제110조) 등이다.

(4) 기타

(a) 소를 제기하는 데 기간이 정해 있으면 그 기간을 준수할 것

(b) 소송중의 소 또는 병합의 소에서는 그 고유한 요건을 구비할 것

---

8) 일반적으로 소송의 대상 또는 심판의 객체를 학설에서는 물론 판례에서도 「소송물」이라는 용어를 쓰고 있다. 그러나 우리 민사소송법은 「소송물」이라는 용어를 사용하고 있지 않으며 소송의 대상 또는 심판의 객체에 관하여 「소송목적」이라고 규정하고 있다(제26조, 제27조, 제65조, 제81조, 제82조, 제83조 등 참조). 다만 민사집행법 제48조 제2항 단서는 「소송물」, 같은 법 제309조 제1항은 「소송물인 권리 또는 법률관계」라는 용어를 사용하고 있으나 민사소송법에서는 민사집행법의 이 규정을 적용 또는 준용하지 않는다. 법원조직법이나 대법원규칙 어디에도 「소송물」이라는 용어를 쓰고 있지 않다. 소송의 대상 또는 심판의 객체는 구체적 사실이 아니라 권리 또는 법률관계라고 하는 추상적 존재임에도 불구하고 「소송물」이라는 용어는 매우 구체적이어서 추상적인 심판대상과는 친하지 아니하다. 원래 「소송물」이라는 용어는 일본학자들이 독일어 Streitgegenstand를 일본어로 번역한 것을 그동안 우리나라에서 사용하여 왔던 것이다. 이 책에서는 소송의 대상 또는 심판의 객체를, 비록 다른 학자들이나 판례가 「소송물」이라고 표현하는 경우가 있다고 하더라도 우리 민사소송법의 규정에 따라 모두 「소송목적」이라고 일관하여 쓰기로 한다. 강구욱 교수도 「소송물」이라는 용어 대신에 「소송목적」이라는 용어를 쓰고 있다. '판결이유 중 판단의 기판력과 확정판결의 차단효'(민사소송 제29권 제1호, 147면 참조).

9) 판례는 소의 이익이라는 용어 대신에 「권리보호요건」이라고 판시하는 경우도 많다(대판 2017.3.15. 2014다208255, 2007.2.9. 2006다68650 참조).

10) 오래된 대법원판결 가운데에는 소송요건을 소송성립요건과 소송상 청구요건(권리보호요건)으로 구별하고 양쪽 모두 본안 전의 직권조사사항인 점에서 동일하나 소송성립요건에 흠이 있으면 소송자체를 각하할 것이고, 소송상 청구요건(권리보호요건)에 흠이 있으면 청구를 기각할 것인 점에서 다르다는 판시가 있다(대판 1955.9.23. 4288행상64 참조).

11) 민사소송에서는 당사자가 소송목적으로 하는 권리 또는 법률관계의 대상 물건을 특정하여야 법원이 심리·판단할 대상 효력과 범위가 특정된다(대판 2011.3.10. 2010다87641 참조).

(c) 전소 확정판결이 존재하지 않을 것[12]

(d) 파산채권확정의 소에서 파산채권의 신고가 있을 것.[13] 회생채권에 관한 소에서 회생채권의 신고가 있을 것[14]

(e) 상속회복청구의 소에서 제척기간을 준수할 것[15]

3. 소송요건의 모습

(1) 적극적 요건과 소극적 요건

적극적 요건이란 소송요건의 존재가 본안판결의 전제요건이 되는 경우(예, 관할권, 당사자능력 등)이고, 소극적 요건이란 그 부존재가 본안판결의 전제요건이 되는 경우(예, 중복된 소제기 등)이다.

(2) 직권조사사항과 항변사항

㈎ 직권조사사항

(a) **개념** 직권조사사항이라 함은 법원이 소송요건 가운데에서 그 존재에 관하여 의심이 있을 때에는 직권으로 고려하지 않으면 안 되는 사항을 말하며, 대부분의 소송요건이 이에 속한다. 민사소송법에 명문규정이 있다(예, 제434조등). 이미 설명한 바와 같이 판례[16]는 직권조사사항을 직권탐지사항과 구별하면서 직권조사사항의 근거되는 구체적 사실에 관하여는 당사자의 주장·입증이 있어야 한다고 하였다. 결국 직권조사사항은 법원이 직권으로 다루어야 할 사항이긴 하지만 그 근거사실에 관하여 당사자의 주장·입증이 있는 것을 전제로 함으로써 직권탐지주의보다는 오히려 처분권주의에 가깝다고 할 수 있다.

(b) **심리 절차상 특징** (i) 직권조사사항은 원칙적으로 법원이 고려하여야 할 사항이다. 따라서 직권조사사항에 관한 당사자 자백은 법원에 대한 구속력이 없다. 직권조사사항에 관한 심리는 사실심에 국한되지 않으며 상고심에서도 하여야 한다(제434조)는데 특징이 있다. 그러므로 사실심의 변론 종결 후 소송요건에 흠이 생기더라도 상고심에서 이를 참작할 수 있다.[17] 예컨대 전소 확정판결의 존부와 같은 직권조사사항은 사실심 변론종결 후에 생겨서 당사자가 확정판결의 존재를 사실심의 변론종결 시까지 주장하지 아니하였더라도 법률심인 상고심에서

---

12) 대판 2011.5.13. 2009다94384.
13) 대판 2006.11.25. 2004다3925.
14) 대판 2021.7.8. 2020다221747.
15) 대판 2010.1.14. 2009다41199.
16) 위 81다124 판결 참조.
17) 대판 2022.4.28. 2018다222723.

새로이 이를 주장, 증명할 수 있다.[18] 이것은, 확인의 이익과 같은 광범한 사실심리를 전제로 하는 경우도 직권조사사항이 되므로 법률심인 상고법원에 사실심리의 부담을 가중시킨다는 문제점이 있다.

(ii) 직권조사사항은 소송절차에 관한 이의권(제151조)을 포기하거나 상실할 대상이 되지 아니하며, 피고가 답변서를 제출하지 않는 경우에도 직권조사사항에 흠이 있는 한 무변론 판결(제257조)을 할 수 없다.

(iii) 그 흠의 존재를 시기에 늦게 주장하더라도 실기(失機)한 공격방어의 방법이라고 하여 제149조에 의하여 각하할 수 없으며, 당사자의 이의 유무와 관계없이 이를 조사하여 설령 이의가 철회되어도 심리하여야 한다.[19]

(iv) 변론준비기일이 지나더라도 변론에서 그 흠에 관한 주장을 할 수 있고 직권조사사항에 관한 상고이유서는 법에서 정한 기일보다 늦게 내어도 상고법원은 이에 관하여 심리를 하여야 한다.

(v) 처분권주의에서 유래하는 불이익변경금지의 원칙은 직권조사사항에 관해서는 적용이 없다. 예컨대 법원이 원고의 여러 개 청구 중에서 하나의 청구를 인용하고 나머지 청구를 기각한 제1심판결에 대하여 원고 혼자서 항소를 제기하고 피고가 부대항소를 하지 아니하였다고 하더라도 항소심이 직권조사사항인 확인의 이익 유무를 조사하여 확인의 이익이 없다고 인정되는 경우에는 원고의 청구가 부적법하다고 각하할 수 있다.[20]

(나) 항변사항 (i) 항변사항이라 함은 법원이 그 사항의 존재여부에 관하여 의심이 있다 하더라도 피고가 주장하지 않으면 문제 삼을 필요가 없는 사항을 말한다. 관할위반의 항변(제30조), 제65조에서 정하고 있는 통상 공동소송의 요건,[21] 소송비용담보제공의 항변(제117조), 중재합의 존재의 항변(중재 제9조) 등이 이에 속한다. 임의관할에 관하여서는 피고가 제1심 법원에서 관할위반이라고 항변하지 아니하고 본안에 관하여 변론하거나 변론준비기일에서 진술하면 당사자는 항소심에서 제1심 법원의 관할위반을 주장하지 못한다(제411조 본문). 소송비용담보제공의 항변을 하였는데도 상대방이 담보제공을 거부하면 응소를 거부할 수 있으며(제119조), 본안에 관한 최초의 변론을 할 때까지 중재합의 존재의 항변이 인정되면 법원은 그 소를 각하하여야 한다(중재 제9조 참조).

(ii) 모두 본안에 관한 심리 여부와 관련된다는 점에서 소송요건이 되지만 당사자의 항변이 있어야 한다는 점에서 직권조사사항과 구별된다. 방소항변(妨訴抗辯)이라고도 한다.

---

18) 대판 1989.10.10. 89누1308 등.
19) 대판 1971.3.23. 70다2639.
20) 대판 1995.7.25. 95다14817.
21) [97] 2. (1) 참조.

4. 소송요건의 조사

(1) 직권조사

㈎ **개념** 직권조사사항에 관한 심리방법을 직권조사라고 한다. 그 직권조사의 방법은 변론주의 방식과 다르다.

㈏ **직권조사의 방법** (a) 자백(제288조) 또는 자백간주(제150조 제3항)에 관한 규정이 적용되지 않는다.[22)]

(b) 상대방이 그 근거사실의 존재를 부인하면 필요에 따라 당사자에게 입증을 촉구하여 증거조사를 할 수 있지만, 법원에 제출된 모든 소송자료를 통하여 직권조사사항의 존재를 의심할 만한 사정이 발견되지 않은 경우에는 추가적인 증거조사를 할 필요가 없다.[23)] 예를 들어 법인대표자의 적법한 대표권유무에 관하여 의문이 제기될 사정이 있을 때에는 법원이 이를 석명하거나 조사할 의무가 있지만, 상대방이 그 존재를 부인하지 않는다면 법원이 적극적으로 이를 석명하거나 심리 판단할 의무까지 있는 것은 아니다.[24)]

(c) 직권조사사항의 근거사실에 관해서 그 사실의 존부가 명백하지 아니한 경우에는 증명책임의 원칙이 적용되는데 본안판결을 받는 것 자체가 원고에게 유리하다는 점에 비추어 그 근거사실에 대한 증명책임은 원고에게 있다.[25)]

(d) **직권조사의 범위** (i) 직권조사는 소송요건 사항에 한정되고 본안에 관하여서는 적용되지 않는다. 예를 들어 법인의 대표자에게 적법한 대표권이 있는지 여부는 대표권의 존부에 관한 사항으로서 직권조사사항이지만 법인이 행한 어떤 법률행위가 적법한 대표권에 기초하여 이루어졌는지 여부는 법률행위의 효력에 관한 사항으로서 본안에서 당사자의 주장·증명을 기다려 판단할 사항이므로 이를 직권으로 조사해서는 안 된다.[26)]

(ii) 직권조사사항의 대부분은 직권조사의 방법에 의하여 재판자료를 수집할 수 있다. 그러나 공익성이 아주 강한 직권조사사항, 예를 들어 국가주권과 관련된 재판권의 존재나 당사자의 실재(實在)여부는 상대방이 그 존재를 부인하지 않는다고 해서 적극적 석명을 게을리 하거나 심리판단을 생략할 사항이 아니다. 따라서 이 경우에는 직권탐지주의를 적용하여야 할 것이다. 또 임의관할 따위는 설령 관할이 없다고 하더라도 당사자의 변론이나 합의에 의하여 관할이 인정되고 또 관할권의 부존재를 제1심 법원이 간과하였다고 하더라도 항소이유가 되지 아니하므로 이것까지도 재판상 자백을 부인할 필요가 없다. 그렇다면 명문의 규정이 없더

---

22) 대판 1999.2.24. 97다38930.
23) 대판 2012.4.12. 2011다110579.
24) 대판 1996.3.12. 94다56999, 2021.11.16. 2021다238902(평석은 [83] 참조).
25) 대판 1997.7.25. 96다39301.
26) 대판 2004.5.14. 2003다61054.

라도 공익성이 강한 재판권과 같은 소송요건은 직권탐지가 가능하다고 하여야 하고, 공익성이 아주 약한 임의관할과 같은 경우에는 재판상 자백 등 변론주의 방법에 의한 자료 수집을 허용하여야 할 것이다.

(2) * 가사소송법상 직권조사, 행정소송법상 직권심리 및 비송사건절차법상 직권탐지의 상호관계

모두 직권이라는 용어를 사용하기 때문에 혼동하기 쉽다. 그러나 실제에 있어서는 차이가 있으므로 그 차이를 분명하게 할 필요가 있다.

㈎ **가사소송법상 직권조사** (a) 가사소송법 제17조는, 가정법원이 가류 또는 나류 가사소송사건을 심리할 때에는 직권으로 사실조사 및 필요한 증거조사를 하여야 하며, 언제든지 당사자 또는 법정대리인을 신문할 수 있다고 「직권조사」를 규정하고 있다.[27)]

(b) 여기서 「직권조사」가 무엇인지에 관하여 판례는, (i) 친생자관계부존재확인소송은 가족관계등록부상 부 또는 모와 자 사이에 친생자 관계가 존재하지 아니함을 확인하는 소송으로서 친족법상 중대한 영향을 미침은 물론이고 공익에도 관련되는데 가사소송법 제17조는 이러한 소송에 대하여 직권주의를 채용하고 있으므로, 법원은 당사자의 입증이 충분하지 못할 때에는 가능한 한 직권으로라도 필요한 사실조사 및 증거조사를 하여야 한다.[28)]

(ii) 인지소송은 부와 자 사이에 사실상 친자관계의 존재를 확정하고 법률상 친자관계의 창설을 목적으로 하는 소송으로서 친족·상속법상 중대한 영향을 미치는 인륜의 근본에 관한 것이고 공익에도 관련되는 중요한 것이기 때문에 당사자의 입증이 충분하지 못할 때에는 가능한 한 직권으로라도 사실조사 및 필요한 증거조사를 하여야 한다.[29)]

(iii) 가사소송법상 직권으로 증거를 조사하도록 규정되어 있다고 하여 당사자가 주장하지도 않고 심리과정에서 나타나지도 아니한 독립한 공격방어방법에 대한 사실까지 법원이 조사하여야 하는 것은 아니다.[30)]

(c) 위의 판례들을 종합하면, 직권조사는 공익에 관련되는 중요한 것에 관하여, 당사자의 입증이 충분하지 못할 때에는 가능한 한 직권으로라도 사실조사 및 필요한 증거조사를 하여야 하지만 그렇다고 하여 당사자가 주장하지도 않고 심리과정에서 나타나지도 아니한 독립한 공격방어방법에 대한 사실까지 법원이 조사하여야 하는 것은 아니라고 할 것이다.

㈏ **행정소송법상 직권심리** (a) 행정소송법 제26조는, 법원은 필요하다고 인정할 때에는

---

27) 채무자회생법 제12조도 임의적 변론과 직권조사를 규정하고 있다.
28) 대판 2002.6.14. 2001므1537, 2010.2.25. 2009므4198.
29) 대판 2002.6.14. 2001므1537.
30) 대판 1990.12.21. 90므897.

직권으로 증거조사를 할 수 있고, 당사자가 주장하지 아니한 사건에 대하여도 판단할 수 있다고 「직권심리(職權審理)」를 규정하고 있다.

(b) 「직권심리」가 무엇인지에 관하여 판례는, (i) 행정소송법 제26조의 취지는, 당사자가 명백히 주장하지 아니한 사실이라고 하더라도 일건 기록에 나타난 사실에 의하여 직권으로 조사하고 이를 기초로 판단할 수 있다는 의미일 따름이고, 그것도 법원이 필요하다고 인정할 때에 한정하여 청구의 범위 내에서 직권조사하고 판단을 한다는 뜻[31]이라고 한다.

(ii) 행정소송에 있어서도 행정소송법 제14조에 의하여 제203조가 준용되어 법원은 당사자가 신청하지 아니한 사항에 대해서는 판결을 할 수 없는 것이고, 행정소송법 제26조에서 직권심리주의를 채용하고 있으나 이는 행정소송에 있어서 원고의 청구범위를 초월하여 그 이상 청구를 인용할 수 있다는 의미가 아니라 원고의 청구범위를 유지하면서 그 범위 내에서 필요에 따라 주장 이외의 사실에 관하여도 판단할 수 있다는 의미이다.[32]

(iii) 행정소송에서 기록상 자료가 나타나 있다면 당사자가 주장하지 않았다고 하더라도 판단할 수 있고, 당사자가 제출한 소송자료에 의하여 법원이 행정처분의 적법 여부에 관한 합리적인 의심을 품을 수 있음에도 단지 구체적 사실에 관한 주장을 하지 아니하였다는 이유만으로 당사자에게 석명을 하거나 직권으로 심리·판단하지 아니함으로써 구체적 타당성이 없는 판결을 하는 것은 행정소송법 제26조의 규정과 행정소송의 특수성에 반하므로 허용될 수 없다.[33]

(iv) 행정소송법 제26조의 규정이 변론주의의 일부 예외를 인정하고 있으므로, 행정소송에서는 법원이 필요하다고 인정할 때에는 당사자가 명백하게 주장하지 않는 사실이라고 하더라도 기록에 나타난 자료를 기초로 하여 직권으로 심리조사하고 이를 토대로 판단할 수 있다.[34]

(c) 위의 판례들을 종합하면, 직권심리는 직권조사와 달리 공익에 관한 사항에 한정되지 않으나, 처분권주의가 배제되지 아니하므로 원고의 청구범위를 초월하여 그 이상 청구를 받아들이는 것이 아니다. 또한 일건 기록에 나타난 사실에 의하여 직권으로 조사하고 이를 기초로 당사자가 주장하지 않은 사항에 대하여서도 판단할 수 있으나, 기록에 나타나지 않은 사실에 관하여서는 당사자가 주장하지 않는 경우에까지 판단할 수 있는 것이 아니라고 할 수 있다.

㈐ **비송사건절차법상 직권탐지** (a) 비송사건절차법 제11조는, 법원은 직권으로 사실의

31) 대판 1996.5.10. 95누5301.
32) 대판 1987.11.10. 86누491.
33) 대판 2010.2.11. 2009두18035.
34) 대판 1995.2.14. 94누5069.

탐지와 필요하다고 인정하는 증거의 조사를 하여야 한다고 하여 「직권에 의한 탐지 및 증거조사」를 규정하고 있다.

(b) 「직권에 의한 탐지」가 무엇인지에 관하여 (i) 판례[35]는, 비송사건절차에 있어서는 민사소송의 경우와 달리 당사자의 변론에만 의존하는 것이 아니고, 법원이 자기의 권능과 책임으로 재판의 기초가 되는 자료를 수집하는, 이른바 직권탐지주의에 의하고 있으므로, 법원으로서는 당사자의 주장에 구애되지 아니하고 직권으로 사실의 탐지와 필요하다고 인정하는 증거를 조사하여 이를 포함시키거나 제외시킬 수 있다고 한다.

(ii) 예컨대 부동산등기법 제90조에 의한 가등기 가처분명령은 부동산의 소재지를 관할하는 지방법원이 가등기권리자의 신청으로 가등기원인의 소명이 있는 경우에 하도록 되어 있으므로, 가등기권리자가 가등기 가처분명령을 얻기 위해서는 가등기원인과 가등기의무자가 가등기를 승낙하지 않는다는 것을 주장하고 그 사실을 소명(疎明)해야 한다. 하지만 가등기 가처분은 비송사건절차법에 의하여 심판하여야 하는 것이므로 이와 같은 소명이 없이도 같은 법 제11조의 준용에 의하여 법원이 직권으로 사실의 탐지와 필요하다고 인정되는 증거의 조사도 할 수 있고 그 밖에도 제299조 제2항, 비송사건절차법 제10조에 의하여 보증금을 공탁하게 하거나 그 주장이 진실하다는 것을 선서하게 하여 소명에 갈음할 수도 있으므로 관할법원이 그 가운데에서 사안에 따라 선택한 조처는 특별한 사정이 없는 한 부당하다고 할 수 없다.[36]

(iii) 재산분할사건은 가사비송사건에 해당하고{가소 제2조 제1항 2. 나. 마류사건 4)}, 가사비송절차에 관하여는 가사소송법에 특별한 규정이 없는 한 비송사건절차법 제1편의 규정을 준용하고 있으며(가소 제34조), 비송사건절차에 있어서는 민사소송의 경우와 달리 당사자의 변론에만 의존하는 것이 아니고, 법원이 자기의 권능과 책임으로 재판의 기초가 되는 자료를 수집하는, 이른바 직권탐지주의에 의하고 있으므로(비송 제11조), 법원으로서는 당사자의 주장에 구애받지 아니하면서 재산분할의 대상이 무엇인지 직권으로 사실조사를 하여 분할대상에 포함시키거나 제외시킬 수 있다.[37]

(c) 위의 판례들에 의하면, 비송사건절차법상 직권탐지주의는 직권조사나 직권심리와 달리 주장책임에 얽매이지 아니할 뿐 아니라 당사자의 심판요구사항에도 구속되지 않는 것이 특징이라고 할 것이다.

㈑ **직권조사, 직권심리 및 직권탐지 상호 관계** (a) 민사소송법과의 관계에서 볼 때 직권조사를 규정한 가사소송법은 특별한 규정이 있는 경우를 제외하고는 민사소송법을 따른다(가

35) 대판 1999.11.26. 99므1596 · 1602.
36) 대결 1990.3.24. 90마155.
37) 대판 1996.12.23. 95므1192 · 1208, 1999.11.26. 99므1596 · 1602.

소 제12조 본문)고 규정하고 있고, 직권심리를 규정한 행정소송법은 특별한 규정이 없는 한 법원조직법과 민사소송법 및 민사집행법을 준용한다(행소 제8조 제2항)고 규정하고 있다. 그러나 직권탐지를 규정한 비송사건절차법은 개별적으로 관할법원(비송 제2조), 법원직원의 제척 · 기피(비송 제5조), 대리권의 증명(비송 제7조), 신청 및 진술의 방법(비송 제8조), 기일 · 기간 · 소명방법 · 인증과 감정에 관하여 민사소송법의 규정을 준용한다(비송 제11조)고 규정할 뿐 가사소송법이나 행정소송법과 같은 형식으로 포괄적으로 민사소송법을 따르거나 준용한다고 규정하고 있지 아니한다.

(b) 가사소송이나 행정소송은 민사소송과 같이 당사자가 대립하는 쟁송성을 본질로 하기 때문에 민사소송법을 준용하여야 할 것이다. 그러나 비송사건은 당사자의 대립을 원칙으로 하지 아니하므로 쟁송성이 없거나 희박하여 민사소송을 준용하지 않는 것이다.

(c) 그러므로 가사소송법의 직권조사나 행정소송법의 직권심리는 원칙적으로 당사자의 주장이 있는 것을 전제로 한 사실 및 증거조사에 관한 원칙이다. 이에 대하여 비송사건절차법의 직권탐지는 당사자의 주장을 전제로 하지 않고 사실 및 증거조사를 할 수 있다는 점에서 서로 차이가 있다.

(d) 이와 같은 차이는 소송과 비송의 본질에서 나오는 차이라고 할 수 있어 직권심리나 직권조사는 소송의 심리에 관한 원칙이고 직권탐지는 비송의 심리에 관한 원칙이라 할 수 있다.

(e) 그러나 소송과 비송의 구별은 점차 애매하여지고 소송의 비송화현상이 일반적으로 되고 있다. 최근 민사소송에서의 사실인정에 관해서는 법원의 석명권행사를 통하여 당사자가 명백하게 주장하지 않은 사항에 관해서도 심리에 들어가며, 증거조사에 있어서는 증명책임의 압박을 통하여 사실상 직권탐지의 방식에 접근하여 이제는 직권심리, 직권조사 및 직권탐지가 서로 융합되는 경향이 강화되고 있어 위의 개념들을 엄격하게 구별할 필요가 없어졌다고 할 수 있다. 판례[38]도 직권조사사항인 소송대리권의 존부를 법원의 직권탐지사항이라고 하면서 이에 대해서는 의제자백에 관한 규정이 적용될 여지가 없다고 하여 직권조사와 직권탐지를 혼용하고 있다.

가사소송법상 직권조사, 행정소송법상 직권심리 및 비송사건절차법상 직권탐지의 상호관계

1. 가사소송법상 직권조사
   - 근거: 가사소송법 제17조
   - 내용: 가류 · 나류 가사소송에서 법원이 직권으로 사실조사·증거조사를 해야 함

38) 대판 1999.2.24. 97다38930.

- 판례 입장: 친생부존재확인 · 인지소송 등 공익과 관련된 사건은 당사자 입증 부족 시 법원이 직권으로 보완해야 함. 그러나 당사자가 주장하지도 않고 드러나지도 않은 독립된 공격 · 방어방법까지 조사할 필요는 없음
- 특징: 공익 관련성이 있는 사안에서 당사자 입증 부족을 보완하는 차원

2. **행정소송법상 직권심리**

- 근거: 행정소송법 제26조
- 내용: 법원이 필요하다고 인정할 때 직권으로 증거조사 가능, 당사자 주장 외 사실도 판단 가능
- 판례 입장: 청구 범위를 초월할 수 없음(처분권주의 유지)
- 기록에 나타난 사실은 당사자 주장 없어도 판단 가능. 그러나 기록에도 없는 사실은 당사자가 주장하지 않으면 판단 불가
- 특징: 공익 여부와 무관
  기록에 근거한 직권적 보완 심리

3. **비송사건절차법상 직권탐지**

- 근거: 비송사건절차법 제11조
- 내용: 법원이 직권으로 사실을 탐지하고 필요한 증거를 조사해야 함
- 판례 입장: 당사자의 주장에 구애받지 않고 재판 기초자료를 법원이 책임지고 수집
  예: 재산분할 사건, 가등기가처분 사건 등에서 법원이 직권으로 사실관계 파악 가능
- 특징: 주장책임 및 당사자 구속에서 벗어남
  심판요구사항에도 구속되지 않음 → 가장 강한 직권주의

4. **상호관계**

(1) **민사소송법과의 관계**

- 가사소송법 · 행정소송법: 쟁송성을 본질로 하므로 민사소송법 준용
- 비송사건절차법: 쟁송성이 약하므로 민사소송법 전면 준용 ×

(2) **차이점**

- 직권조사 · 직권심리: 기본적으로 당사자 주장 전제
- 직권탐지: 당사자 주장 전제 필요 없음

(3) **본질적 성격**

- 직권조사 · 직권심리 = 소송의 심리 원칙
- 직권탐지 = 비송의 심리 원칙

(3) **현대적 경향**

- 소송의 비송화 현상으로 세 제도의 경계가 점차 융합
- 판례도 직권조사와 직권탐지를 혼용하는 경우 존재

□ 핵심정리

구분	직권조사(가사소송법)	직권심리(행정소송법)	직권탐지(비송법)
근거	가소법 제17조	행소법 제26조	비송법 제11조
대상	공익 관련 사건 (친자·인지 등)	행정처분의 적법성	비송사건 전반
전제	당사자 주장 필요 (부분 보완)	기록상 사실 근거	주장책임 없음
범위	독립된 공격· 방어방법까지는 ×	청구 범위 내 제한	심판사항에도 구속 ×
특징	공익성 보완	기록 중심 보완	가장 강한 직권주의
소송의 비송화 현상으로 세 제도의 경계가 점차 융합 판례도 직권조사와 직권탐지를 혼용하는 경우 존재			

5. 소의 이익[39)]

(1) 개념

우리 헌법은 국민의 재판을 받을 권리(헌 제27조 제1항)를 기본권으로 보장하고 있으므로 누구든지 사법상(私法上)의 권리 또는 법률관계에 관하여 분쟁이 생긴 경우에는 법원에 소송을 제기하여 그 해결을 요구할 수 있다. 그러나 이 권리는 무제한으로 허용되는 것이 아니다. 모든 국민이 일상생활에서 발생하는 일체의 분쟁을 일일이 법원에 가지고 가서 그 처리를 요구한다면 법원은 시설·인원·비용 등의 제약으로 말미암아 이들을 전부 다 심리하는 것이 불가능하므로 꼭 필요하다고 생각되는 사건에 한정하여 본안에 관한 심리를 할 수밖에 없다. 결국 민사소송제도를 설치·운영하는 국가 쪽의 입장에서 보면 그 처리능력의 한계로 인하여 판결을 할 만한 필요성이 있는 사건에 대해서만 심리를 제한할 필요성이 생긴다. 그래서 이 문제를 국가의 입장에서 재판을 받을 국민의 입장으로 슬그머니 돌려놓아서, 당사자가 민사소송제도를 이용하여 판결을 받으려면 그 실질상 이익 내지 필요성이 있어야 한다고 하여 이를 소송요건의 하나로 하였다. 그 이익 내지 필요성을 「소의 이익」 또는 「권리보호의 이익」이라고 한다. 즉 당해사건의 구체적 사실에 비추어 원고의 청구에 관해서 본안판결을 할 적합한 기준을 「소의 이익」이라고 표현한 것이다.

그 결과 원고는 「소의 이익」이 없으면 본안판결을 받을 수 없다. 다만 소송요건은 원고의 청구내용과 관계없이 일률적으로 판단하는 데 대해 「소의 이익」은 원고의 청구내용과 관련하

39) 판례는 소의 이익이라는 용어 대신에 「권리보호의 자격」 또는 「권리보호의 이익」이라고 쓰기도 한다(대판 1998. 2.24. 97다48418 등 참조).

여 판단하여야 하므로 일반적인 소송요건과 별개로 취급되고 있다. 그렇다면 「소의 이익」은 청구 내용과 밀접한 관련이 있기 때문에 오히려 「청구적격」 또는 「권리보호의 자격」이라는 용어가 타당할 것이다.

「소의 이익」 중 「법률상 쟁송」이라든가 「소극적 권리보호요건」은 원고의 청구내용과 관련되기는 하지만 모든 소송에서 공통되므로 이곳에서 취급하기로 한다.

(2) 법률상 쟁송(법조 제2조 제1항)

㈎ **법원조직법 제2조 제1항의 역사적 성격** 법원조직법 제2조 제1항은 「법원은 헌법에 특별한 규정이 있는 경우를 제외한 일체의 법률상 쟁송을 심판하고, 이 법과 다른 법률에 의하여 법원에 속하는 권한을 가진다」고 규정하여 헌법을 비롯한 우리 국민의 대표기관인 국회에서 정한 법률과 그 체계에 관한 법률상 쟁송만을 법원에서 처리하고 그 이외의 사항은 이를 심판하지 않는다고 함으로써 오로지 헌법 및 법률 · 명령 등 법규가 법적 3단 논법의 대전제임을 분명하게 하였다. 그러므로 민사재판권은 법률상 쟁송에 국한된다고 하는 내재적 제약을 받게 됨으로써 어떤 특정인이나 정당 등 특정단체의 의견이나 사상 · 이념 등은 사법의 범위에 속하지 아니하게 하여 결국 이 규정은 우리나라의 법체제가 전체주의나 절대주의에 속하지 않는 것을 명백하게 하고 있다.

㈏ **법률상 쟁송의 의미** 법률상 쟁송이란 법규의 해석 · 적용에 의하여 해결할 수 있는 당사자 사이의 구체적 권리 · 의무에 관한 사실을 둘러싼 분쟁을 뜻한다. 즉 법적 3단 논법의 대전제인 법규와 소전제인 사실 모두에 걸쳐서 분쟁이 있어야 법률상 쟁송이 된다.

㈐ **법률상 쟁송의 구현** 이와 같이 청구의 내용이 법률상 쟁송이 되기 위해서는 당사자 사이의 구체적 권리의무에 관한 분쟁, 즉 구체적 사건성(=사실)과 동시에 법령을 해석 · 적용함으로써 해결할 수 있는 분쟁, 즉 법적 해결성(=법규)을 필요로 한다. 사건이 법률상 쟁송이 아니면 본안판결을 받을 수 없다는 점에서 법률상 쟁송은 「소의 이익」이 된다.

(a) **구체적 사건성** 원고의 청구는 법률요건에 해당하는 구체적인 권리 · 의무에 관한 것이어야 한다. 법률요건에 해당하지 않는 사실상 이해관계 또는 간접적인 이해관계에 관한 분쟁, 구체적인 사실이 수반되지 않는 추상적 · 법적 상태에 관한 분쟁들은 민사소송의 대상이 될 수 없다.

(i) **법령의 효력 및 해석** 당사자 사이의 구체적인 권리 · 의무에 관한 사실을 떠난 일반적 · 추상적인 법령의 효력 내지 그 해석은 법적 3단 논법의 대전제에 관한 것뿐이므로 민사소송의 대상이 되지 않는다. 예컨대 사단법인 대한민국 상이군경회의 정관은 국가유공자 등 단체설립에 관한 법률의 위임에 의하여 제정된 것으로서 위 법인의 조직, 활동 등 단체법적 법률관계를 규율하는 내용의 것이므로 그 정관은 위 법인의 기관과 구성원에 대하여 구속력을 갖는

법규범(자치법규)이다. 하지만 그 정관의 무효 확인을 구하는 것은 결국 일반적, 추상적 법규의 효력만 다투는 것일 뿐 구체적 권리 또는 법률관계를 대상으로 하는 것이 아니어서 이를 독립한 소로써 청구할 수 없다.[40] 그러나 예를 들어 특정인에게 훈장을 수여한다든지, 어떤 국가유공자에게 매년 일정액의 연금을 지급하도록 법령이 만들어진 경우와 같이 법령이 그 구체화를 위한 어떤 처분행위를 기다릴 것 없이 그 자체로서 구체적 효력이 생기는데도 불구하고 이에 따른 행정청의 조치가 없어 직접 개인의 권리 또는 이익이 침해될 때에는 그 법규의 구체적 처분성으로 인해서 일정액의 연금을 청구할 수 있는 권리·의무에 관한 소송이 허용된다.

(ii) **반사적 이익** 이것은 행정상 방침규정 또는 일정한 행정목적을 위하여 일반적·추상적 제도를 시행한 결과 반사적으로 개인이 받은 이익을 말한다. 예를 들어 어느 대학에서 학생들의 건강을 위해 구내의 담배 가게를 세 군데로 제한하고 나머지 담배 가게는 모두 폐쇄한 경우에 세 군데의 담배 가게가 받는 이익을 말한다. 반사적 이익은 개인의 이익을 직접적인 목적으로 하는 것이 아니기 때문에 이로 말미암아 생기는 이익은 사실상 것으로 평가되어 소송으로 주장할 수 없다. 즉 위의 예에서 어느 대학이 담배 가게의 수를 세 군데에서 열 군데로 늘여서 기존 가게의 판매수입이 줄어들었다고 하여 그 손실을 소송으로 주장할 수 없는 것이다.[41] 그러나 현대국가에 있어서 행정작용이 다양화되고 그 기능·내용이 확대·변화되면서 「권리의 보호에서 이익의 보호」로 국가의 개인에 대한 권리보호의 방향이 확대되는 경향에 비추어 실체법적으로는 반사적 이익에 지나지 아니하더라도 소송으로 보호할 만한 개인의 실질적·구체적 이익은 소송으로 주장할 수 있다고 하여야 한다.[42]

(iii) **객관적 소송** 개인의 구체적인 권리·이익의 구제를 직접적인 목적으로 하는 것이 아니라 법규적용의 적정성 또는 공익의 보호를 목적으로 하는 소송은 법률에 특별한 규정이 있는 경우(예, 지자 제17조 제1항에서 정한 주민소송 등)를 제외하고는 허용되지 않는다. 공해·환경 등 현대형 소송에서는 판결의 파급적 효력을 중시하므로 공익의 보호를 목적으로 하는 일반 민사소송도 등장하고 있으나 우리나라의 판례(예컨대, 천성산 도롱뇽사건의 경우[43])는 아직 당사자의 구체적인 이익을 목적으로 하지 않는 공공소송은 허용하지 않고 있다. 이와 같이 법

---

40) 대판 1995.12.22. 93다61567.

41) 대판 1982.12.28. 80다731·732.

42) 예컨대 담배 일반소매인으로 지정되어 영업을 하고 있는 기존업자는, 면허나 인·허가 등 수익적 행정처분의 근거가 되는 법률이 해당업자들 사이의 과당 경쟁으로 인한 경영의 불합리를 방지하는 목적도 가지고 있는 경우에 해당 행정처분의 직접 상대방이 아니더라도 경업자에 대한 면허나 인·허가 등 수익적 행정처분의 취소를 구할 수 있다(대판 2008.3.27. 2007두23811 참조).

43) 한국철도시설공단이 국가의 전 지역에서 고속철도사업을 시행할 때 헌법 제35조 제1항에 정한 환경기본권에 터 잡은 환경, 교통, 재해 등에 관한 영향평가법상 환경영향평가절차를 충실히 이행하지 아니하여 사업시행구간의 관련토지소유자들의 환경이익을 침해할 수 있는 개연성이 있는 경우에도 그 개연성이 소유자들의 환경이익과의 관계에서 구체적인 피해가능성 내지 연관성을 인정하기 어려운 경우에는 그 침해의 예방에 적절한 조치를 사법상 권리로 청구할 수 없다(대결 2006.6.2. 2004마1148·1149 참조).

률적 권리관계와 관련이 없는 사항은 소송의 대상이 되지 않는다.[44)]

(b) **법적 해결성** 분쟁이 법적 3단 논법의 대전제 및 소전제에 걸친 구체적 사건에 관한 분쟁이라 하더라도 법적 측면보다는 정치적 성향이 강하거나 행정청의 자유재량에 속한 경우에는 법원이 법규의 해석 · 적용만으로 그 분쟁을 근본적으로 해결하기 어려워 원칙적으로 소송의 대상이 되지 않는다.

(i) **통치행위 또는 정치문제** 통치행위라 함은 고도의 정치성을 띤 국가행위로서 법원 스스로 사법심사권의 행사를 억제하며 그 심사대상에서 제외하는 영역을 말한다. 어떤 행위가 통치행위인가에 관해서는 나라마다 입장이 조금씩 다르다. 영국에서는 주로 외교문제에 국한하며, 미국에서는 외교문제는 물론 국내문제일 경우에도 대통령과 국회의 행위에 최종적 결정권을 부여하는 것이 합리적이라고 생각되는 정치적 부문은 통치행위에 포함시킨다.

우리나라의 판례는 통치행위의 개념을 인정하면서도 과도한 사법심사의 자제(自制)가 기본권을 보장하고 법치주의 이념을 구현하여야 할 법원의 책무를 태만히 하거나 포기하는 것이 되지 않도록 지극히 신중하게 하여야 하며 그 판단은 오로지 사법부만에 있다고 판시하고 있어[45)] 통치행위의 개념에 매우 신중하게 접근하고 있다.

(ii) **자유재량행위** (ㄱ) 소송은 구체적 사건에 관한 법원의 법적 판단에 주로 의존한다. 그러나 행정청의 자유재량행위는 공익성 · 합목적성의 판단에 관한 것이므로 법원의 판단과 친하지 아니하여 행정청이 자유재량을 그르친 행위라고 하더라도 위법이 아니라 부당으로 평가된다. 판례[46)]는 행정청의 재량행위를 기속재량행위와 자유재량행위로 구별한 다음 기속재량행위에 대해서는 그 행위의 근거가 된 법규의 체제형식, 문언, 그 행위가 속하는 행정 분야의 주된 목적과 특성 등을 고려하여 행정청이 한 판단의 적법여부를 사법부 독자적 입장에서 판정한다고 하여 사법심사의 대상으로 삼고 있지만, 자유재량행위에 대해서는 행정청의 재량행위에 기초한 공익판단의 여지를 감안하여 법원은 독자적인 사법심사를 하지 않고 그 행위에 재량권의 일탈 · 남용이 있는지 여부만 심사한다고 하였다.

(ㄴ) 이를 보면 법원은 행정청의 기속재량행위에 대한 잘못이나 자유재량행위의 일탈 또는 남용은 위법으로 평가하여 법원의 심판대상으로 하고 있으나(행소 제1조 참조), 그렇지 않은 자유재량행위는 공익성, 합목적성의 판단에 관한 것이므로 위법이 아니라 부당으로 평가하여 행정청이 하는 행정심판의 대상으로 삼을 수 있을 뿐 법원에서 하는 행정소송의 대상으로 삼지

44) 다만 판례는 확인하는 소에 의하여 위험 · 불안을 제거하려는 법률상 지위는 반드시 구체적 권리로 뒷받침될 것을 요하지 아니하고 그 법률상 지위에 기초한 구체적 권리 발생이 조건 또는 기한에 걸려 있거나 법률관계가 형성과정에 있는 등 원인으로 불확정적이라고 하더라도 보호할 가치 있는 법적 이익에 해당하는 경우에는 확인하는 이익이 인정될 수 있다고 하여 법률관계의 범위를 넓혀 나가고 있는 입장이다(대판 2000.5.12. 2000다2429 참조).

45) 대판 2004.3.26. 2003도7878, 대전판 2010.12.16. 2010도5986.

46) 대판 2001.2.9. 98두17593.

아니하고 있다. 즉 자유재량행위 자체에 대해서는 사법심사를 자제한다.

(iii) * **종교단체의 소송관계** (ㄱ) **원칙** ① 종교단체의 내부분쟁은 원칙적으로 사법심사의 대상이 되지 아니한다.[47] 종교상 지위의 존부는 기판력을 가지고 확정할 법률문제가 아니고 종교문제이며, 이에 관한 사법심사를 허용하면 헌법이 정한 종교의 자유(헌 제20조 제1항)를 침해할 우려가 있기 때문이다. 따라서 종교 활동은 헌법상 종교의 자유와 정교분리(政教分離)의 원칙에 의하여 국가의 간섭으로부터 그 자유가 보장되어 있으므로, 국가기관인 법원은 종교단체 내부관계에 관한 사항에 대하여는 그것이 일반 국민으로서의 권리의무나 법률관계를 규율하는 것이 아닌 이상 원칙적으로 그 실체적 심리판단을 하지 아니함으로써 당해 종교단체의 자율권을 최대한 보장하여야 한다.[48] 그러므로 종교단체의 내부관계에 관한 사항은 그것이 일반 국민으로서의 특정한 권리의무나 법률관계와 관련된 분쟁이 아닌 이상 원칙적으로 법원이 하는 사법심사의 대상이 아니다.[49]

② 따라서 종교적 집회·결사의 자유를 실현하기 위하여 설립된 종교단체에 대해서도 그 조직과 운영에 관한 자율성이 최대한 보장되도록 하여야 하므로 예컨대 어떤 불교 종교단체가 그 단체 내부의 조직과 운영 및 규제를 위해 제정한 종헌(宗憲)에서, 종정(宗正)은 종단의 최고 지도자로서 신도들의 신앙적 일체감을 지지·통합하는 구심점인 역할을 수행하는 지위에 있는 반면, 총무원장은 종정을 보좌하여 그 불교단체의 재정, 포교, 교육, 문화, 사회사업 등 집행기능을 담당하는 지위에 있다면 구체적인 소송관계에 있어서는 집행기능을 담당하는 총무원장으로 하여금 종단을 대표할 수 있도록 이를 종헌에서 규정하더라도 그것이 종단자율성에 기인한 것이라면 무효가 아니다.[50]

③ 종교단체 내부의 종교적인 비리(非理)에 관한 제재에 대해서도 사법심사를 자제하여야 한다. 그러므로 종교단체 대표자 등의 선임이나 제명처분 등을 둘러싸고 심각한 분쟁이 생겨 소송으로 분쟁을 해결하여야 할 필요성이 높은 경우에도 법원은 선임·제명처분 등 실체적 요건에 관해서는 단체의 자율적 결정을 그대로 존중하여야 하고, 다만 해당자의 선임, 제명처분 절차가 그 단체에서 정한 절차를 제대로 준수하였는지의 여부 또는 현실로 행하여진 절차가 적정, 공정하게 행하여졌는지 여부 등 선임, 제명 절차의 적법성만을 심사하여 그 선임, 제명의 효력을 판단하여야 한다.[51]

---

47) 지교회의 위임목사의 청빙과 관련되어 교단 내 하급 종교단체로서의 지교회가 상급 종교단체인 소속 교단의 의사결정에 불복하여 사법심사를 요청하는 것은 교단의 내부관계에 관한 사항으로서 각 종교단체의 자율권에 관한 것이므로 사법심사의 대상이 되지 않는다(대판 2014.12.11. 2013다78990 참조).

48) 대판 2011.10.27. 2009다32386, 2014.12.11. 2013다78990 등 참조.

49) 대판 2015.4.23. 2013다20311.

50) 대판 2011.5.13. 2010다84956(평석은 [16] 참조).

51) 대판 2011.10.27. 2009다32386, 1983.10.11. 83다233 등 참조.

④ 교회의 권징(勸懲)재판은 종교단체가 교리를 확립하고 단체 및 신앙 상 질서를 유지하기 위하여 목사 등 교역자나 교인에게 종교상 방법에 따라 징계하는 종교단체의 내부적인 제재에 지나지 않는다. 그러므로 원칙적으로 사법심사의 대상이 되지 아니하고, 그 효력과 집행은 교회 내부의 자율에 맡겨져 있는 것이므로 그 권징재판으로 말미암은 목사, 장로의 자격에 관한 시비 역시 직접적으로 법원의 심판의 대상이 되지 아니한다.[52] 다만 그 효력의 유무와 관련하여 구체적인 권리 또는 법률관계를 둘러싼 민사상 분쟁이 존재하고 또한 그 청구의 당부를 판단하는 전제로서 그 징계의 당부를 판단할 필요가 있는 경우에는 그 판단의 내용이 종교 교리의 해석에 미치지 아니하는 한 법원으로서는 위 징계의 당부를 판단하여야 한다.[53]

⑤ 징계결의와 같이 종교단체 내부의 규제라고 하더라도 그 효력의 유무와 관련하여 구체적인 권리 또는 법률관계를 둘러싼 민사 분쟁, 예를 들어 교회 또는 사찰의 법적관리자, 소유권 및 그 점유와 관련된 분쟁 등이 존재하고 그 청구의 당부를 판단하는 전제로서 위 징계의 당부를 판단할 필요가 있는 경우에는 그 판단의 내용이 종교 교리의 해석에 미치지 아니하는 한 법원으로서는 위 징계의 당부를 판단하여야 한다.[54] 예를 들어 사찰의 주지는 종교상 지위와 함께 민사상 비법인사단의 대표자로서 사찰재산의 관리처분권자 지위를 겸하고 있어 주지의 해임무효 확인청구는 권리 또는 법률관계에 관한 분쟁이 되고, 교회의 대표자인 담임목사도 비법인사단의 대표자로서 교회재산의 관리처분권자 지위에 있어 이에 관한 분쟁도 권리 또는 법률관계에 관한 것이므로 사법심사의 대상이 된다.[55]

⑥ 사찰 신도들이 선임한 주지가 있다고 하더라도 등록된 주지가 있으면 그 주지에게 사찰의 대표권이 있다.[56] 따라서 어떤 불교종단에서 사찰의 주지 직에 있는 사람 명의로 부동산에 관한 명의신탁이전등기를 하였는데 그 종단에서 주지 직 제명을 이유로 명의신탁해지로 인한 소유권이전등기청구를 하였을 경우에 이 청구의 전제로서 주지 직 제명이 정당하였는지 여부는 사법심사의 대상이 된다.[57]

⑦ 종교단체 안에서 개인이 누리는 지위에 영향을 미칠 결의나 처분이 당연무효가 되려면 종교단체 아닌 일반단체의 결의나 처분을 무효로 돌릴 정도의 절차상 흠이 있는 것으로는 부족하고 그 흠이 매우 중대하여 이를 그대로 방치할 경우에 현저히 정의의 관념에 반하는 경우라야 한다.[58]

(ㄴ) 교회 ① 교회의 민사상 실체법적 지위는 법인 아닌 사단이므로 교회 재산의 법률

52) 대판 1981.9.22. 81다276, 1995.3.24. 94다47193 등 참조.
53) 대판 2005.6.24. 2005다10388 등 참조.
54) 대판 2005.6.24. 2005다10388, 2012.8.30. 2010다52072 등 참조.
55) 대판 2007.11.16. 2006다41297.
56) 대구고판 1977.7.14. 75구14.
57) 대판 2011.5.13. 2010다84956.
58) 대판 2006.2.10. 2003다63104.

관계를 둘러싼 분쟁을 소송으로 해결하기 위해서는 법인 아닌 사단에 관한 민법의 일반 이론에 따라 교회의 실체를 파악하여 교회의 재산 귀속에 대해서 판단하지 않으면 안 된다. 따라서 교인들이 교회재산을 총유의 형태로 소유하면서 사용·수익하는 이상 총유물의 보존에 있어서는 특별한 사정이 없는 한 민법 제276조 제1항의 총유물의 관리 및 처분규정에 따라 사원총회의 결의를 거쳐야 한다.[59] 그러므로 법인 아닌 사단인 교회가 그 총유재산에 대한 보존행위로서 소송을 하는 경우에도 특별한 사정이 없는 한 교인 총회의 결의를 거쳐야 한다. 이와 관련하여 "총회의 결의는 민법 또는 정관에 다른 규정이 없으면 사원 과반수의 출석과 출석사원의 의결권의 과반수로써 한다"는 민법 제75조 제1항의 규정은 법인 아닌 사단에 대해서도 유추·적용될 수 있다.[60]

② 일반적으로 교회가 비록 그 정관에서 교회탈퇴에 관한 규정을 두지 아니하였더라도 교인 전원의 총의에 의하는 경우 소속교단의 변경이 가능하다.[61] 물론 정관에 그에 관한 규정이 명시되어 있다면 정관의 정함에 의해서만 소속교단의 변경이 가능한 것은 당연하다. 특정 교단에 가입한 지교회가 교단이 정한 헌법을 지교회 자신의 자치규범으로 받아들였다고 인정되는 경우에는 소속 교단의 변경은 실질적으로 지 교회 자신의 규약에 해당하는 자치규범을 변경하는 결과를 초래하고, 만약 지교회 자신이 규약을 갖춘 경우에는 교단변경으로 말미암아 지교회의 명칭이나 목적 등 지교회의 규약에 포함된 사항의 변경까지 수반하기 때문에, 소속 교단에서의 탈퇴 내지 소속 교단의 변경은 지교회 규약이 정한 바에 의하여야 하며, 그렇지 않고 지 교회 규약에 다른 규정이 없으면 그때 비로소 민법 제42조 제1항의 사단법인 정관변경에 준하여 의결권을 가진 교인 2/3 이상 찬성에 의한 결의를 필요로 한다.[62] 그리고 이러한 법리는 교단에 소속되지 않은 독립 교회가 특정 교단에 가입하기로 결의한 경우에도 동일하게 적용된다.[63] 만일 소속 교단에서의 탈퇴 등에 관한 결의를 하였으나 이에 찬성한 교인이 의결권을 가진 교인의 2/3에 이르지 못한다면 종전 교회의 동일성은 여전히 종전 교단에 소속되어 있는 상태로 유지된다.[64] 한편 교회의 담임목사로 재직하던 목사와 교인들 사이에 법적 분쟁이 있는 경우에 교인도 목사를 상대로 교회에 출입하지 말라는 등 신앙생활의 방해금지를 구할 이익이 있다.[65]

③ 비법인사단에 해산사유가 발생하였다고 하더라도 곧바로 당사자능력이 소멸하는 것이

59) 대판 1994.10.25. 94다28437 참조.
60) 대판 2007.12.27. 2007다17062.
61) 대판 1973.8.21. 73다442·443, 1985.2.8. 84다카730, 1991.5.28. 90다8558 각 참조.
62) 대전판 2006.4.20. 2004다37775 등 참조.
63) 대결 2006.6.9. 2003마1321 등 참조.
64) 대전판 2006.4.20. 2004다37775 참조.
65) 춘천지법 원주지판 2006.11.15. 2004가합4835.

아니라 청산사무가 완료될 때까지 청산의 목적범위 내에서는 권리 · 의무의 주체가 되고, 이 경우 청산중의 비법인사단은 해산 전의 비법인사단과 동일한 사단이고 다만 그 목적이 청산 범위 내로 축소되는 데 지나지 않는다. 따라서 교회가 건물을 다른 교회에 매도하고 더 이상 종교 활동을 하지 않아 해산하였다고 하더라도 교인들이 교회 재산의 귀속관계에 대하여 다투고 있는 이상 교회는 청산목적의 범위 내에서 권리 · 의무의 주체가 되어 당사자능력이 있으므로 위 교인들이 교회의 대표자 지위의 부존재 확인을 구하는 소송에는 청산인 지위의 부존재 확인을 구하는 취지가 포함되어 있다.[66)]

④ 교회의 헌법 등에 다른 정함이 있는 등의 특별한 사정이 없는 한, 교회의 대표자로 되는 담임목사는 예배 및 종교 활동을 주재하는 종교상 지위와 아울러 민사상 비법인사단의 대표자 지위에 있으면서 교회 재산의 관리처분과 관련한 대표권을 가지므로, 재산의 관리처분과 관련한 교회 대표자 지위에 관한 분쟁은 구체적인 권리 또는 법률관계를 둘러싼 분쟁에 해당하여 그 대표자 지위의 부존재확인을 구할 수 있다.[67)]

(ㄷ) 사찰 ① 사찰은 불교교의를 선포하고 불교의식을 행하기 위한 시설을 갖춘 승려와 신도로 조직된 단체이다. 이 사찰이 독립된 실체를 가지기 위해서는 물적 요소인 불당 등 사찰재산이 있고, 인적 요소인 주지를 비롯한 승려와 상당수의 신도가 존재하며, 사찰이 갖는 단체로서의 규약에 따라 그 자체 생명력을 가지고 사회적 활동을 할 것이 필요하다.[68)]

② 사찰이 소속 종단의 종헌에 따르지 아니하고 그 신도와 승려가 결합하여 그 소속 종단을 탈종(脫宗)하였다 하더라도 이는 그 신도와 승려 개인이 소속 종단을 떠나는 데에 그치는 것일 뿐 그로써 이미 독립된 권리 · 의무의 귀속 주체로 성립한 사찰 자체의 종단 소속이 변경되게 되는 것은 아니며, 사찰이 일단 성립한 이상 사찰 그 자체의 분열로 인정되는 것이 아니다.[69)]

③ 사찰 그 자체가 독립된 단체를 이루고 있는 경우에는 그가 소속하는 종파가 달라진다 해도 동일성을 상실하는 것이 아니다. 그러므로 어떤 사찰을 창건한 사람들이 그 종파 소속을 대한불교 조계종으로 하려는 것이었는데 그와 달리 대한불교 법화종 소속 법흥사로 되어서 법흥사를 건립하기 위해서 대금을 출연한 사람들의 합의에 의해서 사찰을 건립하고 법당과 부지로 사용하면서 예불 등 불교의식을 행하기 위해서 점유하는 것을 권원 없이 점거 사용한다고 할 수 없다. 따라서 등기부상 소유명의자가 창건자에게 있다는 사유만으로 법흥사에 대하여 위 부동산의 명도를 구할 수 없다.[70)]

66) 대판 2007.11.16. 2006다41297.
67) 대판 2007.11.16. 2006다41297.
68) 대판 2001.1.30. 99다42179 참조.
69) 대판 2000.5.12. 99다69983.
70) 대판 1976.5.25. 74다1436.

④ 사찰재산의 증여행위가 그 사찰의 목적수행을 불가능하게 하고 그 존립 자체를 위태롭게 하는 정도의 것이면 이에 대한 주무관청의 허가가 있어도 증여행위는 당연무효이다.[71)]

⑤ 사찰은 말사(末寺)라 하더라도 그 소속 종파별 전국단체인 종단이나 소속 본사(本寺)와는 별개로 당해 사찰재산에 관하여 민사상 독립된 권리주체가 된다. 따라서 당해 사찰 부동산의 소유권을 다투는 사람은 그 부동산의 소유나 점유와 관계없는 본사를 상대로 소유권확인을 구할 이익이 없다.[72)]

종교단체의 소송관계

1. 원칙(종교단체 관련 일반 법리)
   - 사법심사 제한 원칙
   - 종교단체 내부 분쟁은 원칙적으로 사법심사 대상 아님
   - 이는 종교의 자유(헌법 제20조)와 정교분리 원칙을 보호하기 위함. 다만 국민의 일반적 권리 · 의무나 법률관계와 관련되면 예외적으로 심사 가능
   - 불교 종단 운영 자율성 보장
   - 불교 종헌에 따른 종정(종교적 최고지도자)과 총무원장(집행권한자)의 지위는 종단 자율에 따라 결정
   - 자율에 기초한 규정은 무효 아님
   - 징계 및 제재
   - 종교단체 내부 징계(권징재판 등)는 원칙적으로 사법심사 대상 아님. 다만 징계 절차가 정해진 절차·공정성을 준수했는지 여부는 심사 가능
   - 징계가 권리 · 법률관계(재산관리, 대표자 지위 등)에 영향을 미치면 교리 해석에 미치지 않는 한 심사 가능
   - 대표자 지위 및 재산관계
   - 주지(사찰), 담임목사(교회)는 종교상 지위와 동시에 비법인사단 대표자로서 재산 관리처분권 가짐
   - 따라서 해임 무효 확인, 소유권 · 점유 분쟁 등은 사법심사 대상. 다만 당연무효가 되려면 절차상 흠이 단순한 정도가 아니라 현저히 정의관념에 반하는 수준이어야 함
2. 교회
   - 법적 지위: 교회 = 법인 아닌 사단
   - 교회 재산 = 총유재산 → 보존 · 관리 · 처분에는 교인총회 결의 필요.
   - 총회의 결의 요건은 민법 제75조 규정(사원 과반수 출석 + 출석 사원 과반수 찬성) 유추 적용
   - 교단 소속 변경

71) 대판 1969.11.25. 69다1432.
72) 부산고판 1989.1.27. 87나323.

- 정관 규정이 있으면 그에 따름
- 없으면 교인 의결권자 2/3 이상 찬성 결의 필요
- 정족수 미달 시 종전 교단 소속 유지
- 독립교회의 교단 가입/탈퇴에도 동일 법리 적용
- 해산 후 청산 중 지위
- 해산사유 발생해도 곧바로 당사자능력 상실 아님
- 청산 목적 범위 내 권리·의무 주체로 존속
- 대표자 지위: 담임목사는 종교상 지위와 함께 민사상 대표자 지위 보유
- 교회재산 관리·처분 관련 분쟁은 민사분쟁으로서 사법심사 대상

3. 사찰

- 사찰 성립 요건: 물적 요소(사찰재산) + 인적 요소(주지, 승려, 신도) + 규약 및 활동성
- 종단 소속 변경
- 승려·신도의 탈종은 개인적 행위일 뿐, 사찰 자체의 종단 소속은 자동 변경되지 않음
- 사찰은 소속 종파가 달라져도 동일성 유지
- 창건자 vs 사찰
- 사찰 건립 시 출연자 합의로 운영되는 경우, 단순히 등기부 명의자가 창건자라는 이유만으로 부동산 반환청구 불가
- 재산처분
  - 사찰: 재산 증여가 목적 수행 불가능 수준이면 주무관청 허가가 있어도 무효
  - 말사: 지위
  - 말사라도 본사·종단과 별개로 독립된 권리주체
  - 따라서 사찰 재산 관련 소송은 본사가 아니라 당해 사찰을 상대로 해야 함

(iv) **정당** (ㄱ) 정당은 국민과 국가의 중개자로서의 정치적 기능을 수행하여 주체적·능동적으로 국민의 다원적 정치의사를 유도·통합함으로써 국가정책의 결정에 직접 영향을 미칠 수 있는 규모의 정치적 의사를 형성하고 있다. 구체적으로 각종 선거에서의 입후보자 추천과 선거활동, 의회에서의 입법 활동, 정부의 정치적 중요결정에 끼치는 영향력 행사, 대중운동의 지도 등 과정에 실질적 주도권을 행사한다. 이와 같은 정당의 기능을 수행하기 위해서는 무엇보다도 먼저 정당원의 자유로운 지위가 전제되지 않으면 안 되고, 이러한 정당원의 자유야말로 민주정치의 전제인 자유롭고 공개적인 정치적 의사형성을 가능하게 하는 것이므로 그 자유는 최대한 보장되지 않으면 안 된다.

(ㄴ) 정당의 활동이 헌법의 테두리 안에서 보장되는 이상 정당은 정치적 조직체인 탓에 그 내부조직에서 형성되는 과두적(寡頭的), 권위주의적 지배경영을 배제하여 민주적 내부질서를

확보하기 위한 법적 규제가 불가피하게 요구된다. 그러나 정당의 내부질서에 대한 규제는 그 것이 지나칠 경우 정당의 자유에 대한 침해의 위험성이 있으므로 민주적 내부질서 확보에 필요한 최소한도의 규제로 그쳐야 한다. 특히 정당원의 정치적인 의견이나 견해의 형성 및 그 내용, 정당 조직의 구성 및 운영에 관한 부분은 정당원의 정치적 활동과 직결되는 부분이므로 이에 대한 규제는 신중하여야 한다.

(ㄷ) 국회의원의 의정활동에 있어서는 대의제 민주주의의 원리에 따라 자유로운 토론과 의사형성을 가능하게 하는 자유위임의 원칙이 존중되어야 한다. 하지만 그러한 자유위임은 의회 내에서의 정치의사 형성에 정당의 협력을 배척하는 것은 아니며, 의원이 정당의 지시 또는 특정 사안에 있어서의 정당의 결정인 소위 당론(黨論)에 기속되는 것을 배제하는 것이 아니다. 따라서 당론에 위반되는 정치활동을 하였다고 하여 의원직 자체를 상실케 하는 것은 허용되지 않으나 정치적 의사를 같이 하지 않은 당원에 대한 정당 내부의 징계를 통한 제재 또는 제명을 하는 것은 충분히 가능하고, 그 절차 과정에서 헌법이나 법률의 규정을 명백하게 위반하여 재량권의 한계를 현저히 벗어난 것으로 볼 수 없는 이상 이를 선불리 무효라고 판단할 수는 없다.[73]

(v) **단체내부의 자율권** (ㄱ) 우리 헌법은 결사의 자유(헌 제21조 제1항)를 보장하므로 정당, 대학, 지방의회 등 자율적인 법규범을 가진 단체에서 해당 규범의 실현은 내부규율의 문제로서 자치적 조치에 맡겨야 하고 꼭 재판을 하게 하는 것은 적당하지 않다.

(ㄴ) 이는 존 로크와 몽테스키외의 이념에서 출발하여 헤럴드 라스키 교수에 의하여 완성된 다원주의(pluralism)가 법률분야에도 영향을 준 것을 의미한다. 참된 민주주의는 개인이나 어떤 집단이 기본으로 삼는 원칙이나 목적이 국가의 그것과 다를 수 있으므로 국가도 이를 존중하여야 한다는 데 있다고 하는 다원주의의 이념이 작동한다. 따라서 국가는 단순한 내부사항이 아닌 중대한 사항 또는 국민 일반의 법질서와 관련된 사항을 제외한 단체의 일반적 사항에 관해서는 정당, 대학 등 단체가 자치능력이 있는지 여부를 묻지 말고 그 단체의 자치권을 존중하여 단체의 자치에 맡겨야 할 것이다.

(ㄷ) 정당이나 단체 등 대표자의 선임이나 제명처분 등을 둘러싸고 심각한 분쟁이 생겨 소송으로 분쟁을 해결하여야 할 필요성이 높은 경우에도 종교단체 대표자 등의 경우와 같이 법원은 선임·제명처분 등 실체적 요건에 관해서는 단체의 자율적 결정을 그대로 존중하여야 하고, 다만 해당 선임·제명처분의 절차가 단체에서 정한 절차를 제대로 준수하였는가의 여부 또는 현실로 행하여진 절차가 적정, 공정하게 행하여졌는가 등 선임·제명 절차의 적법성만을 심사하여 그 선임·제명의 효력을 판단하여야 할 것이다.

---

73) 헌결 2003.10.30. 2002헌라1 등 참조.

(3) * 소극적 권리보호 요건(각 종의 소에 공통된 소의 이익)

위에서 설명한 법률상 쟁송은 원고의 청구 내용과 관련되기는 하지만 모든 소송에서 갖추어야 할 공통된 소의 이익이다. 법률상 쟁송 이외에 다른 공통된 소의 이익이 있는데 이들은 그 부존재가 소의 이익이 된다는 점에서 판례[74]의 표현에 따라 이를 소극적 권리보호요건이라 부른다.

㈎ 소제기 금지사유

(a) **법률상 소제기 금지사유** 소의 제기는 중복된 소제기 금지(제259조)와 종국판결 선고 이후 소 취하된 경우의 재소금지(제267조 제2항) 등 법률상 소제기 금지사유에 해당되지 아니하여야 한다.

(b) **계약에 의한 소제기금지사유** 어떤 권리 또는 법률관계에 관하여 당사자들이 소를 제기하지 아니하겠다는 취지로 맺은 특약, 즉 부제소 합의[75]는 유효하므로 이 계약이 있는데도 소를 제기하면 소의 이익이 없다.[76]

(c) **중재합의(중재 제3조 2호),[77] 소 취하 계약[78] 또는 상소권포기계약** (i) 이들 계약이 있을 때에 소를 제기하면 소의 이익이 없다.

(ii) 소가 제기된 법원에 피고가 중재합의의 항변을 제출하려면 제1심 본안에 관한 최초의 변론을 할 때까지 하여야 하고(중재 제9조 제2항),[79] 피고가 중재합의가 있다는 항변을 하였을 때에는 그 항변이 없거나 무효이거나 효력을 상실하였거나 그 이행이 불가능한 경우를 제외하고는 법원은 그 소를 각하하여야 한다(중재 제9조 제1항). 중재합의는 사법상 법률관계에 관하여 당사자 간에 이미 발생하였거나 장래 발생할 수 있는 분쟁의 전부 또는 일부를 법원의 판결에 의하지 아니하고 중재에 의하여 해결하도록 서면에 의하여 합의를 함으로써 효력이 생기는 것이므로, 구체적인 중재조항이 중재합의로서 효력이 있는 것으로 보기 위해서는 중재법이 규정하는 중재의 개념, 중재합의의 성질이나 방식 등을 기초로 당해 중재조항의 내용, 당사자가 중재조항을 두게 된 경위 등 구체적 사정을 종합하여 판단하여야 한다.[80] 따라서 제소된 사건에 관하여 비록 당사자가 소송 외에서 중재합의를 하였다고 하더라도 중재법 제9조 제2항의 규정에 따라 중재심판을 거쳐야 한다는 중재항변을 법원의 본안심리에 들어가기 이전에 하

---

74) 대판 2002.9.4.에서 사용한 용어이다.
75) [19] 2.(4)(다)(a) 참조.
76) 대판 1993.5.14. 92다21760.
77) [8] 3. 참조.
78) [19] 2.(4) 9다)(d) 참조.
79) 대판 1996.2.23. 95다17083.
80) 대판 2004.11.11. 2004다42166 등 참조.

지 아니하면 중재절차는 개시되지 아니한다.[81]

(나) **별개 소송을 통한 분쟁해결의 금지** (a) 어떤 분쟁을 해결하기 위하여 간편하게 판단을 받을 수 있도록 마련된 절차가 있는데도 그 절차를 이용하지 아니하였다는 사정은 소송제기에 있어 소극적 권리보호요건으로서 직권조사사항이다. 예컨대 위법한 판결로 말미암아 불이익을 받게 된 당사자는 별개의 소송을 제기할 필요가 없이 간편하게 그 소송절차 내에서 상소를 통하여 그 분쟁해결을 위한 적정한 판단을 구할 길이 열려져 있으며 또한 소송경제에 맞는 그 방법을 통하여서만 사실심인 하급심판결에 대하여 새로 올바른 판단을 받도록 마련되어 있다. 그럼에도 불구하고 하급심의 판결에 위법한 오류가 있음을 알게 된 당사자가 이를 시정하기 위한 상소절차를 이용하지 아니하고 당연무효가 아닌 그 판결을 확정시켰다면 그 판결은 위법한 오류가 있는 그대로 확정됨과 동시에 당사자로서는 그 단계에 주어진 보다 더 간편한 분쟁해결수단인 상소절차 이용권을 스스로 포기한 것이 된다. 따라서 그 후에는 상소로 다투었어야 할 그 분쟁을 별개의 소송으로 다시 제기하는 것은 특별한 사정이 없는 한 허용될 수 없다.[82]

(b) 어떤 법률관계에 관하여 이미 있는 민사소송절차와 다른 특별한 소송 기타 구제절차를 법률이 마련해 놓은 경우에 입법자의 의도는 그 구제절차를 먼저 이용하는 것이 합리적이라는 것이다. 따라서 이 절차를 이용하지 않고 제기한 소송은 소의 이익이 없다. 그러므로 소송비용확정절차(제110조)에 의하지 않고 제기한 소송비용 배상 이행청구의소,[83] 비송사건(예, 비송 제33조의 임시이사의 선임, 비송 제119조의 청산인의 선임, 해임 등)을 비송사건절차법에 의하지 아니하고 제기한 형성을 청구하는 소,[84] 중재판정이 있는 경우에 법원의 집행결정 허가(중재 제37조 제2항)를 받지 아니하고 제기하는 이행을 청구하는 소, 승계집행문(민집 제31조)을 신청하지 아니하고 제기하는 승계인에 대한 이행을 청구하는 소, 집행절차에서 변상 받지 못한 집행비용을 받고자 집행비용액 확정결정신청에 의하지 아니하고 제기하는 이행을 청구하는 소,[85] 행정대집행 방법으로 의무의 내용을 실현할 수 있는데도 민사소송으로 공작물의 철거를 구하는 이행을 청구하는 소,[86] 항소심판결에서 예비적 청구에 관하여 이루어져야 할 판단이 누락되었음을 알게 된 당사자는, 상고를 통하여 그 오류의 시정을 구하였어야 하는데 상고로 다투지 아니하여 그 항소심판결을 확정시켰으면서도 그 후 그 예비적 청구의 전부나 일부를 소송목적으로 제기한 별개의 소송,[87] 재판상 화해를 하면서 법원에 계속 중인 다른 소송을 취하하기로

---

81) 대판 1991.4.23. 91다4812.
82) 대판 2002.9.4. 98다17145.
83) 대판 2011.3.24. 2010다96997.
84) 대판 1963.12.12. 63다449.
85) 대결 1996.8.21. 96그8.
86) 대판 2000.5.12. 99다18909.
87) 대판 2002.9.4. 98다17145.

하는 내용의 화해조서가 작성되었는데도 소를 취하하지 아니하여 계속되는 소송,[88] 부동산등기법상 경정등기절차를 밟아 말소할 수 있는 등기사항을 표시변경등기의 말소를 구하기 위하여 제기하는 소송,[89] 공탁관의 처분에 대하여 불복이 있는 때에는 공탁법이 정한 바에 따라 이의신청과 항고를 할 수 있는데, 공탁관에 대하여 공탁법이 정한 절차에 의하여 공탁금지급청구를 하지 아니하고 직접 민사소송으로 국가를 상대로 제기한 공탁금의 지급청구소송,[90] 확정판결에서 종중 대표권의 흠을 간과한 잘못이 있다면 바로 그 사유를 들어 재심의 소를 제기할 수 있는데도 재심소송을 제기하지 않고 제기한 종중결의 부존재 내지 무효를 확인하는 소송,[91] 유체동산에 대한 집행을 위하여 집행관에게 지급한 수수료는 민사집행법 제53조 제1항 소정의 집행비용에 해당하므로, 그 집행절차에서 변상을 받지 못하였을 경우에는 별도로 집행법원에 집행비용액 확정결정의 신청을 하여 그 결정을 집행권원으로 삼아 집행하여야 하는데, 그렇지 아니하고 집행비용의 지급을 구하는 소송[92] 등은 모두 소극적 권리보호요건에 흠이 있는 것이다.

(c) **예외** (i) 국가의 공법상 권리인 국유재산법에 의한 변상금부과징수권과 민법상 부당이득반환청구권은 법적 성질을 달리하므로 국가는 무단점유자를 상대로 변상금부과징수권을 행사하는 것과 별개로 민사상 부당이득반환청구권을 행사할 수 있다.[93]

(ii) 개정 사립학교법 시행 이전에 재임용이 거부된 사립대학교 기간임용제 교원은 재임용심사 신청권을 가지기 때문에 대학교원 기간임용제 탈락자 구제를 위한 특별법에 따른 행정적 구제절차가 있다고 하더라도 해당 대학교원은 민사소송으로 재임용거부결정 및 통지의 무효확인을 구할 이익이 있다.[94]

㈐ **승소확정판결 등의 존재**

(a) **원칙** 소제기의 궁극적인 목적은 승소판결을 받거나 권리의 실현에 있으므로 승소판결이 확정되거나 권리를 실현한 당사자는 소의 이익이 소멸된다. 따라서 원고가 이미 승소확정판결을 받아놓아서 즉시 강제집행을 할 수 있는데도 새로 제기하는 이행을 청구하는 소,[95] 승소확정판결이 아니라 다른 절차로 권리가 이미 실현되었는데도 새로 제기하는 이행을 청구하는 소[96]들은 모두 소를 제기할 이익이 없다.

---

88) 대판 2005.6.10. 2005다14861.
89) 대판 2012.3.15. 2011다9136.
90) 대판 2013.7.25. 2012다204815.
91) 대판 1982.6.8. 81다636.
92) 대결 1996.8.21. 96그8.
93) 대전판 2014.7.16. 2011다76402.
94) 대판 2010.1.14. 2007다55057.
95) 대판 2006.12.7. 2004다54978.
96) 대판 1996.10.15. 96다11785.

(b) **예외** (i) 다만 이 경우에도 판결원본이 멸실되어 집행문을 부여받을 수 없는 경우,[97] 확정판결에 의한 채권의 소멸시효기간인 10년의 경과가 임박한 경우에 그 시효중단을 위한 재소,[98] 또는 판결내용이 특정되지 아니하여 재소할 필요가 있는 경우[99] 등에는 소를 제기할 이익이 인정된다.

(ii) 신소(新訴)가 허용되는 경우에도 확정된 전소(前訴)의 승소판결에는 기판력이 있어 신소는 전소의 확정판결의 내용에 어긋나서는 안 되므로 후소 법원으로서는 그 확정된 권리를 주장할 수 있는 요건의 구비여부를 다시 심사할 수 없다.[100] 따라서 신소에서는 예컨대 판결원본의 멸실여부, 시효중단의 필요여부, 판결내용의 특정여부 등만 심리하여야 한다.

(iii) 그러나 후소가 전소판결이 확정된 후 10년이 지나 제기되었더라도 후소판결의 기판력은 후소의 변론종결시를 기준으로 발생한다. 전소의 변론종결 후에 발생한 변제, 상계, 면제 등과 같은 채권소멸사유는 전소 확정판결의 내용과 어긋나는 것이 아니므로 후소의 심리대상이 된다. 따라서 피고가 그러한 채권소멸사유를 항변으로 제출하고 그 항변이 이유 있으면 법원은 원고의 청구를 기각하여야 한다.[101]

소극적 권리보호요건(각 종의 소에 공통된 소의 이익)

- 소의 이익에는 적극적 권리보호요건(법률상 쟁송)뿐 아니라, 그 부존재가 소의 이익이 되는 소극적 권리보호요건도 있다.
- 이는 소송이 허용되기 위한 부정적 요건, 즉 소 제기가 금지되거나 불필요한 경우를 가리킨다.

1. 소제기 금지사유

(1) **법률상 소제기 금지사유**

- 중복된 소 제기 금지(제259조)
- 종국판결 후 소 취하된 경우의 재소금지(제267조 제2항)

→ 위 사유에 해당하면 소의 이익이 없음

(2) **계약에 의한 소제기 금지사유(부제소합의)**

- 당사자 간 "소를 제기하지 않겠다"는 부제소합의가 유효하게 존재하면

→ 그 합의에도 불구하고 제소한 경우 소의 이익 없음

(3) **중재합의 · 소취하계약 · 상소권포기계약**

97) 대판 1981.3.24. 80다1888,1889.
98) 대전판 2018.7.19. 2018다22008.
99) 대판 1998.5.15. 97다57658.
100) 대판 1998.6.12. 98다1645.
101) 대판 2019.1.17. 2018다24349.

- 이러한 계약이 있으면 소송제기는 원칙적으로 허용되지 않음
- 다만 중재항변은 제1심 본안에 관한 최초의 변론 전까지 해야 함(중재 제9조 제2항)
- 중재합의가 유효하면 법원은 각하해야 함(중재 제9조 제1항)
- 중재항변이 없으면 법원은 본안심리에 들어감(중재절차 개시 ×)

2. 별개의 소송을 통한 분쟁해결의 금지

(1) 상소 등 간편한 절차를 두고 별소 제기한 경우

- 상소로 다툴 수 있음에도 상소하지 않고 별소 제기한 경우

→ 소극적 권리보호요건 흠결, 각하됨(예: 하급심 판결의 위법을 이유로 상소 대신 별소 제기한 경우)

(2) 특별한 구제절차를 두고 일반소송을 제기한 경우

- 법률이 특별절차를 마련했는데 이를 거치지 않고 소 제기한 경우

→ 소의 이익 없음(직권조사사항)

- 예시
    - 소송비용확정절차(제110조)를 거치지 않고 비용배상청구의 소 제기
    - 비송사건을 민사소송으로 제기
    - 중재판정에 대한 집행결정(중재 제37조②) 없이 이행소송 제기
    - 승계집행문 신청(민집 제31조) 없이 이행소송 제기
    - 행정대집행이 가능한데 민사소송으로 철거청구
    - 상소로 시정 가능함에도 별소 제기
    - 재판상 화해로 취하하기로 한 소송을 계속 유지
    - 등기경정절차로 가능함에도 소 제기
    - 공탁금 관련 이의신청·항고절차 대신 국가 상대로 소 제기
    - 재심청구가 가능한 사안에서 재심 대신 별소 제기
    - 집행비용액 확정신청 없이 비용청구소송 제기

(3) 예외

- 법적 성질이 다른 권리 병존 시 별소 가능

① 국유재산법상 변상금징수권 ↔ 민법상 부당이득반환청구권

- 민사소송 허용 예외

② 재임용 거부된 사립대 교원이 행정구제절차 외에 민사소송으로 재임용거부 무효 확인 가능(판례)

3. 승소확정판결 등의 존재

(1) 원칙

- 승소판결 확정 또는 권리 실현 시, 소의 이익 소멸

→ 이미 강제집행 가능하거나 권리가 실현된 경우, 다시 소 제기 불가

(2) 예외

- 다음 사정이 있으면 재소 가능(소의 이익 인정)

① 판결원본 멸실로 집행문 부여 불가

② 확정판결의 시효(10년) 만료 임박 시 시효중단을 위한 재소

③ 판결내용이 특정되지 않아 재소 필요 시

(3) **신소 허용의 범위**

• 전소 확정판결의 기판력 범위 내에서만 허용

→ 후소법원은 전소의 권리 존재를 재심사할 수 없음

→ 후소에서는 단지 멸실 여부·시효중단 필요·특정 여부 등만 심리

(4) **후소가 전소 확정 후 10년 지나 제기된 경우**

• 후소의 변론종결 시점 기준으로 기판력 발생

→ 전소 변론종결 후 발생한 변제·상계·면제 등 채권소멸사유는 전소 기판력에 저촉되지 않으므로 후소에서 다툴 수 있음

→ 그 항변이 이유 있으면 청구 기각

□ **핵심정리**

구분 내용	소의 이익	유무
중복소·재소금지 등	법률상 금지사유 존재	없음
부제소합의·중재합의	계약상 제소금지	없음
상소절차 두고 별소 제기	간편절차 미이용	없음
특별절차 회피	법정 구제절차 미이용	없음
승소확정판결 후 재소	권리 이미 실현	없음
예외(판결멸실·시효중단 등)	재소 필요성 존재	있음

6. 소송요건 흠의 효과

(1) 소송요건의 흠을 판단할 표준시

(가) **일반론** 그 판단할 표준시는 본안판결의 경우와 같이 사실심의 변론이 종결될 때이다. 예를 들어 종중이 비법인사단의 형태가 되어 당사자능력을 갖추었는지 여부는 사실심의 변론종결시를 기준으로 판단한다.[102] 따라서 소를 제기할 때에 소송요건을 갖추지 아니하여도 사실심이 변론을 종결할 때에 갖추게 되면 소송요건의 흠이 되지 않는다. 거꾸로 소를 제기할 때에 소송요건을 갖추었더라도 사실심의 변론이 종결될 때에 없으면 소송요건의 흠이 된다.

(나) **상고심의 경우**

(a) **원칙** (i) 상고심의 경우에도 그 판단의 표준시는 원칙적으로 사실심의 변론이 종결될 때이다.

102) 대판 2013.1.10. 2011다64607.

(ii) (ㄱ) 다만 사건이 상고되어 상고심에 계속 중인 경우에는 상고심이 비록 법률심이라 하더라도 소송요건 가운데서 항변사항을 제외한 직권조사사항에 대하여는 당사자의 상고이유나 사실심 법원이 확정한 사실에 기속되지 않기 때문에(제433조) 사실심의 변론종결 이후의 직권조사사항에 관한 흠이나, 사실심 변론종결 이전의 그 흠이 상고제기 이후 소멸되었는지에 관해서는 상고심이 독자적으로 판단하여야 한다.[103)]

(ㄴ) 판례[104)]는 채무자회생법에 의하여 채무자가 파산선고를 받고 파산관재인이 선임된 때의 파산재단을 관리 및 처분하는 권한은 파산관재인에게 속하고(채무자회생 제384조), 파산재단에 관한 소송에서는 파산관재인이 당사자가 되는데(채무자회생 제359조) 채무자에 대한 파산선고 이후에 파산폐지 결정이 내려져서 그것이 그대로 확정되면 채무자는 파산재단의 관리처분권과 파산재단에 관한 소송의 당사자적격을 회복하게 된다. 이러한 사정은 직권조사사항으로서 당사자가 주장하지 않더라도 법원이 직권으로 조사하여 판단하여야 할 것으로써 이와 같은 당사자적격 등 소송요건의 흠이 있거나 그 흠의 치유가 사실심 변론종결 이후에 이루어진 경우에는 상고심에서도 이를 참작하여야 한다고 하였다. 이에 따라 상고심에서 원심판결이 파기환송된다면 상고심의 파기환송판결은 미확정의 종국판결[105)]이므로 환송 후 원심의 변론종결한 때가 표준시가 된다.

(b) **상고제기 이후의 흠** (i) 사실심에서 변론을 종결할 때에는 소송요건을 갖추고 있었는데 상고심 계속 중에 소송요건에 흠이 생긴 경우에도 사실심의 변론종결시를 고집하면 소송요건을 갖춘 것으로 보아야 할 것이나 직권조사사항은 상고심에서도 직권으로 조사하여야 하므로[106)] 상고심에서도 그 존재를 주장할 수 있어 이 경우에도 소송요건의 흠을 이유로 각하하여야할 것이다.

(ii) 따라서 근저당권설정등기 말소등기절차의 이행을 구하는 소송이 상고심 계속 중에 그 근저당권설정등기가 경락을 원인으로 하여 말소된 경우에는 더 이상 근저당권설정등기의 말소를 구할 법률상 이익이 없어 부적법하게 되었다. 따라서 이 경우에는 직권조사사항인 소의 이익이 없게 되므로 원심판결을 파기하여 소를 각하하여야 한다.[107)] 이 경우의 표준시는 상고심의 판결선고시이다.

(iii) 상고심 계속 중에 개정 전 취업규칙에 의하여 이미 인사규정 소정의 정년이 지난 경우에는 개정된 취업규칙이 무효로 확인된다 하더라도 근로자로서의 지위를 회복하는 것은 불가능하므로 직권조사사항인 소의 이익이 없게 되어 근로자지위의 확인을 청구하는 소는 부적

103) 같은 취지: 한충수 257면.
104) 대판 2010.11.25. 2010다64877 참조.
105) 대전판 1995.2.14. 93재다27 · 34.
106) 대판 2011.5.13. 2009다94384 · 94391 · 94407.
107) 대판 2003.1.10. 2002다57904.

법 각하여야 하여야 하는데[108] 이 경우의 직권조사사항(제434조)에 관한 표준시 역시 상고심의 판결선고시이다.

(c) **상고심에서 흠의 보완** (i) 소송능력, 법정대리권 또는 소송행위에 필요한 권한의 수여에 흠이 있는 사람이 소송행위를 한 뒤에 당사자나 법정대리인이 이를 추인하여 보정된 경우에는, 이를 보정한 때에 소급하여 효력이 생긴다(제60조). 그러므로 사실심에서 소송요건의 흠을 간과하여 본안판결을 하였는데 상고심에서 추인을 하여 그 흠을 보완하였다면 소송요건에 흠이 없는 것으로 취급하여야 할 것이다. 판례[109]는 부적법한 대표자의 소송행위를 적법한 대표자가 추인한 경우에는 부적법한 대표자가 한 최초의 소송행위를 한 때로부터 추인의 효력이 생겨 유효하게 된다고 하였는데 이 경우의 표준시는 원심변론종결시이다.

(ii) 반대로 사실심에서 소송요건의 흠을 이유로 소각하 판결을 하였는데 상고심에서 그 흠을 보완한 경우에는, 상고를 기각하여 다시 소를 제기하게 함으로써 제1심부터 소송을 시작하게 하는 것보다는 원심판결을 파기하여 본안에 관한 심리를 할 수 있도록 항소심에 환송하는 것이 제1심을 생략하는 이득이 있어 소송경제의 이상에 부합한다. 이 경우의 표준시는 상고심판결선고시이다.

(다) **관할권 등** (a) 관할권은 소를 제기할 때를 표준으로 하여 정한다(제33조). 소송절차의 안정을 위한 것이다. 그러므로 소를 제기한 때에 관할이 인정되면 그 뒤에 소장이 송달불능되거나 피고의 주소가 이전되더라도 관할에는 아무런 영향이 없다.

(b) 당사자가 소를 제기하고 그 소장이 피고에게 송달되어 법원이 심리할 단계까지는 당사자능력이나 소송능력이 있었는데 그 후에 소멸한 경우에는 소송절차가 중단될 뿐 소송요건의 흠이 되지 않는다.

(2) 본안전 항변(本案前 抗辯)

피고가 원고의 소송이 소송요건에 흠이 있다고 다투는 것을 본안전 항변이라고 한다. 그러나 소송요건 중에서 직권조사사항에 관한 본안전 항변은 법원의 직권발동을 촉구하는 의미에 불과할 뿐이다. 본안전 항변에도 불구하고 소송요건을 구비한 경우에는 중간판결(제201조) 또는 종국판결의 이유 가운데에서 소송요건에 흠이 없다고 판단하면 충분하다.

(3) 소송판결

(가) 법원 또는 재판장은 소송요건에 흠이 발견되어도 이를 보정할 수 있는 경우라면 상당한 기간을 정하여 보정을 명하여(제254조) 소송요건의 흠을 제거할 수 있다. 그러나 당사자가

108) 대판 1993.1.15. 91누5747, 2004.7.22. 2002다57362 등 참조.
109) 대판 2012.4.13. 2011다70169.

보정명령에 응하지 아니할 때에는 본안에 들어갈 필요 없이 소를 부적법하다 하여 각하한다. 예를 들어 원고가 소송요건에 해당하는 당사자능력이나 당사자적격이 없는 자를 당사자로 잘못 표시한 경우에 법원은 우선 상당한 기간을 정하여 당사자표시를 정정하라고 보정을 명하고 그래도 당사자가 이에 응하지 아니한 때에 소를 부적법하다하여 변론 없이 판결로 각하하는 것이다(제219조).[110] 이 판결을 소송판결이라고 한다.

(나) (a) 소송요건에 임의관할위반의 흠이 있는 경우에는 소각하 판결을 하지 않고 관할권 있는 법원으로 이송하여야 하며(제34조 제1항) 병합된 소송에서 병합요건에 흠이 있는 경우에도 소를 각하할 것이 아니라 독립된 소송으로 취급하여 심리를 하여야 할 것이다. 모두 소송경제를 이루기 위한 조치이다.

(b) 당사자 사이에 대립이 없어 법원에 소송계속이 없는 경우에는 판결로 소송종료를 선언하여야 한다(민소규 제67조 제3항의 유추). 이것도 소송판결의 하나이다.

(다) 소송요건의 흠이 있는지 여부를 확실하게 하지 아니한 채 청구기각의 본안판결을 한 경우에, 원고는 소송요건의 흠만 있다고 주장하여 상소할 수 없다. 설령 소송요건에 흠이 있다고 하여도 청구가 이유 없다고 하는 본안판결의 이유가 더 중대하기 때문이다. 피고로서도 청구기각판결에 대하여 소의 각하를 구하는 것은 자기에게 불리한 판결을 구하는 것이기 때문에 상소의 이익이 인정되지 않는다. 반면, 소송요건을 갖추고 있는데 원심이 잘못하여 소송요건에 흠이 있다고 소각하 판결을 하였다면 원고는 물론 청구기각을 구하는 피고도 상소로 그 취소를 구할 이익이 있다.

(4) 개별적 소송요건 흠의 효과

소의 제기행위 및 소장송달 등 소송계속을 구성하는 행위가 유효하여야 하는 것은 소송요건에 속한다. 그러므로 소송계속을 구성하는 개별적인 행위, 예컨대 송달 등이 부적법하여 소송요건에 흠이 있으면 그 흠이 보정되지 않는 한 부적법한 송달 이후의 소송절차는 무효가 된다.

(5) 소송요건 흠의 간과

(가) 소송요건에 흠이 있는 것을 간과한 본안판결은 위법하므로 임의관할 위반의 경우를 제외하고(제411조) 상소에 의하여 취소할 수 있다.

(나) 소송요건의 흠은 판결이 확정된 경우라도 재심사유(제451조 제1항)가 있으면 재심의 소에 의하여 취소할 수 있다. 예컨대 소송판결인 소송종료를 선언한 판결에서 소송이 종료되었다는 사실인정의 자료가 된 소취하서가 형사판결에서 위조된 것이 판명된 때에는 제451조 제

110) 대판 2013.8.22. 2012다68279.

1항 6호의 재심사유에 해당되므로 재심의 소에 의하여 그 소송종료를 선언한 판결을 취소할 수 있다.[111)]

(다) 소송요건을 갖추고 있는데도 흠이 있다고 잘못 판단하여 소를 각하한 판결도 위법하므로 상소를 제기할 수 있는데 상소가 이유 있을 때에는 원심판결을 파기 또는 취소하고 사건을 원심법원에 환송하여야 한다(제418조, 제425조).

[18] 제4. 신의칙

1. 개념

(가) (a) 사람은 사회적 동물이다. 생존을 위해서 서로 싸우는 경우도 허다하지만 다른 사람이 잘되어야 내가 잘되는 경우가 더 많을 것이다. 그러므로 사람이 사회공동생활의 구성원으로서 서로 상대방의 신뢰를 헛되이 하지 않도록 성의 있게 행동하여야 한다는 원칙, 즉 신의칙이 우리 사회의 한 규범으로 형성되어 있다. 주로 채무의 이행에 관하여 요구되다가 권리의 공공성과 사회성이 강조되면서 민법 제2조에 규정되어 사법(私法) 전체에 적용되었으며 이제는 민사소송법 제1조에 규정되어 민사소송절차의 중요한 원리가 되었다. 그렇다면 제1조는 민법 제2조에 규정된 신의성실의 원칙이라는 실체법상 보편적 원리를 민사소송에서도 받아들인다는 의미이므로 민법 제2조 제1항에서 정한 신의성실의 원칙뿐 아니라 그 제2항의 권리남용금지의 원칙도 모두 민사소송법에서 수용하였다고 할 것이다. 이것은 로마법상 bona fides를 수용한 것이다. bona fides는 영어로는 'in good faith', 우리말로는 '신의와 성실'로 번역하는데 신의와 성실은 서로 밀접한 관계가 있어서 동어반복(同語反復)의 조어(造語)라고 할 수 있다.

(b) 제1조는 그 표제가 [민사소송의 이상과 신의성실의 원칙]이라고 되어 있고, 그 가운데 「법원은 소송절차가 공정하고 신속하며 경제적으로 진행되도록 노력하여야 한다」고 규정한 제1항은 민사소송의 이상에 관한 것이고, 「당사자와 소송관계인은 신의에 따라 성실하게 소송을 수행하여야 한다」고 규정한 제2항은 신의성실의 원칙에 관한 것으로서 서로 별개인 듯 되어 있으나, 제1항과 제2항은 구별될 것이 아니다.

(c) 원래 민사소송절차에는 신의칙이 적용되지 않는 것으로 이해되어 왔다. 민사소송이란 국가가 개인의 자력구제를 금지하는 대신 법에 따라 자기의 권리를 실현하는 절차로 생각되었기 때문에 구태여 신의칙이란 일반원칙을 적용할 필요가 없다고 풀이하였던 것이다. 아마도 우리나라에서 1990.1. 이전까지만 해도 신의칙이 민사소송법에 규정되지 않은 이유도 여기에

---

111) 대판 1982.2.23. 81누216.

있었을 것이다. 그러나 소송의 당사자는 이해가 대립되고 있으나 정당한 재판을 바란다는 점에서 공통된다. 비록 패소당사자라고 하더라도 정당한 재판에 의한 결과라고 한다면 자기의 다른 권리도 재판에 의하여 보호되리라는 기대를 할 수 있기 때문이다. 법원 역시 정당한 재판을 추구하여야 하는 문화적 사명을 띠고 있으므로 당사자와 서로 협력하여 그 사명을 완수할 임무가 있다. 따라서 소송관계는 채권·채무와 유사한 협동적 법률관계로서 당사자는 제1조 제2항의 신의에 따라 성실하게 소송을 수행하고, 법원은 제1조 제1항의 소송절차를 공정, 신속 및 경제적으로 진행되도록 노력함으로써 민사소송의 이상을 실현할 수 있다.

(나) 신의칙이 민법 제2조에서만 규정되고 아직 민사소송법에 이에 관한 규정이 없었던 시절에는 신의칙을 소송당사자 사이의 협력관계로 한정하여 풀이하였고, 그 해석에 따라 신의칙의 적용 모습을 당사자 사이에서 네 가지, 즉 소송상태의 부당형성 배제, 선행행위에 모순되는 거동의 금지, 소송상 권능의 실효 및 소송상 권능의 남용금지로 유형화하는 것이 일반적이었다. 그러나 이제는 신의칙이 민사소송법 제1조에서 민사소송의 이상과 함께 규정된 이상 신의칙은 소송 당사자뿐 아니라 당사자와 법원 사이의 소송행위에 관해서도 적용되어야 할 것이다. 따라서 제1조 제2항에서 정하고 있는, 신의에 따라 성실하게 소송을 수행하여야 하는 소송관계인의 의무와 제1조 제1항에서 정한 법원의 소송절차를 공정·신속 및 경제적으로 진행할 노력은 모두 신의칙의 내용에 포함된다고 할 것이다.

2. 적용모습

신의칙의 적용모습을 당사자 쪽과 법원 쪽으로 나누어 본다.

(1) 당사자 쪽 적용모습

신의칙은 실체법상 개별규정이나 특정한 해석이론을 형식적으로 적용하여서는 타당한 결과를 얻을 수 없을 때에 비로소 작동되어야 하는 일반조항이다. 그런데 그 적정한 적용을 확보하기 위해서 신의칙의 적용모습이 유형화·요건화되었다. 일반적으로 그 적용모습은 뒤의 네 가지로 유형화하였는데 여기서는 판례에 따라 소송경제에 반하는 제소의 금지를 추가하여 다섯 가지로 유형화한다.

(가) **소송상태의 부당형성배제** 당사자 한쪽이 간책(奸策)을 부려 소송법규의 요건에 해당하는 상태를 고의로 만들어 냄으로써 부당하게 법규의 적용을 꾀하거나 정당한 법규의 적용을 회피하는 경우이다.

(a) 전형적인 예가 재판적(裁判籍)의 도취(盜取)이다. 예를 들어 원고가 여러 차례 동일 소송의 제기와 취하를 반복하면서 주민등록지를 옮긴 것이 그들의 생활근거지를 옮기기 위한 것

이 아니라 피고가 소송을 수행하기에 용이하지 아니한 법원에 관할을 창출하기 위한 경우[112] 제25조의 관련재판적에 의한 재판적을 생기게 하려고 본래 제소할 의사가 없는 청구를 병합한 것이 명백한 경우[113] 등이다. 이들 경우에는 재판적이 부당하게 형성되었으므로 원고의 관할권을 부정하고 제2조에서 정한 피고의 보통재판적에 관할권을 인정하여야 할 것이다.

(b) 수집절차가 위법한 증거를 정당하게 수집한 것처럼 법원을 속여서 증거로 제출하는 행위도 소송상태의 부당형성 배제원칙에 위반된다 할 것이다.

(나) **선행행위에 모순되는 거동의 금지**

(a) **개념** 이 원칙은 영미법상 estoppel의 원칙[114]을 독일법에서 수용하여 재구성한 법리이다. 소송에서 당사자 한쪽이 일정한 방향으로 태도를 취하여서 상대방이 이를 신뢰하여 그 태도를 기초로 소송상 지위를 형성하였는데 갑자기 태도를 바꾸어 종래와 모순된 거동을 하는 것을 금지하는 원칙이다. 이 원칙은 자본주의 경제발전에 따라 거래의 안전의식이 높아지면서 상사거래에 대한 적용여부를 중심으로 논하여지던 것이 민법과 행정법 영역에서도 취급되었고 이어서 민사소송법에서도 받아들이게 되었다.

(b) **적용범위** (i) 판례는, 법원이 피고의 추후보완 항소를 받아들여 심리한 결과 본안판단에서 피고의 항소를 이유 없다고 기각하자 추후보완 항소를 신청했던 당사자가 상고이유에서는 항소심이 인정한 추후보완항소를 부적법하다고 주장하는 것,[115] 경매절차에서 임대차의 종료를 주장하여 배당요구를 하였다가 경락인이 제기한 명도청구소송에서는 임대차기간이 아직 끝나지 않았다고 주장하는 것,[116] 제1차 경매로 채무전액을 배당받아 근저당권이 소멸되어 배당받을 자격이 없는 피고가 이미 소멸한 근저당권에 기하여 이루어진 제2차 경매에서 제1차 경매의 무효를 주장하는 것[117]들은 선행행위와 모순되는 거동에 해당하여 허용할 수 없다고 하였다.

(ii) 민사소송법은 일정한 경우에 선행행위와 일치되지 않는 거동을 배제하거나 제한한다(제149조 제1항, 제151조, 제266조 제2항, 제285조 제1항 등). 그러나 한편 민사소송은 동일 소송절차 내에서는 공격 또는 방어의 방법을 당사자가 유리하다고 생각하는 시기에 적절하게 제출할 수 있는 적시제출주의(제146조)를 취하고 있으므로 그 범위 내에서는 이 원칙이 적용되지 않는다. 예를 들어 주위적으로 물건의 매수를 주장하여 물품의 인도를 구하였다가 예비적으로 주위적 주장과 양립할 수 없는 매매계약의 무효를 이유로 하여 물품대금의 반환을 구하는 따위

112) 서울민사지결 1988.10.12. 88가합39479.
113) 대결 2011.9.29. 2011마62.
114) 금반언(禁反言)의 원칙이라고도 한다.
115) 대판 1995.1.24. 93다25875.
116) 대판 2001.9.25. 2000다24078.
117) 대전판 2022.8.25. 2018다205209(평석은 [109] 참조).

는 이 원칙에 위반되는 것이 아니다.

(iii) 선행행위와 모순되는 거동이 있다고 하여도 그 거동이 진실에 합치되는 경우까지 배제하여야 하는지 문제 된다. 거래의 안전과 법적 안정의 요청만을 생각할 때에는 후행행위는 그것이 비록 진실에 들어맞는다고 하더라도 그 효력을 부정함이 옳다.[118] 그러나 혼인관계와 같은 가족관계에서는 실체적 진실이 거래의 안전보다 더 강하게 요청되므로 선행행위에 모순되는 후행행위의 거동이 진실이 부합된다면 허용하여야 할 것이다.

(다) **소송상 권능의 실효(失效)-실효의 원칙**

(a) 실효의 원칙이라 함은 권리자가 장기간에 걸쳐 어떤 권리를 행사하지 아니하므로 의무자인 상대방은 권리자가 더 이상 권리를 행사하지 아니할 것으로 신뢰할 만한 정당한 기대를 가지게 되었는데 새삼스럽게 권리자가 그 권리를 행사하는 것은 법질서 전체를 지배하는 신의성실의 원칙에 위반되어 허용되지 않는다는 원칙을 말한다.[119]

(b) 실효의 원칙이 인정되려면 그 이전 단계에서 소송상 어느 권능을 행사하여야 할 규범적 필요가 있어야 한다. 또 권리가 행사되지 아니하리라고 신뢰할 상대방에게 정당한 사유가 있는지는 일률적으로 정할 수 없으므로 실효의 여부는 구체적인 경우에 권리를 행사하지 않는 기간의 길고 짧음과, 권리자와 상대방의 형편 및 객관적인 여러 사정을 종합하여 판단하여야 한다. 예를 들어 피상속인이 사망할 때까지 비록 17년여 동안 장기간에 걸쳐 공동상속인 중 1인 명의로 원인 없이 이전된 소유권이전등기의 말소등기청구권을 다른 공동상속인들이 행사하지 않은 것이 사실이라고 하더라도 현재 등기명의자인 의무자 쪽의 입장에서 볼 때 권리의 불행사기간이 17여 년 동안이라는 것만으로 다른 공동상속인들인 권리자가 말소등기청구권을 행사하지 않으리라고 신뢰할 만한 정당한 기대를 갖게 되었다고 볼 수 없는 경우에는 다른 특단의 사정이 없는 한 실효의 원칙을 적용할 수 없다.[120]

(c) 실효의 원칙은 행사기간을 정하지 않은 각종 신청, 예를 들어 통상항고·이의 등에 적용될 여지가 크지만 앞의 요건을 갖추면 행사기간이 정하여진 항소 등에 관해서도 적용될 수 있을 것이다.

(d) **적용례** (i) 채무자가 소멸시효완성을 이유로 한 항변권의 행사를 소멸시효 완성 후에도 상당기간 행사하지 아니할 것 같은 태도를 보여서 권리자는 이를 신뢰하고 소멸시효완성 시점으로부터 권리행사를 기대할 수 있는 상당한 기간 내에 자신의 권리를 소송상 행사한 경우에, 채무자가 이에 관하여 뒤늦게 소멸시효 완성을 항변으로 원용하는 것은 신의성실 원칙

---

118) 이시윤 34면은, 뒤의 행위가 진실하고 모순의 정도나 상대방의 불이익 정도가 크지 않는 경우에는 신의칙을 적용할 필요가 없다고 한다.

119) 대판 1995.2.10. 94다31624, 2022.10.14. 2018다210690.

120) 대판 1995.2.10. 94다31624.

에 반하는 권리남용으로써 허용될 수 없다.[121]

(ii) 피고가 제1심판결 확정일로부터 4년여가 경과된 후에 비로소 항소를 제기한 경우 적법한 추후보완사유가 없는 한 부적법하다. 따라서 항소심으로서는 먼저 위 항소에 추후보완사유가 있는지, 즉 위 항소에 있어서 제173조의 규정에 따라 과연 피고가 책임질 수 없는 사유로 인하여 항소제기의 불변기간을 준수할 수 없었는지, 특히 그 사유가 종료된 후 2주일 내에 게을리 한 항소를 추후 보완하여 제기한 것인지를 직권으로 조사하여야 하는데[122] 이는 실효의 원칙을 적용하기 위한 것이다.

(iii) 징계면직처분에 불복하던 근로자가 퇴직금을 이의 없이 수령하고 다른 직업에 종사하다가 징계면직일로부터 2년 10개월 후에 제기한 해고무효확인의 소는 노동분쟁의 신속한 해결이라는 요청과 실효의 원칙에 위반되어 허용할 수 없다.[123]

(iv) 부제소특약에 위반된 소의 제기도 신의칙에 위반되어 부적법하다.[124] 이때의 신의칙은 실효의 원칙에 위반된다는 의미이다.

(v) A주식회사의 대주주이며 대표이사로서 위 회사를 사실상 지배하던 갑의 처 을, 처남 병 등이 갑을 위하여 회사경영에 참여해 오다가 갑이 정에게 대가를 받고 회사의 소유와 경영을 넘겨주면서 앞으로 어떠한 권리주장이나 청구도 하지 않기로 확약하였고 그에 따라 을, 병 역시 회사경영에서 완전히 손을 떼었음에도 불구하고 그로부터 3년 정도나 경과한 뒤에 갑이 정과의 합의를 무시하고 다시 회사의 경영권을 되찾아 보려고 나서자 을, 병 역시 갑의 의도에 부응하여 갑이 제기한 주주총회결의부존재확인소송에 공동소송참가를 하였다면 이는 실효의 원칙에 위반하는 소송참가이다.[125]

㈑ 소송상 권능의 남용금지–권리남용의 금지 원칙 (a) 실체법상 신의성실의 원칙이 민사소송의 원리가 된 이상 신의칙과 함께 민법 제2조 제2항에 규정된 권리남용금지의 원칙도 민사소송에 적용된다. 즉 권리의 행사가 주관적으로 오직 상대방에게 고통을 주고 손해를 입히려는 데 있을 뿐 이를 행사하는 사람에게는 아무런 이익이 없고, 객관적으로 사회질서에 위반된다고 볼 수 있으면, 그 권리의 행사는 권리남용으로서 허용되지 아니한다.[126] 재판청구권의 행사도 상대방의 보호 및 사법 기능의 확보를 위하여 신의성실의 원칙에 의하여 규제된다고 볼 것이므로, 그 권리의 행사가 상대방에게 고통이나 손해를 주기 위한 것이라는 주관적

---

121) 대판 2011.9.8. 2009다66969(이른바 '문경학살사건'의 피해자 유가족들이 국가를 상대로 손해배상을 청구한 사건이다), 대전판 2013.5.16. 2012다202819 등 참조.
122) 대판 1990.11.27. 90다카28559.
123) 대판 1996.11.26. 95다49004.
124) 대판 1993.5.14. 92다21760.
125) 대판 1988.10.11. 87다카113.
126) 대판 2010.12.9. 2010다59783.

요건은 권리자의 정당한 이익을 결여한 권리행사로 보여 지는 객관적인 사정에 의하여 추측할 수 있으므로,[127] 어느 권리행사가 권리남용이 되는가의 여부는 개별적이고 구체적인 사안에 따라 판단되어야 할 것이다.

(b) **소장의 접수보류제도** 민사소송법은 소장의 접수보류 제도를 두어 소제기 남발을 제재한다. 즉 제248조 제2항은, 소장 접수 후 재판장이 소장을 심사하기 이전에 법원은 소권을 남용하는 소제기를 방지하기 위하여 소장에 붙이거나 납부할 인지액이 「민사소송등 인지법」 제13조 제2항 각호에서 정한 금액에 미달한 경우로서 「민사소송등 인지규칙」 제4조의2에서 정한 각 경우, 즉 1호(소장 등을 제출한 자가 동일인을 대상으로 반복하여 소장 등을 제출한 전력(前歷)이 있고, 그 소에 대하여 각하판결 또는 소장각하명령 등을 받은 적이 있는 경우), 2호(소장 등에 기재된 내용으로는 상대방의 인적 사항 또는 청구의 취지가 특정되지 않아 소송절차를 진행하기 곤란할 것이 명백한 경우), 3호(소장 등에 기재한 청구의 취지와 원인에 욕설, 비속어 등의 표현이 포함되어 있고, 그 정도가 사회통념상 용인되는 수준을 넘어서는 경우), 4호(그 밖에 제1호부터 제3호까지의 규정이 준용되는 경우)에는 소장의 접수를 보류할 수 있게 하였다. 따라서 이 들 경우에는 법원에 제출한 소장이 접수되지 아니하였으므로 소가 제출된 된 것으로 볼 수 없다(제248조 제3항).

(c) (i) 법원에서 여러 차례에 걸쳐 똑 같은 이유로 제기한 재심청구가 모두 패소당하여 확정되었음에도 이미 배척되어 법률상 받아들여질 수 없음이 명백한 이유를 들어 같은 내용의 재심청구를 거듭하는 경우[128] 최종심인 대법원에서 여러 차례에 걸쳐 같은 이유를 들어 재심청구를 기각하였음에도 이미 배척된 같은 이유를 들어 최종 재심판결에 대하여 다시 재심청구를 거듭하는 경우[129] 등은 법률상 이유 없는 청구로 받아들일 수 없음이 명백한데도 계속 소송을 제기함으로써 상대방을 괴롭히는 결과가 되고, 나아가 사법인력의 불필요한 소모와 사법기능의 혼란과 마비를 조성하는 것으로서 소권을 남용하는 것에 해당되어 허용될 수 없다.

(ii) 예컨대 지역농업협동조합의 조합원이 동 조합을 위하여 대의원회 결의의 무효확인을 구하는 소를 제기한 것이 아니라 오로지 부동산에 대한 소유권을 되찾기 위하여 실제로는 동 조합과 이해가 상반되는 지위에 있으면서도 동 조합의 조합원이라는 지위를 이용하여 소를 제기한 것으로 보아야 한다면 위 조합원은 동 조합을 해치고 이로 인하여 이득을 얻을 목적으로 조합원으로서의 지위 내지 권한을 남용하여 그 본래의 목적과는 달리 행사하고 있다는 점에서 부적법하다.[130]

(iii) 채무자 소유의 목적물에 저당권 기타 담보물권이 설정되어 있는데 그런 담보물권이

---

127) 대판 1993.5.14. 93다4366 등 참조.
128) 대판 1999.5.28. 98재다275.
129) 대판 1997.12.23. 96재다226.
130) 대판 2003.4.11. 2002다62364.

없는 채권자가 자기 채권의 우선적 만족을 위하여 채무자와 의도적으로 유치권의 성립요건을 충족시키는 거래를 하고 목적물을 점유함으로써 사실상 최우선 담보물권의 역할을 하는 유치권이라는 법정 담보물권을 성립하게 한 것은 신의칙에 위반된 유치권의 남용이므로, 저당권자 등이 경매절차 기타 채권실행절차에서 이를 배제하기 위해서 제기한 유치권 부존재확인 소송은 적법하다.[131]

(iv) 확정판결에 의한 권리라고 하더라도 그것이 신의에 좇아 성실히 행사되어야 하고 권리남용이 되는 경우에는 그 확정판결에 기한 강제집행은 허용되지 않는다. 예컨대 피고들이 확정판결의 변론종결 이전에 부진정 연대채무자 중의 1인으로부터 돈을 수령하고 더 이상 손해배상을 청구하지 않는다고 합의함으로써 부진정 연대채무자의 다른 1인인 원고의 손해배상채무도 소멸한 사실을 스스로 알고 있으면서도 이를 모르는 원고에게 이미 소멸한 채권의 존재를 주장하여 확정판결을 받은 것이라면, 위 확정판결을 집행권원으로 하는 강제집행을 용인하는 것은 이미 변제, 소멸된 채권을 이중으로 지급받고자 하는 불법행위를 허용하는 결과가 된다. 이와 같은 피고들의 집행행위는 자기의 불법한 이득을 꾀하여 상대방에게 손해를 줄 목적이 숨어있는 사회생활상 용인되지 아니하는 행위라 할 것이어서 그것이 신의에 좇은 성실한 권리의 행사라 할 수 없으므로 그 확정판결에 의한 권리를 남용한 경우에 해당한다.[132]

(v) 소송의 지연이나 민사집행의 지연을 목적으로 기피권을 남용하거나 상소권을 남용하는 경우, 오로지 금전적 이득을 목적으로 하거나 탈법의 수단으로 소권을 행사하는 경우 등은 모두 소권의 남용으로서 신의칙에 위반된다.[133]

(vi) *** 대리모계약에 기한 친생자관계존재확인의 소에서 소권의 남용** (ㄱ) 보조생식 시술[134]을 통해 임신·출산한 자녀를 타인에게 인도하도록 하는 이른바 대리모 계약은, 대리모가 출산한 아이와 관련하여 친생모로서의 권리를 포기하는 합의에 해당한다. 이는 진실한 친자관계를 부정하고, 어머니로서의 정당한 권리 행사를 박탈하는 것으로서 그 효력을 인정하기 어렵다. 또한 여성의 몸을 도구화하고, 출생한 자녀를 거래의 대상으로 삼으며, 임신과 출산 과정에서 형성된 모자간의 정서적 유대관계를 단절시켜 인간의 존엄성을 침해한다. 따라서 이러한

---

131) 대판 2011.12.22. 2011다84298.

132) 대판 1984.7.24. 84다카572.

133) 그 외에도 판례에 의하면 (i) 학교법인의 경영권을 다른데 양도하기로 결의할 때 아무런 이의도 제기하지 않았을 뿐 아니라 법인이사직의 사임을 승인한 사람이 법인이사로서의 직무수행의사가 없으면서 법인으로부터 분배금을 받을 목적만으로 소를 제기한 경우(대판 1974.9.24. 74다767), (ii) 1인회사의 대표이사가 타인에게 주식을 양도한 뒤 8, 9년이 지나서 주권이 발행되지 아니하였음을 이유로 그 주식양도의 효력을 다투어 소를 제기한 경우(대판 1983.4.26. 80다580) 등은 신의칙에 위반되어 허용될 수 없다고 하였다.

134) 불임 혹은 난임상태를 치료하기 위한 다양한 수태기술로서 여기에는 정자를 여성의 자궁 또는 질에 넣어 자연수정을 돕는 인공수정, 난자와 정자를 체외에서 수정시켜 배아를 형성하고, 이를 자궁에 이식하는 체외수정(IVF) 및 체외수정과정에서 정자를 난자 세포 내부에 직접 주입하는 정자주입술(ICSI) 등이 있다.

계약은 민법 제103조에서 정한 '선량한 풍속 기타 사회질서에 위반한 법률행위'로서 무효이다.

한편, 우리 민법은 모자관계를 임신과 출산이라는 사실에 따라 결정되는 자연적 친자관계로 규정하고 있다. 따라서 출산한 모와 자녀 사이에 혈연관계가 존재한다면, 비록 무효인 대리모 계약에 따라 출산이 이루어졌더라도 자녀를 출산한 대리모를 자녀의 어머니로 보아야 한다.

(ㄴ) 제1조 제2항은 당사자와 소송관계인은 신의에 따라 성실하게 소송을 수행하여야 한다고 규정하여, 가사소송에 있어서도 신의성실의 원칙이 적용됨을 선언하고 있다. 그러므로 이러한 신의칙을 위배한 소권의 행사는 허용되지 아니한다 할 것이나, 법원의 재판을 받을 권리는 헌법상 보장된 기본권에 속하는 이상 실체법상의 권리를 실현하기 위한 소송의 제기에 대하여 이를 신의칙에 반하는 소권의 남용이라고 판단함에 있어서는 신중을 기하여야 한다.

(ㄷ) 자녀의 복리는, 친자관계의 성립과 유지에서 가장 우선적으로 고려해야 할 사항이다.[135] 친생자관계존재확인의 소를 통해 진실한 신분관계를 귀속시키는 것이 오히려 자녀의 복리에 현저히 반하게 되는 특별한 사정이 있다면 친생자관계존재확인의 소도 예외적으로 소권남용에 해당하여 허용되지 않을 수 있다.

(ㄹ) 대리모계약의 본질상 원고가 피고를 임신·출산하여 인도하는 과정에서 원고의 신체가 이용되고, 원고의 모성이 제대로 보호받지 못한 사정은 있다. 그러므로 대리모로서 피고를 출산하였다고 하더라도 원고는 피고의 어머니이므로 법률상 친자관계에 진실한 혈연관계를 반영시키고자 하는 원고의 의사는 원칙적으로 존중되어야 한다. 그러나 원고는 피고를 대리 출산한 사실을 악용하여 장기간에 걸쳐 거액의 돈을 받았고 더 이상 돈을 지급하지 않자 인터넷 등을 통해 피고 출생의 비밀을 일부 폭로하였다. 대리출산을 통해 출생한 피고는 아무런 잘못이 없음에도 원고의 위 행위와 이 사건 소로 인해 극심한 충격과 고통을 겪고 정상적인 생활을 유지할 수 없게 된 것으로 보이는 그런 사정이 있다. 법원은 위와 같은 사정을 참작하여 원고의 친생자관계존재확인의 소가 자녀의 복리에 반하는 결과를 가져와 예외적으로 소권남용에 해당하는지를 심리하여야 한다.[136]

(ㅁ) 이 판례는, 대리모로써 친권을 취득한 사람이라고 해도 자녀의 복지는 거들떠보지 아니하고 출산사실을 악용하여 장기간에 걸쳐 거액을 돈을 챙긴 사람의 친생자관계존재확인의 소는 제1조 제2항에 위반될 소지가 있다고 판시함으로써 민사소송법상 신의칙 적용에 관한 구체적 기준을 제시하였다는데 의미가 있다.

---

135) 대전판 2019.10.23. 2016므2510.

136) 대판 2025.4.24. 2022므15371.

대리모계약에 기한 친생자관계존재확인의 소에서 소권의 남용

1. 대리모계약의 효력
   - 대리모 계약은 출산한 여성이 친생모로서의 권리를 포기하게 하는 합의
   - 이는 친자관계의 진실을 왜곡하고 모성을 침해하며, 아동을 거래 대상으로 삼아 민법 제103조(반사회질서 법률행위) 위반으로 무효. 따라서 출산한 여성(대리모)이 법률상 어머니로 인정됨
2. 신의성실의 원칙과 소권남용
   - 제1조 제2항: 당사자는 소송을 신의에 따라 성실히 수행해야 함. 따라서 신의칙 위반 소권 행사는 허용되지 않음. 다만, 소송 제기는 헌법상 권리이므로, 소권남용 판단은 매우 신중해야 함
3. 자녀의 복리 고려
   - 친자관계 성립·유지에서 자녀의 복리 최우선
   - 진실한 신분관계 확인이 오히려 자녀의 복리에 심각한 해를 끼치는 특별한 사정이 있는 경우, 예외적으로 소권남용 인정 가능
4. 구체적 사안의 판단
   - 대리모가 출산하였으므로 원칙적으로 어머니 지위 인정
   - 그러나 원고(대리모)는 출산 사실을 이용해 장기간 거액을 받아 챙기고, 출산의 비밀을 폭로하여 자녀(피고)에게 극심한 충격과 고통을 초래. 이런 경우 자녀의 복리에 현저히 반하는 결과를 가져오므로, 법원은 소권남용 해당 여부를 엄격히 심리해야 함
5. 판례의 의의
   - 대리모가 친권을 주장하더라도 자녀 복리를 해치면 소권남용 가능성 인정. 민사소송법상 신의칙 적용의 구체적 기준을 제시한 판례

□ 핵심정리
- 대리모계약: 무효(민법 제103조)
- 친생모: 출산한 여성
- 소권남용: 신중히 인정
- 자녀 복리: 최우선 고려
- 의의: 신의칙 적용의 구체적 기준 제시

(d) **소권남용에 대한 제재** 원고가 소권(항소권을 포함한다)을 남용하여 청구가 이유 없음이 명백한 소를 반복적으로 제기한 경우에는 법원은 결정으로 500만원 이하의 과태료에 처하도록 하여(제219조의2) 소권남용을 제재한다. 소장의 접수보류제도가 소제기 남발의 사전 제재라고 한다면 소권남용에 대한 제재는 사후제재라고 할 수 있다.

(마) **소송경제에 반하는 제소의 금지** (a) 판례[137]는, 신의성실의 원칙은 법률관계의 당사자가 상대방의 이익을 배려하여 형평에 어긋나거나 신의를 저버리는 내용 또는 방법으로 권리

를 행사하거나 의무를 이행해서는 안 된다는 추상적 규범이다. 신의성실의 원칙에 반한다는 이유로 권리의 행사를 부정하기 위해서는 상대방에게 신뢰를 제공하였다거나 객관적으로 보아 상대방이 신뢰를 하는 데 정당한 상태에 있어야 하고, 이러한 상대방의 신뢰에 반하여 권리를 행사하는 것이 정의 관념에 비추어 용인될 수 없는 정도의 상태에 이르러야 한다고 하면서, 「원 · 피고 사이의 순환소송[138]을 인정하는 것은 소송경제에 반할 뿐만 아니라 원고는 결국 피고에게 반환할 것을 청구하는 것이 되어 이를 허용하는 것은 신의성실의 원칙에 비추어 타당하지 않다」고 판시하였다.

(b) 신의칙은 민사소송의 이상에 봉사하여야 하므로 민사소송의 이상에 위반되는 소송행위는 상대방의 신뢰에 반하는 권리행사가 된다. 따라서 순환소송은 상대방의 신뢰에 위반되는 권리행사가 된다.

(2) 법원 쪽 적용모습

(가) 판례[139]는, 「법원은 소송절차가 공정 · 신속하고 경제적으로 진행되도록 노력하여야 하며, 당사자와 소송관계인은 신의에 따라 성실하게 소송을 수행하여야 하므로, 변론주의에 반하지 않는 범위 내에서 소송관계를 명료하게 하기 위하여 당사자에게 사실상과 법률상 사항에 관하여 질문하거나 입증을 촉구할 수 있는 석명권 등 소송지휘권을 적절히 행사하여 실체적인 진실을 규명하고 분쟁을 효과적으로 종식시킬 수 있도록 충실히 사건을 심리하여야 하고, 당사자들도 자신들의 공격 · 방어권 행사에 불이익이 초래된다는 등 특별한 사정이 없는 한 이러한 법원의 조치에 대하여 신의에 좇아 성실하게 협력하여야 할 의무가 있다」라고 판시하여 법원과 당사자 사이의 협력관계를 신의칙의 모습으로 보고 있다.

(나) 그런데 법원의 재판이 당사자의 심급이익을 박탈할 위험이 있는 경우에는 이를 법원의 신의칙위반으로 보는 것이 판례이다. 예를 들어 무변론판결은 피고의 불출석에 대한 제재로서 원고의 청구를 인용할 경우에만 가능하므로 원고의 청구가 이유 없음이 명백하더라도 변

---

137) 대판 2017.2.15. 2014다19776 · 19783(평석은 [1] 참조).

138) 위 대판 2014다19776 · 19783의 사실관계는 다음과 같다. 「(가) 이동전화사업자인 원고와 유선전화사업자인 피고는 자신의 통신서비스에 가입한 이용자가 상대방의 통신서비스에 가입한 이용자에게 통화를 하는 경우, 다른 사업자의 통신망을 이용하는 사업자는 통신망을 제공하는 사업자에게 통신망의 이용대가인 접속통화료를 지급하여야 한다. 접속통화료는 ① 2003.12.26. 원고와 피고 사이에 체결된 '상호접속협정' 제39조와 ② 구 전기통신사업법에 근거한 "전기통신설비의 상호접속기준" 제22조 제1항에서 정하고 있다. (나) 원고가 피고를 상대로 2009.9.18. 이후의 접속분에 대하여 2G MSC 우회접속방식이 유지됨으로써 피고가 추가로 이용한 접속설비에 대한 접속통화료의 지급을 청구한다면, 원고에게 그 접속통화료를 지급한 피고는 다시 원고에 대하여 원고의 통신서비스에 가입한 이용자에게 통화를 하는 경우 접속인 LM 3G호와 VM 3G호에 관하여 MSC 방식의 접속을 원고가 거부한 것을 이유로 같은 금액 상당의 손해배상청구를 할 수 있어 원 · 피고 사이의 순환소송이 된다」.

139) 대판 2003.1.24. 2002다61668.

론 없이 하는 청구기각 판결은 인정되지 않는다. 그럼에도 제1심이 피고가 무변론인데도 이에 대한 제재를 하지 않고 원고의 청구를 기각한 결과 원고만 항소하고 피고는 계속 불출석하자 항소심이 제1심과 달리 무변론의 자백간주로 원고승소판결을 한 것은 법원에 불출석한 피고로 하여금 변론할 기회를 주지 아니함으로써 결과적으로 심급의 이익을 박탈당하게 하여 신의칙을 위반하였다는 것이다.[140)]

㈐ 그 경우에 항소심은 제1심이 무변론판결을 선고하면서 원고의 청구를 기각한 연유는 무엇인지, 거기에 절차상 흠은 없는지, 소송의 경과를 전체적으로 보아 피고가 원고의 주장사실에 대하여 다툰 것으로 인정할 여지는 없는지 등을 심리하여 보고, 필요하다면 서면 등을 통하여 원고의 주장에 대한 피고의 입장을 밝힐 것을 촉구하는 등 석명권을 적절히 행사함으로써 진실을 밝혀 구체적 정의를 실현하려는 노력을 다하여야 할 의무가 있다[141)].

㈑ 결론적으로 판례는 제1조를 당사자 사이에서 만 한정적으로 적용하지 아니하고 법원과 당사자 사이를 협력관계로 보아 확대하고 있다는 점에 의의가 있다. 학설도 법원에 신의칙 적용을 긍정하는 견해가 다수설[142)]이다.

3. 신의칙을 위반한 효과

(1) 신의칙 위반의 기본원칙

신의칙에 위반되는지 여부는 소송요건으로서 직권조사사항이다. 따라서 원고의 소 제기 자체가 신의칙에 위반되면 소송요건의 흠으로서 부적법 각하하여야 할 것이다. 그런데 판례[143)]는 신의성실의 원칙 위반 또는 권리남용은 강행규정에 위배되는 것으로서 당사자의 주장이 없더라도 법원은 직권으로 판단할 수 있다고 한다. 판례의 취지는 사실인정에 필요한 증거까지 법원이 직권으로 수집하여야 한다는 것이 아니라 수집된 사실자료에 관한 판단에서는 당사자의 신의칙위반의 주장이 없더라도 이에 관한 판단을 하여야 한다는 데 있는 것이다.

(2) 구체적인 경우

㈎ 원고의 소제기 자체는 정당한데 피고의 응소(應訴), 항쟁(抗爭)이 신의칙에 위반되었을 때에는 피고의 주장 자체를 배척하여야 하고[144)] 경우에 따라 자백간주(제150조)의 성립을 인

140) 대판 2017.4.26. 2017다201033(평석은 [2] 참조).
141) 대판 2017.4.26., 2017다201033.
142) 이시윤 34면; 정영환 127면; 정동윤 외 2 34면. 부정설: 김홍엽 22면.
143) 대판 1995.12.22. 94다42129, 2003.10.10. 2001다74322 등 참조.
144) 대판 2011.10.13. 2011다36091 「…신병훈련을 마치고 부대에 배치된 군인이 선임병들에게 구타와 가혹행위

정하여야 할 것이다.

(나) 소의 제기는 적법하지만 원고 또는 피고가 하는 개개의 소송행위가 신의칙에 위반되었을 때에는 그 소송행위가 무효로 되므로, 예를 들어 수집절차가 위법하여 증거능력이 없는 증거의 증거신청은 이를 각하하여 위법한 증거의 법정제출을 금지하여야 할 것이다.

(다) 원고의 소제기 또는 피고의 응소, 항쟁이 신의칙에 현저하게 위반되었을 때에는 상대방에 대하여 불법행위로 인한 손해배상청구권이 생긴다.[145]

(라) 원고가 대한민국에 주소, 사무소와 영업소를 두지 아니한 때 또는 소장, 준비서면 그 밖의 소송기록에 의하여 청구가 이유 없음이 명백함에도 불구하고 제기한 소송은 소권의 남용으로 볼 여지가 크다. 그러므로 이 경우에는 피고의 신청(제117조 제1항) 또는 직권(제117조 제2항)으로 원고에게 소송비용에 대한 담보를 제공하도록 명할 수 있다.

(3) * 신의칙 위반을 간과한 판결의 효력

(가) 제1조의 신의칙은 소제기 요건으로서 직권조사사항으로 이해되어왔다. 따라서 신의칙 위반을 간과한 확정판결은 그것이 재심사유에 해당하지 않는 한 원칙적으로 유효한 판결로 받아들여야 한다는 것이 일반적인 견해였다. 판례 역시 부동산의 제2매수인이 매도인의 배임행위에 적극 가담한 결과 제2매매계약이 반사회적 법률행위에 해당하여 무효이고 그 무효인 제2매매계약을 원인으로 하는 제2매수인 앞으로의 소유권이전등기가 확정판결에 따라 마쳐졌다 하더라도, 그 확정판결의 기판력에 저촉되지 않는 범위에서는 제1매수인이 위 소유권이전등기의 무효를 주장할 수 있다고 하였다.[146] 다만 이를 간과하여 판결이 확정되었을 때에는 재심사유가 되지 아니하여 문제되는 것이다.

(나) (a) 외국법원에서 확정된 재판이 우리나라에서 효력이 생기기 위해서는 법원의 승인을 받아야 한다(제217조 제1항). 따라서 그 확정재판 등의 내용 및 소송절차에 비추어 그 확정재판 등의 승인이 대한민국의 선량한 풍속이나 그 밖의 사회질서(즉 공서)에 어긋나지 아니하여야 하는 것이다(제217조 제1항 3호). 이 요건은, 외국법원의 판결을 승인함으로써 우리나라의 법질서에 혼란이 초래되는 것을 방지하기 위한 규정으로서, 여기서의 공서에는 외국법원의 판결내용이 우리나라의 공서, 즉 민법 제103조에 위반되지 않는다는 것(실체적 공서)과 판결이 성립

및 욕설과 폭언에 시달리다가 전입한지 열흘이 지나지 않은 1991.2.3. 부대 인근 철조망에서 목을 매어 자살하였는데 그 유족들이 5년의 소멸시효기간이 훨씬 지난 2009.12.10.에서야 국가를 상대로 손해배상을 청구하였다고 하여, 병영문화의 선진화에 힘써야 할 책임이 있는 피고가 후진적 형태의 군대내 사고의 발생을 막지도 못하였음은 물론 유족에 대하여 아무런 보상도 하지 아니하고서도 소멸시효의 항변을 하는 것은 신의칙에 위반되어 허용할 수 없다」.

145) 대판 1999.4.13. 98다52513.

146) 대판 2002.4.26. 2001다8097·8103.

하는 절차과정이 공서에 반하지 않는다는 것(절차적 공서)이 있고 모두 직권조사사항이다(제217조 제2항 참조).

(b) 제217조 제1항 3호는 내국 법원의 판결에도 적용되어야 한다. 외국법원의 판결이 우리나라의 공서에 반하여 효력이 없다고 부정하여야 하는 실정에서 내국법원의 판결에 관해서는 재심사유를 따져 그 효력의 유무를 따진다는 것은 법의 세계에서는 있을 수 없는 풀이이기 때문이다. 따라서 제217조 제1항 3호는 내국법원의 판결에도 적용되어야 한다. 더구나 2014. 5.20. 민사소송법 개정으로 제217조 제1항 3호가 직권으로 조사하여야 할 사항이 된 이상(제217조 제2항) 이제는 외국법원 판결의 민법 제103조 위반 여부는 직권조사사항이 되었다. 따라서 실체법 규정인 민법 제103조는, 제217조 제1항 3호의 규정을 통하여 민사소송에도 수용되었다고 풀이하여야 하므로 내국법원의 판결이라도 그 판결의 주문 및 이유의 어디에서 민법 제103조에 위반되는 사유가 판명된다면 직권조사를 통하여 무효라고 하여야 할 것이다.

(c) (i) 이렇게 보면 법의 보편적 원리인 신의칙과 민법 제103조의 공서는 모두 민사소송절차에 수용되어 전자는 소제기 요건으로서, 후자는 확정판결의 효력요건으로서 기능하게 되었다. 그러나 이 구별을 지나치게 엄격하게 할 필요는 없을 것이다. 모두 법의 보편적 원리인 이상 신의칙과 공서의 위반 여부는 다 같이 소제기 요건이 되기도 하고 판결의 무효사유가 된다고 풀이하여야 할 것이다.

(ii) 다만 법원이 소의 제기와 소송계속 중에, 신의칙과 공서위반을 간과하거나 당사자들이 이를 감추어서 법원이 알지 못한 경우에 지금까지는 제451조 제1항의 재심사유에 해당하는 경우에 한해서 이를 바로잡을 수 있었으나 이제는 제217조를 매개로 하여 법원이 이를 간과하였다고 하더라도 재심사유에 해당되는지 여부와 관계없이 별개의 소송으로 그 시정을 구할 수 있어야 할 것이다.

(다) (a) 이 견해에 대하여 재심사유에 해당하지 않은데도 확정판결을 무효로 한다는 것은 기판력을 약화시켜 법적 안정성을 해친다는 반론이 있을 수 있다. 사실 사회가 지금보다 단순한 20세기 이전의 시대에서는 법질서에 관한 모든 것들은 국회의 입법을 통하여 정비되었고, 법원은 이 법 규정들을 충실히 재판과정을 통하여 반영함으로써 법원 본래의 역할을 다할 수 있었다. 그러나 21세기에 들어서서 제4차 산업혁명이 진행되고 있는 지금에서는 국회의 입법만으로 모든 문제를 해결할 수 없을 것이다.

(b) 그러므로 법원은 사회에서 일어나는 여러 가지 문제들을 명문의 법 규정으로 풀 수 없다면 신의칙이나 민법 제103조 등 법의 보편적 원리를 통하여서라도 재단(裁斷)하여야 할 것이다. 뒤에서 다시 설명하겠지만[147] 편취판결에 관하여 그 취소할 수 있는 상소, 재심 등 소송

147) [85] Ⅳ. 4 (3) 참조.

법적 구제방법을 쓸 수 없는 경우에 편취판결의 구제에 관하여 실체법적으로 불법행위로 인한 손해배상청구, 부당이득반환청구 및 집행법상 방법 등에 관한 논의 및 이에 관한 판례들이 있는바, 이는 결국 신의칙과 민법 제103조를 민사소송절차에서 수용한 것을 전제로 하였다고 볼 수 있을 것이다.

㈑ 판결이 민법 제103조의 공서에 위반된 것이 아니라 법질서 유지를 위한 단순한 강행규정에 위반된 경우를 간과한 경우에는 이러한 법리를 적용할 수 없고 재심사유에 해당되는 경우에 한하여 그 판결을 취소할 수 있다. 신의칙이나 공서양속과 구별되는 강행규정위반은 인간의 보편적 원리에 관한 것이 아니기 때문이다.

신의칙 위반을 간과한 판결의 효력

1. 신의칙과 확정판결
   - 제1조 신의칙은 소송 제기의 요건 → 직권조사사항
   - 신의칙 위반을 간과한 판결은 재심사유에 해당하지 않는 한 원칙적으로 유효
     다만, 확정판결의 기판력 범위를 벗어나면(예: 제2매매 무효 주장) 별도로 다툴 수 있음
2. 민법 제103조(반사회적 법률행위)와 확정판결
   - 외국판결 승인 요건(민소법 제217조 제1항 3호) → 공서위반 금지
   - 실체적 공서: 판결 내용이 반사회적 법률행위에 해당하지 않아야 함
   - 절차적 공서: 판결 성립 과정이 공서에 반하지 않아야 함
   - 이는 내국법원의 판결에도 적용되어야 함
   - 따라서 내국 확정판결이라도 그 주문·이유에서 민법 제103조 위반이 판명되면 무효로 보아야 함
3. 신의칙과 공서의 기능 비교
   - **신의칙 → 소제기 요건으로 작용**
   - **공서(민법 제103조) → 확정판결의 효력 요건으로 작용**
   - **그러나 양자는 모두 법의 보편적 원리이므로, 소제기 요건이 되기도 하고 판결의 무효사유가 되기도 함**
   - **제217조를 매개로 → 재심사유와 무관하게 별도의 소송으로 시정 가능**
4. 반론 및 대응
   - 반론: 재심사유 외에 판결을 무효로 한다면 기판력 약화 → 법적 안정성 침해
   - 대응: 현대 사회의 복잡성으로 입법만으로 해결 불가
   - 따라서 법원은 신의칙·공서 등 보편적 원리로 법질서를 재단해야 함
     예: 편취판결(사기판결)에 대한 구제수단으로 불법행위 손해배상, 부당이득 반환, 집행법상 구제 등이 논의되는 것도 같은 맥락

5. 강행규정 위반과의 구별
- 단순한 강행규정 위반을 간과한 판결은 → 신의칙·공서와 달리 보편적 원리가 아님
- 따라서 이 경우에는 재심사유에 해당해야만 취소 가능

□ 핵심정리
- 신의칙: 소제기 요건 → 직권조사사항, 원칙적으로 재심사유 없으면 판결 유효
- 민법 제103조 공서: 확정판결의 효력요건 → 위반되면 판결 무효, 내국판결에도 적용
- 의의: 신의칙 · 공서는 모두 법의 보편적 원리로서 민사소송절차에 수용됨
- 강행규정 위반은 별도로 취급, 재심사유에 한해 시정 가능

제2절 소송행위

[19] 제1. 소송행위 일반

1. 소송행위의 개념

(1) 의의

㈎ 소송행위라 함은 소송절차를 이루는 법원 · 당사자 그 밖의 관계인들이 하는 소송법상 행위이다. 실체법상 법률행위에 대응한다. 당사자는 소를 제기한 다음 법원의 소송지휘에 따라 필요한 소송자료를 제출하면서 종국판결을 향해 여러 가지 행위를 하고 법원도 재판 혹은 소송지휘를 통하여 종국판결을 마련한다. 이와 같이 종국판결을 향한 법원 및 당사자의 의식적인 행위가 소송행위이다.

㈏ 소송행위는 민사소송법이 정한 공법행위인 데 대하여 실체법상 법률행위는 사법행위이므로 개념상 구별은 어렵지 않다. 특히 법원의 소송행위는 재판이나 소송지휘 등이므로 법률행위와는 쉽게 구별할 수 있다. 그러나 당사자의 소송행위는 비록 법원을 향한 것이지만 상대방 당사자에 대한 관계에서는 법률행위 등의 방법과 같이 행하는 경우가 많으므로 실제로 양쪽을 구별하는 것은 그리 쉽지 않다.

(2) 소송행위의 해석

소송행위를 해석할 때에는 원칙적으로 표시주의와 외관주의를 따르도록 되어 있으므로

외부에 표시된 내용과 어긋나거나 모순되는 해석을 해서는 안 된다. 그러나 표시된 어구에 지나치게 구속받아 획일적이고 형식적인 해석에 집착한다면 도리어 당사자의 권리구제를 위한 소송제도의 목적과 소송경제에 반하는 부당한 결과를 초래할 수 있다. 그러므로 그 소송행위에 관한 당사자의 주장 전체를 고찰하고 그 소송행위를 하는 당사자의 뜻을 참작하여 소송행위의 의미를 객관적이고 합리적으로 해석할 필요가 있다.[148]

2. 소송행위의 종류

(1) 일반적 분류

(가) **소송전·소송외의 소송행위와 소송절차 내의 소송행위** 시기 · 장소에 의한 분류방법으로서 관할의 합의, 소송위임 등은 소송전의 소송행위이고, 선정당사자의 선정 등은 소송계속 중 소송외의 소송행위이며, 본안의 신청 · 공격방어방법의 제출 등은 소송절차 내의 소송행위이다. 양쪽을 구별하는 실익은, 전자에 대해서는 사법상 법원리가 적용되는 데 대하여 후자에 대해서는 사법상 법 원리보다는 소송법상 원리가 지배한다는 데 있다.

(나) **신청·주장·소송법률행위** 당사자가 법원에 대하여 일정한 행위를 요구하는 소송행위를 널리 신청이라고 하고, 그 가운데에서 법원에 대하여 종국판결을 요구하는 신청을 본안의 신청이라고 한다. 본안의 신청을 뒷받침하기 위해서 재판자료를 제출하는 행위를 공격방어방법이라 하고, 여기에는 법률상 주장, 사실상 주장 및 입증(증명)이 있다. 소송 법률행위라 함은 소송법상 법률효과의 발생을 목적으로 하는 의사표시를 요소로 하는 법률행위를 말한다. 여기에는 단독행위와 소송상 합의(소송계약), 합동행위가 있다. 단독행위로서는 소 또는 상소의 취하(제266조 제1항, 제393조. 제425조), 소 취하에 관한 동의(제266조 제2항), 소송절차에 관한 이의권의 포기(제151조), 상소권의 포기(제394조, 제425조) 등이, 소송상 합의로서는 관할의 합의(제29조), 소송비용에 관한 담보제공의 합의(제122조 단서), 불항소의 합의(제390조 제1항 단서) 등이, 합동행위로서는 재판상 화해(제220조)가 있다. 어느 것이나 당사자의 효과의사를 소송법이 승인하고 그 의사와 같은 소송법상 효과의 발생을 인정한다.

(다) **취효적 소송행위와 여효적 소송행위**

(a) **취효적(取效的) 소송행위** 법원에 대하여 특정한 재판을 요구하는 행위 및 그 기초가 되는 자료를 제출하는 행위를 말한다. 앞에서 본 신청 · 주장 · 입증이 이에 속한다. 법원에 대한 신청 중에서 가장 대표적인 것이 소의 제기이다. 취효적 소송행위는 그 행위에 의하여 소송법상 효과가 바로 생기지 아니하고 재판에 의하여 비로소 본래의 목적을 달성하기 때문에 재판을 떠나서는 독자적 의미를 상실한다. 따라서 취효적 소송행위가 있게 되면 법원은 반드

148) 대전판 1984.2.28. 83다카1981, 대판 2008.3.27. 2007다80183.

시 그에 대한 응답을 하여야 한다.[149]

(b) **여효적(與效的) 소송행위** 당사자의 소송행위가 재판의 개입 없이도 직접 소송법상 효과를 발생하는 행위를 말한다. 소송법률행위라고도 한다. 여기에는 법원에 대한 것(예, 소 또는 상소의 취하, 소송행위의 추인 등), 상대방에 대한 것(예, 대리권소멸의 통지), 제3자에 대한 것(예, 소송고지)이 있고, 행위의 형식도 단독행위뿐 아니라 소송계약 및 합동행위가 있다. 법원에 대한 행위의 대표적인 예가 소의 취하 또는 상소의 취하이다. 여효적 소송행위는 직접 소송법상 효과가 생기지만 상대방이 이를 무시하고 다투는 경우에는 그 효과를 법원에서 고려할 수 있도록 법원에 그 판단을 요구하는 당사자의 취효적 소송행위(예, 소의 취하의 효력을 다투는 당사자의 기일지정신청)가 필요하며, 그에 의하여 여효적 소송행위의 유·무효가 판단된다(전례에서 소의 취하가 효력이 없으면 재판기일이 속행되고, 효력이 있으면 소송종료선언을 한다).

(2) 법원의 소송행위

법원의 소송지휘와 재판이 이에 속한다. 다만 법원의 소송지휘 가운데에는 사실행위(예, 변론, 증거조사의 지휘)도 포함된다.

㈎ **법원의 소송지휘** 중요한 것을 들어 보면, 소송의 진행에 관한 기일의 지정·변경(제165조), 심리를 정리하려는 변론의 제한·분리·병합(제141조), 소송관계를 명료하게 하려는 석명권의 행사(제136조), 소송의 촉진 및 해결방법에 관한 조치로서 화해의 권고(제145조), 시기에 늦은 공격방어 방법의 각하(제149조) 등이 있다.

㈏ **법원의 재판** 재판이라 함은 재판기관이 그 판단 또는 의사를 법이 정한 형식으로 표시하는 절차상 행위를 말한다. 심리의 파생적 부수적 사항(예, 법관의 제척·기피, 관할의 지정)의 해결, 소송지휘로 하는 처분(예, 기일의 지정), 집행처분(예, 채권 압류명령, 추심 및 전부명령) 등도 재판의 형식으로 이루어지지만 소송사건을 해결하기 위한 판결(특히 종국판결)이 가장 중요하다. 판결 이외에 결정 및 명령도 법원의 재판에 속한다.

(3) 당사자의 소송행위

당사자의 소송행위도 법률행위와 같이 단독행위, 소송계약 및 합동행위가 있다. 다만 법률행위는 계약이 대부분인 데 대해 소송행위는 주로 법원에서 이루어지므로 법원에 대한 상대방 있는 단독행위가 압도적으로 다수이고, 그래서 이를 신청이라고 따로 표현하여 다른 소송행위와 구별한다. 재판상 화해나 소송계약을 제외하고는 당사자의 소송행위는 모두 단독행위로 보아도 무방할 것이다.

---

149) 예: 소의 제기가 있으면 판결을 해야 하는 것.

(4) 소송계약

(가) **뜻** (a) 당사자들이 소송법상 효과의 발생을 목적으로 맺는 합의를 말한다. 관할의 합의(제29조)와 같이 명문의 규정이 있는 경우에 그 성질을 소송행위로 보는 데 의문이 없다.

(b) 국제사법 제8조 제2항이 당사자가 서면 또는 전보, 전신, 팩스, 전자우편 또는 그 밖의 통신수단에 의하여 교환된 전자적 의사표시의 전자문서에 의하여 국제재판관할에 관한 합의를 할 수 있다고 규정한 것으로 보아 일반 소송계약도 전자문서에 의하여 할 수 있다고 보아야 한다. 다만 그 전자문서는 서면요건(전자문서 제4조의2)을 갖추어야 할 것이다.

(c) 문제는 명문의 규정이 없는 경우에 계약자유의 원칙이 서 있는 실체법에서와 같이 임의로 소송계약을 맺을 수 있는가이다. 왜냐하면 소송절차에서는 당사자가 법률에 의하여 정형화된 소송심리의 방법과 소송행위의 방식, 요건 등을 함부로 바꿀 수 없는 임의소송금지의 원칙이 정립되어 있기 때문이다.

(나) **성질**

(a) **부적법설** 임의소송금지의 원칙이 소송절차의 대원칙인 이상 사람들 사이의 합의에 의하여 함부로 소송심리의 방법을 바꾸는 것은 허용되지 않는다는 학설이다. 그러나 임의소송금지의 원칙은 소송절차에서의 주도권을 법원에 주는 직권조사주의나 직권탐지주의에서는 강하게 적용되지만 당사자에게 주도권이 있는 처분권주의나 변론주의 아래에서는 임의소송금지가 원칙대로 적용되지 아니하므로 여기까지 소송계약을 금지할 필요가 없어 이 견해는 타당하지 않다.

(b) **적법설** (i) **사법계약설** 여기에는, 소송계약은 소송이라는 단어를 쓰고 있지만 그 실질은 작위 또는 부작위 의무를 발생시키는 순수한 사법상 계약이므로 그 불이행의 경우에는 별개의 소송으로 작위 또는 부작위 의무의 이행을 청구할 수 있다는 학설(제1설)과 상대방이 소송계약에서 정한 의무를 불이행할 때에는 별개의 소송을 제기할 필요 없이 해당 소송에서 소송계약을 맺은 사실을 항변으로 주장할 수 있고, 그 내용이 부제소합의나 소취하계약일 경우에는 소의 이익이 상실되어 부적법 각하한다는 항변권발생설(제2설)이 있다. 제1설은 따로 별소를 제기하여야 한다는 점에서 환영을 받지 못하고 있다. 현재 제2설이 다수설[150] 및 판례[151]이다.

(ii) **소송계약설** 소송계약은 문자 그대로 소송법상 효과의 발생을 목적으로 하는 소송행위라는 견해이다. 이 학설에 의하면 당사자들이 소취하나 부제소계약을 맺으면 예를 들어 법원에 소 취하를 하지 아니하였는데도 소 취하된 것으로 본다든가 소 제기되어 심리중인데도

---

150) 이시윤 412면 등.

151) 대판 1982.3.9. 81다1312, 2005.6.10. 2005다14861.

이를 부제소로 보게 되므로 지나치게 현실성이 없어 부당하다. 소송계약설 가운데에는 소송상 합의를 소송계약으로 보면서도 소송법상의 처분적 효과뿐 아니라 의무부과적 효과까지도 발생한다는 발전적 소송계약설[152]도 있으나 소송계약설에 대한 비판을 비켜나지 못하여 찬성할 수 없다.

㈐ **개별적 검토**

ⓐ **부제소계약** (i) **뜻** 부제소계약이란 양쪽 당사자가 소를 제기하지 않겠다고 서로 합의 하는 것을 말한다. 그러므로 예컨대 당사자가 어떤 분쟁을 처리하면서 합의서 작성 당시의 동기 및 경위가 합의와 동시에 합의금을 즉시 지급함으로써 분쟁을 끝낸다는 취지가 아니라 합의 이후에 합의금을 지급하기로 하면서도 합의서에서만 "민·형사상 일체의 이의를 제기하지 아니한다"고 기재하였다면 합의금지급에 관한 분쟁여지가 남아 있으므로 이것을 부제소계약으로는 풀이할 수 없다.[153]

(ii) **허용범위** ㈀ 부제소합의는 소송당사자에게 헌법상 보장된 재판청구권의 포기와 같은 중대한 소송법상의 효과를 발생시킨다. 따라서 권리 의무의 주체인 당사자 사이에서 체결된 부제소합의라도 그 당사자가 처분할 수 있는 특정된 법률관계에 관한 것으로서 그 합의 당시 각 당사자가 예상할 수 있는 상황에 관한 것이어야 유효하다.[154] 또한 강행법규인 구 임대주택법 등 관련 법령에서 정한 산정기준에 따른 금액을 초과한 분양전환가격으로 분양계약을 체결하면서 이에 부수하여 부제소합의를 할 때와 같이, 부제소합의로 인해 그 계약이 강행법규에 반하여 무효임을 주장하지 못하게 됨으로써 강행법규의 입법 취지를 몰각하는 결과가 초래되는 경우의 그 부제소합의는 특별한 사정이 없는 한 무효이다.[155]

㈁ 부제소계약은 중재계약에 준한다고 보아 일정 범위에서 특정한 분쟁을 대상으로 하여야 한다.[156] 그렇지 않고 장래에 제기될 일체의 분쟁에 대하여 소의 제기를 금지한다는 취지의 합의는 권리의 사법적 구제의 길을 막아버림으로써 소송 이외의 방법에 의한 분쟁해결을 촉발할 수 있고, 헌법상 기본권인 재판청구권의 포기를 강요하는 것과 다름이 없기 때문에 허용할 수 없다.[157] 이 경우에는 행정소송에 관한 부제소계약도 효력이 없다.[158]

㈂ 사전에 특정한 분쟁에 관한 부제소 합의를 무한정 허용하면 소제기의 자유를 박탈하는 것이므로 이를 무한정 허용하면 경우에 따라 사회적 강자가 장래 제기될 소송에서 경제적 약

152) 정동윤외 2 495면; 정영환 645면.
153) 대구고판 1987.7.8. 87나130.
154) 대판 2013.11.28. 2011다80449, 2019.8.14. 2017다217151.
155) 대판 2023.2.2. 2018다261773.
156) 대판 1999.3.26. 98다63988.
157) 대판 2002.2.22. 2000다65086.
158) 춘천지판 1999.8.20. 98구394.

자에 대하여 우월적 지위를 얻기 위한 수단으로 악용될 가능성이 있다. 그러므로 부제소합의가 당사자에게 예측할 수 없는 불이익을 입힐 가능성이 있는 경우에는 그 요건을 엄중하게 할 필요가 있다. ① 먼저 부제소계약을 할 때 그에 의하여 입을 소송수행상 불이익 한도를 명확하게 하지 않으면 안 된다. 부제소계약이 적법하기 위해서는 그 체결 당시에 그로 인하여 입을 불이익 한도를 예측할 수 있는 경우가 아니면 안 되기 때문이다. ② 당사자에게 결단의 자유가 확보되어야 한다. 당사자에 대하여 특정한 소송상 사항에 관한 권한행사의 자유를 맡긴다는 것은 그 권한의 범위·내용을 명확하게 판단하여 그 권한을 행사할 결단의 자유가 있다는 것을 전제로 한다. 그러므로 이에 반하여 미리 결단의 자유를 제한하는 계약은 부적법하다. 예컨대 매매계약과 같은 쌍무계약이 급부와 반대급부와의 불균형으로 말미암아 민법 제104조에서 정하는 '불공정한 법률행위'에 해당하여 무효라고 한다면, 그 계약으로 인하여 불이익을 입는 당사자에게 위와 같은 불공정성을 소송 등 사법적 구제수단을 통하여 주장하지 못하도록 하는 부제소합의는 다른 특별한 사정이 없는 한 무효이다.[159] 왜냐하면 민법 제104조는 민법 제103조와 같은 법의 보편적 원리에 속하고 단순한 강행법규 위반이 아니어서 그에 관한 주장을 방해해서는 안 되기 때문이다. 그러나 법의 보편적 원리에 속하지 않은 위약벌 등에 관한 권리관계에 대해서는 부제소계약을 함으로써 그 권리관계가 강행법규 위반으로 무효라는 주장을 하지 못하게 하였다고 하여 그 부제소계약이 당해 강행법규에 위반하여 무효로 되는 것은 아니다.[160] ③ 그 계약이 초래할 법률 효과를 명확하게 예견할 수 있어야 한다.[161]

(ㄹ) 당사자가 임의로 처분할 수 있는 권리관계에 관한 것이어야 한다. 예컨대 명예퇴직은 근로자가 명예퇴직 신청을 하면 사용자가 요건을 심사한 후 이를 승인함으로써 합의에 의하여 근로관계를 종료시킬 수 있는, 당사자가 처분할 수 있는 권리관계에 해당하므로 이에 관하여 부제소합의를 할 수 있다.[162] 그러나 당사자가 임의로 처분할 수 없는 공법상 권리관계를 대상으로 하는 부제소계약은 개인의 국가에 대한 공권을 당사자 합의로 포기하는 것이므로 허용할 수 없다.[163] 예컨대 지방자치단체장이 도매시장법인의 대표이사에 대하여, 지방자치단체장이 개설한 농수산물도매시장을 도매시장법인으로 다시 지정함에 있어서 그 지정조건으로 '지정기간 중이라도 개설자가 농수산물 유통정책의 방침에 따라 도매시장법인의 이전 및 지정취소 또는 폐쇄지시에 관하여 일체 소송이나 손실보상을 청구할 수 없다.'라는 따위의 부제소 계약을 정한 부관(附款)은 개인의 국가에 대한 소제기권을 제한하는 것이므로 무효이다.[164]

---

159) 대판 2011.4.28. 2010다106702.
160) 대판 2008.2.14. 2006다18969.
161) 대판 1999.3.26. 98다63988.
162) 대판 2005.7.29. 2003다9254.
163) 대판 1998.8.21. 98두8919.
164) 대판 1998.8.21. 98두8919.

(iii) **소송상 취급** (ㄱ) 부제소계약은 소송행위이기 때문에 그 존재는 소극적 소송요건이 된다. 다만 이 합의는 소송 외에서 이루어지는 경우가 원칙이어서 당사자가 법정에서 이를 주장하지 아니하면 법원은 알 수가 없기 때문에 당사자가 법정에서 부제소계약을 맺었다고 항변을 하여야 한다. 항변이 이유 있으면 소의 이익에 흠이 있다는 것을 이유로 소를 각하한다.[165)]

(ㄴ) **부제소 합의의 심리절차상 특징** ① 당사자가 소를 제기하지 않기로 하는 합의를 부제소의 합의라고 한다. 소송 외에서 이루어지므로 당사자가 이를 주장하지 않으면 법원이 알기 어렵기 때문에 성질상 항변사항에 속한다. 그런데 판례는 이에 관하여 독특한 심리방법을 취하고 있다. 즉 부제소합의는 헌법상 보장된 재판청구권의 포기와 같은 중대한 소송법상 효과를 발생시키며 또 신의칙과 관련되는 소송요건이라는 이유로, 당사자들이 그 효력이나 범위에 관하여 다투지 아니하더라도 법원이 직권으로 다루어야 한다고 한다.[166)] 하지만 법원이 직권으로 다루어 제기된 소가 부제소합의에 위배되었다고 판단하기 위해서는 이것이 당사자 한 쪽에 예상 외의 재판이 되어 불의의 타격이 되지 않도록 미리 당사자에게 부제소 합의에 관하여 의견진술의 기회를 주는 등 충분하게 심리할 필요가 있다고 한다.[167)]

② 원래 소권은 당사자 간의 권리관계에 관한 분쟁을 해결하는 것이라고 생각한다면 당사자 양쪽이 서로 본안판결에 의한 해결을 포기하는 것을 일률적으로 금지할 이유가 없다. 하지만 부제소합의가 헌법상 재판청구권 또는 신의칙과 관련되어서 당사자의 항변이 없더라도 법원이 부득이 직권으로 다루어야 할 경우에는, 당사자 한 쪽에 불의의 타격이 되지 않도록 당사자에게 의견진술의 기회를 주어야 한다는 것이 판례의 취지로 보인다.

③ 결국 판례의 취지는, 부제소계약을 직권조사사항으로 보면서도 당사자에게 의견진술을 할 기회를 주어야 한다고 하여 결과적으로 항변사항과 같이 취급한 것으로서 다수설인 항변권 발생설과 궤도를 같이한 것이라고 볼 수 있다.

(b) (i) **강제집행을 하지 않기로 하는 부집행(不執行)합의** 이러한 부집행합의는 강제집행상 합의가 아니라 실체법상 청구의 실현과 관련하여 이루어지는 사법상 채권계약이라고 봄이 상당하다. 따라서 이에 위반하는 집행은 실체법상 부당한 집행이라고 할 수 있으므로 민사집행법 제44조가 유추적용 내지 준용되어 청구이의의 사유가 된다.[168)]

(ii) **강제집행취하의 합의** 강제집행당사자 사이에서 강제집행신청을 취하하기로 하는 합의는 공법상 권리의 처분을 구하는 합의이다. 따라서 당사자가 그 신청을 취하하였다면 문제가 없지만 취하하지 아니한 경우에 소송으로 그 취하를 구하는 것은 공법상 권리의 처분을 구

---

165) 대판 1993.5.14. 92다21760, 2011.6.24. 2009다35033.
166) 대판 1993.5.14. 92다21760.
167) 대판 2013.11.28. 2011다80449.
168) 대판 1996.7.26. 95다19072.

하는 것이어서 허용되지 않는다.[169)]

(c) **불상소 합의** (i) 구체적인 사건의 소송계속 중 그 소송 당사자 양쪽이 판결 선고 이전에 미리 상소하지 아니하기로 합의하였다면 그 판결은 선고와 동시에 확정되는 것이므로, 그 판결 선고 이후에는 당사자가 합의하더라도 그 불항소 합의를 해제하고 종전의 소송계속을 부활시킬 수 없다. 그러므로 이러한 합의는 소송당사자에 대하여 상소권의 사전포기와 같은 중대한 소송법상 효과가 발생하게 하는 것이므로 반드시 서면에 의하여야 할 것이며, 또 그 서면의 문언에 당사자 양쪽이 상소를 하지 아니한다는 취지가 명백하게 표현되어 있어야 한다.[170)] 또 상소권 포기는 불이익한 판결에 대하여 그 변경을 구할 이익이 있는 상소권자가 법원에 대하여 서면으로 그 권리를 포기하는 의사를 표시하는 단독행위이므로 상소포기의 의사를 표시하는 서면이 법원에 제출되기 이전에 그 약정을 해제하기로 다시 합의하고 상소를 제기하였다면 그 합의해제의 효력에 따라 위 상소는 적법하다.

(ii) 불 상소합의는 심급제도의 이용을 배제하여 간이신속하게 분쟁을 해결하고자 하는 당사자의 의사를 존중하기 위하여 인정되는 제도이므로 당사자의 한쪽만 상소를 하지 아니하기로 약정하는 합의는 공평에 어긋나서 효력이 없다.[171)]

(iii) (ㄱ) 당사자 양쪽이 소송계속 중 작성한 서면에 불상소합의가 포함되어 있는지 여부에 관한 다툼이 있어 그 서면에 나타난 당사자의 의사해석이 문제되는 경우, 이러한 불상소합의와 같은 소송행위의 해석은 일반 실체법상 법률행위와는 달리 내심의 의사가 아닌 철저한 표시주의와 외관주의에 따라 그 표시를 기준으로 하여야 하고, 표시된 내용에 저촉되거나 모순되어서는 아니 된다.

(ㄴ) 다만 당해 소송제도의 목적과 당사자 권리구제의 필요성 등을 고려할 때 그 소송행위에 관한 당사자의 주장 전체를 고찰하고 그 소송행위를 하는 당사자의 의사를 참작하여 객관적이고 합리적으로 소송행위를 해석할 필요가 있다.

(ㄷ) 따라서 불상소합의처럼 그 합의의 존부 판단에 따라 당사자들 사이에 이해관계가 극명하게 갈리게 되는 경우에 소송행위에 관한 당사자의 진의(眞意)를 해석할 때에는, 표시된 문언의 내용이 불분명하여 당사자의 의사해석에 관한 주장이 대립할 소지가 있고 나아가 당사자의 의사를 참작한 객관적·합리적 의사해석과 외부로 표시된 행위에 의하여 추측되는 당사자의 의사조차도 불분명하다면, 가급적 소극적 입장에서 그러한 합의의 존재를 부정하여야 한다.[172)]

(d) **소 취하 계약** (i) **뜻** 당사자가 소송계속 중에 소를 취하하겠다고 하는 합의를

169) 대판 1966.5.31. 66다564.
170) 대판 2007.11.29. 2007다52317·52324.
171) 대판 1987.6.23. 86다카2728.
172) 대판 2007.11.29. 2007다52317·52324.

말한다. 소송계속중이라면 소송 외에서 소 취하에 관한 합의를 하더라도 소 취하계약이다.[173)]

(ii) **소송상 취급** (ㄱ) 소취하계약의 성질은 사법계약이다. 그러나 부제소 합의와 달리 소제기 당사자 사이에 이루어지므로 소의 취하 계약을 하려면 원칙적으로 소송능력이 필요하다. 하지만, 계약의 합의해제는 명시적으로 이루어지는 경우뿐만 아니라 묵시적으로도 이루어질 수 있으므로 계약 당사자 양쪽이 모두 이행의 제공이나 최고에 이르지 않고 장기간 방치하여둔다면 이것은 그 계약을 실현하지 아니할 의사가 일치되어 묵시적으로 합의 해제되었다고 볼 수 있다.[174)]

(ㄴ) 소 취하 계약을 맺고도 실제로는 소를 취하하지 않는 경우에 소 취하계약의 존재가 밝혀지면 소 취하를 하지 않는 행위는, 신의칙 위반으로서 권리보호의 이익이 없다고 하여 소를 각하한다.[175)] 예컨대 이혼소송의 계속 중 원고가 소를 취하한다는 내용의 확약서를 작성하였다면 그 후 의사를 번복하여 변론종결당시 이혼을 원하더라도 그 이혼의 소는 부적법하다.[176)]

(ㄷ) 조건부 소취하의 합의를 한 경우에는 조건의 성취사실이 인정되지 않는 한 그 소송을 계속 유지할 법률상 이익을 부정할 수 없다.[177)] 예컨대 원고와 피고는 2011.8.5. 진행되고 있는 소송 등을 종결하기로 하는 내용의 합의를 하였으나, 위 합의에서는 피고가 원고에 대하여 300억 원을 현금으로 직접 지급하거나 다른 물건으로 대물변제하기로 하고, 피고가 그 의무를 이행함과 동시에 원고가 소 취하서를 제출하기로 약정한 사실이 인정된다면 피고가 그 약정에 따른 의무를 이행하지 아니하는 이상 그 소송을 유지할 소의 이익이 있다.[178)] 하지만 원고가 피고와의 사이에서 피고의 소외인에 대한 채권을 양수받고 소를 취하하기로 약정하였는데 소외인에 대한 피고의 양수금채권이 존재하지 아니한 경우에는 위 채권양도계약이 무효이므로 위 소 취하에 관한 약정도 효력이 없다.[179)]

(ㄹ) 소 취하계약은 명시적으로는 물론 묵시적으로도 합의하여 해제할 수 있으므로 환송판결 이전에 소 취하계약을 맺었다가 환송판결 이후 변론기일에서 이를 주장하지 않은 상태에서 본안에 관한 변론을 하였다면 소 취하의 합의는 묵시적으로 해제된 것이다.[180)]

(iii) **소 취하계약의 효력** (ㄱ) 종국판결이 선고되기 이전에 소 취하계약을 맺고 이에 관한 항변을 제출하였음에도 불구하고 원고가 소 취하계약에 위반되는 소송수행을 계속한다면 이것은 부적법하여 소각하의 사유이다.

---

173) 대구고판 1981.2.27. 80나617.
174) 대판 2017.5.11. 2005후1202.
175) 대판 2005.6.1. 2005다14861.
176) 서울가판 2006.11.7. 2005드단81468.
177) 대판 2013.7.12. 2013다19571.
178) 대판 2013.7.12. 2013다19571.
179) 서울고판 1977.2.16. 76나2135.
180) 대판 2007.5.11. 2005후1202.

(ㄴ) 종국판결 선고 뒤에 소 취하계약을 맺었다면 종국판결 선고 뒤의 재소금지에 관한 제267조 제2항이 준용되어 같은 소를 제기하지 못한다. 그러나 이 경우에도 이전 소송이 끝난 뒤에 소 취하계약의 내용을 이루는 채무가 불이행을 이유로 소 취하계약을 해제하는 등 새로운 사정이 생기면 청구에 관한 이의(민집 제44조) 등 소 취하계약의 효력을 다투는 재차의 소 제기는 금지되지 않는다.

(ㄷ) 원고승소의 제1심판결 선고 후 당사자가 소송 외에서 소 취하를 하기로 약정하였는데도 원고가 위 약정에 위배하여 소를 취하하지 아니하여 위 제1심판결이 확정되고, 그 확정판결에 기초하여 승소한 원고 명의로 소유권이전등기가 이루어진 경우에는 당사자가 제1심에서 소 취하 약정을 항변으로 제출하고 이에 기초하여 그 소가 부적법 각하되지 않은 이상 이미 이루어진 그 등기는 확정판결에 의하여 이루어진 등기이므로 당연무효가 아니다.[181] 항변권발생설의 입장이다.

(ㄹ) 항소심 계속 중에 항소취하의 합의가 있는데도 항소취하서가 제출되지 않는 경우에는 상대방은 이를 항변으로 제출할 수 있고, 이 경우 항소심 법원은 항소의 이익이 없다고 보아 그 항소를 각하하여야 한다.[182]

[20] 제2. 본안의 신청과 공격방어 방법

민사소송은 원고의 소제기로 시작되어 변론 및 증거조사를 거쳐 법원의 판결로 마친다. 이 과정에서 소의 제기는 원고가, 판결은 법원이 할 수 있으나 변론과 증거조사 절차에서는 원고와 피고가 법원의 소송지휘를 받아 상대방을 공격하고 자신을 방어하는 소송활동을 한다.

1. 본안의 신청

(1) 개념

(개) 당사자가 법원에 대하여 일정한 행위를 요구하는 소송행위를 널리 신청이라고 한다. 그 가운데에서 원고가 법원에 대하여 종국판결을 요구하는 신청을 본안의 신청이라고 한다. 간단히 줄여 소(訴)라고 한다. 원고의 소에 대하여 피고는 소송요건의 흠을 이유로 소각하의 판결을 구하는 신청을 하거나 또는 원고의 소송이 이유 없다고 하는 청구기각의 판결을 신청한다. 피고의 소각하 신청은 소송요건의 흠에 관한 것이므로 이 신청이 없더라도 법원은 소송

181) 대판 1981.12.8. 80다2817.
182) 대판 2018.5.30. 2017다21411.

요건에 관한 심리를 하여야 할 것이지만 피고가 청구기각판결의 신청을 하지 않으면 법원은 원고 청구의 당부를 심리하는 다음 단계의 소송절차로 들어가지 못한다. 그 의미에서 피고의 청구기각판결 신청도 본안의 신청이다.

(나) 원고가 소송을 제기하기 위해서는 소송목적의 값이 소액심판규칙 제1조의2가 정하고 있는 3,000만 원을 초과하지 아니한 소액사건으로서(소심 제2조 제1항) 소액사건심판법 제4조의 적용을 받아 말로 할 수 있는 소제기를 제외하고는 소장(訴狀)이라는 서면을 법원에 제출하여야 한다(제248조). 소장에는 청구의 취지와 원인을 적어야 한다(제249조 제1항). 소장이라는 서면에는 전자문서법 제4조의2에서 정한 전자문서의 서면요건을 갖춘 전자문서를 포함한다.

(다) 결국 원고가 하는 본안의 신청은 청구의 취지와 원인으로 표시된다고 할 수 있으므로 청구취지와 청구원인이 무엇인지 그 개념을 아는 것이 중요하다. 여기서 우선 간단히 설명한다면 청구취지란 원고가 구하는 실체법상 법률효과를 소 제기 형식에 맞게 적는 부분으로서 소의 결론에 해당하고, 청구원인은 그 법률효과를 발생시키는 법률요건사실을 적는 부분으로서 소의 결론을 이유 있게 한다. 뒤에서 자세히 설명하기로 한다.[183)]

본안의 신청 이외에 다른 부수적, 파생적 사항에 관한 신청을 소송상 신청이라고 한다.

(2) 특징

(가) 본안의 신청은 법원에 대하여 종국판결 등 일정한 행위를 요구하는 데 그치고 그 자체에서 어떤 소송법상 효과가 생기지 않는다. 그러나 단독적 소송행위인 소의 취하, 청구의 포기·인낙은 물론, 소송계약, 합동행위에 해당하는 재판상 화해 등 여효적 소송행위는 그 소송행위 자체에서 일정한 소송법상 효과가 발생한다.

(나) 본안의 신청은 상대방에 대해서가 아니라 법원에 대한 행위이므로 여효적 소송행위가 아니라면 법원의 응답이 필요하다. 예를 들어 당사자가 소를 제기한 경우 법원은 종국판결로 이에 응답하여야 하는 것과 같다. 다만 법원의 직권발동을 촉구하는 신청에 대해서 법원은 반드시 응답할 필요가 없다. 설령 이에 대하여 법원이 아무런 처분을 하지 아니하더라도 위법이 아니다.[184)]

(다) 소송행위도 법률행위와 같이 당사자의 의사작용이므로 법률행위에서 권리능력이나 행위능력이 필요한 것과 마찬가지로 이에 대응한 당사자능력이나 소송능력이 필요하다.

(라) 신청을 할 때 기한은 그 소송절차 내에서 언제 도래할지 알 수 없으므로 붙일 수 없으나, 조건의 경우에는 소송절차 내에서 그 성취 여부가 판명될 수 있으면 붙일 수 있다. 보통 예비적이나 선택적 형식으로 붙인다. 그러나 그 소송절차 내에서 조건의 성취 여부가 판명될

183) [54] 2. 참조.
184) 대판 2008.4.10. 2006후572.

수 없는 경우에는 소제기에 대한 종국판결을 확정할 수 없으므로 기한과 마찬가지로 붙일 수 없다.

(마) (a) 철회는 소급효가 없을 뿐만 아니라 소의 취하와 같은 철회는 법원이 심리할 부담을 줄여주므로 언제든지 가능하다. 그러나 소의 취하로 소송계속이 소멸되었을 경우에는 이를 다시 철회하는, 예컨대 소의 취하의 취하와 같은 행위는 그 행위로 철회된 소송계속을 다시 살릴 수 없으므로 허용되지 않는다.

(b) 소급효가 있는 취소는 이미 진행된 소송행위의 효력을 소급적으로 소멸시키므로 허용되지 아니한다.

2. 공격방어 방법

(1) 개념

본안의 신청을 뒷받침하기 위한 재판자료의 제출행위를 널리 공격방어 방법이라고 한다. 원고의 소제기에 대하여 법원은 논리적 3단 논법을 적용하여 판결로 응답을 하여야 하므로 당사자는 법원이 소에 대하여 이를 적용하여 판결할 수 있도록 재판자료를 제출하여야 한다. 이것이 바로 공격방어 방법으로서 여기에는 법률상 주장, 사실상 주장 및 증명(입증)이 있다.

(2) 법률상 주장

(가) 뜻 (a) 법률상 주장이라고 하면 넓게는 법관이 재판에 적용하여야 할 법규의 해석, 관습법의 선택, 판례의 적용 등에 관한 당사자의 주장까지 포함하지만 이들이야말로 법관이 할 본래의 직책에 속하기 때문에 당사자의 이 주장들이 법원을 구속하지 아니함은 당연하다. 그러므로 일반적으로 법률상 주장이라 하면 위의 것들을 제외한 법적 3단 논법의 결론인 법률효과에 관한 주장을 말한다. 당사자들은 보통 이 주장을 청구취지에 적는다.

(b) 우리나라의 판례[185]도 법률상 주장을 법적 3단 논법의 대전제인 법률요건에서 초래된 법률효과에 관한 주장, 즉 청구원인에 기초한 청구취지로 본다. 그러므로 청구취지에서 원고가 피고에 대하여 금 1억 원의 지급을 청구한다고 하더라도 이 금전지급청구는 그 발생원인이 불법행위일 수도 있고, 채무불이행 또는 계약일 수도 있는데 발생원인이 무엇인가는 청구원인에 기재되어 있으므로 금 1억 원 지급청구권의 법적 구성은 청구원인을 살펴보아야 명백해진다. 따라서 판례에 의하면 이 경우의 법률상 주장은 「금 1억 원의 지급청구」가 아니라 그 발생원인(즉 청구원인)이 불법행위라고 하는 경우에는 「불법행위로 인한 금 1억 원의 손해배상청

185) 「… 두개의 소의 소송목적이 동일한 법률사실에 기하고 있더라도 청구원인이 다르다면 그 소송물은 별개이다…」(대판 1989.3.28. 88다1936, 2008.9.11. 2005다9760·9777 등 참조).

구」이고, 발생원인이 계약이라고 하는 경우에는 「계약에 기초한 금 1억 원의 지급청구」이다.

(c) 법률상 주장의 당부는 법관이 법적 3단 논법을 적용하여 판단한다. 그런데 법원의 법적 3단 논법 적용은 당사자가 먼저 법적 3단 논법을 적용한 다음 그 결론을 법률상 주장 형식으로 제출했을 때 그 당부를 판단하는 형식으로 한다. 이와 같이 당사자의 법률상 주장이 없으면 법원도 판단할 수 없다는 원칙을 처분권주의라고 한다. 우리 민사소송법의 움직일 수 없는 대원칙 중의 하나이다.

(나) 법률상 주장에 대한 상대방의 대응

(a) **청구의 인낙** 피고가 원고의 법률상 주장이 이유 있다고 하는 진술을 말한다. 이 진술을 조서에 적으면 확정판결과 동일한 효력이 있어(제220조) 청구의 인낙은 원고가 전부 승소한 확정판결과 같은 효력이 있다.

(b) **청구의 포기** 원고 스스로 자기의 법률상 주장이 이유 없다고 하는 진술을 말한다. 이 진술도 조서에 적으면 확정판결과 동일한 효력이 있어(제220조) 청구의 포기는 원고의 청구를 기각하는 확정판결과 같은 효력이 있다.

(c) **재판상 화해** 원고가 피고와 합의하여 법률상 주장의 일부를 양보하는 진술을 말한다. 이 진술도 조서에 적으면 확정판결과 동일한 효력이 있어(제220조) 재판상 화해는 원고청구의 일부승소로 하는 확정판결과 같은 효력이 있다.

(d) **각하 또는 기각** 피고가 원고의 소제기에 대하여 소송요건의 흠을 이유로 각하판결을 구하거나 원고의 청구가 이유 없다고 하여 청구기각판결을 구하는 경우이다. 피고가 원고청구기각의 판결을 구하면 원고는 법률상 주장을 뒷받침할 재판자료를 제출하여야 소송은 다음 단계로 진행한다.

(3) 사실상 주장

(가) **뜻** 법관이 재판에서 법적 3단 논법을 적용하여 대체적인 법률효과라는 결론을 이끌어 내려면 법률요건에 들어맞는 소전제인 사실에 관한 당사자의 진술이 있어야 한다. 사실상 주장이란 법적 3단 논법의 소전제인 사실에 관한 당사자의 진술을 말하는데 이 사실은 소장의 청구원인부분에 적어야 하므로 청구원인사실이라고도 한다. 결국 소전제인 사실상 주장이 이유 있어야 대전제인 법률요건이 성립하고 그로 인해서 법률효과가 생기므로 사실상 주장의 당부는 원고청구의 승패를 좌우할 만큼 중요하다. 아마도 사실심에서 민사재판의 거의 대부분은 사실상 주장의 당부를 심리하는 데 걸린다고 하더라도 과언이 아닐 것이다.

(나) 사실상 주장에 대한 상대방의 대응

(a) **재판상 자백** 원고의 청구원인사실을 피고가 인정하는 진술이다. 청구원인사실에 관한 자백은 증거를 필요로 하지 않으면서도 판결의 기초가 된다(제288조). 이를 자백의 구속력

이라고 한다.

(b) **침묵** 피고가 원고의 청구원인사실에 대하여 맞느니 틀리느니 등을 진술하지 아니하고 가만히 있는 태도를 말한다. 이 경우에는 변론전체의 취지로 보아 다툰다고 인정되는 경우를 제외하고는 자백으로 간주되지만(제150조 제1항) 속행기일 또는 상소심에서 적극적으로 부인하는 진술을 한 경우에는 바로 자백간주의 효력이 상실된다.

(c) **부인** (i) 피고가 원고의 청구원인사실이 아니라고 부정하는 진술을 말한다. 부인은 피고가 「아니다」라고 처음부터 부인하는 직접부인과, 원고의 청구원인사실과 논리적으로 양립할 수 없는 사실을 들어 부인하는 간접부인이 있으나 모두 부인이라는 점에서는 똑같다.

(ii) 예를 들어 원고가 피고에게 금 1,000만 원을 빌려주었는데 이를 갚지 아니하였다고 하여 대여금의 지급을 청구하였을 때 피고가 돈을 빌린 사실이 없다고 진술하는 것은 직접부인이고, 돈을 받은 사실을 인정하지만 돈을 빌린 것이 아니라 증여받은 것이라고 진술하는 경우에 대여는 증여와 논리적으로 양립할 수 없으므로 간접부인이다. 어느 경우에나 원고는 대여사실을 증거로 입증하여야 청구원인사실이 인정되는 것이고, 피고가 증여에 관해서 입증하지 못한다고 해서 청구원인사실이 인정되는 것이 아니다.

(d) **항변** (i) **개념** 원고의 청구원인사실과 논리적으로 양립할 수 있는 사실을 들어 원고 청구의 배척을 구하는 피고의 진술을 말한다. 항변은 원고의 청구원인사실과 논리적으로 양립이 가능한 사실이다. 따라서 항변은 원고의 사실상 주장에 대한 묵시적 자백을 전제로 해야 논리적으로 양립이 가능한 사실을 주장할 수 있으므로 입증여부는 항변사실에만 남게 된다. 피고의 항변사실에 대해서도 원고가 자백을 하면 그 항변사실에 대한 입증이 필요하지 아니하며, 원고가 그 항변사실을 부인을 할 때에는 피고가 증거로 항변사실을 입증하여야 한다. 피고의 항변에 대하여 원고의 재항변이 가능하고 이 재항변에 대하여 피고도 재재항변을 할 수 있다.

(ii) **부인과 항변의 차이** 부인은 상대방이 증명책임을 부담하는 사실에 대한 반대주장이고, 항변은 자기가 증명책임을 부담하는 사실에 대한 주장이다. 부인은 상대방의 사실상 주장과 논리적으로 양립할 수 없으나 항변은 상대방의 사실상 주장과 논리적으로 양립할 수 있다. 부인은 not으로, 항변은 「yes, but～」이라고 표현할 수 있다. 부인 여부는 상대방의 사실상 주장에 대한 응답으로서 반드시 필요하지만 항변을 할지 여부는 당사자의 자유에 속한다.

(4) 증명(입증)

증명이라 함은 사실상 주장 또는 항변을 상대방이 부인하는 경우에 이를 뒷받침하기 위한 증거자료를 제출하는 행위 또는 활동을 말한다. 사실상 주장 또는 항변은 제출된 증거자료에 관한 법관의 심증이 형성됨으로써 증명이 성공하여야 법적 3단 논법을 적용할 수 있다.

3. 독립된 공격 또는 방어의 방법

다른 공격방어방법과 관계없이 분리하여 심판할 수 있는 공격 또는 방어의 방법을 독립된 공격 또는 방어의 방법이라고 한다. 예를 들어 원고가 피고의 소유권이전등기를 원인무효라고 주장하면서 피고 명의의 소유권이전등기에 관한 말소등기청구를 하였을 경우에 피고가 1차적으로 무권대리의 추인, 2차적으로 취득시효의 항변을 할 경우에 피고의 항변 중 어느 하나라도 인정되면 원고의 청구는 기각되어야 하므로 이를 독립된 공격 또는 방어의 방법이라고 하는 것이다. 법원은 독립된 공격 또는 방어의 방법에 대하여 필요한 때에는 중간판결을 할 수 있으나(제201조) 실무상 그 예가 별로 없다.

[21] 제3. 소송행위의 흠과 그 처리

소송행위와 사법행위는 엄격히 구별되고 있기 때문에 소송행위에 사기, 강박, 착오 등 실체법상 의사표시의 흠이 있더라도 민법규정을 적용하여 이를 취소할 수 없다(의사표시의 흠 불고려의 원칙). 따라서 소송행위의 흠과 그 처리는 소송법 독자적 입장에서 한다.

1. 소송행위의 평가

(1) 성립·불성립

㈎ 소송행위의 평가는 먼저 그 소송행위의 존재여부를 따지는 것부터 시작한다. 소송행위가 존재하지 않을 때에는 소송행위 자체가 불성립하기 때문이다. 그 경우에 소송행위는 무(無)가되어 치유(治癒)의 문제가 생길 수 없고 법원이 배척할 행위도 존재하지 않는다.

㈏ 소송행위가 성립하려면 그 소송행위의 존재만으로 부족하고 소송법이 요구하고 있는 정형(定型)에 맞아야 한다. 그 기준이 되는 정형은 사회적 현상이 아니라 법제도적 현상이어야 하며 사회통념에 맞아야 한다. 그러므로 무의식적인 거동, 장난으로 하는 행위, 소장을 빙자한 하소연·설교 등은 소송행위로 성립되지 않는다.

(2) 적법·부적법

성립한 소송행위라도 법에 적법하여야 한다. 이에 위반된 소송행위는 부적법한 것이다.

(3) 유효·무효

성립한 행위가 효력요건을 갖추어 본래의 효과를 발생할 수 있는 것을 유효라고 하며, 본래의 효과가 생기지 않는 것을 무효라고 한다. 성립한 소송행위가 적법하면 그 행위는 언제나 유효한 것이며 또 부적법하더라도 훈시규정위반과 같이 그 위반을 허용하여 본래의 효과를 인정하면 역시 유효하다. 따라서 성립한 소송행위가 부적법하여 본래의 효과를 발생하지 않을 때에 비로소 무효가 되는 것이다. 이와 같이 무효는 부적법한 모습이므로 소가 무효가 되면 부적법하여 각하된다.

㈎ 무효인 소송행위라고 하더라도 부존재가 아니므로 불성립과 구별된다. 따라서 그 흠은 추인(당사자능력 · 소송능력 · 대리권 등의 경우), 소송절차이의권의 포기 · 상실(임의규정위반의 경우) 등으로 유효하게 될 수 있다.

㈏ 무효가 되면 본래 생길 효과는 없으나 다른 효과가 생기느냐의 여부와는 관계없다. 소송상으로는 오히려 다른 효과가 생기는 경우가 많다. 예를 들어 무효인 소는 법원이 각하하여야 하고, 변론무능력자의 소송행위는 법원이 배척할 필요가 있는 경우 등이다.

(4) 이유 있다 · 이유 없다

신청은 재판의 취득을 목적을 하는 취효적 소송행위이므로 이에 대해서 반드시 응답을 하여야 한다. 이 경우 신청이 우선 적법하여야 하지만 이유를 갖추어야 한다. 이유의 유무는 신청을 실체법적 관점에서 평가하여 시인될 수 있는 것을 의미한다. 이유 있으면 신청은 인용(認容)되고, 이유가 없으면 신청은 기각된다. 성립 · 불성립, 적법 · 부적법, 유효 · 무효는 소송법규와의 관계에서 문제되는 형식적 · 절차법적 평가인 데 대하여 이유의 유무는, 청구원인이 실체법적으로 따져서 이유가 있느냐는, 실체법적 관점에서의 평가이다.

(5) 취소

소송행위의 효력을 소급적으로 무효로 하는 취소는 ,사기 · 강박 등 실체법적 취소사유가 있더라도 원칙적으로 허용되지 않는다. 일단 유효하게 진행된 소송행위가 뒤에 가서 무효가 되면 소송절차 자체의 안정을 해치고 소송경제에 반하기 때문이다.

2. 의사표시의 흠에 관한 소송상 취급

(1) 기본원칙

의사표시는 당사자의 의식적인 행위이기 때문에 여기에 흠이 있으면 어떤 방법에 의해서든지 제거되어야 한다. 의사표시의 흠 불고려의 원칙도 소송행위에 의사표시의 흠이 있는 경우에 이를 그대로 방치한다는 것이 아니라 그 흠을 제거함에 있어서 그 수단을 실체법인 민법상 의사표시의 흠에 관한 일반원칙을 적용 또는 유추적용하지 아니하고 소송법의 독자적 수단에 의하여 그 흠을 고침으로써 소송절차의 안정을 유지하자는 것이다.

(2) 소송행위의 철회

㈎ **취효적 소송행위의 철회** 신청 · 주장 · 입증과 같은 재판을 취득하는 행위, 즉 취효적 소송행위에 의사표시의 흠이 있는 경우에는 상대방이 이에 의하여 어떤 유리한 지위를 취득하지 않는 한 당사자는 언제든지 이를 경정(更正) · 보충 또는 철회할 수 있고, 법원도 의사표시에 흠이 있다고 의심이 되면 석명권을 행사하여 취효적 소송행위의 경정 · 보충 · 철회를 촉구할 수 있다. 또 소송상 대리인의 사실상 진술도 의사표시의 흠이 있으면 당사자가 직접 경정 · 철회할 수 있다(제94조). 그러나 취효적 소송행위로 인하여 상대방이 이미 유리한 지위를 취득하였을 때에는 상대방 보호의 요청에 따라 그의 동의를 받아야 한다.

㈏ **주장의 철회** 변론주의 아래에서 당사자가 하는 주장은 상대방의 동의 유무와 관계없이 언제든지 철회할 수 있다. 주장이 철회되면 주장은 없는 셈이 된다. 다만 상대방의 주장에 대한 진술이 자백일 때에는 자기의 행위에 대하여 책임을 지지 않으면 안 된다는 자기책임의 원칙 및 자백한 사실은 증명을 요하지 않고 판결의 기초가 된다는 원칙에 의해서 그 자백이 진실에 반하고 착오로 말미암은 것임을 증명한 경우를 제외하고는 철회할 수 없다(제288조 단서). 직권탐지주의의 경우에는 당사자가 일단 법원에 제출한 소송자료는 법원이 직권으로 수집한 것과 동일하게 평가할 수 있기 때문에 당사자의 주장 철회는 효력이 없다.

㈐ **소송법률행위(여효적 소송행위)의 철회** 소의 취하, 청구의 포기 · 인낙, 재판상 화해와 같이 당사자의 소송행위가 법원의 관여 없이 직접 소송법상 효과를 발생하는 소송법률행위, 즉 여효적 소송행위는 이미 발생한 소송법상 효과를 당사자의 의사만으로 소멸시킬 수 없으므로 상대방의 동의 유무를 불문하고 철회가 허용되지 않는다. 즉 소의 취하는 철회할 소 자체가 소멸되어 철회할 대상이 없고, 청구의 포기 · 인낙, 재판상 화해는 당연무효가 아닌 한 준 재심절차(제461조)를 밟아야 철회할 수 있다.

(3) 소송상 착오

㈎ 소송행위라고 하더라도 명문의 규정이 있으면 착오를 이유로 소송행위를 취소할 수 있다. 재판상 자백한 것이라고 하더라도 진실에 반하고 착오로 말미암은 것임을 증명한 때에는 취소할 수 있다는 것(제288조 단서)이 그 예이다.

㈏ 그 밖의 경우에는 의사표시의 착오를 이유로 소송행위의 효력을 부정할 수 없다. 그러나 오기(誤記) · 위산(違算)과 같이 명백한 의사표시의 흠이 있고 상대방도 이를 알거나 알 수 있을 때에는 그 소송행위의 효력을 부정할 수 있다(명백한 의사의 흠 이론)

㈐ (a) 관할의 합의와 같은 경우에는 소송 외에서 법원의 관여 없이 당사자의 의사가 합치

되어 이루어지고 또 소송절차를 조성하는 행위가 아니므로 사법상 법률행위와 유사하다. 따라서 이러한 소송행위는 민법상 법률행위에 관한 일반원칙을 따라 민법상 착오 이론을 적용한다고 하더라도 무방할 것이다.

(b) 그러나 소의 취하, 청구의 포기 · 인낙, 재판상 화해와 같이 소송을 마치는 행위의 경우에는 달리 취급하여야 할 것이다. 먼저 청구의 포기 · 인낙, 재판상 화해를 변론조서에 기재한 때에는 확정판결과 동일한 효력이 있으므로(제220조) 당연무효인 경우를 제외하고는 준재심(제461조)에 의하여 취소되지 않는 한 민법상 착오이론은 적용될 여지가 없다. 따라서 청구의 포기 · 인낙, 재판상 화해는 원칙적으로 재심의 방법 이외에는 취소할 수 없으므로 취소를 부정함이 타당하다.[186]

소의 취하의 경우에는 예를 들어 소송 외에서 당사자 사이에 실체법상 합의가 이루어져 그에 따라 소 취하 등 소송을 마치는 행위를 하였는데 실체법상 화해계약에 착오가 생기거나 목적을 이룰 수 없는 경우와 같이 소송을 마치는 행위 자체는 잘못이 없으나 동기의 착오가 있는 경우가 일반적인 경우이다. 따라서 이 경우에는 민법상 착오이론에 의하면 착오의 동기가 법률행위의 중요부분에 해당하면 취소할 수 있지만 소송행위는 행위의 외관을 중시하여 의사표시의 흠 불고려 원칙이 적용되므로 심리적 동기의 착오를 이유로 하는 취소는 중요부분의 해당여부를 떠나서 허용할 수 없다.

3. 흠의 원인

소송행위의 흠은 주로 성립된 소송행위의 적법성과 유효성에 관해서 문제된다. 흠이 되는 사유는 소송행위에 내재하는 사유와 외래의 사유, 형식적 사유와 실질적 사유로 구별한다.

(1) 형식적 · 내재적 사유

(가) 소송행위의 요건 개개의 소송행위에 관한 방식 · 내용 · 능력 등 형식적 · 내재적 요소는 소송행위의 요건이 된다. 서면의 요구(제248조, 제262조 제2항, 제264조 제2항), 신청방식의 구비(제72조, 제249조), 소송능력, 변론능력, 대리권 등의 존재가 이에 속한다. 소송행위의 요건은 법이 그 준수를 요구하고 있기 때문에 그 위반은 소송법상 부적법하게 되어 처음부터 무효이고 취소하여 무효가 되는 것이 아니다. 소송능력의 흠도 민법상 행위능력의 흠과 달리 취소할 수 있는 행위가 아니라 처음부터 무효인 행위가 된다.

(나) 부작위와 추후보완 (a) 법에서 정해진 기간 안에 어떤 소송행위를 하여야 하는데

---

186) 대판 1997.10.4. 95다11740도 같은 취지이다.

이를 제때에 하지 않는 부작위는 의사표시의 작용이 아니므로 소송행위가 아니라 소송상 사실이다. 이 부작위에 대해서는 추후보완이 허용된다. 추후보완이란 정해진 기간 안에 하여야 할 소송행위를 하지 못한 경우에 법이 정한 요건으로 소송행위를 다시 함으로써 마치 법정기간 안에 한 것과 같은 효과를 주는 것을 말한다(제173조).

(b) (i) 추후보완은 부적법·무효인 소송행위를 대상으로 하는 것이 아니라 소송상 사실을 대상으로 하는 것이므로 흠 있는 소송행위의 처리방법이 아니다.

(ii) 소송행위의 추후보완은 당사자가 책임질 수 없는 사유로 말미암아 불변기간이 적법하게 진행되었음을 전제로 한다. 따라서 원고가 소장에 피고의 주소를 허위로 기재하여 소송관계 서류 및 제1심판결을 그곳으로 송달하게 하였다면 그러한 송달은 효력이 없는 것이어서 불변기간인 상소제기 기간 자체가 적법하게 진행될 수 없으므로 소송행위의 추후보완을 할 필요가 없다.[187)]

(2) 형식적·외래적 사유

㈎ **개별적 사유** 시기(時機)(제75조, 제149조), 금지(제267조 제2항), 도달, 조건, 기한 등이다.

(a) 소송행위에 특정 기한을 붙이는 것은 소송행위의 성질상 허용되지 아니하며 조건도 그 소송절차 내부에서 그 성공 여부가 판명되는 경우에는 허용되지만 그 소송절차 내부에서 판명할 수 없는 경우에는 허용되지 아니한다.

(b) 도달되지 않는 소송행위는 상대방이 알 수 없으므로 불성립이다. 도달되더라도 의사표시의 수령권한이 없는 자에 대해서는 부적법하고 무효이다.

㈏ **심리방식·소송요건** 심리방식(예, 법원의 구성·공개주의 등)에 위반된 소송행위나 소송요건을 갖추지 못한 소송행위는 부적법하여 무효이다. 소송요건의 경우에는 원칙적으로 변론을 종결한 때를 표준으로 정해지며 그 때까지는 언제든지 부적법한 소송요건을 적법하게 되도록 보완할 수 있고, 법원도 소송지휘로서 이를 촉진한다. 소송요건을 갖추지 못한 소송행위는 판결로써 부적법 각하한다.

(3) 실질적·내재적 사유

행위자의 주관적 의사가 소송행위의 흠을 초래하는가의 문제이다. 의사표시의 흠 불 고려 원칙상 당사자의 소송행위는 원칙적으로 행위를 할 때의 표시행위를 표준으로 그 효력을 판정하여야 하며[188)] 행위자의 주관적 의도에 따라 달라지는 것이 아니다.

---

187) 대판 1980.11.11. 80다1182.

188) 대전판 1984.2.28. 83다카1981, 2008.3.27. 2007다80183.

(4) 실질적 · 외래적 사유

(가) 소송행위에 관해서는 제1조에 의하여 민법상 신의성실원칙(민 제2조)이 적용된다.

(나) (a) 법률행위가 선량한 풍속 기타 사회질서에 위반한 사항을 그 내용으로 한 것이 아니고 단지 법률행위의 연유, 동기 혹은 수단으로 한 것에 불과한 것은 무효가 아니다.[189]

(b) 민법 제103조에 관해서는 이미 앞에서 설명하였다.[190] 요컨대 외국법원의 확정재판 등은 민법 제103조에 위반되면 승인 거절됨으로써 우리나라에서는 그 재판의 효력을 주장할 수 없는데 거꾸로 우리나라의 확정재판 등이 민법 제103조에 위반되더라도 재심사유가 아니라고 하여 이를 방치한다는 것은 내 · 외국재판의 역차별일 뿐 아니라 민법 제103조라는 보편적 법원칙의 적용을 거부하여 부당하기 때문에 내국재판의 효력도 이 경우에는 부정하여야 할 것이다.

(c) 그러나 다른 강행규정에 위반된 법률행위의 경우에는 이것이 민법 제103조 위반과 같이 무효로 볼 것이 아니므로 재심에 의하여 취소되지 아니하는 한 유효하다.

4. 흠의 처리

(1) 흠 있는 소송행위의 배척

흠 있는 소송행위는 원칙적으로 부적법하여 무효이므로 배척되어야 한다.

(가) 배척할 권한과 책임은 법원에 속한다. 흠이 있느냐 없느냐의 판단은 결국 법원이 하여야 하기 때문이다. 법원은 재판, 관여배척, 무시 등으로 흠 있는 소송행위를 배척한다.

(나) 당사자는 원칙적으로 그 흠을 이유로 자기의 소송행위를 취소하여 그 효력을 소급시켜 부정할 수 없다. 그러나 흠 있는 소송행위가 소급효 없이 철회되는 것은 법원도 환영하고 있으므로 당사자는 흠 있는 소송행위를 철회하고 그 대신 흠 없는 소송행위를 함으로써 흠을 제거할 수 있다. 다만, 기간의 정함이 있는 경우에는 그 기간을 준수하여야 한다.

(2) 흠 있는 소송행위의 활용

소송행위는 법률행위와 같이 독립적으로 성립하지 아니하고 다른 소송행위와 어울려 선행 또는 후행행위로 소송절차를 구성한다. 그러므로 어떤 소송행위가 부적법 · 무효라고 하여 무조건 배척한다면 이에 터 잡은 유효한 후행행위도 모두 부적법 · 무효가 되어 소송절차의 안정을 해칠 뿐 아니라 유효한 후행행위까지 다시 하여야 하므로 소송경제에도 위반된다. 그러

189) 대판 1972.10.31. 72다1271 · 1272.

190) [18] 3. (4) 참조.

므로 일단 성립한 소송행위의 흠은 소송절차의 모든 단계에서 그 치유(治癒)를 인정하여 절차의 안정과 소송경제를 도모하여야 할 것이다.

(가) **보정·추인** (a) (i) 무효인 법률행위의 추인(민 제139조)은 법률행위로서의 효과가 확정적으로 발생하지 아니하는 무효행위를 당사자가 뒤에 유효하게 하는 의사표시를 말한다. 원래 무효행위는 그 효과가 발생하지 않는 것으로 확정되어 있는 것이므로 그 뒤의 어떠한 사유에 의하여서도 이를 유효하게 할 수는 없다. 그러나 법은 당사자가 추인하면 이것을 유효하게 새로운 행위를 한 것으로 취급한다. 따라서 추인은 무효행위를 사후에 유효로 하는 것이 아니라 의사표시에 의하여 새로운 행위가 있는 것으로 취급하여 그 때부터 유효하게 하는 것이다. 그러므로 무효행위의 추인에는 원칙적으로 소급하는 효과가 생기지 아니한다.[191] 예컨대 어느 어촌계가 적법한 절차에 따라 소집, 의결한 임시총회에서 종전 손실보상금의 분배에 관한 무효인 결의를 그대로 추인하였더라도 이는 종전의 결의와 같은 내용의 새로운 결의를 한 것이지 종전 결의를 소급시킨 것이 아니므로, 새로운 추인 결의가 아닌 종전의 무효인 결의에 대하여 그 결의의 무효확인을 구하는 것은 과거의 법률행위에 대한 확인으로서 확인하는 이익이 없는 것이다.[192]

(ii) 추인은 무효행위가 있음을 알고 그 행위의 효과를 자기에게 귀속시키도록 하는 단독행위로서 그 의사표시의 방법에 관하여 일정한 방식이 요구되는 것이 아니므로 명시적인 경우는 물론 묵시적인 추인도 인정되지만, 묵시적 추인을 인정하기 위해서는 본인이 그 행위로 처하게 된 법적 지위를 충분히 이해하고 그럼에도 진의(眞意)에 터 잡아서 그 행위의 결과가 자기에게 귀속된다는 것을 승인한 것으로 볼 만한 사정이 있어야 할 것이다. 이를 판단할 때에는 관계되는 여러 사정을 종합적으로 검토하여 신중하게 하여야 한다.[193]

(b) (i) 소송능력, 법정대리권 또는 소송행위에 필요한 권한의 수여에 흠이 있는 사람이 무효인 소송행위를 한 뒤에 권한이 보정된 당사자나 법정대리인이 이를 추인한 경우에는, 그 소송행위는 처음 이를 한 때에 소급하여 효력이 생긴다(제60조). 이 점에서 소급효가 없는 법률행위의 추인(민 제139조)과 다르다. 그러므로 제1심에서 변호사의 소송행위가 소송위임이 없어 무권대리에 불과하였다고 하더라도 제2심에서 권한을 수여받아 소송위임이 있는 것으로 볼 수 있다면 제1심의 소송행위를 추인한 것으로 인정된다.[194]

(ii) 상속인은 상속포기를 할 수 있는 동안 소송절차를 수계하지 못한다(제233조 제2항). 그런데 민법 제1019조에 의하여 상속 개시된 사실을 안 날부터 3월 이내에 상속포기를 할 수 있

191) 대판 1983.9.27. 83므22.
192) 대판 1997.10.28. 97다27596 · 27602.
193) 대판 2009.9.24. 2009다37831, 2017.10.26. 2016다247223, 2021.4.8. 2020다284496.
194) 대판 1971.3.30. 70다2813.

는데도 불구하고, 상속인인 원고들이 상속개시가 있은 지 불과 1월 이내에 소송수계를 함으로써 위 민사소송법 규정에 위배된 흠이 있다고 하더라도 소송 진행 중 상속포기 없이 상속개시 있음을 안날로 부터 3월을 경과한 때에는 그 전까지 한 소송수계행위의 흠은 치유되었다고 보아야 한다.[195]

(iii) 원고가 교육에 관한 재산분쟁사건의 소장에서 피고 충청남도의 대표자를 교육감이 아닌 도지사, 피고 대덕군의 대표자를 교육장이 아닌 대덕군 군수로 잘못 표시하였는데 제1심에서는 지사 및 군수로부터 소송위임을 받은 소송대리인에 의해 소송이 수행되었고 그 후 이를 변경한 바가 없다고 하더라도 제2심에 이르러 피고들의 각 정당한 대표자인 충청남도의 교육위원회 교육감과 대덕군의 교육장으로부터 소송위임을 받은 소송대리인에 의해 소송을 이어 받아 원심변론 결과의 원용(援用)등 변론이 행하여졌다면 제1심이나 제2심에서의 피고는 어디까지나 지방자치단체인 충청남도와 대덕군이므로 원고의 피고 대표자에 대한 표시상의 흠은 치유되었다고 볼 수 있다.[196]

(c) 소송능력, 법정대리권 또는 소송행위에 필요한 권한의 수여에 흠이 있는 경우에 법원은 기간을 정하여 이를 보정하도록 명하여야 하며, 만일 보정하는 것이 지연됨으로써 손해가 생길 염려가 있는 경우에 법원은 보정하기 이전의 당사자 또는 법정대리인으로 하여금 일시적으로 소송행위를 하게 할 수 있다(제59조).

(d) 유효한 소송행위의 추인이 되기 위해서는 소송행위를 할 수 있는 정당한 당사자가 권한이 없는 자의 흠 있는 과거의 소송행위를 인식한 후 그것을 유효한 것으로 인정한다는 의사표시를 하여야 한다.

(e) 사실심에서의 소송능력 등 흠이 있는 행위는 법률심인 상고심에서도 추인할 수 있지만[197] 법원이 그 소송행위를 흠이 있다고 확정적으로 배척하기 전에 하여야 한다. 재심의 소에서 선임된 특별대리인도 그 대리권의 범위에 제한을 두지 아니하였다면 재심대상 판결절차의 소송에서 무효인 소송행위라도 확정적으로 배척되기 이전에 추인하여 유효로 할 수 있다.[198]

(f) 특별한 사정이 없는 한 소송행위는 그 일부만 따로 할 수 없고 소송행위의 전체를 대상으로 하여야 한다.[199] 그러나 이어진 소송행위 중에서 다른 소송행위와 분리하여도 독립된 의미를 가지고 있는 소송행위(예, 제기된 소에서 그 소의 취하행위)만을 제외하고 나머지 전부를 추인하는 것은, 소송의 혼란을 일으킬 염려가 없고 소송경제상으로도 적절하여 유효하다.[200]

---

195) 대판 1964.5.26. 63다974.
196) 대판 1977.3.8. 76다972.
197) 대판 2010.12.9. 2010다77583.
198) 서울고판 1969.3.7. 68나1760.
199) 대판 2008.8.21. 2007다79480.

(나) 소송절차에 관한 이의권과 그 포기·상실(제151조)

(a) **소송절차에 관한 이의권** (i) 소송절차에 관한 이의권이라 함은 당사자가 소송의 주체로서 소송절차의 진행 중에 법원 또는 상대방의 법규를 위반한 소송행위에 대하여 이의를 제기하고, 그 효력을 다투는 소송법상 권능을 말한다. 당사자가 이 권능을 적극적으로 행사하면 법원이 지휘하는 소송절차가 합법적으로 실시되는가를 감시할 수 있다.

(ii) (ㄱ) 그런데 제151조는 「당사자는 소송절차에 관한 규정에 어긋난 것임을 알거나, 알 수 있었을 경우에 바로 이의를 제기하지 아니하면 그 권리를 잃는다」고 소극적으로 규정하고 있으므로 이 권능이 소송법에서 의미를 갖는 것은 적극적인 경우보다 오히려 소극적인 경우, 즉 그 권능의 불행사가 법원의 절차규정 위반의 흠을 치유한다는 데 있다.

(ㄴ) 소송행위가 효력규정에 위반되었을 때에는 이를 무효로 하여야 하겠으나 이 원칙을 모든 경우에 일률적으로 적용한다면 유효한 소송행위를 언제나 다시 행하여야 하므로 소송절차의 안정과 소송경제에 반하기 쉽다. 그러므로 그 가운데에서 당사자의 소송수행상 이익을 보장하고 그 편의를 도모할 것을 목적으로 하는 임의규정에 위반되었을 경우에 한정해서 소송절차에 관한 이의권의 포기·상실이 허용된다.[201] 왜냐하면 임의규정위반으로 말미암아 불이익을 입은 당사자가 소송절차에 이의를 제기하지 않고 이를 감수하여 이를 무효로 하지 아니한다면 유효한 소송행위를 다시 할 필요가 없게 되어 소송절차의 안정과 경제를 도모할 수 있기 때문이다.

(b) **소송절차에 관한 이의권의 대상** 소송절차에 관한 이의권의 대상은 소송절차에 관한 규정위반이다. 즉 소송의 심리 및 수행의 형식면에 관한 사항에 대하여서만 문제되며 소송행위의 내용이나 소송상 주장의 당부는 이 권능과 관련이 없다. 그러므로 공격방어방법에 관한 판단, 자백에 반하는 사실인정과 같은 소송행위의 주장 또는 내용 등에 관한 사항은 소송절차에 관한 이의권의 대상이 아니다.

(c) **소송절차에 관한 이의권의 포기·상실** (i) 소송절차에 관한 이의권의 포기라 함은, 당사자가 법원 또는 상대방의 소송행위가 소송절차에 관한 규정에 어긋난 것을 알거나, 알 수 있었음에도 불구하고 바로 이의를 제기하지 않겠다는 의사표시를 변론이나 준비절차에서 명시적 또는 묵시적으로 법원에 표시하는 것을 말한다. 이 권능은 소송행위가 절차규정에 위반될 때 비로소 행사할 수 있으므로 위반되기 이전에 미리 포기할 수 없다. 아무런 위반이 없는데도 미리 포기할 수 있다면 이는 바로 규정에 없는 임의 소송행위를 허용하는 것이 되어 부당하기 때문이다. 예컨대 상법 제403조 제1항 제2항 제3항에 따르면 발행주식 총수의 100분의 1 이상에 해당하는 주식을 가진 주주는 그 이유를 기재한 서면으로 회사에 대하여 이사의

200) 대판 1973.7.24. 69다60.
201) 대판 1072.5.9. 72다379.

책임을 추궁할 소의 제기를 청구할 수 있고, 회사가 그 청구를 받은 날로부터 30일 이내에 소를 제기하지 아니한 때에는 위 주주가 회사를 위하여 소를 제기할 수 있다. 이 규정의 취지는 주주의 대표소송을 인정함으로써 회사의 이익보호를 도모하면서도 주주의 대표소송이 회사가 가지는 권리에 바탕을 둔 것임을 고려하여 제소요건을 마련함으로써 주주에 의한 남소를 방지하고자 함에 있는 것이다.[202] 따라서 주주의 대표소송이 상법 제403조 제1항 제2항 제3항의 대표소송 제기요건을 갖추지 못한 채 제소되더라도 주주로부터 소의 제기를 청구받은 회사가 주주의 대표소송과 별도로 이사의 책임을 추궁할 소를 제기하지 않을 의사를 명시적으로 밝히는 등 주주의 제소청구에 응하지 않으리라는 특별한 사정이 인정된다면 이러한 경우까지 그 주주대표소송이 부적법하다고 보는 것은 소송경제에 반하므로 이 경우의 주주 대표소송은 적법하다고 해야 한다.[203]

(ii) 소송절차에 관한 이의권의 상실이라 함은, 소송절차에 관한 이의권의 포기 이외의 사유에 의하여 이의권을 잃게 되는 경우를 말한다. 당사자가 절차규정에 어긋난 법원 또는 상대방의 소송행위에 대하여 바로 이의하지 아니하면 소송절차에 관한 이의권은 상실된다(제151조). 예컨대 원고가 청구취지를 변경을 하였는데 피고가 이의하지 아니하고 본안에 관하여 다툰 경우에 원고의 청구취지변경을 더 이상 다툴 수 없는 따위이다.[204]

(iii) 여기에서 '바로'라고 함은 이의를 제기할 수 있는 첫 기회를 의미한다. 예를 들어 증거조사를 하려면 당사자에게 기일을 통지하여야 하는데(제381조) 이를 어긴 채 증거조사를 한 경우에 바로 이의를 제기할 수 있는 다음 번 변론 또는 증거조사기일을 말한다. 이의를 제기할 권리를 잃는다고 함은 당사자가 법원 또는 상대방의 소송행위가 절차규정에 위반되었으므로 무효라고 주장할 수 없는 것을 말한다.

(iv) **변호사법 제31조 제1항 1호의 규정과의 관계** (ㄱ) 변호사의 수임제한에 관한 변호사법 제31조 제1항 1호의 규정을 위반한 변호사의 소송행위에 대하여는 상대방 당사자가 법원에 대하여 이의를 제기하는 경우 그 소송행위는 무효이고 그러한 이의를 받은 법원으로서는 그러한 변호사의 소송관여를 더 이상 허용하여서는 아니 될 것이지만, 상대방 당사자가 그와 같은 사실을 알았거나 알 수 있었음에도 불구하고 사실심의 변론종결 시까지 아무런 이의를 제기하지 아니하였다면 그 소송행위는 소송법상 완전한 효력이 있다.[205]

(ㄴ) 소송절차에 관한 이의권은 바로, 즉 이의를 제기할 수 있는 첫 기회에 행사하지 아니하면 포기나 상실될 수 있는데 대하여 변호사법 제31조 제1항 1호의 규정에 위반한 변호사의

202) 대판 2021.5.13. 2019다291399.
203) 대판 2025.6.12. 2024다216743.
204) 대판 2011.2.24. 2009다33655.
205) 대판 2003.5.30. 2003다15556.

소송행위에 대한 이의는 '바로'가 아니라 사실심의 변론종결 시까지 행사할 수 있어 이의시기를 달리한다. 그 이유는, 소송절차에 관한 이의의 경우에 당사자의 소송행위는 물론 법원의 잘못된 소송행위도 이의의 대상이 되므로 소송절차를 조속하게 안정시킬 필요가 있어 이의의 시기를 '바로'로 한정하였으나, 변호사법위반의 경우에는 당사자 본인의 변호사에 관해서만 문제가 되기 때문에 이의시기를 조속하게 정할 필요가 없기 때문일 것이다.

(ㄷ) 그 결과 변호사법 위반의 경우에 이의권의 행사 유무를 오로지 상대방에게 맡겨서 변호사법에 위반된 소송행위의 효력을 사실심의 변론종결 시까지 불안정한 상태에 방치하고, 나아가 상대방은 제1심의 판결결과를 보고 그 유·불리에 따라 이의권을 행사할 수 있어, 이 결과에 따라 패소판결을 뒤집는 방법으로 이의를 주장할 수 있게 되어 신의칙에 반하는 결과가 될 수도 있다는 점이 문제이다.[206)]

(d) **소송절차에 관한 이의권의 포기·상실이 대상** (i) 이미 설명한 바와 같이 소송절차에 관한 이의권의 포기·상실이 허용되는 것은 소송절차에 관한 규정 중 임의규정위반에 한정된다. 소송절차에 관한 규정 중 효력규정이 아닌 훈시규정은 그 위반이 있더라도 소송행위의 무효로 되지 아니하므로 소송절차에 관한 이의권의 대상이 아니며,[207)] 강행규정은 법원이나 당사자가 당연히 준수하여야 할 규정이기 때문에 그 위반이 있을 때에는 무효로 하여야 하고 소송절차에 관한 이의권의 포기·상실을 허용할 수 없다. 예컨대 항소제기기간은 불변기간이고, 이에 관한 규정은 성질상 강행규정이므로 그 기간 계산의 기산점이 되는 판결정본 송달의 흠은 이의권의 포기나 상실로 인하여 치유될 수 없다.[208)] 이와 같이 당사자의 소송수행상 이익과 편의를 목적으로 하는 임의규정에 한하여 소송절차에 관한 이의권이 문제되는 것이다.

(ii) 소송절차에 관한 이의권의 포기·상실이 허용되는 것은 법원 및 당사자의 소송행위 방식, 예를 들어 통지·시기·장소, 소송절차의 중단 또는 중지 등의 행위이며, 강행규정인 법원의 구성, 법관의 제척, 전속관할, 공개주의, 불변기간의 준수, 판결의 선고와 확정, 당사자능력, 소송능력, 재심요건에 관한 규정 등 소송행위에는 허용되지 않는다.

(e) **소송절차에 관한 이의권 포기·상실의 효과** 소송절차에 관한 이의권이 포기·상실되면 절차규정에 위반한 소송행위라도 완전히 유효하게 된다. 다만 법원의 소송행위는 당사자 양쪽이 모두 소송절차에 관한 이의권을 포기하거나 상실당할 때에 유효하게 된다.

(다) **소송관계의 표명 및 증거조사 결과의 변론**

(a) 당사자나 그 소송대리인이 제1심의 변론종결에 앞서 소송관계를 표명하고 증거조사 결과에 대하여 변론하였다면 그 당사자는 제1심 소송절차에서 이루어진 모든 공격 방어방법

---

206) 자세한 것은 [44] 3 (3) (다) 참조.
207) 대판 2008.2.1. 2007다9009.
208) 대판 1972.5.9. 72다379.

과 증거조사의 결과를 재판에 쓰겠다고 원용한 것이 된다. 따라서 비록 당사자가 그 이전의 변론기일에서 제1심 변론결과를 진술하지 아니하고 그것이 법원의 위법한 조치에 말미암은 것이라 하더라도 그 위법은 더 이상 다툴 수 없어 모두 치유된다.

(b) 마찬가지로 항소심에서 변론기일에 출석하여 변론종결에 앞서 소송관계를 표명하고 증거조사 결과에 대하여 변론하였다면 그 당사자는 제1심 소송절차에서 이루어진 모든 공격방어방법과 증거조사의 결과를 원용한 것이므로[209] 비록 당사자가 그 이전의 변론기일에서 제1심 변론결과를 진술하지 아니하고 그것이 법원의 위법한 조치로 말미암은 것이라 하더라도 그 위법은 더 이상 다툴 수 없어 모두 치유된다.[210]

(c) 재심법원은 재심대상판결에 재심사유가 이유 있을 경우에 재심대상 소송의 본안을 심리해야 하므로 이 경우의 본안심리는 재심 이전의 상태로 부활되어 그것의 속행이 된다. 따라서 그 부활 이전의 법관이 경질된 이상 부활된 소송에서 당사자는 변론 갱신절차를 밟아 종전의 변론결과를 진술해야 하는데 변론 갱신절차를 밟지 아니하였다고 하더라도 당사자가 그 부활된 심급의 최종변론기일에서 소송관계를 표명하고 변론을 하였다면 이것으로써 변론을 갱신한 효과는 생긴 것으로 보아야 한다.[211]

㈑ **재판의 취소불능·흠을 주장할 이익의 소멸** 재판은 상소·재심의 경과 등 그 취소사유의 소멸로써 흠이 치유되고 취소의 기회가 감소됨으로써 흠도 치유된다. 또 소송이 취하로 소멸되는 경우에 그때까지 당사자가 한 진술의 흠은 이를 주장할 이익이 소멸함으로써 저절로 소멸된다.

㈒ **흠 있는 소송행위의 전환** 이것은 갑 행위로서는 흠이 있는 소송행위이지만 을 행위로서는 흠 없는 행위인 경우에 흠 없는 을 행위로 보아 활용하자는 것이다. 예를 들어 특별항고(제449조) 대상인 결정·명령에 '특별항고를 한다'는 표시 없이 일반항고로서 특별항고를 한 경우에도 특별항고의 취지로 보아 대법원에 소송기록을 보내게 하는 것[212] 등이다.

209) 대판 1980.7.22. 79다2148.
210) 대판 1987.12.22. 87다카1458.
211) 대판 1966.10.25. 66다1639.
212) 대결 1981.8.21. 81마292.

제 2 편

소송의 주체

제1장

법　　원

제1절 민사재판권

[22] 제1. 뜻

(가) 재판에 의하여 법적 쟁송사건을 해결할 수 있는 국가권력을 재판권이라고 한다. 입법권 및 행정권에 대립되는 관념으로서 사법권이라고도 하며, 헌법 제101조 제1항에 「사법권은 법관으로 구성된 법원에 속한다」고 규정되어 있다. 재판권 중 민사쟁송사건을 처리하는 권능을 민사재판권이라고 한다. 민사재판권은, 법원이 개인 간의 권리관계에 관한 다툼을 해결하기 위하여 행사하는 권능을 총칭한 것으로서, 권리 또는 법률관계에 관한 확인 · 이행 · 형성판결 및 강제집행이 주요내용을 이루고, 부수적으로 송달 · 공증사무, 증인 · 감정인에 대한 통지 · 신문 등 여러 사무를 포함한다. 재판권 행사의 상대방은 당사자에 한정되지 않으며 제3자도 포함하지만, 일반적으로는 당사자에 대해서 주로 문제된다.

(나) 재판권과 구별되어야 할 개념으로 사법행정권이 있다. 법원내부의 사무분담, 법원의 설치 · 관리, 법관 및 법원 일반직 공무원의 임면 등 인사관리 등이 사법행정권에 속한다. 사법행정권은 법적 쟁송사건의 처리와는 직접 관련이 없다는 점에서 재판권과 구별된다.

(다) 사람이 이성적인 존재라고 하더라도 궁극적으로는 힘에 의한 강제가 따르지 않고서는 종국적인 분쟁해결을 기대할 수 없다. 사회에서 가장 힘이 강한 존재는 '합법적인 폭력을 독점하는' 국가이므로 국가기관인 법원이 민사재판권을 가지고 분쟁해결의 주체가 되어야 법적 쟁송은 최종적으로 해결된다.

[23] 제2. 민사재판권의 국제법적 제약

민사재판권은 국가권력의 일부를 이루므로 먼저 법률상 쟁송(법조 제2조 제1항)[1]이라는 사법의 본질에 터 잡은 내재적 제약을 받는다. 한편 민사재판권은 우리나라 국가주권의 하나이므로 다른 나라에 적용될 수 없는 외부적 제약, 즉 국제법적 관점에서 나오는 대인적 · 대물적 · 장소적 제약을 받는다.

1. 대인적 제약

국가는 자기의 영토 안에서는 배타적 주권이 있다. 따라서 국가 주권의 하나가 되는 민사재판권도 국적을 불문하고 우리나라에 있는 모든 사람에게 효력이 있는 것이 당연하다. 그러나 헌법 제6조 제1항에 의하면 「헌법에 의하여 체결 · 공포된 조약과 일반적으로 승인된 국제법규는 국내법과 동일한 효력이 있다」고 규정되어 있고, 외국원수 · 수행원 및 그 가족 등은 주재국(駐在國)의 재판권을 면제받는 특권이 있다는 것이 국제관습법이다. 이와 같이 일정한 사람들에 대해서는 헌법과 국제관습법에 의하여 우리의 영토 안에서도 민사재판권이 미치지 않는데 이것이 민사재판권에 관한 대인적 제약이다.

(1) 외국국가

㈎ **원칙** (a) 외국국가에 대하여 재판권이 면제된다는 것은 전통적 국제관습법이었다. 따라서 국가는 외국의 법원에 원고로서 소송을 제기할 수 있으나 피고로서 제소당하지 않는다. 여기서의 외국국가란 주권국가를 의미하지만 다른 국가 또는 다른 나라 정부의 승인이 반드시 요구되는 것이 아니다.

(b) 외국국가가 주권적 행위를 한 경우에도 재판권면제의 특권을 포기한 경우나 법정지(法廷地)국의 영토주권이 인정되는 부동산에 관한 소송 등에서는 재판권이 면제되지 않는다.

㈏ *** 민사재판권과 주권면제** 우리나라 판례는 한 때 국가 행위의 성질을 묻지 않고 국가에 대해서는 모든 재판권이 면제된다는 취지의 절대적 주권면제론[2]의 입장이었으나 지금은 국가행위가 주권적 행위인 경우에만 재판권을 면제하고 사법적(私法的) 행위일 경우에는 재판권이 면제되지 않는다는 입장이다(제한적 주권면제론).[3] 국가는 공권력의 주체이지만 사경제에

---

1) [17] 5(2) 참조.

2) 대결 1975.5.23. 74마281.

3) 대전판 1998.12.17. 97다39216은 "국제관습법에 의하면 국가의 주권적 행위는 다른 국가의 재판권으로부터 면제되는 것이 원칙이라고 할 것이나, … 외국의 사법적 행위에 대해서는 당해 국가를 피고로 하여 우리나라 법원이 재판권을 행사할 수 있다고 할 것이다"라고 판시하였다.

서도 주체가 될 수 있다. 21세기에 들어서 각 국은 특정 국가 사이에 배타적 무역 특혜를 서로 부여하는 자유무역협정인 FTA(Free Trade Agreement)를 통해서 개인과 다를 바 없는 사경제적 행위를 하는 경우가 많으므로 그 경우까지 재판권을 면제할 필요가 없을 것이다. 따라서 국가 사이에 사경제활동이 커지면서 외국국가의 재판권면제 범위는 줄어들고 있다.

(다) **주권면제의 범위**

(a) **절대적 주권면제론과 제한적 주권면제론** 국가는 일반적으로 자국의 영토에 관한 한 배타적 재판권을 가지므로 주권의 평등 및 독립 원칙상 다른 국가의 재판권에 복종하지 않는다는 이론이 절대적 주권면제론(absolute theory of sovereign immunity)의 배경이다. 그러나 19세기 이후 국가가 국제 상업 활동에 적극적으로 참여하면서, 절대적 주권면제론을 고수할 경우 외국과의 거래에서 분쟁이 발생해도 법정지 국가의 법원에 소송을 제기하여 해결할 수 없는 문제가 생겼다. 이를 해결하기 위해 국가의 행위를 일정한 기준에 따라 주권적 행위와 비주권적 행위로 구분하고, 비주권적 행위에 대해서는 주권면제를 인정하지 않음으로써 소송 제기와 응소의 길을 터놓았다. 이로써 제한적 주권면제론(restrictive theory of sovereign immunity)이 등장한 것이다. 우리나라는 위 대전판 1998.12.17. 97다39216호에 의하여 종전의 절대적 주권면제론을 취하였던 대결 1975.5.23. 74마281을 변경하여 이제는 제한적 주권면제론의 입장을 취한다.

(b) **제한적 주권면제의 범위**

(i) **의의** 주권면제가 인정되는 행위를 주권적 행위(acta jure imperti)라고 하고, 주권면제가 인정되지 않는 상업적 활동 기타 행위를 사법적 행위(acta jure gestonis)라고 한다.

(ii) **주권적 행위와 사법적 행위의 구별에 관한 학설**

① **행위 성질 기준설** 외국의 활동이나 목적을 고려하지 아니하고 외국이 행한 행위 또는 그로부터 발생하는 법률관계의 성질을 기준으로 하여 국가가 개인처럼 사법적 행위를 한 것인지 아니면 주권을 행사한 것인지에 따라 주권적 행위와 사법적 행위를 구별한다는 견해이다.[4)]

② **목적기준설** 외국이 주권자로서 국방, 재해구제, 외교 등과 관련된 행위 등 공적인 목적을 가지고 활동이나 거래를 한 경우를 주권적 행위로 보고, 해운업의 경영과 같이 개인과 같이 행동한 경우를 사법적 행위로 본다는 견해이다.

(라) **주권면제의 범위에 관한 판례-제한적 주권면제론** (a) 절대적 주권면제론에서는 국가의 주권면제 대상이 되는 행위를 따로 정할 필요가 없다. 그러나 제한적 주권면제론에서는 주권면제의 대상을 정할 필요가 있는데 행위의 성질기준설에 의한다면 국가가 상업적 활동 기타

---

4) 정동윤외2 122면; 김홍엽, 37면; 정영환 171면.

일정한 행위를 하는 경우에는 이를 비주권적 행위 또는 사법적 행위로 보아서 주권면제를 인정하지 않는다.

(b) 그런데 위 대전판 97다39216은, 외국국가의 행위가 성질상 사법적 행위여서 주권면제의 대상이 되지 않는다고 하더라도 그에 대한 우리나라의 사법권행사가 「외국의 주권적 활동에 대한 부당한 간섭이 될 우려가 있는 등 특별한 사정이 있는 경우」에만 예외적으로 그 외국의 사법적 행위에 주권면제를 허용하아야 한다고 하여 앞의 행위 성질기준설과 다소 다른 입장이다.

(c) 이러한 전원합의체 판결의 기준에 따라 최근 판례[5)]는, 외교공관은 한 국가가 자국을 대표하여 외교 활동을 하고 자국민을 보호하며, 영사 사무 등을 처리하기 위하여 다른 국가에 설치하는 기관이다. 따라서 외국이 부동산을 외교공관 부지로 점유하는 것은 그 성질과 목적상 주권적 활동과 밀접하게 관련되므로 외교공관 부지 점유와 관련하여 해당 국가를 상대로 제기된 소송이 외교공관의 직무 수행을 방해할 우려가 있는 경우, 우리나라 법원의 재판권 행사는 제한될 수밖에 없는데 이 사건에서 피고 외국이 원고의 토지를 침범하여 일부를 자국 대사관 건물 부지로 사용하고 있으므로, 원고가 제기한 건물 일부 철거 및 토지 인도 청구는 「외국의 주권적 활동에 부당한 간섭이 될 우려가 있는 특별한 사정」에 해당하므로 이에 대한 우리나라 법원의 사법권 행사는 허용되지 않는다고 하였다. 그러나 피고 외국국가의 공관지역 점유로 인하여 부동산에 관한 사적 권리나 이익이 침해되었음을 이유로 해당 국가를 상대로 차임 상당의 부당이득반환을 구하는 절차는 그 자체로 볼 때 외국의 공관지역 점유에 영향을 미치지 아니하고, 그 청구나 그에 근거한 판결이 외교공관의 직무 수행과 직접적인 관련성이 있다고 보기도 어려우므로 이 경우에는 외국의 주권적 활동에 대한 부당한 간섭이 될 우려가 있는 등 특별한 사정이 있는 경우에 해당하지 아니하여 우리나라의 사법권행사를 허용하여야 한다고 하였다.[6)]

(d) 따라서 우리 판례의 입장은, 주권면제여부에 관해서는 행위성질설에 의하기보다는 그 행위가 사법적 행위라고 하더라도 주권면제를 허용하지 않는 것이 「외국의 주권적 활동에 대한 부당한 간섭이 될 우려가 있는 등 특별한 사정이 있는 경우」에 해당하는 가에 따라 주권면제 여부를 가리는 입장이라고 할 수 있다.

(마) **강제집행절차상의 주권면제에 관한 판례** 관련하여 재판이 강제집행절차로 연결되는 경우 그 강제집행절차상의 주권면제에 관한 판례를 검토한다.

(a) **판례**[7)]는, 제3채무자를 외국국가로 하는 채권압류 및 추심명령의 재판권 행사는 제3채

5) 대판 2023.4.27. 2019다247903(평석은 [117] 참조).
6) 위 대판 2019다247903 참조.
7) 대판 2011.12.13. 2009다16766.

무자가 되는 외국이 강제집행의 대상이 될 수 있다는 점에 대하여 명시적인 동의를 하였거나 재판권면제주장을 포기한 것으로 볼 수 있는 경우에 한정하여 강제집행을 할 수 있다고 하여, 외국을 피고로 하는 판결절차상 재판권 행사보다 더 신중하게 강제집행에 임할 것을 요구하였다.

(b) 생각건대 원고가 외국국가를 피고로 하여 소송을 제기한 결과 승소판결이 확정되면 외국국가에 대한 재판권이 면제되지 않는 범위에서 강제집행을 할 수 있다. 그러나 이 강제집행은 외국국가의 주권과 권위에 대한 심각한 침해가 예상되므로 당연히 외교적 측면에서 신중한 배려가 요청된다. 그래서 외국국가가 재판권 면제를 포기한 경우에도 강제집행을 하는 데는 재판권면제와 별개의 명시적인 포기를 필요로 한다는 것도 국제관습법이다. 따라서 판례의 입장은 외국국가에 대한 강제집행에 관한 한 판결절차와 달리 재판권면제와 별개의 명시적인 포기가 없는 한 물리적인 강제조치의 유무나 민사판결절차에서 요구되는 「외국의 주권적 활동에 대한 부당한 간섭이 될 우려가 있는 등 특별한 사정이 있는 경우」를 따지지 말고 주권면제를 인정하라는 입장이라고 할 수 있다.[8)]

민사재판권과 주권면제

1. 주권면제론의 발전
   - 절대적 주권면제론: 국가의 행위 성질과 무관하게 모든 행위에 대해 재판권을 면제(예: 대결 1975.5.23. 74마281)
   - 제한적 주권면제론: 주권적 행위(공권력적 성격)는 면제되지만, 사법적(상업적·사경제적) 행위는 면제되지 않음(대전판 1998.12.17. 97다39216)
2. 제한적 주권면제의 구체적 범위
   - 주권적 행위(acta jure imperii) → 면제 인정
   - 사법적 행위(acta jure gestionis) → 원칙적으로 면제 불인정
   - 학설
     - 행위 성질 기준설: 행위 자체의 성질로 구별
     - 목적 기준설: 행위의 목적(공적/사적)으로 구별
3. 판례 입장
   - 97다39216 판결: 단순히 사법적 행위라 하더라도, 그에 대한 재판권 행사가 「외국의 주권적 활동에 대한 부당한 간섭 우려가 있는 특별한 사정」이 있는 경우 → 주권면제 인정
     즉 행위 성질 기준설 + 특별한 사정 기준을 결합한 태도

8) 위 추심금소송에서도 우리나라에 재판권이 있다고 하여 위 대법원판결을 반대하는 견해는, 전원열, 102면 참조.

- 사례
  - 외교공관 부지 점유 사건:
    토지 인도·철거 청구 → 외교활동 방해 우려 → 주권면제 인정
    부당이득반환청구(차임 상당) → 외교활동 방해 없음 → 주권면제 불인정

4. 강제집행절차에서의 주권면제
- 판결절차보다 더 엄격, 바로 주권침해가 예상되므로
- 외국국가에 대해 강제집행을 하려면: 단순한 재판권면제 포기만으로는 부족
- 별도의 강제집행 면제 포기가 있어야 가능(국제관습법상 원칙)
  따라서 강제집행에서는 「특별한 사정」 여부와 상관없이 원칙적으로 주권면제 인정

□ 핵심정리
- 우리나라는 제한적 주권면제론 입장
- 원칙: 사법적 행위 → 면제 불인정
- 예외: 외국의 주권적 활동에 부당한 간섭 우려가 있는 특별한 사정 → 면제 인정
- 강제집행: 별도의 집행면제 포기 없으면 항상 주권면제 인정

(2) 외교관

㈎ 외교관 면제의 개념 외교관과 그 가족에 대한 재판권 면제는 우리나라가 가입한 1961년「외교관계에 관한 비엔나 협약」에 규정되어 있다. 외교관의 재판권면제는 외교관 자신의 특권이지만 결코 주재국의 법령에 대한 존중의무가 면제되는 것이 아니므로(위 협약 제41조 제1항), 주재국은 그 외교관을 재판에 회부하지 않는다고 하더라도 그 외교관의 본국에 대하여 그 외교관 비행을 항의하고 소환·퇴거를 요구할 수 있다. 한편 그 외교관은 본국인 파견국의 재판권마저 면제받은 것이 아니므로(위 협약 제31조 제4항) 외교관의 본국법에 의하여 본국의 재판관할이 인정되면 본국에서 소를 제기당할 수도 있다. 영사관원과 그 사무직원의 직무수행 중 행위에 대한 재판권면제는 우리나라가 가입한 1963년「영사관계에 관한 비엔나 협약」에 규정되어 있다.

㈏ 외교관 면제의 물적 범위 외교관은 주재국 법원 및 기타 사법기관의 재판권을 면제받는다. 그러나 다음의 경우에는 면제되지 않는다.

(a) 주재국 영토 내에 있는 개인의 부동산에 관한 소송 다만 외교관이 외교사절 목적을 위하여 파견국을 대신하여 보유하고 있는 부동산에 관한 소송은 면제된다(외교관계에 관한 비엔나 협약 제31조 제1항 a).

(b) 개인 자격으로 유언집행자·유산관리인·상속인 또는 유산수취인으로 관계하고 있는 상속에 관한

소송(위 협약 제31조 제1항 b).

(c) 공무 아닌 직업 활동 또는 상업 활동에 관한 소송(위 협약 제31조 제1항 c).

위의 경우들 이외에는 외교관으로서 증인의 증언의무(위 협약 제31조 제2항) 및 강제집행도 면제된다. 그러나 외교관에 대한 재판권의 면제는 포기할 수 없는 것이 아니므로 파견국 정부는 명시적 의사로 포기할 수 있다(위 협약 제32조 제1항 · 제2항).

㈐ **외교관 면제의 인적 범위** 첫째 외교관 및 그 가족은 주재국의 국민이 아닌 한 재판권이 면제된다(위 협약 제37조 제2항). 둘째 사무 · 기술직 및 그 세대에 속하는 가족은 주재국의 국민이 아니거나 주재국에 영주하지 않는 한 공적행위에 대하여 재판권이 면제된다(영사관계에 관한 비엔나 협약 제43조). 셋째 영사관원과 사무직은 직무수행 중에 행한 행위에 대하여 재판권이 면제되지만 ① 파견국을 대리하지 않고 임의로 체결한 계약 ② 주재국에서 차량, 선박 또는 항공기에 의하여 야기된 사고로부터 발생하는 손해에 대하여 제3자가 제기하는 민사소송에서는 면제되지 아니한다(위 협약 제44조).

(3) 주한미군

㈎ 주한미군의 법적 지위는 1967.2.9.에 체결된 「대한민국과 아메리카합중국 간의 상호방위조약 제4조에 의한 시설과 구역 및 대한민국에서의 합중국 군대의 지위에 관한 협정(SOFA, 약칭 한미행협)」에 규정되고 있다.

㈏ 한미행협 제23조 제9항 (가)에 의하면, 「미국은 한국법원의 민사재판권에 관하여 미국 군대의 구성원 또는 고용원의 공무집행으로부터 발생하는 문제에 있어서 한국 안에서 그들에 대하여 행하여진 판결의 집행절차에 관한 경우 또는 청구를 완전히 충족시키는 지급을 한 후의 경우를 제외하고는 미국 군대의 구성원 또는 고용원에 대한 한국 법원의 재판권으로부터의 면제를 주장하여서는 안 된다」고 하여 우리나라 주권을 존중하는 태도를 취하고 있다.

㈐ 하지만 주한미군의 공무집행 중 불법행위로 말미암아 손해를 입은 한국인은 국가배상법에 따라 한국을 피고로 하여 소송을 제기하여야 한다(한미행협 제23조 제5항). 예컨대 주한 미국 공군이 경기 화성군 매향리 지역에 설치된 사격장에서 행한 사격연습으로 인한 소음 등이 그곳 주민들이 참을 수 있는 정도를 넘었을 경우에 미국이 아니라 대한민국에게, 사격장의 설치 및 관리에 흠이 있었다는 이유로 국가배상법 제5조 제1항의 손해배상책임이 인정되었다.[9)]

다만 공무상 불법행위와 관련이 없는 계약의 이행청구 및 불이행을 원인으로 한 손해배상청구권은 한국에서 처리할 대상에서 제외하도록 규정되어 있으므로(한미행협 제23조 제5항 단서) 이의 실현을 위해서는 계약 상대방인 미국을 상대로 소송을 제기하여야 한다.[10)]

---

9) 대판 2004.3.12. 2002다14242.

10) 대판 1997.12.12. 95다29895.

(4) 국제기구

국제기구 및 그 구성원에 대해서는 원칙적으로 국가에 준하여 재판권이 면제된다. 국제연합기구 및 산하 특별기구, 그 기구의 직원이 한 직무상 행위에 대해서는 외교관과 동일하게 재판권이 면제된다(UN헌장 제105조).

2. 장소적 제약

민사 재판권은 영토주권의 원칙에 따라 장소적으로는 우리나라에 국한하여 미친다. 그러므로 외국에 대해서는 사법공조협정이 없는 한 송달이나 증거조사 등이 불가능하다. 우리나라 법원이 이러한 권리들을 행사하려면 사법공조에 관한 쌍무협정이나 조약에 가입하고 있어야 한다. 사법공조협정이 있는 경우에는 우리나라의 외국주재 대사 · 공사 또는 영사 혹은 외국법원에 송달을 촉탁하거나 증거조사를 촉탁할 수 있으나 외국법원이 우리나라의 촉탁에 호의적으로 응하지 아니하면 공시송달(제194조 제1항 후행)의 방법으로 송달할 수밖에 없다. 다만 호주, 중국 및 몽골과는 사법공조에 관한 쌍무협정을 체결하였고, 미국은 1976.2.3. 미국정부가 비(非)조약국에 대해서도 사법공조에 응할 의사가 있다고 천명함에 따라 이들 국가와는 송달이나 증거조사 등에 대한 사법공조가 가능하다. 송달받을 자 또는 증인신문을 받을 자가 대한민국 국민으로서 1963년 「영사관계에 관한 비엔나 조약」에 가입한 외국에 거주하는 경우에는 그 외국의 법령 또는 의사표시에 위반되지 아니하는 한 외국주재 대한민국의 대사 · 공사 · 영사에게 촉탁하여 실시할 수 있다(국민사공 제5조 제2항 1호). 우리나라가 2000.1.13. 가입한 1965년 「민사 또는 상사의 재판상 및 재판외 문서의 해외송달에 관한 협약(일명, 헤이그 송달협약)」은 미국, 중국, 일본 및 EU국가 등 전 세계의 47개국이 가입하고 있어 가입국가 사이에서 소송관련 서류의 해외 송달절차가 간소화되어 실무상 많이 이용되고 있다.

3. 대물적 제약

[24] [25] [26]에서 설명한다.

[24] 제3. 국제민사소송

1. 개설

우리는 다른 외국의 사람들과 더불어 사는 국제화 사회의 구성원이다. 국제화 사회는 외국과 생활관계를 맺는 사회현상을 전제로 하므로 필연적으로 외국적 요소를 동반하는 각종 분쟁, 즉 외국인을 당사자로 하거나 외국에 있는 물건을 대상으로 하는 외국법상 분쟁 들이 증가하기 마련이고, 그 내용도 복잡하다. 그런데 국제사회에서는 아직 사적 분쟁 일반에 관한 국제적인 분쟁해결제도가 마련되어 있지 아니하므로 결국 국내의 민사분쟁제도를 통하여 외국적 요소를 동반하는 사적 분쟁도 해결할 수밖에 없는 것이 현실이다. 결국 국제민사소송이라고 하여도 우리 민사소송제도를 통하여야 분쟁을 해결할 수 있는 것이다. 국제민사소송에서는 먼저 실체법에 따라 권리 또는 법률관계의 존재 여부를 판단하는 기준이 되어야 할 준거실체법을, 관련되는 여러 나라의 법 가운데서 선택하고 적용한다고 하는 본래의 국제사법 문제가 제기된다. 한편 소송절차 면에서는 국내소송에서 생길 수 없는 여러 가지 문제가 생기는데 예를 들어 우리나라 법원이 해당 사건을 재판할 수 있는가(국제재판관할권 문제), 우리나라 법원에 계속 중인 사건과 동일한 사건이 외국법원에 계속된 경우에 어떻게 처리할 것인가(국제소송의 경합 문제), 개별소송에서 생기는 절차문제를 해결하여야 할 법은 무엇인가(적용절차법 문제), 외국에 있는 당사자에 대한 송달방법(사법공조), 외국법원의 판결에 대한 국내에서의 효력(외국판결의 승인 · 집행) 등이 그 예이다.

2. 저촉법 문제와 실질법 문제

소송절차상 생기는 여러 가지 문제를 어느 나라 법에 의하여 해결하여야 할 것인가가 적용절차법의 문제이다. 「소송절차는 법정지법에 의한다(actor sequitur forum rei)」는 로마법 이래의 법 격언과 같이, 절차 문제에 관하여는 현재 소송이 수행되고 있는 법정지국(法廷地國)의 법이 적용된다는 원칙이 세계적으로 널리 인정되고 있다. 이 원칙에 따르면 소송절차문제는 법정지법에 의하는 것이 명백하다. 그러나 소송목적이 실체적 권리 · 법률관계와 관련이 깊은 절차문제에 관하여 무조건 법정지국의 소송법규를 적용한다면 본안문제에 관하여는 국제사법으로 정한 준거실체법이 외국법이어서 외국법이 적용되고, 소송절차에서는 법정지법이 적용되어 실체와 소송절차의 준거법이 다른 법 영역에 속하게 되는 혼란이 일어날 위험이 생긴다. 그러므로 가령 절차문제라 하더라도 법정지법의 적용원칙을 무조건 따를 것이 아니며, 경우에 따라 외국의 절차법을 선택하여 적용할 가능성도 생기는 것이다. 이를 소송절차에 관한 저촉법 문제라고 할 수 있다.

이와 구별하여야 할 것은 법정지국의 절차법이 적용되지만 해당 문제에 적용할 실질규정이 국내 소송법에서는 갖추지 못하거나 혹은 불명확한 경우(예, 국제재판관할권 규정의 미비) 등이다. 이 문제는 저촉법이 아니라 실질법의 해석문제이다. 그 흠을 보충하고 해석할 때에는 국내 민사소송법의 해석과 질적으로 다른 국제적 요소를 고려하여야 할 것이다.

3. 국제민사소송법의 뜻

이와 같이 국제민사소송에 관련된 절차 문제는 내용에서는 물론 법의 성질에서도 복잡하고 다양하다. 그러나 이들 문제에 적용하여야 할 법은 한편으로는 소송절차의 적정·공평과 같은 절차법적 정의를 중심 이념으로 삼는 소송법적 성격을 갖고 있고, 다른 편에서는 내국법과 이념을 달리하는 외국법과 관련하여 국내 민사소송법과 성질을 달리하여야 한다는 점에 공통된다는 점에서 또 하나의 법 영역이 된다. 그 법 영역을 민사소송법의 일부분으로 할 것인가, 국제사법의 일부분으로 볼 것인가, 혹은 그 자체를 독립된 법 영역으로 구성할 것인가는 연구과제이지만 우리는 이와 같이 “외국적 요소가 있는 민사사건(또는 민사소송)에서 발생하는 절차법적 문제를 규율하는 법규의 총체”를 국제민사소송법이라고 부를 수 있다.[11]

[25] 제4. 국제재판관할권

1. 뜻

(1) 개념

㈎ 국제재판관할권이라 함은 외국적 요소를 동반하는 거래, 즉 국제거래에 관한 소송의 재판관할권을 말한다. 원래 국제재판권의 실질은 우리나라 민사재판권의 대외적 한계로서 재판권의 분장(分掌)개념인 관할과는 그 의미를 달리한다. 그러나 종래부터 판례나 학설에서 국제재판관할권이라는 개념을 사용하였으므로 여기서도 이를 그대로 사용하기로 한다.

㈏ 당사자의 한 쪽 내지 양쪽이 외국인이든가 외국에 주소를 둘 때 혹은 소송목적이 외국과 관련을 갖는 것과 같이 민사분쟁이 외국적 요소를 동반하는 국제거래에 관한 소송일 경우에 관련국 가운데에서 어느 나라 법원이 사건을 재판하여야 할 것인가를 정하는 기준에 관한 것이 국제재판관할권의 문제이다. 국제재판관할권은 당사자로 하여금 익숙하지 않은 다른 나

---

11) 같은 취지: 석광현, 1면.

라의 언어·관습·법제도 아래에서 재판을 받게 한다는 점에서 매우 중요한 문제일 뿐 아니라 법원으로서도 국제사건을 어떻게 적정·신속하게 처리하느냐는 문제와 관련된다는 점에서 의미가 크다.

(2) 소송상 지위

국제재판관할권은 우리나라 법원이 어떤 외국사건을 처리함에 있어서 국내에 재판적이 있느냐를 판단하는 데도 문제가 되지만 외국법원의 확정재판 등이 우리나라에서 효력이 인정되려면 대한민국의 법령 또는 조약에 따른 국제재판관할권이 그 외국법원에 인정되어야 하므로(제217조 제1항 1호) 그 경우에도 문제된다. 따라서 우리나라 법원이 국제민사사건에 관하여 국제재판관할권이 있는지 여부는 소송요건이고 직권조사사항이다. 또한 외국적 요소가 있는 법률관계에 관하여 적용되는 준거법으로서의 외국법은 사실이 아니라 법으로서 법원은 직권으로 그 내용을 조사하여야 한다.[12)]

그러나 국제재판관할권은 배타적이 아니라 다른 나라와 병존할 수 있다. 그러므로 지리, 언어, 통신의 편의(便宜)면에서 다른 나라 법원이 대한민국 법원보다 편리하다는 이유만으로 대한민국 법원의 재판관할권을 쉽게 부정해서는 안 된다.[13)]

2. 국제재판관할권의 기준에 관한 우리나라의 학설·판례

(1) 학설

(가) 역추지설(逆推知說) (a) 국내에 재판적(즉 토지관할)이 있느냐의 여부에 따라 국제재판관할권의 존부를 거꾸로 추측하여서 안다는 견해이다. 토지관할=국제재판관할권이라는 입장이다. 논리적으로는 우리나라의 국제 재판관할권이 미치는 범위를 먼저 정한 다음 개개의 국내 법원에 토지관할을 배분하여야 할 것이지만 국내 토지관할 규정에서 역(逆)으로 국제재판관할권을 추측하려고 하기 때문에 역(逆)추지설이라고 하였다. 이 학설은 토지관할이라는 명확한 규정을 국제재판관할권의 기준으로 삼고 있다는 점에서 국제사건에 관한 국내 재판적의 존부를 판단하는데 우수하여 과거의 통설·판례였다. 하지만 이 학설은 사건에 관하여 내국재판적이나 외국재판적이 없는 경우에는 국제재판관할권도 없고, 양쪽이 다 있는 경우에는 국제재판관할권도 중복되는 불합리가 있어 우리나라 법원이 제217조 제1항 1호를 적용하여 외국법원의 확정재판 등을 승인하는 데는 문제가 있었다.

(b) 원래 국내토지관할은 사건에 관하여 관할법원이 없다는 사태가 발생하지 않도록 여러

12) 대판 2019.12.24. 2016다222712, 2022.1.13. 2021다269388, 대결 2023.10.31. 2023스643.
13) 대판 2019.6.13. 2016다33752.

가지 기준에 의하여 비교적 넓게 설정되어 있어 대다수의 사건은 복수(複數)의 법원이 토지관할을 가지게 된다. 그리고 그로 인한 토지관할 사이의 마찰은 제34조, 제35조 및 제36조에 규정된 소송의 이송절차에 의하여 조정할 수 있게 하였다. 그러나 국제민사소송에서는 국제적인 이송제도가 마련되어 있지 않기 때문에 가령 우리나라의 수소법원이 사건을 외국법원에서 심리 판단하는 쪽이 더 적절하다고 인정하더라도 외국법원으로 이송할 수 없는데 문제가 있는데 역추지설은 이 문제에 관하여 효과적으로 대처할 수 없는 결점이 있다.

㈏ **관할배분설** 국제재판관할과 토지관할의 존부를 자동적으로 연결시킬 것이 아니라 국제민사사건에 관하여 어느 나라에서 재판하는 것이 사건의 적정한 해결에 도움을 주며, 당사자에게 공평하며 능률적인가를 따져 조리(條理)에 의하여 국제재판관할권을 배분하여야 한다는 견해이다. 이 학설에 의하면 「조리」라는 애매한 기준만 제쳐둔다면 국제사건에 관하여 국내재판적의 존부를 판단하는데 문제가 없을 뿐 아니라 우리나라 법원이 제217조 제1항 1호를 적용하여 외국법원의 확정재판 등에 대하여 국제재판관할권의 존부를 판단하는 데도 역추지설에서 보는 바와 같이 국제재판관할의 부존재 또는 과다의 문제가 발생하지 아니하므로 우수하다.[14)]

㈐ **수정역추지설(특단의 사정설)** 이 학설은 관할배분설이 「조리」라는 애매한 기준으로 관할을 정하기 때문에 이를 명백하게 하고자 하는 학설로서, 원칙적으로 민사소송법의 토지관할규정을 유추하여 국제재판관할권을 정하되 특단의 사정이 있는 경우에는 관할배분설에 의하여 수정하여야 한다는 견해이다. 이 견해는 토지관할을 기준으로 한 국제재판관할권이 민사재판권으로 바뀌어서 지나치게 많이 행사되는 것을 억제하기 위해서 '특단의 사정'이라는 용어를 사용하는 학설이라고 평가할 수도 있다.

㈑ **결론** 생각건대 역사적으로 보아 재판권은 국가의 대인적 · 대물적 주권을 주장하는 것에 불과하였던 시대도 있었다. 그러나 각 나라 사이의 물자 및 사람의 통상 · 교통이 일상사가 되는 현실을 고려하여 보면 국내법의 규정을 뛰어 넘는 국제재판관할권을 생각해볼 수도 있다. 그렇다면 관할배분설이 가장 타당하다. 다만 이 학설에 의하면 국제재판관할권의 기준은 조리에 의할 수밖에 없는데 토지관할 규정은 국제재판관할권에 관한 조리의 징표(徵表)라고 할 수 있으므로 관할배분설에 의하더라도 민사소송법이 정한 토지관할 규정이 중요한 기준이 된다. 그렇게 본다면 관할배분설과 수정역추지설은 실제로 큰 차이가 없다.

(2) 국제사법

㈎ **원칙** 2001년 4월 7일 법률 제6465호로 제정되어 2022.1.4. 법률 제18670호로 전

14) 정동윤외2 128면; 정용환 177면.

부 개정된 국제사법의 국제재판관할권에 관한 일반원칙인 제2조는「법원은 당사자 또는 분쟁이 된 사안이 대한민국과 실질적 관련[15]이 있는 경우에 국제재판관할권을 가진다. 이 경우 법원은 실질적 관련의 유무를 판단함에 있어 국제재판관할 배분의 이념[16]에 부합하는 합리적인 원칙에 따라야 한다(제1항). 이 법이나 그 밖의 대한민국 법령 또는 조약에 국제재판관할에 관한 규정이 없는 경우 법원은 국내법의 관할규정을 참작하여 국제재판관할권의 유무를 판단하되, 제1항의 취지에 비추어 국제재판관할의 특수성[17]을 충분히 고려하여야 한다(제2항)」고 규정하여 국제재판관할권의 기준을 몇 개의 예외규정[18] 외에는 모두 관할배분의 이념에 맡기고 있다. 다만 국내법의 관할규정을 참작한다는 점에서 민사소송법상 토지관할 규정을 기준으로 한다는 것을 명백하게 하였다고 할 것이다.

(나) **북한관련소송과 재판관할권** (a) (i) 분단된 현실과 국제법 체계에도 불구하고 우리 헌법의 영토조항을 근거로 모든 북한 관련 소송에 관하여 대한민국의 재판관할권을 인정하고 대한민국 법률을 당연히 적용할 경우에는 불합리한 결과가 초래될 수 있다. 따라서 일정한 경우 준(準)국제사법적 접근방법에 따라 북한지역을 외국에 준하는 지역으로, 북한주민 등을 외국인에 준하는 지위에 있다고 보아서 북한관련소송을 외국적 요소가 있다고 하여, 남북가족특례법 제4조 및 국제사법 제2조에 따른 실질적 관련 유무에 따라 재판관할권을 인정하는 것이 합리적일 것이다.

(ii) 2001.6. 정부에서 제출하여 2003.6.30. 국회본회의에서 가결된「남북 사이의 상사분쟁 해결절차에 관한 합의서 체결동의안」에 의하면, 남북사이의 경제교류, 협력과정에서 생기는 상사분쟁은 당사자 사이의 협의의 방법으로 해결하되, 이로써 해결되지 않은 분쟁은 중재의 방법으로 해결할 것을 원칙으로 하는데(제1조) 중재판정의 준거법은 당사자들이 합의한 법령에 따라 중재판정을 하는 것을 원칙으로 하면서 당사자가 합의한 법령이 없는 경우에는 남 또는 북의 관련법령, 국제법의 일반원칙, 국제무역거래 관습에 따라 중재판정을 한다(제12조)고 함으로써 북한을 국제사법적 접근방법에 의거하여 외국에 준하는 지위에 두었다.

(b) 그러나 판례[19]는 대한민국의 영토주권이 북한에도 미친다는 헌법 제3조에 근거하여

---

15) 여기에서 '실질적 관련'이라 함은 법정지국인 한국이 국제재판관할권을 행사하는 것을 정당화할 수 있을 정도로 당사자 또는 분쟁 대상이 우리나라와 관련성을 갖는 것, 즉 연결점의 존재를 의미한다[석광현, 국제민사소송법(2012), 박영사, 77면 참조]. 대판 2021.3.25. 2018다230601도 같은 취지이다.

16) 여기에서 '국제재판관할 배분의 이념'이라 함은 대판 1992.7.28. 91다41897에서 설시하는「당사자 간의 공평, 재판의 적정, 신속」을 의미한다고 할 것이지만 굳이 그에 한정할 필요가 없다(석광현, 79면 참조).

17) '국제재판관할의 특수성'이라 함은 국내 관할, 특히 토지관할과 구별되는 특성을 말하는데 국내 토지관할은 단순한 관할의 장소적 배분의 문제이지만, 국제재판관할의 경우에는 그에 추가하여 법원의 조직, 법관과 변호사의 자격, 소송절차 및 실체의 준거법, 재판의 집행가능성 등에 차이를 초래할 수 있음을 의미한다(석광현, 82면 참조).

18) 국제사법 제27조 제4항, 제28조 제3항 제4항 등.

19) 대판 2015.8.30. 2015다255265(평석은 [69] 참조).

대한민국 법원이 개성공업지구 현지기업 사이의 민사분쟁에 대하여 우리나라 법원이 당연히 재판관할권을 가지고 있다고 판시하였다.

(3) 판례

판례는 처음에, 「국제재판관할에 관하여 조약이나 일반적으로 승인된 국제법상 원칙이 아직 확립되지 않고 성문법규도 없는 이상 국제재판관할권은 당사자 사이의 공평, 재판의 적정, 신속을 기한다는 기본이념에 따라 조리에 의하여 결정함이 상당한데 우리 민사소송법의 토지관할규정도 이 기본이념에 따라 제정된 것이므로 이에 의한 내국 재판적이 존재할 때에는 국제재판관할권도 존재한다」[20]고 하여 「국제재판관할규칙＝토지관할규정」이라는 기준을 명백하게 하면서도, 내국재판적의 존재로 국제재판관할권이 인정되는 경우라고 하더라도 사건과 관할법원 사이에 실질적 관련이 없는 등 조리에 반하는 특별한 사정이 있는 경우에는 외국법원의 국제재판관할권을 부정할 수 있다[21]고 하여 국제재판관할권을 정함에 있어서 토지관할규정을 조리에 의하여 수정하는 입장이었다.[22] 그런데 2001년에 국제사법이 제정되면서 판례는 「국제재판관할권은 당사자 간의 공평, 재판의 적정, 신속 및 경제를 이룬다는 기본이념에 따라 결정하여야 하는데 구체적으로는 소송당사자들의 공평, 편의 그리고 예측가능성과 같은 개인적 이익뿐 아니라 재판의 적정, 신속, 효율 및 판결의 실효성 등과 같은 법원 내지 국가의 이익도 함께 고려하여야 하고, 이러한 다양한 이익 중 어떠한 이익을 보호할 것인지는 개별 사건에서 법정지(法定地)와 당사자 사이의 실질적 관련성 및 법정지와 분쟁이 된 사건 사이의 실질적 관련성을 객관적인 기준으로 삼아 합리적으로 판단하여야 한다」[23]고 하여, 국제재판관할권을 정함에 있어 국제사법 제2조에서 정한 '당사자 또는 분쟁이 된 사안이 대한민국과 실질적 관련', 즉 연결점의 존재를 객관적 기준으로 삼도록 판시하였다.[24]

---

20) 대판 1992.7.28. 91다41897.

21) 대판 1995.11.21. 93다39607.

22) 대판 2000.6.9. 98다35037도 같은 입장이다.

23) 대판 2005.1.27. 2002다59788, 2019.6.13. 2016다33752, 대결 2021.2.24. 2017므12552.

24) 대판 2008.5.29. 2006다71908 · 71915는, 「분쟁이 된 사안과 가장 실질적 관련이 있는 법원은 이 사건 청어의 인도지로서 최종 검품의 예정지였던 중국 법원이었다고 할 것이나, 피고가 원고를 상대로 하여 중국 법원에 제기한 소가 각하되었고, 청어에 포함된 성자의 비율을 직접 확인할 수 있는 증거인 이 사건 청어가 더 이상 존재하지 않으며, 피고가 이 사건 청어를 인도받고 처분해버린 시점으로부터 약 5년이 경과하여 이제 와서 대한민국 법원의 국제재판관할을 부정한다면 당사자의 권리구제를 도외시하는 결과를 야기할 수 있는 점, 피고가 이 사건 본소에 대하여 반소를 제기하고 있으므로, 원 · 피고 사이의 분쟁을 종국적으로 일거에 해결할 필요성이 있는 점, 원고가 대한민국 회사로서 우리나라에서 계약의 체결과 관련된 서류를 팩스로 전송받는 방법으로 이 사건 계약을 체결하였고, 이 사건 정산금을 송금받기로 한 곳이 대한민국인 점 등을 고려할 때, 대한민국에도 당사자 또는 분쟁이 된 사안과 실질적 관련이 있다고 할 것이고, 따라서 대한민국 법원에 국제재판관할권을 인정할 수 있다」고 하였고, 대판 2014.4.10. 2012다7571은, 「일본국에 주소를 둔 재외동포가 일본국에 주소를 둔 재외동포를 상대로 대한민국 법원에 대여금채무에 대한 변제를 구하는 소를 제기한 경우에 돈의 수령 및 사용장소가 대한민국

[26] 제5. 개별적인 국제재판관할권

1. 개념

앞의 학설 대립은 구체적인 경우에 큰 차이가 나는 것이 아니다. 생각건대 민사소송법의 토지관할 규정은 합리적 입장에서 국내의 재판관할권을 장소적으로 분배한 것이므로 이를 유추하여 국제적 규모로 확대하더라도 별 지장이 없다. 국제재판관할에서도 피고의 주소지는 생활관계의 중심적 장소로서 중요한 고려요소이므로 국제재판관할에서 특별관할을 고려하는 것은 분쟁이 된 사안과 실질적 관련이 있는 국가에 대한 관할권을 인정하기 위한 것이라고 할 수 있다. 결국 국제재판관할권의 결정은 관할권에 관한 국제규모에서의 장소적 분배 문제라고 볼 수 있으므로 우리 국내의 관할권 분배에 관한 규정인 민사소송법의 토지관할 규정을 국제재판관할에서도 유추할 수 있을 것이다. 따라서 관할배분설에 따라 국내 토지관할 규정을 유추한다고 하더라도 내국토지관할과 국제재판관할을 자동적으로 연결짓는 역추지설의 입장과는 취지를 달리하며, 오히려 재판의 적정·공평이라는 중심 이념을 같이하는 동등한 소송사건의 지역적 관련을 통한 배분규범이라는 공통성 및 배분할 때의 고려하여야 할 관계자 이익의 유사성에 터 잡았다 할 것이다. 따라서 국제적 장면과 국내적인 그것의 차이에 따른 수정은 당연히 예상된다.

2. 보통재판적

우리나라에 피고의 주소(제3조)가 있거나, 법인 그 밖의 사단 또는 재단의 경우에는 주된 사무소, 영업소 또는 업무담당자의 주소(제5조) 등 보통 재판적이 있으면 원칙적으로 우리나라의 재판권을 인정하여야 할 것이지만 국제민사소송법의 원칙에 의한 수정이 필요하다. 국제사법 제3조는 민법의 '주소'를 '일상거소(habitual residence)'라고 규정하고 있다. 국제사법에 규정된 '일상거소'는 단순한 체류지가 아니라 생활의 근거가 되는 장소를 말한다. 주소는 주민등록

이고 수령인도 대한민국 내 거주자라고 하여 대한민국 법원에 국제재판관할권을 인정할 수 있다」고 하여 대한민국과 실질적 관련성에 의하여 국제재판관할권을 인정하였으며, 대판 2021.3.25. 2010다230588은 원, 피고 모두 중국법에 의해서 설립된 중국법인이고 피고는 중국법으로 설립된 소외 회사의 연대채무자인데 원고가 소외회사와 물품공급계약을 체결하고 물품을 공급한 후 그 물품대금의 일부를 지급받지 못하자 피고에 대하여 소외 회사의 미지급 물품대금 채무에 대하여 연대책임을 부담하여야 한다고 한국법원에 소송을 제기한 경우, 피고회사의 주된 사무소가 한국에 있다면 설령 계약 채결지와 이행지가 중국이더라도 피고의 소송상 편의와 방어권 보장들을 고려하여 원고의 중국회사법에 따른 피고에 대한 청구에 대해서도 한국법원은 국제재판관할권이 있다고 판시하였는데 여기서는 '연결점'을 의무이행지인 '한국에 있는 피고회사의 주된 사무소'에 두어서 국제민사소송법 독자의 적정·공평·능률의 이념에 따라 한국법원에 국제재판관할권을 인정한 것이다.

지와 같이 법적으로 등록된 주소를, 거소는 실제 생활하는 곳인데 대하여 일상거소는 생활의 중심지라는 점에서 법적으로 형식화된 주소보다 넓고 현실적인 개념이다. 외국인의 경우 국적이나 본적 대신 "일상거소"를 기준으로 준거법을 정하는 경우가 많다.

(1) 자연인

㈎ 대륙법계의 나라들은 「원고는 피고 주소지에 제소하여야 한다」는 로마법 이래의 대원칙을 국내관할의 결정기준으로 삼고 있는데(제2조) 이 원칙은 국제재판관할에서도 기본적으로 정당하다. 적극적으로 자기의 권리를 관철하려는 원고로 하여금 자신을 방어하려는 수동적 입장에 있는 피고의 주소지에 소를 제기하게 함으로써 피고의 이익을 보호하려는 것은 공평의 관념에 터 잡은 것이므로 이 원칙은 지리적으로나 법 제도적으로나 큰 차이가 나는 국제소송에서는 오히려 더 필요하기 때문이다.

㈏ 국제사법상 일상거소는 국제민사소송법상 개념으로 이해하여야 하므로 국내 토지관할의 주소와 구별하여야 한다. 예를 들어 제3조를 국제재판관할에 유추하여 적용할 때에는 피고의 일상거소가 우리나라에 없거나 주소를 알 수 없다고 하여 바로 거소에 의할 것이 아니고, 세계 각국 어디에도 일상거소·거소 가 없을 때 최후 주소를 고려하여야 한다. 국제사법 제17조는 당사자의 일상거소지법에 따라야 하는 경우에 당사자의 일상거소를 알 수 없는 경우에는 그의 거소가 있는 국가의 법에 따른다고 하였다. 이와 같이 풀이하여야 피고의 관할이익을 보호할 수 있기 때문이다. 우리나라에 최후주소가 있다가 후에 외국에 가서 외국에 일상거소를 가지고 있을 때에는 우리나라에 있는 최후 주소가 아니라 외국의 일상거소에 국제재판관할권을 인정하여야 한다.

(2) 법인 등

㈎ 국제사법 제4조는, 대한민국에 사무소·영업소가 있는 사람·법인 또는 단체에 대한 대한민국에 있는 사무소 또는 영업소의 업무와 관련된 소(국사 제4조 제1항), 대한민국에서 또는 대한민국을 향하여 계속적이고 조직적인 사업 또는 영업활동을 하는 사람·법인 또는 단체에 대하여 그 사업 또는 영업활동과 관련이 있는 소(국사 제4조 제2항)는 우리나라 법원에 제기할 수 있다고 규정한다. 따라서 피고가 외국법인 등으로서 우리나라에 있는 그 사무소, 영업소가 피고의 업무와 관련이 있을 때에는 우리나라 법원에 국제재판관할권이 인정된다.

㈏ 우리 민사소송법은, 외국법인 그 밖의 사단 또는 재단, 즉 외국법인 등에 대한 보통재판적은 그 주된 사무소 또는 영업소가 있는 곳에 따라 정하고 사무소 또는 영업소가 없는 때에는 그 업무담당자의 주소에 따라 정하는데(제5조 제2항 제1항) 이 보통재판적을 외국법인 등에 대한 국제재판관할로 인정한다면 대한민국에 있는 영업소 등과 전혀 관련이 없는 업무에

관한 소송에서도 그 주된 영업소 등이 있는 곳에 국제재판관할권이 인정되는 결과가 된다. 외국법인 등의 영업이 그 주된 사무소 또는 영업소와의 관련성을 묻지 않고 국제재판관할권을 인정하는 것은 당사자 사이의 공평에 반한다는 비판을 받아왔는데 이 비판을 의식해서인지 국제사법 제4조는 제5조 제2항을 좁혀서 위와 같이 제한적으로 「업무와 관련된 소(제1항)」 또는 「영업활동과 관련이 있는 소(제2항)」라고 규정하였다. 한편 외국법인 등이 우리나라에 사업소나 영업소를 가지고 있지 않거나 우리 민사소송법상 토지관할에 관한 특별재판적이 국내에 없는 경우 또는 업무담당자의 주소가 한국에 없는 경우 등에는 우리나라 법원에 국제재판관할권을 인정하기 어렵다. 다만 이 경우에도 당사자가 우리나라 법원에 보전명령이나 임의경매를 신청한 경우에는 우리나라의 재판권에 복종할 의사로 한 것이라고 여겨야 할 것이다. 위와 같은 경우에 판례[25]는 신청채권에 관계된 소송에 관하여는 우리나라 법원이 재판권을 가진다고 보는 것이 국제민사소송의 재판관할에 관한 조리에 맞는다고 하였다.

3. 특별재판적

국제재판관할에서도 국내토지관할의 특별재판적과 같이 소 제기자의 편의를 위해서 피고주소지 원칙에 대한 예외가 되는 관할원인이 인정된다. 이 경우 국내토지관할의 특별재판적이 국제재판관할권의 기본이 되는 관할원인을 이루고 있으나 국제민사소송법의 기본 원리에 따른 수정이 있다.

(1) 계약상 의무이행지

(가) 제8조를 유추하면 의무이행지도 국제재판관할이 될 수 있다.[26] 따라서 계약에 말미암은 의무는 지참채무이기 때문에 채권자의 주소지가 이에 해당한다. 따라서 이 의무에 대해서 채권자의 주소지에 국제재판관할권을 인정하게 되면 소송 이송제도가 존재하지 않는 국제민사소송법의 현실에 비추어 채무자인 피고에게 지나치게 불리하다.

(나) 국제사법 제41조는 계약에 관한 소의 특별관할이라고 하여 계약상 의무이행지에 관한 규정을 두고 있는데 먼저 물품공급계약의 경우에는 물품인도지(국사 제41조 제1항 1호), 용역제공계약의 경우에는 용역제공지(국사 제41조 제1항 2호), 물품인도지와 용역제공지가 복수이거나 용역제공을 함께 목적으로 하는 경우에는 의무의 주된 부분의 이행지(국사 제41조 제1항 3호), 들이 대한민국에 각각 있는 경우에는 우리나라 법원에 소를 제기할 수 있고, 그 외에 계약에 관한 소는 청구의 근거지인 의무가 이행된 곳 또는 그 의무가 이행되어야 할 곳으로써 계약당

25) 대판 1989.12.26. 88다카3991.

26) 「재판관할 및 판결집행에 관한 EC조약」 제1조 제1항은 계약의 채무이행지 관할을 인정한다.

사자가 합의한 곳(국사 제41조 제2항)이 대한민국에 있는 경우에는 우리나라 법원에 소를 제기할 수 있다고 하여 제8조의 의무이행지 유추적용에 의한 피고 관할이익의 무제한적 박탈을 시정하려 하였다. 그러므로 위의 계약들 성립을 둘러싼 부존재확인, 무효, 취소청구 등의 경우에도 국제사법 제41조를 적용하여야 할 것이다.

(2) 부동산이 있는 곳

부동산에 관한 권리는 소재지 법과 밀접한 관계가 있다는 점에서 제20조를 유추하여 부동산이 있는 곳에 국제재판관할권을 인정할 수 있다. 원래 다른 나라의 영토주권, 대인주권에 관련된 사건 또는 오로지 다른 나라 자체의 이해관계에 관한 사건에 관해서는 그 나라의 재판권 행사를 존중하여야 할 것이다. 따라서 부동산을 목적으로 하는 소송은 그 소재지 국의 영토주권이 배타적으로 미쳐야 하기 때문에 그 나라의 재판권에 전속한다고 할 수 있다. 국제사법 제5조는, 1. 청구의 목적 또는 담보의 목적인 재산이 대한민국에 있는 경우 2. 압류할 수 있는 피고의 재산이 대한민국에 있는 경우(다만 분쟁이 된 사안이 대한민국과 아무런 관련이 없거나 근소한 관련만 있는 경우 또는 그 재산의 가액이 현저하게 적은 경우는 제외) 가운데 어느 하나에 해당하면 법원에 소를 제기할 수 있다고 규정하고 있다. 이 규정에 해당되지 않는다면 외국에 있는 부동산에 관한 소송은 한국과 실질적 관련성이 있더라도 국제재판관할권을 인정할 수 없다.

(3) 불법행위지

㈎ 국제사법 제44조는, 불법행위에 관한 소는 그 행위가 대한민국에서 행하여지거나 대한민국을 향하여 행하여지는 경우 또는 대한민국에서 그 결과가 발생하는 경우에는 우리나라 법원에 제기할 수 있다. 여기에서 '행위지'라 함은 가해(加害)행위지와 결과 발생지 양쪽을 모두 포함하므로 원고는 그의 선택에 따라 어느 곳에서도 소를 제기할 수 있다. 그러나 가해 행위지가 외국인데 결과 발생지가 국내에 있을 경우 국내에서는 결과 발생의 원인을 통상 예견할 수 없는데 그 경우까지 불법행위지에 기초한 재판관할을 인정하는 것은 당사자의 형평에 어긋날 가능성이 높다. 이런 경우 국내소송이라면 재량 소송이송에 의하여 행위지 법원으로 이송할 수 있으나 국제민사소송에서는 재량 소송이송이 인정되지 아니하므로 그렇게 할 수 없다. 이러한 점을 감안해서인지 국제사법 제44조 단서는, 불법행위의 결과가 대한민국에서 발생한 것을 예견할 수 없었던 경우를 대한민국 법원의 관할에서 제외하였다. 이 규정의 취지는 불법행위가 행하여진 사회적 조건을 고려하여 그 곳에서의 법의식을 기준으로 판단해서 처리하는 것이 일반적으로 국내법을 적용해서 처리하는 것보다 형평(衡平)의 견지에서 합리적이고 실제적이라고 할 수 있고 또 그렇게 하는 것이 당사자의 기대에도 상응하는 것이라고 할 수 있기 때문이다. 그러나 양쪽 당사자가 모두 내국인인 경우에 원인사실의 발생지(불법행위지)가 단순

히 우연적이고 형식적인 의미를 갖는데 그치는 경우에는 국제사법의 규정을 적용해서 처리하여야 할 합리적인 이유가 없으므로 민사소송법의 관할에 관한 규정을 적용하여야 할 것이다.[27)]

(나) (a) (i) 판례[28)]는, 김해공항 부근에서 발생한 중국항공기 추락사고로 사망한 중국인 승무원 유가족이 중국 항공사를 상대로 대한민국 법원에 제소한 사건에서 원, 피고 모두 대한민국 사람이 아니었음에도 불구하고 관할배분설의 입장에서 「국제재판관할권은 배타적이 아니라 대한민국법원의 재판관할권과 병존할 수 있으므로 준거법(중국법)이 국제재판관할권의 유일한 기준이 되지 않는다」고 하면서, 「불법행위지 및 피고의 영업소재지 등 토지관할권, 소송당사자들의 공평, 편의 그리고 예측가능성과 같은 개인적 이익뿐만 아니라 재판의 적정, 신속, 효율 및 판결의 실효성등과 같은 법원 내지 국가의 이익도 함께 고려하여 이러한 다양한 이익 중 어떠한 이익을 보호할 필요가 있을지 여부는 개별사건에서 법정지와 당사자의 실질적 관련성 및 법정지와 분쟁이 된 사건과의 실질적 관련성을 객관적 기준으로 삼아 합리적으로 판단하여야 할 것이다」라고 하여 그 판단의 결과로서 이 사건에 대한민국 법원의 국제재판관할권을 인정하였다.

(ii) 이 판결은 불법행위지의 재판적(제18조)에 의거하여 우리나라에 국제재판관할을 인정하려면 피고가 우리나라에서 원고의 법익에 손해를 끼친 것이 객관적 사실관계로 증명된 것을 전제로 한 것이다. 그러한 전제가 충족되지 않는다면 불법행위가 우리나라에서 발생하였다고 하여 외국인들 사이의 분쟁해결을 우리 법원이 비용과 시간을 들여 처리할 의무가 없기 때문이다.

(iii) 이 판례에 의하면 당사자는 우리나라 국민이 아니더라도 외국법원과 국내법원 중에서 어느 쪽 판결이 자기에게 유리한가를 따져서 제소할 수 있게 되었다. 다만 대한민국에 재판관할권이 없는 사건을 우리나라 법원에 제소한 경우에는 소송 이송에 관한 제34조의 규정을 외국법원에 적용할 수 없기 때문에 각하하여야 할 것이다.

(b) 제조물책임과 같이 행위지와 결과발생지가 예측 곤란할 정도로 먼 거리로 떨어져 있는 경우에도 원고에게 재판관할을 무제한적으로 선택할 수 있게 한다면 피고에게 예상할 수 없는 손해를 끼칠 우려가 있다. 그러므로 판례[29)]는 관할배분설의 입장에서, 「물품을 제조·판매하는 제조업자에 대한 제조물책임 소송에서 손해발생지의 법원에 국제재판관할권이 있는지 여부를 판단하여야 하는 경우에는 제조업자가 그 손해발생지에서 사고가 발생하여 그 지역의 법원에 제소될 것임을 합리적으로 예견할 수 있을 정도로 제조업자와 손해발생지 사이에 실질적

27) 대판 1979.11.13. 78다1343 참조.
28) 대판 2010.7.15. 2010다18355.
29) 대판 2013.7.12. 2006다17553(베트남전 고엽제피해사건), 2015.2.12. 2012다21737 참조.

관련성이 있는지를 고려하여야 한다」고 판시하였다.

(4) 가사사건의 국제재판관할권

㈎ 가사소송법은 가사사건에 관한 재판관할권은 특별한 규정이 없는 한 피고의 보통 재판적이 있는 곳에 있는 가정법원에 있다고 하였으며(가소 제13조 제1항), 당사자 또는 관계인의 주소·거소 또는 최후주소에 의하여 관할이 정하여지는 경우에 그 주소·거소 또는 최후주소가 국내에 없거나 이를 알 수 없을 때에는 대법원이 있는 곳의 가정법원에 그 관할권이 있다고 하고 있다(가소 제13조 제2항). 이러한 규정은 국제재판관할권에도 유추하여 준용할 수 있다.

㈏ 외국인들 사이의 이혼사건에 관해서는 우리나라에서 재판을 하더라도 외국인 본국의 대인주권을 존중하여야 하기 때문에 그 나라의 재판권을 부정할 수 없다. 또 어떤 사람이 어떤 나라의 국적을 보유하는가는 그 나라 자체의 이해관계에 관한 사항이기 때문에 그 나라의 재판권에 복종하여야 할 것이다. 그러므로 국제사법은 이혼에 관하여는 부부 중 한 쪽이 대한민국에 일상거소가 있는 대한민국 국민인 경우 대한민국 법에 따른다(국사 제66조)고 규정하고 있다.

한편 국제사법 제56조 제1항은 혼인관계에 관한 사건에 대해서는 1. 부부 중 한 쪽의 일상거소가 대한민국에 있고 부부의 마지막 공동 일상거소가 대한민국에 있었던 경우 2. 원고와 미성년 자녀 전부 또는 일부의 일상거소가 대한민국에 있는 경우 3. 부부 모두가 대한민국 국민인 경우 4. 대한민국 국민으로서 대한민국에 일상거소를 둔 원고가 혼인관계 해소만을 목적으로 제기하는 사건인 경우에는 법원은 국제재판관할이 있다고 하였고 위 법 제56조 제2항은, 부부 모두를 상대로 하는 혼인관계에 관한 사건에 대해서는 1. 부부 중 한 쪽의 일상거소가 대한민국에 있는 경우 2. 부부 중 한 쪽이 사망한 때에는 생존한 다른 한 쪽의 일상거소가 대한민국에 있는 경우 3. 부부 모두가 사망한 때에는 부부 중 한 쪽의 마지막 일상거소가 대한민국에 있었던 경우 4. 부부 모두가 대한민국 국민인 경우 법원은 국제재판관할이 있다고 규정하고 있다.

㈐ 판례는, 이혼소송에 관한 국제재판관할권에 관해서, 원고는 대한민국의 국적, 피고는 대한민국과 스페인의 2중국적을 가지고 있으면서 결혼식과 혼인신고가 대한민국에서 이루어졌고 자녀도 대한민국 유치원에 다니고 있는데 이혼소송이 제기된 경우에 당사자가 그 관할법원이 대한민국 법원으로 예측할 수 있다면 대한민국 법원에 실질적 관련성이 있다고 하였고,[30] 미국시민권자가 대한민국 국민을 피고로 하여 이혼을 원인으로 위자료, 재산분할, 양육비 등을 청구하고, 피고도 반소로서 양육자지정을 구하는 소를 제기한 경우에 그 미국시민권

30) 대판 2014.5.16. 2013므1196 참조.

자가 스스로 미국 법원의 재판권을 주장하지 아니하고 있으므로 본소 및 반소에 관하여 우리나라에 재판관할권이 있다[31]고 판시하였다. 하지만 단순한 외국국적에 관한 소송은 우리나라에 국제 재판관할권이 없다.

(5) 상표권

상표권은 등록국법에 의하여 발생하는 권리로서 등록이 필요한 상표권의 성립이나 유·무효 또는 취소 등을 구하는 소는 일반적으로 등록국 또는 등록이 청구된 국가 법원의 전속관할에 속하고 그에 관한 준거법 역시 등록국 또는 등록이 청구된 국가의 법으로 보아야 한다.[32] 따라서 외국에 등록된 특허권·상표권에 관한 소송은 우리나라에 국제재판관할권이 없다.

4. 전속관할

(1) 다음사항은 대한민국의 국익을 위하여 대한민국 법원에 전속관할에 속한다(국사 제10조 제1항). 그러나 전속관할에 속하는 사항이더라도 다른 소의 선결문제가 되는 경우에는 전속관할에 속하지 아니한다.

(가) 대한민국의 공적장부의 등기 또는 등록에 관한 소. 다만 당사자 간의 계약에 따른 이전이나 그 밖의 처분에 관한 소로서 등기 또는 등록의 이행을 청구하는 경우는 제외한다.

(나) 대한민국의 법령에 따라 설립된 법인 또는 단체의 설립무효, 해산 또는 그 기관의 결의의 유효 또는 무효에 관한 소

(다) 대한민국에 있는 부동산의 물권에 관한 소 또는 부동산의 사용을 목적으로 하는 권리로서 공적장부에 등기나 등록이 된 것에 관한 소

(라) 등록 또는 기탁에 의하여 창설되는 지식재산권이 대한민국에 등록되어 있거나 등록이 신청된 경우 그 지식재산권의 성립, 유효성 또는 소멸에 관한 소

(마) 대한민국에서 재판의 집행을 하려는 경우 그 집행에 관한 소

(2) 대한민국의 법령 또는 조약에 따른 국제재판관할의 원칙상 외국법원의 국제재판관할에 전속하는 소에 대해서는 국제사법 제3조의 일상거소가 있는 사람에 대한 소의 규정, 국제사법 제4조의 사무소·영업소 소재지등의 특별관할에 관한 규정, 국제사법 제5조의 재산소재지의 특별관할에 관한 규정, 국제사법 제6조의 관련사건의 관할 규정, 국제사법 제7조의 반소관할 규정, 국제사법 제9조의 변론관할에 관한 규정을 적용하지 아니한다(국사 제10조 제2항).

---

31) 서울가판 1996.11.1. 95드27138·63979.
32) 대전판 2018.6.21. 2015후1454.

5. 합의관할 및 변론관할

(1) 합의관할

(a) 국제 재판관할에 관해서도 관할의 합의를 할 수 있다(국사 제8조). 합의는 권리구제를 바라고 또 이를 방어할 장소를 정하는 중요한 것이기 때문에 서면으로 하여야 한다. 국제사법 제8조 제2항은 합의는 당사자가 서면 또는 전보, 전신, 팩스, 전자우편 또는 그 밖의 통신수단에 의하여 교환된 전자적 의사표시의 전자문서33)에 의하여 국제재판관할에 관한 합의를 할 수 있는데 다만 그 합의는 1. 합의에 따라 국제재판관할을 가지는 국가의 법(준거법의 지정에 관한 법규를 포함한다)에 따를 때 그 합의가 효력이 없는 경우 2. 합의를 한 당사자가 합의를 할 능력이 없었던 경우 3. 대한민국의 법령 또는 조약에 따를 때 합의의 대상이 된 소가 합의로 정한 국가가 아닌 다른 국가의 국제재판관할에 속한 경우 4. 합의의 효력을 인정하면 소가 계속된 국가의 선량한 풍속이나 그 밖의 사회질서에 명백히 위반된 경우에는 효력이 없다고 규정하고 있다.

(b) **외국법원을 관할법원으로 전속적 합의관할을 한 경우** (i) 우선 합의로 정해진 관할은 전속적인 것으로 추정한다(국사 제8조 제3항). 따라서 외국법원을 관할 법원으로 하는 합의관할을 한 경우 명시적으로 부가적 합의를 하지 않는 한 당사자가 그 외국이 아닌 우리나라 법원에 소송을 제기하면 그 외국에 제소할 수 있도록 소 각하판결을 하여야할 것이지만 그 예외에 관해서는 [35] 4(2)에서 설명한다.

(ii) 명시적으로 부가적 합의를 한 경우의 취급이다. 이 경우에도 당사자가 우리나라 법원에 소송을 제기하면 피고의 방소항변(妨訴抗辯)을 받아들여 우리나라의 재판권을 배제하는 소 각하 판결을 할 수 있느냐이다. 첫째 국내재판권에 전속하지 않은 사건이고, 둘째 합의로 정한 외국법원이 당해 사건에 관하여 국제재판관할권을 가지며, 셋째 해당 사건이 그 외국법원과 합리적인 연관성이 있고, 넷째 합의가 현저하게 불합리하고 불공정하여 공서양속에 위반되지 않을 경우에는 외국법원을 전속관할법원으로 하는 합의의 효력을 인정하여야 할 것이다.34) 따라서 이 경우에는 소송을 외국에 이송할 수 없으므로 그 외국에 제소할 수 있도록 소 각하 판결을 하여야 할 것이다.

(iii) 외국에서 우리나라 법원만을 관할법원으로 하는 전속적 관할합의를 한 때에도 외국의 재판권에 전속하지 아니하고 우리나라 법률이나 국제조약이 합의의 효력을 인정하면 그 합의는 유효하다.

---

33) 이때의 전자문서는 전자문서법제 4조의 2에서 정한 서면요건을 갖춘 전자문서를 의미한다. 상세한 전자문서의 소송상 취급에 관해서는 [75] Ⅲ.7. 참조.

34) 대판 2011.4.28. 2009다19093.

(2) 변론관할

국제사법 제9조는, 피고가 국제재판관할이 없음을 주장하지 아니하고 본안에 대하여 변론하거나 변론준비기일에서 진술하면 법원에 그 사건에 대한 관할이 있다고 규정하고 있다.

(3) 결론

이와 같이 외국의 재판권에 전속하지 않은 사건에 관해서는 합의관할이나 변론관할에 의하여 우리나라의 재판권을 인정할 수 있으므로 국제거래의 안전을 위해서는 외국법원의 관할을 배제하고 대한민국 법원을 관할법원으로 하는 전속적 관할합의를 미리 해두는 것이 좋을 것이다.

6. 국제재판권의 불행사(국사 제12조)

우리나라 법원에 국제재판관할권이 있는 경우에도 법원이 국제재판관할권을 행사하기에 부적절하고 국제재판관할권이 있는 외국법원이 분쟁을 해결하기에 더 적절하다는 예외적인 사정이 명백히 존재할 때에는 피고의 신청에 의하여 본안에 관한 최초의 변론기일 또는 변론준비기일까지 소송절차를 결정으로 중지하거나 소를 각하할 수 있다(국제 제12조 제1항 본문). 다만 당사자가 합의한 국제재판관할권이 우리나라 법원에 있는 경우에는 위와 같이 소송절차를 중지하거나 소를 각하할 수 없다(위 제12조 제1항 단서).

7. 국제재판관할의 표준시

관할은 소송절차의 안정을 위하여 소를 제기한 때를 기준으로 정해진다(제33조). 여기서 '소를 제기한 때'라 함은 법원에 소장을 제출한 때(제248조)를 말한다. '소를 전자문서로 제기한 경우'에는 그 전자문서가 법원행정처장이 관리하는 전산정보처리시템에 전자적으로 기록된 때에 접수된 것으로 본다(민소전자문서 제9조 제1항).

그러므로 소 제기 이후에 당사자가 주소를 이전하더라도 이미 생긴 관할에 영향을 주지 않는다. 국제재판관할의 표준시를 언제로 정할 것인가는 입법정책의 문제이지만 국내토지관할과 달리할 이유가 없다.

8. 결론

어느 사건에 관하여 외국재판권이 미치는지 여부는, 우리나라 법원이 재판을 할 때 국제재판관할권을 결정하는데도 중요하지만, 한편 외국법원이 사건에 관하여 행한 재판 등을 우리나라에서 승인하고 우리나라에서의 집행을 허용하는 것(제217조 제1항 및 제217조의2, 민집 제26조)이 당사자 사이의 공평, 재판의 적정·신속의 이념에 합치하고, 조리에 맞는가의 문제와도 관련이 깊다. 따라서 국제재판관할권의 존부 판단은 제217조 제1항 각호와 제217조의2의 해석과도 관련된다고 아니할 수 없다. 그러므로 영미법상 징벌적 손해배상은 우리나라의 공서에 반한다고 제217조의2에서 명백하게 규정하고 있는 이상 외국인 사이에서는 물론 우리나라 사람들도 외국에서 징벌적 손해배상을 목적으로 하는 제소는 공서에 반함이 명백하므로 이에 관해서는 국제재판관할권 자체를 부정하여야 하며 설령 외국에서 재판 등으로 징벌적 손해배상을 취득하더라도 그 취득자가 우리나라 사람이라면 이를 무효로 하여야 할 것이다. 그 점에서 외국재판권의 존부판단 기준과 우리 재판권의 존부판단 기준을 반드시 일치시킬 필요가 없다.

[27] 제6. 민사재판권의 흠

1. 소송요건

(가) 민사재판권의 존재는 당사자의 실재(實在)와 더불어 가장 대표적인 소송요건이고 직권조사사항이다. 왜냐하면 당사자가 없는 소송을 예상할 수 없는 것과 마찬가지로 국가의 주권이 미치지 아니하는 소송도 상상할 수 없기 때문이다. 따라서 국제재판관할권의 존재도 소송요건이고 직권조사사항인 것은 변함이 없다.

(나) 민사재판권은 중요한 소송요건이다. 그런데 판례[35]는 상대방이 민사재판권을 인정하더라도 실제로 민사재판권이 있는지 여부가 의심되는 경우에는 그 판단의 자료 수집을 직권으로 탐지해야 한다고 하였다. 따라서 판례에 의하면 민사재판권의 존재는 직권탐지주의가 적용되는 직권탐지사항이라고 할 수 있다.

(다)) 민사재판권의 흠을 간과한 판결은 상소로 구제받을 수 있으나 재심사유에 해당되지 않아서 재심의 소로서는 시정할 수 없다. 그러나 민사재판권이 없으면 판결의 효력이 생기지 아니하므로 방치하더라도 기판력, 집행력 등 효력이 생기지 않는다. 그 의미에서 재판권이 없는 판결은 무효인 판결이다.

---

35) 대판 2010.2.11. 2009두18035.

2. 재판권면제자에 대한 취급

(가) 외국 대통령이나 외교사절과 같이 치외법권을 향유하여 재판권이 절대적으로 면제되는 경우에는 심리할 필요가 없으므로 소장 자체를 명령으로 각하하여야 한다.[36)]

(나) 그러나 국가는 종전에는 절대적 재판권 면제자였지만[37)] 지금은 재판권 면제가 상대적일 경우가 많으므로 재판권 면제의 범위 및 재판권면제의 포기여부를 조사하여야 한다. 따라서 피고에게 소장을 송달한 뒤 재판권의 존부를 직권으로 탐지하여야 하고, 탐지한 결과 재판권의 부존재가 명백하다면 판결로 소를 각하하여야 한다.[38)] 다수 학설도 판례와 일치되고 있다.[39)]

(다) 재판권면제자는 주재국의 법정에서 피고로 될 수 없음은 물론 민사집행이나 보전처분을 할 수 없으며, 증인·감정인으로 출석을 요구해서도 안 된다. 그러나 재판권면제자는 원고로서 소를 제기하거나[40)] 경매신청 등 민사집행을 하는 데 아무런 지장이 없다.

(라) 재판권면제자인 피고가 재판권의 면제를 포기하고 부수소송 또는 방어소송(반소, 재심의 소, 제3자이의의 소, 청구이의의 소)을 제기할 수 있는 것은 당연하다. 강제집행 면제의 포기는 채무자에게 불리하므로 강제집행을 받겠다는 강제집행 면제의 포기의사가 별도로 있어야 가능하다.[41)]

36) 서울고판 1968.7.19. 68나178 참조.
37) 대결 1975.5.23. 74마281.
38) 대전판 1998.12.17. 97다39216.
39) 김홍엽 49면; 정동윤 외 2 141면; 정영환 200면; 전원열 106면.
40) 대판 1978.2.14. 77다2310.
41) 같은 취지: 정동윤 외 2 143면.

제2절 법원

[28] 제1. 법원의 구성

1. 법원의 뜻

(1) 개념

법원이라 함은 재판권(사법권이라고도 한다)을 행사하는 국가기관을 말한다. 실정법상 법원이라고 하면 넓은 의미에서는 법관 기타 법원직원이 배치된 사법관서로서의 통일적 조직체를 말한다. 「국법상 의미의 법원」이라고도 한다. 그 인적·물적 시설의 설치·관리·운영을 위하여 사법행정권이 발동되며 사법행정권을 행사하는 관계에서 법원은 관청이 된다. 좁은 의미에서는 사건을 심리·재판하기 위하여 한 사람 또는 여러 사람의 법관으로 구성된 재판기관을 말한다. 또 관서로서의 청사를 가리키는 의미로 법원이라는 용어가 사용되기도 한다.[42)]

(2) 법관의 국법상 책임

(가) 법관의 재판에 법령의 규정을 따르지 아니한 잘못이 있다 하더라도 이로써 바로 그 재판상 직무행위가 국가배상법 제2조 제1항에서 말하는 위법한 행위로 되어 국가의 손해배상책임이 발생하는 것은 아니다. 그 국가배상책임이 인정되려면 당해 법관이 위법 또는 부당한 목적을 가지고 재판을 하였다거나 법이 법관의 직무 수행상 준수할 것을 요구하고 있는 기준을 현저하게 위반하는 등 법관이 그에게 부여된 권한의 취지에 명백히 어긋나게 이를 행사하였다고 인정할 만한 특별한 사정이 있어야 한다.[43)]

(나) 재판에 대하여 따로 불복절차 또는 시정절차가 마련되어 있는 경우에 재판의 결과로 불이익 내지 손해를 입었다고 여기는 사람은 그 절차에 따라 자신의 권리 내지 이익을 회복하도록 법은 예정하고 있다. 그러므로 불복에 의한 시정을 구할 수 없었던 것 자체가 법관이나 다른 공무원의 귀책사유로 말미암은 것이라거나 그와 같은 시정을 구할 수 없었던 부득이한 사정이 있었다는 등 특별한 사정이 없는 한, 스스로 그와 같은 시정을 구하지 아니한 결과 권리 내지 이익을 회복하지 못한 사람은 원칙적으로 국가배상에 의한 권리구제를 받을 수 없다고 보아야 한다. 그러나 재판에 대하여 불복절차 내지 시정절차 자체가 없는 경우에는 부당한

42) 예컨대, 법조 제12조의 서울특별시에 있는 대법원.
43) 대판 2003.7.11. 99다24218.

재판으로 말미암아 불이익 내지 손해를 입은 사람은 국가배상 이외의 방법으로는 자신의 권리 내지 이익을 회복할 방법이 없으므로, 이와 같은 경우에는 배상책임의 요건이 충족되는 한 국가배상책임을 인정하지 않을 수 없다.[44)]

(다) 헌법재판소 재판관이 청구기간 내에 제기된 헌법소원심판청구 사건에서 청구기간을 오인하여 각하결정을 한 경우, 이에 대한 불복절차 내지 시정절차가 없는 때에는 국가배상책임의 위법성을 인정할 수 있다.[45)]

2. 법원의 종류

(1) 헌법 제101조 제1항은 사법권은 법관으로 구성된 법원에 속한다고 하고, 제2항은 법원은 최고법원인 대법원과 각급법원으로 조직된다고 규정하고 있다. 법원조직법에서는 법원을 대법원 · 고등법원 · 특허법원 · 지방법원 · 가정법원 · 행정법원 · 회생법원으로 나눈다(법조 제3조 제1항). 이 가운데서 대법원 · 고등법원 · 지방법원은 통상 민사사건을 다루는 민사법원이다. 지방법원지원이나 시 · 군법원(법조 제3조 제2항, 제33조, 제34조)은 지방법원 사무의 일부를 처리하기 위하여 둔 것으로서 별개의 법원이 아니다. 고등법원 원외재판부(법조 제27조 제4항, 제5항)도 고등법원과 별개의 법원이 아니다.

(2) 지방법원 이외에 특허법원 · 가정법원 · 행정법원 · 회생법원은 각각 특허사건 · 가사사건 · 행정사건 · 회생 및 파산사건을 취급하는데 이 사건들은 넓은 의미의 민사사건에 속한다. 다만 특허법원은 그 원장을 고등법원장 급으로 하고(법조 제28조의2 제4항, 제28조의3 제2항), 특허법 제186조 제1항, 실용신안법 제33조, 디자인보호법 제166조 제1항 및 상표법 제162조에서 정하는 제1심사건(법조 제28조의4 1호)과, 제24조 제2항 및 제3항에 따른 항소사건 등을 취급한다.

(3) 헌법재판소의 심판절차에 관하여는 헌법재판소법에 특별한 규정이 있는 경우를 제외하고는 헌법재판의 성질에 반하지 아니하는 한도에서 민사소송에 관한 규정을 준용하므로(헌재 제40조 제1항 전단)그 범위에서 민사소송과 관련을 맺는다.

3. 재판기관

(1) 재판기관

(가) 좁은 의미의 법원 좁은 의미의 법원인 재판기관은 수소법원으로서 소송사건을 수리하여 심판하는 기능과 집행법원으로서 집행관이 민사집행을 실시하는 것을 감독하고 스스

44) 대판 2003.7.11. 99다24218.
45) 대판 2003.7.11. 99다24218.

로 집행하는 기관으로 일정한 강제집행을 실시하는 기능이 있다.

(나) **단독제와 합의제** 재판기관에는 법관 한사람으로 된 단독제와 여러 사람으로 구성된 합의제가 있다. 대법원 · 고등법원 · 특허법원 · 행정법원은 어느 경우에나 합의제를 채택하고 있으나(법조 제7조 제3항), 지방법원 · 가정법원은 단독제를 원칙으로 하면서(법조 제7조 제4항) 합의제를 병용한다(법조 제32조). 회생법원은 단독제이다(법조 제7조 제4항). 지방법원과 고등법원의 합의제는 언제나 3인 법관의 재판기관(합의체)으로 구성되는데 제1심 합의부 사건과 그 법원의 항소심 재판을 담당한다. 대법원은 대법관 전원의 3분의 2 이상으로 구성되는 전원합의체와 대법관 3인 이상으로 구성되는 부를 두어(법조 제7조 제1항) 심판기구를 2원화하였다.

(다) **합의심판** 합의제 재판기관(합의체)에서는 사건을 처리할 때 중요한 사항의 재판(판결 및 결정)을 구성원인 법관의 합의에 의하여 그 과반수의 의견으로 결정한다(법조 제66조). 대법원의 심판권은 대법관 전원의 3분지 2 이상 합의체에 의하여 행사하는데 그에 앞서 대법관 3명 이상으로 구성된 부에서 먼저 사건을 심리한다. 부는 1. 명령 또는 규칙이 헌법에 위반된다고 인정하는 경우 2. 명령 또는 규칙이 법률에 위반된다고 인정하는 경우 3. 종전 대법원에서 판시한 헌법 · 법률 · 명령 또는 규칙의 해석적용에 관한 의견을 변경할 필요가 있다고 인정하는 경우 4. 부에서 재판하는 것이 적당하지 아니하다고 인정하는 경우를 제외하고 재판할 수 있는데 그 경우 부를 구성하는 대법관 전원의 의견이 일치되어야 한다(법조 제7조 제1항). 따라서 부 구성 대법관 중 1인이라도 의견을 달리할 때에는 대법원전원합의체에서 심판한다.

(2) 재판장

합의체에서는 법관 중의 한 사람이 재판장이 된다. 대법원에서는 대법원장이 재판장이 된다(법조 제7조 제1항). 고등법원이나 지방법원에서 누가 재판장이 되느냐는 명문의 규정이 없으나 부장판사 또는 가장 선임판사가 맡는 것이 관례이다. 재판장은 합의체의 합의를 주재하지만 표결권은 다른 합의부원과 동등하다. 재판장은 합의체를 대표해서 변론을 지휘하고(제135조) 판결을 선고(제206조)한다.

(3) 수명법관

합의체는 그 구성 법관 중 한 사람을 수명법관으로 정해서 일정한 사항을 위임하여 처리할 수 있다. 수명법관의 지정은 재판장이 하는데(제139조) 화해의 권고, 변론준비절차 및 법원 밖에서의 증거조사 등을 처리한다(제145조, 제280조 제3항, 제297조). 수명법관과 구별되어야 할 법관으로 수탁판사가 있다. 수탁판사는 수소법원이 같은 등급의 다른 법원에 일정한 재판사항의 처리를 촉탁한 경우(제139조 제2항, 제145조, 제297조) 그 처리를 맡은 단독판사를 말한다. 수탁판사가 한 처분 또는 재판은 소송법상 재판장이나 수명법관이 한 것과 동일하게 취급된다.

(4) 재판연구관과 재판연구원

㈎ **재판연구관** 대법원장의 명을 받아 대법원에서 사건의 심리 및 재판에 관한 조사·연구를 행하는 사람이다(법조 제24조 제1항·제2항). 재판연구관은 판사로 보하거나 3년 이내의 기간을 정하여 판사가 아닌 사람 중에서 임명할 수 있다(법조 제24조 제3항).

㈏ **재판연구원** 각급 법원에서 소속 법원장의 명을 받아 사건의 심리 및 재판에 관한 조사·연구, 그 밖에 필요한 업무를 행하는 변호사 자격이 있는 사람으로서 총 3년의 범위에서 기간을 정하여 채용된다(법조 제53조의2).

(5) 그 밖의 사법기관

㈎ (i) 그 밖의 사법기관으로는 판사의 사무 중에서 재판 이외의 사무에 관하여 위임받아 처리하는 사법보좌관(법조 제54조), 각급법원에 배치되어 재판의 부수사무를 처리하는 단독제 기관으로서 법원사무관 등으로 불리는 법원서기관·사무관 및 법원주사·주사보(법조 제53조), 각 지방법원에 배치되어 법령이 정하는 바에 따라 재판의 집행, 소송서류의 송달 기타의 사무에 종사하는 집행관(법조 제55조 제2항), 법정에서 소송서류의 송달 등 법관이 명하는 사무 기타 대법원장이 정하는 사무를 집행하는 경위(법조 제64조 제2항, 제3항) 등이 있다.

(ii) 그 외에도 특허법원에 배치되어 특허 등에 관한 소송에서 심리에 참여하여 재판장의 허가를 받아 기술적 사항에 관하여 소송관계인에게 질문을 할 수 있고, 재판의 합의에서 의견 진술을 하는 기술심리관(법조 제54조의2), 대법원과 각급 법원에 배치되어 법관의 명을 받아 심판에 필요한 자료의 수집·조사 그 밖에 필요한 업무를 담당하는 조사관(법조 제54조의3), 대법원에서 법관인 재판연구관의 명을 받아 민사, 형사, 행정사건의 심판에 필요한 자료를 수집·조사하고, 다른 필요한 업무를 수행하는 법률조사관(법원조사관등 규칙 제2조의1) 등이 있다.

㈏ 당사자 또는 이해관계인이 관련 법령 등에 따라 법원사무관등에게 처분을 구하는 신청을 하였는데 법원사무관등이 그에 응하지 아니하고 형식적 요건을 갖추지 못하였거나 이유가 없다고 하여 신청된 내용의 행위를 하지 않을 뜻을 표시하였다면, 신청인으로서는 법원사무관등이 신청을 거부한 것으로 보아 제223조에서 정한 '법원사무관등의 처분에 대한 이의'로 다툴 수 있다.[46)]

---

46) 대결 2012.4.13. 2012마249.

[29] 제2. 법관의 제척 · 기피 · 회피

1. 제도의 취지

공정한 재판을 구현하기 위해서는 먼저 재판을 현실적으로 담당하고 있는 법관의 독립성을 보장할 수 있도록 법률로 그 임명자격이나 임용방법을 엄격하게 정할 필요가 있다. 그러나 재판의 공정과 이에 대한 국민의 신뢰를 확보하려면 그러한 일반적 배려로는 불충분하며, 특히 구체적 사건에서 담당 법관이 사건과 특수한 관계에 있기 때문에 객관적으로 보아 공정한 재판을 기대할 수 없는 경우가 생길 때에는 이에 대하여 특별한 배려를 하지 않으면 안 된다. 제척 · 기피 · 회피는 특정 법관을 특정한 사건의 직무집행에서 배제하는 제도로서 재판의 공정성을 확보하기 위하여 인정된다.

2. 법관의 제척

(1) 뜻과 제척 이유

법관의 제척이라 함은 법관이 구체적인 사건에 관하여 법률이 규정하는 특별관계에 있을 때에 당연히 직무를 행할 수 없는 제도를 말한다. 그 제척이유(제41조)는 ① 법관 또는 그 배우자나 배우자이었던 사람이 사건의 당사자가 되거나 사건의 당사자와 공동권리자 · 공동의무자 또는 상환의무자의 관계에 있을 때[47](1호) ② 법관이 당사자와 친족의 관계에 있거나 그러한 관계에 있었을 때(2호) ③ 법관이 사건에 관하여 증언이나 감정을 하였을 때(3호) ④ 법관이 사건 당사자의 대리인이 되었거나 대리인이 된 때(4호) ⑤ 법관이 불복사건의 이전심급 재판에 관여한 때(다만, 다른 법원의 촉탁에 따라 그 직무를 수행한 경우에는 그러하지 아니하다)(5호) 등이다.

여기서의 당사자는 본래의 당사자뿐만 아니라 넓게 당사자의 보조참가인 · 선정당사자소송에서 선정자 등 사건과 관련이 있는 일체의 관계자를 포함하는 것으로 풀이한다. 공동권리자 · 공동의무자 가운데에는 종중 소송에서 해당 법관이 종중구성원인 경우를 포함한다.[48] 그리고 친족을 정의할 때에는 배우자, 혈족 및 인척을 친족으로 하지만(민 제767조) 친족의 범위는 민법 제777조에 규정된 배우자, 8촌 이내의 혈족, 4촌 이내의 인척에 국한되므로 법관은

47) 종중의 종중원은 종중원의 재산상 · 신분상 권리의무관계에 직접적인 영향을 미치는 종중 규약을 개정한 종중 총회의 결의의 효력 유무에 관하여 제41조 1호에서 정한 '당사자와 공동권리자 · 공동의무자의 관계'에 있는 자에 해당한다(대판 2010.5.13. 2009다102254 참조).

48) 대판 2010.5.13. 2009다102254.

그 범위 내에서만 제척된다.

「법관이 불복사건의 이전심급의 재판에 관여한 때」(⑤항)를 제척이유로 한 취지는 법관의 예단을 방지하자는 뜻이므로 여기서의 「이전심급」이란 불복의 직접 대상이 된 하급심의 종국판결에 한정되지 아니하며 그 전제가 된 중간판결(제201조) 기타 종국판결 이전의 재판(예, 소변경의 불허, 소송절차의 수계여부, 소송인수, 공격방어방법 각하 등의 재판)으로서 항소심의 판단을 받는 경우(제392조)를 포함한다. 그러나 실질상 같은 심급의 판단이 되는 환송 또는 이송절차에 있어서 같은 심급의 원심판결(제418조, 제419조, 제436조), 이의신청 후의 소송절차에 있어서의 지급명령(제472조), 재판상 화해에 관여한 법관이 그 화해내용에 따라 목적물의 인도를 구하는 소송에 관여,[49] 재심의 소에서의 재심대상판결,[50] 청구이의소송에 있어서의 집행권원이 되는 확정판결(민집 제44조), 보전처분에 대한 이의에 있어서의 가압류·가처분명령(민집 제280조, 제301조) 등은 「이전 심급」에 해당되지 않는다. 법관이 같은 내용의 다른 사건을 취급하였다 하여 제척이나 기피사유가 되지 않는 것은 당연하다.[51] 재판에 관여한다는 것은 실질적으로 사건에 관한 판단을 하는 재판의 합의 및 판결서 작성에 관여하는 것을 말하므로 사건에 관한 판단을 하지 않는 경우, 예를 들어 판결 선고에만 관여하든가 증거조사의 실시에만 관여하는 것[52]은 이전심급의 재판관여에 해당되지 않는다.

(2) 제척의 효과

제척될 이유가 있는 법관은 법률상 당연히 그 사건에 관하여 직무집행을 할 수 없다. 제척될 이유가 있는 법관이 잘못하여 소송행위를 하더라도 그 행위는 무효가 되고 만약 제척될 이유가 있는 법관이 종국판결을 하였을 때에는 그 판결에 대한 절대적 상고이유(제424조 제1항 1호·2호)가 되며 재심사유(제451조 제1항 1호·2호)가 된다. 그러나 제척신청이 각하된 때 또는 종국판결의 선고와 긴급을 요하는 행위(예, 멸실의 우려 있는 증거의 조사)는 예외로 허용된다(제48조 단서).

(3) 제척의 재판

어느 법관에 관하여 제척이유가 있다는 의심이 있을 때에 법원은 당사자의 신청 또는 직권으로 제척의 재판을 하지 않으면 안 된다. 제척의 효과는 그 재판의 유무와 관계없이 당연히 생기기 때문에 그 재판은 확인적 재판이다. 제척의 신청이 있으면 그 신청에 관한 재판이

49) 대판 1969.12.9. 69다1232.
50) 대판 2000.8.18. 2000재다87.
51) 대판 1984.5.15. 83다카2009.
52) 대판 1997.6.13. 96다56115.

확정될 때까지 소송절차를 정지하여야 한다(제48조 본문).

3. 법관의 기피

(1) 뜻

법관의 기피라 함은 법관에게 제척이유 이외에 재판의 공정을 기대하기 어려운 사정이 있는 경우에 당사자의 신청에 의하여 재판으로 그 직무집행을 배제하는 제도를 말한다. 제척의 경우와 달리 당사자의 기피신청이 이유 있다고 하는 재판이 확정됨으로써 비로소 직무 집행할 자격을 상실하므로 이 재판은 형성적 재판이다.

(2) 기피이유

기피이유는「공정한 재판을 기대하기 어려운 사정」(제43조 제1항)이다. 우리 사회의 평균적인 관점에서 볼 때 법관과 당사자 사이의 특수한 사적관계 또는 법관과 해당사건 사이의 특별한 이해관계 등으로 법관이 불공정한 재판을 할 수 있다고 의심할 만한 객관적 사정이 있고, 그 의심이 주관적 우려를 넘어 합리적이라고 인정될 때를 말한다.[53] 이는 당사자 한 쪽의 주관적 의혹만으로는 부족하고 사건과 특수 관계, 예를 들어 당사자 한 쪽과의 교우관계, 재산상 이해관계, 그 사건에 관한 재판 외에서 조언한 일, 객관적 원한관계 등이 있는 경우이다. 그러나 법관이 헌법 또는 사회현상에 관하여 이전에 소감을 발표하였다든가, 당사자의 증거신청을 받아들이지 않는다는 사유, 변론재개나 증거신청 등을 받아들이지 않는다는 사유 등은 기피의 원인이 되지 않는다. 한편 종국판결이 선고되면 그 담당법관을 그 사건의 심리재판에서 배제하고자 하는 기피신청의 목적은 사라지는 것이므로 기피신청에 대한 재판을 할 이익이 없게 된다.[54]

(3) 기피신청

(가) 기피신청은, 기피 이유를 소명하여(제44조 제2항) 합의부의 법관에 대한 기피는 그 법관이 소속된 합의부에, 수명법관·수탁판사 또는 단독판사에 대한 기피는 그 법관에게 신청하여야 한다(제44조 제1항). 기피하는 이유와 소명방법은 신청한 날로부터 3일 이내에 서면으로 제출하여야 한다(제44조 제2항).

(나) 기피신청은 당사자만 할 수 있다. 소송대리인은 자기 권한으로 신청할 수 없으며, 단지 당사자의 기피신청을 대리할 수 있을 뿐이다. 당사자가 기피이유 있는 것을 알고도 본안에 관

53) 대결 2019.1.14. 2018스563.

54) 대결 1991.6.14. 90두21.

하여 변론을 하거나 변론준비기일에서 진술한 때에는 기피신청권의 포기의사가 추측되기 때문에 기피신청을 하지 못한다(제43조 제2항).

(다) 지방법원 항소부 소속 법관에 대한 제척 또는 기피신청이 제기되어 제45조 제1항의 각하결정 또는 소속 법원 합의부의 기각결정이 있는 경우에는 항소법원의 결정과 같은 것으로 보아 이 결정에 대하여는 대법원에 재항고(제442조)하여야 한다.[55]

(라) 기피신청에 대한 재판

(a) 기피당한 법관 스스로의 재판 기피권의 남용에 대한 대책으로 기피신청이 그 신청방식을 준수하지 않거나, 소송지연을 목적으로 한 것이 분명한 때(제45조 제1항)에는 기피신청을 받은 법원이나 법관 스스로의 결정으로 그 신청을 각하한다. 당사자가 소송을 지연시키기 위하여 기피권을 행사하는 것은 신의칙에 반하므로 이를 방지하기 위한 취지이다.

(b) 합의부의 재판 기피신청이 적법하면 그 당부의 재판은 기피당한 법관이 소속한 법원의 다른 합의부에서 결정으로 재판한다(제46조 제1항). 만약 기피당한 법관의 소속법원이 합의부를 구성하지 못할 때에는 바로 위의 상급법원이 재판한다(제46조 제3항). 이 경우 기피당한 그 법관은 재판에 관여할 수 없으며, 다만 그에 관한 의견을 진술할 수 있다(제46조 제2항). 기피신청이 정당한 이유가 있다는 결정에 대해서는 불복할 수 없지만(제47조 제1항) 그것이 이유 없다고 하는 결정이나 신청방식의 위반 또는 소송지연을 목적으로 각하한 결정에 대하여는 즉시항고를 할 수 있다(제47조 제2항). 각하결정에 대한 즉시항고는 항고의 남용으로 인한 소송지연을 방지하기 위한 취지에서 집행정지의 효력이 없다(제47조 제3항).

(4) 기피신청과 소송절차의 정지

기피신청이 이유 있는 때에는 그 재판이 확정될 때까지 소송절차를 정지하여야 한다(제48조 본문). 다만 기피신청이 각하된 때 또는 종국판결을 선고하거나 긴급을 요하는 행위를 하는 때에는 그러하지 아니하다(제48조 단서). 소송절차의 정지 없이 판결을 선고하였을 때에는 그 종국판결에 대한 불복절차로 당부를 다투어야 하고, 별도로 기피결정을 하지 아니하였다는 이유로 항고를 할 수 없다.[56] 그 종국판결에 대하여 기피결정을 하지 아니하였다는 이유로 항소를 하더라도 소송절차는 정지되지 아니하므로 항소법원이 그 뒤의 소송절차를 정지하지 아니하여도 위법이 아니다.[57]

55) 대결 2008.5.2. 2008마427.
56) 대결 2000.4.15. 2000그20.
57) 대판 1966.5.24. 66다517.

4. 법관의 회피

법관의 회피라 함은 법관이 스스로 제척 또는 기피의 이유가 있다고 인정하여 자발적으로 직무집행을 피하는 것을 말한다. 사법행정상 감독권이 있는 법원의 허가를 받아야 한다(제49조).

5. 법원사무관등에 대한 준용

법관의 제척 · 기피 · 회피에 관한 규정은 법원사무관등에 대하여도 직무의 성질에 비추어 준용할 수 없는 제41조 5호를 제외하고는 모두 준용된다(제50조 제1항). 그 신청에 대한 재판은 법원직원이 속한 법원이 결정으로 하여야 한다(제50조 제2항). 제50조 제1항에 의하여 준용되는 제43조 제1항의 "공정한 재판을 기대하기 어려운 사정"이란, 통상인의 판단으로서 법원사무관등과 사건과의 관계로 보아 불공정한 재판을 할 것이라는 의혹을 갖는 것이 합리적이라고 인정될 만한 객관적인 사정을 말한다.[58]

6. 집행관의 제척

집행관도 ① 자기 또는 배우자 및 자기 또는 배우자의 4촌 이내의 혈족이나 인척이 당사자 또는 피해자이거나 당사자 또는 피해자와 공동권리자 · 공동의무자 또는 상환의무자인 관계가 있는 때 ② 자기 또는 배우자의 4촌 이내의 혈족이나 인척이 당사자, 피해자 또는 그 배우자의 친족인 때, 인척에 있어서는 혼인이 해소된 때 ③ 자기가 같은 사건에 관하여 증인 또는 감정인이 되어 신문을 받았을 때 또는 법률상 대리인이 될 권리가 있거나 있었을 때에는 그 직무를 행할 수 없다(집행 제13조). 민사집행의 공정성을 확보하기 위한 취지이다. 인척의 계원(系源)은 민법 제769조에, 친족의 범위는 민법 제777조에 따른다. 집행관에게는 회피제도가 없다.

---

58) 대결 1992.12.30. 92마783, 2006.2.28. 2006카기23.

제3절 관할

[30] 제1. 총설

1. 관할의 뜻

(1) 관할의 개념

우리나라에서 재판권을 행사하는 법원은 대법원을 비롯하여 고등법원·지방법원·가정법원·특허법원·행정법원·회생법원·지원, 시·군법원 등 여러 종류가 있고 그 가운데서 대법원·고등법원·지방법원은 통상 민사사건을 관할한다. 이들 법원에 관하여 구체적으로 어느 법원이 어떠한 형태의 민사 재판권을 행사하여야 하는지를 정할 필요가 있다. 이에 따라 관할은 재판권을 대법원 등 여러 법원의 어느 곳에 어떻게 분배하여 행사시킬 것인가를 구체적으로 정해 놓은 것을 말한다. 이와 같이 관할이란 재판권을 나눈 것이므로 관할권이라고도 한다. 관할이 재판권의 나눔인 이상 당연히 소송법상 효과가 생긴다. 이점에서 아무런 소송법상 효과가 생기지 아니하는 법원의 사무분배와 다르다.

(2) 재판권과 관할

재판권은 국가주권인 사법권의 행사문제이므로 그 부존재의 경우에는 소송을 각하하여야 한다. 그러나 관할은 재판권이 있는 것을 전제로 하므로 재판권이 있는 사건은 어느 법원에 관할권이 없더라도 다른 법원에 관할권이 있을 것이므로 관할권이 있는 법원에 이송하여야 한다.

2. 관할의 종류

(1) 법정관할·지정관할·거동관할

관할의 결정근거를 표준으로 한 분류이다.

㈎ **법정관할**　　법률에 직접 규정된 관할을 말한다. 관할은 여러 종류의 사건을 어느 법원에서 어떻게 분담하여 처리하는 것에 관한 문제이기 때문에 당사자가 어느 법원에 소를 제기하고 어느 법원에서 심리를 받아야 하는가를 획일적 기준으로 명확하게 법률로서 정할 필요가 있다. 그러한 뜻에 따라 법으로 정한 관할이 법정관할이며 이것이 관할의 본 모습이다. 법정관할은 재판권을 나누는 표준에 따라 다시 직분관할·사물관할·토지관할로 구별할 수 있다.

(나) **지정관할** 이것은 관할이 분명하지 않은 경우에 관련 법원의 바로 위 상급법원의 결정에 의하여 정해지는 관할을 말한다(제28조).

(다) **거동관할** 이것은 당사자의 합의(합의관할)나 피고의 변론(변론관할) 등 거동에 의해서 생기는 관할을 말한다.

(2) 전속관할과 임의관할

(가) **구별 필요성** 법정관할은 그 성질·효과에 따라 전속관할과 임의관할로 나눌 수 있다. 재판권을 나누어 놓은 관할 범위는 원칙적으로 법으로 정하여야 한다. 관할을 법정할 때 재판의 적정·공평 등 공익적 요구에 따라 특정법원에 배타적으로 관할권을 갖게 규정할 수도 있고. 당사자의 편의와 공평이라는 사익(私益)의 입장에서 규정할 수도 있다. 앞의 경우를 전속관할, 뒤의 경우를 임의관할이라고 한다.

(나) **전속관할인 경우** (a) 심급관할 기타 직분관할은 명문규정이 있느냐를 불문하고 원칙적으로 전속관할이다. 다만 심급관할이라도 비약상고(제390조 제1항 단서)가 인정되는 범위에서 임의관할이 된다.

(b) 토지관할은 원칙적으로 임의관할이다. 그러나 정기금판결에 대한 변경의 소(제252조 제2항), 재심사건(제453조 제1항), 독촉절차(제463조), 공시최고절차(제476조), 민사집행사건(민집 제21조) 등에서의 관할은 법이 전속관할로 정하였고 담보취소신청(제125조)의 관할은 판례[59]가 인정한 전속관할이다.

(c) 판결 등의 효력이 제3자 등 여러 사람에게 미치는 경우에는 공익성을 고려하여 원칙적으로 법이 전속관할로 정하였다. 그러므로 가사소송사건(가소 제2조 제1항),[60] 회사관계사건(상 제186조, 제376조 제2항, 제380조), 채무자회생사건(채무자회생 제3조), 증권관련집단소송(증집소 제4조), 소비자단체소송(소비기 제71조 제1항) 등의 관할은 모두 전속관할이다.

(d) 사회적 약자에 대한 부당한 관할의 합의를 막기 위해서 입법한 할부거래에 관한 법률 제44조, 방문 판매 등에 관한 법률 제53조 등의 관할도 전속관할이다.

(다) **소송법상 효과** (a) 관할권은 재판권을 나눈 것이다. 따라서 재판권이 소송요건인 이상 그 아들 뻘 되는 관할권의 존재도 그것이 전속관할이든 임의관할이든 모두 소송요건으로서 직권조사사항이다. 따라서 피고가 관할위반의 항변을 하지 아니하더라도 법원은 관할에 관

59) 대결 2011.6.30. 2010마1001.

60) 이혼을 원인으로 하는 손해배상청구는 제3자에 대한 청구를 포함하여 가사소송법 제2조 제1항 1호 다목 2)에서 다류 가사소송사건으로서 가정법원의 전속관할이다(대판 2014.5.16. 2013다101104 참조). 민법 제1013조 제2항 소정의 상속재산분할청구는 가사소송법 제2조 제1항 2호 나목 10에서 정한 마류 가사비송사건으로써 가정법원의 전속관할이므로 상속재산에 속하는 개별 재산에 관하여 민사법원에 제기한 민법 제268조의 공유물분할의 청구소송을 제기할 수 없다(대판 2015.8.13. 2015다18367 참조).

한 사항을 직권으로 조사할 수 있다(제32조).

(b) 전속관할은 오로지 법률의 규정에 의한다. 합의(제29조), 변론(제30조) 등 거동에 의하여 관할이 생길 수 없다. 따라서 관할위반에 의한 이송을 제외하고는 편의 또는 재량에 의하여 소송을 다른 법원에 이송할 수 없다. 그러나 임의관할은 전속관할과 달리 합의나 변론에 의하여 관할권이 생기고, 편의 또는 법원의 재량에 의하여 소송을 다른 관할법원에 이송할 수 있다(제35조 본문).

(c) 제1심판결이 전속관할을 위반한 경우에는 항소로 불복할 수 있고(제411조 단서), 절대적 상고이유(제424조1항3호)가 되어 상고할 수 있다. 그러나 재심사유가 아니므로 판결이 확정되면 관할위반을 주장할 수 없다. 그러나 임의관할을 위반한 경우에는 제1심판결이 선고되면 더 이상 관할위반을 주장할 수 없다(제411조 본문).

[31] 제2. 직분관할[61)]

1. 뜻

직분관할이라 함은 재판권의 여러 작용을 어느 법원의 역할로 분담시킬 것인가를 정한 것이다. 같은 사건이라고 하더라도 판결절차 · 민사집행절차 · 보전처분절차와 같이 서로 다른 성질의 민사재판권이 발동될 수 있으며, 같은 재판절차 가운데서도 제1심 · 항소심 · 상고심에서의 재판작용이 다르므로 이를 각각 적당한 법원에 배분하여 처리하도록 기본적 역할을 정하는 것이 민사소송제도를 설치 · 운영하는 법원이 그 체재를 갖추는 데 필요하다, 이러한 이유에서 인정된 것이 직분관할이므로 원칙적으로 전속관할이다.

2. 수소법원과 집행법원의 관할

(1) 수소법원(受訴法院)

(가) 수소법원이라 함은 어떤 사건이 현재 계속되고 있거나, 과거에 계속되었거나, 장래 계속될 판결절차를 맡은 법원을 말한다.

(나) 수소법원은 판결절차 이외에도 그 사건의 증거보전절차(제375조), 가압류 · 가처분절차(민집 제278조, 제303조), 재산명시와 채무불이행자등재절차(민집 제61조 제1항, 제73조 제3항), 작위 · 부작위를 목적으로 하는 청구의 집행(민집 제260조 제1항, 제261조 제1항)의 직분을 행한다.

61) 또는 직무관할이라고 하기도 한다. 정동윤 외 2 147면; 전원열 133면.

당사자가 상소를 제기하더라도 종국판결정본의 송달로서 심급을 마칠 때까지는 수소법원이 위의 직분을 행할 수 있다.

(2) 집행법원

(가) 집행법원이라 함은 그 사건에 관하여 강제집행을 실시할 수 있는 권한을 가진 법원(민집 제3조)을 말한다. 집행법원은 채권이나 부동산에 대하여 스스로 집행처분을 할 수 있고, 그 밖에도 집행관이 강제집행을 실시하는 것을 감독한다(민집 제3조, 제16조). 청구에 관한 이의의 소(민집 제44조), 제3자의의 소(민집 제48조)의 경우에 수소법원이 강제집행을 정지하도록 명할 수 있는데 급박한 경우에는 집행법원이 수소법원을 대신하여 집행정지명령을 할 권한이 있다(민집 제46조 제4항, 제48조 제3항).

(나) 집행법원은 지방법원이 된다(민집 제3조 참조). 지방법원의 심판권은 단독판사의 관할에 속하므로(법조 제7조 제4항) 지방법원 단독판사가 집행법원이다. 다만 제3자이의의 소는 소송물[62]이 단독판사의 관할에 속하지 아니한 때에는 지방법원합의부가 이를 관할한다(민집 제48조 제2항).

(다) 강제집행은 민사집행법에 특별한 규정이 없으면 집행관이 실시하지만(민집 제2조) 민사집행법상 집행문부여명령절차, 채무불이행자명부등재절차, 재산조회절차, 부동산에 대한 강제경매절차, 자동차·건설기계에 대한 강제경매절차, 동산에 대한 강제경매절차, 담보권실행 등을 위한 경매절차, 제소명령절차, 가압류·가처분의 집행취소신청절차에서의 법원사무는 사법보좌관이 할 수 있다(법조 제54조 제2항 2호 참조).

3. 심급관할

(1) 개념

심급관할이라 함은 재판의 적정과 법령해석의 통일을 이룩하기 위하여 같은 사건에 관하여 서로 종류를 달리하는 법원에서 거듭 재판을 받게 할 때에 이들 법원 사이에서 심판의 순서, 상하관계를 정해 놓은 관할을 말한다. 즉 어떤 종류의 법원이 처음 재판을 하고(이 법원을 제1심이라고 한다), 그 재판에 상소할 수 있는가를 정한 것이다. 심급관할은 비약적 상고의 합의(제390조 제1항 단서)가 있는 경우를 제외하고는 모두 전속관할이다.

---

62) 민사소송법 및 민사집행법 규정 전체에서 '소송물'이라는 용어의 사용은 여기가 유일하다. 이외에는 모두 소송목적이라는 단어를 사용한다.

(2) 내용

(가) 판결절차에서는 상소로서 항소, 상고의 2단계를 인정하는 3심제를 취하고 있다.

(나) 제1심의 심판권은 지방법원 단독판사나, 지방법원 또는 그 지원의 합의부 관할에 속한다. 제1심 심판권을 행사하는 법원을 제1심 법원이라고 한다. 독촉절차(제463조), 증거보전절차(제376조 제1항), 제소전 화해절차(제385조), 공시최고절차(제476조), 법원 밖에서의 증거조사(제297조 제1항) 등 간이·신속을 요구하는 사항은 제1심 지방법원 단독판사의 직분관할이고, 지방법원판사에 대한 제척·기피 신청에 대한 재판(법조 제32조 제1항 5호)과 같이 신중을 요하는 사항은 제1심 지방법원 합의부의 직분관할이다.

(다) 항소심은 제1심에 대한 불복신청을 관할한다. 항소사건을 관할하는 항소법원은 지방법원 본원 또는 춘천지방법원 강릉지원의 합의부(법조 제32조 제2항, 제40조 제2항), 고등법원 및 지방법원 본원의 고등법원 원외재판부[63]에 설치되어 있다.

(라) 상고심은 항소심에 대한 불복신청을 관할한다. 상고사건을 관할하는 상고법원은 대법원이 유일하다.

[32] 제3. 사물관할

1. 뜻

사물관할이라 함은 시·군 법원을 포함한 지방법원 단독판사와 지방법원 합의부 사이에서 제1심 소송사건의 분담을 정한 것이다. 법원조직법은 지방법원과 그 지원 및 시·군 법원의 심판권을 원칙적으로 단독판사가 행사하도록 하고(법조 제7조 제4항), 법원조직법 제32조 제1항에 규정된 사건은 판사 3인으로 구성된 합의부의 심판사건으로 정하였다(법조 제7조 제5항). 법원조직법은 시·군법원의 관할사건을 따로 규정하고 있으나(법조 제33조, 제34조) 시·군 법원 판사는 단독판사가 대법원장의 명을 받아 지방법원관할구역 내의 소액심판사건, 화해·독촉 및 조정에 관한 사건, 20만 원 이하의 벌금 또는 구류나 과료에 관한 범죄사건, 가족관계의 등록 등에 관한 법률 제75조에 의한 협의상 이혼의 확인 등(법조 제34조 제1항)을 처리하도록 한 것이므로 사물관할이 아니라 단독판사의 사무분배이다.

---

63) 재판업무 수행 상 필요가 있는 경우 대법원규칙으로 정하는 바에 따라 고등법원의 부로 하여금 그 관할구역 안의 지방법원 소재지에서 사무를 처리할 수 있는데(법조 제27조 제4항) 현재 제주 및 전주지방법원에 광주고등법원 원외재판부가, 청주지방법원에 대전고등법원원외재판부가, 춘천지방법원에 서울고등법원원외재판부가, 창원지방법원에 부산고등법원 원외재판부가 설치되어 있다(고등법원 부의 지방법원 소재지에서의 사무처리에 관한 규칙 제2조).

2. 합의부의 심판사건(법조 제32조 제1항: 민사 및 가사소송의 사물관할에 관한 규칙)

(1) 재정 합의부 사건(법조 제32조 제1항 1호)

단독판사의 관할에 속하는 사건이라 하더라도 합의부에서 심판할 것으로 결정하면 합의부 사건이 된다. 지방법원 및 그 지원에서는 합의부에서 심판할 사건을 결정하기 위해서 재정합의부가 구성되어 있어 단독판사의 사건을 합의부에서 심판할지 여부는 먼저 재정합의부가 결정하여 합의부에 배당한다(법관 등의 사무분담 및 사건배당에 관한 예규 제12조 제1항).

(2) 소송목적의 값이 5억 원을 초과하는 민사사건(민사 및 가사소송의 사물관할에 관한 규칙 제2조 본문)

(3) 소가를 산정할 수 없는 재산권상 소송과 비재산권상 소송(민사소송 등 인지법 제2조 제4항, 위 규칙 제2조 본문)

재산권에 관한 소로서 그 소송목적의 값을 계산할 수 없는 것과 비(非)재산권을 목적으로 하는 소송은 지방법원 및 지방법원지원의 합의부에 속한다.

㈎ **소가를 산정할 수 없는 재산권상 소송** (a) (i) 재산권상 소이지만 소가를 산정할 수 없는 소송으로서, 민사소송인지규칙에 규정된 것으로는 주주의 대표소송, 이사의 위법행위유지청구소송 및 회사에 대한 신주발행유지청구의 소(민인규 제15조 제1항), 특허법원의 전속관할에 속하는 소(민인규 제17조의2), 무체재산권에 관한 소 가운데서 금전의 지급이나 물건의 인도를 목적으로 하지 아니하는 소송(민인규 제18조) 등이 있고,

(ii) 그 밖에 선박소유자등의 책임제한절차개시신청사건,[64] 낙찰자의 지위 확인소송,[65] 상호사용금지의 소송, 소음·악취·일조방해 등 생활방해금지청구(민 제217조), 구거지(溝渠地)와 같이 기준시가가 없는 토지에 관한 소[66] 등도 여기에 속한다.

(b) 주주의 대표소송, 이사의 위법행위유지청구소송 및 회사에 대한 신주발행유지청구의 소(민인규 제15조 제1항), 특허법원의 전속관할에 속하는 소(민인규 제17조의2), 무체재산권에 관한 소 가운데서 금전 지급이나 물건 인도를 목적으로 하지 아니하는 소송(민인규 제18조) 등의 소가는 1억 원으로 하고, 나머지 소송의 소가는 5,000만 원으로 한다(민인규 제18조의2).

㈏ **비재산권상 소송** (a) (i) 비재산권상 소송이라 함은 경제적 이익을 목적으로 하지 않는 권리관계에 관한 소송을 말한다. 민사소송인지규칙에 규정된 것으로는, 민법 제764조의

---

64) 대결 1998.4.7. 97마832.
65) 대판 1994.12.2. 94다41454.
66) 이시윤, 98면.

규정에 의한 명예회복을 위한 적당한 처분을 구하는 소에서 그 처분에 통상 소요되는 비용을 산출할 수 있는 경우에 그 비용을 소가로 하고, 그 비용을 산출하기 어려운 경우의 비재산권상의 소(민인규 제14조), 주주의 대표소송, 이사의 위법행위유지청구의 소 및 회사에 대한 신주발행유지청구의 소는 소가를 산출할 수 없는 소송으로 보는데(민인규 제15조 제1항) 민인규 제15조 제1항에 규정된 것을 제외하고 상법의 규정에 의한 회사관계소송(민인규 제15조 제2항), 회사 이외의 단체에 관한 소송으로서 민인규 제15조 제2항에 준하는 소송(민인규 제15조 제3항), 해고무효확인의 소(민인규 제15조 제4항), 소비자기본법 제70조 및 개인정보보호법 제51조에 따른 각 금지 · 중지청구에 관한 소송(민인규 제15조의2) 등이 있고, (ii) 그 밖에 비재산권상 소송이지만 가사소송(가소 제2조)은 가정법원에, 행정소송사건(행소 제9조)은 행정법원의 관할에 속하고 민사법원의 관할이 아니다.

(b) 소가를 정함에 있어서, 민인규 제15조 제1항에 규정된 것을 제외하고 상법의 규정에 의한 회사관계소송(민인규 제15조 제2항), 회사 이외의 단체에 관한 소송으로서 민인규 제15조 제2항에 준하는 소송(민인규 제15조 제3항), 소비자기본법 제70조 및 개인정보보호법 제51조에 따른 각 금지 · 중지청구에 관한 소송(민인규 제15조의2)의 소가는 1억 원으로 하고 나머지 비재산권상 소의 소가는 5,000만 원으로 한다(민인규 제18조의2).

(다) **법률에 의하여 합의부의 권한에 속하는 사건** 예를 들어 제3자이의의 소(민집 제48조 제1항)는 집행법원의 관할에 속하므로 단독판사의 관할에 속하여야 하나 소송물의 값이 단독판사의 관할에 속하지 아니할 때에는 집행법원이 있는 곳을 관할하는 지방법원의 합의부가 이를 관할하는 것(민집 제48조 제2항 단서), 정정보도청구의 소(언론중재 제26조 제5항), 소비자단체소송(소비기 제71조), 개인정보단체소송(개인정보 제52조)에서는 지방법원 본원 합의부가 이를 담당하는 것 등이다.

(라) **관련청구** 본소와 반소(제269조), 중간확인의 소(제264조), 독립당사자참가(제79조) 등 관련되는 청구들 중에서 본소가 합의부 관할에 속하는 경우에는 관련청구는 소송목적 값이 5억 원 이하일 경우에도 본소와 함께 합의부의 관할에 속한다. 본소청구에 관련재판적(제25조)이 생기기 때문이다.

(마) **지방법원 단독판사 사건에 대한 항소 등 사건** 지방법원 본원 합의부 및 춘천지방법원 강릉지원 합의부, 고등법원 및 지방법원 본원의 고등법원 원외재판부는 지방법원 단독판사의 판결 · 결정 · 명령에 대한 항소 또는 항고사건을 제2심으로 심판한다(법조 제32조 제2항).

3. 단독판사의 심판사건

법원조직법에는 지방법원 및 그 지원의 심판권을 단독판사가 행사한다고 규정하고(법조

제7조 제4항), 합의부가 관장할 사건을 따로 규정한다(법조 제32조 제1항). 따라서 제1심 민사사건 중에서 합의부의 관할사건을 제외한 나머지 사건은 모두 단독판사의 관할이다.

(1) 재정단독사건(사물관할규칙 제2조 단서 4호)

합의부의 관할에 속하는 사건이라 하더라도 재정합의부가 이를 단독판사가 심판할 것으로 결정하면 단독판사의 관할이 된다.

(2) 재산권상 소로서 소송목적의 값이 5억 원 이하의 사건(위 규칙 제2조 본문)

(가) 5억원 이하의 사건이더라도 소송목적의 값이 2억원을 초과하는 사건의 항소 또는 항고사건은 고등법원이 심판한다(사물관할 규칙 제4조 제1항 1호).

(나) 소송목적의 값이 2억원 이하이고 3,000만원을 초과하는 사건의 항소 또는 항고사건은 지방법원이 제2심으로 심판한다(법조 제32조 제2항).

(다) 소송목적의 값이 3,000만원 이하의 사건은 시 · 군법원 판사가 담당할 수 있다(소액심판사건)(법조 제33조, 소심법 제2조, 소심규 제1조의 2). 그 항소 및 항고사건은 지방법원이 제2심으로 심판한다(법제 제32조 제2항).

(3) 기타

(가) 수표금. 약속어음금 청구사건(위 규칙 제2조 단서 1호)

(나) 은행·농업협동조합·수산업협동조합·축산업협동조합·신용협동조합·신용보증기금·기술신용보증기금·지역신용보증재단·새마을금고·상호저축은행·종합금융회사·시설대여회사·보험회사·신탁회사·증권회사·신용카드회사·할부금융회사 또는 신기술산업금융회사들이 원고가 된 대여금·구상금·보증금 청구사건(위 규칙 제2조 단서 2호)

(다) 자동차손해배상보장법에서 정한 자동차·원동기장치자전거·철도차량운행의 운행 및 근로자의 업무상재해로 인한 손해배상청구사건과 이에 관한 채무부존재확인 사건(위 규칙 제2조 단서 3호)

(4) 관련청구

본소가 단독판사의 관할이면 이에 병합하여 제기하는 단독판사 관할의 독립당사자참가, 반소, 중간확인의 소 등도 모두 단독판사의 관할이 된다. 본소청구에 관련재판적(제25조 제1항)이 생기기 때문이다. 다만 반소의 경우에는, 변론관할(제30조)의 경우를 제외하고, 피고가 반소로 합의사건에 속하는 청구를 한 때에는 직권 또는 당사자의 신청에 의하여 결정으로 합의부에 이송하여야 한다(제269조 제2항).

4. 소송목적 값의 산정

(1) 뜻

소송목적[67]의 값이라 함은 원고가 소로써 주장하는 권리 또는 법률관계에 관하여 갖는 경제적 이익을 화폐단위로 표시한 것이다(제26조 제1항). 소가(訴價)라고 줄여 쓴다. 사물관할을 정하는 표준이 되며, 또 소장 등에 붙일 인지액을 정하는 기준이 된다(민인 제2조).[68] 인지는 나라의 소송제도를 이용하는 수수료의 성질을 갖는다.

소송목적의 값은 소를 제기한 때를 표준으로 산정하는데(민인규 제7조)[69] 상세한 기준은 대법원규칙인 민사소송 등 인지규칙 제2장 이하에서 정해놓고 있다.

(2) 소송목적 값의 산정 방법

(가) 기준 (a) 소송목적의 값은 소로 주장하는 이익을 기준으로 계산하여 정한다(제26조 제1항). 여기서의 「소로 주장하는 이익」이라 함은 소의 제기 등을 한 자가 그 소송목적에 관하여 전부 승소함으로써 청구의 내용이 실현되는 경우에 얻는 경제적 이익을 객관적으로 평가하여 금액으로 정한 것을 말한다(민인규 제6조). 소의 유형, 심판의 곤란성, 피고의 응소능력, 피고의 자력 유무 등과는 관계가 없다. 당사자가 집행을 구하는 신청에서 승소할 경우 받게 될 경제적 이익은 집행판결을 구하는 소에서 승소할 경우와 같다.[70]

(b) 채무자가 지급명령에 대하여 적법한 이의신청을 하여 지급명령신청이 소송으로 이행하게 되는 경우에는 지급명령을 신청할 때의 청구금액을 소송목적의 값으로 하여 인지액을 계산함이 원칙이나, 소송기록이 관할법원으로 송부되기 전에 지급명령을 신청할 때의 청구금액을 기준으로 한 인지 부족액이 보정되지 않은 상태에서 채권자가 지급명령을 발령한 법원에 청구금액을 감액하는 청구취지의 변경서를 제출하는 등 특별한 사정이 있는 경우에는 변경 후 청구에 관한 소송목적의 값에 따라 인지액을 계산하여야 한다.[71]

(나) 재산권상 소로서 그 소가를 산정할 수 없는 것과 비재산권을 목적으로 하는 소송의 소가산정

---

67) 여기서의 '소송목적'은 심판대상인 '소송목적'과 동일한 의미이다. 다른 학자들이 즐겨 쓰는 '소송물'과도 동일한 의미이다. 그런데 '소송물'이라는 용어를 쓰는 학자들도 소가를 설명할 때에는 모두 법문에서 정한대로 '소송목적'이라고 통일하여 쓰고 있어 '소송물'과 '소송목적'이 다른 의미인 듯이 오해하기 쉽다. 이외에도 민사소송법에 규정된 '소송목적'은 모두 '소송물'과 같은 의미라는 점을 주의하여야 한다.

68) 민사소송등인지법에서 대법원규칙으로 정하도록 위임한 민사소송등인지규칙은, 모법에서 정한 「소송목적의 값」이라는 용어를 「소가」라고 하였다(민인규 제3조 참조).

69) 청구를 확장하는 경우, 확장된 청구에 관해서는 청구확장시가 소를 제기한 때이므로 확장액수를 표준으로 관할을 정한다.

70) 대결 2021.10.15. 2020마7667.

71) 대결 2012.5.3. 2012마73.

소송목적 값의 산정은 소송목적을 재산권, 비재산권, 재산권이지만 소송목적의 값을 산정할 수 없는 경우로 나누어 평가하는 것이 보통이다. 재산권상의 소로써 그 소가를 산정할 수 없는 것과 비재산권을 목적으로 하는 소송의 소가 산정에 관하여는 앞의 2.(3)에서 설명하였다.

(다) **소송목적의 값을 산정할 수 있는 경우** 그 소가를 산정하는 방법은 민사소송 등 인지규칙에 상세하게 규정되어 있다.

(a) **금전지급청구** 청구금액이 소가가 되나, 정기금청구인 경우에는 이미 발생한 분과 1년분의 정기금 합산액을 소가로 본다(민인규 제12조 3호·4호). 그러나 기간이 확정되지 아니한 정기금의 지급을 명한 판결을 대상으로 한 '정기금판결과 변경의 소(제252조)'에 있어서는 그 소로써 증액 또는 감액을 구하는 부분의 1년간 합산 액을 소가로 본다.

(b) **유체물에 관한 청구** 물건 등의 가액은 위 인지규칙 제9조에, 유체물에 관한 소의 소가의 구체적 산정기준은 위 규칙 제10조 내지 제14조에 규정되어 있다.

(c) **증서에 관한 청구** 증서의 진정여부를 확인하는 소(제250조)는 그 증서가 유가증권일 때에는 액면금액 또는 표창하는 권리의 값으로 하되 증권거래소에 상장된 증권의 값인 소제기 전날의 최종거래 값(민인규 제9조 제4항)의 2분지 1(민인규 제12조 2호), 증권 이외의 증서의 값은 200,000원으로 한다(민인규 제9조 제5항).

(d) **사해행위취소청구** 취소되는 법률행위 목적의 가액을 한도로 하여 원고의 채권액을 소가로 한다(민인규 제12조 9호).

(e) **작위나 부작위를 목적으로 하는 소송** 이 경우에는 작위나 부작위의 명령을 받음으로써 원고가 받는 이익을 표준으로 하여 산정한다.[72)]

(f) 부동산 소유권이전등기는 그 목적물건의 가액(민인규 제13조 제1항 1호)이 소가이다. 다만 그 가액은 '부동산 가격공시 및 감정평가에 관한 법률'에 의한 개별공시지가의 50% 금액으로 한다(민인규 제9조 제1항 제2항).

(g) 소유권에 기한 부동산의 인도청구의 소가는 그 목적물건 가책의 2분지 1로 한다(민인규 제12조 5호 가).

(h) 판결로 확정된 채권의 소멸시효중단을 위한 재판상 청구가 있다는 점에 대하여만 확인을 구하는 소송을 제기한 경우 그 소가는 그 대상인 전소 판결에서 인정된 권리의 가액(이행소송으로 제기할 경우에 해당하는 소가)의 10분의 1로 한다. 다만 그 권리의 가액이 3억 원을 초과하는 경우에는 이를 3억 원으로 본다(민인규 제18조의3).

(i) 민소전자문서법 제8조에 따라 전자문서로 제출한 소장에는 소정 인지액의 10분의 9에 해당하는 인지액을 붙인다(민인 제16조). 전자문서의 이용을 소송에서 활성화하기 위한 조

---

72) 대결 1969.12.30. 65마198.

치이다.

(3) 병합청구에서 소송목적 값의 산정

㈎ **원칙** (a) 원고가 하나의 소로 여러 개의 청구를 하는 때에는 그것이 공동소송이냐 소의 객관적 병합이냐를 묻지 아니하고 소 제기 당시 그 여러 청구의 값을 합산하여 사물관할을 정한다(제27조 제1항).

(b) 원고가 아니라 법원이 여러 개의 청구를 병합한 경우에는 소 제기 이후라도 소제기 당시 소송목적의 값에 따라 사물관할을 정하여야 한다. 예컨대 제소당시에는 소액사건이었다가 법원의 병합심리로 말미암아 소가가 소액사건의 소가를 초과하였더라도 소액사건에는 변함이 없다.[73)]

㈏ **예외**

(a) **중복된 청구의 흡수** 제1심에서, 예컨대 소의 선택적 또는 예비적 병합, 주위적 청구와 대상(代償)청구, 여러 연대채무자에 대한 청구, 주채무자와 보증인에 대한 청구, 선택청구, 소유권보존등기 명의자와 소유권이전등기명의자를 피고로 하여 말소등기청구를 하는 경우[74)]와 같이 동일한 권원에 기한 확인 및 이행청구 등의 경우에도 경제적 이익이 같거나 중복되는 때에는 중복되는 범위에서 흡수되고 그 중 가장 다액인 청구의 값이 소송목적의 값이 된다(민인규 제20조).

(b) **부대청구의 불 산입** 주된 청구와 그 부대목적인 과실(천연과실 및 법정과실), 손해배상, 위약금[75)] 또는 비용의 청구를 하나의 소로 청구하는 때에는 소송목적의 값에 산입하지 아니한다(제27조 제2항).

(c) **수단인 청구의 흡수** 건물철거와 동시에 대지인도를 구하는 경우와 같이 하나의 청구(건물철거)가 다른 청구(대지인도)의 수단에 지나지 않는 때에는 그 값을 소송목적의 값에 산입하지 않지만 수단인 청구(건물철거)가 주된 청구(대지인도)보다 다액인 경우에는 그 다액이 소송목적의 값이 된다(민인규 제21조).

(d) **재산권상 청구와 비재산권상 청구의 병합** 이 경우에는 합산함을 원칙으로 하나(민인규 제23조 제1항) 비재산권상 소송과 그 소송으로 인하여 생길 재산권을 목적으로 한 소송을 병합한 경우(예, 이혼청구와 이혼으로 인한 위자료청구의 병합, 해고무효확인청구와 임금지급청구의 병합 등)에는 다액인 1개의 소송목적의 값에 의한다(민인규 제23조 제2항).

---

73) 대판 1991.9.10. 91다20579 · 20586.

74) 대결 1998.7.27. 98마938.

75) 여기서의 위약금은 주된 청구와의 관계에서 부대목적이 되는 경우를 의미하고 주된 청구와 별도로 하는 경우는 해당되지 않는다(대판 2014.4.24. 2012다47494 참조).

[33] 제4. 토지관할

Ⅰ. 뜻

(가) 토지관할이라 함은, 있는 곳을 달리하는 같은 종류의 법원 사이에서 같은 종류의 직분을 어떻게 나눌 것인가를 정하는 기준을 말한다.[76]

(나) 민사소송법은 토지관할 대신에 재판적(裁判籍)이라는 용어를 쓰고 있다. 원래 토지관할은 사건이 어느 법원 관할구역 내의 일정한 지점과 사람 또는 소송목적과 관련되어 있는 경우에 그 지점을 기준으로 정해진다. 그 인적·물적 관련지점이 재판적이다. 쉬운 예를 들어서 2008년에 폐지된 호적법에 의하면 호주를 중심으로 그 집에 속하는 사람의 본적지, 성명, 생년월일 등 신분에 관한 사항을 기재한 공문서를 호적이라고 하였는데 재판적은 당사자가 소송에서 재판을 하거나 재판을 받을 수 있는 관할구역에 있다는 근거로써 이는 신분관계에서 마치 호적과 같은 것이라 하여 재판적이라고 표현한 것이 아닌가 생각된다. 그러므로 재판적은 관할을 법원의 입장이 아니라 당사자 및 소송목적의 입장에서 본 것이다. 민사소송법은 이용자의 편의를 위해 관할을 모두 재판적이라고 표현하고 있다.

(다) 재판적은 당사자와의 관계(주소·거소·사무소)에서 정하기도 하고(이른바 인적 재판적), 소송목적과의 관계(불법행위·목적물의 소재지 등)에서도 정하여지기도 하며(이른바 물적 재판적), 일반적 또는 원칙적으로 인정되는 재판적을 보통재판적(제2조에서 제6조까지), 한정된 종류 및 범위 안에서만 인정되는 재판적을 특별재판적(제7조에서 제24조까지)이라고 한다. 따라서 당사자는 재판적이 없는 법원에 소를 제기할 수 없지만 법원으로서도 재판적이 없는 당사자에 대하여서는 관할권이 없다.

Ⅱ. 보통재판적

소송사건에 관하여 일반적으로 인정되는 토지관할을 말한다. 민사소송을 제기하려는 원고쪽에서 피고의 생활근거지에 있는 법원에 나가는 것이 공평하다고 보아서 피고의 생활근거지가 있는 법원에 항상 관할이 있도록 하였다(제2조). 따라서 보통재판적에는 당연히 국제재판관할권도 인정된다.

---

76) 토지관할이라는 법규정은 민사소송법에는 없고, 형사소송법제4조에 토지관할 규정이 있다.

1. 사람

(가) 사람의 보통재판적은 제1차적으로 주소로 정하여지고(제3조 본문), 대한민국에 주소가 없거나 주소를 알 수 없을 때에는 거소(居所)로, 거소가 일정하지 아니하거나 거소도 알 수 없을 때에는 마지막 주소로 한다(제3조 단서).[77]

(나) 재일교포와 같이 한국인으로서 외국에서만 거주하여 주소가 없는 사람이 이혼하는 등 가사소송은 대법원이 있는 곳인 서울가정법원에 관할권이 있다(가소 제13조 제2항). 외국에 주재하는 한국의 대사·공사 등 한국인으로서 외국의 재판권행사 대상에서 제외되는 사람이 보통재판적이 없을 때에는 대법원이 있는 곳인 서울중앙지방법원에 관할권이 있다(제4조).

2. 법인 그 밖의 사단·재단

(가) **원칙**　　이 경우의 보통재판적은 제1차적으로 주된 사무소 또는 영업소로 하고 사무소나 영업소가 없는 때에는 주된 업무담당자의 주소로 한다(제5조 제1항). 실제의 주사무소 등과 등기나 공고된 사무소 등이 있는 곳이 다른 경우에는 어느 곳이든 보통재판적이 있다고 하여야 한다.

(나) **외국법인 등**　　외국법인, 그 밖의 외국단체에 있어서는 한국에 있는 사무소, 영업소에 의한다(제5조 제2항). 사무소 또는 영업소가 있는 사람에 대한 소송은 그 사무소 또는 영업소의 업무에 관한 것에 한하여 그 영업소가 있는 곳의 법원에 제기할 수 있다(제12조). 이 경우 사무소, 영업소 또는 업무담당자는 대한민국에서 또는 대한민국을 향하여 계속적이고 조직적인 사업 또는 영업활동을 하여야 한다(국사 제4조).

3. 국가

(가) 국가의 보통재판적은 그 소송에서 국가를 대표하는 관청 또는 대법원이 있는 곳이다(제6조). 민사소송에서 국가를 대표하는 관청은 법무부장관(국가소송 제2조)이므로 법무부가 있는 곳인 수원지방법원 안양지원 또는 대법원이 있는 곳인 서울중앙지방법원이 국가의 보통재판적이다.

(나) 국가소송에서 국가에 대한 송달은 국가를 대표하는 법무부장관에게 하는 것이 아니라

---

77) 주소란 생활의 근거가 되는 곳(민 제18조 제1항)이다. 즉 어떤 사람의 일반생활관계에서 그 중심을 이루는 장소를 말한다. 거소는 사람이 다소의 기간 계속해서 거주하지만 토지와의 밀접도가 주소만 못한 장소를 말한다. 주소를 알 수 없거나 국내에 주소가 없는 자에 대하여는 거소를 주소로 본다(민 제19조, 제20조).

수소법원에 대응하는 해당 검찰청의 장에게 하도록 되어 있다(국가소송 제9조). 그러므로 국가를 당사자로 하는 소송에서 법무부장관이 국가를 대표한다고 하더라도 해당 검찰청의 장이 아니라 법무부장관에게 한 제1심판결정본의 송달은 이와 같은 규정에 위반되어 부적법하다.[78)]

4. 기타

제3조 내지 제6조의 규정에 따라 보통재판적을 정할 수 없을 때에는 대법원이 있는 곳, 즉 서울중앙지방법원을 보통재판적으로 한다(민소규 제62조).

Ⅲ. 특별재판적

특별재판적은 원고의 소송상 편의를 위하여 인정되는 것으로서 제7조에서 제24까지 규정되어 있다. 특별재판적이 서로 겹치거나 보통재판적과 겹치는 경우에 원고는 어느 곳이나 임의로 관할을 정하여 소를 제기할 수 있어 편리하다.

1. 독립재판적

(1) 근무지(제7조)

사무소 또는 영업소에 계속하여 근무하는 사람에 대하여 소를 제기하는 경우에는 그 사무소 또는 영업소가 있는 곳을 관할하는 법원에 제기할 수 있다. 직장에 근무하는 사람들의 편의를 위한 것이다.

(2) 거소지 또는 의무이행지(제8조)

㈎ **거소지** 재산권에 관한 소송은 거소지 또는 의무이행지의 법원에 제기할 수 있다. 주소와 거소가 다른 경우, 예를 들어 유학하는 학생, 병원이나 요양원의 입원자 등에게는 거소지 법원에 소를 제기할 수 있다.

㈏ **의무이행지** (a) (i) 의무를 전제로 하는 재산권상 소송, 예를 들어 계약상 의무, 상대방 있는 단독행위(예, 유증), 불법행위, 부당이득, 사무관리 등 의무의 각 이행을 청구하는 소송은 모두 그 의무이행지에 소송을 제기할 수 있다. 채무불이행도 의무를 전제로 하여야 하고 또 광의의 위법행위에 속하므로 그 의무이행지에 소송을 제기할 수 있다고 하여야 한다.[79)]

---

78) 대판 2002.11.8. 2001다84497.
79) 반대: 이시윤, 104면.

(ii) 특정물 인도청구 이외의 채무는 특약이 없는 한 지참채무(민 제467조 제2항, 상 제56조)이기 때문에, 원고가 되는 채권자의 주소지나 영업소가 있는 곳이 재판적이 되는데 이것은 피고 주소지를 보통재판적으로 하는 취지에 어긋난다. 그러므로 이들 경우에 피고가 갖는 관할의 이익을 보호하기 위해서는 입법적인 해결이 필요할 것이지만 현행법상 편의에 의한 이송제도(제35조)를 탄력적으로 운영하여 피고의 이송신청을 광범하게 허용함으로써 관할에서 당사자 평등의 원칙을 살릴 필요가 있을 것이다.[80)]

(b) 의무이행지가 없는 소유권 기타 절대권(예, 소유권의 확인)을 목적을 하는 소송에는 이 규정이 적용되지 않는다. 그러나 물권적 청구권도 그 이행이 문제되므로 그 경우에는 그 의무이행지에 소송을 제기할 수 있다.

(c) 사해행위 취소에 따른 원상회복으로서의 소유권이전등기말소등기와 같이 부동산 등기에 협조할 의무의 이행지는 제21조에 의하여 등기할 공공기관이 있는 곳이고, 등기를 청구하는 채권자의 주소지가 아니다.[81)]

(d) 채권자가 사해행위의 취소와 함께 수익자 또는 전득자로부터 책임재산의 회복을 구하는 사해행위취소의 소를 제기한 경우에 그 취소의 효과는 채권자와 수익자 또는 채권자와 전득자 사이의 관계에서만 상대적으로 생긴다. 그러므로 수익자 또는 전득자가 사해행위의 취소로 말미암은 원상회복 또는 이에 갈음하는 가액배상을 하여야 할 의무를 부담한다고 하더라도 이는 채권자에 대한 관계에서 생기는 법률효과에 불과하고 채무자와 사이에서 그 취소로 인한 법률관계가 형성되는 것은 아니다. 뿐만 아니라, 이 경우 채권자의 주된 목적은 사해행위의 취소 그 자체보다는 일탈한 책임재산의 회복에 있는 것이므로, 사해행위취소의 소에 있어서의 의무이행지는 '취소의 대상인 법률행위의 의무이행지'가 아니라 '취소로 인하여 형성되는 법률관계에 있어서의 의무이행지'라고 보아야 한다. 따라서 사해행위 취소에서 부동산등기 신청에 협조할 의무의 이행지는 성질상 등기 또는 등록에 관한 특별재판적(제21조)인 '등기 또는 등록할 공공기관이 있는 곳'라고 할 것이므로, 원고가 사해행위 취소의 채권자라고 하더라도 사해행위 취소에 따른 원상회복으로서의 소유권이전등기 말소등기의무의 이행지는 그 등기관서의 소재지라고 볼 것이지 일반 지참채무에서 인정되는 원고의 주소지를 그 의무이행지로 볼 수 없다.[82)]

---

80) 방문판매 등에 관한 법률 제46조는, 그 적용대상이 되는 특수판매업자의 거래에 관한 소송은 소를 제기할 당시 소비자의 주소를 전속관할로 하여 소비자를 보호한다. 국제사법 제41조는 계약에 관한 소의 특별관할이라고 하여 계약상 의무이행지에 관한 규정을 두고 있는데 먼저 물품공급계약의 경우에는 물품인도지(제1항 1호), 용역제공계약의 경우에는 용역제공지(제1항 2호), 물품인도지와 용역제공지가 복수이거나 용역제공을 함께 목적으로 하는 경우에는 의무의 주된 부분의 이행지(제1항 3호)가 대한민국에 있는 경우에는 우리나라 법원에 소를 제기할 수 있고, 그 외에 계약에 관한 소는 청구의 근거지인 의무가 이행된 곳 또는 그 의무가 이행되어야 할 곳으로써 계약당사자가 합의한 곳(제2항)을 의무이행지로 한다. 참고할 점이다.

81) 대결 2002.5.10. 2002마1156.

82) 대결 2002.5.10. 2002마1156.

(e) **영업에 관한 이행을 구하는 소** 민법 제467조제2항의 '영업에 관한 채무'는 영업과 관련성이 인정되는 채무를 의미하고, '현 영업소'는 변제당시를 기준으로 그 채무와 관련된 채권자의 영업소로서 본점에 한정되는 것이 아니라 그 채권의 추심관련 업무를 실제로 담당하는 영업소까지 포함 한다.[83]

(3) 어음 · 수표(제9조)

어음 · 수표에 관한 소송은 그 지급지의 법원에 제기할 수 있다. 그러나 이득상환청구(어음부칙 제79조)와 같은 어음법상 권리에 관한 소송에는 적용이 없다.

(4) 선원 · 군인 · 군무원(제10조)

선원의 경우에는 선적(船籍)이 있는 곳(제10조 제1항), 군인 · 군무원의 경우에는 군사용 청사가 있는 곳 또는 군용 선박이 있는 곳(제10조 제2항)의 법원에 제기할 수 있다.

(5) 재산이 있는 곳(제11조)

대한민국에 주소가 없는 사람 또는 주소를 알 수 없는 사람을 상대로 한 재산권에 관한 소송은 강제집행을 용이하게 할 수 있도록 청구의 목적 또는 담보의 목적이나 압류할 수 있는 피고 재산이 있는 곳의 법원에 제기할 수 있다. 제11조의 취지는 재산권상 소의 피고가 외국인이라 하더라도 압류할 수 있는 재산이 국내에 있을 때에는 그를 상대로 승소판결을 얻으면 이를 집행하여 재판의 실효를 얻을 수 있다는 취지에서 국내법원에 그 재판관할권을 인정한 것이다.[84]

(6) 사무소 · 영업소가 있는 곳(제12조)

㈎ 사무소 또는 영업소가 있는 사람에 대하여 그 사무소 또는 영업소의 업무와 관련이 있는 소를 제기하는 경우에는 그 사무소 또는 영업소가 있는 곳의 법원에 제기할 수 있다(제12조). 판례[85]는, 제12조에 영업자가 피고인 경우에만 적용이 있으므로 영업자가 원고인 경우에는 적용되지 않는다고 하였다.

㈏ 그 사무소 또는 영업소가 있는 곳을 관할하는 법원에 제기할 수 있으므로(제7조), 업무에 관한 것이라면 업무수행에서 나오는 일체의 분쟁을 포함하며 재산권상 청구에 한정할 필요가 없고, 주된 사무소 또는 영업소의 업무에 관한 것이 아니더라도 소를 제기하는 데 지장이

83) 대결 2022.5.3. 2021마6868.
84) 대판 1988.10.25. 87다카1728.
85) 대결 1980.6.12. 80마158.

없다.

(7) 선적(船籍) 및 선박이 있는 곳(제13조, 제14조)

선박 또는 항해에 관한 일로 선박소유자 그 밖의 선박을 이용하는 자에 대한 소송 또는 선박채권 기타 선박으로 담보한 채권에 관한 소송은 선적 및 선박이 있는 곳의 법원에 제기할 수 있다.

(8) 회사 사원 등(제15조, 제16조, 제17조)

회사 그 밖의 사단의 사원에 대한 소송 또는 사원의 다른 사원에 대한 사원의 자격으로 말미암은 소송(제15조 제1항), 사단 또는 재단이 그 임원에 대하여 소를 제기하거나 회사가 그 발기인 또는 검사인에 대한 소송(제15조 제2항), 회사 그 밖의 사단의 채권자가 그 사원에 대하여 사원의 자격으로 말미암은 소송(제16조), 회사, 그 밖의 사단, 재단, 사원 또는 사단의 채권자가 그 사원·임원·발기인 또는 검사인이었던 사람에 대하여 소를 제기하는 경우와 사원이었던 사람이 그 사원에 대하여 제기하는 소송(제17조)은 모두 회사 그 밖의 사단의 보통재판적이 있는 곳의 법원에 제기할 수 있다.

(9) 불법행위지(제18조)

㈎ 행위지 불법행위에 관한 소송은 그 행위지 법원에 제기할 수 있다. 불법행위를 한 곳은 불법행위를 구성하는 법률요건사실이 발생한 곳은 물론이고 가해한 곳과 손해가 생긴 곳도 포함한다. 불법행위자는 직접행위자 이외에 공동불법행위자, 방조자, 민법 제756조에서 정한 사용자도 포함한다.

㈏ 불법행위 불법행위라 함은 통상의 불법행위뿐 아니라 공작물의 설치와 보존의 흠으로 인한 책임 등 특수 불법행위도 포함한다. 그러나 공법상 손실보상청구는 적법행위로 인한 보상청구이므로 여기에 포함되지 않는다.

㈐ 선박 또는 항공기 선박 또는 항공기의 충돌 그 밖의 사고로 말미암은 손해배상청구 소송은 그 선박 또는 항공기가 맨 처음 도착한 곳의 법원에 제기할 수 있다(제18조 제2항).[86]

(10) 해난구조지등(제19조)

해난구조에 관한 소송은 구조된 곳 또는 구조된 선박이 맨 처음 도착한 곳의 법원에 제기할 수 있다.

86) 그러나 항공기 자체에서 사고가 난 경우의 불법행위지에는 항공기의 도착지 이외에도 사고행위지 및 결과발생지를 포함한다(대판 2010.7.15. 2010다18355 참조).

(11) 부동산이 있는 곳(제20조)

(가) 부동산에 관한 소송은 부동산이 있는 곳의 법원에 제기할 수 있다. 부동산에는 토지와 건물은 물론 공장재단·광업재단 등 법률의 규정에 의하여 부동산으로 취급되는 것, 광업권·어업권 등도 포함된다. 그러나 부동산에 관한 규정이 준용되는 선박·자동차·중기·항공기 등은 이동성이 있으므로 부동(不動)을 전제로 하는 제20조의 특별재판적이 적용되지 않는다.

(나) 부동산에 관한 소송은 부동산에 관한 권리를 목적으로 하여야 한다. 부동산 소유권의 확인, 부동산의 인도나 명도 따위이다. 부동산의 매매대금, 임차료 등은 부동산에 관한 권리를 목적으로 하지 않기 때문에 여기에 속하지 않는다.

(12) 등기·등록지(제21조)

등기·등록에 관한 소송은 등기 또는 등록할 공공기간이 있는 곳의 법원에 제기할 수 있다.

(13) 상속·유증 등(제22조, 제23조)

상속·유증 그 밖에 사망으로 효력이 생기는 행위에 관한 소송은 상속이 시작된 당시 피상속인의 보통 재판적이 있는 곳의 법원에 제기할 수 있다(제22조). 상속채권 그 밖의 상속재산의 부담에 관한 소송으로서 앞의 경우에 해당하지 아니한 것은 상속재산의 전부나 일부가 있는 법원에 제기할 수 있다(제23조). 피상속인의 장례비용·유산관리비용·유언집행비용 등이 이에 해당한다.

(14) 지식재산권·국제거래(제24조)

(가) 특허권, 실용신안권, 디자인권, 상표권, 품종보호권(이하 "특허권등")을 제외한 지식재산권과 국제거래에 관한 소

(a) 특허권, 실용신안권, 디자인권, 상표권, 품종보호권(이하 "특허권등")을 제외한 지식재산권과 국제거래에 관한 소는 제2조 내지 제23조의 규정된 보통재판적과 특별재판적에 따른 관할법원의 소재지를 관할하는 고등법원이 있는 곳의 지방법원에 제기할 수 있다(제24조 제1항 본문). 예를 들어 군산 거주 A가 충주 거주 B를 상대로 저작권 침해로 인한 손해배상청구를 하는 경우에 전주지방법원 군산지원과 청주지방법원 충주지원이 통상 관할법원이지만 군산지원을 관할하는 광주고등법원 원외재판부가 있는 전주지방법원과 충주지원을 관할하는 대전고등법원 원외재판부가 있는 청주지방법원도 경합적으로 관할권이 있다.

(b) 여기서의 '특허권 등을 제외한 지식재산권'이란 특허권 등 전통적인 지식재산권의 카테고리에서는 보호가 어려운 컴퓨터프로그램, 유전자 조작 동식물, 반도체설계, 인터넷, 캐릭터

산업 등과 관련된 지식재산권을 말한다. 국제거래에 관한 소라 함은 당사자 한 쪽 내지 양쪽이 외국인이든가 외국에 주소를 두거나 소송목적이 외국과 관련이 있는 민사 분쟁에 관한 소를 말한다.

(c) 다만, 서울고등법원이 있는 곳의 지방법원은 서울중앙지방법원으로 한정하여 제기하여야 한다(제24조 제1항 단서). 따라서 서울고등법원이 관할하는 서울과 경기도 지역이 전국에서 가장 인구가 많고, 여기에 제8조의 의무이행지의 특별재판적을 고려하면 지식재산권과 국제거래에 관한 소송은 서울중앙지방법원에 집중적으로 관할권이 있다고 해도 과언이 아니다.

(나) **특허권 등의 지식재산권에 관한 소(제24조 제2항, 제3항)** (a) 특허권 등 지식재산권에 관한 소는 제2조부터 제23조까지 규정된 보통재판적과 특별재판적에 따른 관할법원의 소재지를 관할하는 고등법원이 있는 곳의 지방법원의 전속관할로 한다(제24조 제2항 본문). 예를 들어 군산 거주 A가 충주 거주 B를 상대로 특허권 침해로 인한 손해배상청구를 하는 경우에 전주지방법원 군산지원과 청주지방법원 충주지원이 통상 관할법원이지만 그곳에는 관할권이 없고, 군산지원을 관할하는 광주고등법원 원외재판부가 있는 전주지방법원과 충주지원을 관할하는 대전고등법원 원외재판부가 있는 청주지방법원에 전속관할권이 있어 그 중 어느 한 곳에 소를 제기하여야 한다는 것이다. 다만, 서울고등법원이 있는 곳의 지방법원은 서울중앙지방법원으로 한정하여 제기하여야 한다(제24조 제2항 단서).

(b) (i) 여기서의 특허권 등이란 특허권, 실용신안권, 디자인권, 상표권, 품종보호권을 말하므로 특허권 등의 지식재산권에 관한 소에는 특허권 등 지식재산권 침해를 이유로 한 금지폐기·신용회복 등 청구나 손해배상청구 소송(특허권침해소송)뿐만 아니라 특허권 등의 실시계약에 기초한 실시료 지급청구소송, 특허권 등의 이전말소등록청구소송, 전용·통상실시권 등 설정 유무, 귀속 등에 관한 소송, 직무발명고안, 디자인에 대한 보상금청구소송 등도 포함되는데 위 소송은 특허권 등 지식재산권과 밀접하게 관련되어 통상적으로 심리·판단에 전문 기술적 지식이 필요하게 될 가능성이 있는 유형의 소로서 이들은 모두 '특허권등의 지식재산권에 관한 소'에 해당한다.[87] 저 자가방전 초소형 전지 개발을 위한 민·군 겸용 기술개발과제협약에 기초한 특허권 지분의 귀속의무 불이행을 원인으로 하는 손해배상도 여기에 해당한다.[88]

(ii) 특허권 자체의 유·무효나 그 권리범위가 다투어지는 경우(특허 제186조 제1항에서 정해진 이른바 협의의 특허소송)에는 특허심판원이 이를 지방법원처럼 심결을 하며(특허 제132조의 16 이하), 그 심결에 대한 취소소송에 관해서는 특허법원이 재판을 하고(법조 제28조의 2에서 4까지), 이에 대한 불복심리는 대법원에서 행한다. 따라서 협의의 특허소송은 2심제이다.

---

87) 서울고결 2016.5.24. 2016나2016427.
88) 대결 2019.4.10. 2017마6337.

(c) 다만, 서울고등법원이 있는 곳의 지방법원은 서울중앙지방법원이 전속관할이다(제2항). 그러나 당사자는 소재지가 어디에 있든지 서울중앙지방법원에도 선택적으로 특허권 등의 지식재산권에 관한 소를 제기할 수 있어(제24조 제3항) 서울중앙지방법원의 관할권은 그 범위가 특허권 등을 제외한 지식재산권과 국제거래에 관한 소송보다 더 넓어졌다.

(d) 전속관할이지만 법원은 현저한 손해 또는 지연을 피하기 위하여 필요한 때에는 직권 또는 당사자의 신청에 따른 결정으로 소송의 전부 또는 일부를 제2조부터 제23조까지의 규정에 따른 관할지방법원으로 재량 이송할 수 있는 예외를 인정하고 있다(제36조 제3항).

(e) 특허권 등의 지식재산권에 관한 소송의 항소법원은 일반 고등법원이 아니라 특허권 등 지식재산권에 관한 심결취소소송을 담당하고 있는 특허법원이다(법조 제28조의4 2호). 한편 2015. 12. 1. 법률 제13522호로 개정된 법원조직법 제28조, 제28조의4 제2호, 제32조 제2항은 특허권 등의 지식재산권에 관한 민사사건의 항소사건을 고등법원 및 지방법원 합의부의 심판대상에서 제외하고 특허법원이 심판한다고 규정하고 있다. 위 개정 규정은 부칙(2015. 12. 1.) 제1조, 제2조에 의하여 2016. 1. 1.부터 시행하되 그 시행일 전에 소송계속 중인 특허권 등의 지식재산권에 관한 민사사건에 대하여 위 시행일 이후에 제1심판결이 선고된 경우에도 적용된다. 따라서 특허권 등의 지식재산권 침해로 인한 손해배상청구 사건의 제1심을 지방법원 단독판사가 심판한 경우에도 그 항소사건은 특허법원의 전속관할에 속한다.[89)]

(f) 이와 같이 특허권 등의 지식재산권에 관한 소의 관할에 대하여 별도의 규정을 둔 이유는, 통상적으로 특허권 등의 지식재산권에 관한 분쟁의 심리·판단에 전문적인 지식이나 관련 기술 등에 대한 이해가 필요하므로 심리에 적합한 체계와 숙련된 경험을 갖춘 전문 재판부에 사건을 집중시킴으로써 충실한 심리와 신속한 재판을 통해 지식재산권의 적정한 보호에 이바지할 수 있기 때문이다.[90)]

2. 관련재판적(제25조)

(1) 뜻

원고가 하나의 소로써 여러 개의 청구를 하는 경우에 법원이 그 가운데 하나의 청구에 관하여 관할권이 있으면 나머지 청구에 관하여도 생기는 관할권을 관련재판적이라고 한다.

원래 원고가 하나의 소송으로써 여러 개 청구를 하더라도 수소법원이 각각 청구에 관하여 모두 관할권이 있지 않으면 안 되므로 원고는 청구들 전부에 관하여 일일이 관할을 갖추어야 한다. 그런데 병합된 청구 중에서 어느 하나에 대하여 관할권이 있는 경우에 나머지 관할권이

89) 대판 2017. 12. 28. 2017다259599, 2020. 2. 27. 2019다284186, 2023.12.28. 2023다277260 등 참조.
90) 대결 2019.4.10. 2017마6337, 대판 2024.10.31. 2024다228906,228913.

없는 청구에 관해서도 관할권이 생긴다고 한다면 원고로서는 청구 전부에 대하여 관할권을 갖출 필요가 없어 병합청구를 하기 쉬울 뿐 아니라 피고로서도 어차피 원고의 청구들 중 하나에 대해서는 소송에 응하여야 하므로 다른 청구에 관하여 관할이 인정되더라도 특히 불편하지 않고 오히려 원고에 대한 관계에서 여러 분쟁을 한꺼번에 처리하여 해결한다는 이점이 있다. 또 법원으로서도 여러 개의 사건을 따로 따로 심판하지 않고 일거에 처리함으로써 소송경제를 기대할 수 있다.

(2) 적용범위

(가) 원칙 (a) 관련재판적은 토지관할에만 적용되고 사물관할에는 적용이 없다(사물관할은 제27조에 의한다). 「하나의 청구에 대한 관할권이 있는 법원」이란 제2조 내지 제24조의 규정에 의한 경우로 한정시킬 필요가 없으며 관할의 합의(제29조) 또는 관할의 지정(제28조) 등 다른 원인에 의하여 관할권을 갖는 경우에도 적용된다. 그러나 다른 법원의 전속관할에 속하는 청구에는 관련재판적의 규정이 적용되지 않는다(제31조).

(b) 원고가 다른 청구에 관하여 관할만을 발생시킬 목적으로 본래 제소할 의사가 없는 청구를 병합한 것이 명백한 경우에는 관할선택권의 남용으로써 신의칙에 위반되어 허용할 수 없으므로 그와 같은 경우에는 관련재판적에 관한 제25조의 규정을 적용할 수 없다.[91]

(나) 제25조 제1항 관련재판적은 하나의 소로 여러 개의 청구를 하는 소의 객관적 병합(제253조)의 경우에 적용된다는 데는 이론이 없다. 여기서 병합이라고 하면 처음 소를 제기하면서 여러 청구를 병합하는 원시적 병합의 경우뿐만 아니라 소를 제기하여 소송계속 중에 청구의 변경(제262조) 등으로 여러 개의 청구를 병합하는 후발적 병합의 경우도 포함한다.

(다) 제25조 제2항 (a) 관련재판적은 통상 공동소송 중에서 소송목적이 되는 권리나 의무가 여러 사람에게 공통되거나 사실상 또는 법률상 같은 원인으로 말미암아 그 여러 사람이 공동소송인으로서 당사자가 되는 경우(제65조 전문)에도 적용이 있다. 그러나 통상 공동소송 중에서 소송목적이 되는 권리나 의무가 같은 종류의 것이고, 사실상 또는 법률상 같은 종류의 원인으로 말미암은 것인 경우(제65조 후문)에는 적용이 없다.

(b) 관련재판적이 문제되는 경우는 원고가 여러 사람을 피고로 하여 공동소송을 제기하는 경우에 어떤 피고에 대하여 관할권이 있다고 하여 관할권이 없는 다른 피고에게까지도 강제로 응소하게 하는 것이 타당한지 여부이다. 민사소송법은 이를 입법적으로 해결하여 피고들 사이에 관련성이 깊은 제65조 전문(前文)의 경우(예, 여러 사람에 대하여 어떤 물건에 대한 소유권확인을 구하는 경우, 여러 연대채무자에 대한 채무의 이행을 청구하는 경우 등)에는 관련재판적을 긍정하

91) 대결 2011.9.29. 2011마62.

고 피고들 사이에 관련성이 희박한 제65조 후문의 경우(예, 여러 어음발행인에 대한 각 어음금청구, 여러 세입자에 대한 차임금 지급청구)에는 이를 부정하고 있다.

(라) **필수적 공동소송** 필수적 공동소송(제67조)은 성질상 변론을 분리할 수 없으므로 당연히 관련재판적이 허용된다.[92)]

(마) **국제재판관할권에 대한 적용가부** (a) 관련재판적(제25조)에 의거하여 우리나라 법원에 국제재판관할권을 인정할 수 있는지에 관하여, 판례[93)]는 국제재판관할에서의 관련재판적은, 피고의 입장에서 부당하게 응소를 강요당하지 않도록 청구의 견련성, 분쟁의 1회적 해결 가능성, 피고의 현실적 응소가능성 등을 종합적으로 고려하여 신중하게 인정하여야 한다고 판시하고 있다.

(b) 생각건대 관련재판적에 의한 국제재판관할권을 인정하기 위해서는 병합하여야 할 양쪽 청구 사이에 우리나라 법원에서 이들을 심리하는 것이 합리적이라고 할 만한 상당히 밀접한 관계가 인정되어야 할 것이다(관할배분설). 밀접하지 않은 청구들을 병합하는 것은 국제사회에서 재판권능의 합리적 분배 관점으로 보아 상당하지 않고, 그 병합에 의해서 재판이 장기화되고 복잡해질 우려가 있기 때문이다. 또한 부당한 관련재판적의 인정은 상대방 국가로부터 보복소송을 당할 가능성도 있다. 국제사법 제6조는 이 입장에서 소의 객관적 병합이든 공동소송이든 상호 밀접한 관련이 있어야 법원에 소를 제기할 수 있다고 하였다(국사 제6조 제1항 · 제2항). 다만 사건이 법원에 국제재판권이 있는 경우에는 1. 혼인관계사건 2. 친자관계사건 3. 입양관계사건 4. 부모, 자녀관계사건 5. 부양관계사건 6. 후견관계사건은 부수적으로 청구할 수 있는데(국사 제6조 제3항) 이 경우에도 부수적 청구에 대해서만 법원에 국제재판관할이 있는 때에는 그 주된 청구에 대한 소를 제기할 수 없다(국사 제6조 제4항)고 하였다.

[34] 제5. 지정관할(제28조)

1. 뜻과 지정원인

(가) 지정관할이라 함은 구체적인 소송사건에 관하여 상급법원이 관할법원을 지정해주어 생기는 관할을 말한다(제28조). 재정(裁定)관할이라고도 한다.

(나) 법률에 관할에 관한 규정이 없어 재판권행사에 지장이 생길 경우에 이를 보충하기 위한 것으로서 관할법원이 법률상 또는 사실상 재판권을 행사할 수 없거나(제28조 제1항 1호), 법원의 관할구역이 분명하지 아니한 때(제28조 제1항 2호), 가정법원과 지방법원 사이에 관할이

92) 대판 1994.1.25. 93누18655.
93) 대판 2003.9.26. 2003다29555.

분명하지 아니한 때(가소 제3조) 등에 지정관할이 생긴다.

(다) 특히, 공동소송에 있어서 제65조 후문의 경우에는 관련재판적이 적용되지 아니하므로 공동소송인에게 공통된 재판적이 없는 경우에는 관할지정에 의하여 공통된 재판적을 찾아야 할 것이다.

(라) 고유필수적 공동소송은 관련재판적에 의하여 모든 공동소송인들에 대하여 관할이 생기므로 관할지정의 필요성이 없다.

2. 지정 절차

(가) 관할의 지정은 법원 또는 당사자가 관계 법원에 공통되는 바로 위의 상급법원에 신청함으로써 이루어진다. 가정법원과 지방법원 사이의 관할지정신청은 관계 법원의 공통되는 고등법원에 한다(가소 제3조 제1항). 지정신청을 하려면 그 사유를 기재한 신청서를 바로 위의 상급법원에 제출하여야 하며(민소규 제7조 제1항), 소의 제기 이후에 지정신청을 한 경우에는 신청인이 관계 법원일 때에는 당사자 전원에게, 신청인이 당사자일 때에는 신청받은 법원이 수소법원 및 상대방에게 그 취지를 통지하여야 한다(민소규 제7조 제2항).

(나) 소 제기 후의 사건에 관하여 지정신청이 있는 경우에는 긴급한 필요가 있는 행위를 하는 경우가 아니고서는 그 결정이 있을 때까지 소송절차를 정지하여야 한다(민소규 제9조).

(다) 관할지정신청을 받은 법원은 신청이 이유 있을 때에는 관할법원을 지정하는 결정을, 신청이 이유 없을 때에는 신청을 기각하는 결정을 한다(민소규 제8조 제1항). 관할지정의 결정에 대하여는 불복을 신청할 수 없으나(제28조 제2항), 기각결정에 대하여는 항고할 수 있다(제439조). 수소법원 이외의 법원이 관할법원으로 지정된 경우에는 수소법원의 사무관 등은 소송기록을 그 결정 정본과 함께 지정된 관할법원의 법원사무관등에게 보내야 한다(민소규 제8조 제3항).

3. 효과

상급법원의 관할지정결정이 있으면 지정된 법원에 관할권을 주거나, 지정에서 제외된 법원의 관할권을 박탈하는 창설적 효력이 있다. 따라서 법원이나 당사자는 그 관할을 부인할 수 없다.

[35] 제6. 합의관할(제29조)

1. 뜻

합의관할이라 함은 당사자들이 서로 합의하여 생기는 관할을 말한다. 관할에 관한 법 규정에는 공익적 요청에 기초한 전속관할 규정도 있지만 당사자의 편의를 위한 임의관할 규정도 있고 이것이 오히려 다수이다. 그리하여 법은 당사자들이 전속관할을 제외하고 제1심에 한하여 서로 합의하여 임의로 관할법원을 정할 수 있도록 하였다(제29조).

2. 성질

(가) 관할의 합의는 관할이라고 하는 소송법상 효과 발생을 목적으로 하는 소송계약이다. 그러므로 그 요건이나 효과는 모두 소송법의 규율을 받는다. 따라서 당사자가 관할의 합의를 하려면 소송능력이 필요하다. 사법상 계약과 같이 이루어지더라도 사법상 계약의 취소나 해제의 영향을 받지 않는다.

(나) 다만 관할의 합의를 소송 외에서 법원의 관여 없이 하는 경우에는 사법상 법률행위이거나 그와 유사하게 보아야 한다. 이 경우에는 합의과정에 사기·강박·착오 등으로 의사표시에 흠이 있으면 민법의 일반원칙에 따라 취소권을 행사할 수 있다. 그러나 일단 소송절차에 들어가면 소송행위가 되므로 의사표시의 흠 불고려의 원칙에 따라 관할의 합의에 의사표시의 흠이 있더라도 민법상 취소권을 행사할 수 없다.

3. 요건

(1) 제1심 법원의 임의관할(제29조 제1항)

합의할 법원이 제1심 법원이므로 토지관할에 한정되지 아니하며 사물관할에 관하여도 합의할 수 있다. 그러나 전속관할에 관하여는 합의로 관할을 정할 수 없으므로 강제집행을 실시하는 집행법원(민집 제3조)과 같은 전속관할은 관할합의에 의하여 바꿀 수 없다.

(2) 일정한 법률관계로 말미암은 소송(제29조 제2항)

관할의 합의를 하면 피고의 주소지에 관할이 있는 보통재판적과 다른 관할이 생기기 때문에 합의를 무한정 허용할 때에는 피고가 갖는 관할의 이익을 심각하게 침해할 가능성이 있다. 그러므로 막연하여 예측할 수 없는 법률관계, 예를 들어 일생 동안의 고용관계로 말미암아 생기는 일체의 분쟁에 관한 합의 따위는 그 범위가 지나치게 커서 허용해서는 안 된다. 따라서 일정한 법률관계, 예를 들어 특정 매매계약, 보험계약 또는 임대차관계처럼 그 범위를 한정할 수 있는 경우에 허용하여야 할 것이다.

(3) 관할법원의 특정

합의의 취지로 보아 관할법원을 특정할 수 있어야 한다. 그러나 법원을 하나만으로 특정할 필요가 없고, 여러 개의 법정관할 중에서 일부를 배제하는 형식으로도 할 수 있다. 모든 법원에 관할을 인정하는 합의는 피고가 갖는 관할의 이익을 박탈하기 때문에 허용되지 않는다. 반대로 모든 법원의 관할을 배척하는 합의는 소를 제기하지 않겠다는 합의 또는 외국법원의 재판권에 복종하는 뜻의 합의로 보아 그 당부를 판단하여야 한다.

(4) 합의의 방식

합의는 당사자의 의사를 명확하게 하기 위하여 서면으로 하여야 한다(제29조 제2항). 전자문서도 서면요건(전자문서 제4조의 2)을 갖추고 있으면 이에 의하여 관할합의도 할 수 있다. 판례[94]도 전자문서에 의한 외국법원을 관할법원으로 하는 합의의 유효성을 인정하고 있다. 합의는 반드시 본 계약서에서 할 필요가 없으며 본 계약서와 별개의 서면으로도 할 수 있다. 또 본 계약과 때를 달리하여도 할 수 있다. 예컨대 어음발행인이 어음의 표면에 장래의 소지인에 대하여 합의의 청약을 적고 뒤에 어음의 소지인이 승낙하면 둘 사이에 적법한 합의가 성립한다. 또 승낙의 의사표시는 청약한 사람이 지정한 법원에 소를 제기하여 소장이 상대방에게 도달하는 것으로 이루어질 수 있다. 외국법원을 관할법원으로 하는 합의가 전자문서법 제4조 및 민소전자문서법 제13조 제1항에 따라 제29조에서 정한 서면 요건을 갖춘 전자문서라면 그 관할합의는 유효하다.[95]

(5) 합의의 시기

합의의 시기는 특별한 제한이 없으나, 소송을 제기하기 이전에 하는 경우가 많다. 소송을 제기한 이후에도 할 수 있으나 합의가 성립하더라도 그로 인하여 이미 생긴 법원의 관할권은 상실되지 않기 때문에(제33조), 관할의 합의를 이유로 소송이송(제34조)을 신청할 수 있을 뿐이다.

94) 서울고판 2020.6.9. 2019나2044652.
95) 서울고판 2020.6.9. 2019나2044652.

4. 합의의 모습

(1) 전속적 합의와 부가적 합의

관할의 합의에는 특정한 법원에 대해서만 관할권을 인정하고 그 밖에 다른 법원의 관할권을 배제하는 전속적 합의와 법정관할 이외에 다른 법원을 부가하는 부가적 합의가 있다. 관할에 관한 합의를 할 때에 경합하는 법정관할 법원 중 어느 하나를「전속적」또는「부가적」이라고 명시하였을 경우에는 이에 따르는 것이 당연하지만 그렇지 아니하고 법정관할법원 가운데에서 어느 하나를 지정하였다면 다른 법정관할법원을 제외한다는 의사가 있다고 보아 전속적 합의로 볼 것이고. 법정관할법원이 아닌 다른 법원을 지정하였다면 당사자가 법정관할법원을 배제한다는 명백한 의사가 없는 한 부가적 합의로 볼 것이다.[96] 예를 들어 서울 강남구에 사는 사람이 부산 중구에 거주하는 사람에게 금 1억 원을 빌려주고 부산지방법원을 관할법원으로 합의를 하였다면 이는 전속적 합의로 보아야 하지만 법정관할법원이 아닌 울산지방법원을 관할법원으로 합의하였다면 특별히 다른 의사가 없는 한 이는 부가적 합의이다.

전속적 합의도 임의관할이므로 변론관할이 가능하고, 전속적 합의관할법원으로부터 법정관할법원으로 소송이송도 가능하다. 다만 소송이송의 이유 중에서 당사자의 이익만을 위한 이유, 즉 당사자의 손해를 피하기 위한 이송은 전속적 합의에 구속받아 허용될 수 없고, 소송의 지연을 피한다는 등 공익적 이유가 있을 경우에 한하여 소송이송을 허용하여야 할 것이다.

(2) 외국법원을 관할법원으로 하는 합의

이것은 우리나라의 주권행사와 관련되므로 신중하게 고려하여야 한다. 우선 부가적 합의는 우리나라의 관할권을 침해하지 아니하므로 유효하다. 그러나 외국법원만을 배타적 관할법원으로 하는 합의에 관하여 국제사법은 원칙적으로 그 합의의 효력을 전속적인 것으로 추정하여(국사 제8조 제3항) 해당 소를 각하한다고 하였으나(국사 제8조 제5항 본문), 1. 합의가 ① 국제재판관할을 가지는 국가의 법에 따를 때 그 합의가 효력이 없는 경우 ② 합의를 한 당사자가 합의를 할 능력이 없었던 경우 ③ 대한민국의 법령 또는 조약에 따를 때 합의의 대상이 된 소가 합의로 정한 국가가 아닌 다른 국가의 국제재판관할에 전속하는 경우 ④ 합의의 효력을 인정하면 소가 계속된 국가의 선량한 풍속이나 그 밖의 사회질서에 명백히 위반되는 경우와 같이 국제사법 제8조 제1항에 위반되어 효력이 없는 경우 2. 피고가 국제재판관할이 없음을 주장하지 아니하고 본안에 대하여 변론하거나 변론준비기일에서 진술하여 변론관할(국사 제9조)이 발생한 경우 3. 합의에 따라 국제재판을 가지는 국가의 법원이 사건을 심리하지 아니하기

---

96) 같은 취지: 이시윤, 120면. 전속적 합의관할에 관해서는 대판 2008.3.13. 2006다68209. 부가적 합의관할에 관해서는 대판 1963.5.15. 63다111 각 참조.

로 하는 경우 4. 합의가 제대로 이행될 수 없는 명백한 사건이 있는 경우(국사 제8조 제5항 단서)에는 해당 소에 대한 외국법원만을 배타적 관할법원으로 하는 합의를 인정하지 않는다. 외국법원이 자기 나라 법원의 관할을 배제하고 대한민국 법원을 관할법원으로 하는 전속적 관할합의를 하는 경우에도 위의 요건을 갖추어야 할 것이다.[97]

5. 약관에 의한 관할합의

(가) 약관의 해석은 신의성실의 원칙에 따라 당해 약관의 목적과 취지를 고려하여 공정하고 합리적으로 해석하되, 개개의 계약당사자가 기도한 목적이나 의사를 참작함이 없이 평균적 고객의 이해가능성을 기준으로 객관적·획일적으로 해석하여야 한다.[98] 그런데 약관의 규제에 관한 법률 제14조는, 고객에게 부당하게 불리한 소제기나 재판관할에 관한 합의를 금지하고 이에 위반되는 것은 무효[99]로 하여 경제적 약자를 보호하고 있다.

(나) (i) 약관조항에 의하여 고객에게 생길 수 있는 불이익의 내용과 불이익 발생의 개연성, 당사자들 사이의 거래과정에 미치는 영향, 관계 법령의 규정 등 제반 사정을 종합하여 볼 때, 당사자 중 한쪽이 지정하는 법원을 관할법원으로 한다는 것과 다를 바 없거나, 사업자가 그 거래상 지위를 남용하여 사업자의 영업소를 관할하는 지방법원을 전속적 관할로 하는 약관조항을 작성하여 고객과 계약을 체결함으로써 건전한 거래질서를 훼손하는 등 고객에게 부당하게 불이익을 주었다고 인정되는 경우라고 한다면, 그 약관조항은 약관의 규제에 관한 법률 제14조에 위반되어 무효이고, 이에 이르지 아니하고 그 약관조항이 고객에게 다소 불이익한 것에 불과한 정도에 그칠 경우에는 그 약관조항을 무효라고 할 수는 없을 것이다. 그러나 이 경우에도 그 약관은 신의성실의 원칙에 따라 공정하게 해석되어야 하며, 약관의 뜻이 명백하지 아니한 경우에는 고객에게 유리하게 해석되어야 한다.[100]

(ii) ① 할부거래 및 선불식 할부거래와 관련된 소송(할부거래에 관한 법률 제44조) ② 방문판매·전화권유판매·다단계판매 등 특수판매와 관련된 소송(방문판매 등에 관한 법률 제53조) ③ 통신판매업자와의 거래에 관련된 소송(전자상거래등에서의 소에 관한 법률 제53조) 등에서는 소 제기 당시 소비자의 주소 또는 거소가 분명하지 아니한 경우를 제외하고는 소 제기 당시 소비자의 주소를, 주소가 없는 경우에는 소비자의 거소를 관할하는 지방법원의 전속관할로 함으로써 고객에게 유리하게 관할을 정하였다.

---

97) 대판 2011.4.28. 2009다19093.

98) 대판 2011.3.24. 2010다94021.

99) 대결 1998.6.29. 98마863은, 대전에 주소를 둔 계약자와 서울에 주영업소를 둔 건설회사 사이에서 서울지방법원을 관할법원으로 한 관할합의조항은 민사소송법상 관할규정보다 불리한 약관이므로 무효라고 판시하였다.

100) 대결 2009.11.13. 2009마1482.

6. 관할합의의 효력

(1) 관할의 변동

관할의 합의가 이루어지면 합의된 법원에 관할권이 발생하여 관할이 변동된다. 전속적 합의를 하면 다른 법정관할법원의 관할권은 소멸된다. 관할합의 이후 새로이 다시 관할합의를 하여 종전에 한 관할합의를 취소, 변경할 수 있다. 그러나 소를 제기하면 그 때를 기준으로 관할이 정해져서(제33조) 새로운 합의로 관할을 바꿀 수 없으므로 새 관할합의를 이유로 소송이송신청을 할 수 있을 뿐이다.

(2) 제3자에 대한 효력

㈎ **당사자 및 포괄승계인** 관할의 합의는 소송상 합의라고 하더라도 당사자 사이의 계약이기 때문에 그 효력은 원칙적으로 당사자나, 상속인 혹은 합병회사와 같은 그 포괄승계인에게 효력이 있다.

㈏ **특정승계** (a) 채권양도와 같이 당사자의 의사표시에 의하여 권리관계가 승계되는 특정승계의 경우에 관할을 갖추는 것은 실체법상 권리행사의 조건이므로 관할의 합의는 그 권리관계에 붙어있는 실체적 이해관계의 변경이 된다. 따라서 지명채권과 같이 당사자가 그 권리관계를 자유롭게 정할 수 있는 때에는 그 권리관계의 특정승계인은 관할의 합의로 변경된 재판적을 승계한다.[101] 채권의 양도로 인한 특정승계를 제3자에게 주장하기 위해서는 통지,승낙 등 지명채권 양도의 대항요건(민 제450조)을 갖추어야 함은 당연하다.

(b) 그러나 당사자가 양도한 권리관계가 물권인 경우에는 물권법정주의 원칙상(민 제185조) 그 내용이 정형화되어 당사자가 함부로 바꿀 수 없고, 그 합의의 내용을 등기로 공시할 방법이 없어 합의의 효력이 제3자를 구속할 수 없다. 그러므로 이 경우에 관할의 합의는 특정승계인을 구속할 수 없다.[102] 어음채권도 성질은 채권이지만, 그 내용이 정형화되어 있어서 물권의 경우와 같이 취급하여야 할 것이다.

(c) 갑 회사와 주채무자 을 회사의 보증인 간에 그 보증채무의 이행에 관련된 분쟁에 관하여 갑회사가 제소법원을 임의로 선택할 수 있다고 한 약정의 효력은 그 약정당사자가 아닌 주채무자 을 회사에게까지는 미칠 수 없다.[103]

---

101) 대결 2006.3.2. 2005마902.
102) 대결 1994.5.26. 94마536.
103) 대판 1988.10.25. 87다카1728.

[36] 제7. 변론관할

1. 뜻

제1심 법원에서 피고가 관할위반의 항변을 제출하지 아니하고 본안청구의 당부에 관하여 변론을 하거나 변론준비기일에 진술한 경우에 그 법원에 생기는 관할을 변론관할이라고 한다(제30조). 공익적 요구가 강한 전속관할에까지 적용할 수 없고 당사자의 편의를 위주로 하는 임의관할에 적용된다.

2. 요건

(1) 제1심 법원에 대한 소제기가 관할위반이 되어야 한다.

제1심의 토지 및 사물관할에 걸쳐 임의관할을 위반한 소제기가 있어야 한다. 국제재판관할에 관해서도 변론관할을 인정할 수 있다.[104)]

(2) 피고가 관할위반의 항변을 하지 아니할 것

관할위반의 항변은 명시적으로 할 필요가 없다. 그러나 그 법원에 관할권이 있다는 것을 전제로 하여 일단 관할문제를 유보하고 본안에 관한 변론을 하였다면 변론관할이 생기지 아니한다.

(3) 본안에 관하여 변론할 것

㈎ **말로 진술** 변론기일 또는 변론준비기일에 출석하여 말로 진술하여야 한다. 영상기일(제287조의 2)에서는 당사자가 법정에 출석하지 아니하더라도 비디오 등 중계장치에 의해서 말로 진술할 수 있다. 변론기일에 출석하지 아니하거나 출석하더라도 말로 진술하지 아니할 때에는 그가 제출한 준비서면이 진술간주(제148조, 제286조)되는 것과 관계없이 변론관할이 생기지 않는다.

㈏ **본안에 관한 진술** 진술은 본안에 관해서 하여야 한다. 여기서 '본안'이라 함은 소송목적인 권리 또는 법률관계를 말한다. 따라서 변론의 연기, 법관의 기피, 소송요건의 흠에 관한 주장 등은 본안에 관한 진술이 아니다. 원고는 본안을 기재하는 소장에 청구의 취지와 원인을 적어야 하는데(제249조 제1항) 청구취지에 대하여 피고가 청구기각의 답변만 하고 청구원

---

104) 대판 2014.4.10. 2012다7571.

인에 관한 답변을 보류한 경우라도 원고의 청구를 배척한다는 뜻을 명백하게 하였기 때문에 본안에 관하여 변론하였다고 볼 것이다. 당사자가 동일한 목적물의 소유권을 이전받기 위한 동일한 목적을 위하여 그 청구원인을 달리하여 각 주위적 및 예비적 청구를 하고 있고, 그 청구원인이 각각 지방법원과 가정법원의 관할에 나누어 속하는 경우, 가정법원도 민사사건에 관하여 변론관할권을 가진다.[105)]

3. 효과

변론관할이 생긴다. 따라서 그 후에 피고가 관할위반의 항변을 하더라도 일단 생긴 관할은 소멸되지 않는다. 변론관할은 그 사건에 한하여 생긴다. 소의 취하 또는 각하 뒤에 제기하는 두 번째 소송에서는 종전 변론관할이 유지되지 않는다.

[37] 제8. 관할권의 조사

1. 소송요건, 직권조사사항

관할권은 재판권의 분배이므로 재판권과 마찬가지로 본안판결을 받기 위한 소송요건이요 직권조사사항이다. 따라서 법원은 본안판결의 전제요건으로서 관할권의 존재를 확인할 필요가 있다.

2. 관할결정의 시기

(개) (i) 관할은 소송절차의 안정을 위하여 소를 제기한 때를 기준으로 하여 정해진다(제33조).

(ii) 관할의 존부는, 다른 소송요건과 같이 변론종결시를 표준으로 하지 않고, '소를 제기한 때' 표준으로 하여 원고의 청구를 기준으로 정한다.[106)] 여기서 '소를 제기한 때'라 함은 법원에 소장을 제출한 때(제248조)를 말하므로 소장송달을 기준으로 하는 소송계속과는 그 시기를 달리한다. 그러므로 소 제기 이후에 당사자가 주소를 이전하더라도 이미 생긴 관할에 영향을 주지 않는다.

(iii) 소장을 전자문서로 전산정보처리시스템을 이용하여 제출하는 경우에는 법원의 전산정보처리시스템에 전자적으로 기록된 때에 접수된 것으로 본다(민소전자문서 제9조 제1항 본문).

---

105) 서울가판 2004.4.22. 2002르2424.

106) 대결 1963.9.26. 63마10.

(나) (i) 관련재판적도 관할원인을 이루는 병합청구 혹은 반소에 대한 본소의 취하 등이 되더라도 소를 제기한 때에 일단 정해진 관할은 소멸되지 않는다. 병합청구의 일부 취하나 독립당사자참가 후에 피고의 탈퇴가 있더라도 관할에 변함이 없다.

(ii) 사물관할도 소를 제기한 뒤에 소송목적의 값이 변동되더라도 소제기 당시의 관할은 영향을 받지 않는다. 단독판사의 소송에 대하여 청구취지의 확장으로 합의부의 관할이 되는 때에는 직권 또는 당사자의 신청에 따른 결정으로 소송의 전부 또는 일부를 같은 지방법원 합의부에 이송할 수 있다(제34조 제2항).

(iii) 소의 변경, 중간확인의 소나 반소 등의 원인에 의하여 소가 제기된 것으로 보는 경우에는 그 시점에서 사물관할을 판단하여야 한다. 그러므로 본소가 단독사건인 경우 소송계속 중에 피고가 반소로 합의부사건에 속하는 청구를 한 때에는 합의부에 이송하여야 한다(제269조 제2항).

3. 조사의 결과

(가) 관할권을 조사한 결과 관할이 있으면 심리를 속행하고, 그 관할이 부당하다고 당사자가 다투면 중간판결이나 종국판결의 이유 중에서 이에 관한 판단을 한다.

(나) (a) 관할권이 없는 경우에는 관할권이 있는 법원으로 이송하여야 한다(제34조 제1항). 어느 법원에도 관할권이 없으면 재판권이 부존재한 경우이므로 소를 각하하여야 한다.

(b) 그러나 전속관할이 아닌 경우에 지방법원 합의부는 소송에 대하여 관할권이 없더라도 상당하다고 인정하면 직권 또는 당사자의 신청에 따라 소송의 전부 또는 일부를 스스로 심리·재판할 수 있다(제34조 제3항).

(다) (a) 당사자가 관할위반의 항변을 하면, 이것은 실질적으로 이송신청과 같이 취급할 수 있다. 이를 받아들일 경우에는 '이송결정', 이를 배척할 경우에는 '이송신청 각하결정'을 하여 재판의 통일을 기하는 것이 합리적이다. 국제재판관할의 문제는 논리적으로 국내의 재판관할 문제에 선행하고, 당사자 사이의 공평·적정·신속을 기대하는 이념에 의하여 조리에 따라 결정될 사항이므로 국제 재판관할위반의 항변은 상소심에서도 가능하다.[107]

(b) 관할위반을 간과하고 본안판결을 하였을 때에는 전속관할위반의 경우에는 상소로 다툴 수 있으나(제424조 제1항 3호) 판결이 확정된 뒤에는 재심사유가 되지 아니하므로 재심의 소를 제기할 수 없다. 제1심판결이 임의관할에 위반되는 판결을 하였더라도 항소로 더 이상 다툴 수 없다(제411조).

107) 서울고판 2011.12.8. 2011나43329.

[38] 제9. 소송의 이송

1. 뜻

(가) 소송의 이송이라 함은 어느 법원에 생긴 소송계속을 다른 법원에 옮기는 것을 말한다. 소송이송이 인정되는 이유는, 관할위반이 있는 경우에 소송요건에 흠이 있다고 하여 소를 각하하기보다는 관할권 있는 법원에 이송해주면 재차 소송을 제기하여야 하는 시간, 노력, 비용을 절약하고 이미 제기된 소송으로 말미암아 발생된 시효중단의 효력이나 제척기간 준수의 효력을 유지시키는 장점이 있기 때문이다.

(나) 제1심의 소송이송에는 관할위반과 심판의 편의에 의한 이송이 있다. 전속관할위반이 아닌 경우에 당사자의 편의를 위한 소송이송은 소송촉진과 소송경제를 도모하는 데 유용하다.

(다) 제1심의 소송이송 이외에 상급심에서의 이송(제419조, 제436조), 상급심에서의 원심(原審)[108]으로의 환송(제418조, 제436조)도 넓은 의미의 이송이다.

2. 이송의 원인

(1) 관할위반으로 인한 이송(제34조)

(가) **토지 및 사물관할** 제1심의 토지 및 사물관할이 없는 곳에 소를 제기한 경우에 적용된다. 토지관할은 거의 다 임의관할인데 이 경우에 관할 위반의 소송제기가 있더라도 변론관할이 생길 여지가 있으므로 피고가 관할위반의 항변을 하였는지 여부를 살핀 다음에 이송해야 한다. 소송전부가 관할위반이면 소송전부를 이송하여야 하나 소송의 일부가 전속관할에 속한 경우에는 소송의 일부만을 이송하여야 한다. 사물관할의 경우에는 재정합의부와 재정단독사건이 활성화되고 있어 관할위반으로 인한 소송이송은 그 예가 적을 것이다.

(나) **심급관할** (a) 제1심 소송을 제기할 법원을 그르쳐 상소심에 소를 제기한 경우 이 경우에는 제34조 제1항을 적용하여 관할권 있는 제1심으로 이송하여야 한다.

(b) **상소할 법원을 그르친 경우** 예를 들어 소액사건의 항소를 지방법원 합의부 아닌 고등법원에 제기한 경우 등이다. 소송이송제도의 취지에 비추어 정당한 상소법원으로 이송하여야 할 것이다. 원심법원에 제출하여야 할 상소장을 상소심법원에 제출한 경우에도 해당 원심

108) 민사소송법에서의 「원심법원」(제436조)이란 직전의 심리법원을 뜻한다. 예를 들어 서울중앙지방법원 합의부의 항소심은 서울고등법원인데 그 판결을 대법원에서 파기하는 경우의 원심법원은 서울고등법원이고 서울중앙지방법원이 아니다. 이 경우에 서울중앙지방법원은 제1심 법원이라고 표현한다. 서울고등법원에서 직전심리법원인 서울중앙지방법원에 사건을 이송할 경우에는 원심법원이라고 하지만 제1심 법원이라고 하기도 한다.

법원에 이송하여야 할 것이다. 판례[109]는 「소송기록의 송부」라고 하는 사법행정의 방법으로 이 문제를 해결하고 있다.

(c) **재심소송을 제기할 재심법원을 그르친 경우** 이 경우에도 소송이송제도의 취지를 살려 정당한 재심법원으로 이송하여야 한다.[110]

(다) **다른 종류의 법원 사이의 이송**

(a) **가사소송을 민사소송으로 제기한 경우** 가사소송사건도 성질상 민사사건이지만 가정법원의 전속관할이므로 가사소송사건을 일반 민사법원에 제기하거나 그 반대의 경우에는 정당한 법원으로 이송을 하여야 한다(가소 제13조 제3항).[111]

(b) **행정사건을 민사소송으로 제기한 경우** (i) 제척기간의 정함이 있는 행정사건을 민사사건으로 오해하여 지방법원에 제기하거나 민사사건을 행정사건으로 오해하여 행정법원에 소송을 제기한 경우에는 당사자의 불이익을 구제하여야 한다는 점에서 정당한 법원으로 이송을 하여야 할 것이다.[112] 민사소송이 제기된 수소법원에 민사소송의 관할권이 없으나 행정소송의 관할권이 있는 경우에는 청구의 변경(제262조)을 허용하여 행정소송으로 심판하는 것이 당사자의 권리구제 및 소송경제의 취지에 맞는다.[113] 이 경우 그 행정소송에 대한 제소기간의 준수여부는 처음의 민사소송을 제기한 때를 기준으로 판단하여야 한다.[114]

(ii) 국가연구개발사업규정에 근거하여 국가 산하 중앙행정기관의 장과 참여기업인 갑 회사가 체결한 협약의 법률관계는 공법관계에 해당하므로 이에 관한 분쟁에 관해서는 행정소송을 제기하여야 하는데 원고가 고의 또는 중대한 과실 없이 민사소송으로 잘못 제기한 경우에 수소법원으로서는 만약 행정소송에 대한 관할도 동시에 가지고 있다면 이를 행정소송으로 심리·판단하여야 하고, 행정소송에 대한 관할을 가지고 있지 아니하다면 당해 소송이 이미 행정소송으로서의 전심절차 및 제소기간을 도과하였거나 행정소송의 대상이 되는 처분 등이 존재하지도 아니한 상태에 있는 등 행정소송으로서의 소송요건을 갖추지 않고 있음이 명백하여 행정소송으로 제기되었더라도 어차피 부적법하게 되는 경우라면 부적법하다는 이유로 각하하

109) 대결 1966.7.26. 66마579, 1968.11.8. 68마1303.
110) 대전판 1984.2.28. 83다카1981.
111) 대결 1980.11.25. 80마445.
112) 대판 1969.3.18. 64누51, 2009.9.24. 2008다60568(주택재건축정비사업조합에 대한 행정청의 조합설립인가처분이 있은 후에 조합설립결의의 흠을 이유로 민사소송으로 그 결의의 무효 등 확인을 구한 사안에서, 그 소송은 행정소송의 일종인 당사자소송으로 제기된 것으로 보아야 하므로, 이송 후 관할법원의 허가를 얻어 조합설립인가처분에 대한 항고소송으로 변경될 수 있어 관할법원인 행정법원으로 이송함이 마땅하다고 한 판례). 대전판 2009.9.17. 2007다2428(주택재건축정비사업조합의 관리처분계획에 대하여 그 관리처분계획안에 대한 총회결의의 무효확인을 구하는 소를 민사소송으로 제기한 사안에서 그 소는 행정소송법상 당사자소송에 해당하여 행정법원의 전속관할에 속하므로 행정법원으로 이송하여야 한다고 본 판례).
113) 대판 1999.11.26. 97다42250.
114) 대판 2022.11.17. 2021두44425.

여야 할 것이지만 그렇지 아니하다면 이를 관할법원에 이송하여야 한다.[115)]

(c) **행정사건과 관련민사청구를 병합한 경우** (i) 행정소송의 취소소송과 당해 처분과 관련되는 행정소송법 제10조 제1항 1호의 손해배상·부당이득반환·원상회복 등 청구소송이 각각 다른 법원에 계속된 경우에는 직권 또는 당사자의 신청에 의하여 취소소송이 계속된 법원에 이송할 수 있다(행소 제10조 제1항).

(ii) 취소소송에는 사실심의 변론종결 당시까지 관련청구소송을 병합하거나 피고 외의 제3자를 상대로 한 관련청구소송을 취소소송이 계속된 법원에 병합하여 제기할 수 있다(행소 제10조 제2항).

(d) **비송사건을 소의 형식으로 제기한 경우** (i) 비송사건으로 간략하게 처리할 수 있는 사건을 민사소송으로 처리하는 것은 허용할 수 없다. 판례[116)]는 법인의 이사가 없거나 결원이 있을 경우에 하는 임시이사 선임절차는 비송사건 절차법에 의하여야 하며, 임시이사 선임에 대한 불복이 있을 때에는 비송사건절차법 제20조에 의하여 항고하는 등 비송사건절차법 규정에 의하여 불복을 하여야 함에도 불구하고 임시이사 선임결정 자체가 부당하다는 이유로 보통의 민사소송에 의한 임시이사 선임결정의 취소를 구하는 청구는 부당하다고 하였다.

(ii) 그러나 비송사건은 비송사건을 전담하는 비송법원이 따로 있는 것이 아니다. 즉 비송사건은 가정법원이나 회생법원과 같은 독자적인 법원에서 처리하는 것이 아니라 일반 민사지방법원에서 처리하고, 민사소송법상 관할법원과 비송사건절차법상 관할 법원이 대부분 겹치므로(비송 제2조 참조) 비송사건을 지방법원에서 민사사건이 아니라 비송사건으로 처리할 수 있다고 할 것이다. 이 경우 비송사건절차법상 관할법원의 지정규정(비송 제4조)을 유추하여 관할의 지정(제28조) 또는 이송(제34조)을 허용하여야 할 것이다.[117)]

(라) **각종 신청사건의 관할을 그르친 경우** 소송 이외의 신청, 예를 들어 증거보전신청(제376조), 집행에 관한 이의(민집 제16조), 판결경정신청,[118)] 조정조서경정신청[119)] 등이 관할을 잘못 찾은 경우에는 소송경제와 당사자의 편의를 위해서 이송을 허용함이 좋다. 다만 지급명령신청의 경우에는 관할위반이 있을 때 신청을 각하하여야 하므로(제465조) 이송할 수 없다.

(마) **직권이송** 관할위반 여부는 그 관할이 전속관할은 물론이고 임의관할이라고 하더라도 소송요건으로서 직권조사사항이다. 따라서 당사자의 신청을 기다릴 필요 없이 직권으로 소송을 이송하여야 한다(제34조 제1항). 당사자의 이송신청은 법원의 직권발동을 촉구하는데 그쳐서 이에 대하여 따로 재판할 필요가 없으므로 소송이송신청을 각하한 결정에 대하여는 즉시

115) 대판 2017.11.9. 2015다215526.
116) 대판 1963.12.12. 63다449.
117) 같은 취지: 이시윤, 125면; 정동윤 외 2, 164면, 전원열, 144면. 반대 취지: 김홍엽, 100면.
118) 대결 2002.4.22. 2002그26.
119) 대결 2008.1.20. 2007그115.

항고가 허용되지 않고,[120] [121] 특별항고도 허용되지 않는다.[122]

(2) 심판의 편의에 의한 이송

(가) **지방법원 단독판사 관할사건의 합의부에 재량이송(제34조 제2항)** 지방법원 단독판사는 자기의 관할에 속하는 사건이라고 하더라도 상당하다고 인정되는 경우에 전속관할에 속하지 아니하면 직권 또는 당사자의 신청에 의하여 같은 지방법원합의부로 이송할 수 있다. 소액사건도 지방법원합의부로 이송할 수 있다.[123]

(나) **손해 또는 지연을 피하기 위한 이송(제35조)** (a) 원고는 여러 개의 법정관할 가운데서 어느 관할 하나를 임의로 선택하여 그곳에 소송을 제기할 수 있다. 그런데 피고가 원고 선택의 관할법원보다도 다른 관할법원에서 심판받는 것이 현저한 손해 또는 지연을 피할 수 있다고 하여 이송신청을 한 경우에 법원은 그것이 전속관할에 위반되지 않는 한 다른 관할법원으로 이송할 수 있고 이는 직권으로도 가능하다. 여기서의 「현저한 손해」라 함은 소송을 수행하는 과정에서 피고가 입는 현저한 경제적 부담을 의미하지만 원고측이 입을 손해도 무시해서는 안 되므로 이 사정은 피고(상대방)측이 소송을 수행하는 데 많은 비용과 시간이 소요된다는 사정만으로 제35조의 사유가 된다고 단정할 수 없다.[124] 「지연」이라 함은 증거조사 등으로 소송이 끝나는 것이 늦어지는 것을 말한다. 전자는 개인적 이익을, 후자는 공익적 이익을 고려한 것이다.

(b) 대체로 판례들은, 손해 또는 지연을 피하기 위한 이송의 해당범위를 좁게 보아서 당사자의 이송신청을 불허하는 경향이 있다. 그러나 제25조 제2항이 관련재판적의 범위를 통상 공동소송인에게 확대함으로써 피고는 경우에 따라 아무 관련이 없는 원고의 소제기에 응소할 수밖에 없어 관할이익을 침해당할 염려가 생길 수 있으므로 이 경우에는 손해 또는 지연을 피하기 위한 이송제도를 활용하여 피고를 보호할 필요성이 있다.

(다) **지식재산권 등에 의한 소송 이송(제36조)** (a) 법원은 특허권 등을 제외한 지식재산권과 국제거래에 관한 소송이 제기된 경우에 직권 또는 당사자의 신청에 따른 결정으로 그 소송의 전부 또는 일부를 지식재산권 등에 관한 특별재판적(제24조 제1항)에 따른 관할법원에 이송할 수 있다(제36조 제1항). 그러나 이로 인해서 소송절차를 현저히 지연시키는 경우(제36조 제1

---

120) 대전결 1993.12.6. 93마524.

121) 이에 대하여 이시윤 121면은 ① 관할권 있는 법원에서 재판을 받을 피고의 이익보호의 필요, ② 관할위반이 아닌 다른 원인에 의한 이송에 이송신청권 인정되는 것과의 균형 등을 고려하여 이송신청권을 주자고 하며, 이 견해가 학설로는 오히려 다수설이다. 또 일본민소법 제16조는 이송신청권을 인정하고 있다. 그러나 관할위반여부는 직권조사사항인 점, 당사자에게 소송 이송신청권을 허용하면 이것이 소송지연의 유력한 수단이 될 수 있다는 점에서 판례에 찬성한다.

122) 대결 1996.1.12. 95그59.

123) 대결 1974.7.23. 74마71.

124) 대결 2010.3.22. 2010마215.

항 단서)와 전속관할이 정하여져 있는 소송(제36조 제2항)은 이송할 수 없다.

(b) 특허권 등에 관한 소(제24조 제2항, 제3항)는 전속관할이지만 직권 또는 당사자 신청으로 제2조부터 제23조까지의 규정에 따른 원래의 지방법원으로 이송할 수 있다(제36조 제3항).

(라) **신청 또는 직권에 의한 이송** 관할위반의 경우와 달리 심판의 편의에 의한 이송은, 법원의 직권 이외에 당사자에게도 이송신청권이 있다. 따라서 당사자의 이송신청에 대하여 법원은 결정을 하여야 하며, 이송신청의 기각결정에 대하여는 즉시항고를 할 수 있다(제39조). 소송의 일부이송(예, 공동소송에서 어느 한사람에 대한 소송 등)은 이송할 소송에 관하여 먼저 변론의 분리(제141조)부터 하여야 할 것이다.

(3) 반소제기에 의한 이송

본소가 단독사건이라고 하더라도 피고의 반소가 지방법원 합의부의 사물관할에 속하는 사건인 경우에는 직권 또는 당사자의 신청에 의하여 결정으로 본소와 반소를 일괄하여 합의부로 이송하여야 한다(제269조 제2항). 피고의 반소에 대한 사물관할의 이익을 존중하기 위한 취지이다. 다만, 제30조의 변론관할이 생긴 때에는 이송할 수 없다(제269조 제2항 단서). 지방법원 단독사건에 관한 항소심 계속 중에 지방법원 합의부관할에 속하는 반소가 제기되더라도 이미 정하여진 항소심 관할에 영향을 주어서는 안 되므로 지방법원 합의부 사건에 대한 항소심(즉 고등법원)으로 이송할 수 없다.[125]

(4) 항소심 또는 상고심이 하는 환송에 갈음하는 이송(제419조, 제436조)

원심판결이 전속관할에 관한 규정을 위반하였을 때에 항소심은 제1심판결을 취소하고 상고심은 파기하여, 사건을 관할법원에 이송한다. 판결에 의한다는 점에서 결정으로 하는 제1심 법원의 이송과 다르다.

(5) 재심사건의 이송

항소심에서 사건에 대하여 본안판결을 한 때에는 제1심판결에 대하여 재심의 소를 제기하지 못하므로(제453조), 항소심판결이 아닌 제1심판결에 대하여 제1심 법원에 제기된 재심의 소는 재심 대상이 아닌 판결을 대상으로 한 것으로서 재심의 소송요건을 갖추지 않은 부적법한 소송이며 단순히 재심의 관할을 위반한 소송이라고 볼 수 없다. 그러나 재심 소장에 재심을 할 판결로 제1심판결을 표시하고 있다고 하더라도 재심의 이유에서 주장하고 있는 재심사유가 항소심판결에 관한 것이라고 인정되는 경우, 또는 재심사유가 항소심판결과 제1심판결에

125) 대결 2011.7.14. 2011그65.

공통되는 경우에 그 재심의 소는 항소심판결을 대상으로 한 것으로서 재심을 할 판결의 표시가 잘못 기재된 것이다. 이 경우 재심소장을 접수한 제1심 법원은 그 재심의 소를 부적법하다 하여 각하할 것이 아니라 재심 관할법원인 항소심법원에 이송하여야 한다.[126)]

3. 이송절차와 효력

(1) 이송절차

당사자가 소송이송을 신청하는 때에는 기일에 출석하여 하는 경우가 아니면 서면으로 신청의 이유를 밝혀야 한다(민소규 제10조). 여기서의 서면에는 전자문서법제4조의 2에서 정한 서면요건을 갖춘 전자문서를 포함한다.

이송재판은 결정으로 하므로 변론을 거칠 필요는 없으나 신청에 의한 이송의 경우에 법원은 결정에 앞서 상대방에게 의견을 진술할 기회를 주어야 하고(민소규 제11조 제1항), 직권으로 이송결정을 할 때에도 당사자의 의견을 들을 수 있다(민소규 제11조 제2항). 신청에 의한 경우에 그 신청이 이유 있으면 이송 인용 결정, 이유 없으면 이송신청을 기각하며, 그 인용 및 기각결정에 대하여는 당사자의 이송신청권에 기하여 즉시항고를 할 수 있다(제39조). 그러나 직권에 의한 이송신청은 법원의 직권발동을 촉구함에 그치므로 이송신청을 인용 또는 기각하더라도 즉시항고는 물론 재특별항고도 할 수 없다.[127)]

(2) 이송의 효력

(가) **구속력** (a) 이송재판이 확정되면 그 재판은 이송받은 법원을 구속하므로(제38조 제1항) 다시 이송한 법원으로 재이송하거나 다른 법원으로 전송(轉送)할 수 없다(제38조 제2항). 따라서 전속관할규정에 위반되지 아니하였는데도 전속관할규정에 위반하였다고 오해하여 이송한 경우에도 재이송할 수 있는 제411조 단서는 적용되지 않으므로 전속관할 규정에 어긋난 때 인정되는 제424조 제1항 3호는 절대적 상고이유가 되지 않는다. 따라서 소송의 이송결정이 전속관할에 위반되더라도 이송의 반복에 의한 소송지연을 피할 공익적 요청 상 더 이상 소송의 이송결정을 다툴 수 없다.[128)]

(b) 판례[129)]는 상소기간준수 여부를 상소장이 원심법원에 접수된 때를 기준으로 하므로, 원심법원 이외의 법원에 항소장이 제출되었는데 항소기간이 경과된 경우에는 원심법원으로

---

126) 대결 1995.6.19. 94마2513.

127) 대전결 1993.12.6. 93마524. 이송신청인용결정에는 즉시항고할 수 있다는 견해로는 정동윤 외 2 188면; 김홍엽 107면; 전원열 147면.

128) 대결 2023.8.31. 2021다7226.

129) 대판 2010.12.9. 2007다42907.

소송을 이송하더라도 제34조 제1항의 이송 효력은 인정되지 않는다. 이것은 행정소송법상 항고소송으로 제기하여야 할 사건을 민사소송으로 잘못 제기한 경우에 수소법원이 그 항고소송에 대한 관할권을 가지고 있지 아니하여 관할법원에 이송하는 결정을 하였고, 그 이송결정이 확정된 후 원고가 항고소송으로 소 변경을 한 경우에도 그 항고소송에 대한 제소기간의 준수 여부에 관해서 동일하게 적용 된다.[130)]

(c) 그러나 심급관할에 위반되지 아니하였는데도 심급관할을 위반하였다는 이유로 이송한 경우에는 위와 같이 해석할 수 없다. 만약 이송결정의 기속력이 이송받은 상급심법원에 미쳐서 재이송하거나 전송할 수 없다면 우선 당사자의 심급 이익을 박탈하여 부당하다. 뿐만 아니라, 이송을 받은 법원이 법률심인 대법원인 경우에는 직권조사사항을 제외하고는 새로운 소송자료의 수집과 사실확정이 불가능한 관계로 당사자의 사실에 관한 주장, 입증의 기회가 박탈되는 불합리가 생긴다. 그러므로 심급관할을 위배한 이송결정의 기속력은 이송받은 상급심법원에는 미치지 아니한다고 풀이하여 위법하게 이송받은 상급심법원은 사건을 정당한 관할법원에 이송하여야 한다.[131)]

(d) 이송결정이 확정된 뒤에 청구의 변경이나 반소제기에 의하여 사물관할이 변동되는 등 새로운 사유가 생긴 때에는 재이송할 수 있다.

㈏ **소송계속의 유지** (a) 이송결정이 확정되면 소송은 처음부터 이송받은 법원에 계속된 것으로 본다(제40조 제1항). 그러므로 소제기에 의한 시효중단이나 법률상 기간준수의 효력은 소를 제기한 때로부터 그대로 지속되고[132)] 종전 소송행위의 효력도 유지된다. 관할위반의 이송의 경우에도 이송 전의 소송행위가 그 효력을 그대로 유지한다.[133)]

(b) 재심의 소가 재심 제기기간 이내에 제1심 법원에 제기되었으나 재심사유 등에 비추어 항소심판결을 대상으로 한 것이라 인정되어 위 재심의 소를 항소심법원에 이송한 경우에 재심제기기간의 준수여부는 제40조 제1항의 규정에 비추어 제1심 법원에 제기된 때를 기준으로 할 것이지 항소법원에 이송된 때를 기준으로 할 것은 아니므로[134)] 제1심 법원에 재심의 소를 제기할 당시에 재심제기기간이 준수되었다면 그 재심의 소는 적법하다.

㈐ **소송기록의 송부** 이송결정이 확정되면 이송법원의 법원사무관등은 이송결정의 정본을 작성하여 여기에 소송기록을 붙여 이송된 법원에 보내야 한다(제40조 제2항). 소송기록이 이송법원에 있는 동안 급박한 사정이 있을 때에는 직권 또는 당사자의 신청에 의하여 증거조사나 가압류 · 가처분 등 필요한 처분을 할 수 있다(제37조).

---

130) 대판 2022.11.17. 2021두44425.

131) 대판 2000.1.14. 99두9735, 대결 2007.11.15. 2007재마26, 대결 2017.10.12. 2016그112.

132) 대판 2007.11.30. 2007다54610.

133) 같은 취지: 정동윤 외 2, 170면.

134) 대전판 1984.2.28. 83다카1981.

제2장

당 사 자

제1절 당사자 일반

[39] 제1. 당사자의 뜻

1. 개념

(가) 당사자라 함은 자기 이름으로 법원에 소송을 제기하거나 제기 당함으로써 판결의 명의인이 되는 자를 말한다. 보통 당사자를 제1심에서는 원고 · 피고, 항소심에서는 항소인 · 피항소인, 상고심에서는 상고인 · 피상고인, 강제집행 및 보전절차에서는 채권자 · 채무자라고 한다. 그러나 실제로 판결문에서는 당사자 표시를 일관시키기 위하여 제1심의 원고와 피고를 상소심에서도 계속 쓰면서 다만 원 · 피고 표시의 곁에 항소인 또는 피항소인, 상고인 또는 피상고인이라고 기재한다. 강제집행 및 보전절차에서는 채권자 · 채무자라는 표시 대신에 신청인 · 피신청인이라고 하기도 한다.

(나) 누가 당사자인가는 그 실질적인 권한 유무를 떠나 판결의 명의인이라는 형식적 표준에 의하여 정해진다. 이를 형식적 당사자주의라고 한다. 로마법에서는 악티오에 해당하는 실질적 권한이 있는 자만 당사자가 되었으나 1789년 프랑스 대혁명 이후 재판을 받을 권리가 헌법상 기본권이 되면서 이제는 누구나 그 실질적인 권한 유무를 떠나 소송을 제기하거나 제기당하면 당사자가 되어 법원에서 민사재판을 받을 수 있게 되고 그 실질적인 권한 유무는 판결이유에

서 판단되는 데 그친다. 뒤에서 보는 바와 같이 소송담당의 경우에 이를 실체적 법률관계로 본다면 제3자로 될 소송담당자에게 당사자적격이 인정되는 것은 형식적 당사자개념이 작용되기 때문이다.

2. 대립당사자 원칙

(가) 민사소송은 당사자의 대립을 기본구조로 한다. 당사자 대립이 없다면 민사소송 자체가 생길 일이 없으므로 소송절차에서 서로 대립하는 당사자의 존재가 불가결하다. 이 점에서 비송사건과 다르다. 그러므로 당사자의 대립은 재판권과 함께 가장 중요한 소송요건이 된다. 당사자 대립은 민사소송의 시작부터 마칠 때까지 지속되어야 하므로 그 대립이 해소되면 소송은 바로 종료된다. 만약 소송이 종료되었는데도 그에 관하여 다툼이 있다면 법원은 소송을 각하하는 것이 아니라 판결로 소송종료선언을 한다(민소규 제67조 제3항의 유추). 따라서 원고는 스스로에 대하여 소송을 제기할 수 없으며, 일단 소송이 성립된 뒤에라도 상속, 법인의 합병 등으로 당사자의 한 쪽이 상대방의 포괄승계인이 되어 대립당사자 원칙이 해소되면 소송은 종료된다. 예컨대 일신전속적인 학교법인 이사장의 자격에서 학교법인 이사회결의의 무효확인청구를 하였다가 사망한 경우와 같이 분쟁 대상이 되는 권리 또는 법률관계가 성질상 승계할 수가 없을 때에는 소송이 종료된다.[1)]

(나) 그러나 당사자가 될 자가 없더라도 반드시 소제기가 불가능한 것은 아니다. 예를 들어 부부 한 쪽이 배우자를 상대로 혼인무효소송을 제기하여 가족관계를 확정시키는 것은 인륜에 관한 문제여서 성질상 승계가 문제되지 않으므로 이 경우에 상대방이 될 자가 사망하더라도 법은 공익의 대표자인 검사를 상대방으로 소송을 제기할 수 있게 하여(가소 제24조 제3항) 가족관계를 확정시킬 수 있게 하였다.

(다) 한편 독립당사자참가로 말미암아 세 당사자가 서로 대립·항쟁할 때에는 그들 사이의 분쟁을 대립당사자 소송으로 나눌 것이 아니라 3당사자소송 구조로 취급함으로써 하나의 소송에서 서로 대립되는 세 당사자 사이의 분쟁을 한꺼번에 일률적으로 처리하게 된다. 이를 3당사자소송[2)]이라고 한다. 이 경우에도 대립당사자 소송이 3개 병합된다고 하는 유력한 반대설이 있다.[3)]

---

1) 대결 1981.7.16. 80마370, 대판 2004.4.27. 2003다64381.

2) 2002년 민사소송법이 개정되기 이전에는 독립당사자참가는 당사자 양쪽을 상대방으로 하여 제기하야야 하므로 3면소송이라고 하기도 하였으나 지금은 당사자 한 쪽을 상대방으로 하여 제기할 수 있으므로(제79조 제1항) 이제는 3면소송이라는 용어보다는 3당사자소송이 적절할 것이다.

3) 이시윤, 806면 참조.

3. 당사자 개념 사이의 상호관계

당사자 개념을 정할 때에 당사자의 확정, 당사자능력 및 당사자적격이 중요하다. 그 외에 소송능력과 변론능력도 당사자개념과 관계되고 있으나 이것들은 주로 소송상 대리에서 주로 문제되므로 그곳에서 취급하기로 한다. 형식적 당사자 개념을 전제로 할 경우, 먼저 누가 누구를 상대로 청구하는가를 확정하여야 한다. 당사자 사이에서 성립하는 소송법률관계와 그에 따른 판결의 효력은 이 확정에 의하여 결정된다. 이를 당사자의 확정 문제라 한다.

그 다음으로, 확정된 당사자를 전제로 하여 당해 청구에 대하여 본안판결을 할 수 있는지를 검토하여야 한다. 당사자능력과 당사자적격 등이 여기에 포함된다. 모두 소송요건에 해당한다. 당사자능력이라 함은 소송법률관계의 주체로서 본안판결의 명의인이 될 수 있는 능력을 의미한다. 이는 원칙적으로 청구의 내용과 무관하게 인정된다. 이에 반하여, 당사자적격이라 함은 특정 소송의 청구와 관련하여 원고가 본안판결을 구할 자격이 있는지, 또는 피고에 대하여 본안판결을 구하는 것이 적절한지를 판단하는 기준을 말한다.

[40] 제2. 당사자의 확정

1. 당사자의 특정과 확정

(1) 당사자의 특정

당사자가 소송에 등장하기 위해서는 재판을 하는 법원이 누가 당사자인가를 알 수 있어야 한다. 법원은 원고가 제출한 소장에 적힌 당사자(제249조 제1항) 표시에 의하여 누가 당사자인 줄 알게 되므로 원고는 법원으로 하여금 소장에 적힌 당사자를 다른 사람과 구별할 수 있도록 특정하여야 한다. 이것을 당사자의 특정이라고 한다. 예컨대 성수동이라는 사람이 다른 사람과 분쟁이 생겨서 소장의 원고 표시에 '성수동'이라고 적었다면 법원에서는 우선 소장심사과정에서 그 '성수동'이 사람이름인지 성수동이라는 거주지인지 밝힐 필요가 있는데 이것이 바로 당사자특정 문제이다.

그러므로 당사자 특정은 법원이 누가 당사자인지 식별하는 사실판단의 문제이다. 따라서 소장을 접수한 재판장이 소장에 적힌 당사자가 누구인지 식별할 수 없다면 소장심사권(제254조)을 발동하여서라도 당사자가 누구인지 식별하여 특정할 수 있도록 조치하여야 한다. 이 점에서 당사자 특정은 재판장의 몫이다.

(2) 당사자의 확정

㈎ **당사자 확정의 개념** (a) (i) 당사자의 확정이라 함은 법원이 소송에서 누가 당사자인가를 명백하게 하는 것을 말한다. 당사자가 특정되더라도 그 사람이 모두 소송에서 당사자로 취급되는 것이 아니다. 앞의 예에서 '성수동'이 '서울 은평구 홍은동 거주 성수동' 정도까지는 밝혀져야 누가 당사자인가를 명백하게 할 수 있다. 다만 당사자의 확정은 당사자특정과 달리 소송법률관계에서 누가 당사자인가를 가리는 작업이므로 뒤에서 보는 바와 같이 여러 가지 복잡한 법률문제가 생기는 것이다.

(ii) 이와 같이 법원이 소장에 기재된 사람을 다른 사람과의 관계에서 소송상 법률관계가 성립된다고 취급하여야 비로소 당사자로 확정되는 것이다. 이와 같이 법원의 당사자 확정 판단은 소송상 법률관계의 성립에 관한 것이므로 사실판단이 아니라 법률판단이다.

(b) 당사자가 확정되어야 소송상 법률관계가 성립되므로, 당사자는 소장(제249조), 준비서면(제274조), 판결서(제208조)의 필수적 기재사항이고, 보통재판적(제2조 내지 제6조), 법관의 제척원인(제41조), 당사자능력(제51조, 제52조), 소송능력(제55조), 소송절차의 중단(제233조), 중복된 소제기의 금지(제259조), 당사자신문(제367조 이하), 기판력의 주관적 범위(제219조) 등의 표준이 되므로 구체적 소송에서 누가 당사자인가를 확정하는 것은 매우 중요하다.

㈏ **소송요건, 직권조사사항** (a) 그러므로 당사자 확정은 대표적인 소송요건이고 법원의 직권조사사항에 속한다. 판례[4)]는, 소송에 있어서 당사자가 누구인가는 당사자능력, 당사자적격 등에 관한 문제와 직결되는 중요한 사항이므로 사건을 심리 · 판결하는 법원으로서는 직권으로 소송당사자가 누구인가를 확정하여 심리를 진행하여야 하는 것이며, 이때 당사자가 누구인가는 소장에 기재된 표시 및 청구의 내용과 원인 사실 등 소장의 전 취지를 합리적으로 해석하여 확정하여야 할 것이고, 소장에 표시된 원고에게 당사자능력이 인정되지 않는 경우에는 소장의 전 취지를 합리적으로 해석한 결과 인정되는 올바른 당사자능력자로 그 표시를 정정하여야 하며, 소장에 표시된 당사자가 잘못되었는데도 당사자표시를 정정하게 하는 조치를 취하지 않고 바로 소를 각하할 수 없다고 하였다.[5)] 이와 같이 당사자의 확정은 재판장이 아니라 법원의 몫이다.

(b) 따라서 원고가 당사자를 정확히 표시하지 못하고 잘못 확정한 경우에 법원은 석명을 통하여 당사자의 표시를 정정 보충시켜야 하며, 단순히 보정명령만을 명한 것은 위법하다.[6)]

---

4) 대판 2001.11.13. 99두2017.
5) 대판 2011.7.28. 2010다97044.
6) 대판 2013.8.22. 2012다68279.

(3) 당사자 확정의 기준

㈎ 학설의 대립

(a) **권리주체설(실체법설)** (i) 소송목적인 권리 또는 법률관계의 주체가 되는 자를 당사자로 보려는 견해이다. 다만 제3자라고 하더라도 제3자의 소송담당과 같이 타인의 권리관계에 관하여 소송수행권이 있는 경우에도 당사자로 본다. 이 견해는 실질적인 권한 유무에 따라 당사자를 정하자는 입장인데 이것은 국민의 기본권인 민사재판청구권을 보호하려는 취지에서 근대 소송법이 확립한 형식적 당사자주의를 소홀하게 취급한다는 점에서 현재 학설로서는 지지하는 견해가 없다.

(ii) 그런데 위에서 본 판례[7]에 의하면, 소송에 있어서 당사자가 누구인가를 확정하는, 당사자확정은 실체법상 권리주체의 판단과 밀접한 관련이 있는 당사자능력, 당사자적격 등에 관한 문제와 직결되는 중요한 사항으로 본다는 것인데 그러한 판례의 입장은 실체법적 요소, 특히 권리주체와의 관련성을 당사자확정의 중요한 요소로 고려한다고 할 수 있다.

(iii) 예를 든다. 개인이나 법인이 과세처분에 불복하여 제기한 심판청구 등의 전심절차가 진행하던 중 당사자가 사망하거나 법인의 흡수 합병 등으로 당사자능력이 소멸되었으나, 전심절차에서 는 이를 알지 못한 채 사망하거나 합병으로 인해 소멸된 당사자를 청구인으로 표시하여 청구에 관한 결정이 이루어지고, 상속인이나 합병법인이 이 결정에 불복하여 소를 제기하면서 소장에 착오로 이미 소멸한 당사자를 원고로 기재하였다면, 이 경우는 모두 당사자가 소 제기 이전에 사망 또는 법인합병 등으로 당사자가 될 수 없으므로 당사자확정을 실체관계와 무관하게 형식적으로만 파악하는 입장에서는 당사자가 확정되지 아니하였다고 하여 각하하여야 할 것이다. 그런데 판례[8]는, 이 경우에 실질적인 권리관계를 따져서 '실제 소를 제기한 당사자는 상속인이나 합병법인이고 다만 그 표시를 잘못한 것에 불과하므로, 법원으로서는 이를 바로잡기 위한 당사자표시정정신청을 받아들인 후 본안에 관하여 심리·판단하여야 한다'고 판시함으로써 실체법상 법률관계를 바탕으로 당사자를 확정한다고 하였고, 이러한 입장은 다른 판례에서도 볼 수 있었다.[9] 결국 판례는 소송에서 당사자를 확정함에 있어서는 실체법적 요소를 중시함을 알 수 있어 권리주체설을 전적으로 무시할 수는 없을 것이다.

(b) **의사설** 원고 또는 법원의 의사를 기준으로 당사자를 정하자는 학설이다. 그런데 내심의 의사는 객관성이 없어서 안정·확실을 요구하는 소송제도의 이상에 들어맞지 않을 뿐 아니라 원고의 의사에 의하여 당사자를 정하면 원고확정의 기준이 없게 되고, 법원의 의사를

---

7) 대판 2011.7.28. 2010다97044.

8) 대판 2016.12.27. 2016두50440(평석은 [9] 참조).

9) 예컨대 대판 1994.12.2. 93누12206 참조.

기준으로 하면 처분권주의에 위반된다는 것이 이 학설의 약점이다.

(c) **행동설** 소송절차에서 당사자로 행동한 자 또는 법원에 의하여 당사자로 취급된 자가 당사자라고 하는 학설이다. 그런데 소송절차에서는 당사자뿐 아니라 당사자를 보조하는 사람들이나 소송대리인들도 여러 가지 소송상 행동을 하는데 그 중에서 어떤 행동을 기준으로 당사자를 정하여야 할지 애매하여 이 견해를 따르기 어렵다.

(d) **표시설** 소장에 표시된 객관적 표시를 기준으로 당사자를 정하자는 설이다. 이 견해는 소송행위를 해석할 때에는 원칙적으로 표시주의와 외관주의를 따르도록 되어 있고 표시된 내용과 어긋나거나 모순되는 해석을 해서는 안 된다는 원칙[10]에 입각한 학설로서, 기준의 명확성·획일성으로 인하여 형식적 당사자 개념에 알맞다. 판례는 기본적으로 표시설을 따른다. 예컨대 원고가 피고를 표시하면서 당사자 특정의 방법으로 기재하는 주소를 이름이 똑 같은 동생 집으로 하였고 실제로 동생이 법정에 출석하여 변론한 경우에는 형을 피고로 하겠다는 원고의 의사와 관계없이 동생이 피고라고 하였다.[11] 그러나 표시설은 당사자를 분쟁의 실체와 관계없이 소장의 형식적 기재만으로 정함으로써 소송경제, 원·피고의 이익형량 등을 무시하고 또 사망한 당사자를 소장의 기재하더라도 당사자로 보아야 하는 잘못이 있다는 비판을 받는다.

(나) **실제 소송과정에서의 당사자확정** (a) 당사자 확정은 실체법상 권한 유무와 관계없이 형식적으로 정해져야 한다. 실체법상 권한 유무는 판결이유에 불과하기 때문이다. 보통은 소장에 표시된 당사자를 그 소송 당사자로 확정할 수 있다(표시설).

(b) (i) 그런데 법원에 처음으로 제출된 소장의 기재만으로 당사자를 확정하는 것이 소송의 실체와 너무 동 떨어지는 경우가 생길 수 있다. 그래서 기판력의 시적 범위로 정한 사실심의 변론종결시를 기준으로 소장의 당사자 기재에 청구취지와 원인 그 밖의 소송에 나타난 일체의 자료를 종합하여 합리적으로 당사자를 확정하여야 하고, 이와 같이 확정된 당사자와 동일성이 인정되는 범위 내에서라면 올바른 당사자로 표시를 정정하여야 한다는 견해(수정된 표시설)가 판례[12]가 되었다. 예컨대 원고가 소장에서 피고 을이라 표시한 후 그 앞에 "부산시 부산진구 부전동 소재 합명회사 00중앙상사 대표사원"이라 하였던 것을 피고 "합명회사 00중앙상사"라고 당사자 표시정정을 하였는데 이것은 원고의 주관적 의사가 그 개인에 대하여 소송을 제기한 것이 아니라 그가 대표사원으로 있는 회사 자체를 특정하여 당사자로 삼으려 하였고 그와 같은 견지에서 소송행위를 수행한 것이므로 원고의 위 피고에 대한 당사자표시정정은 피고가 회사라는 객관적인 동일성을 벗어난 것이 아니라고 하였다.[13]

---

10) 대전판 1984.2.28. 83다카1981, 대판 2008.3.27. 2007다80183.
11) 대판 1983.3.8. 82다카291 참조.
12) 대판 1996.3.22. 94다61243, 2003.3.11. 2002두8459, 2011.7.28. 2010다97044.

(ii) 확정할 당사자 표시가 애매하거나 부정확하게 기재된 경우에는 당사자의 동일성을 유지하는 범위 내에서 정확하도록 표시정정을 하여야 할 것이다.[14] 이 경우 법원은 당사자를 소장의 표시만으로 확정할 것이 아니라 청구의 내용과 원인사실을 종합하여 확정한 후 원고가 법의 부지로 당사자를 정확히 표시하지 못하거나 분명하지 아니하게 한 때에는 이를 정확하게 하도록 당사자 표시를 정정하거나 보충시키는 조치를 취하여야 한다. 이러한 조치 없이 원고에게 보정명령 만을 명한 후 이에 불응하였다고 하여 소를 각하해서는 안 된다.[15]

2. 당사자 확정이 문제되는 경우

표시설이든 수정된 표시설이든 그 바탕은 형식적 당사자주의이다. 그런데 이것을 일관하다 보면 실제의 분쟁주체가 소송에서 배제되거나 거꾸로 소송에 관여하지 아니한 사람이 단지 소장에 당사자로 기재되었다는 이유만으로 불리하게 판결의 효력을 받는 경우가 생길 우려가 있다. 이 우려를 어떻게 해소시키느냐가 당사자 확정에서의 가장 큰 문제이다. 다음에서 구체적으로 검토한다.

(1) 표시정정과 당사자 경정

(가) 문제의 제기 갑이 '을'을 상대로 건물인도소송을 제기한다는 것이 '병'을 '을'이라고 착각하여 '병'을 피고라고 소장에 기재하였는데 '병'이 소송에서 실제로 피고로 행동한 경우에 소장에서 피고를 '을'로 바꾸어야 하는 문제가 생긴다. 먼저 병 및 을의 표시가 동일인격을 표시하는 것으로서 당사자의 동일성이 인정되는 경우에는 '병'에서 '을'로 표시정정을 신청할 수 있다. 그러나 병 및 을이 별개의 인격인 경우에는 표시정정이 아니라 당사자경정을 신청해야 한다. 표시정정은 일반적으로 적법하게 취급되어 심급에 관계없이 허용되나, 당사자경정은 당사자를 잘못 지정한 것이 분명한 경우에 한정하여 제1심의 변론이 종결될 때까지만 허용되므로(제260조 제1항)양쪽을 명백하게 구별할 필요가 있다.

(나) 표시정정과 당사자경정의 구별

(a) 개념 (i) (ㄱ) 표시정정이란 소장, 판결 등 당사자표시가 잘못된 경우에 당사자의 동일성이 유지되는 범위 안에서 그 표시를 고치는 것을 말한다.[16]

(ㄴ) 예를 들어서 '강한국'이라고 표시한다는 것이 '강원국'이라고 기재한 경우에 이를 '강한

13) 대판 1967.10.4. 67다1780.

14) 대판 2011.7.28. 2010다97044.

15) 대판 2013.8.22. 2012다68279.

16) 대판 2009.10.29. 2009다54744 · 54751.

국'이라고 고치는 따위이다. 소송에서 당사자가 누구인가는 당사자능력, 당사자적격 등에 관한 문제와 직결되는 중요한 사항이므로, 사건을 심리·판결하는 법원으로서는 직권으로 소송당사자가 누구인가를 확정하여 심리를 진행하여야 하는데 이때 당사자가 누구인가는 수정된 표시설에 따라 소장에 기재된 표시 및 청구의 내용과 원인 사실 등 소장전체의 취지를 합리적으로 해석하여 확정하여야 하고 확정된 당사자의 동일성 범위 내에서라면 항소심에서도 당사자의 표시정정을 허용하여야 한다.[17] 따라서 소장의 표시만으로는 피고에게 당사자능력이 인정되지 않는 경우라도 소장의 전 취지를 합리적으로 해석하여 올바른 당사자능력자로 인정될 수 있는 사람이 있다면 그 당사자능력자로 당사자 표시를 정정하는 것이 허용된다.[18]

(ㄷ) 요컨대 소장 당사자 란의 기재뿐 아니라 청구의 취지 및 원인을 자료로 원고 및 피고를 확정시킬 수 있다. 이 점에서는 표시설이나 의사설 및 행동설 사이에 아무런 차이가 없다. 다만 확정을 위한 자료가 소장으로 한정된다는 점에 표시설이 더 의미가 있다.

(ii) 당사자경정이란 어떤 당사자를 동일성이 없는 다른 당사자로 그 표시를 고치는 것을 말한다. 예를 들어서 '강한국'이라고 표시하였으나 그것은 서울 은평구에 거주하는 '강한국(姜韓國)'이 아니라 경기도 일산에 거주하는 '강한국'이라는 전혀 다른 사람을 기재하는 경우에 이를 서울 거주 강한국이라고 제대로 고치는 것이다.

(iii) 앞의 예에서 피고 표시를 '병'에서 '을'로 고치는 경우를 학설에 따라 검토하여 보면, 우선 의사설에 의하면 원고는 '을'을 피고로 할 의사였으므로 소장에 '병'이 피고로 되어 있더라도 '을'이 진정한 피고이다. 따라서 '병'을 '을'로 고치는 것은 표시정정이고 당사자경정이 아니다. 행동설에 의하면 '병'이 피고로 행동하였으므로 '병'이 진정한 피고이다. 따라서 '병'을 '을'로 고치는 것은 당사자경정이고 표시정정이 아니다. 표시설에 의하면 당연히 '병'이 피고이므로 '병'을 '을'로 고치는 것은 당사자경정이고 표시정정이 아니다.

(iv) 수정된 표시설에 의한다면 변론종결 당시까지의 소송 진행과정을 보아야 한다. 만약 피고 '을'이 소장에 기재된 '병'이 자기를 표시한 줄로 알고 '병'의 이름으로 소송을 진행하였다면 '병'을 '을'로 고치는 것은 단순한 표시정정이다. 그러나 그때까지의 소송 진행과정에서 소장에 기재된 '병'이 자기가 '을'이 아닌 줄 알면서도 피고 '을'과는 관계없이 자기가 진정한 피고처럼 행세하였다면 이를 '을'로 고치는 것은 당사자경정이 된다. 수정된 표시설인 판례를 따르면 당사자경정인가 아닌가의 판단은 현실적으로 소송과정에서 소송수행의 기회와 지위를 주어야 하는 사람이 누구인가를 따져서 결정하여야 할 것이다. 예를 들어 채무자회생절차에서 채무자 재산에 관한 소송의 당사자적격은 관리인에게 있으므로(채무자회생 제78조) 관리인을 당사자로 하여야 하는데 관리인 A가 아니라 개인 A를 당사자로 표시한 경우에 이를 관리인

17) 대판 2021.6.24. 2019다278433.
18) 대판 2011.3.10. 2010다99040.

A로 고치는 것은, 청구취지 및 원인 그 밖의 소송에 나타난 일체의 자료를 종합적으로 판단하여 볼 때 이제까지의 절차진행과정에서 개인 A가 자기를 관리인인 줄 알고 소송 활동하였다면 표시정정이 된다.[19] 그러나 원고의 표시를 개인에서 시민단체로 고치는 것,[20] 종전회사를 그 회사로부터 분할된 회사로 고치는 것[21] 등은 종전당사자와 신당사자가 별개의 인격체로서 신당사자가 종전의 소송절차에서 소송수행의 기회와 지위를 부여받았을 리 없으므로 표시정정이 아니라 당사자경정이다. 판례[22]는 흡수합병으로 소멸된 구 회사를 신설된 신회사로 고치는 것을 당사자표시정정으로 보고 있다.

(v) (ㄱ) 표시정정과 당사자경정은 소송상 취급을 달리한다. 단순히 표시를 정정할 뿐인 경우에는 이전에 이미 진행된 소송절차의 모든 효과와 실체법적 소송상태를 표시정정이 된 신당사자에게 전부 넘기더라도 특별한 문제가 없다. 그러므로 사실심의 변론준비기일에서 부적법한 당사자표시정정신청을 받아들이고 피고도 이에 명시적으로 동의하여 본안에 관한 변론이 진행된 다음 본안판결이 선고되었다면 더 이상 당사자표시정정신청의 부적법을 주장하는 것은 소송경제나 신의칙에 비추어 허용할 수 없다[23].

(ㄴ) 당사자경정은 종전 소송의 진행과정에서 소송수행의 기회와 지위를 제대로 부여받지 못한 사람을 신 당사자로 하여야 하므로 신 당사자에게 소송수행의 기회와 지위를 보장하여야 한다. 따라서 원칙적으로 종전 소송절차 및 실체법적 소송상태를 신 당사자에게 그대로 넘겨서는 안 되고 소장의 송달 등 소송절차를 새롭게 할 필요가 있다. 그러나 채권자가 채무자의 사망이후 1순위 상속인의 상속포기사실을 알지 못하고 1순위 상속인을 상대로 소를 제기하였다가 실제 상속인을 피고로 하는 피고 경정신청을 한 경우에 채권자가 의도한 실질적 피고의 동일성은 변함이 없으므로 표시정정과 같이 취급할 수 있다.[24]

(b) **소송상 효과의 차이** (i) 표시정정을 하면 당사자의 동일성이 인정되므로 소제기로 인한 시효중단 또는 기간준수의 효력이 처음에 소송을 제기한 때로 소급하나, 당사자경정은 이러한 효력들이 소송을 제기한 때가 아니라 당사자가 서면으로 경정신청을 한 때에 생긴다 (제265조, 제260조 제2항).

(ii) 표시정정은 심급에 관계없이 허용되나,[25] 당사자경정은 당사자를 잘못 지정한 것이

19) 대판 2013.8.22. 2012다68279, 2019.11.15. 2019다247712.
20) 대판 2003.3.11. 2002두8459.
21) 대판 2012.7.26. 2010다37813.
22) 대판 2016.12.27. 2016두50440.
23) 대판 2008.6.12. 2008다11276.
24) 대판 2009.10.15. 2009다49964.
25) 대판 2012.6.14. 2010다105310은 사망한 자를 상대로 소제기한 경우 이를 상속인으로 고치는 것은 소송요건의 흠을 고치는 것으로서 상고심에서는 당사자표시정정의 방법으로 할 수 없다고 하였다. 그러나 상고심도 직권조사사항에 관해서는 사실심에 기속되지 않으므로(제434조) 이 판례는 의문이 있다.

분명한 경우에 한정하여 제1심의 변론이 종결될 때까지 허용된다(제260조 제1항).

(c) **수정된 표시설의 결론** 수정된 표시설인 판례를 따르면 '병'을 '을'로 고치는 것은 당사자의 동일성이 없으므로 표시정정의 방법으로는 고칠 수 없고 오로지 피고를 잘못 지정한 것이 분명한 경우에 한정하여 제1심 변론을 종결할 때까지 피고 경정의 방법(제260조 제1항)에 의하여야 하고 항소심에서는 경정할 수 없다.

(다) **표시정정이 되지 않은 당사자 표시의 효력** 비록 소장의 당사자 표시가 착오로 잘못 기재되었는데도 소송 계속 중 당사자표시정정이 이루어지지 않아 잘못 기재된 당사자를 표시한 본안판결이 선고·확정된 경우에 판례[26]는, 그 확정판결을 당연무효라고 볼 수 없을뿐더러, 그 확정판결의 효력은 잘못 기재된 당사자와 동일성이 인정되는 범위 내에서 정당한 당사자에 대하여 미친다고 하였다.

예를 들어 이전 수탁자가 파산선고를 받아 그 임무가 종료되었으나 소송대리인이 있어 소송절차가 중단되지 아니한 경우에 신수탁자로 당사자를 정정하지 아니한 채 이전수탁자를 그대로 당사자로 표시하더라도 판결의 효력은 정당한 관리처분권을 가진 신수탁자에게 미친다.[27] 따라서 이 경우에는 이전 수탁자 명의로 판결이 확정되더라도 진실한 당사자인 신수탁자 명의로 표시정정이 허용된다. 다만 이 경우에도 신 수탁자 명의의 표시정정이 되지 않으면 민사집행과정에서 신 수탁자에 대한 승계집행문(민집 제31조)을 부여받을 수 없으므로 강제집행을 필요로 하는 이행소송에서는 제대로 당사자를 확정하여야 할 것이다.

(2) 성명모용(姓名冒用)소송

(가) **문제의 소재** 갑이 '을'과는 관계없이 '을' 명의로 소송을 제기하여 소송을 수행한다든가(원고성명의 모용소송), '병'의 '을'에 대한 소송에서 갑이 '을' 몰래 소송대리인을 선임하여 소송에 응하는 경우(피고성명의 모용소송)와 같이 소장에 표시된 성명의 기재에는 아무런 잘못이 없는데 제3자가 타인의 이름을 모용하여 소송을 수행하는 경우에 그 효과가 소송에 관여한 바 없는 명의인 '을'에게 미치느냐이다. 왜냐하면 표시설(또는 수정된 표시설)에 의한다면 소장에 기재된 '을'이 당사자가 되어 그에게 판결의 효력이 미쳐야 하기 때문이다.[28] 여기서 '을'이 패소판결을 받는다면 '을'은 소송에 관여하여 자기의 권리와 이익을 주장한 일이 없는데도 불리한 판결을 받는 결과가 되어 '을'의 헌법상 절차기본권이 침해되는 중대한 결과가 초래되어 문제이다.

---

26) 대판 1987.4.14. 84다카1969 참조.
27) 대판 2014.12.24. 2012다74304.
28) 의사설에 의하면 원고 성명모용의 경우에는 갑이, 피고 성명모용의 경우에는 을이 당사자이고, 행동설에 의하면 어느 경우에나 갑이 당사자이다.

(나) **표시설의 입장** 표시설에 의하면 소장에 기재된 자, 즉 피모용자가 당사자로 되므로 비록 소송절차에 관여하지 아니하였다 하더라도 피모용자에게 판결의 효력이 미친다. 따라서 그 판결이 불리한 경우에 피모용자는 그 판결이 확정되지 아니하였다면 상소의 방법으로, 판결이 확정되었다면 적법한 대리인의 대리가 없는 것(제451조 제1항 3호)과 같이 취급하여 재심의 방법으로 구제받을 수 있다. 그런데 재심소송은 본래의 소송절차를 이용하는 것이 아니라, 재심소송이란 새로운 소송을 제기하여 종전 소송의 재차 심사를 청구하는 것이므로 새로운 소 제기의 불편이 따르는 데다 재심에 관한 여러 가지 법적 제한 등이 있어 피모용자에게 불리하다. 이 점이 표시설의 약점이다.

(다) **원고가 소장에 피고 주소를 허위로 기재함으로써 제3자가 소장 부본, 판결정본을 송달받고 그 결과 진정한 피고는 소송에 관여하지 못하여 패소한 경우** (a) 표시설에 의하면 이 경우에도 피고가 당사자로 되므로 피고는 반드시 재심을 거치지 않고서는 권리구제를 받을 수 없다. 그러나 판례[29]는 표시설과 관계없이 진정한 피고가 이 경우에는 소장부본이나 판결정본을 받지 아니하였으므로 피고에 대한 판결은 미확정된 것으로 본다. 따라서 상대방 주소를 허위로 기재하여 얻은 승소판결에 기초한 소유권이전등기를 마친 경우에도 그 등기는 미확정판결에 기초한 원인무효의 등기로서 실체적 권리관계에 부합될 수 있는 다른 사정이 없는 한 말소될 처지에 있다. 따라서 아직 말소등기가 이루어지지 아니하였다면 피고는 종전 소송절차에 기일지정신청을 하여 변론의 속행을 구할 수 있고, 말소등기가 이미 경료되었다면 기판력이 없는 위 원인무효인 판결에 대하여 재심을 제기하지 않고서도 별소로 그 등기의 말소를 구할 수 있다고 하였다.[30] 판례의 입장은, 재심절차를 거치지 아니하더라도 권리구제절차가 가능하다는 점에서 당사자의 권리구제의 폭을 넓혔다는 데 의미가 있다.

(b) 다만 주의하여야 할 점은 원고가 소장에 기재한 피고의 허위주소에서 누구도 송달을 받지 아니하여 법원이 소송서류를 재판장이 직권으로 공시송달(제194조 제3항)한 경우에는 위 판례가 적용되지 않는다는 점이다. 왜냐하면 공시송달은 그 요건에 흠이 있어도 재판장이 공시송달을 명하여 절차를 밟은 경우(제194조 제3항)에는 재판장의 명령은 확정력이 있으므로 유효한 송달이 되기 때문이다.[31] 따라서 이 경우 공시송달이 부적법한 경우에는 별소를 제기할 수 없고 소송행위의 추후보완(제173조) 또는 재심(제451조 제1항 11호)에 의해서만 구제를 받아야 한다. 추후보완 사유와 제451조 1항에서 정한 재심사유가 동시에 존재하는 경우에는 추후보완을 할 기간이 경과되었더라도 재심기간이 있을 때에는 재심의 소를 제기할 수 있다.[32]

29) 대전판 1978.5.9. 75다634.
30) 대판 1981.8.25. 80다2831.
31) 대전결 1984.3.15. 84마20.
32) 대판 2011.12.22. 2011다73540.

(c) 법원사무관등이 직권 또는 당사자의 신청에 따라 행한 공시송달(제194조 제1항)에 흠이 있는 경우는 따로 취급하기로 한다.33)

(라) **'갑'이 '을'이라고 하면서, 원고모용의 소를 제기한 경우** (a) '갑'이 '을'이라고 하면서 소를 제기하였다가 패소한 경우라도 소장에서 '을'의 의사에 기초하여 '갑'이 판결을 구하는 취지가 표현되었다면 '을'이 원고이다.

(b) '을'의 의사에 기초하지 않은 경우에는 '갑'이 함부로 소를 제기하였다는 사정은 무권대리인의 제소와 동일하여 '을'이 패소한 경우에 문제가 된다.34) 법원이 심리를 하면서 이를 찾아냈다면 '갑'이 당사자가 아니므로 법원은 '갑'의 소송관여를 배척하고 '을'이 '갑'의 소제기를 추인하지 않는 한 소송비용은 '갑'의 부담으로 하면서(제108조 참조) 그 소를 각하하여야 할 것이다.

(c) 법원이 이를 간과하여 '을'에게 청구기각의 패소판결을 하였더라도 '을'에게는 그 판결의 효력이 생길 수 없다. 왜냐하면 당사자에게 판결의 효력이 생기려면 그 당사자에게 소송수행의 지위와 기회가 보장되어야 하는데 '을'은 소송에 관여한 바 없어 그러한 지위와 기회의 보장이 없었기 때문에 판결의 효력이 생길 근거가 없기 때문이다. 따라서 '을'은 자기의 권리를 실현하기 위하여 '을'명의로 다시 소를 제기할 수 있다.

(3) * 사망한 사람에 대한 소송

사망한 사람에 대한 소송에서 당사자를 정하는 것은 당사자 확정에서 가장 어려운 문제이다. 여러 문제를 취급하여 본다.

(가) **소송요건·직권조사사항** 당사자가 실제로 존재한다는 것은 중요한 소송요건이고 직권조사사항이다. 사망한 사람의 또는 그에 대한 소송은 원칙적으로 소송요건의 흠이 되어 부적법하다.

(나) **사망한 당사자에게 상속인이 없는 경우** 사망한 사람은 당사자가 아니므로 그에게 상속인이 없는 경우에는 대립당사자 원칙이 성립되지 아니한다. 법인격 소멸의 경우와 동일하다. 그 경우에 소송은 종료되고 이에 관해서 다툼이 있으면 법원은 판결로 소송종료선언을 한다(민소규 제67조 제3항 전단의 유추).

(다) **사람이 사망하였더라도 상속인이 있는 경우** 사망한 사람에게 상속인이 있는 경우에도 상속인이 당사자로 관여하지 않는 한 사망한 사람을 피고로 하는 소제기는 대립당사자의 소송구조를 원칙으로 하는 민사소송법상 기본원리가 무시된 부적법한 것으로서 당사자 사이의 실질적 소송관계가 이루어질 수 없다. 그와 같은 상태에서 제기된 소는 부적법하여 각하되

---

33) [61] 8(4) 참조.
34) '을'이 승소한 경우에는 소송법상 아무런 문제가 생기지 않고 실체법상 법률관계만 남을 뿐이다.
35) 대판 2015.8.13. 2015다209002(평석은 [13] 참조).

어야 할 것이며,35) 제1심에서 각하되지 않고 판결이 선고되더라도 그 판결은 당연무효이며,36) 이에 대해서는 재심의 소도 제기할 수 없다.37) 다만 이 경우에는 법인과 달리 그 상속인이 사망한 사람을 포괄승계한다. 따라서 당사자가 사망하였다는 이유로 부적법 각하하여 포괄승계인으로 하여금 다시 소를 제기하게 하는 것보다는 상속인들을 소송에 관여시켜 소송을 진행하는 것이 소송경제에 부합한다. 여기에서 상속인들을 어떻게 소송에 관여시켜 소송법률관계를 이루게 하느냐가 사망한 사람에 대한 소송에서 당사자확정의 문제이다. 사람이 소 제기 이전에 사망한 경우와 소 제기 이후에 사망한 경우로 나누어 검토한다.

(a) **원칙** (i) 소제기 이전에 사망하였더라도 상속인이 있으면 상속인과의 관계에서 실질적 소송관계가 성립될 여지가 있으므로 당사자의 표시정정신청 등으로 상속인의 소송관여를 허용하여야 한다. 판례[36]도 피고를 사망한 자로 표시한 것을, 소장에 기재된 표시 및 청구의 내용과 원인사실 등 소장의 전 취지를 합리적으로 해석하여 상속인으로 고치게 함으로써 올바른 당사자능력자로 표시정정을 허용하였다. 그 시기를 제1심에 한정한 판례[37]가 있으나 직권조사사항에 대해서는 사실심의 상고법원에 대한 기속력이 없음(제434조)에 비추어 직권조사사항인 당사자 확정문제를 제1심에 한정할 필요가 없다.

(ii) **재심의 경우** 재심원고가 재심대상판결 후에 이미 사망한 당사자를 그 사망사실을 모르고 재심피고로 표시하여 재심의 소를 제기하였을 경우에 사실상 재심피고는 사망자의 상속인이고 다만 그 표시를 그르친 것에 불과하므로 그후 상속인들로 당사자표시정정을 하는 수계신청은 적법하다.[38]

(b) **당사자가 소송대리인에게 소송위임을 한 다음 소 제기 이전에 사망한 경우** (i) 당사자가 소송대리인에게 소송위임을 한 다음 소 제기 이전에 사망하였는데 소송대리인이 자기에게 소송위임을 한 당사자가 사망한 줄 모르고 사망한 당사자를 원고로 표시하여 소를 제기하였다면 이 경우에는 당사자가 사망하더라도 소송대리인의 소송대리권은 소멸하지 아니하므로(제95조 1호), 소의 제기는 소송대리인의 소송대리권에 기한 것이어서 적법하고, 따라서 시효중단 등 소 제기의 효력은 상속인들에게 귀속된다. 이 경우 제233조 제1항이 유추 적용되어 사망한 사람의 상속인들이 뒤에 소송절차를 수계할 수 있다.[39]

(ii) 위와 같이 사망한 사람에게 소송대리인이 있었던 경우에는 당사자가 사망한 사실을 모르는 경우는 물론 알고서도 사망한 사람을 당사자로 한 경우에도 소의 제기가 소송대리인의 소송대리권에 기한 것인 이상 표시정정을 허용하여야 할 것이며,[40] 설령 사망자 명의의 판결

---

36) 대판 2011.3.10. 2010다99040.
37) 대판 1974.7.16.73다1190.
38) 대판 1971.6.30. 69다1840, 1983.12.27. 82다146.
39) 대판 2016.4.29. 2014다210449(평석은 [22] 참조).
40) 사망한 사실을 모르고 소송을 제기한 경우에만 표시정정을 허용하고 알고서 한 경우에는 당사자경정에 의하여

이 확정되더라도 상속인 명의로 된 판결의 경정을 허용하여야 할 것이다.

(c) **사망자가 미리 소송대리인에게 소송위임을 하지 아니하였더라도 사망자의 상속인이 소장 부본을 송달받는 등 현실적으로 소송을 수행한 경우** 판례[41]는 이 경우에 사망한 당사자의 당사자 표시가 고쳐지지 않은 상태에서도 사망자의 상속인이 소장 부본을 송달받는 등 현실적으로 소송을 수행한 경우에는 상대방과 상속인 사이에 소송법률관계가 성립한다고 보아 표시 정정을 허용한다. 또 당해 소송을 통하여 분쟁을 실질적으로 해결하려는 원고의 소제기 목적 내지 여러 사정을 종합하면 실질적인 피고가 사망자가 아니라 사망자의 상속인인데 다만 그 표시가 잘못된 경우에도 피고의 표시를 상속인으로 정정할 수 있다고 하면서, 그 이치는 제1순위 상속인의 상속포기 사실을 알지 못하여 제1순위 상속인을 상대로 소를 제기한 경우에도 동일하다고 하였다.[42] 판례의 취지는, 사망한 사람을 피고로 하였다고 하여 부적법 각하한 다음 다시 상속인을 상대로 재차 소송을 제기하게 하는 것은 소송의 신속성과 경제성을 저버리는 것이 되기 때문에 이를 극복하자는 것으로서 실질적인 소송법률관계의 성립을 중시한 입장이라고 할 것이다. 타당하다.

(라) **소송계속 중에 당사자가 사망한 경우** 이것은 피고가 소장을 송달받아 소송계속이 생겼는데 그 후 당사자가 사망한 경우의 문제이다. 이를 다시 사실심의 변론종결 이전에 사망한 경우와 변론종결 이후에 사망한 경우로 나누어 살핀다.

(a) **변론종결 이전에 사망한 경우**

(i) **소송대리인이 없는 경우** (ㄱ) 상속인은 사망한 사람의 포괄승계인이므로 소송의 당사자가 될 사람이다. 따라서 이 경우에는 상속인이 소장에 표시되어 소송에 등장할 시간이 필요하므로 민사소송법은 소송절차를 중단하여 새로운 당사자가 소송에 관여할 수 있을 때까지 소송절차의 진행을 정지하도록 하였다(제233조).

(ㄴ) 그렇지 아니하고, 만약 소송계속 중 어느 한 쪽 당사자의 사망에 의한 소송절차 중단을 간과하고 변론이 종결되어 판결이 선고된 경우에 그 판결은 소송에 관여할 수 있는 적법한 수계인의 권한을 배제한 결과가 되는 절차상 위법은 있다. 하지만 당연무효라고 할 수 없고, 다만 대리인에 의하여 적법하게 대리되지 않았던 경우와 마찬가지로 보아 대리권의 흠을 이유로 상소 또는 재심에 의하여 그 취소를 구할 수 있을 뿐이다.[43] 그러므로 판결이 선고된 후 적법한 상속인들이 수계신청을 하여 판결을 송달받아 상소하거나 또는 사실상 송달을 받아 상소장을 제출하고 상소심에서 수계절차를 밟은 경우에는 그 수계와 상소는 적법하다.[44]

한다는 견해는 이시윤, 139면 참조.

41) 대판 1979.8.14. 78다1283.

42) 대판 2009.10.15. 2009다49964.

43) 대전판 1995.5.23. 94다28444.

44) 대전판 1995.5.23. 94다28444, 2013.4.11. 2012재두497.

(ㄷ) 위의 경우에 원심판결이 상소 또는 재심으로 취소되지 아니하였더라도 사망한 자가 당사자로 표시된 판결에 기초하여 강제집행을 하려면 사망자의 승계인을 위한 또는 사망자의 승계인에 대한 승계집행문(민집 제31조)을 부여받아야 한다.[45]

(ㄹ) 한편 대리권 흠의 추인에 관한 제424조 제2항을 유추하여 볼 때 불이익을 받은 당사자가 상소심에서 명시적 또는 묵시적으로 원심의 절차를 적법한 것으로 추인하면 위의 상소사유 또는 재심사유는 소멸한다.[46]

(ii) 소송대리인이 있는 경우 (ㄱ) 이 경우에는 당사자가 사망하거나 회사가 합병 등으로 소멸하였지만 소송대리인이 현실적으로 소송을 수행할 수 있어 구태여 소송절차를 정지시킬 필요가 없으므로 제1심 변론종결시까지 소송절차가 중단되지 않고(제238조) 소송대리권도 소멸되지 않으며(제95조), 소송대리인에게 상소의 제기에 관한 특별수권이 있다면(제90조 제1항 3호) 상소제기 이후 비로소 소송절차는 중단된다.

(ㄴ) 소송대리인은 상속인들의 소송대리인으로 취급되므로 사망한 사람이 생전에 소송탈퇴를 하였다면 상속인에게도 그 탈퇴의 효과가 생긴다.[47]

(ㄷ) 신탁으로 말미암은 수탁자의 위탁임무가 끝난 경우에도 소송절차는 중단되고, 이 경우 새로운 수탁자가 소송절차를 수계하여야 하지만(제236조), 소송대리인이 있는 경우에는 소송절차가 중단되지 아니하고, 소송대리권도 소멸되지 아니한다(제95조 3호). 따라서 이전 수탁자가 파산선고를 받아 임무가 종료되었으나 소송대리인이 있어서 소송절차가 중단되지 아니하는 경우에는 원칙적으로 소송수계의 문제가 발생하지 아니하고, 소송대리인은 당사자 지위를 당연 승계하는 신수탁자를 위하여 소송을 수행하게 되는 것이며, 그 사건의 판결은 신수탁자에 대하여 효력이 있다. 이때 신수탁자로 당사자의 표시를 정정하지 아니한 채 이전 수탁자를 그대로 당사자로 표시하여도 무방하며, 신탁재산에 대한 관리처분권이 없는 자를 신당사자로 잘못 표시하였다고 하더라도 그 표시가 이전 수탁자의 소송수계인 등 신탁재산에 대한 관리처분권을 승계한 자임을 나타내는 문구로 되어 있으면 잘못 표시된 당사자에 대하여는 판결의 효력이 미치지 아니하고 여전히 정당한 관리처분권을 가진 수탁자에 대하여 판결의 효력이 미친다.[48]

(ㄹ) 소송대리인은 새로운 소송수행권자로부터 종전대리권과 같은 내용의 위임을 받은 것으로 볼 수 있으므로 소송수계인을 당사자로 경정하여 소송을 수행하면 되고, 판결선고 이후에도 위와 같은 취지로 경정이 가능하다. 하지만 상대방은 반대당사자의 소송대리권 흠을 이유로 상소 또는 재심으로 취소를 구할 수 없다.[49] 그러므로 설령 승계인으로 당사자를 경정하

45) 대결 1998.5.30. 98그7.
46) 대전판 1995.5.23. 94다28444 참조.
47) 대판 2011.4.28. 2010다103048.
48) 대판 2014.12.24. 2012다74304.
49) 대판 2002.9.24. 2000다49374.

지 아니하였다고 하더라도 소송대리인은 당사자의 지위를 당연 승계하는 새로운 소송수행권자를 위하여 소송을 수행하는 것이므로 그 사건의 판결은 새로운 소송수행권자에 대하여 효력이 있다. 이때 새로운 소송수행권자로 당사자의 표시를 경정하지 아니한 채 종전 당사자를 그대로 당사자로 표시하여도 무방하고 또 새로운 당사자의 표시가 잘못되었더라도 그 표시가 관리처분권을 승계한 자임을 나타내는 문구로 되어 있으면 잘못 표시된 당사자에 대하여는 판결의 효력이 미치지 아니하고 여전히 정당한 관리처분권을 가진 소송수계인에게 판결의 효력이 미친다.[50] 판결확정 이후에는 그 판결이 재심에 의하여 취소되지 않는 한 유효하므로 소송수계인을 위한 또는 소송수계인에 대하여 승계집행문(민집 제31조)을 부여할 수 있다.[51]

ⓑ **변론종결 이후에 사망한 경우**

(i) **변론종결 후 판결 선고 전에 사망한 경우** 이 경우에 판결의 선고는 할 수 있지만 판결 선고가 되면 바로 소송절차가 중단되므로 판결정본을 송달할 수 없다. 따라서 사망한 사람에 대하여 공시송달로 하는 판결송달도 무효가 되므로 망인의 상속인이 그 소송절차를 수계하여 판결정본을 송달받아야 항소기간 등 불변기간이 진행한다.[52]

(ii) 판결이 선고된 후에 사망한 경우 이 경우는 변론종결 후의 승계인에 대한 기판력의 확장문제이다. 판결의 효력은 변론을 종결한 뒤의 승계인(변론 없이 한 판결의 경우에는 판결을 선고한 뒤의 승계인)에게 미치므로(제218조 제1항) 승계인을 새로운 당사자로 표시정정을 하거나 경정을 할 필요가 없다. 다만 강제집행을 하려면 승계를 증명하여 승계집행문(민집 제31조)을 부여받아야 한다.

(마) **통상 공동소송인 경우** 이것은 당연승계하는 공동상속인들이 예컨대 상속되는 가분 또는 불가분채권이나 가분 또는 불가분채무의 공동상속인들과 같이 통상공동소송인인 경우이다.

ⓐ **공동소송인 독립의 원칙이 적용되는 경우** 예컨대 원고의 소외 망인에 대한 100억 채무이행청구소송의 제1심 계속 중에 망인이 사망하여 피고 1 내지 10이 공동상속하고 소송수계까지 하였는데 원고의 전부 승소 판결이 선고되자 피고 1 내지 5은 항소하고 나머지 6 내지 10은 명시적으로 항소하지 않은 경우이다. 소외 망인에게는 소송대리인이 선임되어 있지 아니하였다. 이 경우에는 공동소송인 독립의 원칙[53]이 적용되는 통상 공동소송의 경우로서 항소심 소송계속은 제1심판결에 불복하여 항소한 당사자와 그 상대방 당사자 사이에서만 존재한다. 그러므로 각자 채무의 성질이 있는 공동상속채무를 부담하는 공동상속인 가운데서 항소하지 아니한 사람은 다른 당사자의 항소에 의하여 이심(移審)의 효력이 발생할 수 없으므로 항소

50) 대판 2014.12.24. 2012다74304.
51) 대결 1998.5.30. 98그7.
52) 대판 2002.8.23. 2000다66133.
53) [97] 3. 참조.

심에서 피고 6 내지 10을 당사자로 정정하여 추가할 수 없다.[54] 따라서 이 경우에는 제1심판결에 항소하지 아니한 나머지 6 내지 10에 대한 판결은 그대로 확정된다.

(b) (i) 위의 예를 조금 바꾼다. 원고의 소외 망인에 대한 100억 채무이행청구소송의 제1심 계속 중에 망인이 사망하여 1 내지 10이 공동상속하였다. 외관상으로 1 내지 5만 상속인으로 나타나고 나머지 6 내지 10은 상속인으로 표시되지 아니하여 원고는 망인의 공동상속인이 피고 1 내지 5뿐인 줄 알고 소송수계신청에 의하여 이들만을 피고로 당사자 표시정정을 하여 제1심에서 전부승소판결을 받았다. 위 (a)와 달리 소외 망인에게는 소송대리인이 선임되어 있었고 그 소송대리권에는 항소제기 권한이 포함되어 있었다. 망인의 소송대리인은 공동상속인 피고 1 내지 5의 명의로 항소를 제기하였다.

(ii) 소송계속 중에 당사자가 사망하더라도 소송대리인이 있는 경우에는 소송절차가 중단되지 않고 소송대리인의 소송대리권도 소멸하지 아니한다. 이 경우 망인의 소송대리인은 상속인이 당사자 지위의 당연승계로 말미암아 상속인으로부터 새로이 수권을 받을 필요 없이 법률상 당연히 상속인의 소송대리인으로 취급되어 상속인들 모두를 위하여 소송을 수행하게 되는 것이다. 그러므로 당사자가 사망하였으나 그를 위한 소송대리인이 있어 소송절차가 중단되지 않는 경우에 비록 상속인으로 당사자의 표시를 경정하지 아니한 채 망인을 그대로 당사자로 표시하여 판결하였다고 하더라도 그 판결의 효력은 망인의 소송상 지위를 당연승계한 상속인들 모두에게 미친다. 따라서 판결이 망인의 공동상속인 중 소송수계절차를 밟은 일부만을 당사자로 표시하더라도 수계절차를 밟지 아니한 나머지 공동상속인들에게도 그 제1심 법원판결의 효력이 미친다.[55]

(iii) 이 경우 판결이 확정되었다면 판결의 당사자 표시가 사망자 명의로 된 경우에도 그 판결은 상속인에 대하여 효력이 있다.[56] 그 판결은 소송에 관여할 수 있는 적법한 승계인을 배제한 결과가 되는 절차상 위법은 있지만 당연무효는 아니므로 재심에 의하여 취소되지 않는 효력이 있다. 다만 수계절차를 밟지 아니한 당사자에게 판결의 효력이 미친다고 하여 집행력까지 생기는 것이 아니다. 강제집행은 집행문이 있는 판결정본이 있어야 할 수 있으므로(민집 제28조 제1항) 판결문에 기재되지 않은 당사자에 대해서는 강제집행을 할 수 없다. 따라서 강제집행을 위해서는 판결문에 당사자로 표시되어야 하는 것이다. 그러므로 사망한 자가 당사자로 표시된 판결에 기초하여 사망자의 승계인을 위한 또는 사망자의 승계인에 대한 민사집행을 위하여 승계집행문(민집 제31조)을 부여받을 수 있다.[57]

---

54) 대판 1974.7.16. 73다1190.

55) 대판 2010.12.23. 2007다22859(평석은 [11] 참조).

56) 대판 1995.9.26. 94다54160.

57) 대결 1998.5.30. 98그7.

(iv) 제1심 판결이 확정되지 않고 항소된 경우를 본다. 망인의 소송대리인에게 상소제기에 관한 특별수권이 부여되어 있는 경우에는, 그에게 판결이 송달되더라도 소송절차가 중단되지 아니하고 상소기간은 진행되는 것이므로 망인의 소송대리인이나 상속인 또는 상대방 당사자에 의하여 적법하게 상소가 제기되면 당연히 그 판결은 확정되지 않는다. 그런데 당사자 표시가 잘못되었음에도 불구하고 망인의 소송상 지위를 당연승계한 정당한 상속인들 모두에게 효력이 미치는 판결에 대하여 그 잘못된 당사자 표시를 신뢰한 망인의 소송대리인이나 상대방 당사자가 그 잘못 기재된 당사자 모두를 상소인 또는 피상소인으로 표시하여 상소를 제기한 경우에는, 상소를 제기한 자의 합리적 의사에 비추어 특별한 사정이 없는 한 정당한 상속인들 모두에게 상소가 제기된 것으로 보아야 한다.[58] 따라서 제1심판결의 효력은 당연승계에 따른 수계적격자인 망인의 상속인들 모두에게 미친다. 그 결과 제1심판결의 잘못된 당사자표시를 신뢰하여 판결에 표시된 소송수계인을 그대로 항소인으로 표시하여 항소를 제기하였더라도 그 항소 역시 소송수계인으로 표시되지 아니한 나머지 상속인들 모두에게 효력이 미쳐서 위 제1심판결 전부에 대하여 제기된 항소로 보아야 한다.[59]

(v) 즉 상속인들 중 제1심에서 이미 수계한 자 이외에 소송대리인이 선임되지 아니한 망인의 나머지 상속인들도 소송대리인의 항소제기에 의하여 항소의 효력이 미쳐서 판결의 확정이 차단되므로 소송은 전체로서 항소심에 이심(移審)된다. 하지만 여기서 주의하여야 할 사항이 있다. 그 효력이 미치는 소송대리인의 수권범위는 상소제기에 국한된다는 것이다. 그 결과 실제 항소심의 심리 · 판단절차에서는 제1심 소송대리인의 소송대리권이 미치지 아니하므로 소송대리인이 선임되어 있지 않은 누락된 상속인에게는 상소제기 이후에는 소송대리인이 없는 상태가 된다. 따라서 그 소송절차는 항소심 계속상태에서 소송중단상태로 들어가는 것이다. 항소법원은 뒤에라도 중단상태에 있는 망인의 나머지 상속인들 또는 그 상대방의 소송수계신청을 받아들여 그 부분 청구에 대하여서도 심리 판단하여야 할 것이다.[60]

㈓ **고유필수적 공동소송의 경우** (a) 예컨대 공동상속인이 다른 공동상속인을 상대로 어떤 재산이 상속재산이라는 확인을 구하는 소송과 같은 고유필수적 공동소송[61]에서 정당한 공동상속인들 중 일부를 누락한 경우이다. 이 경우에 공동소송인중 일부가 제기한 상소는 소송대리인이 있는지 여부와 관계없이 다른 공동소송인에게도 효력이 미치는 것이므로 피고 1내지 5의 항소는 나머지 공동소송인 전원에 대한 관계에서 판결의 확정이 차단되고 소송은 전체로서 이심되며, 상소심 판결의 효력은 상소를 하지 아니한 공동소송인에게도 미치므로 상소심

58) 대판 2010.12.23. 2007다22859.
59) 대판 2010.12.23. 2007다22859, 2016.4.29. 2014다210449(평석은 [22] 참조).
60) 대판 2010.12.23. 2007다22859(평석은 [11] 참조).
61) 대판 2007.8.24. 2006다40980.

으로서는 공동소송인 전원에 대하여 심리판단을 하여야 한다. 이 심리판단이 누락된 채 공동소송인 일부에 대해서만 판결을 하거나[62] 남은 공동소송인에 대하여 추가판결을 하는 것은 허용될 수 없다.[63]

(b) 고유필수적 공동소송은 공동소송인 모두가 원고 또는 피고가 되지 않으면 안 되는데 공동소송인 중 어느 하나가 누락되면 그 흠이 변론종결일까지 공동소송참가(제83조), 필수적공동소송인의 추가(제68조) 등에 의하여 그 흠이 보정되지 않는 한 부적법하여 소송전부를 각하하여야 한다. 부적법 각하판결을 간과하여 판결이 선고되고 이것이 확정되면 판결의 경정 등으로 그 흠을 보정할 수 없고 새로이 소송을 제기하여야 한다. 이 점이 통상공동소송의 경우와 가장 큰 차이이다.

(사) **누락된 승계인을 간과한 판결에 대한 구제방법** (a)(i) 통상공동소송에서 항소심이 누락된 상속인들에 대한 소송수계신청을 간과하거나 소송수계신청이 없이 판결을 하였는데 그 판결이 아직 확정되지 아니하였다면 누락된 상속인의, 또는 누락된 상속인에 대한 관계에서 소송절차의 기일지정신청을 한 다음 소송수계절차를 밟아야 할 것이다.

(ii) 누락되지 않은 상속인이나 그 상대방이 상고를 제기하였고, 아직 상고기간이 남아 있을 경우에는 누락된 상속인으로서 판결에 표시되지 아니한 사람이라고 하더라도 상고(제423조)를 제기하여 구제받을 수 있다. 만약 상고기간이 경과하였거나 상고심에서 이를 상고이유로 삼지 아니한 경우에는 상속인의 누락은 공격방어 방법의 누락이 아니므로 이 경우에는 제451조 제1항 9호에 해당하지 아니하여 재심으로는 구제받을 수 없다.

(b) 공동상속인이 다른 공동상속인들을 상대로 상속재산확인을 구하는 경우와 같은 고유필수적 공동소송관계에 있는 경우에는 누락된 상속인을 포함한 정당한 상속인들의 또는 정당한 상속인들에 대해서 새로운 소송을 제기하여야 할 것이다. 그렇지 않으면 당사자적격의 흠으로 부적법하게 된다.[64]왜냐하면 고유필수적 공동소송에서 판결의 효력이 공동소송인 전원에게 미치는 이상 공동소송인 전원에 대하여 심리판단하지 않으면 안 되는데 그 부분이 누락되었기 때문이다.[65][66]

---

62) 대판 1966.10.4. 66다1079.
63) 대판 2011.6.24. 2011다1323.
64) 대판 2011.6.24. 2011다1323.
65) 대판 2015.1.29. 2014다34041(평석은 [14] 참조).
66) 대판 1994.12.9. 94다16564.

사망한 사람에 대한 소송

1. **기본원칙**
- 당사자가 실제 존재해야 함 → 사망자에 대한 소송은 원칙적으로 부적법
- 상속인이 없는 경우 → 법인 소멸과 동일, 소송 종료(제67조 3항 유추)
- 상속인이 있는 경우 → 원칙적으로 사망자를 피고로 한 소는 부적법. 그러나 소송경제상 표시정정·수계를 통해 상속인을 관여시켜야 함

2. **소 제기 이전 사망한 경우**

(1) **원칙**
- 상속인이 있으면 표시정정 허용(판례 인정)
- 제1심에 한정하지 않고 상급심에서도 정정 가능
- 재심에서도 마찬가지(표시정정 허용)
- 소송대리인 위임 후 본인 사망
- 소송대리권은 본인 사망으로 소멸하지 않음(민소 제95조 1호)
따라서 소 제기 효력은 상속인에게 귀속
- 상속인들이 수계 가능
- 판결도 상속인 명의로 경정 가능
- 대리인 없음 + 상속인이 현실적으로 소송수행
- 상속인이 소장 부본 송달받아 소송에 참여하면 표시정정 허용
- 소송경제상 정당

3. **소송계속 중 사망한 경우**

(1) **변론종결 이전**
- **대리인 없음**
- 상속인은 포괄승계인 → 소송중단 후 수계절차 필요(민소 제233조)
- 수계 없이 판결 선고 → 당연무효 아님, 상소·재심으로 취소 가능
- 취소 안 되면 유효, 그 경우에도 강제집행하려면 승계집행문 필요
- 소송대리권 소멸되지 않음(제95조)
- **대리인 있음**
- 소송절차 중단되지 않음(제238조)
- 상소제기의 수권이 있으면 상소제기까지는 중단되지 않으나 그 이후에는 대리인 없는 당사자의 소송은 중단됨 → 수계절차 필요
- 판결은 상속인에게 효력
- 표시정정 없어도 효력 있음

(2) **변론종결 이후**
- 판결 선고 가능, 그러나 송달은 상속인 수계 필요

- 공시송달 불가

4. 판결 선고 후 사망한 경우
- 기판력은 변론종결 뒤의 승계인에게 확장됨(제218조)
- 표시정정 불필요
- 다만 집행에는 승계집행문 필요

5. 공동소송의 경우

(1) **통상공동소송**
- **상속채무 이행 등 독립적 지위 → 일부만 항소하면 그 부분만 항소심 진행**
- **항소 안 된 당사자는 확정**
- **단, 소송대리인이 있는 경우 망인 표시 판결도 상속인 전원에게 효력**
- **집행에는 당사자 표시 필요 → 승계집행문 필요**
- **제1심 소송계속 중 피고가 상소제기권까지 포함한 소송대리인을 선임한 상태에서 사망하여 공동상속채무를 부담한 공동소송인들 중 일부를 원고가 피고표시에서 누락한 경우에 패소한 피고들 소송대리인이 항소하였다면 공동상속인 전원은 항소제기상태가 되지만 그 이후에 피고표시에서 누락된 피고들은 소송대리인이 없어 소송절차가 중단되므로 수계절차 필요함**

(2) **고유필수적 공동소송**
- **상속재산 확인 등 → 일부 누락되면 전부 부적법**
- **변론종결 전까지 참가·추가로 보정해야 함**
- **판결 확정되면 경정 불가 → 새 소송 제기 필요**

6. 누락된 승계인 간과한 판결의 구제
- **확정 전 → 기일지정신청 + 수계절차**
- **상고기간 내 → 누락된 상속인도 상고 가능**
- **확정 후 →**
  - **필수적 공동소송 → 새 소 제기 필요**
  - **통상 공동소송 → 누락자는 항소심에서 중단상태. 상고 가능, 또는 추가판결 필요**
- **재심으로는 구제 불가(제451조 1항 9호 해당 아님)**

□ 핵심정리
- 사망자 상대 소송은 원칙적으로 부적법
- 다만 상속인 표시정정/수계 허용 → 소송경제 보장
- 소송대리인이 있으면 절차 중단 없음
- 필수적 공동소송은 일부 누락 시 전부 부적법
- 통상 공동소송은 일부 누락되어도 나머지 효력은 인정. 누락된 부분은 소송중단. 일부 항소제기로 전원 항소심에는 이심되나 심리상태에서 누락된 당사자는 소송대리인이 대리권 소멸로 소송절차가 중단되어 수계필요

3. 법인격부인과 당사자의 확정

(1) 법인격 부인의 법리(Doctrine of the disregard of the corporate entity)

(가) 이 법리는 미국의 판례법에 의하여 발전되어온 이론이다. 회사가 법인격이 있다는 사실은 인정하지만 특정한 법률관계에 관해서는 정의 혹은 형평(衡平)의 요구에 의하여 회사의 법인격을 무시하고 그 배후에 있는 사원 혹은 다른 회사를 실질적인 당사자로 취급하자는 이론이다.

(나) 주식회사는 원칙적으로 주주와 독립된 별개의 권리주체이므로, 그 법인격이 부인되지 않는다. 그러나 개인이 직접 영업을 하다가 동일한 목적, 설비, 인적 구성원을 가진 회사를 설립한 경우, 그 회사가 형식상 법인의 외형을 갖추었더라도 실질적으로는 개인의 기업에 불과할 수 있다. 또한 회사가 개인의 법적 책임을 회피하기 위한 수단으로 남용되는 경우, 회사와 개인을 별개의 인격체로 보아 개인의 책임을 면제하는 것은 신의성실 원칙에 반한다. 따라서 이러한 예외적인 경우에는 회사의 법인격을 부인하고, 그 배후의 개인에게 직접 책임을 물을 수 있다.[67] 이것이 법인격 부인의 이론이다.

(다) 나아가 개인과 회사의 주주들이 경제적 이해관계를 같이하고, 개인이 새로 설립한 회사를 실질적으로 운영하면서 마음대로 이용할 수 있는 지배적 지위에 있다고 인정되는 경우가 있다. 이때 회사 설립과 관련된 개인의 자산 변동 내역, 특히 개인 자산이 회사로 이전된 경우 정당한 대가가 지급되었는지 여부, 개인 자산이 회사에 유용되었는지 여부와 그 정도, 그리고 회사가 제3자에 대해 채무를 부담하게 된 경위 등을 종합적으로 살펴야 한다. 그 결과, 회사와 개인을 별개의 인격체로 보아 회사 설립 전 개인이 부담한 채무에 대한 회사의 책임을 부정하는 것이 정의와 형평에 현저히 반한다고 인정된다면, 회사에 대하여도 개인이 설립 전에 부담한 채무의 이행을 청구할 수 있다.[68]

(라) 위와 같이 개인의 채무를 회사에 떠넘기는 것이 정의와 형평에 반한다고 인정되는 경우, 회사에 대하여 개인이 부담한 채무의 이행을 청구할 수 있다. 이 법리는 채무면탈을 목적으로 새 회사를 설립한 경우뿐만 아니라, 기존 회사를 같은 목적으로 이용한 경우에도 적용된다.

구체적으로는 회사가 이름뿐이고 실질적으로는 개인기업에 불과하여 법인격이 형해화된 경우, 또는 법인격이 완전히 형해화되지 않았더라도 개인이 회사를 남용하여 채무를 면탈한 경우가 있다.

이때 판단 기준은 다음과 같다.

법인격 형해화 여부는, 문제되는 법률행위나 사실행위를 한 시점을 기준으로 판단한다.

67) 대판 2001.1.19. 97다21604, 2008.9.11. 2007다90982, 2023.5.18. 2023다204224 등.
68) 대판 2021.4.15. 2019다293449.

법인격 남용 여부는, 채무면탈 등 남용행위를 한 시점을 기준으로 판단한다.[69]

(2) 소송상 문제

(가) 법인격부인 이론을 인정하면 회사의 사원 혹은 다른 회사는 모두 당사자가 될 수 있으므로 상대방은 회사의 사원 혹은 다른 회사 중에서 어느 한 쪽 또는 양쪽을 피고로 할 수 있다. 판례도 기존회사를 위장 폐업하고 채무면탈을 목적으로 기업의 형태와 내용이 실질적으로 동일한 새로운 회사를 차린 경우,[70] 개인이 회사를 설립하지 않고 영업을 하다가 그와 영업목적이나 물적 설비, 인적 구성원 등이 동일한 회사를 설립하는 경우에 그 회사가 외형상으로는 법인의 형식을 갖추고 있으나 법인의 형태를 빌리고 있는 것에 지나지 않고, 실질적으로는 완전히 그 법인격의 배후에 있는 개인의 개인 기업에 불과하거나, 회사가 개인에 대한 법적 책임을 회피하기 위한 수단으로 함부로 이용되고 있는 경우[71]에는, 채무면탈이라는 위법한 목적을 달성하기 위하여 회사제도를 남용한 것이므로 별개의 회사라는 주장은 신의칙상 허용할 수 없어 회사의 법인격을 부인함으로써 채권자는 개인이나 회사 어느 쪽에 대하여도 채무의 이행을 청구할 수 있다.[72] 이 경우 거래회사 및 배후의 사람을 공동피고로 하는 경우에 그 소송의 형태는 통상 공동소송이다.

(나) 문제는 회사를 당사자로 하다가 배후자를 당사자로 고치는 것이 당사자경정인가 표시정정인가 하는 점이다. 생각건대 법인격 부인이론이라고 해서 회사의 존재 자체를 부정하는 것이 아니라는 것을 고려하면 표시정정이 아니라 당사자 경정으로 보아야 할 것이다.[73][74] 따라서 소송절차 및 민사집행절차에서는 권리관계의 공권적 확정 및 그 신속·확실한 실현, 소송절차의 명확·안정을 중시하기 때문에 신설회사와 종전회사가 기업의 형태·내용이 실질적으로 동일하고 신설회사는 종전회사의 채무를 면탈할 목적으로 설립되었더라도 종전회사에 대한 판결의 기판력 및 집행력은 신설회사에 미치지 않는다.[75] 이 경우 종전회사에 대한 판결의 효력을 신설회사에 미치게 하기 위해서는 통상 공동소송절차를 밟을 것이 아니라 승계인의 소송인수절차(제82조)를 취하여야 할 것이다.

---

69) 대판 2008.9.11. 2007다90982, 2010.1.28. 2009다73400 등.
70) 대판 2011.5.13. 2010다94472, 2006.7.13. 2004다36130.
71) 대판 2023.2.23. 2022다285288.
72) 대판 2008.9.11. 2007다90982.
73) 같은 취지: 송상현/박익환, 119면. 표시정정설: 이시윤, 137면.
74) 판례도 당사자 경정설의 입장에 있으나 경정되어야 할 단체는 당사자의 주장과 같은 실체의 단체가 인정되는 것을 전제로 하는 것이지 당사자의 주장과 전혀 다른 실체의 단체가 인정되는 경우에는 당사자 경정을 허용해서는 안 된다고 한다(대판 2008.5.29. 2007다63683 참조).
75) 대판 1995.5.12. 93다44531.

[41] 제3. 당사자능력

1. 뜻

(가) 당사자능력이라 함은 원고·피고 또는 참가인 등 소송 주체가 될 수 있는 소송법 능력을 말한다. 실체법에서 권리의무의 주체가 되어 법률행위를 할 수 있는 능력을 권리능력이라고 하는데 당사자능력은 소송법상 권리능력이라고 할 수 있다.

(나) 당사자능력은 소송의 성질이나 내용과 관계없이 일률적으로 정해진다. 그 점에서 특정 소송 당사자가 누구인가를 정하는 당사자 확정의 문제와 구별되고, 또 원고가 구하는 특정 소송목적과의 관계에서 그에 관한 본안판결을 구할 수 있는 당사자적격과도 구별된다. 그러나 당사자능력이 없는 자는 소송에 관여할 수 없다는 점에서 당사자능력은 형식적 당사자 가운데에서 실질적 당사자를 선별하는 기준의 하나이므로 소송요건이고 직권조사사항이다. 따라서 소장에 표시된 피고에게 당사자능력이 인정되지 않을 경우에 법원은 소장 전체의 취지를 합리적으로 해석한 결과 인정되는 올바른 당사자능력자로 표시를 정정할 수 있다면 당사자로 하여금 당사자능력자의 표시정정을 하도록 허용하여야 한다.[76]

2. 당사자능력자

(1) 권리능력자(제51조)

(가) **사람** (a) 사람은 살아있는 동안 권리와 의무의 주체가 되므로(민 제3조) 실체법상으로는 물론이고 소송법상으로도 당사자능력이 있다. 재판권면제자는 피고로서는 우리나라의 재판권이 미치지 아니하지만 사람이므로 당사자능력이 있어 원고로서 소송을 제기하는 데는 아무런 지장이 없다.

(b) (i) 태아는 사람이 아니므로 원칙적으로 당사자능력이 없다. 그러나 불법행위로 인한 손해배상청구(민 제762조), 상속(민 제1000조 제3항), 유증(遺贈)(민 제1064조), 사인증여(死因贈與)(민 제562조)의 경우에는 이미 출생한 사람으로 보고 있는데 판례[77]는 태아가 태어나는 것을 정지조건으로 하여 당사자능력을 인정한다. 학설로서는 태아가 태어나지 않는 것을 해제조건으로 하여 태아 상태에서의 당사자능력을 인정하는 견해가 통설이다. 이론적으로는 통설이 우수하지만 판례는 이 경우에 태아가 사산되는 경우의 법적 혼란을 우려하여 소송절차의 안정과 명확한 입장에서 태아 상태에서의 당사자능력을 부정하는 정지조건설을 취한 것이다.

---

76) 대판 2011.3.10. 2010다99040.
77) 대판 1976.9.14. 76다1365.

(ii) 그러나 판례[78]는 태아를 피보험자로 하는 상해보험계약은 계약자유의 원칙상 유효하므로 태아가 태아나기 이전이더라도 보험계약에서 정한 우연한 사고로 상해를 입었다면 이는 보험사고에 해당한다고 하였다. 이 경우에는 판례도 해제조건설의 입장이라고 할 수 있다.

(c) 사람은 사망으로 당사자능력을 상실하지만 파산선고를 받았다고 사망자로 간주되는 것이 아니므로 당사자능력까지 상실하지 않으며, 실종선고를 받더라도 실종기간이 만료되어 실종선고의 효력이 발생하여야 사망자로 간주되기 때문에(민 제28조) 그 이전에는 당사자능력을 상실하지 아니한다. 이 경우에도 실종자는 사망간주자이기 때문에 실종자에 대한 판결에 대하여 실종자의 상속인이 소송상 당연수계인으로서 소송행위의 추완으로 상소를 제기할 수 있다[79]. 동물[80] 또는 반려동물이거나 자연물[81]은 사람이 아니므로 어느 경우에도 당사자능력이 없다.[82]

(나) **법인**　　법인은 모두 권리능력이 있으므로(민 제34조) 당사자능력이 있다. 법인이 해산 또는 파산되더라도 청산 또는 파산의 목적 범위 내에서 존속하기 때문에(민 제81조, 상 제245조, 채무자회생 제328조) 그 범위에서 당사자능력이 있다. 청산이 끝나서 법인격이 소멸되면 당사자능력을 상실하지만 소송이 계속 중이거나[83] 청산종결등기가 끝나더라도 청산사무가 남아있는 경우에는 청산사무가 종결될 때까지 당사자능력이 존속한다.[84] 학교장은 학교법인의 기관에 지나지 아니하여 당사자능력이 없다.[85] 재단법인을 설립함에 있어서 출연재산은 그 법인이 성립된 때로부터 법인에 귀속된다는 민법 제48조의 규정은, 출연자와 법인과의 관계를 상대적으로 결정하는 기준에 불과하다. 따라서 출연재산이 부동산인 경우에는 출연자와 법인 사이에서는 법인의 성립 외에 따로 등기를 필요로 하는 것은 아니지만 제3자에 대한 관계에 있어서, 출연행위는 법률행위이므로 출연재산인 부동산의 법인에의 귀속에는 법률행위로 인한 부동산물권변동의 대원칙인 민법 제186조에 따라 이전 등기를 필요로 한다.[86]

(다) **국가 등**　　(a) 국가 및 지방자치단체, 영조물 법인이나 공공조합도 민법상 권리능력이 있기 때문에 당사자능력이 있다.

(b) 그러나 국가기관인 행정청은 민법상 권리주체가 아니므로 당사자능력이 없고, 헌법기

---

78) 대판 2019.3.29. 2016다211224.
79) 대판 1992.7.14. 92다2455.
80) 당연하지만 천성산 일원에 서식하는 도롱뇽은 양서류로서 당사자능력이 없다(대결 2006.6.2. 2004마1148·1149 참조).
81) 서울행정판 2010.4.23. 2008구합29038(복합화력발전소 공사계획 인가처분에 대한 자연물인 「검은 머리물떼새」의 취소 또는 무효확인을 구하는 소는 당사자적격을 인정할 수 없다).
82) 대판 2013.4.25. 2012다118594.
83) 대판 1969.6.24. 69다561.
84) 대판 1997.4.22. 97다3408.
85) 대판 1987.4.14. 86다카2479.
86) 대전판 1979.12.11. 78다481·482.

간인 국회나 법원도 기관인 이상 당사자능력이 없다. 지방자치단체의 하부 행정기관(동·읍·면·리)은 당사자능력이 없다(지자 제3조).

(c) 다만 행정소송에서는 행정청은 관청인격이 인정되어 피고가 될 수 있다(행소 제13조). 국가기관 또는 지방자치단체는 헌법재판소에 권한쟁의심판을 청구할 수 있는데(헌재 제61조)이 경우에도 관청인격이 인정된다.

(2) 법인이 아닌 사단 또는 재단(제52조)

(가) 뜻 (a) 법인 아닌 사단 또는 재단은 법인이 아니면서도 사회에서 현실적으로 존재하면서 여러 가지 사회활동을 영위하며 타인과 거래한다. 그 과정에서 허다하게 발생하는 분쟁을 소송으로 해결할 필요성이 적지 않다. 이 경우에 실체법과 동일하게 법인격이 없다고 하여 이들 단체의 당사자능력을 부인한다면 소송을 제기한 단체의 구성원은 그 구성원 수의 많고 적음을 묻지 않고 모두 당사자가 되어야 하는 번잡과 불편이 따른다. 민사소송법은 이 점을 고려하여 민법과 달리 실체법상으로는 법인이 아닌 단체라고 하더라도 대표자 또는 관리인이 있어서 외부에 대하여 명확한 조직을 갖고 있는 경우에는 당사자능력을 인정하여 그 단체의 이름으로 당사자(또는 참가인)가 될 수 있도록 하였다(제52조). 대표자가 있다면 사회단체등록이 취소되더라도 법인 아닌 사단 또는 재단임에는 변함이 없으므로 당사자능력이 부정되지 않는다.[87]

(b) 어떤 단체가 고유의 목적을 가지고 사단적 성격을 가지기 위해서는 우선 규약을 만들어 이에 근거하여 의사결정기관 및 집행기관인 대표자를 두는 등의 조직을 갖추고 있고, 기관의 의결이나 업무집행방법이 다수결의 원칙에 의하여 행하여지며, 구성원의 가입, 탈퇴 등으로 인한 변경에 관계없이 단체가 존속되고, 그 조직에 의하여 대표의 방법, 총회나 이사회 등의 운영, 자본의 구성, 재산의 관리 기타 단체로서의 주요사항이 확정되어야 비법인사단으로서의 실체를 가진다.[88]

(나) 법인이 아닌 단체의 종류

(a) 사단(社團) (i) 사단이라 함은 일정한 목적을 위하여 조직된 여러 사람의 결합체이다. 업무집행방법이 다수결의 원칙에 의하여 행하여지며 대외적으로 그 결합체의 의사를 결정하고 업무를 집행할 기관들 및 대표자 또는 관리인을 두고 구성원이 가입·탈퇴 등으로 변경되는 것과 관계없이 구성원 각자의 생활·활동으로부터 독립하여 사회활동을 하는 단체이다.[89][90]

---

87) 서울고판 1984.7.26. 83나336.
88) 대판 2020.11.5. 2017다23776.
89) 대판 2008.5.29. 2007다63683.

(ii) (ㄱ) 동창회, 정당, 교회, 사찰, 설립중의 회사, 자연부락, 불교신도회, 건물의 관리단, 공동주택의 입주자대표회의,[91] 아파트부녀회,[92] 상가번영회, 특정채무자에 대한 채무청산을 목적으로 하는 채무자단,[93] 복중(濮中),[94] 성균관,[95] 임야조사령에 의하여 사정(査定)받은 동·리,[96] 대학교총학생회[97] 등이 사단에 속한다. 재건축조합이나 주택조합과 같이 조합이라는 명칭을 사용하더라도 그 실질이 사단이면 사단이다. 비법인사단인 교회가 건물을 다른데 매도하고 종교 활동을 하지 아니하더라도 청산법인에 관한 민법 규정이 유추 적용되므로[98] 교회재산의 귀속관계를 다투는 소송의 당사자능력이 있다.[99]

(ㄴ) 종중은 공동선조의 분묘 수호와 제사, 구성원(종원) 상호 간의 친목 등을 목적으로 형성되는 자연발생적인 관습상 종족집단체로서 특별한 조직행위가 없더라도 그 선조의 사망과 동시에 그 자손들에 의하여 성립한다. 고유 한 의미의 종중에 해당하는지 여부는 종중의 목적, 그 성립과 조직의 경위, 구성원의 범위와 자격 기준, 종중 규약의 내용 등을 종합하여 판단하여야 한다. 소 종중이나 지파 종중의 명칭은 그 소 종중 또는 지파 종중 시조의 관직이나 시호 등을 붙여 부르는 것이 일반적인 관행 또는 관습이지만 그 종중이 어떠한 종중인가는 그 명칭 여하에 불구하고 제사의 대상인 공동시조와 구성원인 자손의 범위 및 분묘 관리의 상황 등 실체적 내용에 따라 판단하여야 한다.[100] 다만 비법인사단이 민사소송에서 당사자능력을 가지려면 일정한 정도로 조직을 갖추고 지속적인 활동을 하는 단체성과 대표자가 있어야 하므로, 자연발생적으로 성립하는 고유한 의미의 종중이라고 하더라도 위와 같은 비법인사단의 요건을 갖추어야 당사자능력이 인정된다. 따라서 고유 종중 또는 종중 유사단체가 비 법인사단으로서

---

90) (i)아파트의 일부 구분소유자들이 재건축 추진을 위하여 '재건축 추진준비 위원회'라는 이름의 단체를 구성하더라도 회원의 가입절차를 거치지 아니하여 구성원을 특정할 수 없고, 유효한 규약이 존재하지 않으며, 의사결정기관 및 대표자 선임 등 조직 행위가 이루어진 사실이 없는 이상 사단의 실체를 갖춘 비법인 사단이 아니어서 당사자능력이 없다(서울동부지판 2020.4.23. 2019가합 101227·113442).
(ii) 주택건설촉진법제38조제8항 및 공동주택관리령 제3조에 따라 구성된 '아파트자치기구'는 입주자대표회의의 지휘와 감독을 받으면서 관리비 징수 등 아파트관리에 관한 업무를 진행할 뿐 독립적인 의사결정기관을 갖지 아니하고 대표자인 관리사무소장도 입주자대표회의에서 임명하는 직원에 불과하므로 비법인사단이 아니어서 당사자능력이 없다(서울지판 1997.6.13. 96나33630).
91) 대판 2008.9.25. 2006다86597.
92) 대판 2006.12.21. 2006다52723.
93) 대판 1968.7.16. 68다736.
94) 대판 1990.6.26. 90다카8692.
95) 대판 2004.11.12. 2002다46423.
96) 대판 2009.1.30. 2008다71469.
97) 광주지판 2004.3.18. 2003가합11235.
98) 대판 2003.11.14. 2001다32687.
99) 대판 2007.11.16. 2006다41297.
100) 대판 1994.11.11. 94다17772, 1996.8.23. 96다20567, 2002.6.28. 2001다5296, 2020.10.15. 2020다232846 등 참조.

의 실체를 갖추고 당사자로서의 능력이 있는지 여부는 사실심인 원심 변론종결 시를 기준으로 하여 그 요건을 판단하여야 한다.[101)]

(ㄷ) 고유종중이 성립되면 공동선조의 후손은 그 의사와 관계없이 성년이 되면 당연히 구성원인 종원이 되는 것이며, 그 중 일부 종원을 임의로 종원에서 배제할 수 없다. 따라서 공동선조의 후손 중 특정 범위내의 자들만으로 구성된 종중이란 있을 수 없으므로, 만일 공동선조의 후손 중 특정 범이 내의 종원 만으로 조직체를 구성하여 활동하고 있다면 이는 본래의 의미의 종중으로는 볼 수 없고 종중유사의 권리능력 없는 사단(종중 유사단체)이 될 뿐이다. 따라서 종중 소송에서는 고유종중과 종중 유사단체의 구별을 신중하게 판단하여야 한다.[102)]

(ㄹ) 농지위원회,[103)] 9인의 위원으로 구성된 학교법인의 개방이사추천위원회,[104)] 대한불교조계종총무원,[105)] 노동조합의 선거관리위원회[106)]들은 사단이 아니며, 전국버스운송사업조합연합회공제조합도 위 조합연합회의 공제사업을 효율적으로 달성하고자 만든 동 연합회 산하의 부속기관에 불과하므로 당사자능력이 없다.[107)] 노인의료복지시설인 노인요양병원이나 노인요양센터는 대표자 있는 비법인 사단이나 재단이 아니므로 당사자능력이 없다.[108)]

(ㅁ) 비법인사단의 하부기관이 당사자능력을 가지는지 여부에 관한 사항은 직권조사사항인데[109)] 사단의 하부조직이라고 하더라도 단체로서의 실체를 갖추고 독자적인 규약을 가지고 독립된 활동을 하고 있다면 별개의 독립된 비법인사단으로 볼 것이다.[110)] 따라서 전국해원노동조합 목포지부와 같은 사단의 하부기관,[111)] 특정교단 소속의 교회로서 본부와 별개로 예배나 선교 등 일정한 종교 활동 및 각종 사회적 활동을 하는 교회[112)]도 당사자능력이 인정된다.

(iii) 노동조합은 노동조합법 제10조 제1항의 규정에 의거한 설립신고서를 소관 행정관청에 제출하고, 같은 법 제12조 제1항에 의하여 행정관청으로부터 그에 대한 신고증을 교부받음으로써 비로소 성립되는데[113)] 노동조합설립신고서가 반려되어 신고증을 교부받지 못한 경우에는 노동조합으로서 성립되지 아니하고 노동조합의 명칭도 사용할 수 없으나 그 이름으로 노

101) 대판 2010.3.25. 2009다95387, 2013.1.10. 2011다64607, 2020.10.15. 2020다232846, 2023.7.27. 2020다216752 등 참조.
102) 대판 2011.11.11. 2021다238902.
103) 대판 1962.4.18. 4294민상1397.
104) 대판 2015.7.23. 2012두19496 · 19502.(평석은 [19] 참조).
105) 대판 1967.7.4. 67다549.
106) 대판 1992.5.12. 91다37683.
107) 대판 1991.11.22. 91다16136.
108) 대판 2018.8.1. 2018다227865.
109) 대판 2022.8.11. 2022다227688.
110) 대판 2003.4.11. 2002다59337 등 참조.
111) 대판 1977.1.25. 76다2194.
112) 대전지판 2022.3.11. 2020나10561.
113) 대판 1979.12.11. 76누189.

동조합설립신고서를 소관 관청에 제출하고 그것이 반려되자 그 반려가 위법하다고 행정소송을 제기한 당사자는 노동조합으로서가 아니라 바로 노동조합설립신고서를 제출하였다가 반려받은 사람들이 노동조합법에 따라 제정한 규약에 의하여 조직된 인적 집합체인 법인 아닌 사단이므로 당사자적격[114]이 있다.[115]

(b) **재단** (i) 재단이라 함은 일정한 목적에 제공된 재산으로서 재산의 출연자를 벗어나 독립된 관리기구에 의하여 운영되는 조직을 말한다. 대학교 장학회, 보육원등이 이에 해당한다.

(ii) 판례[116]는 학교가 교육을 위한 시설에 불과하다는 이유로 당사자능력을 부정하므로 그 운영주체, 즉 국공립학교의 경우에는 국가 · 지방자치단체가, 사립학교는 학교법인이 당사자이다. 유치원은 법인 아닌 재단에 속하지 않는다.[117] 그러나 정정보도청구권의 행사에 관해서는 학교도 사회생활상 하나의 단위로서 활동하고 있는 사회적 객체이므로 당사자능력이 인정된다.[118]

(c) **민법상 조합** 조합이라 함은 두 사람 이상 특정인이 함께 출자하여 공동사업을 경영할 것을 약정한 계약을 말한다(민 제703조). 사단에서 개개의 구성원들은 사단이라는 조직에 묻혀 사단 자체의 단체성이 강하게 표현되는데 조합은 조합원이 조합계약의 당사자로서 공동목적을 달성하는데 필요한 범위의 제약을 받을 뿐이므로 조합원 개인들의 개성이 강하게 나타난다. 그러나 조합에서도 조합원 개인들의 재산을 떠나 조합재산이라는 관념이 인정되고, 업무집행방법에서 다수결원칙의 채택(민 제706조), 조합원의 탈퇴(민 제716조 내지 제719조), 조합해산의 경우에 법인과 마찬가지로 청산절차를 밟도록 한 것(민 제720조 내지 제724조) 등은 조합 자체의 단체적 성격 내지 단일성을 인정한 것이다. 그러므로 대외적으로 대표권이 있는 업무집행조합원이 있다면 조합에 관하여 당사자능력을 인정하여야 할 것이지만, 판례[119]는 당사자능력을 부정하고 있다. 판례[120]에 의하면 주택건설촉진법 제44조 제1항에 근거하여 설립된 주택조합도 동업관계의 성질을 가지므로 민법상 조합의 실체를 갖추었다고 하여 당사자능력이 부정된다. 다만 변호사법에 규정된 법무조합(변 제5장의3)은 민법의 조합에 관한 규정이 준용되는 데도(변 제58조의31) 당사자능력이 있다(변 제58조의26). 농업협동조합(농협 제4조 제1항). 수산업협동조합(수협 제4조 제1항) 등은 모두 법인이다.

㈐ 소송상 취급

114) 당사자 능력의 오자인 듯.
115) 대판 1979.12.11. 76누189.
116) 대판 1975.12.9. 75다1048.
117) 대판 1965.8.31. 65다693.
118) 서울민사지판 1984.5.25.84카1598.
119) 대판 1991.6.25. 88다카6358.
120) 서울고판 1989.10.10. 89나19844.

(a) **비법인사단이 소송상 당사자가 된 경우** 법인 아닌 사단 또는 재단이 그의 이름으로 소송상 당사자가 될 때에는 법인과 동일하게 취급된다. 그 결과 판결 명의인이 되는 법인 아닌 사단 또는 재단에 권리의무가 귀속된다는 판결을 할 수 있게 되므로 일반적으로 인정되지 않는 실체법상 권리능력이 개별적인 소송을 통하여 인정되는 효과가 생긴다. 따라서 법인격이 없다면 인정되지 않는 등기청구권(부등 제26조) 등도 갖게 된다. 판결의 효력도 법인 아닌 사단 또는 재단 자체에 미치고, 그 구성원에게는 효력이 없으므로 그 구성원들은 판결에 나타난 사단 또는 재단의 책임을 다툴 수 없다.[121)]

(b) **강제집행** 강제집행은 법인 아닌 사단 또는 재단 그 자체를 집행당사자로 하여야 하므로 그 고유재산에 한정하여 집행할 수 있고, 그 구성원이나 출연자의 재산에 대하여는 집행할 수 없다. 그러나 사단 또는 재단의 재산이 대표자 개인 명의로 되어 있거나 구성원 전원의 공유명의로 되어 있는 경우에는 제218조 제1항을 유추하여 단체에 대한 집행권원으로 대표자 개인 또는 구성원 전원에 대하여 승계집행문(민집 제31조)을 부여받아 집행을 할 수 있다.

(c) **조합** 판례와 같이 조합의 당사자능력을 부정하면 조합채무는 조합원 각자의 채무이므로 조합채권자는 직접 조합원을 상대로 소송을 제기하여 조합원 개인재산에 관하여 강제집행을 할 수 있다. 다만 이 경우에 조합채권자는 각 조합원에 대하여 지분에 비례하여(민 제711조) 또는 균분하여(민 제712조) 변제의 청구를 할 수 있을 뿐이다.[122)]

(3) 외국인의 당사자능력

(가) 종래 외국적 요소가 있는 국제사건의 당사자능력에 관해서는 외국인에 대한 당사자능력의 준거법이라는 형식으로 논하여졌었다. 자연인에 관하여는 현재 모든 나라의 법제가 일반적으로 당사자능력을 인정하고 있기 때문에 법의 저촉문제는 거의 일어나지 않는다. 주로 문제되는 것은 국내법상 권리능력이 없으나 당사자능력이 인정되는 법인이 아닌 사단이나 재단 등이다.

(나) 민사소송법은 외국인의 당사자능력에 관하여 특별한 법 규정을 두고 있지 않기 때문에 법 이론에 의하여 해결할 수밖에 없다. 생각건대 국제거래 등 경제활동이 활발해지는 글로벌 시대에는 외국인에 대하여서도 가급적 당사자능력을 확대 적용하여 우리나라 재판제도에 참여하게 하는 것이 바람직할 것이다. 따라서 외국인의 법정지법이든 속인법이든 어느 한 쪽에서 당사자능력이 인정된다면 우리나라 소송의 당사자로 인정하여야 할 것이다.

---

121) 대판 2005.6.23. 2004다3864.
122) 대판 1992.11.27. 92다30405.

3. 당사자능력의 조사 및 그 흠의 효과

(1) 소송요건 · 직권조사사항

㈎ (a) (i) 법인 또는 법인이 아닌 단체가 당사자인 사건에서 대표자에게 적법한 대표권이 있는지 여부는 소송요건이요 직권조사사항이다.[123] 따라서 비법인사단이 원고로 된 경우 그 성립의 기초가 되는 사실에 관하여 당사자가 다양한 주장을 하더라도 구체적인 주장사실에 구속될 필요 없이 직권으로 단체의 실체를 파악하여 당사자능력의 존부를 판단하여야 한다.[124] 직권조사사항인 당사자능력의 존부는 자백의 대상이 아니므로 법원은 이에 구속되지 않는다.[125]

(ii) ① 직권 조사한 결과 그 흠이 인정될 때에는 그 소를 각하하지 않으면 안 된다. 예컨대 어떤 단체가 실제로 존재하지 않음에도 불구하고 그 단체가 존재하고 그 대표자로 표시된 자가 대표자 자격이 있는 자로 오인하여 가처분결정이 내려졌다고 하더라도, 그 단체가 실제로 존재하지 않는다면 그 가처분결정은 누구에게도 효력을 발생할 수 없는 무효인 결정이라 할 것이므로, 그 후 가처분결정에서 단체의 대표자로 표시된 자가 그 단체의 이름으로 가처분 취소신청을 하더라도 법원으로서는 그 당사자능력에 관하여 별도로 조사하고 판단하여야 하는 것이지, 무효인 가처분결정이 외형상 존재한다는 사실에 구속을 받아 실제로 존재하지 아니한 단체를 당사자능력 있는 자로 취급해서는 안 된다.[126] 이러한 법리는 당사자능력이 없는 단체를 상대로 보전처분 결정이 내려진 다음 그 단체의 대표자로 표시된 자가 그 단체 이름으로 보전처분에 대한 이의신청을 하거나 항고를 제기한 경우에도 마찬가지로 적용되므로, 이와 같이 당사자능력이 없는 자가 제기한 보전처분에 대한 이의신청 또는 항고는 부적법 각하되어야 한다.[127]

② 민법상 법인이나 비법인사단을 상대로 그 대표자의 지위 부존재 확인을 구하는 소송에서 그 단체를 대표할 자는 지위 부존재 확인의 대상이 된 대표자이지만, 그 대표자에 대하여 직무집행정지가처분 결정이 내려진 경우에는, 가처분 결정에 특별한 정함이 없는 한 그 대표자는 본안소송에서도 그 단체를 대표할 권한을 포함한 일체의 직무집행에서 배제된다.[128]

(b) 원고에게 당사자능력에 흠이 있어 그 소를 각하하여야 할 때에는 대표자 또는 관리인으로서 사실상 소를 제기한 자에 대하여 소송비용을 부담시켜야 한다(제108조 참조).

---

123) 대판 2011.7.28. 2009다86918.
124) 대판 2021.6.24. 2019다278433.
125) 대판 1982.3.9.80다3290.
126) 대판 1994.11.11. 94다14094 참조.
127) 대결 2008.7.11. 2008마520.
128) 대판 2024.4.12. 2023다313241.

(나) 법인 또는 법인이 아닌 단체의 대표자가 적법한 대표자가 아니더라도 그에 대한 판결의 효력은 대표자 개인이 아니라 법인 또는 법인이 아닌 단체에게 미치는 것이므로[129] 그 판결이 확정되었다면 제451조 제1항 3호의 재심사유를 들어 취소하지 않는 한 위 단체에 대한 판결의 효력을 부정할 수 없다.

(2) 소를 제기할 때 당사자 능력이 없는 경우

(가) 소를 제기할 때 당사자가 사망하여 당사자능력이 없는 데도 법원이 그 당사자능력의 흠을 간과하여 본안판결을 하였을 때에는 판결이 확정되기 이전에는 항소 또는 상고에 의하여 이를 취소할 수 있으나, 판결이 확정된 후에는 당사자능력의 흠이 재심사유가 되지 아니므로 재심소송을 제기할 수 없다. 그러나 당사자가 사망하여 당사자능력이 없는 경우 그 판결은 당연무효이므로 판결의 효력이 발생할 수 없다. 다만 당사자능력이 없는 조합이나 농지위원회 같은 경우에는 단체로서의 실질이 있고 사회적으로도 활동하고 있어 죽은 사람과 같이 취급할 수 없으므로 당연무효가 아니며, 그 흠의 간과는 재심사유가 아니다.[130] 재심사유인 제451조 제1항 3호는, 당사자능력의 흠에 관한 것이 아니라 법정대리인의 대리권 등 대리인이 소송행위를 하는 데에 필요한 수권의 흠이 있는 경우이기 때문에 당사자능력의 흠에 관한 재심사유로 유추적용하기 곤란하다. 따라서 이 경우에는 법원이 당사자능력의 흠을 간과하였더라도 더 이상 다툴 수 없어 당사자능력이 있는 것과 같은 결과가 된다(유효설).[131]

(나) 당사자능력의 유무는 다른 소송요건과 동일하게 소를 제기할 때가 아니라 변론종결시를 기준으로 한다. 따라서 소송계속발생당시에는 당사자능력이 없더라도 소송계속 중에 등기 등으로 변론종결시까지 당사자능력을 취득한 경우에는 당사자능력의 흠은 치유된다.

(3) 소송계속 중에 당사자 능력이 소멸한 경우

소를 제기한 후 소송계속 중에 당사자가 사망(제233조), 합병(제234조) 등의 사유로 당사자능력을 상실한 경우에는 소송대리인이 있는 때를 제외하고(제238조) 소송절차는 중단되므로, 상속인 또는 합병에 의하여 설립한 법인 또는 합병 후 존속하는 법인이 소송절차를 수계(受繼)하여야 한다. 다만 소송대리인이 있는 경우와 그렇지 않은 경우의 취급이 다르다. 분쟁의 성질이 승계할 수 없을 때에는 소송은 중단되지 아니하고 종료된다.

(가) **소송대리인이 없는 경우** 이 경우 소송절차는 중단되므로 상속인 · 상속재산관리인 · 그 밖에 법률에 의하여 소송을 계속하여 수행할 사람이 소송절차를 수계하여야 한다(제233조

129) 대판 2005.6.23. 2004다3864.
130) 정동윤 외 2 218면; 전원열 175면.
131) 같은 취지: 이시윤 159면.

제1항). 그러나 수계절차를 밟지 아니하고 선고한 판결은 무효가 아니고, 다만 적법한 대리인이 없는 경우와 마찬가지이므로 상소를 제기하여 상소심에서 수계절차를 밟거나 재심소송(제451조 제1항 3호)을 제기하여 권리구제를 받을 수 있다. 어느 경우에나 수계절차를 밟지 아니하고서는 강제집행에서 승계집행문(민집 제31조)을 부여받을 수 없다. 소송절차가 중단되어서 승계가 이루어질 수 없기 때문이다.

(나) **소송대리인이 있는 경우** 당사자가 사망하더라도 소송대리인이 있으면 소송절차가 중단되지 아니한다(제238조). 이때에는 소송수계의 문제는 발생하지 아니하며, 소송대리인은 상속인을 위하여 소송을 수행한다. 이 경우 판결의 당사자 표시가 사망자 명의로 되었더라도 그 판결은 상속인에 대하여 효력이 있으므로[132] 상속인은 민사집행을 위하여 승계집행문을 부여받을 수 있다[133]. 소송절차가 중단되지 아니하여 승계가 이루어졌기 때문이다.

[42] 제4. 당사자적격

1. 개념

(1) 뜻

(가) (a)(i) 당사자적격이라 함은 당사자가 소송목적이 되는 권리 또는 법률관계에 관하여 소송을 수행하고 본안판결을 받을 수 있는 자격을 말한다. 당사자적격이 인정되는 당사자를 정당한 당사자라고 한다. 정당한 당사자가 된다는 것은, 당사자 측에서 보면, 본안판결을 구하기 위한 소송수행이 정당화된다는 것을 의미하기 때문에, 당사자적격은 소송수행권이라고도 한다. 소권의 행사는 소송목적인 권리를 실체법상 처분하는 것과 유사한 효과가 있다. 이를 전제로 한다면 소송목적인 권리관계의 주체에 당사자적격을 인정하는 것이 원칙이다. 그 주체인 적격을 본안적격(Sachlegitimation)이라고 한다.

(ii) 그런데 본안적격과 관계없이 당사자적격이 정해지는 경우가 있다. 예컨대 가사소송법에서 부부 중 어느 한 쪽이 혼인의 무효나 취소 또는 이혼 무효의 소를 제기할 때에는 배우자를 상대방으로 하고(가소 제24조 제1항), 제3자가 위의 소송을 제기할 때에는 부부를 상대방으로 하고, 부부 중 어느 한 쪽이 사망한 경우에는 그 생존자를 상대방으로 하는데(가소 제24조 제2항) 이들 경우 상대방이 모두 사망한 때에는 소송상 편의를 위하여 검사를 상대방으로 한다(가소 제24조 제3항). 이 경우의 당사자적격은 본안적격과 관계없이 정하여 지는 것이다.

---

132) 대판 1995.9.26. 94다54160.
133) 대결 1998.5.30. 98그7.

(iii) 당사자적격은 원고가 구하는 특정 소송목적과의 관계에서 정해진다는 점에서 특정 소송 당사자가 누구인가를 정하는 당사자 확정과 구별되고, 본안판결을 구할 수 있는 소송의 성질이나 내용과 관계없이 일률적으로 정해지는 당사자능력이나 소송능력과 구별된다.

(b) 타인 사이 권리관계의 확인하는 소에서 보듯이 소송목적인 권리관계의 주체가 아닌 당사자가 그 권리관계의 확인에 관해서 법률상 이익을 갖는 경우도 있다.

(c) 권리주체의 의사 또는 법률의 규정에 의해서 특별히 제3자가 권리주체의 권리관계에 관해서 관리권이 인정되어 이에 근거하여 당사자적격이 인정되는 경우가 있다. 이것이 제3자의 소송담당이다.

(나) 모든 국민은 헌법이 기본권으로 보장하는 재판청구권(헌 제27조 제1항)을 행사할 수 있으므로 소를 제기하거나 제기당하면 누구든지 당사자가 되어 재판을 받을 수 있는 지위에 있다. 이 원칙을 형식적 당사자주의라고 한다. 그러나 모든 당사자가 소송에 관여하였다고 해서 분쟁이 유효·적절하게 해결되거나 처리되는 것이 아니다. 소송목적이 되는 특정한 권리 또는 법률관계에 관한 분쟁을 해결할 수 있는 사람이 소송에서 대립·관여하여 본안판결을 받아야 분쟁이 유효·적절하게 해결될 수 있기 때문이다. 그러한 분쟁해결의 자격이 있는 사람을 선별하는 작업이 당사자적격의 판단이다. 예컨대 지방자치단체가 쓰레기 매립장의 운영에 관한 사항을 주민협의체와 협의하도록 협약을 체결하였으나 주민협의체가 지방자치단체와의 협상 의무불이행에 대하여 아무런 조치를 취하지 않을 경우에 위 협약의 직접 수혜자인 주민들의 지방자치단체를 상대로 하는 소송의 원고적격을 부정할 이유가 없는데[134] 주민들이야말로 쓰레기매립장의 운영에 직접적인 이해관계가 있어 분쟁을 해결할 자격이 있기 때문이다.

(2) 다수 이해관계인들의 분쟁과 당사자적격

소음이나 대기오염의 피해자, 불량식품거래의 일반 소비자들과 같이 다수의 피해자가 등장하면서도 개개인의 피해는 경미한 경우에 누구를 당사자로 하는 것이 적절한 것인가는 그리 간단한 문제가 아니다. 미국의 class action은 이 문제에 대처하기 위하여 그 적절한 대표자의 선정을 법원의 재량에 맡기고 있다. 우리나라도 그 영향을 받아 증권관련집단소송법에서는 법원의 허가를 받은 대표당사자가 피해자 전원을 대표하여 소송을 수행할 수 있도록 하였고(증집소 제2조 4호), 소비자기본법에서는 소비자단체소송을 소비자단체가 법원의 허가를 받아 소송을 수행할 수 있도록 하였으며(소비기 제70조, 제74조), 개인정보보호법 제51조에서 정한 단체소송을 제기하는 단체도 법원의 소송허가(개인정보 제54조, 제55조)를 받아 소송을 수행할 수 있도록 하였다.

134) 춘천지판 2005.4.7. 2002가합1147.

2. 정당한 당사자

당사자적격이 인정되는 정당한 당사자로서. 원고는 소송목적이 되는 권리 또는 법률관계에 관하여 승소판결을 받아 자기의 권리를 보호받겠다고 주장하는 자이어야 하고 그 상대방 당사자가 피고이어야 한다. 즉 실체적 이익의 귀속주체라고 주장하는 자와 그 상대방이 원고와 피고로써 소송의 당사자가 되어야 정당한 당사자이다. 구체적으로 누가 정당한 당사자인지를 소송의 유형에 따라 살핀다.

(1) 이행을 청구하는 소(이행소송)

㈎ 원고가 피고에 대하여 이행을 청구하는 소송을 이행을 청구하는 소, 이행의 소 또는 이행소송이라고 한다. 소송에서 가장 많은 유형이다. 이 소송에서는 소송목적이 되는 이행 또는 급부청구권이 있다고 주장하기만 하면 원고될 자격이 있고, 원고에 의하여 그 의무자로서 이행의무자 또는 급부지급의무자로 지정하기만 하면 피고가 될 자격이 있다.

㈏ 즉 이행소송에서는 원고의 주장자체로 당사자적격이 생긴다. 따라서 원고에게 그러한 이행 또는 급부청구권이 있는지 여부는 본안에 관한 판결이유에서 판단되므로 이행청구권이 없으면 소각하 판결을 하는 것이 아니라 청구기각 판결을 하는 것이 원칙이다. 그러므로 피고는 청구기각에 의하여 이행의무를 면한다고 하는 실체적 이익의 귀속주체라고 할 것이다.

㈐ 그러나 뒤에서 설명하는 경우[135]에는 피고에 대하여 청구기각이 아니라 소각하 판결을 하여야 한다.

(2) 확인하는 소(확인소송)

㈎ 청구취지에 적힌 권리 또는 법률관계의 존부를 확인하는 소송을 확인하는 소, 확인의 소 또는 확인소송이라고 한다. 이 소송에서는 소송목적인 권리의무의 존부에 관하여 확인하는 이익을 가진 자가 원고가 되고 그 반대이익을 가진 자가 피고이다. 확인하는 이익은 원칙적으로 소송목적이 되는 권리 또는 법률관계의 주체에 있으나 예외적으로 타인의 권리관계를 확인함으로써 자기의 실체법적 지위를 확보할 수 있으면 소송목적이 되는 권리 또는 법률관계의 주체가 아니더라도 확인하는 이익이 있다.

㈏ 확인하는 이익이 있기 위해서는 그 법률관계에 따라 소제기권자의 권리 또는 법적지위에 현존하는 위험·불안이 있어야 하고, 그 위험·불안을 제거하기 위하여 그 법률관계를 확인하는 대상으로 하는 확인판결에 의하여 즉시 확정할 필요가 있으며, 또한 그것이 가장 유효·

---

135) 뒤의 4. (1) (나) (b) 참조.

적절한 수단이 되어야 한다.[136]

(다) 확인하는 이익은 눈에 보이지 않는 추상적 존재이므로 일반인들이 보기에는 애매하여 동일한 확인사항에 관해서도 이에 관한 다수의 분쟁이 생길 가능성이 아주 크다. 그러므로 법원이 적극적으로 그 존재를 명백하게 확인해 주어야 불필요한 소송을 방지할 수 있다. 따라서 확인하는 이익이 존재한다는 것이 소송요건이요 직권조사사항이다. 확인하는 이익이 없으면 본안심리에 들어가지 않고 소각하 판결을 한다.

(3) 형성을 청구하는 소(형성소송)

(가) 형성력 있는 판결을 구하는 소를 형성을 청구하는 소, 형성의 소 또는 형성소송이라고 한다. 형성권 또는 형성력이라고 함은 당사자 한 쪽만의 의사표시에 의하여 권리 또는 법률관계를 변경시킬 수 있는 힘 또는 그러한 지위이다. 형성소송의 특징은 소송목적인 권리 또는 법률관계를 발생 또는 변경시키려는 형성요건과 원·피고 당사자를 법에서 미리 획일적으로 정해 놓았다는 것이다.[137]

(나) 명문의 규정이 없는 경우에는 당해 소송목적과의 관계에서 가장 깊은 이해관계를 갖고 있고 충실한 소송수행을 기대할 수 있는 사람을 당사자 적격자로 보아야 한다고 하면서 채권자취소 소송의 상대방을 채무자가 아니라 그 수익자나 전득자가 되어야 한다는 판례(대판 1988.2.23, 87다카1586)를 들고 있는 견해[138]가 있으나, 사해행위취소의 효과는 채권자와 취소의 상대방인 수익자 또는 전득자에게 만 상대적으로 미친다는 점에서 다른 형성소송과 다르다. 따라서 위 판례를 들어 형성소송에서도 법이 당사자를 미리 규정하지 않은 경우가 있다고 할 수는 없을 것이다.

(다) 그러므로 형성소송에서는 형성요건에 관한 법률의 규정이 있다는 것이 소송요건이요 직권조사사항이다. 형성을 청구하는 소를 인용한 형성판결은 형성력이 있다. 형성력은 소송외의 제3자에게도 판결의 효력이 미치는 대세효(對世效)가 있다.

(4) 고유필수적 공동소송

(가) 고유필수적 공동소송이라 함은 공동소송인이 되어야 할 사람 모두가 당사자로 되어야 공동소송이 성립되고 그 사람 중에서 한 사람이라도 빠지면 공동소송 형태가 될 수 없는 소송을 말한다. 따라서 고유필수적 공동소송은 공동소송인이 될 사람 전원이 공동으로 원고나 피

136) 대판 2005.4.29. 2005다9463.

137) 주주총회결의 취소(상 제376조)와 무효·부존재확인의 소(상 제380조), 이사해임의 소(상 제385조)에서는 피고를 법정하지 아니하였지만, 이들 소송은 모두 단체내부소송으로서 피고는 단체 자체가 되어야한다는 점에서 피고를 법정하지 않은 것으로 보인다.

138) 이시윤, 162면.

고가 되어야만 당사자적격이 있다. 만약 그 가운데 어느 하나라도 빠지면 당사자적격에 흠이 된다. 그 흠은 제1심의 변론종결 이전까지는 필수적 공동소송인의 추가(제68조)에 의하여 법원으로부터 누락된 당사자의 추가를 허가받아 보충할 수 있다.

(나) 판례[139]는, 고유필수적 공동소송관계에 있는 공동건축주 명의변경에 대하여는 변경 전 건축주 전원에게서 동의를 얻어야 하지만 그 명의변경에 관한 동의의 표시는 변경 전 건축주 전원이 참여한 단일한 절차나 서면에 의하여 표시될 필요는 없고, 변경 전 건축주별로 동의의 의사를 표시하는 방식도 허용되므로, 동의의 의사표시에 갈음하는 판결도 반드시 변경 전 건축주 전원을 일시에 공동피고로 하여 받을 필요는 없으며, 부동의하는 건축주별로 피고로 삼아 판결을 받을 수 있다고 하였다. 판례는 당사자 전원의 공동소송을 일시적이 아니라 순차적으로도 공동할 수 있다는 유연한 태도를 취하고 있다 할 것이다.

(5) 단체내부소송

(가) **문제의 소재** 법인 또는 법인 아닌 사단 등 어떤 단체가 제3자와의 사이에서 분쟁이 생긴다면 그 단체가 원고 또는 피고로 되어 상대방이 되는 제3자와 소송을 함으로써 분쟁을 해결하면 된다. 그러나 단체 내부에 분쟁이 발생할 경우에 그 분쟁은 단체의 성격상 해당 당사자 사이에서만 해결되어서는 안 되고 단체 내부 구성원 전원 사이에서 일률적으로 처리하여야 한다는 요청이 있다. 이 요청에 맞추어 누구를 원·피고로 하여야 할지 정해야 한다.

(나) **원고적격** (a) (i) 단체 내부의 결의에 다툼이 있는 경우에 누가 원고로 되느냐는 법률에 규정이 있으면 이에 따른다. 예를 들어 주식회사의 주주총회와 유한회사의 사원총회 결의에 흠이 있어 취소를 구하는 경우의 원고는 주주·이사 또는 감사(상 제376조, 제578조)가 된다. 명문의 규정이 없는 경우에는 확인소송에서는 확인하는 이익을, 형성소송에서는 형성요건을 갖춘 사람이 원고가 된다. 판례[140]도 결의부존재확인이나 무효를 확인하는 소송에서는 확인하는 이익이 있다면 단체내부의 사람이든 외부의 제3자이든 소를 제기할 수 있다고 하였다.

(ii) 학교법인의 경우에 감사는 그 직무수행에 기초하여 이사회 결의의 무효확인을 청구할 이익이 있다.[141] 대학교 교수협의회와 총학생회는, 교직원·학생 등의 학교운영에 참여할 기회를 부여하기 위한 개방이사 제도에 관한 법령의 규정 내용과 입법취지 및 법인 정관규정 등에 의하여 교육부장관의 이사선임처분을 다툴 법률상 이익이 있다.[142] 그러나 근로조건의 향상을 목적으로 조직된 노동조합은 그러한 이익이 없다.[143] 이와 같은 무효주장의 방법으로서

139) 대판 2015.9.10. 2012다23863(평석은 [21] 참조).
140) 대판 1962.1.25. 4294민상525.
141) 대판 2015.11.27. 2014다44451.
142) 대판 2015.7.23. 2012두19496·19502(평석은 [19] 참조)
143) 위 2012두19496·19502 참조.

이사회 결의의 무효확인소송이 제기되어 승소확정판결이 된 경우, 그 판결의 효력은 기판력만 있고, 형성력이 없으므로 소송 당사자 사이에서만 효력이 생기고 제3자에게 미치는 대세적 효력이 있는 형성력이 없다.[144)]

(b) 단체 구성원인 원고가 당사자 사이의 구체적인 권리 또는 법률관계의 존부확인을 구하는 것이 아니라 오로지 단체 내부규정의 효력만 다투는 것은 법적 3단논법의 대전제에 관해서만 재판을 구하는 것이기 때문에 확인하는 이익이 없어 부적법하다.[145)]

(다) **피고적격** (a) (i) 판례[146)]는 단체내부의 분쟁에 관해서 피고가 되는 자는 단체 그 자체로 본다. 왜냐하면 단체의 구성원 개인을 상대로 한 경우에는 판결은 그 개인에게만 미치므로 단체 자체를 피고로 하지 않으면 비록 승소판결을 받더라도 그 효력이 단체 구성원 전원에게 미치지 않기 때문이다.[147)]

(ii) 그러므로 판례는 농업협동조합과 같은 단체의 임원선거에 따른 당선자결정의 무효 여부에 대한 확인을 구하는 소를 당선자 상대로 제소하는 경우에는, 그 청구를 인용하는 판결이 내려졌다 하더라도 그 판결 효력이 당해 조합에 미친다고 할 수 없어서 그 당선자 결정에 따라 정하여지는 조합장 지위를 둘러싼 당사자 사이의 분쟁을 근본적으로 해결할 수 없으므로 당선자를 결정한 그 조합을 상대로 제소할 일이지 당선자를 상대로 제소하여서는 확인하는 이익이 없다고 판시[148)]하였고, 같은 취지에서 종중에서 선출된 도유사 또는 유사의 종중 대의원회의 인준결의 무효 확인의 소는 종중을 피고로 하여야 한다고 하였다.[149)]

(iii) 학교법인 이사회의 이사선임결의는 학교법인의 의사결정이므로 그로 인한 법률관계의 주체인 학교법인을 상대로 하여 이사선임결의의 존부나 효력 유무의 확인판결을 받음으로써만 그 결의로 인한 원고의 권리 또는 법률상 지위에 대한 위험이나 불안을 유효적절하게 제거할 수 있다. 그러므로 학교법인이 아닌 이사 개인을 상대로 한 확인판결은 학교법인에 그 효력이 미치지 아니하여 그러한 확인판결을 구하는 제소는 부적법하며, 이와 같은 법리는 학교법인을 상대로 이사선임결의의 존부나 효력 유무의 확인판결을 구하면서 아울러 이사 개인을 피고로 하여 이사 지위의 부존재 확인판결 등을 구하는 경우에도 동일하게 적용된다는 것이 판례[150)]이다.

(b) 그러나, 판례[151)]는 법인의 이사 등 직무집행정지가처분사건에서 채무자(즉 피신청인)는

---

144) 대판 2000.1.28. 98다26187.
145) 대판 1992.11.24. 91다29026.
146) 대전판 1982.9.14. 80다2425.
147) 종교단체의 대표자 또는 구성원의 지위에 관한 확인소송에서 그 대표자 또는 구성원 개인을 상대로 제소하는 경우에는 확인의 이익이 없다(대판 2015.2.16. 2011다101155).
148) 대판 1991.8.13. 91다5433.
149) 서울고판 1973.9.18. 73나188.
150) 대판 2010.10.28. 2010다30676 · 30683.

해당 단체가 아니라 채권자(즉 신청인)가 주장하는 법률상 지위와 이해를 달리하여 정면으로 저촉되는 지위에 있는 이사 기타 단체의 구성원이라고 하였다. 그 결과 본안사건과 가처분 사건의 당사자가 달라지게 된다.

(c) 그렇다면 어떤 법인 또는 법인이 아닌 단체의 이사를 선임한 결의의 무효확인소송과 같이 그 효력을 다투는 결의 내용이 단체구성원 일반의 이해를 초월하여 특정 개인과 중대한 이해관계가 있는 경우에는, 판례는 반대하지만 차라리 법인과 해당 이사 등 구성원을 공동피고로 하는 것이 분쟁의 획일적 처리와 분쟁의 실질 주체에 대한 변론권 보장차원에서 정당하다고 하겠다. 이 경우에 반대이익을 가지는 개인은 공동소송적 보조참가 등이 가능하다는 점에서 구태여 개인을 당사자로 할 필요가 없어 통설·판례가 타당하다는 견해[152]가 있으나 당사자와 공동소송적 보조참가인은 소송상 지위에서 여러 가지 차이가 있고 그 차이는 간과하기에는 중하다는 점에서 찬성할 수 없다.

㈑ **합명회사·합자회사** 합명회사와 합자회사는 단체의 실질은 조합이면서도 법인격이 부여되어 있다. 따라서 대외관계의 분쟁에서는 회사가 피고의 지위에 있다 하겠으나 회사원 서로의 내부분쟁에서는 조합에 관한 민법 규정을 준용하므로(상 제195조, 제269조) 다른 사원 전부를 피고로 해야 하는 고유 필수적 공동소송이다.

3. 제3자의 소송담당

(1) 뜻

㈎ 소송에서 당사자적격은 원칙적으로 실체법적 이익의 귀속주체라고 주장하는 자(즉 본인)와 그 상대방에게 있다. 그러나 권리의무의 주체가 아닌 제3자가 본래의 귀속 주체인 본인을 갈음하거나 병행하여 소를 제기할 당사자적격이 있으면서, 그가 받은 판결의 효력을 본인에게 미치게 하는 경우가 있다. 이를 제3자의 소송담당이라고 한다. 제3자는 본래의 권리관계 주체에 귀속하는 소송수행권을 행사한다는데 특징이 있다. 이와 비슷한 것으로는 대리가 있는데 대리행위를 하는 대리인은 본인을 위해서 본인의 이름으로 소송을 수행하고 판결의 효력도 본인에게 미치지만 대리인에게 미치지 않는다는 점에서 제3자의 소송담당과 다르다.

㈏ 제3자의 소송담당에는 본인의 의사와 관계없이 법률상 당연히 소송담당을 하는 경우(법정 소송담당), 본인의 의사에 터 잡어 소송담당을 하는 경우(임의적 소송담당) 및 법원의 허가에 의한 소송담당(재정소송담당)이 있다.

151) 대판 1972.1.31. 71다2351.
152) 정영환 317면.

(2) 법정소송담당

소송담당이 법률상 당연히 이루어지는 소송담당을 말한다. 그 근거가 무엇이냐에 따라 담당자를 위한 법정소송담당과 직무상 당사자로 나누어볼 수 있다. 이것은 소송수여권을 부여하는 목적이 담당자인 제3자의 이익보호인가, 피 담당자인 권리관계 주체의 이익보호인가에 따른 구별이다.

(가) 담당자를 위한 법정소송담당

(a) **개념** (i) **의의** 이것은, 제3자에게 본인의 소송목적이 되는 권리 또는 법률관계에 관하여 관리처분권이 인정되어서 제3자가 이에 근거하여 자기의 이익 또는 자기가 대표하는 자의 이익을 위해 할 수 있는 소송담당을 말한다.

(ii) **갈음형 소송담당과 병행형 소송담당** 여기에는 추심명령을 얻은 압류채권자(민집 제238조),[153] 파산재단에 관한 소송을 하는 파산관재인(채무자회생 제359조)과 같이 채무자나 파산자 본인은 당사자적격이 없고 소송담당자가 본인에 갈음하여 당사자적격이 있는 갈음형 소송담당[154]과, 채권질(債權質)의 질권자(민 제353조), 채권자대위권을 행사하는 채권자(민 제404조), 주주의 대표소송에서 주주(상 제403조), 집합건물상 관리단(집합건물 제23조 제1항) 등과 같이 본인도 당사자적격이 있지만 소송담당자도 본인과 병행하여 당사자적격이 있는 병행형 소송담당[155]이 있다. 그 가운데서 주주의 대표소송(상 제403조)은 자기가 대표하는 회사의 이익을 위해 허용되는 경우이고. 나머지는 제3자로 하여금 자기의 이익을 위해 소송담당을 허용하는 경우이다.

(iii) 병행형 소송담당인 채권자대위소송에서 담당자, 즉 대위 채권자가 채무자, 즉 피담당자의 관리처분권을 제한하려 한다면 가압류(민집 제276조), 또는 압류(민집 제189조)에 의한다. 한편 채권자대위권의 경우에, 피대위채권에 관해서의 관리처분권이 담당자, 즉 대위채권자와 피담당자, 즉 채무자로 나뉜다는 것은, 대위채권자의 법정소송담당자로서의 지위에 변화가 생기는 것이 아니라 담당자에 대한 판결의 효력이 제218조 제3항에 의하여 피담당자에 대하여 확장되는 것을 의미한다. 따라서 청구기각판결의 경우에는, 채무자, 즉 피담당자로서는 제3채무자에 대한 그의 권리를 상실하는 결과가 된다. 이와 같은 결과를 방지하기 위해서 피담당자는 담당자에 의한 소송에 공동소송참가인으로 참가할 수 있다(제83조). 파산재단에 관한 소송

---

153) 대판 2000.4.11. 99다23888.

154) 서울고판 1996.12.3. 96나19675(압류채권에 대한 추심명령이 있은 후에 추심채권자는 제3채무자에 대하여 대위 절차 없이 직접 피압류채권의 지급을 받을 수 있으므로 압류채무자는 소송수행권을 상실한다)

155) 이시윤, 152면은 공유자 전원을 위해 보존행위를 하는 공유자(민 제265조)를 병행형 소송담당으로 보고 있으나, 공유자라도 공유물의 보존행위로서 다른 공유자의 지분권을 내세울 수 없다는 판례(대판 2009.2.26. 2006다72802 참조)에 비추어 찬성할 수 없다.

을 하는 파산관재인(채무자회생 제359조)의 지위는 뒤에서 보기로 한다.

(b) * **채권자 추심소송** (i) **의의** (ㄱ) 압류채권자는 압류한 금전채권에 대하여 추심명령이나 전부명령을 신청할 수 있다(민집 제229조 제1항). 이것은 압류채권자가 압류한 금전채권을 현금화할 필요에 의한 것이다. 추심명령이라 함은 집행법원이 채무자가 제3채무자에 대하여 가지고 있는 채권을 대위절차 없이 채무자를 대신하여 추심할 권리를 직접 집행채권자에게 부여하는 이부명령을 말한다(민집 제229조 제2항). 따라서 추심명령이 있는 때에는 압류채권자는 압류채권을 직접 추심할 수 있다.

(ㄴ) 압류채권자가 그 추심권을 행사하여 제3채무자를 상대로 추심소송을 제기한 경우에 압류채권자는 법정소송담당자가 되므로 그 소송담당자를 당사자로 한 판결의 기판력은 채무자에게 미친다(통설). 여기서 채권자 추심소송을 채권자대위소송과 비교하면 채무자는 채권자대위소송과 달리 채권자의 집행권원에 기초한 압류를 당한다는 점에 차이가 있다. 또 채무자의 절차관여는 압류명령의 송달(민집 제227조 제2항)에 의해서 보장되므로(민집 제227조 제3항) 채권자추심소송의 판결이 채무자에게 확장되는 데는 큰 문제가 없다.

(ii) **압류 및 추심명령을 받은 압류 채권자의 소송상 지위** 채권압류 및 추심명령을 받은 추심채권자는 추심에 필요한 채무자의 권리를 대위절차 없이 자기의 이름으로 재판상 또는 재판 외에서 행사할 수 있다(민집 제229조 제2항 참조). 따라서 상대적 불확지 변제공탁의 피공탁자 중 1인을 채무자로 하여 그의 공탁물출급청구권에 대하여 채권압류 및 추심명령을 받은 추심채권자로서는 자기의 이름으로 대위절차 없이 다른 피공탁자를 상대로 공탁물출급청구권이 추심채권자의 채무자에게 있음을 확인한다는 확인하는 소를 제기할 수 있다.[156]

(iii) **압류 및 추심명령을 받은 채무자의 소송상 지위** (ㄱ) **채권이 압류만 되고 아직 추심명령이 발부되지 않은 경우** (α) 이 경우에 압류채무자는 제3채무자에 대한 관계에서는 피압류채권의 처분과 영수가 금지되지만 여전히 피압류채권 자체에 관해서는 제3채무자에 대하여 채권자의 지위에 있다. 따라서 추심명령이나 전부명령이 있기 전까지는 집행채권자를 해치지 않는 한도 내에서 채권을 행사할 수 있고, 제3채무자를 상대로 이행청구의 소를 수행할 수 있다.[157]

(β) 채무자가 제3채무자에 대한 이행소송을 제기한 상태에서 압류채권자가 제3채무자를 상대로 제기한 추심의 소는 중복제소금지에 해당되지 않는다.[158] 이 경우에는 비록 추심의 소의 본안에 관하여 심리·판단한다고 하여, 제3채무자에게 불합리하게 과도한 이중 응소의 부담을 지우고 본안심리가 중복되어 당사자와 법원의 소송경제에 반한다거나 판결의 모순·저촉의 위험이 크다고 볼 수 없기 때문이다. 또한 압류채권자는 채무자가 제3채무자를 상대로

156) 대판 2011.11.10. 2011다55405.
157) 대판 2002.4.26., 2001다59033.
158) 대전판 2013.12.18. 2013다202120.

제기한 이행청구의 소송에 제81조 및 제79조에 따라 승계참가를 할 수는 있다. 그러나 해당 소송이 상고심에 계속 중인 경우에는 승계참가가 허용되지 않으므로, 압류채권자의 소송참가는 언제든지 가능한 것이 아니다. 또한 압류채권자가 반드시 채무자의 소송에 승계참가를 해야 할 의무도 없다.

(ㄴ) **피압류채권에 대한 추심명령이 발부된 경우** 아직 채무자가 이행소송을 제기하기 이전에 피압류채권에 대한 추심명령이 발부되었다면 이 경우 채무자는 이행청구의 소를 수행할 당사자적격을 상실하고, 추심채권자만이 제3채무자에 대하여 대위절차 없이 직접 피압류채권을 추심하여 지급을 받을 수 있다.[159] 만약 추심명령 이후에도 채무자가 제3채무자에게 피압류채권에 관한 이행소송을 할 수 있다고 하는 경우에는 추심채권자는 채무자의 이행소송 때문에 추심소송이 중복제소로 되어 추심권한이 방해받을 수 있을 뿐만 아니라 제3채무자는 추심채권자와 채무자로부터 2중으로 제소 또는 강제집행을 당할 위험이 있는 것이다. 그러므로 추심명령이 있는 경우에 피압류채권에 대한 추심권한이 추심채권자에게 부여되는 이상, 그 소송수행권도 추심채권자에게만 있고, 채무자는 소송수행권을 상실한다고 봄이 상당하다.[160] 결론적으로 채무자의 추심채권자의 제3채무자에 대한 채권압류 및 추심명령이 있으면 제3채무자에 대한 이행소송은 추심채권자만이 제기할 수 있고 채무자는 피압류채권에 대한 이행소송을 제기할 당사자적격을 상실한다.[161]

(ㄷ) **추심명령을 받은 이후 채무자의 지위** 채무자의 제3채무자에 대한 이행소송이 제기되기 이전에는 피압류채권에 대한 추심명령이 있은 이후에는, 추심채권자만이 제3채무자에 대하여 대위절차 없이 직접 피압류채권의 지급을 받을 수 있다. 만약 추심명령 후 채무자도 제3채무자에게 피압류채권에 관한 이행소송을 할 수 있다면 추심채권자는 채무자의 이행소송 때문에 추심소송이 중복제소로 되어 추심권한이 방해받을 수 있을 뿐만 아니라 제3채무자는 추심채권자와 채무자로부터 2중으로 제소 또는 강제집행을 당할 위험이 있어 부당하다. 그러므로 추심명령이 있는 경우에 피압류채권에 대한 추심권한이 추심채권자에게 부여되는 이상 그 소송수행권도 추심채권자에게만 있고, 채무자는 소송수행권을 상실한다.[162] 결론적으로 채권에 대한 압류 및 추심명령이 있으면 제3채무자에 대한 이행소송은 추심채권자만이 제기할 수 있고 채무자는 피압류채권에 대한 이행소송을 제기할 당사자적격을 상실 한다.[163]

(ㄹ) **소결** 채권에 대한 압류 및 추심명령을 받은 추심채권자는 당사자 적격이 있어, 채

159) 정영환 319면은, 추심채권자에게 집행절차에서 채무자 보다 우선권을 보장하면 될 것이지 채무자의 당사자적격을 상실시킬 것이 아니라고 주장한다.
160) 서울고판 1996.12.3. 96나19675 참조.
161) 대판 2,000.4.11. 99다23888 참조.
162) 서울고판 1996.12.3. 96나19675 참조.
163) 대판 2,000.4.11. 99다23888.

무자는 모두 당사자적격을 상실하는 것처럼 오해하기 쉽다. 그러나 위 대전판 2013다202120을 통해서 알 수 있듯이, 압류 및 추심명령으로 인해서 당사자 적격이 상실되는 채무자는, 채권자의 압류 및 추심명령이 채무자의 제3채무자에 대한 이행청구의 소송 제기 이전에 있었던 경우이고 그 이외의 경우, 즉 채무자의 이행청구소송이 채권자의 제3채무자에 대한 압류 및 추심명령이 있기 이전에 먼저 제기된 경우에는 계속하여 이행소송을 수행할 있어 채무자는 당사자적격을 상실하지 않는다.

(iv) **보상금 증액청구 소송의 경우** (ㄱ) **문제의 제기** 보상금 증액 청구의 소는 토지수용위원회의 재결 중 보상금 산정에 관한 부분에 불복하여 그 증액을 구하는 소이므로 실질적으로는 재결을 다투는 항고소송의 성질을 가지고 있다. 하지만 토지보상법에서 토지소유자 등이 보상금 증액 청구의 소를 제기할 때에는 사업시행자를 피고로 한다고 규정하고 있어(토지보상 제85조 제2항), 위 규정에 따른 보상금 증액 청구의 소는 토지소유자 등이 사업시행자를 상대로 제기하는 당사자소송의 형식을 취하고 있다. 따라서 행정소송법제8조제2항에 따라 민사소송법 및 민사집행법을 준용하는데 특별한 지장이 없다.

(ㄴ) 판례[164]는 징발로 인한 손실보상에 관한 사건이기는 하지만, 징발법에 의한 징발권자인 국가와 피징발자의 관계가 공법관계에 속한다고 하더라도 징발에 의한 피징발자의 징발물 징발로 인한 손실보상은 피징발자의 사법상 권리에 대한 손실을 그 본질적 내용으로 하는 것이므로 징발보상청구를 민사소송사항으로 다루는 것이 정당하다고 판시한 바 있다.

(ㄷ) 한편 압류 및 추심명령이 있더라도 보상금 증액청구를 하는 경우와 같이 토지보상법상 관할 토지수용위원회의 재결 또는 행정소송절차를 거쳐야 할 때에는 채권자는 이러한 절차를 수행할 수 있는 당사자적격이 법규정상 없다. 그러므로 토지 소유자등 채무자는, 채권자의 압류 및 추심명령이 채무자의 제3채무자에 대한 이행청구의 소송 제기 이전에 있었던 경우라고 하더라도 토지보상법 제85조 제2항에 따라 사업시행자를 상대로 보상금 증액청구를 할 수 있다.

(ㄹ) 이와 같이 채무자가 당사자적격을 상실하지 않은 경우에 추심채권자는 채무자의 제3채무자에 대한 이행청구의 소를 수행할 당사자적격이 없으나, 채무자인 토지소유자 등이 제기한 보상금 증액 청구 소송에 추심채권자는 행정소송법 제44조 제1항 , 제16조 에 따라 소송참가를 하거나 민사소송법상 보조참가를 할 수는 있다.

164) 대판 1970.3.10. 69다1886.

채권자 추심소송

① 채권 압류

↓

② 추심명령 前인가? 後인가?

[A] 추심명령 前

채무자: 제3채무자 상대로
이행소송 제기 가능

추심채권자: 추심소 제기 가능
(중복제소 금지 아님)
└→ 단, 채무자가 먼저 제소했다면
채무자 당사자적격 유지

[B] 추심명령 後

채무자: 당사자적격 상실
(추심채권자만 소송 가능)

이유: 이중소송·이중집행 방지

□ 특별법상 보상금 증액청구의 경우(토지보상법 제85조)

보상금 증액청구 소송

↓

법 규정상 당사자적격 = 채무자(토지소유자)

채권자(압류·추심명령 有)

소송 당사자 불가
(법률상 적격 없음)
└→ 단, 채무자의 소송에
– 행정소송법상 참가
– 민사소송법상 보조참가 가능

채무자

사업시행자를 상대로
증액청구소 제기 가능

□ 핵심정리
- 일반 채권 관계: 추심명령이 있으면 → 채무자 당사자적격 상실, 추심채권자만 소송 가능
- 채무자가 먼저 소송 제기한 경우: 추심명령이 나중에 있어도 당사자 적격 유지
- 보상금 증액청구(특별법): 채무자만 적격, 채권자는 소송참가만 가능

(c) **피담당자의 보호방법** 이 소송담당은 소송담당자를 위한 것이고 피 담당자 본인을 위한 것이 아니므로 본인이 불측의 손해를 입지 않도록 보호하여야 할 필요성이 있다.

(i) (ㄱ) 피 담당자, 즉 본인이 소송계속 사실을 알 수 있도록 소송고지(제84조)를 하게 하는 것이 가장 일반적인 보호방법이다. 소송고지의 목적 내지 실익은 제3자에게 소송참가의 기회를 주는 것과 그에게 참가적 효력을 미칠 수 있게 한다는 점에 있다.

(ㄴ) 우리 민사소송법은 참가적 효력을, 소송참가의 기회를 준다는 후자 중심으로 소송고지의 효과를 규정하고 있으나(제86조), 절차기본권이 중시되면서 소송계속을 알린다는, 전자도 점차 강조되고 있다.

(ㄷ) 이들 경우에 피고지자는 기판력 또는 반사효를 받는다. 따라서 피고지자가 의무화된 소송고지를 받지 못하였거나 소송계속 사실을 알지 못하여서 소송에 참가할 기회를 상실하였다면 기판력 또는 반사효를 받지 않는다. 채권자가 채권자대위권을 행사하는 방법으로 제3채무자를 상대로 소송을 제기하고 판결을 받은 경우에는 어떠한 사유로 말미암은 것이든 적어도 채무자가 채권자대위권에 의한 소송이 제기된 사실을 알았을 경우에 그 판결의 효력이 미친다는 판례[165]가 이 원리를 밝히고 있다.

(ii) 피담당자가 소송고지를 받아 담당자의 소송계속중인 사실을 알고서 당사자로서 소송을 수행할 수 있는 경우에는 공동소송참가(제83조)에 의하여, 당사자로서 소송수행을 할 수 없는 경우에는 공동소송적 보조참가(제78조)에 의하여, 자기의 이익을 보호할 수 있다.

(d) **소송담당자와 같은 지위에 있는 본인의 보호방법** 주주들이 하는 대표소송의 경우에 주주 및 회사는 그들에 대한 사해판결(詐害判決)에 대하여 재심의 소(상 제406조)를 제기할 수 있도록 함으로써 이들 제3자를 보호할 수 있는 길을 열어놓았다.

(나) **직무상 당사자** (a) 소송목적이 되는 권리의무의 귀속주체가 스스로 소송수행이 불가능, 곤란 또는 부적당하여 분쟁을 해결하기 어려울 경우가 있다. 법률은 이 경우에 대비하여 어느 직무에 있는 제3자에게 본인을 위하여 소송을 할 수 있도록 소송수행권을 부여하는 규정을 두는 경우가 있다. 이 제3자를 직무상 당사자라고 한다. 예를 들어 혼인 · 친자 · 입양관계 등 인륜과 관련되는 사건에서 본래의 당사자적격자가 사망하였을 때에 소송을 할 수 있도록

165) 대전판 1975.5.13. 74다1664.

당사자가 되는 검사(가소 제24조 제3항, 제28조, 제31조), 해난구조료청구에서 선장(상 제894조), 남편이나 아내가 피성년후견인일 경우에 성년후견감독인의 동의를 받아 친생부인의 소를 제기하는 성년후견인(민 제848조 제1항) 등은 모두 법률의 규정에 의하여 직무상 당사자로 규정된 경우이다. 재산상속인의 존재가 분명하지 않은 상속재산에 관한 소송에서 피고적격이 있는 상속재산관리인[166]·유언집행자[167]도 직무상 당사자이다.

(b) 이들 제3자는 소송목적인 권리관계에 관해서 실체법상 독자적인 지위에 있는 것이 아니고 일정한 직무를 맡아 처리함으로써 법이 직무상 담당자로서 적격을 인정한 것이다.

(다) **파산관재인의 이중적 지위** (a) (i) 당사자가 파산선고를 받은 때에는 파산재단에 관한 소송절차는 중단되어서 채무자회생법에 따라 파산관재인이 수계하여야 한다(제239조). 파산자가 파산선고 시에 가진 모든 재산은 파산재단을 구성하고 그 파산재단의 관리 및 처분할 권리는 파산관재인에게 속하므로 파산관재인은 파산자의 포괄승계인과 같은 지위에 있다. 따라서 파산재단에 관한 소송을 하는 파산관재인(채무자회생 제359조)은 당사자적격이 없는 파산자를 갈음하는 갈음형 소송담당자가 된다(제239조).

(ii) 파산관재인이 파산재단에 관한 소송을 수행하여 배당재단을 형성하는 과정에서, 각 파산채권자는 파산선고이전에 파산자(채무자)에 대하여 갖는 개별적 권리행사의 「보전권능」을 파산절차상의 요청에 기초하여 모두 박탈당하고 파산관재인이 이를 일괄하여 행사할 수 있는 지위에 있다. 그 대신 파산관재인에게는 법률상 총 파산채권자의 이익대표라는 성격을 부여하여 그 이익을 확보할 것을 직무내용으로 규정하고(채무자회생 제361조) 현실의 직무수행에 대하여 법원 또는 채권자집회가 감독(채무자회생 제358조, 제364조, 제365조)한다. 따라서 파산관재인은 파산자의 법정소송담당자이지만 한편 파산자와 독립하여 총파산채권자의 이익대표라는 직무상 당사자의 지위에도 있게 되는 것이다. 파산이 선고되면 파산채권자는 파산절차에 의하지 아니하고서는 파산채권을 행사할 수 없으므로 파산관재인이 파산채권자 전체의 공동 이익을 위하여 선량한 관리자의 주의로써 그 직무를 행하여야 한다. 따라서 파산관재인은 파산선고에 따라 파산자와 독립하여 그 재산에 관하여 이해관계 있는 제3자로서의 지위도 가지게 되는 2중적 지위에 있다.

(b) 파산자가 상대방과 통정한 허위의 의사표시를 통하여 가장채권을 보유하고 있다가 파산이 선고된다면 그 가장채권도 일단 파산재단에 속하게 된다. 하지만 파산관재인은 파산선고에 따라 파산자와는 독립된 지위에서 파산채권자 전체의 공동 이익을 위하여 직무를 행하게 되므로 파산관재인은 그 허위표시에 따라 외형상 형성된 법률관계를 토대로 실질적으로 새로

166) 대판 2007.6.28. 2005다55879. 갈음형 소송담당으로 보는 견해는 김홍엽 161면.

167) 대판 1999.11.26. 97다57733. 갈음형 소송담당으로 보는 견해는 김홍엽 161면.

운 법률상 이해관계가 있는 제3자에 해당하게 된다. 따라서 통정한 의사표시에 관한 민법 제108조 제2항에서 문제되는 제3자의 선의·악의도 파산관재인 개인의 선의·악의를 기준으로 할 수는 없고, 총파산채권자를 기준으로 하여 파산채권자 모두가 악의로 되지 않는 한 파산관재인은 선의의 제3자가 된다. 이 이치는 파산자가 상대방으로부터 기망을 당하여 사기채권을 보유한 경우에도 동일하다. 따라서 특별한 사정이 없는 한 파산관재인은 사기에 의한 의사표시에 따라 외형상 형성된 법률관계를 토대로 실질적으로 새로운 법률상 이해관계를 가지게 되므로 사기의 의사표시에 관한 민법 제110조 제3항의 제3자에 해당하여 파산채권자 모두가 악의로 되지 않는 한 파산관재인은 선의의 제3자가 된다.[168)]

(c) 파산관재인이 제3자의 입장에 있다는 점에서 파산자의 소송상 지위를 검토하여 본다. 우선 파산자와 파산관재인은 다툼관계가 전혀 없는 것이 아니다. 다만 파산절차가 진행될 때에는 그 다툼관계가 잠재화되었다가 파산절차가 폐지 또는 종료될 때에 현실화될 뿐이다. 그 의미에서 파산자(채무자)는 파산관재인의 소송에서 통상 보조참가는 물론 공동소송적 보조참가(제78조)를 할 이익이 있다.[169)] 나아가 계쟁 재산이 파산자의 고유재산[170)]에 속하는가 아니면 파산재단에 속하는가에 관해서 다툼이 있을 수 있고 그 다툼이 현실화될 때에 파산자는 독립당사자참가(제79조)도 가능하다.

(3) 임의적 소송담당

㈎ 뜻 (a) 소송목적이 되는 권리의무의 귀속주체가 자기의 뜻에 따라 제3자에게 소송을 담당하게 하는 것을 말한다. 법정소송담당은 귀속주체의 뜻과 관계없이 소송담당이 이루어지는데 대해서 임의적 소송담당은 귀속주체의 뜻에 의한다는 점에서 차이가 있다. 임의적 소송담당을 허용하면 다수당사자 소송의 법률관계를 단순하게 하는 장점이 있다. 그러나 변호사대리의 원칙을 잠탈할 우려도 있다.

(b) 현재 법이 허용하는 임의적 소송담당으로는 선정당사자(제53조), 어음의 추심위임배서의 피배서인(어음 제18조), 금융기관의 연체대출금의 회수위임을 받은 한국자산관리공사(한국자산관리공사 제4조 제1항), 집합건물상 입주자대표회의(집합건물 제15조 제1항, 제41조 제1항), 집합건물의 위탁관리회사(판례) 등이다.

㈏ 한계 (a) 임의적 소송담당은 귀속주체의 의사표시에 터 잡고 있지만 그 소송담당의 한계는 원칙적으로 법률로 규정되어 있다. 그 이유는, 임의적 소송담당이 무제한으로 허용되면 변호사대리의 원칙(제87조)과 소송신탁의 금지(신 제6조)가 잠탈될 우려가 있어 이를 인정할

---

168) 대판 2010.4.29. 2009다96083, 2013.4.26. 2013다1952, 2014.8.20. 2014다206563 참조.
169) 대판 2012.11.29. 2011다109876.
170) 고유재산이면 관재인의 당사자적격이 부정된다.

합리적 필요가 있는 경우에 한하여 제한할 필요가 있기 때문이다.[171] 그러므로 소송행위를 하게 하는 것을 주목적으로 채권양도가 이루어진 경우 그 채권양도가 신탁법상 신탁에 해당하지 않는다고 하여도 탈법을 목적으로 하는 신탁을 금지하는 규정인 신탁법 제7조가 유추적용되어 무효이고,[172] 또 소송신탁에서의 소송행위란 민사소송법상 소송행위에 한정되지 않고 널리 사법기관을 통하여 권리의 실현을 도모하는 행위를 말하는 것이므로 여기에는 민사집행법에 의한 강제집행의 신청도 포함된다.[173]

(b) 그러나 임의적 소송담당은 명문의 규정이 없더라도 제87조에서 정한 변호사대리의 원칙과 신탁법 제7조에서 정한 소송신탁의 금지를 잠탈하는 탈법적 방법에 의하지 않는다면 이를 인정할 합리적 필요가 있다고 인정되는 경우가 생기면서 그 허용범위가 점차 넓어지고 있다. 아래의 경우가 그러하다.

(i) **조합의 경우** 판례[174]는 명문의 법 규정이 없지만 민법상 조합에 관해서, 조합계약에 근거하여 업무집행조합원에게 자기이름으로 조합재산에 관한 소송을 수행할 권한을 수여한 경우에는 임의적 소송담당을 허용한다. 조합계약은 2인 이상이 서로 출자하여 공동사업의 경영을 약정하는 것(민 제703조)이므로 조합원 사이에 공동체 관계를 형성시킨다는 특징이 있어 변호사 대리 및 소송신탁금지의 원칙을 잠탈할 우려가 없기 때문이다. 그러므로 업무집행조합원은 자기의 이름으로 타인의 권리를 주장할 수 있는 법적 이익이 있어 법률의 규정이 없더라도 임의적 소송담당이 가능하다.

(ii) **채권자단의 대표에게 대한 채권양도한 경우** 다수의 채권자가 채권자단의 대표에게 자신들의 채권을 양도하고 그 안전 방법으로 그 양도된 채권을 피담보채권으로 한 근저당권을 양수인 명의로 설정 받았다면, 그 채권양도는 다수 당사자가 권리를 행사하는 불편을 없애고 채권의 효율적인 회수를 하기 위하여 채권양도를 한 것이지 소송행위를 하게 하는 것이 주목적이었다고 볼 수 없어 임의적 소송담당이 허용된다.[175] 이것은 다수의 권리 주체가 자기의 권리를 확보하면서 채권의 효율적인 회수를 위하여 채권양도를 하는 것이 합리적이라는 이유로 인정된 경우이다.

(iii) **포괄적 소송신탁** 임의적 소송담당은 소송목적이 되는 권리의무의 귀속주체가 하는 의사표시에 기초한다는 점에서 귀속주체의 의사표시와 관계없이 이루어지는 법정소송담당과 차이가 있지만 포괄적인 소송신탁이 있어야 한다는 점에서 동일하다. 판례[176]는 외국계 커피

171) 대판 2012.5.10. 2010다87474.
172) 대판 2002.12.6. 2000다4210.
173) 소송신탁에서 금지되는 소송행위에는 강제집행의 신청행위도 포함된다(대판 2010.1.14. 2009다55808 참조).
174) 대판 1984.2.14. 83다카1815, 1997.11.28. 95다35302.
175) 대판 2002.12.6. 2000다4210.
176) 대판 2012.5.10. 2010다87474.

전문점의 국내 지사인 갑 주식회사가, 본사와 음악 서비스 계약을 체결하고 배경음악 서비스를 제공하고 있는 을 외국회사로부터 음악저작물을 포함한 배경음악이 담긴 CD를 구매하여 국내 각지에 있는 커피숍 매장에서 이 CD에서 송출되는 음악을 배경음악으로 공연한 사례에서, 위 음악저작물 일부에 관하여는 공연권 등 저작재산권자로부터 국내에서 공연을 허락할 권리를 부여받았을 뿐 공연권 자체까지 신탁받지 않은 한국음악저작권협회가 갑 주식회사를 상대로 위 음악저작물 일부에 대한 침해금지청구의 소를 제기한 경우에 권리주체가 아닌 한국음악저작권협회는 위 음악저작물 일부에 대한 소송에 관하여 임의적 소송신탁을 받아 자기 이름으로 소송을 수행할 합리적 필요가 있다고 볼 만한 특별한 사정이 없으므로, 협회는 위 음악저작물 일부에 대한 침해금지청구의 소를 제기할 당사자적격이 없다고 하였다. 그 이유는 한국음악저작권협회가 음악저작물 전부에 대한 포괄적 신탁이 아니라 음악저작물 일부에 관하여 신탁을 받았기 때문이다

(iv) *** 집합건물의 관리단으로부터 집합건물의 관리업무를 위임받은 위탁관리회사, 입주자대표회의의 소송상 지위 관계** ㈀ 집합건물의 관리단은 집합건물 입주자들인 구분소유자로부터 소송담당을 받은 자이다. 따라서 집합건물의 관리단이 관리비의 부과·징수를 포함한 관리업무를 위탁관리회사에 포괄적으로 위임한 경우에는 통상적으로 관리비에 관한 재판상 청구를 할 수 있는 권한도 함께 수여한 것으로 볼 수 있어,177) 집합건물의 위탁관리회사는 집합건물 입주자들인 구분소유자들의 입장에서 볼 때 관리단은 법정 소송담당자, 위탁관리회사는 임의적 소송담당자로 볼 수 있다. 그러므로 위탁관리회사가 관리업무를 수행하는 과정에서 체납관리비를 추심하기 위하여 직접 자기 이름으로 관리비에 관한 재판상 청구를 하는 것은 임의적 소송수탁행위에 해당한다. 따라서 관리비청구소송의 수행 중에 관리위탁계약이 종료되어 그 자격을 상실하면 소송절차는 중단되므로 그 자격을 갖게 된 새로운 위탁관리업자가 소송절차를 수계하거나 새로운 위탁관리업자가 없으면 관리단이나 관리인이 직접 소송절차를 수행하여야 한다. 다만 소송대리인이 있는 경우에는 관리위탁계약이 종료하더라도 소송절차는 중단되지 않는다.178)

㈁ **임의적 소송담당의 한계** 이와 같이 위탁관리회사는 원래의 소송담당자인 관리단으로부터 다시 소송신탁을 받은 임의적 소송담당이 허용된 경우이다. 따라서 그 소송담당의 범위는 원래의 당사자인 집합건물의 구분소유자로부터 소송신탁을 받은 관리단의 권한, 즉 집합건물의 관리자로서 관련 법령에서 정한 관리권한을 벗어날 수 없으므로 예컨대 집합건물에 흠이 있는 경우 관리단은 그 권리권한에 기초하여 시공사에 대하여 하자보수를 청구할 수 있지만 그에 갈음하는 손해배상청구권은 집합건물의 구분소유자 각자의 고유의 권한에 속한다.

177) 대판 2016.12.15. 2014다87885·87892(평석은 [12] 참조). 2022.5.13. 2019다229516(평석은 [101] 참조).
178) 대판 2022.5.13. 2019다229516.

따라서 관리단이 이를 청구할 수 없기 때문에 임의적 소송담당자인 위탁관리회사도 당연히 이를 청구할 권한이 없다.[179)]

(ㄷ) **집합건물상 관리단의 소송행위** 집합건물에 대하여 구분소유 관계가 성립되면 건물과 그 대지 및 부속시설의 관리에 관한 사업의 시행을 목적으로 집합건물법에 의해서 당연히 설립되는 관리단은, 관리단 집회의 결의 또는 규약에서 정하는 바에 따라 공용부분의 관리에 관한 사항에 관련된 재판상 또는 재판외의 행위를 할 수 있는 법정소송담당자이므로(집합건물법 제16조, 제23조, 제23조의2, 제25조)집합건물의 공용부분이나 대지를 정당한 권원 없이 점유하는 사람(예컨대 집합건물인 상가의 출입구 앞 대지에 관리단의 승낙 없이 커피숍을 차리고 영업을 하는 사람 등)에 대하여 부당이득 반환에 관한 소송을 할 수 있다.[180)]

(ㄹ) **집합건물상 입주자대표회의** 집합건물이 일정 규모 이상의 공동주택에 해당하여 입주자대표회의가 구성되어 있는 경우, 집합건물의 소유 및 관리에 관한 법률 제15조 제1항에서 정한 특별결의나 같은 법 제41조 제1항에서 정한 서면이나 전자문서 등 전자적 방법 등에 의한 합의의 방법으로 집합건물의 관리단으로부터 공용부분 변경에 관한 업무를 위임받은 입주자대표회의도 임의적 소송담당자로서 구분소유자들을 상대로 자기 이름으로 소를 제기하여 공용부분 변경에 따른 비용을 청구할 수 있다.[181)]

(v) * **집합건물의 구분소유자와 관리단의 소송상 관계**

(ㄱ) 집합건물상 공용부분에 관한 구분소유자와 관리단 (α) 1동의 건물 중 구조상 구분된 여러 개의 부분이 독립한 건물로서 사용될 수 있을 때에는 그 각 부분은 집합건물법에서 정하는 바에 따라 각각 소유권의 목적으로 할 수 있는데 이를 건물의 구분소유(집합건물법 제1조)라 하고, 구분소유를 가지는 자를 구분소유자라고 한다(위 법 제2조 2호). 구분소유권의 목적인 건물부분을 전유부분이라 하고(위 법 제2조 3호), 전유부분이외의 건물부분, 전유부분에 속하지 아니하는 건물의 부속물 및 규약으로 공용부분으로 된 부속건물을 공용부분이라고 한다. 공용부분은 원칙적으로 구분소유자 전원의 공유에 속하여(위 법 제10조 제1항 본문) 각 공유자는 공용부분을 그 용도에 따라 사용할 수 있다(위 법 제11조).

한편 건물에 대하여 구분소유관계가 성립되면 구분소유자 전원을 구성원으로 하여 건물과 그 대지 및 부속시설의 관리에 관한 사업의 시행을 목적으로 하는 관리단이 설립되는데(제23조 제1항) 관리단은 건물의 관리 및 사용에 관한 공동이익을 위하여 필요한 구분소유자의 권리와 의무를 선량한 관리자의 주의로 행사하거나 이행하여야 하고(위 법 제23조의2), 구분소유자가 10인 이상일 때에는 관리단을 대표하고 관리단의 사무를 집행할 관리인을 선임하여야 한

179) 대판 2006.8.24. 2004다20807(평석은 [101] 참조).
180) 대판 2022.9.29. 2021다292425.
181) 대판 2017.3.16. 2015다3570.

다(위 법제24조 제1항). 관리단은 관리인을 대표로 하여 관리단 집회의 결의 또는 규약에서 정하는 바에 따라 공용부분의 사업 시행과 관련된 재판상 또는 재판외의 행위를 할 수 있다(위 법 제25조 제1항).

(β) 집합건물법의 위와 같은 규정에 의하면 집합건물의 공용부분에 관해서 각 공유자, 즉 구분소유자는 자기 고유의 구분소유 권의 범위에서 집합건물을 그 용도에 따라 사용할 수 있고, 집합건물과 그 대지 및 부속시설의 관리에 관한 사업의 시행을 목적으로 집합건물법에 의하여 설립된 관리단은 집합건물의 관리 및 사용에 관한 공동이익을 위하여 필요한 구분소유자의 권리와 의무를 선량한 관리자의 주의로 행사하거나 이행하기 위하여 관리인을 대표로 하여 구분소유자의 공유지분권을 구분소유자의 공동이익을 위하여 행사하는 것으로써 공용부분의 사업시행과 관련된 재판상 또는 재판외의 행위를 할 수 있다. 이 경우 관리단의 지위는 각 공유자의 법률상 대리인이라고 하기 보다는 관리단의 이름으로 소송행위를 할 수 있는 법정 소송담당자라고 할 수 있다. 왜냐하면 판례[182]는 집합건물의 관리단이 관리비의 부과·징수를 포함한 관리업무를 위탁관리회사에 포괄적으로 위임한 경우에 위탁관리회사가 관리업무를 수행하는 과정에서 체납관리비를 추심하기 위하여 직접 자기 이름으로 관리비에 관한 재판상 청구를 하는 것은 임의적 소송신탁에 해당한다고 하였으므로 그러한 소송수탁을 임의적으로 할 수 있는 관리단의 재판상 행위는 집합건물법상의 소송담당자의 행위로 보아야 하기 때문이다. 이렇게 본다면 관리단은 집합건물법에 의하여 당연히 성립하는 법정소송담당자이고 위탁관리회사는 관리단의 위임에 의하여 성립하는 임의적 소송담당자의 지위에 있다고 보아야 할 것이다. 따라서 관리단이 공용부분의 사업시행과 관련된 부당이득반환 청구소송을 제기하여 판결이 확정되었다면 그 효력은 구분소유자에게도 미치고(제218조 제3항), 특별한 사정이 없는 한 구분소유자가 부당이득반환 소송을 제기하여 판결이 확정되었다면 그 부분에 관한 효력도 관리단에게 미친다고 보아야 한다.[183] 이를 정리하면 집함건물의 구분소유자는 당사자, 관리단은 집합건물법 제23조에 의해서 당연히 설리되는 구분소유자의 법정 소송담당자, 입주자대표회의는 집합건물법 제15조 제1항에서 정한 특별결의나 같은 법 제41조 제1항에서 정한 서면이나 전자적 방법 등에 의한 합의의 방법으로 집합건물의 관리단으로부터 공용부분 변경에 관한 업무를 위임받은 임의적 소송담당자, 위탁관리회사는 관리단 또는 입주자대표회의로부터 공용부분 변경에 관한 업무를 위임받은 임의적 소송담당자라고 할 수 있다.

(γ) 임의적 소송담당이 아닌 경우 　그런데 건물의 노후화 억제 또는 기능향상 등을 위한 것으로 구분소유권 및 대지사용권의 범위나 내용에 변동을 일으키는 공용부분의 변경에 관한 사항은 관리단 집회에서 구분소유자의 5분의 4 이상 및 의결권의 5분의 4 이상의 결의로

182) 대판 2016.12.15. 2014다87885·87892.
183) 대판 2022.6.30.2021다239301(평석은 [102] 참조).

써, 또한 관광진흥법 제3조제1항 제2호 나목에 따른 휴양콘도미니엄법의 운영을 위한 휴양콘도미니엄의 권리변동 있는 공용부분 변경에 관한 사항은 구분소유자의 3분의 2 이상 및 의결권의3분의 2 이상의 결의로써 결정하도록 되어 있다(집합건물 제15조의2 제1항). 따라서 이 경우에 관리단은 그와 같이 관리단집회에서 결의된 사항에 관하여 공용부분 관리를 위한 행위를 구체적으로 집행할 수 있을 뿐이어서[184] 이 경우에는 구분소유자가 관리단에게 소송담당을 맡기지 아니하였다고 보아야 한다. 즉 구분소유자들은 관리단 집회를 통하여 해당 공용분분 관리행위를 직접 담당하였다고 할 수 있다.

(ㄴ) 각 공유자의 공용부분 사용권과 관리단의 소송담당권 (α) 법정소송담당의 일반원리에 의한다면 공용부분에 관하여 구분소유자가 소송을 제기한 이상 그 부분에 관한 관리단의 소송제기는 중복제소금지에 해당되어야 할 것이다. 그런데 판례[185]는 이 경우에 관리단의 이러한 소송은 구분소유자의 공동이익을 위한 것으로 구분소유자가 자신의 공유지분권에 관한 사용수익의 실현을 목적으로 하는 소송과 목적이 다르므로 구분소유자가 부당이득반환청구 소송을 제기하였다가 본안에 대한 종국판결이 있은 뒤에 소를 취하하였더라도 관리단이 부당이득반환청구의 소를 제기한 것은 특별한 사정이 없는 한 새로운 권리보호이익이 발생한 것이므로 제267조 제2항의 재소금지 규정에 반하지 않는다고 판시한다. 이것은, 공용부분은 원칙적으로 구분소유자 전원의 공유에 속하여(위 법 제10조 제1항 본문) 각 공유자가 자신의 공유지분권에 관한 사용수익을 목적으로 공용부분을 그 용도에 따라 사용할 수 있다(위 법 제11조)는 법적 근거에 터 잡아 제소하였다가 제1심 종국판결의 선고 뒤에 소를 취하하였더라도 관리단이 구분소유자의 공동이익을 위하여 다시 소를 제기하였다면 이는 관리단의 새로운 권리보호 이익이 발생한 것으로써 중복제소금지규정에 반하지 않는다는 취지인 것이다.

(β) 결국 관리단의 구분소유자 공용부분 사용권에 대한 소송담당권은 구분소유자의 공동이익을 위한 경우에 한정되므로 이에 관한 관리단의 소송은 구분소유자의 집합건물법제11조에 터 잡은 자신의 공유지분권에 관한 사용수익의 실현을 목적으로 하는 소송과는 별개의 다른 소송이 된다. 앞의 대판 2016. 12. 15. 2014다87885 · 87892은 이를 '새로운 권리보호 이익의 발생'이라고 표현하고 있다.

(γ) 제267조 제2항의 재소(再訴)금지 취지는, 기판력의 모순 · 저촉을 방지하자는 중복된 재소의 금지(제259조)와 달리 당자가가 소의 이익이 없어도 법원의 종국판결을 농락한 데 대한 재제에 있다. 따라서 본안에 대한 종국판결이 있은 후 소를 취하한 자라고 하더라도 이러한 규정의 취지에 반하지 아니하고 소제기를 필요로 하는 정당한 사정이 있다면 다시 소를 제기할 수 있다고 보아야 한다.[186]

---

184) 대판 2024.9.27. 2023다287861.

185) 대판 2016.12.15. 2014다87885, 87892.

(ㄷ) **집합건물의 공용부분에서 생기는 수익금의 처리** (*α*) 집합건물의 공용부분은 구분소유자 전원의 공유에 속하고(집합건물 제10조 제1항), 각 공유자는 공용부분을 그 용도에 따라 사용할 수 있으며(위 법 제11조), 규약에 달리 정한 바가 없으면 그 지분의 비율에 따라 공용부분에서 생기는 이익을 취득한다(제17조)고 집합건물법에 규정되어 있으므로 규약에서 달리 정하지 않는 한 집합건물의 공용부분에서 생기는 수익금은 구분소유자들 전원에게 지분의 비율에 따라 귀속하게 되므로 각 구분소유자는 관리단을 상대로 그 수익금중 자신의 지분 비율에 상당하는 부분을 지급해달라고 청구할 수 있다.[187)]

(*β*) 다만 관리단 집회의 결의나 규약으로 공용부분 관리비용 등을 각 구분소유자에게 청구·수령하고 관리하는 방식에 관하여 정하면서 공용부분에서 생기는 수익금을 이러한 비용이나 분담금 등에 충당하기로 하였다면 관리단은 그러한 방식에 따라 공용부분에서 생기는 수익금을 분배할 수 있고,이 경우 구분소유자는 관리단에 공용부분 수익금을 자신에게 직접 지급해달라고 청구할 수 없을 것이다.[188)]

집합건물 구분소유자와 관리단의 소송상 관계

1. 구분소유자와 관리단
   - 구분소유자: 전유부분 및 공용부분 공유권 보유
   - 관리단: 집합건물법에 의해 당연히 설립, 법정 소송담당자
   - 위탁관리회사: 관리단으로부터 위임받은 임의적 소송담당자
   - 입주자대표회의: 관리단으로부터 위임받은 임의적 소송담당자
2. 임의적 소송담당이 아닌 경우
   - 공용부분 변경(노후화 억제·기능향상 등)은 구분소유자의 특별결의 필요
   - 이 경우 관리단이 직접 소송담당자로 나설 수 없음
3. 공용부분 사용권과 소송담당권
   - 구분소유자 개인이 제기한 소송과 관리단 소송은 목적이 달라 중복제소금지에 해당하지 않음
   - 관리단은 구분소유자의 공동이익을 위한 소송만 가능
   - 판례(2016.12.15. 2014다87885·87892): 구분소유자 소 취하 후 관리단 소 제기는 "새로운 권리보호이익 발생"으로 허용
4. 공용부분 수익금 처리
   - 원칙: 지분 비율대로 구분소유자 귀속
   - 규약·결의로 관리비용 충당 방식이 정해진 경우

186) 대판 1993.8.24.93다22074, 1998.3.13. 95다48599·48605 등.
187) 대판 2024.10.8. 2023다236337.
188) 대판 2024.10.8. 2023다236337.

□ **핵심정리**

- 관리단 = 법정 소송담당자
- 위탁관리회사 · 입주자대표회의 = 임의적 소송담당자
- 구분소유자 = 당사자
- 소송담당 범위는 "공용부분의 관리 · 이익 실현"에 한정
- 공용부분 변경은 구분소유자의 특별결의 필요

집합건물의 관리단으로부터 집합건물의 관리업무를 위임받은 위탁관리회사, 입주자대표회의의 소송상 관계

1. 관리단과 위탁관리회사의 소송상 관계
   - 관리단은 구분소유자로부터 법정 소송담당자로서 권한을 부여받음
   - 관리업무를 포괄적으로 위탁받은 위탁관리회사는 관리비 청구 소송을 자기 이름으로 제기할 수 있음 → 임의적 소송담당자
   - 위탁계약 종료 시 소송절차 중단 → 새로운 위탁업자 수계 또는 관리단 직접 수행

2. 임의적 소송담당의 한계
   - 위탁관리회사는 관리단 권한 범위 내에서만 소송 가능. 예: 하자보수 청구는 가능하지만, 손해배상청구는 구분소유자 고유 권한이므로 불가능
   - 관리단의 소송행위: 관리단은 공용부분 관리에 관한 재판상 · 재판외 행위를 할 수 있는 법정 소송담당자. 예: 무단 점유자에 대한 부당이득 반환 청구 가능
   - 입주자대표회의: 일정 규모 이상 공동주택의 경우, 관리단으로부터 업무 위임을 받으면 임의적 소송담당자 지위 인정. 공용부분 변경에 따른 비용청구 가능

㈐ **결론** 지금까지 임의적 소송담당에 관하여 판례는 그 허용범위를 매우 좁게 풀이하여 왔다. 그것은 국민의 재판청구권(헌 제27조 제1항)을 실효성 있게 실현하는 현실적인 수단이 변호사를 통하는 것인데 과거에는 사법시험에서 매우 적은 숫자의 합격자를 배출함으로써 변호사 수가 적었고 그로 인해 변호사 아닌 사람들이 임의적 소송담당의 형식으로 변호사대리의 원칙과 소송신탁의 금지를 참탈할 우려가 컸기 때문이었다. 이제는 로-스쿨제도가 도입되면서 변호사의 양적확대는 어느 정도 달성 되어 위에서 우려하는 여러 잠탈문제는 해소되었다고 볼 수 있어 판례도 임의적 소송담당 금지원칙을 종전보다 넓게 허용하는 입장으로 전환된 것으로 생각된다.

(4) 법원의 허가에 의한 소송담당(재정소송담당)

(가) **증권관련집단소송의 대표당사자** 증권관련집단소송이라 함은 유가증권의 매매 그 밖의 거래과정에서 다수인에게 피해가 발생할 때 그 중의 1인 또는 수인이 스스로 대표당사자가 되어 수행하는 손해배상청구소송을 말한다(증집소 제2조 1호). 대표당사자는 미국의 class action과 같이 피해자 구성원의 선정행위가 없어도 스스로 소송을 수행할 수 있다. 그러므로 법원은 대표당사자가 전체구성원의 이익을 적절히 대표하고 있지 못하거나 그 밖에 중대한 사유가 있는 때에는 직권 또는 신청에 의하여 대표당사자의 소송수행을 금지할 수 있는 등(증집소 제13조 및 제22조) 법원의 관여를 광범하게 인정하고 있다.

(나) **소비자단체소송의 소비자단체** (a) 공정거래위원회에 등록한 소비자단체, 상공회의소법에 따른 대한상공회의소, 중소기업협동조합법에 따른 중소기업협동조합중앙회 및 전국 단위의 경제단체로서 대통령령이 정하는 단체, 비영리민간단체지원법 제2조의 규정에 따른 비영리민간단체는, 사업자가 소비자기본법 제20조에서 정한 소비자의 권익증진 관련기준을 위반하여 소비자의 생명·신체 또는 재산에 관한 권익을 직접적으로 침해하고 그 침해가 계속되는 경우에는 법원의 허가를 받아 소비자권익침해행위의 금지·중지를 구하는 소비자단체소송을 제기할 수 있다(소비기 제70조).

(b) 이 소비자단체소송은 독일의 Verbandsklage에서 유래한 것으로서 독일에서와 같이 금지·중지소송이 주가 되지만 위에 적은 소비자단체가 자기 이름으로 소비자의 손해배상청구소송을 제기할 수 있는 근거규정은 없다. 그러나 소비자단체는 소비자의 권익증진을 목적으로 하므로 자기 이름으로 타인의 권리를 주장할 수 있는 법적 이익에 기초하여 임의적 소송담당의 일반원칙에 따라 그 구성원으로부터 수권을 받아서 자기의 이름으로 손해배상청구소송을 할 수 있다고 하여야 한다.

(다) **개인정보단체소송의 단체(개인정보 제51조, 제54조)** 공정거래위원회에 등록한 소비자단체로서 개인정보보호법제51조의 요건을 갖춘 단체는 개인정보처리자가 위 법제49조에 따른 집단분쟁조정을 거부하거나 집단분쟁조정의 결과를 수락하지 아니한 경우에는 위 법제55조의 단체소송의 소송허가 요건을 갖추어 법원의 허가를 받아 법원에 권리침해 행위의 금지·중지를 구하는 단체소송을 제기할 수 있다.

(5) 제3자의 소송담당과 판결의 효력

(가) 타인의 권리에 관하여 당사자로 소송을 수행한 소송담당자가 받은 판결의 효력은 본인에게 미친다(제218조 제3항). 따라서 갈음형의 담당자를 위한 법정소송담당이나 직무상 당사자의 경우에는 본인이 소송을 수행할 수 없기 때문에, 임의적 소송담당의 경우에는 본인이 소송

담당자에게 소송수행권을 맡겼기 때문에, 제218조 제3항에 따라 담당자의 소송수행 결과는 본인에게 제한 없이 적용된다.

(나) (a) 민법제404조가 적용되는 채권자대위권의 경우와 같이 병행형 소송담당[189]에서는 본인도 자기의 이익을 위해서 소송을 수행할 수 있기 때문에 담당자가 소송을 수행하여 본인에게 불리한 판결이 선고된 경우에 그 판결의 효력을 제한 없이 받게 된다면 본인의 절차기본권에 대한 중대한 침해가 예상된다. 그러므로 판례[190]는, 본인이 어떠한 경로에서든 담당자의 소송수행을 알고서 소송을 스스로 수행할 수 있는데도 소송을 수행하지 못한 경우로 한정하여 본인에게 판결의 효력이 미친다고 하였다. 본인이 소송에 참가하여 자기의 이익을 주장할 수 있는 절차기본권을 보호하여야 한다는 입장에서는 매우 타당한 판결이다.

(b) 한편 피대위자인 채무자가 이미 제3채무자를 상대로 채권을 행사하였다면 채무자가 패소하였다 하더라도 채권자는 대위할 채권이 없으므로 채권자대위소송을 제기할 수 없다.[191]

4. 당사자적격에 흠이 있는 효과

(1) 적격존부의 판단

(가) **원칙** 당사자적격은 소송요건이고 직권조사사항이다. 그러므로 당사자 적격의 존부는 법원이 원칙적으로 고려할 사항으로서 자백의 구속력이 없으며, 그 흠이 있을 때에는 청구기각을 해서는 안 되고 부적법하다고 각하하여야 한다. 따라서 원심에서 원고적격이 없다는 이유로 각하된 사건에서 원고가 상고로 본안의 당부에 관하여 다투는 것은 원고에게 원고적격이 있음을 전제로 한 것이어서 적법한 상고이유가 될 수 없다.[192] 그런데 이와 같은 기능을 하는 것은 소송의 유형 가운데서 주로 확인소송과 형성소송에서이다. 확인하는 소에 대한 확인판결의 주체는 원·피고 당사자가 아니라 법원이고, 형성을 청구하는 소에 대한 형성판결은 법률의 규정에 따른 것이다. 따라서 확인하는 소에서 당사자에게 확인하는 이익이 존재하지 않는 경우에는 본안판단에 앞서 법원이 이를 명시적으로 밝혀주어야 하고 형성을 청구하는 소에서도 법률관계를 형성할 법의 규정이 없는 경우에는 법원은 본안판단에 앞서 이에 관한 판단을 하여야 한다. 즉 확인하는 소나 형성을 청구하는 소에서는 본안에 앞서 당사자적격을 선행하여 판단하여야 하는 것이다.

(나) **이행을 청구하는 소의 경우** (a) 이행을 청구하는 소에서도 원칙적으로 소송목적이 되는 이행 또는 급부청구권이 있다고 주장하기만 하면 원고가 될 자격이 있고, 원고에 의하여

189) 자세한 내용은 뒤의 5 (가) 참조.
190) 대전판 1975.5.13. 74다1664.
191) 대판 2009.3.12. 2008다65839.
192) 대판 1991.11.26. 91누1219.

그 의무자(청구기각에 의하여 이행의무를 면한다고 하는 실체적 이익의 귀속주체)로 지정되기만 하면 피고가 될 자격이 있어 원고가 스스로 이행청구권을 그 의무자인 피고에 대하여 주장하는 형식을 취하기만하면 당사자 적격이 있는지 여부의 판단은 독립적으로 행하여지지 않고 피고로 된 자에 대한 원고의 이행청구권이 존재하는지 여부에 대한 본안 판단에 흡수되어 버려서 소송요건의 흠을 이유로 한 각하판결을 하지 않는다. 이것은, 등기관련이행청구소송도 일반 이행을 청구하는 소와 동일하여 등기이행청구권자는 원고, 등기의무자는 피고가 되고, 당사자적격이 있는지 여부의 판단은 피고로 된 자에 대한 원고의 이행청구권이 존재하는지 여부에 대한 본안 판단에 흡수되어 원고의 이행청구권이 존재하지 않으면 청구기각판결을 한다. 그런데 다음은 그 예외이다.

(b) * **이행을 청구하는 소에서 당사자적격의 흠을 이유로 부적법 각하 하여야 하는 경우** (i) 이행을 청구하는 소에서 위와 달리 본안에 앞서 당사자적격을 선행하여 판단하여야 하는 경우가 있다. 즉 원고의 이행청구권이 피고의 이행의무과 관련이 없어 법원이 이를 가려야 할 경우에는 본안에 앞서 법원이 이를 직권으로 판단을 하여야 하기 때문이다. 가장 대표적인 경우가 등기의무자 아닌 자, 또는 등기에 관한 이해관계가 있는 제3자가 아닌 자를 상대로 한 등기의 말소절차이행을 구하는 소 또는 등기에 대한 승낙을 구하는 경우이다. 이 경우에 판례는 당사자적격이 없는 자를 상대로 한 소이므로 부적법 각하하라고 판시하였다.[193] 예를 들어 피고 을이 원고 갑의 부동산에 관한 등기서류를 위조하여 존재하지 않는 허무인 병 명의로 소유권이전등기를 마친 경우와 같이, 등기부상 진실한 소유자의 소유권을 침해하는 불실등기의 명의인이 허무인 또는 실체 없는 단체인 경우에, 당사자적격을 미리 가리지 않는다면, 실제로는 불실등기의 허무인에게 말소등기를 명하는 모순된 결과가 발생할 수 있기 때문이다. 따라서 이러한 문제를 방지하기 위해 법원은 본안판단에 앞서 불실등기를 실제로 한 자, 즉 진정한 피고가 누구인지 직권으로 확인할 필요가 있고, 그 결과 등기의무와 전혀 관련이 없는 자를 피고로 한 경우에는 본안판단에 앞서 부적법 각하하는 것이다.

(ii) 같은 취지에서 등기명의인 아닌 사람을 상대로 권리변경등기나 경정등기에 대한 승낙의 의사표시를 구하는 소,[194] 부동산의 종전 또는 현재의 소유자도 아니고 근저당권설정계약상 당사자도 아니면서 단순히 근저당권의 피 담보 채무자에 불과한 자가 피담보채무의 소멸 등을 원인으로 한 근저당권설정등기의 말소청구[195] 등의 경우에도 당사자적격이 없는 자를 상대로 한 부적법한 소라고 하였다. 따라서 이 경우에는 청구기각판결을 하는 것이 아니라 소각하 판결을 하여야 한다.

193) 대판 1974.6.25. 73다211.
194) 대판 2015.12.10. 2014다87878.
195) 대전지판 2008.9.5. 2007가단 30192.

(iii) 결국 토지에 관한 등기말소청구소송에서 피고와 등기부상 명의자가 동일인이라는 것은 소송요건으로서 직권조사사항이다.

이행을 청구하는 소에서 당사자적격의 흠을 이유로 부적법 각하하여야 하는 경우

1. 본안보다 먼저 당사자적격을 판단해야 하는 경우
   - 일반적으로 이행을 청구하는 소송에서는 본안 판단이 우선이나, 원고의 청구권과 피고의 의무가 관련이 없는 경우, 법원은 본안에 앞서 당사자적격을 직권으로 판단해야 함
   - 대표사례: 등기의무자가 아닌 자 또는 등기에 관한 이해관계가 없는 제3자를 상대로 등기말소절차이행을 청구한 경우 → 부적법 각하(대판 1974.6.25. 73다211)
   - 유사 판례: 등기명의인이 아닌 자를 상대로 한 권리변경등기 또는 경정등기 청구(대판 2015. 12. 10. 2014다87878)
   - 근저당권 설정 계약상 당사자도 아닌 단순 피담보채무자에 대한 근저당권 말소청구(대전지판 2008. 9. 5. 2007가단30192) → 모두 당사자적격 없음 → 이 경우 청구기각이 아니라 소 각하 판결을 해야 함
2. 등기명의인이 허무인 또는 실체 없는 단체인 경우
   - 예: 피고(을)가 위조서류로 허무인(병) 명의로 등기한 경우 → 병 명의의 등기는 불실등기
   - 판례 입장(대판 2019.5.30. 2015다47105): 진실한 소유자는 불실등기 명의인에게 직접 말소청구할 수 없음
   - 등기명의인이 허무인이므로, 등기를 한 실질적 행위자에 대해 소유권에 기한 방해배제청구의 형태로 소 제기 가능. 그러나 형식상 등기명의자인 허무인을 상대로 한 이행청구는 → 부적법 각하해야 함.
   - 이유: 기각 시, 원고의 청구권 행사에 제약 생김
   - 자백 간주 시, 말소의무 없는 자에게 말소를 명하는 결과 초래. 따라서 법원은 본안 전, 피고가 적법한 당사자인지 직권으로 확인할 의무가 있음
3. 소송요건으로서 피고의 당사자적격
   - 등기말소청구 소송에서: 피고가 등기부상 명의자와 동일인인지 여부는 소송요건이자 직권조사사항임(부산지판 1992.4.11. 92가단2963)

□ 핵심정리

- 당사자적격은 소송의 적법 여부를 좌우하는 요소. 이행청구의 형식을 띠더라도, 청구 상대방이 의무자가 아니라면 → 본안 판단 없이 소를 각하해야 함
- 특히 허무인 명의의 등기에 대한 말소청구는 등기명의자가 아니라 실질적인 행위자를 상대로 해야 하므로 부적법
- 당사자적격은 법원이 직권조사해야 하며, 이를 간과하면 부당한 판결 결과를 초래할 수 있음

(다) (i) 확인하는 소에서의 확인하는 이익, 형성을 청구하는 소에서의 형성요건들은 소송요건이 되고, 제3자의 소송담당에서의 소송담당권, 예컨대 채권자대위소송에서의 피대위채권,[196] 고유필수적공동소송에서의 공동소송인 전원의 존재도 모두 소송요건으로서 소송목적인 권리관계의 존부 판단과 독립하여 그 전제로서 하는 직권조사사항이므로 이것들을 갖추지 못하였을 때에는 소를 각하하여야 할 것이다.

(ii) 상표법상 심판청구인은 취소사유가 있다고 주장하고 있는 등록상표들의 존속으로 인하여 피해를 받는 직접적이고도 현실적인 이해관계가 있는 사람에 해당한다고 보아야 할 것이다. 따라서 이해관계인에 해당하는지 여부는 당사자적격의 문제로서 직권조사사항이다.[197]

(2) 당사자적격 흠의 간과

(가) **원칙** 당사자적격에 흠이 있는데도 이를 간과하여 본안판결을 하였을 경우에 불리한 본안판결을 받은 당사자는 상대방 당사자의 당사자적격 부존재를 항소나 상고(제434조)로 다툴 수 있다.[198] 그러나 재심사유가 되지 아니하므로 판결이 확정되면 더 이상 다툴 수 없다.

(나) **당사자적격 흠이 있는 당사자에 대한 판결의 효력** (a) 제3자의 소송담당에서 채권자 아닌 사람이 원고가 되어 제3채무자를 상대로 채권자대위소송을 제기한 경우에 원고는 대위소송을 제기할 당사자적격이 없게 되어 법원은 소각하 판결을 하여야 한다. 하지만 이 판결의 기판력은 당사자를 달리하는 채권자의 다른 채무자에 대한 이행소송에 는 미치지 않는다.[199]

(b) 법원이, 원고가 채권자 아닌 사실을 모르고 이를 간과하여 판결을 한 경우에는 본래의 채무자나 제3채무자에게 그 판결의 효력이 미치지 않는다. 원래 제3자의 소송담당은 그 담당자가 참된 당사자적격을 갖춘 경우에 한하여 본인에게 효력이 미치므로(제218조 제3항) 당사자적격이 없는 담당자에 대한 판결은 정당한 당사자로 될 자나 소송외의 제3자인 본래의 권리의무의 귀속주체에게 효력이 미치지 않기 때문이다. 따라서 이를 간과한 판결은 그대로 내버려두더라도 채무자나 제3채무자에게 아무런 효력이 없는 무효의 판결이 된다.

(c) 고유필수적 공동소송에서 당사자가 될 사람이 일부 누락된 것을 법원이 간과하고 판결한 경우, 또는 부부 아닌 사람을 상대로 제기한 혼인무효나 혼인취소 소송의 경우와 같이 판결의 효력이 일반 제3자에게 미치는 형성소송에서 판결당사자에게 당사자적격이 없는데도 법원이 이를 간과한 판결이 확정된 경우에 그 판결의 효력은 당사자는 물론 제3자에게도 생기지

---

196) 대판 2015.9.10. 2013다55300(평석은 [23] 참조).
197) 대판 1994.2.25. 92후2380.
198) 대판 2020.6.25. 2019다218684.
199) 대판 1992.7.28. 92다8996, 2014.1.23. 2011다108095.

아니하는 무효의 판결이 된다. 그러므로 이 경우에는 정당한 당사자들이 또는 정당한 당사자들에 대해서 새로운 소송을 제기하여야 할 것이다.

(3) 소송계속중의 당사자적격 상실

(가) **포괄승계** 　소송계속 중에 소송목적이 되는 권리의무가 당사자의 사망 등을 사유로 하여 상속인에게 포괄승계되는 경우에 상속인은 피승계인의 지위를 당연히 승계하여 당사자가 된다. 다만 신당사자는 승계인의 지위를 수계하여야 당사자가 되고 수계하기까지 소송대리인이 없는 한 그 소송절차는 중단된다(제233조, 제234조, 제236조, 제237조, 제238조, 제239조).

(나) **특정승계** 　소송계속 중에 소송목적이 되는 권리의무를 당사자가 계약 등 의사표시에 의하여 특정 승계하는 경우에 피승계인은 소송목적의 소멸로 당사자적격을 상실한다. 그러므로 특정승계인은 소송참가 또는 소송인수(제81조, 제82조, 제83조) 등의 방법으로 소송을 승계하여야 당사자가 될 수 있다(소송승계주의).

5. 그 밖에 당사자적격이 문제되는 경우

(1) * 채권자대위소송

(가) **문제점 총괄** 　민법 제404조의 채권자대위권은 민법 채권 편에 규정되어 있지만 이를 근거로 한 소송상 행사를 채권자대위소송이라고 한다. 이 채권자대위소송은 당사자적격, 중복제소 및 제218조 제1항의 기판력의 주관적 범위 등이 문제되는데 여기서는 당사자적격과 기판력의 주관적 범위 문제를 취급하고 중복제소는 [57]의 중복된 소제기의 금지부분에서 다루기로 한다.

(나) **채권자대위소송의 개념** 　(a) (i) 채권자가 자기의 채권을 보전하기 위하여 채무자의 권리를 대신하여 행사할 수 있는 권리를 채권자대위권이라 하고 이를 근거로 한 소송을 채권자대위소송이라고 한다.[200] 우리 민법 제404조 제1항은 채권자가 자기의 채권을 보전하기 위하여 채무자의 권리를 대신하여 행사할 수 있는 채권자대위권을 규정하고 있다. 그러나 이것은 채권자대위소송을 제기할 실체법상 한 개의 규정이다. 채권자는 소송상 또는 소송 외에서 제3채무자에 대하여 채권자대위권을 행사할 수도 있으나 법원에서 위 민법규정을 근거로 이루어지는 대표적 소송이 채권자대위소송이라고 할 수 있다.

200) 통설을 따른 것이다. 사실 역사적으로 보면 고대 로마에서는 사람들의 소권 행사가 먼저 있었고, 그로부터 실체법이 발전되었기 때문에 그 영향을 받아 채권자대위소송도 실체법상 채권자대위권에 앞서 있었고, 그 소송과정에서 실체법상 채권자대위권이 프랑스에서 입법되었다고 보는 것이 더 정확할 것이다. 뒤에서 보는 채권자대위소송에 관한 우리나라 판례는 이러한 역사적 과정을 반영한 것이라고 할 수 있다.

(ii) 채권자대위소송은 프랑스 민법에서 유래된 제도이다. 독일법에서는 강제집행제도가 비교적 완비되어 있으나 이에 대한 법 규정이 충분치 아니한 프랑스에서는 강제집행제도를 보완하기 위해 민법에 이러한 소송법상 규정을 둔 것이다. 프랑스와 함께 고대 로마법을 계수한 독일에서 프랑스 민법의 위 규정이 없더라도 소송에서 채권자대위권을 행사할 수 있는 것은 당연하다.

그런데 우리 민사집행법은 독일의 강제집행제도를 본 받아서 부동산의 인도청구권 및 권리이전청구권의 압류에 대하여 특별규정을 두었을 뿐만 아니라(민집 제244조), 채무자의 금전채권을 압류한 채권자는 추심명령 및 전부명령(민집 제229조 이하) 규정에 의하여, 다른 채권자에 우선하여 압류채권으로부터 만족을 얻을 수 있는 길을 마련하고 있기 때문에 민법에 채권자대위권 같은 규정을 둘 필요성이 그리 크지 않다고 인식되었다.

(iii) (ㄱ) 그럼에도 불구하고 우리나라는 프랑스민법과 같이 민법에 채권자대위권 규정을 둠으로써 압류명령 등 집행권원의 존재 없이도 민법 제404조의 요건과 절차 등에 따라 채권자대위권을 행사하여 채권자대위소송을 제기할 수 있게 하였다. 그러나 민법 제404조에 근거한 채권자대위소송의 판결이 소송외의 채무자에게 미치는 효력은, 위 민법에 근거하지 않은 다른 채권자대위소송의 경우와 동일하게 제218조 제3항이 정하고 있는 '소송을 담당한 경우의 이익귀속주체자'에게 미치는 기판력이라고 풀이할 수 있다. 이에 관하여 기판력이 아니라 실체법상의 의존관계에 의한 반사효라는 견해[201]가 있으나 채권자대위소송의 위와 같은 역사적 경로에 비추어 본다면 기판력설이 타당하다. 반사효설에서는 채권자대위권은 민법이 인정한 실체법상 권리이어서 그 요건은 소송요건이 될 수 없으므로 민법상 대위권행사의 요건불비로 보아 청구기각판결을 하는 것이 타당하다[202]고 주장한다. 그러나 민법제404조의 채권자대위권을 주장하면서 채권자대위소송을 제기하면서도 위 민법 규정상 채권자의 채무자에 대한 권리가 인정되지 아니할 경우에는 소송담당권이 없는, 즉 소송요건의 흠으로 보아서 소 각하판결을 하여야할 것이다. 판례는 기판력설에 따라 피대위자인 채무자가 실존인물이 아니거나 사망한 사람이라면 피 보전채권인 채권자의 채무자에 대한 권리를 인정할 수 없는 경우에 해당한다고 하여 그러한 채권자대위소송은 당사자적격이 없어 부적법 각하하여야 한다고 하였다.[203] 만약 판례가 반사효설을 따랐다면 이 경우에도 이행을 청구하는 소의 일반 원칙에 따라 청구기각판결을 하여야 했을 것이다. 이 점에서도 판례는 채권자대위소송의 역사적 경로를 충실하게 따랐다고 볼 수 있다.

(ㄴ) ① 한편 채권자대위소송이 민법 채권 편에 정한 채권자대위권의 행사에 의한 소송으

201) 이시윤, 699면.
202) 호문혁, 249면.
203) 대판 2021.7.21. 2020다300893.

로 보더라도 채권법상 법률행위자유의 원칙에 따라 소송 외에서 이를 행사할 수 있고, 나아가 민법제404조에 의하지 않고서도 대위에 의한 소송을 부정할 이유가 없다. 그 이유는, 채권자대위소송의 판결은 다른 사람을 위하여 원고나 피고가 된 사람에 대한 판결로서 제218조 제3항에 따라 채무자에게도 효력이 미치는데 이와 같은 경우는 민법제404조에 한정되지 아니하므로 민법제404조가 아닌 다른 대위에 의한 소송을 부정할 이유가 없기 때문이다. 다만 제218조 제3항의 효력이 미치는 경우의 당사자요건은 민법제404조의 적용에서는 그 적용요건이 맞아야 하고, 다른 대위에 의한 소송에서는 그 경우의 적용요건이 맞아야함은 뒤에서 보는 바와 같다.

② 그러므로 판례는, 채권자대위소송으로 행사할 수 있는 권리를 청구권에 한정하지 않고 취소권, 해제권, 환매권 등 형성권은 물론 심지어 채권자대위권[204]과 채권자취소권[205]까지도 그 대상으로 하며, 시효의 중단 등 채무자의 권리에 대한 보존행위도 가능하여 실무상 널리 채권자대위소송을 이용할 수 있게 하였다.

③ 이와 같은 취지에 따라 판례는, 민법 제404조의 채권자대위권을 행사하기 위해서는 '채권 보전을 위한 채무자의 자력'이 없는 것을 요건으로 하는데[206] 민법 제404조 이외의 다른 경우에는 채권자대위권에서 총채권자의 이익을 위한 당사자 적격에 해당하는 '채권 보전을 위한 채무자의 자력' 유무를 묻지 않고 다음과 같이 특정한 채권자만의 특정한 채권을 보전하기 위한 제도로서도 채권자대위소송을 허용하고 있다. ㉠ 채권자에 의한 채무자의 등기청구권의 대위행사이다. 취득시효 완성으로 인한 소유권이전등기청구권을 가진 자가 취득시효완성 당시의 소유자를 대위하여 제3자 명의의 등기 말소를 구할 수 있고,[207] 매도인의 배임행위에 가담하여 증여를 받아 이를 원인으로 소유권이전등기를 마친 수증자에 대하여 매수인은 민법 제186조에 규정에 의하여 소유권이전등기 없이는 직접 그 이전등기의 말소를 구할 수 없지만 이전 등기명의자인 매도인을 대위하여 위 등기의 말소를 구할 수 있다.[208] ㉡ 임차인이 임차목적물의 침해자에 대하여 임대인을 대위하여 방해제거 또는 예방청구의 대위행사를 할 수 있다.[209]

(ㄷ) 그러므로 채권자대위소송을 논하기 위해서는 민법제404조의 요건이 적용되는 경우와 이 요건이 적용되지 않는 경우를 나누어 고찰하여야할 것이다. 즉 민법제404조가 적용되는 경우에는 소송상 법정소송담당과 함께 민법상 채권자대위권을 모순 없이 함께 적용되어야 할 것

204) 대판 1992.7.14. 92다527.
205) 대판 2001.12.27. 2000다73049.
206) 서울고판 2024.7.24. 2022나205027.
207) 대판 1990.11.27. 90다6651.
208) 대판 1983.4.26. 83다카57.
209) 대판 1995.5.12. 93다595502.

이나, 민법제404조가 적용되지 않는 채권자대위소송은 소송상 법정소송담당만을 검토하면 되기 때문이다.

(b) **피대위적격** (i) (ㄱ) 채권자는 채무자에 대한 채권을 보전하기 위하여 채무자를 대위해서 채무자의 권리를 행사할 수 있다. 채권자가 보전하려는 권리와 대위하여 행사하려는 채무자의 권리가 밀접하게 관련되어 있고 채권자가 채무자의 권리를 대위하여 행사하지 않으면 자기 채권의 완전한 만족을 얻을 수 없게 될 위험이 있기 때문이다. 따라서 채무자의 권리를 대위하여 행사하는 것이 자기 채권의 현실적 이행을 유효·적절하게 확보하기 위하여 필요한 경우에는 채권자대위권의 행사가 채무자의 자유로운 재산관리행위에 대한 부당한 간섭이 된다는 등 특별한 사정이 없는 한 채권자는 채무자의 권리를 대위하여 행사할 수 있다.

(ㄴ) 그러나 보험자가 금전채권인 부당이득반환청구권을 보전하기 위하여 채무자인 피보험자의 자력이 있음에도 그를 대위하여 제3채무자인 요양기관을 상대로 진료비 상당의 부당이득반환청구를 허용하는 것은 보험자가 피보험채권의 만족을 위하여 제3채무자인 요양기관에 대하여 직접 이행을 청구할 수 있는 직접청구권을 인정하는 결과가 되는데 이는 채권의 상대효 원칙에 반하는 것으로서 우리 법체계 전체와 조화를 이룰 수 없어 허용할 수 없다는 것이 판례[210]의 입장이다.

(ㄷ) 한편 채무자도 채권자를 대위하여 채권자의 제3자에 대한 권리를 대위하여 행사할 수 있다. 예컨대 채권담보의 목적으로 소유권이전등기가 되어 있을 경우 채무자는 변제기 이후라도 원리금을 변제하고 소유권이전등기의 말소를 구할 지위에 있으므로, 채권자의 제3자에 대한 소유권이전등기가 무효인 경우에 채무자는 채권자를 대위하여 원인무효를 이유로 채권자의 제3자에게 대한 소유권이전등기의 말소등기절차 이행을 구할 수 있고,[211] 서울특별시와 주택분양을 받은 소외인 사이에 분양금 전액을 납부할 때까지는 타인에게 그 주택을 양도할 수 없다는 취지의 약정이 있더라도 소외인이 분양금 전액을 납부하여 소유권을 취득하는 것을 정지조건으로 하여 매수한 매매계약을 무효라고 할 수 없는 만큼 소외인으로부터 매수한 자는 소외인을 대위하여 서울특별시에 대하여 서울특별시와 소외인 간의 분양계약의 존재확인 등을 청구할 수 있다.[212]

(ii) 민사집행법 제301조에 의하여 가처분절차에도 준용되는 같은 법 제287조 제1항에 따라 가압류 · 가처분결정에 대한 본안의 제소명령을 신청할 수 있는 권리나, 같은 법 제287조 제3항에 따라 제소기간의 도과에 의한 가압류 · 가처분의 취소를 신청할 수 있는 권리는 가압류 · 가처분신청에 기초한 소송을 수행하기 위한 개개의 소송절차상 권리가 아니다. 제소기간

---

210) 대전판 2022.8.25. 2019다229202.
211) 대판 1970.7.24. 70다805.
212) 대판 1968.3.26. 68다239.

의 도과에 의한 가압류·가처분의 취소신청권은 가압류·가처분신청에 기초한 소송절차와는 별개의 독립된 소송절차를 개시하게 하는 권리이고, 본안제소명령의 신청권은 제소기간의 도과에 의한 가압류·가처분의 취소신청권을 행사하기 위한 전제요건으로 인정된 독립된 권리이다. 그러므로 본안제소명령의 신청권이나 제소기간의 도과에 의한 가압류·가처분의 취소신청권은 채권자대위권의 목적이 될 수 있다.[213]

(iii) **물권적 청구권** 채권자대위권의 대상이 되는 피 보전채권이 특정채권이라 하여 반드시 순차매도 또는 임대차에 있어 소유권이전등기청구권이나 인도청구권 등의 보전을 위한 경우와 같은 채권적 청구권에만 한하여 인정되는 것이 아니며, 물권적 청구권에 대하여도 채권자대위권의 법리가 적용될 수 있다.[214] 예컨대 토지의 소유자 을은 토지상 건물을 임차인 갑에게 임대차하면서 등기를 넘기지 아니하고 이 건물을 임차인에게 매매까지 하였는데, 을은 그럼에도 불구하고 병에게 그 건물을 다시 매도하면서 소유권이전등기를 넘겨서 이제 병은 소유자로서 임차인 갑에 대하여 그 건물에 대한 퇴거청구권이 있게 되었다. 이에 임차인 갑은 을에 대해서는 소유권이전등기절차이행을, 병에 대해서는 을을 대위하여 말소등기절차이행을 청구하는 소송을 제기하여 을에 대한 청구가 승소 확정되었다. 이로써 갑이 을에 대하여 소유권이전등기청구권을 가진다는 점은 입증되었다고 할 것이고 병으로서는 그 등기청구권의 존재를 다툴 수 없게 되었다.[215] 이 경우 병이 갑에 대하여 물권적 청구권인 퇴거청구를 할 수 있었다는 사정은 갑의 채권자대위권의 행사요건인 채권보전의 필요성을 부정할 사유가 되지 않으므로 갑의 병에 대한 소유권이전등기말소청구권 행사에는 아무런 지장이 없다.[216]

㈐ **당사자적격** 채권자대위소송에서도 민사소송의 일반이론에 따라 원고는 대위소송으로 보전할 피 보전채권을 가져야 당사자적격이 있고, 피 보전채권이 없을 때는 당사자적격의 흠결로 인하여 각하를 면치 못한다.[217] 예컨대 갑이 을을 대위하여 병을 상대로 취득시효완성을 원인으로 한 소유권이전등기 소송을 제기하였다가 을을 대위할 피 보전채권의 부존재를 이유로 소 각하판결을 받고 이 판결이 확정된 후 병이 제기한 토지인도소송에서 갑이 다시 위와 같은 권리가 있음을 항변사유로서 주장하는 것은 기판력에 저촉되어 허용될 수 없다.[218] 하지만 채권자의 채무자에 대한 피 보전채권이 존재하지 않는다고 하여 그 판결의 효력이 채권자가 채무자를 상대로 제기한 다른 채무의 이행청구소송에 까지 미치는 것은 아니다.[219] 반사효

213) 대결 1993.12.27. 93마1655.
214) 대판 2007.5.10. 2006다82700·82717.
215) 대판 1998.3.27. 96다10522.
216) 대판 2007.5.10. 2006다82700·82717.
217) 대판 1988.6.14. 87다카2753, 1994.11.8. 94다31549.
218) 대판 2001.1.16. 2000다41349.
219) 대판 2014.1.23. 2011다108095.

설에 의하면 이 경우에 청구기각판결을 하여야할 것이다.

(라) **채권자 대위권의 행사** (a) (i) 민법 제404조에 의한 채권자대위소송의 피보전채권은 채권이 금전채권이거나 또는 금전채권이 아니더라도 그 불이행으로 손해배상채권으로 변함으로써 금전채권화되는 것이 일반적이다. 다만 민사집행법상의 추심명령(민집 제229조 제1항)과의 균형상 채권의 공동담보에 적합한 채무자의 재산권이어야 하며 채무자는 무자력이어야 한다. 따라서 이 경우에 채권자는 채무자가 채무변제 의사 없는 것만으로는 채권자 대위권을 행사할 수 없고 채무자가 무자력하여 그 일반재산의 감소를 방지할 필요가 있어야 한다.[220]

(ii) 그러나 민법 제404조가 적용되지 않는 채권자대위소송에서의 피보전채권은 특정채권이더라도 무방하며, 대위권의 행사에 있어서 그 채권이 공동담보에 적합하거나 채무자가 무자력일 필요가 없다.[221] 그러므로 임차가옥의 명도청구권을 대위 행사하는 경우에는 대위권을 행사함에 있어서 무자력을 요건으로 하지 않는다.[222]

(b) 민법 제404조가 적용되는 경우에는 보전행위 이외의 권리를 대위행사할 때에는 채무자에게 통지하여야 하는데(민 제405조 제1항) 이는 채무자가 통지를 받은 후에는 그 권리를 처분하여도 이로써 채권자에게 대항하지 못하는 실체법상 요건(민 제405조 제2항)에 불과할 뿐 채권자의 소송상 채권자대위권행사의 요건이 아니다.

(c) (i) 채권자가 채무자를 상대로 피 보전채권에 기초한 이행청구소송을 제기하여 승소판결을 받았다면 그 판결의 당사자가 아닌 제3채무자는 피 보전채권의 존재를 다툴 수 없다.[223] 당사자가 아닌 제3채무자가 채권자의 권리를 다툴 수 있는 길은 채무자를 대위하는 방법밖에 없는데 채무자가 채권자에 대하여 패소판결이 확정된 이상 제3채무자가 채무자를 대위하는 것은 기판력에 저촉되기 때문이다. 예컨대 제3자가 명의수탁자 등을 상대로 한 승소확정판결에 의하여 소유권이전등기를 마친 경우, 다른 소유권이전등기청구권자가 명의수탁자나 기타 종전의 소유자를 대위하여 제3자 명의의 소유권이전등기가 원인무효임을 내세워 그 등기 및 그에 기초한 또 다른 등기의 말소를 구하는 것은 그것이 명의수탁자를 대위하는 이상 제3자의 명의수탁자등을 상대로 한 위 승소확정판결의 기판력에 저촉된다.[224]

(ii) 갑이 부동산 소유자 을에 대하여 소유권이전등기를 청구하고 있는데 병이 을을 상대로 그 부동산에 관한 소유권이전등기절차 이행의 확정판결을 받아 소유권이전등기를 마친 경우에, 종전의 소유권이전등기청구권을 가지는 갑은 을과 병 사이의 확정판결이 당연무효이거나 재심의 소에 의하여 취소되지 않는 한, 부동산의 소유자에 대한 소유권이전등기청구권을

220) 대판 1969.11.25. 69다1665.
221) 대판 1992.10.27. 91다483.
222) 대판 1989.4.25. 88다카4253.
223) 대판 2007.5.10. 2006다82700 · 82717.
224) 대판 2014.3.27. 2013다91146.

보전하기 위하여 을을 대위하여 병 명의의 소유권이전등기가 원인무효임을 내세워 그 등기의 말소를 구하는 것은 전소 확정판결의 기판력에 저촉되고, 나아가 병 명의의 소유권이전등기 이후에 그 등기를 바탕으로 하여 마친 또 다른 소유권이전등기의 말소를 구하는 것 역시 위 확정판결의 기판력에 저촉된다.[225]

(d) 그러나 이른바 3자 사이의 등기명의신탁 약정과 그에 의한 등기가 부동산실권리자명의등기에 관한 법률에서 정한 유예기간 경과로 무효로 될 경우 명의신탁자는 매매계약에 기초한 소유권이전등기청구권을 보전하기 위하여 매도인을 대위하여 무효인 명의수탁자에 대하여 등기의 말소를 구할 수 있다.[226]

(e) 채무자 소유의 부동산을 시효취득한 채권자의 공동상속인이 채무자에 대한 소유권이전등기청구권을 피 보전채권으로 하여 제3채무자를 상대로 채무자의 제3채무자에 대한 소유권이전등기의 말소등기청구권을 대위 행사하는 경우에 그 공동상속인은 자신의 지분 범위 내에서만 대위 행사할 수 있고, 그 지분을 초과하는 부분에 관해서는 대위할 보전의 필요성이 없다.[227]

(f) 제3채무자는 채무자의 채권자에 대한 항변권이나 형성권을 행사할 수 없지만 채권자의 채무자에 대한 권리발생 원인이 된 법률행위가 무효라거나 위 권리가 변제 등으로 소멸한 것을 주장할 수 있고, 이 경우 법원은 채권자의 채무자에 대한 권리인정 여부를 직권으로 심리·판단하여야 한다.[228] 왜냐하면 채권자대위소송을 제기하기 위해서는 채권자가 채무자에 대하여 자기의 채권, 즉 피대위채권이 있어야 채권자대위소송을 제기할 당사자적격이 인정되기 때문이다. 따라서 제3채무자는 채권자의 당사자적격 부존재에 관한 모든 사정, 즉 채권자의 채무자의 권리를 대위할 권리의 부존재, 소멸 등을 주장할 수 있고, 법원으로서는 이를 직권으로라도 심리하지 않으면 안 된다.

(g) 채권자가 채무자를 대위하여 제3자를 상대로 제기한 소송과, 이미 판결확정이 되어 있는 채무자와 그 제3자 간의 기존 소송이 당사자만 다를 뿐 실질적으로 동일 내용의 소송이라면, 위 확정판결의 효력은 채권자대위권 행사에 의한 소송에 미쳐서 채권자대위소송은 부적법 각하된다.[229]

(h) 채권자는 채권자대위권에 기초하여 제3자에 대하여 채무자의 권리확인과 방해제거를 청구할 수 있다. 즉 대위의 대상이 된 채무자의 권리가 제3자로부터 방해를 받아 그에 관해서 그 제3자와 채무자간에 분쟁이 생긴 경우에는 채권자의 채무자에 대한 채권도 그 채권내용에

225) 대판 1996.6.25. 96다8666, 2014.7.10. 2013다74769.
226) 대판 2013.2.15. 2012다46637.
227) 대판 2014.10.27. 2013다25217.
228) 대판 2015.9.10. 2013다55300(평석은 [23] 참조).
229) 대판 1979.3.13. 76다688.

실질적인 영향을 받아 불안정한 상태에 놓이게 되므로 그 불안정상태를 제거하고 그를 보전하기 위하여 채무자를 대위해서 제3자에 대하여 채무자의 권리확인과 그 방해의 제거를 구할 수 있는 것이다.[230] 이 경우 확인소송에서 채권자는 제3자에 대하여 채무자의 권리를 확인하는 것이지 이 권리를 대위해서 행사하는 경우가 아니므로 민법 제404조 및 제405조의 요건을 갖출 필요가 없다.

(마) 채권자대위소송의 채무자에 대한 판결의 효력

(a) 공통적인 경우 (i) 채권자대위소송에서 원고가 대위소송을 제기할 당사자적격의 흠이 있는 경우에는 소 각하 판결[231]을 받는다. 왜냐하면 대위 채권자는 이른바 담당자를 위한 법정소송담당자로서 자기의 채권을 보전하기 위하여 채무자의 권리에 관하여 소송을 수행하는 자이고 채무자를 위하여 소송을 수행하는 것이 아니기 때문이다.

(ii) 소 각하 판결의 기판력은 당사자를 달리하는 채권자의 다른 채무자에 대한 이행소송에는 미치지 않는다.[232] 왜냐하면 채권자대위판결의 기판력이 채무자에게 미친다는 의미는, 채권자대위소송의 소송목적인 피 대위채권, 즉 채무자의 제3채무자에 대한 채권의 존부에 관하여 당해소송의 채무자에게 기판력이 인정된다는 것이고, 당해 소송의 당사자가 아닌 채무자에게 기판력이 인정되는 것이 아니기 때문이다.

(iii) 원고가 채권자 아닌 사실을 모르고 이를 간과하여 채권자대위소송의 인용판결을 법원이 한 경우에도 본래의 채무자나 제3채무자에게 그 판결의 효력이 미치지 않는다. 원래 제3자의 소송담당은 그 담당자가 참된 당사자적격을 갖춘 경우에 한하여 본인에게 효력이 미치기 때문이다.

(iv) 채권자대위소송은 법정소송담당으로서 소송을 수행한 사람이 받은 판결의 효력은 제한 없이 그 권리의무의 귀속주체에게 미친다(제218조 제3항). 그러나 뒤에서 설명하는 것과 같이 민법제404조가 적용되는 경우에는 그 판결의 효력이 제한되는 경우가 있다.

(b) 민법 제404조가 적용되는 경우 (i) 민법 제404조가 적용되는 채권자대위권의 경우에는 채권자가 보전행위이외에 권리를 행사할 때에는 채무자에게 통지하여야 하고(민 제404조 제1항). 채무자가 그 통지를 받은 후에는 그 권리를 처분하여도 채권자에게 대항하지 못한다(민 제404조 제2항). 채권자가 추심소송을 제기하면 채무자에게 그 소를 고지하여야 하고(민집 제238조), 비송사건절차법에 의한 재판상 대위신청의 허가는 직권으로 채무자에게 고지하도록 되어 있다(비송 제49조 제1항). 이들 경우에 채권자가 채무자의 소송담당자로서 채권자대위권을

230) 대판 1976.4.27. 73다1306.

231) 대판 1988.6.14. 87다카2753. 호문혁, 620면은 채권자의 대위권이 인정되지 않는다는 이유로 청구기각판결을 하여야 한다고 한다.

232) 대판 2014.1.23. 2011다108095.

행사하여 제3채무자를 상대로 채권자대위소송이나 추심소송을 제기하여 청구인용 또는 기각의 본안판결을 받은 경우에 그 판결의 효력이 제한 없이 피대위자인 채무자에게 미치느냐는 문제가 있다. 특히 채권자대위소송이나 제3채무자에 대한 추심소송과 같이 소송담당자가 관리보전권능만 있고 처분권능이 없는 경우이다. 원래 대위·추심채권자는 자기의 채권을 보전하기 위하여 채무자의 권리에 관하여 소송을 수행하는 자이고 채무자를 위하여 소송을 수행하는 것이 아니다(담당자를 위한 법정소송담당).[233] 그러므로 채권자대위권의 행사로서 채무자를 위하여 상소를 제기하거나 재심의 소를 제기할 수 없다.[234] 따라서 채권자는 채무자의 채권을 추심할 수 있는 권능밖에 없으며[235] 면제 등 처분권한이 없으므로 대위·추심채권자가 받은 판결의 기판력을 채무자에게 확장시키는 데는 문제가 있는 것이다. 종전에는 이 경우에도 관리처분권이 소송담당자에게 있는 파산관재인·유언집행자와 같이 보아서 채무자에게 일률적으로 기판력이 미친다고 하였으나 이 견해는 앞에서 지적한 문제점을 간과함으로써 채권자가 소송에서 패소한 경우에 채무자의 권리를 처분한 것과 동일한 현상이 생기는 이유를 설명할 수 없었다. 그리하여 등장한 견해는 대위·추심소송의 소송목적을 채무자의 권리가 아니라 채권자 자신의 보전청구권으로 보아 기판력을 당사자에게 한정시키고 채무자에 대한 확장을 부정하자는 것이다(기판력부정설). 이 견해에 의하면 대위·추심소송의 채권자는 패소판결의 기판력을 받지 아니하므로 자기의 권리에 관한 소송수행권이 보장되지만 한편 제3채무자는 채권자에 대한 관계에서 승소하였다 하더라도 다시 채무자의 재차의 소송에 응하여야 하는 번거로움을 감수하지 않을 수 없다는 점에서 채무자와 비교하여 지나치게 불리한 대접을 받게 되어 부당하다. 그러므로 채무자에게 소송참가의 길을 터주어 절차보장을 해주는 것이 기판력 확장의 전제가 된다고 하겠다.[236] 그러한 견해에 따라 채권자가 채무자에게 소송고지 등의 방법으로 소송참가의 길을 열어준 경우에는 채무자가 이를 이용하지 않더라도 채권자 패소판결의 기판력이 채무자에게 확장된다. 생각건대 채권자가 추심소송을 제기하면 채무자에게 그 소를 고지하여야 하고(민집 제238조), 채권자가 보존행위 이외에 권리를 대위행사한 때에는 채무자에게 통지하여야 하며(민 제405조 제1항), 비송사건 절차법에 의한 재판상 대위신청의 허가는 법원이 직권으로 채무자에게 고지하도록 되어 있다(비송 제49조 제1항). 위 규정들의 취지는 결국 대위소송에서 소송에 참가하지 못한 채무자로 하여금 소송에 참가할 길을 터줌으로써 채무자를 보

233) 따라서 채권자대위소송에서 대위채권의 부존재 기타 대위요건을 갖추지 못한 때에는 채권자가 채무자를 대위하여 원고가 될 당사자적격이 없으므로 각하하여야 한다(대판 1988.6.14. 87다카2753). 호문혁, 620면은 이 경우에 채권자의 대위권이 인정되지 않는다는 이유로 청구기각판결을 하여야 한다고 한다.

234) 대판 2012.12.27. 2012다75239.

235) 채권자가 채권자대위권을 행사하여 제3채무자에게 자기 앞으로 직접 급부를 청구하여도 그 효과는 채무자에게 귀속된다(대판 1996.2.9. 95다27998 참조).

236) 이 경우에 채무자의 소송참가는 공동소송적 보조참가(제78조)에 의한다. 같은 취지: 김홍엽, 1068면.

호하기 위한 것이라 할 수 있다. 대법원판례는 한때 기판력부정설을 취하였다가 뒤에 채무자가 소송고지 등을 받아 대위소송이 제기된 사실을 알았을 때 한하여 불리한 판결의 기판력이 채무자에게 미친다고 하였다.[237] 판례의 입장이 채무자와 제3자를 공평히 대하면서도 분쟁을 일회적으로 해결할 수 있다는 점에서 정당하다. 또 위에서 설명한 것과 같이 채권자대위소송의 역사적 경로에 비추어도 타당하다고 아니할 수 없다.

(ii) (ㄱ) 채권자가 채권자대위권에 기초하여 채무자의 권리를 행사하고 있는 경우에 그 사실을 채무자에게 통지하였거나 채무자가 그 사실을 알고 있었던 때에는 채무자가 그 권리를 처분하여도 채권자에게 대항하지 못한다.[238]

(ㄴ) 그러나 채권자가 채무자와 제3채무자 사이의 근저당권설정계약이 통정허위표시임을 이유로 채무자를 대위하여 그 근저당설정등기의 말소를 구하는 소송을 제기하였는데, 그 후 채무자가 제3채무자 신청의 지급명령에 이의를 제기하지 않아 강제경매절차에서 부동산이 매각됨으로써 위 근저당권설정등기가 경락을 원인으로 말소된 경우에 채무자가 지급명령에 이의를 제기하지 않은 것이 대위채권자가 행사하고 있는 권리의 처분이라고 할 수 없으므로 채권자는 제3채무자를 상대로 더 이상 근저당권설정등기의 말소를 구할 법률상 이익이 없다.[239]

(iii) **민법 제404조가 적용되지 않는 경우** 이 경우에는 채무자가 무자력이 아니거나 대위소송을 제기된 사실을 알지 못하여도 불리한 판결의 기판력이 채무자에게 미친다. 왜냐하면 여기서는 채무자의 자력유무가 문제되지 아니하며, 채무자에게 소송에 참가할 기회를 보장할 필요가 없기 때문이다.

(iv) **기판력** 채권자가 채권자대위권을 행사하는 방법으로 제3채무자를 상대로 소송을 제기하였다가 채무자를 대위할 피 보전채권이 인정되지 않는다는 이유로 소각하 판결을 받아 확정된 경우 그 판결의 기판력은 채권자가 채무자를 상대로 하는 피 보전채권의 이행을 구하는 소송에 미치지 않는다.[240] 왜냐하면 채권자대위판결의 기판력이 채무자에게 미친다는 의미는, 채권자대위소송의 소송목적인 피 대위채권, 즉 채무자의 제3채무자에 대한 채권의 존부에 관하여 채무자에게 기판력이 인정된다는 것이고, 채권자대위소송의 소송요건인 피 보전채권, 즉 채권자의 채무자에 대한 채권의 존부에 관하여 당해 소송의 당사자가 아닌 채무자에게 기판력이 인정되는 것은 아니기 때문이다.

(v) **채무자가 제3채무자를 상대로 소송을 제기하여 판결을 받은 경우** 채무자가 제3채무자를

237) 대전판 1975.5.13. 74다1664.
238) 대판 2007.9.6. 2007다34135.
239) 대판 2007.9.6. 2007다34135.
240) 대판 2014.1.23. 2011다108095.

상대로 소송을 제기하여 판결을 받은 경우에는 채권자로서는 채무자를 대위하여 자기의 채권을 보전할 필요성이 없으므로 채권자의 채권자대위소송은 부적법하여 각하된다.[241] 반사효설에 의하면 청구기각을 하여야할 것이다. 또 제3채무자는 채무자의 시효이익을 원용하여 쓸 수 없지만 실제로 채무자가 그 소송절차에서 소멸시효의 이익을 씀으로써 채권자의 채무자에 대한 채권의 소멸시효가 완성되었다면 채권자는 더 이상 채무자를 대위할 채권이 없게 된다.[242]

(vi) **공동대위채권자가 채무자의 권리를 공동으로 행사하는 경우** 공동대위채권자가 채무자의 권리를 공동으로 행사하는 경우에 공동대위채권자 상호 간의 소송관계는 유사필수적 공동소송이다.[243] 공동채권자 상호 간에는 판결의 반사적 효력이 미친다고 보기 때문이다. 그러므로 어느 채권자의 채권자대위소송 중에 다른 공동대위채권자가 소송에 참가하면 공동소송적 보조참가가 아니라 공동소송참가(제83조)이다.[244] 다만 민법 제404조가 적용되는 경우에, 어느 한 공동채권자가 먼저 채무자의 권리를 대위 행사하여 그에 관한 판결이 확정되었다면 그 판결의 효력은 일률적으로 다른 공동대위채권자에게 모두 미치는 것이 아니고 다른 공동채권자들이 그 채권자의 채권자대위권행사를 안 경우에 한정하여 그 확정판결의 기판력을 받는다.[245] 공동대위채권자가 채무자의 권리를 공동으로 행사하는 경우에 공동대위채권자 상호간에는 유사필수적 공동소송이지만 이 경우에는 민법제404조가 적용되는 채권자대위소송이기 때문이다.

㈓ **채권자대위소송과 중복제소금지의 원칙**[246]

채권자대위소송

1. 개념

- 채권자대위권(민법 제404조): 채권자가 자기 채권을 보전하기 위해 채무자의 권리를 대신 행사할 수 있는 권리
- 이를 근거로 제기되는 대표적인 대위소송이 채권자대위소송
- 프랑스 민법에서 유래하였으나, 우리나라도 민법에 규정을 두어 집행권원 없이도 가능

2. 요건 및 대상

(1) **민법 제404조 적용 시: 채무자가 무자력이어야 함**

- 보전 목적은 금전채권 등 공동담보에 적합한 권리여야 함
- 채권자는 채무자의 권리를 행사하기 전에 채무자에게 통지해야 함(민 405조)

241) 대판 2002.5.10. 2000다55171.
242) 대판 2008.1.31. 2007다64471.
243) 대판 1991.12.27. 91다23486.
244) 대판 2015.7.23. 2013다30301, 30325.
245) 대판 1994.8.12. 93다52808.
246) [57](2)(다)(a) 참조.

(2) 민법 제404조 비적용 시: 무자력 요건 없음

- 특정채권·물권적 청구권 등도 대위 가능. 예: 임차인의 임대인에 대한 권리행사 대위, 취득시효에 따른 등기청구권 대위

3. 당사자적격

- 채권자는 반드시 피보전채권을 보유해야 당사자적격 인정
- 피보전채권이 없으면 소 각하
- 판결은 제3채무자뿐 아니라 채무자에게도 미치지만, 이는 제218조 제3항의 법정소송담당 기판력 확장에 기초

4. 판결의 효력

- 채권자대위소송 판결은 원칙적으로 채무자에게도 효력이 미침
- 다만, 민법 제404조 적용 시에는 채무자가 소송에 참가할 기회가 보장되어야 불리한 기판력이 확장됨
- 채권자가 소송에서 패소하면 채무자의 권리를 처분한 것과 동일하게 볼 수 없으므로 승소한 경우의 제한적으로만 확장됨
- 민법 제404조 비적용 소송에서는 채무자의 자력 유무와 관계없이 판결의 효력이 채무자에게 미침

5. 채무자·제3채무자 관계

- 제3채무자는 채무자의 항변(소멸시효 원용 등)을 대신 행사할 수 없으나, 권리 소멸·무효 등은 주장 가능
- 채무자가 이미 제3채무자와 판결을 받은 경우 → 채권자대위소송은 보전 필요성 없어 부적법

6. 중복제소금지와 채권자대위소송

- 채권자가 제3채무자를 상대로 제기한 소송과 이미 확정판결이 있는 채무자와 제3채무자 간 소송이 실질적으로 동일하다면, 기판력에 저촉되어 부적법 각하
- 즉 채권자대위소송은 채무자와 제3채무자 간 기존 소송의 중복 제기처럼 취급됨
- 따라서 중복제소금지 원칙(제259조, 기판력 존중 원칙)이 채권자대위소송에도 그대로 적용된다

(2) 채권집행

㈎ **전부명령(轉付命令)의 경우** 전부명령이라 함은 압류된 금전채권을 집행채권에 갈음하여 압류채권자에게 이전하게 하는 집행법원의 명령이다(민집 제229조 제3항). 당자자의 의사표시에 의하지 않는다는 점에서 채권양도(민 제449조)와 다르다. 그러므로 전부명령에는 지명채권양도의 대항요건으로서의 통지나 승낙(민 제450조)이 필요하지 않다.

ⓐ 전부명령은 집행채권자에게 독점적인 만족을 주는 것이므로 전부명령이 제3채무자에게 송달될 때까지 그 금전채권에 관하여 이미 다른 채권자가 압류·가압류 또는 배당을 요구한 경우에는 전부명령은 효력을 가지지 아니한다(민집 제229조 제5항). 이 경우 집행채권자가 전부금 청구를 한다면 그 전부명령이 효력을 가지지 아니하다는 것을 명시하기 위해서 각하판

결을 하여야 할 것이다.[247)]

(b) 전부명령의 전제가 되는 압류자체가 압류금지채권에 대한 것이어서 무효인 경우에도 법원의 재판인 전부명령 자체를 무효라고 할 수 없으나 당사자는 실체법상 채권이 이전이 되지 않는다고 항변으로 주장할 수 있고,[248)] 이 경우에 전부금 청구는 피고의 항변이 이유 있고, 원고의 청구는 이유 없다고 하여 청구기각판결을 하여야 한다.

(c) 채권자대위소송이 제기되고 대위채권자가 채무자에게 대위권 행사사실을 통지하거나 채무자가 이를 알게 되면 민법 제405조 제2항에 따라 채무자는 피 대위채권을 양도하거나 포기하는 등 채권자의 대위권 행사를 방해하는 처분행위를 할 수 없게 되고 이러한 효력은 제3채무자에게도 그대로 미친다. 그럼에도 그 이후 대위채권자와 평등한 지위를 가지는 채무자의 다른 채권자가 피 대위채권에 대하여 전부명령을 받는 것도 가능하다고 하면, 채권자대위소송의 제기가 채권자의 적법한 권리행사방법 중 하나이고 채무자에게 속한 채권을 추심한다는 점에서 추심소송과 공통점이 있음에도 불구하고 그것이 무익한 절차에 불과하게 될 뿐만 아니라, 대위채권자가 압류·가압류나 배당요구의 방법을 통하여 채권배당절차에 참여할 기회조차 가지지 못하게 한 채 전부명령을 받은 채권자가 대위채권자를 배제하고 전속적인 만족을 얻는 결과가 되어, 채권자대위권의 실질적 효과를 확보하고자 하는 민법 제405조 제2항의 취지에 반하게 된다. 따라서 채권자대위소송이 제기되고 대위채권자가 채무자에게 대위권 행사사실을 통지하거나 채무자가 이를 알게 된 이후에는 민사집행법 제229조 제5항이 유추 적용되어 피 대위채권에 대한 다른 전부명령은, 우선권 있는 채권에 기초한 것이라는 등의 특별한 사정이 없는 한, 무효이다.[249)] 이와 같은 경우의 전부금 청구는 각하판결을 하여야할 것이다.

㈏ **추심명령인 경우** 이미 3.(2)㈎(b)에서 자세하게 설명하였다.

제2절 소송상 대리인

소송상 대리인을 논함에 있어서 먼저, 소송능력과 변론능력이 문제된다. 소송능력은 스스로 소송행위를 하거나 또는 소송행위의 상대방이 될 자격을 의미하는데 민법상 제한행위능력자와 같이 당사자능력이 있으면서도 소송능력이 없거나, 제한되는 경우가 있다. 변론능력은

247) 전원열, 209면은, 이 경우 '각하'가 아니라 '기각' 판결을 하여야 한다고 한다.
248) 대판 1987.3.24. 86다카1588.
249) 대판 2016.8.29. 2015다236547.

변론절차에서 스스로 변론을 하고, 증거를 제출하는 자격을 의미하는데 우리나라에서는 변호사강제주의를 채택하지 아니하여 소송능력이 있는 당사자본인은 원칙적으로 변론능력을 가지만 사법제도의 운영을 위한 약간의 제한이 있다. 편의상 여기서는 소송능력과 변론능력을 소송상 대리인의 문제로 다루어 본다.

[43] 제1. * 소송능력

1. 뜻

㈎ (i) 소송능력이라 함은 당사자(또는 보조참가인)가 소송에서 상대방이나 법원에 대하여 소송행위를 하거나 받는데 필요한 소송상 능력을 말한다. 당사자능력이 인정된 자는 소송상 청구 정립의 주체 또는 그 상대방이 된다. 그러나 소송목적에 관해서 심판을 구하기 위해서는, 소를 제기하는 것을 비롯하여 여러 가지 소송행위를 하지 않으면 안 되며, 그 소송행위의 결과에 의하여 당사자는 중대한 이익·불이익을 받는다. 법은 이 불이익을 최소한에 그치도록 당사자능력자의 소송수행 능력을 일정한 자에 한정하여 인정하는데 이것이 소송능력제도의 취지이다.

(ii) 사회적 동물인 사람은 혼자서는 살 수 없고 다른 사람과 거래와 교제를 하여야 한다. 그 거래와 교제는 유형, 무형의 대가를 들여야 하는 대가관계이다. 그 관계에서 어른과 아이, 정상적 사고자와 사고능력이 부족한 사람들을 대등하게 취급하여 무차별적인 거래를 허용한다면 육체적으로나 정신적으로 부족한 아이들이나 사고능력이 부족한 사람들이 손해를 입는다는 것은 누구나 예상할 수 있으므로 일정한 차등제도를 두어 능력이 부족한 사람들을 보호할 필요가 있다. 쉽게 표현하자면 1 대 1의 관계를 1 대 1+알파의 제도를 만들어 부족한 사람에게 일정한 능력을 보충하여 줌으로써 거래하는 사람 사이에서 실질적 평등관계를 이룩하자는 것이다. 실체법에서 1 대 1+알파의 제도 중 하나가 바로 행위능력제도이다. 즉 거래생활에서 유효하게 법률행위를 할 수 있는 제도를 행위능력이라고 하여 행위능력이 있는 사람만 유효하게 법률행위를 할 수 있게 하고 그 행위능력이 없거나 부족한 사람들은 제한능력자라고 하여 일정한 보조인, 즉 +알파의 조력을 받아야 법률행위를 할 수 있게 한 것이다. 그런데 이러한 거래는 소송이라고 제외될 이유가 없으며 특히 소송에서의 변론은 거래행위 가운데에서 고도의 지적능력을 요구하고 있으므로 앞의 1 대 1+알파의 차등제도가 더 절실하게 요청된다. 소송능력은 변론과 관련하여 만든 소송법상 1 대 1+알파의 제도라고 할 수 있다.

㈏ 그러므로 제한능력자라고 하더라도 자신의 변론이 아닌 경우, 예컨대 증인으로서 증언을 하거나, 증거방법으로 당사자본인신문을 받는 경우는 물론 심지어 다른 사람의 대리인으로

서 소송을 수행하는 경우에도 +알파의 조력이 필요한 소송능력이 요구되지 않는다. 다만 소송능력이 없는 자는 후견인인 법정대리인이 될 수 없고(민 제937조 참조), 미성년자를 제외한 피성년후견인 또는 피한정후견인은 변호사 자격이 없으므로(변 제5조 7호), 변호사 아니면 될 수 없는 소송대리인으로는 선임될 수 없다.

(다) 소송능력은 소송절차 내의 행위에서는 물론 소송 이전이나 소송 외에서 하는 행위, 즉 소의 취하, 관할의 합의, 소송대리권의 수여행위 등에 관해서도 필요하다. 이 행위들은 소송절차의 안정과 밀접한 관계가 있기 때문에 의사표시를 취소할 여지가 있는 행위능력에 의존하게 하기 보다는 유효인가 무효인가를 미리 정하는 소송능력을 따르게 하는 것이 좋기 때문이다.

2. 소송능력의 기준

민사소송법은 소송능력에 관하여 특별한 규정이 있는 경우를 제외하고는 민법 기타 법률에 의하도록 하였다(제51조). 따라서 민법상 행위능력을 기준으로 소송능력을 정한다.

(1) 민법상 행위능력자는 모두 소송능력자이다

당사자가 실체법상 법률행위를 유효하게 할 수 있다면 소송행위는 당연히 할 수 있다. 파산관재인이 선임된 파산자나 재산관리인이 선임된 부재자라도 행위능력자이면 스스로 소송행위를 할 수 있는 소송능력자이다. 형사소송에서는 의사능력이 있으면 모두 형사소송능력자이다.[250)]

(2) 의사능력이 있어야 한다

소송행위는 사람의 의식적 행위이기 때문에 행위자에게 의사능력이 있어야 한다. 따라서 의사무능력자의 소송행위는 무효이다. 다만 의사능력이 있는지 여부는 행위능력과 달리 획일적인 기준이 없으므로 개별적으로 판단하여야 한다. 그러므로 같은 사람의 행위라 하더라도 그가 한 행위의 내용. 종류에 의하여 의사능력의 유무에 관한 판단이 달라질 수 있다.

(3) 법인 등 단체

법인 혹은 법인 아닌 사단 또는 재단(제52조)은 눈으로 볼 수 있는 유기체가 아니고 실제 행위는 그 대표자 또는 관리인인 사람에 의해서 행하여지므로 당사자능력은 인정되지만 소송능력은 그 대표기관인 사람에게 있다고 볼 수 있다. 따라서 법인, 그 밖의 단체와 그 대표기관

---

250) 대전판 2009.11.9. 2009도6058.

과의 관계는 마치 행위능력이 제한되어 행위를 할 수 없는 본인과 실제 본인을 대신하여 행위를 하는 법정대리인과의 관계와 유사하다. 그러므로 민사소송법은 법인 등 단체와 그 대표자 또는 관리인과의 관계를, 즉 제한능력자와 그 법정대리인의 관계에 준하여 취급한다(제64조).

(4) 외국인(제57조)

외국인은 원칙적으로 본국법을 준거법으로 하여 소송능력을 정하여야 할 것이다. 그러나 본국법상 제한능력자라고 하더라도 대한민국의 법률에 따라 소송능력자일 때에는 소송능력자로 본다(제57조). 외국인을 내국인 이상으로 보호하여 ＋알파를 더해줄 필요가 없기 때문이다.

3. 제한능력자의 소송능력

(1) 제한능력자

누가 제한능력자인가는 민법에서 정한다. 2013년 개정민법은 종전의 행위무능력자 제도를 제한능력자로 개편하여 새로 성년후견제도를 도입하였다. 민법상 제한능력자는 미성년자, 피성년후견인(민 제9조, 민 제10조 제1항) 및 피한정후견인(민 제13조) 등이다. 피성년후견인은 종전의 금치산자와, 피한정후견인은 종전의 한정치산자와 유사한 지위에 있다. 제한능력자는 소송능력 제한을 받는다. 그 범위를 어떻게 정할 것인가는 민사소송법 독자적 입장에서 판단하여야 하므로 민법상 재한능력자의 범위와 반드시 일치하지 않는다.

(2) 미성년자

㈎ 만 19세에 이르지 아니한 사람을 미성년자라고 한다(민 제4조). 민법에서 미성년자는 법정대리인의 동의를 받아 단독으로 법률행위를 할 수 있고(민 제5조 제1항), 법정대리인이 범위를 정하여 처분을 허락한 재산에 대해서는 임의로 처분할 수 있지만(민 제6조) 소송에서는 이와 같은 단독행위나 단독처분을 할 소송능력을 미성년자에게 허용하지 않는다. 이 경우에 단독 소송능력을 허용하면 그 전제로서 법정대리인의 동의 유무나 처분을 허락한 재산의 범위 등을 가리는 것이 번잡하여 소송절차의 안정과 신속을 해칠 우려가 있기 때문이다. 따라서 미성년자는 스스로 소송행위를 할 수 없고 법정대리인의 대리행위에 의하여서만 할 수 있다(제55조 제1항 본문). 예컨대 미성년자는 판결정본을 수령할 능력이 없어 법정대리인이 수령하여야 하는데 법정대리인이 아니라 미성년자 본인에게 판결정본이 송달되었다면 그 송달은 효력이 없어 그 판결에 대한 상소기간은 진행되지 않는다.[251] 이때의 법정대리인은 후견인이지만

251) 대판 2020.6.11. 2020다8586.

(민 제938조 제1항) 후견감독인이 있을 때에는 후견감독인이다(민 제950조 제1항 5호).

(나) 그러나 미성년자가 성년자와 동일하게 취급되어 독립하여 법률행위를 할 수 있는 다음과 같은 경우(제55조 제1항 1호)에는 스스로 소송행위를 할 수 있다.

(a) 미성년자가 혼인한 때에는 성년자로 의제(擬制)되어(민 제826조의2) 행위능력을 갖게 되므로 소송에서도 소송능력이 있다. 미성년자가 성년이 되기 이전에 이혼하였다고 하더라도 성년자 의제는 변함이 없기 때문에 다시 제한능력자로 되는 것이 아니다.

(b) 미성년자가 법정대리인의 허락을 받아 특정영업에 관한 법률행위를 하는 경우에는 성년자와 동일한 행위능력이 있으므로(민 제8조 제1항) 소송능력이 있다. 법정대리인의 허락을 받아 회사의 무한책임사원이 된 경우에 그 사원자격으로 행위를 할 때에는 행위능력자로 보므로(상 제7조) 소송능력이 있다.

(c) 미성년자는 근로계약의 체결 및 임금청구를 스스로 할 수 있다(근로 제67조, 제68조). 이는 미성년자에게 이익이 되는 행위로서 법정대리인의 대리권을 제한하여 미성년자 본인을 보호하기 위한 취지의 규정이므로 미성년자는 근로계약을 체결하거나 임금청구를 하는 소송에서 스스로 소송행위를 할 소송능력이 있다.[252)]

(다) **법정대리인** (a) 미성년자인 자(子)의 법정대리인은 1차적으로 친권을 행사하는 부 또는 모가 된다(민 제911조).

(b) 미성년자에게 친권자가 없거나 친권의 전부 또는 일부를 행사할 수 없는 경우에는 미성년후견인을 두어야 하는데(민 제928조) 그 경우의 법정대리인은 미성년후견인이 된다. 그러나 위에서 본 바와 같이 후견감독인이 있을 때에는 후견감독인이 후견인이다(민 제950조 제1항 5호).

(3) 피성년후견인 · 피한정후견인 · 피특정후견인

(가) **피성년후견인** (a) 피성년후견인이란 질병, 장애, 노령, 그 밖의 사유로 말미암은 정신적 제약으로 사무를 처리할 능력이 지속적으로 결여되어 본인, 배우자, 4촌 이내의 친족, 미성년후견인, 미성년후견감독인, 성년후견인, 성년후견감독인, 특정후견인, 특정후견감독인, 검사 또는 지방자치단체 장의 청구에 의하여 가정법원으로부터 성년후견개시의 심판을 받은 사람을 말한다(민 제9조 제1항). 종전의 금치산자가 이와 유사하다.

(b) **법정대리인** 피성년후견인은 제한능력자이므로 법정대리인이 되는 성년후견인(민 제929조)의 대리에 의해서만 소송행위를 할 수 있다(제55조 제1항 본문). 성년후견인은 여러 명 둘 수 있고(민 제930조 제2항) 법인도 성년후견인이 될 수 있다(민 제930조 제3항).

(c) 피성년후견인의 법률행위는 성년후견인에 의하여 취소할 수 있다(민 제10조 제1항). 그

---

252) 대판 1981.8.25. 80다3149.

러나 가정법원은 취소할 수 없는 피성년후견의 법률행위의 범위를 정할 수 있는데(민 제10조 제2항) 가정법원은 그 범위를 본인, 배우자, 4촌 이내의 친족, 성년후견인, 성년후견감독인, 검사 또는 지장자치단체의 장의 청구에 의하여 정할 수 있다(민 제10조 제3항). 피성년후견인이 일용품의 구입 등 일상생활에 필요하고 그 대가가 과도하지 아니한 법률행위를 한 때에는 성년후견인은 이를 취소할 수 없다(민 제10조 제4항). 이들 경우에는 피성년후견인의 행위능력이 인정되므로 그 범위에서 피 성년후견인의 소송능력도 인정된다(제55조 제1항 2호 단서).

(나) **피한정후견인** (a) 피한정후견인이란 질병, 장애, 노령, 그 밖의 사유로 말미암은 정신적 제약으로 사무를 처리할 능력이 부족하여 본인, 배우자, 4촌 이내의 친족, 미성년후견인, 미성년후견감독인, 성년후견인, 성년후견감독인, 특정후견인, 특정후견감독인, 검사 또는 지방자치단체 장의 청구에 의하여 가정법원으로부터 한정후견개시의 심판을 받은 사람을 말한다(민 제12조 제1항). 종전의 한정치산자가 이와 유사하다.

(b) 피한정후견인의 법률행위는 원칙적으로 효력이 있으므로 소송능력도 있다. 그러나 가정법원이 피한정후견인으로 하여금 한정후견인의 동의를 받도록 범위를 정하였는데도 피한정후견인이 한정후견인의 동의 없이 법률행위를 하였을 때에는 한정후견인은 이를 취소할 수 있으므로(민 제13조 제1항, 제4항 본문) 그 경우에는 법정대리인이 되는 한정후견인의 대리에 의해서만 유효하게 법률행위를 할 수 있다(민 제959조의4 제1항, 제949조 제1항). 따라서 이 경우에 피한정후견인은 행위능력이 없으므로 소송능력도 없어 법정대리인이 되는 한정후견인의 대리에 의해서만 소송행위를 할 수 있다(제55조 제2항). 그러나 피한정후견인이 일용품의 구입 등 일상생활에 필요하고 그 대가가 과도하지 않은 법률행위는 한정후견인의 동의를 받을 필요가 없으므로(민 제13조 제4항 단서) 그 범위에서 소송능력이 있다.

(c) 피한정후견인은 가정법원이 한정후견인의 동의를 받도록 범위를 정한 경우가 아니라면 언제나 유효하게 법률행위를 할 수 있으므로 그 범위에서 실체법상 행위능력이 있어서 소송능력이 있다.

(d) **법정대리인** 가정법원은 한정후견인에게 대리권을 수여하는 심판을 할 수 있는데(민 제959조의4) 그 경우에는 한정후견인이 피한정후견인의 법정대리인이 된다.

(다) **피특정후견인·임의후견인 : 소송능력은 있으나 가정법원의 심판을 받는 경우** (a) 피특정후견인이란 질병·장애·노령·그 밖의 사유로 인한 정신적 제약으로 말미암아 일시적 후원 또는 특정한 사무에 관한 후원이 필요한 사람에 관하여 본인, 배우자, 4촌 이내의 친족, 미성년후견인, 미성년후견감독인, 검사 또는 지방자치단체 장의 청구에 의하여 가정법원으로부터 특정후견의 심판을 받은 사람을 말한다(민 제14조의2 제1항). 가정법원은 일시적 후원 또는 특정한 사무에 관한 후원이 필요한 사람에 대하여 특정후견의 심판을 할 수 있고, 특정후견은 본인의 의사에 반할 수 없으므로(민 제14조의2 제1항·제2항) 피특정후견인은 행위능력에 제한이 없어

소송능력에 제한이 없다. 가정법원이 기간이나 범위를 정하여 특정후견인에게 대리권을 수여하는 심판을 하는 경우(민 제959조의11 제1항)에는 특정후견인은 정해진 기간이나 범위에서 법정대리인이 되지만 그 경우에도 특정후견인은 피특정인을 후원하는 사람에 불과하기 때문에(민 제14조의2 제1항) 피특정후견인은 소송능력에 제한이 없어 직접 소송행위를 할 수 있다.

(b) 피특정후견인이 가정법원의 심판에 의하지 않고 자기의사로 선임하는 피특정후견인을 임의후견인이라고 한다. 임의후견인은 가정법원이나 후견감독인의 감독을 받지 않고, 의사무능력자를 위한 특별대리인의 선임신청권이 있다(제62조의2 제1항 단서). 임의후견인은 당사자간의 계약에 의하여 즉시 성립하지만 후견인의 성격상 법원으로부터 후견감독인까지 선임되어야 비로소 후견계약의 효력이 생긴다고 풀이된다.

4. 의사무능력자

(a) 의사능력이 없는 자의 소송행위는 절대무효이다. 이러한 의사능력이 없는 사람을 상대로 소송행위를 하려고 하거나 의사능력이 없는 사람이 소송행위를 하는데 필요한 경우 특별대리인의 선임 등에 관하여는 제한능력자를 위한 특별대리인 선임규정(제62조)을 준용한다(제62조의2 제1항). 이것은 의사능력이 없는 사람이 소송행위를 하는 경우는 물론 의사능력이 없는 사람을 상대로 소송행위를 하려고 하는데 그를 위한 대리인이 없어 생기는 소송제기의 애로를 해소하기 위한 것이다. 대체로 피성년후견인과 유사하여 그 특별대리인은 성년후견인일 가능성이 큰데 특정후견인 또는 임의후견인도 의사무능력자를 위한 특별대리인의 선임신청권이 있다(제62조의2 제1항 단서).

(b) 의사무능력자를 위한 특별대리인이 소의 취하, 화해. 청구의 포기 · 인낙 또는 독립당사자소송에서의 탈퇴(제80조) 등 판결에 의하지 않고 소송을 종료하는 경우 법원은 그 행위가 의사무능력자 본인의 이익을 명백히 침해한다고 인정할 때에는 그 행위가 있는 날부터 14일 이내에 결정으로 이를 허가하지 아니할 수 있고 이 결정에 대해서는 불복할 수 없다(제62조의2 제2항). 이것은 법원의 판결에 의하지 아니하고 소의 취하 등으로 소송이 종료되는 경우에 의사무능력자를 보호하기 위한 후견적 견지에 의한 것이다.

5. 소송능력에 흠이 있는 경우의 효과

(1) 직접 효과

(가) **원칙적으로 무효** 제한능력자가 단독으로 한 법률행위는 의사능력이 있는 한 원칙적으로 효력이 있고 뒤에 취소할 수 있는 행위로 되는 것에 불과하지만(민 제5조 제2항), 위에서

본 바와 같이 제한능력자에게 소송능력이 없는 경우에 제한능력자가 한 소송행위는 제한능력자의 법률행위와 같이 소급하여 취소할 수 있는 행위로 취급할 수 없다. 소송절차의 안정과 밀접한 관계가 있는 소송행위를 의사표시의 취소가능성이 있는 행위능력에 의존하게 하기보다는 유효인가 무효인가를 확실하게 정할 필요가 있기 때문이다. 그러므로 이 경우 제한능력자의 소송행위는 처음부터 무효이며 비록 의사능력이 있거나 법정대리인의 대리가 아니라 동의에 의하여 스스로 소송행위를 하였다고 하더라도 유효한 취급을 받아 취소의 대상이 되는 것이 아니다. 그 의미에서 소송능력의 존재는 소송요건이기도 하지만 소송행위의 유효요건이 된다. 다만 소송능력이 없더라도 의사능력이 있는 소송행위는 무효일 뿐 부존재가 아니므로 법원은 그 소송행위에 대하여 응답을 하여야 하고 무시하거나 방치해서는 안 된다.

(나) **추인(追認)** (a) (i) 제한능력자의 소송행위가 이와 같이 무효인 경우에도 이지만 이를 유효하게 하는 추인은 언제나 환영을 받는다. 민사소송이 싫어하는 것은 유효한 행위가 뒤에 무효가 되어서 유효하게 될 수 있도록 같은 행위를 반복해야 하는 경우이기 때문이다. 거꾸로 무효인 행위가 뒤에 추인으로 유효하게 된다면 그 행위를 다시 반복하지 아니하여도 좋으므로 언제나 환영을 받는다. 따라서 법정대리권 또는 소송행위에 필요한 권한수여에 흠이 있는 사람이 무효인 소송행위를 한 뒤에, 제한능력자의 법정대리인 또는 소송능력을 취득한 본인이 그 무효인 소송행위를 추인한 경우에는 그 소송행위는 이를 한 때에 소급하여 효력이 생긴다(제60조). 물론 소가 각하되어서 추인하여야할 소송행위가 배척되었을 때에는 추인은 그 대상을 상실한다.

(ii) **추인의 자유** 추인은 소송행위가 확정될 때까지 언제든지 할 수 있다. 법원 또는 상대방에 대하여 명시적으로 말로도 할 수 있고, 예를 들어 미성년자가 한 소송수행에 대하여 법정대리인이 본안에 관한 변론을 하는 따위 등 묵시적으로도 할 수 있다. 추인의 의사표시는 소송행위이기 때문에 법원에 대하여 하는 것이 원칙이지만 상대방에 대하여 하더라도 효력이 있다.

(iii) **일부추인과 추인거절** (ㄱ) 추인은 과거의 소송행위가 연속되어 나눌 수 없게 행하여졌을 때에는 일부를 선택하여 할 수 없다. 연속된 소송행위를 일부씩 나누는 것이 부적절할 뿐 아니라 일부에 대하여 추인을 인정하고 나머지에 대하여 추인을 인정하지 않으면 추인 이후의 소송절차가 복잡해지기 때문이다. 그러나 예컨대 무권대리인이 변호사에게 위임하여 소를 제기하여서 승소하고 상대방의 항소로 소송이 항소심에 계속 중 그 소를 취하한 일련의 소송행위 중에서 본인이 무권대리인의 행위 중에서 소의 취하 행위만을 제외하고 나머지 소송행위를 추인하는 경우와 같이 소송절차를 복잡하게 하거나 소송행위의 혼란을 야기할 우려가 없고 소송경제상으로도 적절한 경우에 그 추인은 유효하다.[253]

(ㄴ) 상대방에 대하여 추인거절의 의사표시(민 제132조)를 하였다면 제한능력자의 소송행위

는 확정적으로 무효가 되므로 다시 추인할 수 없다.[254]

(b) **보정명령** (i) 법원이 당사자의 추인에 의해서 유효하게 되는 소송행위를 이와 같이 환영한다면 그 추인은 기다릴 것이 아니라 적극적으로 권유할 필요가 있다. 그 권유방법이 보정명령이다. 즉 법원은 소송능력에 흠이 있는 경우에 추인의 여지가 있으면 법정대리인 또는 소송능력을 회복한 본인에게 기간을 정하여 보정을 명하여야 하고, 보정을 기다리는 동안 소송의 지연으로 제한능력자에게 손해가 발생할 염려가 있는 경우에는 제한능력자에게 일시적으로 소송행위를 하게 할 수 있다(제59조).

(ii) **추인이 없는 경우의 취급** 법원의 보정명령에도 법정대리인 또는 소송능력을 회복한 본인이 추인을 하지 않는 경우에는 제한능력자의 소송행위가 확정적으로 무효가 되므로 그것이 소의 제기일 때에는 그 소송은 소송요건의 흠이 있는 경우로서 부적법 각하되어야 하고 그 흠 있는 소송행위가 소제기 이후에 있었다고 한다면 제한능력자 본인은 흠 있는 이후의 소송절차에 관여할 수 없다.

(2) 소송절차에 미치는 영향

(가) **제한능력자의 소제기 및 취하** 제한능력자에게 소송능력이 없는 경우에 제한능력자가 단독으로 소를 제기하였거나 그에게 소장이 송달되었을 때에는 모두 무효이다. 이 경우에는 본안판결을 할 수 없기 때문에 소송능력의 존재는 소송요건이 된다. 따라서 소송능력의 흠이 보정되지 아니할 때에는 판결로써 소를 부적법 각하하여야 한다. 그 내용은 본안에 관한 판단을 구하는 신청이 무효라는 의미이다. 의사무능력자의 경우도 이에 준한다 . 그러나 소제기의 경우에 제한능력자가 의사능력이 있는 한 그가 제기한 소를 부존재로 취급할 수 없으므로 소송계속은 존재한다. 이 소송계속을 해소하기 위하여 제한능력자는 소송능력이 없더라도 스스로 유효하게 소를 취하할 수 있는 것이다. 그러나 의사무능력자의 경우에는 어떤 경우에도 스스로 소를 취하할 수 없고 그의 특별대리인 만이 법원의 허가를 받아 할 수 있다(제62조의2 제2항).

(나) **제한능력자의 상소** 소송능력의 흠을 이유로 소를 각하한 판결에 대하여 제한능력자 본인은 소송능력이 있다는 이유로 상소할 수 있다. 상소법원은 이 경우에 상소인이 제한능력자라는 이유로 상소를 각하하여서는 안 된다. 상소를 각하하면 원심판결이 확정하게 되어 상소인의 소송능력을 부당하게 부정하였다는 원심판결을 다툴 수 없기 때문이다.[255] 상소심이 제한능력자 본인의 소송능력이 없다는 원심판결이 정당하다고 한다면 제한능력자의 상소가

253) 대판 1973.7.24. 69다60.
254) 대판 2008.8.21. 2007다79480.
255) 같은 취지: 이시윤, 163면; 김홍엽, 164면.

이유 없다는 이유로 상소를 기각하여야 한다.

(3) 제한능력자의 소송능력이 없는 사실을 간과한 판결과 상소

제한능력자에게 소송능력이 없음에도 불구하고 이를 간과한 판결은 소송법상 위법한 판결이긴 하지만 무효인 판결은 아니다. 당사자의 소송행위가 소송능력의 흠을 이유로 무효이더라도 판결 자체는 법원의 소송행위이므로 무효가 될 수 없기 때문이다. 제한능력자가 패소한 경우와 승소한 경우로 나누어 살핀다. 그러나 의사무능력자인 사실을 간과한 판결은 언제나 무효이다.

(가) 제한능력자가 패소한 경우 (a) (i) 제한능력자가 패소한 본안판결이 제한능력자인 사실을 간과하고 제한능력자 본인에게 송달된 경우에는 그 송달은 외견상 유효하지만 송달을 받을 권한의 수여에 흠이 있는 제한능력자인 사실을 간과하였으므로 판결이 확정되기 이전에는 제한능력자는 상소를 제기할 수 있고, 상소기간이 경과하여 판결이 확정되면 제451조 제1항 3호에 따라 재심의 소를 제기할 수 있다.

(ii) 반면 승소판결을 받은 당사자는 제한능력자가 불복하지 않으면 판결이 확정되므로 집행문부여신청을 할 수 있다. 제한능력자는 이 경우에도 제한능력자인 사실을 간과하였다는 것을 이유로 집행문부여에 대한 이의신청(민집 제34조) 또는 집행문부여에 대한 이의의 소(민집 제45조)를 제기하여 구제받을 수 있다.

(b) 제한능력자인 사실을 간과한 본안판결에서 제한능력자가 패소판결을 받고 상소나 재심의 소를 제기한 경우에 상소심이나 재심법원은 이러한 상소나 재심의 소에 대하여 소송능력의 흠을 이유로 각하할 수 없다. 각하판결을 하면 원심판결이 확정하게 되어 제한능력자 본인의 소송능력 흠을 보정할 기회가 없게 되기 때문이다. 원심법원에서 소송능력의 흠을 감춘 제한능력자 본인이 상소심 또는 재심에서 제한능력을 주장하는 것은 금반언의 원칙에 반한다 하겠으나 제한능력자의 보호가 우선이기 때문에 각하해서는 안 된다. 상소심이나 재심법원에서 상소인 또는 재심청구인의 제한능력 사실이 밝혀지면 원심판결을 파기 또는 취소하여 원심법원에 환송하여야 할 것이나 그보다는 제한능력자에게 소송능력의 흠을 보정할 기회를 주어 자판하는 것이 소송경제에 맞는다.

(나) 제한능력자가 승소한 경우 이 경우 상대방은 승소한 당사자의 법률상 이유가 위법·부당하다는 이유로 상소를 제기할 수 있으나 오로지 제한능력을 간과하였다는 이유만으로 상소를 제기할 수 없다. 왜냐하면 제한능력제도는 제한능력자를 보호하기 위한 제도이지 그 상대방을 보호하는 제도가 아니기 때문이다. 그러므로 승소한 제한능력자에 대한 판결송달이나 상소제기는 모두 유효하다.

(다) 소송계속 이후 소송능력의 변동 소송계속 중에 당사자가 성년후견개시선고를 받는

등 이유로 소송능력을 상실하면 소송절차는 법정대리인이 수계할 때까지 중단된다(제235조). 반대로 미성년자 본인이 성년이 되는 등 능력을 취득하면 법정대리인의 대리권이 소멸되므로 본인이 수계할 때까지 소송절차는 중단된다(제235조). 그러나 이들 경우에도 소송대리인이 있는 경우에는 당사자의 소송수행에 지장이 없기 때문에 소송절차는 중단되지 않는다(제238조). 성년후견인이 피성년후견인의 법정대리인으로서 소송절차를 수계하는 경우에도 소송절차에서 당사자는 여전히 피성년후견인이므로 성년후견인이 피성년후견인의 당사자적격을 가지게 되는 것은 아니다.[256]

(4) 소송성립후의 소송행위에 소송능력의 흠이 생긴 경우

소의 제기행위 자체는 법정대리인에 의하여 이루어져 아무런 잘못이 없으나 그 후 개별적인 소송행위를 소송능력이 없는 제한능력자 본인이 직접 수행한 경우에는 개별적으로 무효가 된다. 따라서 이에 터 잡은 기일은 실시할 수 없고 또 기일에 제한능력자 본인이 출석하여 변론을 할 때에는 법원은 이를 배척하여야 한다.

소송능력

1. 소송능력 기본 구조

구분	내용
소송능력	소송행위를 할 수 있는 능력 (행위능력 기준)
판단 기준	실체법상의 행위능력(민법) 준용
필요 조건	의사능력 필수
효력	소송능력 흠 → 소송행위 절대무효, 추인 시 소급 유효

2. 제한능력자별 소송능력

유형	소송능력	예외 · 비고
미성년자	없음 → 법정대리인 대리 필요	✔ 혼인(성년의제) ✔ 영업허락 받은 경우 ✔ 근로계약·임금청구는 직접 가능
피성년후견인	없음	✔ 법원이 정한 "취소할 수 없는 행위 범위"에서는 가능
피한정후견인	☐ 있음	동의권 범위의 행위는 소송능력 없음(동의 필요)
피특정후견인	☐ 있음	후견인은 단순한 지원자
임의후견인	☐ 있음	단순한 지원자

256) 대판 2017.6.19. 2017다212569.

3. 의사무능력자

항목	내용
소송행위	절대무효(능력 회복 여부 무관)
절차	특별대리인 제도 적용
소 취하·화해	법원 허가 필요

4. 소송능력 흠의 효과

행위	효과
제한능력자의 단독 소 제기 · 변론	무효
보정 · 추인	추인 시 소급 유효(60조)
추인 없음	소송행위 확정 무효 → 소 각하
제한능력자의 상소	각하 불가 (상소심에서 능력 판단)

5. 제한능력자를 간과한 판결

상황	효과
제한능력자에 대한 판결	무효는 아님, 단지 위법
패소한 제한능력자	상소 가능, 확정 후 재심 가능
승소한 제한능력자	상대방은 단순 제한능력만으로 상소 불가
의사무능력자를 간과한 경우	판결 항상 무효

6. 소송 도중 능력 변동

상황	효과
소송 중 능력 상실 (후견 개시 등)	법정대리인 수계(受繼) 전까지 절차 중단
소송 중 능력 취득 (성년 도달 등)	본인이 수계 전까지 중단
소송대리인이 있는 경우	중단 없음
능력 흠 발생 후 개별 소송행위	해당 행위만 무효, 진행 불가

[44] * 제2. 소송상 대리인(일반론)

소송능력이 없는 제한능력자는 스스로 소송행위를 할 수 없으므로 반드시 법정대리인이 본인을 대신하여 소송행위를 하여야 한다. 반면 소송능력이 있는 당사자는 직접 소송행위를 할 수 있으나, 자신의 의사에 따라 대리인을 선임할 수도 있다. 행위능력자도 실체법상 법률행위에 관하여 대리를 인정받는 것과 마찬가지로(민법 제114조 이하), 소송능력자에 대하여 소송대리를 금지할 이유가 없기 때문이다. 또한 현행법은 처분권주의와 변론주의를 채택하고 있어 소송의 결말은 당사자의 소송행위에 크게 좌우된다. 따라서 소송행위에는 실체법과 소송법에 관한 지식뿐만 아니라 사실관계의 정확한 파악이 요구되므로, 법률 전문가에게 이를 맡기는 것이 합리적이다. 이러한 취지에서 임의대리인으로서의 소송대리인이 인정되며, 원칙적으로 소송대리인은 변호사만 될 수 있다(제87조). 소송상 대리인을 요약하여 정리하면 다음과 같다.

소송상 대리인 일반

	발생근거	대상/예시	권한범위	특징
법정대리인	본인의 의사와 무관하게 법률에 의해 대리권 발생: 법률 규정	제한능력자, 의사무능력자, 미성년자, 후견인 등	본인 소송행위 전반	본인이 직접 대리권 부여 불가, 법이 정한 제3자가 수행
실체법상 법정대리인	민법 등 실체법에 따른 법정대리인: 민법·기타 법률	친권자, 성년후견인, 한정후견인 등	본인 소송행위	민법상 권한 그대로 소송상 적용
소송상 특별대리인	법원 선임: 제한능력자/법인 대표권 행사 불가시: 제62조, 제64조.	미성년자, 피한정후견인, 의사무능력자, 법인·단체	소송수행	법정대리인 부재, 이해상충, 불성실 등 이유로 선임
임의대리인	본인 의사에 따라 대리권 부여	소송위임에 의한 대리인, 법률에 의한 소송대리인	개별행위 또는 포괄행위(소송대리인)	본인 권한 확대, 경제적 여력 따라 선임 가능
소송위임에 기초한 소송대리인	본인으로부터 특정 소송 사건 위임	위임계약 변호사, 법무법인 등	위임 범위 내	변호사 원칙, 일부 사건에서는 예외적으로 비변호사 가능
법률에 의한 소송대리인	법률상 직무 수행 권한으로 소송 가능: 법률규정	지배인, 선장, 선박관리인, 국가소송수행자	직무 관련 소송 전반	변호사일 필요 없음, 법정대리인과 유사
대표자 (법인 등)	법인/단체를 대표하여 소송 수행: 법인/단체규정	사적 법인: 이사, 대표이사, 감사 등 공법인: 국가–법무부장관, 지방자치단체–시장/도지사 등	법인/단체 명의 소송 전반	사람 아닌 법인을 대신해 소송 수행, 법정대리인에 준함

1. 소송상 대리인의 개념

소송상 대리인이라 함은 당사자(또는 보조참가인)의 이름으로 소송행위를 하거나 받아서 그 효과를 본인에게 생기게 하는 제3자를 말한다. 앞의 소송능력제도에서 본 ＋알파를 제한능력자 이외에 정상적인 거래 당사자에게까지 확장한 것이 소송상 대리인 제도라 할 수 있다.

2. 대리인의 종류

(1) 법정대리인과 임의대리인

소송상 대리인은 대리관계의 발생이 본인의 의사로 말미암은 것이냐 아니냐에 따라 법정대리인과 임의대리인으로 구별된다. 법정대리인이란 ＋알파가 당사자의 뜻과 관계없이 법에 의해서 추가되는 경우이고 임의대리인이란 당사자의 뜻에 터 잡아 ＋알파가 추가되는 경우라고 예를 들 수 있다.

㈎ **법정대리인** 법정대리인이라 함은 대리권의 발생이 법률의 규정에 의하고, 본인의 의사에 터 잡지 않은 대리인을 말한다. 여기에는 민법 등 실체법에서 정한 법정대리인과 제한능력자를 위한 특별대리인(제62조), 의사무능력자를 위한 특별대리인(제62조의2)과 같은 소송법상 특별대리인이 있다.

㈏ **임의대리인** 임의대리인이라 함은 본인의 의사에 터 잡아 대리권이 수여된 대리인을 말한다. 여기에는 소송위임에 기초한 소송대리인과 법률에 의한 소송대리인이 있다(제87조). 앞의 법정대리인이 자기의 뜻에 터 잡아 본인의 소송대리인을 선임하였다면 그 대리인도 임의대리인이다. 임의대리인 가운데 대리권이 소송수행을 위해서 포괄적으로 수여된 대리인을 소송대리인이라고 한다.

(2) 포괄대리인과 개별대리인

소송상 대리인은 소송수행 전반에 걸쳐 소송행위라면 무엇이든지 모두 포괄적으로 대리할 수 있는 포괄대리인이 원칙이지만 개개의 소송행위만을 위한 개별대리인도 허용된다. 송달수령에 관한 대리인으로서 재감자를 위한 교도소장 · 구치소장(제182조, 법정대리인이다), 일반송달영수인(제184조, 임의대리인이다)들이 이러한 종류의 대리인에 속한다. 전자문서로 작성된 소송위임장의 경우에도 동일하다(공증인 제3조).

3. 대리권

(1) 소송상 대리권의 특징

㈎ 실체법상 대리인과 동일하게 소송상 대리인에게도 대리권이 있어야 한다. 다만 소송상 대리인에 대해서는 소송절차의 원활·안정을 도모하기 위하여 대리권의 존부(存否)를 명확하게 하고 그 범위를 획일적으로 처리할 필요가 있다. 그래서 실체법상 대리인과 달리 소송상 대리인은 그 대리권을 서면으로 증명하여야 하고(제58조, 제97조), 대리권의 소멸은 상대방에게 통지하여야 하며(제63조, 제97조), 대리권의 범위를 법으로 정해 놓았다(제56조, 제92조).

㈏ 소송위임장이란 소송대리인의 권한을 증명하는 서면이다(제89조 제1항). 이 서면에는 전자문서의 서면요건(전자문서 제4조의2)을 갖춘 전자문서를 포함한다. 소장을 전자문서로 법원에 제출하는 경우에 소송대리권을 증명하는 전자문서를 첨부하면 편리할 것이다. 대리권을 수여하는 소송위임행위, 즉 수권행위는 소송대리권의 발생이라는 소송법상 효과를 목적으로 하는 단독행위로서 그 기초관계가 되는 의뢰인과 변호사 사이의 사법상 위임계약과는 성격을 달리한다. 따라서 의뢰인과 변호사 사이의 권리의무는 수권행위가 아닌 사법상 위임계약에 의하여 발생한다.[257)]

㈐ 법원은 원고소송대리인의 소송위임장에 의심이 있을 때에는 공증인의 인증을 받도록 명하는데 원고가 이에 불응하여 공증 있는 위임장을 제출하지 않은 경우에는 원고소송대리인의 소송행위는 무권대리행위로서 부적법하다.[258)] 전자문서로 작성된 소송위임장의 경우에도 동일하다(공증인 제3조).

(2) 대리권의 흠(무권대리)

제3자는 대리권이 있어야 당사자 본인을 위해서 소송행위를 할 수 있다. 당사자에게 그 효과가 생기게 하는 것은, 마치 당사자가 소송능력이 있어야 소송행위를 할 수 있고 소송능력이 없으면 그 소송행위가 무효로 되는 것과 동일하다. 따라서 대리권의 흠은 소송능력의 흠이 있는 경우와 같이 취급한다. 예컨대 회사의 대표권이 없는 자가 회사의 청산인으로 선임되어 있음을 틈타서 회사가 승소한 제2심 종국판결이 선고된 뒤에 소를 취하하였다고 하더라도 그 소 취하는 무권대리 행위로서 무효이며, 비록 상대방이 이에 동의하였다 하더라도 상대방이 그가 실질적 대표권이 없음을 알고 있었다면 무효행위에는 변함이 없다.[259)]

㈎ **유효요건, 추인**

257) 대판 1997.12.12. 95다20775.
258) 서울고판 1975.7.11. 74나1615.
259) 대판 1994.4.12. 90다카27785.

(a) 무권대리인의 소송행위는 본인에게 효과가 없다는 점에서 대리권의 존재는 소송행위의 유효요건이고, 소 제기가 무효로 되면 부적법하여 각하된다는 점에서 소송요건이다.

(b) (i) (ㄱ) 제59조 전단과 제60조의 규정에 따라 미성년자의 법정대리인에게 법정대리권의 흠이 있는 경우 법원은 그 흠을 보정할 수 없음이 명백한 때가 아닌 한 기간을 정하여 보정을 명하여야 할 의무가 있다.[260)]

(ㄴ) 무권대리인의 소송행위라고 하더라도 소송능력을 취득한 본인이나 적법한 대리인이 추인하면 그 소송행위는 추인한 때로 소급하여 효력이 생긴다(제60조, 제97조). 그러므로 변호사가 상고장을 제출할 당시에는 본인으로부터 대리권을 수여받지 않았으나 그 후 본인으로부터 소송행위에 관한 일체의 대리권을 수여받아 상고이유서를 제출하였다면 상고제기라고 하는 무권대리 행위는 유효하게 추인되었으므로 그 상고는 상고장 제출 시부터 소급하여 효력이 있다.[261)]

(ii) 죽은 사람 명의로 소송위임을 받은 변호사가 소송행위를 수행한 경우라도 망인의 재산상속인들이 그 소송을 수계하고 그 변호사를 소송대리인으로 선임하는 동시에 원심에서 한 그 변호사의 소송행위를 추인한다는 뜻을 기재한 소송위임장을 상고심에 제출한 때에는 그 변호사의 원심에서의 소송행위는 모두 적법·유효하게 된다.[262)]

(iii) 제한능력자의 후견인이 제한능력자의 대리인으로 소송을 제기하는 등 소송행위를 하는 경우 후견감독인이 있으면 그 후견감독인의 동의를 얻어야 한다(민 제950조 제1항 5호). 후견인이 후견감독인의 동의를 얻지 아니한 채 제소하였는데 사실심의 변론종결 시까지 그 동의가 보정되지 아니하였다면 그 제소 등 일련의 소송행위는 그에 필요한 수권에 흠이 있어 무효가 된다. 그러나 후견인의 소송행위에 필요한 후견감독인의 동의가 보정된다면 행위 시에 소급하여 그의 효력이 생기고(제60조)[263)] 그 보정은 상고심에서도 할 수 있어 후견인의 소제기는 유효하게 된다.[264)]

(iv) 대리권에 흠이 있는 자가 조정을 갈음하는 결정에 관한 이의신청을 한 경우 당사자 본인이나 보정된 대리인이 이의신청행위를 추인한 경우에는 민사조정법제 36조제1항에 따라 소가 제기된 것으로 본다.[265)]

(c) 제소전 화해에서 대리권의 흠을 추인할 수 있는 권리는, 제소전 화해 당사자에게 속한다. 그러므로 제소전 화해의 목적물인 대지의 명의신탁자는 명의수탁자 명의의 소송위임장을

---

260) 대판 2024.7.11. 2023다301941.
261) 대판 1962.2.28. 4294민상927.
262) 대판 1966.11.22. 66다1603.
263) 대판 2001.7.27. 2001다5937.
264) 대판 2010.12.9. 2010다77583.
265) 대판 2022.7.13. 2023다225146.

위조한 결과로 이루어진 제소전 화해신청인 이름으로 된 소유권이전등기를 추인할 수 있는 것은 별개의 문제라고 하더라도 신탁자는 제소전 화해의 당사자가 아니므로 명의수탁자인 피신청인을 대리하여 제소전 화해조서의 대리권 흠은 추인할 권한이 없다.[266)]

(d) 무권대리인의 소송행위는 추인할 때까지 그 효력이 유효인지 무효인지 명백하지 않은 유동적 무효이다. 그러므로 사실심에서 소송대리권에 흠이 있더라도 본인이 무권대리인의 소송행위를 상고심에서 추인하면 효력이 있다.[267)] 그러나 본인이 상대방에 대하여 추인거절의 의사표시를 하면(민 제132조) 무권대리인의 소송행위는 확정적으로 무효가 되어 뒤에 다시 추인할 수 없다.

(e) 무권대리인의 소송행위에 대한 추인은 특별한 사정이 없는 한 소송행위 전체를 대상으로 하여야 하고 그 일부만 따로 추인을 할 수 없다[268)]. 그러나 일련의 소송행위 중에서 다른 소송행위와 분리하여도 독립된 의미를 가지고 있는 소송행위만을 제외하고 나머지 전부를 추인하는 것은, 소송의 혼란을 일으킬 염려가 없고 소송경제상으로도 적절하여 유효하다.[269)]

(f) 무권대리인의 행위는 후일 본인 또는 진정한 대리인이 추인하면 소급하여 유효하게 되는 것이고 또 무권대리인의 행위라 하여 반드시 본인에게 불이익한 것만은 아니므로 추인을 얻을 여지가 있는 사건에 있어서는 법원은 먼저 무권대리인에게 기간을 정하여 대리권의 흠을 보정할 것을 명하여야 한다.[270)] 예컨대 주식회사의 이사가 회사에 대하여 소를 제기하면서 상법 제394조에 의하여 그 소에 관하여 회사를 대표할 권한이 있는 감사를 대표자로 표시하지 아니하고 종전 대표이사를 회사의 대표자로 표시한 소장을 법원에 제출하였는데 법원이 이 점을 간과하여 회사의 대표이사에게 소장의 부본을 송달한 채 회사의 대표이사로부터 소송대리권을 위임받은 변호사들에 의하여 소송이 수행된 경우에 그 소송에 관해서는 회사를 대표할 권한이 대표이사에게 없기 때문에 회사의 대표이사가 회사를 대표하여 한 소송행위나 이사가 회사의 대표이사에 대하여 한 소송행위는 모두 무효이지만 법원은 대표권의 흠을 보정할 수 없는 것이 명백하지 않는 한 기간을 정하여 보정을 명하여야 할 의무가 있다고 할 것이므로 대표권 있는 감사에게 대표권 흠의 보정을 명하여야 할 것이고, 이와 같은 대표권 흠의 보정은 항소심에서도 가능하다.[271)]

(g) 만약 보정으로 소송이 지연되어 손해가 생길 염려가 있을 때에는 당사자 또는 법정대리인으로 하여금 일시적으로 소송행위를 하게 할 수 있다(제59조, 제97조).

---

266) 대판 1990.12.11. 90다카4669.
267) 대판 2005.4.15. 2004다66469.
268) 대판 2024.12.26. 2024후10825.
269) 대판 1973.7.24. 69다60.
270) 대결 1966.12.30. 66마1129.
271) 대판 2011.7.28. 2009다86918.

(나) **소송요건, 직권조사사항** (a) (i) 소송대리권의 존재는 소송요건으로서 직권조사사항이다. 법원은 소송대리권의 존재에 의심이 있으면 이를 직권으로 조사하지 않으면 안 되고, 조사의 결과 소송대리권의 흠이 인정되면 그가 소송행위를 하는 것을 금지하면서 소송대리권 흠의 보정을 명하고, 보정의 지연으로 손해가 생길 염려가 있을 때에는 일시적으로 소송행위를 하게 할 수 있다(제59조, 제97조), 따라서 소송대리권의 존부는 의제자백의 대상이 되지 않는다.[272]

(ii) 그러나 여기서 직권조사의 대상은 당해 소송에 한정된다. 예컨대 법원이 직권으로 법인 대표자에게 적법한 대표권이 있는지 여부를 조사하여야 하는 이유는, 당해 소송에서 법인에게 당사자능력 또는 소송능력이 있는지 여부를 판단하기 위한 것이므로 따라서 직권조사의 대상은 당해 소송에서 법인 대표자의 적법한 대표권 유무이고, 당해 소송 이전에 법인이 행한 어떤 법률행위를 법인 대표자가 적법한 대표권에 기초하여 행한 것인지 여부는 당사자가 주장·입증하여야 할 문제이다. 그러므로 법원이 이러한 사항까지 직권으로 탐지하여 조사하여야 할 의무는 없다.[273]

(b) 일반적으로 소송대리권의 존재는 그 대리인을 선임한 본인이 그 대리권의 존재를 입증하여야 한다. 그러나 준재심(제461조)의 경우 소송대리권의 흠이 준재심사유로 되어 있으므로 그 입증책임은 소송대리권의 흠을 주장하는 준재심 원고에게 있다.[274]

(c) 무권대리인의 또는 무권대리인에 대한 소송에서 대리권의 흠이 보정되지 아니한 때에는 그 소송은 부적법하여 각하하여야 하고 이 경우의 소송비용은 무권대리인 부담으로 한다(제107조 제2항).

(다) **대리권 흠을 간과한 판결** 대리권의 흠을 간과하여 본안판결을 하였을 경우의 구제방법은, 판결이 확정되기 이전에는 상소(제424조 제1항 4호)[275]로, 판결이 확정된 이후에는 재심(제451조 제1항 3호)에 의한다. 그러므로 예컨대 소송에서 조합의 대표자로 된 자가 당시 조합의 적법한 대표자가 아니라고 하더라도 대표자로 판결이 확정되었다면 그 판결의 효력은 그 조합에게 미치는 것이므로 재심절차에 의하여 취소되지 않는 한 그 조합은 이에 어긋나는 청구를 할 수 없다.[276]

(3) 양쪽 대리의 금지

(가) **취지** 법률행위의 대리에 관해서는 민법에 명문으로 자기계약 또는 양쪽 대리가 금

---

272) 대판 1999.2.24. 97다38930.
273) 대판 2004.5.14. 2003다61054.
274) 대판 1996.12.23. 95다22436.
275) 소송대리인의 대리권의 존부는 직권조사사항에 해당하므로 그 흠을 사실심의 변론종결시까지 주장하지 아니하여도 상고심에서 주장할 수 있다(대판 2009.10.29. 2008다37247 참조).
276) 대판 1994.1.11. 93다28706.

지되어 있다(민 제124조). 소송행위에는 이런 규정이 없지만 법률행위에서와 마찬가지로 양쪽 대리는 당연히 금지된다. 왜냐하면 대리는 본인과 대리인과의 신뢰관계를 전제로 하는데 양쪽 대리는 이 신뢰를 해치기 때문이다. 다만 소송행위는 상대방에 대해서가 아니라 법원에 대하여 행하여지기 때문에 외형적으로는 양쪽 대리가 아닌 것으로 보이기 쉬우므로 법원은 소송절차를 전체적으로 관찰하여 한 사람이 양쪽 당사자를 모두 대리하는 관계에 있을 때에는 이를 양쪽 대리로 취급하여야 할 것이다. 그러나 양쪽 대리를 하더라도 본인들의 이해관계가 대립되는 것이 아니고 협력관계일 때, 예컨대 제83조의 공동소송참가인과 피참가인 사이와 같은 경우에는 양쪽 대리가 금지되지 않는다.[277]

(나) **법정대리인의 양쪽대리** 법정대리인으로서 양쪽 대리에 해당하는 경우에는 거의 실체법상 법정대리권의 제한으로 규정되어 있다(민 제64조, 제921조, 상 제199조 등). 실체법상 법정대리인은 소송상으로도 법정대리인이므로 실체법상 법정대리권의 양쪽대리 제한 규정은 소송상으로도 그대로 적용된다. 소송법상 특별대리인(제62조, 제62조의2)에 관하여서도 양쪽 대리가 금지된다.

(다) **양쪽대리가 변호사법 제31조에 제1항 1호에 위반된 경우**

(a) **변호사법 제31조 제1항 1호의 취지** (i) 변호사가 당사자 한쪽으로부터 상의를 받아 그 사건을 승낙한 사건의 상대방이 위임하는 사건에 관하여는 그 직무를 수행할 수 없고(변 제31조 제1항 1호), 이를 위반한 변호사는 제명 등의 징계를 받을 수 있다(변 제91조 제2항 1호). 따라서 양쪽대리, 즉 쌍방대리는 원칙적으로 변호사의 직무 범위에서 제외된다.

(ii) 변호사 윤리를 기초로 변호사의 직무를 제한하는 취지는 변호사와 의뢰인 사이에서 이미 발생한 신뢰관계를 보호함으로써 첫째, 당사자의 이익을 지키고 둘째, 변호사의 윤리 혹은 품위유지라는 공익을 달성하자는 데 있다. 여기서 보호하여야 할 당사자의 이익은 「그 수임을 승낙한 사건의 상대방이 위임하는 사건」이라는 변호사법 제31조 제1항 1호의 규정상 변호사를 선임한 본인이 아니라 그 상대방의 이익이다.

(iii) 의뢰인과 변호사와의 신뢰관계가 문제되지 않는 경우, 예를 들어 한 쪽 당사자의 수임사건이 확정되거나 양쪽 당사자 중 한 사람이 신뢰관계 종료를 이유로 해당 변호사를 해임한 경우에는 변호사법 제31조 위반은 문제되지 않을 것이다.

(iv) 그러나 여기서 수임사건의 확정이라 함은 분쟁이 되는 민·형사상 사건이 모두 확정되는 것을 의미하고, 그 중 어느 하나만 확정되고 나머지는 아직 확정되지 않는 경우에는 아직 신뢰관계가 종료되지 아니하였으므로 변호사법 위반의 문제가 남는다. 예컨대 형사사건에서 피고인을 위한 변호인으로 선임되어 변론활동을 하는 등 직무를 수행하던 변호사가

---

277) 대판 1962.12.6. 62사21.

나중에 실질적으로 동일한 쟁점을 포함하고 있는 민사사건에서 위 형사사건의 피해자에 해당하는 상대방 당사자를 위한 소송대리인으로서 소송행위를 하는 등 직무를 수행하는 경우이다. 이 변호사법의 규정은 변호사법 제57조의 규정에 의하여 법무법인에 관하여도 준용된다고 할 것이므로, 법무법인의 구성원 변호사가 형사사건의 변호인으로 선임된 그 법무법인의 업무담당변호사로 지정되어 그 직무를 수행하였는데도 그 이후 제기된 같은 쟁점의 민사사건에서 이번에는 위 형사사건의 피해자 측에 해당하는 상대방 당사자를 위한 소송대리인으로서 직무를 수행하는 것도 금지되는 것임은 물론이고, 위 법무법인이 해산된 이후라도 변호사 개인의 지위에서 그와 같은 민사사건을 수임하는 것 역시 마찬가지로 금지되는 것이라고 풀이할 것이다. 비록 민사사건에서 직접적으로 업무를 담당한 변호사가 먼저 진행된 형사사건에서 피고인을 위한 직접적인 변론에 관여를 한 바 없었다고 하더라도 마찬가지이다.[278] 따라서 법무법인·법무법인(유한)·법무조합이 아니면서 변호사 2명 이상이 사건의 수임·처리나 그 밖의 변호사 업무 수행 시 통일된 형태를 갖추고 수익을 분배하거나 비용을 분담하는 형태로 운영되는 법률사무소는 하나의 변호사로 취급되므로(변호사법 제31조 제2항), 이러한 법률사무소 소속 변호사들이 상대방 관계에 있는 당사자 양쪽으로부터 각자 수임을 받은 경우에도 양쪽대리에 해당하여 변호사법 제31조 제1항 1호에 따라 원칙적으로 수임이 제한된다.[279]

(iv) 수임사건이 종결되었지만 상소로 인하여 확정되지 않은 경우, 종국판결 선고 이전에 소가 취하되어 재차소송의 여지가 있는 경우. 변호사 본인이 자기의 의사로 소송대리인 직을 사임한 경우 등에도 의뢰인과 변호사와의 신뢰관계가 존속된다고 보아 변호사법 제31조 위반이 문제될 수 있다.

(v) 비송사건과 같이 양쪽 당사자의 대립을 전제로 하지 않는 경우에는 변호사법 위반이 문제되지 않는다.

(b) **위반의 효력** 변호사가 수임제한 규정을 위반한 경우에는 민법 제124조가 적용됨에 따라 원칙적으로 무권대리 행위에 해당하여 허용되지 않고, 예외적으로 본인의 허락이 있는 경우에 한하여 효력이 인정될 수 있다. '본인의 허락'이 있는지 여부는 이익충돌의 위험을 회피하기 위한 입법 취지에 비추어 양쪽대리행위에 관하여 유효성을 주장하는 자가 주장·증명책임을 부담하고, 이때의 '허락'은 명시된 사전 허락 이외에도 '묵시적 허락' 또는 '사후 추인'의 방식으로도 가능하다[280]. 다만 변호사가 하는 소송대리에는 당사자 본인이 할 소송행위를 대행하는 측면이 있기 때문에 변호사의 대리권에 변호사법 위반의 흠이 생기면 소송행위 그 자체의 효력도 문제된다. 이에 관해서는 다음과 같은 학설이 대립된다.

278) 대판 2003.5.30. 2003다15556(평석은 [3] 참조).
279) 대판 2024.1.4. 2023다225580.
280) 대판 2024.1.4. 2023다225580.

(i) **절대무효설** 당사자가 선임한 변호사가 변호사법에 위반된 경우에는 징계를 받는 것은 물론이고 변호사가 한 소송행위도 절대적으로 무효라는 견해이다. 위 법 규정의 보호법익인 '공익'은 어떤 수단을 다하여서라도 달성하지 않으면 안 되므로 변호사에 대한 징계방법 이외에 소송행위의 효력을 희생해서라도 공익을 실현하여야 하기 때문이라는 것이다. 그러나 문제된 변호사의 소송행위가 변호사법에 위반된다고 하여 그 소송행위 전부를 절대 무효라고 주장할 수 있다면 그때까지 진행되었던 소송절차가 모두 뒤집어져서 다시 행해야 하므로 소송경제에 어긋나며, 특히 당사자들이 소송결과에 따라 패소판결을 뒤집는 방법으로 무효를 주장할 수도 있어 신의칙에도 반하는 경우가 생길 수 있다.

(ii) **추인설** 변호사의 소송행위가 변호사법에 위반되면 무권대리 행위가 되므로 본인이 추인을 하면 유효하다는 견해이다. 이 견해의 결점은 변호사법 위반의 보호주체는 변호사법 위반의 변호사를 선임한 본인의 상대방인데 상대방이 아니라 변호사를 선임한 본인이 자기가 선임한 대리인의 무권대리 행위를 추인으로 유효하게 한다는 것은 변호사법의 취지에 맞지 않는다는 점이다. 변호사 법위반 사실을 무권대리행위로 보고 본인에게 추인권을 줌으로써 상대방이 아니라 본인을 보호하자는 판결[281]이 있다. 그러나 엄밀하게 본다면 위 판결은 무권대리 행위의 추인에 관한 일반적 내용의 판시라고 할 수 있어 특정된 변호사법 위반의 경우에 적용하는 데는 문제가 있다.

(iii) **이의설** (ㄱ) 당사자가 선임한 변호사의 변호사법위반 사실을 상대방이 알거나 알 수 있었음에도 불구하고 사실심의 변론종결 당시까지 이의하지 아니하면 제151조(소송절차에 관한 이의권)를 유추하여 무효를 주장할 수 없다는 견해이다. 이의설은 형식적으로는 변호사법 제31조 제1항 1호에 위반된 대리인의 행위가 상대방과의 신뢰관계를 배반하였으므로 상대방의 이의 유무를 기준으로 소송행위의 효력을 정하되 사실심의 변론종결 당시까지 무효주장을 하지 않는 경우에는 금반언의 법리에 의하여 무효주장을 허용하지 않는다는 견해로서 통설과 판례[282]의 지위에 있다. 그러므로 제1심에서 피고를 대리하여 소송행위를 하였던 변호사가 항소심 2차 변론기일에 원고의 소송 복 대리인으로 출석하여 변론을 하였을 경우에 당사자가 그에 대하여 항소심 변론종결 당시까지 아무런 이의를 제기하지 아니하면 그 소송행위는 소송법상 효력이 있다.[283]

(ㄴ) 원래 제151조에서 정하고 있는 소송절차에 관한 이의권은, 소송의 심리 혹은 수행에 관한 당사자 및 법원이 하는 소송행위의 방식 · 요건 · 시기 · 순서 · 장소 등의 형식면에 관한 사항에 관해서 행사할 수 있고, 소송행위의 내용이나 소송상 주장의 당부에 관한 사항은 포함되

281) 대판 1970.6.30. 70다809.
282) 대판 2003.5.30. 2003다15556.
283) 대판 1990.11.23. 90다4037,4044.

지 않는다. 따라서 변호사법위반의 규정은 소송수행의 형식면에 관한 사항이 아니기 때문에 제151조의 소송절차에 관한 이의권의 포기나 상실의 대상이 되지 않을 것이지만 이를 유추적용한 것이다.

(ㄷ) 제151조의 이의권은 바로, 즉 이의를 제기할 수 있는 첫 기회에 행사하지 아니하면 포기나 상실될 수 있는데 대하여, 변호사법 위반에서의 이의는 제151조의 이의와 구별하여 사실심의 변론종결 당시까지 행사할 수 있다. 이와 같이 제151조의 이의와 변호사법위반의 이의가 그 행사시기를 달리하는 이유는, 제151조의 경우에 당사자의 소송행위는 물론 법원의 잘못된 소송행위도 이의의 대상이 되므로 소송절차를 조속하게 안정시킬 필요가 있어 이의의 시기를 '바로'로 한정하였으나 변호사법위반의 경우에는 당사자 본인의 변호사에 관해서만 문제가 되기 때문에 이의시기를 조속하게 정할 필요가 없기 때문이다.

(ㄹ) 그러나 사실심의 변론종결 당시까지 이의권의 행사 유무를 오로지 상대방에게 맡긴다면 상대방은 그 때까지 승소가능성을 따져 이의권 행사유무를 결정할 수 있고, 제1심 패소판결을 뒤집는 방법으로 이의를 주장할 수도 있어 변호사법에 위반된 소송행위의 효력을 사실심 변론종결 당시까지 불안정한 상태에 빠지게 하면서 그로 말미암아 신의칙에 반하는 결과가 생길 수 있다는 결점이 있다.

(c) **이의설의 구체적 문제점** 이의설은 위의 결점이 있으므로 여러 가지 문제가 제기될 수 있다.

(i) 오늘날 변호사의 구성 현황은 단독 변호사보다는 로펌이 압도적으로 많고 로펌 중에서는 변호사 구성원 수가 수백 명을 넘는 경우도 허다하며, 변호사의 수임 형태도 판결절차뿐만 아니라 조정·화해절차, 행정절차 등 다종다양하므로 중복수임 여부를 가리기가 어려운 실정인데 변호사법위반의 보호주체를 상대방으로 한정하여 그에게 이의권을 독점하게 하고 본인에게는 아무런 구제수단을 마련하지 않는다면 불공평하여 무기대등의 원칙에 어긋날 수 있다.

(ii) 예를 들어 상대방은 이미 제1심에서 변호사법위반 사실을 알거나 알 수 있었음에도 불구하고 이를 주장하지 않고 있다가 자기에게 불리한 제1심판결을 받은 후에 이를 공격하기 위해 항소를 제기하여 항소심에서 변호사법 위반사실을 주장할 수 있고, 또 자기에게 유리한 제1심판결을 받고서는 항소심에서 항소를 제기한 항소인 변호사의 변호사법 위반사실을 주장함으로써 항소인측의 항소제기 자체를 부적법하게 할 수 있는 등 매우 부당한 결과를 초래할 수 있다.

(d) **결론–이의설의 합리적 해석** (i) 실체법상 대리권 없는 자가 타인의 대리인으로 계약을 한 경우에 상대방은 상당한 기간을 정하여 본인에게 그 추인 여부의 확답을 최고할 수 있다. 본인이 그 기간 이내에 확답을 발하지 아니한 때에는 추인을 거절한 것으로 본다(민 제131조). 이 민법의 규정을 변호사법 제31조 제1항 1호의 경우에 유추하여, 당사자 본인이 상대방에게 이의를 할 것이냐 여부에 관한 확답을 상당한 기간을 정하여 독촉하는 최고권을 행사할

수 있게 하고 상대방이 그 기간 내에 확답을 하지 아니한 때에는 이의를 하지 않는 것으로 본다면 변호사법 위반의 경우에 생길 수 있는 소송절차의 불안정성은 상당부분 해소할 수 있을 것이다.

(ii) 한편, 법원이 심리한 상대방의 이의권 행사가 위에서 본 바와 같은 신의칙상 「선행행위에 모순되는 거동의 금지」 내지 「소송상 권능의 남용금지」 원칙에 위반될 소지가 있다면 법원은 상대방의 이의권 행사를 각하하여 본인의 정당한 이익을 보호하여야 할 것이다.

(iii) 변호사법 제31조 제1항 1호 위반에 관하여 상대방의 이의시기를 변론종결당시로 한정한 판례에 비추어 볼 때 법률심인 상고심에서는 상대방의 이의권을 인정할 수 없을 것이다. 하지만 해당 변호사는 변호사법 제31조 제1항 1호의 규정에 위반된 것이 명백하므로 변호사법상 징계는 피할 수 없다.

(iv) 결론적으로 변호사가 수행한 변호사법 제31조 제1항 1호의 규정에 위반된 소송행위에 관해서는 상대방을 보호하기 위하여 상대방에게 이의권을 주었다. 그러나 그 이의권은 무제한적인 것이 아니라 신의칙과 금반언의 제약을 받아야 한다. 그렇지 않으면 변호사법을 위반한 변호사가 징계처분을 받아 공익이 실현되었음에도 본인이 부당하게 손해를 받는 경우가 생길 수 있기 때문이다.

(라) **기타** (a) 소송위임에 기초한 소송대리인으로서의 변호사는 변호사법 제31조 제1항 1호 이외에 수임하고 있는 사건의 상대방이 위임하는 다른 사건을 수임하여 위반한 경우(변 제31조 제1항 2호)에도 그 위반의 효과는 1호의 경우와 같다. 다만 1호와 달리 수임하고 있는 사건의 위임인이 동의한 경우에는 변호사법위반이 문제되지 않는다(변 제31조 제1항 본문 단서).

(b) 공무원 · 조정위원 또는 중재인으로서 직무상 취급하거나 취급하게 된 사건(동조 3호)과, 변호사법 제31조 제3항 및 제4항의 수임제한을 위반한 사건들의 경우에는 입법의 취지상 소송대리권이 없다고 하여야 하며(절대무효설) 따라서 이의권의 포기 · 상실이나 추인의 여지가 없다. 변호사 시험합격자의 수임제한(변 제31조의2)의 경우도 동일하다.

(마) **소송행위와 표현대리** (a) 무권대리인의 소송행위는 무효이지만 상대방이 대리권이 있는 것으로 믿고 그 믿은데 대하여 정당한 사유가 있을 때에는 표현대리의 법리에 의하여 보호를 받을 수 있는가에 대해서, 판례[284]는 일관하여 소송행위에 민법상의 표현대리의 규정을 적용 또는 유추적용할 수 없다고 한다. 예를 들어 공정증서가 집행권원으로서 집행력을 가질 수 있도록 하는 집행인낙의 의사표시는 공증인에 대한 소송행위이므로 무권대리인의 촉탁에 의하여 공정증서가 작성된 때에는 집행권원으로서의 효력이 없다[285]는 것이다.

(b) 판례를 따른다면 법인을 상대로 제소하는 자는 법인 대표자에 관한 등기부의 기재를

284) 대판 1994.2.22. 93다42047, 2001.2.23, 2000다 45303,45310.
285) 대판 2006.3.24. 2006다2803.

확인하는 것만으로 부족하고, 언제나 그 등기의 기재가 실체에 적합한 것인가를 일일이 확인하여야 하는 번잡함이 따르는데 이것은 거래의 실정에 맞지 않는다. 판례의 취지는, 소송행위에서의 대표권한에 표현대리의 법리를 인정하면 진정한 당사자 아닌 자에 의한 소송수행의 효과를 본인이 받게 되어 당사자의 절차기본권이 심각하게 침해될 우려가 있다는데 있다. 그런데 법인이 주식회사인 경우에 그에 대한 송달은 회사의 주소지에 하는 것이 통상이어서 참된 대표자가 소제기 사실을 아는 것이 보통이고, 소장이 등기부상 대표자의 주소에 송달하더라도 소송에 응하기 위해서 회사에 연락하거나, 거래담당자를 증인으로 신청하는 것이 보통이어서 소제기사실을 알기가 쉬울 것이다. 그러므로 소송행위에 민법상의 표현대리의 규정을 적용 또는 유추·적용하더라도 큰 문제가 없을 것이다.

(c) 생각건대 소송은 실체법상 권리관계를 실현·처분하는 절차라고 할 수 있기 때문에 실체법과 밀접한 관련을 맺고 있다. 이를 무시하고 단순히 실체법규와 소송법규의 다른 성질만을 강조하는 것은 정당하지 못하다. 소송상 대리권의 유무는 민법 그 밖의 법령에 의하여 정해지는 경우가 많은데 이와 같이 일반적으로 당사자의 소송행위에 관한 요건의 존부를 실체법에 의하여 결정해야 할 경우에는 그 실체법규에 관한 법리에 따라 소송행위의 효력을 정하는 것이 타당하다. 특히 법인은 대표자에 관해서 등기의무가 있으므로 이를 태만하게 한 법인과 부실의 등기를 믿은 상대방과의 관계에서 상대방을 보호해주는 것이 거래의 안전을 위해서 필요할 것이다. 부정설에 의하면 무권대리행위는 이를 추인하지 않는 한 종전의 소송행위는 전적으로 무효가 되어 소송지연과 절차의 불안정이 초래될 수 있다.

(d) 한편 판례[286]는, 공정증서 작성행위의 성질이나 공증인법 제31조 제1항, 제2항의 규정에 비추어 보면, 공정증서 작성에 있어 대리권 유무의 심사는 공증인의 직무상의 의무이지 채권자에게 채무자 대리인의 대리권 유무를 조사하여야 할 주의의무가 있다고 할 수는 없다고 하였다. 따라서 채권자가 공증인법이 정한 바에 따라 작성된 공정증서에 기초하여 강제집행을 실시하였다면 강제집행에 어떤 과실이 있다고 할 수 없으므로 이 경우에는 민법제 125조, 민법 제126조 및 민법 제129조의 각 표현대리가 채권자에게 사실상 적용된다고 할 수 있다.

[45] 제3. 법정대리인

1. 뜻

법정대리인이라 함은 대리권의 발생이 본인의 의사에 터 잡지 않은 대리인을 말한다. 제

286) 대판 2002.5.31. 2001다64486, 2016.12.29. 2016다22837(평석은 [15] 참조).

한능력자가 소송능력이 없는 경우에는 자기 스스로 소송행위를 할 수 없을 뿐 아니라 제3자에게도 대리권을 수여할 수 없다. 이 제한능력자를 대리하여 소송행위를 하는 제3자가 바로 법정대리인이다. 누가 법정대리인이 되는가는 법률에 규정이 있어 법정대리인이라고 한다. 그러나 법정대리인의 개념은 본인의 의사표시로 제3자에게 대리권을 줄 수 없어 법이 대리인 될 자를 정하였다는 것이 더 명확하다.

2. 종류

(1) * 실체법상 법정대리인

(가) 민법 등 실체법의 규정 제한능력자의 법정대리인과 소송행위에 필요한 권한의 수여는 민사소송법에 특별한 규정이 없으면 민법, 그 밖의 법률 규정을 따른다(제51조). 그러므로 실체법상 법정대리인의 지위에 있는 자는 소송상으로도 법정대리인이 된다.

(나) 미성년자 및 피성년후견인·피한정후견인·피특정후견인 이미 설명하였지만 요약한다. 미성년자는 친권자(민 제909조, 제911조) 또는 미성년 후견인(제928조)이, 피성년후견인은 성년후견인(민 제929조)이, 피한정후견인은 대리권수여의 심판을 받은 한정후견인(민 제959조의4)이, 피특정후견인은 피특정인에 대한 대리권수여의 심판을 받은 특정후견인(민 제14조의2)이 법정대리인이다. 하지만 특정후견인은 본인의 의사에 반하여 대리할 수 없으므로(민 제14조의2 제2항) 특정후견인이 있다고 하여 피특정후견인의 소송능력에는 아무런 영향이 없다.

(다) 민법상 특별대리인 (a) 민법상 특별대리인은 소송상 법정대리인이다. 그러므로 이사와 법인(민 제64조), 친권자와 자(민 제921조) 사이의 이익상반행위[287]에 관하여 법원이 선임한 특별대리인도 소송상 법정대리인이다.

(b) (i) 본인 의사와 관계없이 법원이 선임한 부재자의 재산관리인(민 제22조 이하)은 민법 제118조에서 정한 보존[288]·이용·개량행위를 법원의 허가 없이 스스로 행할 수 있다는 점에서 소송상 법정대리인이다.[289] 그러므로 부재자의 재산관리인에 의하여 소송절차가 진행되던 중 부재자 본인에 대한 실종선고가 확정되면 부재자 본인은 사망한 것으로 보므로(민 제28조) 본인이 선임한 재산관리인(민 제22조 제2항)은 그 재산관리인으로서의 지위가 종료되어 상속인 등에 의한 적법한 소송수계가 있을 때까지는 소송절차가 중단된다.[290] 그러나 민법제 24조 제

287) 친권자와 미성년자인 자 사이의 공동상속재산을 분할하는 협의도 이익상반행위이다(대판 1993.4.13. 92다54524 참조).

288) 상대방의 소제기에 대한 응소행위는 보존행위이다. 그러나 적극적으로 소송을 제기하는 일은 패소판결을 받을 가능성이 있으므로 보존행위라고 할 수 없다. 이 경우에는 법원의 허가를 받아야 한다.

289) 대판 1968.12.24. 68다2021.

290) 대판 1987.3.24. 85다카1151.

1항에 의하여 법원의 결정으로 부재자의 재산관리인으로 선임된 자는 그 부재자의 사망이 확인된 후라고 하더라도 그에 대한 부재자 관리인 선임결정이 취소되지 않는 한 그 관리인으로서의 권한이 소멸되는 것은 아니다.[291)]

(ii) 법원의 선임에 의한 부재자 재산관리인이 법원의 허가를 받지 아니하고 부재자의 부동산을 매도하면서 매도인에게 그의 관리권한행위에 해당하는 매매계약에 관한 허가신청절차의 이행을 약정하였는데 이 약정을 이행하지 아니한 경우에 매수인은 재산관리인을 상대로 허가신청절차의 이행을 청구할 수 있다.[292)] 이 경우에 매수인으로부터 허가신청절차의 이행을 소송으로 청구당한 재산관리인은 형식상으로는 소송상 당사자이지만 그 허가신청절차의 이행으로 개시된 절차에서 만일 법원이 매매계약에 관한 허가결정을 하면 재산관리인이 부재자를 대리하여서 체결한 매매계약이 유효하게 되기 때문에 실질적으로는 부동산 매도자인 부재자에게 그 효과가 귀속된다.[293)]

(iii) 그러므로 법원에 대하여 허가신청절차를 이행하기로 한 약정에 터 잡아 그 이행을 청구당한 부재자의 재산관리인이 소송계속 중 해임되어 관리권을 상실하는 경우에는 소송절차는 중단되고 새로 선임된 재산관리인이 소송을 수계한다.[294)]

㈑ **상호저축은행의 특별대리인** 상호저축은행의 기존 대표이사가 상호저축은행법 제24조의3 내지 5의 규정 등에 의하여 그 직무집행 권한이 정지된다면 그 대표이사는 회사를 대표하여 경영관리 또는 영업인가취소처분의 취소소송을 제기할 수 없고, 예금주 등 제3자의 이익이라는 공익 보호를 위하여 선임된 상호저축은행의 관리인도 은행의 통상 업무가 아닌 위 취소소송을 제기할 수 없다. 그러므로 이 경우에 은행의 주주나 임원 등 이해관계인은 제62조, 제64조 및 행정소송법 제8조 제2항의 규정에 따라 법원에 특별대리인 선임신청을 하여 경영관리 또는 영업인가취소처분의 취소소송을 제기하여야 한다.[295)]

㈒ **상속재산관리인(민 제1053조)·유언집행자(민 제1093조)** 제3자가 타인의 재산을 재산주체인 특정개인을 위해서 관리하는 경우에는 대리인이 된다. 그러나 특정개인이 아니라 특정재산에 이해관계가 있는 불특정한 사람 모두를 위하여 관리하는 경우에는 대리인으로서가 아니라 자기 이름으로 관리행위를 한 다음 그 효과를 본인에게 귀속시키는 것이 효율적인 재산 관리가 되므로 이 경우에는 대리인이 아니라 소송담당자로서 당사자 본인이 된다(직위설, 직무상 당사자설). 판례는 이 입장에 따라 상속재산관리인,[296)] 유언집행자[297)]를 모두 법정대리

---

291) 대판 1971.3.23. 71다189.
292) 대판 2002.1.11. 2001다41971.
293) 대판 2002.1.11. 2001다41971.
294) 대판 2002.1.11. 2001다41971.
295) 대판 2012.3.15. 2008두4619.
296) 대판 2007.6.28. 2005다55879.

인이 아니라 법정 소송담당자로서인 직무상 당사자로 본다. 따라서 상속재산관리인이나 유언집행자가 선임되었을 때에는 상속인은 상속재산의 관리 · 처분권을 상실하고 상속재산관리인이나 유언집행자가 그 직무상 자기의 이름으로 당사자가 되어 소송담당을 하므로 반드시 상속인만의 이익을 위하여 행동할 필요가 없다.

(2) * 소송상 특별대리인

㈎ 소송상 특별대리인의 개념

(a) 법인 등 단체의 소송상 특별대리인 (i) (ㄱ) 법인이나 법인 아닌 사단 또는 재단 등 단체에 ① 대표자 또는 관리인이 없거나 그들에게 소송에 관한 대리권이 없는 경우 ② 대표자 또는 관리인이 심각한 질병 등으로 사실상 대표권 등을 행사할 수 없거나 법인 등 단체와 이사의 이익 상반(민 제64조) 등 법률상 장애로 대리권을 행사할 수 없는 경우 ③ 대표자 또는 관리인이 불성실하거나 미숙한 대리권 행사로 소송절차의 진행이 현저하게 방해받는 경우에는 이해관계인(법인 등 단체를 상대로 소송행위를 하려는 사람을 포함한다), 지방자치단체의 장 또는 검사는 수소법원에 소송절차가 지연됨으로써 손해를 볼 염려가 있다는 것을 소명하여 법인 등 단체를 대표할 특별대리인을 선임하여 주도록 신청할 수 있다(제64조, 제62조 제1항). 이 신청에 의하여 선임된 대리인을 소송상 특별대리인이라고 한다.

(ㄴ) 소송상 특별대리인은 법인 등 단체의 대표권이 있으므로 그 대표권의 범위에서 종전 법인 등 단체의 대표자 권한은 정지된다(제62조 제3항).

(ii) (ㄱ) 주권이 발행된 바 없는 주식회사의 주식을 양수한 사람들은 유효한 주주가 될 수 없으니 그들이 주주총회를 개최하여 회사의 대표이사를 선임하였다 하더라도 그는 적법한 대표자의 자격이 없다. 위의 경우에 당초의 대표이사가 상법 386조, 제389조 제3항에 의하여 적법한 대표이사가 새로 선임되어 취임할 때까지 회사 대표이사의 권리의무를 지게 된다. 따라서 당해 회사는 제62조 제1항 1호, 제64조에 의한 "대표자 또는 관리인이 없거나 그들에게 소송에 관한 대리권이 없는 경우"에 해당되지 않으므로 특별대리인을 선임할 수 없다.[298)]

(ㄴ) 도시 및 주거환경정비법에 따른 조합의 이사가 자기를 위하여 조합을 상대로 소를 제기하는 경우에 그 소송에 관해서는 감사가 조합을 대표한다(도시환경 제22조 제4항). 따라서 조합에 감사가 있는 때에는 조합장이 없거나 조합장이 대표권을 행사할 수 없는 사정이 있더라도 조합은 특별한 사정이 없는 한 특별대리인을 선임할 수 없다. 나아가 수소법원이 이를 간과하고 특별대리인을 선임하였더라도 그 특별대리인은 조합을 대표할 권한이 없다.[299)]

---

297) 대판 1999.11.26. 97다57733.
298) 대판 1974.12.10. 74다428.
299) 대판 2015.4.9. 2013다89372.

(ㄷ) 비법인사단과 그 대표자 사이에서 이익이 상반되는 사항에 관한 소송행위에 있어서는 대표자에게 대표권이 없다. 따라서 달리 위 대표자를 대신하여 비법인사단을 대표할 자가 없는 한 이해관계인은 수소법원에 특별대리인의 선임을 신청할 수 있고 이에 따라 선임된 특별대리인이 비 법인사단을 대표하여 소송을 제기할 수 있다.[300]

(ㄹ) 이사장 등 직무집행정지가처분에 의하여 선임된 사단법인의 이사장 직무대행자는 위 법인에 대하여 이사와 유사한 권리의무와 책임을 부담하므로 위 법인과의 사이에 이익이 상반하는 사항에 관하여는 민법 제64조가 준용된다. 그러므로 위 법인의 이사장 직무대행자가 개인의 입장에서 원고가 되어 법인을 상대로 소송을 하는 경우에는 민법 제64조의 이익이 상반하는 사항에 해당하여 특별대리인을 선임하여야 한다.[301]

(b) **제한능력자를 위한 소송법상 특별대리인** (i) 미성년자 · 피한정후견인 또는 피성년후견인과 같은 제한능력자가 당사자인 경우에, 그 친족, 이해관계인(미성년자 · 피한정후견인 또는 피성년후견인을 상대로 소송행위를 하려는 사람을 포함한다), 대리권 없는 성년후견인, 대리권 없는 한정후견인, 지방자치단체의 장 또는 검사는 ① 법정대리인이 없거나 법정대리인에게 소송에 관한 대리권이 없는 경우, 예컨대 미성년자에게 친권자가 없고 후견인도 지정되지 아니한 경우 혹은 성년후견인 · 한정후견인이 소송에 관한 대리권이 없거나 법인 등 단체의 대표자가 없는 경우, ② 법정대리인이 질병 등으로 사실상 대리권을 행사할 수 없거나 또는 이해상반으로 대리권 행사에 법률상 장애로 대리권을 행사할 수 없는 경우, ③ 법정대리인이 불성실하거나 미숙한 대리권 행사로 소송절차의 진행이 현저하게 방해받는 경우 등에는 소송절차가 지연됨으로써 손해를 볼 염려가 있다는 것을 소명하여 수소법원에 소송상 특별대리인을 선임하여 주도록 신청할 수 있다(제62조 제1항).

(ii) 무능력자의 보호를 위해, 무능력자 본인도 실체법상 특별대리인(예: 친권자 등)이 아니라 제62조를 유추 적용하여 법원에 제3자를 소송상 특별대리인으로 선임해 달라고 신청할 수 있어야 한다.

(iii) 이혼 등 가사소송은 원칙적으로 대리가 허용되지 않을 뿐만 아니라, 반소의 제기 필요성도 있기 때문에, 상대방을 위한 그 사건만의 임시 법정대리인인 소송상 특별대리인으로는 본인을 충분히 보호하기 어렵다. 따라서 이 경우에는 제62조를 적용해서는 안 되며, 상설기관인 후견인이나 후견감독인에게 소송수행을 맡기는 것이 타당하다.[302]

(c) **의사무능력자를 위한 소송상 특별대리인** (i) 의사능력이 없는 사람을 상대로 소송행위를 하거나, 의사능력이 없는 사람이 소송행위를 해야 하는 경우에는 제62조의2 제1항에 따라

---

300) 대판 1992.3.10. 91다25208.
301) 대판 2003.5.27. 2002다69211.
302) 新堂, 172면.

제한능력자를 위한 소송상 특별대리인 선임 절차를 따른다.

또한, 가정법원은 노령이나 정신적 제약 등의 사유가 있는 경우, 민법 제14조의2에 따라 일정한 사람의 청구에 의해 특정 후견인을 선임할 수 있다(민법 제14조의2 제1항).

아울러, 노령이나 정신적 제약이 없는 일반인도 여러 사실행위에 대한 일시적 지원을 받기 위해 임의후견인을 둘 수 있다.

그런데 이러한 특정후견인이나 임의후견인이 있더라도, 피후견인이 후견 개시 후에 의사능력을 상실한 상태가 되면, 소송상 특별대리인 선임 신청을 할 수 있다(제62조의2 제1항 단서).

(ii) 소송상 특별대리인은 질병 등으로 정신적 제약이 있어 사무 처리 능력이 지속적으로 결여되었음에도 아직 성년후견개시(민법 제9조 제1항)를 받지 않아 성년후견인이 없는 경우, 상속인이 불분명한 상속재산에 관하여 상속재산관리인이 선임되지 않은 경우 등에도 이용할 수 있다.

(d) **기타** 증거보전절차에서 상대방을 지정할 수 없는 경우(제378조), 상속재산에 관한 집행절차에서 강제집행을 개시한 뒤에 채무자가 사망한 경우(민집 제52조 제2항)등에도 소송상 특별대리인을 선임할 수 있다.

(나) **소송상 특별대리인의 지위**

(a) **선임 등 절차** (i) 소송상 특별대리인의 선임·개임 또는 해임은 수소법원의 결정으로 하며, 그 결정은 특별대리인에게 송달하여야 한다(제62조 제4항). 여기서의 수소법원에는 현재 소송계속중인 법원은 물론 장차 소가 제기될 법원을 포함한다.[303)]

(ii) 관할은 법인 등 단체의 주된 사무소 소재지의 지방법원 합의부에 속한다(비송 제33조). 그러나 법원은 소송계속 후 필요하다고 인정하는 경우에 직권으로 특별대리인을 선임·개임하거나 해임할 수 있으므로(제62조 제2항) 지방법원단독판사에게 계속 중인 사건에서 특별대리인의 선임 등을 할 경우에는 지방법원 합의부가 아니라 지방법원 단독판사의 관할에 속한다.

(b) **권한** (i) 소송상 특별대리인은 대리권 있는 후견인과 같은 권한이 있다. 따라서 소송상 특별대리인은 소송행위를 할 권한뿐 아니라 공격방어의 방법으로 사법상 권리도 행사할 수 있다.[304)] 그러나 특별한 수권이 없는 한 본인을 위해서 금전을 차용할 권한은 없다.[305)]

(ii) 소송상 특별대리인의 대리권 범위에서 법정대리인의 권한은 정지된다(제62조 제3항).

(iii) 특별대리인이 소송행위를 하려면 후견인과 같은 권한을 받아야 한다. 따라서 제한능력자의 특별대리인이 소 제기, 소 취하, 청구의 포기·인낙, 또는 제80조에 따른 탈퇴와 같은 행위를 하려면 후견감독인으로부터 특별한 권한을 받아야 한다(제56조 제2항). 후견감독인이

---

303) 대결 2024.2.15. 2023마7226.
304) 대판 1993.7.27. 93다8986 등 참조.
305) 서울고판 1984.11.22. 84나3160.

없는 경우에는 가정법원이 후견사무를 감독하므로, 가정법원으로부터 특별한 권한을 받아야 한다(제56조 제2항 단서). 그러나 비법인단체처럼 후견감독인이 존재할 수 없는 경우에는 특별대리인을 선임할 권한이 있는 수소법원으로부터 그 권한을 부여해야 한다. 이는 특별대리인이 수소법원의 선임·개임을 통해 감독을 받는 존재이므로, 이러한 경우에도 수소법원이 특별한 권한을 부여하는 것이 타당하기 때문이다

(iv) 의사무능력자의 특별대리인이 소의 취하, 화해, 청구의 포기·인낙 또는 제80조에 따른 탈퇴를 하는 경우에 법원은 그 행위가 본인의 이익을 명백히 침해한다고 인정할 때에는 그 행위가 있는 날부터 14일 이내에 결정으로 이를 허가하지 아니할 수 있다(제62조의2 제1항). 이 결정에 대해서는 불복할 수 없다(제62조의2 제2항). 그 불허가의 결정은 가정법원이 아니라 소송계속중인 수소법원에서 하여야 할 것이다. 다만 질병등 사유로 인한 정신적 제약으로 사무를 처리할 능력이 지속적으로 결여된 사람이 성년후견개시(민 제9조 제1항)를 받지 아니하여 아직 성년후견인이 없는 경우에 이 사무는 성질상 후견감독인이 하여야 할 사항이므로 후견감독인 역할을 맡은 가정법원으로부터 그에 관한 감독을 받아야 할 것이다.

(v) 상대방의 소 또는 상소의 제기에 관하여 응소를 하는 경우에는 수소법원으로부터 특별한 권한을 받을 필요가 없다(제56조 제1항). 성년후견인에게 후견감독인이 있는 경우에는 성년후견인이 피후견인을 대리하여 소송행위를 하려면 원칙적으로 후견감독인의 동의를 받아야 한다(민법 제950조 제1항 제5호). 그러나 상대방이 제기한 소송이나 상소에 대응하여 소송행위를 하는 경우에는 후견감독인으로부터 별도의 권한을 받을 필요가 없다(제56조 제1항). 또한 성년후견인이 소송행위에 관해 후견감독인의 동의를 받았다 하더라도, 소 취하, 화해, 청구의 포기·인낙 또는 제80조에 따른 탈퇴를 하려면 후견감독인의 특별한 권한을 받아야 하며, 후견감독인이 없는 경우에는 가정법원으로부터 특별한 권한을 받아야 한다(제56조 제2항).[306] 제56조 제2항은 무능력자를 보호하기 위하여 소송을 종료시키는 중대한 소송행위에 대하여 후견감독인의 특별한 권한을 받도록 규정한 것이다. 이러한 제56조 제2항의 취지와, 성년후견인이 당사자가 되는 소송절차에서도 절차적 안정성을 도모할 필요성을 고려하면, 성년후견인은 후견감독인의 동의를 받은 경우 특별한 사정이 없는 한 제56조 제2항에서 정한 소송행위를 제외하고는 모든 소송행위를 할 수 있다고 보는 것이 타당하다. 이러한 취지는 가정법원이 민법 제938조 제2항에 따라 법정대리권의 범위를 정하는 경우에도 동일하게 적용된다.[307]

(vi) 특별대리인의 보수, 선임 비용 및 소송행위에 관한 비용은 소송비용에 포함되므로 신청인에게 그 부담을 명할 수 있다(제62조 제5항).

306) 대판 2023.3.20. 2022재다300253,782.
307) 대판 2023.3.20. 2022재다300253,782.

㈐ 특별대리권의 소멸

(a) **해임결정** (i) 특별대리인은 수소법원의 해임결정(제62조 제2항 · 제4항)에 의하여 특별대리인의 지위를 상실하므로 그때까지는 예를 들어 법인 등 단체에 새로운 대표자가 선임되는 등 특별대리인의 필요가 없게 되더라도 당연히 그 권한을 상실하지 아니하여 소송상 권한을 행사할 수 있다.[308] 그러므로 권한이 정지된 종전 대표자나 새로이 선임된 대표자가 소송상 권리를 행사하기 위해서는 수소법원으로부터 특별대리인의 해임결정을 받아야 할 것이다.

(ii) 소송이 종료되면 특별대리인의 권한도 소멸되지만 이행을 청구하는 소에서는 승소판결이 확정되더라도 집행이 종료될 때까지는 수소법원의 해임결정이 없는 한 집행에 관한 특별대리인의 권한이 소멸되지 않는다.

(iii) 법인 대표자의 자격이나 대표권에 흠이 있어 수소법원에 의하여 특별대리인이 선임된 이후 소송절차가 진행되던 중에 그 흠이 보완된 경우에는 원래의 법인 대표자가 소급적으로 그 자격을 회복하게 되므로 이 경우에는 특별대리인에 대한 수소법원의 해임결정이 있기 이전이라도 원래의 대표자가 법원을 위하여 소송행위를 할 수 있다.[309]

(b) **소송계속 중 대리권 소멸** 소송계속 중 특별대리인이 해임 또는 민법 제127조의 대리권 소멸 사유로 인하여 대리권이 소멸되면 권한이 정지되었던 종전 대표자 또는 새로운 특별대리인이 소송절차를 수계하여 소송을 수행할 수 있을 때까지 소송절차는 중단된다(제235조). 그러나 소송대리인이 있는 경우에는 소송수행에 지장이 없기 때문에 소송절차는 중단되지 않는다(제238조).

실체법상 법정대리인 vs 소송상 특별대리인 비교

구분	실체법상 법정대리인	소송상 특별대리인
근거법령	민법 등 실체법 규정(민법 제909조, 제921조, 제929조, 제959조의4 등)	제62조, 제62조의2 등
성격	본인을 실체법상으로 대리하는 자(법률행위 전반에 관한 권한 보유)	소송행위를 위한 절차법상의 임시 대리인
선임기관	법률 또는 법원이 실체관계에서 당연히 인정하거나 선임(예: 친권자, 후견인, 부재자 재산관리인 등)	수소법원(재판부)의 결정으로 선임됨
선임원인	제한능력자 등에게 법률상 대리 필요성 존재(예: 미성년자, 피성년후견인 등)	대표자 부존재 · 대리권 부재 · 이해상반 등으로 소송절차 지연 위험 있을 때

308) 서울민사지판 1984.2.8. 82사6, 83사8.

309) 대판 2011.1.27. 2008다85758(평석은 [10] 참조).

대상자	미성년자, 피성년후견인, 피한정후견인, 피특정후견인, 법인(특별대리인 포함), 부재자 등	법인 또는 단체, 제한능력자, 의사무능력자 등
대표 예시	• 친권자(민 909조) • 성년후견인(민 929조) • 한정후견인(민 959조의4) • 부재자 재산관리인(민 22조)	• 특별대리인(민 제921조, 제64조) • 법인 등에 대표자가 없거나 대표권 부존재 • 대표자와 단체 간 이해상반 • 법정대리인이 부재·질병·이해상반 • 의사무능력자에 대한 보호 필요(제62조의2)
선임신청권자	본인 또는 이해관계인, 법원 직권	이해관계인, 검찰, 지방자치단체장, 무능력자 본인 등(제62조 제1항)
권한의 범위	본인을 실체법상으로 완전히 대리 (재산행위 등 포함)	오직 소송행위에 한정(소송수행, 항변, 상소 등)
소송상 지위	본인을 대신하여 소송을 수행(법정대리인으로서 당사자대리)	당해 소송사건에 한정된 임시 법정대리인(실체법상 법정대리인에 준함)
감독관청	가정법원(후견감독인 등)	선임한 수소법원이 감독(제62조 제2항·제4항)
권한의 제한	후견감독인의 동의 필요(민 제950조, 제56조 등)	후견인과 동일한 권한(제62조 제3항), 다만 소 취하·화해·포기·인낙 등은 특별수권 필요(제56조 제2항)
소송능력에 미치는 영향	법정대리인의 존재로 제한능력자도 소송능력 인정	제한능력자에게 법정대리인이 없을 때 한시적으로 소송능력 보충
권한소멸 시점	본인의 능력 회복, 후견종료, 해임, 사망 등	수소법원의 해임결정 또는 소송종료 시(제62조 제4항)
중단사유	법정대리인 사망·해임 시 소송절차 중단(제235조)	특별대리인 해임·소멸 시에도 중단, 다만 소송대리인 있으면 중단되지 않음(제238조)
예시 판례	상속재산관리인·유언집행자는 법정대리인 아닌 직무상 당사자(대판 2005다55879 등)	대표자 부존재 시 법원이 선임한 특별대리인(대판 2007다12345 등)
효력 귀속	본인에게 직접 귀속	본인을 위해 소송 수행, 효과는 본인에게 귀속
본질적 차이점	본인을 위한 실체법상 대리	절차적·임시적 대리, 소송절차의 진행 보장을 위한 제도

□ 핵심 요약

- 실체법상 법정대리인은 민법상 관계에 따라 본인을 실질적으로 대리하는 사람으로, 대리권이 소송행위뿐 아니라 모든 법률행위에 미침.
- 소송상 특별대리인은 소송절차의 지연 방지와 당사자 보호를 위한 임시적·절차적 대리인으로,법원이 필요하다고 판단할 때만 선임됨.

3. 법정대리권

(1) 법정대리권의 범위

㈎ 법정대리인의 대리권 범위는 민사소송법에 특별한 규정이 없는 한 민법 그 밖의 실체법의 규정에 의한다. 그러나 민법상 성년후견인은 형사소송절차에서 반 의사 불벌 죄의 처벌불원 의사표시를 피해자를 대리하여 할 수 없다. 피해자를 사건본인으로 하는 성년후견개시심판과 피고인 또는 피의자를 당사자로 하는 형사소송절차는 완전히 별개의 절차로, 가정법원에 의한 성년후견인 선임은 형사소송절차에 대한 별도의 고려 없이 가사재판이 추구하는 가치를 충실히 구현할 수 있는 관점에서 이루어지는데 피해자 본인의 의사가 무엇보다 중요한 형사소송절차에서 반 의사불벌죄에 대한 처벌불원의사에까지 성년후견인에게 대리를 허용하는 것은 피해자 보호를 비롯한 형사사법이 추구하는 보호적 기능의 구현과 무관할 뿐만 아니라 오히려 이에 역행한다고 볼 여지가 있기 때문이다.[310]

㈏ 친권자가 자를 대리하는 경우에는 일체의 소송행위를 할 수 있다(민 제920조).[311]

㈐ (a) 피성년후견인, 대리권 있는 성년후견인 또는 대리권 있는 한정후견인이 피성년후견인 등 피후견인을 대리하여 소의 제기 등 적극적 소송행위를 할 때에는 후견감독인으로부터 그에 관한 권한을 받아야 한다(민 제950조 제1항 5호).[312]

(b) 임의후견인의 경우에도 임의 후견감독인으로부터 그에 관한 권한을 받아야 할 것이다(민 제959조의16 제2항, 제953조).

(c) 후견감독인이 없을 때에는 특별대리인의 경우와 같이 가정법원에서 그에 관한 권한을 받아야 할 것이다. 그러나 상대방의 소제기 또는 상소제기에 응소할 때에는 후견감독인으로부터 그에 관한 권한을 받을 필요가 없다(제56조 제1항).

㈑ 후견인이 판결에 의하지 않고 소송을 마치는 소의 취하, 화해, 청구의 포기 · 인낙, 제80조에서 정한 소송상탈퇴의 경우에는 본인의 이익을 보호하기 위하여 후견감독인으로부터 그에 관한 권한을 받아야 한다(제56조 제2항). 이 경우에 후견감독인이 없을 때에는 가정법원에서 그에 관한 권한을 받아야 할 것이다(제56조 제2항 단서).

---

310) 대전판 2023.7.17. 2021도11126.

311) 따라서 생모인 법정대리인이 소를 취하할 때에는 특별수권이 필요 없다(대판 1974.10.22. 74다1216 참조).

312) 친족회(현재 후견감독인)의 동의를 받지 아니하고 소송을 제기하였다면 그 소송제기 등 일련의 소송행위는 무효이고(대판 2001.7.27. 2001다5937 참조), 제한능력자의 특별대리인이 무권리자의 부동산처분행위에 대한 추인을 하려면 친족회(현재 후견감독인)의 동의를 받아야 한다(대판 1993.7.27. 93다8986 참조).

(2) 공동대리

(가) 법정대리인이 여럿인 경우에 그들 법정대리인이 각자 본인을 대리하느냐 공동하여서만 대리할 수 있느냐가 문제된다. 수동대리에 관해서는 여러 사람의 대리인 중에서 한 사람에게 송달하여도 좋다는 규정(제180조)이 있으므로 상대방이 하는 소송행위는 각자 단독으로 수령할 수 있다.[313] 다만 기일소환장의 송달은, 공동으로 소송행위를 할 기회를 보장하는 차원에서 제180조의 규정에도 불구하고 공동대리인 전원에게 송달하여야 할 것이다.

(나) 능동대리에 관하여 다수설은 소의 취하, 청구의 포기 · 인낙, 소송상 탈퇴(제56조 제2항)는 명시적으로 공동하여야 하고, 그 이외의 행위는 한 사람의 행위를 다른 사람이 묵인하면 공동으로 한 것으로 본다고 한다.[314] 그러나 이러한 다수설은 묵인의 범위에 관하여 구구한 결론이 나올 수 있으므로 찬성할 수 없다. 차라리 필수적공동소송에 대한 특별규정인 제67조를 준용하여 공동대리인 중에서 한 사람의 행위가 본인에게 유리한 경우에는 다른 공동대리인과의 일치를 기다릴 필요 없이 효력이 있으나 공동대리인의 행위가 본인에게 불리한 경우에는 공동대리인 전원이 일치할 때만 효력이 있다고 풀이하여야 할 것이다.

4. 법정대리인의 지위

(1) 제3자

법정대리인은 당사자 본인이 아니므로 법관의 제척이나 재판적의 기준이 되지 아니하고, 기판력이 미치지 않는다.

(2) 본인과 비슷한 지위

법정대리인은 본인이 아니지만, 제3자가 할 수 없는 아래의 소송행위를 할 수 있다는 점에서 소송대리인 보다 당사자 본인과 비슷한 지위에 있다.

(가) 소장의 필수적 기재사항이다(제208조, 제249조).

(나) 소송수행에서 본인의 간섭이나 견제를 받지 않는다.

(다) 본인에 대한 송달은 법정대리인에게 하여야 한다(제179조). 다만 송달장소는 본인의 영업소 또는 사무소에 할 수 있다(제183조 제1항 단서). 법인의 대표자가 겸임하고 있는 별도의 법인격을 가진 다른 법인의 영업소 또는 사무소는 그 대표자의 근무처에 불과하므로[315] 그 곳

313) 부재자의 여러 재산관리인에 대한 송달은 어느 한 재산관리인에 대하여 하더라도 유효하다(대판 1980.11.11. 80다2065 참조).

314) 이시윤 172면; 호문혁, 218면; 정동윤 외 2, 205면 등.

에 대한 송달은 법정대리인에 대한 송달이 아니다.[316)]

(라) 본인이 출석하여야 할 경우에 본인 대신 출석할 수 있다(제140조 제1항 1호, 제145조 제2항).

(마) 참가인이나 증인적격이 없으며, 신문은 당사자본인신문(제372조)으로 한다.

(바) 법정대리인의 사망 등 법정대리권이 소멸한 경우에는 당사자의 사망, 소송능력의 상실과 동일하게 소송절차의 중단사유이다(제235조).

(3) 법정대리권의 증명

법정대리권이 있는 사실 또는 소송행위를 위한 권한을 받은 사실은 서면 예컨대 가족관계증명서 등으로 증명하여야 한다(제58조 제1항). 위 서면은 소송기록에 붙여야 한다(제58조 제2항).

5. 법정대리권의 소멸

(1) 민법 등 실체법

법정대리권의 소멸원인은 민법 등 실체법에 의한다. 본인 또는 법정대리인 자신의 사망, 법정대리인의 성년후견 개시 또는 파산(민 제127조), 본인의 소송능력 회복, 법정대리인의 자격상실에 의하여 법정대리권이 소멸한다. 그러나 소송상 특별대리인은 법원이 선임한 법정대리인이므로 본인의 소송능력이 회복되더라도 수소법원의 해임결정이 상대방에게 송달되어야 그 법정대리권이 소멸된다(제62조 제4항).

(2) 상대방에 대한 소멸통지

(가) (i) 법정대리권이 소멸되는 효과는 소송능력을 취득하거나 회복한 본인 또는 신·구 어느 대리인으로부터 상대방에게 통지할 때까지 생기지 않는다(제63조 제1항). 대리권의 소멸 유무, 소멸의 시기를 명확하게 하여 소송절차의 안정을 꾀하기 위한 취지이다. 따라서 상대방이 대리권 소멸 사유를 알더라도 소멸의 통지가 없는 경우에는 대리권이 소멸되지 않는다. 통지가 도달될 때까지의 법정대리인의 소송행위는 유효한 것으로 취급된다. 소송절차가 진행하는 도중 법인의 대표권이 소멸되었더라도 이 사실을 상대방에게 통지하지 않으면 대표권이 소멸되지 않으므로 종전 대표자가 한 소의 취하 등 행위는 유효하다.[317)] 이 경우에 법인의 대표자 변경은 소송수계절차(제233조 제1항)에 의하여야 할 것이나 표시정정절차에 의하더라도 위법이 아니다.[318)]

315) 대판 1997.12.9. 97다31267.
316) 대판 2003.4.25. 2000다60197.
317) 대판 2006.11.23. 2006재다171.
318) 대판 2006.11.23. 2006재다171.

(ii) 다만 상대방에 대한 소멸통지가 없더라도 법원에 법정대리권의 소멸사실이 알려진 뒤에는 그 법정대리인은 제56조 제2항, 즉 소의 취하, 청구의 포기·인낙, 화해 또는 제80조에 따른 탈퇴 등을 할 수 없다(제 63조 제1항 단서).

(나) 소송절차의 진행 중 주식회사의 종전 대표자가 그를 선임한 주주총회 결의가 부존재하다는 것을 확인하는 판결이 확정됨에 따라 대표이사의 자격이 상실되고 임시주주총회와 이사회에서 새로운 사람이 대표이사로 선임 결의되어 등기되었다가 위 임시주주총회 결의도 부존재하다는 것을 확인하는 판결이 확정됨에 따라 새로운 대표이사 등기는 말소됨과 동시에 종전 대표이사가 대표이사 자격을 회복한 경우에는, 종전 대표이사가 법인의 구대표자의 대표권 소멸을 상대방에게 통지하지 아니하더라도 법인이 청구한 재심소송을 취하한 것은 유효하다.[319] 결과적으로 종전 대표이사로서의 지위에 변함이 없기 때문이다.

(다) (a) 법정대리인이 사망하거나 성년후견개시의 심판을 받은 경우에는 대리권의 소멸 통지를 본인이나 대리인 모두 할 수 없기 때문에 그 사망 또는 성년후견개시의 선고를 한 때에 소멸의 효과가 생긴다고 풀이한다.

(b) 소송절차의 진행상 법원에 대하여도 대리권의 소멸유무와 날짜, 시간을 명확하게 할 필요가 있기 때문에 대리권의 소멸통지 사실은 법원에 서면으로 신고하여야 한다(민소규 제13조 제1항). 법원에 대리권의 소멸사실이 알려진 뒤에는 비록 상대방에게 소멸사실을 통지하지 아니하더라도 종전 법정대리인은 소의 취하. 화해, 청구의 포기·인낙 또는 소송탈퇴의 소송행위를 하지 못하며(제63조 제1항 단서, 제56조 제2항), 법원은 새로운 대표자를 판결에 표시해도 지장이 없다. 이 경우 상대방에게 통지는 판결의 송달로 갈음하였다고 볼 것이므로 상대방도 새로운 대표자를 상대로 상소를 제기할 수 있다.

(3) 소송의 진행 중 법정대리권 소멸

(가) 소송의 진행 중에 법정대리권이 소멸되면 소송능력을 취득한 본인 또는 새로운 법정대리인이 소송절차를 수계하여 소송을 수행할 수 있을 때까지 소송절차는 중단된다(제235조). 예컨대 법원에 대하여 허가신청절차를 이행하기로 한 약정에 터 잡아 그 이행을 소구당한 부재자 재산관리인이 소송계속 중 해임되어 관리권을 상실하는 경우에는 새로 선임된 재산관리인이 소송을 수계할 때까지 소송절차가 중단되고,[320] 부재자의 재산관리인에 의하여 소송절차가 진행되던 중 부재자 본인에 대한 실종선고가 확정되어 사망한 것으로 보게 되면(민 제28조) 그 재산관리인으로서의 지위는 종료되는 것이므로 상속인등에 의한 적법한 소송수계가 있을 때까지 소송절차가 중단된다.[321]

---

319) 대판 1975.5.13. 75다76.
320) 대판 2002.1.11. 2001다41971.

(나) 그러나 위와 같은 경우에도 소송대리인이 있는 경우에는 소송수행에 지장이 없기 때문에 어느 경우에나 소송절차는 중단되지 않는다(제238조).

[46] 제4. 법인 등의 대표자

1. 법인 등의 대표자

(1) 뜻

법인 등의 대표자라 함은 법인 또는 법인 아닌 단체, 즉 법인 등의 기관이 되어 그 이름으로 소송행위를 하여 그 효과를 법인 등에 귀속시키는 사람을 말한다. 법인 등은 사람과 같은 유기체가 아니므로 직접 소송을 수행할 수 없고 사람인 대표자에 의해서 소송이 수행되어야 한다. 이것은 마치 제한능력자와 법정대리인과의 관계와 유사하므로 법인 등의 대표자는 법정대리인에 준한다(제64조).

(2) 법인 등의 대표자의 모습

(가) **사적 법인 등** (a) 민법상 법인은 이사(민 제59조), 주식회사는 대표이사(상 제389조)가 대표자이지만, 이사와 회사 간의 소송에서는 감사(상 제394조)[322]가, 대표자에 대한 직무집행정지 및 대표자선임가처분결정이 된 경우에는 대표이사직무대행자(상 제408조)[323]가, 청산중에는 청산인(상 제542조, 상 제255조)이 대표자이다.

(b) 회사의 이사로 등기되어 있던 사람이 회사를 상대로 사임을 주장하면서 이사직을 사임한 취지의 변경등기를 구하는 소에서는, 이사와 회사 간의 다툼에 관한 상법 제394조 제1항이 적용되지 아니한다. 따라서 그 소에 관하여 회사를 대표할 사람은 감사가 아니라 대표이사이다.[324] 그 이유는, 이사가 회사를 상대로 소를 제기하면서 스스로 사임하여 이사의 지위를 상실하였다고 주장한다면, 적어도 그 이사와 회사의 관계에서 그 이사는 외관상 이미 이사직을 떠난 것으로 보기에 충분하고, 또한 이 경우에 대표이사로 하여금 회사를 대표하도록 하더라

321) 대판 1987.3.24. 85다카1151.

322) 대결 2013.9.9. 2013마1273.

323) 민법상 법인이나 법인이 아닌 사단 또는 재단의 대표자를 선출한 결의의 무효 또는 부존재 확인을 구하는 소송에서 그 단체를 대표할 자는 의연히 무효 또는 부존재 확인 청구의 대상이 된 결의에 의해 선출된 대표자이나, 그 대표자에 대해 직무집행정지 및 직무대행자선임 가처분이 된 경우에는, 그 가처분에 특별한 정함이 없는 한 그 대표자는 그 본안소송에서 그 단체를 대표할 권한을 포함한 일체의 직무집행에서 배제되고 직무대행자로 선임된 자가 대표자의 직무를 대행하게 되므로, 그 본안소송에서 그 단체를 대표할 자도 직무집행을 정지당한 대표자가 아니라 대표자 직무대행자로 보아야 한다(대판 1995.12.12. 95다31348 참조).

324) 대결 2013.9.9. 2013마1273.

도 공정한 소송수행이 이루어지지 아니할 염려는 거의 없기 때문이다.[325)]

(c) 문중, 종중의 대표자는 규약이 있으면 규약에서 정한 절차에 따라 선출하고 규약이 없으면 관습에 의해서, 관습이 없으면 연고 항존자(緣故 恒尊者)가 소집하여 출석한 20세 이상 종원(남·여를 모두 포함한다) 중에서 과반수의 결의에 의하여 선출된 자가 대표자이다.[326)]

(나) **공법인** (a) 국가를 당사자로 하는 민사소송에서는 법무부장관이 국가를 대표한다(국가소송 제2조). 법무부장관은 법무부의 직원, 각급 검찰청의 검사 또는 공익법무관(위 법 제3조 제1항), 행정청의 직원(위 법 제3조 제2항)을 지정하여 국가소송을 수행하게 할 수 있고, 변호사를 소송대리인으로 선임하여 국가소송을 수행하게 할 수 있다(위 법 제3조 제4항). 외국을 당사자로 하는 소송에서는 당사국의 외교사절이 대표자로 된다[외교관계에 관한 비엔나 조약 제3조 1항(a)].

(b) 서울특별시, 각 광역시, 도, 시, 군, 구 등 지방자치단체가 당사자로 되는 때에는 시장, 도지사, 군수, 구청장이 자치단체를 대표한다(지자 제101조). 다만 시·도의 교육, 학예에 관해서는 교육감이 당해 지방자치단체를 대표한다(지방교육 제18조 제2항). 그러나 지방자체단체로서의 도에는 1개의 법인이 존재할 뿐이고, 다만 사무의 영역에 따라 도지사와 교육감이 별개의 집행 및 대표기관으로 병존할 뿐이므로 도의 교육감이 도를 대표하여 도지사가 대표하는 도를 상대로 제기하는 소유권을 확인하는 소는 자기가 자기를 상대로 제기한 것이므로 부적법하다.[327)] 이 경우에는 교육감이 아니라 소유권에 관한 확인의 이익이 있는 당사자가 도를 상대로 소송을 제기하여야할 것이다.

2. 소송상 권한과 지위

(1) 원칙

법인 등 대표자의 소송상 권한과 지위는 원칙적으로 법정대리인에 준한다(제64조). 따라서 그 대표자가 혼자인 경우에는 단독으로 권한을 행사할 수 있지만, 공동대표인 경우에는 공동하여서만 대표권을 행사할 수 있다.

(2) 소의 제기 및 응소

법인 등의 대표자가 소를 제기할 때에 특별한 권한을 받을 필요가 있는가에 관해서는 실체법의 규정에 의한다(제51조). 반면 법인 등의 대표자가 소송에 응하는 경우에는 제56조 제1항이 준용되므로 특별한 권한을 받을 필요가 없다.

---

325) 대결 2013.9.9. 2013마1273.

326) 대전판 2005.7.21. 2002다1178, 대판 2007.9.6. 2007다34982.

327) 대판 2001.5.8. 99다69341.

(가) 민법상 법인 등의 이사

(a) **이사의 대표권** (ㄱ) 민법상 법인의 대표기관으로서 이사의 행위는 법인의 행위로 되고 그 효과는 모두 법인에 귀속된다. 이사의 대표권은 정관에 의하여 제한할 수 있다(민 제59조 제1항 단서). 예컨대 일정한 행위에 관하여 사원총회의 동의를 얻게 하거나 이사 전원의 공동대표로 하는 경우이다. 그러나 이러한 제한은 반드시 정관에 기재하여야 하며, 정관에 기재하지 않은 대표권의 제한은 무효이고(민 제41조) 가사 정관에 기재한 경우에도 이를 등기하지 않으면 제3자에게 대항하지 못한다(민 제60조). 그런데 민법 제60조의 '제3자'의 범위에 관해서 판례는 확고하게 선의자는 물론 악의자를 포함한다고 한다.[328] 그러므로 악의자에게 대항하기 위해서도 이사의 대표권에 대한 제한은 등기하여야 할 것이다. 이는 거래의 상대방을 보호하기 위해서이다. 따라서 상대방은 등기되지 않은 이사의 대표권제한에 위반된 법률행위 효력이 유효라고 주장할 수 있다.

(ㄴ) 이사가 여럿인 경우에 공동대표의 제한이 없는 이상 이사 각자는 법인의 사무에 관하여 법인을 대표한다(민 제59조). 따라서 대표권제한의 등기가 없는 경우에 이사는 제한 없이 대표권을 행사하여 소송행위를 할 수 있다.

(ㄷ) 그러나 공동대표의 제한이 있고 이를 법인 등기부에 기재하여 공시한 경우에 소송행위는 원칙적으로 공동으로 하지 않으면 효력이 없고, 그 소송행위에는 지급명령에 대한 이의신청도 포함한다.[329]

(b) **정관에 정해진 등기자산의 처분** 법인[330]이 민법 제40조 4호의 정관에 정해진 등기자산에 관한 규정을 바꿀 만한 재산의 처분이 있는 경우에는 정관에 다른 규정이 없는 한 민법 제42조에 정한 총 사원 3분의 2 이상 결의(제1항)와 주무관청의 허가가 필요한데(제2항)[331] 이 결의 없이 법인의 이사 또는 법인 아닌 사단의 대표자가 제기한 소송은 특별한 권한 없이 제기한 것이어서 무효이다.[332] 총사원 3분의 2 이상의 특별결의가 필요 없다는 정관의 다른 규정이 있더라도 주무관청의 허가는 필요하다. 이 제한은 제3자에게 주장하기 위해서도 효력이 있다.

(c) **정관에 정해지지 않은 다른 등기재산제산의 처분** 법인(또는 법인 아닌 사단)이 민법 제40조 4호의 정관에 정해진 자산이 아닌 다른 재산을 처분하는 경우에는 앞과 다르다. 비록 그 재산이 중요하고 유일한 것이라 하여도 그 처분에 있어 반드시 사원총회의 결의를 필요로 하는 것은 아니고 법인의 정관에 그와 같은 취지의 기재가 있다 하여도 그것은 내부관계에서 효

---

328) 대판 1992.2.14. 91다24564.
329) 인천지판 1992.2.14. 97가합7505.
330) 교회나 종중과 같은 법인 아닌 사단의 경우에도 동일하다.
331) 정관변경이 주무관청의 보고사항인 학교법인의 경우(사립 제45조 제2항 참조)은 제외한다.
332) 대전판 2006.4.20. 2004다37775.

력을 가지는데 불과하다. 따라서 대외적 관계에 있어 정관에 정한 절차를 밟지 아니하였다고 하여 그 효력에 영향이 있는 것이 아니므로 결국 재산의 처분에 총회의 결의가 있어야 유효하다는 것을 대외적으로 제3자에게 주장하려면 법인대표자의 대표권을 제한하여 총회의 결의를 필요로 하는 취지의 대표권 제한을 등기할 때에만 비로소 가능하다.[333]

(나) **법인 아닌 사단**

(a) **원칙** 법인 아닌 사단의 재산은 구성원의 총유에 속하므로 그 총유재산의 보존을 위한 소의 제기는 민법 제276조에 따라 사원총회의 결의를 거쳐야 한다. 그러므로 법인 아닌 사단의 구성원은, 개인은 물론 그 대표자라고 하더라도 그러한 결의 없이 제기한 소송은 특별한 권한 없이 제기한 것으로써 무효이다.[334] 그러나 뒤에 대표자 자격을 취득한 대표자가 무효인 소송행위를 추인하면 행위 시로 소급하여 효력을 가지게 되고 이 추인은 상고심에서도 할 수 있다[335].

(b) **제3자에 대한 관계** 법인 아닌 사단의 대표자가 법인 등의 재산을 처분하여 그 재산을 취득한 제3자가 법인 아닌 사단을 피고로 하여 소송을 제기하는 경우에는 제3자 보호의 원칙과 관련하여 해석하여야 한다. 원래 법인 아닌 사단의 대표권 제한은 내부적 의사결정에 불과하므로 법인 아닌 사단의 이사가 내부적인 대표권 제한을 무시하고 법인 아닌 사단의 재산을 처분하였더라도 원칙적으로 효력이 있다.[336] 더구나 법인 아닌 사단은 등기부상 법인이 아니어서 성질상 대표권의 제한을 등기할 수 없으므로 민법 제60조를 준용할 수 없다. 따라서 민법 제60조가 준용되지 않으므로 제3자가 법인 아닌 사단을 상대로 그 처분의 이행을 청구하는 소송에서 피고가 되는 법인 아닌 사단측이 그 거래의 무효를 주장하기 위해서는 제3자 보호의 원칙상 이사가 대표권 제한에 위반하여 거래한 사실을 제3자가 알았거나 알 수 있었다는 사실을 주장·증명하지 않으면 안 된다.[337]

(c) **법인 아닌 사단 총회** 그 총회에서 회의소집통지서에 목적사항으로 기재하지 않은 사항은 총회개최 7일 이전에 구성원들에게 통지하여야 한다. 그렇지 아니하고 행한 결의는 구성원 전원이 회의에 참석하여 의결한 경우가 아니면 원인무효이다.[338] 그러나 소집기간이 1일이나 2일 정도 지연되어 목적사항을 숙지하는 데 지장이 없는 경우에는 구성원 전원이 모두 참석하지 아니하더라도 그 결의는 유효하다.[339]

---

333) 대판 1975.4.22. 74다410.
334) 대전판 2005.9.15. 2004다44971.
335) 대판 2019.9.10. 2019다208953.
336) 대판 2003.7.22. 2002다64780.
337) 대판 2003.7.22. 2002다64780.
338) 대판 2015.2.16. 2011다101155.
339) 대판 2015.11.27. 2014다44451.

(d) **법인 아닌 사단인 종중과 그 기관인 이사와의 관계** 그 관계는 위임에 유사한 계약관계로서 수임자인 이사는 언제라도 사임할 수 있다(민 제689조 제1항). 그러므로 이 경우 종중규약 등에 특별한 정함이 없는 한 사임의 의사표시는 대표자에게 도달함으로써 효력이 발생하고,종중의 대표자가 사임하는 경우에는 대표자의 사임으로 그 권한을 대행하게 될 자에게 사임의 의사표시가 도달한 때에 효력이 발생하며 이와 같이 사임의 효력이 발생한 뒤에는 이를 철회할 수 없다.[340] 따라서 종회 회장이 회장 유고시 직무대행자인 부회장에게 사임서를 제출하였다면 사임의 효력이 발생하였으므로 그 후 총회에서 그 사임수리결의를 하였다고 하여 사임서를 제출한 종중 대표자가 제기한 그 종중 총회 결의의 부존재 또는 무효확인청구를 구하는 청구는 소의 이익이 없다.

(다) **주식회사의 대표이사**

(a) **주주총회의 특별결의 사항** 주식회사의 대표이사가 상법 제374조 제1항 1호에서 정한 영업의 전부 또는 중요한 일부를 양도하는 것과 같은 행위를 하려면 상법 제434조에서 정한, 출석한 주주의 의결권 3분지 2 이상의 수와 발행주식 총수의 3분지 1이상의 수로써 하여야 하는 주주총회의 특별결의가 필요하므로 이러한 결의 없이 행한 대표이사의 제소전 화해는 제451조 제1항 3호 소정의 재심사유에 해당한다.[341]

(b) **주주총회의 특별결의사항이 아닌 경우** 이 경우에는 정관 등에 특별한 제한이 없는 한 대표이사는 소송상 일체의 권리를 행사할 수 있다. 주식회사의 대표이사가 상법 제398조에서 정한 이사의 자기거래행위에 해당하여 이사회의 결의를 거쳐야 함에도 이를 거치지 아니하고 대표이사 개인을 위하여 그의 개인 채권자인 제3자와의 사이에서 연대보증계약을 체결하였다고 하더라도 그 경우에 필요한 이사회 결의는 회사의 내부적 의사결정에 불과하므로 그 거래상대방이 이사회 결의가 없었음을 알았거나 중대한 과실로 알지 못한 경우가 아니라면 그 거래행위는 유효하고,[342] 이때 거래상대방이 이사회 결의가 없음을 알았거나 알 수 있었던 사정은 이를 주장하는 회사가 주장 · 입증하여야 할 사항에 속한다.[343] 그런데 특별한 사정이 없는 한 거래상대방으로서는 회사의 대표자가 거래에 필요한 회사의 내부절차를 마쳤을 것으로 신뢰하였다고 보는 것이 일반 경험칙에 부합한다.[344] 이 경우 중대한 과실이라 함은 제3자가 조금만 주의를 기울였더라면 그 거래가 이사와 회사 사이의 거래로서 이사회의 승인이 필요하다는 점과 이사회의 승인을 얻지 못하였다는 사정을 알 수 있었음에도 불구하고 막연하게 이사회의 승인을 얻은 것으로 믿는 등 거래통념상 요구되는 주의의무에 현저히 위반하는 것으로서

340) 대판 1991.5.10. 90다10247.
341) 대판 1980.12.9. 80다584.
342) 대판 2005.7.28. 2005다3649.
343) 대판 1984.12.11. 84다카1591, 1996.1.26. 94다42754 등 참조.
344) 대판 1990.12.11. 90다카25253 참조.

공평의 관점에서 제3자를 구태여 보호할 필요가 없는 경우이다.[345]

(라) **주식회사의 이사 직무대행자** (a) 주식회사의 대표이사 직무대행자가 회사의 상무에 속하지 않은 행위를 하려면 법원으로부터 특별한 권한을 받아야 하므로(상 제408조) 법원의 허가 없이 한 상무 외의 행위에 관해서는 제3자의 선의 여부를 떠나 무효가 된다. 청구의 인낙, 항소의 취하 등은 상무가 아니다.[346] 따라서 가처분결정에 의해 선임된 청산인 직무대행자가 그 가처분의 본안소송인 주주총회결의 무효확인의 제1심판결에 대한 항소를 취하하는 행위는 그가 단독으로 행사할 수 있는 회사의 상무에 속하지 않으므로 그 가처분 결정에 다른 정함이 있거나 관할법원의 허가를 얻지 아니하고서는 그 효력이 없다.[347]

(b) 주식회사 이사의 직무집행을 정지하고 직무대행자를 선임하는 가처분은 성질상 당사자 사이에서 뿐만 아니라 제3자에 대한 관계에서도 효력이 미친다. 따라서 가처분에 위반하여 이루어진 행위는 제3자에 대한 관계에서 무효이다.[348] 또한 가처분에 의하여 선임된 이사직무대행자의 권한은 법원의 취소결정이 있기까지 유효하게 유지 된다. 되는데 등기할 사항인 직무집행정지 및 직무대행자선임 가처분은 상법 제37조 제1항에 의하여 이를 등기하지 아니하면 위 가처분으로 선의의 제3자에게 대항하지 못하지만 악의의 제3자에게는 대항할 수 있다.[349]

(c) 주식회사의 대표이사 및 이사에 대한 직무집행을 정지하고 그 직무대행자를 선임하는 법원의 가처분결정은 그 결정 이전에 직무집행이 정지된 주식회사 대표이사의 퇴임등기와 직무집행이 정지된 이사가 대표이사로 취임하는 등기가 이루어졌다고 하더라도 직무집행이 정지된 이사에 대하여는 여전히 그 효력이 있다. 그러므로 그 가처분결정에 의하여 선임된 대표이사 및 이사 직무대행자의 권한은 유효하게 존속하고, 반면에 그 가처분결정 이전에 직무집행이 정지된 이사가 다시 대표이사로 선임되었다고 하더라도 그 선임결의의 적법 여부에 관계없이 종전 직무대행자 선임가처분 결정이 취소되지 않는 한 대표이사로서의 권한이 없다.[350]

(d) 주식회사의 이사 직무집행정지 등 가처분 사건에서 법원이 선임한 직무대행자가 회사의 상무에 속하지 아니하는 행위를 하려면 법원의 허가를 받아야 하는데(상 제408조 제1항), 이 허가사건의 관할법원에 대해 비송사건절차법은 특별한 규정을 두지 아니하고 있으므로, 주식회사의 이사직무집행정지 등 가처분결정과 직무대행자 선임결정을 한 법원이 관련사건인 위 허가사건의 관할법원이 될 수 있다.[351] 따라서 이와 달리 직무대행자의 상무외의 행위에 관한

345) 대판 2004.3.25. 2003다64688, 2013.7.11. 2013다16473 등 참조.
346) 대판 1982.4.27. 81다358.
347) 대판 1981.7.14. 80다1720 · 1721.
348) 대판 1991.12.24. 91다4355 등 참조.
349) 대판 2014.3.27. 2013다39551.
350) 대판 2014.3.27. 2013다39551 참조.
351) 대결 2008.4.14. 2008마277.

허가사건의 관할법원은 지방법원 합의부에만 전속한다는 취지의 비송사건절차법 제72조는 예시규정에 불과하다.[352)]

(마) 법인 등 단체의 직무대행자 (a) 가처분재판에 의하여 법인 등 대표자의 직무대행자가 선임된 상태에서 피대행자의 후임자가 적법하게 소집된 총회의 결의에 따라 새로 선출되었다고 하더라도 법원의 재판에 의한 그 직무대행자의 권한은 위 총회의 결의에 의하여 당연히 소멸하는 것은 아니므로 사정변경 등을 이유로 가처분결정이 취소되지 않는 한 직무대행자 혼자서 위 법인 등을 적법하게 대표할 수 있다. 따라서 총회에서 선임된 후임자는 그 총회에서 한 선임결의의 적법 여부와 관계없이 대표권이 없다.[353)]

(b) 민법상 법인이나 법인이 아닌 사단 또는 재단의 대표자를 선출한 결의의 무효 또는 부존재 확인을 구하는 소송에서 그 단체를 대표할 자는 무효 또는 부존재 확인청구의 대상이 된 결의에 의해 선출된 대표자이다. 그러나 그 대표자에 대해 직무집행정지 및 직무대행자선임 가처분이 된 경우에는, 그 가처분에 특별한 정함이 없는 한 그 대표자는 본안소송에서 그 단체를 대표할 권한을 포함한 일체의 직무집행에서 배제되고 직무대행자로 선임된 자가 대표자의 직무를 대행하게 되므로, 그 본안소송에서 그 단체를 대표할 자는 직무집행을 정지당한 대표자가 아니라 대표자 직무대행자이다.[354)]

(c) 학교법인의 이사직무대행자가 항소를 포기하는 것은 학교법인의 상무에 속하지 아니하므로 법원의 허가가 필요하다.[355)]

(바) 위임종료시의 긴급처리(민 제691조) (a) 민법상 법인의 이사 전원 또는 그 일부의 임기가 만료되었거나 사임하였는데도 그 후임 이사의 선임이 없거나 또는 그 후임이사의 선임이 있었다고 하더라도 그 선임결의가 무효이고, 남아 있는 다른 이사만으로는 정상적으로 법인의 활동을 할 수 없는 경우에 임기 만료되거나 사임한 구 이사로 하여금 법인의 업무를 수행하게 하는 것이 부적당하다고 인정할 만한 특별한 사정이 없는 때에는, 구 이사는 후임이사가 선임될 때까지 민법 제691조에서 정한 위임종료시의 긴급처리권에 의해서 종전의 직무를 수행할 수 있다. 그러므로 임기만료되거나 사임한 구 이사가 후임 이사의 선임 시까지 종전의 직무를 수행할 수 있는 경우에 구 이사는 그 직무수행의 일환으로 다른 이사를 해임하거나 후임 이사를 선임한 이사회결의의 흠을 주장하여 그 무효확인을 구할 법률상 이익이 있다.[356)]

(b) 그러나 만약 임기 만료되거나 사임한 구 이사로 하여금 법인의 업무를 수행케 하는 것이 부적당하다고 인정될 만한 특별한 사정이 있다면 이러한 구 이사가 제기한 이사회결의의

352) 대결 2008.4.14. 2008마277.
353) 대판 2010.2.11. 2009다70395.
354) 대판 1995.12.12. 95다31348.
355) 대판 2006.1.26. 2003다36225.
356) 대판 2005.3.25. 2004다65336 참조.

무효를 확인하는 소는 확인하는 이익이 없어 부적법하다.[357]

(c) 사립학교법에 의하여 교육인적자원부장관이 선임한 임시이사(사립 제25조 제1항)는 이사의 결원으로 인하여 학교법인의 목적을 달성할 수 없거나 손해가 생길 염려가 있는 경우에 임시적으로 그 운영을 담당하는 위기관리자이다. 따라서 민법상 임시이사와는 달리 일반적인 학교법인의 운영에 관한 행위에 국한하여 정식이사와 동일한 권한을 가지는 것이라고 제한적으로 해석하여야 하므로 정식이사를 선임할 권한은 없다.[358]

그러나 법적 규범적 측면에서 퇴임한 종전 이사에게 긴급처리권이 인정되더라도 실제로는 긴급처리권이 원활하게 작동하지 않아 학교법인의 정상적 운영이 어렵다고 판단되는 경우에는 관할청이 사립학교법 제25조 제1항 1호 소정의 임시이사를 선임할 수 있다.[359]

(3) 대표권의 소멸

(가) 법인 등 대표자의 대표권 소멸에 관해서는 제63조가 준용되므로 신·구 대표자 어느 한편으로부터 상대방에게 대표권의 소멸사실이 통지되어야 소멸의 효력이 생긴다.[360] 그러므로 법인의 대표자가 자신의 사임으로 권한대행을 하게 될 사람에게 사임서를 제출하면서 그 처리를 위임할 경우에 대내적으로는 권한대행자가 수리할 때 사임의 효력이 발생할 것이지만 대외적으로는 상대방에 대해서는 통지하여야 효력이 생긴다. 따라서 법인의 항소심 사건을 담당한 종전 대표자가 사임서를 회사에 제출하였더라도 사임사실을 상대방에게 통지하지 않는 한 여전히 대표자의 지위에 있으므로 그가 항소를 취하하여도 그 효력이 있다.[361]

(나) 그러나 권한대행자가 법인 대표자의 사임계를 법원에도 제출하여 법원에 대표자의 사임사실이 알려졌다면, 법정대리인은 법원에 법정대리권의 소멸사실이 알려진 뒤에는 제56조 제2항에 기재된 소의 취하 등을 할 수 없다는 제63조 제1항 단서의 규정에 따라 사임한 대표자의 항소취하는 상대방에게 이를 통지하였는지 여부와 관계없이 그 효력이 없다.

[47] 제5. 임의대리인

1. 뜻

임의대리인이라 함은 본인의 의사에 터 잡아 대리권이 수여된 대리인을 말한다. 임의대리

357) 대판 2012.8.23. 2011다19997 참조.
358) 대전판 2007.5.17. 2006다19054.
359) 대판 2022.8.25. 2022두35671.
360) 대판 1979.12.11. 76다1829.
361) 대판 2007.5.10. 2007다7256.

인은, 개별적인 소송행위에 관해서 대리권이 수여된 경우와 소송수행을 위하여 포괄적으로 대리권이 수여된 경우로 구별되는데 그 가운데에서 대리권이 포괄적으로 수여된 대리인을 소송대리인이라고 한다. 소송대리인에는 소송위임에 기초한 소송대리인과 법률에 의해서 본인의 재판상 일체의 행위를 할 수 있는 한 소송대리인이 있다.

2. 소송위임에 기초한 소송대리인

(1) 뜻

본인으로부터 특정 소송사건 처리를 위임받은 임의대리인을 소송위임에 기초한 소송대리인, 줄여서 소송대리인이라고 한다. 소송대리인은 변호사(제87조)나 법무법인(변 제49조) · 유한법무법인(변 제58조의2) · 법무조합(변 제58조의18)일 것을 원칙으로 한다.

소송대리인은 당사자의 부족한 소송능력을 보충하는 사람이 아니라 그 능력을 더 확장해 주는 역할을 한다. 그런데 당사자는 경제적 능력에 따라 소송대리인을 선임할 수 있으므로 경제적 능력이 없으면 우수한 소송대리인을 선임할 수 없게 되어 당사자의 경제적 격차가 변론에서 무기대등의 원칙을 깨뜨리기 쉽다. 그러므로 경제적 능력이 부족한 사람을 위한 법률구조 제도가 필요하고 그 필요에 근거하여 법률구조공단 등 많은 법률구조기관이 설립되어 있다. 그러나 변호사는 소정의 보수를 받지만 상법 제5조 제1항 소정의 상인적 방법에 의하여 영업을 하는 자가 아니다.[362] 실제 보수와는 관계없이 사회적 약자를 위한 무료변론이나 봉사활동을 하는 많은 변호사들이 우리 사회의 건전한 발전을 위한 역할을 하고 있음을 잊어서는 안 될 것이다.

(2) 변호사대리의 원칙

㈎ 원칙 우리나라는 증권관련집단소송, 소비자단체소송 등을 제외하고는 변호사강제주의를 채택하고 있지 않기 때문에 당사자본인은 어느 심급에서도 스스로 소송행위를 할 수 있다.[363] 그러나 다른 사람에게 소송대리를 위임할 때에는 원칙적으로 법률에 따라 재판상 행위를 할 수 있는 대리인 이외에는 변호사(또는 법무법인 등)에게 하여야 한다(제87조).

㈏ 예외 **(a) 단독판사가 심리·재판하는 사건으로서 변호사가 아닌 사람도 법원의 허가를 받아 소송대리인이 될 수 있는 사건(민소규 제15조 제1항)** (i) 「민사 및 가사소송의 사물관할에 관한 규칙」(약칭, 사물관할규칙) 제2조 단서 각호의 어느 하나에 해당하는 사건. 즉 수표금 · 약

362) 대결 2011.4.22. 2011마110 참조.

363) 그러나 헌법재판소의 심판절차에서 개인은 변호사를 대리인으로 선임하지 않으면 심판청구를 하거나 심판수행을 하지 못한다(헌재 제25조 제3항 참조).

속어음금 청구사건(사물관할 제2조 단서 1호), 은행 · 농업협동조합 · 수산업협동조합 · 축산업협동조합 · 산림조합 · 신용협동조합 · 신용보증기금 · 기술신용보증기금 · 지역신용보증재단 · 새마을금고 · 상호저축은행 · 종합금융회사 · 시설대여회사 · 보험회사 · 신탁회사 · 증권회사 · 신용카드회사 · 할부금융회사 또는 신기술산업금융회사들이 원고가 된 대여금 · 구상금 · 보증금 청구사건(사물관할 제2조 단서 2호), 자동차손해배상보장법에서 정한 자동차 · 원동기장치자전거 · 철도차량운행의 운행 및 근로자의 업무상재해로 인한 손해배상청구사건과 이에 관한 채무부존재확인 사건(사물관할 제2조 단서 3호), 단독판사가 심판할 것으로 합의부가 결정한 사건(사물관할 제2조 단서 4호).

(ii) 위 (i)호의 사건 이외의 사건으로서 소송목적의 값이 소제기 당시 또는 청구취지 확장(변론의 병합 포함) 당시 1억 원을 넘는 사건과 이를 본안으로 하는 신청사건 및 이에 부수하는 신청사건(다만, 가압류 · 다툼의 대상에 관한 가처분 신청사건 및 이에 부수하는 신청사건은 제외)에 해당하지 않는 사건(민소규 제15조 제1항).

(b) **변호사가 아니면서도 소송대리인 허가를 받을 수 있는 사람** (i) 단독판사가 심리 · 재판하는 사건에서 당사자의 배우자 또는 4촌 이내의 친족으로서 당사자와의 생활관계에 비추어 상당하다고 인정되거나(민소규 제15조 제2항 1호), 당사자와 고용 그 밖에 이에 준하는 계약관계를 맺고 그 사건에 관한 통상 사무를 처리, 보조하는 사람으로서 그 사람이 담당하는 사무와 사건의 내용 등에 비추어 상당하다고 인정되는 경우(민소규 제15조 제2항 2호)에 서면으로 신청하여(민소규 제15조 제3항) 법원의 허가를 받으면(민소규 제15조 제1항) 변호사가 아니더라도 소송대리인이 될 수 있다(제88조 제1항).

(c) 위의 모든 사건들도 상소심에서는 합의부에서 심판하는 사건이 되므로 변호사대리가 원칙이다.

(d) **기타** 다음에 해당하는 사건들도 변호사가 아닌 사람이 소송대리인이 될 수 있다.

(i) **소액사건** 소송목적의 값이 3,000만 원을 초과하지 아니하는 소액사건(소심규 제1조의2)의 제1심에서는 당사자의 배우자 · 직계혈족 · 형제자매는 따로 법원의 허가 없이도 소송대리인이 될 수 있다(소심 제8조).

(ii) **형사배상신청** 형사소송절차에 부대하여 청구하는 배상신청에 있어서도 피해자의 배우자 · 직계혈족 또는 형제자매는 법원의 허가를 받아 배상신청에 관한 소송행위를 대리할 수 있다(소촉 제27조).

(iii) **가사소송** 가사소송은 합의사건이라고 하더라도 본인 또는 법정대리인이 법정에 출석하여야 한다(가소 제7조 제1항). 다만, 특별한 사정이 있을 때에는 법원의 허가를 받아 대리인을 출석하게 할 수 있고 보조인을 동반할 수 있는데(가소 제7조 제1항 단서) 이때 법원의 허가를 받으면 변호사 아닌 사람을 대리인 또는 보조인으로 할 수 있다(가소 제7조 제2항).

(iv) **특허소송 등** 변호사가 아니더라도 특허법원이 관할하는 특허, 실용신안, 디자인 또는 상표에 관한 사항에 관한 특허심판원의 각종 심판 및 특허심판원의 심결에 대한 심결취소소송에 관해서는 변리사(변리 제8조)[364] [365]가, 해양사고심판사건에서는 심판변론인(해양사고 제27조)이 소송행위를 대리할 수 있다.

(v) **비송사건** 비송사건의 관계인은 본인이 출석하도록 명령을 받은 경우를 제외하고는 소송능력자로 하여금 소송행위를 대리하게 할 수 있다(비송 제6조 제1항).

(다) **위반의 효과** (a) 법원은 변호사 아닌 사람이 소송위임을 받아 소송수행을 하는 경우에는 변호사 아닌 사람의 소송관여를 배제하여야 한다. 그러나 법원이 변호사 아닌 사람의 소송행위를 간과한 경우에는 대리권에 흠이 있는 경우와 동일하게 취급할 것이므로 무효이지만 소송능력 등 흠에 대한 조치로서 제60조의 추인이 가능하므로 본인이 추인하여 이를 유효하게 할 수 있다. 이 경우의 추인이란 비변호사가 한 소송행위를 본인이 하는 소송행위로 인정한다는 취지이지 변호사의 행위로 인정하는 것이 아니다. 다만 본인이 변호사자격의 흠을 알면서도 소송위임을 한 경우에는 신의칙에 위반된다고 하여 추인을 제한하여야할 것이다. 이와 같이 추인이 제한된 경우 및 흠을 알고서 추인을 거절한 경우에 그 소송행위는 무효가 된다.

(b) 변호사 아닌 사람이 금품·향응 기타 이익을 받거나 받을 것을 약속하고 또는 제3자에게 이를 공여하게 하거나 공여하게 할 것을 약속하고 변호사법 위반의 행위를 한 경우에는 강행법규에 위반되어 반사회적 성질을 갖게 된다. 따라서 그 사법적 효력은 절대적 무효이므로[366] 제60조의 추인을 할 수 없다.

(c) 변호사가 변호사법 제90조에 의거하여 정직 이상 징계를 받거나, 법무부장관으로부터 변호사법 제102조에 따른 업무정지명령을 받고서도 변호사 업무를 수행한 경우에는 소송대리권에 흠이 있는 경우와 동일하게 취급하여야 할 것이다. 다만 어떤 변호사가 소송수행 중에 징계를 당하거나 업무정지명령을 받았는데 그 사실이 외부에 알려지지 않고, 의뢰인이나 상대방도 그 사실을 알지 못한 사정이 있는 경우까지 소송대리권에 흠이 있다고 하여 소송행위를 일률적으로 무효로 하는 것은 의뢰인 본인이나 상대방에게 예상할 수 없는 손해를 끼칠 우려가 있고, 재판의 안정을 해치며, 소송경제에 반하기 때문에 유효로 풀이 한다.[367]

---

364) 이 경우 변리사에게 허용되는 소송대리권의 범위는 특허심판원의 심결에 대한 심결취소소송에 국한되고 특허 등 침해를 청구원인으로 하는 침해금지 또는 손해배상청구와 같은 민사사건에는 허용되지 않는다(대판 2012. 10.25. 2010다108104 참조).

365) 특허 등의 침해를 청구원인으로 하는 민사사건에서 변리사에게 소송대리를 허용하는 것은 헌법 제27조 제1항의 국민의 「법률에 의한 재판」을 받을 권리를 침해할 소지가 있다는 것에 관하여는, 강현중 '변리사법과 변호사대리의 원칙'(법률신문 2022.6.16.자 게재) 참조.

366) 대판 1978.5.9. 78다213.

367) 같은 취지: 이시윤, 199면.

(3) 소송대리권의 수여(소송위임)

㈎ **소송위임의 성질** 소송위임은 본인이 소송대리인에게 특정 소송사건에 관하여 소송대리권을 수여하는 단독행위이다. 그 기초 관계로서 본인과 대리인 사이에 위임계약이 존재한다. 대리인의 성실의무 혹은 비용보수청구권 등은 위임계약의 효과이지만 대리권수여 자체는 이와는 별개이다. 그러므로 대리권 수여의 의사표시는 대리인에 대하여 하는 것이 원칙이지만 법원 또는 소송상대방에 대하여 하더라도 효력이 있다. 민법에서는 어떤 자에 대하여 대리권을 주는 뜻을 제3자에게 표시한 경우에는 법률행위의 상대방이 이를 신뢰한 범위에서 표현대리의 법리에 의하여 보호받을 수 있으나 소송대리에서는 상대방의 선의·악의를 불문하고 표현대리의 성립 여부와 관계없이 대리권발생을 인정하여 획일적으로 상대방을 보호한다.

㈏ **소송대리권의 증명** 대리권수여의 방식은 자유이므로 말이나 서면으로 할 수 있으나 대리인이 소송행위를 하려면 대리권의 존재 및 범위를 서면으로 증명하여야 한다(제89조 제1항). 서면이 소송위임장과 같이 사문서일 때에는 법원은 공증인 그 밖의 공증사무소의 인증을 받을 것을 소송대리인에게 명할 수 있다(제89조 제2항).[368] 외국에 있는 한국인의 경우에는 그 외국의 한국영사가 인증한다. 당사자가 법원에 출석하여 말로 대리인을 선임하고 법원사무관등이 그 진술을 서면에 기재한 때에는 따로 서면증명이 필요 없다(제89조 제3항). 대리권을 서면으로 증명하게 하는 취지는 대리권 유무에 관한 분쟁을 미리 방지하여 소송절차를 원활하게 진행하고자 하는데 있다. 그러나 이미 어떤 소송행위가 소송대리인에 의하여 이루어진 경우에는 대리권의 증명방법은 서면에 한정할 필요가 없으며 다른 증거방법에 의하여서도 가능하다.

㈐ **소송위임을 할 수 있는 자격** 본인이 소송위임을 하려면 소송능력이 있어야 한다. 법정대리인이나 법률에 의한 소송대리인도 본인에 갈음하여 소송위임을 할 수 있다.

(4) 소송대리권의 범위

㈎ **기본원칙** (a) 소송위임에 기초한 소송대리인의 대리권 범위는 소송절차의 원활·확실의 요청과 변호사대리의 원칙상 포괄적으로 법정되어 있고 개별적인 제한을 금지한다(제91조). 그러나 변호사 아닌 소송대리인의 경우에는 본인의 의사를 존중하여 대리권의 범위를 제한할 수 있다(제91조 단서).

(b) (i) 제91조의 규정은 소송절차의 원활·확실을 도모하기 위하여 소송법상 소송대리권을 정형적·포괄적으로 법률에 규정한 것에 불과하고 변호사와 의뢰인 사이의 사법상 위임계

368) 대판 1948.4.7. 4281민상362.

약의 내용까지 법정한 것은 아니다. 그러므로 본안소송을 수임한 변호사가 그 소송을 수행함에 있어서 강제집행이나 보전처분에 관한 소송행위를 할 수 있는 소송대리권을 가진다고 하더라도 이에 관한 위임계약을 맺지 않은 이상 의뢰인에 대한 관계에서 당연히 그 권한에 상응한 위임계약상 의무를 부담한다고 할 수 없다. 그러나 변호사와 의뢰인 사이에 따로 위임계약을 맺었다면 결국 변호사가 처리의무를 부담하는 사무의 범위는 변호사와 의뢰인 사이의 위임계약 내용에 의하여 정하여진다.

(ii) 예를 들어, 소유권이전등기 청구소송을 수임한 변호사가 사건을 맡은 지 6개월 후, 소송 상대방 9명 중 1명이 계쟁 토지에 대하여 협의분할 상속을 원인으로 단독 명의의 소유권이전등기를 마쳤다는 사실을 등기사항증명서 열람을 통해 알게 되었다. 변호사는 의뢰인과 보전처분에 관한 구체적인 위임계약을 체결하지는 않았지만, 상대방이 토지를 제3자에게 처분할 우려가 있다고 판단하여 소송대리인의 일반적인 권한 범위 내에서 해당 토지에 대해 처분금지가처분 신청을 하였다. 그러나 담보 제공에 따른 가처분기입등기가 완료되기 전에, 상대방이 제3자에게 근저당권설정등기를 해 준 경우가 발생하였다. 이러한 상황에서, 본안 소송을 수임할 당시 변호사가 의뢰인에게 소유권이전등기청구권을 보전하기 위해 보전처분(처분금지가처분 등)이 필요하다는 점과 그 절차에 대해 충분히 설명해야 할 특별한 사정이 없는 이상, 변호사가 의뢰인에 대하여 보전처분과 관련된 선량한 관리자로서의 주의의무를 위반했다고 보기는 어렵다. 즉 변호사가 보전처분까지 당연히 안내해야 하는 것은 아니며, 특별한 사정이 없는 한 주의의무 위반으로 볼 수 없다.

(나) **제90조 제1항** (a) 본인이 소송대리인에게 특정사건의 소송수행을 위임하면 소송대리인은 위임받은 사건의 소송을 수행하는데 필요한 일체의 권한이 있다.

(b) 소의 제기 이외에도 조정절차, 강제집행절차, 가압류·가처분, 증거보전, 독촉, 소송비용액 확정절차,[369] 강제집행정지절차, 판결경정절차 등에서도 필요한 소송행위를 할 수 있다. 따라서 이들 경우에는 본안소송의 소송대리인인 변호사가 그에 관한 별도의 위임 없이도 대리권을 행사할 수 있다.[370] 집행 및 보전, 신청절차에서 이루어진 소송위임의 효력은 본안의 제소명령신청이나 상대방의 제소명령결정을 송달받는 권한에도 미친다.[371]

(c) 이 경우 조정절차, 강제집행절차, 가압류·가처분 등 개별적 절차에 따로 소송대리권을 수여하더라도 그 개별적 절차에 한정하여 소송대리권이 포괄적으로 미친다.

(d) 소송대리인은 위와 같이 소송수행에 필요한 일체의 소송행위를 할 수 있기 때문에 청구의 변경, 상대방의 소, 반소 및 소송참가에 대하여 응소할 수 있음은 물론 일체의 공격방어

369) 대결 2023.11.2. 2023마5298.
370) 대결 2023.11.2. 2023마5298.
371) 대결 2003.3.31. 2003마324.

방법을 제출할 수 있고,[372] 백지 어음의 보충권을 행사할 권한도 있다.[373]

(e) 소송대리인이 할 수 있는 사법행위에 관하여 제90조 제1항은 변제의 영수에 대해서만 규정하고 있으나 소송대리인은 소송에 관한 일체의 공격방어 수단을 강구할 권한이 있으므로 공격방어방법의 전제로서 본인의 상계권, 취소권, 해지 · 해제권 등 사법상 형성권을 행사할 수 있고, 상대방이 하는 권리행사의 의사표시도 수령할 수 있으며, 위임 받은 사건에 관한 실체법상 사법행위를 하는 권한이 포함된다.[374]

(f) 그러나 재판외의 화해계약은 화해가 특별수권사항이므로 본인으로부터 특별한 권한을 받아야 한다(제90조 제2항 2호).

(g) 재심소송에서의 변론은 재심 전 재심대상판결절차의 속행이다. 하지만 재심의 소는 재심이라는 새로운 소송의 제기 형식을 취하고, 재심사유가 있다고 인정한 때에는 그 취지의 중간판결을 한 뒤 본안에 관하여 심리 · 재판하여야 하므로(제454조 제2항) 사전 또는 사후의 특별수권이 없는 이상 재심대상소송의 소송대리인이 당연히 재심소송의 소송대리인이 되는 것이 아니다.[375]

㈐ **제90조 제2항(특별수권사항)** 소송대리인이 소송을 수행함에 있어서 본인에게 중대한 결과를 미치는 사항에 대해서는 본인의 의사를 존중하고 그 이익을 보호하기 위하여 본인으로부터 특별한 권한을 받을 필요가 있다. 이에 관해서는 제90조 제2항에 열거되어 있지만 실제로는 소송위임장에 부동문자로 적혀 있어 형식상 언제나 특별한 권한을 받은 것으로 되어 있다. 그러므로 본인이 실제로 특별한 권한을 소송대리권에게 부여하였는지 여부는 구체적으로 검토해 보아야 할 것이다.

(a) **반소의 제기(제90조 제2항 1호) 등** 피고소송대리인이 반소를 제기하는 것은 원고가 소를 제기하는 것과 같으므로 특별한 권한을 필요로 한다. 그러나 반소제기에 응소하는 것은 소의 제기에 대한 응소와 동일하여 특별한 권한을 요구하지 않는다. 피 항소인의 소송대리인이 부대항소를 제기하는 것도 반소제기와 성질이 같으므로 특별한 권한이 필요하다.

(b) **소의 취하, 화해, 청구의 포기·인낙 또는 제80조의 소송탈퇴(제90조 제2항 2호)** 이들 사유가 있으면 종국판결에 의하지 않고 소송을 마치게 되므로 본인의 의사를 개별적으로 확인하기 위하여 소송대리인에게 본인의 특별한 권한을 받도록 하였다. 소송탈퇴는 제80조뿐 아니라 제82조 제3항에서 정한 소송인수의 경우도 포함한다. 재판상 화해나 청구를 포기한 경우에 대리권의 범위는 그 소송행위의 전제되는 실체법상 권리의 처분이나 포기에 대한 권한도 포함한

372) 대판 2015.10.29. 2015다32585.
373) 대판 1959.8.6. 4291민상382.
374) 대판 2015.10.29. 2015다32585.
375) 대결 1991.3.27. 90마970.

다.[376] 상대방의 소 취하에 대한 동의권은 특별수권사항이 아니다.[377]

(c) **상소의 제기 또는 취하**(제90조 제2항 3호) (i) 상소의 제기가 특별수권사항이므로 소송대리권은 심급마다 별개로 주어진다고 풀이된다. 이를 심급대리의 원칙이라고 한다. 따라서 제1심의 소송대리권은 상소심 절차의 소송대리권이 포함되지 아니하여 그 해당 심급에서 판결정본이 송달되면 소송대리권은 소멸된다. 그러므로 심급대리의 원칙상 상소의 제기는 물론 상소에 응하는 행위나 상소장송달의 수령도 심급을 달리해서 하는 소송행위이므로 특별한 권한이 필요하다.[378] 상소의 제기 권한을 수여받으면 부대상소(제403조, 제425조)를 하거나 부대상소를 받을 권한도 주어진다.

(ii) 상소의 취하도 특별수권사항이므로 불상소의 합의나 상소권의 포기도 특별한 권한이 필요하다.

(iii) 소송대리권의 범위는 원칙적으로 당해 심급에 한정되지만, 소송대리인이 상소 제기에 관한 특별한 권한을 따로 받았다면 특별한 사정이 없는 한 상소장을 제출할 권한과 의무가 있으므로, 상소장에 인지를 붙이지 아니한 흠은 당해심급의 소송대리인이 이를 보정할 수 있고 원심재판장도 당해심급의 소송대리인에게 인지의 보정을 명할 수 있다.[379]

(iv) 재심절차는 별개의 소송절차이므로 따로 소송위임을 받아야 한다.

(d) **복대리인의 선임**(제90조 제2항 4호) 복대리인은 본인의 대리인이다. 그러므로 소송대리인의 사망이나 사임에 의하여 복대리인의 대리권이 당연히 소멸되지 않지만, 소송대리인이 복대리인을 선임할 경우에는 본인의 특별한 권한을 필요로 한다. 그러나 재차 복대리인은 선임할 수 없다.

㈑ **공동대리-개별대리의 원칙** (a) 같은 당사자를 위한 여러 소송대리인 들은 각자 단독으로 당사자를 대리한다(제93조 제1항). 이 점에서 공동으로만 대리하여야 하는 법정대리인의 공동대리와 다르다. 본인이 여러 소송대리인에 대하여 공동대리 또는 협의대리에 의하도록 제한하여도 그 제한은 내부관계의 구속에 그치고 법원 또는 상대방에 대해서는 그 제한의 효력이 없다(제93조 제2항).

(b) (i) 여러 소송대리인이 각자 소송을 수행하다가 소송행위가 모순될 때에 그 모순되는 소송행위가 동시에 이루어진 경우에는 무의미하므로 어느 것도 효력이 발생하지 않는 것으로 처리하여야 한다. 그러나 이 경우에도 본인에게 이익이 되도록 풀이하여야 할 것이다.[380]

---

376) 대판 1994.3.8. 93다52105, 대결 2000.1.31. 99마6205.

377) 대판 1984.3.13. 82므40.

378) 이시윤, 183면. 전병서, 197면은 상소에 대한 응소행위는 특별수권이 필요하지 않다고 한다.

379) 대결 2013.7.31. 2013마670, 대판 2020.6.25. 2019다292026.

380) 예를 들어 피고 소송대리인이 복수인데 한사람은 원고가 주장하는 주요사실을 다투고 다른 사람은 부인하는 경우에 원고 주장의 주요사실을 전체적으로 다투는 것으로 처리하여 자백간주(제150조)가 되지 아니한다고 하여

(ii) 모순된 소송행위가 때를 달리하는 경우에 어느 소송행위를 우선 시키는지는 소송행위의 철회와 관련하여 생각하여야 한다. 즉 소송행위를 철회할 수 있는 경우에는 뒤의 소송행위로 말미암아 앞의 소송행위가 철회된 것으로 보아서 뒤의 소송행위를 우선 시켜야 한다. 그러나 철회가 허용되지 아니하는 경우에는 앞의 소송행위가 효력이 있다.

(c) 당사자에게 여러 소송대리인이 있는 때에는 각자가 당사자를 대리하게 되므로, 여러 사람이 공동으로 대리권을 행사하는 경우 그 중 한 사람에게 송달을 하도록 한 제180조가 적용될 여지가 없어 법원으로서는 판결정본을 송달함에 있어 여러 소송대리인에게 각각 송달을 하여야 한다. 하지만, 그와 같은 경우에도 소송대리인 모두 당사자 본인을 위하여 소송서류를 송달받을 지위에 있으므로 당사자에 대한 판결정본 송달의 효력은 결국 소송대리인 중 1인에게 최초로 판결정본이 송달되었을 때 발생한다. 따라서 당사자에게 여러 소송대리인이 있는 경우에 항소기간은 소송대리인 중 1인에게 최초로 판결정본이 송달되었을 때부터 계산한다.[381]

(5) 소송대리권의 소멸

㈎ **소멸되지 않는 사유** 민법은 본인과 대리인의 개인적인 신뢰관계를 존중하여 본인의 사망을 대리권의 소멸사유(민 제127조 제1항)로 하고 있다. 그러나 소송위임에 기초한 소송대리인의 경우에는 위임사무의 목적과 범위가 명확하고 또 수임자는 원칙적으로 변호사가 되기 때문에 위임자 또는 그 승계인의 신뢰를 배신할 우려가 적다는 것을 고려하여 민법의 예외를 인정한다. 그리하여 ① 당사자의 사망[382] 또는 소송능력의 상실 ② 당사자인 법인의 합병에 의한 소멸 ③ 당사자인 수탁자의 신탁임무의 종료 ④ 법정대리인의 사망, 소송능력의 상실 또는 법정대리권의 소멸, 변경(이상 제95조) ⑤ 선정당사자나 회사회생관리인과 같이 일정한 자격이 있는 자가 자기의 이름으로 타인을 위해서 소송당사자로 된 자의 자격상실(제96조)이 있더라도 소송대리권은 소멸되지 않는다. 이와 같은 사유는 모두 소송절차의 중단사유(제233조에서 제237조)가 되는데 소송대리인에게 대리권이 있어 유효하게 소송을 수행할 수 있을 때에는 소송절차를 중단시킬 필요가 없기 때문에 소송절차가 중단되지 않는다(제238조). 위의 경우에 소송대리인에게 상소할 수권이 없는 경우에는 제1심의 판결정본이 소송대리인에게 송달되면서 소송대리인의 대리권이 소멸되어 소송절차는 중단된다.[383]

야 할 것이다.

381) 대결 2011.9.29. 2011마1335.

382) 소송계속 이전에 당사자가 사망한 경우에는 대리권이 소멸하게 되는데 판례는 이 경우에도 소송대리인이 당사자가 사망한 것을 모르고 사망자를 당사자로 표시하여 소를 제기하였다면 소의 제기는 적법하다고 하였다(대판 2016.4.29. 2014다210449. 이 판례에 관한 분석은 강현중 「소송계속전 원고가 사망한 경우 그 소송대리인의 소송대리권」[법률신문 2016.11.10.자 참조]).

383) 대판 1995.5.23. 94다23500.

(나) **소멸되는 사유** 소송상 대리권은 민법상 대리권과 같은 사유로 소멸된다.

(a) **대리인의 사망, 성년후견의 개시 또는 파산**[384]**(민 제127조 제2항)** 이 경우에는 대리인이 대리권의 소멸로 법정에 출석할 수 없기 때문에 상대방에게 통지하지 아니하여도 소송대리권은 소멸된다.

(b) **위임사무의 종료** (i) 심급대리의 원칙상 당해 심급의 판결정본이 송달되면 위임사무가 종료되어 대리권이 소멸된다.[385]

(ii) 당사자가 사망하였으나 그를 위한 소송대리인이 있는 경우에는 소송절차가 중단되지 아니하고, 그 소송대리인은 상속인들 전원을 위하여 소송을 수행하게 되어 그 사건의 판결은 상속인들 전원에 대하여 효력이 있다. 다만 심급대리의 원칙상 그 판결정본이 소송대리인에게 송달된 때에는 소송대리인의 위임사무는 종료되고 소송절차는 중단된다. 그러나 소송절차의 중단 중에 제기된 상소는 부적법한 것이지만 상소심법원에 수계신청을 하여 그 하자를 치유시킬 수 있다.[386]

(iii) 상급심에서 원심판결을 파기 또는 취소하여 원심법원에 환송하는 판결을 하였을 경우에는 원심당시 소송대리인의 대리권이 부활된다.[387] 따라서 항소심판결이 상고심에서 파기되고 사건이 환송되는 경우에는 사건을 환송받은 항소법원이 환송 전의 절차를 속행하여야 하고 환송 전 항소심에서의 소송대리인인 변호사 등의 소송대리권이 부활하므로, 환송 후 사건을 위임사무의 범위에서 제외하기로 약정하였다는 등 특별한 사정이 없는 한 변호사 등은 환송 후 항소심 사건의 소송사무까지 처리하여야만 비로소 위임사무의 종료에 따른 보수를 청구할 수 있다.[388] 특허심결취소소송에서 심결을 취소하는 판결이 확정됨에 따라 특허심판원이 심판사건을 다시 심리하게 되는 경우에도 종전 심판절차에서의 대리인의 대리권은 다시 부활하고 당사자가 다른 소송대리인을 선임하였다고 대리권이 소멸되는 것이 아니다.[389]

(c) **변호사자격의 상실** 변호사가 변호사법 제90조 1호·2호에 따라 징계로 영구제명이나 제명된 경우에는 변론능력을 상실함은 물론 변호사대리의 원칙이 적용되는 사건에서의 소송대리권도 소멸된다.[390] 이 경우에는 상대방에 대한 통지가 없어도 소송대리권의 소멸에는 지장이 없다.

(d) **본인의 파산(민 제690조), 위임계약의 해지(민 제689조)** 본인의 파산으로 위임계약이

384) 법무법인의 합병, 인가취소, 파산 또는 해산의 경우도 같다.
385) 대결 2000.1.31. 99마6205.
386) 대판 1996.2.9. 94다61649.
387) 대결 1985.5.28. 84후102 등.
388) 대판 2016.7.7. 2014다1447.
389) 특허판 2006.4.13. 2006허978.
390) 같은 취지: 정동윤 외 2, 243면. 이시윤, 186면은 변론능력의 소멸원인에 그치고 소송대리권의 소멸사유는 아니라고 한다.

종료되거나(민 제690조), 위임계약을 해지하여 변호사가 사임하거나 해임당한 경우에는 소송대리권이 소멸된다. 그러나 상대방에게 이를 통지하지 않으면 대리권이 소멸되는 효력이 생기지 않는다(제97조, 제63조). 그러므로 소송대리인이 사임서를 법원에 제출하였다 하더라도 상대방에게 그 사실을 통지하지 않은 이상 소송절차의 안정과 명확을 기하기 위하여 그 대리인의 대리권은 여전히 존속한다.[391] 소멸통지사실은 법원에 서면으로 신고하여야 한다(민소규 제17조).

(6) 소송대리인의 지위

㈎ **제3자로서의 지위** 소송대리인은 당사자가 아니므로 판결문에 당사자로 표시되지 않고 소송대리인으로 표시된다. 따라서 판결의 효력이 당연히 미치지 아니하는 소송 외의 제3자이므로 증인·감정인이 될 수 있다.

㈏ **소송수행자로서의 지위** 소송수행에서의 지(知)·부지(不知), 고의·과실과 같은 사유가 소송법상 효과에 영향을 미칠 때에는 소송대리인을 표준으로 하여 결정한다(민 제116조 제1항 참조). 그러나 당사자 본인의 고의·과실이 소송대리인 부지의 원인이 된 때에는 당사자는 자기가 안 사정 또는 과실로 인하여 알지 못한 사정에 관하여 소송대리인이 몰랐다고 주장할 수 없다(민 제116조 제2항 참조).

㈐ **본인의 지위**

(a) **사적자치의 확장** 소송대리인은 본인의 사적자치를 확장하는 지위에 있다. 따라서 본인이 소송대리인을 선임하더라도 자기 자신의 소송수행권을 상실하지 않는다. 법원은 기일소환장이나 소송서류를 본인에게 송달할 수 있으며, 소송대리인이 있어도 본인에게 출석을 명하여 진술을 청취할 수 있고(제140조 제1항 1호), 상대방 당사자에 대하여 본인신문을 할 수 있다(제367조).

(b) **당사자의 경정권** (i) 분쟁이 되는 사실관계의 전후는 소송대리인보다 실제 사건을 경험한 당사자 본인이 더 잘 알 것이다. 그러므로 본인이 법정에 출석하여 소송대리인의 사실상 진술을 취소하거나 경정한 때에는 소송대리인의 사실상 진술은 효력을 잃는다(제94조). 즉 소송대리인의 진술이 진실에 어긋나거나 그것이 착오로 말미암은 것임을 증명(제288조)하지 아니하더라도 본인은 소송대리인의 진술을 언제든지 취소 또는 경정할 수 있다. 사실에 관한 소송대리인의 자백도 본인은 경정할 수 있다.

(ii) 법정대리인도 본인에 갈음하기 때문에 경정권을 행사할 수 있다. 그러나 소송대리인 상호 간에는 경정권을 행사할 수 없다.

(iii) 경정권은 구체적 사실관계에 관해서만 할 수 있으므로, 법률상 견해, 경험칙 등에 관

391) 대판 1995.2.28. 94다49311, 대결 2008.4.18. 2008마392.

해서는 물론 신청 등에는 행사할 수 없다.

3. 법률에 의한 소송대리인

(1) 뜻

(가) 법률에 의한 소송대리인이라 함은 법률에 의하여 자기가 맡고 있는 업무에 관해서 일체의 재판상 행위를 할 권한이 인정된 사람을 말한다. 법률에 의한 소송대리인의 지위에 있게 하거나 그 지위를 상실시킬 수 있는 사람이 본인이라는 점에서 임의대리인에 속한다. 그러나 그 맡은 업무에 관해서는 본인에 갈음하여 일체의 소송행위를 할 수 있다는 점에서 법정대리인과 유사한 면이 있다. 지배인(상 제11조), 선장(상 제749조), 선박관리인(상 제765조), 국가소송수행자(국가 소송 제3조) 등이 법률에 의한 소송대리인그 대표적인 예이다.

(나) 국가가 아닌 지방자치단체는 국가를 당사자로 하는 소송에 관한 법률의 적용대상이 아니므로, 변호사 아닌 소속공무원으로 하여금 소송을 수행하게 할 수 없다.[392]

(다) (a) 조합의 업무집행조합원은 업무집행에 관한 대리권이 있는 것으로 추정하고 있고(민 제709조), 조합원이 다수인 경우에 업무집행조합원의 소송대리에 의하여 조합체의 번잡한 소송수행을 단순하고 간략하게 할 수 있다는 장점이 있기 때문에 법률에 의한 소송대리인으로 보아야 할 것이므로 법률에 의한 소송대리인의 지위에서 조합원 전부의 소송을 수행할 수 있다.[393]

(b) 판례[394]는 더 나아가 업무집행조합원에 대한 임의적 소송담당을 허용하므로 그 경우에는 업무집행조합원이 소송대리인이 아니라 당사자로 소송을 수행할 수 있다.

(2) 자격

소송대리권의 근거가 본인이 신뢰하여 일정한 범위의 업무를 맡겼다는 데 있으므로 법률에 의한 소송대리인은 변호사일 필요가 없다. 법원은 지배인·선장 등 법률에 의한 소송대리인의 자격 또는 권한을 판단하는 데 필요한 때에는 그 소송대리인·당사자본인 또는 참고인을 심문하거나 필요한 자료를 제출하게 할 수 있고(민소규 제16조 제1항), 그 소송대리인이 자격 또는 권한이 없다고 인정하는 때에는 재판상 행위를 금지하고 그 취지를 통지하여야 한다(민소규 제16조 제2항).

---

392) 대판 2006.6.9. 2006두4035.
393) 같은 취지: 이시윤, 178면.
394) 대판 1997.11.28. 95다35302.

(3) 소송대리권의 범위와 지위

법률에 의한 소송대리인의 대리권은 본인으로부터 수임 받은 업무처리과정에서 발생한 일체의 소송사건에 관하여 포괄적으로 미치며 특정사건에 국한되지 않는다. 이 점에서 특정사건에 한정해서 포괄적 대리권이 있는 소송위임에 기한 소송대리인과 다르다. 따라서 대리권의 서면증명도 일정한 지위에 있다는 것을 증명하여야 한다(예, 지배인의 법인등기사항증명서 등 제출). 문제는 변호사대리의 원칙을 참탈하기 위해서 지배인등 명의로 개별적인 소송수행울 허용한 경우이다. 업무에 관한 포괄적 대리권은 소송대리인 자격의 전제이므로 포괄적 대리권 없이 수행한 소송행위는 위법이 된다. 따라서 법원은 그러한 소송행위를 금지하여야할 것이고, 이미 행한 소송행위에 관해서는 상대방도 변호사법위반을 이유로 그 소송행위의 무효를 주장할 수 있다고 하여야 한다.

㈎ **법률에 의한 소송대리권의 범위** (a) 법률에 의한 소송대리권의 범위는 각 법률에서 정해 놓았는데 보통 재판상 또는 재판외의 모든 행위를 할 수 있다고 되어 있다(예, 상 제11조 제1항 참조). 따라서 그 법정권한을 제한할 수 없으므로(제92조) 반소의 제기와 같이 특별한 권한을 받아야 할 수 있는 제90조 제2항에서 정한 소송행위도 특별한 권한을 수여받지 않고도 자유롭게 할 수 있다.

(b) 실체법상 공동대리를 인정한 경우(예, 상 제12조)에는 법정대리인의 경우와 같이 소송상으로도 공동대리로 소송을 수행하여야 하고 단독으로 소송을 수행할 수 없다. 이 점에서 법정대리인의 공동대리와 유사하다.

(c) 법률에 의한 소송대리인은 원칙적으로 변호사가 아니다. 따라서 당사자 본인의 사망 등에도 대리권이 소멸되지 않는다는 원칙(제95조)은 변호사를 전제로 하므로 여기에 적용될 수 없다. 같은 이치로 법률에 의한 소송대리인의 실체법상 지위, 예컨대 지배인의 지위에서 물러나면 그 소송대리권도 저절로 소멸된다.

(d) 위임계약의 해지, 본인이 파산한 경우에 상대방에게 통지가 필요한 것은 소송위임에 기한 소송대리인과 동일하다.

㈏ **지위** (a) 소송외의 제3자이므로 증인능력이 있다.

(b) 자기의 권한에 터 잡아 특정사건에 관하여 변호사에게 소송위임이 가능하다. 이 경우 소송위임에 기한 소송대리인과의 관계는 법정대리인에 준한다. 따라서 법정에 출석하여 소송위임에 기한 소송대리인의 사실상 진술을 고칠 수 있는 경정권(제94조)이 있다.

[48] 제6. 변론능력

1. 뜻

당사자가 소송절차에 관여하여 현실적으로 변론을 할 수 있는 자격을 변론능력이라고 한다. 소송절차의 원활, 신속한 진행과 사법제도의 건전한 운용을 위한 공익적인 제도라는 점에서 본인의 이익을 위한 소송능력제도와 다르다.

2. 변론무능력자

(1) 진술금지의 재판(제144조)

(가) 법원은 소송관계를 명료하게 하기 위하여 필요한 진술을 할 수 없는 당사자 또는 대리인의 진술을 금지하고 변론을 계속할 새 기일을 지정할 수 있다(제144조 제1항). 위와 같이 진술을 금지한 경우에 필요하다고 인정한 때에는 변호사의 선임을 명할 수 있으며(제2항), 대리인에게 진술을 금지하고 또는 변호사의 선임을 명하였을 때에는 본인에게 그 취지를 통지하여야 한다(제3항). 이 조치는 당사자 또는 대리인의 변론이 애매하거나 그 의미가 명확하지 아니하여 법원이 제136조 에 따라 소송관계를 분명하게 하기 위하여 석명을 구하더라도 당사자 등이 그 석명에 대하여 사안의 진상을 충분히 밝혀 필요한 진술을 할 수 있는 능력이 없는 때에, 당사자 등으로 하여금 변론을 계속하게 하는 것이 그 당사자에게 불이익하고 또한 소송절차를 지연시키는 등 바람직하지 않은 결과를 가져올 수 있으므로 이를 막기 위한 것이다.[395)]

(나) 소를 제기한 자가 변호사 선임명령을 받고도 변론할 새 기일까지 변호사를 선임하지 아니한 때에는 결정으로 당사자 또는 대리인이 제기한 소를 각하할 수 있다(제4항). 그러나 당사자가 법원의 석명에 대하여 사안의 진상을 충분히 해명할 만한 능력이 부족하다는 등의 이유로 진술을 금지한 경우, 변호사 선임명령과 함께 경제적 능력의 부족으로 그 명령에 따르지 못한다는 등의 주장이 제기된 경우라면 직권에 의한 소송구조결정 등으로 변호사가 선임되도록 변론을 진행시키는 등 재판을 받을 권리가 봉쇄되지 않도록 하는 조치가 필요하다.[396)]

(2) 변호사 아닌 소송대리인의 변론능력(제87조)

(가) **원칙** 변호사 아닌 사람은 타인 사이의 소송에서 소송대리인의 자격이 없으므로 소송대리인이 될 수 없어 변론능력이 없다. 그러나 사회적 약자를 보호하기 위해서 다음과 같

---

395) 대결 2023.12.14. 2022마6934.
396) 부산고판 2004.4.22. 2003다13734 · 13741.

은 진술보조인 제도를 두었다.

(나) **진술보조제도** (i) 질병, 장애, 연령 등 정신적·신체적 제약이 있는 사회적 약자가 법원의 허가를 받아 법정에서 진술을 도와주는 사람과 함께 출석하여 진술을 할 수 있다(제143조의2 제1항).

(ii) 진술보조인은 듣거나 말하는데 장애가 없는 사람으로서 ① 당사자의 배우자, 직계친족, 형제자매, 가족, 그 밖의 동거인으로서 당사자와의 생활관계에 비추어 상당하다고 인정되는 경우(민소규 제30조의2 제1항 1호) ② 당사자와 고용, 그 밖의 이에 준하는 계약관계 또는 신뢰관계를 맺고 있는 사람으로서 그 사람이 담당하는 사무의 내용 등에 비추어보아 상당하다고 인정되는 경우(민소규 제30조의2 제1항 2호)에 해당하여야 하고, 허가신청은 심급마다 서면으로 한다(민소규 제30조의2 제2항).

(iii) 진술보조인은 변론기일에 당사자와 동석하여 ① 당사자 본인의 진술을 법원과 상대방, 그 밖의 소송관계인이 이해할 수 있도록 중개하거나 설명하는 행위(민소규 제30조의2 제3항 1호) ② 법원과 상대방, 그 밖에 소송관계인의 진술을 당사자 본인이 이해할 수 있도록 중개하거나 설명하는 행위(위 제3항 2호)를 할 수 있다. 이 때 당사자 본인은 진술보조인의 행위를 즉시 취소하거나 경정할 수 있다(위 제3항 본문). 법원은 진술보조인이 한 중개 또는 설명행위의 정확성을 확인하기 위해 직접 진술보조인에게 질문할 수 있다(위 제4항).

(iv) 진술보조인의 변론에 출석한 때에는 조서에 그 성명을 기재하고 중개 또는 설명행위를 한 때에는 그 취지를 기재하여야 한다(위 제5항).

(v) 법원은 언제든지 진술보조허가를 취소할 수 있지만(제143조의 2 제2항) 그 경우 당사자 본인에게 그 취지를 통지하여야 한다(민소규 제30조의2 제6항).

3. 변론능력의 흠

(1) 소송관여의 배제

변론능력이 없는 사람이 소송에 관여하였을 경우에 법원은 그 관여를 배제하고 그의 소송행위를 무시할 수 있다. 진술금지의 재판을 한 경우에는 새로운 기일을 정하는데(제144조 제1항) 새 기일에 진술금지의 재판을 받은 사람이 변호사를 선임하지 아니하고 출석하였다면 그 출석에 불구하고 기일불출석으로 취급되어 기일태만의 불이익(제150조, 제268조, 제286조)을 받는다.

(2) 소의 각하

당사자 또는 대리인이 법원의 변호사 선임명령을 받고도 새 기일까지 변호사를 선임하지 아니한 때에는 법원은 결정으로 소 또는 상소를 각하할 수 있고(제144조 제4항) 이 각하결정에 대하여는 즉시항고를 할 수 있다(제144조 제5항).

(가) 이와 같이 소가 각하되는 경우 당사자는 경제적 · 시간적으로 많은 불이익을 입게 되므로 이러한 점을 고려하여 법은 특별히 당사자 본인이 아닌 대리인에게 진술을 금지하고 변호사의 선임을 명하였을 때에는 실질적으로 변호사 선임권한을 가진 본인에게 그 취지를 통지하여 그로 하여금 변호사 선임 여부를 결정할 수 있는 기회를 부여하도록 하고 있다. 그러므로 그러한 통지가 없는 경우에는 변호사를 선임하지 아니하였다 하여도 소를 각하할 수 없다.

(나) 이 이치는 선정당사자의 경우에도 동일하다. 선정당사자는 비록 그 소송의 당사자이기는 하지만 선정행위의 본질이 임의적 소송신탁에 불과하여 다른 선정자들과의 내부적 관계에서는 소송수행권을 위임받은 소송대리인과 유사한 측면이 있고, 나아가 선정당사자가 법원의 선임명령에 따라 변호사를 선임하기 위해서는 선정자들의 의견을 고려하지 않을 수 없는 현실적 사정을 고려하면, 선정당사자에게 변론을 금지함과 아울러 변호사 선임명령을 한 경우에도 제144조 제3항의 규정을 유추하여 실질적으로 변호사 선임권한을 가진 선정자들에게 법원이 그 취지를 통지하거나 다른 적당한 방법으로 이를 알려주어야 하고, 그러한 조치 없이는 변호사의 선임이 이루어지지 아니하였다 하여 곧바로 소를 각하할 수 없다.[397)]

(3) 흠의 묵인가능

법원은 소 또는 상소를 제기한 사람이 변호사 선임 명령을 받고도 새 기일까지 변호사를 선임하지 아니할 경우에는 위와 같이 소 또는 상소를 결정으로 각하할 수 있으나, 법원이 새 기일에서 진술금지의 재판을 받은 사람이 소송에 관여하여 소송행위를 하는 것을 묵인하면 그 소송행위는 유효하다. 이 경우에는 상대방이 이의를 제기할 수 없다. 이 제도는 법원의 원활한 소송 진행을 위한 공익적인 제도이므로 법원이 담당하여야 할 몫이고 당사자 본인을 위한 제도가 아니기 때문이다.

397) 대결 2000.10.18. 2000마2999.

제 3 편

제1심의 소송절차

제1장

소송의 시작

제1절 소의 뜻과 모습

[49] 제1. 소의 뜻

소(訴)라 함은 원고가 피고에 대하여 일정한 권리를 주장하고, 법원에 대하여 그 당부에 관한 심리와 판단을 바라는 신청을 말한다.

1. 소의 개념

소는 당사자의 가장 대표적인 소송행위이다. 원고가 소를 제기하여야 제1심판결 절차가 시작된다. 소를 제기할 때에는 ① 특정법원(=수소법원)에 대하여 ② 원고와 피고(=당사자)가 누구인지를 명시하고 ③ 소송목적을 특정함과 동시에 ④ 원고가 바라는 판결형식을 명백하게 하여야 한다.

국가는 민사소송제도를 설치하여 사람들에게 이를 이용할 수 있도록 하였다. 이 제도를 이용하는 것은 사람들의 자유의사에 맡겨져 있는데 소는 바로 사람들이 국가에 대하여 민사소송제도를 이용하겠다는 신청이라고 할 수 있다.

2. 소송상 청구와 소송목적

(가) 소송에서 법원의 심판대상은 소송요건의 존부 및 원고가 주장하는 청구의 당부이다. 원고가 제기한 소에 대하여 법원이 심리한 결과 소송요건이 구비되었으면 본안판결을 하지 않으면 안 된다. 이때 본안판결의 기준 역할을 소송상 청구(혹은 소송목적 또는 소송물)가 담당한다. 따라서 소송상 청구는 본안판결의 주문에서 판단하여야 할 사항의 최소기본단위를 가리킨다. 그러므로 소송은 그 개시부터 종료까지 소송상 청구를 중심으로 전개되며, 이를 기준으로 하여 여러 가지 절차문제가 획일적으로 처리된다. 즉, 중복제소의 금지(제259조), 반소(제269조)의 적부, 청구의 변경(제262조), 소의 객관적 병합(제253조), 소 취하 후 재소의 금지(제267조 제2항), 기판력의 객관적 범위(제216조) 등은 소송상 청구를 기준으로 하여 판단한다. 따라서 소송상 청구는 소송의 전 과정에서 중요한 역할을 한다.

(나) 원고의 「소」가 법원에 제시하는 것은 첫째, 피고에 대한 권리주장, 둘째, 법원에 대한 심판요구이다. 이 두 가지가 합쳐져서 「소송상 청구」가 되는 것이다. 실체법상의 청구(권)는 원고(권리자)의 피고(의무자)에 대한 실체법상 권리주장뿐이다. 「소송상 청구」는 실체법상 청구에다 법원에 대한 당사자의 심판요구를 포함한다. 따라서 「소송상 청구」는 법원에 대한 그 심판요구의 형식에 따라 이행을 청구하는 소(혹은 이행의 소 또는 이행 소송), 확인하는 소(혹은 확인의 소 또는 확인소송) 및 형성을 청구하는 소(혹은 형성의 소 또는 형성소송)로 구별된다.

(다) 우리나라의 통설은 소송상 청구, 즉 소송목적[1]을 실체법상 권리 또는 법률관계인 실체법상 청구(권)를 소송상 심판할 것을 요구하는 것이라고 보는 실체법설의 입장에 있다. 제249조 제1항을 보면, 소장에는 당사자와 법정대리인 이외에 필수적 기재사항으로 「청구취지」와 「청구원인」을 적도록 되어 있는데 실체법설에 의하면 실체법상 청구는 「청구원인」에, 법원에 대한 심판요구는 「청구취지」에 적기 때문에 원칙적으로 양자가 합쳐서 소송목적을 이루지만 확인하는 소의 경우에는 권리관계 또는 법률상 지위 그것이 청구취지에 기재되므로 「청구취지」만으로 구성되고, 이행을 청구하는 소와 형성을 청구하는 소의 경우에는 「청구취지」와 「청구원인」으로 구성된다고 한다. 따라서 이혼원인 등 형성요건이 복수로 존재하면, 소송목적인 형성을 구하는 법적지위는 별개로 된다. 그러나 이혼을 구하는 법적 지위를 「혼인을 계속하기 어려운 중대한 사유가 있을 때」(민 제840조 6호)로 본다면, 「부정(不貞)행위」(민 제840조 1호)나 「악의의 유기」(민 제840조 2호) 등은 그 예시에 불과하다고 할 수 있으므로 그 경우 이혼의 소송목적은 1개로 보아야 할 것이다.

(라) 독일 통설이며, 우리나라의 유력설인 소송법설(신 소송물론)은 소송목적을 소송법적 요

---

1) 이른바 소송물을 말한다.

소로만 파악하여, 원칙적으로 법원에 대한 심판요구로 보아서 소장의 필수적 기재사항인 「청구취지」만으로 구성된다고 한다.[2] 소송법설의 이와 같은 입장은 우리나라에서는 소장의 필수적 기재사항인 「청구원인」에 적어야 하는 실체법상 청구(권)를, 소송목적의 요소로 보지 아니하고 소송목적을 뒷받침하는 공격방법 내지 법률적 관점으로 한 단계 낮게 보는데 특징이 있다.[3]

(마) **예를 들어 실체법설과 소송법설을 구별하여 본다** 원고가 피고에게 2018.1.1. 지급기를 2018.3.1.로 정하여 금 1억 원을 빌려주었는데 피고가 이를 갚지 아니하였다고 하자. 여기서 원고가 피고에 대하여 금 1억 원의 지급을 구하는 경우의 소송목적은 실체법설에 의하면 피고에 대한 실체법상 청구권인 「소비대차계약에 터 잡은 금 1억 원 지급청구권」인데 이행을 청구하는 소의 형식으로 법원에 대하여 심판요구를 한 것이다. 한편 소송법설에 의하면 소비대차계약은 소송상 청구를 뒷받침하는 공격방법 내지 법률적 관점에 불과하므로 소송목적은 「금 1억 원 지급을 구하는 이행을 청구하는 소」이고 소비대차계약은 소송목적이 아니라 공격방법 내지 법률적 관점이 된다.

(바) 판례[4]는 권리 또는 의무의 발생, 변경, 소멸이라는 법률효과는 원인이 되는 법률요건이 충족될 경우에 그 결과로서 생기므로 당사자가 주장하는 법률효과가 동일하다고 하더라도 주장하는 법률요건이 다를 때에는 당사자 사이에 법률관계에 관한 다툼이 없다고 볼 수 없다고 하여 실체법설의 입장에 있다. 따라서 판례[5]에 의하면 동일한 사실관계를 토대로 하더라도 불법행위를 청구원인으로 하는 손해배상청구를, 채무불이행을 원인으로 하는 경우로 청구원인을 변경한 때에는 별개의 소송목적이 된다. 재산적 손해로 인한 배상청구와 정신적 손해로 인한 배상청구는 각각 소송목적을 달리하는 별개의 청구이므로 당사자는 그 금액을 각각 특정하여 청구하여야 하고, 법원으로서도 그 내역을 밝혀 각 청구의 당부에 관하여 판단하여야 한다.[6] 또 채권자가 동일 채무자에 대하여 여러 개의 손해배상채권이 있어 총액은 금전채권으로써 청구취지에 합산하여 적는다고 하더라도 각 채권이 별개라고 한다면 채권마다 소송목적이 다르므로 청구원인에서는 손해배상채권별로 청구금액을 특정하여야 하며 그 채권 가운데에서 일부를 청구하는 경우에도 각 채권별로 일부청구 부분을 특정하여야 한다[7]고 하여 소송법설과 입장을 달리하고 있다.

---

2) 이시윤, 239면.
3) 이시윤, 239면.
4) 대판 2017.3.9. 2016다256968,256975.
5) 대판 2008.9.11. 2005다9760,9777.
6) 대판 2006.9.22. 2006다32569.
7) 대판 2014.5.16. 2013다101104.

3. 소송상 청구에 대한 법원의 심판

(가) **심판대상** 예를 들어 원고가 피고에게 빌려준 돈 1억 원의 지급을 구하는 소를 제기하여 소송상 청구를 하는 경우에 먼저 법원은 그 소가 소송요건을 갖추었는지 살펴보아서 소송요건에 흠이 있으면 소송상 청구의 당부, 즉 본안에 관해서는 판단할 필요가 없다. 이때 판결주문은 「이 사건 소를 각하한다」이다. 소송요건을 갖추어서 본안에 관하여 심리한 결과 원고의 청구가 이유 없다면 그 판결 주문은 「원고의 청구를 기각한다」이다. 여기에서 청구는 실체법상 청구권 내지 소송목적을 의미한다. 원고의 청구가 이유 있는 경우에는 그 판결주문은 「피고는 원고에게 금 1억 원을 지급하라」이다.

(나) **민사소송법에 규정된 「소송목적」과 「청구」** 우리 민사소송법에서는 통상 공동소송에 관한 제65조와 필수적 공동소송에 관한 제67조에서는 「소송목적」이란 용어를, 소의 객관적 병합에 관한 제253조와 예비적·선택적 공동소송에 관한 제70조 제1항에서는 「청구」라는 용어를 구별하여 사용하고 있다. 이를 보면 우리 민사소송법의 입법자는 공동소송에 관해서는 그것이 통상 공동소송이든 필수적 공동소송이든 모두 실체법상 청구권을 기초로 구성한 것이라고 본 것이고, 소의 객관적 병합과 예비적·선택적 공동소송에 관해서는 「소송상 청구」를 대상으로 병합형태를 정하였다고 본 것이다. 따라서 공동소송의 종류 및 구별 등에 관해서는 소송 형식보다는 실체법상 청구권의 공동청구 관계가 주요 기준이 되고, 소의 객관적 병합과 예비적·선택적 공동소송에서는 실체법상 권리 또는 법률관계는 물론 소송형식이 중요한 기준이 된다고 할 것이다.

[50] 제2. 소의 모습

1. 소의 종류

(1) 청구의 성질·내용에 의한 분류

소는 위에서와 같이 이행을 청구하는 소, 확인하는 소 및 형성을 청구하는 소의 3유형으로 분류된다. 이러한 분류는 분쟁의 형식, 즉 청구의 주장내용과 요구내용의 유형적 구별에 근거한 것으로써 19세기 독일에서 시작되어, 일본을 거쳐 우리나라에서도 정착된 것이다. 이들 3유형은 소의 제기방식에서는 모두 같지만 청구의 동일성에서 볼 때 중요한 차이가 나며 청구를 받아들여 이를 인용하는 판결의 내용 또는 효력도 다르다.

(2) 소를 제기하는 모습 · 시기에 의한 분류

(가) **한 개의 소와 병합한 소** 한 개의 소라 함은 한 명의 원고가 한 명의 피고를 상대로 하나의 청구를 하는 가장 단순한 모습의 소이다. 병합한 소라 함은 한 개의 소들을 결합한 것으로서 여기에는 한 명의 원고가 한 명의 피고를 상대방으로 하여 여러 개의 청구를 하는 경우(이를 소의 객관적 병합 또는 청구의 병합이라고 한다)와 혼자 또는 여러 명의 원고가 하나 또는 여러 명의 피고를 상대방으로 소를 제기하는 경우(이를 소의 주관적 병합 또는 공동소송이라 한다)가 있다. 병합한 소는 병합요건(제65조, 제253조)을 갖추지 않으면 안 된다.

(나) **독립한 소와 소송 중의 소** 독립한 소라 함은 다른 소송절차와 관계없는 소를 말한다. 소송중의 소라 함은 이미 다른 소로써 시작된 소송절차에서 이와 병합하여 심리하는 소를 말한다. 여기에는 동일 당사자 사이에서 이미 시작된 소송절차에 병합하는 청구의 변경(제262조), 중간 확인의 소(제264조) 및 반소(제269조), 제3자들 사이에 시작된 소송절차에 병합하는 독립당사자참가(제79조), 공동소송참가(제83조), 승계인의 소송참가(제81조), 승계인의 소송인수(제82조), 필수적 공동소송인의 추가(제68조)와, 피고의 경정(제260조) 등이 있다. 소송중의 소는 이미 시작된 소송절차를 이용하기 때문에 각각 특별한 소 제기방식과 병합요건이 정해져 있다.

2. 소송의 3 유형에 대한 역사적 전개

(1) 서론

오늘날 일반적으로 인정되고 있는 소송의 모습은 이행소송 · 확인소송 · 형성소송의 3유형이다.

역사적으로 보아 민사소송제도는 개인에 대한 재판상 구제의 폭을 확대함과 동시에 그 절차의 합리화를 꾀하는 방향으로 발전되어 왔다. 현재 인정되고 있는 3유형의 소송도 민사소송제도의 발전과 더불어 인정된 역사적 유형이지 이론적 분류가 아니다.

(2) 이행을 청구하는 소

고대 로마 시대에서는 사람들의 생활관계가 단순한데다 국가권력, 특히 사법권력이 약하였기 때문에 국가는 재판을 통하여 개인의 생활관계에 되도록 관여하지 않는 태도를 취하였다. 공권력 발동이 꼭 필요한 경우, 예를 들어 상대방으로부터 일정한 물건을 강제적으로 취득하여야 하는 경우와 같은 매우 제한적인 때에 국한하여 소송제도가 이용되었다. 로마법상 actio가 그 전형(典型)으로서 그 당시에는 actio에 해당되는 개별적 · 한정적인 경우에만 소가 인정되었던 것이다. 그러나 사회생활이 복잡하여지고 국가권력이 강화되자 actio가 증가되면서 그 개성을 상실하고 상호 융합과정을 거쳐 「이행을 청구하는 소」가 일반적으로 허용됨으로써 소 제기의 길이 국민 일반에게 널리 확대하게 되었다.

(3) 확인하는 소

서 유럽의 근대국가는 1789년 프랑스 대혁명을 계기로 주로 18세기 말부터 시작되었다. 그때부터 영국, 프랑스 및 독일 등에서 먼저 실체법체계가 정비되고 국민의 법의식 · 권리의식도 향상되었으며 이에 따라 권리의 강제적 · 물리적 실현에 의하지 아니하고서도 관념적 확정만으로 분쟁을 처리할 수 있다는 인식이 생기게 되어 19세기 후반에 이르러 확인하는 소가 등장하게 된 것이다. 「확인하는 소」가 명문으로 인정된 것은 1877년의 독일민사소송법 제231조(현재 제256조)이다. 그 당시만 하더라도 그 성격을 원고가 피고의 승인을 구하는 실체법상 청구권(Anerkennungs anspruch)이라고 하여 이행을 청구하는 소의 한 종류로 파악하였으나 이 견해는 점차 극복되어 권리의 관념적 확정만을 유일한 목적으로 하는 독립한 소로써 보게 되었다.

(4) 형성을 청구하는 소

확인하는 소가 성립되자 그와 동일하게 권리의 관념적 확정만으로 소의 목적을 달성할 수 있는 「형성을 청구하는 소」도 학설에 의하여 인정되기에 이르렀다. 19세기 말부터 20세기 초에 이르러 독일의 당시 사법(私法)학자들 사이에서는 형성권이라는 실체법상 관념이 등장하였는데 그러한 실체법질서의 정비는 즉각 소송법학에도 영향을 주어 소권을 권리보호청구권으로 보던 권리보호청구권론자 들은 형성권을 소송법상 관철시키기 위해서는 형성을 청구하는 소라는 관념을 인정하여야 한다고 주장하였고, 그 후 논쟁을 거쳐 형성을 청구하는 소가 새로운 소송관념으로 성립하게 되었다. 결국 위와 같은 소송의 모습은 그 시대의 요청에 터 잡아 생성된 역사적 소산이라고 할 수 있다.

[51] 제3. 이행을 청구하는 소(이행의 소, 이행소송)

1. 뜻

(1) 개념

(가) 이행을 청구하는 소라 함은 원고가 피고에게 이행청구권이 있다고 주장하고 법원에 대하여 그 이행을 명하는 판결을 청구하는 소송이다. 사실심의 변론이 종결될 때를 기준으로 하

여 그때까지 현존하는 이행청구권을 주장하는 것을 현재 이행을 청구하는 소, 사실심의 변론 종결 이후에 도래할 이행청구권을 미리 주장하는 것을 장래 이행을 청구하는 소(제251조)라고 한다. 법원이 이행을 청구하는 소를 받아들이는 인용판결은, 피고가 원고에 대하여 특정한 의무의 이행을 명하는 이행판결이다. 이행판결은 판결주문에 「…하라」고 표시한다. 이행을 청구하는 소를 배척하는 판결은 청구기각판결이다. 청구기각판결은 이행판결이 아니라 이행청구권의 부존재를 확인하는 소극적 확인판결이다.

㈏ **행정관청의 허가 명의나 특허명의 변경의 소** 이행을 청구하는 소의 대상인 이행청구권은 사적 권리 또는 법률관계에 관한 것이다. 그러므로 행정관청의 허가 명의나 특허명의 따위는, 해당 법규에서 양도를 허용하는 취지의 규정을 두고 있는 경우에 국한하여 그 명의양수인이 양도인을 상대로 그 명의의 변경절차 이행을 청구하는 소를 제기할 수 있다. 그러한 취지의 규정도 두고 있지 아니하고, 그러한 명의변경절차도 규정하고 있지 않다면 양수인이 양도인을 상대로 직접 이들에 관한 명의변경을 구하는 이행소송을 제기할 수 없다.[8)]

(2) 특질

㈎ 이행소송은 연혁적으로 보아 민사소송의 가장 대표적인 형식이며, 가장 많이 이용되고 있는 소송유형이다. 이행소송은 국가권력의 확대와 더불어 활용되었으며, 사람들이 각자의 권리를 자력구제로부터 법적구제로 옮기는 데 큰 역할을 하였다. 따라서 이행소송이 널리 그리고 많이 이용된다는 것은 그만큼 개인의 개별적 자력구제 행위가 줄어든다는 것을 의미한다.

㈏ 이행소송이 일반 사람들에게 널리 이용되는 이유는 이행판결이 청구권의 관념적 확인보다는 당사자 사이의 다툼으로 말미암아 청구권이 실현되지 않는 상태를 배제하고 그 내용을 강제적으로 실현할 수 있는 집행권원(執行權原)을 만들기 때문이다. 아마도 이행판결은 자력구제가 원칙적으로 금지된 법치국가에서 법원이 당사자에게 강제집행을 할 수 있는 면허장을 부여한 것이라고도 표현할 수 있을 것이다. 그러므로 이행소송은 당사자 사이의 소송목적에 대한 지배현상에 불만이 있는 자가 상대방에 대하여 그 변경을 적극적으로 주장하고 강제집행으로 그 목적을 관철하려는 소송이다.

㈐ 이행판결이 확정되면 청구권의 존재를 확정하는 기판력(旣判力)과 강제집행을 할 수 있는 집행력이 생긴다. 기판력은 확정판결 자체에서 생기는데 대해서 집행력은 원칙적으로 집행법원이 확정판결에 집행문을 부여하여야 생긴다(민집 제28조 제1항).

당사자가 이행소송으로 달성하려는 청구권의 실현은 이행판결의 확정만으로는 목적을 달성할 수 없고 상대방의 임의이행 또는 강제집행으로 이루어지기 때문에 그 사이에서 청구권의

---

8) 대판 2002.2.26. 2001다53622.

존재에 관하여 분쟁이 거듭될 가능성이 있다. 따라서 청구권의 존재에 관한 거듭되는 분쟁을 방지하기 위해서는 기판력으로 이를 확정할 필요성이 크다. 그 점이 이행판결에 기판력이 인정되는 이유이다. 그러나 이행소송을 제기하는 당사자의 목적은 분쟁의 재발방지보다는 청구권의 실현에 있기 때문에 이행판결의 집행력이 기판력보다 더 중요하다.

2. 이행소송에 특수한 소의 이익(권리보호의 이익 또는 필요)

(1) * 현재의 이행을 청구하는 소

(가) **원칙** (a) 이행을 청구하는 소는 원칙적으로 원고가 사실심의 변론이 종결될 때까지 해당 청구권이 존재하고 이행기가 도래하였다고 주장하면 그 당부와 관계없이 소를 제기할 소의 이익이 있다. 예컨대 원고가 자기를 피고와 거래한 거래당사자라고 주장하면서 피고 상대로 이행청구의 소를 제기하면 실제의 거래 당사자가 아니더라도 당사자적격이 있다.[9] 그러나 자녀에 대한 양육비는 과거의 것이더라도 청구할 수 있다. 예컨대 어떠한 사정으로 부모 중 어느 한 쪽 만 자녀를 양육하게 된 경우 부모의 자에 대한 양육의무는 특별한 사정이 없는 한 자녀의 출생과 동시에 발생하는 것이므로 과거의 양육비에 대해서 상대방이 분담함이 상당하다고 인정되는 경우에는 과거의 청구라고 하더라도 현재의 것으로 평가하여 그 비용의 상환을 상대방에게 청구할 수 있는 것이다.[10]

(b) 소를 제기하기에 앞서 이행의무자에 대한 최고나 의무자의 이행거절 등 사전조치를 할 필요가 없다. 다만 이 경우에 원고가 미리 최고하였더라면 피고가 임의로 이행하였을 터인데 원고가 소를 제기하였기 때문에 부득이 소송에 응하여 즉시 인낙(認諾)한 경우에는 소송비용을 승소자인 원고에게 부담시킬 수 있다(제99조).

(c) 그러나 이행을 청구하는 소는 강제집행에 의한 사실적 실현을 예상해서 제기하는 소송이다. 원래 판결절차는 분쟁의 관념적 해결절차로서 강제집행절차와는 별도로 독자적인 존재의의를 갖는 것이다. 그러므로 집행이 가능한지는 이행을 청구할 소송 이익을 부정하는 절대적인 사유가 될 수 없더라도, 도저히 강제집행을 할 수 없는 경우까지 소의 이익이 인정된다고는 볼 수 없다. 따라서 강제집행의 실현이 객관적으로 불가능한 경우 또는 당사자의 임의이행에 의하지 아니하고서는 법률상 강제집행을 실시할 수 없는 경우에는 소송을 제기할 권리보호의 이익 또는 필요, 즉 소의 이익이 없다. 특히 의사(意思)의 진술을 명하는 판결은 확정과 동시에 그러한 의사를 진술한 것으로 간주되므로(민집 제263조 제1항), 의사의 진술이 간주됨으로써 어떤 법적 효과를 가지는 경우에는 소로써 구할 이익이 있지만 그러한 의사의 진술이 있

9) 대구고판 1974.4.23. 73나717.
10) 대전결 1994.5.13. 92스21, 대결 2023.11.9. 2023마6427.

더라도 아무런 법적 효과가 발생하지 아니할 경우에는 소로써 청구할 법률상 이익이 없다.[11]

(d) 금전과 같은 대체물의 지급청구 소송은 그 주문의 기재뿐 아니라 이유 중의 사실관계 또는 법률적 구성에 대한 기재부분의 보충에 의하여 특정된다.[12]

(나) * 현재이행의 소에서 권리보호의 이익 또는 필요, 즉 소의 이익이 문제되는 개별적인 경우

(a) **소유권에 관하여 순차적으로 각 등기가 경료된 경우** 이 경우에는 후(後)순위 등기의 말소가 가능한지 여부와 관계없이 전(前)순위 등기의 말소절차이행을 청구할 소의 이익이 있다. 원래 현재의 등기에 앞선 전 순위의 등기는 그 명의자가 등기상 이해관계인이기 때문에 그들의 승낙이 있어야 그 등기의 말소를 신청할 수 있다(부등 제57조). 그러나 이 승낙은 꼭 소송절차가 아니고 재판 외의 거래에 의하여서도 가능하기 때문에 후순위 등기의 현실적인 말소등기 집행의 가부를 떠나 소송으로 말소를 구할 이익이 인정되는 것이다.[13] 이 경우 소의 이익을 부정한다면 소유권에 관하여 순차적으로 각 등기가 경료된 경우에는 언제나 모든 등기에 관하여 동시에 말소를 구하여야 하기 때문에 원고에게 지나친 부담을 주어 부당하다.

(b) **부작위의무의 이행청구** 당사자 사이에 일정한 행위를 하지 않기로 하는 부작위 약정을 맺었는데 이 의무를 위반한 경우에 채권자는 채무자를 상대로 부작위의무의 이행을 청구할 수 있는 소의 이익이 있다. 부작위채무 등에서는 강제집행절차가 아니라 판결절차에서 부작위를 명하는 확정판결을 받아 이를 집행권원으로 하여 대체집행(민집 제260조) 또는 간접강제(민집 제261조)의 결정을 받는 등으로 부작위 의무의 위반상태를 중지시키거나 위반결과를 제거(민 제389조 제3항)하는 것이 판결의 실효성을 높이기 때문이다. 그러므로 골프클럽 운영회사가 골프회원권 분양계약을 체결하면서 500명 내외의 소수회원제로 운영하기로 하는 약정을 체결한 경우에 그 운영회사가 이에 위반하여 약정 회원 수를 초과하여 회원을 가입시킨다면 더 이상 회원을 가입시키지 않을 그 부작위의무의 이행을 확보하기 위하여 기존 골프클럽 회원들은 그 운영회사를 상대로 약정에 위반되는 행위의 금지를 청구할 수 있고,[14] 이에 기해서 대체집행 또는 간접강제를 할 수 있다. 또한 부부의 동거협력의무(민 제826조)와 같은 부대체적 작위의무 위반에 관해서는 간접강제의 방법으로 강제집행의 실현이 법률상 허용되지 않지만 이 의무가 법률상 의무인 이상 원고는 그 이행을 청구하는 소송을 제기할 수 있다고 본다.

(c) **보전처분으로 인하여 강제집행에 집행장애가 있는 경우** (i) 갑의 을에 대한 어떤 부동산에 관한 소유권이전등기청구권을 A가 가압류하면 을에게 이행금지의 효력이 생겨 강제집행의 실현에 집행장애가 되는데 이 경우에도 갑은 을에 대하여 이행소송을 제기할 소의 이익이

---

11) 대판 2016.9.30. 2016다200552.
12) 부산고판 2007.7.5. 2006나8634.
13) 대판 1995.10.12. 94다47483, 1998.9.22. 98다23393.
14) 대판 2012.3.29. 2009다92883.

있다.[15] A의 가압류가 된 경우, 을은 갑에게 소유권이전등기를 해서는 안 되지만, 그 의미는 을의 처분행위가 가압류채권자 A에게 대항할 수 없다는 것일 뿐 갑의 집행권원을 얻는 것까지 금지하는 것이 아니기 때문이다.

(ii) 한편, 법원이 갑에게 소유권이전등기절차를 이행하라는 의사의 진술을 명하는 판결을 하여야 할 경우에 이것이 확정되면 바로 소유권이전등기를 신청할 수 있어 등기부에 소유권이전등기의 등재를 막을 방법이 없으므로 을이 A의 가압류사실을 주장하면 법원은 가압류의 해제를 조건으로 하지 않는 한 갑에게 소유권이전등기를 명해서는 안 된다.[16] 이 경우에 을은 갑의 이행소송에 대하여 A의 가압류 사실을 소송에서 주장하면서 응소하여야 하며 만약 과실로 A의 가압류사실을 주장하지 아니하든가 응소하지 아니함으로써 자백간주(제150조)로 패소되어 그 물건이 갑에게 소유권이전등기가 되었다면 을은 소유권이전청구권을 상실한 A에 대하여 불법행위로 인한 손해배상의무가 있다.[17]

(iii) 그러나 갑의 을에 대한 채권에 관하여 A가 압류 및 추심명령(민집 제232조)을 받았다면, A는 압류·추심채권자로서 을을 상대로 추심의 소를 제기할 수 있다(민집 제249조 제1항). 따라서 이 경우 갑은 을에 대하여 이행소송을 제기할 당사자적격을 상실하므로, 그럼에도 A의 압류 및 추심명령 뒤에 갑이 제기한 이행청구 소송은 소의 이익이 존재하지 아니하여 부적법 각하되어야 한다.[18]

(d) **등기의 직권말소를 게을리 한 경우에 당사자의 말소청구권** 등기공무원의 처분이나 그 처분의 당부를 다투는 이의절차에서 하는 법원의 재판은 등기부를 정리하는 사무에 관할 것일 뿐 원·피고 사이에 얽혀 있는 실체적 권리관계에 대하여 확정력을 가지는 것이 아니다. 그러므로 원고로서는 설령 등기공무원의 처분에 대한 이의를 할 수 있다고 하더라도 이의를 하지 않고 확정력을 가지는 판단으로 분쟁을 해결하기 위하여 피고들을 상대로 이행 소송을 제기할 수 있다. 예컨대 원고가 계쟁 부동산에 담보권을 취득하기 위해 가등기를 한 것이 아니라, 채권·채무 관계와 무관하게 그 부동산을 매수하고 순위보전을 목적으로 가등기를 한 뒤 본등기를 마친 경우에, 원고의 가등기 이후에 피고들이 한 압류등기는 부동산등기법 제92조에 따라 등기관이 직권으로 말소해야 하는데 등기관이 이를 말소하지 아니하였다면, 원고는 등기관의 처분에 대해 부동산등기법 제100조 이하의 이의절차를 할 수 있다. 다만 원고가 이러한 절차를 밟지 않았더라도, 소송을 통해 피고의 압류등기가 자신에게 대항할 수 없다는 것을 이유로 말소를 청구할 수 있다.[19]

---

15) 대판 1989.11.24. 88다카25038.
16) 대전판 1992.11.10. 92다4680.
17) 대판 1999.6.11. 98다22963.
18) 대판 2000.4.11. 99다23888. 2015.5.28. 2013다1587 등.
19) 대판 1991.3.27. 90다8657.

(e) **지적공부에 등록되지 아니한 토지** 토지는 감정 등에 의하여 특정할 수 있으므로 지적공부에 등록과 그에 관한 소유권보존등기를 경료하는 것이 불가능하지 않다. 따라서 점유자는 소유자를 상대로 지적공부에 등록되지 아니한 토지에 관하여 위치를 특정하여 취득시효로 인한 소유권이전등기를 청구할 수 있다.[20)]

(f) **성질상 직접 강제를 할 수 없는 청구** 가수의 공연을 구하는 소송, 부부의 동거를 구하는 소송 등 성질상 직접 강제를 할 수 없는 청구라고 하더라도 채무의 성질이 간접강제(민집 제261조 제1항)가 가능한 경우에는 제1심 법원은 민사집행절차에 따라 채권자의 신청으로 간접강제를 명하는 결정을 할 수 있지만(민 제826조) 판결절차의 분쟁해결기능을 무시할 수 없으므로 소송으로도 간접강제의 이행을 구할 소의 이익이 있다.

(g) **재산상속 회복청구의 소** (i) 민법 제999조 제1항에 규정된 상속회복청구의 소는, 재산상속에 관하여 진정한 상속인임을 전제로 그 상속으로 인한 소유권 또는 지분권 등 재산권의 귀속을 주장하고 참칭상속인들을 상대로 상속재산인 부동산에 관한 등기명의의 말소 등을 청구하는 소송을 말한다. 이 경우에 그 소유권 또는 지분권이 귀속되었다는 주장이 상속을 원인으로 하는 것이라면 그 청구원인 여하에 불구하고 이는 상속회복청구의 소라고 풀이되므로 민법 제999조 제2항에 따라 이에 관한 소권은 그 침해를 안 날로부터 3년, 상속권의 침해행위가 있은 날로부터 10년의 제척기간을 경과하면 소멸한다.[21)] 이 경우 상속재산의 일부에 대해서만 제소하여 제척기간을 준수하였다고 하여도 청구의 목적물로 삼지 아니한 다른 상속재산에 대해서까지 제척기간을 준수한 것으로 볼 수 없다.[22)]

(ii) 상속회복청구의 소는 진정상속인과 참칭상속인이 주장하는 그 피상속인이 동일인이어야 한다. 진정상속인이 주장하는 피상속인과 참칭상속인이 주장하는 피상속인이 다른 사람인 경우에는 진정상속인의 청구원인이 상속에 의하여 소유권을 취득하였음을 전제로 한다고 하더라도 이를 상속회복청구의 소라고 할 수 없다.[23)]

(h) **수표양수인의 수표발행인에 대한 이행청구소송** 수표의 유통증권성과 인적 항변의 절단이라는 수표법상 원리에 비추어 볼 때, 수표금의 추심 및 지급금지 가처분을 명하면서 제3취득자가 가처분채무자로부터 수표를 취득하여 이를 제시하는 경우까지 수표발행인이 되는 제3채무자에게 금지하는 것은 수표소지인의 권리를 부당하게 제한하는 것이다. 따라서 수표에 대한 지급금지가처분결정이 있더라도 이는 제3채무자가 가처분채무자에게 현실적으로 수표금을 지급하는 것만을 금지하는 것이므로 가처분채무자나 그로부터 수표를 양수한 제3취득자는

---

20) 대판 1997.11.28. 96다30199.
21) 대판 1980.4.22. 79다2141.
22) 대판 1980.4.22. 79다2141.
23) 대판 1995.7.11. 95다9945.

수표발행인인 제3채무자를 상대로 그 이행을 구하는 소송을 제기할 수 있고, 법원은 이미 가처분이 되어 있다는 이유로 이를 배척할 수 없다. 따라서 가처분채무자가 아닌 제3취득자에 대하여서까지 지급금지를 명하는 가처분은 허용되지 않는다. 비록 가처분결정에서 "제3채무자는 이 사건 수표에 대한 지급을 하여서는 아니된다"고 표시하여 지급금지의 상대방을 가처분채무자에 한정하지 아니하였다 하더라도 그 결정의 효력이 제3취득자에게 미치지 않는다.[24)]

(i) **멸실된 건물의 등기** (i) 멸실된 건물에 대한 등기용지는 폐쇄될 운명이므로 멸실 건물에 대한 등기청구는 소의 이익이 없다.[25)] 마찬가지로 등기부에 등기된 사항 중 현재 효력이 있는 등기만 새로운 등기부에 옮겨 기록한 후 종전 등기부를 폐쇄한 경우에 그 폐쇄등기는 현재의 등기로서 효력이 없으므로 폐쇄등기 자체를 대상으로 하는 말소회복등기는 이행을 청구할 소의 이익이 없다.[26)] 부동산의 목적 건물이 멸실된 경우에도 더 이상 등기가 존재할 수 없으므로 이에 관한 다른 이행청구소송도 소의 이익이 없는 것이 당연하다.

(ii) 그러나 폐쇄등기 자체를 대상으로 하는 것이 아니라, 부적법하게 말소되지 아니하였더라면 현재의 등기기록에 옮겨 기록되었을 말소된 권리자의 등기 및 그 등기를 회복하는 데에 필요하여 함께 옮겨 기록되어야 하는 등기를 대상으로 한 경우에는 그 등기는 살아 있어야 할 것이므로 그 말소등기의 회복등기절차 등 이행을 청구하는 소는 권리구제를 할 소의 이익이 인정된다.[27)]

(iii) 건물이 철거 기타 사유로 멸실되는데도 아직 건물등기가 남아 있을 경우에 그 건물에 대한 등기는 존재하지 아니하는 건물에 대한 권리관계의 등기로서, 사실과 달리 무의미하게 남아있는 것이다. 그러나 그 건물등기가 존속하는 한 그 부지 소유자의 권리행사에 방해가 되는 것이 틀림없으므로 대지 소유자는 멸실된 건물의 현재 등기명의자에 대하여 부동산등기법 제43조에 정해진 멸실 등기절차의 이행을 청구할 수 있다.[28)]

(j) **등기명의인 표시의 변경등기** (i) 등기명의인표시를 변경하는 변경등기가 등기명의인의 동일성을 해치는 방법으로 행하여져 등기가 타인을 표상하는 결과에 이르렀다면 원래의 등기명의인은 새로운 등기명의인을 상대로 그 변경등기의 말소를 구할 수 있다.[29)]

(ii) 그러나 표시변경이 등기명의인의 동일성이 유지되는 범위 내에서 행하여졌다면 그 정도의 표시상 잘못은 다시 소정의 서면을 갖추어 경정등기를 하면 되므로 소의 제기로 그 표시변경등기의 말소를 구하는 것은 소의 이익이 없다.[30)]

---

24) 대판 2008.5.15. 2006다8481.
25) 대판 1994.6.10. 93다24810.
26) 대판 1980.10.27. 80다223.
27) 대판 2016.1.28. 2011다41239(평석은 [44] 참조).
28) 대판 1973.7.24. 73다396.
29) 대판 1992.11.13. 92다39167 등 참조.

(k) **촉탁된 부동산가압류나 가등기 말소등기의 회복등기** (i) 부동산가압류의 기입등기는 채권자나 채무자가 직접 등기공무원에게 이를 신청하여 행할 수 없고 반드시 법원의 촉탁에 의하여 행하여진다. 이와 같이 당사자가 신청할 수 없는 가압류의 기입등기가 법원의 촉탁에 의하여 말소된 경우에는 그 회복등기도 법원의 촉탁에 의하여 행하여져야 할 것이지 당사자의 신청에 의할 것이 아니므로, 이 경우 가압류 채권자가 말소된 가압류기입등기의 회복등기절차를 이행하라고 청구할 소의 이익은 없다.[31] 이 이치는 가등기의 경우에도 동일하다. 즉 가등기에 기초한 소유권이전의 본등기가 경료됨으로써 등기공무원이 직권으로 가등기 후에 경료된 제3자의 등기를 말소한 경우 그 후에 그 가등기에 기초한 본등기가 원인무효 등의 사유로 말소된 때에는 결국 그 제3자의 등기는 말소되지 아니할 것이 말소된 결과가 되어서 등기공무원은 직권으로 그 말소등기의 회복등기를 하여야 할 것이지 신청에 의할 것이 아니하므로 그 회복등기를 청구할 소의 이익이 없다.[32]

(ii) 다만 그 가압류기입등기가 말소될 당시 그 부동산에 관하여 소유권이전등기를 경료하고 있는 자는 법원이 그 가압류기입등기의 회복을 촉탁함에 있어서 등기상 이해관계가 있는 제3자에 해당하므로, 가압류 채권자로서는 그 소유권이전등기권자를 상대로 법원의 촉탁에 의한 그 가압류기입등기의 회복절차에 대한 승낙청구의 소를 제기할 수 있다.[33]

(l) **매각부동산 위의 근저당권설정등기가 경매절차에서 소멸된 경우** 원인무효로 말소된 근저당권설정등기의 회복등기절차 이행과 이에 대한 승낙의 의사표시를 구하는 소송의 계속 중에 근저당권의 목적부동산에 대한 경매절차가 진행되어 매각허가결정이 확정되고, 매각대금을 완납하였다면 매각부동산 위에 존재하였던 근저당권은 소멸하므로(민집 제91조 제2항, 제268조 참조), 위 소송들은 소의 이익이 소멸하여 부적법하게 된다.[34]

(m) **학교법인에 재산출연자의 '출연자'라는 기재 청구** 학교법인에 재산을 출연한 사람은 학교법인이 해산할 때에 잔여재산권을 취득한다거나 잔여재산의 귀속과 분배기대권을 취득한다고 볼 수 없으므로 학교법인이 재산출연자를 정관에 기재할 의무가 없다. 따라서 재산출연자는 학교법인을 상대로 정관에 자신을 출연자로 기재하는 절차의 이행을 구할 수 없다.[35]

(n) **건축주 명의변경** (i) 건축 중인 건물을 양수한 사람이 양수인 명의로 소유권보존등기를 하기 위해서 건축주 명의를 변경하려고 하는데 양도인이 이에 동의하지 않은 경우에는 양수인은 양도인을 상대로 명의변경 의사표시에 갈음하는 절차의 이행을 민법 제389조에 따

30) 대판 1999.6.11. 98다60903 등 참조.
31) 대판 2002.4.12. 2001다84367.
32) 대판 1995.5.26. 95다6878.
33) 대판 2002.4.12. 2001다84367.
34) 대판 2014.12.11. 2013다28025.
35) 대판 2008.11.27. 2008다46012.

라 청구할 수 있다.[36] 왜냐하면 건축허가에 관한 건축주명의의 변경은 미완성의 건물에 대하여 건축공사를 계속하거나 건축공사를 완료한 후 부동산등기법 등에 따른 소유권보존등기를 하는 데에 필요하기 때문에 건축 중인 건물을 양수한 자가 양도인을 상대로 건축주명의변경절차의 이행을 구하는 소는 소의 이익이 있다.[37]

(ii) **다세대주택에서 공동건축주명의변경을 구하는 소의 이익** 다세대주택 중 소유권보존등기가 되지 아니한 일부 전유부분에 관해서 건축주명의변경절차의 이행을 명하는 판결은 피고에게 원고를 위 다세대주택 전체에 관한 건축허가의 공동건축주로 추가하고, 사용승인 신청 시 특정 전유부분을 원고에게 귀속시킬 의무가 있음을 나타내는 취지로 볼 수 있고, 그렇지 않더라도 최소한 건축법시행규칙 제11조에서 말하는 건축 관계자 명의변경신고에서 원고를 공동건축주로 추가할 권리관계의 변경사실을 증명할 수 있는 서류의 역할을 하게 할 수 있다. 따라서 이 경우에는 건축주명의변경을 구하는 소의 이익이 있다.[38]

(iii) 집합건축물을 신축할 때, 건축주 명의자가 아닌 제3자에게 일부 전유부분을 양도하는 합의가 유효하다고 하더라도, 건축허가는 건축법 제11조 및 제2조 제1항 2호에 따라 하나의 건축물 전체를 대상으로 하며, 전유부분별로 나누어 허가할 수 없는 것이 원칙이다. 따라서 건축 중인 집합건축물의 일부 전유부분을 양수한 사람이 건물 완공 후 자기 명의로 소유권보존등기를 하려면, 사용승인 이전에 건축법 시행규칙 제11조에 따른 건축관계자 변경신고를 통해 건축물 전체에 관한 공동건축주로 추가되어야 한다. 그 후 사용승인 신청 시에는 건축법 시행규칙 제16조 [별지 제17호 서식]에 따라 공동건축주들이 전유부분별 소유자를 구분하여 기재해야 하며, 이를 통해 사용승인 후 작성되는 집합건축물관리대장에 양수인이 특정 전유부분의 소유자로 등재된다. 결과적으로, 양수인은 공동건축주의 한 사람으로서 해당 전유부분에 대해 보존등기를 할 수 있다.

(iv) 그런데 건축 중인 미등기 건물의 공동건축명의자 중 한 사람이 다른 공동건축명의자의 동의 없이 자신의 지분을 제3자에게 양도한 경우, 그 양수인이 건축관계자 명의변경 신고를 하려면 종전 건축주의 명의변경 동의서를 제출해야 한다. 이와 관련하여 양수인이 종전 공동건축명의자를 상대로 건축주 명의변경에 동의해 달라는 소송을 제기할 수 있는지가 문제된다. 판례[39]는, 이 경우에 공동건축주 중 일부가 건축물의 지분을 제3자에게 양도하였더라도 특별한 법령이나 약정이 없는 한 나머지 공동건축주에게 건축주 명의변경에 동의할 의무는 없다고 판시하였다.

36) 대판 2015.9.10. 2012다23863(평석은 [21] 참조).
37) 대판 1989.5.9. 88다카6754 등 참조.
38) 대판 2010.7.15. 2009다67276.
39) 대판 2022.8.31. 2019다282050(평석은 [99] 참조).

아직 건축 중인 부지에 관한 등기(소유권보존등기 또는 이전등기)가 이루어지지 않은 상태에서는 건물 자재에 대한 공유관계가 성립하지 않는다. 따라서 공동건축명의자들은 장차 완성될 건물의 원시취득자가 아니고, 다만 향후 건물에 대한 등기청구권을 가질 수 있는 채권적 지위에 있을 뿐이다. 즉 그들은 준(準)공유지분권자에 해당한다. 이 준공유지분권의 법적 성질을 어떻게 볼 것인지가 문제인데, 만약 이를 공유지분(민법 제263조)으로 본다면 각 공유자는 자신의 지분을 자유롭게 처분할 수 있으므로 다른 공동건축주는 명의변경 동의 의무가 없다. 반면, 이를 합유지분(민법 제273조 제1항)으로 본다면 합유물의 처분과 변경에는 전원의 동의가 필요하므로 명의변경 동의 의무가 발생할 수 있다. 그러나 양수인이 다른 공동건축명의자의 동의 없이 지분을 양수하였다면, 이로 보아 양수인은 공유지분권자(민법 제263조)에 불과한 것으로 보아야 한다. 따라서 다른 공동건축명의자는 양수인의 명의변경청구에 동의할 의무가 없다. 결국 판례의 입장이 타당하다.

(v) 건축공사가 완료되고 소유권보존등기까지 마쳐진 건물의 경우에는 이미 허가된 내용에 따른 건축이 더 이상 있을 수 없어 건축주명의변경이 필요 없고, 또한 건축허가서는 허가된 건물에 관한 실체적 권리의 득실변경의 공시방법이 아니며 추정력도 없어 건축주명의를 변경한다고 하더라도 그 건물의 실체적 권리관계에 아무런 영향을 미치는 것이 아니므로 위와 같은 건물에 관하여는 건축주명의의 변경을 청구할 소의 이익이 없다.[40)]

(o) **법률행위를 목적으로 한 채무자의 의사표시에 갈음할 재판의 청구**(민 제389조 제2항 전단)

(i) **원칙** 의사의 진술을 명하는 판결은 확정과 동시에 그러한 의사를 진술한 것으로 간주되므로(민집 제263조 제1항), 의사의 진술이 간주됨으로써 어떤 법적 효과를 가지는 경우에는 소로써 구할 이익이 있지만 그러한 의사의 진술이 있더라도 아무런 법적 효과가 발생하지 아니할 경우에는 소로써 청구할 법률상 이익이 있다고 할 수 없다.[41)]

예컨대 피고가 피고를 대표하는 '협의회'위원의 위원들에게 회의 소집을 요구하고 의안에 찬성할 것을 지시하는 의사의 진술을 구하는 소를 제기한 경우에 그 위원들이 피고의 요구나 지시에 따를 법적의무가 있다거나 거기에 기속되어야 할 지위에 있지 않다면 의사진술 간주판결이 확정되어 피고의 의사진술이 간주되더라도 그로써 어떤 '찬성'의 법적 효과가 생기지 않기 때문이다.[42)]

(ii) **고용의사표시를 갈음하는 절차의 이행** 파견근로자를 2년 이상 사용한 사업주가 파견근로자보호등에 관한 법률 제6조의2 제1항을 위반하여 파견근로자를 고용하지 아니한 경우에 파견근로자는 사용사업주를 상대로 고용의사표시를 갈음하는 절차의 이행을 민법 제389조 제

---

40) 대판 2006.7.6. 2005다61010.
41) 대판 2016.9.30. 2016다200552.
42) 대판 2016.9.30. 2016다200552.

2항에 따라 청구할 수 있다.[43]

(iii) **민법 제218조에 근거한 수도(水道)등 시설공사에 필요한 토지사용승낙에 갈음하는 소** 이러한 소송은, 법률행위가 아니라 시설공사에 필요한 토지의 사용 승낙이라는 시설공사를 하는데 필요한 증명자료를 소로써 구하는 것에 불과하므로 부적법하다.[44]

(p) **건물소유자가 건물의 소유를 통하여 타인의 토지를 점유하고 있는 경우의 '인도'와 '퇴거'** (i) 이 경우에 건물소유자는 그 건물의 점유를 하고 있으므로 그 건물의 토지 소유자는 건물소유자에 대하여 철거와 대지부분의 인도를 청구할 수 있을 뿐 건물에서 퇴거를 청구할 수 없다.[45]

(ii) 건물의 '인도'는 건물에 대한 현실적·사실적 지배를 완전히 이전하는 것을 의미하므로, 민사집행법상 인도 청구의 집행은 집행관이 채무자로부터 물건의 점유를 빼앗아 이를 채권자에게 인도하는 방법으로 한다.[46] 한편 건물에서의 '퇴거'는 건물에 대한 채무자의 점유를 해제하는 것을 의미할 뿐, 더 나아가 채권자에게 그 점유를 이전할 것까지 의미하지는 않는다는 점에서 건물의 '인도'와 구별된다.[47] 그러므로 채권자가 소로써 채무자가 건물에서 퇴거할 것을 구하고 있는데 법원이 채무자의 건물 인도를 명하는 것은 처분권주의에 반하여 허용되지 않는다.

(q) **말소등기에 대한 승낙청구** 원인무효인 소유권이전등기의 명의인을 채무자로 한 가압류등기와 그에 터 잡은 경매신청기입등기를 마친 경우, 그 부동산의 소유자는 원인무효인 소유권이전등기의 말소를 위하여 이해관계에 있는 제3자인 가압류채권자를 상대로 하여 원인무효 등기의 말소에 대한 승낙(부등 제57조)을 청구할 수 있고, 그 승낙이나 이에 갈음하는 재판이 있으면 등기공무원은 신청에 따른 원인무효 등기를 말소하면서 직권으로 가압류등기와 경매신청기입등기를 말소하여야 한다(부등 제58조). 그러므로 소유자가 원인무효인 소유권이전등기의 말소와 함께 가압류등기 등의 말소를 구한다면 이와 같은 원고의 청구 취지는 소유권이전등기의 말소에 대한 승낙을 구하는 것으로 풀이하여야 한다.[48]

(r) **기판력이 없는 집행권원** 기판력이 없는 집행권원(예, 공정증서)에 관해서는 이행청구권에 관한 기판력을 얻을 이익이 있기 때문에 채권자가 그 증서를 소지하고 있더라도 집행권원과 같은 내용의 확인을 구하는 소를 제기할 소의 이익이 있다.[49]

(s) **일부청구** 많은 액수의 채권을 소액사건심판법의 적용을 받을 목적으로 분할하여 구하는 일부청구는 소의 이익이 없다(소심 제5조의2). 그러나 그 이외에는 소권의 남용에 해당

43) 대판 2015.11.26. 2013다14965.
44) 대판 2016.12.15. 2015다247325(평석은 [36] 참조).
45) 대판 2022.6.30. 2021다276256.
46) 대전판 2020. 5. 21. 2018다287522.
47) 대판 2024.6.13. 2024다213157.
48) 대판 1998.11.27. 97다41103.
49) 대판 2013.5.9. 2012다4381.

하지 않는 한 일부청구가 허용된다.[50]

(t) **골프장클럽 회원명부의 명의개서청구** 골프장 클럽의 회원명부는 회원권에 관한 권리 변동 관계를 공시하는 문서가 아니다. 그러나 클럽의 회칙상 회원권을 양도받은 자에 대하여 특별한 제한이 없이 소정의 절차를 거쳐서 회원권의 명의변경을 하여 주도록 되어 있고, 또한 실제로 회원명부에 회원으로 등재됨으로써 회원은 골프장시설의 우선적 이용권 등을 행사할 수 있어서 회원명부에 등재하는 것은 회원임을 전제로 하고 있다. 따라서 회원명부의 명의개서를 구하는 소는 구체적인 경우에 있어 양수인의 명의개서 신청일자와 가압류집행의 선후를 둘러싸고 생긴 회원인지 여부의 분쟁에 대한 실효성 있는 해결방법이 될 수 있으므로 소의 이익이 있다.[51]

(u) **부기등기의 말소청구** (i) **소유권보존등기경정 부기등기의 말소청구** 토지소유권 보존등기의 일부 지분만을 말소하기 위하여 잔존 지분권자와 말소를 구하는 진정한 권리자를 공유로 하는 경정등기를 경료한 경우에 위 소유권보존등기경정의 부기등기는 기존의 주등기인 소유권보존등기에 종속되어 주등기와 일체를 이루는 것이고 주등기와 별개의 새로운 등기가 아니다. 그러므로 소유권보존등기 및 이에 기초하여 경료된 경정등기가 원인무효인 경우에 주등기의 말소만을 구하면 되고 그에 기초한 부기등기는 별도로 말소를 구하지 않더라도 주등기가 말소되는 경우에는 직권으로 말소되어야 할 성질의 것이므로 부기등기의 말소청구는 소의 이익이 없다.[52]

(ii) **근저당권이전 부기등기의 말소청구** (ㄱ) 일반적으로 근저당권의 양도에 의한 부기등기는 기존의 근저당권설정등기에 의한 권리의 승계관계를 등기부에 명시하는 것뿐이고 그 등기에 의하여 새로운 권리가 생기는 것이 아니어서 기존의 주등기인 근저당권설정등기에 종속되어 주등기와 일체를 이룬다. 그러므로 근저당권설정등기가 당초 원인무효라면 주등기인 근저당권설정등기의 말소만 구하면 되고 그 부기등기는 별도로 말소를 구하지 않더라도 주등기의 말소에 따라 직권으로 말소되는 것이다.[53] 따라서 근저당권설정등기 말소등기청구는 양수인만을 상대로 하면 충분하므로 양도인은 그 말소등기청구에서 피고적격이 없다.[54]

(ㄴ) 그러나 근저당권의 주 등기 자체는 유효한 것을 전제로 이와는 별도로 근저당권이전의 부기등기에 한정하여 무효사유가 있다는 이유로 부기등기 만의 효력을 다투는 경우에는 그 부기등기의 말소를 청구할 필요가 있으므로 예외적으로 말소를 구할 소의 이익이 있다.[55]

50) 다만 일부청구이후 잔부청구를 하는 것이 일부청구의 기판력에 저촉되는지는 별개의 문제로서 [77] 2. (2) (라)에서 자세히 다루기로 한다.
51) 대판 1986.6.24. 85다카2469.
52) 대판 2001.4.13. 2001다4903.
53) 대판 1995.5.26. 95다7550 등.
54) 대판 1968.1.31. 67다2558.

(iii) **가등기이전의 부기등기** 가등기이전에 의한 부기등기는 기존의 가등기에 의한 권리의 승계관계를 등기부상 명시하는 것뿐이므로 그 등기에 의하여 새로운 권리가 생기는 것이 아닌 만큼 말소등기청구는 양수인만을 상대로 하면 충분하고, 양도인은 그 말소등기청구에 있어서의 피고적격이 없다.[56)]

(iv) **가등기말소등기의 회복등기** 말소된 등기의 회복등기절차의 이행을 구하는 소에서 피고적격은 회복등기의무자에게만 있다. 따라서 가등기가 이루어진 부동산에 관하여 제3취득자 앞으로 소유권이전등기가 마쳐진 후 그 가등기가 말소된 경우 회복등기의무자는 그 가등기 말소당시의 소유자인 제3취득자이므로 그 가등기의 회복등기청구는 제3취득자를 상대로 하여야 한다.[57)]

(v) **말소회복등기에 대한 승낙의 의사표시를 할 상대방** 부동산등기법 제59조에 의하면 말소된 등기의 회복을 신청하는 경우에 등기상 이해관계가 있는 제3자가 있을 때에는 그 제3자의 승낙의 의사표시가 있어야 하는데 여기서의 '제3자'란 말소회복등기와 양립할 수 있는 등기의 명의자를 의미하고, 양립할 수 없는 등기는 말소회복의 전제로서 말소의 대상이 될 뿐이다.[58)] 예컨대 피고 1 소유의 이 사건토지에 관하여 원고명의로 근저당권설정등기가 경료되었다가 뒤에 이 근정당권설정등기가 말소되고 이어서 피고 2 명의로 다시 근저당권설정등기가 이루어졌는데, 원고는 피고 1을 상대로 근저당권설정등기의 말소회복등기를 구하고 피고2를 상대로그 회복등기에 대한 승낙을 구한 사건의 경우에, 피고 2의 근저당권설정등기는 말소된 원고 명의의 근저당권설정등기와는 물권법의 논리상 양립할 수 없으므로 승낙을 구할 당사자적격이 없는 것이다. 이 경우에는 차라리 피고 2를 상대로 근저당권설정등기의 말소를, 피고1을 상대로 근저당권설정등기 말소등기의 회복등기를 청구하여야 한다.

(vi) **부동산처분금지가처분의 신청 취하 또는 집행취소·해제 절차의 이행을 구하는 소송 도중에 그 가처분의 기입등기가 가처분의 목적 달성 등으로 말소된 경우** 이 경우에는 더 이상 위 가처분의 신청 취하 또는 집행취소·해제 절차의 이행을 구할 법률상 이익이 없다.[59)]

(v) **변제자대위에 의한 구상금청구** 확정판결에 의한 집행권원을 가지고 있는 채권자의 채권이 변제자에게 대위 이전되는 경우, 단일 채무자에 대한 권리와 같이 부담부분을 나눌 필요가 없거나, 각 부담부분별로 분할 청구할 필요가 없는 경우에는, 변제자는 별도의 소송 없이 승계집행문을 부여받아 권리를 행사할 수 있다. 그러나 여러 채무자 사이에 부담부분이 나누

55) 대판 2005.6.10. 2002다15412,15429.
56) 대판 1994.10.21. 94다17109.
57) 대판 2009.10.15. 2006다43903.
58) 대판 2004.2.27. 2003다35567.
59) 대판 2005.5.27. 2005다14779, 대결 2007.6.8. 2006마1333, 대판 2015.2.12. 2014다66116, 2017.9.26. 2015다18466 등 참조.

어져 있고, 확정판결이 각 채무자의 부담부분을 확정하지 않은 경우에는, 단순히 승계집행문을 받아도 실제 구상권을 행사할 수 없다. 따라서 이 경우 구상범위를 확정하기 위해서는 별도의 구상금청구 소송을 제기해야 한다.[60)]

현재이행의 소에서 권리보호의 이익 또는 필요, 즉 소의 이익이 문제되는 개별적인 경우

1. 등기 관련

- 순차적 등기((a)): 전·후순위 등기가 있는 경우, 후순위 말소 가능성과 무관하게 전순위 등기의 말소청구는 소의 이익 있음
- 등기 직권말소 게을리한 경우((d)): 등기관의 직권말소 불이행 시, 이해관계인은 직접 이행소송 제기 가능
- 멸실된 건물의 등기((s)): 멸실된 건물 자체의 등기 회복은 소의 이익 없음. 그러나 부적법 말소된 경우 회복등기청구는 가능
- 등기명의인 표시변경((j)): 동일성 해친 경우 소의 이익 ○, 동일성 유지되는 단순오류는 소의 이익 ×
- 촉탁된 가압류·가등기 회복등기((k)): 당사자 신청 불가 → 소의 이익 없음. 단, 이해관계 제3자 상대 승낙청구는 가능
- 경매로 근저당권 소멸((l)): 경매완료 후 근저당권 회복등기청구는 소의 이익 없음
- 말소등기 승낙청구((q)): 원인무효등기 말소 위해 제3자 가압류채권자 상대로 승낙청구 가능
- 부기등기 말소청구((u)): 주등기에 종속되는 경우 소의 이익 없음. 다만 부기등기 자체 무효사유 있는 경우 예외적으로 인정

2. 채권·의무 관련

- 부작위의무 이행청구((b)): 부작위 위반 시 소의 이익 인정(간접강제, 대체집행 가능)
- 성질상 직접 강제 불가 청구((f)): 부부동거·가수공연 등 → 직접집행 불가해도 간접강제 가능하면 소의 이익 인정
- 법률행위에 갈음하는 재판청구((o)): 의사표시 간주로 법적 효과 발생 시 소의 이익 ○, 효과 없으면 ×
- 변제자대위에 의한 구상금청구의 확정((v)): 집행문만으로 부족 → 구상범위 확정 필요 시 소의 제기 필요 ○

3. 보전처분·집행 관련

- 가압류로 인한 집행장애((c)): 가압류가 있어도 본안이행소송 가능. 다만 압류·추심명령 있으면 원고적격 소멸 → 소의 이익 없음
- 집행권원 중 공정증서 등((r)): 기판력 없는 집행권원이라도 기판력 있는 판결 받아둘 이익 존재

60) 대판 1991.10.22. 90다20244.

4. 상속 · 회원권 등 기타

- 상속회복청구((g)): 참칭상속인 상대로만 가능, 제척기간 준수 필요
- 수표양수인의 발행인 상대로 한 소송((h)): 지급금지가처분 있어도 제3취득자는 발행인 상대로 소송 가능
- 골프장 회원 명의개서청구((t)): 회원권 분쟁 해결 위해 소의 이익 인정

5. 건축 관련

(1) **미등기 전유부분의 건축주 명의변경**

- 판결로 건축주 명의변경을 명하면, 원고는 건축 관계자 명의변경 신고에서 공동건축주로 추가될 수 있음
- 따라서 명의변경청구의 소의 이익 인정

(2) **신축 집합건축물의 명의 문제**

- 양수인의 명의변경청구
- 건축주 명의자 아닌 자에게 전유부분 양도 → 양수인은 소유권보존등기를 위해 공동건축주로 추가 필요
- 양도인 동의 없을 경우, 민법 제389조에 따라 명의변경 의사표시 청구 가능

(3) **공동건축명의자의 지분 양도 문제**

- 공동건축명의자 일부가 지분을 양도했더라도, 다른 공동건축명의자에게 명의변경 동의 의무 없음(판례)
- 이유: 건물 미완성 시 양수인은 원시취득자가 아니며, 단순한 준공유지분권자에 불과
- 따라서 다른 공동건축주가 동의할 의무 없음

6. 특수 사례

- 학교법인 출연자 기재청구((m)): 출연자 기재의무 없음 → 소의 이익 없음
- 토지 미등록((e)): 특정 가능하면 시효취득 주장 가능 → 소의 이익 ○
- 건물 인도 vs 퇴거(p): 토지소유자는 철거 · 인도청구만 가능, 퇴거청구는 소의 이익 없음
- 일부청구((s)): 소액사건 회피 목적으로 분할청구 → 소의 이익 없음. 일반적 일부청구는 허용

(w) *** 이행을 청구하는 소에서의 '구분소유적 공유]' 및 '구분소유'** (i) 서론 '구분소유적 공유'와 집합건물법에서 입법된 '구분소유'는 모두 민법상 공유를 한국 실정에 맞게 법 이론을 형성한 것이다. 다 아는바와 같이 우리나라는 1960년 대 후반 이후의 경제발전과 인구의 도시집중 현상이 현저해지면서 택지의 정비 작업이 본격화되었다. 그로 말미암아 중·고층의 분양아파트나 연립주택 · 다세대주택 등이 급속하게 늘어나면서 대지 및 주택에 관한 각종 법률문제가 폭증하게 되었는데 민법상 공유의 규정만으로는 이에 대처할 수 없게 되면서 판례의 집적에 의하여 '구분소유적 공유'와 '구분소유'라는 법적 개념이 형성되었다. 그러므로 먼저 우리나라 판례가 형성한 '구분소유적 공유' 및 집합건물법으로 입법된 '구분소유'의 개념들을 정리

하고, 결론으로 '구분소유적 공유' 및 '구분소유'의 소송법상 지위를 살피기로 한다.

(ii) **구분소유적 공유** (ㄱ) **개념** 구분소유 적 공유라 함은 1필 토지의 일부를 특정하여 그 부분을 사용·수익할 목적으로 매수하거나 양수하면서 그 등기는 편의상 그 전체에 관하여 공유지분의 이전등기를 마친 경우와 같이, 등기상으로는 토지 전체에 대한 공유지분이전등기가 되어 있으나 내부적으로는 각 공유자들이 그 토지를 구분하여 특정부분 만을 배타적으로 사용·수익하고 그 위치와 면적을 특정하여 여러 사람이 구분하여 소유하기로 하는 약정이 있는 경우에 그 토지에 관해서 성립하는 공유를 말한다. 이와 같이 구분소유 적 공유관계는 어떤 토지에 관하여 그 위치와 면적을 특정하여 여러 사람이 구분소유하기로 하는 약정이 있어야만 적법하게 성립할 수 있으므로, 공유자들 사이에서 특정 부분을 각각의 공유자들에게 배타적으로 귀속시키려는 의사의 합치가 이루어지지 아니한 경우에는 이러한 구분소유 적 공유관계가 성립하지 않는다.61)

(ㄴ) **성질** ① 판례는 1필지의 토지 중 일부를 특정하여 매수하고 다만 그 소유권이전등기만을 편의상 1필지 전체에 관하여 공유지분이전등기를 한 경우에는 그 특정부분 이외의 부분에 관한 등기는 상호 명의신탁관계에 있다고 하면서62) 토지의 각 특정부분을 구분하여 소유하며 상호명의신탁으로 공유등기를 해 둔 경우 그 토지가 분할되면 분할된 각 토지에 종전 토지의 공유등기가 전사(轉寫)되어 상호명의신탁관계가 그대로 존속되는데63) 이와 같이 서로 특정부분을 구분하여 소유하면서 상호명의신탁관계로 공유등기를 마쳤다면 각 구분소유자들 상호간의 지분이전은 특별한 사정이 없는 한 명의수탁자의 지위를 승계하는 것으로 보아야 한다64)고 하였다.

② 따라서 공유지분등기를 마친 구분소유 적 공유관계에서, 특정부분 소유를 주장하는 자가 그 부분에 관한 전체 지분 소유권이전등기를 마치기 위해서는 그 부분에 관하여 신탁적으로 지분등기를 가지고 있는 다른 공유자를 상대로 명의신탁 해지를 원인으로 한 지분이전등기를 청구하여야 한다.65)

(ㄷ) **효과** ① **공유물분할청구의 금지** 민법상 공유에 있어서 공유물분할청구는 공유자 한 쪽이 그 공유지분권에 터 잡아서 하여야 하는 것이다. 그런데 구분소유자는 공유지분권을 주장하지 아니하고 목적물의 특정부분을 소유한다고 주장하는 것이다. 따라서 그 부분에 대하여 신탁적으로 지분등기를 가지고 있는 자들을 상대로 하여 그 특정부분에 대한 명의신탁 해지를 원인으로 한 지분이전등기절차의 이행만을 구하면 될 것이고 공유물 자체의 분할 청구

61) 대판 2005.4.29. 2004다71409.
62) 대판 1989.4.25. 88다카7184.
63) 대판 1992.5.26. 91다27952.
64) 대판 1992.5.26. 91다27952.
65) 대판 2025.6.5. 2024다296763

를 할 수 없다.[66)]

② **건물의 구분소유적 공유인 경우** ㉠ 1동의 건물 중 위치 및 면적이 특정되고 구조상·이용상 독립성이 있는 일부분씩을 2인 이상이 구분하여 소유하기로 하는 약정을 하고 등기만은 편의상 구분소유의 면적에 해당하는 비율로 공유지분 등기를 하여 놓은 경우에 구분소유자들 사이에서는 공유지분등기의 명의신탁관계 내지 그 건물에 대한 구분소유 적 공유관계가 성립한다.[67)] 따라서 건물의 경우에도 상호명의신탁관계 내지 구분소유 적 공유관계에서 건물의 특정 부분을 구분 소유할 수 있다.

㉡ 이 경우 구분소유자는 그 부분에 대하여 신탁적으로 지분등기를 가지고 있는 자를 상대로 하여 그 특정 부분에 대한 명의신탁 해지를 원인으로 한 지분이전등기절차의 이행을 구할 수 있을 뿐 그 건물 전체에 대한 공유물분할을 구할 수는 없다.[68)] 이 점에서 토지의 구분소유 적 공유와 다를 바 없다. 따라서 각 층이 물리적으로 구분된 1동의 건물을 신축하여 그 중 1층은 여러 개의 점포로 구분하여 분양하고, 지하층과 2, 3층은 각 각 따로 매도하면서 이를 구분등기하지 않고 수분양자 또는 매수인들에게 건물 전체 면적 중 분양 면적 또는 매도면적에 해당하는 비율로 공유지분 등기를 마친 경우에, 1층 점포를 분양받은 사람들은 1층 내부만 사용하고 지하층과 2, 3층을 매수한 사람들은 각 지하층과 2, 3층만 사용하여 왔다면 위 건물 각 층의 구분소유자들은 상호명의신탁관계 내지 구분소유적 공유관계에 있으므로, 건물 전체에 대해서 공유물분할을 청구할 수 없다.

㉢ 건물 각 층의 구분소유자들은 다른 층 소유자들과의 사이에 상호명의신탁을 해지하고, 이어서, 건물에 대하여 구분 건물로 건축물대장의 전환등록절차 및 등기부의 구분등기절차를 마친 다음 각 층별로 상호간에 자기가 신탁 받은 공유지분 전부를 이전하는 방식으로 건물에 대한 구분소유적 공유관계를 해소할 수 있다.

③ **제3자가 구분소유적 공유관계를 침해한 경우** ㉠ **구분소유적 공유자의 배타적 사용·수익부분을 침해한 경우** 이 경우에 각 구분소유 적 공유자는, 공유물의 보존행위는 각 자가 할 수 있다는 민법 제265조 단서 규정에 따라 단독으로 방해제거를 청구할 수 있고 나아가 자기에게 인도를 청구할 수도 있다.

㉡ **다른 구분소유 적 공유자의 사용·수익부분을 침해한 경우** 일반 민법상 공유에서 공유물의 보존행위는 공유물의 멸실·훼손을 방지하는 사실적 법률행위이므로[69)] 다른 공유자의 사용·수익부분을 제3자가 침해하는 경우에는 그 침해의 배제를 청구할 수 있다고 할 수

66) 대판 1989.9.12. 88다카10517, 2010.5.27. 2006다84171.
67) 대결 2001.6.15. 2000마2633.
68) 대판 2010.5.27. 2006다84171.
69) 대판 2010.1.14. 2009다67429.

있으나, 구분소유적 공유에서는 공유자 각자가 특정부분을 배타적으로 사용·수익할 수 있을 뿐이므로 다른 공유자의 사용·수익 부분에 대해서 제3자가 침해하는 경우에는 이에 관여할 수 없다고 하여야 한다.

㉢ **구분소유적 공유 토지 전체가 제3자에게 원인 없이 이전등기 된 경우** (α) 일반 민법상 공유인 경우에 각 공유자가 공유물의 보존행위로서 제3자에 대하여 그 등기 전부의 말소를 구할 수 있는가에 관하여 판례는 경우를 나누어 판시하고 있다. 먼저 각 공유자가 공유 지분권자인 것이 분명한 경우, 예컨대 갑 소유의 부동산이 원인 없이 을에게 소유권이전등기가 마쳐진 경우에 갑이 사망하여 상속인이 a, b, c 가 명백한 때에는 a 단독으로라도 을을 상대로 공유물 전부에 관한 등기의 말소를 청구할 수 있다.[70] 그러나 a가 상속인인 것은 분명하지만 b와 c는 상속인이 아니거나 상속인인지가 분명하지 아니하여 a, b, c 사이에 공유자체의 성립이 명백하지 않은 경우에는 a가 다른 공유자의 지분권을 대외적으로 주장하는 것은 공유물의 멸실·훼손을 방지하고 공유물의 현상을 유지하는 사실적 법률행위인 공유물의 보존행위에 속한다고 할 수 없으므로 자신의 공유지분을 침해하는 지분 범위를 초과하는 부분에 대하여 공유물의 보존행위를 주장하면서 그 부분 등기의 말소를 구할 수 없다.[71]

(β) 구분소유적 공유의 경우에는 공유자 각자가 특정 부분에 한정하여 배타적 사용·수익권이 있으므로 그 범위를 초과하는 부분에 대하여 공유물 전체의 보존행위를 주장하면서 그 초과 부분 등기의 말소를 구할 수 없다고 풀이하여야 한다.

㉣ **공유자 상대 소송의 실체법적 성질** 여러 사람이 1필의 토지를 각자 구분소유 적 공유를 하고 있는 경우에 그 각 공유자를 상대로 등기의 말소를 구하든가 방해배제를 청구하는 경우에는 각 구분소유적 공유자가 특정부분을 배타적으로 사용·수익하고 있으므로 민법상 공유와 달리 불가분채무가 아니라 분할채무로 보아야 할 것이다.

(ii) **구분소유** ㉠ 개념 ① 1동의 건물 중 구조상 구분된 여러 개의 부분이 독립된 건물로서 사용될 수 있는 구분소유건물인 경우(집합건물법 제1조), 또는 1동의 건물이 상가건물로서 집합건물법 제1조의2에서 규정한 1호 내지 4호의 요건에 해당하는 방식으로 여러 개의 건물부분으로 이용 상 구분된 구분점포인 경우(위 법 제1조의2)에는 그 각 부분은 집합건물법에서 정하는 바에 따라 각각 소유권의 목적으로 할 수 있는데 집합건물법 제3조 제2항 및 제3항에 따라 공용부분으로 된 것을 제외한 나머지 각 부분을 목적으로 하는 소유권을 구분소유권이라고 하며(위 법 제2조 1호), 구분소유권을 가지는 자를 구분소유자(위 법 제2조 2호), 구분소유자의 소유를 구분소유라고 한다.

② 구분소유건물이나 구분점포에서 소유권의 대상이 되는 것은 전유부분이고(위 법 제2조

70) 대판 1993.5.11. 92다52870.
71) 대판 2010.1.14. 2009다67429.

3호), 전유부분에 속하지 않은 건물의 부속물이나, 전유부분이지만 규약에 의하여 공용부분으로 된 부속건물은 공용부분(위 법 제2조 4호)으로서 구분소유권의 목적으로 할 수 없다(위 법 제3조 제1항).

(ㄴ) **성질** ① 구분소유자가 전유부분을 소유하기 위하여 건물의 대지에 관하여 가지는 권리를 대지사용권이라고 한다(위 법 제2조 6호). 구분소유자는 누구나 대지 전체에 관하여 이를 이용할 권리를 가지고 있어야 한다. 그러므로 집합건물법 제20조는 구분소유자의 대지사용권은 그가 가지는 전유부분의 처분에 따르고, 원칙적으로 구분소유자는 그가 가지는 전유부분과 분리하여 대지사용권을 처분할 수 없다(위 법 제20조 제2항)고 규정하였다. 민법에서는 건물에서 대지를 사용·수익할 권원은 그 건물의 소유권과 별개로 존재한다. 그러나 집합건물의 경우에는 민법과는 달리 대지사용권인 대지지분이 구분소유권의 목적인 전유부분에 종속되어 일체화되는 관계에 있으므로, 집합건물 대지의 공유관계에서는 민법상 공유물에 관한 일반 법리가 그대로 적용될 수 없고 대지사용권과 건물소유권은 일체로 존재한다. 이는 대지 공유자들 중 구분소유자 아닌 사람이 있더라도 마찬가지이다. 즉 대지사용권은, 집합건물이 존재하고 구분소유자가 전유부분을 소유하기 위하여 그 대지를 사용할 수 있는 권리를 보유하면 성립하는 것이다.[72] 판례[73] 역시 전유부분과 대지사용권 사이에 일체불가분성에 따른 상호대응관계를 인정한다.

② 집합건물법 제7조는 대지사용권을 가지지 아니한 구분소유자가 있을 때 그 전유부분의 철거를 청구할 권리를 가진 자는 그 구분소유자에 대하여 구분소유권을 시가로 매도할 것을 청구할 수 있다고 정하고 있는데, 이 법규정에 따라 구분소유자 아닌 대지 공유자는 대지사용권 없는 구분소유자를 상대로 구분소유권의 매도청구권을 행사함으로써 전유부분과 대지사용권 사이의 일체화가 이루어질 수 있다. 이에 따르면, 구분소유자가 대지를 사용·수익할 권원으로 확보한 대지지분은 특별한 사정이 없는 한 구분소유권의 목적인 전유부분과 개별적으로 일체화되어 전유부분에 결합되는 관계에 있으므로, 대지지분에 대한 권리관계는 전유부분과 분리해서 볼 수는 없는 것이다. 따라서 집합건물의 구분소유자가 아니면서 대지 공유지분권만 가진 사람은 대지 사용권으로서 전유면적 비율에 상응하는 대지의 고유지분을 가진 구분소유자를 상대로 대지의 사용·수익에 따른 부당이득반환을 청구할 수는 없다[74]

③ 집합건물법 제8조는 대지 위에 구분소유권의 목적인 건물이 속하는 1동의 건물이 있을 때에는 그 대지의 공유자는 그 건물 사용에 필요한 범위의 대지에 대하여는 분할을 청구하지 못한다고 정하고, 위 법 제22조는 대지사용권에 대하여는 공유자가 그 지분을 포기하거나

72) 대판 2009. 6. 23. 2009다26145 등.
73) 대판 2008. 3. 13. 2005다15048, 2015.9.10. 2013다46047 등.
74) 대전판 2022.8.25. 2017다257067(이에 대한 평석은 [108] 참조).

상속인 없이 사망한 때에 그 지분이 다른 공유자에게 각 지분의 비율로 귀속하도록 한 민법 제267조를 적용하지 않는다고 정한다. 이는 집합건물의 전유부분과 대지사용권 사이의 일체불가분성을 해치지 않기 위하여 민법과 달리 구분소유자 아닌 대지 공유자의 지분권 행사 및 추가 지분 취득을 일부 제한하는데 취지가 있다.

④ 집합건물 대지의 공유관계에서는 민법상 공유물에 관한 일반 법리가 그대로 적용될 수 없다.

㉠ 우리 민법은 1개 물권의 객체는 하나의 독립된 물건이어야 한다는 일물일권주의(一物一權主義)를 원칙으로 한다. 민법 제215조 제1항은 "수인이 한 채의 건물을 구분하여 각각 그 일부분씩을 소유한 때에는 건물과 그 부속물 중 공용하는 부분은 그의 공유로 추정한다."라고 정하고 있다. 그러나 집합건물법 제1조는 "1동의 건물 중 구조상 구분된 여러 개의 부분이 독립한 건물로서 사용될 수 있을 때에는 그 각 부분은 이 법에서 정하는 바에 따라 각각 소유권의 목적으로 할 수 있다."라고 정하여 일물일권주의의 예외로서 건물의 구분소유를 인정하고 있는 것이다.

1동의 건물에 대하여 구분소유가 성립하기 위해서는 객관적·물리적인 측면에서 1동의 건물이 존재하고, 구분된 건물부분이 구조상·이용상 독립성을 갖추면서, 물리적으로 구획된 건물부분을 각각 구분소유권의 객체로 하려는 구분행위가 있으면 되는데,[75] 그 경우 구분소유자들은 각자 전유부분을 개별적으로 소유하면서 배타적으로 사용·수익할 수 있다.

㉡ 구분소유자들은 전유부분을 구분소유하면서 공용부분을 공유하고 있으므로 특별한 사정이 없는 한 대지 전부를 공동으로 점유·사용하고 있다고 할 것이지만,[76] 실질적으로는 각자 대지를 전유부분 면적 비율만큼 사용·수익하는 것으로 볼 수 있다. 이러한 취지를 반영하여 집합건물법 제21조 제1항, 제12조 제1항은 구분소유자가 둘 이상의 전유부분을 소유하는 경우 각 전유부분에 따르는 대지사용권은 각 전유부분의 면적 비율에 따른다고 정한다. 또한 위 법 제19조에 의하면 건물의 대지 또는 공용부분 이외의 부속시설을 구분소유자가 공유하는 경우에 그 대지 및 부속시설에 관하여 위 법 제15조, 제15조의2, 제16조를 준용하고, 제15조 제1항 과 제15조의2 제1항, 제16조 제1항에서는, 각각 공용부분의 변경, 관리에 관한 사항은 관리단 집회에서 일정 비율 이상의 구분소유자 및 의결권의 결의로써 정하도록 하였다.

㉢ 일반 건물에서 대지를 사용·수익할 권원이 건물의 소유권과 별개로 존재하는 것과는 달리, 집합건물의 경우에는 대지사용권인 대지지분이 구분소유권의 목적인 전유부분에 종속되어 일체화되는 관계에 있으므로, 집합건물 대지의 공유관계에서는 이와 같은 민법상 공유물에 관한 일반 법리가 그대로 적용될 수 없고, 이는 대지 공유자들 중 구분소유자 아닌 사람이 있

75) 대전판 2013.1.17. 2010다71578.
76) 대판 2014.9.4. 2012다7670.

더라도 마찬가지이다.

㉣ 집합건물법은 제2조 5호에서 "건물의 대지"는 전유부분이 속하는 1동의 건물이 있는 토지와 제4조의 규약에 따라 건물의 대지로 된 토지를 말한다고 정하고, 제2조 6호에서는 "대지사용권"은 구분소유자가 전유부분을 소유하기 위하여 건물의 대지에 대하여 가지는 권리를 말한다고 규정하고 있다. 따라서 대지사용권은 집합건물이 존재하고 구분소유자가 전유부분을 소유하기 위하여 그 대지를 사용할 수 있는 권리를 보유하면 성립하는 것이다.[77]

㉤ 이와 같이 일반 건물에서 대지를 사용·수익할 권원이 건물의 소유권과 별개로 존재하는 것과는 달리, 집합건물의 경우에는 대지사용권인 대지지분이 구분소유권의 목적인 전유부분에 종속되어 일체화되는 관계에 있으므로, 집합건물 대지의 공유관계에서는 이와 같은 민법상 공유물에 관한 일반 법리가 그대로 적용될 수 없다.

(iv) **결론: 구분소유적 공유 및 구분소유의 소송상 지위** ㈀ 구분소유적 공유나 구분소유는 모두 민법상 공유를 변형한 것이다. 물건이 지분에 의하여 수인이 소유로 된 때는 공유(민 제262조 제1항)가 되는데 공유자는 그 지분을 처분할 수 있고 공유물 전부를 지분의 비율로 사용, 수익할 수 있으나(민 제263조), 공유물 자체는 다른 공유자의 동의 없이 처분하거나 변경하지 못한다(민 제264조). 그런데 1960년 대 이후 택지 정리사업이 활발해지면서 환지사업의 필요에 의해 공부상 공유택지에 대한 지분 변경이 일시 중단된 적이 있었는데 그 무렵 사람들은 지분의 변경을 명의신탁의 법리에 따라 행하고 판례가 이를 허용함으로써 그 결과 구분소유적 공유의 개념이 형성된 것이다. 따라서 구분소유적 공유는 형식은 공유이지만 실제로는 공유물의 일부를 특정하여 이를 단독소유로 한 것이라고 할 수 있다.

한편 등기부는 토지등기부와 건물등기부로 구분함으로써(부등 제14조 제1항) 토지와 건물은 각각 독립된 별개의 부동산이 되어 처분의 자유가 있는데 1960년 대 이후 중·고층의 분양 아파트나 연립주택·다세대주택 등이 급속하게 늘어나면서 건물의 전유부분과 대지사용권의 일체불가분성을 인정하여야 할 필요성이 인정되면서 1984.4.10. 법률 제3725호로 집합건물법이 제정되어 구분소유자의 대지사용권은 그가 가지는 전유부분의 처분에 따르고(집합건물 제20조 제1항), 규약으로써 달리 정한 경우가 아니라면 구분소유자는 그가 가지는 전유부분과 분리하여 대지사용권을 처분할 수 없으며(집합건물 제20조 제2항), 공유자 또는 준공유자가 그 지분을 포기하거나 상속인 없이 사망한 때에는 그 지분은 다른 공유자 또는 준공유자에게 각 지분의 비율로 귀속한다는 민법 제267조나 민법 제278조의 적용을 배제하여(집합 제22조) 전유부분과 대지사용권의 일체불가분성을 인정하였다.

㈁ 민법상 공유에 있어서 공유자들은 그 공유지분권에 터 잡아서 공유물의 분할을 청구할

77) 대판 2009.6.23. 2009다26145 등.

수 있는데(민 제268조) 그 경우에 분할을 청구하는 공유자가 원고가 되어 다른 공유자 전원을 공동피고로 하여야 하는 고유필수적 공동소송이다.[78] 그런데 공유지분권을 주장하지 아니하고 목적물의 특정부분을 소유한다고 주장하는 구분소유적 공유자는 그 부분에 대하여 신탁적으로 지분등기를 가지고 있는 자를 상대방으로 하여 그 특정부분에 대한 명의신탁 해지를 원인으로 한 지분이전등기절차의 이행을 구하면 되고, 이에 갈음하여 공유물분할청구를 할 수 없다는 점은 이미 앞에서 설명하였다. 한편 건물을 구분 소유하는 경우에는 공유물분할 청구 자체를 할 수 없으므로(민 제268조, 제215조) 구분소유자 상호간 또는 구분소유자에 대해서는 공유물분할청구를 할 수 없고, 각 구분소유자는 그의 전유부분의 단독소유자로서 민법 제211조에 의하여 처분할 수 있다.

(ㄷ) 그런데 대지에 관하여 구분소유자 외의 다른 공유자가 있는 경우에는 공유물에 관한 민법의 일반 법리에 따라 대지를 사용·수익·관리할 수 있다. 따라서 1필의 대지 위에 집합건물과 일반건물이 공존하고 있고, 집합건물 소유자들에게는 집합건물법상 대지사용권이 있는 반면 일반건물 소유자들에게는 대지에 대한 민법상 공유지분이 있는 경우에는 집합건물 구분소유자들과 일반건물 소유자들 사이의 대지 이용관계에는 공유물에 관한 민법의 일반 법리가 적용되어야 하므로 일반건물 소유자들은 공유물의 관리 · 보존에 관한 민법 265조에 따라 권리를 행사할 수 있다.[79] 한편, 대지공유자 중 일부가 대지에 적법하게 건축된 건물을 소유하고 있는데 그 건물을 철거하게 한 행위는 특별한 사정이 없는 한 공유물인 대지의 변경에 해당하므로 공유자 전원의 동의가 있어야 할 수 있다(민 제264조).[80]

(ㄹ) 그러므로 구분소유적 공유자나 구분소유자가 다수인 경우에는 그들 상호간의 소송관계는 고유필수적 공동소송이 아니라 통상 공동소송이 된다.

이행을 청구하는 소에서의 '구분소유적 공유' 및 '구분소유'

1. 구분소유적 공유

(1) **개념**

- 토지나 건물 일부를 특정하여 매수 · 사용하면서 등기는 편의상 전체에 대해 공유지분으로 해 둔 것
- 실제로는 각자 특정 부분을 배타적으로 사용 · 소유하는 구조
- 전제: 공유자들 사이에 특정 부분을 나누어 소유 · 사용하겠다는 약정이 있어야 함

(2) **성질**

- 실질은 특정부분의 단독소유, 형식은 공유지분등기

78) 대판 2012.6.14. 2010다105310.
79) 대판 2024.10.31. 2024다202317.
80) 대판 2024.10.31. 2024다202317.

- 공유지분은 서로 명의신탁관계로 보고, 특정부분을 주장하려면 다른 공유자를 상대로 명의신탁 해지에 따른 지분이전등기 청구를 해야 함

(3) **효과**

① 공유물분할청구 불가 → 대신 명의신탁해지에 따른 지분이전등기 청구만 가능

② 토지뿐 아니라 건물도 동일하게 적용(예: 1층, 2층, 지하 등 층별 소유)

③ 제3자의 침해에 대해서는 자기 부분에 대해서만 방해제거·인도청구 가능

④ 소송상: 각자 자기 부분만 주장 → 분할채무 관계

2. 구분소유 (집합건물법상 개념)

(1) **개념**

- 1동 건물 안에서 구조상·이용상 독립된 부분(전유부분)을 각각 소유하는 것
- 전유부분 이외의 복도, 계단 등은 공용부분으로 공유

(2) **성질**

- 대지사용권: 전유부분과 결합된 권리 → 전유부분과 분리해 처분 불가
- 민법상의 공유와 달리 집합건물법에서 특별 규정 → 대지분할청구 제한, 지분포기 시 자동승계 배제 등
- 일물일권주의(하나의 물건에는 하나의 권리) 예외를 인정 → 1동 건물을 여러 소유로 쪼개어 인정
- 전유부분은 독립적 단독소유, 공용부분은 공유

3. 소송상 지위

(1) **구분소유적 공유**

- 실질은 특정부분 단독소유라 공유물분할청구 불가
- 다른 공유자를 상대로 명의신탁해지에 따른 지분이전등기청구만 가능
- 소송관계: 통상 공동소송

(2) **구분소유**

- 각 구분소유자는 전유부분에 대해 단독소송 가능 (민법 제211조 소유자의 권리)
- 공유물분할청구 자체 불가
- 다만 집합건물 대지에 일반 공유자가 섞여 있는 경우에는 그 부분에 대해 민법 공유규정 적용됨
- 소송관계: 통상 공동소송

□ 핵심정리

- 구분소유적 공유: 형식은 공유, 실제는 특정 부분의 단독소유 → 명의신탁 해지로 지분이전등기 청구
- 구분소유(집합건물법): 전유부분은 단독소유 + 공용부분 공유 + 대지사용권과 일체 → 공유물분할청구 불가
- 두 경우 모두 소송에서는 고유필수적 공동소송이 아닌 통상 공동소송

(x) * 변제 공탁금 지급청구 (i) 공탁의 의의 및 성질 채권자가 변제를 받지 아니하거

나 받을 수 없는 때에 변제자는 채권자를 위하여 변제의 목적물을 공탁하여 그 채무를 면할 수 있다(민 제487조). 이를 변제공탁이라 한다. 공탁은 국가기관인 공탁소에 변제의 목적물을 임치함으로써 이루어지게 되는데 이와 관련하여 그 법적 성질이 문제된다. 먼저 변제공탁은 제3자, 즉 채권자를 위한 공탁자와 공탁소 사이의 임치계약이라는 사적 관계로 파악하는 견해가 있다. 그러나 변제공탁의 기본적 기능은 변제의 수단이지만 변제자체는 국가의 관여 하에 이루어지므로 채권자를 위한 공법상의 임치관계로 보는 것이 좋다.[81] 판례는, 변제공탁의 공탁물출급청구권자는 피공탁자 또는 그 승계인이고 피공탁자는 공탁서의 기재에 의하여 형식적으로 기재되므로, 실체법상의 채권자라고 하더라도 피공탁자로 지정되어 있지 않으면 공탁물출급청구권을 행사할 수 없고, 따라서 피공탁자가 아닌 제3자가 피공탁자를 상대로 하여 공탁물 출급청구권 확인판결을 받았더라도 그 확인판결을 받은 제3자가 직접 공탁물출급청구를 할 수 없다고 하였다.[82] 판시의 취지는, 공탁서에 기재되지 않은 자는 피공탁자로써 민사상 확인판결을 받더라도 공탁물을 출급할 수 없으므로, 이는 공탁관계의 소송이 당사자 간의 사법관계 소송이 아니라 행정상 당사자소송[83]이라는 의미일 것이다. 따라서 공탁관계는 공법상의 임치관계로 보아야 할 것이므로 제3자를 위한 계약의 요건인 제3자의 채무자에 대한 수익의 의사표시(민 제539조 제2항)는 필요하지 않다.

다음에서는 공탁에서 문제되는 확지공탁, 절대적 불확지 공탁 및 상대적 불확지 공탁을 살피기로 한다.

(ii) **확지공탁** 공탁사무처리규칙 제20조 제2항 5호는, 공탁자가 공탁물의 수령인(피공탁자)을 지정하여야 할 때에는 피공탁자의 성명(상호, 명칭) · 주소(본점, 주사무소) · 주민등록번호(법인등록번호)를 적고 공탁자가 기명날인하여야 한다고 규정되어 있다. 따라서 채권자는 공탁금을 지급받기 위해서는 먼저 공탁법과 공탁사무처리규칙이 정하고 있는 절차에 따라 공탁공무원에게 공탁물출급청구를 하고 공탁물을 수령하여야 하며, 만약 그에 대한 공탁공무원의 불수리처분 등이 있을 경우에는 공탁법 소정의 항고 및 재항고절차를 통하여 다투어야 한다. 이러한 절차를 거치지 않고서는 국가를 상대로 직접 민사소송으로서 공탁금지급청구를 할 수 없다.[84]

(iii) **절대적 불확지 공탁** 그러므로 공탁자가 공탁물의 수령인(피공탁자)을 지정하지 않고 누구인지 모른다고 하는 공탁은 있을 수 없다. 이 경우에는 공탁자체를 거부해야할 것이다. 그러나 판례는 피공탁자의 주소 표시가 제대로 되지 아니하고 공탁통지서도 송달할 수 없으므

81) 지원림, 민법강의(제5판), 851면 참조.
82) 대판 2016.3.24. 2014다3122,3139.
83) [4]3.(3)(다) 참조.
84) 대판 1992.7.28. 92다13011.

로 피공탁자가 특정되지 아니한 경우라도 객관적으로 진정한 공탁원인이 존재하면 그 공탁은 유효로 해석하여야 한다고 판시한다.85) 예컨대 수용토지의 원소유자가 기업자를 상대로 하는 공탁금출급청구권을 확인하는 소는 절대적 불확지 공탁의 공탁금 출급을 둘러싼 법적 분쟁을 해결하는 유효, 적절한 수단이어서 그 확인하는 이익이 있다.86)

(iv) **상대적 불확지 공탁** 공탁자가 피공탁자를 A 또는 B라고 표시하는 경우이다. 민법 제487조에 따른 채권자의 상대적 불확지를 원인으로 하는 변제공탁의 경우에는 피공탁자 중 1인(A 또는 B)은 다른 피공탁자(다른 A 또는 B)의 승낙서나 그를 상대로 받은 공탁물 출급청구권 확인 승소확정판결을 제출하여 공탁물출급청구를 할 수 있고, 피공탁자 중 1인을 채무자로 하여 그의 공탁물출급청구권에 대하여 채권압류 및 추심명령을 받아서 자기의 이름으로 다른 피공탁자를 상대로 공탁물출급청구권이 추심채권자의 채무자에게 있음을 확인한다는 확인의 소를 제기할 수도 있다.87) 즉 피공탁자가 공탁자를 피고로 삼는 것이 아니라 다른 피공탁자를 피고로 하는 민사소송으로 피공탁자의 지위를 확인할 수 있다는 의미이다. 또 판례는 한국전력주식회사가 원고와 소외1 및 피고들을 수령권자로 지정하여 공탁한 보상금에 대하여, 원고는 자기 권리부분에 대하여 직접, 소외 1의 권리부분에 대하여는 그 권리의 공유자 보존행위로써 그 권리를 다투는 피고들을 상대로 공탁금 수령권자임의 확인을 구할 수도 있다고 하였다.88)

변제 공탁금 지급청구

1. **공탁의 의의 및 성질**
   - 의의: 채권자가 변제를 받지 않거나 받을 수 없는 경우, 채무자가 변제 목적물을 공탁소에 임치하여 채무를 면하는 제도(민법 제487조)
   - 법적 성질
     - 임치계약설: 공탁소와 공탁자 간의 사적 임치관계
     - 공법상 임치관계설(다수설 및 판례 태도): 국가기관(공탁소)이 관여하는 공법적 임치관계
   - 판례
     - 공탁물출급청구권자는 공탁서에 기재된 피공탁자 또는 승계인
     - 실체법상 채권자라도 공탁서에 기재되지 않으면 출급청구 불가
     - 따라서 공탁관계는 행정상 당사자소송의 성질 → 제3자를 위한 계약(민법 제539조)의 요건(수익의 의사표시) 불필요

85) 대전판 1997.10.16. 96다11747.
86) 뒤 대전판 96다11747.
87) 대판 2008.10.23.2007다35596.
88) 서울고판 1970.10.30. 70나460.

2. **확지공탁**
   - 정의: 피공탁자의 성명·주소·주민번호 등을 정확히 기재해야 하는 공탁(공탁사무처리규칙 제20조 제2항 5호). 원칙적 공탁
   - 절차: 채권자는 공탁법과 규칙에 따른 출급청구 절차를 거쳐야 함
   - 불수리처분이 있으면 항고 및 재항고 절차로 다투어야 함
   - 곧바로 국가를 상대로 민사소송으로 공탁금 지급청구 불가
3. **절대적 불확지공탁**
   - 정의: 피공탁자를 전혀 특정하지 못하는 공탁 → 원칙적으로 허용되지 않음.
   - 판례: 주소 기재 불비 등으로 특정이 어렵더라도 진정한 공탁원인이 존재하고 피해자 등을 객관적으로 특정할 수 있다면 유효.
   - 수용토지의 원소유자가 기업자를 상대로 하는 공탁금출급청구권을 확인하는 소 → 확인하는 이익 ○(대전판)
4. **상대적 불확지공탁**
   - 정의: 피공탁자를 "A 또는 B"처럼 특정하지 않고 복수로 기재하는 경우
   - 효과: 피공탁자 중 1인은 다른 피공탁자의 승낙서 또는 그를 상대로 한 출급청구권 확인 승소 확정판결을 제출해야 출급 가능
   - 제3자는 채권압류·추심명령을 받아 자기 명의로 다른 피공탁자를 상대로 출급청구권 확인 소송 제기 가능 → 즉 공탁자를 상대로 하는 것이 아니라 피공탁자 상호 간의 민사소송으로 권리관계를 확정해야 함
   - 판례: 한전이 원고·소외1·피고들을 공동 수령권자로 지정한 보상금 공탁 사건
   - 원고는 자기 지분은 직접, 소외1 지분은 공유자 보존행위로 피고들을 상대로 공탁금 수령권자임 확인 청구 가능

□ **핵심정리**
   - **공탁은 공법적 임치관계 → 절차 엄격**
   - **확지공탁: 피공탁자 명확히 특정**
   - **절대적 불확지공탁: 원칙 불허, 다만 판례는 실질적으로 특정 가능하면 유효 인정**
   - **상대적 불확지공탁: 피공탁자 간 권리분쟁을 해결해야 출급 가능**

(y) **국토이용관리법상 규제구역 내의 '토지 등의 거래계약'허가가 없는 소유권이전등기** 허가에 관한 관계규정의 내용과 그 입법취지에 비추어 볼 때 토지의 소유권 등 권리를 이전 또는 설정하는 내용의 거래계약은 관할 관청의 허가를 받아야만 그 효력이 발생하고 허가를 받기 전에는 물권적 효력은 물론 채권적 효력도 발생하지 아니하여 무효라고 보아야 할 것이다. 다만 허가를 받기 전의 거래계약이 처음부터 허가를 배제하거나 잠탈하는 내용의 계약일 경우에는

확정적으로 무효이므로 유효로 될 여지가 없으나, 이와 달리 허가받을 것을 전제로 한 거래계약일 경우에는 허가를 받을 때까지는 법률상 미완성 법률행위로서 소유권 등 권리의 이전 또는 설정에 관한 거래의 효력이 전혀 발생하지 않는다는 점은 위 확정적 무효의 경우와 다를 바 없다. 하지만, 일단 허가를 받으면 그 계약은 소급하여 유효한 계약이 되고 이와 달리 불허가가 된 때에는 무효로 확정되므로 허가를 받기까지는 유동적(流動的) 무효의 상태에 있다고 보는 것이 타당하다. 따라서 허가받을 것을 전제로 한 거래계약은 허가받기 전의 상태에서는 거래계약의 채권적 효력도 전혀 발생하지 않으므로 권리의 이전 또는 설정에 관한 어떠한 내용의 이행청구도 할 수 없으나 일단 허가를 받으면 그 계약은 소급해서 유효로 되므로 허가 후에 새로이 거래계약을 체결할 필요가 없다.[89]

(2) 제3자를 위한 계약에서 요약자가 낙약자에 대하여 제3자에게 급부의 이행을 청구하는 소　　제3자를 위한 계약에서 제3자가 채무자인 낙약자에게 계약상의 이익을 받겠다는 의사를 표시하면, 제3자는 낙약자에게 직접 이행을 청구할 권리를 취득한다(민법 제539조). 또한 요약자는 제3자를 위한 계약의 당사자로서, 제3자의 권리와는 별개로 낙약자에게 제3자에 대한 급부의 이행을 요구할 수 있다. 따라서 낙약자가 요약자의 이행청구에 응하지 않을 경우, 특별한 사정이 없는 한 요약자는 소를 통해 낙약자에게 제3자에 대한 급부 이행을 구할 이익이 있다.[90]

(2) 장래의 이행을 청구하는 소(제251조)

(가) **원칙**　　(a) 사실심의 변론 종결 이후에 이행기가 도래하는 청구권을 주장하는 이행청구 소송을 장래의 이행을 청구하는 소(장래이행의 소, 장래이행소송)라고 한다. 기한이 도래하지 않은 청구권뿐만 아니라 정지조건부청구권 및 청구의 토대가 이미 성립한 경우(예, 수탁보증인의 구상권, 장래의 부당이득반환청구권 등)에도 장래의 이행을 청구하는 소를 제기할 수 있다.

(b) 장래의 이행을 청구하는 소가 적법하기 위해서는 청구권발생의 기초가 되는 법률상·사실상 관계가 사실심의 변론종결 당시에 존재하여야 하고, 그 상태가 계속될 것이 확실히 예상되어야 하며, 미리 청구할 필요가 인정되어야 한다.[91]

(c) 장래이행을 청구하는 소는 채무자의 무자력에 따른 강제집행의 곤란에 대비하기 위한 것이 아니다. 따라서 이 소를 제기할 경우에는 간접강제(민집 제261조)도 같이 신청하거나 강제집행을 할 때의 집행곤란을 피하기 위해서 미리 가압류·가처분 등 보전처분을 해두는 것이 좋다.

(나) * **「미리 청구할 필요」(제251조)**　　(a) 이 소송의 취지는 청구권의 이행기에 채무불이

---

89) 대전판 1991.12.24. 90다12243.
90) 대판 2022.1.27. 2018다259565.
91) 대판 2023.3.13. 2022다286786.

행사유가 존속하는 것을 변론이 종결될 때에 확정적으로 예정할 수 있는데도 채무자가 임의이행을 거부할 경우에 대비하자는 것이다. 그러나 쌍무계약관계의 이행기가 도래하지 않은 상태인데도 당사자 한 쪽에 대하여 선제적으로 집행권원을 확보할 수 있게 하는 것은 계약관계의 균형이 상실되어 상대방 당사자의 계약상 권리가 침해가 될 수 있는 우려가 있으므로 장래이행소송의 적법여부는 엄격한 기준에 따라 신중하게 판단하여야 한다.[92)]

(b) **「미리 청구할 필요」의 의미**　일반적으로 채무의 이행기가 도래하더라도 채무자의 이행을 기대할 수 없다고 판단되면 「미리 청구할 필요」가 있다.[93)] 판례에 의하면 「미리 청구할 필요」는, 채무의 이행기가 도래하지 아니하였거나 조건이 아직 성취되지 아니한 청구권에 대하여 채무자가 미리 채무의 존재를 다투기 때문에 정작 이행기가 도래하거나 조건이 성취되더라도 임의의 이행을 기대할 수 없는 때에 있다고 한다.[94)] 예컨대 채무자가 채무의 존재를 이행기가 도래하기 이전부터 다투고 있는 경우 등이다.[95)] 그러나 이행기에 이르거나 조건이 성취될 때에 채무자의 무자력으로 말미암아 집행이 곤란해진다든가 또는 이행불능에 빠질 사정이 있다는 것만으로는 미리 청구할 필요가 있다고 할 수 없다.[96)] 어느 경우에 「미리 청구할 필요」가 있는지 여부는 채무자의 태도나 이행의무의 성질에 비추어 개별적으로 판단하여야 한다.

(c) 「미리 청구할 필요」의 구체적인 경우

(i) **이행의무의 성질상 이행기에 즉시 이행되지 않으면 채무의 본뜻에 반하거나 원고가 크게 손해를 입는 경우**　당사자가 약정된 이행기일에 제대로 이행하지 않으면 채무의 본뜻에 맞는 이행이 되지 않는 민법 제545조의 정기행위(예, 결혼식 날 입을 예복의 주문 등)의 경우,[97)] 이행지체를 하면 채권자에게 중대한 손해가 발생하는 경우(예, 부양료 지급 청구, 정해진 시각의 연주회에서 하는 연주 등) 등에는 채무자가 현재에는 이행을 확약하더라도 이행기에 임의이행을 거부할 수 있기 때문에 미리 청구할 필요가 있다. 가장 일반적인 경우이다.

(ii) **채무자가 현재 이행의무의 존재·이행기·조건을 다투어 원고가 주장하는 시기에 즉시 이행을 기대할 수 없는 경우**　이 경우에는 이행기에 임의이행을 거부할 것이 거의 확실하기 때문에 이행청구권의 내용과 관계없이 미리 청구할 필요가 있다.

(iii) **계속적·반복적 이행청구권**　이 청구권은 현재 이행기에 있는 것에 대한 불이행이

---

92) 대판 2023.3.13. 2022다286786.

93) 대판 2018.7.26. 2018다227551.

94) 대판 2004.9.3. 2002다37405.

95) 대판 1970.5.12. 70다344.

96) 대판 2000.8.22. 2000다25576.

97) 예를 들어 결혼식에 대비하여 주문한 청첩장이나 예복은, 결혼식을 거행하고 난 뒤에는 쓸모가 없으므로 미리 청첩장이나 예복의 이행을 청구할 필요가 있다.

있으면 장래의 것도 그 이행을 기대할 수 없으므로 미리 청구할 이익이 있는 것이다. 같은 이유로 이행기가 도래하지 않은 부작위채무(예, 민 제206조에 정해진 점유방해예방청구 등)에 대해서도 채무자가 이미 의무위반을 하였다든가 의무위반의 염려가 있을 때에는 미리 청구할 이익이 있어 간접강제(민집 제261조)와 같이 신청할 수 있다.

(iv) **대상청구(代償請求)** (ㄱ) 목적물의 인도청구와 병합해서 장래 인도청구의 집행불능을 염려하여 이에 갈음하는 대상청구(代償請求)[98]를 병합하는 경우에 대상청구는 장래의 이행청구이지만 집행불능에 대비한다는 필요성이 있기 때문에 언제나 미리 청구할 이익이 있다.

(ㄴ) 채권적 청구권에 기초하여 물건의 인도를 구하면서, 동시에 집행불능의 사태에 대비하여 손해배상을 함께 청구할 수 있다. 이때 손해배상청구는 민법 제390조에 따른 이행불능으로 인한 전보배상, 또는 민법 제395조에 따른 이행지체로 인한 전보배상에 해당한다. 이러한 경우, 본래의 급부청구(현재의 급부청구)와 손해배상청구(사실심변론종결 후 발생하는 장래의 급부청구)는 단순병합의 형태로 함께 제기되는 것이다. 만약 법원이 본래적 급부의 이행과 함께 대상적 급부(이행지체로 인한 전보배상)의 이행을 명하는 판결을 내리고, 그 판결에 따라 본래적 급부에 대한 강제집행을 개시했으나 집행이 불가능하게 되어 대상적 급부청구권이 발생한 경우, 채권자는 민법 제395조에 따라 본래적 급부의 수령을 거절할 수도 있다. 따라서 그 이후 채무자가 임의로 본래적 급부를 제공하더라도, 채권자가 이를 받아들이는 등 특별한 사정이 없는 한, 본래적 급부의 의무가 이행된 것으로 볼 수는 없다.[99]

(ㄷ) 가집행선고가 붙은 판결은, 장차 본안판결이나 가집행선고가 취소·변경될 수 있다는 해제조건 아래에서 선고와 동시에 효력이 발생한다. 따라서 본래적 급부와 대상적 급부를 모두 명하는 판결이 확정되기 전에, 그 판결에 기초하여 본래적 급부에 대한 강제집행을 하였으나 집행불능에 이른 경우에도, 그 후 판결이나 가집행선고가 취소·변경되지 않는 이상, 집행불능이 된 시점에서 대상적 급부청구권이 발생한다.[100]

(v) **소유권에 기초한 토지, 건물 등의 인도청구소송과 병합하여 장래의 차임 상당의 손해배상을 청구하는 경우** 이 경우에는 미리 청구할 이익이 있다.

(vi) **형성을 청구하는 소와 병합하여 그 형성의 효과에 따라 발생하는 권리를 미리 청구하는 경우**

(ㄱ) 예를 들어 이혼 청구와 이혼판결이 확정될 때의 위자료청구를 병합할 경우에 위자료청구는 장래의 청구이지만 미리 청구할 이익이 있다.

(ㄴ) 그러나 공유물은 공유물 분할이 이루어지기 이전에는 단독으로 소유할 수 있는 대상이

98) 예를 들어 원고가 피고에게 경기미 10가마의 인도를 청구하여 승소판결을 받더라도 피고가 경기미를 가지고 있지 않으면 강제집행은 불능이 된다. 이러한 집행불능에 대비하여 경기미 10가마를 돈으로 환산하여 구하는 청구를 대상청구라고 한다. 대상청구는 판결확정 후 강제집행시에 문제되므로 장래의 이행청구이다.

99) 대판 2024.7.25. 2021다23995.

100) 대판 2024.7.25. 2021다23995.

확정되었다고 할 수 없으므로 공유물 분할을 조건으로 하는 소유권이전등기는 미리 청구할 이익이 없고,[101] 제권판결 취소판결의 확정을 조건으로 하는 제권판결불복의 소에 대하여 그 확정을 조건으로 한 수표금 청구는 그 확정 여부가 불확실하므로 미리 청구할 이익이 없다.[102]

(vii) **사립학교법상 기본재산에 관하여 장차 사립학교법 제28조 제1항에서 정한 관할청의 허가를 조건으로 한 소유권이전등기** (ㄱ) 어떤 부동산이 학교법인에게 명의신탁된 것이라 하여도 그 부동산이 학교법인의 기본재산에 편입된 것이라면 명의신탁자로서는 사립학교법 제28조 제1항 소정의 관할청 허가 없이는 명의수탁자인 학교법인을 상대로 하여 명의신탁 해지를 원인으로 하는 소유권이전등기를 청구할 수 없다. 그러나 학교법인에게 명의신탁한 부동산은 관할청의 허가가 있으면 명의신탁자가 반환을 받을 수 있으므로, 명의신탁자가 명의신탁을 해지한 경우, 명의수탁자인 학교법인은 관할청에 대하여 해당 부동산 반환에 관한 허가를 신청할 의무를 부담한다. 만약 명의수탁자가 이러한 의무를 이행하지 않는다면, 명의신탁자는 민법 제389조 제2항에 따라 허가신청 의사표시에 갈음하는 재판을 청구할 수 있다. 그리고 관할청이 반드시 허가를 해야 하는 것은 아니라는 이유만으로, 위와 같은 재판상 청구에 소의 이익이 없는 것은 아니다. 따라서 명의신탁자가 관할청의 처분허가를 조건으로 하는 소유권이전등기 절차 이행의 소를, 허가신청절차 이행의 소와 병합하여 제기하는 것도 가능하다. 그러나 두 개의 청구를 병합하여 제기할 것인지 여부는 전적으로 명의신탁자가 임의로 선택할 수 있다.[103]

(ㄴ) 따라서 사립학교법상 기본재산에 관하여 장차 사립학교법 제28조 제1항에서 정한 관할청의 허가를 조건으로 하는 소유권이전등기는 미리 청구할 이익이 인정된다.[104] 사립학교법 제28조 제1항의 취지는 학교법인의 기본재산에 관한 거래를 규제하는 것이 아니라 학교재산의 재정적 기초가 되는 기본재산을 유지 · 보전하기 위하여 감독청이 허가 없는 기본재산 처분을 규제하려는 데 있다고 보기 때문이다.

(viii) **원고의 선 이행을 조건으로 피고에게 장래의 이행을 청구하는 소송** (ㄱ) 이러한 소송은 원칙적으로 허용되지 않는다. 예를 들어 공익사업법 제91조에 의한 환매는 환매대금을 미리 지급 또는 공탁하지 않는 한 환매로 인한 소유권이전등기를 청구할 수 없다.[105]

(ㄴ) 그러나 채권담보 목적으로 원고 소유의 부동산에 관하여 피고 이름으로 가등기가 설정된 경우에 원고가 피담보채무의 이행을 조건으로 가등기의 말소를 구하는 경우, 피고가 담보목적 및 피담보채무의 액수를 다툰다면 원고가 채무를 변제하여도 즉시 가등기의 말소를 기대할 수 없으므로 미리 청구할 필요가 인정된다.[106]

---

101) 대판 1969.12.29. 68다2425.
102) 대판 2013.9.13. 2012다36661.
103) 대판 1995.5.9. 93다62478.
104) 대판 1998.7.24. 96다27988.
105) 대판 2012.8.30. 2011다74109.

(ㄷ) 원고가 피담보채무전액을 변제하였다고 주장하면서 가등기와 본등기의 말소를 청구하였는데 변제액이 채무전액에 미치지 못하는 경우에 위 주장은 확정된 잔존 채무를 변제하고 위 등기의 말소를 구한다는 취지까지 포함되어 있으므로 이때에도 피담보채무의 변제를 조건으로 장래의 이행을 미리 청구할 소의 이익이 인정된다.107) 이 이치는 근저당권설정등기의 말소등기절차 이행의 경우나 채무의 담보를 위하여 설정된 지상권설정등기의 말소를 명하여야 하는 경우에도 적용 된다.108)

(ix) **철거약정과 자재의 매매계약** 어느 특정건물을 철거하였을 때 여기서 생긴 자재를 미리 매도하는 계약을 맺었을 경우 매도인이 약정기일이 지나도 그 의무를 이행하지 아니하였을 경우에는 매수인은 비록 그 건물이 철거되지 아니한 상태에 있다고 하더라도 철거되었을 때 생길 자재를 미리 특정한다면 그 자재의 인도를 구할 수 있다.109)

(x) **지방자치단체 등을 상대로 한 부당이득반환청구** (ㄱ) 타인소유의 토지를 점유, 사용하고 있는 지방자치단체 등을 상대로 장래의 차임 상당의 부당이득반환청구를 하는 경우에는 변론종결 당시 장래에 도래하는 이행기까지 채무불이행사유가 계속적으로 존속한다는 것을 확정적으로 예정할 수 있어야 미리 청구할 필요가 있으므로 원고가 자의적으로 일정기간을 설정하여 이행을 청구하는 것은 허용되지 않는다.110) 지방자치단체와 같은 공공단체의 타인소유 토지 점유는, 판결에서 명하는 시기 이전에 일찍 끝날 수도 있기 때문이다.

(ㄴ) 다만 이미 타인의 토지를 점유, 사용하고 있으면서 차임까지 연체하고 있는 경우에는 장래의 차임 연체도 예상되므로 이 경우에는 지방자치단체의 점유종료일 또는 토지수용 등으로 토지소유자가 소유권을 상실하는 날이 아직 확정되지 아니하더라도 그 때까지 미리 청구할 이익이 있다.111)

(xi) **소유권상실의 경우** 소유자가 소유권이라는 물권에 기초하여 실체관계에 부합되지 않는 등기의 말소나 진정명의회복 등을 청구하는 권원이 있지만, 뒤에 소유권을 상실하여 그러한 물권적 청구권 자체가 소멸되었을 때에는 물권적 청구권이 있는 것을 전제로 하는 등기말소나 진정명의회복청구권의 이행불능을 이유로 한 손해배상청구를 할 수 없다.112)

(xii) **사해행위취소에 따른 원상회복과 전보배상** 수익자가 사해행위취소 소송의 확정판결에 따른 원상회복으로써 대체물인도의무를 이행하지 아니하였다고 하여 취소채권자가 수익자

106) 대판 1992.7.10. 92다15376,15383.
107) 대판 1988.1.19. 85다카1792.
108) 대판 2024.11.28. 2024다271825.
109) 대판 1973.10.31. 73다208.
110) 대판 2002.6.14. 2000다37517.
111) 대판 1993.3.9. 91다46717.
112) 대전판 2012.5.17. 2010다28604.

를 상대로 하여 민법 제395조에 따른 이행지체로 인한 전보배상청구는 원칙적으로는 구할 수 없다. 다만 수익자의 대체물인도의무에 대한 강제집행이 불가능하거나 현저히 곤란하다고 평가할 수 있는 경우에는 위의 전보배상을 구할 수 있다.[113)]

(d) **장래 이행판결의 성질** 장래의 이행을 명하는 판결은 이행명령의 집행력 기준을 변론종결 뒤의 시점으로 하는 점에서 현재 이행을 청구하는 소의 일부인용판결과 같이 볼 수 있다.[114)]

「미리 청구할 필요」

구분	내용	예시	미리 청구할 이익 여부
① 개념 및 취지	장래에 채무불이행이 확실히 예정되는 경우, 이행기가 도래하기 전이라도 미리 판결을 받아두는 제도	채무자가 이행거부를 명확히 하는 경우	있음
② 요건	1 장래의 이행이 확실히 예정됨 2 임의이행을 기대할 수 없음 3 미리 청구할 필요 존재	채무자 태도, 의무 성질 등 종합판단	있음
③ 단순 무자력 등은 불인정	단순히 무자력·이행불능 우려만으로는 부족	예: 채무자가 곧 파산할 가능성만 있는 경우	×
④ 주요 인정사례			
㉠ 정기행위·즉시이행 필요	이행지체 시 본뜻에 반함, 손해 큼	결혼식 예복, 부양료, 공연 등	○
㉡ 채무자가 의무 자체 부인	이행기 도래 전부터 다툼	계약 존재·조건 부인	○
㉢ 계속적·반복적 급부	부작위·부양료·임금 등	점유방해예방청구	○
㉣ 대상청구(代償請求)	인도불능 대비 전보배상 병합	목적물 인도 + 손해배상	○
㉤ 인도 + 장래 차임 상당 손해배상	토지·건물 인도소송 병합	임대차 종료 후 손해배상	○
㉥ 형성판결 병합	㈎ 형성결과에 따라 발생하는 권리 청구	이혼 + 위자료	○
	㈏ 결과가 불확실한 경우	공유물분할조건부 소유권이전 등	×
㉦ 사립학교 기본재산 명의신탁	관할청 허가를 조건으로 한 이전등기	명의신탁 해지 후 허가 전	○

113) 대판 2024.2.15. 2019다238640.
114) 같은 취지: 전병서 105면.

㉧ 원고의 선이행 조건 청구	㈎ 원칙적 불허 (선이행 없이는 청구불가)	환매대금 미지급 상태	
	㈏ 예외적 허용	담보가등기 말소청구 등	○
㉨ 철거 후 자재매매	철거 시 생길 자재의 인도청구	철거자재 특정 가능	○
㉩ 지방자치단체 부당이득	계속 점유·사용으로 장래 차임 발생 예상	장래 차임 상당액 청구	(단, 점유 불확실 시 ×)
㉪ 소유권 상실	물권적 청구권 소멸 후 손배청구	소유권 상실 후 진정명의회복청구	×
㉫ 사해행위취소 후 전보배상	원상회복 불가능한 경우만 예외적 인정	대체물 인도 불가능 시	ㅁ제한적
⑤ 장래이행판결의 성질	변론종결 이후 시점부터 집행력 발생 → 사실상 현재이행판결의 일부인용과 유사		○

□ **핵심정리**

항목	내용
근거조문	제251조
판단기준	채무자의 태도 + 의무의 성질 + 권리보호 필요성
불인정 사례	단순한 무자력, 불안정성, 불확실한 조건
효과	변론종결 시점 이후의 이행에 대해 집행력 발생

[52] 제4. 확인하는 소(확인의 소, 확인소송)

1. 뜻

(1) 확인하는 소라 함은 원고가 피고에 대하여 권리 또는 법률관계의 존부를 주장하고 법원에 대하여 그 확인을 구하는 소송을 말한다. 그 존재를 주장하는 것이 적극적으로 확인하는 소, 그 부존재를 주장하는 것이 소극적으로 확인하는 소이다. 확인하는 소에 대한 본안판결은 확인을 바라는 권리관계의 존부를 선언하는 확인판결이다. 확인판결은 그 권리관계의 존부에 관하여 기판력이 생긴다. 주문에 「…한다」고 표시하는데 그 확인하는 주체는 피고가 아니라 법원이다.

법원이 확인하는 주체가 된 데는 역사적 이유가 있다. 법률제도가 완비된 우리나라에서는 실무나 법학연구의 축적에 의해 어느 정도 명확하게 된 내용을 갖는 민법 등 실체법 규범이 존재하여 사람들은 이를 기준으로 사회생활을 하는데 익숙하므로 법원에 소송을 제기하여 재판하여야 할 필요성이나 유용성은 비교적 낮다. 그러나 고대 로마에서, 처음에 개인들은 스스로의 자력구제에 의하여 권리를 실현할 수밖에 없었는데 로마가 국가로서의 체계를 갖추면서부터는 사회질서를 유지하기 위해서 자력구제를 원칙적으로 금지하고 대신 개인들에게 심판인의 재판을 통해서만 권리실현을 할 수 있는 일종의 자력집행 면허장을 부여하였다. 그러한 권리, 즉 자력집행을 할 권리를 확인하는 주체는 개인이 아니라 면허장을 부여하는 국가였다. 즉 재판으로 적극적으로 확인된 권리만이 실체적 권리로서 존재하였던 것이다. 이와 같이 로마법에서는 실체권이 소송으로 형성되었다는 점에서 법원의 확인재판이 없는 실체적 권리는 존재할 수 없었던 것이다. 그 후 소송은 자력집행의 내용인 이행소송을 중심으로 전개되다가 1789년 프랑스 대혁명을 계기로 영국, 프랑스 및 독일 등에서 먼저 실체법체계가 정비되고 국민의 법의식 · 권리의식도 향상되면서, 19세기 후반에 이르러 자력집행이 아닌 권리의 관념적 확인을 목적으로 하는 확인하는 소가 등장하게 된 것이다.이에 따라 권리의 강제적 · 물리적 실현에 의하지 아니하고서도 관념적 확정만으로 분쟁을 처리할 수 있다는 인식이 생기게 되어 소송을 통하지 않은 실체권이 형성되었고 「부존재하는 권리」도 인정되면서 소극적 확인소송도 형성되었지만 그 범위는 적극적 확인의 예외일 수밖에 없었다.

(2) 확인하는 소의 소송목적은 청구취지에 표시된 권리관계의 존부 내지 확인하는 권리관계라는 것이 통설[115]이다. 따라서 소유권을 확인하는 소에서 청구취지에 적힌 소유권의 내용으로 소송목적은 특정이 되며, 이를 뒷받침하는 매매· 시효취득 등은 공격방법에 불과하다. 물론 소유권과 소유권의 분속인 지분권은 별개이므로 예컨대 아버지 소유의 부동산을 증여받았음을 전제로 그 소유권의 확인을 구하는 소와 아버지의 사망에 따라 상속된 소유권의 지분권 확인을 구하는 소는 별개의 소송이다.[116]

2. 특질

(1) 기판력

확인소송은 재판내용을 강제적으로 실현하는 것을 예정한 것이 아니라 오로지 법률관계의 공권적 확정을 목적으로 하므로 판결의 기판력이 가장 중요한 의미를 갖는다. 따라서 확인소송에서는 기판력만 인정된다. 그 점에서 기판력 이외에 집행력이 있는 이행소송이나 형성력이 있는 형성소송과 다르다.

115) 이시윤, 270면 등.
116) 대판 1991.5.28. 91다5730.

(2) 분쟁예방의 기능

확인소송은 분쟁 예방의 기능이 있다. 물권과 같은 절대권, 임대차 · 고용등과 같은 계속적 · 포괄적 법률관계, 친자 · 부부 등 가족관계, 법인이나 법인 아닌 단체 등에서의 법률상 지위 따위는 이행소송의 대상이 되지 아니하며 이행을 청구하는 소로서는 앞의 법률관계로부터 파생하는 개별적 청구권만을 주장할 수 있을 뿐이므로 당해 법률관계에 관한 분쟁의 근본적 해결을 기대할 수 없다. 확인소송은 당해 법률관계의 존부를 확정함으로써 당사자의 법률적 지위를 안정시켜 뒤에 생길 불필요한 이행소송 등을 미리 예방할 수 있는 것이다. 특히 가족관계에서 친자 등 가족의 지위, 법인 등 단체에서 대표자의 지위 등에 다툼이 있을 때에는 그로부터 수많은 이해관계인 들 사이에서 여러 가지 분쟁이 생길 것이 예상되는데 그 해결은 이해관계인 사이에서 획일적으로 처리할 필요가 있다. 여기서 가족관계나 대표자의 지위 자체를 확인하는 판결을 하고 그 판결에 이해관계인 및 단체 자신을 구속하게 하는 효력을 준다면 분쟁의 획일적 해결을 기대할 수 있을 뿐 아니라 그 지위를 전제로 하는 일체의 분쟁을 한꺼번에 처리할 수 있게 되어 확인소송은 분쟁예방의 기능을 하게 된다.

(3) 확인하는 대상과 이익

확인소송은 눈에 보이지 않는 권리 또는 법률관계의 관념적 확정을 하기 때문에 이행을 청구하는 소와 달리 이론상 확인하여야 할 대상은 무한하다. 그러므로 판결에 의하여 해결을 필요로 하는 분쟁이 현실이라는 관점 및 분쟁해결수단으로서의 확인판결의 효율성이라는 관점에서 확인하는 이익의 존재를 개개의 소송마다 살피지 않으면 안 된다. 그렇지 않으면 법원은 확인대상을 확정하여야 하는 부담으로 말미암아 확인소송의 분쟁해결기능이 마비될 가능성이 크다. 따라서 재판에서 확인하여야 할 만한 가치가 있는 것을 효율적으로 선별하는 작업이 확인소송에서 가장 큰 과제인데 그 선별작업의 기준이 확인하는 대상과 이익이다.

3. * 확인하는 대상

(1) 확인하는 대상으로서의 권리 또는 법률관계

(가) 권리 또는 법률관계의 의미 (a) 확인하는 소는 원칙적으로 권리 · 의무 또는 법률관계를 대상으로 한다. 즉, 법적 3단 논법의 결론이 되는 법률효과(이를 권리 또는 법률관계라고 줄여 쓴다) 및 법적 3단 논법의 소(小) 전제 가운데에서 선결적 법률관계가 확인하는 대상이다. 예를 든다.

(b) (i) 미등기 무허가건물의 양수인에게는 그 건물에 관해서 소유권에 준하는 관습상 물권이 있다고 할 수 없으며, 현행법상으로는 사실상 소유권이라고 하는 포괄적인 권리 또는 법률상 지위를 인정하기도 어렵다. 따라서 소유권이전등기를 경료하지 않는 한 그 건물에 관한 소유권확인의 이익이 없다.117)

(ii) 민법 제245조 제1항에 따라 취득시효 완성으로 토지의 소유권을 취득하기 위해서는 그로 인하여 소유권을 상실하게 되는 시효 완성 당시의 소유자를 상대로 소유권이전등기청구를 하는 방법에 의하여야 하는 것이지, 제3자에 불과한 국가를 상대로 자기에게 소유권이 있다는 확인을 구할 이익이 없다.118)

(iii) 사찰이 어느 종파에 속한다는 확인을 구하는 것은, 종교상 지위에 관한 것으로써 이 사찰에 속하는 구체적인 재산의 소유권 등에 관한 존부의 확인이 아니며, 또 원·피고 간 이 사찰의 권리에 관한 구체적인 계약 또는 법률관계의 존부확인을 구하는 것도 아닌 단순한 사실관계의 문제이므로 확인하는 소의 대상이 아니다.119)

(iv) 친족관계는 어떤 구체적인 권리관계가 존재하는 것이 아니므로 그 존부확인을 구할 확인하는 대상이 아니다.120)

(v) 법률상 원인 없는 무효의 등기라고 하더라도 등기 자체는 권리를 공시하기 위한 공부상 기재에 불과하므로 등기 기재 자체만의 무효 확인을 구하는 소는 권리 또는 법률관계에 관한 것이 아니어서 확인하는 대상이 아니다.121)

(vi) 공동상속인 사이에 어떤 재산이 피상속인의 상속재산에 속하는지 여부에 관하여 다툼이 있어 일부 공동상속인이 다른 공동상속인을 상대로 그 재산이 상속재산임의 확인을 구하는 소는 그 재산이 현재 공동상속인들의 상속재산 분할 전 공유관계에 있음의 확인을 구하는 소송으로서 그 결과 공동상속인간의 상속재산분할 대상인지 여부에 관한 분쟁을 종국적으로 해결할 수 있으므로 확인하는 이익이 있다.122)

㈏ **법적 3단 논법의 대전제** (a) 법적 3단 논법의 대전제가 되는 법규는 대부분 법전에 기재되어 있어 구태여 법관의 확인 작업이 필요 없어 확인하는 대상이 아니다. (b) 예를 들어 민법 제211조는 소유자의 물건에 대한 배타적 사용·수익·처분권을 규정하고 있는데 원고가 소유자인 피고에게 소유권을 인정하면서도 어떤 물건에 관하여 소유권의 핵심적 권능에 속하는 배타적 사용·수익권이 존재하지 않는다고 하는 식의 소극적 확인주장은, 법적 3단 논법의

117) 대판 2006.10.27. 2006다49000.
118) 대판 1995.5.9. 94다39123 등 참조.
119) 대판 1984.7.10. 83다325.
120) 대판 1971.3.9. 70므39.
121) 서울민사지판 1990.12.7. 90가합1118(본소),255589(반소).
122) 대판 2007.8.24. 2006다40980.

대전제인 물권법정주의(민 제185조)의 적용을 받는 민법 제211조라는 법규에 대한 확인만을 구하는 것이므로 확인을 구할 대상이 아니다.[123)]

(다) **사실관계의 확인** (a) 자연현상, 역사적 사실과 같은 사실관계의 확인은 권리 또는 법률관계의 확인이 아니므로 확인하는 대상이 되지 않는다. 그것들은 과학자나 역사학자들의 소관이기 때문이다. 다만 그 예외가 뒤에서 나오는 증서의 진정여부를 확인하는 소(제250조)이다.

(b) 판례에 의하면 지번 · 지적의 확인,[124)] 어떤 대지가 타인 건물의 부지가 아니라는 사실의 확인,[125)] 사찰등록의 무효확인,[126)] 어음거래약정서상 연대보증란과 저당권설정계약서라는 증서에 대한 무효확인,[127)] 매매계약의 당사자 및 매매계약서의 진정성립에 관한 사실의 확인,[128)] 종중에서 제사라는 사실관계를 주재할 자의 지위확인,[129)] 매매계약을 맺었다는 사실의 유무 확인[130)] 등은 모두 사람이 직접 인식할 수 있는 사실관계의 확인이므로 확인하는 대상이 될 수 없다.

(2) 기준시: 현재의 권리 또는 법률관계

(가) **현재의 법률관계** (a) 확인하는 대상은 원칙적으로 현재의 권리 또는 법률관계를 기준으로 한다. 여기서 현재라 함은 사실심의 변론종결 당시를 말한다. 과거의 법률관계는 현재에 와서 바뀔 수 있고 장래의 법률관계는 언제든지 변할 수 있어 미리 확정시킬 수 없기 때문이다.[131)]

(b) 주주명부에 등재된 주주가 회사에 대해 주주권 확인을 청구하는 경우에 단순히 주주명부상 주주라는 이유만으로 확인의 이익이 없다고 볼 수는 없다. 상법은 주주명부 기재를 회사에 대한 대항요건(상법 제337조 제1항)으로만 규정하고 있을 뿐, 주식이전의 효력발생요건으로 정하고 있지 않다. 따라서 명의개서가 이루어졌다고 해서 무 권리자가 주주가 되는 것은 아니며, 반대로 명의개서가 이루어지지 않았다고 해서 주주가 그 권리를 상실하는 것도 아니다. 이처럼 주식의 소유권 귀속에 관한 권리관계와 주주의 회사에 대한 주주권 행사는 구분되어야 하므로, 회사와 주주 사이에서 주주권의 귀속이 다투어지는 경우에는 주식 소유권의 귀속 문제와 별도로 주주권 행사 여부를 판단해야 한다. 따라서 회사가 주주명부상 주주 외에 다른

---

123) 대판 2012.6.28. 2010다81049.
124) 서울고판 1977.2.22. 76나19.
125) 대판 1991.12.24. 91누1974.
126) 대판 1996.11.8. 96다36050.
127) 대판 1987.3.10. 86다152.
128) 대판 1987.6.23. 87다166.
129) 대판 2012.9.13. 2010다88699.
130) 서울고판 1962.9.3. 62다77.
131) 대판 1988.4.25. 87다카1280.

자에게 명의개서절차를 이행해 줄 것 같은 태도를 보이는 등 사정을 종합하여 확인하는 이익이 있는지를 살펴야 한다.[132)]

(나) **과거의 법률관계** (a) 판례에 의하면 조건부징계처분에 대한 무효확인,[133)] 이미 말소된 근저당권설정등기의 무효확인,[134)] 새로운 이사로 적법하게 선임된 뒤, 이전에 이루어진 이사선임결의 무효확인,[135)] 경매절차가 완료된 뒤 그 경매절차의 무효확인,[136)] 협의이혼으로 이미 해소된 혼인관계를 명예회복의 방편으로 구하는 혼인무효확인,[137)] 추인(追認)하여 이미 유효가 된 행위에 대한 무효확인,[138)] 과거의 특정시점을 기준으로 한 채무의 부존재확인,[139)] 변제로 이미 소멸된 이자채무에 대한 부존재확인,[140)] 사립학교 교원의 직위해제 무효확인 청구가 소송계속 중에 직위해제사유와 별개의 사유로 해임 처분된 경우에 이미 계속 중이던 종전 직위해제의 무효확인,[141)] 이사회 결의에 의하여 대표이사직에서 해임된 사람이 그 후에 개최된 주주총회에서 이사직에서 마저 해임되었는데도 대표이사 해임에 관한 이사회결의 부존재확인,[142)] 조합설립인가처분을 받아 법인으로 설립된 조합의 설립추진위원회가 과거에 개최하였던 주민총회에서의 시공자 선정결의의 무효확인,[143)] 집합건물의 소유 및 관리에 관한 법률에 의하여 설립된 관리단의 관리단 집회에서 이루어진 임원선임결의가 다시 개최된 관리단 집회에서 그대로 추인되거나 재차 임원선임결의가 되었는데도 종전 임원선거결의가 무효라는 결의 무효확인,[144)] 근저당권 소멸 후 제소된 피담보채무 부존재확인[145)] 등은 모두 과거의 법률관계이므로 확인하는 대상이 아니다.

(b) 어떤 사립학교 교원이 제소한 직위해제 및 면직처분 무효확인소송의 계속 중 임용기간이 만료된 경우에 그 교원의 직위해제는 징계파면과 달리 공직취임의 법률상 장애사유가 아니어서 그 교원의 현재 지위에 영향을 주지 않으므로 직위해제의 무효확인은 과거의 법률관계에 대한 확인이 되어 확인하는 대상이 아니다.[146)] 근로자의 해고무효확인 소송의 사실심 변론종

132) 대판 2025.6.5. 2024다202652.
133) 대판 1988.4.25. 87다카1280.
134) 대판 1993.6.29. 92다43821.
135) 대판 1976.10.26. 76다1771.
136) 대판 1982.2.9. 81다294.
137) 대판 1984.2.28. 82므67.
138) 대판 1995.4.11. 94다53419.
139) 대판 1996.5.10. 94다35565,35572.
140) 대판 1993.7.27. 93다18846.
141) 대판 1998.8.21. 96다25401.
142) 대판 2007.4.26. 2005다38348.
143) 대판 2012.4.12. 2010다10986.
144) 대판 2012.1.27. 2011다69220.
145) 서울고판 1977.3.22. 76나453.
146) 대전판 2000.5.18. 95재다199.

결 당시 또는 상고심 계속 중에 근로자의 정년이 지났다면 해고 여부는 과거의 사실이 되었으므로 해고의 무효확인을 구할 확인의 이익이 없다.147) 근저당권설정자가 근저당권설정계약에 기초한 피담보채무의 부존재를 구하면서 근저당권설정등기의 말소를 구하는 경우에 근저당권설정등기의 말소를 구하는 것만으로도 그 분쟁을 유효 · 적절하게 해결하는 직접 수단이 될 것이므로 피담보채무의 부존재확인은 확인하는 대상이 아니다.148)

(c) 주식회사가 적법한 절차에 따라 개최한 주주총회에서, 이전의 흠 있는 결의를 추인하거나 동일한 안건을 다시 결의한 경우, 새로운 결의에 절차상 또는 내용상 흠으로 무효·부존재가 되거나 취소되는 특별한 사정이 없는 한, 종전의 흠 있는 결의 자체는 더 이상 무효확인이나 취소의 대상이 되지 않는다.149)

(다) 과거의 법률관계가 확인하는 대상이 되는 경우 (a) 과거의 법률관계라고 하더라도 현재의 권리 또는 법률상 지위에 영향을 미치고 있고, 현재의 권리 또는 법률상 지위에 대한 위험이나 불안을 제거하기 위하여 그에 관한 과거의 그 법률관계에 대하여 확인판결을 받는 것이 유효하고 적절한 수단이라고 인정될 때에는 확인하는 대상이 된다.150) 또 현재의 권리 또는 법률관계를 개별적으로 확정하는 것으로는 분쟁을 해결할 수 없어 이들 권리 또는 법률관계의 기초가 되는 과거의 기본적 법률관계를 확정함으로써 현존 분쟁을 직접적이고 근본적으로 해결할 수 있는 경우에는 과거의 법률관계라고 하더라도 확인하는 이익이 인정된다. 즉 혼인, 입양과 같은 가족관계, 회사의 설립, 주주총회의 결의무효 · 취소와 같은 사단적 관계, 행정처분과 같은 행정관계와 같이 과거의 법률관계를 전제로 하여 수많은 법률관계가 발생하고 그에 관하여 현재의 권리관계 자체를 일일이 개별적으로 확인을 구하는 번잡한 절차를 반복하는 것보다 과거의 법률관계 그 자체의 확인을 구하는 것이 관련된 분쟁을 일거에 해결하는 유효 · 적절한 수단일 수 있는 경우에는 예외적으로 확인하는 이익이 인정되는 것이다.151)

(b) 이미 체결한 매매계약의 무효확인청구는 과거의 법률행위인 매매계약의 무효확인이 아니라 그 매매계약에 기초한 채권 · 채무가 현재 존재하지 아니한다는 것을 확인하는 것으로 풀이할 수 있으므로 확인하는 대상이 된다.152)

(c) 사립학교 교원의 징계파면 무효확인소송 중에 임용기간이 만료되어 징계파면의 무효 여부는 과거의 법률관계에 대한 확인이 되었다. 하지만 징계파면처분은 직위해제와 달리 단순히 현재의 직장과 임금의 손실뿐 아니라 사회적인 명예손상, 재취업의 기회가 제한되므로 그

147) 대판 2004.7.22. 2002다57362.
148) 대판 2000.4.11. 2000다5640.
149) 대판 2024.7.11. 2024다222861.
150) 대판 2018.5.30. 2014다9632, 2021.4.29. 2016두39856.
151) 대판 1978.7.11. 78므7 참조.
152) 대판 1987.7.7. 86다카2675.

러한 불이익의 제거는 현재의 이익으로 평가되어 확인하는 대상이 된다.[153] 또 고등학교 학생이 징계처분을 받고 징계무효확인을 구하는 소송이 진행 중에 학교를 졸업하였다고 하더라도 그 무효확인을 구하는 소는 학교생활기록부 기재사항과 밀접하게 관련된 현재의 권리 또는 법률적 지위에 대한 위험이나 불안을 제거하기 위하여 그 법률관계에 관한 확인판결을 받는 것이 유효적절한 수단에 해당하므로 확인하는 대상이 된다.[154]

(d) (i) 해고 무효확인의 소는 해고, 즉 사용자 혼자서 하는 근로계약관계 해지의 의사표시인 해고처분이라는 과거의 법률행위가 무효라는 점에 대한 소송이다. 따라서 그 판결의 기판력에 의하여 확정되는 사항도 심판의 대상으로서 판결 주문에 포함된 해고처분의 무효 여부에 관한 법률적 판단 내용이 되므로 근로계약관계에 기초한 원래의 지위를 회복하기 위하여 또는 해고로 말미암은 그 외의 권리 또는 법률상 지위에 대한 현존하는 위험이나 불안을 제거하기 위하여 위와 같은 과거의 법률행위인 해고에 대하여 무효확인 판결을 받는 것이 유효하고 적절한 수단이 되는 경우에는 확인하는 대상이 된다.[155]

(ii) 노동위원회의 구제명령은 사용자에게 구제명령에 복종하여야 할 공법상 의무를 부담시킬 뿐 직접 근로자와 사용자 간의 사법상 법률관계를 발생 또는 변경시키는 것이 아니므로, 설령 근로자의 부당해고 구제신청을 기각한 재심판정의 취소를 구하는 행정소송을 제기하였다가 패소판결을 선고받아 그 판결이 확정되었다 하더라도, 이때의 재심판정은 사용자가 구제명령에 따른 공법상 의무를 부담하지 않는다는 점을 확정하는 것일 뿐 사용자의 해고처분까지 유효하다는 것이 아니어서, 근로자는 따로 민사소송을 제기하여 해고의 무효확인을 구할 확인하는 이익이 있다.[156]

(e) 주식양도 · 양수계약의 부존재 또는 그 무효 확인을 구하는 소는 과거의 법률행위인 주식양도계약 자체의 부존재 또는 무효확인을 구하는 것으로 볼 것이 아니라, 그 계약이 존재하지 아니하거나 무효임을 내세워 그 계약에 터 잡아 이루어진 현재 법률관계의 부존재 내지 무효의 확인을 구하는 취지로 보아야 한다.[157]

(f) **사망자와 과거의 사실혼관계 존재확인을 구할 소의 이익 여부** (i) 사망자 사이 또는 생존하는 자와 사망한 자 사이에서는 혼인이 인정될 수 없고, 혼인신고특례법과 같이 예외적으로 혼인신고 효력의 소급을 인정하는 특별한 규정이 없는 한 그러한 혼인신고가 받아들여질 수도 없다. 그러므로 사실혼 배우자의 한 쪽이 사망한 경우 생존하는 당사자가 혼인신고를 하기 위한 목적으로 사망자와 과거의 사실혼관계 존재확인을 구할 소의 이익이 있다고 할 수 없

153) 대판 1991.6.25. 91다1134.
154) 대판 2023.2.23. 2022다207547.
155) 대판 1993.1.15. 92다20149.
156) 대판 2011.3.24. 2010다21962.
157) 대판 1987.7.7. 86다카2675.

고, 이러한 과거의 사실혼관계가 생존하는 당사자와, 사망자와 제3자 사이의 현재적 또는 잠재적 분쟁의 전제가 되어 있어 그 존부확인청구가 이들 수많은 분쟁을 일거에 해결하는 유효·적절한 수단일 수 있는 경우에는 확인하는 이익이 인정될 수 있는 것이지만, 그러한 유효·적절한 수단이라고 할 수 없는 경우에는 확인하는 이익이 부정되어야 한다.[158)]

(ii) 그러나 사실혼 배우자는 법률상 배우자가 아님에도 불구하고 산업재해보상보험법 제5조 3호등에서 특별한 법적 취급을 받고 있다. 이와 같이 사실혼관계는 여러 가지 법률관계의 전제가 되어 있으므로, 그 존부확인청구는 그 법률관계들과 관련된 분쟁을 일거에 해결하는 유효·적절한 수단일 수 있다. 또 가사소송법 제2조 제1항 나류 1호의 사실상 혼인관계존부확인청구는 과거의 법률관계라고 하더라도 현재 원고의 법률적 지위에 영향을 미치므로 이에 대한 위험이나 불안을 제거하기 위하여 과거의 사실 또는 법률관계의 존부를 확인하는 이외에 달리 유효·적절한 수단이 없을 경우에는 확인하는 대상이 된다.

(iii) 따라서 사실혼관계에 있던 당사자 한 쪽이 사망하였더라도, 그 사실혼관계존부확인청구가 현재의 또는 잠재적 법적 분쟁을 일거에 해결하는 유효·적절한 수단이 될 수 있는 한, 그 확인하는 이익이 인정되므로, 이 경우 친생자관계존부확인청구에 관한 민법 제865조와 인지청구에 관한 민법 제863조의 규정을 유추적용하여, 생존 당사자는 그 사망을 안 날로부터 1년 이내에 검사를 상대로 과거의 사실혼관계에 대한 존부확인청구를 할 수 있다.[159)]

(g) 이혼으로 혼인관계가 이미 해소되었다면 기왕의 혼인관계는 과거의 법률관계가 되지만, 신분관계인 혼인관계는 그것을 전제로 하여 수많은 법률관계가 형성되고 그에 관하여 일일이 효력의 확인을 구하는 절차를 반복하는 것보다 과거의 법률관계인 혼인관계 자체의 무효확인을 구하는 편이 관련된 분쟁을 한꺼번에 해결하는 유효·적절한 수단일 수 있으므로, 특별한 사정이 없는 한 혼인관계가 이미 해소된 이후라고 하더라도 혼인무효의 확인을 구할 이익이 인정 된다.[160)] 협의이혼으로 혼인관계가 해소된 경우라도 청구인과 피청구인 간의 혼인 자체가 무효라면 청구인은 불실한 호적을 정정하기 위해서 그 무효확인판결을 받을 이익이 있다.[161)]

㈑ **장래의 법률관계**

(a) **원칙 – 현실적인 이익 내지 지위** 장래의 법률관계는 언제든지 바꿀 수 있으므로 원칙적으로 확인하는 이익이 없다. 따라서 확인소송의 인용판결에 의하여 불안을 제거하여야 할 원고의 이익 내지 지위는 현실적이어야 한다.

---

158) 대판 1995.11.14. 95므694.
159) 대판 1983.3.8. 81므76, 1994.6.28. 94므321 등.
160) 대전판 2024.5.23. 2020므15896.
161) 대판 1078.7.11. 78므7.

(i) **유언자의 유언무효확인청구** 유언자가 그 생존 중에 수증자(受贈者)에게 한 유언의 무효확인을 구할 이익은 인정되지 않는다. 여기서 원고는 유언자인데 피고는 유언자의 사망에 의하여 비로소 수증자가 되기 때문에 수증자가 유언자보다 먼저 사망한다면 몰라도 유언자가 미리 그 유언의 무효를 구할 현실적 지위에 있지 않기 때문이다. 이 경우에는 유언의 무효를 확인하기보다는 유언을 새로 함으로써 유언의 내용을 변동시킬 수 있을 것이다.

(ii) **건축물대장에 아직 기재되지 아니한 건물에 대한 소유권확인** 이 경우에는 장래의 법률관계에 관한 것이므로 확인하는 대상이 아니다.[162]

(iii) 피고의 원고에 대한 손해배상책임 여부가 확정되지 아니하여 피고가 아직 손해배상책임을 이행하지 않고 있는 상황에서 독립당사자참가인이 피고를 상대로 위 손해배상채무의 이행에 따른 참가인의 피고에 대한 구상금 채무의 전부 또는 일부의 부존재 확인을 구하는 것은 아직 발생하지 않은 장래의 법률관계에 대한 확인이므로 부적법하다.[163]

(b) **예외 — 장래의 법률관계로서 확인하는 대상이 되는 경우** 원고가 현재의 법적 불안을 해소하는데 장래의 법률관계를 확인하는 것 말고는 달리 유효하고도 적절한 방법이 없는 때에는 장래의 법률관계에 관한 확인의 이익이 인정된다.

(i) **임차보증금 반환청구권** 임대차계약이 존속하고 있는데 임차인이 임차보증금반환청구권의 존재확인을 구하는 소는 임대인이 임차인의 임차보증금을 교부한 사실을 다투는 한 확인하는 이익이 있다. 원래 임차보증금 반환청구권은 임대차가 종료하여 임차인이 목적물을 인도할 때 임대인에 대한 그 피담보채무 모두를 공제한 잔액의 반환청구권이다. 따라서 그 성질은 장래의 조건부 채권이지만 현재 그 존재를 확인함으로써 원고의 불안을 제거할 수 있기 때문이다.

(ii) **조건 또는 기한에 걸린 경우** 예를 들어 취소 전 입찰절차에서 제2순위 적격심사대상자는 제1순위 적격대상자가 부적격판정을 받으면 낙찰자의 지위를 취득할 수 있으므로 제2순위자의 지위확인을 구하는 경우와 같이, 불안·위험을 제거하려는 법적 지위가 조건 또는 기한에 걸려서 아직 확정적이 아니라고 해도 보호할 가치가 있는 법적 이익에 해당되는 경우에는 확인하는 이익이 있다.[164]

(3) 적극적 확인

(가) (a) 확인하는 소는 유효하고 근본적인 해결을 추구하여야 하기 때문에 자기 권리의 적극적 확인을 구할 수 있을 때에는 상대방 권리의 소극적 확인을 구해서는 안 된다. 예컨대 소

162) 대판 2011.11.10. 2009다93428.
163) 대구지판 2005.6.21. 2004가단25429,45901.
164) 대판 2000.5.12. 2000다2429.

유권의 귀속에 관하여 다툼이 있는 경우에 적극적으로 자기의 소유권확인을 구하여야 하지 소극적으로 상대방의 소유권부존재확인을 구하여서는 설령 승소판결을 받더라도 대상 물건의 부존재를 구하는 사람의 소유인지 제3자의 소유인지 분명하지 아니하여 그 소유권의 귀속에 관한 분쟁을 근본적으로 해결할 수 없기 때문이다.[165)]

(b) (i) 토지의 일부에 대한 소유권의 귀속에 관하여 다툼이 있는 경우에도 동일하다. 적극적으로 그 부분에 대한 자기의 소유권확인을 구하지 아니하고 소극적으로 상대방 소유권의 부존재확인을 구하는 것은, 원고에게 내세울 소유권이 없더라도 피고의 소유권이 부인되면 그로써 원고의 법적 지위의 불안이 제거되어 분쟁이 해결될 수 있는 경우가 아닌 한 소유권의 귀속에 관한 분쟁을 근본적으로 해결하는 즉시확정의 방법이 되지 못하며, 또한 그러한 판결만으로는 토지의 일부에 대한 자기의 소유권이 확인되지 아니하여 소유권자로서 지적도의 경계에 대한 정정을 신청할 수도 없으므로, 확인하는 이익이 없다.[166)]

(나) **청구기각의 판결을 받을 수 있는데 제기된 확인하는 소에서 확인하는 이익** (a) 피고가 원고를 상대로, 원고가 소외인의 채무를 병존적(竝存的)으로 인수하였다고 하여 1억 원의 지급을 구하는 피고의 채권확정의 소가 별소로 이미 계속되어 있고, 원고는 그 소송에서 청구기각의 판결을 구함으로써 피고가 원고나 소외인에 대하여 1억 원의 채권을 가지고 있지 아니한다고 다툴 수 있는 경우에는 이와 별도로 원고가 피고를 상대로 소외인의 원고에 대한 1억 원의 채무가 존재하지 아니한다는 확인을 구할 이익이 없다.[167)] 같은 취지에서 같은 법률관계에 관한 적극적 확인이나 이행을 청구하는 본소청구에 대하여 그 부존재의 확인을 구하는 반소는 허용되지 않는다.[168)]

(b) 그러나 이와 반대로 손해배상채무의 부존재확인과 같은 소극적 확인의 본소에 대하여 그 채무이행청구와 같은 적극적 반소를 제기하더라도 본소에 대한 확인하는 이익은 소멸되지 않는다. 왜냐하면 본소가 취하되면 피고는 원고의 동의 없이 일방적으로 반소를 취하함으로써 원고가 반소를 통하여 당초 추구한 소극적 확인의 기판력을 취득할 수 없는 사태가 발생할 수 있기 때문이다.[169)]

(다) **소극적으로 확인하는 소에서 확인하는 이익** (a) 원고에게 내세울 소유권이 없지만 피고의 소유권이 부정됨으로써 원고의 법적 지위에 대한 불안이 제거되어 분쟁이 해결될 수 있는 경우에는 피고의 소유권에 대한 소극적 확인도 확인하는 대상이 된다. 예를 든다. 원고가 소외 A를 대리인으로 하여 소외 B로부터 부동산을 매수하였는데 소외 A는 아무런 권한 없이

165) 대판 2016.5.24. 2012다87898.
166) 대판 2016.5.24. 2012다87898(평석은 [49] 참조).
167) 대판 2001.7.24. 2001다22246.
168) 대판 2001.7.24. 2001다22246.
169) 대판 2010.7.15. 2010다2428,2435.

그 부동산을 원고와 소외 A명의로 지분소유권이전등기를 마쳤다. 따라서 소외 A명의의 지분권이전등기는 원인무효이므로 법률상으로는 그 지분권은 여전히 이 부동산의 매도인이었던 소외 B에게 남아있게 된 셈이다. 이 경우에 원고로서는 오로지 원래 지분권자인 소외 B를 대위하여 소외 A 명의의 지분권이전등기가 실체권리관계와 부합하지 않음을 이유로 무효임을 주장할 수 있을 뿐이고 적극적으로 자기의 지분권을 주장할 수 없는 처지이니, 이와 같은 경우에는 소외 A의 지분권에 대한 소극적 확인을 구할 이익이 있다고 보아야 할 것이다.[170)]

(b) **채무부존재확인과 같은 소극적으로 확인하는 소에서 확인하는 이익** (i) 보험계약 당사자 사이에 계약상 채무의 존부나 범위에 관하여 다툼이 있는 경우 그로 인한 법적 불안을 제거하기 위하여 보험회사는 먼저 보험수익자를 상대로 금전채무부존재확인소송과 같은 소극적으로 확인하는 소를 제기할 확인하는 이익이 있다.[171)] 보험회사는 보험수익자를 상대로 하여 적극적으로 자기의 권리확인을 구할 방법이 없으므로 그의 소권을 실현하기 위해서는 소극적으로라도 확인하는 소를 제기할 수 있다고 하여야 하기 때문이다. 결국 피고를 상대로 자기의 적극적 권리확인을 구할 방법이 없는 경우에는 그의 권리를 보호하기 위해서 소극적으로 확인하는 소를 허용하는 것이 당사자평등의 원칙에 부합한다.

(ii) 금전채무부존재확인과 같은 소극적 확인소송에 있어서는, 채무자인 원고가 먼저 청구를 특정하여 채무발생원인사실을 부정하는 주장을 하면 채권자인 피고는 그 권리관계의 요건사실에 관하여 주장 · 증명책임을 부담한다.[172)]

(iii) 민사집행법 제90조에 규정된 부동산 임의경매절차의 이해관계인은 담보권의 부존재 등 실체 상 흠을 이유로 경매개시결정에 대하여 이의신청을 할 수 있으나(민집 제265조, 제268조, 제86조 제1항), 가압류를 한 사람은 여기서의 이해관계인에 해당하지 않으므로,[173)] 경매개시결정에 대하여 불복할 수 없어, 경매개시결정의 무효 확인을 구할 확인의 이익이 없다.[174)]

(4) 직접적 법률관계

㈎ **원칙** (a) 확인하는 대상은 원칙적으로 원고와 피고 사이의 직접적인 법률관계에 한정된다. 그러므로 회사채권자의 회사를 상대로 한 주주총회결의 부존재확인,[175)] 비통일교 신도의 통일교를 상대로 한 기독교종교단체 무효확인,[176)] 주주의 회사를 상대로 한 상법 제403

170) 대판 1984.3.27. 83다카2337.
171) 대전판 2021.6.17. 2018다257958,257965(평석은 [80] 참조).
172) 대판 1998.3.13. 97다45259.
173) 대판 2004. 7. 22. 2002다52312.
174) 서울고판(춘천) 2022.1.14. 2020나2347.
175) 대판 1980.10.27. 79다2267.
176) 대판 1980.1.29. 79다1124.

조에서 정한 대표소송에 의하지 않은 각종 재산관계의 확인,[177] 사립대학 교수의 학교법인이 선임한 총장선임결의 무효확인,[178] 학부모의 총장 선임결의 무효확인[179]은 확인하는 대상에 관한 것이 아니다. 그러나 헌법 제31조 제4항에서 정한 교육의 자주성과 대학의 자율성에 근거한 대학교 교수협의회와 총학생회는, 교직원·학생 등의 학교운영에 참여할 기회를 부여하기 위한 개방이사 제도에 관한 법령의 규정 내용과 입법취지 및 임시이사제도의 취지, 법인 정관규정 등에 의하여 교육부장관의 이사선임처분을 다툴 법률상 이익이 있다.[180] 주주는 주식의 소유자로서 직접 회사의 경영에 참여하지 못하고 유지(留止)청구권 행사나 대표소송을 통하여 간접적으로 회사영업에 영향을 미칠 뿐이다. 따라서 주주는 직접 회사의 제3자와의 거래관계에 개입하여 회사가 체결한 계약의 무효확인을 구할 수 없고, 이 법리는 회사가 영업의 전부 또는 일부를 타인에게 양도하는 경우에도 동일하다.[181] [182]

(b) 사찰 주지의 임면권은 그 사찰이 속한 재단법인에 귀속되는데 그 재단법인이 아닌 제3자를 상대로 한 주지 지위확인,[183] 자기의 권리관계를 부인하는 상대방이 자기주장과 양립할 수 없는 제3자에 대한 권리관계를 주장한다고 하여 상대방이 주장하는 그 제3자에 대한 권리관계의 부존재확인[184] 등도 모두 간접적인 법률관계에 기초한 것이어서 확인하는 대상이 아니다.

(c) (i) 공유자의 지분은 다른 공유자의 지분에 의하여 일정한 비율로 제한받는 것을 제외하고는 독립한 소유권과 같은 것이므로, 공유자는 그 지분을 부인하는 제3자에 대하여 각자 자기 지분권을 주장하여 지분의 확인을 청구하여야 하는 것이지 다른 공유자의 지분확인까지 합하여 구할 수 없다. 그러므로 공유자의 일부가 제3자를 상대로 다른 공유자의 지분확인을 구하는 것은 그 타인 간의 권리관계가 자기의 권리관계에 영향을 미치는 경우로 한정할 때 비로소 확인하는 이익이 있다.[185]

---

177) 대판 1979.2.13. 78다1117.

178) 대판 1996.5.31. 95다26971.

179) 대학교에 재학하는 학생의 학부모에게 학교법인과 총장 개인을 상대로 학교법인의 이사장이 총장을 임명한 행위의 무효확인을 구하거나, 그 총장 개인을 상대로 교수 및 총장자격이 없다는 확인을 구할 법률상 이익이 있다고 할 수 없고, 또한 학부모가 그 학생을 대위하여 위와 같은 소송을 제기할 수 있는 권한이 있다고 할 수도 없으므로 그 학부모의 청구 중 총장임명무효확인의 소와 교수 및 총장자격부존재확인의 소는 확인의 이익이 없거나 원고 적격이 없는 자가 제기한 것이므로 부적법하다. 또한 대학생의 학부모에게 학교법인에 대하여 학교법인이 경영하는 대학교로부터 그 학생으로 하여금 양질의 교육을 제공받게 할 것을 요구할 수 있는 이른바 학습권이 있다는 주장은 실정법상 근거가 없다(1994.12.22. 94다14803).

180) 대판 2015.7.23. 2012두19496,19502(평석은 [19] 참조).

181) 대판 2022.6.9. 2018다228462,228479.

182) 서울서부지판 2006.6.29. 2005가합8262.

183) 대판 2011.2.10. 2006다65774.

184) 대판 2004.3.12. 2003다49092.

185) 대판 1994.11.11. 94다35008.

(ii) 공유물 전체에 대한 소유관계 확인은 이를 다투는 제3자를 상대로 공유자 전원이 하여야 하는 것이지 공유자 중 일부가 그 관계를 대외적으로 주장할 수 있는 것이 아니므로, 아무런 특별한 사정이 없이 공유물의 어떤 공유자가 다른 공유자의 지분의 확인을 구하는 것은 확인하는 이익이 없다.186)

㈏ **제3자 확인** (a) 원고의 권리 또는 법적 지위에 현존하는 위험이나 불안이 야기되어 이를 제거하기 위해서는 반드시 원·피고 간의 법률관계에 한정하여 확인하는 소를 제기할 필요가 없으며, 원·피고의 한쪽과 제3자 또는 제3자 상호 간의 법률관계도 확인하는 대상으로 삼을 수 있다. 그러나 이 경우에는 확인판결에 의하여 그 법률관계를 즉시 확정하는 것이 가장 유효·적절한 수단이 되어야 한다.187) 즉 타인 사이의 권리관계를 소송목적으로 하더라도 그 권리관계의 존재를 확인함으로써 피고에 대한 관계에서 원고의 법률적 지위를 안정시킬 수 있는 유효·적절한 수단이 되는 경우에 한정하여 확인을 구할 수 있는 것이다.188) 그러므로 자기의 권리 또는 법률상 지위를 부인하는 상대방이 자기의 주장과는 양립할 수 없는 제3자에 대한 권리 또는 법률관계를 주장한다고 하여 상대방 주장의 그 제3자에 대한 권리 또는 법률관계가 부존재하다는 것만의 확인을 구하는 것은, 설령 그 확인의 소에서 승소판결을 받는다고 하더라도 그 판결로 인하여 상대방에 대한 관계에서 자기의 권리가 확정되는 것도 아니고 그 판결의 효력이 제3자에게 미치는 것도 아니어서, 그와 같은 부존재확인의 소는 자기의 권리 또는 법률적 지위에 현존하는 불안·위험을 해소시키기 위한 유효·적절한 수단이 될 수 없으므로 확인하는 이익이 없다.189)

(b) **사임한 학교법인 이사장의 확인하는 이익** 사임한 학교법인의 이사장은 자신이 이사장의 지위에서 학교법인을 대표하여 다른 법인과 체결한 합병계약의 무효확인을 구할 법률상 이익이 없다.190) 학교법인의 이사장직을 사임하였다면 그 학교법인을 대표할 일이 없기 때문이다.

4. * 확인하는 이익(또는 확인의 이익)

(1) 개념

㈎ 확인하는 이익이라 함은 확인하는 소에서 그 대상을 확인할 필요성을 말한다. 확인하는 이익은 원고의 권리 또는 법률적 지위에 불안이 현존하고, 또 불안을 제거하는 방법으로서 원고와 피고 사이에 그 소송목적인 권리 또는 법률관계의 존부에 관해서 판결을 하는 것이 유

186) 대판 1994.11.11. 94다35008.
187) 대판 2017.3.15. 2014다208255.
188) 대판 2016.5.12. 2013다1570(평석은 [48] 참조).
189) 대판 1995.10.12. 95다26131, 2004.5.27. 2002다46829,46836 등 참조.
190) 대판 2003.1.10. 2001다1171.

효 · 적절한 경우에 인정 된다.[191] 이것은, 분쟁해결수단인 확인판결의 효율성이라는 관점에서, 확인하는 이익의 존재를 개개의 소송 마다 음미하지 않으면 안 된다는 의미이다. 따라서 확인하는 이익이나 법률상 이해관계를 갖는 자는 누구든지 원고적격이 있다.[192] 이 확인하는 이익은 행정처분에 대한 무효확인소송에서도 민사소송과 동일하게 요구된다.[193]

(나) 일반적으로 확인하는 소를 제기하려면 피고에 대하여 확인하는 이익이 있어야 한다. 그 확인하는 이익은 보통 피고가 원고의 권리 또는 법률관계를 다툼으로써 원고의 법률적 지위에 불안을 초래할 염려가 있는 경우에 인정된다. 다시 말하면 피고는 원고의 보호법익과 대립 · 저촉되는 이익을 주장하고 있는 자이다. 토지의 소유자는 그의 소유 토지를 불법하게 점유하고 있는 자를 상대로 해서 그 토지의 인도를 구할 수 있고, 그 소유권의 존부에 관한 확인을 구할 수도 있으므로 불법점유자를 상대로 인도를 구하지 않고 임대차 계약의 부존재확인만을 구하여도 상대방이 그 존재를 다투는 한 즉시확정의 이익이 있다.[194]

(다) 형성권의 적극적 확인은 확인하는 이익이 없다. 형성권은 이를 행사한 결과로서 생긴 법률효과를 전제로 이행소송이나 확인소송을 제기하는 것이 분쟁해결에 적절하기 때문이다.

(2) 법률적 불안 · 위험

원고의 권리 또는 법률적 지위에서 불안의 현존이 법률적이어야 하고 사실적이어서는 안 된다.

(가) **법률적 불안 · 위험** (a) 예를 들어 하나의 채권에 관하여 2인 이상이 서로 채권자라고 주장하는 경우에 어느 한쪽이 상대방에 대하여 그 채권이 자기에게 속한다는 채권의 귀속에 관한 확인을 구하는 경우,[195] 정당한 공탁금수령권자, 즉 공탁금출급청구권자가 공탁공무원으로부터 공탁금의 출급을 거부당하는 법적 불안이 있을 때에 그 불안을 제거하기 위해 공탁자인 사업시행자를 상대방으로 하여 그 공탁금출급확인청구를 하는 경우,[196] 채무자가 사망한 채권자의 상속인을 과실 없이 알 수 없어 민법 제487조 후문에 따라 변제공탁을 하였을 때 정당한 공탁물수령권자인 상속인이라는 실질적 권리관계를 확정하는데 가장 유효 · 적절한 수단으로서 공탁자를 상대방으로 하여 그 공탁물출급청구권의 확인을 구하는 경우[197] 등에는 법률적 불안이 있어 확인의 이익이 있다.

---

191) 대판 2005.12.22. 2003다55059.
192) 대전판 2007.5.17. 2006다19054.
193) 대판 2001.9.18. 99두11752.
194) 대판 1969.3.18. 69다46.
195) 대판 1996.10.29. 95다56910.
196) 대판 2007.2.9. 2006다68650,68667.
197) 대판 2014.4.24. 2012다40592.

(b) 그러나 예컨대 농지개량사업 시행자일 뿐 등기명의인도 아니고 소유권도 다투고 있지 아니한 농지개량조합을 상대로 토지소유권의 확인을 구하는 것은 법률적 불안이 없으므로 확인의 이익이 없다.[198)]

(c) **담보목적 가등기 확인청구의 확인하는 이익** 갑 소유의 부동산에 관하여 을 명의의 소유권이전등기청구권보전의 가등기가 마쳐진 후 위 부동산에 관하여 가압류등기를 마친 병 주식회사가 위 가등기가 담보목적 가등기인지에 관하여 확인을 구할 확인의 이익이 있는지 여부에 관하여 판례[199)]는 확인하는 이익이 없다고 하였다. 그 이유는, 부동산등기법 제92조 제1항은 「등기관은 가등기에 의한 본등기를 하였을 때에는 가등기이후에 된 등기로서 가등기에 의하여 보전되는 권리를 침해하는 등기를 직권으로 말소하여야 한다」고 규정하고 있으므로 가등기가 담보목적인지 순위보전의 목적인지 따질 것 없이 그 본등기가 이루어지면 가등기 후의 가압류 등기는 말소될 수밖에 없어 위 가압류등기의 직권말소 여부는 이 사건 가등기가 순위보전을 위한 가등기인지 담보가등기인지 여부에 따라 결정되는 것이 아니므로 원고의 법률상 지위에 현존하는 불안·위험이 존재한다고 볼 수 없다는 것이다.

(d) **어촌계가 다른 어촌계를 상대로 업무구역의 확인을 구하는 경우의 확인하는 이익** 시장·군수·구청장 등으로부터 면허를 받아 어업권을 취득하기 이전이라면 법적으로 보호되는 어촌계의 업무구역이 존재한다고 할 수 없으므로, 설사 면허를 받게 될 업무구역의 경계에 관하여 다른 어촌계와 다툼이 있을 여지가 있다고 하더라도 그러한 사정만으로 원고의 현재 권리 또는 법률상 지위에 어떠한 구체적인 불안이나 위험이 있다고 할 수 없다. 또한 시장·군수·구청장 등이 다른 어촌계의 업무구역과 중복된다는 등의 이유로 어업면허를 거부하거나 취소하는 등 처분을 하는 경우에는 행정처분의 효력을 다투는 항고소송의 방법으로 처분의 취소 또는 무효확인을 구하는 것이 분쟁을 해결하는 데에 직접적인 수단이 된다. 따라서 그와 별도로 민사상 다른 어촌계를 상대로 업무구역의 확인을 구하는 것은 원고의 법적 지위에 대한 불안·위험을 제거하는 데 가장 유효·적절한 수단이라고 보기 어렵다.[200)]

(e) 예탁금 회원제 골프장을 운영하는 갑 주식회사가 일부 주주회원으로 구성된 주주회원모임과, "회사가 주주회원의 골프장 이용 혜택을 변경할 경우 주주회원모임과 협의하여 결정하고, 중요한 사항은 주주총회에 회부한다"는 내용의 약정을 체결하였다. 이후 갑 회사가 주주총회에서 주주회원의 골프장 이용 혜택을 축소하는 내용의 결의를 하자, 주주회원들이 이에 대하여 주위적으로 해당 결의의 무효확인을, 예비적으로 결의의 취소를 구한 경우, 확인의 이익이 문제된다. 위 결의는 갑 회사와 개별 주주회원 사이의 계약상 법률관계, 즉 골프장 이용

---

198) 대판 1995.12.8. 95다27233.
199) 대판 2017.6.29. 2014다30803.
200) 대판 2017.7.11. 2017다216271.

혜택의 조정에 관한 사항일 뿐이다. 이는 갑 회사와 주주회원모임이 임의로 정한 절차적 요건에 불과하다. 갑 회사와 그 기관, 주주들 사이의 단체법적 법률관계를 일률적으로 규율하는 의미는 전혀 없다. 따라서 이 결의는 상법 제380조의 결의무효확인의 소나 상법 제376조의 결의취소의 소의 대상이 되는 주주총회 결의라고 볼 수 없다.

그러므로 주주회원들이 주장하는 바와 같이, 갑 회사의 골프장 이용혜택 축소가 효력이 없어 종전의 주주회원 지위와 이용혜택이 유지된다는 점은, 직접 갑 회사를 상대로 계약상 지위나 그 내용의 확인을 구하면 충분하다. 이와 별도로 해당 결의의 효력 유무 자체를 확인받으려는 소송은, 주주회원들의 법적 지위에 존재하는 불안·위험을 제거하기 위한 가장 적절하고 유효한 수단으로 볼 수 없어 부적법하다.[201)]

(f) **지상권설정등기에 관한 피담보채무의 범위 확인을 구하는 청구의 확인하는 이익** 지상권은 용익물권으로서 담보물권이 아니므로 피담보채무라는 것이 존재할 수 없다. 근저당권 등 담보물권 설정 당사자들이 담보로 제공된 토지에 추후 용익권이 설정되거나 건물 또는 공작물이 축조·설치되는 등으로 토지의 담보가치가 줄어드는 것을 막기 위하여 담보권과 아울러 설정하는 지상권을 이른바 담보지상권이라고 하는데, 이는 당사자의 약정에 따라 담보권의 존속과 지상권의 존속이 서로 연계되어 있을 뿐이고, 이러한 경우에도 지상권에 피담보채무가 존재하는 것이 아니다. 따라서 지상권설정등기에 관한 피담보채무의 범위 확인을 구하는 청구는 확인하는 이익이 없어 부적법하다.[202)]

(g) **경제적·감정적 불안 또는 사회적 명예 손상 등의 확인청구의 확인하는 이익** 단순한 경제적·감정적 불안 또는 사회적 명예 손상 따위는 법률적인 것이 아니므로 확인하는 이익이 없다. 예를 들어 유한회사에서 상법 제567조, 제388조에 따라 정관 또는 사원총회 결의로 특정 이사의 보수액을 구체적으로 정하였다면, 그 보수액은 임용계약의 내용이 되어 그 당사자인 회사와 사원 양쪽만 구속하고 사원총회를 구속하는 것이 아니므로, 유한회사의 사원총회에서 임용계약의 내용으로 이미 편입된 이사의 보수를 감액하거나 박탈하는 결의를 하더라도, 이러한 사원총회의 결의는 그 결의 자체의 효력과 관계없이 그 사원의 보수청구권에 아무런 영향을 미치지 못한다. 따라서 유한회사인 피고의 사원이자 이사인 원고들이 피고가 사원총회를 열어 원고들의 보수를 감액하는 내용의 보수감액 결의를 하였더라도 그 결의는 원고들의 사실상·경제상 이익에 대한 것일 뿐 원고들의 권리나 법적 지위에 어떠한 위험이나 불안이 야기되었다고 볼 수 없고, 또 원고들의 불안과 위험을 제거하는 가장 유효·적절한 수단이라고 볼 수도 없어 사원총회를 상대로 한 그 보수감액 결의 무효확인 청구는 확인하는 이익이 없다.[203)]

---

201) 대판 2013.2.28. 2010다58223.
202) 대판 2017.10.31. 2015다65042.
203) 대판 2017.3.30. 2016다21643.

(h) **승소확정판결에 기초하여 소유권이전등기까지 경료한 경우의 소유권확인청구의 확인하는 이익**

원고가 승소확정판결에 기초하여 소유권이전등기까지 경료한 경우에는 재심에 의하여 이 확정판결이 취소되지 않는 한 원고의 권리 또는 법률상 지위에 현존하는 불안 위험이 없어 그 불안 위험을 제거함에는 확인판결을 받을 필요가 없으므로 따로 소유권을 확인하는 소가 허용될 수 없다.[204)]

(i) **강제집행을 막기 위한 면책채무확인** 파산채무자에 대한 면책결정의 확정에도 불구하고 어떠한 채권이 비 면책채권에 해당하는지 여부 등이 다투어지는 경우에 채무자는, 면책채무를 확인하는 소를 제기함으로써 권리 또는 법률상 지위에 현존하는 불안·위험을 제거할 수 있다. 그러나 면책된 채무에 관한 집행권원을 가지고 있는 채권자에 대한 관계에서 채무자는 청구이의의 소를 제기하여 면책의 효력에 기초한 집행력의 배제를 구하는 것이 법률상 지위에 현존하는 불안·위험을 제거하는 유효적절한 수단이 되므로 이 경우에 청구이의의 소 대신에 면책채무의 확인을 구하는 것은 분쟁의 종국적인 해결 방법이 아니어서 확인하는 이익이 없다.[205)]

(j) **부동산소유권이전등기에 관한 조정조서의 기판력으로 말미암아 소유권이전등기 명의를 상실한 당사자의 그 소유권에 관한 확인의 이익** 조정조서에 인정되는 확정판결과 동일한 효력은 소송목적이 되는 법률관계에만 미치고 그 전제가 되는 법률관계에까지 미치지 아니한다. 따라서 부동산 소유권이전등기에 관한 조정조서의 기판력은 소송목적이었던 이전등기청구권의 존부에만 미치고 부동산 소유권 자체에까지 미치지는 않는 것이다. 그러므로 부동산 소유자가 부동산 소유권이전등기에 관한 조정 당사자로서 조정조서의 기판력으로 말미암아 부동산등기부에 소유명의를 회복할 방법이 없어졌다고 하더라도 소유권이 그에게 없음이 확정된 것이 아니며, 또한 부동산등기부에 소유자로 등기되어 있지 않다고 하여 소유권을 행사하는 것이 전혀 불가능한 것도 아닌 이상 그 소유자는 소유권을 부인하는 조정 상대방을 비롯하여 제3자에 대하여 다툼의 대상이 된 부동산이 자기의 소유라는 확인을 구할 법률상 이익이 있다.[206)]

(k) **피고가 원고의 소유가 아니라 제3자의 소유라는 주장을 하는 경우의 확인하는 이익** 원고가 어떤 물건에 관하여 피고에게 소유권확인을 구하려면 피고가 어떤 법률상 이해관계가 있어서 원고의 권리행사를 방해하거나 권리회복을 곤란하게 하는 법률관계를 함께 주장함으로써 원고의 권리자로서의 지위에 위험이 미칠 우려가 있다고 인정될 때에만 확인이 이익이 있으므로 피고가 그러한 주장이 없이 피고에 대하여 단지 그 물건이 제3자의 소유라는 주장만을 한 때에는 확인의 이익이 없다.[207)]

---

204) 대판 1981.7.14. 80다1720,1721.

205) 대판 2017.10.12. 2017다17771.

206) 대판 2017.12.22. 2015다205086.

(나) **법률적 불안·위험이 문제되는 경우** 법률적 불언·위험은 피고가 원고의 주장을 부인하거나 부지할 때에 생긴다.

(a) **부인 또는 부지** (i) **의미** 이 법적 불안은 보통 피고가 원고의 법적 지위를 부인 또는 부지(不知)하든가 원고의 지위와 양립할 수 없는 지위를 주장하는 경우 또는 원고가 주장하는 권리가 제3자에게 속한다고 다투는 경우에 생긴다. 피고가 원고의 지위를 다툰다는 것은 법정에서 원고의 주장사실을 현실적으로 다투는 경우뿐만 아니라 법정에서 다투지 아니하여도 소를 제기하기 이전에 다투었거나 소송 외에서 원고의 권리행사에 필요한 협조를 거부하는 경우를 포함한다. 따라서 이 경우에는 피고가 원고의 주장사실을 자백, 자백간주 또는 인낙하더라도 이로 말미암아 원고의 확인하는 이익이 없어지는 것이 아니라 피고가 다투어서 원고가 확인하고자 하는 사실을 피고가 자백, 자백간주 또는 인낙하였다고 보아야 한다. 따라서 이 경우에도 피고의 자백, 자백간주 또는 인낙은 효력이 있다. 그렇지 않으면 원고가 확인하여야 할 사실을 피고가 먼저 자백함으로써 원고로 하여금 확인하는 이익이 없다는 이유로 소각하 판결을 받게 해놓고 그 뒤에 원고의 권리행사에 필요한 협조를 거부함으로써 원고의 권리실현을 방해할 수 있기 때문이다.

(ii) 채무부존재확인소송에서 다툼이 없는 채무부분,[208] 공부상 등기명의자가 있는 데도 등기명의자도 아니고 소유권자도 아니어서 원고가 승소하더라도 그 권리확인과 관계없는 사람을 상대로 한 토지소유권확인청구[209]는 부인 또는 부지의 대상이 아니므로 부지하더라도 확인하는 이익이 없다.

(iii) **원고가 피고를 상대로 원고 아닌 소외인의 소유권확인을 구하는 경우** 원고가 소외인에 대하여 임야에 대한 소유권이전청구권이 있는데 피고가 소외인의 임야에 대한 소유권을 부인하면서 자기의 소유권을 주장한다고 하여 피고를 상대로 소외인의 임야소유권확인을 구하는 경우에는 비록 피고의 소외인에 대한 임야 소유권의 부인이 간접적으로 소외인의 원고에 대한 그 소유권 이전등기 의무의 이행을 어렵게 하였을지 몰라도 피고의 그 부인(否認) 내지 방해행위가 소외인에 대한 원고의 그 소유권이전등기 청구권을 직접적으로 부인, 방해 내지 침해한 것이 아니므로 확인하는 이익이 없다.[210]

(iv) **물상보증인이 근저당권자의 채권을 다투고 있을 경우** 그 분쟁을 종국적으로 종식시키는 유일한 방법은 근저당권의 피담보채권 존부에 관한 확인이라고 할 것이므로, 근저당권자가 물상보증인을 상대로 제기한 피담보채무를 확인하는 소는 확인의 이익이 있다.[211]

---

207) 서울고판 1973.12.14. 73나544.
208) 대판 1983.6.14. 83다카37.
209) 대판 1995.12.8. 95다27233.
210) 대판 1971.12.28. 71다1116.
211) 대판 2004.3.25. 2002다20742.

(v) 피고가 권리관계를 다투어 원고가 확인하는 소를 제기하였고 당해 소송에서 피고가 권리관계를 다툰 바 있다면 특별한 사정이 없는 한 항소심에 이르러 피고가 권리관계를 다투지 않더라도 그 사유만으로 확인하는 이익이 상실되는 것은 아니다.212)

(vi) 갑이 을 주식회사의 계약 위반을 이유로 전속계약을 해지하였다고 주장하면서 전속계약의 효력이 존재하지 아니한다는 확인을 구하는 소를 제기하자, 을 회사가 이 소송 중에 준비서면을 송달하여 오히려 갑이 계약을 위반하였다는 이유로 전속계약 해지를 통지한 경우 갑의 주장은 을 회사의 계약 위반을 이유로 한 전속계약 해지를 전제로 전속계약의 효력이 존재하지 않는다는 것인데 을 회사는 자신의 계약 위반을 부인하며 오히려 갑의 계약 위반을 주장하고 있으므로 갑과 을 사이에서 전속계약의 효력이 존재하지 않게 되었다는 데에는 다툼이 존재하여 갑의 확인하는 소는 확인의 이익이 있다.213)

(vii) **유치권부존재확인** (ㄱ) ① 민사집행법 제268조에 따라 담보권 실행을 위한 경매절차에는 민사집행법 제91조 제5항이 준용된다. 이에 의하면 유치권자는 경락인에게 직접 피담보채무의 변제를 청구할 수는 없지만, 채무가 변제될 때까지 유치목적물인 부동산의 인도를 거절할 수 있다. 따라서 경매 입찰인들은 낙찰 후 유치권자로부터 쉽게 인도받을 수 없다는 점을 고려하게 되고, 이로 인해 경매 목적 부동산이 낮은 가격에 낙찰될 우려가 있다. 이러한 저가낙찰로 인해 근저당권자의 배당액이 줄어들거나, 과도한 유치권 신고로 인해 매각이 불가능해질 위험이 발생한다. 이는 근저당권자의 법률상 지위를 불안정하게 만드는 것이므로, 그 불안을 제거하려는 근저당권자의 이익을 단순한 사실상·경제상의 이익으로만 볼 수는 없다.

② 따라서 근저당권자는 유치권을 신고한 자를 상대로, 유치권 전부의 부존재뿐만 아니라 경매절차에서 대항할 수 있는 범위를 초과하는 부분의 유치권 부존재 확인도 구할 법률상 이익이 있다. 그리고 심리 결과, 유치권자가 주장하는 금액 중 일부만 유치권으로 대항할 수 있다고 인정되는 경우에는, 특별한 사정이 없는 한 법원은 그 범위에 따라 일부 패소 판결을 선고하여야 한다.214)

(ㄴ) 소극적 확인소송에서는 원고가 먼저 청구를 특정하여 채무발생원인 사실을 부정하는 주장을 하면 채권자인 피고는 권리관계의 요건사실에 관하여 주장·증명책임을 부담하므로, 유치권 부존재확인소송에서 유치권의 요건사실인 유치권의 목적물과 견련관계에 있는 채권의 존재에 대해서는 피고가 주장·증명하여야 한다.215)

(b) **시효중단의 필요가 있는 경우 등** 피고가 원고의 지위를 다투지 아니하여도 시효중단

212) 대판 2009.1.15. 2008다74130.
213) 대판 2017.3.9. 2016다256968,256975 참조.
214) 대판 2016.3.10. 2013다99409.
215) 대판 2016.3.10. 2013다99409.

의 필요가 있는 경우 혹은 공부상 기재가 잘못되어 이를 바로잡기 위해서 확정판결을 필요로 하는 경우에는 확인하는 이익이 있다.[216)]

(c) **국가를 상대로 한 토지소유권확인청구** (i) 국가를 상대로 한 토지소유권확인청구는 그 토지가 미등기이고 토지대장이나 임야대장상에 등록명의자가 없거나 등록명의자가 누구인지 알 수 없을 때와, 국가가 등기 또는 등록명의자의 소유권을 부인하면서 국가 소유를 주장하는 경우에 확인하는 이익이 있다.[217)]

(ii) 어느 토지에 관하여 등기부나 토지대장 또는 임야대장 등에 소유자로 등기 또는 등록되어 있는 경우에는 그 명의자를 상대로 승소판결을 받아야 소유권보존등기신청을 할 수 있기 때문에 그 명의자를 상대로 소유권확인소송을 제기할 확인의 이익이 있다. 그러나 소유자의 기재가 없거나 소유자의 기재에 권리추정력이 없는 경우에는 소유자가 아니라 국가를 상대로 소유권확인청구를 할 확인하는 이익이 있다.[218)]

(d) **등기명의인의 표시경정이 가능한 경우** 등기명의인의 표시경정은 등기부에 기재되어 있는 등기명의인의 성명, 주소 또는 주민등록번호 등에 착오나 빠진 부분이 있는 경우에 명의인으로 기재되어 있는 사람의 동일성을 변함이 없도록 이를 바로잡는 것을 말한다. 따라서 토지에 관하여 등기가 되어 있는 경우에 등기부상 명의인의 기재가 실제와 일치하지 아니하더라도 인격의 동일성이 인정된다면 소송을 제기할 필요 없이 등기명의인의 표시경정등기가 가능하다. 따라서 이 경우에는 국가를 상대로 실제 소유에 대하여 확인하는 이익이 없다.[219)]

(e) **독립당사자참가소송에서 원, 피고 양쪽에 대한 확인청구** (i) 독립당사자참가인이 소송목적의 전부나 일부가 자기의 권리라고 주장하면서 원·피고 양쪽에 대하여 자기의 권리확인을 구하는 경우에 어느 한 쪽이 참가인의 청구를 다투지 아니하여도 다른 한 쪽이 다투는 경우에는 3당사자소송 구조를 유지하기 위해서 확인하는 이익이 있다.[220)]

(ii) 독립당사자참가소송에서 참가인이 확인의 이익을 가지려면, 참가인의 권리나 법률상 지위가 원고에 의해 부인되거나 원고의 주장과 충돌하는 주장 때문에 위협받거나 방해받는 경우여야 한다. 따라서 이러한 경우 참가인은 원고를 상대로 자기 권리나 법률관계의 확인을 구해야 한다.

그런데 원고가 제3자에 대한 권리나 법률관계를 주장하고, 그것이 참가인의 주장과 양립할 수 없다는 이유로, 참가인이 단순히 '원고의 제3자에 대한 권리나 법률관계가 존재하지 않는다'는 확인만을 구하는 것은 인정되지 않는다. 왜냐하면 설령 참가인이 그 소송에서 승소판

216) 대판 1980.11.11. 79다723.
217) 대판 2001.7.10. 99다34390.
218) 대판 2010.7.8. 2010다21757.
219) 대판 2016.10.27. 2015다230815(평석은 [68] 참조).
220) 대판 2014.11.13. 2009다71312(평석은 [20] 참조).

결을 받더라도, 그 판결로 참가인의 권리가 원고와의 관계에서 확정되는 것도 아니고, 판결의 효력이 제3자에게 미치는 것도 아니기 때문이다. 따라서 이러한 부존재 확인의 소는 참가인의 권리나 법률상 지위에 대한 현존하는 불안이나 위험을 해소하는 적절한 수단이 될 수 없어 확인의 이익이 없다.[221]

(f) **하나의 채권에 관하여 둘 이상 사람이 서로 채권자라고 주장하는 경우** 이 경우 상대방에 대하여 그 채권이 자기에게 속한다고 확인을 구할 수 있는 확인하는 이익이 있다.[222]

(3) 가장 유효 · 적절한 수단

㈎ **별개의 소송으로 확인을 구하는 경우** 당해 소송절차에서 재판을 받는 것이 예정되어 있는 경우에는 그 소송절차에서 확인을 받아야 한다. 그 소송절차를 내버려두고 별개의 소송으로 확인을 구하는 것은 소송경제에 반하므로 확인하는 이익이 없다. 예를 들어 소송대리권이 있는지 여부가 소송상 다툼이 되는 경우에는 당해 소송에서 심리하여 그 종국판결의 이유 또는 중간판결에서 소송대리권의 존부를 판단하면 충분하므로 별개의 소송으로 소송대리권 존부의 확인을 구하는 것은 확인하는 이익이 없다.

㈏ **이행청구권 존재확인 – 확인하는 소의 보충성** (a) (i) 이행을 청구하는 소를 제기할 수 있는 데도 그 이행청구권 자체의 존재확인을 청구하는 것은 당사자의 지위불안을 제거하는 데 실효성이 없고 또다시 이행소송을 제기하여야 하므로 소송경제에도 반하여 확인하는 이익이 없다.[223] 이와 같이 불안 및 위험의 해소에 확인판결 외에는 적절한 수단이 없어야 한다. 이를 확인하는 소의 보충성이라고 한다. 예컨대 경매절차에서 선순위배당수령권자의 채권이 허위라고 주장하는 후순위배당수령권자는 그 선순위 수령권자를 상대로 배당이의의 소를 제기하거나 부당이득반환청구를 해야 할 것이지 선순위 수령권자의 배당금지급청구권의 부존재 확인을 구할 확인하는 이익은 없다.[224]

(ii) 그러나 물상보증인이 근저당권자의 채권에 대하여 다투고 있을 경우, 그 분쟁을 종식시키는 유일한 방법은 근저당권의 피 담보채권 존부에 관한 확인하는 소이므로 근저당권자가 물상보증인을 상대로 제기한 확인하는 소를 확인하는 이익이 있다.[225]

㈐ **형성권의 확인** 소송상 행사하여야 할 형성권은 형성소송에 의하여야 하며 그렇지 않고 형성권 내지 형성원인을 확인하는 소는 확인하는 이익이 없다. 예를 들어 이혼청구를 할 수 있는데도 이혼원인의 하나인 악의의 유기(민 제840조 2호)를 하였다는 확인 따위이다.

---

221) 대판 2014.11.13. 2009다71312 등(평석은 [20] 참조).
222) 대판 1988.9.27. 87다카2269.
223) 대판 1980.3.25. 80다16,17, 2006.3.9. 2005다60239.
224) 대판 1996.11.22. 96다34009.
225) 대판 2004.3.25. 2002다20742.

(라) **본권과 지분적 청구권이 있는 경우의 본권확인** 기본이 되는 소유권과 그 지분권(支分權)인 물권적 청구권과의 관계에서 물권적 청구권에 터 잡은 인도청구 또는 등기말소청구 등의 이행소송이 허용되는 경우에도 기본이 되는 소유권에 관하여서는 확인소송을 제기할 수 있다. 왜냐하면 인도청구 또는 등기말소청구에 관하여 승소판결을 받더라도 그 승소판결은 기본이 되는 소유권에 관해서는 기판력이 미치지 않기 때문이다. 그러므로 소유권을 원인으로 이행소송을 제기하는 경우에 그 기본이 되는 소유권의 유무 자체에 관하여 분쟁이 있어 즉시 확정할 이익이 있는 경우에는 이행을 청구하는 소와 동시에 소유권을 확인하는 소를 병합하여 제기할 수도 있고 이행소송 계속 중에도 중간확인의 소(제264조)로써 확인하는 소를 제기할 수 있다. 같은 이치로 고용관계와 급료채권, 임대차채권과 차임채권과 같이 기본관계가 되는 계속적 채권관계와 지분이 되는 이행청구권의 경우에도 앞의 소유권과 물권적 청구권의 관계와 동일하게 생각할 수 있다.

(마) **민법 제219조의 주위 토지 통행권확인** 주위토지통행권의 확인을 구하기 위해서는 통행의 장소와 방법을 특정하여 청구취지에 이를 명시하여야 하고, 민법 제219조에서 정한 요건을 주장 · 입증하여야 하므로 주위토지통행권이 있음을 주장하여 확인을 구하는 특정의 통로 부분이 위 민법 조항에서 정한 요건을 충족하지 못할 경우에는 다른 토지 부분에 주위토지통행권이 인정된다고 하더라도 원칙적으로 그 청구를 기각하여야 한다. 하지만 이와 달리 통행권의 확인을 구하는 특정의 통로 부분 중 일부분이 민법 제219조에서 정한 요건을 충족하거나 특정의 통로 부분에 대하여 일정한 시기나 횟수를 제한하여 주위토지통행권을 인정하는 것이 가능한 경우라면, 그와 같이 한정된 범위에서만 통행권의 확인을 구할 의사는 없음이 명백한 경우가 아닌 한 그 청구를 전부 기각할 것이 아니라, 그렇게 제한된 범위에서 청구를 일부 인용하여야 한다.[226)]

(바) **임원취임등기의 무효만 확인** 법인의 임원에 대한 선임결의의 무효 또는 부존재를 이유로 임원취임등기의 무효를 주장하는 사람은, 법인을 상대로 임원선임결의의 무효 또는 부존재확인을 구하여야 분쟁의 유효 · 적절한 해결방법이 되므로 임원취임등기의 무효만 확인을 구하는 것은 확인하는 이익이 없다.[227)]

(사) **행정소송을 제기할 사항의 확인** (a) 행정소송을 제기하여야 할 사항에 관하여 확인하는 소를 제기하는 것은 확인하는 이익이 없다. 예를 들어 행정청이 도시 및 주거환경정비법 등 관련 법령에 의하여 행하는 조합설립인가처분은 단순히 개인들의 조합설립행위에 대한 보충행위가 아니라 도시정비법에서 정한 주택건축사업을 시행할 수 있는 권한을 갖는 공법인으로서의 지위를 부여하는 설권적(設權的) 행위이므로 조합설립의 무효를 주장하는 것은 조합설

226) 대판 2017.1.12. 2016다39422(평석은 [65] 참조), 2024.11.28. 2024다271825.
227) 대판 2006.11.9. 2006다50949.

립인가처분의 취소 또는 무효확인을 구하는 항고소송에 의하여야 할 것이고 이와 별도로 조합설립결의 만을 대상으로 그 효력의 유무를 다투는 확인하는 소는 확인하는 이익이 없다.[228]

(b) 마찬가지로 도시 및 주거환경정비법상 주택재건축정비사업 조합이 같은 법 제48조에 따라 수립한 관리처분계획에 대하여 관할 행정청의 인가·고시까지 있게 되면 관리처분계획은 행정처분으로서의 효력이 발생하게 되므로 총회결의의 흠을 이유로 하여 행정처분의 효력을 다투는 항고소송의 방법으로 관리처분계획의 취소 또는 무효의 확인을 구하여야 하고, 그와 별도로 행정처분에 이르는 절차적 요건 중의 하나에 불과한 총회결의 부분만을 따로 떼어내어 효력 유무를 다투는 확인하는 소는 확인하는 이익이 없다.[229]

(아) **특허무효확인에 관한 항변** 특허의 무효심판은 특허청장에 소속한 특허심판원에서 하고(특허 제132조의2 제1항), 그 심결에 대한 소는 특허법원의 전속관할이다(특허 제186조 제1항). 그런데 판례[230]는 특허발명에 대한 무효심결이 확정되기 전이라도, 해당 발명이 진보성이 없어 결국 무효가 될 것이 명백한 경우에는, 그 특허권을 근거로 한 침해금지나 손해배상 청구는 특별한 사정이 없는 한 권리남용에 해당하여 허용되지 않는다고 하였다. 따라서 특허권 침해소송을 담당하는 법원은 피고가 권리남용을 이유로 항변하는 경우, 그 전제로서 특허발명의 진보성 여부를 심리·판단할 수 있다. 즉, 특허법원이 아닌 일반 법원도 권리남용 항변의 심리를 통하여 특허무효 사유(예: 진보성 결여)를 판단할 수 있다.

확인하는 대상과 이익에 관한 선다형 문제 20

1. 확인하는 소의 대상이 될 수 있는 것은?
① 사실
② 법률상 관계
③ 관념
④ 감정
⑤ 사실과 감정 □ 정답: ②

2. 확인하는 소의 확인 대상은 원칙적으로 무엇인가?
① 권리 또는 법률관계
② 사실관계
③ 감정상태

228) 대판 2009.10.15. 2009다30427.
229) 대전판 2009.9.17. 2007다2428.
230) 대전판 2012.1.19. 2010다95390.

④ 행정처분
⑤ 증거자료 □ 정답: ①

3. 다음 중 확인하는 소의 대상이 될 수 없는 것은?
① 소유권의 존재
② 채권의 존재
③ 사고 발생 여부(단순 사실)
④ 주주권의 범위
⑤ 이혼 여부 □ 정답: ③

4. 확인하는 소에서 확인하는 이익이 인정되려면 필요한 요건은?
① 과거 사실 확정 필요
② 현재의 법률상 분쟁 또는 위험 발생
③ 상대방이 이에 동의할 것
④ 이미 확정판결이 존재할 것
⑤ 경제적 필요성이 있을 것 □ 정답: ②

5. 다음 중 확인하는 소의 보충성 원칙에 관한 설명으로 옳은 것?
① 보충성 원칙은 존재하지 않는다.
② 이행의 소로 해결 가능한 경우에도 확인하는 소는 항상 허용된다.
③ 이행의 소로 해결 가능하면 원칙적으로 확인하는 소는 부적법하다.
④ 형성의 소가 가능한 경우에만 인정된다.
⑤ 상고심에서만 적용된다. □ 정답: ③

6. 단순 사실확인하는 소가 허용되는 경우는?
① 상대방이 동의한 경우
② 재판상 자백이 있는 경우
③ 그 사실의 존부가 법률관계의 존부와 직접 관련된 경우
④ 이미 소송이 진행 중인 경우
⑤ 항상 허용된다 □ 정답: ③

7. 다음 중 확인하는 이익이 인정되지 않는 경우는?
① 상대방이 권리 존재를 적극 주장하는 경우
② 현재 분쟁 상태가 아닌 경우
③ 법률관계의 불안이 존재하는 경우
④ 예방적 해결이 필요한 경우
⑤ 상대방이 채권을 행사하는 경우 □ 정답: ②

8. 기판력이 존재하는 경우 확인하는 소는 어떻게 되는가?
① 항상 적법
② 원칙적으로 부적법
③ 제3자 소송에서는 적법
④ 가집행 선고 유무에 따라 다르다
⑤ 상대방 동의 시 적법 □ 정답: ②

9. 다음 중 확인하는 소가 인정되는 경우는?
① 장래 손해 발생 여부 확인
② 보험금 지급 의무의 존부 확인
③ 사고 장면이 사실인지 확인
④ 민원 처리 절차 적법성 확인
⑤ 증인의 신뢰성 확인 □ 정답: ②

10. 확인하는 소의 기능으로 옳은 것은?
① 형성적 판단
② 강제집행 확정
③ 법률관계의 조기 확정 및 분쟁 예방
④ 사실적 판단
⑤ 실체법 판단을 제한한다 □ 정답: ③

11. 법률관계가 이미 확정되어 분쟁이 없는 경우 확인하는 소는?
① 적법
② 부적법
③ 상고심에서 적법
④ 항소심에서 적법
⑤ 원고가 필요하다고 하면 적법 □ 정답: ②

12. 확인하는 소가 인정되기 위한 확인하는 이익에 해당하지 않는 것?
① 현재 법률적 위험
② 이행판결보다 확인판결이 더 적정한 경우
③ 판결을 통해 법률상 지위를 명확히 할 필요
④ 단순한 호기심
⑤ 사회적 명예 침해 예방 필요성 □ 정답: ④

13. 다음 중 법률관계 확인이 아닌 것은?
① 채무부존재 확인

② 소유권확인
③ 명예훼손 사실 확인
④ 임대차관계 존재 확인
⑤ 근로자 지위 확인 □ 정답: ③

14. 상대방이 법률관계 존재를 주장하지 않는데 원고가 단순히 선언적 의미에서 확인을 구하는 경우 확인하는 이익은?

① 인정된다
② 일부 인정되지만 제한적
③ 판사 재량
④ 인정되지 않는다
⑤ 조건부 인정 □ 정답: ④

15. 확인하는 소에서 '법률상 이익'의 의미는?

① 소송이 빨리 진행되는 것이 유리한 경우
② 당사자가 경제적으로 손해를 보는 경우
③ 현재 법률적 위험이 제거될 필요가 있는 경우
④ 원고가 소송을 원할 경우
⑤ 상대방이 변호사를 선임한 경우 □ 정답: ③

16. 다음 중 '예방적 확인하는 소'가 인정되는 대표 사례는?

① 장난성 소송
② 명예훼손 관련 허위 사실 제거 목적
③ 과태료 사실확인
④ 소송 상대방 변경
⑤ 고소장 내용검토 □ 정답: ②

17. 채무 존재확인과 채무부존재확인 중 먼저 제기된 소송의 법적 효과는?

① 먼저 제기된 확인하는 소가 우선한다
② 후소 우선
③ 둘 다 무효
④ 소송물 동일성 불인정
⑤ 기판력 제한됨 □ 정답: ①

18. 확인하는 소의 기능은 다음 중 어디에 속하는가?

① 이행을 청구하는 소
② 형성을 청구하는 소

③ 사실확인하는 소
④ 판결적 권리확정 소송
⑤ 이행 · 형성 · 취소 소송 □ 정답: ④

19. 확인판결의 효력으로 옳은 것은?
① 기판력 없음
② 기판력 인정
③ 형성력 인정
④ 강제집행 가능
⑤ 판례에 따라 달라진다 □ 정답: ②

20. 확인하는 소의 요건 중 가장 본질적인 기준은?
① 경제적 이익
② 사실 판단
③ 법률상 이익
④ 지역관할
⑤ 원고의 의사 □ 정답: ③

□ 마무리

- 확인하는 소는 법률관계의 존부를 대상으로 하고, 현재의 법률상 위험을 제거할 필요가 있을 때 인정되며, 이행을 청구하는 소가 가능한 경우에는 원칙적으로 보충적 기능에 그친다.

5. 증서의 진정여부를 확인하는 소(제250조)

(1) 뜻

㈎ 확인하는 소는 법률관계를 증명하는 서면의 진정여부를 확정하기 위해서도 제기할 수 있다. 서면의 진정여부의 확인은 사실관계에 속하지만 대상 서면을 법률관계를 증명하는 서면으로 한정하여 그 진정여부가 확정되면 당사자는 그 서면의 진정 여부에 관하여 더 이상 다툴 수 없게 되는 결과 법률관계에 관한 분쟁 자체가 해결되거나 적어도 분쟁의 해결에 도움이 되기 때문이다. 그러므로 단지 과거의 사실관계만 증명하는 서면은 여기에 해당하지 아니한다. 또한 그 소가 적법하기 위해서는 그 증서의 진정 여부의 확인을 구할 확인하는 이익이 인정되어야 한다. 따라서 이때 확인할 대상이 되는 법률관계를 증명하는 서면이라 함은 그 기재내용으로부터 원고의 법적 지위 자체 또는 이를 이유 있게 하는 법률관계를 증명하는 서면[231)]으로

231) 대판 2007.6.14. 2005다29290,29306.

서 예를 들어 매매계약서, 차용증서, 어음·수표와 같은 처분문서를 의미한다. 그러나 단순히 사실관계를 확인하는 서면, 예를 들어 대차대조표, 회사결산보고서나, 일반적으로 부가가치세법에서 정한 사업자가 공급받는 자에게 재화 또는 용역을 공급한 과거의 사실을 증명하기 위하여 작성되는 세금계산서와 같은 보고문서는 증서의 진정여부를 확인하는 대상이 아니다.[232)]

(나) 여기서의 처분문서에는 전자문서법 제4조의2 소정의 서면요건을 갖춘 전자문서도 포함된다고 풀이하여야 한다. 전자문서는 유형물인 문서를 대상으로 한 것이 아니라 무형물인 '정보'에 관한 것이기는 하지만 우리나라에서는 다른 나라와 달리 전자문서법 제4조의2에 의하여 종이문서인 서면과 전자문서의 동일성을 인정하고 있기 때문이다.[233)]

(2) 진정 여부

(가) 진정 여부라 함은 그 서면이 작성자라고 주장하는 자의 의사에 터 잡아 작성되었는지 여부를 말하고 그 서면의 기재 내용이 객관적 사실에 합치되는가를 확인하는 것이 아니다.[234)] 객관적 진실에 합치되는지 여부는 법관의 자유심증에 속하기 때문이다.

(나) 증서의 진정여부를 확인하는 소는 확인판결로 보호되어야 할 원고의 권리 또는 법적 지위의 위험 또는 불안이 오로지 그 서면의 진정 여부에 걸린 경우에 인정되는 소송이다. 따라서 만약 분쟁이 그 서면의 진정여부뿐 아니라 그 서면에 의하여 이루어진 법률행위의 효력에 관해서도 생겨 그 서면의 진정여부만을 확인하는 것으로는 분쟁이 해결될 수 없다면 이때에는 증서가 아니라 그 법률관계의 존부를 확인하는 소를 제기하여야 한다.

(다) 증서의 진정여부를 확인하는 소는 법률관계를 증명하는 서면으로 한정하더라도 결국 서면의 진정 여부 확인만을 구한다는 점에서 법원이 사실관계의 확인청구를 예외적으로 인정하는 경우가 된다.

(3) 확인하는 이익

증서의 진정여부를 확인하는 소도 확인하는 소의 하나이기 때문에 확인하는 이익이 있어야 한다.

---

232) 대판 1967.3.21. 66다2154, 2001.12.14. 2001다53714.
233) [75]Ⅲ.7.(1)「전자문서에 관한 비교법적 고찰」참조.
234) 대구고판 1978.8.10. 76나1438.

6. '재판상 청구'가 있다는 점에 대하여만 확인을 구하는 새로운 방식의 확인소송[235)]

(1) 판례[236)]는, 시효중단을 위한 후소로써 이행소송 외에 전소판결로 확정된 채권의 시효를 중단시키기 위한 조치, 즉 '재판상 청구'가 있다는 점에 대하여만 확인을 구하는 형태의 '새로운 방식의 확인소송'을 허용할 필요가 있다면서 그 이유는 시효중단을 위해서 오로지 전소와 소송목적이 동일한 이행소송만 제기되어야 한다면 채권자가 실제로 의도하지도 않은 청구권의 존부에 관한 실체심리가 진행됨으로써 채무자는 전소판결에 대한 청구이의 사유를 조기에 제출하지 아니할 수 없어 법원은 이에 관하여 불필요한 심리를 하여야 하며, 채무자는 중복된 이행판결로 말미암은 이중집행의 위험에 노출되고, 실질적인 채권의 관리 · 보전비용을 추가로 부담하게 되며, 채권자 또한 자신이 제기한 후 소의 적법성이 10년의 경과가 임박하였는지 여부라는 불명확한 기준에 의해 좌우되는 불안정한 지위에 놓이게 되므로 이와 같은 문제점을 해결하기 위해서라는 것이다.

(2) 생각건대 원고가 이미 확정력 있는 집행권원을 가지고 있는 경우에 그 집행권원의 범위에 관하여 다툼이 없는 한 새로운 소를 제기하는 것은 원칙적으로 부적법하다. 또한 소제기를 반복하는 것보다 더 간단한 시효중단 방법이 있을 경우, 예컨대 임의경매신청 등으로 소멸시효를 중단시킬 수 있는 경우[237)] 등에는 동일한 소송목적에 대한 소의 반복 제기를 허용해서는 안 될 것이다. 그러나 소멸시효의 완성이 임박하고, 소제기보다 간편한 민사집행의 방법이 없는 경우에는 시효중단을 위한 확인소송을 허용하여야 하며, 그 경우의 확인소송은 확인하는 이익이 부존재하는 부적법한 확인소송도 허용하여야 할 것이다. 독일 연방통상대법원(BGH) 판례에 따르면, 부적법한 확인하는 소라고 하더라도 실질적 권리자에 의해서 제기되는 한,[238)] 소멸시효는 원칙적으로 중단된다고 하였다.[239)] 다만 채권이 단지 도산절차에서의 신청에 의해서만 회수될 수 있을 때에는, 확인하는 소로 소멸시효를 중단할 수 없다고 한다.[240)]

(3) 결국 우리 대법원판결의 '새로운 방식의 확인소송'은 독일판례상 '시효중단을 위한 확인소송'과 같다고 평가할 수 있다. 확인소송의 기능은 분쟁의 예방에 있는데 시효중단을 위한 확인소송이나 새로운 방식의 확인소송은 소멸시효에 관한 분쟁해결 기능이 있다고 할 것이므로 법률관계의 분쟁에 관한 확인소송이 아니어서 부적법하다고 하더라도 시효중단을 위한 것

---

235) 강현중, '재판상 청구'가 있다는 점에 대하여만 확인구하는 '새로운 방식소송'(법률신문 2019.2.18.자).
236) 대전판 2018.10.18. 2015다232316(평석은 [31] 참조).
237) 대판 1991.12.10. 91다17092.
238) BGH NJW 2010, 2270 Rn. 38; BeckOK ZPO/Bacher, 31. Ed. 1.12.2018, ZPO §256 Rn. 13.2.
239) BGH NJW-RR 2013, 992 Rn. 28; NJW 2004, 3772; BeckOK ZPO/Bacher, 31. Ed. 1.12.2018, ZPO § 256 Rn. 13.2.
240) BGH NJW-RR 2013, 992 Rn. 28; BeckOK ZPO/Bacher, 31. Ed. 1.12.2018, ZPO §256 Rn. 13.2.

이라면 당연히 허용할 필요가 있다. 다만 법률상 확인소송으로서는 부적법하므로 이를 허용하기 위해서는 소멸시효완성의 임박성이나 소제기보다 간단한 민사집행 방법이 부존재하다는 보충성의 원칙이 있어야 할 것이다. 그렇지 않고 시효중단을 위한 재소를 허용하여 영구적으로 소멸하지 않는 채권의 존재를 인정하게 되면, 각종 채권추심기관의 난립과, 횡행을 부추겨 충분한 변제능력이 없는 경제적 약자가 견뎌야 할 채무의 무게가 더욱 무거워지는 사회적 문제가 따르기 때문이다.

[53] 제5. 형성을 청구하는 소(형성의 소, 형성소송)

1. 뜻

(가) 형성을 청구하는 소라 함은 원고가 피고에 대하여 일정한 법률효과(즉 권리 또는 법률관계가 발생·변경·소멸하는 법률관계의 변동을 말한다)를 발생하게 하는 법률요건의 존재를 주장하고 법원에 대하여 이에 터 잡은 권리 또는 법률관계의 변동을 선언하는 형성력 있는 판결을 구하는 소를 말한다. 형성력이란 당사자 한 쪽만의 의사표시에 의하여 법률관계를 발생·변경·소멸시키는 힘을 말하므로 형성을 청구하는 소는 결국 형성력 있는 판결을 구하는 소송이라고 할 수 있다.

(나) 원래 사적자치의 원칙 아래에서는 법률행위 기타 법률요건이 존재하면 사법상 권리관계가 발생·변경·소멸되는 법률효과가 생긴다. 예컨대 원고가 피고와의 사이에서 민법 제544조의 요건을 갖추어 매매계약이 해제되었다고 주장함에 대하여 피고는 그것이 유효하게 존속한다고 주장하는 경우에 원고가 위 매매계약의 해제확인을 구하는 것은 위 매매계약이 해제됨으로써 그로 말미암아 현재는 매매계약이라는 법률관계가 존재하지 않는다는 것을 주장하는 취지라고 볼 수 있다.[241] 또 갑과 을사이의 매매계약이 을의 사기에 의하여 이루어져서 민법 제110조의 요건을 갖추었다면 갑은 취소권이라는 형성권을 행사하여 이 매매계약을 취소할 수 있고 그 효과로서 이 매매계약은 처음부터 효력이 없다. 따라서 갑은 취소권의 행사결과로서 이 매매계약이 무효이므로 이행소송으로서 이미 지급한 매매대금의 지급과 손해의 배상을, 부당이득반환청구와 불법행위로 인한 손해배상청구의 소송으로 구하면 될 것이고 따로 매매계약의 취소권이라는 형성권의 존재를 소송으로 구할 필요가 없는 것이다.[242]

(다) 법률이, 법률효과의 발생을 그 원인사실이나 당사자의 의사표시만으로 생기게 하지 아

241) 대판 1982.10.26. 81다108.

242) 이 경우에 피고가 매매계약의 무효를 다투는 경우에 원고는 확인하는 이익이 있다면 따로 매매계약의 무효확인이라는 확인소송을 제기할 수 있을 것이다.

니하고 오로지 그 형성요건의 존재를 소로써만 주장하도록 하여 그에 대한 판결이 확정될 때까지 권리변동의 효과를 유보하였다가 판결(즉 형성판결)이 확정될 때 비로소 그 효과가 생기게 규정하는 경우가 있다. 이 법률의 규정에 따라 형성력의 발생을 목적으로 제기하는 소가 바로 형성을 청구하는 소이다.[243] 예를 들어 부부가 살다가 뜻이 맞지 않아 이혼하려고 하는 경우에 당사자들 사이에 협의가 이루어져 이혼이 성립하면 문제가 없지만 협의가 성립하지 않을 때에는 상대방 배우자가 민법 제840조에서 정해 놓은 이혼원인이 있다고 주장하더라도 그것만으로는 이혼이 성립되지 않고 법원에 이혼청구를 하여 판결이 확정되어야만 이혼이 성립되어 비로소 부부라는 가족관계가 해소되는 것이다. 이처럼 부부라는 가족관계를 남남의 관계로 변경시키는 힘을 형성력이라고 한다면 형성력 있는 판결을 구하는 소가 형성을 청구하는 소라고 할 것이다.

2. 특징

(1) 법률의 규정

㈎ 형성소송은 형성요건의 존재를 소로써만 주장하도록 법률이 규정한 경우에 한하여 인정된다.[244] 즉 어떠한 경우에 형성을 청구하는 소가 요구되는 가는 법률에 의하여 개별적으로 규정된다.

㈏ 헌결 2014.12.19. 2013헌다1[245] 우리나라 헌법재판소는 독일연방헌법재판소와 달리, 그 심판절차에 관하여는 헌법재판의 성질에 반하지 아니하는 한도에서 민사소송법을 준용한다(헌재 제40조 제1항 참조).[246] 따라서 헌법재판소의 정당해산심판의 심판절차는 성질상 민사소송법 규정을 준용하여야 할 것이다.[247] 그렇다면 정당해산심판은 정당이란 단체의 소멸·변경에 관한 심판으로서 형성적 재판이므로 정당해산심판의 심판절차에 관하여는 다른 형성의 재판과 동일하게 이에 관한 법률에 규정이 있어야 할 것이고, 그 규정은 헌법재판소법 제55조 이하에 마련되어 있다. 그런데 헌결 2014.12.19. 2013헌다1은, 피청구인 통합진보당의

---

243) 대결 2022.6.7. 2022그534.

244) 대판 1993.9.14. 92다35462, 2001.1.16. 2000다45020 참조.

245) 평석은 [4] 참조.

246) 독일연방헌법재판소법 제31조 제1항은, 연방헌법재판소의 재판은 연방과 주의 헌법기관 및 모든 법원과 행정청을 기속한다고 규정하여 연방헌법재판소를 최고법원의 지위에 두고 있으며, 우리 헌법재판소법 제40조 제1항과 같은 민사소송법 준용규정을 두고 있지 아니한다. 반면 우리 헌법재판소법 제47조 제1항은 헌법재판소의 위헌법률결정이 법원 및 그 밖의 국가기관 및 지방자치단체를 기속한다고 규정할 뿐 독일과 같이 위헌법률 결정 외의 다른 헌재결정(예컨대 정당해산 결정 등)도 법원 등을 기속한다는 규정을 두고 있지 아니한다. 더구나 우리 헌법재판소법 제68조 제1항은 독일연방헌법재판소법 제90조 제1항과 달리, 헌법소원심판사항에서 법원의 재판에 대한 재판소원을 제외하고 있어 헌법재판소의 심판과 법원의 재판이 다른 경우에 이를 제어할 방안도 없다.

247) 같은 취지: 김철수, 헌법과 정치(진원사, 2012), 887면 참조.

해산결정 이외에도 피청구인의 소속 국회의원 김미희 외 4인의 국회의원직 상실결정을 하였다. 헌법재판소의 국회의원직상실결정에 관해서도 성질상 민사소송법상의 형성소송에 관한 소송절차를 준용하여야 한다. 왜냐하면 국회의원직 상실결정은 헌법 및 국회법에서 정한 국회의원직의 소멸·변경에 관한 심판으로서 다른 형성의 재판과 동일하기 때문이다. 따라서 이에 관해서도 법률의 규정이 필요한 것이다.[248] 그러나 헌법은 물론 헌법재판소법에 이에 관한 규정이 없으며 국회법에서도 국회의원의 사직(국회 제135조 참조), 퇴직(국회 제136조 참조), 제명(국회 제163조 제1항 4호 참조)의 규정이 있지만 국회의원직 상실에 관해서는 아무런 규정이 없다. 정당의 해산을 명하는 헌법재판소의 결정은 선거관리위원회가 정당법에 따라 집행하는데(헌재 제60조) 정당법에서도 정당의 소멸에 관한 절차규정이 있을 뿐(정당 제44조 이하 참조) 소멸되는 정당 소속 국회의원의 의원직 상실절차에 관해서는 아무런 규정이 없다.[249] 공직선거법에서도 이에 관한 규정을 찾아볼 수 없다. 그럼에도 불구하고 헌결 2014.12.19. 2013헌다1은 피청구인 통합진보당의 해산결정 이외에 피청구인의 소속 국회의원 김미희 외 4인의 국회의원직 상실결정을 함으로써 형성재판에 관한 민사소송의 기본원리에 어긋났다.[250]

(다) 사단법인 대표자에 대해서 해임을 청구할 수 있는 법률 규정은 없다. 그러나 하급심판

248) 앞의 대법원 92다35462호 판결도 이를 확인하고 있어, 법원의 판결에 대한 재판소원이 금지된 현행 헌법재판소법 아래에서는 위 대법원판결을 헌법재판소가 무시할 수 없다.

249) 1963.12.17. 개정헌법(이른바 제3공화국헌법)은 정당해산심판권을 대법원에 부여하였고(위 헌법 제103조 참조), 대법원의 정당해산심판에 의하여 정당이 해산되면 해산된 정당의 소속 국회의원은 그 자격이 상실된다(위 헌법 제38조 참조)고 규정하였다. 그러나 그 후 헌법이 개정되면서 정당해산심판권은 헌법재판소로 이관되었고, 해산된 정당의 소속 국회의원의 자격상실 규정은 헌법에서 사라졌으며 다른 입법에서도 이에 관한 규정을 찾아볼 수 없다.

250) 위헌을 이유로 해산된 정당의 소속국회의원이 의원직을 상실하느냐에 관하여 대체로 3개의 견해가 있다[이에 관해서는 오호택, 헌법소송법(동방문화사, 2015.3), 233면 이하 참조]. 제1설은 비례대표직은 상실되지만 지역구의원직은 유지된다는 설, 제2설은 비례대표든 지역구든 의원직을 상실하지 아니한다는 설, 제3설은 비례대표든 지역구든 모두 의원직을 상실한다는 설이다. 우리 헌법재판소는 제3설을 취하였는데 그 논거는 오늘날 정당국가적 민주주의 아래에서는 유권자들이 후보자의 소속정당을 기준으로 투표를 한다는 점, 의원직을 상실시키지 아니할 경우 방어적 민주주의에 위배된다는 점 등이다.그러나 이 견해는 정당해산에 관하여 민사소송법의 준용규정이 없는 독일에서는 적용될 수 있을지 몰라도 현행 우리 법에서는 그에 관한 명문을 규정하는 입법이 없는 한 그 입법의 필요성에 관한 설명이 될 수는 있어도 현행 헌재법 제55조 이하의 정당해산심판 규정에 관한 해석론으로서는 수용할 수 없다. 독일 연방헌법재판소는 국회의원직 상실여부에 관한 명문의 규정이 없음에도 SRP(사회주의 국가당)해산결정을 하면서 SRP소속 국회의원의 의원직 상실결정을 하였다(오호택, 위 책 234면 참조). 그런데 독일연방헌법재판소는 우리나라와는 완전히 그 지위가 다르다. 독일연방헌법재판소는 다른 연방 법원에 상위하는 지위에 있으며, 독일 대통령 다음가는 제2의 헌법기관이며, 독일의 연방의회나 연방정부에 상위하는 기관이고, 헌법재판소장은 대통령 유고시에 대통령권한을 대행한다. 헌법재판소 재판관은 그야말로 최고의 법관이고 과거의 군주에 대신하는 법관왕(Richterkonig)이라고 불려진다(김철수, 위 책 929면 참조). 이러한 위치의 독일헌법재판소는 입법의 필요성을 느끼지 않고 어떤 내용의 판결도 할 수 있음은 당연하다 하겠다. 그러나 우리나라 헌법재판소는 독일 연방헌법재판소와 달리 법원의 재판에 대한 재판소원을 취급할 수 없어 법원 위의 최고법원도 아닐 뿐 아니라 입법의 필요를 느끼지 않는 법 창조적 기능이 없으며 나아가 정당해산에 관하여는 민사소송법을 준용하여야 하기 때문에 형성재판에 대한 법원의 판결을 무시할 수 없다. 따라서 헌재는 법 규정이 없이 위헌 정당 소속 국회의원의 국회의원직을 상실시킬 수 없는 것이다.

결 중에서는 대표자의 중대한 과실로 인하여 단체의 존립이 위태로운 상황 등 일정한 요건 아래에서 예외적으로 이사에 대한 해임청구권을 인정한 상법 제385조 제2항을 유추적용할 수 있다고 보는 것이 현실적으로 필요하고 타당하다고 판시한 판례[251]가 있다.

(2) 획일적 법률관계

㈎ 형성소송은 그 승소판결이 확정될 때 비로소 형성요건에 기초한 법률효과가 발생하므로 형성판결이 확정될 때까지 어느 누구도 법률관계의 변동을 주장할 수 없다. 항변 또는 전제사실로도 주장할 수 없다. 이혼소송 중의 당사자들이 별거하여 사실상 혼인생활을 하지 아니하더라도 이혼판결이 확정되지 않으면 누구도 그들이 부부가 아니라고 말할 수 없는데 이것은 항변 또는 전제사실로도 주장할 수 없다는 것이 그 예이다. 그러나 일단 이혼판결이 확정되면 형성력에 의하여 이들은 남남이 되는데 그 효력은 당사자 사이에서는 물론 제3자들에게도 미친다.

㈏ 형성을 청구하는 소에 대한 이와 같은 취급은 권리관계의 변동 그 자체를 사실상 곤란하게 하는 반면 그 변동을 명확하게 함으로써 법률관계를 둘러싼 불필요한 분쟁을 방지함과 동시에 판결의 효력을 제3자에게 미치게 하여 많은 이해관계인들 사이의 법률관계를 획일적으로 처리하는 구실을 한다.

3. 종류

(1) 실체법상 형성을 청구하는 소

이것은 실체법상 법적 변동을 목적으로 형성을 청구하는 소를 말한다. 이 소송은 이해관계인 모두에 대하여 획일적인 법적 변동을 일으켜 법률관계의 안정을 꾀할 필요가 있는 경우에 주로 인정되고 있다.

㈎ (a) 혼인의 취소(민 제816조), 이혼(민 제840조) 또는 이혼의 취소(민 제838조), 입양의 취소(민 제884조), 협의상 파양의 취소(민 제904조), 재판상 파양(민 제905조), 자의 인지청구(민 제863조) 등 가사소송(가소 제2조)이 여기에 속한다. 이혼 또는 파양은 당사자들의 협의에 의하여 성립하지만 협의가 이루어지지 아니할 때에는 소에 의하여 강제할 수 있다는 점에서 형성소송이다.

(b) 회사설립의 무효·취소(상 제184조), 합병무효(상 제236조), 주주총회 결의의 취소(상 제376조), 부당결의의 취소·변경(상 제381조) 등 회사관계소송은 모두 형성소송이다. 설립무효,

---

251) 서울지법 동부지결 2000.9.20. 2000카합1702.

합병무효의 소는 「무효」라는 용어를 사용하더라도 「무효」를 선언하는 판결이 없는 이상 누구라도 무효를 주장할 수 없고, 다른 소송의 선결문제로서도 주장할 수 없어 유효하게 취급되지 않으면 안 된다는 의미에서 형성소송이다.

(나) 실체법상 형성을 청구하는 소는 법률관계의 변동을 가능한 한 억제함으로써 그 법률관계의 안정을 꾀하기 위하여 소를 제기할 자를 일정하게 한정시키고(예, 민 제817조, 제818조), 출소(出訴)기간을 제한하고 있다(예, 민 제819조, 제822조).

(다) **검토하여야 할 형성소송의 여러 가지**

(a) **혼인의 무효**(민 제815조) 혼인의 무효는 가사소송사항(가소 제2조 제1항)이고 그 판결의 효력은 대세효(對世效)가 있어 모든 사람에게 미친다. 그러나 혼인의 무효사유는 당사자 사이에 혼인의 합의가 없거나 당사자 사이에 8촌 이내의 혈족 또는 직계인척관계가 있거나 있었던 근친혼 관계에 있는 등(민 제815조) 그 흠을 소로써만 주장하여 무효로 하기에는 너무 중대하다. 그리하여 민법에서도 혼인의 취소에 관해서는 소에 의할 것을 규정하면서도 무효에 관해서는 아무런 규정을 두고 있지 않다. 그러므로 혼인무효의 소는 확인하는 소로 보아 다른 소송에서도 혼인의 무효를 항변이나 선결문제로도 주장할 수 있게 하여야 할 것이다. 그러므로 혼인무효판결의 대세효는 형성력이라고 하기보다는 기판력의 제3자에 대한 확장력으로 보아야 할 것이다.

(b) **주주총회결의의 취소**(상 제376조), **무효 및 부존재확인**(상 제380조) (i) 상법은 주주총회의 결의를 다투는 소송의 모습으로 결의를 취소하는 소(상 제376조), 결의무효 및 부존재를 확인하는 소(상 제380조), 부당결의를 취소·변경하는 소(상 제381조) 등 4개를 규정하고 있다. 이 가운데 부당결의를 취소·변경하는 소는 특수한 모습으로 사례도 많지 아니하여 제외한다.

(ii) (ㄱ) 결의취소소송은 총회의 소집 또는 결의의 방법이 법령 또는 정관에 위반되거나 현저하게 불공정하다고 하여 총회의 결의를 다투는 소이고,[252] (ㄴ) 결의무효확인소송은 결의의 내용이 법령·정관에 위반한 것을 주장하여 총회 결의의 무효를 다투는 소이며, (ㄷ) 결의부존재확인소송은 결의가 유효하게 존재하는 외관을 갖추고 있으나 총회의 소집 또는 결의의 방법에 총회결의가 존재한다고 볼 수 없을 정도의 중대한 흠이 있는 것을 이유로 그 결의가 부존재하다고 다투는 소이다. 주주총회 결의 부존재확인의 소에서 확인하는 이익은 주주총회 결의의 존재나 외관으로 인하여 회사를 둘러싼 현재의 권리 또는 법률관계에 장애가 생겨 그 부존재의 확인을 구함으로써 그 결의의 존재나 외관을 제거할 필요가 있는 경우에 인정될 수 있다. 예컨대 주주총회 결의 당시 피고가 발행한 주식은 주금이 납입되지 않아 신주발행의 실체가 존재하지 않는 것을 제외하고 설립 당시 발행한 10,000주뿐인데 그중 7,000주(70%)에 대하

252) 소집권자가 구두로 소집통지하거나 법정소집기간을 준수하지 않거나 극히 일부에 대하여 소집통지를 누락하거나 정족수 미달의 결의 등은 결의취소의 사유에 불과하다(대판 2014.11.27. 2011다41420 참조).

여 주주권을 행사할 수 있었던 원고에 대해 이 사건 주주총회의 소집통지가 이루어지지 않은 것은, 이 사건 주주총회 결의에는 그 결의가 존재한다고 볼 수 없을 정도의 중대한 하자가 있는 것이다.[253] 그러나 주주총회 자체가 소집된 바 없을 뿐만 아니라 결의서 등 그 결의의 존재를 인정할 아무런 외관적인 징표도 찾아볼 수 없고 원고의 주장 자체로도 주주총회 자체가 소집된 바 없다고 한다면 주주총회결의부존재확인의 소를 제기할 확인의 이익조차 없다.[254] 또 주주총회 결의에 의하여 선임된 임원들이 모두 그 직에 취임하지 아니하거나 사임하고 그 후 새로운 주주총회에서 후임 임원이 선출되어 선임등기까지 마친 경우에도 당초 결의의 부존재나 무효확인 또는 취소를 구할 소의 이익이 없다.[255]

(iii) 주식회사의 총회결의에 대한 부존재확인청구나 무효확인청구는 모두 법률상 유효한 결의의 효과가 현재 존재하지 아니함을 확인고자 하는 점에서 동일한 것이므로 법률상 부존재로 볼 수밖에 없는 총회결의에 대해서 결의무효확인을 청구하고 있다고 하여도 이는 부존재확인의 의미로써 무효확인을 청구하는 취지로 풀이할 수 있다.[256]

(iv) 이들 소송들은 같은 결의에 관해서 총회의 소집, 결의의 방법을 다투는 것인가(결의취소소송), 그 내용이 법령 · 정관에 위반됨을 주장하는 것인가(결의무효확인소송) 아니면 결의의 존재 자체를 다투는 것인가(결의부존재확인소송) 등으로 모습을 달리하고 있으나 결의의 효력을 부정하는 선언을 구한다는 점에서 공통된다. 그러므로 같은 결의의 흠을 독립된 소송으로 다투는 경우에는 위 세 개 소송의 소송 목적을 공통된 1개로 보아 위의 흠 들은 1개의 청구를 뒷받침하는 공격방어의 방법으로 파악할 수도 있다. 그러나 판례는 같은 결의에 관한 경우에도 취소, 무효확인 및 부존재확인의 각 소송을 별개의 소송목적으로 보고 있으므로[257] 각 소송의 성질이 문제된다. 다만 주주총회가 법령 및 정관상 요구되는 이사회의 결의 및 소집절차 없이 이루어졌다고 하더라도, 주주명부상 주주 전원이 참석하여 총회를 개최하는 데 동의하고 아무런 이의 없이 만장일치로 결의가 이루어졌다면 그 결의는 특별한 사정이 없는 한 유효하다.[258]

(v) 결의취소소송을 형성소송으로 보는 데는 이론이 없다. 문제는 결의무효 및 부존재확인소송을 확인소송으로 볼 것인가 아니면 결의취소소송과 같이 형성소송으로 볼 것이냐이다. 구별의 실익은 확인소송으로 본다면 결의무효 및 부존재사실을 선결문제 또는 항변으로 다투어 그 결의의 효력을 부정할 수 있으나 형성소송으로 본다면 그 결의의 효력은 오로지 소에 의해서만 주장할 수 있기 때문이다. 그런데 1995.12.29. 상법 개정에서는 상법 제380조에서

---

253) 대판 2024.6.13. 2018다261322.
254) 대판 1993.3.26. 92다32876.
255) 대판 2008.8.11. 2008다33221.
256) 대전판 1983.3.22. 82다카1810.
257) 대판 1978.9.26. 78다1219.
258) 대판 1996.10.11. 96다24309.

정한 결의무효 및 부존재확인판결에도 그 판결의 효력이 제3자에 대하여도 효력이 있다는 상법 제190조 본문만 준용하고, 판결확정 이전에 생긴 회사와 사원 사이 및 제3자 사이의 권리의무에는 영향을 미치지 아니한다고 하여 소급효를 제한하는 그 상법 제190조 단서를 준용하지 아니한다고 하여 결의무효 및 부존재확인판결에 소급효를 명문으로 인정하고 있다.[259] 소급효를 인정한다면 이를 소송으로만 주장하게 하는 것보다는 항변으로도 주장할 수 있게 하여야 할 것이다. 따라서 주주총회결의 무효 및 부존재확인판결의 효력은 형성력이라고 하기보다는 기판력의 제3자에 대한 확장으로 보아야 할 것이므로 이들에 관한 소송은 확인소송이라 할 것이다. 판례[260]도 같은 취지에서 결의 무효 및 부존재 확인소송을 확인하는 소로 본다.

(vi) 주주총회결의 부존재를 확인하는 소는 제소권자의 제한이 없으므로 결의의 부존재확인에 관하여 정당한 법률상 이익이 있는 자라면 누구나 소송을 제기하여 그 확인을 구할 수 있다.[261] 그러나 주식회사의 주주는 주식의 소유자로서 회사의 경영에 이해관계를 가지고 있다고 할 것이지만, 회사의 재산관계에 대하여는 단순히 사실상, 경제상 또는 일반적, 추상적인 이해관계만을 가질 뿐, 구체적 또는 법률상 이해관계를 가진다고는 할 수 없고, 직접 회사의 경영에 참여하지 못하고 주주총회의 결의를 통해서 또는 주주의 감독권에 의하여 회사의 영업에 영향을 미칠 수 있을 뿐이므로, 주식회사의 주주가 주주총회결의에 관한 부존재를 확인하는 소를 제기하면서 이를 피보전권리로 한 가처분이 허용되는 경우라고 하더라도, 주주총회에서 이루어진 결의 자체의 집행 또는 효력정지를 구할 수 있을 뿐, 회사 또는 제3자의 별개 거래행위에 직접 개입하여 이를 금지할 권리가 없다.[262]

(c) * **사해행위취소를 청구하는 소(민 제406조)**

(i) **의의** (ㄱ) **개념** ① 사해행위취소를 청구하는 소라 함은 민법 제406조 제1항의 채권자취소권에 기초한 채권자의 소송을 말한다. 채권자취소권이란 채무자가 채권자를 해(害)함을 알고 자기의 일반재산을 감소시키는 법률행위(사해행위)를 한 경우에 채권자가 채권의 공동담보를 보전하기 위해서 그 법률행위를 취소하고 채무자의 재산을 원상으로 회복하는 것을 법원에 청구하는 권리(민 제406조)이다. 그러므로 채무자가 그의 유일재산을 매각하더라도 정당한 변제에 충당하기 위하여 상당한 가격으로 매각한 경우에는 사해행위에 해당하지 않는다.[263]

② 채권자취소권과 같은 목적을 가진 제도로서는 파산관재인 또는 관리인이 파산재단 또

259) 대판 2011.10.13. 2009다2996.

260) 대판 1992.8.18. 91다39924, 2014.11.13. 2009다71312,71329,71336,71343은 무효인 주주총회결의가 개정상법 이전에 있었고 그 무효확인판결이 개정 상법시행 이후에 확정되더라도 위 주주총회는 무효라고 판시하고 있는데 이는 결의무효확인 및 부존재확인 소송이 확인하는 소송임을 전제로 한 판시로 이해된다.

261) 대판 1980.10.27. 79다2267 등 참조.

262) 대결 2001.2.28. 2000마7839 등 참조.

263) 서울지판 1999.10.20. 98가합101847.

는 회생재산을 위하여 채무자의 행위를 부인할 수 있는 부인권(채무자회생 제391조, 제584조)이 있지만 이 권리는 채무자회생법상의 총괄집행을 위한 것으로써 모든 채권자의 공평한 만족을 위하여 대단히 신중하게 행하여진다. 그러나 채권자취소권은 이와 달리 개인 채권자로 하여금 채무자회생절차를 개시하지 아니하고서도 신속하게 채권의 공동담보를 보전하도록 한다는데 목적이 있어 앞의 부인권과 다르다.

③ 채권자취소권에 의하여 보호될 수 있는 채권은 원칙적으로 사해행위라고 볼 수 있는 행위가 행하여지기 전에 발생한 것이어야 하지만, 그 사해행위 당시에 이미 채권성립의 기초가 되는 법률관계가 발생하여 있고, 가까운 장래에 그 법률관계에 기하여 채권이 성립하리라는 사정에 대한 고도의 개연성이 있으며, 실제로 가까운 장래에 그 개연성이 현실화되어 채권이 성립한 경우에는, 그 채권도 채권자취소권의 피 보전채권이 될 수 있다.[264)]

④ 채권자취소권이 성립하려면 채무자가 행한 재산상의 법률행위가 채권자를 해하여야 한다(민 제406조 제1항 본문). 여기서 '채권자를 해하는 법률행위'는 채무자의 재산을 처분하는 행위로서, 그로 인하여 채무자의 재산이 감소하여 채권의 공동담보에 부족이 생기거나 이미 부족상태에 있는 공동담보가 한층 더 부족하게 됨으로써 채권자의 채권을 완전하게 만족시킬 수 없게 되는 것을 말한다. 따라서 이러한 사해행위는 채무자가 재산을 처분하기 이전에 이미 채무초과 상태에 있는 경우는 물론이고, 문제된 처분행위로 말미암아 비로소 채무초과 상태에 빠지는 경우에도 성립할 수 있다 다만 사해행위는 법률행위이어야 하므로 이미 이루어진 법률행위에 터 잡은 이행행위는 사해행위가 아니다.[265)]

(ㄴ) **연혁 및 성질** ① 이 제도는 연혁적으로 로마법상 파울리아나 소송(actio Pauliana)에서 유래한다.[266)]

고대 로마에서도 채권의 실질적 가치가 채무자의 자력에 좌우되는 것은 지금과 다름이 없었다. 채무자의 자력이 결핍되고, 채무변제 능력이 없을 때에는, 채권자는 실제로 만족할 수 없기 때문이다. 그러므로 채권자는 채무자가 자력을 보전하여 지급능력을 갖는데 대해 중대한 이해관계를 갖기 마련이다. 그러나 채무자의 자산을 이루는 각종 재산은 채무자의 권리에 속하므로 채권자는 채무자로부터 채권을 취득한다고 하여 직접 채무자의 재산에 관한 권리를 취득하는 것이 아니어서 채무자의 재산 관리에 대해서 어떤 간섭도 할 수 있는 위치에 있지 아니하였다. 하지만 채무자가 아무런 이유 없이, 또는 단순히 채권자에게 손해를 끼칠 의사로 자력을 감손(減損)하는 것은 채권자에 대해서 로마법이 가장 신성시하는 신의(bona fides)를 저버

---

264) 대판 2011. 1. 13. 2010다68084, 2017.9.21. 2015다53841.

265) 대판 2005. 4. 29. 2005다68808, 2017.9.21. 2015다53841.

266) 이에 관해서는 船田享二, ローマ법 제3권 (私法제2분책), 소화45년 개판제1쇄(岩波書店, 東京), 489면에서 501면까지를 참고하였다.

리는 행위가 되므로 이를 그냥 내버려두어서는 안 되어서, 로마의 법을 관장하는 법무관은 채무자가 채권자에게 손해를 줄 의사로 자기의 지급능력을 감손(減損)하는 행위를 할 때에는 채권자로 하여금 채무자의 이러한 행위의 무효를 주장할 수 있도록 허용하였다. 이것이 채권자의 사해행위(fraus creditorum) 취소청구이다. 이에 의해서 본래 채권자와 채무자 사이의 관계로 국한되는 채권·채무관계는, 특정한 경우에 대외적으로 제3자와의 관계로서도 인정되었다. 여기서 채권자를 사해하는 행위를 가리키는 라틴어 fraus라는 말의 의미를 좀 더 살필 필요가 있다. 이것은, 널리 사기 또는 악의의 의미이지만, 좁게는, 해방노예가 구주인(舊主人)의 상속권을 해할 의사로 행하는 일체의 권리양도행위 및 사인증여(死因贈與)를 말하였다. 노예제도가 존재하였던 고대 로마에서는 주인이 노예를 해방시켜주면서 그 해방 노예의 생전에는 자유인처럼 생활하게 하였으나 사망했을 때에는 사망한 노예의 전 재산을 구주인에게 상속하게 하는 관행이 있었는데 이 관행을 벗어나 해방노예가 구주인의 상속권을 해하는 위와 같은 행위를 fraus라고 하였던 것이다.

채권자를 사해하는 채무자의 이와 같은 행위를 제재하는 방법은, 채권자의 신청에 의해 마련된 법무관의 원상회복명령 또는 특시명령(interdicts)이고, 이 방법은, 기원전 1세기 무렵의 키케로 시대에도 사용되었다고 알려졌다. 그런데 법무관이 승인한 사해행위의 제재 방법은, 동로마의 유스티니아누스 황제 법에서 많은 수정을 받아 학설유집(Digesta)의 한 개 법문에서 파울리아나 소송(actio Pauliana)이라고 규정되어 오늘에 이르렀다.

② 현대법에의 시사 고대 로마의 파울리아나 소송은 현재 우리나라에서 시행되고 있는 사해행위취소 또는 채권자취소소송에도 많은 시사(示唆)를 주고 있음을 유의하여야 할 것이다. 우선 현재의 채권자취소소송에서는 채권자가 채무자를 대위하여 제3채무자, 즉 수익자에게 채권자취소소송을 제기할 수 있지만 이는 채권자와 수익자와의 관계에서 채권이 채무자의 책임재산으로 취급될 뿐 채권자가 직접 채권을 취득하여 권리자로 되는 것이 아니므로 채권자는 채무자를 대위하여 자신에게 직접 채권에 관한 지급을 하라고 청구할 수 없고,[267] 채권자가 채권자취소권을 행사하려면 사해행위로 인하여 이익을 받은 자나 전득한 자를 상대로 그 법률행위의 취소를 청구하는 소송을 제기하여야 되는 것으로써 채무자를 상대로 해서는 안 된다고 하는데[268] 이는 고대 로마시대 구주인(舊主人)이 한 때 인격이 없었던 해방노예를 상대로 하는 소송을 기피하였다는데 이유가 있을 것이다. 고대 로마에서 신의(bona fides)는 신(神)의 위치에 있을 정도로 중요하였는데 해방노예와 그 보호자였던 구 주인사이에서도 당연히 신의가 적용되어 상세한 법적 규제가 있었다. 구 주인은 해방노예에 대한 보호나 원조의 책임을 부담하지만 해방노예도 구주인에 대해서 공겸(恭謙)의무(reverentia)나 공순(恭順)의무(obsequ-

267) 대판 2015.11.17. 2012다2743 참조.
268) 대판 2004.8.30. 2004다21923 참조.

ium)가 재산법이냐 비재산법이냐를 묻지 않고 넘칠 정도로 많았는데 채권자취소소송은 그 하나의 형태였다.

③ **채권자대위권과의 차이** 채권자취소권과 같은 간접소권인 채권자대위권은 인간의 평등을 선언한 프랑스 법에서 유래하므로 노예제도가 합법이었던 고대 로마 당시에는 존재할 수 없었다. 여기서 채권자대위권과의 차이를 간략하게 살펴본다.

㉠ 우선 채권자대위소송은 금전채권에 관한 민법제404조의 요건이 적용되는 실체법상의 경우 이외에도 금전채권이 아닌 특정채권, 예컨대 소유권이전등기청구권에 관해서도 채권자대위소송이 인정되기도 하는데 채권자취소소송은 오로지 민법제406조 제1항에서 정한 채권자취소권에 기초한 소송으로서 원칙적으로 금전채권에 한정된다.

㉡ 권리의 행사방법에서도, 채권자대위권은 재판상이나 재판 외에서 행사할 수 있는데 채권자취소권은 채권자가 취소원인을 안 날로부터 1년, 법률행위가 있은 날로부터 5년 이내에 재판상 청구하여야 한다(민 제406조 제2항).

㉢ 채권자대위권을 행사하였는지 여부는 당사자의 항변사유에 불과하나 채권자취소권은 제소기간 이내에 행사하여야 하고 그 행사여부는 항변사유가 아니라 직권조사사항이다.

④ **성질** ㉠ 로마법에서 유래하는 채권자취소소송은 오늘날의 형성소송과 다르다. 형성소송은 독일에서 19세기 형성권이라는 실체법상 관념이 형성되면서 등장한 것이므로 고대 로마에서는 형성권이라는 관념 자체를 알지 못하였기 때문이다. 따라서 채권자취소소송은 다른 형성소송과 달리 제3자에게 효력이 미치는 형성력이 없고 오로지 소송당사자 사이에서만 상대적으로 효력이 있을 뿐이다. 채권자취소소송은 채무자회생법상의 부인권과 유사하지만 위의 연혁에서 본 바와 같이 주로 구주인인 채권자와 해방노예인 채무자 사이의 문제였으므로 다수의 채권자를 예상하기 어려워 부인권에서와 같이 채무자회생법상의 총괄집행은 고려하지 않는다.

㉡ 채무자가 채권자를 해하는 것을 알고 재산권을 목적으로 법률행위를 한 경우에 민법 제406조 제1항은 「그 취소 및 원상회복을 법원에 청구할 수 있다」라고 규정하여 채권자취소소송의 성질을 형성소송과, 이행소송 또는 확인소송의 병합으로 규정하고 있다. 생각건대 이 법 규정에 의하면 채권자취소소송으로 책임재산을 원상회복시키지 못하는 한 사해행위의 취소만으로는 소의 목적을 달성할 수 없다. 그러므로 취소소송과 함께 수익자 또는 전득자를 상대로 이행소송 또는 확인소송을 동시에 할 필요가 있다. 따라서 취소만을 구하는 경우에는 소송외의 제3자에게는 효력이 없는 당사자 사이에서 취소라는 법률관계의 형성을 청구하는 소이고, 취소와 재산의 반환을 청구를 하는 때에는 이와 같은 형성을 청구하는 소와 이행을 청구하는 소의 병합이라고 할 수 있다.

(ii) 채권자 취소권의 행사 **(ㄱ) 행사의 방법과 상대방** **① 행사의 방법** ㉠ 채권자

취소권은 채권자가 자기의 이름으로 재판상 행사하여야 하며, 채권자대위권과 같이 채무자를 갈음해서 행사하지 못한다. 즉 채무자에게 취소권이 있는 게 아니라, 채권자만이 그러한 권한이 있다.

㉡ 취소 주장은 같은 종류의 취소권인 부인권(채무자회생 제100조)을 항변으로 할 수 있다는 것과의 균형상 이행소송 또는 확인소송에서 선결문제로도 주장할 수 있어 청구취지에서 사해행위취소를 구하지 아니할 수 있으므로 수익자 또는 전득자만을 피고로 하여 원상회복을 구하면서[269] 청구원인에서 사해행위취소를 선결문제로 주장하면 충분하다.[270]

㉢ 채권자는 취소권의 행사로 사해행위의 취소 및 원상회복을 법원에 청구할 수 있다(민 제406조 제1항). 원상회복은 사해행위가 있기 이전 상태로의 복귀, 즉 채무자의 자산이 되는 것을 의미한다. 이 경우 사해행위 목적물 자체의 반환이 가능한 경우에는 원칙적으로 그 목적물의 반환을 청구하여야 하며, 다만 거래관념상 원물반환이 불가능하거나 현저히 곤란한 때에는 사실심의 변론종결 당시를 기준으로 하여 산정한 가액으로 상환하여야 한다. 다만 채권자는 채무자를 대위하여 자신에게 직접 채권에 관한 지급을 하라고 청구할 수 없다는 점은 앞에서 설명하였다.

㉣ 채권자취소권을 행사하면서 그 원상회복을 하는 방법으로 이행을 청구하는 소를 제기하여야 한다. 그러므로 제251조에서 정한 장래의 이행을 청구하는 소와의 균형상 장래의 채권을 보전하기 위해서도 채권자취소권을 행사할 수 있다. 즉 채권자취소권에 의하여 보호될 수 있는 채권은 원칙적으로 사해행위라고 볼 수 있는 행위가 행하여지기 이전에 발생되어야 하지만, 그 사해행위 당시에 이미 채권 성립의 기초가 되는 사해적 법률관계가 발생되어 있고 가까운 장래에 그 법률관계에 기초하여 채권이 성립되리라는 점에 대한 고도의 개연성이 있으며 실제로 가까운 장래에 그 개연성이 현실화되어 채권이 성립될 가능성이 있는 경우에는, 그 채권도 채권자취소권의 피 보전채권이 될 수 있다.[271]

㉤ 수익자가 우선변제권이 있는 임대차보증금 반환채무 등을 사해행위의 목적으로 이행한 경우에 그 사해행위를 취소하여 그 부동산 자체의 회복을 명하는 것은 당초 일반 채권자들의 공동담보로 되어 있지 아니하던 부분까지 회복시키는 것이 되어 공평에 반하는 결과가 된다. 그러므로 그 부동산 가액에서 위 임대차보증금 액수를 공제한 잔액의 한도에서 사해행위를 취소하고 그 가액의 배상을 명하여야 한다.[272] 하지만 채권자와 수익자가 모두 원물반환을 원하고 있고 원물반환에 의하더라도 일반 채권자들을 위한 책임재산의 보전이라는 채권자취

---

269) 대판 2004.8.30. 2004다21923은 이 경우 채무자의 피고적격을 부인한다.

270) 이시윤, 179면.

271) 대판 1997.10.10. 97다8687.

272) 대판 1998.2.13. 97다6711, 2007.7.26. 2007다29119 등 참조.

소권의 목적 달성에 별다른 지장이 없는 경우라면 사해행위취소에 따른 본래 의미의 원상회복 방법인 원물반환에 의하는 것이 오히려 공평의 관념에 부합한다고 할 것이다. 이러한 사정이 있는지 여부는 사해행위취소의 효과로써 수익자가 원상회복의무를 부담하는 때인 사해행위취소소송의 사실심변론종결 당시를 기준으로 판단한다.[273)]

ⓑ 채무자가 선순위 근저당권이 설정되어 있는 상태에서 그 부동산을 제3자에게 양도한 후 선순위 근저당권설정계약을 해지하고 근저당권설정등기를 말소한 경우에, 비록 근저당권설정계약이 이미 해지되었지만 그것이 사해행위에 해당하는지 여부에 따라 뒤에 이루어지는 양도계약 당시 당해 부동산의 잔존가치가 피 담보채무액을 초과하는지 여부가 달라지고 그 결과 후행 양도계약에 대한 사해행위취소청구가 받아들여지는지 여부 및 반환범위가 각각 달라지는 때에는 이미 해지된 근저당권설정계약이라고 하더라도 그에 대한 사해행위취소청구를 할 수 있는 권리보호의 이익이 있다.[274)]

ⓢ 사해행위인 매매예약에 기초하여 수익자 앞으로 가등기를 마치고 이어서 전득자 앞으로 가등기를 이전하는 부기등기를 마친 다음 가등기에 기초한 본등기까지 경료하였다고 하더라도, 이 부기등기는 사해행위인 매매예약에 기초한 수익자의 권리 이전을 나타내는 것으로서 부기등기에 의하여 수익자로서의 지위가 소멸되지 않는다. 따라서 채권자는 수익자를 상대로 사해행위인 매매예약의 취소를 청구할 수 있다. 그리고 설령 부기등기의 결과 가등기 및 본등기에 대한 말소청구소송에서 수익자의 피고적격이 부정되는 등의 사유로 말미암아 수익자의 원물반환의무인 가등기말소의무의 이행이 불가능하게 되었다는 특별한 사정이 없는 한 수익자는 가등기 및 본등기에 의하여 발생된 채권자들의 공동담보 부족에 관하여 원상회복의무로서 가액을 배상할 의무를 진다.[275)]

ⓞ 채권자가 채무자의 부동산에 관한 사해행위를 이유로 수익자를 상대로 그 사해행위의 취소 및 원상회복을 구하는 소송을 제기하여 그 소송계속 중 위 사해행위가 해제 또는 해지되고 채권자가 그 사해행위의 취소에 의해 복귀를 구하는 재산이 벌써 채무자에게 복귀된 경우에는, 특별한 사정이 없는 한, 그 사해행위 취소소송은 이미 그 목적이 실현되어 더 이상 그 소에 의해 확보할 권리보호의 이익이 없어지는 것이고, 이것은 그 목적재산인 부동산의 복귀가 그 이전등기의 말소 형식이 아니라 소유권이전등기의 형식을 취하였다고 하여 달라지는 것은 아니다.[276)]

② **행사의 상대방** ㉠ 채권자가 사해행위의 취소와 함께 책임재산의 회복을 구하는

273) 대판 2013.4.11. 2012다107198 참조.
274) 대판 2013.5.9. 2011다75232.
275) 대전판 2015.5.21. 2012다952.
276) 대판 2008.3.27. 2007다85157.

사해행위취소의 소에 있어서는 수익자 또는 전득자에게 피고적격이 있고 채무자에게는 피고적격이 없다.[277)]

㉡ 그러나 채권자취소권을 행사하려면 채무자에 대하여 피 보전채권을 행사할 수 있는 것을 전제로 해야 한다. 이를 행사할 수 없다면 그 채권을 행사하기 위한 사해행위취소청구 자체가 인용될 수 없다.[278)] 따라서 채무자와 부제소계약을 맺은 채권을 피 보전채권으로 하여 채권자취소권을 행사할 수는 없다.[279)]

㉢ 채권자가 채무자를 상대로 그 채무의 이행을 구하는 소를 일단 제기하여 승소판결이 확정되면 채권자취소소송의 상대방인 수익자나 전득자는 그와 같이 확정된 채권자의 채권의 존부나 범위에 관하여 다툴 수 없다.[280)]

③ **행사의 범위** ㉠ 채권자 취소권은 그 취소권을 행사하는 채권자의 만족을 위해서 사해행위로 생긴 채무자의 일반재산 감소를 막는 것을 목적으로 한다. 따라서 다른 채권자가 그 채무자에 대하여 채권이 있더라도 이를 고려하지 않으므로 다른 채권자의 채권과 안분(按分)비례를 할 수 없고, 오로지 취소 채권자의 채권 전액을 기준으로 하여 그 목적 범위 내에서 취소권을 행사할 수 있다. 따라서 여러 명의 채권자가 사해행위 취소 및 원상회복청구의 소를 제기하여 여러 개의 소송이 계속 중인 경우에는 각 소송에서 채권자의 청구에 따라 사해행위 취소 및 원상회복을 명하는 판결을 선고하여야 하고, 수익자 또는 전득자가 가액배상을 하여야 할 경우에도 수익자 등이 반환하여야 할 가액은 채권자의 채권 액에 비례하여 채권자별로 안분한 범위 내에서 반환을 명할 것이 아니라 수익자 또는 전득자가 반환하여야 할 가액의 범위 내에서 각 채권자의 피보전채권액 전액을 반환하라고 명해야 한다.[281)]

㉡ 다수 사해행위취소판결에서 공동담보가액이 다른 경우 수익자가 채권자에게 반환할 공동담보가액－이중 지급위험의 방지 (*α*) ⓐ 여러 개의 사해행위취소소송에서 각 가액배상을 명하는 판결이 선고되어 확정된 경우, 각 채권자의 피 보전 채권 액을 합한 금액이 사해행위 목적물의 가액에서 일반채권자들의 공동담보로 되어 있지 않은 부분을 공제한 잔액, 즉 '공동담보가액'을 초과하더라도 수익자가 채권자들에게 반환하여야 할 가액은 공동담보가액뿐이다. 따라서 가액배상 범위를 정할 때 일반채권자의 공동담보로 되어 있지 않은 부분은 배상의 범위에서 제외되어야 한다.[282)]

ⓑ 이때 각 사해행위취소 판결에서 산정한 공동담보가액의 액수가 각각 다른 경우에 수익

277) 대판 2009.1.15. 2008다72394.
278) 대판 1993.2.12. 92다25151.
279) 대판 2012.3.29. 2011다81541.
280) 대판 2003.7.11. 2003다19572, 2017.9.21. 2015다53841.
281) 대판 2005.11.25. 2005다51457.
282) 대판 2025.8.14. 2024다242223.

자가 채권자에게 반환할 공동담보가액은, 그중 다액(多額)의 공동담보가액이다(이를 산정한 사해행위취소소송의 사실심 변론종결 당시의 객관적인 사실관계와 명백히 다르고 해당 소송에서의 공동담보가액의 산정 경위 등에 비추어 그 가액을 그대로 인정하는 것이 심히 부당하다고 보이는 등의 특별한 사정이 없는 것을 전제로 한다).

ⓒ 따라서 수익자가 어느 채권자에게 자신이 배상할 공동담보가액의 일부 또는 전부를 반환한 때에는 다른 채권자에 대하여서는 각 사해행위취소 판결에서 가장 다액으로 산정된 공동담보가액에서 자신이 반환한 공동담보가액을 공제한 금액만을 반환하면 되므로 이를 초과하는 공동담보가액은 이중지급의 위험이 있어 청구이의의 방법으로 집행권원의 집행력 배제를 구할 수 있다.[283]

(β) 실례[284]와 해답 (i) 소외인의 채권자인 A는 원고를 상대로, 소외인과 원고 사이에 이 사건 부동산에 관하여 체결된 매매계약이 사해행위라고 주장하면서 그 취소 및 원상회복을 구하는 소를 제기하였다. 위 소송에서 이 사건 부동산의 공동담보가액을 9,500만 원으로 산정한 판결(선행판결)이 확정되었다. 소외인의 다른 채권자인 B도 원고를 상대로 역시 A와 같은 취지의 사해행위취소 소송을 제기하였는데 위 소송에서 법원은 공동담보가액을 5,500만원으로 산정하고, 위 5,500만 원의 범위 내에서 이 사건 매매계약을 취소하며, 원고는 B에게 가액배상으로 5,500만 원 및 이에 대한 지연손해금을 지급하라는 내용의'이 사건 판결'을 선고하였고, 위 판결도 확정되었다. 원고는 채권자A에게 6,000만 원을 지급하면서, 채권자 A와 더 이상 선행판결을 집행권원으로 하여 강제집행을 하지 않기로 합의하였다. 원고는 이 합의에 기초하여 채권자 B에게 이 사건 판결의 집행력의 배제를 청구할 수 있는가.

(ii) 위 각 사해행위취소판결의 다액 공동담보가액은 9,500만원으로써 원고는 그 가운데에서 6,000만원을 지급하였으므로 이제는 3,500만원이 공동담보가액이 되었다. 따라서 달리 특별한 사정이 없는 한 원고는 B에게 공동담보가액에 해당하는 3,500만 원을 반환하면 되므로 이를 5,500만원 중에서 공제한 나머지 2,000만원은 이중 지급의 위험이 있어 집행력이 배제되어야 한다.

한편 사해행위취소소송에서의 취소채권자는 수익자로부터 책임재산 가액을 수령할 권능만을 가질 뿐 다른 채권자를 대신하여 공동담보에 대한 권리를 포기할 수는 없으므로, 채권자 A가 선행판결에 기초하여 더 이상 강제집행을 하지 않겠다고 합의하였다는 사정은 공동담보가액의 산정 및 그에 기한 이중지급의 위험 범위에 영향을 미치지 못한다.[285]

따라서 원고는 이 사건 판결에 따른 가액배상금 5,500만 원 중 공동담보가액 3,500만 원

283) 대판 2022.8.11. 2018다202774(평석은 [103] 참조).
284) 위 대판 2018다202774의 사실관계에 기초한 것이다.
285) 대판 2022.8.11. 2018다202774.

을 초과한 나머지 2,000만 원의 범위 내에서만 이중지급의 위험이 있음을 이유로 청구이의(민집 제44조)로써 이사건 판결의 집행력 배제를 구할 수 있다고 할 것이다.

(iii) **채권자취소권 행사의 효과** (ㄱ) **원칙** ① 채권자 취소권 행사의 효과는「모든 채권자의 이익을 위하여 그 효력이 있다」(민 제407조). 그러므로 수익자 또는 전득자로부터 회복한 재산 또는 이에 갈음하는 가액배상은 채무자의 일반재산으로 회복되어서 총채권자를 위한 공동담보가 될 뿐이다. 다만 원상회복한 재산의 반환채무와 취소채권자의 채권이 상계적상에 있을 때에는 상계를 함으로써 채권자는 사실상 우선변제를 받을 수 있을 것이다.

② ㉠ 취소의 효력은 상대적이다. 이 점에서 순수한 형성을 청구하는 소와 다르다. 따라서 사해행위 취소판결의 기판력은 원·피고 당사자에게만 미치며, 소송에 관여하지 않은 채무자와 수익자, 수익자와 전득자 사이의 법률관계에는 아무런 영향을 주지 않는다.

㉡ 그 결과 어느 한 채권자가 동일한 사해행위에 대하여 사해행위취소 및 원상회복청구를 하여 승소확정판결을 받아 그 판결이 확정되었다는 것 하나만으로는 그 후에 제기된 다른 채권자의 동일한 청구라도 소의 이익이 없어지게 되는 것이 아니며, 나아가 그 확정판결에 기초하여 재산이나 가액의 회복을 마친 경우에는 그와 중첩된 범위 내에서 비로소 그 후에 제기된 다른 채권자의 사해행위 취소 및 원상회복청구가 소의 이익이 없게 된다.[286]

(ㄴ) **채권자취소권의 행사와 중복제소금지의 원칙**[287]

사해행위취소를 청구하는 소

1. 의의

- **채권자취소권: 채무자가 채권자를 해할 것을 알면서 자기 재산을 줄이는 법률행위(=사해행위)를 한 경우, 채권자가 법원에 그 행위를 취소하고 원상회복을 청구할 수 있는 권리(민법 406조)**
- 취소 대상 아님: 정당한 변제, 적정가 매각, 단순 이행행위
- **채권 성립 시기: 사해행위 전의 채권이어야 원칙적으로 인정. 다만 장래에 고도의 개연성이 있는 채권도 포함 가능**
- **비슷한 제도: 파산관재인의 부인권(총괄집행 목적) vs 채권자취소권(개별 채권자 보호 목적)**

2. 연혁과 성질

- 기원: 로마법의 파울리아나 소송(actio Pauliana)에서 유래
- 현대적 성질
  - 형성소송이지만 제3자에까지 미치는 절대적 효력은 없음 → 상대적 효력만 인정
  - 실무상 "취소 + 원상회복(이행)" 청구가 함께 이루어짐

286) 대판 2003.7.11. 2003다19558, 2008.12.11. 2007다91398,91404.
287) [57]2.(1)(다)(b) 참조.

3. 채권자취소권의 행사

(1) 방법

- 채권자가 자기 이름으로 재판상 행사(채무자를 대위하는 것 아님)
- 원상회복은 원칙적으로 목적물 반환, 불가능·곤란하면 가액배상
- 장래 채권 보전을 위해서도 행사 가능
- 제소기간
  - 취소원인 안 날부터 1년
  - 법률행위가 있은 날부터 5년

(2) 상대방

- 피고는 수익자·전득자(채무자는 아님)
- 확정된 채권(승소 판결 등)이 있으면 수익자·전득자는 채권의 존부를 다툴 수 없음

(3) 범위

- 취소권은 원칙적으로 행사 채권자의 채권액 전부를 기준으로 한다
- 여러 채권자가 별도로 소송 제기 가능 → 각 판결에 따라 수익자는 각 채권자에게 전액 반환해야 함
- 다만 실제 반환 총액은 공동담보가액(각 채권자 피보전채권합계액-일반채권자들의 공동담보로 되어 있지 않은 채권합계액) 한도로 제한됨(본문의 실례참조) → 이중지급 위험은 "청구이의"로 조정
- 가액배상의 범위를 정할 때 일반채권자의 공동담보로 되어 있지 않은 부분은 배상의 범위에서 제외(판례)

4. 효과

- 모든 채권자의 이익을 위해 효력이 있음(민법 407조) → 회복 재산은 채무자의 일반재산으로 복귀
- 다만 실제 소송의 효력은 상대적 → 당사자 사이에만 기판력 발생
- 따라서 동일 사해행위에 대해 다른 채권자도 별도로 취소소송 제기 가능. 이미 회복된 범위와 중첩되는 부분만 소의 이익이 없어짐

□ 핵심정리

- 요건: 사해행위 + 채권 존재
- 제소기간: 1년 · 5년
- 피고: 수익자 · 전득자(채무자 ×)
- 원상회복: 원물 → 불가시 가액
- 효력: 모든 채권자에게(공동담보 회복), 그러나 소송상 효력은 상대적
- 이중지급 방지: 청구이의로 조정

(d) 근로기준법 제30조의 구제명령에 대한 재심신청이나 재심판정의 취소소송의 원고적격 부당해고나 부당노동행위에 대하여 지방노동위원회 또는 특별노동위원회의 구제명령이 발하여진 경우 그 명령에 따라 이를 시정할 주체는 사업주인 사용자이다. 그러므로 그 구제명령이 사업주인 사용자의 일부조직이나 업무집행기관 또는 업무담당자에 대하여 행하여진 경우에는

사업주인 사용자에 대하여 행하여진 것으로 보아야 할 것이다. 따라서 이에 대한 중앙노동위원회에의 재심신청이나 그 재심판정 취소소송 역시 당사자능력이 있는 당해 사업주만이 원고적격자로서 소송을 제기할 수 있다.[288)]

(e) **인지청구의 소와 친생자관계부존재확인의 소** 인지청구의 소는 아버지와 자 사이의 사실상 친자관계의 존재를 확정하고 법률상 친자관계를 창설함을 목적으로 하는 소송이다. 따라서 당사자의 증명이 충분하지 못할 때에는 법원이 직권으로 사실조사와 증거조사를 하여야 하고, 친자관계를 증명하기 위해서 아버지와 자 사이의 혈액형검사, 유전자검사 등 과학적 증명방법이 유력하게 사용되며, 이러한 증명에 의하여 혈연상 친생자관계가 인정되어 확정판결을 받으면 당사자 사이에 친자관계가 창설된다. 이와 같은 인지청구 소의 목적, 심리절차와 증명방법 및 법률적 효과 등을 고려할 때, 인지청구 소의 확정판결에 의하여 일단 아버지와 자 사이에 친자관계가 창설된 이상, 재심의 소로 다투는 것은 별론으로 하고, 뒤에 친생자관계부존재확인의 소로써 당사자 사이에 친자관계가 존재하지 않는다고 다툴 수 없다.[289)]

(2) 형식적 형성을 청구하는 소

㈎ 개념

(a) 형식적 형성을 청구하는 소라 함은 형성요건이 법에 규정되어 있지 않더라도 법원이 재량으로 형성요건사실을 인정할 수 있는 소를 말한다. 이 소송도 판결의 확정으로 권리 또는 법률관계의 변동이 초래된다는 점에서 형성을 청구하는 소에 속한다. 그러나 형성요건이 법률에 규정되어 있지 않기 때문에 법원은 부득이 형성요건사실의 인정과 그에 대한 법률의 적용이라는 법적 판단을 거칠 수 없기 때문에 재량으로 권리 또는 법률관계를 형성하여야 한다는 점에서 일반 형성을 청구하는 소와 구별된다. 공유물 분할청구(민 제269조),[290)] 부(父)의 결정에 관한 청구(민 제845조) 등이 이에 속한다.

(b) 이 소는 형성요건이 법에 규정되지 않고 법원이 재량으로 형성요건사실을 인정하고 그에 대해서 법률을 적용한다는 점에서 본질은 비송이지만 전통적인 소송의 형식으로 재판을 청구하고 있다. 그러나 비송적 속성이 있기 때문에 법원은 당사자가 주장하는 내용이나 범위에 구속되지 아니하므로,[291)] 형성의 기준에 관하여 당사자 사이에 다툼이 없더라도 법원은 반드시 직권탐지 등 어떤 형식으로라도 법률관계를 형성하여야 하고 형성의 기준이 없다고 하여 청구기각의 판결을 해서는 안 된다.[292)] 다음은 구체적 내용이다.

---

288) 대판 2006.2.24. 2005두5673.

289) 대판 2015.6.11. 2014므8217.

290) 대판 2010.2.25. 2009다79811.

291) 즉 처분권주의나 불이익변경금지의 원칙이 적용되지 않는다.

292) 같은 취지: 이시윤, 209면.

(나) **공유물분할청구소송** (a) 당사자가 공유물을 재판에 의하여 분할하라고 청구하는 소송을 공유물분할청구소송이라고 한다. 공유물분할청구에서, 재판에 의하여 공유물을 분할하는 경우에 현물로 분할할 수 없거나 현물로 분할하게 되면 그 가액이 현저히 감손될 염려가 있는 때에는 물건의 경매를 명하여 대금분할을 할 수 있는 것이고, 여기에서 '현물로 분할할 수 없다'는 요건은 이를 물리적으로 엄격하게 해석할 것이 아니라, 공유물의 성질, 위치나 면적, 이용 상황, 분할 후의 사용가치 등에 비추어 보아 현물분할을 하는 것이 곤란하거나 부적당한 경우를 포함한다. 공유물분할은 공유자 사이의 합의 또는 재판상 청구에 의하여 이루어지므로 공유자 중의 1인 소유지분에 관하여 가압류나 가처분기입등기를 마친 자가 있더라도 그 사람을 상대로 공유물 분할에 대한 승낙을 소로써 구할 필요가 없다.[293)]

(b) '현물로 분할을 하게 되면 현저히 그 가액이 감손될 염려가 있는 경우'라는 것은 공유자의 한 사람이라도 현물분할에 의하여 단독으로 소유하게 될 부분의 가액이 분할 이전의 소유 지분 가액보다 현저하게 감손될 염려가 있는 경우를 말한다.

(c) 법원이 재판에 의하여 공유물을 분할하는 경우에는 현물로 분할하는 것이 원칙이다. 따라서 불가피하게 대금분할을 할 수밖에 없다면 그 요건에 관해서 객관적·구체적인 심리 없이 단순히 공유자들 사이에서 분할 방법에 관하여 의사가 합치하고 있지 않다는 등의 주관적·추상적인 사정에 터 잡아 함부로 대금분할을 명하는 것은 허용할 수 없다.[294)]

(d) (i) 판례[295)]는, 토지의 공유물분할청구의 소송절차에서 현물 분할의 협의가 성립하여 조정이 성립하였다고 하더라도 공유자들이 합의한 바에 따라 토지의 분필절차를 마친 다음 각자 단독소유로 하기로 한 부분에 관하여서는 다른 공유자의 공유지분을 이전받아 등기를 마쳐야 그 부분에 대한 대세적 권리로서의 소유권을 취득한다고 하였다.

(ii) (ㄱ) 이 판례는 공유물분할청구가 형식적 형성의 소이므로 공유물분할 자체는 민법 제187조의 적용을 받아 조정이 성립한 때 확정된다고 할 것이지만 분할된 공유물에 관한 단독소유권의 취득은 각 공유지분의 교환이라는 의사표시를 거쳐야 하므로 민법 제186조에 따라 소유권의 취득에 관해서는 등기가 요구된다는 이치를 밝힌 것이다.

(ㄴ) 예를 들어 A토지를 갑과 을이 각 2분지 1씩 공유하고 있다가 이를 A-1과 A-2로 분할하기로 합의한 경우 A-1과 A-2의 각 토지는 분할등기가 되지 아니하더라도 갑과 을의 분할합의에 의하여 창설되지만 A-1이 갑의 소유로, A-2가 을의 소유로 이전등기가 되기 위해서는 A-1에 관해서는 을의 2분의 1 지분이 갑에게로, A-2에 관해서는 갑의 2분의 1 지분이 을에게로 협의 분할이라는 의사표시를 원인으로 해당지분의 소유권이전등기가 마쳐져야 하는 것이다.

293) 제주지판 1998.10.21. 98나611.
294) 대판 2009.9.10. 2009다40219,40226.
295) 대전판 2013.11.21. 2011두1917(평석은 [74] 참조).

(e) 공유물분할청구의 소는 고유필수적 공동소송인 관계로 공동소송인 중 일부가 제기한 상소는 다른 공동소송인에게도 효력이 미치므로 공동소송인 전원에 대한 관계에서 판결의 확정이 차단되고 소송은 전체로서 상소심에 이심된다. 따라서 공유물분할 판결은 공유자 전원에 대하여 상소기간이 만료되기 전에는 확정되지 않고, 일부 공유자에 대하여 상소기간이 만료되었다고 하더라도 그 공유자에 대한 판결 부분이 분리 · 확정되는 것은 아니다.[296)]

(f) 공유물분할에 관한 절차는 그 절차의 객관적 성질상 공유자들 사이에 이해의 대립이 생길 우려가 있다. 따라서 여러 사람의 미성년자와 그 친권자가 공유물분할 청구의 소의 당사자가 된 경우에는 미성년자마다 특별대리인을 선임하여 그 특별대리인이 미성년자를 대리하여 소송행위를 하여야 한다. 만약 친권자가 여러 사람의 미성년자의 법정대리인으로서 소송행위를 하였다면 이는 민법 제921조에 위반되어 미성년자들의 적법한 추인이 없는 한 무효이다.[297)]

㈐ **토지경계확정의 소** (a) **의미** (i) 서로 붙어 있는 두 토지의 경계가 분명하지 아니한 경우, 법원의 판결에 의하여 그 경계선을 확정하여 줄 것을 청구하는 소송을 경계확정의 소라고 한다. 그 소송결과에 따라 계쟁 토지를 처분하는 것과 동일한 효과가 발생하므로 계쟁 토지에 관한 처분권능이 있어야 당사자가 될 수 있다.[298)]

(ii) 토지는 인위적으로 구획된 일정범위의 지면에 사회관념상 정당한 이익이 있는 범위 내에서 그 상하를 포함하는 것이고, 토지의 개수는 지적법에 의한 지적공부상 필수(筆數), 분계선에 의하여 결정되는 것이므로 어떤 토지가 지적공부상 한필의 토지로 등록되면 그 지적공부상 경계가 현실적인 경계와 다르다고 하더라도 다른 특별한 사정이 없는 한 그 경계는 지적공부상 등록, 즉 지적도상 경계에 의하여 특정되는 것이다.[299)] 이 의미에서 경계확정소송의 대상이 되는 경계란 공적으로 설정 인증된 지번과 지번과의 경계선을 가리키는 것이고, 사적인 소유권의 경계선을 가리키는 것은 아니다.[300)]

(iii) 토지와 달리 건물은 일정한 면적, 공간의 이용을 위하여 지상, 지하에 건설된 구조물을 말하는 것으로서, 건물의 개수는 공부상 등록에 의하여 결정되는 것이 아니라 사회통념 또는 거래관념에 따라 물리적 구조, 거래 또는 이용의 목적물로서 관찰된 건물 상태 등 객관적 사정과, 건축한 자 또는 소유자의 의사 등 주관적 사정을 참작하여 결정된다.[301)] 따라서 건물 경계의 확정은 사회통념상 독립된 건물로 인정되는 건물 사이의 현실적 경계에 의하여 특정되므로, 소유권의 범위를 정하는 소유권확인소송에 의하여야 하고 공법상 경계를 확정하는 경계

---

296) 대판 2017.9.21. 2017다233931.
297) 대판 2024.7.11. 2023다301941.
298) 서울지법 의정부지판 2000.5.17. 98가단28503.
299) 대판 1997.7.8. 96다36517 참조.
300) 대판 1993.10.8. 92다44503, 1993.11.23. 93다41792,41808, 1996.4.23. 95다54761 등 참조.
301) 대판 1990.1.12. 88다카28518 참조.

확정소송에 의할 수 없다. 이 점에서 토지경계의 확정과 구별된다.

(b) **성질** (i) 판례[302]는, 토지경계확정의 소를 인접한 토지의 경계가 사실상 불분명하여 다툼이 있는 경우에 재판에 의하여 그 경계를 확정하여 줄 것을 구하는 소송이라고 하였다. 따라서 토지소유권의 범위 확인을 목적으로 하는 소와는 달리 인접한 토지의 경계가 불분명하여 그 소유자들 사이에 다툼이 있다는 것만으로 권리보호의 필요가 인정되므로 원고는 특정된 경계선의 존재를 주장할 필요가 없고 설령 특정 경계선의 존재를 주장하더라도 법원은 이에 구속되지 아니하며, 또 상소심에서 불이익변경금지의 원칙이 적용되지 않고, 소송 도중에 당사자 양쪽이 경계에 관하여 합의를 도출해냈다고 하더라도 원고가 그 소를 취하하지 않고 법원의 판결에 의하여 경계를 확정할 의사를 유지하고 있는 한, 법원은 그 합의에 구속되지 아니하고 진실한 경계를 확정하여야 하고,[303] 당사자가 토지 일부를 시효취득하였는지 여부는 토지경계확정소송에서 심리할 대상이 되지 못한다.[304] 또한 당사자의 소송상 청구가 권리의 존부 주장이라고 하는 형식을 갖추지 아니하더라도 법원은 경계확정의 필요가 인정되는 한 청구를 기각할 수 없고 경계선을 정하지 않으면 안 된다.

(ii) 그러나 경계확정의 소의 실질은, 어디까지나 소유권의 효력 및 범위에 관한 사적 분쟁에서 파급된 것이므로 그 소유권에 관한 분쟁 해결에 적절해야 할 것이다. 따라서 경계확정의 소를 순전히 경계만 정하고 소유권의 범위확인을 별개로 취급하는 것은 문제가 있다. 그러므로 판례[305]도 경계확정의 소송이 단순히 인접된 토지의 경계를 형성하여 달라는 것이 아니고 소유권에 기초하여 인접된 토지 사이의 경계 확정을 형성하여 달라고 함과 동시에 그 경계선 내의 토지소유권의 범위를 확정하여 달라는 소송이었다면 그 확정판결의 기판력은 소유권의 범위에까지 미친다고 하였다.

(iii) 한편, 지적도에 의해 명확한 공법상 경계가 설정되어 있다면 일응 토지경계는 정해졌다고 할 것이므로 현실적으로 상대방이 그 경계를 침범한 경우에는 이를 이유로 그 침범 대지의 인도를 구하여야 할 것이고, 별도로 그 경계의 확인을 구하는 것은 적법한 토지경계확정소송이 될 수 없다.[306]

(3) 소송상 형성을 청구하는 소

(가) **개념** (a) 소송상 효과의 발생을 목적으로 하는 형성소송을 말한다. 재심(제451조) 또는 준재심(제461조)의 소는 확정판결의 형식적 확정력이나 기판력 등의 소멸시키는 것이 소

302) 대판 1993.11.23. 93다41792,41808.
303) 대판 1996.4.23. 95다54761.
304) 대판 1993.10.8. 92다44503.
305) 대판 1970.6.30. 70다579.
306) 대판 1991.4.9. 90다12649.

의 목적이 되고, 정기금판결에 대한 변경의 소(제252조)는 정기금배상을 명한 확정판결의 기판력이나 집행력의 배제를 소의 목적으로 하며, 중재판정취소의 소(중재 제36조), 제권판결에 대한 불복의 소(제490조)도 위와 같은 취지이다.

(b) 청구에 관한 이의의 소(민집 제44조), 집행문부여에 대한 이의의 소(민집 제45조) 등 집행법상 이의의 소도 집행권원이 갖는 집행력을 박탈하고 그 판결이 확정될 때까지 적법한 취급을 받은 집행절차를 불허하는 선언을 하여 이미 있는 소송법상 효과를 뒤엎는다는 점에서 소송상 형성을 청구하는 소에 속한다. 배당이의의 소(민집 제154조)도 집행법원이 정한 배당내용의 변경 또는 소멸을 구한다는 점에서 이 유형에 속한다.

(c) 이 소송은 실체법상 형성소송과 달리 제3자에 대한 판결의 대세적 효력이 없고 해당 당사자에게만 판결의 효력이 미친다.

㈏ **승계집행문부여에 대한 이의의 소** (a) 승계집행문부여의 소(민집 제33조)는, 집행문부여를 목적으로 하는 것이 아니고 그 인용판결로 그 부여요건인 승계사실의 증명에 갈음한다는 것으로서 그 법적 성질은 확인소송으로 보는 것이 통설이다.[307]

(b) (i) 승계집행문부여에 대한 이의의 소라 함은 조건이 붙은 집행문(민집 제30조 제2항)과 승계집행문(민집 제31조)의 경우에 채무자가 집행문부여에 관하여 증명된 사실에 의한 판결의 집행력을 다투거나, 인정된 승계에 의한 판결의 집행력을 다투기 위해서 제1심판결법원에 제기하는 이의의 소를 말한다(민집 제45조).

(ii) 이 소의 성질에 관해서 통설은 집행문부여의 요건에 흠이 있다는 취지의 주장을 소송물로 하여 그 집행문의 효력을 잃게 하는 판결을 구하는 소라고 보는 형성소송설이다.[308]

(iii) 그러나 승계집행문부여에 대한 이의의 소는 승계집행문부여의 소에 대한 반면적(反面的) 성질이 있다. 즉 원고의 이행청구소송에 대하여 피고가 그 이행청구권 부존재확인을 구하는 경우와 같다. 그러므로 판례가, 원고가 채무자 지위의 승계를 부인하여 다투는 경우에는 승계집행문부여에 대한 이의의 소를 제기할 수 있고, 이때 승계사실에 대한 증명책임은 이의의 소를 제기한 원고가 아니라 승계를 주장하는 채권자인 피고에게 있다고 판시한 것은,[309] 승계집행문부여의 소와 그 이의의 소를 동일선상에서 파악한 것이다. 따라서 승계집행문부여에 대한 이의의 소는 통설과 같이 (소송상) 형성을 청구하는 소가 아니라 확인하는 소로 보아야 할 것이다.[310]

---

307) 이시윤, 민사집행법, 138면 등.
308) 이시윤, 민사집행법, 140면; 김홍엽, 민사집행법, 76면 등 참조.
309) 대판 2016.6.23. 2015다52190.
310) 자세한 내용은, 강현중, 「승계집행문부여에 대한 이의의 소에서 '승계'에 대한 입증책임」(법률신문, 2017.8.29.자) 참조.

4. 소의 이익

어떤 경우에 형성소송을 제기할 소의 이익이 있는 가는 원칙적으로 법률에 규정되어 있어 큰 문제가 없다. 다만 이미 별개의 소송에서 형성효과가 생겼는데 다시 제기한 형성소송의 경우(예, 주식회사의 해산판결 뒤에 제기한 설립무효의 소, 이혼판결 뒤에 제기한 혼인취소의 소 등)나 소송계속 중에 사정변경으로 재판상 형성이 무의미한 경우(예, 이사선임결의취소의 소송 중에 해당 이사의 임기가 만료된 경우 또는 공유물분할청구소송 중에 협의분할이 이루어진 경우[311] 등)에는 소의 이익이 없다. 회사채권으로 신고된 채권이 그 내용대로 확정되고 확정된 회생채권을 회생채권표에 기재한 때에는, 그 기재는 확정판결과 동일한 효력이 있으므로(채무자회생 제168조) 계속 중이던 회생채권에 관한 소송은 소의 이익이 없다.[312] 행정법상 항고소송의 경우이지만 판례[313]는 국민으로부터 어떤 신청을 받은 행정청이 그 신청에 따르는 내용의 행위를 하여 그에 대한 만족을 주지 아니하고 형식적 요건의 불비를 들어 그 신청을 각하하거나 또는 이유가 없다고 하여 신청된 내용의 행위를 하지 않을 뜻을 표시하는 이른바 거부처분도 행정처분의 일종으로서 항고소송의 대상이 된다고 하였으며, 이 경우 그 거부행위가 행정처분이 된다고 하기 위해서는 국민이 행정청에 대하여 그 신청에 따른 행정행위를 하여 줄 것을 요구할 수 있는 법규상 또는 조리상 권리가 있어야 할 것이라고 하였다. 또한 이러한 근거 없이 한 국민의 신청을 행정청이 받아들이지 아니하고 거부한 경우에는 그 거부로 인하여 신청인의 권리나 법적 이익에 어떤 영향을 주는 바가 없어서 이를 항고소송의 대상이 되는 행정처분이라고 할 수 없다고 하였다.

5. 형성판결

(1) 형성력

(가) (a)(i) 형성판결, 즉 형성소송의 청구인용판결이 확정되면 그 판결은 주문가운데에서 법률관계의 변동을 선언하고, 판결의 확정을 기다려 법률관계를 변동하는 효력인 형성력을 갖는다. 형성력은 판결이 확정될 때에 생긴다. 이 점에서 표준시가 변론을 종결한 때인 기판력과 구별된다. 형성판결이 확정될 때까지는 법률관계의 변동이 생기지 않기 때문에 당사자로서는 그 이전에는 이러한 변동을 전제로 한 법률관계를 주장할 수 없다. 소송목적인 형성원인은, 이에 근거하여 원고가 판결에 의한 형성을 구하는 취지에서 형성권이라고도 부르는바, 실체법상

311) 대판 1995.1.12. 94다30348 · 30355.
312) 대판 2020.3.2. 2019다243420.
313) 대판 1997.9.5. 96누1597.

의 형성권, 예컨대 계약의 해제권은 개인이 상대방에 대하여 해제권 행사의 의사표시를 한 사실이 발생하면 이에 관한 확정판결이 없어도 원상회복 등을 청구할 수 있다는 점에서 소송법상의 형성권과 구별된다.

(ii) 판결의 효력은 사해행위 취소를 청구하는 소를 제외하고 당사자는 물론 제3자에게도 미친다. 그 결과 제3자는 소송에도 참여하지 못한 채 다른 사람들의 소송결과에 구속되므로 법은 제3자의 이익을 보호하기 위해서 ① 직권조사 방법을 채용하며(예, 가소 제12조, 제17조) ② 소송을 충실하게 수행할 수 있는 자로 당사자적격을 제한하고(예, 상 제376조 제1항) ③ 소송이 계속 중인 사실을 제3자에게 알려 소송참가의 길을 열어주며(예, 상 제187조, 상 제404조 제2항) ④ 제3자에게 사해재심(상 제406조)을 인정하는 등 여러 가지 제3자 보호방법을 강구하고 있다.

(b) 이와 같이 제3자에게 효력이 미치는 형성판결의 효력을 법원의 판결이 아닌 개인 사이의 합의로는 창설 할 수 없다. 그러므로 어떤 형성판결과 같은 내용으로 재판상 화해와 동일한 효력이 있는 조정을 갈음하는 결정이 확정되더라도 그 결정의 효력은 제3자에게 미치지 않는다.[314]

(나) 민법 제187조는 물권변동에 관한 민법상 소위 형식주의에 대한 예외로서 상속, 공용징수, 판결, 경매 기타 법률의 규정에 의한 부동산에 관한 물건의 취득은 등기를 요하지 아니한다고 규정한다. 여기서 '판결에 의하여 등기를 하지 않고 물권을 취득하는 경우'란 모든 판결의 경우가 아니라 판결자체에 의하여 물권의 취득효력을 형성하는 경우, 즉 형성판결을 말한다.[315]

(다) 그러나 소유권보존등기를 신청하려는 신청인 가운데에는 부동산등기법 제65조 2호 '확정판결에 의하여 자기의 소유권을 증명하는 자'가 포함되는데 여기서의 확정판결은, 민법 제187조의 경우와 달리 그 내용이 신청인에게 소유권이 있음을 증명하는 확정판결이면 족하고, 그 종류에 관하여 아무런 제한이 없어 반드시 확인판결이어야 할 필요는 없고, 이행판결이든 형성판결이든 관계가 없으며, 또한 화해조서 등 확정판결에 준하는 것을 포함한다.[316] 소유권보존등기를 신청하는 경우와 물권변동의 효력을 주장하는 소유권이전등기의 경우는 달리 구별하여야 하기 때문이다.

(2) 기판력

(가) 형성판결이 확정되면 법률관계가 변경되어 종전의 법률관계가 소멸되므로 기판력으로

---

314) 대판 2023.11.9. 2023다256577.
315) 대판 1963.4.18. 62다223.
316) 대판 1994.3.11. 93다57704.

차단하여야 할 종전 법률관계의 반복 내지 모순의 금지가 문제될 수 없다. 따라서 형성판결에 관하여 기판력을 부정할 여지가 있다. 예컨대 이혼판결이 확정되어 부부가 남남이 되었는데 그 전 혼인생활관계의 당부에 관한 논의를 법적으로 차단할 실익이 있느냐는 것이다.

(나) 그러나 형성판결이 이루어진 뒤에라도 표준시에서 형성권의 존부를 기판력에 의하여 확정하여야 다른 분쟁을 방지할 수 있다. 위의 예에서 이혼한 부인이 혼인중 남편의 부정행위를 원인으로 손해배상을 청구하는 경우에 그들 부부가 종전에는 부부였던 사이라는 사실이 기판력으로 확정하지 않으면 전(前) 남편은 혼인사실 자체를 부인할 수 있어 종전 혼인관계를 증명하여야 하는 일이 생기기 때문이다. 기판력이 인정되면 혼인생활을 계속하다가 이혼하였다는 점에 구속력이 있기 때문에 종전 혼인사실 자체는 부인할 수 없어 부정행위의 여부만이 쟁점이 된다.

(3) 형성판결의 소급효

형성판결이 확정될 때까지는 당사자로서는 그 이전에는 이러한 변동을 전제로 한 법률관계를 주장할 수 없지만, 일단 형성판결이 확정되면 여기에 소급효를 인정할 것인가는 입법론과 해석론의 문제이다. 소급적 형성을 인정한다는 것은 그 때까지 이루어졌던 모든 법률관계를 뒤엎는 것으로서 그만큼 변동의 효과를 철저하게 할 필요가 있는 경우에 인정된다. 인지·친생자 부인이 이에 속한다. 이에 대하여 법률관계의 변동 그 자체만 확실하게 또 획일적으로 하면 그것으로써 충분하고 그 때까지의 법률관계를 그대로 인정함으로써 이해관계인의 지위를 안정시키는 것이 중요한 경우에는 장래로 향해서만 형성의 효과가 미친다. 혼인의 취소, 이혼 등 대부분의 형성소송이 이에 속한다.

제2절 소를 제기하는 절차

[54] 제1. 소제기의 방식

1. 소장의 제출(제248조)

(1) (가) **소장의 제출** 소를 제기하려면 원칙적으로 소장이라는 서면을 작성하여 제1심 법원에 제출하여야 한다(제248조 제1항). 다만 소송목적의 값이 3,000만 원 이하의 소액사건에서는 말로 소제기가 가능하다(소심 제4조). 증권관련집단소송(증집소 제15조)과 소비자단체소송

(소비기 제74조 제1항)은 소를 제기할 때 법원의 허가를 필요로 하지만 그 이외에는 자유로이 소를 제기할 수 있다.

(나) **전자문서에 의한 소장의 제출** 당사자가 전산정보처리시스템을 이용하여 소장을 전자문서로 작성해서 법원에 제출하려고 할 때에는 전자문서에 전자서명을 하여야 하고(민소전자문서 제7조 제1항), 전자문서에 의한 소장은 전자문서의 서면요건(전자문서 제4조의2)을 갖추어야 할 것이다. 전자문서는 전산정보처리시스템에 전자적으로 기록된 때에 접수된 것으로 본다(위 법 제9조 제1항). 다만 전산정보처리시스템을 이용하려고 사용자등록을 한 등록사용자가 법원행정처장에게 제공된 전자문서에 의한 소장을 법원에 제출하려는 경우에는 이를 전산정보처리시스템에 등재하여 줄 것을 법원행정처장에게 신청할 때에 접수된 것으로 본다(위 법 제9조 제2항).

(다) **소장의 접수보류** (a) 소장 접수 후 재판장이 소장을 심사하기 이전에 법원은 소권을 남용하는 소제기를 방지하기 위하여 소장에 붙이거나 납부할 인지액이 「민사소송등 인지법」 제13조 제2항 각호에서 정한 금액에 미달한 경우로서 「민사소송등 인지규칙」 제4조의2에서 정한 각 경우, 즉 1호(소장 등을 제출한 자가 동일인을 대상으로 반복하여 소장 등을 제출한 전력(前歷)이 있고, 그 소에 대하여 각하판결 또는 소장각하명령 등을 받은 적이 있는 경우). 2호(소장 등에 기재된 내용으로는 상대방의 인적 사항 또는 청구의 취지가 특정되지 않아 소송절차를 진행하기 곤란할 것이 명백한 경우). 3호(소장 등에 기재한 청구의 취지와 원인에 욕설, 비속어 등의 표현이 포함되어 있고, 그 정도가 사회통념상 용인되는 수준을 넘어서는 경우). 4호(그 밖에 제1호부터 제3호까지의 규정이 준용되는 경우)에는 소장의 접수를 보류할 수 있다(제248조 제2항).

(b) 이 제도는 소권 남용으로 인한 무익한 소송의 반복 제기를 막아 사법 자원의 낭비를 방지하고, 국민의 정당한 재판청구권을 실질적으로 보장하기 위한 것이다. 민사소송 등 인지법 제13조 제2항은 접수 보류가 가능한 대상으로 소장, 참가신청서, 재심소장, 준재심소장만을 규정하고 있다. 그러나 이 규정의 목적과 취지를 고려하면, 반복적으로 제기된 소에 대한 각하판결이나 소장각하명령에 불복하여 제출하는 소송구조 신청서, 항고장, 재항고장 등도 접수 보류 대상에 포함된다고 보아야 한다.

(c) 따라서 이 들 경우에는 법원에 제출한 소장이 접수되지 아니한 것으로 취급되므로 소가 제출된 된 것으로 볼 수 없다(제248조 제3항). 이러한 법원의 조치는 관서로서의 법원 처분이지 민사소송법상 결정이나 명령이 아니므로 이 접수보류처분에 불복하려면 행정소송법 제4조에서 정한 항고소송에 의하여야 할 것이다.

(d) 반복하여 제기된 소에 대한 각하판결 또는 소장각하명령에 대한 불복절차에 부수하여 제출하는 소송구조 등 신청서나 항고장 및 재항고장 등에 대해서도 접수를 보류할 수 있으며, 접수를 보류할 수 있는 소장, 신청서 등에 형식적으로 법원의 접수인이 날인이 되었으나 접수인

의 날인이 업무상 착오 또는 오류에 의한 경우에도 그와 관계없이 접수를 보류할 수 있다.[317]

㈑ **송달 등 비용의 예납** 법원은 소송서류의 송달 등 비용을 필요로 하는 소송행위에 대하여 당사자에게 그 비용을 미리 내게 할 수 있고(제116조 제1항), 비용을 미리 내지 아니하는 때에는 송달 등 그 소송행위를 하지 아니할 수 있다(제116조 제2항).

(2) ㈎ **소장의 작성자** 소장에는 제249조 제1항에서 정한 필수적 기재사항을 기재하여 그 작성자가 되는 원고 또는 대리인이 기명날인 또는 서명한다(제249조 제2항, 제274조). 원고 명의의 도장이 찍혀있지 않은 소장이라도 원고본인이 제출한 경우에는 적법하다.[318]

㈏ (a) **소장의 제출** 소장의 제출은 원고 또는 대리인 이외에 사자(使者)에 의하여 제출하여도 좋다. 직접 제출하여도 좋고 우편으로 제출하여도 무방하다.

(b) **대리인과 사자(使者)의 구별** (i) 대리인은 본인에게 효력이 발생할 의사표시의 내용을 스스로 결정하여 상대방과의 관계에서 자신의 이름으로 법률행위를 한다. '사자'는 본인이 완성해 둔 의사표시의 단순한 전달자에 불과하다. 하지만, 대리인도 본인의 지시에 따라 행위를 하여야 하는 이상(민 제116조 제2항), 법률행위의 체결 및 성립 여부에 관한 최종적인 결정 권한이 본인에게 유보되어 있다는 사정이 대리와 사자를 구별하는 결정적 기준이나 징표가 될 수 없다.

(ii) 그 구별은 의사표시 해석과 관련된 문제이다. 하지만 상대방의 합리적 시각, 즉 본인을 대신하여 행위를 하는 자가 상대방과의 외부적 관계에서 어떠한 모습으로 보이는지 여부를 중심으로 살펴보아야 하고, 이러한 사정과 더불어 행위자가 지칭한 자격 · 지위 · 역할에 관한 표시 내용, 행위자의 구체적 역할, 행위자에게 일정한 범위의 권한이나 재량이 부여되었는지 여부, 행위자가 그 역할을 수행함에 필요한 전문적인 지식이나 자격의 필요 여부, 행위자에게 지급할 보수나 비용의 규모 등을 종합적으로 고려하여 합리적으로 판단하여야한다.[319]

(iii) 소장에는 ① 피고의 수만큼 소장의 부본(민소규 제48조), ② 피고가 제한능력자일 때에는 법정대리인, 피고가 법인 아닌 사단이나 재단일 때에는 그 대표자 또는 관리인의 각 자격을 증명하는 서면(민소규 제63조 제1항) 등을 붙여야 한다. 공동대표는 그 전원을 기재하여야 한다.

(3) 독촉절차에 의한 지급명령에 대하여 하는 채권자의 소제기신청이나 법원의 소송절차 회부결정 또는 채무자의 이의신청이 있는 경우에는 지급명령신청을 한 때로 소급하여 소가 제기된 것으로 보고(제472조), 제소전 화해의 불성립으로 소제기신청이 있는 때에는 제소전 화해를 신청한 때로 소가 소급하여 제기된 것으로 보며(제388조), 조정이 성립되지 아니하거나 조

317) 대결 2024.11.5. 2024카기172.
318) 대판 1974.12.10. 74다1633.
319) 대판 2024.1.4. 2023다225580.

정에 갈음한 결정에 이의신청을 한 경우에는 조정신청을 한 때에 소가 제기된 것으로 본다(민조 제36조 제1항).

2. 소장의 기재사항

소장에는 필수적 기재사항과 임의적 기재사항이 있다. 필수적 기재사항은 소장에 반드시 적지 않으면 안 될 사항으로서 당사자와 법정대리인, 청구의 취지와 원인(제249조 제1항)이 이에 속한다. 필수적 기재사항의 기재 여부는 재판장의 소장 심사 대상이 된다(제254조 제1항). 임의적 기재사항은 원고가 소장을 최초로 제출하는 준비서면에 갈음하기 위해서 적는 사항(제249조 제2항, 민소규 제62조)이다. 원고소송대리인의 이름, 주소, 청구를 뒷받침하는 사실 및 증거방법의 기재 등이 이에 속한다. 소장의 필수적 기재사항은 「소송주제의 제시」에 관한 것이라 할 수 있고, 임의적 기재사항의 기재 여부는 원칙적으로 당사자의 자유이며 재판장의 소장 심사 대상이 아니지만 법원 및 당사자가 심리를 충실하게 하게 하려는 「쟁점관련정보의 제시」에 관한 것이라 할 수 있다.

(1) 당사자(및 법정대리인) 표시

㈎ 당사자 표시는 누가 원고이고, 피고인가를 특정할 수 있을 정도로 기재하여야 한다. 자연인은 성명과 주소를, 법인 등의 경우에는 상호 또는 명칭이나 본점 또는 주사무소가 있는 곳 등을 표시하는 것이 보통이지만 그것만으로 불충분한 경우에는 개인정보보호법에 위반되지 않은 범위 내에서 당사자를 특정하는 데 필요한 사항을 적어 보충하여야 한다. 일정한 자격에 기하여 당사자가 된 자의 경우에는 그 자격을 표시한다(예, A의 파산관재인 갑 등).

㈏ 당사자를 특정하기 위한 기재는 소장을 법원에 제출한 뒤에도 보충하거나 정정할 수 있으나 그 결과 당사자의 동일성을 상실하였을 때에는 법원은 임의적 당사자변경(제68조, 제260조)의 요건에 맞는지에 따라 그 허용 여부를 결정하여야 한다.

㈐ 당사자가 제한능력자일 때에는 법정대리인을, 법인 또는 제52조의 법인 아닌 사단 또는 재단일 때에는 대표자를 적어야 한다. 공동대표자일 때에는 그 전부를 적는다. 법정대리인의 표시나 대표자의 표시는 당사자 자체의 표시에 관한 것이 아니기 때문에 소송계속 후에도 임의로 보충하거나 변경할 수 있다. 소송대리인의 표시는 필수적 기재사항이 아니므로 그 기재가 누락되어도 판결서의 효력에 지장이 없다.[320)]

320) 대판 1963.5.9. 63다127.

(2) 청구취지

(가) 청구취지는, 원고가 소로써 구하는 판결내용을 간결하고 명확하게 표시한 것으로서 청구를 인용하여 받아들이는 경우에 쓰일 판결 주문에 대응한다. 청구취지는 법률요건에서 발생하는 법률효과 중에서 원고가 바라는 것을 이행소송 등 소송형식을 갖추어 청구하는 부분이 된다. 따라서 소장에서 가장 중요한 부분일 뿐 아니라 법원의 심판도 청구취지를 중심으로 이루어진다. 청구취지에서는 우선 구하는 판결형식이 무엇인가를 명백하게 하여야 한다. 즉 이행판결을 구하는 경우에는 이행을 청구하는 소, 확인판결을 구하는 경우에는 확인하는 소, 형성판결을 구하는 경우에는 형성을 청구하는 소의 형식을 갖추어야 한다.

(나) 민사소송의 심판대상은 법적 3단 논법의 결론이다. 예를 들어 매매라고 하는 법률요건에서 대금지급의무 또는 물건인도의무가, 부동산인 경우에는 소유권이전등기의무 등과 같은 법률효과가 발생한다. 청구취지는 이 법률효과들 중 무엇을 구하는가, 즉 위의 예에서 대금지급의무나 물건인도의무, 부동산인 경우에는 소유권이전등기의무 들 중에서 구하는 하나 또는 여러 개의 청구를 이행소송 등 소송형식으로 명백하게 하는 것이다. 다만 확인판결을 구하는 경우에는 법률효과뿐 아니라 법률요건 중 선결적 법률관계 부분도 확인을 구할 수 있다. 예들 들어 이행소송에서는 앞의 예에서 대금지급의무나 물건인도의무, 부동산의 경우에는 소유권이전등기의무 등의 이행을 구하여야 하지만 확인하는 소의 경우에는 선결적 법률관계인 매매계약의 존부 등도 확인을 구할 수 있다. 형성소송에서는 이행소송의 경우와 마찬가지로 법적 3단 논법의 결론인 형성효과, 즉 이혼, 사해행위취소 등을 청구취지에서 구할 수 있다. 위의 예에서 매매계약의 법률효과 중 하나가 대급지급의무인데 이 대금지급의무의 이행을 구하는 이행을 청구하는 소와 대급지급의무의 확인을 구하는 확인하는 소는 소의 형식이 다르므로 별개의 소이다.

(다) 청구취지를 조건부 또는 기한부로 할 수 있는지는 경우를 나누어 살펴야 한다. 먼저 소송 외에서 장래 발생할 사실을 조건으로 하는 경우(예, 자력이 있으면 돈을 지급하라든가 전쟁이 일어나면 부양을 하라고 하는 경우 등)에는 그 성취여부를 확정할 수 없어 소송절차를 불안정하게 하므로 허용되지 않는다. 그러나 소송 내에서 밝혀질 사실을 조건으로 하는 예비적이거나 선택적인 청구에는 그 조건의 성취 여부가 해당 소송절차 내에서 판명되어 소송절차를 불안정하게 하지 아니하므로 허용된다. 기한은 그것이 사실심의 변론종결 이전에 도달하지 않는 한 부칠 수 없다.

(라) 청구취지는 그 내용 및 범위를 명확히 알아볼 수 있도록 구체적으로 특정되어야 한다. 그 특정 여부는 직권조사사항이므로 청구취지가 특정되지 않은 경우에 법원은 직권으로 보정을 명하고 보정명령에 응하지 않을 때에는 소를 각하하여야 한다.[321]

㈒ 법원이 당사자의 부주의 또는 오해로 말미암아 청구취지가 특정되지 아니한 것을 명백히 간과하여 본안에 관하여 공격과 방어를 하고 있는데도 이에 대한 보정의 기회를 부여하지 아니한 채 청구취지 불특정을 이유로 소를 각하하는 것은 석명의무를 다하지 아니하여 심리를 제대로 하지 아니한 것이므로 위법하다.[322)]

(3) 청구원인

㈎ 법적 3단 논법의 결론인 법률효과는 그 원인이 되는 법률요건에서 나온다. 소장에서 이 법률요건을 구성하는 법률요건사실을 기재하는 부분이 청구원인이다. 따라서 청구원인은, 넓은 의미로는 법률관계에 변동을 일으키는 법률요건사실, 즉 법적 3단 논법의 소전제를 기재하는 부분을 말한다. 청구원인사실이라고도 한다. 피고의 항변사실과 비교되고 이른바 공격방법에 해당한다.

㈏ 다만 공격방법은 소장을 제출할 때 다 적어야 하는 것이 아니라 적시제출주의의 원칙상(제146조) 소송과정에서 적당하다고 생각하는 시기에 필요한 부분을 제출하면 되므로 소장에 이를 전부 기재할 필요가 없다. 그렇다면 소장을 제출할 때 청구원인에서 어느 부분을 반드시 기재하여야 하는 문제가 발생하는데 이것이 좁은 의미의 청구원인에 관한 것이다.

㈐ 일반적으로 좁은 의미의 청구원인은, 광의의 청구원인 가운데에서 소송상 청구를 다른 것과 구별하여 특정하는 데 필요한 범위의 사실을 말한다. 제249조 제1항에서 정한 청구원인은 협의의 청구원인만을 의미한다. 법원은 청구취지와 더불어 좁은 의미의 청구원인만을 심판대상으로 한다.

(4) 민사소송규칙 제62조

민사소송규칙 제62조는 쟁점정리를 촉진하기 위하여 소장의 청구원인에 좁은 의미의 청구원인사실뿐만 아니라 청구를 뒷받침하는 사실(1호)을 구체적으로 적어야 하고 또 피고가 주장할 것이 명백한 방어방법에 대한 구체적인 진술(2호) 및 입증에 필요한 사실에 대한 증거방법(3호)을 적도록 하였다. 민사소송규칙 제62조의 취지는, 소장에 소송절차 개시에 필요한 최소한도의 내용만 기재하게 하는 것이 아니라 법원의 심리를 충실하게 또 신속하게 진행할 수 있도록 충분한 소송자료를 소송의 빠른 시점에 제출하도록 하자는 데 있는 것이다. 이 사실 및 증거의 기재는 소송상 청구를 이유 있게 하는 공격방법의 제출을 준비하는 의미가 있기 때문에 이를 기재한 소장은 준비서면(제274조)을 겸하게 된다. 따라서 이 기재를 누락하더라도 소장의 필수적 기재사항인 청구원인을 누락된 것이 아닌 이상 소장을 각하해서는 안 된다.

321) 대판 1981.9.8. 80다2904, 2008.10.9. 2007다5069 등 참조.
322) 대판 2014.3.13. 2011다111459.

(가) 청구를 뒷받침하는 구체적 사실(1호) 및 예상 방어방법에 관한 구체적인 진술(2호) 청구를 뒷받침하는 구체적 사실이란 원고가 입증책임을 부담하는 사실을 구체적으로 기재하여 피고가 이에 대하여 정확하게 인부(認否)를 할 수 있고, 적극부인이나 항변 등 피고의 반론을 가능하게 할 수 있는 사실을 말한다. 예상 방어방법이란 피고가 제기할 수 있는 예상 항변 등(3호)에 대한 대응 진술 등을 말한다.

(나) 입증이 필요한 사실에 대한 증거방법(3호)

(a) 입증이 필요한 사실이란 피고가 소송에서 원고의 주장사실을 부인할 것을 예상하고 원고가 이에 대비하여 입증할 사실을 말한다. 이것은 소장에 주요사실뿐 아니라 중요한 간접사실도 기재하게 하여 피고의 이에 대한 인정 여부나 반론을 정확하게 할 수 있도록 함으로써 쟁점 파악을 쉽게 하는 역할을 기대한다.

(b) 입증에 필요한 사실에 대한 증거방법이라 함은 당사자 사이에 다툼이 있는 경우에 장래 부각될 쟁점을 특정하고 이를 구성하는 주요사실 혹은 간접사실을 정리하고 다시 이들 사실을 뒷받침할 만한 증거가 있는지, 그 증거는 어떤 종류인지 등에 관한 검토의 전제로서 원고가 주장하는 사실관계와 그것이 어떤 증거에 의하여 뒷받침하는가를 설명할 수 있는 것을 말한다. 법관이 조사할 수 있는 증거방법의 열거에 끝나지 않으며 소장에 기재된 사실관계와 증거의 대응관계 및 관련성 등을 표시하여야 한다.

3. 소송상 청구의 특정

(1) 법원의 심판대상

(가) (a) 법원이 소송에서 심판하여야 할 대상은 소송요건의 존부 및 소송상 청구이다. 법원이 심리한 결과 소송요건이 부존재하면 소를 각하하는 등 소송판결을 하여야 하고 소송요건이 갖추어진 경우에는 소송상 청구의 당부에 관하여 본안판결을 한다. 이 소송상 청구가 바로 좁은 의미의 심판대상이다.

(b) 본안판결은 하나 또는 중복된 여러 개의 심판대상에 관하여 판단하지 않으면 안 되는 경우가 있는데 그 판단 기준이 소송상 청구이다. 따라서 소송상 청구는 본안판결의 주문에서 소송목적에 관하여 판단하여야 할 최소 기본단위라고 할 수 있다.

(나) 소송은 그 시작부터 마칠 때까지 소송상 청구를 중심으로 전개되며 이를 기준으로 여러 가지 절차문제가 획일적으로 처리된다. 즉 토지 및 사물관할의 유무, 중복된 소제기 금지 원칙의 적용 여부, 반소의 적부, 기판력의 객관적 범위 등은 소송상 청구를 기준으로 하여 판단한다.

(2) 이행을 청구하는 소

㈎ **특정물의 인도를 청구하는 소** 예를 들어 특정 자동차의 인도 또는 특정 건물의 인도를 청구하는 경우이다. 특정물의 인도를 청구하는 소는 점유권 또는 본권에 기초해서 청구를 하는 소송이다. 민법 제208조에 의하면 점유권에 기초한 소와 본권에 기초한 소는 서로 영향을 미치지 아니하고 점유권에 기초한 소는 본권에 관한 이유로 재판하지 못한다. 따라서 점유권에 기초하여 특정 자동차의 인도를 청구하였다가 패소하였다 하더라도 다시 소유권이라는 본권에 기초하여 청구하는데 지장이 없다. 그러므로 특정물의 인도를 청구하는 소의 소송상 청구는 청구취지만으로 청구를 특정할 수 없고 법률요건인 점유권 또는 소유권을 뒷받침하는 사실을 기재하는 청구원인이 보충되어야 특정이 된다.[323]

㈏ **금전 그 밖에 대체물의 일정수량을 지급하라고 청구하는 소** 이때에도 어느 경우에나 청구취지만으로 소송상 청구가 특정되지 아니하고 불법행위 또는 채무불이행 등 금전 등으로 지급을 청구할 수 있는 법률요건을 기재하는 청구원인의 보충이 있어야 특정이 된다.[324]

㈐ **저작재산권** 저작인격권이나 저작재산권을 이루는 개별적인 권리들은 저작인격권이나 저작재산권이라는 동일한 권리의 한 내용에 불과한 것이 아니라 각 독립적인 권리로 파악하여야 하므로 위 각 권리에 기한 청구는 별개의 소송목적이 된다.[325] 청구원인에서 이를 일일이 기재해야 한다.

(3) 확인하는 소

㈎ 확인하는 소는 청구취지에 표시된 권리 또는 법률관계의 존부에 관한 주장과 이에 대한 확인재판의 요구이다. 일반적으로는 법률효과의 존부 확인(예, 대금지급의무의 존부 또는 소유권이전등기의무의 존부 등)에 관한 주장이 보통이지만 선결적 법률관계의 존부확인(예, 매매계약을 이유로 한 목적물인도청구에서 매매계약의 존부확인)에 관한 주장도 포함한다. 그 소송상 청구의 특정은 확인하여야 할 권리 또는 법률관계를 적절하게 청구취지에 기재하는 것으로 충분하다.[326]

㈏ 증서의 진정여부를 확인하는 소(제250조)는, 사실관계를 확인하는 소에 해당하지만 법률관계를 증명하는 서면을 대상으로 그 진정여부를 확인하는 것이므로 원고의 법적 지위 자체 또는 이를 이유 있게 하는 법률관계를 증명하는 서면, 예를 들어 매매계약서나 차용증서와 같

---

323) 소송법설에 의하면 이 경우에도 청구취지만으로 소송목적이 특정된다.
324) 소송법설에 의하면 이 경우에도 청구취지만으로 소송목적이 특정된다.
325) 대판 2013.7.12. 2013다22775.
326) 확인하는 소에서는 청구의취지만으로 소송목적이 특정된다는 점에서 판례와 소송법설이 동일하다.

은 처분문서의 진정여부를 청구취지에 기재한다.

(다) 같은 사실관계를 확인하는 소로서 판례가 인정하는 재판상 청구가 있다는 점에 대하여만 확인을 구하는 형태의 '새로운 방식의 확인소송'[327]은 소멸시효중단을 위한 후소이므로 소멸시효의 중단사유인 민법 제168조 1호의 '청구'를 청구취지에 기재하여야 한다.

(4) 형성을 청구하는 소

(가) **주주총회결의 취소의 소** 주주총회결의취소를 구하는 소의 경우에는 결의의 취소만 소송상 청구가 되고 그 결의에 붙어 있는 개개의 흠은 결의의 취소청구를 정당화하는 공격방법에 불과하다. 따라서 이 경우에 소송상 청구는 결의의 취소 청구 하나뿐이므로 이때에는 청구취지만으로 소송상 청구가 특정된다.

(나) **가족관계에 관한 소송** 예를 들어 이혼청구의 경우이다. 여기서 청구취지는 「… 이혼한다」이고 청구원인은 민법 제840조의 각 이혼사유 마다 독립된 청구원인이다. 그러므로 법원은 원고가 주장한 각 이혼사유에 관하여서 심판하여야 하므로 청구원인에 적는 이혼원인(예, 악의의 유기 또는 배우자의 부정행위 등)마다 소송상 청구가 달라진다.[328] 따라서 소송상 청구는 청구취지 이외에 이혼원인을 기재한 청구원인이 보충되어야 특정된다.[329]

(다) **채권자취소소송** 채권자가 수익자와 전득자를 공동피고로 삼아 채권자 취소의 소를 제기하면서 청구취지에 '채무자와 수익자 사이의 사해행위 취소청구'를 구하는 취지로 명시한 경우에 전득자에 대한 관계에서도 채권자 취소권을 행사하는 것으로 보아야 한다. 사해행위 취소를 구하는 취지를 수익자에 대한 청구취지와 전득자에 대한 청구취지로 분리하여 각각 기재하지 않았다고 하더라도 취소를 구하는 취지가 수익자에 대한 청구에 한정된 것이라고 볼 수 없다.[330]

(5) 소송상 청구의 특정 기준

이상을 종합하면 소송상 청구는 청구취지를 특정의 기준으로 하되 이행을 청구하는 소와 가족관계에 관한 형성을 청구하는 소는 청구원인의 보충을 기다려 특정된다고 할 것이다. 소송상 청구가 특정되었는지 여부는 소송요건으로서 법원의 직권조사사항이다.[331]

---

327) 대전판 2018.10.18. 2015다232316.
328) 대판 1963.1.31. 62다812.
329) 이시윤, 255면은 이 경우에도 이혼원인은 소송목적의 특정요소가 아니라고 한다.
330) 대판 2021.2.4. 2018다271909.
331) 대판 2013.3.14. 2011다28946.

[55] 제2. 소를 제기한 뒤의 조치

1. 재판장 등의 소장심사(제254조)

(개) (a) 소장이 법원에 제출되어 사무분배에 따라 사건이 배당되면 담당 재판장(단독사건에서는 단독판사)이 소장을 심사한다. 소장의 심사는 소장의 필수적 기재사항(제249조)의 구비 여부 및 법이 정한 인지를 붙였는지 여부, 송달료의 납부 여부와 같은 형식적 사항에 관하여서 한다(제254조 제1항). 이 형식적 사항에 관한 재판장의 소장심사는 소송요건 및 청구의 당부에 관한 판단에 앞서 행하여야 한다.[332)]

(b) 재판장은 소장을 심사하면서 필요하다고 인정하는 경우에는 원고에게 청구하는 이유에 대응하는 증거방법을 구체적으로 적어 내도록 명할 수 있고, 원고가 소장에 인용한 서증의 등본 또는 사본을 붙이지 아니한 경우에는 이의 제출을 명할 수 있다(제254조 제4항). 소송요건의 구비 여부 및 청구의 당부는 재판장의 소장심사권의 대상이 아니며 수소법원이 판단할 사항이다.

(내) (a) (i) 재판장이 소장을 심사한 결과 소장에 흠이 있는 것을 발견한 때에는 원고에게 상당한 기간을 정하여 그 기간 내에 흠의 보정을 명하는 보정명령을 하여야 한다. 재판장은 법원사무관등으로 하여금 위 보정명령을 하게 할 수 있다(제254조 제1항 후문). 이 경우 법원사무관등의 보정명령은 재판장의 지시에 의한 것으로서 재판장의 명령으로 보아야 한다. 증거방법의 지시는 보정명령의 대상이 아니다.

(ii) 소장심사는 당사자가 특정되지 않거나 청구의 취지나 원인의 기재 자체가 없는 경우이고, 당사자, 청구의 취지나 원인의 기재가 있으나 그 기재내용이 애매하거나 불명료하다는 것은 재판장의 소장심사권 대상이 아니다. 이 경우에는 석명권의 대상(제136조)이므로 원고가 이의 석명에 불응한 경우에는 재판장이 명령으로 소장을 각하할 수 없고,[333)] 법원이 이를 이유로 판결로 소를 각하하여야 한다(제149조 제1항).[334)] 예컨대 원고가 사망한 사람을 피고로 하는 소를 제기하였을 경우라도 형식적으로는 당사자 기재가 존재하므로 재판장은 명령으로 소장을 각하할 수 없고 법원이 심리를 거쳐 판결로 소를 각하하여야 한다.[335)]

(b) (i) (ㄱ) 보정명령에 따라 소장을 보정하였다면 그것이 부족인지를 보정한 경우에는 소장을 제출한 때로부터 소급하여 보정한 효과가 생기지만 청구의 내용이 불분명하여 특정하기

332) 대결 1969.8.28. 69마375.
333) 대결 2004.11.24. 2004무54, 2013.9.9. 2013마1273 참조.
334) 대판 1981.9.8. 80다2904.
335) 대결 1973.3.20. 70마103.

어려운 경우에는 청구원인을 보정한 때에 소장이 제출된 것으로 보아야 한다.

(ㄴ) 재판장의 보정명령은 소송지휘권에 속하므로 당사자는 보정명령 자체에 대하여는 이의신청이나 항고 등 불복을 할 수 없다.[336] 왜냐하면 소장 또는 상소장에 관한 재판장의 인지보정명령은 성질상 뒤에 종국판결과 결부될 가능성이 없을 뿐 아니라 불복을 허용하지 않으면 소송당사자에게 회복할 수 없는 손해를 주는 경우가 아니어서 민사소송법에서 일반적으로 항고의 대상으로 삼고 있는 제439조 소정의 '소송절차에 관한 신청을 기각한 결정이나 명령'에 해당하지 아니하고, 또 이에 대하여 불복할 수 있음을 정하는 별도의 규정도 없기 때문이다.

(ㄷ) 인지보정명령에 따른 인지를 보정하지 아니하여 소장이나 상소장이 각하되면 이 각하명령에 대하여 즉시항고로 다툴 수 있다(제254조 제3항). 그러므로 인지보정명령은 소장 또는 상소장의 각하명령과 함께 상소심의 심판을 받는 중간적 재판의 성질을 가지는 것으로서 제449조에서 특별항고의 대상으로 정하고 있는 '불복할 수 없는 명령'에도 해당하지 않는다.[337]

(ii) 소장에 첩용한 부족인지의 가첩에 관한 보정이 없었다는 이유로 재판장이 소장을 각하하였을 경우에는 이에 대한 즉시항고를 하여 그 각하명령이 확정되기 전에 부족인지액의 가첩이 있게 되었다 하더라도 그 재판장이 속한 법원은 제446조에 따른 재판의 경정을 할 수 없다.[338] 선고가 필요하지 않은 결정이나 명령과 같은 재판은 그 원본이 서면인 경우에는 법원사무관등에게 교부되었을 때, 전자문서로 작성된 결정이나 명령은 법관이 사법전자서명을 완료한 때 성립한다.[339] 따라서 이미 각하명령이 성립한 이상 그 명령정본이 당사자에게 고지되기 전에 부족한 인지를 보정하였다 하여 위 각하명령이 위법한 것으로 되거나 재도의 고안에 의하여 그 명령을 취소할 수 있는 것은 아니다.[340] 설사 부족한 인지액을 보정한 다음에 항소장 각하명령을 수령하였다고 하더라도 이미 성립한 항소장 각하명령이 위법하게 되는 것은 아니므로,[341] 재판장의 소장 심사권에 의하여 소장 각하명령이 있었을 경우에는, 즉시항고를 하고 그 흠결을 보정하였을 경우라도 이를 경정할 수 없는 것이다.[342]

(iii) 만약 법원이 청구취지가 특정되지 아니한 것을 간과한 채 본안에 관한 심리를 하다가 청구취지가 특정되지 아니한 흠을 발견하였다면 법원은 즉시 흠을 보정할 수 있는 기회를 당사자에게 주어야 할 것이고 그러한 기회를 주지 아니하고 소를 각하하는 것은 위법이다.[343]

(다) (a) 원고가 소장의 흠을 보정하지 아니하여 재판장이 명령으로 소장을 각하하면(제254

336) 대결 2009.3.27. 2009그35.
337) 대결 2015.3.3. 2014그352.
338) 대결 1968.7.30. 68마756.
339) 대전결 2025.7.2. 2021마6542.
340) 대결 1969.12.8. 69마703, 2014.10.8. 2014마667 등 참조.
341) 대결 2013.7.31. 2013마670.
342) 대전결 1968.7.29. 68사49.
343) 대판 2014.3.13. 2011다111459.

조 제2항) 판결로 소각하한 경우와 동일하게 소송은 종료된다. 제1심재판장의 소장 각하명령에 대하여는 즉시항고로 불복할 수 있고(민사소송법 제254조 제3항), 지급명령의 신청에는 그 성질에 어긋나지 않으면 소에 관한 규정을 준용한다(민사소송법 제464조). 지급명령이 송달되지 않아 법원이 채권자에게 주소보정명령을 내렸으나 채권자가 이를 이행하지 아니하여 이에 따라 사법보좌관이 한 지급명령신청서 각하명령은, 지급명령의 요건 불비(제465조 제1항)로 인한 각하결정이 아니라, 주소 미보정을 이유로 한 각하(제464조, 제255조 제2항, 제254조 제1·2항)에 해당하다. 따라서 이에 대한 불복은 즉시항고가 맞으며, 특별항고 대상(대법원에 기록 송부)으로 보아서는 안 된다.[344]

(b) 재판장이 소장을 각하할 수 있는 시기는 소장이 피고에게 송달될 때까지이다. 전자문서로 소장이 작성된 경우에도 마찬가지이다. 그러므로 피고에게 소장이 송달된 후 소장의 미비점을 발견하여 재판장이 그 시정을 위해서 보정명령을 내린 경우에는 원고가 이에 불응하더라도 재판장은 명령으로 소장을 각하할 수 없고 법원이 판결로 각하하여야 한다.[345]

2. 소장의 송달(제255조)

(1) (가) 재판장이 소장을 심사하여 아무 문제가 없다고 인정한 때에는 특별한 사정이 없는 한 피고가 변론을 준비하여 방어권을 행사할 수 있도록 피고에게 소장 부본을 송달하여야 한다(제255조 제1항).

(나) 전자문서로 작성된 소장은 피고에게 전산정보처리시스템에 의하여 전자적으로 송달하거나 통지하는데(민소전자문서 제11조 제1항) 이 경우 송달받을 자가 등재된 전자문서를 확인한 때에 송달된 것으로 본다. 다만, 그 등재사실을 통지한 날부터 1주 이내에 확인하지 아니하는 때에는 등재사실을 통지한 날부터 1주가 지난날에 송달된 것으로 본다(민소전자문서 제11조 제4항). 따라서 문서로 된 소장보다 송달시기가 늦어질 수 있다.

(2) 재판장이 소장을 심사하여 아무 문제가 없다고 인정한 때에는 특별한 사정이 없는 한 피고가 변론을 준비하여 방어권을 행사할 수 있도록 피고에게 소장 부본을 송달하여야 한다(제255조 제1항). 피고의 주소가 소재불명으로 송달불능이 되었을 때에는 제254조 제1항을 준용하여 원고에게 주소보정을 명하여야 하며 이에 불응하면 소장을 각하한다(제255조 제2항). 소장이 송달된 뒤에 피고가 이사를 가서 변론기일통지서가 송달불능이 된 경우에 원고가 주소보정에 불응함은 물론 공시송달조차 신청하지 않은 경우에는 '달리 송달할 장소를 알 수 없는 경우'에 해당하므로 종전에 송달받던 주소에 등기우편으로 발송송달한다(제185조 제2항, 민소규

344) 대결 2024.2.23. 2023그877.
345) 대결 1973.10.26. 73마641. 변론개시시설에 의하면 이 경우에도 명령으로 소장을 각하할 수 있다.

제51조). 재판장이 소장부본에 대한 공시송달을 명하였으면서도 착각으로 공시송달 없이 변론기일을 진행하여 판결을 선고하였다면 그 판결선고는 위법하다.[346)]

3. 피고의 답변서 제출의무와 변론기일지정

(가) **피고의 답변서 제출의무** 피고가 원고의 청구를 다투는 경우에는 공시송달의 경우를 제외하고 소장 부본의 송달을 받은 날로부터 30일 이내에 답변서를 제출하여야 한다(제256조 제1항). 법원도 소장 부본을 송달할 때에 답변서를 제출하라는 취지를 피고에게 알려야 한다(제256조 제2항). 답변서에는 준비서면에 관한 규정이 준용되므로(제256조 제4항) 법원은 답변서의 부본을 원고에게 송달하여야 한다(제256조 제3항).

(나) **변론 없이 하는 판결** 법원은 피고가 30일 이내에 답변서를 제출하지 아니한 때에는 원고의 청구원인사실을 자백한 것으로 보고 변론 없이 판결을 선고할 수 있다(제257조 제1항 본문). 피고가 청구원인 사실을 모두 자백하는 취지의 답변서를 제출한 경우에도 동일하다(제257조 제2항). 다만 공시송달사건(제256조 제1항 단서), 직권으로 조사할 사항이 있는 사건, 판결선고가 되기까지 원고의 청구를 다투는 취지의 답변서를 제출한 경우 등에는 무변론판결을 할 수 없다(제257조 제1항 단서). 법원은 피고에게 소장 부본을 송달할 때에 변론 없이 판결을 선고할 기일을 함께 통지할 수 있다(제257조 제3항).

(다) **변론기일의 지정** 재판장은 변론 없이 판결하는 경우 이외에는 바로 변론기일을 지정하여야 한다(제258조 제1항). 다만 사건을 변론준비기일에 부칠 필요가 있는 경우에는 변론기일을 지정하지 않는다(제258조 제1항 단서). 변론준비절차가 끝난 경우에는 바로 변론기일을 지정하여야 한다(제258조 제2항).

4. 위헌여부 심판의 제청

(가) 법률이 헌법에 위반되는지 여부가 재판의 전제가 된 경우에는 당해 사건을 담당하는 법원은 직권 또는 당사자의 신청에 의한 결정으로 헌법재판소에 위헌 여부 심판을 제청하여야 한다(헌재 제41조 제1항).

(나) 법원이 어느 법률이 위헌인지 여부의 심판을 제청하기 위해서는, 당해 법률이 헌법에 위반되는 여부가 재판의 전제가 되어야 하는데 여기에서 재판의 전제가 되려면 구체적 사건이 법원에 계속 중이어야 하고, 위헌 여부가 문제되는 법률이 당해 소송사건의 재판에 적용되는

---

346) 대판 2011.4.28. 2010다108388.

것이어야 하며, 그 법률이 헌법에 위반되는지의 여부에 따라 당해 사건을 담당하는 법원이 다른 판단을 하게 되는 경우를 말한다.[347)]

제3절 소를 제기한 효과

[56] 제1. 소송계속

1. 뜻

원고와 피고 사이의 소송상 청구는 소가 제기되면 특정 법원에서 심리와 판결을 받는 상태가 된다. 이 상태를 소송계속이라고 한다.

(가) 소송계속은 판결절차에만 있다. 판결절차가 아닌 강제집행 · 보전처분절차, 증거보전절차, 중재절차 등에는 소송계속이 없다. 그러나 제소전 화해절차(제385조 이하)나 독촉절차(제462조 이하)는 당사자의 소제기 신청(제388조 제1항)이나 채무자의 이의신청(제469조 제2항)에 의하여 최초에 화해신청을 하거나 지급명령을 신청한 때에 소를 제기한 것으로 간주되므로(제388조 제2항, 제472조 제2항) 그 경우에도 소제기 간주로 인해서 소송계속의 효과가 생긴다. 민사조정에서 조정을 하지 아니하기로 하거나, 조정이 성립되지 아니한 것으로 사건이 종결된 경우, 조정을 갈음하는 결정에 대하여 이의신청이 있는 경우 등에는 소가 제기된 것으로 간주하므로(민조 제36조) 이 경우에도 소송계속의 효과가 인정된다.

(나) 소송계속은 판결하여야 하는 것을 전제로 하므로 소송요건에 흠이 있는 경우에도 각하 등 판결을 하여야 하는 이상 피고에게 소장이 송달되었다면 소송계속 상태가 있다.

(다) 소송계속은 특정한 청구가 판결절차에서 심리되는 상태이므로 당사자의 주장이나 항변과 같은 공격방어의 방법을 제출할 때에는 그 자체만으로는 기판력을 가지는 상계의 항변(제216조 제2항)을 제외하고는 소송계속이 아니다.

2. 발생과 소멸의 시기

(가) 판례[348)]는 소송계속의 시기를 피고에게 소장이 송달된 때로 본다. 전자문서로 소장을

347) 대결 2002.9.27. 2002초기113, 2006.5.12. 2006카기54 등 참조.
348) 대판 1989.4.11. 87다카3155.

접수한 경우에는 민소전자문서법 제11조, 제12조의 규정에 따라 소장이 피고에게 송달되었을 때에 소송계속이 있는 것으로 본다.

피고에게 소장이 송달됨으로써 소의 제기내용을 법원, 원고·피고가 모두 알게 되어 당사자들이 소송목적에 관하여 공격·방어를 할 수 있기 때문이다. 민법 제168조는 소장을 제출한 때에 시효중단의 효력을 인정하고 있으나 그 효과는 실체법상 효과에 그친다. 재판상 청구를 하기 이전에 최고(催告)를 여러 번 하더라도 시효중단의 효력은 재판상 청구를 한 시점부터 소급하여 6월 이내에 한 최고 시에 발생한다.[349]

(나) 소송계속은 소의 취하·취하간주 또는 각하, 판결의 확정, 이행권고결정, 화해권고결정의 확정, 화해조서나 청구의 포기·인낙조서의 작성 등으로 소송이 종료될 때에 소멸된다. 당사자가 소송계속이 있다고 다투어 기일지정신청을 한 경우에, 법원은 소송계속이 없다고 인정될 때에는 변론을 열어 판결로써 소송종료선언을 하여야 하고(민소규 제67조의 준용), 소송계속이 있다고 인정되는 경우에는 기일을 열어 변론을 속행하여야 한다. 소송계속 여부는 중간판결 또는 종국판결의 이유에서 설시한다.

3. 효과

(가) (a) 소송계속을 전제로 소송참가(제71조, 제78조, 제82조, 제83조)나, 소송고지(제84조)가 가능하고 관련청구의 재판적(제25조, 제79조 제1항, 제264조 제1항, 제269조 제1항)이 인정된다.

(b) 행정소송에 관한 것이지만 행정소송법 제23조에 의한 행정처분의 집행정지는 이에 대한 본안소송이 법원에 제기되어 소송계속 중임을 요건으로 하므로[350] 행정소송에서는 본안소송이 동시에 있거나 또는 선행되어야 집행정지를 신청할 수 있다.

(나) 소의 제기이후에 소송의 이송, 피고의 경정 등이 허용됨에 비추어 법원, 당사자 및 소송목적의 항정(恒定)은 소송계속의 효과가 아니다.

[57] * 제2. 중복된 소제기의 금지

1. 뜻 및 제도의 취지

중복된 소제기의 금지원칙이라 함은 당사자가 법원에 계속되어 있는 사건에 대하여 다시 소를 제기하지 못하는 원칙을 말한다(제259조). 당사자로 하여금 소송계속중의 사건과 동일한

349) 대판 1983.7.12. 83다카437.

350) 대판 1975.11.11. 75누97 참조.

사건을 다시 소제기하지 못하게 하는 이유는, 우선 불필요한 심리의 중복을 방지함으로써 소송경제를 도모하고, 같은 사건에 관하여 법원이 혹시 다른 결론을 내릴 것을 방지하여 사법(司法)의 위신을 지킨다는 데 있다. 결국 같은 당사자에게 중복된 판결취득을 금지함으로써 기판력의 모순·저촉 가능성을 방지하자는 데 취지가 있다. 따라서 위 원칙의 적용에서는 먼저 중복된 소송 사이에서 기판력의 모순·저촉가능성이 있는지 여부를 살펴야 할 것이다.

2. 중복제소 금지의 요건

(1) 당사자가 같을 것

(가) (a) 민사소송은 특정 원고와 피고 사이의 분쟁을 상대적으로 처리할 것을 목적으로 한다. 비록 소송목적을 같이하더라도 당사자를 달리하면 중복된 소송이 아니다. 따라서 당사자가 동일하여야 중복제소가 금지된다. 다만 원고와 피고의 지위가 동일할 필요가 없다. 예컨대 소극적 확인소송의 피고가, 동일 소송목적에 관해서 원고가 되어 이행을 청구하는 소를 별소로 제기하여 당사자의 지위가 바뀌더라도 중복제소금지에 해당한다.

(b) 동명이인(同名異人)은 사람이 다르므로 동명이인을 진정한 당사자로 알고 잘못 제기한 소를 제1심판결 후에 취하하였다고 하더라도 진정한 당사자를 상대로 다시 제기한 소는 중복제소 금지의 제한을 받지 않는다.[351)]

(나) (a) 당사자의 동일성 여부는 기판력이 당사자에게 미치는 범위와 관련하여 살펴보아야 한다. 중복된 소제기의 금지 원칙은 기판력이 어긋날 가능성을 막는 데 취지가 있기 때문이다.

(b) 소송담당과 같이, 전·후 양쪽 소송의 당사자가 형식상 다르더라도 실질적으로 어느 소송의 한 쪽 당사자에게 다른 소송의 당사자가 받는 판결의 기판력이 확장되어 그 효력을 받는 제218조 제3항과 같은 경우(예, 선정당사자와 선정자 등)에는 같은 당사자로서 중복제소의 금지에 해당된다. 소송담당자의 소송수행권은 원래 피 담당자에게 귀속하기 때문이다. 동일한 소송수행권을 담당자와 피 담당자 양쪽이 서로 행사하는 경우에도 당사자의 동일성이 있다고 하여야 하기 때문에 중복제소금지의 취지에 반한다.

(c) 제218조 제1항에서 규정된 변론종결 후의 승계인에게는 기판력이 미치므로 중복제소 금지의 원칙이 적용되지만 변론종결 이전의 승계인으로서 소송에 당사자로 참가하지 아니한 제3자는 이 원칙을 적용받지 않아서 당사자로서 따로 소를 제기할 수 있다.[352)]

(d) 원고는 동일한데 피고가 이전 소송의 보조참가인인 경우에는 참가적 효력만 미치고 기판력은 미치지 아니하므로 같은 당사자가 아니다.[353)]

---

351) 대판 1977.11.22. 77다1339.
352) 대판 1969.7.22. 69다760.

㈐ 중복제소가 문제되는 경우

(a) * **채권자대위소송에서의 중복제소금지** (i) **문제점** 채권자대위소송의 채무자에 대한 판결의 효력에서 문제되는 것은 확정된 대위판결의 효력이 그 판결에 관여하지 못한 채무자에게 미치느냐의 것이다. 현재 진행 중인 채무자의 소송과 채권자대위소송 상호간의 문제이다. 다만 여기서는 채권자대위소송을 순전히 소송법적으로만 보아야 한다. 민법 제404조가 적용되는 경우와 그렇지 않은 경우로 구별할 필요가 없으며, 나아가 확정된 대위판결의 채무자에 대한 적용 여부 문제를, 현재 진행 중인 소송에서 중복제소금지의 문제에 그대로 적용할 필요가 없다.

(ii) **요건의 검토** ㈀ 채권자대위소송에서 중복된 소제기의 금지에 해당하려면 대위채권자와 채무자 사이, 공동대위채권자들 사이에서 채무자가 동일하고, 소송상 청구를 같이하며, 전소가 계속 중에 후소가 제기될 것이고, 전소와 후 소가 소의 이익을 같이하여야 한다.

㈁ 당사자의 동일성에 관한 문제를 검토한다. 채권자 대위소송은 원칙적으로 대위채권자와 채무자 사이에서는 제218조 제3항에 의하여 대위채권자의 판결의 효력이 채무자에게 미치고, 공동대위채권자가 채무자의 권리를 공동으로 행사하는 경우의 그들 상호 관계는 유사필수적 공동소송관계[354)]로서 판결의 효력이 공동소송인 모두에게 합일적으로 확정되어야 동일 당사자로 본다는 데는 문제가 없다.

㈂ 그런데 민법 제404조가 적용되는 경우에, 대법원판례는 채무자가 소송고지 등을 받아 대위소송이 제기된 사실을 알았을 때에 한하여 불리한 판결의 기판력이 채무자에게 미친다고 하였으므로[355)] 채권자대위소송에서도 채무자가 대위소송의 제기를 몰랐던 경우에는 제218조 제3항이 적용되지 아니하여 당사자의 동일성이 없다는 견해[356)]가 있다. 그러나 중복제소금지의 원칙은 소제기의 효과로서 소송계속 중에 문제되는데 대해서 제218조제3항의 문제는 판결이 확정된 뒤의 기판력 적용문제이므로 양자를 구별할 필요가 있다. 그러므로 판례[357)]는 중복된 제소금지의 경우에는 채무자가 채권자의 대위소송 제기를 알았는지 여부를 따지지 않고 중복된 소제기 금지위반을 이유로 각하판결을 하여야 한다고 한다. 기판력의 모순·저촉을 가능성의 경우에도 사전에 차단한다는 입장이라고 할 것이다. 판례가 타당하다.

(iii) 채권자대위소송 계속 중에 다른 채권자가 같은 채무자를 대위하여 같은 제3채무자를 피고로 하여 소송을 제기한 경우 두 소송의 소송목적이 같을 때에는 나중에 계속된 소송은 중복제소금지의 원칙에 위배하여 부적법하다.[358)]

---

353) 대판 1955.2.3. 4287민상278.
354) 대판 1991.12.27. 91다23486.
355) 대전판 1975.5.13. 74다1664.
356) 이시윤, 288면.
357) 대판 1981.7.7. 80다2751.

채권자대위소송과 중복제소금지

1. 구분 내용

(1) **문제의 소재**

- 쟁점: 대위판결 효력이 채무자에게 미치나?
- 그러나 중복제소금지는 소송계속 중 문제로, 확정 후 기판력 문제(민소법 제218조 제3항)와는 구별 필요

(2) **중복제소금지 요건**

① 채무자 동일

② 소송상 청구 동일

③ 전소 계속 중 후소 제기

④ 소의 이익 동일

2. 당사자 동일성

- 대위채권자 ↔ 채무자: 제218조 제3항 → 판결 효력 채무자에게 미침
- 공동대위채권자: 유사필수적 공동소송 → 판결 효력 합일 확정 → 동일 당사자 인정

3. 판례 입장

- 기판력 문제: 채무자가 대위소송 사실을 알았을 때만 불리한 기판력 인정
- 중복제소금지 문제: 채무자가 알았는지 여부 불문, 후소는 각하 → 기판력 모순·저촉 사전 차단

□ **핵심정리**

- 이미 채권자대위소송이 계속 중인 경우
- 다른 채권자가 동일 채무자를 대위하여 같은 제3채무자 상대로 동일 소송 제기 시

➡ 후소는 중복제소금지 원칙 위반 → 부적법

(b) *** 채권자취소소송에서의 중복제소금지** 채권자대위권과 같은 책임재산보정방법인 채권자취소소송에서 의 중복제소금지 원칙을 검토한다.

(i) 채권자대위소송이 민법 제404조가 적용되는 경우와 그렇지 않은 경우가 있는데 대해서 채권자취소소송은 오로지 민법 제406조에 따라 자기 고유의 권리에 기초하여 소로써 취소 및 원상회복을 구하는 경우에, 이것은 자기 고유의 권한을 행사하는 것이지 타인의 권리를 대위하여 행사하는 것이 아니다. 비록 채무자가 동일하더라도 자기 권리를 각 자 행사하는 채권자 상호간에는 중복된 소제기 금지에 해당하지 아니한다.[359] 어느 한 채권자가 동일한 사해행

358) 대판 2021.5.13. 2020다71690.

359) 대판 2003.7.11. 2003다19558, 2014.8.20. 2014다28114.

위에 관하여 사해행위 취소 및 원상회복 청구의 소를 제기하여 승소판결을 받아 그 판결이 확정되었다고 하여 그 후에 제기된 다른 채권자의 동일한 청구가 소의 이익이 없게 되는 것이 아니므로, 먼저 한 채권자취소권의 행사에 의하여 재산이나 가액의 회복을 마친 경우에 다른 채권자의 채권자 취소 및 원상회복청구는 그와 중첩된 범위 내에서만 소의 이익이 없게 되는 것이다.[360)]

(ii) 그러나 동일 채권자가 제기된 채권자취소소송에서 보전하고자 하는 채권을 추가하거나 교환하는 것은 그 채권자 취소권을 이유 있게 하는 공격방법에 관한 주장을 변경하는 것일 뿐 소송상 청구 자체를 변경하는 것이 아니므로 동일 소송에는 변함이 없다. 따라서 동일 채권자가 보전하고자 하는 채권을 추가하기 위하여 채권자취소소송을 2중으로 제기하는 경우에는 앞의 소와 뒤의 소는 공격방법만 달리할 뿐 소송상 청구는 동일하므로 중복된 소제기 금지에 해당하고, 이는 전소와 후소 중 어느 하나가 승계참가신청에 의하여 이루어진 경우에도 마찬가지이다.[361)]

채권자취소소송에서의 중복제소금지

1. 여러 채권자 사이의 채권자취소소송

- 채권자취소소송은 민법 제406조에 근거한 것으로, 각 채권자가 자기 고유의 권리로 행사하는 것이다.
- 따라서 동일 채무자에 대한 여러 채권자의 소 제기는 중복된 소제기 금지(일사부재리)에 해당하지 않는다.
- 한 채권자가 먼저 승소·확정판결을 받아 재산이 회복된 경우라도, 다른 채권자의 소송 이익은 그대로 존재한다.
- 다만, 이미 회복된 재산이나 가액의 범위 내에서는 다른 채권자의 소는 그 부분에 한하여 소의 이익이 없다.

2. 동일 채권자의 2중 제기

- 같은 채권자가 이미 제기한 취소소송에서 보전채권을 추가하거나 교환하는 것은 단지 공격방법의 변경일 뿐, 소송상 청구의 변경이 아니다.
- 따라서 동일 채권자가 이를 이유로 새로운 소송을 다시 제기하면, 앞의 소와 뒤의 소는 소송상 청구가 동일하므로 중복된 소제기 금지에 해당한다.
- 이는 후소가 승계참가(승계참가신청)의 형식으로 제기된 경우에도 동일하다.

360) 대판 2005.11.25. 2005다51457.
361) 대판 2012.7.5. 2010다80503.

□ 핵심정리
- 채권자가 다르면 중복제기 아님 → 각각 고유권 행사
- 채권자가 같으면 중복제기 해당 → 동일 청구이므로 금지

(c) **독립당사자참가소송에서의 중복제소금지** 참가인이 피고를 상대로 한 청구의 취지와 원인이 별소에서 위 참가인이 원고가 되어서 동일 피고를 상대로 한 소송의 청구의 취지 및 원인과 동일한 경우에, 후에 제기된 독립당사자참가 부분은 중복제소 금지에 해당한다.[362]

(2) 소송상 청구가 같을 것

(가) **원칙** 중복된 소제기금지에 해당하려면 「사건」에 대하여 당사자가 다시 소를 제기하여야 한다. 여기서의 「사건」은, 소송상 청구, 즉 소송목적을 의미한다. 소송상 청구는 청구의 취지 및 원인에 의하여 특정되기 때문에, 청구취지를 같이 하여도 청구원인을 이루는 실체법상 권리가 다르면 확인소송을 제외하고 동일한 소송상 청구가 아니다. 예컨대 전소는 소유권에 기초한 인도청구이고 후소는 약정에 기초한 인도청구인 경우에는 모두 청구원인을 달리하여 중복된 제소가 아니다. 청구취지를 달리하면 소송상 청구의 동일성이 상실되므로 원칙적으로 중복된 소제기의 금지에 해당되지 않는다.

(나) 문제되는 경우

(a) **공격방어방법을 달리한 경우** 예컨대 원고가 토지소유권에 기초한 지상건물철거소송을 그 점유자인 피고를 상대로 제기하였다가 제1심에서 패소판결을 받고 소를 취하한 후, 이번에는 피고가 소유자라고 하여 다시 철거청구를 한 경우에 양 쪽 소송의 그 소송목적은 모두 철거청구권, 즉 소유권에 기한 방해배제청구권으로서 동일하므로 상대방이 철거를 구하는 지상건물의 소유자라던가 점유자라는 주장은 소송목적과 관계없이 철거청구권의 행사를 이유있게 하기 위한 공격방법에 불과하여 후소는 중복제소금지에 해당하여 위법하다.[363]

(b) **청구취지를 달리하지만 모순관계에 있는 경우** 청구취지를 달리하더라도 전소와 후소가 서로 모순관계에 있을 경우에 두 소송을 허용하면 모순된 결과가 초래될 수 있으므로 중복된 소제기 금지의 원칙을 적용하여야 할 것이다. 예를 들어 원고가 피고를 상대로 어떤 부동산에 대한 소유권확인을 청구하였는데 피고가 그 부동산에 관하여, 원고는 소유자가 아니라고 하여 원고를 상대로 반소가 아니라 본소로써 소유권이전등기말소청구소송을 제기하는 경우, 또 원고가 피고에 대하여 채무의 이행청구소송을 제기하였는데 피고가 원고에 대하여 반소가 아니라 본소로써 그 채무의 부존재확인청구를 한 경우[364] 등이다. 이 경우에 법원은 피고에게 오히려

362) 광주고판 1965.2.23. 64나205.
363) 대판 1985.3.26. 84다카2001.

반소를 유도하는 등으로 병합심리를 하는 것이 심리의 중복과 모순을 회피할 수 있을 것이다.

(c) * **추심소송에서의 중복제소금지** (i) 판례[365]에 의하면, 채무자가 단지 압류명령을 받은 경우에는 압류에 청구권의 목적물인 부동산 자체의 처분을 금지하는 대물적 효력이 없으므로 피압류채권에 관하여 이행청구를 제기할 수 있다.[366] 하지만 일단 압류명령을 받은 이상 승소판결을 받더라도 채무의 영수를 할 수 없으므로 제3채무자에 대한 집행은 할 수 없다. 따라서 가압류의 피보전채권이 소유권이전등기청구권이라면 무조건의 이행판결은 할 수 없어 가압류의 해제를 조건으로 하는 인용판결을 하여야 한다.[367]

(ii) 하지만 압류 및 제3채무자에 대한 추심명령을 받은 경우에는 채권자에게 채무자의 추심권이 이전되어 추심채권자는 갈음형 소송담당자가 된다. 따라서 채권자의 제3채무자에 대한 추심의 소는 추심채권자만이 제기할 수 있다.[368]

(iii) 채무자가 제3채무자를 상대로 제기한 이행소송(전소)의 계속 중에 압류채권자, 즉 채무자의 채권자가 제3채무자를 상대로 제기한 추심소송(후소)은 중복된 소제기에 해당되는 것이 아니다. 원래 채권자의 제3채무자에 대한 채권 압류 및 추심명령이 있으면 제3채무자에 대한 추심의 소는 추심채권자만이 제기할 수 있으므로, 추심소송 제기 후 채무자가 제3채무자를 상대로 제기하는 피압류채권에 대한 이행소송은 그 제기할 당사자적격을 상실하게 되어서 원칙적으로 부적법 각하되어야 할 것이지만, 채권자의 제3채무자에 대한 채권 압류 및 추심명령이 아직 없는 상태에서 채무자의 제3채무자에 대한 이행소송이 제기된 경우(전소)에 뒤에 채권자의 제3채무자에 대한 채권 압류 및 추심명령이 있다고 한다면 이 경우에 채무자의 전소가 아직 부적법 각하되지 않고 있다는 이유만으로 후소(즉 추심소송)는 중복제소라는 이유로 각하되어야 하고, 전소(즉 이행소송)는 추심권 상실로 각하되어야 하므로 추심채권자는 다시 추심의 소를 제기하지 않을 수 없고 제3채무자인 피고도 그 경우에는 세 번이나 응소해야 하는 번거로움이 생기게 된다. 따라서 이 경우의 추심소송(후소)에 관해서는 중복제소금지의 원칙을 적용하지 않는다.[369] 판례가 타당하다.

---

364) 대판 2001.7.24. 2001다22246은 이 경우에 후소는 소의 이익이 없어 각하하여야 한다고 한다.
365) 대판 2015.5.28.2013다1587.
366) 대판 2000.4.11.99다23888.
367) 대전판 1992.11.10. 92다4680. 자세한 설명은 [51]2(1)(나)(c) 참조.
368) 대판 2010.11.25. 2010다64877.
369) 대전판 2013.12.18. 2013다202120(평석은 [79] 참조).

채권자추심소송에서의 중복제소금지

1. 압류명령만 있는 경우

- 압류명령은 단순히 처분금지를 의미할 뿐 대물적 효력이 없음
- 따라서 채무자는 여전히 제3채무자를 상대로 이행소송 제기 가능
- 그러나 승소하더라도 압류로 인해 채무의 영수 불가, 집행 또한 불가능
- 만약 가압류 채권이 소유권이전등기청구권이라면, 무조건적 인용이 아니라 가압류 해제를 조건으로 인용판결 해야 함

2. 압류 및 추심명령이 있는 경우

- 추심명령이 내려지면 추심채권자에게 추심권이 이전, 갈음형 소송담당자가 됨
- 따라서 제3채무자에 대한 추심소송은 추심채권자만 제기 가능

3. 중복제소 문제

- 채무자가 이미 제3채무자를 상대로 이행소송(전소)을 제기한 후, 채권자가 추심소송(후소)을 제기한 경우, 이를 중복제소로 보지 않음
- 이유
  - 만약 추심소송까지 중복제소로 각하하면, 추심채권자는 다시 소송을 제기해야 하고 제3채무자는 3번 응소하는 불합리 발생
  - 따라서 판례는 이 경우 중복제소금지 원칙을 배제하고 추심소송을 허용

□ 핵심정리

- 추심명령 발부 시 채무자의 전소(이행소송)는 부적법 각하되지 않는다.

(d) **선결적 법률관계와 중복제소금지** 두 소송 가운데 어느 한 소송이 선결적 법률관계에 있고 그 가운데 어느 한 판결이 먼저 확정된 경우에는 뒤의 판결에 원칙적으로 기판력이 작용된다.[370) 그러나 두 판결이 소송계속중이라면 중복된 소제기의 금지 원칙은 적용되지 않는다.

(i) 예를 들어 원고가 피고에 대하여 어떤 건물에 관하여 소유권확인소송을 제기한 뒤에 다시 같은 피고를 상대로 소유권에 기초한 건물인도청구소송을 제기한 경우이다. 전소를 받아들이면 후소에 대한 관계에서는 마치 중간확인판결(제264조)을 받은 경우와 비슷하여 전소판결의 소유권 확인판단은 후소의 선결적 법률관계로서 구속력이 있을 것이다. 그러나 후소의 건물인도청구부분에는 전소 소유권 확인판결의 기판력 등 구속력이 생기지 아니하므로 그에 대한 심리를 위해서 중복된 소제기의 금지 원칙이 적용되지 않는다.[371)]

(ii) 소유권에 기초한 건물인도청구소송을 제기한 뒤 후소에서 소유권확인청구소송을 제기

370) [86] I.3. 참조.

371) 반대견해: 이시윤 303면.

한 경우에는 비록 전소에서 소유권의 존재를 방어방법으로 주장하여도 건물인도청구소송의 기판력이 소유권확인청구소송에 미치지 아니하므로 중복된 소제기의 금지 원칙이 적용되지 않는다.

(e) **동시이행항변과 중복제소금지** 예를 들어 갑이 을을 상대로 매매를 이유로 한 소유권이전등기청구소송을 제기하였는데 을은 갑이 아직 잔대금을 지급하지 아니하였다는 이유로 잔대금의 상환과 소유권이전등기청구의 동시이행 항변을 하면서 후소로 잔대금이행청구소송을 제기하더라도 동시이행의 항변은 방어방법이므로 피고의 잔대금이행청구소송은 중복된 소제기금지의 원칙이 적용되지 않는다.

(f) **동일 권리관계에 관한 확인청구와 이행청구** 예를 들어 원고가 피고에 대하여 금 1억 원의 대여금채권에 대한 확인소송을 제기하고 시간이 지난 뒤에 금 1억 원의 대여금채무의 이행청구를 한 경우이다. 이 경우 원고가 대여금채권확인소송에서 패소하고 대여금채무이행청구소송에서 승소하면 서로 모순되는 결과가 된다. 따라서 이 경우에는 중복된 소제기의 금지원칙에 해당된다고 해야 한다.[372)]

(g) **일부청구와 잔부청구** (i) 가분채권의 일부청구에 관하여 확정판결의 기판력이 잔부청구에 미치는가에 관하여 판례[373)]는 명시적 일부청구설의 입장에서 일부청구임을 밝힌 경우에는 잔부청구에 기판력이 미치지 아니하지만 이를 밝히지 아니하는 경우에는 기판력이 미친다고 하였다. 따라서 가분채권의 일부청구소송에서 일부청구임을 명시하지 않는 별개의 잔부청구소송은 중복된 소제기의 금지원칙에 해당할 것이나 이를 명시하여 일부청구한 뒤에 나머지에 대한 잔부청구는 위 금지 원칙에 해당되지 않는다.[374)]

(ii) 불법행위로 인한 손해배상청구와 같이 손해 전체를 정확히 파악하는 것이 과실상계의 비율이나 인과관계의 문제 등으로 매우 어려운 경우에는 명시적 일부청구에 한정하여 중복된 소제기 금지원칙을 적용하여야 할 것이지만 계약상 채권 또는 그 불이행으로 인한 손해배상청구의 경우와 같이 수량적으로 가분할 수 있는 채권에서는 꼭 일부청구를 하여야 할 어려움이 없고 오히려 잔부청구를 허용하면 하나의 채권을 두 개로 분할하여 모순된 판결결과를 초래할 우려가 있기 때문에 명시 여부를 떠나 일부청구를 허용해서는 안 될 것이다. 따라서 계약상 채권 또는 그 불이행으로 인한 손해배상청구의 경우에는, 일부청구를 명시하였더라도 뒤에 제기한 잔부청구는 위 금지 원칙에 해당되므로 허용해서는 안 된다.

(다) **상계의 항변** (a) **상계의 의의 및 취지** (i) 상계란 채권자와 채무자가 같은 종류의

372) 이시윤, 286면은 이 경우 확인하는 소가 상고심에 계속 중일 때 이행청구의 길이 막히므로 후소가 이행을 청구하는 소일 때에는 중복제소가 아니라고 한다. 그러나 중복제소를 금지하는 취지가 기판력의 모순, 저촉가능성을 방지하는데 있으므로 이 경우에도 중복제소금지의 원칙이 적용되어야 할 것이다.

373) 대판 1980.9.9. 80다60.

374) 대판 1985.4.9. 84다552.

채권·채무를 가지고 있는 경우에 그 채권과 채무를 대등한 액수에서 소멸하게 하는 당사자 한쪽의 의사표시를 말한다. 여기서 상계를 하고자 하는 자의 채권을 「자동채권」 또는 「반대채권」, 상계를 당하는 상대방의 채권을 「수동채권」 또는 「소구채권」이라고 한다. 상계권은 형성권에 속한다.

(ii) 사법상 상계제도가 인정되는 취지는, 같은 종류의 채권·채무를 서로 청구하거나 집행하는 번잡함을 피하는데 있지만 한 편 상계제도가 인정되지 않으면 예컨대 수동채권자의 자력이 나빠져서 파산되는 경우라도 수동채권자는 수동채권 전액을 변제받을 수 있는데도 자동채권은 파산채권이 되어 반대채권자는 파산재단의 배당에 참가하여 채권의 만족을 받을 수밖에 없게 되는 당사자 사이의 불공평이 생기게 되므로 이를 방지하자는데 있다. 소송 외에서 하는 사법상 상계권의 행사에는 아무런 장애가 없다. 제267조 제2항의 소취하 후 재소가 금지되는 경우에도 상계채권은 공격방어방법이므로 반대채권으로 상계채권을 주장을 할 수 있고, 상대방도 그 반대채권의 부존재확인을 구할 이익이 있다.

(iii) 문제는 상계권의 주장을 소송상 방어방법으로서 상계항변을 하는 경우이다. 판례는 상계항변을. 수동채권의 존재가 확정되는 것을 전제로 행하여지는 일종의 예비적 항변으로 본다.[375] 따라서 판례에 의하면 소구채권이 소의 취하나 각하, 당사자 사이의 조정 등으로 법원의 이에 관한 실질적 판단이 이루어지지 아니한 경우, 소구채권이 그 자체의 부존재로 기각되는 경우 등에는 소송상 상계 항변의 사법상 효과도 생기지 않는다.

(b) * **상계의 항변과 중복된 소제기의 금지 원칙** (i) **문제점** 소송계속은 판결절차에만 있으므로 소송상 청구에 관하여 생기고 방어 방법에 대하여는 생기지 않는다. 따라서 이에 대해서는 중복된 소제기의 금지 원칙(제259조)이 적용되지 않는다. 그러나 소송에서 상계의 항변에 대한 실체적 판단은 소구채권(수동채권)뿐 아니라 반대채권(자동채권)에 관하여서도 기판력이 생기므로(제216조 제2항) 반대채권이 동시에 중복하여 2개의 소송에서 주장된 경우에는 기판력이 어긋날 우려가 있어 이를 방지할 필요성이 있어서 다른 방어방법과 달리 취급하여야 한다.

(ii) **소송상 상계의 항변과 중복된 소제기의 모습** 그 모습으로서 먼저 갑이 소송에서 을에 대하여 금 1억원의 대여금청구(소구채권)를 하였는데 을이 갑에 대하여 금 5,000만 원의 물품대금채권(반대채권)으로 상계의 항변을 하면서 별개의 소송으로 갑에 대하여 물품대금청구를 하는 경우(상계항변 선행형)와, 한편 갑이 소송에서 금 1억원의 대여금청구를 하였는데 을이 별개의 소송으로 금 5,000만원의 물품대금청구 소송을 제기한 다음 갑의 위 대여금청구 소송에서 위 물품대금채권을 반대채권으로 하여 상계의 항변을 하는 경우(상계항변 후행형)를 들 수 있다. 어느 경우이든 중복된 소제기의 금지 원칙은 반대채권의 행사와 별개의 소송과의 관계

---

375) 사법상 형성권의 행사에 관한 신병존설의 입장이다.

에서 문제된다.

(iii) **중복제소금지원칙의 적용부정 입장** (ㄱ) 소송상 상계의 항변은 방어방법에 불과하므로 소송상 청구에 적용되는 중복제소금지의 원칙은 적용(또는 유추적용)되지 않는다는 설이다.

(ㄴ) **그 근거**[376] 상계항변 선행형의 경우 상계항변에 제공된 채권의 존부에 기판력이 생기지만 이로써 상계항변이 소송상 청구가 되는 것이 아니고, 상계항변에 제공된 채권에 대해서도 집행권원을 얻기 위해 별소의 제기를 허용해야 한다는 것이다. 한 편, 상계항변 후행형의 경우 ① 반대채권에 기한 전소를 취하하려고 하더라도 상대방이 동의하지 않는 한 그 소를 취하할 수 없는데도, 후 소에서 반대채권에 기한 상계항변을 허용하지 않는다는 것은 상계에 의한 방어의 길을 봉쇄하는 결과가 되며, ② 이미 반대채권에 대하여 전소를 제기하고 있더라도 후 소에서 반대채권을 가지고 상계항변을 허용하는 것이 소송의 실정과 당사자의 공평한 편의에 적합하다는 것이다.

(ㄷ) **비판** ① 상계항변 선행형의 경우를 본다. 사법상 상계의 의사표시는 같은 종류의 채권·채무를 대등액에서 소멸하게 하는 채무소멸의 효과를 낳는다. 따라서 소구채권에 대하여 반대채권으로 상계의 의사표시를 하면 그것만으로 소구채권과 반대채권은 대등한 액수에서 소멸하게 되므로 반대채권에 관한 별소는 반대채권이행을 구할 처지에 있지 아니한다. 따라서 상계항변 선행형은 성립하기 어렵다. 이것은 예비적 반소의 경우이지만, 예컨대, 원고가 피고를 상대로 제기한 출자금 반환청구의 소에서, 피고는 원고와 맺은 매매계약의 무효를 이유로 그 계약금의 반환채권을 자동채권으로 하여 상계의 항변을 하면서, 이와 별도로 원고의 출자금반환청구가 이유 있다면 무효인 이 사건 매매계약에 따라 원고에게 지급한 계약금의 반환을 구한다는 취지의 예비적 반소를 한 경우에, 판례[377]는 위 상계항변이 인용되어 확정되었다면 피고의 예비적 반소는 소의 이익이 없게 되어 부적법하다고 하였다. 이 판례는 상계항변이 인용되는 확정판결이 있는 경우이지만 그렇지 않더라도 중복제소금지 원칙의 취지가 궁극적으로 기판력의 모순·저촉 가능성을 차단하는데 있는 이상 상계항변의 인용판결이 확정되지 아니하였다고 하여 중복제소를 허용해서는 안 될 것이다. 따라서 판례의 결론을 존중한다면 상계의 반대채권에 관한 별소는 각하되어야 할 것이다. 물론 소구채권에 대한 이행소송이나 반대청구에 관한 이행소송이 미확정이거나 반대청구에 관한 이행소송에 관한 판결이 먼저 확정된 경우에는 반대채권 승소판결에 관한 집행권원이 의미를 가질 수 있겠으나, 그것도 뒤에 소구채권에 관한 이행소송과 이에 관한 상계의 항변에 관한 판결이 확정되어 소구채권과 반대채권이 대등액에서 소멸된다면 이미 확정된 반대채권에 관한 이행판결은 집행과정에서 청구이의의 소(민집 제44조)의 대상만 될 뿐이다. 또 판례[378]는, 원고의 소송상 상계의 재항변에 관

376) 김홍엽, 360면 이하.
377) 대판 2010.8.26. 2010다30966,30973.

한 것이기는 하지만, 피고의 소송상 상계항변이 이유 있다고 판단하는 경우에는 원고의 청구채권인 수동채권과 피고의 자동채권이 상계적상 당시에 대등액에서 소멸한 것으로 보게 될 것이므로 원고의 소송상 상계의 재항변으로써 상계할 대상인 피고의 자동채권이 그 범위에서 존재하지 아니한다고 하였다. 판례들의 취지를 따른다면 반대채권에 관한 별소는 소의 이익이 없어 각하되어야 할 처지이므로 집행권원을 얻기 위한 별소의 제기는 설득력이 없다. 또 상계항변 선행형을 명시적으로 허용하는 판례도 찾아볼 수 없다.

② 상계항변 후행형에 관한 위의 주장을 검토한다. 상계항변은 그 성질이 예비적 항변의 성질이 있으므로 소구채권의 존재가 확정되어야 이에 관한 심리를 할 수 있게 된다. 따라서 소구채권에 관한 이행소송 뒤에 별소로 반대채권에 관한 이행소송을 제기한 다음 앞의 소구채권에 대한 이행소송에 대하여 반대채권에 기초한 상계의 항변을 한다면 소구채권에 관한 이행소송과 이에 관한 상계의 항변은 별소로 제기한 반대채권에 관한 이행소송의 확정을 전제 내지 조건으로 하는 소송이 되어 법원의 심리를 불편하게 하는 결과가 된다. 판례[379]를 보면 이 경우에 사실심 재판부에서는 전소와 후 소를 별 소가 아니라 하나의 소송절차에서 같은 기회에 심리·판단하도록 이부, 이송 또는 변론병합 등을 시도하라고 권고하고 있다.

(iv) **중복제소금지원칙의 적용긍정 입장** 상계의 항변을 철회하지 않는 경우에는 기판력이 생기는 상계의 항변과 별개의 소송에 기초한 확정판결 사이에서, 기판력의 모순·저촉이 생길 가능성은 당연히 예상될 수 있다. 그러므로 별소로 청구중인 채권을 자동채권으로 한 상계항변은 동일한 채권에 관하여 중복된 심리가 행하여지고 두 개의 기판력 있는 판결이 이루어져 서로 저촉될 수 있으므로 이와 같은 경우에는 중복제소금지의 규정을 유추하여 위의 상계항변을 각하하여야 한다는 견해이다.

(v) **판례** 상계항변 후행형에 관해서 판례[380]는, 상계의 항변을 제출할 당시 이미 자동채권과 동일한 채권에 기한 소송을 별도로 제기하여 계속 중인 경우, 사실심의 담당재판부로서는 전소와 후소를 같은 기회에 심리·판단하기 위하여 이부, 이송 또는 변론병합 등을 시도함으로써 기판력의 저촉·모순을 방지함과 아울러 소송경제를 도모함이 바람직하였다고 할 것이나, 그렇다고 하여 특별한 사정이 없는 한 별소로 계속 중인 채권을 자동채권으로 하는 소송상 상계의 주장이 허용되지 않는다고 볼 수는 없다고 하였다.

그런데 하급심 판결 가운데에는 별소로 청구중인 채권을 자동채권으로 한 상계항변(상계항변 후행형이다)은 동일한 채권에 관하여 중복된 심리가 행하여지고 두 개의 기판력 있는 판결이 이루어져 서로 저촉될 수 있으므로 이와 같은 경우에는 중복제소금지의 규정을 유추하여

378) 대판 2014.6.12. 2013다95964.
379) 대판 2001.4.27. 2000다4050.
380) 대판 2001.4.27. 2000다4050.

위의 상계항변을 각하하여야 한다는 판례[381]가 있다.

(vi) **결론** 상계항변 후행형의 경우에 대법원 판례 및 중복제소금지원칙의 적용부정설을 따른다면 상계 항변과 관련된 중복제소에서 기판력의 모순 · 저촉이 우려되는 것은 필연적이므로 이 문제를 해결하여야 할 터인데 그 유일한 방법은 제451조 제1항 10호에서 정한 「재심을 제기할 판결이 전에 선고한 확정판결에 어긋난 때」일 것이다. 그런데 중복제소금지적용긍정설에 의하면 재심이라는 번잡한 절차를 거치지 않고도 상계항변과 관련된 기판력의 모순 · 저촉문제를 해결할 수 있는 장점이 있으므로. 앞의 하급심판결과 같이 소 취하 후 재소금지에 관한 제267조 제2항을 유추적용하여 상계의 항변을 각하함으로써 재심소송의 인정여지를 배제하는 것이 타당하다고 생각된다. 그렇지 않으면 별개의 소송을 이부(移部), 이송 또는 변론의 병합에 의해서 기존의 소송절차가 있는 쪽으로 그 절차의 반소로써 병합을 유도하는 방법도 있다.[382]

소송상 상계의 항변과 중복된 소제기의 금지 원칙

1. 문제의식
   - 소송계속은 원칙적으로 소송상 청구에만 발생 → 방어방법(상계항변 등)에는 중복제소금지원칙(제259조) 직접 적용 ×
   - 그러나 상계항변은 자동채권에도 기판력 발생(제216조 제2항) → 동일 채권이 소송과 항변에서 중복 주장되면 기판력 모순 · 저촉 우려
2. 유형
   - 선행형: 피고가 상계항변 후 별소 제기
   - 후행형: 별소 제기 후 다시 반대채권을 자동채권으로 상계항변
3. 학설
   - 적용부정설: 상계항변은 방어수단일 뿐 → 별소 허용해야 함
   - 근거: 집행권원 확보 필요, 소 취하 제한 문제
   - 비판: 상계로 이미 채권 소멸 → 별소는 소의 이익 없음
   - 적용긍정설: 상계항변과 별소 병존 시 기판력 모순 가능 → 중복제소금지원칙 유추 적용, 상계항변 각하
4. 판례
   - 대법원: 상계항변 후행형에서는 원칙적으로 허용, 다만 전소와 후소를 이부·이송·병합하여 기판력 모순 방지 필요
   - 일부 하급심: 기판력 저촉 가능성 때문에 상계항변 각하(긍정설 입장)

381) 대구고판 1980.4.30. 78나925.
382) 이시윤, 290면 참조.

5. 결론

대법원은 적용부정설 입장이나, 기판력 충돌은 필연적 문제

6. 해결책

- ① 재심(제451조 제1항 10호), ② 중복제소금지 규정(제259조)·소 취하 후 재소금지 규정(제267조 제2항) 유추적용하여 상계항변 각하, ③ 절차적으로 이부·이송·병합을 통한 통합 심리
- 따라서 상계항변과 별소 병존 시 기판력 충돌을 방지하기 위해 중복제소금지 규정을 유추적용하거나 절차 병합을 통한 해결이 가장 타당

(3) 전소의 계속 중에 후소가 제기될 것

(가) (i) 이것은 당사자가 다시 소를 제기하는 것을 금지하는 것이므로 독립된 소를 다시 제기해서는 안 되지만 계속 중인 소송절차에서 반소를 제기한다든가, 소를 추가적으로 변경하는 것은 중복된 제소금지의 대상이 아니다.

(ii) 중복된 소제기의 금지 원칙은 기판력이 어긋나는 것을 방지하는 데 목적이 있으므로 전·후 양쪽 소송이 별개의 소송절차로 심리되는 경우에 한하여 문제되는 것이다. 후소가 전소와 병합 심리될 경우에는 하나의 판결이 선고되어 기판력의 저촉이 생기지 아니하므로 이 경우에는 중복된 소제기금지가 적용되지 않는다. 전소와 후소의 구별기준은 소장이 피고에게 송달된 때의 순서에 의할 것이고, 가압류·가처분 등의 선행 보전절차에 의할 것이 아니다.[383)]

(나) 채권자가 채무자의 사망 사실을 모르고 제3채무자를 상대로 채무자에 대한 의무의 이행을 구하는 채권자대위소송을 제기하여 그 소장부본이 제3채무자에게 송달된 후에 채권자가 소장정정을 통하여 제3채무자의 의무이행 상대방을 채무자의 상속인들로 고친 경우, 그 소송계속의 발생 시기는 당초의 소장부본이 제3채무자에게 송달된 때로 보아야 하고 소장정정서 부본 등이 제3채무자에게 송달된 때로 볼 것은 아니다.[384)] 여기서의 당사자는 채권자가 원고이고 제3채무자가 피고이며, 채무자는 당사자가 아니므로 채무자를 변경하였다고 하여 신·구 당사자 사이의 동일성에는 변함이 없기 때문이다.

(다) 기판력의 모순·저촉가능성을 차단할 이유로 이 원칙이 적용되므로 전소가 설령 소송요건을 구비하지 아니하였더라도 후소에는 무조건 이 원칙이 적용된다.[385)] 다만 후소가 사실심에서 변론이 종결될 때까지 전소가 취하 또는 각하되면 중복된 소제기는 문제되지 않는다.[386)] 이것은 특허심판에서도 동일하게 적용되어 심결시를 기준으로 이전 심판의 심판계속이

---

383) 대판 1994.11.25. 94다12517,12524.
384) 대판 1994.11.25. 94다12517,12524.
385) 대판 1998.2.27. 97다45532, 2021.5.7. 2018다259213.
386) 대판 2017.11.14. 2017다23066.

소멸되면 이후 심판은 중복심판청구 금지에 위반되지 않는다.[387)]

(라) 소송계속 중에 소송목적이 되는 권리 · 의무의 승계가 있었으나, 그 승계인이 승계참가(제81조)를 하지 않고 별소를 제기한 경우에 피승계인의 상대방 당사자는 승계인을 상대로 소송인수신청(제82조)을 할 수 있다. 그로 말미암아 승계인이 승계참가 또는 소송인수 등의 방법으로 전소에 소송참가를 하면 그 효과는 소송이 법원에 처음 계속된 때로 소급하기 때문에(제82조, 제81조) 승계인의 소급된 승계참가(또는 소송인수)신청은 이전에 제기된 별소와 중복된 소의 제기가 되어서 별소는 후소로서 중복된 소제기 금지의 원칙을 적용받아 부적법하게 된다.

(4) 전소와 후소가 소의 이익을 같이 할 것

(가) 소의 이익이 인정되는 경우 예컨대 채권에 관해서 소극적 확인소송의 피고가 당해 채권에 관해서 이행소송의 별소를 제기하는 것은 중복제소에 해당하지 않는다. 전소와 후소가 소의 이익을 달리하는 데도 당사자 및 소송목적이 동일하다고 하여 재소를 금지하는 것은 헌법상 재판청구권(헌 제27조)을 침해하여 부당하기 때문이다. 그러나 원고의 적극적 확인청구에 대하여 피고가 소극적 확인청구를 하는 것은 피고가 청구기각 이상의 의미가 없으므로 중복제소에 해당한다고 해서 각하하여야 할 것이다.[388)]

(나) 피고가 전소 취하의 전제조건인 약정 사항을 지키지 아니함으로써 그 약정이 해제 또는 실효되는 사정변경이 발생하여 전소가 취하되지 아니하였다면, 별소로 제기된 이 사건 소와 전소는 소제기를 필요로 하는 사정이 같지 아니하여 소의 이익이 다르므로 재소금지 원칙에 위배되지 않는다.[389)]

(5) 전소가 당연무효의 판결이 아닐 것

전소에 당연무효 사유가 있다면 후소는 중복된 제소에 해당하지 않는다. 예컨대 사망자를 상대로 제소하여 이루어진 제1심 판결에 대하여 그 망인의 상속인인 피고가 항소를 제기하여 원고가 항소심 변론에서 그 소를 취하하였다 하더라도 제1심 판결은 당연무효의 판결이므로 원고는 제267조 제2항 소정의 소 취하 후 중복제소의 금지에 제한을 받지 아니하고 다시 상속인을 상대로 제소할 수 있다.[390)]

---

387) 대판 2020.4.29. 2016후2317.
388) 이시윤, 291면.
389) 대판 2000.12.22. 2000다46399.
390) 대판 1967.7.18. 67다1042.

3. 소송상 효과

(가) 중복된 소제기의 금지 원칙은 소극적 소송요건이다. 따라서 직권조사사항이므로 법원은 피고의 항변을 기다릴 필요 없이 그 해당 여부를 심리하여 중복된 소제기인 경우에는 판결로 후소를 부적법 각하하여야 한다. 그러므로 전후 동일한 중복제소를 당사자가 후소의 본안에 관하여 먼저 판결이 있은 뒤에 후소를 먼저 취하하더라도 본안에 대한 종국판결이 있은 뒤에 소를 취하한 사람은 같은 소를 제기하지 못한다는 제267조 제2항에 의하여 후소와 동일한 전소를 유지할 수 없으므로 전소는 각하되어야 한다.[391]

(나) 법원이 중복된 소제기에 해당하는 후소에 대하여 본안판결을 하였을 때에는 상소로 이를 다툴 수 있다. 그러나 중복된 제소금지의 원칙에 위반되어 제기된 소에 대한 판결이나 그 소송절차에서 이루어진 화해라도 확정된 경우에는 당연무효라고 할 수는 없다.[392] 그 판결이 확정되면 중복제소는 재심사유가 아니므로 재심으로도 취소할 수 없다. 따라서 이 경우에 전소가 아직 심리 중에 있을 때에는 전소가 오히려 후소 확정판결의 기판력에 어긋날 수 없다. 만약 후소 확정판결의 기판력에 어긋난 전소판결이 뒤에 확정된다면 그 전소 판결은 재심에 의하여 취소된다(제451조 제1항 10호).

(다) 갑, 을 및 병 사이에 제1화해가 성립한 후에 갑과 을 사이에 다시 제1화해와 모순 저촉되는 제2화해가 성립하였다 하여도, 제1화해가 조서에 기재되어 확정판결과 동일하게 기판력이 발생한 이상 제2화해에 의하여 제1화해가 당연히 실효되거나 변경되고 나아가 제1화해조서의 집행으로 마쳐진 을 명의의 소유권이전등기 및 이에 터 잡은 제3자 명의의 각 소유권이전등기가 무효로 되지 않는다.[393] 따라서 이 경우에는 제1화해가 당연무효이거나 준재심(제461조) 등으로 취소되지 않은 이상 제1화해가 제2화해보다 우선하는 효력이 있다.

중복제소금지의 원칙 총괄[394]

1. 중복제소 금지의 요건

중복제소 금지란, 이미 계속 중인 소송과 당사자 및 소송상 청구(소송 목적)가 동일한 소를 다시 제기하는 것을 금지하는 원칙

2. 요건별 분석

(1) 당사자가 같을 것

- 당사자의 동일성은 명의뿐만 아니라 실질적으로도 판단됨

391) 대판 1967.3.7. 66다2663, 1967.7.18. 67다1042.
392) 대판 1995.12.5. 94다59028.
393) 대판 1995.12.5. 94다59028.

- 원고와 피고의 지위가 바뀌어도 동일 당사자일 수 있음(예: 확인소송 vs 이행소송)
- 소송담당, 선정당사자, 변론종결 후의 승계인 등은 실질적으로 동일한 당사자로 간주됨 → 중복제소 금지 적용
- 보조참가인은 기판력 미치지 않으므로 동일 당사자 아님
- 동명이인 등은 동일인 아님 → 중복제소 아님

▶ **특수 논점**

- 채권자대위소송: 채권자 상호 간에도 당사자가 동일하면 중복제소 금지
- 채권자취소소송: 각 채권자가 고유권한을 행사하므로 중복제소 금지 적용 ×
- 독립당사자참가가 별소와 내용이 같다면 → 중복제소

(2) **소송상 청구가 같을 것**

- 청구의 취지와 원인이 같아야 함.
- 같은 목적이라도 원인이 다르면 중복제소 아님(예: 소유권 vs 약정에 기초한 인도청구)
- 청구취지를 달리하되 모순되는 경우 → 중복제소로 판단(예: 소유권확인 vs 소유권말소등기청구)
- 공격방어방법만 다름 → 동일한 소로 봄 → 중복제소 금지

▶ **특수 논점**

사안	중복제소금지 적용 여부
채권자대위소송	동일 채무자/채권자 간 ○
채권자취소소송(다른 채권자)	고유권 행사 ×
채권자취소소송(동일 채권자)	청구내용이 동일한 경우 ○
추심소송 vs 이행소송	서로 성질 달라 적용되지 않음 ×
확인청구 → 이행청구	기판력 충돌 우려 ○
일부청구 후 잔부청구	일부청구라고 명시 여부에 따라 다름
동시이행항변 후 반소	항변은 방어수단 ×
상계항변 vs 반대채권 소제기	경우에 따라 중복제소 해당 가능성 있음

3. 중복제소 금지 관련 주요 판례

판례 번호	내용	요지
대판 1977.11.22. 77다1339	동명이인. 상대 전소 취하 후 진정 당사자 소 제기	중복제소
대판 1985.3.26. 84다카2001	같은 철거청구, 공격방법만 다름	중복제소
대판 2001.7.24. 2001다22246	이행 vs 부존재확인 청구	중복제소
대판 2021.5.13. 2020다71690	대위소송 중복	중복제소
대판 2003.7.11. 2003다19558	채권자취소소송의 중복	채권자 다르면 중복제소

대판 2012.7.5. 2010다80503	동일 채권자가 다른 청구 이유로 중복 취소소송 제기	중복제소 ×
대판 2010.8.26. 2010다30966	상계항변과 예비적 반소의 병존	상계가 인용확정되면 예비반소는 소의 이익 ×

4. 결론: 중복제소 금지 적용 기준 요약

요건	판단기준
당사자 동일성	실질적으로 동일한 소송 주체인가?
소송상 청구 동일성	청구취지 + 청구원인 모두 동일한가?
기판력 저촉 우려	상반된 결과 발생 가능성 있는가?

5. 중복제소와 소송상 효과(도표)

[소제기]

↓

[중복제소 여부 심사] → (법원 직권조사)

- 중복 × → 소송 진행
- 중복 ○
  - (원칙) 후소 각하 (부적법)
  - 후소 본안판결 확정된 경우
    - 당연무효 ×
    - 재심사유 ×
    - 전소가 기판력 저촉될 수 있음
      - 전소 판결이 뒤에 확정되면 → 전소 판결은 재심으로 취소(451조 1항 10호)
  - 후소 본안판결 전 취하
    - 이미 본안판결이 있으면 전소도 유지 불가(267조 2항)

□ 화해가 중복된 경우 도식

[제1화해 성립] (갑－을－병)

↓

[화해조서 → 확정판결과 동일 효력, 기판력 발생]

↓

[제2화해 성립] (갑-을, 제1화해와 모순)

├ 제1화해조서 집행으로 발생한 소유권이전등기 및 제3자 등기도 유효

└ 제1화해는 준재심 등으로 취소되지 않는 한 제2화해보다 우선

□ **핵심정리**

중복제소 → 후소 각하가 원칙, 그러나 확정판결이 나면 전소가 영향을 받음

화해 중복 → 먼저 성립한 확정 화해가 항상 우선적 효력

4. 국제소송에서 중복된 소제기의 금지(국제소송의 경합)

(1) 문제의 소재

예를 들어 우리나라 제품이 미국에 수출되어 이를 사용한 미국 사람이 그 제품의 흠 때문에 손해를 입은 경우에 피해자가 미국 법원에 우리나라 회사를 상대로 손해배상청구소송을 제기하였는데 이를 안 피고가 우리나라 법원에 피고를 상대로 위 손해배상채무의 부존재확인을 구하는 소를 제기한 경우에 이 소송을 어떻게 처리해야 할 것인가 하는 것이 국제소송에서 중복된 소제기의 금지, 이른바 국제소송의 경합문제이다.

(2) 학설

학설로서는 제259조에서 정한 「법원」이 외국법원까지 포함하느냐에 따라 외국법원에 대한 소제기가 중복된 소제기의 금지 원칙에 해당한다는 견해(외국법원 포함설)와 이 원칙에 해당되지 않는다는 견해(외국법원 불포함설)로 나뉘고 절충적으로 외국법원의 판결이 장차 제217조 및 제217조의2에서 정한 외국의 확정재판 등의 승인 요건을 갖추어 승인을 받을 가능성이 있는 경우에는 동일한 국내소송에 대해서 중복된 소제기 금지 원칙을 적용하자는 견해(승인예측설)[395] 등이 있다. 외국법원 불포함설은 국제소송의 경합을 무제한으로 허용하자는 견해로서 이 설을 따르면 우리나라 사람들은 외국소송에 대한 대항수단으로서 우리나라 법원에 소극적 확인소송을 제기하여 외국판결을 무력화시킬 수 있고 외국인들도 같은 보복방법을 취하여 국제간의 분쟁이 유발될 수 있어 찬성하기 어렵다. 외국법원 포함설은 외국의 확정재판 등은 제

394) 상계의 항변과 중복된 소제기의 금지 원칙은 [57]2(2)다에서 취급하여 여기서는 제외함.
395) 이시윤, 289면.

217조 및 제217조의2에서 정한 승인요건을 갖추어야 효력이 있다는 점을 간과하고 있다. 승인예측설은 소송진행 중에 승인가능성을 예측하기 어렵다는 점이 문제이지만 그나마 중복된 소제기의 금지 원칙을 외국의 확정재판 등의 승인과 관련시키고 있어 개정 국제사법 제11조는 승인예측설을 채택하면서도 일부 예외를 인정하고 있다.

(3) 국제사법의 규정

㈎ (i) 국제사법 제11조 제1항은 승인예칙설의 입장에서, 같은 당사자 간에 외국법원에 계속 중인 사건과 동일한 소가 우리나라 법원에 다시 제기된 경우에 외국법원의 재판이 대한민국에서 승인될 것으로 예상되는 때에는 법원은 직권 또는 당사자의 신청에 의하여 결정으로 소송절차를 중지할 수 있다고 규정하면서, 다만, ① 전속적 국제재판관할의 합의에 따라 법원에 국제재판관할이 있는 경우(1호) ② 법원에서 해당 사건을 재판하는 것이 외국법원에서 재판하는 것보다 더 적절함이 명백한 경우(2호)에는 우리나라 법원에서 그 사건을 처리할 수 있도록 하였다. 여기서는 소송형식의 동일성은 문제 삼지 않는다. 그러므로 이행을 청구하는 소와 확인하는 소가 실질에서 소송목적이 동일하다면 같은 소로 본다. 제1항에 따라 소송절차의 중지 여부를 결정하는 경우 소의 선후(先後)는 소를 제기한 때를 기준으로 한다(동조 제5항). '소를 제기한 때'라 함은 소장이 법원에 제출된 때이고 피고에게 송달된 때가 아니라고 풀이하여야 할 것이다. 국제재판관할의 표준시를 언제로 정할 것인가는 입법정책의 문제이지만 국내 토지관할과 달리할 이유가 없기 때문이다.

(ii) 2호는, 실제로 중복소송을 수행함으로써 복수의 판결을 받겠다는 것이 아니라 상대방에게 부담을 주어 압력을 행사함으로써 타협을 강요하는 수단으로 활용되는 것을 막기 위한 규정이다 예컨대 우리나라에 제소되거나 제소가 예상되는 경우에 피고가 소송진행이 느린 국가에 소극적 확인을 구하는 소를 제기하여 소송 진행을 지체시킴으로써 재판상 화해를 강제하는 폐단이 있을 수 있기 때문이다. 따라서 외국법원이 본안에 대한 재판을 하기 위하여 필요한 조치를 하지 아니하는 경우 또는 외국법원이 합리적인 기간 내에 본안에 관하여 재판을 선고하지 아니하거나 선고하지 아니할 것으로 예상되는 경우에 당사자의 신청이 있으면 법원은 제1항에 따라 중지된 사건의 심리를 계속할 수 있다(동조 제4항).

(iii) 한편, 국제사법 제12조 제1항은, 당사자가 합의한 국제재판관할이 법원에 있는 경우를 제외하고 우리나라 법원에 국제재판관할이 있는 경우라도 법원이 국제재판관할권을 행사하기에 부적절하고 국제재판관할이 있는 외국법원이 분쟁을 해결하기에 더 적절하다는 예외적인 사정이 명백히 존재할 때에는 피고의 신청에 의하여 법원은 본안에 관한 최초의 변론기일 또는 변론준비기일까지 소송절차를 결정으로 중지하거나 소를 각하할 수 있도록 하여 우리나라 법원의 국제재판권 불행사를 규정하고 있는데 이것은 국제예양(禮讓, comity of nations)의

발로(發露)라고 할 수 있다.

(나) 국제사법 제11조 제1항에 따른 법원의 중지 결정에 대해서는 당사자는 즉시항고를 할 수 있는데(국사 제11조 제2항) 이는 원고의 이익을 보호하기 위한 규정이다.

(다) 법원은 대한민국 법령 또는 조약에 따른 승인 요건을 갖춘 외국의 재판이 있는 경우와, 같은 당사자 간에 그 재판과 동일한 소가 국내 법원에 제기된 때에는 그 소를 각하하여야 한다(국사 제11조 제3항). 이것은 외국법원의 확정판결이 우리나라에서 승인요건을 구비한 경우에는 우리나라에서도 기판력이 생기므로 국내에서 소 제기한 같은 사건은 소의 이익에 흠이 있기 때문이다.

[58] 제3. 실체법상 효과

1. 실체법의 규정

(가) 민법 기타 실체법에는 소의 제기에 특별한 법률적 효과를 주는 경우가 많다. 시효의 중단(민 제168조), 법률상 기간준수(민 제204조 제3항, 제205조 제2항, 제206조 제2항 등) 등은 소를 제기할 때 소급하여 생기지만 선의 점유자의 악의의 간주(민 제197조 제2항), 어음법상 상환청구권의 소멸시효 기산점(어음 제70조 제3항), 금전채무의 이행을 명하는 판결을 선고할 경우의 연12%지연손해금(소송촉진 등에 관한 특례법 제3조 제1항 본문의 법정이율에 관한 규정) 등은 피고에게 소장이 송달된 때에 생긴다. 경매절차를 개시하는 결정은 동시에 그 부동산의 압류를 명하여야 하는데(민집 제83조 제1항) 채무자와 담보물의 소유자가 다른 경우 채무자가 이를 알 수 있도록 경매개시결정이나 경매기일통지서가 우편송달(발송송달)이나 공시송달의 방법이 아닌 교부송달의 방법으로 채무자에게 송달되어야만 압류사실이 통지된 것으로 볼 수 있다.[396]

(나) 소장에 기재된 법률행위의 취소, 해제등 사법상 의사표시는 도달주의의 일반원칙(민 제111조 제1항)에 따라 피고에게 소장이 송달된 때에 효력이 발생한다. 하지만 그것은 소장을 이용하여 실체법상 의사표시를 한 것에 불과하기 때문에 소제기의 효과라고 볼 수 없다. 따라서 제소된 소가 취하 또는 각하되더라도 취소, 해제 등 사법상 의사표시의 효과에는 영향이 없다. 채권양도의 통지 역시 채권양도의 사실을 알리는 것에 불과하고 권리의 행사방법이 아니므로 소제기의 법률적 효과가 아니다.[397]

(다) 민법 제433조에 의하면, 주 채무가 시효로 소멸한 때에는 보증인도 그 시효소멸을 원용할 수 있으며 주 채무자가 시효의 이익을 포기하더라도 보증인에게는 그 효력이 없다.[398]

---

396) 대판 1994.1.11. 93다21477.
397) 대판 2012.4.12. 2010다65399.

따라서 이미 주 채무자 채무에 관한 소멸시효가 완성된 후 제기된 소송에서 주 채무자가 소멸시효를 주장하지 아니하여, 즉 시효이익을 포기하여 대출금채무의 존재가 확정되었다고 하더라도 이에 따른 시효이익 포기의 효과는 보증인인 피고에게는 미치지 아니하므로 보증인인 피고에 대해서는 소멸시효가 완성되었다할 것이다. 한편 임의경매개시결정이 연대보증인 겸 물상보증인인 부동산 소유자에게 송달되거나 그 임의경매개시결정에 관한 등기가 경료 된 때에는 민사집행법 제268조, 제83조 제4항에 의하여 위 경매개시결정은 압류의 효력이 생기지만 그 압류로 인한 시효중단의 효력은 원칙적으로 부동산의 소유자에 대하여서만 미칠 뿐이고, 소유자가 아닌 주 채무자에 대해서는 따로 압류하지 않는 한 부동산 소유자에 대한 압류 사실을 통지하지 아니하면 시효중단의 효력이 미치지 아니한다(민법 제176조). 따라서 연대보증인 겸 물상보증인에 대하여 시효중단의 사유가 있다고 하더라도 주 채무자 까지 시효가 중단되지는 아니 한다.[399]

2. * 시효 중단

(1) 시효중단의 범위

㈎ 소제기에 의한 시효중단 대상 **(a) 원칙** (i) 그 대상은 원칙적으로 소송목적이 되는 권리 또는 법률관계에 한정되고 공격방어의 방법으로 주장한 권리에는 해당되지 않는다.

(ii) 소송목적이 되는 권리 또는 법률관계가 이행소송의 대상이 되는 경우는 당연히 소의 제기로 말미암아 시효가 중단된다. 이행을 청구하는 소를 적극적 확인하는 소로 제기한 경우에도 이행을 청구하는 소와 동일하게 시효가 중단된다.

(iii) 확인소송의 경우에도 대법원전원합의체는, 이행소송 외에 전소판결로 확정된 채권의 시효를 중단시키기 위한 재판상 청구가 있다는 점에 대하여만 확인을 구하는 형태의 '새로운 방식의 확인소송'을 허용함으로써[400] 시효중단의 효력을 인정한다. 이 경우 그 소가는 그 대상인 전소판결에서 인정된 권리가액(이행소송으로 제기하는 경우에 해당하는 소가)의 10분의 1로 하되 그 권리가액이 3억 원을 초과하는 경우에는 이를 3억 원으로 본다.[401]

(iv) 형성소송의 경우에는, 민법 제5조의 미성년자 법률행위에 대한 법정대리인의 동의를 구하는 경우와 같이 청구권과 관계없는 경우에는 시효중단의 효력을 인정할 수 없으나, 청구권과 관련되는 재심소송이나 이혼소송과 같은 형성소송에서는 시효중단의 효력을 인정해야

---

398) 대판 1991.1.29. 89다카1114 참조.

399) 대전고판 2004.12.15. 2004나7109(평석은 [110] 참조).

400) 대전판 2018.10.18. 2015다232316.

401) 민사소송등인지규칙 제18조의3 참조.

할 것이다.

(v) 시효중단은 특정승계인에게도 미치므로 원고가 채권자대위권에 기해 청구를 하다가 당해 피 대위채권 자체를 양수하여 양수금청구의 소로 변경한 경우에도 당초의 채권자대위소송으로 인한 시효중단의 효력은 소멸하지 않는다.[402)]

(vi) 판례는 보조참가의 경우에도 자신의 손해배상청구권 승소를 위해서 타인간 구상금청구의 소에 보조참가하여 피참가인 소송을 적극보조한 경우에 보조참가인 자신의 손해배상청구권도 소멸시효가 중단된다고 하였다.[403)] 그렇다면 소의 실질이 있는 공동소송참가나 독립당사자참가는 물론 유시필수적 공동소송 규정이 준용되는 공동소송적 보조참가의 경우에 참가인 청구권도 소멸시효가 중단된다고 할 것이다.

(vii) 재판상 청구에는 지급명령 신청도 포함되며, 그 신청이 각하되어 6월 내에 다시 소를 제기하였다면 지급명령신청이 있었던 때 시효가 중단된 것으로 본다.[404)]

(b) **채권자가 동일한 목적을 달성하기 위하여 복수의 채권을 갖고 있는 경우** 채권자로서는 그 선택에 따라 각 권리를 행사할 수 있는데 그 중 어느 하나의 청구를 한 것만으로는 다른 채권 그 자체를 행사한 것으로 볼 수는 없으므로 다른 채권에 대해서는 소멸시효가 중단되지 않는다. 따라서 채권자가 채무자를 상대로 공동불법 행위자에 대한 구상금 청구의 소를 제기하였다고 하여 이로써 채권자의 사무관리로 인한 비용상환청구권의 소멸시효가 중단될 수는 없다.[405)]

(c) **파생적 법률관계에 기한 개개의 청구권** 기본적인 법률관계에 기초한 소는 그 기본적 법률관계로부터 생기는 개개의 청구권에 대해서도 시효중단의 효력을 인정하여야 할 것이다. 예를 들어 파면처분의 무효를 확인하는 소를 제기하면 그 고용관계에서 생기는 보수채권의 소멸시효가 중단되고,[406)] 토지소유권에 기초한 인도청구 또는 등기청구의 소는 물론이고 그 소유권을 기초로 하는 방해배제, 손해배상 또는 부당이득반환청구의 소는, 피고 소유권에 관한 취득시효진행을 중단시킨다.[407)]

(d) **어음의 수수** (i) 원인채권의 지급을 확보하기 위한 방법으로 어음이 수수된 경우에, 원인채권의 행사로 어음채권의 소멸시효가 중단되지 아니한다.[408)]

(ii) 하지만 원인채권의 지급을 확보하기 위하여 어음이 수수된 당사자 사이에서 채권자가 어음채권을 피 보전권리로 하여 채무자의 재산을 가압류함으로써 그 권리를 행사한 경우에는

---

402) 대판 2010.6.24. 2010다17284.
403) 대전판 2014.4.24. 2012다105314.
404) 대판 2011.11.10. 2011다54686.
405) 대판 2001.3.23. 2001다6145.
406) 대판 1978.4.11. 77다2509.
407) 대판 1979.7.10. 79다569.
408) 대판 1999.6.11. 99다16378.

그 원인채권의 소멸시효를 중단시키는 효력이 있다[409].

(나) **소송목적이 되는 권리 또는 법률관계의 범위** (a) 이행을 청구하는 소를 적극적 확인하는 소로 제기한 경우에도 이행을 청구하는 소와 동일하게 시효가 중단된다.

(b) **재심의 소 제기** 소유권이전등기를 명한 확정판결의 피고가 재심의 소를 제기하여 토지에 대한 소유권이 여전히 자신에게 있다고 주장하는 것은 상대방의 시효취득과 양립할 수 없는 자신의 권리를 명확히 표명한 것이므로 이는 취득시효의 중단사유가 되는 재판상 청구에 준하는 것이라고 볼 것이다. 그러므로 위 확정판결에 의해 소유권이전등기를 경료 받은 자의 당해 토지에 대한 취득시효는 재심의 소 제기일로부터 재심판결 확정일까지 중단된다.[410]

(c) **소극적 확인소송** 상대방이 제기하는 채무부존재 확인이라는 소극적 확인소송에 대하여 채권자가 그 권리를 주장하여 청구기각의 답변을 하더라도 소의 제기에 준하는 권리주장으로 보아 그 때부터 시효가 중단된다.[411] 하지만 채권존재라는 적극적 확인 또는 이행소송에 대해서는, 상대방은 청구기각을 구하면서 소송에 대응하였으나 변론에서는 시효중단을 주장하지 않았다면 채권의 소멸시효는 중단되지 않는다.[412]

(d) **응소행위** (i) 민법 제247조 제2항에 의하여 취득시효에 준용되는 같은 법 제168조 1호, 제170조 제1항에서 시효중단 사유의 하나로 규정하고 있는 재판상 청구라 함은, 통상적으로는 권리자가 원고로서 시효를 주장하는 자를 피고로 하여 소송목적인 권리를 소의 형식으로 주장하는 경우를 가리키지만, 시효를 주장하는 자가 원고가 되어 소를 제기한 데 대하여 피고가 이에 응소하여 그 소송에서 적극적으로 자기 권리를 주장하고 그것이 받아들여진 경우에는 그 권리에 관하여 소멸시효의 진행이 중단된다.[413]

(ii) 그러나 예컨대 원고가 담보가등기가 설정된 후에 그 목적부동산의 소유권을 취득한 후 피고를 상대로 그 가등기의 말소청구소송을 제기하였고, 피고는 이에 응소하여 소외인에 대한 대여금채권의 존재를 주장하여 승소하여 승소한 경우와 같이 제3취득자나 물상보증인등 시효를 원용할 수 있는 지위에 있으나 직접 의무를 부담하지 아니하는 자가 제기한 소송에서의 응소행위는 권리자의 의무자에 대한 재판상 청구에 준하는 행위에 해당한다고 볼 수 없어 피고의 위 소외인에 대한 대여금채권의 소멸시효가 중단되지 않는다.[414]

(e) **과세처분의 취소 또는 무효확인의 소** 행정소송으로서, 잘못 납부된 조세에 대한 부당이득반환청구권을 실현하기 위한 수단이 되는 과세처분의 취소 또는 무효 확인을 구하는 소는,

---

409) 대판 2002.2.26. 2000다25484.
410) 대판 1998.6.12. 96다26961.
411) 대전판 1993.12.21. 92다47861.
412) 대판 1997.12.12. 97다30288.
413) 대전판 1993.12.21. 92다47861.
414) 대판 2007.1.11. 2006다33364.

그 소송목적이 객관적인 조세채무의 부존재확인으로서 실질적으로는 민사소송인 채무부존재확인소송과 유사하므로 과세처분의 취소 또는 무효확인의 청구가 비록 행정소송이라고 하더라도 조세환급을 구하는 부당이득반환청구권의 소멸시효 중단사유인 재판상 청구에 해당된다.[415)]

(f) **부당노동행위구제의 행정소송** 이 소송에 해고근로자가 보조참가신청을 하였다면 근로자를 보호하기 위하여 그 임금청구권의 시효도 중단된다.[416)]

(g) **소송탈퇴** (i) 소송목적인 권리를 양도한 원고는 법원이 소송인수 결정을 한 후 피고의 승낙을 받아 소송에서 탈퇴할 수 있는데(제82조 제3항, 제80조) 그 후 법원이 인수참가인 청구의 당부에 관하여 심리한 결과 인수참가인의 청구를 기각하거나 소를 각하하는 판결을 선고하여 그 판결이 확정된 경우에는 원고가 제기한 최초의 재판상 청구로 인한 시효중단의 효력은 소멸한다.

(ii) 다만 소송탈퇴는 소취하와는 그 성질이 다르며, 탈퇴 후 잔존하는 소송에서 내린 판결은 탈퇴자에 대하여도 그 효력이 미치므로(제82조 제3항, 제80조 단서) 인수참가인의 소송목적 양수의 효력이 부정되어 인수참가인에 대한 청구기각 또는 소각하 판결이 확정된 날부터 6개월 이내에 탈퇴한 원고가 다시 탈퇴 전과 같은 재판상 청구 등을 한 때에는, 탈퇴 전에 원고가 제기한 재판상 청구로 말미암아 발생한 시효중단의 효력은 그대로 유지된다.[417)]

(h) **가압류의 시효중단** (i) 그 시기에 관해서는 제265조를 유추적용하여 가압류 신청을 한 때 시효중단의 효력이 생긴다고 보아야 한다. 여기서의 가압류에는 수소법원의 가압류명령을 얻기 위한 재판절차와 집행법원의 가압류명령 집행절차를 모두 포함한다. 가압류도 재판상 청구와 마찬가지로 법원에 신청함으로써 이루어지고(민집 제279조), 가압류명령에 따른 집행이나 가압류명령의 송달을 통해서 채무자에게 고지가 이루어지기 때문이다.[418)]

(ii) 채권자가 가분채권의 일부분을 피 보전 권리인 청구채권으로 주장하여 채무자 소유의 재산에 대하여 가압류를 한 경우에는 그 청구채권 부분에만 시효중단의 효력이 있고, 가압류로 보전되지 아니한 나머지 채권에 대하여는 시효중단의 효력이 발생할 수 없다.[419)]

(i) **중복제소에서 전소가 먼저 취하된 경우** 중복제소에서 후소가 중복제소로 각하되지 아니하는 동안 전소가 먼저 취하된 경우에 민법 제170조 제2항의 재판상 청구와 시효중단의 효력은 전소에도 적용된다.[420)]

(다) **일부청구와 중단의 범위** (i) 기본채권의 일부를 피 보전 채권으로 압류한 경우와

415) 대전판 1992.3.31. 91다32053.
416) 대판 2012.2.9. 2011다20034.
417) 대판 2017.7.18. 2016다35789.
418) 대판 2017.4.7. 2016다35451.
419) 대판 2024.10.25. 2024다233212.
420) 서울지판 1999.4.9. 98가단215280.

같이 청구부분이 특정될 수 있는 일부청구인 경우에 나머지 잔부부분에 대해서는 시효중단의 효력이 없으나,[421] 나머지 잔부 부분에 관하여 소를 제기하거나 소장에서 청구의 대상으로 삼은 채권 중 일부만을 청구하면서 소송의 진행경과에 따라 장차 청구금액을 확장할 뜻을 표시하고 해당 소송이 종료될 때까지 실제로 청구금액을 확장한 경우에는 소 제기 당시부터 채권 전부에 관하여 재판상 청구로 인한 시효중단의 효력이 발생한다.[422]

(ii) 위의 경우 나머지 잔부 부분에 관하여 그 청구를 확장하지 않은 경우 또는 청구범위에서 명시적으로 제외한 부분에 대해서는 최고(催告)로서의 효력을 가지므로 채권자는 당해 소송이 종료한 때로부터 6월 이내에 재판상 청구 등 민법제174조의 조치를 하여야 소멸시효를 중단시킬 수 있다.[423]

(iii) 원고들이 추심할 수 있는 금액 중 각자 채권액 비율로 안분하여 일부만 청구한 경우에 선행소송의 경과 등 제반 사정에 비추어 나머지 부분에 대하여 권리행사를 하였다고 볼 여지가 있더라도, 실제 나머지 부분을 청구하지 않은 이상 그 부분에 대하여는 처음부터 소의 제기가 없었던 것과 마찬가지로 볼 수밖에 없고, 다만 이러한 경우 선행소송이 계속 중인 동안에는 나머지 부분에 대하여 '최고'로서 원고들이 권리를 행사하고 있는 상태가 지속되고 있다고 볼 수 있을 뿐이다. 따라서 원고들이 선행소송이 종료된 때로부터 6월 이내에 민법 제174조 에서 정한 조치를 취하여 나머지 부분의 소멸시효를 중단시켰다는 등 특별한 사정이 없다면, 나머지 부분은 이 사건 소 제기 당시 이미 소멸시효기간이 도과한 것으로 볼 수 있다.[424]

(2) 시효중단의 효력발생 및 소멸시기

(가) 시효중단이나 법률상 기간준수의 효력 발생 시기는 소를 제기한 때(제265조 전단)로 소급된다. 법원이 피고에 대한 소장송달을 지연하여 소장송달 이전에 시효가 완성되거나 제척기간이 경과되는 사태를 방지하자는 취지에서 소송계속의 시기와 달리하고 있다.

(나) 전자문서의 등록사용자가 전자문서로 작성된 소장을 법원에 제출하려는 경우에는 이를 전산정보처리시스템에 등재하여줄 것을 법원행정처장에게 신청할 수 있는데(민소전자문서 제8조의 2 제4항) 등재를 신청한 때에 전자문서가 접수된 것으로 보므로(민소전자문서 제9조) 그 등재신청한 때부터 시효중단이나 법률상 기간준수의 효력이 발생한다.

(다) 소송중의 소(청구의 변경, 중간확인의 소, 반소 등)의 경우에도 소장에 해당하는 서면을 법원에 제출한 때 중단의 효력이 있고(제265조 후단), 지급명령신청이나 제소전 화해신청의 경

421) 서울고판 1975.6.4. 74나1781.
422) 대판 2022.5.26. 2020다206625(평석은 [104] 참조), 2023.10.12.2020다210860,210877.
423) 대판 2022.5.26. 2020다206625(평석은 [104] 참조).
424) 대판 2022.5.26. 2020다206625.

우에는 이의 및 소제기신청을 하더라도 최초의 신청을 한 때로 소급하여 중단의 효력이 생긴다.[425] 소액사건에서 말로 소제기를 할 때에는 말로 진술한 때이다.

(라) 시효중단 및 기간준수의 효력은 소의 취하, 각하로 소급하여 소멸된다(민 제170조 제1항). 다만 이 경우에도 6월 이내에 소의 제기, 파산절차참가, 압류·가압류·가처분을 하면 최초의 소를 제기한 때에 중단된 것으로 본다(민 제170조 제2항).[426]

(마) 소의 교환적 변경은 구소의 취하와 신소제기의 병합으로 이해되지만 구소의 제기에 의한 시효중단 등의 효력은 소멸되지 않는 것으로 본다. 구소와 신소 사이에는 청구의 기초가 바꾸지 아니하였기 때문이다(제262조 제1항).

(바) 청구기각판결이 확정된 경우에는 청구권의 부존재가 확정됨으로써 중단의 효력이 생길 수 없으므로 청구기각 확정판결 후 재심의 청구를 하더라도 시효는 중단되지 아니한다.[427]

2. * 법률상 기간준수

(가) 법률상 기간은 출소기간 그 밖의 청구를 위한 제척기간 등 법적 안정성을 위한 기간으로서 시효기간과 다르다. 그러나 제척기간 준수의 범위는 시효중단의 법위와 같고, 또 예를 들어 민법상 점유소송의 제소기간(민 제204조 제3항, 제205조 제2항), 가등기담보등에 관한 법률 제11조에서 정한 제척기간[428]이나 출소기간[429] 등 법률상 기간을 준수한 효과에 관해서는 시효중단과 같이 취급한다.

(나) 소송을 이송한 경우에 있어서 법률상 기간의 준수 여부는 소송이 이송된 때가 아니라 이송하기 이전 법원에 소가 제기된 때를 기준으로 한다.[430]

(다) 가압류의 본안 제소명령에 따라 본안소송을 제기하였다가 소취하간주로 되었다면 제소기간 이내에 본안소송은 제기하지 않은 것으로 보아야 한다.[431]

---

425) 대판 2015.2.12. 2014다228440(지급명령의 경우).

426) 소유권이전등기를 청구하는 채권자대위소송이 판결로 소각하가 되더라도 6개월 이내에 다른 채권자가 채권자대위소송을 제기하면 소유권이전등기청구권은 최초의 소제기할 때부터 시효가 중단된 것으로 본다(대판 2011.10.13. 2010다80930 참조).

427) 대판 1992.4.24. 92다6983.

428) 대판 2014.8.20. 2012다47074(채무자 등이 제척기간이 경과하기 전에 피담보채무를 변제하지 아니한 채 또는 그 변제를 조건으로 담보목적으로 마친 소유권이전등기의 말소를 청구하더라도 이를 제척기간 준수에 필요한 권리의 행사에 해당한다고 볼 수 없으므로, 채무자 등의 위 말소청구권은 위 제척기간의 경과로 확정적으로 소멸한다. 이러한 법리는 채무자 등이 피담보채무를 변제하지 아니한 채 또는 그 변제를 조건으로 위 소유권이전등기의 말소등기를 청구하는 소를 제기한 경우에도 마찬가지로 적용된다).

429) 출소기간은 그 기간 이내에 반드시 소송을 제기하여야 하는 기간이고, 제척기간은 재판 외에서 권리행사를 하더라도 무방한 기간을 말한다(대판 2002.4.26. 2001다8097,8103 참조).

430) 대판 2007.11.30. 2007다54610.

431) 서울민사지판 1994.2.17. 93카단60050.

㈑ **재산분할청구사건에서 정한 제척기간의 소송상 취급** 민법제843조, 제839조 제3항의 재판상 이혼 시 재산분할청구권에 관하여 정해진 '이혼한 날부터 2년'의 제척기간은, 청구인 지위에서 대상 재산에 대해 적극적으로 재산분할을 청구하는 것이 아니라, 이미 제기된 재산분할청구 사건의 상대방 지위에서 일종의 방어방법으로 분할대상 재산을 주장하는 경우에는 적용되지 않는다.[432] 왜냐하면 협의 또는 재판상 이혼 시의 재산분할청구권에 관하여 정해진 '이혼한 날부터 2년을 경과한 때에는 소멸한다.'고 정하고 있는 기간은 제척기간이고. 또 재판외에서 권리를 행사하는 것으로 충분한 기간이 아니라 그 기간 내에 소로써 재산분할심판 청구를 하여야 하는 출소기간[433]이기 때문이다.[434]

시효중단 & 법률상 기간준수 — 시각정리표

1. 시효중단 사유 개관

구분	주요 내용	시효중단 인정 여부
① 재판상 청구	소제기, 지급명령, 제소전 화해신청 등	중단
② 압류·가압류·가처분	가압류 신청 시부터 효력 발생	중단
③ 승인	채무자가 권리 인정하는 행위	중단
④ 최고(催告)	단기 중단 → 6개월 내 재판상 청구 필요	일시적 중단

2. 소 제기에 의한 시효중단

(1) 소송의 형태별 정리

소송유형	주요 내용	시효중단 인정 여부
이행소송	이행청구(적극적 확인소송 포함)	인정
확인소송	시효중단 위한 "새로운 확인소송"(전소 확정채권 대상)	인정
형성소송	재심, 이혼소송 등 청구권 관련된 경우	인정
채권자대위소송 후 양수금청구로 변경	동일 청구기초로 인정	효력 유지
보조참가	참가인이 자신 권리 위해 적극보조한 경우	인정
지급명령 신청	각하 후 6개월 내 소 제기 시 최초신청시점부터	인정
복수채권 중 일부 행사	다른 채권은 행사 아님	불인정

432) 대결 2022.11.10. 2021스766(평석은 [106] 참조).
433) 대결 2022.6.30. 2020스561.
434) 대결 2018.6.22. 2018스18.

파생적 청구권	기본관계에서 발생한 개별청구권 포함	인정
어음 수수	단순 원인채권 행사 시 어음채권 시효중단 안 됨	
가압류	가압류로 행사 시 원인채권 시효중단	일부 인정

(2) **기타 소송상 상황별 중단 여부**

상황취지	결과	
적극적 확인소송	이행소송과 동일	
재심의 소	권리 표명으로서 재심의 소 제기일부터 재심판결 확정일까지 취득시효 중단	
소극적 확인소송 (채무부존재확인)	채권자가 권리주장하면 중단	
응소행위	피고가 적극적 권리 주장해 인용된 경우 중단	그러나 상대방 지위에서 방어방법으로 주장 시 기간 적용 안 됨
과세처분취소·무효확인소송	조세환급 부당이득 반환청구권 시효중단	
부당노동행위 구제소송 보조참가	근로자 임금채권 시효중단	
소송탈퇴 후 인수참가 기각	시효중단 소멸(단, 6개월 내 재제기 시 유지)	조건부
가압류	신청 시 중단효 발생(일부채권만 해당 시 한정적)	부분적
중복제소	후소 계속 중 전소 취하 시	전소에도 효력

3. 일부청구의 시효중단 범위

[소 제기]

↓

| 일부 청구한 경우 |

↓

| (1) 특정 일부청구 | 해당 부분만 중단(잔부는 미중단) |

| (2) 확장 의사 표시 + 실제 확장 | 전체에 중단효 소급 |

| (3) 확장 안 함 | 잔부는 '최고'만 → 6개월 내 재제기 필요 |

| (4) 안분청구 | 나머지 부분은 소 제기 없는 것으로 간주 |

4. 시효중단 효력의 발생·소멸 시기

구분	시효중단 효력 발생 시점
소 제기	소 제기한 때(265조)
전자소송	**전자문서 등재신청 시**

청구변경 · 반소	서면 제출 시
지급명령 · 화해신청	최초 신청 시 소급
소액사건 말로 제기	진술한 때

효력 소멸	사유내용
소 취하 · 각하	소급하여 시효중단효 소멸
6개월 내 재(再)제기 등 조치 시	최초 제소 시점부터 중단효 부활(민 170②)
교환적 변경	청구기초 동일 시 중단효 계속
청구기각 확정판결	권리 부존재 확정 → 중단효 없음
재심청구	중단효 없음

5. 법률상 기간준수

항목 내용	시효중단과의 관계
의의: 출소기간 · 제척기간 등 법적 안정 위한 기간	시효중단과 동일하게 취급
소송의 이송	이송 전 법원 제소 시점 기준
가압류 본안 제소명령 후 소취하간주	제소기간 내 본안소 제기 안 한 것으로 봄
재산분할청구(이혼 후 2년)	제척기간 내 재판상 청구 필요

6. 시효중단 효력 흐름도

[소 제기 / 지급명령 / 가압류 등]

↓

[시효중단 발생]

↓

— 소 취하 · 각하 시 효력 소멸 —

— 단, 6개월 내 재소 · 가압류 등 → 중단효 부활 —

↓

[청구기각 확정 시에는 부존재 확정 → 중단 없음]

□ 핵심정리

- 소송목적만 중단
- 확인 · 형성소송은 청구권 관련 시 인정
- 보조참가 · 가압류 · 응소행위도 중단 가능
- 일부청구는 특정분만, 단 확장 시 전부 소급
- 소취하 · 각하는 6개월 내 재제기해야 효력 유지

- 법률상 기간 준수는 시효중단과 동일 취급
- 재산분할청구 2년 제척기간은 '소 제기'로만 준수 가능

3. 지연손해금에 관한 법정이율

(1) 소송이자 제도

2015.9.25. 대통령령 제26553호로 개정되어 2015.10.1.부터 시행되는 '소송촉진 등에 관한 특례법(약칭은 소송촉진법, 이하 소촉법이라 줄인다) 제3조 제1항 본문의 법정이율에 관한 규정'은 "소송촉진 등에 관한 특례법 제3조 제1항 본문에 따른 법정이율은 연 100분의 15로 한다."라고 규정(개정 규정')함으로써 종전의 법정이율이었던 연 20%를 연 15%로 개정하였고, 부칙 제2조 제1항에서는 "이 영의 개정 규정에도 불구하고 이 영 시행 당시 법원에 계속 중인 사건으로서 제1심의 변론이 종결된 사건에 대해서는 종전의 규정에 따른다."라고 규정하고, 제2항에서는 "이 영 시행 당시 법원에 계속 중인 사건으로서 제1심의 변론이 종결되지 아니한 사건에 대한 법정이율에 관하여는 2015. 9.30.까지는 종전의 규정에 따른 이율에 의하고, 2015.10.1.부터는 이 영의 개정 규정에 따른 이율에 의한다."라고 규정하였는데 다시 2019.5.21. 대통령령 제29768호로 법정이율을 연 100의 12로 낮추었고 부칙 제2조 제2항에서는 '이 영 시행당시 법원에 계속 중인 사건으로서 제1심의 변론이 종결되지 아니한 사건에 대한 법정이율은 2019.5.31.까지 발생한 분에 대해서는 종전의 규정에 따르고, 2019.6.1.이후 발생하는 분에 대해서는 이 영의 개정규정에 따른다고 하였다. 따라서 금전채무의 이행을 명하는 판결을 선고할 경우에 소장송달 다음날부터의 지연손해금의 법정이율은 연 12%이다. 지급명령이 확정된 경우에도 같다(소촉 제2조). 이 규정들은 일종의 소송이자제도를 정한 것이라고 할 수 있다.

(2) 적용배제

㈎ 채무자가 이행의무의 존부나 행위에 관하여 항쟁함이 상당하다고 인정되는 경우(소촉법 제3조 제2항)애는 적용이 배제된다.

항쟁의 상당성 의미에 관하여, 판례[435]는 이행의무의 존부나 범위에 관하여 항쟁하는 채무자의 주장에 상당한 근거가 있는 때라고 풀이되므로 이것은 사실인정의 평가에 관한 것이라는 것이다. 따라서 이 평가는 사실심의 몫이므로 법률심인 대법원은 이러한 평가를 할 수 없어 대법원에서는 위 소촉법의 적용이 배제된다,

㈏ 제251조의 "장래의 이행을 청구하는 소"의 경우(소촉법 제3조 제1항 단서) (i) 변론종

435) 대전판 1987.5.26. 86다카1876.

결시에 아직 이행기가 도래하지 않은 경우에는 위 소촉법을 적용할 수 없다.

(ii) 따라서 이혼소송과 병합하여, 금전채무의 지급에 관하여 판결이 확정된 다음날부터 이행지체책임을 지는 재산분할청구에 기한 금전지급을 명하는 판결[436], 같은 이유로, 사해행위취소를 하면서 가액배상을 명한 경우[437]등에는 위 소촉법의 적용이 배제된다.

(다) **동시이행관계인 경우** 쌍무계약에서 동시이행관계에 있는 한 쪽 채무자가 변론종결시까지 채무의 이행을 하지 않은 경우 다른 채무자는 지체책임을 지지 아니하므로 이 경우에는 변론종결시에 아직 이행기가 도래하지 아니하여 위 소촉법을 적용할 수 없다.

(3) 항소심단계이후

항소심 단계에 이르러 원고가 새로 청구를 추가하였고, 추가된 청구에 관한 소가 위 개정 규정 시행 전에 법원에 소송 계속 중이었으나 위 개정 규정 시행 이후에 변론이 종결된 경우에는 부칙 제2조 제2항에 따라서 법정이율에 관하여 2015.9.30.까지는 종전의 규정에 따른 연 20%의 이율에 의하고, 2015.10.1.부터는 개정 규정에 따른 연 15%의 이율에 의하며,[438] 2019.6.1.부터는 연 12%의 이율에 의한다.

(4) 이행판결이 확정된 지연손해금의 경우

금전채무의 지연손해금 채무는 이행기의 정함이 없는 채무에 해당하여 이행청구를 받은 때로부터 지체책임을 부담하므로[439] 이행판결이 확정된 지연손해금의 경우에도 채권자의 이행청구가 있으면 지체책임이 발생한다.[440] 이때 이율은 개정규정에 따라 연 12%이다. 이것은 법정지연손해금이 복리가 되어서 이자제한법제 20% 제한을 넘어설 우려가 될 수 있어 문제이다.[441]

(5) 원본채권의 준거법이 외국법인 경우

특례법 규정의 본질은 금전채무의 불이행으로 인한 손해배상의 범위를 정하기 위한 실체법적 성격이 있기 때문에 원본채권의 준거법이 외국법인 경우에는 특례법을 적용할 수 없고 준거법인 외국법을 적용해야 한다.[442]

---

436) 대판 2001.9.25. 2001므725,732.
437) 대판 2009.1.15. 2007다61618.
438) 대판 2017.3.30. 2016다253297.
439) 대판 2022.4.14. 2020다268760.
440) 대판 2022.3.11. 2021다232331.
441) 같은 취지: 정동윤 외 2, 336면. 이시윤, 302면.
442) 대판 2012.10.25. 2009다77754.

제2장

소송의 심리

제1절 소송절차의 진행과 정지

[59] 제1. 기일

1. 뜻

소송은 당사자, 법원 기타 관계인들의 소송행위가 거듭되어 성립한다. 이들 소송관계인들이 모여서 소송행위를 하기 위한 시간을 기일이라 한다. 기일은 그 목적에 따라 변론기일·증거조사기일·판결 선고기일·조정기일·화해기일 등의 이름으로 구별된다.

2. 기일의 지정

우리 민사소송법은 재판의 진행에 관하여 직권진행주의를 원칙으로 하고 있기 때문에 기일은 법원이 직권으로 지정한다.

(1) 기일은 미리 장소, 연월일 및 개시시간을 명시하여 지정한다(예외, 소심 제5조). 기일은 필요한 경우가 아니면 일요일 기타 공휴일을 피하여야 한다(제166조).

(2) 법원의 기일은 재판장이 지정하나(제165조 제1항) 수명법관이나 수탁판사의 기일은 그 법관이 지정한다(제165조 제1항 단서). 변론기일은 소송관계인의 시간낭비를 막기 위하여 각 사건의 개정시간을 구분하여 지정하여야 하고(민소규 제39조), 기일을 변경하거나 변론을 연기 또

는 속행, 변론재개결정을 한 때에는 사건을 변론준비절차에 부치는 경우를 제외하고는 소송절차의 중단 또는 중지, 그 밖에 다른 특별한 사정이 없는 한 그 결정과 동시에 다음 기일을 지정하여야 한다(민소규 제42조, 제43조). 재판장은 피고가 답변서를 제출한 경우에는 제1회 변론기일을 바로 지정해야 한다(제258조 제1항, 민소규 제69조 제1항).

(3) 당사자는 법원에 기일 지정을 신청하여 직권발동을 촉구할 수 있다(제165조 제1항). 법원이 당사자의 기일지정신청을 각하하는 것은 절차진행을 거부하는 것이기 때문에 결정으로 하여야 한다. 그러나 소송이 끝난 뒤에 기일지정신청을 한 경우에는(민소규 제67조, 제68조) 소송이 종료되지 않고 계속 중이라는 주장으로 보아야 하기 때문에 반드시 변론을 열어 종국판결로 기일의 지정여부를 재판하여야 한다.[1]

(4) 지정되지 않은 기일에 소송행위를 하였을 때에 그 소송행위는 효력이 없다. 따라서 판결 선고기일을 지정하지 않고 판결을 선고하면 그 소송절차는 법률위반으로 취소사유가 된다.[2]

3. 기일의 통지와 실시

(1) 기일 통지

(가) 기일 통지라 함은 지정된 기일을 당사자나 소송관계인에게 통지하여 그 출석을 요구하는 것을 말한다. 통지 방식은 기일통지서 또는 출석요구서를 작성하여 이를 송달하는 것이 원칙이지만(제167조 제1항 본문), 법원사무관등이 그 법원 내에서 송달받을 사람에게 이를 교부하고 영수증을 받거나(제177조 제2항) 소송관계인이 출석승낙서를 제출한 때(제168조)에는 기일통지서 또는 출석요구서를 송달한 것과 같은 효력을 가진다. 당사자 · 소송대리인이 그 사건에 관하여 법원에 출석하였을 때에는 기일을 직접 고지하는 것으로 충분하다(제167조 제1항 단서).

(b) **간이통지** (i) 법원은 전화 · 팩시밀리 · 보통우편 또는 전자우편으로 하거나, 그 밖에 상당하다고 인정되는 방법으로 송달을 할 수 있다(민소규 제45조).

(ii) 이 경우 기일에 출석하지 아니한 당사자, 증인 또는 감정인 등에 대하여 법률상 제재, 그 밖에 기일을 게을리 함에 따른 불이익을 줄 수 없다(제167조 제2항).

(iii) 간이통지는 기일을 지정하지 않은 소장 부본·판결정본 등 다른 소송서류 송달에는 이용할 수 없다.

---

1) 그 밖에 당사자 양쪽이 2회 불출석을 한 뒤에 1월 이내에 하는 기일지정신청(제268조 2항)은 소의 의제적 취하를 막기 위한 것이다.

2) 대판 2003.4.25. 2002다72514.

(나) 기일에 당사자를 소환하지 않고 소송행위를 하면 출석하지 않은 당사자의 절차기본권을 침해하는 것이 되기 때문에 그 기일의 실시는 위법하다. 다만 당사자가 그에 관해서 소송절차에 관한 이의권(제151조)을 포기하면 그 흠은 고쳐진다. 기일의 통지가 없기 때문에 출석할 수 없어 패소판결을 받은 때에는 기일에 정당하게 대리되지 않는 자에 준하여 취급되므로 상소(제424조 제1항 4호) 또는 재심(제451조 제1항 3호)에 의하여 구제받을 수 있다. 그러나 판결선고는 당사자가 출석하지 아니하여도 할 수 있고(제207조 제2항) 또 선고기일 통지가 없이 판결을 선고하여도 판결 내용에 영향을 주지 않기 때문에 상소이유가 되지 않는다.

(2) 기일의 연기, 속행, 종결

기일은 미리 지정된 일시 및 장소에서 사건과 당사자의 이름을 부름으로써 시작된다(제169조). 기일에는 법원사무관등의 참여가 필요하다. 변론기일에 예정된 소송행위를 마치면 기일은 종결된다. 이를 흔히 변론종결이라고 한다. 이에 대하여 예정된 사항에 들어가지 못하고 다른 기일에 이를 실시하는 것을 기일 연기라고 하고, 목적된 재판사항을 완결하지 못하여 다음 기일로 계속하는 것을 기일 속행이라고 한다.

(3) 변론 재개

(가) 종결된 변론을 다시 열어 재차 심리에 들어가는 것을 변론의 재개(제142조)라고 한다. 종결된 변론의 재개 여부는 법원의 재량에 속한다. 그러나 판례는 이에 관하여 법원의 재량성을 지양(止揚)하고 직권으로 심리를 하여야 한다는 사법적극주의를 표명하고 있다. 즉 법원이 사실상 또는 법률상 사항에 관한 석명의무나 지적의무 등을 위반한 채 변론을 종결하였는데 당사자가 그에 관한 주장·증명을 제출하기 위하여 변론재개신청을 한 경우,[3] 당사자가 변론종결 이전에 그에게 책임지기 어려운 사정으로 주장·증명할 기회를 갖지 못하였는데 그 주장·증명의 대상이 판결의 결과를 좌우할 수 있는 관건적 요증사실에 해당하는 경우[4] 등에는 법원은 종결한 변론을 재개하여 심리·판단하여야 할 의무가 있다고 하였다. 판례[5]는, 주장·입증의 대상 사실이 판결결과를 좌우할 수 있는 것이라고 한다면 이는 관건적 요증사실로서 사실심의 필수적 심리의무사유라고 한다. 따라서 이를 태만히 하고 심리를 종결한 경우에는 필수적으로 변론을 재개하여야 한다고 하였다.[6] 판례[7]는 당사자가 변론종결 이후 추가로 주장·증명을 제출한다는 취지를 기재한 참고서면과 참고자료만을 제출하였을 뿐, 별도로 변론

3) 대판 2011.7.28. 2009다64635.
4) 대판 2012.4.26. 2011다19188.
5) 대판 2007.4.26. 2005다53866, 2010.1.28. 2008다90347, 2011.9.8. 2009다73295, 2012.4.26. 2011다9188.
6) 대판 2021.3.25. 2020다277641.
7) 대판 2013.4.11. 2012후436.

재개신청서를 제출하지 아니하였다고 하더라도 당사자가 변론종결 이전에 그에게 책임을 지우기 어려운 사정으로 주장·증명을 제출할 기회를 제대로 얻지 못하였고, 그 주장·증명의 대상이 판결 결과를 좌우할 수 있는 관건적 요증사실에 해당하는 경우에는 변론재개와 심리를 속행할 의무에서 면제되지 않는다고 하였다. 그러나 당사자가 주장·증명할 기회가 충분히 있었음에도 변론종결 후에야 변론재개신청을 한 경우에는 법원에게 변론을 재개할 의무가 없다.[8)]

(나) 생각건대 항소심이 사실심인 제1심의 속심인 이상 제1심에서의 변론의 재개여부는 큰 문제가 되지 않을 것이다. 그러나 항소심이 종결되면 법률심인 상고심의 파기환송판결이 있어야 변론이 재개된다. 따라서 항소법원이 변론재개신청 여부를 신중하게 대처한다면 그 만큼 상고법원의 노고를 덜 수 있을 뿐 아니라 충실한 심리를 더하게 되어 국민의 신뢰를 확보할 수 있게 된다. 종전에 볼 수 없었던 변론의 재개 여부에 관한 대법원 판례는 이러한 취지에 입각한 것이라고 할 수 있다.

(다) 재판부의 변론재개결정이나 재판장의 기일지정명령이 있으면 이는 원칙적으로 민사소송법이 일반적으로 항고의 대상으로 삼고 있는 제439조 소정의 '소송절차에 관한 신청을 기각한 결정이나 명령'에 해당하지 아니하고, 이에 대하여 불복할 수 있는 특별규정도 없으므로 항고를 할 수 없다.[9)] 또한 그 성질은 상소가 있는 경우에 종국판결과 함께 상소심의 심판을 받는 중간적 재판이므로 특별항고의 대상이 되는 불복할 수 없는 결정이나 명령에도 해당되지 않아 원칙적으로 항고할 수 없다.[10)]

4. 기일의 변경

(1) 개념

기일 변경이라 함은 일단 기일이 지정되더라도 여러 가지 사정으로 기일을 열 수 없는 경우에 기일이 시작되기 이전에 그 지정을 취소하고 새로운 기일을 지정하는 재판을 말한다.

(2) 변경의 요건

기일 지정은 소송을 지휘하는 재판이기 때문에 재판장이 직권으로 변경할 수 있다. 그러나 법원이 함부로 기일을 변경하면 당사자에게 예측할 수 없는 손해를 줄 염려가 있고, 반대로 당사자에게 임의로 기일변경의 기회를 준다면 소송지연의 원인이 되므로 기일의 변경에는 일정한 제약이 따른다.

---

8) 대판 2011.11.10. 2011다67743.
9) 대결 1995.6.30. 94다39086,39093 참조.
10) 대결 2007.6.8. 2007그47 참조.

(가) 첫 변론기일이나 변론준비기일은 당사자의 합의가 있으면 그 변경이 허용된다(제165조 제2항). 이는 변론의 준비 또는 당사자들이 소송 외에서 합의하는 편의를 도와주기 위해서이다. 첫 기일이란 처음 지정한 제1회 기일을 의미하며, 직권 또는 당사자의 신청에 의하여 연기 또는 변경된 기일은 포함되지 않는다.

(나) 변론기일이나 변론준비기일의 속행기일은 현저한 사유가 있는 경우에 한하여 변경이 허용된다(제165조 제2항의 반대해석). 당사자 한쪽이 출석하여 변론할 수 없는 합리적 사유가 있는 경우에는 기일의 변경을 허용함으로써 상대방의 동의가 없더라도 다음 번 변론할 기회를 주기 위해서이다. 민사소송규칙 제41조는 현저한 사유에 해당되지 않을 경우를 예시하고 있다. 즉 ① 여러 사람의 소송대리인이 있는 경우에 그 중 일부의 대리인에게만 변경의 사유가 있는 때, ② 다른 사건의 기일이 그 기일과 같은 일시로 지정된 때이다. 이때에도 부득이한 사유가 있는 때에는 제외된다. 위의 예시로 보아 현저한 사유는 불가항력보다 넓게 보아야 할 것이다.

(3) 변경 절차

기일변경을 신청하려면 변경을 필요로 하는 사유를 밝히고 그 사유를 소명하는 자료를 붙여야 한다(민소규 제40조). 재판장 등은 신청이 이유 있다고 인정되면 기일변경을 명령하여야 하고 신청이 이유 없으면 불허가한다(민소규 제41조). 신청이 이유 있는지 여부는 재판장등이 직권으로 결정하므로 당사자는 그 허가 여부에 대하여 불복할 수 없다.[11] 그러나 당사자가 자기 책임에 돌릴 수 없는 사유로 기일에 출석할 수 없어 변경신청을 제출하였는데 기일이 변경되지 아니함으로써 공격방어방법의 제출기회를 상실하여 패소 당하였을 때에는 기일에 정당하게 대리되지 않은 자에 준하여 상소 또는 재심을 청구할 수 있을 것이다.[12]

[60] 제2. 기간

1. 뜻

일정한 시간의 경과가 소송법상 의미를 갖는 경우가 있다. 그러한 시(時)의 경과를 기간이라 한다.

11) 대결 2008.11.13. 2008으5.
12) 같은 취지: 이시윤, 423면.

2. 종류

(1) 직무기간과 고유기간

직무기간(또는 부진정기간)이라 함은 법원의 소송행위에 관하여 인정되는 기간으로서 그 경과에 특별한 법률효과가 없고 훈시적인 뜻을 갖는 데 불과한 기간(예, 제199조 제1항의 판결선고기간, 제210조 제1항의 판결송달기간)을 말한다. 이에 대하여 고유기간(또는 진정기간)이라 함은 당사자 그 밖의 관계인에 대하여 인정되는 기간으로서 그 경과로 말미암아 많은 경우에 당사자에게 불리한 법률효과가 생긴다(예, 제59조, 제97조, 제254조 제1항의 보정기간, 제273조의 준비서면제출기간, 제396조, 제425조, 제444조의 상소·항고기간, 제456조의 재심기간 등).

(2) 행위기간과 유예기간

기간에는 소송절차를 신속·명확하게 하기 위하여 일정한 행위를 그 기간 안에 하여야 하는 취지의 것과, 당사자 그 밖의 관계인에게 어느 행위를 할 것인가에 관하여 생각하고 준비하도록 일정기간의 유예를 두는 것이 있다. 전자를 행위기간, 후자를 유예기간 또는 중간기간이라 한다. 행위기간에는 예를 들어 제59조, 제97조, 제254조 제1항의 보정기간, 제425조, 제444조의 상소 또는 항고기간, 제456조의 재심기간 등이 있고, 유예기간에는 공시송달의 효력발생기간(제196조) 등이 있다.

(3) 법정기간과 재정(裁定)기간

기간의 길이를 법률로 정한 것을 법정기간, 법관이 그 때 그 때 재판으로 그 길이를 정한 것을 재정기간이라고 한다. 제척 또는 기피원인의 소명기간(제44조 제2항)·항고기간(제396조 제1항)등이 전자, 담보제공기간(제120조)·권리행사최고기간(제125조) 등은 후자에 속한다.

(4) 불변기간과 통상기간

법률이 특히 불변기간이라고 정한 기간을 불변기간이라고 하고, 불변기간이 아닌 것은 모두 통상기간이다. 상소기간(제396조 제2항, 제425조, 제444조 제2항 등), 재심기간(제456조 제2항), 제권판결에 대한 불복기간(제491조 제2항), 행정소송법 제20조 제1항, 제3항에서 정한 제소기간[13] 등은 불변기간이다. 불변기간은 대체로 재판에 대한 불복신청기간으로서 부가기간을 정할 수 있으나(제172조 제2항) 이를 늘이거나 줄일 수 없는 반면(제172조 제1항) 그 경과에 대하여 추후보완이 허용되는 점(제173조)에서 통상기간과 다르다.

---

13) 대판 2005.1.13. 2004두9951.

3. 기간 계산

기간 계산은 민법에 따르므로(제170조), 초일은 원칙적으로 산입하지 않으며(민 제157조), 기간의 끝나는 날이 토요일 또는 공휴일에 해당하는 때에는 기간은 그 다음날 만료한다(민 제161조 참조).

4. 기간 진행

(가) 재정기간은 그 시기(始期)를 재판으로 정한 때에는 그 시기가 도래한 때로부터 진행하며, 시기를 정하지 아니한 때에는 그 재판의 효력이 생긴 때부터 진행한다(제171조). 기간은 소송절차의 중단 또는 중지중에 그 진행이 정지되며 정지의 해소와 동시에 다시 전체기간이 진행된다(제247조 제2항).

(나) 판결선고 후 판결문을 전자문서로 전산정보처리시스템에 등재하고 그 사실을 전자적으로 통지하였지만 등록사용자가 판결문을 1주 이내에 확인하지 아니한 경우 판결문 송달의 효력이 발생하는 시기는 등재사실을 등록사용자에게 통지한 날의 다음날부터 기산하여 7일이 지난날의 오전 영시가 되고, 상소기간은 민법 제157조 단서에 따라 송달의 효력이 발생한 당일부터 초일을 산입해 기산하여 2주가 되는 날에 만료한다.[14]

5. 기간의 늘이고 줄임

불변기간을 제외한 법정기간은 법원이, 재정기간은 이를 정한 재판기관이 원칙적으로 늘이거나 줄일 수 있다(제172조 제1항 · 제3항). 다만 법원에 소송지휘를 할 재량이 많지 않을 때에는 늘이거나 줄일 수 없다(명문의 규정으로는 제173조, 제196조 제3항, 명문이 없더라도 성질상으로는 직무기관인 제268조, 제468조 등). 법원은 원격지에 주소 또는 거소가 있는 자를 위해서 불변기간에 부가기간을 정할 수 있다(제172조 제2항). 이로 인해서 불변기간은 부가기간만큼 길어지게 된다. 기간을 늘이고 줄이며 부가기간을 정하는 것은 법원의 직권에 속하기 때문에 당사자의 합의에 구속되지 않으며 당사자도 이에 대해 불복을 신청할 수 없다.

14) 대법원 명령 2014.12.22.자. 2014다229016.

6. 기간의 태만

(1) 기간의 태만과 소송행위의 추후보완

(가) (a) 당사자 그 밖의 관계인이 본래의 행위기간 중에 정해진 행위를 하지 아니하는 것을 기간의 태만이라고 한다. 기간의 태만이 되면 원칙적으로 그 행위를 할 기회를 상실하는 불이익을 입는다. 그런데 불변기간은 소송이 신속하게 진행되도록 단기간으로 정하여져 있어서 만약 당사자가 책임질 수 없는 사유로 기간을 준수할 수 없는 경우까지 그러한 불이익을 준다는 것은 지나치게 가혹하기 때문에 구제방법을 마련할 필요가 있다. 일반적으로는 기간을 태만하게 하더라도 소송이 계속되는 한 당사자는 그 후의 절차에서 정해진 행위를 함으로써 구제를 받을 여지가 있으나, 상소기간과 같은 불변기간의 태만은 재판의 확정(예, 상소기간을 준수하지 않은 경우 등) 혹은 소권의 상실(예, 제권판결의 불복기간을 준수하지 않는 경우 등)이라고 하는 당사자에게 중대한 불이익을 초래하기 때문에 당사자 구제를 위하여 추후보완이라고 하는 제도를 마련하고 있다(제173조).

(b) 추후보완을 할 대상은 불변기간이며 그 이외의 기간에 대해서는 원칙적으로 유추적용이 되지 않는다. 그러나 상고이유서제출기간 및 재항고이유서제출기간은 그 태만의 효과가 상고기간이나 재항고기간 태만의 효과와 실질적인 차이가 없으므로 유추적용이 필요할 것이나[15] 판례는 불변기간이 아니라고 하여 추후보완을 허용하지 않는다.[16]

(나) 피고가 제1심판결 확정일로부터 4년여가 경과된 후에 이르러 항소를 제기하였다면 이는 적법한 추후보완사유가 없는 한 부적법하다. 따라서 항소심으로서는 먼저 위 항소에 추후보완사유가 있는지, 즉 위 항소에 있어서 제173조 제1항의 규정에 따라 과연 피고가 책임질 수 없는 사유로 말미암아 항소제기의 불변기간을 준수할 수 없었는지, 특히 그 사유가 종료된 후 2주일 이내에 게을리 한 항소를 추후 보완하여 제기한 것인지를 직권으로 조사하여야 한다.[17]

(2) 추후보완을 할 사유

(가) **제173조 제1항**

(a) **개념** 추후보완이라 함은, 당사자가 책임질 수 없는 사유로 말미암아 불변기간을 지킬 수 없었던 경우에 그 사유가 없어진 날부터 2주일 이내에 게을리 한 소송행위를 보완하는 것을 말한다. 소송행위의 추후보완은 불변기간이 적법하게 진행된 경우에 문제되는 것이므로 송달이 부적법하여 상대방에게 송달자체가 이루어지지 아니한 것으로 평가되는 경우에는

15) 동지: 이시윤, 428면.
16) 대판 1970.1.27. 67다774, 1981.1.28. 81사2.
17) 대판 1990.11.27. 90다카28559.

불변기간이 진행되지 아니하여 추후보완을 할 필요가 없다.[18]

(b) **「당사자가 책임을 질 수 없는 사유」** (i) 추후보완은 「당사자가 책임을 질 수 없는 사유」가 있는 때에 한하여 허용된다. 그 사유는 천재지변 그 밖의 불가항력보다 넓은 개념으로서, 당사자가 그 소송행위를 하기 위하여 일반적으로 하여야 할 주의를 기울여도 피할 수 없었던 것을 말하고[19] 그 당사자에는 당사자 본인, 소송대리인 및 대리인의 보조인도 포함한다.[20] 외국인도 예외가 아니다.[21] 항소장 부본 등이 공시송달의 방법으로 송달되어 당사자가 항소심절차의 진행사실을 몰랐던 경우에도 이에 해당하여 추후보완 상고가 허용된다.[22] 소장이나 판결정본을 공시송달로 송달받아서 불변기간을 준순할 수 없었던 경우에 그 사유가 없어진 후 2주일 이내에 추후보완 항소를 제기할 수 있는데 여기서 '그 사유가 없어진 후'라고 함은 당사자나 소송대리인이 판결이 있었던 사실을 안 때가 아니라 그 소장이나 판결이 공시송달의 방법으로 송달된 사실을 안 때를 말한다.[23] 따라서 수감 중인 피고가 공시송달로 판결정본을 송달받은 경우에는 당사자나 소송대리인이 그 사건 기록을 열람하거나 새로 판결정본을 영수한 때에 비로소 판결이 공시송달의 방법으로 송달된 사실을 알게 되었다고 보아야 한다.[24] 피고가 송달장소를 그가 재직하던 은행 본점으로 하였으나 그 은행을 사직한 이후 판결정본이 송달되어 이를 수령하지 못했다면 이것은 당사자가 책임질 수 없는 사유이다.[25]

(ii) 추후보완을 할 사유는 소송요건으로써 직권조사사항이다.[26] 그러나 추후보완을 할 사유는 항소인이 '추후보완 항소'라고 명백하게 하지 않은 이상 법원이 항소각하판결을 하기 이전에 반드시 그 추후보완 사유의 유무를 심리하여야 하거나 이를 주장할 수 있는 기회를 주어야 하는 것이 아니다.[27]

(iii) 당사자가 책임질 수 없는 사유가 아닌 예를 든다. 사건이 상고심에서 항소법원에 환송되어 다시 항소심에 계속하게 된 경우에는 상고전 항소심에서의 소송대리인의 대리권은 그 사건이 항소심에 다시 계속되면서 부활한다. 따라서 환송받은 항소심에서 환송 후 소송대리인에게 송달하지 아니하고 환송 전 항소심에서의 소송대리인에게 송달을 하였더라도 소송당사자에게 한 송달에는 아무런 차이가 없다. 그러므로 환송 전 소송대리인이 판결정본의 송달을

18) 대판 1980.11.11. 80다1182.
19) 대판 2011.12.27. 2011후2688, 2018.4.12. 2017다53623.
20) 대판 1999.6.11. 99다9622.
21) 대판 2017.4.11. 2016무876.
22) 대판 2021.8.26. 2021다229977.
23) 대판 2021.3.25. 2020다46601.
24) 대판 2022.1.13. 2019다220618.
25) 서울고판 1962.6.7. 4294민공458.
26) 대판 1999.4.27. 99다3150.
27) 대판 1981.6.23. 80다2315.

받고도 당사자에게 그 사실을 알려 주지 아니하여 당사자가 그 판결정본의 송달사실을 모르고 있다가 상고제기기간이 경과된 후에 비로소 그 사실을 알게 되었다고 하더라도 당사자가 책임질 수 없는 사유로 인하여 불변기간을 준수할 수 없었던 경우에 해당하지 않는다.[28] 또한 당사자가 소송의 진행상황을 조사하지 않아 불변기간을 지키지 못한 것은 당사자가 책임질 수 없는 사유로 말미암은 것이 아니다.[29] 그러나 피고가 원고의 소를 제기 이전에 구속되어 교도소에 수감됨으로써 소의 제기나 그 후 판결정본의 송달사실을 모르고 있었다면 이는 피고가 책임질 수 없는 사유로 항소기간을 준수할 수 없었던 때에 해당한다.[30]

(c) **보조참가신청과 추후보완** 피고가 공시송달의 방법에 의하여 소장 기타 소송서류 및 판결의 송달을 받았던 관계로 패소판결이 있는 사실을 모르고 상소기간을 넘긴 경우에는 피고에게 책임을 물을 만한 사정이 없는 한 과실 없이 판결의 송달을 받지 못한 것이라고 할 것이고, 피고에게 귀책시킬 수 없는 사유로 피고가 항소기간을 준수하지 못한 경우에 피고의 보조참가인이 동 판결이 있은 사실을 비로소 알아 그때부터 2주일 이내에 보조참가신청과 동시에 제기한 추후보완항소를 제기하였다면 그 항소는 적법하다.[31]

(d) **추후보완과 재심** 추후보완 사유와 제451조 제1항에서 정한 재심사유가 동시에 존재하는 경우에는 추후 보완할 기간이 경과하였더라도 재심기간이 남아 있을 때에는 재심을 제기할 수 있다.[32]

(나) **추후보완이 허용되는 경우**

(a) **홍수·태풍·적설 등 천재지변에 의한 교통·통신의 두절**

(b) **무권대리인이 소송을 수행하고 판결정본을 수령한 경우** (i) 소송대리인이나 그 보조자에게 고의·과실이 있는 경우, 예컨대 소제기의 위촉을 받은 자가 소장제출을 태만하게 한 경우 또는 소송대리인이 수감되고 그 사무원이 판결정본을 송달받았는데 당사자에게 통지하지 않은 경우[33]에는 비록 본인에게 과실이 없더라도 추후보완이 허용되지 않는다. 그러나 무권대리인이 소송을 수행하고 판결정본을 수령한 경우에는 추후보완이 허용된다.[34]

(ii) 무권대리인이 아니지만 예컨대 부재자인 피고를 상대로 소송을 하는 경우, 부재자인 피고가 재산관리인을 둔 바도 없고, 또 법원이 선임한 부재자 재산관리인도 없는데, 원고가 그대로 부재자인 피고를 상대방으로 하여 소송을 제기하여 판결이 선고된 경우에는 피고는 제

28) 대판 1984.6.14. 84다카744.
29) 대판 2018.8.30. 2018다229984.
30) 서울고판 1975.11.14. 74나2750.
31) 대판 1981.9.22. 81다334.
32) 대판 2011.12.22. 2011다73540.
33) 대판 1962.1.25. 62누2.
34) 대판 1996.5.31. 94다55774.

451조 제1항 3호의 법정대리권의 흠을 이유로 재심을 청구해서는 안 되고, 판결이 선고된 후에 선임된 피고의 재산관리인이 제173조에 의한 추후보완신청과 동시에 상소를 제기할 수 있다.[35] 왜냐하면 법정대리권의 흠이라 함은 소송당사자의 법정대리인으로 소송을 수행한 사람에게 대리권이 없거나 소송당사자가 소송수행 상 대리인을 필요로 함에도 불구하고, 대리인 없이 소송을 수행한 경우 등을 말하는데 여기에서는 부재자의 대리인이 아니라 부재자 본인을 상대로 하여 소송을 수행하였기 때문이다. 따라서 부재자 본인이 생존하여 소송을 하는 경우에는 송달되지 않은 이유로 상소나 별소를 제기할 수 있지만 그렇지 않은 경우에는, 새로 선임된 재산관리인이 판결을 수령하면서 추후보완절차를 밟아야 한다.

(iii) 교부송달에서 송달실시기관인 우편집배원(제176조 제1항 · 제2항)의 배달착오로 소송기록 접수통지서를 송달받지 못하여 소정의 기간 이내에 상고이유서를 제출하지 못한 경우[36]에는 추후보완 사유가 아니라 제451조 제1항 3호의 대리권의 흠이 있는 사유로서 재심을 제기할 수 있다. 왜냐하면 우편집배원은 송달에 관해서는 법정대리인이므로 우편집배원의 송달착오는 무권대리 행위가 되기 때문이다.

(iv) 그러나 우편집배원의 착오로 송달보고서에 송달일자를 잘못 기재하는 바람에 법원이 상고이유서제출기간 내에 제출된 상고이유서를, 제출기간이 지나서 제출된 것으로 보아 상고이유에 대하여 판단하지 아니한 채 상고를 기각한 경우에는 제451조 제1항 3호가 아니라 제451조 제1항 9호의 판단누락에 해당하는 재심사유이다.[37] 우편집배원이 송달일자를 잘못 기재하였더라도 송달자체는 이루어져서 무권대리행위가 되지 않기 때문이다.

(c) **공시송달과 추후보완** (i) 공시송달은 본래 송달장소가 분명하지 않은 사람에 대하여 송달이 가능하게 하는 제도로서 송달받는 사람이 현실적으로 송달서류의 내용을 알 수 없더라도 법률상 그 내용을 안 것으로 인정하여 송달의 효력을 부여하는 제도이다. 그러나 실제로는 법원게시판의 게시에 의하기 때문에 송달받을 당사자가 그 내용을 아는 경우는 극히 드물어 당연히 불이익이 예상된다. 따라서 소장부본과 판결정본 등이 공시송달 방법으로 송달되어 피고가 과실 없이 송달을 알지 못한 경우에는 특별한 사정이 없는 한 당사자나 소송대리인이 사건기록을 열람하거나 새로이 판결정본을 영수한 때부터 2주일(외국에 있었던 경우에는 30일)이내에 추후보완할 수 있다.[38]

(ii) 판례는 소제기사실 자체를 피고가 알고 있었는가의 여부를 기준으로 하여 추후보완의 허용여부를 정한다. 다만 이 경우에도 피고에게는 잘못이 없고 원고나 법원의 부주의로 공시

35) 대판 1968.11.19. 68다1735.
36) 대판 1998.12.11. 97재다445.
37) 대판 2006.3.9. 2004재다672.
38) 대판 2015.6.11. 2015다8964.

송달된 경우에는 추후보완을 허용한다.[39]

(ㄱ) 즉 피고가 이사를 가거나 국내에 부재중인 관계로 공시송달된 소제기 사실을 모르는 경우,[40] 조정불성립으로 소송에 이행되었는데 피고가 이를 모르고 주소변경신고를 하지 아니한 경우,[41] 잠시 피고 집에 놀러온 처제가 피고에 대한 판결정본을 수령한 경우[42]에는 추후보완을 허용한다.

(ㄴ) 그러나 피고가 소제기사실을 안 경우에는 그 후의 사정변화로 공시송달에 의한 송달을 받았다 하더라도 원칙적으로 추후보완을 허용하지 않는다.[43] 법인이 부동산등기부상이나 법인등기부상에 주소변동을 등기하지 아니하였고 대표자도 등기부상 주소에 주소등록도 하지 않고 다른 곳에 무단전출을 한 경우[44] 등이다.

(ㄷ) 공시송달의 요건에 흠이 있는 경우에는 추후보완을 허용한다.[45]

(다) **추후보완이 허용되지 않는 경우** 당사자가 지방출장이나 질병치료를 위해서 출타하였는데 가족이 송달받은 경우,[46] 경매사건의 이해관계인이 집행관의 말만 경솔히 믿고 기록을 열람하지 아니하여 경매의 실제 진행과정을 확인하지 않은 경우,[47] 소송의 적극당사자가 교도소에 수감 중인 경우,[48] 원심이 항고장에 기재된 피고의 주소로 원심결정문을 송달하였으나 피고가 주소를 잘못적어서 이사불명으로 송달불능이 되자 원심재판장이 직권으로 공시송달을 명하여 원심결정이 공시송달의 방법에 의하여 재항고인에게 송달된 경우[49] 등에는 추후보완이 허용되지 않는다.

(3) 추후보완을 하는 절차

(가) 추후보완은 당사자가 책임질 수 없는 사유로 말미암아 불변기간을 지킬 수 없는 사유가 없어진 날로부터 2주일 이내에 하여야 한다(제173조 제1항). 여기서의 '불변기간을 지킬 수 없는 사유가 없어진 날'이라고 함은 판결이 있었던 사실을 안 날이 아니라 그 판결이 공시송달의 방법으로 송달된 사실을 안 날을 의미한다.[50] 따라서 보통의 경우에는 사건 기록을 열

---

39) 대판 1997.5.30. 95다21365, 2013.10.17. 2013다41318.
40) 대전판 1964.7.31. 63다750, 2000.9.5. 2000므87.
41) 대판 2015.8.13. 2015다213322.
42) 대구고판 1979.11.28. 78나78.
43) 대판 1965.10.19. 65다1675, 2014.10.30. 2014다211886.
44) 서울고판 1970.2.5. 69나2799.
45) 대판 1976.4.27. 76다170.
46) 대판 1966.6.24. 66마594.
47) 대결 1964.4.3. 64마9.
48) 대판 1992.4.14. 92다3441.
49) 대결 1990.9.10. 90마446.
50) 대판 1997.8.22. 96다30427, 2008.2.28. 2007다41560.

람하거나[51] 새로이 판결정본(또는 등본)을 영수한 때에[52] 그 공시송달 사실을 알게 되었다고 본다.

(나) 다만 '불변기간을 지킬 수 없는 사유가 없어진 날' 당시 외국에 있는 당사자는 추후보완기간이 2주일이 아니라 30일이다(제173조 제1항 단서). 판례[53]는, 외국에 거주하는 당사자가 국제우편에 의하여 소송서류를 송달받는 경우에 그 소요되는 우편물의 도달기간은 당사자가 책임질 수 없는 사유로서 추후보완기간에서 제외되어야 한다고 하였으므로 추후보완기간은 30일에서 우편도달에 소요된 기간만큼 더 연장될 것이다.

(다) 추후보완기간은 늘이거나 줄일 수 없으며, 불변기간이 아니므로 부가기간을 정할 수도 없다(제173조 제2항). 천재지변, 기타 이와 유사한 사실이 있는 경우에는 그 재난이 없어진 때이다.

(라) 추후보완을 할 수 있는 사람은 그 사유가 있는 자에 한하며, 태만하게 한 소송행위를 본래의 방식에 따라 하는 형식으로 하면 된다. 예를 들어 항소기간을 경과하였을 때에는 다시 항소장을 제출하는 따위이다.

(마) 추후보완을 할 사유는 소송요건으로서 소송행위의 적법요건이기 때문에 그 소송절차 내에서 추후보완을 할 사유의 유무를 조사한다. 예를 들어 추후보완행위가 항소의 제기라면 추후보완을 할 사유가 있는지 여부는 항소심이 항소의 적법요건으로서 심리하여 판단한다. 그러므로 다른 요건에 앞서 조사하여 추후보완신청이 이유 있으면 추후보완이 되는 소송행위의 당부에 관하여 실질적 판단을 하여야 하고 이유 없으면 추후보완신청을 부적법하다고 각하한다.

(바) 추후보완을 하는 행위만으로 불변기간의 경과에 의한 판결의 형식적 확정이 해소되지 않는다. 따라서 판결의 집행력·기판력 등 본래의 효력에 영향이 없으므로 확정판결에 의한 집행을 막으려면 상소의 추후보완신청과 동시에 강제집행정지(제500조)의 결정을 받아야 한다.

[61] 제3. 송달

1. 뜻

(가) 송달이라 함은 소송절차에 필요한 서류를 법에서 정한 방식으로 특정된 소송관계인에게 교부하거나 교부받을 기회를 주는 법원의 행위를 말한다. 송달은 소송서류를 어떤 경로든

---

51) 대판 1994.10.21. 94다27922.
52) 대판 1983.6.14. 82다카1912.
53) 대판 1974.9.24. 74다865.

지 전달받게 하기만 하면 되는 것이 아니라 송달받을 자를 수령명의인으로 하여 적법한 송달장소에 하지 않으면 안 되고 당사자에게 소송대리인이 있는 경우에는 소송대리인에게 송달하는 것이 원칙이며, 송달받을 소송대리인이 변호사인 경우에는 그 변호사의 사무소 또는 영업소에 하여야 한다.[54] 전자적 송달도 소송대리인에게 하여야 한다(민소전자문서 제11조 제2항). 그 행위의 성질은 사실행위이지만 법에서 정한 방식에 의하여야 한다는 점에서 법에 아무런 방식이 정해지지 않은, 변론능력이 없는 사람에 대한 통지(제144조 제3항)나, 불특정다수인에 대한 공고(제480조)와 다르다. 송달은 민사소송법에 특별한 규정이 없으면 법원이 직권으로 한다(제174조).

(나) (a) 법원은 당사자나 그 밖의 소송관계인에게 소송 서류의 내용을 알 기회를 주기 위하여 법에서 정한 방식의 통지행위로 송달을 한다. 그러므로 송달장소와 송달을 받을 사람 등에 관하여 구체적으로 법이 정하는 바에 따라 행하여져야 하며, 그렇지 아니하면 부적법하여 송달로서의 효력이 발생하지 않는다. 예컨대 부재자의 재산관리인이 선임되어 있는데도 부재자 본인에게 한 공시송달 결정이 위법[55]인 따위이다.

(b) 실체법에 따라 하는 채권양도의 통지는 채무자에게 도달됨으로써 효력이 발생하는 것이고, 여기서 도달이라 함은 사회통념상 상대방이 통지의 내용을 알 수 있는 객관적 상태에 놓여 졌다고 인정되는 상태를 가리킨다. 이와 같이 통지는 송달보다 탄력적인 개념으로서 송달장소나 송달받는 자 등의 입장에서는 위에서 본 송달과 같이 엄격할 필요가 없으므로 송달장소 등에 관한 민사소송법의 규정이 유추적용되지 않는다. 따라서 채권양도의 통지는 민사소송법상 송달에 관한 규정에서 송달장소로 정하는 채무자의 주소 · 거소 · 영업소 또는 사무소 등에 해당하지 아니하는 장소에서라도 채무자가 사회통념상 그 통지의 내용을 알 수 있는 객관적 상태에 놓였다고 인정되는 것으로 충분하다.[56]

(다) 전자소송에서의 송달과 통지는 뒤의 7에서 자세히 보기로 한다.

2. 송달기관

(1) 송달담당기관

송달사무는 원칙적으로 법원사무관등이 한다(제173조 제1항). 그 사무로는 송달서류의 수령 · 작성, 송달받는 사람 · 송달방법의 결정, 송달실시기관에게 교부, 송달 실시 후 송달보고서의 수령 및 기록에 편철, 공시송달을 한 경우 공시송달의 처분(제194조 제1항) 및 송달서류의

54) 서울가판 2003.7.24. 2002르2578.
55) 서울고판 1985.12.19. 84나4616.
56) 대판 2010.4.15. 2010다57.

보관 등이다. 수소법원의 사무관 등은 송달할 곳의 법원사무관등에 송달사무를 촉탁할 수 있다(제175조 제2항). 송달사무는 법원사무관등의 독립한 직무행위에 속하지만 공시송달에서는 소송의 지연을 피하기 위하여 필요하다고 인정하는 때에 하는 재판장의 공시송달 명령(제194조 제3항)과 직권 또는 신청에 따라 법원사무관등이 한 공시송달처분의 취소(제194조 제4항)를 포함한다.

(2) 송달실시기관

교부송달의 경우에는 집행관 또는 법원경위가, 우편에 의한 송달은 우편집배인이 송달 실시기관이다(제176조 제1항 · 제2항). 송달기관은 송달에 필요한 때에는 경찰공무원에게 협조를 요청할 수 있다(동조 제3항). 외국에서 송달하여야 할 경우에는 재판장이 그 나라에 주재하는 대한민국의 대 · 공사, 영사 또는 그 나라의 관할 공공기관에 촉탁한다(제191조). 전쟁에 나간 군대, 외국에 주둔하는 군대에 근무하는 사람 또는 군에 복무하는 선박의 승무원에게 할 송달은 재판장이 그 소속사령관에게 촉탁한다(제181조, 192조 제1항). 이 경우 소속 사령관은 그 청사 또는 선박의 장에게 송달한다(제181조, 제192조 제2항). 송달한 기관은 송달에 관한 사유를 대법원규칙이 정하는 방법으로 법원에 알려야 하는데(제193조) 보통 송달보고서를 법원에 제출한다. 송달보고서는 송달을 공적으로 증명하는 서류로서 소송기록에 붙인다. 송달보고서는 단순한 증명방법이기 때문에 그 작성을 태만하게 하더라도 송달의 효력에 영향이 없으며, 송달이 적법하게 이루어졌는가에 관한 유일한 증거방법이 아니므로 송달보고서가 없다고 하더라도 실제 송달이 되었으면 그 효력에는 아무 지장이 없다.

3. 송달용 서류

보통 송달서류의 등본 또는 부본을 송달용 서류로 사용한다(제178조 제1항). 송달할 서류의 제출에 갈음하여 조서를 작성한 때에는 그 서류의 등본이나 초본을 교부한다(제178조 제2항). 다만 기일통지서 또는 출석요구서의 송달은 원본(제167조 제1항), 판결의 송달은 정본(제210조 제2항, 제211조 제2항)을 교부하여야 한다.

4. 송달을 받아야 할 사람

(1) 송달을 받아야 할 사람은 원칙적으로 송달서류의 명의인이다. 만약 그가 제한능력자일 때에는 그의 법정대리인이 송달을 받을 사람이다(제179조, 제64조). 송달서류의 명의인인 당사자가 소송위임을 하였을 때에는 소송대리인이 송달받을 사람이지만 당사자 본인은 물론 그

고용인에게 송달하더라도 유효하다.[57] 대리인이 여럿이서 공동대리를 하는 경우에는 그 중 한 사람에게 송달하면 충분하다(제180조). 다만 공동대리인이 연명으로 송달받을 대리인 한사람을 지명하여 신고한 때에는 그 대리인에게 송달하여야 한다(민소규 제49조). 소송대리인이 소환장을 송달받았다면 그가 사임하더라도 당사자본인에게 송달할 필요가 없다.[58]

(2) (가) 군사용 청사 또는 선박에 속한 사람에 대한 송달은 그 청사 또는 선박의 장에게 하여야 하고(제181조), 교도소 · 구치소 또는 경찰관서의 유치장에 체포 · 구속 또는 유치된 사람에게 할 송달은 교도소 · 구치소 또는 경찰관서의 장에게 하여야 한다(제182조). 송달받을 청사 등의 장은 즉시 송달받을 본인에게 송달서류를 바로 교부하여야 하며(민소규 제50조 제1항) 또 청사 등의 장은 송달을 받은 본인이 소송수행에 지장을 받지 않도록 필요한 조치를 취하여야 한다(민소규 제50조 제2항).

(나) (a) 송달받을 자가 교도소 등에 수감 중인 사실을 법원에 신고하지 아니하였거나 기록에 의하여 법원에서 그 사실을 알 수 없었다고 하여도 반드시 교도소장에 송달을 하여야 하므로 종전 주소에 하는 발송송달은 무효이며,[59] 재소자 본인에게 한 송달도 무효이다.[60] 교도소 등의 소장은 재감자에 대한 송달에 있어서 일종의 법정대리인이기 때문이다.[61]

(b) 주의할 것은, 국세기본법에는 제182조와 같은 특별규정이나 민사소송법 중 송달에 관한 규정을 준용하는 규정이 없으므로 구치소 등에 구속된 사람에 대한 납세고지서의 송달은 특별한 사정이 없으면 국세기본법 제8조 제1항에 따라 주소 · 거소 · 영업소 또는 사무소로 하면 되고, 이 경우 그 곳에서 송달을 받아야 할 사람을 만나지 못한 때에는 그 사용인 기타 종업원 또는 동거인으로서 사리를 판별할 수 있는 사람에게 송달할 수 있다.[62] 그러나 행정심판법제57조는 민사소송법이 준용되므로 교도소에 수감중인 자에 대한 감사원의 심사청구 결정문을 교도소장에게 송달하지 아니하고 가족들이 거주하는 주소지로 송달한 것은 부적법하다.[63]

(3) 송달영수인이 신고된 때에는(제184조) 송달영수인이 송달받을 수 있다. 송달영수인은 송달받기 위하여 당사자 또는 그 대리인이 신고한 개별대리인이다. 수소법원이 있는 곳에 주소 · 거소 · 영업소 또는 사무소가 있으면 충분하며 그 자격에는 제한이 없다. 당사자 · 법정대리인 또는 소송대리인이 수소법원이 있는 곳에 주소 등 송달장소가 없을 때에는 송달 실시를 간편하게 하기 위하여 송달영수인을 신고할 필요가 있으며 이를 태만하게 하면 우편송달의 불이

57) 대결 1970.6.5. 70마325.
58) 서울고판 1960.12.2. 4293민공259.
59) 대전판 1982.12.28. 82다카349, 대판 2021.8.19. 2021다53.
60) 대결 2009.8.20. 2008모630, 2017.9.22. 2017모1680.
61) 대전판 1982.12.28. 82다카349.
62) 대전판 1999.3.18. 96다23184.
63) 서울고판 2002.11.29. 2001누14794.

익을 받게 된다(제185조 제1항 · 제2항).

5. 송달실시의 방법

(1) 교부송달

송달은 원칙적으로 송달할 서류의 등본 또는 부본을 송달을 받을 자에게 교부하는 방법으로 한다(제178조). 이를 교부송달이라고 한다. 해당 사건에 관하여 법정에 출석한 자에 대해서 법원사무관등이 영수증을 받고 직접 하는 송달(제177조)도 교부송달의 하나이다. 민소전자문서법 제11조의 전자적 송달도 송달받을 자에게 행하므로 교부송달의 하나로 보아야 할 것이다.

㈎ 교부할 장소 (a) 교부할 장소는 송달을 받을 자의 주소 · 거소 · 영업소 또는 사무소이다(제183조 제1항 본문).[64] 송달받을 사람이 종전 주소지에서 인근 주소지로 이사하였으나 종전 주소지에 주민등록을 그대로 둔 채 양쪽 집을 왕래하여 생활을 하였다면 그 모두가 송달장소이다.[65] 피고가 행방불명된 이래 현재까지 그 생사조차 알 수 없는 상태에 있다면 비록 소장에 피고의 주소로 표시된 곳이 피고가 행방불명되기까지 거주하다가 현재 피고의 가족들이 거주하고 있는 곳이라고 하더라도 이를 송달 당시 피고의 생활 중심인 주소나 거소라고 할 수 없고, 또 보충송달이나 유치송달 역시 송달장소에서 하는 경우에만 허용될 수 있는 것이므로 비록 소장 부본 등 소송서류나 제1심판결 정본을 피고의 가족이 수령하였다고 하더라도 모두 송달장소가 아닌 곳에서 행하여진 송달이므로 송달의 효력이 없다.[66] 송달은 원칙적으로 송달받을 사람의 주소 · 거소 · 영업소 또는 사무소에서 해야 하는데(제183조 제1항 전문), 여기서 말하는 영업소 또는 사무소는 송달받을 사람 자신이 경영하는 영업소 또는 사무소를 의미하는 것이므로 송달 받을 사람의 근무 장소는 이에 해당하지 않으며(제183조 제2항 참조), 송달받을 사람이 경영하는, 그와 별도의 법인격을 가지는 회사의 사무실은 송달받을 사람의 영업소나 사무소라고 할 수 없는 근무 장소에 불과하다.[67]

(b) 다만 법정대리인에 대한 송달은 제한능력자 본인의 영업소 또는 사무소에서도 할 수 있다(제183조 제1항 단서).[68] 법인 또는 법인 아닌 단체의 대표자 또는 관리인에 대한 송달도 같다(제64조). 그 장소를 알지 못하거나 그 장소를 알 수 없는 때에는 송달받을 사람이 고용 · 위

---

64) 여기서의 영업소 또는 사무소는, 한시적 기간에만 설치되거나 운영되는 곳이라도 반복해서 송달이 이루어질 것이라고 객관적으로 기대할 수 있으면 충분하다(대판 2014.10.30. 2014다43076 참조).

65) 부산지판 2009.6.25. 2007가합7136.

66) 대판 1985.5.28. 83다카1864.

67) 대결 2004.7.21. 2004마535.

68) 영업소 또는 사무소는 법인의 그것을 의미하므로 법인대표자가 겸임하는 다른 곳의 '영업소 또는 사무소'는 그 대표자의 근무처에 불과하다(대판 1997.12.9. 97다31267, 2004.11.26. 2003다58959 참조).

임 그 밖의 법률상 행위로 취업하고 있는 근무장소에서 송달할 수 있다(제183조 제2항). 이때의 '근무장소'는 고용계약 등 법률상 행위로 취업하고 있는 지속적인 장소로서 실제 근무하는 장소이다.[69] 그런데 근무장소에서의 송달은 송달받을 자의 주소 등 장소를 알지 못하거나 그 장소에서 송달할 수 없는 때에 한하여 할 수 있는 것이므로(제183조 제2항) 소장, 지급명령신청서 등에 기재된 주소 등 장소에 대한 송달을 시도하지 않은 채 바로 근무장소로 한 송달은 위법하다.[70]

(c) 제183조, 토지수용법 제7조, 같은 법 시행령 제6조 제1항, 제2항, 제7조 제1항 등의 각 규정에 의하면 토지수용법상 재결서는 그 송달받을 자의 주소, 거소, 영업소 또는 사무소에 송달하되 교부 또는 등기우편에 의함을 원칙으로 하고 다만 주소, 거소 기타 송달할 장소를 알 수 없을 때에 한하여 공시송달을 할 수 있다. 여기에서 주소, 거소 기타 송달할 장소를 알 수 없을 때라 함은 주민등록표에 의하여 이를 조사하는 등 통상의 조사방법에 의하여 그 송달장소를 탐색하여도 이를 확인할 수 없을 때를 말한다.[71]

(d) '영업소 또는 사무소'라 함은 그 시설에 붙여진 명칭 여하에 구애받지 않고 사실상 독립하여 주된 영업행위의 전부 또는 일부를 완결할 수 있는 장소, 즉 어느 정도 독립하여 업무의 전부 또는 일부가 총괄적으로 경영하는 장소이면 충분하지만, 적어도 당해 법인의 영업소 또는 사무소여야 한다. 예컨대 사단법인 대한약사회에 대한 송달을 그 산하단체로서 독립된 비법인사단으로 볼 수 있는 사단법인 대한약사회 서울시지부 도봉·강북구 분회의 사무소로 한 경우에는 적법한 송달이 아니다.[72]

(e) 송달받을 사람의 주소·거소·영업소 또는 사무소가 국내에 없거나 국내에 있어도 그 위치를 알 수 없을 때에는 그를 만난 장소에서 송달할 수 있다(제183조 제3항). 국내에 주소 등 또는 근무 장소가 있는 사람의 경우에도 송달받기를 거부하지 아니하면 만난 장소에서 송달할 수 있다(제183조 제4항). 이를 출회(出會)송달이라고 한다.

(f) 내용증명이나 등기우편과 달리 보통우편의 방법으로 발송된 사실은 송달로 추정되지 않으므로[73] 교부송달을 주장하기 어렵다.

(나) **보충송달** (a) 근무 장소 외의 송달할 장소에서 송달받을 사람을 만나지 못할 때에는 그 사무원·피용자 또는 동거인으로서 사리를 분별할 지능이 있는 사람이 있으면 그에게 교부할 수 있다(제186조 제1항). 이를 보충송달이라고 한다. 보충송달을 받을 수 있는 '동거인'이란 송달받을 자와 동일한 세대에 속하여 생활을 같이 하는 자를 말한다.[74] 반드시 법률상

69) 대판 2015.12.10. 2012다16063.
70) 대결 2004.7.21. 2004마535.
71) 대판 1987.12.22. 87누600.
72) 대판 2003.4.11. 2002다59337.
73) 대판 2009.12.10. 2007두20140.
74) 대판 2021.4.15. 2019다244980,244997.

친족관계에 있어야 하는 것은 아니므로, 이혼한 처라도 사정에 의하여 사실상 동일 세대에 소속되어 생활을 같이 하고 있다면 여기에서 말하는 수령대행인으로서의 동거자가 될 수 있다.[75] 동거인이 글을 잘 모르는 문맹이고, 관절염 또는 골다공증으로 불편하더라도 사리를 분별할 지능이 없다고 할 수 없는 경우에는 이 사람에 대해서도 보충송달을 할 수 있다.[76] 8세 4월 정도의 여아도 송달의 취지를 이해하여 수송달자에게 교부할 수 있는 사리분별능력은 있다.[77] [78] 16세의 중학교 2학년 학생은 보충송달의 수령능력이 있다.[79]

(b) 근무 장소에서 송달받을 사람을 만나지 못할 때에는 고용주 또는 그 법정대리인이나 피용자 그 밖의 종업원으로서 사리를 분별할 지능이 있는 사람이 서류의 수령을 거부하지 아니하면 그에게 서류를 교부할 수 있다(제186조 제2항). 보충송달은 사회통념상 수령대행인이 본인에게 그 서류를 전달할 것이라는 합리적인 기대가 있는 것을 전제로 하므로, 예컨대 추심명령의 채무자와 이해가 대립되는 제3채무자를 수령대행인으로 하여 송달을 받게 하는 것은 송달의 효력이 없다.[80] 동일한 수령대행인이 이해가 대립하는 소송당사자 양쪽을 대신하여 소송서류를 수령하는 것은 민법 제124조 본문의 양쪽대리금지에 위반되어 무효이다.[81]

(c) 보충송달은 송달장소에서 수령대행권이 있는 자에게만 할 수 있다고 규정하고 있는데, 송달장소에 해당하는 사무소 또는 영업소라 함은 송달받을 사람 자신이 경영하는 사무소 또는 영업소를 의미한다. 그러므로 송달받을 사람이 회사를 경영하고 있다고 하더라도 별도의 법인격을 가지는 회사 사무실은 송달받을 사람의 근무 장소에 불과하여 송달받을 사람의 사무소나 영업소로 볼 수 없다. 여기에서 수령대행권이 있는 사무원 · 고용인이라 함은 송달받을 사람의 사무원 · 고용인을 의미 한다.[82] 따라서 보충송달은 '송달장소'에서 하는 경우에만 허용되고 송달장소가 아닌 곳에서 사무원, 고용인 또는 동거자를 만난 경우에는 그 사무원 등이 송달받기를 거부하지 아니한다 하더라도 그 곳에서 그 사무원 등에게 서류를 교부하는 것은 보충송달 방법으로서 부적법하다. 그러므로 송달장소 아닌 우체국 창구에서 우연히 만난 송달받을 자의 동거인에게 송달서류를 교부하였다고 하여 보충송달이 되는 것이 아니다.[83] 또 소송대리인의 사무소가 있는 빌딩관리인에게 한 송달은 적법한 송달이 아니며,[84] 임차건물의 수위에게 하는

75) 대결 2000.10.28. 2000마5732.
76) 대결 2000.2.14. 99모225.
77) 대결 1995.8.16. 95모20.
78) 그러나 대판 2011.11.10. 2011재두148은, 8세 1개월 남짓의 딸은 사리분별력이 없다고 판시하였다.
79) 서울고판 1969.7.30. 68나1075.
80) 대판 2016.11.10. 2014다54366.
81) 대판 2021.3.11. 2020므11658.
82) 대판 2004.11.26. 2003다58959.
83) 대결 2001.8.31. 2001마3790.
84) 서울고판 1971.7.3. 71나620.

송달도 보충송달이 되지 않는다.[85]

(d) 보충송달은 송달받을 사람이 고용·위임 그 밖에 법률상 행위로 취업하고 있는 다른 사람의 주소 등에서 송달하는 경우(제183조 제2항)뿐 아니라 송달받을 사람이 자신의 근무 장소를 송달받을 장소로 신고한 경우에도 마찬가지로 적용된다.[86]

(e) 보충송달은 송달 받을 사람에게 서류가 교부된 경우에 송달의 효력이 발생하는 것이지 송달받을 본인에게 도달된 때에 송달의 효력이 생기는 것이 아니다.[87]

(f) 보충송달은 교부송달과 마찬가지로 외국법원의 확정재판 등을 국내에서 집행하기 위한 요건을 규정한 제217조 제1항 2호의 '적법한 송달'에 해당한다.[88]

(g) 송달받을 사람이 가출, 항해 등으로 장기부재중인 경우에 그에게 송달에 관한 위임을 받은 사람이 없는 한 보충송달이나 유치송달을 할 수 없다.[89]

(다) **유치송달**　　서류의 송달을 받을 사람이 정당한 사유 없이 송달받기를 거부한 때에는 송달할 장소에 서류를 놓아둘 수 있다(제186조 제3항). 이를 유치송달이라고 한다. 송달을 받을 자에는 송달 받을 본인·대리인뿐만 아니라 제185조 제1항에서의 사무원·피용자[90] 또는 동거인[91]도 포함한다. 집행관이 송달받을 사람 본인에 대하여 주민등록증과 같은 신분증을 제시받아 그에 부착된 사진과 실물을 대조하는 등의 확인 없이 실시한 송달도 부적법하다.[92]

(라) **급속송달**　　송달을 신속하게 하기 위해 법원사무관등은 변호사인 소송대리인에게 전화 또는 팩시밀리(모사전송)로 송달할 수 있다(민소규 제46조).

(마) **변호사 사이의 송달**　　양쪽 당사자의 소송대리인이 변호사일 때에는 한 쪽 당사자의 소송대리인 변호사는 상대방 소송대리인 변호사에게 송달할 서류의 부본을 교부하거나 팩시밀리 또는 전자우편으로 보내고 그 교부사실을 법원에 증명함으로써 송달할 수 있다(민소규 제47조).

(바) **전화 등으로 하는 송달**　　소송대리인이 변호사인 경우의 송달은 법원사무관등이 전화·팩시밀리·전자우편 또는 휴대전화 문자전송을 이용하여 할 수 있다. 이 경우 법원사무관등은 송달보고서를 따로 작성할 필요 없이 송달확인서면을 소송기록에 첨부한다(민소규 제46조).

---

85) 서울고판 1975.12.24. 75나613.
86) 대판 2005.10.28. 2005다25779.
87) 대판 2018.8.30. 2018다229984.
88) 대전판 2021.12.23. 2017다257746.
89) 부산지판 2007.11.9. 2006나7386.
90) 시청의 수위도 본조의 송달수령권자이므로 그가 판결정본을 받았다면 시장이 송달내용을 몰랐다고 하여 뒤에 시에서 추후보완신청 사유로 삼을 수 없다(대판 1984.6.26. 84누405 참조).
91) 대결 1979.1.23. 78마362. 그러나 생계를 같이 하지 않는 집주인은 송달수령인이 될 수 없다(대결 1983.12.30. 83모53 참조).
92) 의정부지판 2004.12.29. 2003준재가단34.

(사) **국가를 당사자로 하는 소송에서의 국가에 대한 송달** 국가소송에서 국가에 대한 송달은 수소법원에 대응하는 검찰청의 장에게 하도록 되어 있다(국가소송 제9조). 그러므로 국가를 당사자로 하는 소송에 있어서는 법무부장관이 국가를 대표한다고 하더라도 법무부장관에 대한 제1심판결 정본의 직접송달은 이와 같은 규정에 위반되어 부적법하고, 불변기간인 항소 제기기간에 관한 규정은 강행규정이므로 그 기간 계산의 기산점에서 생긴 판결정본 송달의 흠은 이에 대한 법무부장관의 소송절차에 관한 이의권이 상실(제151조)된다고 하여 치유되지 않는다.[93)]

(2) 우편송달

(가) (a) 우편송달이라 함은 법원사무관등이 소송서류를 등기우편 등 대법원규칙이 정하는 방법으로 송달장소에 발송하면 그 발송 시에 송달된 것으로 보는 송달을 말한다(제187조). 발송송달이라고도 한다. 우편송달은 송달받을 자의 주소 등 송달하여야할 장소는 밝혀져 있으나 송달받을 자는 물론이고 그 사무원, 고용인, 동거인 등 보충송달을 받을 사람도 없거나, 교부송달이나 보충송달에서 송달받을 자의 송달장소가 폐문되어 송달을 받을 수 없는 사람이 모두 부재중이어서 교부송달은 물론이고 보충송달이나 유치송달도 할 수 없는 경우에 할 수 있다.[94)] 전자문서의 송달은 성질상 우편송달로는 할 수 없다.

이것은 등기우편 등으로 발송한 때에 송달의 효력이 생기는 발신주의(제189조)에 의하기 때문에 송달을 받는 사람에게 매우 불이익한 송달방법이다. 그러므로 추후보완을 허용하여야 할 것이다. 예컨대 2005.10.21. 법원이 등기우편으로 원고에게 판결정본을 발송송달을 하였는데 원고는 그해 10.24. 처를 통하여 판결정본을 수령하고 그날부터 14일 째인 2005.11.7. 제1심 법원에 항소장을 제출한 경우, 발송송달을 하면서 그 송달이 발송송달이라고 특별히 명시하지 않고 있고, 판결정본 말미에는 "이 판결에 대하여 불복할 경우 이 정본을 송달받은 날로부터 2주 이내에 항소장을 원심법원에 제출할 수 있습니다"라고 기재되어 있는 사정을 참작하면 원고는 '책임질 수 없는 사유로 말미암아 항소기간을 지킬 수 없었던 경우'에 해당하여 추후보완에 의한 항소가 가능하다.[95)]

(b) (i) 부동산 강제경매에서 법원은 이해관계인에게 매각기일과 매각결정기일을 통지하여야 하는데 그 통지는 집행기록에 표시된 이해관계인의 주소에 대법원규칙(민집규 제9조, 제73조 제2항)이 정한 등기우편에 따라 발송할 수 있다(민집 제104조 제2항 · 제3항). 이것은 이해관계인에 대한 매각기일통지를 의무화하여 이해관계인으로 하여금 매각절차에 참가할 수 있는 권리

93) 대판 2002.11.8. 2001다84497.
94) 대결 1990.11.28. 90마914, 2002.5.17. 2001다34133, 2023.5.18. 2023다204224.
95) 대판 2007.10.26. 2007다37219.

를 보장해 줌과 동시에, 이해관계인에 대한 매각기일 통지 절차의 지연으로 말미암아 매각절차의 진행이 늦어지는 것을 방지하기 위하여 이해관계인에 대한 매각기일의 통지를 집행기록에 나타난 주소에 등기우편으로 발송한 때에 송달의 효력이 생기도록 규정한 것이다.

(ii) 여기서의 송달은 제187조가 규정하는 우편송달과는 그 효력발생시기만 같이할 뿐 그 요건이나 효과를 달리하는 부동산경매절차에 특유한 제도이므로, 통상 송달방법에 의한 송달을 시도함이 없이 처음부터 등기우편으로 발송하였다 하더라도 그 발송시에 송달의 효력이 발생한다.[96)]

(iii) 따라서 근저당권자와 같이 등기부에 기입된 부동산의 권리자가 등기부상 주소변경등기를 게을리 하여 종전의 등기부상 주소에 등기우편으로 송달된 경매기일 통지서를 받지 못하였다 하더라도 그 발송 시에 송달의 효력이 발생하므로 그로 인하여 경매절차에 참가할 권리가 박탈되는 불이익은 주소변경 등기를 게을리 한 이해관계인이 감수하여야 한다. 또 등기부에 기입된 부동산의 권리자가 사망하여 이해관계인의 지위를 승계한 상속인들이 등기부상 상속등기를 게을리 하여 경매기일 통지서가 이미 사망한 등기부상 권리자의 주소에 등기우편으로 송달된 경우에, 가령 그 상속인들이 송달된 주소에 아무도 살고 있지 아니하여 위 매각기일 통지를 받지 못하였다 하더라도 그 송달은 발송 시에 상속인들에 대한 송달로서 효력을 발생하므로, 그로 인하여 상속인들이 매각절차에 참가할 권리가 박탈되었다 하더라도 그 매각절차는 위법하지 않다.[97)]

(나) 우편송달은 송달받을 자의 주소 등 송달하여야 할 장소는 밝혀져 있으나 송달받을 자는 물론이고 그 사무원, 고용인, 동거인 등 보충송달을 받을 사람도 없거나 부재중이어서 원칙적 송달방법인 교부송달은 물론이고 보충송달도 할 수 없고 따라서 유치송달도 할 수 없는 경우에 할 수 있다. 여기서 '송달하여야 할 장소'란 실제 송달받을 자의 생활근거지가 되는 주소, 거소, 영업소 또는 사무실 등 송달받을 자가 소송서류를 받아 볼 가능성이 있는 송달장소를 말한다.[98)] 그러므로 송달받을 자가 장기출타중이지만 그의 동거인에게 보충송달이나 유치송달이 가능한 경우에는 우편송달을 해서는 안 된다.[99)] 특히 송달이 제대로 되고 있다가 폐문부재로 송달불능이 되면 일단 유치송달이나 보충송달을 시도해본 다음 이것이 성공하지 못할 경우에 우편송달을 하여야 한다.[100)] 그러나 전호(全戶) 폐문부재이고 아무도 만날 수 없어 송달불능인 경우에는 우편송달을 할 수 있다.[101)]

---

96) 대결 1995.9.6. 95마372,373.
97) 대결 1995.9.6. 95마372,373.
98) 대판 2001.9.7. 2001다30025, 2023.5.18. 2023다204224.
99) 대결 1991.4.24. 91마162.
100) 대결 1989.10.31. 89마237.
101) 대결 1990.8.20. 90마570.

(다) 따라서 우편송달은 송달받을 자 본인은 물론 아무도 송달받을 자가 없어 '송달하여야 할 장소'에 보충송달[102]이나 유치송달[103]조차 불가능한 경우(제187조, 제186조)[104]와 당사자 · 법정대리인 또는 소송대리인이 송달장소를 변경하였으면서도 이를 법원에 신고하지 아니하여 '달리 송달할 장소를 알 수 없는 경우'(제185조 제2항)[105]에 한하여 할 수 있다. '송달영수인의 신고'에는 법원소재지에 사무실을 둔 소송복대리인의 선임신고를 포함한다.[106]

(라) 여기서 '달리 송달할 장소를 알 수 없는 때에 한하여'라 함은 상대방에게 주소보정을 명하거나 직권으로 주민등록표 등을 조사할 필요까지는 없지만 적어도 기록에 나타난 자료로 송달할 장소를 알 수 없는 경우를 의미 한다.[107] 그러므로 기록에 나와 있는 소장 부본의 송달장소나 피고의 답변서 발신지 등에 변론기일통지서를 송달하여 보지도 않고 원고의 주소보정서에 기재된 피고의 송달장소로 변론기일통지서를 송달한 후 송달불능이 되자 곧바로 등기우편으로 발송송달을 한 것은 위법이다.[108]

(마) 등기우편에 의한 발송송달은 송달사무 처리기관인 법원사무관등이 동시에 송달실시기관이 되어 송달을 시행하는 것이므로 스스로 송달보고서를 작성하여야 하고, 그 송달보고서 작성 시에는 소정의 양식에 따라 송달장소, 송달일시 등을 기재하되, 사건번호가 명기된 우체국의 특수우편물 수령증을 첨부하여야 하며, 이러한 송달은 발송 시에 그 송달의 효력이 발생하는 관계로 우편물 발송일시가 중요하고, 그 송달일시의 증명은 확정일자 있는 우체국의 특수우편물 수령증에 의할 수밖에 없다. 그러므로 위와 같이 특수우편물 수령증이 첨부되지 아니한 송달보고서로 한 송달은 부적법하여 그 효력을 발생할 수 없다.[109]

(바) 송달보고서의 흠이 있더라도 다른 증거방법에 의하여 송달실시행위가 적법하게 이루어진 것이 증명되면 송달되었다는 데는 영향이 없다.[110]

(사) 소장에 피고회사에 대한 송달장소로 피고회사의 등기부상 주소 이외에 계약상 주소가 별도로 기재되어 있는데도 대표이사의 주소지에 몇 번 송달한 적이 있다는 이유로 다른 주소

---

102) 근무장소 외의 송달할 장소에서 송달받을 사람을 만나지 못할 때에 그 사무원 · 피용자 · 동거인으로서 사리를 분별할 지능이 있는 사람에게 송달서류를 교부(제186조 제1항)하는 송달을 말한다.

103) 소송서류의 송달을 받을 사람이 정당한 사유 없이 송달받기를 거부한 때에 송달장소에 서류를 놓아서(제186조 제3항) 하는 송달을 말한다.

104) 송달받을 사람이 아무도 없는 경우, 즉 송달장소가 폐문되어 교부송달이나 보충송달조차 할 수 없는 경우에 우편송달을 한다(대결 1990.1.25. 89마939 참조).

105) 대판 1997.9.26. 97다23464 「…'달리 송달할 장소를 알 수 없는 때'라 함은 기록에 나와 있는 자료만으로는 송달할 장소를 알 수 없는 경우이고, 상대방에게 주소보정을 명하거나 직권조사를 하였음에도 불구하고 송달장소를 알 수 없는 경우를 의미하지 않는다」.

106) 대판 1973.9.25. 73다888.

107) 대판 2001.8.24. 2001다31592, 2018.4.12. 2017다53623 등 참조.

108) 대판 2004.10.15. 2004다11988.

109) 대결 2000.1.31. 99마7663.

110) 대결 2000.8.22. 2000모42.

지에 송달하지도 않은 채 등기우편으로 한 발송송달은 위법하다.[111]

(3) 공휴일송달(제190조)

당사자의 신청이 있는 때에는 공휴일 또는 해뜨기 전이나 해진 뒤에 집행관 또는 대법원규칙이 정하는 사람에 의하여 송달할 수 있다(제190조 제1항). 특별송달이라고도 한다. 이 경우 법원사무관등은 송달서류에 그 사유를 기재하여야 하며(동조 제2항) 이에 어긋나는 송달은 송달받을 자가 이를 영수한 때에만 효력이 있다(동조 제3항).

(4) 송달함 송달(제188조)

위의 송달방법 이외에도 법원 안에 송달할 서류를 넣을 함(송달함)을 설치하여 송달할 수 있는데(제188조 제1항) 이를 송달함 송달이라고 한다. 송달함을 이용하는 송달은 법원사무관등이 하는데(동조 제2항) 송달받을 사람이 서류를 수령하여 가지 아니한 경우에는 송달함에 서류를 넣은 후 3일이 지나면 송달된 것으로 보고(동조 제3항) 이용절차와 수수료, 그 밖의 사항은 대법원규칙으로 정하고 있다(동조 제4항).

(5) 공시송달

(가) 뜻과 특색　　(a) 공시송달이라 함은 법원사무관등이 송달서류를 보관하고 그 사유를 법원게시판에 게시하거나 대법원규칙으로 정하는 방법, 즉 관보 · 공보 · 신문게재나 전자통신매체를 이용한 공시(민소규 제54조 제1항) 중 어느 하나의 방법으로 하는 송달을 말한다(제195조 제1항). 이 제도는 송달받을 사람이 현실적으로 송달받기 어려우므로 송달받을 사람에게는 매우 불리한 제도이다. 명문의 규정은 없지만 전자문서의 송달은 공시송달로서는 행할 수 없다고 할 것이다.

(b) 한편 우리 민사소송법은 수송달자에게 매우 불리한 이 제도를 소권남용자에게 징벌적으로 쓸 수 있도록 하였다. 즉 원고가 소권(항소권을 포함한다)을 남용하여 청구가 이유 없음이 명백한 소를 반복적으로 제기한 것에 대하여 법원이 변론 없이 판결로 소 각하하는 경우(제194조 제4항)에는 재판장은 직권으로 피고에 대하여 공시송달을 명할 수 있도록 하였다. 일종의 징벌적 송달이라고 할 수 있다.

(c) 나아가 공시송달 사무를 법원사무관등이 주로 취급하고 있는 점을 참작하여 재판장의 명령이 아니라 법원사무관등도 공시송달처분을 할 수 있도록 하였다.

(나) 요건　　(a) 송달받을 당사자 또는 이에 준하는 보조참가인이 존재하여야 한다. 당사

---

111) 대결 2011.2.25. 2010마1885.

자가 사망하거나 법인 등에 대표자가 존재하지 않은 경우에는 송달받을 사람이 없으므로 공시송달을 할 수 없다.[112)]

(b) 당사자(또는 보조참가인)의 주소 등 또는 근무 장소를 알 수 없는 경우 및 외국에서 하여야 할 송달에 관하여 외국에서 하는 송달방법인 제191조의 규정에 따를 수 없거나 이에 따라도 효력이 없을 것으로 인정되는 것이 소명되는 경우(제194조 제1항 제2항),에 한다. 따라서 원고가 법인대표자의 주소를 알고 있음에도 법인소재지를 알 수 없다는 이유로 한 공시송달신청은 부적법하다.[113)] 이 요건은 앞의 징벌적 공시송달에는 적용이 없다.

(c) 이 송달은 당사자가 현실적으로 송달내용을 알기 어렵지만 법적 안정을 위해 부득이 인정되는 제도이므로 다른 송달방법에 의하는 것이 아주 어려울 때 한해서 허용하여야 할 것이다. 그러므로 재판서류를 공시송달의 방법으로 송달하기 위해서는 당사자 주소 등 송달할 장소를 알 수 없는 경우이어야 하므로 법원이 송달장소는 알고 있으나 단순히 폐문부재로 송달되지 아니한 경우에는 공시송달을 할 수 없다. 그러나 송달받을 사람이 주소나 거소를 떠나 그곳을 더 이상 송달장소로 인정하기 어렵게 되었다면 이러한 경우에는 송달할 장소를 알 수 없는 경우에 해당 된다.[114)]

(다) **절차** (a) (i) 법원사무관등이 직권 또는 당사자의 신청에 따라 공시송달 사무를 행한다(194조 제1항). 판결정본의 공시송달은 판결정본이 작성된 이후에 하여야 하며 판결정본이 작성도 되기 이전에 한 판결의 공시송달은 송달의 효력이 없어[115)] 상소기간이 진행되지 않는다.

(ii) 당사자가 신청을 하려면 거주지 관할관청의 소재불명증명서, 불거주 확인증 등으로 당사자의 주 · 거소를 알 수 없다는 사유를 소명하여야 한다(제194조 제2항).

(iii) 당사자는 법원사무관등에게 한 공시송달 신청이 각하되면 법원사무관등의 처분에 대한 이의신청을 할 수 있고(제228조), 법원사무관등이 한 공시송달처분에 대하여는 재판장은 직권으로 또는 신청에 따라 그 공시송달처분을 취소할 수 있다(제194조 제4항).

재판장에 의한 법원사무관등의 공시송달 처분의 취소는 소재 불명 된 당사자의 소재가 판명되는 등으로 공시송달이 더 이상 필요 없는 경우에 한다.

공시송달처분이 취소되었다고 하여 이미 행하여진 공시송달의 효력이 소멸되는 것이 아니며 재판장의 공시송달 취소명령은 중간적 처분이므로 독립하여 불복할 수 없다. 이때의 취소는 철회의 의미이다. 따라서 이 경우에 법원사무관등은 다시 통상의 송달방법으로 송달을 실시하여야 한다.

112) 대판 1991.10.22. 91다9985.
113) 수원지판 1997.6.13. 96재가합21.
114) 대결 2024.5.9. 2024마5321.
115) 서울고판 1986.7.9. 85나1106.

(iv) 제194조 제1항에서는 법원사무관등이 당사자의 신청 이외에 직권으로도 공시송달을 할 수 있다고 규정되어 있으나, 직권공시송달은 소송의 지연을 피하기 위하여 하는 것이 일반적이므로 소송계속이후에는 소송을 진행하는 재판장만 오로지 할 수 있다고 풀이하여야 할 것이다.

(b) (i) 재판장은 소송의 지연을 피하기 위하여 필요한 경우에 공시송달을 명할 수 있다(제194조 제3항). 실무상으로는 소송계속 중에 송달을 받아오던 당사자가 소재불명 등으로 송달불능이 되었는데도 주소보정조차 하지 않는 경우에 다른 송달방법이 없으면 직권으로 공시송달을 명한다. 예컨대 소송당사자가 24회에 걸쳐 신고 또는 변경 신고한 송달장소 중 11곳에 대한 송달이 불능된 경우에 소송기록과 그동안의 송달 결과를 종합하여 직권으로 공시송달을 명하는 경우 등이다.[116)]

(ii) '송달하여야 할 장소'란 실제 송달받을 자의 생활근거지가 되는 주소, 거소, 영업소 또는 사무실 등 송달받을 자가 소송서류를 받아 볼 가능성이 있는 적법한 송달장소를 말한다.[117)] 신고 또는 변경 신고된 송달장소가 송달받을 자의 생활근거지가 되는 주소, 거소, 영업소 또는 사무실 등 송달받을 자가 소송서류를 받아 볼 가능성이 있는 적법한 송달장소가 아닌 것이 소송기록상 명백하거나 분명한 때, 자신의 주소를 보정하였지만 이는 형식적이고 실질적으로는 송달장소변경신고가 없다고 판단되는 경우, 예컨대 원고가 동사무소로부터 불거주사실증명서를 발급받은 날자 이후에 주민등록상 전출신고를 한 경우[118)]에는 신고 또는 변경 신고된 송달장소로 송달하지 아니하더라도 위법한 것이 아니다. 따라서 당사자 본인이 제출한 자신에 대한 적극적 · 소극적 자료와 그동안의 당사자 본인에 대한 송달 결과, 특히 송달불능보고서의 내용을 종합하여 제194조 제1항이 규정하는 공시송달의 요건인 '당사자의 주소 등 또는 근무 장소를 알 수 없는 경우'에 해당한다고 볼 여지가 충분하다면, 재판장은 직권으로 공시송달을 명할 수 있다.[119)]

(c) 공시송달처분이 있으면 법원사무관등은 송달할 서류를 보관하고 법원게시판의 게시, 관보 · 공보 또는 신문에 게재, 전자통신매체를 이용한 공시의 세 가지 중에서 어느 하나의 방법으로 그 사유를 공지하여야 한다(민소규 제54조 제1항). 외국에 대한 공시송달도 국내의 공시송달과 구별되지 않는다.

㈑ **효력** (a) 첫 번째 공시송달의 효력은 법원사무관등이 공시송달사유를 법원게시판에 게시한 날로부터 2주일을 경과해야 의사표시의 도달이라는 그 효력이 생긴다(제196조 제1항).

116) 대법원명령 2008.4.15. 2008스11.
117) 대판 2001.9.7. 2001다30025 참조.
118) 대구고판 1973.7.11. 72나925.
119) 대결 2003.12.12. 2003마1694 참조.

다만 같은 당사자에 대한 그 뒤의 공시송달은 실시한 다음 날부터 그 효력이 생긴다(제196조 제1항 단서). 외국거주자에 대한 첫 공시송달은 2월의 공시기간을 거쳐야 효력이 생긴다(제196조 제2항). 이 기간은 늘일 수 있으나 줄일 수 없다(제196조 제3항).

(b) (i) 공시송달은 그 요건에 흠이 있어도 판사의 공시송달 명령에 의하여 공시송달을 한 경우에는 송달의 효력에 영향이 없다.[120] 이경우의 공시송달 명령은 재판의 일종이기 때문에 소정의 소송절차에 의하여 공시송달명령이 취소되지 않는 한 당연무효가 아니기 때문이다. 따라서 당사자가 소송계속 중에 수감된 경우 법원이 판결정본을 제182조에 따라 교도소장에게 송달하지 않고 당사자 주소 등에 공시송달 방법으로 송달하였더라도 송달의 효력이 있다.[121] 판결정본이 판사의 공시송달 명령에 의한 공시송달 방법에 의하여 피고에게 송달되었다면 비록 피고의 주소가 허위이거나 그 요건을 갖추지 못하였다고 하더라도 그 송달은 유효한 것이므로 상소기간이 지남으로써 위 판결은 형식적으로 확정되어 기판력이 발생한다.[122]

(ii) 일단 재판장이 공시송달을 명하여 송달된 경우에는 불변기간이 진행하므로 공시송달이 무효임을 전제로 한 재 송달은 있을 수 없다. 그러므로 공시송달 명령이 부적법한 경우에는 소송행위의 추후보완(제173조) 또는 재심(제451조 제1항 11호)[123]에 의하여 구제를 받아야 한다.

(iii) 요건미비의 공시송달에 의한 판결 송달에 있어서 불변기간인 상소기간을 준수하지 못하였다고 하여도 그 후 판결등본을 교부받아 판결 선고가 있었다는 사실을 알았다면 그때부터 추후보완항소기간은 진행되는 것이고 불변기간을 준수하지 못한 것은 상소인측에 귀책사유가 있다.[124]

(c) **법원사무관등의 공시송달** (i) 법원사무관등의 공시송달은 법원공무원의 처분이라는 점에서 재판장이 명령이라고 하는 재판에 의한 공시송달과 다르다.

(ii) 법원사무관등이 한 공시송달의 요건에 흠이 있는 경우, 예컨대 송달받을 사람의 주소를 알 수 있어 통상의 송달방법으로 송달할 수 있는데도 법원사무관등의 착오 또는 기망당하여 공시송달한 경우 등이다. 이 경우에는 위에서 언급한 바와 같이, 재판장은 직권으로 또는 신청에 따라 법원사무관등의 위법한 공시송달처분을 취소할 수 있다(제194조 제4힝). 그러나 재판장이 별도의 조치를 하지 않은 상태에서 법원사무관 등이 공시송달을 하여 일정한 법률효과가 발생한 경우, 이에 대해 불복할 방법은 없다. 공시송달 자체가 사실행위에 불과하기 때문이다. 그러나 그 송달에 중대하고 명백한 흠이 있는 경우에는, 법원사무관 등의 공시송달 처분은

120) 대전결 1984.3.15. 84마20.
121) 대판 2022.1.13. 2019다220618.
122) 대판 1974.6.25. 73다1471.
123) 대전판 1978.5.9. 75다634.
124) 대판 1983.6.14. 82다카1912.

당연히 무효로 보아야 한다. 예를 들어, 원고가 피고를 상대로 소유권이전등기 청구소송을 제기하면서 피고의 주소를 알 수 있음에도 불구하고 모른다고 하여 공시송달을 통해 송달받은 뒤 승소판결을 얻고, 그 판결에 기해 소유권이전등기까지 마친 경우를 들 수 있다. 이러한 경우 판결문 송달은 당연히 무효이므로, 피해자 보호를 위해 피고에게 상소 제기나 소유권이전등기 말소를 구하는 별도의 소송을 허용해야 한다. 아직 등기가 이루어지지 아니하였다면 소송계속 중이므로 기일지정신청도 할 수 있다고 보아야 한다.

(iii) 따라서 송달받을 사람의 주소를 알 수 있어 다른 송달방법으로 송달할 수 있는데도 법원사무관등이 한 공시송달은 명백하고 중대한 흠이 있어 당연무효라고 하여야 한다.

(마) **공시송달의 적용제외** 송달받을 사람이 송달서류의 내용을 잘 알거나 잘 아는 것을 전제로 하는 소송절차에서, 공시송달은 그 내용을 모르는 상태에서 소송절차가 진행되게 되어서 송달받을 사람의 이익을 중대하게 침해하게 되므로 이에 대비하여 공시송달을 송달에서 제외할 필요가 있는 경우가 있다.

(a) **명문의 규정이 있는 경우** (i) **지급명령(제466조 제2항)** 지급명령을 공시송달에 의하지 아니하고서는 송달할 수 없는 경우에 법원은 직권으로 사건을 소송절차로 회부하는 결정을 할 수 있다. 독촉절차에서 채무자는 유일하게 2주 이내의 이의신청으로 지급명령의 효력을 상실시키는 권리가 있기 때문에(제470조 제1항), 독촉절차는 채무자가 지급명령의 내용을 잘 아는 것을 전제로 한다. 따라서 채무자가 공시송달을 받는 것으로는 지급명령의 내용을 잘 알 수 없는 경우가 대부분이므로 지급명령의 채무자에 대한 송달방법에서 공시송달을 제외시킨 것이다. 그런데 소송촉진 등에 관한 특례법 제20조의2 제1항은, 제1항 1호에서 19호까지 은행법에 따른 은행 등 금융기관에 대하여 공시송달에 의한 송달을 허용한다. 다만 제2항 및 제3항에서 지급명령을 공시송달에 의하지 아니하고는 송달할 수 없는 경우의 청구원인을 소명하도록 하고 그 소명이 없는 때에는 결정으로 지급명령신청을 각하하도록 하며, 공시송달로 인해서 지급명령에 대한 이의신청기간을 지킬 수 없을 때에는 제173조 제1항에서 정한 소송행위의 추후보완사유가 있는 것으로 본다고 하여 추후보완을 허용하는 구제방법을 마련하였다.

(ii) **자백간주(제150조 제3항)** 자백간주는 당사자가 변론에서 상대방이 주장하는 사실을 명백하게 다투지 아니하는 태도를 근거로 한다. 따라서 상대방의 주장사실을 잘 알지 못하는 경우에는 다투는지 여부도 애매하기 때문에 공시송달은 자백간주의 효력을 부여하는 데 적합하지 않아 송달방법에서 제외하였다. 따라서 공시송달의 경우에는 자백간주가 성립되지 않는다.

(iii) **외국재판의 승인 제외(제217조 제1항 2호)** 외국에서 실시된 소송에서 방어의 기회를 충분하게 갖지 못하고 패소한 피고를 보호하는 취지에서 공시송달에 의하지 않고 송달받는 것이 외국재판의 승인요건(제217조 제1항 2호)이므로, 공시송달은 외국재판의 승인 제외사유이다.

(iv) **화해권고결정(제225조 제2항)** 재판상 화해의 효력을 가지는 화해권고결정에 대하여는 제225조 제2항 본문에서 법원사무관등은 화해권고결정의 결정내용을 적은 조서 또는 결정서의 정본을 당사자에게 송달하여야 한다고 규정하면서, 화해권고결정이 재판상 화해와 같은 효력을 가지게 됨을 참작하여 당사자의 이의 신청권을 보장하는 차원에서 같은 항 단서에서 그 송달은 제194조에서 규정한 공시송달의 방법으로는 할 수 없다고 규정하고 있다.

(b) **명문의 규정이 없는 경우** (i) **증인·감정인에 대한 통지, 본인신문 또는 석명처분을 위한 통지** 명문의 규정이 없더라도 이들 증거조사를 시행하기 위해서는 송달받은 사람이 현실적으로 출석할 필요가 있기 때문에 성질상 공시송달의 방법으로는 그러한 통지를 할 수 없다.

(ii) **증거보전절차** 증거보전은 성질상 급속을 필요로 하고 또 상대방을 지정할 수 없는 경우에는 상대방이 될 사람을 위하여 특별대리인은 선임할 수 있기 때문에(제378조) 증거보전의 송달방법에서 공시송달을 제외하였다.

(iii) **환경분쟁 조정법 제42조 제2항** 환경분쟁 조정법 제42조 제2항은 재정위원회가 재정(裁定)을 한 경우에 재정문서의 정본이 당사자에게 송달된 날부터 60일 이내에 당사자 양쪽 또는 어느 한 쪽으로부터 그 재정의 대상인 환경피해를 원인으로 하는 소송이 제기되지 아니하는 등의 경우에는 그 재정문서는 재판상 화해와 동일한 효력이 있다고 규정하고 있으므로, 재정의 대상인 환경피해를 원인으로 한 분쟁에서 당사자의 재판청구권을 보장할 필요상 그 재정문서의 송달은 명문의 규정이 없더라도 공시송달의 방법으로는 할 수 없다.[125)]

6. 외국에서 하는 송달

외국에서 하는 송달은 재판장이 그 나라에 주재하는 우리나라 대·공사, 영사 또는 그 나라의 관할 공공기관에 외교통상부장관을 경유하여 촉탁한다(제191조). 이 규정은 그 외국과 사법공조에 관한 협정이나 국제관행 또는 상호보증이 있는 것을 전제로 한다(국민사공 제4조). 우리나라가 2000.1.13.가입한 1965년 헤이그 송달협약은 미국, 중국, 일본 및 EU국가 등 전 세계 47개국이 가입하였는데 가입국가 사이에서 소송관련 서류의 해외 송달절차가 간소화되어 현재 실무상 많이 이용되고 있다. 호주, 중국 등 몇 개 국가와는 쌍무조약(雙務條約)이 체결되어 이들 국가와의 사이에 촉탁송달을 할 수 있으며, 쌍무조약을 체결하지 않은 국가라고 하더라도 외국이 명백한 의사표시로 승인한 경우(국민사공 제5조 제2항)나 상호보증이 있을 때에 촉탁 송달할 수 있다. 미국은 1976.2.3.에 미국정부가 비조약국에 대해서도 사법공조에 응할 의사를 표시하였으므로 촉탁 송달이 가능하다. 외국이 송달에 관한 사법공조를 거절하는 경우에

---

125) 대판 2016.4.15. 2015다201510. 이 판례에 대한 분석은, 강현중 「재판상 간주화해와 공시송달」(법률신문 2016.7.17.자) 참조.

는 외국에서의 공시송달방법에 의하여 송달할 수밖에 없다.

7. * 전자소송에서의 송달과 동의

(1) 전자소송에서의 송달

(가) **원칙** 변론이 열리려면 당사자가 소송서류를 미리 송달받아야하는 것은 전자소송이나 일반소송 모두 동일하다. 다만 전자소송에서 법원사무관등은, 송달이나 통지를 받을 자가, 미리 전산정보처리시스템을 이용한 민사소송 등의 진행에 동의한 등록사용자로서 대법원규칙으로 정한 자인 경우(민소전자문서 제11조 제1항 1호), 전자문서를 출력한 서면이나 그 밖의 서류를 송달받은 후 등록사용자로서 전산정보처리시스템을 이용한 민사소송 등의 진행에 동의한 자인 경우(위 제1항 2호) 및 등록사용자가 국가, 지방자치단체, 그 밖에 그에 준하는 자로서 대법원규칙으로 정한 자인 경우(위 제1항 3호)에 전산정보처리시스템에 의하여 전자적으로 변론기일 소환장 등을 송달하거나 통지할 수 있다. 소송대리인이 있는 경우에는 제1항의 송달 또는 통지는 소송대리인에게 하여야 한다(같은 법 제11조 제2항). 민사소송 등의 당사자와 소송대리인 등이 민사소송법 제184조에 의하여 송달영수인으로 신고한 등록사용자가 있으면 그 송달영수인에게 하여야 한다(민사소송등에서의 전자문서에 관한 규칙, 약칭 민소전자문서규칙 제24조 제1항 3호).

(나) **당사자 본인과 소송대리인에 대한 송달** 당사자 본인은 전산정보처리시스템을 이용한 민사소송 등의 진행에 동의하지 아니하고 그 소송대리인은 그 진행에 동의하여 법원이 당사자 본인에게는 우편으로 소송서류를 송달하고, 그 소송대리인에게는 전자적으로 송달한 경우, 당사자 본인도 소송수행권을 잃지 아니하므로 그에 대한 송달 역시 적법하므로 송달의 효력은 당사자 또는 그 소송대리인 중 먼저 도달한 것을 기준으로 따져야 한다.[126)]

(다) **송달방법 및 효력** (i) 그 송달방법은 법원사무관등이 송달할 전자문서를 전산정보처리시스템에 등재하고 그 사실을 송달받을 자에게 전자적으로 통지하는 방법으로 하는데(같은 법 제11조 제3항) 이 경우 송달받을 자가 등재된 전자문서를 확인한 때에 송달된 것으로 본다. 다만 그 등재사실을 통지한 날부터 1주 이내에 확인하지 아니한 때에는 등재사실을 통지한 날부터 1주가 지난 날에 송달된 것으로 본다(같은 법 제11조 제4항). 이것은 마치 송달함에 서류를 넣은지 3일이 지나면 송달된 것으로 보는 송달함 송달(제188조)과 유사하다.

(ii) 전산정보처리시스템의 장애로 인하여 송달받을 자가 전자문서를 확인할 수 없는 기간은 1주의 기간에 산입하지 아니한다(민소전자문서 제11조 제5항). 송달받을 자가 전자소송시스

126) 대판 2024.7.25. 2024다236211.

템 장애로 인하여 전자문서를 확인할 수 없는 기간이 1일당 1시간을 초과하는 경우에는 해당 일을 1주의 기간에 산입하지 아니한다. 그 기간의 마지막 날 오전 9시 이후에 전자소송시스템 장애로 인하여 전자문서를 확인할 수 없게 된 때에도 1일을 그 기간에 산입하지 아니하지만(민소전자문서규칙 제28조 제1항) 전자소송시스템의 유지·보수를 위하여 그 사용을 일시 중단한 경우로서 법원행정처장이 사전에 공지한 경우에는 그러하지 아니하다(민소전자문서규칙 제28조 제2항).

(iii) 등록사용자가 책임질 수 없는 사유로 전자소송시스템에 등재된 전자문서를 소정의 기간 안에 확인하지 못한 경우에는 민사소송법 제173조에 따라 이를 게을리 한 소송행위를 보완할 수 있고(위 규칙 제26조 제3항), 그 통지를 받은 등록사용자는 전자소송시스템에 접속하여 등재된 전자문서를 확인 또는 출력할 수 있다(위 규칙 제26조 제4항).

(iv) 전자소송시스템을 이용하여 송달한 전자문서 정본에 의하여 출력한 서면은 정본의 효력이 있다. 이 경우 전자소송시스템 장애등 등록사용자가 책임질 수 없는 사유로 등재된 전자문서 정본의 출력이 정상적으로 끝나지 아니하였으면, 등록사용자는 그 사유를 소명하여 재발급 신청할 수 있다(위 규칙 제26조 제5항).

(v) 법원사무관등은 전자문서로 작성된 재판서 또는 조서의 송달을 신청한 등록사용자 또는 송달영수인에게 전자소송시스템을 이용하여 전자적인 방법으로 송달할 수 있다(민소전자문서규칙 제24조 제2항·제3항).

㈑ **국가 등에 대한 전자적 송달** (i) 국가, 지방자치단체, 행정사건, 특허사건과 관련된 행정청, 가사사건, 비송사건(과태료 포함)과 관련된 검사, 가사사건과 관련된 지방자치단체의 장, 회생·파산사건의 절차관계인, 공공기관의 운영에 관한 법률에 따라 지정된 공공기관 및 지방공기업법에 따라 설립된 지방공사 중 법원행정처장이 지정하여 전자소송홈페이지에 공고하는 기관은 미리 전자적 송달 또는 통지를 받을 수 있도록 사용자등록을 하여야 하며(민소전자문서규칙 제25조 제1항·제2항), 사용자등록을 하지 않은 위의 자를 상대로 소가 제기된 경우 재판장등은 사용자등록을 할 것을 명할 수 있다(민소전자문서규칙 제25조 제3항).

(ii) 국가 또는 행정청이 국가를 당사자로 하는 소송에 관한 법률에 따라 지정한 소송수행자가 법원이 소송을 수행할 자에게 사용자등록과 전자소송시스템을 이용한 민사소송 등의 진행에 대한 동의를 하라는 명령에 따르지 아니하는 경우 법원사무관등은 국가에 대하여는 수소법원에 대응하는 검찰청(수소법원이 지방법원 지원인 경우에는 지방검찰청)의 장에게, 고등검찰청 소재지의 지방법원(산하 지방법원 지원을 포함한다)에 소가 제기된 경우에는 그 고등검찰청의 장에게, 행정청에 대하여는 그 장에게 전자적으로 송달하거나 통지할 수 있다(민소전자문서규칙 제25조의2).

㈒ **법정에서의 송달** 전자소송시스템에 의하여 제출된 소송서류를 법정에서 등록사용자

에게 송달할 필요가 있을 때에는 민사소송법 제177조에 의한 방법 이외에 그 제출자로 하여금 해당 전자문서의 요지를 설명하게 하고, 송달받을 자의 요청에 따라 컴퓨터 등 정보처리능력을 갖춘 장치에 의하여 전자문서를 현출한 화면을 이용하여 중요부분을 즉석에서 열람하는 방법으로 할 수 있다(민소전자문서규칙 제27조).

(바) **출력서면의 송달** (i) 법원사무관등은 송달받을 자가 민사소송법 제181조, 제182조 또는 제192조에 해당하는 경우, 송달받을 자가 제11조 제1항 각호의 전산정보처리시스템에 의하여 송달하거나 통지할 어느 하나에 해당하지 아니하는 경우, 대법원규칙으로 정하는 전산정보처리시스템의 장애나 그 밖의 사유가 있는 경우에는 전산정보처리시스템을 통하여 출력하여 그 출력한 서면을 민사소송법에 따라 송달하여야 한다. 이 경우 법원사무관등은 대법원규칙이 정하는 바에 따라 전자문서를 제출한 등록사용자에게 전자문서의 출력서면을 제출하게 할 수 있다(민소전자문서 제12조 제1항). 법원사무관등이 등재된 전자문서를 출력하여 그 출력서면을 당사자에게 송달한 때에는 그 출력서면은 등재된 전자문서와 동일한 것으로 보지만(민소전자문서 제12조 제2항)이에 따라 전자문서를 출력하는 절차와 방법은 대법원규칙으로 정하되, 전자문서와 동일성이 확보되도록 기술적 조치를 취하여야 한다(민소전자문서 제12조 제3항).

(ii) 전자소송시스템을 이용하려는 자는 개인회원, 법인회원, 변호사회원, 법무사회원, 회생·파산사건의 절차관계인회원·집행관등 유형별로 전자소송홈페이지에서 요구하는 정보를 해당란에 입력한 후 전자서명을 위한 인증서를 사용하여 사용자등록을 신청하여야 하고, 등록한 사용자정보는 인증서의 내용과 일치되어야 하는데(민소전자문서규칙 제4조 제1항) 이에 해당하거나 또는 서적을 제출하는 경우(이 경우 서적의 내용 가운데 중요한 부분을 전자문서로 변환하여 그 서적과 함께 제출하여야 한다), 기술적으로 서류를 전자문서로 변환하기 어려운 경우, 서류에 당사자가 가지는 영업비밀('부정경쟁방지 및 영업비밀보호에 관한 법률 제2조 2호에 규정된 영업비밀을 말한다)에 관한 정보가 담겨져 있는 경우, 사생활 보호 또는 그 밖의 사유로 필요하다고 인정하여 재판장등이 허가한 경우 등 민소전자문서규칙 제15조 제1항에 해당하는 경우, 송달 받을 자가 책임질 수 없는 사유로 전자소송시스템에 등재된 전자문서를 확인할 수 없다는 점을 소명하여 출력서면의 송달을 신청한 경우, 그 밖에 재판장등이 출력서면의 송달이 필요하다고 인정하는 경우에는 전자문서를 제출한 등록사용자에게 전자문서의 출력서면을 제출하게 할 수 있다(민소전자문서 제12조 제1항).

(2) 결정 · 명령

전자문서로 작성된 결정이나 명령은 법관이 사법전자서명을 완료한 때 성립한다.[127] 이

127) 대전결 2025.7.2. 2021마6542.

경우에는 등록사용자의 동의를 필요로 하지 않는다.

(3) 전자민사소송의 동의

㈎ (a) 등록사용자로서 법원에 제출할 서류를 전산정보처리시스템을 이용하여 전자문서를 제출하여야 할 자는 전산정보처리시스템을 이용한 민사소송의 진행에 동의하여야 한다(민소전자문서 제8조 본문). 전자소송 동의와 그 철회는 등록사용자별로 하여야 하는데 전자소송동의는 당해 사건이 확정될 때까지 효력이 있다(민소전자문서규칙 제10조 제1항).

(b) 당사자 한 쪽이 등록사용자이고 상대방은 컴퓨터등 전자정보장치가 없어 동의할 수 없거나, 양 쪽이 모두 등록사용자이지만 그 중 어느 한 쪽이 자기의 개인적 사정으로 동의하지 않은 경우에는 동의하지 않은 당사자에 대해서는 전자민사소송이 진행되지 않는다. 실제 소송에서는 그러한 경우가 빈번하게 일어난다.

(c) 따라서 이 경우에는 한 쪽 당사자에 대해서만 진자민사소송은 진행될 것인데 이 경우에는 송달이나 상소기간 등 민사소송법과 민소전자문서법의 차이가 나는 사항은 민사소송법에 따라 전자민사소송의 진행에 동의하지 않은 사람을 기준으로 진행하여야 할 것이다.

㈏ (a) 전자소송동의의 효력은 전자소송동의를 한 등록사용자에게만 있는데[민사소송 등에서의 전자문서 이용 등에 관한 업무처리지침[128](이하 줄여서 '전자문서 업무처리지침'이라 한다. 제14조 제1항)] 소송대리인의 전자소송동의는 상소가 제기되지 않은 경우에는 상소기간 만료일까지, 상소가 제기된 경우에는 상소기록 송부일 까지 그 효력이 있으나 원심과 상소심의 소송대리인이 동일인일 때에는 상소심에도 효력이 있다(전자문서 업무처리지침 제14조 제2항).

(b) 추후보완상소가 제기된 경우 또는 재심의 소가 제기된 경우, 준재심의 소 또는 신청이 제기된 경우, 그 상소, 재심 또는 준재심의 적법여부와 관계없이 종전의 전자소송 동의는 상소심이나 재심 등에 그 효력이 없고(전자문서 업무처리지침 제14조 제3항), 민사집행법 제161조의 규정에 따라 공탁금에 대한 배당을 실시하는 경우 종전 전자소송 동의는 재배당 및 추가배당 절차에 효력이 없다(전자문서 업무처리지침 제14조 제4항).

128) 재판예규 1792호, 시행 2022.3.1.

전자소송 송달 · 동의

1. 송달 흐름

[법원사무관등]

↓

전자문서 등재

↓

등재사실 통지

↓

수신자 확인

[확인함] [미확인]

송달 완료 통지 후 1주 경과 → 송달 간주

⚠ 시스템 장애 → 장애 기간은 1주 계산에서 제외

⚠ 출력서면 송달 가능 (장애, 영업비밀, 법원 허가 등)

☐ 출력물은 전자문서 정본과 동일 효력

2. 송달 대상

송달 대상자

[소송대리인 有] [소송대리인 無]

대리인에게 송달 본인에게 송달

(송달영수인 신고시 → 영수인 송달)

본인 미동의 + 대리인 동의 시

→ 본인 우편송달, 대리인 전자송달

→ 효력은 "먼저 도달 기준"

3. 국가 · 공공기관 송달

국가 · 지자체 · 공공기관

사용자등록 의무

[등록 완료] [미등록]
전자송달 법원이 등록 명령
↓
불이행 → 검찰청 · 행정청 장에게 송달

4. 결정 · 명령

전자문서로 작성된 결정 · 명령

법관 전자서명

성립(당사자의 동의 불요)

5. 전자소송 동의

[등록사용자]

전자소송 동의(사건 확정 시까지)

[양쪽 모두 동의] [한쪽만 동의]
전자소송 진행 미동의자 기준으로 진행

6. 소송대리인 동의 효력

[소송대리인 동의]

원심 사건 상소 제기 동일 대리인
상소無 상소記錄 상소심 계속
상소기간 송부일까지 효력 유지
만료일까지 효력

예외: 추후보완상소, 재심, 준재심, 재배당 · 추가배당 → 효력 없음

8. 송달의 흠

(1) 송달의 무효와 치유(治癒)

(가) (i) 예를 들어, 사망한 사람에 대한 송달,[129] 송달받을 사람이 아닌 다른 사람에게 한 송달, 단순히 세 들어 사는 사람과 같이 수령권자(제186조) 아닌 사람에게 한 송달, 송달장소 아닌 곳에 유치송달, 보충송달이나 유치송달을 해보지도 않고 하는 우편송달 따위의 경우에는 당사자에게는 송달자체가 없다고 하여야 한다. 법원사무관등의 공시송달처분에 중대하고 명백한 흠이 있는 경우에도 동일하다할 것이다.

(ii) 그러나 이 경우에도 당사자가 송달한 것으로 추인하거나 그 흠을 나무라지 않고 수령한 것으로 인정한다면 소송절차에 관한 이의권을 포기한 것이 되어 뒤에 그 송달이 없었다고 주장할 수 없다.

(나) (i) 사망한 사람에 대하여 실시된 송달은 위법하여 원칙적으로 무효이지만 그 사망자의 상속인이 현실적으로 그 송달서류를 수령한 경우에는 흠이 치유되어 그 때에 상속인에 대한 송달로서 효력이 있다는 판례[130]가 있다. 그러나 이 판례는 사망자를 그 상속인으로 경정하는 결정이 확정된 경우로서 사망자가 당사자가 아닌 상태에서의 판례가 아닌 점을 주의하여야 한다.

(ii) 사망한 사람에 대한 송달의 유·무효 문제는 결국 당사자확정에 관한 문제이므로 이에 관해서는 [40]2(3) 참조.

(2) 허위주소신고에 의한 송달

원고가 피고의 주소를 허위 신고하여 자백간주(제150조)의 형식으로 승소판결을 받은 경우에는 피고가 송달을 받은 바 없어 피고에게는 송달 자체가 이루어지지 아니하였다. 따라서 이 경우에는 상소기간이 진행되지 않으며, 그 판결에 터 잡은 등기 등 집행은 미확정판결에 기초한 것이므로 당연무효이다. 그러므로 이 경우에 당사자는 상소를 제기할 수도 있고 별개의 소송으로 원인무효를 이유로 미확정판결에 기초한 등기의 말소를 청구할 수도 있다.[131]

(3) 판결서의 부적법송달

피고 패소의 제1심판결이 피고에게 적법하게 송달되지 아니하였다면 항소기간은 진행할 수 없다.[132] 따라서 불변기간인 항소기간이 진행될 수 없는 경우에는 항소기간의 추후보완이

129) 대판 1966.10.21. 66다1584.
130) 대판 1998.2.13. 95다15667.
131) 대전판 1978.5.9. 75다634.
132) 대판 1971.6.22. 71다771 참조.

라는 문제는 생길 수 없으므로 당사자는 언제라도 항소를 제기할 수 있다.[133]

(4) 공시송달의 흠

(가) 재판장이 직권으로 명령하는 공시송달은 공시송달 명령이라고 하는 재판으로 이루어져서 확정력이 있기 때문에 그 요건에 흠이 있더라도 송달이 무효가 되지 않고 뒤에 추후 보완하여 상소하거나 재심[134]에 의해서 구제받을 수 있다.

(나) (i) 법원사무관등이 직권 또는 당사자의 신청에 따라 행한 공시송달에 흠이 있는 경우에 재판장은 직권으로 또는 신청에 따라 법원사무관등의 공시송달처분을 취소할 수 있다(제194조 제5항).

(ii) 문제는 재판장이 위 경우의 흠을 간과하여 법원사무관등의 위법한 공시송달처분을 취소하지 않은 경우에 그 흠에 명백하고 중대한 흠이 없는 경우에는 유효로 취급할 수 있으나 그렇지 아니하고 그 흠이 명백하고 중대한 경우에는 그 송달은 당연무효로서 송달의 효력이 없다고 하여야 한다. 이에 대해서 그러한 흠이 있더라도 재판장의 취소명령이 없는 한 유효한 송달이라고 하는 견해가 있다.[135] 물론 재판장의 취소명령은 법원사무관등의 공시송달의 경우에도 적용되지만 문제는 법원사무관등의 공시송달 처분을 토대로 재판이 확정되거나 그 재판결과로 권리관계가 실현되어 재판장이 공시송달명령을 취소할 수 없는 경우이다. 이 경우에 법원사무관의 공시송달처분은 행정처분으로서의 효력밖에 없으므로 여기에 재판장의 공시송달명령과 같은 재판의 확정력을 부여할 수는 없어 이 견해를 따를 수 없다.

(iii) **법원사무관등의 공시송달이 무효인 경우의 취급** (ㄱ) 법원사무관들의 공시송달처분 자체는 법원의 재판이 아니므로 항고소송의 대상이 아니다. 당사자는 추후보완절차를 밟지 아니하고도 기일지정신청, 항소·상고 등으로 제1심의 종국판결에 대하여 불복하면서 법원사무관등의 공시송달처분이 무효라고 다툴 수 있으므로 법원은 그 무효여부에 관하여 중간판결(제201조) 또는 종국판결의 이유가운데서 판단할 수 있다.

(ㄴ) 만약 무효인 공시송달에 기초한 판결에 의하여 공부상 권리이전이 된 경우에는 별개의 소송으로 그 무효확인을 구할 수 있다고 풀이하여야 한다. 강제집행의 경우에는 청구에 관한 이의의 소(민집 제44조)로 법원사무관등의 공시송달처분이 당연무효라고 다툴 수 있을 것이다.

---

133) 대판 1970.7.24. 70다1015 참조.
134) 대전판 1978.5.9. 75다634.
135) 정동윤 외 2, 677면; 김홍엽, 672면.

[62] 제4. 소송절차의 정지

1. 뜻

소송절차의 정지라 함은 소송계속 중에 일정한 법률상 사유로 말미암아 소송절차가 진행될 수 없는 상태를 말한다. 기일의 연기, 판결 선고의 지연 등으로 소송절차가 사실상 정체된 경우와 다르다. 정지에는 중단과 중지가 있다. 그 외에 제척 또는 기피신청이 있는 경우(제48조)와 관할지정신청이 있는 경우(민소규 제9조)에도 소송절차가 정지된다. 정지제도의 취지는 양쪽 당사자가 대립하는 소송절차에서 당사자 한쪽의 소송은 진행되고 다른 당사자의 소송이 정지되는 것은 불공평하므로, 당사자 한 쪽만 하는 소송수행을 막아서 당사자대등 이념을 실현시키기 위한 것이다. 따라서 양쪽 당사자의 대등한 변론을 필요로 하는 판결절차 또는 판결절차에 준하는 독촉절차, 제소전 화해절차, 가압류 · 가처분절차에 적용된다. 그러나 일반 강제집행절차나 경매절차는 대립당사자 구도가 아니므로 소송절차의 정지제도가 준용되지 않는다.

(1) * 소송절차의 중단

㈎ 소송절차의 진행 중에 한 쪽 당사자에게 사정이 생겨 이를 교체하여야 할 경우가 있다. 이 경우에는 새로운 당사자로 하여금 소송절차에 관여할 기회를 갖도록 하기 위하여 소송절차의 진행을 정지할 필요성이 있는데 이 필요성에 의한 소송절차의 정지를 소송절차 중단이라고 한다.

㈏ 중단은 이미 설명한 바와 같이 소송계속을 전제로 한다. 따라서 소가 처음부터 당사자 아닌 자에 의하여 제기된 경우에는 소송계속이 될 수 없어서 중단의 여지가 없다. 그러므로 이 경우에는 당사자적격이 있는 자로 하여금 소송을 수계하는 방법을 통하여 소송계속이 없는 소제기를, 소송계속이 있는 소제기로 고칠 수 없다.[136] 이 경우에는 소송수계가 아니라 당사자경정(제260조)에 의하여야 할 것이다.

㈐ 소송절차의 중단은 법에서 정한 중단사유만 있으면 당연히 발생하고, 새로운 당사자가 소송절차를 수계하거나 법원의 속행명령으로 해소된다.

(2) 중단 사유

㈎ **당사자의 사망 등** (i) 가장 많은 중단사유이다. 소송계속 이후 변론종결 이전에 당

---

136) 수원지판 2019.4.4. 2018나67466.

사자의 사망(제233조), 실종선고(민 제28조)의 확정[137] 등이다. 소송절차는 상속인이 수계할 때까지 중단된다. 만약 사망으로 인하여 당사자 한 쪽이 다른 쪽을 상속하면 당사자 지위의 혼동에 의하여 소송은 종료된다.

(ii) 소송목적이 일신전속적인 경우에는 소송수계는 있을 수 없으므로 소종절차는 중단되지 않고 종료된다. 예를 들어 이혼소송 중에 배우자 한 쪽이 사망한 경우이다.

(iii) **가사비송청구** 청구인이 상대방에게 부양료를 구하는 가사비송청구를 가정법원에 청구하여 그 심리도중에 상대방이 사망한 경우, 상대방이 사망하기 이전에 이미 발생한 청구인에 대한 부양료지급의무는 특별한 사정이 없는 한 그 상속인들이 상속지분에 따라 상속한다고 보아야 하므로 망인의 상속인들이 새로운 상대방으로서 가소비송절차를 수계한다.[138]

(나) 법인의 합병 (i) **법인이 합병에 의해서 소멸(제234조)** 법인의 권리의무가 법률의 규정에 의하여 새로 설립된 법인에 승계되는 경우에는 특별한 사유가 없는 한 계속 중인 소송에서 그 법인의 법률상 지위도 새로 설립된 법인에게 승계되므로 소송절차는 중단된다.[139] 법인이 합병 이외의 사유로 해산된 때에는 청산법인으로 존속하기 때문에 중단되지 않는다. 그러나 단순히 당사자인 법인으로부터 영업양도를 받았다는 것만으로서는 법인의 지위를 승계하거나 법인의 권리의무가 새로 설립된 법인에 포괄적으로 승계된다는 명문의 규정이 없는 경우에는 소송절차가 중단되어 새로 설립된 법인이 소송절차를 수계할 근거는 없다고 보아야 한다.[140] 이와 같은 법리는 당사자가 법인격 없는 단체인 경우에도 마찬가지이다.[141] 예컨대 유통산업발전법 제12조 제1항 3호, 제2항에 따라 대규모 점포 등 개설자가 사망하거나 대규모 점포 등을 양도한 경우 및 합병하는 경우에 대규모 점포 등 개설자의 지위는 승계한다는 규정이 있지만(위 법 제13조), 대규모 점포 등 관리자의 지위승계에 대하여는 아무런 규정이 없으므로 종전 대규모점포등 관리자의 관리비 부과·징수권한은 당연히 상실되고 새로운 대규모점포등 관리자가 관리비 부과·징수권한을 갖게 되므로 여기에 소송절차의 중단이나 수계절차가 개입할 여지가 없다.

(ii) 소송계속 중에 회사가 당사자의 합병으로 소멸됨으로써 소송절차의 중단사유가 발생하였음에도 이를 간과하고 변론이 종결되어 판결이 선고된 경우에, 그 판결은 소송에 관여할 수 있는 적법한 수계인의 권한을 배제한 결과가 되는 절차상 위법은 있지만 당연무효가 아니다. 다만 대리인에 의하여 적법하게 대리되지 않았던 경우와 마찬가지로 보아서 대리권의 흠을 이유로 상소 또는 재심에 의하여 그 취소를 구할 수 있을 뿐이다.

---

137) 대판 1983.2.22. 82사18.
138) 서울가판 2001.11.15. 2000느단6731.
139) 대판 2002.11.26. 2001다44352.
140) 대판 1962.9.27. 62다441.
141) 대판 2022.1.27. 2020다39719.

(iii) 그러나 소송대리인이 선임되어 있는 경우에는 제95조에 의하여 그 소송대리권은 당사자인 법인의 합병에 의해 소멸되지 않으므로 그 대리인은 새로운 소송수행권자로부터 종전과 같은 내용의 위임을 받은 것과 같은 대리권을 가지는 것으로 볼 수 있다. 따라서 법원이 당사자의 변경을 간과하여 판결에 구(舊) 당사자를 표시하여 선고한 때에는 소송수계인을 당사자로 경정(更正)하면 될 뿐이므로 구 당사자 명의로 선고된 판결을 대리권의 흠을 이유로 상소 또는 재심에 의하여 취소해서는 안 된다.[142)]

(다) **당사자의 소송능력 상실, 법정대리인(또는 대표자)의 사망, 대리권(대표권)의 소멸(제235조)**

(a) 당사자가 성년후견개시의 심판을 받아 소송능력을 잃은 때(민 제9조) 또는 법정대리인이 사망하거나 대리권을 잃은 때에 소송절차는 중단된다(제235조). 중단은 상대방에게 통지하여야 소멸의 효력이 생긴다(제63조 제1항). 법정대리인의 대표권이나 법인 대표자의 대표권 상실에는 법원의 가처분에 의한 직무집행정지의 경우도 포함된다.[143)]

(b) 그 외에 그 법정대리인에 대한 성년후견개시 및 파산(민 제127조), 친권상실의 선고(민 제924조), 친권자의 대리권·재산관리권 상실선고(민 제925조), 후견인의 결격사유 발생(민 제937조)도 대리권 상실로 인한 소송절차의 중단사유이다.

(c) 소송대리인의 소송대리권 소멸, 이 경우 본인(본인이 제한능력자인 경우에는 법정대리인)이 스스로 소송을 수행할 수 있기 때문에 중단사유가 아니다.

(라) **당사자적격을 상실한 결과 소송에서 당연히 탈퇴하는 경우** 다음과 같이 당사자적격을 상실한 결과 소송에서 당연히 탈퇴하는 경우에는 소송절차는 중단된다. 다만 법률행위로 소송목적을 양도하는 특정승계의 경우에는 양도인이 당연히 소송에서 탈퇴하지 않으므로 중단사유가 아니다.

(a) **신탁재산에 관한 소송에서 당사자가 되는 수탁자의 임무종료(제236조)** (i) 여기서의 신탁은 신탁법에 의한 수탁자의 임무종료를 의미하고, 명의신탁의 해지를 의미하지 않는다.[144)]

(ii) (ㄱ) 신탁으로 말미암은 수탁자의 위탁임무가 끝난 때에 소송절차는 중단되고, 이 경우 새로운 수탁자가 소송절차를 수계하여야 하지만, 소송대리인이 있는 경우에는 소송절차가 중단되지 아니하고(제238조), 소송대리권도 소멸하지 아니한다(제95조 3호). 따라서 전(前)수탁자가 파산선고를 받아 임무가 종료되었으나 소송대리인이 있어서 소송절차가 중단되지 아니하는 경우에는 원칙적으로 소송수계의 문제가 발생하지 아니하고, 소송대리인은 당사자의 지위를 당연승계하는 신(新)수탁자를 위하여 소송을 수행하게 되는 것이며, 그 사건의 판결은 신수탁자에 대하여 효력이 있다.

142) 대판 2002.9.24. 2000다49374.
143) 대판 1980.10.14. 80다623,624.
144) 대판 1966.6.28. 66다689.

(ㄴ) 이때 신수탁자로 당사자의 표시를 정정하지 아니한 채 전수탁자를 그대로 당사자로 표시하여도 무방하며, 신탁재산에 대한 관리처분권이 없는 자를 신당사자로 잘못 표시하였다고 하더라도 그 표시가 전수탁자의 소송수계인 등 신탁재산에 대한 관리처분권을 승계한 자인 것을 나타내는 문구로 되어 있으면 잘못 표시된 당사자에 대하여는 판결의 효력이 미치지 아니하고 여전히 정당한 관리처분권을 가진 신수탁자에 대하여 판결의 효력이 미친다.[145]

(iii) **수탁자의 자격으로 당사자가 된 피고가 신탁법 제11조에 따라 파산** 선고를 받아 수탁자가 될 수 없는 경우에는 수탁자로서의 임무가 종료되어 소송절차까지 중단되므로 상소를 제기할 권한이 없다. 또한 제236조에 따르면 수탁자가 그 자격으로 당사자가 되어 있는 소송이 계속되던 도중에 수탁자의 임무가 종료되는 경우에도 소송절차는 새로운 수탁자가 수계하도록 되어 있으므로 종전 수탁자인 피고의 파산관재인은 소송을 수계할 적격이 없다.[146]

(b) **일정한 자격에 기초하여 당사자가 된 자의 자격상실(제237조 제1항)** (i) 일정한 자격에 기초하여 당사자가 된 자라 함은 타인을 위하여 소송당사자가 되는 소송담당자를 말한다. 파산관재인(채무자회생 제359조), 회생회사의 관리인(채무자회생 제78조), 유언집행자(민 제1093조 이하), 관리비징수업무를 위탁받은 위탁관리업자[147] 등이다. 그 소송담당자가 당사자가 될 자격을 상실하면 새로운 당사자가 소송을 담당하도록 소송절차는 중단된다. 제3자의 소송담당 가운데는 추심명령을 얻은 압류채권자(민집 제238조, 제249조)[148]와 같이 본인은 당사자적격이 없고 소송담당자가 본인에 갈음하여 당사자적격이 있는 갈음형 소송담당의 경우에도 그 소송담당자가 당사자가 될 자격을 상실하면 소송절차는 중단된다. 부재자의 재산관리인이 소송계속 중에 해임당하여 관리권을 상실한 경우에도 소송절차는 중단된다.[149]

(ii) 그러나 채권질(債權質)의 질권자(민 제353조), 채권자대위권을 행사하는 채권자(민 제404조), 주주의 대표소송에서 주주(상 제403조) 등과 같이 본인도 당사자적격이 있지만 소송담당자도 본인과 병행하여 당사자적격이 있는 병행형 소송담당과 같은 경우에 소송담당자는 자기의 권리에 기초해서 소송을 수행하기 때문에 그 자격의 흠은 자신에게 국한될 뿐 본인의 소송에는 영향을 주지 않는다.

(c) **선정당사자 전원의 자격상실(제237조 제2항)** 또는 증권관련 집단소송에서 대표당사자 전원이 사임한 경우도 같다(증집소 제24조). 선정당사자 중 일부에 자격상실이 있는 경우에는 나머지 선정당사자들이 소송을 수행할 수 있기 때문에 소송절차가 중단되지 않는다.

(d) **파산재단에 관한 소송에서 당사자의 파산선고(제239조) 및 파산절차의 해지(제240조)** (i)

145) 대판 2014.12.24. 2012다74304.
146) 대판 2008.9.11. 2006다19788.
147) 대판 2022.5.13. 2019다229516(평석 [101]).
148) 대판 2000.4.11. 99다23888.
149) 대판 2002.1.11. 2001다41971.

(ㄱ) 채무자가 회생절차의 개시를 신청한 때에 법원의 회생절차개시결정이 있으면, 채무자는 업무의 수행과 재산의 관리 및 처분을 하는 권한을 모두 상실하고 이 모든 권한은 관리인에게 전속하므로(채무자회생 제56조), 채무자에게 속하는 전 재산은 회생절차의 구속을 받게 된다. 그 결과 회생절차개시결정이 있으면 채무자의 재산에 관한 소송은 중단되고(채무자회생 제59조 제1항), 당사자가 파산선고를 받은 때에 파산재단에 관한 소송절차는 중단된다(제239조). 따라서 채무자에 대하여 파산선고 이전의 원인으로 생긴 재산상 청구권, 즉 파산채권은 파산절차에 의하지 아니하고는 행사할 수 없으므로(채무자회생 제423조, 제424조), 재산상 청구권에 관한 소송이 계속하는 도중에 채무자에 대한 파산선고가 있게 되면 소송절차는 중단되어 파산채권자는 파산사건의 관할 법원에 채무자회생법 제447조 이하에서 정한 바에 따라 채권신고를 하여야 하고, 회생채권자는 위 법률 제147조 이하에서 정한 바에 따라 채권신고를 하여야 한다. 회생채권을 신고하지 않으면 회생계획인가 결정(채무자회생 제245조, 제246조)이 있는 때에 채무자는 법에 의하여 인정된 권리를 제외하고는 그 책임을 면하고 회생채권자는 실권되어 모든 처분권한을 상실한다(채무자회생 제251조).

(ㄴ) 소송계속 중에 당사자가 파산선고를 받은 때에는 파산선고 이전의 원인으로 생긴 재산상 청구권에 해당하는 파산채권에 관한 소송절차는 중단되고(제239조), 파산채권자가 파산법이 정한 채권신고기간 내에 적법한 채권신고를 하면 채권조사기일을 거쳐 파산관재인 또는 다른 채권자의 이의가 있는지 여부에 따라 그 채권이 확정판결과 동일한 효력이 있는 채권표상 확정채권이 되거나, 아니면 파산법에 따른 채권확정의 소송을 거쳐 그 채권의 존부가 결정되게 된다.[150)]

(ii) (ㄱ) 채권신고를 하게 되면 채권조사절차에서 그 파산채권이나 회생채권에 대한 이의가 없는 때에는 채권이 신고한 내용대로 확정되고(채무자회생 제458조, 제166조 1호) 확정된 파산채권을 파산채권자 표에 기재하거나 회생채권을 회생채권자표에 기재한 때에는 확정된 파산채권은 파산채권자 전원에 대하여(채무자회생 제460조), 확정된 회생채권은 회생채권자 전원에 대하여(채무자회생 제168조) 그 기재는 확정판결과 동일한 효력이 있으므로 계속 중이던 파산채권이나 회생채권에 관한 소송은 소의 이익이 없어 부적법하게 된다.[151)]

(ㄴ) 회생채권 또는 회생담보권에 관하여 이의가 있는 때에는 회생채권자는 회생채권의 적격과 권리를 확정하기 위하여 이의자 전원을 상대방으로 하여 법원에 채권조사확정의 재판을 신청할 수 있다(채무자회생 제170조 제1항).

(iii) 소송계속 중에 당사자가 파산선고를 받은 때에는 파산선고 전의 원인으로 생긴 재산상 청구권에 해당하는 파산채권에 관한 소송절차는 중단되고(제239조), 파산채권자가 채무자회생법이 정한 채권신고기간 내에 적법한 채권신고를 하면 채권조사기일을 거쳐 파산관재인 또

150) 대판 2005.10.27. 2003다66691.
151) 대판 2014.6.26. 2013다17971 참조.

는 다른 채권자의 이의가 있는지 여부에 따라 그 채권이 확정판결과 동일한 효력이 있는 채권표상 확정채권이 되거나, 아니면 파산법에 따른 채권확정의 소송을 거쳐 그 채권의 존부가 결정되게 된다.[152)]

(iv) (ㄱ) 파산채권의 경우, 소송계속 중인데 채권조사절차에서 그 파산채권에 대한 이의가 있어 파산채권자가 파산채권의 적격과 그 권리를 확정할 필요가 있을 때에는 파산채권자는 이의자 전원을 소송의 상대방으로 하여 계속 중이던 소송을 수계하고 청구취지 등을 채권확정소송으로 변경하여야 한다(채무자회생 제464조).[153)] 이의를 제기하지 않은 파산채권자에 대해서는 채권확정소송의 소의 이익이 없다.

(ㄴ) 회생채권이 소송계속 중인 경우, 회생채권자가 그 권리의 확정을 구하고자 하는 때에는 회생채권자는 이의자 전원을 소송의 상대방으로 하여 위 계속 중이던 소송을 수계하고 청구취지 등을 채권확정소송으로 변경하여야 한다(채무자회생 제172조).[154)] 따라서 이의자가 여럿인 경우의 채권확정소송은 고유필수적 공동소송이지만 이의를 하지 않은 회생채권자와의 관계에서는 합일·확정이 되지 않을 수 있다.

(ㄷ) 채권자대위소송에서도 채무자의 제3채무자에 대한 채권에 이의가 있는 경우에 채권자는 파산채권의 확정을 위하여 이의자 전원을 상대방으로 하여 소송을 수계하여야 한다(채무자회생 제464조).[155)]

(ㄹ) 채권자대위소송에서 원고는 채무자에 대한 자신의 권리를 보전하기 위하여 채무자를 대위하여 자신의 명의로 채무자의 제3채무자에 대한 권리를 행사하는 것이므로, 그 지위는 채무자 자신이 원고인 경우와 마찬가지라고 볼 수 있다. 그런데 소송 당사자가 파산선고를 받은 때에 파산재단에 관한 소송절차는 중단되고(제239조), 파산채권자는 파산절차에 의하지 아니하고는 파산채권을 행사할 수 없게 된다(채무자회생 제424조). 그리고 채무자가 파산선고 당시에 가진 모든 재산은 파산재단에 속하게 되고, 채무자는 파산재단을 관리 및 처분하는 권한을 상실하며 그 관리 및 처분권은 파산관재인에게 속하게 되므로(채무자회생 제382조 제1항, 제384조), 채무자에 대한 파산선고로 채권자가 대위하고 있던 채무자의 제3채무자에 대한 권리의 관리 및 처분권 또한 파산관재인에게 속하게 된다. 한편 채무자회생법은 채권자취소소송의 계속 중에 소송의 당사자가 아닌 채무자가 파산선고를 받은 때에는 소송절차는 중단되고 파산관재인이 이를 수계할 수 있다고 규정하고 있는데(채무자회생 제406조, 제347조 제1항), 채권자대위소송도 그 목적이 채무자의 책임재산 보전에 있으므로 채무자에 대하여 파산이 선고되면 그

152) 대판 1999.7.23. 99다22267, 2000.2.11. 99다8728 등 참조.

153) 대판 1999.7.23. 99다22267, 2009.10.29. 2009다58234, 2013.9.12. 2012다95486,95493 등 참조.

154) 청구취지를 변경하지 아니한 경우에 법원은 채권확정소송으로 청구취지 등을 변경할 의사가 없는지 석명하여야 한다(대판 2015.7.9. 2013다69866 참조).

155) 대판 2013.3.28. 2012다100746.

소송 결과는 파산재단의 증감에 직결된다는 점은 채권자취소소송에서와 같다. 이와 같은 채권자대위소송의 구조, 채무자회생법의 관련 규정 취지 등에 비추어 보면, 민법 제404조의 규정에 의하여 파산채권자가 제기한 채권자대위소송이 채무자에 대한 파산선고 당시 법원에 계속되어 있는 때에는 다른 특별한 사정이 없는 한 제239조, 채무자회생법 제406조, 제347조 제1항을 유추적용하여 그 소송절차는 중단되고 파산관재인이 이를 수계할 수 있다.[156]

(v) (ㄱ) 채무자회생절차에서의 소송수계는 회생채권을 확정시키기 위한 것이지 당사자가 교체를 준비하기 위한 것이 아니다. 그러므로 채무자회생절차에서의 수계는 채무자회생개시결정으로 소송절차가 중단된다고 하여 바로 이루어지는 것이 아니고 청구취지 등을 채권확정소송으로 변경하려면 수계가 필요하다(채무자회생 제172조).

(ㄴ) 파산선고에서도 그 파산채권에 대한 이의가 있어 파산채권자가 파산채권의 적격과 그 권리를 확정할 필요가 있을 때 청구취지 등을 채권확정소송으로 변경하려면 수계가 필요하다(채무자회생 제464조). 따라서 회생절차개시 이전의 원인으로 생긴 재산상 청구권(즉 회생채권)에 관하여 소송계속중이라 하더라도 회생절차개시결정 이후 회생채권신고를 하지 않으면 그 청구권에 관한 소송절차는 중단되지만 수계의 여지는 없다.[157] 당사자가 이 경우 수계신청을 하더라도 부적법하다.[158]

(vi) **재산상 청구에 관한 소송절차의 중단과 수계** (ㄱ) 당사자가 파산선고를 받은 때에 파산재단의 재산상 청구에 관한 소송절차는 중단된다. 그러나 채무자회생 법에 따른 수계가 이루어지기 이전에 파산절차가 해지되면 파산절차가 종결되어 위 소송절차의 중단이 해소된다. 그러므로 파산선고를 받은 자(즉 재산상 청구권자)가 당연히 재산상 청구권에 관한 소송절차를 수계하여(제239조) 중단된 소송절차를 속행하여야 한다.

(ㄴ) 파산재단에 속하는 재산에 관하여 파산선고 당시 법원에 계속 중인 소송은 파산관재인 또는 상대방이 이를 수계할 수 있다(채무자회생 제347조 제1항). 그런데 뒤에 파산절차가 해지되면 파산절차는 종결되어 파산선고를 받은 자(즉 재산상 청구권자)가 재산상 청구에 관해서 법원에 계속 중인 소송절차를 수계할 필요가 있으므로 그 때까지 소송절차는 중단된다(제240조).

(ㄷ) 채무자에 대한 파산선고 후에 파산폐지의 결정이 내려지고 그대로 확정되면, 채무자는 파산재단의 관리처분권과 파산재단에 관한 소송의 당사자적격을 회복한다. 이러한 사정은 직권조사사항으로서 당사자가 주장하지 않더라도 법원이 직권으로 조사하여 판단하여야 하고, 사실심 변론종결 이후에 당사자적격 등 소송요건이 흠이 되거나 그 흠이 치유된 경우 상고심에서도 이를 참작하여야 한다.[159]

---

156) 대판 2013.3.28. 2012다100746.
157) 대판 2016.12.27. 2016다35123.
158) 대판 2018.4.24. 2017다287587.

(ㄹ) 한편 소송 계속 중 한 쪽 당사자에 대하여 회생절차개시결정 또는 파산선고가 있었는데, 법원이 회생절차개시결정사실이나 그 파산선고 사실을 알지 못한 채, 회사관리인 또는 파산관재인이나 상대방의 소송수계가 이루어지지 아니한 상태 그대로 소송절차를 진행하여 판결을 선고하였다면, 그 판결은 소송절차의 중단 중에 선고된 것이므로, 소송에 관여할 수 있는 적법한 소송수계인이 법률상 소송행위를 할 수 없는 상태에서 심리되어 선고된 것이어서 절차상 위법하지만[160] 당연무효라고는 할 수 없고 마치 무권대리인에 의하여 적법하게 대리되지 아니하였던 경우와 마찬가지의 흠이 있는 경우에 해당하므로 이를 이유로 한 상소 또는 재심에 의하여 그 취소를 구할 수 있다.[161] 상소심에서 파산선고를 받은 자가 회생채권의 신고 등을 하고 수계절차를 밟은 경우에는 그와 같은 절차상 흠은 치유되어 그 수계와 상소는 적법한 것으로 된다.[162] 그러나 회생채권의 신고 등이 없다면 소송수계는 할 수 없다.[163]

(3) 소송절차가 중단되는 경우와 중단되지 않는 경우

(가) 당사자가 파산재단에 관한 소송에서 파산선고(제239조) 및 파산해지(제240조)를 받는 경우에는 소송절차가 중단되는데 이 경우에는 소송대리인이 있는 경우에 소송절차가 중단되지 않는다는 제238조가 적용되지 아니하므로 설령 소송대리인이 있더라도 소송절차의 중단에는 변함이 없다.

(나) (a) 위의 경우를 제외하고는 중단사유가 생긴 당사자 쪽에 소송대리인이 있으면 중단사유가 있어도 대리권이 소멸되지 않는다(제95조, 제96조). 따라서 이 경우에는 소송대리인이 소송을 수행할 수 있어 소송절차는 중단되지 않는다(제238조).

(b) 소송대리인이 선임되어 있는 경우에 그 대리인은 새로운 소송수행권자로부터 종전과 같은 내용의 위임을 받은 것과 같은 대리권을 가지는 것으로 볼 수 있으므로, 법원이 당사자의 변경을 간과하여 판결에 구 당사자를 표시하여 선고한 때에는 소송수계인을 당사자로 경정하면 되므로, 구 당사자 명의로 선고된 판결에 관하여 대리권의 흠을 이유로 상소 또는 재심에 의하여 취소할 필요가 없다.[164]

(c) 소송대리인은 심급대리가 원칙이므로 그 심급의 판결이 당사자에게 송달될 때 소송대리인의 대리권도 소멸되어 소송절차는 중단된다. 중단상태에서 제기한 상소는 부적법하지만 상소법원에서 수계신청을 하면 흠을 고칠 수 있다.[165]

---

159) 대판 2010.11.25. 2010다64877, 2017.2.9. 2016다45946.
160) 대판 2011.10.27. 2011다56057, 2015.10.15. 2015다1826,1833.
161) 대전판 1995.5.23. 94다28444, 대판 2013.9.12. 2012다95486,95493.
162) 대판 1999.12.28. 99다8971.
163) 대판 2016.12.27. 2016다35123.
164) 대판 2002.9.24. 2000다49374.

(다) **소송대리인은 있으나 당연승계인 일부를 누락한 경우** (a) 예컨대 상속인은 사망한 사람의 포괄승계인이므로 소송의 당사자가 될 사람이다 이 경우 망인의 소송대리인은 당사자 지위의 당연승계로 말미암아 상속인으로부터 새로이 수권을 받을 필요 없이 법률상 당연히 상속인의 소송대리인으로 취급되어 상속인들 모두를 위하여 소송을 수행하게 된다. 따라서 판결이 망인의 공동상속인 중 소송수계절차를 밟은 일부만을 당사자로 표시하더라도 수계절차를 밟지 아니한 나머지 공동상속인들에게도 그 효력이 미친다.[166)]

(b) 따라서 제1심에서 이미 수계한 자 이외에 소송대리인이 선임되지 아니한 망인의 나머지 상속인들에게도 소송대리인을 선입한 공동상속인의 항소제기에 의하여 항소의 효력이 미쳐서 판결의 확정이 차단되므로 소송은 전체로서 항소심에 이심(移審)된다.

(c) (i) 주의할 점은, 망인의 소송대리인에게 인정되는 수권의 효력이 상소 제기에 한정된다는 것이다. 상소 제기 이후의 절차에서는, 소송대리권이 없는 망인의 공동상속인들에게까지 그 효력이 미치지 않는다. 따라서 그들이 모두 고유필수적 공동소송관계에 있지 않는 이상, 소송대리인이 없는 공동상속인에 관한 절차는 중단될 수밖에 없다. 여기서 공동상속인이라고 해서 반드시 필수적 공동소송관계에 있는 것은 아니다. 예를 들어, 공동상속인들은 분할되기 전의 공동상속채무에 관하여 제3자에 대해 각자 불가분채무를 부담하므로(민법 제411조), 공동상속인들에 대한 피상속인 채무의 이행청구는 필수적 공동소송관계가 아니다. 따라서 필수적 공동소송관계에 있지 않은 공동상속인들 중, 소송대리인이 선임되지 않은 누락된 상속인은 상소제기 이후 소송대리인이 없는 상태가 되어 그 절차가 소송중단 상태(민사소송법 제233조 제1항)에 들어간다. 이 경우 그 상속인에게는 항소기간이 진행되지 않으며, 항소심 판결 선고 전까지는 별도의 추후보완 절차 없이 언제든지 항소심에 관여하여 추가판결을 받을 수 있다.

(ii) 대결 1992.11.5. 91마342는, 법리 자체는 위와 같지만, 통상 공동소송의 사건에서 '상소제기의 특별수권 범위'를, 필수적 공동소송에서와 같이 상소제기 뿐 아니라 상소심에서의 일체의 응소 행위까지 포함한다고 오해함으로써 소송중단상태의 공동상속인들을 소송중단이 아닌 것으로 보아 그들에 대하여 상소기간이 지났다고 판단한 잘못이 있는 것이다.

(d) 공동상속인들이 필수적 공동소송관계에 있는 경우를 본다. 이 경우에는 합일·확정(제68조 제1항)의 필요성에 의하여 소송진행이 공통되므로 공동상속인 일부에게 소송대리인이 선임되어 있지 않다고 해서 그들의 소송절차가 중단되는 것은 아니다. 따라서 공동소송인 일부가 항소를 제기하면 항소하지 않은 공동상속인들도 항소당사자로서 항소심에 이심된다. 그러므로 항소심에서는 항소하지 않은 나머지 모두를 포함하여 소송을 진행하여야 하며, 또, 공동상속인 전원에 대하여 판결을 하여야 하고 그렇지 않으면 위법이다.[167)] 그 위법판결은 상고

165) 대판 1996.2.9. 94다61649. 대판 2016.9.8. 2015다39357(평석은 [73] 참조).
166) 대판 2010.12.23. 2007다22859(평석은 [11] 참조).

에 의하여 취소하여야 하며, 판결이 확정된 경우에는 재심으로도 시정할 수 없다. 당사자의 누락은 제451조 제1항 9호의 '판단누락'에서 제외되기 때문이다. 그러므로 공동상속인 모두가 당사자가 되는 새로운 소송을 제기하여야 할 것이다.

2. * 중단의 해소

소송절차의 중단은 당사자의 수계신청(제241조) 또는 법원의 속행명령(제244조)에 의하여 해소된다. 해소되면 소송절차가 다시 진행된다.

(1) 수계신청

수계신청이라 함은 소송수행자가 중단된 소송절차의 속행을 구하는 신청을 말한다. 채무자회생법에 따른 수계가 이루어지기 전에 파산절차가 해지되면 파산선고를 받은 자가 당연히 소송절차를 수계한다(제239조 후단).

(가) 수계신청권자 (a) 수계신청은 중단사유가 있는 당사자 쪽의 새로운 소송수행자뿐만 아니라 그 상대방도 할 수 있다(제241조). 새 수행자는 각 중단사유마다 법정되어 있다. 법인이 합병된 때에는 합병 후의 신 법인이고(제234조), 소송능력이 상실되었거나 법정대리권이 소멸된 경우에는 소송능력을 회복한 당사자 또는 법정대리인이다(제235조). 당사자 사망의 경우에는 상속인(민 제1000호) · 상속재산관리인(민 제1053조) · 유언집행자(민 제1103조) 또는 수증자 등이다. 합병에 의하여 흡수 또는 설립된 노동조합은 합병 전 노동조합이 당사자의 소송절차를 수계할 수 있다.[168]

(b) 타인의 양자(養子)로 출계(出繼)한 자는 그 생부의 상속인이라 할 수 없으므로 생부가 사망한 경우에는 그 생부의 소송을 수계할 자격이 없다.[169]

(c) 소송계속 중 토지개량조합이 분할되어 새로운 토지개량조합이 설립된 경우에는 법원은 직권으로 조사하여 새로 설립한 토지개량조합을 소송수계인으로 보아 소송절차를 진행하여야 한다.[170]

(d) 가사소송사건의 원고가 사망하거나 그 밖의 사유(소송능력을 상실한 경우는 제외)로 소송절차를 계속하여 진행할 수 없을 때에는 제소할 수 있는 다른 제소권자가 소송절차를 승계할 수 있으며(가소 제16조 제1항), 6개월 이내에 승계신청을 하지 않으면 소가 취하된 것으로 본다

167) 대판 2011.6.24. 2011다1323.

168) 합병에 의하여 흡수 또는 설립된 노동조합은 흡수 또는 소멸된 노동조합이 당사자로 된 소송절차를 수계할 수 있다(서울고판 2011.8.10. 2010누37782).

169) 대판 1948.4.12. 4281민상417.

170) 대판 1970.4.28. 67다1262.

(가소 제16조 제2항 · 제3항).

(나) 신청하여야 할 법원 수계신청은 소송절차가 중단된 당시에 소송이 계속된 법원에 하여야 한다. 종국판결이 선고된 뒤에 중단되었을 때에는 제243조 제2항에 따라 그 재판을 한 법원에 신청하여야 한다. 그러나 중단사실을 간과하여 사건이 상소심에 계속 중에는 당사자표시정정의 법리를 유추하여 그 상소심에 신청하여야 한다.

(다) 수계절차 (a) 수계신청은 서면 또는 말로 할 수 있다(제161조). 신청인은 새로운 소송수행자라는 사실 및 수계의 의사표시를 하여야 하며, 새 수행자의 자격을 증명하는 자료를 붙여야 한다. 새 수행자가 상소를 제기하거나 기일지정을 신청하는 것은 수계의 의사표시를 명백하게 한 것이기 때문에 수계라는 표시를 하지 않더라도 묵시의 수계로서 허용된다.

(b) 수계신청이 있으면 법원은 상대방에 대하여 통지하여야 한다(제242조). 상대방에 대한 관계에서는 통지할 때에 중단이 해소된다.

(라) 수계에 대한 재판 (a) 수계신청이 있으면 법원은 직권으로 수계여부를 조사하여 이유 없다고 인정될 때에는 결정으로 기각한다(제243조 제1항). 이 결정에 대하여는 통상항고를 할 수 있다(제439조). 수계신청이 기각되면 중단이 해소되지 않으므로 다시 새로운 수계신청이 필요하다.

(b) 수계신청이 이유 있다면 종국판결 이전에는 기일을 지정하고 당사자에게 통지하여 사실상 변론을 속행하는 것으로 충분하며 따로 이에 관한 재판을 열 필요가 없다. 판결이 송달된 후에 중단된 경우에는 그 재판을 한 법원이 수계결정을 하여야 한다(제243조 제2항). 상소기간은 그 결정이 송달된 때로부터 진행된다.

(c) 당사자의 사망으로 말미암은 소송수계 신청이 이유 있다고 하여 소송절차를 진행시켰으나 그 후에 신청인이 그 자격 없음이 판명된 경우에는 수계재판을 취소하고 신청을 각하하여야 한다. 그런데 위의 경우에 법원이 수계재판을 취소하지 아니하고 수계인이 진정한 재산상속인이 아니어서 청구권이 없다는 이유로 본안에 관한 실체 판결을 하였다면 진정 수계인에 대한 관계에서는 소송은 아직도 중단상태에 있다고 할 것이지만 참칭 수계인에 대한 관계에서는 판결이 확정되어 기판력을 가진다.[171] 그러므로 당사자 한 쪽이 사망하여 소송절차가 중단된 경우에도 판결을 선고할 수 있고, 이 경우 수계신청이 있으면 소송수계를 명해야 한다.[172]

(2) 속행명령

당사자 양쪽이 수계신청을 하지 아니하는 경우, 법원은 직권으로 속행을 명하는 결정을 함으로써(제244조) 중단을 해소할 수 있다. 속행명령이 당사자에게 송달되면 중단은 해소된다.

171) 대판 1981.3.10. 80다1895.
172) 대전지법 홍성지결 1993.6.18. 91가단575.

속행명령을 하는 법원은 소송이 중단된 법원으로서 이 명령은 중간적 재판이므로 독립하여 불복할 수 없다.

소송절차의 중단과 해소

구분	사유	내용	예외/특이사항
의의	소송계속 중 당사자 변동	새 당사자에게 절차 참여 기회 보장 위해 당연정지	소송계속 없는 경우 중단 불가
중단사유	당사자 사망·실종·법인 합병	상속인·합병신청 시까지 중단	일신전속적 권리는 소송종료
	법인 합병	소멸법인 → 중단 합병 아닌 해산(청산법인) = 중단 아님	영업양도는 원칙상 불승계
	소송능력·대리권 상실	성년후견개시, 법정대리인 사망, 대표권 소멸	단순 소송대리권 소멸은 중단 아님
	당사자적격 상실	신탁수탁자 임무종료, 파산관재인·관리인·유언집행자 종료	선정당사자 전원 상실
	파산선고	파산재단 관련 소송은 중단	**대리인 있어도 중단됨**
중단되지 않는 경우	소송대리인 존재	원칙적으로 중단 없음	단, 파산재단 관련 소송은 예외
해소방법	수계신청	신규 당사자·상대방 신청 가능, 상소제기·기일신청도 묵시적 수계	기각 시 다시 신청 필요
	속행명령	당사자 쌍방이 수계하지 않으면 법원 직권 명령	송달 시 효력 발생, 독립 불복 불가

□ **핵심정리**

원칙: 대리인 있으면 중단 없음

예외: 파산재단 관련 소송

해소: 수계신청(원칙) ↔ 속행명령(보충)

3. 소송절차의 중지

중지사유는 다음과 같다.

(1) 직무집행 불가능으로 말미암은 중지(제245조)

천재지변, 그 밖의 사고로 법원 전체가 직무집행을 할 수 없게 된 경우이다.

(2) 당사자의 장애로 말미암은 중지(제246조)

당사자가 전쟁 그 밖의 사유로 법원에 출석하여 소송행위를 할 수 없는 장애사유가 발생한 경우이다.

(3) 그 밖의 중지

위헌여부제청(헌재 제42조 제1항), 조정에 회부(민조규 제4조 제1항), 채무자회생 및 파산사건에서 회생절차개시결정(채무자회생 제58조 제2항) 등에는 당연히 소송절차가 중지되고, 특허심결이 선결관계에 있는 경우(특허 제164조 제2항 등) 채무자회생 및 파산절차에서 회생절차개시의 신청이 있는 경우(채무자회생 제44조)에는 법원의 재량에 의하여 중지할 수 있다.

4. 소송절차정지의 효과

(1) 소송절차상 행위

(가) 소송절차 정지 중에 한 당사자의 소송행위는 상대방에 대한 관계에서 원칙적으로 무효이다. 뒤에 정지가 해소된다고 하여 소급해서 유효가 되는 것이 아니다.

(나) 정지 중에 한 법원의 재판, 증거조사 기타의 행위는 당사자 양쪽과의 관계에서 무효이지만, 소송절차에 관한 이의권을 포기하거나 상실당함으로써(제151조) 유효하게 될 수 있다. 다만 변론종결 이후에 중단이 생겼을 때에는 당사자의 절차관여가 필요하지 않고 빨리 재판하는 것이 좋기 때문에 중단 중에도 판결을 선고할 수 있다(제247조 제1항). 그러므로 당사자 한쪽이 사망하여 소송절차가 중단된 경우에도 판결을 선고할 수 있으므로, 이 경우 소송수계신청이 있으면 소송수계를 명해야 한다.[173] 그러나 판결의 송달은 중단 중에는 당사자가 송달받을 능력이 없기 때문에 중단 해소 후에 하여야 한다.

(다) 변론종결 이전에 정지된 경우에는 변론을 종결할 수 없으므로 판결을 선고할 수 없다. 그러나 판결을 선고하더라도 당연무효라고는 할 수 없다. 그러므로 만약 사망한 당사자에게 상속인이 있는데도 수계절차를 밟지 아니하고 종국판결을 선고하였다면 그 판결은 수계할 당사자의 법률상 소송수행을 방해하는 상태에서 한 것이므로 적법한 대리가 없었던 경우와 같이 보아야 할 것이다.[174] 따라서 대리권의 흠을 유추하여 상소(제424조 제1항 4호) 또는 재심(제451조 제1항 3호)에 의해서 취소할 수 있다. 다만 불이익을 받은 당사자가 추인하면 그 사유가 소멸된다.

---

173) 대전지법 홍성지결 1993.6.18. 91가단575.
174) 대전판 1995.5.23. 94다28444.

(2) 기간의 진행

소송절차가 정지되면 기간은 진행을 하지 않는다. 정지가 해소되면 다시 기간이 진행되는데 그 때에는 정지가 해소된 이후에 남은 기간이 아니라 처음부터 다시 기간이 진행된다.

제2절 변론

[63] 제1. 변론의 뜻과 종류

1. 변론

(1) 변론의 뜻

(가) 변론이라 함은 좁게는 당사자가 변론기일에 말로 하는 사실과 증거에 관한 재판자료의 제출행위이다. 하지만 넓게는 당사자의 위와 같은 소송행위 이외에 법원이 말로 하는 증거조사나 소송지휘(제135조) 및 판결의 선고까지 포함한다.

(나) 질병, 장애, 연령 등 정신적·신체적 제약이 있는 사회적 약자는 법원의 허가를 받아 법정에서 진술을 도와주는 사람과 함께 출석하여 진술을 할 수 있다(제143조의2 제1항).

(2) 변론에서 쓰는 용어(用語)

법정에서는 국어를 사용하며, 소송관계인이 국어가 통하지 아니하는 경우에는 통역에 의하고(법조 제62조), 외국어로 작성된 문서에는 번역문을 붙여야 한다(제277조). 변론에 참여하는 사람이 우리말을 하지 못하거나, 듣기나 말하는데 장애가 있으면 통역인에게 통역하게 하여야 한다. 다만 위와 같은 장애가 있는 사람에게는 문자로 질문하거나 진술하게 할 수 있다(제143조 제1항). 통역인에게는 감정인에 관한 규정을 준용한다(제143조 제2항).

특허법원이 심판권을 가지는 사건 및 특허권 등의 지식재산권에 관한 소(제24조 제2항) 및 서울중앙지방법원에 제기된 특허권 등의 지식재산권에 관한 소(제24조 제3항)의 제1심 사건을 담당하는 법원은 당사자의 동의를 받아 당사자가 법정에서 외국어로 변론하는 것을 허가할 수 있다(법조 제62조의2 제1항 전행). 이 경우에는 제143조 제1항이 적용되지 아니하므로 변론에 참여하는 사람이 우리말을 하지 못하거나 듣거나 말하는 장애가 있을 필요가 없으며, 또 제

277조가 적용되지 아니하므로 외국어로 작성된 문서에 번역문을 붙일 필요가 없다(법조 제62조 제1항 후행).

2. 종류

(1) 필수적 변론

(가) 재판은 반드시 변론을 거쳐야 하고, 변론에서 말로 제출된 재판자료만 참작하여야 한다. 이를 필수적 변론이라고 한다. 판결로 재판할 때에는 당사자가 원칙적으로 법원에서 변론을 하여야 한다(제134조 제1항). 다만 피고가 소장 부본을 송달받은 날로부터 30일 이내에 답변서를 제출하지 아니하여 변론 없이 판결을 하는 때(제257조 제1항), 소나 상소를 각하하는 판결을 하는 때(제219조, 제413조), 소액사건에서 소송기록으로 청구가 이유 없는 것이 명백하여 기각판결을 하는 때(소심 제9조 제1항), 상고심판결을 하는 때(제430조), 소송비용의 담보를 제공하여야 할 결정을 받고도 담보를 제공하지 아니한 때(제124조)에는 변론 없이 서면으로 심리할 수 있다(제134조 제3항).

(나) 지금까지의 법원 실무는, 재판은 법정에서 하므로(법조 제56조 제1항) 소를 제기한 당사자는 무조건 법정에 출석할 의무가 있는 듯이 이해하는 것으로 보인다. 그러나 민사재판의 경우 소송을 제기한 당사자 아닌 피고등 소극적 당사자는 꼭 법정에 출석할 의무가 있는 것도 아니고, 적극적으로 소송을 제기한 원고등 당사자 역시 법정에 출석하지 아니할 경우에 소송진행을 태만히 한데 대한 불이익이 있을지언정 증인불출석과 같이 제재를 받는 것이 아니어서 법정에 출석할 의무가 있는 것이 아니다. 따라서 재판의 개념은 법정(法廷)이라는 장소라기보다는 당사자가 소송행위를 말로 할 수 있는 영역이라고 하여야 할 것이다. 민사소송법 제정당시에는 과학기술의 미숙으로 당사자들은 법정에 출석하지 아니하고서는 법관에 대하여 말로 소송행위를 할 수 없었으나 이제는 전자기술이 발달하여 당사자가 법정에 출석하지 아니하더라도 말로 변론을 할 수 있는 영역이 생겼으므로 그 경우까지 재판의 성립을 부정하는 것은 과학기술의 발달을 간과한 것이다. 특히 전자문서는 증거방법으로서 유형물이 아니라 시공을 초월하는 무형물인 '정보'에 관한 것이므로 더욱 그러하다. 그런데 2021.8.17. 법률 제18396호로 민사소송법 일부 개정에 따라 우리나라에서도 당사자의 비대면(非對面) 영상재판[175]이 허용되었으므로 재판의 개념은 확대되어 당사자가 법정에 출석하지 아니하더라도 비디오 등 중계장치에 의한 중계시설을 통하거나 인터넷 화상장치를 이용하여 말로 진술할 수 있다면 이를 모두 변론이라고 불러도 좋을 것이다.

---

175) 이에 관해서는 강현중, 영상변론(법률신문 2018.10.15.자)([127] 참조).

(2) 임의적 변론

(가) 법원이 결정으로 완결할 사건에서 변론을 열 것이냐는 법원의 재량이다(제134조 제1항 단서). 이를 임의적 변론이라고 한다. 제척·기피(제46조), 관할의 지정(제28조), 소송인수(제82조), 소송비용의 확정(제110조, 제113조, 제114조) 소송구조(제128조), 판결경정(제211조) 등이 이에 속한다.

(나) 임의적 변론에서는 변론을 열지 아니하고서도 당사자, 이해관계인 그 밖의 참고인들을 불러 심문할 수 있다(제134조 제2항). 심문은 당사자, 이해관계인 그 밖의 참고인들에게 서면 또는 말로 진술할 기회를 주는 것을 말한다. 따라서 반드시 공개법정을 열 필요는 없는 것이다. 공개법정을 열더라도 재판장·수명법관 또는 수탁판사는 상당하다고 인정하는 때에는 당사자의 신청을 받거나 동의를 얻어 비디오 등 중계장치에 의한 중계시설을 통하거나 인터넷 화상장치를 이용하여 변론준비기일 또는 심문기일을 열 수 있는 영상심문을 할 수 있다(제287조의2 제1항).

(다) 심문은 특별히 심문을 필요로 하는 경우(제82조 제2항, 제317조 제1항)와, 심문을 거칠 필요가 없는 경우(제467조)가 아니면 법원의 재량에 속한다.

(라) 임의적 변론에서는 말로 하는 진술뿐 아니라 서면으로 하는 진술도 모두 재판의 자료로 참작된다. 이점에서 필수적 변론과 근본적으로 차이가 난다.

3. * 영상재판

(1) 개념

영상재판이라 함은 재판부 및 소송관계인의 전부 또는 일부가 법정에 직접 출석하지 않고 영상과 음성을 동시에 송수신하는 장치가 갖추어진 다른 장소에 출석하여 진행하는 절차를 말한다[영상재판의 실시에 관한 업무처리지침(재일 2021-2,[176] 이하 영상 업무처리지침이라고 줄인다) 제2조 1호]. 여기에는 화상장치[177]를 이용한 영상재판과 중계시설[178]을 통한 영상재판이 있다.

---

176) 재판예규 제1839호, 개정 2023.1.9.

177) "화상장치"라 함은 참석자가 구비한 인터넷화상장치로서 안터넷망을 통해 영상과 음성을 동시에 송수신하는 장치를 말한다(영상 업무처리지침 제2조 5호).

178) "중계시설"이라 함은 법원이 직접 구비하거나 관공서나 그 밖의 공사단체에 요청하여 이용하는 비디오 등 중계장치에 의한 중계시설로서 통신망을 통해 영상과 음성을 동시에 송수신할 수 있는 장치가 있는 시설을 말한다(영상 업무처리지침 제2조 4호).

(2) 영상심문, 영상변론 및 영상신문

영상재판은 당사자의 불출석 상태에서 영상기일[179]에 실시하는데 여기에는 영상심문(제287조의2 제1항), 영상변론(제287조의2 제2항) 및 영상신문(제287조의2 제3항, 제327조의2 제2항)의 형식으로 이루어진다.

(가) 영상심문

(a) 의의 　필수적 변론과 선고를 필요로 하지 않는 결정·명령절차에서는 변론을 열 것인지 아닌지를 결정하는 것은 재판기관의 재량이고(제134조 제1항 단서) 변론을 열더라도 이를 변론이라 하지 아니하고 심문이라고 한다. 이 심문과정에서 재판장·수명법관 또는 수탁판사(이하 '재판장 등'이라 한다)가 당사자 불출석 상태에서 상당하다고 인정하는 때에 당사자의 신청을 받거나 동의를 얻어 비디오 등 중계장치에 의한 중계시설을 통하거나 인터넷 화상장치를 이용하여 변론준비기일 또는 심문기일을 열 수 있는데 이를 영상심문이라 한다(제287조의2 제1항).

(b) 개별규정 　(i) 민사소송절차에는 민소전자문서법이 적용되므로(민소전자문서 제3조 1호) 전자문서에 의한 민사소송의 수행이 가능하다(민소전자문서 제5조). 전자문서에 관해서는 당사자의 불출석 상태에서 영상전송으로 심문절차를 진행하더라도 그것이 재판장 등의 재량에 속하는 이상 특별한 문제가 없지만 제287조의2 제1항은 전자문서를 이용하는 재판이 아니더라도 재판장 등이 상당하다고 인정하는 때에 당사자의 신청을 받거나 동의를 얻어 비디오등 중계장치에 의한 중계시설을 통하거나 인터넷 화상장치를 이용하여 변론준비기일 또는 심문기일을 열 수 있도록 하였다.

(ii) 민사집행절차도 민소전자문서법이 적용되므로(민소전자문서 제3조 5호) 　전자문서에 의한 민사집행의 수행이 가능하다. 민사집행법상 가압류·가압류 등 보전처분의 신청에 대한 재판은 변론 없이 할 수 있고(민집 제280조 제1항) 설령 변론에 의하더라도 결정으로 재판하는 이상(민집 제281조 제1항) 당사자가 법정에 출석하지 아니하고 영상재판을 실시하는 데 지장이 없다. 또 보전처분에 대한 이의신청이 있는 때에 법원은 변론기일 또는 당사자 양쪽이 참여할 수 있는 심문기일을 정하고 당사자에게 이를 통지하여 행하는데(민집 제286조 제1항) 이의(異議)신청에 대한 재판이 임의적 변론을 전제로 하는 결정인 이상(민집 제286조 제3항) 영상재판을 하는 데는 지장이 없다. 임시의 지위를 정하기 위한 가처분의 재판에는 변론기일 또는 채무자가 참석할 수 있는 심문기일을 열어야 하는데(민집 제304조) 이 경우에도 임의적 변론을 전제로 하므로 영상재판에는 지장이 없다. 청구에 관한 이의의 소는 제1심판결법원에서(민집

---

179) 영상기일이라 함은 제287조의2 제1항 및 제2항에 따른 기일 및 그 밖에 이에 준하는 기일을 말한다(영상 업무처리지침 제2조 2호).

제44조 제1항), 제3자이의의 소는 집행법원 또는 집행법원이 있는 곳을 관할하는 지방법원 합의부(민집 제48조 제2항)에서 일반 민사소송절차에 따라 심리하고 필수적 변론을 거쳐 판결로 그 당부를 판단하므로 이 경우의 영상재판은 뒤에서 설명하는 영상변론(제287조의2 제2항)에 의하여야 할 것이다.

(iii) 가사소송절차도 민소전자문서법이 적용되므로(민소전자문서 제3조 2호) 전자문서에 의한 가사소송의 수행이 가능하다. 그러나 가사소송, 가사조정의 경우에는 영상재판을 하지 않은 것이 좋다. 이들 사건은 당사자가 법정에 직접 출석하여 법관에게 비공개로 자기의 진심을 토로할 필요가 많기 때문에 영상재판은 적절하지 않을 것이다.

(iv) 채무자회생 및 파산절차도 민소전자문서법이 적용되므로(민소전자문서 제3조 6호) 전자문서에 의한 절차수행이 가능하다. 채무자회생 및 파산에 관한 법률의 규정에 의한 재판은 변론을 열지 아니하고 할 수 있다(회생 제12조 제1항). 그러나 채무자회생개시 및 파산선고는 채무자의 영업상 기밀 및 명예와 관련이 깊으므로 영상재판을 하지 않는 것이 좋다.

(v) 비송절차도 민소전자문서법이 적용되므로(민소전자문서 제3조 7호) 전자문서에 의한 비송절차수행이 가능하다. 그러나 비송사건에 관한 재판은 결정으로 하고(비송 제17조 제1항) 법원은 공개함이 적정하다고 인정하는 자에게 방청을 허가하는 경우를 제외하고는 심문은 원칙적으로 공개하지 않는다(비송 제13조). 이것은 비송재판의 대부분이 개인적인 특수성이 있는 것을 고려한 것이라 할 수 있다. 따라서 비송사건은 결정으로 재판을 하지만 불특정 다수인에게 공개될 수 있는 영상재판은 삼가하여야 할 것이다.

(vi) 특허절차도 특허법 제9장 특허소송에 한정하여 민소전자문서법이 적용되므로(민소전자문서 제3조 4호) 전자문서에 의한 소송수행이 가능하다(민소전자문서 제5조). 특히 특허취소결정 또는 심결에 대한 소 및 특허취소신청서 · 심판청구서 · 재심청구서의 각하결정에 대한 소는 특허법원의 전속관할인데(특허 제186조) 이들 특허소송사건에서 변호사가 전자민사소송을 수행하는 것은 특허사건의 성질상 가장 자연스럽다. 그러므로 특허법원의 재판장은 사건 관리 화상회의를 열어 영상 · 음성의 송수신에 의하여 동시에 통화를 할 수 있는 방법으로 절차 진행에 관한 사항을 협의할 수 있고, 재판장은 수명법관을 지정하여 위 절차를 담당하게 할 수 있다고 하였다.[180] 따라서 특허소송사건에서의 영상재판은 언제든지 가능하다.

(vii) 민사조정법상 조정에 관하여는 그 성질에 반하지 아니하는 범위에서 비송사건절차법 제1편을 준용한다(민조 제39조). 하지만 민사소송법 제51조, 제52조, 제55조부터 제60조(제58조 제1항 후단은 제외)까지, 제62조, 제62조의2, 제63조 제1항, 제64조, 제87조, 제88조, 제145조 및 제152조 제2항 · 제3항을 준용하고(민조 제38조 제1항), 기일, 기간 및 서류의 송달에 관하여

180) 심결취소소송의 심리 매뉴얼 3면 III. 사건의 분류와 변론의 준비 3. 사건 관리를 위한 화상회의 가. 참조.

는 민사소송법을 준용하므로(민조 제38조 제2항) 민소전자문서법이 적용되는데 문제없어 영상재판이 가능하다.

(viii) 민사소송에서 소액소송절차는 전자 민사소송의 주된 서비스 항목이다. 소액소송절차가 당사자의 법정출석이 없이 전산정보처리 시스템에 의할 경우에 소비자 권익 보호의 잠재적 기능을 발휘할 수 있어 법원과 소송당사자에게 중대한 이익을 가져다주게 되는 것이다. 동시에 전자민사소송이 도입되어서 소액분쟁해결에서 과도한 법률주의가 초래할 폐단을 피하고 법률이 인정주의·개인주의에 빠지지 않도록 하는 역할을 할 수 있다.

(ix) 독촉절차라 함은 금전 그 밖의 대체물이나 유가증권의 일정한 수량을 지급하라는 청구에 대하여 법원이 신청인의 신청에 따라 상대방에게 그 지급을 명령할 수 있는 절차를 말한다(제462조). 채권자가 통상 소송절차에 의할 것인가, 독촉절차에 의할 것인가를 자유로이 선택할 수 있으며 독촉절차도 민사소송절차의 하나이기 때문에 특별한 규정이 없는 한 민사소송법의 총칙 편 규정이 적용된다. 채무자가 지급명령을 받고도 다투지 않은 경우에는 지급명령에 확정력 및 집행력이 부여됨으로써 통상 판결절차보다 간이하고 신속하게 집행권원을 얻게 한다는 점에서 특별소송절차라 할 수 있다. 이 절차는 당사자를 법정에 출석시키지 아니하고, 인지액이 저렴한 점 등에 이용가치가 있다. 그 의미에서 독촉절차는 일종의 자동판단 소송제도이다. 각 나라에서도 독촉절차는 자동화 수단을 통하여 처리하며 판사의 작용이 크지 않다. EU, 대만, 일본 모두 단독 입법 또는 민사소송법을 개정하는 방법을 통하여 전자독촉절차를 두고 있고 우리나라에서도 전자민소법을 독촉절차에 적용하고 있어 영상재판의 실시에 문제가 없다.

(나) 영상변론

(a) **의의** 법원은 교통의 불편 또는 그 밖의 사정으로 당사자가 법정에 직접 출석하기 어렵다고 인정하는 때에는 당사자의 신청을 받거나 동의를 얻어 심리의 공개에 필요한 조치를 취한 상태에서 비디오 등 중계장치에 의한 중계시설을 통하거나 인터넷 화상장치를 이용하여 영상변론을 할 수 있는 변론기일을 열 수 있다(제287조의2 제2항).

(b) **개별규정** (i) **변론준비절차의 시행** 재판장등은 변론준비절차에서 효율적이고 신속한 변론진행을 위하여 당사자와 변론의 준비, 진행 및 변론에 필요한 시간에 관한 협의를 할 수 있다(민소규 제70조 제3항). 재판장 등은 당사자와 준비서면의 제출횟수, 분량, 제출기간 및 양식에 관한 협의를 할 수 있고, 이에 관한 합의가 이루어진 경우 당사자는 그 협의에 따라 준비서면을 제출하여야 하며(민소규 제70조 제4항), 기일을 열거나 당사자의 의견을 들어 양쪽 당사자와 음성의 송수신에 의하여 동시에 통화를 할 수 있는 방법으로 위의 제3항 및 제4항에 따른 협의를 할 수 있으므로(민소규 제70조 제5항) 당사자가 불출석하는 영상기일에서의 영상변론 시행에 지장이 없다.

(ii) **전자문서로 하는 변론** 소장, 답변서, 준비서면 그 밖에 이에 준하는 서류가 전자문서로 등재되어 있는 경우 그에 따른 변론은 당사자가 말로 중요한 사실상 또는 법률상 사항에 대하여 진술하거나 법원이 당사자에게 말로 해당사항을 확인하는 방식으로 하며(민사소송 등에서의 전자문서이용 등에 관한 규칙, 약칭 민소전자문서규칙 제30조 제1항), 위 제1항에 따른 변론은 컴퓨터 등 정보처리능력을 갖춘 장치에 의하여 전자문서를 현출한 화면에서 필요한 사항을 지적하면서 할 수 있고(위 규칙 제30조 제2항), 제출된 멀티미디어 방식의 자료에 따른 변론은 제1항의 방식과 함께 컴퓨터 등 정보처리능력을 갖춘 장치에 의하여 재생되는 음성이나 영상 중 필요한 부분을 청취 또는 시청하는 방법으로 하므로(위 규칙 제30조 제3항) 당사자가 불출석하는 영상기일의 영상변론에서 전자문서에 따른 변론을 하는데 아무런 지장이 없다. 한편 변론준비기일에서 당사자가 변론의 준비에 필요한 주장과 증거를 정리하는 경우, 변론기일에서 변론준비기일의 결과를 진술하는 경우 또는 항소심에서 제1심 변론결과를 진술하는 경우에 제1항 내지 제3항을 준용하므로(위 규칙 제30조 제4항) 여기서도 당사자가 불출석하는 영상기일의 영상변론 시행에 지장이 없다.

(iii) **필수적 변론** (ㄱ) ① **영상변론의 법적 근거** 영상변론의 도입과정에서 종래의 법원 실무는 영상으로 원·피고가 변론하는 이른바 '온라인 변론'은 아직 시기상조라는 의견이 지배적이라는 이유로 필수적 변론절차에서 영상재판의 실시에 관해서 부정적인 입장이었다.[181] 그 이유는, 한 쪽 당사자만 법정에 재정(在廷)하고 다른 쪽 당사자는 법관과 영상변론의 방법으로 변론하는 경우 직접적으로 의사소통을 하는 재정(在廷) 당사자에게 유리할 수 있다는 선입견을 줄 우려와 당사자는 소를 스스로 제기하였거나 소제기에 대하여 방어하여야 하는 입장으로서 법원에 직접 출석하여야 할 의무가 있다는 것이다.[182] 그런데 전자기술이 발달하여 이제는 당사자가 법정에 출석하지 아니하고 인터넷 화상장치 등에 의하여 영상으로 변론이 가능함에도 불구하고 아직도 법정에 반드시 출석하여 변론하여야 하는가의 문제는 변론이라는 소송행위의 성격을 검토함으로써 그 가부(可否)를 판단할 수 있다. 원래 소송행위는 당사자의 소권을 실현하는 절차이지만 법원에 대한 행위이다. 이 점에서 상대방 당사자에 대한 의사표시로 이루어지는 계약과 같은 법률행위와 다르다. 소권의 성격이 무엇인가에 관하여 많은 논의가 있었으나 우리나라에서는 헌법 제27조 제1항에서 정한 국민의 재판을 받을 권리를 실현하는 청구권이라는 사법행위(司法行爲)청구권설에 거의 견해가 일치되어 있다. 따라서 소권행사의 한 방법인 변론이라는 소송행위에 관하여 당사자의 의무적 측면만 강조할 이유는 없으며, 이제는 국가가 국민이 변론을 통한 헌법상 재판청구권행사를 원활하고 편리하게 하도록 도와주어야 할 국가의 의무적 측면도 숙고하여야 할 것이다.

181) 향후 영상신문의 확대검토(2016.11.7. 법원행정처 사법지원실의 재판제도개선협의회 5차 회의자료, 18면 이하).
182) 향후 영상신문의 확대검토(2016.11.7. 법원행정처 사법지원실의 재판제도개선협의회 5차 회의자료, 18면 이하).

재판에 있어 당사자를 포함한 관계자를 법정에 출석하도록 하는 것은 재판에 필요한 자료를 쉽게 수집하는 점에 주된 의의가 있을 뿐 반드시 그 출석이 필수불가결하기 때문인 것이 아니다. 오히려 영상재판의 경우 재판을 하는 법관은 필요하면 수시로 당사자나 증인 등과 전자적으로 연결하여 재판에 필요한 자료를 수집하는 것이 가능하다. 당사자 입장에서도 법정에 직접 출석하지 아니하더라도 영상법정에 참여함으로써 재판에 대한 참여를 보장받는 결과가 된다. 더욱 국경을 넘는 국제분쟁이 증가하고 있는데 이 경우 법정 출석은 어려움을 겪을 수밖에 없으므로 영상재판은 그 필요가 절실하다.[183] 결국 재판에 있어 물리적 공간인 법정에의 출석은 규범상 반드시 양보할 수 없는 원칙이라고 할 수 없으므로 영상재판에 따른 "재판관계인과의 연결" 자체를 재판절차가 진행되는 공간에의 출석으로 보아도 무방할 것이다.[184] 우리 민사소송법 제정당시에는 과학기술의 부족으로 당사자들은 법정에 출석하지 아니하고서는 법관에 대하여 말로 소송행위를 할 수 없었으나 이제는 전자기술이 발달하여 당사자가 법정에 출석하지 아니하더라도 말로 변론을 할 수 있는 영역이 생겼으므로 그 경우까지 법정의 성립을 부정하는 것은 과학기술의 발달을 간과한 것이다. 특히 전자문서는 유형물이 아니라 시공을 초월하는 무형물인 정보에 관한 것이므로 더욱 그러하다.

② **구술주의와의 관계** 법정에 당사자의 불출석으로 문제되는 법률적 문제 가운데 하나가 구술주의 원칙의 훼손 우려이다. 그러나 변론에서 구술주의를 채택하는 이유는 말로 진술하는 것이 당사자의 진의를 파악하는데 용이하고 재판관계인이 대면하여 즉석에서 쟁점을 정리하여 실체적 진실에 접근하기 쉽기 때문이다. 이는 법정이라는 정해진 공간에서 직접 대면하여 이루어질 수도 있지만 서로 다른 공간에 있더라도 발전된 전자기술에 의하여 실현할 수 있다면 이를 마다할 이유가 없다. 현재의 재판방식은 재판당사자는 물론이고, 전문심리위원이나 감정인등도 직접 법정에 출석하기보다는 대리인을 통하거나 준비서면이나 감정서등을 제출하는 것으로 대신하는 실정이다. 이러한 경우 공간적·시간적 한계로 말미암아 법정에 출석할 수 없는 당사자나 전문심리위원 또는 감정인등을 영상을 통하여 말로 사실관계나 전문적 식견을 설명하게 하고, 법관이 그들의 설명을 직접 들을 수 있다면 오히려 이것이 더욱 충실한 재판의 길이요 실체적 진실을 발견하는 데 도움이 되어 구술주의를 보다 활성화하는 재판방식이 될 것이다. 기술적으로도 법정에서는 물론 법관의 사무실과 변호사, 증인, 감정인, 전문심리위원 등이 현재 위치하는 집이나 사무실 등을 재판에 적정한 장소로 볼 수 있다면 영상재판에 의하여 얼마든지 구술주의를 실시할 수 있어 영상재판은 구술주의의 원칙에 친화적이

183) 영상 업무처리지침 제6조의2 제1항은 법원행정처는 각급 법원에서 해외 거주자에 대한 영상재판을 실시하는데 불편함이 없도록 협조하여야 한다고 규정하고 그 제2항은 법원행정처 사법지원실은 해외국가와 관련된 영상재판 실시 사례를 수집하여 「송무선례」로 법원전산시스템에 등록할 수 있다고 규정하여 국제 영상재판 실시 협조를 강조하고 있다.

184) 이준명, 「원격영상재판과 법원의 변화」, 인권과 정의 2018년 9월호, 159면 이하.

라고 할 수 있다.[185]

③ **직접주의와의 관계** 직접주의와 관련하여서도 당사자나 법관이 영상을 통하여 직접 대화를 나눌 수 있으므로 문제되지 않는다. 전자기술이 매일 매일 발전되는 오늘의 세계에서 법관이 증거를 조사함에 있어서 물리적 공간인 법정에서의 증거조사와 별다른 차이가 없을 정도로 청각적·시각적 방법을 통해서 심증을 형성하는 것이 가능하고 그 증거조사에 대하여 당사자로부터 의견을 들을 기회가 부여되어 직접주의가 구현하고자 하는 목적달성에 지장이 없다고 한다면 비록 법관과 당사자 또는 증거조사의 대상이 되는 증거와 공간적 거리감이 존재한다고 하더라도 직접주의에 어긋나지 않을 것이다. 영상재판은 재판을 마칠 때까지 그 영상이 재판 자료로 남아 있게 되어 법관의 경질이 있더라도 교체된 법관이 그 영상을 통하여 직접 심증을 형성할 수 있어 직접주의가 실질적으로 구현될 수 있다.

④ **공개주의와의 관계** 공개주의 역시 법관이 법원의 영상법정에 임석하여 불출석한 당사자 및 관계인들과의 소송 진행 과정이 법정에 마련된 영상에 나타나고 이 모습을 법정에 설치된 영상을 통해 법정에 출석한 국민 누구라도 볼 수 있다면 문제되지 않는다. 우리 민사소송법에서도 이번 영상변론을 도입하면서 법원으로 하여금 심리의 공개에 필요한 조치를 취하는 것을 전제요건으로 하여(제287조의2 제2항 후단) 공개주의에 각별한 배려를 하였다.

(ㄴ) 법원은 교통의 불편 또는 그 밖의 사정으로 당사자가 법정에 직접 출석하기 어렵다고 인정하는 때에는 당사자의 신청을 받거나 동의를 얻어 영상변론을 시행할 수 있다. 당사자의 동의를 받도록 한 것은 법관 면전에서 직접 변론하기를 원하는 당사자들의 뜻을 존중하여야 하기 때문이다. 다만 당사자의 동의는 당사자 사이의 합의와 다르므로 양쪽 당사자가 동의하지 아니하고 한 쪽 당사자만 신청하더라도 그 당사자에 대하여서만 영상재판을 실시할 수 있을 것이다.

(ㄷ) **녹화 또는 녹음의 금지** 우리나라와 같이 영상재판을 실시하는 독일 민사소송법은 일관하여 전송(轉送)의 녹음 또는 녹화를 금지하고 있다. 이것은 개인 권리가 부당하게 침해되는 것을 방지하기 위한 개인정보의 보호차원으로 이해할 수 있다. 영상재판이 국민의 재판청구권 실현의 유용한 수단이기는 하지만 그로 인하여 개인의 권리를 침해해서는 안 되기 때문이다. 우리 대법원규칙인 법정방청 및 촬영 등에 관한 규칙 제4조(촬영 등의 제한)는, ① 법원조직법 제59조의 규정에 의한 재판장의 허가를 받고자 하는 자는 촬영 등 행위의 목적, 종류, 대상, 시간 및 소속기관명 또는 성명을 명시한 신청서를 재판기일 전날까지 제출하여야 하고, ② 재판장은 피고인(또는 법정에 출석하는 원, 피고)의 동의여부에 불구하고 촬영 등 행위를 허가함이 공공의 이익을 위하여 상당하다고 인정되는 경우에는 그러하지 아니하다고 규정하고

185) 같은 취지: 이준명, 앞의 논문, 159면.

있는데 여기서의 법정에는 영상재판을 실시하는 영상법정이 포함된다고 할 것이다.

(다) 영상 신문

(a) 의의 영상 신문이란 증인, 감정인, 감정증인, 감정촉탁기관 담당자(이하 '증인 등'이라고 한다)가 재판장, 당사자등이 재정한 법정이 아닌 곳에서 비디오 등 중계장치에 의한 중계시설이나 인터넷 화상장치를 통해 영상으로 받는 신문을 말한다. 그 방식은 영상변론과 같다(제287조의2 제3항, 영상 업무처리지침 제2조 3호).

(b) 개별규정 (i) 증인에 대한 영상 신문 (ㄱ) 증인이 멀리 떨어진 곳 또는 교통이 불편한 곳에 살거나 그 밖의 사정으로 말미암아 법정에 직접 출석하기 어려운 경우(제327조의2 제1항 1호), 증인이 나이, 심신상태, 당사자나 법정대리인과의 관계, 신문사항의 내용, 그 밖의 사정으로 말미암아 법정에서 당사자 등과 대면하여 진술하면 심리적인 부담으로 정신의 평온을 현저하게 잃을 우려가 있는 경우(동조 2호)에는 증인을 법정 아닌 곳으로서 비디오 등 중계장치에 의한 중계시설이 설치된 곳에 출석하게 하고, 영상과 음향의 송수신에 의하여 법정안의 법관, 당사자, 그 밖의 소송관계인과 법정 밖의 증인이 상대방을 인식할 수 있는 방법으로 진술하는데(민소규 제95조의2, 제73조의3 제1항) 이에 따른 증인신문은 증인이 법정에 출석하여 이루어진 증인신문으로 본다(제327조의2 제2항).

한편 당사자도 교통의 불편 또는 그 밖의 사정으로 말미암아 법정에 출석하기 어려운 사정이 있을 때에는 법정에 출석하지 아니하더라도 증인에 대해서 영상신문을 할 수 있다(제287조의2 제3항). 따라서 당사자나 증인 모두 법정출석이 어려운 사정이 있을 때에는 법관만 법정이 있고 당사자나 증인 모두 법정에 출석하지 아니하고도 증인신문이 가능할 것이다.

(ㄴ) 비디오 등 중계장치에 의한 중계시설은 법원 안에 설치하되, 필요한 경우 법원 밖의 적당한 곳에도 설치할 수 있고(민소규 제95조의2, 제73조의3 제2항), 증인을 신문하는 경우 문서 등의 제시는 비디오 등 중계장치에 의한 중계시설 또는 민소전자문서규칙 제2조 1호에서 정한 전자소송시스템을 이용하거나 모사전송, 전자우편 그 밖의 이에 준하는 방법으로 한다(제73조의3 제4항).

(ii) 감정인에 대한 영상신문 (ㄱ) 법정에 직접 출석하기 어려운 특별한 사정이 있거나(제339조의3 제1항 1호) 외국에 거주(동조 2호)하는 사람을 감정인으로 신문하는 경우 상당하다고 인정하는 때에는 당사자의 의견을 들어 법정 아닌 곳으로서 비디오 등 중계장치에 의한 중계시설이나 인터넷 화상장치가 설치된 곳에 출석하게 하고, 영상과 음향의 송수신에 의하여 법정 안의 법관, 당사자, 그 밖의 소송관계인과 법정 밖의 감정인이 상대방을 인식할 수 있는 방법으로 할 수 있는데(제339조의3 제1항) 이에 따른 감정인신문은 감정인이 법정에 출석하여 이루어진 감정인신문으로 본다(제339조의3 제2항, 제327조의2 제2항). 당사자가 법정에 출석하기 어려운 사정이 있는 경우에는 증인신문의 경우와 같이 영상으로 감정인 신문이 가능하다(제

287조의2 제2항).

(ㄴ) 인터넷 화상장치는 법원 내에 설치하여야 한다는 제한이 없다. 이에 따라 감정인은 법원에 출석하는 대신 자신의 사무실이나 주거지에 있는 컴퓨터 앞에 앉아 영상신문절차를 진행할 수 있다. 이에 따라 기존 감정인의 편의를 고려하여 주로 서면으로 이루어졌던 감정서에 대한 신빙성 검증절차(예컨대 감정인에 대한 감정보완촉탁, 사실조회 등)를 말로 진행하는 비율이 높아질 것으로 기대된다. 지금까지 감정인에 대한 감정보완촉탁 기간이 소송장기화의 중요한 요인 중 하나였던 점을 고려하면 감정인에 대한 영상신문 활성화는 신속한 재판에 기여할 수 있다.

(iii) **통역인에 대한 영상신문** (ㄱ) 변론에 참여하는 사람이 우리말을 하지 못하거나, 듣거나 말하는데 장애가 있으면 통역인에게 통역하게 하여야 하는데 그 경우의 절차에 관해서는 감정인에 관한 규정을 준용하므로(제143조 제2항) 통역인은 법정 아닌 곳으로서 비디오 등 중계장치에 의한 중계시설이나 인터넷 화상장치가 설치된 곳에 출석하여, 영상과 음향의 송수신에 의하여 법정 안의 법관, 당사자, 그 밖의 소송관계인과 상대방을 인식할 수 있는 방법으로 통역할 수 있다. 이에 따른 통역은 통역인이 법정에 출석하여 이루어진 통역으로 본다(제143조 제2항, 제339조의3 제2항, 제327조의2 제2항). 당사자가 법정에 출석하기 어려운 사정이 있는 경우에는 증인신문의 경우와 같이 영상으로 통역인 신문이 가능하다(제143조 제2항, 제287조의2 제3항, 제339조의3 제2항, 제327조의2 제2항).

(ㄴ) 음향 및 영상설비의 적절한 뒷받침이 전제된다면 통역인이 반드시 법정에 출석하여 통역을 실시할 필요는 없다. 특히 외국의 일부 언어에 관하여는 재판이 이루어지는 당해 지역에서 적절한 통역인을 구하여야 하는 경우가 있을 수 있어 그러한 경우 통역인에 대하여도 영상신문제도를 이용할 필요성이 있고 이는 통역인이 출석하지 못하여 재판이 공전(空轉)되는 사태를 막을 수 있다.

(iv) **원격영상재판에 관한 특례법** (ㄱ) 원격영상재판법 제2조 2호는, "원격영상재판"이란 재판관계인이 교통의 불편 등으로 법정에 출석하기 어려운 경우에 동영상과 음성을 동시에 송수신하는 장치가 갖추어진 다른 원격지의 법정에 출석하여 진행하는 재판을 말한다고 규정한다. 원격영상재판은 재판관계인이 동일한 법정에 출석하여 진행하는 재판으로 본다(원격영상재판 제4조).

(ㄴ) 원격영상재판은 원격지에 있는 당사자가 소 제기된 법원의 법정에 출석하지 아니하지만 다른 곳 법원의 법정에라도 반드시 출석하여야 한다는 점에서 법정에 출석할 필요가 없이 주거지에서 할 수 있는 증인, 감정인 및 통역인들에 대한 영상 신문보다 불편하다. 이 불편 때문에 현재 원격영상재판을 별로 이용되지 않고 있다.

(3) 영상기일의 진행

(가) 민소전자문서 규칙

(a) 민소전자문서 규칙 제30조는. 소장, 답변서, 준비서면 그밖에 이에 준하는 서류가 전자문서로 등재되어 있는 경우 그에 따른 변론은 당사자가 말로 중요한 사실상 또는 법률상 사항에 대하여 진술하거나 법원이 당사자에게 말로 해당사항을 확인하는 방식으로 하고(제1항) 제1항에 따른 변론은 컴퓨터 등 정보처리능력을 갖춘 장치에 의하여 전자문서를 현출한 화면에서 필요한 사항을 지적하면서 할 수 있다(제2항)고 규정한다.

(b) 등록사용자는 주장이나 공격·방어방법에 관한 음성·영상 등 멀티미디어 방식의 자료를 전자소송시스템[186)]을 이용하여 제출할 수 있고(위 규칙 제13조 제1항) 그 자료는 재판장등이 허가한 경우에만 전자기록에 편입하거나 기일에서 진술할 수 있는데(위 규칙 제13조 제2항) 다만 그 멀티미디어자료가 공공의 질서 또는 선량한 풍속을 해하거나 관계인의 명예 또는 생활의 평온을 해할 우려가 있는 때에는 복사를 제한할 수 있다(위 규칙 제13조 제4항). 만약 전자소송시스템의 장애등이 있어 이를 이용할 수 없는 경우에는 자기디스크 등에 전자문서의 형태로 담아 제출하거나 전자문서가 아닌 형태로 제출할 수 있다(위 규칙 제13조 제4항).

(c) 이러한 변론 등을 준비하기 위하여 ① 법원사무관등은 기일이 시작되기 전에 법정에 설치된 스크린 및 프로젝터, 촬영장비의 전원을 연결하고 위 각 기기가 정상적으로 작동되는지, 법정에 설치된 스크린의 화면에 재판장 등 및 양쪽 당사자의 모니터 화면이 정상적으로 표출·전환되는 여부를 확인하고 ② 법원사무관등은 기일 진행 직전에 당사자에게 전자기기의 사용방법과 이용 시 주의점에 대하여 일괄하여 안내하여야 한다(전자문서 업무처리지침 제80조).

그리고 심리의 진행을 보조하기 위하여 ① 법원사무관등은 당사자·대리인의 출석여부, 주장·신청서면의 진술 여부와 증거채택결과, 그 밖의 진행결과를 조서작성 프로그램 화면의 해당란에 입력하고 ② 법원사무관등은 미리 재판장등의 지침을 받아 법정에 설치된 스크린에서 변론에 필요한 화면이 적절히 표출될 수 있도록 조작한다(위 업무처리지침 제81조).

(나) 영상기일에서 당사자의 출석 (a) 당사자들은 법정에 불출석하더라도 법정의 전자적 설비장치에 잘못이 없는 이상 앞의 민사소송규칙에 따라 전자적으로 영상재판을 수행할 수 있다. 구체적인 사항은 영상 업무처리지침 제2장 민사사건 부분에 상세히 규정되어 있다.

(b) 다만 전자문서에 대한 증거조사의 신청에서 전자문서가 자기디스크 등에 담긴 경우에는 법정에서 제출하여야 하므로(민소전자문서규칙 제31조 제1항 2호, 제2항) 당사자는 법정에 출

186) 전자소송시스템이란 법원행정처가 민사소송등에 필요한 전자문서를 작성·제출·송달하거나 관리할 수 있도록 하드웨어·소프트웨어·데이터베이스·네트워크·보안요소 등을 결합시켜 구축·운영하는 전산정보시스템으로서 법원행정처장이 지정하는 것을 말한다.

석하여야 한다. 자기디스크는 전산정보처리시스템을 이용하여 제출할 수 없기 때문이다. 원래 자기디스크의 제출은 전자문서에 의한 증거조사를 신청하는 자가 전자소송시스템을 이용한 소송의 진행에 동의하지 아니한 경우에 할 수 있다(민소전자문서규칙 제31조 제2항 1호). 따라서 당사자가 부동의하면 민소전자문서법이 적용되지 않으므로 자기디스크제출로 대신하는 것이다. 당사자가 동의하여 영상재판이 실시되는 경우에도 자기디스크를 법정에 제출하려면 재판장 등의 허가를 받아야 할 것이다. 영상재판에 동의한 당사자는 법정불출석이라는 소송상 이익을 스스로 포기하고 법정에 출석하여 자기디스크를 제출할 수 있으나 그로 말미암아 상대방 당사자는 그 자기디스크를 수령하기 위하여 법정에 출석할 수밖에 없어 법정불출석의 이익이 상실되는 불이익을 입기 때문이다.

(다) **영상기일의 실시**

(a) **원칙** 재판은 원칙적으로 법정에서 하여야 하므로(법조 제5조 제1항) 재판기일의 장소는 변함이 없어 재판부는 언제나 법정에 출석하여야 한다. 반면 당사자 내지 그 대리인과 보조인은 그 신청 또는 법원의 직권으로 법정과 영상으로 연결된 법정 밖의 임의의 장소에 머무르며 그곳에서 구술변론의 구성요소로 인정되는 “소송절차상 행위(Verfahrenshandlung)”를 하는 영상변론을 할 수 있다.[187] 영상변론을 하더라도, 당사자·그 대리인이 구술변론을 위해 개인적으로 법정에 출석하는 것은 당연히 허용되며, 이는 당사자의 자유 내지 재량에 속한다.[188] 당사자는 법정 불출석이라는 소송상 이익을 포기할 수 있기 때문이다. 그러나 법원이 당사자의 설명을 직접 듣고 심증을 형성하고자 하는 경우에는 소송관계를 분명하게 하기 위해 당사자에게 출석을 요구할 수 있는데(제136조 제1항) 이 경우에는 직접적인 당사자 인상(印象)이 중요하기 때문에 영상변론을 해서는 안될 것이다.

(b) **구체적 절차** (i) **영상기일의 신청 및 동의** (ㄱ) 영상기일 신청은 대상이 되는 영상기일의 형식(예, 영상심문 또는 영상변론 등)과 신청 이유를 밝혀 기일에 구술로 하는 경우를 제외하고는 서면으로 하여야 하는데(민소규 제73조의2 제1항) 이 서면에는 전자문서의 서면요건(전자문서 제4조의2)을 포함한다. 재판장 등 또는 법원은 이 신청이 이유가 없을 경우에는 영상기일을 열지 아니할 수 있다(동조 제2항). 이 경우 당사자는 영상재판을 신청할 수 있으며, 법원이 이를 불허할 경우에는 통상항고로 불복할 수 있다.[189]

(ㄴ) 재판장 등 또는 법원은 영상기일의 신청이 있으면 지체 없이 영상기일 실시 여부를 당

---

187) Musielak/Voit/Stadler, 15. Aufl. 2018, ZPO §128a Rn. 2; Zöller/Greger, Kommentar zur ZPO, 30. Aufl. 2016, ZPO §128a Rn. 1.

188) Deutscher Bundestag, Drucksache 17/12418, S. 14, http://dipbt.bundestag.de/dip21/btd/17/124/1712418.pdf (2018.11.5. 확인); BeckOK ZPO/von Selle, 30. Ed. 15.9.2018, ZPO §128a Rn. 7; MüKoZPO/Fritsche, 5. Aufl. 2016, ZPO §128a Rn. 4.

189) 광주고결 2022.10.20. 2022라1116,1117.

사자에게 통지하는데 영상기일 신청이후 법정에 직접 출석하는 기일을 지정하는 경우(동조 제4항 1호), 법정에 출석하는 기일의 개정시간까지 영상기일의 개최 여부에 대한 통지가 없는 경우(동조 제4항 2호)에는 영상기일을 열지 아니하는 것으로 본다.

(ㄷ) 당사자는 서면으로 영상기일 신청을 취하하거나 동의를 철회할 수 있는데 다만 양쪽 당사자의 신청 또는 동의에 따라 영상기일이 지정된 이후에는 상대방 동의를 받아야 한다(동조 제5항). 이때 한 쪽 당사자로부터 영상기일 신청 또는 동의가 있고 다른 당사자는 법정에 출석한다고 하는 경우 재판장 등 또는 법원은 양쪽 당사자에 대한 영상기일이 필요하다고 인정하는 때에는 상대방에 대하여 영상기일 동의 여부를 확인할 수 있다(동조 제6항). 재판장 등 또는 법원은 영상기일을 연기 또는 속행하는 때에는 당사자의 동의 여부를 확인하여 다음 기일의 영상기일 실시 여부를 정할 수 있다(동조 제7항).

(ㄹ) 영상기일의 실시에 한 쪽 당사자가 동의하지 않고 법정에 출석하기를 바란다면 법원은 부득이 편면적인 영상기일을 실시할 수밖에 없으나, 이 경우 소송지휘권을 행사하여 양 쪽 당사자로 하여금 모두 영상변론을 하게 하든지 아니면 모두 법정에 출석하여 재판을 진행하게 하는 것이 바람직하다.

(ii) 영상기일의 절차 (ㄱ) 영상기일은 당사자, 그 밖의 소송관계인을 비디오 등 중계장치에 의한 중계시설에 출석하게 하거나 인터넷 화상장치를 이용하여 지정된 인터넷주소에 접속하게 하고, 영상과 음향의 송수신에 의하여 법관, 당사자, 그 밖의 소송관계인이 상대방을 인식할 수 있는 방법으로 하는데(민소규 제73조의3 제1항) 비디오 등 중계장치에 의한 중계시설은 법원청사 안에 설치하되, 필요한 경우 법원 청사 밖의 적당한 곳에 설치할 수 있다(동조 제2항).

(ㄴ) 영상기일에서 당사자가 재판장의 허가를 받아 민사소송규칙 제96조 제1항의 문서·도면·사진·모형·장치, 그 밖의 물건을 제시하는 경우 비디오 등 중계장치에 의한 중계시설, 인터넷 화상장치 또는 민소전자문서규칙 제2조 1호에 정한 전자소송시스템을 이용하거나 모사전송, 전자우편, 그 밖에 이에 준하는 방법으로 할 수 있다(동조 제4항).

(ㄷ) 재판장 등은 재판이 열리면 영상화면을 통해 당사자들에게 신분증을 제시하게 하거나 신분증을 녹화하는 방법으로 전자문서를 제출한 당사자와 동일 인물인지 여부를 확인한다(영상 업무처리지침 제15조 제1항). 독일에서는 원칙적으로 영상재판은 녹음 또는 녹화되지 않는다.[190] 이는 개인정보를 보호하기 위한 것이므로 우리나라에서도 달리 해석할 이유가 없다. 중국 항조우 인터넷법원은 온라인 법정심리 전 과정을 녹음, 녹화하고[191] 경우에 따라 녹음과 녹화로 변론조서를 대신할 경우도 있는데[192] 이는 개인정보보호차원에서 받아들이기 어렵다.

---

190) 독일 민사소송법 제128a조 제3항 제1문.
191) 항조우 인터넷 법원심리규정 제33조.
192) 항조우 인터넷 법원심리규정 제32조.

(ㄹ) 전자소송시스템에 의하여 제출된 소송서류를 법정에서 송달할 필요가 있을 때에는 그 제출자로 하여금 해당 전자문서의 요지를 설명하게 하고, 송달받을 자의 요청에 따라 컴퓨터 등 정보처리능력을 갖춘 장치에 의하여 전자문서를 현출한 화면을 이용하여 주요부분을 즉석에서 열람하는 방법으로 할 수 있다(민소전자문서규칙 제27조).

(ㅁ) 심리를 마치면 법원사무관등은 영상기일조서를 작성한다(민소규 제73조의3 제8항). 이 조서는 실시간 화면을 통하여 전산정보처리시스템에 등재한다. 이 과정에서 법원사무관등은 조서작성프로그램을 사용하여 조서를 작성하여야 하는데 실시간 조서작성 프로그램에서 정보 선택을 통하여 해당 정보를 입력하도록 구성되어 있는 메뉴에서는 반드시 그 사용방법에 따라 조서 내용이 기록되어야 하고, 조서 초고(草稿)를 수정하는 방법으로 작성하여서는 아니 된다. 하지만 당사자로 하여금 조서에 대한 열람, 대조를 하게 하여 수정, 보완이 필요한 경우에는 실시간 화면을 통해 법원사무관등에게 이를 고지하여 수정하게 할 수 있도록 하여야 할 것이다.

(ㅂ) 전자소송시스템에 기록된 전자문서는 전자파일로 보존하되, 위조·변조·훼손·유출 등을 방지하기 위한 보안조치를 하여야 한다(민소전자문서규칙 제42조 제1항). 법관 또는 법원사무관등은 현장검증이나 서증조사 등 법원 밖에서의 증거조사 또는 재택근무 그 밖에 업무상 필요하다고 인정되는 때에는 법원청사 이외의 곳에서 전자기록을 이용할 수 있다. 이때 전자기록이 정당한 이유 없이 공개되지 않도록 조치하여야 한다(위 규칙 제42조 제3항).

영상재판

1. **개념**
   - 영상재판이란 당사자나 소송관계인이 법정에 직접 출석하지 않고, 영상·음성 송수신 장치를 통해 재판에 참여하는 절차를 말함
   - 화상장치를 이용한 경우와 중계시설을 통한 경우로 나눌 수 있음
2. **영상재판의 주요 유형**

   (1) **영상심문(제287조의2 제1항)**
   - 변론을 열 필요가 없는 결정·명령 절차 등에서, 법원의 재량으로 영상 방식으로 심문을 진행할 수 있음
   - 민사, 민사집행, 가사, 회생·파산, 비송, 특허, 조정, 소액사건, 독촉절차 등에서 각각 적용 가능성 검토

   (2) **영상변론(제287조의2 제2항)**
   - 교통 불편이나 특별한 사정이 있을 때 당사자 동의를 받아 법원이 영상변론을 열 수 있음
   - 변론준비절차, 전자문서 변론, 구술주의·직접주의·공개주의와의 관계가 상세히 논의됨
   - 당사자의 동의 필요, 녹화·녹음 금지 규정 존재

(3) **영상신문(제287조의2 제3항, 제327조의2 제2항)**

- 증인·감정인·통역인 등이 법정이 아닌 장소에서 영상으로 신문되는 것
- 증인신문, 감정인신문, 통역인신문 각각 법적 근거와 절차가 규정됨
- 원격영상재판제도와의 관계도 다룸

□ **적용 기준 정리**

(1) **영상심문**

재판장이 필요하다고 인정 → 대부분 사건에서 가능

다만 가사·비송 등 직접 심리 중요한 경우는 제한적

(2) **영상변론**

요건: 교통 불편 등 특별사정 + 당사자 동의

변론준비절차, 전자소송 사건에서 특히 활용 가능

직접주의·구술주의와의 조화가 인정됨

(3) **영상신문**

증인, 감정인, 통역인 신문 모두 허용 가능

단, 당사자 신문은 영상신문 허용 없음

원격영상재판제도와 결합 가능

□ **핵심정리**

- 영상재판은 현대 기술을 활용해 법정 출석 의무를 완화하는 제도로서, 민사소송 전반에 걸쳐 확대 가능하지만, 가사·회생·비송사건 등 당사자의 직접적 비공개 진술이 중요한 사건은 신중하게 적용해야 한다는 점이 강조된다. 또한, 구술주의·직접주의·공개주의 등 재판의 기본원칙과도 조화될 수 있음이 입법적으로 인정된 것이 특징이다.
- "법원이 영상재판을 허용할 수 있는가?"를 물으면, 당사자 동의 필요 여부(변론 절차인지 여부), 직접주의·비공개주의 적용 여부(가사/비송인지), 증거조사 주체가 누구인지(당사자 vs 증인/감정인)를 기준으로 판단한다.

3. 영상기일의 진행 절차

- 민소전자문서 규칙에 따라 전자문서·멀티미디어 자료 제출 가능
- 법원사무관 등이 기일 전 장비 작동 여부를 확인하고, 당사자에게 사용법 안내
- 당사자 불출석 상태에서도 전자적 설비가 정상이라면 영상재판 진행 가능
- 다만 자기디스크 제출 등은 법정 출석 필요
- 신청·동의 절차, 불허 시 불복 방법, 기일 연기·속행 절차 등이 세세히 규정됨

[64] 제2. 변론의 원칙

1. 공개주의

(1) 뜻

㈎ 공개주의라 함은 법원에서 하는 소송의 심리와 재판을 모든 국민에게 보여줄 수 있는 상태에서 하여야 한다는 원칙을 말한다. 이 원칙은 헌법 제109조에 정할 정도로 중요한 재판원칙이다. 재판을 공개하면 방청하는 사람들은 물론 매스컴을 통하여 온 국민이 심리의 모든 과정을 알 수 있어 공정한 재판인지 여부를 감시할 수 있게 되고 재판하는 법관들도 이를 의식하여 재판이 공정하게 되도록 노력하게 된다. 물론 비공개 재판이라고 하더라도 그 내용이 항상 잘못된다는 것은 아니지만 불공정한 재판이 아니냐는 의심을 줄 수 있으므로 재판 공개는 사법에 대한 국민 신뢰를 확보하는 역할을 한다. 여기에서 공개하여야 할 재판이라 함은 실체적 권리관계를 확정하는 변론과 판결 선고이다.

㈏ 비대면 영상변론을 하더라도 재판의 공개는 필수적이다(제287조의2 제2항). 영상기일은 법원 청사 내의 적당한 장소에서 여는데 법원장의 허가가 있는 경우 법원 청사외의 장소에서 열 수 있고(민소규 제73조의3 제2항), 변론기일을 법정에서 열지 아니하는 비공개결정을 한 경우(법조 제57조)를 제외하고는 ① 법정 등 법원 청사 내 공개된 장소에서의 중계 ② 법원행정처장이 정하는 방법에 의한 인터넷 중계의 방법으로 심리를 중계하여야 한다(민소규 제73조의4).

㈐ 심판의 합의(법조 제65조), 가사사건(가소 제10조), 비송사건절차(비송 제13조), 조정절차(민조 제20조) 등은 공개의 대상이 아니다. 변론준비절차나[193] 수명법관이 수소법원 밖에서 증거조사를 할 경우[194]에도 반드시 공개할 필요가 없다.

(2) 일반 공개와 당사자 공개

㈎ 일반 공개

(a) **원칙**　국민 일반에 대한 재판의 공개를 말한다. 법정에서 누구나 다 방청할 수 있다든가 보도기관이 심리의 결과를 국민이 모두 알게 하는 것 등이다. 그러므로 당사자나 이해관계를 소명한 제3자는 대법원규칙이 정하는 바에 따라, 소송기록의 열람·복사, 재판서·조서의 정본·등본·초본의 교부 또는 소송에 관한 사항의 증명서 교부를 법원사무관등에게 신청할 수 있다(제162조 제1항). 따라서 누구든지 공개를 금지한 변론에 관련된 소송기록을 제외하고

193) 대판 2006.10.27. 2004다69581.
194) 대판 1971.6.30. 71다1027.

는 권리구제·학술연구 또는 공익적 목적으로 대법원규칙으로 정하는 바에 따라 법원사무관등에게 재판이 확정된 소송기록의 열람을 신청할 수 있는데(제162조 제2항), 그 열람신청 시 당해 소송관계인이 동의하지 아니하는 경우에는 열람을 하게 해서는 안 된다(제162조 제3항). 또 소송기록을 열람·복사한 사람은 열람·복사에 의하여 알게 된 사항을 이용하여 공공의 질서 또는 선량한 풍속을 해하거나 관계인의 명예 또는 생활의 평온을 해하는 행위를 하여서는 아니된다(제162조 제4항).

(b) **비밀보호를 위한 열람의 제한** (i) 소송기록 중에 ① 당사자의 사생활에 관한 중대한 비밀이 적혀 있고, 제3자에게 비밀기재 부분의 열람 등을 허용하면 당사자의 사생활에 지장이 클 우려가 있는 때(제163조 제1항 1호) ② 당사자가 가지는 영업비밀(부정경쟁 제2조의3 2호에 규정된 '영업비밀'을 말한다[195][196])이 적혀 있는 때에는 법원은 당사자의 신청에 따라 결정으로 소송기록중 비밀이 적혀 있는 부분의 정본·등본·초본의 교부를 신청할 수 있는 자를 당사자로 한정할 수 있고(제163조 제1항), ③ 정보 공개법에 따라 정보를 공개하여야 하는 경우(정보공개 제4조 제1항)에는 정보공개법이 정한 절차에 따라 정보를 공개한다.

(ii) 소송관계인의 생명 또는 신체에 대한 위해의 우려가 있다는 소명이 있는 경우에는 법원은 해당 소송관계인의 신청에 따라 결정으로 소송기록의 열람·복사·송달에 앞서 주소등 대법원규칙으로 정하는 개인정보로서 해당 소송관계인이 지정하는 부분이 제3자에게 공개되지 아니하도록 보호조치를 할 수 있다(제163조 제2항).

(iii) 위의 신청이 있는 경우에는 그 신청에 관한 재판이 확정될 때까지 제3자는 개인정보 기재부분 또는 비밀 기재부분의 열람 등을 신청할 수 없고(제163조 제3항), 소송기록을 보관하고 있는 법원은 이해관계를 소명한 제3자의 신청에 따라 소송관계인의 신청사유가 존재하지 아니하거나 소멸되었음을 이유로 위의 결정을 취소할 수 있는데(제163조 제4항) 소송관계인의 신청을 기각한 결정 또는 제3자의 신청에 관한 결정에 대하여는 즉시항고를 할 수 있으며(제163조 제5항), 그 취소결정은 확정되어야 효력을 가진다(제163조 제6항).

(c) **판결서의 열람·복사** 변론의 공개를 금지한 사건의 판결서로서 대법원규칙으로 정하는 경우에는 열람 및 복사를 전부 또는 일부제한을 할 수 있는 경우를 제외하고는 누구든지 판결이 선고된 사건의 판결서(확정되지 아니한 사건에 대한 판결서,「소액사건심판법」이 적용되는

195) 부정경쟁방지법 제2조 3호에서 '정보가 합리적인 노력에 의하여 비밀로 유지된다는 것(비밀관리성)'은 정보가 비밀이라고 인식될 수 있는 표시를 하거나 고지를 하고 그 정보에 접근할 수 있는 대상자나 접근방법을 제한하거나 그 정보에 접근한 자에게 비밀준수의무를 부과하는 등 객관적으로 그 정보가 비밀로 유지 관리되고 있다는 사실이 인식 가능한 상태인 것을 말한다(대판 2008.7.10. 2008도3435, 2017.1.25. 2016도10389).

196) 소송기록 중에 첨부된 문서에, 비밀유지조항이 있더라도 그 정보에 접근할 수 있는 대상자나 접근자에게 비밀준수의무를 부과하는 등 구체적인 방식이 없다면 부정경쟁방지법제2조2호의 '영업비밀'에 속하지 않는다(서울고결 2019.7.4. 2019라20065).

사건의 판결서와 상고심법 제4조 및 제429조 본문에 따른 판결서는 제외한다)를 인터넷, 그 밖의 전산정보처리시스템을 통한 전자적 방법 등으로 열람 및 복사할 수 있다(제163조의2 제1항 본문).

(나) **당사자공개** 소송당사자가 법정에 출석하여 변론 및 증거조사 등에 참여하면서 법원이나 상대방의 소송행위를 알 수 있게 하는 공개를 말한다. 여기에는 당사자나 이해관계인이 기록열람, 복사·등본 등의 교부를 청구할 수 있는 권리(제162조 제1항)를 포함한다.

2. 당사자 평등의 심리주의[197)]

(1) 뜻

소송의 심리에서 대립하는 당사자 양쪽이 평등하게 주장과 증명의 기회를 갖게 하는 심리원칙을 당사자 평등의 심리주의라고 한다. 대립당사자주의의 소송구조는 당사자에게 자기의 권리와 이익을 충분하게 주장할 수 있는 지위와 기회를 평등하게 주는 것을 기본으로 한다. 무기대등의 원칙이라고도 한다.

(2) 형식적 평등과 실질적 평등의 원칙

(가) **형식적 평등의 원칙** 이 심리원칙은 당사자를 그 소송 밖에서의 지위와 관계없이 같은 조건에서는 동등하게 취급하는 것을 말한다. 대립당사자의 사회적 지위 등 실질적인 차이는 문제로 삼지 아니하며 법원은 중립적 입장에서 양쪽 당사자에게 평등한 지위에서 공격과 방어를 할 기회를 보장하여야 한다는 것이 위 원칙의 취지이다. 필수적 변론(제134조), 소송절차의 중단·중지(제233조 이하) 등은 이 원칙을 실현하기 위한 것들이다.

(나) **실질적 평등의 원칙** 당사자가 형식적으로는 평등하지만 소송 밖에서 사회적·경제적으로 불평등한 경우에는 소송수행에 있어서도 실질적으로 격차가 생기는 현상을 부정할 수 없다. 국가가 그 격차를 방치하고 당사자의 형식적 평등에 만족하여서는 재판에 대한 국민의 신뢰를 확보하기 어렵게 된다. 그리하여 형식적 당사자평등의 원칙에 의한 쟁송기회의 보장, 법원의 중립적 지위의 유지 말고도 당사자의 소송수행상 법적 지위와 소송수행능력의 면에서 실질적인 평등이 요청된다. 그 요청은 모두 실질적 평등의 원칙에 기초한 것으로서, 소송능력제도 및 변호사대리의 원칙(제87조), 재판장의 석명권(제136조) 행사에 의한 소송촉진 등이 위의 요청에 맞추기 위한 것들이라고 할 수 있다.

---

197) 이 원칙을 흔히 「쌍방심리(문)주의」라고 표현하고 있으나 용어 자체가 매우 적절하지 아니하여 이 표현을 쓰지 않기로 하였다.

3. 구술주의

(1) 뜻

구술주의라 함은 변론, 증거조사 및 재판 등을 말로 하여야 한다는 원칙, 특히 말로 진술한 소송자료 만을 재판에서 참작하여야 한다는 원칙을 말한다. 말로 하는 변론은 법정에서의 논의를 활성화하여 당사자들에게 재판의 주제를 선명하게 각인시키는 효과가 있다. 이 원칙이 직접주의나 공개주의와 결합되면 변론에서의 심리를 구체적 모습으로 실질화하는 효과가 있다.

(2) 서면의 보완

그러나 복잡한 사실관계나 계산관계는 말로 하는 것만으로는 설명하기 어려운 경우가 생기고 또 그 내용 전부를 기억하기도 곤란하다. 그러므로 변론내용의 확실성, 명확성, 보존의 용이성 등을 이유로 서면주의를 보완원리로 한다. 그러나 소송당사자가 자기의 주장사실을 서면에 기재하여 법원에 제출하였다고 하더라도 변론에서 진술하지 아니한 이상 이를 당해 사건의 판단자료로 삼을 수 없다. 그러므로 항소인이 항소심에서 항소취지를 서면으로 확장하였다고 하더라도 변론에서 이를 진술하거나 그 문서가 진술 간주된 바 없다면 항소심은 확장된 항소취지에 관해서 판단할 수 없다.[198] 하지만 청구원인사실을 기재한 준비서면을 변론에서 진술하지 아니하였다고 하더라도 원고가 신청한 증인에 대한 신문사항에 준비서면의 청구원인사실이 기재되어 있다면 원고는 이러한 서면을 통하여 그 청구원인 사실을 주장한 취지로 보아야 한다.[199]

(가) **소장 작성** 소를 제기하려면 소송목적의 값이 3,000만 원 이하가 되는 소액사건(소심 제4조)을 제외하고는 소장이라는 서면을 작성하여 제1심 법원에 제출하여야 한다(제248조). 소의 제기라는 중요한 소송행위에 관해서는 절차의 확실성과 안정성을 이루기 위해 서면이 요구되는 것이다. 이때의 서면에는 전자문서의 서면요건(전자문서 제4조)을 갖춘 전자문서(전자문서 제2조), 즉 서면화된 전자문서를 포함하더라도 절차의 확실성과 안전성에는 문제가 없다.[200]

(나) **변론준비절차** 변론준비절차는 기간을 정하여 당사자로 하여금 준비서면, 그 밖의 서류를 제출하게 하거나 당사자 사이에 이를 교환하게 하거나 주장사실을 증명할 증거를 신청하게 하는 방법으로 진행한다(제280조 제1항). 서면의 제출은 사실관계를 용이하게 이해하도록 하여 상대방 당사자에게 반론할 기회를 주거나 심리의 충실과 촉진을 도모하기 위해서이다.

(다) **기타** 구술주의를 관철하면 심리가 지연될 우려가 있거나 당사자의 공평을 해할 우

198) 대판 2001.12.14. 2001므1728,1735.
199) 대판 1969.9.30. 69다1326.
200) 민소전자문서법이 시행되면서 전자문서로 작성된 소장이 일반적으로 더 이용되고 있다.

려가 있는 경우에는 서면주의를 채택한다. 결정절차(제134조 제1항 단서), 소장과 상소장의 각하명령(제254조 제2항, 제402조, 제425조)의 경우, 자백간주(제150조)의 경우 등이다.

4. 직접주의

(1) 뜻

㈎ 당사자가 변론이나 증거조사를 수소법원에서 실시하고 법원이 직접 이에 관여하여 이를 기초로 재판하는 원칙을 말한다. 판결은 기본이 되는 변론에 관여한 법관만 할 수 있는데(제204조 제1항) 이것은 직접주의가 발현된 것이다.

㈏ **제204조 제3항** 단독사건을 맡은 판사의 경질이 있거나, 합의부 법관의 과반수가 경질된 경우에 종전에 신문한 증인에 대하여, 당사자가 다시 신문을 신청한 때에는 법원은 그 신문을 하여야 한다(제204조 제3항). 이는 경질된 법관이 변론조서나 증인신문조서의 기재에 의하여 종전에 신문한 증인의 진술 요지를 파악할 수 있는 것이기는 하지만, 법관의 심증에 상당한 영향을 미칠 수 있는 증인의 진술태도 등을 통하여 받은 인상은 증인신문조서의 기재만으로는 알 수 없기 때문에, 재차 신문에 의하여 경질된 법관에게 직접 심증을 얻도록 하려는 데에 그 취지가 있다. 그러므로 당사자가 신청하기만 하면 어떤 경우에든지 반드시 재신문을 하여야 하는 것은 아니고, 법원이 소송상태에 비추어 재신문이 필요하지 아니하다고 인정하는 경우(예를 들면, 종전에 증인을 신문할 당시에는 당사자 사이에 다툼이 있었으나 현재는 당사자 사이에 다툼이 없어서 증명이 필요 없게 된 경우, 다른 증거들에 의하여 심증이 이미 형성되어 새로 심증을 형성할 가능성이 없는 경우, 소송의 완결을 지연하게 할 목적에서 재신문을 신청하는 것으로 인정되는 경우 등)에는 재신문을 하지 아니할 수 있다.[201] 영상변론이 활성화되면 실시간 화면을 통하여 전산정보처리시스템에 등재된 법원사무관등이 작성한 영상기일조서(민소규 제73조의3 제8항)를 활용할 수 있어 증인의 재신문은 거의 필요성이 없을 것이다.

(2) 예외

그러나 직접주의를 엄격하게 적용하면 소송심리의 기동성이 약해지고 소송경제에 반하는 사태가 생길 우려가 있기 때문에 이를 보완하는 예외적인 절차를 두고 있다.

㈎ **변론의 갱신(제204조 제2항)** 심리하는 도중에 수소법원의 구성이 바뀐 경우에 직접주의를 관철시켜 다시 처음부터 심리를 거듭하게 한다면 그로 인해서 소송의 진행이 현저하게 지연되어 소송경제에 반하므로 당사자로 하여금 새로운 법관 앞에서 종전 변론의 결과만 진술

---

201) 대판 1992.7.14. 92누2424.

하게 하였다. 비대면 영상재판의 경우에는 종전 소송의 진행 경과가 전산정보처리시스템에 등재된 법원사무관등이 작성한 영상기일조서에 영상파일로 보존되어 있어 새로운 법관도 이를 확인할 수 있으므로 변론갱신의 필요성이 현저히 감소될 것이다.

(나) **수명법관·수탁판사의 증거조사 등** 법원은 상당하다고 인정할 때 법정 외에서 수명법관·수탁판사에게 증거조사를 하게 할 수 있다(제297조). 그러나 증인신문은 직접주의·구술주의의 요청이 강하기 때문에 증인이 정당한 사유가 있어 수소법원에 출석하지 못하거나(제313조 1호) 수소법원에 출석하려면 지나치게 많은 비용 또는 시간을 필요로 하는 때(동조 2호), 그 밖에 상당한 이유가 있는 경우로서 당사자가 이의를 제기하지 아니한 때(동조 3호)에는 예외적으로 수명법관·수탁판사에게 증인신문을 하게 할 수 있다(제313조). 외국에서 증거조사를 하는 경우에 외국에 주재하는 대·공사, 영사 또는 그 나라의 관할 공공기관에 촉탁한다(제296조). 모두 직접주의의 예외이다.

[65] 제3. 변론의 집중(변론의 준비와 쟁점정리)

1. 집중심리방식

현행법상 집중심리 방식으로는 준비서면 이외에 무변론판결(제257조), 변론준비절차(제280조), 변론준비기일(제282조), 적시제출주의(제146조), 화해권고결정(제225조 이하) 등이 있다.

2. 준비서면

(1) 뜻

준비서면이라 함은 당사자가 변론에 앞서 미리 상대방에게 변론 내용을 예고하는 서면을 말한다. 현행법상 변론은 서면으로 준비하여야 한다(제272조 제1항). 그 서면에는 서면화된 전자문서(전자문서 제4조의 2)가 포함됨은 당연하다.

준비서면에는 공격 또는 방어의 방법(제274조 제1항 4호) 및 상대방의 청구와 공격 또는 방어의 방법에 대한 진술(제274조 제1항 5호)을 기재하므로 준비서면은 법원으로 하여금 소송지휘의 지침을 주고 상대방에게는 변론을 준비하는 구실을 한다.

(2) 준비서면의 교환

(가) 당사자는 변론을 서면으로 준비하여야 한다(제272조 제1항). 다만, 단독사건의 변론은 서면으로 준비하지 아니할 수 있으나 상대방이 준비를 하지 아니하면 진술할 수 없는 사항은

서면으로 변론을 준비하여야 한다(제272조 제2항).

(나) 준비서면은 그 기재사항에 대한 상대방의 준비기간을 두고 제출하여야 하며 법원은 상대방에게 그 부본을 송달하여야 한다(제273조). 실무상 피고의 답변서 → 원고의 반박준비서면 → 피고의 재반박준비서면들을 제출하는 순서로 준비서면이 교환된다.

(3) 준비서면의 기재사항

(가) 준비서면의 기재형식은 법으로 정해졌다(제274조). 사실상 주장 및 증거신청, 법률상 주장, 증거항변, 그 밖의 소송절차에 관한 방식 및 소송행위 등 소송상 필요한 사항(제274조 제1항 3호 내지 6호의 사항)을 적고 당사자 또는 대리인이 기명날인 또는 서명한다(제274조 제1항). 공격 또는 방어의 방법(동조 제1항 4호), 상대방의 청구와 공격 또는 방어의 방법에 대한 진술(동조 제1항 5호)에 대하여는 사실상 주장을 증명하기 위한 증거방법과 상대방의 증거방법에 대한 의견을 적어야 한다(동조 제2항). 당사자가 가지고 있는 문서로서 준비서면에 인용한 것은 그 등본 또는 사본을 붙여야 하고(제275조 제1항), 문서의 일부가 필요할 때에는 그 부분에 대한 초본을 붙이고, 그 문서가 많은 때에는 그 문서를 표시한다(제275조 제2항). 이들 문서는 상대방이 요구하면 그 원본을 보여주어야 한다(제275조 제3항). 외국어문서는 그 번역문을 붙여야 한다(제277조). 재판장은 당사자의 공격방어방법의 요지를 파악하기 어렵다고 인정하는 때에는 변론을 종결하기에 앞서 당사자에게 쟁점과 증거의 정리결과를 요약한 준비서면을 제출하게 할 수 있다(제278조).

(나) 준비서면의 기재형식을 갖추지 아니하더라도 실질적으로 준비서면의 목적을 달성할 수 있으면 준비서면이라고 보아도 좋다. 소장·상소장에는 필수적 기재사항 이외에 공격방어방법을 적을 수 있는데 그 부분은 준비서면의 역할을 한다. 한편 피고의 본안에 관한 준비서면을 답변서(제256조 제4항)라고 하는데 그 외에 요약준비서면(제278조), 지급명령의 신청원인을 부정하는 이의(제470조 이하)도 준비서면에 속한다.

(다) 준비서면에 기일지정신청, 증거신청, 수계신청 등 사항을 기재한 때에는 신청으로서 효력이 있다.

(4) 준비서면을 제출하지 않은 효과

(가) **예고 없는 사실주장의 금지(제276조)** 준비서면에 적지 아니한 사실은 상대방이 출석하지 아니한 때에는 변론에서 주장하지 못한다(제276조 본문). 단독사건에서 서면으로 변론을 준비하지 아니하는 경우를 제외하고는 준비서면을 제출하지 아니하거나 준비서면에 적지 아니한 사실은, 당사자가 공시송달의 방법으로 기일통지서를 받은 경우를 제외하고는 기일통지서를 송달받고도 변론기일에 출석하지 아니하면 변론에서 상대방이 주장하는 사실은 자백한

것으로 간주된다(제150조 제1항). 당사자가 준비서면으로 자기의 주장사실을 미리 예고하지 않고 법정에 출석하였다가 상대방이 출석하지 아니한 것을 알고 엉뚱한 주장을 하고 그것이 자백간주가 되면 이것은 불의의 타격이고 절차기본권의 중대한 침해가 된다는 데 이유가 있다.

(a) 여기서의 「사실」은 사실상 진술은 물론 증거신청도 포함한다. 왜냐하면 당사자가 증거조사에 참여하여 그 결과에 대해서 변론을 하는 것은 사실인정에 중대한 영향을 주는데 그 때 변론할 기회를 박탈하는 것은 당사자에게 불의의 타격이 되어서 무기대등의 원칙에 어긋나기 때문이다. 그렇다면 법원이 직권으로 하는 직권증거조사의 경우에도 준비서면에 예고되지 않거나 당사자 한쪽이 잘 모르는 증거조사는 실시할 수 없다고 하여야 한다.

(b) 법률상 진술은 상대방이 불출석한 경우에 하더라도 자백으로 간주되지 아니하지만 그 법률상 진술에 대해서도 상대방의 반박기회를 보장하는 것이 무기대등의 원칙상 바람직하다.

(c) 상대방의 주장사실에 대한 부인 또는 부지의 진술은 누구라도 예상할 수 있기 때문에 상대방이 불출석한 경우라도 그러한 진술을 할 수 있다.

(나) **예고 없는 사실주장을 할 수 있는 경우**

(a) 출석한 당사자가 준비서면에 기재되지 않은 사실을 주장하려면 속행기일의 지정을 구하여 그 기일까지 준비서면으로 제출할 수 있다. 이때 법원이 속행기일을 지정하지 않고 변론을 종결하여 출석한 당사자로 하여금 새로운 주장을 할 수 없게 한다면 상대방을 그가 출석한 때보다 더 유리하게 취급하는 것이 되어 부당하다.

(b) 상대방이 출석한 경우에는 준비서면에 기재되지 않은 사실이라도 주장할 수 있다. 그러나 이 경우에 미리 예고하지 아니하였기 때문에 바로 답변을 할 수 없어 속행기일을 필요로 하여 소송이 지연된 때에는, 당사자의 승소에도 불구하고 지연됨으로 말미암은 소송비용의 전부나 일부를 부담한다는 재판을 받을 수 있다(제100조).

(5) 준비서면을 제출한 효과

(가) 준비서면은 변론을 준비하는 것이지 그에 갈음하는 것이 아니므로 이를 변론에서 진술할 때 비로소 판결의 기초가 된다. 준비서면을 제출하여 두면 변론 또는 변론준비기일에 불출석하더라도 그 기재사항을 진술한 것으로 보게 되므로(제148조, 제286조) 불출석한 당사자가 마치 출석한 듯한 효과가 있다.

(나) 당사자는 준비서면에 적은 사실은 상대방이 불출석하더라도 진술할 수 있다. 상대방이 이에 대하여 아무런 주장을 하지 않고 불출석하면 명백하게 다투지 않은 것으로 되므로 당사자는 자백간주의 이익을 얻을 수 있다(제150조 제1항 · 제3항).

(다) 변론준비절차가 열리기 이전에 제출한 준비서면은 변론준비절차에서 진술을 태만히 하더라도 변론에서 주장할 수 있다. 다만 변론준비절차에서 준비서면이 철회, 변경된 때에는

제외된다(제285조 제3항).

(라) 피고가 본안에 관한 준비서면을 제출한 뒤에 원고가 소를 취하하려면 피고의 동의를 받아야 한다(제266조 제2항).

3. 변론준비절차

(1) 뜻

(가) 변론준비절차라 함은 쟁점 및 증거의 정리를 목적으로 하는 변론이전 단계의 심리절차를 말한다. 변론준비절차는 서면선행절차, 변론준비기일, 실권의 제재로 구성된다.

(나) 재판장은 제257조 제1항 및 제2항에 따라 변론 없이 판결하는 경우 이외에는 바로 변론기일을 지정하는데 다만 사건을 변론준비절차에 부칠 필요가 있는 경우에 한하여 변론기일을 지정하지 않는다(제258조 제1항). 결과적으로 변론준비절차의 시작은 변론의 원칙이 아니라 변론의 예외적인 경우가 되었다.

(다) 한편 변론준비절차에서는 변론이 효율적이고 집중적으로 실시될 수 있도록 당사자의 주장과 증거를 정리하여야 하며(제279조 제1항), 재판장은 특별한 사정이 있는 때에는 변론기일을 연 뒤에도 사건을 변론준비절차에 부칠 수 있다(제279조 제2항).

(2) 서면선행절차

(가) **개념** 재판장은 주장과 증거를 정리하고 소송관계를 뚜렷하게 하기 위하여 기간을 정하여 당사자로 하여금 주장과 증거에 대한 준비서면 그 밖의 서류를 내게 하거나 당사자 사이에 이를 교환하게 하고 주장사실을 증명할 증거를 신청하게 하는 방법으로 변론준비절차를 진행한다(제280조 제1항). 그러므로 변론준비절차에서는 서면주의를 실시할 수 있다.

(나) **답변서 제출의무와 무변론판결**

(a) **답변서제출의무** 공시송달의 방법으로 송달받은 경우를 제외하고는 소장 부본 송달 이후 30일 이내에 답변서를 제출하여야 한다(제256조 제1항).

(b) **무변론판결(제257조)** 피고가 위와 같이 답변서를 제출하지 아니한 경우에는 직권조사사항이 있는 경우를 제외하고는 무변론판결을 한다. 이 판결은 피고에게 매우 불이익하므로 판결 선고 시까지 단순히 다툰다는 취지의 답변서를 제출하여도 무변론판결을 할 수 없다(제257조 제1항). 그러나 답변서 내용이 모두 자백뿐이고 따로 항변을 제출하지 아니한 경우에는 무변론판결을 할 수 있다(제257조 제2항). 무변론판결은 원고의 청구를 인용할 경우에만 가능하고, 원고의 청구가 이유 없음이 명백하더라도 변론 없이 하는 청구기각 판결은 인정되지 아니하므로[202] 이 경우에는 변론을 속행하여야 할 것이다.

(다) 반박서면을 제출하는 기간의 재정(제280조, 제284조 제1항 2호) 재판장 등은 기간을 정하여 당사자로 하여금 준비서면을 제출하게 하고 이를 제출하지 아니할 때에는 변론준비절차를 종결할 수 있다.

(3) 변론준비절차에서의 당사자의 협력

(가) 재판장등은 변론준비절차에서의 쟁점과 증거의 정리, 그 밖에 효율적이고 신속한 변론진행을 위한 준비가 완료되도록 노력하여야 하며 당사자는 이에 협력하여야 한다(민소규 제70조 제1항). 당사자는 이를 위해서 상대방과 협의할 수 있고 재판장등은 당사자에게 변론진행의 준비를 위하여 필요한 협의를 하도록 권고할 수 있다(민소규 제70조 제2항).

(나) 이와 같은 협의는 재판장등이 기일을 열거나 기일을 열지 않고 당사자가 불출석한 상태에서도 당사자의 의견을 들어 양쪽 당사자와 음성의 송수신에 의하여 동시에 통화를 할 수 있는 방법으로도 할 수 있다(민소규 제70조 제5항). 여기에 인터넷 화상장치를 이용할 수 있으므로(제287조의2 제1항) 장소적 이동을 하지 아니하고서도 상대방의 모습을 보면서 쟁점정리와 절차협의를 진행할 수 있게 되었다.

(4) 변론준비처분

법원은 소송의 처음부터 쟁점의 파악과 해결을 위한 변론준비가 요청되므로 재판장 등은 변론준비기일이 끝날 때까지 변론의 준비를 위한 모든 처분을 할 수 있다(제282조 제5항). 왜냐하면 이 변론기일준비에 의해서만 절차의 집중화가 달성될 가능성이 있기 때문이다. 법관의 구체적 변론준비처분으로서는 본인의 출석명령(제286조, 제282조, 제140조 제1항 1호), 특정사항에 관한 기간재정(제286조, 제147조), 변론준비절차에서의 증거조사(제281조) 및 변론준비기일(제282조 제1항) 등이 있다.

(5) 변론준비절차에서의 증거조사(기일 전 증거조사)

(가) 뜻 변론준비절차에서의 증거조사는 사건의 실체를 파악하는데 중요한 구실을 하므로 변론준비 수단으로서 매우 긴요하다. 그러므로 증거의 신청과 조사는 변론기일 이전에도 할 수 있고(제289조 제2항), 재판장등은 변론의 준비를 위하여 필요하다고 인정하면 증거결정(제281조 제1항) 및 변론의 실효성과 집중성을 달성하기 위하여 필요한 범위에서 증거조사를 할 수 있다(제281조 제3항 본문).

(나) 범위 증거조사는 심리의 핵심적 부분으로서 마땅히 공개해야 하므로 비공개의 변

202) 대판 2017.4.26. 2017다201033(평석은 [2] 참조).

론준비절차에서 실시하는 것은 부적당한 점이 있지만, 변론준비절차는 변론의 준비행위이므로 그에 필요한 범위에서 증거조사가 허용된다. 일반적으로 서증은 중요한 공격방어의 방법이지만 문서로 되어 있어 변론에서의 공개여부는 큰 문제가 되지 않는다. 전자문서 역시 파일로 되어 있어 공개여부가 문제되지 않을 것이다. 따라서 서증은 변론준비절차에서 제출하는 것은 물론 그 인부(認否)까지 할 수 있고, 검증, 감정, 문서송부촉탁도 변론의 공개여부와 관계없으므로 증거조사를 할 수 있다. 그러나 증인신문 및 당사자 본인신문은 공개되어야 한다. 따라서 증인이나 당사자 본인이 변론기일에 출석하기 어렵거나 출석하는데 지나치게 많은 비용 또는 시간이 걸리는 경우 또는 그 밖에 상당한 이유가 있지만 당사자가 증인신문 및 당사자 본인신문을 하는데 이의하지 아니한 때에 예외적으로 변론준비절차에서 증인신문을 할 수 있는 제313조의 경우에 한정하여 변론준비절차에서 증인신문 및 당사자신문을 할 수 있다(제281조 제3항 단서). 결국 변론준비절차에서 할 수 없는 증거조사는 수명법관·수탁판사가 할 수 있는 제313조에서 정한 증인신문 및 당사자 본인신문뿐이다.

(6) 변론준비기일

(가) 뜻 변론준비절차에서 주장 및 증거를 정리하기 위한 기일을 변론준비기일이라고 한다(제282조 제1항). 그런데 재판장·수명법관 또는 수탁판사는 상당하다고 인정하는 때에는 당사자의 신청을 받거나 동의를 얻어 당사자가 법정에 출석하지 않은 상태에서 비디오 등 중계장치에 의한 중계시설을 통하거나 인터넷 화상장치를 이용하여 변론준비기일 또는 심문기일을 열 수 있는 영상심문을 할 수 있는데(제287조의2 제1항) 재판장등은 이에 관하여 기일을 열거나 당사자의 의견을 들어 양쪽 당사자 음성의 송수신에 의하여 동시에 통화를 하거나 인터넷 화상장치를 이용하여 변론의 준비와 진행 및 변론에 필요한 시간, 준비서면의 제출회수, 분량, 제출기간 및 양식에 관한 협의를 할 수 있다(민소규 제70조 제3항·제4항·제5항).

(나) 변론준비기일에서 당사자의 불출석[203)]

(a) 당사자 한쪽의 불출석 이 경우 재판장 등은 변론준비절차를 종결하고 변론기일을 지정할 수 있다(제284조 제1항·제2항). 출석한 당사자가 쟁점을 정리할 의사가 있는 경우에는 소장, 답변서 기타 준비서면을 진술한 것으로 보고 상대방에게 진술을 명하여 쟁점을 정리한다(제286조, 제148조 제1항). 다만 진술 간주된 내용이 공증(公證)한 청구의 포기 또는 인낙인 경우에는 청구의 포기 또는 인낙이 성립된 것으로 보고(제286조, 제148조 제2항) 공증한 화해의 경우에 상대방당사자가 준비기일에 출석하여 그 화해의 의사표시를 받아들인 때에는 화해가 성립한 것으로 본다(제286조, 제148조 제3항).

---

203) 여기서의 '불출석'이란 영상기일자체도 열지 않고 법정에 출석하지 않은 상태를 말한다.

(b) **당사자 양쪽의 불출석** 이 경우에는 쟁점의 정리의사보다 당사자가 소송을 계속할 의사가 있는지 문제된다. 따라서 변론준비절차를 종결할 것이 아니라 새 변론준비기일을 지정하여 양쪽 당사자에게 새 기일을 통지하였으나 당사자가 다시 불출석하고 그 후 1월 내에 변론준비기일 지정신청을 하지 아니하면 소 취하된 것으로 보아야 할 것이다(제286조, 제268조). 당사자 양쪽이 변론준비기일에서 한 번 불출석하였다고 하여 이것이 변론기일에 승계되는 것이 아니므로 변론준비기일에 한 번 불출석하고, 변론기일에 두 번 불출석하더라도 그 후 1월 내에 변론기일의 지정을 신청하면 소 취하로 간주되지 않는다.

(7) 변론준비절차를 마친 효과

(가) 변론에 올림

(a) **결과 진술** 당사자는 변론준비기일을 마친 뒤의 변론기일에서 변론준비기일의 결과를 말로 진술하여야 비로소 소송자료가 된다(제287조 제2항). 서면주의는 변론준비절차에 적용될 뿐 변론에서의 원칙이 아니기 때문이다.

(b) **당사자의 협력** 변론준비절차를 마치고 변론에서 첫 변론기일을 거친 뒤 바로 변론을 종결할 수 있도록 당사자는 이에 협력하여야 한다(제287조 제1항).

(c) **증거조사의 실시** 법원은 변론기일에 변론준비절차에서 정리된 결과에 따라서 변론에서 바로 증거조사를 하여야 한다(제287조 제3항). 여기에서 증거조사란 원칙적으로 증인신문을 의미한다. 증인신문 이외의 증거조사는 변론준비절차에서 실시할 수 있고, 증인신문은 판결서를 작성하는 법관이 직접 신문하여 심증을 형성할 필요성이 있기 때문이다. 따라서 법원과 당사자는 변론준비기일에 미리 증인신문의 일시, 장소와 증인확보방안을 충분히 협의하여 첫 변론기일이 공전(空轉)되지 않도록 하여야 할 것이다. 따라서 증인신문을 마치면 사건에 대한 심증을 형성하여 바로 화해권고결정(제225조)을 하든가 변론을 종결하여야 할 것이다.

(나) **실권(失權)의 제재** 변론의 집중이라고 하는 변론준비절차의 목적을 달성하기 위해서는 당사자로 하여금 모든 소송자료를 변론준비절차에 제출시킬 필요가 있다. 이러한 필요에 의해 법원은 일정한 실권의 제재를 가하는데 그 효과는 항소심의 변론에도 미친다(제410조). 변론준비절차에서 실권의 제재모습은 변론준비기일을 거치는 경우와 그렇지 않은 경우가 다르다.

(a) **변론준비기일을 거치지 않은 경우** 당사자는 변론준비절차에서 재판장이 기간을 정하여 제출을 명한 준비서면 등을 정한 기간 이내에 제출하지 아니하면 변론준비절차가 종결되어(제284조 제1항 2호) 변론을 준비할 수 없는 불이익을 받는다. 그러나 변론준비절차에서 제출할 수 없었던 준비서면 등을 변론에 제출하는 데는 아무런 제약이 없어 변론준비절차 종결은 제재의 효과가 미약하다.

(b) **변론준비기일을 거친 경우** 변론준비기일에 제출하지 아니한 공격방어의 방법은 ①

그 제출로 인하여 소송을 현저히 지연시키지 아니한 때 ② 중대한 과실 없이 변론준비절차에서 제출하지 못하였다는 것을 소명한 때 ③ 법원이 직권으로 조사할 사항인 때를 제외하고는 변론에서 제출하여 소송자료로 삼을 수 없다(제285조 제1항). 변론준비기일에서 제출하지 아니한 공격방어의 방법을 변론에서 제출하는 경우에는 준비서면에 적지 아니한 사실은 상대방이 출석하지 아니한 때에는 주장하지 못한다(제285조 제2항, 제276조). 소장 또는 변론준비절차 이전에 제출한 준비서면에 적힌 사항은 변론준비절차에서 철회되거나 변경된 경우를 제외하고는 언제든지 변론에서 주장할 수 있다(제285조 제3항).

(8) 변론준비절차와 화해권고결정

법원은 소송 정도와 관계없이 화해를 권고하거나 수명법관 또는 수탁판사로 하여금 권고하게 할 수 있고(제145조 제1항) 그 경우 법원, 수명법관 또는 수탁판사는 당사자 본인이나 그 법정대리인의 출석을 명할 수 있으므로(제145조 제2항) 법원, 수명법관 또는 수탁판사는 변론준비절차에서도 사건에 관하여 직권으로 당사자의 이익 그 밖의 사정을 참작하여 화해를 권고하는 결정을 할 수 있다(제225조 제1항). 화해권고가 확정되면 재판상 화해와 동일한 효력이 있다(제231조). 변론준비절차에서 쟁점이 명백해져서 변론에 들어가기에 앞서 그 쟁점에 대한 소송의 승·패 예상이 가능해진다면 현명한 당사자들은 법원의 화해권고결정에 쉽게 응함으로써 화해에 이를 수 있어 화해권고결정은 집중심리의 한 방식이 된다.

[66] 제4. 변론의 실시 및 정리

1. 변론의 속행·종결·재개

변론은 법원의 소송지휘로 실시된다. 재판장이 미리 정한 기일(제165조)에 당사자 양쪽에 변론기일을 통지하여 변론을 진행할 때 사건과 당사자의 이름을 부름으로써 기일은 시작된다(제169조). 변론은 첫 기일에 원고가 소장에 터 잡아 본안의 신청을 진술하고, 피고가 소각하 또는 청구기각의 신청 등으로 반대답변을 하면, 각 당사자는 본안의 신청을 이유 있게 하기 위한 공격·방어방법을 제출하고 상대방이 자기의 주장사실 또는 항변사실을 다투었을 때에는 각 사실을 이유 있게 하기 위하여 증거신청을 한다. 법원은 이 경우에 상대방에게 의견진술의 기회를 준 뒤에 그 채택 여부를 결정하여 그 신청을 채용할 때에는 증거조사를 실시하고 그 결과로 심리가 종국판결을 할 정도로 성숙하면 변론을 종결한다. 변론준비절차를 마친 경우에는 첫 변론기일을 거친 뒤 바로 변론을 종결할 수 있도록 하여야 한다(제287조 제1항). 만약 변론을 바로 마치기 어려울 때에는 속행기일을 지정하여 심리를 계속하며, 일단 종결된 변론이라 하더라도 변론이나 증거조사가 불충분하거나 기타 필요한 경우에는 직권으로 변론의 재개를 명할 수 있다(제142조). 최근 판례는 당사자의 변론재개신청을 법원의 직권발동촉구에 그치지 아니하고 어떤 구속력을 점차 인정하는 경향이 있다.204)

2. 변론의 제한 · 분리 · 병합

법원은 변론의 제한 · 분리 또는 병합을 명하거나, 그 명령을 취소할 수 있다(제141조). 어느 것이나 소송지휘권의 행사로서 직권으로 하는 재량적 재판이다. 따라서 그 취소도 법원의 재량에 속하며 당사자는 이에 대하여 불복신청을 할 수 없다.

(1) 변론의 제한

법원은 여러 개의 청구 자체나 그 청구의 당부에 관한 판단의 전제사항 또는 소송요건 가운데에서, 어느 하나의 청구나 판단사항 또는 소송요건에 한정하여 변론 및 증거조사를 하도록 명할 수 있다. 이 조치를 변론의 제한이라고 한다. 예를 들어 소송능력, 대리권의 존부 등 소송요건에 관하여 변론을 한정하거나 손해배상청구 소송에서 손해원인사실의 유무에 국한하여 증거조사를 하는 따위이다. 제한된 사항에 관한 심리만으로 판결할 정도에 이르면 나머지 사항을 더 심리할 필요 없이 변론을 종결한다. 그렇지 않은 경우에는 그 사항에 한정하여 중간 판결(제201조)을 하거나, 중간판결을 하지 않은 채 변론제한을 취소하고 다른 사항에 관하여 변론을 명할 수 있다.

(2) 변론의 분리

법원은 소의 객관적 병합이나 공동소송 등으로 여러 개의 청구가 병합된 경우에 어느 특정 청구에 대한 병합심리를 풀어 그에 관한 변론 및 증거조사를 다른 별개의 절차에서 실시할 것을 명할 수 있다. 이를 변론의 분리라고 한다. 일단 변론이 분리되면 변론 · 증거조사뿐 아니라 판결도 별개로 된다. 그러므로 고유필수적 공동소송이나 독립당사자참가소송과 같이 하나의 사건을 별개로 판결을 할 수 없는 경우에는 변론을 분리할 수 없다. 변론은 분리되더라도 관할에 영향이 없으며(제33조) 분리 전의 증거자료는 분리 후의 양쪽 소송절차에서 그대로 증거자료가 된다.

(3) 변론의 병합

㈎ 법원은 별개의 소송절차에서 심리되고 있는 여러 개의 청구에 관하여 하나의 같은 소

---

204) 자세한 것은 [68] 4. (3) 나. (b) (iii) (ㅂ) 참조.

송절차 안에서 심리할 것을 명할 수 있다. 이를 변론의 병합이라고 한다. 변론을 병합하면 여러 개의 청구를 같은 종류의 소송절차에서 심판할 수 있어야 한다(제253조). 따라서 통상 공동소송이나 소의 객관적 병합이 허용되지 않으면 변론의 병합도 할 수 없다. 변론의 병합은 법률이 특히 이를 의무로 규정하고 있는 경우, 예컨대 상법 제188조에서 정한 수개의 회사설립무효의 소 또는 설립취소의 소가 된 때 등을 제외하고는 법원의 재량에 속한다.

(나) 변론이 병합되면 같은 기일에 변론과 증거조사를 공통으로 하여야 하지만, 병합 전에 각 사건에 관하여 이미 증거조사가 이루어졌을 때에는 병합 후에도 당연히 공통된 자료가 되는지 문제된다. 같은 당사자 사이에서 여러 개의 사건이 병합된 때에는 당사자가 이를 쓰겠다고 원용하지 않더라도 당연히 공통된 증거자료가 될 것이다. 그러나 당사자가 다른 사건이 하나의 사건으로 병합될 때에는 증거조사에 참여하지 않은 당사자의 이익을 보호하기 위하여 그 당사자가 이를 쓰겠다고 원용하였을 때 비로소 공통된 증거자료가 된다. 여기에서 증거자료로 쓴다는 것은 예를 들어 병합 전에 증인신문을 하였다면 병합 후에 그 증인신문조서를 서증으로 쓴다는 것이 아니라 증인의 증언 자체를 증거자료로 하는 것을 말한다.

(4) 판결의 병합

병합하여야 할 사건이 같은 법원에서 개별적으로 심리되어 종국판결을 할 정도로 성숙하였을 때에는 판결단계에서 하나의 판결로 사건 모두에 대하여 판단할 것을 명할 수 있다. 이를 판결의 병합이라고 한다. 판결의 병합에서 변론 및 증거조사가 공통되지 않는 것은 당연하다.

3. 적시제출주의

(1) 뜻

적시제출주의라 함은 당사자가 소송에서 공격 또는 방어의 방법을 제출함에 있어서 소송의 정도에 따라 적절한 시기에 하여야 한다는 원칙을 말한다(제146조). 이 원칙이 의도하는 것은 법원이 쟁점을 압축하거나 정리하여 효율적이고 탄력적으로 심리를 하자는데 있으므로 당사자의 공격 또는 방어방법의 제출이 심리의 원활한 진행을 방해하고 상대방 당사자에게 부당한 부담을 주는 경우에는 그 제출을 제한하는 형식으로 나타난다.

(2) 나타나는 모습

(가) 실기한 공격방어방법의 각하(제149조 제1항) 당사자는 공격 또는 방어방법을 소송의 정도에 따라 적절한 시기에 제출하여야 할 일반적 소송촉진의무(제146조)가 있다. 이에 위반하여 소송의 완결이 늦어지는 경우에 법원은 그 공격방어방법을 각하할 수 있다. 이를 실기한

공격방어방법의 각하라고 한다. 행정소송에서도 행정소송법에 특별한 규정이 없는 사항에 대하여는 민사소송법의 규정이 준용되므로(행소 제8조 제2항), 직권조사사항에 관한 것이 아닌 이상 실기한 공격 또는 방어의 방법의 각하에 관한 제149조 제1항이 준용된다.[205] 각하는 구체적으로 다음의 요건을 갖추어야 한다.

(a) **각하의 요건** (i) **적절한 시기에 늦은 공격·방어 방법일 것** 이것은 심리의 원활한 진행을 방해하고 상대방에게 부당한 부담을 주는 공격 또는 방어 방법의 제출을 의미한다. 즉 일반적 소송촉진의무에 위반하는 것을 말한다. 여기에는 변론준비절차기일을 태만히 한 경우도 포함한다. 예를 들어 특허권침해금지소송의 변론준비기일에서 피고 소송대리인이 원고회사의 특허발명에 대하여 진보성이 없다고 계속 주장해 왔는데 그 후 추가로 선행발명에 관한 제출이나 그 외에도 별다른 주장을 하지 않고 있다가 변론기일 하루 전에 미국과 독일의 각 등록특허공부(公簿)를 번역문이 첨부되지 않은 상태로 새로운 선행발명이라고 하며 제출하는 것은, 변론준비기일에 제출되지 아니한 공격방어방법에 해당할 뿐 아니라 고의 또는 중대한 과실로 시기에 늦게 제출한 것으로서 소송의 완결을 지연시키는 것으로 인정 된다.[206]

(ii) **당사자에게 고의 또는 중대한 과실이 있을 것** (ㄱ) 그 해당 여부는 본인의 법률지식정도, 공격 또는 방어 방법의 종류 등을 고려하여 정할 것이지만 적절한 시기에 늦으면 합리적인 다른 이유가 없는 한 중대한 과실이 있다고 추정된다.

(ㄴ) 공격 또는 방어 방법의 하나인 취소권과 같은 형성권의 행사는 이미 있던 사실 및 법률관계를 제출하는 경우와 달리 그 취소권을 행사하기 이전에는 예비적으로도 주장할 수 없는 것이어서 일찍 제출하는 데 어려움이 있다. 그러므로 제1심 절차에서 취소권을 행사하지 아니하고 항소심 제2차 변론기일에 제출하였더라도 고의 또는 과실로 시기에 늦게 제출하는 것이 아니다.[207] 또 피고가 토지에 대해 가등기에 기초한 본등기를 구하는 전소에서 원고의 가등기가 담보 목적의 가등기라는 주장을 하지 않고 있다가 원고가 위 판결에 기초해 본등기를 마친 후 피고 소유인 지상건물의 철거를 구하는 소송에서 그와 같은 주장을 하는 것은 실기한 공격방어방법에 해당한다고 할 수 없다.[208]

(ㄷ) 당사자의 증거신청이 유일한 증거가 아니라면 고의 또는 중대한 과실로 시기에 늦은 경우가 아닌 경우에도 법원은 이를 각하할 수 있다.[209]

(iii) **소송의 완결이 늦어질 것** (ㄱ) 법원이 당해 공격 또는 방어의 방법을 심리하면 소송의 결말이 늦어지는 것을 의미한다. 당사자의 변론재개신청을 받아들여 변론을 재개하는 경우

---

205) 대판 2003.4.25. 2003두988.
206) 특허판 2018.7.20. 2018나12.
207) 대판 2006.3.10. 2005다46363,46370,46387,46394.
208) 대판 1997.10.10. 96다36210.
209) 대판 1962.7.26. 62다315.

에는 변론의 재개 자체로 인한 소송완결의 지연 여부는 고려할 필요가 없다.[210] 그러나 구체적으로 어떤 경우가 이에 해당하는지 여부를 가리는 것은 쉽지 않다. 우선 소송의 완결이 늦은 경우에 공격 또는 방어의 방법의 제출을 허가하는 경우와 허가하지 않는 경우의 소송계속기간을 단순하게 비교하여 전자의 기간이 후자의 기간보다 길면 소송의 완결이 늦어진다고 생각할 수 있다(절대적 비교설[211]). 예를 들어 갑이 을에게 금 10억 원의 대여금을 청구하였는데 을이 차용사실을 부인하면서 차용하였더라도 금 5억 원뿐이며 이것도 변제하였다고 주장한다. 이 경우 을의 항변을 받아들이지 아니하더라도 금 10억 원의 대여사실을 심리하는 기간이 5억의 변제사실을 심리하는데 드는 기간보다 길면 완결이 늦지 않은 것이고 짧으면 완결이 늦어진다는 결론이다. 이 견해는 완결의 기준이 비교적 명확하지만 소송 완결의 지연 여부를 간단하게 결정하여 실체적 정의에 반하게 인정할 가능성이 있다. 다음, 소송의 완결이 늦은 경우에 공격 또는 방어방법의 제출을 허가할 때 드는 기간과, 만약 해당 제출 자료가 적당한 시기에 제출된 경우에 드는 소송계속기간을 서로 비교하여 전자가 후자보다 길면 소송의 완결이 늦어진다고 생각할 수 있다(상대적 비교설[212]). 위의 예에서 을이 제출한 변제 항변을 심리하는데 드는 기간이나 을이 변제 항변을 적절한 시기에 제출하였더라도 심리하는데 드는 기간 사이에 별 차이가 없으면 완결이 늦지 않은 경우이고 전자가 길면 완결이 늦다는 결론이다. 이 견해는 실체적 정의에 다소 부합하는 면이 있으나 적절한 시기에 제출하는데 요구되는 소송계속기간을 어떻게 산정하느냐는 난점이 있다.

(ㄴ) 판례[213]는, 실기한 공격방어방법이란 당사자가 고의 또는 중대한 과실로 소송의 정도에 따른 적절한 시기를 넘겨 뒤늦게 제출함으로써 소송의 완결을 지연시키는 공격 또는 방어의 방법을 말하는데 여기에서 적절한 시기를 넘겨 뒤늦게 제출하였는지를 판단함에는 새로운 공격방어방법이 구체적인 소송의 진행정도에 비추어 당사자가 과거에 제출을 기대할 수 있었던 객관적 사정이 있었는데도 이를 하지 않은 것인지, 상대방과 법원에 새로운 공격방어방법을 제출하지 않을 것이라는 신뢰를 부여하였는지 여부 등을 고려해야 한다고 하면서, 항소심에서 새로운 공격 방어방법이 제출된 경우에는 특별한 사정이 없는 한 항소심뿐만 아니라 제1심까지 통틀어 적절한 시기에 늦었는지를 판단해야 하고, 나아가 고의 또는 중대한 과실이 있는지를 판단함에는 당사자의 법률지식과 함께 새로운 공격방어방법의 종류, 내용과 법률구성의 난이도, 기존의 공격방어방법과의 관계, 소송의 진행경과 등을 종합적으로 고려해야 한다고 하였다.

---

210) 대판 2010.10.28. 2010다20532.
211) 정동윤 외 2 337면; 정영환 583면.
212) 호문현, 401면.
213) 대판 2017.5.17. 2017다1097(평석은 [71] 참조).

(ㄷ) 한편 법원이 당사자의 공격방어방법에 대하여 각하결정을 하지 아니한 채 그 공격방어방법에 관한 증거조사까지 마친 경우에 있어서는 더 이상 소송의 완결을 지연할 염려는 없어졌으므로, 그러한 상황에서 새삼스럽게 판결 이유에서 당사자의 공격방어방법을 각하하는 판단은 할 수 없고, 더욱이 실기한 공격방어방법이라고 하더라도 어차피 기일의 속행을 필요로 하고 그 속행기일의 범위 내에서 공격방어방법의 심리도 마칠 수 있거나 공격방어방법의 내용이 이미 심리를 마친 소송자료의 범위 안에 포함되어 있는 때에는 소송의 완결을 지연시키는 것으로 볼 수 없으므로, 이와 같은 경우에도 각하할 수 없다고 하였다.[214)]

(ㄹ) 생각건대 민사소송 사건 대부분은 절대적 비교설에 의할 수 있다. 이 경우에는 당사자로부터 언제라도 재판상 중요한 자료의 제출을 기대할 수 있기 때문이다. 그러나 가끔 아주 어렵고 복잡한 사건을 취급하는 경우가 있다. 공정거래, 지식재산권, 국제거래분쟁 등과 같은 경우이다. 그 경우까지 절대적 비교설에 의할 경우 당사자의 절차기본권을 침해할 우려가 있으므로 상대적 비교설에 의하는 것이 타당하다(절충설). 하지만 구체적 운영은 법원의 심리에 맡겨야 할 것인데 위의 판례들이 제149조 제1항의 적용여부 판단에 중요한 기준이 될 것이다. 이 점에서 판례들은 전체적으로는 절충설의 입장이라고 평가할 수 있다.

(ㅁ) 한편 재정증인 신청이나 상대방당사자가 성립을 인정하지 않는 문서 신청, 다음 기일에 어차피 증거조사를 실시하지 아니할 수 없어 속행이 필요하고 그 속행기일에 공격 또는 방어의 방법이 심리를 마칠 수 있는 경우[215)] 등은 각하해서는 안 될 것이다. 그러나 환송 전 원심에서 제출할 수 있었던 상계의 항변을 자동채권의 존재가 의심스러운데도 불구하고 환송 후 원심에 비로소 제출하여 법원으로 하여금 새로운 증거조사를 하게 하여 소송을 지연시키는 의심이 드는 경우에는 소송의 완결을 지연시키는 경우가 된다.[216)]

(iv) 각하의 대상은 공격방어방법이므로 원고의 청구, 청구의 변경, 반소 따위는 이에 해당되지 않는다.

(v) 이 요건은 항소심을 사후심(事後審)화할 경우에 의미가 크다. 현재와 같이 항소심이 제1심의 속심으로서 사실심리를 할 수 있는 경우에는 특별한 사정이 없는 한 제1심에서 제출할 수 없었던 공격 방어방법이나 증거신청이 허용되는 경우에는 적시제출주의의 중요한 요건이 되지 않는다.

(b) **각하절차** 각하는 직권 또는 상대방 신청에 의하여 결정하는데 각하 여부는 법원의 재량에 속하므로 각하신청이 받아들여지지 아니하더라도 당사자는 독립하여 항고할 수 없다. 각하당한 당사자도 독립하여 항고할 수 없으나 종국판결에 대한 상소를 할 때 같이 불복할 수

---

214) 대판 1999.7.27. 98다46167.

215) 대판 1999.2.26. 98다52469.

216) 대판 2005.10.7. 2003다44387,44394.

있다(제392조). 실기한 공격방어방법이 각하되지 아니하더라도 그로 인하여 소송이 늦어진 경우에 당사자는 승소한 경우에도 증가된 소송비용을 부담하는 불이익을 입을 수 있다(제100조).

(나) **취지가 분명하지 않은 공격·방어방법의 각하(제149조 제2항)** 당사자가 제출한 공격 또는 방어방법의 취지가 분명하지 아니하면 상대방 당사자는 이에 대하여 응소하기 어렵고 법원도 이를 소송자료로 취급하기 어렵다. 그러므로 법원은 이에 관하여 석명권을 행사하여 당사자에게 취지가 분명하도록 설명을 요구할 수 있고, 당사자는 이에 따라 필요한 설명을 할 개별적인 소송촉진의무가 있다. 그런데 당사자가 필요한 설명을 하지 아니하거나 설명할 기일에 출석하지 아니하면 법원은 직권으로 또는 상대방 신청에 따라 이를 각하할 수 있다. 이 경우에는 소송완결의 지연 여부는 따지지 않는다.

(다) **제출기간의 제한을 위반한 공격·방어방법의 각하(제147조 제1항)** 재판장은 당사자의 의견을 들어 한 쪽 또는 양쪽 당사자에게 특정한 사항에 관한 주장을 제출할 기간 또는 증거를 신청할 기간을 정할 수 있다(제147조 제1항). 이에 따라 당사자는 특정한 사항에 관한 주장을 제출하거나 증거를 신청할 개별적인 소송촉진의무가 생긴다. 그런데 당사자가 개별적인 소송촉진의무를 태만히 하여 그 기간을 넘긴 때에는 그 넘긴데 대하여 정당한 사유를 소명한 경우를 제외하고는 이를 제출할 수 없다(제147조 제2항). 따라서 이 경우에는 소송완결의 지연 유무를 묻지 아니하고 각하할 수 있다.

(라) **변론준비기일에 제출되지 않은 공격·방어방법의 제한(제285조)** 변론준비기일에 제출되지 않은 공격 방어방법은 원칙적으로 변론에 제출할 수 없다.

(마) **중간판결의 내용과 저촉되는 주장 제한(제201조)** 중간판결을 한 경우에는 중간판결의 기속력으로 그 판단에 반하는 공격 또는 방어방법을 해당 심급에서 제출할 수 없다.

(바) **항소이유서 제출기간 경과 후 새로운 항소이유 제출 제한(민소규 제126조의2 제4항)** 항소인이 정당한 사유 없이 제402조의2 제1항에 따른 제출기간을 넘겨 항소이유서에 기재되지 않은 새로운 주장을 제출한 때에는 결정으로 그 주장을 각하할 수 있다.

(사) **상고이유서 제출기간 경과후 새로운 상고이유 제출 제한(제427조, 제431조)** 상고심에서는 그 법률심의 성격상 상고이유서 제출기간 안에 제출하지 않은 상고이유는 판단 대상이 되지 않는다.

(아) **변론이전의 제출 강제** 변론관할위반의 항변(제30조), 소송비용담보제공의 신청(제118조), 중재합의 존재에 관한 항변(중재 제9조 제2항) 등은 변론이나 변론준비절차 이전에 제출하여야 한다.

(3) 적시제출주의의 배제

(가) 적시제출주의는 당사자에게 재판자료의 제출책임이 인정되는 변론주의가 적용되는 경

우에 적용된다. 직권탐지주의 아래에서 당사자의 재판자료제출은 법원의 직권활동을 보조하는 데 그치기 때문에 적시제출주의가 적용되지 않는다.

(나) 그러나 가정법원이 가류 및 나류 가사소송사건에 관하여는 직권으로 사실조사 및 필요한 증거조사를 하여야 하는데(가소 제17조) 그 경우에도 적시제출주의에 관한 제146조의 규정은 적용배제하지 않고 있으므로(가소 제12조) 직권조사사항에 관해서도 적시제출주의가 적용된다고 하여야 한다. 따라서 가사사건의 경우는 물론이고 다른 직권조사사항에 관해서도 쟁점의 압축 · 정리, 효율적이고 탄력적인 심리의 필요성은 변론주의에서와 다름이 없다고 할 것이다.

4. 변론조서

(1) 뜻

(가) 변론조서라 함은 법원사무관등이 변론기일마다 변론 경과를 명확하게 기록하여 보존하기 위하여 작성하는 문서를 말한다. 변론 이외에 화해기일, 증거조사기일, 변론준비기일에도 조서를 작성하여야 하는데 그 기재사항은 변론조서를 준용한다. 상급법원은 원심법원의 변론조서에 의해서 재판진행이 적법한지를 여부를 심사할 수 있게 된다. 변론조서에 관한 규정은 법원, 수명법관 또는 수탁판사의 각종 신문(또는 심문)조서와 증거조사의 조서에 준용한다(제160조).

(나) 법관 · 서법보좌관 또는 법원사무관등은 민사소송 등에서 재판서, 조서 등을 전자문서로 작성하거나 그 서류를 전자문서로 변환하여 전산정보처리시스템에 등재하여야 하는데(민소전자문서 제10조 제1항) 특히 대법원규칙으로 정하는 사유가 없으면 전자문서가 아닌 형태로 제출된 서류라도 전자문서로 변환하고 사법전자서명을 하여 전사정보처리시스템에 등재하여야 하므로(민소전자문서 제10조 제2항) 이제는 변론조서도 전자문서로 반환할 수 있다 할 것이다.

(2) 조서의 기재사항

조서의 기재사항에는 변론의 방식에 관한 형식적 기재사항(제153조)과 기일에서 변론 경과를 기재하는 실질적 기재사항(제154조)이 있다.

(가) (i) 형식적 기재사항은 제153조 1호 내지 6호로 법정되어 있다. 조서에는 작성자인 법원사무관등이 기명날인하고 재판장도 그 기재내용을 인증하기 위하여 기명날인 또는 서명한다. 재판장이 기명날인 또는 서명에 지장이 있을 때에는 합의부원이 그 사유를 적은 되에 기명날인 또는 서명하여야 한다(제153조 단서 전문). 법관 전원이 기명날인하여야 하는 서명에 지장이 있을 때에는 법원사무관등이 그 사유를 기재하면 된다(제153조 단서 후문). 재판장이나 법원사무관등의 기명날인 또는 서명이 없는 조서는 무효로서 증명력이 없다.

(ii) 전자문서로 변론조서를 작성하였을 때에는 민소전자문서법 제2조 소정의 사법전자서명을 하여야 한다(민소전자문서 제2조 4호).

(나) 실질적 기재사항으로서는 당사자의 중요한 소송행위, 증거조사의 결과 및 재판의 선고를 기재하여야 하며, 변론의 내용은 그 진행 상태에 관한 요지를 기재하면 충분하다. 조서에는 서면, 사진 기타 법원이 적당하다고 인정한 것을 인용하고 소송기록에 붙여 조서의 일부로 할 수 있다(제156조). 적당하다고 인정한 것에는, 제287조의2 제1항 · 제2항에 따라 비대면 영상심문이나 영상변론에 이용된 비디오 등 중계장치에 의한 중계시설이나 인터넷 화상장치에서 사용한 파일이 포함된다. 영상기일을 실시한 경우 그 취지를 적은 조서는 변론 또는 심문조서가 된다(민소규 제73조의3 제8항).

법원은 필요하다고 인정하는 경우에는 변론 전부나 일부를 녹음하거나 속기자로 하여금 받아 적도록 명할 수 있으며, 당사자가 녹음 또는 속기를 신청하면 특별한 사유가 없는 한 이를 명해야 한다(제159조 제1항). 이 속기록과 녹음테이프는 조서의 일부로 한다(제159조 제2항). 녹음테이프 또는 속기록으로 조서의 기재를 대신한 경우에, 소송이 완결되기 이전까지 당사자가 신청하거나 그 밖에 대법원규칙이 정하는 때에는 녹음테이프나 속기록의 요지를 정리하여 작성하여야 하며(제159조 제3항), 그 조서가 작성된 경우에는 재판이 확정되거나 양쪽 당사자의 동의가 있으면 녹음테이프와 속기록을 폐기할 수 있다(제159조 제4항 전문). 이 경우 당사자가 녹음테이프와 속기록을 폐기한다는 통지를 받은 날로부터 2주일 이내에 이의를 제기하지 않으면 폐기에 동의한 것으로 본다(제159조 제4항 후문). 조서에 적은 사항은 대법원규칙이 정하는 바에 따라 생략할 수 있다. 다만 당사자의 이의가 있으면 생략할 수 없다(제155조 제1항). 변론방식에 관한 규정의 준수, 화해, 청구의 포기 · 인낙, 소의 취하와 자백등의 기재는 생략할 수 없다(제155조 제2항).

조서에는 변론 요지를 적되 ① 화해, 청구의 포기 · 인낙, 소의 취하와 자백, ② 증인 · 감정인의 선서와 진술, ③ 검증의 결과, ④ 재판장이 적도록 명한 사항과 당사자 청구에 따라 적는 것을 허락한 사항, ⑤ 서면으로 작성되지 아니한 재판, ⑥ 재판 선고 등은 그 중요성에 비추어 분명하게 하여야 한다(제154조).

(3) 관계인에 대한 공개

(가) 조서의 기재는 기일에 당사자 기타 관계인의 신청이 있으면 이를 낭독하여 읽어 주거나 보여주어야 한다(제157조).

(나) (a) 법원은 필요하다고 인정하는 경우에는 변론의 전부 또는 일부를 녹음하거나, 속기자로 하여금 받아 적도록 명할 수 있으며, 당사자가 녹음 또는 속기를 신청하면 특별한 사유가 없는 한 이를 명하여야 한다(제159조 제1항 · 제2항).

(b) 당사자나 이해관계를 소명한 제3자가 법원사무관등에게 재생하여 들려줄 것을 신청할 수 있는 녹음테이프나 컴퓨터용 자기디스크 등은 법원이 필요하다고 인정하거나 당사자가 신청한 경우에 변론의 전부나 일부를 녹음하거나 녹화하도록 명하여 조서 일부로 삼은 녹음테이프나 컴퓨터용 자기디스크 등에 국한되므로, 재판장 또는 참여사무관 등이 조서 작성 편의와 조서 기재 내용의 정확성을 보장하기 위하여 변론 전부 또는 일부를 녹음 또는 녹화한 것으로서 조서 일부로 삼지 아니한 녹음테이프나 컴퓨터용 자기디스크 등은 여기에 해당하지 않는다.[217)]

(다) (a) 당사자나 이해관계를 소명한 제3자는 변론기일이 아니더라도 소송기록의 열람·복사, 재판서·조서의 정본·등본·초본의 교부 또는 소송에 관한 사항의 증명서 교부를 소정의 수수료를 내고 법원사무관등에게 신청할 수 있는데(제162조 제1항·제2항) 재판서·조서의 정본·등본·초본에는 그 취지를 적고 법원사무관등이 기명날인 또는 서명하여야 한다(동조 제6항).

(b) (i) 위의 당사자들이 전자문서로 변환한 변론조서의 교부를 법원사무관등에게 신청할 때에, 법원사무관등은 신청인이 민소전자문서법 제11조 제1항에 해당하지 아니한 경우, 즉 전산정보처리시스템을 이용한 민사소송 등의 진행에 동의하지 아니하였거나 전산정보처리시스템을 이용하려는 등록사용자이지만 전산정보처리시스템을 이용한 민사소송의 진행에 동의하지 아니한 경우 또는 등록사용자가 국가, 지방자치체, 그 밖에 그에 준하는 자가 아닌 경우 에는 전자문서로 변환한 변론조서를 전산정보처리시스템을 통하여 출력하여 그 출력한 서면에 사법전자서명을 하여 신청인에게 송달하거나 교부하여야 한다(민소전자문서 제12조 제1항 2호).

(ii) 만약 전자문서가 음성이나 영상정보인 경우에는 출력서면을 작성할 수 없으므로 전산정보처리시스템에 등재된 음성 등 전자문서를 청취 또는 시청하게 하는 방법으로 전자문서의 교부에 갈음할 수 있다(민소전자문서 제13조 제1항).

(라) 소송기록은 비공개할 수 있는데(제162조 제2항 단서) 비공개결정 당시 정보의 비공개결정은 전자문서로 통지할 수 있다(정보공개 제13조 제4항).[218)]

(마) **비밀보호를 위한 열람등의 제한** 법원은, 소송기록 중에 당사자의 사생활에 관한 중대한 비밀이 적혀있고, 제3자에게 비밀기재부분의 열람 등을 허용하면 당사자의 사회생활에 지장이 클 우려가 있거나(제163조 제1항 1호), 소송기록 중에 당사자가 가지는 부정경쟁방지 및 영업비밀보호에 관한 법률 제2조 2호에 규정된 영업비밀이 적혀있는 때(제163조 제1항 2호)에 해당한다는 소명이 있는 경우에는 당사자의 신청에 따라 결정으로 소송기록 중 비밀이 적여 있는 부분의 정본·등본·초본의 교부를 신청할 수 있는 자를 당사자로 한정할 수 있고(제163조 제1항), 소송관계인의 생명 또는 신체에 대한 위해의 우려가 있다는 소명이 있는 경우에 해

217) 대결 2004.4.28. 2004스19.
218) 대판 2014.4.10. 2012두17384.

당 소송관계인의 신청에 따라 결정으로 소송기록의 열람·복사·송달에 앞서 주소 등 대법원규칙으로 정하는 개인정보로서 해당 소송관계인이 지정하는 개인정보기재부분이 제3자에게 공개되지 아니하도록 할 수 있으며(제163조 제2항), 앞의 신청이 있는 경우에는 그 신청에 관한 재판이 확정될 때까지 제3자는 개인정보기재부분 또는 비밀기재부분의 열람 등을 신청할 수 없다(제163조 제3항). 소송기록을 보관하고 있는 법원은 이해관계를 소명한 제3자의 신청에 따라 앞의 사유가 존재하지 아니하거나 소멸되었음을 이유로 앞의 결정을 취소할 수 있다(제163조 제4항). 이러한 신청을 기각한 결정 또는 인용한 결정에 대하여는 즉시항고를 할 수 있고(제163조 제5항), 앞의 취소결정은 확정되어야 효력을 가진다(제163조 제6항).

(4) 변론조서에 대한 이의

소송관계인이 변론조서에 부실기재가 있다는 이유로 그 정정을 구하는 경우에는 제164조 소정의 조서에 대한 이의를 통하여 조서에 그 취지를 적어야 할 것이지 제223조의 법원사무관등의 처분에 대한 이의를 할 것이 아니다.[219] 왜냐하면 제223조는 당사자 또는 이해관계인이 관련 법령 등에 따라 법원사무관등에게 처분을 구하는 신청을 하였는데 법원사무관등이 그 신청을 거부한 경우에 이를 다투는 절차이기 때문이다.[220] 이의가 정당하면 조서의 기재를 정정한다. 그러나 기재를 정정하지 아니하더라도 상고이유가 되지 않는다.[221]

(5) 변론조서의 증명력

㈎ 변론조서가 없어지지 않는 한 변론 방식에 관한 규정이 지켜졌다는 것은 그 조서로만 증명되며 이에 관하여 다른 증거방법을 보충하거나 반증을 들어 다투지 못한다(제158조).[222] 즉 조서에 그 사실의 기재가 없으면 그 사실이 있다고 인정되고, 기재가 없으면 그 사실이 없다고 인정된다. 이와 같이 변론조서에 기재된 내용은, 진실하다는 강한 증명력이 있다.[223]

㈏ 변론조서에 증거능력·증명력을 인정하는 취지는, 소송절차의 안정·명확성을 이루자는데 있다. 여기서 변론 방식이라 함은 변론의 외부적 형식을 의미한다. 변론의 날짜 및 장소, 공개의 유무, 관여법관, 당사자의 출석 여부, 재판의 선고여부 등이다. 그러나 변론 방식에 관

219) 대결 1975.12.8. 75마372.

220) 대결 2012.4.13. 2012마249 참조.

221) 대판 1995.7.14. 95누5097.

222) 기일에서 당사자를 호명도 하지 아니하였다는 주장은, 변론의 방식에 관한 사항으로서 이는 조서의 기재에 의하여만 증명할 수 있다 할 것인데 원심의 동일자 변론조서의 기재에 의하면 동 기일은 판결 선고 기일이었는데 동 기일에 당사자의 호명이 있었고 원고와 피고 및 피고보조참가인의 대리인이 출석하였으며 판결선고기일을 1990.5.23.로 연기한 것으로 기재되어 있으므로 위 기일에 재판절차가 적법하게 행하여졌다 할 것이다(대판 1991.9.10. 90누5153 참조).

223) 대판 2001.4.13. 2001다6367.

한 사항이 아닌 것, 즉 변론 내용이나 증인 선서·증언내용 등 제154조 1호 내지 5호의 실질적 기재사항에 관한 조서 기재는 일응(一應)의 추정[224]에 지나지 않아 다른 증거에 의하여 그 추정을 뒤집을 수 있다.[225]

㈐ 변론 내용이 조서에 기재되어 있을 때에는 다른 특별한 사정이 없는 한 그 내용이 진실한 것이라는 강한 증명력을 갖는다. 그러나 그 의미가 명료하지 않은 경우에는 당사자들의 소송 진행 과정에서의 변론을 종합하여 합리적으로 해석하여야 한다.[226]

[67] 제5. 변론기일에서 당사자의 결석

1. 개설

변론은 당사자가 기일에 출석할 때 비로소 현실화되므로 당사자가 기일에 출석하는 것은 변론의 필수적 전제조건이 된다. 고대 로마의 소송에서도 당사자 양쪽이 법정에 출석하여야 성립되었다. 문명국가에서 이 원칙을 세운나라는 아마도 고대 로마가 최초일 것이다. 기독교인 바울조차 로마인들은 고발당했다는 이유만으로 사건을 판결하지 않으며 반드시 피고에게 원고와 대면해서 자신을 변호할 기회를 준다고 부러워하였다.[227] 그러나 실제로 당사자 한 쪽 또는 양쪽이 불출석하였다고 하여 변론을 열지 못한다고 한다면 소송 진행이 지연되어 소송제도를 유지하는 데 막대한 지장이 초래된다. 따라서 기일에서 당사자 한 쪽 또는 양쪽이 불출석하더라도 소송법적으로 출석한 것과 같이 처리할 필요가 생긴다.

2. 당사자 양쪽의 결석

㈎ 결석의 의미 (a) (i) 당사자의 결석, 즉 기일의 태만이라 함은 당사자가 법원으로부터 적법한 통지를 받고도 필수적 변론기일에 출석하지 않거나 출석하여도 변론을 하지 않는 경우를 말한다. 따라서 필수적 변론이 아닌 임의적 변론이나 송달불능으로 인하여 통지를 받지 못한 경우, 요건을 갖추지 못한 공시송달의 경우[228] 등 변론기일의 송달절차가 적법하지

---

224) 대판 1993.7.13. 92다23230은, 변론조서의 기재는 변론의 방식이 아니라고 하더라도 문서의 성질상 그 내용이 진실하다고 추정한다고 판시하였는데 이 경우의 추정은 반증을 허용하는 일응의 추정이다.

225) 대판 1997.10.10. 97다22843「원고가 이전의 확정판결에서 인용된 부당이득금과 인상된 차임에 따른 부당이득금의 차액을 추가로 받기 위하여 소송을 제기한 점으로 보아 변론조서의 기재 중 부당이득 반환청구를 전부 감축한다는 원고 진술은 잘못 기재된 것이 명백하다」.

226) 대판 2002.6.28. 2000다62254.

227) 사도행전 25장 13절에서 17절 참조.

228) 대판 1997.7.11. 96므1380.

않은 경우,[229] 전화 · 팩시밀리 · 보통우편 또는 전자우편으로 하거나, 그 밖에 상당하다고 인정되는 방법으로 송달을 하는 간이통지(민소규 제45조)를 받고 불출석의 불이익을 받지 않은 경우(제167조 제2항)에는 당사자가 결석을 하더라도 기일의 태만이 아니다. 그러나 변론기일에서 당사자가 변론을 하고 증인신청을 하므로 법원이 그 증인을 심문하기로 하여 변론을 속행할 기일을 지정 고지하였을 경우에는 위의 증인조사를 법정 외에서 한다는 특별한 조치가 없는 한 고지된 기일은 변론기일이라 할 것이므로 그 지정고지 기일에 2회에 걸쳐 출석하지 않거나 출석하고서도 변론하지 않고 1월 이내에 기일지정신청을 하지 아니하면 소를 취하한 것으로 본다.[230]

(ii) 영상기일은 당사자, 그 밖의 소송관계인을 법정의 출석 대신에 비디오 등 중계장치에 의한 중계시설에 출석하게 하거나 인터넷 화상장치를 이용하여 지정된 인터넷주소에 접속하게 하고, 영상과 음향의 송수신에 의하여 법관, 당사자, 그 밖의 소송관계인이 상대방을 인식할 수 있는 방법으로 하므로(민소규 제73조의3 제1항), 비디오 등 중계장치에 의한 중계시설에 출석하는 경우에는 그곳에 출석하지 아니하면 불출석이 되며, 인터넷 화상장치를 이용하는 경우에는 당사자가 책임질 수 없는 사유로 접속할 수 없었던 때를 제외하고는, 영상기일에 지정된 인터넷주소에 접속하지 아니한 때에는 불출석한 것으로 본다(민소규 제73조의3 제5항). 다만 통신 불량, 소음, 문서 등 확인의 불편, 제3자 관여 우려 등 사유로 영상기일의 실시가 상당하지 아니한 당사자가 있는 경우 재판장 등 또는 법원은 영상기일을 연기 또는 속행하면서 그 당사자가 법정에 직접 출석하는 기일을 지정할 수 있다(민소규 제73조의3 제6항).

(b) 「당사자가 변론기일에 출석하지 아니하거나 출석하였다 하더라도 변론하지 아니한 때」라고 함은, 기일이 개시되어 변론에 들어갔으나 변론을 하지 아니한 경우를 말하는 것이므로 변론에 들어가기도 전에 재판장이 출석한 당사자의 동의를 얻어 기일을 연기함으로써 출석한 당사자에게 변론할 기회가 없어서 변론을 할 수 없는 경우에는 출석한 당사자가 변론하지 아니한 때에 해당하지 않는다.

(c) 당사자의 결석이 되려면 당사자 본인이 출석하지 않는 경우는 물론, 복대리인을 포함하여 소송대리인이 있는 경우에는 그 대리인들이 모두 출석하지 아니하여야 한다.[231]

(d) 당사자의 변론기일 출석 여부는 변론조서 기재에 의하여서만 증명하여야 한다. 영상기일을 실시한 경우에도 그 취지를 조서에 적어야 하므로(민소규 제73조의3 제8항) 이에 의하여 그 출석 여부를 증명하여야 한다. 변론조서에 의하면 예컨대 1977.3.22. 10:00 사건과 당사자를 호명, 원고대리인, 피고들 대리인 각 불출석이라고만 기재되어 있고, 원고 및 피고들 본인

229) 대판 2022.3.17. 2020다216462, 2023.5.18. 2023다204224.
230) 대판 1966.1.31. 65다2296.
231) 대판 1979.9.25. 78다153,154.

출석 여부에 대하여는 아무런 기재가 없다면 이 변론조서의 기재만으로 당사자 양쪽이 변론기일에 불출석하였다는 사실은 증명되지 않는다.[232]

(e) 당사자가 출석하여도 ① 진술금지의 재판(제144조), ② 퇴정명령을 받은 경우 ③ 재판중에 임의로 퇴정한 경우에는 결석으로 취급된다.

(나) 결석의 모습

(a) **당사자 양쪽이 모두 출석한 경우** 이 경우에도 출석한 양쪽 당사자가 모두 변론하지 아니하면 결석이 된다. 그러나 직권 또는 당사자 신청에 의하여 변론기일이 변경 또는 연기되면 변론을 열 수 없으므로 그 경우에는 결석이 되지 않는다.[233]

(b) **당사자 한쪽이 출석한 경우** 이 경우에는 출석한 당사자가 변론하지 아니하거나 청구기각 판결만 구하고 사실상 진술을 하지 아니한 경우, 종전 변론결과만 진술하고 더 이상 변론하지 아니하면 실제 변론이 없으므로 모두 결석이 된다. 여기서도 직권 또는 당사자 신청에 의하여 변론기일이 변경 또는 연기되면 변론을 할 수 없으므로 결석이 되지 않는다.

(c) **당사자 양쪽이 모두 불출석한 경우** 이 경우에는 양쪽 당사자가 법정에 나오지 아니하였으므로 언제나 결석이 된다. 변론기일에 항소인 불출석, 피항소인 출석하였으나 변론한 흔적이 없는 경우에도 양쪽 모두 불출석이다.[234] 변론조서에 연기라는 기재가 있다고 하여도 변론기일에서 당사자 양쪽이 불출석한 것으로 판명된 이상 양쪽 불출석의 효과가 생긴다.[235] 즉 이 경우에는 당사자 한 쪽이라도 출석하여 변론할 수 있는 경우와 달리 직권으로 변론기일을 변경 또는 연기할 수 없기 때문이다.

(d) **본인이 결석한 경우** 본인이 결석하더라도 보조참가인이나 필수적 공동소송인 중 1인이 출석하면 결석의 효과가 생기지 아니한다. 그러나 통상 공동소송에서는 기일 결석의 효과가 공동소송인 별로 생기므로 공동소송인 가운데서 일부가 불출석하거나 출석하더라도 변론하지 아니하면 그 일부에 대해서만 결석의 효과가 생긴다.

(다) **결석이 1회인 경우** 이 경우에 재판장은 다시 변론기일을 정하여 양쪽 당사자에게 통지하여야 한다(제268조 제1항).[236] 다만 판결은 출석하지 아니하더라도 다시 통지하지 않고 선고할 수 있다(제207조 제2항). 배당이의의 소에서는 배당이의를 한 사람이 변론준비기일에 출석하였더라도 첫 변론기일에 출석하지 아니하면 소의 취하로 간주된다(민집 제158조).[237]

232) 대판 1965.3.23. 65다24, 1967.12.18. 67다2202 참조.
233) 그러나 법원이 변경 또는 연기신청을 허가하지 아니하고 변론을 명한 경우에도 변론하지 아니하면 결석이 된다.
234) 대판 1978.8.22. 78다1091.
235) 대판 1993.10.26. 93다19542.
236) 이때에 변론기일은 지정하는 것은 출석한 당사자가 변론하지 아니함에 따라 당연히 발생하는 효과이므로 항고의 대상인 결정이나 명령에 해당되지 않는다(대결 2008.11.13. 2008으5 참조).
237) 대판 2007.10.25. 2007다34876.

㈑ **결석이 2회인 경우** 당사자 양쪽이 2회에 걸쳐 변론기일에 결석한 경우에는 1월 이내에 기일지정신청을 하지 아니하면 소를 취하한 것으로 본다(제268조 제2항). 이를 소의 취하간주(取下看做), 의제취하(擬制取下) 또는 쌍불취하(雙不取下)라고 한다.

(a) **요건** (i) 당사자 양쪽이 2회에 걸쳐 결석하여야 한다. 2회는 연속될 필요가 없으며 1회 결석한 뒤 다음 기일에 출석하였다가 다시 결석하여도 2회 결석이 된다. 그러나 같은 심급과 같은 종류의 기일에 두 차례 결석하여야 한다. 따라서 제1심에서 1회, 제2심에서 1회와 같이 2회에 결석하더라도 2회 결석이 되지 않는다. 환송전 한 번, 환송후 한 번 결석하여도 2회 결석이 아니다. 변론준비기일에 한번, 변론기일에 한 번 결석하여도 2회 결석이 아니다.[238)]

(ii) 동일한 소가 유지되는 상태에서 2회 결석하여야 한다. 따라서 소의 변경 전에 1회, 소의 변경 후에 1회의 결석은 2회 결석이 아니다.

(iii) 1월 이내에 기일지정신청을 하지 아니하여야 한다. 1월 이내라 함은 불출석한 변론기일부터 1월 이내이지 불출석사유를 안 날부터 1월 이내가 아니다.[239)] 기일지정신청을 하지 않는 데에는 '당사자에 책임을 돌릴 수 없는 사유'를 요구하지 않는다.

(iv) 법원이 두 번째 불출석 기일에 직권으로 새로운 기일을 지정한 때에는 당사자의 기일지정신청에 의한 기일지정이 있는 경우와 마찬가지로 보아야 한다.[240)]

(b) **효과** (i) 2회 결석 후 기일지정신청에 의하여 지정된 기일 또는 그 후의 기일에 당사자 양쪽이 출석하지 아니하거나 출석하더라도 변론하지 아니한 때에는 제1심에서는 소의 취하간주로(제268조 제3항), 상소심에서는 상소의 취하간주로 취급된다(제268조 제4항).

(ii) 취하간주의 대상은 소이다. 병합된 청구라고 하더라도 당사자가 2회 결석하면 모두 취하간주가 된다. 그러나 본래의 소가 소송계속 중에 1회 결석한 뒤 소의 추가적 변경, 반소, 중간확인의 소, 당사자 참가 등 소송중의 소가 제기되었는데 다시 1회 결석한 때에는 취하의 효과가 생기는 것은 본래의 소뿐이고, 소송중의 소는 1회만 결석한 것으로 보아야 한다(가분적 일부취하간주[241)]).

(iii) 소의 취하간주 또는 항소취하간주는 법률상 당연히 발생하는 효과이고 법원의 재판이 아니므로 상소 대상이 될 수 없다. 따라서 그 효력을 다투려면 민사소송규칙 제67조, 제6조에 따라 제1심 또는 항소심 법원에 기일지정신청을 하여야 한다.[242)]

---

238) 대판 2006.10.27. 2004다69581.
239) 대판 1992.4.14. 92다3441.
240) 대판 1994.2.22. 93다56442.
241) 같은 취지: 이시윤, 409면.
242) 대판 2019.8.20. 2018다259541.

3. 당사자 한 쪽의 결석

(1) 진술간주

(가) 당사자 한 쪽이 변론기일에 출석하지 아니하거나 출석하여도 본안에 관하여 변론하지 아니한 경우에는 그가 제출한 소장·답변서 기타 준비서면에 적은 사항을 진술한 것으로 보고 출석한 상대방에 대하여 변론을 명할 수 있다(제148조 제1항). 이를 진술의제(擬制) 또는 진술간주(看做)라고 한다. 변론기일에 한쪽 당사자가 불출석한 경우에 변론을 진행하느냐 기일을 연기하느냐는 법원의 재량에 속한다고 할 것이나, 일단 출석한 당사자 혼자서 변론을 진행할 때에는 반드시 불출석한 당사자가 그때까지 제출한 소장·답변서, 그 밖의 준비서면에 적혀있는 사항을 진술한 것으로 보아야 한다.[243)]

(나) 소장 등 서면 내용이 진술 간주되면 당사자 한 쪽이 불출석하더라도 당사자 양쪽이 출석한 경우와 동일한 효과가 생긴다. 따라서 서면에서 상대방 주장사실을 전부 자백하여 더 이상 심리를 계속할 필요가 없을 때에는 변론을 종결한다. 주장사실을 다투어 증거조사를 할 필요가 있을 때에는 속행기일을 지정하여야 한다. 당사자가 진술한 것으로 보는 답변서, 그 밖의 준비서면에 공증된 청구의 포기 또는 인낙의 의사표시가 적혀있는 때에는 청구의 포기 또는 인낙이 성립한 것으로 보며(제148조 제2항), 그 문서가 공증된 화해의 의사표시인 경우에 상대방 당사자가 변론기일에 그 화해의 의사표시를 받아들인 때에는 화해를 한 것으로 본다(제148조 제3항).

(2) 자백간주

(가) 당사자가 변론에 출석하더라도 상대방이 진술하는 사실을 명백히 다투지 아니한 때에는 변론 전체의 취지로 보아 그 사실에 대하여 다투는 것으로 인정되지 않는 한 자백한 것으로 본다(제150조 제1항). 이를 자백간주 또는 의제자백이라고 한다. 이 경우 상대방이 주장한 사실에 대하여 알지 못한다고 진술한 때에는 그 사실을 다투는 것으로 추정한다(제150조 제2항). 자백간주는 당사자에 관한 것이므로 피고는 물론 원고에게도 적용된다. 예컨대 피고의 항변에 대하여 원고가 이를 명백하게 다투지 아니한 때에는 원고가 자백한 것으로 본다.

(나) 공시송달에 의하지 않은 방법으로 기일통지서를 받은 당사자가 답변서 그 밖의 준비서면 등 아무런 서면도 제출하지 않고 불출석하거나 출석하더라도 변론하지 아니하면 상대방이 주장한 주요사실을 자백한 것으로 본다(제150조 제3항). 그러나 불출석한 당사자가 변론종결 이전에 속행기일 또는 항소심기일에서라도 출석하여 다투면 자백의 효과는 소멸되므로 상대

243) 대판 2008.5.8. 2008다2890.

방은 증거로 그 주요사실을 증명하여야 할 것이다. 즉 자백간주의 철회에는 자백취소의 제한에 관한 규정(제288조 단서)이 적용되지 않는다.

(다) 제1심에서 공시송달로 진행되어 피고에 대한 청구가 기각되었다고 하여도 피고가 원고의 청구원인을 다툰 것으로 볼 수 없으므로 원고가 항소한 항소심에서 피고가 공시송달 아닌 방법으로 송달받고도 다투지 아니한 경우에는 자백한 것으로 본다.[244]

4. 영상변론에서의 당사자 결석

(1) 영상변론에서 결석의 의미

(가) 당사자가 불출석하는 영상재판에서도 당사자가 전산정보처리시스템을 이용한 변론을 하지 않는다면 결석에 해당한다. 예컨대 변론기일에 인터넷연결을 접속하지 않거나, 변론 중에는 인터넷 연결 상태를 유지하여야 하는데, 기술·네트워크상 장애 등으로 변론을 정상적으로 진행할 수 없다고 확인되는 경우가 아닌데도 원고 또는 피고가 변론 중에 임의로 영상에서 퇴장할 경우에는 결석으로 보아야 할 것이다.

(나) 인터넷 화상장치를 이용하는 경우 영상기일에 지정된 인터넷 주소에 접속하지 아니한 때에는, 당사자가 책임질 수 없는 사유로 접속할 수 없었던 때를 제외하고는 불출석한 것으로 본다(민소규 제73조의3 제5항). 통신 불량, 소음, 문서 등 확인의 불편, 제3자 관여 우려 등 사유로 영상기일의 실시가 상당하지 아니한 당사자가 있는 경우 재판장 등 또는 법원은 영상기일을 연기 또는 속행하면서 그 당사자가 법원에 직접 출석하는 기일을 지정할 수 있다(민소규 제73조의3 제6항).

(2) 결석의 모습

(가) **당사자 양쪽 출석** 통상 변론절차에서 당사자들이 법정에 모두 출석하더라도 변론하지 않는다면 결석이 된다. 그러나 영상변론에서는 당사자들이 법정에 불출석할 이익이 있으므로 그들이 전산정보처리시스템을 통하여 변론을 한다면 그것은 적법한 변론이 되므로 결석의 문제가 발생하지 않는다.

(나) **당사자 한 쪽 출석** 영상변론이 가능한 당사자 중에서 한 쪽만 영상변론을 하고 다른 당사자는 영상변론을 하지 않는 경우에는 변론에는 모두 출석한 셈이 되므로 통상 변론절차와 달리 결석의 문제가 발생하지 않는다. 그러나 영상변론을 하는 당사자의 영상변론 내용이 청구기각 판결만 구하고 사실상 진술을 하지 아니하거나 종전 변론결과만 진술하고 더 이

---

244) 대판 2018.7.12. 2015다36167.

상 변론하지 아니하면 실제 변론이 없으므로 결석이 된다고 해야 한다.

(다) **당사자 양쪽 불출석** 당사자들이 모두 영상변론이 가능한데도 전산정보처리시스템을 통한 변론을 하지 않는다면 결석이 된다.

(3) 결석의 횟수

(가) **결석이 1회인 경우** 이 경우에 재판장등은 다시 변론기일을 정하여 양쪽 당사자에게 통지하여야 한다(제268조 제1항).

(나) **결석이 2회인 경우** 이 경우에는 1월 이내에 기일지정신청을 하지 아니하면 소를 취하한 것으로 본다(제268조 제2항). 당사자는 기일지정신청을 전산정보처리시스템을 이용하여 전자문서로도 할 수 있다.

제3장

증　　거

제1절 변론주의

[68] 제1. 재판자료의 수집

1. 총설

(1) 변론주의와 직권탐지주의

㈎ 개념　　(a) 당사자주의가 재판자료를 수집하는 쪽에서 나타나면 변론주의로 등장한다. 변론주의라는 용어는 언뜻 변론에 관한 원칙으로 알기 쉽지만, 실제로는 변론보다는 법원이 인정할 사실에 관한 주장 및 증거 등 재판자료의 수집에 관한 원칙이다. 법원은 법적 3단논법이라는 논리적 작용을 통해서 법규를 대전제, 사실을 소전제로 하여 법률효과를 판단, 선언하는 방법으로 판결을 선고한다. 이 경우 가장 먼저 하는 작업은 소전제인 사실을 확정하는 것인데 그때 사실을 인정할 재판자료를 수집할 책임과 권능을 당사자에게 맡기자는 원칙을 변론주의(Verhandlungsmaxime)라고 한다. 반면 이 책임과 권능을 법원에게 맡기자는 원칙을 직권탐지주의(Untersuchungsmaxime)라고 한다. 변론주의를 제출주의(Beibringungsmaxime)라고도 하는데 오히려 이 용어가 더 실체에 가깝다. 민사소송법은 소송의 실체형성에서는 당사자주의를 기조로 하고 있으므로 재산관계를 둘러싼 분쟁을 대상으로 하는 통상 민사소송에서는 변론주의를 원칙으로 하고, 비재산권 분쟁을 대상으로 하는 민·상사의 비송사건 등 특수한 것에

한하여 직권탐지주의가 적용된다.

(b) 그런데 변론주의와 직권탐지주의의 위와 같은 개념은 원칙적인 것이고 실제로 양쪽의 대립은 완화되어 있다. 즉 당사자주의 아래에서도 법원은 석명권 행사에 의하여 재판자료의 수집에 깊숙하게 관여하며, 직권탐지주의 아래에서도 재판실무상으로는 당사자가 일차적으로 재판자료의 수집책임을 담당하고, 법원의 직권탐지도 석명권 등 행사에 의하여 당사자를 통한 간접적인 방법에 주로 의존하고 있다. 따라서 재판을 운영하는 면에서 볼 때 양쪽의 구별은 엄격하지 아니하여 서로 밀접한 관련을 맺고 있다.

(나) **처분권주의와의 관계** (a) 변론주의는 당사자주의를 표현한다는 점에서 처분권주의와 뿌리를 같이하고 있다. 실제로 독일의 Gönner가 1901년에 변론주의라는 용어를 사용할 때만 해도 변론주의는 처분권주의의 개념을 포함하는 광범위한 것이었다. 그러나 변론주의는 법적 3단 논법의 소전제인 판단자료의 지배에 관한 문제이고 처분권주의는 법적 3단 논법의 결론인 판단대상의 지배에 관한 문제이다. 판단대상의 설정과 판단자료의 수집이 별개인 이상 한 쪽에서는 당사자 지배를 인정하면서 다른 쪽에서는 법원의 지배를 인정하는 것이 논리적으로 불가능하지 않다. 이와 같이 변론주의와 처분권주의가 구별되므로 직권탐지주의의 원칙에서도 처분권주의가 부정되지 않는다. 즉 소의 제기가 없으면 재판이 시작되지 않으며 심판 대상은 당사자가 특정하여야 하고 소를 취하하는 권능이 당사자에게 인정된다. 이처럼 분쟁의 해결내용을 당사자의 자주적 처리에 맡기기 위해 판단대상 특정과 판단자료 수집에 당사자의 의사를 존중한다는 점에서는 양쪽이 모두 공통되고 있다.

(b) 다만 처분권주의의 내용으로서 당사자에게 인정되는 권능, 즉 청구의 포기 · 인낙 또는 재판상 화해는 당사자 의사에 터 잡은 분쟁의 해결내용에 법원의 판단과 동등한 효력을 인정해주기 때문에 분쟁의 해결 내용을 당사자 의사에 좌우시키려 하지 않는 직권탐지주의가 적용되는 사항에 관해서는 그 적용이 제한된다.

(다) **구술주의와의 관계** 변론주의는 구술주의와 밀접한 관련이 있다. 「변론」이라는 용어가 이를 의미한다. 그러나 변론주의는 판단자료의 수집에 관한 원칙이고 구술주의는 소송의 심리방법에 관한 원칙이다. 따라서 직권탐지주의가 적용된다고 하여 구술주의를 배척할 이유가 없고, 변론주의를 채택하였다고 하여 반드시 구술주의를 지켜야 할 이유가 없다.

(2) 변론주의의 근거

민사소송의 대상 대부분은 재산관계를 둘러싼 분쟁이고 이에 관해서 실체법에서는 사적자치의 원칙이 적용되는데 이 원칙이 소송법에 구현되어 판단자료 수집에 적용된다면 그것이 바로 변론주의가 된다(본질설). 재산관계에 관한 분쟁은 복잡하므로 법원이 스스로 실체를 탐색하는 것이 매우 어렵다. 때문에 가장 강한 이해관계를 갖고 있는 당사자 본인으로 하여금 자기에게 유리한 자료를 제출할 책임을 맡긴다면 법원으로서는 적은 노력을 들여 실체적 진실을 발견하기 쉬울 것이다(수단설). 또 변론주의는 불의(不意)의 타격방지, 당사자의 절차보장 등 민사소송 이념이 작동된 것일 수도 있다(다원설). 그러나 그 본질은 사적자치에 있다는 것을 망각해서는 안 된다. 생각건대 본질설은 재판자료의 수집에 당사자의 자주적 권능을 인정함으로써 소송주체로서의 지위를 명확히 한다는 점에서 뛰어나다. 수단설은 변론주의야말로 실체적 진실발견을 위한 합리적 수단이라고 하나 실체적 진실발견을 이념으로 하는 비송사건 등이 어째서 변론주의를 채택하지 않고 직권탐지주의를 취하고 있는지 설명하기 어렵다. 다원설은 불의의 타격방지, 당사자의 절차권 보장, 공정한 재판에 대한 신뢰확보 등을 근거로 들고 있으나 이것들은 변론주의를 포괄한 민사소송 전체의 이념이 될지 몰라도 오로지 변론주의의 근거가 되는 것이 아니다. 변론주의는 어디까지나 심리의 기본원칙이므로 불의의 타격방지나 당사자의 절차권 보장이라는 기본이념에 의해서 보충되거나 수정되는 것은 당연하다. 본질설이 가장 옳다고 생각된다.

(3) 변론주의와 준비절차

법원과 당사자는 변론준비절차에서 변론이 효율적이고 집중적으로 실시될 수 있도록 당사자의 주장과 증거를 정리하여야 한다(제279조). 이 과정에서 법원과 당사자의 협동작업(Arbeitsgemeinschaft)이 필요하다. 그러나 이 협동작업은 당사자의 주장과 증거를 정리하는데 그칠 뿐 사실과 증거의 수집책임을 당사자에게 맡기자는 변론주의를 부정하는 것이 아니므로 변론주의와 직권탐지주의를 혼합하자는 협동주의(kooperationmaxime)를 적용할 것이 아니다.

(4) 변론주의의 적용영역이 문제되는 경우

㈎ **소송요건** 소송요건은 소가 법원에서 적법한 것으로 취급되어 본안판결을 받는데 필요한 사항으로서 원칙적으로 직권조사사항이다. 소송요건 가운데서 공익성이 비교적 약하면서도 주로 당사자의 이익보호를 위한 사항, 예컨대 변론관할(제30조)과 같은 임의관할은 변론주의가 적용되지만, 재판권과 같이 고도의 공익성이 인정되는 경우에는 직권탐지주의가 적용된다. 소의 이익과 같은 소송요건은 변론주의 원칙 가운데서 주장책임 및 자백의 구속력이 배제되지만 직권증거조사 금지의 원칙까지 제외되지는 않는다.

㈏ **사실** 변론주의의 근거가 사적자치에 있는 이상 변론주의의 대상은 권리관계의 발생·소멸·변경의 원인이 되는 주요사실에 국한된다. 즉 변론주의는 법적 3단 논법의 소전제가 되는 사실, 즉 주요사실의 확정에 관한 재판자료의 수집에 관해서 적용된다는 의미이다. 주요사실이라면 공지의 사실이라도 변론주의가 적용된다.

㈐ **법규 내지 법적관점** (a) 법적 3단 논법의 대전제가 되는 법규의 탐색이나 해석·적

용, 수집된 증거의 평가는 법관 직책에 속하므로 변론주의가 적용될 여지가 없다. 사실을 인정하는데 이용되는 경험법칙도 판결의 기초되는 사실이 아니기 때문에 변론주의와 친하지 않다. 법규에 관해서 변론주의가 적용되지 않는다는 것은 당사자 주장이 없는 경우에도 법원이 해당 법규를 적용할 수 있고, 법규에 관한 당사자 자백은 법원을 구속하지 않는다는 것을 의미한다.

(b) 그러나 이것은 법규의 해석 · 적용에 관해서 당사자에게 주장할 기회를 줄 필요가 없다는 의미가 아니다. 실제로 사실에 관한 주장과 법규 내지 법적 관점에 관한 주장과는 밀접한 관계가 있다. 따라서 법원이 동일사실에 근거한 당사자의 법적 관점과 다른 법적 관점을 채택하는 것은 변론주의 위반의 문제가 생길 소지가 있는 것이다. 이를 피하기 위해서 법원은 당사자에게 어떤 법적 구성이 가능할 것인가, 당사자로서는 어떤 법적 구성을 선택할 것인가를 석명하고, 아울러 당사자가 선택한 각각의 법적 구성에서 충분한 주요사실이 주장되도록 배려하여야 할 것이다. 이 경우에는 제136조 제4항에서 정하고 있는 법률상 사항진술의 석명이 중요한 의미를 지닌다. 특히 변호사는 법관과 동일한 법률전문가이다. 따라서 변호사가 소송대리인인 경우에는 그로 하여금 법규 내지 법적 관점을 충분하게 주장할 수 있도록 기회를 주어야 하고 또 법관은 이를 신중하게 참작하는 것이 당사자의 이익보호 및 법률발전을 위해서도 필요하다.

㈑ **권리항변과 과실상계** (a) 권리항변이라 함은 법원이 어떤 권리의 존재를 참작함에 있어서 이를 뒷받침하는 객관적 사실뿐 아니라 당사자에게 권리를 행사하겠다는 의사표시를 요구하는 것을 말한다. 유치권, 동시이행항변권 등의 경우가 이에 해당한다. 그 의사표시의 행사에 관해서는 변론주의가 적용되므로 법원은 그 의사표시의 행사 사실이 주장되지 않는 한 권리항변을 기초로 판결을 할 수 없다. 다만 유치권 등 권리를 취득한 사실관계가 주장된다면 그 권리를 행사하겠다는 의사를 추측할 수 있기 때문에 당사자가 이에 관한 권리행사의 의사표시를 하지 않은 경우에 법원은 석명권을 행사하여 당사자에게 그 권리를 행사할 것인지 여부를 밝혀야 할 것이다.

(b) (i) 민법 제396조 혹은 민법 제763조에 근거한 과실상계,[1] 가해자의 책임경감사유[2]와 같은 사항에 관해서는 그 효과를 판결의 기초로 하는데 당사자의 주장을 필요로 하지 않는다는 것이 판례이다. 그 이유는 과실상계나 책임경감사유로서의 과실은 가해자의 다른 과실과 달리 사회통념이나 신의성실 원칙에 따라 공동생활에서 요구되는 약한 의미의 부주의에 불과하므로, 그에 관한 진술은 항변이라기보다 법원이 채권자 또는 채무자 측 부주의로 보아 이를 직권으로 참작하여야 한다는 데 있다.[3] 그러므로 과실상계 사유에 관한 사실인정이나 비율을

1) 대판 1996.10.25. 96다30113.
2) 대판 1997.8.22. 96다43164, 2013.3.28. 2009다104526.
3) 대판 1999.2.26. 98다52469.

정하는 것은 형평의 원칙에 비추어 불합리하지 않는 한 사실심 전권에 속한다.[4] 판례를 따르더라도 채권자 또는 채무자 측 부주의로 평가되는 구체적 사실에 관해서는 법관이 알 수 있어야 하므로 당사자의 주장이 없어도 그러한 부주의가 소송자료에 나타나는 경우에 법관은 당연히 검토하여야 한다. 하지만, 부주의가 소송자료에 나타나지 않은 경우까지 변론주의를 적용하여 당사자의 주장을 필요로 하는 것은 아니다.

(ii) 채무불이행 또는 불법행위로 인한 손해배상 청구사건에서 피해자에게 손해의 발생이나 그 확대에 관하여 과실이 있는 경우에 과실상계 사유에 관한 사실인정이나 비율을 정하는 것은 그것이 형평의 원칙에 비추어 현저히 불합리하다고 인정되지 않는 한 사실심의 전권사항에 속한다.[5] 그러나 과실 정도를 비교하여 헤아릴 때 지나치게 피해자에게 유리하거나 또는 불리하게 판단하는 것은 재량 범위를 벗어난 위법이다.[6] 이러한 점에서 과실 비율을 정하는 법원의 직권참작에는 일정한 한계가 있다.

(마) **회사관계소송** 주주총회결의취소 등 회사관계소송은 원고 승소판결의 경우에 그 판결의 효력이 당사자 이외의 제3자에게도 미친다(상 제190조 본문). 따라서 그 단체적 법률관계의 성질 및 판결의 대세적 효력에 기초하여 직권탐지주의가 적용될 여지가 있다. 그러나 회사관계소송에서 생기는 단체적 법률관계의 발생, 변경, 소멸은 근본적으로 당사자의 의사에 근거한 것이고 판결의 대세적 효력을 받은 제3자는 소송참가 방식에 의하여 자기 이익을 지킬 수 있기 때문에 상법 제189조의 사정참작에 의한 청구기각판결을 하는 경우를 제외하고는 원칙적으로 변론주의가 적용된다.[7]

2. 변론주의의 내용

(1) 일반론

사적자치의 원칙을 기반으로 하는 변론주의에는 세 가지 중요한 원칙이 있다. 첫째, 법원은 당사자가 주장하지 않은 사실을 판결 기초로 삼을 수 없다(주장책임). 이 책임에 근거한 사실에 관해서는 사적자치가 인정되는 것을 의미한다. 둘째, 법원은 당사자 사이에서 다툼이 없는 사실은 그대로 판결 자료로 인정하지 않으면 안 된다(자백의 구속력). 그러므로 이에 관해서는 당사자의 지배권이 인정된다. 셋째, 당사자 사이에서 다툼이 있는 사실을 증거로 인정하려면 당사자가 신청한 증거에 의하지 않으면 안 된다(직권증거조사금지의 원칙). 따라서 사적자치

4) 대판 2018.2.13. 2015다242429, 2023.11.30. 2019다224238.
5) 대판 2005.10.7. 2003다44387,44394.
6) 대판 1984.7.10. 84다카440.
7) 같은 취지: 이시윤, 330면.

에 속하는 권리관계의 존부에 관한 판단은, 당사자가 제출한 증거에 근거하는 것으로 충분하므로 이 역시 사적자치의 이념에 기초한다.

변론주의의 이와 같은 원칙은 법원이 법적 3단 논법의 소전제인 사실 인정에 있어서 가장 중요한 골격이 된다. 그러나 실제로 이 변론주의의 원칙들은 법규에 명백하게 규정된 바 없다. 다만 변론주의는 청구의 인낙과 자백에 관한 규정을 적용하지 않는 가사소송법 제12조, 직권으로 사실조사 및 필요한 증거조사를 하여야 하는 가사소송법 제17조 및 직권심리에 관한 행정소송법 제26조 등에서 그 역사성, 이념성에 비추어 추론(推論)한 것이다.

어쩌면 변론주의는 처분권주의와 더불어 자유민주주의, 개인주의를 이념으로 하는 재판체계의 꽃일 것이다. 이 원칙은 멀리 로마법에 뿌리를 두고 1789년의 프랑스 대혁명을 거쳐서 선진국가의 재판원칙으로 확립되었으며 우리나라에는 독일법과 일본법을 거쳐 도입되었다. 우리는 오랫동안 민사의 사실인정도 형사에서와 마찬가지로 언제나 객관적 진실에 부합하여야 한다고 생각하여 왔다. 물론 사실이 객관적 진실에 부합하여야 하는 것은 너무도 당연하다. 그러나 사회생활이 복잡해지고 경제규모도 봉건시대와 비교할 수 없을 정도로 방대해지면서 계쟁사실이 객관적 진실에 부합되는 여부를 정확하게 판단하기가 점점 어려워지는 현실에서는, 개인주의 · 자유민주주의 아래에서 개인에게 소유 재산에 관한 처분의 자유가 인정되는 것처럼 민사재판의 사실 인정에 관해서도 당사자 처분권을 인정하는 것이 바람직할 것이다. 변론주의는 그러한 요구에 들어맞는 민사소송의 한 체계라고 할 수 있다.

(2) 주장책임

(가) 주요사실과 주장책임 (a) 법원은 당사자가 주장하지 않은 사실을 판결의 기초로 삼을 수 없다. 따라서 당사자는 자기에게 유리한 사실을 변론에서 진술하지 아니하면 그 사실에 관해서는 법원의 판단을 받을 수 없는 불이익을 입게 된다. 당사자가 그 불이익을 면하기 위해서는 변론에서 이를 주장하지 않으면 안 되는 책임이 있는데 이를 주장책임이라고 한다.

(b) 당사자가 주장하지 않으면 안 되는 사실은 법적 3단 논법의 소전제에 해당하는 사실, 즉 법률효과를 일으키게 하는 법규(법률요건)의 요건에 해당하는 사실(법률요건사실)을 말한다. 실체법에서는 요건사실이라고 하며, 민사소송법에서 공격방법으로 쓸 때에는 청구원인사실이 된다. 변론주의 3원칙 중의 하나인 주장책임을 적용하는 경우에는 주요사실이라 한다. 쉬운 예를 들어 갑이 을에게 어떤 물건을 금 1억 원에 팔았는데 매매대금을 지급받지 못한 경우에 법률효과가 되는 금 1억 원의 매매대금은 갑과 을이 매매계약을 하였다는 사실을 기초로 하므로 이 매매계약을 맺은 사실이 주요사실이다. 위의 예에서 갑이 을과의 매매계약 사실을 주장하지 않으면 금 1억 원의 매매대금을 지급 받을 수 없는 불이익을 받을 염려가 있다. 이 불이익을 입을 위험이 주장책임의 배경이다. 상대방도 알고 있는 공지의 사실이라고 하더라도 주

요사실이라면 당사자가 최소한의 주장이라도 하여야 불이익을 면한다. 사람들은 자기의 권리를 몰라서 포기하는 경우도 있지만, 알면서도 자선(慈善)이나 상대방에 대한 배려 또는 큰 이익을 위한 전략적 차원에서 현재 자신이 보유하는 이익을 포기할 수 있으므로 민사소송법에서는 권리자의 그 포기의사를 존중해주어야 하기 때문이다.

(c) 주장책임은 변론주의의 특유한 현상이고 직권탐지주의 아래에서는 적용이 없다. 주장책임의 유무야말로 변론주의와 직권탐지주의를 구별하는 가장 중요한 기준이 된다. 왜냐하면 비재산권상 분쟁을 대상으로 하는 직권탐지주의 아래에서는 원칙적으로 개인의 권리나 이익을 포기하는 자체를 인정하기 어렵거나 허용할 수 없는 경우가 적지 않기 때문이다.

(d) 주장사실은 당사자 중 어느 한 쪽이 변론에서 주장하면 되고 누가 진술하였는가는 따질 필요가 없다. 이 경우에는 자신이 보유하는 권리나 이익의 포기가 문제되지 않기 때문이다. 이를 주장공통의 원칙이라고 한다.

(e) 어느 당사자가 어떤 주요사실에 관하여 주장책임을 부담할 것인가, 즉 주장책임의 분배는 뒤에서 설명하는 증명책임의 분배에 따른다.

(f) **간접적 주장**　　(i) 주요사실에 관한 주장은 당사자가 이를 직접적으로 명백하게 한 경우뿐 아니라 당사자의 변론을 전체적으로 관찰하여 그 주장을 한 것으로 볼 수 있는 경우에도 있다고 보아야 한다. 청구원인에 관한 주장이 분명하지 않은 경우에 피고가 원고에게 그 주장이 무엇인지에 관하여 석명을 구하면서 이에 대하여 가정적으로 항변한 경우에도 주장이 있다고 볼 수 있다. 항변에 관해서도 어떠한 경우에 항변이 있다고 볼 수 있는지는 당사자들의 진술 내용이나 취지뿐만 아니라 상대방이 당사자 진술을 어떻게 이해하였는지도 함께 고려해서 합리적으로 판단하여야 한다.[8] 예를 든다. 갑 주식회사가 을을 상대로 제기한 부당이득금반환 등 청구소송에서 을이 원심 변론기일에서 '만약 갑 회사의 주장대로 을이 갑 회사를 기망하여 돈을 편취하였다면, 갑 회사는 을에게 불법행위를 원인으로 손해배상을 청구해야 하는데도 갑 회사가 을에게 부당이득을 청구하고 있는 것은 아마도 갑 회사가 을에게 불법행위를 원인으로 손해배상을 청구할 경우, 이미 소멸시효 기간이 완료한 점을 고려한 것으로 보인다'고 주장하면서 갑 회사의 청구원인이 무엇인지 재판부에 석명을 요청하였고, 이에 갑 회사가 을에 대한 청구가 불법행위에 따른 손해배상청구, 차용금반환 청구, 부당이득반환 청구의 성격을 모두 가진다고 하면서 '이 중 을의 소멸시효 완성의 항변에 관해서는 관련 사건의 판결을 제시함으로써 을의 주장이 타당하지 않음을 밝힌다'고 주장한 사안은, 을이 갑 회사의 청구원인이 불법행위에 기초한 손해배상청구라면 소멸시효가 완성되었다고 가정적으로 항변하였고, 갑 회사도 을의 주장을 소멸시효 항변으로 이해하고 재항변까지 하였으므로, 을은 소멸

8) 대판 2017.9.12. 2017다865.

시효 항변을 한 것으로 볼 수 있어서 을의 소멸시효 항변이 배척될 것이 명백하다고 볼 수도 없을 것이다. 그럼에도 불구하고 을의 불법행위책임을 인정하면서도 을의 소멸시효 항변 등에 관하여 아무런 판단을 하지 않은 것은 판단누락의 잘못이 있다고 하였다.[9)]

(ii) 당사자가 법원에 서증을 제출하며, 그 입증취지를 진술함으로써 서증에 기재된 주요사실을 주장하거나, 당사자의 변론을 전체적으로 관찰하여 간접적으로 주장한 것으로 볼 수 있는 경우에도 해당 주요사실의 주장이 있는 것으로 보아야 한다.[10)]

(iii) 판례는 원고가 "자기는 무식하고 사회적 경험이 없으며 가난한 사람이어서 합의를 하지 않으면 위 돈도 못 받을 것이라고 생각하여 합의를 한 것이므로 그 합의는 무효이다"고 주장하였다면 그 내용은 위 합의약정이 불공정한 법률행위로서 무효라는 취지의 주장으로 볼 수 있고 여기에는 착오에 기한 의사표시로써 취소를 구한다는 취지가 담겨있다고 보기 어려운데도 이를 착오에 기초한 의사표시로서 풀이하여 판결한 것은 결국 당사자가 주장하지도 아니한 사실을 기초로 삼아 판결한 것이므로 변론주의에 위반된다고 하였다.[11)]

㈏ **소송자료와 증거자료의 구별**

(a) **원칙** (i) 당사자가 변론에서 하는 사실의 주장에 관한 자료를 소송자료라 하고, 다툼이 되는 사실의 인정에 관한 입증 또는 증명 자료를 증거자료라고 한다. 주장책임의 개념은 판결의 기초되는 사실에 의하여 구성되는 소송자료와 이를 인정하기 위한 증거자료의 구별로 나타난다. 즉 주요사실에 관해서 주장책임을 다하였는지 여부는 소송자료를 통하여 판단되는 것이다. 따라서 증거자료 속에서 주요사실에 관한 자료가 있다고 하더라도 이를 주장하지 아니하여 소송자료에 나와 있지 않으면 그 주요사실은 존재하지 않는 것으로 취급된다. 이와 같이 소송자료와 증거자료는 확연히 구별되는 것이므로 예컨대 법원이 당사자 신문을 통하여 얻은 당사자 진술은 증거자료에 불과하여 이를 소송자료로써 당사자 주장과 같이 취급할 수 없다.[12)]

(ii) 이와 같이 소송자료와 증거자료는 구별되므로 증거자료에 의하여 소송자료 부존재가 보완될 수 없다. 위의 예에서 갑의 을에 대한 매매대금 1억 원 중에서 을이 금 5,000만 원을 변제하였고 또 이에 대한 증거자료가 있다고 하더라도 을이 금 5,000만 원을 변제한 사실에 관한 주장이 소송자료에 나타나지 않으면 법원은 을에 대하여 갑에게 금 1억 원을 지급하라고 판결하여야 한다. 개인주의 아래에서 개인이 처분할 수 있는 자유는 실체적 진실에 의하여 제약될 수 없기 때문이다.

---

9) 대판 2017.9.12. 2017다865.
10) 대판 1999.7.27. 98다46167.
11) 대판 1993.7.13. 93다19962.
12) 대판 1981.8.11. 81다262,263.

(b) **변론주의에 위반되었다고 판단된 예** 판례[13]에 의하면, 원고는 소외인이 피고의 분양 대리인이라고 주장하면서 피고와 둘이서 사기분양을 공모하였다거나 소외인이 도망한 후에 피고가 ** 건설 주식회사를 내세워 제2차 사기분양을 하고 있다고 주장하였을 뿐인데, 사실심 법원이, 00지방법원의 00호 대여금사건의 판결문에서 인정한 "소외인이 2006.11.경 이 사건 전원주택단지 조성분양사업에 관련된 일체의 권리의무를 동종업체인 ** 건설주식회사와 피고에게 이전한 사실"을 현저한 사실로 인정한 다음 피고는 이 사건 토지에 관한 분양계약상 권리의무의 주체이므로 이사건 분양계약의 해제에 따른 원상회복의무를 부담한다고 결론을 내린 것은 당사자가 주장하지 않은 사실에 기초한 것이므로 변론주의에 위반된 것이라고 판시하였다.

(c) 그러나 실제로는 당사자가 주장책임의 의미를 알고 자기 책임으로 주장여부를 결정하는 경우는 많지 않다. 그러므로 재판실무에서 법원은 구체적 타당성이 있는 해결을 얻기 위해서 석명권을 적절하게 행사하여 증거자료에 부합하는 당사자 주장을 유도하며, 공격과 방어 목표가 뚜렷하고 불의의 타격 가능성이 없다면 당사자의 명시적 주장이 없어도 증거자료를 통하여 묵시적 주장 또는 간접주장[14]이 있다고 본다. 예를 들어 당사자가 법원에 서증을 제출하면서 그 입증취지로 서증에 적힌 사실을 주장하거나, 행정소송에서 기록상 자료가 나타나면 당사자가 주장하지 아니하여도 판단할 수 있는데 당사자가 제출한 기록에 그 자료가 나타난 경우,[15] 당사자의 변론을 전체적으로 관찰하면 간접적으로라도 주장한 것으로 볼 수 있는 경우[16]에는 주요사실을 주장한 것으로 본다.

(d) 변론주의 아래에서 법원은 당사자가 주장하지 않은 사실을 기초로 판단할 수 없다. 그러나 소송목적의 전제가 되는 권리관계나 법률효과를 인정하는 진술은 법원을 구속하지 못하므로 청구의 객관적 실체가 동일하다고 보여진다면 법원은 원고가 청구원인으로 주장하는 실체적 권리관계에 대한 정당한 법률해석을 통하여 판결할 수 있다.[17] 예를 들어 빌려준 돈의 반환을 소비대차가 아니라 임대차라고 주장한 경우 이것을 소비대차라고 풀이하여 판결을 하는 따위이다.

(다) *** 주요사실과 간접사실 · 보조사실**

(a) **개념** (i) 주요사실은 법적 3단 논법의 결론인 법률효과를 일으키게 하는 법규(법률요건)에 해당하는 소전제가 되는 사실이고, 간접사실이라 함은 주요사실의 존부를 추측, 추인(推認)할 수 있는 사실이다. 간접사실의 하나로서 증거방법의 증거능력과 증명력에 관한 사실

---

13) 대판 2010.1.14. 2009다69531.
14) 대판 1999.7.27. 98다46167.
15) 대판 2011.2.10. 2010두20980.
16) 대판 2006.2.24. 2002다62432.
17) 대판 1992.2.14. 91다31494.

을 보조사실이라고 하는데 서증의 진정성립에 관한 보조사실은 주요사실과 같은 역할을 한다.

주장책임은 주요사실에만 적용되고 간접사실에는 적용이 없다.[18] 왜냐하면 간접사실은 어떤 사실로부터 인정되는 사실이 아니라 인간의 정신적 작용으로 추측하는 사실이기 때문이다. 그러므로 판례[19]는 민사소송절차에서 변론주의는 주요사실에 대한 주장·입증에 적용되는 것이므로 그 주요사실의 존부를 확인하는 데 도움이 되는 간접사실이나 그의 증빙자료에 대한 보조사실에 대하여는 적용되지 않는다고 하였다.

(ii) 이와 같이 변론주의는 주요사실에 대해서만 적용되고 그 경위, 내력 등 간접사실에 대하여는 적용이 없는 것이므로, 예컨대 갑이 중도금을 을에게 직접 지급하였느냐 또는 그 수령권한이 있는 수임자로 인정되는 자를 통하여 지급하였느냐는 결국 변제사실에 대한 간접사실에 지나지 않는 것이어서 반드시 이에 관한 당사자의 구체적인 사실 주장을 필요로 하지 않는다.[20]

(iii) 따라서 간접사실은 당사자가 주장할 필요도 없고, 또 법원은 당사자가 주장하는 간접사실과 다른 간접사실을 인정하여 그로부터 주요사실을 추측하더라도 아무런 문제가 없다. 실제로 법원의 주요사실 인정은 주로 간접사실로부터의 추측에 의존하는데 그 사실의 추측은 법관의 자유심증에 의하므로 결국 법관의 실력, 인격, 경험 등이 간접사실인정의 중요 요소가 된다.

(b) **구별의 필요성** 주장책임은 주요사실에 한정하여 문제된다. 따라서 간접사실은 당사자가 변론에서 주장하지 아니하더라도 증언 등에 의하여 변론에 나타나기만 하면 판결의 기초로 채용할 수 있다.[21] 또 간접사실이라고 하더라도 당사자 사이에 다툼이 있을 때에는 증명대상이 되지만 법원은 당사자가 주장하는 간접사실과 다른 간접사실을 인정할 수도 있다. 물론 간접사실로부터 추측하여야 할 주요사실이 변론에 나타나지 않으면 간접사실은 아무런 구실을 할 수 없다. 이와 같이 어느 사실이 주요사실인가 간접사실인가는 변론주의의 적용기준이 되므로, 주요사실과 간접사실의 구별은 당사자의 변론활동의 지침인 동시에 법원의 심리활동 지침이 된다.

변론주의의 적용대상이 되지 않는 간접사실에 대해서는, 당사자가 이를 주장하지 않더라도 법원이 인정할 수 있다. 다만, 그 간접사실이 주요사실의 인정을 좌우할 성질을 가지고 있고, 당사자 사이에 다툼이 예상되는 경우에는 절차 보장의 관점에서 법원이 석명권을 행사하여 당사자에게 해당 사실의 주장을 촉구하는 것이 바람직하다. 또한 간접사실에 대해서는 자백의 구속력이 인정되지 않으므로, 자백을 한 당사자라 하더라도 제288조 단서의 적용을 받지

18) 대판 2002.8.23. 2000다66133.
19) 대판 2014.3.13. 2013다213823,213830.
20) 대판 1993.9.14. 93다28379.
21) 대판 1993.4.13. 92다23315,23322.

않고 언제든지 자백을 철회할 수 있다.

(c) **주요사실과 간접사실의 예** (i) **주요사실의 예** (ㄱ) 판례[22]는 유권대리 주장 속에는 표현대리 주장이 포함되지 아니한다고 하여 표현대리사실도 주요사실이라 하였다. 그러므로 대리에 의한 매매계약을 주장하였으나 실제로 그것이 민법 제126조에서 정한 권한을 넘는 표현대리인 경우에도 당사자가 표현대리를 주장하지 않으면 무권대리로 인정하여야 한다.

(ㄴ) 의사표시의 효과로서 계약의 성립을 주장하는 경우에 계약이 대리인에 의하여 성립하였다는 사실[23]은 주요사실이다. 따라서 본인이 직접 매매계약을 하였다고 주장하였으나 실은 대리인이 매매계약을 체결한 경우에도 본인의 매매계약은 성립하지 않는다.

(ㄷ) 손해배상청구소송에서 일실이익의 산정기초가 되는 해외취업중인 콘크리트공이라는 사실,[24] 손해배상액의 산정기초가 되는 피해자의 기대여명[25]도 주요사실이라고 하였다.

(ㄹ) 한편 소멸시효의 기산일은 채무소멸이라고 하는 권리소멸 기간의 계산점이므로 주요사실이다. 그러므로 채무의 소멸시효를 주장하면서 언제부터 소멸시효가 진행되는지를 주장하지 않으면 채무의 소멸 효과가 생기지 아니한다. 그러나 소멸시효의 기간이 얼마나 되는지에 관한 주장은 법률상 주장에 불과하므로 직권으로 판단할 수 있다.[26]

(ii) **간접사실의 예** 판례는 취득시효에 있어서 점유기간의 산정기준이 되는 점유개시의 시기와 같이 요건사실을 판단하는데 간접적이고 수단적인 구실을 하는 사실,[27] 기본사실의 내력, 경위 등에 관한 사실[28]은 간접사실이라 하였으므로 권리의 시효취득은 일단 주장하기만 하면 법원은 재판에 나타난 여러 가지 자료를 통해서 점유개시의 시기를 추측할 수 있어 이에 대한 자백은 구속력이 없으며,[29] 매매의 경위[30]는 간접사실이므로 당사자가 주장한 매매경위와 다른 매매경위를 법원이 인정하여 그로부터 매매계약사실을 추측하였다고 하여도 위법이 아니다.

(라) **일반조항에 있어서 주요사실과 간접사실**

(a) **개념** (i) 주장책임은 법적 3단 논법의 소전제에 관한 것이다. 그런데 그 소전제에는 우리가 체험할 수 있는 구체적 사실뿐 아니라 논리적 인식, 법적 판단에 주로 의존하는 「과실(민 제750조)」 또는 「정당한 이유(민 제126조)」와 같이 일반조항 혹은 불특정개념인 경우

22) 대전판 1983.12.13. 83다카1489.
23) 대판 1996.2.9. 95다27998.
24) 대판 1980.3.25. 80다68.
25) 대판 2018.10.4. 2016다41869.
26) 대판 2008.3.27. 2006다70929,70936, 2013.2.15. 2012다68217.
27) 대판 1998.5.12. 97다34037.
28) 대판 1977.1.11. 76다2083.
29) 대판 2007.2.8. 2006다28065.
30) 대판 1977.1.11. 76다2038.

가 있는데 이 경우에 어떻게 주장책임을 따지느냐 하는 것이 문제된다. 먼저 논리적 인식 등에 주로 의존하는 일반조항 자체를 주요사실로 볼 수 없다는 점에는 다른 견해가 없고, 일반조항을 추측할 수 있는 구체적 사실을 간접사실로 보느냐 아니면 주요사실(또는 준 주요사실)로 보느냐에 관해서 견해의 차이가 있을 뿐이다.

(ii) 일반조항 혹은 불특정개념을 주요사실로 보면 일반조항을 추측할 수 있는 구체적 사실에 관해서도 주장책임이 적용되므로 당사자 책임이 무거워진다. 하지만 간접사실로 보면 주장책임이 적용되지 아니하므로 구체적 사실로부터의 주요사실에 관한 추측은 전적으로 법관의 자유심증에 속하게 되어 당사자의 책임범위가 가벼워진다. 예를 들어 어떤 교통사고에서 운전자의 과실이 음주운전이라고 주장하더라도 과실이 주요사실이고 음주운전여부는 간접사실에 불과하므로 법원은 전방주의의무 위반 등 다른 간접사실에 의하여 과실을 인정할 수 있고, 심지어 원고는 음주운전에 관한 주장조차 하지 아니하고 다만 과실로 교통사고를 당하였으니 손해배상을 해달라고 청구하여도 주장책임을 다한 셈이 된다. 그러나 일반조항을 추측하여 추인할 수 있는 구체적 사실을 주요사실(또는 준주요사실)로 보면 위의 예에서 음주운전에 관한 주장을 하고 이에 관한 증거자료가 없으면 과실을 추인할 수 없다.

(iii) 주장책임은 변론주의의 적용결과이고 변론주의는 사적자치 원칙의 적용결과이므로 당사자 책임범위가 지나치게 가볍게 되는 일반조항 혹은 불특정개념을 간접사실로 보는 견해는 받아들이기 어렵다. 따라서 일반조항 혹은 불특정개념을 추측하여 추인할 수 있는 사실은 주요사실 또는 준 주요사실로 보아야 할 것이다.[31]

(b) **협의의 일반조항** (i) 「선량한 풍속(민 제103조)」, 「불공정한 법률행위(민 제104조)」 등과 같은 협의의 일반조항에서도 주요사실은 일반조항을 뒷받침하는 구체적 사실이다. 문제는 이 의미의 주요사실에 관해서 주장책임 자체가 필요한지 문제이다. 왜냐하면 협의의 일반조항은 공익성을 이유로 법률행위의 부존재나 무효의 효과가 생기기 때문에 법원은 당사자 주장 유무에 불구하고 주요사실을 인정하여 일반조항에 근거한 법률효과를 인정할 수 있기 때문이다.

(ii) 그러나 이 입장을 따르더라도 「선량한 풍속(민 제103조)」은 모든 국민이 마땅히 지켜야 할 도리로서 공익성이 매우 높다. 그러나 「불공정한 법률행위(민 제104조)」는 당사자 사이의 형평(衡平)이 주된 문제이므로 앞의 경우보다 공익성이 낮다고 볼 수 있다. 따라서 「선량한 풍속 기타 사회질서(민 제103조)」에 위반된 경우에는 주요사실에 관한 주장이 없어도 법원이 직권으로 조사하여 법률효과 발생을 부정할 수 있고, 자백의 효력을 배제할 수 있으며 필요에

31) 그런데 구체적으로 세밀한 사실을 주요사실로 한다면, 심리의 내용이 번잡해지고 증명도 곤란하며, 재판의 장기화도 피할 수 없다. 또 당사자의 주장사실과 법원이 심증을 얻은 사실이 다소 차이가 생기는 것은 당연하다. 따라서 구체적 사실을 어느 정도까지 주요사실로 볼 것인가는 법률요건의 입법목적, 당사자가 의도하는 공격방어목표의 명확한 관점 및 인정하여야 할 사실의 범위가 심리의 정리, 촉진이라는 관점에서 분명한 것인가를 따져서 구체적 사건의 유형마다 주요사실을 귀납적으로 정할 필요가 있다.

따라 직권증거조사도 할 수 있다고 보아야 한다.

특히 외국법원에서 확정된 재판이 우리나라에서 효력이 생기기 위해서는 우리나라 법원의 승인을 받아야 하고(제217조 제1항), 그 확정재판 등의 내용 및 소송절차에 비추어 그 확정재판 등의 승인이 대한민국의 선량한 풍속이나 그 밖의 사회질서(즉 공서)에 어긋나지 아니하여야 하는데(제217조 제1항 3호) 이 요건은 직권조사사항이므로(제217조 제2항 참조) 이에 비추어 우리나라에서 「선량한 풍속 기타 사회질서(민 제103조)」에 위반된 경우도 똑같이 풀이하여야 할 것이다.

(iii) 그러나 「불공정한 법률행위(민 제104조)」는, 국민 일반에 공통되는 것이 아니라 특정한 당사자 사이의 형평(衡平)에 관한 것이어서 민법 제103조보다 공익성이 낮으므로 당사자의 변론권을 보장한다는 의미에서 주장책임의 원칙을 적용하여 주요사실에 대한 주장·입증의 기회를 주어야 할 것이다. 판례도 같은 취지이다.[32)]

(마) **주장책임과 설명의무** 　당사자는 필요한 경우 재판장에게 상대방에 대하여 사실 및 증거에 관한 설명을 해줄 것을 요청할 수 있다(제136조 제3항). 이에 따라 상대방은 자기가 알고 있는 사실 및 증거에 관해서 유리·불리를 묻지 않고 제시할 설명의무가 있어서 주장책임의 원칙과 모순되는지 문제된다. 그러나 법원이 석명권 행사 또는 석명처분으로 당사자에 대하여 그 주장책임에 구속되지 않고 사실 및 증거의 제시를 촉구한다고 하여도 그 결과로 제시된 사실이나 증거 가운데서 당사자가 선택하여 변론에서 주장한 것만 비로소 사실인정의 자료가 되는 것이고 그 경우에 비로소 주장책임 원칙이 작동되는 것이지 요청된 모든 설명사항에 대하여 적용되는 것이 아니다. 따라서 변론준비절차의 일부로서 주장책임과 관계없이 사실이나 증거 제시를 요구하는 설명의무 제도를 두더라도 주장책임의 원칙과 모순되지 않는다.

주요사실 vs 간접사실

구분	주요사실(Main Fact)	간접사실(Indirect Fact)
의의	법률효과를 발생시키는 법률요건사실(법적 3단 논법의 소전제)	주요사실의 존부를 추측·추인할 수 있는 사실
역할	법률효과 직접 발생	주요사실 인정을 위한 추론 자료
주장책임	있음	없음
변론주의 적용	적용됨	적용 안 됨
자백의 효력	구속력 있음(제288조 본문)	구속력 없음 → 언제든 철회 가능
법원의 인식	당사자 주장 있어야 함	당사자 주장 없어도 법원 인정 가능

32) 대판 1991.5.28. 90다19770.

법원의 석명권	원칙적으로 필요 없음	다툼 예상 시 주장 촉구 가능
사실인정 방식	입증에 의해 인정	자유심증에 의해 추인

1. 예시

① 표현대리 사실
② 대리인에 의한 계약체결
③ 손해배상 사건의 일실이익·기대여명
④ 소멸시효의 기산일

① 취득시효의 점유개시 시기
② 매매의 경위
③ 기본사실의 내력·경위 등

2. 구별의 의의

변론주의·주장책임의 적용기준 → 당사자·법원 모두의 심리지침

3. 일반조항(불특정개념)에 있어서의 구별

구분	내용	주요 포인트
문제	'과실', '정당한 이유' 등은 추상적 판단 개념	어떤 사실에 주장책임이 있는가?
견해대립	• 일반조항 자체는 주요사실 아님 • 일반조항을 추인할 구체적 사실을 주요사실 또는 준 주요사실로 봄(다수설·판례)	당사자 책임 강조, 변론주의 유지
예시	과실 주장 시 '음주운전' 여부는 간접사실	법원은 다른 간접사실로도 과실 인정 가능
결론	일반조항 추인사실 – 주요사실(또는 준주요사실)	

4. 협의의 일반조항 비교

구분	선량한 풍속·사회질서 위반(민 103조)	불공정한 법률행위(민 104조)
공익성	매우 높음	상대적으로 낮음
법원 역할	직권조사 가능	주장책임 원칙 적용
자백 효력	배제 가능	○
직권증거조사	가능	당사자 주장·입증 필요
판례 태도	공익성 중시, 직권 판단 인정	변론주의·주장책임 인정

□ 핵심정리

• 주요사실 = 주장책임 有 / 변론주의 적용 / 자백효 有
• 간접사실 = 주장책임 無 / 변론주의 미적용 / 자백철회 可
• 일반조항 추인사실 = 주요사실(또는 준 주요사실)
• 민 103조 직권조사 가능 / 민 104조는 주장입증 필요

(3) 자백의 구속력

당사자 사이에 다툼이 없는 사실을 인정할 때에는 증거가 필요하지 않을 뿐 아니라(제288조, 제150조) 그와 반대되는 사실도 인정할 수 없다. 이로 말미암아 당사자는 사실에 관한 심판범위를 다툼이 있는 부분으로 한정시킬 수 있을 뿐 아니라 그 심판내용을 결정하는 권한도 갖는다.

(4) 직권증거조사금지의 원칙

다툼이 있는 주요사실은 증거로 인정하여야 하는데 그 증거는 원칙적으로 당사자가 신청한 것에 의하지 않으면 안 된다(제292조의 반대해석). 이를 직권증거조사금지의 원칙이라고 한다. 이 원칙으로 말미암아 당사자는 주장된 주요사실에 관하여 다툼이 있으면 증거를 제출하여야 한다는 증거제출책임이 생긴다. 그러나 법원은 당사자가 신청한 증거로 심증을 얻을 수 없거나 그 밖에 필요하다고 인정할 때에는 직권으로 증거조사를 할 수 있으므로(제292조) 그 경우에는 직권증거조사금지의 원칙이 적용되지 않는다.

3. 변론주의의 한계

(1) 불의(不意)의 타격을 금지하는 원칙

㈎ **취지**　(a) 주장책임의 목적은 상대방에 대하여 불의의 타격을 줄 우려가 없도록 공격목표를 구체적으로 명백하게 하고 충분하게 방어할 기회를 보장하는데 있다. 이것을 당사자 입장에서 본다면 어느 당사자도 상대방의 변론에 대해서만 공격·방어를 다하여도 좋다는 신뢰를 주는 것을 의미한다. 여기서 주장사실에 관해서 당사자의 주장내용과 판결의 인정내용이 서로 달라졌을 때에 그 판결이 주장책임 위반인지 문제된다. 그 판단 기준은 당사자의 신뢰를 져버리는 상황, 즉 불의의 타격이 있는지 여부이다.

(b) (i) 원래 당사자가 주장한 주요사실이 판결에서 채택되기 위해서는 법원에서 인정하는 사실과 일치되지 않으면 안 된다. 그러므로 주장사실과 인정사실 사이에 다소의 차이가 있는 경우에 어느 범위에서 그 동일성을 인정할 수 있느냐가 문제된다.

(ii) 이 경우에 법원의 사실 인정이 당사자가 예상할 수 있는 공격 또는 방어의 범위를 벗어나지 않는다면 사회적 동일성이 인정되는 정당한 사실인정이라고 할 수 있다. 그러므로 그 범위를 벗어나는 사실인정은 허용해서는 안 될 것이다. 이를 불의의 타격을 금지하는 원칙이라고 한다. 이 원칙은 상고심에서 원심의 사실인정이 적법한가를 따질 때 중요한 판단 기준이 된다. 보통 사건의 성질, 소송의 경과 등에 비추어 판결로 인정할 사실에 관하여 당사자가 현실적으로 방어활동을 하였다든가 또는 방어활동을 하였다고 인정하는데 무리가 없는 경우에

는 불의의 타격이 될 염려가 없다. 그 경우에는 주장사실과 인정사실 사이에 다소의 차이가 있더라도 양쪽 사실 사이의 동일성을 인정하여야 할 것이다.

(c) 불의의 타격을 금지하는 원칙은 주요사실을 추측할 수 있는 간접사실의 인정과정에서 특히 중요하다. 예를 들어 원고가 갑이라는 소송의 승패를 좌우할 만한 중요한 간접사실을 주장하였는데 피고의 답변이 없었다는 한 가지 이유로 원고를 승소시키거나, 거꾸로 갑 사실을 피고의 답변 하나로 배척하고 원고에게 반론의 기회를 주지 아니한 채 원고의 청구를 기각하였다면 모두 불의의 타격이 된다. 이와 같이 간접사실의 인정이 소송의 승패를 좌우할 중요한 쟁점이 되는 경우에 법원은 원고가 주장한 갑 사실에 관하여 피고 답변이 없더라도 이를 변론에 올려야 할 것이고, 갑 사실에 관한 피고의 답변이 상당히 일리가 있다고 한다면 원고에게 반론할 기회를 주어서 당사자로 하여금 불의의 타격을 입지 않도록 하여야 할 것이다. 실제로 소송과정에서는 간접사실에 의한 사실인정이 거의 전부라고 해도 과언이 아니므로 불의의 타격을 금지하는 원칙은 사실인정 과정에서 매우 중요한 역할을 한다.

(나) 불의의 타격을 금지하는 원칙에 위반되는 경우 판례를 보면, 사해행위취소 소송에서 제척기간의 도과여부가 당사자 사이에서 쟁점이 된 바 없음에도 불구하고 당사자에게 의견진술의 기회를 주거나 석명권을 행사하지 아니하고 제척기간 도과를 이유로 사해행위취소의 소를 각하한 경우,[33] 소송의 전개과정에서 환경정책기본법 제31조 제1항(2011.7.27. 개정법 제44조)에 의한 책임여부에 관하여 당사자들이 쟁점으로 삼지 아니하였는데도 법원이 위 법조문에 의한 손해배상책임을 인정한 경우,[34] 직권조사사항인 종중 대표자에 관하여 당사자에게 증명이 필요함을 지적하고 적극적으로 석명권을 행사하여 당사자에게 의견진술의 기회를 부여할 의무가 있는데도 이러한 조치를 전혀 취하지 않은 채 종중대표자에 관한 당사자 표시정정서를 배척한 경우[35] 등에는 예상외의 재판으로 당사자 한 쪽에 불의의 타격을 가하는 위법이 있다고 하였다.

(다) 불의의 타격을 금지하는 원칙에 위반되지 않는 경우 (a) 자기에게 불리한 사실에 관한 진술이라고 하더라도 상대방이 이를 쓰지 않으면 재판상 자백이 성립되지 않으므로 임의로 철회할 수 있다. 그러나 당사자가 불리한 사실을 진술하고도 변론을 종결할 때까지 이를 철회하지 않고 내버려두는 경우에는 상대방이 이를 쓰지 않더라도 법원이 사실인정 자료로 쓰는 것은 불의의 타격이 되지 않는다.

(b) 어떤 증거자료로부터 새로운 사실을 인정하는 경우에 그 사실에 대하여 반박을 시도하거나 그에 대한 반론을 위하여 증거신청을 하고 증거조사까지 마친 경우에는 새로운 사실에

---

33) 대판 2006.1.26. 2005다37185.
34) 대판 2008.9.11. 2006다50338.
35) 대판 2022.4.14. 2021다276973.

관한 주장이 있다고 볼 수 있기 때문에 불의의 타격이 아니다. 따라서 그 경우에는 증거 및 변론전체의 취지로 보아 새로운 사실을 인정하여도 무방하다. 예를 들어 원고가 당초 청구원인에서 벌채한 입목이 91개라고 주장하였다가 당사자가 변론이 종결될 때 감정인의 감정결과를 인용하였기 때문에 법원이 그 감정결과에 따라 벌채한 입목을 147개로 인정하더라도 불의의 타격이 아니다.[36)]

(c) 주장사실과 인정사실이 모두 동일하지만 법원이 당사자의 잘못된 법적 구성을 제대로 해주는 것은 불의의 타격이 되지 않는다. 예를 들어 갑과 을이 통모하여 매매계약을 맺은 것을, 그 법적 구성에서 허위표시(민 제108조)라고 주장하지 않고 사문서위조라고 주장하는 경우에 법원이 이를 통정허위표시라고 지적하는 따위이다.

(d) 계약이 대리인에 의하여 성립되었다는 사실은 주요사실이다.[37)] 그러나 양쪽 당사자는 계약이 대리인에 의하여 성립되었는지 본인에 의하여 성립되었는지에 관해서는 관심이 없고 오로지 계약자체가 성립되었는지 여부만을 문제삼은 경우에 당사자 주장과 관계없이 증거자료만으로 계약이 대리인에 의하여 성립되었다고 인정하더라도 불의의 타격이 되지 않는다. 왜냐하면 설령 본인에 의하여 계약이 성립되었다고 주장하더라도 심리의 과정으로 볼 때 이를 다투기 위한 중대한 증명활동을 전개할 가망이 없기 때문이다.

(2) 진실의무

㈎ 다툼이 있는 사실에 관해서 법원의 진실발견 노력이 요청되는 것은 국민의 재판을 받을 헌법상 권리(헌 제27조 제1항)에 속하는 것이다. 따라서 그 반대 모습으로 당사자 측에도 진실을 발견할 의무가 부과된다고 할 것이다. 그러므로 변론주의가 적용되더라도 당사자에게 자기 인식에 반하여 허위 사실과 증거를 제출할 자유를 인정하는 것은 아니므로 민사소송에서도 진실의무는 존재한다. 이는 신의성실의 원칙상으로도 당연한 요청이고 제363조나 제370조도 이 의무의 존재를 전제로 한 규정이다.

㈏ 그러나 실제로 그 위반의 법적 효과는 지극히 미약하다. 진실의무위반의 효과는 ① 당사자의 진술이 진실의무에 위반하면 그것이 변론전체 취지의 인자(因子)로 작용하여 그 당사자의 다른 진술의 평가에 악영향을 미치게 하고 ② 진실의무 위반 진술로 인하여 심리가 더 필요한 때에는 승소하더라도 불필요한 심리에 대한 소송비용을 부담시킬 수 있다(제99조)는 정도이다. 그러므로 진실의무는 소송대리인의 변론활동에서 행위규범으로 기능할 것을 기대하여야 할 것이다.

---

36) 대판 1969.6.10. 69다360.
37) 대판 1996.2.9. 95다27998.

4. 석명권

(1) 뜻

(가) 개념 (a) 석명권이라 함은 당사자가 법정에서 하는 진술에 불분명·모순·결함이 있거나 또는 증명을 다하지 못하는 경우에, 법원이 사건 내용을 이루는 사실관계 혹은 법률관계를 분명하게 하기 위하여 당사자에게 사실상 또는 법률상 사항에 관하여 질문을 하거나 증명을 하도록 촉구할 수 있고(제136조 제1항), 당사자가 간과하였음이 분명하다고 인정되는 법률상 사항에 관하여 당사자에게 의견을 진술할 기회를 주어야 하는데(제136조 제4항) 이러한 조치를 할 수 있는 법원의 권능을 말한다. 법원이 하는 소송지휘권의 한 가지 작용이라고 할 수 있다. 원래 소송관계라 함은 당사자에 의한 청구, 주장, 및 입증과 관련된 사항을 의미한다. 따라서 소송계속이 발생한 이상 당사자의 신청에 대하여 심판을 행하는 법원은 소송관계를 명료하게 할 의무가 있는 것이 당연하다. 그러므로 석명권은 법원의 권능에 속하지만 그 적절한 행사를 통하여 변론주의의 형식적 적용에 따른 불합리를 수정하고, 적정하고 공정한 재판을 가능하게 한다는 점에서 법원이 마땅히 하여야 할 책무이기도 하여 석명의무라고도 한다.

(b) 판례[38]는, 당사자가 부주의 또는 오해로 증명하지 않는 것이 분명하거나 쟁점으로 될 사항에 관하여, 당사자 사이에 명시적인 다툼이 없는 경우에 법원은 석명을 구하면서 증명을 촉구하여야 하고, 만일 당사자가 전혀 의식하지 못하거나 예상하지 못하였던 법률적 관점을 이유로 법원이 청구의 당부를 판단하려는 경우에는 그러한 관점에 대하여 당사자에게 의견진술의 기회를 주어야 한다. 그와 같이 하지 않고 예상외의 재판으로 당사자 한 쪽에 뜻밖의 판결을 내리는 것은 석명의무를 다하지 않아 심리를 제대로 하지 않은 잘못을 저지른 것이 된다고 판시하였다.

(나) 기능

(a) 사안의 진상해명 (i) 변론주의 아래에서는 당사자가 변론을 통하여 재판에 필요한 자료를 제공하는데 그 자료만으로 당해 분쟁의 진상을 파악하기 어려울 경우에 법원이 석명권을 행사하여 당사자에게 이를 보충해 줄 기회를 줌으로써 사건의 진상을 해명하는 구실을 한다.

(ii) 사실과 증거 제출에 관해서는 변론주의가 적용되므로, 이에 대한 최종적 판단 권한은 당사자에게 있다. 그러나 법원은 당사자 사이의 공평을 고려하고, 사실의 진실을 발견하며, 법적용을 통해 정의를 실현하기 위하여 당사자에게 사실이나 증거의 제출을 촉구해야 한다. 따라서 소송관계를 명확히 하기 위한 석명권의 목적은, 이미 이루어진 주장의 취지가 불명확할 때 이를 명료하게 하는 소극적 의미뿐 아니라, 합리적으로 예상되는 주장이나 증거의 제출을 촉구하는 적극적 의미까지 포함한다. 법원이 이를 게을리한 경우, 이는 석명의무 위반이 되어

---

38) 대판 2022.8.25. 2018다261605.

상고이유가 될 수 있다.

(b) **변론의 충실화**　(i) 당사자가 변론에서 하는 신청 또는 주장이 분명하지 않거나 앞뒤가 모순되어 부실하게 됨으로써 법원이 그 참 뜻을 포착하기 곤란하다면 소송주체인 당사자는 제대로 공격·방어를 다하지 못한 셈이 된다. 그 경우 법원이 석명권을 행사하여 당사자가 하는 신청 또는 주장의 불분명·모순되는 점 등을 지적하여 이를 바로잡게 함으로써 변론을 충실하게 한다면 당사자의 소송주체로서의 지위가 강화될 수 있다. 이 의미의 석명권행사는 직권탐지주의에서도 필요하다.

(ii) 변론의 충실화는 헌법에 규정된 국민의 재판받을 권리를 실효성 있게 하는 조치이므로 법원이 이를 태만하게 하여 변론이 부실하게 되는 것은 법원의 중대한 헌법위반 사태라고 지적하지 아니할 수 없다. 그러한 의미에서 적어도 주요사실(요건사실)에 대한 증명책임이 달라지는 중대한 법률적 사항에 관하여 법원이 석명권행사를 태만한 것은 상고이유가 된다.[39)]

(c) **실질적 당사자평등의 원칙**　당사자의 신청·주장이 불분명·애매하거나 불충분하게 된 원인이 당사자 한 쪽의 경제력 그 밖의 부족이 원인이었을 때 석명권의 행사로 이를 보충하는 것은 실질적 당사자평등의 원칙을 구현하는 길이 된다. 우리나라와 같이 당사자 본인의 직접 소송수행이 가능한 본인소송주의에서 국민 일반의 법원에 대한 신뢰를 유지하는 데는 이러한 의미의 석명권행사가 매우 긴요하다고 하겠다.

(다) **석명권과 직권탐지주의**　석명권 행사가 강하게 요구되면 법원으로서는 당사자의 주장이나 증거 제출과 관계없이 언제나 주장·증명 등 일체를 배려하지 않으면 안 되므로 소송절차가 실질적으로 직권탐지주의로 되지 않느냐는 의문이 생긴다. 그러나 변론주의 아래에서는 법원 석명에 응할 것인가 아닌가, 증거를 제출할 것인가 아닌가는 종국적으로 당사자의 자유의사에 맡겨져 있으므로 법원의 석명권이 강화되었다고 하여 소송절차가 직권탐지주의로 변하는 것이 아니다. 물론 석명권 행사를 통하여 변론주의와 직권탐지주의가 상당히 접근되는 현실은 부인하기 어려울 것이다.

(2) 석명권의 행사

(가) **주체**　석명권은 법원의 권한이므로 당사자는 상대방에 대해서 직접 석명을 구할 수 없다. 그러나 필요한 경우에는 재판장에게 상대방에 대하여 설명을 요구하여 줄 것을 요청할 수 있다(제136조 제3항). 이를 구문권(求問權)이라고도 한다. 석명권은 법원의 소송지휘권 행사에 의하므로 합의체에서는 재판장이, 단독사건에서는 단독판사가 이를 행사하며(제136조 제1항), 합의부원(배석판사)도 재판장에게 알리고 석명권을 행사할 수 있다(제136조 제2항). 재판장

39) 대판 2009.11.12. 2009다42765.

은 필요한 경우에 당사자에게 설명 또는 증명하게 하거나 의견을 진술할 사항을 지시하고 변론기일 이전에 이를 준비하도록 명할 수 있다(제137조). 이를 석명준비명령이라고 한다. 당사자가 앞의 재판장이나 합의부원의 조치에 대하여 이의를 신청한 때에는 법원이 결정으로 재판한다(제138조). 석명권은 쟁점정리 등을 위해서 변론기일뿐만 아니라 변론준비기일, 특별기일 등에서도 행사할 수 있다.

㈏ **석명불응에 대한 조치** 당사자는 원칙적으로 석명에 응하여야 할 의무가 없다. 그러나 당사자가 자기의 주장책임이나 증명책임이 있는 사항에 대하여 법원의 석명에 대하여 제대로 응하지 아니하면 주장책임이나 증명책임을 다하지 못한 결과가 되므로 그 불이익을 감수하여야 한다. 특히 공격·방어방법의 취지가 불분명하여 석명을 촉구하였는데도 필요한 석명을 하지 않거나 석명준비명령에 불응한 때에는 법원이 실기한 공격·방어방법으로 이를 각하할 수 있다(제149조 제2항).

(3) * 석명권의 범위

㈎ 석명의 모습

(a) **불분명을 바로 잡은 석명** 당사자의 신청 또는 주장 및 증거[40]에 불분명·불완전·모순 따위의 결점이 있고 이를 방치함으로써 법원과 당사자 사이에서 서로 이해가 되지 아니하는 경우에 이를 바로잡는 석명을 말한다. 가장 일반적인 석명이다.

(b) **부당을 제거하는 석명** 법원이 당사자의 무의미하거나 간계적(奸計的)인 주장 및 신청의 허위모습을 벗기는데 사용하는 석명을 말한다. 예를 들어 법원이 도저히 승소가망이 없는 소송의 취하를 권유한다든가 당사자 주장의 허위성을 날카롭게 지적하는 따위이다.

(c) **소송자료(또는 증거자료)보완의 석명** 당사자의 종전 주장이 불충분하거나, 다툼이 있는 사항에 대한 증거자료가 충분하지 않은 경우에 법원이 그 부족한 주장 또는 증거의 보완을 명하는 석명을 말한다. 당사자로부터 새로운 별개의 주장을 끄집어내는 것이 아니라 이미 있는 주장 또는 증거 및 이와 밀접한 관련이 있는 사항에 관하여 그 취지를 명백하게 하기 위해서 주로 행사한다. 법원은 특히 법률전문가가 아닌 당사자본인이 스스로 소송을 수행하면서 다툼이 있는 사실에 관하여 잘 모른다거나, 부주의 혹은 오해로 말미암아 증명을 제대로 하지 아니하는 경우에 당사자에게 증명을 촉구하는 등의 방법으로 석명권을 행사하여 이를 보충하도록 하는 기회를 주어야 한다.[41]

(d) **새로운 소송자료제출의 석명** (i) 적당한 신청·주장 및 증거를 새로 추가하거나 종전의 부적당한 신청·주장 및 증거를 새로운 신청·주장 및 증거로 고치게 하는 석명을 말한다.

---

40) 대판 2021.3.11. 2020다273045.
41) 대판 2014.12.11. 2013다59531.

그러나 그 석명내용이 당사자가 전혀 주장하지 않은 법률효과에 관한 요건사실이나 공격·방어 방법, 특히 독립된 항변사유를 당사자에게 암시해주어 그 제출을 권유하는 행위는 변론주의의 원칙에 위배되는 것으로 석명권 행사의 한계를 벗어난다.[42)]

(ii) 합리적인 보통 사람을 전제로 할 때, 변론의 전 취지에 비추어 현재의 주장 외에도 다른 사실 주장이 기대되는 경우에는, 법원은 석명권을 행사하여 새로운 사실주장을 할 의사가 있는지 확인해야 한다. 예를 들어, 동시이행항변권이나 유치권항변권의 경우, 채무자가 한편으로는 채무의 존재를 인정하면서도 무조건적인 이행의무를 다투거나, 해당 항변을 뒷받침하는 사실이 변론 과정에서 드러난다면, 법원은 그러한 항변을 제출할 의사가 있는지에 관하여 석명권을 행사해야 한다. 또한 시효항변의 경우에도, 당사자가 권리의 취득이나 채무의 소멸 등 시효에 기초한 법률효과를 주장하거나, 일정한 기간의 경과가 변론에서 드러났다면, 법원은 시효 원용(援用) 여부를 확인하기 위해 석명권을 행사해야 한다.

(e) **법률상 사항진술의 석명**(제136조 제4항) (i) **뜻** 법원은 당사자에게 주장책임이 있는 사항에 관하여 원칙적으로 석명의무가 없으나 당사자의 주장에 부주의 또는 오해로 말미암아 간과한 것이 분명한 법률상 사항이 있거나 당사자 주장이 법률상 관점에서 모순이나 불명료한 점이 있는 경우에 당사자에게 의견을 진술할 기회를 주어야 하는 의무가 있다(제136조 제4항).[43)] 청구의 취지나 원인의 법적 근거에 따라 요건사실에 대한 증명책임이 달라지는 중대한 법률적 사항에 해당되는 경우라면 더욱 그러하다.[44)]

이 의무로써 법원이 하는 석명을 법률상 사항진술의 석명이라고 한다. 예를 들어 소가(訴價) 산정의 필수적 자료를 당사자가 부주의, 오해 또는 법률의 부지로 그 제출이나 진술을 간과한 경우에 이를 촉구하는 석명 등이다.[45)] 원래 법의 적용은 법원의 영역이고 사실자료의 수집은 당사자 책임이다. 하지만 소송관계를 분명하게 하기 위하여 당사자의 설명의무와 법원의 법률상 사항진술에 관한 석명의무가 서로 어울림으로써 재판과정에서 법관과 당사자의 협동작업이 이루어진다. 그러므로 법관의 전권에 속하는 법적용에 관해서도 당사자는 법관과 법률상 토론을 통하여 자기의 의견을 진술할 수 있는 기회를 가짐으로써 변론권 그 밖의 절차기본권을 실질적으로 보호할 필요성이 있다. 이것은 법원의 석명권 행사과정을 통하여 이루어지는 것이다. 따라서 이 석명의 성질은 일반적인 석명권 내지 석명의무에 속한다.

(ii) **내용** (ㄱ) 법률상 사항이란 직권조사사항, 당사자의 주장·증명에 의하여 확정된 사실에 대한 법적평가,[46)] 법적개념[47)] 등에 대한 석명을 의미하고 이를 태만하게 하면 석명의

42) 대판 2000.8.22. 2000다22362.
43) 대판 2012.5.10. 2010다10658.
44) 대판 2023.4.13. 2021다271725.
45) 대결 2014.5.29. 2014마329.

무에 위반된다. 하지만 판례는 그 석명의무의 범위를 이보다 더 넓게 해석한다. 즉, 법적 3단논법의 소전제인 사실에 적용하여야 할 법규의 적용에 관하여 원고의 법률적 견해가 착오에 기초하여 주장을 잘못한 경우[48] 또는 당사자가 부주의나 오해로 증명을 하지 않았음이 분명하거나, 쟁점이 되는 사항에 관하여 당사자 사이에 명시적 다툼이 없는 경우에는 법원이 석명을 구하고 증명을 촉구하여야 한다. 또한, 법원이 당사자가 전혀 의식하지 못하거나 예상하지 못한 법률적 관점을 근거로 청구의 당부를 판단하려는 경우에는 그 법률적 관점에 대해 당사자에게 의견을 진술할 기회를 주어야 하는데 그와 같이 하지 않고 예상외의 재판으로 당사자 한 쪽에 불의의 타격을 가하는 경우[49] 등은 석명의무를 다하지 않아 심리를 제대로 하지 않은 위법을 범한 것이 된다. 다음은 그 구체적인 예이다.

① 소의 변경이 교환적인가 추가적인가 또는 선택적인가의 여부는 기본적으로 당사자의 의사해석에 맡겨져 있지만 당사자가 구(舊) 청구를 취하한다는 명백한 의견을 표시하지 않고 새로운 청구로 변경하는 등 그 변경형태가 불분명한 경우에는 사실심 법원으로서는 과연 청구변경의 취지가 교환적인가 추가적인가 또는 선택적인가의 점을 석명할 의무가 있다.[50]

② 당사자의 주장이 법률상 관점에서 보아 불명료 또는 불완전하거나 모순이 있는 경우에 법원은 이를 시정하는 석명을 구하여야 하고, 만일 당사자가 전혀 의식하지 못하거나 예상하지 못하였던 법률적 관점을 이유로 법원이 청구의 당부를 판단하여야 하는 경우에는 그 법률적 관점에 대하여 당사자에게 의견진술의 기회를 주어야 하며, 그와 같이 하지 아니함으로써 당사자 한 쪽에게 예상외의 재판이 되어 불의의 타격을 가하는 것은 석명의무를 다하지 아니하여 심리를 제대로 하지 아니한 위법이 된다.[51] 예컨대 주위적 청구와 예비적 청구가 병합된 사건에서 청구의 취지와 원인을 변경하면서도 종전의 주위적 청구와 관련된 청구의 취지와 원인만을 일부 변경하는데 그치면서 당사자가 예비적 청구를 취하한다는 명백한 표시를 하지 아니하였다면 소의 변경으로 예비적 청구가 취하된 것인지 여부는 기본적으로 당사자의 의사해석에 의할 것이므로 사실심 법원으로서는 당사자의 뜻이 과연 예비적 청구를 취하하는 것인가의 점을 석명할 의무가 있는데 이를 간과한 경우이다.[52]

③ 손해배상청구의 법률적 근거는 이를 계약책임으로 구성하느냐 불법행위책임으로 구성

46) 예를 들어 타인의 차를 빌려 타고 가다가 사고로 그 차를 손괴한 것이 불법행위인가 채무불이행인가에 관한 평가 등.
47) 예를 들어 타인으로부터 돈을 빌린 것이 임대차가 아니고 소비대차인 것. 소유권이전의 형식을 빌려 타인의 물건을 담보하는 것이 양도담보라는 것 등.
48) 대판 1995.2.10. 94다16601.
49) 대판 1994.6.10. 94다8761, 2020.2.13. 2015다47396, 2023.10.12. 2020다210860.
50) 대판 1994.10.14. 94다10153.
51) 대판 2009.1.15. 2007다51703, 2009.7.23. 2009다13200, 2014.6.12. 2014다11376,11383 등 참조.
52) 대판 1994.10.14. 94다10153, 2003.1.10. 2002다41435 등 참조.

하느냐에 따라 요건사실에 대한 증명책임이 달라지는 중대한 법률적 사항에 해당한다. 그러므로 당사자가 이를 명시하지 않은 경우에 법원은 석명권을 행사하여 당사자에게 이에 관한 의견 진술의 기회를 부여함으로써 당사자로 하여금 그 주장을 법률적으로 명쾌하게 정리할 기회를 주어야 할 것이다. 그럼에도 이러한 조치를 취하지 않은 채 손해배상청구의 법률적 근거를 불법행위책임만 묻는 것으로 단정한 뒤 증명이 부족하다는 이유로 청구를 받아들이지 않은 경우는 위법이다.[53]

(ㄴ) 당사자가 간과하였음이 분명하여야 한다. 즉, 당사자가 응당 변론에서 주장하여야 할 사항을 빠뜨린 것을 뜻한다. 법관이나 변호사와 같은 법률전문가도 쉽게 주장할 수 없는 어려운 법률상 사항은 포함되지 않는다.

(iii) **위반의 효과** 제136조 제4항은 "법원은 당사자가 간과하였음이 분명하다고 인정되는 법률상 사항에 관하여 당사자에게 의견을 진술할 기회를 주어야 한다."라고 규정하고 있으므로, 당사자가 부주의 또는 오해로 인하여 명백히 간과한 법률상의 사항이 있거나 당사자 주장이 법률상 관점에서 보아 모순이나 불명료한 점이 있는 경우 법원은 적극적으로 석명권을 행사하여 당사자에게 의견 진술의 기회를 주어야 하고, 만일 이를 게을리 한 경우에는 석명 또는 지적의무를 다하지 아니한 것으로서 위법하다[54]. 따라서 법원이 그렇게 하지 아니하고 판결결과에 영향을 줌으로써 예상외의 재판으로 당사자 한 쪽에게 불의의 타격을 주는 것은 심리미진으로 당사자의 절차기본권을 침해한 것이다.[55]

(나) **범위**

(a) **소극적 석명** 소극적 석명이라 함은 당사자의 신청 · 주장 및 증거가 불분명 · 모순되거나 불충분한 경우에 이를 보충하라고 지시하는 석명을 말한다. 석명의 모습 중 불분명을 바로잡는 석명이 주로 이에 속하며 소송자료보완의 석명 중 일부를 포함한다. 소극적 석명은 석명의 원래 모습으로서 당연히 허용된다.

(b) **적극적 석명** (i) **개념** 적극적 석명이라 함은 당사자의 신청 · 주장 및 증거가 사건처리에서 부당 또는 부적당하거나, 반대로 당사자가 적당한 신청 · 주장을 하지 않을 경우에 법원이 적극적으로 이를 암시하고 지적하는 석명을 말한다. 석명의 모습 중에서 부당을 제거하는 석명, 소송자료보완 석명의 일부, 신 소송자료제출의 석명, 법률상 사항진술의 석명들이 이에 속한다. 적극적 석명은 적정한 재판의 확보 혹은 심리(審理)의 정리와 촉진에 강력한 작용을 하지만, 당사자의 소송에 관한 책임을 약화시키고 공평을 해할 우려가 있으므로 법률상 사항진술의 석명 등 특별한 규정이 있는 경우를 제외하고는 그 행사에 신중을 기하라는 것

---

53) 대판 2009.11.12. 2009다42765.

54) 대판 2024.10.25. 2024다232066.

55) 대판 2014.8.20. 2014다30650 참조.

이 종래 판례의 입장이었다.[56] 그러나 최근에는 사법에 대한 국민의 신뢰를 강화하기 위한 사법 적극주의를 반영하여 적극적 석명이 점차 늘어나는 경향이다.

(ii) **손해배상액수의 산정에 관한 적극적 석명** 2016.3.29. 신설된 민사소송법 제202조의2(손해배상 액수의 산정)는, 「손해가 발생한 사실은 인정되나 구체적인 손해의 액수를 증명하는 것이 사안의 성질상 매우 어려운 경우에 법원은 변론 전체의 취지와 증거조사의 결과에 의하여 인정되는 모든 사정을 종합하여 상당하다고 인정되는 금액을 손해배상 액수로 정할 수 있다」고 규정하고 있다. 이 법 규정은 저작권법 제126조, 부정경쟁방지법 제14조의2 제5항 등에 이미 입법화되었던 것이다.

(iii) **판례가 인정하는 적극적 석명 입법** (ㄱ) **일반적인 경우** 당사자가 제출한 서증의 일부분이 누락된 경우에 그 누락 이유,[57] 발행인에 대한 약속어음금 청구소송에서 발행지 또는 수취인 란(欄)이 보충되지 않은 경우의 발행지[58] 또는 수취인[59]의 기재, 수표금 청구 사건에서 공시최고절차의 권리신고 여부,[60] 임대인의 지상물철거청구에 대하여 임차인이 지상물매수청구권을 행사한 경우에 임대인의 대금지급과 상환하여 지상물 인도청구로의 변경 여부,[61] 반대의무의 이행과 상환으로 집행할 수 있는 가집행 선고부 제1심판결에 기초하여 건물에 대한 명도집행을 단행하였다는 원고의 주장에는 제1심판결상 반대의무를 이행 또는 이행의 제공을 하였다는 주장이 포함되어 있다고 봄이 상당하므로 그 판결 상 반대의무가 모두 이행 또는 이행의 제공이 되었는지 여부,[62] 행정소송에서 이의신청기간의 준수여부,[63] 취득시효의 중단사유인 승인 여부,[64] 소가산정과 관련된 필수적인 자료의 누락 또는 간과여부,[65] 갑 종중이 원심법원에서 대표자를 병에서 정으로 정정하는 당사자표시정정신청서를 제출하면서 병의 기존 소송행위를 추인하는 취지라고 주장한 경우에 정에게 대표권이 있는지 유무,[66] 피고가 그 기일에서 원고의 주장사실 중 일부를 자백하고 있는 취지의 준비서면을 진술하면서도 동시에 원고 청구를 전부 부인한다는 모순된 주장을 하는 경우에 피고가 다투는 취지를 명백히 하도록 하여 자백하는 부분과 부인하는 부분을 가려낸 다음 부인하는 부분에 대하여는 원고에게 입증의 기회를 주고 원고 주장의 당부를 심리 · 판단하여야 할 것[67] 등은 적극적 석명

56) 대판 1999.4.23. 98다61463.
57) 대판 1994.10.7. 94다27793.
58) 대판 1995.11.14. 95다25923.
59) 대판 1993.12.7. 93다25165.
60) 대판 1995.4.14. 94다59950.
61) 대전판 1995.7.11. 94다34265.
62) 대판 1997.2.28. 96다51141,51158.
63) 대판 1996.5.31. 96누1146.
64) 대판 1996.6.11. 94다55545,55552.
65) 대결 2014.5.29. 2014마329.
66) 대판 2022.4.14. 2021다276973.

사항으로서 이를 태만히 하는 것은 석명권 불행사, 심리미진의 위법이 된다.

(ㄴ) **불법행위로 인한 손해배상청구소송** ① 생명 또는 신체에 대한 불법행위로 인한 손해배상청구의 소송목적은 재산적 손해[68]로 인한 배상청구와 정신적 손해로 인한 배상청구로 구별되므로[69] 당사자들은 그 금액을 특정하여 청구하여야 하고 그렇지 않으면 법원이 석명권을 행사하여 재산적 손해배상청구와 정신적 손해배상청구의 각 청구내역을 밝혀 각 청구의 당부에 관하여 판단하여야 한다.[70] 따라서 재산상 손해액의 확정이 가능한데도 위자료 명목으로 재산상 손해의 전보를 명할 수 없다.[71]

② 판례는 일찍부터 손해배상청구소송에서 손해배상책임의 발생을 인정할 경우에는 손해액에 관한 당사자의 주장과 입증이 미흡하더라도 적극적으로 석명권을 행사하여 증명을 촉구하여야 하며 경우에 따라서는 직권으로라도 손해액을 심리, 판단하여야 한다고 하였고,[72] 구체적인 손해 액수를 증명하는 것이 성질상 곤란한 경우에는 증거조사의 결과와 변론전체의 취지에 의하여 밝혀진 당사자들 사이의 관계, 불법행위와 그로 인한 재산적 손해가 발생하게 된 경위, 손해의 성격, 손해가 발생한 이후의 제반 정황 등 관련된 모든 간접사실들을 종합하여 상당인과관계에 있는 손해의 범위와 수액을 판단하여야 한다고 하였다.[73] 그러다가 손해배상청구소송의 내용이 점차 복잡해지면서 손해액수의 산정 등에 관한 조사 한계를 인식하자 이 입장을 비켜서 법원의 증명촉구에도 불구하고 원고가 이에 응하지 아니하면서 손해액에 관하여 나름의 주장을 펴고 그에 관하여서만 증명을 다하고 있는 경우라면 법원이 손해액의 산정기준이나 방법을 적극적으로 제시할 필요가 없다고 하였고[74] 나아가 당사자가 법원의 증명촉구에 응하지 않을 뿐 아니라 명백히 증명하지 않겠다는 의사를 표시한 경우에는 손해액수에 관한 증거가 없다는 이유로 청구를 배척할 수 있다고 하였다.[75]

③ 불법행위로 인한 손해배상청구소송에서 재산적 손해의 발생 사실은 인정되지만 구체적인 손해 액수를 증명하는 것이 성질상 곤란한 경우, 법원은 증거조사의 결과와 변론 전체의 취지에 의하여 밝혀진 당사자들 사이의 관계, 불법행위와 그로 인한 재산적 손해가 발생하게 된 경위, 손해의 성격, 손해가 발생한 이후의 여러 정황 등 관련된 모든 간접사실을 종합하여 손해의 액수를 판단할 수 있다.[76] 이 법리는 자유심증주의 아래에서 손해의 발생 사실은 증명되었

67) 대판 2002.3.15. 2001다80150.
68) 적극적 손해와 소극적 손해를 포함한다.
69) 대판 2001.2.23. 2000다63752, 2002.9.10. 2002다34581, 2006.10.13. 2006다32446.
70) 대판 2006.9.22. 2006다32569.
71) 대판 2007.12.13. 2007다18959.
72) 대판 1986.8.19. 84다카503,504.
73) 대판 2006.9.8. 2006다21880.
74) 대판 2010.3.25. 2009다88617.
75) 대판 1994.3.11. 93다57100.

으나 성질상 손해액에 대한 증명이 곤란한 경우에 증명의 정도를 경감함으로써 손해의 공평·타당한 분담을 지도 원리로 하는 손해배상제도의 이상과 기능을 실현하는 데 그 취지가 있다.

④ 2016.3.29. 신설된 민사소송법 제202조의2는 이러한 입장을 입법화한 것이라 할 수 있다. 그러나 법관에게 손해액 산정에 관한 자유재량을 부여한 것은 아니다. 그러므로 법원이 위와 같은 방법으로 구체적 손해액을 판단할 때에는 손해액 산정의 근거가 되는 간접사실의 탐색에 최선의 노력을 다하여야 하고, 그와 같이 탐색해 낸 간접사실을 합리적으로 평가하여 객관적으로 수긍할 수 있는 손해액을 산정하여야 할 것이다.77)

(ㄷ) **채무불이행으로 인한 손해배상청구소송** 판례78)는 위에서 본 불법행위에서와 같이 채무불이행에서도 불법행위로 인한 손해배상책임과 같은 입장을 취하고 있다. 즉, 법원은 손해액에 관한 증명이 불충분하더라도 그 손해액에 관하여 적극적으로 석명권을 행사하고 증명을 촉구하여 이를 밝혀야 하고, 구체적인 손해 액수를 증명하는 것이 성질상 곤란한 경우에는 증거조사의 결과와 변론전체의 취지에 의하여 밝혀진 당사자들 사이의 관계, 채무불이행과 그로 인한 재산적 손해가 발생하게 된 경위, 손해의 성격, 손해가 발생한 이후의 제반 정황 등 관련된 모든 간접사실들을 종합하여 상당인과관계에 있는 손해의 범위와 수액을 판단하여야 한다고 하였다. 다만 이러한 법리는 자유심증주의 아래에서 손해의 발생 사실은 증명되었으나 사건의 성질상 손해액에 대한 증명이 곤란한 경우에 그 증명도·심증도를 경감함으로써 손해의 공평·타당한 분담을 지도 원리로 하는 손해배상제도의 이상과 기능을 실현하고자 함에 그 취지가 있는 것이지 법관에게 손해액의 산정에 관한 자유재량을 부여한 것은 아니다.79) 따라서 법원이 위와 같은 방법으로 구체적 손해액을 판단함에 있어서는 손해액 산정의 근거가 되는 간접사실들의 탐색에 최선의 노력을 다해야 하고 그와 같이 탐색해 낸 간접사실들을 합리적으로 평가하여 객관적으로 수긍할 수 있는 손해액을 산정해야 한다.80)

(ㄹ) **부당이득반환청구** 법원은 부당이득반환책임이 인정되는 경우에도 그 손해액에 관한 당사자의 주장과 증명이 미흡하더라도 적극적으로 석명권을 행사하여 증명을 촉구하여야 하고 경우에 따라서는 직권으로라도 손해액을 심리·판단하여야 한다.81)

(ㅁ) **적극적 석명의 강화** 판례82)는 나아가「당사자가 부주의 또는 오해로 인하여 명백하게 간과한 법률상 사항이 있거나 당사자 주장이 법률상 관점에서 보아 모순이나 불명료한

76) 대판 2004.6.24. 2002다6951,6958, 2009.8.20. 2008다51120,51137,51144,51151, 2020.3.26. 2018다30133.
77) 대판 2014.7.10. 2013다65710(평석은 [46] 참조).
78) 대판 2009.10.15. 2009다37886, 2020.3.26. 2018다301336.
79) 대판 2015.1.29. 2013다100750.
80) 대판 2010.10.14. 2010다40505 등 참조.
81) 대판 1987.12.22. 85다카2453, 1998.5.12. 96다47913, 2008.2.14. 2006다37892, 2009.6.25. 2009다26824, 2012.6.14. 2012다20819 등 참조.
82) 대판 2006.1.26. 2005다37185.

점이 있는 경우에 법원은 적극적으로 석명권을 행사하여 당사자에게 의견진술의 기회를 주어야 하고 만약 이를 게을리 한 경우에는 석명 또는 지적의무를 다하지 아니한 위법이 있다」는 이유를 내세워 종전의 소극적 석명의 입장을 지양하고 사법적극주의로 나아가고 있다.

구체적으로 ① 행정소송법에서 정한 당사자소송의 피고 지정이 잘못된 경우에 법원은 석명권을 행사하여 피고를 경정하게 해야 한다.[83)]

② 부동산 소유권보존등기의 취득원인 일자가 1974.12.31. 이후에 이루어져서 부동산특별조치법의 적용을 받을 수 없는데도 당사자가 부주의 또는 오해로 인하여 위 취득원인은 법률적 쟁점을 삼지 아니하고 부동산특별조치법의 다른 쟁점, 예컨대 보증서등의 허위 여부에 관해서만 다툼이 된 경우에는 비록 취득원인 일자가 쟁점이라는 점에 명시적인 다툼이 없더라도 법원은 이에 관하여 의견진술의 기회를 주어야 한다.[84)]

③ 당사자가 어떤 법률효과를 주장하면서 그 요건사실의 일부를 빠뜨린 경우에 법원은 그 누락사실을 지적하고 당사자에게 변론할 기회를 주어야 한다.[85)]

④ 도시 및 주거환경정비법에서 정한 주택재건축정비사업조합을 상대로 관리처분계획안에 대한 조합 총회 결의의 효력을 다투는 소송은 행정소송법에서 정한 당사자소송인데도 원고가 고의 또는 중대한 과실 없이 이를 민사소송으로 잘못 제기한 경우에 수소법원이 만약 그 행정소송에 대한 관할도 동시에 갖고 있고 행정소송으로서의 소송요건을 갖추고 있다면 원고로 하여금 행정소송으로 소 변경을 하게 하여야 한다[86)]고 하였다.

(ㅂ) **변론의 재개**(제142조) ① 종결된 변론의 재개 여부는 법원의 재량에 속한다. 그러나 판례는 이에 관하여 법원의 재량성을 지양(止揚)하고 직권으로 심리를 하여야 한다는 사법적극주의를 표명하고 있다. 즉, 법원이 사실상 또는 법률상 사항에 관한 석명의무나 지적의무 등을 위반한 채 변론을 종결하였는데 당사자가 그에 관한 주장·증명을 제출하기 위하여 변론재개신청을 한 경우,[87)] 당사자가 변론종결 이전에 그에게 책임지기 어려운 사정으로 주장·증명할 기회를 갖지 못하였는데 그 주장·증명의 대상이 판결의 결과를 좌우할 수 있는 관건적 요증사실에 해당하는 경우[88)]에는 법원은 종결한 변론을 재개하여 심리·판단하여야 할 의무가 있다고 하였다.[89)] 나아가 판례는 당사자가 변론종결 이후 추가로 주장·증명하겠다는 취지

83) 대판 2007.4.27. 2005다64033.
84) 대판 2009.9.10. 2009다30687.
85) 대판 2009.9.10. 2009다46347.
86) 대판 2009.11.26. 2008다41383.
87) 대판 2011.7.28. 2009다64635.
88) 대판 2012.4.26. 2011다19188.
89) 대판 2014.10.27. 2013다27343은, 「당사자가 변론종결 후 주장·증명을 제출하기 위하여 변론재개신청을 한 경우 당사자의 변론재개신청을 받아들일지는 원칙적으로 법원의 재량에 속한다. 그러나 변론재개신청을 한 당사자가 변론종결 전에 그에게 책임을 지우기 어려운 사정으로 주장·증명을 제출할 기회를 제대로 갖지 못하였고, 주

를 기재한 참고서면과 참고자료만을 제출하였을 뿐 별도로 변론재개신청서를 제출하지 아니하였다고 하더라도 당사자가 변론종결 이전에 그에게 책임을 지우기 어려운 사정으로 주장·증명을 제출할 기회를 제대로 얻지 못하였고, 그 주장·증명의 대상이 판결의 결과를 좌우할 수 있는 관건적 요증사실에 해당하는 경우에는 변론재개와 심리를 속행할 의무에서 면제되지 않는다고 하였다.[90] 그러나 당사자가 법원의 입증촉구에 따랐다면 충분하게 주장·증명할 기회가 있었음에도 불구하고 이를 태만하게 하다가 변론종결 후에야 입증하겠다고 변론재개신청을 한 경우에는 법원에게 변론을 재개할 의무가 없다고 하였다.[91]

② 생각건대 항소심이 사실심인 제1심의 속심인 이상 제1심에서의 변론의 재개여부는 큰 문제가 되지 않을 것이다. 그러나 항소심이 종료되면 법률심인 상고심의 파기환송 내지 이송판결이 있어야 변론이 재개된다. 따라서 항소심 법원이 변론재개 여부에 관하여 신중하게 대처하여 심리를 충실하게 한다면 그 만큼 국민의 신뢰를 확보할 수 있고, 상고심인 대법원의 노고를 덜 수 있을 것이다. 종전에 볼 수 없었던 변론의 재개 여부에 관한 대법원 판례는 이러한 취지에 입각한 것이라고 할 수 있다.

③ 지금까지 판례는 재판부의 변론재개결정이나 재판장의 기일지정명령은 민사소송법이 일반적으로 항고의 대상으로 삼고 있는 제439조 소정의 '소송절차에 관한 신청을 기각한 결정이나 명령'에 해당하지 아니하고 또 이에 대하여 불복할 수 있는 특별규정도 없으므로 이에 대하여는 항고를 할 수 없고,[92] 또한 이는 상소가 있는 경우에 종국판결과 함께 상소심의 심판을 받는 중간적 재판의 성질을 갖는 것으로서 특별항고의 대상이 되는 불복할 수 없는 결정이나 명령에도 해당되지 않아,[93] 결국 그에 대한 항고는 부적법하다는 입장이었다. 그러나 이제는 '판결의 결과를 좌우할 수 있는 관건적 요증사실' 등에 관하여 당사자에게 변론을 재개하여 그 주장 증명을 제출할 기회를 주지 않은 채 패소판결을 함으로써 민사소송법이 추구하는 절차적 정의에 반하는 경우[94]에는 변론재개신청은 법원이 반드시 그 재개여부를 결정하여야 하므로 이에 관한 당사자의 변론재개신청에 대하여 항소심 법원이 「재개기각」의 결정을 한 경우에 이것은 제439조 소정의 '소송절차에 관한 신청을 기각한 결정이나 명령'에 해당한다고 하여 당사자는 항고할 수 있다고 하여야 할 것이다. 특히 당사자에게 변론을 재개하여 그 주

장·증명의 대상이 판결 결과를 좌우할 수 있는 관건이 되는 요증사실에 해당하는 경우 등과 같이, 당사자에게 변론을 재개하여 주장·증명을 제출할 기회를 주지 않은 채 패소의 판결을 하는 것이 민사소송법이 추구하는 절차적 정의에 반하는 경우에는 법원은 변론을 재개하고 심리를 속행할 의무가 있다」고 명백하게 판시하고 있다(평석은 [57] 참조).

90) 대판 2013.4.11. 2012후436.

91) 대판 2011.11.10. 2011다67743.

92) 대결 2008.5.26. 2008마368.

93) 대결 2008.5.26. 2008마368 참조.

94) 대판 2022.4.14. 2021다305796.

장의 증명자료를 제출할 기회를 주지 않은 채 패소판결을 하는 것이 절차의 적정성에 반할 경우에는 법원은 변론을 재개하고 심리를 속행할 의무가 있다.[95]

석명권의 범위

1. 석명권의 의의

- 법원이 당사자의 불분명·부당한 주장/증거를 명확히 하여 공정·적정한 재판을 확보하기 위한 권한(제136조)

2. 석명의 유형(모습)

구분	내용	예시
불분명을 바로잡는 석명	주장·증거의 불명료·모순 시 명확히 함	취지·주장 모호 시 정리
부당을 제거하는 석명	무의미·간계적 주장 교정	승소 불가능 소송 취하 권유
소송자료(증거) 보완의 석명	불충분한 주장·증거 보완 촉구	당사자에게 증명 촉구
새로운 소송자료 제출의 석명	적절한 주장·증거 새로 추가 유도	시효항변·유치권항변 여부 등 확인
법률상 사항진술의 석명(제136조④)	간과된 법률상 사항에 의견진술 기회 부여	청구 법적 근거 예(계약책임 vs 불법행위) 명확화

3. 법률상 사항진술의 석명(제136조 제4항)

구분	내용
의의	당사자가 간과하거나 오해한 법률상 사항에 대해 법원이 의견진술 기회 부여
예시	① 청구변경형태 불명확 시 석명 ② 예상 못한 법률관점으로 판단 시 미리 의견기회 부여 ③ 손해배상 법적 근거 불명확 시 석명 필요
위반효과	석명의무 위반 → 심리미진·절차기본권 침해로 위법

4. 석명의 범위 구분

구분	개념	허용범위
소극적 석명	불명확한 주장·증거 보완 지시	전통적·당연히 허용
적극적 석명	당사자에게 새로운 주장·보완 암시	변론주의 한계 있으나 최근 확대(사법적극주의)

95) 대전판 2019.9.21. 2017후2819, 대판 2019.9.20. 2017다258237.

5. 적극적 석명의 구체적 내용

구분	내용
입법 근거	민사소송법 제202조의2(손해배상액 산정 가능 규정, 2016.3.29. 신설)
판례 예시	• 누락된 서증의 확인
	• 자백·부인의 모순 정리
	• 피고 지정 오류 시 경정 석명
	• 지상물매수청구권 등 변경여부 석명

6. 손해배상 관련 석명(적극적 석명의 대표 영역)

구분	판례 입장
불법행위 손해배상	손해 발생 인정되면 손해액 증명 미흡해도 석명·촉구 필요, 간접사실로 판단 가능
채무불이행 손해배상	불법행위와 동일 입장, 손해액 산정 시 간접사실 종합 고려
부당이득 반환	손해액 주장·증명 미흡 시 석명권 행사·직권조사 가능

7. 적극적 석명의 강화(사법적극주의)

예시	내용
① 행정소송 피고 지정 오류	피고 경정 석명
② 부동산특별조치법 적용오해	취득원인일자 석명
③ 요건사실 일부 누락	변론기회 부여
④ 민사로 제기된 행정소송	행정소송으로 변경 석명 유도

8. 변론의 재개(제142조)

구분	내용
원칙	재량사항이지만, 석명의무 위반 시 직권재개 의무 있음
항고 가능성	변론재개 기각결정은 '소송절차신청 기각결정' → 항고 가능
의의	절차적 정의 보장, 사법적극주의 실현 수단

□ 핵심정리

항목	요지
석명권의 본질	공정한 재판을 위한 법원의 명확화·보완 권한
석명의 주요유형	불분명 정정 / 부당제거 / 증거보완 / 새로운 자료 / 법률상 사항진술
소극적 석명	허용 불명확 부분 보완)
적극적 석명	확대 경향 사법적극주의)
위반 시 효과	심리미진·절차기본권 침해로 위법
변론재개	석명의무 위반 시 직권 재개 의무

(4) 석명처분(제140조 제1항)

법원은 변론과정에서 석명권을 행사하는 경우이외에도 그 준비 또는 보충으로 소송관계를 명료하게 하도록 적당한 처분을 할 수 있다. 이를 석명처분이라 한다. 이 처분은 어디까지나 사건 내용을 명백하게 하는 것이므로 계쟁사실을 인정하기 위하여 증거자료를 수집하는 증거조사와는 그 목적을 달리한다. 그러나 당사자가 증거로 이를 쓰겠다고 원용하면 증거자료가 되는 것이 당연하다.

㈎ 당사자 본인 또는 그 법정대리인의 출석명령(제140조 제1항 1호)　　소송대리인이 있더라도 직접 본인으로부터 사정을 청취하는 것이 적당한 경우에는 본인 또는 법정대리인의 출석을 명할 수 있다.

㈏ 문서 또는 물건의 제출·유치(제140조 제1항 2호·3호)　　계약의 취지·내용을 이해하기 위하여 당사자가 인용한 계약서 원본을 제출·유치하게 하는 따위이다.

㈐ 검증·감정(제140조 제1항 4호)　　교통사고 사건에서 당사자의 설명을 이해하기 위하여 현장을 검증하거나, 전문적인 학식·경험이 없으면 이해하기 곤란한 경우에 전문가에게 감정을 명하는 따위이다.

㈑ 조사촉탁(제140조 제1항 5호)　　예를 들어 어느 지방의 거래관행을 알 수 없는 경우에 지방 상공회의소 기타 단체에 그 조사를 촉탁하는 따위이다. 다만 석명처분으로서의 검증·감정, 조사의 촉탁방법은 증거조사의 방법으로 한다(제140조 제2항).

5. 전문심리위원

㈎ 지식재산, 의료, 건축, 공해 등 사건 처리에 전문적 지식을 요구하는 사건을 적정하고 신속하게 해결하기 위하여 전문가의 적절한 조언을 구하는 제도가 제164조의2에서 제164조의8까지 규정된 전문심리위원 제도이다. 이 제도는 소송자료, 증거자료를 직접 수집하거나 쟁점 등에 관해서 의견을 구하는 것이 아니라 법관이 재판자료를 정확하게 이해하기 위하여 전문심리위원의 설명 또는 의견을 청취하는 제도이다.

㈏ 전문심리위원이 사건마다 지정되어 소송절차에 관여하고 증인, 당사자신문 또는 감정인 진술의 기일에 전문심리위원에게 설명을 하게 하기 위해서는 그들이 증인 등에 대하여 직접 질문하는 것을 허용하여야 하므로 당사자의 주장·입증·재판 결과에 영향을 주어 전문심리위원에 의한 재판이라는 비판을 받기 쉽다.

㈐ 이 비판을 피하기 위해서는 그러한 외관 자체를 피할 필요가 있다. 그리하여 민사소송법은 전문심리위원을 절차에 관여시키려면 당사자의 의견을 듣게 하는 등(제164조의2) 그 요건

을 엄격하게 설정하고, 당사자가 합의하면 무조건 전문심리위원 결정을 취소하도록 하였고(제164조의3 제2항), 기일에서 전문심리위원의 설명 또는 의견에 대해서는 당사자에게 구술 또는 서면에 의한 의견진술 기회를 줌으로써(제164조의2 제4항) 당사자의 절차 관여를 보장하였다.

6. 직권탐지주의

(1) 뜻

직권탐지주의라 함은 법적 3단 논법의 소전제가 되는 사실의 인정에 관한 재판자료 수집을 법원에 맡기자는 원칙으로서 변론주의에 대립되는 개념이다. 직권탐지주의는 첫째, 법원은 당사자가 주장하지 않은 사실이라고 하더라도 판결 기초로 삼을 수 있고(주장책임의 배제), 둘째, 당사자 사이에 다툼이 없는 사실이라고 하더라도 판결 자료로 쓰지 아니할 수 있으며(자백구속력의 배제), 셋째, 당사자 사이에서 다툼이 있는 사실을 증거로 인정하기 위해서는 반드시 당사자가 신청한 증거에 의할 필요가 없다(직권증거조사금지 원칙의 배제). 또한 법원은 증거조사를 할 때 당사자가 신청한 공격·방어 방법이 시기에 늦었다고 하여 각하하는 원칙에 구속받지 않고(제149조와 제285조의 적용 배제), 변론주의에 의한 소송절차와 달리 청구의 포기·인낙이나 화해 등 처분권주의가 제한된다.

(2) 적용범위

㈎ 범위 (a) 직권탐지주의는 법원에 의한 진실발견의 필요성이 높고(공익성), 판결의 효력이 제3자에게 미칠 때 필요하다. 이 경우에 재판자료의 수집을 당사자에게만 맡겨서는 그 소송에 관여할 기회가 없는 제3자 이익을 해칠 우려가 있기 때문이다. 주로 가사비송[96] 및 비송사건(비송 제11조), 증권관련집단소송(증집소 제30조 이하) 등에 적용된다.

(b) 가사소송법 제17조의 직권조사, 행정소송법 제26조 및 공직선거법 제227조의 직권심리는 직권탐지와 다르므로 구별하여야 한다.[97]

㈏ 불의의 타격을 금지하는 원칙 당사자가 소송의 주체적 지위에 있는 이상 법원이 직권탐지주의를 취하였다고 해서 자기 이익을 지키기 위하여 충분하게 공격과 방어를 다할 기회를 버릴 수는 없다. 따라서 직권으로 탐지한 사실이나 증거를 그대로 판결 자료로 삼아서는 당사자에게 예상외의 불리한 재판이 될 우려가 있을 때에는 법이 당사자에게 의견 진술 기회

---

96) 재판상 이혼의 경우에는 당사자의 청구가 없더라도 직권으로 미성년자인 자녀의 친권자 및 양육자를 지정하여야 하며 이를 간과하면 재판의 누락이 된다(대판 2015.6.23. 2013므2397).

97) 같은 취지: 김홍엽, 437면. 자세한 것은 [17] 4. 참조.

를 부여한다고 규정하는 경우가 있는데(특허 제159조 제1항, 소심 제10조 제1항 단서 등) 판례[98]는 이 규정을 강행규정으로 풀이한다. 법 규정의 유무를 떠나 직권탐지주의가 적용되는 경우라도 당사자에게 충분한 의견진술의 기회를 주어야 할 것이고 법원이 이를 태만한 경우에는 심리미진의 위법이 된다.

(3) 직권조사사항

㈎ 개념

(a) 직권조사사항은 직권탐지주의와 「직권」이라는 용어를 같이 하고 그 내용이 매우 흡사하여 혼동이 온다. 그러나 양쪽은 차원을 달리하는 별개 개념이다. 즉 직권탐지주의는 법적 3단 논법의 소전제인 사실의 인정방법에 관한 원칙인데, 직권조사사항은 주로 법적 3단 논법의 결론인 심판대상 선정방법에 관하여 법원에게 주도권을 인정하는 원칙이 적용되는 사항이다.

(b) 직권탐지주의와의 가장 큰 차이점은, 직권조사사항에 관해서는 변론주의 3원칙 가운데서 가장 중요한 주장책임의 원칙이 관철되고 있는데 대하여 직권탐지주의에 관해서는 이 원칙이 적용되지 않는다는 것이다. 판례[99]는, 「민사소송에 있어 권리보호요건의 존부는 법원의 직권조사 사항임은 말할 나위가 없으나 위의 요건은 소위 직권탐지 사항과 달라서 그 요건 유무의 근거가 되는 구체적인 사실에 관하여 사실심의 변론종결 당시까지 당사자의 주장이 없는 한 법원은 이를 고려할 수 없고, 또 다툼이 있는 사실에 관해서는 당사자의 입증을 기다려서 판단함이 원칙이라 할 것이므로 위에서 본 바와 같이 피고가 일단 확정재판을 받았다는 본안전 항변을 하였으나 이는 사실관계를 잘못 파악한 것이라고 하여 철회한 후로는 그 점에 대한 이렇다 할 주장 입증을 아니 하였을 뿐 아니라 기록상 이를 가려볼 아무런 자료도 없다면 사실심에서 이에 관한 직권조사를 아니하였다 하여 탓할 바 못된다」고 하였다. 결국 직권조사는 당사자의 주장을 전제로 하고 있다는 점에서 직권탐지와 구별되고 있다.

(c) 한편 직권조사사항에 대해서는 자백이나 자백간주의 대상이 될 수 없어[100] 변론주의와 구별되지만, 심리과정에서는, 직권조사사항은 직권탐지주의라고 하기보다는 오히려 변론주의의 범주에 속한다고 하여야 할 것이다. 그러므로 법에 특별한 규정이 없는 사항에 관해서 법원조직법과 민사소송법 및 민사집행법의 규정을 준용하는 행정소송법에서는 그 심리방법에 관하여 직권탐지라는 용어를 피하여 직권심리(행소 제26조)라고 하였고, 민사소송법에 따르는 가사소송절차(가소 제12조)에서도 직권탐지라는 용어 대신에 직권조사(가소 제17조)라고 하고 있다.

98) 대판 1984.2.28. 81후10.
99) 대판 1981.6.23. 81다124.
100) 대판 2002.5.14.2000다42908.

(d) 그러므로 직권조사는 변론주의와 직권탐지주의가 아닌 제3의 입장이거나 중간지대라고 할 수 없다.

(나) **범위** 가장 대표적인 직권조사사항은 소송요건 및 상소요건이다. 그 외에도 소송계속의 유무, 경험칙 및 법규의 존재, 확정판결의 존부,[101] 상속회복청구의 소에서 제척기간의 준수여부,[102] 제1조 2항의 신의칙 및 권리남용위반,[103] 민법 제103조 위반 여부 등 그 예가 많다.

(다) **심리절차상 특징** (i) 직권조사사항은 원칙적으로 법원이 고려하여야 할 사항이다. 따라서 당사자 자백의 구속력이 없다.

(ii) 직권조사사항은 소송절차에 관한 이의권(제151조)을 포기하거나 상실할 대상이 되지 아니하며, 피고가 답변서를 제출하지 않는 경우에도 직권조사사항에 흠이 있는 한 무변론 판결(제257조)을 할 수 없다.

(iii) 그 흠의 존재를 시기에 늦게 주장하더라도 실기(失機)한 공격방어의 방법이라고 하여 제149조에 의하여 각하할 수 없으며, 당사자의 이의 유무와 관계없이 이를 조사하여 설령 이의가 철회되어도 심리하여야 한다.[104]

(iv) 변론준비기일이 지나더라도 변론에서 그 흠에 관한 주장을 할 수 있고 직권조사사항에 관한 상고이유서는 법에서 정한 기일보다 늦게 내어도 심리를 하여야 한다.

제2절 증거법

[69] 제1. 증거의 개념

1. 증거의 필요성

(1) 민사소송에서 법원이 분쟁을 처리하려면 반드시 법의 적용이라고 하는 형식을 갖추어야 한다. 여기서 법의 적용이라고 함은 법규를 대전제로, 사실을 소전제로 3단 논법에 의하여 법률효과를 판단·선언하는 작업을 의미한다. 따라서 적용하여야 할 법규의 존재 및 내용을 확정하기 위해서는 먼저 그 소 전제되는 사실의 존부를 확정하여야 한다. 법관의 이와 같은

101) 대판 1992.5.22. 92다3892.
102) 대판 1993.2.26. 92다3083.
103) 대판 1995.12.22. 94다42129.
104) 대판 1971.3.23. 70다2639.

사실인정 수단을 증거라고 하며, 증거를 수집·감득하는 절차를 증거조사절차라고 한다.

(2) 사실의 존부를 확정하는 수단에 관하여 현행법에는 다음과 같은 방법이 있다. 첫째, 당사자 사이에 다툼이 없는 사실에 관하여 법원은 그것을 그대로 판단의 기초로 하지 않으면 안 된다. 이것은 변론주의의 적용결과이다. 둘째, 법원에 현저한 사실에 관해서도 법원은 이를 그대로 판단의 기초로 하지 않으면 안 된다. 현저한 사실에는 공지의 사실 및 직무상 현저한 사실이 있는데 이들은 사실의 객관성을 담보하기 때문이다. 셋째, 위의 두 가지 수단을 제외하고는 변론전체의 취지와 증거조사의 결과를 토대로 사실의 존부를 인정하지 않으면 안 된다. 이것이 바로 사실인정이다. 물론, 변론전체의 취지는 사실인정의 자료로서는 보충적이고, 증거조사의 결과가 주된 것이기 때문에, 사실인정은 주로 증거조사의 결과에 근거한다.

(3) 사실의 존부를 법관자신의 개인적 경험으로만 인정한다면 그 인정과정의 객관화가 이루어지지 못한다. 그 결과 다른 사람이 이를 추적하여 그 진부(眞否)를 따질 수 없어 사실인정의 공정성에 의혹이 생길 염려가 있다. 여기서 법관의 사실인정이 객관적으로 공정하다는 것을 담보하기 위해서는 그 사실인정 수단을 소송에 드러내어 이해가 대립하는 당사자로 하여금 이를 감득(感得)할 수 있게 하고 이에 관한 평가를 말할 기회를 갖도록 할 필요가 생긴다는 것이다.

(4) 법관이 인정하여야 할 사실은 각각의 사건마다 특유한 것이기 때문에 법원의 심리 과정을 통하여 그 판단을 형성하지 않으면 안 된다. 국민에 대하여 공정한 재판을 받을 권리(헌 제27조)를 보장하기 위해서는 당사자들이 제출한 증거이든, 법원이 직권으로 수집한 증거이든, 그 판단자료를 증거라는 객관적 존재로서 법정에 제출시켜서 법원의 판단을 받지 않으면 안 되는 것이다.

2. 증거의 개념

증거라 함은 앞에서 말한 것과 같이 법관이 재판의 기초가 되는 사실을 인정하기 위한 일체의 수단을 말한다. 그러나 증거라는 용어는 개별적으로는 여러 가지 의미로 쓰이고 있다.

(1) 증거방법

㈎ 뜻　**증거방법이란** 법관이 사람의 오관(五官)에 의하여 조사할 수 있는 유형물을 말한다. 여기에는 인적증거(인증)와 물적증거(물증)가 있다. 인증에는 증인·감정인·당사자 본인이 있고, 물증에는 서증이라고 하는 문서와 검증물이 있다. 그런데 이제는 전자문서법이 시행되면서 종이라는 유형물이 아니라 '정보'라는 무형물이 종이라는 유형물을 전제로 하지 않고서도 전자문서로서 증거방법에 속하게 되었다. 따라서 증거방법은 유형물이외에 '정보'라는 무형물까지도 포함하게 된다. 이러한 유형·무형의 증거방법 들에 관한 증거조사절차는 민사소송

법에 각각 규정되어 있다.

(나) **증거능력** 어떤 유형물 또는 무형물이 증거방법으로 쓰일 수 있는 자격을 증거능력이라고 한다. 일반적으로 증거제한계약이 있는 증거를 제출하는 경우를 제외하고는 증거능력에 특별한 제한이 없지만[105)][106)] 수집절차가 위법한 증거의 증거능력에 관해서는 자유심증주의와 관련하여 문제가 있다.

(2) 증거자료

(가) **뜻** 법관이 증거방법을 조사하여 감득한 내용을 증거자료라고 한다. 증거조사의 결과라고도 한다(제202조 참조). 인증의 경우에 증인을 증인신문한 결과 얻은 내용을 증언, 감정인이 감정한 내용을 감정의견(또는 감정결과), 당사자본인을 신문한 내용을 당사자본인신문결과라고 하는데, 증언, 감정의견(또는 감정결과) 및 당사자본인신문결과가 증거자료이다. 물증의 경우에 문서(서증)는 문서의 기재내용이, 전자문서는 전자문서법 제4조의2의 서면요건을 갖춘 전자문서의 정보내용이, 검증물은 검증한 검증결과가 증거자료이다. 법관의 사실인정 자료는 증거방법 자체가 아니라 증거방법을 증거조사하여 그로부터 얻은 증거자료이다. 주의할 것은 전자문서가 서면요건을 갖춘다는 의미는 종이문서로 출력된다는 것이 아니라, 무형물인 '정보' 상태에서 열람할 수 있고(전자문서 제4조의2 1호), 전자적인 상태에서 작성 · 변환되거나 송신·수신 또는 저장된 형태 또는 그와 같이 재현될 수 있는 '전자파일' 형태로 보존되어 있는 것(전자문서 제4조의2 2호)을 말하는 것이다. 이로써 우리나라는 무형물인 '정보'를 그 상태에서 이를 증거방법으로 입법한 나라가 되었다.

(나) **증거력(증명력, 증거가치)** 그러므로 법관이 증명의 대상이 되는 사실을 인정하려면 증거자료에 의하여야 한다. 이 증거자료가 실제로 법관의 사실인정에 작용하는 정도를 증거력(증명력 또는 증거가치)이라고 한다. 어떤 증거자료가 어느 정도의 증거력이 있는지는 원칙적으로 법관의 자유심증에 의하는데 이 원칙이 자유심증주의이다.

(a) **형식적 증거력** (i) 법관이 증거자료에 대한 증거력의 정도를 판단하려면 먼저 증거자료가 되는 증거방법이 과연 그 증거자료가 될 수 있는 자격 내지 전제요건을 갖추고 있는지를 따져 보아야 한다. 이와 같이 어떤 증거방법이 증거자료가 될 수 있는 자격 내지 전제요건을 형식적 증거력이라고 한다.

---

105) 선서하지 아니한 감정인에 의한 감정결과는 증거능력이 없으므로 사실인정의 자료가 될 수 없으나(대판 1982. 8.24. 82다카317 참조), 그 감정결과를 기재한 서면이 당사자에 의하여 서증으로 제출되고 그 내용이 합리적일 때에는 사실인정의 자료가 된다(대판 2006.5.25. 2005다77848 참조). 또 소송계속 중 그 소송에 사용하기 위하여 작성된 사문서도 반드시 증거능력이 없는 것이라고 할 수 없다(대판 1966.9.27. 66다1133 참조).

106) '정보'를 증거방법으로 하는 전자문서는 전자문서법 제4조의 2에서 정한 전자문서의 서면요건을 갖추면 증거능력이 있다.

(ii) 예를 든다. 어떤 증인의 증언이 증거자료가 되기 위해서는 그 증인은 당사자가 신청한 사람이어야 한다. 제303조가, 특별한 규정이 없으면 누구든지 증인으로 신문할 수 있다고 규정되었다고 하여 당사자가 신청하지도 않은 사람을 증인이라고 하여 증언하게 하는 것은 형식적 증거력을 갖추지 못하는 것이다. 검증도 검증물로 신청한 증거방법에 한정하여 검증을 하여야 하는 것이지 물건이라고 해서 계쟁사실과 관련이 없는 물건을 검증해서는 안 된다. 이와 같이 증인이나 검증물 등 증거방법은 증거자료가 되는 전제요건인 형식적 증거력이 있어야 증거자료가 될 수 있고 이 경우의 그 형식적 증거력은 비교적 쉬운 방법으로 판단할 수 있다. 증인의 경우에는 법정에서 인적사항을 신문하는 방법으로 당사자가 신청한 증인과 실제로 증언할 증인의 동일성을 알 수 있고, 검증이나 감정, 당사자본인신문도 이와 같은 방법으로 쉽게 형식적 증거력을 판단할 수 있기 때문에 특별한 문제가 없다.

(iii) 그러나 문서의 경우에는 문서 자체만으로는 그 형식적 증거력을 판단할 수 없다. 왜냐하면 문서라는 증거방법이 증거자료가 되는 것은 그 문서라는 유형물이 아니라 그 문서를 작성한 특정인의 생각내용인데 문서마다 그 작성자가 누구인지 말하고 있지 않기 때문이다. 따라서 문서의 증거력을 판단함에 있어서는 먼저 그 문서가 어떤 작성명의인의 의사에 기초하여 작성된 것인가를 확실하게 해둘 필요가 있다. 전자문서의 경우에는 '문서'라는 유형물이 아니라 '정보'라는 무형물이 증거방법이 되지만 그 '정보'가 특정인의 의사에 기초한다는 점에서는 일반 문서의 경우와 동일하다.

(b) **실질적 증거력** 어떤 증거자료가 사실에 관한 법관의 심증형성에 실제로 미치는 효과를 말한다. 실질적 증거력의 존재 여부 또는 그 증거력의 정도는 법관의 자유심증으로 정한다. 그러나 뒤에서 보는 처분문서의 경우에는 그 형식적 증거력이 인정되면 거기에 적힌 내용대로 법률상 행위가 존재하는 것으로 인정되므로[107] 형식적 증거력이 인정되는 처분문서를 배척하려면 합리적인 이유를 설명해야 한다.[108]

(3) 증거원인

법관의 심증을 형성하는 원인이 되는 자료 및 상황을 말한다. 여기에는 증거자료와 변론 전체의 취지(제202조)가 있다.

(4) 직접증거 · 간접증거

㈎ 주요사실의 존부를 직접 증명하는 증거를 직접증거라고 하고, 주요사실의 존부를 추측

107) 대판 1987.4.28. 86다카1760.

108) 합리적인 이유란 반증이 있거나 그 문서에 기재된 내용이 객관적인 진실에 반하는 것으로 볼만한 경우이다(대판 1994.2.8. 93다57117 참조).

할 수 있는 간접사실이나 보조사실을 증명하기 위한 증거를 간접증거라고 한다. 예를 들어 매매의 주요사실은 매매계약 사실인데 그 존재를 증명하는 매매계약서나 증인이 있다면 이것이 직접증거이고, 매매계약서가 현재 남아 있지 아니하지만 당사자들이 매매계약서를 작성하는 것을 보았다는 증인은 간접증거에 해당한다. 들어서 안다는 이른바 전문증거도 간접증거에 속한다.

(나) 사람들은 그들이 영위하는 생활이 모두 장차 소송거리가 될 것이라고 생각 하여 미리 증거를 챙겨두는 경우는 거의 없다. 그러므로 증거는 직접증거보다 간접증거가 압도적으로 많고 간접증거도 부족하여 변론전체의 취지를 증거원인으로 삼는다.[109] 이와 같이 소송의 현실에서 간접증거와 변론전체의 취지가 주요한 증거원인이 될 수밖에 없게 되는데 그 증거력의 판단은 전적으로 법관의 자유 심증에 의존하는 것이다.

3. 증명(입증)

어떤 사항을 증거로 명백하게 하는 것을 증명(입증)이라고 한다. 하지만 소송법적으로는 다음과 같이 한정된 의미로 사용한다.

(1) 증명과 소명

(가) **증명** 증명이라 함은 법관이 재판의 기초가 되는 사실 및 사항에 관하여 확신을 가져도 좋은 상태 또는 이 상태에 이르도록 증거를 제출하여야 할 당사자의 노력을 말한다. 제기된 소에 대한 판결이 이루어지려면 사실에 관해서 증명이 되지 않으면 안 된다. 어떤 경우에 증명이 되는 가에 관해서는 특별한 사정이 없는 한 경험칙에 비추어 그 사실이 있었다는 점을 시인할 수 있는 고도의 개연성이 있고 그것이 보통 사람이 일상생활에서 행동의 기초로 하는데 지장이 없을 정도의 진실이라고 인정되면 충분하다.[110] 즉 증명은 자연과학자들의 실험에 기초한 과학적 증명이 아니며 사건이나 사물의 자취를 추적하는 역사적 증명이면 충분하다. 인정하여야 할 사실이 합의부의 사건인 경우에는 합의부원의 과반수가 증명상태에 도달하여야 한다.

(나) **소명**

(a) **개념** 소명이라 함은 법관이 증명에 이르지 아니하였지만 일단 확실하다고 추측을

---

109) 증언의 내용이 백미를 대여하는 것을 직접 목격하였다는 것이 아니라 들어서 안다는 전문증거인 경우에 그 전문증거도 증거원인이므로 법관은 이를 믿거나 아니면 믿을 수 없다고 하여야 하는데, 그것으로서는 그 백미 대여사실을 인정할 수 없다고 판시한 것은 민사소송에 있어서의 전문증거의 증거력을 부정하는 위법한 판단이다(대판 1967.3.21. 67다67 참조).

110) 대판 2010.10.28. 2008다6755.

해도 좋은 상태 또는 이 상태에 이르도록 증거를 제출하여야 할 당사자의 노력을 말한다. 소명은 법률에 규정이 있어야 허용된다.

(b) 판결의 기초사실이 아닌 사항 가운데서 신속한 처리가 요구되는 사항 혹은 파생적 절차사항은, 소명으로 충분한 경우가 많다(예, 제44조 제2항, 제73조 제1항, 제110조 제2항, 제111조 제1항, 제128조 제2항, 제285조 제1항 2호 제299조 등).

(c) 소명은 분쟁을 간이·신속하게 처리하기 위해서 증명의 정도를 경감, 완화시키는 데 목적이 있다. 따라서 그 증거방법은 즉시 조사할 수 있는 것(예, 재정증인의 신문, 자기가 소지한 문서나 물건의 검증 등)에 한정된다(제299조 제1항). 이를 소명방법의 즉시성이라고 한다. 즉시 조사할 수 있는 것이면 아무런 제한이 없으므로 증인을 신문할 수 없을 때에는 그의 진술서를 서증으로 제출할 수 있고, 현장검증 대신에 현장사진을 증거로 제출할 수도 있다. 또 마땅한 증거방법이 없을 때에는 법원의 재량으로 당사자 또는 법정대리인에게 보증금을 공탁하게 하거나 그 주장이 진실하다는 선서를 하게 하여 소명에 갈음할 수 있다(제299조 제2항). 당사자 또는 법정대리인의 진술이 뒤에 허위로 판명되었을 때에는 보증금을 몰수하거나 선서위반을 이유로 200만 원 이하의 과태료에 처할 수 있다(제300조, 제301조). 실무상으로는 소명에 갈음하여 보증금을 공탁하게 하는 방법이 가장 널리 이용되고 있다.

㈐ **인과관계의 증명** 　인과관계의 증명에 관하여 판례[111]는 「민사 분쟁에서의 인과관계는 의학적·자연과학적 인과관계가 아니라 사회적· 법적인과관계이므로 그 인과관계가 반드시 의학적·자연과학적으로 명백히 증명되어야 하는 것이 아니고 문제된 사고와 사망이라는 결과 사이에 상당한 인과관계가 있어야 한다」고 하였다. 판례의 취지는, 인과관계의 증명은 한 점의 의심도 없는 자연과학적 증명이 아니라 경험칙에 비추어 증거 전체를 종합하여 검토한 결과 특정 사실이 특정 결과발생을 초래하는 관계를 시인할 만한 고도의 개연성이 증명되고, 그 판정은 보통 사람이 의심할 수 없을 정도의 확신이 필요하다는 의미일 것이다. 따라서 이 의미의 고도의 개연성 및 확신은, 증명주제인 사항의 성질, 및 증명을 위하여 사용된 증거의 범위에 의하여 결정되는 상대적인 것으로써 절대적 기준이 존재하는 것은 아니다. 요컨대 민사에서 인과관계는 과학적으로 입증된 절대적 인과성이 아니라 사회적·법적 상당인과관계이며, 법원은 "보통 사람이라면 확신할 정도의 고도의 개연성"이 있는지를 기준으로 판단하면 충분할 것이다.

(2) 엄격한 증명과 자유로운 증명

엄격한 증명이라 함은 증거방법이나 이에 대한 조사절차가 법률상 엄격하게 규정된 방식에 따라 행하여지는 증명을 말한다. 일반적으로는 청구의 당부에 관한 판단을 하는데 필요한

111) 대판 2014.6.12. 2013다63776.

사실에 관하여 이 증명이 요구된다. 자유로운 증명이라 함은 증거방법이나 이에 대한 조사절차가 법률상 규정된 방식에 구애받지 않은 증명을 말한다. 양쪽은 모두 증명에 속하기 때문에 확신의 정도에는 차이가 없으며 그 점에서 소명과 구별된다. 이 구별은 형사소송 분야에서 주로 쓰이고 있지만 지금은 민사소송 특히 직권조사사항의 근거사실을 인정하는 데 쓰인다. 직권조사사항 중에서 소송요건의 조사 자체는 본안의 심리와 일단 구별되는데 소송요건의 판단을 위한 근거사실은 대부분 소송절차 안에서 쉽게 파악되거나 형식적인 사실이기 때문에 자유로운 증명으로 충분하다고 본다.[112]

(3) 본증과 반증

본증이라 함은 자기가 증명책임을 부담하는 사실을 증명하기 위한 증거를, 반증이라 함은 상대방이 증명책임을 부담하는 사실을 부정하기 위한 증거를 말한다. 본증은 법관이 확신상태에 이르러야 증명이 성공되지만 반증은 증명할 사실의 부존재에 관하여 확신이 있는 경우는 물론 증명할 사실이 존재하는지 그렇지 않은지 잘 모르는 진위불명(眞僞不明)상태가 되어도 성공한 것으로 보게 되므로 본증이 반증보다 입증의 성공이 어렵다.

[70] 제2. 증명의 대상

증명의 대상은 원칙적으로 법적 3단 논법의 소전제가 되는 사실이다. 다만 예외적으로 경험칙 또는 법규도 증명의 대상이 되는 경우가 있다.

1. 사실

(1) 뜻

증명의 대상이 되는 사실이라 함은 구체적인 장소와 시간으로 특정되고 개별화된 외부적인 일 또는 고의·선의·악의 등 내심의 상태를 말한다. 과거의 사실이든 현재의 사실이든 가리지 않으며 적극적 사실, 소극적 사실 모두를 포함한다.

(2) 주요사실

변론주의가 적용되는 증명의 대상이 되는 사실이 주요사실이다. 주요사실이라 함은 법적 3단 논법의 결론인 법률효과를 일으키게 하는 법규(법률요건)에 해당하는 소전제가 되는 사실

---

112) 반대취지: 이시윤, 454면.

을 말한다.

법적 3단 논법의 소전제에 해당하지만 「과실」(민 제750조), 「정당한 이유」(민 제126조) 등과 같이 구체적 사실이 아니라 사실의 법적 평가에 해당하는 불특정 개념일 경우에는 그 법적 평가를 할 수 있는 사실을 주요사실 또는 준(準)주요사실이라고 한다. 그러므로 이 경우에는 그 법적 평가를 할 수 있는 사실이 증명의 대상이 되고, 법적 평가 자체는 증명의 대상이 아니다.

(3) 간접사실 · 보조사실

법원이 경험칙을 적용하여 주요사실 존부의 판단자료로 하는 사실로서, 주요사실의 존부를 추측하여 알 수 있는 사실을 간접사실이라 하고, 서증의 진정성립을 인정하기 위한 사실 등과 같이 증거방법의 증거능력과 증거력의 존부에 관한 사실을 보조사실이라고 한다.

판례[113)]는 민사소송절차에서 변론주의 원칙은 권리의 발생 · 변경 · 소멸이라는 법률효과 판단의 요건이 되는 주요사실에 대한 주장 · 입증에 적용되는 것으로서, 그 주요사실의 존부를 확인하는 데 도움이 되는 간접사실이나 증빙자료에 대해서는 적용되지 않는다고 하였다. 따라서 한 쪽 당사자에 의해 주장된 간접사실 등에 관해서 상대방 당사자가 이것과 일치된 진술을 하더라도 법원은 증거에 의해서 이와 다른 사실을 인정할 수 있으며, 또 간접사실의 자백당사자도 그 진술을 철회하는데 특별한 제한을 받지 않는다.

2. 경험칙

㈎ 인간이 경험에서 얻는 사물의 성상(性狀), 인과관계에 관한 지식이나 법칙을 경험칙이라고 한다. 다른 동물과 달리 인간은 경험칙을 통해서 자신을 보존하고 발전시켜왔다. 약 13만 년 전 아프리카 동쪽에서 다른 대륙으로 모습을 나타낸 인간(호모 사피엔스)은 유인원과 몇 가지 다른 특징이 있었다. 우선 걷는데다가 뇌의 크기가 현저하게 컸고 아울러 학습할 수 있는 어린 시절이 유난히 길었다. 그 결과로 인간은 지난 13만 년 간 생활 경험을 통해서 오늘을 형성한 것이다. 따라서 경험칙이야 말로 인간생활의 기반이 된다고 할 것이다. 민사소송법도 경험칙의 기반 위에 존재한다. 경험칙은 특히 사실에 대한 법적 평가, 증거의 가치판단, 간접사실로부터 주요사실의 추인 등에 주로 쓰인다. 다만 이 경험칙은 사실로서 존재하는 것이 아니라 인간의 경험을 통해서 얻은 법칙이므로 증명하기 어려워 증명 대상이 되지 않을 뿐이다.

㈏ 그러나 경험칙이 특수한 사람들에게만 인식되어 다른 사람들이 잘 모르는 경우가 있

113) 대판 2014.3.13. 2013다213823 · 213830.

다. 예를 들어 원자핵 융합의 수식 같은 따위이다. 이런 종류의 경험칙은 그 객관성을 담보하기 위해 그것이 인간생활의 경험칙이라는 것을 전문가의 감정에 의할 필요는 없으나 엄격한 증명절차를 밟아 증명하여야 할 것이다. 경험칙의 증명은 서증·감정 등 다양한 방법에 의한다.

(다) 경험칙은 모든 법적용의 기반이 되므로 법적 3단 논법의 소전제가 아니다. 따라서 변론주의가 적용되지 아니하므로 자백이나 의제자백의 대상이 되지 않으며 직권조사사항이다.

(라) 판례[114]는 경험칙위반을 법령위반으로 보아 상고이유가 되는 것으로 본다. 그러나 경험칙은 위에서 말한 바와 같이 모든 법적용의 기반이자 특히 간접사실 혹은 보조사실로부터 주요사실을 추측하는데 결정적 역할을 한다. 여기서 경험칙 위반을 법령위반으로 보아 법률심인 상고심이 관여한다면 사실심과 법률심의 구별이 애매해지고 상고심이 사실심의 복심(覆審)으로 될 염려가 있다. 따라서 사실심 법관이 사실을 인정하는데 쓴 경험칙은 전적으로 사실심 법관에게 맡겨야 할 것이고 상고심이 관여해서는 안 될 것이다.

3. 법규

(가) 법규 역시 경험칙의 소산이다. 특히 인류가 정착생활을 시작한 기원전 8,000년경의 신석기혁명 이래 정착생활의 경험칙을 규범화한 것이 법규라고 할 수 있다. 법률은 원칙적으로 모든 사람들이 알 수 있도록 외부에 공포(公布)하는 것이므로 법규가 증명의 대상이 되지 않는 것은 당연하다.

(나) 그러나 외국적 요소가 있는 법률관계에서 준거법으로 적용하여야 할 외국법이라든지, 지방관습법·조례 등은 공포하지 않거나 공포하더라도 모든 사람들이 잘 알 수가 없으므로 법관 역시 모를 수 있다. 이 경우에 법관이 법규의 존재를 잘 모르면 법규의 존재를 근거로 법률효과를 주장하여야 할 당사자가 불이익을 받을 우려가 있으므로 당사자 입장에서 법규의 존재를 증명할 필요가 생기는 것이다.

(다) 법규의 존재는 직권조사사항이므로 공공기관 등에 대한 조사촉탁(제294조) 등에 의하더라도 무방하다.

(라) 적용하여야 할 외국법을 아무리 조사하여도 알 수 없을 경우에 무엇을 기준으로 재판할지 문제된다. 원래 외국법을 적용한다는 것은, 우리나라 저촉법에 속하는 법의 적용에 관한 통칙의 적용결과이다. 가령 적용할 외국법의 내용이 불분명하더라도 증명책임에 의한 해결에는 적합하지 않은 점을 고려하면 기본적으로는 외국법이라고 하더라도 법규범의 일종으로서 법원이 직권으로 탐지할 책임을 부담한다. 여기에는 자백의 구속력도 당연히 인정할 수 없다.

114) 대판 1980.9.24. 79다2269 등.

또 우리나라 법관이 외국법에 관해서 전문지식을 가진다는 것을 기대하기 어려우므로 직권에 의한 탐지는 한계가 있을 수밖에 없다. 그러므로 우선 외국법의 의미가 분명하지 아니할 때에는 조리에 의하여 그 내용을 확정하여야 할 것이고,[115] 그 내용을 확정하여도 외국법의 내용을 알 수 없는 경우라고 하여 이를 이유로 소를 기각할 수 없다. 법규는 사실과 달리 법적 3단논법의 소전제에 해당하지 아니하므로 소를 제기한 원고에게 증명책임의 원칙을 적용하여 법규부존재의 결과를 물을 수 없기 때문이다. 생각건대 인간은 살아오면서 다른 사람들과 경험을 공유하면서 발전하여 왔고 법규의 경우에도 동일하게 기본적인 법 원리를 공유하면서 발전하였기 때문에 우리 법규라고 해서 외국법과 특별히 다르다고 볼 수 없다. 로마법 체계를 계수(繼受)한 문명국가의 법체계는 특히 그러하다. 그렇다면 본래 적용하여야 할 외국법에 가장 가까운 계통의 법을 우선 적용하고 그것도 확실하게 알 수 없는 경우에는 내국법을 적용하여도 무방하다.[116]

[71] 제3. 증명이 필요하지 않은 사실

1. 일반론

변론에 나타난 모든 사실이 증명의 대상이 되는 것은 아니다. 사건의 성질상 어떤 사실의 존부가 객관적으로 명백하여 증거에 의한 사실인정의 필요가 없는 경우 또는 변론주의가 적용되는 결과 자백의 구속력에 의해서 법원이 당사자 사이에 다툼이 없는 사실을 그대로 재판의 기초로 삼지 않으면 안 되는 경우 등에는 사실을 인정하는 데에 증명을 필요로 하지 않는다. 앞을 현저한 사실, 뒤의 경우를 당사자 사이에 다툼이 없는 사실이라고 한다. 앞의 경우에는 변론주의나 직권탐지주의가 모두 적용되지만 뒤는 변론주의의 특유한 현상이다. 법률상 추정사실도 증명을 요하지 않으나, 그 경우에는 상대방이 반대사실에 관한 주장·증명책임을 부담하는데 불과하고 추정의 전제사실은 여전히 본인이 주장·증명하여야 하기 때문에 법률상 추정사실이라고 해서 증명활동이 배제되는 것이 아니다.

2. 재판상 자백

(1) 뜻

㈎ (a) 자백이라 함은 당사자가 자기에게 불리한 사실을 스스로 인정하는 진술을 말한다.

115) 대판 1991.2.22. 90다카19470.
116) 같은 취지: 이시윤, 457면.

변론 또는 변론준비기일에서 상대방의 주장과 일치하면서 자신에게 불리한 사실 진술을 재판상 자백이라 한다. 당사자가 변론에서 상대방이 주장하기 전에 스스로 자신에게 불이익한 사실을 진술하고(선행자백) 상대방이 법정에서 이를 명시적으로 원용하거나 그 진술과 일치되는 진술을 하는 경우에도 재판상 자백이 성립한다.117) 법정 밖에서 또는 관련소송에서 상대방 또는 제3자에게 하는 불리한 진술을 재판외의 자백이라고 한다. 상대방의 주장에 단순히 침묵하거나 불분명한 진술을 하는 것만으로는 자백이 있다고 인정할 수 없다.118) 재판외의 자백은 재판상 자백과 같은 구속력이 없다.119)

(b) 당사자가 당사자본인신문을 받으면서 상대방 당사자의 주장사실과 일치되는 불리한 진술을 하더라도 증거자료와 소송자료가 구별되는 이상 본인신문결과는 증거자료가 될 뿐 소송자료로서 자백이 되는 것이 아니다.120) 그러나 법원에 제출되어 상대방에게 송달된 준비서면 등에 자백에 해당하는 내용이 기재되어서 그것이 변론기일이나 변론준비기일에서 진술 또는 진술간주가 되면 재판상 자백이 성립한다.121)

(c) 재판상 자백한 사실은 변론주의 아래에서는 증명이 필요하지 않은 사실이 되지만 직권주의 아래에서는 재판상 자백한 사실이라고 하여 증명의 필요에서 면제되지 않는다. 예컨대 직권주의가 강화되어 있는 민사집행법 아래에서는 민사집행법 제16조의 집행에 관한 이의의 성질을 가진 강제경매 개시결정에 대한 이의의 재판절차나, 경매개시결정에 대한 형식적인 절차상 흠을 이유로 한 임의경매 개시결정에 대한 이의의 재판절차 등에는 민사소송법상 재판상 자백이나 의제자백에 관한 규정은 준용되지 아니하므로 이 절차에서 당사자가 자백하거나 또는 의제자백이 되었다고 하여 해당 사실에 관한 증명의 필요가 면제되는 것이 아니다.122)

(d) 따라서 직권탐지사항은 물론 직권조사사항은 자백이나 자백간주의 대상이 될 수 없다.123)

(e) 재판 외에서 자백한 사실은 어느 경우에나 간접사실이다.

(나) 자백의 성질에 관하여는 의사표시설과 사실보고설이 대립하는데 통설은 자백이 성립하면 그 법률효과가 당사자의 의욕 여하에 불구하고 발생한다고 하는 사실보고설이다.124)

(다) 사실의 인정과정에서 가장 문제되는 것은 실체적 진실발견과 당사자 처분권의 상극과 조화의 문제이다. 민사소송법은 이 문제를 해결하기 위해서 간접사실의 인정에 관해서는 재판

117) 대판 1992.8.18. 92다5546, 2005.11.25. 2002다59528,59535 등 참조.
118) 대판 2022.4.14. 2021다280781.
119) 대판 1996.12.20. 95다37988.
120) 대판 1964.12.29. 64다1189.
121) 대판 2015.2.12. 2014다229870, 2021.7.29. 2018다276027.
122) 대결 2015.9.14. 2015마813.
123) 대판 2002.5.14. 2000다42908.
124) 우리나라에서는 현재 이설이 없다.

상 자백의 효력을 부인함으로써 법관에게 사실인정에 관한 자유심증을 허용하면서도 그 한계로서 주요사실에 관해서는 재판상 자백의 효력을 인정하는 법적 구속력을 부여하였다고 할 수 있다.

(2) 요건

㈎ 구체적 사실

(a) **사실** (i) 자백의 대상은 원칙적으로 법적 3단 논법의 소전제가 되는 구체적 사실, 그 가운데에서도 주요사실이다. 즉, 주요사실에 관해서 자백이 성립한다. 예를 든다. 원고는 피고가 어떤 토지에 대한 이중매매를 적극 권유하여 그 토지에 대한 매매계약을 이행불능 상태에 빠뜨림으로써 원고로 하여금 계약금 상당의 손해를 입게 하였으므로 그 손해배상금을 지급할 의무가 있다고 주장하였고, 피고는 적법한 기일통지서를 송달받고도 변론기일에 출석하지 않고 답변서 기타 준비서면도 제출하지 아니하여 제150조의 규정에 따라 원고의 주장 사실은 모두 자백한 것으로 간주되었다. 이 경우에 원고의 청구를 전부 인용할 수 있는가에 관하여, 판례[125]는 매매계약이 이행불능으로 되어 원고에게 계약금 상당의 손해가 발생하였다는 원고의 주장은 법률적 효과에 관한 진술에 불과하고 주요사실에 관한 진술을 한 것이라고 볼 수 없어 자백간주의 대상이 될 수 없다고 하였다. 따라서 이 경우에 법원은 매매계약이 이행불능으로 원고에게 어떠한 손해가 발생하였는지는, 원고의 주장사실에 의존하지 않고 무엇이 주요사실인지 구체적으로 심리하여야 할 것이다.

(ii) 사실에 관한 법적 판단 내지 평가는 자백의 대상이 되지 않는다.[126]

(iii) 법관이 직무상 잘 알지 않으면 안 되는 경험칙이나, 법규의 존부·내용·해석 등은 우리가 체험하여 알기보다는 논리적 인식과 법적 판단에 주로 의존하는 것이기 때문에 설령 당사자 사이에 다툼이 없더라도 재판상 자백이 성립되지 않는다.[127] 청구의 인낙과 같은 청구자체에 관한 자백, 사실의 법적 평가에 관한 자백은 사실에 관한 자백이 아니기 때문에 재판상 자백이 아니다.

(b) **권리자백** (i) **개념** (ㄱ) 권리자백이라 함은 법적 3단 논법의 대전제 및 결론에 관한 자백을 포함하여 넓게는 권리 혹은 법률관계에 관한 일체의 자백을 말한다. 하지만 좁게는 소송목적의 존부를 판단하는데 전제를 이루는 법적 3단 논법의 소전제에 해당하는 선결적 법률관계에 관한 자백을 말한다. 예컨대 원·피고 사이에 작성된 수입대행운송 및 통관업무대행계약서에서 화물이 "보세창고 출고 후 사용자에게 인도되기까지 운송 도중에 발생한 수입

---

125) 대판 2009.4.9. 2008다93384.

126) 대판 2006.6.2. 2004다70789.

127) 대판 2016.3.24. 2013다81514(평석은 [51] 참조).

물건의 도난, 분실, 훼손, 침수, 기타 사유로 인한 손해"에 대하여 피고가 배상책임을 지는 것으로 규정되어 있고, 피고 소송대리인이 위 조항은 피고의 책임구간 또는 책임시기를 보세창고 출고 이후로 한정하는 특약이 아니라고 진술한 것은 계약의 해석에 관한 진술로서 재판상 자백이 아니다.[128]

(ㄴ) 권리자백에는 소유권 또는 임차권에 기초한 건물명도청구소송에서 소유권 또는 임차권의 존재를 인정하는 경우와 같이 단순히 선결적인 권리관계만을 자백하는 것과, 구체적 사실을 진술하면서 그 결론으로서 소비대차계약과 같은 법적 추론을 인정하는 것이 있다. 앞의 경우는 자백 가운데 사실관계에 관한 진술도 포함된다고 풀이하여 그 부분에 대한 자백을 인정할 수 있느냐가, 뒤의 경우에는 사실에 관한 진술 부분과 법적 추론 부분을 나누어 법적 추론에 관한 자백도 인정할 수 있느냐가 문제된다.

(ii) **판례** (ㄱ) 판례[129]는 매매, 임대차 등 법률용어를 사용한 당사자의 진술이 실은 구체적 사실관계를 압축하여 표현한 경우에 불과하다면 이에 관한 자백은 그 사실관계에 관한 재판상 자백이 성립한 것으로 인정한다.

(ㄴ) 그러나 소유권이전등기 말소청구소송에서 피고가 소유권을 인정하는 진술을 하였을 때 판례는 그 소전제가 되는 소유권의 내용을 이루는 사실에 대한 진술로 볼 수 있으므로 재판상 자백이 된다고 하였으나,[130] 이는 사실에 대한 법적 추론의 결과에 대하여 의문의 여지가 없는 단순한 법 개념에 대한 자백에 한정하여 인정되는 것이고, 추론의 결과에 대한 다툼이 있을 수 있는 경우에는 권리자백으로서 법원이 이에 기속을 받을 이유가 없다고 정리하였다.[131] 따라서 사실에 관한 진술 부분과 법적 추론 부분을 나누어 법적 추론에 관한 자백이 있더라도 이는 권리자백이므로 자백의 구속력이 인정되지 않는다.

(ㄷ) 결국 소송목적의 전제가 되는 권리관계나 법률효과를 인정하는 진술은 법원을 구속하지 않으며 당사자도 그 진술을 언제라도 철회할 수 있다고 하여 재판상 자백의 효력을 부인하는 것이 현재 판례의 입장이다.[132]

(iii) **결론** 학설로서는 판례와 달리 선결적 법률관계가 중간확인의 소의 대상이었을 때 인낙이 허용되는 것과의 균형상 자백을 인정하여야 한다는 견해가 유력하다(긍정설[133]). 생각건대 선결적 법률관계도 법적 3단 논법의 소전제에 해당하므로 그에 대한 자백을 구태여 배제

128) 대판 2007.8.23. 2005다65449.

129) 대판 1984.5.29. 84다122는, 원고소송대리인의 '본건 토지가 1975.12.31. 법률 제2848호 토지구획정리사업법 부칙 제2항 해당 토지인 사실은 다툼이 없다'라는 진술 가운데에는 위 토지가 공공에 제공되는 하천임을 전제로 하는 사실상 진술도 포함되므로 그 범위 안에서 자백이 성립한다고 판시하였다.

130) 대판 1989.5.9. 87다카749.

131) 대판 2007.5.11. 2006다6836.

132) 대판 1982.4.27. 80다851, 2007.8.23. 2005다65449, 2008.3.27. 2007다87061.

133) 정동윤 외 2, 476면; 전병서, 481면.

할 이유가 없다. 그러나 해당 권리 또는 법률관계에 관한 법적 평가는 법원의 법 판단권에 속하기 때문에 자백으로 인정하기 어려운 면이 있는 것이다. 그러므로 권리자백에 관해서는 자백의 당사자에 대한 구속력, 즉 불가철회적 효력은 인정하되 법원에 대한 구속력은 부정하여 법원의 법 판단권을 존중함이 타당하다. 따라서 선결적 법률관계를 당사자가 자백하면 당사자는 이를 함부로 철회할 수 없지만 법원은 권리자백과 반대되는 사실이 인정되는 경우에는 자백과 반대되는 판단을 할 수 있다고 하여야 한다.[134] 예를 들어 소유권에 기초한 건물명도청구소송의 경우에 피고가 해당 건물에 대한 원고의 소유권을 자백하였지만 증거조사를 한 결과 소유권이전등기 명의가 원고 앞으로 되어있지 아니한 경우에는 법원은 이 건물에 대한 원고의 소유권을 부인할 수 있는 것이다.

(나) **불이익한 사실의 진술** (a) 자백이 성립하려면 당사자에게 불이익한 사실을 진술하여야 한다. 예컨대 월급 금액으로 정한 통상임금을 시간급 금액으로 산정하는 방법에 관한 당사자의 주장은 소송당사자가 자신에게 불리한 사실을 인정하는 진술이 아니므로 이를 인정한다고 하더라도 자백의 대상이 되는 사실에 관한 진술이라고 할 수 없다.[135]

(b) 그런데 무엇이 불이익한 것인가에 관하여 증명책임설[136]과 패소가능성설[137]이 대립한다. 증명책임설은 상대방이 증명책임을 부담한 사실을 자백해 주어서 상대방으로 하여금 그 증명책임을 면제받게 하는 것이 자백한 사람을 불리하게 한다는 견해이다. 패소가능성설은 증명책임의 유무와 관계없이 자백한 사실이 판결의 기초로 채용되어 패소가능성이 있으면 자백한 사람을 불리하게 한다는 견해이다. 예를 들어 약속어음금청구소송에서 원고가 어음요건을 갖추지 못하였다고 진술하자 피고가 이를 인정한 경우에 증명책임설에 의하면 어음요건의 불비는 피고에게 증명책임이 있으므로 불리한 것이 아니어서 자백이 성립되지 않는다. 따라서 원고의 진술만으로 자백이 성립되지 아니하므로 원고는 앞의 진술을 제288조의 제약을 받지 아니하고도 자유롭게 철회할 수 있다. 그러나 패소가능성설에 의하면 어음요건을 갖추지 못하였다는 사실은 증명책임이 누구에게 있느냐를 떠나 원고에게 불리하여 자백이 성립한다.[138] 따라서 이 경우에 원고는 제288조의 제약을 받아서 앞의 진술을 철회할 수 있다.

(c) 생각건대 불이익한 사실이란 그 사실에 터 잡은 판결이 자기에 대하여 전부 또는 일부의 패소를 의미한다고 보아야 하므로 패소가능성설이 타당하다. 다만 증명책임을 부담하는 당사자가, 예를 들어 서면으로 작성된 계약에 기초한 청구를 하면서 동시에 말로 계약을 맺었다고 일관되지 않은 주장을 동시에 하는 경우에 법원은 석명권을 행사하여 어느 사실을 기초로

---

134) 따라서 저자는 권리자백에 대하여 법원과 당사자의 구속력을 모두 부인하는 판례에 반대한다.

135) 대판 1990.11.9. 90다카7262, 1998.7.10. 98다6763 등 참조.

136) 이시윤, 461면; 전병서, 472면.

137) 정동윤 외 2, 478면; 송상현/박익환, 523면.

138) 대판 2007.9.20. 2007다36407.

판결하여도 좋은가를 당사자로 하여금 확실하게 하도록 한 뒤에 패소가능성을 따져 자백 여부를 명백하게 하여야 할 것이다.

(d) 행정소송에 관하여 행정소송법에 특별한 규정이 없는 사항에 대하여는 민사소송법이 준용되므로(행소 제8조 제2항) 행정소송의 일종인 심결취소소송에서도 원칙적으로 변론주의가 적용되어 주요사실에 대해서는 당사자의 불리한 진술인 자백이 성립한다.[139] 따라서 특허발명의 진보성 판단에 제공되는 선행발명이 어떤 구성요소를 가지고 있는지는 주요사실로써 자백의 대상이 된다.[140]

㈐ **주장의 일치**

(a) **선행자백** 자백은 상대방의 주장과 일치되어야 한다. 다만 그 일치는 동시에 할 필요가 없고 한 쪽이 상대방에 앞서 불리한 진술을 먼저 할 수 있다. 이를 선행자백이라고 한다. 선행자백도 당사자의 소송행위이기 때문에 법원에 대한 구속력이 인정된다. 따라서 법원은 상대방의 일치된 진술 유무와 관계없이 이를 존중하여 이와 다른 사실을 인정할 수 없다.[141] 그러나 일단 자기에게 불리한 사실을 진술한 당사자도 그 후 그 상대방이 이를 쓰겠다고 원용하기 이전에는 그 자인한 진술을 언제든지 철회하고 이와 모순되는 진술을 자유로이 할 수 있으며[142] 이 경우 앞의 자인진술은 소송자료에서 제거된다.[143] 즉 상대방에 대한 관계에서는 상대방이 이를 인정하여야 자백이 성립하므로 당사자는 상대방이 이를 인정하기 이전에 자백한 사실은 자유롭게 철회할 수 있는 것이다.[144] 그러나 상대방이 이를 명시적으로 원용하거나 그 진술과 일치되는 진술을 하는 경우에는 재판상 자백이 성립한다.[145]

(b) **이유를 붙인 자백과 제한이 있는 자백** (i) 자백은 상대방이 주장한 사실의 전부가 아니라 일부에 관해서도 성립한다. 예를 들어 원고가 피고에게 빌려준 돈의 반환을 청구하였는데 피고가 이 돈은 원고로부터 빌린 것이 아니라 증여로 받았다고 진술하였다면 돈을 받은 사실에 대해서는 자백이 성립하지만 피고가 원고의 대여사실과 양립할 수 없는 증여라는 사실을 진술하였으므로 원고는 대여사실을 증명해야 한다(이유를 붙인 자백).

(ii) 원고가 빌려준 돈의 반환을 청구한데 대하여 피고가 변제하였다는 진술 역시 돈을 받은 사실에 대해서는 자백이 성립하지만 피고가 원고의 대여사실과 양립할 수 있는 변제라는 사실을 진술하였으므로 피고가 변제사실을 증명해야 한다(제한이 있는 자백).

---

139) 대판 2000.12.22. 2000후1542, 2006.6.2. 2005후1882 등 참조.
140) 대판 2006.8.24. 2004후905.
141) 대판 2005.11.25. 2002다59528,59535.
142) 광주고판 1980.10.15. 80나169.
143) 대판 2009.9.10. 2009다29281,29298.
144) 대판 1980.2.26. 79다2114. 2016.6.9. 2014다64752(평석은 [50] 참조).
145) 대판 1992.8.18. 92다5546, 2005.11.25. 2002다59528,59535, 2024.2.29. 2023다299780.

㈑ **말로 진술**　(a) 변론 또는 변론 준비기일에서 말로 진술하여야 재판상 자백이 성립한다. 변론 또는 변론준비기일이 아닌 데서 한 자백은 재판외의 자백으로서 간접사실로서의 의미밖에 없다. 또 당사자본인신문을 받을 때 상대방의 주장사실을 인정하는 진술을 하더라도 그 진술은 증거자료로서의 진술이지 자백이 아니다.[146] 법정이 아니더라도 영상변론 또는 영상변론준비기일에서 하는 진술도 재판상 자백의 대상이 된다.

(b) 재판상 자백은 소송행위이기 때문에 상대방이 출석하지 아니하더라도 법원에 대하여 진술할 수 있다. 그러나 소송행위는 조건에 친하지 아니하기 때문에 조건을 달아서 하는 자백은 자백이 아니다.

(c) 상표등록무효 등 심판청구사건의 심리는 구술심리 또는 서면심리로 하는데(상표 제141조 제1항) 이 경우의 증거조사에 관해서는 민사소송법의 규정이 준용되기 때문에(상표 제144조 제2항) 당사자가 제출하는 서증의 성립에 대하여 상대방이 다투지 아니하면 그 증거능력이 인정된다.[147]

(3) 효과

㈎ **자백 구속력의 내용 및 범위**　(a) 자백이 성립하면 상대방은 그 내용을 증명할 필요가 없다(제288조 본문). 따라서 자백한 사실에 관하여 증명책임을 부담하는 자는 증명의 필요에서 해방된다. 그러나 자백한 사람은 이에 구속되어 자백한 내용과 모순되는 다른 사실을 주장할 수 없고 법원은 자백한 사실을 그대로 판결의 기초로 하지 않으면 안 된다. 이를 자백의 구속력이라고 하며 이 구속력은 상급심에도 미친다(제409조).

(b) 자백이 성립된 후에 소송목적이 교환적으로 변경되면 그 교환으로 말미암아 소멸된 종전 소송목적에 대한 자백은 당연히 효력을 상실한다.[148]

(c) 자백의 구속력은 변론주의의 적용결과이므로 가사소송 등 직권조사의 원칙(가소 제17조)이 적용되는 소송절차에는 적용되지 않는다(가소 제12조). 민사소송의 직권조사사항에도 적용이 없지만 임의관할과 같은 공익성이 약한 경우에는 자백의 구속력을 인정하여야 할 것이다. 행정소송의 경우에 판례는 직권조사사항을 제외하고는 자백의 구속력이 있다고 한다.[149] 회사관계소송은 승소판결의 효력이 제3자에게 미치지만(상 제190조) 근본적으로 개인적 처분이익에 관한 소송이므로 자백의 구속력을 부정할 필요가 없다.[150]

---

146) 대판 1978.9.12. 78다879.
147) 대판 1990.3.13. 89후1905.
148) 대판 1997.4.22. 95다10204.
149) 대판 1992.8.14. 91누13229.
150) 같은 취지: 김홍엽, 571면. 이시윤, 464면은 회사관계소송에 대하여는 필수적 공동소송에 관한 제67조 제1항을 유추적용하여 자백과 같은 불리한 소송행위를 하지 못하게 하자고 한다.

(나) **법원에 대한 구속력** (a) 법원은 재판상 자백한 사실에 관해서는 증거에 의한 사실인정권이 배제되므로 자백이 진실한지 여부를 판단할 필요가 없고, 증거조사를 한 결과 반대 심증을 얻었더라도 자백에 반하는 사실을 인정할 수 없다.

(b) 다만 현저한 사실에 관한 자백이나 불가능한 사실에 관한 자백은 자백의 구속력을 부정하여야 할 것이므로[151] 법원은 석명권을 적절하게 행사하여 그와 같은 사실에 관하여 당사자의 자백이 성립되지 않도록 하여야 할 것이다.

(c) 공지의 사실에 반하는 자백도 자백의 효과가 생기지 않는다. 공지의 사실에 반하는 사실을 재판의 기초로 한다면 재판의 위신을 해치고 일반으로부터의 신용을 실추시키기 때문이다. 그러나 공지인지 여부가 다툼이 되거나 한정된 시간이나 장소에서만 공지성이 있는 경우까지 자백의 효과를 부정해서는 안 될 것이다.

(다) **당사자에 대한 구속력(자백 취소의 제한)** 자백이 성립하면 임의로 취소할 수 없다. 금반언(禁反言)의 원칙, 상대방의 신뢰보호 등을 위한 것이다. 이 점에서 자백간주(제150조)와 다르다. 그러나 그러한 염려가 없는 다음의 경우에는 취소가 허용된다.

(a) **상대방의 동의가 있는 경우** 자백으로 말미암은 이익은 포기할 수 있기 때문에 자백으로 이익을 얻을 자가 동의하면 자백을 취소할 수 있다.[152]

(b) **진실에 어긋나는 자백을 착오로 말미암은 것을 증명한 경우(제288조 단서)** 이 경우에는 상대방의 동의가 없더라도 취소할 수 있다. 자백의 취소를 절대로 허락하지 않으면 자백한 당사자에게 가혹하기 때문이다. 취소는 명시적으로도 할 수 있고, 자백한 사실과 어긋나는 사실을 주장하는 등 묵시적으로도 할 수 있다.[153] 취소를 하기 위해서는 진실에 어긋난다는 것과 착오로 말미암은 것을 모두 증명하여야 하는데 진실에 어긋난다는 것은 간접사실에 의해서도 증명이 가능하고,[154] 그 자백이 진실에 어긋난다는 사실이 증명되면 착오로 말미암은 것은 추정되는 것이 아니지만[155] 변론전체의 취지만으로도 인정할 수 있다.[156]

(c) **제3자의 형사상 처벌받을 행위로 자백한 경우** 이 경우에는 자백한 사실이 진실에 어긋나느냐의 여부와 관계없이 재심사유인 제451조 제1항 5호를 유추하여 취소할 수 있다. 다만 확정판결에 대한 재심절차가 아닌 일반 소송절차에서 자백의 성립여부에 관한 것이므로 꼭 유죄의 확정판결을 받아야 하는 제451조 제2항의 요건은 유추적용할 필요가 없다.

(라) **구속력의 범위** (a) 자백이 주요사실에 관하여 법원을 구속하는 구속력이 있다는 것

151) 대판 1959.7.30. 4291민상551.
152) 대판 1967.8.29. 67다1216.
153) 대판 2001.4.13. 2001다6367.
154) 대판 2000.9.8. 2000다23013.
155) 대판 2010.2.11. 2009다84288,84295.
156) 대판 1997.11.11. 97다30646.

은 당연하다. 그러나 주요사실을 추측할 수 있는 간접사실은 그 추측이 법관의 자유심증에 달려 있으므로 구속력을 인정할 수 없다. 보조사실도 증거의 증거능력 혹은 증명력에 관한 판단의 자료가 되는 사실이므로 그 판단에 관한 법관의 자유심증을 제약할 수 없어 원칙적으로 자백의 구속력이 없다고 하여야 할 것이다.

(b) (i) 다만 서증(즉 문서)의 진정성립 여부는 보조사실에 관한 경우이지만 판례는 다른 보조사실과 구별되는 입장을 취하고 있다. 즉 판례[157]는 사문서의 진정성립이 당사자 사이에 다툼이 없으면 이는 상대방이 그 증명할 사람의 주장을 자백한 것이므로 그것이 직권조사사항이 아닌 이상 법원은 그 진정성립 여부에 대한 심증 여하를 묻지 아니하고 자백에 구속되어 형식적 증거력을 인정하여야 한다고 하였다. 원래 서증의 진정성립이 부정되면 이를 증거로 쓸 수 없으므로 그에 관한 증명책임은 그 서증을 증거로서 사용할 자에게 있으며 특히 처분문서의 경우에는 그 진정성립이 인정되면 작성자는 이에 적힌 법률행위를 일단 증명한 것으로 된다. 이와 같이 서증의 진정성립이 갖는 의미는 주요사실이 갖는 의미와 매우 유사한 기능을 갖고 있고, 서증의 진정성립에 관한 자백에 구속력을 인정하면 당사자가 함부로 철회할 수 없으므로 심리의 촉진을 기대할 수 있어 당사자가 불의의 타격을 받을 위험도 방지할 수 있게 된다. 아마도 이러한 점들이 판례의 배경이었을 것이다.

(ii) 문제는 자유심증주의와의 관계인데 서증의 진정성립은 그 형식적 증거력에 관한 문제이고 실질적 증거력까지 인정되는 것이 아니므로 법관은 자유 심증에 의하여 그 실질적 증거력을 배제할 수 있다. 따라서 형식적 증거력에 관한 자백의 구속력을 인정한다고 하여 사실인정에 관한 법관의 자유 심증을 제약한다고 볼 수 없다.

(4) 자백간주

㈎ **뜻** 당사자가 변론 또는 변론 준비기일에서 상대방의 주요사실을 명백하게 다투지 아니하거나 답변서 그 밖의 준비서면을 제출하지 아니한 채 결석한 경우에는 그 사실을 자백한 것으로 본다(제150조 제1항 · 제3항, 제286조). 이를 자백간주 또는 의제자백이라고 하며, 자백으로 간주된 사실은 증명을 필요로 하지 않는다는 점에서 재판상 자백과 동일한 효력이 있다. 그러므로 자백간주는 변론주의가 적용되는 사항에 관해서만 적용되고 직권탐지주의나 직권조사사항에 대해서는 인정되지 않는다.

㈏ **성립하는 경우**

(a) **제150조 제1항** (i) 당사자가 변론 또는 변론준비기일에 출석하였으나 상대방의 주장사실을 명백하게 다투지 아니하면 그 사실에 대하여 자백간주가 성립한다. 그 범위는 자백

157) 대판 2001.4.24. 2001다5654.

의 경우와 마찬가지로 변론주의가 적용되는 주요사실에 한정된다.

당사자는 사실심에서 변론이 종결될 때까지 어느 때라도 상대방의 주장사실을 다툼으로써 자백간주를 배제시킬 수 있고, 상대방의 주장사실을 다투었다고 인정할 것인지의 여부는 사실심 변론종결 당시의 상태에서 변론의 전체를 살펴서 구체적으로 결정하여야 할 것이다.[158] 또한 변론전체의 취지로 보아 다툰다고 인정되는 경우에도 자백간주가 성립되지 아니한다(제150조 제1항 단서).

(ii) 여기서 변론전체의 취지란 제202조에서 정하고 있는 증거원인인 변론전체의 취지가 아니다. 당사자가 변론기일에 말로 하는 진술의 전체적 취지, 즉 변론의 일체성을 의미한다. 따라서 사실인정의 자료와는 관계가 없으므로 그 변론을 통하여 당사자가 다투는 사실의 존부에 관해서 법관이 어떤 심증까지 형성할 필요가 없고, 변론을 종결할 때의 변론 전체를 관찰하였을 때 상대방의 주장사실을 다툰다고 인정되기만 하면 자백간주가 성립되지 않는다.[159]

(b) **제150조 제3항** 당사자 한 쪽이 기일에 결석한 경우에도 출석한 당사자의 진술은 자백한 것으로 간주된다. 그러나 첫째, 진술 간주되는 부분은 소장이나 준비서면에 미리 주장된 사실에 한정된다. 따라서 상대방이 소장, 준비서면으로 예고한 사항에 대하여 당사자가 답변서 그 밖의 준비서면을 제출하여 다툰 경우에는 비록 결석한다고 하더라도 그 준비서면에 따라 진술한 것으로 간주되므로 자백이 간주되지 아니한다(제148조). 변론기일에 한쪽 당사자가 불출석한 경우에 변론을 진행하느냐 기일을 연기하느냐는 법원의 재량에 속한다고 할 것이나 일단 출석한 당사자만으로 변론을 진행할 때에는 불출석한 당사자가 그때까지 제출한 소장·답변서, 그 밖의 준비서면에 적혀 있는 사항을 진술한 것으로 보아야 하기 때문이다.[160] 둘째, 공시송달의 방법으로 기일통지서를 받은 경우에는 당사자가 기일을 현실적으로 알았다고 볼 수 없기 때문에 자백이 간주되지 않는다(제150조 제3항 단서).

(c) **제257조 제1항** 피고가 소장부본을 송달받은 날부터 30일 이내에 원고의 청구를 다툰다는 내용의 답변서(제256조)를 제출하지 아니하면, 직권으로 조사할 사항이 있거나 판결이 선고되기까지 피고가 원고의 청구를 다투는 취지의 답변서를 제출한 경우를 제외하고는 청구원인이 된 사실을 자백한 것으로 보고 변론 없이 판결할 수 있다(제257조 제1항).

㈐ **효력** (a) 자백으로 간주되면 법원에 대해서는 재판상 자백과 동일한 구속력이 생기므로 법원은 자백으로 간주된 사실을 기초로 하여 판결을 하지 않으면 안 된다. 이를 무변론판결이라고 한다. 그런데 무변론판결에서는 피고가 법정에 불출석한 사실에 대한 제재의 뜻이

158) 대판 2004.9.24. 2004다21305.
159) 대판 2004.9.24. 2004다21305.
160) 대판 2008.5.8. 2008다2890.

있으므로 그 제재로서 원고 청구의 인용을 원칙으로 하여야 한다.[161] 그렇지 않고 변론 없이 청구기각판결을 하기 위해서는 소송경과를 전체적으로 보아 피고가 원고의 주장사실에 대하여 다툰 것으로 인정할 여지는 없는지 등을 심리하여 보고, 필요하다면 서면 등을 통하여 원고의 주장에 대한 피고의 입장을 밝힐 것을 촉구하는 등 석명권을 적절히 행사함으로써 진실을 밝혀 구체적 정의를 실현하려는 노력을 하여야 한다는 것이 판례[162]이다.

ⓑ 자백간주된 당사자에 대해서는 간주자백된 사실을 임의로 취소할 수 없는 구속력이 인정되지 않는다. 따라서 이 당사자는 자백으로 간주된 사실을 제1심 또는 항소심의 속행기일에 다투어 자백의 효력을 상실시킬 수 있으므로 제1심에서 자백간주가 되더라도 항소심에서 변론을 종결할 때까지 다투는 경우에는 자백간주의 효력을 잃게 된다.[163]

3. 현저한 사실

현저한 사실이라 함은 어떤 사실의 존재가 객관적으로 명백하여 구태여 증거에 의해서 인정할 필요가 없는 사실을 말한다. 현저한 사실에 증명이 필요하지 않는 것은 변론주의가 적용되는 경우는 물론 직권탐지주의가 적용되는 경우에도 동일하다. 다만 현저한 사실이 주요사실인 경우에 증명이 필요하지 아니하더라도 주장책임까지 면제되지 않는다.[164] 현저한 사실의 주장 여부에 대한 당사자의 권능을 배제할 수 없을 뿐 아니라 현저한 사실인지 여부 자체가 다투어질 수 있기 때문이다. 그러나 직권탐지주의가 적용되는 경우에는 당연히 주장책임이 면제된다. 현저한 사실에는 공지의 사실과 직무상 현저한 사실이 있다.

(1) 공지의 사실

㈎ 공지(公知)의 사실이라 함은 일반인들이 믿고 의심하지 않을 정도로 널리 알려진 사실을 말한다. 역사적으로 유명한 사건, 천재지변 등이 이에 속한다. 공지의 사실은 불특정 다수인들이 진실이라고 믿고 있어 언제라도 그 진실성 여부를 조사할 수 있기 때문에 증명할 필요가 없다.

㈏ 다만 공지되고 있는지 여부는 그 존재의 확실성을 일반 국민이 어느 정도로 믿고 있느냐에 달려 있으므로 공지라는 사실 자체가 다투어질 수 있다. 예컨대 특허의 경우 특허출원 전에 국내 또는 국외에서 공지(公知)되었거나 공연(公然)히 실시된 발명은 특허를 받을 수 없

161) 같은 취지: 김홍엽, 364면; 한충수, 254면.
162) 대판 2017.4.26. 2017다201033 참조.
163) 대판 1968.3.19. 67다2677.
164) 같은 취지: 이시윤, 468면; 정영환, 577면 및 대판 1965.3.2. 64다1761. 반대 취지: 정동윤/유병현, 486면 및 대판 1963.11.28. 63다493.

으므로(특허 제29조 제1항 1호) 공지여부는 다툼의 대상이 된다. 그런데 특허발명의 신규성 또는 진보성 판단과 관련하여 해당 특허발명의 구성요소가 특허 출원 이전에 공지된 것인지는 사실인정의 문제이고, 그 공지사실에 관한 증명책임은 신규성 또는 진보성이 부정된다고 주장하는 당사자에게 있다. 따라서 권리자가 자백하거나 법원에 현저한 사실로서 증명을 필요로 하지 않는 경우가 아니라면, 그 공지사실은 증거에 의하여 증명되어야 한다.[165)]

(2) 직무상 현저한 사실

(가) 직무상 현저한 사실이라 함은 법관이 직무상 경험으로 알고 있는 사실로서 법원에 비치된 직종별 임금실태조사보고서와 한국직업사전의 존재 및 내용과 같이 그 사실의 존재에 관하여 명확한 기억을 하고 있거나 기록 등을 조사하면 곧바로 그 내용을 알 수 있는 사실을 말한다.[166)] 그러므로 직무상 현저한지 여부는 증명의 대상이 아니라 법원이 직권으로 정할 사항이다. 다만 법관이 직무 외에서 전해들은 사지(私知)는 현저한 사실이라 할 수 없으므로 증명이 있어야 한다.

(나) 당사자는 직무상 현저하다는 것을 증명할 필요가 없으며 상대방이 그 현저한 성격을 부인하더라도 법원이 그것을 현저한 사실이라고 인정하면 그 사실을 판결의 기초로 할 수 있다. 그러나 상대방은 현저한 사실이 진실에 반한다는 것을 주장·증명할 수 있다.

[72] 제4. 자유심증주의

1. 뜻

(가) 자유심증주의(Prinzip der Beweiswürdigung)라 함은 법관이 재판의 기초를 이루는 법적 3단 논법(syllogism)의 소전제인 사실을 소송절차에 제출된 모든 자료를 자유롭게 판단하여 형성된 심증으로 인정할 수 있는 원칙을 말한다. 이에 대립되는 원칙인 법정증거주의는 법관으로 하여금 미리 정해진 증거법칙에 따라 사실을 인정하는 원칙이다.

(나) 법관은 자기가 직접 경험하지 못한 과거에 일어난 사실의 존부를 판단할 때 여러 증거자료의 증거가치를 음미하여 골라 선택하면서 그 가치가 높은 자료들로부터 과거의 사실관계를 추론한다. 이를 인간 심리의 측면에서 본다면, 법관은 증거자료를 수집하고 정리하는 과정에서 그 사실이 존재한다는 판단에 가까워지기도 하고 때로는 그 사실이 존재하지 않는다는 판단에 기울어지기도 하면서 확신을 갖는 상태에 이르게 되는 것이다. 법관의 사실에 관한 이

165) 대전판 2017.1.19. 2013후37.
166) 대전판 1996.7.18. 94다20051.

와 같은 판단을 심증(心證)이라고 하고, 그 사실의 존부를 확신할 때까지의 과정을 심증형성(心證形成)이라고 한다. 그 심증형성과정에서 여러 증거자료의 증거가치를 음미하여 측정하거나 그 자료로부터 사실을 추론하는 데는 경험칙이 적용된다.

(다) 법관이 법적 3단 논법의 소전제인 사실을 인정하려면 그 사실이 있느냐 없느냐에 관해서 확실한 심증을 형성하여야 하는데 그 심증형성을 위해서 재판과정에 제출된 모든 자료를 아무런 제약 없이 자유롭게 판단할 수 있는 원칙이 바로 자유심증주의인 것이다. 결국 자유심증주의는 그 심증형성 방법에 관하여 이에 쓸 수 있는 증거방법이나 경험칙을 법이 일정하게 제한하지 아니하고 법관의 자유선택에 맡긴다는 원칙이고, 법정증거주의는 증거방법이나 경험칙을 법으로 정하여 법관으로 하여금 이에 구속되게 한다는 원칙이라고 할 수 있다.

(라) 재판은 아리스토텔레스의 법적 3단 논법이라는 간접추리에 의해서 이루어진다. 법적 3단 논법은 먼저 소전제인 사실을 인정하여야 대전제인 법규의 적용을 거쳐 법률효과라는 결론을 도출하게 된다. 따라서 소전제인 사실인정은 법적 3단 논법의 출발이자 재판의 가장 중요한 과업(課業)이다. 이 과업을 전적으로 법관의 심증에 맡기자는 것이 자유심증주의이다. 법정증거주의 아래에서는 증거방법이 동일하면 어느 법관에 의해서도 동일하게 사실을 인정하는 것이 보장된다는 측면에서 법관의 소질이 부족한 경우에도 재판의 공정과 무책임한 법관의 독단, 전횡을 억제하는 효과가 있을 수 있다. 그러나 산업혁명 이후 근대에 이르러 사회생활이 복잡해지면서 제한된 수의 증거법칙으로는 사회에서 일어나는 모든 사실을 다 인정하기가 불가능하게 되자 이에 1789년 프랑스 대혁명 이후 유럽의 각 나라는 법관의 자격을 엄격하게 제한하는 대신에 그 법관을 신뢰하여 종전에 법관에게 부과하였던 증거법칙을 철폐하고 사실의 인정을 법관의 자유로운 판단에 맡기는 자유심증주의를 소송법의 중요한 원칙으로 삼게 되었던 것이다. 우리 민사소송법은 형사소송법(형소 제308조)과 같이 사실인정에 있어서 자유심증주의를 채택하고 있다(제202조).

(마) 그러나 자유심증주의는 법관을 형식적·법률적 증거법칙으로부터 해방한다는 의미일 뿐 법관에게 자의적(恣意的)인 판단까지 허용하는 것이 아니다. 따라서 사실의 인정은 적법한 증거조사를 거친 증거능력 있는 증거를 가지고 사회정의와 형평(衡平)의 이념에 입각하여 논리와 경험법칙에 따라 그 진실 여부를 판단하여야 할 것이다. 비록 사실인정이 사실심법관의 전권에 속한다고 하더라도 이와 같은 한계는 벗어날 수 없다.[167] 특히 당사자 사이에 의사표시의 해석이 문제 되는 경우에는 그 의사표시의 내용, 그러한 의사표시가 이루어진 동기와 경위, 그 의사표시에 의하여 달성하려는 목적, 당사자의 진정한 의사 등을 종합적으로 고찰하여 논리와 경험칙에 따라 합리적으로 해석하여야 한다.[168]

167) 대판 2009.10.15. 2009다42185, 2017.3.9. 2016두55933, 2019.10.31. 2017다204490.
168) 대판 2024.10.25. 2023다280358.

(바) 직권심리주의(행소 제26조)가 지배하는 행정소송에서도 행정소송법 제8조 제2항에 의하여 제202조의 자유심증주의가 준용되고 그 의미 및 한계도 민사소송과 동일하다.[169] 가사소송절차에서도 가사소송법 제12조에 의하여 자유심증주의가 적용된다.

2. 적용범위

(1) 모든 사실

(가) 자유심증주의는 법관이 심증을 형성하여 인정하여야 할 모든 사실에 관하여 적용된다. 실체법상 사항이든 소송법상 사항이든 묻지 않는다. 주요사실이나 간접사실은 물론 보조사실에도 적용된다.

(나) 민사소송에서 사실의 입증은 추호의 의혹도 있어서는 안 되는 자연과학적 증명은 아니지만, 특별한 사정이 없는 한 경험칙에 비추어 모든 증거를 종합 검토하여 어떠한 사실이 있었다는 점을 시인할 수 있는 고도의 개연성에 의하여 증명하는 것이고, 그 증명 여부의 판정은 보통 사람이라면 의심을 품지 않을 정도에 도달하여야 한다.[170] 이러한 증명을, 사건이나 사물의 자취를 추적하는 역사적 증명이라고 한다.

(2) 증거방법의 무제한

자유심증주의는 증거방법에 제한을 두지 않는 것을 원칙으로 한다. 전문증언이나 소 제기 후 작성된 문서도 증거능력이 있다.[171]

(가) **증거방법의 한정** 그러나 절차의 명확성 · 신속성의 요청으로 특정된 사실을 확정하기 위하여 증거방법을 한정하는 경우가 있다. 예를 들어 대리권의 존재에 관한 서면증명(제58조), 변론의 방식 준수에 관한 변론조서의 증명력(제158조), 소명 조사의 즉시성(제299조 제1항) 등이다.

(나) **위법하게 수집된 증거의 증거능력**

(a) (i) 상대방의 동의가 없는 무단녹음, 산업스파이에 의한 기밀문서의 도취(盜取) 및 복사 등과 같이 위법하게 취득한 증거도 증거능력이 있는지 문제된다. 판례[172]는 이 경우에도 증거능력을 제한해서는 안 되고 자유심증에 의하여 그 증거력을 정하여야 한다고 한다. 형사소송법 제308조의2와 달리 민사소송법에는 증거능력에 관한 아무런 제한을 두지 않고 있는데 이는 소송에서의 진실발견을 중시한다면 위법한 수단으로 수집한 증거라고 하더라도 그것이 진

169) 대판 2017.1.25. 2016두50686.
170) 대판 1990.6.26. 89다카7730, 2000.2.25. 99다65097, 2010.10.28. 2008다6755 등 참조.
171) 대판 1981.9.8. 80다2810.
172) 대판 1981.4.14. 80다2314, 2009.9.10. 2009다37138 · 37145 등.

실발견에 어떤 구실을 하는 한 증거능력을 부여하여 이를 이용할 수 있게 하자는데 이유가 있다(긍정설). 다만 이 경우에도 위법한 증거수집자에 대해서는 불법행위로 인한 손해배상청구를 인정한다.[173)]

(ii) 생각건대 정보취급자의 목적에 따라 일정한 사물과 형상을 손쉽게 고정해 두었다가 필요에 따라 전면적으로 또 정확하게 재현할 수 있는 녹음테이프나 컴퓨터용 자기디스크, 또는 전산정보처리시스템에 의한 정보 등에 관해서 그 위법수집 여부를 묻지 아니하고 증거능력을 무제한하게 허용한다면 사람들은 수단 방법을 가리지 않고 그러한 증거방법을 수집하기 위한 불법행위가 남용될 가능성이 크다. 그럼에도 불구하고 위법하게 수집한 각종 증거들을 당사자로 하여금 소송상 제한 없이 법정에 제출하도록 허용하는 것은 반대당사자에 대한 관계에서 공평의 원칙에 위반될 뿐 아니라, 위법하게 수집된 증거를 정당한 절차에 의하여 수집한 것처럼 법원을 속이는 것은 소송상태의 부당형성을 배제하는 소송상 신의칙에 위반된다고 지적하지 아니할 수 없다. 따라서 이들 증거들이 소송상 신의칙에 위반되는 개별적 소송행위인 이유로 무효가 된다면 법원에 제출된 이들 증거의 증거능력도 부정하지 않으면 안 된다.

(iii) 따라서 이미 위법하게 수집하여 제출된 증거는 무효로 하고 아직 제출되지 않은 증거의 증거신청은 이를 각하하여 법정 제출을 금지하여야 할 것이므로 민사소송에서도 형사소송에서와 같이 위법한 수단으로 수집된 증거의 증거능력은 부정하여야 할 것이다.[174)]

(b) **위법수집 증거에 관한 법원실무**　법원 실무에서는 당사자가 신청한 증거의 채택 여부를 결정함에 있어서 불법검열이나 감청에 의하여 취득한 우편물, 전기통신이나 공개되지 않은 타인간의 대화를 녹음으로 청취하여 취득한 증거방법은 위법하게 수집한 증거이므로 증거로 사용할 수 없다는 이유로 증거신청을 각하한다. 반면, 대화상대방과 주고받은 말을 비밀리에 녹음한 녹음테이프 또는 녹음파일, 그 녹취서 등에 대한 증거의 채택여부에 관해서는 해당 증거방법에 대한 증거조사의 필요성, 수집행위의 방법과 피침해이익 등의 요소를 종합적으로 고려하여 결정함으로써 위법하게 수집된 증거가 소송상태를 부당하게 형성하는 것을 방지하고자 노력하고 있다.

㈐ **증명방해**

(a) **개념**　증명방해라 함은 작위(作爲) 또는 부작위(不作爲)의 방법으로 증명책임을 부담하는 당사자로 하여금 증거방법을 취득하기 곤란 혹은 불가능하게 하는 행위를 말한다. 예를 들어 어떤 사실의 유일한 목격 증인을 도망가게 하거나 정비 불량을 증명하려는 사고차를 해체하는 행위, 상대방의 사용을 방해할 목적으로 제출의무 있는 문서를 훼손하여 버리거나 이를 사용할 수 없게 하는 행위(제350조), 의료기관에 촉탁한 감정을 실시되지 않도록 하는 당사

173) 대판 2006.10.13. 2004다16280.
174) 같은 취지: 이시윤, 460면; 정영환, 555면.

자의 방해 행위,[175] 의사측의 진료기록 변조행위[176] 등이다.

(b) **제재방법** (i) 증명방해 행위가 잘못된 것임은 두말할 필요가 없으므로 마땅히 제재하여야 한다. 그런데 제재방법에 관하여 문서에 관한 증명방해 행위가 있을 때에 법원은 그 문서에 관한 상대방의 주장을 진실한 것으로 인정할 수 있다는 제350조의 규정 이외에 마땅한 다른 규정이 없다. 판례[177]는 증명방해가 있으면 그 방해의 모습, 그 증거의 가치, 다른 증거의 유무 등을 고려하여 법관의 자유심증으로 불리한 평가를 할 수 있음에 그칠 뿐 증명책임이 전환되거나 곧바로 상대방의 주장 사실이 증명된 것으로 보아야 하는 것은 아니라고 하였다(자유심증설).

판례가 취하는 자유심증설은 사람들이 증명방해행위를 하는 이유가 자기에게 불리한 증거 또는 진실이 있으면 이를 은폐하려는 데 있다는 경험칙을 전제로 한다. 그런데 과실로 증명방해행위를 한 경우에는 이론상 과실에 관한 경험칙을 논할 수 없기 때문에 자유심증설로서는 제재를 가할 수 없다는 결점이 있다. 한편 증명책임을 부담하는 당사자가 상대방의 증명방해로 말미암아 50%의 승소기회를 상실하였으니 그 불이익은 증명책임의 전환에 의하여 조정하여야 한다는 견해가 증명책임전환설(독일의 통설)이다. 이 견해는 방해 모습이나 정도 등을 제대로 반영하지 못하는 결점이 있다. 특히 방해 행위가 증명책임을 지는 당사자에 의하여 상대방의 반증을 방해하는 형태인 경우에는 증명책임을 전환시킬 수도 없다.

(ii) 생각건대 증명방해 행위를 제재하는 것이 당사자 사이의 공평의 원칙 또는 신의칙을 목적으로 한다면 그 제재는 법관의 자유로운 심증에 따라 불리한 평가를 할 수 있는 것으로 풀이하여야 할 것이다. 이 제재는 공평의 견지에서 이루어져야 한다는 점에서 법관의 사실인정에 관한 자유심증주의의 원칙을 일부 제약하는 것이 될 것이다. 따라서 법원은 이미 다른 증거나 변론 전체의 취지로부터 얻은 자유 심증 결과에 대하여 방해의 모습, 귀책의 정도, 방해받은 증거의 정도 등을 반영하여 어떤 형태로라도 공평 또는 신의칙에 따라 적절한 불이익을 방해자에게 주어야 할 것이다(신의칙에 의한 법정증거설). 신의칙에 의한 자유심증의 제약은 법이 정한 경우에 한정되지 아니하며, 증거방법 전체에 걸쳐 고려하여야 할 것이다. 이는 증명도의 경감을 의미한다고도 할 수 있다.

(iii) 상대방이 증명방해 행위를 한 경우에 자유심증설과 신의칙에 의한 법정증거설과의 차이점은, 자유심증설은 법관의 자유심증에 따라 당사자의 주장사실에 대한 주요사실의 증명을 부인하고 불이익을 주지 않을 수도 있으나 신의칙에 의한 법정증거설에 의하면 당사자의 주장사실에 대한 주요사실의 증명을 부인할 수 없으며 다만 증명책임자의 증명도를 경감하여

175) 대판 1994.10.28. 94다17116.
176) 대판 1995.3.10. 94다39567.
177) 대판 1999.4.13. 98다9915, 2010.7.8. 2007다55866, 2024.5.17. 2018다262103.

증명방해자에게 어떤 형식으로라도 불이익을 부과해야 한다는 데 있다.

㈑ **증거계약**

(a) **뜻** 　증거계약이라 함은 넓게는 판결의 기초되는 사실의 확정방법에 관한 소송계약을 좁게는 증거방법의 제출에 관한 합의를 말한다.

주요한 것으로는 자백계약, 증거제한계약, 중재감정계약이 있다.

(b) **효력** 　자유심증주의는 법관의 식견을 신뢰하여 사실 인정을 법관의 자유로운 판단에 맡기자는 원칙이므로 이에 관한 제202조는 강행규정이다. 따라서 당사자의 합의에 의하여 법관의 자유심증을 제한할 수 없다고 할 것이므로 증거계약이 법관의 자유심증을 제약한다면 자유심증주의 원칙과의 관계에서 그 효력을 부인하여야 할 것이다. 예컨대 계약상 권리를 행사함에 있어서는 증명이 있어야 하는데 그 증명도를 낮추어 보전소송에서 요구되는 소명 정도만 있으면 입증된 것으로 인정하자는 증거계약은 자유심증주의에 반하므로 무효이다.[178)]

(i) **자백계약** 　당사자가 주요사실을 자백하면 법원을 구속하여 법원의 사실인정권이 배제되기 때문에 주요사실에 대한 자백계약은 유효하여 법원을 구속한다. 그러나 권리자백이나 간접사실의 자백은 법원을 구속하지 못하는데 이를 주요사실의 자백과 동일하게 법원을 구속한다는 내용의 자백계약을 맺더라도 이 자백계약은 법원을 구속하지 못한다.

(ii) **증거제한계약** 　증거제한계약이라 함은 예를 들어 일정한 사실의 증명을 서증에 한정하기로 하는 등 증거방법의 이용을 제한하는 계약을 말한다. 이 제한은 법원의 보충적인 직권증거조사(제292조)에 의하여 그 제한을 쉽게 풀 수 있기 때문에 당사자들이 미리 증거방법을 제한하더라도 법원을 구속할 수 없다고 생각할 수 있다.[179)] 그러나 증거제한계약이 증거방법의 제출을 제한하더라도 그로부터 법관의 심증형성에 아무런 법적 제약이 없다면 자유심증주의에 위반되지 않는다. 그러므로 유효한 증거제한계약에 위반된 증거의 신청은 증거능력이 없는 증거에 대한 신청으로 보아 각하하여야 할 것이다.

(iii) **중재감정계약** 　중재감정계약이란 당사자들이 사실의 존부나 내용에 관한 판단을 제3자에게 맡기기로 하는 합의를 말한다. 실체법상 당사자 사이의 중재합의가 유효하게 인정되는 이상(중재 제3조 2호) 그 하나에 속하는 중재감정계약도 당연히 효력이 있다고 해야 한다. 이러한 합의는 결국 실체법적 법률상태의 형성에 관한 것이므로 유효하다.

㈒ **전문증언** 　증인이 직접 경험한 사실이 아니라 제3자로부터 들은 내용을 진술하는 경우를 전문증언이라 한다. 이 경우 상대방은 사실을 직접 경험한 제3자를 반대신문할 수 없으므로, 절차적 보장 측면에서 전문증언의 증거능력에 문제가 발생한다. 그러나 증거의 신빙성 평가는 법관의 자유심증에 맡겨져 있으므로, 전문증언의 증거력을 일률적으로 부정할 수는

178) 서울지판 1996.6.13. 94가합30633.
179) 이시윤, 531면.

없다. 다만 전문증언은 제3자의 경험을 간접적으로 전달하는 것에 불과하므로, 그 증명력은 낮게 평가되어야 한다.

3. 내용

(1) 제202조

법원은 변론전체의 취지와 증거조사의 결과를 참작하여 사회정의와 형평의 이념에 입각하여 논리와 경험의 법칙에 따라 사실주장의 진실 여부를 판단한다(제202조).

(2) 변론전체의 취지

㈎ **개념** 변론전체의 취지라 함은 증거방법을 증거조사한 결과 얻은 증거자료와 그 이외에 변론에 나타난 일체의 자료 및 상황을 말한다. 법관의 심증형성 원인이 된 자료 및 상황을 증거원인이라 하는데 여기에는 증거자료와 변론전체의 취지가 있다. 따라서 변론전체의 취지란 쉽게 표현한다면 증거원인에서 증거자료를 뺀 나머지 전부라고 할 것이다. 당사자 또는 대리인의 진술내용 및 태도, 공격방어방법의 제출시기 및 내용 등 법관의 심증형성 원인이 되는 것은 증거자료를 빼고는 모두 변론전체의 취지에 들어간다. 그러나 변론종결 후에 제출된 자료는 포함되지 않는다.[180] 사실심에서 작성된 판결문을 보면 사실의 인정에 관한 증거설명 속에는 변론전체의 취지라는 용어를 쓰는 경우가 많다. 그 이유는, 소송자료와 증거자료를 준별하는 것이 법의 원칙이지만, 소송자료라고 하더라도 당사자의 소송행위를 통하여 법원에 제출되므로 법원이 당사자의 행위 자체에 대한 평가를, 변론전체의 취지를 통하여 하는 것이라고 할 수 있다.

㈏ **변론전체의 취지만으로 사실인정을 할 수 있는가** (a) 판례[181]는 이를 부정한다(보충적 증거원인설). 변론전체의 취지는 애매한 면이 있는데 이것만으로 사실을 인정할 수 있다면 법관이 자의적으로 재판할 우려가 염려되는 까닭일 것이다.

(b) 그러나 법관의 양식과 식견을 믿고 자유심증주의를 채택한 이상 구태여 변론 전체의 취지만으로 하는 사실인정을 부정할 이유가 없다고 본다(독립적 증거원인설).[182] 판례도 당사자가 모른다고 하면서 다툰 사문서의 진정성립[183]과 자백취소 요건으로서 착오의 유무[184] 등은 변론전체의 취지만으로 인정할 수 있다고 하였다.

---

180) 대판 2013.8.22. 2012다94728(평석은 [33] 참조).
181) 대판 1983.9.13. 83다카971.
182) 같은 취지: 정영환, 641면.
183) 대판 1982.3.23. 80다1857, 2010.2.25. 2007다85980.
184) 대판 1997.11.11. 97다30646.

(c) 판례는. (i) 예컨대 피고가 1858.2.28에 출생하였다면 이 사건 소송이 1967.3.11에 제기되었음이 명백하여 소 제기 시에는 위 피고의 연령이 109세라고 할 것인데 사람이 109세까지 생존한다는 것은 매우 희유한 예에 속한다고 할 것이므로 이 사실과 기록에 나타난 제반사정을 종합하면 피고는 이 사건 소송의 제기 이전에 이미 사망하였음을 능히 짐작할 수 있다[185]고 하여 변론의 전 취지만으로 피고의 당사자능력을 부정하였으며,

(ii) 또한 사고 당시 불과 8세의 미성년자라고 하여도 특별한 사정이 없는 한 책임능력은 없지만 사리를 변식할 능력이 있다고 할 것이므로 피해자로서의 소위 과실능력을 인정할 수 있다[186]고 하여 변론전체의 취지만으로도 8세 어린이의 불법행위 능력을 인정하였다.

(iii) 노동능력상실률을 적용하는 방법에 의하여 일실이익을 산정할 경우 그 노동능력상실률은 단순한 의학적 신체기능 장애율이 아니라 피해자의 연령, 교육 정도, 종전 직업의 성질과 직업경력, 기능 숙련 정도, 신체기능장애 정도 및 유사직종이나 다른 직종으로의 전업 가능성과 그 확률 기타 사회적·경제적 조건을 모두 참작하여 경험칙에 따라 정한 수익상실률로서 합리적이고 객관성이 있는 것이어야 하고, 노동능력상실률을 정하기 위한 보조 자료의 하나인 의학적 신체기능 장애율에 관한 감정인의 감정 결과는 사실인정에 관하여 특별한 지식과 경험을 요하는 경우에 법관이 그 특별한 지식, 경험을 이용하는 데 불과한 것이며, 궁극적으로는 앞서 열거한 피해자의 여러 조건과 경험칙에 비추어 규범적으로 결정할 수밖에 없다[187]고 하여 변론의 전취지만으로 노동능력 상실률을 인정하였다.

(3) 증거조사의 결과

(가) 의미　　증거조사의 결과라 함은 법관이 증거방법에 대한 적법한 증거조사로 얻은 자료, 즉 증거자료를 말한다. 증인의 증언, 서증의 기재내용, 전자문서의 정보내용, 검증결과, 감정의견, 본인신문결과 등이다. 적법한 증거조사 결과이어야 하기 때문에 상대방에게 통지하지 않고 실시한 위법한 증거조사는 소송절차에 관한 이의권을 포기하지 않은 이상 그 결과를 법관의 심증자료로 삼을 수 없다.

(나) 증거력의 자유평가　　예컨대 증인 갑의 증언중 원고가 피고에게 금 2천만 원을 빌려준 사실이 있다는 증언은 요증사실의 증거자료가 되는 것이고 이 증언을 법원이 채택하느냐 아니하느냐는 것은 법원의 자유심증에 달렸다. 따라서 법원은 이 증언을 믿을 것인지 아닌지 결정하고 사실인정을 하여야 할 것이다. 만약 법원이 위 증언부분의 채택여부를 정하지 아니하고 막연히 증거자료가 될 수 없다고 판단하는 것은 채증법칙에 위반하여 잘못된 것이다.[188]

185) 대판 1978.7.25. 77다1555,1556.
186) 대판 1968.8.30. 68다1224.
187) 대판 2013.9.13. 2013다37722.

(a) **논리칙 및 경험칙** 법관이 증거력의 평가에 관하여 자유심증을 형성함에 있어서는 다음의 점을 고려하여야 한다.

(i) 자유심증주의를 적용하면 증거를 고르고 선택하는 것 및 그에 의한 사실의 인정이나 증거력의 평가는 법관의 자유판단에 속한다. 그러나 이는 형식적이고 법률적인 증거규칙으로부터의 해방을 뜻할 뿐 법관의 자의적인 판단을 허용하는 것이 아니다. 그러므로 법원은 적법한 증거조사 절차를 거친 증거능력 있는 증거에 의하여 사회정의와 형평의 이념에 입각하여 논리와 경험의 법칙에 따라 사실주장의 진실여부를 판단하여야 할 것이며, 비록 사실의 인정이 사실심의 전권에 속한다고 하더라도 이와 같은 제약에서는 벗어날 수 없다. 예를 들어 사실심 법관이 서울대학교 의과대학 부속병원장에게 신체감정을 촉탁하여 위 병원소속 교수가 시행한 감정결과를 배척하고 대신 개인감정인의 감정결과에 의하여 사실을 확정한 경우를 본다. 제341조는, 법원이 필요하다고 인정하는 경우에는 공공기관 · 학교 · 그밖에 상당한 설비가 있는 단체 또는 외국의 공공기관에 대하여 감정을 촉탁할 수 있도록 하고 이 경우에는 감정인 선서에 관한 규정을 적용하지 않는다고 규정하고 있다. 이 공공기관이나 학교 등 전문적 연구시설을 갖춘 권위 있는 기관에 대한 제341조에 의한 감정촉탁은 그 공정성과 진실성 및 그 전문성이 담보되기 때문에 감정인 선서에 관한 규정을 적용하지 않는 것이다. 그러나 그와 같은 진실성 및 전문성이 담보되지 않은 개인 감정인은 민사소송법이 정하는 절차에 따라 선서를 하게 함으로써 선서위반에 대한 제재를 통하여 공정한 감정에 대한 담보를 하여야 할 것이다. 그럼에도 불구하고 개인 감정인이 감정인으로서 선서를 하지 아니하고 감정하였다면 그 감정은 신빙성은 물론 적법한 증거능력조차 없다고 하여야 할 것인데 사실심 법관이 개인감정인의 감정결과를 믿고 서울대학교 의과대학의 감정결과를 배척하였다면 그 경우 법관의 자유심증은 잘못된 것이다.[189]

(ii) 재판이 법적 3단 논법의 적용이라고 하는 논리적 작용인 이상 법관도 당연히 논리와 경험 법칙에 따라서 증거력을 평가하여야 하는 내재적 제약을 받는다. 예컨대 우리의 경험상 12세 8월 정도의 아동이 그가 유산 상속한 농지들을 피상속인의 부역(附逆)행위로 말미암아 다른 사람에게 빼앗길 것을 염려하여 그 처분의 필요성에 관하여 사리를 변식하고 이해득실을 변별하여 그 처분권을 타인에게 수여할 능력을 갖추었다고 보기는 어렵다.[190] 또 민사재판과 형사재판은 별개의 소송절차이고 별개의 소송법 원리의 지배를 받고 있으므로 민사재판에서는 형사재판에서 인정된 사실에 구속을 받지 않는다. 그러나 동일한 사실관계에 관하여 확정된 형사판결이 유죄로 인정한 사실은 민사에서도 유력한 증거자료가 된다고 할 것이므로 민사

---

188) 대판 1966.6.28. 66다797.
189) 대판 1982.8.24. 82다카317.
190) 대판 1966.10.25. 66다1474.

재판에서 제출된 다른 증거들에 비추어 형사판결의 사실판단을 채용하기 어렵다고 인정되는 특별한 사정이 없는 한 이와 반대되는 사실을 인정할 수는 없을 것이다. 더욱이 민사판결이 있은 후에 형사절차에서 장기간에 걸친 신중한 심리 끝에 결국 그것이 유죄로 밝혀져서 형사판결이 확정된 경우에 법원은 그 형사판결의 존재와 내용을 존중하여 거기에서 인정된 사실을 민사판결에서 인정된 사실보다 진실에 부합하고 신빙성이 있는 것으로 받아들여야 한다.[191]

(iii) 같은 이치에서 조세소송[192] 및 행정소송[193]에서도 관련 민·형사의 확정판결은 유력한 증거가 된다.

(iv) 과학적 방법인 무인감정결과를 배척하려면 감정경위나 감정방법의 잘못 등으로 감정자체를 배척할 사유가 있어야 하고[194] 같은 감정인의 같은 감정사항에 대한 2개의 감정의견이 모순되거나 명백하지 않는 경우에는 특별히 다른 증거자료의 보강이 없는 한 감정서의 보완, 감정증인의 신문방법 등을 통하여 정확한 감정의견을 밝히도록 하는 등 적극적인 조치를 강구하여야 한다.[195]

(v) 검사의 무혐의결정은 무죄를 선고한 형사판결과 같이 볼 수 없으므로 자유롭게 배척할 수 있다.[196] 하지만 관련 민·형사 확정판결의 이유와 더불어 다른 증거들을 종합하여 확정판결에서 이미 인정된 사실과 다른 사실을 인정하는 것은 위법이 아니다.[197] 그와 같은 사실인정이 자유심증주의의 한계를 벗어나지 아니하고 그 이유 설시에 합리성이 인정되는 한 이는 사실심의 전권에 속하기 때문이다.[198] 특히 형사재판에서의 유죄판결은 공소사실에 대하여 증거능력 있는 엄격한 증거에 의하여 법관으로 하여금 합리적인 의심을 배척할 정도의 확신을 가지게 하는 증명이 있다는 의미인 반면, 공소사실에 관한 증명이 없다는 취지의 무죄판결은 공소사실의 부존재가 증명되었다는 의미가 아니므로 법관이 다른 증거들을 종합하여 무죄판결을 배척하였다고 하여 잘못이 아니다.[199]

(vi) 성추행 피해를 주장하는 아동 진술의 신빙성을 판단함에 있어서는, 그 아동이 최초로 피해 사실을 진술하게 된 경위를 살펴서, 성추행 단서를 발견한 보호자 등의 추궁에 따라 피해 사실을 진술하게 된 것인지 또는 아동이 자발적, 임의적으로 피해 사실을 고지한 것인지를 검토하고, 최초로 아동의 피해 사실을 청취한 질문자가 편파적인 예단을 가지고 사실이 아닌

191) 대판 1994.1.28. 93다29051.
192) 대판 1995.10.13. 95누3398.
193) 대판 1999.11.26. 98두10424.
194) 대판 1999.4.9. 98다57198.
195) 대판 1999.5.11. 99다2171.
196) 대판 1995.12.26. 95다21884.
197) 대판 2012.11.29. 2012다44471.
198) 대판 2016.12.1. 2015다228799.
199) 대판 1998.9.8. 98다25368, 2006.9.14. 2006다27055 등 참조.

정보를 주거나 특정한 답변을 강요하는 등으로 부정확한 답변을 유도하지는 않았는지, 질문자에 의하여 오도될 수 있는 암시적인 질문이 반복됨으로써 아동 기억에 변형을 가져올 여지는 없었는지도 살펴보아야 하며, 아동의 경우 현실감식 능력이 상대적으로 약해서 상상과 현실을 혼동할 우려가 있는 점, 특히 시기를 달리하는 복수의 가해자에 의한 성추행 피해가 경합되었다고 주장하는 경우에는 아동의 피해 사실에 대한 기억 내용의 출처가 혼동되었을 가능성이 있는 점 등도 고려하여야 하고, 진술이 일관성이 있고 명확한지, 세부 내용의 묘사가 풍부한지, 사건·사물·가해자에 대한 특징적인 부분에 관한 묘사가 있는지, 정형화된 사건 이상의 정보를 포함하고 있는지 등도 종합적으로 검토하여야 하며, 성추행 가해 혐의를 받는 아동이 일시적으로 이를 시인하는 진술을 하였다가 다시 부인하는 경우에는, 위 아동으로부터 자백을 얻는 과정에서 질문자가 가해 혐의를 받는 아동의 범죄행위에 대하여 편파적인 예단을 가지고 자백을 강요한 것은 아닌지, 아동의 자백이 구체적인 표현을 담고 있는지, 내용이 명확한지 등을 살펴보고, 아동이 자백을 번복하게 된 경위 등을 종합적으로 검토하여 가해 혐의를 받는 아동의 자백의 신빙성을 판단하여야 한다.[200]

(vii) 가해행위와 피해자 측의 요인이 경합하여 손해가 발생하거나 확대된 경우에는 그 요인이 체질적인 소인(素因) 또는 질병의 위험도와 같이 피해자측 귀책사유와 무관한 것이라고 하더라도, 그 질환의 모습·정도 등에 비추어 가해자에게 손해의 전부를 배상하게 하는 것이 공평의 이념에 반하는 경우에, 법원은 손해배상액을 정하면서 과실상계의 법리를 유추적용하여 그 손해의 발생 또는 확대에 기여한 피해자 측의 요인을 참작할 수 있다. 그 경우 불법행위로 인한 손해배상청구사건에서 과실상계 사유에 관한 사실인정이나 그 비율을 정하는 것은 그것이 형평의 원칙에 비추어 현저히 불합리하다고 인정되지 않는 한 사실심의 전권에 속한다.[201]

(viii) 논리칙이나 경험칙에 위반되지 않는 한 동일한 사안에 관하여 서로 다른 여러 개의 감정결과가 나왔을 때 그 중 어느 하나를 골라 사실을 인정하더라도 적법한 것이다.[202]

(ix) **불법행위로 인한 손해배상청구소송에서 재산적 손해의 발생사실은 인정되나 구체적 손해액수를 입증하는 것이 성질상 곤란한 경우** 이 경우에는 법원의 증거조사결과와 변론 전체의 취지에 의하여 밝혀진 모든 간접사실 등을 종합하여 상당인과관계가 있는 손해의 범위에서 그 액수를 판단할 수 있다.[203]

(b) **문서의 진정성립에 관한 추정규정(제356조 제1항, 제358조)** 문서의 진정성립에 관한 추정규정은 경험칙을 법으로 정한 일종의 법정증거법칙이다. 그러나 추정은 반증을 들어 깨뜨

200) 대판 2006.10.26. 2005다61027.
201) 대판 2008.3.27. 2008다1576.
202) 대판 2002.9.24. 2002다30275.
203) 대판 2023.4.27. 2021다262905.

릴 수 있고 그 반증의 성공여부는 법관의 자유판단에 맡겨져 있다는 점에서 추정규정이 꼭 자유심증주의에 반하는 것이 아니다.

(c) **처분문서** 　어떤 법률상 행위가 이루어진 문서가 처분문서이다. 자유민주주의 아래에서는 사기·강박 또는 강요된 행위 등 특단의 사정이 없는 한 각자 자유로운 의사에 따라 법률행위를 하였다고 보아야 하므로 처분문서의 경우에는 그 진정성립이 인정된다면 반증 또는 합리적인 이유가 없는 한 그 문서에 적힌 내용대로 법률행위가 존재한다고 인정해야 한다.[204] 그것이 논리칙 및 경험칙에 들어맞기 때문이다.[205] 그러나 처분문서에 나타난 당사자의 의사해석이 서로 엇갈리는 경우에는 문언의 내용, 그와 같은 약정이 이루어진 동기와 경위, 약정에 의하여 달성하려는 목적, 당사자의 진정한 뜻 등을 종합적으로 고찰하여 논리와 경험칙에 따라 합리적으로 해석하여야 한다.[206]

(d) **증거공통의 원칙** 　(i) **개념** 　(ㄱ) 증거공통의 원칙이라 함은 법관이 증거를 제출한 당사자의 생각과 관계없이 사회정의와 형평에 입각하여 자유 심증으로 증거를 평가하여 판단하는 원칙을 말한다. 변론주의는 증거의 제출책임을 당사자에게 맡긴다는 원칙에 그치고, 이미 제출된 증거의 평가는 법관의 고유 직무에 속하기 때문에 법관의 증거조사 결과에 대한 평가는 그 증거를 제출한 사람에게 유리할 수도 있지만 상대방이 이를 쓰겠다고 원용하지 아니하여도 그 상대방에 대하여 이익이 되게 판단될 수도 있는 원칙을 말한다. 그러므로 증거공통의 원칙은 당사자가 이를 쓰겠다고 원용하지 아니하더라도 적용되므로[207] 증거조사가 시작된 뒤에는 증거신청을 한 당사자라고 하더라도 상대방의 동의가 없으면 증거신청을 함부로 철회할 수 없다.

(ㄴ) 그러나 당사자가 원용하지 아니하는 증거는 당사자 자신이 제출한 증거와 다르다. 따라서 이의 채택 여부에 관한 판단을 법원이 하여야 하는 것이 아니다.[208] 따라서 당사자 한 쪽이 상대방으로부터 제출된 증거를 자기의 이익으로 쓰지 않은 이상 법원이 그 증거들에 대한 판단을 하지 아니하더라도 증거공통의 원칙에 어긋나거나 증거판단을 빠뜨린 것이 아니다.[209]

(ii) **공동소송인 사이의 증거공통의 원칙** 　증거공통의 원칙은 통상 공동소송에서 공동소송인 가운데 한사람에 대한 증거자료가 다른 공동소송인과 공통되거나 관련된 경우에도 적용된다. 다만 공동소송인들 사이에 이해가 상반된 경우에는 당사자의 변론권을 보장하기 위해서 공동소송인 한사람이 명백하게 그 증거자료를 쓰겠다고 원용하지 않는 한 증거공통의 원칙을

---

204) 대전판 1970.12.24. 70다1630.
205) 대판 1993.5.27. 93다4908,4915,4922.
206) 대판 2009.10.29. 2009다52571.
207) 대판 2004.5.14. 2003다57697.
208) 대판 1974.10.8. 73다1879 등 참조.
209) 대판 1983.5.24. 80다1030.

적용해서는 안 된다.

(4) 사실상 추정

(가) **사실상 추정과 자유심증주의** (a) 법률상 추정은 입법자가 하는 것이고, 사실상 추정은 법원이 자유심증에 따라 사실을 인정하는 과정에서 이루어진다. 법원은 다툼이 있는 사실에 대해 증거를 통해 직접 주요사실을 인정하거나, 증거에 기초해 간접사실을 인정한 후 이를 근거로 주요사실을 추정할 수 있다. 증거로 주요사실을 직접 인정하는 것을 직접증명이라 하고, 간접사실을 토대로 주요사실을 인정하는 것을 간접증명이라고 한다. 간접증명은 경험칙을 활용한 것이므로 사실상의 추정이라고 부른다. 사실상의 추정은 법관의 자유심증에 따라 사실에 대한 확신이 형성되는 과정을 의미하며, 법률상 추정과 달리 법률요건사실에 관한 증명책임의 전환을 가져오지 않는다. 따라서 요건사실에 관해 증명책임을 지는 당사자는 법관이 확신을 가지지 못하는 한 법규가 적용되지 않을 위험을 감수해야 한다. 반대로 상대방은 그 사실에 관하여 법관의 심증을 진위불명(확정할 수 없는 상태)으로만 만들면, 법규 적용에 따른 법률효과의 발생을 막을 수 있다.

(b) 인간은 이성적이며 논리적 동물이므로 법관의 자유 심증도 논리칙과 경험칙을 따라야 한다. 여기서 논리칙이란 인간이 정확하게 생각하기 위하여 따르지 않으면 안 되는 수학이나 논리학상 법칙으로 쉬운 예를 든다면 1+1=2라는 것들을 말한다. 경험칙이란 개별적 경험으로부터 얻은 사물의 성상(性狀), 인과관계에 관한 지식이나 식견으로서 예를 들어 여름에는 덥고 겨울에는 춥다는 따위를 말하는데 여기에는 일상적인 상식으로부터 전문적인 직업기술 또는 과학상의 것을 포함한다. 논리칙이나 경험칙은 추상적인 법규를 구체적인 사실에 적용하는데 있어서 법률판단의 대전제와 소전제의 결합을 매개하는 법 개념 내지 의사표시의 해석작용도 하지만 한편, 법관은 이를 이용하여 증거자료로부터 간접사실 또는 주요사실의 존부를 추인하고 혹은 간접사실로부터 다른 간접사실 또는 주요사실의 존부를 추측하기도 한다. 이것이 사실상 추정이다. 예를 들어 변제자는 변제를 받는 자에게 영수증을 청구할 수 있으므로(민 제474조) 채권증서를 채권자가 채무자에게 반환하였다면 특별한 사정이 없는 한 그 채권은 변제 등의 사유로 소멸하였다는 추정,[210] 회사의 주주명부에 주주로 등재되어 있다면 그 회사의 주주로 추정[211]되는 따위이다. 앞에서 보았지만 민사재판에서 관련 민·형사사건의 확정판결에 의하여 인정된 사실은 특별한 사정이 없는 한 유력한 증거가 되므로 이를 합리적인 이유설시 없이 배척할 수 없다.[212] 그러나 이 경우에도 다른 증거에 비추어 다른 법원의 인정 사실을

---

210) 대판 2011.11.24. 2011다74550.

211) 대판 2010.3.11. 2007다51505.

212) 외국의 민사확정판결도 사실상 추정력이 있다(대판 2007.8.23. 2005다72386,72393).

그대로 채용하기 어려울 때에는 언제든지 배척할 수 있으므로,[213] 사실상 추정은 자유심증주의의 영역에 속한다. 특히 민사분쟁에서의 인과관계는 의학적 · 자연과학적 인과관계가 아니라 사회적 · 법적 인과관계로서 그 인과관계가 반드시 의학적 · 자연과학적으로 명백히 증명되어야 하는 것이 아니므로,[214] 여기에는 사실상 추정이 중요한 역할을 한다.

㈏ 경험칙 위반　(a) 판례[215]는 경험칙 위반을 제423조에서 정한 법령위반과 같이 보아 상고이유로 삼고 있다. 경험칙이 법률판단의 대전제와 소전제의 결합을 매개하는 법 개념 내지 의사표시의 해석작용을 한다면 이를 그르친 경우에 이를 법령위반과 같이 보아 법률심인 상고심이 개입하는 것은 당연하다.

(b) 그러나 사실심이 경험칙에 터 잡아 사실상 추정을 하는 경우까지 상고심이 관여하는 것은 상고심이 사실심리에 관여하는 것이므로 그로 말미암아 사실심과 법률심의 구별이 애매하여지고 상고심이 사실심의 복심으로 될 가능성이 있으므로 가급적 지양하여야 할 것이다.

[73] 제5. 증명책임

1. 뜻

(1) 진위불명과 증명책임

법적 3단 논법의 소전제가 되는 사실, 즉 주요사실을 상대방이 부인하거나 부지 등으로 다투는 경우에 그 사실의 존부는 법관이 증거조사의 결과와 변론 전체의 취지를 참작하여 자유심증으로 판단한다(제202조). 그러나 소송에서 이용할 수 있는 소송자료와 증거자료 등 인식수단과 사람의 인식능력은 한계가 있으므로 재판의 기초를 이루는 사실관계를 끝까지 해명할 수 없는 진위불명(non-liquet)의 경우가 생길 수 있다. 이 경우에도 법관은 사실관계가 분명하지 아니하다고 하여 재판을 거부할 수 없다. 법관이 재판을 거부하는 것은 헌법이 정한 국민의 재판받을 권리를 부정하고 재판제도 설치의 취지에 어긋나기 때문이다. 따라서 법관은 사실관계에 분명하지 아니한 점이 있더라도 소송법에 따라 판결을 하지 않으면 안 되므로 이 경우 진위불명의 사실을, 사실의 존재 또는 부존재의 어느 쪽으로든지 정하여 판단하지 않으면 안 된다. 그 처리방법이 바로 증명책임이다.

---

213) 대판 2005.1.13. 2004다19647.
214) 대판 2023.4.27. 2022다303216.
215) 대판 1980.9.24. 79다2269, 1981.11.24. 80다3083 등.

(2) 법규부적용의 원칙과 증명책임

법관이 법적 3단 논법을 적용하기 위해서는 먼저 소전제가 되는 사실이 있다고 인정되어야 대전제가 되는 법규를 적용하여 마지막으로 법률효과를 판단할 수 있다. 따라서 소전제가 되는 사실이 없다고 하는 경우는 물론 그 사실이 있는지 없는지 잘 모르는 진위 불명의 경우에도 대전제가 되는 법규를 적용할 수 없으므로 법률효과를 판단할 수 없다. 이러한 원칙을 법규부적용의 원칙이라고 한다. 그러므로 어떤 법률효과를 주장하는 당사자는 그 사실의 존부가 진위불명이 되는 사태에서 벗어나도록 노력하지 않으면 안 된다. 증명책임이란 결국 사실이 진위불명으로 법규부적용의 원칙이 적용되어서 그 결과 당사자가 패소 당할 위험을 면할 책임이라고 할 수 있다.

(3) 증명책임의 개념

(가) 증명책임은 법관이 자유심증에 의하여 증거를 자유롭게 평가하더라도 주요사실의 존부에 관하여 확신을 가질 수 없을 때 비로소 작동된다. 즉 증명책임의 기능은 자유심증주의가 그 역할을 마쳤을 때 시작된다.

(나) 증명책임은 진위불명의 사태에 대한 대비책이므로 변론주의만의 문제가 아니며 직권탐지주의에서도 적용된다.

(다) 증명책임은 법규부적용의 문제이기 때문에 법률효과의 발생과 관련되는 주요사실을 대상으로 한다. 따라서 주요사실을 추인하는 경험칙이나 간접사실의 존부가 주요사실의 존부에까지 영향을 주지 않는다면 여기서는 증명책임은 문제되지 않는다.

(라) 증명책임은 법규 부적용의 문제이기 때문에 그 책임 소재는 개개의 주요사실마다 법적 3단 논법의 대전제가 되는 법률요건, 즉 법규와 관련하여 미리 추상적이고 획일적으로 정해지며, 소송 경과에 따라 당사자의 한편에서 다른 편으로 이동되지 않는다.

(마) 증명책임은 하나의 주요사실에 관해서는 원·피고 당사자 중 어느 당사자 한 쪽만 부담한다. 만약 양쪽 당사자가 모두 증명책임을 부담한다면 양쪽 모두 증명책임을 다하지 못하는 경우가 생길 수 있는데 그 때에는 누구에게 패소책임을 물어야 할 지 법원이 판단을 할 수 없기 때문이다.

(4) 증거제출책임

(가) **개념** (a) 증명책임에 변론주의 3원칙 중의 하나인 직권증거조사금지의 원칙이 개입되면 증거제출책임으로 나타난다. 변론주의가 지배하는 소송절차에서는 원칙적으로 직권증거조사가 금지되므로 다툼이 있는 사실에 관하여 당사자 어느 쪽도 증거조사를 신청하지 아니하

면 법원으로서도 증거조사를 할 수 없다. 따라서 당사자는 법원이 증거조사를 실시하지 아니함으로써 생기는 증명 부재의 사태를 방지하기 위하여 증거를 제출하여야 하는 증명활동을 하지 않으면 안 되는 책임이 있다. 이를 증거제출책임이라고 하며 이 책임은 변론주의가 지배하는 소송절차에서만 문제된다.

(b) 증명책임을 진위불명에 대한 결과책임이라고 한다면 증거제출책임은 진위불명의 사태를 방지하여야 하는 행위책임이라고 할 수 있다. 이를 주관적 증명책임 또는 증명의 필요라고도 한다.

(나) 효과 (a) 증거제출책임은 당사자가 자기에게 유리한 사실의 존부에 관하여 법관에게 확신을 주지 못한 경우에 불이익한 판결을 받을 위험이 배경이 된다. 이 위험을 당사자가 부담한다는 점에서는 증명책임의 부담과 동일하다. 다만 증거제출책임은 증명책임과 같은 결과책임이 아니라 진위불명의 사태를 방지하여야 하는 행위책임이므로 소송의 구체적 상황에 따라 한 쪽 당사자에서 다른 쪽 당사자에게 이동, 전환된다. 이 점이 증명책임과 결정적으로 다른 부분이다.

(b) 그러므로 재판장은 석명권(제136조)을 행사하여 먼저 증거제출책임이 있는 한 쪽 당사자에게 증명을 촉구하여야 하며, 같은 사실의 존부에 관하여 양쪽 당사자의 증거신청이 있더라도 증명책임을 부담하는 당사자가 신청한 증거신청을 우선하여 채용하여야 하고 그 증거로서도 증명할 사실을 증명하기에 부족하면 구태여 상대방이 신청한 증거까지 조사를 할 필요가 없다.

(다) 증거제출책임의 제약 증거제출책임은 증명책임에 변론주의가 반영된 것이기 때문에 다음과 같은 제약이 있다.

(a) **직권증거조사가 허용되는 경우(제292조)** 변론주의의 소송절차에서도 예외적으로 직권에 의한 증거조사가 허용되는데(제292조) 그 범위에서는 증거제출책임이 완화된다. 예를 들어 조사의 촉탁(제294조), 감정의 촉탁(제341조), 공문서의 진정여부 조회(제356조 제2항), 직권에 의한 당사자신문(제367조), 검증할 때의 직권 감정(제365조), 직권에 의한 증거보전(제379조) 등이다.

(b) **모색적 증명** (i) **개념** 당사자가 증거를 신청할 때에는 「증명할 사실」을 구체적으로 표시해서(289조 제1항, 제345조 4호) 이를 특정하여야 한다. 그 이유는 첫째, 증거방법으로서의 증인 또는 당사자는 「증명할 사실」과 관계가 있는 사실을 증명하기 위한 것이기 때문이다. 따라서 이와 관계없는 사항에 관하여 자기의 노력과 비용을 들여 이를 해명하여야 할 의무가 없다. 둘째, 법원이 「증명할 사실」을 특정하지 않은 증거신청을 받아들이면 경솔한 항변, 불충분한 증거신청이 허용되어 소송절차가 지연될 우려가 있어 함부로 허용해서는 안 된다. 결국 모색적 증명이란 「증명할 사실」을 특정하지 아니한 채 하는 증명을 말하며 원칙적으로 부적법한 것으로 취급한다.[216]

(ii) **완화** 그러나 「증명할 사실」이 상대방과의 거래, 업무 영역 또는 인격, 프라이버시에 속한 사실이기 때문에 그 구체적 사실관계를 주장하기 어려운 경우가 있다. 이 경우에는 상대방 내지 증거방법을 보호하고 나아가 소송절차가 원활하게 진행되도록 하기 위해서 모색적 증명이라도 허용하여야 할 것이다. 따라서 증명책임을 부담하는 사람은 상대방이 문제된 사실관계에 접근하여 이를 해명하기 쉬운 입장에 있을 경우에는 소송절차 진행에 지장이 없을 정도의 추적 가능한 '실마리'만 「증명할 사실」로서 특정하기만 하면 법원은 이를 적법한 증거신청으로서 받아들여 상대방으로 하여금 「증명할 사실」을 증명하게 할 수 있다. 그 결과 모색적 증명을 허용하면 당사자는 증거를 신청함에 있어서 「증명할 사실」을 구체적으로 특정할 필요가 없으므로 그만큼 증거제출책임이 완화된다.

(c) **사안해명의무** 사안해명의무라 함은 증명책임을 부담하는 당사자의 상대방이 자기가 알고 있는 사실관계를 해명하여야 할 의무를 말한다. 즉 그 구체적 내용을 전혀 알 수 없는 상대방의 생활영역에 속하는 사실관계에 대한 증명책임을 부담하여야 하는 당사자가 자기의 권리주장에 관하여 합리적인 기초가 있다는 점을 명백하게 할 만한 '실마리'를 제시하면서 상대방에 대하여 자기가 증명책임을 부담하는 사실관계의 해명을 요구하면 상대방은 자기의 생활영역에 속하는 사실관계를 증명책임의 존부와 관계없이 해명하여야 하는 의무이다. 이 의무는 기본적으로 공평의 원칙, 무기대등의 원칙에 터 잡은 것으로서 증명책임을 부담하는 당사자의 상대방뿐 아니라 실체적 진실발견을 위하여 증명책임을 부담하지 않는 당사자에게도 인정될 수 있다. 법원은 석명권행사(제136조 제1항)나 문서제출명령(제343조), 검증물제시명령(제366조) 등을 통하여 사안해명을 촉구할 수 있어 이 의무는 소송절차에서 당사자의 적극적 협력의무가 발현된 것이라고 할 수 있다.

물론 이 의무의 불이행은 증명책임의 불이행과 달리 직접적으로 법률효과의 존부판단과 연결되지 않고 변론전체의 취지로써 작용할 뿐이다. 판례[217]는 증거자료에 접근이 훨씬 용이한 당사자라고 하더라도 그 당사자에게 상대방의 증명활동에 협력할 의무가 부여되어 있지 아니하다고 하여 증명책임차원에서의 사안해명의무를 부정한다. 그러나 공해, 환경, 제조물책임, 의료과오 등 현대형 소송에서 거대기업과 피해자 사이의 「증거의 편재」를 바로잡는 수단이 마땅히 없는 현실에서 법관이 「사법적극주의」의 한 도구로써 증명책임의 틀을 벗어나는 사안해명의무라는 개념을 활용할 수 있다는 것은 매우 유용하다.[218] 예컨대 제조물책임소송에서

---

216) 춘천지판 2015.6.3. 2014가단32802 「당사자가 증명할 사실을 특정하지 아니한 채 증거조사를 통하여 새로운 주장사항을 만들어 내려는 모색적 증거신청, 즉 증거를 신청하는 당사자 스스로 알지 못하는 사실을 증거조사를 통하여 획득하고 이를 자기주장의 기초로 삼으려는 의도로 증거를 신청하는 경우나, 당사자가 어떠한 'A 사실'을 주장하지만, 그러한 'A 사실'에 관한 아무런 실마리가 없는 경우에 그러한 'A 사실'을 증명하기 위한 증거신청을 하는 경우 등은 원칙적으로 부적법하다」(평석은 [62] 참조).

217) 대판 1996.4.23. 95다23835.

증거가 특정 당사자에게 편재되어 있어 주장책임이 있는 당사자에게 증명책임의 부담이 과도하게 지워지는 경우, 법원은 쟁점정리절차에서 석명권이나 석명처분을 통하여 주장책임이 없는 상대방에게 사실이나 증거의 소재를 명확히 밝히도록 요구하는 것이 바람직하다. 상대방 당사자는 소송상 신의칙에 근거하여 이에 응할 의무를 부담한다고 보아야 하며, 만약 이에 응하지 않을 경우 법원은 이를 변론 전체의 취지로 평가할 수 있다.

2. 법적 성질

증명책임규범이 법체계상 소송법과 실체법 중 어느 법 영역에 속하는가는 예로부터 다툼이 있었다. 논쟁의 실익은 다음의 세 가지 면에서 나타난다. 첫째, 외국적 요소의 민사 법률관계에 관한 소송에서는 로마법 이래 「절차는 법정지법에 의한다(actor sequitor forum rei)」는 원칙, 즉 절차법의 속지주의 원칙이 확립되어 있다. 따라서 증명책임규범이 소송법에 속한다면 외국적 요소가 있는 법률관계에 관해서도 우리나라의 민사소송법이 적용되어야 하지만, 실체법에 속한다면 준거법이 본국법일 경우에는 국제사법의 일반원칙에 따라 본국법의 증명책임 규정을 적용하게 된다(국사 제16조).[219] 둘째, 시제(時際)민사소송에서 소송법은 원칙적으로 소송이 계속될 때의 법(재판시법)이 효력이 있으나 실체법은 법률행위를 할 때의 법(행위시법)이 효력이 있어 법을 적용하는 시기에 차이가 생긴다. 셋째, 상고는 판결에 영향을 미친 헌법·법률·명령 또는 규칙의 위반이 있는 경우에 할 수 있는데(제423조) 여기서의 법령위반은 주로 실체법 위반을 의미하고 절차법규 위반은 제424조에서 정한 절대적 상고이유를 제외하고는 상고이유가 되지 아니하므로 상고가능성과의 관계에서도 차이가 난다.

소송법설은 소송절차에서만 증거가 문제된다는 데 근거하며, 실체법설은 증명책임의 분배가 주로 실체법에 따라 정하여진다는 것을 이유로 한다. 그 밖에도 증명책임규범은 적용의 유무가 문제된 법규와 같은 법 영역에 속하므로, 예를 들어 소송요건의 존부가 분명하지 않으면 그 때의 증명책임규범은 소송법에 속하고, 채무변제의 유무가 분명하지 않으면 실체법에 속한다는 적용영역소속설도 있으나 이 학설은 법체계상 실체법설로 분류되고 있다. 이 문제는 실체법과 소송법의 경계영역에 속하여 이론적으로 해결하기 어려운 점이 있으나 증명책임은 재판규범으로서 절차의 진행뿐 아니라 실체법규의 적용을 본질로 하는 본안판결의 내용도 지시한다는 점에서 기본적으로 실체법설이 정당하다.[220]

218) 같은 취지: 이시윤, 550면.
219) 대판 1996.2.9. 94다30041,30058.
220) 같은 취지: 이시윤, 543면.

3. * 증명책임의 분배

(1) 분배의 기본원칙

㈎ **법 규정이 있는 경우** 증명책임의 분배는 증명할 사실의 진위(眞僞)가 분명하지 않은 경우에 그 결과를 어느 당사자의 불이익으로 돌리느냐의 문제이다. 법률요건이 법에 규정되어 있는 경우에는 이 규정에 따른다. 예를 들어 민법 제135조 제1항, 민법 제437조, 자동차손해배상책임법 제3조 단서, 상법 제115조, 제135조, 제148조 등의 경우에는 그 법조문에 따른다. 법률상 추정은 반대사실의 증명책임을 상대방에게 부담시킨다는 점에서 증명책임의 분배로 평가할 수 있다.

㈏ **법의 규정이 없는 경우** 증명책임에 관한 법 규정이 없는 경우에는 법규부적용의 원칙에 터 잡아 법규, 특히 실체법의 해석에 의하여 권리를 주장하는 사람은 자기에게 유리한 권리근거에 해당하는 사실을 증명하여야 하고, 그 권리를 부인하는 상대방은 권리소멸 · 권리장애(障碍) · 권리저지(沮止)에 해당하는 각 사실을 증명하여야 한다고 증명책임을 분배한다(규범설 또는 법률요건분류설). 따라서 실체법의 해석에 의하여 증명책임의 소재를 정하게 되므로 민법 등 실체법과 소송법이 깊은 관련을 맺게 된다. 소송요건의 존부는 원고에게 증명책임이 있다.[221)]

(a) **권리근거사실** (i) 소송으로 다른 사람에 대하여 일정한 권리를 주장하는 사람은 법이 그 권리의 성립요건으로 규정한 사실, 즉 권리근거사실에 관하여 증명책임을 부담한다. 예를 들어 매매, 임대차, 증여 등을 주장하는 사람은 매매사실 등 권리근거사실을 증명하여야 한다. 이 증명책임의 분배는 당연하다. 왜냐하면 권리근거사실은 청구원인사실이며 주요사실이기 때문에 당연히 주장자가 증명하여야 하는 것이다.

(ii) 법률행위의 조건은 법률행위의 당사자가 그 의사표시에 의하여 그 법률행위와 동시에 그 법률행위의 내용으로 부가시켜 그 효력을 제한하는 부관(附款)이다. 그러므로 구체적인 사실관계가 어느 법률행위에 붙은 조건의 성취에 해당하는지 여부는 의사표시의 해석에 속하는 경우도 있다고 할 수 있지만, 어느 법률행위에 어떤 조건이 붙어 있었는지 아닌지는 사실인정의 문제로서 그 조건의 존재를 주장하는 자가 이를 입증하여야 한다.[222)]

(b) **권리소멸사실** (i) 일단 발생한 권리의 소멸사실을 주장 또는 항변하는 사람은 권리소멸사실에 관한 증명책임을 부담한다. 예를 들어 대여금 채권에 대하여 변제, 상계, 면제, 소멸시효의 완성,[223)] 취소, 해제 등을 주장하는 사람은 변제 등 소멸사실을 증명하여야 한다. 제

---

221) 대판 1997.7.25. 96다39301.

222) 대판 2006.11.24. 2006다35766.

223) 권리를 소멸시키는 소멸시효 항변은 변론주의 원칙에 따라 당사자의 주장이 있어야만 법원의 판단대상이 된다.

척기간의 도과,[224] 채권자취소소송에서 채권자취소권의 소멸,[225] 채무가 이행불능인 사실[226]도 권리소멸사실이다.

(ii) (ㄱ) 채무자가 특정한 채무의 변제조로 돈을 지급하였다고 주장함에 대하여, 채권자가 이를 수령한 사실을 인정하면서도 다른 채무의 변제에 충당하였다고 주장하는 경우에는 채권자는 그 다른 채권이 존재한다는 사실과 그 다른 채권에 변제충당하기로 하는 합의나 충당지정이 있었다거나 그 다른 채권이 법정충당의 우선순위에 있었다는 사실을 주장·증명하여야 한다.[227]

(ㄴ) 채권자에게 여러 채무를 부담하는 채무자의 급부가 동시에 여러 채무의 내용에 적합하지만 그 채무 전부를 소멸시키기에 부족한 경우에는 변제충당이 문제된다. 채무자가 그중 특정 채무의 변제로서 급부하였다고 주장함에 대하여, 채권자가 이를 수령한 사실을 인정하면서도 다른 채무의 변제에 충당하였다고 주장하는 경우에는 채권자는 그 다른 채권이 존재한다는 사실과 그 다른 채권에 변제충당하기로 하는 합의나 충당지정 또는 그 채권이 법정충당의 우선순위에 있었다는 사실을 주장·증명하여야 한다.[228]

(c) **권리장애사실** (i) 권리근거사실 또는 소멸사실과 동시에 존재하면서 위의 사실에 의하여 발생된 적극적 또는 소극적 법률효과를 방해하는 사실, 즉 권리장애사실을 주장하는 사람은 권리장애사실을 증명하여야 한다. 예를 들어 매매대금 청구소송에서 매매계약(민 제563조)의 성립은 권리근거사실이지만 통정허위표시는 매매계약 자체를 서로 통정하여 한 것이므로 이를 이유로 한 매매계약의 무효(민 제108조)는, 매매라는 권리근거사실과 동시에 존재하는 권리장애사실이다.[229] 같은 이치로 민법 제104조(불공정한 법률행위)위반도 권리장애사실로서[230] 법률행위가 불공정하다는 주요사실을 항변으로 주장한 사람이 이를 입증하여야 한다. 민법 제103조(반사회질서의 법률행위)위반도 권리장애사실이라는 견해[231]가 있으나 민법 제103조는 모든 국민이 마땅히 지켜야 할 도리로서 공익성이 매우 높아 주장책임이나 증명책임을

그러나 이 경우 어떤 시효기간이 적용되는지에 관한 주장은 권리의 소멸이라는 법률효과를 발생시키는 요건을 구성하는 사실에 관한 주장이 아니라 단순히 법률의 해석이나 적용에 관한 의견을 표명한 것이다. 이러한 주장에는 변론주의가 적용되지 않으므로 법원이 당사자의 주장에 구속되지 않고 직권으로 판단할 수 있다. 당사자가 민법에 따른 소멸시효기간을 주장한 경우에도 법원은 직권으로 상법에 따른 소멸시효기간을 적용할 수 있다(대판 2017.3.22. 2016다258124 참조).

224) 대판 2009.3.26. 2007다63102.

225) 대판 2015.1.15. 2013다50435.

226) 대판 1996.2.27. 95다43044.

227) 대판 1999.12.10. 99다14433, 2024.2.29. 2023다290829.

228) 대판 2024.10.8. 2024다258921.

229) 대판 1992.5.22. 92다2295.

230) 대판 1991.5.28. 90다19770.

231) 이시윤, 536면.

적용할 수 없다고 할 것이므로 그 위반에 관한 사실은 권리장애사실이 아니라 제1조 제2항의 신의칙과 같은 직권조사항이라고 하여야 할 것이다. 또, 미성년자나 피성년후견인과 같은 제한능력자가 한 계약(민 제5조 제2항, 제10조)은 취소할 수 있지만 이들 속임수로써 자기를 능력자로 믿게 한 경우에는 그 행위를 취소할 수 없는데(민 제17조 제1항) 제한능력자의 속임수를 이유로 계약이 유효하다고 주장하는 경우에 그 '속임수'는 권리소멸사실과 동시에 존재하는 권리장애사실이다. 따라서 이들 경우에는 예컨대 통정허위표시나 민법 제104조 위반의 사유로 말미암은 무효, 또는 제한능력자의 속임수로 말미암은 유효를 주장하는 사람들이 증명하여야 한다.

(ii) 본문과 단서의 형식규정은 단서가 본문의 법률효과를 방해하는 요건이기 때문에 본문의 적용을 부정하는 자가 「단, 그러하지 아니하다」라고 하는 형식으로 제외된 사실을 증명하여야 한다. 그러나 단서라도 「단, …의 경우에 한 한다」고 규정되었을 때에는(예, 제462조 단서의 경우) 본문의 요건을 제한의 형식으로 추가한 것이므로 그 본문의 적용을 주장하는 자가 「단, …의 경우에 한 한다」는, 그러한 제한이 없는 것을 증명하여야 한다.

(d) **권리저지사실** 일단 발생된 권리행사를 저지하는 사유를 주장하는 사람은 권리저지(沮止)사실, 예를 들어 유치권의 원인사실, 최고·검색 항변의 원인사실, 동시이행항변의 원인사실, 기한유예사실, 정지조건 또는 시기(始期)의 존재사실,[232] 한정승인사실[233] 등을 증명하여야 한다.

(다) **증명책임의 소재** 증명책임의 분배기준은 권리자와 의무자가 원·피고 어느 입장에 있느냐에 따라 달라지는 것이 아니다. 예를 들어 채무자가 원고가 되어 채무부존재의 확인을 청구하는 경우에 채무자인 원고가 채무부존재 사실에 관한 증명책임을 부담하는 것이 아니고 채권자인 피고가 채무의 존재사실, 즉 권리근거사실에 관하여 증명책임을 부담하는 것이다. 같은 이치에서 원고가 피고의 채권이 성립되지 아니하였다고 하여 청구이의의 소를 제기한 경우에 피고가 권리근거사실인 채권의 성립사실을 증명하여야 하고,[234] 배당이의 소송에서 원고가 피고의 채권이 성립하지 아니하였다고 주장하는 경우에는 피고가 권리근거사실인 채권의 발생원인사실을 증명하여야 한다.[235] 또 채무자 A의 승계인 원고가 채무자 지위의 승계를 부인하여 다투는 경우에는 승계집행문부여에 대한 이의의 소를 제기할 수 있는데(민집 제45조), 이때 승계사실에 대한 증명책임은 이의의 소를 제기한 원고에게 있는 것이 아니라 승계를 주장하는 채권자인 피고에게 있다.[236] 승계집행문부여에 대한 이의의 소는 승계집행문부여의 소

232) 대판 1969.1.28. 68다2313.
233) 대판 2006.10.13. 2006다23138.
234) 대판 2010.6.24. 2010다12852.
235) 대판 2007.7.12. 2005다39617.
236) 대판 2016.6.23. 2015다52190(평석은 [97] 참조).

에 대한 반면적 성질이 있는데 이것은 마치 원고의 이행청구소송에 대하여 피고가 그 이행청구권 부존재확인을 구하는 경우와 같기 때문이다.

증명책임 분배의 기본원칙

구분	증명책임 부담자	예시
법 규정 있는 경우	해당 법 규정에 따름	민 135①, 민 437, 자배법 3 단서, 상 115·135·148 등
법 규정 없는 경우	실체법 해석에 따라 권리근거사실은 주장자, 소멸·장애·저지 사실은 항변자	규범설·법률요건분류설

① 권리근거사실

- 권리 성립 요건사실(청구원인사실, 주요사실)
- 권리를 주장하는 자가 증명
- 예: 매매, 임대차, 증여 계약 존재, 법률행위의 조건 존재

② 권리소멸사실

- 발생한 권리를 소멸시킨 사실
- 소멸 주장하는 자가 증명
- 예: 변제, 상계, 면제, 소멸시효, 취소·해제, 제척기간 도과
- 변제충당 다툼: 채권자가 다른 채권 존재 및 충당사실 증명

③ 권리장애사실

- 권리 발생을 방해하는 사실
- 장애 주장하는 자가 증명
- 예: 통정허위표시(민 108), 불공정한 법률행위(민 104), 제한능력자의 속임수(민 17)
- 특수: 민 103(반사회질서 행위) → 직권조사사항
- 본문/단서 관계: 단서가 본문 방해 → 단서 주장자 증명, 그러나 단서가 「단, …의 경우에 한 한다」고 규정되었을 때에는 그 본문의 적용을 주장하는 자가 「단, …의 경우에 한 한다」는, 그러한 제한이 없는 것을 증명

④ 권리저지사실

- 이미 발생한 권리의 행사를 저지하는 사실
- 저지 주장하는 자가 증명
- 예: 유치권, 동시이행항변, 기한유예, 정지조건·시기, 한정승인

⑤ 증명책임의 소재

- 원·피고 지위와 무관, 법적 성질에 따라 결정
- 예

◦ 채무부존재확인 소송 → 채권자(피고)가 채권 존재 증명
◦ 청구이의 소송 → 피고가 채권 성립 증명
◦ 배당이의 소송 → 피고가 채권 발생원인 증명
◦ 승계집행문 이의 소송 → 채권자(승계 주장자)가 승계사실 증명

□ **핵심정리**
- **권리 발생 → 주장자**
- **권리 소멸 · 방해 · 저지 → 항변자**
- **원 · 피고 지위와 무관, 법적 성질 기준**

(2) * 증명책임의 분배가 문제되는 경우

(가) 취득시효의 요건이 되는 「소유의 의사」 (a) 동산이든 부동산이든 점유로 인한 취득시효를 주장하려면 점유자에게 「소유의 의사」가 있어야 한다(민 제245조 제1항, 제246조 제1항). 판례[237]는 처음에 자주점유의 내용이 되는 「소유의 의사」는 점유권원의 성질에 의하여 결정하거나 또는 점유자가 소유자에 대하여 소유의 의사가 있다는 것을 표시한 경우에 국한하여 인정할 수 있다고 하여 취득시효를 주장하는 자에게 증명책임을 부담시켰다. 그런데 그 후 대법원은 이 판례를 변경하여, 「소유의 의사」는 객관적인 점유권원의 성질에 의하여 그 존부를 결정하여야 할 것이나, 다만 점유권원의 성질이 분명하지 아니한 때에는 민법 제197조 제1항에 의하여 점유자는 소유의 의사를 가지고 점유한 것으로 추정되므로 점유자가 스스로 그 점유권원의 성질에 의하여 자주점유임을 증명할 책임이 없고, 점유자의 점유를 부인하는 상대방에게 점유자의 점유가 소유의 의사가 없는 타주점유임을 주장하는 증명책임이 있다고 하였다.[238] 이 판례가 현재의 확립된 판례이다.[239] 그러므로 토지의 점유자가 이전의 토지소유자를 상대로 매매를 원인으로 한 소유권이전등기청구소송을 제기하였다가 패소 확정된다든가[240] 자주점유의 점유권원이 인정되지 않는다[241]고 하더라도 자주점유에 관한 추정이 번복되거나 타주점유가 되지 않으므로 상대방에게 있는 타주점유의 증명책임에 변함이 있는 것이 아니다. 이 경우 상대방이 타주점유의 증명책임을 다하여 점유자의 자주점유 추정을 깨뜨리기 위해서는 점유자가 성질상 소유의 의사가 없는 것으로 보이는 권원에 바탕을 두고 점유를 취득한 사실을 증명하거나, 점유자가 타인의 소유권을 배제하여 자기의 소유물처럼 배타적 지배

237) 대판 1962.2.15. 4294민상794.
238) 대전판 1983.7.12. 82다708, 82다카1792,1793.
239) 대판 2011.2.10. 2010다84246.
240) 대판 2009.12.10. 2006다19177.
241) 대판 2007.2.8. 2006다28065.

를 행사하는 의사를 가지고 점유하는 것으로 볼 수 없는 객관적 사정(즉 점유자가 진정한 소유자라면 흔히 취하지 않는 태도를 취하거나 당연히 취하여야 할 행동을 하지 아니하는 등 외형적 객관적으로 보아 점유자가 타인의 소유권을 배척하고 점유할 의사를 갖고 있지 아니하였던 것이라고 볼 만한 사정)을 증명한 경우242) 등이다.

(b) 그러나 취득시효의 기산일 주장은 간접사실의 주장이므로 당사자의 주장과는 상관없이 소송자료에 의하여 확정하여야 한다.243)

(c) 국가나 지방자치단체가 점거하는 토지에 관해서 그 점유의 경위와 용도 등을 감안할 때 점유개시 당시 공공용 재산의 취득절차를 거쳐서 소유권을 적법하게 취득하였을 가능성도 배제할 수 없다고 보이는 경우에는 비록 취득시효의 완성을 주장하는 토지의 취득절차에 관한 서류를 제출하지 못하고 있다고 하더라도 위와 같은 사정만으로 그 토지에 관한 국가나 지방자치단체의 자주점유 추정이 번복되지 않는다.244)

(d) 그러나 점유자가 점유개시 당시에 소유권취득의 원인이 될 수 있는 법률행위 및 기타 법률요건이 없다는 사실을 잘 알면서 다른 사람이 소유한 부동산을 무단 점유한 경우에는 「소유의 의사」있는 점유라는 추정은 번복된다.245) 결국 판례에 의하면 점유자에게 자주점유는 추정시키지만 「악의의 점유」까지 자주점유로 추정시키는 것은 아니다.

㈏ **준소비대차계약(민 제605조)**　준(準)소비대차계약이라 함은 당사자 양쪽이 소비대차에 의하지 아니하고 금전 그 밖의 대체물을 지급할 의무가 있는 경우에 당사자가 그 목적물을 소비대차의 목적으로 할 것을 약정한 것을 말한다.

준소비대차계약이 성립하려면 당사자 사이에 금전 기타 대체물의 급부를 목적으로 하는 기존 채무가 존재하여야 하고 기존 채무가 존재하지 않거나 또는 존재하고 있더라도 그것이 무효가 된 때에는 준 소비대차계약의 효력이 없다. 여기서 준 소비대차계약의 채무자가 기존 채무의 부존재를 주장하는 이상 채권자로서는 기존 채무의 존재를 증명할 책임이 있다.246)

㈐ **명의신탁의 입증책임**　(a) 일반적으로 부동산의 소유자 명의만을 다른 사람에게 신탁하는 경우에 등기권리증과 같은 권리관계를 증명하는 서류는 실질적 소유자인 명의신탁자가 소지하는 것이 상례라 할 것이다. 따라서 명의수탁자로 지칭되는 자가 이러한 권리관계서류를 소지하고 있다면 신탁자가 수탁자의 그 소지 경위 등에 관하여 납득할 만한 설명이 없는 한 명의신탁관계를 인정하기 어려울 것이다.247)

---

242) 대전판 1997.8.21. 95다28625, 2004.10.28. 2004다32206,32213.
243) 대판 1990.1.25. 88다카22763, 1992.11.10. 92다20774, 1993.4.13. 92다44947 참조.
244) 대판 2013.2.28. 2012다99549.
245) 대전판 1997.8.21. 95다28625.
246) 대판 2024.4.25. 2022다254024.
247) 대판 1985.1.29. 84다카1750 · 1751, 1990.4.24. 89다카14530 등 참조.

(b) 부동산에 관하여 그 소유자로 등기되어 있는 자는 적법한 절차와 원인에 의하여 소유권을 취득한 것으로 추정되므로 그 등기가 명의신탁에 기초한 것이라는 사실은 이를 주장하는 자에게 입증책임이 있다.[248)]

(라) **채무불이행으로 말미암은 손해배상책임**

(a) **채무의 이행여부** 실체법상 채무불이행으로 말미암은 손해배상 청구권은 본래의 채권과 동일성이 있다. 따라서 채무자가 채무의 이행을 증명하여야 채무를 면할 수 있으므로(채무자설) 채무의 이행여부에 대해서는 채무자가 증명책임을 부담한다.

(b) **채무자의 귀책사유** 채권자가 채무자를 상대로 채무불이행으로 인한 손해배상청구를 하려면 채무자에게 고의 또는 과실이 있어야 한다. 그런데 민법 제390조는 불법행위에 관한 민법 제750조와 달리「채무자가 채무의 내용에 좇은 이행을 하지 아니한 때에는 채권자는 손해배상을 청구할 수 있다. 그러나 채무자의 고의나 과실 없이 이행할 수 없게 된 때에는 그러하지 아니하다」고 규정하여 채무자의 귀책사유 부존재를 권리 장애사유로 정하고 있으므로 채무자가 귀책사유의 부존재를 증명하여야 한다.[249)] 이 점이 뒤에서 설명하는 불법행위로 인한 손해배상책임과 다른 점이다. 채권자의 수령지체중에 이행불능에 빠졌더라도 귀책사유의 부존재는 여전히 채무자에게 증명책임이 있다.[250)]

(c) **위자료** (i) 일반적으로 계약상 채무불이행으로 인하여 재산적 손해가 발생한 경우, 그로 말미암아 계약 당사자가 받은 정신적인 고통은 재산적 손해에 대한 배상이 이루어짐으로써 회복된다고 보아야 할 것이므로, 재산적 손해의 배상만으로는 회복될 수 없는 정신적 고통을 입었다는 특별한 사정이 있고, 상대방이 이와 같은 사정을 알았거나 알 수 있었을 경우에 한정하여 예외적으로 정신적 고통에 대한 위자료를 인정할 수 있다.[251)]

(ii) 재산적 손해의 발생이 인정되는데도 입증곤란 등의 이유로 그 손해액의 확정이 불가능하여 배상을 받을 수 없는 경우에 이러한 사정을 위자료의 증액사유로 참작할 수는 있다. 그러나 이러한 위자료의 보완적 기능은 재산적 손해의 발생이 인정되는데도 손해액의 확정이 불가능하여 그 손해전보를 받을 수 없게 됨으로써 피해회복이 충분히 이루어지지 않는 경우에 이를 참작하여 위자료의 액수를 증액함으로써 손해전보의 불균형을 어느 정도 보완하고자 하는데 목적이 있으므로, 함부로 그 보완적 기능을 확장하여 재산상 손해액의 확정이 가능한데도 위자료라는 이름으로 사실상 재산적 손해의 전보를 꾀하는 것은 허용될 수 없다.[252)]

---

248) 대판 2008.4.24. 2007다90883.
249) 대판 1985.3.26. 84다카1864.
250) 대판 2016.3.24. 2015다249383.
251) 대판 1994.12.13. 93다59779, 2004.11.12. 2002다53865 등 참조.
252) 대판 1984.11.13. 84다카722, 2004.11.12. 2002다53865 등 참조.

(마) 불법행위로 인한 손해배상책임

(a) 민법 제750조 불법행위로 인한 손해배상을 민법 제750조에 의하여 청구하는 경우에 과실 및 인과관계 등의 증명책임을 피해자가 되는 원고가 부담하는 것은 법 규정에서 명백하다. 즉 타인의 불법행위로 손해를 입은 사람이 그 배상을 청구하려면 손해와 가해행위 사이의 인과관계를 증명하여야 한다.[253] 인과관계는 법적 인과관계, 즉 상당인과관계와 사실적 인과관계, 즉 자연적 인과관계로 나누어진다. 종전에는 인과관계의 문제를 주로 상당인과관계의 존재 형식으로 논의하였으나 상당인과관계의 전제로서 먼저 사실적(자연적) 인과관계를 증명하여야 한다. 사실적 인과관계는 원인과 결과의 관계이기 때문에 조건관계라고 한다.

(b) * 현대형 소송 (i) 일반론 종래의 손해배상청구소송에서는 조건관계가 비교적 단순하여 그 해명에 별 의문이 없었기 때문에 그 증명에 특별한 문제가 없었다. 그러나 의료사고, 공해, 제조물책임 등 이른바 현대형 소송에서는 이러한 사실적 인과관계를 증명하기가 쉽지 않다. 그 이유는 현대형 소송에서는 고도의 자연과학적 지식이 요구되어 피해자가 그 지식을 갖추기 어려울 뿐 아니라 증거도 가해자에게 편중되어 있어 이를 수집하기 어렵기 때문이다. 그리하여 이른바 현대형 소송에서는 어떻게 하면 사실적 인과관계의 증명을 용이하게 함으로써 피해자 구제에 최선을 다할 수 있는지가 중요한 문제로 등장한다.

(ii) 의료사고소송 (ㄱ) 일응의 추정 또는 표현증명 ① 의료과오소송에서 사실적 인과관계의 증명곤란은 일응(一應)의 추정 또는 표현(表見)증명에 의하여 해결한다는 것이 우리나라 판례의 경향이다. 일응의 추정이라 함은 고도의 개연성이 있는 경험칙을 이용하여 어느 사실로부터 다른 사실을 추정하는 것을 말한다. 이 경우 증명에 가까운 상태를 표현증명이라고 한다. 즉 불법행위에 기한 손해배상청구소송에서 보통 발생할 수 없는 사실의 발생이 인정될 때 과실에 해당하는 구체적 사실의 주장·입증이 없더라도 법원이 고도의 개연성이 있는 경험칙을 이용하여 과실 등의 요건사실이 충족되었다고 인정함으로써 손해배상청구권의 발생을 인정하더라도 지장이 없다고 고려하는 것이 바로 일응의 추정이다. 일응의 추정이 성립하면, 상대방이 과실에 해당하는 구체적 사실의 부존재에 관하여 주장·입증의 부담을 하게 되므로 결국 증명책임을 부담하는 자의 주장·입증이 경감되게 된다.

② 이 개념은 독일 판례에 의하여 형성된 것으로서 이른바 정형적 사상경과(定型的 事象經過)(Typischer geschensablauf)가 존재하는 경우에 허용되는 증명이다. 정형적 사상경과라고 함은 요컨대 어떤 사실이 존재하면 그것이 일정한 방향으로 진행하는 것이 통례라는 것으로서 따로 증명이 없어도 그 사실의 존재만으로 인과관계가 거의 인정되는 것을 말한다. 예컨대 환자라고 하더라도 의료행위 이전까지 건강하였다면 특별한 이상이 없는 한 그가 건강하게 생존

253) 불법행위시와 결과발생시의 사이에 시간적 간격이 있는 경우에는 결과발생시가 손해배상액의 산정기준이 된다(대판 2014.7.10. 2013다65710 참조).

하였다는 것이 통례이고 이것이 정형적 사상경과이다. 그러므로 환자측이 의사의 일반상식적인 의료과실행위와 환자가 의료행위 이전에는 건강에 결함이 없었다는 사실과 같이 비교적 쉬운 사실을 입증하면 의사측은 환자가 의료상 일반상식적인 의료과실행위와 전혀 다르거나 관계가 없는 원인으로 그 환자가 사망하게 되었다는 전문적인 사실을 입증하여야 비로소 의료상 책임에서 벗어나게 되고 그렇지 않으면 의사의 진료과실은 표현증명에 이르게 된다.

③ 판례는, 진료채무가 수단채무라는 특수성을 감안하더라도 먼저 환자측에서 일반인의 상식에 비추어 일련의 의료행위과정에 의료상 과실이 있었고 그 행위와 손해의 발생 사이에 다른 원인이 개재되지 않았던 점을 증명하여야 일응의 추정 또는 표현증명이 된다고 하였고,[254] 환자가 치료도중에 사망한 경우에 피해자측에서 의사의 일반상식적인 의료과실행위를 입증하면서 환자에게 의료행위 이전의 건강에 결함이 없었다는 사정을 증명한 경우에는 의료인이 그 결과가 의료상 과실과 전혀 다른 원인에 기한 것을 입증하지 않는 이상 의료상 과실과 결과 사이에 인과관계가 추정된다고 하였으며,[255] 수술도중이나 수술 후 환자에게 중한 결과의 원인이 된 증상발생에 관하여 의료상 과실 이외에 다른 원인이 있다고 보기 어려운 간접사실이 증명되면 그와 같은 증상이 의료상 과실에 기한 것으로 추정할 수 있다고 하였다.[256]

(ㄴ) **수단채무로서의 의료채무** 하지만 의사가 환자에 대하여 부담하는 진료채무는 환자의 치유라는 결과를 반드시 달성하여야 하는 결과채무가 아니라 치유를 위하여 선량한 관리자의 주의를 다하여 현재의 의학수준에 비추어 필요하고도 적절한 진료를 할 채무, 즉 수단채무이므로 진료의 결과가 만족스럽지 못하다고 하여 바로 진료채무의 불이행으로 추정할 수 없다.[257] 또한 의사는 진료를 행할 때에 환자의 상황과 당시의 의료수준 그리고 자기의 지식경험에 따라 적절하다고 판단되는 진료방법을 선택할 상당한 범위의 재량을 가진다고 할 것이고, 그것이 합리적인 범위를 벗어나지 않는 한 진료의 결과를 놓고 그중 어느 하나만이 정당하고 이와 다른 조치를 취한 것은 과실이라고 말할 수 없다.[258] 따라서 의사는 진료를 행함에 있어서 환자의 상황과 당시의 의료수준 그리고 자기의 지식경험에 따라 적절하다고 판단되는 진료방법을 선택할 상당한 범위의 재량을 가진다고 할 것이고, 그것이 합리적인 범위를 벗어나지 않는 한 진료의 결과를 놓고 그 중 어느 하나만이 정당하고 이와 다른 조치를 취한 것은 과실이 있다고 말할 수는 없다.[259] 한의사가 초음파 진단기기를 한의학적 진단의 보조수단으로 사용하는 것은 무면허의료행위에 해당하지 않는다.[260] 그렇다고 하여 의료과실에 관하여

254) 대판 2010.5.27. 2007다25971.
255) 대판 1995.2.10. 93다52402.
256) 대판 2012.5.9. 2010다57787, 2023.8.31. 2022다303995.
257) 대판 2015.10.15. 2015다21295.
258) 대판 2007.5.31. 2005다5867, 2022.12.29. 2022다264434 등 참조.
259) 대판 1992.5.12. 91다23707 등 참조.

의사에게 무과실책임이 인정되지는 않는다.[261]

(ㄷ) **의사의 설명의무** ① 의사는 해당 환자나 그 법정대리인에게 질병의 증상, 치료방법의 내용 및 필요성, 발생이 예상되는 위험 등에 관하여 당시의 의료수준에 비추어 상당하다고 생각되는 상황을 설명하여 환자가 그 필요성이나 위험성을 충분히 비교해보고 그 의료행위를 받을 것인지 여부를 선택할 수 있도록 환자로부터 그 진료행위에 대한 동의를 받아야 한다.[262]

② 그러므로 의사는 설명의무의 이행을 문서화하여야 그 의무이행을 다하는 것이고 그에 관한 증명책임을 부담함으로써[263] 그 책임이 가중되고 있다. 그러나 의사에게 해당 의료행위로 인하여 예상되는 위험이 아니거나 당시의 의료수준에 비추어 예견할 수 없는 위험에 대한 설명의무까지 부담하는 것은 아니다.[264]

(ㄹ) **의사의 설명의무와 위자료** 의사의 환자에 대한 설명의무는 수술 시에만 국한하지 않고 검사·진단·치료 등 진료의 모든 단계에서 발생한다. 그러나 이러한 설명의무 위반에 대하여 의사에게 위자료 등의 지급의무를 부담시키는 것은 의사가 환자에게 제대로 설명하지 아니한 채 수술 등을 시행하여 환자에게 예기치 못한 중대한 결과가 발생하였을 경우에 의사가 그 행위에 앞서 환자에게 질병의 증상, 치료나 진단방법의 내용 및 필요성과 그로 인하여 발생이 예상되는 위험성 등을 설명하여 주었더라면 환자가 스스로 자기결정권을 행사하여 그 의료행위를 받을 것인지 여부를 선택함으로써 중대한 결과 발생을 회피할 수 있었음에도 불구하고, 의사가 설명을 하지 아니하여 그 기회를 상실하게 된 데에 따른 정신적 고통을 위자하는 것이다. 그러므로 이 의미의 설명의무는 모든 의료과정 전반을 대상으로 하는 것이 아니라 수술 등 침습(侵襲)을 과하는 과정 및 그 후에 나쁜 결과 발생의 개연성이 있는 의료행위를 하는 경우 또는 사망 등의 중대한 결과발생이 예측되는 의료행위를 하는 경우 등과 같이 환자에게 자기결정에 의한 선택이 요구되는 경우를 대상으로 하는 것이다. 따라서 환자에게 발생한 중대한 결과가 의사의 침습행위로 인한 것이 아니거나 또는 환자의 자기결정권이 문제되지 아니하는 사항에 관한 것은 위자료 지급대상으로서의 설명의무 위반이 문제될 여지가 없다.[265]

(ㅁ) **진료기록부의 작성** 의료법 제22조, 제23조에서 의료인에게 진료기록부등을 작성하도록 한 취지와 진료기록부의 상세성 정도 및 의사측이 진료기록을 성실히 작성하지 아니함으로 말미암아 진료기록의 경과가 불분명하게 된 것이 바로 의료과실을 추정할 수 없다고 하여도 의료법 제21조에 의하여 환자 등의 진료기록에 대한 열람권 등이 인정되기까지 한 이상

260) 대전판 2022.12.22. 2016도21314.
261) 대판 2013.6.27. 2010다96010 참조.
262) 대전판 2009.5.21. 2009다17417.
263) 대판 2007.5.31. 2005다5867.
264) 대판 1999.9.3. 99다10479, 2013.4.26. 2011다29666 등 참조.
265) 대판 2010.5.27. 2007다25971 등 참조.

이를 환자측에게 부담시키고 그런 상황을 초래한 의사측이 유리한 취급을 받아서는 안 된다.[266)]

(ㅂ) **가정적 승낙** 환자가 의사로부터 설명을 듣지 아니하였지만 만약 올바른 설명을 들었더라도 의료행위에 동의하였을 것이라는 이른바 가정적 승낙에 의한 면책은 항변사항으로서 환자의 승낙이 명백하게 예상되는 경우에만 예외적으로 인정된다.[267)]

(ㅅ) **의사 등이 진료상 과실 또는 설명의무를 위반함으로써 환자에게 손해를 배상할 책임이 있는 경우** 이 경우에 그 손해배상의 범위를 정함에 있어서는 손해 분담의 공평이라는 손해배상제도의 이념에 비추어 보아, 의사 측 과실의 내용 및 정도, 진료의 경위 및 난이도, 의료행위의 결과, 해당 질환의 특성, 환자의 체질 및 행태 등 제반 사정을 참작하여 그 손해배상액을 제한할 수 있고,[268)] 책임감경사유에 관한 사실인정이나 그 비율을 정하는 것은 그것이 형평의 원칙에 비추어 현저히 불합리하다고 인정되지 않는 한 사실심의 전권사항에 속한다.[269)]

(iii) **보험계약 약관에서 정하는 상해의 요건인 '급격하고도 우연한 외래의 사고' 중 '외래의 사고'에 대한 증명책임** 이러한 사고는 상해 또는 사망의 원인이 피보험자의 신체적 결함, 즉 질병이나 체질적 요인 등에 의한 것이 아니라 외부적 원인에 의해 초래된 모든 것을 의미하므로 이러한 사고의 외래성 및 상해 또는 사망이라는 결과와 사망의 원인 사이의 인과관계에 관해서는 보험청구자에게 증명책임이 있다.[270)]

(iv) **금융투자업자의 설명의무** (ㄱ) 금융투자상품에 대한 투자위험은 투자자가 부담하는 것이 원칙이다. 그러나 금융투자업자와 투자자 사이에는 전문성 및 정보에 관한 현격한 차이가 존재하므로 금융투자업자는 상품의 내용, 투자에 따르는 위험 등을 투자자들이 충분하게 이해할 수 있게 설명함으로써 투자자를 보호할 설명의무가 있다.

(ㄴ) 금융투자상품의 투자는 금융에 관한 전문적 지식이 필요하여 금융전문가가 아닌 일반 투자자로서는 금융투자상품의 구조와 위험성을 알기 어려우므로 금융투자업자측에 설명의무를 이행한데 대한 증명책임이 있다.[271)] 따라서 금융투자업자가 일반 투자자를 상대로 투자권유를 하는 경우, 금융투자상품의 내용, 투자에 따르는 위험을 일반 투자자가 이해할 수 있도록 설명하여야 하고, 투자자의 합리적인 판단 또는 해당 금융 투자 상품의 가치에 중대한 영향을 미칠 수 있는 중요사항을 거짓 또는 왜곡하여 설명하거나 중요사항을 누락하여서는 안 된다. 이 경우 금융투자업자가 투자자에게 어느 정도의 설명을 하여야 하는지는 해당 금융상품의 특

---

266) 서울고판 2011.3.8. 2010나17040.
267) 대판 2015.10.29. 2014다22871.
268) 대판 1998.7.24. 98다12270, 2023.8.31. 2022다303995.
269) 대법원 2007.11.30. 2006다19603, 2018.11.15. 2016다244491 등.
270) 대판 2023.4.7. 2022다303216.
271) 서울중앙지판 2013.1.17. 2011가합71808.

성 및 위험도의 수준, 투자경험 및 능력 등을 종합적으로 고려하여 판단하여야 한다.[272)]

(v) **공해소송** (ㄱ) **위험영역설** 공해소송에서 인과관계의 증명에 관한 유력한 학설이 위험영역설이다. 위험영역설이라고 함은 손해의 원인이 가해자가 지배하는 위험영역에서 발생한 경우에는 피해자가 아니라 가해자가 그 책임의 부존재를 증명하여야 한다는 이론이다. 일반적으로 불법행위로 말미암은 손해배상청구사건에서 가해자의 가해행위, 피해자의 손해발생, 가해행위와 피해자의 손해발생 사이의 인과관계에 관한 증명책임은 피해자인 원고가 부담한다. 하지만 대기오염이나 수질오염 등으로 말미암은 공해로 인한 손해배상을 청구하는 소송에서 피해자에게 사실적 인과관계의 존재에 관하여 과학적으로 엄밀한 증명을 요구하는 것은 공해로 인한 사법적 구제를 사실상 거부하는 결과가 될 수 있는 반면, 기술적·경제적으로 볼 때 피해자보다는 가해자에 의한 원인조사가 훨씬 용이한 경우가 많을 뿐만 아니라 가해자는 손해발생의 원인을 은폐할 염려가 있기 때문에 가해자가 어떤 유해한 원인물질을 배출하고 그것이 피해물건에 도달하여 손해가 발생하였다면 가해자측에서 그것이 해롭지 않다는 것을 증명하지 못하는 한 가해행위와 피해자의 손해발생 사이의 인과관계를 인정할 수 있다.[273)]

(ㄴ) **공해소송의 특성** ① 그러나 적어도 가해자가 어떤 유해한 원인물질을 배출한 사실, 그 유해의 정도가 사회통념상 일반적으로 참아내야 할 정도를 넘는다는 사실, 그것이 피해물건에 도달한 사실, 그 후 피해자에게 손해가 발생한 사실에 관한 증명책임은 피해자가 여전히 부담한다.[274)]

② 그리고 유해의 정도가 사람들이 참을 한도를 넘는지 여부는 피해의 성질과 정도, 피해이익의 공공성, 가해행위의 여러 가지 모습, 가해행위의 공공성, 가해자의 방지조치 또는 손해회피의 가능성, 공법상 규제기준의 위반 여부, 지역성 등 모든 사정을 종합적으로 고려하여 판단하여야 한다.[275)]

(vi) **제조물책임소송** (ㄱ) **간접반증이론** 간접반증이란 어떤 주요사실에 관하여 증명책임을 부담하는 자가 그 주요사실을 추측하기에 충분한 간접사실을 일단 증명한 경우에 상대방이 그 간접사실과는 별개의 또 양립되는 다른 간접사실을 증명함으로써 주요사실의 추인을 방해하는 증명활동을 말한다. 이 이론은 증명이 곤란하다는 이유로 패소판결을 하는 것이 정의에 반하는 경우에 상대방에게 반증책임을 부담하게 함으로써 정의와 형평을 실현하는데 실천적 의미가 있는데 우리 판례는 제조물책임소송에서 인과관계입증의 곤란을 간접반증이론에 의하여 해결하는 경향이다.

---

272) 대판 2018.9.28. 2015다69853.
273) 대판 2016.12.29. 2014다67720.
274) 대판 2013.10.11. 2012다111661.
275) 대판 2015.9.24. 2011다91784.

(ㄴ) **판례** ① 텔레비전이 정상적으로 수신되는 상태에서 발화, 폭발된 경우에, 소비자측에서 그 사고가 제조업자의 배타적 지배영역에서 발생한 사실 및 그 사고가 어떤 자의 과실이 없이는 흔히 발생하지 않는다는 것을 입증하면 제조업자측에서 그 사고가 제품의 결함이 아닌 다른 원인으로 발생한 것을 입증하지 못하는 이상 제조업자의 과실로 사고가 발생하였다고 추정하는 것이 손해의 공평·타당한 부담을 지도 원리로 하는 손해배상제도의 이상에 맞는다.276)

② 의약품 제조과정은 대개 제약회사의 내부자만 알 수 있고, 의약품제조행위는 고도의 전문적 지식을 필요로 하는 분야로서 일반인들이 의약품의 결함이나 제약회사의 과실을 완벽하게 입증하는 것은 극히 어렵다. 따라서 환자인 피해자가 제약회사를 상대로 손해배상을 청구하면서, 제약회사의 혈액제제가 바이러스에 오염되어 감염되었다고 주장하는 경우, 피해자는 다음만 입증하면 된다. 즉, 혈액제제를 투여받기 전에는 감염 의심 증상이 없었고, 투여 후 바이러스 감염이 확인되었으며, 해당 혈액제제가 바이러스에 오염되었을 상당한 가능성이 있다는 점 등이다. 이 정도가 증명되면, 자연과학적으로 명확한 증명이 없더라도 혈액제제 투여와 감염 사이의 시간적 근접성, 통계적 관련성, 제조공정, 감염의 의학적 특성, 원료혈액 진단방법의 정확성 등을 종합적으로 고려하여, 혈액제제의 결함이나 제약회사의 과실과 감염 사이의 인과관계가 추정될 수 있다. 이는 손해의 공평한 부담이라는 손해배상제도의 이념에도 부합한다. 한편 제약회사는 자신이 제조한 혈액제제에 결함이 없거나 감염 원인이 다른 데 있다는 사실을 증명함으로써 이러한 추정을 뒤집을 수 있다. 그러나 단순히 피해자가 같은 기간에 다른 회사의 혈액제제를 투여 받았거나 수혈을 받은 사실만으로는 이 추정을 번복할 수 없다.277)

현대형 소송

1. 일반론

- 원칙: 불법행위로 인한 손해배상을 민법 제750조에 의하여 청구하는 경우에 과실 및 인과관계 등의 증명책임을 피해자가 되는 원고가 부담
- 전통적 손해배상소송은 인과관계가 단순 → 증명 문제 없음
- 현대형 소송(의료사고, 공해, 제조물책임 등)은 과학적·전문적 지식 필요 + 증거 편중(가해자측 보유) → 피해자 원고가 증명곤란
- 해결과제: 피해자 구제를 위해 인과관계 증명을 완화·추정

276) 대판 2000.2.25. 98다15934.

277) 대판 2011.9.29. 2008다16776. 이 판례는, 혈우병환자의 인간면역결핍 바이러스(HIV)에 감염된 사건에 관한 의약품제조물책임의 손해배상책임에 관한 것이다. 같은 취지: 대판 2017.11.9. 2013다26708,26715,26739.

2. 의료사고소송
- **일응의 추정 · 표현증명**
- 고도의 개연성 있는 경험칙에 의해 인과관계 추정
- 환자가 일반적 의료과실 + 의료 전 건강상태 입증 → 의사가 다른 원인 입증 못하면 과실 추정
- 판례: 수술 도중/후 중대한 결과 발생 시 다른 원인 보기 어려우면 과실 추정
- 의료채무의 성격
- 결과채무(×) → 수단채무(○): 선량한 관리자의 주의의무
- 진료방법 선택에 상당한 재량 인정 → 합리적 범위 벗어나야 과실 성립
- 의사의 설명의무
- 환자에게 증상, 치료방법, 필요성, 위험성 설명 → 동의 획득
- 설명의무는 문서화 필요, 증명책임은 의사 부담
- 예견 불가능한 위험까지 설명할 의무는 없음
- 설명의무와 위자료
- 설명 없이 중대한 결과 발생 → 환자 자기결정권 침해 → 위자료 인정
- 다만 자기결정권 관련 의료행위(침습·중대한 결과 개연성 있는 경우)에 한정
- 진료기록부
- 진료기록 작성·열람권 보장
- 기록 불성실로 경과 불분명해진 경우, 의사에게 유리하게 해석 불가
- 가정적 승낙
- 올바른 설명 들어도 환자가 동의했을 경우만 예외적 면책
- 손해배상 범위
- 의사 과실의 정도, 진료 난이도, 질환 특성, 환자 체질 등 참작 → 배상액 제한 가능

3. 보험계약(상해의 요건)
- '외래의 사고' = 신체적 결함(질병·체질)이 아닌 외부 원인
- **외래성 및 인과관계 입증책임 → 보험청구자 부담**

4. 금융투자업자의 설명의무
- 원칙: 투자위험은 투자자 부담
- 그러나 정보·전문성 격차 → **금융투자업자의 설명의무 인정**
- 투자상품 특성·위험도·투자자 능력 고려 → 중요사항 누락/왜곡 금지
- 설명의무 이행 증명책임 = 금융투자업자 부담

5. 공해소송
- **위험영역설**
- 가해자 지배 영역 내 발생 손해 → 가해자가 무해성 입증 못하면 인과관계 인정
- 피해자에게 과학적 엄밀 증명 요구는 불공정 → 가해자 측에 반증 부담
- 특성

◦ 피해자 입증사항
① 유해물질 배출 사실
② 사회통념상 참을 수 없는 유해 정도
③ 피해물건에 도달
④ 손해 발생 사실
◦ 유해 정도는 피해 성질 · 공공성 · 방지조치·규제기준 위반 등 종합 고려

6. **제조물책임소송**

- **간접반증이론**
- 피해자가 간접사실 증명 → 제조업자가 반대사실 증명 못하면 결함 · 과실 추정
- 피해자 구제를 위한 증명완화 장치
- 판례
  ◦ TV 발화·폭발 사건: 소비자가 '배타적 지배영역 + 통상 과실 없인 발생 어려움' 입증 → 제조업자가 다른 원인 입증 못하면 과실 추정
  ◦ 혈액제제 감염 사건: 피해자가 투여 전 건강·투여 후 감염 · 혈액제제 오염 가능성 입증 → 인과관계 추정
- 제약회사가 결함 없음. 다른 원인 입증 못하면 책임 인정
- 단순히 다른 혈액제제 투여 사실만으로 추정 번복 불가

□ **핵심정리**

- **현대형 소송 특징: 인과관계 입증 곤란 → 피해자 보호 위해 증명완화**
- **의료사고: 일응의 추정, 수단채무, 설명의무(자기결정권), 기록의무**
- **보험: 외래성 입증 = 보험청구자 부담**
- **금융투자: 설명의무 · 증명책임 = 금융투자업자**
- **공해: 위험영역설 → 가해자가 무해성 입증 못하면 인과관계 인정**
- **제조물책임: 간접반증 → 피해자 구제, 제조업자 반증책임**

(c) **불법행위로 말미암은 손해배상채권에서 소멸시효의 기산점** 불법행위로 말미암은 손해배상채권에서 민법 제766조 제2항에 의한 소멸시효의 기산점이 되는 '불법행위를 한 날'이란 가해행위가 있었던 날이 아니라 현실적으로 손해의 결과가 발생한 날을 의미한다. 감염의 잠복기가 길거나, 감염 당시에는 질병이 어느 단계까지 진행될지 예측하기 어려운 경우, 손해 발생 시점을 일률적으로 감염일로만 본다면 문제가 생길 수 있다. 즉 피해자는 감염 당시에는 장래 손해 발생 여부가 불확실하여 청구를 하지 못하고, 실제로 손해가 발생한 시점에는 이미 소멸시효가 완성되어 청구할 수 없는 부당한 결과가 초래될 수 있다. 따라서 이러한 경우에는 감염 그 자체로 인한 손해와, 이후 증상 발현이나 병의 진행으로 인한 손해를 구분할 필요가 있다. 특히 증상 발현이나 병의 진행으로 인한 손해는 해당 시점에서 비로소 현실적으로 발생

한 것으로 보아야 한다.[278)]

(d) **자동차의 주요골격부위파손 수리비의 입증책임**　불법행위로 물건이 훼손된 경우 손해액 산정은 다음과 같다. 수리가 가능한 경우: 수리비. 수리가 불가능한 경우: 교환가치의 감소액. 수리 후에도 일부 수리가 불가능한 부분이 남는 경우: 수리비 + 수리불능으로 인한 교환가치 감소액이다. 자동차 사고의 경우, 주요 골격 부위가 파손되는 등 중대한 손상이 발생하면, 기술적으로 수리가 가능하더라도 원상회복이 불가능한 부분이 남는 것이 경험칙에 부합한다. 따라서 그로 인한 자동차 가격 하락 손해 역시 통상 손해에 해당한다. 이때 '중대한 손상'에 해당하는지 여부는 다음과 같은 요소를 종합적으로 고려하여 판단한다. 즉 사고의 경위와 정도, 파손 부위 및 그 경중, 수리 방법, 자동차의 연식 및 주행거리, 사고 당시 자동차 가액에서 수리비가 차지하는 비율, 중고자동차 성능·상태점검기록부에 사고 이력으로 기재될 정도인지 여부, 이러한 판단은 사회 일반의 거래 관념과 경험칙에 따라 객관적·합리적으로 이루어져야 하며, 중대한 손상임을 주장하는 당사자가 주장·증명할 책임을 진다.[279)]

(e) **위자료산정**　위자료는 정신적 고통 그것의 전보가 아니라 정신적 고통을 완화시키기 위한 금전급부를 말한다. 따라서 위자료 액수의 산정이라 함은 인정된 손해를 증거에 기초하여 금전적 가치로 전환하는 것이 아니다. 불법행위로 입은 비재산적 손해에 대한 위자료 액수는 사실심법원이 여러 사정을 참작하여 그 직권에 속하는 재량에 의하여 이를 확정할 수 있다는 것은 이를 의미한다. 그러나 위자료의 산정에도 그 시대와 일반적인 법 감정에 부합될 수 있는 액수가 산정되어야 한다는 한계가 당연히 존재하므로, 그 한계를 넘어 손해의 공평한 분담이라는 이념과 형평의 원칙에 현저히 반하는 위자료를 산정하는 것은 사실심법원이 갖는 재량의 한계를 벗어난 것이다.[280)]

(바) **부당이득반환청구**　일단 부당이득 반환책임이 인정되는 경우에 그 반환액은 당사자의 주장과 증명이 부족하더라도 법원이 적극적으로 석명권을 행사하여야 하고 경우에 따라서는 직권으로라도 그 반환액을 심리해서 판단하여야 한다.[281)]

(사) **사해행위취소소송**

(a) **수익자의 선의**　사행행위취소소송에서 채무자의 어떤 행위가 사해행위에 해당한다는 증명책임은 채권자에게 있지만 수익자의 선의는 수익자에게 증명책임이 있고[282)] 그 증명은 객관적이고 납득할 만한 증거자료 등이 뒷받침되어야 하므로, 채무자 한 쪽의 진술이나 제3자의 추측에 불과한 진술 등에 의존해서 수익자가 그 사해행위 당시에 선의였다고 단정해서는

278) 대판 2017.11.9. 2013다26708,26715,26739.
279) 대판 2017.5.17. 2016다248806.
280) 대전판 2013.5.16. 2012다202819 참조.
281) 대판 2012.6.14. 2012다20819.
282) 대판 2013.11.28. 2013다206986.

안 된다.[283)]

(b) **이혼에 따른 재산분할과 사해행위** 이혼에 따른 재산분할은 혼인 중 부부 양쪽의 협력으로 이룩한 공동재산의 청산이라는 성격에 경제적으로 곤궁한 상대방에 대한 부양적 성격이 가미된 제도이다. 그러므로 이미 채무초과 상태에 있는 채무자가 이혼을 하면서 그 배우자에게 재산분할로 일정한 재산을 양도함으로써 일반 채권자에 대한 공동담보를 감소시키는 결과가 된다고 하더라도, 이러한 재산분할이 민법 제839조의2 제2항의 규정 취지에 따른 상당한 정도를 벗어나는 과대한 것이라고 인정할 만한 특별한 사정이 없는 한 사해행위로서 채권자에 의한 취소의 대상으로 되는 것이 아니다. 다만 상당한 정도를 벗어나는 초과 부분에 한하여서는 적법한 재산분할이라고 할 수 없어 취소의 대상으로 될 수 있을 것이므로 이 점에 관한 입증책임은 채권자에게 있다.[284)]

㈎ **세금부과처분취소소송에서 과세요건 사실의 증명책임** 일반적으로 세금부과처분 취소소송에서 과세요건사실에 관한 증명책임은 과세권자에게 있다. 그러나 구체적인 소송과정에서 경험칙에 비추어 과세요건사실을 추단할 수 있는 사실이 밝혀진 경우의 과세처분은, 과세의무자가 문제로 된 당해 사실이 경험칙을 적용하기에 적절하지 아니하다는 등의 반대사정을 증명하지 못하는 한 당해 과세처분이 과세요건에 흠이 있는 위법한 처분이라고 단정할 수 없다.[285)]

㈏ **화재와 입증책임**

(a) **임대차건물의 화재와 입증책임** (i) 임대차 목적물이 화재 등으로 소멸하여 임차인이 목적물을 반환할 수 없게 된 경우, 임차인은 그 불능이 자기에게 책임 없는 사유로 인한 것임을 증명하지 못하면 손해배상책임을 진다. 이때 화재의 구체적 원인이 밝혀지지 않은 경우에도 마찬가지다. 이러한 법리는 임대차 종료 당시 반환 자체가 불가능하지 않더라도, 반환된 건물이 화재로 훼손되어 손해배상 문제가 되는 경우에도 동일하게 적용된다. (ii) 임대인은 임대차계약이 존속하는 동안 목적물을 사용·수익에 적합한 상태로 유지할 의무가 있다(민법 제623조). 따라서 임대차 기간 중 발생한 화재가 임대인이 지배 · 관리하는 영역의 하자로 인해 발생한 것으로 추정된다면, 그 하자를 보수·제거할 의무는 임대인에게 있다. 그러므로 임차인이 그 하자를 미리 알았거나 알 수 있었던 특별한 사정이 없는 한, 임대인은 화재로 인한 반환불능 등 손해에 대해 임차인에게 책임을 물을 수 없다.[286)]

(b) **임차 외 건물의 화재에 대한 입증책임** 임차인이 임대인 소유 건물의 일부를 임차하여

283) 대판 2010.7.22. 2009다60466.

284) 대판 2000.7.28. 2000다14101, 2006.9.14. 2006다33258 등 참조.

285) 대판 2002.11.13. 2002두6392, 2006.9.22. 2006두6383, 2007.2.22. 2006두6604 등 참조.

286) 대전판 2017.5.18. 2012다86895 · 86901.

사용 · 수익하던 중 임차 건물 부분에서 화재가 발생하여 임차 건물 부분이 아닌 임차 외 건물 부분까지 불에 타 그로 말미암아 임대인에게 재산상 손해가 발생한 경우에, 임차인이 보존· 관리의무를 위반하여 화재가 발생한 원인을 제공하는 등 화재 발생과 관련된 임차인의 계약상 의무 위반이 있었음이 증명되고, 그러한 의무 위반과 임차 외 건물 부분의 손해 사이에 상당 인과관계가 있으며, 임차 외 건물 부분의 손해가 그러한 의무 위반에 따른 통상 손해에 해당하거나, 임차인이 그 사정을 알았거나 알 수 있었을 특별한 사정으로 인한 손해에 해당한다고 볼 수 있는 경우라면, 임차인은 임차 외 건물 부분의 손해에 대해서도 민법 제390조, 제393조에 따라 임대인에게 손해배상책임을 부담하게 된다.[287)]

(c) **화재의 우연성과 피보험자의 과실에 관한 입증책임** 상법 및 화재보험약관 규정의 형식 및 취지, 화재가 발생한 경우에 보험자에게 면책사유가 존재하지 않는 한 소정의 보험금을 지급하도록 함으로써 피보험자로 하여금 신속하게 화재로 인한 피해를 복구할 수 있게 하려는 화재보험제도의 존재의의에 비추어 보면, 화재가 발생한 경우에는 일단 화재보험의 우연성 요건을 갖춘 것으로 추정된다. 다만 화재가 보험계약자나 피보험자의 고의 또는 중과실에 의하여 발생하였다는 사실을 보험자가 증명하는 경우에 국한하여 위와 같은 추정이 번복되는 것으로 보아야 한다.[288)]

㈕ **보험회사나 보험모집종사자의 위법권유에 대한 주장·증명책임** (a) 보험회사나 보험모집종사자는 보험계약을 체결할 때, 보험계약자 또는 피보험자에게 약관에 기재된 중요한 내용을 구체적이고 상세하게 설명해야 한다. 만약 이러한 설명의무를 위반한 채 계약이 체결되었다면, 보험자는 해당 약관 내용을 계약 내용으로 주장할 수 없다.[289)]

(b) 또한 고객의 연령, 재산·소득 상황, 사회적 경험, 보험 가입 목적 등을 고려했을 때 투자성 상품이나 변액보험이 적합하지 않다고 판단되면, 이를 권유해서는 안 된다. 그럼에도 불구하고 과도한 위험이 있는 보험상품 가입을 권유하여 고객 보호의무를 위반한 경우, 그 행위는 위법으로 평가되며 민법 제750조 또는 보험업법 제102조 제1항에 따라 손해배상책임을 부담하게 된다.

(c) 다만 위와 같은 적합성 원칙 위반에 관한 주장·증명책임은 고객에게 있다. 그러나 손해배상책임의 인정 여부는 고객의 연령, 재산 및 소득 상황, 보험 가입 목적, 가입한 보험의 특성 등 여러 사정을 종합적으로 고려하여 판단해야 한다. 따라서 단순히 해당 변액보험에 투자 위험이 크다거나 소득 대비 보험료 부담이 높다는 사정만으로 곧바로 적합성 원칙 위반이나 위법한 권유행위가 있었다고 단정할 수는 없다.[290)]

---

287) 대전판 2017.5.18. 2012다86895 · 86901.
288) 대판 2009.12.10. 2009다56603 · 56610.
289) 대판 2015.11.17. 2014다81542.

(카) **채권양도금지 특약의 주장·증명책임** (a) 채권은 당사자가 반대의사를 표시하면 양도할 수 없다(민 제449조 제2항). 따라서 채권양수인이 당사자의 반대의사표시의 존재를 알았거나 또는 알지 못한데 대해 중대한 과실이 있다는 것은 채권양도사실을 반대한 당사자가 주장·증명하여야 한다.[291] 그리고 채권양수인이 악의라고 하더라도 다시 선의로 양수한 전득자는 유효하게 채권을 취득하며,[292] 양도금지특약이 있는 채권이더라도 전부명령(민집 제231조)에 의하여 전부(轉付)되는 데에는 지장이 없으므로 전부채권을 다시 선의로 양수한 자도 유효하게 그 채권을 취득한다.[293] 그러나 이미 다른 사람이 가압류한 금전채권에 대하여 압류 및 전부명령을 받은 관계로 전부명령이 무효인 경우 압류채권자는 그 채권에 대한 추심명령이 있는 때에 압류채권의 지급을 받을 수 있음은 별론으로 하고 막바로 제3채무자에 대하여 그 채권액의 지급을 청구할 수 없다.[294]

(b) 한편 저당권과 함께 피담보채권을 양수한 자는 저당권이전의 부기등기를 마치고 저당권실행의 요건을 갖추고 있는 한 채권양도의 대항요건을 갖추고 있지 않더라도 경매신청을 할 수 있고 이 경우 경매개시결정을 할 때 피담보채권의 양수인이 채무자에 대한 채권양도의 대항요건을 갖추었다는 점을 증명할 필요는 없지만, 적어도 그와 같은 사유는 경매개시결정에 대한 이의나 항고절차에서는 신청채권자가 입증하여야 한다.[295]

(타) **주주명부에 주주로 등재된 경우의 주장·증명책임** 주주명부에 주주로 등재된 사람은 실제 주주로 추정되므로 주주명부가 신탁된 것이고 그 명의차용인으로서 실질상 주주가 따로 있는 것을 주장하려면, 명의신탁관계를 주장하는 측에서 명의차용사실을 증명하여야 한다.[296]

(파) **특허발명의 신규성 또는 진보성 판단과 관련된 특허발명 구성요소가 출원 전에 공지된 것인지에 관한 증명책임** 특허발명의 신규성 또는 진보성 판단과 관련하여 해당 특허발명의 구성요소가 출원 전에 세상에 공지(公知)된 것인지는 사실인정의 문제로서, 그 공지사실에 관한 증명책임은 신규성 또는 진보성이 부정된다고 주장하는 당사자(즉, 특허출원심사과정의 심사관)에게 있다. 따라서 권리자가 자백하거나 법원에 현저한 사실로서 증명을 필요로 하지 않는 경우가 아니라면, 그 공지사실은 증거에 의하여 증명되어야 한다.[297]

(하) **언론중재법상 정정보도 청구의 증명책임** 언론중재법 제14조에 의하여 사실 주장에 관한 언론보도 등의 내용에 관한 정정보도를 청구하는 피해자는 그 언론보도 등이 진실하지

---

290) 대판 2014.10.27. 2012다22242 참조.
291) 대판 1999.12.28. 99다8834 참조.
292) 대판 2015.4.9. 2012다118020.
293) 대판 2003.12.11. 2001다3771.
294) 서울고판 1986.6.19. 86나696.
295) 대결 2022.1.14.2019마71.
296) 대판 2007.9.6. 2007다27755, 2016.8.29. 2014다53745.
297) 대전판 2017.1.19. 2013후37 참조.

아니하다는 데 대한 증명책임을 부담한다.[298] 왜냐하면 사실 주장이 진실한지 아닌지를 판단함에 있어서, 어떤 사실의 적극적 존재 증명은 물론 어떤 사실의 부존재 증명이라도, 그것이 특정 기간과 특정 장소에서 특정한 행위가 존재하지 아니한다는 점에 관한 것이라면, 피해자가 그 존재 또는 부존재에 관하여 충분한 증거를 제출함으로써 이를 증명할 수 있기 때문이다. 그러나 현재까지의 과학수준이나 연구 성과에 의하여 논쟁적인 과학적 사실의 진위가 어느 쪽으로든 증명되지 아니한 상태에 있음이 분명하고, 아직 그러한 상태에 있다는 것이 학계에서 일반적·보편적으로 받아들여지고 있는 경우, 언론이 논쟁적인 주제에 관한 과학적 연구에 근거하여 그 과학적 연구의 한계나 아직 진위가 밝혀지지 아니한 상태라는 점에 관한 언급 없이, 그 과학적 연구에서 주장된 바를 과학적 사실로서 단정적으로 보도하였다면 그 과학적 사실에 관한 언론보도는 진실하지 아니한 것이라고 할 것이다. 따라서 그 언론보도의 내용에 관한 정정보도를 청구하는 피해자로서는 그 과학적 사실이 틀렸다는 점을 적극적으로 증명할 필요 없이, 위와 같이 그 과학적 사실의 진위가 아직 밝혀지지 않은 상태에 있다는 점을 증명함으로써 언론보도가 진실하지 아니하다는 데에 대한 증명을 다하였다고 보아야 한다.[299]

(거) 주주 또는 회사채권자가 상법 제396조 제2항에 의하여 주주명부 등의 열람·등사청구를 한 경우의 정당한 목적이 없다는 것에 관한 증명책임 주주 또는 회사채권자가 상법 제396조 제2항에 의하여 주주명부 등의 열람·등사청구를 한 경우 회사는 그 청구에 정당한 목적이 없는 등의 특별한 사정이 없는 한 이를 거절할 수 없고, 이 경우 정당한 목적이 없다는 점에 관한 증명책임은 회사가 부담한다. 이러한 법리는 상법 제396조 제2항을 유추적용하여 실질주주명부의 열람·등사청구권을 인정하는 경우에도 동일하게 적용된다.[300]

(너) 영업권의 증명책임 영업권은 사업체가 동종 기업의 정상 이익률을 초과하는 수익력을 가지는 경우 그 초과 수익력을 평가한 것이다. 이와 같은 영업권을 갖는 사업체가 거래의 객체가 되는 경우에는 당연히 그 부분에 대한 대가를 주고받을 것이 예상된다. 따라서 영업권을 갖는 사업체를 동업으로 경영하다가 동업관계에서 탈퇴한 조합원의 사업체에 대한 지분은 당연히 영업권을 포함하여 평가하여야 한다. 조합원들이 약정으로 지분의 평가방법을 정하면서 영업권을 평가에 포함하지 않기로 정할 수 있지만, 그 증명책임은 이를 주장하는 사람에게 있다.[301]

298) 대전판 2011.9.2. 2009다52649.

299) 대전판 2011.9.2. 2009다52649(mbc "pd수첩"의 「미국산 소고기, 광우병에서 안전한가」에 관한 정정보도청구 사건).

300) 대판 2017.11.9. 2015다235841.

301) 대판 2017.7.18. 2016다254740.

현대형 소송을 제외한 민사상 주요 쟁점별 입증책임

① 취득시효의 「소유의 의사」

- 원칙: 점유자는 소유의 의사로 점유한 것으로 추정(민 197①)
- 입증책임
  - 자주점유 추정 → 상대방(진정소유자)이 타주점유임을 입증해야 함
  - 단, 점유자가 무단점유(악의)인 경우에는 자주점유 추정 번복됨
- 국가·지자체 점유: 적법취득절차 가능성이 있으면 자주점유 추정 유지

② 준소비대차계약(민605)

- 요건: 기존의 금전채무가 존재해야 함
- 입증책임: 기존 채무의 존재는 채권자가 증명

③ 명의신탁

- 원칙: 등기명의자 = 적법한 소유자 추정
- 입증책임: 명의신탁관계를 주장하는 신탁자가 증명해야 함
- 권리증 소지: 수탁자가 등기권리증 등 소지 시 신탁관계 인정 어려움

④ 채무불이행(민390)

- 채무이행 여부: 채무자가 증명
- 귀책사유 부존재: 채무자가 증명(민 제390조 단서)
- 위자료: 재산상 손해배상으로 회복되지 않는 정신적 고통이 있는 경우만 예외적 인정

⑤ 일반 불법행위(민750)

- 입증책임: 피해자(원고)가 고의·과실, 인과관계, 손해를 증명
- 자동차 수리비: 주요골격부 손상 등 "중대한 손상" 여부는 이를 주장하는 자가 증명
- 위자료 액수: 법원의 재량이지만 사회통념상 한계 내에서 산정

⑥ 부당이득

- 입증책임: 인정되면 그 범위는 법원이 적극적으로 석명하여 판단 가능(직권심리 강화)

⑦ 사해행위취소소송

- 사해행위 해당 여부: 채권자가 증명
- 수익자의 선의(몰랐다는 점): 수익자가 증명
- 이혼 재산분할의 과다 여부: 초과 부분의 사해성은 채권자가 증명

⑧ 세금부과처분취소소송

- 과세요건사실: 원칙적으로 과세관청이 증명
- 다만 경험칙상 추단 가능한 경우 → 납세자가 반증하지 못하면 적법처분으로 봄

⑨ 화재 관련 입증책임

- 임대건물 화재: 임차인은 자기 책임이 아님을 증명해야 면책
- 임차 외 건물 손해: 임차인의 의무위반·인과관계·손해를 임대인이 증명

- 보험금 지급: 화재의 우연성은 추정되며, 보험자가 피보험자나 보험계약자의 고의·중과실 입증해야 위 추정번복

⑩ **보험모집인의 위법권유**

- 보험자가 설명의무를 위반한 채 계약이 체결되었다면, 보험자는 해당 약관 내용을 계약 내용으로 주장할 수 없다.
- 적합성 원칙 위반: 위법권유 주장자는 고객이 입증
- 판단 시 연령·재산·보험목적 등 종합 고려

⑪ **채권양도금지 특약**

- 양도금지 사실의 주장: 양도를 반대한 당사자가 입증
- 피담보채권 양수 후 경매신청 시: 대항요건은 항고절차에서 신청채권자가 입증

⑫ **주주명부 등재**

- 원칙: 주주명부에 등재된 자 = 주주로 추정
- 명의신탁 주장: 명의차용을 주장하는 자가 입증

⑬ **특허발명의 신규성·진보성**

- 공지사실: 특허 무효 주장자(심사관 등)가 입증

⑭ **언론중재법상 정정보도**

- 보도 진실 아님: 피해자(청구인)가 입증
- 논쟁적 과학사안의 경우, '진위 미확정 상태'를 입증하면 충분

⑮ **주주명부 열람청구의 정당한 목적**

- 정당한 목적 부존재: 회사가 입증해야 함

⑯ **영업권 평가**

- 영업권 포함 배제 약정: 이를 주장하는 배제 주장자 입증

□ **핵심정리**

쟁점	입증책임 주체
자주점유(소유의 의사)	타주점유 주장자
준소비대차 기존채무	채권자
명의신탁	주장자
채무이행·귀책사유 부존재	채무자
불법행위 요건	피해자
수익자 선의	수익자
이혼 재산분할 과다	채권자
과세요건사실	과세관청
임차인의 책임 없음	임차인
화재 고의·중과실	보험자

적합성 위반	고객(피보험자)
양도금지 특약	반대한 당사자
주주명부 명의신탁	명의차용 주장자
특허 공지사실	신규성 부정주장자
정정보도 청구	피해자
주주명부 열람 목적 부존재	회사
영업권 평가 제외 배제	주장자

4. 증명책임의 전환

증명책임의 전환이라 함은 특별한 경우에 법률로 증명책임의 일반원칙을 수정하여 상대방에게 반대사실의 증명책임을 부담시키는 것을 말한다. 예를 들어 불법행위로 말미암은 손해배상청구소송에서는 원고가 피고의 과실에 관하여 증명책임을 부담하지만(민 제750조) 같은 불법행위소송인 자동차사고에 의한 손해배상청구소송에서는 자동차손해배상보장법 제3조 단서에 의하여 손해배상의무를 부담하는 피고가 자동차를 운행할 때에 주의를 태만히 하지 아니하였다는 사실에 관하여 증명책임을 부담하는 것과 같다. 이와 같이 증명책임의 전환을 인정하느냐의 여부는 실체법상 여러 권리의 실현가능성 및 손해의 예방 목적 등 입법자의 입법정책 문제이다. 이 점에서 구체적인 소송과정에서 당사자 한편에서 다른 편으로 수시로 이동하는 증거제출책임과 구별된다. 증거제출책임의 전환은 당사자 한 쪽이 증명가능성이 높은 증거를 제출한 경우에 상대방이 여기에 상응하는 반대증거를 제출하지 아니하면 패소할 염려가 있기 때문에 법 정책의 문제와 관계없이 증명의 현실적 필요에 의하여 다른 증거를 제출함으로써 이루어지는 것이다.

5. 법률상 추정

(1) 뜻

추정이라 함은 사실인정의 주체가 어느 사실에 근거하여 별개의 사실에 관해서 확신을 형성하는 것을 가리킨다. 전자를 전제사실, 후자를 추정사실이라고 부른다. 추정에는 경험칙에 터 잡아 간접사실로부터 주요사실을 추측하는 사실상 추정[302]과 경험칙이 미리 추정규정으로 법규화된 법률상 추정이 있다.

302) [72] 3. (4) 참조.

법률상 추정은 법률상 사실추정과 법률상 권리추정으로 나뉜다. 사실상 추정은 법관의 자유 심증 영역에 속하여 이에 관해서는 이미 자유심증주의 부분에서 언급하였으므로 아래에서는 법률상 사실추정과 권리추정에 관해서 설명하기로 한다.

(2) 법률상 사실추정

㈎ 뜻　법이, 전제사실 갑에 근거하여 법규의 구성요건 사실 을이 추정될 것을 정하였을 때 이를 법률상 사실추정이라고 부른다. 즉 법규의 요건사실 갑을 증명하여야 하는데 그 증명을 용이하게 하기 위해서 을 사실을 증명하면 반대사실(갑 사실의 부존재)의 증명이 없는 한 갑 사실의 존재를 추정한다는 법규가 있는 경우에 그 법규를 추정규정, 갑 사실을 추정사실, 을 사실을 전제사실이라고 한다. 전제사실을 증명하여 추정사실을 인정하는 증명활동을 법률상 사실추정이라고 한다.

㈏ 예　(a) 취득시효를 주장하려면 10년 또는 20년간 점유가 계속된 사실(요건사실)을 증명하지 않으면 안 된다(민 제245조). 그런데 민법 제198조는 시작과 끝을 전후하여 점유한 사실(전제사실)이 있는 때에는 그 점유는 계속한 것으로 추정한다(추정사실)고 규정하여 10년 또는 20년의 점유기간을 처음과 끝의 점유만 증명하면 점유의 계속을 추정시킨다. 이 경우에 증명책임을 부담한 자는 추정사실을 증명할 수도 있으나 그보다 증명이 용이한 전제사실을 증명함으로써 추정사실에 갈음할 수 있어 법률상 추정에서는 증명책임을 부담하는 자가 증명주제를 선택할 수 있다. 법률상 추정을 깨뜨리려면 반증을 들어 전제사실에 관한 법관의 심증을 방해함으로써 진위가 분명하지 않게 하든가, 추정사실의 부존재를 증명하여야 한다. 추정사실에 관한 부존재의 증명은 반증이 아니라 본증이 된다는 점에서 법률상 추정은 증명책임의 전환이다.

(b) **점유자의 자주점유 추정**　(i) 점유자는 물건을 자주 점유하는 것으로 추정한다(민 제197조 제1항) 어떤 토지의 점유자가 이전에 소유자를 상대로 그 토지에 관하여 소유권이전등기 말소절차의 이행을 구하는 소를 제기하였다가 패소하고 그 판결이 확정되었다고 하더라도 그 소송은 점유자가 소유자를 상대로 소유권이전등기의 말소를 구하는 것이므로 그 패소판결의 확정으로 점유자의 소유자에 대한 말소등기청구권만 부정될 뿐, 그 패소판결로 말미암아 점유자가 소유자에 대하여 어떠한 의무를 부담하게 되었다든가 그러한 의무가 확인되었다고 볼 수 없다. 따라서 점유자가 그 소송에서 패소하고 그 판결이 확정되었다는 사정만으로는 토지 점유자의 자주점유의 추정이 번복되어 타주점유로 전환되는 것이 아니다.[303)]

(ii) 등기부취득시효가 인정되려면 점유를 개시할 때 과실이 없어야 하고(민 제245조 제2

303) 대판 1999.9.17. 98다63018.

항), 그 증명책임은 주장자에게 있으며, 여기서 무과실이란 점유자가 자기의 소유라고 믿은 데에 과실이 없음을 말한다. 그런데 부동산에 등기부상 소유자가 존재하는 등 소유자가 따로 있음을 알 수 있는 경우에는 비록 소유자가 행방불명되어 생사를 알 수 없더라도 그 부동산이 바로 무주(無主)의 부동산에 해당하는 것은 아니므로, 소유자가 따로 있음을 알 수 있는 부동산에 대하여 국가가 국유재산법 제8조에 따른 무주부동산 공고절차를 거쳐 국유재산으로 등기를 마치고 점유를 개시하였다면, 특별한 사정이 없는 한 국가는 점유를 개시할 때 자기의 소유라고 믿은 것에 과실이 있다.[304)]

(다) **법률상 권리추정** (a) 추정규정에 의하여 권리가 직접 추측되는 경우이다. 예를 들어 민법 제200조에서 정한 점유자의 적법추정력 따위이다. 그 목적과 본질은 법률상 사실추정과 같다. 전제사실이 확정된 경우에 그 추정을 뒤집으려면 해당 사건에서 추정이 정당성을 가질 일체의 가능성을 배제하여야 한다. 여기서의 반대사실의 증명은 법률상 사실추정과 같이 반증이 아니라 본증이다.

(b) **부동산소유권보존등기의 추정력** (i) 소유권보존등기의 명의인은 소유자로 추정받으나 그 추정력은 미약하다. 즉 그 토지에 관하여 일제시대에 사정(査定)받은 사람이 따로 있고 그 사람이나 그의 승계인이 양도사실을 부인할 경우에는 그 등기가 임야소유권이전등기 등에 관한 특별조치법이나 부동산소유권이전등기 등에 관한 특별조치법에 의하여 마친 것이 아닌 이상 그 추정력은 바로 깨지기 때문이다.[305)] 그러나 실제로는 토지 사정인의 승계인에 의한 소유권보존등기의 말소는 그리 만만하지 않다. 왜냐하면 타인 명의의 소유권보존등기를 말소하려면 그 말소를 청구할 수 있는 권원이 있어야 하는데 토지 사정 이후 사정 명의인이 그 토지를 다른 사람에게 처분한 사실이 인정되면 사정명의인 또는 그 승계인들에게는 그 말소를 구할 권원이 없기 때문이다.[306)] 특히 사정명의인의 후손으로서 상속에 의하여 그의 소유권을 승계 취득하였음을 소송상 주장하는 경우에 그의 선대와 사정명의인의 동일성이 엄격하게 증명되어서 법관이 그에 관하여 확신을 가질 수 있어야 하고, 그 점에 관하여 의심을 제기할 만한 사정이 엿보임에도 함부로 이를 추단하여서는 안 되기 때문이다.[307)]

(ii) 일제시대 조선민사령에 의하여 토지조사부에 소유자로 등재되어 있는 자는 재결(裁決)에 의하여 사정내용이 변경되었다는 등의 반증이 없는 이상 토지의 소유자로 사정받아 그 사정이 확정된 것으로 추정되어 그 토지를 원시적으로 취득한다.[308)]

(iii) 국유임야대장에 귀속재산으로 기재되어 있는 임야는 1945.8.9. 현재 일본인 소유로

304) 대판 2016.8.24. 2016다220679.
305) 대판 2009.4.9. 2006다30921.
306) 대판 2008.12.24. 2007다79718, 2011.5.13. 2009다94384,94391,94407, 2016.12.29. 2014다67782.
307) 대판 2009.11.26. 2009다45924 참조.
308) 대판 2012.6.14. 2012다10355.

보아야 한다.[309] 그리고 6.25 사변으로 멸실되기 이전의 임야대장에 터 잡아 작성된 귀속임야대장은 그 당시 전국의 귀속임야를 기재한 것이므로 그 임야대장 중 소유자란의 기재에 부여된 권리추정력은 그에 기초하여 작성된 귀속임야대장에 그대로 이어진다.[310]

(c) **부동산소유권이전등기의 추정력**　(i) 판례[311]는 부동산소유권이전등기에 관한 추정력을 권리추정력으로 보았다. 그 이유는 부동산소유권이전등기를 마친 경우 그 등기명의자는 제3자에 대하여서뿐만 아니라 그 이전 소유자에 대하여서도 적법한 절차와 원인에 의하여 소유권을 취득한 것으로 추정되기 때문이다.[312] 그러므로 그 절차 및 원인이 부당하여 그 등기가 무효라는 사실은 이를 주장하는 자에게 증명책임이 있다. 예컨대 소유권이전등기가 전 등기명의인의 직접적인 처분행위에 의한 것이 아니라 제3자가 그 처분행위에 개입된 경우 현 등기명의인이 그 제3자가 전 등기명의인의 대리인이라고 주장하더라도 현 소유명의인의 등기가 적법하게 이루어진 것으로 추정되므로, 그 등기가 원인무효임을 이유로 그 말소를 청구하는 전 소유명의인으로서는 반대사실, 즉 그 제3자에게 전 소유명의인을 대리할 권한이 없었다든가 또는 제3자가 전 소유명의인의 등기서류를 위조하는 등 등기절차가 적법하게 진행되지 아니한 것으로 의심할 만한 사정이 있다는 등의 무효사실에 대한 증명책임을 진다.[313]

(ii) 그러나 등기절차가 적법하게 진행되지 아니한 것으로 볼만한 의심스러운 사정, 예를 들어 소유권이전등기를 등기소에 촉탁할 때 등기의무자의 승낙서를 첨부하지 않은 사정 등이 있을 때에는 그 추정력은 깨진다.[314]

(iii) 등기공무원이 관할지방법원의 명령에 의하여 소유권이전등기를 직권으로 말소하였으나 그 후 그 명령이 취소되어 확정된 경우에는 위 말소등기는 결국 원인 없이 경료된 등기와 같이 되어 말소된 소유권이전등기는 회복되어야 하고, 회복등기를 마치기 이전이라고 하더라도 등기명의인으로서의 권리를 그대로 보유하고 있다고 할 것이므로 그는 말소된 소유권이전등기의 최종명의인으로서 적법한 권리자로 추정된다.[315] 왜냐하면 등기는 물권의 효력발생 요건이고 그 존속요건은 아니므로 물권에 관한 등기가 원인 없이 말소되더라도 그 물권의 효력에는 아무런 변동이 없기 때문이다.

(iv) 1914년 조선총독부령에 의하여 만들어진 구 임야대장상 소유자 변동의 기재는 그 당시에 시행된 임야대장규칙에 따른 등기공무원의 처분에 의하여 이루어진 것이라고 보지 않을

---

309) 대판 2012.4.26. 2010다15332.
310) 대판 2010.1.28. 2009다72698.
311) 대판 1992.10.27. 92다30047 등.
312) 대판 2013.1.10. 2010다75044,75051.
313) 대판 2009.9.24. 2009다37831.
314) 대판 2010.7.22. 2010다21702.
315) 대판 1982.12.28. 81다카870.

수 없다. 그러므로 그 임야대장에 소유권이 이전된 것으로 등재되었다면 특별한 사정이 없는 한 그 명의로 소유권이전등기를 마쳤다고 보아야 할 것이고 그 후 멸실되었다면 6.25사변 등으로 등기부가 멸실된 것으로 인정하여야 한다.[316] 그리고 구 토지대장상 미등기토지의 소유권이 '국'으로 이전된 것으로 등재되어 있다면 특별한 사정이 없는 한 그 무렵 그 기재대로 소유권이 이전되었다고 인정된다.[317]

(v) 소유권이전등기가 형식적으로 확정된 판결에 의하여 말소되었으나 그 후 그 판결이 취소되었다면 결국 위 소유권이전등기는 부적법하게 말소된 것이다. 그러므로 말소된 등기의 등기명의자는 여전히 적법한 소유자로 추정되므로 그 등기의 효력을 다투는 쪽에서 그 무효사유를 주장 · 입증하여야 한다.[318]

(vi) 등기원인의 존부에 관한 분쟁이 발생하여 당사자 사이에 소송이 벌어짐에 따라 법원이 등기원인의 존재를 인정하면서 이에 기초한 등기절차의 이행을 명하는 판결을 선고하고 그 판결이 확정됨에 따라 이에 기초한 소유권이전등기가 마쳐진 경우, 그 등기원인에 기초한 등기청구권은 법원의 판단에 의하여 당사자 사이에서 확정된 것이다. 따라서 법원이나 제3자도 당사자 사이에 그러한 기판력이 발생하였다는 사실 자체는 부정할 수 없으므로, 위 기판력이 미치지 아니하는 타인이, 위 등기원인의 부존재를 이유로 확정판결에 기초한 등기의 추정력을 번복하기 위해서는 일반적으로 등기의 추정력을 번복할 경우에 요구되는 입증의 정도를 넘는 명백한 증거나 자료를 제출하여야 하고, 법원도 그러한 정도의 입증이 없는 한 확정판결에 기초한 등기가 원인무효라고 단정하여서는 아니 된다.[319]

㈑ **유사(類似)추정**

(a) **유사추정** 개인의 의사표시에 관하여 법이 일정한 내용을 추정하는 경우가 있다. 이것은 전제사실로부터 추정사실을 추정하는 것이 아니라, 의사표시의 해석을 법으로 정한 것이다. 예컨대 민법 제155조 제1항에서 기한은 채무자의 이익으로 추정한다든가. 민법 제585조의 매매에서 상대방의 의무이행에 대하여 동일기한으로 추정하는 따위이다.

(b) **잠정적 진실** 전제사실이 없는 무(無)전제 추정을 말한다. 예컨대 민법제 197조 제1항은 점유자는 소유의 의사로 선의, 평온 및 공연하게 점유한 것으로 추정한다고 규정되어 있는데 이 규정에 의하여 점유자는 아무런 전제사실이 없이 그냥 소유의 의사로 선의, 평온 및 공연하게 점유한 것으로 추정되는 것이다. 이것은 점유하지 아니한다는 반대사실의 증명책임을 상대방에게 부과한다는 것으로서 본문규정에 대한 단서규정의 성질이 있다.[320]

---

316) 대판 2002.2.22. 2001다78768.
317) 대판 2015.7.9. 2013두3658,3665.
318) 대판 1999.9.17. 98다63018.
319) 대판 2002.9.24. 2002다26252.
320) 같은 취지: 이시윤, 575면.

제3절 증거조사절차

[74] 제1. 증거조사총설

1. 증거조사의 시작

변론주의의 적용을 받는 사건에서는 당사자가 신청한 증거범위에서 증거조사를 하는 것이 원칙이다(직권증거조사 금지의 원칙). 그러나 당사자가 신청한 증거에 의하여 심증을 얻을 수 없거나 그 밖에 필요하다고 인정한 때에는 직권으로 증거조사를 할 수 있다(제292조).

(1) 증거의 신청

증거의 신청이라 함은 당사자가 증거자료를 얻기 위하여 특정한 증거방법에 관하여 증거조사를 요구하는 신청을 말한다. 공격방어방법을 제출하는 행위의 하나이다.

(가) 증거의 신청방식 증거의 신청은 서면 또는 말로 하는데(제161조) 그 신청에는 「증명할 사실」(제289조 제1항), 「특정한 증거방법」(예: 제308조의 증인, 제345조의 특정문서, 제364조의 검증 목적 등), 「증명할 사실과 증거방법과의 관계」(민소규 제74조)를 구체적으로 명시하지 않으면 안 된다. 서면에는 전자문서의 서면요건(전자문서 제4조의2)을 갖춘 전자서면이 포함된다. 「증명할 사실」을 명시하지 않은 증거에 의한 증명을 모색적 증명이라고 하여 원칙적으로 허용되지 않는다는 것은 이미 설명하였다.[321)]

(나) 신청의 시기 증거의 신청도 공격방어방법의 하나이므로 변론이 종결될 때까지 할 수 있다(다만 제149조, 제285조의 제약이 있다). 변론기일에는 물론이고 변론기일 이전에도 할 수 있다(제289조 제2항).

(다) 상대방의 진술과 증거신청의 철회

(a) (i) 증거신청이 있으면 법원은 상대방에게 증거신청에 대한 의견진술의 기회를 주어야 한다(제274조 제1항 5호, 제2항, 제283조). 당사자 평등의 원칙과 절차기본권을 보장하기 위해서이다. 상대방은 그 증거의 증거능력, 증거력 등에 관하여 의견을 진술할 수 있는데 이 경우 자기의 사실상 주장을 증명하기 위한 증거방법과 상대방의 증거방법에 대한 의견을 함께 하여야 한다(제274조 제2항).

(ii) 증거에 대한 상대방의 진술을 증거항변이라고 하는데 증거가치가 없다든가, 문서가

321) [73]1.(4)(다)(b) 참조.

위조되었다든가, 증거제출이 시기에 늦다든가 하는 진술 등이다. 당사자가 증거항변을 한 경우에는 법원은 이에 관해서 판단해주는 것이 실무관행이다.

(b) 당사자는 증거조사를 할 때까지는 상대방의 동의가 없어도 언제나 증거신청을 철회할 수 있다.[322] 그러나 증거조사를 시작하면 증거조사의 결과가 증거공통의 원칙에 따라 상대방에게 유리한 자료가 될 수 있으므로 상대방의 동의를 받아야 철회할 수 있다. 증거조사를 마쳤을 때에는 법원이 심증을 형성하여 증거신청의 목적을 달성하였으므로 철회할 수 없다. 그러나 적법하게 철회되었는데도 법원이 철회된 증거를 사실인정의 자료로 쓰면 직권증거조사의 경우를 제외하고는 이른바 대법원 판례가 즐겨 쓰는 채증법칙 위반의 위법이 된다.

(2) 증거신청의 채택 여부

(가) 증거신청이 신청방식에 맞지 아니하거나 시기에 늦은 경우(제149조)에는 그 신청을 각하할 수 있다. 신청방식에 맞는 증거신청이라고 하더라도 증거조사의 실시 여부는 법원의 소송지휘권에 속하므로 법원의 재량에 달려 있다(제290조 본문). 증거조사를 하여야 할 경우에도 증인의 행방불명, 문서의 분실 등으로 증거조사를 할 수 있을지, 언제 할 수 있을지 알 수 없는 부정기간의 장애가 있는 때에는 증거조사를 하지 아니할 수 있다(제291조).

(나) 유일한 증거 (a) 증거신청의 채택 여부는 법원의 재량에 속한다. 그러나 당사자의 주장사실에 대한 유일한 증거는 예외적으로 반드시 조사하여야 한다(제290조 단서). 법원이 당사자의 유일한 증거마저 배척한다는 것은 법관이 사건에 대하여 미리 심증을 형성하고 있다는 인상을 줄 뿐 아니라 결과적으로 당사자 한 쪽의 증명할 길을 막음으로써 당사자 평등의 원칙에 반하여 부당하기 때문이다.

(b) 유일한 증거라 함은 주요사실을 증명하려는 당사자의 유일무이한 증거로서 그 증거를 조사하지 않으면 달리 증명할 길이 없어서 무 증명의 상태가 되는 것을 말한다. 유일한 증거는 주요사실에 관한 증거이므로 간접사실이나 보조사실에 관한 증거는 포함되지 않는다.[323] 자기에게 증명책임이 있는 사항에 대한 증거이기 때문에 본증에 관한 것이어야 하고 반증에는 해당되지 않는다.[324] 주요사실 중 쟁점이 여럿인 경우에 쟁점마다 유일한 증거인지 여부를 가려야 하는지 아니면 주요사실 전체에 관하여 유일한 증거가 되어야 하는지 문제된다. 생각건대 증거조사는 당사자 사이에서 다툼이 있는 사실에 관하여 심증을 얻을 것을 목적으로 하므로 각 쟁점마다 증거조사를 하는 것이 주요사실 전체에 관한 심증형성에 필요하다 하겠다. 따라서 유일한 증거는 쟁점마다 사실심 전체를 통하여 판단하여야 한다.[325]

---

322) 대판 1971.3.23. 70다3013.
323) 대판 2023.2.23. 2022다286144.
324) 대판 1998.6.12. 97다38510.

(c) 유일한 증거라고 해도 ① 증거신청이 부적법한 경우 ② 증거신청이 시기에 늦은 경우(제149조) ③ 증거조사에 필요한 비용을 미리 내지 않거나 송달불능 된 증인의 주소보정을 이행하지 아니하는 등으로 증거조사를 실시하기 어려운 경우 ④ 증인이 아프거나 송달불능, 구인장의 집행불능 등으로 부정기간의 장애가 있는 경우 ⑤ 법관의 지식을 보충하기 위한 감정신청에 불과한 경우 ⑥ 증명하고자 하는 사실이 소송의 결과에 영향이 없는 경우 ⑦ 변론을 종결할 때에 당사자가 더 이상 증거방법이 없다고 진술하는 경우[326] ⑧ 직권탐지주의가 적용되는 경우 등에는 유일한 증거라고 해도 증거조사를 생략할 수 있다.

㈐ **증거의 채택여부 결정** 법원이 증거조사를 할 것인지 아닌지 여부를 정하는 재판을 증거결정이라고 한다. 증거조사를 하지 아니할 때에는 되도록 빨리 각하결정을 하여야 하지만 각하결정을 하지 아니하였더라도 증거를 조사하지 아니한 채 변론을 종결하면 묵시적으로 각하의 재판을 한 셈이 된다. 증거의 채택 여부 결정은 소송지휘의 재판이므로 언제나 취소·변경할 수 있다(제222조). 이에 대해서는 독립한 불복신청이 허용되지 아니하며 종국판결에 대한 상소로써 다툴 수 있을 뿐이다(제392조).

(3) 직권증거조사

㈎ 변론주의 아래에서는 당사자의 신청에 의하여 증거조사를 하는 것이 원칙이지만 실체적 진실발견을 위하여 보충적·예외적으로 직권증거조사가 인정된다(제292조).

㈏ 다만 소액사건에서는 그 보충성을 벗어나서 필요하다고 인정할 때에는 언제든지 직권으로 증거조사를 할 수 있고 증거조사의 결과에 관하여 당사자의 의견을 들어야 한다(소심 제10조 제1항). 이 밖에 직권증거조사를 할 경우로서는 ① 관할에 관한 사항의 증거조사(제32조) ② 공공기관 그 밖의 단체에 대한 조사의 촉탁(제294조) ③ 감정의 촉탁(제341조) ④ 공문서의 진정성립 여부에 관한 조회(제356조 제2항) ⑤ 당사자 신문(제367조) ⑥ 검증할 때의 감정(제365조) ⑦ 직권에 의한 증거보전(제379조) ⑧ 증권관련집단소송에서 직권증거조사(증집소 제30조)등이 있다.

㈐ 직권탐지주의 아래에서는 직권증거조사가 원칙임은 당연하다.

㈑ 직권으로 증거조사를 하는 경우에 그 비용은 증거조사로 이익을 받을 자에게 미리 내라고 명하여야 한다. 이익을 받을 당사자가 분명하지 아니한 때에는 원고가 예납의무자이다(민소규 제19조 1~3호 단서).

---

325) 같은 취지: 이시윤, 483면.
326) 대판 1968.7.24. 68다998.

2. 증거조사의 실시

(1) 증거조사를 실시하는 장소·일시 및 기관

(가) 문서제출명령·문서송부촉탁·서증조사는 물론 감정, 사실조회, 검증 등 증거의 신청과 조사는 변론기일 이전에도 할 수 있다(제289조 제2항). 증인과 당사자본인신문의 신청은 변론기일 이전에도 할 수 있으나 그 신문은 당사자의 주장과 증거를 정리한 뒤에 집중적으로 하여야 하며(제293조), 수명법관과 수탁판사에 의한 증인신문을 제외하고는 변론준비기일에서는 할 수 없다(제281조 제3항 단서).

(나) (a) 증거조사는 직접주의의 요청상 원칙적으로 수소법원의 법정 안에서 실시한다(제297조 제1항의 반대해석). 그러나 비디오 등 중계장치에 의한 증인신문(제327조의2 제1항)이 가능하고 그 경우 증인신문은 법정에 출석하여 이루어진 것으로 보므로(제327조의2 제2항) 이제는 법정의 개념을 수소법원의 고정된 공간으로 한정할 필요가 없어졌다.

증거의 신청과 조사는 변론기일 이전에도 할 수 있지만(제289조 제2항) 변론에서 하는 것이 원칙이다. 그러므로 법원은 변론종결 이후에 접수시킨 서류를 판단의 자료로 삼을 수 없을 뿐 아니라 직권으로 조사할 의무도 없다.[327)]

(b) 법정에서의 증거조사기일은 동시에 변론기일이 된다. 법정이 아니더라도 비디오 등 중계장치에 의한 중계시설을 통하거나 인터넷 화상장치를 이용하여 변론기일을 열 수 있으므로(제287조의2) 그때에도 증거조사기일을 열 수 있다. 예외적으로 현장검증이나 병원에서의 병상신문과 같은 경우에는 법원 밖에서 증거조사를 실시할 수 있다(제297조 제1항). 수소법원은 이때에 수명법관 또는 수탁판사에게 그 실시를 맡길 수 있다(제297조 제1항 단서). 수탁판사는 필요하다고 인정할 때에는 다른 지방법원판사에게 다시 촉탁할 수 있는데 그 사유를 수소법원과 당사자에게 통지하여야 한다(제297조 제2항).

(다) 방식에 어긋난 증거조사를 한 경우, 예컨대 당사자 본인신문의 방식에 의하여야 할 종친회 대표자를 증인으로 조사한 경우와 같이 방식에 어긋난 증거조사를 한 경우에도 당사자가 지체 없이 이의의 진술을 하지 아니하였다면 그로 말미암아 소송절차에 관한 이의권(제151조)이 상실되었으므로 법원이 그 증언을 채택하여 사실인정을 하였다고 하더라도 위법이 아니다.[328)]

(라) 외국에서 증거조사를 할 때에는 외교부장관을 경유하여 그 외국에 주재하는 대한민국 대사·공사나 영사 또는 그 나라의 관할 공공기관에 촉탁한다(제296조 제1항). 외국에서 한 증거조사가 그 나라의 법률에 어긋나더라도 우리나라 법에 위배되지 않으면 그 효력이 있다(제296조 제2항). 외국에서 증거조사를 하려면 그 나라와 사법공조조약이나 국제관행이

327) 대판 1989.11.28. 88다카34148.
328) 대판 1977.10.11. 77다1316.

성립되어야 하는데 우리나라는 2009년에 다변조약인 1970년 ‘헤이그 조약’, 즉 민사 또는 상사의 해외증거조사에 관한 협약에 비준·가입함으로써 협력가입국의 사법공조를 받을 수 있게 되었다.

(2) 당사자의 참여

당사자는 절차기본권에 터 잡아서 증거조사에 참여하여 자기의 주장을 펼 수 있다. 그러므로 당사자가 참여할 기회를 보장하기 위하여 법원은 증거조사 기일 및 장소를 당사자에게 미리 통지하여야 한다(제167조, 제297조). 참여의 기회가 주어졌다면 당사자가 기일에 출석하지 아니하더라도 증거조사를 하는데 지장이 없다(제295조). 법원이 직권으로 증거조사 한 결과에 대하여는 당사자의 의견을 들어야 한다(소심 제10조 제1항 단서).

(3) 증거조사 조서

㈎ 증거조사의 경과 및 결과는, 증거조사가 변론기일에 실시된 경우에는 변론조서(제154조 2호·3호)에, 그렇지 않은 경우, 즉 법원·수명법관 또는 수탁판사의 신문 또는 심문과 증거조사에는 증거조사기일의 조서에 기재하여야 한다(제160조). 영상기일을 실시한 경우에도 그 취지를 조서에 적어야 한다(민소규 제73조의3 제8항).

㈏ 수소법원이 법정에서 한 증거조사의 결과는 당연히 재판의 기초로 할 수 있으나 ① 수명법관·수탁판사에 의한 증거조사 ② 외국에서 한 증거조사 ③ 수소법원이 법정 외에서 한 증거조사의 결과는 직접주의·구술주의의 요청으로 당사자가 변론에서 증거조사의 결과를 진술하여야 한다. ④ 비디오 등 중계장치 또는 인터넷 화상장치를 이용한 증인신문이나 감정인 신문은 법정에서 출석하여 이루어진 것으로 보므로 당사자가 변론에서 증거조사를 진술하지 아니하여도 증거조사 조서에 위의 신문사실들을 기재하여야 한다.

㈐ 전자문서로 변환된 증거조사조서는 전산정보처리시스템에 등재하여야 한다(민소전자문서 제10조 제1항).

[75] 제2. 여러 가지 증거조사

Ⅰ. 증인신문(제303조 이하)

1. 증인의 뜻 및 증인능력

㈎ (a) 증인이라 함은 자기가 과거에 경험한 사실을 법원에 보고할 것을 명령받은 제3자이다. 과거에 경험한 사실을 보고하는 사람이므로 특별한 학식, 경험으로 얻은 판단이나 의견을 진술하는 감정인과 다르다.

(b) 증인신문이라 함은 증인의 증언에서 증거자료를 얻기 위한 증거조사절차를 말한다. 증인의 선서와 진술은 증인신문조서에 기재하여야 한다(제154조 2호). 영상변론의 방법으로 증인신문을 실시하는 경우에도(제287조의2 제3항) 그 취지를 조서에 적어야 한다(민소규 제73조의3 제8항).

㈏ 증인이 될 수 있는 사람은 당사자와 법정대리인을 제외한 제3자이다. 제한능력자나 당사자의 친족도 증인능력이 있으며, 소송대리인, 보조참가인, 선정자(제53조), 탈퇴당사자(제80조, 제82조 제3항) 등도 당사자가 아니므로 모두 증인이 될 수 있다. 법인의 대표자는 당사자이므로 증인이 될 수 없다.[329)]

2. 증인의 의무

우리나라의 재판권에 복종하는 사람은 특별한 규정이 없으면 누구든지 증인이 될 의무가 있다(제303조). 이를 증인의무라고 한다.

㈎ **증인의무가 없는 경우** 그러나 일정한 공무원 또는 그 직책에 있었던 사람을 증인으로 하여 직무상 비밀에 관한 사항을 신문할 경우에 법원은 그 공무원이 대통령 · 국회의장 · 대법원장 · 헌법재판소장이면 그의 동의를(제304조), 국회의원이면 국회의 동의를(제305조 제1항), 국무총리 · 국무위원이면 국무회의의 동의를(제305조 제2항), 그 이외의 공무원이면 그 소속관청 또는 감독관청의 동의를 받아야 한다(제306조). 증언할 사항이 직무상 비밀에 해당하면 그 사유를 구체적으로 밝혀 미리 법원에 신고하여야 하고(민소규 제78조 제1항), 법원은 필요하다고 인정하는 때에는 그 소속관청 또는 감독관청에 대하여 비밀성 여부에 관하여 조회할 수 있다(민소규 제78조 제2항). 이들 관청은 국가의 중대한 이익을 해치는 경우를 제외하고는 동의를 거부하지 못한다(제307조).

---

329) 대판 2012.12.13. 2010도14360.

(나) **출석의무** 변론을 마치기 위해서 또는 변론준비절차를 거친 사건을 첫 번째 기일에서 변론을 마치기 위해서는 증인의 출석이 필수적이다. 영상기일을 실시하는 경우 통신 불량, 소음, 문서 등 확인의 불편, 제3자 관여 우려 등의 상유로 영상기일의 실시가 상당하지 아니한 증인이 있는 경우 재판장 등 법원은 영상기일을 연기 또는 속행하면서 그 증인이 법정에 직접 출석하는 기일을 지정할 수 있는데(민소규 제73조의3 제6항, 제95조의2) 이 경우에는 증인은 수소법원의 법정에 출석하여야 한다.

증인의 출석을 강화시키기 위해 종전의 구인과 과태료 이외에 새로이 감치제도(제311조 제2항 이하)를 두었다.

(a) **구인과 과태료** 수소법원 · 수명법관 또는 수탁판사의 출석요구를 받은 증인은 지정된 일시 · 장소에 출석할 의무가 있다. 증인이 기일에 출석할 수 없으면 바로 그 사유를 명시하여 신고하여야 하며(민소규 제83조), 신고의무를 불이행하면 정당한 사유가 없는 불출석으로 인정될 수 있다. 증인이 정당한 사유 없이 불출석할 때에 법원은 그 증인의 구인을 명할 수 있고(제312조) 이로 말미암은 소송비용을 부담시키며, 또 500만 원 이하의 과태료 제재를 부과할 수 있다(제311조 제1항).

(b) **감치** 과태료의 재판을 받고도 정당한 사유 없이 다시 출석하지 아니한 때에는 수소법원은 결정으로 7일 이내의 기간을 정하여 감치에 처한다(제311조 제2항). 이 경우 법원은 감치재판 기일에 증인을 소환하여 정당한 사유가 있는지 여부를 심리한 다음(동조 제3항) 정당한 사유가 없으면 감치에 처하고 그 집행은 감치재판을 한 법원 재판장의 명령에 따라 법원공무원 또는 경찰공무원이 경찰서유치장 · 교도소 또는 구치소에 유치한다(동조 제4항). 감치결정 이전에 증언을 하거나 감치에 처하는 것이 상당하지 아니한 때에는 법원은 처벌하지 않는다는 결정을 한다(민소규 제86조 제3항). 감치시설의 장은 감치사실을 법원에 통보하여야 한다(제311조 제5항). 법원은 그 통보를 받으면 바로 증인신문기일을 열어야 한다(동조 제6항). 증인이 감치의 집행 중에 증언을 한 때에는 법원은 바로 감치결정을 취소하고 그 증인의 석방을 명하여야 한다(동조 제7항). 이 경우에 재판장은 바로 증인이 유치되어 있는 감치시설의 장에게 그 취지를 통보하여야 한다(민소규 제86조 제5항).

(c) **즉시항고** 과태료와 감치의 각 결정에 대하여는 즉시항고를 할 수 있으나 이 즉시항고는 집행정지의 효력이 없다(제311조 제8항).

(d) **수명법관·수탁판사의 신문** 증인이 정당한 사유 없이 출석하지 못하거나 출석에 지나치게 많은 비용 또는 시간을 필요로 하는 때 기타 상당한 이유가 있는 경우에는 수명법관 · 수탁판사로 하여금 신문하게 할 수 있다(제313조).

(e) **증인신문에 갈음하는 서면(진술서)** (i) 소액사건에서는 증인의 신문에 갈음하는 서면(소심 제10조 제3항)을 제출하게 하여 증인의 출석에 대신할 수 있고, 일반 민사사건에서도 법

원은 증인과 증명할 사항의 내용 등을 고려하여 상당하다고 인정하는 때에는 출석 · 증언에 갈음하여 증언할 사항을 적은 서면을 제출하게 할 수 있다(제310조 제1항). 다만 상대방의 이의가 있거나 필요하다고 인정하는 때에는 서면을 제출한 증인으로 하여금 출석하여 증언하게 할 수 있다(제310조 제2항). 이 경우의 재판 실무는, 주신문은 증인으로 하여금 그 서면의 작성이 진정한 의사에 기초한 것인지를 확인하는 것으로 하고, 상대방의 반대신문을 통하여 그 서면의 기재내용을 반박하게 하는 형식으로 증인신문절차를 진행한다.

(ii) 그런데 진술서는 증인이 그 내용을 구체적으로 진술하여야 증언이 된다. 따라서 허위내용의 진술서에 대하여 이를 구체적으로 진술하지 아니하고 단순히 '진술서의 내용이 사실이다'라는 취지의 진술만 하였다면 위증죄로 처벌할 수 없다.[330)]

(f) **선서인증** 증인될 사람은 공증인사무소에 가서 증언할 사항을 진술서로 작성하여, 공증인 앞에서 그 내용이 진실임을 선서하고 날인하거나, 사서증서의 서명 또는 날인을 확인하여 그 선서사실을 증서에 적은 사서증서의 인증방식(공증인 제57조의2 제1항)으로 작성한 사서증서를 법원에 제출할 수 있다. 만일 그 내용이 거짓일 경우에는 300만 원 이하의 과태료 부과를 받는다(공증인 제90조 제1항).

(다) **진술의무**

(a) **뜻** 증인은 법원 및 소송관계인의 신문에 대하여 증언할 의무가 있다. 이 증언의무에 부수하여 문자를 손수 쓰게 하거나 그 밖의 필요한 행위를 할 의무가 주어지는 경우가 있다(제330조). 증인이 정당한 사유 없이 증언을 거부하면 불출석한 경우와 같이 소송비용의 부담과 과태료의 제재를 받는다(제318조).

(b) **증언거부권** 증인은 다음과 같은 경우에 증언거부권이 있다.

(i) **공소제기되거나 유죄판결을 받을 염려가 있는 사항 등(제314조)** 증인은 자신이나, 자신의 친족 또는 이러한 관계에 있었던 사람 또는 증인의 후견인 또는 증인의 후견을 받은 사람이 공소제기되거나 유죄판결을 받을 염려가 있는 사항 또는 자기나 그들에게 치욕이 될 사항에 관한 것일 때에는 증언을 거부할 수 있다.

(ii) **직무상 비밀에 속하는 사항(제315조 제1항 1호)** (ㄱ) **취지** 변호사 · 변리사 · 공증인 · 공인회계사 · 세무사 · 의료인 · 약사 그 밖의 법령에 따라 비밀을 지킬 의무가 있는 직책 또는 종교의 직책에 있거나 이 직책에 있었던 사람이 직무상 비밀에 속하는 사항에 대하여 신문을 받을 때에는 증언을 거부할 수 있다. 이 취지는 변호사 · 의사 등을 보호하려는 것이 아니라 의뢰인, 환자 등이 비밀 보호를 신뢰하여 변호사 등에게 알려준 자기의 비밀이 부당하게 폭로되지 않는다는 이익을 보호하자는 것이다. 따라서 비밀의 귀속주체가 자기의 이익을 포기하거

330) 대판 2010.5.13. 2007도1397.

나 증인에 대하여 묵비의무를 면제한 경우에는 증언거부권이 인정되지 않는다.

(ㄴ) **묵비(黙秘)할 수 있는 사항** 직무상 알고 있는 사항 중에서 비밀에 속하는 사항이다. 즉 비밀의 귀속주체 입장에서 일반인에게 널리 알려지지 아니하여야 하고 공표되면 사회적·경제적으로 손실을 입는 사항을 말한다.

(ㄷ) **범위** 여기에 열거된 직업종사자는 제한적 열거이다. 계약상 또는 관습에 기하여 직무상 비밀을 유지할 의무를 부담하는 자, 즉 금융·신탁업무에 종사하는 자 등은 고객의 비밀을 지키는 것이 당연하므로 묵비의무가 있다.

(iii) **기술 또는 직업의 비밀에 관한 사항**(제315조 제1항 2호) (ㄱ) **취지** ① 증언거부권의 대상이 되는 것은 기술 또는 직업의 비밀이라고 하는 신문사항의 성질에 의하여 정하고, 증인이 될 자와의 일정한 인적관계는 고려하지 않는다. 즉 기술 또는 직업의 비밀을 공개함으로써 자기 또는 제3자가 갖는 기술의 가치가 훼손되거나 직업의 유지·수행이 위험하게 되는 것을 방지하자는 취지이다. ② 기술 자체는 재산적 가치에 한정되지 아니하고 사회적 가치도 보호의 대상이 되므로 부정경쟁방지법 및 영업비밀보호에 관한 법률 제2조 2호에서 정한 영업비밀보다도 광범하다. know how, 고객리스트도 포함한다.

(ㄴ) **취재원의 비밀유지** 보도관계자가 정보제공자, 투서자, 기사 집필자 등 취재원의 비밀을 유지하는 것은 헌법상 표현의 자유에 근거한 것으로서 직업보호의 목적을 초월하여 국민의 알 권리를 보호한다고 하는 공익을 실현하기 위한 것이기 때문에 증언거부권을 인정하여야 한다.

(ㄷ) **노 하우**(know how)**와 인 카메라 제도** 이것은 예컨대 특허출원을 하여서는 경쟁상대방이 그 내용을 알기 때문에 특허출원을 하지 아니하고 비밀을 철저히 보호하려는 기술정보를 말한다. 상대방이 지식재산권의 부당한 침해를 이유로 하는 손해배상청구 소송에서도 공개할 수 없으며 그 때문에 패소를 당하더라도 비밀을 지키지 않으면 안 되는 고충이 있다. 이 경우에 법원은 노 하우를 가진 사람에게 이를 제시할 것을 명하면서 다른 사람이 보지 못하게 명할 수 있다(제347조 제4항). 이를 인 카메라 제도라고 하며 보호하여야 할 비밀보호에 매우 유용하다.[331)]

(라) **선서의무** 증인은 원칙적으로 제321조에 따라 선서하지 않으면 안 된다(제319조). 선서한 증인이 허위진술을 하면 형법상 위증죄가 성립한다(형 제152조). 다만 16세 미만의 사람, 선서의 취지를 이해하지 못하는 사람은 선서의무가 없으며(제322조) 제314조에서 정한 증언거부권자는 선서가 면제되거나(제323조) 선서를 거부할 수 있다(제324조). 이 경우에 증언 자체는 거부할 수 없고 선서만을 거부할 수 있다. 증인이 선서한 이상 재판장으로부터 증언거부

---

331) 자세히는, 6 (3) (라) (c) (v) 참조.

권을 고지 받지 아니하여도 허위진술을 하였다면 위증죄에 해당한다.[332] 왜냐하면 민사소송법은 형사소송법 제160조와 같은 재판장의 증언거부권을 고지할 의무규정이 없기 때문이다. 선서하지 않은 증인이 증언하더라도 위증죄의 처벌을 받지 아니하지만 그의 증언은 증거자료가 된다. 당사자는 선서하고 증언하더라도 위증죄의 주체가 될 수 없다.[333]

3. 증인신문절차

㈎ **증인의 신청** (a) 증인신문은 원칙적으로 당사자의 신청으로 하는데 증명하여야 할 사항(제289조 제1항)을 표시하고 증인을 지정하여야 한다(제308조). 증인신문을 신청한 당사자는 상대방의 수에 3(합의부에서는 4)을 더한 통수의 증인신문사항을 적은 서면을 제출하여야 하고(민소규 제80조 제1항) 법원사무관등은 그 중 1통을 증인신문기일 전에 상대방에게 송달하여야 한다(민소규 제80조 제2항).

(b) **증인진술서** 법원은 효율적인 증인신문을 위하여 필요하다고 인정하는 때에는 증인을 신청한 당사자에게 증인진술서를 제출하게 할 수 있는데(민소규 제79조 제1항) 이때에는 증인신문사항을 제출할 필요가 없다(민소규 제80조 제1항 단서). 증인진술서는 증인의 신문에 갈음하는 서면(소심 제10조 제3항)이지만 선서인증(공증인 제57조의2 제1항)과 달리 증인의 출석에 갈음하는 것이 아니라 증인신문사항을 대신하는 것이다.

(c) 법원이 증인신청을 받아들이는 경우에는 법정에 있는 증인을 제외하고는 증인을 증거조사기일에 출석하도록 요구하여야 한다(제309조). 증인에 대한 출석요구서는 원칙적으로 출석할 날보다 2일 이전에 송달하여야 한다(민소규 제81조 제2항). 출석요구서에는 불출석의 경우에 신고의무가 있다는 취지와 불출석의 경우에는 정당한 사유가 없는 불출석으로 인정되면 법률상 제재를 받을 수 있다는 취지를 기재한다(제309조, 민소규 제81조).

㈏ **말로 진술** 증인은 원칙적으로 말로 진술하여야 하지만, 재판장의 허가가 있을 때에 국한하여 문서, 도면, 사진, 모형, 장치, 그 밖의 적당한 물건(즉 문서 등)을 이용하여 진술할 수 있다(제331조, 민소규 제96조 제1항). 문서 등에 의하여 진술하는 경우라 함은 복잡한 숫자나 내용에 관하여 서류를 보면서 진술하는 것을 말한다. 그 문서 등이 증거조사를 하지 아니한 것인 때에는 상대방의 이의가 있는 경우에 신문에 앞서 상대방에게 열람의 기회를 주어야 한다(민소규 제96조 제2항). 재판장은 그 문서 등을 조서에 붙이거나 다른 필요가 있을 때에는 그 문서 등의 사본을 제출할 것을 명할 수 있다(민소규 제96조 제3항).

㈐ **격리 및 대질신문** 같은 기일에 2인 이상 증인을 신문할 때에는 원칙적으로 다른

332) 대판 2011.7.28. 2009도14928.
333) 대판 2012.12.13. 2010도14360.

증인이 없는 데서 각각 신문한다(제328조). 이를 격리신문이라고 한다. 그러나 필요하다고 인정할 때에는 신문할 증인을 법정에 있게 하거나 또는 증인 상호 간에 대질신문을 명할 수 있다.

㈑ 교호신문

(a) 뜻　교호신문이란 당사자들이 서로 바꾸어 가며 증인을 신문하는 것을 말한다. 증인신문의 주재자가 법원에서 당사자로 바뀜으로써 당사자의 소송주체로서의 지위를 높였다는 데 의의가 있다. 따라서 신문의 순서는 증인신청한 당사자, 다른 당사자, 재판장이지만(제327조 제1항·제2항) 재판장은 알맞다고 인정하는 때에는 당사자의 의견을 들어 그 순서를 바꿀 수 있다(제327조 제4항). 다만 당사자에게 소송대리인이 없는 경우에는 법원이 신청한 당사자의 편의를 위해서 직권으로 주신문을 하는 것이 실무상 광범하게 실시되고 있다.

(b) 신문의 순서　(i) 주신문과 반대신문　(ㄱ) 주신문은 증인을 신청한 당사자가 하는 신문이다. 재판장은 주신문에 앞서 증인으로 하여금 해당 사건과의 관계와 쟁점에 관하여 개략적으로 진술하게 할 수 있다(민소규 제89조 제1항 단서). 주신문은 증명할 사항과 이에 관련된 사항에 관하여 하고(민소규 제91조 제1항) 유도신문은 금지된다(민소규 제91조 제2항). 유도신문이란 증인으로 하여금 사실을 진술하게 하는 것이 아니라 예, 아니요 라는 단정적인 답변을 유도하는 신문을 말한다. 다만 교우관계 등 준비적 사항에 관한 신문, 증인이 주신문자에게 적의나 반감을 보이는 경우, 증인이 종전의 진술과 상반된 진술을 하는 때에 그 종전 진술에 관한 신문, 기타 특별한 사정이 있는 때에는 유도신문이 허용된다.

(ㄴ) 주신문이 끝난 뒤에는 상대방 당사자가 신문한다(제327조 제1항, 민소규 제89조 제1항 2호). 이를 반대신문이라고 한다. 반대신문은 주신문에 나타난 사항과 이와 관련된 사항에 관하여 하고(민소규 제92조 제1항), 반대신문의 기회에 주신문에 나타나지 아니한 사항에 관하여 신문하고자 할 때에는 재판장의 허가를 받아야 한다(동조 제4항). 반대신문에는 유도신문이 허용된다(동조 제2항).

(ㄷ) 주신문, 반대신문 뒤에 주신문을 한 당사자는 반대신문에 나타난 사항과 이와 관련된 사항에 관하여 재차 주신문을 할 수 있다(민소규 제89조 제1항 3호, 제93조).

(ㄹ) 재차반대신문, 재재차주신문은 재판장의 허가를 받아야 할 수 있다(민소규 제89조 제2항).

(ii) 재판장의 신문　재판장은 원칙적으로 당사자의 신문이 끝난 뒤에 신문할 수 있으나(제327조 제2항) 뒤에서와 같이 언제든지 신문순서를 변경하여 먼저 신문할 수 있다(제327조 제3항). 합의부원은 재판장에게 알리고 신문할 수 있다(제327조 제6항).

(iii) 신문순서의 변경　재판장은 알맞다고 인정하는 때에는 당사자의 의견을 들어 신문순서를 변경할 수 있다(제327조 제4항). 이와 같이 교호신문의 틀을 깨고 직권심리를 할 수 있는 여지를 법이 허용한 것은 우리나라에서는 변호사강제주의를 채택하지 않기 때문이다. 변호사 아닌 일반 사람에게 교호신문을 강제하는 것은 시간과 노력이 지나치게 많이 들고 나아가

실체적 진실에 대한 신문의 실효를 거둘 수 없게 될 가능성이 크다. 따라서 변호사가 증인신문을 하는 경우에는 재판장의 직권신문을 가급적 자제하여야 할 것이다. 신문순서 변경의 예로서는, 먼저 법원이 신문을 하고 그 후에 당사자에게 신문의 기회를 주거나 일단 주신문을 개시한 뒤에도 법원이 도중에 이를 중지하고 주신문에 상당하는 신문을 법원이 하는 경우, 주신문이 끝난 뒤에도 법원이 보충신문이나 개입신문의 범위를 초과하여 신문을 하고 그 뒤에 반대신문을 하는 경우 등이다. 또 증인 갑에 대한 주신문 후에 연속하여 증인 을에 대한 주신문을 하고 그 뒤에 갑에 대한 반대신문, 을에 대한 반대신문, 재차 주신문을 하는 것도 이에 속한다.

(iv) **재판장의 소송지휘** 재판장은 효율적인 증인신문을 위해서 당사자의 신문이 중복되거나 쟁점과 관계없는 경우 그 밖에 필요한 사정이 있는 때에는 당사자의 신문을 제한할 수 있다(제327조 제5항). '그 밖에 필요한 사정이 있는 때'라 함은 대체로 다음과 같은 경우를 말한다.

(ㄱ) 유도신문이 허용되지 아니하는데 유도신문을 하거나, 유도신문이 허용되지만 그 유도신문의 방법이 상당하지 않은 신문을 하는 경우

(ㄴ) 주신문 또는 반대신문의 경우에 증언의 실질적 증거력을 다투기 위하여 증인의 경험, 기억 또는 표현의 정확성 등 증언의 신빙성[334]에 관련된 사항 및 증인의 이해관계, 편견 또는 예단 등 증인의 신용성에 관련된 사항이 아닌 다른 사항을 신문하는 경우

(ㄷ) 증인을 모욕하거나 증인의 명예를 해치는 내용의 신문을 하는 경우, 정당한 사유 없이 의견의 진술을 구하거나 증인이 직접 경험하지 아니한 사항에 관하여 진술을 구하는 경우

(v) **재정인의 퇴정** 재판장은 증인이 법정 안에 있는 특정인의 면전에서 위압되어 충분한 진술을 할 수 없다고 인정하는 때에는 당사자의 의견을 들어 그 증인이 진술하는 동안 그 사람을 퇴정시킬 수 있다(민소규 제98조). 여기서의 특정 재정인 속에 당사자는 포함되지 않는다.

(vi) **서면에 따른 질문 또는 회답의 낭독** 듣지 못하는 증인에게 서면으로 물을 때 또는 말을 못하는 증인에게 서면으로 회답하게 할 때에는 재판장은 법원사무관등으로 하여금 질문 또는 회답을 적은 서면을 낭독하게 할 수 있다(민소규 제99조).

(vii) **증인신문에 관한 이의** 증인신문에 관한 재판장의 명령 또는 조치에 대한 이의신청은 그 명령 또는 조치가 있은 후 바로 하여야 하며 그 이유를 구체적으로 밝혀야 한다(민소규 제97조 제1항). 법원은 이의신청에 대하여 바로 결정하여야 하는데(민소규 제197조 제2항) 이 결정은 성질상 재판장의 소송지휘에 관한 재판이므로 당사자는 불복할 수 없다.

(viii) **수명법관 등의 권한** 수명법관 또는 수탁판사가 증인신문을 하는 경우에는 법원과

---

334) 대판 2015.11.26. 2014다45317(평석은 [45] [54] 참조).

재판장의 증인신문에 관한 직무를 행한다(민소규 제100조).

(마) 비디오 등 영상장치에 의한 증인신문

(a) **증인신문의 동영상 파일화** (i) 최근 멀티미디어 기술의 발달로 이제는 동영상에 의한 증인신문이 가능해지고 컴퓨터 등 정보처리능력을 가진 장치에 의하여 이를 전자적인 형태, 즉 디지털방식으로 증인신문을 작성시키거나 변환시켜 전자문서화함으로써 원래의 증인신문 형태를 영구적으로 보존시킬 수 있게 되었다.

(ii) 따라서 비디오 등 영상장치에 의한 증인신문이 실시된다면 그 결과 법관이 경질되어 원래의 증인신문을 시행한 법관이 아닌 다른 법관도 확정된 증인신문의 동영상파일을 시청할 수 있게 되었다. 그 결과 법관은 증인신문조서를 읽고 그 내용을 판단하는 것이 아니라, 동영상파일을 보고. 들을 수 있게 되어 동영상 증인신문은 마치 서증과 같은 부동성(不動性), 불가변성(不可變性)이 생겼다 할 것이다.

(b) **비디오등 중계장치에 의한 증인신문 등(제327조의2)** 법원은 증인이 멀리 떨어진 곳 또는 교통이 불편한 곳에 살고 있거나 그 밖의 사정으로 당사자나 법정대리인과의 관계, 신문사항의 내용, 그 밖의 사정으로 말미암아 법정에서 당사자 등과 대면하여 진술하면 심리적인 부담으로 정신의 평온을 현저하게 잃을 우려가 있는 경우(제327조의2 제1항) 등 한정된 경우에 상당하다고 인정된 때에는 당사자의 의견을 들어 비디오 등 중계장치에 의한 중계신청을 통하거나 인터넷 화상장치를 이용하여 신문할 수 있는데 이 증인신문을 비디오 등 중계장치에 의한 증인신문이라고 한다. 이 경우에는 증인이 법정에 출석하여 이루어진 증인신문으로 본다(제327조의2 제2항). 이와 같이 교통의 불편 또는 그 밖의 사정으로 말미암아 당사자가 법정에 출석하기 어려운 때에는 증인에 대한 영상 신문이 가능하여졌다.

(c) 한편 컴퓨터 등 정보처리능력을 가진 장치에 의하여 전자적인 형태, 즉 디지털방식으로 작성되거나 변환되어 송신·수신 또는 저장되는 정보를 전자문서(전자문서 제2조 1호, 민소전자문서 제2조 1호)라고 하는데. 여기에는 문자 등 정보(민소전자문서 제13조 제1항 1호, 민소전자문서규칙 제32조)는 물론 음성·영상 등 정보(민소전자문서 제13조 제1항 2호, 민소전자문서규칙 제33조)를 포함하므로 비디오 등 중계장치에 의한 증인신문 등이 전자적인 형태로 작성되거나 변환되어 저장되면 전자문서가 된다. 전자문서의 서면요건은 1. 전자문서의 내용을 열람할 수 있고(전자문서 제4조의2 1호), 전자문서가 작성·변환되거나 송신·수신 또는 저장된 때의 형태 또는 그와 같이 재현될 수 있는 형태로 보존되어 있어야 하는데(전자문서 제4조의2 2호) 서면으로 보는 전자문서로서, 그 전자문서의 작성자, 수신자 및 송신·수신 일시에 관한 사항이 포함되어 있는 경우에는 그 부분이 보존되어 있으면, 다른 법령에 특별한 규정이 있는 경우를 제외하고는 그 전자문서를 보관함으로써 관계법령에 정하는 문서의 보관을 갈음할 수 있다(전자문서 제5조 제1항). 따라서 비디오 등 영상장치에 의한 증인신문도 전자문서화하여 보관시킬 수

있다.

(d) **소송법상 의의** (i) 디지털시대에 부응하여 증인신문을 동영상화하고 전자문서화한다면 민사소송의 다른 과정도 모두 동영상화하고 전자문서화하는 것이 가능하다. 이것은 법관이 소송기록을 읽고 그 내용을 판단하는 것이 아니라 이제는 동영상파일을 보고 들어서 그 내용을 알 수 있게 되어 판단자료의 객관성을 확보할 수 있게 되는 것을 의미한다. 그 결과는 법관경질의 문제를 최소화할 수 있어 사실인정의 합리성과 정확성을 기할 수 있게 되어 증거조사의 획기적 진전을 이룰 수 있을 것이다.

(ii) 이러한 진전이 이루어진다면 사실심에서 법관이 바뀌거나, 상소심에서의 법관들은 사실심리의 전 과정을 지금까지와 같이 오로지 법원사무관등이 작성한 사건기록에 의하지 아니하고도 그 재판을 직접 담당한 법관과 마찬가지로 생생하게 검토할 수 있다는 결론이 된다.

(iii) 그렇다면 앞으로의 사실심리는 기록을 읽고 판단하는 재판에서, 사건의 실체를 직접 보고, 들어 판단하는 재판으로 변환할 수 있게 된다. 비유하자면 의사의 청진기 진찰에서 벗어나 내시경 진찰로 실체의 심리가 가능한 경지에 이르러, 보다 정확한 사실심리를 할 수 있고, 불필요한 심리를 줄임으로써 심리의 효율화를 이르렀으므로 나아가 지금 가장 문제되는 상고심의 심리불속행제도를 개선할 수 있게 되어 상고심에 대한 국민의 불만도 줄일 수 있을 것이다.

(iv) 따라서 법정에서의 모든 증인신문절차를 동영상화하여 디지털 방식으로 증인신문을 전자문서화함으로써 원래의 증인신문형태를 영구적으로 보존시키는 것을 민사소송의 전 과정에 적용할 필요가 있다 할 것이다.

4. 증인신문에 대한 평가

㈎ 증인신문을 한 결과 얻는 증거결과가 증언이다. 그 증거력의 유무 및 정도는 법관의 자유 심증에 속한다. 다만 증언 내용이 증인의 단순한 의견이나 상상적인 것에 불과할 때에는 증거력이 없으므로[335] 그러한 증언내용들은 법관의 심증형성과정에서 배제되어야 하고 이를 간과한다면 채증법칙의 위법이 된다.

㈏ (a) 민사재판에서 증거자료의 두 기둥은 뒤에서 나오는 서증의 기재내용과 증인의 증언이다. 서증은 문자로 되어 있고 변하지 아니하므로 꼭 공개주의를 취하지 아니하더라도 논리적 인식능력이 있는 법관이 판단하는 데 별지장이 없다. 따라서 서증의 조사는 변론이나 변론준비절차에서 법관의 경질에 구애받을 필요가 없다. 그러나 증인의 증언은 그 증언내용뿐 아니라 증언하는 태도 등도 중요한 증거원인이 된다. 그러므로 증인신문조서에 의하여 증거가치

335) 대판 1955.2.24. 4287민상88.

를 판단하는 것보다 법관이 직접 증인을 신문하는 것이 심증형성에 아주 유용하다. 따라서 증인신문절차에는 직접주의와 공개주의가 그대로 적용되어야 하므로 법관의 경질이 있어 바뀐 법관이 증인신문조서라는 서면에 의존하여 심증을 형성하는 것은 증인신문의 본질에 비추어 바람직하지 못하다. 그러므로 사실심에서는 증인신문을 심리과정의 맨 마지막에 실시하여 그 증인신문을 마친 법관들로 하여금 심리의 결론을 도출하는 것이 이상적인 심리방법이 된다.

(b) 다만 위에서 본 바와 같이 디지털 방식으로 증인신문을 작성하는 것이 일반화된다면 항소심 법원에서도 확정된 증인의 동영상파일을 시청할 수 있게 됨으로써 동영상 증인신문은 마치 서증과 같은 부동성, 불가변성이 생기게 되어 항소심 심리의 사후심화가 가능할 것이다. 새로운 심리방법을 조심스럽게 전망하여 본다.

Ⅱ. 감정(제333조 이하)

1. 뜻

(가) 감정이라 함은 법관의 판단능력을 보충하기 위해서 감정인으로 하여금 특별한 학식·경험에 속하는 경험칙, 전문적 지식 혹은 의견을 법원에 보고하게 하는 증거조사를 말한다. 그 증거방법은 감정인이라는 인적증거이다. 현재 법원에서 주로 시행하는 감정 대상은 외국법규나 경험칙의 내용 등 이외에도 인영(印影)의 동일성, 혈액형의 일치성 또는 지번, 지적의 위치 및 면적 등 사실의 확정에 관한 사항이 아주 많다. 감정인의 감정은 법관의 지식을 보충해주는 것이기 때문에 어떤 사항을 감정할 것인지는 법원의 직권에 속한다.

(나) 감정인의 감정의견(또는 감정결과)은 증인의 증언과 같은 증거자료가 된다.

(다) 감정인의 선서와 진술은 감정인신문조서에 기재하여야 한다(제154조 3호). 감정인은 재판장이 신문하고(제339조의2 제1항), 합의부원은 재판장에게 알리고 신문할 수 있으며, 당사자는 재판장에게 알리고 심문할 수 있는데 다만 중복되거나 쟁점과 관계없는 사항에 관한 때, 그 밖에 필요한 사정이 있는 때에는 재판장은 당사자의 신문을 제한할 수 있다(제339조의2 제3항). 감정인이 법정에 직접 출석하기 어려운 특별한 사정이 있거나, 외국에 거주하는 경우에는 당사자의 의견을 들어 비디오 등 중계장치에 의한 중계신청을 통하여 신문하거나 인터넷 화상장치를 이용하여 신문할 수 있는데(제339조의3 제1항) 모두 법정에서 출석하여 신문한 경우와 같이 본다(제339조의3 제2항). 당사자도 법정에 불출석한 상태에서 감정인에 대한 영상 신문이 가능할 것이다.

(라) 감정인도 증인과 같이 제3자이어야 하고, 제338조에서 정한 선서를 하고 감정하여야

감정의 효력이 있다. 감정에 필요한 지식 · 경험은 증인과 같이 대체할 수 없는 것이 아니므로 감정인의 지정은 법원에 맡겨져 있다(제335조). 불공정한 감정을 할 우려가 있는 사람을 제외하기 위하여 제322조에 해당하는 선서무능력자는 감정인이 되지 못하고(제334조 2항), 기피를 규정하고 있다(제336조). 또 대체성이 있기 때문에 구인과 감치에 의한 강제감정을 인정하지 않으며(제333조 단서, 제311조 제2항), 증인과 달리 사람 이외에 법인 등에도 감정을 촉탁할 수 있고(제341조), 여러 사람에게 공동으로 감정을 시킬 수 있다(제339조 제2항).

(마) **감정증인** (i) 특별한 학식과 경험에 의하여 알게 된 과거의 구체적 사실을 진술하는 사람을 감정증인이라 한다. 그 진술의 특별성 때문에 다른 감정인으로 대체할 수 없다는 점에서 증인신문에 관한 규정에 의하여 신문한다(제340조). 따라서 순수한 감정인에게 준용되지 않는 구인이나 감치규정은 감정증인에게는 준용되어야할 것이다.

(ii) 감정증인에 관한 신문도 비디오 등 중계장치 등에 의한 중계시설을 통하여 신문하거나 인터넷 화상장치를 이용하여 신문할 수 있다(제340조 단서). 이 경우 교통의 불편 또는 그 밖의 사정으로 말미암아 당사자가 법정에 출석하기 어려운 때에는 감정 증인에 대한 영상 신문이 가능할 것이다(제287조의2 제3항).

2. 감정의무

(가) 학식, 경험이 있는 자로서 증언 또는 선서를 거부할 수 있는 사람과 선서문능력자로서 제334조 제2항에 해당하는 사람을 제외한 사람은 일반적으로 감정인이 될 의무가 있다(제334조 제1항). 감정의무의 내용은 출석의무 · 선서의무 · 진술의무이다. 감정인은 감정사항이 자신의 전문분야에 속하지 아니하는 경우 또는 그에 속하더라도 다른 감정인과 함께 감정하여야 할 경우에는 곧바로 법원에 감정인의 지정취소 또는 추가지정을 요구하여야 하며(제335조의2 제1항), 감정인은 감정을 다른 사람에게 위임하여서는 아니 된다(제335조의2 제2항).

(나) 감정의무위반의 경우에는 증인의무위반에 대한 제재규정이 준용되지만(제333조 본문), 구인과 감치에 관한 규정은 준용되지 않는다(제333조 단서).

(다) **감정촉탁** 감정촉탁이라 함은 법원이 필요하다고 인정하는 경우에 공공기관 · 학교, 그 밖에 상당한 설비가 있는 단체 또는 외국의 공공기관에 감정을 촉탁하는 것을 말한다. 이 경우에는 개인이 아니므로 성질상 선서에 관한 규정을 준용하지 않는다(제341조 제1항). 감정촉탁의 경우에 감정서의 내용이 애매하거나 불충분한 경우에는 공공기관 · 학교, 그 밖에 단체 또는 외국의 공공기관이 지정한 사람으로 하여금 감정서를 설명하게 할 수 있다(제341조 제2항). 이 경우 감정서의 설명은 비디오 등 중계장치에 의한 중계시설을 통하거나 인터넷 화상장치를 이용하여서도 할 수 있다(제341조 제3항).

3. 감정절차

(가) 증인신문의 규정이 준용된다(제333조, 민소규 제104조). 신청에 의하는 것이 원칙이지만 감정은 원래 법관의 판단능력을 보충하기 위하여 인정되는 것이므로 법원이 필요하다고 인정한 때에는 직권으로도 감정을 명할 수 있다(제292조). 당사자는 감정신청을 할 때 감정인을 지정할 필요가 없으며, 지정을 하더라도 법원은 이에 구속되지 않고 수소법원·수명법관 또는 수탁판사가 독자적으로 지정한다(제335조). 당사자의 감정신청이 불필요하다고 인정될 때에는 이를 각하할 수 있다. 그 신청이 유일한 증거방법이라 하더라도 법원에 채택여부를 정할 재량권이 있다. 감정은 궁극적으로 법관의 판단능력을 보충하는 증거조사이기 때문이다.

(나) 감정의견의 보고는, 변론기일 또는 감정인신문기일에서는 말로 하고 기일 이외에서는 서면으로 한다. 이 서면을 보통 감정서라고 한다.

(다) 감정인은 필요한 때에는 법원의 허가를 얻어 개인의 토지, 주거, 간수하는 건물·건조물·항공기·선박·차량 기타 시설물 안에 들어갈 수 있으며(제342조 제1항) 그 경우 저항을 받을 때에는 감정인은 국가경찰공무원에게 원조를 요청할 수 있다(제342조 제2항).

4. 감정결과의 채택 여부

(1) 감정의견

(a) 감정인의 감정의견(감정결과)이라는 증거자료는은 법관이 판단능력을 보충하기 위한 것이므로 당사자가 원용하지 아니하여도 증거로 쓸 수 있다.[336)]

(b) 일반적으로 감정인의 감정의견은 그 감정방법 등이 경험칙에 반하거나 합리성이 없는 등 현저한 잘못이 없는 한 존중하여야 한다.[337)] 예를 들어 법원의 촉탁에 의한 감정인이 전문적인 학식과 경험을 바탕으로 제출한 감정의견은 상대방이 그 신빙성을 탄핵할 만한 객관적인 자료를 제출하지 않는다면 실측 과정 등에 있을 수 있는 사소한 오류의 가능성을 지적하는 것만으로 쉽게 배제해서는 안 된다.[338)] 그러나 감정하는 방법이 경험칙에 반하거나, 합리성이 없는 등 현저한 잘못이 있어 감정과정에 중대한 오류가 있는 경우에는 이를 배척할 수 있다.[339)]

(c) 동일한 사항에 대하여 상반된 여러 개의 감정결과가 나왔을 때에 그 중 어느 것을 채

---

336) 대판 1994.8.26. 94누2718.
337) 대판 2014.12.11. 2013다92866.
338) 대판 2010.11.25. 2007다74560.
339) 대판 2016.12.29. 2014다67720.

용하여도 채증법칙에 위반되지 않는 한 적법하다. 예컨대 진료과정에서 환자가 사망에 이른 경우에 그 사망원인 및 의료과오 여부에 대한 법원의 감정촉탁 및 사실조회에 따라 의료기관 등이 한 회보결과는, 사실인정에 관하여 특별한 지식과 경험이 필요한 법관이 그 회보결과의 특별한 지식, 경험을 이용하는 것에 불과하므로, 사망원인 및 의료과오가 있었는지 여부는 법관이 궁극적으로는 그 당시 모든 사정을 참작하여 경험칙에 비추어 규범적으로 판단할 수밖에 없다. 따라서 동일한 사실에 관하여 상반되는 수개의 감정결과가 있을 때 자유심증주의에 따라 법원이 그 하나에 의거하여 사실을 인정하거나 수개의 감정결과를 종합하여 사실을 인정하는 것은 경험칙 또는 논리법칙에 위배되지 않는 한 적법하다.[340] 그러나 어떤 특정사항에 관하여 상반되는 여러 개의 감정결과가 있는 경우 각 감정결과의 감정방법이 적법한지 여부를 심리하고 조사하지 않은 채 어느 하나의 감정결과가 다른 감정결과와 다르다는 이유만으로 그 감정결과를 배척할 수 없다.[341] 이러한 법리는 전문적인 학식과 경험이 있는 사람이 작성한 감정의견이 기재된 서면을 서증의 방법으로 제출한 경우에 사실심 법원이 이를 채택하여 사실인정의 자료로 삼으려할 때에도 동일하게 적용될 수 있다.[342]

(d) 감정의견은 법원이 채택한 감정인이 아닌 일반인도 제출할 수 있다(이른바 사 감정). 즉, 감정의견이 반드시 소송법상 감정인신문 등의 방법에 의하여 소송에 제출되지 않고 소송 외에서 전문적인 학식과 경험이 있는 자가 작성한 감정의견이 기재된 서면이 서증의 방법으로 제출된 경우라도 사실심법원이 이를 합리적이고 믿을 만하다고 인정하여 사실인정의 자료로 삼는 것을 위법하다고 할 수 없다.[343] 특히 법원이 감정인을 지정하고 그에게 감정을 명하면서 착오로 감정인으로부터 선서를 받는 것을 누락함으로 말미암아 그 감정인에 의한 감정 결과가 증거능력이 없게 된 경우라도, 그 감정인이 작성한 감정 결과를 기재한 서면이 당사자에 의하여 서증으로 제출되고, 법원이 그 내용을 합리적이라고 인정하는 때에는, 이를 사실인정의 자료로 삼을 수 있는 것이다.[344] 그러나 감정은 법관의 지식과 경험을 보충하기 위하여 하는 증거방법으로서 학식과 경험이 있는 사람을 감정인으로 지정하여 선서를 하게 한 후에 이를 명하거나 또는 필요하다고 인정하는 경우에 공공기관·학교, 그 밖에 상당한 설비가 있는 단체 또는 외국의 공공기관 등 권위 있는 기관에 촉탁하여 하는 것을 원칙으로 하고 있으므로, 당사자가 서증으로 제출한 감정의견이 법원의 감정 또는 감정촉탁에 의하여 얻은 그것에 못지않게 공정하고 신뢰성 있는 전문가에 의하여 행하여진 것이 아니라고 의심할 사정이 있거나 그 의견이 법원의 합리적 의심을 제거할 수 있는 정도가 되지 아니하는 경우에는 이를 쉽

340) 대판 2008.3.27. 2007다16519 등 참조.
341) 대판 1992.3.27. 91다34561.
342) 대판 2019.10.31. 2017다204490,204506.
343) 대판 1992.4.10. 91다44674 등 참조.
344) 대판 2006.5.25. 2005다77848.

게 채용하여서는 안 되고, 특히 소송이 진행되는 중이어서 법원에 대한 감정신청을 통한 감정이 가능함에도 그와 같은 절차에 의하지 아니한 채 당사자 한 쪽이 임의로 의뢰하여 작성한 경우라면 신중을 기하여야 할 것이다.[345]

(2) 자유 심증

(a) 감정의견(감정결과)이 증거자료인 이상 그 채택여부는 법관의 자유 심증에 속한다. 같은 사항에 대한 상반된 여러 개의 감정결과 중 어느 것에 의하여 사실을 인정하더라도 그것이 논리칙 또는 경험칙에 따르고 채증법칙에 위반되지 않는 한 적법하다.[346] 따라서 법관은 증거를 종합하여 자유 심증으로 특정한 감정인의 감정 결과와 다른 판단을 할 수 있고 당사자도 감정인의 감정결과에 관하여 그 당부를 다툴 수 있다.[347]

(b) 다만, 동일한 감정인이 동일한 감정사항에 관하여 서로 모순되거나 매우 불명료한 감정의견을 내놓고 있는 경우에, 법원이 위 감정서를 직접 증거로 채용하여 사실인정을 하기 위해서는, 특별히 다른 증거자료가 뒷받침되지 않는 한, 감정인에 대하여 감정서의 보완을 명하거나 감정증인으로의 신문방법 등을 통하여 정확한 감정의견을 밝히도록 하는 등의 적극적인 조치를 강구하여야 한다.[348]

(c) 의사의 진료에 대한 감정의견(감정결과)이 진료기록을 제대로 파악한 상태에서 이루어진 것인지에 대하여 의문이 있는 경우에 진료기록에 명백히 반하는 부분만을 배척하면서도 합리적인 근거나 설명 없이 나머지 일부만을 증거로 사용하는 것은 논리법칙에 어긋난다.[349]

(d) 감정평가 당시 감정대상토지 중 비교표준지는 특별한 사정이 없는 한 도시계획구역 내에서는 용도지역을 우선으로 하고, 도시계획구역 외에서는 현실적 이용 상황에 따른 실제 지목을 우선으로 하여 선정하여야 하나, 이러한 토지가 없다면 지목, 용도, 주위환경, 위치 등의 제반 특성을 참작하여 그 자연적, 사회적 조건이 감정대상 토지와 동일 또는 가장 유사한 토지를 선정하여야 하고, 표준지와 감정대상 토지의 용도지역이나 주변 환경 등에 다소 상이한 점이 있더라도 이러한 점은 지역요인이나 개별요인의 분석 등 품등비교에서 참작하면 되는 것이지 그러한 상이점(相異點)을 표준지의 선정 자체가 잘못된 것으로 단정해서는 안 된다.[350]

(e) 복수의 감정과목에 대한 신체감정 촉탁결과에는 감정의 중복, 누락이 있을 수 있으므로 그 여부를 세심히 살펴보고, 중복·누락이 있는 경우에는 필요한 심리를 통하여 이를 바로

345) 대판 2010.5.13. 2010다6222.
346) 대판 1987.6.9. 86다카2920.
347) 대판 2002.6.28. 2001다27777.
348) 대판 1994.6.10. 94다10955, 2019.10.31. 2017다204490.
349) 대판 1985.9.24. 84다카2309, 1994.6.10. 94다10955, 2008.3.27. 2007다16519.
350) 대판 2009.9.10. 2006다64627.

잡아야 한다.[351)]

Ⅲ. 서증

1. 서증·문서의 뜻

(1) 서증의 뜻

서증은 뒤에서 설명하는 전자문서를 제외하고는 종이를 매개체로 하는 문서라는 증거방법을 읽어서 거기에 적혀 있는 의미 및 내용을 증거자료로 삼으려는 증거조사절차를 말한다. 문서의 기재내용이 아니라 지질 · 필적 · 인영 등 문서의 외관을 검토하는 것은 서증이 아니라 검증이다. 그러나 서증은 전자문서라는 무형물을 제외하고는 문서라는 유형물을 의미하는 것으로 쓰고 있고, 그것이 오히려 일반적이다. 왜냐하면 서증이 증거조사절차라고 한다면 증거조사조서를 작성하여야 하는데 법원 실무에서는 따로 증거조사조서를 작성하는 것이 아니고 그냥 문서를 소송기록에 편철하므로 서증과 문서라는 유형물을 구태여 구분할 필요가 없기 때문이다. 또한 문서의 의미 · 내용이 아니라 그 필적 · 인영 등 문서의 외관을 검토하는 검증을 하는 경우에도 검증조서를 작성하여야 하지만 실무상 그러한 예는 없다.

(2) 문서의 뜻

㈎ 문서라 함은 문자 또는 이에 갈음하는 기호 등을 조합하여 작성자의 생각이 무엇인지를 표현하는 종이쪽지 등 유형물을 말하며, 여기에 일정한 판단 · 기록 · 감상 · 감정 · 의지 · 욕망 등을 표시한다. 전자문서는 뒤에서 따로 설명한다.[352)]

유형물이라고 하면 종이쪽지에 국한되지 아니하며, 나무 · 돌 · 금속 · 플라스틱 · 가죽 등이라도 좋다. 기호라 함은 전화부호 · 암호류 등을 말한다. 지도 · 도면 · 경계표 등은 기호를 쓰지 않는다는 점에서, 악보는 기호를 사용하지만 생각을 표현하는 것이 아니어서 문서가 아니다.

㈏ 문서라면 서증의 증거방법으로서 처음부터 소송을 목적으로 하여 작성된 것(예, 영수증)에 한정하지 않으며, 그 기재 내용이 증거로서의 구실을 하는가를 묻지 않는다. 또 작성자의 자필로 기재될 필요가 없으며, 서명이나 날인이 없더라도 문서가 되는데 지장이 없다.

㈐ 같은 소송절차 내에서 증거조사의 결과를 기재한 문서, 예를 들어 증인신문조서 · 감정서 등은 서증의 대상이 되지 않고, 증인·감정인 등 증거방법의 증거결과를 기재한 것이다. 그러나 이것들이 증인신문이나 감정절차를 거치지 않는 다른 소송의 소송기록 속에 있을 때에는

---

351) 대판 2020.6.25. 2020다216240.

352) 뒤의 7 참조.

이들 문서도 모두 서증의 대상이 된다.

2. 문서의 종류

(1) 공문서·사문서

(가) **뜻** (a) 공무원이 그 권한에 터 잡아 직무상 작성한 문서를 공문서, 그 밖의 문서를 사문서라고 한다. 공증인이나 법원사무관등 공증권한이 있는 사람이 작성한 문서를 공정증서라고 하는데 공문서에 속한다. 전자문서라도 전자정부법 제2조 9호에 따른 행정전자서명을 한 문서, 법관·사법보좌관 또는 법원사무관등이 재판서나 조서 등을 작성할 때에 사법전자서명을 한 문서(민소전자문서 제7조 제2항)는 모두 전자공문서에 속한다. 한편, 법무부장관으로부터 공증인가를 받은 공증담당변호사는 공증인으로 보고(공증인 제15조의5), 공법인이 직무상 발급한 문서는 공문서에 준한다.[353]

(b) 공문서와 사문서의 차이는 성립의 진정에 관한 추정을 달리하는 데 있다. 즉 공문서는 진정하게 성립한 것으로 추정되는데(제356조 제1항) 사문서는 그러한 추정력이 없으므로 증거에 의하여 그 진정성립을 증명하지 않으면 안 된다(제357조).

(나) **공사병존문서** 공무원이 사문서에 직무상 어떤 사항을 덧 붙인 것을 공사병존문서라고 한다. 각종 증명원·등기권리증·내용증명우편 등이 이에 속한다.

(a) **증명원** 증명원은 개인이 국가 또는 공공단체 대하여 증명을 원하는 부분과 이를 증명한다는 부분으로 구성된 문서를 말한다. 증명을 원하는 부분에 관하여 작성명의인이 별개로 서명·날인하였다면 이것과 증명을 원한다는 2개의 문서가 병존되었다고 할 수 있다.

(b) **등기권리증의 등기필인·우편물의 일부인·확정일자 있는 사문서** (i) 등기권리증에 찍힌 등기소의 등기필인은 등기를 마쳤다는 등기소의 증명에 불과하고, 등기내용의 진실 여부와는 아무런 관계가 없다. 등기내용에 관하여 등기공무원의 실질적 심사권이 없기 때문이다. 내용증명이나 기타 우편물에 찍힌 일부인은 우체국에서 그 우편물을 그 날짜에 접수하였다는 사실의 증명에 불과하고 그 우편물의 내용과는 관계가 없으며,[354] 확정일자 있는 사문서 역시 확정일자는 그 서면이 확정일자 당시에 존재한 사실만 증명할 뿐 그 내용의 진실을 증명하는 것이 아니다.[355] 따라서 등기필인·우편물의 일부인(日附印)들은 본래의 서류와 별개의 문서이어서 본래의 사문서에 관해서는 진정성립이 추정되지 아니하므로 이것에 관해서는 독립된 사문서로 인부(認否)를 하여야 한다.

---

353) 같은 취지: 이시윤, 506면.

354) 겉 부분에는 우체국의 소인이 찍혀 있고 내용 부분은 사인이 작성한 회답서인 봉함엽서의 경우, 이는 공증에 관한 문서와는 달라 공문서인 소인 부분에 관하여 성립에 다툼이 없더라도 사문서인 회답서 내용 부분까지 그 진정성립이 추정되는 것은 아니다(대판 1995.6.16. 95다2654 참조).

355) 대판 1974.9.24. 74다234.

(ii) 매도증서 및 저당권말소등기신청서에 등기소의 등기가 기재되었다는 취지의 등기제(登記濟) 기재가 첨가됨으로써 사문서와 공문서의 양자로 구성된 문서도 앞의 경우와 같다. 따라서 공적으로 성립된 등기필증 부분의 성립에 다툼이 없다 하여도 사문서 부분인 매도증서, 저당권말소등기신청서 자체는 진정성립이 추정되거나 인정될 수 없다.[356] 그러나 매도증서에 의용(依用) 부동산등기법 제35조 제1항, 제60조 제1항에 따른 등기번호, 등기순위, 등기필 등의 기재와 등기소 인(印)이 날인되어 있는 사실이 인정되었다면 특별한 사정이 없는 한 그 기재의 등기번호와 순위번호에 따른 등기가 마쳐졌다고 인정된다.[357]

(2) 처분문서 · 보고문서

㈎ 처분문서 (a) 처분문서라 함은 증명하고자 하는 공법상 또는 사법상 법률적 행위가 그 문서 자체에 의하여 이루어진 문서를 말한다.[358] 처분문서는 그 진정성립이 인정되면 특별한 사정이 없는 한 그 처분문서에 기재되어 있는 문언의 내용에 따라 당사자의 의사표시가 있었던 것이라고 객관적으로 해석하여야 한다.[359]

(b) 예를 들어 재판서(청구의 포기 · 인낙, 화해조서를 포함한다),[360] 어음 · 수표 등 유가증권, 유언서, 각종 계약서, 차용증서, 합의서, 해약통지서, 납세고지서 등 행정처분서[361] 따위, 탈퇴한 조합원의 지분 계산에 관한 약정을 서면으로 작성한 경우에 그 서면[362]들은 일반적으로 처분문서에 해당한다.

(c) 당사자 사이에서 약정내용과 해석을 둘러싸고 의견이 달라서 처분문서에 나타난 당사자의 의사해석이 문제 되는 경우에는 문언의 내용, 그와 같은 약정이 이루어지게 된 동기와 경위, 약정으로 달성하려고 하는 목적과 진정한 의사, 거래의 관행 등을 종합적으로 고찰하여 논리와 경험법칙, 그리고 사회일반의 상식과 거래의 통념에 따라 약정내용을 합리적으로 해석하여야 한다.[363]

㈏ 보고문서 보고문서라 함은 작성자가 보고 듣고 느낀 것을 기재한 문서를 말한다. 그 문서의 내용이 작성자 자신의 법률적 행위에 관한 것이더라도 외부의 사실을 보고 적거나

---

356) 대판 1989.9.12. 88다카5836.
357) 대판 2018.4.12. 2017다292244.
358) 대판 2010.5.13. 2010다6222.
359) 대판 2024.8.1. 2024다227699.
360) 재판서는 판결이 있었다는 사실을 증명하는 한도에서 처분문서이지만, 어떤 사실을 증명하기 위하여 그 판결의 판단사실을 이용하는 경우에는 보고문서이다(대전판 1980.9.9. 79다1281 참조).
361) 검사작성의 피의자신문조서 가운데 채무면제의 의사가 표시되어 있어도 그 부분이 처분문서에 해당되지 않는다(대판 1998.10.13. 98다17046 참조).
362) 대판 2017.7.18. 2016다254740.
363) 대판 2017.8.18. 2017다228762.

그에 관한 의견이나 감상을 적은 때에는 보고문서이다.[364] 예를 들어 소송상 각종 조서, 상업장부, 등기부나 가족관계증명서, 진단서, 편지, 일기장 따위이다. 영수증은 일종의 자백문서이므로 처분문서라는 견해가 있으나[365] 작성자의 판단을 기재한 보고문서로 보아야 할 것이다.[366]

(다) **처분문서와 보고문서의 차이**　　처분문서와 보고문서는 실질적 증거력에서 차이가 있다. 처분문서는 그 문서의 진정성립이 인정되면 문서에 기재된 행위가 이루어진 것으로 사실상 추정력이 있으나 보고문서는 그 문서의 성립이 인정되더라도 문서의 기재내용의 진실 여부에 관한 판단은 법관의 자유심증에 속하므로 사실상 추정력이 없다.

(3) 원본 · 정본 · 등본 · 초본

(가) 원본

(a) **원본과 직접주의**　　(i) 원본이라 함은 문서 그 자체를 말한다. 서증으로 문서를 제출하거나 보낼 때에는 원본에 의하는데(제355조 제1항) 이는 직접주의의 소산이다.

(ii) 전자문서는 법원행정처장이 지정한 전산정보처리시스템을 이용하여 법원에 제출하여야 하는데(민소전자문서 제8조 본문) 그 경우 법원행정처장이 지정한 파일형식으로 제출하여야 한다(민소전자문서규칙 제8조제2항). 법원사무관등은 대법원규칙으로 정하는 사유가 없으면 전자문서가 아닌 형태로 제출된 서류를 전자문서로 변환하고 사법전자서명을 하여 전산정보처리시스템에 등재하여야 하는데(민소전자문서 제10조 제2항) 그 경우에는 원래 문서의 사본으로 취급하지 아니하고 원래의 서류와 동일한 원본으로 본다(민소전자문서 제10조 제3항). 이와 같이 전자문서는 문서의 사본이 아니라 원본으로 보는 것이므로 종이＝전자문서의 등식이 성립된다.

(iii) 문서가 서증으로 제출되면 법관이 직접 그 문서를 보고 검토하여 심증을 형성하라는 취지에서 원본을 제출하여야 하는 것이다. 그리하여 문서에 대해서는 법관이 직접 인식하여야 하므로 변론조서에도 증거방법에 관해서는 증인 · 감정인의 선서와 진술, 검증의 결과를 기재하도록 되어 있고(제154조 2호 · 3호) 서증에 관해서는 이를 특별히 기재하지 않는다.[367] 당사자는 기일마다 법정에 서증원본을 소지하여 법관에게 제출하여야 할 것이나 실무에서는 문서에 대한 증거조사를, 당사자가 원본과 함께 상대방 당사자 수에 1을 더한 수의 사본을 함께 제출하면(민소규 제105조 제2항) 법원은 일단 원본을 보고 검토한 다음 상대방에게 보여서 인부를 하게 한 뒤에 사본을 상대방에게 주고 남은 사본을 기록에 편철한 다음 원본을 본인에게 돌려준다. 따라서 당사자는 일단 사본을 법원에 제출하면 그 뒤에 원본을 법정에서 소지할 필요가 없게 된다. 실무에서는 사본이 광범하게 이용되고 있는데 그 이유는 오늘날 전자복사기의 발

---

364) 대판 2010.5.13. 2010다6222.

365) 이시윤, 498면.

366) 같은 취지: 송상현/박인환, 570면.

367) 실무상으로는 소송기록의 앞부분에 서증목록란을 두어 거기에 서증 이름, 상대방의 인부요지, 비고를 기재한다.

달로 원본의 검증적 부분인 종이의 형태나 인주(印朱)의 모양 등 상당부분의 복사가 가능하게 되자 법원이 구태여 일일이 원본을 볼 필요가 없어졌다는 데 있다.[368)]

(iv) 따라서 법원이 사본을 소송기록에 편철하여 두고 원본을 제출자에게 반환하였는데 문서소지자가 그 원본을 멸실하였다고 하더라도 이에 대해서 증거조사를 거친 이상 그 증거능력은 존재한다. 그러나 법원이 사본을 소송기록에 편철하지 않고 원본을 문서 제출자에게 반환하였는데 원본이 멸실된 경우에는 다행히 법관이 그 사본의 내용을 기억하고 있다면 모르겠으나 그렇지 못한 경우에는 그 문서의 실질적 증거력은 없다고 하여야 할 것이다.[369)]

(b) **참된 원본과 복사 문서** 전자복사기로 원본을 복사한 사본을 복사 문서, 본래의 원본을 참된 원본이라고 한다. 현재 전자복사기의 성능이 뛰어나게 발전하여 원본과 사본의 간격이 매우 좁아졌기 때문에 실무에서는 복사 문서가 많이 이용되고 있다. 즉 당사자가 형사기록을 증거로 제출하려면 문서송부의 촉탁(제352조)이나 문서가 있는 곳에서의 서증조사(민소규 제112조)를 하여야 하는데 당사자가 관계기관의 협조를 얻어 복사기로 형사기록을 복사하여 원본에 갈음하여 제출하기도 하고, 관공서나 보험회사 등 문서소지자에게 문서를 보내도록 촉탁하면 문서소지자는 문서원본을 법원에 보내는 것이 원칙이지만 그 경우에도 원본을 전자 복사하여 그 사본을 법원에 보낸다. 따라서 판례[370)]도 복사 문서의 위조에 대해서 문서위조죄의 성립을 인정하고, 원본이 현존하지 아니하는 복사 문서도 과거에 존재한 적이 있는 문서를 전자 복사한 것이라면 원본의 존재 및 진정성립을 인정하여 서증으로 채용할 수 있다고 하였다.[371)] 그러나 원본을 일일이 손 글씨로 복사하여 참된 원본성이 없는 사본에 대해서는 원본의 존재를 인정하기 어려울 것이다.

(나) **정본·등본·초본**

(a) **뜻** 정본(正本)은 공증권한이 있는 공무원이 정본이라고 표시한 문서를 등본(謄本)한 것으로서 원본과 동일한 효력이 있다. 등본은 원본의 기재 내용을 그대로 사본한 것이고 초본(抄本)은 문서 전체 중에서 필요한 부분만 뽑아서 일부 사본한 것이다. 공증권한이 있는 공무원이 원본과 틀림없다고 공증한 등본을 인증이 있는 등본이라고 한다(예, 등기부등본).

(b) **구별** 이것들은 문서의 제출방법에서 구별된다. 문서의 제출은 원본 이외에 정본 또는 인증 있는 등본으로 할 수 있다(제355조 제1항). 따라서 단순한 등본이나 초본의 제출은 적법한 서증의 제출이 아니다. 그러나 정본·인증이 있는 등본은 원본의 사본에 불과하고 원

368) 전자문서는 문서의 원본으로 간주되므로 이러한 사본의 제출절차를 밟지 않는다.

369) 이 이치는 검증의 경우에, 현장검증을 마쳤는데 법원사무관이 미처 조서를 작성하지 못한 상태에서 현장이 없어진 경우 혹은 감정의 경우에, 감정을 마쳤는데 감정인이 미처 감정서를 작성하지 못한 상태에서 감정물이 멸실한 경우에도 적용된다.

370) 대전판 1989.9.12. 87도506.

371) 대판 1992.12.22. 91다35540·35557.

본작성자의 서명 · 날인이 없으나, 권한이 있는 자가 사본의 정확성을 담보하였기 때문에 이를 신용하여 원본과 동일한 효과를 준 것이다. 문서의 원본 · 정본 · 인증이 있는 등본이 없는 경우에는 문서제출명령신청(제343조), 문서를 보내라는 촉탁신청(제352조) 및 법정외의 서증조사 신청(민소규 제112조) 등을 통해서 필요한 문서를 서증으로 법정에 제출할 수 있다. 문서의 촉탁을 받은 사람 또는 증거조사의 대상인 문서를 가지고 있는 사람은 정당한 사유가 없는 한 이에 협력하여야 하고(제352조의2 제1항), 문서의 송부를 촉탁받은 사람이 그 문서를 보관하고 있지 아니하거나 그 밖에 송부촉탁에 따를 수 없는 사정이 있는 때에는 법원에 그 사유를 통지하여야 한다(제352조의2 제2항).[372)]

3. 문서의 증거능력

(1) 어떤 유형물이 증거방법이 되는 자격을 증거능력이라고 한다. 민사소송에서는 형사소송과 달리 원칙적으로 유형물에 관한 증거능력의 제한을 두지 아니하므로 문서는 어떠한 것이라도 증거방법으로 쓸 수 있는 자격이 있다. 전자문서도 증거능력이 있다.[373)] 따라서 판례는 소를 제기한 후 계쟁사실을 증명하기 위하여 작성한 문서,[374)] 사본인 문서,[375)]도 증거능력이 있다는 것이므로, 현재의 판례이론은 문서의 증거가치의 판단을 자유심증에 맡기는 것으로 충분하다는 입장이다. 무형물인 '정보'를 증거방법으로 하는 전자문서의 경우에도 그 증거가치의 판단은 법관의 자유심증에 맡겨야 할 것이다.

(2) 인증을 회피할 목적으로 제3자가 작성한 문서는 문제가 있다. 물론 제3자 작성의 문서라고 하더라도 증인될 자가 사망했다든가, 증언을 하는 것이 불가능하거나 또는 곤란한 객관적 사정이 있는 경우, 상대방 당사자의 이의가 없는 경우에는 증거능력을 인정하는데 문제가 없을 것이다. 그러나 자유심증주의는 증거가치의 평가에 관한 것으로서 증거로서의 적격성 판단에 갈음하는 것이 아니고, 당사자나 증인 등 본래의 인증 대상이 되어야할 증거방법에 관해서는 주 신문 및 반대신문에 의하여 증거자료를 형성할 권능을 당사자에게 부여한 이상 법원도 그 신문결과로부터 직접 심증을 형성할 필요가 있다. 따라서 이를 회피하기 위하여 증언내용을 문서로서 제출하는 것은 원칙적으로 허용해서는 안 될 것이다.

(3) 또 상대방 몰래 비밀로 대화를 녹음한 녹음테이프와 같이 수집절차가 위법한 증거의 증거능력에 관해서도 문제가 있다.[376)]

---

372) 미확정상태의 다른 소송기록을 대상으로 하는 문서의 송부가 촉탁된 경우에도 영업비밀을 보호하여야 한다(대결 2020.1.9. 2019마6016).

373) 1999.2.8. 법률 5834호 (구)전자거래기본법 제7조는 명시적으로 증거능력을 인정하였다.

374) 대판 1992.4.14. 91다24755.

375) 대판 1992.4.28. 91다45608.

4. 문서의 형식적 증거력

(1) 개념

㈎ 문서의 형식적 증거력이란 어떤 증거방법이 증거자료가 될 자격 내지 전제조건을 말한다. 서증에서 증거자료가 되는 것은 문서 자체가 아니라 문서라는 증거방법을 작성한 사람이 누구인지와 그 작성자의 생각 내용이다. 그런데 그 생각 내용이 무엇인지 따지기에 앞서 그 문서의 작성 명의자가 과연 참된 작성자인지는 문서 자체만 보아서는 알 수 없으므로 서증의 대상이 되는 문서가 어떤 작성명의자의 의사에 기초하여 작성된 것인지를 명백하게 할 필요가 있다. 이것이 문서의 형식적 증거력에 관한 문제이다.

㈏ 전자문서의 형식적 증거력, 즉 진본성(眞本性) 문제는 뒤의 전자문서의 소송법상 취급에서 자세히 논하기로 한다.

(2) 성립의 인부

㈎ 개념 (a) 문서가 서증으로 법정에 제출되면 법관은 먼저 그 문서의 작성자가 누구인지와 문서제출자가 주장하는 문서작성 명의자가 참된 작성자인지를 명백하게 할 필요가 있다. 법관은 이를 위해서 문서제출자의 상대방에게 그 문서가 작성명의자에 의하여 진정하게 작성되었는지를 묻고 상대방은 이에 관하여 진술을 하여야 한다. 이를 성립의 인부(認否)라고 한다. 인부는 ① 성립인정(○) ②부인(×) ③ 부지(△) ④ 침묵의 형태로 한다. 전자문서도 원본으로 간주되는 이상 그에 대한 인부는 일반 문서에 대한 인부와 동일하게 처리한다.

(b) (i) 성립인정이란 그 문서가 작성명의자에 의하여 작성된 것을 인정하는 진술, 즉 문서작성사실을 인정하는 자백을 말하며 그 경우에는 자백의 효과로서 형식적 증거력에 다툼이 없게 된다. 그 취소는 주요사실의 자백 취소와 동일한 절차를 밟아야 한다.[377]

(ii) 부인이란 그 문서가 작성명의자에 의하여 작성된 것을 인정하지 않는 진술을 말하며 그 경우에는 부인의 효과로서 형식적 증거력에 다툼이 생기므로 문서제출자는 증거에 의하여 형식적 증거력을 증명하여야 한다. 문서의 진정성립을 부인하려면 이유를 구체적으로 밝혀야 하는데(민소규 제116조), 당사자 또는 그 대리인[378]이 고의나 중대한 과실로 진실에 어긋나게 문서의 진실을 다툰 때에는 법원으로부터 결정으로 200만 원 이하의 과태료에 처하는 제재를 받는다(제363조 제1항). 이 결정에 대하여는 즉시항고를 할 수 있으며(제363조 제2항), 다만, 소송계속 중에 당사자 또는 대리인이 스스로 그 진정성립을 인정하는 때에는 과태료의 결정을

376) 이에 관해서는 [72]2.(2)(나) 참조.

377) 대판 2001.4.24. 2001다5654.

378) 여기서의 대리인은, 당사자신문에서 제370조의 제재와의 균형상 소송대리인이 아니라 법정대리인이라고 하여야 한다.

취소할 수 있다(제363조 제3항). 전자문서의 경우에는 그에 관한 법률규정이 없으므로 과태료의 제재를 할 수 없다.

(iii) 부지(不知)란 그 문서가 작성명의자에 의하여 작성된 것인지를 모른다고 하는 진술이다. 그 취급은 대체로 부인의 경우와 같다. 그러나 부지에 관해서는 부인에 대하여 부과하는 제363조의 과태료 제재가 없다는 점에서 부인보다 진술하기가 가볍다. 그러므로 그 문서 자체에 당사자(원고 또는 피고)의 도장이 찍혀 있는 경우에 이 문서가 쟁점사실에 관한 중요한 증거자료라고 여겨진다면 당사자나 그의 소송대리인이 서증의 인부과정에서 날인된 인영의 당사자가 누구인지 모른다고 대답했다고 하더라도 그에 그칠 것이 아니라 더 나아가 그 인영의 진정성립을 부인하는지 여부까지를 물어서 당해 서증의 진정성립 여부에 관한 보조사실을 주장할 기회를 주어야 한다.[379)]

(iv) 침묵이란 그 문서가 작성명의자에 의하여 작성된 것인지 여부에 관하여 아무런 대답을 하지 않는 것을 말한다. 이 경우에는 변론전체의 취지에 의하여 다툰다고 인정되는 경우를 제외하고는 성립인정과 동일하게 취급한다.

(c) 특허심판에 따른 증거조사 및 증거보전에 관하여는 민사소송법 중 증거조사 및 증거보전에 관한 규정을 준용한다(특허 제157조 제2항). 그러므로 특허심판의 피심판청구인이 사문서임이 명백한 서증들의 진정성립을 다투어 그 사건의 증거로 채택할 수 없다는 내용의 답변서를 제출한 경우에는 특허심판에서도 위 각 사문서의 진정성립 여부를 조사하여야 한다.[380)]

(나) 진정성립의 의미 (a) (i) 문서가 진정하게 성립되었다는 의미가 무엇인가에 관해서는, 문서를 작성한 사람이 실제로 자기 뜻에 따라 작성한 문서이어야 문서의 진정성립이 인정되는 것이지 다른 사람이 위조로 작성한 것은 진정성립이 될 수 없다는 견해와, 문서의 진정한 작성자가 누구인지는 따질 필요 없이 문서를 법원에 제출한 사람이 그 문서의 작성자가 자기의사에 따라 작성한 것이라고 주장하기만 하면 진정성립을 인정할 수 있다는 견해가 있다.

(ii) 두 견해는 문서제출자가 상대방이 문서를 위조하였다는 사실을 증거로 하기 위하여 위조문서를 증거로 제출하는 경우에 차이가 있다. 앞의 견해에 의하면 위조문서는 작성명의인이 진실로 작성한 것이 아니기 때문에 문서가 아니라 검증물이고, 뒤의 견해에 의하면 위조문서라도 작성자의 의사에 터 잡아 작성된 이상 문서라는 것이다. 결국 앞의 견해에 의하면 위조문서를 위조문서가 아닌 듯 제출한 경우에는 문서가 되지만 위조문서를 위조문서라고 주장하면서 제출한 경우에는 검증물이 되고 또 검증조서를 작성하여야 한다. 이 점에서 보면 뒤의 견해가 타당하지만 앞의 견해가 판례[381)]이다. 다만 판례에 의하더라도 위조문서를 제출한 경

379) 대판 1990.6.26. 88다카31095.
380) 대판 1984.5.22. 80후52.
381) 대판 1991.5.28. 90다19459.

우에 검증조서를 따로 작성하지 않는다.

(iii) 여기서 문제되는 진정성립이란 그 문서의 작성에 관한 것이지 그 문서 작성의 내용이 진실하느냐에 관한 것이 아니다. 내용의 진실성 여부는 법관의 자유 심증에 속하는 실질적 증거력에 의해서 정해진다.

(b) 문서의 증거판단에는 이유를 설명할 필요가 없다.[382] 그러나 상대방이 문서의 진정성립을 적극적으로 다투거나 서증의 진정성립 여부가 쟁점이 될 때, 또는 서증이 당해 사건의 쟁점이 되는 주요사실을 인정하는 자료로 쓰이는데 상대방이 그 증거능력을 다툴 때에는 문서가 어떠한 이유로 증거능력이 있는 것인지에 관하여 설명하는 것이 옳고, 사문서의 경우 그것이 어떠한 증거에 의하여 진정성립이 인정된 것인지 잘 알아보기 어려운 경우에도 그 근거를 분명히 밝혀서 설명하여야 할 것이다.[383]

(다) **작성자가 문제되는 경우**

(a) **작성자 없는 문서** (i) (ㄱ) 문서는 작성자의 의사에 따라 이루어진 유형물이므로 반드시 날인까지는 되어 있지 아니하더라도 원칙적으로 작성자의 이름이 문서에 나와야 한다.[384] 이것이 없을 때에는 문서제출자는 작성자가 누구인지 보충하여 설명하고 이에 대해서 상대방이 인부하지 않으면 안 된다. (ㄴ) 전자문서는 사용자등록을 하여야 하고(민소전자문서 제6조 제1항), 전산정보처리시스템에 의하여 제출하여야 하므로(민소전자문서 제8조 제1항) 작성자 없는 전자문서는 존재하지 않는다.

(ii) 상대방이 작성자의 기재가 없는 문서에 대해서 이를 인정한다고 진술을 하였다면 그것은 그 문서의 작성자가 누구인지 안다는 의미이므로 법원은 작성자가 누구인지까지 진술시켜서 변론조서에 이를 기재하여야 한다.

(iii) 상대방이 부지라고 할 경우에는 그 작성자가 누구인지 모른다는 것이기 때문에 법원은 문서제출자에게 석명권을 행사하여 작성자가 누구인지 밝히게 한 다음 상대방의 인부를 받아야 할 것이다. 만약 작성자가 누구인지 밝혀지지 않는다면 그 문서 자체의 제출이 없는 것으로 취급하여 그 취지를 변론조서에 기재하여야 할 것이다.

(b) **이름이 실제와 다른 통칭이나 상호일 경우** 문서의 작성명의인이 실제와 다른 통칭이거나 상호일 경우에는 실제의 이름이 작성자명의자이다. 문서제출자는 이 점을 명확하게 하여 작성명의자를 확정시켜야 한다.

(c) **대리인 작성의 문서** (i) 작성명의인이 「갑의 대리인(또는 대표자) 을」이라고 표시되었다면 문서의 작성자는 갑인가 아니면 을인가의 문제이다. 제358조가 「본인 또는 대리인」의 서

382) 대판 1966.11.22. 66다1731.
383) 대판 2001.6.15. 99다72453.
384) 대판 1994.10.14. 94다11590.

명이나 날인 또는 무인이 있는 때에는 진정한 것으로 추정한다고 되어 있고, 대리인이 한 의사표시의 내용은 본인의 위임에 따른 것이라 하더라도 단순한 표시 사자(使者)가 아니기 때문에 대리인이 작성한 문서의 작성명의자는 대리인으로 보아야 할 것이다. 이것은 대리인의 법률행위가 사해행위인지 여부를 판단할 때 그 기준을 대리인으로 하는 경우와 같다.[385)]

(ii) 제358조가 본인 또는 대리인의 서명이나 날인 또는 무인이 있는 때에는 진정한 것으로 추정한다고 되어 있으므로, 대리인이 작성한 문서를 본인이 부지라고 대답할 수 없다. 따라서 부지라고 대답하였다면 부인 또는 성립인정 등의 대답으로 수정하여 진술하게 하여야 한다.

(d) **문서의 내용을 수정·가필·삭제한 경우** 갑이 작성한 문서의 내용을 을이 뒤에 수정·가필·삭제한 경우에 작성자는 누구인가의 문제이다. 을이 표시사자인가 대리인인가에 따라 달라진다. 을이 표시사자인 경우에는 본인 갑이, 대리인인 경우에는 대리인 을이 작성자이지만 이 경우에 문서제출자는 그 기재내용이 대리인 을이 본인 갑으로부터 위임받은 정당한 권원에 기초해서 작성한 것이라는 사실까지 입증하여야 한다.[386)]

(e) **회사이름의 문서** 회사 내부의 문서는 하부직원이 기안하여 대표자 내지 대리인이 결재를 할 때까지 여러 단계를 거치는데 그때마다 별개의 문서가 되어 일일이 인부를 하여야 하는지 문제이다. 그 문서가 기안자의 내부문서로서 누가 기안자인지 문제되는 경우에는 당연히 기안자가 작성자이다. 그러나 그것이 회사문서인 경우에는 결재인이 아무리 많더라도 외부에 대해서는 대표자가 책임지고 작성하여 제출한 것이므로 실제의 기안자가 누구인지 문제 삼을 필요가 없다. 이 경우 대표자의 의사에 기초하여 작성된 것이면 대표자 작성 문서에 대한 하나의 인부로 충분하다.

(f) **상속인에 의한 인부** (i) 상속재산관계의 소송에서 상대방이 피상속인인 망부(亡父)의 문서를 제출하였을 때에 상속인이 그 문서를 부인하여야 하는 경우에 부인이라고 답변하여야 할 것이고, 부지라고 해서는 안 된다. 상속인은 피상속인과 동일한 지위에 있고, 부인이나 부지 어느 경우에도 상대방이 그 문서의 진정성립을 증명하여야 하겠지만 부인의 경우에는 뒤에 그 문서의 진정성립이 인정되면 제363조 제1항에 따라 상속인은 과태료의 제재를 받게 된다. 상속관계의 문서는 상속인이 그 내용을 더 잘 아는 것이 경험칙인데 이를 상대방에게 증명하게 하는 것은 형평에 맞지 아니하므로 과태료의 제재를 과할 수 있는 부인의 인부를 하게 하는 것이 원·피고 당사자 사이의 균형을 이룬다.

(ii) 상속인이 여럿인 경우에는 그들 관계가 통상공동인지 아니면 필수적 공동소송인지에 따라 다르다. 통상공동소송관계에 있으면 각자의 인부에 따라 부인 또는 성립인정으로 처리하여야 할 것이지만 필수적 공동소송관계에 있을 때에는 공동소송인 전원이 성립을 공동으로 인

385) 대판 2013.11.28. 2013다206986 참조.
386) 대판 1997.12.12. 97다38190.

정하지 않으면 부인으로 처리하여야 할 것이다.

(g) **위조문서** (i) 당사자가 상대방이 작성한 문서를 진정한 문서라고 제출하였는데 상대방은 이 문서를 자기가 작성한 문서가 아니라고 하면서 서명 · 날인부터 위조라고 다투는 것은 이 문서의 진정성립에 관한 단순한 부인이다. 누가 위조하였다라고 주장하는 것은 적극적 부인 사실을 덧붙여 진술하는 것에 불과하다. 따라서 이 경우에는 문서를 제출한 당사자가 그 문서의 진정성립을 입증하여야 한다. 전자문서의 경우에는 제출자가 사용자등록을 하여야 하므로(민소전자문서 제6조 제1항) 전자문서로 위조문서를 제출할 수 없을 것이다.

(ii) 서명과 인영은 작성자 자신의 것이 맞지만 본인의 의사에 의하지 않고 다른 사람에 의해서 서명 · 날인 또는 무인되었다거나, 서명 · 날인 또는 무인 이외의 부분이 다른 사람에 의해서 위조된 경우라고 하더라도 서명과 인영이 작성자 자신의 것이라면 그 문서 전체의 진정성립은 추정되므로(제358조) 위조 등은 항변으로서 이를 주장한 사람이 증명하여야 한다.[387] 이 경우 항변사실을 입증하는 증거의 증명력은 막연히 위조하였으리라는 개연성만의 입증으로는 부족하다.[388]

(iii) 문서에 기재된 내용을 증거로 하려는 것이 아니라 그 문서의 위조사실을 증명하려고 문서를 제출하는 경우에는 이미 앞에서 설명한 것과 같이 판례는 그 문서를 서증으로 제출한 것이 아니라 검증물로 제출한 것으로 본다. 따라서 상대방이 성립을 인정하였다고 하여 성립에 다툼이 없는 서증이라고 해서는 안 된다.[389] 이 경우에는 서증목록의 서증 이름란에 「이 문서는 ○○가 위조하였다」라고 덧붙여 기재하고 이를 인부하는 상대방이 위조사실을 인정하는 경우에는 「위조사실 인정」이라고 기재하며, 위조사실을 부인하는 경우에는 「위조사실 부인」이라고 기재하는 것이 좋다.

(h) **사본** (i) 법원에 문서를 제출하거나 보낼 때에는 원본 · 정본 또는 인증이 있는 등본으로 하여야 하는 것이므로(제355조 제1항), 원본 · 정본 또는 인증이 있는 등본이 아닌 단순한 사본을 증거로 제출하는 것은 정확성의 보증이 없어 원칙적으로 부적법하다. 물론 사본 그 자체를 원본으로 제출하거나 원본의 존재에 갈음하여 제출하였는데 상대방이 이의하지 아니한 경우에는 소송절차에 관한 이의권이 포기 혹은 상실되어 사본의 증거신청이 허용된다.[390] 전자문서의 경우에는 법원행정처장이 지정한 파일형식으로 제출하면 원본과 동일하게 보므로(민소전자문서 제10조 제3항) 이 경우에는 사본의 문제가 발생하지 않는다.

(ii) 원본의 존재 및 원본 성립의 진정에 관하여 다툼이 있고, 사본으로 원본을 대신하여

---

387) 대판 1982.8.24. 81다684.
388) 대판 1987.12.22. 87다카707.
389) 대판 1991.5.28. 90다19459.
390) 대판 2002.8.23. 2000다66133, 2023.4.13. 2022다305205.

제출하는 데 대하여 상대방으로부터 이의가 있는 경우에는 사본으로써 원본을 대신할 수 없다. 그러므로 사본 자체를 원본으로 제출하는 경우에는 그 사본도 독립된 서증이 되지만 그 대신 이에 의하여 원본이 제출될 수는 없으므로 사본제출자는 증거에 의하여 사본과 같은 원본이 존재하고 또 그 원본이 진정하게 성립하였음을 증명하여야 한다.[391)]

(iii) 다만 사본을 원본에 갈음하여 제출하는 제출자는 원본을 제출하지 못한데 대한 정당한 사유, 즉 문서원본이 분실·훼손되었거나, 문서제출의무에 응할 의무가 없는 제3자가 문서를 소지하고 있어서 원본을 제출할 수 없다든가, 문서원본이 방대한 분량의 문서라는 등 원본의 제출이 불가능하거나 비실제적이라는 상황을 주장, 입증하여야 원본제출을 갈음할 수 있다.[392)]

(i) 수사기록상 진술조서의 사본에 관하여 상대방이 변론기일에서 부지로 답변하면서 원본의 존재를 부인하였는데 그 후 원본이 제출된 흔적이 없다면 수사기록상 진술조서라도 증거능력이 없다.[393)]

(j) **사진** 문서를 사진으로 촬영하여 그 사진을 문서(이른바 복사문서이다)로 증거로 제출할 수 있는 것은 당연하다. 그러나 문서 아닌 다른 물건의 사진에 대한 증거조사의 성질은 검증이다. 사진에 대해서 검증조서를 작성하지 아니하고 문서와 같이 취급하더라도 검증의 성격은 변함이 없다. 따라서 형식적 증거력의 유무는 중요하지 아니하여 성립의 인부는 큰 의미가 없다. 다만 검증조서에 갈음하여 서증목록의 서증 이름란에 간략한 피사체에 대한 설명을 붙이고 상대방이 이 설명을 인정하는 경우에는 성립인정, 이를 부인하는 경우에는 부인, 그 진위를 잘 모르는 경우에는 부지라고 인부란에 기재하는 것이 좋을 것이다.

(k) **외국문서와 번역문** (i) **공증인의 인증과 제356조 제3항** 외국 특히 유럽과 미국의 문서는 작성자의 서명만 있을 뿐이고 날인이 없어 진정성립의 방법부터 문제된다. 그곳에서는 계약서 등 처분문서를 작성할 때 공증인의 인증이 있는 경우가 많으므로 이때에는 제356조 제3항의「외국의 공공기관이 작성한 것」에 해당한다고 하여 진정성립을 추정시킬 수 있다. 그러므로 당사자가 외국의 공문서라고 하여 제출한 문서가 진정한 공문서로 추정되기 위해서는 제출한 문서의 방식이 외관상 외국의 공공기관이 직무상 작성하는 방식에 합치되어야 하고, 문서의 취지로부터 외국의 공공기관이 직무상 작성한 것이라고 인정되어야 한다. 그러나 법원은 이러한 요건이 충족되는지를 심사할 때 공문서를 작성한 외국에 소재하는 대한민국 공관의 인증이나 확인을 거치는 것이 바람직하지만 그렇지 않다면 다른 증거와 변론 전체의 취지를 종합하여 자유심증에 따라 판단하여야 할 것이다.[394)]

---

391) 대판 2002.8.23. 2000다66133 참조.
392) 대판 2010.2.25. 2009다96403.
393) 대판 1995.5.26. 95다12125.
394) 대판 2016.12.15. 2016다205373.

(ii) **번역문의 분쟁** 외국문서를 증거로 제출하기 위해서는 번역문을 붙여야 하는데 그 번역문의 내용에 다툼이 있을 때에는 전문가의 감정을 받아야 할 것이다. 번역문은 그 자체가 독립한 문서로서 서증의 대상이 된다.

(3) 문서의 진정성립에 다툼이 없는 경우

문서의 성립에 관한 자백은 보조사실에 관한 자백이기는 하나 그 취소에 관하여는 다른 간접사실에 관한 자백취소와는 달리 주요사실의 자백취소와 동일하게 취급한다. 따라서 문서의 진정성립을 인정한 당사자는 자유롭게 이를 철회할 수 없고, 문서에 찍힌 인영의 진정함을 인정하였다가 나중에 이를 철회하는 경우에도 함부로 철회할 수 없다.[395]

(4) 문서의 진정성립에 다툼이 있는 경우

문서의 진정성립에 관하여 상대방이 부인 또는 부지로 답변하여 다투는 경우에는 증명의 대상이 되므로 증명할 사람은 문서의 진정성립을 증명하지 않으면 안 되고 그 증명 여부는 법관의 자유심증에 맡겨져 있다. 다만 공문서에는 추정규정이 있다.

㈎ **공문서 진정의 추정** (a) 공문서는「문서의 작성방식과 취지에 의하여 공무원이 직무상 작성한 것으로 인정한 때」에는 진정한 공문서로 추정한다(제356조 제1항). 공증인이나 공증인가를 받은 변호사가 작성한 문서도 공문서로서 진정성립이 추정되므로 신빙성 있는 반대 자료가 없는 한 증명력을 부정할 수 없다.[396] 공증인이 인증한 사서증서도 공증인법에 따른 촉탁인의 확인이나 대리촉탁인의 확인 및 그 대리권의 증명 등 그 절차를 제대로 거치지 않았다는 등의 사실이 주장·증명되는 등 특별한 사정이 없는 한 진정성립이 추정된다.[397]

(b) 공문서의 진정 추정은, 예를 들어 점유의 계속에 관한 민법 제198조와 같은 법률상 추정이 아니다. 공무원은 일반적으로 직무상 충실하다는 경험칙에 의한 사실상 추정을 법정화한 것이다. 이 점에서 자유심증주의의 예외가 된다. 법률상 추정과의 차이점은 첫째, 추정된 사실이 실체법상 법률요건 사실이 아니고, 둘째, 추정사실에 관해서는 증명책임 및 그 전환을 고려할 여지가 없어 상대방은 위 추정을 본증이 아니라 위조 또는 변조 등 특별한 사정이 있다고 볼만한 반증으로 깨뜨릴 수 있다.[398] 따라서 공문서는 그 진정성립이 추정되면 동시에 그 기재 내용의 증명력 역시 추정되므로 그 공문서가 진실에 반한다는 등 특별한 사정이 없는 한 함부로 배척할 수 없다.[399]

395) 대판 2001.4.24. 2001다5654.
396) 대판 1994.6.28. 94누2046.
397) 대결 2009.1.16. 2008스119.
398) 대판 2018.4.12. 2017다292244.
399) 대판 2006.6.15. 2006다16055.

(c) 법원은 공문서가 진정하게 작성되었는지 의심스러울 때에는 직권으로 작성자가 되는 해당 공공기관에 작성 및 권한의 유무에 관하여 조회를 할 수 있다(제356조 제2항). 조회받은 공공기관은 법원에 대하여 조회사항에 관하여 설명할 의무를 부담한다. 이 추정 및 조회규정은 외관상 외국의 공공기관이 작성한 것으로 인정되는 경우에도 준용된다(제356조 제3항). 외국의 공문서라고 제출한 문서가 진정성립의 추정을 받기 위해서는 제출한 문서의 방식이 외관상 외국 공공기관의 직무상 작성하는 방식에 합치되어야 하고, 문서의 취지로부터 외국 공공기관이 직무상 작성한 것이라고 인정되어야 한다. 현실적으로 공문서의 진정성립을 증명할 만한 증거를 확보하기 곤란한 경우가 많은 난민신청자가 제출한 외국의 공문서인 경우, 반드시 엄격한 방법에 의하여 진정성립이 증명되어야 하는 것은 아니지만, 적어도 문서의 형식과 내용, 취득 경위 등 제반 사정에 비추어 객관적으로 외국의 공문서임을 인정할 만한 상당한 이유가 있어야 한다.[400] 법원은 이러한 요건이 충족되었는지 여부를 심사할 때 해당 공문서를 작성한 외국에 소재하는 대한민국 공관의 인증이나 확인을 거치는 것이 바람직하지만 이것은 어디까지나 법관의 자유심증에 따라 판단할 문제이므로 다른 증거와 변론 전체의 취지를 종합하여 인정할 수 있다.[401]

㈏ **사문서 진정의 인정** (a) 사문서에 관하여는 공문서와 같이 문서 외관으로 진정성립을 추정하는 규정이 없다. 따라서 사문서의 진정성립에 관하여 다툼이 있으면 증거에 의하여 그 성립의 진정을 증명하지 않으면 안 된다(제357조).

(b) (i) 다만 사문서는 「본인 또는 그 대리인의 서명이나 날인 또는 무인이 있는 때」에는 진정성립을 추정한다(제358조). 이 역시 본인 등의 서명이나 날인 또는 무인은 일반적으로 진정하다는 경험칙에 의한 사실추정을 법정화한 것이다. 그 결과, 본인 또는 그 대리인의 서명이나 사문서에 날인된 작성 명의인의 인영이 그가 작성한 서명 또는 그의 인장에 의한 것으로 인정된다면 특별한 사정이 없는 한 그 서명 또는 인영의 진정성립이 추정되고(1단계 추정), 일단 인영의 진정성립이 추정되면 제358조에 따라 그 문서 전체의 진정성립을 추정하는 것이다(이른바 2단계의 추정이다). 따라서 상대방으로서는 제1단계의 사실상 추정에 대하여 반증을 제출할 수 있고, 또 제2단계 추정에 대하여서도 반증을 제출할 수 있다.

(ii) 예컨대 원고와 피고 사이에서 작성된 매매계약서를 피고가 부인한다고 하더라도 법원으로서는 의당 그 서증의 인부를 함에 있어서 그 매매계약서에 찍은 피고의 인영날인 사실까지 부인하는지 여부를 석명하여 피고가 그 인영의 진정을 인정하는 경우에는 그 문서 전체의

400) 현실적으로 공문서의 진정성립을 증명할 만한 증거를 확보하기 어려운 난민신청자가 제출한 외국의 공문서의 경우에도 적어도 문서의 형식과 내용, 취득경위 등 제반사정에 비추어 객관적으로 외국의 공문서임을 인정할 상당한 이유가 있어야 한다(대판 2016.3.10. 2013두14269 참조)(평석은 [56] 참조).

401) 대판 2016.12.1. 2016다205373.

진정성립이 추정되므로 그 이후에 그 문서의 변조가 있었는지 여부에 관하여는 피고가 입증을 하여 밝혀야 한다.[402)]

(iii) 원고의 성명 옆에는 원고 명의의 인장이 찍혀 있는데, 원고는 위 서증이 진정한 것인지의 여부에 관하여 부지라고 진술하여 그 진정성립을 다투고 있으나, 원고 명의의 인영은 얼른 보아 원고가 그 진정성립을 인정한 다른 문서에 찍혀 있는 원고 명의의 인영과 같은 것으로 보인다면 원고가 그 서증이 진정한 것인지의 여부에 관하여 부지라고 답변하였다고 하여 바로 위 서증의 형식적 증거력을 배척할 것이 아니라, 원고에 대하여 위 서증에 찍혀 있는 원고 명의의 인영이 원고의 인장에 의하여 찍혀진 것인지의 여부 등을 따져 보아 원고 명의의 인영부분이 진정하게 성립한 것인지 여부를 석명한 다음, 그 결과에 따라 피고로 하여금 인영의 대조 등에 의하여 위 서증의 진정성립 여부를 증명할 수 있는 기회를 주는 등의 방법으로, 위 서증의 진정성립 여부에 대한 심리를 더 하여야 할 것이다.[403)]

(iv) 자필서명은 있고 날인이 되지 아니하였다고 하더라도 문서의 진정성립 추정에는 지장이 없다.[404)]

(c) 그러나 그 추정은 사실상 추정이므로, 인영 등의 진정성립을 다투는 자의 반증에 의하여 그 날인행위가 작성명의인 이외의 자에 의하여 이루어진 것임이 밝혀지거나 작성명의인의 의사에 반하여 혹은 작성명의인의 의사에 기초하지 않고 이루어진 것임이 밝혀진 경우에는 그 추정은 깨진다.[405)] 서명의 경우에도 마찬가지이다.[406)] 이 경우에 문서제출자는 그 날인행위가 작성명의인으로부터 위임받은 정당한 권원에 의한 것이라는 사실까지 입증할 책임이 있다.[407)]

(d) (i) 우리나라에서는 옛날부터 문서의 진실성을 확보하고 작성자가 누구인가를 명백하게 하기 위하여 문서를 작성한 다음 그 끝 부분에 작성자가 스스로 서명 · 날인 또는 무인하는 관행이 있었다. 제358조의 추정 규정은 옛날부터의 문서 작성 관행을 인정하여 문서의 진정성립을 사실상 추정하도록 명문화한 것이다. 따라서 서명이나 날인이 있어 진정성립이 추정되는 것은 관행에 따라 먼저 문서에 필요한 내용을 기재한 뒤에 인영이 찍힌 경우이다. 이 관행과 달리 먼저 날인이 된 뒤에 백지부분을 작성자가 보충한 경우에는 사실상 추정력이 없으므로 제출자가 그 기재에 관한 정당한 권원을 증명하여야 한다.[408)] 왜냐하면 날인행위가 작성명의

402) 대판 1995.11.10. 95다4674.

403) 대판 1991.11.12. 91다30712.

404) 대판 2008.2.14. 2007다17222.

405) 대판 1976.7.27. 76다1394, 1982.8.24. 81다684, 1986.2.11. 85다카1009, 1990.4.24. 89다카21569, 1993.8.24. 93다4151(전원합의체), 1995.3.10. 94다24770, 1995.6.30. 94다41324, 2014.9.26. 2014다29667(평석은 [58] 참조) 등 참조.

406) 대판 2010.4.29. 2009다38049.

407) 대판 2003.4.8. 2002다69686.

408) 대판 2000.6.9. 99다37009.

인 이외의 사람에 의할 때에는 진정성립에 대한 사실상 추정이 깨지기 때문이다.

(ii) 그러나 일단 작성된 문서는 완성된 문서인 것으로 사실상 추정된다.[409] 따라서 문서 작성 당시 문서의 전부 또는 일부가 미완성된 상태에서 서명·날인을 먼저 하였다는 사정은 이례(異例)에 속하여 이에 관한 합리적인 이유와 이를 뒷받침할 간접반증 등이 필요하다.[410]

(iii) 만약 간접반증에 의하여 완성문서로서의 추정이 번복되어 백지문서 또는 미완성부분을 작성명의자 아닌 자가 뒤에 보충하였다는 사정이 밝혀지면 그 문서의 진정성립을 주장하는 자 또는 문서제출자에게 그 진정성립에 관한 증명책임이 있고,[411] 그 백지부분이 정당하게 위임받은 권한에 의하여 보충되었다는 사실은 그 백지부분의 기재에 따른 효과를 주장하는 당사자가 이를 증명할 책임이 있다.[412] 예를 들어 채무금액이나 이율, 변제기 등 일부 기재가 백지 상태였지만 채권자가 채무자의 대리인으로서 이를 보충할 위임을 받아 금전소비대차계약에 관한 공정증서의 작성을 촉탁한 경우, 보충된 위임장의 백지부분이 정당한 보충권한에 의하여 기재된 것이라는 점은 채권자가 별도로 증명하여야 하는 것이다.

(e) 본인 또는 대리인의 「서명이나 날인 또는 무인이 있는 때」라 함은 문서에 본인 또는 대리인의 뜻에 기초한 진정한 서명이 있거나 혹은 본인 또는 대리인의 의사에 기초하여 찍은 진정한 인영 또는 무인이 있는 것을 말한다. 서명·날인 또는 무인의 진정성립 자체에 다툼이 있는 경우에는 인영의 진정뿐 아니라 날인행위가 작성명의자의 의사에 터 잡은 것이라는 사실 및 작성명의인의 위임에 의한 경우에는 위임의 정당한 권원까지도 증명하여야 한다.[413]

(f) 문서의 인장을 도용당하여 위조된 것이라는 주장은 그 인영의 진정성립을 인정한 것이므로 그 도용 또는 위조에 관한 사실은 도용 또는 위조를 주장한 사람이 부담하게 된다.[414] 문서가 위조되었는지 여부는 반드시 전문가의 감정에 의해서만 이를 판별할 수 있는 것이 아니고 법관의 눈으로도 직접 확인할 수 있다.[415]

(g) **어음의 위조** (i) 배서의 자격수여(資格授與)적 효력에 관하여 규정한 어음법 제16조 제1항은 어음상 청구권이 적법하게 발생한 것을 전제로 그 권리의 귀속을 추정하는 규정일 뿐, 그 권리의 발생 자체를 추정하는 규정은 아니다.

(ii) 그러므로, 위 법조항에 규정된 "적법한 소지인으로 추정한다"는 취지는 피위조자를 제외한 어음채무자에 대하여 어음상 청구권을 행사할 수 있는 권리자로 추정된다는 뜻에 지나지

409) 대판 2012.12.13. 2011두21218.
410) 대판 2011.11.10. 2011다62977.
411) 대판 2003.4.11. 2001다11406.
412) 대판 2013.8.22. 2011다100923.
413) 대판 2003.4.8. 2002다69686, 2009.9.24. 2009다37831.
414) 대판 1976.7.27. 76다1394.
415) 대판 1997.12.12. 95다38240.

아니하므로, 더 나아가 자신의 기명날인이 위조된 것임을 주장하는 사람에 대하여서까지도 어음채무의 발생을 추정하는 것은 아니다.

(iii) 그렇다면 어음에 어음채무자로 기재되어 있는 사람이 자신의 기명날인이 위조된 것이라고 주장하는 경우에는 이것은 항변이 아니라 부인이므로 그 사람에 대하여 어음채무의 이행을 청구하는 어음 소지인이 그 기명날인이 진정한 것임을 증명하여야 한다.[416)]

㈐ **문서 진정의 증명** (a) 문서의 진정성립을 증명하는 데는 주로 증인신문에 의하지만 검증·감정 등으로도 할 수 있다. 그러나 그 증거자료는 믿을 수 있어야 하므로 증인의 증언태도, 증언내용의 합리성, 다른 증거와의 합치여부, 증인의 사건에 대한 이해관계, 당사자와의 관계 등을 종합적으로 검토하여야 한다.[417)] 증거자료에 의하지 아니하고 변론전체의 취지로 인정하더라도 그것이 논리 칙과 경험칙을 벗어나지 않는 한 적법하다.[418)]

(b) 그 밖에 문서의 진정성립은 필적 또는 인영의 대조에 의해서도 증명할 수 있는데(제359조) 법원은 대조에 필요한 필적이나 인영 있는 문서 기타 물건의 제출을 명할 수 있고(제360조 제1항), 또 대조를 위하여 상대방에게 그 문자를 손수 쓰도록 할 수 있다(제361조 제1항). 대조하는데 제공된 서류는 그 원본·등본 또는 초본을 조서에 붙여야 한다(제362조). 이 경우 상대방이 정당한 이유 없이 법원의 명령에 따르지 아니한 때에는 법원은 문서의 진정 여부에 관한 확인신청자의 주장을 진실한 것으로 인정할 수 있고, 필치를 바꾸어 손수 쓸 때에도 또한 같다(제361조 제2항).

5. 문서의 실질적 증거력

(1) 뜻

문서의 실질적 증거력이라 함은 문서의 기재내용이 증명할 사실의 증명에 관한 법관의 심증형성에 실제로 미치는 효과를 말한다. 실질적 증거력은 당연히 형식적 증거력을 전제로 한다. 그러므로 먼저 형식적 증거력을 확정한 다음에 실질적 증거력을 검토하여야 할 것이다.[419)] 형식적 증거력이 있는 증거라도 그 기재내용이 거짓이거나 증명할 사항과 관련이 없으면 실질적 증거력을 부정하여야 한다.[420)] 실질적 증거력의 판단은 법관의 자유심증에 맡겨져 있으나 그 자유심증의 영역은 처분문서와 보고문서에 따라 다르다.

416) 대전판 1993.8.24. 93다4151.
417) 대판 1994.10.11. 94다23746, 2010.6.24. 2009다10980.
418) 대판 1987.7.21. 87므16.
419) 대판 2002.8.23. 2000다66133.
420) 같은 취지: 이시윤, 593면.

(2) 처분문서

(가) (a) 처분문서의 성립에 다툼이 없다면 법원은 특별한 사정이 없는 한 그 문서에 표시된 법률적 행위가 제대로 성립된 것으로 인정하여야 한다.[421] 즉 처분문서는 그 형식적 증거력이 인정되는 경우에 거기에 적힌 내용대로 법률적 행위가 존재하는 것으로 인정되는 것이다.[422] 그 이유는, 작성자가 처분문서를 사기, 강박 또는 착오 등에 기초하여 작성하지 않은 이상 그 형식적 증거력의 확정에 의하여 그 기재내용이 작성자의 법률적 행위로 명백하게 되었기 때문이다. 따라서 이 경우에 남는 문제는 그 문서에 표시된 문구에 대하여 어떠한 사실상 내지 법률상 평가를 주어야 하느냐는 것, 즉 그 해석의 문제이다. 만약 당사자 사이에 계약의 해석을 둘러싸고 다른 의견이 있어 처분문서에 나타난 당사자의 의사해석이 문제되는 경우에는 문언의 내용, 그와 같은 약정이 이루어진 동기와 경위, 약정에 의하여 달성하려는 목적, 당사자의 의사 등을 종합하여 논리와 경험칙에 따라 합리적으로 해석하여야 한다.[423]

(b) 그러나 이 경우 문언의 객관적인 의미가 명확하다면, 특별한 사정이 없는 한 문언 그대로 의사표시의 존재와 내용을 인정하여야 한다.[424] 특히 단체협약서와 같은 처분문서는 그 진정성립이 인정되는 이상 기재 내용을 부정할 만한 분명하고도 수긍할 수 있는 반증이 없는 한 기재내용에 의하여 그 문서에 표시된 의사표시의 존재 및 내용을 인정하여야 하고, 단체협약은 근로자의 근로조건을 유지 · 개선하고 복지를 증진하여 경제적 · 사회적 지위를 향상시킬 목적으로 노동자의 자주적 단체인 노동조합이 사용자와 사이에 근로조건에 관하여 단체교섭을 통하여 이루어지는 것이므로 그 명문의 규정을 근로자에게 불리하게 해석해서는 안 된다.[425]

(나) (a) 처분문서의 진정성립이 인정되면 그 기재내용을 부정할 만한 분명하고도 수긍할 수 있는 반증이 없는 이상 문서의 기재내용에 따라 의사표시의 존재 및 내용을 인정하여야 한다는 점을 감안한다면 법원이 처분문서의 진정성립을 인정할 때에는 신중을 기하여야 할 것이다.[426] 그러므로 다른 증거를 배척함에 있어서는 이유를 설명할 필요가 없으나 처분문서를 배척하는 경우에는 합리적인 이유를 설명하여야 한다. 여기서 합리적인 이유란 반증이 있거나 그 문서에 기재된 내용이 객관적 진실에 반하는 것으로 볼만한 경우이다.[427] 특히 처분문서의 소지자가 업무 또는 친족관계 등으로 문서명의자의 위임을 받아 그의 인장을 사용하기도 하였

421) 대판 1962.11.29. 62다616.
422) 대판 1987.4.28. 86다카1760.
423) 대판 2005.5.13. 2004다67264,67271.
424) 대판 2002.5.24. 2000다72572, 2012.11.29. 2012다44471, 2013.4.26. 2013다2245 등.
425) 대판 2014.2.13. 2011다86287.
426) 대판 2010.5.27. 2010다6659.
427) 대판 1995.10.13. 95누3398.

던 사실이 밝혀진 경우라면 더욱 그러하다.[428)]

(b) 다만 처분문서라 하더라도 처분문서의 기재내용과 다른 명시적 · 묵시적 약정이 있는 경우에는 그 기재내용과 다른 사실을 인정할 수 있고,[429)] 처분문서에 적힌 법률적 행위의 장소 · 시간 · 행위자의 권한 내지 능력, 의사표시의 흠, 상대방에 도달 여부, 법률행위의 동기와 경위, 목적, 당사자의 진정한 의사[430)] 등은 오로지 처분문서의 실질적 증거력으로 해명될 문제가 아니므로 다른 증거방법과 관련해서 법관이 논리와 경험칙에 따라 자유심증으로 확정해야 한다.[431)] 예컨대 임대차계약서는 처분문서이지만 그 일시 · 장소의 기재는 보고문서의 성질을 가지므로 이 부분은 법관의 자유심증에 의하여 판단할 수 있다.[432)]

(다) 동일한 사항에 관하여 내용을 달리하는 문서가 중복하여 작성된 경우에는 종전 문서의 의사표시는 철회되어 마지막에 작성된 문서에 작성자의 최종적인 의사가 담겨있다고 해석할 수 있다. 하지만 마지막에 작성된 문서에 의한 법률행위가 최종적으로 완성되지 아니하는 등의 사유로 종전에 작성된 문서에 의한 법률행위가 철회되었다고 보기 어려운 사정이 있는 경우에는 그와 같이 해석해서는 안 된다.[433)]

(라) 법원은 자유 심증에 의해 처분문서에 기재되지 아니한 별도의 약정이 존재한다는 사실을 인정할 수 있다.[434)] 예컨대 처분문서인 교환계약서에 원고가 소외인에게 교환토지의 보증금으로 금 1억 원을 지급한다는 기재가 없다고 하더라도 그 채택한 증거를 종합하여 원고가 소외인에게 위 금원을 지급한 사실을 인정한 것은 처분문서인 위 계약서의 기재내용과 배치된다기보다는 별도의 약정이 있었음을 인정한 것이다.

(3) 보고문서

보고문서에 대한 실질적 증거력의 유무는 법관의 자유심증으로 정한다. 그러나 당연히 논리와 경험칙에 따라야 하므로 예를 들어 공문서인 국립과학수사연구소 작성의 필적 감정의뢰 회보는 보고문서라 하더라도 별개의 다른 믿을 수 있는 반대증거가 없는 한 함부로 배척할 수 없고,[435)] 족보는 종중이 종중원의 범위를 명백하게 하기 위하여 제작, 반포한 것이므로 조작된 것이라는 특별한 사정이 없는 한 혈통에 관한 족보의 기재내용은 이를 믿는 것이 경험칙에

---

428) 대판 2014.9.26. 2014다29667(평석은 [58] 참조).

429) 대판 1991.7.12. 91다8418.

430) 당사자의 진정한 의사를 알 수 없는 경우에는 내심의 의사가 아니라 외부로 표시된 행위로 추단되는 의사를 가지고 해석하여야 한다(대판 1997.11.28. 97다11133 참조).

431) 대판 1996.4.12. 95다45125.

432) 대판 2000.4.11. 2000다4517,4524 참조.

433) 대판 2013.1.16. 2011다102776 참조.

434) 대판 1990.11.23. 90누2734.

435) 대판 1996.7.26. 95다19072.

맞으며,[436] 소송당사자가 소송 외에서 자기에게 불리한 사실을 확인한 서면을 작성하여 상대방에게 교부하였다면 특별한 사정이 없는 한 그 서면은 실질적 증거력이 있다.[437]

6. 서증 신청의 절차

(1) 일반

㈎ **서증의 신청** 　민사소송법에서는 서증신청의 방법으로 문서의 직접제출(제343조), 문서를 보내라는 촉탁(제352조, 민소규 제113조), 문서제출명령의 신청(제343조) 등 제도를 마련하고 있다. 한편 제3자가 소지한 문서에 대해서 문서제출명령(제343조, 제347조 제3항) 또는 문서를 보내도록 촉탁하는 방법으로 서증신청을 할 수 없거나 신청하기 어려운 사정이 있는 때에 법원은 문서가 있는 장소에서의 서증신청(민소규 제112조) 등의 방법에 따라 서증신청을 받아 조사할 수 있다. 이와 같은 서증신청으로 문서의 원본 · 정본 또는 인증이 있는 등본을 제출 또는 보내게 하여 해당 문서를 증거로 쓸 수 있게 되는 것이다. 이 경우에 그 문서가 사문서인 경우에 상대방이 그 진정성립을 다투면 증언, 그 밖의 다른 증거에 의하여 형식적 증거력을 확정하여야 할 것이다.

㈏ **당사자의 서증 신청에 대한 증거결정** 　당사자가 서증을 신청한 경우에 그 서증이 ① 서증과 증명할 사실 사이에 관련성이 인정되지 아니하는 때(민소규 제109조 1호) ② 이미 제출한 증거와 동일하거나 유사한 취지의 문서로서 별도의 증거가치가 있음을 당사자가 밝히지 못한 때(동조 2호) ③ 국어 아닌 문자 또는 부호로 되어 있는 문서로서 그 번역문을 붙이지 아니하거나 재판장의 번역문 제출명령에 응하지 아니한 때(동조 3호) ④ 재판장이 서증의 내용을 이해하기 어렵거나 서증의 수가 방대한 경우 또는 서증의 입증취지가 불명확한 경우에 서증과 증명할 사실의 관계를 구체적으로 밝힌 증거설명서를 제출할 것을 명했는데도 이에 응하지 아니한 때(동조 4호) ⑤ 문서의 작성자 또는 그 작성일자가 분명하지 아니한 경우로서 이를 밝히도록 한 재판장의 명령에 불응한 때(동조 5호)에는 법원은 그 서증을 채택하지 아니하거나 채택결정을 취소할 수 있다(민소규 제109조).

(2) 문서의 직접제출

당사자가 서증을 신청하고자 하는 때에는 문서를 제출하는 방식으로 하는 것(제343조 전단)이 서증 제출의 가장 일반적인 방식이다. 문서를 제출하여 서증의 신청을 하는 때에는 문서의 기재를 보아 명백한 경우를 제외하고는 문서의 제목 · 작성자 및 작성일을 밝혀야 한다(민소

436) 대결 1997.3.3. 96스67.
437) 대판 1998.3.27. 97다56655.

규 제105조 제1항). 제출은 변론 또는 변론준비기일에 법정에서 실제로 제출하여야 하며, 준비서면에 첨부된 서증도 준비서면의 진술에 그쳐서는 안 되고 첨부된 서면을 법정에서 직접 제출하여야 한다. 영상기일에서는 당사자가 법정에 직접 출석하지 아니하더라도 영상을 통하여 문서 또는 전자문서를 제출할 수 있다(제287조의2 제1항 · 제2항).

(3) * 문서제출명령

㈎ 뜻 (a) 문서제출명령이라 함은 법원이 당사자의 신청에 따라 문서제출의무가 있는 문서 소지자에게 결정으로 그 제출을 명하여 이에 따라 제출된 문서를 조사하는 절차를 말한다(제343조 후단, 제347조 제1항). 법원이 문서제출명령을 할 때 먼저 당해 문서의 존재와 소지가 증명되어야 하는데 그에 대한 입증책임은 원칙적으로 문서제출을 신청하는 신청인에게 있다.[438)]

(b) 문서제출명령의 대상은 문서 또는 전자문서이다. 전자문서가 그 서면요건(전자문서 제4조의2)을 갖춘 경우에는 그 내용을 열람할 수 있고(전자문서 제4조의2 1호), 작성 · 변환되거나 송신 · 수신 또는 저장된 때의 형태 또는 그와 같이 재현될 수 있는 형태로 보존되어 전자파일화 되었으므로(전자문서 제4조의2 2호) 문서제출명령의 대상이 되는데 아무런 문제가 없다. 그러나 전자문서의 서면요건을 갖추지 않은 동영상파일은 검증물이므로 문서제출명령의 대상이 아니며, 단순한 사진 역시 문서가 아니어서 서증이나 검증의 방법 중 가장 적절한 방법으로 증거조사를 하여야 하므로 이에 관한 심리 없이 문서제출명령을 할 수 없다.[439)]

(c) 법원은 당사자가 문서제출명령에 따르지 아니한 때에는 그 문서의 기재에 대한 상대방의 주장을 진실한 것으로 인정할 수 있고(제349조), 제3자가 문서의 제출명령에 따르지 아니한 때에는 결정으로 이로 말미암은 소송비용을 부담하도록 명하고 500만 원 이하의 과태료에 처할 수 있다(제351조, 제318조, 제311조 제1항). 문서제출명령에 관한 위의 규정은 대조에 필요한 필적이나 인영 있는 문서, 그 밖의 물건을 법원에 제출 또는 보내는 경우(제360조 제1항) 또는 검증할 목적물을 제출하거나 보내는 데 준용된다(제366조 제1항). 제3자가 정당한 사유 없이 문서제출명령에 따르지 아니한 때에는 법원은 결정으로 200만 원 이하의 과태료에 처할 수 있다(제360조 제2항, 제366조 제2항).

(d) 문서제출명령이 문서를 보내라는 촉탁이나 법정 밖에서의 서증조사 등 다른 증거조사 방법과 다른 점은 당사자 또는 제3자가 법원의 제출명령에 응하지 아니한 때에 위와 같은 제재를 부과할 수 있다는 데 있다.

㈏ **문서제출의무의 범위** 문서제출의무의 범위는 제344조에 규정되어 있다.

(a) **당사자가 소송에서 인용(引用)한 문서를 가지고 있는 때(인용문서, 제344조 제1항 1호)** 이

438) 대결 1995.5.3. 95마415.

439) 대결 2010.7.14. 2009마2105(평석은 [32] 참조).

규정은 소송에서 자기를 위한 증거로 인용한 문서는 상대방에게도 이를 이용하게 하는 것이 공평하다는데 취지가 있다. 여기서의 인용문서는, 당사자가 소송에서 그 문서를 증거로 인용하거나 자기의 주장을 명백히 하기 위하여 적극적으로 문서의 존재와 내용을 언급하여 자기 주장의 근거 또는 보조로 삼은 경우로서, 인용한 당사자가 해당 문서를 소지하고 있는 경우를 말하므로[440] 증거로 인용된 문서에 한정하느냐, 당사자가 증거로 인용하지 않더라도 법정에서 자기의 주장을 명백하게 하기 위하여 그 존재와 내용을 표시한 문서도 포함하느냐가 문제되는데 문서제출의무를 국민 일반의 공적의무로 확장하고 「증거의 구조적 편재」에 문제의식을 갖는다면 뒤의 경우까지 포함하여야 한다. 판례는 인용문서는 당사자가 소송에서 문서 그 자체를 증거로서 인용한 경우뿐만 아니라 증거로 인용하지 않더라도 자기의 주장을 명백히 하기 위하여 적극적으로 문서의 존재와 내용을 언급하여 자기주장의 근거나 보조 자료로 삼은 경우로서 인용한 당사자가 해당 문서를 소지하고 있는 경우를 말한다고 하였고,[441] 나아가 인용문서가 공무원이 그 직무와 관련하여 보관하거나 가지고 있는 문서로서 공공기관의 정보공개에 관한 법률 제9조에서 정하고 있는 비공개 대상정보에 해당한다고 하더라도 제344조 제1항 1호의 문언, 내용, 체계와 입법목적 등에 비추어 볼 때 특별한 사정이 없는 한 그에 관한 문서제출의무를 면할 수 없다고 하였다.[442]

(b) **신청자가 문서를 가지고 있는 사람에게 그것을 넘겨달라고 하거나 보겠다고 요구할 수 있는 사법상 권리를 가지고 있는 때(인도·열람문서 제344조 제1항 2호)** 여기서의 인도나 열람을 청구할 수 있는 권리는 사법상의 그것[443]에 한정된다. 소송기록의 열람청구 또는 증명서의 교부청구권(제162조), 등기부 등의 열람청구권(부등 제21조) 등과 같이 공법상 청구권이 있는 경우에는 신청인 자신의 공법상 권리에 터 잡아 문서를 인도 또는 열람을 청구할 수 있으므로 구태여 문서제출명령을 허용할 필요가 없기 때문이다.

(c) **문서가 신청자의 이익을 위하여 작성되었거나(이익문서), 신청자와 문서를 가지고 있는 사람 사이의 법률관계에 관하여 작성된 것인 때(법률관계문서)(이상 제344조 제1항 3호)**

(i) **이익문서(제344조 제1항 3호 전단)** 이익문서라 함은 후일 증거로 쓰기 위하여 또는 권리의무를 발생시키기 위하여 작성된 것으로써 입증하는 사람의 지위·권리 또는 권한을 표시하는 문서를 말한다. 예를 들어 대리위임장 또는 수권서(授權書)·영수서·동의서·신분증명서등이 이에 속한다. 따라서 이익주체는 문서작성의 시점에서 정하지 않으면 안 되고 그 의무가 있는지 여부는 문서를 작성하는 목적에 의해서 결정한다.

440) 대결 2024.8.28. 2024무677.
441) 대결 2017.12.28. 2015무423, 2024.8.29. 2024무677.
442) 대결 2011.7.6. 2010마1659, 2017.12.28. 2015무423.
443) 대결 1993.6.18. 93마434 「… 여기서의 실체법상 권리는 그것이 물권적이든, 채권적이든, 계약에 근거한 것이든, 법률규정에 근거한 것이든, 묻지 않는다」.

(ii) **법률관계문서(제316조 제1항 3호 후단)** 법률관계문서의 그 법률관계란 소송 전 소지자와 입증하는 사람 사이에 존재하는 구체적인 법률관계이다. 따라서 여기서의 법률관계문서는 해당 법률관계 자체 내지 이와 관련된 사항을 기재한 문서 또는 구성요건사실이 기재된 문서를 말한다. 예를 들어 인감증명서 · 거래장부 · 예금원부 · 청약서 · 승낙서 등이다.

(iii) **이익문서 및 법률관계문서의 제출의무가 면제되는 경우** 이익문서 및 법률관계문서라 하더라도 다음의 경우에는 문서제출의무가 면제된다(제344조 제1항 3호 단서).

(α) 제304조 내지 제306조에 규정된 사람, 즉 대통령 · 국회의장 · 대법원장 · 헌법재판소장 또는 그 직책에 있었던 사람의 직무상 비밀에 관한 사항을 적은 것으로서 그의 동의를 받지 않은 문서, 국회의원 · 국무총리 · 국무위원 또는 그 직책에 있었던 사람의 직무상 비밀에 관한 사항을 적은 것으로서 국회 또는 국무회의의 동의를 받지 않은 문서, 그 밖에 공무원 또는 공무원이었던 사람의 직무상 비밀에 관한 사항을 적은 것으로서 그 소속관청 또는 감독관청의 동의를 받지 않은 문서(제344조 제1항 3호 가목).

(β) 문서를 가진 사람 또는 그와 친족 또는 이러한 관계에 있었던 사람(제314조 1호). 그의 후견인 또는 그의 후견을 받은 사람(제314조 2호)이 공소제기 되거나 유죄판결을 받을 염려가 있는 사항 또는 자기나 위 사람들에게 치욕이 될 사항을 적은 문서(제344조 제1항 3호 나목).

(γ) 변호사 · 변리사 · 공증인 · 공인회계사 · 세무사 · 의료인 · 약사 그 밖에 법령에 따라 비밀을 지킬 의무가 있는 직책 또는 종교의 직책에 있거나 이러한 직책에 있었던 사람의 직무상 비밀에 속하는 사항(제315조 제1항 1호), 기술 또는 직업의 비밀에 관한 사항(제315조 제1항 2호)이 적혀 있고 비밀을 지킬 의무가 면제되지 아니한 문서(제344조 제1항 3호 다목).

이들 문서에 관해서는 문서제출의무가 면제된다. 여기에서 '직업의 비밀'은 그 사항이 공개되면 직업에 심각한 영향을 미치고 직업의 수행이 어려운 경우를 말한다. 다만 이에 해당하더라도 그 비밀은 보호할 가치가 있어야 하는데 그 판단은 정보의 내용과 성격, 정보가 공개됨으로써 문서소지자에게 미치는 불이익의 내용과 정도, 민사사건의 내용과 성격, 민사사건의 증거로 문서를 필요로 하는 정도 또는 대체할 수 있는 증거 등 제반 사정을 종합하여 비밀의 공개로 발생하는 불이익과 달성되는 실체적 진실발견 및 재판의 공정을 서로 비교하여 정하여야 한다.[444] 이들 각호는 모두 증언거부권이 인정되는 경우로서 증언을 거부할 수 있는 것과 동일하게 문서제출의무도 면제되는 것이다. 즉 문서제출의무의 범위를 증인의무의 범위와 일치시키기 위해 증언거절사유로 된 사항을 기재한 문서에 관한 제출의무를 면제한다고 하는 방침의 표현이다.

444) 대결 2015.12.21. 2015마4174.

(d) **제344조 제2항 – 일반제출의무로 확장**

(i) **원칙** 제344조 제2항은, 제344조 제1항의 규정에도 불구하고 문서를 가지고 있는 사람은, 문서(공무원 또는 공무원이었던 사람이 그 직무와 관련하여 보관하거나 가지고 있는 문서를 제외한다)가 위 제344조 제1항 나목 및 다목에 규정된 문서(제344조 제2항 1호). 오로지 문서를 가진 사람이 이용하기 위한 문서(제344조 제2항 2호)에 해당하지 아니한 경우에는 그 제출을 거부하지 못한다고 규정하고 있다. 그 결과 문서제출의무는 제303조에서 정한 증인의 의무와 유사한 수준의 일반의무가 되었다 할 것이다. 따라서 판례는 법원은 문서의 일반제출의무에 관한 민사소송법 제344조 이하의 규정을 근거로 전기통신사업자에 대하여 통신사실 확인 자료에 대한 문서제출명령을 할 수 있고 전기통신사업자는 특별한 사정이 없는 한 이에 응할 의무가 있으므로, 전기통신사업자가 통신비밀보호법 제3조 제1항 본문을 들어 문서제출명령의 대상이 된 통신사실 확인 자료의 제출을 거부하는 것에는 정당한 사유가 있다고 볼 수 없다고 하였다.[445]

(ii) **일반제출의무의 예외** 다음은 일반제출의무에 대한 예외로서 그 제출의무가 인정되지 않는 경우이다.

(a) **공무원 또는 공무원이었던 사람이 그 직무와 관련하여 보관하거나 가지고 있는 문서(제344조 제2항 괄호규정)** 제344조 제1항 3호 가목에 의하여 문서제출을 거부할 수 있는 공무원 또는 공무원이었던 사람들이 직무와 관련하여 보관하거나 가지고 있는 문서는, 국가기관이 보유·관리하는 공문서를 의미하므로 문서제출명령이 아니라 공공기관의 정보공개에 관한 법률에서 정한 절차와 방법에 의하여 공개하여야 한다.[446]

(b) **제344조 제1항 나 목 및 다 목에 규정된 문서(제344조 제2항 1호)** 앞에서 이미 설명하였다.

(c) **오로지 문서를 가진 사람이 이용하기 위한 문서(자기사용문서, 제344조 제2항 2호)** (α) **취지** 자기사용문서는 제3자에게 공개되는 것이 예정되지 않은 개인적인 문서[447]로서 공개될 경우 문서소지자에게 간과하기 어려운 불이익이 생길 염려가 있기 때문에 문서제출의무가 면제된다.

(β) **범위** (ㄱ) **개인사생활 문서** 자기사용문서를 문서제출의무에서 면제하는 결정적인 이유는, 그 문서를 공개할 경우 문서소지자에게 간과하기 어려운 불이익이 생길 염려가 있기 때문이다. 그런데 위의 염려는 문서의 제출로 말미암아 개인의 사생활이 침해될 염려가 있는 경우와 기업 기타 단체의 자유로운 의사형성이 방해받을 경우로 나누어 검토할 필요가 있다. 개인의 사생활은 헌법 제10조에서 국가가 보장하는 「개인이 가지는 불가침의 기본적 인권」에 속하므로 어떠한 경우에도 침해되어서는 안 된다. 따라서 이 경우에 사생활의 노출은 간과

445) 대전결 2023.7.17. 2018스34.
446) 대결 2010.1.19. 2008마546, 2024.8.29. 2024무677.
447) 위 대결 2015마4174 참조.

하기 어려운 불이익이 생길 염려가 분명하기 때문에 문서제출의무가 면제되는 것은 당연하다.

(ㄴ) **기업내부문서** 그러나 기업 기타 단체의 각종 문서들은 외부 사람들과의 관계에서 작성되는 것이 일반적이고 오로지 자신만을 위한 것이 예외적이며, 내부자의 이용에 제공할 목적으로 작성된 제안서 등이나 그 정보와 관련된 결의서 등은 기업 기타 단체 내부의사의 형성과정에서 작성된 것이 아니라 이미 기업 등에 의하여 형성된 의사결정 내용을 여러 사람에게 주지시키고 전달하기 위한 문서일 가능성이 크다. 따라서 문서공개로 인한 기업 기타 단체의 자유로운 의사형성을 방해할 염려는 추상적인 위험에 불과하여 이를 문서제출의무의 제외사유로 정하는 데는 문제가 있다. 판례[448]는, 주관적으로 내부 이용을 주된 목적으로 하여 회사 내부의 결재를 거쳐 작성된 문서라도, 신청자가 열람 등을 요구할 수 있는 사법상 권리를 가지는 문서와 이와 동일 수준의 정보 또는 직접적 기초·근거가 되는 정보가 문서의 기재 내용에 포함되어 있는 경우, 객관적으로 외부에서의 이용이 작성 목적에 전혀 포함되어 있지 않다고는 볼 수 없는 경우, 문서 자체를 외부에 공개하는 것이 예정되어 있지 않더라도 문서에 기재된 '정보'의 외부 공개가 예정되어 있거나 정보가 공익성을 가지는 경우 등에는 내부 작성의 문서라는 이유만으로 자기이용문서라고 쉽게 단정할 것은 아니라고 하였다.

(ㄷ) **결론** 타인에게 공개를 예상할 수 없는 개인의 비망록 또는 일기 등 개인생활관계에서 작성된 자기사용문서에 관해서는 문서제출의무를 면제하여야 할 것이다. 그러나 회사 등 기업 기타 단체의 문서에 관해서는 위 판례와 같이 원칙적으로 문서제출의무를 면제해서는 안 된다. 법원은 문서제출명령 신청을 심리한 결과 회사 등의 문서라고 하더라도 그 공개로 기업 기타 단체의 자유로운 의사형성을 방해할 염려가 있을 경우에는 그 제출명령신청의 대상이 된 문서가 서증으로써 필요하지 아니하다고 인정하여 제290조에 따라 그 제출명령신청을 받아들이지 아니하는 방법으로 처리하는 것이 좋을 것이다.[449]

(d) **기타: 개인정보보호법 대상의 개인정보** 예컨대 임직원의 급여 및 상여금 내역 등은 개인정보 보호법의 보호를 받는 개인정보에 해당한다. 그러나 개인정보처리자는 정보주체 또는 제3자의 이익을 부당하게 침해할 우려가 있을 때를 제외하고는 정보주체로부터 별도의 동의를 받거나(개인정보 보호법 제18조 제2항 1호) 다른 법률에 특별한 규정이 있는 경우(개인정보 보호법 제18조 제2항 2호)에 개인정보를 목적 이외의 용도로 이용하거나 이를 제3자에게 제공할 수 있으므로(개인정보 보호법 제18조 제2항), 위 임직원의 급여 및 상여금 내역 등이 제344조 제2항의 각 호에서 규정하고 있는 문서제출거부사유에 해당하지 아니하는 경우에는 개인정보에 해당한다는 것을 이유로 하여 문서소지인이 문서의 제출을 거부할 수 없다.[450]

---

448) 대결 2016.7.1. 2014마2239(평석은 [70] 참조).

449) 대결 2008.9.26. 2007마672 등 참조.

450) 대결 2016.7.1. 2014마2239(평석은 [70] 참조).

(다) 문서제출의 신청 및 심판

(a) **문서제출명령과 불의의 타격을 금지하는 원칙**　법원은 문서제출신청에 정당한 이유가 있다고 인정한 때에는 결정으로 문서를 가진 사람에게 그 제출을 명할 수 있는데(제347조 제1항) 문서제출신청의 허가 여부에 관한 재판을 할 때에는 그때까지의 소송경과와 문서제출신청의 내용에 비추어 신청 자체로 받아들일 수 없는 경우가 아닌 한 상대방에게 문서제출신청서를 송달하는 등 문서제출신청이 있음을 알림으로써 그에 관한 의견을 진술할 기회를 부여하고 그 결과에 따라 당해 문서의 존재와 소지 여부, 당해 문서가 서증으로 필요한지 여부, 문서제출신청의 상대방이 제344조에 따라 문서제출의무를 부담하는지 여부 등을 심리한 후 그 허가 여부를 판단하여야 하며 그렇지 아니하고 문서제출명령의 요건에 관하여 별다른 심리도 없이 문서제출신청 바로 다음날 발령한 문서제출명령은 불의의 타격을 금지하는 원칙에 위배되어 위법하다.[451)]

(b) **문서제출의 신청과 결정**　(i) 문서제출을 신청하려면 서면으로 ①「문서의 표시」(문서를 특정하는 것. 예, 토지매매계약서 등), ②「문서의 취지」(문서에 기재된 대강의 내용) ③ 문서를 가진 사람, ④ 증명할 사실(문서에 의하여 입증하려는 사실, 이른바 입증취지), ⑤「문서를 제출하여야 할 의무의 원인」(제344조 각호 어디에 해당하는가를 명백하게 하는 것)을 밝혀야 한다(제345조, 민소규 제110조 제1항).「문서의 표시」와「문서의 취지」에 관한 기재가 요구되는 이유는, 이에 의하여 문서의 성질·내용이 명백하게 되므로「문서를 제출하여야 할 의무와 원인」과 아울러 문서제출의무의 존부를 가릴 수 있기 때문이고, 증명할 사실, 즉 입증의 취지를 적어야 하는 이유는 문서의 표시와 문서의 취지와 함께 증거로서의 필요성을 판단하게 하며, 이것은 당사자의 문서제출명령에 응하지 않은 효과와 관련되기 때문이다. 이 신청에 대하여 상대방은 의견을 적은 서면을 법원에 제출할 수 있다(민소규 제110조 제2항).

(ii) 문서제출신청이 있으면 법원은, 당사자의 경우에는 변론, 제3자의 경우에는 심문(제347조 제3항)으로 소지자에게 제출의무가 있는가를 심리하여 이유 있다고 인정한 때에는 결정으로 그 제출을 명한다(제347조 제1항). 이를 문서제출명령이라고 한다. 이 재판에 대해서는 즉시항고를 할 수 있다(제348조). 특별항고는 할 수 없다.[452)]

(iii) 법원은 제출명령신청의 대상이 된 문서가 서증으로서 필요하지 아니하다고 인정할 때에는 그 제출명령신청을 받아들이지 아니할 수 있다(제290조).[453)]

(c) **문서의 특정**　(i) **문서특정의 뜻**　문서제출을 신청하려면 문서를 특정하여야 하는데 보통「문서의 표시」로 특정을 하지만 그것으로 충분하지 않는 경우에는「문서의 취지」로

451) 대결 2009.4.28. 2009무12, 2019.11.1. 2019무798.
452) 대결 2012.3.20. 2012그21.
453) 대결 2008.9.26. 2007마672.

보충한다. 결국 양쪽을 합쳐 문서를 특정하고, 그 특정책임은 당연히 문서제출신청인에게 있다. 그런데 문서제출신청은 다른 사람의 지배하에 있는 문서를 대상으로 하기 때문에 특정하기가 쉽지 않다. 따라서 이를 지나치게 엄격하게 요구하는 것은 실질적으로 불가능을 강요하는 결과가 되므로 문서특정책임을 경감시키기 위하여 제346조에 문서목록제출신청의 절차가 마련되어 있다.

(ii) **문서목록제출의 신청절차(제346조, 민소규 제110조 제3항)** (ㄱ) 당사자가 문서제출신청에 필요한 「문서의 표시」와 「문서의 취지」를 특정하기 위하여 필요하다고 인정되면 상대방 당사자에게 문서의 취지나 그 문서로 증명할 사실을 개괄적으로 표시한 문서목록을 제출하라고 서면으로 신청한다. 상대방은 이 신청에 의견이 없으면 문서목록을 서면으로 적어서 법원에 제출할 수 있다.

(ㄴ) 법원은 상대방 당사자가 문서목록을 제출하지 않으면 그에게 당사자의 신청내용과 관련하여 가지고 있는 문서 또는 신청내용과 관련하여 서증으로 제출할 문서에 관하여 그 표시와 취지 등을 적어 내도록 명할 수 있다. 이것은 소송협력의무에 터 잡은 일종의 석명권 행사이다.

(ㄷ) 제346조의 신청은 상대방 당사자에 대한 것일 뿐 문서를 가진 제3자에 대한 것이 아니기 때문에 실효성에 의문이 있다. 그러므로 여기서의 문서목록제출의무는, 증인의무나 검증을 받아야 하는 의무와 같이 문서를 가진 사람이 법원의 정보공개청구에 응하여야 할 공법상 일반의무로 풀이하여 누구라도 이 신청에 응하도록 하는 것이 타당하다.

(iii) **문서목록을 제출하지 않은 경우의 효과** 문서를 가진 사람이 이 의무에 위반하여 문서목록을 제출하지 아니하더라도 이에 대하여 어떤 불이익을 부과하는 규정이 없으므로 그 법적 효과가 문제된다. 문서목록을 제출하지 않은 경우에는 당연히 변론전체의 취지로서 문서를 가진 사람에게 불이익하게 참작할 수 있지만 나아가 특정할 곤란성의 정도, 특정의 노력정도, 식별가능성의 정도, 문서의 증거가치, 문서소지자의 사정, 다른 수단으로 정보를 얻을 가능성 등을 종합적으로 고려한 뒤에 경우에 따라서는 구체적으로 문서의 특정에 이르지 않을 정도라도 문서를 가진 사람에게 문서제출을 명령할 수 있다고 하여야 할 것이다(문서제출명령설).

(iv) **문서의 일부에 대한 문서제출신청** 문서제출신청이 문서의 일부에 대하여서만 이유있다고 인정한 때에는 그 부분만 제출을 명하여야 한다(제347조 제2항). 여기서 문서의 일부라 함은 작성명의를 달리하는 여러 개의 문서가 합쳐서 하나로 편철하는 경우에 개개의 문서가 이에 해당한다. 그러나 작성명의가 하나인 문서라고 하더라도 특정한 지면(地面), 특정한 항목이 다른 부분과 독립성이 있으면 역시 문서의 일부에 해당한다. 회계장부에서 거래자의 이름, 임금대장에서 개인이름, 간호기록에 있어서 다른 환자의 기재 등 문서의 특정 단어나 사항 등은 이를 보이지 않게 가리고 인증이 있는 등본이나 사본으로 제출할 수 있을 것이다.

(v) **인 카메라 절차** (ㄱ) **총설** 법원은 문서가 제344조에서 정한 문서제출의무, 특히

제344조 제1항 3호의 나목에서 증언거부권을 행사할 수 있는 증인의 친족 또는 이러한 관계에 있었거나, 증인의 후견인 또는 후견을 받는 사람이 공소가 제기되거나 유죄판결을 받은 염려가 있든지 또는 그들에게 치욕이 될 사항에 관한 것(제314조)인지 여부를 판단하기 위하여 필요하다고 인정하는 때에는 문서를 가지고 있는 사람에게 그 문서를 제시하도록 명할 수 있다. 이 경우 법원은 그 문서를 제출의무의 대상에서 제외하여 그에 기재된 비밀 혹은 프라이버시를 보호하려는 취지에서 그 문서를 다른 사람에게 보도록 하여서는 안 되는데(제347조 제4항) 이 절차를 인 카메라(비공개심리)라고 한다. 특허법 제224조의3 제1항에서 정한 비밀유지명령에 위반된 경우에 5년 이하의 징역 또는 5천만 원 이하의 벌금에 처하도록 한 특허법 제229조의2 제1항과 같은 취지의 입법이다,

(ㄴ) **절차의 운용**　① **보충성의 원칙**　인 카메라 절차는 문서제출신청인 및 소지자의 주장·입증을 심리하는 것으로는 제외사유의 판단이 곤란한 경우에 비로소 행하여야 하는 것이고, 다른 수단으로 판단이 가능한 경우에는 할 수 없다고 하여야 한다. 왜냐하면 인 카메라 절차는 원칙적 절차가 아니기 때문에 그 운용은 최소한도에 그쳐야 하기 때문이다.

② **법원의 재량권**　「필요하다고 인정하는 때」라 함은 필요성이 없다는 것이 객관적으로 명백한 경우를 제외하고는 수소법원의 재량적 판단에 맡겨야 함을 의미한다.

③ **소지자가 문서를 제시하지 않은 경우의 효과**　법원이 제347조 제4항에 따라 문서소지자에 대하여 문서의 제시를 요구하였는데도 소지자가 이를 제시하지 않는 경우에는 아무런 제재규정이 없다. 따라서 이론적으로는 제344조 소정의 제외사유 유무가 명백하지 않기 때문에 증명책임의 소재에 따라 문서제출신청을 각하하여야 할 것이다. 그러나 그렇게 되면 인 카메라 절차의 실효성이 없게 되기 때문에 문서를 제시하지 않는다는 것은 문서제출의무의 예외사유가 부존재한다고 추측하여 변론전체의 취지에 따라 문서제출신청을 각하할 것이 아니라 문서제출명령을 내릴 수 있다고 하여야 할 것이다(문서제출명령설).

(d) **문서제출명령에 의하여 제출된 문서의 제출**　으로 제출된 문서는 당사자가 서증으로 법원에 제출하여야 증거가 된다. 영상변론(제287조의2 제2항)에서는 영상기일에 당사자가 법정에 출석하지 아니하고도 비디오 등 중계장치에 의한 중계시설에 출석하게 하거나 인터넷 화상장치를 이용하여 지정된 인터넷주소에 접속하게 하고, 영상과 음향의 송수신에 의하여 법관, 당사자, 그 밖의 소송관계인이 상대방을 인식할 수 있는 방법으로(민소규 제73조의3 제1항) 서증을 법원에 제출한다. 전자문서는 법원행정처장이 설치·운영하는 전자소송시스템에 그것이 등재되어 있는 경우에는 그 취지를 진술하고(민소전자문서규칙 제31조 제1항 1호), 전자소송시스템에 등재되어 있지 않고 디지털 방식으로 작성되거나 변환되지 않은 자기디스크 등에 담긴 경우에는 이를 직접 제출한다(민소전자문서규칙 제31조 제1항 2호). 기억된 문자정보를 증거자료로 하는 경우에는 읽을 수 있도록 출력한 문서를 제출할 수 있다(민소규 제120조 제1항).

㈑ 문서제출명령에 응하지 않는 효과

(a) **효과** (i) 우리 민사소송법은 문서를 제출하지 않는 효과로서 실체법상 청구권에 터 잡아 소송으로 청구하는 경우를 제외하고는 당사자나 상대방 어느 누구에 대해서도 문서의 강제제출을 인정하지 않는다. 그 대신 당사자에 대해서는 문서에 관한 주장사실의 진실인정에 의하여, 제3자에 대한 관계에서는 과태료의 제재[454]에 의하여 간접적으로 문서의 제출을 강제할 뿐이다(제351조, 제318조, 제311조 제1항).

(ii) 직권조사를 심리원칙으로 하는 가사소송법에서는 당사자에 대한 문서의 간접적인 강제방법조차 인정되지 않는다(가소 제12조). 문서를 제출하지 않는다고 하는 당사자의 태도만으로 증명하는 사람의 주장을 그대로 진실로 인정하여 반대당사자에게 불이익을 준다는 원칙은, 청구의 인낙이나 재판상 자백과 유사하므로 당사자가 문서를 제출하지 아니한 효과에 관한 제349조와 제350조를 가사소송법에 적용할 수 없기 때문이다.

(b) **상대방주장의 진실인정** (i) 당사자가 문서제출명령(제347조 제1항), 문서의 일부제출명령(제347조 제2항), 비밀심리를 위한 문서제출명령(제347조 제4항)을 받고도 이에 따르지 아니한 때에는 법원은 문서의 기재에 관한 상대방의 주장을 진실한 것으로 인정할 수 있다(제349조). 사용방해의 목적으로 제출의무 있는 문서에 대해 훼손 등의 행위를 한 때에도 같다(제350조).[455]

(ii) 문제는 여기서의 「문서에 관한 상대방의 주장」을 어떻게 풀이하느냐이다. 판례[456]는, 당사자가 문서제출명령을 따르지 아니하는 경우에는 법원은 상대방의 그 문서에 관한 주장, 즉 문서의 성질 · 내용, 성립의 진정 등에 관한 주장을 진실한 것으로 인정하여야 한다는 것에 그치고, 그 문서에 의하여 증명하고자 하는 상대방의 주장사실까지 증명되었다고 인정하여야 한다는 취지는 아니라고 한다. 예를 들어 법원이 당사자에게 매매계약을 맺은 사실을 증명하기 위한 「계약서」의 제출을 명하였는데 이것이 제출되지 않은 경우에는 「계약서」라는 증거방법의 성질 · 내용, 성립의 진정 등에 관한 주장의 진실만 인정될 뿐 매매계약을 맺은 사실이라는 「증명할 사실(제345조 4호)」의 인정 여부는 법관의 자유심증에 속한다는 것이다. 따라서 법관은 「계약서」의 존재에도 불구하고 다른 증거자료를 종합하여 매매계약사실을 인정하지 아니할 수도 있다.

(iii) 문제는 공해, 환경소송 등과 같은 현대형 소송에서 대상문서가 상대방의 지배영역에 있어 증명하고자 하는 사람이 문서의 구체적 내용을 특정할 수 없고 달리 다른 증거에 의한 증명이

454) 이 경우에 과태료의 재판을 함에 있어서 비송사건절차법 제248조 및 제250조에 의하여 당사자의 진술을 들어야 하고 이를 듣지 아니하고 과태료의 재판을 한 경우에는 당사자의 이의신청으로 그 효력을 잃는다(대결 2010.1.29. 2009마2050 참조).

455) 사용방해의 목적이 없이 문서의 일부가 훼손된 경우에도 훼손된 부분에 잔존부분과 상반되는 내용의 기재가 있을 가능성이 인정되어 문서전체의 취지가 문서제출 당사자의 주장에 부합한다는 확신을 할 수 없다면 그 불이익은 문서를 제출한 당사자에게 있다(대판 2015.11.17. 2014다81542 참조).

456) 대판 2008.2.28. 2005다60369.

현저히 곤란한 경우이다. 이 경우에는 증거를 독점하는 상대방에게 해당 문서를 제출시켜 분쟁내용을 해명하게 하는 것이 공평하고, 이에 협력하지 않는다면 신의칙에 위반되는 것으로 하여 증명하여야 할 사실을 진실로 인정함으로써 법관의 자유심증을 제약한다고 하는 신의칙에 의한 법정증거설(절충설)[457]이 유력하다. 공해 등 현대형 소송에서 증거의 구조적 편재를 시정하여야 한다는 시각에서 보면 신의칙에 의한 법정증거설이 판례를 보다 타당하게 발전시켰다고 할 수 있다.

따라서 신의칙에 의한 법정증거설에 의하면 공해, 환경소송 등과 같은 현대형 소송에서 앞의 예와 같은「계약서」가 대상문서인 경우 이를 지배하고 있는 상대방이 이유 없이 대상문서를 제출하지 않은 때에는 신의칙 위반을 이유로 하여「증명할 사실(제345조 4호)」인 매매계약사실을 인정할 수 있을 것이다.

(c) **영 · 미의 증거공개(discovery)제도** (i) 증거공개제도(discovery)라 함은 영 · 미법에서 당사자가 공판(trial)에 앞서 상대방 또는 제3자로부터 사실 및 증거에 관한 자료를 취득하는 절차를 말한다. 여기에는 사실의 공개(discovery of facts)[458]와 문서의 공개(discovery of documents)[459] 및 증언조서(deposition)[460]가 있다.

(ii) 만약 상대방 및 제3자가 질문서에 대한 답변, 문서의 공개 및 증언조서의 작성을 거절하면 당사자는 법원에 대하여 신문 또는 답변을 강제할 명령을 신청할 수 있고 이 신청에 따른 법원의 공개명령에도 불응하면 법정모욕(contempt of court)이 될 뿐 아니라 신문 혹은 공개대상이 되는 사항에 관하여 당사자의 주장과 같이 증명되었다고 간주할 수 있는 강력한 힘이 있다.

문서제출명령

1. **의의 · 절차**
   - 법원 명령 → 문서 소지자에게 제출을 명
   - 신청인: 문서 존재 · 소지 입증 필요

457) 이시윤, 511면; 정영환, 624면. 반대: 김홍엽, 628면.

458) 법원의 허가를 얻어 상대방에게 사실에 관한 질문사항을 적은 질문서(interrogatories)를 송달하면 상대방은 이에 대하여 선서진술서(affidavits)로 답변하여야 하는 것을 말한다. 우리나라에서는 공증인사무소에 가서 증언할 사항을 진술서로 작성하여 공증인의 인증방식으로 법원에 제출하는 공증인법 제57조의2의 선서인증제도가 있는데 이와 유사하다.

459) 당사자의 신청에 따라 법원이 상대방 및 제3자에게 그 사건과 관련된 문서를 그가 소지하거나 소지하였던 사실을 선서진술서(affidavits)로 소명하여 공개를 명하면 이에 따라 상대방은 그 특정문서의 소지 여부, 소지하지 않고 있는 문서는 소지의 상실시기 및 현재의 소지자를 선서진술서로 답변하여야 하는 것을 말한다.

460) 당사자가 사건 내용을 알고 있는 상대방 기타 제3자를 증인으로 공증인 앞에 출석시켜 반대신문의 보장 하에 사실에 관한 신문을 하고 이를 기재한 증인신문조서를 말한다. discovery 가운데에서 가장 많이 이용되고 있다.

2. 대상
- 문서 + 전자문서(서면요건 충족): ○
- 동영상(검증물), 사진: ×

3. 제재
- 당사자 불응 → 상대방 주장 진실인정(제349조)
- 제3자 불응 → 과태료 · 소송비용

4. 제출의무 범위(제344①)
- 인용문서: 소송에서 인용(증거 · 주장 근거)
- 인도 · 열람문서: 사법상 청구권
- 이익문서: 위임장, 영수증 등
- 법률관계문서: 거래장부, 계약관련 등
- 면제사유: 직무비밀 / 친족치욕 / 직업 · 기술비밀

5. 일반제출의무(제344②)
- 원칙: 거부불가
- 예외
  - 공문서(→ 정보공개법)
  - 자기사용문서(비망록, 일기) → 면제(사생활 보호 이유)
  - 기업내부문서 → 원칙 제출(판례) → 기업 등에 형성된 의사결정 내용을 제3자에게 주지시키는 면 고려

6. 개인정보
- 보호법 적용 but 거부사유 × → 제출 거부 불가

7. 불응효과
- 원칙: 문서에 관한 주장만 인정, 사실 자체는 × → 자유심증(예, 매매계약 인정하기 위한 경우, 계약서의 존재만 인정, 매매계약사실 인정은 자유심증)
- 예외(공해 · 환경소송 등): 신의칙 → 주장 사실 인정 가능

□ 핵심정리
- 문서제출명령 = 문서 존재 입증 → 법원 명령 → 불응 시 문서에 관한 주장의 진실인정 · 과태료 / 의무범위(인용 · 인도 · 이익 · 법률관계) + 일반제출의무 / 예외(공문서 · 자기사용 · 비밀문서).

(마) **문서의 송부촉탁** (a) 서증의 신청은 당사자가 법령에 의하여 문서의 정본 또는 등본을 청구할 수 있는 경우를 제외하고는 문서를 가지고 있는 사람에게 그 문서를 보내도록 촉탁할 것을 신청하여서도 할 수 있다(제352조).

(b) 이 경우 법원으로부터 문서의 송부를 촉탁받은 사람은 정당한 사유가 없는 한 이에 협력하여야 하며(제352조의2 제1항), 문서의 송부를 촉탁받은 사람이 그 문서를 보관하고 있지 아

니하거나 그 밖에 송부촉탁에 따를 수 없는 사정이 있는 때에는 법원에 그 사유를 통지하여야 한다(제352조의2 제2항).

(c) 법원·검찰청, 그 밖의 공공기관(법원 등)이 보관하고 있는 기록의 일부가 불특정한 경우에도 문서송부의 촉탁을 신청할 수 있다(민소규 제113조 제1항). 그 경우에 신청 법원은 기록 보관 법원 등에 대하여 그 기록 가운데 신청인 또는 소송대리인이 지정하는 부분의 인증등본을 보내줄 것을 촉탁하여야 하며(동조 제2항), 법원 등은 문서송부촉탁 신청인 또는 소송대리인에게 그 기록을 열람하게 하여 필요한 부분을 지정할 수 있도록 하여야 한다(동조 제3항).

㈓ 문서가 있는 장소에서의 서증조사

(a) 제3자가 가지고 있는 문서를 서증으로 제출할 수 없거나 문서송부촉탁신청을 하기 어려운 사정이 있는 때에는 법원은 그 문서가 있는 장소에서 서증의 신청을 받아 조사할 수 있다(민소규 제112조 제1항).

(b) 이 경우 신청인은 서증으로 신청한 문서의 사본을 법원에 제출하여야 한다(동조 제2항).

(c) 이 경우에도 문서송부촉탁의 경우처럼 문서를 소지한 제3자는 정당한 사유가 없는 한 이에 협력하여야 하며(제352조의2 제1항), 제3자가 그 문서를 보관하고 있지 아니하거나 그 밖에 서증조사를 할 수 없는 사정이 있는 때에는 법원에 그 사유를 통지하여야 한다(제352조의2 제2항).

7. 전자문서의 소송법상 취급

(1) 전자민사소송

㈎ 현행 민사소송법에서 인정되는 소송법상 증거방법은 그 형태가 무엇이든 유형물이다. 따라서 전통적으로 생각을 기록하고, 전달하는 매체는 유형물인 종이이므로, 민사소송법상 서증의 대상이 되는 문서의 개념도 종이라는 물건의 존재를 매개로 하였다. 과학기술이 발달하면서, 무형적인 '정보'를, 종이를 매개로 하지 않고서도, 문서 또는 서면이라는 유형물과 같은 것으로 풀이한 것이 전자문서이다. 따라서 전자문서라는 개념은, 증거방법을 무형물까지도 포함하는 것이므로 입법에 의해서만 가능하다고 해야 하며, 순수한 법해석론으로서는 이루어지기 어렵다. 우리나라는 [전자문서=종이]라는 입법을 통하여 무형물인 '정보'를 '전자문서'로 변환시켰다.

㈏ (a) '전자문서'라는 용어는 1999.2.8. 법률 제5834호로 제정된 (구)전자거래기본법 제2조에 처음 등장한다. 그 제2조 1호는 「전자문서라 함은 컴퓨터 등 정보처리능력을 가진 장치에 의하여 전자적 형태로 작성되어, 송신·수신 또는 저장된 정보를 말 한다」라고 규정하였고, 그 제5조는 전자문서의 효력 규정으로써 "전자문서는 다른 법률에 특별한 규정이 있는 경우를

제외하고는 전자적 형태로 되어 있다는 이유로 문서로서의 효력이 부인되지 아니 한다”고 규정하면서, 나아가 그 제7조에서는 증거능력규정으로 “전자문서는 재판 기타의 법적 절차에서 전자적 형태로 되어 있다는 이유로 증거능력이 부인되지 아니 한다”고 하여 무형적인 형태의 “정보”를, 전자문서라는 증거방법으로 법 규정하였다.

(b) (i) (ㄱ) (구)전자거래기본법은 2002.7.1. 전부 개정되면서 구법상 전자문서의 증거능력에 관한 제7조의 규정은 삭제되었으나 그렇다고 하여 전자문서를 증거방법에서 제외한 것이 아님은 그 후의 입법 과정을 보면 알 수 있다. 이 법은 2012.9.2. 전자문서 및 전자거래법(약칭, 전자문서법)으로 바뀌었다가 2020. 6.9. 법률 제17353호로 일부 개정되면서 그 제4조는「문서로서의 효력」이라는 표제를,「법적효력」이라는 문구로 고치고, 그 대신 그 제4조의 2에서「전자문서의 서면 요건」을 규정하여 유형물이 아닌 무형물인 ‘정보’를 ‘서면’이라고 규정함으로써 [전자문서 = 종이] 원칙을 입법하였다.

(ㄴ) 한편 전자문서를 법원에 제출하기 위해서는 대법원규칙으로 정하는 사용자등록을 한 사람(민소전자문서 제6조 제1항)이 전자문서에 전자서명을 하고(민소전자문서 제7조 제1항) (법원행정처장이 지정한) 전산정보처리시스템의 이용에 동의한 다음(민소전자문서 제8조), 이를 이용하여 전자문서를 제출할 수 있다(민소전자문서 제5조 제1항). 전자문서는 본인작성의 경우는 물론 타인작성의 전자문서를 제출하는 경우에도 전자문서의 제출자는 사용자등록 등 이 절차를 밟아야 한다.

(ii) 2009.12.29. 신설된 헌법재판소법 제5장은 전자정보처리조직을 통한 심판절차의 수행을 규정하고 있는데 그 제76조는 컴퓨터 등 정보처리능력을 갖춘 장치에 의하여 전자적인 형태로 작성되어 송·수신되거나 저장된 정보를 전자문서라고 하였고(헌재 제76조 제1항), 이를 헌법재판소에서 지정·운영하는 전자정보처리조직을 통하여 제출할 수 있는데(헌재 제76조 제2항) 그 경우에는 헌법재판소법에 따라 제출된 서면과 같은 효력을 가진다(헌재 제76조 제3항)고 하여 [전자문서 = 종이] 원칙을 분명하게 하였다.

(iii) 또한 2022.7.5. 전면 개정된 국제사법 제8조 제2항은, 당사자가 국제재판관할에 관한 합의를 할 때 서면으로 하여야 하는데 그 서면에는 전보, 전신, 팩스, 전자우편 또는 그 밖의 통신수단에 의하여 교환된 전자적 의사표시를 포함한다고 하여 전자문서의 서면 성을 명문으로 규정하고 있다.

(c) (i) 한편, 2010.3.24. 민사소송 등의 정보화를 촉진하고자 민사소송 등에서의 전자문서 이용 등에 관한 법률(약칭, 민소전자문서법)이 제정되었는데 이 법은 그 적용범위를 민사소송법등에 따른 절차에 적용하기 위한 것(위 법 제3조)으로서 위 법 제2조 1호는,「전자문서란 컴퓨터 등 정보처리능력을 가진 장치에 의하여 전자적인 형태로 작성되거나 변환되어 송신 · 수신 또는 저장된 정보를 말한다」고 하여 앞의 전자문서법상 전자개념을 받아들인 다음 그 2호는「“전산정보처리시스템”이란 민사소송 등에 필요한 전자문서를 작성·제출·송달하거나

관리하는 데에 이용되는 정보처리능력을 가진 전자적 장치 또는 체계로서 법원행정처장이 지정하는 것을 말한다」고 하여, 전자문서를 인식할 수 있는 장치로서 전산정보처리시스템을 규정하였다.

(ii) 이를 종합하면 전자민사소송이라 함은 사용자등록을 한 사람이 전자문서에 전자서명을 하고, 법원행정처장이 지정한 전산정보처리시스템의 이용에 동의한 다음 이를 이용하여 전자문서를 법원에 제출함으로써 민사소송 등에서 전자문서라는 '정보'를 이용한 변론과, 그에 대한 증거조사를 하는 소송이라고 풀이할 수 있다.

*** [전자문서에 관한 비교법적 고찰]**

〈독일 vs 한국 전자문서 제도 비교〉

1. 법적 효력

(1) **독일**

- EU의 eIDAS 규정[461]에 따라 전자서명(QES)[462]이 있으면 종이 문서와 동등
- QES는 공인된 인증기관이 발급하며, 법원 · 행정기관에서도 완전히 인정
- 전자문서도 서면 요건(Schriftform)을 충족하면 효력 인정[463]

---

461) "Electronic Identification, Authentication and Trust Services" 약자로, 정식 명칭은, Regulation (EU) No 910/2014 on electronic identification and trust services for electronic transactions in the internal market이다. 유럽연합(EU)의 전자 신원 확인 및 신뢰 서비스에 관한 규정을 뜻한다.

462) Qualified Electronic Signature

463) 독일 민사소송법(Zivilprozessordnung, ZPO)은 제130조 a 에서 제130 e까지에서 전자문서 제출 요건, 서명 방식, 전자송달 절차 등을 규정하고 있다. 이 규정은 다음과 같다.

제130a조 [전자문서, 위임명령] (2024. 7. 17.부터 시행)

(1) 준비서면 및 그 첨부서류, 서면으로 제출하여야 하는 당사자의 신청 및 의사표시, 그리고 서면으로 제출하여야 하는 제3자의 정보제공, 진술, 감정서, 번역문, 신청 및 의사표시는 다음 각 항의 규정에 따라 전자문서로 법원에 제출될 수 있다.

(2) 제1문. 전자문서는 법원이 처리하기에 적합하여야 한다. 제2문. 연방정부는 전자문서의 전송 및 법원의 처리 적합성에 관한 기술적 기본조건, 그리고 제4항 제1문 4호 및 5호의 전자우편함 보유자의 데이터를 보안전자기록부에서 처리하도록 하는 사항을 연방참사원의 동의를 받아 법규명령으로 정한다.

(3) 제1문. 전자문서는 책임자의 적격전자서명으로 서명하거나 또는 책임자가 전자문서에 서명하고, 이를 보안전송경로를 통하여 제출하여야 한다. 제2문. 제1문은 준비서면에 첨부되는 서류에는 적용되지 아니한다. 제3문. 서면으로 제출하여야 하는 당사자 또는 제3자의 신청 또는 의사표시를 전자문서로 제출하고자 하는 때에는, 서명된 신청 또는 의사표시를 전자문서로 변환하여, 수임인·대리인 또는 보조인이 제1문에 따라 전송할 수 있다.

(4) 제1문. 보안전송경로는 다음 각 호의 어느 하나에 해당하는 전송경로를 말한다.

1. 송신자가 메일을 전송함에 있어 데메일법(De-Mail-Gesetz) 제4조 제1항 제2문에 따라 보안 로그인을 하였고, 그 보안로그인을 같은 법 제5조 제5항에 따라 확인 받은 경우, 데메일 계정의 우편함 및 발송서비스,
2. 연방변호사법 제31a조 및 제31b조에 따른 변호사용 특별전자우편함 상호 간 또는 법률적 근거에 따라 설치된 유사한 전자우편함과 법원의 전자우체국 간의 전송경로,

(2) **한국**

- 전자문서법, 전자서명법에 근거
- 2020년 이후 "공인인증서 의무제" 폐지 → 다양한 인증수단 인정(카카오 인증, PASS, 공동인증서 등)
- 법적 효력은 인정되지만, 특정 분야(예: 부동산 등기)에서는 여전히 종이 문서 선호가 강함

---

3. 신원확인절차를 이행한 후 개설되는 행정청 또는 공법인의 우편함과 법원의 전자우체국 간의 전송경로,
4. 신원확인절차를 이행한 후 개설되는 자연인 · 법인 또는 기타 사단의 전자우편함과 법원의 전자우체국 간의 전송경로,
5. 신원확인절차를 이행한 후 이용 가능한 온라인접근법(Onlinezugansgesetz) 제2조 제5항에 따른 사용자 계정의 전자우편함서비스 및 발송서비스와 법원의 전자우체국 간의 전송경로,
6. 연방정부가 연방참사원의 동의를 얻어 법규명령으로 정하는, 데이터의 진정성과 완전성 및 접근성이 보장되는, 기타 연방단위의 전송경로.

제2문. 제1문 3호 내지 5호에 관한 상세한 사항은 제2항 제2문의 법규명령으로 정한다.

(5) 제1문. 전자문서는 법원이 수신을 위하여 지정한 장치에 저장된 즉시 도달된 것으로 본다. 제2문. 송신자에게는 접수시점에 관한 자동화된 확인증을 교부해야 한다.

(6) 제1문. 전자문서가 법원이 처리하기에 적합하지 아니한 때에는, 도달이 무효임을 지적하여 송신자에게 이를 지체 없이 통지하여야 한다. 제2문. 송신자가 법원이 처리하기에 적합한 형태로 전자문서를 지체 없이 다시 제출하고, 처음 제출하였던 문서와 내용상 일치한다는 점을 소명하는 한, 해당 전자문서는 이전에 제출한 시점에 도달한 것으로 본다.

제130b조 [법원의 전자문서] (2018. 1. 1.부터 시행)

제1문. 이 법이 법관, 사법보좌관, 법원사무국의 서기 또는 집행관으로 하여금 자필서명을 하도록 규정하고 있는 한, 문서 하단에 책임자의 이름을 기재하고 그 문서에 적격전자서명으로 서명하는 때에는, 그 기록은 전자문서로서 그 형식을 충족한다. 제2문.제298a조(전자기록) 제2항에 따라 자필서명을 한 서류를 변환한 전자문서도 제1문에서 규정한 형식을 충족한다.

제130c조 [서식, 위임명령] (2019. 11. 1.부터 시행)

제1문. 연방 법무 및 소비자보호부는 연방참사원의 동의를 얻어 법규명령으로 전자서식을 도입할 수 있다. 제2문. 양식에 포함된 정보의 전부 또는 일부를 구조화되어 컴퓨터로 해독할 수 있는 형식으로 전송하도록 법규명령으로 정할 수 있다. 제3문. 양식은 법규명령으로 정하여야 하는 인터넷 통신 플랫폼에서 이용 가능하도록 제공하여야 한다. 제4문. 제130a조 제3항과는 달리, 양식 신분증법(Personalausweisgesetz) 제18조, 전자신분카드법(eID-Karte-Gesetz) 제12조 또는 체류법(Aufenthaltsgesetz) 제78조 제5항에 따른 전자 신원확인증명서를 사용하는 경우에도 양식 이용자의 신원을 확인할 수 있도록 법규명령으로 정할 수 있다.

제130d조 [변호사 및 행정청의 이용의무] (2022. 1. 1.부터 시행)

제1문. 변호사, 행정청 또는 공적 임무 수행을 위하여 공법인이 연합체를 포함한 공법인이 제출하는, 준비서면과 그 첨부서류 및 서면으로 제출하여야 하는 신청과 의사표시는 전자문서로 전송해야 한다. 제2문. 기술상의 이유로 인하여 일시적으로 불가능한 때에는 일반 규정에 따른 전송이 허용된다. 제3문. 일시적 불가능에 관해서는 대체적인 제출하는 때 또는 대체 제출을 한 이후 지체 없이 소명하여야 하며, 요청이 있는 때에는 전자문서로 다시 제출하여야 한다.

제130e조 [형식의제] (2024. 7. 17.부터 시행)

제1문. 서면 또는 전자적 형식을 요하며 상대방의 수신을 요하는 의사표시가, 제130a조에 따른 전자문서로 법원에 제출되어 수신자에게 송달 또는 통지된 준비서면에 포함되어, 이를 명확히 인식할 수 있는 때에는, 그 의사표시는 서면 또는 전자적 형식으로 도달한 것으로 본다. 제2문. 이는 서면 형식을 전자적 형식으로 대체하는 것이 배제된 경우에도 또한 마찬가지이다.

2. 활용 분야

(1) 독일

• 세금 신고(ELSTER), 전자계약, 전자송장(eRechnung), 법원 소송(beA), 의료(전자처방 · 의무기록) 등 광범위

• 행정 서비스 디지털화가 EU 차원에서 통합적으로 추진됨

(2) 한국

• 금융(인터넷뱅킹, 전자계약, 모바일 인증), 공공서비스(정부24, 홈택스), 전자세금계산서(의무화)

• 모바일 기반 서비스가 빠르고 대중화되어 있음

• 다만 행정/사법 분야의 전자문서 활용은 독일에 비해 아직 제한적

3. 결론

• 독일: 법적 체계(EU 규정) 명확 + QES 기반의 강력한 신뢰성, 그러나 도입 속도는 다소 느림

• 한국: 빠른 디지털화 + 모바일 친화적 서비스, 그러나 법적 · 제도적 정교함은 독일보다 단순

〈일본전자문서제도와의 비교〉

• 일본에서의 전자문서(電子文書, デジタル文書) 취급은 법률적 효력, 보존 요건, 업무 활용 방식 등을 중심으로 제도화되었다.

1. 법적 근거

• 전자서명법(電子署名及び認証業務に関する法律, 2000년 제정)

→ 전자서명과 공인인증의 법적 효력을 규정

→ 종이 서명 · 날인과 동등한 법적 효력을 가질 수 있음

• 전자장부보존법(電子帳簿保存法, 1998년 제정, 개정 지속)

→ 세무 · 회계 관련 장부 및 증빙서류를 전자적 형태로 저장하는 것을 인정

→ 요건 충족 시 종이로 보관하지 않아도 법적 인정

• e－문서법(電子文書法, 2005년 시행)

→ 기업 문서 전자보존을 폭넓게 인정

→ 계약서, 의사결정 문서 등 광범위한 문서에 전자적 저장을 허용

2. 전자문서의 요건

• 전자문서를 종이 문서와 동등하게 취급받기 위해서는 다음 조건을 충족해야 함

• 진본(眞本)성 보장 → 전자서명, 타임스탬프, 인증 기술 등을 통해 문서가 변조되지 않았음을 증명해야 함

• 가독(可讀)성 확보 → 디지털 형식이라도 누구나 쉽게 열람할 수 있어야 함

• 특정 소프트웨어에만 의존하지 않고, 장기 보존이 가능한 포맷 권장(PDF/A 등)

• 보존성 확보

• 일정 기간 안정적으로 저장 · 검색 가능해야 함

• 세무 관련 문서는 최대 10년 이상 보존해야 하는 경우가 있음

3. 활용 예시

• 기업: 계약서, 거래명세서, 세금계산서, 회계 장부를 전자문서로 관리
• 행정기관: 행정절차의 전자화(e-Gov), 신청 · 보고 · 허가 절차에서 전자문서 활용
• 금융 · 의료 분야: 전자계약, 전자처방전, 전자차트(EMR) 등

4. 최근 동향

• 2022년 전자장부보존법 개정으로 스캔 보관 요건 완화 → 종이 문서를 스캔해 저장하는 절차 간소화
• 전자인보이스 제도(2023년 도입) → 인보이스(무역상업송장)도 전자적 교환을 기본으로 함
• 정부는 디지털 사회 실현 전략 하에 행정 · 민간 전반의 페이퍼리스 전환을 추진 중

5. 한일비교

a. 법적 근거 및 제도 운영

(1) 한국

• 전자서명법(1999년 제정) → 2020년 공인인증서 폐지 후 다양한 민간 인증 허용
• 전자문서 및 전자거래 기본법(1999년 제정) → 전자문서의 법적 효력 규정([종이=전자문서] 원칙)
• 전자문서보존법은 별도 법률은 없고, 민사소송법 · 상법 · 세법 · 특정 규정에 의해 전자보존 인정
• 전자문서 활용은 행정안전부, 과기정통부, 법무부 등 다부처가 분산 관리

(2) 일본

• 전자서명법(2000년), 전자장부보존법(1998년), e-文書法(2005년) 등 다층적 법체계
• 전자문서의 보존 요건을 세무 · 회계 · 기업문서 · 행정문서별로 세분화
• 전자문서 정책은 국세청(세무), 디지털청(행정)이 주도
• 한국은 "전자문서=종이와 동등"이라는 원칙 중심, 일본은 "분야별 요건 세부 규정" 중심

b. 인증 및 보안 방식

(1) 한국

• 과거 공인인증서 의무로 인해 사용 불편, 독점 구조 문제 제기
• 2020년 공인인증서 폐지 이후 다양한 전자서명 수단 인정(카카오, PASS, 네이버 인증 등)
• 블록체인 기반 분산ID(DID[464]) 활용도 확산 중

(2) 일본

• 전자서명 제도가 있으나, 실무에서는 도장(印鑑) 문화가 뿌리 깊어 전자서명 도입 속도가 더딤
• 대신 타임스탬프, 스캔 보관 규정이 정교하게 발달

464) Decentralized Identifier: 블록체인이나 웹3(Web 3.0) 기술에서 사용되는 분산 신원 식별자를 뜻한다. 중앙 기관(예: 정부, 기업)에 의존하지 않고 개인이 자신의 신원을 증명할 수 있게 하는 디지털 ID 시스템이다. W3C

• 인증 방식은 민간보다 공적 인증(JPKI: 公的個人認証サービス)을 많이 활용

c. 기업 · 세무 문서 취급

(1) 한국

• 전자세금계산서 제도가 2011년부터 의무화, 국세청 시스템과 직접 연계

• 기업 문서 전자화가 빠르게 확산되었고, 행정 · 세무 보고도 대부분 전자 방식

(2) 일본

• 전자장부보존법으로 허용되었지만, 기업들이 도입 시 엄격한 보존 요건(스캔 규칙, 타임스탬프 등) 때문에 보수적

• 2022년 이후 요건이 완화되며 점차 확산 중

• 전자인보이스 제도는 2023년부터 본격 시행 → 한국보다 늦음

d. 행정 활용

(1) 한국

• 정부24, 홈택스, 전자민원 시스템 등 통합 플랫폼 중심

• 전자문서지갑 서비스로 주민등록등본, 건강보험증명서 등을 모바일로 발급 · 제출 가능

(2) 일본

• 마이넘버 제도(2016~) 기반으로 행정 디지털화를 추진

• 다만, 행정 시스템이 부처별로 분산되어 있어 한국보다 통합성이 약함

• 최근 디지털청(2021 설립)에서 개선 추진 중

e. 종합 비교

구분	한국	일본
법체계	포괄적 법률(전자문서법 등) + 행정 · 세법별 개별 규정	분야별 세부 법률 (전자장부보존법, e-文書法 등)
전자서명	공인인증서 의무 폐지 → 민간 다양화	공적 인증 + 민간도입 → 제한적
세무 · 회계	전자세금계산서 의무화, 국세청 직접 통합	전자보존 허용, 의무화는 늦고 요건 엄격
행정	정부24 · 전자문서지갑 등 통합 플랫폼	마이넘버 기반, 아직 부처별 분산
보급 속도	빠르고 강제적(Top-down)	점진적, 규제 완화 후 확산(Bottom-up)

요약하면,

• 한국은 정부 주도로 빠르게 전자문서 · 전자거래를 강제 · 통합한 나라

• 일본은 전자문서를 일찍 법적으로 인정했지만, 도장 문화와 엄격한 요건 때문에 보급 속도가 느렸음. 최근에서야 규제 완화와 디지털청 설립으로 한국을 따라가는 흐름

〈미국과 영국〉

1. 미국

[기본 법제]

(세계 웹 표준화 기구)가 DID 표준을 제정했다.

• E－SIGN Act (Electronic Signatures in Global and National Commerce Act, 2000)
→ 연방법 차원에서 전자문서·전자서명을 종이와 동일한 법적 효력 보장
• UETA (Uniform Electronic Transactions Act, 1999)
→ 주(州) 단위에서 채택된 모델법. 대부분의 주에서 채택

[핵심 원칙]

• 서면 요구 법규 → 전자문서로 충족 가능
• 자필 서명 요구 → 전자서명으로 대체 가능
• 단, 소비자 계약 등에서는 사전 동의 및 전자 전달 동의 절차 필요
• 증거능력도 인정 → 다만 원본성(authenticity) 확보와 무결성(integrity) 입증이 중요

[실무적 특징]

• 계약서, 동의서, 금융거래 문서 등 광범위하게 활용
• 소송 단계에서는 e－discovery(전자증거 개시) 제도가 발전해 있음

2. 영국

[기본 법제]

• Electronic Communications Act 2000
→ 전자서명과 전자문서의 법적 효력 인정
• Electronic Identification and Trust Services for Electronic Transactions Regulations 2016
→ EU의 eIDAS 규정을 국내법으로 도입 (브렉시트 이후에도 유사 체계 유지)

[핵심 원칙]

• 계약법상 "합의" 요건을 충족하면 전자문서 · 전자서명도 유효
• 법정 형식이 특별히 요구되지 않는 한, 이메일 · 클릭서명 · 디지털서명 모두 효력 인정
• 법원도 전자문서의 증거능력을 원칙적으로 인정

[실무적 특징]

• 영국 법원은 전자계약서, 전자서명된 PDF, 이메일 합의 등을 모두 계약으로 인정
• 단, 부동산 거래나 유언장 등 특정 법률행위는 여전히 종이 서류와 자필 서명을 요구하는 경우가 있음

3. 영 · 미 전자문서 총정리

• 미국: E－SIGN Act ＋ UETA → 전자문서 · 전자서명 효력 연방법 · 주법에서 모두 인정
영국: Electronic Communications Act + eIDAS 기반 체계 → 종이문서와 동등하게 인정
• 두 나라 모두 **예외적 영역(부동산, 유언장 등)**에서는 전자문서 제한 존재
• 소송에서 전자문서는 증거로 쓰일 수 있으나, 진본성 · 무결성 · 신뢰성 입증이 핵심

전자문서 제도 국제 비교 및 정책분석

1. 비교 개요

- 전자문서는 행정 효율화, 거래 편의성, 법적 신뢰성 확보의 핵심 인프라로 각국이 제도화에 집중
- 한국은 빠른 디지털화와 강력한 정부 주도 정책으로 전자문서의 활용이 일상화되었으나, 법적 정교함이나 국제 표준 연계 측면에서는 개선 여지
- 이에 반해 독일은 EU의 eIDAS 규정에 기반 해서 법적 신뢰성과 표준화 수준이 높고, 일본은 엄격한 요건 중심, 미국·영국은 자율적 시장 중심의 실무 친화형 모델

2. 한국 전자문서 정책의 강점

- 정부 주도 통합체계 구축
- 법적으로는 "전자문서＝종이" 원칙 확립: 전자문서는 사용자등록을 하여야 하고 법원행정처장이 지정한 전산정보처리시스템을 이용하여야 하는데 그 전제로서 제출자는 주민등록번호에 의하여 특정되므로 외국에서 문제되는 전자문서의 진본성(眞本性) 인정에 어려움이 없어 "전자문서＝종이" 원칙이 쉽게 확립
- 정부24, 홈택스, 전자문서지갑 등으로 국민·기업 대상 전자행정 일원화
- 공공·민간 간 전자문서 교환 인프라가 세계적으로 높은 수준
- 2020년 공인인증서 의무제 폐지 이후 카카오·PASS 등 다양한 전자서명 서비스 등장
- 사용 편의성 및 접근성이 향상되어 국민 수용도 높음
- 전자세금계산서 등 행정·세무 시스템 완전 전산화
- 국세청 시스템과 실시간 연계되어 투명성·효율성 확보
- 기업의 문서 관리비용 절감 효과 큼

3. 한계 및 개선 과제

(1) 법적 정교함 부족

- "전자문서＝종이" 원칙은 단순하여 국제 표준 연계에 다소 미흡
- eIDAS(유럽 전자신원 규정) 등과의 상호인정 체계 부족 → 해외 전자거래 확장에 제약
- 국제 공인 인증 체계(QES) 수준의 신뢰 서비스 제도 부재

(2) 사법·행정 분야 전자화의 편차

- 소송·민원·세무 분야는 선진적이지만, 등기·공증 등에서는 여전히 종이문서 중심 절차

4. 국제 비교 시사점

비교 항목	한국의 위치	정책 시사점
법적 신뢰성	독일·EU보다 단순	국제 표준(QES 등) 연계 강화 필요
운영 체계	정부 통합형(우수)	민간 자율·글로벌 연계 확대 필요
기술 기반	모바일·DID 강점	블록체인 기반 신뢰 프레임워크 법제화 필요
문화적 수용성	국민 수용도 매우 높음	해외 거래 인증 상호인정 제도 도입 검토
확산 방식	Top-down(정부 주도)	Bottom-up 자율 확산 유도 병행 필요

5. 정책 제언

- 국제 신뢰체계(eIDAS 수준)와의 정합성 강화
- 한국형 전자서명·인증 체계를 국제 표준(QES, ETSI[465] 등)에 맞게 정비
- 해외 전자계약·전자송장 시스템과 상호인정 체계 구축 필요
- 정부의 인증 인프라와 민간 전자서명 기업 간 상호 연계 플랫폼 마련
- DID·VC(Verifiable Credential) 기반 전자신분증 확산 추진
- 사법·공증 분야의 전자화 가속
- 부동산 등기, 공증 등 '종이 중심 영역'을 전자문서로 전환
- 법적 형식요건 개선 및 전자문서 제출 시스템 표준화 필요
- 국민 중심 서비스 고도화
- 전자문서지갑을 디지털 행정 허브로 발전시켜, 개인 인증·증명서 발급·제출까지 통합
- 접근성이 낮은 계층을 위한 디지털 포용 정책 병행

□ 핵심정리

- 한국은 전자문서 제도의 보급 속도와 디지털 접근성 측면에서는 세계 선도국 수준. 그러나 법적 정교함·국제 표준 연계성 측면에서는 독일(EU) 및 미국에 비해 단순한 구조. 향후 정책은 "국제 신뢰체계 수준의 법제화 + 민간 주도의 신뢰 생태계 구축" 방향으로 발전할 필요 큼. 즉 속도에서 '정밀성' 강화로 정책 초점을 옮기는 것이 다음 단계의 핵심 과제

(2) * 전자문서의 개념

(가) 뜻 "전자문서"란 정보처리시스템에 의하여 전자적 형태로 작성·변환되거나 송신·수신 또는 저장된 정보를 말한다(전자문서 제2조 1호).

(a) **전자문서의 법적 구속력** '전자문서'는 전자적 형태로 되어 있다는 이유만으로 법적효력이 부인되지 아니한다(전자문서 제4조 제1항). 그 취지는 전자문서라는 정보가 비록 무형적인 존재이지만, 재화나 용역을 거래할 때 그 전부 또는 일부가 전자문서 등 전자적 방식으로 처리되는 전자거래(전자문서 제2조 5호)에서는 법적 효력이 있어 일반적으로 통용될 수 있다는 의미이다.

(b) **음성·영상 등 정보를 포함** 전자문서는 문자 등 정보(민소전자문서법 제13조 제1항 1호)는 물론 음성 · 영상 등 정보(위 법 제13조 제1항 2호도 포함한다. 녹음테이프나 녹화테이프에 기재된 음성 정보라고 하더라도 정보처리시스템에 의하여 전자적인 형태로 작성되거나 변환되면 전자문서가 된다.

465) European Telecommunications Standards Institute(유럽전기통신표준협회).

(c) **전자문서의 서면화와 종이문서에 갈음** 　전자문서를 유형물인 서면과 같이 보기 위해서는, 그 요건으로서 전자문서의 내용을 열람할 수 있어야 하고(전자문서 제4조의2 1호), 전자문서가 작성·변환되거나 송신·수신 또는 저장된 때의 형태 또는 그와 같이 재현될 수 있는 형태로 보존되어 있어야 한다(전자문서 제4조의2 2호). 이것은 폐지된 (구)전자거래기본법 제7조의 「전자문서는 재판 기타의 법적 절차에서 전자적 형태로 되어 있다는 이유로 증거능력이 부인되지 아니한다」의 규정을 구체화한 것으로써 전자문서법의 가장 큰 특색이다. 또한, 전자문서가 전자문서법 제4조의 2에 따른 서면으로 보는 전자문서로서 그 내용을 열람할 수 있고(전자문서 제5조 제1항 1호), 전자문서의 작성자, 수신자 및 송신 · 수신 일시(日時)에 관한 사항이 포함되어 있는 경우에 그 부분이 보존되어 있으면(2호) 다른 법령에 특별한 규정이 있는 경우가 아니라면 그 전자문서를 보관함으로써 관계법령에서 정하는 문서의 보관을 갈음할 수 있다(전자문서 제5조 제1항 본문). 따라서 전자문서가 위의 요건에 맞추어 서면 화 되고 또 종이문서와 같이 보관된다면, 정보라는 무형물이 문서 또는 '종이'라는 유형물을 전제로 하지 않고도 "전자문서"로 보존되는 것이다. 즉 전자문서가 서면처럼 되기 위해서는 '정보'를 출력한 유형물인 문서의 존재를 요구하지 않는다는 의미이다.

(나) **전자문서의 특정** 　민소전자문서법에 따라, 전자문서를 제출하고자 하는 자가 법원행정처장이 지정한 전산정보처리시스템에 사용자등록을 한 후(제6조 제1항), 해당 시스템을 통하여 제출하는 전자문서에 전자서명을 부여함으로써(제7조 제1항) 특정된다. 전자문서의 형식적 증거력, 진본성은 '사용자등록 + 전자서명 + 전산정보처리시스템을 통한 제출'이라는 단일 경로에 의해 보장된다.

(다) * **전자문서의 법적 성질** 　(a) 2002.7.1. 법률 제6614호로 전부 개정될 당시의 전자문서법 제4조 제1항은 「"전자문서"는 다른 법률에 특별한 규정이 있는 경우를 제외하고는 전자적 형태로 되어 있다는 이유로 문서로서의 효력이 부인되지 않는다」고 규정되어 있어 '정보'로서의 그 '문서' 의미에 관해서 학설들의 다툼이 있었다. 그러나 이제는 전자문서의 서면 요건이 전자문서법 제4조의 2로 규정되고, 그 요건을 갖추어 서면 화된 전자문서에 관해서는 민사소송법 제 제2편 제3장 제4절 '서증'부분을 적용할 수 있게 되어 위 학설들의 다툼은 큰 의미가 없게 되었다. 그러나 위 학설들은 '전자문서'자체의 의미와 성질을 이해하는데 도움이 되므로 이에 관해서 살피기로 한다.

(i) **제1설(신 서증설)** 　이 견해는 전자문서는 문서 자체가 아닌 정보로서 장차 문서화될 가능(可能)문서이므로 그 출력문서를 생성(生成)문서로 보아 이것을 원본으로 하여 증거조사를 하여야 한다는 견해이다.[466] 그러나 전자문서의 서면화가 입법으로 성립된 이상 반드시 서

466) 정동윤 외 2, 662면 참조.

면으로 출력해야 서면이 되는 것이 아니다. 즉 증거방법인 서면화 전자문서를 민사소송법상 서증의 대상이 되는 문서라고 하여야 하지 정보 상태로 그냥 놔두어서 가능문서라고 할 것이 아니다. 현재 전자문서 가운데에는 문서화할 수 없는 음성·영상을 포함하고 있는데 이 경우에는 출력문서화할 수 없으므로 위 학설에 의하면 전자문서가 될 수 없는 것이다. 전자문서는 비록 문서로 되어 있지 않지만 파일형식으로 되어 있어(민소전자문서규칙 제8조 제1항 참조) 그 파일은 현실적으로 눈앞에 존재하는 것이고, 그 전자파일의 복사가 가능한 이상 종이로 된 출력문서만 전자문서의 복사가 될 수 없는 것이다. 민사소송 등에서 출력문서는 전자소송에서 법정이나 준비절차실, 조정실에서 증거조서를 할 때에 컴퓨터 등 전산장비가 없거나 장애가 생긴 경우 등에 한정적으로 이용되는 것[민사소송 등에서의 전자문서 이용 등에 관한 업무처리지침[재일(2012-1)](이하 전자문서 업무지침이라고 줄인다) 제83조]으로서 일반적으로 통용되는 문서가 아니다. 더구나 전자문서는 문자 등 정보는 물론 음성 · 영상 등 정보를 포함하는데 음성· 영상 등은 문서로 출력할 수 없어 전자문서가 아니라는 결론이 된다. 따라서 출력문서만 복사문서라고 한다면 음성·영상등의 경우에는 복사문서 없는 전자문서가 존재한다는 이상한 결론이 된다.

(ii) **제2설** 이 견해는 컴퓨터용 자기디스크·광 디스크, 그 밖에 이와 비슷한 정보저장매체에 기억된 문자 정보만 전자문서라고 하면서 이 경우에는 그 문자정보를 읽을 수 있도록 출력한 문서를 제출하는 방법으로 증거조사를 할 수 있다는 것이다.[467] 그러나 이 견해는 우선 전자문서는 문자 등 정보(민소전자문서규칙 제32조)는 물론 음성·영상 등 정보(민소전자문서규칙 제33조)를 포함하는데 이를 간과하고 있고, 일반적으로 통용되지 않는 출력문서를 제출하는 방법만으로는 전자문서에 관한 모든 증거조사를 할 수 없을 것이므로 찬성할 수 없다.

(b) **소결** 이제는 전자문서라고 하더라도 서면의 요건을 갖춘 것과 그렇지 않은 것, 당사자가 전자소송에 동의한 것과 그렇지 않은 것이 명백히 구별되어 앞의 학설 대립은 큰 의미가 없다. 더구나 우리나라에서는 영상변론이 시행됨에 따라 문자 그 밖의 기호, 도면·사진 등에 관한 정보를 담은 전자문서에 대한 증거조사를, 모니터, 스크린 등을 이용하여 당사자가 법정에 출석하지 않고서도 열람하는 방법으로 할 수 있고(민소전자문서 제13조 제1항 1호), 음성·영상 등 정보에 해당하는 전자문서에 대한 증거조사 역시 파일(file)인 그 전자문서를 법정에 출석하지 않고서도 모니터, 스크린 등을 이용하여 청취하거나 시청하는 방법으로 할 수 있어(위 법 제13조 제1항 2호), 문자로 작성되지 않은 전자문서에 관한 증거조사가 가능하여졌으므로, 전자문서의 문서성을 부인해서는 안 될 것이다.

(다) **문서와 전자문서의 관계** (a) 전자문서가 처음부터 컴퓨터 등 정보처리능역을 가진

---

467) 이시윤, 527면 참조.

장치에 의하여 전자적인 형태로 작성되거나 변환된 경우에는 일반 문서와 특별한 관계가 없다. 그 경우에는 전자문서를 일반문서와 동일하게 보아서 그 증거력을 인정하는데 지장이 없다.

(b) 문제는 전자문서가 아닌 형태로 제출된 서류를 민소전자문서법 제10조 제2항에 따라 전자문서로 변환하고 사법전자 서명을 하여 전산정보처리시스템에 등재한 경우에 문서인 그 서류와 전자문서의 관계이다.

(i) 민소전자문서법 제10조 제3항은, 등재된 전자문서는 원래의 서류와 동일한 것으로 본다고 되어 있어 종이=전자문서의 등식이 성립되는 것처럼 되어 있다. 그리고 법원은 원래의 서류와 전자문서의 동일성이 확보되도록 기술적인 조치를 취하여야 한다고 규정하고 있다(민소전자문서 제10조 제4항).

(ii) 그러나 민사소송등에서의 전자문서 이용 등에 관한 규칙(민소전자문서규칙) 제12조 제3항은 당사자가 전자문서로 변환된 소송서류를 법원에 제출한 경우 제출자는 그 원본을 해당 소송절차가 확정될 때까지 보관하여야 한다고 규정되어 서류와 전자문서가 따로 존재할 수 있어서 그 동일성이 반드시 유지되는 것이 아니라는 점이다. 제출자는 그 서류를 재판 외에서 행사할 수도 있고, 다른 재판부에 소송의 문서로 제출할 수도 있기 때문이다. 이 경우 재판부가 일반 문서의 제출을 이미 소송에서 제출된 전자문서와의 동일성을 이유로 거부할 수도 있으나 이를 간과하여 그 제출을 허용한 경우에는 문서와 전자문서의 동일성은 유지될 수 없다.

(c) 결국 일반 문서를 전자문서로 변환한 경우에는 양자는 병존관계에 있다 할 것이다.

전자문서의 개념 및 법적 성질

1. 전자문서의 개념
   - 의의: 정보처리시스템에 의해 전자적 형태로 작성·변환·송수신·저장된 정보(전자문서 제2조 1호)
   - 법적 구속력: 전자적 형태라는 이유만으로 법적 효력을 부인할 수 없음(전자문서 제4조 제1항)
   - 범위: 문자정보뿐 아니라 음성·영상 등도 포함
   - 서면화 요건(전자문서 제4조의 2)

   ① 내용을 열람할 수 있어야 함

   ② 작성·변환·송수신·저장 당시의 형태로 보존 가능해야 함

   → 이 요건을 충족하면 전자문서의 보관으로 종이문서를 갈음(전자문서 제5조)
   - 전자문서의 특정: 사용자등록+전자서명+전산정보처리시스템을 통한 제출
2. 전자문서의 법적 성질
   - 과거 학설 대립 존재
     - 제1설(신 서증설): 전자문서는 '정보'에 불과, 출력문서가 원본
     - 제2설: 자기디스크·광디스크 등 매체에 기록된 문자정보만 전자문서

- 현행 입법: 전자문서도 서면 요건을 갖추면 문서로 인정 → 학설 대립은 실익 거의 없음
- 증거조사 가능
  - 문자 · 기호 · 도면 · 사진 → 모니터, 스크린으로 열람
  - 음성 · 영상 → 파일 자체를 청취 · 시청 가능

→ 따라서 전자문서의 문서성 부정 불가

3. 문서와 전자문서의 관계
- 처음부터 전자형태로 작성된 경우: 일반 문서와 구별 없음, 동일하게 증거력 인정
- 종이문서를 전자문서로 변환한 경우: 법상 원래의 서류와 동일하게 보지만(민소전자문서 제10조 제3항), 제출자가 원본을 보관해야 하므로 실제로는 양자가 병존관계

□ 핵심정리
- 전자문서는 문자뿐 아니라 음성 · 영상 등 전자적 정보까지 포함하며, 서면 요건(열람 가능성 · 형태 보존성)을 충족하면 전자문서=종이문서
- 과거에는 정보냐 문서냐 학설이 있었지만, 현재는 입법으로 문서성을 인정하여 증거조사가 가능하다. 종이문서를 변환한 전자문서는 원본과 병존 관계에 있다.

(3) * 전자문서에 의한 민사소송 등의 수행

(가) **민소전자문서법의 적용범위** (i) 민사소송법, 가사소송법, 행정소송법, 특허법(제9장 소송부분에 한정된다), 민사집행법, 채무자회생 및 파산에 관한 법률, 비송사건절차법 들 및 위의 법률을 적용하거나 준용하는 법률들에 민소전자문서법이 적용된다(민소전자문서 제3조). 따라서 민사소송법 제2편 제4절 서증에 관해서도 당연히 민소전자문서법이 적용된다.

(ii) 그런데 전자문서 업무지침 제27조 제2항은, 민사소송법등 민소전자문서법에 적용되는 모든 법률에 관하여 당사자가 전산정보처리시스템을 이용한 민사소송 등의 진행에 동의 여부에 관계없이 전자기록사건으로 할 수 있다고 하여 민소전자문서법의 적용범위를 확대하였다.

(나) **전자서명** 법원에 전자문서를 제출하려는 자는 제출하는 전자문서에 전자서명을 하여야 하고(위 법 제7조 제1항), 법관 · 사법보좌관 또는 법원사무관등은 재판서, 조서등을 전자문서로 작성하거나 그 서류를 전자문서로 변환하는 경우에는 사법전자서명을 하여야 한다(위 법 제7조 제2항).

(다) **당사자의 사용자등록과 동의** 사용자등록과 당사자의 동의가 민소전자문서법 적용의 요건이다. 전자문서에 의해서 민사소송 등을 수행하기 위해서는 전자문서를 작성 · 제출 등을 하여야 하는데 그러기 위해서는 전산정보처리시스템을 이용하여야 한다. 이 전산정보처리시스템을 이용하기 위해서는 사용자등록을 하여야 하고(민소전자문서 제6조 제1항), 이를 마친 등록

사용자로서 전산정보처리시스템을 이용하여 전자문서로 법원에 서류를 제출하기 위해서는 전산정보처리시스템을 이용한 민사소송 등의 진행에 동의하여야 한다(민소전자문서 제8조). 여기서 동의는 당사자 한 쪽의 법원에 대한 소송행위로서 당자사의 합의와 성질을 달리한다. 따라서 당사자 한 쪽이 동의한 경우에는 이론적으로는 그 당사자만 전자민사소송을 진행할 수 있을 것이다. 특히 한 쪽 당사자는 컴퓨터를 사용하고 다른 당사자는 컴퓨터를 사용하지 않는 경우에도 당사자 한 쪽만 전자민사소송이 가능할 것이다. 그러나 그 경우에는 재판 진행에 혼란이 초래될 수 있으므로 법원은 소송지휘권을 적절히 진행하여 양쪽의 동의를 받아 전자민사소송을 진행하든가 아니면 통상 민사소송을 진행하여야 할 것이다. 한편, 위에서 본 바와 같이 당사자가 동의하지 않더라도 법원은 전자기록사건으로 할 수 있다.

㈑ **전자문서의 보관** (a) 전자문서가 전자문서법 제4조의 2에 따른 서면으로 보는 전자문서로서 전자문서의 작성자, 수신자 및 송신 · 수신 일시(日時)에 관한 사항이 포함되어 있는 경우에는 그 부분이 보존되어 있으면, 다른 법령에 특별한 규정이 있는 경우가 아니라면 그 전자문서를 보관함으로써 관계법령에서 정하는 문서의 보관을 갈음할 수 있다(전자문서 제5조 제1항)

(b) 종이문서나 그 밖에 전자적 형태로 작성되지 않은 전자화 대상문서를 전산정보처리시스템이 처리할 수 있는 형태로 변환한 전자화문서라고 하더라도 전자문서법 제4조의2에 따른 서면으로 보는 전자문서의 요건을 모두 갖추고 있고(전자문서 제5조 제2항 1호), 전자화문서가 전자화대상문서와 그 내용 및 형태가 동일한 경우(전자문서 제5조 제2항 2호)에는 그 전자화문서를 보관함으로써 관계법령에서 정하는 문서의 보관을 갈음할 수 있다(전자문서 제5조2항 본문).

㈒ **전자문서의 제출** 전자문서가 법원행정처장이 지정한 전자소송시스템에 등재되어 있는 경우에는 그 취지를 진술하고(민소전자문서규칙 제31조 제1항 1호), 전자소송시스템에 등재되어 있지 않고 디지털 방식으로 작성되거나 변환되지 않은 자기디스크 등에 담긴 경우에는 이를 직접 제출하며(민소전자문서규칙 제31조 제1항 2호), 기억된 문자정보를 증거자료로 하는 경우에는 읽을 수 있도록 출력한 문서를 제출할 수 있다(민소규 제120조 제1항). 여기서 전자민사소송을 수행할 수 없는 전자문서, 즉 법원행정처장이 지정한 전자소송시스템에 등재되어 있지 않은 전자문서는 자기디스크 등에 담는데 그 전자문서가 문자로 된 경우에는 출력문서가 문서가 된다는 의미이다. 그러나 음성 · 영상등과 같이 출력문서를 작성할 수 없는 전자문서인 경우에 자기디스크 자체는 무형물인 전자문서가 아니라 유형물인 물건이므로 그 자기디스크 등 매개물은 검증물로서 법정에 현실적으로 제출하여 검증하여야 한다.

㈓ **전자문서의 효력** 전자문서는 전자적 형태로 되어 있다는 이유만으로 법적 효력이 부인되지 않으며(전자문서 제4조 제1항), 전자문서의 내용을 열람할 수 있고(위 법 제4조의2 1호) 전자문서가 작성 · 변환되거나 송신 · 수신 또는 저장된 때의 형태 또는 그와 같이 재현될 수 있

는 형태로 보존되어 있으면(위법 제4조의2 2호) 다른 법령에 특별한 규정이 있거나 성질상 전자적 형태가 허용되지 아니하는 경우가 아니라면 그 전자문서를 서면으로 본다(위 법 제4조의2). 따라서 이 경우에 전자문서는 민사소송법상 증거방법이 되어 서증의 대상이 되는 문서로 보는데 아무런 지장이 없다. 즉 전자문서＝종이가 된다.

(사) **전자문서와 그 밖의 증거와의 구별** (a) 전자문서와 구별하여야 할 것은 제374조에 규정된 그 밖의 증거이다. 그 밖의 증거라 함은 디지털 방식으로 작성되거나 변환되지 않은 도면 · 사진 · 녹음테이프 · 녹화테이프 · 컴퓨터용 자기디스크, 그 밖에 정보를 담기 위하여 만들어진 물건으로서 문서가 아닌 증거를 말하므로(제374조) 정보가 아니라 정보를 담은 물체가 증거방법이 되고 그 물체에 대한 증거조사 결과가 증거자료가 되어 전자문서법이나 민소전자문서법상 전자문서와 구별된다.

(b) 따라서 그 밖의 증거 가운데서 법원행정처장이 지정하는 전산정보처리시스템에 의하여 전자적인 형태, 즉 디지털 방식으로 작성되거나 변환되어 송신 · 수신 또는 저장되는 정보로서 서면화의 요건을 갖춘 경우에는 제374조의 그 밖의 증거가 아니라 민소전자문서법의 전자문서가 된다.

(c) 전자문서에 관하여 민사소송법에서는 전자매체를 증거방법으로 삼아 검증으로써 조사하는데 대하여 민소전자문서법에서는 전자정보자체를 증거방법으로 삼아 서증으로 처리가 가능해 짐으로써 해석상·실무상 혼란이 발생하고 있으며, 당사자중 한 쪽이 전자소송에 동의한 경우에는 그러하다는 지적이 있다.[468)]

(i) 우선 동의의 성격상 당사자 중 한 쪽이 동의하고 나머지 한 쪽이 진자민사소송의 편리한 이점을 포기하고 법정출석을 고집하면서 전자소송에 부동의 하더라도 전자민사소송 자체의 진행에 지장이 없는 것은 당연하다. 법원실무에서는 그런 경우가 허다하다.

(ii) 서증이 유형물인지, 전자문서가 무형물인지를 구별할 때에는 외형상 유형물이냐 무형물이냐를 기준으로 삼을 것이 아니라, 증거력에 차이가 있는지를 기준으로 삼아야 한다. 만약 증거력에 차이가 없다면 양자를 엄격히 구별할 필요도 없고, 혼란도 생기지 않는다. 실제로 서증과 전자문서는 증거력을 따질 때 모두 형식적 증거력과 실질적 증거력의 구별을 논하는 데에 이론이 없으며, 이러한 구별은 민사소송법상의 구별일 뿐 전자문서법상의 구별이 아니다(전자문서법에는 그러한 구별 자체가 없다). 이는 마치 어떤 사람은 안경을 쓰고 사물을 보고, 다른 사람은 맨눈으로 본다고 해서 두 사람의 시각에 본질적인 차이가 있다고 말할 수 없는 것과 같다. 결국 두 경우 모두 사물을 볼 수 있다는 점에서 동일하기 때문이다.

(iii) 그러나 전자문서와 민사소송법 제374조에 규정된 '그 밖의 증거'는 분명히 차이가 있

---

468) 전원열, 457면.

다. 전자문서는 서증과 마찬가지로 형식적 증거력과 실질적 증거력을 구별하고, 특히 형식적 증거력을 중시한다. 반면, 제374조의 '그 밖의 증거'는 형식적 증거력은 거의 문제 삼지 않고, 오직 실질적 증거력만을 중시한다는 점에서 차이가 있다. 예를 들어, 여기서 '그 밖의 증거'는 안경이 아니라 현미경이나 망원경과 같은 것이다. 현미경이나 망원경은 일상적 시력을 보조하기 위해 제작된 것이 아니라 특수한 목적을 위해 만들어졌기 때문에 단순한 안경과는 본질적으로 다르다. 따라서 증거력 측면에서 제374조의 증거는 서증과도, 전자문서와도 차이가 있다. 그러나 전자문서와 서증 사이에는 근본적인 증거력의 차이가 없다.

(4) 전자문서의 증거조사

㈎ **서론**　　(a) 우리나라에서는 위에서 설명한 것과 같이 전자문서법 제4조의 2의 서면요건을 갖춘 경우에는 전자문서를 서면으로 보는 것이다. 이어서 판례도 전자문서를 문서로 보기 때문에 전자문서로 된 결정 · 명령의 성립시기를 법관이 사법전자서명을 완료한 때로 본다[469]고 판시 하여 종이가 아닌 전자문서로 된 결정 · 명령을 종이문서로 된 결정 · 명령과 동일하게 취급하고 다만 성립시기 만을 다르게 정함으로서 종이＝전자문서의 원칙을 분명하게 하였다. 왜냐하면 전자문서를 문서가 아닌 검증물로 보았다면 위와 같은 판례는 불가능하기 때문이다.

한편 서증에서 문제되는 것은 위조나 변조로부터의 안전인데 전자문서가 위조나 변조로부터의 안전성을 갖춘다면 일반문서와 동등하게 취급한다고 해서 문제되지 않는다. 그러므로 전자문서에 대한 증거조사에 관하여는 그 성질에 반하지 않는 범위에서 민사소송법 제2편 제3장제3절부터 제5절까지의 규정을 준용한다(민소전자문서 제13조 제2항). 2024.7.24.부터 시행되는 독일민소법 제371a조 제1항 제1문은 전자사문서에 사문서의 증명력에 관한 규정을 준용하고, 제371a조 제3항 제1문은 전자공문서에 공문서의 증명력에 관한 규정을 준용한다고 하였다.

(b) **증거조사의 범위**　　(i) 전자민사소송은 전자문서를 제출하고 이를 이용 · 관리하여 소송을 수행하는 것이므로 전자문서가 아닌 문서에 관해서는 민소전자문서법이 적용되지 않고 민사소송법이 적용된다. 그러나 제374조에서 정한 그 밖의 증거 가운데서 정보처리시스템에 의하여 전자적인 형태, 즉 디지털 방식으로 작성되거나 변환되어 송신 · 수신 또는 저장되는 정보가 전자문서법 제4조의2에서 정한 서면요건을 갖춘 경우에는 민소전자문서법의 규율대상이 된다. 따라서 전자문서의 증거조사는 민소전자문서법에 의하여야 할 것이지 제374조나 이에 따른 민사소송규칙에 의할 것이 아니다.

---

469) 대전결 2025.7.24. 2021마6542. 이 판례는 2018.1.1.부터 시행된 독민소법 제130 b조를 참고한 것으로 보인다.

(ii) 반면 전자문서의 제출과 관계가 없는 증인신문, 감정, 당사자신문은 그것이 법정 밖에서 전자적인 형태로 이루어지더라도 민소전자문서법의 적용이 없고 민사소송법이 적용된다.

(나) **전자문서에 대한 증거조사신청** 법원행정처장이 지정한 전산정보처리시스템을 이용하려는 사용자등록을 마친 등록사용자로서(민소전자문서 제6조 제1항) 전자문서에 전자서명을 하고(민소전자문서 제7조 제1항) 전산정보처리시스템을 이용하는 민사소송 등의 진행에 동의한 자(민소전자문서 제8조)는 다음의 방법으로 증거조사를 신청한다.

(a) **전자문서의 제출** (i) 전자문서가 법원행정처장이 설치·운영하는 전자소송시스템에 등재되어 있는 경우에는 그 취지를 진술한다(민소전자문서규칙 제31조 제1항 1호).

(ii) 증거가 전자소송시스템에 등재되어 있지 않고 자기디스크 등에 담긴 경우에는 이를 제출한다(위 규칙 제31조 제1항 2호).

(iii) 다른 사람이 전자문서를 가지고 있을 경우에는 그것을 제출하도록 명할 것을 신청하는데(위 규칙 제31조 제1항 3호) 문자 등 정보는 서증의 대상이 되는 문서와 같이 취급하여야 하므로 이에 관한 신청에 대하여 법원은 문서제출명령의 경우와 같이 다른 사람을 심문하여야 하며(제347조 제3항), 다른 사람이 법원의 명령에 따르지 아니할 때에는 500만 원 이하의 과태료, 7일 이내의 감치를 당할 수 있다(제351조, 제318조, 제311조).

(b) **자기디스크의 제출** (i) 전자문서에 대한 증거조사를 신청하는 자가 전자소송시스템을 이용한 소송의 진행에 동의하지 아니한 경우(민소전자문서규칙 제31조 제2항 1호), (ii) 민소전자문서규칙 제14조 제1항 각 호(즉 ① 전자소송시스템의 장애가 언제 제거될 수 있는지 알 수 없는 경우 ② 전자소송시스템의 장애가 제거될 시점에 서류를 제출하면 소송이 지연되거나 권리 행사에 불이익을 입을 염려가 있는 경우 ③ 등록사용자가 사용하는 정보통신망의 장애가 제거될 시점에 서류를 제출하면 소송이 지연되거나 권리 행사에 불이익을 입을 염려가 있는 경우) 가운데 어느 하나에 해당하는 사유가 있는 경우, (iii) 서류에 당사자가 가지는 영업비밀(부정경쟁법 제2조 2호에 규정된 영업비밀)에 관한 정보가 담겨 있는 경우(민소전자문서규칙 제15조 제1항 3호) 또는 사생활 보호 또는 그 밖의 사유로 필요하다고 인정하여 재판장등이 허가한 경우(위 규칙 제15조 제1항 4호)에 해당하는 서류가 전자문서로 작성되어 있을 경우(위 규칙 제15조 제1항 4호) 등 세 가지 경우에 해당하는 때에는 증거신청을 하는 전자문서를 자기디스크 등에 담아 제출할 수 있다(위 규칙 제31조 제2항). 이때에 전자서명 방식으로 작성되지 아니한 전자문서를 제출하려면 작성자의 의사에 따라 작성한 것이라는 취지를 추가로 밝혀야 한다(위 규칙 제31조 제2항 후문). 이 경우에는 자기디스크 등 유형물을 직접 법원에 제출하여야 한다.

(c) **신청의 요건** (i) 전자문서에 대한 증거조사를 신청하는 때에는 전자문서의 내용에 비추어 명백한 경우를 제외하고는 (ㄱ) 전자문서가 문자, 그 밖의 기호, 도면, 사진 등에 관한 정보("문자등 정보")인 경우에는 전자문서의 명칭과 작성자 및 작성일(전자문서로 변환하여 제출

된 경우에는 원본의 작성자와 작성일) (ㄴ) 전자문서가 음성·음향이나 영상정보("음성·영상등 정보")인 경우에는 음성이나 영상이 녹음 또는 녹화된 사람, 녹음 또는 녹화를 한 사람 및 그 일시·장소, 주요내용과 용량, 입증할 사항과 사이의 적합한 관련성을 밝혀야 한다(민소전자문서규칙 제31조 제3항). 따라서 적합한 관련성을 밝히기 위해서 작성자를 특정함에 있어서 필요한 경우에는 작성자의 주민등록번호를 기재하거나 그 기재를 요구할 수 있다.

(ii) 전자문서법 제2조 3호에서는 작성자를 '전자문서를 작성하여 송신하는 자를 말한다'고 규정하여 문서의 작성자보다 송신하는 자에 중점을 두고 있다. 그러나 문자 등 정보는 서증의 대상이 되는 문서와 같이 보아야 하고, 민소전자문서규칙 제31조 제3항 1호에서도 전자문서가 문자, 그 밖의 기호, 도면, 사진 등에 관한 정보인 경우에는 전자문서의 명칭과 작성자 및 작성 일을 밝혀야 하는데 전자문서로 변환하여 제출된 경우에는 원본의 작성자와 작성일을 말한다고 규정하고 있어, 문자로 된 정보의 작성자를 작성자로 보아야 한다. 한편 위 규칙 제31조 제3항 2호는 전자문서가 음성·영상 등 정보인 경우에는 음성이나 영상이 녹음 또는 녹화된 사람, 녹음 또는 녹화를 한 사람 및 그 일시·장소, 주요내용과 용량, 입증할 사항과 사이의 적합한 관련성을 밝혀야 하는데 여기서의 '적합한 관련성'이란 음성이나 영상을 녹음 또는 녹화한 사람이 불법도청 또는 불법녹화를 한 것이 아니라 대화자 등의 승낙 등 합법적인 상태에서 녹음 또는 녹화를 하였다는 것 등과 소송에서 증명할 사실과 관련하여 필요한 부분 및 분량에 관한 사항을 말한다. 이 경우에도 행위자의 특정에 필요하다면 주민등록번호를 기재하거나 그 기재를 요구할 수 있다.

(다) 문자 등 정보에 대한 증거조사(민소전자문서 제13조 제1항 1호, 민소전자문서규칙 제32조)

(a) 문자 그 밖의 기호, 도면·사진 등에 관한 정보를 담은 전자문서에 대한 증거조사는 그 전자문서를 모니터, 스크린 등을 이용하여 열람하는 방법(민소전자문서 제13조 제1항 1호, 민소전자문서 제13조 제1항 1호) 이외에 필요한 경우 직권 또는 당사자의 신청에 따라 검증 또는 감정의 방법으로 할 수 있다(민소전자문서규칙 제32조 제1항). 문자 그 밖의 기호에 관한 정보는 문서와 같으므로 이를 읽는 방법으로 모니터, 스크린 등을 이용한다는 취지이다. 도면·사진은 문서가 아니지만 문서와 유사하게 종이문서화 할 수 있으므로 모니터·스크린을 이용할 수 있도록 하였고 이 방법 이외에 검증 또는 감정의 방법으로 할 수 있도록 하였다. 여기서의 '검증'은 현물을 직접 본다는 의미이다.

(b) 전자문서로 변환하여 제출된 증거에 대하여 원본의 존재나 내용에 대하여 이의가 있는 때에는 원본을 열람하는 방법에 의한다(위 규칙 제32조 제2항). 이것은 종이문서라고 하더라도 정보처리시스템이 처리할 수 있는 형태로 변환한 전자화문서가 된 경우에 그 전자화 문서가 원래의 문서인 종이문서와 내용 및 형태가 동일한 것인지 확인하기 위한 것이다. 따라서 양쪽이 서로 동일하지 않은 경우에는 종이문서만이 문서로서 효력이 있고, 전자문서는 법적 효

력이 없을 것이다.

(c) (i) 컴퓨터 등 정보처리능력을 갖춘 장치를 이용하여 증거조사를 하기 곤란한 사유가 있을 때에는 그 출력문서로 증거조사를 할 수 있다. 민사소송규칙 제120조 제1항은, 자기디스크 등에 기억된 문자정보를 증거자료로 하는 경우에는 출력문서를 제출할 수 있다고 되어 있으나 출력문서에 의한 증거조사는 정보처리능력을 갖춘 장치를 이용하여 증거조사를 하기 곤란한 사유가 있을 때로 한정하여야 할 것이다. 만약 자기디스크 등에 기억된 문자정보를 출력하여 그 문서를 증거로 하는 경우에 증거조사를 신청한 당사자는 법원이 명하거나 상대방이 요구한 때에는 민사소송규칙 제120조 제2항을 준용하여 자기디스크 등에 입력한 사람과 입력한 일시, 출력한 사람과 출력한 일시를 밝혀야 한다(민소전자문서규칙 제32조 제3항 참조).

(ii) 형사소송에서 압수물인 컴퓨터용 디스크 그 밖에 정보저장매체에 입력하여 기억된 문자정보 또는 그 출력문건을 증거로 사용하기 위해서는 정보저장매체 원본에 저장된 내용과 출력 문건의 동일성이 인정되어야 하고, 이를 위해서는 정보저장매체 원본이 압수 시부터 문건 출력 시까지 변경되지 않았다는 사정, 즉 무결성(無缺性)이 담보되어야 하며, 특히 정보저장매체 원본을 대신하여 저장매체에 저장된 자료를 '하드카피' 또는 '이미징'한 매체로부터 출력한 문건의 경우에는 정보저장매체 원본과 '하드카피' 또는 '이미징'한 매체 사이에 자료의 동일성도 인정되어야 할 뿐만 아니라, 이를 확인하는 과정에서 이용한 컴퓨터의 기계적 정확성, 프로그램의 신뢰성, 입력·처리·출력의 각 단계에서 조작자의 전문적인 기술능력과 정확성이 담보되어야 한다.[470] 그러나 이 경우 출력 문건과 정보저장매체에 저장된 자료가 동일하고 정보저장매체 원본이 문건 출력 시까지 변경되지 않았다는 점은, 반드시 압수·수색 과정을 촬영한 영상녹화물의 재생 등 방법으로만 증명하여야 하는 것이 아니고 법원이 그 원본에 저장된 자료와 증거로 제출된 출력 문건을 대조하는 방법 등으로도 그와 같은 무결성·동일성을 인정할 수 있다.[471]

㈑ 음성·영상 등 정보에 대한 증거조사(민소전자문서 제13조 제1항 2호, 민소전자문서규칙 제33조) (a) 음성·영상 등 정보에 해당하는 전자문서에 대한 증거조사는, 전자문서를 청취하거나 시청하는 방법으로 할 수 있고(민소전자문서 제13조 제1항 2호, 민소전자문서규칙 제33조) 그 밖에 필요한 경우 직권 또는 당사자의 신청에 따라 다른 방법으로 검증하거나 감정의 방법으로 할 수 있다(민소전자문서 규칙 제33조 제1항). 음성·영상 등은 전자화되어 전자문서가 되더라도 서증, 즉 문서로서의 전자문서와는 성질이 다르므로 청취하거나 시청하는 방법 이외에 서증이 아닌 검증이나 감정의 방법으로 할 수 있도록 하였다. 여기서의 '검증'은 영상에 촬영된 현장을 법관이 직접 가서 본다는 의미이다.

470) 대판 2007.12.13. 2007도7257 등 참조.
471) 대판 2013.7.26. 2013도2511 참조.

(b) 음성 · 영상 등 정보에 대한 증거조사를 신청한 당사자는 법원이 명하거나 상대방이 요구한 경우에는 녹취서, 그 밖에 그 내용을 설명하는 문서를 전자문서로 제출하여야 한다(위 규칙 제33조 제2항). 이 경우의 녹취서, 그 밖에 설명문서는 모두 서증이 된다.

(c) 법원사무관등이 증거조사 결과에 따라 조서를 작성하는 때에는 재판장등의 허가를 받아 제출된 녹취서, 그 밖에 설명문서 가운데 필요한 부분을 그 조서에 인용할 수 있다(위 규칙 제33조 제3항).

(d) 음성 · 영상 등 정보인 증거의 복사에 대하여는 민소전자문서규칙 제13조 제4항 및 제5항을 준용한다(위 규칙 제33조 제4항). 즉, 법원은 멀티미디어 자료가 공공의 질서 또는 선량한 풍속을 해하거나 관계인의 명예 또는 생활의 평온을 해할 우려가 있는 때에는 제162조 제1항에 따라 소송기록의 열람 · 복사, 재판서 · 조서의 정본 · 등본 · 초본의 교부를 제한할 수 있다(위 규칙 제13조 제4항). 제13조 제4항의 복사의 제한 여부에 대한 결정에 대하여는 불복할 수 없다(위 규칙 제13조 제5항). 음성 · 영상 등 정보인 증거의 복사에 대하여도 멀티미디어 방식의 자료복사에 대한 제한을 준용한 것이다.

(마) **전자문서에 관한 증거조사의 특칙(민소전자문서규칙 제34조)**　(a) 재판장 등은 당사자에게 전자문서 중 주요변론내용과 관련된 부분을 특정할 것을 명하여 그에 한정하여 증거조사를 할 수 있다(민소전자문서규칙 제34조 제1항 제2항).

(b) 증거신청인의 상대방이 사전에 증거로 된 전자문서를 열람 · 청취 · 시청할 수 있었던 경우 또는 법원이나 증거신청인이 기일에서 전자문서의 주요내용을 설명한 경우에는 증거신청인과 상대방에게 그에 관한 의견을 진술하게 하고 전자문서에서 정한 증거조사 절차의 전부 또는 일부를 생략할 수 있다(위 규칙 제34조 제3항).

(5) 전자문서의 증거력

(가) **전자문서의 형식적 증거력(진본성) : 독일법과 비교하면서**　(a) 전자문서의 경우에는 증거방법이 무형물인 정보이므로 정보의 창출자가 문서의 작성자에 해당된다. 따라서 문서작성자, 즉 정보창출자가 누구냐는 것이 전자문서에 관한 형식적 증거력의 문제이다. 일반 종이문서를 전자문서로 변환한 경우에는 원래의 문서작성자가 누구인지 문제가 전자문서의 형식적 증거력, 즉 진본성(眞本性)의 문제가 될 것이다. 그런데 문서는 그 자체에서 작성자가 누구인지 알 수 없지만 전자문서의 경우에 우리나라에서는 전자문서를 제출하고자 하는 자가 법원행정처장이 지정한 전산정보처리시스템에 사용자등록(민소전자문서 제6조 제1항)과, 전자문서에 전자서명을 하고(위 법제7조 제1항) 해당 전산정보처리 시스템을 통하여 전자문서를 제출하는데(위 법 제8조) 이와 같이 '사용자등록 + 전자서명 + 전산정보처리시스템을 통한 제출'이라는 단일 경로에서 작성자가 특정됨으로써 그 진본성이 확보되는 것이다. 이점에서 형식적 증거

력, 즉 진본성은 문서자체에서 그 작성자가 누구인지 알 수 없는 일반 문서와 차이가 난다고 할 수 있다.

(b) (i) 독일 민사소송법상 전자문서의 진본성은 ① 전자문서 책임자의 적격전자서명에 의한 방식 또는 ② 일반전자서명을 하되 이를 보안전송경로를 통해 전송하는 방식(제130a조 제3항 제1문)에 의한다. 이때 독일 민사소송법은 보안전송경로의 유형을 다음 5가지로 법률상 열거하고 있다(같은 조 제4항 제1문 1호 내지 5호). ① De-Mail 계정을 통한 보안로그인 후 전송, ② 변호사용 특별전자우편함을 통한 전송, ③ 신원확인절차 후 개설되는 행정청/공법인의 전자우편함을 통한 전송, ④ 신원확인절차 후 개설되는 자연인·법인·기타 사단의 전자우편함을 통한 전송, ⑤ 온라인접근법에 따른 전자우편함을 통한 전송이다, 이처럼 독일 법은 전자문서를 법원에 제출할 수 있 전송경로가 복수로 되어 있다. 여기서 전자문서의 진본성(Authentizität)과 완전성은, 해당 전자문서를 보안전송경로를 통하여 제출함으로써 보장되어야 한다. 보안전송경로는 제130a조 제4항 제1문에 열거되어 있으며, 위에서와 같이 동조 1호부터 5호까지는 보안전송경로의 유형을 규정하고, 6호는 법규명령을 통하여 추가적인 보안전송경로를 설정할 수 있도록 하고 있다[472].

(ii) (ㄱ) 독일전자문서의 증명력은 제371a조(2024. 7. 24.부터 시행)에 규정되어 있다. 원래 독일에서는 전자문서에 관하여는 서증에 관한 규정이 아니라 검증에 관한 규정에 의하였다. 그러나 증명력과 관련하여 사법교류현대화법에 의해 도입된 제371a조는 2024.7.2.부터 시행되고 있는데 일정한 전자사문서와 전자공문서를 사문서 및 공문서와 동일하게 취급하고 있다[473]. 제371a조의 목적은 법률교류에서 증명을 용이하게 하는데 있었다. 제371a조는 2024년 7월 24일 시행된 「온라인접근법(OZG) 및 행정 디지털화를 위한 관련 법률 개정법」에 따라 소

472) BeckOK ZPO/von Selle, 58. Ed. 1.9.2025, ZPO §130a Rn. 17.

473) 제371a조는 다음과 같다.

(1) 제1문. 적격전자서명을 구비한 전자사문서에 대하여는 사문서의 증명력에 관한 규정을 준용한다. 제2문. 2014. 7. 23.자 내부시장에서 전자거래에 관한 전자 신원확인 및 신뢰서비스에 관하여 규율하며, 1999/93/유럽공동체 지침 폐지에 관한 유럽연합 및 유럽이사회 규정 제910/2014호 제32조에 따른 적격전자서명의 심사로부터 도출된, 전자형식으로 존재하는 의사표시의 진정성에 관한 외관은, 그 의사표시를 책임자가 하였다는 점에 관한 진지한 의심의 근거가 되는 사실에 의해서만 번복될 수 있다.

(2) 자연인이 오로지 자신에게만 속하는 De-Mail 계정에 보안로그인을 한 때에는(De-Mail법 제4조 제1항 제2문), 해당 De-Mail 계정으로부터 발송된 전자메일에 있어서, De-Mail법 제5조 제5항에 따른 발신자 확인의 검증으로부터 도출된, 그 진정성에 관한 외관은, 그 자가 메일을 해당 내용으로 발송하였다는 점에 관한 진지한 의심의 근거가 되는 사실에 의해서만 번복될 수 있다.

(3) 제1문. 행정청이 그 직무권한 한계 내에서 또는 공신력 있는 자가 자신에게 부여된 직무범위 내에서 규정된 형식에 따라 작성한 전자문서(전자공문서)에 대하여는 공문서의 증명력에 관한 규정을 준용한다. 제2문. 그 문서에 행정청의 적격전자서명 또는 적격전자인장이 구비되어 있거나 또는 공신력 있는 자의 적격전자서명이 구비된 때에는, 제437조(공문서의 국내 진정성)를 준용한다. 3행정청 또는 공신력 있는 자의 위임을 받은 공인된 서비스제공자가 De-Mail법 제5조 제5항에 따라 자신의 적격전자서명을 문서에 한 경우 및 발신자 확인을 통해 행정청 또는 공신력 있는 자가 De-Mail 계정의 사용자로 증명된 경우에도 마찬가지이다.

폭 개정되었다. 입법자는 문언 정비를 위하여 "행정청(Behörde)" 앞의 "공공의(öffentlich)"라는 형용사를 삭제하였고, 아울러 온라인접근법에서 서면방식을 갈음하는 '적격전자인장(qualifiziertes elektronisches Siegel)'을 이 조항에 추가하였다[474]

(ㄴ) 제371a조 제1항은 적격전자서명을 한 전자사문서에 관한 규정으로서, 제1문은 그 증명력을 규정하였는데, 한편 제2문은 그 진정성에 대한 표현증명(Anscheinsbeweis)에 관하여서도 규정하고 있다. 즉 제371a조 제1항 제2문은 수령인의 이익을 위한 증명의 완화에 관하여 규정하고 있는 것이다. 적격전자서명이 전자식별, 인증 및 신뢰 서비스 규정(eIDAS-VO) 제32조에 따라 유효하게 검증된 경우, 최초의 외관상의 증거는, 전자문서가 진정하다는 점을 지지한다. 이 규정의 규범목적에 따르면, 이 규정은 통상적으로 서명자 측의 근거 없는 이의 제기(예컨대 전자문서가 서명자 자신에게서 발송된 것이 아니라고 하거나, 서명자가 전자문서가 자신이 알지 못한 채 발송된 것이라고 하거나, 전송 과정에서 위조가 있었다고 하는 주장)로부터, 입증책임을 부담하는 당사자인 의사표시 수령인을 보호하기 위한 것이다. 이러한 주장들은 의사표시 수령인이 실무상 반증하기 곤란하며, 특히 수령인은 서명자의 인증서비스제공자에 대하여 정보를 요구할 수 있는 권리를 가지지 않기 때문이다[475]. 여기서의 표현증명은 법률상의 추정이라고 볼 수 있을 것이다.

(c) 우리나라는 독일과 달리 법원행정처장이 지정하는 단일 전산정보처리시스템을 통한 단일경로에 의해서 형식적 증거력, 즉 진본성이 인정되고, 우리나라 특유의 주민등록제도에 의하여 전자문서의 작성자가 누구인지 특정하는 데 어려움이 없어 독일법에서와 같은 표현증명규정을 두지 아니하여도 의사표시 수령인의 보호에 큰 문제가 없다. 그와 같은 이유로 우리나라에서는 독일법에서와 같은 표현증명 규정을 따로 두지 아니하였을 것이다.

(d) 다음은, 전자문서법 제4조 제1항은, 전자문서는 전자적 형태로 되어 있다는 이유만으로 법적 효력이 부인되지 아니한다고 규정하고 있으므로 전자문서법제 제4조의 2 서면요건을 갖춘 전자문서의 증거력을 검토한다.

(ㄴ) **전자사문서** 민소전자문서법 제6조의 사용자등록을 마친 등록사용자가 사법상 법률효과의 발생을 목적으로 작성한 문서를 법원행정처장이 지정하는 전산정보처리시스템을 이용하여 법원에 제출하는 전자문서를 편의상 전자사문서라고 할 수 있다. 전자사문서는 다시 위 법 제7조에서 정한 전자서명을 마친 전자서명문서(민소전자문서 제7조 제1항)와 그렇지 않은 단순 전자사문서로 구별할 수 있다

(a) **단순 전자사문서** 전자서명을 하지 않은 전자사문서의 그 형식적 증거력 및 실질적 증거력은 법관이 자유심증으로 판단한다. 법관은 전체적인 당사자의 진술, 특히 전자사문서의

474) Musielak/Voit/Röß, 22. Aufl. 2025, ZPO §371a Rn. 7.
475) Musielak/Voit/Röß, 22. Aufl. 2025, ZPO § 371a Rn. 6.

위조 내지 변조에 관한 가능한 진술을 자신의 개인적인 기준에 따라 평가해야 하는데, 보안이 되지 않은 이메일은 조작이 이루어지기 쉽고, 비전문가들은 조작되었다는 사실을 인식할 수 없기 때문에 어느 경우든 진술의 완전성 내지 진정성립에 다툼이 있는 경우 그 진정성립을 쉽게 추정할 수 없다.

(b) **전자서명이 있는 전자사문서** (i) **전자서명** 전자서명이라 함은 서명자의 신원을 확인하고 서명자가 해당 전자문서에 서명하였다는 사실을 나타내는데 이용하기 위하여 전자문서에 첨부되거나 논리적으로 결합된 전자적 형태의 정보를 말한다(전자서명 제2조 2호). 판례는 전자문서에 의한 거래에서 공인인증기관이 발급한 공인인증서에 의하여 본인임이 확인된 자에 의하여 송신된 전자문서는, 설령 본인의 의사에 반하여 작성·송신되었다고 하더라도, 특별한 사정이 없는 한 전자문서법 제7조 제2항 2호에 규정된 '수신된 전자문서가 작성자 또는 그 대리인과의 관계에 의하여 수신자가 그것이 작성자 또는 그 대리인의 의사에 기한 것이라고 믿을 만한 정당한 이유가 있는 자에 의하여 송신된 경우'에 해당한다고 봄이 타당하다고 하였다.[476]

(ii) **효력** (ㄱ) 전자서명은 전자적 형태라는 이유만으로 서명, 서명날인 또는 기명날인으로서의 효력이 부인되지 않고(전자서명 제3조 제1항), 법령의 규정 또는 당사자 간의 약정에 따라 서명, 서명날인 또는 기명날인의 방식으로 전자서명을 선택한 경우 그 전자서명은 서명, 서명날인 또는 기명날인으로서의 효력을 가진다(동조 제2항).

(ㄴ) 이와 같이 전자서명이 있는 전자사문서에 대해서는 작성자의 전자서명이 진정한 것으로 추정되므로(제358조) 전자사문서 안에 포함된 의사표시의 출처 증명은 전자서명이 있는 전자사문서 자체가 이미 하고 있는 것이다. 따라서 전자서명에 의한 추정으로 말미암아 전자문서의 수신자는 특정한 전자적 형태로 존재하는 의사표시 등에 관한 증명책임의 부담이 경감된다.

(다) **전자공문서**

(a) **의의** 전자공문서라 함은 민소전자문서법 제6조의 사용자등록을 마친 등록사용자가 법원행정처장이 지정하는 전산정보처리시스템을 이용하여 법원에 제출하는 전자문서에 전자정부법 제2조 9호에 따른 행정전자서명을 한 문서를 말한다(민소전자문서규칙 제7조 제1항).

(b) **행정전자서명** 행정전자서명이란 전자문서를 작성한 행정기관, 행정기관의 보조기관 및 보좌기관, 행정기관과 전자문서를 유통하는 기관과 법인 및 단체, 행정정보를 수집 · 보유하고 있는 행정보유기관, 은행법 제8조 제1항에 따라 은행법의 인가를 받은 은행 및 대통령령으로 정하는 법인 · 단체 등 전자정부법 제36조 제2항의 기관, 법인 및 단체의 어느 하나에 해당하는 기관 또는 그 기관에서 직접 업무를 담당하는 사람의 신원과 전자문서의 변경 여부를 확

476) 대판 2018.3.29. 2017다257395(이 판례에 대한 비판적 평석은 [113] 참조).

인할 수 있는 정보로서 그 문서에 고유한 것을 말한다(전자정부 제2조 9호). 따라서 행정전자서명을 한 전자문서는 일응 공문서로 볼 수 있을 것이다.

(c) **사법전자서명** 한편 법관·사법보좌관 또는 법원사무관등이 재판서나 조서 등을 작성하는 때에는 법원행정전자서명 인증관리센터에서 발급받은 행정전자서명 인증서에 의한 사법전자서명을 하여야 하는데(민소전자문서규칙 제7조 제2항) 이러한 사법전자서명이 있는 문서는 당연히 전자공문서에 속한다.

(d) **효력** (i) **공문서 진정의 추정** 공문서는「문서의 작성방식과 취지에 의하여 공무원이 직무상 작성한 것으로 인정한 때」에는 진정한 공문서로 추정되므로(제356조 제1항) 전자공문서 역시 같은 정도의 추정력이 있다. 공문서는 그 진정성립이 추정됨과 동시에 그 기재내용의 증명력 역시 진실에 반한다는 등 특별한 사정이 없는 한 함부로 배척할 수 없으므로[477] 법원은 전자공문서가 진정하게 작성되었는지 의심스러울 때에는 직권으로 작성자가 되는 해당 공공기관에 작성 및 권한의 유무에 관하여 조회를 할 수 있고(제356조 제2항), 조회 받은 공공기관은 법원에 대하여 조회사항에 관하여 설명할 의무를 부담한다. 이 추정 및 조회규정은 외관상 외국의 공공기관이 작성한 것으로 인정되는 경우에도 준용된다(제356조 제3항).

(ii) **전자공문서로 이루어진 변론조서의 증명력** 변론조서는 그 자체가 없어지지 않는 한 변론의 방식에 관한 규정이 지켜졌다는 것은 그 조서로만 증명되며 이에 관하여 다른 증거방법을 보충하거나 반증을 들어 다투지 못한다(제158조). 즉 조서에 그 사실의 기재가 없으면 그 사실이 있다고 인정되고, 기재가 없으면 그 사실이 없다고 인정된다. 이와 같이 변론조서에 기재된 내용은, 진실하다는 강한 증명력이 있는데[478] 전자공문서로 이루어진 변론조서도 같은 증명력이 있다고 할 것이다.

㈑ **이메일**

(a) **전자서명 있는 이메일** 이 경우에는 전자서명이 있는 전자문서와 동일한 취급을 받아 그 서명이 진정한 것으로 추정 받을 수 있다.

(b) **전자서명 없는 이메일** 이 경우의 전자파일은 전자문서로서의 성질이 없기 때문에 검증 절차를 통해 증거조사를 하여야 한다. 다만 이메일을 출력한 서면은 문서로 평가될 여지는 있지만 원본이 아니라 사본이므로 사문서의 진정추정에 관한 제385조는 적용될 수 없다.

㈒ **스캔문서** 종이문서를 스캔하고 그로 인해 생성된 전자문서로 종이문서를 대체하는 것은 이미 거의 일상적인 현상이 되었으므로 이에 관해서 검토한다.

(a) **사문서의 스캔** 스캔한 사문서는 원본에 대한 종이사본과 마찬가지이므로 법관의 자유로운 심증에 따라 그 증거력을 평가한다.

---

477) 대판 2006.6.15. 2006다16055.
478) 대판 2001.4.13. 2001다6367.

(b) **공문서의 스캔** (i) 법원사무관등은 대법원규칙으로 정하는 사유가 없으면 전자문서가 아닌 형태로 제출된 서류를 전자문서로 변환하고 사법전자서명을 하여 전산정보처리시스템에 등재하여야 한다. 이것은 일종의 공문서 스캔이지만 사법전자서명을 하여 원래의 서류와 동일한 것으로 보도록 하였다(민소전자문서 제10조 제3항).

(ii) 등록사용자로서 전자소송에 동의를 한 당사자, 소송대리인등이 전자기록을 열람, 출력 또는 복제하는 경우에는 전자소송시스템에 접속한 후 전자소송홈페이지에서 그 내용을 확인하고 이를 서면으로 출력하거나 해당 사항을 자신의 자기디스크에 내려 받는 방식으로 하는데(민소전자문서규칙 제38조 제1항) 이 사실을 사법전자서명으로 확인할 수 있다면 원래의 전자기록과 동일하게 보아도 무방할 것이다.

(iii) 다른 공문서의 스캔에 관해서는 별도의 규정이 없다. 그러나 공문서의 스캔이 공인전자서명으로 확인된 경우에는 제356조를 준용하여 공문서로 추정할 수 있을 것이다.

(바) 기타

(a) **문자메시지 전송 서비스**(Short Message Service: SMS) **및 멀티미디어 메시지 서비스**(Multimedia Messaging Service: MMS) SMS나 MMS를 통해서도 매일 수백만 번 법적 구속력이 있는 의사표시가 교환되고 있다. 그런데 SMS나 MMS에 대해서는 전자서명법상 공인전자서명을 할 수 없다. 뿐만 아니라 기술상 조직적 안전성에 근거하여 SMS를 심사할 수 있고, 전자서명을 갈음할 수 있는 다른 가능성 또한 없다. 따라서 전자서명을 구비하지 못한 전자문서이므로 다른 모든 검증의 객체와 마찬가지로 법관이 그 증거력을 자유롭게 평가해야 한다.

(b) **애플리케이션**(Application)**상 의사표시** 예컨대 왓츠앱(Whatsapp)상 메시지와 같은 애플리케이션상 의사표시에 대하여 전자서명법상 전자서명인증을 하는 것은 오늘날의 기술 수준으로 불가능하다. 따라서 그 의사표시의 증거력은 다른 검증의 객체와 마찬가지로 법관의 자유심증에 따라 평가해야 한다.

(c) **페이스북**(Facebook)**과 트위터**(Twitter) **등의 의사표시** 페이스북이나 트위터와 같은 SNS상에서도 그 내용에 따라 법률상 유효한 의사표시가 이루어질 수 있다. 페이스북과 트위터는 그 이용자에게 실시간으로 모바일상 의사소통을 위한 매체를 제공한다. 전자서명과 같은 보안기술은 이와 같은 서비스 제공을 하는데 있어 오히려 장애요인이 된다. 따라서 페이스북과 트위터상 의사표시는 검증의 객체로서 법관의 자유로운 심증에 따라 그 증거력을 평가해야 한다.

(d) **인터넷 검색 자체가 증거방법인 경우** 이 경우에도 검증을 통해 증거를 조사한다. 특정 인터넷 사이트가 증거방법인 경우, 그 인터넷 사이트의 URL(Uniform Recource Locator)을 진술함으로써 증거조사가 이루어진다. 또는 해당 사이트에 접속하여 모니터를 통해 관찰하거나 예컨대, 구글 어스(Google Earth)를 통해서 인터넷상 검증 대상을 재현함으로써 증거를 조

사한다. 따라서 인터넷 사이트의 출력물은 컴퓨터 화면을 통해 인터넷 사이트에 접속하여 봄으로써 증거를 조사하여 하므로 민사소송법상 서증에 해당되지 않는다.

전자문서에 의한 민사소송 등의 수행

1. 민소전자문서법의 적용범위
   - 적용 대상 법률: 민사소송법, 가사소송법, 행정소송법, 특허법(제9장 소송부분), 민사집행법, 채무자회생 및 파산법, 비송사건절차법 등 및 이들 법률을 준용하는 법률
   - 확대 적용: 전자문서 업무지침 제27조 제2항에 따라, 당사자의 동의 여부와 관계없이 전자기록사건으로 진행 가능
2. 전자서명
   - 의무: 법원에 제출하는 전자문서에는 전자서명 필요(민소전자문서 제7조)
   - 사법전자서명: 법관, 사법보좌관, 법원사무관 등 재판서 · 조서 작성 시 필요
3. 당사자의 사용자등록과 동의
   - 개인이 전산정보처리시스템 이용 전(前) 사용자등록 필수(제6조)
   - 법원이 전자민사소송 진행 시 당사자 동의 필요(제8조)
   - 한쪽만 동의 시 이론상 전자민사소송 가능하나, 법원은 소송지휘권을 통해 양쪽 동의를 권장
4. 전자문서의 보관
   - 원칙: 전자문서법 제4조의2 서면 요건 충족 시, 전자문서 보관으로 관계법령의 문서 보관 갈음 가능
   - 전자화문서: 종이문서를 전자화한 경우에도 요건 충족 시 동일 효력
5. 전자문서의 제출
   - 전자소송시스템을 통하여 제출하고 등재된 경우: 진술만으로 제출 가능
   - 등재되지 않은 경우: 자기디스크 등으로 직접 제출
   - 출력 가능한 문자정보: 출력문서 제출 가능
   - 음성 · 영상 등 출력 불가 정보: 자기디스크 자체를 검증물로 제출
6. 전자문서의 효력
   - 전자적 형태만으로 효력 부정되지 않음
   - 서면 요건 충족 시 일반 문서와 동일하게 서증으로 인정
7. 전자문서와 기타 증거의 구별
   - 그 밖의 증거(제374조): 도면 · 사진 · 녹음 · 컴퓨터디스크 등, 문서가 아닌 증거
   - 구별 기준: 전산정보처리시스템을 통하여 법원에 제출되었느냐, 전자문서의 서면요건을 갖추었느냐에 따라 구별
   - 전자문서와 서증, 즉 문서는 본질적 증거력 차이 없음

8. 전자문서의 증거조사

- 적용 범위: 민사소송법, 민소전자문서법 적용
- 신청 방법
  - 전자소송시스템 등재: 진술
  - 등재되지 않은 경우: 자기디스크 제출
  - 타 소유 문서: 제출 명령 가능
- 증거조사 방법
  - 문자·기호·도면·사진: 모니터/스크린 열람, 필요시 검증·감정 가능
  - 음성·영상: 청취·시청, 필요시 검증·감정 가능
  - 자기디스크: 출력문서 제출 가능, 원본 확인 필요(전자문서가 아니므로)

9. 전자문서의 증거력

- 전자문서의 형식적 증거력: 작성자(문서 전자문서), 행위자(음성·영상 전자문서)의 주민등록번호기재도 전자문서 특정의 한 방법
- 전자사문서
  - 단순 전자사문서: 전자서명 없으면 법관 자유심증 판단
  - 전자서명 있는 문서: 작성자 전자서명 진정 추정 → 증명책임 경감
- 전자공문서
  - 행정전자서명 또는 사법전자서명 → 공문서로 추정, 강한 증명력
  - 변론조서 등은 기록대로 증명력 인정
- 이메일
  - 전자서명 있음 → 전자사문서와 동일 취급
  - 전자서명 없음 → 검증 절차 필요, 출력물은 사문서로 평가
- 스캔문서
  - 사문서 스캔: 자유심증
  - 공문서 스캔: 사법전자서명 시 원본 동일시
- 기타
  - SMS/MMS, 앱, SNS: 전자서명 불가 → 법관 자유심증
  - 인터넷 검색 자료: 검증을 통해 증거조사

Ⅳ. 검증

1. 뜻

검증은 법관이 직접 사물의 현상을 검사하여 그 결과를 증거자료로 하는 증거조사이다.

검증의 대상이 되는 유형물을 검증물이라 하고 검증물을 증거 조사한 결과 얻은 자료를 검증결과라고 한다.

2. 검증을 받아야 할 의무

(가) 명문의 규정이 없지만 검증물을 점유하는 당사자 및 제3자는 정당한 이유가 없는 한 검증물을 제시하여 검증을 받을 의무가 있고, 이 의무는 증인의무와 유사한 공법상 일반의무로 풀이된다.

(나) 수명법관 또는 수탁판사는 검증에 필요하다고 인정할 때에는 감정을 명하거나 증인을 신문할 수 있다(제365조).

(다) 검증에 관해서도 증인의무 중에서 증언 또는 선서를 거부할 수 있는 제314조와 제315조를 유추·적용하여 자기나 근친자가 처벌받을 염려가 있다든가 치욕의 경우, 법령 또는 직업상 비밀에 관한 경우에는 검증물을 제시할 의무가 없다. 그러나 그 밖에 정당한 이유 없이 검증물의 제시를 거부하면 당사자의 경우에는 증명하는 사람의 주장이 진실하다고 인정되는 불이익을 받고(제366조 제1항, 제349조, 제347조, 제350조), 제3자의 경우에는 200만 원 이하의 과태료 제재를 받는다(제366조 제2항).

(라) 법원은 검증을 위하여 필요한 경우에 타인의 토지·주거 등에 들어갈 수 있는데 저항을 받은 경우에는 국가경찰공무원의 원조를 요청할 수 있다(제366조 제3항).

3. 검증절차

(가) 당사자가 검증을 신청하고자 하는 때에는 검증의 목적을 표시하여 신청하여야 하는데(제364조) 그 절차는 대체로 서증에 준한다(제366조 제1항). 따라서 증명하는 사람이 검증물을 소지하는 경우에는 이를 법원에 제출하여야 하며 상대방 또는 제3자가 소지하는 경우에는 이에 대한 제출명령을 신청하여야 한다(제366조 제1항, 제343조).

(나) 검증의 결과는 검증조서에 기재하여야 한다(제154조 3호).

Ⅴ. 당사자신문

1. 뜻

(가) 당사자신문이라 함은 당사자(또는 법정대리인)를 증거방법으로 하여서 그가 보고 들은 사실에 관하여 신문하고 그 응답을 증거자료로 하는 증거조사를 말한다(제367조, 제372조). 당

사자의 법정대리인이나 법인 등의 대표자도 이 절차로 신문한다(제372조). 당사자의 변론도 변론 전체의 취지로서 법관의 심증에 영향을 주어 증거원인이 되지만 변론은 어디까지나 소송자료를 제출하는 행위이고, 당사자신문은 의식적으로 당사자를 증거조사의 대상으로 하여 이로부터 증거자료를 얻어내기 위한 것이다. 따라서 그 증거내용은 증거자료이지 소송자료가 아니다. 그러므로 소송에서 당사자를 대표하는 법정대리인에 대하여는 당사자본인도 증거자료를 얻기 위하여 신문할 수 있고(제372조), 당사자의 소송능력에 흠이 있더라도 당사자신문의 대상으로 하는 데는 지장이 없다.

(나) 당사자신문은 직권 또는 당사자의 신청에 의하여 실시할 수 있고, 이 경우 당사자에게 선서를 하게 하여야 한다(제367조). 2002년 개정 민사소송법 이전에는 다른 증거조사에 의하여 심증을 얻을 수 없는 경우에 보충적으로 당사자신문이 허용되었으나 지금은 보충성이 폐지되어 언제든지 본인신문을 할 수 있다. 집중심리주의(제293조) 아래에서 계쟁사실을 효율적으로 명백하게 하기 위해서는 오히려 당사자부터 신문하여 증명할 사실의 윤곽을 파악하는 것이 합리적이기 때문이다. 그러므로 재판장은 필요하다고 인정할 때에 당사자 서로의 대질 또는 당사자와 증인의 대질을 명하여(제368조) 증거자료를 얻을 수 있다.

(다) 2002년 개정 민사소송법 이전의 판례[479]는 특단의 사정이 없는 한 피고본인신문결과만으로 피고의 주장사실을 인정하는 것은 위법하다고 하였다. 그 후 민사소송법이 개정되어 당사자신문의 보충성은 폐지되었지만 위 판결의 취지는 유지되어야 할 것이다.

2. 절차

(가) 당사자신문에 관하여는 대체로 증인신문절차가 준용된다(제373조, 민소규 제119조). 당사자는 출석·선서·진술의무가 있으며, 법원은 당사자가 정당한 사유 없이 출석하지 아니하거나 선서 또는 진술을 거부한 때에는 신문사항에 관한 상대방의 주장을 진실한 것으로 인정할 수 있다(제369조). 이 경우 당사자가 출석할 수 없는 정당한 사유란 법정에 나올 수 없는 질병, 교통기관의 두절, 관혼상제, 천재지변 등을 말하고, 그 사유의 존재는 불출석한 당사자가 주장·입증하여야 한다.[480] 그런데 「상대방 주장의 진실 인정」은 상대방이 「증명할 사실」을 진실로 인정하는 것이 아니라 신문사항에 관한 「상대방의 주장」을 진실한 것으로 인정할 수 있다는 의미이다.[481] 따라서 「증명할 사실」의 진실 인정은 법관의 자유심증에 속한다.

(나) 당사자가 선서하고도 거짓 진술을 하면 500만 원 이하의 과태료에 처한다(제370조 제1

479) 대판 1965.6.29. 64다263.
480) 대판 2010.11.11. 2010다56616.
481) 대판 1990.4.13. 89다카1084.

항). 이 결정에 대하여는 즉시항고를 할 수 있고(제370조 제2항), 당사자 또는 법정대리인이 허위진술을 철회하면 법원은 이 결정을 취소할 수 있다(제370조 제3항, 제363조 제3항). 위 법조항에 따라 당사자를 과태료의 제재에 처할지 여부는 법원의 재량에 맡겨져 있는 것이므로, 상대방 당사자에게는 법원에 대하여 그 직권발동을 촉구하는 것을 넘어 과태료 재판을 할 것을 신청할 권리가 없다.[482)]

Ⅵ. 그 밖의 증거(제374조)

1. 총설

㈎ **그 밖의 증거의 개념** 그 밖의 증거라 함은 도면 · 사진 · 녹음테이프 · 녹화테이프 · 컴퓨터용 자기디스크, 그 밖에 정보를 담기 위하여 만들어진 물건으로서 문서가 아닌 증거를 말한다(제374조). 그 증거조사에 관해서는 민사소송규칙 제120조에서 제122조까지 규정되어 있다. 그러므로 그 밖의 증거는 영상재판으로는 증거조사를 할 수 없어 전자문서보다 불편하다.

㈏ **전자문서와의 관계** (a) 전자문서에 관하여 전자문서법 제2조 1호는, 전자문서란 정보처리시스템에 의하여 전자적 형태로 작성 · 변환되거나 송신 · 수신 또는 저장된 정보를 말한다고 정의하고, 전자문서법은 다른 법률에 특별한 규정이 있는 경우를 제외하고 모든 전자 문서 및 전자거래에 적용한다고 되어 있는데다(전자문서 제3조), 이미 설명한 바와 같이 위 법 제4조의 2는 같은 조항 1호와 2호의 요건을 갖춘 전자문서는 다른 법령에 특별한 규정이 있거나 성질상 전자적 형태가 허용되지 아니하는 경우를 제외하고는 서면으로 보고 있다. 따라서 서면으로 보는 전자문서는 제374조의 적용에서 제외되어야할 것이다.

(b) 전자문서는 다른 법률에 특별한 규정이 있는 경우를 제외하고는 전자적 형태로 되어 있다는 이유로 효력이 부인되지 아니한다(전자문서 제4조 제1항). 따라서 전자문서는 문서로서의 효력이 있지만 제374조의 그 밖에 문서는 문서가 아닌 증거라는 점에서 양쪽 사이에 차이가 있다.

(b) 2012.6.1. 이전에 제정된 우리 민사소송법 제374조는 재화나 용역거래에 한정된 범위에서 전자문서의 문서화를 인정하는 전제에서 그 밖의 증거의 개념이 규정되었지만 이제는 전자문서법 제4조 제1항 및 제4조의 2에 의거하여 전자문서＝종이 원칙이 성립되었다. 그렇다면 제374조의 그 밖의 증거, 즉 도면 · 사진 · 녹음테이프 · 녹화테이프 · 컴퓨터용자기디스크, 그 밖에 정보를 담기 위하여 만들어진 물건이더라도 그것이 전자적 형태로 작성 · 송신 · 수신 또는 저장된 정보로 되고 아울러 전자문서의 서면화 요건까지 갖추었다면 전자문서로 문서화되

482) 대결 2008.11.4. 2007스28.

었으므로 민소전자문서법이 적용되어야 할 것이고, 그 밖의 증거 가운데서 전자적 형태로 되지 않은 것들만 제374조의 적용대상이 될 것이다.

2. 도면·사진

문서를 카메라로 촬영한 경우에는 그 사진이 문서가 되는 것은 당연하나 그 밖의 도면·사진은 기호를 쓰지 않는다는 점에서 문서가 될 수 없으며 검증물에 불과하다. 그러나 검증물이라 하더라도 증거방법 자체는 종이로 되어 문서와 동일하기 때문에 실무에서는 일종의 법정관행으로 이를 증거로 제출하면 기록에 붙여둘 뿐 검증조서를 작성하지 않는다. 그 도면·사진이 시간이 지남에 따라 변색되고 선명하지 않게 될 우려가 없다면 법원이 필요한 때에는 언제든지 그 현물을 볼 수 있으므로 검증조서를 작성할 필요가 없기 때문이다. 그러므로 도면·사진, 그 밖에 정보를 나타내기 위하여 작성된 물건으로서 문서가 아닌 증거의 조사에 관하여는 감정·서증·검증에 관한 규정을 준용한다(민소규 제122조).

3. 녹음테이프 등

(가) **녹음테이프 등** 제374조의 녹음테이프 등이란 녹음·녹화테이프, 그 밖에 이와 유사한 방법으로써 전자적인 형태 또는 전자적인 형태가 아닌 방법으로 음성이나 영상을 녹음 또는 녹화하여 재생할 수 있는 매체를 말한다. 문자 그 밖의 기호에 의하지 아니하기 때문에 일반 문서가 아니다(검증설). 따라서 녹음테이프 등의 내용뿐 아니라 그 외적 성상이 문제되는 경우에 한꺼번에 검증으로 증거조사를 할 수 있고, 직권에 의한 감정(제292조)도 허용된다.

(나) **증거조사절차** 녹음테이프 등에 관한 증거조사는 녹음테이프 등을 재생하여 검증하는 방법으로 하여야 하고 검증조서를 작성하여야 한다(민소규 제121조 제2항). 그러나 당사자는 법원 또는 상대방이 요구할 때에는 녹음테이프 등의 녹취서, 그 밖에 내용을 설명하는 서면을 제출하여야 한다(민소규 제121조 제3항). 녹취서 등만을 서증으로 제출할 수도 있는데 그 경우의 녹취서는 서증이지만 상대방의 요구가 있을 때에는 상대방에게 녹음테이프 등의 복제본을 교부하게 하여 녹취서와 녹음테이프 등의 내용이 같은 지 여부를 검토하게 한 다음 진정성립의 인부를 하여야 할 것이다. 판례[483]는 이 경우 녹취록이 비밀리에 녹음된 녹음테이프를 속기사가 녹취한 것이라고 하여 증거능력이 없다고 단정할 수 없다고 하면서 녹취록을 증거로 채택할 지 여부는 법원의 재량에 속하므로 법원은 다른 증거에 의하지 아니하고도 변론전체의

483) 대판 2009.9.10. 2009다37138.

취지를 참작하여 자유심증으로 그 성립을 인정할 수 있다고 하였다.

4. 자기디스크 등

㈎ **자기디스크 등** 컴퓨터용 자기디스크, 광디스크 그 밖에 이와 유사한 정보저장장치에 기억된 문자정보(예, usb메모리) 등을 말한다.

㈏ **자기디스크 등의 증거조사절차** 문자 그 밖의 기호에 의하지 아니하기 때문에 그대로 읽을 수 없으나 정보의 보존전달이라는 기능이 있으므로 증거조사절차는 서증이 아니라 검증절차에 의하여야 하겠지만 그 문자정보를 읽을 수 있도록 출력하는 방법으로 증거조사를 할 수 있다(민소규 제120조 제1항). 디스크 자체를 조사하는 것이므로 출력문서를 서증으로 제출하는 것과 구별된다. 자기디스크 등의 제출은 영상으로는 할 수 없고 당사자가 직접 법정에 출석하여서 하여야 할 것이다.

Ⅶ. 조사·송부의 촉탁

1. 뜻

법원이 공공기관·학교, 그 밖의 단체·개인 또는 외국의 공공기관에게 그 업무에 속하는 사항에 관하여 필요한 조사 또는 보관중인 문서의 등본·사본의 송부를 촉탁하는 증거조사절차를 말한다(제294조). 공공기관뿐 아니라 개인에게도 그 업무에 속한 사항에 관한 조사·송부의 촉탁을 할 수 있는 것이 특색이다.

2. 증거조사절차

㈎ 법원이 직권으로 할 수도 있지만(제140조 제1항 5호) 당사자의 신청으로도 할 수 있다. 금융거래의 내용에 대한 정보 및 자료에 관해서 금융기관에 대하여 하는 법원의 제출명령 또는 법관이 발부한 영장(금융실명 제4조 제1항 1호), 과세정보에 관한 세무공무원에 대하여 하는 법원의 제출명령 또는 법관이 발부한 영장(국세기본 제81조의13 제1항 3호), 지방변호사회가 회원인 변호사의 신청에 의하여 공공기관에 대하여 하는 사실조회(변 제75조의2)들도 이에 속한다.

㈏ 조사·송부의 촉탁 결과를 증거로 하려면 법원에 제출되고 당사자에게 의견진술의 기회를 주어야 한다.[484] 직권에 의한 경우에는 이를 증거로 쓰겠다는 원용이 필요 없지만 당사

자의 신청에 의한 경우에는 당사자가 쓴다고 원용하여야 증거로 할 수 있다.[485] 실무상으로는 조사·송부의 촉탁 결과를 복사하여 서증으로 제출하는 방법으로 원용한다.

[76] 제3. 증거보전

1. 뜻

증거보전이라 함은 법원이 어떤 사실에 관한 증거를 사실인정의 자료로 보전하기 위하여 소송계속 이전에 이를 미리 조사하여 두는 것을 말한다. 증거보전절차는 본안소송 절차와 구별되어 별개로 행하여진다. 따라서 증거보전절차는 본래의 소송절차에 부수되어 행하여지지만 독립된 소송절차이다.

2. 요건

(가) **증거보전의 사유(제375조)** 미리 증거조사를 하지 아니하면 그 증거를 사용하기 곤란한 사정이 있다고 인정될 때에 증거보전을 할 수 있다. 예를 들어 증인 혹은 당사자 본인이 고령이거나 불치의 병에 걸려 곧 사망이 예상된다든가, 외국에 이주하여 쉽게 귀국하기 어려운 경우, 자동차의 충돌 또는 화재의 현장과 같이 사물의 현상을 영구히 유지하기 어려운 경우, 문서가 훼손·변질될 우려가 있는 경우, 공문서의 보존기간이 경과되어 폐기의 우려가 있는 경우 등이 이에 해당한다.

(나) **소명(제377조 제2항)** 당사자는 증거보전의 사유를 소명함으로써 법관으로 하여금 그에 관한 심증을 얻게 하여야 한다.

3. 증거보전의 방법

(가) 증거보전은 원칙적으로 당사자의 신청에 의한다(제375조). 예외적으로 소송의 계속 중에 법원이 필요하다고 인정한 때에는 직권으로 증거보전을 결정할 수 있다(제379조). 증거보전의 대상이 되는 것은 모든 종류의 증거방법, 즉 증인·감정인, 당사자본인, 서증, 검증물이다. 법정 밖에서의 서증조사(민소규 제112조)도 가능하다. 공직선거법 제228조제1항에 따른 투표

484) 대판 1982.7.27. 81누271.
485) 대판 1981.1.27. 80다51.

함, 투표지 및 투표록 등의 보전신청이 선거소청 또는 본안의 소 제기이전에 제기된 경우의 관할법원은 해당 신청사건을 관할하는 법원이고, 선거에 관한 본안의 소제기 이후에는 그 증거를 사용할 심급의 법원이 관할법원이다[486].

(나) 증거보전의 결정에 대하여는 불복할 수 없지만(제380조) 그에 기초하여 증거조사를 실시하는 결정으로써 법원이 문서제출을 명한 경우에는 이에 대하여 즉시항고를 할 수 있다(제348조). 그러나 특별항고는 할 수 없다.[487]

4. 효력

(가) 증거보전으로 한 증거조사의 결과를 본안소송에 이용하려면 그 결과를 본안소송에서 진술하여야 한다. 그 결과가 변론에서 채용되면 본안소송을 심리하는 법원이 증거조사한 경우와 동일한 효과가 생긴다. 따라서 증인의 증언은 증인신문조서라는 서증이 되는 것이 아니라 바로 증언이 되고, 검증도 검증결과이며 감정도 감정인의 감정의견이 된다.[488] 증거보전절차에서 신문한 증인에 대하여 당사자가 변론에서 다시 신문을 신청한 때에는 법원은 그 증인을 신문하여야 한다(제384조). 그 성질은 같은 증인에 대한 재 신문이다.

(나) 다른 본안소송 또는 다른 당사자의 증거보전과 같은 별개의 사건에서 증거 보전된 증거조사결과를 소송에 이용할 때에는 그 증거보전의 기록을 서증으로 제출하여야 한다.

5. 증거보전의 기록(제382조)

(가) 증거보전에 관한 기록이란 증거보전절차에 관한 모든 서류를 수록한 것을 말한다. 증거보전신청서 · 증거보전결정서 · 증거자료의 조사 등이다.

(나) 증거보전절차를 시행한 법원에 본안소송이 제기되었을 때에는 증거보전기록을 보낼 필요가 없다. 다른 법원에 본안소송이 제기되었을 때에는 기록을 보전하고 있는 증거보전법원에서 수소법원으로 그 기록을 보내야 한다. 소 제기 이전에 증거보전을 한 경우에는 본안 소송이 계속 중인 법원의 송부 요청을 받은 후 1주일 이내에 보내야 하고(민소규 제125조 제2항) 소 제기 이후에도 2주일 이내에 보내야 한다(민소규 제125조 제1항). 당사자는 수소법원 또는 증거보전법원 중 어느 한 법원에 기록을 보내달라고 신청하면 되는데 이 신청은 직권발동을 촉구하는 의미이므로 인지를 붙일 필요가 없다.

486) 대결 2023.6.29. 2023수흐501.
487) 대결 2012.3.20. 2012그21.
488) 실무상으로는 증거보전된 증인 갑의 증언, 증거보전된 A 곳의 현장검증결과, 증거보전된 감정인 을의 감정결과라고 기재한다.

6. 투표함 등의 증거보전신청 관할

공직선거법에는 선거에 관한 본안의 소 제기 이후 제기된 투표함 등에 대한 증거보전 신청사건의 관할법원에 관한 규정을 두고 있지 않은바, 공직선거법 제227조 본문, 행정소송법 제8조 제2항 에 의해 준용되는 민사소송법 제376조의 규정에 따라 이 경우 증거보전의 신청은 그 증거를 사용할 심급의 법원에 하여야 하고(제376조 제1항 전단), 급박한 경우에는 소를 제기한 뒤에도 공직선거법 제228조 제1항 에 규정된 지방법원 또는 그 지원에 증거보전의 신청을 할 수 있는 것으로 보아야 한다(제376조 제2항).[489]

489) 대결 2023.6.29. 2023수호501.

제4장

소송의 마침

제1절 총설

[77] 제1. 처분권주의

1. 뜻

처분권주의라 함은 법원이 소송절차에서 어떤 사항을 심판대상으로 할 것인지 여부를 당사자의 처분에 맡기자는 원칙을 말한다. 변론주의와 더불어 우리 민사소송법의 가장 핵심적인 지도이념이다. 개인주의, 자유주의 체제에서는 개인들의 재산관계에 관한 분쟁 처리에는 사적자치의 원칙이 적용되는데 이것이 소송절차에 나타난 것이 처분권주의이다. 따라서 처분권주의 아래에서 사람들은 누구의 간섭도 받지 아니하고 법원에 소를 제기하여 심판을 구하거나 그 심판대상을 특정하고 범위를 정할 수 있고, 소송을 제기한 당사자는 법원의 판결에 의하지 않고도 스스로 소의 취하, 청구의 포기 · 인낙, 재판상 화해 등을 하여 소송을 마칠 수 있다. 이와 같이 당사자는 법원에 심판을 구하면서 심판대상을 특정하고 그 범위를 제한할 수 있고, 나아가 자기의 의사에 터 잡아 판결에 의하지 아니하고서도 소송을 마칠 수 있는 권능이 있다는 원칙을 구현한 것이 처분권주의라고 할 수 있다.

2. 내용

처분권주의가 적용되면 법원이 아니라 당사자가 소송절차의 시작, 심판의 대상인 소송목적의 특정 및 소송절차의 마침에 관하여 주도권을 갖는다. 즉 민사소송의 심판대상은 원고(반소의 경우에는 피고)의 의사에 따라 특정되고, 법원은 당사자의 신청사항에 대하여 그 신청범위에서만 판단하여야 한다.[1)]

(1) 소송절차의 시작

㈎ **신청주의** (a) (i) 소송은 원고가 소를 제기하여야 비로소 시작된다. 「신청이 없으면 재판 없다」는 신청주의 원칙이 바로 이를 뜻한다. 즉 소송의 본 모습은 법원이 아니라 원고에 의해서 시작된다는 의미이다. 따라서 원고가 소를 제기할 때에는 어떤 사항에 관하여 어떤 내용의 재판을 구할 것인가를 명백하게 하여야 하는데 그 사항을 신청사항이라고 한다.

(ii) 소송에서 신청사항은 소송목적과 심판의 형식을 포함하여, 소장의 청구의 취지와 원인에 의해 특정된다. 실체법상 신청사항은 사적 자치의 원칙에 따라 당사자가 자유롭게 관리 · 처분할 수 있으며, 소송법 역시 이를 반영하여 어떤 권리관계에 관해, 어떤 형식의 심판을 구할 것인지는 당사자의 판단에 맡기고 있다. 따라서 법원은 신청사항의 범위 내에서 신청이 이유 있는지 여부만을 판단해야 하며, 이는 처분권주의의 결론이다. 그 결과 법원은 당사자의 신청사항을 초과하거나 그 외의 사항에 대해 판결할 수 없고(민사소송법 제203조), 이를 위반한 판결은 상소를 통해 취소된다. 다만, 당사자는 상소심에서 신청사항을 수정하여 이러한 흠을 고칠 수 있다.

(iii) 신청주의는 법원이 하는 본안판결의 내용을 당사자의 신청사항에 한정하는 기능이 있다. 예컨대 원고가 피고에 대하여 일관하여 대여금 주장을 하면서 투자금이 아니라고 하였음에도 법원이 원고의 청구에는 투자금 반환 또는 정산금청구가 포함되었다고 판단하는 것,[2)] 원고가 피고들이 연대채무나 부진정연대채무 관계가 있다고 주장하였는데도 법원이 개별책임이 있다고 판단하는 것,[3)] 물권적 청구권은 이행불능이 되는 경우에 손해배상청구를 할 수 없는데 토지의 소유권상실로 말미암은 손해배상청구에 대하여 물권적 청구권인 소유권보존등기의 말소등기절차이행의무가 이행불능이 되었다는 이유로 손해배상책임을 인정하는 것[4)]들은 모두 신청주의에 위반된다.

(b) 다만 소송비용의 재판(제104조, 제107조 제1항), 가집행선고(제213조 제1항), 판결의 경정

1) 대판 2020.1.30. 2015다49422.
2) 대판 2013.5.23. 2013다10482.
3) 대판 2014.7.10. 2012다89832.
4) 대전판 2012.5.17. 2010다28604.

(제211조 제1항), 재판의 누락에 대한 추가판결(제212조 제1항), 형사배상명령(소촉 제25조 제1항) 등은 법률의 규정에 의해서 당사자의 신청이 없어도 재판할 수 있는 사항이다.

(나) **처분권주의의 기능** 신청주의를 기반으로 하는 처분권주의는 원고에게 자기의 의사로 심판의 최종목표를 특정 하는 권능을 부여하기도 하지만 동시에 피고에게 방어의 최종목표를 명시해주고 있어 결국 어느 당사자도 최악의 사태에서 최종목표가 되는 계쟁목적만 상실하면 된다는 보장을 준다. 원·피고는 계쟁목적의 가치와 관련하여 공격·방어의 정도를 결정하면 되므로 법원이 당사자가 신청하지도 않은 사항에 관해서 판결을 한다면 이것은 당사자의 신뢰를 배반하는 예상외의 재판이 된다. 따라서 그 불이익을 받는 자에게는 헌법상 「재판을 받을 권리(헌 제27조 제1항)」를 실질적으로 박탈하는 결과가 되므로 허용될 수 없다. 물론 신청사항과 판결사항이 표현에서 다소 차이가 나더라도 그 일치되지 않는 부분이 당사자에게 불이익을 주지 않는 한 처분권주의에 어긋난다고 할 수 없다.

(다) **처분권주의의 예외** (a) 처분권주의는 사적자치의 원칙이 적용되는 개인적 이익에 관한 분쟁에 적용되는 원칙이므로 개인적 이익을 초과하는 일반적 이익에 관한 분쟁에는 당연히 처분권주의가 제한된다. 예를 들어 혼인취소사유가 있는 경우(민 제816조)에는 혼인당사자가 그 혼인관계를 계속하기를 원하더라도 정당한 혼인질서의 유지라고 하는 일반적 이익을 보호하기 위하여 직계존속, 8촌 이내의 방계혈족(민 제817조, 제818조) 또는 검사(민 제818조)에게 혼인취소의 소를 제기할 수 있게 하는 따위이다.

(b) 처분권주의는 법원이 재판의 내용에 관하여 자유재량을 행사할 수 있는 비송사건이나 비송사건의 성질이 있는 절차에는 적용이 제한된다. 예를 들어 경계확정소송에서 법원은 당사자의 주장에 구속받지 아니하고 스스로 정당하다고 인정하는 경계선을 정할 수 있고, 공유물분할청구소송에서도 법원은 분할방법에 관하여 당사자의 신청에 구속받지 아니하고 가장 적당한 방법으로 공유물을 분할할 수 있다. 그러나 경계확정소송도 분쟁의 실질이 단순한 경계선 확정이 아니라 소유권의 범위에 관한 다툼이라면 원고는 그가 원하는 소유권 범위의 상한선으로서 경계선을 명시하여야 할 것이고, 법원도 경계확정소송의 실질이 소유권의 범위 다툼인 것을 감안하여 원고가 구하는 상한선보다 유리한 경계를 인정해서는 안 될 것이다.

(라) **처분권주의와 행정소송의 직권심리주의** (a) 행정소송은 행정소송법 제8조 제2항에서 제203조를 준용한다. 따라서 법원은 행정소송에서도 당사자가 신청하지 아니한 사항에 대하여는 판결할 수 없어 처분권주의가 작동된다고 할 수 있다. 다만 행정소송에서 그 인용판결의 효력은 공익을 이유로 하여 제3자에게도 미칠 수가 있는데 그 경우에는 당사자 사이에서만 한정되는 처분권주의가 적용되지 않을 뿐이다.

(b) 행정소송법 제26조에서는 직권심리주의를 채용하고 있다. 그러나 이는 행정소송에 있어서 원고의 청구범위를 초월하여 그 이상 청구를 인용할 수 있다는 의미가 아니라 원고의 청

구범위를 유지하면서 그 범위 내에서 법원은 필요에 따라 원고의 주장 이외의 사실에 관하여도 판단할 수 있다는 뜻이다.[5] 그러므로 법원은 행정소송에서도 아무런 제한 없이 당사자가 주장하지도 않은 사실을 판단할 수 있는 것은 아니고 기록상 나와 있는 사항에 관해서 의문이 있을 때 이를 직권으로 심리하여 조사하고 이를 기초로 하여 판단할 수 있을 따름이다.[6] 이 점에서 행정소송의 직권심리주의와 민사소송의 직권탐지주의는 구별된다.

(2) 심판대상의 결정

처분권주의 아래에서는 당사자에게 분쟁에 관해서 심판대상을 결정하고 심판 범위를 정할 수 있는 처분의 자유가 있으므로 이행, 확인, 형성의 심판형식은 원고에 의하여 특정되고 법원은 이에 구속되며, 또한 법원은 당사자가 요구하는 범위를 넘어서 심판할 수 없다.

㈎ 일반적인 경우 (a) 이행을 청구하는 소가 제기된 경우에 법원은 이행청구권의 존재를 확인하는 확인판결을 할 수 없다. 이행소송과 확인소송은 별개의 소송형식이기 때문이다. 마찬가지로 확인하는 소가 제기된 경우에 이행판결을 할 수 없다.

(b) 장래의 이행을 청구하는 소가 제기된 경우에는 현재의 이행을 명하는 판결을 할 수 없다. 원고가 구하는 청구범위를 넘어서기 때문이다. 그러나 원고의 주장 내용이 소송 중에 이행기가 도래하거나 조건이 성취되면 현재의 이행판결을 구하는 취지로 풀이될 때에는 장래의 이행을 청구하는 소가 아니라 현재 이행을 청구하는 소로 볼 수 있다.

(c) 현재의 이행을 청구하는 소에 관해서도 장래의 이행을 명하는 판결을 할 수 없다. 그러나 장래의 이행을 청구하는 소로써 「미리 청구할 필요(제251조)」가 있고 청구의 일부라도 인용되기를 바라는 취지라면 현재 이행의 일부인용으로서 장래의 이행판결을 할 수 있다. 예컨대 원고가 양도담보로 제공된 부동산의 피담보채무 전액을 변제했다는 이유로 피고 명의의 소유권이전등기 등의 말소를 청구하면서 그가 원리금이라고 주장하는 금액을 변제 공탁하였으나 변제충당의 방법과 이자계산 등에 관한 견해차이로 채무 전액을 소멸시키지 못하고 잔존채무가 있음이 밝혀진 경우에 원고의 청구 중에는 확정된 잔존채무의 변제를 조건으로 위 각 등기의 말소를 청구하는 취지도 포함되어 있는데[7] 심리를 한 결과 채무의 일부가 남아 있더라도 원고의 의사가 잔존채무의 변제를 조건으로 이전등기의 말소를 바라는 것이 명백한 경우에는 청구의 전부 기각판결을 할 것이 아니라 남아 있는 채무의 변제를 조건으로 하는 일부인용의 장래 이행판결을 하여야 한다.[8]

---

5) 대판 1987.11.10. 86누491.
6) 대판 1988.4.27. 87누1182.
7) 대판 1981.9.22. 80다2270.
8) 대판 1982.11.23. 81다393.

(d) **불법행위로 인한 손해배상청구의 소송목적** (i) 불법행위로 인한 손해배상청구의 소송목적이 무엇인지에 관해서 판례는 적극적 재산상 손해 · 소극적 일실손해 · 정신적 손해의 3분설,[9] 또는 소극적 일실손해를 재산적 손해에 포함시켜 재산적 손해와 정신적 손해로 인한 배상청구의 2분설[10]을 취하고 있다. 또한 판례는 불법행위로 사람의 생명을 침해한 경우에 그 생명침해를 입은 피해자 본인의 정신적 고통에 대한 위자료청구와 그 피해자의 직계비속 등의 정신적 고통에 대한 위자료청구는 각각 별개의 소송목적이라고 하여 제1심이 망인의 위자료에 관해서만 판단을 하고 망인의 직계비속인 원고들의 위자료청구에 대해 판단하지 아니한 것은 단순한 판단 누락(제451조 제1항 9호)에 해당하는 것이 아니라 재판의 누락(제212조)에 해당한다[11]고 하였다.

(ii) 기본적으로 채권자가 동일 채무자에 대하여 여러 개의 손해배상채권을 가지고 있다고 하더라도 그 손해배상채권들이 발생시기와 발생원인 등을 달리하는 별개의 채권이라면 별개의 소송목적에 해당하고, 그 손해배상채권들은 각각 소멸시효의 기산일이나 채무자가 주장할 수 있는 항변들이 다를 수도 있으므로, 이를 소로써 구하는 채권자로서는 손해배상채권별로 청구금액을 특정하여야 하며, 이러한 법리는 채권자가 여러 개의 손해배상채권들 중 일부만을 청구하고 있는 경우에도 마찬가지라는 것이 판례이다.[12] 따라서 생명 · 신체의 침해로 인한 손해배상청구에 있어서 재산상 손해배상청구와 위자료청구는 소송목적이 동일하지 아니한 별개의 청구이므로 제1심판결 중 위자료청구부분에 대하여 항소하지 아니한 당사자에게 항소심에서 제1심판결보다 더 많은 위자료의 지급을 명할 수 없다.[13]

(iii) 한편 손해배상청구에 있어서 적극적 손해 · 소극적 손해 · 정신적 손해 등의 분류는 생명 · 신체침해로 인하여 생긴 하나의 인적(人的) 손해를 금전적으로 평가하기 위한 원고의 공격방법에 지나지 않고,[14] 불법행위로 인한 손해배상청구에 있어서 재산상 손해나 위자료는 단일한 원인에 근거한 것인데 편의상 이를 별개의 소송목적으로 분류하고 있는 것에 지나지 아니하므로 이를 실질적으로 파악하여야 한다는 손해 1개설 역시 판례의 입장이다.[15] 따라서 피해자의 주된 관심사는 손해의 총액이고 이것이 분쟁의 핵심이므로 손해 1개설이 옳다 하겠다.[16] 왜냐하면 동일 사고에서 생긴 손해배상에 관한 분쟁은 한번의 소송으로 전면적인 해결을 하는

9) 대판 1976.10.12. 76다1313. 헌결 2018.8.30. 2014헌바180도 3분설을 전제로 하여 민주화보상법에서 정신적 손해에 대한 국가배상청구를 금지한 것은 민주화운동관련자와 유족의 국가배상청구권을 침해하였다고 하였다.
10) 대판 2006.10.13. 2006다32446 등 참조.
11) 대판 2008.3.27. 2008다1576.
12) 대판 2007.9.20. 2007다25865, 2009.11.12. 2007다53785 등 참조.
13) 대판 1967.2.28. 66다2633, 1980.7.8. 80다1192, 1989.6.27. 89다카5406, 1990.2.27. 89다카26809 등.
14) 대판 1996.8.23. 94다20730.
15) 대판 1994.6.28. 94다3063.
16) 같은 취지: 이시윤, 321면.

것이 바람직한데 이것은 소송경제의 관점에서나, 응소하는 피고의 번잡을 피해야 한다는 관점에서나, 손해액의 평가는 원 · 피고 사이의 이해조절이라는 합리적인 결과를 얻기 위하여 총체적으로 하여야 한다는 관점에서나 손해 전부를 소송으로 청구하게 하는 것이 타당하기 때문이다. 그러므로 원고가 동일사고로 인한 손해배상소송에서 재산적 손해로 인한 배상(예, 금 1억 원)과 정신적 손해로 인한 배상(예, 금 1억 원)의 합계금 2억 원을 청구한 경우에 법원이 심리한 결과 총액 금 1억 5,000만 원(=재산적 손해액 금 1억 2천만 원+정신적 손해액 금 3천만 원)을 인정하면서 재산적 손해로 인한 배상청구의 인정액(금 1억 2천만 원)이 원고가 청구한 금액을 초과하더라도 원고의 청구액 총액을 초과하지 않는 한 동일사고로 인한 손해배상청구의 1회적 해결 원칙상 처분권주의에 위반되지 않는다. 따라서 재산적 손해만을 한정하여 일부 청구한다든가 정신적 손해만을 한정하여 일부청구를 하는 것은 허용할 수 없을 것이다.

(iv) 한편, 법원이 손해배상청구소송의 판결이유에서 원고의 청구액을 넘어서는 손해액을 인정한다고 하더라도 판결주문에서 원고의 청구금액을 초과하여 배상을 명하지 아니한다면 이것은 처분권주의에 위반되지 아니한다. 예컨대 원고가 피고에 대하여 금 538,598,584원을 청구하였는데, 법원이 청구의 기초가 되는 손해액을 금 682,973,330원으로 인정하였다 하더라도 과실비율에 의한 감액을 한 잔액만을 인용한 관계로 원고의 위 청구금액을 초과하여 지급을 명하지 아니하였다면 손해배상 범위에 있어서 처분권주의에 위배되지 않는다.[17]

(e) **이혼 및 위자료** 이혼과 위자료의 지급을 명하는 제1심판결 중 위자료의 지급을 명한 부분에 국한하여 항소가 있다면 항소심에서는 위자료부분에 관한 제1심판결의 당부만을 심판하여야 한다.[18]

(f) **원본채권과 지연손해금** 금전채무불이행의 경우에 발생하는 원본채권과 지연손해금 청구는 별개의 소송목적이므로 불이익변경에 해당하는지 여부는 원본과 지연손해금 부분을 각각 따로 비교하여 판단하여야 한다.[19] 불이익변경금지의 원칙이 처분권주의에서 유래한 이상 처분권주의의 위반 여부도 동일기준에 의하여야 하기 때문이다.

(g) **이자 · 이율 · 기간** 원고가 원본채권에 대하여 그 이자 · 이율 · 기간을 정하여 청구할 때 법원은 원고가 구하는 범위를 초과하여 이자 · 이율 · 기간을 인용하면 처분권주의에 위반된다.[20] 예컨대 금 20만 원 및 이에 대한 1972.6.29.부터 연 5푼의 이자를 청구하였는데 금 20만 원 및 1973.4.20.부터 연 6푼의 이자를 지급하라는 판결은 당사자의 신청범위를 초과하여 위법하다.[21]

---

17) 대판 1975.2.25. 74다1298, 1976.6.22. 75다819, 1994.10.11. 94다17710.
18) 대판 1972.2.29. 70므36.
19) 대판 2013.10.31. 2013다59050.
20) 대판 1989.6.13. 88다카19231.
21) 대판 1974.5.28. 74다418.

(h) **계약이행불이행으로 인한 손해배상 책임과 불법행위 책임** 이것들은 별개의 소송목적이다. 따라서 혼인예약을 불이행한 경우에 이로 인한 손해배상책임을 불법행위로 인한 손해배상책임으로 인정하는 것은 잘못이고,[22] 근로계약에 기한 임금청구와 사용자의 복직거절로 인해서 입은 손해배상청구[23]나, 해상운송인의 해상운송계약 불이행(상 제788조)으로 인한 손해배상청구와 해상운송인의 불법행위로 인한 손해배상청구(민 제750조)는 각 별개의 소송목적이다.

(i) 의사표시가 강박에 의한 것이어서 당연무효라는 주장 속에는, 강박에 의한 의사표시이므로 취소한다는 주장이 포함되지 않는다.[24]

(나) **주위적 청구에 예비적 청구를 병합하여 소를 제기한 경우** 이 경우에 법원은 당사자가 지정한 순위에 구속되어 심판하여야 하기 때문에 주위적 청구부터 심판하여야 하고 예비적 청구를 먼저 심판해서는 안 된다.

(다) **원고의 양적 한계** (a) **원칙** 원고는 구하는 판결의 양적한계를 명시하지 않으면 안 되며 법원은 그 한계를 초과하여 판결을 할 수 없다. 예를 들어 금 1억 원의 손해배상청구소송에서 금 1억 5,000만 원의 지급을 명하는 판결을 할 수 없고, 원고가 금 1억 원의 지급과 상환하여 물건의 인도를 명하는 판결을 구하였는데 금 5,000만 원의 지급과 상환하여 물건의 인도를 명하는 판결을 명할 수 없으며, 교통사고로 인한 손해배상청구소송에서 분할지급을 구하였는데 일시불의 지급을 명하는 것도 허용되지 않는다.

(b) **행정소송 판결의 양적 한계** 직권심리를 원칙으로 하는 행정소송에서도 처분권주의는 작동되므로 법원은 원고의 청구범위를 초과하여 판결을 할 수 없다.[25] 예컨대 원고가 행정처분의 취소를 구하는 경우에 그 처분의 무효확인 판결은 당사자가 청구하지 아니한 사항에 관한 판결로서 위법하다.[26] 그러나 그 반대는 다르다. 즉 행정처분의 무효 확인을 청구하는 소송에는 그 처분이 당연무효가 아니라면 그 취소를 구한다는 취지가 포함되어 있기 때문이다.[27]

(c) **일시금 청구와 정기금 청구** (i) 손해배상청구소송에서 일시금 지급청구에 대하여 정기금 방식으로 지급하라는 판결은 할 수 있다.[28] 일시금 지급이냐 정기금 지급이냐는 법원의 재량이기 때문이다.

(ii) 원고가 불법행위로 인한 상해의 후유장애로 인하여 여명 예측이 불확실하다고 보아 향 후 치료비 및 개호비 손해에 대하여 일시금으로 일실수익 손해를 산정하여 그 지급을 청구

---

22) 대판 1962.4.4. 4294민상945.
23) 대판 2014.1.16. 2013다69385.
24) 대판 1996.12.23. 95다40038.
25) 대판 1981.4.14. 80누408.
26) 대판 1961.11.9. 61누4.
27) 대판 1963.7.25. 63누85.
28) 대판 1988.11.8. 87다카1032.

하고 있더라도 법원은 피해자가 확실하게 생존하고 있으리라고 인정되는 기간 동안의 일실수익은 중간이자를 공제한 일시금으로, 그 기간 이후 가동연한까지의 일실수익은 생계비를 공제한 금액에서 중간이자를 공제한 금액으로, 그 기간이후 가동연한까지의 일실수익 중 생계비 상당의 손해는 피해자의 생존을 조건으로 매월 정기금으로 배상할 것을 명하여야 한다.[29] 정기금에 의한 지급과 일시금에 의한 지급 중 어느 방식에 의할 것인가는 원칙적으로 피해자인 원고가 임의적으로 선택할 수 있지만 식물인간 등의 경우와 같이 후유장애의 계속기간이나 잔존 여명의 단축된 정도 등을 확정하기 곤란한 경우에는 일시금 지급 방식이 사회정의와 형평의 이념에 현저히 불합리한 결과를 초래할 우려가 있으므로 이 경우에는 손해배상청구권자가 일시금에 의한 지급을 청구하였더라도 법원의 재량에 따라 정기금에 의한 지급을 명하는 판결을 할 수 있다.[30]

(d) **일부인용** (i) 법원의 판결이 당사자가 구하는 소송목적, 즉 청구를 일부만 인용하는 것이라고 풀이되면 처분권주의에 위반되지 않는다. 그러므로 금 1억 원의 청구 중 금 7,000만 원이 인정되어 금 7,000만 원의 지급을 명하는 경우, 한 필지의 토지 전부의 소유권이전등기를 구하는 이행청구소송에서 일부를 분필하여 소유권이전등기를 명하는 경우, 소유권이전등기의 전부 말소등기절차 이행청구소송에서 등기명의인의 공유지분비율에 따른 일부말소를 명하는 경우, 건물의 전부 명도청구소송에서 원고가 일부라도 명도를 구할 의사가 명백할 때 그 일부의 명도를 명하는 경우, 무조건의 토지인도청구소송에서 조건이 있는 인도를 명하는 경우, 단순한 이행청구에 대하여 동시이행의 항변이나 유치권항변이 이유 있다고 인정하여 상환으로 이행판결을 하는 경우[31]는 모두 일부인용으로서 허용된다.

(ii) 매매계약의 체결과 대금완납을 청구원인으로 하여 소유권이전등기를 구하는 청구취지에는 대금 중 미지급금이 있을 때에는 위 돈의 수령과 상환으로 소유권이전등기를 구하는 일부인용의 청구취지도 포함되어 있다.[32]

(iii) 그러나 매수인이 단순히 소유권이전등기청구만을 하고 매도인이 동시이행의 항변을 한 경우 법원이 대금수령과 상환으로 소유권이전등기절차를 이행할 것을 명하는 것은 그 청구 중에 대금지급과 상환으로 소유권이전등기를 받겠다는 청구취지가 포함된 경우에 한정된다. 따라서 매수인의 소유권이전등기청구가 반대급부의 의무가 없다는 취지임이 분명한 경우에 그 청구가 이유 없는 때에는 동시이행판결을 하거나, 대금수령과 상환으로 하는 일부인용을

---

29) 대판 2000.7.28. 2000다11317.

30) 대판 1996.8.23. 96다21591.

31) 그러므로 건물의 철거와 대지의 인도청구를 하는 데는 건물매수대금의 지급과 상환하여 건물명도를 구하는 청구가 포함되어 있지 아니하여 대금지급과 상환하여 건물명도판결을 할 수 없으므로 법원은 당사자에게 그러한 취지로 청구를 변경할 것인지를 석명하여야 한다(대전판 1995.7.11. 94다34265 참조).

32) 대판 1979.10.10. 79다1508.

해서는 안 되고 청구를 전부 기각하는 판결을 하여야 한다.[33)]

(e) **사해행위취소소송** 사해행위취소소송에서 사해행위를 전부 취소하고 원상회복을 구하는 채권자의 주장 속에는 사해행위를 일부 취소하고 가액의 배상을 청구하는 취지도 포함되어 있으므로 채권자가 원상회복만을 구하는 경우에도 법원은 가액의 배상을 명할 수 있다.[34)]

(f) **건물매수청구권행사** 건물의 소유를 목적으로 한 토지임대차에서 임대인이 임대차기간의 만료를 이유로 현존하는 건물의 철거 및 부지의 인도청구소송을 하였는데 임차인이 건물매수청구권(민 제643조, 제283조 제2항)을 행사한 경우에, 판례[35)]는, 원고의 건물철거와 그 대지 인도청구에는 건물 매매대금지급과 동시에 건물인도를 구하는 청구가 포함되어 있다고 볼 수 없다는 이유로 건물매매대금지급과 상환으로 건물인도를 구하는 취지로 청구취지를 변경하지 않는 한 원고의 청구는 기각하여야 한다고 판시한다. 생각건대 원고의 건물철거청구 및 대지 인도청구의 소송목적은 소유권에 기초한 인도청구 및 임대차계약상 목적물반환청구권이다. 그러나 피고가 건물매수청구권을 행사하면 건물매수청구권은 형성권이므로 원고는 건물매수인의 지위에 있다(민 제644조 제1항, 제283조 제2항). 따라서 이 경우에는 소유권에 기초할 것이 아니라 매매계약에 기초한 인도청구권을 행사하여야 하므로 앞의 건물철거 등 청구와는 그 청구원인이 달라졌기 때문이다. 판례는 이 법리에 따른 판시라고 풀이할 수 있다.

(라) * **일부청구** (a) **문제의 소재** 원고가 금전 기타 대체물의 일정 수량을 지급하라는 소송에서 소송비용을 절약하고 법원의 의사를 알아보기 위해서 전체 청구액 중에서 임의로 일부를 분할하여 지급을 구하는 소송을 제기할 수 있다. 이 경우 법원은 일부 청구한 부분 이상으로 인용판결을 할 수 없다. 다만 여기서 일부청구에 관한 확정판결이 나머지 잔부(殘部)청구에 미쳐서 잔부청구마저 기판력으로 차단하는지 여부가 일부청구에 관한 가장 큰 문제이다. 기판력에 의한 잔부청구의 차단을 어떤 형태로라도 긍정하면 일부청구는 결국 원고에게 잔부청구에 관한 권리의 포기라는 불이익이 된다.

(b) **학설 및 판례** (i) **학설** (ㄱ) **일부청구긍정설** 사적자치의 원칙 및 상계의 항변을 하면 기판력은 그 대등액에 한정하여 생긴다는 제216조 제2항의 유추해석에 의하여 당사자가 일부청구만을 소송목적으로 청구할 수 있으므로 뒤에 나머지 잔부청구를 하더라도 그 부분이 전에 한 일부청구의 기판력으로 차단되지 않는다는 견해이다.

(ㄴ) **일부청구부정설** 금전 기타 대체물의 일정 수량을 청구하는 이행소송에서 그 일부만 하는 청구는 청구 전체의 어느 부분에 해당하는가를 특정할 수 없기 때문에 비록 일부청구를 하더라도 청구 전체가 소송목적이 된다. 따라서 일부청구에 대한 확정판결이 있으면 뒤의 나머지

33) 대판 1980.2.26. 80다56.
34) 대판 2001.9.4. 2000다66416.
35) 대전판 1995.7.11. 94다34265.

에 대한 잔부청구는 앞의 일부청구에 대한 확정판결의 기판력으로 차단된다는 견해이다.

(ii) **판례－명시설** (ㄱ) 판례[36]는 전체의 청구 중 일부만 청구하더라도 「일부청구」라고 명시한 경우에는 청구 전체의 어느 부분에 해당하는가를 특정할 수 있기 때문에 그 부분에 한해서 기판력이 생기지만, 「일부청구」라고 명시하지 아니하고 청구한 경우에는 특정성이 없어 일부청구 부정설과 같이 나머지에 대한 잔부청구는 앞의 일부청구에 대한 확정판결의 기판력으로 차단된다고 판시한다.

(ㄴ) 불법행위로 말미암은 손해배상청구의 경우에 손해 전체의 규모를 미리 정확하게 파악하는 것은 과실상계의 비율이나 인과관계의 문제 등으로 매우 어렵다. 더욱 가해자가 변제할 자력이 없다면 피해자의 손해배상청구는 무의미해질 가능성이 크다. 따라서 미국과 달리 미리 소송비용 전부를 납부하여야 하는 우리나라에서는 당사자가 소송비용을 절약하려는 취지의 일부청구를 획일적으로 무시할 수 없을 것이다. 그러나 또한 재판의 통일을 이룩하려는 목적으로 일부청구를 부정하는 견해도 도외시할 수 없으므로 양쪽 견해를 적절하게 조화시킬 필요가 있다 할 것인데 판례는 기준이 명확하면서도 위의 취지를 잘 살리고 있으므로 타당하다.

(ㄷ) 판례[37]는 동일한 채무자에 대하여 발생시기와 발생원인등을 달리하는 여러 개의 손해배상채권을 가지고 있는 채권자가 그 중 일부만을 청구하는 경우에도 손해배상채권별로 청구금액을 특정하여야 한다고 한다. 이 판례에 따라 일부청구를 밝히는 방법으로는, 전체 액수를 특정하여 그 중 일부만을 청구할 수도 있고, 일부라고 명시하지 아니하더라도 잔부청구와 그 심리의 범위를 특정할 수 있는 정도의 표시를 하여 전체 액의 일부로서 우선 청구하고 있는 것임을 밝히는 것으로도 충분하다.[38]

(ㄹ) 다만 계약상 채권 또는 그 불이행으로 인한 손해배상청구는 불법행위로 인한 손해배상청구와 달리 꼭 일부청구를 하여야 할 어려움이 없다. 오히려 위의 경우에 수량적으로 가분할 수 있는 채권의 일부청구를 인정한다면 결과적으로 잔부청구가 허용됨으로써 하나의 채권을 두 개로 분할하여 모순된 판결결과를 초래할 우려가 있는 것이다. 따라서 불법행위로 인한 손해배상청구와 같이 잔부청구를 차단하기에 어려운 사정이 있는 특별한 경우를 제외하고 계약상 채권에 관해서는 명시 여부를 떠나 일부청구를 허용해서는 안 될 것이다.

(ㅁ) 수량적으로 가분할 수 있는 채권이 아니라 토지 소유권 등과 같이 가분할 수 있는 권리의 일부만 청구하는 경우(예, 한 필지 토지의 특정된 부분만의 소유권이전등기청구)에는 명시 여부를 떠나 일부청구를 허용하더라도 잔부청구에 관해서는 기판력에 의한 차단이 생기지 않는다.[39] 왜

---

36) 대판 2008.12.24. 2008다51649.

37) 대판 2014.5.16. 2013다101104.

38) 대판 1986.12.23. 86다카536, 2016. 7.29. 2013다96165(평석은 [60] 참조).

39) 한필지의 토지의 특정된 일부에 관한 소유권이전등기청구가 기각되어 확정되더라도 나머지 부분에 대한 소유권이전등기 청구에는 영향을 주지 않는다(대전판 1995.4.25. 94다17956 참조).

냐하면 이 경우의 소송목적은 금전 기타 대체물이 아니기 때문이다.

(c) **일부청구가 문제되는 경우** 일부청구에 관한 문제점은 주로 불법행위로 인한 손해배상청구소송에서 제기된다.

(i) **일부청구와 소멸시효의 중단** 재판상 청구를 하면 소멸시효가 중단되므로(민 제168조) 일부청구한 경우의 중단범위가 문제된다. 판례[40]는 일부청구를 한 경우에는 명시하였는지 여부를 묻지 않고 청구한 부분에 한정하여 소멸시효를 중단하는 효력이 생기고 청구하지 않은 부분에는 소멸시효 중단의 효력이 생기지 않는다고 한다.[41] 판례는 실체법상 권리관계를 조속하게 확정시키려고 하는데 그 취지가 있다. 따라서 불법행위로 인한 손해배상청구에서 3년의 단기소멸시효가 적용되는 경우라면(민 제766조 제1항) 일부청구를 한 경우에도 되도록 빨리 청구를 확장하여 전부청구를 하여야 시효소멸의 불이익을 면할 수 있고, 원고는 손해배상청구금액 전부를 빠른 시간 이내에 소송에 올림으로써 심판의 중복과 소송의 비경제(非經濟)를 피하고 경우에 따라 화해할 기회도 갖게 된다.[42] 그런데 판례는, 청구의 대상으로 삼은 채권 중 일부만을 청구한 경우에도 그 취지로 보아 채권전부에 관하여 판결을 구하는 것으로 해석되는 경우에는 그 동일성 범위에서 그 전부에 관하여 시효중단의 효력이 발생하고, 이러한 법리는 특정 불법행위로 인한 손해배상청구채권에 대한 지연손해금청구의 경우에도 마찬가지로 적용된다고 하였고,[43] 이어서 소장에서 청구의 대상으로 삼은 채권 중 일부만을 청구하면서 소송의 진행경과에 따라 장차 청구금액을 확장할 뜻을 표시하고 해당 소송이 종료될 때까지 실제로 청구금액을 확장한 경우에는 소 제기 당시부터 채권 전부에 관하여 재판상 청구로 인한 시효중단의 효력이 발생한다[44]고 하였다. 이러한 판례의 입장은 손해배상청구사건의 법원실무에서 당사자들이 감정인의 손해액 감정결과를 보고 손해액을 확대하는 관행을 존중하는 입장이라고 하겠다. 그러나 당사자가 청구한 부분에 한정하여 시효중단의 효력을 인정하는 종전 판례의 입장을 바꾸지 아니한 것으로 보인다.

(ii) **일부청구와 과실상계** 원고가 불법행위로 인한 손해배상 일부를 청구한 경우에 법원이 그 청구의 전부 또는 일부를 받아들이면서 과실상계를 하는 경우의 문제이다.

---

40) 대판 1967.5.23. 67다529, 1970.4.14. 69다597.

41) 불법행위로 인한 손해배상청구는 그 손해 및 가해자를 안 날로부터 3년간 행사하지 않으면 시효로 소멸하는데 (민법 제766조) 일부청구한 경우에는 특단의 사정이 없는 한 가해자를 알았다고 하여야 할 것이므로 3년 이내에 청구의 확장 등을 하지 않으면 잔부청구는 시효로 소멸되기 쉽다. 따라서 판례에 의한다면 불법행위로 인한 손해배상청구에서는 원고에게 분할청구할 실익이 매우 적어질 것이다.

42) 불법행위로 인한 손해배상청구는 그 손해 및 가해자를 안 날로부터 3년간 행사하지 않으면 시효로 소멸하는데 (민법 제766조) 일부청구한 경우에는 특단의 사정이 없는 한 가해자를 알았다고 하여야 할 것이므로 3년 이내에 청구의 확장 등을 하지 않으면 잔부청구는 시효로 소멸되기 쉽다. 따라서 판례에 의한다면 불법행위로 인한 손해배상청구에서는 원고에게 분할청구할 실익이 매우 적어질 것이다.

43) 대판 2001.9.28. 99다72521.

44) 대판 2023.10.12. 2020다210860,210877.

(ㄱ) **안분설** 과실상계는 손해배상 일부청구 금액에서만 하여야 한다는 견해이다.

(ㄴ) **외측설**(판례) 먼저 원고가 불법행위로 인하여 입을 손해배상액수 전액을 미리 산정한 다음 여기서 과실상계를 한 뒤에 남은 손해배상 잔액이 원고의 청구액을 초과한 때에는 청구액을 인용하고 남은 잔액이 원고의 청구액에 이르지 못할 때에는 그 잔액을 인용해야 한다는 견해로서 판례의 입장이다.[45] 외측설은 권리관계의 통일과 분쟁의 조속한 해결에 그 취지가 있고 또 보통사람들의 통상 의사에도 들어맞으므로[46] 이 견해를 지지한다.

(iii) **일부청구와 후유증** (ㄱ) 불법행위로 인한 손해배상청구사건의 판결이 확정된 뒤에 후유증으로 인하여 새로운 손해가 발생한 경우의 문제이다. 판례[47]는 이 경우에 이전 소송에서 변론종결 당시에는 후유증에 관한 사실자료를 제출할 수 없었고, 따라서 그 손해의 발생을 예견할 수도 없었다면, 또 특별한 사정으로 부분청구를 포기했다고 볼 수도 없다면, 비록 그 부분이 유보되지 않았더라도 별개의 소송목적으로 보아 이전 소송의 기판력에 의해 차단되지 않는다고 한다. 즉 피해자가 식물인간 상태로 예상보다 여명이 수년 연장되면서 그에 따른 향후 치료비, 보조구 비용, 개호비 등이 새로이 필요하게 된 경우, 이는 전소 변론종결 당시 예견할 수 없었던 새로운 중대한 손해로서 전소의 기판력에 저촉되지 않는다는 것이다.

(ㄴ) 종전에는 이 문제를 명시적 일부청구설이나 기판력의 시적한계이론에 의하여 해결하려 하였으나 명시적 일부청구설은, 후유증에 의한 손해가 아직 그 발생을 예측할 수 없는 단계에서도 이전소송을 일부청구로 보는 것이므로 비현실적이며, 기판력의 시적한계이론 역시 손해 자체가 전혀 별개인 후유증으로 인한 손해배상청구를 이전 소송과 같은 소송으로 보는 잘못을 범하여 찬성할 수 없었다. 판례를 따르면 이전소송에서의 명시 유무 및 이전 소송과 후소의 동일성 여부를 따질 필요 없이 후유증에 의한 손해 등은 별개의 피 침해 이익에 의한 것으로서, 실체법상 별개의 권리이기 때문에 전소판결에 의한 소송법상 제한 또는 효과를 받지 아니하여 별개로 소송의 제기가 가능하다.

(iv) **일부청구와 중복된 소제기 금지** 명시설을 따라 일부청구를 명시한 이전소송의 계속 중 잔부청구를 별개의 소송으로 제기할 수 있다면 그로 말미암아 양쪽 소송의 판결이 서로 어긋나서 실체법이 허용할 수 없는 사태의 발생이 우려될 수 있어 이 경우에는 중복된 소제기 금지의 원칙을 적용하여야 할 것이다. 다만 중복된 소제기 금지에 해당된다고 하여 바로 각하할 것이 아니라 이부(移部)나 이송, 변론의 병합 등에 의하여 한 개의 소송으로 단일화해보고 그것이 잘되지 않는 경우에만 후소를 각하해야 할 것이다.[48]

45) 대판 1976.6.22. 75다819.
46) 대판 2008.12.24. 2008다51649.
47) 대판 1980.11.25. 80다1671, 2007.4.13. 2006다78640.
48) 이시윤, 287면.

(v) **일부청구와 상계의 항변** 반대채권을 분할하여 그 일부만을 상계에 제공하는 것은 기판력제도의 취지에 비추어 명시 또는 묵시를 불문하고 허용되지 않는다. 그러나 일부청구를 소구채권으로 하여 반대채권으로 상계하는 경우에는 일부청구가 아니라 채권전액에서 상계를 하고 그 잔액이 청구액을 초과하지 아니할 때에는 그 잔액을 인용하고 그 잔액이 청구액을 초과할 때에는 청구의 전액을 인용하여야 한다(외측설).[49] 예컨대 원고가 피고에게 합계 금 5,151,900원의 금전채권 중 그 일부인 금 3,500,000원을 소송상 청구하는 경우에 이를 피고의 반대채권으로써 상계함에 있어서는 위 금전채권 전액에서 상계를 하고 그 잔액이 청구액을 초과하지 아니할 때에는 그 잔액을 인용할 것이고 그 잔액이 청구액을 초과할 때에는 청구의 전액을 인용하는 것이다.[50] 이와 같이 해석하는 것이 과실상계의 경우와 같이 일부 청구를 하는 당사자의 통상적인 의사이다.

(vi) **일부청구와 상소** 전부 승소한 당사자는 상소의 이익이 없지만 묵시적 일부청구의 경우에 청구의 확장을 위한 상소는 허용된다. 묵시적 일부청구의 경우에 잔부청구를 별개의 소송으로 제기할 수 없으므로 이 경우에 상소를 허용하지 않는다면 잔부청구에 관한 소권 자체를 상실하게 되기 때문이다.

(vii) **부진정연대채무와 과실상계, 일부 변제** 금액이 다른 채무가 부진정 연대관계에 있을 때, 다액채무자가 일부 변제를 하면 그 변제로 먼저 소멸하는 부분은 다액채무자가 단독으로 부담하는 부분으로 보아야 한다. 이러한 법리는 사용자의 손해배상액이 피해자의 과실상계로 감액된 경우에도 그대로 적용된다.[51]

일부청구

1. 일부청구의 개념

- 의미: 금전이나 대체물 청구소송에서 전체 청구액 중 일부만을 소송목적으로 청구하는 것
- 효과: 법원은 일부 청구한 범위 이상으로 판결을 내릴 수 없음
- 문제점: 일부청구 확정판결이 나머지 잔부청구에 미치는 기판력 문제

2. 학설

- 일부청구 긍정설
  - 일부청구만으로도 소송 가능
  - 나머지 청구는 이전 판결 기판력에 의해 차단되지 않음
  - 근거: 사적자치, 상계항변의 대등액 한정(제216조 제2항 유추)
- 일부청구 부정설

49) 대판 1984.3.27. 83다323.
50) 대판 1984.3.27. 83다323, 83다카1037.
51) 대전판 2018.3.22. 2012다74236.

- 일부만 청구해도 전체 청구가 소송목적
- 일부청구 확정판결 → 나머지 잔부청구를 기판력으로 차단

3. 판례

(1) 명시적 일부청구 → 해당 부분에만 기판력 발생

(2) 비명시적 일부청구 → 특정 불가 → 일부청구 부정설과 같이 잔부청구를 기판력으로 차단

(3) **불법행위 손해배상청구**

- 손해 전체 규모 예측 어려움 → 일부청구 허용 가능

(4) **계약상 채권**

- 일부청구 인정 시 잔부청구 가능 → 모순 우려 → 일부청구 불허함이 타당

(5) **토지 등 비금전적 권리**

- 일부청구 허용, 잔부청구 기판력 차단없다(소송목적이 금전 기타 대체물이 아니므로)

4. 일부청구 관련 문제

(1) **소멸시효 중단**

- 일부청구 → 명시여부를 떠나 청구한 부분만 시효 중단
- 전부 시효 중단 가능채권 중 일부만을 청구하면서 소송의 진행경과에 따라 장차 청구금액을 확장할 뜻을 표시하고 해당 소송이 종료될 때까지 실제로 청구금액을 확장한 경우에는 소 제기 당시부터 채권 전부에 관하여 재판상 청구로 인한 시효중단의 효력이 발생

(2) **과실상계**

- 안분설: 일부청구액만 상계 적용
- 외측설(판례): 손해 전액 산정 → 과실상계 → 잔액과 청구액 비교 후 인용

(3) **후유증 손해**

이전 소송 변론종결시 예견 불가 → 별도 소송 가능, 기판력 미적용

(4) **중복소제기 금지**

- 일부청구 명시 → 잔부청구 별소 가능
- 단일절차 병합 등으로 조정 후 각하 가능

(5) **상계 및 일부 변제**

- 일부청구를 반대채권으로 상계할 경우, 청구액 전액을 기준으로 계산(외측설)
- 부진정 연대채무에서 다액채무자가 일부 변제 → 다액채무자 단독 부담 부분이 변제로 먼저 소멸

(6) **상소**

- 전부승소 → 상소이익 없음
- 묵시적 일부청구 → 잔부청구 확장을 위한 상소 허용

5. 결론적 요지

- 일부청구는 주로 불법행위 손해배상청구에서 문제가 됨
- 판례는 명시 여부, 후유증, 시효, 과실상계 등 실무적 조화를 고려하여 일부청구를 판단

(마) * **채무부존재확인소송** (a) **개념 및 특성** (i) 소극적 확인소송[52]의 한 모습으로서 금전채무의 부존재를 확인하는 소송을 널리 채무부존재확인소송이라고 한다. 채권자의 채무자에 대한 채무이행청구는 이행소송이지만, 채무자도 채권자에 대하여 선제적 공격으로 채무의 부존재확인의 소를 제기할 수 있다. 이 부존재확인 소송은 실체법상 채권자가 피고이므로 채권의 발생원인은 피고가 되는 채권자가 주장·증명책임을 부담하여야 한다.[53] 그 결과 채권자인 피고는 채권의 발생원인 사실을 주장·증명하지 않을 수 없는 입장에 처하게 되는 불이익이 있다. 반면 채무자인 원고는 소장에서 권리의 소멸사실을 주장하는 것이 통례이지만 그것은 청구원인이 아니라 채무부존재확인소송의 확인하는 이익을 뒷받침하는 사정을 공격방법으로 주장하는데 불과하므로 원고는 따로 채무부존재사실을 청구원인으로 주장하거나 입증할 필요가 없다.

(ii) 동일 권리관계에 관한 이행소송과 동일 권리관계에 관한 상대방의 채무부존재확인소송은 이행판결을 구하는 것인가 아니면 확인판결을 구하는 것인가라고 하는 심판요구의 형식적 차이만 있을 뿐 실제의 권리관계는 동일하다. 즉 소비대차계약의 채권자가 대여금을 반환하라는 이행소송을 제기할 때에는 피고에 대하여 소비대차계약에 기초한 대여금채권의 존재를 주장함과 동시에 법원에 대하여 이행판결에 관한 심판요구를 내용으로 한다. 이에 대하여 채무자가 채권자 주장의 동일채권에 관해서 소극적 확인소송을 제기할 경우의 법원에 대한 심판요구는, 채권자 주장의 동일채권에 관한 부존재의 확인을 구하는 부분만 다를 뿐 채권자가 주장·증명해야 할 권리주장 내용은 채권자의 동일채권에 관한 이행소송과 동일한 것이다. 이 점이 채무부존재확인소송의 특성이다.

(b) **채무액 전부의 부존재를 확인할 경우** 원고(채무자)가 피고(채권자) 주장의 부존재 채무 전액, 예를 들어 2012.1.1. 피고가 원고에게 빌려준 채무 금 1억 원을 변제하였다고 하여 그 부존재를 주장하는 경우에 그 소송목적은 「2012.1.1. 피고가 원고에게 빌려준 채무 금 1억 원의 부존재」이다. 법원에서 심리한 결과 채무변제액이 금 7,000만 원인 경우에 판결주문은 「2012.1.1. 피고가 원고에게 빌려준 채무는 금 3,000만 원을 초과하여 존재하지 않는다」라고 하는 원고청구 일부인용판결이다. 그 결과 원고가 부존재를 주장하는 금 1억 원의 채무 중에서 금 7,000만 원 채무의 부존재와 금 3,000만 원 채무의 존재가 판결에 의하여 확인된다.

(c) **채무액 상한을 명시하여 일부의 부존재의 확인을 구할 경우** (i) 원고가 「2012.1.1. 피고가 원고에게 빌려준 채무 1억 원 중 3,000만 원을 초과하는 부분은 존재하지 않는다」라고 주장하는 경우, 소송의 대상은 원고가 주장하는 3,000만 원을 초과하는 부분의 채무 부존재이다. 원

52) 고용·산재보험료 납부의무 부존재확인의 소는 공법상 당사자 소송으로서 근로복지공단에 피고적격이 있다(대판 2016.10.13. 2016다221658 참조).

53) 대판 1998.3.13. 97다45259.

고가 자인한 3,000만 원 채무의 존재는 소송목적이 아니다. 따라서 이는 1억 원 중 7,000만 원의 채무 부존재만을 명시적으로 일부청구한 셈이 된다. 만약 심리 결과 실제 현존 채무액이 2,000만 원으로 드러난 경우라 하더라도, 법원은 "2,000만 원을 초과하는 채무는 존재하지 않는다"라고 판결할 수 없다. 이는 원고가 청구하지 않은 부분에 대해 판단하는 것이 되기 때문이다. 따라서 판결 주문은 원고 청구와 동일하게 「2012.1.1. 피고가 원고에게 빌려준 채무 1억 원 중 3,000만 원을 초과하는 부분은 존재하지 않는다」가 된다. 반면 현존 채무액이 5,000만 원이라면, 원고 청구를 전부 기각할 수는 없고 일부 인용판결을 해야 한다.[54]. 즉 판결 주문은 「2012.1.1. 피고가 원고에게 빌려준 채무 1억 원 중 5,000만 원을 초과하는 부분은 존재하지 않는다. 원고의 나머지 청구는 기각한다」가 된다.[55]

(ii) 문제는 원고가 스스로 자인한 3,000만 원 채무의 존재에 대해, 그 존재를 명시하지 않았다는 이유로 이후에 잔부청구 형식으로 부존재확인을 다시 청구할 수 있는지 여부이다. 결론적으로, 이를 다시 청구할 수는 없다. 계약상 채권이나 그 불이행으로 인한 손해배상채권은 불법행위와 달리 반드시 일부청구를 해야 할 필요성이 없으므로, 일단 일부 부존재확인을 청구했다면 잔부에 대해 다시 청구를 허용할 이유가 없다. 따라서 법원의 채무부존재 확인판단에는 잔존 채무액 부분(예: 3,000만 원 또는 5,000만 원)에도 기판력이 미친다고 보아야 한다. 다만, 불법행위로 인한 손해배상채무의 경우에는 일부 부존재확인청구를 명시적으로 한 것이 곧 일부청구로 인정되므로, 그 이후 잔존채무액 부분에 대해서는 잔부청구 형식으로 다시 부존재확인을 구할 수 있다.

(d) **채무액 상한을 명시하지 않은 일부의 부존재를 확인할 경우** 계속적인 상품공급이나 금융거래에서는 일정 기간 동안 여러 차례의 매매나 소비대차가 이루어져, 그에 따른 금전채무가 발생함과 동시에 변제 등으로 일부 채무가 소멸되기도 하여, 현존 채무의 존부 및 액수가 명확하지 않은 경우가 있다. 이때 원고는 예를 들어, 「원·피고가 2017.1.1. 체결한 계속적 상품공급계약에 따라 2017.2.1.부터 2017.12.31.까지 발생한 원고의 상품 매매대금채무 중 금 1억 원을 초과하는 부분은 존재하지 않음을 확인한다」와 같이 채무 상한을 명시하지 않고도 채무부존재확인청구를 제기할 수 있다. 채무부존재확인소송은 이행소송의 반대 형태인데, 이행소송에서 청구취지에 채무 상한액을 직접 기재하지 않아도 청구원인을 통해 특정이 가능하면 충분하기 때문이다. 따라서 채무부존재확인소송에서도 채무의 상한액은 청구원인에서 특정하면 된다. 법원은 청구원인에서 특정된 채무 전부의 존재 여부와 금액을 심리하여, 채무 전체가 금 1억 원을 초과하지 않으면 청구인용판결을, 채무 전체가 금 1억 원을 초과하는 경우에는 현존 채무액을 확정하여 일부인용판결을 내려야 한다. 예를 들어, 총채무가 10억 원이고 현존 채무

54) 대판 1982.11.23. 81다393.

55) 대판 1994.1.25. 93다9422.

가 4억 원이라면 판결 주문은 다음과 같다. 「원 · 피고가 2017.1.1. 체결한 계속적 상품공급계약에 따라 2017.2.1.부터 2017.12.31.까지 발생한 원고의 상품 매매대금채무 중 금 4억 원을 초과하는 부분은 존재하지 않음을 확인한다. 원고의 나머지 청구를 기각한다.」

(e) **채무부존재확인의 본소에 대하여 채무의 이행을 청구하는 반소** 원고(채무자)가 피고(채권자)에 대하여, 예를 들어 2012.1.1. 피고가 원고에게 빌려준 채무 금 1억 원을 변제하였다고 하여 그 부존재의 확인을 청구하였는데 피고가 거꾸로 원고에 대하여 금 1억 원의 대여금을 지급하라는 이행을 청구하는 반소를 제기하는 경우에 원고의 본소가 확인하는 이익이 있는지 문제된다. 그러나 이 경우에도 원고의 본소에 대한 확인하는 이익은 소멸되지 않는다. 만약 이 경우에 확인하는 이익이 소멸하여 부적법하게 된다고 한다면, 본소가 취하되는 경우에 피고는 원고의 동의 없이 일방적으로 반소를 취하할 수 있으므로(제271조) 원고는 피고의 반소를 통해서라도 원고가 당초 추구하는 소극적 확인의 목적을 달성할 수 없는 사태가 발생될 수 있기 때문이다.[56]

(f) **채무부존재확인의 소와 민사집행법 제46조 제2항의 잠정처분** 청구에 관한 이의 및 집행문 부여에 대한 이의의 소를 제기하면서 강제집행을 정지하는 민사집행법 제46조 제2항에서 정한 잠정처분은, 확정판결이나 이에 준하는 집행권원의 효력을 다투는 절차에서 수소법원이 종국판결을 선고하기 전까지 강제집행을 일시적으로 정지시키는 조치이다. 이는 청구이의의 소 등과 같이 최종적으로 해당 물건에 대한 강제집행을 불허할 수 있는 절차가 전제되어야 한다. 따라서 강제집행의 효력이 최종적으로 인정되지 않는 채무부존재확인의 소만 제기한 경우에는 위 잠정처분을 할 수 없다.[57]

채무부존재확인소송의 이해확인문제

번호	문제	정답
1	채무부존재확인소송은 어떤 종류의 소송인가?	소극적 확인소송
2	채무부존재확인소송의 원고는 누구인가?	채무자
3	채무부존재확인소송의 피고는 누구인가?	채권자
4	입증책임은 누가 부담하는가?	피고(채권자)
5	원고(채무자)는 채무부존재사실을 입증해야 한다.	×(공격방법으로 주장만 하면 됨)
6	동일한 권리관계에 관해 이행소송과 확인소송은 실질적으로 동일하다.	○

56) 대판 2010.7.15. 2010다2428,2435.

57) 대결 2015.1.30. 2014그553.

7	채무액 전부 부존재를 주장했는데 일부만 변제된 경우, 법원은 전부 기각해야 한다.	×(일부인용 가능)
8	일부 부존재확인에서 상한을 명시한 경우, 판결은 원고 청구를 초과하여 판단할 수 있다.	×(청구 초과 판단 불가)
9	계약상 채권에 대한 일부 부존재확인 후, 잔부 부분을 다시 청구할 수 있다.	×
10	불법행위 손해배상채권의 경우 일부 부존재확인 후 잔부청구가 가능하다.	○
11	계속적 거래 등에서 채무총액이 불명확할 때에도 일부 부존재확인소송 제기가 가능하다.	○
12	채무부존재확인소송에서는 채무 상한액을 반드시 청구취지에 명시해야 한다.	×(청구원인에서 특정 가능)
13	채권자가 반소로 이행청구를 하더라도 본소의 확인이익은 소멸한다.	×
14	본소가 취하되면 피고의 반소도 자동 취하된다.	×(피고가 별도로 취하해야 함)
15	채무부존재확인소송만 제기해도 민사집행법 제46조 제2항의 잠정처분이 가능하다.	×
16	잠정처분(집행정지)은 청구이의의 소 등 집행권원을 다투는 절차가 전제되어야 한다.	○
17	판결 주문에서 일부 변제가 인정되면, “잔액 초과 부분 존재하지 않는다”로 판결한다.	○
18	일부 부존재확인소송은 실질적으로 일부청구와 같다.	○
19	채무부존재확인소송의 목적은 채권의 소멸을 주장하기 위한 선제적 분쟁해결이다.	○
20	채무부존재확인판결에는 잔존 채무액 부분에도 기판력이 미친다(계약상 채권의 경우).	○

㈓ **부작위청구** (a) **문제점** (i) 우리들의 생활은 대기오염 · 수질오탁 · 소음 · 진동 · 악취 등의 생활방해 또는 공해에 시달리고 있다. 이들에 대한 사법적 구제는 손해배상청구라고 하는 사후적 구제수단의 형식으로 이루어지고 있으나 보다 효과적인 사전적 구제수단이 바로 유지(留止)청구 또는 금지청구이다. 건물의 소유자 또는 점유자가 인근의 소음으로 말미암아 평온하고 쾌적한 일상생활을 영위할 수 있는 생활이익이 침해되고, 그 침해가 사회통념상 참을 수 있는 한도를 넘어서는 경우에 건물의 소유자 또는 점유자는 그 소유권 또는 점유권에 기초하여 소음피해의 제거나 예방을 위한 유지청구를 할 수 있다. 예컨대 고속도로를 통과하는 차량 등으로 부터 발생하는 소음이 피해 주민들 주택을 기준으로 일정 한도를 초과하여 유입되지 않도록 하라는 취지의 유지청구는, 소음발생원(源)을 특정하여 일정 한도 이상 일정한 종류의 생활방해를 할 수 없도록 금지하는 것이므로 청구가 특정되지 않은 것이라고 할 수 없

고, 이러한 내용의 판결이 확정될 경우 민사집행법 제261조 제1항에 따라 간접강제의 방법으로 집행을 할 수 있으므로, 이 청구가 내용이 특정되지 않거나 강제집행이 불가능하여 부적법하다고 볼 수 없다.[58]

(ii) 유지청구는 작위청구의 형식[59]과 부작위청구의 형식[60]이 있다. 앞의 청구는, 소로써 작위내용을 특정하고 간접강제(민집 제261조 제1항)에 의하여 관철하면 되므로 특별한 문제가 없다. 그러나 뒤의 청구는, 피고가 해서는 안 될 행위를 특정하는 것만으로는 실효성 있는 구제를 기대하기 어려우므로 그 집행방법과 관련한 소송목적의 구성이 문제된다. 부작위청구는 대체집행 방법(민집 제260조, 민 제389조 제3항)에 의하여서도 실현할 수 있으나 생활방해는 거의 예외 없이 계속적 내지 반복적 침해행위에 근거하기 때문에 피해자는 부작위 내용을 특정하여 계속적 또는 반복적인 부작위를 명하는 판결을 취득한 다음 간접강제의 방법(민집 제261조)으로 집행하는 것이 효과적이다. 이 경우에 소로 청구하는, 침해의 제거 방법인 부작위를 실현할 수단에 관해서는 여러 가지 방법이 경합되지만,[61] 행정소송법상 행정청에 대해서는 일정한 처분행위를 부작위로 구하는 청구가 허용되지 아니하므로[62] 문제이다.

(b) **부작위청구의 특정방법** 일반적으로 실체법상 부작위청구권은 상대방이 어떤 행위로 자기의 권리를 침해하는 경우에 그 행위를 배제하기 위하여 인정되는 권리이다. 따라서 그 청구권을 주장하여 소를 제기할 때에는 원칙적으로 침해된 결과뿐 아니라 그 결과를 초래한 행위를 명확하게 특정할 필요가 있다. 다만 모든 경우에 위의 특정방법을 요구한다면 피해자인 원고에게 지나치게 가혹한 경우가 생길 수 있다. 특히 생활방해의 경우에 침해원천이 가해자 쪽의 지배영역 안에 있기 때문에 침해원천 또는 침해행위의 발생 경로를 알 수 없어 더욱 그러하다. 그러므로 이와 같은 경우에는 「제거되어야 할 또는 미연에 방지되어야 할 침해의 결과[63]」에 의한 특정으로도 소송목적이 특정된다고 하여야 할 것이다.

(3) 소송절차의 마침

(가) 처분권주의 자체는 소송의 종료에 관해서도 적용이 있다. 따라서 당사자는 종국판결에 의하지 않고도 소의 취하, 상소의 취하, 청구의 포기 · 인낙, 재판상 화해를 함으로써 소송을

58) 대판 2007.6.15. 2004다37904,37911.
59) 예를 들면 「일정 형식의 방음시설을 설치하라」는 청구.
60) 예를 들면 피고는 원고에 대하여 「원고의 주거에 00혼을 초과하는 소음을 나게 해서는 안 된다」는 청구.
61) 예를 들어 공장소음에서 보면 소음원천인 기계 그 자체를 정지 또는 개량하는 방법, 그 기계에 방음장치를 부착하는 방법, 또는 일정한 장소에 방음벽을 설치하는 방법 등 여러 가지를 생각할 수 있다.
62) 대판 2006.5.25. 2003두11988.
63) 「인격권이나 시설관리권 등과 같은 대세적 권리를 침해하는 행위에 대한 부작위 명령의 대상이 되는 것은 가해자들이 이미 저지른 행위와 동일 행위뿐 아니라 그와 유사한 행위로서 장래 저질러질 우려가 있는 행위를 포함한다」(대판 2006.5.26. 2004다62597 참조).

마칠 수 있다. 상소심에서 불이익변경금지 원칙의 기초도 처분권주의에 있다.

(나) 그러나 처분권주의는 사적자치의 원칙을 이념적 기초로 하기 때문에 사적자치가 제한되는 권리관계에 관해서는 처분권주의가 제한된다. 그러므로 직권조사(가소 제17조)가 적용되는 가사소송 등에서는 심판요구의 철회라는 의미가 있는 소의 취하는 허용되고 있으나 가사소송의 인용판결이 제3자에게 효력이 미치는 관계로, 당사자의 뜻에 판결과 동등한 효력을 인정하는 청구의 포기 · 인낙, 재판상 화해는 제한된다. 그러므로 가사소송법상 가류 소송사건에 해당하는 청구에 관한 재판상 화해나 조정은 무효이다.[64]

(다) 재심은 재심대상판결의 취소 · 변경을 구하는 형성을 청구하는 소이므로 재심대상은 당사자가 자유롭게 처분할 수 없다. 따라서 당사자는 이에 관하여 재판상 화해나 조정을 할 수 없고,[65] 인낙도 할 수 없다.

(라) **회사법상 소송** 주주총회결의의 부존재 · 무효를 확인하거나 결의를 취소하는 판결이 확정되면 당사자 이외의 제3자에게도 그 효력이 미쳐 제3자도 이를 다툴 수 없게 되므로, 주주총회결의의 흠을 다투는 소에 있어서 청구의 인낙이나 그 결의의 부존재 · 무효를 확인하는 내용의 화해 · 조정은 할 수 없고, 가사 이러한 내용의 청구인낙 또는 화해 · 조정이 이루어졌다고 하여도 그 인낙조서나 화해 · 조정조서는 효력이 없다.[66]

3. 처분권주의 위반의 효과

처분권주의에 위반된 판결은 위법하므로 상소에 의하여 취소할 수 있다. 그러나 제451조 제1항에서 정한 재심사유에 해당되지 아니하므로 재심소송을 제기할 수 없다. 처분권주의의 위반은 판결의 내용에 관한 것이고 소송절차에 관한 것이 아니므로 소송절차에 관한 이의권의 포기 · 상실(제151조)이나 청구의 포기 대상이 아니다.

[78] 제2. 소송종료의 원인

1. 소송종료 사유

소송계속은 일반적으로 법원의 종국판결이 확정됨으로써 종료된다. 그러나 소송에는 처분권주의가 작용되므로 종국판결 이외에도 소의 취하, 청구의 포기 · 인낙, 재판상 화해 등 당사

64) 대판 2007.7.26. 2006므2757,2764.
65) 대판 2012.9.13. 2010다97846.
66) 대판 2004.9.24. 2004다28047.

자의 행위만으로 소송을 마칠 수 있다. 그 밖에도 소송계속은 대립당사자구조를 본질적인 전제로 하고 있으므로 당사자대립구조가 소멸되면 소송도 종료된다. 즉 소송계속중 당사자 한쪽이 사망하였는데 상대방 당사자가 유일한 상속인으로서 사망한 당사자의 권리의무를 포괄적으로 상속하는 경우, 법인인 원·피고 당사자가 서로 합병하여 당사자의 지위가 혼동되는 경우, 승계가 허용되지 않는 소송에서 당사자가 사망한 경우[67] 등이다.

2. 소송종료선언

(1) 개념

소송종료선언이라 함은 법원에 계속 중인 소송을 마쳤는지 여부가 문제되는 사건에 관하여, 법원이 유효하게 소송을 마쳤다고 확인하는 종국판결을 말한다. 종래 판례법으로 형성된 제도였는데 민사소송규칙(민소규 제67조 제3항)에서 명문으로 규정하였다.

(2) 소송종료선언이 필요한 경우

㈎ 기일지정신청 (a) 뜻 (i) 기일지정신청에는 두 가지 종류가 있다. 첫째, 당사자가 법원에 대하여 재판 기일의 지정을 촉구하는 신청이다. 소송의 진행은 법원의 직권에 속하므로 법원은 이 신청의 구속을 받지 아니하며 이에 대한 대답을 할 필요도 없다. 둘째, 소의 취하 등으로 확정판결에 의하지 않고 소송을 마쳤는데도 당사자가 이를 인정하지 않고 그 소송종료의 효과를 다투기 위하여 종결된 사건의 소송계속을 주장하는 취지의 신청이다. 또 재판에서 누락된 청구부분은 법원에 소송이 계속되고 있는데(제212조 제1항) 누락된 청구부분에 대하여 재판을 하여달라는 신청도 기일지정 신청에 속한다. 둘째의 지정신청이 본래적 의미의 기일지정신청이다.

(ii) 소송계속의 존재는 소송요건이므로 본래적 의미의 기일지정 신청이 있으면 법원은 변론을 열어 신청사유에 관하여 심리하여야 한다(민소규 제67조 제2항). 이 신청이 이유 있으면 소의 취하 등 소송을 마칠 당시의 소송정도에 따라 본안심리를 속행하고, 속행의 이유를 중간판결 또는 종국판결의 이유 중에서 표시하여야 하며(민소규 제67조 제3항 후문), 이 신청이 이유 없으면 종국판결로써 계속 중이던 소송이 유효하게 종료되었음을 확인하는 소송의 종료를 선언해야 한다(민소규 제67조 제3항 전문). 이 소송종료선언에는 소송을 마치는 날짜와 마치는 사유를 밝히는 것이 실무례이다.[68]

---

67) 대판 1995.4.7. 94다4332「…일신전속적인 교수의 직위해제 및 면직처분확인소송의 계속중 원고가 사망하면 그 사건은 중단되지 않고 종료된다」.

68) 예:「이 사건 소송은 2015.1.1.자 소취하로 종료되다」,「이 사건 소송은 2015.2.1. 원·피고 양쪽 2회 불출석으로

(b) **기일지정신청을 할 수 있는 경우** (i) **소 또는 상소취하, 간주취하(제268조 제2항)의 효력에 관한 분쟁** 기일지정신청의 가장 전형적인 경우이다. 소의 취하가 부존재 또는 무효인 경우에도 당사자는 기일지정신청을 할 수 있다(민소규 제67조 제1항). 이 규정은 제1심판결 선고 이전에 소의 취하가 있었던 경우는 물론이고 종국판결 선고 후 상소심에 기록이 송부되고 상소심에서 소의 취하가 있었던 경우에도 준용되며(민소규 제128조, 제135조), 소송절차의 수계신청(제241조) 또는 법원의 속행명령(제244조)이 없어 소송절차가 종결될 지 여부가 다툼이 되는 경우에도 준용된다.

(ii) **청구의 포기·인낙, 재판상 화해의 효력에 관한 분쟁** 청구의 포기 · 인낙, 재판상 화해의 성질을 판례에 따라 소송행위로 보고 이를 기재한 조서에 확정판결과 동일하게 무제한기판력을 인정한다면 청구의 포기 · 인낙, 재판상 화해의 성립에 관한 분쟁은 준재심의 소(제461조)에 의하여야 하므로 기일지정신청의 여지가 없다. 하지만 판례[69]는 당사자가 화해조서의 당연무효사유를 주장하며 기일지정신청을 한 때에는 기일을 지정하여 심리를 한 다음 무효사유가 존재하지 아니한 때에는 판결로써 소송종료선언을 하여야 한다고 하였다. 청구의 포기 · 인낙의 경우도 마찬가지이다.

(나) **소송 종결의 간과** (a) 종국판결의 확정,[70] 청구의 포기 · 인낙,[71] 재판상 화해, 소의 취하 등으로 소송이 종결된 경우 또는 원 · 피고 지위의 혼동, 이혼소송 계속 중에 당사자 한쪽이 사망한 경우 등으로 소송이 종결되었지만 승계가 허용되지 않는 경우에도 법원이 이를 간과하여 심리가 진행된 경우[72]에 법원은 종국판결로 소송종료선언을 한다.[73]

(b) 소송계속 중 사망한 갑에게서 소송탈퇴에 관한 특별수권을 받은 소송대리인은 소송탈퇴를 신청하였고, 상대방 측 소송대리인도 위 탈퇴에 동의하였다. 갑의 승계참가인 을이 소송목적과 관련한 갑의 재산을 단독으로 상속하게 되었다면서 소송수계신청을 하였다가 이후 을은 승계참가신청 취하서를 제출하여 상대방 측 소송대리인이 위 취하에 동의한 경우에 갑의 소송대리인이 한 소송탈퇴신청의 효력이 문제된다. 사망한 갑의 소송대리인이 한 소송탈퇴신청은 상속인들 모두에게 그 효력이 미치므로 갑의 상속인들과 상대방 사이의 소송관계는 갑의 소송탈퇴로 적법하게 종료된 것이다. 따라서 을의 소송수계신청은 이미 종료된 소송관계에 관한 신청으로써 이유 없어 을과 상대방 사이의 소송관계는 승계참가신청취하와 상대방의 이에

인한 소취하간주로 종료되다」 등.

69) 대판 2001.3.9. 2000다58668.

70) 대판 1991.9.10. 90누5153.

71) 대결 1962.6.14. 62마6.

72) 대판 1982.10.12. 81므53.

73) 대판 1982.10.12. 81므53. 「… 재판상 이혼청구권은 부부의 일신전속의 권리이므로 이혼소송계속중 배우자 한쪽이 사망한 경우에는 상속인이 그 소송절차를 수계할 수 없음은 물론이고, 또 그러한 경우에 검사가 이를 수계할 수 있는 특별한 규정도 없으므로 이 사건 소송은 청구인의 사망과 동시에 종료되었다고 해석함이 상당하다…」.

대한 동의로 종료되었으므로 이를 간과한 것이 발견된 경우에는 법원은 소송종료선언을 하여야 한다.[74)]

(c) (i) 소의 교환적 변경으로 구 청구인 손해배상청구는 취하의 효과가 생겨서 종결되고, 신 청구인 정리채권확정청구가 심판 대상이 되었는데도 신 청구에 대하여는 아무런 판단도 하지 아니한 채 구 청구에 대하여 심리·판단한 경우에는 위법이므로 원심판결을 파기하고 구 청구에 대하여 소송종료선언을 하고 신 청구에 관하여 심리·판단을 하여야 한다.[75)]

(ii) 항소심에서 원고가 소의 교환적 변경을 하면 제1심판결은 소의 취하로 실효되고, 항소심의 심판대상은 교환된 신 청구에 대한 새로운 소송으로 바뀌어져 항소심은 신 청구에 관하여 사실상 제1심으로 재판하는 것이 되므로, 그 뒤에 항소인이 항소를 취하한다 하더라도 항소취하는 그 대상이 없어 아무런 효력을 발생할 수 없다.[76)] 따라서 그 경우에는 소송종료선언을 할 것이 아니라 기일을 지정하여 교환된 청구에 관한 소송을 진행하거나, 교환된 청구도 소 취하하는지 여부를 밝히기 위해 그 항소취하서를 피고 측에 송달하여 신소 취하에 대한 동의 여부를 확인하여야 한다.[77)]

(3) 효력

(가) 소송계속의 유무는 소송요건이면서 직권조사사항이므로 당사자의 기일지정신청 여부와 관계없이 법원은 직권으로 조사하여야 한다.

(나) 법원이 소송종료 사실을 발견하여 종국판결로 소송종료선언을 할 때에는 소송종료 이후의 소송비용에 관하여도 재판하지 않으면 안 된다.

(다) (a) 소송종료선언은 어떤 사건의 소송계속이 없다는 것을 확인하는 확인적 성질의 종국판결이며, 소송의 실체에 관한 판결이 아니므로 본안판결이 아니라 소송판결이다. 이 판결에 대하여서도 불복하여 상소할 수 있다.

(b) 소송종료선언이 확정되면 어떤 사건의 소송계속이 없다는 것이 확인되므로 유효한 집행권원은 존재할 여지가 없다 따라서 여기에 청구이의 소(민집 제44조)를 제기할 수 없다. 왜냐하면 청구이의 소는 확정된 종국판결 등 집행권원에 표시된 청구권에 관하여 실체상 사유를 주장하여 그 집행력의 배제를 구하는 것이어서 유효한 집행권원을 대상으로 하기 때문이다.[78)]

(ii) 항소심에서 원고가 소의 교환적 변경을 하면 제1심판결은 소의 취하로 실효되고, 항소심의 심판대상은 교환된 신 청구에 대한 새로운 소송으로 바뀌어져 항소심은 사실상 제1심

74) 대판 2011.4.28. 2010다103048.
75) 대판 2003.1.24. 2002다56987.
76) 대판 1995.1.24. 93다25875.
77) 대판 2008.5.29. 2008두2606(평석은 [85] 참조).
78) 대판 2024.12.12. 2024다273869.

으로 재판하는 것이 되므로, 그 뒤에 항소인이 항소를 취하한다 하더라도 항소취하는 그 대상이 없어 아무런 효력을 발생할 수 없다.[79] 따라서 그 경우에는 소송종료선언을 할 것이 아니라 기일을 지정하여 교환된 청구에 관한 소송을 진행하거나, 교환된 청구도 소 취하하는지 여부를 밝혀 그 항소취하서를 피고측에 송달하여 신소 취하에 대한 동의 여부를 확인하여야 한다.[80]

㈑ 소송종료를 선언한 재심대상판결에서 소송이 종료되었다는 사실인정의 자료가 된 소 취하서가 형사판결에서 위조된 것이 판명된 때에는 이는 제451조 제1항 6호의 재심사유에 해당된다.[81]

제2절 당사자의 행위에 의한 소송의 마침

[79] 제1. 소의 취하

1. 뜻

(1) 소의 취하라 함은 원고가 법원에 대하여 이미 제기한 소의 전부 또는 일부를 철회하는 의사표시를 말한다(제266조). 소의 취하로 말미암아 소송계속은 소급적으로 소멸되어(제267조 제1항) 소송을 마치게 된다. 소송이 소의 취하로 마친 것인지 여부는 소송계속의 존재에 관한 것이므로 법원의 직권조사사항이다.[82]

㈎ 소의 취하는 원고의 의사표시로 소송절차를 마친다는 점에서 청구의 포기와 같다. 그러나 소의 취하는 소송계속의 단순한 철회라는 점에서 어떤 분쟁해결기준을 제시해주는 것이 아니지만 청구의 포기는 청구기각판결과 같이 피고의 전면 승소라는 형식으로 분쟁해결기준을 제시한다는 점에서 양쪽은 서로 다르다. 따라서 소가 취하되더라도 분쟁해결이 절차상 보장되지 아니하여 피고의 방어활동이 무의미하게 될 우려가 있다. 그러므로 피고에게 소의 취하에 대한 동의권을 줌으로써, 피고로 하여금 청구기각 판결을 받을 이익의 포기와 재차 소송에 대한 응소의 부담을 고려하게 하였다. 반면 청구의 포기에서는 분쟁의 해결기준이 확립되

79) 대판 1995.1.24. 93다25875.
80) 대판 2008.5.29. 2008두2606.
81) 대판 1982.2.23. 81누216.
82) 대판 1991.5.28. 91다5730.

므로 피고의 동의를 요건으로 하지 않는다.

(나) 소를 이유 있게 하기 위한 공격방법의 철회는 소의 취하와 다르다. 소의 취하는 법원에 대한 심판요구의 철회인 데 대하여 공격방법의 철회는 소를 이유 있게 하기 위한 소송자료의 철회에 불과하기 때문에 소 취하에 관한 피고의 동의권은 문제되지 않는다.

(다) 소의 취하는 법원에 대한 심판요구의 철회라고 하는 점에서 상소의 취하와 공통되므로 소의 취하 방식·효과에 관한 규정이 상소의 취하에 준용되고 있다(제393조 제2항, 제425조).

(라) (a) 소의 취하는 원고의 법원에 대한 단독적 소송행위이다. 피고의 동의를 필요로 하는 경우에도 그것은 소취하의 효력발생에 필요한 요건에 불과하므로 당사자 사이의 합의가 요구되는 것이 아니다.

(b) 소송 외에서 원고가 피고에 대하여 소를 취하하기로 하는 약정을 맺을 수 있다(소 취하 계약[83)]). 이것은 단독행위가 아니라 당사자 사이의 계약이므로 소의 취하와 다르지만 소 취하 계약에는 소취하의 효력이 인정되므로 재소금지의 효력(제267조 제2항)도 유추적용 된다.

(마) (a) 소의 취하는 소송의 전부나 일부에 대하여서도 할 수 있지만 고유필수적 공동소송이 아닌 통상 공동소송에서 공동원고 중 한 사람의 또는 공동피고 중 한 사람에 대한 소를 취하하는 행위는 소의 일부취하가 아니라 해당 당사자의 또 그 당사자에 대한 소의 전부취하이다. 따라서 이 경우에는 해당 피고의 동의를 받는다면 제한 없이 소를 취하할 수 있다.

(b) 그러나 여러 개의 병합된 청구 중 한 개를 취하하는 행위, 예컨대 금 1억 원의 청구 중에서 금 1천만 원 부분의 취하와 같이 가분청구 중에서 일부를 감축하는 것은 소의 일부취하로 풀이한다.[84)]

(2) 소의 취하는 원고가 제기한 소를 철회하여 소송계속을 소멸시키는 법원에 대한 소송행위이므로 당사자 사이의 사법상 행위와 다르다. 따라서 내심의 의사보다 그 표시행위를 기준으로 하여 효력 유무를 판정하여야 한다.[85)]

2. 요건

(1) 취하의 자유

(가) 소를 취하할지 여부는 원고의 자유에 속한다. 그러므로 회사의 대표소송은 법원의 허가를 받아야 소의 취하, 청구의 포기·인낙, 화해를 할 수 있다는 상법 제403조 제6항의 경우 등을 제외하고는 변론주의 아래에서는 물론 직권탐지주의 아래에서도 자유롭게 소를 취하할

83) [19] 2. (4) 참조.
84) 대판 2004.7.9. 2003다46758.
85) 대판 1997.6.27. 97다6124, 1997.10.24. 95다11740 등 참조.

수 있다. 따라서 직권탐지주의가 적용되어 청구의 인낙이 허용되지 않는 가류 및 나류 가사소송사건(가소 제12조)에 관해서도 소는 취하할 수 있다. 채무자의 제3채무자에 대한 채권에 관하여 다른 사람의 압류 및 전부명령이 있더라도 채무자가 제3채무자를 상대로 제기한 소의 취하에는 아무런 지장이 없다.[86] 다만 소의 제기 자체가 여러 원고의 의사에 터 잡아 이루어진 고유필수적 공동소송에서는 원고 중 한 사람의 의사만으로 고유필수적 공동소송 전체를 취하할 수 없다.[87]

(나) 소의 취하는 소송행위이므로 소송행위의 일반원칙에 따라 소송절차를 불안정하게 하는 조건을 붙여서는 안 된다. 그러한 조건이라면 정지조건이든 해제조건이든 불문한다.

(다) 피고의 동의를 받아 확정적으로 소취하가 되면 소송계속이 소멸된다. 따라서 원고는 소가 취하된 뒤에 이를 철회하여 다시 소송계속을 이룰 수 없다. 이 경우 소의 취하가 종국판결의 선고 이전이라면 재차 소송을 제기할 수 있지만 종국판결의 선고 이후에는 재소의 금지(제267조 제2항)에 의하여 다시 소송을 제기할 수 없다.

(라) 소가 취하되면 소송계속이 소멸된다. 따라서 원고가 소 취하 후에 이를 철회하더라도 그 철회로 회복할 소송계속이 없기 때문에 소취하의 의사표시는 철회할 수 없다.

(2) 소 취하의 시기

(가) 소의 취하는 소에 대한 종국판결이 확정될 때까지 할 수 있다(제266조 제1항). 따라서 제267조 제2항에서 정한 재소금지의 제재를 각오하면 상소심에서도 소를 취하할 수 있다. 하지만 판결이 확정된 경우에는 소를 취하하더라도 효력이 없다.[88]

(나) 상소의 취하도 법원에 대한 심판요구의 철회라는 점에서 소의 취하와 공통되지만 상소의 취하는 상소 신청의 철회에 의하여 상소심에서의 소송계속을 소급적으로 소멸시켜 원심판결을 확정시킨다는 점에서 소송계속의 효과를 상소심은 물론 원심의 것도 전부 다 소멸시키는 소의 취하와 다르다. 그러므로 항소의 취하는 항소제기 이후에 항소심의 종국판결 선고가 있기 전까지만 할 수 있다(제393조 제1항)는 점에서 소의 취하가 종국판결이 확정될 때까지 가능한 것(제266조 제1항)과 다르다. 따라서 소의 취하와 달리 항소심판결 선고 이후에는 항소의 취하가 허용되지 않는다.

(3) 피고의 동의

(가) (i) 피고가 본안에 관하여 준비서면을 제출하거나 변론준비기일에서 진술하거나 변론

---

86) 대결 1968.4.22. 68마278.
87) 대판 2007.8.24. 2006다40980.
88) 서울고판 1979.3.22. 74나975.

을 한 뒤에는 피고의 동의를 받아야 소 취하의 효력이 생긴다(제266조 제2항).

(ii) 수량적으로 나눌 수 있는 청구권의 청구금액 감축은 소의 일부취하로 해석되므로 피고가 본안에 관하여 준비서면을 제출하거나 변론준비기일에서 진술하거나 변론을 한 뒤에는 피고의 동의를 받아야 청구감축의 효력이 생긴다.[89)]

(iii) 청구의 교환적 변경에서 피고가 신 청구에 관해서 이의 없이 응소하는 것은 묵시적으로 원고의 구 청구 취하에 동의한 것으로 볼 수 있다.

(iv) 피고의 동의는 소송행위이므로 소송능력이 있어야 하고 조건을 붙여서는 안 된다. 피고는 원고의 소제기에 대항하여 변론함으로써 청구기각판결을 받을 이익이 생겼기 때문에 그 이익을 보호하기 위해서 피고의 동의를 요건으로 한다. 그러나 본소가 취하된 뒤에 피고가 반소를 취하할 때에는 원고의 동의가 없더라도 반소취하의 효력이 생긴다(제271조). 원고가 반소의 제기를 유발한 본소를 스스로 취하해 놓고 그로 인하여 제기된 반소만 유지하도록 상대방을 강요하는 것은 공평에 반하기 때문이다. 반면 본소가 원고의 의사와 관계없이 각하된 경우에는 원고의 동의를 받아야 반소를 취하할 수 있다.[90)]

(나) 소 취하에 대한 소송대리인의 동의는 제90조 제2항 소정의 특별수권사항이 아니다. 뿐만 아니라 상대방의 소 취하에 대한 동의권은 소송대리인의 대리권 범위에 당연히 포함되어 있다고 보아야 하므로 소송대리인이 본인의 승낙 없이 상대방이 한 소 취하의 동의를 하였더라도 소 취하의 효력에는 영향이 없다.[91)]

(다) 피고가 동의하면 소의 취하는 확정적으로 소송종료의 효과가 생기지만, 동의를 거절하면 소 취하의 효과가 생기지 아니하고 소송은 계속된다. 따라서 원고가 다시 소를 취하하지 않는 한 피고가 뒤에 다시 동의하더라도 소 취하의 효력이 생기지 않는다.[92)] 이 경우에는 피고가 동의를 거절함으로써 소의 취하라는 의사표시 자체가 효력이 없게 되어 피고가 동의할 원고의 소 취하가 존재하지 않기 때문이다.

(라) 피고가 본안 전 항변으로 소각하를, 본안에 관해서는 청구기각을 구한 경우에 판례[93)]는 본안에 관한 답변은 예비적으로 한 것이므로 원고는 피고의 동의 없이 소 취하를 할 수 있다고 하였다. 그러나 피고가 본안에 관하여 변론준비기일 또는 변론에서 준비서면을 제출하거나 변론을 한 경우에는 피고의 동의를 받아야 소 취하의 효력이 생긴다는 제266조 제2항에 비추어 피고가 소각하 항변에 이어서 예비적으로라도 청구기각을 구하였다고 한다면 피고의 원고 소제기에 대항할 이익은 예비적이라고 하더라도 이를 보호하기 위해서 피고의 동의를 받도

89) 대판 2005.7.14. 2005다19477.
90) 대판 1984.7.10. 84다카298.
91) 대판 1984.3.13. 82므40.
92) 대판 1969.5.27. 69다130,131,132.
93) 대판 1968.4.23. 68다217.

록 하여야 할 것이다.[94]

(마) 소의 취하에 있어서 피고의 동의를 얻도록 한 것은 피고가 청구기각판결을 얻어 원고로부터 동일청구에 관한 소를 다시 제기당할 위험을 방지하기 위한 것이므로 그러한 위험이 없는 가압류나 가처분 등 보전소송에서는 채권자의 신청취하에 채무자의 동의를 얻을 필요가 없다.[95]

(바) 원고가 중복제소를 이유로 소의 취하를 하는 경우에는 피고의 이익에 부합하므로 피고의 동의를 필요로 하지 않는다.[96]

(사) 재산분할심판사건은 마류 가사비송사건(가사소송법 제2조 제1항 제2호 (나)목 (4))에 해당한다. 가사비송절차는 가사소송법에 특별한 규정이 없는 한 비송사건절차법 제1편의 규정을 준용한다(가사소송법 제34조 본문). 가사소송법은 가사비송사건에서 심판청구 취하 시 상대방의 동의 필요 여부에 관하여 특별한 규정을 두고 있지 않으며, 비송사건절차법 또한 소취하의 동의에 관한 제266조 제2항을 준용하지 않는다. 따라서 상대방이 있는 재산분할심판사건에서 심판청구를 취하하는 경우, 상대방의 동의는 필요하지 않고, 상대방이 취하에 부동의 하더라도 취하의 효력은 발생한다.[97]

(4) 유효한 소송행위

(가) **일반적 요건** (a) 소의 취하는 소송행위이므로 원고에게 소송능력이 있어야 하며 대리인(또는 대표자)의 경우에는 특별한 권한을 받아야 한다(제56조 제2항, 제90조 제2항 2호).

(b) 위의 경우 법원은 소송계속 후 필요하다고 인정할 때에는 제한능력자를 위한 특별대리인을 선임·개임하거나 해임할 수 있는데(제62조 제2항) 제한능력자 가운데에서 의사무능력자의 특별대리인이 소를 취하하는 경우에 그 취하가 본인의 이익을 명백히 침해한다고 인정할 때에는 그 행위가 있는 날부터 14일 이내에 결정으로 이를 허가하지 아니할 수 있고, 이 결정에 대해서는 불복할 수 없다(제62조의2 제2항). 이 결정은 법원이 후견적 입장에서 직권으로 행하는 것이기 때문이다.

(c) 다만 권한 없이 소를 제기하였더라도 소송계속은 존재하므로 법정대리인 또는 본인이 추인하여 유효하게 될 때까지 제한능력자 또는 무권대리인이 스스로 소를 취하하여 소의 제기가 없는 상태로 만들 수 있다.

(나) **소의 취하와 의사표시의 흠** (a) 소의 취하는 소송행위이므로 의사표시의 흠 불고려

94) 같은 취지. 한충수, 537면.
95) 대구고판 1972.9.7. 72나376.
96) 같은 취지: 정영환, 1108면.
97) 대판 2023.11.2. 2023므12218.

의 원칙이 적용된다. 따라서 사법상 행위와는 달리 내심의 의사보다는 그 표시를 기준으로 소 취하의 효력 유무를 판정하여야 하므로[98] 형사상 처벌받을 정도에 이르지 않는 단순한 강박,[99] 착오,[100] 기망[101]을 이유로 소 취하의 철회나 취소를 주장할 수 없다. 그러나 형사책임이 수반되는 타인의 강요와 폭행에 의하여 이루어진 소 취하의 약정이나 소취하서의 제출은 무효이다.[102] 예컨대 경찰관의 강압에 의하여 어떤 서류인지 모르고 소취하서에 날인한 경우의 소취하는 효력이 없다.[103]

(b) 제451조 제1항 5호에서 정한 형사상 처벌받을 다른 사람의 행위로 말미암아 지급명령의 이의를 취하[104]하거나, 상소를 취하[105]한 경우에는 지급명령이 확정되거나 원심판결이 확정되는 결과가 되므로 제451조 제2항에서 정한 '유죄의 확정판결 등'을 조건으로 취하할 수 있다. 여기서 '다른 사람의 행위'에는 당사자의 대리인이 범한 배임죄도 포함될 수 있으나 그 정도는, 대리인의 배임행위에 소송 상대방 또는 그 대리인이 통모하여 가담한 경우와 같이 대리인이 한 소송행위의 효과를 당사자 본인에게 귀속시키는 것이 절차적 정의에 반하여 도저히 수긍할 수 없을 정도로 대리권에 실질적 흠이 생긴 경우라야 한다.[106]

(c) 종국판결 선고 이후 소를 취하하면(제267조 제2항) 같은 소를 다시 제기할 수 없으므로 그 소 취하의 철회나 취소에도 형사상 처벌받을 다른 사람의 행위에 관하여 유죄의 확정판결 등이 요구되지만 종국판결 선고 이전에 소를 취하하는 경우에는 다시 소를 제기하는 데 지장이 없으므로 위에서와 같이 유죄의 확정판결 등이 반드시 필요한 것이 아니다. 이 경우 소 취하의 철회나 취소주장은 기일지정신청에 의하여야 할 것이다.

3. 방식

(1) ㈎ 소의 취하는 소송이 계속 중인 법원에 서면으로 하는 것이 원칙이나 변론 또는 변론준비기일에서는 말로서도 할 수 있다(제266조 제3항). 이 서면에는 전자문서의 서면요건(전자문서 제4조의2)을 갖춘 전자문서도 포함된다. 따라서 전자문서에 의하여 전자적 방식에 의하여 전자파일로 할 수도 있다. 당사자가 소취하서를 작성하여 제출할 경우에는 반드시 소 취하권

98) 대판 2009.4.23. 2008다95151.
99) 대판 1980.8.26. 80다76.
100) 대판 1997.6.27. 97다6124.
101) 대판 1979.12.11. 76다1829.
102) 대판 1985.9.24. 82다카312,313,314.
103) 서울고판 1960.11.4. 4292민공1471.
104) 대결 2012.11.21. 2011마1980 참조.
105) 대판 2012.6.14. 2010다86112 참조.
106) 대판 2012.6.24. 2010다86112 참조.

자나 그 포괄승계인이 아닌 제3자를 통하여 제출하여도 적법하며, 상대방에게 소취하서를 교부하여 제출하여도 무방하다.[107]

(나) 소 취하의 진술은 조서에 적는다(제154조 1호). 소장이 피고에게 송달된 뒤에 서면으로 취하한 때에는 그 서면을, 상대방이 결석한 가운데에서 말로 소를 취하한 때에는 취하의 진술을 적은 조서의 등본을 피고에게 송달하여야 한다(제266조 제4항·제5항). 전자문서에 의한 경우에는 전산정보처리시스템에 의하여 전자적으로 송달하여야 한다(민소전자문서 제11조 제1항). 그 이유는 상대방으로 하여금 취하에 대한 동의 여부를 고려할 것을 촉구하고, 또 불필요한 소송 준비를 하지 않도록 한다는 취지이다.

(다) (i) 소의 취하는 법원에 대한 단독적인 소송행위이고 상대방에 대한 것이 아니므로 피고의 동의를 요하지 않는 소취하의 경우에는 법원이 취하서를 접수하거나 또는 소 취하의 진술을 할 때에 취하의 효력이 생기며 취하서가 상대방에게 송달된 때에 효력이 생기는 것이 아니다.

(ii) 전자문서에 의한 소장은 전산정보처리시스템에 전자적으로 기록된 때에 접수된 것으로 보는데(민소전자문서 제9조 제1항). 다만 전산정보처리시스템을 이용하려고 사용자등록을 한 등록사용자가 전자문서에 의한 소장을 법원에 제출하려는 경우에는 이를 전산정보처리시스템에 등재하여 줄 것을 법원행정처장에게 신청할 때에 접수된 것으로 보므로(위 법 제9조 제2항) 소 취하의 경우에도 이를 전산정보처리시스템에 등재하여 줄 것을 법원행정처장에게 신청할 때에 접수된 것으로 보아야할 것이다.

(2) 취하에 대한 상대방의 동의는 법원에 대하여 서면 또는 말로써 한다. 동의 여부에 대한 피고의 태도가 명확하지 아니한 경우에는 소송절차의 불안정과 소송지연을 피하기 위해서 취하의 서면이나 조서등본이 송달된 날로부터 2주일 이내에, 말로 취하할 때는 출석한 날로부터 2주일 이내에 피고가 이의를 제기하지 않으면 소의 취하에 동의한 것으로 간주한다(제266조 제6항).

4. 효과

(1) 소송계속의 소급적 소멸(제267조 제1항)

소가 취하되면 처음부터 소송계속이 없었던 상태가 되므로 소송은 종료된다.

(가) 소송은 더 이상 진행될 수 없으며 소송절차상 행위도 모두 없었던 것으로 된다. 예를 들어 당사자들이 한 공격·방어방법의 효과, 소송고지의 효과, 변론관할의 효과나 법원의 증거

107) 대판 2001.10.26. 2001다37514.

조사, 재판도 효력이 없게 된다. 그러나 법원이 인정한 사실이나 그 사실을 기록한 조서들이 소멸하는 것은 아니기 때문에 그 조서를 다른 소송에서 서증으로 이용하는 데는 지장이 없다. 또 소송계속으로 생기는 관련재판적(제25조, 제79조, 제269조 등)은 소가 제기될 때 생기므로(제33조) 소를 취하한다고 하여 소멸되지 않는다.

(나) 소제기로 생긴 실체법상 효과가 소 취하로 어떻게 되느냐는 경우마다 다르다.

(a) 사법상 의사표시를 겸하여 소장으로 한 채무자에 대한 이행을 청구하는 소는 그 소의 취하로 그 사법상 의사표시까지 소멸되지 않는다. 다만 소의 제기는 사법상으로는 재판 외에서 한 최고의 효력밖에 없으므로 소를 취하하고도 그 사법상 의사표시에 대한 시효를 계속해서 중단시키려면 6월 이내에 다시 재판상 청구, 파산절차의 참가, 화해를 위한 통지, 임의출석, 압류 또는 가압류·가처분을 하여야 비로소 최고는 시효중단의 효력이 생긴다(민 제174조).

(b) 소의 제기와 같이 한 취소, 해제 등 사법상 형성적 의사표시는 계약의 취소, 해제등 사법상 의사표시가 기재된 준비서면이 상대방에게 송달되었다면 그 효과가 발생한다. 그러나 계약의 취소, 해제등 사법상 형성적 의사표시가 기재된 준비서면이 아직 상대방에게 송달되지 아니하였는데 소를 취하하였다면 사법상 형성적 의사표시는 그 효과가 발생하지 않는다.

(c) 상계한다는 의사표시의 경우에는 비록 사법상 형성적 의사표시라고 하더라도 소의 취하 등 소송종료로 말미암아 법원으로부터 상계에 관한 실질적 판단을 받지 못하였다면 상계로 인한 채무소멸의 실체법상 효과가 발생하지 않는다고 보아야 한다(신병존설).[108)]

(다) 소 취하로 인한 소송비용의 부담 및 그 액수는 당사자의 신청에 의하여 법원이 결정으로 정한다(제114조 제1항). 소송비용은 패소자 부담이라는 원칙(제98조)에 따라 패소자에 준하여 원고에게 소송비용 전액을 부담시킬 수 있지만, 취하한 소가 원칙적으로 원고에게 무익한 것, 즉 권리의 늘이고 줄임 또는 방어에 필요한 행위가 아니었는데 피고가 채무를 이행하였기 때문에 소를 취하한 것이라는 등의 특별한 사정이 없는 한 패소한 당사자에 준하여 소를 취하한 원고가 소송비용의 부담자가 되는 것이 원칙이다.[109)]

(라) 원고가 각 심급의 변론종결 이전에 소를 취하한 경우에는 이미 붙인 인지액의 2분의 1에 해당하는 금액이 10만 원 미만이면 인지액에서 10만 원을 빼고 남은 금액을 환급 청구할

108) 소송행위와 사법상 형성권의 행사에 관하여는 1) 형성권은 소 취하, 소 각하 등에 관계없이 실체법상 그 효과가 유지된다고 하는 병존설, 2) 형성권도 소취하 등으로 소송법상 효과가 소멸하면 그와 함께 실체법상 효과도 소멸된다는 소송행위설 3) 형성권은 소 취하 등의 소송법상 효과와 관계없이 실체법상 효과가 유지되지만 소송상 상계의 항변에 관해서는 소 취하 등에 의하여 법원의 실체법적 판단을 받지 못한 경우에는 상계로 인한 채무소멸의 실체법상 효과도 발생하지 않는다는 신병존설이 있다. 저자는 신병존설을 지지한다. 판례(대판 2013.3.28. 2011다3329 참조)는, 민사사건이 조정성립으로 종료되고 수동채권의 존재에 관한 법원의 실질적인 판단이 이루어지지 아니하여 조정조서에 상계내용이 기재되지 아니한 경우에는 민사소송에서의 상계항변의 성질이 예비적 항변임에 비추어 상계항변의 사법상 효과는 발생하지 않는다고 하여 신 병존설과 같은 입장이다.

109) 대결 2020.7.17. 2020카확522.

수 있다(민인 제14조 제1항 2호). 다만 하나의 청구 중 일부를 감축한 경우는 인지액환급사유가 아니다.[110)]

(2) 재소의 금지(제267조 제2항)

㈎ **취지** (i) 당사자가 종국판결이 선고된 뒤에 소를 취하하였는데도 재차 소를 제기할 수 있다면 그 동안 본안판결에 이르기까지 법원이 들인 노력과 비용이 허사가 될 뿐 아니라 당사자는 종국판결의 결과를 보아가면서 상소를 하든지 소를 취하하고 재소를 하든지 결정할 수 있어 결국 법원의 종국판결은 당사자에 의하여 농락당하는 결과가 될 수 있다. 그러므로 종국판결 선고 이후에는 재소가 금지된다(제267조 제2항).

(ii) 청구의 인낙이 허용되지 않는 가류 및 나류 가사소송사건(가소 제12조)에 관해서도 소는 취하할 수 있는데 이 경우에도 재소의 금지 원칙은 적용된다.

(b) 채권자대위권에 의한 소송의 본안에서 채권자가 종국판결 선고 후 소를 취하한 경우 그 본안소송을 알고 있었던 채무자는 제3채무자를 상대로 공동소송적 보조참가를 하여 그 소 취하를 저지할 수 있었는데 그러한 공동소송적 보조참가를 하지 아니하여 소 취하를 막을 수 없었으므로 소 취하로 인한 재소금지의 효력은 채무자에게 미쳐서 채무자는 재소를 할 수 없다.[111)]

(c) 소송외의 화해로 분쟁을 마치면서 소송종료의 형식을 화해가 아니라 소 취하로 한 경우에 다시 소를 제기하는 것은 비록 형식은 종국판결선고 이전의 소취하라고 하지만 본질에서는 화해로 종료된 소송이후의 재소라고 할 것이므로 종국판결선고 이후의 소 취하 금지와 같은 취지에서 재소가 금지된다.[112)]

(d) 화해권고결정이 확정되어 소송이 종결된 경우에 화해권고결정문에 '원고는 소를 취하하고 피고는 이에 동의한다'는 화해조항이 있다면 소취하한 경우와 마찬가지이므로 재소가 금지된다.[113)]

㈏ **같은 소** 본안에 대한 종국판결이 선고된 뒤에 소를 취하한 자는 같은 소를 제기하지 못한다(제267조 제2항). 같은 소의 요건은 다음과 같다.

(a) **당사자의 동일** (i) ㈀ 재소가 금지되는 당사자는 이전 소송과 같은 원고나 그 원고의 지위를 포괄적으로 승계한 포괄승계인이다. 피고는 재소에 아무런 제약이 없다.

㈁ 특정승계인도 재소금지의 취지가 당사자의 종국판결을 농락한 데 대한 제재라고 한다

110) 대결 2012.4.13. 2012마249.
111) 서울고판 1977.6.3. 76나3396.
112) 대판 1983.3.22. 82누354.
113) 대판 2021.7.29. 2018다230229.

면 제외할 이유가 없다.[114] 판례는, 특정승계인에 대하여 일률적으로 재소금지의 제재를 하지 아니하고 그 특정승계인에게 재소금지의 취지에 반하지 아니하는 소제기의 이익이 있다면 재소를 허용할 수 있다고 하였다.[115] 판례의 취지는, 당사자의 동일성 문제라고 하기 보다는 뒤에서 설명하는 소의 이익이 있는 경우에는 당사자가 동일하더라도 재소를 허용할 수 있다는 것으로 보인다.

(ii) 소를 취하한 사람이 선정당사자(제53조)일 때에는 선정자도 선정당사자에 대한 판결의 효력을 받으므로(제218조 제3항) 변론종결 이후 소를 취하한 후에는 재소가 금지된다. 같은 취지에서 채권자대위소송이 종국판결 선고 이후에 취하되고 피대위자가 이 사실을 안 경우에도 피대위자의 위 대위소송과 동일한 재소는 금지된다.[116]

(b) **소송목적의 동일** (i) 같은 소가 되기 위해서는 이전 소송과 뒤의 소송의 소송목적이 같아야 한다. 즉, 확인소송의 경우에는 청구의 취지가, 이행 및 형성소송에서는 청구의 취지와 원인이 같아야 하는 것이다. 예컨대 원고가 제기한 건물철거청구의 소가 제1심의 본안에 대한 종국판결이 있은 후에 취하한 전소와 동일한 소에 해당하는지 여부는 그 소송목적의 동일성 유무에 따라 판단되어야 할 것이므로 원고가 제1심의 종국판결이 선고된 후에 취하한 전소가 토지소유권에 기초하여 그 지상건물인 가건물의 철거를 구한 것이었다면 비록 원고의 후소에서 피고가 지상건물의 점유자임을 이유로 한 것이었다 하더라도 그 전소와 원고의 후소는 다 같이 토지소유권에 기초한 방해배제청구권을 소송목적으로 하는 것이고 상대방이 철거를 구하는 지상건물의 소유자 또는 점유자라는 주장은 소송목적과 관계없이 철거청구권의 행사를 이유 있게 하기 위한 공격방어방법에 불과하므로 전소와 후소는 동일한 소에 해당한다.[117]

(ii) 후소가 전소의 소송목적을 선결적 법률관계 내지 전제로 하는 것일 때에는 비록 소송목적은 다르지만 본안의 종국판결 후에 전소를 취하한 자는 전소의 소송목적이었던 권리 내지 법률관계의 존부에 대하여는 다시 법원의 판단을 구할 수 없는 관계로 후소에 대하여 동일한 소로써 판결을 구할 수 없다고 풀이하여야 한다.[118] 예를 들어 원본채권의 이행을 청구하는 소에 대한 종국판결이 선고된 뒤에 그 소를 취하한 다음 다시 원본채권에 대한 이자채권의 소송을 제기하는 것은 이전 소송의 소송목적이 뒤에 제기된 소송의 선결적 법률관계에 있으므로 재소가 금지되는 것이다. 그러나 그 이자채권의 종국판결 선고 후에 소를 취하한 다음 원본채권의 이행을 청구하는 소송은 이자채권이 원본채권의 선결적 법률관계가 아니므로 재소금지

114) 같은 취지: 정동윤 외 2, 666면.

115) 대판 1981.7.14. 81다64,65.

116) 대판 1981.1.27. 79다1618. 그러나 호문혁, 658면은 채권자대위소송은 임의적 소송담당이 아니라 법정소송담당이므로 재소가 금지되지 않는다고 한다.

117) 대판 1985.3.26. 84다카2001.

118) 대판 1989.10.10. 88다카18023.

의 제재를 받지 아니한다.

(c) **소 이익의 동일** (i) 소 취하 후에 재소를 금지하는 취지는, 기판력의 모순·저촉을 방지하자는 중복된 재소의 금지(제259조)와 달리 당사자가 소의 이익이 없어도 법원의 종국판결을 농락한 데 대한 제재에 있다. 따라서 본안에 대한 종국판결이 있은 후소를 취하한 자라고 하더라도 이러한 규정의 취지에 반하지 아니하고 소제기를 필요로 하는 정당한 사정이 있다면 다시 소를 제기할 수 있다고 보아야 한다.[119)]

(ii) 그러므로 확인하는 이익이 소 취하 뒤에 다시 생긴 경우, 이행기가 아직 오지 아니하였다는 이유로 소를 취하하였다가 이행기가 도래한 경우, 이전 소송 취하의 전제조건이 되는 약정사항을 상대방 당사자가 위반함으로써 그 약정이 해제 또는 실효되는 사정변경이 생긴 경우,[120)] 원고가 피고들이 제1심 변론종결 이후에도 계속하여 부정경쟁행위를 하고 있음을 전제로 하여 그 침해행위의 금지를 청구함과 아울러 제1심에서 청구하지 아니하였던 기간에 생긴 손해배상을 청구하는 경우[121)],집합건물의 구분소유자가 자신의 공유지분권에 관한 사용수익의 실현을 목적으로 하는 소송을 취하한 뒤 집합건물의 관리단이 구분소유자의 공동이익을 위하여 제소하는 경우[122)] 피고 보건복지부장관이 원고에 대하여 법 규정에 따라 40일의 요양기관 업무정지 처분을 하자, 원고가 위 업무정지 처분의 취소를 구하는 소송(전소)을 제기하였다가 패소한 뒤 항소하였는데, 피고 보건복지부장관이 항소심 계속 중 법 규정에 따라 위 업무정지 처분을 과징금 부과처분으로 직권 변경하므로, 원고가 전소를 취하하고 과징금 부과처분의 취소를 구하는 소송(후소)을 제기한 경우와 같이 다시 소를 제기할 필요성이 있는 때[123)] 등에는 재소가 허용된다.

(d) **본안에 대한 종국판결이 선고된 뒤 소의 취하** (i) 본안에 대한 종국판결이 선고된 뒤에 소를 취하한 경우에 국한해서 재소금지가 제한된다. 따라서 소각하 판결, 사망자를 상대로 한 판결과 같은 무효의 판결 또는 소송종료선언과 같이 본안에 대한 종국판결이 아닌 소송판결의 경우에는 그 판결이 선고된 뒤에 소를 취하하더라도 재소가 허용된다. 본안판결이라고 하면 원고승소판결이든 원고패소판결이든 묻지 않는다.

(ii) 항소심에서 소를 교환적으로 변경하면 구 청구는 철회되어 제1심 종국판결이 선고된 뒤에 소를 취하한 셈이 되므로 원고가 다시 신 청구를 구 청구로 소를 교환적 변경을 하는 것은 재소금지의 제한을 받는다.[124)] 그러나 채권자취소소송이 제기되어 진행 중에 채무자에 대

119) 대판 1993.8.24. 93다22074, 1998.3.13. 95다48599,48605, 2023.3.16. 2022두58599 등.
120) 대판 2000.12.22. 2000다46399.
121) 대판 2009.6.25. 2009다22037.
122) 대판 2022.6.30. 2021다239301(평석은 [102] 참조).
123) 대판 2023.3.16. 2022두58599.
124) 대판 1987.6.9. 86다카2600.

한 회생개시결정이 있어서 소송절차가 중단되고 관리인이 기존의 원고 채권자를 수계하여 채권자취소소송을 부인(否認)소송으로 변경하였는데 회생절차가 종료되어 채무자가 소송절차를 수계한 경우에 채권자가 부인소송을 교환적으로 다시 채권자취소소송으로 변경하는 것은 채무자회생법 제113조 제2항, 제59조 제4항에 따른 당연한 조치로서 재소금지의 제한을 받지 아니 한다.[125)]

(iii) 제1심판결이 취소 · 환송(제418조)되어 다시 제1심이 계속되는 경우에는 아직 종국판결이 없으므로 환송 후의 본안판결이 있기 전까지는 재소금지의 제한 없이 소를 취하할 수 있다.

(iv) 종국판결 선고 이후에 소 취하 합의의 존재가 소송상 주장되어 소가 각하된 경우에도 재소할 수 없는 데는 변함이 없으므로 재소금지원칙이 적용된다.

(v) 소 취하의 합의가 부제소합의의 취지였다면 종국판결 선고 이전에는 그 합의에 따라 소가 취하되어야 할 것인데 원고가 소를 취하하지 아니하여 소 각하가 된 경우에도 부제소의 합의 취지는 존중되어야 할 것이므로 종국판결 선고후 재소가 되면 이를 각하하여야 할 것이다.

(vi) 갑이 을 및 병을 상대로, 을에 대하여는 매매를 원인으로 한 소유권이전등기 절차의 이행을, 병에 대하여는 을을 대위하여 소유권보존등기 말소등기절차의 이행을 구하는 소를 제기한 전소에서, 을은 갑의 청구를 인낙하였고, 병에 대한 부분은 제1심에서 갑의 승소판결이 선고되었다. 이에 대하여 병이 항소를 제기하여 항소심에 계속 중 갑이 병에 대한 소까지 취하하였다. 그런데 을은, 갑이 을을 대위하여 을의 권리를 행사할 자격이 없었다고 주장하면서 병을 상대로 소유권보존등기 말소등기절차의 이행을 구하는 소를 제기한 경우에, 판례[126)]는, 나중에 갑의 을에 대한 권리가 없음이 밝혀져 갑이 을을 대위하여 을의 권리를 행사할 자격이 없었다고 하더라도 이전 소송에서 을이 적극적으로 갑의 주장을 인정하면서 갑의 청구를 인낙하여 갑에게 대위소송을 제기할 대위 적격을 부여한 이상 을은 재소금지의 원칙상 병을 상대로 동일한 소송 제기할 수 없다고 하여 을의 청구를 부적법 각하하였다. 왜냐하면 을을 대위한 갑의 병에 대한 청구에서 을에 대한 갑의 청구를 을이 인낙함으로써 그 기판력의 효과로 을은 갑의 청구를 더 이상 다툴 수 없는 지위에 있게 되었기 때문이다.

㈐ **효과** (a) 재소금지의 원칙은 피고를 보호하기 위한 것이 아니고 소 제기자가 권리를 남용하여 법원의 종국판결을 농락하는 사태를 방지하자고 하는 공익적 성질을 갖고 있기 때문에 직권조사사항이다.

(b) 재소금지의 원칙은 실체법상 권리를 소멸시키는 것이 아니라 상대방에 대한 이행청구를 소로써 청구할 수 없는 소송법상 효과에 그치고 실체법상 권리관계에는 영향을 주는 것은 아니다. 따라서 재소금지의 효과를 받는 권리관계라고 하여 실체법상으로도 권리가 소멸하는

125) 대판 2022.10.27. 2022다241998.
126) 대판 1995.7.28. 95다18406.

것은 아니다.[127] 그러므로 재소가 금지되는 채권이더라도 임의변제, 담보권실행, 반대채권으로 상계의 주장을 할 수 있고, 상대방도 그 권리의 부존재확인을 구할 이익이 있다.

(c) 주주의 대표소송에서 청구의 포기는 법원의 허가를 받아야 하고(상 제403조 제6항), 증권관련집단소송에서 청구의 포기도 법원의 허가를 받아야 하는데(증집소 제35조) 이 경우에는 종국판결선고 이후에 소를 취하하더라도 재소금지의 제한이 없다. 이 경우까지 재소가 금지된다면 당사자가 종국판결 선고 후 소를 취하하는 것은, 재소가 금지됨으로써 법원의 허가 없이 청구포기를 한 결과와 같이 되기 때문이다.

5. 소의 취하로 보는 경우

다음의 세 가지 경우가 있다.

(1) 기일에 당사자 양쪽이 출석하지 아니하거나 출석하더라도 변론하지 아니하고 새로 지정된 기일 또는 그 후의 기일에 다시 출석하지 아니하거나 출석하여도 변론하지 않은 때에는 1월 이내에 기일지정신청을 하지 아니하면 소를 취하한 것으로 본다(제268조 제2항). 배당이의의 소에서는 이의한 사람이 첫 변론기일에 출석하지 아니한 때에는 소를 취하한 것으로 보지만(민집 제158조) 여기의 '변론기일'에 '첫 변론준비기일'은 포함되지 않는다.[128]

(2) 법원이 피고 경정신청을 허가하는 결정을 한 때에는 종전의 피고에 대한 소는 취하된 것으로 본다(제261조 제4항).

(3) 법원이 화재 · 사변 기타 재난으로 말미암아 소송기록을 멸실 당한 경우에 원고 · 신청인 · 상소인이 6월 이내에 소장 · 신청서 혹은 상소장을 제출하지 아니한 경우에는 소 · 신청 · 상소의 취하로 본다(법원재난에 기인한 민 · 형사사건임시조치법 제2조, 제3조).

6. 소의 취하에 관한 분쟁

(1) 원칙

소 취하의 유무 및 효력은 소송계속의 유무를 결정하는 문제이기 때문에 직권으로 조사하지 않으면 안 된다.

(2) * 종국판결선고 이전의 소 또는 상소취하, 간주취하(제268조 제2항)의 효력에 관한 분쟁

㈎ 소의 취하가 부존재 또는 무효인 경우에 당사자는 소의 취하 등으로 종결된 변론절차

127) 대판 1989.7.11. 87다카2406.
128) 서울고판 2005.7.1. 2003나75307.

에 기일지정신청을 할 수 있다(민소규 제67조 제1항). 이 규정은 제1심판결 선고 이전에 소의 취하가 있었던 경우는 물론이고 종국판결 선고 후 상소심에 기록이 송부되고 상소심에서 소의 취하가 있었던 경우에도 준용되며(민소규 제128조, 제135조), 소송절차의 수계신청(제241조) 또는 법원의 속행명령(제244조)이 없어 소송절차가 종결되었는지 여부가 다툼이 되는 경우에도 준용된다.

(나) 예를 들어 소의 취하에 제451조 제1항 5호의 '형사상 처벌받을 다른 사람의 행위로 인한 사유 또는 이에 준하는 사유'가 있다고 하여 그 부존재 또는 무효를 주장하려면 당사자는 해당 소송절차에서 기일지정신청부터 하여야 한다(민소규 제67조 제1항). 법원은 당사자의 기일지정신청이 있을 때에는 변론을 열고 그 당부를 심리하여 그 결과 소의 취하가 유효한 경우에는 종국판결로 소송종료선언을 하여야 하고, 소의 취하가 무효일 때에는 취하당시의 소송 정도에 따라 필요한 절차를 속행하고 이를 중간판결(제201조)이나 종국판결의 이유에서 그 판단을 표시하여야 한다(민소규 제67조 제2항 · 제3항). 어느 경우에나 별소로 소취하의 무효확인청구를 할 수 없다.

종국판결선고 이전 소취하 · 상소취하 · 간주취하의 효력 관련 분쟁

1. 소취하의 부존재 · 무효 주장 절차(민소규 제67조 제1항)

- 소취하가 무효이거나 존재하지 않는다고 주장하는 경우, 당사자는 기일지정신청을 해야 함
- 이는 제1심 변론종결 전 취하뿐 아니라, 상소심 취하, 수계 · 속행 여부가 문제 되는 경우에도 준용
- 예시(형사상 처벌될 행위 등으로 인한 소취하 무효 주장)
- 제451조 제1항 제5호 사유(형사처벌받을 타인의 행위 등)에 해당한다고 주장하는 경우도, 먼저 기일지정신청 → 법원이 심리 → 취하 유효 여부 판단 절차를 거쳐야 함

2. 법원의 처리 방식(민소규 제67조 제2항 · 제3항)

- 취하가 유효: 종국판결로 소송종료선언
- 취하가 무효: 취하 당시 소송절차 상태에 따라 속행하고, 판결 이유나 중간판결에서 무효 여부 판단 표시
- 별소 제기 불가
- 소취하 무효확인 소송을 별도로 제기할 수 없음

□ 핵심정리

소취하가 무효인지 다투려면 반드시 기일지정신청 → 본안 절차 내 심리를 거쳐야 하며, 별도의 확인소송은 허용되지 않는다.

(3) 종국판결선고 이후의 취하

종국판결이 선고된 뒤에 상소를 제기하였으나 기록이 늦게 보내져 미처 상소심에 이심되기 이전 또는 상소제기 이전에 위와 동일한 이유로 원고가 소를 취하하였다가 그 취하를 무효라고 다투면서 기일지정신청을 하였을 때에는 다음과 같이 처리한다.

㈎ 상소의 이익이 있는 당사자 모두가 상소를 한 경우에는 원심법원이 아니라 상소심법원이 그 당부를 심판하여야 하되, 그 심판절차는 변론을 열어 통상 기일지정신청절차에 의하여 심판한다(민소규 제67조 제4항 1호 · 2호, 제2항 · 2제3항).

㈏ 그 밖의 경우에는 상소심법원이 아니라 원심법원이 그 당부를 심판한다. 원심법원은 신청이 이유 있다고 인정하는 때에는 판결로 소취하 무효선언을 하여야 한다(민소규 제67조 제4항 2호). 소취하 무효선언이 확정된 때에는 유효한 소의 취하로 알고 상소를 제기하지 아니하였거나, 상소를 취하한 당사자도 상소를 제기할 수 있다. 이때의 상소기간은 소취하 무효선언이 확정된 다음날부터 전체기간이 새로이 진행한다(민소규 제67조 제5항).

㈐ 소 또는 상소취하의 부존재를 전제로 재심소송을 제기한 경우에도 재심절차에서 처리할 것이 아니라 재심대상사건의 본안에서 소 취하의 분쟁에 관한 위의 절차에 의해서 처리하여야 한다.[129] 그렇지 아니하고 재심절차에서 하여야 한다면 유죄의 확정판결 존재(제451조 제2항), 재심관할법원(제453조), 재심제기의 기간(제456조) 등 여러 가지 제약이 있어 소 또는 상소 취하의 효력을 다투는 목적을 달성할 수 없는 사태가 생길 수 있기 때문이다.

[80] 제2. 청구의 포기 · 인낙

1. 뜻과 성질

(1) 뜻

청구의 포기는 원고가 자기의 소송상 청구를 이유 없다고 부정하는, 청구의 인낙은 피고가 자기에 대한 원고의 소송상 청구를 이유 있다고 인정하는 소송상 진술들을 말한다. 청구의 포기 · 인낙을 조서에 기재하면 그 조서는 확정판결과 같은 효력이 있어(제220조) 소송을 마치게 된다.[130] 그 결과 청구의 포기는 원고청구기각의 확정판결과, 청구의 인낙은 원고청구인용의 확정판결과 같은 효력이 있다. 청구의 포기 · 인낙이 있으면 당사자들의 소송목적에 관한 분쟁이 해소되어 법원은 청구의 당부에 관하여 심리판단을 할 필요가 없게 된다.

129) 대판 2012.6.14. 2010다86112.
130) 대판 2022.3.31. 2020다271919.

(가) 청구의 포기 · 인낙은 해당 소송절차에서 당사자가 법원에 대하여 하는 소송행위이다. 따라서 소송 외에서 상대방에 대하여 같은 내용의 진술을 하면 그것이 채무의 승인, 권리의 포기와 같은 실체법상 행위가 될지 몰라도 소송법상으로는 효력이 없다.

(나) 청구의 포기가 되면 청구를 포기한다고 하는 당사자의 의사를 기준으로 분쟁이 해결된다. 따라서 그러한 분쟁해결의 기준이 없이 소송을 마치는 소의 취하와 구별된다.

(다) (a) 청구의 포기 · 인낙은 판결에 의하지 않고 당사자 한 쪽의 의사표시에 의하여 분쟁을 해결하고 소송을 마치기 때문에 조건 없이 하여야 하고 소송 외에서 그 성립여부가 밝혀지는 조건을 붙여서는 안 된다. 이와 같이 청구의 인낙은 상대방의 주장을 무조건 인정하여야 하므로 청구는 인정하나 반대채권과 상계한다든지 반대급부의 이행과 상환으로 청구를 인정한다는 진술은 청구의 인낙이 아니다.

(b) 판례는 예비적 청구만을 대상으로 하는 청구의 인낙은 무효라고 하였다.[131] 그러나 주위적, 예비적 조건이 소송 내에서 허용되는 이상 주위적 청구가 인용되면 예비적 청구에 관하여 판단할 필요가 없어 판례와 같이 무효로 보아야 하지만 주위적 청구가 기각되는 경우에는 예비적 청구에 관하여 판단할 필요가 있기 때문에 인낙의 효력을 인정하여야 할 것이다.[132]

(라) 청구의 포기 · 인낙의 대상은 소송상 청구이다. 따라서 청구의 이유를 이루는 개개의 사실이나 선결적 법률관계의 존재 또는 부존재를 인정하는 자백이나 권리자백과 구별된다. 자백 혹은 권리자백이 있는 경우에 법원은 자백한 사실 또는 권리관계를 기초로 다시 청구의 당부를 심리하여야 하지만 청구의 포기 · 인낙이 이루어지면 더 이상 청구의 당부에 관해서 심판할 필요가 없다.

(마) 청구의 일부 인용판결이나 청구의 일부 기각판결이 가능한 것처럼 나눌 수 있는 청구금액의 분량적 일부만 인정하는 청구의 인낙 또는 분량적 일부만 부정하는 청구의 포기도 할 수 있다. 그 일부에 관한 분쟁을 독립하여 종결시킴으로써 그 부분에 관한 자주적 분쟁해결을 인정할 실익이 있기 때문이다.

(바) 청구의 포기 · 인낙은 판결에 의하지 않고 소송을 마친다는 점에서 재판상 화해와 같다. 그러나 전자는 당사자 한 쪽이 무조건 양보하는 단독행위인데 대하여 후자는 양쪽이 상호 양보를 하여 소송을 마친다는 점에서 양쪽은 구별된다.

(2) 성질

(가) **학설** (a) **사법행위설** 이 학설은 청구의 포기 · 인낙을 권리의 포기나 채무의 승인

131) 대판 1995.7.25. 94다62017.
132) 같은 취지: 이시윤, 574면.

과 같이 실체법상 권리 처분을 목적으로 하는 의사표시로 보고 청구의 포기 · 인낙에 의하여 소송을 마치는 것은 소의 취하를 동반하기 때문이라고 한다. 그러나 이 학설에 의하면 사법상 권리의 존재를 전제로 하지 않는 소극적 확인소송에서도 포기 · 인낙이 가능한 이유를 설명할 수 없다.

(b) **양성설 및 양행위병존설** 양성설은 청구의 포기 · 인낙이 하나의 행위이지만 사법행위와 소송행위의 양쪽 성질을 겸한다는 견해이고, 양 행위병존설은 포기 · 인낙이 외형상 하나의 행위이지만 사법행위와 소송행위의 양쪽 행위가 병존한다는 견해이다. 이들 견해는 청구의 포기 · 인낙이 소송법상 효력을 가지기 위해서는 사법상 유효요건도 갖추어야 한다고 하여 사법행위와 소송행위의 관련성을 인정하자는 것이다. 청구의 포기 · 인낙을 하는 진술을 사법행위와 소송행위의 성질을 동시에 갖고 있다고 본다면 소송법과 실체법이 병존 또는 경합적으로 적용되는 결과 소송법상 요건이나 실체법상 요건 중에서 어느 하나의 요건에 흠이 있으면 포기 · 인낙의 진술은 전체로서 무효가 될 것이다. 그러므로 이 학설에 의하면 청구의 포기 · 인낙에 사법상 무효 또는 취소사유가 있는 경우에는 포기 · 인낙의 무효로 말미암아 소송종료의 효과가 생기지 않기 때문에 당사자는 준재심(제461조)의 방법에 의하지 아니하고 기일지정신청으로 청구의 포기 · 인낙의 효력을 다툴 수 있다.

(c) **소송행위설** 청구의 포기 · 인낙은 당사자 한 쪽의 법원에 대한 소송행위로 보는 견해로서 통설이다. 제220조는 포기 · 인낙조서에 확정판결과 같은 효력을 인정하고 있고, 제461조는 그 조서에 대한 불복의 길을 준재심에 한정시키고 있어 청구의 포기 · 인낙을 소송행위로 보는 근거가 된다.

(나) **판례** 판례는 청구의 포기 · 인낙은 원칙적으로 당사자 한 쪽의 법원에 대한 소송행위로 보는 소송행위설의 입장이다.[133)]

(다) **결론** (a) 우리 민사소송법에는 반사회질서의 법률행위에 관한 민법 제103조와 같은 규정을 따로 두고 있지 않다. 그러나 외국의 확정재판 등은 그 내용 및 소송절차에 비추어 그 확정재판 등이 대한민국의 선량한 풍속이나 그 밖의 사회질서(민 제103조)에 어긋나지 아니할 것을 외국재판의 승인요건으로 하면서(제217조 제1항 3호), 이를 직권조사사항으로 규정한다(제217조 제2항). 그렇다면 우리나라의 재판도 민법 제103조에 위반되어서는 안 될 것이다. 왜냐하면 외국법원의 확정재판 등은 민법 제103조에 위반되면 승인이 거절됨으로써 우리나라에서는 그 재판의 효력을 주장할 수 없는데 거꾸로 우리나라의 확정재판 등이 민법 제103조에 위반되더라도 재심사유가 아니라고 하여 이를 방치한다는 것은 내 · 외국재판의 역차별일 뿐 아니라 민법 제103조라는 보편적 법원칙의 적용을 거부하여 부당하기 때문이다. 따라서 법원

---

133) 대판 1957.3.14. 4289민상439.

은 우리나라의 확정재판 등에 재심사유가 있는지 여부를 떠나 제217조 제2항에 따라 재판 등의 내용 및 소송절차가 민법 제103조에 어긋나는지 여부를 직권으로 조사하여야 할 것이다.

(b) 그렇다면 판례와 같이 청구의 포기 · 인낙을 당사자 한 쪽의 법원에 대한 소송행위로 보고, 제220조가 포기 · 인낙조서에 확정판결과 같은 효력을 인정하면서, 제461조가 그 조서에 대한 불복의 길을 준재심에 한정시키고 있다고 하더라도 청구의 포기 · 인낙조서와 그 조서가 작성될 때까지의 경과에 민법 제103조에 위반되는 사유가 있는 경우에는 제217조 제2항에 따라 그 포기 · 인낙조서의 내용 및 소송절차가 민법 제103조에 어긋나는지 여부를 직권으로 조사하여야 할 것이다. 따라서 이 경우에는 청구의 포기 · 인낙조서의 무효를 주장할 수 있는 기일지정신청 또는 별소의 제기를 허용하여야 할 것이다.

(c) 결국 청구의 포기 · 인낙조서에 통설과 판례에 따라 확정판결과 같은 효력을 인정하더라도 그 내용 및 성립절차가 민법 제103조에 위반되는 경우에는 사법행위와 같이 무효로 보아야 할 것이므로 청구의 포기 · 인낙은 결과적으로 소송행위와 사법행위가 경합되는 성질이 있다고 하여야 한다.

2. 요건

(1) 당사자

(개) 통설 · 판례에 의하면 청구의 포기 · 인낙은 소송행위의 성질이 있으므로 당사자로서는 당사자능력, 소송능력을 갖추어야 하며, 소송상 대리인에 의하는 경우에는 특별한 권한을 받아야 한다(제56조 제2항, 제90조 제2항).[134] 위의 경우 법원은 소송계속 후 필요하다고 인정할 때에는 제한능력자를 위한 특별대리인을 선임 · 개임하거나 해임할 수 있는데(제62조 제2항) 제한능력자 가운데에서 의사무능력자의 특별대리인이 청구의 포가·인낙을 하는 경우에는 이것이 본인의 이익을 명백히 침해한다고 인정할 때에는 그 행위가 있는 날부터 14일 이내에 결정으로 이를 허가하지 아니할 수 있고, 이 결정에 대해서는 불복할 수 없다(제62조의2 제2항). 이 결정은 법원이 후견적 입장에서 직권으로 행하는 것이기 때문이다.

(내) 필수적 공동소송의 경우에는 공동소송인들 전원이 일치하여 청구의 포기나 인낙을 하여야 하고(제67조 제1항), 독립당사자참가가 있을 때에는 본소의 당사자가 포기 · 인낙을 하더

134) 국가를 당사자로 하는 소송에 관한 법률 제7조에 의하면 국가소송수행자로 지정된 자는 당해 소송에 관하여 대리인의 선임 이외의 모든 재판상 행위를 할 수 있도록 규정되어 있으므로, 소송수행자는 별도의 특별수권 없이 당해 청구의 인낙을 할 수 있고, 그 인낙행위가 같은 법 시행령 제3조 및 같은 법 시행규칙 제11조 제5항 소정의 법무부장관 등의 승인 없이 이루어졌다고 하더라도 소송수행자가 내부적으로 지휘감독상 책임을 지는 것은 별론으로 하고 그 소송법상 효력에는 아무런 영향이 없다(대판 1995.4.28. 95다3077 참조). 왜냐하면 국가소송수행자는 소송위임에 기초한 소송대리인이 아니라 법률에 의한 소송대리인이기 때문이다.

라도 참가인이 다투면 포기 · 인낙의 효력이 생기지 않는다(제79조 제2항, 제67조 제1항).

(다) 소송담당자에 의한 청구의 포기 · 인낙은 담당자의 소송수행권의 기초가 중요할 것이다.

(a) 추심명령을 얻은 압류채권자(민집 제238조)와 같이 본인은 당사자적격이 없고 소송담당자가 본인에 갈음하여 당사자적격이 있는 갈음형 소송담당의 경우에는 소송담당자에게 일체의 관리처분권이 있으므로 소송담당자가 청구의 포기·인낙을 할 수 있다.

(b) 채권질의 질권자(민 제353조), 채권자대위권을 행사하는 채권자(민 제404조), 주주의 대표소송에서 주주(상 제403조) 등과 같이 본인도 소송담당자와 함께 당사자적격이 있는 경우에는 담당자에게 일체의 관리처분권을 인정할 수 없으므로 소송담당자가 본인을 갈음하여 청구의 포기·인낙을 할 수 없다고 하여야 한다.

(c) 파산재단에 소송을 하는 파산관재인(채무자회생 제359조)은 파산자는 당사자적격이 없고 파산관재인이 파산자에 갈음하는 갈음형 소송담당자이지만 파산관재인에게는 법률상 총파산채권자의 이익대표라고 하는 성격이 있어 법은 그 이익을 확보할 것을 직무내용으로 규정하고(채무자회생 제361조), 현실의 직무수행에 대하여 법원 또는 채권자집회가 감독(채무자회생 제358조, 제364조, 제365조)하므로 파산관재인은 감독자의 허가 없이는 청구의 포기 · 인낙을 할 수 없다고 하여야 한다.

(2) 소송목적

(가) (a) 청구의 포기 · 인낙은 자유롭게 처분할 수 있는 권리나 법률관계에 관하여 허용되므로 그 처분이 제한되는 직권탐지주의가 적용되는 사건에 관해서는 청구의 포기 · 인낙이 제한된다.

(b) (i) 가사소송에서는 협의이혼이나 협의파양을 인정하고 있으므로 이혼소송과 파양(罷養)소송은 인낙도 허용된다고 하여야 할 것이지만[135] 이혼과 파양을 제외한 나머지 가사소송은 제3자에 대해서도 인용판결의 효력이 미치기 때문에 청구의 인낙을 할 수 없다. 가사소송법 제12조는 이를 명문으로 청구의 인낙을 허용하지 않는다.

(ii) 판례는 인지청구권은 성질상 청구를 포기할 수 없고, 포기하더라도 효력이 발생할 수 없다고 한다.[136] 그러나 인지청구권 이외에는 청구의 포기가 허용된다고 하여야 한다. 청구의 포기는 청구의 인낙과 달리 민사소송법의 적용제외를 규정하고 있는 가사소송법 제12조에 포함되어 있지 않을 뿐 아니라 소의 취하와 같이 소송행위의 철회라는 성질이 있으므로 이를 불허할 이유가 없기 때문이다.[137]

---

135) 같은 취지: 이시윤, 573면.
136) 대판 1987.1.20. 85므70 참조.
137) 반대: 이시윤, 573면.

(c) 회사관계소송에서 청구인용판결은 그 효력이 제3자에게 미치므로(상 제190조, 제376조 제2항, 제380조) 청구의 인낙은 허용되지 않는다.[138] 그러므로 회사합병무효의 소에서 피고는 청구의 인낙을 할 수 없다.[139] 그러나 소의 취하가 허용되는 이상 청구의 포기는 가능하다고 해야 한다.

(d) 이사책임추궁의 소(상 제403조 제1항) 및 주주의 대표소송(상 제403조 제3항)에서 청구의 포기 · 인낙은 법원의 허가를 받아야 하고(상 제403조 제6항), 증권관련집단소송에서 청구의 포기도 법원의 허가를 받아야 한다(증집소 제35조 제1항).

(나) (a) 인낙을 할 수 있는 소송목적은 현행법질서가 인정하는 것이어야 하며 선량한 풍속 기타 사회질서에 위반되어서는 안 된다(민 제103조). 그러므로 물권법정주의에 위반된 물권의 창설을 구하는 청구취지의 인낙이나, 축첩관계를 인정하는 청구취지의 인낙은 허용되지 않는다. 강행법규에 또는 민법 제103조에 위반된 청구를 청구취지에서 구하는 경우에는 가령 당사자가 이를 인정하더라도 국가가 그 권리의 행사 및 실현에 협력할 수 없기 때문이다.

(b) 다만 청구취지의 권리관계(예, 금전청구)는 인정할 수 있어도 청구원인이 불법원인에 기초한 청구(예, 도박채권에 기한 금전청구)인 경우에는 문제가 있다. 통설 · 판례인 소송행위설에 의하면 도박채권에 기한 청구원인은 제451조 제1항의 재심사유에 해당하지 아니하므로 인낙조서를 취소할 수 없어 청구의 인낙을 허용할 수밖에 없다. 그러나 사법행위설이나 양성설에 의하면 도박채권은 실체법상 청구할 수 없는 무효의 채권이므로 청구의 인낙을 불허하여야 할 것이다. 위 학설들의 정당성 여부를 떠나 이미 앞에서 설명한 것과 같이 선량한 풍속 기타 사회질서에 위반되는 경우에는 그것이 비록 청구원인에 그친다고 하더라도 그 청구의 포기나 인낙을 허용해서는 안 될 것이다.

(다) 청구의 포기 · 인낙은 소송요건을 구비하여야 허용되는지 문제이다. 소송요건 중에서 판결의 무효사유 또는 재심에 의한 취소사유와 같이 재판제도의 설치 · 운영자가 공적 이익의 확보를 목적으로 하는 경우, 예를 들어 재판권, 직무관할, 당사자의 실재, 소송능력 등 및 민법 제103조에 위반되는 경우 등은 피고가 다투는지 여부를 떠나서 소송요건의 흠이 있으면 소각하 판결을 하여야 하고 청구의 포기 · 인낙을 허용할 수 없다. 그러나 그 이외의 경우 예를 들어 임의관할, 당사자능력, 중복된 소제기의 금지원칙이나 소의 이익 등과 같이 무익한 소송의 배제 혹은 피고의 이익을 보호할 목적으로 하는 소송요건의 경우에는 피고가 그 존부를 다투지 않는다면 청구의 포기 · 인낙을 허용하여야 할 것이다.

---

138) 대판 2004.9.24. 2004다28047.

139) 대판 1993.5.27. 92누14908.

3. 절차

(1) 청구의 포기 · 인낙은 법원의 심리부담을 덜어주는 당사자의 소송행위이다. 따라서 소송계속중이면 어느 심급에서도 할 수 있다.

(2) 당사자가 하는 청구의 포기 · 인낙의 의사표시는 변론기일 또는 변론 준비기일에서 원칙적으로 말로 해야 한다. 영상기일이 허용되는 경우에는 당사자가 법정에 출석하지 아니하더라도 영상에서 말로 청구의 포기 · 인낙의 의사표시를 할 수 있다(제287조의2 제2항, 민소규 제73조의3 제1항). 공증사무소의 인증을 받은 청구의 포기 · 인낙의 의사표시가 적힌 소장, 답변서 그 밖의 준비서면을 법원에 제출하면 원고 또는 피고가 법정에 출석하지 아니한 경우에도 포기 · 인낙한 것으로 본다(간주 포기 · 인낙)(제148조 제2항).

(3) 청구의 포기 · 인낙의 의사표시는 법원에 대한 당사자 한 쪽 진술이기 때문에 상대방이 출석하지 아니하여도 할 수 있다. 다만 청구의 포기는 피고의 청구기각답변을 전면적으로 인정하는 것이기 때문에 그와 같은 피고의 답변을 기다려 포기를 허용함이 바람직하다.

(4) 청구의 포기 · 인낙은 당사자의 자주적 분쟁해결을 인정하는 것이기 때문에 그 기회를 되도록 넓혀주기 위해서 종국판결 선고 이후에도 판결이 확정되기 이전에 할 수 있다. 따라서 청구의 포기 · 인낙의 진술을 위한 기일지정신청이 있을 때에는 법원은 종국판결이 선고된 이후라도 기일지정을 하여 당사자가 청구의 포기 · 인낙의 진술을 할 수 있도록 허용하여야 한다.

(5) (가) 포기 · 인낙의 진술이 유효한 경우에는 법원사무관등으로 하여금 조서에 그 진술을 적도록 명하여야 한다(제154조, 제155조, 제160조). 그러나 그 진술이 조서에 기재되기 이전에는 당사자들은 언제든지 그 진술을 철회할 수 있다. 결과가 중대하므로 포기 · 인낙을 신중하게 하기 위해서이다. 이 경우에는 재판상 자백과 달리 상대방의 동의를 받을 필요가 없다.

(나) 피고가 원고의 청구를 인낙하여 그 취지가 변론조서에 기재되어 있으면 가령 따로 인낙조서의 작성이 없다고 하더라도 확정판결과 동일한 효력이 있기 때문에 그것으로써 소송은 종료된다.[140)]

(6) 청구의 포기 · 인낙의 진술이 있거나 진술 간주될 때에는 수소법원이나 수명법관은 그 요건을 갖추었는지를 조사하여야 한다. 조사한 결과 청구의 포기 · 인낙의 진술이 무효라고 판단될 때에는 그대로 심리를 속행하여야 하며 이에 대한 다툼이 있을 때에는 중간판결이나 종국판결의 이유 중에 표시하면 된다.

140) 대판 1969.10.7. 69다1027.

4. 효과

청구의 포기 · 인낙을 적은 조서가 성립하면 포기조서는 청구기각의, 인낙조서는 청구인용의 확정판결과 같은 효력이 있다(제220조).

(1) 소송을 마치는 효력

소송은 청구의 포기 · 인낙이 있는 한도에서 당연히 종료된다. 이를 간과하고 심리가 속행된 때에는 뒤에라도 변론을 열어 소송종료선언을 하여야 한다. 소송비용은 포기 또는 인낙을 한 당사사가 패소자로서 부담함이 원칙이다(제114조 제2항, 제98조).

(2) 기판력 · 집행력 · 형성력

(가) 포기조서나 인낙조서는 확정판결과 같은 효력이 있으므로 그 내용에 따라 기판력 · 집행력 · 형성력이 생긴다.[141] 그러므로 동일내용의 소유권이전등기절차 이행을 구하는 소를 제기하여 피고들이 법정에서 원고의 청구를 인낙한 사실이 인정된다면 소송계속중인 동일내용의 소유권이전등기절차 이행을 구하는 소송은 인낙조서의 기판력에 저촉되어 각하되어야 한다.[142]

(나) 취득시효완성 당시 그 부동산의 등기부상 소유명의자는 취득시효완성으로 인한 소유권이전등기의무자이지만 그 등기가 실체관계와 부합하지 않는 무효의 등기인 때에는 소유권이전등기의무자가 될 수 없다. 비록 소유권이전등기가 그 경료 당시에는 실체관계와 부합하지 아니하여 무효의 등기였다가 취득시효완성 후에 적법한 권리자로부터 권리를 양수하여 실체관계에 부합하게 되더라도 그 등기명의자는 취득시효완성 후에 소유권을 취득한 자에 해당하므로 그에 대하여 취득시효완성을 주장할 수 없기 때문이다. 그러나 어떤 부동산에 관하여 원고의 취득시효완성 이전에 경료된 피고 명의의 소유권이전등기가 정당한 권리자를 상대로 한 소유권이전등기청구사건의 인낙조서에 의하여 이루어진 것이라면 비록 피고가 당초 무권리자로부터 매수한 뒤 원고의 취득시효완성 후 정당한 권리자로부터 그 부동산을 다시 매수하였다 하여도 위 인낙조서가 준재심에 의하여 취소되지 않는 이상 피고 명의의 등기는 처음부터 원인무효의 등기라고 할 수 없다. 따라서 피고는 정당한 소유자로서 원고에게 취득시효완성으로 인한 소유권이전등기의무가 있다.[143]

---

141) 청구의 인낙이 변론조서에 기재되면 인낙조서의 작성이 없더라도 인용판결과 같은 효력이 생기므로 이를 간과하고 소송이 진행되면 판결로 소송종료선언을 하여야 한다(대결 1962.6.14. 62마6 참조).

142) 서울고판 1972.11.9. 72나1977.

143) 대판 1992.3.10. 91다43329.

㈐ 주위적 청구와 예비적 청구가 병합 심리된 사건에서 제1심 법원이 원고의 주위적 청구를 기각하고 예비적 청구만을 인용하는 판결을 선고한 데 대하여 피고만 항소를 제기한 경우에 항소불가분의 원칙상 주위적 청구 부분도 항소심에 이심되는 것이므로 항소심변론에서 피고가 주위적 청구를 인낙한다는 진술을 하였다면 그것을 조서에 기재함으로써 주위적 청구가 인용된 확정판결과 동일한 효력이 있다.[144)]

㈑ 매매계약의 무효 또는 해제를 원인으로 한 매매대금반환청구에 대한 인낙조서의 기판력은 그 매매대금반환청구권의 존부에 관하여서만 발생할 뿐, 그 전제가 되는 선결적 법률관계인 매매계약의 무효 또는 해제에까지 미치는 것은 아니다. 그러므로 전소와 후소의 소송목적의 각 전제가 되는 법률관계가 매매계약의 유효 또는 무효로 서로 모순된다고 한다면 전소에서의 매매대금반환청구에 관한 인낙조서의 기판력은 후소에서의 매매계약의 무효 또는 해제에까지 미친다고 할 수 없다.[145)]

㈒ **인낙조서와 민법 제187조** 민법 제187조에 규정된 등기를 요하지 아니하는 부동산 물권취득사유의 하나인 「판결」은 판결 자체에 의하여 부동산 물권 취득의 효력이 발생하는 경우를 말하는 것이고, 당사자 사이의 법률행위를 원인으로 하여 부동산 소유권이전등기절차의 이행을 명하는 것과 같은 판결은 이에 포함되지 아니한다. 따라서 인낙조서가 확정판결과 동일한 효력이 있다고 하더라도 증여라는 법률행위를 원인으로 한 소유권이전등기절차의 이행청구를 인낙한 인낙조서라면 그 부동산의 취득에는 등기를 마쳐야 한다.[146)]

(3) 청구의 인낙과 그 취소 · 해제

인낙의 성질을 양성설로 이해하면 인낙에 기초한 사법상 이행의무는 사법행위의 성질이 있으므로 그 의무를 불이행할 때에는 해제와 동시에 원상회복청구 또는 의무불이행으로 인한 손해배상청구를 할 수 있다. 그러나 소송행위설에 의하면 청구의 인낙은 소송행위로서 원고승소판결과 동일하여 준재심에 해당하는 사유(제461조)가 없으면 이를 취소하거나 해제할 수 없으므로 피고가 인낙조서상 의무를 이행하지 아니하더라도 이를 원인으로 하여 인낙 자체를 실효시킬 수 없고, 따라서 그 불이행 또는 이행불능의 문제가 생기지 아니하므로 이를 이유로 한 손해배상청구를 할 수 없다.[147)]

144) 대판 1991.11.26. 91다30163.
145) 대판 2005.12.23. 2004다55698.
146) 대판 1998.7.28. 96다50025.
147) 같은 취지: 이시윤, 577면.

(4) * 청구의 포기 · 인낙이 당연무효인 경우의 취급

(가) 판례[148]는 당사자 한 쪽이 조정조서에 대하여 불복하면서 조정이 성립된 바 없는데도 조정이 성립된 것처럼 조정조서가 작성되었다고 하면서 조정조서의 당연무효사유를 주장하는 경우에는 조정으로 종결된 변론절차에 기일지정신청을 하여야 하고, 법원은 이때 준재심(제461조)으로 처리할 것이 아니라 기일을 지정하여 심리를 한 다음 당연 무효사유가 존재하지 아니한 때에는 판결로써 소송종료선언을 하여야 한다고 하였다. 이 판례의 취지에 의한다면 청구의 포기 · 인낙의 경우도 마찬가지로 취급하여야 할 것이다. 왜냐하면 예컨대 성질상 포기할 수 없는 인지청구권을 포기하는 경우에는 비록 당사자가 포기·인낙을 진술하더라도 법원은 법원사무관등에게 이를 변론조서에 기재하도록 해서는 안 되며, 또 잘못하여 기재하더라도 포기·인낙의 효력은 생기지 않는다. 만약 이 경우에도 법원이 잘못하여 청구의 포기를 인정한다면 청구의 포기 · 인낙조서의 당연무효는 준재심 사유에 포함되어 있지 아니하여서 준재심으로는 화해, 청구의 포기 · 인낙의 효력을 다툴 여지가 없기 때문이다. 결국 기일지정 신청 외에는 이를 다툴 법적 방법이 없다.

(나) 따라서 조서의 기재에 포기·인낙의 효력이 생기지 않는데 포기· 인낙이 조서에 기재된 경우에, 당사자는 준재심(제461조)으로 그 취소를 주장할 것이 아니라 기일지정신청을 하여 청구의 포기 · 인낙조서의 당연 무효를 주장하여야 할 것이다. 기일지정신청을 심리한 법원은 당연무효사유가 없으면 판결로 소송종료선언을 하여야 할 것이고, 당연무효사유가 있으면 법원은 청구의 포기·인낙으로 종결된 재판을 재개하여 변론을 속행하여야 한다.

(다) 청구의 포기 · 인낙조서에 의하여 소유권이전등기 등이 마쳐져서 법률관계에 변동이 생긴 경우에는, 당사자는 기일지정신청을 할 소송계속이 없으므로 소유권이전등기의 무효 확인 등 별 소를 제기하여 위 조서들의 당연 무효를 주장하여야 한다. 이 경우 법원은 당연무효사유가 없으면 원고의 청구를 기각하면서 직권으로 중간판결(제201조) 또는 종국판결의 이유에서 위 조서로 종결된 소송의 소송종료선언을 하여야 할 것이고, 당연무효사유가 있는 경우에는 원고의 청구를 인용하여 소유권이전등기의 무효학인 등을 선고하여야 할 것이다.

---

148) 대판 2001.3.9. 2000다58668.

청구의 포기 · 인낙이 당연무효인 경우의 취급

1. 조정조서 무효의 유추

- 판례는 조정조서가 당연무효라고 주장하는 경우 준재심(제461조)이 아니라 기일지정신청을 통해 다투어야 한다고 봄
- 청구의 포기 · 인낙의 경우도 동일하게 취급해야 함
- 이유: 준재심 사유에는 포기·인낙조서의 당연무효가 포함되지 않기 때문

2. 청구의 포기 · 인낙 조서가 무효일 경우 절차

- 당사자는 준재심이 아닌 기일지정신청을 통해 무효를 주장해야 함
- 법원의 심리 결과
- 무효사유 없음 → 판결로 소송종료선언
- 무효사유 있음 → 재판 재개, 변론 속행
- 이미 법률관계 변동이 발생한 경우
- 예: 포기·인낙조서에 따라 소유권이전등기가 완료된 경우
- 더 이상 소송계속이 없어 기일지정신청 불가 → 별도의 소 제기 필요
- 소유권이전등기 무효확인 등으로 다투어야 함

3. 법원의 판단

- 무효사유 없음 → 청구기각, 판결 이유에서 소송종료선언
- 무효사유 있음 → 원고 청구인용, 무효확인 판결

□ **핵심정리**

포기 · 인낙조서의 당연무효는 준재심 불가 → 기일지정신청으로 다투어야 함
이미 법률관계가 변동된 경우에는 별 소 제기를 통해 무효 주장 가능

[81] 제3. 재판상 화해

1. 개념

(1) 뜻

재판상 화해라 함은 당사자가 법원에서 서로 그 주장을 양보하여 분쟁을 마치는 행위를 말한다. 소제기 이전에 미리 법원에서 하는 화해를 제소전 화해, 소송 중에 하는 화해를 소송상 화해, 양쪽을 합쳐 재판상 화해라고 한다. 재판상 화해는 서로 양보하여 분쟁을 자주적으로 해결하는 것이기 때문에 단칼의 승부로써 분쟁을 공권적으로 해결하는 종국판결과 달리 원한

을 덜 남게 하는 장점이 있다. 조정(調停)도 재판상 화해와 동일한 효력이 있다(민조 제29조).

(2) 우리나라의 재판상 화해제도

우리 민사소송법은 제220조에서 재판상 화해를 조서에 기재한 때에 그 조서는 확정판결과 같은 효력을 가진다고 하였으며, 제461조에서 준재심의 대상을 즉시항고로 불복할 수 있는 결정이나 명령 이외에 제220조의 조서까지 확대하고 있다. 원래 준재심의 대상은 현재 일본법이나 독일법에서 보듯이 즉시항고로 불복을 신청할 수 있는 결정이나 명령에 국한하였던 것을 1961년 5·16 혁명 직후 그 당시 국회기능을 맡아 보던 국가재건최고회의에서 제220조의 화해조서까지 준재심의 대상에 포함시킨 혁명적 조치였지만 이 조치는 우리 국민의 심성에 들어맞아서인지 현재까지 개정되지 않고 그대로 존속하고 있다.

2. 성질

(1) 학설

㈎ **사법행위설** 재판상 화해는 민법상 화해계약과 동일한 성질을 가지고 있으나 소송할 기회에 화해가 이루어진다는 점에서 민법상 화해와 다른 대접을 받는다는 견해이다. 사법행위설은 사법상 화해계약에 어떻게 소송법상 효과가 주어지는가를 충분히 설명하지 못하는 약점이 있으나 우리 대법원 판결은 흠 없는 재판상 화해의 성질을 사법행위설로 파악하는 것으로 보인다.[149)]

㈏ **소송행위설** 재판상 화해는 소송 당사자가 기일에 합동하여 소송목적에 관한 일정한 실체법상 처분을 행함으로써 소송을 마치는 소송행위이므로 민법상 화해와는 이름만 같이할 뿐 전혀 별개라는 견해이다.

㈐ **양성설(또는 양행위경합설)** 재판상 화해는 하나의 행위이지만 사법행위와 소송행위의 성질을 동시에 갖고 있다는 견해이다. 이 설에 의하면 재판상 화해는 소송법과 실체법이 경합적으로 적용되는 결과 소송법상 요건이나 실체법상 요건 중에서 어느 하나의 요건에 흠이 있으면 재판상 화해는 전체로서 무효가 된다. 그러한 흠이 없는 경우에는 재판상 화해에 기판력을 인정하는 등 소송행위설과 같은 입장이다. 그러나 재판상 화해에 실체법상 무효 또는 취소사유가 있는 경우에는 재심의 소가 아닌 통상 소송절차에 의하여 화해의 효력을 다툴 수 있다고 하여 소송행위설과 다른 견해이다. 결국 이 학설은 흠이 없는 화해는 소송행위설과 같고 흠이 있는 화해는 사법행위설과 같은 결론이다. 학설로서는 현재 이 견해가 다수설이다.[150)]

149) 대판 1966.2.28. 65다251, 1971.1.26. 70다2535 등.

150) 양성설은 이시윤, 580면; 정동윤/유병현, 641면; 전병서, 602면; 정영환, 928면 등. 소송행위설은 송상현/박익

(2) 재판상 화해에 관한 판례

(가) 1961년 이전 재판상 화해에 관한 우리 대법원판결은 1961년 5·16 혁명 이후 군사정권에 의하여 민사소송법이 개정될 때까지는 일본과 동일하게 양성설의 입장을 취하여 재판상 화해에 사법상 무효사유가 있을 때에는 별소[151]나 기일지정신청[152]으로 다툴 수 있도록 하였다.

(나) 재판상 화해에 관한 판례확립[153] 1961년 5·16 군사혁명으로 민사소송법에 관한 일부개정이 이루어진 뒤 대전판 1962.2.15. 4294민상914에서, 재판상 화해를 조서에 기재한 때에는 그 조서는 확정판결과 같은 효력이 있어 당사자 사이에 기판력이 생기므로 재심의 소에 의하여 취소 또는 변경이 없는 한 당사자는 화해의 취지에 반하는 주장을 할 수 없다고 판시한 이래 화해의 무효·취소에 관한 한 재심설을 일관하여 고수하고 있는데 학자들은 판례의 이 입장을 소송행위설로 파악하고 있다. 실제로 판례 가운데는 명시적으로 「…소송상 화해는 순연한 소송행위로 볼 것이라고 함은 본원이 취하는 견해이다」라고 판시한 것이 있다.[154]

(다) 현재의 대법원판례 입장 **(a) 흠 없는 재판상 화해** 화해에 흠이 없는 경우에는 재판상 화해의 내용을 판단함에 있어서 실체법적 법률관계를 따져야 한다는 것이 판례이다. 대판 1966.2.28. 65다251은, 당사자가 소송 외에서 부동산에 관한 명의신탁계약을 맺고 그에 관한 재판상 화해를 함에 있어서 화해내용에 신탁관계를 전혀 표시하지 아니하고 단순히 소유권이전등기절차를 이행한다는 내용의 재판상 화해를 하였다고 하더라도 그 재판상 화해가 신탁의 방법으로 취해진 것이라면 재판상 화해가 있었다는 이유만으로 신탁관계가 소멸한 것이라고 단정할 수 없다고 판시하였고, 대판 1971.1.26. 70다2535는, 불법행위로 인한 손해배상청구소송에서 원·피고가 손해배상액수에 관하여 화해를 하였다 하더라도 실제 손해액을 따질 때에는 화해금이 아니라 실 손해액에 의하여야 한다고 하면서 그 이유로서 「…법정화해는 제220조의 규정에 의하여 확정판결과 같은 효력이 있을 뿐이고, 그 내용은 당사자 사이에 사법상 화해계약을 이루는 것이므로 법원이 판단하는 객관적인 실제 손해액이라 할 수 없다 할 것이고…」라고 판시하였다.

(b) 흠 있는 재판상 화해 흠 있는 재판상 화해는 소송행위설(재심설)에 입각하였다는 것은 이미 설명하였다.

(라) 실체법적 소송행위설 위의 대법원판례의 입장을 학설상 소송행위설로 이해할 수는

환, 487면 등.

151) 대판 1955.9.8. 4288민상12, 1957.9.19. 4290민상427.

152) 대판 1957.12.26. 4290민상638.

153) 대전판 1962.2.15. 4294민상914.

154) 대결 1962.5.31. 4293민재항6.

없다. 왜냐하면 소송행위설은 재판상 화해에 관하여 실체법의 적용을 부정하는데 대법원판례는 이의 적용을 긍정하고 있기 때문이다. 그렇다고 하여 대법원판례가 양성설을 취한 것도 아니다. 그 이유는 재판상 화해에 실체법상 무효나 취소사유가 있는 경우에 양성설에 의하면 재심의 소에 의하지 아니하고 기일지정신청이나 별소로 다툴 수 있으나 대법원판례는 이 경우에 재심의 소에 의하여야 한다는 입장이기 때문이다. 따라서 대법원판례의 입장은 순수한 소송행위설과 구별하여야 할 것이다. 즉, 대법원판례는 재판상 화해에 기판력을 인정함으로써 소송행위설과 그 기본적 입장을 같이 하지만 재판상 화해의 내용에 관하여서는 실체법의 적용을 시인하고, 특히 사법상 화해계약에 특유한 창설적 효력(민 제732조)이라는 사법적 효력까지 인정하고 있다. 따라서 대법원판례의 그러한 입장은 「실체법적 소송행위설」이라고 하여 소송행위설과 구별하여야 한다는 것이 저자의 입장이다.

(3) 결론

㈎ 우리 민사소송법에는 민법 제103조의 반사회질서의 법률행위에 관해서는 따로 규정을 두고 있지 아니하다. 그러나 외국 확정재판 등의 내용 및 소송절차에 비추어 그 확정재판 등이 대한민국의 선량한 풍속이나 그 밖의 사회질서(민 제103조)에 어긋나지 아니할 것을 외국재판의 승인요건으로 하면서(제217조 제1항 3호), 이를 직권조사사항으로 규정한다(제217조 제2항). 그렇다면 재판상 화해조서를 포함하여 우리나라의 재판도 민법 제103조에 위반되어서는 안 될 것이다. 왜냐하면 외국법원의 확정재판 등은 민법 제103조에 위반되면 승인 거절됨으로써 우리나라에서는 그 재판의 효력을 주장할 수 없는데 거꾸로 우리나라의 확정재판 등이 민법 제103조에 위반되더라도 재심사유가 아니라고 하여 이를 방치한다는 것은 민법 제103조라는 보편적 법원칙의 적용을 거부하여 부당하기 때문이다. 따라서 법원은 우리나라의 확정재판 등에 재심사유가 있는지 여부를 떠나 제217조 제2항에 따라 재판 등의 내용 및 소송절차가 민법 제103조에 어긋나는지 여부를 직권으로 조사하여야 할 것이다.

㈏ 그렇다면 판례와 같이 제220조가 재판상 화해조서에 확정판결과 같은 효력을 인정하고 있고, 제461조가 그 조서에 대한 불복하는 길을 준재심에 한정시키고 있다고 하더라도 제217조 제2항에 따라 그 화해조서의 내용 및 소송절차가 민법 제103조에 어긋나서 무효인지 여부는 우선 직권으로 조사하여 가려야 할 것이고, 그렇지 않고 이를 간과하였다면 그것이 재심사유에 해당하면 재심의 방법에 의하여 취소할 것이나 그렇지 않은 경우에는 화해조서의 무효를 주장할 수 있는 기일지정신청이나 별소의 제기에 의하여야 할 것이다.

㈐ 결국 재판상 화해조서에 확정판결과 같은 효력을 인정하더라도 그 내용 및 성립절차가 민법 제103조에 위반되는 경우에는 사법행위와 같이 무효로 보아야 할 것이므로 재판상 화해는 결과적으로 소송행위와 사법행위가 경합되는 성질이 있다고 할 것이다.

3. 요건

(1) 당사자

㈎ (a) 판례를 따르면 재판상 화해는 소송행위이므로 당사자로서는 당사자능력, 소송능력을 갖추어야 하며 대리인에 의하는 경우에는 특별한 권한을 받아야 한다(제56조 제2항, 제90조 제2항).

(b) 위의 경우 법원은 소송계속 후 필요하다고 인정할 때에는 제한능력자를 위한 특별대리인을 선임·개임하거나 해임할 수 있는데(제62조 제2항) 제한능력자 가운데에서 의사무능력자의 특별대리인이 화해하는 경우에는 소의 취하, 청구의 포기·인낙 또는 독립당사자 참가에서 탈퇴의 경우처럼 그 화해가 본인의 이익을 명백히 침해한다고 인정할 때에는 그 행위가 있는 날부터 14일 이내에 결정으로 이를 허가하지 아니할 수 있고, 이 결정에 대해서는 불복할 수 없다(제62조의2 제2항). 이 결정은 법원이 후견적 입장에서 직권으로 행하는 것이기 때문이다.

㈏ 필수적 공동소송의 경우에는 공동소송인 전원이 일치하여 화해하지 않으면 안 된다(제67조 제1항).

㈐ 보조참가인은 물론 제3자도 화해절차에 참가하여 화해를 할 수 있다.[155] 제3자가 소송절차에 참가하지 않고 소송 외에서 당사자와 화해가 성립하면 제소전 화해(제385조)가 된다.

㈑ 소송담당자에 의한 재판상 화해는 담당자의 소송수행권의 기초가 중요하다.

(a) 추심명령을 얻은 압류채권자(민집 제238조)와 같이 본인은 당사자적격이 없고 소송담당자가 본인에 갈음하여 당사자적격이 있는 갈음형 소송담당의 경우에는 소송담당자에게 일체의 관리처분권이 있으므로 스스로 재판상 화해를 하는데 지장이 없다.

(b) 채권질의 질권자(민 제353조), 채권자대위권을 행사하는 채권자(민 제404조), 주주의 대표소송에서 주주(상 제403조) 등과 같이 소송담당자가 본인과 병행하여 당사자적격이 있지만 본인도 당사자적격이 있는 경우에는 담당자에게 배타적 관리처분권을 인정할 수 없으므로 이 경우에 본인을 갈음하여 재판상 화해를 할 수 없다.

(c) 파산재단에 관한 소송을 하는 파산관재인(채무자회생 제359조)은, 파산자에게 당사자적격이 없어 파산관재인이 파산자에 갈음하는 갈음형 소송담당자이기는 하지만, 한 편, 파산관재인에게는 법률상 총파산채권자의 이익대표라고 하는 성격이 있어 법은 그 이익을 확보할 것을 직무내용으로 규정(채무자회생 제361조)하고 있어, 현실의 직무수행에 대하여 법원 또는 채권자집회가 감독(채무자회생 제358조, 제364조, 제365조)하므로 파산관재인은 감독자의 허가 없이는 재판상 화해를 할 수 없다고 하여야 한다.

---

155) 대판 1985.11.26. 84다카1880.

(2) 형식

(가) 재판상 화해가 성립하면 법원의 심리부담을 덜어주는 결과가 된다. 따라서 소송계속중이면 어느 심급에서도 할 수 있어 상고심에서도 화해가 가능하다.

(나) 당사자는 수소법원의 변론기일 또는 변론준비 기일에 출석하여 원칙적으로 말로 화해의 내용을 진술하는데 영상기일에서는 법정에 출석하지 아니하고 비디오등 중계장치에 의한 중계시설에 출석하거나 인터넷 화상장치를 이용하여서도 화해를 할 수 있다(제287조의2 제1항, 민사소송규칙 제73조의3 제1항).

(다) 서면화해 공증사무소의 인증을 받은 화해의 의사표시가 적힌 소장, 답변서 그 밖의 준비서면을 법원에 제출하면 원고 또는 피고가 법정에 출석하지 아니한 경우에도 상대방 당사자가 출석하여 그 화해의 의사표시를 받아들인 경우에는 화해가 성립한 것으로 본다(간주화해)(제148조 제3항).

(라) 어떤 소송에 관여하던 당사자가 그와 관계없는 다른 소송절차에 계속 중이던 소송목적을 병합하여 소송상 화해를 할 수 있다. 이를 병합화해라고 한다. 이 경우 다른 소송절차에 계속 중이던 소송을 종료하기 위해서는 그 소송절차에서 소의 취하 등 소송상 조치를 하여야 할 것이다.

(3) 소송목적

(가) 화해대상 (a) (i) 재판상 화해의 대상은 원칙적으로 그 소송의 소송목적이므로 소송목적 이외의 법률관계는 당사자가 특히 화해 대상에 포함시키지 아니한 이상 화해를 할 수 없다. 예컨대 원고가 어떤 부동산의 등기소요서류와 상환으로 피고에게 금 10억 원을 지급하되 만일 이를 불이행할 때에는 위 부동산을 피고소유로 확정하고 피고는 나머지청구를 포기한다는 취지로 재판상 화해가 되었는데 그 후 피고가 위 부동산을 담보로 은행에서 대출을 받아서 원고가 이를 대위변제하고 피고에게 채무변제액의 상환청구를 하였다면 원고의 대위변제로 인한 상환청구는 위의 화해대상인 금 10억 원의 부동산 매매라는 법률관계에 포함되지 아니하므로 재판상 화해의 기판력에 저촉되지 않는다.[156]

(ii) 화해조서와 동일한 조정조서에 인정되는 확정판결과 동일한 효력도 소송목적인 법률관계에만 미치고 그 전제가 되는 법률관계에까지 미치지 아니한다. 따라서 부동산 소유권이전등기에 관한 조정조서의 기판력은 소송목적이었던 이전등기청구권의 존부에만 미치고 부동산 소유권 자체에까지 미치지 않으므로,[157] 원고는 피고들을 상대로 소송목적이 아닌 물건에 관

156) 대판 1985.2.13. 84다카219.
157) 대판 1990.1.12. 88다카24622.

하여 자신의 소유라는 권리의 확인을 별소로 구할 이익이 있다.[158)]

(b) 그러므로 소송목적 이외의 권리관계에 관해서 화해의 효력이 미치게 하려면 그 권리관계가 화해조항에서 특정되거나 화해조서 중 청구의 표시 다음에 덧붙여 적어둠으로써 재판상 화해의 소송목적인 권리관계가 되었다고 인정할 수 있어야 한다.[159)] 그 부분은 제소전 화해가 있는 것으로 보아야 하므로 제소전 화해에 준하여 인지를 더 붙여야할 것이다.[160)]

(나) **사적이익** (a) (i) 재판상 화해 대상인 권리관계는 당사자가 자유롭게 처분할 수 있는 사적 이익에 관한 것이므로 성질상 당사자가 임의로 처분할 수 없는 사항을 대상으로 한 재판상 화해는 허용될 수 없다. 설령 그에 관하여 재판상 화해가 성립하였더라도 그 화해는 당연무효이다.[161)]

(ii) 매매계약의 해제 등 청구사건에서 당사자들 사이에서 어떤 건물에 관한 법원의 매각허가결정을 취소한다는 내용의 재판상 화해를 한 사실이 있다고 하더라도 매각허가결정은 당사자들이 임의로 취소할 수 있는 것이 아니라 매수인이 대금을 낼 때까지 법원에 취소신청을 할 수 있을 뿐이므로(민집 제127조) 재판상 화해에 의하여 취소할 수 없다.[162)]

(iii) **재심소송** 을 회사가 갑을 상대로 재심의 소를 제기하여「재심대상판결 및 제1심판결을 각 취소한다」는 취지의 화해가 성립하였다고 하더라도 위 화해조항은 법원 판결의 취소라고 하는 형성재판을 대상으로 한 것으로서 갑과 을 회사는 법원의 형성재판을 자유롭게 처분할 수 있는 권리가 없으므로 확정된 재심대상판결과 제1심판결은 당연무효인 위 화해조항에 의해서 취소될 수 없다.[163)]

(b) **행정소송** 직권심리(행소 제26조)가 적용되는 행정소송은 재판상 화해를 할 수 없다는 견해가 일반적이다.[164)] 그러나 행정소송에 있어서도 행정소송법 제8조에 의하여 제203조가 준용되어 법원은 당사자가 신청하지 아니한 사항에 대하여는 판결할 수 없고, 행정소송법 제26조에서의 직권심리는 행정소송에 있어서 원고의 청구범위를 초월하여 그 이상 청구를 인용할 수 있다는 의미가 아니라 원고의 청구범위를 유지하면서 그 범위 내에서 필요에 따라 주장 외의 사실에 관하여도 판단할 수 있다는 뜻이므로[165)] 행정소송절차는 직권탐지주의를 규정한 비송사건절차법 제11조와 달리 민사소송절차에 접근하였다고 할 수 있다. 따라서 행정소송 가운데에서 조세소송, 과징금소송, 산업재해사건 등과 같이 재산적 이익이 분쟁의 주된 대

158) 대판 2017.12.22. 2015다205086.
159) 대판 2008.1.10. 2006다37304.
160) 이시윤, 615면.
161) 대판 2012.9.13. 2010다97846.
162) 대결 1980.1.17. 79마44.
163) 대판 2012.9.13. 2010다97846.
164) 이시윤, 582면; 김홍엽, 710면.
165) 대판 1987.11.10. 86누491.

상이 되면서 제3자에게 효력이 미치지 않는 경우에는 법원의 권유에 의하여 피고가 한 처분의 취소 또는 변경과 원고의 소취하 등으로 사실상 화해가 이루어지는 경우가 있으므로 이 경우의 재판상 화해를 반대할 이유가 없다. 실제로는 법원의 권고에 따라 피고가 행정처분을 취소하거나 변경하면 원고가 소를 취하하는 모습으로 사실상 화해가 이루어지는 경우가 많다.

(c) **가사소송**은 가사소송법 제2조 제1항 다류 사건을 제외하고는 직권조사가 원칙이므로(가소 제17조) 화해와 친하지 않으나, 협의가 허용되는 이혼(민 제834조) 및 파양사건(민 제898조), 재산적 성질이 강한 재산분할사건(민 제839조의2) 등의 경우에는 화해를 허용하여야 할 것이다.[166] 그러나 친생자관계의 존부확인과 같이 현행 가사소송법상 가류 가사소송사건에 해당하는 청구는 성질상 당사자가 임의로 처분할 수 없는 사항을 대상으로 하는 것이므로 이에 관해서는 재판상 화해가 성립되더라도 효력이 없다.[167]

(d) **회사관계소송**의 원고 승소판결은 제3자에게도 효력이 있으므로(상 제190조) 당사자 사이에서만 효력이 있는 원고의 청구를 인용(또는 일부인용)하는 형식의 화해는 허용되지 않는다. 즉, 주주총회결의의 부존재·무효를 확인하거나 결의를 취소하는 판결이 확정되면 당사자 이외의 제3자에게도 그 효력이 미쳐서 제3자도 이를 다툴 수 없게 되므로, 주주총회결의의 흠을 다투는 소에서 그 결의의 부존재·무효를 확인하는 내용의 화해는 할 수 없고, 가사 이러한 내용의 화해가 이루어졌다 하여도 그 화해는 효력이 없다.[168] 증권관련집단소송에서 재판상 화해를 하려면 법원의 허가를 받아야 하므로(증집소 제35조) 법원의 허가 없는 재판상 화해는 효력이 없다.

㈐ **소송요건의 흠** 소송요건에 흠이 있더라도 제소전 화해가 인정되기 때문에 재판상 화해가 허용되고 그 흠이 민법 제103조에 반하거나 준재심에 해당되지 않는 한 흠 있는 재판상 화해라고 해서 취소되지 않는다. 이점에서 청구의 포기·인낙과 다르다.

(4) 상호양보

㈎ 당사자는 소송목적에 관한 자기의 주장을 양보해야 한다. 양보가 없을 때에는 청구의 포기·인낙 또는 소의 취하가 되기 때문이다. 그러나 양보의 유무는 합의의 내용을 종합적으로 검토하여 결정하여야 한다. 예컨대 한 쪽 당사자가 청구에 관한 상대방의 주장을 전부 인정하면서도 소송비용을 각자의 부담으로 한다는 정도로 양보하거나, 아직 소 제기되지 않은 권리관계에 관하여 미리 양보하는 경우에도 화해가 성립한다고 본다.[169] 실무상으로는 이 경

166) 이시윤, 582면.
167) 대판 1968.4.6. 65다139·140.
168) 대판 2004.9.24. 2004다28047.
169) 다만 양보한 다른 소송상 청구 혹은 아직 소 제기되지 않은 권리관계에 관하여 화해조서의 효력이 미치기 위해서는 이들 청구 혹은 권리관계를 화해조항에 특정하여야 한다(대판 2008.1.10. 2006다37304 참조).

우에도 화해조항에 「원고의 나머지 청구를 기각한다」고 기재한다.

(나) **실효조건부 화해** (i) 판례는 재판상 화해를 함에 있어서 소송 외에서 이루어져야할 조건(예컨대 재판상 화해이후 제3자 이의의 소가 제기되거나 어떤 부동산의 실질적인 소유자가 재판상 화해에 이의를 하는 경우 등)이 성취되면 이미 성립된 화해라도 이를 당연무효로 하고 원래의 소송상태로 복귀한다는 실효조건부 화해를 긍정 한다.[170]

(ii) 원래 소송행위는 소송 외에서 밝혀질 사실을 조건으로 하는 경우에는 그 성취여부를 확정할 수 없어서 소송절차를 불안정하게 하므로 허용하지 않는다. 그러나 실효조건부 화해는 소송외의 조건성취를 이유로 원래의 소송상태로 복귀하여 소송계속이 다시 이루어지게 되므로 판례가 이를 허용하는 것으로 보인다. 따라서 이와 같이 소송복귀가 이루어지지 않는 다른 조건부 화해는 허용해서는 안 될 것이다.

4. * 재판상 화해의 효력

(1) 확정판결과 같은 효력

(가) 당사자 사이에서 재판상 화해에 관한 합의가 성립하여 이를 변론조서나 변론준비기일의 조서에 적은 때에는 그 조서는 확정판결과 동일한 효력이 있다(제220조). 따라서 갑, 을 및 병 사이에 제1화해가 성립한 후에 갑과 을 사이에 다시 제1화해와 모순 저촉되는 제2화해가 성립하였다고 하여도, 제1화해가 조서에 기재되어 확정판결과 동일하게 기판력이 발생한 이상 제2화해에 의하여 제1화해가 실효되거나 변경될 수 없으므로 제1화해조서의 집행으로 마쳐진 을 명의의 소유권이전등기 및 이에 기초한 제3자 명의의 각 소유권이전등기는 무효가 되지 않는다.[171] 이 경우에는 오히려 제2화해가 제451조 제1항 10호를 이유로 준재심의 대상이 될 뿐이다.

(나) (a) 판례[172]는, 재판상 화해를 조서에 기재한 때에는 그 조서는 확정판결과 동일한 효력이 있고 당사자 간에 기판력이 생기는 것이므로 확정판결의 당연무효사유와 같은 사유가 없는 한 재심의 소에 의하여만 효력을 다툴 수 있고,[173] 당사자 한 쪽이 화해조서의 당연무효사유를 주장하며 기일지정신청을 한 때에는 법원으로서는 그 무효사유의 존재 여부를 가리기 위하여 기일을 지정하여 심리를 한 다음 무효사유가 존재한다고 인정되지 아니한 때에는 판결로써 소송종료선언을 하여야 한다고 하였다.

(b) 따라서 화해조서가 작성되면 그에 의하여 소송절차를 마침과 동시에 그 화해조서를 집

170) 대판 1993.6.29. 92다56056, 1996.11.15. 94다35343.
171) 대판 1995.12.5. 94다59028.
172) 대판 2000.3.10. 99다67703.
173) 대결 1990.3.17. 90그3, 대판 1962.2.28. 61다336 등 참조.

행권원으로 하여 강제집행을 할 수 있다(민집 제56조 5호). 화해권고결정(제225조 이하)도 소정의 기간 이내에 이의신청이 없으면 재판상 화해와 같은 효력이 있다(제231조).[174)]

(2) 형식적 확정력

㈎ **기속력** (a) 일단 화해조서가 작성되면 화해가 성립된 당해 법원을 기속하므로 가령 조서에 잘못이 있더라도 경정결정(제211조) 이외에는 화해조서 작성이전의 사유를 들어 함부로 화해조서를 취소·변경할 수 없다.

(b) 화해조서의 내용은 원칙적으로 그 문언에 따라 해석하여야 한다. 따라서 화해조서에 있는 조항을 이른바 예문이라고 하여 쉽사리 그 효력을 부정해서는 안 된다. 그러나 그 문언만으로 그 의미가 명확하지 않은 경우에는 문언의 내용, 화해조서를 작성한 동기와 경위, 당사자가 화해조서에 의하여 달성하려고 하는 목적과 진정한 의사 등을 종합적으로 고찰하여 논리와 경험의 법칙에 따라 합리적으로 해석하여야 한다.[175)]

㈏ **당사자에 대한 형식적 확정력** (a) 화해조서가 작성되면 당사자는 이에 대하여 상소로 불복할 수 없으므로 이로써 당사자에 대한 소송은 종결되고 소송계속도 소멸된다. 그러나 제3자에게는 그 확정력이 미치지 않는다.[176)]

(b) 소송계속 중에 당사자 양쪽이 소송상 화해를 하기로 약정하고 화해내용을 서면에 정하여 법정에 제출하였으나, 담당 재판부가 화해내용이 계속 중인 소송목적과 다소 차이가 있어 화해조서는 작성하지 아니한 채 양쪽이 위 화해약정내용대로 이행하면 될 것으로 생각하고 계속 중인 소송을 청구의 인낙에 의하여 종료시켰다면 소송상 화해는 성립되었다 할 수 없다. 다만, 당사자 양쪽은 이 경우 청구의 인낙으로 소송이 종료되었더라도 사법상 화해를 한 것과 같기 때문에 여전히 위 화해약정내용대로 이를 이행하여야 할 사법상 의무가 있다.[177)]

㈐ **소송종료효** (a) 화해조서가 작성되면 확정판결과 같은 효력이 있기 때문에 소송은 판결에 의하지 않고 종료된다. 이 경우 소송비용은 특별히 정한 바가 없으면 그 비용은 당사자들이 각자 부담한다(제106조).

(b) 재판상 화해가 이루어지더라도 준재심(제461조)이나 당연무효라고 주장하는 경우의 기일지정신청 등에 의해서 원 재판이 부활될 수 있다. 이점에서 소송종료효는 그 효력이 약하다고 할 것이다.

---

174) 대판 2014.4.10. 2012다29557.
175) 대판 2017.4.7. 2016다251727.
176) 대판 2023.11.9. 2023다256577.
177) 대판 1991.6.14. 90다16825.

(3) 실질적 효력

재판상 화해의 실질적 효력으로서는 집행력, 기판력, 및 형성력이 문제 된다. 그 가운데서 형성력에 관해서는 이미 앞에서 설명한 바와 같이[178] 성질상 당사자가 임의로 처분할 수 없는 사항을 대상으로 재판상 화해를 한 경우에는 형성력이 원칙적으로 인정되지 아니한다. 아래에서는 실질적 효력 가운데서 집행력과 기판력 및 판례가 인정하고 있는 창설적 효력을 검토하기로 한다.

㈎ **집행력** (a) 재판상 화해가 구체적인 이행의무를 선언한 경우에 그 조서는 집행권원이 되어 집행력을 갖는다(민집 제56조 5호). 그 범위는 공정증서와 달리 일정한 금액의 지급이나 대체물 또는 유가증권의 일정한 수량의 지급을 목적으로 하는 청구에 한정할 필요가 없고, 화해조서에 이행의무가 기재되어 있는 이상 법률상 당연히 집행력이 생기므로 공정증서 작성에서 요구되는 채무자의 집행을 승낙하는 의사표시(민집 제56조 4호)가 있을 필요가 없다. 따라서 화해당사자가 금전채무의 이행지체에 대한 화해조항을 이행하지 아니하면 이행지체의 책임이 있고, 그 책임을 물을 때에는 계약해제의 경우와 달라서 최고(催告)를 할 필요가 없다.[179]

(b) 화해조서의 화해조항에 "… 본건 건물의 소유권 지분 10분의 3을 양도한다"고 기재되어 있을 뿐 소유권이전등기절차를 이행한다고 되어 있지 아니하다면, 위 화해조서는 소유권(지분)이전등기의 의사진술을 한 것이 아니므로 이 화해조서를 가지고 소유권(지분)이전등기의 집행을 할 수 없다. 따라서 화해조서의 존재에도 불구하고 소유권(지분)이전등기의 소송을 제기할 이익이 있다.[180]

(c) (i) 제소전 화해조서에 기재된 기일까지 채무가 변제되지 아니함으로써 그 조서에 집행력이 생겨 담보목적의 본등기가 이루어졌다면, 설령 피담보채무를 변제하였다고 하더라도 이는 집행을 저지할 수 있는 사유에 불과하다. 따라서 피담보채무의 변제사실을 무시한 채 위 제소전 화해조서의 집행으로써 이루어진 본등기는 당연무효가 아니다.[181]

(ii) 그러나 채권담보를 위한 소유권이전등기청구권보전의 가등기에 기초한 본등기가 제소전 화해조서에 의하여 이루어진 경우, 채무자가 제소전 화해조서의 작성 이후에 그 피담보채무의 원리금을 채권자에게 모두 변제하였음을 이유로 가등기 및 그에 기한 본등기의 말소를 청구하는 것은 제소전 화해조서의 기판력과 저촉되지 않는다.[182]

(iii) 양쪽의 위와 같은 차이는 재판상 화해의 대상인 소송목적이 다른데 기인한 것이다.

---

178) 위 3. 요건의 (3) 소송목적 가운데 (나) 사적이익 부분 참조.
179) 광주고판 1962.2.28. 4294민상14.
180) 대판 1991.6.25. 91다11476.
181) 대판 1979.4.10. 79다164.
182) 대판 1995.2.24. 94다53501.

앞의 화해대상은 채무를 변제하지 않은 경우의 법률관계이고, 뒤의 화해대상은 화해조서 작성 이후에 채무를 변제하였다는 새로운 법률관계에 관한 것으로서 양쪽은 재판상 화해의 효력이 미치는 소송목적이 다르기 때문이다.

(나) **기판력** (a) 재판상 화해는 확정판결과 같이 기판력이 생기지만 형성판결과 달리 화해당사자에게만 생기고 제3자에게는 미치지 않는다.[183] 원래 재판상 화해에 기판력이 인정되는가에 관하여 독일이나 일본에서도 크게 다툼이 있었으나 우리나라는 제220조와 제461조의 규정 때문에 기판력부정설은 주장하기 어렵고,[184] 다만 기판력의 인정범위에 관하여서 다툼이 있게 되었다.

(b) **무제한 기판력설** (i) 우리나라의 확립된 판례[185]에 의하면 재판상 화해에 사법상 무효 또는 취소의 사유가 있을 때에는 그 사유가 당연무효사유가 아닌 이상 기일지정신청이나 별소로 다툴 수 없고, 오로지 재심의 소로 다툴 수 있다.

(ii) 화해조서에 당연무효사유가 없는 한 무제한기판력이 인정되는 결과 재판상 화해의 내용이 강행규정에 위반되었을 때에도 재심의 방법 이외에는 다툴 수 없다. 즉 ① 입목에 관한 법률위반의 화해,[186] ②농지개혁법위반의 화해,[187] ③사립학교법위반의 화해,[188] ④민법 제607조, 제608조 위반의 화해,[189] ⑤외국인토지법위반의 화해[190] 등은 재심에 의하여 취소되지 아니하는 한 유효하다.[191]

(c) **제한적 기판력설** (i) 이 학설은 제220조와 제461조의 명문에 비추어 재판상 화해에 대하여 기판력을 인정하여야 하겠지만 이 경우의 기판력은 무제한적으로 인정되는 것이 아니고 재판상 화해가 실체법상 유효할 때로 한정하여 허용되어야 한다고 해석한다. 따라서 재판상 화해가 실체법적으로 무효일 때에는 기판력이 없게 되므로 기일지정신청이나 별소에 의하여 화해의 무효를 다툴 수 있게 된다.

(ii) 그리고 이 학설에서는 제461조의 준재심 취지를, 종래 기판력 부정설에 의하면 소송절차상 흠의 구제방법이 없게 되는 불합리를 제거하기 위하여 절차상 흠에 대하여도 구제의 길을 터놓기 위하여 마련된 것이라고 풀이한다.[192]

---

183) 대판 2023.11.9. 2023다256577.
184) 다만 정동윤 외 2, 689면은 소송행위설을 따르면서도 기판력부정설을 취한다.
185) 대전판 1962.2.15. 4294민상914.
186) 대판 1962.4.18. 4294민상1268.
187) 대판 1962.5.10. 4294민상1522.
188) 대판 1975.11.11. 74다634.
189) 대판 1969.12.9. 69다1565.
190) 대판 1979.2.27. 78다1585.
191) 그러나 위의 경우는 모두 재심사유가 될 수 없으므로 강행규정위반의 화해는 무효로 할 수 없다는 결론이다.
192) 이시윤, 596면; 정영환, 938면 등.

(d) **결론** (i) 재판상 화해에 인정되는 기판력은 확정판결의 그것과 달라서 당사자 사이의 양보에 의한 실질적 분쟁해결을 존중한다는 데 근본취지가 있고 법원의 어떤 공권적 판단의 존중에 의의가 있는 것이 아니다. 그러므로 강행규정 위반이나 통정허위표시 등에 의하여 실체법상 원인무효가 됨으로써 실질적으로 분쟁해결이 되었다고 할 수 없는 재판상 화해의 내용을 기판력에 의하여 무조건 당사자에게 강요하는 것은 화해의 본질에 반한다. 따라서 기판력을 제한적으로 인정하는 것이 기판력을 부정하는 결과를 초래한다는 비난은 근거가 없을 뿐 아니라 설령 재판상 화해에 기판력이 부정되는 사실상 결과가 초래된다고 하더라도 사법상 화해계약에는 창설적 효력(민 제732조)이 있으므로 이에 의해서도 그 실효성을 인정할 수 있다. 그러한 점에서 제한적 기판력설이 타당하다.

(ii) 하급심 판례 가운데에는, 재판상 화해의 방법으로 사해행위가 이루어진 경우, 이를 준재심의 방법으로 다툴 수 없으므로 채권자를 보호하기 위해서는 재판상 화해의 전제가 되는 채무자와 수익자 사이의 법률행위에 대하여 채권자취소권의 행사를 인정해야 한다는 판결[193]이 있다. 이 판결의 판결이유를 보면, 「순수한 소송행위가 아니라 실체법상 법률행위의 성질도 공유하고 있는 재판상 화해 등의 방법으로 채권자를 해치는 사해행위가 이루어진 경우에 현행법상 채권자가 그 재판상 화해 등에 대하여 준재심을 청구하여 이를 다투는 방법이 없고, 채권자취소권은 소송 내에서의 공격방어방법으로 주장하는 것이 허용되지 아니하고, 반드시 소에 의해서만 행사되어야 한다는 점에서 소송절차의 명확성과 안정성을 해치는 정도가 일반적인 경우와 다르고, 재판상 화해가 사해행위에 해당하여 효력을 상실케 되는 경우는 채무자와 수익자 또는 전득자 모두의 사해 의사를 전제로 하므로 그 소송행위에 의하여 형성된 상대방의 법률상 지위를 보호할 필요성이 상대적으로 크다고 볼 수 없는 점 등에 비추어 보면 재판상 화해와 같은 사해행위로부터 채권자를 보호하기 위해서는 그 전제가 되는 채무자와 수익자 사이의 법률행위에 대하여 채권자취소권행사를 인정하여야 할 필요성이 크다」는 것이다. 이 판결에서 문제된 사안은, 채무자와 수익자가 채권자인 원고를 해치기 위하여 통모하여 목적물에 관한 대물변제 약정을 하고 이에 관한 재판상 화해를 한 다음 수익자가 전득자인 피고에게 그 목적물을 이전한 경우이다. 법원은, 채무자와 수익자 사이의 대물변제 약정을 사해행위를 이유로 취소하고 이어서 전득자인 피고에게 진정한 등록명의 회복을 원인으로 한 명의변경절차를 이행하라고 판시하였다. 형식적으로는 원고와 전득자 사이에서는 재판상 화해를 한 일이 없지만 무제한 기판력설에 의하면 원고가 수익자를 대위하여 청구하고 있는 이상 수익자와 전득자 사이의 위 재판상 화해가 취소되지 않으면 원고의 전득자인 피고에 대한 청구는 받아들일 수 없는 사정에 있었음에도 불구하고 이 판결은 위 재판상 화해의 원인행위를 사해행

193) 서울지판 2003.7.28. 2002가합28338.

위라고 하여 그 취소를 인정함으로써 그 재판상 화해에 기초한 전득자인 피고의 취득행위도 무효라고 하여 결과적으로 위 재판상 화해의 효력을 부정하는 제한적 기판력설의 입장을 취한 것이라 할 수 있다.

(다) **창설적 효력** (a) **개념** (i) 민법상 화해계약이 성립하면 당사자 한 쪽이 양보한 권리는 소멸하고 상대방은 그 권리를 취득하는 효력이 있다(민 제732조). 이를 사법상 화해계약의 창설적 효력이라고 한다. 창설적 효력은, 종래의 법률관계가 어떠하였느냐를 묻지 않고 화해에 의하여 새로운 법률관계가 생기고 따라서 새로운 권리의 득실이 있게 되는 것을 말한다. 새로운 권리의 득실이 있게 되면 종래의 법률관계는 이를 고려하지 않으므로 종래의 법률관계의 종(從)된 담보등도 당연히 소멸하게 된다. 이 경우 권리의 득실이라 함은 실체법상 법률관계의 득실을 의미하고 소송상 법률관계의 득실을 가리키지 아니한다.

(ii) (ㄱ) 우리나라의 판례는 재판상 화해에 대하여 사법상 화해계약의 특유한 창설적 효력을 인정하고 있다.[194) 195)] 예를 들어 설명한다. 원인무효를 이유로 제기된 소유권이전등기 말소청구소송에서, 권리자가 말소청구권을 포기하여 등기명의자의 소유로 확정한다는 내용의 재판상 화해가 성립한 경우를 가정해 본다. 이때 재판상 화해의 창설적 효력으로 인해, 원래 원인무효로 말소될 운명이었던 등기명의자의 소유권은 실체법상 정당한 소유권으로 확정되고, 그 명의의 등기는 실체관계에 맞는 유효한 등기로 전환된다. 그에 따라, 해당 등기에 기초하여 이루어진 제3자 명의의 가등기도 달라진다. 원래는 원인무효인 등기에 기초했기 때문에 무효로 보았으나, 재판상 화해로 등기가 실체법상 유효해진 이상, 가등기도 그에 따라 유효한 등기로 되는 것이다. 이때 가등기의 효력은 '재판상 화해의 효력이 가등기권자에게 미치는가'라는 문제와는 무관하다. 즉 재판상 화해는 소송법적 효력에 그치지 않고 실체법상 새로운 소유권을 창설하므로, 그에 기초한 가등기도 유효해지는 것이다. 만약 재판상 화해에 실체법상 창설적 효력을 인정하지 않는다면, 이러한 해결은 불가능하다. 또한 원래라면, 소유권이전등기 말소청구와 가등기 말소청구를 함께 제기하면 이는 소의 객관적 병합에 해당하여 소유권이전등기에 관한 말소청구가 기각되었다고 해서, 그 기판력이 곧바로 가등기 말소청구에 미치는 것은 아니다. 즉 가등기의 유효 여부는 별도로 판단되어야 하고, 그 결론이 달라질 수도 있다.

결국 소유권이전등기에 관한 소송에서 재판상 화해가 성립하더라도, 가등기에 관한 소송은 별도로 다투어야 하며, 그 결과는 화해의 취지와 달라질 수 있다. 그렇다면 관련자들 사이의 분쟁이 끝나지 않을 위험이 존재한다. 요컨대 재판상 화해가 실체법상 창설적 효력을 가진다고 본다면 등기뿐만 아니라 그에 기초한 가등기도 자동으로 유효하게 되므로 분쟁을 일괄적

194) 대판 1977.6.7. 77다235, 2006.6.29. 2005다32814.

195) 양성설이나 양행위병존설이 다수설이고 통설인 독일에서나 일본에서도 재판상 화해에 대하여 사법상 화해계약의 창설적 효력을 인정하지 않는다.

으로 해결할 수 있다. 반면, 창설적 효력을 부정한다면 가등기의 효력은 별도로 판단해야 하므로, 소송이 나뉘고 분쟁이 계속될 수 있을 것이다.

아마도 이 사건이 재판상 화해에 창설적 효력을 인정하지 않은 독일과 일본에서 문제되었다면 우리나라와 달리 화해로 인한 분쟁은 종국적인 해결을 기대할 수 없었을 것이다. 그러나 우리나라는 재판상 화해에 관하여 창설적 효력을 인정함으로써 관련분쟁을 일거에 해결할 수 있고 또 이것은 관련 분쟁당사자의 화합이라고 하는 화해의 본래 취지에 맞는다.

(ㄴ) 재판상 화해에 있어서 창설적 효력이 적용되는 여러 가지 경우를 본다.

① 예컨대 대물변제를 원인으로 한 소유권이전등기절차를 이행한다는 내용의 화해가 성립되었다면 특별한 사정이 없는 한 화해에 의하여 취득하는 것은 대물변제를 원인으로 한 소유권이전등기청구권이지, 화해의 성립에 따라 이미 소멸한 종전의 원인채권이 아니다.[196]

② 상계에 의한 채무소멸을 원인으로 하여 그 담보로 경료된 가등기의 말소를 구하는 소송계속 중 피고가 원고로부터 금 8,900,000원을 수령함과 동시에 위 가등기의 말소등기절차를 이행한다는 제소전 화해가 성립하였다고 하자. 위 화해는 창설적 효력을 가지므로 화해가 이루어지면 종전의 법률관계를 바탕으로 한 권리의무관계는 소멸한다. 따라서 원고는 위 화해조서작성 이후에 발생한 사실을 들어 위 가등기의 말소를 구함은 모르되 그 조서작성 이전의 상계에 의한 채무소멸 사실로써 그 가등기의 말소를 구할 수 없다.[197]

③ 제소전 화해가 이루어지면 종전 법률관계를 바탕으로 한 권리의무는 소멸하는 것이므로 이자 부 소비대차 채무에 관하여 제소전 화해에 의하여 확정된 채무가 금 25,180,000원 뿐이라면 그 변제기 후의 채무액은 위 금 25,180,000원과 이에 대한 그 변제기 이후의 민사법정이율에 의한 지연손해금이다.[198]

(b) **효력이 미치는 범위**   창설적 효력이 미치는 범위는 화해의 대상인 권리 또는 법률관계에 국한된다.[199] 따라서 당사자가 서로 양보를 하여 확정하기로 합의한 사항에 한정하여 창설적 효력이 생기며, 당사자 사이에 다툼이 없었던 사항은 물론 화해의 전제로서 서로 양해하고 있는 사항에 관해서는 그 효력이 미치지 않는다.[200] 따라서 제소전 화해가 있다고 하더라도 화해의 대상이 되지 않은 종전의 다른 법률까지 소멸하는 것은 아니다. 예를 든다. 원고는 의약품 밴드 제조를 위한 공장 확장 이전 목적으로 피고 소유 공장을 임차하였다. 당시 공장 2층 시설공사가 진행 중이었는데, 원고와 피고는 "임대차기간 중 피고의 서면 동의 없이 건물의 구조·용도 변경, 담보 제공, 임차권 양도, 전대 등 점유권 변동을 해서는 아니 된다."라는

196) 대판 2007.6.28. 2005두7174.
197) 대판 1984.8.14. 84다카207.
198) 대판 1982.4.13. 81다531.
199) 대판 1997.1.24. 95다32273, 2001.4.27. 99다17319.
200) 대판 2011.7.28. 2009다90856.

내용의 제소전 화해를 체결하였다. 그러나 원고가 2층 시설공사를 하지 못하면 공장을 의약품 제조공장으로 사용할 수 없으므로, 임대차계약 당시 피고도 명시적 또는 묵시적으로 해당 공사를 승낙했다고 보아야 한다. 이 승낙은 제소전 화해 당시 분쟁의 대상이 아니었지만, 당사자가 서로 양보를 하여 확정하기로 합의한 사항으로서 이 승낙을 토대로 하는 합의사항을 내용으로 하는 사법상 화해계약은, 창설적 효력을 가진다. 따라서 제소전 화해에서 이 승낙을 무효로 한다는 조항이 없는 이상, 피고의 승낙은 여전히 효력을 유지하며, 원고는 건물의 구조 및 용도변경을 할 수 있다.[201)]

(c) **창설적 효력에 대한 판례의 평가** 우리나라는 입법형식으로 보아 독일이나 일본보다는 더욱 확실하게 재판상 화해에 관하여 판결대용설을 취하였으면서도 재판상 화해에 실체법적 효력까지 인정한 이유는, 당사자의 양보를 본질로 하는 화해를 법원의 공권적 판단인 판결과 동일하게 보는데 무리가 있으므로 실체법의 적용을 긍정함으로써 화해의 특성을 살려보자는 데 있다고 할 수 있다. 그리하여 판례는 화해조항을 해석함에 있어서 실체법의 적용을 인정하였고 그러다 보니 화해계약에 특유한 창설적 효력도 인정하게 된 것으로 보여진다. 그런데 실체법에 돌아가서 사법상 화해계약에 창설적 효력이 인정되는 근본취지를 보면, 화해에 의한 분쟁해결이 화해 이전의 사유에 의하여 뒤집어지는 것을 금지함으로써 화해의 실효성을 확보하자는 데 있다. 따라서 화해계약이 성립하면 착오를 이유로 취소할 수 없을 뿐 아니라(민 제733조) 소멸된 권리의 흠을 들어 화해의 효력을 다툴 수 없게 함으로써 화해의 창설적 효력은 화해의 법적 안정성을 유지시키는 역할을 한다. 이와 같이 재판상 화해에 창설적 효력을 인정하는 것은 분쟁해결의 새로운 방법이 되고 이 방법은 독일이나 일본에서도 볼 수 없다는 점에서 평가할 만하다.

㈑ **소 취하하기로 하는 재판상 화해의 효력** 재판상 화해를 하면서 재판상 화해가 되지 않고 계속 중인 다른 소송을 취하하기로 하는 내용의 화해조서가 작성되었다면 당사자 사이에는 법원에 계속 중인 다른 소송을 취하하기로 하는 합의가 이루어진 것이다. 따라서 당사자가 재판상 화해를 하고서도 소송계속중인 다른 소송의 취하서를 법원에 제출하지 아니하였다면 그 소송이 소 취하로 종결되지는 않지만 그 재판상 화해가 재심의 소에 의하여 취소 또는 변경되는 등의 특별한 사정이 없는 한 그 소송의 원고에게는 권리보호의 이익이 없게 되어 계속 중인 원고의 다른 소송은 각하되어야 한다.[202)]

㈒ **재판상 화해의 취소·해제** (a) **화해조서 작성이전의 취소·해제** (i) 무제한 기판력설의 입장에서는 화해조서는 확정판결과 동일한 효력이 있으므로 화해조서 작성이전의 취소·해제사유를 들어 화해조서의 효력을 다툴 수 없다. 즉 화해계약의 의사표시에 착오가 있어도 이

201) 대판 2017.4.7. 2016다251727, 2022.1.27. 2019다299058.
202) 대판 1982.3.9. 81다1312, 1997.9.5. 96후1743 등 참조.

것이 당사자의 자격이나 화해계약대상 분쟁 이외의 사항에 관한 것이 아니고 분쟁대상인 법률관계 자체에 관한 것일 때에는 이를 취소할 수 없고,[203] 화해조항에서 정한 의무를 이행하지 아니하였다는 이유로 재판상 화해의 해제를 주장하는 것과 같은 화해조서의 취지에 반하는 주장도 할 수 없다.[204] 예컨대 부동산에 관한 소유권이전등기가 제소전 화해조서의 집행으로 이루어진 것이라면 제소전 화해가 이루어지기 전에 제출할 수 있었던 사유에 기초한 주장이나 항변은 제소전 화해의 기판력에 의하여 차단되므로 그와 같은 사유를 원인으로 제소전 화해의 내용에 반하는 주장을 하는 것은 허용되지 않는다.

(ii) 이 이치는 재판상 화해와 동일한 효력이 있는 조정의 경우에도 마찬가지이다.[205] 아마도 판례는 화해조서에 기재된 의무의 불이행을 이유로 한 재판상 화해의 해제를 인정한다면, 실효조건의 성취와 달리 재판상 화해자체가 소급적으로 무효로 되어 재판상 화해가 법원이 아닌 당사자의 의사표시만으로 실효되는 현상을 회피하기 위해서 재판상 화해의 해제 자체를 허용하지 않는 취지로 보인다. 판례는 이 점에서 사법행위설이나 양성설과 차이가 있다.

(b) **화해조서작성 이후의 취소 · 해제** 화해조서가 작성된 이후에 새로 발생한 사실을 주장하여 화해에 반하는 청구를 하는 것은 화해의 기판력에 저촉되는 것이 아니므로 화해조서 작성이후의 취소 · 해제사유를 들어 화해조서의 효력을 다툴 수 있다.

(i) 예컨대 갑과 을 사이에서, 갑이 병으로부터 부동산을 매수하여 소유권이전등기를 마치지 않는 상태에서 부동산을 을에게 매도하기로 하되 등기명의는 화해절차를 통하여 중간등기생략으로 병으로부터 직접 을 앞으로 소유권이전등기를 마침과 동시에 을이 갑에게 잔대금을 지급하기로 약정하였는데, 을이 당초의 약정과 달리 잔대금을 지급하지 아니하고서도 병을 상대로 제소전 화해신청을 하여 그 화해조서에 기초하여 소유권이전등기를 마쳤다고 하자. 이 경우, 을 명의의 소유권이전등기가 병과 을 사이에 제소전 화해에 의하여 이루어진 것이라 하더라도 이는 갑과 을 사이에 체결된 매매계약과 당사자들 사이에 이루어진 중간등기생략에 관한 합의에 의한 것이므로 그 매매계약상 갑의 채무는 을이 그 부동산에 관하여 소유권이전등기를 마침으로써 전부 이행되었다. 따라서 을이 당초의 약정과는 달리 소유권이전등기를 마친 후에도 갑에게 잔대금을 지급하지 아니하였다면 이는 화해조서 작성 이후의 취소 · 해제사유이므로 갑은 적법한 최고절차를 거쳐 매매계약을 해제하고 계약 당사자로서 을에게 직접 매매계약 해제를 원인으로 한 원상회복으로서 소유권이전등기의 말소등기절차의 이행을 구할 수 있다.[206]

---

203) 대판 2018.5.30. 2017다21411.
204) 대판 2012.4.12. 2011다109357.
205) 대판 2012.4.12. 2011다109357, 2014.3.27. 2009다104960,104977.
206) 대판 1994.12.9. 94다17680.

(ii) 신탁자 명의로의 소유권이전등기가 원인무효라고 하여 말소하기로 한 제소전 화해조서의 기판력은 그 후에 명의신탁을 적법하게 해지하고 그 명의신탁해지를 원인으로 소유권이전등기절차의 이행을 청구하는 경우에 미치지 아니한다.[207] 신탁해지는 소급효가 없기 때문이다.

재판상 화해의 효력

1. 확정판결과 같은 효력
   - 조서에 기재된 재판상 화해 = 확정판결과 동일(민소 제220조)
   - 따라서 기판력·집행력이 발생 → 재심의 소로만 다툴 수 있음
   - 제1화해가 성립했다면 이후 모순되는 제2화해가 있어도 제1화해가 우선
   - 화해조서는 강제집행의 집행권원이 됨(민집 제56조 5호)
   - 화해권고결정도 이의 없으면 같은 효력(제231조)
2. 형식적 확정력
   - 법원 기속력: 작성된 화해조서는 경정결정 외에는 취소·변경 불가
   - 당사자 구속: 상소 불가 → 소송종결, 소송계속 소멸. 제3자에겐 효력 없음
   - 단순한 사법상 화해와 달리, 재판상 화해는 조서 작성이 필수
   - 소송종료효: 판결 대신 소송이 종료되나 준재심·당연무효 사유 주장 시 부활 가능
3. 실질적 효력
   - 집행력
     - 화해조서 = 집행권원 → 채무 불이행 시 강제집행 가능
     - 단, 의사표시 불명확(예: "지분을 양도한다"만 있고 등기절차 언급 없음)시 집행 불가
     - 제소전 화해에 기초한 집행은 채무 변제 여부와 별개로 유효
   - 기판력
     - 당사자 간에만 인정, 제3자에겐 미치지 않음
     - 학설 대립
     - 무제한 기판력설: 강행법규 위반 화해라도 재심 외에는 다툴 수 없음
     - 제한적 기판력설(판례·다수설): 실체법상 무효이면 기판력 부정, 별소·무효 주장 가능
     - 채권자취소권을 통한 구제 인정(하급심 판례) → 제한적 기판력설 뒷받침
   - 창설적 효력
     - 민법 제732조: 화해 시 종전 권리·의무 소멸 + 새로운 권리·의무 창설
     - 판례도 인정 → 원인무효 등기도 화해의 창설적 효력으로 유효하게 전환 가능
     - 분쟁을 일거에 해결하고 법적 안정성 확보
     - 다만, 효력은 화해의 대상에 한정

207) 대판 1978.3.28. 77다2311.

4. 소 취하 합의의 효력

- 재판상 화해 시 다른 소송을 취하하기로 했다면, 취하서 제출 없더라도 원고는 권리보호이익 상실 → 각하

5. 재판상 화해의 취소·해제

- 작성 이전 사유: 기판력 때문에 취소·해제 불가(착오·불이행 등 주장 못함)
- 작성 이후 사유: 새로 발생한 사유에 의한 취소·해제는 가능
- 예: 대금 미지급 등 화해 이후 발생한 불이행 → 계약해제 가능
- 명의신탁 해지 후 소송 제기 등은 기판력에 저촉되지 않음

□ 핵심정리

- 재판상 화해는 확정판결과 동일한 효력을 가지며, 형식적 효력: 법원 · 당사자 기속, 소송종료효, 실질적 효력: 집행력 · 기판력 · 창설적 효력을 가진다.
- 다만, 기판력 범위와 창설적 효력 인정 여부가 쟁점이지만, 우리 판례는 무제한 기판력설 + 창설적 효력 인정의 입장이다.

(바) * 재판상 화해의 무효를 다루는 방법 (a) (i) 통설과 판례에 의하면 재판상 화해를 조서에 기재한 때에는 그 조서는 확정판결과 동일한 효력이 있고 당사자 간에 기판력이 생기므로 당연무효사유가 없는 한 재심의 소에 의하여서만 효력을 다툴 수 있다.

(ii) 다만 사망자를 당사자로 한 화해,[208] 실효조건의 성취,[209] 성질상 당사자가 임의로 처분할 수 없는 사항을 대상으로 한 화해[210]의 경우에는 당연무효로 본다. 판례는 이들 당연무효의 경우에, 당사자가 이와 같은 사유를 들어 화해조서의 무효를 주장하면서 기일지정신청을 하였을 때에는 법원은 변론기일을 열어 그 무효의 여부를 심리하여야 하고[211] 재심의 소로는 다툴 수 없다. 재심의 소로 다투게 한다면 이들 경우는 모두 재심사유가 아니므로 당연무효가 아닌 결과가 될 수도 있기 때문이다.

(b) 그러므로 당사자가 이 경우 준재심으로 주장하더라도 법원은 이것을, 당연무효를 주장하는 기일지정신청으로 심리하여, 만약 당연무효사유가 있으면 법원은 화해로 종결된 재판을 재개하여 변론을 속행하여야 하고 당연무효사유가 존재하지 않는다면 판결로써 소송종료선언을 하여야 한다.

(c) 재판상 화해 조서에 의하여 소유권이전등기 등이 마쳐져서 법률관계에 변동이 생긴 경우에는, 당사자는 기일지정신청이 아니라 소유권이전등기의 무효확인 등 별소를 제기하여 위

208) 대판 1955.7.28. 4288민상144.
209) 대판 1996.11.15. 94다35343.
210) 대판 2012.9.13. 2010다97846.
211) 대판 2000.3.10. 99다67703.

조서들의 당연무효를 주장하여야 한다. 이 경우 법원은 당연무효사유가 없으면 원고의 청구를 기각하면서 직권으로 중간판결(제201조) 또는 종국판결의 이유에서 위 조서로 종결된 소송의 소송종료선언을 하여야 할 것이고, 당연무효사유가 있는 경우에는 원고의 청구를 인용하면서 직권으로 중간판결 또는 종국판결의 이유에서 위 조서들로 종결된 재판을 재개하여 변론의 속행을 명해야 할 것이다.

(d) **당연무효이외의 사유로 다투는 경우** 이 경우에는 준 재심(제461조)에 의하여 효력을 다투는 방법이외에는 그 무효를 주장할 수 없다(판례). 당사자가 이 경우에 준 재심이 아닌 당연무효를 주장하여 기일지정신청을 하더라도 법원은 석명을 통하여 준 재심의 소로 심판하여야 한다.

재판상 화해의 무효를 다투는 방법

구분	방법	비고
원칙	재심(준재심 포함)	화해조서는 확정판결과 동일
당연무효사유	기일지정신청 → 법원 심리	사망자 당사자 / 실효조건 성취 / 처분불가 사항
법률관계 변동 발생 (예: 소유권이전등기 완료)	별소 제기(무효확인 소 등)	기일지정신청 불가
당연무효 외 사유	준재심의 소(제461조)	당연무효 주장해도 법원이 석명 후 준재심으로 처리

□ 핵심 요약

- 원칙은 재심
- 왜 기일지정신청인가?
  - 당연무효 사유(예: 사망자와 화해, 처분권 남용, 실효조건 성취 등)는 애초에 조서 자체가 성립하지 않은 것과 같음(부존재·무효)
  - 그러나 준재심/재심 사유에는 '당연무효'가 포함되지 않음
  - 따라서 기판력을 발생시키지 않은 '무효'를 먼저 확인해야 하므로 기일지정신청(민소규 67조)이 유일한 구제수단
- 당연무효는 기일지정신청 또는 별소
- 법률관계 변동 시 반드시 별소
- 그 외 사유는 준재심

5. 화해권고결정

(1) 뜻

㈎ 화해권고결정이라 함은 법원, 수명법관 또는 수탁판사가 소송계속 중인 사건에 관하여 직권으로 당사자의 이익, 그 밖의 모든 사정을 참작하여 청구취지에 어긋나지 않는 범위 안에서 사건의 공평한 해결을 위해서 하는 화해 권고결정을 말한다(제225조 제1항). 이 결정에는 청구의 취지와 원인을 적고, 다만 소심 제2조 제1항의 소액사건은 특히 필요하다고 인정한 경우 외에는 청구원인을 적지 아니한다(민소규 제57조). 법원사무관등은 그 결정내용을 적은 조서 또는 결정서의 정본을 당사자에게 송달하여야 하며(제225조 제2항), 송달할 때에 2주일 안에 이의를 신청하지 아니하면 화해권고결정이 재판상 화해와 같은 효력이 생긴다는 취지를 고지하여야 한다(민소규 제58조). 주의할 것은 이때의 송달은 당사자의 이의신청권을 보장하기 위하여 통상의 송달방법에 의하여야 하고 공시송달의 방법으로는 할 수 없다(제225조 제2항 단서).

㈏ 당사자들이 법원의 화해권고결정을 따르기로 합의하였다면 당사자 사이에서는 화해권고결정과 같은 내용의 민법상 화해계약이 성립되었다고 보아야 하므로 이 계약 성립 이후에 화해권고결정에 대하여 이의신청을 하였다고 하더라도 종전에 성립한 화해계약까지 무효로 할 사정이 없는 한 그 창설적 효력에 의하여 종전 법률관계를 바탕으로 한 권리의무관계는 소멸하고 화해의 내용대로 법률관계가 변동된다.[212)]

(2) 화해권고결정에 대한 이의

㈎ **이의신청의 방식** 당사자는 화해권고의 결정이 적힌 조서 또는 결정서의 정본을 송달받은 날로부터 2주일 이내에 화해권고결정을 한 법원에 이의신청서를 제출하여 이의를 제기할 수 있다(제226조, 제227조 제1항). 이의신청서에는 ① 당사자와 법정대리인, ② 화해권고결정의 표시와 그에 대한 이의신청의 취지를 적어야 한다(제227조 제2항). 이의신청서에는 준비서면에 관한 규정이 준용되며(동조 제3항) 이의신청의 상대방에게 이의신청서 부본을 송달하여야 한다(동조 제4항).

㈏ **이의신청의 취하·포기·각하** (a) 이의신청을 한 당사자는 그 심급의 판결이 선고될 때까지 상대방의 동의를 얻어 이의신청을 취하할 수 있고(제228조 제1항), 서면으로 이의신청을 취하하는 경우에는 이의신청 취하의 서면이 상대방에게 송달된 날로부터 2주일 이내에 이의를 제기하지 아니한 경우에는 이의 신청의 취하에 동의한 것으로 본다(제228조 제2항, 제266조 제6항). 당사자는 이의신청 이전까지 서면으로 이의신청권을 포기할 수 있는데(제229조), 그

212) 전주지판 2004.1.8. 2002가단14671,16844.

경우에는 화해권고결정이 확정된다.

(b) 법원, 수명법관 또는 수탁판사는 이의신청이 법령상 방식에 어긋나거나 신청권이 소멸된 뒤의 것이 명백한 경우에는 그 흠을 보정할 수 없으면 결정으로 각하하여야 하고, 수명법관 또는 수탁판사가 각하하지 아니할 때에는 수소법원이 결정으로 각하한다(제230조 제1항). 각하결정에 대하여는 즉시항고를 할 수 있다(동조 제2항).

(3) 화해권고결정의 효력

(가) 화해권고결정은 ① 제226조 제1항의 기간 내에 이의 신청이 없을 때 ② 이의신청에 대한 각하결정이 확정된 때 ③ 당사자가 이의신청을 취하하거나 이의신청을 포기한 때의 어느 하나에 해당하면 재판상 화해와 같은 효력을 가진다(제231조). 따라서 화해권고결정도 결국 확정판결과 같은 기판력이 생기므로[213] 당사자의 사망 등 당연무효사유가 없는 한 그 흠은 재심의 방법에 의해서만 다툴 수 있다. 당연무효의 경우에는 다른 재판상 화해의 경우와 같이 기일지정 신청으로 다툴 수 있다.

(나) 화해권고결정에 인정되는 확정판결과 동일한 효력은 소송목적인 권리관계의 존부에 관한 판단에만 미친다. 그러므로 소송절차 진행 중에 사건이 화해권고결정에 의하여 종결된 경우 소송목적 이외의 권리관계에도 그 화해권고결정의 효력이 미치게 하려면 특별한 사정이 없는 한 그 권리관계가 화해권고결정사항에 특정되거나 그 결정문 중 청구의 표시 다음에 부가적으로 기재됨으로써 소송목적인 권리관계가 되었다고 인정할 수 있어야 한다.[214]

(다) (a) 화해권고결정도 확정되면 창설적 효력이 있는데 그 창설적 효력이 미치는 범위는 당사자가 서로 양보를 하여 확정하기로 합의한 사항에 한하며, 당사자가 다툰 사실이 없었던 사항은 물론 화해의 전제로서 서로 양해하고 있는 데 지나지 않은 사항에 관하여는 그러한 효력이 생기지 않는다.[215]

(b) 동일한 당사자 사이의 전소에서 소송에서 다투어지고 있는 권리 또는 법률관계의 존부에 관하여 화해권고결정이 확정된 경우 당사자는 이에 반하는 주장을 할 수 없고 법원도 이에 저촉되는 판단을 할 수 없다.[216]

(c) 소유권에 기초한 물권적 방해배제청구로써, 소유권이전등기의 말소를 구하는 소송이나 진정명의 회복을 원인으로 한 소유권이전등기절차의 이행을 구하는 소송 중에 그 소송목적에 대하여 화해권고결정이 확정되더라도 상대방은 여전히 물권적인 방해배제의무를 지는 것이고,

213) 대판 2012.5.10. 2010다2558.
214) 대판 2017.4.13. 2016다274966.
215) 대판 2001.4.27. 99다17319 등 참조.
216) 대판 2014.4.10. 2012다29557.

화해권고결정에 창설적 효력이 있다고 하여 그 청구권의 법적 성질이 채권적 청구권으로 바뀌지 아니한다.[217)]

(d) 형성판결의 효력은 당사자가 자유롭게 처분할 수 있는 사항이 아니어서 개인 사이의 합의로 창설할 수 없다. 따라서 확정판결에 대한 청구이의의 소에서 법원이 강제집행결정을 한 다음 '집행권원에 기한 강제집행을 불허한다'는 화해권고결정이 확정되더라도 이 화해결정에는 집행권원에 기한 강제집행을 허가하지 아니하는 효력이 생기지 않는다.[218)]

(4) 이의신청에 의한 소송복귀

㈎ 적법한 이의신청이 제기되면 소송은 화해권고결정 이전의 상태로 돌아가고 그 이전에 행한 소송행위는 그 효력을 가진다(제232조 제1항). 따라서 당사자는 화해권고결정이 송달된 후에 생긴 사유에 대하여도 이의신청을 하여 새로운 주장을 할 수 있고, 화해권고결정이 송달된 후의 승계인도 이의신청과 동시에 승계참가신청을 할 수 있다.[219)]

㈏ 화해권고결정은 그 심급에서 판결이 선고된 때 그 효력을 잃으므로(제232조 제2항) 당사자는 판결을 선고할 때까지 이의신청을 포기하거나 취하함으로써 화해권고결정의 효력을 유지할 수 있어 확정된 화해권고결정은 그 확정시를 기준으로 하여 당사자 사이에 기판력이 생긴다.[220)] 따라서 추심채권자가 제3채무자를 상대로 제기한 추심소송에서 화해권고결정이 확정되었더라도 그 결정의 기판력은 그 결정일 이전에 압류 · 추심명령을 받았던 다른 채권자에게 미치지 않는다.[221)]

6. 제소전 화해

(1) 뜻

제소전 화해라 함은 당사자가 민사 분쟁에 관하여 소를 제기하기 이전에 법원에 출석하여서 하는 화해를 말하며 구체적으로 제385조에서 제389조까지 규정되어 있다.

(2) 제소전 화해신청

㈎ 소 제기 이전에 화해를 하고자 하는 당사자는 상대방의 보통재판적이 있는 곳의 지방법원에 화해신청을 할 수 있다(제385조 제1항). 화해신청은 사건 · 소송목적의 값에 관계없이 지

217) 대판 2012.5.10. 2010다2558.
218) 대결 2022.6.7. 2022그534.
219) 대판 2012.5.10. 2010다2558.
220) 대판 2012.5.10. 2010다2558.
221) 대판 2020.10.29. 2016다35390.

방법원 단독판사의 직분관할에 속한다(법조 제7조 제4항).

(나) 화해신청은 민사상 다툼에 관하여 청구취지 · 원인과 다투는 사정을 밝힌 서면 또는 말로 한다(제385조 제1항). 민사상 다툼이라 함은 당사자 사이의 권리관계에 관한 법적 주장이 대립하는 것을 말한다. 그 대립이 있는 이상 그것이 권리의 존부에 관한 다툼인가 또는 권리의 범위 · 모습 혹은 이행기에 관한 다툼인가를 묻지 않는다.

(다) 제소전 화해신청은 그 성질에 반하지 않는 한 소에 관한 규정이 준용되고(제385조 제4항), 화해불성립의 경우에는 소제기신청을 할 수 있으며(제388조 제1항) 그 경우에는 화해신청을 한 때에 소가 제기된 것으로 본다(제388조 제2항). 따라서 제소전 화해신청을 보통의 소와 구별하여야 할 이유가 없으므로 제소전 화해신청에 있어서도 보통의 소와 같이 과거 또는 장래의 확인이나 장래의 형성을 목적으로 하는 화해신청을 받아들여서는 안 되며 장래의 이행을 목적으로 하는 화해신청도 제251조 소정의 '미리 청구할 필요'가 있는 경우에 한하여 허용하여야 할 것이다.

(라) 당사자는 화해를 위하여 대리인의 선임권을 상대방에게 위임할 수 없으며(제385조 제2항) 법원도 필요한 경우 대리권의 유무를 조사하기 위하여 당사자, 본인 또는 법정대리인의 출석을 명할 수 있다(제385조 제3항). 사채업자나 건물임대인이 차주로부터 미리 백지위임장을 받아 두었다가 임의로 상대방의 소송대리인을 선임한 다음 제소전 화해를 하는 잘못된 관행을 막기 위한 취지이다.

(3) 제소전 화해절차

(가) 화해신청의 요건 및 방식이 잘못되었을 때에는 결정으로 이를 각하하고 이에 대해서 신청인은 항고할 수 있다(제439조).

(나) 화해신청과 그 절차에 관하여서는 성질에 반하지 아니하는 한도에서 소에 관한 규정을 준용한다(제385조 제4항). 화해신청이 적법하면 법원은 화해기일을 정하여 신청인 및 상대방에게 통지하여야 한다.

(다) 기일에 당사자 양쪽이 출석하면 법원은 화해를 권고할 것이며, 화해가 성립하면 법원사무관등은 조서에 당사자, 법정대리인, 청구의 취지와 원인, 화해조항, 날짜와 법원을 표시하고 판사와 법원사무관등이 기명 · 날인한다(제386조). 이 조서는 소송상 화해와 동일하게 확정판결과 같은 효력이 있다(제220조). 이때의 기일에는 소의 경우와 마찬가지로 당사자가 불출석하는 영상기일을 포함한다.

(라) 화해가 성립하지 아니한 때에는 법원사무관등은 그 사유를 조서에 기재하여야 하며 신청인 또는 상대방이 기일에 출석하지 아니한 때에는 법원은 화해가 성립하지 아니한 것으로 볼 수 있다(제387조 제1항 · 제2항). 화해가 불성립하면 불성립조서의 등본을 당사자에게 송달하

여야 한다(제387조 제3항).

(마) 화해가 성립하지 아니한 때에 당사자는 소제기신청을 할 수 있으며, 적법한 소제기신청이 있을 때에는 화해신청을 한 때에 소가 제기된 것으로 보고 바로 소송기록을 관할법원에 보내야 한다(제388조 제1항 · 제2항). 소제기 신청은 화해가 성립되지 않았다는 조서등본이 송달된 날로부터 2주일 안에 하여야 하며 이 기간은 불변기간이다(제388조 제3항 · 제4항). 이 조서의 송달 이전에도 소제기신청을 할 수 있음은 물론이다(제388조 제3항 단서).

(바) 화해비용은 화해가 성립된 경우에는 특별한 합의가 없으면 당사자 각자의 부담으로 하고, 화해가 불성립한 경우에는 신청인 부담으로 한다. 소제기신청이 있는 때에는 화해비용을 소송비용의 부담으로 한다(제389조).

(4) 제소전 화해조서의 효력

(가) 제소전 화해조서의 효력도 소송상 화해조서와 같이 확정판결과 동일한 효력이 있으므로(제220조) 화해조서의 내용에 따라 집행력 · 형성력 및 기판력이 생긴다.

(나) 제소전 화해조서도 당연무효가 아닌 이상 재심사유에 해당되는 경우에 한하여 준재심의 소(제461조)에 의한 구제 이외에는 무효를 주장할 수 없다(무제한 기판력설). 그러므로 제소전 화해절차에 의해서 경료된 소유권이전등기가 무효임을 이유로 말소등기청구를 하려면 준재심절차에 의해서 제소전 화해의 유효 여부를 다투어야 한다.[222]

(다) 제소전 화해조서도 보통의 화해조서와 같이 창설적 효력이 있다.

(라) 소송상 화해와 다른 점은 소송상 화해는 준재심에 의하여 화해조서가 취소되면 종전의 소송이 부활되나 제소전 화해의 경우에는 부활될 소송이 없다는 점이다. 따라서 제소전 화해의 목적물에 대한 권리를 승계한 자는 기판력이 미치는 변론을 종결한 뒤의 승계인(제218조 제1항)에 해당하지 않으므로 그 특정승계인은 준재심에 의한 화해조서의 취소를 주장할 수 있다.[223]

222) 광주고판 1976.4.2. 75나470.
223) 대구고판 2002.4.11. 2001나391.

제3절 법원의 행위로 인한 소송의 마침

[82] 제1. 재판

1. 재판의 뜻

재판이라 함은, 소송법상 용어로서는 재판기관이 그 판단 또는 판단의사를 법률이 정한 형식으로 표시하는 절차상 행위를 말한다. 재판 가운데에는 소송사건을 최종적으로 해결하기 위한 종국판결이 가장 중요하나 그 밖에 심리에 관련된 파생적 또는 부수적 사항(예, 법관의 제척·기피, 관할의 지정)의 해결, 소송지휘로 하는 처분(예, 기일의 지정, 기간의 재정, 변론의 분리·병합, 소송절차의 중지 등), 법원의 집행처분(예, 채권압류명령, 전부명령, 경매의 개시, 매각허가 등) 등도 재판의 형식으로 이루어진다. 재판은 법원 또는 법관의 행위이므로 법원사무관 또는 집행관의 행위와 구별된다. 이들 기관의 행위 중 재판과 유사한 행위(예, 제28조 제2항의 법원사무관등에 의한 집행력 있는 정본의 부여 등)가 있더라도 법원 또는 법관의 행위가 아니므로 그들의 행위는 처분이라고 부를 수는 있어도 재판은 아니다.[224] 또 법원사무관등이 직권으로 또는 당사자의 신청에 따라 하는 공시송달(제194조 제1항)도 법관의 행위가 아닌 이상 처분에 불과하고 재판장이 하는 명령이 아니다. 재판은 관념적 판단이나 의사를 표시하는 것이므로 법관의 사실행위(예, 변론의 청취, 증거의 조사 등)와 구별된다.

2. 재판의 종류

(1) 판결·결정·명령

재판기관 및 성립절차 등의 차이에 의한 구별이다. 판결이 가장 중요하기 때문에 법률도 판결을 중심으로 규정하고 그 성질에 반하지 않는 범위에서 결정 및 명령에 준용한다(제224조 제1항).

㈎ **재판기관** 재판을 하는 기관에서 보면 판결과 결정은 법원이 하는 재판이고 합의재판의 경우에는 합의체가 하는 재판이다. 이에 대하여 명령은 법관이 재판장, 수명법관 또는 수탁판사의 자격에서 하는 재판이다. 단독재판의 경우에는 한 사람의 법관이 법원의 권한과 재

---

224) 일반적으로 행정행위에 흠이 있는 경우에는 그것이 중대하고 명백하여 당연무효가 아닌 이상 처분청이나 수소기관에 의하여 취소될 때까지 상대방 또는 이해관계인이 그의 효력을 부인할 수 없는 공정력 또는 적법성 추정력이 있으나, 법원사무관등의 사법상 행위는 행정행위와 달리 그러한 공정력이나 적법성 추정력이 없다.

판장의 권한을 아울러 갖고 있어 결정과 명령의 구별이 분명하지 않으나 합의재판의 경우에는 법원이 하는 재판사항이 결정이고 재판장이 하는 사항이 명령이다. 지급명령 · 압류명령 · 추심명령 등의 「명령」은 재판의 내용을 의미하는 것에 불과하고 재판의 형식으로서의 「명령」이 아니다. 가압류 명령이나 그 이의에 대한 재판은 결정이다(민집 제281조, 제286조).

(나) 성립시기

(a) 판결은 원칙적으로 필수적 변론에 의하며 그 성립에는 반드시 선고라는 엄숙한 방법이 필요하다. 판결에 대한 상소는 항소 또는 상고이다.

(b) 결정 및 명령에서 변론을 열 것인지 아닌지를 정하는 것은 재판기관의 재량에 맡겨져 있으며(제134조 제1항 단서) 또 고지의 방법도 특별한 규정이 없는 한 꼭 선고로 할 필요가 없고(제221조 제1항), 그 재판서 원본이 법원사무관등에게 교부되었을 때 성립한 것으로 보아야 한다.[225) 226)] 전자문서로 작성된 결정이나 명령은 법관이 사법전자서명을 완료한 때 성립한다.[227)]

(다) 서명 여부 판결은 법관의 서명이 필요하나 결정 · 명령은 기명으로 갈음할 수 있고 이유의 기재를 생략할 수 있다(제224조 제1항 단서).

(라) 종국적 또는 중간적 판단 판결은 중요한 사항, 특히 소송에 관해서 종국적 또는 중간적 판단을 할 때 한다. 결정 및 명령은 소송지휘로 하는 조치, 소송절차에 관한 부수사항의 해결 및 강제집행에 관한 사항을 대상으로 한다.

(마) 불복방법 판결에 대해서는 항소 · 상고이고, 결정 · 명령에 대해서는, 동일 심급에서의 불복방법은 예컨대 수명법관 · 수탁판사의 재판에 대한 이의(제44조 제1항), 지급명령에 대한 이의(제468조), 가압류 · 가처분에 대한 이의(민집 제283, 제301조)와 같은 이의절차에 의하고, 상급심에 대해서는 항고 · 재항고에 의한다.

(2) 중간적 재판, 종국적 재판

사건의 심리를 마치는 것이 종국적 재판이고 종국적 재판을 준비하기 위하여 심리의 중간에 문제된 사항을 해결하는 재판이 중간적 재판이다. 종국판결, 소각하 결정, 항고심의 결정 등이 종국적 재판의 예이고, 중간 판결, 수계결정, 공격방어방법의 각하 결정 등이 중간적 재판의 예이다. 중간적 재판에 대하여는 원칙적으로 독립하여 상소할 수 없고 종국적 재판에 대

225) 부족인지 보정명령에 불응한 이유로 한 소장각하명령이 법원사무관등에게 교부되어 성립된 이상 그 명령 정본이 아직 당사자에게 고지되기 이전에 부족인지를 보정하였다 하여 위 각하명령이 위법한 것으로 되거나 재도의 고안에 의하여 그 명령을 취소할 수 있는 것이 아니다(대결 2013.7.31. 2013마670 참조).

226) 결정 · 명령의 원본이 법원사무관등에게 교부되었으나 당사자에게 고지되지 않아서 효력이 발생하지 않는 경우에도 이미 성립된 결정 · 명령에 대해서 항고하는 데는 지장이 없다(대전결 2014.10.8. 2014마667 참조).

227) 대전판 2025.7.2. 2021마6542.

한 상소와 더불어 상소심의 판단을 받을 수 있다.

(3) 확인적 재판, 명령적 재판, 형성적 재판

확인적 재판은 현재의 법률관계를 확인하는 재판(예, 확인판결, 제척의 재판 등)이고 명령적 재판은 특정인에게 특정한 의무의 이행을 명하거나 특정한 행위를 요구하는 내용의 재판(예, 이행판결, 증인의 소환, 문서제출명령 등)이다. 형성적 재판은 이미 있는 법률관계의 변경, 새로운 법률관계의 창설을 내용으로 하는 재판(예, 형성판결, 상소심의 취소판결, 이송결정 등)이다.

[83] 제2. 판결의 종류

1. 종국판결

(1) 뜻

종국판결이라 함은 소 또는 상소의 제기로 계속 중인 소송사건의 전부 또는 일부의 심급을 마치는 판결을 말한다. 따라서 상소심의 환송판결, 이송판결도 해당 심급을 마친다는 의미에서 종국판결이다.[228] 종국판결은 소송을 마치는 범위에 따라 전부판결 · 일부판결 · 추가판결로 구별되고 그 판단 내용에 따라 소송판결과 본안판결로 나뉜다.

(2) 전부판결

(가) 전부판결이라 함은 소송절차에서 처리하는 사건 전부에 관하여 심급을 마치는 판결을 말한다. 법원은 사건 전부에 대하여 심리를 마칠 때에는 전부판결을 한다(제198조). 원고가 하나의 소로 여러 개의 청구를 한 때(제253조), 피고의 반소에 의하여 본소와 반소가 병합 심리된 때(제269조) 및 변론의 병합(제141조)으로 하나의 소송절차에서 여러 개의 청구가 합쳐 재판을 받는 때와 같이 청구가 여러 개 병합되더라도 그 전부에 관하여 한 개의 판결을 하면 그 판결은 전부판결이다.

(나) 전부판결은 한 개의 판결이기 때문에 청구 가운데서 일부에 대하여 상소를 하면 나머지 청구에 대하여도 상소심으로 이심되는 효력이 생기므로 (상소불가분의 원칙) 판결 전체가 확정이 차단되는 효과가 생긴다. 따라서 전부판결 가운데서 일부 패소 부분에 대하여 상소를 하면 승소부분도 상소심에 옮겨간다.

---

228) 대전판 1981.9.8. 80다3271.

(3) * 일부판결

(가) 뜻　일부판결이라 함은 동일 소송절차에서 심리하는 사건의 일부를 분리하여 다른 부분보다 먼저 심급을 마치는 판결을 말한다(제200조 제1항). 일부판결을 한 사건의 나머지 부분은 종전 심급에서 재판을 계속하는데 이를 마저 끝내는 판결을 잔부판결 혹은 결말판결이라 한다. 일부판결을 할지 여부는 법원의 재량에 속하지만 실무에서는 되도록 일부판결을 피하고 있다.

(나) 일부판결을 할 수 있는 경우

(a) **소송의 일부에 대한 심리를 마친 경우(제200조 제1항)**　여기서 소송의 일부라 함은 하나의 가분적 청구의 분량적 일부 또는 소의 객관적 병합에서 풀린 일부에 대한 청구 혹은 공동소송의 일부당사자에 대한 일부청구를 말한다. 공격 또는 방어의 방법이나 중간의 다툼(제201조 제1항) 혹은 청구원인과 액수에 대하여 다툼이 있는 경우(제201조 제2항)는 일부판결을 할 사항이 아니라 중간판결(제201조)의 대상이다.

(i) **하나의 가분청구의 일부**　내용을 나눌 수 있을 때 그 일부가 소송과정에서 특정된 경우이다. 그러나 금전청구와 달리 청구를 쉽게 나눌 수 없는 소유권확인의 소 등의 경우에는 일부청구를 하면 일부판결과 잔부판결이 서로 모순된 결론이 될 수 있으므로 일부판결을 해서는 안 된다.

(ii) **소의 객관적 병합**　(ㄱ) **단순병합**　원칙적으로 그 일부를 분리하여 일부판결을 할 수 있다. 그러나 병합된 청구의 내용이 서로 관련되어 양쪽 청구 사이에 어긋난 판결이 확정되면 법률관계가 분규의 소용돌이에 빠질 염려가 있는 관련적 병합의 경우에는 일부판결을 피하여야 한다. 예를 들어 어느 하나의 청구가 다른 청구의 선결관계에 있다든가(예, 소유권확인과 소유권에 기초한 방해배제청구), 각 청구가 모두 공통된 선결적 법률관계에서 유래(예, 소유권에 기초한 반환청구와 방해배제청구)하여 통일적인 분쟁해결이 요구되고 있는 경우에는 변론의 분리로 말미암아 각각 별개의 판결이 선고됨으로써 그 판결 내용이 서로 어긋난다면 실체법상 모순된 법률관계가 생겨서 분규의 소용돌이에 빠질 염려가 있기 때문이다.

(ㄴ) **예비적 병합**　① 예비적으로 병합된 청구 중 주위적 청구를 받아들인 판결은 그 자체가 전부판결이기 때문에 일부판결의 문제는 생기지 않는다. 주위적 청구를 기각하는 판결을 하면서 같이 해야 할 예비적 청구에 대한 판단을 생략하였다가 뒤에 가서 남은 예비적 청구에 대하여 하는 잔부판결은 먼저 한 주위적 청구기각 판결과 모순될 우려가 있고 또 조건부 판결이 되므로 허용할 수 없다. ② 그러나 주위적 청구와 예비적 청구가 분할 가능한 것이고, 주위적 청구가 일부만 인용되는 경우에 나아가서 예비적 청구까지 심리할 것인지의 여부는 소송에서 당사자의 의사 해석에 달린 문제라고 할 것이므로, 주위적 청구의 일부를 특정하여 그

부분이 인용될 것을 해제조건으로 하여 그 부분에 대해서만 하는 예비적 청구도 특별히 소송절차의 안정을 해친다거나 예비적 청구의 성질에 반하는 것이 아닌 이상 허용된다.[229]

(ㄷ) **선택적 병합** **논리적으로 양립이 가능하여** 선택적으로 병합된 여러 개의 청구는 하나의 소송절차에 불가분적으로 결합되어 있기 때문에 선택적 청구 중 어느 하나를 전부 받아들인 판결은 전부판결이다. 그러나 선택적으로 병합된 여러 청구중에서 어느 하나에 대하여 일부만 인용하고 다른 선택적 청구에 관하여 아무런 판단을 하지 않은 것은 위법이다.[230]

(iii) **공동소송** (ㄱ) **통상 공동소송** 이 경우에는 공동소송인독립의 원칙이 적용되므로 공동소송인 가운데 한사람이 또는 한사람에 대한 청구에 관하여 다른 공동소송인의 청구에 앞서 종국판결을 선고할 수 있다. 그러나 공동소송인 가운데 일부 사람에 대한 판결은 공동소송인 독립의 원칙상 다른 공동소송인에게 영향을 주지 않기 때문에 그 판결의 성질은 일부판결이 아니라 일부사람에 대한 전부판결이고, 일부 사람의 청구의 일부에 대한 판결만 일부판결이다.

(ㄴ) **필수적 공동소송** 이 경우에는 고유필수적 공동소송이냐 유사필수적 공동소송이냐를 묻지 않고 각 공동소송인 전원에게 통일적 판단을 하지 않으면 안 되기 때문에 변론의 분리를 할 수 없음은 물론 일부 공동소송인에 대하여서만 분리하여 판결을 할 수 없다. 공동소송참가(제83조)의 결과 필수적 공동소송이 되는 경우에도 동일하다.

(ㄷ) **예비적·선택적 공동소송** 이 경우에도 필수적 공동소송에 대한 특별규정(제67조)이 준용되므로 필수적 공동소송의 경우와 같이 변론의 분리를 할 수 없고, 일부 당사자에 대해서만 판결을 할 수 없다.

(ㄹ) **독립당사자참가소송** 이 경우에도 필수적 공동소송에 대한 특별규정(제67조)이 준용되므로 변론의 분리를 할 수 없고, 일부 당사자에 대해서만 판결을 할 수 없다.

(b) **변론을 병합한 여러 개의 소송 중 한 개의 심리를 마친 경우와 본소나 반소 중 먼저 심리를 마친 경우(제200조 2항)** (i) **변론의 병합** 법원이 변론을 병합한 결과 여러 개의 청구가 하나의 소송절차에서 심리되었으나 그 중 어느 하나가 다른 것에 앞서 심리를 마치면 일부판결을 할 수 있다. 그러나 변론을 병합한 결과 필수적 공동소송이 되면 일부 당사자에 대해서만 판결을 할 수 없다.

(ii) **반소제기의 경우** (ㄱ) 본소 또는 반소 가운데에서 어느 하나가 먼저 심리를 마쳤을 때에는 그 부분에 대하여 일부판결을 할 수 있다.

(ㄴ) 그러나 동일 채권에 대하여 채무부존재확인의 본소와 그 채무의 이행청구를 하는 반소, 당사자 양쪽에서 서로 제기한 본소와 반소의 이혼소송 등과 같이 본소와 반소가 같은 권

229) 대판 1996.2.9. 94다50274.

230) 대전판 2016.5.19. 2009다66549(평석은 [37] 참조).

리를 목적으로 한 경우에 한 쪽의 청구만 인용하는 일부판결은 상대방의 청구에 대한 다른 판단을 무의미하게 할 우려가 있고, 다른 청구와의 관계에서 기판력이 서로 어긋날 우려가 있으므로 이 경우에는 상대방 한 쪽에 대한 일부판결을 해서는 안 된다. 또 소유권에 기초한 인도청구의 본소와 그 소유권이전등기의 말소청구를 하는 반소와 같이 양쪽의 청구내용을 이루는 권리의 한 쪽이 다른 쪽과 선결관계에 있는 경우에도 일부판결을 해서는 안 된다. 예비적 반소의 경우에도 예비적 병합에 준하여 일부판결을 할 수 없다. 매매계약에 기초한 소유권이전등기청구의 본소와 매매대금지급청구의 반소처럼 쌍무계약에서 유래한 대가관계에 있는 권리를 목적으로 하는 경우에도 대가관계를 유지시키기 위하여 한 쪽이 금전채권이라 하더라도 일부판결을 해서는 안 된다.

(다) **일부판결의 절차**

(a) **일부판결을 할 때의 소송지휘** 일부판결을 할 때에는 그 부분에 관해서 특히 변론을 집중할 필요가 있기 때문에 변론의 제한(제141조) 등 소송지휘를 통하여 당사자에게 미리 알리는 것이 적당하다.

(b) **소송비용의 재판** 소송비용의 재판은 사건을 마치는 잔부판결에서 하는 것이 원칙이다. 일부판결의 대상이 된 부분에 관해서만 하는 소송비용의 산정은 나머지 부분과 구별하는 것이 사실상 곤란하기 때문이다. 다만 일부판결의 대상이 된 부분에 관한 비용을 다른 것과 구별할 수 있을 때에는 일부판결 중에서 그 부분에 관하여 따로 소송비용의 재판을 할 수 있다(제104조 단서).

(c) **일부판결에 대한 상소와 소송기록** 일부판결에 대해서는 독립하여 상소할 수 있는데 상소심에서 원심에 남는 부분의 소송기록이 필요하여 그 기록을 보내라고 요청하면 변론을 분리하는 경우와 동일하게 남는 부분이 계속된 법원의 법원사무관등이 남는 부분 기록을 정본으로 작성하여 보내야 한다.

(라) **위법한 일부판결의 구제** 일부판결을 할지 여부는 법원의 재량에 속하므로 당사자로서는 관여할 수 없다. 그러나 법률상 일부판결을 할 수 없는데 일부판결을 하였다면 이는 위법이 된다. 개별적으로 검토한다.

(a) **소의 객관적 병합** (i) 같은 이혼을 구하는 본소청구와 반소청구, 동일 부동산에 대하여 원고의 소유권확인 본소와 피고의 소유권확인 반소와 같은 일부판결을 할 수 없는 소의 객관적 병합에서 일부판결을 한 경우에는 전부판결을 잘못한 것으로 취급하여 상소로 구제받아야 한다. 따라서 상소를 제기하면 아직 판결을 받지 아니한 부분을 포함하여 사건 전체가 상급심에 이심되며[231] 상급심은 판단누락(제451조 제1항 9호의 유추)을 이유로 원심판결을 취소한

---

231) 대판 1998.7.24. 96다99.

다음 아직 판결을 받지 아니한 부분을 포함하여 환송(제418조, 제436조) 또는 자판한다. 원래 판단누락은 공격방어 방법의 누락을 의미하고 청구 또는 소송목적의 누락인 재판의 누락(제212조)과는 다르지만 위법한 일부판결에 대해서는 추가판결을 할 수 없어 부득이 이를 판단누락으로 취급하였다[232]

(ii) 소의 예비적 병합의 경우에 주위적 청구기각판결만 하는 일부판결이 허용되지 아니하는데도 원심법원이 그와 같은 일부판결을 하고 예비적 청구에 대해서는 판단을 하지 아니한 경우도 위와 같이 취급한다. 따라서 당사자가 상소심에서 이 잘못을 지적하였음에도 이를 간과하여 확정된 경우에, 판례[233]는 공격방어의 방법에 관한 판단누락으로 보아(제451조 제1항 9호) 재심의 소를 제기할 수 있도록 하였다.

(iii) 위의 경우에 사실심 법원의 판결에서 예비적 청구에 관하여 이루어져야 할 판단이 누락되었음을 알게 된 당사자로서는 상고를 통하여 그 오류의 시정을 구했어야 한다. 그런데 상고로 다툴 수 없는 특별한 사정이 없었음에도 불구하고 이를 다투지 아니하여 그 판결을 확정시켰으면서도 당사자가 그 후에 누락된 그 예비적 청구의 전부나 일부를 소송목적으로 하는 별개의 소송을 새로 제기하는 것은, 국가가 분쟁해결을 위하여 적정한 판단을 받을 수 있도록 마련한 간편한 절차를 이용할 수 있었음에도 불구하고 당사자가 그 절차를 이용하지 아니한 것이므로 이는 소제기에 있어서 소극적 권리보호요건에 해당하여 위법하다.[234]

(b) **필수적 공동소송이나 독립당사자참가** 필수적 공동소송이나 독립당사자참가 소송에서 당사자 일부가 누락된 경우에는 전부판결을 잘못한 것으로 취급하여 상소로 구제받아야 한다. 따라서 원심판결에서 누락된 당사자도 상소를 제기할 수 있다. 그러나 이 경우 누락된 당사자의 일부를 간과한 판결이 확정되면 소의 객관적 병합의 경우와 달리 당사자의 누락이지 판단누락이 아니므로 제451조 제1항 9호를 적용할 수 없어 재심의 소를 제기하여 구제받을 수 없게 된다. 그러므로 결국 이 판결은 본래의 효력이 생길 수 없는 무효의 판결이라고 하여 당사자 전부를 상대로 별소를 제기하여 구제받아야 할 것이다. 판례 역시 이 경우에 명시적으로 상소 또는 재심을 허용한 경우가 없다.

232) 같은 취지: 이시윤, 613면.
233) 대판 2002.9.4. 98다17145.
234) 대판 2002.9.4. 98다17145.

일부판결

- 의의: 사건 일부만 먼저 종국판결(잔부판결과 구별)

1. 허용되는 경우
   - 가분청구 일부(예: 금전청구)
   - 소의 객관적 병합
     - 단순병합 → 가능
   - 예비적 병합
     - 주위적 청구 인용 → 전부판결
     - 일부 인용 → 예비청구 판단 가능
   - 선택적 병합
     - 하나 전부 인용 → 전부판결
   - 공동소송
     - 통상 공동소송 → 일부 당사자에 대한 전부판결 가능
   - 변론병합 소송 → 일부 심리 종결분 가능
   - 본소/반소 → 하나만 먼저 종결 시 가능
2. 허용되지 않는 경우
   - 불가분청구(소유권확인 등)
   - 관련적 병합(선결·공통 법률관계)
   - 예비적 병합
     - 주위적 기각 + 예비청구 판단 누락
   - 선택적 병합
     - 일부 인용만 하고 나머지 판단 누락
   - 공동소송
     - 필수적 공동소송
     - 예비·선택적 공동소송
     - 독립당사자참가소송
   - 본소/반소
     - 동일 권리·선결관계·대가관계 있는 경우
3. 절차
   - 변론 집중(제141조)
     - 비용 → 잔부판결에서
     - 독립 상소 가능
4. 위법한 일부판결의 구제
   - 상소로 구제(판단누락 유추)

- 경우에 따라 재심 가능
- 필수적 공동소송·참가 → 무효, 별소로 구제

(4) * 재판의 누락(제212조)과 추가판결

㈎ 개념 (a) (i) 법원이 종국판결의 주문에서 판단하여야 할 사항, 즉 청구 또는 소송목적의 일부에 관한 판단을 빠뜨리는 것을 재판의 누락 또는 탈루라고 한다(제212조). 재판의 누락 여부는 오로지 판결의 주문만 보고 판단하여야 한다.[235] 반소가 제기되었는데 본소만 판단하고 반소에 관한 판단을 빠뜨린 경우,[236] 청구가 확장되었는데 확장된 청구에 관하여 판단이 없는 경우[237] 등이다.

(ii) 청구기각판결에서 주문 누락 여부는, 청구취지 및 판결 상 이유의 기재에 비추어 판단하여야 한다.[238]

(iii) 판결서에 피고로만 표시되어 있고, 청구취지의 기재 란에도 소장에 기재된 것과 같은 청구취지의 기재가 없으며 판결이유에서도 피고에 대하여 아무런 설시가 없다면 이는 재판의 누락으로써 이 사건은 아직 원심법원에 계속 중이다.[239]

(iv) 그러나 제1심판결이 주 청구를 기각하고 예비적 청구를 일부 인용하면서 예비적 청구 중에서 별지기재 건물의 명도청구에 관한 재판부분을 누락한 경우에 항소되었다면, 항소심은 그 누락된 부분만 따로 재판할 수 없어 제1심판결 전부를 취소하고 주 청구 및 예비적 청구 전부에 관하여 판단하여야 한다.[240]

(b) 법원이 직권으로 판단하여야 할 사항을 빠뜨리는 것은 그 부분에 관한 당사자의 청구가 없다고 하더라도 재판의 누락이 된다. 예컨대 재판상 이혼에서 당사자의 청구가 없더라도 법원이 직권으로 미성년자인 자녀에 대한 친권자 및 양육자를 정하여야 하는데 이를 정하지 아니한 경우[241] 등이다.

(c) (i) 판결이유에서 청구가 이유 없다고 판단하였지만 주문에서는 이에 관한 기재를 빠뜨리면 재판의 누락이다.[242] 즉 판결이유를 보면 명백하게 승·패를 알 수 있는 경우에도 주문에서 그 승패에 대한 판단이 표시되지 않으면 재판의 누락으로서 아직 원심법원에 계속 중

235) 대판 2005.5.27. 2004다43824.
236) 대판 1989.12.26. 89므464.
237) 대판 1991.10.25. 91다22605,22612.
238) 대판 2003.5.30. 2003다13604.
239) 서울고판 1973.7.13. 72나1914.
240) 서울민사지판 1989.4.18. 88나24891.
241) 대판 2015.6.23. 2013므2397.
242) 대판 2009.11.26. 2009다58692.

이다. 따라서 이에 관해서는 상소를 제기할 수 없고 원심의 판단을 기다려야 한다.[243)]

(ii) 그러나 판결주문에 승패가 기재되어 있으나 판결이유가 누락된 경우에는 판단누락이지 재판의 누락이 아니다.[244)] 따라서 이 경우에는 판단누락을 이유로 한 상소로 구제받아야 한다.

(d) 법원이 가분할 수 있는 청구 가운데에서 원고가 실제로 감축한다고 진술한 것보다 더 많은 부분을 감축한 것으로 오해하고 판결을 선고한 경우에는 원고가 감축한 금액을 제외한 나머지 부분에 관한 청구에 관하여 아무런 판결을 하지 아니한 것이어서 재판의 누락이 된다. 따라서 이 부분 청구는 여전히 원심에 계속 중이므로, 원고로서는 원심법원에 그 부분에 관한 추가판결을 신청하여야 하고 상소로 그 시정을 구할 수 없다.[245)]

(e) **추가판결** (i) 재판의 누락은 본의 아니게 일부판결을 한 셈이다. 이때 누락된 부분은 여전히 일부판결을 한 법원에 계속되기 때문에(제212조 제2항) 누락된 부분에 대하여 직권으로 하는 판결을 추가판결이라고 한다. 예를 들어 재심절차에서 중간확인의 소를 제기하였는데 재심청구를 기각한 경우이다. 이 경우에, 중간확인의 소는 공격방어의 방법이 아니라 독립된 소송이므로 주문에서 각하하는 판결을 하여야 하는데 이를 빠뜨렸다면 그 부분에 관해서는 제1심법원에서 추가판결을 하여야 할 것이지 상소로 구제받을 수 없다.[246)]

(ii) 누락된 부분에 관해서는 아직 종국판결이 선고되지 아니하였으므로 소를 취하하더라도 재소금지의 제한(제267조 제2항)을 받지 않는다. 따라서 그 부분에 대하여 일단 원심에서 상대방의 동의를 받아 소를 취하한 뒤 항소심에서 이를 추가하면 원심의 추가판결을 생략하고 항소심에서 제1심판결과 같은 재판을 받을 수 있다.

(iii) 법원이 소송목적을 뒷받침하는 공격방어의 방법에 관한 판단을 빠뜨리는 판단누락을 한 것은, 추가판결로 마무리할 수 없는 위법한 판결이므로 누락된 판단부분에 관하여 상소(제423조) 또는 재심(제451조 제1항 9호)으로 구제를 받아야 한다. 그러나 법원의 판결에 당사자의 주장사항에 대한 구체적이고 직접적인 판단이 없더라도 판결이유의 전체 취지에 비추어 그 주장을 인용하거나 배척하였다는 것을 알 수 있는 정도라면 판단누락이 아니며,[247)] 그 주장이 배척될 것이 분명하여 판결결과에 영향이 없는 경우에는 실제로 판단하지 아니하여도 판단누락의 잘못이 없다.[248)]

---

243) 대판 2013.6.14. 2013다8830,8847. 예컨대 제1심에서 공동소송적보조참가에 대한 이의신청이 있었는데 이에 대한 결정을 하지 아니한 경우에 이는 재판의 누락이므로 항소심에서 판단할 수 없다(대판 2015.10.29. 2014다13044. 평석은 [17] 참조).

244) 대판 2002.5.14. 2001다73572.

245) 대판 1997.10.10. 97다22843.

246) 대판 2008.11.27. 2007다69834,69841.

247) 대판 2017.12.13. 2015다61507.

248) 대판 2019.10.17. 2018다300470.

(iv) 법률상 일부판결을 할 수 없는데도 일부판결을 한 경우에 원심에서 나머지에 대해서 추가판결 할 수 없다. 이 누락판결이 상소된 경우에 판례[249]는 상소심은 재심사유인 제451조 제1항 9호의 '판단누락'을 응용하여, 원심의 일부판결을 잘못된 전부판결로 취급하여 상소로 사건 전체를 상소심에 이심시켜서 상소심으로 하여금 원심판결을 취소한 다음 환송(제418조, 제436조) 또는 자판하도록 하여 위법한 일부판결을 시정하도록 하였다.

(v) 만약 상소심에서 당사자가 재판누락을 지적하였음에도 이를 간과하여 판단누락이 확정된 경우에는 공격방어의 방법에 관한 판단누락으로 보아 제451조 제1항 9호의 사유를 이유로 재심의 소를 제기할 수 있다.[250]

(vi) ㈀ 법원이 청구의 일부에 대하여 재판을 누락한 경우에 누락한 청구부분에 대하여는 그 법원이 계속하여 재판하는 소송계속 상태이다(제213조 제1항). 그러므로 당사자는 재판의 누락상태를 해소하기 위하여 법원에 대하여 소송계속이 존재한다고 주장하면서 기일지정신청을 할 수 있다.

㈁ 그렇지 아니하고 당사자가 재판이 누락된 청구에 관하여 다시 소송을 제기한 경우에는 법원은 이를 중복제소에 위반된다고 각하할 것이 아니라 계속 중인 소송에 대한 기일지정신청으로 선해(善解)하여 변론을 열어서 재판의 누락 여부를 심리하여야 할 것이다. 심리한 결과 누락된 재판부분이 없는 경우에는 판결로 소송계속이 없다고 소송종료선언을 하여야 할 것이고, 누락된 재판 부분이 있다면 누락된 재판부분에 대한 변론을 재개하여 심리를 속행하면서 중간판결 또는 종국판결의 이유에서 소송계속의 존재를 밝혀야 할 것이다(민소규 제67조 제3항 후문 준용).

㈏ **취급** (a) 추가판결은 이미 선고한 판결과 별개의 판결이므로 상소기간도 별개로 진행한다.

(b) 제1심판결 주문에서 표시하는 소송비용의 재판을 누락한 것은 별도로 규율을 받는다. 즉 이 경우에는 신청 또는 직권에 의하여 결정으로 추가판결을 할 것이지만(제212조 제2항) 종국판결에 대한 적법한 항소가 있는 때에는 그 결정은 효력을 잃고 항소심에서 제1심판결과 합쳐 소송의 총비용에 대해서 재판한다(제212조 제3항).

---

249) 대판 1998.7.24. 96다99.
250) 대판 2002.9.4. 98다17145.

재판의 누락(제212조)·판단누락·추가판결 비교정리

구분	재판의 누락	판단누락	추가판결
의미	판결 주문에서 청구의 전부·일부 판단이 빠짐	주문은 있으나, 판결 이유에서 당사자 주장 판단 누락	누락된 부분이 여전히 원심에 계속 → 법원이 직권으로 내리는 보충판결
판단기준	주문만 기준	판결 이유 검토	원심 계속 여부
예시	• 반소 판단 누락 • 청구 확장분 누락 • 이혼 시 친권자 지정 누락	판결주문은 있으나 이유에서 당사자 주장에 대한 직접 판단 없음	• 중간확인의 소 각하 빠뜨림 • 청구 일부 누락
효과	누락 부분은 여전히 원심 계속 중	확정된 종국판결에 흠 → 상소(제423조)·재심(제451조 1항 9호)로 구제	법원 직권으로 추가판결 (제212조 2항, 제213조 1항)
구제방법	원심에 추가판결 신청	상소(항소·상고) 또는 재심청구	원심법원이 직권 또는 당사자 신청으로 판결

□ **핵심정리**

- 재판의 누락 = 주문에서 아예 빠짐 → 원심 계속 → 추가판결 필요
- 판단누락 = 주문은 있으나 이유에서 판단 없음 → 상소·재심으로 구제
- 추가판결 = 재판 누락 부분을 원심에서 직권으로 보충

(5) 소송판결과 본안판결

(가) 소송판결이라 함은 소송요건 또는 상소의 요건에 흠이 있는 것을 이유로 소 또는 상소를 부적법하다고 각하하는 종국판결이다. 소송종료선언(민소규 제67조 제3항), 소 취하 무효판결(민소규 제67조 제4항 2호 후단)도 성질상 소송판결에 속한다. 소가 부적법하다는 취지로 판단하면서도 이를 각하하지 않고 주문에서 기각하더라도 본안에 관하여 기판력이 생기지 아니하므로, 주문의 위와 같은 표현을 들어 파기를 구할 수 없다.[251)]

(나) 본안판결이라 함은 소로 제기한 청구의 취지 및 원인 또는 상소로 제기한 불복신청 이유의 당부를 판단하는 종국판결을 말한다. 소를 제기한 청구의 전부 또는 일부를 받아들이는 본안판결은 소의 유형에 따라 이행판결·확인판결·형성판결로 나누어진다. 청구가 이유 없다고 하는 기각판결은 모두 확인판결이다.

251) 대판 1979.11.27. 79다575 참조.

2. 중간판결(제201조)

(1) 개념

㈎ 중간판결이라 함은 소송을 심리하던 중에 사건의 전부 또는 일부를 완결하는 종국판결을 준비하는 판결로서, 종국판결을 하기 이전에 당사자 사이에 다툼이 되는 쟁점의 심리사항을 미리 정리 · 판단하는 판결을 말한다.[252]

㈏ 중간판결은 심리를 정리하여 종국판결을 준비하는데 목적이 있으므로 중간판결을 할지 여부는 법원의 재량이지만 쟁점의 심리사항에 관하여 실무는 좀처럼 중간판결을 하지 않고 중간판결 사항은 종국판결의 이유 중에 이를 표시하는데 그친다.

(2) 중간판결 사항

㈎ **독립된 공격 또는 방어 방법(제201조 제1항)** 본안심리에 관한 쟁점 중에서 다른 것과 분리하여 판단할 수 있고 독립하여 판단을 하면 심리를 정리하는 구실을 할 수 있는 쟁점에 관한 공격 또는 방어방법을 말한다. 예를 들어 원고의 채무이행청구에 관하여 피고가 채무의 성립을 부인하면서 가정적으로 하는 채무의 변제, 소멸시효의 항변 등이다. 이 공격방어방법을 판단하면 바로 청구인용 또는 기각판결을 할 수 있는 경우에는 중간판결이 아니라 종국판결을 하여야 한다.

㈏ **중간의 다툼(제201조 제1항)** 소송절차에 관한 당사자 사이의 다툼 가운데에서 소송요건의 존부, 소 취하의 유무, 소송행위의 추후보완 유무, 소송승계의 유무, 제454조 제2항에서 정한 재심사유의 유무 등과 같이 독립한 공격 또는 방어방법에 속하지 않는 사항을 말한다. 이에 관해서 판단한 결과 소송을 마칠 때에도 종국판결을 하여야 한다. 결정으로 재판할 사항(예, 제75조 제1항, 제82조 제2항)은 중간의 다툼이 있더라도 중간판결을 할 수 없고 결정으로 재판을 한다.

㈐ **청구원인과 액수에 다툼이 있는 경우의 그 원인(제201조 제2항)**

(a) **청구원인** 여기에서 말하는 청구원인이란 소송목적 가운데에서 수량, 범위의 액수를 제외한 나머지 권리 또는 법률관계의 존부 자체에 관한 사항을 말한다. 따라서 소장의 필수적 기재사항인 「청구원인」과 다르다.

(b) **원인판결** (i) 청구 액수에 관하여 다툼이 예상되는 경우에 먼저 청구원인이 이유 있는지 여부를 심리하여 이유 없으면 구태여 액수에 관한 심리에 들어갈 필요가 없으므로 청구기각판결을 하고 만약 이유 있으면 중간판결로 이유 있다고 판단한 다음 액수에 관한 심리

---

252) 대판 1994.12.27. 94다38366.

를 하면 된다. 이 중간판결을 원인판결이라고 한다. 불법행위로 말미암은 손해배상청구소송에서 주로 손해의 원인과 손해액이 문제되는데 양쪽의 심리는 구별하기 쉽기 때문에 손해배상원인에 관하여 원인판결을 할 실익이 있으나 실제로는 예가 별로 없다.

(ii) 원인판결에는 채권의 발생에 관한 사항(예, 가해자의 고의·과실, 위법성 및 손해발생에 관한 다툼) 및 소멸에 관한 사항(예, 변제, 소멸시효 등)을 심판하여야 한다. 상계의 항변도 포함되는데 자동채권은 수동채권과 밀접한 관계가 있기 때문에 원인판결에서 그 판단을 유보한다는 뜻을 명백하게 하고 종국판결을 할 때 먼저 수동채권을 판단할 수도 있다.

(iii) 원인판결을 하더라도 액수가 영(零)이 되면 청구기각판결을 하여야 한다.

(라) **재심사유의 존재(제454조)** 법원은 재심의 소가 적법한 지 여부와 재심사유가 있는 지 여부에 관한 심리 및 재판을 분리하여 시행할 수 있고(제454조 제1항), 재심사유가 인정되면 중간판결을 한 뒤에 본안에 관한 심리와 재판을 할 수 있다(제454조 제2항). 이 규정에 의하여 재심사유가 존재한다는 판단은 중간판결을 할 사항이다. 그러나 재심사유가 부존재한다는 판단은 제454조 제2항의 적용대상이 아니므로 종국판결로 하여야 한다.

(3) 중간판결의 효력

(가) 중간판결은 그 심급에서 사건의 전부 또는 일부를 완결하는 재판인 종국판결을 하기에 앞서 종국판결의 전제가 되는 개개의 쟁점을 미리 정리·판단하여 종국판결을 준비하는 재판이다. 따라서 중간판결이 선고되면 판결을 한 법원은 이에 구속되므로 종국판결을 할 때에도 중간판결 주문의 판단을 전제로 하여야 하며, 설령 중간판결에서 한 판단이 그릇된 것이라 하더라도 이에 어긋나는 판단을 할 수 없다.[253)]

(나) (a) 중간판결에는 기판력이나 집행력이 없다. 따라서 독립한 상소도 할 수 없으므로 이에 대한 불복은 종국판결을 기다려 이에 대한 상소와 함께 상소심의 판단을 받아야 한다.

(b) 고등법원의 위헌여부제청신청기각결정은 중간재판적 성질이 있으므로 본안에 대한 원심판결이 상고되었을 때 함께 상고심의 판단을 받는데 불과하고 그 기각결정에 대하여서만 독립하여 재항고할 수 없다.[254)]

(c) 항소심의 환송, 이송판결은 중간판결이 아니라 종국판결[255)]이므로 상고의 대상이 된다.

(다) 중간판결의 구속력은 상소심에 미치지 아니하기 때문에 상소심은 중간판결에 대한 불복에 대하여 속심으로 심리할 수 있다. 그러나 상소심이 종국판결을 파기 또는 취소하여 사건이 원심에 환송된 경우에도 중간판결이 취소되지 않은 이상 유효하므로 환송받은 심급에서는

---

253) 대판 2011.9.29. 2010다65818(평석은 [64] 참조).
254) 대결 1981.7.3. 80마505.
255) 대전판 1995.2.14. 93재다27,23.

중간판결에 구속되어 이를 전제로 판단을 하여야 한다.

(라) 중간판결은 종국판결이 아니기 때문에 소송비용에 관한 재판을 하지 않는다.

[84] 제3. 판결의 성립

1. 판결내용의 확정

판결내용은 직접주의의 원칙상 판결의 기초가 되는 변론에 관여한 법관으로 구성된 법원이 확정한다(제204조 제1항). 따라서 변론이 종결되기 이전에 법관이 바뀌었을 때에는 변론을 갱신하여야 한다(제204조 제2항). 변론종결 이후 판결내용이 확정되기 이전에 법관이 바뀌었을 때에는 새로운 법관으로 하여금 판결내용을 확정시키기 위하여 변론을 재개하여(제142조) 변론을 갱신한 다음 판결을 하여야 한다. 판결내용이 확정된 뒤에는 관여 법관이 사망, 퇴관·전임 등에 의하여 판결서에 서명할 수 없더라도 합의체의 다른 법관이 그 사유를 적으면 되기 때문에(제208조 제4항) 판결의 성립에 아무런 영향이 없다.

2. 판결서(판결원본)

판결내용이 확정되면 법원은 이를 서면으로 작성한다. 이 서면을 판결서 또는 판결원본이라고 한다. 판결서에는 법이 정한 판결사항을 적고 판결한 법관이 서명 날인하여야 한다(제208조 제1항). 만약 법관이 서명날인에 지장이 있을 때에는 다른 법관이 판결서에 그 사유를 기재하고 서명 날인한다(제208조 제4항).

(1) 판결서의 기재사항(제208조 제1항)

판결서에는 법률에 의하여 기재가 요구되는 사항(필수적 기재사항)과 사무처리의 편의상 기재하는 사항(임의적 기재사항[256]))이 있다. 필수적 기재사항은 제208조 제1항에서 규정하고 있다.

(가) **당사자와 법정대리인** 소장에 기재된 당사자와 법정대리인이다.

(나) **주문** 판결의 결론부분으로 청구 또는 상소를 이유 있다고 하여 인용하거나 이유 없다고 하여 기각 또는 부적법하다고 각하하는 것 등이다. 주문에는 그 밖에 소송비용의 재판(제104조, 제105조), 가집행선고(제213조 제1항)나 가집행의 면제선고(제218조 제2항)를 기재한다.

256) 예컨대 사건번호·표제·판결 선고 연월일 등.

판결 주문은 그 내용이 모호하면 기판력의 객관적 범위가 불분명해질 뿐 아니라 집행력 · 형성력 등의 내용이 불확실하게 되어 새로운 분쟁을 일으킬 위험이 있으므로 판결주문에서는 그 자체로서 어떤 범위에서 당사자의 청구를 인용하였느냐, 배척하였느냐를 그 이유와 대조하여 짐작할 수 있을 정도로 명확하게 특정하여야 한다.[257] 즉 판결의 주문은 그 내용이 특정되어야 하고, 주문자체에서 특정할 수 있어야 한다.[258] 장래에도 부당이득금의 계속적 반복적 지급을 명하는 판결의 주문에 '원고의 소유권 상실일까지'라고 하는 이행판결의 주문표시는 집행문 부여기관, 집행문부여 명령권자, 집행기관의 조사 · 판단에 맡길 수 없고 수소법원에 판단해야 할 사항인 소유권변동여부를 수소법원이 아닌 다른 기관의 판단에 맡기는 형태의 주문으로서 잘못된 기재이다.[259] 판결이유는 있으나 주문 및 이에 대한 기재가 없으면 판결주문이 없는 재판누락의 경우에 해당하므로 사건은 아직 원심에 남아 있어 상소의 대상이 아니다.[260]

㈐ **청구취지와 상소취지** 제1심판결에는 청구취지를, 상소심에서는 상소취지를 기재한다.

㈑ **이유(제208조 제1항 4호)** (a) (i) 판결 이유는 법원이 어떤 사실상 및 법률상 이유로 주문과 같이 판결하였는가를 밝힌 부분이다. 판결서의 이유에서는 주문이 정당함을 인정할 수 있는 범위에서 당사자의 주장과 그 밖의 공격 · 방어방법에 관한 판단을 표시하면 되는 것이고(제208조 제2항), 당사자의 모든 주장이나 공격 · 방어방법에 관하여 일일이 판단을 표시할 필요가 없다.[261] 이는 당사자에게 판결 주문이 어떠한 이유와 근거에 의하여 나온 것인지 그 내용을 알려 주어 당사자로 하여금 판결에 승복할 것인지 여부에 관한 결단을 내릴 수 있게 하고, 상소된 경우에는 상소법원으로 하여금 원심법원이 어떤 사실상 및 법률상 이유에 의하여 재판하였는가를 알 수 있게 하며, 또 판결의 기판력이나 형성력의 주관적 범위와 객관적 범위를 명확하게 특정하려는 데 그 의의가 있다. 민사판결 이유는 필요한 범위 안에서 그 판단을 기재하여야 하나 위와 같은 요건이 충족되는 한 이를 간략하게 기재하였다고 하여 잘못된 것이 아니다.[262]

(ii) 이유를 밝히지 않거나 이유에 모순이 있으면 절대적 상고이유가 된다(제424조 제1항 6호).

(b) **간략한 이유의 기재** ① 무변론 판결(제257조), ② 자백간주(제150조 제3항)가 적용되는 경우의 판결, ③ 피고가 제194조 내지 제196조의 규정에 의한 공시송달로 기일통지를 받고 변론기일에 출석하지 아니한 경우의 판결 등에는 기판력의 범위를 확정하는데 필요한 청구

257) 대판 2006.9.28. 2006두8334.
258) 대판 1989.7.11. 88다카18597.
259) 대판 2019.2.14. 2015다244432.
260) 대구고판 1973.2.13. 71너948.
261) 대판 2008.7.10. 2006재다218.
262) 대판 1992.10.27. 92다23780.

의 특정에 관한 사항과 제216조 제2항에서 정한 상계로 한 항변의 판단에 관한 사항만을 간략하게 기재할 수 있다(제208조 제3항).

그러나 당사자의 불복신청 범위 내에서 제1심판결의 당부를 판단하는 항소심은 그와 같이 간략하게 표시할 수 없고, 주문이 정당하다고 인정할 정도의 당사자 주장과 그 밖의 공격·방어방법에 관한 판단을 표시하여야 한다.[263)]

(마) **변론을 종결한 날(다만, 무변론 판결의 경우에는 판결을 선고하는 날)** 기판력의 시적 범위를 명백하게 하기 위하여 변론을 종결한 날 또는 판결을 선고한 날을 제1심 또는 제2심 판결서에 기재하도록 하였다.

(바) **법원** 여기에서 법원이라 함은 판결서에 서명 날인하는 법관이 소속된 관서로서의 법원을 가리킨다. 합의체의 경우에는 소속하는 부까지 적는 것이 실무상 관행이다.

(사) **법관의 서명날인** 판결서에는 변론에 관여한 법관이 서명날인을 하여야 한다(제208조 제1항). 변론에 관여한 법관의 서명날인이 없을 때에는 판결원본이 있다고 할 수 없고 따라서 판결원본에 의한 판결 선고가 아니기 때문에 선고의 효력이 없다.[264)] 재판장인 판사의 서명만 있고 날인이 없는 판결을 선고하는 경우에도 위법이다.[265)]

다만 합의에 관여한 법관이 판결원본에 서명 날인하는데 지장이 있으면 다른 법관이 그 사유를 적고 서명 날인한다(제208조 제4항).

(2) 이유 기재의 생략

판결이유를 작성하는데 들이는 법관의 노력을 줄여 사건을 신속하게 처리하기 위하여 이유의 기재를 생략하는 경우가 있다.

(가) 항소심 판결에 이유를 기재할 때에는 제1심판결을 인용할 수 있다(제420조).

(나) 소액사건의 판결서에는 특히 필요하다고 인정한 때를 제외하고는 이유를 적지 않는다(소심 제11조의2 제3항).

(다) 형사배상명령(소촉 제31조 제2항 단서)에 있어서는 특히 필요하다고 인정되는 경우가 아니면 이유를 적지 않는다.

(라) 상고심의 심리불속행판결, 상고이유서 부제출로 말미암은 상고기각판결에도 판결이유를 적지 아니할 수 있다(상고특례 제5조 제1항).

(마) 결정·명령도 이유의 기재를 생략할 수 있다(제221조 제1항).

263) 대판 2021.2.4. 2020다259506.
264) 대판 1956.11.24. 4289민상236.
265) 서울고판 1969.6.27. 69나456,457.

3. 판결 선고

(가) (a) 판결은 선고로 그 효력이 생기고, 그 선고는 재판장이 판결원본에 따라 주문을 읽음으로써 하며, 조서에는 재판의 선고에 관한 사항을 기재하여야 한다(제205조, 제206조, 제154조 6호). 판결의 선고는 판결원본을 재판장이 낭독함으로써 하여야 하는데 판결원본을 작성하지 아니하고 판결을 선고한 것은 위법이다.[266] 변론을 거치지 않은 판결도 반드시 선고하여야 한다. 다만 상고심의 심리불속행판결은 선고를 요하지 아니하며 판결문이 상고인에게 송달됨으로써 그 효력이 생긴다(상고심 제5조 제2항).

(b) 당사자 아닌 사람에 대한 판결 선고는 효력이 없다.[267]

(c) 판결 선고조서에는 "판결원본에 의하여 판결 선고"라고 기재되어 있고, 그 조서 뒤에 편철되어 있는 판결원본의 주문이 "피고의 항소를 기각한다"라고 하였다면, 재판장은 판결선고기일에 위 판결원본에 따라 "피고의 항소를 기각한다"는 주문으로 판결을 선고한 것으로 인정된다. 위 판결원본과 같은 내용의 판결정본이 당사자에게 송달되기 전에 "제1심판결을 취소한다. 원고의 청구를 기각한다"는 주문이 기재된 판결정본이 먼저 당사자에게 송달되었더라도 판결 선고기일에 재판장이 위 판결원본의 주문과 다른 내용의 판결을 선고하였음을 인정할 수 없다.[268]

(나) 판결이 선고되면 기속력이 생기기 때문에 판결법원이 스스로 판결서에 대한 잘못을 발견하여도 그 판결을 취소하거나 변경하지 못한다.

(다) 선고기일은 원칙적으로 변론이 종결한 날로부터 2주일 이내(제207조 제1항 전문)로 하여야 하나, 이 규정은 훈시규정이므로 선고기일 5월을 도과하거나 변론종결일로부터 2주 이내에 선고하지 아니하여도 이를 이유로 무효를 주장할 수 없다.[269]

(라) 선고는 선고기일에 공개된 법정에서 재판장이 주문을 낭독하여야 하고, 필요한 때에는 이유를 간략하게 설명할 수 있다(제206조). 선고는 내용이 이미 확정된 판결을 고지하는 것이기 때문에 변론에 관여하지 않은 법관이 하여도 무방하다. 법관이 선고 때만 관여하는 것은

---

266) 대구고판 1973.7.11. 73나273.

267) 헌법재판소 사건 2013헌다1의 당사자는 청구인 대한민국정부, 피청구인 통합진보당이고 그 주문의 표시는 피청구인 통합진보당을 해산한다. 피청구인 소속 국회의원 김미희, 김재연, 오병윤, 이상규, 이석기는 의원직을 상실한다고 되어 있어 위 김미희, 김재연, 오병윤, 이상규, 이석기는 당사자가 아닌데도 판결을 선고하였다. 위 헌재결정은 당사자 아닌 김미희 외 4인에게는 효력이 없다고 하여야 한다. 왜냐하면 선고기일은 사건과 당사자의 이름을 부름으로써 시작하는데(제169조) 그 뒤에 헌재 재판관이 낭독하는 결정의 주문은 당사자에 대한 것이기 때문이다. 그렇다면 헌재결정의 주문 2항은 피청구인이 아닌 김미희 외 4인에게 선고하였으므로 소송법상 효력이 없다. 자세히는 강현중, 「헌재의 해산정당소속 국회의원직 상실결정의 소송법상 효력」(법률신문 2016.6.20.자 참조).

268) 대판 2010.7.29. 2009다69692.

269) 대판 2008.2.1. 2007다9009.

전심재판의 관여(제41조 5호)에 해당하지 않는다.

(마) 법원이 변론을 종결할 때에 판결 선고기일을 고지하였다면 당사자가 출석하지 아니하여도 선고의 효력이 있고, 선고기일통지서를 당사자에게 송달하지 아니하여도 위법이 아니다.[270] 선고기일은 재판장이 이를 미리 정하고 양쪽 당사자에게 통지하여야 할 것이나 당사자가 출석하지 아니하여도 선고할 수 있다(제207조 제2항). 선고는 소송절차가 중단되어 있어도 할 수 있다(제247조 제1항).

(바) 선고가 없었음에도 이미 판결원본이 작성되어 기록에 편철되고 당사자에게 송달되어 패소당사자가 불복 항소하였다면 이는 판결절차가 법률에 위배한 경우(제387조)에 해당하여 원심판결을 취소하고 사건을 원심법원에 환송하여야 한다.[271]

4. 판결의 송달

(가) (a) 판결 선고 후 재판장은 즉시 판결원본을 법원사무관등에게 교부하고(제209조) 법원사무관등은 판결서를 받은 날로부터 2주일 안에 당사자에게 정본으로 송달하여야 한다(제210조 제1항 · 제2항). 판결이 송달되어야 상소기간의 진행되며(제396조, 425조) 또 강제집행도 개시된다(민집 제39조 제1항).

(b) 결정이나 명령의 송달은, 집행권원이 되는 등 그 성질상 정본의 송달을 필요로 하거나 또는 특별한 규정이 있는 경우를 제외하고는 제178조 제1항에 따라 그 등본을 교부 송달하는 방법에 의하더라도 무방하고, 반드시 정본으로 송달하여야 하는 것은 아니다.[272]

(c) 판결 송달이 부적법한 경우에는 송달의 효력이 발생할 수 없다. 그러므로 패소한 당사자가 송달을 받지 않은 상태에서 판결 선고 사실을 알고 있더라도 상소기간은 진행될 수 없는 것이므로 당사자는 송달시부터 상소기간 만료할 때까지 언제라도 상소를 제기할 수 있다.[273]

(나) 판결 선고 후 판결문을 전자문서로 전산정보처리시스템에 등재하고 그 사실을 전자적으로 통지하였지만 등록사용자가 판결문을 1주일 이내에 확인하지 아니한 경우에 판결문 송달의 효력이 발생하는 시기는, 등재사실을 등록사용자에게 통지한 날의 다음 날부터 계산하여 7일이 지난날의 오전 영시가 되고, 상소기간은 민법 제157조 단서에 따라 송달의 효력이 발생한 당일부터 초일을 산입해 계산하여 2주가 되는 날에 만료한다.[274]

(다) 결정 · 명령의 경우에는 그 원본이 법원사무관등에게 교부되었을 때 성립한 것으로 보

270) 대판 2003.4.25. 2002다72514.
271) 대구고판 1975.11.5. 75나194.
272) 대결 2003.10.14. 2003마1144.
273) 대판 1980.12.9. 80다1479.
274) 대법원명령 2014.12.22. 2014다229016.

아야 하므로 당사자에게 그 원본이 고지되지 않아서 효력이 발생하지 않는 경우에도 항고할 수 있다.[275] 그러나 전자문서로 작성된 결정이나 명령은 법원사무관등에게 교부되었을 때가 아니라 법관이 사법전자서명을 완료한 때 성립한다.[276] 따라서 전자문서로 작성된 경우와 그렇지 않은 경우의 결정·명령은 그 성립시기가 다르므로 주의할 필요가 있다.

[85] 제4. 판결의 형식적 효력

Ⅰ. 개설

(가) 판결은, 선고라는 형식으로 사건에 대한 분쟁해결 기준으로서의 존재를 외부적으로 명백하게 표시한다. 이 판결이 함부로 취소되거나 변경되어 그 존재가 무시된다면 그 분쟁해결기능을 다할 수 없고, 또 사건을 해결하는 기준이 제시되더라도 그 내용이 확정되지 않고 당사자로부터 존중되지 않는다면 분쟁을 해결하고자 하는 소송의 목적을 달성할 수 없을 것이다. 그리하여 법은 먼저 판결 자체의 취소가능성을 일정한 합리적 범위로 제한(판결의 불가철회성)함과 동시에 또한 판결의 판단내용이 이후 사건해결의 기준이 되게 하였다.

(나) 판결은 동일절차 안에서는 기속력이, 일정범위의 다른 소송절차에 대해서는 기판력·집행력·형성력 등이 작용한다.[277] 이를 통틀어 판결의 통용력이라고 한다.

(다) 판결이 외관상 판결로서의 체제를 갖추더라도 판결이 아닌 경우를 판결의 부존재라고 하고, 또 판결로서 확정되더라도 판단내용이 사건해결의 기준이 되지 않는 경우를 판결의 무효라고 한다.

Ⅱ. 판결의 취소 제한

(1) 판결의 불가철회성 또는 자박(自縛)성

(a) (i) 법원은 한번 선고한 판결을 철회하거나 변경할 수 없다. 이를 판결의 불가철회성 또는 자박성이라고 한다. 판결이 성립하였는데 뒤에 함부로 바뀐다면 법적 안정을 해쳐 사건을 해결하는 기능을 다할 수 없기 때문이다.

(ii) 판결의 불가철회성은 판결을 선고한 법원 스스로를 구속하는 내부적 효력을 의미한

275) 대전결 2014.10.8. 2014마667 참조.
276) 대전판 2025.7.2. 2021마6542.
277) 그러나 상소심의 환송판결은 종국판결이어서 상소할 수 있지만 미확정판결이어서 재심을 제기할 수 없을 뿐 아니라 기판력·집행력·형성력이 없다(대전판 1995.2.14. 93재다27,34 참조).

다. 또한 확정판결이나 가집행선고 부 판결의 경우, 판결 중 이행명령을 강제적으로 실현할 수 있는 지위가 부여되는데, 이와 같은 집행력 역시 민사 집행기관에 대해 불가철회성이 인정된다. 한편, 판결이 확정되면 그 판단 내용은 다른 법원, 당사자, 제3자에게도 외부적으로 구속력을 가지게 되는데 이는 기판력이나 형성력의 형태로 나타난다. 결국 기판력, 형성력, 집행력은 모두 소송의 대상이 되는 권리관계와 관련되며, 판결 주문의 판단에 기초하여 발생한다.

(iii) 현행법상으로는 법정요건을 갖추면 판결을 경정(제211조)할 수 있기 때문에 불가철회성은 다소 완화되었다.

(b) 판결과 달리 결정 · 명령은 소송절차에서 주로 파생적 · 부수적 사항에 관한 재판이기 때문에 항고가 제기되었을 때 원심법원은 항고에 정당한 이유가 있다고 인정하는 때에는 그 재판을 경정하여야 하고(제446조),[278] 소송지휘에 관한 결정과 명령은 언제든지 취소할 수 있어(제222조) 불가철회성이 배제되었다. 다만 이송결정이나 문서제출명령은 쟁송해결기능을 갖고 있어 블가철회성이 인정된다.

(2) 판결의 경정

(a) (i) 판결의 경정이라 함은 일단 선고된 판결에 대하여 판결의 판단내용을 바꾸지 아니하고, 판결의 잘못된 계산이나 기재, 그 밖에 이와 비슷한 잘못이 있음이 분명한 때에 이를 바르게 고치는 것을 말한다(제211조 제1항). 판결 경정의 취지는, 일단 선고된 판결에 대하여 그 내용을 실질적으로 변경하지 않는 범위 내에서 판결의 표현상 잘못된 기재나 계산의 착오 또는 이와 유사한 오류를 법원 스스로 결정으로 고치거나 보충하여 강제집행이나 가족관계 등록부 등의 정정 또는 등기의 기재 등 이른바 광의의 집행에 지장이 없도록 하자는 데 있다.[279] 예컨대 원고가 청구취지 및 청구원인으로 추가적 근저당권설정등기절차의 이행을 구한데 대하여 판결이유에서 원고의 청구원인 사실을 모두 인정하였으면서도 주문에서는 단순한 근저당권설정등기절차의 이행을 명한 것으로 기재한 것,[280] 중간이자의 과다한 공제,[281] 소송수계절차에서 신청 외 대습상속인의 상속지분이 누락되어 피신청인들의 상속지분이 실제와 일치하지 않는 오류가 있었는데, 이는 판결의 실질적인 내용을 변경하는 것은 아니지만 바로잡아야 할 오류에 해당하는 것[282] 등은 모두 판결의 경정사유이다. 그와 같은 표현상 잘못을 바로잡는데 상소라는 불복 절차를 필요로 한다면 소송경제에 반하기 때문에 간략한 결정으로 잘못을 고칠 수 있도록 한 것이다.[283]

278) 판례는 이를 재도의 고안이라고 표현하고 있다(대결 1969.12.8. 69마703 참조).
279) 대결 2012.2.10. 2011마2177, 2014.10.30. 2014스123.
280) 대결 1992.9.15. 92그20.
281) 대판 2007.7.26. 2007다30317.
282) 대결 2023.8.18. 2022그779.

(ii) 그러나 청구취지에서 지급을 구하는 금원 중 원금 부분의 표시를 누락하여 그대로 판결한 경우에는 비록 그 청구원인에서는 원금의 지급을 구하고 있더라도 판결경정으로 원금 부분의 표시를 추가하는 것은 주문의 내용을 실질적으로 변경하는 경우에 해당하여 허용할 수 없다.[284]

(b) (i) 표현상 잘못이 있는지를 판단할 때에는 그 소송의 전 과정에 나타난 자료는 물론 판결 이후에 제출된 자료라도 다른 당사자에게 아무런 불이익이 없는 경우나 이를 다툴 수 있는 기회가 있었던 경우에는 소송경제상 이를 참작하여 그 오류의 명백 여부를 판단한다.[285] [286]

(ii) 그러나 소장에서 착오로 등기부상 남아 있는 지분보다 과다한 지분에 관하여 이전등기를 청구한 데 대하여 피고가 부주의하게 청구를 인낙하여 인낙조서가 소장기재대로 과다지분이 작성된 경우에 그 과다지분은 경정 대상이 되는 오류에 해당된다.

(iii) 예컨대 가족관계등록부에는 2008. 1. 1. 당시 종전 호적에 기재된 유효한 사항만이 이기되었기 때문에, 그 이전에 사망 등으로 이미 제적된 사람들은 가족관계등록부에 옮겨 적지 않았다. 따라서 2008. 1. 1. 이전에 사망한 상속인은 가족관계증명서만으로는 확인할 수 없으므로 2008. 1. 1. 이후 사망자의 상속인을 모두 확인하기 위해서는 가족관계증명서뿐만 아니라 제적등본까지 함께 확인하여 경정해야 한다.[287]

(iv) 법원이 토지의 공유물분할을 명하는 판결을 하면서 공간정보의 구축 및 관리 등에 관한 법령에 반하여 ㎡ 미만의 단수를 존치하여 토지의 위치와 면적을 표시하자, 당사자 한 쪽이 그 소유로 될 토지의 지적에 존치되어 있는 ㎡ 미만의 단수를 포기하고 판결경정 신청을 한 경우에도 판결경정을 허가하여야 한다.[288]

(c) 판결의 경정결정은 확정판결과 동일한 효력이 있는 청구의 포기 · 인낙 및 화해 조서(제220조)와, 성질이 어긋나지 않는 한 결정과 명령에도 준용된다(제224조). 따라서 재판상 화해조서의 명백한 오류도 이에 의하여 경정하여야 하며 소로써 그 시정을 구해서는 안 된다.[289]

(d) 판결내용의 오류 또는 재판의 누락은 판결경정의 사유가 아니다.[290]

(e) 채권압류 및 전부명령 절차에서 채무자를 제3채무자로 표시한 것은 명백한 오기이고,

---

283) 청구변경이 소의 추가적 변경에 해당하는데 원심이 기존의 청구와 추가된 청구를 모두 판단하면서도 청구변경의 취지를 교환적 변경으로 단정하여 주문에서 '원심에서 교환적으로 변경된 이 사건 소를 각하한다'고 기재한 사안에서, 판례는 이를 판결의 경정사유에 불과하고 원심판결을 파기할 사유는 아니다(대판 2011.9.8. 2011다17090 참조)라고 하였다.

284) 대결 1995.4.26. 94그26.

285) 대결 2000.5.24. 98마1839.

286) 대결 2023.8.18. 2022그779.

287) 대결 1994.5.23. 94그10.

288) 대결 2023.6.20. 2023그574.

289) 대구고판 1972.2.24. 70나771.

290) 대판 1969.12.30. 67주4.

채무자는 집행당사자가 아니라 이해관계인에 불과하므로 그 압류 및 전부명령을 신청하기 이전에 채무자가 사망하였다는 사정은 제3채무자에 대한 강제집행 개시의 장애요건에 해당되지 않는다. 따라서 이미 사망한 자를 제3채무자로 표시한 압류 및 전부명령이 있었다고 하더라도 이러한 오류는 경정사유에 불과하다.[291]

(나) **요건** (a) 판결에 잘못된 계산이나 기재, 그 밖에 이와 비슷한 잘못이 있음이 분명한 경우(제211조 제1항). 즉 판결 전체의 취지와 소송의 전 과정에 나타난 자료에 비추어 표현상 잘못이라고 읽히는 경우에 경정한다. 따라서 판결에 나타난 표현상 잘못이 아니라 판단내용의 잘못이나 판단누락은 경정사유가 아니다. 표현상 잘못이 판결서의 어느 부분에 있는가를 묻지 않는다.

(b) 판결의 주문, 청구취지, 항소의 취지, 변론종결의 날, 이유, 당사자 및 법원의 표시는 어느 것이라도 경정할 대상이다. 송달장소가 상대방의 등기부상 주소와 함께 주민등록상 주소까지 기재되어 있는데도 그 주민등록상 주소의 기재를 누락하고 상대방이 송달장소로 신고한 곳만 기재한 경우에도 명백한 오류로서 판결 경정사유가 된다.[292] 그러나 판결서의 당사자란에 피고의 주민등록번호가 기재되지 아니한 것은 판결의 경정사유가 아니다.[293]

(c) 경정을 할 수 있는 오류에는 법원의 과실로 인한 경우뿐만 아니라 당사자의 청구에 잘못이 있어서 생긴 경우도 포함한다.[294] 판결주문이 원고의 청구에 부합되더라도 오류가 있으면 경정할 수 있다.[295]

(d) 경정결정은 본래의 재판과 일체가 되어 최초부터 경정될 재판과 같은 소급효가 있으므로 주주총회개최정지 가처분결정에 경정할 사유가 있어 경정결정을 한 경우에, 그 경정결정 이전에 이미 주주총회가 개최되었다고 하더라도 그 경정결정은 위법이 아니다.[296]

(e) 경정결정을 함에 있어서 그 소송의 전 과정에 나타난 자료는 물론 참작하여야 하고, 경정대상인 판결 이후에 제출된 자료도 다른 당사자에게 아무런 불이익이 없는 경우나 이를 다툴 수 있었던 경우에는 소송경제상 이를 참작하여 그 오류가 명백한지 여부를 판단할 수 있다.[297]

(다) **절차** (a) 경정은 당사자의 신청 또는 직권으로 할 수 있다(제211조 제1항). 신청에 의한 경정의 경우에는 판결의 잘못에 대한 소명이 있어야 한다.[298] 상소제기 이후에는 물론

291) 대판 1998.2.13. 95다15667.
292) 대결 1994.7.5. 94그22.
293) 대결 2022.3.29. 2021그713.
294) 대결 2012.10.25. 2012그249.
295) 대결 1978.10.26. 78마289.
296) 대결 1962.1.25. 4294민재항674.
297) 대결 2021.9.30. 2021그633.
298) 대결 2018.7.21. 2018그636.

판결 확정 이후에도 가능하다. 경정은 판결을 한 법원이 자기가 한 판결의 정확성을 위한 것이기 때문에 판결법원이 경정하는 것이 원칙이지만 원심판결의 심사권한을 갖는 상소심법원도 상소기록이 있는 한 그 심사의 한 방법으로 경정을 할 수 있다.[299] 다만 하급심에서 확정된 부분은 설령 그 기록이 상소심 법원에 있다 하여도 상소심 법원은 그 부분에 대한 심사권이 없으므로 경정할 수 없다.[300] 상고심 판결의 당사자 표시 중 등기의무자 및 등기권리자의 주소가 실제 주소와 다르게 표시된 경우에 집행을 위해서는 집행권원인 원심판결에 대한 판결경정 신청을 원심법원에 청구하여야 할 것이고, 집행권원도 아닌 상고심 판결 상 주소 표시를 경정해서는 안 된다.[301] 판결에 당사자의 주소와 다른 등기부상 주소를 따로 명시하지 아니하거나 등기권리자의 주소가 판결 전후에 변경되었음에도 이를 경정신청하지 아니하여 판결 상 주소와 실제 주소가 다르게 되었다 하더라도 주민등록표 등에 의하여 동일인 소명으로 등기부상 주소표시가 가능하므로 당사자의 등기부상 주소의 표시를 소장에 하지 아니하였다고 하여 경정을 할 이유가 없다.[302]

(b) (i) 경정은 결정으로 한다. 변론을 열 것인가는 임의적이다. 경정결정은 판결의 원본 및 정본에 덧붙여 적어야 한다. 다만 정본이 이미 당사자에게 송달되어 덧붙여 적을 수 없을 때에는 따로 정본을 작성하여 당사자에게 송달하여야 한다(제211조 제2항).

(ii) 경정결정에 대하여는 즉시항고를 할 수 있다(제211조 제3항). 다만 원심 판결에 대하여 적법한 항소가 있을 때에는 즉시항고에 의하지 않고도 항소심의 판단을 받을 수 있기 때문에 따로 항고할 수 없다(제211조 제3항 단서).

(iii) 경정신청이 부적법하다고 하여 각하한 결정에 대하여는 그 신청이 적법하다는 것을 이유로 항고할 수 있다.

(iv) 경정신청을 이유 없다고 기각한 결정에 대하여는 항고할 수 없다.[303] 판결법원이 스스로 잘못이 없다고 하였는데 다른 법원이 경정을 명하는 것은 조리에 반하기 때문이다. 그러나 기각결정에 대하여서는 헌법 또는 법률의 위반을 이유로 특별항고(제449조 제1항)를 할 수 있다.[304] 경정신청의 대상이 이행권고결정인 경우에도 마찬가지이다.[305] 이 경우에 당사자가 특별항고라고 명시하지 아니하였더라도 특별항고로 다루어야 한다.[306] 그러나 이미 항소가 제기되어 있으면 항소심에서도 판결을 경정할 수 있으므로 이때의 특별항고는 제449조 제1항의

299) 대결 1984.9.17. 84마522.
300) 대결 1992.1.29. 91마748.
301) 대결 1996.5.30. 96카기54.
302) 대결 1992.5.27. 92그6.
303) 대결 1960.8.12. 4293민재항200.
304) 대결 1995.7.12. 95마531.
305) 대결 2017.8.1. 2017그614.
306) 대결 1983.4.19. 83그6.

'불복을 신청할 수 없는 결정'에 해당하지 아니하여 부적법하다.[307)]

재판상 확정판결과 동일한 효력이 있는 화해조서의 경정신청기각 결정에 대하여서도 위와 같이 취급한다.[308)]

(v) 제1심법원이 항소장 각하명령에 관한 항고에 정당한 이유가 있다고 인정하여 재판을 스스로 경정한 경우, 그로 인해 불이익을 받는 상대방 당사자는 그 경정재판에 대하여 다시 즉시항고로 불복할 수 있다.[309)] 왜냐하면 이 경우에 다른 당사자에게도 역시 즉시항고를 제기할 권원을 인정하여 그 경정재판에 관하여 동일한 형태의 불복방법을 인정하는 것이 공평의 관점에서도 타당하기 때문이다.[310)]

(c) 판결에 경정사유가 있더라도 상소심에서는 이를 이유로 그 판결을 파기 또는 취소할 사유로 삼을 수 없다.[311)] 그러므로 일실퇴직금 상당의 손해액 산정에 관하여 명백한 계산상 착오로 인하여 그 수액이 잘못된 경우에는 판결경정절차로 구제받을 것이지 상소로 다툴 수 없다.[312)]

(라) **경정결정의 효력** (a) 경정결정은 판결의 한 부분이 되므로 판결을 선고한 때부터 소급하여 효력이 생긴다. 그러나 판결에 대한 상소기간은 경정결정에 영향을 받지 않고 판결이 송달된 날로부터 진행한다. 경정결정이 자신에게 불리하더라도 상소의 추후보완이 허용되지 않는다.[313)]

(b) (i) 채권압류 및 추심명령은 제3채무자를 심문하지 않은 채 이루어지지만 제3채무자에게 송달하여야 효력이 생긴다. 그 후 채권압류 및 추심명령의 경정결정이 확정되는 경우 당초의 채권압류 및 추심명령은 경정결정과 일체가 되어 처음부터 경정된 내용의 채권압류 및 추심명령이 있었던 것과 같은 효력이 있으므로, 원칙적으로 당초의 결정이 제3채무자에게 송달된 때에 소급하여 경정된 내용으로 결정의 효력이 있다.[314)]

(ii) 그러나 직접 당사자가 아닌 제3채무자는 피 보전권리의 존재와 내용을 모르고 있다가 결정을 송달받고 비로소 이를 알게 되는 것이 일반적이기 때문에 당초의 결정에 잘못된 계산이나 기재, 그 밖에 이와 비슷한 잘못이 있다는 것이 객관적으로는 명백하더라도 제3채무자의 입장에서는 당초의 결정 자체만으로 잘못된 계산이나 기재, 그 밖에 이와 비슷한 잘못이 있다는 것을 알 수 없는 경우가 있다. 이러한 경우에도 일률적으로 채권압류 및 추심명령의 경정

---

307) 대결 1991.5.1. 90그67.
308) 대결 1984.3.27. 84그15.
309) 대결 2023.7.14. 2023그585,586.
310) 대결 2023.7.14. 2023그585,586.
311) 대판 1987.9.8. 87다카809,810,811.
312) 대판 1990.7.24. 89다카14639.
313) 대판 1997.1.24. 95므1413.
314) 대판 2017.1.12. 2016다38658.

결정이 확정되어 당초의 채권압류 및 추심명령이 송달되었을 때에 소급하여 경정된 내용의 채권압류 및 추심명령이 있었던 것과 같은 효력이 있다고 하게 되면 순전히 타의에 의하여 다른 사람들 사이의 분쟁에 편입된 제3채무자를 보호하는데 지장이 있다. 그러므로 제3채무자의 입장에서 볼 때 객관적으로 경정결정이 당초의 채권압류 및 추심명령의 동일성을 실질적으로 변경한 것이라고 인정되는 경우에는 당초의 결정이 아니라 변경된 경정결정이 제3채무자에게 송달된 때에 비로소 경정된 내용의 채권압류 및 추심명령의 효력이 생긴다.[315]

(3) 판결의 확정

(가) **개념** 판결을 한 법원은 스스로 그 판결을 변경할 수 없고 당사자가 상소를 제기하면 상급심 법원의 심사를 받아 그 판결이 취소될 가능성이 있을 뿐이다. 상소심 법원으로서도 직권으로 원심판결의 당부를 심사할 수 없으므로 당사자가 불복하지 아니하면 다시는 그 판결을 다툴 수 없게 된다. 이와 같이 판결을 더 이상 다툴 수 없는 상태를 판결의 확정이라고 한다. 판결의 내용에 따라 생기는 기판력 · 집행력 · 형성력 등은 이 확정을 기다려 발생한다.

(나) **판결의 확정시기** (a) 상소를 할 수 없는 판결(예, 상고심판결, 제권판결)은 선고와 동시에 확정된다.[316] 제1심 및 항소심의 판결 선고 이전에 불상소의 합의가 있을 때에는 판결 선고와 동시에 확정되고, 판결 선고 이후에 불상소의 합의를 한 경우에는 이미 발생한 상소권 및 부대상소권의 포기를 합의한 것이므로 그 성립과 동시에 판결이 확정된다. 다만 비약적 상고(제390조 제1항 단서)의 합의가 있는 때에는 상고기간이 만료한 때에 확정된다.

(b) 당사자가 상소제기기간 이내에 상소하지 아니한 때에는 상소기간이 만료한 때에 확정된다. 상소를 제기하였다 하더라도 상소기간 경과 이후에 상소를 취하하거나, 상소를 제기하였으나 부적법하여 상소각하판결 · 상소장 각하명령이 된 때에도 상소기간이 만료한 때에 소급하여 확정된다.[317]

(c) 상소기간 경과 이전이라고 하더라도 상소권이 있는 당사자가 상소권을 포기한 경우에는 포기를 한 때에 확정된다. 그러나 상소기간 경과 이후에 상소를 포기하면 상소취하의 효력도 있으므로(제395조 제3항, 제425조) 상소기간의 만료시로 소급하여 확정된다.

(d) 상소기간 이내에 상소가 제기되면 원심판결의 확정이 차단되므로 상소 등의 기각 판결이 확정될 때에 비로소 원심판결이 확정된다.

(e) 하나의 판결 가운데 일부가 인용되고 나머지는 기각되었을 때에 원고만 그 패소부분에

---

315) 대판 2017.1.12. 2016다38658.

316) 다만 심리불속행판결은 선고를 요하지 아니하므로 심리불속행판결 정본이 상고인에게 송달되면서 확정된다(상고심 제5조 제2항 참조).

317) 대판 2014.10.15. 2013다25781 참조.

관하여 항소를 제기하고 피고는 자기의 패소부분에 관해서 항소를 제기하지 아니하더라도 피고의 부대항소가능성이 있기 때문에 원고승소부분(즉 피고패소부분)도 확정되지 않는다. 그러나 이 경우 피고가 부대항소권을 포기한 경우에는 원고승소부분에 관해서는 판결이 확정된다.

(f) 단순 병합된 여러 개의 청구에 대한 하나의 판결 가운데 일부에 관해서만 상소한 경우에는 나머지 부분도 상소불가분의 원칙에 따라 즉시 확정되지 아니하다가 항소심의 경우에는 항소심 판결선고시,[318] 상고심의 경우에는 상고심 판결선고시[319]에 불복하지 아니한 나머지 부분도 함께 확정된다(판결선고시설[320]).

(g) 통상 공동소송에서는 각 공동소송인에 대한 관계에서 각자 별개의 소송이 되므로 공동소송인 독립의 원칙(제66조)에 의하여 공동소송인가운데 일부만 상소를 제기하였을 때에는 그 부분만 확정이 차단되고 나머지 다른 공동소송인에 대한 판결부분은 화정된다.

㈐ **판결의 확정증명** 판결이 확정되면 당사자는 그 판결에 터 잡아 기판력을 주장할 수 있고, 등기신청이나 가족관계등록신고 등을 할 수 있으므로 판결의 확정을 증명할 필요가 있다. 그런데 판결의 확정사실은 판결 원본이나 정본에 나타나지 않으므로 판결확정의 유무를 알기 위해서는 소송기록을 보아야 한다. 따라서 판결의 확정증명신청은 현재 소송기록을 보관하고 있는 법원사무관등에게 하여야 한다. 상소심에서 소송이 끝났더라도 소송기록은 제1심에 보내어 보존하므로(제421조, 제425조) 확정증명서의 교부는 제1심 법원의 법원사무관등으로부터 받아야 한다(제499조 제1항). 다만 소송이 상소심 계속 중에 그 사건의 판결일부가 확정된 때에는 확정부분에 대한 증명은 소송기록이 있는 상급법원의 법원사무관등으로부터 받아야 한다(제499조 제2항).

Ⅲ. 기속력

(1) 개념

㈎ 당해 사건의 절차에서는 여러 소송 정책적 이유로 판결 등의 판단 내용이 판결을 내린 법원은 물론 심급을 거쳐 다른 법원까지도 구속하게 되는데, 이를 기속력이라 한다.

(2) 민사소송에서 기속력이 인정되는 경우

① 이송결정은 이송받은 동급 법원을 구속하고(제38조 제1항) ② 사실심에서 적법하게 확

318) 대판 2008.3.14. 2006다2940.

319) 대판 2001.12.24. 2001다62213.

320) 이시윤, 615면은 항소의 경우에는 변론종결시에, 상고의 경우에는 상고이유서 제출기간의 도과시에 확정된다고 한다(변론종결시설). 그 이유는, 부대상소를 할 수 없는 시기에는 확정된다고 하여야 그 이후 판결선고시까지 당사자가 함부로 상소취지를 확장·감축시키는 것을 방지하자는 데 있다.

정된 사실판단은 상고심을 기속하며(제432조) ③ 상고법원이 파기의 이유로 삼은 사실상 및 법률상 판단은 사건을 환송받거나 이송받은 법원을 기속한다(제436조 제2항 후문, 법조 제8조). ④ 헌법재판소의 위헌 결정도 법원을 기속한다(헌재 제47조 제1항). ⑤ 행정소송법 제30조 제1항은 "처분 등을 취소하는 확정판결은 그 사건에 관하여 당사자인 행정청과 그 밖의 관계행정청을 기속한다."라고 규정하고 있다.[321)]

(3) 기속력의 범위

기속력은 당해사건의 법원에 대한 구속력이므로 그 사건의 당사자를 구속하지 않으며, 당해사건이 아닌 절차에서는 다른 법원도 구속하지 않는다. 행정심판의 재결은 기속력이 있지만, 기판력이 없으므로 당사자나 법원을 구속하지 못한다.[322)]

Ⅳ. * 판결의 흠

1. 개설

법원은 판결을 통하여 권리 또는 법률관계의 존부를 확정하는 형식으로 분쟁을 공권적으로 해결하고, 사람들 사이의 법적 생활을 안정시킨다. 따라서 판결에는 판결 그 자체의 형식적 확정성 내지 법적 안정성이 강하게 요청되므로 판결로서의 구성요건을 갖추고 있다면 비록 그 절차 혹은 내용에 흠이 있다고 하더라도 원칙적으로 당연무효가 될 수 없고 상소나 재심 등 법률상 인정되는 시정수단에 의하여 취소됨에 불과하다. 그러나 판결의 기본적 구성요건 내지 성립요건을 갖추지 못하였을 때에는 판결로서 존재한다고 할 수 없다. 이를 비판결(非判決)이라 한다, 또 판결로서는 존재하지만 그 내용상 효력이 생기지 않는 경우에는 판결로서도 효력이 생기지 않는다. 이를 무효판결(無效判決)이라 한다.

2. 판결의 부존재-비판결

(1) 판결의 구성요건

헌법 제101조 및 법원조직법의 여러 규정을 종합하면 판결은 다음의 기본적 구성요건을

321) 이에 비하여 행정소송법 제8조 제2항에 의하여 행정소송에 준용되는 제216조, 제218조가 규정하고 있는 '기판력'이란 전소 확정판결의 소송목적과 동일한 후소를 허용하지 않음과 동시에, 후소의 소송목적이 전소의 소송목적과 다르더라도 전소의 소송목적에 관한 판단이 후소의 선결문제가 되거나 모순관계에 있을 때에는 후소에서 전소판결의 판단과 다른 주장을 하는 것을 허용하지 않는 작용을 의미한다(대판 2016.3.24. 2015두48235).
322) 대판 2015.11.27. 2013다6759.

충족하여야 판결로서의 외관을 갖추게 된다. 이 구성요건을 갖추지 못하면 판결 자체로서 존재하지 아니하므로 이를 비판결(非判決)이라고 한다.

(가) 판결 주체가 있어야 한다. 그 주체는 재판기관인 법원이므로 비법원(非法院)의 판결은 모두 비판결이다. 그러나 여기서의 판결법원은 법관으로 구성된 재판기관이면 충분하다. 일단 재판기관이 되는 법원으로 구성하면 그것이 법률에 따라 구성되었는가의 여부, 법률에 의하여 판결에 관여할 수 없는 법관이 판결에 관여하였는지 여부는 문제되지 않는다. 예컨대 어떤 가처분결정을 본안의 관할법원도 그 재판장도 아닌 법관이 하였다고 하더라도 법관이 한 이상 당연무효라고 할 수 없으므로 이 가처분결정이 이의에 의하여 취소될 때까지는 유효하다.[323]

(나) 일정한 소송사건을 처리하기 위한 것이어야 한다. 예를 들어 법학전문대학원 학생에 대하여 강의용으로 작성된 판결은 소송사건을 처리하기 위한 것이 아니므로 비판결이다.

(다) 판결의 효력이 생기기 위해서는 선고라는 방식으로 고지되어야 한다(제205조). 사건을 변론 없이 판결로 각하하는 경우라도 선고를 하여야 한다. 그러므로 판결원본이 작성되었더라도 판결을 선고하지 아니하면 판결의 효력이 생기지 않는다. 선고기일통지서가 없어도 선고기일에 한 판결 선고는 위법이 아니지만[324] 선고조서가 없는 경우에는 판결이 선고되었다고 볼 수 없다.[325]

(2) 비판결에 대한 구제

(가) 비판결은 판결이 아니어서 심급을 마칠 수 없기 때문에 거듭 판결을 하여야 한다. 이 경우에 당사자는 절차의 속행을 신청할 수 있다.

(나) 비판결이라 하더라도 판결정본이 송달되면 판결한 외관으로 말미암아 집행권원으로 행사되어 강제집행을 당할 위험이 있다. 그 위험을 제거하기 위하여 상소할 필요성이 인정된다. 상소를 제기하면 비판결이라고 하더라도 이심(移審)의 효력이 생기기 때문에 상소제기 이후 원심에서는 비판결에 갈음하는 판결을 할 수 없다.

(다) 비판결은 권리 또는 법률관계가 아니라 판결 자체가 부존재한다는 사실에 불과하기 때문에 판결의 부존재 사실을 확인하는 소는 확인의 이익이 없다.

(라) 선고하지 않은 판결에 잘못하여 집행문이 부여된 경우와 같이 비판결에 터 잡아 이루어진 강제집행에 대해서는 집행문부여에 대한 이의신청(민집 제34조) 또는 집행문부여에 대한 이의의 소(민집 제45조)를 제기하여 구제받아야 한다.

---

323) 대결 1964.4.11. 64마66.
324) 대판 2003.4.25. 2002다72514, 대구고판 1975.11.5. 79나194.
325) 대판 1962.1.18. 4294민상152.

3. 판결의 무효-무효판결

(1) 개념

㈎ 무효판결이라 함은 판결 자체로서는 존재하지만 판결이 본래 갖추어야 할 내용상 효력, 즉 기판력·집행력·형성력 등이 없는 판결을 말한다.

㈏ 무효판결은 비판결과 달리 소송절차에서 판결로 존재하여 불가철회성, 자박성이 인정되고 이것도 확정되면 소송이 종료되기 때문에 절대적 무효가 아니다. 따라서 무효판결도 해당 심급을 마치게 하고 소송비용청구권도 생기며, 기속력이나 형식적 확정력도 있으나 다만 기판력 등 내용상 효력이 없을 뿐이다.

(2) 무효판결의 예

㈎ **국내의 민사재판권에 복종하지 않은 사람(재판권면제자)에 대한 본안판결** 민사쟁송사건을 처리하는 민사재판권의 흠을 간과한 판결은 상소로 구제받을 수 있으나 재심사유에 해당되지 않아서 재심의 소로 시정할 수 없다. 그러나 민사재판권이 없으면 판결의 효력이 생기지 아니하므로 내버려두더라도 기판력, 집행력 등이 생기지 않는다. 그 의미에서 재판권이 없는 판결은 무효판결이다.

㈏ **실재하지 않은 자를 당사자로 한 판결** 형식상 판결문에 당사자가 표시되어 있으나 그 당사자가 실제로 존재하지 않는다면 대립당사자의 원칙이 유지될 수 없다. 따라서 그 판결은 무효이므로 판결이 확정되더라도 내용상 효력이 생기지 않는다.

㈐ **소의 제기가 없거나, 소가 취하되었는데도 이를 간과하고 선고한 판결** 소의 제기가 없거나 소가 취하되어 소송계속이 없는 상태에서 판결이 되었다면 취소할 대상도 없기 때문에 내용상 효력이 없는 무효의 판결이다. 그러나 당사자의 일부취하를 간과한 판결은 나머지 유효한 판결부분이 존재하기 때문에 이는 처분권주의에 위반된 것으로써 상소할 이유에 불과하고 무효인 판결이 아니다.

㈑ **판결할 때 존재하지 않은 법률관계의 형성을 선언한 판결** 예를 들어 부부 아닌 사람들에 대한 이혼판결 따위이다.

㈒ **현행법상 인정되지 않은 법률효과를 인정하는 판결** 예를 들어 민법이 인정하지 않는 물권을 확인한다든가 그 설정을 명하는 판결 따위, 지상권은 현행 민법상 피담보채무가 존재하는 것이 아닌데도 담보권과 아울러 설정하면서 그 피담보채무의 범위 확인을 구하는 청구를 인용하는 판결[326) 따위는 무효판결이다.

326) 대판 2017.10.31. 2015다65042.

(바) **내용이 불명확하거나 모순되어 그 의미를 확정할 수 없는 판결** (a) 내용이 특정되지 아니하여 강제집행을 할 수 없는 화해조서[327]나 이행판결[328]은 무효이다.

(b) 소송목적이 특정되어 있지 아니하다는 이유로 원고의 청구를 기각한 판결과 같이 그 판결이유에서 소송목적인 권리관계의 존부에 관하여 실질적인 판단을 하지 아니한 경우에는 그 권리관계의 존부에 관하여 기판력이 생기지 아니한다.[329] 따라서 이 경우에는 소송목적을 특정한다면 소송목적이 이전과 같더라도 다시 소송을 제기할 수 있다.[330]

(c) 일정 금액의 지급을 명하였으나 어떤 사실관계에 터 잡은 것인지 알 수 없는 이행판결의 경우에는 그 대상이 명확하지 아니하여 기판력이 생기지 아니하지만 일정금액을 지급한 데 대하여 집행력이 있으므로 민사집행은 가능하다.

(d) 소멸된 물건의 인도를 명하는 판결과 같이 사실상 이행이 불가능한 판결은 강제집행이 불가능하지만 물건의 인도를 명하는 청구부분에 대해서는 기판력은 있다.

(사) **당사자적격의 흠을 간과한 판결** 예를 들어 고유필수적공동소송에서 정당한 당사자 일부를 누락한 판결, 주주 아닌 자가 제기하여 받은 주주총회결의취소의 판결 같은 것들은 무효이다.

(아) **확정재판 등의 내용 및 소송절차에 비추어 그 확정재판 등이 대한민국의 선량한 풍속이나 그 밖의 사회질서(민 제103조)에 어긋난 판결(제217조 제1항 3호)** (a) 우리 민사소송법에는 민법 제2조의 신의성실의 원칙이 제1조 제2항에 구현된 것과는 달리 민법 제103조의 반사회질서의 법률행위에 관해서는 따로 규정을 두고 있지 않다. 그러나 외국의 확정재판 등의 내용 및 소송절차에 비추어 그 확정재판 등이 대한민국의 선량한 풍속이나 그 밖의 사회질서(민 제103조)에 어긋나지 아니할 것을 외국재판의 승인요건으로 하면서(제217조 제1항 3호), 이를 직권조사사항으로 규정하고 있다(제217조 제2항). 그렇다면 우리나라의 재판도 민법 제103조에 위반되어서는 안 될 것이다.[331] 따라서 법원은 우리나라의 확정재판 등에 재심사유가 있는지 여부를 떠나 제217조 제2항에 따라 재판 등의 내용 및 소송절차가 민법 제103조에 어긋나는지 여부를 직권으로 조사하여야 할 것이다.

(b) 판사들이 그러한 재판을 할 리 없겠지만 혹시라도 인신매매나 인육의 인도를 명하는 판결과 같이 확정재판 등의 주문에서 민법 제103조의 선량한 풍속이나 그 밖의 사회질서에 어긋나는 재판을 한 경우에는 제217조 제1항 3호에 비추어 당연히 무효일 것이다.

(c) 법원이 직권 조사한 결과 민법 제103조에 현저히 어긋나는 사정이 있는 경우에는 제

327) 대판 1995.5.12. 94다25216.
328) 대판 1998.5.15. 97다57658.
329) 대판 1983.2.22. 82다15.
330) 대판 1998.5.15. 97다57658.
331) [18] 3. (4) 참조.

217조 제1항 3호를 유추·적용하여 무효로 하여야 할 것이다.

(d) 그 무효의 주장은, 재판 등이 아직 확정되지 않은 경우에는 항소 및 상고절차에서, 재판 등이 확정된 경우에는 재심사유에 해당하면 재심절차에 의하여, 그렇지 않은 경우에는 별소의 제기에 의해서도 할 수 있을 것이다.

(3) 무효판결에 대한 구제

㈎ **형식적 확정력** 무효판결은 상소기간의 도과 등으로 확정되더라도 그 내용상 효력인 기판력·집행력 및 형성력이 생기지 않는다. 그러나 비(非)판결과 달리 해당 심급을 마치게 하는 형식적 확정력이 있다. 따라서 형식적 확정력이 생기기 이전에는 상소로 다툴 수 있다. 다만 판례는 당사자가 소제기 이전에 이미 사망하였는데도 이를 간과한 판결과 같이 사망한 자를 상대로 상소를 제기할 수 없는 경우에는 상소로서도 다툴 수 없다고 한다.[332] 따라서 판례에 의하면 이 경우에는 상속인을 상대로 새로운 소송을 제기하여야 할 것이다. 그러나 무효인 판결이더라도 형식적 확정력은 존재하므로 그 외관을 제거하기 위한 상소는 허용하여야 한다는 견해가 유력하다.[333]

㈏ **판결의 무효를 주장하는 방법** (a) 판결이 법원의 직권조사에 의하지 아니하더라도 당연무효인 경우에 무효판결은 기판력 등 내용상 효력이 생기지 아니하므로 무효로 되기 이전의 소송과 동일한 소송목적을 대상으로 새로운 소송을 제기하든지 또는 이전 소송에서 판단된 법률관계의 부존재확인을 구하는 소송을 제기하여 이전 소송에 대한 판결의 무효를 주장할 수 있다. (b) 그러나 무효인 판결이더라도 형식적 확정력은 존재하므로 그 외관을 제거하기 위한 상소는 허용하여야 할 것이다.[334]

㈐ **집행력이 없는 무효판결** 집행력이 없는 무효판결에 대하여 집행문이 잘못 부여된 경우에는 형식적 확정력이 있는 외관을 제거하기 위하여 집행문부여에 대한 이의신청(민집 제34조), 집행문부여에 대한 이의의 소(민집 제45조)에 의하여 구제받을 수 있다.

4. 판결의 편취

(1) 개념

㈎ 판결의 편취라 함은 당사자가 악의(惡意)로 상대방이나 법원을 기망하여 피고가 알지 못하는 사이에 승소판결을 받거나 당사자 양쪽이 통모하여 허위의 진술로 판결을 받는 경우를

332) 대판 2000.10.27. 2000다33775.
333) 이시윤 709면.
334) 같은 취지: 이시윤 709면.

말한다. 앞의 예는, 원고가 소로써 허위의 채권을 주장한 다음 피고의 주소를 알고 있는데도 소재불명이라고 법원을 속여 공시송달의 방법으로 승소확정판결을 받거나 피고의 주소를 허위로 적어 그 주소에서 원고 또는 원고와 서로 통하는 제3자가 소송서류를 송달받게 한 다음 마치 피고 자신이 송달받고도 불출석한 듯이 법원을 속여 자백간주의 형식으로 승소확정판결을 받는 경우 등이고, 뒤의 예는, 당사자 양쪽이 강제집행을 하고 싶지 않으면서도 제3자에게 채권의 존재를 보이기 위해서 또는 이른바 제3자 집행을 하게 하기 위해서 서로 통모하여 성명모용소송 등으로 승소확정판결을 받거나, 도박 또는 인신매매로 인한 채권·채무를 일반 소비대차상 채권·채무로 가장하여 승소확정판결을 받는 경우 등이다.

(나) 편취판결은 판결의 주체 및 재판권에 흠이 없을 뿐 아니라 판결의 형식과 내용이 완전하다는 점에서 비판결이나 무효판결과 구별된다. 그렇다고 해서 이 판결을 허용해서는 안 되므로 구제방법이 있어야 한다.

(2) 편취판결의 소송법적 구제방법

(가) 원고가 피고의 주소를 허위로 적어 그 주소에서 원고 또는 원고와 서로 통하는 제3자로 하여금 소송서류를 송달받게 한 다음 마치 피고 자신이 송달받고도 불출석한 듯이 법원을 속여 자백간주의 형식으로 승소판결을 받은 경우에는 외견상 판결이 확정된 듯이 보이지만 실제로는 판결 정본이 정당한 당사자에게 송달되지 아니하여 미확정상태이므로 피고는 상소 또는 별소로 구제받을 수 있다.[335] 재심절차는 필요하지 않다.

(나) (i) 원고가 허위의 채권을 주장한 다음 피고의 주소를 알고 있는데도 허위의 주소로 공시송달을 하는 방법으로 승소 확정판결을 받아 판결을 편취한 경우에, 판례[336]는 판결정본의 공시송달이 유효한 것으로 보고 상소의 추후보완(제173조)이나 재심에 의하도록 하였다.

(ii) 이 판례는 공시송달을 재판장의 명령으로 실시한 경우였다. 그러나 민사소송법이 개정되어 공시송달을 법원사무관등의 처분으로 일반 송달과 같이 처리할 수 있게 되었으므로(제194조 제1항) 달리 취급하여야 한다. 법원사무관등이 공시송달의 요건 불비인데도 공시송달 처분을 한 경우에는 판사가 한 재판이 아니므로 일반 송달과 동일하게 무효로 보아야 할 것이다. 따라서 이 경우에는 상소기간이 지나지 아니한다고 보아 상소의 추후보완절차를 거치지 않고도 바로 상소 또는 별소로 구제받을 수 있다고 하여야 할 것이다.[337]

(다) 원고가 피고 종중의 진정한 대표자가 아닌 참칭대표자와 공모하여, 소송 서류가 참칭대표자에게 송달되도록 하고, 그로 하여금 출석하지 않게 하여 자백간주로 승소판결을 받은

335) 대전판 1978.5.9. 75다634, 1995.5.9. 94다41010.
336) 대판 1985.7.9. 85므12, 1994.10.21. 94다27922.
337) 자세한 것은 [61] 7. (4) 참조.

경우에, 피고 자체는 여전히 종중으로 동일하지만, 소송에 관여한 대표자는 무권대리인에 불과하다. 따라서 이는 피고를 기망하여 판결을 편취한 경우에 해당하지 않고, 법정대리인이 소송행위를 함에 필요한 권한을 갖추지 못한 경우(제451조 제1항 3호)에 해당하므로 재심사유가 된다.[338)]

(3) 편취판결의 실체법적 구제방법

편취판결을 취소할 수 있는 상소, 재심 등 소송법적 구제방법을 쓸 수 없거나, 소송법적 구제방법이 아니고도 실체법적으로 불법행위로 인한 손해배상청구 또는 부당이득반환청구를 할 수 있는지 문제된다.

(가) 불법행위로 인한 손해배상청구

(a) 문제의 소재 원고가 소송에서 피고 또는 법원을 기망하여 부당하게 판결을 편취하였다면 그로 말미암아 패소당한 피고는 원고를 상대로 불법행위로 인한 손해배상청구를 할 수 있어야 한다. 이 경우 피고는 이전 소송의 확정판결에 의하여 그 존재가 확정된 소송목적이 실은 존재하지 아니하였는데도 불구하고 원고의 소송상 불법행위로 말미암아 그 소송목적이 사위(詐僞)로 인정된 것이라고 주장하여야 하고, 법원은 이 주장을 받아들여 그 손해배상청구를 인정하여야 할 것이다. 그런데 이것은 결국 확정판결에 의하여 인정된 소송목적이 부존재를 전제로 하여야 하므로 이전 소송 확정판결의 기판력과 저촉가능성이 있어 문제되는 것이다.

(b) 학설의 상황 (i) 대체로 재심과 관련하여 견해가 갈리고 있다. 우리나라에서는 재심의 소에 의하여 편취판결을 취소하지 않고는 불법행위로 인한 손해배상청구를 할 수 없다는 견해가 다수설이다.[339)] 한편 실체법적 정의를 위하여 두 번의 소송을 강요하는 것은 불합리하므로 당사자의 절차적 기본권이 근본적으로 침해되었거나 재심사유가 존재하는 등 확정판결의 효력을 인정하는 것이 명백하게 정의에 반하는 경우에는 재심의 소를 거치지 않고도 불법행위로 말미암은 손해배상 청구를 할 수 있다는 견해가 소수설[340)]로서 다수설과 대립한다.

(ii) 결론 (ㄱ) 저자는 재심불요설의 입장을 지지하면서 그 근거를 민법 제103조에 둔다. 주지하는 바와 같이 외국법원의 재판 등이 성립하는 과정에 민법 제103조 등 우리나라 법률이 용인할 수 없는 절차상 흠이 있는 경우에는 승인거절사유가 된다(제217조 제1항). 판례[341)]는, 피고가 판결국의 법정에서 원고의 기망행위로 판결을 편취 당하였다는 사유를 주장할 수 없었고, 또 처벌받을 기망행위에 대하여 유죄의 확정판결과 같은 고도의 증명이 있는 경우에는 절

338) 대판 1994.1.11.92다47632, 1999.2.26.98다47290.
339) 이시윤, 679면; 방순원, 599면; 한종렬, 490면; 김홍규/강태원, 640면; 송상현/박익환, 469면 등.
340) 정동윤 외 2, 827면.
341) 대판 2004.10.28. 2002다74213.

차적 공서[342]에 위반되므로 승인 내지 집행을 거부할 수 있다고 판시한다. 그렇다면 외국법원의 확정재판 등이 정의의 관념에 반하는 편취판결이라는 이유로 이를 실체법적으로 시정하는 것이 정의라면 우리나라의 확정재판 등의 경우에도 당연히 그러하여야 할 것이다. 그와 같이 해석하지 않으면 외국에는 공서(公序)가 있고 우리나라는 공서가 없거나, 있더라도 재판 등의 확정 이전에만 제한적으로 존재한다는 이상한 결론이 되기 때문이다. 그러므로 우리나라의 확정재판 등에 외국재판 등의 경우와 같이 민법 제103조에 위반되어 그 승인 내지 집행을 거부할 정도의 흠이 있다면 그러한 재판 등의 효력에 어떤 법적 조력을 주어서는 안 될 것이다. 따라서 그 재판 등에 의하여 손해를 받은 사람은 그 편취판결의 기판력과 관계없이 소송절차가 민법 제103조에 위반되어 무효라고 주장하면서 불법행위로 인한 손해배상청구를 할 수 있다.

(ㄴ) 요컨대 외국의 편취 재판 등은 제217조 제1항에 의하여 그 승인을 거부함으로써 법적 효력을 부정하고, 우리나라의 재판 등도 민법 제103조에 의해서 그 실체법적 효력을 무효로 돌림으로써 불법행위로 인한 손해배상청구가 가능하다고 하여야 외국재판등과 우리나라 재판 등은 서로 균형이 맞는다.

(c) **판례** (i) 판례[343]는「판결이 확정되면 기판력에 의하여 그 대상이 된 청구권의 존재가 확정되고, 그 내용에 따라 집행력이 생기므로 그에 따른 집행이 불법행위가 되기 위해서는 당사자가 상대방의 권리를 해할 의사로 상대방의 소송관여를 방해하거나 허위의 주장으로 법원을 기망하는 등 부정한 방법으로 실체와 다른 내용의 확정판결을 취득하고 그 집행을 하는 것과 같은 특별한 사정이 있어야 한다」고 판시하여, 확정판결의 기판력을 재심에 의하여 배제하지 아니하면서도 불법행위가 성립되는 구체적인 요건을 제시하고 있다. 따라서 판례는「요건을 정한 제한적 재심불요설」의 입장이라 할 수 있다. 그러므로 당사자가 법원을 기망하는 정도에 이르지 않는 단순한 실체법적 권리관계에 반하는 허위주장을 하거나, 자신에게 유리한 증거를 제출하고 불리한 증거는 제출하지 아니하거나, 제출된 증거의 내용을 자기에게 유리하게 해석하는 등의 행위만으로는 기판력이 배제되지 않는다. 따라서 이 경우에는 불법행위의 성립이 부정된다 할 것이다.[344]

(ii) 불법행위로 말미암은 손해배상 범위를 정함에 있어서는 불법행위와 손해와의 사이에 자연적 또는 사실적 인과관계가 존재하는 것만으로는 부족하고 법률적 인과관계, 즉 상당인과관계가 있어야 한다. 그런데 변호사강제주의를 택하지 않고 있는 우리나라 법제 아래에서는 손해배상청구의 원인된 불법행위 자체와 변호사 비용 사이에 상당인과관계가 있음을 인정할

342) 절차적 공서의 개념에 관해서는 [86] I. 3. (5) A (2) (라) (c) 참조.
343) 대판 1992.12.11. 92다18627.
344) 대판 2010.2.11. 2009다82046,82053, 2013.4.25. 2012다110286.

수 없으므로 변호사 비용은 그 불법행위 자체로 말미암은 손해배상채권에 포함되지 않는다.[345]

(나) 부당제소 및 응소

(a) 법적 분쟁 당사자가 법원에 대하여 당해 분쟁의 종국적인 해결을 구하는 것은 법치국가의 근간에 관계될 만큼 중요하여 국민의 재판을 받을 권리는 최대한 존중되어야 할 것이다. 따라서 제소행위나 응소행위가 불법행위가 되는지를 판단함에 있어서는 적어도 재판제도의 이용을 부당하게 제한하는 결과가 되지 아니하도록 신중하게 배려하여야 한다. 법적 분쟁의 해결을 구하기 위하여 소를 제기하는 것은 원칙적으로 정당한 행위이므로 단지 제소자가 패소판결을 받고 그것이 확정되었다는 사실만으로 바로 그 소의 제기가 불법행위였다고 단정해서는 안 된다.

(b) 반면 소를 제기당한 사람 쪽에서 보면, 응소를 강요당하고 어쩔 수 없이 그를 위하여 변호사 비용을 지출하는 등 경제적·정신적 부담을 지게 되는 까닭에 응소자에게 부당한 부담을 강요하는 결과를 가져오는 소의 제기는 위법하게 되는 경우가 있을 수 있다. 그러므로 민사소송을 제기한 사람이 패소판결을 받아 확정된 경우에 그와 같은 소의 제기가 상대방에 대하여 위법행위가 되는 것은 당해 소송에 있어서 소의 제기자가 주장한 권리 또는 법률관계가 사실적·법률적 근거가 없고, 소의 제기자가 그와 같은 점을 알면서, 혹은 보통 사람이라면 그 점을 용이하게 알 수 있음에도 불구하고 소를 제기하는 등 소의 제기가 재판제도의 취지와 목적에 비추어 현저하게 상당성을 잃었다고 인정되는 경우에 국한해야 한다.[346]

(다) 부당이득반환청구 (a) 판례[347]는 불법행위로 인한 손해배상청구와는 달리 부당이득반환청구를 허용하는 것은 이전 소송의 확정판결과 직접적으로 모순되므로 기판력으로 차단된다고 하면서 이를 부정한다. 그러나 편취판결이 민법 제103조에 위반되어 부당이득반환청구권으로서도 무효라고 한다면 부당이득의 반환청구권 역시 불법행위로 인한 손해배상청구와 동일하게 그 소송법상 실현을 부정하여야 할 것이다.

(b) 판례[348]는 상대방의 주소를 허위로 하여 판결을 편취한 경우에는 그 판결이 상대방에게 송달 자체가 된 일이 없어 판결이 확정되지 아니하였으므로 절차기본권의 침해 여부를 따질 필요 없이 바로 부당이득반환청구라는 별소를 제기할 수 있다고 하였다.

(라) 집행법적 구제방법–청구에 관한 이의의 소(민집 제44조) (a) 당사자 한 쪽이 부정한 방법으로 확정판결을 취득한 다음 이를 집행권원으로 하여 강제집행을 하는 경우에 그 집행을 청구에 관한 이의의 소나 집행문 부여에 대한 이의의 소 등으로 배제할 수 있는지 문제된다.

345) 대판 2010.6.10. 2010다15363,15370.
346) 대판 2010.6.10. 2010다15363,15370.
347) 대판 2001.11.13. 99다32905.
348) 대전판 1978.5.9. 75다634.

(b) (i) 확정판결에 의한 권리라 하더라도 신의에 좇아 성실하게 행사되어야 하고 판결에 기초한 집행이 권리남용이 되는 경우에는 이를 허용할 수 없으므로 집행채무자는 청구이의의 소에 의하여 집행의 배제를 구할 수 있다.[349)]

(ii) 그러나 확정판결의 내용이 실체법적 권리관계와 어긋날 여지가 있다는 사유만으로는 확정판결에 따른 강제집행이 권리남용에 해당한다고 쉽게 인정하여서는 안 되므로,[350)] 이를 인정하기 위해서는 확정판결의 내용이 실체법적 권리관계에 배치되는 경우에서 나아가 그에 기초한 집행이 현저히 부당하고 상대방으로 하여금 집행을 받게 하는 것이 정의에 반함이 명백하여 사회생활상 용인할 수 없다고 인정되는 것과 같은 특별한 사정이 있어야 한다(집행력의 제한적 배제설).[351)]

(iii) 확정판결의 내용이 실체법적 권리관계에 어긋난다는 것은, 확정판결에 기초한 집행이 권리남용이라고 주장하며 그 집행의 배제를 구하는 원고가 주장 · 증명하여야 한다.[352)]

(c) 집행권원에 기초한 강제집행이 전체적으로 종료된 경우에 집행을 정지하거나 취소할 대상이 없으므로 확정판결에 기한 강제집행이 권리남용에 해당하여 허용될 수 없다는 등의 사유를 들어 강제집행에 따른 효력 자체를 다툴 수 없다. 다툰다면 이것은 확정판결의 기판력에 저촉되어 허용될 수 없기 때문이다.[353)] 따라서 이 경우에는 청구에 관한 이의의 소나 집행문 부여에 대한 이의의 소를 제기할 소의 이익도 없다.[354)]

(마) **당사자 양쪽이 통모하여 허위진술 등으로 확정판결을 받은 경우** (a) 당사자가 제3자에게 채권의 존재를 과시하기 위하여 원 · 피고가 통모하여 허위진술로 확정판결을 받더라도 기판력의 존재를 부정할 수 없다.[355)] 그러나 원고 또는 제3자가 강제집행까지 하려 할 경우에는 피고는 위의 통모과정에서 당사자 사이에 집행력을 배제하는 합의가 있다고 주장할 수 있다. 따라서 이 경우에는 원 · 피고 사이에서 집행력 배제의 합의를 하였다는 이유로 청구에 관한 이의의 소(민집 제44조)를 제기할 수 있다.

(b) 당사자가 통모하여 도박 또는 인신매매로 인한 채권 · 채무를 일반 소비대차 상 채권 · 채무로 가장하여 승소확정판결을 받았다면, 이것은 민법 제103조의 선량한 풍속 기타 사회질서에 위반된다 할 것이다. 따라서 이 판결이 확정되더라도 그 내용상 효력인 기판력 · 집행력 및 형성력이 생길 수 없으므로 이 판결에 대하여 집행문이 부여된 경우에는 집행문부여에 대한

349) 대판 2017.9.21. 2017다232105, 2018.3.27. 2015다70822.
350) 대판 2014.2.21. 2013다75717(평석은 [72] 참조).
351) 대판 2017.9.21. 2017다232105.
352) 대판 2014.5.29. 2013다82043 참조.
353) 대판 2024.1.4. 2022다291313.
354) 대판 2014.5.29. 2013다82043 참조.
355) 대판 1968.11.19. 68다1624.

이의신청(민집 제34조) 또는 집행문부여에 대한 이의의 소(민집 제45조) 등을 제기할 수 있다.

판결의 부존재 · 무효 · 편취 효력 비교

구분	비판결(부존재)	무효판결	편취판결
개념	판결 외관 자체 없음	판결은 존재하나 효력 없음	판결 형식은 완전하나 기망·통모로 취득
예시	선고 없는 판결, 비법원 판결	재판권 없는 판결, 존재하지 않는 당사자, 소 취하 후 판결, 반사회적 판결 등	법원기망, 참칭 대표자와 통모
효과	기판력 · 집행력 없음, 심급도 안 끝남	기판력 · 집행력 없음, 형식적 확정력만 있음	기판력·집행력 인정되나 정의·공서 위반
구제방법	절차속행, 상소, 집행문 이의	상소, 새로운 소 제기, 집행문 이의 상소 · 재심	불법행위 손해배상, 청구이의 · 집행문 이의

□ 핵심정리

- 비판결 = 애초에 판결 아님
- 무효판결 = 판결은 있으나 효력이 없음
- 편취판결 = 판결은 있으나 속여서 뺏은 것

[86] 제5. 기판력(旣判力)

Ⅰ. 기판력 일반론

1. 기판력의 뜻

(1) ㈎ 당사자는 물론 법원은 종국판결이 확정되면 그 동안 시비를 다투어오던 분쟁의 해결 기준이 확정되므로 그 확정된 분쟁 해결 기준을 준수하여야 한다. 왜냐하면 종국판결이 확정되더라도 판결로 확정된 분쟁에 관하여 계속해서 당사자 사이의 다툼이 지속되면 국가가 분쟁을 해결하기 위해 마련한 소송제도의 의미가 없게 되기 때문이다. 그리하여 확정된 종국판결이 청구, 즉 소송목적에 관한 판단으로 표시한 분쟁 해결 기준에 관해서, 당사자는 같은 사건이 재차 문제될 때에도 그 판단 내용에 반하는 주장을 하여 다툴 수 없고, 그 재판을 하지 아니한 다른 법원<이를 후소(後訴)법원이라고 한다>도 그 재판을 한 법원<이를 전소(前訴)법원이라고 한다>의 판단에 어긋나는 판단을 할 수 없게 되는 구속을 받는다. 이러한 구속력을 기

판력(旣判力)이라고 한다. 결국 기판력이란 분쟁의 종국적 · 강행적 해결을 위하여 확정판결에 주어진 힘이라 할 수 있다.

(나) 기판력은 법원판단의 내용적 구속력이라는 의미에서 실질적 확정력이라고도 부른다. 판결의 구속력이더라도 자박성, 즉 불가철회성은 법원 자신에 대한 구속력이라는 점에서, 기속력은 동일사건에 관한 소송절차 내의 법원간의 구속력이라는 점에서, 다른 사건 절차의 법원에 대한 구속력인 기판력[356]과 구별된다.

(2) 판례[357]가 설시하는 기판력의 작용이라 함은, 기판력 있는 전소판결의 소송목적과 동일한 후소를 허용하지 않고, 후소의 소송목적이 전소의 소송목적과 동일하지 않다고 하더라도 전소의 소송목적에 관한 판단이 후소의 선결문제가 되거나 모순관계에 있을 때에는 후소법원에서 전소판결의 판단과 다른 주장을 하는 것을 허용하지 않는 것이라고 하였다. 요약건대 기판력 있는 전소법원의 판결은 그와 동일, 모순 또는 선결관계에 있는 후소법원에서 전소판결과 다른 판단을 배제한다.

2. 본질

기판력의 이와 같은 구속력의 근거는 무엇이며, 그 법적 성질이 어떠한가에 관해서는 다음과 같은 학설이 전개되었다.

(1) 실체법설과 소송법설

종국판결이 확정되면 당사자 사이의 실체법적 법률관계도 그 판결이 표시한 판단에 따라 변경된다고 하는 견해가 실체법설이고, 실체법적 법률관계의 변경을 부정하고 종국판결을 소송법적으로만 보아야 한다는 견해가 소송법설이다. 실체법설은 확정판결을 당사자 사이의 화해계약과 같은 법률요건의 하나로 본다. 따라서 정당한 판결은 종래의 권리관계를 그대로 확정시킨다. 그러나 사실관계를 부당하게 잘못 인정한 부당판결은 실체법적 법률관계를 판결내용과 같이 부당하게 변경하여 판결과 일치시킨다는 것이다. 확정판결의 이와 같은 힘이 기판력이라는 것이다. 그런데 실체법설에 의한다면 모든 판결은 결국 새로운 법률관계를 형성한다는 점에서 형성판결이 되어야 하고 그 효력이 제3자에게도 생겨야 한다. 그러나 기판력은 원칙적으로 당사자에게만 미치고 제3자에게 생기지 아니한다. 실체법설로는 이점을 설명하지 못한다는 등 결점이 있어 현재 지지자가 없다.

한편 소송법설은 기판력을 실체법상 권리관계와는 관계없이 전소법원 판결이 후소법원을

356) 후술하는 모순금지설의 입장이다.
357) 대판 1995.3.24. 94다46114, 1999.12.10. 99다25785, 2000.6.9. 98다18155, 2001.1.16. 2000다41349 등 참조.

소송법적으로 구속하는 구속력으로 본다. 따라서 부당판결도 실체법적 법률관계에는 어떤 영향을 주지 아니하며 그 재판을 하지 아니한 다른 법원, 즉 후소법원만 전소법원의 확정판결에서 한 판단에 구속될 뿐이라는 것이다.[358]

(2) 모순금지설(구 소송법설)과 반복금지설(신 소송법설)

소송법설은 다시 후소법원에 대한 전소 법원 판결의 구속내용에 관하여 모순금지설(소송법설 또는 구 소송법설이라고도 한다)과 반복금지설(신 소송법설이라고도 한다)로 나뉜다.

모순금지설은 기판력을 후소법원이라고 하는 다른 소송절차의 법원에 대한 구속력으로 이해한다. 국가재판의 통일이라는 요청에 의하여 후소법원은 전소법원이 한 확정판결의 판단과 모순된 판결을 할 수 없다는 견해이다.[359] 반복금지설은 기판력을 당사자에 대한 구속력으로 이해한다. 기판력의 근거를 일사부재리(一事不再理)의 이념 내지 사적 분쟁의 공권적 해결제도에 숨어 있는 분쟁의 일회적 해결요청에 구하여 동일 당사자가 소송의 반복을 금지하는 것으로 보는 견해이다.[360] 판례[361]는, 후소판결이 전소판결의 기판력에 저촉되는 부분은 권리보호의 필요가 없어서 부적법하다고 할 것이 아니라 전소판결과 모순되어 배척(기각)하여야 한다고 하여 모순금지설을 취하고 있다.

반복금지설에 의하면 기판력은 일사부재리의 이념을 실현하는 수단이기 때문에 소극적 소송요건인데 대하여 모순금지설은 그러하지 아니하다는 점에 차이가 있다. 그러나 어느 학설에 의하더라도 기판력에 어긋나면 기각(棄却)이나 각하(却下)의 재판형식으로 배척된다는 점에서는 동일하므로 큰 차이가 없다. 또 양쪽 견해는 모두 국가재판의 통일 혹은 분쟁해결의 일회적 해결 요청을 내세우고 있다. 판례는 위에서 설명한 바와 같이 모순금지설을 취하고 있지만 반복금지설의 입장도 무시하지 않는다.[362] 학설로서는 반복금지설이 간명하여 따르기로 한다.

---

358) 예를 들어 채무가 존재함에도 부존재한다는 부당판결이 확정된 경우에 실체법설에 의하면 채무는 실체법적으로 부존재하므로 채무자의 변제는 비채변제가 된다. 그러나 소송법설에 의하면 채무는 실체법적으로는 존재하지만 채권자가 소송으로 재차 채무의 존재를 주장할 수 없을 뿐이므로 채무자의 변제는 정당한 변제가 된다.

359) 송/박, 428; 호문혁, 580면; 김홍엽, 754면 등.

360) 이시윤, 618면; 정영환, 986면.

361) 대판 1976.12.14. 76다1488.

362) 대판 2013.11.28. 2013다19083은 기판력에 관해서 다음과 같이 판시한다. 「기판력이란 기판력 있는 전소판결의 소송목적과 동일한 후소를 허용하지 않음과 동시에, 후소의 소송목적이 전소의 소송목적과 동일하지 않는다고 하더라도 전소의 소송목적에 관한 판단이 후소의 선결문제가 되거나 모순관계에 있을 때에는 후소에서 전소판결의 판단과 다른 주장을 하는 것을 허용하지 않는 작용을 하는 것이다. 다만 이러한 확정판결의 기판력은 소송목적으로 주장된 법률관계의 존부에 관한 판단의 결론에만 미치고 그 전제가 되는 법률관계의 존부에까지 미치는 것은 아니므로, 예를 들어 매매계약의 무효 또는 해제를 원인으로 한 매매대금반환청구에 대한 판결의 기판력은 그 매매대금반환청구권의 존부에 관하여서만 발생할 뿐, 그 전제가 되는 선결적 법률관계인 매매계약의 무효 또는 해제에까지 발생하는 것은 아니다.」

(3) 기판력을 정당화하는 근거

(가) 기판력은 분쟁의 종국적 · 강행적 해결을 위하여 확정판결에게 주어진 힘이다. 이 힘은 국가권력에 의한 강제력을 의미하는데 이 강제력을 정당화하는 근거가 무엇인가이다. 민사소송의 목적을 절차보장으로 보는 절차보장설에 의하면 이 근거를 당사자가 소송절차에서 대등하게 소송목적인 권리관계의 존부에 관하여 변론을 하고, 소송을 수행할 권능과 기회를 보장받는데 있다고 본다. 즉 당사자가 대등하게 변론할 지위와 기회를 부여받은 이상 패소한 결과를 재차 다툰다는 것은 공평에 반하므로 절차보장은 당사자가 상대방에 대한 관계에서 기판력의 효과를 불이익하게 받는 것을 정당화한다는 것이다. 따라서 절차보장이 없는 자에 대해서는 기판력을 불리하게 허용해서는 안 된다.

(나) 생각건대 소송제도의 설치 · 운영자인 국가 쪽에서 볼 때 기판력의 근거를 법적 안정성 · 소송경제의 요청에 둔다는 점은 부인할 수 없다. 그러나 재판을 받는 당사자의 입장에서 볼 때에는 절차보장설이 가장 타당하다. 따라서 법적 안정성 · 소송경제의 요청과 함께 절차보장을 받은 당사자의 자기책임에, 기판력의 근거를 찾아야 할 것이다.[363)]

3. 작용범위

(1) 개설

기판력은 법원 및 당사자에 대한 관계에서, 전소법원의 확정판결에서 판단된 권리 또는 법률관계가 후소법원에서 다시 문제될 때 이를 차단하는 형태로 작용한다. 그 차단에는 적극적 작용과 소극적 작용이 있다. 적극적 작용은, 전소법원의 소송목적에 관한 판단, 예컨대 소유권 존재의 판단을 후소법원이 뒤집을 수 없고, 나아가 후소법원의 소송목적에 관한 판단, 예컨대 소유권에 기초한 방해배제청구권이나 등기말소청구권의 유무는 전소법원의 소유권 존재에 관한 판단을 전제로 하지 않으면 안 된다는 것을 말한다. 한 편, 소극적 작용은, 기판력 있는 전소법원의 판단과 모순되는 권리관계를 뒷받침하는 당사자의 주장·입증은 허용되어서는 안 되므로 법원도 그에 관해서 심판해서는 안 된다는 것을 의미한다. 이 2개의 작용은 전소법원의 소송목적과 후소 법원의 소송목적과의 관계에서 기판력이 작동하는 형태로서 기판력의 본질과는 직접 관계가 없다.

그 작용하는 형태는 다음의 세 가지 경우로 나타난다.

363) 같은 취지: 이시윤, 619면 참조.

(2) 작동형태

㈎ **동일관계** (a) **개념** 기판력은 전소법원의 변론종결시를 표준으로, 이전 소송과 동일한 소송목적을 후소로 다시 제기하면 기판력의 소극적 작용에 의하여 재차의 심리와 판결을 차단하는 형태로 나타난다. 예들 들어 소유권이전등기청구소송에서 패소 확정된 원고가 다시 전소법원의 변론종결시를 표준으로, 동일소송을 제기한다든지 건물명도청구소송에서 승소확정된 원고가 다시 동일 소송을 제기한 경우, 채권자가 사해행위 취소 및 원상회복으로 말미암은 원물반환청구를 하여 승소판결이 확정된 뒤에 원물반환의 목적을 달성할 수 없다고 하여 다시 제기한 가액배상청구의 경우,[364] 환지처분 전 종전 토지에 관한 소유권을 확인하는 소와 환지처분 후에 환지 중의 종전 토지에 상응하는 비율의 해당 공유지분에 관한 소유권을 확인하는 소,[365] 갑 보험회사가 을과 체결한 소액대출보증보험계약에 따라 보험금을 지급한 후 을을 상대로 구상금의 지급을 구하는 소를 제기하였고, 항소심에서 병 회사가 갑 회사로부터 채권을 양수하였다고 주장하며 승계참가신청을 하여 2017.8.11. 병 회사의 청구를 전부 인용하는 판결이 선고·확정되었는데 병 회사는 위 판결이 선고되기 전인 2017.6.21. 을을 상대로 갑 회사로부터 양수받은 채권의 지급을 구하는 소[366] 등과 같이 후소의 소송목적이 전소법원의 변론종결시를 표준으로, 전소의 그것과 동일한 경우에는 기판력이 작용하여 재차의 심리와 판결이 차단되는 것이다. 그러나 중복등기의 말소를 구하는 소송에서 그 중복등기된 부동산은 취득시효완성으로 실체관계에 부합한다는 항변을 하였으나 1부동산 1용지주의를 채택하고 있는 부동산등기법 아래서는 실체관계와 부합하는지 여부와 상관없이, 이미 있는 등기의 뒤에 이루어진 중복등기라는 이유로 그 말소를 명하는 판결이 선고된 후, 같은 부동산에 관하여 시효취득을 원인으로 한 소유권이전등기를 구하는 소송을 제기한 경우에 전소와 후소는 청구취지와 청구원인을 전혀 달리하는 소송으로서, 전소의 소송목적은 소유권보존등기 명의자의 중복소유권보존등기 및 이에 바탕을 둔 소유권이전등기의 말소청구권의 존부이고, 후소의 소송목적은 같은 부동산에 관한 청구이기는 하지만 취득시효완성을 원인으로 한 소유권이전등기청구권의 존부이므로 그 소송목적이 다르고 특별히 서로 모순관계에 있거나 전소의 소송목적이 후소의 선결문제에 해당하는 것도 아니어서 전소판결의 기판력이 후소에 미친다고 볼 수 없어 시효취득을 원인으로 한 소유권이전등기의 이행청구는 허용된다.[367] 또한 분할 전 건물 중 피고소유의 지분에 대한 소유권이전등기절차의 이행에 관하여 제소전 화해가 이루어졌는

364) 대판 2006.12.7. 2004다54978.
365) 대판 1994.12.27. 94다4684.
366) 대판 2017.11.14. 2017다23066.
367) 대판 1994.11.11. 94다30430.

데, 후소가 동일 건물 중 피고 소유의 지분 비율에 의하여 분할 특정된 건물에 대한 소유권이전등기절차 이행을 구하는 경우에, 양쪽은 청구취지를 달리하고 있어 동일한 청구라고 할 수 없으므로 후소 청구는 제소전 화해조서의 기판력에 저촉되지 않는다.[368)]

(b) **차단의 모습** (i) 판례가 취하는 모순금지설에 의하면 원고가 이전 소송의 승소당사자인가 패소당사자인가에 따라 차단의 모습을 달리한다.

(ㄱ) ① 이전 소송의 승소당사자가 동일소송을 제기한 경우에는 소송목적이 동일하지만 원고가 기판력 있는 판단과 모순되는 주장을 한 것이 아니므로 기판력이 작동하지 않는다. 그러나 이미 승소판결을 받은 당사자에게 다시 승소판결을 해줄 수 없으므로 소의 이익이 없다 하여 각하판결을 한다.[369)] 그러나 만약 재차의 승소판결을 해줄 필요가 있는 경우, 즉 판결원본이 멸실되었거나 시효중단을 위하여 재차의 소송 이외에는 방법이 없는 경우,[370)] 판결내용이 특정되지 아니하여서 강제집행이 불가능한 경우 등 소를 다시 제기하여 내용을 특정할 이익이 있는 경우 등에서는 후소를 각하해서는 안 되고 본안판결을 하여야 한다.

② 재차의 소송에는 승소판결을 받은 원래의 소송뿐만 아니라 시효중단을 위한 새로운 방식의 확인소송도 포함된다. 다만 이 경우에 본안판결을 하더라도 후소법원은 전소의 승소확정판결 내용을 다시 심사할 수 없으므로 전소판결이 권리를 주장할 수 있는 실체법상 요건을 갖추었는지 여부는 다시 심리할 수 없다.[371)] 예를 들어 약속어음금 청구의 전소에서 원고의 피고에 대한 약속어음채권이 확정되었다면 그 확정된 채권의 소멸시효 중단을 위하여 제기한 후소에서 원고의 약속어음 소지 여부를 다시 심리할 수는 없는 것과 같다. 이 법리는 약속어음에 제시증권성 및 상환증권성이 있다고 하여 달리 취급할 것이 아니다.[372)] 그러나 변론종결 후에 생긴 변제, 상계, 면제 등 채권의 소멸사유는 후소절차에서 항변할 수 있다. 그러나 법률의 개폐(改廢)나 판례의 변경은 후소에서 항변사유가 되지 않는다.[373)]

③ 또한 확정된 소유권이전등기청구권의 시효중단을 위한 재소는 어디까지나 그 시효를 중단하여 소유권이전등기청구권을 그대로 유지시킬 실익이 있는 경우에만 정당하다. 그렇지 않고 그것을 그대로 유지하는 데 아무런 실익이 없는 경우, 예컨대 확정된 계쟁 토지에 관하여 원·피고 사이의 증여계약이 관할청의 허가를 받아 유효한 것으로 될 여지가 없어 소유권이전등기 할 가망이 없는 경우에는 시효중단을 위한 소유권이전등기청구를 하더라도 실효성

368) 대판 1980.7.22. 80다445.

369) 대판 2016.9.28. 2016다13482, 2017.11.14. 2017다23066.

370) 대판 2010.10.28. 2010다61557. 인낙조서에 의하여 확정된 소유권이전등기청구권을 시효중단할 필요성이 있는 경우에도 같다(대판 2001.2.9. 99다26979 참조).

371) 위 2010다61557 판결 및 대판 2018.8.24. 2017다293858 등 참조.

372) 대판 1998.6.12. 98다1645.

373) 대판 2019.8.29. 2019다215272.

이 없으므로 이 경우에는 재소할 소의 이익이 없다.[374)]

④ 후소가 전소확정판결 후 10년이 지나 제기된 경우에 관하여 판례는 이 경우 곧바로 소의 이익이 없다고 하여 소를 각하해서는 안 되고, 법원으로서는 전소 판결이 확정된 후 소멸시효가 중단된 적이 있어 그 중단사유가 종료한 때로부터 새로이 진행된 소멸시효기간의 경과가 임박하지 않아 시효중단을 위한 재소의 이익을 인정할 수 없다는 등의 특별한 사정이 없는 한, 채무자인 피고의 항변에 따라 원고의 채권이 소멸시효 완성으로 소멸하였는지에 관한 본안판단을 하여야 한다고 판시한다.[375)]

(ㄴ) 이전 소송의 패소당사자가 승소를 목적으로 다시 동일소송을 제기한 경우에는 패소당사자의 승소목적이라는 소의 이익을 부정할 수 없을 것이다. 하지만 법원은 기판력의 작용에 의하여 전소법원 확정판결의 판단과 모순된 판결을 할 수 없으므로 기각판결을 하여야 한다.[376)] 여기에서 전소판결과의 모순 여부의 판단은 전소법원의 변론종결시를 기준으로 한다. 예컨대 금전이행청구의 전소에서 패소한 피고가 당해 채무의 부존재확인청구의 후소를 제기하는 경우에, 전소법원의 변론종결 이전 변제 등 사실을 주장하는 것은 기판력의 소극적 작용에 저촉되어 허용되지 않는다.

(ii) 반복금지설에 의하면 이전 소송에서 확정된 소송목적을 다시 제기하는 것은 일사부재리의 이념에 반하므로 반복소송은 소극적 소송요건의 흠이 된다. 따라서 이 경우에 법원은 후소 당사자가 이전 소송의 승소자인가 패소자인가를 묻지 아니하고 각하판결을 하여야 한다.

(c) **외국법원에서 승소 확정재판 등을 받은 경우** 승소 확정판결을 받은 당사자가 전소의 상대방을 상대로 다시 승소 확정판결의 전소와 동일한 청구의 소를 제기하는 경우에 후소는 권리보호의 이익이 없어 부적법하다는 것은, 외국법원에서 제217조의 승인요건을 갖춘 승소 확정판결을 받은 당사자가 전소의 상대방을 상대로 다시 우리나라 법원에 동일한 소를 제기한 경우에도 동일하여 허용되지 않는다.[377)]

(나) **모순관계** (a) **개념** (i) 모순관계라고 함은, 예컨대 어떤 물건에 관해서 원고가 배타적인 소유권확인판결을 구한데 대하여 피고가 다시 같은 물건에 대하여 1물 1권 주의에 어긋나는 배타적인 소유권확인판결을 구하는 경우, 원고가 건물명도청구에 관한 승소확정판결

---

374) 대판 2001.2.9. 99다26979.

375) 대판 2019.1.17. 2018다24349.

376) 원고가 피고를 상대로 금 880,000원의 지급을 구하였다가 이유 없다고 하여 청구기각의 원고패소판결이 확정된 경우에 원고의 청구 중 확정판결의 기판력에 저촉되는 부분에 대하여는 위 확정판결과 모순 없는 판단을 함으로써 동 청구를 배척(기각)하는 것은 몰라도 그것이 단지 권리보호의 필요가 없어서 부적법하다고 하고(소권의 남용이라고 인정되는 경우는 별문제이다) 소를 각하할 것은 아니다(대판 1976.12.14. 76다1488 참조). 일부승소판결의 경우에도 승소부분에 대한 재소에 대해서는 각하판결을 하여야 하고, 패소부분의 재소에 대해서는 기각판결을 하여야 한다(대판 2002.9.4. 98다17145 참조).

377) 대판 2025.6.12. 2024다315527,315534.

을 받았는데 피고가 전소법원의 변론종결시를 표준으로, 원고의 건물명도청구권의 부존재확인을 구하는 경우 등과 같이 이전 소송의 소송목적과 후소의 소송목적이 동일하지 않더라도 논리적으로 양립할 수 없어 모순관계에 있는 정반대의 사항을 소송목적으로 삼고 있기 때문에 후소를 차단하여 논리적 양립불가피를 회피하여야 하는 관계를 말한다.[378] 예를 들어 불법행위로 입은 인신손해의 배상청구소송에서 승소판결이 확정된 이후 피해자가 그 판결에서 손해배상액 산정의 기초가 된 기대여명보다 일찍 사망한 경우라고 하더라도 그 판결이 재심의 소 등으로 취소되지 않는 한 전소의 승소확정 판결에 기초하여 지급받은 손해배상금 중 일부를 부당이득이라고 하여 반환을 구하는 것은 전소판결의 기판력과 모순되어 허용할 수 없는 것,[379] 소유권이전등기절차를 명하는 확정판결에 의하여 소유권이전등기가 마쳐진 경우에 다시 원인무효임을 내세워 그 말소등기절차의 이행을 청구하여 확정된 이전등기청구권을 부인하는 것[380] 들도 모두 전소판결의 기판력에 어긋난다.

(ii) 그러나 확정판결의 기판력은 소송목적으로 주장된 법률관계의 존부에 관한 판단의 결론 자체에만 미치고 그 전제가 되는 법률관계의 존부에까지 미치는 것은 아니다. 그러므로 가등기에 기초한 소유권이전등기절차의 이행을 명한 전소판결의 기판력은 소송목적인 소유권이전등기청구권의 존부에만 미치고 그 등기청구권의 원인이 되는 채권계약의 존부나 판결이유 중에 설시되었을 뿐인 가등기의 효력 유무에 관한 판단에는 미치지 아니하므로 만일 후소로써 가등기에 기초한 소유권이전등기의 말소를 청구한다면 이는 1물 1권주의의 원칙에 비추어 볼 때 전소에서 확정된 소유권이전등기청구권을 부인하고 그와 모순되는 정반대의 사항을 소송목적으로 삼은 경우에 해당하여 전소판결의 기판력에 어긋나지만, 이와 달리 오로지 위 가등기의 말소만 청구하는 것은, 전소에서 판단의 전제가 되었을 뿐이고 그로써 아직 확정되지는 아니한 법률관계를 다투는 것에 불과하여 전소판결의 기판력에 어긋나지 않는다.[381]

(b) **차단의 모습** (i) 전소의 패소당사자가 다시 후소를 제기한 경우에 이를 허용하면 전소에서 판결로 확정된 소송목적과 모순되는 소송목적을 허용하는 결과가 되어 분쟁의 종국적이고 강행적인 해결을 이룰 수 없어 차단된다. 이 경우 판례의 모순금지설에 의하면 전소의 소송목적과 후소의 소송목적의 모순 여부는 본안에서 따져야 하기 때문에 기각의 본안판결을 하여야 한다. 반복금지설에 의하면 이 경우에도 동일소송의 반복으로 보아 각하판결을 하여야 한다.

(ii) 모순 여부의 판단 기준은 전소 법원의 사실심 변론종결 시점이다.

---

378) 대판 2002.12.6. 2002다44014.
379) 대판 2009.11.12. 2009다56665.
380) 대판 1969.4.22. 69다195, 1987.3.24. 86다카1958 참조.
381) 대판 1995.3.24. 93다52488.

예를 들어, 원고가 피고를 상대로 건물 소유권 확인 소송을 제기하여 승소 확정판결을 받았다고 하자. 이후 원고가 다시 건물 명도 청구 소송을 제기한 경우, 전소 변론종결 시를 기준으로 보아 전소에서 인정된 원고의 소유권 판단이 뒤집히지 않는 이상, 동일한 후소는 전소의 기판력에 의해 차단된다. 그러나 원고가 전소의 변론종결 이후에 그 건물을 새로 매수한 뒤 다시 건물 명도 청구를 제기한 경우에는 사정이 달라진다. 이때는 전소에서 인정된 소유권 판단이 후소 제기 당시에는 더 이상 유지되지 않으므로, 모순관계가 해소되어 후소가 전소의 기판력에 의해 차단되지 않는다. 또한 '반복금지설' 역시 이 경우에는 '모순금지설'과 동일한 입장에서 후소의 허용 여부를 설명한다.

(다) **선결관계** (a) **개념** (i) 원고가 어떤 건물에 관하여 소유권확인판결을 받은 뒤에 다시 소유권에 기초한 건물명도청구소송을 제기한 경우와 같이 전소의 소송목적이 후소로 제기한 소송목적의 선결적 법률관계에 있는 경우를 선결관계라고 한다. 전소와 후소의 소송목적이 동일하지 아니하여도 전소의 기판력 있는 법률관계가 후소의 선결적 법률관계로 되는 때에는 분쟁의 1회적 해결이라는 측면에서 전소판결의 기판력이 후소에 미쳐 후소법원은 전에 한 선결적 법률관계에 관한 판단과 모순되는 판단을 할 수 없다.[382] 주의할 것은 앞의 경우와 거꾸로 원고가 먼저 소유권에 기초한 건물명도청구소송을 제기하여 승소 확정판결을 받은 뒤에 다시 소유권확인소송을 후소로 제기한 경우에 건물명도청구는 소유권의 선결관계가 아니라는 것이다. 이 경우에는 이전 소송이 후소의 선결적 관계에 있지 아니하고 동일 및 모순관계에도 있지 아니하므로 기판력이 미치지 아니한다. 따라서 다소 이상하지만 이전 소송으로 소유권에 기초한 건물명도청구의 소를 제기하여 승소한 당사자가 후소에서 소유권확인 소송을 제기하여 패소하더라도 기판력에 어긋나지 않는다.

(ii) 여기에서 선결적 법률관계는 실체법상 권리 또는 법률관계에 한정하지 아니하고 소송요건과 같은 소송상 법률관계도 포함된다. 예를 들어 갑이 을을 대위하여 병을 상대로 취득시효완성을 원인으로 한 소유권이전등기청구소송을 제기하였다가 을을 대위할 피 보전채권이 없다는 이유로 소각하 판결을 선고받고 확정된 후 병이 제기한 토지인도청구소송에서 갑이 다시 을의 취득시효의 완성을 항변사유로서 주장한 사안에 대하여 판례는 「…이전 소송에 관한 판결은 소송판결로서 그 기판력은 소송요건의 존부에만 미친다할 것이지만, 그 소송요건에 관련하여 갑의 피 보전채권이 없는 것이 확정된 이상 갑이 피 보전채권이 있음을 전제로 다시 같은 주장을 하는 것은 이전 소송판결의 판단과 서로 모순관계에 있다고 하지 아니할 수 없다」고 하였다.[383]

(b) **차단의 모습** (i) 전소에서 확정된 선결적 법률관계에 관하여 후소법원은 기판력의

382) 대판 1994.12.27. 93다34183.
383) 대판 2001.1.16. 2000다41349.

표준시, 즉 전소법원의 변론종결일 당시 전소법원의 판단에 구속력이 생겨서 후소에서도 법원은 이에 반하는 판단을 할 수 없다. 예를 들어 배당이의의 소의 본안판결에서 판단된 배당수령권의 존부는, 전소법원의 변론종결일 당시에 확정된 배당액이 부당이득이므로 반환하여야 한다는 부당이득 반환청구권의 선결관계에 있어 이를 후소에서 다툴 수 없다.[384)]

(ii) 선결적 법률관계는 소송목적이 아니라 판결 이유 중의 판단이다, 하지만 분쟁의 종국적·강행적 해결과 분쟁의 1회적 해결을 위하여 후소법원으로 하여금 전소의 판결이유 중에서 판단한 선결적 법률관계와 다른 내용의 판단을 해서는 안 되는 내용상 구속을 받게 한 것이다.

㈑ **기판력의 양면성** 기판력은 일반적으로는 전소 판결의 패소당사자에게 불리하게, 승소당사자에게 유리하게 작동한다. 그러나 경우에 따라 기판력은 승소당사자에게도 불리하게 작용하는 경우가 있다. 예컨대 어떤 건물에 관해서 전소 원고의 소유권을 확인하는 판결이 확정된 뒤에 토지소유자인 전소 피고가 건물철거소송을 제기하였다면, 피고인 전소 원고는 전소의 변론종결시 이전의 사유에 근거하여 자기가 그 건물소유자인 사실을 부인할 수 없다. 이와 같이 기판력은 승소자에게 유리하게도, 또는 불리하게 양면적으로 작용한다.

㈒ **직권조사** (a) 기판력의 존재는 소송요건이지만 반복금지설은 소극적 소송요건으로, 모순금지설은 소의 이익으로 본다.

(b) 기판력은 분쟁의 종국적·강행적 해결을 위한 구속력이므로 기판력의 존부는 법원이 직권으로 조사하지 않으면 안 되는 직권조사사항이다.[385)] 그러므로 후소가 전소판결의 기판력을 받는지 여부는 직권조사사항으로서 이에 관한 당사자의 주장은 직권발동을 촉구하는 의미밖에 없으므로 법원이 이에 관하여 판단하지 않았다고 하여 판단유탈의 상고이유로 삼을 수 없다.[386)]

(c) 기판력은 당사자의 합의에 의하여 확장하거나 부인, 소멸시킬 수 없다. 그러나 기판력이 확정하고 있는 실체법상 권리관계는 그 효력이 제3자에게 미치는 경우가 아니라면 판결이 확정된 뒤에라도 합의에 의하여 그 실체법상 권리관계를 변동시킬 수 있다.[387)]

(d) (i) 확정판결의 기판력에 어긋나는 판결은 당연무효가 아니며 상소 또는 재심(제451조 제1항 10호)에 의하여서만 취소할 수 있다. 그러므로 재심에 의하여 어느 하나가 취소될 때까지 전·후 양쪽 확정판결은 모두 효력이 있다. 따라서 기판력 있는 전소판결과 저촉되는 후소판결이 그대로 확정된 경우에도 전소판결의 기판력이 실효되는 것이 아니고 재심의 소에 의하여 후소판결이 취소될 때까지 전소판결과 후소판결은 서로 어긋나는 상태 그대로 기판력을 갖

384) 대판 2000.1.21. 99다3501.
385) 대판 1994.8.12. 93다52808.
386) 대판 1997.1.24. 96다19017.
387) 확정판결에 의한 금 1억 원의 채무금을 채권자가 5,000만 원으로 감액하는 경우 등이 이에 해당한다.

는다.

(ii) 따라서 후소판결의 기판력이 전소판결의 기판력을 복멸시킬 수 있는 것이 아니므로 기판력 있는 전소판결의 변론종결 후에 이와 저촉되는 후소판결이 확정되었다는 사정은 변론종결 후에 발생한 새로운 사유에 해당되지 않는다.[388] 이것은 오로지 재심(제451조 제1항 10호)에 의해서만 취소할 수 있다.

(바) **기판력이 있는 재판** (a) **확정된 종국판결** 확정된 종국판결은 모두 기판력이 있다. 종국판결을 준비하는 중간판결은 판결을 한 법원 및 그 당사자를 구속하는 효력은 있으나 후소법원 및 당사자를 구속하는 기판력은 없다.

(i) 판결이 확정되면 그 판결의 전제된 법률 등에 관하여 헌법재판소의 위헌결정이 있더라도 기판력이 있다.[389]

(ii) (ㄱ) 종국판결 중에서 본안판결은 무효인 판결[390]이 아니라면 청구인용이나 기각판결 모두에게 기판력이 있다.

(ㄴ) 소송판결의 경우에는 소송요건의 흠에 관해서만 기판력이 생기고 본안판결로 판단하여야 할 소송목적의 존부에 관해서는 기판력이 없다. 따라서 소송요건의 흠을 보완한 경우에는 전소 법원의 소송요건 흠에 관한 소송판결에는 기판력이 생기지 않는다.[391] 예컨대 종중대표자의 흠을 이유로 소각하의 소송 판결을 받은 원고 종중대표자가 전소의 소송판결 확정 후에 소집된 종중총회에서 새로이 대표자로 선임되었다는 이유로 후소에서 원고 종중 대표자로서 종중 대표권을 주장하는 것이라면 종중 대표자의 흠을 이유로 한 전소의 소송판결 기판력이 후소에 미칠 여지가 없다.[392] 이와 같이 소송판결의 기판력은 그 판결에서 확정한 소송요건의 흠에 관하여 미치는 것이지만, 당사자가 그러한 소송요건의 흠이 보완된 상태에서 다시 소를 제기한 경우에는 그 기판력의 제한을 받지 않는다.[393]

(ㄷ) 마찬가지로 가압류 · 가처분소송에서의 확정판결도 본안판결에서 판단하여야 할 피 보전권리의 존부에 관해서는 기판력이 생기지 아니하고 오로지 뒤의 가압류 · 가처분소송에서 동일한 피 보전권리나 보전의 필요성에 관하여 달리 판단할 수 없다는 범위에서만 기판력이 인정된다.[394]

(iii) 환송판결은 종국판결[395]이지만 미확정이어서 그 자체로 확정되지 아니하고 원심법원

388) 대판 1997.1.24. 96다32706 참조.

389) 대판 1993.4.27. 92누9777, 1995.1.24. 94다28017.

390) 무효판결의 대표적인 예로서는 실재하지 않은 자를 당사자로 한 판결, 재판권이 없는 당사자에 대한 판결, 내용이 불명확하거나 모순되어 그 의미를 확정할 수 없는 판결 등이다.

391) 대판 2003.4.8. 2002다70181.

392) 대판 1994.6.14. 93다45015.

393) 대판 2023.2.2. 2020다270633.

394) 대판 1977.12.27. 77다1698.

에서 다시 심리를 하여야 하므로 기판력이 생길 수 없다.[396]

(b) **결정·명령** (i) 결정·명령은 대체로 소송의 진행과 관련된 사항에 관한 판단인 경우가 대부분이다. 따라서 그 소송절차 내에서 효력이 있는 경우가 대부분이므로 기판력이 없는 경우가 많다.[397]

(ii) 그러나 결정·명령이라고 하더라도 실체관계를 최종적으로 해결하는 경우에는 그에 관해서 기판력이 있다.[398] 예를 들어 이미 기판력 있는 본안판결에서 소송비용 상환의무의 실체관계 판단이 확정된 후에 그에 근거하여 법원이 상환청구권자인 당사자가 신청한 수액에 따라 소송비용확정결정(제110조, 제114조)을 하였다면 그 소송비용에 관한 결정은 본안판결에서 하여야 할 소송비용부담의 실체관계 판단을 계량적으로 구체화한 종국적 판단을 내용으로 하는 것이므로 기판력이 있다.[399] 간접강제의 수단으로 하는 배상금의 지급결정(민집 제261조)도 동일하다.

(c) **확정판결과 같은 효력이 있는 것** (i) 화해, 청구의 포기·인낙의 조서(제220조), 중재판정(중재 제35조), 조정에 갈음하는 결정(민조 제34조 제4항), 이의신청이 없는 화해권고결정(제231조)[400] 등은 확정판결과 동일한 효력이 있어 기판력이 있다. 그러나 확정된 지급명령(제474조)에는 집행력만 있을 뿐 기판력이 없다.

(ii) 채무자회생법 제603조 제3항은, 확정된 개인회생채권을 개인회생채권자표에 기재한 경우에 그 기재는 개인회생채권자 전원에 대하여 확정판결과 동일한 효력이 있다고 규정하고 있지만, 판례[401]는 여기에서 '확정판결과 동일한 효력'은 기판력이 아닌 확인적 효력을 가지고 개인회생절차 내부에 있어 불가쟁의 효력이 있다는 의미에 지나지 않으므로 별개의 소송절차에서 채권의 존재를 다툴 수 있다고 하였다.

(d) **외국법원의 확정재판 등** 별항의 외국재판의 승인·집행에서 설명한다.

---

395) 대전판 1995.2.14. 93재다27,34.
396) 기속력만이 문제될 것이다.
397) 소송지휘에 관한 결정과 명령은 언제든지 취소할 수 있으므로(제222조) 기판력이 없다.
398) 대판 2002.9.23. 2000마5257.
399) 대결 2002.9.23. 2000마5257.
400) 대판 2012.5.10. 2010다2558.
401) 대판 2013.9.12. 2013다29035,29042, 2017.6.19. 2017다204131.

[A. 외국재판의 승인 · 집행]

1. 뜻

외국 재판의 승인이라 함은 우리나라 법원에서 외국재판에 대하여 일정한 효력을 인정해 주는 재판을 말한다. 원래 외국법원의 재판은 재판권이 없는 우리나라에서는 효력이 없으나 그 외국재판을 승인해줌으로써 우리나라에서 효력을 갖게 하였다. 외국재판승인에 관한 법제도는 외국국가의 주권행위를 존중한다는 국제법적 관점, 하나의 법률관계에 대하여 내외국을 통한 일반적 판단을 보장함으로써 국제적 사법생활관계를 안정시킨다는 국제사법적 관점, 특히 재판권을 달리하는 같은 사건에 관해서 중복된 재판을 회피한다고 하는 소송법적 관점에서 인정된다. 한편, 외국재판의 승인제도는 내국법질서와 모순 · 저촉되는 외국재판을 승인하지 아니함으로써 국내법 질서를 유지하는 이익도 있다.

2. 승인적격 및 승인의 요건

(1) 승인적격

외국법원에서 확정된 재판의 효력이 승인의 대상이다. 어떠한 외국의 재판이 외국법원의 확정재판에 해당하는가는 승인국인 우리나라의 민사소송법에 의하여 결정된다.

㈎ 재판

(a) **종국적 재판** 승인의 대상이 되는 외국법원의 확정재판 등이라 함은 재판권을 가지는 외국의 사법기관이 소송절차에서 그 권한에 기초하여 사법상(私法上) 법률관계에 관하여 행한 종국적 재판으로서 외국법원의 확정판결 또는 이와 동일한 효력이 인정되는 재판 등을 말한다(제217조 제1항). 따라서 결정 · 명령 및 확정판결과 같은 효력이 있는 것들은 모두 외국법원의 확정재판 등에 포함된다. 재판의 내용은 이행청구권 등 그 강제적 실현에 적합하여야 하고 그 재판 명칭이나 형식 등이 어떠한지는 문제 삼을 필요가 없다.[402] 이혼판결 그 밖의 형성판결도 포함한다. 다만 판결 등 재판은 본안에 관한 것에 한정하고 소송판결은 포함되지 않는다. 관할의 존부 등 소송요건의 유무는 그 판결을 한 나라에서만 의미를 갖기 때문이다. 그러나 당사자적격, 소의 이익과 같이 청구의 당부 판단과 밀접한 관계가 있는 소송요건은 승인대상에 포함되어야 할 것이다. 종국적 해결을 목적으로 하지 않은 일체의 중간적 재판은 승인의 대상이 아니다.

(b) **비송재판은 제외** (i) 승인의 대상이 되는 재판은 국제민사소송법의 성질에 의하여

402) 대판 2010.4.29. 2009다68910.

결정이 되는데 일반적으로 소송에서 대립하는 당사자 양쪽이 평등하게 주장·입증의 기회를 갖게 하는 심리원칙이 보장된 재판절차를 따라야 한다. 그러므로 어느 한 쪽이 상대방에 대하여 권리주장을 할 때 당사자 양쪽에 대하여 재판에 출석할 기회가 보장되는 절차에서 법원이 하는 종국적 재판이 승인 대상이 된다. 그에 해당하지 않는 재판, 즉 쟁송성, 대등당사자의 대립, 종국적 판단 중 어느 하나라도 흠이 있는 비송적 재판은 승인 대상이 되지 않는다.

(ii) 그러나 소송과 비송의 구별이 명확하지 않으며, 또 외국재판의 승인은 기판력에 의한 법률관계의 확정이 아니라 우리나라에서 효력을 갖도록 하는 실체 형성적 효과를 목적으로 하는 한 쪽 당사자가 신청하는 사건이어서 쟁송성이 희박하더라도 이해관계인의 심문을 거친 사건에 관한 재판에 대해서는 승인적격을 긍정하여야 할 것이다.

(c) **사법상 청구에 관한 재판** (i) 민사 및 상사 등 사법상 청구에 관한 재판이 승인 대상이다. 공법상 청구에 관한 판결 및 형사사건에 관한 판결과의 구별이 문제되는데 그 성질결정은 승인국법에 의하여 정해진다는 것이 국제민사소송법이다.

(ii) 문제는 미국법상 징벌적 손해배상을 명한 판결이 민사판결이냐이다. 징벌적 손해배상은 본질적으로는 이른바 보상적 손해배상과는 별개의, 반사회적 가해자의 행위를 징벌(懲罰)한다는 점에 중점이 있는 제도로서 피고 측의 악성에 착안하여 인정되는 공적제재로 평가된다. 따라서 이에 기초한 판결은 원칙적으로 민사판결성이 부정되며, 민사판결성이 인정되더라도 우리나라에서 공서(제217조 제1항 3호)와 손해배상에 관한 확정재판 등의 승인(제217조의2)을 거쳐야 한다.

(나) **법원** 국가의 주권인 사법권을 행사하는 법원의 판결이 필요하다. 민사법원에 한정하지 않고 형사배상명령과 같은 부대사소(附帶私訴)를 취급하는 형사법원, 또는 행정법원 등이라고 하더라도 사법상 법률관계에 관해서 판단할 권한을 갖는 법원이면 충분하다.

(다) **외국** 외국이라 함은 우리나라의 사법권에 속하지 않는 재판권의 행사주체로서 우리나라의 영토 밖에서 판결을 할 수 있는 나라를 말한다. 반드시 국가일 필요는 없으며 국제기구라도 좋다. 재판을 한 나라가 우리나라에 의하여 국가승인을 받아야 하는가에 관해서는 논의가 있다. 주권행사를 인정할 것인가 아닌가의 측면에서 본다면 승인을 요구하여야 할 것이나, 외국재판을 승인하는 제도의 근거가 당사자의 권리보호와 국제생활의 안정을 확보하는 데 있다고 본다면 아직 승인받지 않은 나라의 재판이라고 하더라도 우리나라와 국제생활을 같이한다면 승인을 거절할 이유가 없다.

(라) **확정** 승인의 대상이 된 재판은 재판국법상 확정될 것이 요구된다. 이 경우의 확정이라 함은 우리나라 법상 개념으로서 보통 불복신청이 다한 것을 의미한다. 미확정 재판 및 확정개념이 존재하지 않는 비송재판에 관해서는 각각 그 집행 가능성 및 비송의 실체 형성적 효과가 승인 문제가 되지만 어느 것이라도 승인 대상이 되지 않는다.

(마) **재판국법상 유효할 것** 외국법원의 재판이 재판을 한 재판국법상 유효하고 승인 대상이 되는 효력(즉 기판력)을 갖는 것이 요구된다. 재판국의 법적 절차에 의하여 취소된 경우 또는 재판국법상 이른바 비판결(非判決) 혹은 무효판결인 경우에는 승인을 거절할 수 있다.

(2) 승인의 요건

(가) 개설

(a) **승인요건의 개념** 승인요건이라 함은 외국재판이 우리나라에서 효력을 갖기 위한 요건을 말한다. 외국사법제도의 신뢰를 기초로 외국재판의 일정한 효력을 국내에 인정하기 위하여 승인요건을 정하였다.

(b) **실질 재심사의 금지** (i) 승인요건의 존부를 조사할 때 외국재판의 당부에 관해서는 조사할 수 없다(실질 재심사 금지의 원칙). 승인제도가 외국소송절차에 대한 신뢰에 기초한 제도이기 때문이다. 그러므로 그 재판이 재판국법상 정확한 법해석, 법적용이 되어 적정한 심리·판결이 되었느냐의 여부는 심사대상이 아니다.

(ii) 그러나 승인요건을 심사할 때 필요한 최소한의 범위 내에서 그 외국재판 및 절차가 문명국가의 보편적 법 원리를 준수하였는지 정도는 당연히 심사대상이다. 예컨대 테러나 사적 린치가 재판의 겉모습으로 포장되었는지 등이다. 그러나 외국재판에 관해서는 "집행판결은 재판의 옳고 그름을 조사하지 아니하고 하여야 한다."고 규정한 민사집행법 제27조 제1항의 별도의 집행판결제도(민집 제27조 제2항)를 두고 있음 에 비추어 외국재판에 대하여 사기적인 방법으로 편취한 판결인지 여부를 심리한다는 명목으로 실질적으로 외국판결의 옳고 그름을 전면적으로 재심사하는 따위는 허용할 수 없다.[403)]

(c) **승인요건의 심리** 승인요건의 존부는 직권조사사항이다(제217조 제2항). 승인요건을 뒷받침하는 사실에 관한 증명책임은 승인을 구하는 당사자에게 있다.

(나) **재판국 법원의 국제재판관할권이 인정될 것(제217조 제1항 1호)** 대한민국의 법령 또는 조약에 따른 국제재판관할의 원칙상 재판을 한 그 외국법원(즉 재판국 법원)에 국제재판관할권이 인정되어야 한다.

(a) **외국법원의 국제재판관할권** 우리나라 법원이 재판권을 행사할 때 관할권을 갖느냐의 문제를 일반관할(또는 심리관할), 외국의 재판을 우리나라에서 승인·집행할 요건으로서 재판국(裁判國) 관할권 문제를 간접적 일반관할(또는 승인관할)이라 한다. 여기에서의 국제재판관할권은 국제민사소송법상 국제재판관할권, 이른바 간접적 일반관할을 의미한다. 우리나라 법원은 재판국법상 그 나라 법원이 국제재판관할권을 갖는지 여부, 재판국 법원 판사의 직분, 토지관

---

403) 대판 2004.10.28. 2002다74213.

할의 존재 여부를 심사할 수 없다. 재판국의 관할 존재를 긍정하는 근거가 우리나라 법상 인정되는지 여부도 심사대상이 아니다. 우리나라 법원은 일반적으로 승인국인 우리나라의 법 규정 내지 규칙을 가정적으로 적용하여 재판국 법원이 국제재판관할권을 갖는다고 인정되는 경우에 그 판결을 승인할 수 있을 것이다.

(b) **국제재판관할권의 심사** (i) **표준시** 관할의 존부를 판단하는 표준시는 소 제기 또는 재판 시점(관할의 기초가 되는 사실이 존재하여야 할 시기)이다. 위의 시점에서 우리나라의 법 규정에 의해 관할이 인정되면 충분하다.

(ii) **직권조사사항** 외국법원에 관할이 있는지 여부에 관한 판단은 직권조사사항이다(제217조 제2항). 조사를 위한 자료는 외국재판에서 인정된 사실에 국한하지 않고 우리나라 법원에 새로운 사실의 제출이 허용된다. 그 관할의 존재에 관해서는 승인을 구하는 당사자에게 이를 뒷받침하는 사실에 관한 증명책임이 있다.

㈐ **패소한 피고에 대한 적법한 송달(제217조 제1항 2호)** (재판 국 법원에서) 패소한 피고가 소장 또는 이에 준하는 서면 및 기일통지서나 명령을 공시송달이나 이와 비슷한 송달에 의해서가 아니라 적법한 방식에 따라 재판절차에서의 방어에 필요한 시간 여유를 두고 송달받았거나 송달받지 아니하였더라도 소송에 응하여야 한다.

(a) **취지** 제217조 제1항 2호는 소송절차에 관한 적법한 송달을 요구함으로써 패소한 피고로 하여금 소송계속사실을 알도록 한다는데 취지가 있다.

(b) **패소한 피고** 패소 당사자의 방어권 보장을 위한 2호의 요건은 패소피고가 한국인뿐 아니라 외국인에게도 적용되어야 할 것이다. 우리 헌법이 인정하는 정당한 재판을 받을 권리(제27조 제1항)는 세계 어느 나라에서나 적용되어야 하는 보편적 법원칙이기 때문이다. 여기에는 사람뿐만 아니라 법인도 포함한다.

(c) **소송의 개시에 필요한 통지 혹은 명령의 송달** 송달은 소송의 개시에 필요한 통지 혹은 명령을 피고에게 알리는 방법이다.

(i) **송달** 송달은 승인제도의 취지로 보아 국제민사소송법에 의하여 성질결정이 되어야 할 것이다. 외국의 소송절차가 우리나라와 서로 다르므로 송달방법도 다를 것이다. 그러나 피고에게 판결의 효력이 생기는 것을 정당하게 할 만한 재판상 방어의 기회를 보장한다는 2호의 취지에 비추어 여기서의 송달은 피고에게 소송절차의 진행을 확실하게 알려서 방어의 기회를 보장하는 것이어야 한다. 따라서 공시송달에 의해서는 안 되며, 적어도 소송의 개시에 필요한 통지 혹은 명령을 송달받거나 받지 않더라도 법정에 출석하여 소송에 응하여야 한다.

(ii) **송달의 방식** 송달은 송달된 나라(송달명의인의 거주국)의 법률(및 비준된 조약)상 적법한 방식에 의하여야 한다. 우리나라에 송달된 경우에는 우리나라 법(및 비준된 조약)에서 적법 · 적식(適式)이고 번역문을 준비하여야 한다. 2호는 피고의 방어권 보장을 목적으로 하므로

피고에게 그가 거주하는 나라의 법률상 인정된 송달방식에 의하여 송달되어야 한다. 따라서 피고의 방어권을 실질적으로 보장한다는 관점에서 송달된 곳의 언어에 의한 번역문이 붙을 필요가 있다.

(iii) **이해 및 적시성** 송달은 방어권 보장이라는 관점에서 요구되는 것이므로 피고가 현실적으로 소송개시 및 청구내용을 알고, 실효적인 응소를 위한 시간적 여유를 갖고 송달받아야 한다. 그러므로 예컨대 미합중국의 워싱턴 주 법이 워싱턴 주 밖에 주소를 둔 피고에게 60일의 응소기간을 부여한 것은 재판할 장소와 멀리 떨어진 곳에 있는 피고를 위하여 답변의 준비, 증거의 수집, 우편물의 도달기간 등을 고려하여 피고가 그 소송을 실질적으로 방어할 수 있도록 법정의 기간을 규정한 것이므로 이러한 규정을 따르지 아니하고 워싱턴 주 밖에 주소를 둔 피고에게 20일의 응소기간만을 준 소환장을 송달한 것은 적법한 방식에 의한 송달이 아니다.[404)]

(iv) **소환장의 직접 우송** 사법공조절차를 거치는 비용, 번역비용 등을 절약하기 위하여 우리나라에 거주하는 피고에 대해서 직접 우송으로 송달하는 경우에 이것이 2호에서 말하는 송달에 해당되는지 문제된다. 그러나 번역문을 붙이는 등 사법공조에 관한 소정의 절차를 거치지 않는 단순한 우편에 의한 송달은 피고에게 방어의 기회를 줄 수 없으므로 피고가 응소한 경우를 제외하고는 그 적법성이 인정되지 않는다.[405)]

(v) **공시송달** 공시송달에 기초한 판결은 승인할 수 없다. 여기에서 말하는 공시송달이라 함은 당사자에게 직접 송달하지 않고 일정한 장소에 소장, 소환장 등을 게재하여 소송의 개시를 알리는 것을 송달로 간주하는 통지방법이다. 그 이외에도 피고에 대하여 현실적으로 송달하지 않고 송달로 의제하는 우편송달도 적법하지 않다.[406)] 그러나 보충송달은 교부송달과 마찬가지로 적법한 송달에 해당한다.[407)]

(vi) **영사에 의한 직접송달** 영사관계에 관한 비엔나협약 제5조 제이(j)항에는 파견국 영사는 파견국 법원을 위하여 소송서류 또는 소송 이외의 서류를 송달할 수 있도록 되어 있으나, 이는 영사의 자국민에 대하여서만 가능한 것이다. 우리나라와 영사관계가 있더라도 송달을 받을 자가 영사의 자국민이 아닌 경우에는 영사에 의한 직접 실시방식을 취하지 않는 것이 국제예양(禮讓, comity of nations)이다. 위 협약에 가입하고 있는 국가라고 하더라도 명시적으로 위 방식에 대해서 이의(異議)한 경우에는 이에 의할 수 없다. 우리나라는 사법공조업무처리 등에 관한 예규(송민예규 85－1)에 따라 국제간의 사법공조업무를 처리하여 오다가, 위 예규의

404) 대판 2010.7.22. 2008다31089.

405) 대판 1992.7.14. 92다2585는 외교경로에 의하지 아니하고 자국영사에 의한 직접송달도 적법하지 아니하다고 하였다.

406) 대판 1992.7.14. 92다2585.

407) 대전판 2021.12.23. 2017다257746.

내용을 받아 국제민사사법공조법을 제정하여, 외국으로부터의 송달촉탁은 외교상 경로를 거칠 것을 요건으로 하여 송달장소를 관할하는 제1심 법원이 관할하도록 규정하였다(국민사공 제11조, 제12조). 따라서 적어도 영사파견국의 국민이 아닌 경우에는 위 비엔나협약에 규정된 영사에 의한 직접 실시방식에 대하여 이의를 표시하고 있는 것이라고 볼 수 있으므로 영사파견국의 법원이 위와 같은 공조요건인 외교상 경로를 거치지 아니하고 우리나라 국민이나 법인을 상대로 하여 자국영사에 의한 직접실시방식으로 송달을 한 것이라면, 이는 우리나라 법원의 재판권을 침해한 것으로서 적법한 송달이 아니다.[408]

(vii) **소송에 응한 경우** 소송에 응한다는 것은 관할의 부존재를 주장하는 경우를 포함하여 일체의 소송행위를 법정에서 하는 경우를 말한다. 적법한 송달에 흠이 있다든지, 재판 준비를 하는데 충분한 시간적 여유가 없는 것 등 절차권 보장에 흠이 있다고 주장하는 것은 소에 응하는 것이 아니다. 소에 응하면 송달의 적법성은 문제되지 않는다. 재판국인 외국법원에서 피고에게 방어할 기회를 주기 위하여 규정된 송달에 관한 방식과 절차를 따르지 아니하였다고 하더라도 패소한 피고가 외국법원의 소송절차에서 실제로 자신의 이익을 방어할 기회를 가졌다고 볼 수 있을 때에는 적법하게 응소한 것으로 보아야 한다.[409]

(d) **항변사항** 2호의 요건은 피고를 보호하는 규정이라는 점에서 원칙적으로 항변사항이고 직권조사사항이 아니다.

㈑ **공서(公序 public policy)(제217조 제1항 3호)**

(a) **취지** (i) 확정재판 등의 내용 및 소송절차에 비추어 확정재판 등의 승인이 대한민국의 선량한 풍속이나 그 밖의 사회질서에 어긋나지 아니하여야 한다. 여기서 확정재판 등을 승인한 결과가 대한민국의 선량한 풍속이나 그 밖의 사회질서에 어긋나는지는 그 승인 여부를 판단하는 시점에서 우리나라의 국내법 질서가 보호하려는 기본적인 도덕적 신념과 사회질서에 미치는 영향을 확정재판 등이 취급한 사안과 우리나라와의 관련성 정도에 비추어 판단하여야 한다.[410] 이 규정은 외국법원의 재판을 승인함으로써 우리나라의 법질서에 혼란이 초래되는 것을 방지하기 위한 것이다.

(ii) 공서에는 외국법원의 재판내용이 우리나라의 공서, 즉 민법 제103조에 위반하지 않는다는 것(실체적 공서)과 재판이 성립하는 절차과정이 공서에 반하지 않는다는 것(절차적 공서)이 있다.

(b) **실체적 공서** (i) 재판의 내용에 관한 공서는 재판한 나라, 즉 재판국의 준거법 혹은 실정법을 문제로 하는 것이 아니라 그 재판에 우리나라 법의 효력을 인정하는 것이 우리나라

---

408) 대판 1992.7.14. 92다2585.
409) 대판 2016.1.28. 2015다207747.
410) 대판 2012.5.24. 2009다22549 등 참조.

의 공서양속에 반하느냐를 따지는 것이다. 따라서 재판의 내용이 우리나라의 법질서로 보아 감당할 수 있는 것인가는 그 재판의 내국관련성이 문제되므로 공서 위반 여부를 판단하기 위해서는 재판의 주문 및 이유(예, 도박자금, 중혼 등), 재판의 내용 및 절차도 모두 심사하여야 한다. 그런데 실체적 공서의 원칙을 엄격히 지키다 보면 실질재심사금지의 원칙이 사실상 무너질 수도 있다. 예컨대 판례[411]는, 미국 파산법원의 회생계획인가결정에 따른 면책적 효력을 국내에서 인정하는 것이, 구 회사정리법[412]의 속지주의 원칙을 신뢰하여 미국 파산법원의 회생절차에 참가하지 않고 채무자 소유의 국내 소재 재산에 대한 가압류를 마치고 강제집행이나 파산절차 등을 통하여 채권을 회수하려던 국내 채권자의 권리를 현저히 부당하게 침해하게 된다면 그 구체적 결과가 우리나라의 선량한 풍속이나 그 밖의 사회질서에 어긋나는 경우에 해당하므로 승인될 수 없다고 하였는데 이 판결은 미국파산법원의 견해를 우리나라의 입장에서 실질적으로 재심사한 것이라는 비판여지가 있다.

(ii) **손해배상에 관한 확정재판 등의 승인**(제217조의2) (ㄱ) 손해배상에 관한 확정재판 등이 대한민국의 법률 또는 대한민국이 체결한 국제조약의 기본질서에 현저히 반하는 결과를 초래할 경우에 법원은 해당 확정재판 등의 전부 또는 일부를 승인할 것을 거부할 수 있으며(제1항), 법원이 그 승인의 요건을 심리할 때에는 외국법원이 인정한 손해배상 범위에 변호사 보수를 비롯한 소송과 관련된 비용과 경비가 포함되는지 여부와 그 범위를 고려하여야 한다(제2항). 이것은 영미법계에서 인정되는 고액의 징벌적 손해배상(punitive damage) 등에 관한 것이다. 따라서 외국법원의 확정재판 등이 당사자가 실제로 입은 손해를 전보(塡補)하는 손해배상을 명하는 경우에는 제217조의2 제1항을 근거로 그 승인을 제한할 수 없다.[413]

① 원래 불법행위로 인한 손해배상청구는 전보배상이 원칙이다. 그런데 징벌적 손해배상은 본질적으로 반사회적 가해자 행위를 징벌하는데 목적이 있어 형사법상 벌금에 유사한 성격이 강하므로 외국재판의 승인대상이 아니다. 징벌적 손해배상을 오로지 미국이 자기 나라의 공법적 정책목적달성의 수단으로 창설한 것이라고 한다면 외국재판의 승인절차를 통하여 우리나라가 미국의 정책목적에 협력할 이유가 없기 때문이다. 하지만 미국의 징벌적 손해배상은 본질적으로는 사적 제재이고 공적 제재가 아니므로 사법생활의 안정이라는 외국재판의 승인제도에 비추어 이를 그냥 내버려둘 수 없다 할 것이다.

이에 관하여 판례[414]는, 손해전보의 범위를 초과하는 손해배상을 명한 외국 재판의 전부 또는 일부를 승인할 것인지는, 우리나라 손해배상제도의 근본원칙이나 이념, 체계를 전제로

411) 대결 2010.3.25. 2009마1600.
412) 2005.3.31. 법률 제7428호 채무자 회생 및 파산에 관한 법률 부칙 제2조로 폐지.
413) 이에 관해서는 강현중, 「징벌적 손해배상 성격」(법률신문 2016.9.13.자) 참조.
414) 대판 2022.3.11. 2018다231550.

하여 해당 외국재판과 그와 관련된 우리나라의 법률관계, 그 외국재판이 손해배상의 원인으로 삼은 행위가 우리나라에서 손해전보의 범위를 초과하는 손해배상을 허용하는 것이 개별 법률의 영역에 속하는 것인지, 만약 속한다면 그 외국재판에서 인정된 손해배상이 그 법률에서 규정하는 내용, 특히 손해배상액의 상한 등과 비교하여 어느 정도의 차이가 있는지 등을 종합적으로 고려하여 판단하여야 한다고 하여 외국재판의 승인제도를 우리나라 법제의 입장에서 고려하도록 하였다. 다만 이러한 승인요건을 판단할 때에는 국내적인 사정뿐만 아니라 국제적 거래질서의 안정이나 예측가능성의 측면도 함께 고려하여야 하고, 우리나라 법제에 외국재판에서 적용된 법령과 동일한 내용을 규정하는 법령이 없다는 이유만으로 바로 그 외국재판의 승인을 거부할 것은 아니라고 하였다.

② 우리 채권법에는 위약벌(違約罰)이란 제도가 있는데 이는 미국법상 징벌적 손해배상과 매우 유사하다. 위약벌이란 당사자가 계약을 체결함에 있어서 채무의 이행을 확보하기 위하여, 예를 들어 당사자들이 “상대방의 귀책사유로 말미암아 본 계약이 해제 또는 해지되는 경우에 위반한 당사자는 다른 당사자에게 손해배상과 별도의 위약벌로 100억 원을 지급하기로 한다.”는 내용으로 하는 약정을 말한다. 위약벌은 당사자의 약정에 근거한 것이므로 일률적으로 무효라고 할 수 없고 또 위약금과 같이 손해배상액의 예정으로 약정한 것이 아니므로 손해배상 예정에 관한 민법 제398조 제2항을 유추적용하여 그 액을 감액할 수도 없다. 그러나 위약벌이 당사자 사이의 약정인 이상 선량한 풍속이나 그 밖의 사회질서에 관한 민법 제103조에 어긋날 수 없다. 그러므로 판례[415]는, 위약벌 약정은 채무의 이행을 확보하기 위하여 정해지는 것으로서 손해배상액의 예정과 다르므로 손해배상액의 예정에 관한 민법 제398조 제2항을 유추적용하여 그 액을 감액할 수 없지만 그 의무의 강제에 의하여 얻어지는 채권자의 이익에 비하여 약정된 벌이 과도하게 무거울 때에는 그 일부 또는 전부가 공서양속에 반하여 무효로 된다고 판시함으로써 법의 일반원칙인 민법 제103조에 의거하여 위약벌의 일부 또는 전부의 무효를 선언할 수 있게 하였다.

③ 징벌적 손해배상도 본질적으로 사적 제재라는 점에서 위약벌과 성격이 동일하다. 다만 당사자 사이에 이에 관한 약정이 없고 또 미국법에 따른 미국 법원의 판결로 그 액수가 정해진다는 점에서 한국법상 위약벌과 다르다. 따라서 우리나라의 민법 제103조를 미국법의 징벌적 손해배상에 적용할 수 없으며 나아가 외국재판의 승인에 관한 제217조 제1항 3호도 그것이 위약벌과 같이 당사자 사이의 약정에 터 잡은 것이 아닌 이상 직접 적용하기 곤란할 것이다. 그렇다고 하여 사법생활의 안정이라는 외국재판의 승인제도에 비추어 징벌적 손해배상을 모두 부정하는 것도 문제이므로 결국 입법이 필요하다할 것인데 그 입법의 필요에 의하여 제

415) 대판 2016.1.28. 2015다239324.

217조의2 제1항이 신설되었다 할 것이다.

④ 따라서 여기서의 '손해배상에 관한 확정재판 등'은 징벌적 손해배상 등을 의미하고, '대한민국 법률의 기본질서에 현저히 반하는 결과를 초래한다는 것'은 민법 제103조의 공서양속에 위반한다는 것을 의미할 것이다.

(ㄴ) 고액의 징벌적 배상은 대한민국의 공서에 어긋나므로 비록 외국의 재판이라 하더라도 그 해당 여부에 관하여 우리 법원이 실질적으로 재심사할 수 있는 특별규정이다. 그러나 그 확정재판 등을 승인한 결과가 선량한 풍속이나 그 밖의 사회질서에 어긋나는지 여부를 심리한다는 명목으로 실질적으로 그 확정재판 등의 옳고 그름을 전면적으로 재심사하는 것은 "집행판결은 재판의 옳고 그름을 조사하지 아니하고 하여야 한다."라고 규정하고 있는 민사집행법 제27조 제1항에 반할 뿐만 아니라, 외국법원의 확정재판 등에 대하여 별도의 집행판결제도를 둔 취지에도 반하는 것이므로 허용할 수 없다.[416)]

(ㄷ) 제217조의2 제1항의 규정은, 징벌적 손해배상과 같이 손해전보의 범위를 초과하는 배상액의 지급을 명한 외국법원의 확정판결 또는 이와 동일한 효력이 인정되는 재판의 승인을 적정 범위로 제한하기 위하여 마련된 규정이므로, 외국법원의 확정재판 등이 당사자가 실제로 입은 손해를 전보하는 손해배상을 명하는 경우에는 제217조의2 제1항을 근거로 승인을 제한할 수 없다.[417)]

(c) **절차적 공서** 외국법원의 재판이 성립하는 과정에 우리나라 법률이 용인할 수 없는 절차상 흠이 있는 경우에는 승인거절사유가 된다. 법관 및 법원의 독립성, 대등당사자의 대립구조, 당사자평등의 원칙에 반하는 소송절차에 기초한 판결 등이 그 예이다. 피고의 방어권을 현저히 침해하여 이루어진 외국재판과 같이 재판의 기초로 된 외국법원의 소송절차가 우리 헌법상 기본원칙에 위반되는 경우에도 승인이 거절될 수 있다.[418)] 기망 수단으로 이루어진 재판의 편취도 절차적 공서에 위반된다. 즉 위조 · 변조 내지 폐기된 서류를 사용하였다거나 위증을 이용하는 것과 같은 사기적인 방법으로 외국재판을 얻었다는 사유는 원칙적으로 승인 및 집행을 거부할 사유가 될 수 없으나, 재심사유에 관한 제451조 제1항 6호, 7호, 제2항의 내용에 비추어 볼 때 피고가 재판한 나라의 법정에서 위와 같은 사기적인 사유가 있다는 것을 주장할 수 없었고 또한 처벌받을 사기적인 행위에 대하여 유죄의 판결과 같은 고도의 증명이 있는 경우에 한정하여 절차적 공서 위반을 이유로 우리나라에서 승인 내지 집행을 거부할 수 있다.[419)]

(d) **공서의 간과** 법원이 외국 확정재판에 숨어 있는 실체적 및 절차적 공서에 관한 흠

---

416) 대판 2015.10.15. 2015다1284(평석은 [5] 참조).
417) 대판 2015.10.15. 2015다1284.
418) 대판 1997.9.9. 96다47517.
419) 대판 2004.10.28. 2002다74213.

을 간과하여 외국재판을 승인해주었다면 그로 말미암아 손해를 입은 당사자는 별소를 제기하여 무효확인이나 손해배상 등의 청구를 할 수 있다.

㈒ **상호보증(제217조 제1항 4호)**

(a) **뜻** 상호보증이란 외국이 우리나라 재판을 승인하는 경우에만 우리나라도 그 나라의 재판을 승인하는 원칙이다. 국제법상 상호주의에서 영향을 받은 것이지만 승소당사자의 권리보호를 제한한다는 점에서 입법론적으로 비판을 받는다. 따라서 지나치게 엄격하게 해석할 필요는 없고 외국과 우리나라의 승인조건이 중요부분에서 동등하면 될 것이다. 즉 외국의 법령, 판례 및 관례 등에 의하여 승인요건을 비교하여 승인조것을 인정할 수 있으면 충분하고 반드시 당사국과 조약이 체결되어 있을 필요는 없으며, 해당 외국에서 구체적으로 우리나라의 같은 종류의 재판을 승인한 사례가 없다고 하더라도 실제로 승인할 것이라고 기대할 수 있을 정도이면 충분하다.[420]

(b) **직권조사사항** 상호보증의 요건은 직권조사사항이다. 그 존재에 관해서는 승인을 구하는 당사자가 증명책임을 부담한다. 상호 보증이 충족되어야 할 표준시는 승인요건을 심사할 때이다.

(c) **가족관계에 관한 상호보증** 가족관계에 관한 재판에 관해서도 상호 보증이 요구되느냐가 문제된다. 가족관계에 관해서는 이른바 파행적 가족관계를 방지하기 위해서는 안정성을 확보할 필요성이 높다는 것, 연혁적으로도 상호보증의 요건은 강제집행을 염두에 두고 발전된 것이지 가족관계에 관한 것이 아니었다는 것 등을 근거로 4호의 적용을 부정한다. 판례[421]는 우리나라와 미국은 민사 및 가족판결에 대한 효력에 있어서 상호보증이 없다고 하였고, 오스트레일리아의 외국판결 상호집행법과도 상호보증이 존재하지 않는다고 하였다.[422] 그런데 「1981. 10.14. 이혼신고 처리지침에 관한 대법원예규」에 의하여 외국법원의 판결에 터 잡은 이혼신고도 우리나라 판결에 기초한 이혼신고처럼 가족관계의 등록 등에 관한 법률에 따라 신고를 할 수 있게 함으로써 가족관계에 관한 상호보증 문제를 해결하고 있다.

(3) 승인 절차

㈎ **자동승인의 원칙** 우리나라는 국가에 의한 승인행위와 같은 특별절차 없이 승인요건을 구비하면 법률상 당연히 승인효과가 발생한다. 이를 자동승인의 원칙이라고 한다. 이것은 수소법원이 외국재판의 효력이 문제될 때 승인요건의 존재 여부를 본안의 선결문제로 조사하여야 하는 것을 의미한다. 다만 승인의 유무에 관한 판단은 선결문제이므로 기판력이 생

---

420) 대판 2017.5.30. 2012다23832, 2025.6.12. 2024다315527.

421) 대판 1987.4.28. 85다카1767.

422) 대판 1971.10.22. 71다1393.

기지 않는다.

(나) **승인하는 소, 불승인하는 소** 자동승인제도라고 하여 승인하는 소나 불승인하는 소를 제기할 수 없는 것이 아니다. 이들 소는 독립하여 승인요건의 유무를 심사하고 외국재판이 그 내용과 같이 우리나라에서 효력이 있는지 여부를 기판력에 의하여 확정시켜 달라고 하는 확인하는 소이다. 특히 불승인하는 소는 가족관계등록부에 기재·정정을 요구하는 가족관계사건 등에서 실익이 있다. 확인하는 소는 현재의 법률관계의 안정을 위하여 필요한 경우에 인정되는 것인데 외국재판이 우리나라에서 효력을 갖느냐의 여부를 확정하는 것이 원고의 법률상 지위의 위험과 불안을 해소시키는 적절한 수단인 경우에는 언제든지 그에 관한 승인하는 소, 불승인하는 소를 허용하여야 할 것이다.

3. 외국판결 승인의 효력

법원이 외국의 확정재판 등을 승인하면 외국재판은 그 나라에서 소송법상 갖는 효력 그대로 우리나라에서도 인정된다.

(1) 기판력

(가) 여기서의 기판력이라 함은 판결내용의 구속력, 또는 같은 사건에 관해서 재차의 심리를 차단하는 효력을 의미한다. 승인요건을 충족한 외국판결은 기판력이 있는 내국판결과 마찬가지로 법원 및 당사자를 구속한다. 기판력의 그 시적한계, 객관적 범위 및 주관적 범위는 우리나라가 아니라 판결한 나라의 법에 의해서 정해진다.[423] 판결국법이 정한 기판력의 범위가 우리나라에서 정한 범위보다 넓은 경우, 예컨대 판결이유 중의 판단에 기판력이 인정되는 경우에도 자동승인의 원칙에 따라 판결국법에 의하여 인정된 판결이유 중의 판단에 기판력을 인정하여야 할 것이다.

(나) 외국법원의 확정판결이 승인요건을 구비한 경우에는 우리나라에서 기판력이 생기므로 국내에서 소 제기한 같은 소송은 소의 이익에 흠이 있어 각하되어야 한다.[424] 그와 반대로, 동일 당사자 간의 동일 사건에 관하여 대한민국에서 이혼청구기각의 판결이 확정된 후에 다시 외국에서 이혼판결이 선고되어 확정되었다면 그 외국판결은 대한민국판결의 기판력에 저촉되는 것으로서, 제217조 제1항 3호에 정해진 외국판결의 승인요건을 구비하지 못한 경우에 해당

423) 대판 1997.9.9. 96다47517은, 미국법상 결석판결(default judgement)에 의하여 불확정 손해배상을 청구함에 있어서 미국법이 요구하는 제반절차를 제대로 거쳐 이 판결이 성립되었다면 외국판결 승인의 요건을 갖추었다고 하였다.

424) 대판 1987.4.14. 86므57,58.

하는 절차적 공서에 위반되어 대한민국에서는 효력이 없다.[425)]

(2) 형성력

외국에서의 이혼판결과 같은 형성판결도 승인 대상이고 그 형성판결이 확정되었을 때에는 그 시점을 기준으로 법률관계의 실체법적인 변동이 생긴다. 그 효과는 재판 국에서 적용되는 준거법(이른바 효과법)에 의하여야 할 것이다. 다만 「1981.10.14. 이혼신고처리지침에 기한 대법원예규」에 의하여 외국법원의 판결에 터 잡은 이혼신고도 우리나라 판결에 기한 이혼신고처럼 가족관계의 등록 등에 관한 법률에 따라 신고할 수 있다.

4. 외국재판의 강제집행

(1) 외국재판의 집행

㈎ (a) **외국재판의 강제집행을 허가하는 취지** 외국법원의 확정재판 등에 기초하여 대한민국 법원에서 강제집행을 허가하는 민사집행법 제26조 제1항 소정의 외국재판의 강제집행은, 재판권이 있는 외국의 법원에서 행하여진 확정재판 등에서 확인된 당사자의 권리를 우리나라에서 강제적으로 실현하고자 하는 경우에 다시 소를 제기하는 등 중복된 절차를 강요할 필요 없이 외국의 확정재판 등을 기초로 하되 오로지 우리나라에서만 판결의 강제실현이 허용되는지를 심사하여 이를 승인하는 집행판결을 얻도록 함으로써 권리가 원활하게 실현되기를 원하는 당사자의 요구를 국가의 독점적 · 배타적 강제집행권 행사와 조화시켜 그 사이에 적절한 균형을 도모하려는 취지에서 나온 것이다.

(b) 이러한 취지에 비추어 보면, 위 규정에서 정하는 '외국법원의 확정재판 등'이라고 함은 재판권을 가지는 외국의 사법기관이 그 권한에 기초하여 사법상 법률관계에 관하여 대립적 당사자에 대한 상호 간의 심문이 보장된 절차에서 종국적으로 한 재판으로서 구체적 이행의무 등 강제적 실현에 적합한 내용을 가지는 것을 의미한다.[426)] 일본국 재판소의 인낙조서도 여기에 포함된다.[427)]

㈏ 우리나라에서 강제집행을 개시하기 위해서는 집행판결(민집 제27조)을 받아야 한다. 우리나라는 판단기관(수소법원)과 집행기관(집행법원)을 분리하여 집행기관에서는 판결의 당부를 심사하지 못하므로 외국재판이 승인요건을 갖추고 있는지 알 수 없다. 따라서 법원은 미리 외국재판이 승인요건을 갖추고 있는지 심사하여 집행을 허용할 필요가 있는데 이 제도가 집행판

425) 대판 1994.5.10. 93므1051,1068.
426) 대판 2017.5.30. 2012다23832.
427) 제주지판 1998.5.28. 97가합2982.

결제도이다. 이 경우의 집행판결은 외국재판의 강제집행을 우리나라에서도 허가한다는 취지의 재판이다(민집 제26조 제1항 참조). EU회원국 사이에서는 집행판결을 요구하지 않는다. 우리나라에서도 외국에서 성립한 이혼판결의 경우에는 이미 설명한 「1981.10.14. 이혼신고처리지침에 기한 대법원예규」에 따라 집행판결이 없이 국내 이혼판결의 경우처럼 신고로서 이혼이 가능하다.

(2) 절차

집행판결의 구체적인 절차는 민사집행법 제26조와 제27조에 규정되어 있는데 그 절차를 밟아 집행판결을 받으면 우리나라에서 집행력이 생긴다. 이와 관련하여 외국의 이행판결이 존재하는데도 집행판결제도를 이용하지 않고 새로이 이행 소송을 제기하여 새로운 집행권원을 얻는 것은, 집행판결이라는 간략한 구제방법을 마련한 입법자의 의도에 반하므로 소의 이익이 없다.[428] 그러나 원고는 먼저 집행판결을 구하면서 예비적으로 승인요건이 존재하지 않는 경우에 대비하여 이행소송을 제기하는 것은 가능하다.[429]

5. 외국 중재판정

(1) 「외국 중재판정의 승인 및 집행에 관한 협약」을 적용받는 외국 중재판정의 승인 또는 집행은 같은 협약에 따라 한다(중재 제39조 제1항).[430]

---

428) 같은 취지: 이시윤, 신민사집행법 113면.

429) 같은 취지: 이시윤, 위의 저서 114면.

430) 위 협약의 제1조, 제2조 및 제5조는 다음과 같다.
외국중재판정의 승인 및 집행에 관한 협약(Convention on the Recognition and Enforcement of Foreign Arbitral Awards)
제1조
1. 이 협약은 중재판정의 승인 및 집행을 요구받은 국가 이외의국각의 영역 내에서 내려진 판정으로서, 자연인 또는 법인 간의 분쟁으로부터 발생하는 중재판정의 승인 및 집행에 적용된다.
이 협약은 또한 그 승인 및 집행을 요구받은 국가에서 국내판정으로 간주되지 아니하는 중재판정에도 적용된다.
2. '중재판정'이란 개개의 사건을 위하여 선정된 중재인이 내린 판정뿐만 아니라 당사자가 회부한 상설 중재기관이 내린 판정도 포함한다.
3. 어떠한 국가든지 이 협약에 서명, 비준 또는 가입할 때, 또는 이 협약 제10조에 따라 적용을 통고할 때에는, 상호주의에 기초하여 다른 체약국의 영역 내에서 내려진 판정의 승인 및 집행에 한하여 이 협약을 적용할 것을 선언할 수 있다. 또한 어떠한 국가든지, 계약적 성질의 것인지 여부를 불문하고, 그러한 선언을 행하는 국가의 국내법상 분쟁에 한하여 이 협약을 적용할 것을 선언할 수 있다.
제2조
1. 각 체약국은, 계약적 성질의 것인지 여부를 불문하고, 중재에 의하여 해결이 가능한 사항에 관한 일정한 법률관계와 관련하여 당사자 간에 발생하였거나 또는 발생할 수 있는 분쟁의 전부 또는 일부를 중재에 회부하기로 약정하는 당사자 간의 서면에 의한 합의를 승인한다.

외국 중재판정은 확정판결과 동일한 효력이 있어 기판력이 있으므로 대상이 된 청구권의 존재가 확정되고 집행판결을 받으면 우리나라 법률상 강제집행절차로 나아갈 수 있게 된다. 그런데 외국중재판정의 성립이후 집행재판의 단계에서 집행법상 청구이의 사유가 발생한 경우에는 「외국 중재판정의 승인 및 집행에 관한 협약」[431] 제5조 제2항 (b)호의 공공질서 위반에 해당하는 것으로 보아 중재판정의 집행을 거부할 수 있다. 여기서 청구이의 사유란 외국중재판정에 따른 권리라도 신의에 좇아 성실하게 행사하여야 하는데 이에 기초한 집행이 권리남용에 해당하거나 공서양속에 위반되는 경우이다. 특히 외국 중재판정에 민사소송법상 재심사유에 해당하는 경우가 있어 집행이 현저하게 부당하고 상대방으로 하여금 집행을 참도록 하는 것이 정의에 반하여 사회생활상 용인할 수 없을 정도에 이르렀다고 인정될 때에는 중재판정의 집행을 구하는 것이 권리남용에 해당하거나 공서양속에 반하므로 청구이의의 사유가 된다.[432]

(2) 「외국 중재판정의 승인 및 집행에 관한 협약」을 적용받지 않는 외국 중재판정의 승인은 제217조의 준용에 의하며, 그 집행은 민사집행법 제26조 제1항 및 제27조를 준용에 의하여 강제집행 및 집행판결을 받는다.

---

2. '서면에 의한 합의'란 당사자 간에 서명되었거나 교환된 서신이나 전보에 포함되어 있는 계약서상의 중재조항 또는 중재합의를 포함한다.
3. 당사자들이 이 조에서 의미하는 합의를 한 사항에 관한 소송이 제기되었을 때에는 체약국의 법원은, 전기 합의를 무효, 실효 또는 이행불능이라고 인정하는 경우를 제외하고, 어느 한 쪽 당사자의 요청에 따라서 중재에 회부할 것을 당사자에게 명한다.

제5조

1. 판정의 승인과 집행은 판정의 피 원용 당사자의 요청에 따라서, 그 당사자가 판정의 승인 및 집행을 요구받은 국가의 권한 있는 당국에 다음의 증거를 제출하는 경우에 한하여 거부할 수 있다.
   a. 제2조에 언급된 합의의 당사자가 그들에게 적용 가능한 법에 따라 무능력자이었거나, 또는 당사자가 준거법으로서 지정한 법에 따라 또는 그러한 지정이 없는 경우에는 판정을 내린 국가의 법에 따라 전기 합의가 유효하지 않은 경우, 또는
   b. 판정의 피 원용 당사자가 중재인의 선정이나 중재절차에 관하여 적절한 통고를 받지 아니하였거나 또는 그 밖의 이유에 의하여 응할 수 없었을 경우, 또는
   c. 판정이 중재회부조항에 규정되어 있지 아니하거나 그 조항의 범위에 속하지 아니하는 분쟁에 관한 것이거나, 또는 그 판정이 중재회부의 범위를 벗어나는 사항에 관한 결정을 포함하는 경우, 다만, 중재에 회부한 사항에 관한 결정이 중재에 회부하지 아니한 사항과 분리될 수 있는 경우에는 중재에 회부한 사항에 관한 결정을 포함하는 판정의 부분은 승인 및 집행될 수 있다. 또는
   d. 중재판정부의 구성이나 중재절차가 당사자 간의 합의와 합치하지 아니하거나, 또는 이러한 합의가 없는 경우에는 중재가 행해진 국가의 법과 합치하지 아니하는 경우, 또는
   e. 당사자에 대하여 판정의 구속력이 아직 발생하지 아니하였거나 또는 판정이 내려진 국가의 권한 있는 당국에 의하여 또는 그 국가의 법에 따라 판정이 취소된 경우
2. 중재판정의 승인 및 집행을 요구 받은 국가의 권한 있는 당국이 다음의 사항을 인정하는 경우에도 중재판정의 승인과 집행이 거부될 수 있다.
   a. 분쟁의 대상인 사항이 그 국가의 법에 따라서는 중재에 의해 해결될 수 없는 것일 경우, 또는
   b. 판정의 승인이나 집행이 그 국가의 공공의 질서에 반하는 경우

431) 1973.5.9. 발효, 다자조약 제471호.
432) 대판 2018.12.13. 2016다49931.

Ⅱ. 기판력의 시적범위

1. 뜻

(1) 시적범위

(가) (a) 법원은 변론주의 원칙에 따라 당사자가 제출한 사실과 증거에 기초하여 소송목적인 권리관계의 존부를 판단한다. 그런데 당사자가 제출할 수 있는 사실과 증거는 사실심의 변론종결 시까지이므로, 법원의 판단 자료 역시 그 시점으로 제한된다. 따라서 법원이 권리관계의 존부를 판단하는 기준시점은 사실심의 변론종결 시이며, 이에 따라 기판력의 시적 범위, 즉 표준시는 사실심의 변론종결시가 된다.

(b) 민사판결서에는 위와 같은 이유로 변론을 종결한 날을 적어야 한다(제208조 제1항 5호 참조). 그러나 형사판결에서는 변론을 종결한 날을 적지 아니한다. 민사판결이나 형사판결의 주문은 모두 법적 3단 논법의 적용결과인 점은 같다. 다만 형사판결은 과거의 일정 시점에서 어떤 범죄사실(법적 3단 논법의 소전제)의 유, 무죄만 대상으로 하는데 대하여 민사판결은 소송목적의 대상이 되는 어떤 사실의 존부에 관한 법률효과(법적 3단 논법의 결론)를 판단 한다는 점에서 위에서와 같은 판결서 기재에 차이가 생기는 것이다.

(나) 이해를 돕기 위해서 쉬운 예를 들어 본다.

어떤 사람이 타인의 물건 10개를 훔쳤다고 가정한다(법적 3단 논법의 소전제). 이 경우 형사재판에서는 절도죄(형법 제329조)로 처벌을 받아야 하는 법률효과가 생기는데 이 법률효과는 시간의 경과나 훔친 물건의 반환에 의하여 변하지 않는다. 그러나 같은 사건을 민사사건으로 바꾸어 보면 시간이 경과하면서 피고가 원고에게 반환한 물건의 수량에 따라 원고가 구하는 법률효과가 달라진다. 즉, 3개를 반환하였으면 원고는 7개만 반환을 구할 수 있고 5개를 반환하였으면 원고는 5개만 반환을 구할 수 있다.

(다) 이와 같이 과거의 범죄 사실은 시간이 경과되더라도 변하지 않으나,[433] 법률효과, 즉 사법상 권리 또는 법률관계는 시간의 경과로 변동되므로 판결로 그 존부(存否)를 확정하려면 어느 시점에서의 권리관계를 확정하여야 하는가를 정하지 않으면 안 된다. 이것이 기판력의 시적 범위 문제인 것이다. 민사판결서에 기재하는 「변론을 종결한 날」은 기판력의 시적 범위를 명시하기 위한 것이다.

433) 형사재판은 대부분의 사건이 과거의 1회적 사실을 심리의 대상으로 하기 때문에 원칙적으로 시적 범위가 문제되지 않는다.

(2) 표준시

기판력의 시적 범위를 정하는 기준 시점을 표준시라고 한다. 즉, 표준시는 기판력으로 확정하여야 하는 권리 또는 법률관계가 언제 있었는지를 결정하는 시점이다. 민사판결에서의 표준시는 사실심의 변론종결일인데 다만 무변론 판결의 경우에는 판결의 선고일이다(제208조 제1항 5호). 재심대상판결(즉 재심하여야 할 원래의 확정판결)의 변론종결 이후에 생긴 사유를 들어 재심을 청구한 사건의 경우에는 재심대상판결의 변론종결일이 아니라 재심 판결의 변론종결일이 표준시이다.[434] 화해권고결정은 그 결정의 확정시가 표준시이다.[435]

2. 차단효

(1) 뜻

차단효라 함은 후소(後訴)법원이 전소(前訴)법원의 표준시에서의 기판력 있는 판단에 반하거나 모순되는 판결을 할 수 없게 하는 구속력을 말한다. 이 구속력으로 말미암아 당사자는 기판력 있는 판단에 반하거나 모순되는 별소를 제기할 수 없다. 그러나 확정판결의 승계인이 부여받은 승계집행문(민집 제31조)으로 집행하는 것은 차단효에 어긋나지 않는다.[436]

(2) 차단효의 작동 범위

차단효는 법적 3단 논법의 소전제인 사실에 관한 주장 및 증거자료를 제출하는 시기의 제한과, 법적 3단 논법의 결론인 법률효과, 즉 사법상 권리 또는 법률관계가 미치는 범위를 확정하는 효과로 나타나므로 그 작동범위는 이 두 가지 측면에서 살펴야 한다.

(가) 사실에 관한 주장 및 증거자료의 제출 시기 사실에 관한 주장 및 증거자료(즉, 공격방어의 방법)의 제출은 원칙적으로 표준시인 사실심의 변론종결일까지 제출할 수 있고 그 이후의 제출은 차단된다.[437] 그러므로 기판력은 그 소송의 변론종결 이전에 주장할 수 있었던 모든 공격방어방법을 차단하므로 그 차단범위는 당시 당사자가 알 수 있었거나 알고서 주장하지 않았던 사항에 한정되는 것이 아니다.[438]

구체적으로 본다.

---

434) 대판 2003.5.13. 2002다64148.

435) 대판 2012.5.10. 2010다2558.

436) 대판 2016.9.28. 2016다13482.

437) 사실심의 변론종결 이전에 제출할 수 있었던 공격 방어방법은 새로운 소송에서 제출하여 전소의 기판력을 다툴 수 없다(대판 2014.3.27. 2011다79968 참조).

438) 대판 2022.7.28. 2020다231928(평석은 [105] 참조).

(a) **원인무효사유** (i) 어느 부동산에 관한 매매계약이 무권대리라고 하는 원인무효사유를 이유로 소유권이전등기의 말소를 구하였다가 패소 확정되었다면 표준시 이전에 존재하였던 통정허위표시 등과 같이 원인무효를 뒷받침하는 공격방법은 사실심의 변론종결일 이후 소송에서 제출할 수 없다.

(ii) 전소에서 토지거래허가지역이 해제되어 토지거래 허가를 받을 필요가 없는데도 법원이 토지거래 허가를 받아야 한다는 이유로 소유권이전등기청구를 기각하는 판결이 확정된 경우라고 하더라도 후소에서 토지거래 허가를 받을 필요가 없다는 주장은, 전소에서 그 주장을 할 수 있었기 때문에 후소에서는 재차 할 수 없다.[439)]

(b) **변제, 면제, 소멸시효의 완성, 취득시효, 한정승인** (i) 전소 표준시에서 채무 존재가 확정되어 그 채무의 이행을 명한 경우에 표준시 이전에 존재하였던 변제, 면제, 소멸시효,[440)] 취득시효,[441)] 상속재산의 포기[442)] [443)] 등 채무소멸에 관한 사유를 주장하지 아니하였다면 후소에서 이를 주장하여 채무를 면할 수 없다.

(ii) 그러나 상속재산의 한정승인은 상속채무의 존재 및 범위의 확정과는 관계없이 판결의 집행대상을 상속재산의 한도로 한정하여 판결의 집행력을 제한하는 것뿐이다. 따라서 사실심 변론종결일 이후에도 한정승인 사실을 내세워서 집행력을 제한하는 청구이의의 소를 제기할 수 있다.[444)]

(iii) 전소에서 대물변제를 점유개시 원인으로 하여 취득시효완성을 이유로 소유권이전등기절차이행을 구하였다가 패소로 확정된 후, 그 지상 건물의 철거청구에 대하여 증여를 점유개시 원인으로 취득시효완성을 주장하는 것은 전소의 소송목적인 취득시효완성을 원인으로 한 소유권이전등기청구권의 존부에 관한 다른 공격방법의 하나를 제출하는 것에 불과하다. 따라서 이 사실을 후소에서 다시 주장하는 것은 전소판결의 기판력에 저촉된다.[445)]

---

439) 대판 2014.3.27. 2011다49981.

440) 소멸시효의 완성으로 권리가 당연히 소멸하고 시효의 주장은 소송상 항변권의 행사에 지나지 않는다는 판례(대판 1966.1.31. 65다2445)의 입장을 따른다.

441) 대판 1961.12.14. 4293민상837.

442) 대판 2009.5.28. 2008다79876.

443) 주의할 것은 상속의 한정승인이나 포기는 상속인의 의사표시만으로 효력이 발생하는 것이 아니라 가정법원에 신고를 하여 가정법원의 심판을 받아야 하며, 그 심판은 당사자가 이를 고지 받음으로써 효력이 발생한다는 점이다(대판 2004.6.25. 2004다20401 참조). 이는 한정승인이나 포기의 의사표시의 존재를 명확히 하여 상속으로 인한 법률관계가 획일적으로 처리되도록 함으로써, 상속재산에 이해관계를 가지는 공동상속인이나 차순위 상속인, 상속채권자, 상속재산의 처분 상대방 등 제3자의 신뢰를 보호하고 법적 안정성을 도모하고자 하는데 이유가 있다. 따라서 상속인이 가정법원에 상속포기의 신고를 하였다고 하더라도 이를 수리하는 가정법원의 심판이 고지되기 이전에 상속재산을 처분하였다면, 이는 상속포기의 효력 발생 전에 처분행위를 한 것에 해당하므로 민법 제1026조 1호에 따라 상속의 단순승인을 한 것으로 보아야 한다(대판 2016.12.29. 2013다73520 참조).

444) 대판 2006.10.13. 2006다23138.

445) 대판 1995.3.24. 94다46114.

(c) **집행증서** 집행증서(민집 제56조 4호)는 성질상 즉시 집행을 할 수 있고, 또 그 작성에는 법원의 관여가 없으므로 사실심의 변론종결일이라는 관념이 없다. 따라서 집행증서 상 단순이행의무로 되어 있는 청구권이라고 하더라도 반대의무 이행과 상환으로 이루어져야 하는 동시이행관계에 있을 경우에는 청구이의의 소(민집 제44조)로 이를 다툴 수 있다.[446)]

(나) **권리 또는 법률관계의 범위**

(a) **표준시에서의 법률관계** 기판력으로 확정하는 권리 또는 법률관계는 표준시인 사실심의 변론종결일에 한정하여 구속력이 생긴다. 예컨대 원고가 피고에게 2017.1.1. 금 1,000만 원을 빌려주었다고 하여 금 1,000만 원의 대여금청구소송을 제기하였는데 피고가 사실심의 변론종결일인 2017.12.31. 위 금 1,000만 원을 변제한 경우에 원고의 청구는 기각된다. 그런데 이 경우에 원고의 피고에 대한 금 1,000만 원의 대여금 채무가 부존재로 확정되는 권리관계는 표준시인 2017.12.31.자로 한정된다.

(b) **표준시 이전의 법률관계** 표준시 이전의 법률관계에는 차단효가 생기지 않는다. 앞의 예에서 금 1,000만 원의 대여금채무가 표준시의 바로 전날인 2017.12.30.까지 존재하였는데 표준시인 2017.12.31. 원금채무 변제로 소멸되어 청구기각이 되었다면 2017.1.1.부터 2017.12.30.까지 채무가 존재한다고 다툴 수 있는 것을 차단하는 효과는 생기지 않는다. 따라서 원고는 피고에게 위 채무의 존재를 전제로 위 기간 동안 발생한 이자를 청구할 수 있다. 물론 금 1,000만 원의 대여금 채무가 변론종결일은 물론 그 이전에도 존재하지 않았다는 사실이 확정되었다면 원고의 청구 중 확정판결의 사실심 변론종결일 이후의 이행지연으로 인한 손해배상(즉 이자) 청구부분은, 논리적으로 존재하지 않는 채무원본을 전제로 주장하는 것이므로 기판력의 효과를 받게 되어 청구할 수 없다.[447)]

(c) **표준시 이후의 법률관계** (i) **원칙** (ㄱ) 표준시 이후의 법률관계에 관하여서는 차단효가 생기지 아니하므로 당사자는 후소에서 이에 관한 주장을 할 수 있다. 예를 들어 표준시에서 대여금채무가 확정되더라도 그 이후 채무의 변제 또는 면제 등이 있었다면 당사자는 청구에 관한 이의의 소(민집 제44조)를 제기하여 확정판결의 집행력 배제를 구할 수 있다. 청구에 관한 이의는 그 이유가 변론이 종결된 뒤(변론 없이 한 판결의 경우에는 판결이 선고된 뒤)에 생긴 것이어야 한다. 법률심인 상고심에서는 직권조사사항에 관해서는 사실심리를 할 수 있지만(제434조) 소송요건으로서 직권조사사항의 판단 시기는 기판력의 표준시와 동일하게 원칙적으로 사실심 변론종결시이고, 사실심 변론종결 뒤에 소송요건에 해당하는 사정이 발생·소멸 될 때에는 상고심에서 이를 직권으로 고려할 수 있을 뿐(제434조 참조)이라는 점을 보면 소송요건에 관한 청구이의의 사유인 경우, 상고심 판결 선고 뒤에 생긴 사유여야 한다고 제한적으로 해석

446) 대판 2013.1.10. 2012다75123·75130 참조.
447) 대판 1976.12.14. 76다1488.

할 근거가 없다.[448)]

(ㄴ) 확정판결의 변론 종결 이전에 이루어진 일부이행을 채권자가 변론 종결 이후 수령함으로써 변제의 효력이 발생한 경우에도 그 한도 내에서 청구이의의 사유가 된다.[449)] 가등기담보 등에 관한 법률 시행 당시 채권담보를 위한 소유권이전등기청구권 보전의 가등기에 기초한 본등기가 제소전 화해조서에 기초하여 이루어진 경우에도 채무자가 제소전 화해조서의 작성 이후에 그 피담보채무원리금을 채권자에게 모두 변제하였다면 이를 이유로 가등기 및 그에 기초한 본등기의 말소를 청구할 수 있다.[450)] 전소에서 정지조건이 성취되지 않았다는 이유로 청구가 기각되었다고 하더라도 변론종결 이후에 그 정지조건이 성취되었다면, 동일한 청구에 대하여 다시 소를 제기할 수 있다.[451)]

(ii) 판례[452)]는 표준시 이후의 법률관계를 넓게 보아 실체법상 법률관계는 물론 소송상 권리관계 또는 등기관계도 포함한다.

(iii) **표준시 이후 발생한 새로운 사실관계에 기초한 법률관계** (ㄱ) 표준시 이후 법률관계는 표준시 이후 발생한 새로운 사실관계에 기초하여야 한다. 사실관계는 변하지 아니하였는데 법률·판례의 변경, 위헌결정 또는 행정처분 등이 변경되더라도 모두 전소의 확정판결로 차단되어 이를 주장할 수 없다.[453)] 예컨대 국가가 귀속부동산매매계약을 취소하고, 매수인을 상대로 제기한 소유권이전등기말소청구의 전소에서 국가승소로 판결이 확정되어 위 소유권이전등기가 말소된 후에 위 민사판결의 기초가 된 매매계약 취소처분을 취소하는 행정소송 판결이 확정되었다 하더라도, '확정판결에서 사실인정의 자료가 된 행정처분의 소급적 변경'을 이유로 제451조 제1항 8호에 의하여 재심을 청구함은 별론으로 하고, 전소에 관한 민사확정판결로서 최초 매수인의 국가에 대한 위 매매계약으로 인한 소유권이전등기청구권은 부존재로 확정되었으므로, 최초 매수인이 국가에 대하여 매매계약을 원인으로 한 소유권이전등기청구권을 행사할 수 있다는 것을 전제로 소유권이전등기를 구하는 후소는 전소 확정판결의 기판력에 어긋나서 허용할 수 없다.[454)] 또 사찰소유 임야에 관하여 주무관청의 허가가 없는데도 매매를 원

---

448) 자세히는 [17] 6. (1) (나) 참조.

449) 대판 2009.10.29. 2008다51359.

450) 대판 1995.2.24. 94다53501.

451) 대판 2002.5.10. 2000다50909.

452) 예를 들어 갑이 을을 상대로 소유권이전등기말소청구의 소를 제기하였다가 위 등기에 앞선 병 명의의 소유권이전등기의 원인이 된 제소전 화해가 유효하게 존속 중이라는 이유로 패소판결을 선고받고 그 판결이 확정되자, 위 제소전 화해에 대한 준재심의 소를 제기하여 제소전 화해를 취소 시켰다면 제소전 화해의 취소는 표준시 이후의 법률관계라는 것이고(대판 1988.9.27. 88다3116), 갑의 을에 대한 소유권이전등기가 병에게 이전되어 이행불능을 이유로 패소 확정되었는데 그 뒤에 병 명의의 소유권이전등기가 말소되었다면 병 명의의 소유권이전등기말소는 표준시 이후의 법률관계이므로 재소가능하다는 것이다(대판 1995.9.29. 94다46817).

453) 대판 2016.8.30. 2016다222149(평석은 [78] 참조).

454) 대판 1979.5.15. 79다420.

인으로 한 소유권이전등기가 전소 확정판결에 기초하여 이루어진 경우에 그 사찰이 위 허가가 없었음을 이유로 하는 후소의 이전등기말소청구는 전소판결에 의하여 확정된 소유권이전등기 청구권을 정면으로 부인하는 것이고, 주무관청의 허가 없다는 주장사실은 이전소송의 변론종결일 이후에 생긴 사유가 아니므로 후소는 전소 확정판결의 기판력에 어긋난다.[455)]

(ㄴ) 다른 사건의 판결 이유에서 전소판결의 기초가 된 사실관계를 달리 인정하였다는 것은 변론종결 이후에 새롭게 발생한 사유가 아니다.[456)]

(iv) **진정명의회복을 위한 소유권이전등기를 선결문제로 한 근저당권설정등기** 소유권이전등기 말소청구소송의 승소 확정판결에 기초하여 소유권이전등기가 말소된 후 원인 없이 순차로 제3자 명의의 소유권이전등기 및 근저당권설정등기 등이 마쳐졌다. 위 말소된 등기의 명의자가 현재의 등기명의인을 상대로 진정한 등기명의의 회복을 위한 소유권이전등기청구와 근저당권자 등을 상대로 하여 그 근저당권설정등기 말소등기청구 등을 청구하였다. 이 경우 현재의 등기명의인 및 근저당권자 등은 모두 위 확정된 이전(以前) 소송, 즉 소유권이전등기말소청구소송의 사실심 변론종결 이후의 승계인(제218조 제1항)으로서 위 확정판결의 기판력은 그와 실질적으로 동일한 소송목적인 진정한 등기명의의 회복을 위한 소유권이전등기청구 및 위 확정된 전소의 말소등기청구권 존재 여부를 선결문제로 하는 근저당권설정등기 등의 말소등기청구에 모두 미치므로 전소 확정판결의 기판력에 저촉되어 허용될 수 없다.[457)]

(v) **가집행선고에 의하여 지급된 돈** 제1심판결에 붙은 가집행선고에 의하여 지급된 돈은 강제집행을 면하기 위해서 지급한 돈이지 채무의 변제를 위한 것이 아니므로 확정적으로 변제의 효과가 발생하는 것이 아니다. 그러므로 채무자가 그 돈의 지급 사실을 항소심에서 주장하더라도 항소심은 그러한 사유를 참작하지 않으므로, 그 돈의 지급에 의한 채권소멸의 효과는 판결이 확정된 때에 비로소 발생한다. 따라서 판결확정 후 채무자가 전소에서 가집행선고에 의하여 돈을 지급하였다는 사유는, 확정판결의 표준시 이후 사유이므로 판결확정 후 이를 주장하는 것은 본래 소송의 확정판결이 갖는 집행력을 배제하는 적법한 청구이의의 사유가 된다.[458)]

(vi) **표준시 이후의 사정변경** 표준시 이후 토지가격이 지나치게 뛰어오르고 조세 등 부담이 증대되는 사정변경이 있는 경우에는 후소에서 증가된 차임을 잔부청구로서 청구할 수 있다.[459)] 그 이론적 근거에 관하여 묵시적 일부청구설과 별개의 소송목적설이 대립하였는데 2002년 개정 민사소송법에서 정기금의 지급을 명한 확정판결에 대하여 사정변경에 의한 확정판결의 변경을 구하는 소(제252조)를 입법하여 이 문제를 해결하였다. 이 문제는 정기금판결과

455) 대판 1981.9.8. 80다2442,2443.
456) 대판 2012.7.12. 2010다42259.
457) 대판 2003.3.28. 2000다24856.
458) 대판 1995.6.30. 95다15827.
459) 대전판 1993.12.21. 92다46226.

변경의 소로서 별항에서 설명한다.

(vii) **표준시 이후 동시이행항변권 행사** (ㄱ) 쌍무계약에서 채무가 동시이행관계에 있는 경우, 한쪽 당사자가 먼저 현실적 이행제공을 하여 상대방을 수령지체에 빠뜨렸더라도, 그 이행제공이 계속되지 않으면 과거의 제공 사실이 있었던 것만으로 상대방의 동시이행항변권이 소멸하는 것은 아니다. 따라서 일시적으로 이행제공이 있었다가 곧 중단된 경우, 그 이후 기간 동안에는 상대방을 이행지체 상태에 있다고 볼 수 없다. 이 경우에 표준시 이후에도 상대방이 동시이행항변권을 행사한다면, 이는 청구이의 사유가 된다.[460)]

(ㄴ) 그러나 표준시 이후 동시이행항변권 행사의 경우가 아닌 때에는 다르다. 집행권원인 동시이행판결의 반대의무 이행 또는 이행제공은 집행개시의 요건으로서 집행개시와 관련된 집행에 관한 이의신청 절차에서 주장·심리되어야 할 사항이지, 집행권원에 표시되어 있는 청구권에 관하여 생긴 이의를 내세워 그 집행권원이 가지는 집행력의 배제를 구하는 청구이의의 소에서 심리되어야 할 사항은 아니기 때문이다. 따라서 동시이행판결의 채무자로서는 그 집행력의 배제를 구하는 청구이의의 소에서 채권자가 반대의무의 이행 또는 이행제공을 하지 않았다는 주장을 청구이의의 사유로 내세울 수 없다.[461)]

[B. 정기금판결과 변경의 소(제252조)]

(1) 뜻

정기금의 지급을 명한 판결이 확정된 뒤에 그 액수산정의 기초가 된 사정이 현저하게 바뀜으로써 당사자 사이의 형평을 크게 침해할 특별한 사정이 생긴 때에는 그 판결 당사자는 장차 지급할 정기금 액수를 바꾸어달라는 소(제252조 제1항)를 제기할 수 있다. 이 소는 판결확정 뒤에 발생하는 사정변경을 요건으로 하므로 단순히 종전 확정판결의 결론이 위법 · 부당하다는 등의 사유로 제기할 수 없다.[462)]

(2) 당사자

(가) **원고** (a) 이 소송은 정기금판결의 기판력을 배제하는 것을 목적으로 하므로 확정된 정기금 판결의 당사자 또는 그 당사자의 변론 종결 후 승계인이 이 소를 제기할 수 있다. 따라서 정기금 판결상 원고는 그 변경하는 소의 원고가 된다. 정기금판결상 원고가 사망하는 등

460) 대판 2023.4.27. 2022다302497,302503.
461) 대판 2024.6.13. 2024다231391.
462) 대판 2016.3.10. 2015다243996.

제233조 이하의 당연승계사유가 생긴 경우에는 승계인이 원고가 된다.

(b) (i) 토지의 전 소유자가 소유권에 기초하여 그 토지의 무단 점유자를 상대로 차임상당의 부당이득반환을 청구하는 소송을 제기하여 무단 점유자가 그 점유 토지의 인도 시까지 매월 일정 금액의 차임 상당 부당이득을 반환하라는 판결이 확정된 경우에 위 소송의 변론종결 후에 토지의 소유권을 새로 취득한 사람은 제218조 제1항에 의하여 확정판결의 기판력이 미치는 변론을 종결한 뒤의 승계인에 해당한다고 볼 수 없다. 왜냐하면 이전 소송의 소송목적은 부당이득반환청구권이라는 채권적 청구권이므로 그 특정승계인은 채권적 청구권을 양수한 자이어야 하는데 토지의 소유권을 새로 취득한 사람은 위 부당이득반환청구권이라는 채권적 청구권을 양수한 사람이 아니라 소유권이라는 물권을 취득한 물권자이기 때문이다.

(ii) 그러므로 토지 소유권을 새로 취득한 사람은 물권에 기초하여 그 토지의 무단 점유자를 상대로 지가 상승 등을 이유로 다시 부당이득반환청구의 소를 제기하여야 할 것이지, 그렇지 아니하고 그 토지의 전 소유자가 앞서 제기한 위 부당이득반환청구소송에서 내려진 정기금판결에 대하여 변론종결 후의 승계인만이 제기할 수 있는 변경의 소를 제기하는 것은 부적법하다.[463]

(c) 정기금판결을 변경하는 소의 소송계속 중에 원고가 차임 상당의 부당이득반환청구권을 제3자에게 양도한 경우에 양수인이 자기이름으로 변경의 소를 제기하려면 원고와 피고를 상대로 하여 제81조의 승계인의 소송참가 방식으로 소송참가를 하여야 한다. 이 경우 양수인은 제71조의 독립당사자참가 규정에 따라 원고에 대해서는 양수인 지위의 확인을, 피고에 대해서는 '장래의 이행을 청구하는 소'에 관한 제252조 제1항의 요건을 갖춘 참가신청을 하여야 한다. 피고는 제82조의 방식으로 양수인에 대하여 소송인수 신청을 할 수 있다.

(나) **피고** (a) 정기금판결을 변경하는 소의 피고는 정기금판결상 피고 또는 제218조 제1항의 변론을 종결한 뒤의 피고 승계인으로서 그 확정판결의 기판력이 미치는 제3자이다.

(b) 피고나 피고의 승계인이 정기금 산정의 기초가 된 사정이 현저히 바뀌었다는 이유로 정기금 판결의 감액을 청구하는 경우에는 청구이의의 소와 유사하지만 '장래의 이행을 청구하는 소'에 관한 제252조 제1항의 요건을 갖추어야 한다.

(3) 절차

(가) 이 소를 제기할 때에는 소장에 변경을 구하는 확정판결의 사본을 붙여야 하므로(민소규 제63조 제3항) 전자문서의 소장으로는 제기할 수 없다.

(나) 관할은 제1심판결법원의 전속관할에 속한다(제252조 제2항).

(다) (a) 정기금의 지급을 명한 판결이 이 소의 대상이기 때문에 정기금지급의 손해배상 판

---

463) 대판 2016.6.28. 2014다31721(평석은 [43] 참조).

결만이 아니라 정기금 방식의 임금, 연금 등의 지급판결도 이 소송의 대상이 된다.

(b) (i) 이 소송은 신체상해로 말미암은 손해배상청구소송에서 일시금 배상이 아니라 정기금 배상을 명한 판결을 한 경우에 실익이 크다.

(ii) 가해행위 자체는 과거의 일회적 사실이지만 이로 말미암은 실제 손해가 장기간에 걸쳐 나타나는 경우에 그 손해배상은 장차 드러날 손해를 사실심의 변론종결을 할 때로부터 평가하여 일시금으로 배상을 명할 수도 있고 정기금으로 배상을 명할 수도 있다. 어느 경우에나 임금수준 등 손해배상액수 산정의 기초 사정이 현저하게 바뀔 수 있는데 변론이 종결할 때를 기준으로 일시금 또는 정기금배상청구권의 내용이 기판력으로 확정되면 더 이상 판결내용을 바꿀 수 없다.

(iii) 그러나 정기금 배상 취지가, 손해가 드러나는 시기에 맞추어 적절한 금액을 지급하는데 있다고 한다면, 그 액수를 산정하는 기초가 된 사정이 현저하게 바뀜으로써 당사자 사이에 형평을 크게 침해할 특별한 사정이 생긴 때에는 기판력의 차단을 소멸시켜 새로운 합리적인 금액의 배상을 인정하는 것이 상당하다. 이 취지에서 정기금판결에 대한 변경의 소가 인정된 것이다.

(iv) 손해배상청구사건에서 피해자의 기대여명을 평가하여 판결로 확정한 이상 피해자가 기대여명보다 일찍 사망하였다고 하여 그 확정판결이 재심의 소에 의하여 취소되지 않은 이상 손해배상청구사건의 확정판결에서 판시한 기대여명은 배제되지 않는다.[464)]

(4) 장래의 이행을 명한 판결에 대한 적용가부

(가) 이 소는 원칙적으로 변론종결일 이전에 생긴 손해에 관하여 정기금배상을 명한 경우에 적용이 있다. 예상치 못한 후유증으로 말미암아 확대된 손해의 배상청구는 전소의 소송목적과는 별개의 소송목적이므로[465)] 별개의 소송을 제기하면 될 것이고 이 소에 의할 것이 아니다.

(나) (a) 문제는 변론종결일 이후 이행기가 도래하는 이행의무에 관하여 계속적으로 손해배상을 명하는 판결에 관하여서도 적용할 수 있느냐이다. 제252조가, 변론종결일 이전에 생긴 손해에 관한 정기금의 배상을 명하는 판결에 국한하지 않고 정기금 지급을 명한 판결 일반에 대하여 변경의 소를 허용하고 있으므로 장래의 이행을 명한 판결에 대하여도 적용할 수 있다.[466)]

(b) 그러나 장래의 이행을 명하는 판결을 하기 위해서는 채무의 이행기가 장래에 도래하는 경우뿐만 아니라 채무불이행사유가 그 때까지 존속한다는 것을 변론종결 당시에 확정적으로 예정할 수 있는 경우이어야 하며 이러한 책임기간이 불확실하여 변론종결 당시에 장래의 채무불이행을 확정적으로 예정할 수 없는 경우에는 장래의 이행을 명하는 판결을 할 수 없다.[467)]

464) 서울중앙지판 2008.11.18. 2008가합63302.
465) 대판 1980.11.25. 80다1671.
466) 같은 취지: 이시윤, 635면.

(c) 장래 이행기 도래 분까지의 정기금 지급을 명하는 판결이 확정된 경우라도 그 소송의 사실심 변론종결 이후에 액수 산정의 기초가 된 사정이 뚜렷하게 바뀜으로써 당사자 사이의 형평을 크게 해칠 특별한 사정이 생긴 때에는 전소에서 명시적인 일부청구가 있었던 것과 동일하게 평가하여 전소판결의 기판력이 차액 부분에는 미치지 않는다고 하여야 한다.[468] 그러므로 이 경우에는 전소와 별개의 소송을 제기하는데 지장이 없다.

3. * 표준시 이후의 형성권행사와 차단효

(1) 문제의 소재

권리주체의 한 쪽 의사표시에 의하여 상대방과의 권리관계를 변동시킬 수 있는 권리를 형성권이라고 한다. 예컨대 계약의 취소권, 해제권, 상계권, 지상권자·임차인 또는 전차인의 건물매수청구권(민 제283조, 제643조, 제644조), 백지어음의 보충권, 상계권 등이다. 형성권도 채권인 이상 형성권행사의 소멸시효기간은 10년이다(민 제162조 제1항). 이들 권리를 행사하면 상대방의 협력 없이도 실체적 권리관계를 변동시켜 자기에게 유리한 법적 지위를 실현할 수 있는 우월적 지위가 인정된다는 점에서 그 행사는 소송절차에서 유력한 공격 · 방어수단으로 이용된다. 문제는 당사자가 전소법원의 표준시 이전에 행사할 수 있었던 형성권을 행사하지 아니하였다가 패소판결을 받은 다음 아직 형성권의 소멸시효가 지나지 아니하다고 하여 뒤늦게 표준시 이후에 행사하여, 그 결과 생긴 법률관계에 기초하여 청구이의나 채무부존재확인 등 소송을 제기한 경우에 표준시 이후의 형성권행사가 전소법원의 판결에 의하여 차단되는지 여부이다. 특히 취소권 같은 형성권에는 추인할 수 있는 날로부터 3년 내에, 법률행위를 한 날로부터 10년 내에 행사하여야 한다(민 제146조)는 제척기간의 정함이 있는데 전소법원의 표준시에서의 기판력 있는 판단에 반하거나 모순되는 판결을 할 수 없게 하는 차단효에 의하여, 형성권자가 제척기간의 이익을 상실한다면 그것은 제척기간을 설정한 실체법의 취지에 어긋나지 않느냐는 문제도 있는 것이다. 아래에서는 개별적인 형성권의 경우에 관하여 판례를 소개하고 그 타당성을 검토한다.

(2) 개별적인 경우

㈎ **취소권** (a) 판례는 표준시 이전에 행사할 수 있었던 취소권은 표준시 이후에는 차단효에 의하여 행사할 수 없다고 하였다.[469] 생각건대 법률행위의 취소는 취소권의 행사에 의

467) 대판 1987.9.22. 86다카2151, 1991.6.28. 90다카25277 등 참조.
468) 대판 2011.10.13. 2009다102452.
469) 대판 1979.8.14. 79다1105.

하여 비로소 무효가 된다. 따라서 취소에 의한 무효는, 그 법률행위가 유효하게 존재하는 표준시에서의 법률관계와는 모순된다. 더욱 모순되는 법률관계를 뒷받침하는 요건사실의 일부, 즉 취소원인의 존재는 표준시 이전의 사실이다. 따라서 그러한 사실의 주장은 기판력에 의하여 차단되어야 하는 것이다. 이 점에서 판례는 타당하다.

(b) 문제는 민법 제146조에서 정한 제척기간 내 취소권 행사 여부에 관한 것이다. 그런데 이 규정의 취지를, 취소권이 존속하는 3년 또는 10년의 기간 동안 당연히 그 행사를 보장한다는 데 있는 것이 아니다. 오히려 취소권자가 그 기간을 경과하여 더 이상 취소권을 행사할 수 없게 되는 사태를 규율하는 것으로 본다면, 이는 취소권 행사에 대항하기 위한 재항변 사유로 보아야 한다는 것이다. 따라서 취소권 주장이 기판력의 차단효에 의해 배척되어 소멸한 이상, 상대방으로서는 기간 경과로 취소권이 소멸한다는 점을 다시 주장할 필요가 없게 된다. 결국 제척기간 규정은 취소권의 표준시 이후 행사까지 보장하는 근거가 될 수 없다. 또한 사기나 강박의 사실이 변론종결 시까지 계속되어 취소 의사표시를 할 수 없었던 경우와 같은 예외적 상황은 재심 절차를 통한 구제로 해결해야 하며, 제척기간의 표준시 이후 행사에 의존할 수는 없다. 따라서 판례의 입장이 타당하다.

(나) **해제권** (a) **이행지체의 경우** 판례[470]에 의하면 정기행위가 아닌 통상 이행지체의 경우에 표준시 이전에 행사할 수 있었던 해제권은 표준시 이후에는 행사할 수 없다고 하였다. 생각건대 이행지체의 경우에는 채무자의 귀책사유에 의하여 이행기가 도과하였다는 해제원인사유의 존재만으로는 해제권이 성립하지 않고 상당한 기간을 정하여 최고하였는데도 그 기간 내에 이행하지 않는 경우에 비로소 해제권이 성립한다(민 제544조). 따라서 표준시 이전에 상당한 기간을 정하여 최고하고도 해제권을 행사하지 않은 경우에 채무자는 상대방이 계약의 해제권을 행사하지 않으리라고 믿기 쉽다. 이 경우에도 표준시 후 계약의 해제를 허용하면 법적 안정을 해칠 뿐 아니라 당사자의 신뢰에도 반한다. 따라서 취소의 경우와 마찬가지로 표준시에서 해제권 행사가 기대되는데도 이를 행사하지 않은 이상 표준시 이후 해제 효과를 주장하는 것은 기판력에 의하여 차단된다고 할 것이다. 그렇지 않으면 해제권을 행사할 수 있는 전소 피고가 이를 태만하게 하였다가 뒤에 집행방해의 목적으로 해제의 의사표시를 하는 것을 허용하여 부당하기 때문이다. 판례가 타당하다.

(b) **이행불능 · 정기행위 · 추완의 여지가 없는 불완전이행의 경우** 이 경우에는 최고할 필요 없이 해제원인사실의 존재만으로도 해제할 수 있는 해제권이 성립한다. 여기서도 이행지체의 경우와 마찬가지로 표준시 전에 해제권이 성립하였는데도 해제권을 행사하지 않다가 표준시 후 이를 행사하는 것은 허용해서는 안 된다고 생각할 수 있다. 그러나 이행불능 여부는 판결

---

470) 대판 1981.7.7. 80다2751.

에 의하여 비로소 명백해지는 경우가 많으므로 당사자는 이행불능이 아니라고 믿고 본래의 이행청구를 하기 쉽다. 또 불완전이행의 여부 및 정기행위 특히 상대적 정기행위는 정상적인 이행불능과 구별이 쉽지 않다. 따라서 위의 모든 경우를 당사자로 하여금 판단하게 하여 해제권의 행사를 당사자에게 일임하는 것은 지나친 요구라고 할 것이다. 그런데 해제권 행사의 기간을 정하지 아니한 때에는 상대방은 상당한 기간을 정하여 해제권행사 여부의 확답을 해제권자에게 최고할 수 있고(민 제552조 제1항), 위 기간 내에 해제의 통지를 받지 못한 때에는 해제권이 소멸한다(민 제552조 제2항). 따라서 이 경우에는 표준시 후 해제권 행사를 일률적으로 불허할 것이 아니라 차라리 표준시 전에 상대방의 최고에 의하여 해제권이 소멸된 때로 한정하여 표준시 후 해제권 행사를 허용하지 않는 것이 당사자에게 공평하다고 할 것이다. 이행불능의 경우 표준시 이후 해제권행사의 허부에 관해서는 이행지체와 달리 아직 명백한 판례가 없다.

(다) **백지어음의 보충권 행사** 판례는 표준시 이후 백지어음의 보충권을 행사하여 어음금청구를 할 수 없다고 하였다.[471] 약속어음 소지인이 어음요건 일부에 흠이 있는 이른바 백지어음에 기초하여 어음금 청구소송을 제기하였다가 위 어음요건의 흠을 이유로 청구기각의 판결을 받고 판결이 확정된 후 그 백지 부분을 보충하여 완성된 어음을 가지고 다시 피고에 대하여 어음금 청구소송을 제기한 경우에 원고가 전소에서 어음요건의 일부를 오해하거나 그 흠을 알지 못했다고 하더라도, 전소와 후소는 동일한 권리 또는 법률관계의 존부를 목적으로 하는 것이어서 그 소송목적은 동일한 것이라고 보아야 한다는 것이 판례의 취지이다. 판례의 취지는 보충권자인 소지인에 대한 기대가능성 및 상대방의 2중 응소의 부담을 고려한 것이라고 할 수 있다. 생각건대 어음요건의 일부가 백지인 것을 이유로 청구기각을 확정한 판결의 기판력은 표준시에서 어음금채권의 부존재를 확정한다. 그러나 변론종결 후 보충권이 행사되어 그에 의하여 어음금채권이 발생한다는 주장은 보충권행사에 의한 어음금체권의 존재를 전제로 하므로 그 부존재를 전제로 하는 위 기판력 있는 판단과 모순되지 아니한다. 따라서 표준시 이후 백지어음의 보충권 행사는 허용하여야 할 것이다. 이 점에서 판례에 반대한다. 물론 이로 인한 피고의 2중 응소 부담을 무시할 수 없으나 그것은 신의칙에 의한 제한으로 대응이 가능할 것이다.

(라) **지상권자 · 임차인의 건물 등 매수청구권** 판례는 지상권자 · 임차인의 건물 등 매수청구권은 이전 소송 판결의 기판력에 의하여 차단되지 아니하므로 표준시 이후에도 행사할 수 있다고 하였다.[472] 생각건대 지상권자·임차인등의 건물 등 매수청구권은 이들이 자기 권원에 의하여 토지에 투하한 자본의 회수수단으로서 상대방이 임차권 소멸을 이유로 한 건물철거·토지인도청구에 대항하여 임차권자에게 주어진 유력한 방어수단이다. 이 매수청구권은 소송목적

471) 대판 2008.11.27. 2008다59230.
472) 대판 1995.12.26. 95다42195.

에 부착된 흠에 근거한 것이 아니며, 건물자체의 효용을 되도록 유지하여야 한다는 정책적 견지에서 인정된 권리이기 때문에 그 행사에 시기를 정하는 것은 적절하지 못하다. 판례가 타당하다.

㈒ **기타** (a) **명의신탁 해지권** 이 경우에는 표준시 뒤의 형성권행사라고 하더라도 그 행사로 인하여 종전의 법률관계에 영향을 미칠 염려가 없으므로 전소판결의 기판력 의하여 차단되지 않는다[473]

(b) **채무변제를 조건으로 하는 별소** 전소에서 피담보채무의 변제로 양도담보권이 소멸하였음을 원인으로 한 소유권이전등기의 회복청구가 기각되었다고 하더라도, 잔존 피담보채무의 변제를 조건으로 소유권이전등기의 회복을 청구하는 것은 전소에서는 채무변제를, 후소에서는 채무변제를 조건으로 하여 그 청구원인을 달리하는 것이므로 후소는, 전소의 확정판결의 기판력에 저촉되지 아니한다.[474]

(c) **상계권** 상계권은 어차피 상계의 의사표시라는 방어방법에 의한 행사가 아니더라도 별개의 소송으로 제기할 수 있어 상계권의 행사에는 기판력이 생기므로(제216조 제2항 참조) 상계권이 있음을 알았든 몰랐든 이를 행사하지 아니하였다가 표준시 이후 행사하더라도 전소 확정판결의 기판력으로 차단되지 않는다.[475]

표준시 이후 형성권행사와 차단효

1. 문제의 소재

- 형성권: 일방적 의사표시로 법률관계를 변동시키는 권리(예: 취소권, 해제권, 상계권, 건물매수청구권, 백지어음 보충권 등)
- 형성권도 채권이므로 소멸시효는 10년
- 쟁점: 전소 판결 표준시 이전에 행사할 수 있었던 형성권을 행사하지 않고 있다가, 표준시 이후에 행사하는 것이 기판력(차단효)에 의해 허용되는가?

2. 개별 권리별 검토

(1) **취소권**

- 판례: 표준시 이후 행사 불가
- 이유: 취소는 표준시 당시 유효하던 법률행위를 무효로 돌리는 것으로, 기판력과 모순됨
- 제척기간 문제: 제척기간(3년 · 10년)은 취소권 행사 보장의 의미가 아니라, 소멸시점을 정한 것에 불과 → 취소권 주장이 기판력의 차단효에 의해 배척되어 소멸한 이상, 상대방으로서는 기간

473) 대판 1978.3.28. 77다2311.
474) 대판 2014.1.23. 2013다64793.
475) 대판 1998.11.24. 98다25344.

경과로 취소권이 소멸한다는 점을 다시 재항변으로 주장할 필요가 없게 됨

- 예외 상황(사기 · 강박이 계속된 경우 등): 재심으로 구제해야

→ 결론: 판례 타당

(2) **해제권**

(a) **이행지체(통상)**

- 판례: 표준시 이후 행사 불가
- 해제권 행사하지 않은 채 표준시 도과 → 상대방 신뢰 보호 및 법적 안정 필요
- 결론: 판례 타당

(b) **이행불능 · 정기행위 · 추완 불가 불완전이행**

- 이 경우에는 최고 없이 해제 가능
- 그러나 이행불능 여부 등은 판결로 확정되기 전까지 불명확한 경우가 많음
- 따라서 일률적 차단은 부당
- 민법 제552조(상대방의 최고권)를 통해 공평 조정 가능

→ 결론: 이행지체와 달리, 표준시 이후 해제권 행사를 일률적으로 차단해서는 안 됨

(3) **백지어음 보충권**

- 판례: 표준시 이후 행사 불가
- 비판: 보충 후 새롭게 어음채권이 발생한 것이므로 전소의 "부존재 확정"과 모순되지 않음
- 상대방의 이중 응소 부담은 신의칙으로 조정 가능

→ 결론: 판례 부당, 표준시 이후 행사 허용해야 함

(4) **지상권자 · 임차인의 건물매수청구권**

- 판례: 표준시 이후 행사 가능
- 이유: 매수청구권은 권원에 기초한 자본 회수수단이자 방어권적 성격
- 시기 제한은 부당하며, 법적 안정 · 기판력과 모순되지 않음

→ 결론: 판례 타당

(5) **기타**

- 명의신탁 해지권: 전소 판결의 기판력과 모순 없음 → 표준시 이후 행사 가능
- 채무변제를 조건으로 한 별소: 전소와 청구원인이 달라 기판력 저촉 없음
- 상계권: 별소로도 행사 가능하므로 기판력 차단 없음

3. 종합 정리

- 표준시 이후 행사 불가: 취소권, 해제권(이행지체 경우), (판례에 따르면) 백지어음 보충권
- 표준시 이후 행사 가능: 해제권(이행불능 · 정기행위 등은 경우에 따라), 백지어음 보충권(학설), 건물매수청구권, 명의신탁 해지권, 조건부 별소, 상계권

□ 핵심정리

결론적으로, 형성권의 성질, 원인사실의 시기, 권리의 정책적 취지 등에 따라 표준시 이후의 형성권

행사 허용 여부가 달라지며, 판례는 취소권·해제권(이행지체) 등은 차단효 인정, 건물매수청구권 등은 예외적으로 허용하는 입장

Ⅲ. 기판력의 객관적 범위

1. 뜻

전소법원의 확정판결이 기판력으로 후소법원의 판단을 차단한다면 그 차단 범위를 어떤 사항으로 할 것인가. 이것이 기판력의 객관적 범위에 관한 문제이다

2. 판결주문의 판단

(1) 소송목적=기판력의 객관적 범위

㈎ 기판력은 판결주문으로 표시한 판단에 관해서만 생긴다. 여기에는 소송목적인 권리관계, 즉 청구에 관해서 판단하는 본안판결에 관한 기판력과, 소송의 적법성, 즉 소송요건의 흠에 관해서 판단하는 소송판결에 관한 기판력이 있다. 원래 민사소송절차에서 어떤 사항을 심판대상으로 할 것인지는 당사자의 처분에 맡기는 처분권주의가 원칙이기 때문에 법원은 당사자가 의식적으로 심판을 구한 분쟁에 대해서 그 종국성(終局性)을 보증할 필요가 있다. 그 필요에 의해서 기판력이 인정되는 것이고 이것은 판결주문에 서 표시한 판단에 관해서 생긴다. 그 결과 후 소 법원은 전소 법원의 확정 판결에 적힌 주문에 포함된 것에 한하여 그와 어긋나는 판단을 할 수 없는 구속을 받는다. 이와 같은 소송목적=기판력의 원칙[476]을 민사소송법은, 「기판력은 판결주문에 포함된 것에 한하여 미친다(제216조 제1항)」고 규정한다. 따라서 기판력의 객관적 범위는 판결서에 적힌 주문(제208조 제1항 2호)에 의하여 정하여지지만, 판결서에 적힌 다른 기재사항, 즉 청구취지 및 상소의 취지(동조 제1항 3호)와 이유(동조 제1항 4호)를 보아야 주문의 적용범위를 잘 알 수 있으므로[477] 청구인용판결의 기판력 범위는 판결주문과 판결이유에 나타난 청구원인에 의하여, 청구기각판결의 기판력 범위는 판결의 주문과 청구취지 및 상소의 취지, 판결이유에 나타난 청구원인에 의하여 정할 수 있어,[478] 결국 기판력의 객관

476) 원래 판결의 주문은 원고의 청구에 대한 법원의 결론을 밝힌 것으로서 원고는 소송목적인 권리 또는 법률관계에 관하여 법원에 판단을 구하였기 때문에 기판력은 소송목적의 존부에 관하여 생기는 것이다.

477) 소송목적의 특정에 관하여 일반적으로 통설이나 판례에 의하면 청구취지와 원인에 의하여, 소송법설에 의하면 청구취지에 의하여 특정되므로 판결서의 기재사항 중에서 청구취지나 판결 이유에 있는 청구원인을 보아야 소송목적을 특정할 수 있다.

478) 이것은 이행소송 및 형성소송의 경우이고, 확인소송의 경우에는 원고승소의 판결의 경우에는 판결주문에 의하

적 범위는 소송목적의 크기와 일치된다고 할 수 있다.

(나) (a) 판결이유 중의 사실인정이나 법률판단에는 기판력이 생기지 않기 때문에 다른 소송에서 동일 사실이나 동일 법률문제가 다툼이 되더라도 별개의 인정과 판단이 가능하다. 예컨대 이자청구에서 원본채권의 존재를 판결이유로 인정하더라도, 뒤의 원본청구에서는 그 원본채권의 존재를 다툴 수 있다. 그러나 원본채권에 관한 확정판결은 이자청구에 대하여 선결관계에 있으므로 원본채권의 존재는 뒤의 이자청구에도 기판력이 미친다.

(b) 그러나 주문에 포함된 판단대상을 특정하기 위해서는, 소송목적이 청구의 취지 및 원인에 의해 특정되는 것과 마찬가지로, 판결이유에 적힌 청구원인 및 그에 대응하는 판단을 살펴볼 필요가 많다. 예를 들어 금전이행청구를 인용하는 판결에서는 주문에 일정 금액의 지급을 명하는 이행명령이 기재된다. 이는 곧 일정한 금전채권의 존재를 인정하는 판단을 의미하지만, 그 권리관계의 성질, 즉 매매계약에서 비롯된 것인지, 소비대차계약에서 비롯된 것인지는 청구원인에 관한 판단 없이는 특정할 수 없다. 따라서 판결이유 중의 판단 자체에 기판력이 인정되는 것은 아니지만, 판결이유에 기재된 청구원인은 소송목적을 특정하고, 나아가 주문에서 판단대상을 특정 하는 기능을 한다.

(c) 소유권이전등기나 소유권이전등기청구권 보전을 위한 가등기가 확정판결에 기초하여 이루어진 경우라도, 그 등기가 채권담보 목적으로 경료된 것이라면, 채무자가 확정판결 이후 채무액을 모두 변제하였음을 이유로 등기의 말소를 청구하는 것은 소송목적이 달라 전소 확정판결의 기판력에 저촉되지 않는다. 또한, 변론종결시를 기준으로 하여 이행기가 장래에 도래하는 청구권이라 하더라도 미리 청구할 필요가 있는 경우에는 장래이행의 소를 제기할 수 있다. 그러나 이행판결의 주문에서 변론종결 이후 일정한 기간까지의 급부의무가 명해졌다면, 기판력은 그 주문에 포함된 기간까지의 청구권 존부에 미치므로 당사자는 그 부분에 관해 별도로 소를 제기할 수 없다.

(2) 소송판결과 제220조 조서의 기판력

(가) **소송판결의 기판력** 기판력은 이미 성립한 판단이 반복되는 것을 금지하는 소극적 작용과 종전의 판단내용을 기준으로 이와 모순되어서는 안 된다는 적극적 작용을 한다. 소극적 작용면에서 볼 때 소송요건의 흠을 이유로 부적법 각하하는 소송판결도 본안판결과 같이 모두 반복을 금지하여야 한다는 점에서 기판력이 인정된다. 이 경우 기판력은 그 판결에서 확정한 소송요건의 흠에 한정해서 생기므로 사실심변론종결 이전에 발생하여 이 흠에 관하여 제출할 수 있었던 사유로 말미암은 주장이나 항변은 기판력으로 차단된다.[479] 따라서 재판권, 소의

여, 원고청구기각의 경우에는 판결주문 및 청구취지에 의하여 정하여진다. 소송법설에 의하면 판결 주문 및 청구취지에 의하여 소송목적의 범위가 정해진다.

이익, 당사자적격 등을 부정한 소송판결에는 이러한 소송요건 흠에 관한 판단의 반복을 금지하는 효과가 생기게 된다. 그러나 소제기행위의 유효요건인 소송능력이나 대리권 등의 흠에 관한 판단은 그 소제기행위의 무효만을 확정할 뿐이다. 따라서 후일 소제기행위의 유효요건을 갖춘 재차의 소제기행위에는 전소 소송요건이 흠에 관한 기판력이 작용될 여지가 없다.[480]

(나) **제220조의 조서** 화해, 청구의 포기 · 인낙을 변론조서나 변론준비기일조서에 적은 때에 그 조서는 확정판결과 같은 효력을 가진다(제220조). 판례[481]는 위 조서들에 대하여 무제한적인 기판력을 인정하고 있다.

(3) * 소송목적의 동일성과 기판력의 객관적 범위

(가) (a) 기판력의 객관적 범위는 소송목적의 크기에 의해 결정된다. 예컨대 부당이득 반환청구 소송에서의 소송목적은 부당이득반환청구권이므로 이를 뒷받침하는 법률상 원인 없는 사유, 즉 계약의 불성립, 취소, 무효, 해제 등 주장은 소송목적을 뒷받침하는 공격방법에 불과하여 그 중 어느 사유 하나를 주장하여 패소하더라도 소송목적 자체가 부정되는 결과가 되어서 그 후에 다른 법률상 원인 없는 부당이득 사유를 주장하는 후소는 이전 부당이득 반환청구 소송의 패소판결 기판력에 저촉되어 허용할 수 없다.[482]

(b) 우리나라의 통설과 판례는 이행소송과 형성소송은 청구의 취지와 원인에 의하여 특정되는 실체법상 권리 또는 법률관계의 주장을 소송목적으로 보므로 실체법상 권리마다 별개의 소송목적이 성립되는데 대하여 확인소송은 청구취지 만으로 소송목적이 특정되므로 확인소송의 청구원인에서 청구취지를 뒷받침하기 위해 내세운 개개의 주장은 공격방어방법에 불과하다는 입장이다. 예컨대 부동산을 증여받은 것을 전제로 조세회피의 목적이 없다는 이유로 증여세 부과처분의 무효확인을 구하는 소를 제기하였다가 패소확정판결을 받은 후 다시 위 부동산을 증여받지 아니하였다고 주장하면서 위 부과처분의 무효 확인을 구하는 경우, 양쪽 소송은 본질적으로 부과처분이 위법하여 무효라는 무효 확인을 구한다는 점에서 동일하고 다만 그 무효를 주장하는 개개의 공격방어방법에 차이가 나는데 불과하여 후소는 전소의 기판력에 저촉되어 기각된다.[483]

(c) 소송목적을 뒷받침하는 공격방어방법은 아무리 달라지더라도 소송목적이 동일한 범위 내에서는 전소판결의 기판력으로 차단되므로 소송목적과 공격방어방법의 차이는 기판력의 객관적 범위를 정하는데 중요한 요소가 된다.

---

479) 대판 2015.10.29. 2015두44288.
480) 대판 2003.4.8. 2002다70181.
481) 대전판 1962.2.15. 4294민상914 등. 학설로서는 호문혁, 661면이 이 입장에 있다.
482) 대판 2022.7.28. 2020다231928.
483) 서울고판 1976.12.3. 75나2883.

(ㄴ) 다음은 개별적으로 문제되는 경우를 검토하였다.

(a) **소유권이전등기청구소송** (i) (ㄱ) 매매를 청구원인으로 하는 소유권이전등기청구소송의 소송목적은 매매를 원인으로 하는 소유권이전등기청구권이므로 그 기판력은 오로지 매매를 원인으로 하는 소유권이전등기청구권이라는 청구권의 존부에만 미치게 된다. 따라서 소유권이전등기청구소송에서 승소하더라도 소송목적이 되지 않는 소유권이라는 물권 자체에는 기판력이 생기지 아니하므로 소유권에 관하여 따로 기판력을 얻기 위해서는 소유권확인판결을 받아야 한다.[484]

(ㄴ) 매매를 청구원인으로 한 소유권이전등기청구사건에서 판결의 기판력이 미치는 객관적 범위는 그 판결의 주문에 포함된 매매를 원인으로 한 소유권이전등기청구권의 존부에만 한정되는 것이고 판결이유에서 설시된 등기청구권의 원인이 되는 매매계약이라는 계약자체의 존부에는 미치지 아니한다.[485] 그러므로 예컨대 피고의 주소를 허위로 기재하여 송달한 결과로 얻은 의제자백판결에 기초하여 매매를 원인으로 한 소유권이전등기를 하여서 소유권이전등기 판결(제1판결)을 얻었는데 피고의 추후보완 항소로 위 판결이 취소되고 원고의 매매계약 사실이 없다고 하여 매매를 원인으로 한 소유권이전등기청구권부존재를 이유로 원고청구기각의 판결(제2판결)이 확정되자, 이를 이유로 피고가 원고를 상대로 제기한 매매계약의 부존재를 이유로 한 소유권이전등기의 말소청구소송에서 피고가 원고의 매수사실을 인정한 경우에 법원이 원고의 위 등기가 실체관계에 부합하는 등기라고 판단하여 피고의 청구기각(제3판결), 즉 종전원고에게 승소판결을 하더라도 이 판결(제3판결)은 소유권이전등기청구권부존재를 이유로 한 종전 원고 청구기각을 한 확정판결(제2판결)의 기판력에 저촉되지 않는다.[486]

(ㄷ) 전소에서 가등기에 기초한 본등기를 명하는 판결이 확정되었다고 하더라도, 그 확정판결의 기판력은 소송목적인 가등기에 기초한 본등기청구권의 존부에만 미치는 것이고 소유권 자체의 존부에는 미치지 아니하므로, 피고가 원고의 가등기가 담보가등기임을 주장하여 원고의 소유권 취득을 부인하는 것은 전소의 확정판결의 기판력에 저촉되지 아니 한다.[487]

(ii) (ㄱ) 확정판결의 기판력은 소송목적으로 주장한 법률관계의 존부에 관한 판단에만 미치고 그 전제가 되는 법률관계의 존부에까지 미치는 것이 아니다. 그러므로 계쟁 부동산에 관한 피고 명의의 소유권이전등기가 원인무효라는 이유로 원고가 피고를 상대로 그 등기의 말소를 구하는 소송을 제기하였다가 청구기각의 판결을 선고받아 확정되었다고 하더라도 그 확정판결의 기판력은 소송목적으로 주장된 말소등기청구권이나 이전등기청구권과 같은 등기청구권

484) 대판 1987.3.24. 86다카1958.
485) 대판 1983.9.27. 82다카770.
486) 대판 1983.9.27. 82다카770.
487) 대판 1997.10.10. 96다36210.

이라는 채권의 부존재에 관해서만 미치는 것이지 그 기본이 된 소유권이라는 물권의 존부에는 미치지 아니한다. 따라서 원고가 비록 위 확정판결의 기판력으로 말미암아 계쟁 부동산에 관한 등기부상 소유 명의를 회복할 방법은 없게 되었다고 하더라도 그 소유권이 원고에게 없다고 확정된 것은 아니며, 등기부상 소유자로 등기되어 있지 않다고 하여 소유권을 행사하는 것이 전혀 불가능한 것도 아닌 이상, 원고로서는 그의 소유권을 부인하는 피고에 대하여 계쟁 부동산이 원고의 소유라는 확인을 구할 법률상 이익이 있다.[488]

(ㄴ) 그 결과 소유권이전등기 말소청구소송에서 패소한 당사자라고 하더라도 그 후 소유권 확인소송을 제기하여 승소판결을 받았다면 그 확정판결에 기초하여 진정한 소유자명의의 회복을 위한 소유권이전등기를 청구할 수 있다.[489] 왜냐하면 소유권이전등기말소청구와 소유권이전등기청구는 모순관계에 있는 것과 같이 보이지만 여기서는 중간의 소유권확인판결을 고려하여 소유권이전등기말소청구와 소유권확인판결, 소유권확인판결과 그 후의 소유권이전등기청구를 구별하여 검토한다면 모순관계는 성립되지 않기 때문이다.

(iii) 시효취득[490] 또는 약정[491]을 청구원인으로 하는 소유권이전등기청구소송(전소)의 소송목적은 시효취득 또는 약정을 원인으로 하는 소유권이전등기청구권이므로 매매를 원인으로 하는 소유권이전등기청구권에 관한 소송(후소)에는 전소판결의 기판력이 미치지 않는다. 같은 이치로 명의신탁해지를 원인으로 하는 소유권이전등기청구의 기판력은 소유권이전등기청구권의 존부에만 미칠 뿐 명의신탁사실의 존부에까지 미치지 아니한다.[492] 또 원고가 "피고는 갑, 을의 점유를 전전 승계한 원고에게 취득시효완성을 원인으로 한 소유권이전등기절차를 이행하라"는 소(전소)를 제기하였다가 그 소송에서 "원고 주장에 의하더라도 취득시효완성 당시의 점유자는 을이므로 그로부터 토지를 매수한 원고가 직접 피고에 대하여 시효취득을 원인으로 한 소유권이전등기절차이행을 구할 수는 없다"는 이유로 청구기각의 판결을 선고받고 그 판결이 확정된 후, 다시 을 이래의 점유를 승계하였음을 이유로 시효취득을 원인으로 한 소유권이전등기절차의 이행을 구하는 경우(후소)에 후소는 위 확정판결의 사실과는 취득시효의 기초가 되는 점유의 주체와 시효완성시기 및 시효취득으로 인한 효과의 귀속자를 달리하는 것으로서 양자를 동일한 소송이라 할 수 없으므로 후소는 전소 확정판결의 기판력에 어긋나지 않는다.[493]

(iv) 어떤 토지에 관한 특정부분의 매매를 청구원인으로 한 소유권이전등기청구권의 소송목적은 그 특정부분의 매매를 원인으로 하는 소유권이전등기청구권이므로 그 판결의 기판력

488) 대판 2002.9.24. 2002다11847.
489) 대판 1992.11.10. 92다22121.
490) 대판 1968.3.19. 68다123.
491) 대판 1996.8.23. 94다49922.
492) 대판 1999.10.12. 98다32441.
493) 대판 1994.2.8. 93다41303.

은 그 특정부분에 해당하는 지분에 대한 소유권이전등기청구에는 미치지 아니한다.[494]

(v) 매매계약의 무효 또는 해제를 원인으로 한 매매대금반환청구에 대한 인낙조서의 기판력은 매매계약에 기초한 소유권이전등기청구 소송에는 미치지 않는다.[495]

(vi) 명의신탁자는 명의수탁자에 대하여 신탁해지를 하면서 신탁관계의 종료를 이유로 소유권이전등기절차의 이행을 청구할 수 있고, 신탁해지를 원인으로 복귀한 소유권에 기초해서도 그와 같은 청구를 할 수 있는데, 이 경우 양쪽 청구는 청구원인을 달리하는 별개의 소송이다.[496]

(b) **계약의 취소를 이유로 한 목적물반환청구소송** 매매계약의 취소를 이유로 한 목적물반환청구소송의 소송목적은 목적물반환청구권이고, 계약취소나 계약해제 등 형성권[497]은 모두 이를 뒷받침하는 공격방법이므로 이 청구의 기각판결이 확정되었다면 다시 계약취소를 계약해제로 바꾸어 소를 제기하여도 목적물반환청구권이라는 소송목적은 변함이 없어 전소확정판결의 기판력이 후 소에도 미친다.

(c) **건물명도 등 청구** (i) 소유권을 청구원인으로 하는 건물명도(또는 건물철거) · 토지인도청구소송의 소송목적은 소유권을 원인으로 하는 건물명도(또는 건물철거) · 토지인도청구권이므로 그에 관한 확정판결의 기판력은 점유권이나 약정을 청구원인으로 한 건물명도(또는 건물철거) · 토지인도청구 소송에 미치지 않는다.[498]

(ii) 건물소유권에 기초한 물권적 청구권을 원인으로 하는 건물명도청구 소송의 소송목적은 건물 소유권이 아니라 물권적 청구권인 건물명도청구권이므로 그 소송에서 청구기각된 확정판결의 기판력은 건물명도청구권의 존부 그 자체에만 미치고, 소송목적이 되지 아니한 건물 소유권의 존부에 관하여는 미치지 아니한다. 따라서 그 건물 명도청구 소송의 사실심 변론종결 후에 패소자인 건물 소유자로부터 건물을 매수하고 소유권이전등기를 마침으로써 그 소유권을 승계한 제3자의 건물 소유권 존부에 관하여는 위 확정판결의 기판력이 미치지 않으며, 이 경우 위 제3자가 가지게 되는 물권적 청구권인 건물명도청구권은 적법하게 승계한 건물 소유권의 일반적 효력으로서 발생된 것이고, 위 건물명도청구 소송의 소송목적인 패소자의 건물명도청구권을 승계함으로써 가지게 된 것이라고는 할 수 없다. 따라서 건물소유권이 있는 제3자는 확정된 위 건물명도청구기각판결의 변론종결 후 승계인이 아니므로 자기의 소유권에 기초하여 다시 건물점유자에 대하여 건물명도 청구를 할 수 있다.[499]

---

494) 대전판 1995.4.25. 94다17956.
495) 대판 2005.12.23. 2004다55698.
496) 대판 2002.5.10. 2000다55171.
497) 모든 형성권은 일반적으로 공격 또는 방어방법이다.
498) 대판 2010.12.23. 2010다58889.
499) 대판 1999.10.22. 98다6855.

(d) **소유권이전등기말소청구소송** (i) (ㄱ) 소유권이전등기말소청구소송의 소송목적은 소유권이전등기청구말소청구권[500]이므로 이에 관한 확정판결의 기판력은 소유권 확인[501]이나 소유권이전등기청구권[502]에 미치지 않는다. 또 소유권에 기초한 방해배제청구권의 행사로서 말소등기청구를 한 전소 확정판결의 기판력은 계약해제에 따른 원상회복으로 말소등기청구를 하는 후 소에 미치지 않는다.[503] 따라서 소유권이전등기 말소청구소송에서 원고가 승소하였다고 하더라도 피고는 소유권부존재확인소송을 제기할 수 있고, 이 소송에서 패소한 원고는 다시 피고를 상대로 소유권존재의 확인을 구할 수 있다.[504]

(ㄴ) 원래 소유권을 양도함에 있어서 소유권에 의하여 발생되는 물권적 청구권을 소유권과 분리하거나, 소유권 없는 전소유자에게 유보하여 제3자에게 대하여 이를 행사하게 한다는 것은 소유권이 절대적 권리인 점에 비추어 허용될 수 없다. 이는 양도인인 전소유자가 그 목적물을 양수인에게 인도할 의무가 있고 그 의무이행이 매매대금 잔액의 지급과 동시이행관계에 있다거나 그 소유권의 양도가 소송계속 중에 있었다 하여 다를 리 없다. 그러므로 일단 소유권을 상실한 전소유자는 제3자인 불법점유자에 대하여 물권적 청구권에 의한 방해배제를 청구할 수 없다.[505]

(ii) (ㄱ) 소유권이전등기말소청구소송의 소송목적은 당해 등기의 말소등기청구권이고, 그 동일성의 식별 표준이 되는 청구원인, 즉 말소등기청구권의 발생원인은 당해 '등기원인의 무효'라 할 것이므로 등기원인의 무효를 뒷받침하는 개개의 사유는 독립된 공격방어방법에 불과하여 별개의 청구원인을 구성한다고 볼 수 없다.[506] 따라서 등기원인무효 사유인 무권대리, 불공정한 법률행위, 문서위조행사, 채무부존재[507] 등은 모두 소송목적인 소유권이전등기말소청구권을 뒷받침하는 공격방법에 불과하다. 따라서 이 청구의 기각판결이 확정된 이후에 등기원인의 무효사유인 무권대리를 불공정한 법률행위로 바꾸어 다시 소를 제기하여도 소유권이전등기말소청구를 기각한 확정판결의 기판력이 후소 청구에 미쳐서 허용되지 않는다.[508]

(ㄴ) **진정등기명의회복을 원인으로 한 소유권이전등기청구소송**[509] ① 진정 등기명의의

500) 대판 1986.8.19. 84다카1792.
501) 대판 1998.11.27. 97다22904.
502) 대판 1995.6.13. 93다43491.
503) 대판 1993.9.14. 92다1353.
504) 대판 1996.12.20. 95다37988.
505) 대전판 1969.5.27. 68다725.
506) 대판 1993.6.29. 93다11050, 1999.9.17. 97다54024 등 참조.
507) 서울고판 1980.3.31. 79나4135.
508) 대판 1980.9.9. 80다1020.
509) 예를 들어 X명의의 A부동산에 관하여 갑이 문서를 위조하여 자기 앞으로 소유권이전등기를 넘긴 다음 다시 순차로 을, 병, 정 이름으로 소유권이전등기가 넘어간 경우에 X가 갑, 을, 병, 정을 상대로 소유권이전등기말소청구소송을 제기하는 것이 아니라 정만 상대로 진정등기명의회복을 원인으로 하여 소유권이전등기를 청구하는

회복을 위한 소유권이전등기청구는 이미 자기 앞으로 소유권을 표상하는 등기가 되어 있었거나 법률에 의하여 소유권을 취득한 자가 진정한 등기명의를 회복하기 위한 방법으로 현재의 등기명의인을 상대로 그 등기의 말소를 구하는 것에 갈음하여 허용된 것이다. 그러므로 말소등기에 갈음하여 허용되는 진정명의회복을 원인으로 한 소유권이전등기청구권과 무효등기의 말소청구권은 어느 것이나 진정한 소유자의 등기명의를 회복하기 위한 것으로서 실질적으로 그 목적이 동일하고 두 청구권 모두 소유권에 기초한 방해배제청구권으로서 그 법적 근거와 성질이 동일하므로 그 소송목적은 실제로는 동일한 것으로 보아야 한다는 것이 판례의 입장이다.[510] 따라서 판례에 의하면 비록 전자는 이전등기, 후자는 말소등기의 형식을 취하고 있다고 하더라도 그 소송목적은 실질상 동일한 것으로 보아야 하므로 소유권이전등기의 말소등기청구소송에서 패소확정판결을 받았다면 그 기판력은 그 후 제기된 진정명의회복을 원인으로 한 소유권이전등기청구소송에도 미친다.[511] 결국 진정등기명의회복을 원인으로 한 소유권이전등기청구소송이나 이전 소송인 소유권이전등기말소청구소송은 모두 소유자의 등기명의회복을 위한 것으로 목적이 같고 소유권에 터 잡은 방해배제청구권으로서 법적 근거 등이 같아 소송목적이 동일하다고 할 것이다. 진정등기명의회복을 원인으로 한 소유권이전등기청구에 관한 판례의 입장은 원인무효의 등기를 정리함에 있어서 여러 사람을 피고로 하지 않고 최후 등기명의자 한 사람을 피고로 할 수도 있다는데 그 의의가 있다.

② 원고가 부동산 전부에 관하여 소유권확인의 승소판결을 받았다고 하더라도 위 부동산에 관한 말소등기가 이루어질 당시 위 부동산 중 208분의 85지분에 관하여만 소유자로 등기되어 있었다고 하면 그 지분을 초과하여 그 부동산 전부에 관하여 진정한 등기명의 회복을 위한 소유권이전등기를 청구할 수 없다.[512]

(e) **중복등기** (i) 동일한 부동산에 관하여 등기명의인을 달리하여 중복된 소유권보존등기가 마쳐진 경우 먼저 이루어진 소유권보존등기가 원인무효로 되지 않는 한 뒤에 된 소유권보존등기는 그것이 실체관계에 부합하는지를 가릴 것 없이 1부동산 1등기용지주의의 법리에 비추어 무효이다.[513] 따라서 선행 보존등기로부터 소유권이전등기를 한 소유자의 상속인이, 후행 보존등기나 그에 기초하여 순차로 이루어진 소유권이전등기 등의 후속등기가 모두 무효라는 이유로 등기의 말소를 구하는 소의 법적성질은, 후행 보존등기 자체가 중복등기로서 무

소송을 진정등기명의회복을 원인으로 하는 소송이라고 한다. 소유권이전등기말소청구소송이나 진정등기명의회복을 원인으로 하는 소유권이전등기청구소송은 결국 A부동산에 관하여 X명의로 소유권을 회복한다는 데 본질을 같이 하고 있다.

510) 대전판 2001.9.20. 99다37894.

511) 대판 2009.1.15. 2007다51703.

512) 대판 1990.12.21. 88다카20026.

513) 대전판 2001.2.15. 99다66915.

효임을 이유로 하는 것이지 후행 보존등기로부터 이루어진 소유권이전등기가 참칭상속인에 의한 것이어서 무효이고 따라서 후행등기도 무효임을 이유로 하는 것이 아니므로 상속회복청구의 소에 해당하지 않는다.[514)]

(ii) 동일한 부동산에 관하여 등기명의인을 달리하여 중복된 소유권보존등기가 마쳐진 경우에 선행 보존등기가 원인무효로 되지 않는 한 후행 보존등기는 실체관계에 부합하는지에 관계없이 무효라는 법리는, 후행 보존등기 또는 그에 기초하여 이루어진 소유권이전등기의 명의인이 당해 부동산의 소유권을 원시 취득한 경우에도 그대로 적용된다. 따라서 후행 보존등기가 무효인 경우 후행 보존등기에 기초하여 소유권이전등기를 마친 사람이 그 부동산을 20년간 소유의 의사로 평온·공연하게 점유하여 점유취득시효가 완성되었다고 하더라도 후행 보존등기나 그에 기초하여 이루어진 소유권이전등기가 중복등기로서 무효인 이상 실체관계에 부합한다는 이유로 유효가 될 수 없으므로 선행 보존등기에 기초한 소유권을 주장하여 후행 보존등기에 터 잡아 이루어진 이전 등기의 말소청구는 정당한 청구이다.[515)]

(iii) 원고가 선행 보존등기로부터 소유권이전등기를 한 소유자의 상속인으로서 피고의 후행 보존등기가 중복등기에 해당하여 무효임을 주장하지 않고, 자신이 진정한 상속인이고 후행 보존등기로부터 상속을 원인으로 이루어진 소유권이전등기의 명의인은 진정한 상속인이 아니므로 그 소유권이전등기는 무효이고 그에 이어 이루어진 소유권이전등기도 무효라고 주장하여 소유권말소등기의 소를 제기하였다가 그 소가 상속회복청구의 소에 해당하여 제척기간이 경과하였다는 이유로 패소 판결이 확정되었다고 하더라도, 원고가 후행 보존등기가 중복등기에 해당하여 무효라는 이유로 말소등기를 구하는 원고의 후소 청구는 패소 판결이 확정된 상속회복청구의 전소와 청구원인을 달리하는 것이어서 전소의 기판력에 저촉되지 않는다.[516)]

(f) **이혼소송 및 이혼을 원인으로 하는 손해배상청구소송** (i) 이혼소송에서 판례[517)]는 민법 제840조에서 정한 각 이혼사유마다 별개의 독립된 이혼청구원인이 되므로 법원은 원고가 주장한 이혼사유에 관해서면 심판하여야 한다고 한다.

(ii) 이혼을 원인으로 하는 손해배상책임에 관하여 판례[518)]는, 이 경우 손해배상책임의 인정 근거는 부정행위 등 이혼의 원인이 되는 개별적 유책행위에 있는 것이 아니라 그로 인하여 혼인관계가 파탄되어 이혼에 이르게 된 데에 있다고 하여 부정행위보다는 혼인 파탄으로 인한 정신적 고통에 중점을 두고 있다. 따라서 원고가 '악의의 유기'를 이혼원인으로 하여 이혼 및 정신적 고통에 대한 위자료소송을 제기하여 승소확정판결을 받은 사람은 혼인파탄으로 인한

514) 대판 2011.7.14. 2010다107064.
515) 대판 2011.7.14. 2010다107064.
516) 대판 2011.7.14. 2010다107064.
517) 대판 1963.1.31. 62다812.
518) 대판 2024.6.27. 2023므16678.

위자료지급을 받은 이상 '악의의 유기'와 별개의 이혼원인인 '부정행위'를 이유로 재차 위자료 청구를 할 수 없다.

(g) **채무부존재확인과 이를 원인으로 한 등기말소청구소송** 채무부존재확인소송의 소송목적은 원고가 주장하는 특정한 권리 또는 법률관계의 부존재이므로 그 청구를 받아들인 인용판결은 그 법률관계의 부존재를 확정시키고 그 청구를 배척하는 기각판결은 그 법률관계의 존재를 확인시킨다. 그런데 판례[519]는 채권 · 채무의 존부에 관한 청구와 그 채권 · 채무를 원인으로 한 등기의 말소청구권의 존부는 별개의 소송목적이 되어 채무부존재확인판결의 기판력은 채무부존재를 원인으로 하는 등기말소청구소송에 미치지 않는다고 한다.

(h) **사해행위취소소송** (i) 금전지급행위를 사해행위로 보아 그 취소를 구하면서 금전지급행위의 평가를 증여 또는 변제로 바꾸는 것은 공격방어방법의 변경이므로 소송목적에는 변함이 없다.[520]

(ii) 채권자취소권의 요건을 갖춘 각 채권자가 자기 고유의 권리에 기초하여 취소 및 원상회복을 구하는 사해행위취소소송은 자기 고유의 권한을 행사하는 것이지 타인의 권리를 대위하여 행사하는 것이 아니다.[521] 따라서 채무자와 수익자가 서로 짜고 판결에 의하여 소유권이전등기를 수익자 앞으로 넘겼다하더라도 채권자는 재심에 의하여 위 소유권이전등기를 명한 판결을 취소하지 않고서도 자기 고유의 권리에 기초하여 채무자와 수익자를 상대로 소유권이전등기의 말소등기청구소송을 제기할 수 있다[522](상대적 소멸설). 사해행위취소소송에서 채권자는 채무자의 대위채권자가 아니기 때문이다.

(i) **공시송달로 확정된 사건** 공시송달로 확정된 판결의 경우에도 동일한 소송목적의 후소에 기판력이 미친다. 따라서 후소를 제기하려면 먼저 공시송달로 확정된 전소 승소 확정판결에 대하여 전소의 소장부본과 판결정본 등이 공시송달의 방법 등에 의하여 송달되어 피고가 책임질 수 없는 사유로 응소할 수 없었던 경우라고 하는 등 공시송달로 판결이 송달되어 이를 받지 못하였다는 적법한 추후보완 항소를 제기함으로써 공시송달로 확정된 승소판결의 기판력을 소멸시켜야 한다.[523]

(j) **이중매매** 부동산을 매수한 자가 소유권이전등기를 하지 않고 있는 사이에 제3자가 매도인을 상대로 제소하여 그 부동산에 대한 소유권이전등기절차이행의 확정판결을 받아 소유권이전등기를 마친 경우 위 확정판결이 당연무효이거나 재심의 소에 의하여 그 판결이 취소되기 이전에는 매수인은 매도인에 대한 소유권이전등기청구권을 보전하기 위하여 매도인을

519) 대판 1980.9.9. 80다1020.
520) 대판 2005.3.25. 2004다10985.
521) 대판 2003.7.11. 2003다19558.
522) 대판 2017.4.7. 206다204783.
523) 대판 2013.4.11. 2012다111340.

대위하여 제3자 명의의 소유권이전등기에 대한 말소를 구할 수 없다.[524] 그러나 이는 매수인이 위 확정판결의 기판력이 미치는 매도인의 권리를 대위 행사하는 경우에 그 기판력에 저촉되는 주장을 할 수 없다는 취지에 불과하므로 매수인이 매도인을 대위하지 아니하고 자기 본래의 권원에 기초한 주장까지 위 확정판결에 어긋나는 것은 아니다.[525]

(k) **인지청구권** 생부(生父)의 인지(認知) 없이 생모에 의해 임의로 생부의 친생자로 출생신고 되었다는 것을 이유로 한 인지무효확인의 확정판결은 생부 스스로 자(子)를 그의 친생자로 인정하여 출생신고를 한 바 없는데도 생모에 의해 그러한 행위를 한 것처럼 가족관계등록부상 기재가 되어 있으니 그 출생신고에 의한 임의인지가 무효임을 확인한다는 것을 심판대상으로 한 것으로서 그 기판력은 생부의 출생신고에 의한 임의인지가 무효라는 점에 국한하여 발생할 뿐이고 생부와 자(子) 사이에 친생자관계가 존재하는지의 여부에 대해서까지 그 확정판결의 효력이 미치는 것은 아니다. 따라서 그 확정판결의 효력은 자와 생부 사이에 친생자관계가 존재함을 전제로 한 재판상 인지를 구하는 청구에는 미치지 아니한다.[526]

(l) **과세처분취소소송과 무효확인소송** 과세처분이란 당해 과세요건의 충족으로 객관적, 추상적으로 이미 성립하고 있는 조세채권을 구체적으로 현실화하여 확정하는 절차이고, 과세처분의 취소소송은 위와 같은 과세처분의 실체적, 절차적 위법을 그 취소원인으로 하는 것으로서 그 심리 대상은 과세관청의 과세처분에 의하여 인정된 조세채무에 관한 과세표준 및 세액의 객관적 존부, 즉 당해 과세처분의 적부(適否)가 심리의 대상이 되는 것이다. 따라서 과세처분취소 청구를 기각하는 판결이 확정되면 그 처분이 적법하다는 점에 기판력이 생기므로 그 후 원고가 다시 이를 무효라고 하여 그 무효확인을 청구할 수는 없다. 그러므로 과세처분의 취소소송에서 청구 기각된 확정판결의 기판력은 그 과세처분의 무효확인을 구하는 소송에도 미친다.[527]

(m) **압류처분으로 인한 압류등기의 무효확인** 지방세법 제28조의 체납처분으로 부동산에 대하여 압류처분을 한 후 압류등기를 마친 경우에 압류등기의 말소를 구하는 것을 압류처분 자체의 무효를 구하는 것으로 볼 수 없다. 또한 압류등기가 말소된다고 하여도 압류처분이 외형적으로 효력이 있는 것처럼 존재하는 이상 그 불안과 위험을 제거할 필요가 있다고 할 것이다. 따라서 압류처분에 기초한 압류등기가 경료 되어 있는 경우에도 압류처분의 무효확인을 구할 이익이 있다.[528]

(n) **배당이의의 소와 부당이득 반환청구** 배당이의의 소는 배당표에 대한 이의 자체를

524) 대판 1988.2.23. 87다카777.
525) 대판 1988.2.23. 87다카777.
526) 대판 1999.10.8. 98므1698.
527) 대판 1996.6.25. 95누1880.
528) 대판 2003.5.16. 2002두3669.

목적으로 하는 소송이지만 그 본안판결은 결국 실체적인 권리의 존부나 순위 등에 의하여 결말이 나게 된다. 따라서 그 본안소송에서 채권의 존재 또는 순위가 판가름 난 뒤에 다시 동일 당사자 사이에서 실체법상 소라고 하는 이유로 이미 판가름 난 채권의 존재나 순위를 다툴 수 있다고 하는 것은 부당하다. 결국 배당이의의 소의 본안판결이 있는 때에는 이의의 대상이 되었던 채권의 존부와 순위 등에 관한 다툼은 종국적으로 해결된 것으로 취급하여 실체법상 소로도 다툴 수 없어야 하므로 배당이의의 소를 제기하여 패소 확정된 자는 다시 동일 당사자에 대하여 부당이득반환청구소송을 제기할 수 없다.[529)]

(o) **계약해지로 인한 손해배상청구** 어느 한 쪽 당사자의 귀책사유에 기인한 계약의 해지를 원인으로 한 손해배상청구사건의 소송목적은 그 해지를 원인으로 한 손해배상청구권이다. 따라서 계약의 해지 사유인 당사자의 귀책사유에 관한 다른 주장은 청구원인을 뒷받침하는 공격방어방법에 불과하다.[530)]

소송목적 동일성과 기판력 객관적 범위

소송유형	소송목적	기판력의 범위	후소 가능 여부
부당이득반환청구	부당이득반환청구권	청구권 존부	동일 청구(원인 달리 주장) 불가
확인소송	권리·법률관계의 존부 확인	청구취지만 특정 → 청구원인은 공격방어방법	동일 확인청구 다시 제기 불가
소유권이전등기청구 (매매원인)	매매원인 이전등기청구권	그 청구권 존부	소유권 자체 확인은 가능, 별도 소제기
소유권이전등기청구 (시효취득/명의신탁)	해당 원인에 따른 이전등기청구권	원인별 청구권 존부	매매원인 청구와 별개 → 후소 가능
가등기 본등기청구	가등기에 기초한 본등기청구권	그 청구권 존부	소유권 자체 다툼 가능
소유권이전등기 말소청구	말소등기청구권	그 청구권 존부	소유권확인청구 등은 별개로 가능
진정명의회복청구 vs 말소청구	모두 소유권에 기초한 방해배제청구권	소송목적 동일	전소 패소 시 후소 제기 불가
계약 취소 / 해제 목적물 반환	반환청구권	그 청구권 존부	취소 → 해제로 바꿔도 동일 후소 불가
해지로 인한 손해배상	손해배상청구권	그 청구권 존부	해지 사유 변경해도 동일 후소 불가
건물명도(소유권 근거)	물권적 청구권(명도청구권)	명도청구권 존부	소유권 자체는 별개, 후소 가능

529) 서울고판 1996.10.15. 96나22947.
530) 대판 2023.2.2. 2022다275311.

소유권확인 vs 명도청구	각기 별개 청구권	각 소송목적별	상호 기판력 미치지 않음
이혼소송	각 이혼사유별 독립 청구권	주장 사유별 심리	각 사유로 개별 심판
이혼 손해배상	혼인파탄으로 인한 손해배상청구권	파탄 책임 여부	혼인파탄책임 1개
채무부존재확인 vs 등기말소	채무존부확인 vs 말소청구권	별개 소송목적	전소 기판력 미치지 않음
채권자취소소송	채권자 고유 권리에 기초한 취소권 취소	원상회복 범위	다른 채권자 다시 소제기 가능
배당이의 소	배당이의	채권의 존부·순위 확정	이후 부당이득반환청구 불가
과세처분취소소송	과세처분의 적법 여부	처분의 적법성	확정후 무효확인소송 제기 불가
공시송달 확정판결	전소 소송목적 동일	소송목적 후소	추후보완항소로만 가능
이중매매	매도인의 이전등기청구권	그 청구권 존부	매수인의 고유 권원주장 가능
인지무효확인	임의인지의 무효	인지 무효 범위	친생자관계 다툼 별도로 가능
중복등기	말소청구권	후행등기의 무효 여부	상속회복청구와 구별됨
압류등기 무효확인	압류처분 무효확인	압류처분의 존부	별도로 무효확인청구 가능

(4) 판결이유 중의 판단

(가) 제216조 제1항 (a) 제216조 제1항은「확정판결은 주문에 포함된 것에 한하여 기판력을 가진다」라고 규정하고 있으므로 판결이유 중의 판단에는 원칙적으로 기판력이 생기지 않는다.

따라서 판결이유에서 인정한 사실,[531] 전제사실, 선결적 권리 또는 법률관계, 항변, 법률판단 등에는 기판력이 작용하지 않는다. 예를 들어 전소인 가등기말소청구소송에서 원고의 패소를 확정하는 판결의 기판력은 가등기말소청구권의 부존재에만 미치고 그 판결이유 중에 표시된 가등기의 효력 유무에 관한 판단에는 미치지 않는다.[532] 상가입점상인들로 구성된 상가운영위원회가 유통산업발전법 제12조에서 정한 대규모점포개설자라고 주장하면서 구분소유자들을 상대로 체납관리비지급 청구소송을 제기하여 승소확정판결을 받았다고 하더라도 그 판결의 기판력은 체납관리비지급 청구권의 존부에만 생기고 그 전제가 되는 대규모점포개설자의 지위에는 미치지 아니하므로 구분소유자들은 상가운영위원회를 상대로 상가관리권부존재

531) 대판 2005.12.23. 2004다55698.
532) 대판 1990.7.10. 89다7443.

를 확인하는 소를 제기할 수 있다.[533] 또 소유권이전등기말소청구의 소에서 소유권의 확인은 소유권의 존부판단의 이유에 그치므로 그 소유권존부 판단에는 소유권이전등기말소판결의 기판력이 미치지 않는다.[534] 전소에서 취득시효완성을 원인으로 한 소유권이전등기청구를 하였다가 그 점유가 타주점유라는 이유로 패소 확정판결을 받은 당사자가 후소에서 그 점유권원과 점유개시의 시기를 달리 주장하는 것은 전소의 변론종결 전에 존재하였으나 제출하지 않은 공격방법을 그 뒤 후소에 제출하여 전소와 다른 판단을 구하는 것에 해당하여 허용될 수 없다.[535]

(b) 기판력이 판결이유 중의 판단에 미치지 않는다는 원칙은 논리필연법칙이 아니며 입법의 소산이라 할 수 있다. 기판력제도가 가장 먼저 정비된 영·미에서는 오히려 판결 이유 중의 판단에 기판력을 미치게 하는 것을 원칙으로 한다. 기판력을 판결주문에 한정시키면, 첫째 당사자에 대하여 그 청구에 관한 결론만을 고려하여 소송활동을 하여도 좋다고 하는 보장을 주고, 둘째 법원으로서도 그러한 당사자의 소송을 수행하는 태도를 계산하여 실체법의 논리적 순서에 꼭 구애받지 않고 결론에 도달하는데 최단거리라고 생각되는 순서에 따라 심리할 수 있게 되어 소송을 자유롭고 탄력적으로 운영할 수 있으며 또 신속하게 결론을 끌어낼 수 있는 장점이 있다. 그러나 판결이유 중의 사실 확정이나 법률판단에 기판력이 생기지 아니하기 때문에 다른 소송에서 같은 사실이나 같은 법률문제가 쟁점이 되더라도 이전 소송과 다른 사실을 인정할 수 있고 다른 판단이 가능하므로 반소나 중간확인의 소에 의하여 이들 사항에 관하여 판결주문에서 판단을 받아놓지 아니하면 심리의 중복을 피할 수 없게 되어 분쟁의 일회적 판단을 이룩할 수 없게 된다.[536]

(나) **제216조 제2항** 제216조 제2항은「상계를 주장한 청구가 성립되는지 아닌지의 판단은 상계하자고 대항한 액수에 한하여 기판력을 가진다」라고 규정하고 있으므로 상계의 항변에 관한 판단은 판결이유 중의 판단이라고 하더라도 기판력이 있다. 상계의 항변에 기판력이 생기려면 상계항변이 실기한 공격·방어방법으로 각하(제149조)되거나, 상계금지(민 제496조, 제492조 제1항 단서), 상계부적상(민 제492조 제1항 본문)을 이유로 배척되어서는 안 된다. 즉, 상계항변에 관한 실질적 판단이 전제된다.

(a) *** 상계의 항변에 관한 판단** (i) 이론적으로 보면 상계의 항변에 관한 판단은 소송목

533) 대판 2011.10.27. 2008다25220.

534) 광주고판 1972.12.12. 72나210.

535) 대판 1995.1.24. 94다28017.

536) 선결적 법률관계를 중간확인의 소나 반소로 미리 확정시키면 이에 기초한 법률관계에서도 기판력이 있지만(예, 소유권의 확인을 받은 다음에 이에 기한 건물명도청구소송을 하는 경우에 소유권 부분에 기판력이 생긴다) 그 반대의 경우에는 기판력이 작용하지 않는다(예, 소유권에 기한 명도청구소송에서 승소판결을 받은 다음에 소유권확인소송을 하는 경우). 따라서 전소판결의 기판력은 소유권에 기한 명도청구권에 생기고 소유권에는 생기지 아니하므로 후소에서 소유권확인을 청구하더라도 패소할 수 있다.

적의 존부를 정하기 위한 판결이유 중의 하나에 불과하다. 따라서 제216조 제2항은 기판력의 범위를 판결주문중의 판단에 한정한다고 하는 제216조 제1항의 예외가 된다.

(ii) 그러나 상계는 소송목적인 권리와는 별개 독립의 채권에 관한 주장을 기초로 하는 것으로서 그 실질은 반대채권에 관한 반소제기와 유사한 성격이 있다고 할 수 있다. 따라서 항변으로 제출되는 경우라고 하더라도 그 판단에 기판력을 인정하는 것이 불합리하지 않다. 뿐만 아니라 상계의 항변은 상대방의 소구채권을 소멸시킨다는 점에서 변제의 항변과 같은 방어방법의 일종이나 상계의 의사표시를 하면 상대방에 대한 반대채권도 같이 소멸된다는 점에서 마치 청구와 같은 구실을 하므로 상계의 항변에 관해서도 기판력이 있다는 것이 부자연스럽지 않다. 다만 여기서의 상계는 민법 제492조 이하의 단독행위로서의 상계를 말하며 상계계약이 아니다.[537)]

(iii) 제216조 제2항에서 「상계를 주장한 청구」라 함은 상계의 항변을 제출한 피고가 그 내용으로 주장하는 반대채권(자동채권)을 가리킨다. 상계 주장의 반대채권 대상이 된 수동채권은 소송목적으로서 심판되는 소구(訴求)채권이거나 그와 실질적으로 동일하다고 보이는 경우(가령 원고가 상계를 주장하면서 청구이의의 소를 제기하는 경우[538)]) 등으로서 상계를 주장한 반대채권(자동채권)과 그 수동채권을 기판력의 관점에서 동일하게 취급하여야 할 필요성이 인정되는 경우를 말한다.[539)] 그러므로 기판력의 관점에서 수동채권과 자동채권을 동일하게 취급하여야 할 필요성이 없는 경우, 예컨대 뒤에서 다시 언급되지만 동시이행항변에 대한 상계항변이나 상계항변에 대한 재항변의 경우에는 기판력이 생기지 않는다. 또, 예컨대 원고의 청구에 대한 방어로써 피고의 상계의 항변이 있었으나 조정이 성립되어 수동채권의 존재에 관한 실질적인 판단이 이루어지지 아니한 경우에는 그 소송절차에서 행하여진 소송상 상계항변은 사법상 효과 까지도 발생하지 않는다.[540)]

(iv) 상계의 항변에 기판력이 인정된다고 하여 그 성질이 항변이라는 방어방법에서 소송상 청구로 변하는 것이 아니다. 그러므로 피고로서는 언제든지 원고의 동의 없이 상계의 항변을 철회할 수 있으며,[541)] 먼저 제기된 소송의 제1심에서 상계의 항변을 제출하여 제1심 판결로 본안에 관한 판단을 받았다가 항소심에서 상계의 항변을 철회하고, 자동채권과 동일한 채권에 기초한 소송을 별개로 제기할 수도 있다.[542)]

537) 대판 2014.4.10. 2013다54390 참조.

538) 예컨대 전소에서 원고의 소구채권으로 물품대금 1,000만원 청구가 승소확정되었는데 피고가 후 소에서 금 600만원의 원고에 대한 물품대금채권을 전소 소구채권에 대한 반대채권으로 상계항변을 주장하면서 청구이의 소를 제기하는 경우를 말한다.

539) 대판 2005.7.22. 2004다17207.

540) 대판 2013.3.28. 2011다3329.

541) 대판 2011.7.14. 2011다23323.

542) 대판 2022.2.17. 2021다275741.

(b) **상계의 항변에서 기판력의 인정범위** (i) (ㄱ) 제216조 제2항에서「상계를 주장한 청구가 성립되는지 아닌지의 판단」이란 표준시에서 반대채권이 부존재하거나, 상계의 항변이 인정되어 반대채권이 소멸하든가의 어느 경우로서 아무튼 표준시에서 반대채권이 부존재하다고 인정되는 판단이다. 따라서 법원이 피고로부터 상계의 항변이 제출되어 그 효과에 관하여 판단할 때에는, 소구채권(또는 수동채권)을 소멸시키는데 필요한 액수의 범위에서 반대채권(또는 자동채권)의 부존재에 관하여 기판력이 생긴다고 풀이하여야 한다. 여기서 만일 상계의 항변에 기판력을 인정하지 않는다면 원고의 청구권 존부에 대한 분쟁이, 다른 소송에서 제기되는 반대채권의 존부에 대한 분쟁으로 변형됨으로써 반대채권의 중복행사에 의하여 원고의 청구권 존부에 대한 전소(前訴)판결이 결과적으로 무의미하게 될 우려가 있고, 상계 주장의 상대방은 상계를 주장한 자가 반대채권을 이중으로 행사하는 것에 의하여 불이익을 입을 수 있게 될 뿐만 아니라, 상계 주장에 대한 판단을 전제로 이루어진 원고의 청구권의 존부에 대한 전소의 판결이 결과적으로 무의미하게 될 우려가 있게 되므로, 이를 막기 위함이다.[543)]

(ㄴ) 한편, 소구채권과 관계없이 반대채권 자체의 부존재를 이유로 상계의 항변을 배척한 경우에는 항변으로 주장한 반대채권의 부존재에 관하여 기판력이 있다. 예를 들어 원고가 피고에 대하여 지급기가 도래한 1,000만 원의 물품대금 청구를 하였는데 피고가 원고에 대하여 지급기가 도래한 600만 원의 대여금채권을 주장하고 상계의 의사표시를 한 경우에 피고가 상계의 항변으로 주장한 600만 원의 대여금채권이 존재하지 않으면 피고의 원고에 대한 600만 원의 대여금채권의 부존재에 기판력이 있다. 이와 같은 경우에 기판력이 생기지 아니한다면 피고는 별소로써 다시 반대채권을 청구할 수 있게 되어 불필요한 분쟁이 거듭될 우려가 있기 때문이다.

(ㄷ) 여기서 상계와 공제를 구별하여본다. 공제는 복수 채권·채무의 상호 정산을 내용으로 하는 채권소멸의 원인이라는 점에서 상계와 유사하다. 그러나 공제에는 원칙적으로 상계적상, 상계 금지나 제한, 상계의 기판력 등 상계에 관한 법률 규정이 적용되지 않는다는 점, 부동산 임대차관계 등 특정 법률관계에서는 일정한 사유가 발생하면 원칙적으로 공제의 의사표시 없이도 당연히 공제가 이루어진다고 보는 점 등에서 공제는 상계와 구별된다. 또한 공제는 상계 금지나 제한과 무관하게 제3자에 우선하여 채권의 실질적 만족을 얻게 한다는 점에서 상계보다 강한 담보적 효력을 가진다. 한편 계약자유의 원칙에 따라 당사자는 강행규정에 반하지 않는 범위에서 공제나 상계에 관한 약정을 할 수 있으므로, 공제나 상계적상 요건을 어떻게 설정할 것인지, 공제 기준시점이나 상계적상 시점을 언제로 할 것인지, 공제나 상계의 의사표시가 별도로 필요한지 등을 자유롭게 정하여 당사자 사이에 그 효력을 발생시킬 수 있다. 또한

---

543) 대판 2005.7.22. 2004다17207.

공제와 상계 중 무엇에 관한 약정인지는 약정의 문언과 체계, 약정의 경위와 목적, 채권들의 상호관계, 제3자의 이해관계 등을 종합적으로 고려하여 합리적으로 해석하여야 한다.[544)]

(ii) 상계의 항변이 배척되는 경우에 그 자동채권 전부가 부존재로 확정되는 것이 아니고 상계로 대항한 액수에 한정되어 부존재가 확정된다. 따라서 그 액수를 넘는 부분에 관해서는 이를 별소로 청구할 수 있다. 반대채권 600만원에서 상계로 대항하여 부존재로 확정된 액수가 400만원이라고 한다면 이러한 경우에 자동채권의 존부에 관하여 기판력이 미치는 범위는 400만원뿐이므로, 부존재로 확정되지 않은 200만원에 관해서는 기판력이 있는 부분과 동일 원인사실에 기인한 경우에도 이를 별소로 청구할 수 있다.[545)] 이것은 원고측의 일부청구에서 채권 전부에 관해서 기판력이 생기는 것과 비교하면 그 결과에 균형이 맞지 않는 점이 있으나 상계의 항변은 판결이유 중의 판단에 그친다는 점에 이유가 있는 것이다.

(iii) 상계의 항변을 받아들여 원고가 청구를 그 범위에서 기각한 경우에는 반대설이 있지만 표준시에 상계에 의하여 소멸하는 반대채권의 부존재와 원고의 소구채권의 부존재 모두에 관하여 기판력이 생긴다. 원고의 소멸된 소구채권과 피고의 소멸된 반대채권의 부존재에 관해서 기판력이 생기지 아니하면, 원, 피고 각자가 소멸된 채권을 소송목적으로 하여 별소를 제기할 가능성이 있기 때문이다. 위의 예에서 원고의 소구채권 중 400만 원과 피고의 반대채권 600만 원 중 소멸하는 400만 원 부분의 부존재가 인정되면 400만 원 부분이 소멸하였다는 부분에 관하여 원고의 소구채권의 부존재와 피고의 반대채권의 부존재에 관하여 기판력이 생기고 나머지 반대채권 잔액 200만 원 부분에 관해서는 판결이유 중의 하나로서 판결주문에 표시되지 아니하므로 잔액 200만 원부분은 그 존재, 부존재가 모두 확정되지 않는다.

(iv) 반대채권이 소구채권을 초과하는 경우(앞의 예에서 소구채권이 600만 원이고 반대채권이 1,000만 원인 경우)에는 상계하자고 대항한 액수에 한하여 기판력이 생기므로(제216조 제2항) 기판력에 의하여 다툴 수 없게 될 반대채권부존재의 액수는 소구채권이 소멸된 범위에 그치고, 소구채권을 초과하는 반대채권의 액수에 대하여서까지 그 부존재의 기판력이 생기지 아니한다(앞의 예에서 반대채권부존재의 기판력은 소구채권 600만원 해당액수이고 반대채권 1,000만원 전부가 부존재가 되는 것이 아니다).[546)] 따라서 반대채권이 부존재한다는 판단에 대하여 기판력이 발생하는 전체 범위는 상계를 마친 후의 수동채권의 잔액을 초과할 수 없다고 보아야 한다.[547)]

(v) 피고가 상계항변으로 2개 이상의 반대채권을 주장한 경우를 본다. 우선, 법원으로서는 그 중 어느 자동채권에 대하여 어느 범위에서 상계의 기판력이 미치는지 판결이유 자체로 당

544) 대판 2024. 8.1. 2024다227699.

545) 대구고판 1969.6.17. 67나536.

546) 이 점에서는 단순한 수량적 가분채권의 일부청구에 관한 확정판결은 잔부청구에도 미친다는 결론의 예외가 될 것이다. 같은 취지: 대판 2018.4.12. 2017다292244.

547) 대판 2018.8.30. 2016다46338.

사자가 분명하게 알 수 있을 정도로 밝혀주어야 한다.[548] 소송은 먼저 특정되어야 심리할 수 있기 때문이다. 다음, 법원이 그중 어느 하나의 반대채권의 존재를 인정하여 수동채권의 일부와 대등액에서 상계하는 판단을 하고, 나머지 반대채권들은 모두 부존재한다고 판단하여 그 부분 상계항변을 배척한 경우에, 수동채권 중 위와 같이 상계로 소멸하는 것으로 판단된 부분은 피고가 주장하는 반대채권들 중 그 존재가 인정되지 않은 채권들에 관한 분쟁이나 그에 관한 법원의 판단과는 관련이 없으므로, 그와 같이 반대채권들이 부존재한다는 판단에 대하여 기판력이 발생하는 전체범위는 위와 같이 상계를 마친 후의 수동채권의 잔액을 초과할 수 없다고 보아야 한다. 이 법리는 피고가 주장하는 2개 이상의 반대채권의 원리금 액수의 합계가 법원이 인정하는 수동채권의 원리금 잔액을 초과하는 경우에도 마찬가지로 적용된다.[549]

(vi) 이때 '부존재한다고 판단된 반대채권'에 관하여 법원이 그 존재를 인정하여 수동채권 중 일부와 상계하는 것으로 판단하였을 경우를 가정하더라도, 그러한 상계에 의한 수동채권과 당해 반대채권의 차액 계산 또는 상계충당은 수동채권과 당해 반대채권의 상계적상의 시점을 기준으로 하였을 것이고, 그 이후에 발생하는 이자, 지연손해금 채권은 어차피 그 상계의 대상이 되지 않았을 것이므로, 위와 같은 가정적인 상계적상 시점이 '실제 법원이 상계항변을 받아들인 반대채권'에 관한 상계적상 시점보다 더 뒤라는 등의 특별한 사정이 없는 한 앞에서 본 기판력 범위의 상한이 되는 '상계를 마친 후의 수동채권의 잔액'은 수동채권의 '원금'의 잔액만을 의미한다고 보아야 한다.[550]

(vii) 상계의 항변에 대하여 기판력이 생기는 것은 청구의 당부를 판단함에 있어서 반대채권의 존부를 실질적으로 판단할 필요가 있는 경우로 한정 된다.[551] (ㄱ) 원고가 반대채권의 존재를 자백한 경우에도 실질적으로 판단할 필요가 있는 경우에 해당한다. 실질적으로 판단할 필요가 없는 경우, 즉 반대채권의 존부와 관계없이 소구채권의 존재가 부정되거나 상계의 항변이 실기(失機)한 공격방어방법으로 각하된 경우 또는 상계가 성질상 허용되지 않거나(민 496조, 민제492조 제1항 단서) 상계부적상(相計不適狀)으로 배척된 경우(민 제492조 제1항 본문)에는 기판력이 생기지 않는다. 이들 경우에는 이전소송에서 반대채권의 존부 자체가 판단되지 아니하여 그에 관한 분쟁이 해결되었다고 볼 수 없기 때문이다. 같은 이유로 상계부적상과 반대채권의 부존재를 택일적 이유로 해서 상계의 항변을 배척할 수 없다.

(ㄴ) 소송상 상계 주장에 대한 기판력은 자동채권의 존부에 관하여 실질적으로 판단을 한

548) 대판 2011.8.25. 2011다24814.

549) 위 대판 2016다46338.

550) 위 대판 2016다46338.

551) 소구채권과 반대채권은 실질적으로 동일하여야 하므로 소구채권으로 반대채권에 관하여 동시이행의 항변권을 행사한 경우에는 상계주장의 판단에 기판력이 생기지 않는다(대판 2005.7.22. 2004다17207, 2020.10.29. 2018다212245 등 참조).

경우에 한하므로, 이러한 실질적 판단이 이루어지지 않는 이상 기판력의 시적 범위에 의한 실권효(차단효)는 인정될 수 없다. 따라서 집행권원이 되는 확정판결의 사실심 변론종결 이전에 별소에서 그 채권에 관하여 소송상 상계의 의사표시가 이루어졌더라도, 해당 확정판결의 사실심 변론종결 이후에 별소에서 소송상 상계의 주장을 받아들이는 법원의 실질적 판단이 이루어짐으로써 그 유동적 상태가 해소된 경우, 이는 특별한 사정이 없는 한 해당 확정판결의 사실심 변론종결 이후에 발생한 사유로 볼 수 있어 적법한 청구이의 이유가 된다.[552)]

(c) **상계의 항변에 관한 취급** (i) 상계의 항변에는 기판력이 있으므로 일반 항변과 달리 취급하여야 한다. 즉 상계항변은 먼저 소구채권의 존재를 확정한 다음 상계의 항변을 판단하여야 하며, 소구채권의 존부를 확정하지 아니한 채 가정적으로 상계의 항변을 받아들여 청구기각을 하여서는 안 된다. 왜냐하면 상계항변은 통상 그 소구채권의 존재가 확정되는 것을 전제로 하여 행하여지는 일종의 예비적 항변이므로 소송상 상계의 의사표시에 의해 확정적으로 그 효과가 발생하는 것이 아니라 당해 소송에서 소구채권의 존재 등 상계에 관한 법원의 실질적 판단이 이루어지는 경우에 비로소 실체법상 상계의 효과가 발생하기 때문이다.[553)]

(ii) 자동채권 부존재의 확정이라고 하는 불이익은 피고에게 부과되므로 변제 등 피고의 다른 항변이 제출되면서 상계의 항변이 예비적 주장으로라도 제출된 경우에는, 법원은 먼저 다른 항변의 성부(成否)에 관해서 판단을 하고, 그레도 소구채권의 존재가 확인되면 그 때 비로소 상계의 항변에 관해서 판단하여야 한다. 그 의미에서 공격방어방법에 관한 판단에 관해서 통상 인정되는 법원의 선택권은 제약된다.

(iii) 상계에 의하여 원고의 청구가 기각되면 피고의 반대채권도 소멸되는데 만약 소구채권이 부존재인데도 그에 대한 판단을 하지 않고 상계의 항변을 받아들인다면 피고는 자기의 반대채권만 이유 없이 상실할 것이다. 따라서 소구채권의 존재를 인정하면서 상계항변을 받아들여 원고의 청구가 기각된 경우에도 피고는 원고의 소구채권이 부존재하다고 다투기 위한 상소할 이익이 있다.

(iv) 상계의 의사표시가 있는 경우에 당사자 사이에서 양쪽 채권은 상계적상 시점으로 소급하여 대등액에서 소멸한 것으로 보게 되므로, 상계에 의한 양쪽 채권의 차액 계산 또는 상계충당은 상계적상 시점을 기준으로 하게 된다. 따라서 그 시점 이전에 수동채권의 변제기가 이미 도래하여 지체가 발생한 경우에는 상계적상 시점까지 수동채권의 지연손해금을 계산한 다음 자동채권으로 그 지연손해금을 먼저 소각(消却)하고 잔액을 가지고 원본을 소각하여야 한다.[554)] 그리고 상계를 주장하면 그것이 받아들여지든 아니하든 상계하자고 대항한 액수에

552) 대판 2025.8.28. 2022다284520.
553) 대판 2013.3.28. 2011다3329 참조.
554) 대판 2005.7.8. 2005다8125 등 참조.

대하여 기판력이 생기므로, 상계의 항변이 이유 있고 언뜻 보아 자동채권의 수액이 수동채권의 수액을 초과한 것이 명백하게 보이는 경우라고 하더라도, 상계적상 시점 이전에 수동채권의 변제기가 이미 도래하여 지체가 발생한 상태라고 인정된다면, 법원으로서는 상계에 의하여 소멸되는 채권의 금액을 일일이 계산할 것까지는 없다고 하더라도, 최소한 상계적상 시점 및 수동채권의 지연손해금 계산일과 이율 등을 구체적으로 특정해 줌으로써 당사자가 자동채권에 대하여 어느 범위에서 상계의 기판력이 미치는지를 판결 이유 자체로 분명하게 알 수 있을 정도까지는 밝혀 주어야 한다.[555]

(v) 상계의 의사표시는 각 채무가 상계할 수 있는 때에 대등액에 관하여 소멸한 것으로 보지만(민 제493조 제2항) 이러한 상계의 소급효는 양 채권 및 이에 관한 이자나 지연손해금 등을 정산하는 기준시기를 소급하는 것일 뿐이고 특별한 사정이 없는 한 상계의 의사표시 전에 이미 발생한 사실까지 소급되지 않는다. 예컨대 원고가 그가 점유 중인 어떤 부동산을 피고에게 대금 1억 원에 매도하면서 대금을 2025.1.1.까지 지급받기로 하였는데 대금 중 5,000만원을 2025.8.31.에도 지급받지 않고 있고, 피고도 위 부동산을 원고로부터 인도받지 못하고 있어 원고는 피고에 대하여 잔대금지급청구권이, 피고는 원고에 대하여 목적물인도 청구권이 있고 양 청구권은 동시이행관계에 있다. 이에 피고는 2025.9.1. 원고에 대해서 종전에 갖고 있던 물품대금 5,000만 원으로 원고의 피고에 대한 매매잔대금을 상계의 의사표시로 소멸시켰다. 그렇다고 하여2025.9.1.까지 존속하던 원고의 목적물인도청구권과 피고의 잔대금지급청구권의 동시이행관계는 소멸되지 아니하므로 2025.1.1.부터 2025.9.1.까지 목적물 인도의무가 이행지체에 빠지게 된다거나 부동산의 점유가 불법점유가 될 수 없는 것이다[556].

(vi) (ㄱ) 소멸시효가 완성된 채권이 그 소멸시효 완성이전에 상계할 수 있던 것이면 그 채권자는 상계할 수 있다(민 제495조). 이것은 당사자 양쪽의 채권이 상계적상에 있었던 경우에 당사자들은 채권 · 채무가 이미 정산되어 소멸하였거나 추후에 정산될 것이라고 생각하는 것이 일반적이라는 점을 고려하여 당사자들의 신뢰를 보호하기 위한 것이다.

(ㄴ) 소멸시효가 완성된 채권이 그 완성 전에 상계할 수 있었던 것이면 채권자는 상계할 수 있는데 이는 '자동채권의 소멸시효 완성 전에 양 채권이 상계적상에 이르렀을 것'을 요건으로 한다. 따라서 임대인의 임대차보증금 반환채무는 임대차 종료된 때에 비로소 이행기에 도달하므로 임대차 존속 중 차임채권의 소멸시효가 완성된 경우에는 소멸시효 완성 전에 임대인이 임대차보증금 반환채무에 관한 기한의 이익을 포기하였다는 등의 특별한 사정이 없는 한 양 채권이 상계할 수 있는 상태에 있었다고 할 수 없다. 그러나 임대차 존속 중 차임이 연체되고 있음에도 임대차보증금에서 연체차임을 충당하지 않고 있었던 임대인의 신뢰와 차임연체 상

555) 대판 2013.11.14. 2013다46023.

556) 대판 2025.5.15., 2024다317332,317349.

태에서 임대차관계를 지속해온 암차인의 묵시적 의사를 감안하면 그 연체차임은 민법 제495조를 유추 적용하여 임대차보증금에서 공제할 수 있다.[557)]

(vii) 매도인의 담보책임을 기초로 한 매수인이나 도급인의 손해배상채권의 제척기간이 지난 경우에도 각각 상대방의 채권과 상계적상에 있는 경우에 당사자들은 채권·채무관계가 이미 정산되었거나 정산될 것으로 기대하는 것이 일반적이므로 그 신뢰를 보호할 필요성이 있다는 점은 소멸시효가 완성된 채권의 경우와 아무런 차이가 없다. 따라서 매수인이나 도급인은 손해배상채권의 제척기간이 지나더라도 상계할 수 있다.[558)]

(viii) **항소심에서 상계의 항변**(제415조 단서) 항소심은 제1심판결을 그 불복 한도에서 바꿀 수 있다. 그러나 항소심에서 처음으로 상계의 항변을 하고 그 주장이 인정될 때에는 예외적으로 불복의 한도를 넘어 판결할 수 있다(제415조 단서). 상계의 항변은 방어방법이지만 기판력이 미치므로(제216조 제2항) 항소심에서 상계항변이 인정되는 경우에 기판력을 관철시키기 위하여 불이익변경 원칙의 예외를 둔 것이다. 예를 들어 원고의 대여금청구소송에서 피고가 변제의 항변을 한 결과 원고의 청구가 일부 기각된 경우에 피고는 불복하지 아니하고 원고 혼자서 항소하였는데 항소심에서 피고가 상계항변을 하여 이를 받아들인 경우에는 비록 원고 혼자서 항소를 하였어도 제1심판결을 취소하여 원고의 청구를 기각하여야 한다. 위의 경우에 불이익변경금지의 원칙에 따라 원고의 항소를 기각하여 제1심판결대로 원고 청구 일부인용판결을 할 수밖에 없다면 피고는 항소심에서 상계로 주장한 반대채권까지 상실하게 되어 부당한 결과가 된다.

(d) **상계의 의사표시를 할 수 없는 경우** 예를 들어 공동저당에 제공된 채무자 소유의 부동산과 물상보증인 소유의 부동산 가운데 물상보증인 소유의 부동산이 먼저 경매되어 매각대금에서 선순위공동저당권자가 변제를 받은 때에 물상보증인은 채무자에 대하여 구상권을 취득함과 동시에 변제자대위에 의하여 채무자 소유의 부동산에 대한 선순위공동저당권을 취득한다. 그 결과 물상보증인 소유의 부동산에 대한 후순위저당권자는 물상보증인이 대위취득한 채무자 소유의 부동산에 대한 선순위공동저당권에 대하여 물상대위를 할 수 있다. 이 경우에 채무자는 물상보증인에 대한 반대채권이 있더라도 특별한 사정이 없는 한 물상보증인의 구상금 채권과 상계함으로써 물상보증인 소유의 부동산에 대한 후순위저당권자에게 대항할 수 없다.[559)] 채무자는 선순위 공동저당권자가 물상보증인 소유의 부동산에 대하여 먼저 경매를 신청한 경우에 비로소 상계할 것을 기대할 수 있는데, 이처럼 우연한 사정에 의하여 좌우되는

557) 대판 2025.3.27. 2024다302217.
558) 대판 2019.3.14. 2018다255648.
559) 대판 2017.4.26. 2014다221777·221784[이 판결의 원심판결인 대전고판 2014.7.25. 2013나11735에 대한 평석은 [116] 참조).

상계에 대한 기대가 물상보증인 소유의 부동산에 대한 후순위저당권자가 가지는 법적 지위에 우선할 수 없기 때문이다.

(e) **상계의 재항변** (i) 피고의 동시이행항변에 대하여 원고가 피고에 대하여 외상 미수대금 채권이 있다는 이유로 다시 상계의 재항변을 하였을 경우에 이 상계의 재항변에 대해서는 상계의 항변과는 달리 기판력이 생기지 않는다.[560] 그 이유는 우선 상계를 주장한 반대채권과 그 수동채권은 기판력의 관점에서 동일하게 취급하여야 할 필요성이 인정되어야 하는데 그 필요성이 없고, 또 상계의 재항변에 기판력이 생긴다면 동시이행항변에 제공된 매매잔대금지급청구권을 행사할 수 없게 되어 동시이행항변에 대해서도 실질적으로 기판력이 인정되는 결과가 되기 때문이다.

(ii) 피고의 소송상 상계항변에 대하여 원고가 다시 소송상 상계의 재항변을 할 수 있는지 문제된다. 예컨대 원고가 피고에 대하여 금 1,000만 원의 물품대금채권을 청구하였는데 피고는 이에 대하여 금 1,000만 원의 대여금채권이 있어 이를 자동채권으로 하여 상계한다고 항변하였고, 이에 대하여 원고는 다시 피고가 원고의 금 1,000만 원의 예금을 횡령하였으므로 이 불법행위로 인한 손해배상청구권을 자동채권으로 하여 상계한다고 재항변하는 경우이다. 이 역시 우선 상계를 주장한 반대채권과 그 수동채권은 기판력의 관점에서 동일하게 취급하여야 할 필요성이 인정되어야 하는데 그 필요성이 없다. 판례[561]는, 이 경우에, 법원이 원고의 소송상 상계의 재항변과 무관한 사유로 피고의 소송상 상계의 항변을 배척하는 경우에는 소송상 상계의 재항변을 판단할 필요가 없고, 피고의 소송상 상계항변이 이유 있다고 판단하는 경우에도 원고의 청구채권인 수동채권과 피고의 자동채권이 상계적상 당시에 대등액에서 소멸한 것으로 보게 될 것이므로 원고의 소송상 상계의 재항변으로써 상계할 대상인 피고의 자동채권이 그 범위에서 존재하지 아니하는 것으로 되어 이때에도 역시 원고의 소송상 상계의 재항변에 관하여 판단할 필요가 없게 된다. 그러므로 이 경우에는 원고가 소구채권 이외에 다른 채권이 있을 때에는 상계의 재항변이 아니라 추가적 변경에 의하여 당해 소송에서 청구하거나 별소를 제기하여야 한다고 하였다. 따라서 소송상 상계의 재항변은 허용할 이익이 없다.

상계의 항변에 관한 판단

1. 기본 원칙

- 일반적으로 상계의 항변 판단은 판결 이유에 해당하므로 기판력 없음(제216조 제1항)
- 그러나 제216조 제2항은 상계 항변에 한해 예외적으로 기판력 인정

560) 대판 2005.7.22. 2004다17207 참조.

561) 대판 2014.6.12. 2013다95964.

2. 상계 항변의 특수성
- 반대채권을 주장하는 방식이 반소적 성격을 지님
- 일정 범위에서 소송상 청구처럼 취급될 수 있음
- 민법상 단독행위로서의 상계에 한정(계약에 의한 공제 아님)

3. 기판력 인정 요건
- 반대채권(자동채권)에 대해 실질적 판단이 이루어진 경우. 사실심변론종결 이후에 별소에서 법원의 실질적 판단이 이루어진 경우에도 청구이유의 사유가 됨(대판 2022다284520)
- 피고의 상계항변이 본안에서 적극적 판단의 대상이 되어야 함

4. 기판력의 인정 범위
- 소구채권을 소멸시키는 데 사용된 자동채권의 액수 범위 내에서만 기판력 인정
- 초과분은 별소로 다시 청구 가능
- 상계 항변이 배척된 경우
  - 반대채권의 부존재 판단이 실질적으로 이루어진 경우에만 그 부존재에 대해 기판력 발생
  - 상계부적상 등 절차적 사유로 각하된 경우에는 기판력 없음
  - 상계의 항변을 받아들여 원고의 청구가 그 범위에서 기각된 경우에 반대채권의 부존재와 원고의 소구채권 부존재에 모두 기판력 생김
- 자동채권이 소구채권을 초과할 경우
  - 소구채권의 범위 내에서만 자동채권의 부존재에 기판력 발생
- 복수의 반대채권 주장
  - 법원은 어떤 반대채권이 어느 범위에서 상계로 받아들여졌는지 구체적으로 판시해야 함
  - 나머지 반대채권의 부존재 판단은 기판력의 범위를 초과할 수 없음

5. 상계 항변의 실무상 취급
- 먼저 소구채권 존재를 판단 → 그 후에 상계 여부를 판단해야 함
- 법원의 선택권 제한
- 상계항변에 대해 실질적 판단을 하게 되는 경우에는 우선적으로 다른 항변부터 판단.

6. 상계의 효과
- 상계적상 시점으로 소급 소멸
- 이자 및 지연손해금 등도 상계충당의 대상이 될 수 있음
- 판결문 명확화 필요
- 상계적상 시점, 지연손해금 발생 여부, 적용 이율 등을 명시해야 함

7. 상계가 제한되는 경우
- 예: 공동저당의 경우 물상보증인에 대한 상계는 후순위저당권자 보호의 관점에 보호차원에서 제한
- 상계 기대가 제3자의 법적 지위에 우선할 수 없음(대판2014다221777,221784)

8. 상계의 재항변

(1) 동시이행항변에 대한 상계의 재항변

- 기판력 없음
- 동시이행 항변권 자체에 기판력 발생 효과를 미칠 수 있으므로 제한됨

(2) **상계 항변에 대한 상계의 재항변**

- 법리상 인정되지 않음
- 이유: 상계로 소멸된 자동채권에 대해 상계의 재항변으로 다시 다툴 실익 없음
- 재항변보다는 청구의 추가적 변경 또는 별소 제기가 바람직

9. 특수상황

- 항소심에서의 상계항변(제415조 단서)
- 항소심에서 처음 상계항변이 인정된 경우에는 불이익변경 금지 원칙의 예외를 인정
- 기판력 관철을 위해 예외적으로 제1심판결보다 피고에게 유리한 판결 가능
- 소멸시효/제척기간과 상계
- 소멸시효 완성된 자동채권도, 상계적상 도달 당시에는 상계 가능(민법 제495조)
- 제척기간 지난 채권도 상계 가능(상계에 대한 신뢰보호 필요성 동일)

□ **핵심정리**

항목	내용 요약
기판력 발생	상계항변이 실질적으로 판단된 경우에만 인정
범위	소구채권 소멸 범위 내의 반대채권(자동채권)에 한정
재항변	인정되지 않음(실익 없음, 기판력 없음)
상계적상 시점	상계효는 소급하나, 과거 사실까지 소급 아님
항소심상계	기판력 보호 위해 불이익변경 원칙 예외 인정

상계항변 이해를 위한 선다형 문제 20

1. 다음 중 상계항변의 법적 성질에 관한 설명으로 가장 옳은 것은?

① 상계항변은 상대방의 동의가 필요한 반소이다.
② 상계항변은 방어방법으로서 독립된 판단이 가능하다.
③ 상계항변은 소송요건으로서 본안판단 이전에 판단되어야 한다.
④ 상계항변은 소송목적이므로 기판력의 대상이 된다. □ 정답: ②

2. 다음 중 상계항변의 요건으로 옳지 않은 것은?

① 자동채권과 수동채권 모두 존재해야 한다.
② 쌍방 동종·동액의 채권이어야 한다.
③ 상계적상 요건이 갖추어져야 한다.

④ 피고만이 상계항변을 할 수 있다. □ 정답: ④

3. 다음 중 상계항변과 기판력의 관계에 관한 설명으로 가장 옳은 것은?

① 상계항변이 기각판결을 받은 경우, 채무자는 별도의 소송에서 다시 상계할 수 있다.

② 상계항변이 인정되어 본소청구가 기각된 경우, 피고가 주장한 상계항변 주장은 기판력의 범위에 포함되지 않는다.

③ 판례에 의하면 상계항변 기각판결은 후소에서 동일한 반대채권에 기한 상계항변의 제출을 금지하는 기판력이 발생한다.

④ 상계항변은 상대방의 동의 없이 분리판결할 수 없으므로 기판력 문제는 발생하지 않는다.

□ 정답: ③

4. 다음 중 상계항변과 기판력의 관계에 관한 설명으로 옳은 것은?

① 상계항변은 기판력 적용 대상이 아니다.

② 상계항변이 인정된 경우, 반대채권의 존부·범위는 기판력 대상이 된다.

③ 상계항변이 기각된 경우 기판력은 발생하지 않는다.

④ 상계항변은 항변에 불과하므로 확정되더라도 후소에서 동일한 항변을 다시 주장할 수 있다.

□ 정답: ②

5. 다음 중 선행판결과 후행 상계항변의 관계에 대한 판례의 입장으로 가장 옳은 것은?

① 선행판결과 모순저촉 판단이 없더라도 후소의 상계항변은 전소의 기판력에 자동적으로 저촉된다.

② 선행판결과 모순저촉 가능성이 있어야 후행 상계항변은 허용될 수 있다.

③ 선행판결의 기판력은 상계항변 여부가 아닌 당사자의 청구 내용에 따라 판단된다.

④ 상계항변은 항변권이므로 기판력 적용 대상이 될 수 없다. □ 정답: ②

6. 다음은 상계항변 이후 제기된 후소에 관한 설명이다. 틀린 것은?

① 상계항변이 인정되면 후소는 이익상실로 부적법하다.

② 상계항변이 기각되면 후소도 기판력 저촉으로 부적법하다.

③ 상계항변이 판단되지 않은 경우 후소는 허용될 수 있다.

④ 상계항변은 반소가 아니므로 후소는 항상 허용된다. □ 정답: ④

7. 다음 중 중복제소금지원칙의 취지로 옳지 않은 것은?

① 모순·중복 판결을 방지하기 위함

② 소송경제 촉진

③ 기판력으로 확정된 법률관계를 존중

④ 당사자에게 선택권 부여 □ 정답: ④

8. 중복제소금지원칙 위반과 관련된 판례 입장으로 옳은 것은?
① 종전 소송에서 판단되지 않은 주장은 항상 새로운 소송으로 제기 가능하다.
② 상계항변에서 주장된 반대채권은 소송목적이 아니다.
③ 상계의 항변판단이 있는 경우 그 반대채권은 독립된 소송목적으로 기판력 발생 가능성이 있다.
④ 상계항변은 주장해도 법원이 판단할 수 없다. □ 정답: ③

9. 상계항변과 반소의 구별기준으로 옳은 것은?
① 재판상 상계를 하기 위해서는 반드시 반소 형식이 필요하다.
② 상계항변은 피고가 원고청구의 소멸을 주장하는 것이고 반소는 피고가 독립된 청구를 제기하는 것이다.
③ 반소는 본안의 항변에 속한다.
④ 상계항변은 법원의 판단 대상이 아니다. □ 정답: ②

10. 판례상 상계항변 기각판결의 기판력 범위는?
① 자동채권·수동채권 모두
② 자동채권의 존재만
③ 수동채권의 존재만
④ 소송목적 전체 □ 정답: ②

11. 다음 중 후소에서 새로운 상계항변이 가능한 경우는?
① 전소에서 기각된 동일 상계항변을 후소에서 반복
② 전소 변론종결 이후 발생한 상계적상 사유 존재
③ 전소에서 상계항변을 했으나 판단 누락
④ 전소에서 상계항변이 인정된 경우 □ 정답: ②

12. 상계항변과 소송목적이론에 관한 설명 중 맞는 것은?
① 상계항변은 독립된 소송목적이다.
② 상계항변은 소송목적이 아니지만 자동채권 판단은 기판력을 가질 수 있다.
③ 상계항변은 반드시 반소로 처리해야 한다.
④ 판결 이유에 나타난 사항은 기판력 대상이 될 수 없다. □ 정답: ②

13. 기판력과 관련하여 본안판단이 없는 경우의 효과는?
① 기판력이 미치지 않는다.
② 기판력이 본안과 동일하게 발생한다.
③ 자동채권 부분에만 기판력이 발생한다.
④ 상계항변이라면 무조건 기판력이 발생한다. □ 정답: ①

14. 상계항변 판단 기준시점은?

① 소 제기 시
② 변론종결 시
③ 판결선고 시
④ 집행력 발생 시 □ 정답: ②

15. 상계항변이 선행확정 판결과 모순저촉 판단이 필요한 이유는?

① 소송목적의 동일성 판단
② 소송요건 심사
③ 기판력 저촉 여부 판정
④ 피고가 청구권을 행사하기 위하여 필요 □ 정답: ③

16. 다음 중 후소 제기가 허용되는 경우는?

① 전소에서 상계항변이 판단되고 부인된 경우
② 전소에서 자동채권의 범위만 판단된 경우
③ 전소에서 상계항변 판단이 없고 변론종결 전 제출이 아니었던 경우
④ 전소에서 상계가 인정된 경우 □ 정답: ③

17. 다음 설명 중 중복제소금지원칙과 상계항변의 관계에 대한 판례 태도로 옳지 않은 것은?

① 상계항변이 기각된 경우 그 반대채권을 독립한 청구로 다시 소송 제기하는 것은 중복제소금지 원칙에 위반된다.
② 상계항변이 인정된 경우 반대채권은 이미 소멸하므로 다시 독립청구를 제기할 수 없다.
③ 상계항변에서 판단된 반대채권은 독립된 소송목적이 될 수 있다.
④ 상계항변은 소송목적이 아니므로 중복제소 문제는 원칙적으로 발생하지 않는다.
□ 정답: ①

18. 상계항변 인정판결의 실체법 효과는?

① 채권소멸
② 자동채권 확정
③ 수동채권 확정
④ 반소청구 인용 □ 정답: ①

19. 다음 중 기판력과 모순되어 허용되지 않는 소송행위는?

① 전소에서 기각된 상계항변을 후소에서 다시 주장하는 경우
② 전소에서 상계가 인정된 반대채권을 별도로 다시 청구하는 경우
③ 전소에서 상계 주장을 하지 않았던 당사자가 후소에서 새롭게 상계항변을 제기하는 경우
④ 변론종결 이후 발생한 상계적상 사실을 근거로 후행소송에서 상계항변하는 경우

□ 정답: ②

20. 후소에서 기판력에 저촉되는 경우 법원의 처리는?
① 기각
② 각하
③ 인용 후 집행정지
④ 이송 □ 정답: ②

(다) 항변　　상계의 항변을 제외하고는 판결이유 중에서 판단되는 동시이행의 항변, 유치권의 항변 등 항변에 대해서는 그것이 판결의 기초가 되어도 기판력이 생기지 않는다. 예를 들어 원고가 피고에 대하여 매매계약에 기초한 건물명도 청구를 하였는데 피고가 매매잔대금이 존재한다고 하여 이에 기초한 동시이행의 항변을 한 경우에 법원에서 이 항변이 받아들여지더라도 매매잔대금의 존부에 대해서는 기판력이 생기지 아니한다.

Ⅳ. 기판력의 주관적 범위

1. 뜻과 당사자

(1) 기판력=상대성 원칙

(가) 확정판결에서 표시한 전소 법원의 판단이 누구를 구속하느냐가 기판력의 주관적 범위의 문제이다. 확정판결은 원칙적으로 당사자에 대하여 효력이 미치므로(제218조 제1항) 전소법원의 이전 소송 당사자는 전소 확정판결의 판단 내용에 반하는 주장을 하여 다툴 수 없다. 이와 같이 기판력은 대립하는 당사자 사이에서만 상대적으로 생긴다(기판력=상대성원칙).[562] 그러나 기판력의 주관적 범위를 당사자에게만 한정하면, 판결의 분쟁해결기능은 매우 좁은 범위로 좁혀진다. 그러므로 당사자 사이의 공평을 고려하여 변론종결한 뒤의 승계인, 절차보장의 필요성이 없는 청구의 목적물을 소지한 사람(제218조 제1항)에 대해서 판결의 효력이 미치도록 하였고, 나아가 당사자가 변론을 종결할 때(무변론판결의 경우에는 판결을 선고할 때)까지 승계 사실을 진술하지 아니한 때에는 변론종결(무변론판결의 경우에는 판결 선고할 때) 이후에 승계한 것으로 추정한다(제218조 제2항). 더하여 소송담당자가 당사자로 된 판결도 소송담당자는 물론 권리관계의 귀속주체인 피 담당자에 대하여서도 실질적인 절차보장을 준다는 이유에서 피 담당자에게 그

562) 동일 당사자가 전소 소송목적과 동일한 소송목적을 후소에서 제기하는 것은 허용되지 않는다(대판 2014.3.27. 2011다49981 참조).

판결의 효력을 확장하였다(제218조 제3항).

(나) 판결의 효력은 크게 기판력, 집행력, 및 형성력으로 나눌 수 있는데 제218조에서 정하고 있는 확정판결의 효력이 기판력에 적용됨은 당연하지만, 집행력에 관해서는 민사집행법 제25조의 특칙이 있고, 형성력은 형성판결의 특유한 것으로서 뒤에서 설명하는 것과 같이 제218조와 별도로 취급한다. 제218조 제4항은 주관적 범위에 관한 규정을 가집행선고에 준용하는데 이것은 가집행선고에 관한 협의의 집행력이 아니라 광의의 집행력을 의미한다.

(다) 제218조의 취지는, 일정한 지위에 있는 법 주체에 대하여 확정판결에서 정하고 있는 소송목적인 권리관계와 모순되고, 또 그 권리관계를 뒤집는 결과가 되는 공격방어방법의 제출을 차단하는데 있다.

(2) 당사자

(가) 민사소송의 판결은 당사자 사이의 분쟁을 해결하기 위한 것이므로 그 효과도 당사자만을 상대적으로 구속한다. 당사자는 처분권주의·변론주의에 의하여 심판 대상이 되는 권리관계를 특정하고 그에 관한 공격방어방법을 자유롭게 선택하여 제출할 기회를 부여받아 소송을 수행하였기 때문에 그 결과에 관하여 스스로 책임을 지는 것이 당연하다. 따라서 그러한 기회를 보장받지 못한 제3자에게 다른 사람들 사이에서 생긴 소송의 기판력을 강요하는 것은 재판을 받을 헌법상 기본권(헌 제27조 제1항)을 침해하여 부당하다.

(나) 그러므로 소송외의 제3자는 물론이고 소송에 관여한 대리인, 보조참가인[563]은 물론 공동소송인 독립의 원칙이 적용되는 다른 통상 공동소송인들에게도 기판력은 미치지 않는다. 따라서 2당사자대립의 통상 소송 에서는 해당 원고 및 피고에 대하여서만 기판력이 미치고, 독립당사자참가 소송과 같이 3당사자 소송구조에서는 원고, 피고, 참가인 모두에 대하여 판결의 기판력이 미친다.

(다) 한편 종중이나 교회와 같은 법인이 아닌 사단이나 재단과 같이 대표자 또는 관리인이 있는 경우에는 그 사단이나 재단의 이름으로 당사자가 될 수 있는데(제52조) 이 경우에는 단체가 당사자이므로 그 대표자나 관리인, 또는 단체의 구성원인 교인 등에게는 기판력이 미치지 않는다.[564]

(라) 지부·분회·지회 등 어떤 법인의 하부조직을 상대로 승소판결을 받은 경우에 그 판결의 집행력은 그 법인의 하부조직에만 미치고 법인 자체에는 미치지 않는다.[565]

---

563) 대판 1988.12.13. 86다카2289.

564) 대판 1978.11.1. 78다1206, 2010.10.23. 2010다58889.

565) 대판 2018.9.13. 2018다231031.

(3) 당사자와 같이 볼 제3자

그런데 기판력의 상대성 원칙을 지나치게 고집하면 많은 노력과 비용을 들여 얻은 판결의 실효성을 확보하기 어려운 경우가 생길 우려가 있다. 그러기 때문에 제218조 제1항은 당사자 이외에도 변론을 종결한 뒤의 승계인(변론 없이 한 판결의 경우에는 판결을 선고한 뒤의 승계인) 또는 그를 위하여 청구의 목적물을 소지한 사람, 다른 사람을 위하여 원고나 피고가 된 사람 등 당사자와 밀접한 관계가 있는 제3자에게 기판력을 미치게 하였다.

2. 변론을 종결한 뒤의 승계인(변론 없이 한 판결의 경우에는 판결을 선고한 뒤의 승계인) (제218조 제1항)

(1) 변론종결 후(무변론판결의 경우에는 판결선고 후) 소송목적인 권리 또는 의무를 승계한 자

㈎ 여기서의 소송목적은 기판력의 객관적 범위에 해당하여야 한다. 그러므로 전소법원의 소송목적이 후소법원의 소송목적과 동일, 모순 또는 선결관계에 있지 아니하여 후소가 전소 기판력의 객관적 범위에 해당하지 않는 경우에는 소송목적의 소송승계가 전소의 변론종결 이후에 이루어졌다고 하더라도 후소의 소송승계인은 전소 기판력의 주관적 범위에 해당되지 않는다.[566] 그러므로 기판력의 주관적 범위에 해당하는지 여부는 먼저 기판력의 객관적 범위부터 따져보아야 한다.

㈏ (a) (i) 변론종결 후(무변론판결의 경우에는 판결선고 후) 소송목적인 권리 또는 의무를 승계한 자란 사실심의 변론종결이후의 승계인을 의미한다. 그 이유는 기판력의 기초가 되는 소송자료·증거자료의 제출이 사실심의 최종 변론종결시까지만 할 수 있어 기판력의 확장을 받은 승계인의 범위도 그 시점을 기준으로 정하여야 하기 때문이다. 예를 들어 대여금 청구소송에서 사실심 변론종결 후 채권의 양수인 또는 채무의 면책적 양수인[567] 등이다.

(ii) 승계인의 전주(前主)는 전소의 원고나 피고를 가리지 않으며 승소자 쪽이든 패소자 쪽이든 불문한다. 승계의 모습도 포괄승계(상속·합병 등), 특정승계(채권양도·채무인수 등)를 구별하지 않으며 승계원인도 임의처분(계약·유증 등)이나 국가의 강제처분(전부명령·경매 등)을 모두 포함한다.

(b) (i) 승계의 시기는 변론 종결 후(무변론절차의 경우에는 판결 선고 후)이어야 하므로 부동산물권변동에 있어서는 등기 등 그 효력발생요건이 변론종결 후(무변론절차의 경우에는 판결

566) 대판 2014.10.30. 2013다53939(평석은 [66] 참조).
567) 대판 2016.9.28. 2016다13482.

선고 후)에 갖추어져야 승계가 된다. 예를 들어 갑과 을 사이에 을이 채무원리금을 정한 기일까지 지급하지 아니할 때에는 을이 갑에게 계쟁부동산에 관하여 가등기에 기초한 본등기절차를 이행하기로 제소전 화해를 한 경우에 갑이 이로 인한 소유권이전등기를 마치기 전에 을로부터 계쟁부동산을 매수한 것으로 하여 소유권이전등기를 마친 병은 변론종결 전에 소유권이전등기를 한 승계인이므로 여기의 승계인에 해당하지 아니한다.[568] 채권양도의 경우에도 채권양도의 합의가 아니라 통지나 승낙 등 대항요건(민 제450조)을 변론종결 이후에 갖추어야 승계가 이루어진다.[569]

(ii) 권리관계의 승계가 조건부로 행하여진 경우에 조건의 성취여부는 승계의 효력이 생긴 시점을 표준으로 정하여야 하므로, 변론종결 이전에 조건부로 법률행위가 행하여졌으나, 변론종결 후에 조건이 성취되었을 때에는 변론종결후의 승계로 취급된다. 그러나 조건부 이행판결과 같이 판결 주문 자체에 조건이 붙어 있는 경우에는 판결 내용에서 정한 조건의 성취시가 아니라 원칙대로 당해 사건의 사실심 변론종결시를 표준으로 승계인의 범위를 정하여야 한다.

(c) 따라서 제1차승계가 표준시 이전에 있었다면 제1차 승계를 계승하는 제2차승계가 표준시 이후에 있어도 제1차 승계인의 승계인에 불과한 제2차승계인은 변론종결후의 승계인에 해당되지 아니하여[570] 기판력이 확장되지 않는다. 그러므로 건물명도사건의 피고 측 제1차 점유승계가 이미 같은 사건의 변론종결 이전에 있었다면 비록 그 제2차 승계가 변론종결 이후에 있었다고 하더라도 제2차 승계인은 변론종결후의 승계인이 아니다.[571]

(다) 제1심 소송계속중인 당사자 중 확정된 판결에서 누락된 당사자는 아직 원심에 계속 중이어서 그에게는 변론종결시기가 도래하지 아니 하였다. 따라서 위 확정판결의 변론종결 이후 누락된 당사자에게 승계인이 있더라도 아직 변론종결시기가 도래하지 아니하였으므로 승계를 이유로 기판력을 주장할 수 없다.[572]

(라) 변론종결 이전의 승계인에 관해서는 기판력이 확장이 문제되지 아니하고 소송승계만 문제된다. 소송승계의 경우에는 당사자의 지위가 이전되어서, 종전 심리에서 제출된 재판자료가 새로운 당사자에 관한 재판자료로 넘겨지므로, 종전 당사자에 의하여 제출된 변론이나 증거조사의 결과는 그대로 승계인에게 미쳐서 기판력의 확장이 아니라 기판력 자체가 미치는 것이다.

568) 대판 1992.11.10. 92다22121.
569) 대판 2020.9.3. 2020다210747.
570) 대결 1967.2.23. 67마55.
571) 부산지판 1986.1.15. 85가합1682.
572) 대판 1977.1.11. 76다2612.

(2) 변론종결 후(무변론절차의 경우에는 판결선고 후)에 당사자적격을 승계한 자

확정판결은 소송목적인 권리관계 또는 선결관계에 있는 권리관계에 관해서 변론종결 후 당사자적격을 승계한 자에게 기판력이 미친다. 예를 들어 변론종결 후 건물명도 청구소송에서 목적 건물을 양수 또는 임차하거나 건물철거소송에서 건물을 양수한 자와 같이 소송목적인 건물명도청구권이나 건물철거청구권과 같은 권리의무 자체를 승계한 것은 아니지만 소송목적을 다툴 수 있는 지위, 즉 당사자적격을 승계한 자, 위 예에서 건물자체를 양수하거나 임차한 자가 승계인이 된다. 그런데 당사자적격은 소송법적으로 추상화된 개념이기 때문에 기판력을 확장하는 범위가 지나치게 확대될 가능성이 있다. 따라서 그 범위를 어떻게 합리적으로 조절할 것인지 문제된다.

㈎ **판례**

(a) **물권적 청구권** (i) 판례[573]에 의하면 소송목적이 대세적 효력이 있는 물권적 청구권일 때에는 변론종결 이후의 승계인에게 기판력이 확장된다. 따라서 원인무효를 이유로 소유권이전등기의 말소를 명하는 판결은 소유권이라는 물권을 근거로 소유권이전등기의 말소를 명하는 물권적 청구권을 기초로 한 것이므로 그 판결의 기판력은 표준시 이후 소유권이전등기를 마친 자,[574] 근저당권설정등기를 마친 자,[575] 경락취득자,[576] 진정명의회복을 원인으로 한 소유권이전등기청구 및 근저당권설정등기 말소청구의 상대방[577] 등에게 미친다. 위 소유권이전등기의 말소를 구하는 소송이 화해권고결정의 확정으로 창설적 효력이 생긴다고 하여 그 법적 성질이 채권적 청구권으로 바뀌지 않는다.[578] 재판상 화해에 의하여 소유권이전등기를 말소할 물권적 의무를 부담하는 자로부터 그 화해성립 후에 그 부동산에 관한 담보권인 근저당권을 설정을 받은 자도 변론종결 후의 승계인에 해당한다.[579]

(ii) 토지소유권에 기초한 물권적 청구권을 원인으로 하는 토지인도청구소송의 소송목적은 토지소유권이 아니라 그 물권적 청구권인 토지인도청구권이므로 그 소송에서 청구기각된 확정판결의 기판력은 토지인도청구권의 부존재에만 미치는 것이고 소송목적이 되지 아니한 토지소유권 자체의 존부에 관하여는 미치지 아니한다.[580] 그러므로 그 토지인도청구소송의 사실심 변론종결 이후에 패소자인 토지소유자로부터 토지를 매수하고 소유권이전등기를 마침으로

---

573) 대판 2003.5.13. 2002다64148.
574) 대결 1963.9.27. 63마14.
575) 대판 1974.12.10. 74다1046.
576) 대판 1975.12.9. 75다746.
577) 대판 2003.3.28. 2000다24856.
578) 대판 2012.5.10. 2010다2558.
579) 대판 1976.6.8. 72다1842.
580) 대판 1984.9.25. 84다카148.

써 소유권을 승계한 제3자의 토지소유권 존부에 관하여는 위 확정판결의 기판력이 미치지 않는다. 이 경우, 제3자가 가지게 되는 물권적 청구권인 토지인도청구권은 적법하게 토지소유자로부터 토지를 매수하고 소유권이전등기를 마침으로써 생긴 토지소유권의 물권적 효력이지 위 토지인도청구소송의 소송목적인 패소자의 토지인도청구권이라는 채권을 승계함으로써 가지게 된 것이 아니므로 제3자는 위 확정판결의 변론종결 이후 승계인에 해당하지 않는다. 그 결과 위 토지의 소유권자인 제3자는 무단 토지점유자를 상대로 다시 토지인도청구소송을 제기할 수 있다.

(iii) 전소가 패소확정판결인 경우에도 변론종결 후 승계인에게 그 패소판결의 기판력이 미친다. 예컨대 원고가 피고 갑을 상대로 소유권에 기초하여 건물철거 및 대지인도청구소송을 제기하였으나, 원고가 대지의 실질적인 소유자가 아니라는 이유로 청구기각의 판결이 선고되어 확정되었다면, 위 패소 확정된 사건의 변론종결 이후에 피고 을이 피고 갑으로부터 위 건물을 매수한 경우 피고 을은 그의 지위를 승계한 변론종결후의 승계인에 해당하므로, 원고가 다시 피고 을을 상대로 소유권에 기초하여 위 건물의 철거와 그 대지의 인도를 청구하는 소송은 위 패소확정판결의 기판력에 저촉된다.[581)]

(b) **채권적 청구권** (i) 채권은 당사자 사이에서만 효력이 있고 제3자에게는 영향이 없다(채권의 상대적 효력). 따라서 소송목적이 채권적 청구권의 성질이 있는, 예를 들어 매매를 원인으로 하는 소유권이전등기청구권과 같은 경우에 전소법원 변론종결 후에 그 목적물에 관하여 소유권등기를 이전받아 물권을 취득한 사람,[582)] 경락취득자[583)] 등은 '변론종결 후의 승계인'이라고 하더라도 그들은 물권자로서 소유권이전등기청구권이라고 하는 채권에 우선하므로 기판력이 미치지 않는다. 같은 이유로 소송목적이 취득시효완성을 원인으로 한 소유권이전등기청구권과 같은 채권적 청구권인 경우에도 변론종결 후에 소유권이전등기를 마쳐 물권을 취득한 승계인에게 기판력이 미치지 아니한다.[584)] 그러므로 이 경우에 채권적 청구권자는 대항할 수 없는 물권 등 제3취득자의 출현을 막기 위해서 미리 처분금지가처분을 해두는 것이다.

(ii) 매매에 기초한 토지인도청구소송의 소송목적은 토지소유권이 아니라 채권적 청구권인 매매에 기초한 토지인도청구권이다. 따라서 원고는 등기를 마친 토지소유자가 아니라 단순한 토지인도청구권자에 불과하므로 그 토지인도청구소송의 사실심변론종결일 이후에 피고인 토지점유자로부터 물권인 토지의 점유권을 승계취득한 제3자에 대하여서는 위 토지인도청구소송의 확정판결의 기판력을 주장할 수 없다. 그러므로 이 경우에 대비하여 토지인도청구권자는

---

581) 대판 1991.3.27. 91다650,667.
582) 대판 1993.2.12. 92다25151.
583) 대판 1971.3.23. 71다234.
584) 대판 1997.5.28. 96다41649.

현재의 토지점유자를 상대로 미리 점유이전금지가처분을 해두어야 점유자를 항정(恒定)할 수 있다.[585)]

(iii) 한국전력공사가 설치한 송전선이 상공을 통과하는 토지의 소유자인 갑이 한국전력공사를 상대로 제기한 부당이득반환청구소송에서 한국전력공사에 송전선의 철거완료시까지 정기금의 지급을 명하는 판결이 선고·확정되었는데, 그 후 위 토지의 소유권을 취득한 을이 갑의 한국전력공사에 대한 부당이득반환청구를 양수하였다는 이유로 한국전력공사를 상대로 부당이득반환을 구하는 경우에, 판례.[586)]는 을의 전소판결 소송목적은 채권적 청구권이므로 이 사건 토지의 소유권을 취득하였다는 사정만으로는 물권자가 채권자의 채권양수인이 될 수 없어 기판력이 미치는 변론을 종결한 뒤의 승계인에 해당하지 않는다고 하여 한국전력공사에 대한 을의 청구를 기각하였다.

(iv) 그러나 채권적 청구권이라 하더라도 제3자에 대하여 주택임대차보호법 제3조 제1항에 의한 대항요건을 갖춘 임차인은 변론종결후의 승계인에 해당하는 변론종결후 임대부동산을 양수한 자에 대하여 임차권을 주장할 수 있다.[587)]

㈏ **변론종결 후 면책적 채무인수** (a) **면책적 채무인수** 전소의 변론종결 또는 판결선고 이후 면책적 채무인수를 한 자에게는 전소 확정판결의 기판력이 미친다. 채무는 동일성을 잃지 않고 구채무자로부터 인수인에게 이전되기 때문이다. 예컨대 체육시설법 제27조 제1항에 따라 양수인은 사업의 인·허가와 관련된 공법상 관리체계뿐만 아니라 기존 회원들에 대한 의무도 승계하게 된다. 이 경우 양도인은 기존 회원들에 대한 의무에서 벗어나게 된다. 따라서 입회계약이 종료되거나 해제·해지로 소멸하였더라도, 체육시설업자와 회원 사이의 약정이나 원상회복에 따른 권리·의무가 남아 있는 이상, 그러한 권리·의무 역시 승계의 대상이 된다.[588)] 따라서 체육시설법 제27조 제1항에 따른 양수인은 변론종결후의 승계인에 해당한다.[589)] 이 경우 원고는 확정판결에 따라 부여받은 승계집행문으로 승계인에게 집행을 하면 되는 것이지 변론종결 후의 승계인을 상대로 다시 소송을 제기할 소의 이익은 없다.[590)]

(b) **병존적 채무인수** 이 경우에 인수인은 원래의 채무와 동일 내용의 새로운 채무를 채무자와 연대하여 부담하므로,[591)] 소송목적인 권리관계의 승계가 인정되지 아니한다. 따라서 병존적 채무인수인은 승계인이 아니므로 변론종결 후 병존적 채무인수가 이루어진 경우에는

585) 대판 1984.9.25. 84다카148.
586) 대판 2023.6.29. 2021다206349.
587) 대판 2022.3.17.2021다210720.
588) 대판 2016.6.9. 2015다222722 참조.
589) 대판 2016.9.28. 2016다13482.
590) 대판 2016.9.28. 2016다13482.
591) 대판 2008.3.13. 2007다54627.

그 채무인수인에게 기판력이 미치지 않는다.

(3) 승계인에게 고유한 이익이 있는 경우

(가) 의의 예를 들어 동산의 선의취득자, 부동산의 시효취득자와 같이. 승계인이 전주(前主)와 다른 자기고유의 이익을 갖고 있는 경우가 있다. 그들에게 절차보장의 기회를 주지 않고 기판력을 확장시켜 그들 고유의 이익을 희생시키는 것은 헌법이 보장하는 재판청구권을 침해하는 것이 되어 부당하다. 따라서 그들에게 소송에서 자기 고유의 이익을 주장할 기회를 주어야 하는데 그 방법에 관하여 실질설과 형식설의 대립이 있다.

(나) 학설

(a) 실질설 이 설은 기판력의 확장여부를 판정하기 위해서는 승계인에게 고유한 권한이 있는가를 실질적으로 심사하여 그러한 권한이 없는 경우에 한정하여 기판력을 승계인에게 확장하여야 한다는 견해이다.[592)]

(b) 형식설 이 설은 표준시 이후의 승계인에게 일단 기판력이 미치는 것으로 추정하되 승계인이 승계에 관하여 자기 고유의 이익이 있으면 승계인으로 하여금 소송으로 이를 주장·입증하게 하여 기판력을 배제할 기회를 주어야 한다는 입장이다.

(c) 결론 양쪽 학설은 심리방법에 차이가 있다. 즉 실질설은 전주(前主)로부터 제3자에게의 승계여부와 제3자의 고유권한 유무를 동시에 심리하여 기판력의 확장여부를 판정하자는 입장이고, 형식설은 이들을 단계적으로 심리하여 먼저 승계여부를 따지고 이어서 고유권한 유무를 심리하자는 입장이다. 이러한 학설의 대립은 뒤에서 설명하는 추정승계인에 관한 제218조 제2항의 규정이 없는 일본에서는 크게 문제되고 있으나 우리나라에서는 일본과 달리 제218조 제2항의 규정으로 형식설이 입법화되어 있다. 따라서 위 학설의 대립은 큰 의미가 없게 되었다.

(4) 추정승계인규정(제218조 제2항)

(가) 취지 제218조 제2항은 당사자가 변론을 종결할 때(무변론판결의 경우에는 판결을 선고할 때)까지 승계 사실을 진술하지 아니한 때에는 변론종결(무변론판결의 경우에는 판결 선고할 때) 이후에 승계한 것으로 추정한다고 규정한다. 이 승계추정 규정은 일본 민사소송법에는 없는 규정으로서. 승계사실을 은폐하여 기판력을 받지 않으려는 당사자를 제재하려는 데 취지가 있다. 즉 승계가 있으면 소송과정에서 그 사실이 밝혀지지 않는 한 일단 변론종결(무변론판결의 경우에 판결을 선고할 때) 이후에 승계가 있는 것으로 추정하여 기판력을 미치게 한 다음

592) 호문혁, 614면.

승계인으로 하여금 변론종결 이전에 승계하였다고 주장·입증하게 하여 제218조 제2항의 추정을 깨뜨리게 한다는데 의미가 있다. 앞의 형식설에 부합된다고 하겠다.

(나) **판례** (a) 판례[593]는, 제218조 제2항의 법 규정을 충실하게 해석하여, 변론종결 이전의 승계사실이 입증되면 확정판결의 기판력이 그 승계인에게 미치지 아니한다는 것으로 해석되므로, 종전 확정판결의 기판력을 배제하기를 원하는 당사자 한 쪽이 변론종결 이전에 당사자 지위의 승계가 이루어진 사실을 입증한다면, 종전소송에서 당사자가 그 승계에 관한 진술을 하였는지 여부와 상관없이, 그 승계인이 종전 확정판결의 기판력이 미치는 변론종결 후의 승계인이라는 제218조 제2항의 추정은 깨어진다고 판시한다.

(b) 예컨대 피고가 소외인을 상대로 제기한 소유권이전등기말소청구 소송은 1998.6.11. 변론이 종결된 후 패소판결이 선고되어 확정되었는데 원고는 위 소송계속 중 소외인으로부터 이 사건 토지를 증여받고 그 변론종결 이전인 1997.12.11. 원고 명의로 소유권이전등기를 마쳤다는 사실을 증명한다면, 원고는 전소의 변론종결일인 1998.6.11. 이전인 1997.12.11. 소유권이전등기를 마쳤으므로 원고에 대한 제218조 제2항의 추정은 깨어져서 위 확정판결의 기판력은 원고에게 미치지 않는다.

3. 청구의 목적물을 소지한 사람(제218조 제3항)

청구의 목적물이란 특정물인도청구의 대상이 되는 동산 또는 부동산을 말한다. 소지한 사람이란 물건 본래의 효용에 기초한 사용가치나 교환가치를 향수(享受)할 권한이 없고 고유한 이익이 있는 본인을 위하여 오로지 목적물을 소지하는 사람에 한정된다. 청구의 목적물을 소지한 사람에 대하여도 기판력이 확장된다.

(1) 청구의 목적물을 소지한 사람의 범위

(가) 청구의 목적물을 소지한 사람이란 예컨대 수취인, 관리인, 또는 동거인·가족 등이다. 관리인의 예로서는 계약에 따른 관리인 이외에 부재자의 재산관리인(민 제22조 이하), 상속재산관리인(민 제1053조) 및 강제관리인(민집 제166조) 등이 있다. 소지한 사람을 위와 같이 풀이한다면 그 실체법적 지위는 본인에 의존되기 때문에 특정물 인도청구가 물권적인가, 채권적인가, 소지하는 시기가 변론종결(무변론판결의 경우에는 판결의 선고) 이전인가 이후인가를 가릴 필요가 없다.

(나) 특정물인도청구소송에서 본인을 위하여 그 대상이 되는 목적물을 소지하는 사람은 자

593) 대판 2005.11.10. 2005다34667,34674.

기를 위하여 목적물을 소지하는 사람이 아니기 때문에 본인이 소송에서 절차보장을 받았다면 이들에게 따로 절차보장을 해 줄 필요가 없어, 이들에게 기판력이 미치더라도 소지한 사람의 이익을 해치지 않는다. 소지자가 만약 물건의 사용가치나 교환가치를 향수하기 위하여 목적물을 소지하는 경우(예컨대 임차인이나 질권자 등)에는 목적물을 소지할 수 있는 자기 고유의 실체법적 이익을 갖고 있으므로 기판력이 확장되지 않는다.

(다) **점유이전금지 가처분과의 관계** 점유이전금지 가처분이 집행된 뒤에 제3자에게 점유가 이전된 경우의 문제이다. 2개의 경우로 나누어 살피는 것이 편리하다.

(i) **가처분이 집행된 이후에 매매나 임대차 등의 승계에 따라 가처분 채무자로부터 점유를 이전받은 제3자** 이 제3자는 가처분채권자에 대한 관계에서 당사자 항정의 효력으로서 민사집행법 제31조 제1항에서 정한 '채무자의 승계인'이라고 할 것이므로 '청구의 목적물을 소지한 사람'으로서 가처분점유자의 지위에 있다고 보아야 할 것이다. 따라서 이 경우에 제3자는 정당한 점유권원을 가진 채권자에게 대항할 수 없어 본안판결의 기판력 및 집행력이 미치기 때문에 가처분채권자는 제3자에 대하여 본안판결의 집행단계에서 승계집행문을 부여받아 제3자의 점유를 배제할 수 있다.[594)]

(ii) **가처분이 집행과 관계없이 독자적으로 점유를 취득한 제3자** 제3자는 민사집행법 제31조 제1항에서 정한 '채무자의 승계인'이 아니므로, 본안판결의 기판력과 집행력이 그에게는 미치지 않는다. 따라서 특별한 사정, 즉 제3자가 실제로는 가처분채무자로부터 점유를 승계받고도 점유이전금지 가처분의 효력을 회피하기 위해 채무자와 통모하여 점유침탈을 가장한 경우가 아니라면, 가처분채권자는 제3자를 상대로 별도로 인도단행가처분을 신청해야 한다.[595)]

(2) 목적물의 명의상 점유자 및 소유자

인도청구의 집행을 면할 목적으로 집행당할 피고로부터 가장(假裝)하여 허위로 양수를 받은 점유자 및 등기명의인 같이 목적물의 명의상 점유자 및 소유자는 정당한 승계인이 아니라 피고를 위하여 '청구의 목적물을 소지한 사람'으로 풀이할 수 있다. 그 이유는 이 경우에 승계인에게 하는 목적물양도는 통정허위표시로서 승계인에게 고유한 이익이 없기 때문이다. 따라서 정당한 권원자가 받은 확정판결의 기판력은 이들에게 미친다.

---

594) 대판 1999.3.23. 98다59118.
595) 대판 2015.1.20. 2012다111630.

4. 소송을 담당한 경우의 이익귀속주체자(제218조 제3항)

(1) 원칙

(가) 다른 사람을 위하여 당사자로서 소송을 수행한 사람, 즉 소송담당자가 받은 확정판결의 효력은 그 권리의무의 귀속주체인 본인에게도 미친다(제218조 제3항). 이 경우 당사자는 소송목적에 관해서 본래의 당사자적격이 있는 타인에 갈음하여 소송수행을 할 수 있는 당사자적격이 인정되는 소송담당자이다. 그 자를 당사자로 한 확정판결의 효력(기판력)이 본래의 당사자인 본인에게 미치는 것이다.

(나) 담당자를 당사자로 한 판결의 효력이 본인에 대하여 확장하는 근거는, 당사자인 소송담당자는 본인의 수권에 의하여(임의적 소송담당), 또는 법정의 권한에 의하여(법정 소송담당) 본인의 권리관계에 관한 실체법상 관리처분권을 갖고 있기 때문이다.

여기서 임의적 소송담당에 관해서는 당사자의 소송수행권이 본인에 의한 수권에 근거하기 때문에 기판력이 확장하는데 대해 다른 견해가 없으며, 법정소송담당에 관해서도 본인은 자기의 권리관계에 관하여 소송담당자가 한 실체법상 처분에 복종해야 하므로 그 처분의 효과에 대응하는 판결의 효력에 복종하더라도 실체법적 이익을 침해당하는 바가 없다. 그리하여 파산재단에 관한 소송에서 파산관재인(채무자회생 제359조)이 받은 판결은 파산자에게, 유언집행자(민 제1101조, 민 제1103조)가 받은 판결은 상속인에게, 선정당사자(제53조)가 받은 판결은 선정자에게 각각 그 효력이 미친다. 문제는 채권자대위소송(민 제404조)이나 추심소송(민집 제238조)과 같이 소송담당자가 원칙적으로 관리보전기능만 있지 처분권능이 없는 경우이다.

(2) 채권자대위소송[596)]

(3) 채권자추심소송[597)]

기판력의 주관적 범위(제218조)의 핵심 구조

□ 기판력의 주관적 범위 - §218 제1항

- 확정판결의 효력이 누구에게 미치느냐(=기판력 확장 대상)에 관한 규정
- 기판력 확장의 대상자: 변론종결 뒤의 승계인
- "사실심 변론종결 이후" 또는 "무변론절차에서는 판결 선고 이후"에 권리·의무나 당사자적격을 승계한 자

▶ (1) 권리·의무를 승계한 자

- 사실심 변론종결 후 채권·물권 등 소송목적의 권리·의무를 실체법적으로 승계한 자

596) [42]5.(가) 참조.

- 포괄·특정승계, 임의·강제승계 모두 포함
- 예: 채권양도인으로부터 채권을 양수한 자, 면책적 채무를 인수한 자, 상속인, 합병법인 등

□ 기판력 확장의 전제

반드시 기판력의 객관적 범위(소송목적 동일, 모순, 선결) 안에 있어야 함

□ 주의

- 제1차 승계가 변론종결 전이면, 그 이후의 제2차 승계인은 기판력 미확장
- 변론종결시는 등기·대항요건을 기준으로 시점 판단

▶ (2) 당사자적격을 승계한 자

권리·의무 자체는 ×, 소송에서 다툴 수 있는 자격만 승계한 경우

예: 건물명도 소송에서 건물의 양수인이나 임차인 등

□ 물권적 청구권 → 기판력 ○

□ 채권적 청구권 → 기판력 ×

(단, 주택임차권자 등 예외 ○)

▶ (3) 승계인에게 고유한 이익이 있는 경우

- 예: 선의취득자, 시효취득자
- 이들은 전주와는 독립적인 권원을 갖기 때문에 기판력 미적용되어야 함
- 학설
  - 실질설: 고유이익 존재 여부를 실질적으로 판단
  - 형식설: 일단 기판력 미치나, 고유이익 입증하면 배제
- 한국은 형식설을 입법화 → 제218조 제2항
- 18조 제2항 – 추정승계인 규정
- "변론종결까지 승계를 진술하지 않으면, 이후 승계한 것으로 추정"
- 기판력 은폐 방지 목적
- 반증 가능: 변론종결 전 승계를 입증하면 추정 깨짐 → 기판력 ×
- 청구의 목적물을 소지한 자(§218조 제1항)
- 특정물 인도청구 대상물(동산·부동산)을 본인을 위해 소지하는 자
- 예: 관리인, 가족, 수취인 등

□ 본인에게 기판력이 미쳤다면, 그 소지인에게도 기판력 확장

□ 자기고유의 권원(예: 임차권, 질권)이 있으면 기판력 ×

□ 점유이전금지가처분과의 관계

- 가처분 이후 점유자
  (i) 채무자로부터 점유를 승계받은 자 → 기판력 ○
  (ii) 독자적으로 점유 취득한 자 → 기판력 ×
- 담당자의 본인에게 기판력 확장(§218조 제3항)
- 소송을 수행한 담당자에게 확정판결이 선고된 경우, 그 기판력은 실질적 본인에게 미침

□ 임의적 소송담당, 법정 소송담당 모두 해당

□ 예

- 파산관재인 → 파산자
- 유언집행자 → 상속인
- 선정당사자 → 선정자
- 채권자대위소송·추심소송 등도 포함 가능성
- 결론: 기판력 확장 여부 판단 흐름
- 기판력 객관적 범위(동일, 모순, 선결) 해당하는가?
- 표준시(사실심 변론종결시 or 판결선고시) 이후 승계했는가?
- 물권적 청구권인가, 채권적 청구권인가?
- 고유한 권원/이익이 있는가?
- 제218조 제2항에 따른 추정이 깨어졌는가?
- 소송담당자 판결의 효과가 본인에게 확장되는가?

항목	기판력 확장 유무	비고
물권적 청구권	○	소유권, 말소청구 등
채권적 청구권	×	매매에 기초한 인도 등
면책적 채무인수	○	동일 채무 인수
병존적 채무인수	×	새 채무 발생
고유이익 있는 승계인	×	시효취득, 선의취득 등
청구목적 소지자(고유이익 ×)	○	본인 소송으로 충분
소송담당자 → 본인	○	임의·법정 모두 포함

5. 소송탈퇴자(제80조, 제81조, 제82조)

제3자가 독립당사자참가(제79조), 승계참가(제81조) 또는 소송인수(제82조)로 당사자가 되어 소송에 가입하였을 경우에 종전 당사자는 그 소송에서 탈퇴할 수 있는데 그 뒤에 제3자와 상대방 당사자 사이의 판결은 탈퇴자에 대하여도 기판력이 미친다(제80조 단서, 제82조 제3항).

6. 일반 제3자에게 확장

민사소송은 대립하는 당사자 사이의 분쟁을 그들 사이에서 상대적으로 해결하면 충분하

597) [42]3.(가)(b) 참조.

지만 가족관계, 단체의 법률관계에서도 상대성 원칙을 관철하면 이해관계인의 법률생활에 혼란을 일으킬 우려가 있다. 그리하여 판결의 효력을 일정범위의 제3자 또는 일반 제3자에게 확장하여 법률관계를 획일적으로 처리하게 된다. 그러나 일반 제3자에 대한 확장은 법률의 근거가 있어야 한다.

(1) 일정한 이해관계인에게 확장되는 경우

일정한 이해관계인에게 확장되는 경우로서 파산채권확정소송이 파산채권자 전원에게 미치는 경우(채무자회생 제468조 제1항), 회생채권 또는 회생담보권확정소송의 판결이 회생채권자, 회생담보권자, 주주, 지분권자 전원에게 미치는 경우(채무자회생 제176조 제1항) 등이 있다.

(2) 가사판결의 제3자에 확장

혼인 · 친생자 · 입양 등 가족관계를 다루는 가사소송에서는 가류 사건과 나류 사건의 청구를 받아들인 인용판결의 기판력은 일반 제3자 모두에게 미치고(가소 제21조 제1항), 그 청구를 배척한 판결은 제3자가 그 소송에 참가하지 못한 데 대한 정당한 사유가 없을 때만 미치므로(가소 제21조 제2항) 청구기각판결의 경우에 제3자가 소송에 참가하지 못한 정당한 사유가 있을 때는 판결의 효력이 확장되지 않는다. 이는 원 · 피고의 통모로 제3자가 불이익을 받는 것을 막기 위한 것이다.

(3) 회사관계소송의 제3자에 확장

회사관계소송의 판결은 제3자에게 미치지만 청구인용판결에 한정되며, 청구기각판결은 소극적 확인판결에 불과하여 당사자에게만 미친다(상 제190조, 제328조, 제376조, 제380조, 제381조, 제430조, 제446조).

[87] 제6. 기판력과 관련된 다른 효력

1. 집행력

(1) 뜻

집행력은 두 가지 의미가 있다. 좁게는 재판에서 명한 이행의무를 강제집행에 의하여 실현할 수 있는 효력을 말한다. 흔히 집행력이라고 하면 이 의미이다. 이러한 집행력은 판결 가운데에서 이행판결에만 생기며 판결의 확정을 기다려 발생하는 것이 원칙이나 법원은 가집행선고에 의하여 판결이 확정되기 이전에도 집행력을 부여할 수 있다.

넓게는 강제적인 집행이 아니고서도 판결의 내용에 적합한 상태를 실현할 수 있는 효력을 말한다. 예를 들어 확정판결에 터 잡아 가족관계부 기재의 경정, 각종 등기의 말소·변경을 신청할 수 있는 것들이다. 광의의 집행력은 이행판결에 한하지 않고 확인판결·형성판결에도 인정된다.

(2) 집행력 있는 재판

이행판결과 같이 이행의무를 기재하여 그 의무에 관하여 강제집행을 할 수 있는 문서를 집행권원이라 한다.

(가) 판결로써 협의의 집행력이 생기는 집행권원은 이행판결뿐이다.

(나) 판결이 아니더라도 확정판결과 같은 효력이 있는 각종 조서, 집행증서, 항고로 불복을 신청할 수 있는 결정·명령, 형사배상명령 등에도 집행력이 인정된다.

(3) 집행력의 범위

(가) 집행력의 시적 범위, 객관적 범위, 주관적 범위 대체로 기판력에 준한다.

(나) (i) 변론종결 후 승계인의 강제집행에 관한 취급도 원칙적으로 제218조 제2항의 규정에 의한다. 그러므로 판결에 표시된 채무자의 승계가 법원에 명백한 사실이거나 증명서로 승계를 증명한 때에는 제218조 제2항의 추정규정에 의해서 채무자의 승계인에 대한 집행을 위하여 재판장의 명령에 따라 승계집행문을 내어 줄 수 있다(민집 제31조, 제32조).[598] 그런데 이 승계집행문부여에 대하여 채무자의 승계인인 원고가 채무자 지위의 승계를 부인하면서 다투는 경우에는 승계집행문부여에 대한 이의의 소를 제기할 수 있는데(민집 제45조), 판례[599]는 승계집행문부여의 요건인 「집행권원에 표시된 당사자에 관하여 실체법적인 승계사실」에 대한 입증책임은 승계를 주장하는 채권자인 피고에게 있다고 하였다.

(ii) 변론종결 후 승계인의 강제집행에 관한 판례의 태도는, 승계집행문부여에 대한 이의의 소에서의 입증책임을 채무부존재확인의 소와 유사하게 취급한 것이다. 즉 채무부존재확인의 소에서 원고가 채무부존재 사실을 입증할 책임이 있는 것이 아니라, 오히려 채무의 존재를 주장하는 피고가 그 존재를 입증해야 하는 것처럼, 승계집행문 사건에서도 승계를 부인하는 측이 아니라 승계를 주장하는 측이 승계 사실을 입증할 책임을 부담한다는 것[600]으로서, 구체

---

598) 이는 형식설의 입장이기도 하다. 만약 실질설에 의한다면 채무자의 승계인인 원고가 민집 제33조에 따라 집행문을 내어 달라는 집행문부여의 소를 제1심 법원에 제기할 수 있을 것이다.

599) 대판 2016.6.23. 2015다52190.

600) 강현중, 「승계집행문 부여에 대한 이의의 소에서 '승계'에 대한 입증책임」(법률신문. 2017.8.1.자).

적으로 승계에 대한 입증책임을 승계인에게 부담하게 함으로써 실질설의 입장을 존중한다고 할 수 있다.

(다) **집행력의 승계** 법률에 승계규정이 있으면 이에 따라 집행력은 당연히 승계된다. 예컨대 주택임대차보호법 제3조 제4항은, 그 제1항이 정한 대항요건을 갖춘 임대차 목적이 된 임대주택의 양수인은 임대인의 지위를 승계한 것으로 본다고 규정하고 있다. 이것은 법률상 당연승계 규정으로 보아야 하므로, 임대주택이 양도된 경우에 그 양수인은 주택 소유권과 결합하여 임대인의 임대차 계약상 권리·의무 일체를 그대로 승계하며, 그 결과 양수인이 임대차보증금반환채무를 면책적으로 인수하면 양도인은 임대차관계에서 탈퇴하여 임차인에 대한 임대차보증금반환채무를 면하게 된다.[601]

(4) 집행정지

(가) **뜻** 판결의 확정 또는 가집행선고에 기초한 집행력에 터 잡아 강제집행이 실시되면 이에 대한 불복수단이 없는 경우에는 뒤에 원심재판이 취소되더라도 그 회복이 불가능할 우려가 있다. 그러한 이유로 집행력을 임시로 정지하는 집행정지제도가 존재한다.

(나) **유형**

(a) **재심 또는 상소의 추후보완신청으로 말미암은 집행정지**(제500조 제1항) 이 경우 불복하는 이유로 내세운 사유가 법률상 정당한 이유가 있다고 인정되고 그 사유에 대한 소명이 있는 것을 요건으로 하여 법원은 당사자의 신청에 따라 담보를 제공하게 하거나 담보를 제공하지 아니하게 하고 강제집행을 일시 정지하도록 명할 수 있으며, 담보를 제공하게 하고 강제집행을 실시하도록 명하거나 실시한 강제처분을 취소하도록 명할 수 있다.

(b) **상소의 제기 또는 변경의 소제기로 말미암은 집행정지**(제501조) (i) 위의 요건과 절차에 따라 가집행선고가 붙은 판결에 대하여 상소를 한 경우(제501조) 또는 정기금의 지급을 명한 확정판결에 대하여 제252조 제1항의 규정에 따른 정기금판결 변경의 소를 제기한 경우에 법원은 재심 또는 상소의 추후보완신청으로 말미암은 집행정지에 관한 제500조의 규정을 준용하여 불복의 이유로 내세운 사유가 법률상 정당한 이유가 있다고 인정되고 집행정지 사유사실에 대한 소명이 있는 것을 요건으로 하여 법원은 당사자의 신청에 따라 담보를 제공하게 하거나 담보를 제공하지 아니하게 하고 강제집행을 일시 정지하도록 명할 수 있으며, 담보를 제공하게 하고 강제집행을 실시하도록 명하거나 실시한 강제처분을 취소하도록 명할 수 있다(제500조 제1항). 다만 법원이 제500조에 따라 담보를 제공하게 하고 강제집행을 일시 정지하더라도 국가에 대해서는 인지첩부 및 공탁제공에 관한 특례법 제3조에 의거하여 담보를 제공하게

---

601) 대판 1987.3.10. 86다카1114, 2013.1.17. 2011다49523.

해서는 안 된다.[602)]

이 경우 담보 없이 하는 강제집행 정지는 강제집행채무자가 강제집행을 당하면 보상할 수 없는 손해가 생기는 것을 소명한 때에만 할 수 있고(제500조 제2항), 이 재판은 변론 없이 할 수 있으며, 이 재판에 대하여는 불복할 수 없다(제500조 제3항). 상소의 추후보완신청의 경우에 상소심에서 재판할 수 있지만 만약 소송기록이 원심법원에 있으면 원심법원이 집행정지의 재판을 한다(제500조 제4항).

(ii) 제501조에 의하여 가집행선고부판결에 대하여 상소를 제기하면서 강제집행정지신청을 한 경우에 이를 인용하거나 이유 없다 하여 기각한 결정에 대하여는 원칙적으로 불복을 신청할 수 없는 것이므로 이 경우에는 제449조 소정의 특별항고만이 허용될 뿐이고, 다만 그 강제집행정지신청이 형식적 요건을 갖추지 아니하였다고 하여 각하되거나 그 요건불비를 간과하고 인용된 경우에 한하여 즉시항고 등으로 불복을 할 수 있다.[603)]

(iii) (ㄱ) 강제집행정지신청 기각결정에 대한 특별항고는 민사집행법 제15조가 규정한 집행법원의 재판에 대한 불복에 해당하지 아니하고, 특별항고장을 각하한 원심재판장의 명령에 대한 즉시항고는 민사소송법상 즉시항고에 불과하므로(제450조, 제425조, 제399조 제3항 참조) 거기에 민사집행법 제15조에서 정한 즉시항고가 적용될 여지는 없다. 원래 강제집행정지신청은 민사집행법 제49조 1호에서 정한 집행의 필수적 정지 · 제한에 해당하는 서류를 받기 위한 신청이지 이미 실시하고 있는 집행처분의 취소를 위한 신청이 아니므로 민사집행법 제15조가 적용될 여지가 없는 것이다. 왜냐하면 민사집행법 제15조가 적용되기 위해서는 강제집행정지신청이 수소법원[604)]에서 인용되어 그 결정문을 집행법원에 민사집행법 제49조 1호의 서류로 제출된 이후의 집행절차에 관해서 적용될 뿐이기 때문이다. 그러므로 강제집행정지신청은, 수소법원에 하는 신청으로서 그 강제집행정지신청의 기각결정은 소송절차신청의 기각결정에 해당하므로 이에 대해서는 항고절차를 밟아야 한다.[605)]

(ㄴ) 그런데 특별항고에 의하여야 할 재판을 일반항고로 혼동한 경우에는 특별항고로 풀이하여 대법원에 송부하여야 하므로,[606)] 그 반대의 경우에는 일반 항고로 보아 수소법원에서 이를 처리하여야 한다. 나아가 민사소송법상 항고법원의 소송절차에는 항소에 관한 규정이 준용된다.

(iv) 가집행선고부 제1심판결 중 항소심판결에 의하여 취소된 부분의 가집행선고는 항소심판결의 선고로 인하여 그 효력을 잃으므로(제215조 제1항), 항소심판결 정본을 집행법원에

602) 대결 2010.4.7. 2010부1.
603) 대결 1990.7.28. 89마653.
604) 집행법원이 아님을 주의하여야 한다.
605) 대결 2016.9.30. 2016그99.
606) 대결 2011.2.21. 2010마1689 참조.

제출함으로써 이 부분에 관한 강제집행을 정지할 수 있어서, 별도로 강제집행정지신청을 할 이익이 없다.[607]

(v) 가집행선고부 제1심판결 중 항소심판결에 의하여 유지된 원고 승소 부분에 관해서 불복하여 상고를 제기하지 않은 신청인으로서는 본안사건의 상고심 법원에 대하여 그 판결에 기한 강제집행의 정지를 구할 수 없다(제500조, 제501조 참조).

(c) **행정처분의 집행정지** 행정소송법 제23조에 의한 행정처분의 집행정지는 본안소송이 제기되어 계속 중임을 요건으로 한다.[608]

2. 형성력

(1) 뜻

형성력이라 함은 확정된 형성판결이 종전의 법률관계를 변경하는 효력을 말한다. 형성판결의 특유한 효력이다.

(2) 형성력의 범위

(가) **시적범위** 형성력은 판결이 확정할 때에 생긴다. 즉 형성력의 표준시는 판결확정시이다. 이 점에서 표준시가 변론을 종결할 때인 기판력과 구별된다. 원래 형성판결에는 가집행선고를 붙일 수 없지만 잠정처분을 인가하거나 취소하는 경우에 광의의 집행력을 주기 위하여 가집행 선고가 붙은 경우에는 판결이 확정되기 이전에도 형성력이 생긴다. 예를 들어 청구에 관한 이의의 소(민집 제44조), 집행문부여에 대한 이의의 소(민집 제45조), 제3자 이의의 소(민집 제48조)들에 대한 판결에서 집행의 정지 · 속행 · 취소를 명하는 사항에 관하여 직권으로 가집행 선고를 붙이는 경우(민집 제47조 제2항, 제48조 제3항) 등이다. 형성력은 이와 같이 판결의 확정에 의해서 생기지만 그 효력은 소급되기도 하고 소급되지 않기도 한다.

(나) **형성력의 객관적 범위** 형성소송의 대상이 되는 소송목적에 관하여 형성력이 생긴다.

(다) **형성력의 주관적 범위** 형성력에 의한 법률관계의 변동은 누구나 인정하여야 하기 때문에 형성력은 일반 제3자에게 확장된다. 형성판결에 의하여 당사자 사이의 법률관계는 발생 · 변경 · 소멸되는데 그것이 당사자 사이에서만 국한되고 다른 제3자가 마음대로 이를 다툴 수 있다면 판결에 구태여 형성력을 인정할 필요가 없기 때문에 법률관계를 획일적으로 처리하기 위한 것이다.

---

607) 대결 2006.4.14. 2006카기62.
608) 대결 2013.3.28. 2012아43.

[88] 제7. 판결의 파생적 효력

(1) 뜻

판결이 확정되면 그 내용에 따라 기판력 · 가집행 · 형성력이 생긴다. 이와 같이 판결내용에 따라 생기는 효력은 판결이 본래 갖는 것들이다. 그런데 예를 들어 피참가인이 패소한 경우에 보조참가인 또는 소송고지를 받은 자에게 미치는 참가적 효력 등과 같이 법률의 규정 또는 일정한 요건에 맞추어 판결에 특수한 효력이 인정되는 경우가 있다. 이와 같은 효력은 판결의 본래 내용에 따른 효력이 아니므로 판결의 파생적 효력이라고 한다.

(2) 법률요건적 효력

민법 기타 실체법에 의하여 판결의 존재 자체가 법률효과를 발생시키는 법률요건이 되는 경우가 있는데 이를 법률요건적 효력이라고 한다. 즉 실체법규에 의하여 일정한 내용의 확정판결 존재가 요건사실로 되고 여기에 어떤 법률효과가 주어지는 경우이다. 예를 들어 판결이 확정되면 중단된 시효가 다시 진행되는 것(민 제178조 제2항), 단기소멸시효라도 판결이 확정되면 10년의 보통소멸시효로 되는 것(민 제165조 제1항), 보증채무의 지급을 명한 판결을 받은 수탁보증인의 사전구상권의 현실화(민 제442조 제1항 1호), 판결의 확정에 의한 공탁물회수청구권(민 제489조 제1항) 등이다. 이와 같이 판결의 법률요건적 효력은 모두 실체법의 규정에서 인정되므로 소송법상 효력이 아니라 실체법상 효력이다.

(3) * 반사적 효력

㈎ 개념 (i) 법률요건적 효력은 제3자에게도 생길 수 있다. 즉 소송 외의 제3자는 원칙적으로 기판력을 받지 아니하지만 실체법상 당사자와 특별한 관계가 있는 경우에 판결의 반사적 영향으로 유리 또는 불리하게 그 효력을 받을 수 있는 경우가 생긴다. 이를 반사적 효력이라고 한다. 예를 들어 보증채무의 부종성에서 보는 것과 같이, 주채무의 존재를 조건으로 보증인이 채무를 부담할 때에는 보증인은 주 채무에 관한 청구기각판결(즉 주 채무자 승소판결)을 자기에게 유리하게 원용(援用)할 수 있다. 그것은 일정 내용의 판결 확정 사실을 법률행위에 관한 조건성취와 동일시하는 고려에 근거한 것으로서 그 의미는 위의 법률요건적 효력과도 동질성을 갖기 때문이다.

(ii) 그런데 반사적 효력을 실체법상 관계가 아니라 소송법상 관계에서도 생길 수 있다. 예를 들면 공동대위채권자가 채무자의 권리를 공동으로 행사하는 경우에 공동대위채권자 상호 간의 소송관계는 유사필수적 공동소송이다.[609] 이 경우에는 대위채권자등 법정소송담당자

가 당사자로 되어서 받은 패소판결의 기판력이 제218조 제3항에 의하여 본인에게 귀속되어서 그 결과로서 다른 대위채권자들도 그 결과를 승인하지 않을 수 없어 공동채권자 상호 간에 판결의 효력이 미치기 때문인데 이때에는 소송법상 관계에 의하여 반사적 효력이 생기는 것이다. 즉 이경우의 반사적 효력은 소송담당자가 소송목적인 권리관계에 관한 당사자 적격을 본인에 갈음하여 행사함으로써 본인이 당해 권리관계에 관해서 더 이상 할 수 없는 주장은 다른 대위채권자도 할 수 없다고 하는, 소송담당에 근거한 소송법상 효과이다. 그러므로 어느 채권자의 채권자대위 소송 중에 다른 공동대위채권자가 소송에 참가하면 그 참가의 형태는 공동소송적 보조참가가 아니라 공동소송참가(제83조)가 된다.[610] 이 경우의 효력이 법률요건적 효력과 동질성이 없지만 반사적 효력으로 보고[611] 제3자가 소송상 이를 주장할 수 있다는 점에는 이견이 없다.

(iii) 한편 채무자의 일반 채권자들은 채무자가 특정 채권자와의 사이에서 채무자 소유 재산의 귀속에 관한 소송에서 패소하면 자기가 할 민사집행 대상 재산이 줄어들므로 그만큼 불리하게 되고, 반대로 채무자가 승소하면 집행재산이 늘어나서 유리하게 되는데 이와 같은 반사적 효력은 법원이 판결로 명한 바 없지만 당사자의 의사와 관계없이 판결결과가 반사되어 부수적으로 이루어진 사실적 효력이다. 따라서 당사자는, 소송법상 관계가 없는 이러한 사실적 효력을 원칙적으로 소송에서 주장할 수 없다는 점에도 이견이 없다.[612]

(iv) 문제는, 소송법상 관계가 없지만 실체법상 관계에서 생기는 판결의 반사적 효력이 법률요건적 효력과 동질성이 있을 때 이를 제3자가 소송에서 이를 주장할 수 있는지이다. 긍정설[613]은 당사자 사이에서 자유롭게 처분할 수 있는 권리관계에 관하여 확정판결이 있으면 그 내용과 같이 권리관계가 실체화되기 때문에 판결내용과 같은 처분행위가 있는 셈이 되어 그 결과 실체법상 처분에 복종하여야 할 의존관계에 있는 제3자는 그 판결에 구속된다는 것이다. 생각건대 법률요건적 효력과 동질성이 있는 반사적 효력은 실체법상 효력이지만 소송상 전혀 이를 주장할 수 없게 한다면 매우 부당한 결론을 가져오기 쉽다. 예를 들면 채무자가 채권자의 대여금 청구소송에서 승소하여 대여금 채무를 이행하지 아니하게 되었더라도 그 보증인이 채권자의 보증금청구소송에서 앞의 주 채무자 승소사실을 주장하지 아니하면 보증인이 패소할 수도 있다. 그 경우에 보증인은 보증채무를 이행하지 아니할 수 없게 되고 그 결과 보증채무를 이행한 보증인은 주 채무자에게 구상을 청구할 수 있어 채무자는 채권자에 대한 관계에서 실질적으로 패소하는 거나 다름없는 이상한 결론에 이르게 된다. 이와 같은 현상은 소

---

609) 대판 1991.12.27. 91다23486.

610) 대판 2015.7.23. 2013다30301,30325.

611) 같은 취지: 정동윤 외 2, 1061면; 정영환, 949면; 이시윤, 781면 등. 반대취지: 김홍엽, 1002면.

612) 이에 관해서는 [17] 5. (2) (다) (a) (ii) 참조.

613) 긍정설: 이시윤, 705면, 부정설; 김홍엽, 894면, 유보설: 정동윤외 2, 474면.

송법과 실체법의 간극(間隙), 즉 갭(gap)에서 오는 부득이한 것이라 하더라도 그 갭을 메우기 위하여 실체법상 반사적 효력을 소송에서 주장하도록 허용함이 바람직하다. 다만 그 이론적 근거가 문제되는데 기판력 확장설은 명문의 규정이 없고, 이를 인정하는 경우에 당사자와 제3자는 필수적 공동소송이 되어 소송수행의 자유가 지나치게 제약되므로 단순히 반사적 효력이라고 설명함이 편리하다. 반사적 효력 설은 당사자의 처분행위를 실체법에서 수용하여야 할 법적 지위에 있는 자가 소송상으로도 그 처분행위에 해당하는 판결내용의 결과를 받아들여야 한다는 것을 전제로 하므로 당사자에 대한 판결내용과 제3자의 실체법상 의존관계를 결합할 수 있게 되어 소송법과 실체법의 갭을 메울 수 있게 되는 것이다. 그 점에서 긍정설이 타당하다. 다만, 판례는 아직 명문으로 반사적 효력을 인정하지 않고 있음을 주의하여야 한다.

(나) 기판력과의 차이 통설에 따라 실체법상 반사적 효력이 제3자를 구속하는 효력이 있다고 하지만 기판력과는 다음과 같은 차이가 있다.

(i) 기판력은 당사자의 주장을 기다리지 않은 직권조사사항이지만 반사적 효력은 그 효력을 받는 제3자가 원용하여야 법원이 고려한다.

(ii) 기판력을 받는 제3자의 소송참가는 공동소송참가(제83조)이지만 반사적 효력을 받은 제3자의 소송참가는 그 반사적 효력이 참가적 효력인 경우에 한정해서 보조참가를 할 수 있다. 그러나 위에서 본 바와 같이 공동채권자 간에 판결의 반사적 효력이 미치는 공동대위채권자 상호 간의 소송관계는 유사필수적 공동소송이기 때문에 그 경우의 참가는 공동소송적 보조참가가 아니라 공동소송참가(제83조)이다.

(iii) 기판력은 주로 판결 주문에 생기지만 반사적 효력은 판결이유중의 판단에서 생긴다.

(iv) 기판력은 집행력과 직결되지만 반사적 효력은 집행력과는 관계가 없다.

(다) 법률요건적 효력과 동질성이 있는 실체법상 반사적 효력이 인정되는 경우

(a) 주채무자와 보증인 사이 (i) 보증채무는 주채무에 부종(附從)하므로 주채무가 소멸하면 보증채무도 소멸한다. 따라서 채권자와 주채무자 사이에서 주채무자가 승소하면 보증인은 이를 쓰겠다고 원용하여 보증채무의 이행을 거절할 수 있다(즉 반사효가 제3자에게 유리하게 미친다). 그러나 보증채무는 주채무의 목적이나 형태보다 중해진 때에도 주채무의 한도로 감축되므로(민 제430조) 주채무자가 패소한 경우 그 판결의 효력을 보증인에게 확장시킬 수 없다(즉 제3자가 불리한 경우에는 반사효가 미치지 아니한다).[614]

(ii) 연대보증인은 주채무자에 대하여서는 보증인에 불과하므로 연대채무자에 대한 면제의 절대적 효력을 규정한 민법 제419조의 규정은 주 채무자와 보증인 사이에는 적용되지 아니한다. 그러므로 채권자가 연대보증인에 대하여 그 채무의 일부 또는 전부를 면제하였다 하더라

614) 대판 2015.7.23. 2014다228099(평석은 [77] 참조).

도 그 면제의 효력은 주채무자에 대하여 미치지 아니한다. 따라서 수인의 연대보증인이 있는 경우, 연대보증인들 사이에 연대관계의 특약이 있는 경우가 아니면 채권자가 연대보증인의 1인에 대하여 채무의 전부 또는 일부를 면제하더라도 다른 연대보증인에 대하여는 그 효력이 미치지 아니한다.[615]

(b) **합명회사의 사원** 합명회사 사원은 회사재산으로 회사의 채무를 완제할 수 없는 때에는 연대하여 변제할 책임이 있고(상 제212조 제1항), 사원이 회사채무에 관하여 변제의 청구를 받은 때에는 회사가 주장할 수 있는 항변으로 그 채권자에 대항할 수 있어(상 제214조 제1항) 회사의 채무에 관한 사원의 법적 지위는 회사에 완전히 의존되어 있다. 따라서 합명회사에 대한 회사의 채무에 관한 판결은 승패를 묻지 않고 모두 그 사원에 미친다고 풀이되므로 사원은 회사의 패소판결에 승복하여야 하고 회사의 승소판결을 자기에게 유리하게 쓸 수 있다.

(c) **연대채무자들 사이** (i) **채무면제** 어느 연대채무자에 대한 채무면제는 그 채무자의 부담부분에 국한하여 다른 연대채무자의 이익을 위하여 효력이 있으므로(민 제419조) 다른 연대채무자는 그 부담부분에 국한하여 채무면제를 자기에게 유리하게 쓸 수 있다.

(ii) **상계** 어느 연대채무자가 채권자에 대하여 채권이 있는 경우에 그 채무자가 상계할 때에는 채권은 모든 연대채무자의 이익을 위하여 소멸하므로(민 제418조 제1항) 연대채무자가 채권자와의 소송에서 상계의 항변을 하면 수동채권인 연대채무와 자동채권은 상계하자고 대항한 액수에 한하여 소멸하는데 기판력이 생긴다(제216조 제2항). 그 결과 당사자 사이에 상계의 효과가 확정되면 실체법상 상계의 절대적 효력과 결합하여 다른 채무자에 대하여도 반사효가 생김으로써 그들도 채권자에 대하여 이 판결을 써서 상계에 의한 채무소멸을 주장할 수 있는지 문제된다. 그런데 어느 연대채무자가 변제 기타 자기의 출재로 공동면책이 된 때에는 다른 연대채무자의 부담부분에 대하여 구상권을 행사할 수 있으므로(민 제425조 제1항) 다른 연대채무자는 채권자에 대하여 채무를 면한다는 점에서는 유리하지만 상계를 한 연대채무자로부터 구상청구를 받아야 한다는 점에서 불리하다. 따라서 연대채무자의 상계에 반사효를 인정하게 되면 채권자의 채권이 없거나 연대채무자에게 반대채권이 없는 경우에도 당사자 사이의 합의에 의한 상계를 허용하게 되고 다른 연대채무자는 그 효과를 승인하지 않을 수 없게 되어 부당하므로 상계에 관하여 반사효를 부정함이 타당하다. 그러나 판례는 부진정연대채무자 중에서 한 사람이 채권자와 한 상계 내지 상계계약은 다른 부진정연대채무자에게 실체법상 절대적 효력이 미친다고 하였다.[616]

(iii) **공유자들 사이** 민법상 공유자는 그 지분을 자유로이 처분할 수 있으므로(민 제263조) 공유자들 사이에는 강한 독립성이 있다. 그러나 보존행위에 관하여는 각자가 단독으로 할

615) 대판 1992.9.25. 91다37553.
616) 대전판 2010.9.16. 2008다97218.

수 있기 때문에(민 제265조 단서) 그 범위에서 공유자 상호 간에는 실체법상 의존관계가 있다. 따라서 공유물이 제3자로부터 침해받은 경우에 공유자 한 사람이 보존행위로서 공유물의 반환 또는 방해배제를 청구하여 승소한 때에는 다른 공유자가 그 판결의 효력을 쓴다고 원용하면 승소판결의 반사효를 받을 수 있다. 하지만 어느 공유자의 보존권 행사 결과가 다른 공유자의 이해와 충돌될 때에는 그 행사는 보존행위로 될 수 없다. 예를 들어 공유자 일부가 제기한 말소등기청구의 소송 도중 다른 공유자가 자신의 지분에 대한 청구 부분은 자신과 무관하게 제기되었다고 하면서 취하서를 내고 증인으로 출석하여 피고의 주장이 사실이라고 진술한 경우에는 그러한 공유자의 지분에 대하여는 보존행위를 허용할 수 없다.[617] 따라서 공유자가 패소한 경우에는 보존행위가 되지 아니하기 때문에 실체법상 의존관계가 생기지 아니하여 패소판결의 반사효가 미치지 아니한다.

(iv) **채무자와 제3자와의 사이에 채무자의 재산에 관한 소송에서 받은 패소판결** 부동산의 점유자가 취득시효완성을 원인으로 한 소유권이전등기를 하지 않고 있는 사이에 제3자가 등기명의인을 상대로 소송을 제기하여 그 부동산에 대한 소유권이전등기절차이행의 확정판결을 받아 소유권이전등기를 한 경우에는 위 확정판결이 당연무효이거나 재심의 소에 의하여 취소되지 아니하는 한 부동산 점유자는 원래의 등기명의인에 대한 소유권이전등기청구권을 보전하기 위하여 등기명의인을 대위하여 위 확정판결의 기판력에 저촉되는 제3자 명의 소유권이전등기의 말소를 구할 수 없다.[618] 따라서 채무자(즉 전 등기명의자)와 제3자(즉 현 등기명의자)와의 채무자 재산에 관한 소송에서 채무자가 받은 패소판결에 채권자(즉 소유권이전등기청구권자)도 구속된다. 그 근거가 무엇인가에 관하여, 채권자대위제도의 성질상 당연한 결론이며 기판력의 확장이라는 견해,[619] 채무자가 먼저 제3자 상대의 판결을 받았기 때문에 생기는 법률요건적 효력[620]이라는 견해가 있다. 그러나 이 결론은 부동산에 관한 점유취득시효 완성 이후에 취득시효 완성을 원인으로 한 소유권이전등기를 마치지 않은 상태에서 그 부동산에 관하여 제3자 명의로 소유권이전등기가 마쳐지면 취득시효 완성만으로 그 부동산의 소유권을 취득하지 못한다는 실체법상 법리가 소송에 반영된 것에 불과하다. 결국 채무자와 제3자와의 사이에서 책임재산의 귀속에 관하여 채무자가 소송에서 패소판결을 받았을 때에는 채무자와 실체법상 의존관계에 있는 일반 채권자도 부득이 이를 승인하지 않을 수 없어 불리한 영향을 받는 반사적 효력에 관한 것이라고 볼 것이다.[621] 즉 일반채권자가 이를 승인하지 않으면 채무자와 제3자 사이에 생긴 판결의 기판력이 무용지물이 되기 때문이다. 그렇다고 하여 채무자와 제3

617) 대판 2015.1.29. 2014다49425.
618) 대판 1992.5.22. 92다3892.
619) 정동윤 외 2, 740면.
620) 호문혁, 643면.
621) 같은 취지: 이시윤, 661면.

자 사이의 판결의 기판력이 제3자에게 미치는 제218조 제1항의 여러 경우가 아니므로 기판력이 적용될 여지가 없다.

반사적 효력

구분	요건(언제 발생?)	효과(무엇이 생김?)	비고 / 키워드
개념	제3자가 실체법상·소송법상 관계로 당사자의 판결에 의존	판결의 간접효과가 제3자에게 유·불리하게 미침	기판력은 직접, 반사효는 간접
① 실체법상 반사효	당사자–제3자 간 실체법상 의존관계	제3자에게 실체법적 효력 반사	예: 보증인, 연대채무자, 합명회사 사원 등
② 소송법상 반사효	유사필수적 공동소송 등 소송상 관계	소송법상 효과가 제3자에게 반사	예: 공동대위채권자 상호 간
③ 사실적 반사효	아무 관계 없이 단순 사실상 불·유리	법적 주장 불가	판결결과가 단순히 부수적으로 반사
④ 소송상 주장 가능성	실체법상 반사효가 법률요건적 효력과 동질성 가질 때	제3자가 소송에서 원용 가능(긍정설)	소송·실체법 간 갭 메우는 역할
⑤ 기판력과 차이	기판력은 직권조사, 주문·집행력 有	반사효는 원용필요, 이유 중 판단, 집행력 無	기판력＝직권·주문 / 반사효＝원용·이유
⑥ 주채무자–보증인	주채무자 승소 → 주채무 소멸	보증채무도 소멸(유리한 반사효)	불리한 경우(주채무자 패소)는 미치지 않음
⑦ 합명회사–사원	회사채무 판결 발생	승패 불문, 사원에게 동일 효력	사원 = 회사의 실체법상 의존관계
⑧ 연대채무자 상호 간	(1) 채무면제 → 유리한 반사효 (2) 상계 → 구상관계상 불리, 부정	일부 인정(판례: 부진정 연대채무자 상계 절대효)	면제 ○ / 상계 ×
⑨ 공유자 상호 간	보존행위로서 소 제기 및 승소	다른 공유자에게도 유리하게 반사	보존행위 요건 충족 시만, 패소 시 반사효 없음
⑩ 채무자–제3자 간 소송	채무자가 재산소송 패소	일반채권자도 불리한 반사효	채무자의 책임재산 귀속 판결에 의존
결론	실체·소송 관계에 따른 간접효	제3자가 원용해야 효력 발생	유리한 경우만 인정, 불리한 경우 제한

□ **핵심정리**

- 기판력은 직접, 반사효는 간접
- 유리한 반사효만 인정, 불리한 것은 제한
- 실체관계 있으면 인정 가능, 단 판례는 신중
- 보증인·합명회사사원·공유자 → 인정 / 상계는 ×

제4절 종국판결에 붙는 재판

[89] 제1. 가집행선고

1. 뜻

가집행선고라 함은 판결이 확정되기 이전에 확정판결과 같은 집행력(광의의 집행력을 포함한다)을 부여하는 재판을 말한다. 패소당사자는 종국판결에 대하여 상소를 할 수 있기 때문에 상소로 판결의 확정이 지연되면 확정을 전제로 하는 집행력의 발생도 늦어져서 승소자의 권리실현이 지장을 받는다. 가집행선고제도는 이와 같이 승소자를 판결의 확정이 지연됨으로써 입는 불이익으로부터 보호하여, 패소자의 상소이익과의 균형을 꾀하기 위해서 인정되는 제도이다.

2. 요건 (제213조)

(1) 재산권의 청구에 관한 판결일 것

㈎ (a) 가집행선고는 원칙적으로 재산권의 청구에 대한 판결에 한정된다. 재산권의 청구이어야 강제집행을 한 뒤에 상소심에서 청구가 기각되더라도 원상회복이 비교적 용이하고 금전배상으로 수습하기 쉽기 때문이다.

(b) 재산권의 청구에 관한 판결이라면 민법 제837조에서 정한 이혼당사자 사이의 양육비판결도 가집행선고의 대상이지만, 재산분할로 금전 지급을 명하는 부분은 판결 또는 심판이 확정되기 전에는 금전지급의무의 이행기가 도래하지 아니할 뿐 아니라 금전채권의 발생조차 확정되지 아니한 상태에 있기 때문에 가집행선고의 대상이 될 수 없다.[622] 그리고 이는 이혼이 먼저 성립한 후에 재산분할로 금전의 지급을 명하는 경우라고 하더라도 마찬가지이다.[623]

(c) 집행문부여에 대한 이의의 소의 판결에서 잠정처분으로 내린 명령의 정지·취소·변경 또는 인가판결(민집 제47조 제1항), 제3자이의의 소의 판결에서 잠정처분을 내린 강제집행의 정지와 이미 실시한 집행처분의 취소판결(민집 제4조 제3항)은, 그 강제집행이 즉시 집행력이 생기는 것과 비교할 때 바로 정지 · 취소 · 변경 또는 인가의 효과를 생기게 할 필요성이 있기 때문에 재산권의 청구에 관한 판결이 아니더라도 가집행의 선고를 할 수 있다(민집 제47조 제2항,

622) 대판 1998.11.13. 98므1193.

623) 대판 2014.9.4. 2012므1656 참조.

제48조 제3항).

(d) 이와 같이 가집행 선고는 광의의 집행력을 발휘하게 할 필요성이 있는 경우에도 인정되기 때문에 이행판결에 한하지 않는다. 제213조도 「재산권의 청구에 관한 판결」이라고 하였지 이행판결이라고 하지 아니하였다. 따라서 상소를 기각하는 판결을 하면서 원심판결에 집행력을 부여하기 위해서 가집행선고를 할 수 있다. 그러나 가사소송법제64조의 이행명령은 확정되어 있는 금전의 지급의무 등 이행을 촉구하는 이행확보제도라는 점[624]에서 가집행선고를 할 수 없다.[625]

(나) (a) 가집행선고는 원칙적으로 종국판결에 한정된다. 중간판결에는 가집행선고를 할 수 없다. 결정 · 명령은 고지하면 효력이 생기므로(제221조 제1항) 가집행선고를 할 필요가 없으나, 예외적으로 형사판결에 부대하여 선고하는 형사배상명령(소촉 제31조 제3항 · 제4항)에는 가집행선고를 할 수 있다. 그러나 종국판결이라 하더라도 ① 청구기각 또는 소각하 판결과 같이 집행력이 없는 경우이거나, ② 가집행선고 또는 가집행선고가 붙은 본안판결을 변경하는 판결(제215조 제1항), ③ 변론을 거쳐 가압류 및 가처분을 명하는 결정과 같이 선고 또는 고지와 동시에 효력이 생기는 경우에는 가집행선고를 할 수 없다.

(b) 의사표시를 명하는 판결, 예컨대 등기절차의 이행을 명하는 판결 같은 것은 그 확정에 의해서만 집행한 것과 동일한 효과를 인정하여야 하기 때문에(민집 제263조) 가집행선고를 할 수 없다. 이 경우 착오로 가집행선고의 재판이 내려진 경우에는 본안재판의 인용 여부를 떠나 이를 즉시 시정하여 줌이 상당하다.

(2) 가집행선고를 붙이지 아니할 상당한 이유가 없을 것

재산권의 청구에 관한 판결은 가집행의 선고를 붙이지 아니할 상당한 이유가 없는 한 직권으로 담보를 제공하거나 제공하지 아니하고 가집행을 할 수 있다는 것을 선고하여야 한다(제213조 제1항).

3. 절차

(1) (가) 재산권의 청구에 관한 가집행선고는 법원의 직권에 의한다(제213조 제1항). 따라서 가집행선고에 관한 당사자 신청은 법원의 직권발동을 촉구하는 의미에 불과하므로 법원이 당사자의 가집행선고 신청에 관한 판단을 누락하였더라도 추가판결을 구할 수 없다.

(나) 그 직권 적용의 범위는 재산권의 청구에 관한 판결에 국한되므로(제213조 제1항) 비 재

624) 대결 2016.2.11. 2015으26.
625) 수원가정결 2020.2.7. 2019즈기5545.

산권상 청구(예, 가처분의 취소)인 경우에는 신청을 하여야 하고, 이에 대한 판단누락에 관해서는 추가판결을 구할 수 있다.

(다) (a) 가집행선고의 재판에 대하여서는 본안 재판의 불복과 더불어서만 불복할 수 있으며, 본안의 재판에 대한 상소가 이유 있다고 판단되는 경우에만 가집행선고의 재판에 불복이 유가 있다고 할 것이다. 따라서 본안과 더불어 상소된 가집행선고의 재판에 비록 잘못이 있더라도 본안사건에 대한 상소가 이유 없다고 판단되는 경우에는 가집행선고의 재판을 시정하는 판단을 할 수 없다.[626)]

(b) 상소심에서 원심판결에 대한 불복신청이 없는 부분에 대하여서는 당사자의 신청이 있는 경우에 한정하여 결정으로 가집행선고를 할 수 있다(제406조, 제435조). 그러나 결정에 의한 가집행선고가 있더라도 부대항소나 부대상고를 제기하는데 영향을 주는 것이 아니다.

(2) (가) 가집행선고는 담보를 제공하거나 담보를 제공하지 않을 것을 조건으로 한다. 담보의 제공 여부는 법원의 자유재량에 속하지만 어음 또는 수표금 청구에 관한 판결(제213조 제1항 단서)에는 담보의 제공 없이 가집행선고를 하여야 한다.

(나) (a) 가집행선고부 판결에 대한 강제집행정지를 위하여 공탁한 담보는 강제집행정지로 인하여 채권자에게 생길 손해를 담보하기 위한 것이고 정지의 대상인 기본채권 자체를 담보하는 것은 아니므로 채권자는 그 손해배상청구권에 한하여서만 질권자와 동일한 권리가 있을 뿐 기본채권에까지 담보적 효력이 미치는 것은 아니다.[627)]

(b) 토지 인도 및 그 인도 시까지의 차임 상당액의 지급을 명한 가집행선고부 판결에 대한 강제집행정지를 위하여 담보공탁을 한 경우, 그 토지의 인도집행이 지연됨으로 인한 손해에는 반대되는 사정이 없는 한 집행의 정지가 효력을 갖는 기간 내에 발생된 차임 상당의 손해가 포함되고, 그 경우 차임 상당의 그 손해배상청구권은 기본채권 자체라 할 것은 아니어서 토지 인도의 집행정지를 위한 공탁금의 피담보채무가 된다.[628)]

(3) 법원은 가집행선고를 하면서 동시에 피고가 채권 전액을 담보로 제공하면 가집행의 면제를 받을 수 있음을 선고할 수 있다(제213조 제2항). 이를 가집행면제선고 또는 가집행해방선고라고 한다.

(4) 가집행선고나 가집행면제선고는 다 같이 청구가 인용된 판결주문에서 인용부분의 전부 또는 일부에 대해서 할 수 있다. 실무에서는 판결주문에서 소송비용 재판 다음에 기재한다. 가집행선고는 종국판결에 부수하는 재판이므로 이에 대하여 독립하여 상소할 수 없다(제391조, 제425조).

---

626) 대판 1994.4.12. 93다56053.
627) 대결 2024.1.5. 2023마7070.
628) 대판 2000.1.14. 98다24914, 대결 2024.1.5. 2023마7070.

4. 효력

(1) 가집행 선고는 집행보전을 목적으로 하는 가압류·가처분과 달리 하나의 집행권원으로써 권리를 종국적으로 실현할 수 있다는 점에서 가집행선고를 붙인 판결에 터 잡은 강제집행은 본집행과 같은 효력이 있다. 따라서 가집행선고의 집행력은 판결에 대한 상소에 의하여 정지되지 않으므로, 가집행선고에 의한 강제집행을 정지하려면 법원의 강제집행정지 또는 취소의 결정(제500조, 제501조)이 있어야 한다.

(2) (i) 가집행선고 있는 판결에 기초해 채권자가 집행을 완료하여 만족을 얻었더라도 확정판결에 의한 본 집행 자체는 아니다. 즉, 뒤에 상소심에서 본안판결 또는 가집행선고가 취소나 변경될 것을 해제조건으로 하는 것이다. 가집행선고 있는 판결에 의한 강제집행 절차가 진행 중에 피고가 강제집행을 당할 형편에 있어 부득이 판결금을 지급한 것이라면 이를 임의변제라고는 볼 수 없고 이로 인한 지급물은 가집행 선고로 인한 지급물이라고 보아야 한다.[629] 따라서 가집행선고에 기초한 금원지급으로 생기는 채무소멸의 효과는 확정적인 것이 아니라 가집행선고가 붙은 판결이 상소심에서 취소 또는 변경되지 아니하고 확정될 것을 해제조건으로 하여 비로소 생기므로[630] 상소심에서 본안에 관한 판단을 할 때에는 집행결과를 고려하지 않고 청구의 당부를 판단하여야 한다.[631]

(ii) 가집행선고로 인한 강제집행을 면하기 위하여 채무자가 채권자에게 돈을 지급하였으나 그 가지급금의 액수가 채무자가 채권자에게 지급하여야 할 정당한 돈(최종적으로 확정된 금원)의 원본 및 지연손해금 합계액에 미치지 못하였다면, 그 가지급금으로는 특별한 사정이 없는 한, 민법 소정의 변제충당의 법리에 따라 채무자가 채권자에게 지급하여야 할 정당한 돈에 관하여 지연손해금, 원본의 순서로 변제에 충당되어야 한다. 이러한 법리는 가집행의 근거가 된 판결의 소송목적이 복수의 금전청구가 객관적으로 병합된 것인 경우에도 마찬가지로 적용된다.[632]

(3) 제1심에서 가집행선고부 승소판결을 받고 그에 기하여 판결원리금을 지급받았는데 항소심에 이르러 당초의 소가 교환적으로 변경되어 취하된 것으로 보는 경우에는 판결금을 지급한 당사자는 항소심절차에서 곧바로 가지급물 반환 등을 구할 수 있다.[633]

(4) 항소심이 무조건 이행을 명한 가집행선고부 제1심판결을 변경하여 상환 이행을 명하면서 다시 가집행선고를 붙인 경우, 제1심판결에서 인정된 소송 목적인 권리가 항소심에서도

629) 대판 1966.7.19. 66다906.
630) 대판 2000.12.22. 2000다56259, 2023.4.13. 2022다293272.
631) 대판 2011.9.8. 2011다35722.
632) 대판 2024.10.31. 2024다257812.
633) 대판 2023.4.13. 2022다293272.

여전히 인정되는 점은 아무런 변경이 없으나 다만 가집행 채권자는 항소심판결에 따라 상환조건을 성취하여야만 강제집행을 할 수 있게 되었을 뿐이므로, 무조건 이행을 명한 제1심판결의 가집행선고는 그 차이가 나는 한도 내에서만 실효되었다고 보아야 한다. 따라서 이 경우에 가집행 채무자로서는 제215조 제2항에 의하여 제1심판결의 가집행선고로 인한 지급물 반환을 구할 수 없음은 물론, 소송 목적인 권리가 인정되지 아니함을 전제로 하는 손해도 특별한 사정이 없는 한 제1심판결의 가집행과 상당인과관계에 있는 손해라고 할 수 없으므로 이에 대하여 같은 조항에 의한 배상을 구할 수 없다.[634]

5. 가집행선고의 효력 상실

(1) ㈎ 가집행선고는 상소심에서 그 선고 또는 본안판결이 변경되면 그 변경된 한도에서 효력을 잃는다(재215조 제1항). 이 경우의 효력 상실은 변경된 판결의 확정을 기다리지 않으며 상소심의 선고만으로 당연히 생긴다. 따라서 가집행 선고 또는 그 본안판결을 변경한 판결이 선고되면 그 뒤에는 이에 터 잡은 집행을 할 수 없고, 이미 개시된 강제집행도 변경판결의 정본을 제출하면 집행기관은 강제집행의 정지 및 취소를 하여야 한다(민집 제49조).

㈏ 그러나 가집행선고의 효력 상실은 소급하는 것이 아니므로 그 실효이전에 강제집행이 종료된 경우에는 그 효력에 영향이 없으며, 또 가집행선고를 붙인 제1심판결이 항소심에서 취소되면 가집행선고의 효력도 상실되지만 뒤에 상고심에서 항소심판결이 파기되었을 때에는 그 효력이 다시 복구된다.[635]

(2) ㈎ 가지급물 반환신청은 가집행에 의하여 강제집행을 당한 채무자로 하여금 별도의 소를 제기하는 비용, 시간 등을 절약하고 본안의 심리 절차를 이용하여 반환신청에 관한 심리를 받을 수 있는 간이한 길을 터놓은 제도로서 그 성질은 본안판결의 취소·변경을 조건으로 하는 예비적 반소에 해당한다.[636] 따라서 가집행선고를 붙인 본안판결을 변경하는 경우에 법원은 피고의 신청에 의하여 원고에게 가집행에 의한 지급물의 반환을 명해야 할 뿐 아니라[637] 만약 피고가 가집행으로 말미암아 또는 그 면제를 받기 위하여 손해를 받았을 때에는 그 손해배상을 명해야 한다(제215조 제2항).[638] 여기서의 지급물이란 가집행의 결과 피고가 원고에게

---

634) 대판 1995.9.29. 94다23357.

635) 대결 1965.10.20. 65마826.

636) 2023.4.13. 2022다293272.

637) 그 성질은 부당이득반환의무이지만 가집행선가 실효되기 이전으로 소급되지 않는다(대판 2015.2.26. 2012다79866 참조).

638) 따라서 가집행으로 인하여 지급된 것이 금전이라면 가집행채권자는 그 지급한 금전에 대하여 지급한 날 이후의 법정손해금을 지급하여야 한다(대판 2014.4.10. 2013다52073 참조).

이행한 물건만을 가리키고 가집행으로 말미암아 제3자에게 매각된 물건 따위는 포함하지 않는다.[639] 따라서 매각의 경우에 매각대상이 정조(正租)라고 하더라도 채권자는 정조에 관한 매각대금으로 변제를 받았으므로 가집행선고로 지급받은 물건은 정조가 아니라 매각경락대금이다.[640]

(나) 가집행선고를 변경한 후 그 본안판결이 변경되었을 때에도 제215조 제2항의 경우와 같다(제215조 제3항). 이를 가집행선고의 효력 상실로 말미암은 원상회복 및 손해배상책임이라 한다. 종국판결을 선고한 후의 소 취하에 의하여 판결이 실효된 경우는 여기에 해당되지 않는다.[641]

(3) (가) 가집행선고에 터 잡은 강제집행은 그 본안판결이 상소심에서 그대로 유지될 것을 전제로 한 것인데 그 본안판결이 변경되었을 때에는 가집행선고에 터 잡은 강제집행이 없었던 것과 같은 상태로 환원되어야 공평에 맞는다. 따라서 가집행선고의 효력 상실로 인한 원상회복 및 손해배상책임은 공평의 관념에서 나온 일종의 무과실책임이다.

(나) 여기서의 손해배상책임은 민법상 손해배상책임의 일종이므로 민법상 과실상계(민 제763조, 제396조)나 소멸시효(민 제766조), 법정이율(민 제397조 제1항)에 관한 규정이 준용되며, 그 손해배상 범위도 가집행과 상당인과관계에 있는 모든 손해에 미친다.[642] 다만 가집행선고는 원칙적으로 재산권의 청구에 관한 판결을 대상으로 하므로 그로 인한 손해 역시 재산상 손해이다. 따라서 재산상 손해는 원칙적으로 그 재산상 손해의 배상에 의하여 정신적 고통도 회복된다고 보아[643] 정신적 손해는 제외되어야 한다.[644]

(4) (가) 피고는 이 원상회복 및 손해배상청구에 대하여 독립한 별소를 제기할 수도 있으나 상소심에서 본안판결을 변경하는 절차 가운데에서도 이를 신청할 수 있다(제215조 제2항). 실무상 이를 가지급물 반환신청이라고 하여 널리 이용되고 있다. 가집행선고부 판결에 기한 집행은 본집행이지만 그 효력은 확정적인 것이 아니고 후일 본안판결 또는 가집행선고가 취소·변경될 것을 해제조건으로 하는 것이다. 즉 조건부 본집행이다. 따라서 가집행선고에 의하여 집행을 하였다고 하더라도 후일 본안판결의 일부 또는 전부가 실효되면 이전의 가집행선고부 판결에 기하여서는 집행을 할 수 없는 것으로 확정이 되는 것이다. 가집행선고에 기하여 이미 지급받은 것이 있다면 법률상 원인이 없는 것이 되므로 부당이득으로서 이를 반환하거나 그로 인한 손해 또는 그 면제를 받기 위한 손해를 배상하여야 한다. 위와 같은 가지급물 반환신청

639) 대판 1966.5.31. 66다377.
640) 대구고판 1967.7.14. 65나198.
641) 같은 취지: 정동윤 외 2, 801면.
642) 대판 1979.9.25. 79다1476.
643) 대판 1995.5.12. 94다25551.
644) 같은 취지: 이시윤, 694면.

은 가집행에 의하여 집행을 당한 채무자로 하여금 별도의 소를 제기하는 비용, 시간 등을 절약하고 본안의 심리 절차를 이용하여 신청의 심리를 받을 수 있는 간이한 길을 터놓은 제도라고 할 수 있다.

(나) 가지급물 반환 신청은 성질상 일종의 소송중의 소로서 피고가 제기하는 경우에는 본안판결의 취소·변경을 조건으로 하는 예비적 반소이다. 하지만 상대방의 동의를 필요로 하지 않고, 상고심에서도 사실심리가 필요한 경우에는 허용되지 않지만[645] 사실심리가 필요하지 않은 경우에는 법률심인 상고심에서도 할 수 있다.[646] 그러므로 상고심의 환송판결로 원심에 환송된 후 원심에서 제1심판결이 취소되면 가지급물 반환신청도 그 당부를 판단할 필요 없이 당연히 취소된다.[647] 그러나 환송받은 항소심은 본안판결의 변경에 준하여 환송 전의 가집행선고 있는 항소심 판결에 의한 가지급물 중 환송 후의 항소심이 인용하는 금액을 넘는 부분의 반환을 명할 수 있다.[648]

(다) 가지급물의 반환 또는 가집행결과에 대한 원상회복은 가집행선고 또는 그 선고의 기본이 된 본안판결이 그 후의 소송절차에서 취소 또는 변경된 경우에 한정하여 적용되는 것이므로 당사자의 소 취하로 인하여 가집행선고부 판결이 실효되는 경우까지 적용되는 것이 아니다.[649] 그러나 제1심에서 인용되어 가집행이 붙은 구소(舊訴)가 소의 변경으로 취하되어 그에 관한 소송계속이 소멸되더라도 신소(新訴)에 관한 심리절차가 계속되는 이상 피고들은 그 신소의 심리절차를 이용하여 가지급물의 반환을 구할 수 있다.[650] 즉 제1심에서 가집행선고부 승소판결을 받고 그에 기하여 판결원리금을 지급받았다가 항소심에 이르러 당초의 소가 교환적으로 변경되어 취하된 것으로 되는 경우에는 항소심 절차에서 곧바로 가지급물의 반환 등을 구할 수 있다고 보아야 하고, 그것을 별소의 형식으로 청구하여야 되는 것은 아니다.[651]

[90] 제2. 소송비용의 재판

1. 뜻

소송비용이라 함은 당사자가 당해 소송을 수행하고 재판하는데 필요하여 지출한 비용 가

645) 대판 1980.11.25. 80다1847.
646) 대판 2007.5.10. 2005다57691, 1999.11.26. 99다36617.
647) 대판 1996.5.10. 96다5001.
648) 서울고판 1987.2.19. 86나3142.
649) 대구고판 1990.10.18. 90나2179.
650) 서울고판 2011.2.16. 2009나99459.
651) 대판 2023.4.13. 2021다271725.

운데에서 법령에서 정한 범위에 속하는 비용을 말한다.

2. 소송비용의 범위

소송비용의 범위, 액수와 예납에 관하여는 민사소송법 이외에, 민사소송비용법, 민사소송 등 인지법, 변호사보수의 소송비용 산입에 관한 규칙과 민사소송규칙 등이 규정하고 있다.

(1) 재판비용

㈎ 재판비용이라 함은 당사자가 국고에 납입하는 비용을 말한다. 여기에는 재판수수료인 인지대와 기타의 재판비용이 있다. 인지대(민비 제2조)는 당사자가 소 등을 법원에 제기할 때 납입하여야 할 비용액수를 말한다(가사소송 제5조에서는 이를 수수료라고 한다). 인지대 이외의 재판비용에는 송달료, 증인·감정인 등에 대한 일당·여비(민비 제4조), 법관 등의 일당·여비(민비 제5조), 공고비(민비 제8조) 등이 있다. 이와 같은 비용은 법관이 당사자에게 예납시킬 수 있는데(제116조 제1항), 당사자가 예납비용을 미리 납부하지 않을 때에는 법원은 그 소송행위를 하지 않을 수 있다(제116조 제2항).

㈏ 가압류·가처분 등 채권보전절차에 소요된 소송비용이나 집행비용은 민사집행규칙 제24조, 민사소송비용법 제103조 등에 의한 집행비용확정절차를 밟으면 청구할 수 있고, 별도로 소송으로 청구할 필요가 없다.[652)]

(2) 당사자비용

㈎ 당사자비용이라 함은 당사자가 소송수행을 위하여 스스로 지출하는 비용을 말한다. 당사자나 대리인이 기일에 출석하기 위해서 필요한 여비·일당·숙박비(민비 제4조), 소장·준비서면 등 서면작성비(서기료), 소송대리를 하는 변호사에게 지급하였거나 지급할 보수(제109조) 등이 이에 속한다.

㈏ 소송비용에 산입할 변호사보수는 그 비용 전부가 소송비용에 산입되는 것이 아니라 대법원규칙인 변호사보수규칙 제3조 제1항이 정하는 범위 내에서만 소송비용에 산입 된다.[653)] 한편 본안소송에 관하여 위임받은 소송대리인의 대리권은 본안소송에 부수되는 사후절차인 소송비용액 확정절차에도 미치므로(제90조 제1항), 본안소송의 소송대리인인 변호사는 별도의 위임 없이도 본안소송의 부수적 절차인 소송비용액 확정 신청에 관한 대리권을 행사할 수 있다.[654)]

---

652) 대구지법 안동지판 2005.2.14. 2004가소8807.
653) 대결 2023.10.20. 2020마6610.
654) 대결 1995.12.4. 95마726.

따라서 본안소송을 위임받은 변호사가 당사자를 대리하여 소송비용액 확정 신청을 하면서 당사자로부터 그 대가를 별도로 지급받거나 지급받기로 하였다면, 소송행위에 필요한 비용의 한도에서 그 대가 역시 '소송을 대리한 변호사에게 당사자가 지급하거나 지급할 보수' (제109조 제1항)에 포함될 수 있다. 다만 변호사보수는 보수규칙에 정한 범위 안에서 소송비용에 산입되므로 변호사가 위임받은 본안소송에 관하여 체결된 보수약정에 따른 보수액이 보수규칙에 따라 산정된 금액에 미치지 못하는 경우에만 그 차액 범위 내에서 소송비용액 확정 신청에 관한 별도의 대가로서 소송비용에서 인정할 수 있다.[655]

또한 변호사에게 계쟁사건처리를 위임하면서 보수지급 및 액수에 관하여 명시적인 약정을 하지 아니하였더라도 특별한 사정이 없는 한 보수지급의 묵시적 약정이 있는 것으로 보아야 하고,[656] 변호사보수에는 보수약정에 따라 당사자가 현실적으로 지급한 것뿐 아니라 사후에 지급하기로 약정한 것 및 제3자가 지급한 경우에도 당사자가 지급한 것과 동일하다고 볼 사정이 인정되면 모두 산입된다.[657]

3. 소송비용의 부담

(1) 원칙

소송비용은 당사자 중 패소자가 부담하는 것을 원칙으로 한다(제98조). 과실책임주의가 적용되는 것이 아니다.[658] 판결주문에서는 예를 들어 「소송비용은 피고의 부담으로 한다」(원고 전부 승소의 경우), 「소송비용은 3등분하여 그 1은 원고의 부담으로, 나머지는 피고의 부담으로 한다」(원고 일부패소의 경우)와 같이 부담자와 부담비율을 정하여 선고한다. 각종 참가의 소송비용에 대한 참가인과 상대방 사이의 부담과, 참가이의신청의 소송비용에 대한 참가인과 이의신청 당사자 사이의 부담에 대하여서도 당사자에게 적용되는 제98조 내지 제102조의 소송비용의 부담원칙을 준용한다(제103조).

㈎ **패소자가 공동소송인일 경우** 이 경우에는 평등부담이 원칙이지만 법원은 사정에 따라 연대 기타의 방법으로 부담을 명할 수 있다(제102조 제1항).

(a) **여러 사람의 공동소송인 중 일부만 소송비용액 확정을 신청한 경우** 이 경우에는 공동소송인 전원이 신청한 경우를 전제로 소송비용액을 계산한 다음 그 중 당해 신청인이 상환 받을 수 있는 금액에 대하여서만 확정결정을 하여야 하고, 여러 사람의 공동소송인 중 일부만을 상

655) 대결 2023.11.2. 2023마5298.
656) 대판 1998.2.12. 92다42941, 대결 2023.11.9. 2023마6427.
657) 대결 2020.4.24. 2019마6990.
658) 대판 1995.6.30. 95다12927.

대로 소송비용액 확정을 신청한 경우에도 공동소송인 전원을 상대로 신청한 경우를 전제로 소송비용액을 계산한 다음 그중 당해 피신청인이 부담하여야 할 금액에 대하여만 확정결정을 하여야 하는데,659) 각 변호사 보수를 합산한 금액을 기준으로 변호사 보수규칙에 의하여 산정된 금액과 비교하여 그 중 적은 금액을 소송비용으로 인정하여야한다.660)

(b) **재판주문에서 공동소송인별로 소송비용의 부담비율을 정하거나 연대부담을 명하지 아니하고 단순히 '소송비용은 공동소송인들의 부담으로 한다.'라고 정한 경우** 이 경우에 공동소송인들은 상대방에 대하여 균등하게 소송비용을 부담한다. 공동소송인들 상호 간에 내부적으로 비용분담 문제가 생기더라도 그것은 그들 사이의 합의와 실체법에 의하여 해결되어야 한다.661)

(나) **여러 사람의 공동소송인들이 공동으로 변호사를 선임한 경우** 이 경우 그 공동소송이 실질적으로는 독립소송이나 다름없을 정도로 공동소송인들 사이에 관련성이 희박한데도 형식상으로만 공동소송으로 되어 있다는 등 특별한 사정이 없는 한, 소송비용에 산입할 변호사보수는, 공동변호사를 선임한 공동소송인들 각자의 소송목적의 값을 합산한 총액을 기준으로 변호사보수의 소송비용 산입에 관한 규칙 제3조에 따른 비율을 적용하여 변호사보수총액을 산정한 다음, 공동소송인들 각자가 상환 받을 변호사보수를 산정하여야 한다.662)

(다) **공동 변호사를 선임한 공동소송인들 사이에 연대채무 등 소송목적의 중복관계가 있는 경우** 이 경우에 변호사보수 총액의 계산 기준이 되는 소송목적의 값은 각 공동소송인의 소송목적 중 최다액의 소송목적 값만을 기준으로 하고, 중복된 공동소송인의 소송목적의 값을 합산하여서는 아니 된다.663)

(라) **일부패소의 소송비용** (a) 일부패소의 경우에 각 당사자가 부담할 소송비용은 법원이 정하므로(제101조 본문) 구체적인 액수는 법원의 재량에 속한다.664)

(b) 소의 일부가 취하되거나 청구가 감축된 경우의 소송비용에 관하여는 제114조가 적용되므로, 이 경우 당사자가 일부 취하하거나 청구가 감축된 부분에 해당하는 소송비용을 상환받기 위해서는 위 규정에 의하여 일부 취하하거나 감축되어 그 부분만 종결될 당시의 소송계속 법원에 종국판결과는 별개의 절차로서 소송비용부담재판의 신청을 하고 그에 따라 결정된 소송비용의 부담자 및 부담액에 의하며,665) 소송비용에 산입되는 변호사 보수는 당사자가 보수계약에 의하여 지급한 또는 지급할 보수액 범위 내에서 각 심급단위로 소송목적의 값에 따

659) 대결 2008.6.26. 2008마534.
660) 대결 2023.7.27. 2022마5954.
661) 대결 2017.11.21. 2016마1854.
662) 대전결 2000.11.30. 2000마5563.
663) 대결 2001.8.13. 2000마7028, 2017.1.20. 2016마1648.
664) 대판 1996.10.25. 95다56996.
665) 대결 2017.2.7. 2016마937.

라 산정하되 청구취지를 변경한 경우에는 변경된 청구취지를 기준으로 한다.

(c) 항소심 또는 상고심의 소송목적 값은 상소로써 불복하는 범위를 기준으로 하도록 되어 있다. 항소의 취하는 항소의 전부에 대하여 하여야 하고, 항소불가분의 원칙상 항소의 일부 취하는 효력이 없으며 단순히 불복신청의 범위를 감축하는 의미에 지나지 아니하지만, 항소인이 항소장 제출 이후 피항소인이 소송대리인을 선임하기 이전에 불복신청의 범위를 감축한 경우의 소송비용에 산입되는 변호사의 보수는 감축된 불복신청의 범위를 기준으로 산정한다.[666]

(마) **무권대리인** 무권대리인이 제기한 소를 각하할 때에는 당사자 본인에게 부담시키지 아니하고 그 소송행위를 한 대리인의 부담으로 한다(제108조).

(바) **가압류를 위한 공탁금** 가압류를 위하여 제공된 공탁금은 부당한 가압류로 인하여 채무자가 입은 손해를 담보하는 것이므로 가압류 취소에 관한 소송비용은 가압류를 위한 공탁금이 담보하는 손해의 범위에 포함되고, 담보권리자의 공탁금회수청구권을 압류하고 추심명령이나 확정된 전부명령을 받은 뒤 공탁금회수청구를 하는 경우에도 담보취소신청은 그 공탁물회수청구권을 행사하기 위한 담보권의 실행방법이다.[667]

(사) **소송이 재판에 의하지 않고 끝난 경우(제114조)** (a) 재판상 화해의 경우 외에 소송이 재판에 의하지 아니하고 끝나거나 참가 또는 이에 대한 이의신청이 취하된 경우에는 법원은 당사자의 신청을 받아 결정으로 소송비용 액수를 정하고 이를 부담하도록 명하여야 한다(제114조 제1항).

(b) 본소청구가 인용될 경우를 대비하여 조건부로 반소청구에 대하여 심판을 구하는 형태의 예비적 반소청구는 본소 청구기각 판결이 확정되면 해제조건의 성취로 소송계속이 소급하여 소멸되므로 소송이 재판에 의하지 않고 끝난 경우에 해당한다. 따라서 반소비용에 관하여 판단해서는 안 되고 본소에서 판단하되 피고는 패소피고에 준하여 소송비용을 부담한다.[668]

(c) 중재판정에 대한 집행신청사건의 경우에는 민사소송 등 인지규칙 제16조 1호 (가)목을 유추적용하여 중재판정에서 인정된 권리가액의 2분의 1을 기준으로 소가를 산정하고 그에 따라 소송비용에 산입될 변호사보수를 산입할 수 있다.[669]

(아) **참가소송으로 인한 소송비용의 부담** (a) 이 경우에도 제98조 내지 제102조의 규정을 준용한다(제103조). 주문에 보조참가로 인한 부분을 특정하지 않은 채 패소당사자가 부담한다는 취지만 기재되더라도 피참가인이 전부 승소한 경우에는 당연히 패소한 당사자가 보조참가로 인한 소송비용까지도 부담하는 것으로 볼 수 있다.[670]

---

666) 위 2016마937 판결 참조.
667) 대판 2019.12.12. 2019다256471.
668) 대결 2018.4.6. 2017마6406.
669) 대결 2021.10.15. 2020마7667.
670) 대결 2009.7.23. 2009아64.

(b) 그러나 피참가인이 일부 승소하였음에도 불구하고 주문에 보조참가로 인한 부분이 특정되지 않은 경우에는 보조참가로 인한 소송비용의 부담에 관하여는 소송비용의 부담에 관한 재판이 누락된 경우에 해당한다.[671]

(자) **소송비용으로 분담할 변호사 보수액의 산정** 소송비용액 확정 신청을 한 신청인에게 피신청인이 상환하여야 할 변호사 보수액은, 신청인이 변호사에게 보수계약에 따라 지급하거나 지급할 금액과 구 변호사 보수의 소송비용산입에 관한 규칙(2018.3.7. 대법원규칙 제2779호로 개정되기 전의 것)에 의하여 각 심급단위로 소송목적의 값에 따라 [별표]의 기준에 의하여 산정한 다음 양자를 비교하여 그 중 작은 금액을 소송비용으로 결정한다.[672]

(2) 패소자부담원칙의 예외

(가) 예컨대 피고가 이행을 거절하는 등 제소를 유발하지 아니하였는데도 원고가 제소를 하여 승소를 한 경우와 같이 승소자가 그 권리를 늘리거나 지키는데 불필요한 행위를 함으로 말미암아 생긴 비용의 전부나 일부(제99조 전단).

(나) 예컨대 피고가 변제하지 아니하여 원고가 제소를 하였으나 피고가 뒤에 변제하여 패소한 경우와 같이 패소자의 행위가 상대방의 권리를 늘리거나 지키는데 필요한 행위로 말미암은 비용의 전부나 일부(제99조 후단).

(다) 승소자의 소송지연으로 인한 비용(제100조).

이들은 패소자부담원칙의 예외로서 승소자가 법원의 결정에 따라 부담한다.

(3) 대심적(對審的) 소송구조가 아닌 경우

민사소송에 있어서 서로 대립되는 상대방이 없거나 형식상 상대방이 있다 하더라도 그 상대방이 그 소송에서 자기의 권리신장을 위하여 공격 또는 방어할 수 있는 기회가 보장된 대심적 소송구조가 아닌 경우(주로 결정 · 명령으로 완결되는 재판)에는 그 소송비용은 그 재판을 신청한 당사자의 자기부담이 될 것이므로 상대방에게 그 비용을 부담시킬 이유가 없고, 상대방도 그 소송에 관하여 비용지출이 있었다고는 볼 수 없는 것이므로 구태여 그 비용부담자를 정할 필요가 없다.[673]

(4) 제3자에게 소송비용의 상환을 명하는 경우

(가) 법정대리인 · 소송대리인 · 법원사무관등 또는 집행관이 고의 또는 중대한 과실로 말미

---

671) 대결 2022.4.5. 2020마7530.
672) 대결 2022.5.31. 2022마5141.
673) 대결 1985.7.9. 84카55.

암아 쓸데없는 비용을 지급하게 한 때(제107조 제1항)

(나) **법정대리인 또는 소송대리인이 그 대리권 또는 특별수권을 증명하지 못하거나 추인을 얻지 못하여(제107조 제2항) 무권대리인이 제기한 소를 각하할 때** 이 경우에는 당사자 본인에게 부담시키지 아니하고 그 소송행위를 한 대리인의 부담으로 한다(제108조). 그러므로 소송대리권이 소멸하여 대리할 권한이 없는 법무법인이 상고를 제기하였는데 대법원이 상고를 각하한 경우에는 상고를 제기한 법무법인[674]이, 원고가 지급명령신청서 제출이전에 이미 사망하였다고 인정하여 소를 각하한 경우에 실제로 소송행위를 한 남편[675]이 소송비용을 부담한다.

(다) **소제기 과정에 소송대리인의 중대한 과실이 없는 경우** 제한능력자나, 제56조의 특별한 권한이 없는 법정대리인의 소송위임에 기초하여 소송대리인이 소를 제기하였으나 부적법 각하된 경우에 그 소제기 과정에 소송대리인의 중대한 잘못이 없다면 이 경우에는 제한능력자나 특별한 권한이 없는 법정대리인에게 소송비용을 부담시키는 것이 정의와 공평에 맞을 것이다. 판례[676]도 같은 취지이다.

(라) 비용상환을 명하는 재판은 결정의 형식으로 하며, 이에 대해서는 즉시항고를 할 수 있다(제107조 제3항).

4. 소송비용의 재판

(1) 법원은 종국판결의 주문에서 직권으로 해당 심급에서의 소송비용을 부담할 당사자를 결정하여야 한다(제104조). 다만 사정에 따라 사건의 일부 또는 중간의 다툼에 관한 재판에서는 그 사항에 관한 비용을 재판할 수 있다(제104조 단서).

(2) 상소법원에서 상소를 각하 또는 기각하는 때에는 그 심급에서 생긴 상소비용만을 재판하면 된다. 그러나 본안판결을 변경할 때에는 원심에서 한 소송비용의 재판은 효력을 잃으므로 원심 및 그 심급을 통한 총비용에 대하여 재판하여야 한다(제105조 전단). 환송 또는 이송받은 법원이 그 사건을 마치는 재판을 하는 경우에는 그 때까지의 총비용에 대해서 재판하여야 한다(제105조 후단).

(3) 항소심에서 항소취하로 간주되면 제1심판결이 확정되므로 제1심 소송비용은 수소법원에서 정하지만 제2심 소송비용은 완결당시의 법원에서 정한다.[677]

(4) 소송비용의 재판에 대해서는 독립하여 상소할 수 없다(제391조, 제425조). 따라서 그에

---

674) 대판 2013.9.12. 2011두33044 참조.
675) 대전지법 홍성지판 2006.2.10. 2005가합1329.
676) 대결 2016.6.17. 2016마371(평석은 [55] 참조).
677) 부산고결 1988.1.21. 87라14.

대한 불복은 본안재판과 함께 하여야 한다. 그러므로 소송비용에 대한 불복은 본안재판에 대한 상소가 전부 또는 일부 인용되는 경우에 한하여 허용되고 본안에 관한 상소가 이유 없는 경우에는 허용되지 않는다.[678]

5. 소송비용의 확정절차

(1) 구체적인 소송비용의 액수를 정하려면 재판이 확정된 뒤에 제1심 수소법원에 소송비용의 확정 신청을 하여야 한다(제110조, 민소규 제18조). 이때 법원은 결정으로 재판을 한다. 구체적인 소송비용액의 계산은 사법보좌관의 직무에 속한다(법조 제54조 제2항 1호). 이 결정에 대해서는 즉시항고를 할 수 있는데 항고에 앞서 먼저 판사에게 사법보좌관의 처분에 대한 이의신청을 하여야 한다(사보규 제4조).[679] 이와 같은 절차를 소송비용액 확정절차라고 한다(제110조에서 제112조).

(2) 소송비용액 확정결정의 목적은 부담할 소송비용의 액수를 확정하는데 있고 상환의무 내지 권리의 존부를 확정하는 것이 아니다.[680] 따라서 소송비용액 확정절차에서는 변제·상계·화해 등 실체법상 권리소멸의 항변이 허용되지 않는다. 다만 청구에 관한 이의의 소 등으로 다툴 수 있다.[681]

(3) 법원은 소송비용액을 결정하기 전에 상대방에게 비용계산서의 등본을 교부하고, 이에 대한 진술을 할 것과 일정한 기간 이내에 비용계산서와 비용액을 소명하는데 필요한 서면을 제출할 것을 최고(催告)하여야 하며(제111조 제1항), 상대방이 자신의 비용계산서와 비용액을 소명하는데 필요한 서면을 최고기간 이내에 제출하지 않은 때에는 비용은 신청인의 비용에 대해서만 그 분담액을 정할 수 있으나(제111조 제2항 본문) 그 경우에 상대방도 별도의 확정결정을 신청할 수 있다(제111조 제2항 단서).

(4) 법원이 소송비용을 결정하는 경우에 당사자들이 부담할 비용은 대등한 금액에서 상계(相計)된 것으로 보지만 위 제111조 제2항의 경우와 같이 별도의 소송비용액 확정결정을 신청하여 그 결정이 확정된 경우에는 상대방은 그 결정에 따라 자신의 소송비용액을 상환 받아야 할 것이므로 이 경우에는 상대방이 상환하여야할 소송비용액과 상계해서는 안 된다.[682]

(5) 소송비용 확정결정에 대한 즉시항고에도 불이익변경금지의 원칙이 적용된다.[683]

---

678) 대판 2016.5.24. 2014도6428.
679) 대결 2008.3.31. 2006마1488.
680) 대결 2001.8.13. 2000마7028.
681) 대결 2020.7.17. 2020카확522.
682) 대결 2023.9.27. 2022마6885.
683) 서울고결 2010.4.15. 2010라79.

(6) 소송비용액 확정결정을 받으면 이를 집행권원으로 하여 강제집행을 할 수 있다.

6. 소송비용의 담보

(1) 뜻

원고가 우리나라에 주소 · 사무소와 영업소를 두지 아니한 때 또는 상소의 제기나 소의 확장 등으로 소송비용이 추가로 소요될 것이 예상되는 소송의 경과 등으로 제공된 담보가 충분하지 않게 되어 담보가 부족한 때[684] 법원은 원고에게 소송비용의 담보제공을 명할 수 있다(제117조 제1항).

그러나 ① 청구의 일부에 대하여 다툼이 없는 경우에 그 액수가 담보에 충분한 때(제117조 제3항) ② 원고가 소송상 구조를 받을 때 ③ 담보를 제공할 사유가 있음을 알고 피고가 본안에 관하여 변론하거나 변론준비기일에서 진술한 때(제118조)에는 법원은 담보제공을 결정할 수 없다.

(2) 담보제공의 신청과 재판

㈎ (a) 법원이 원고에게 담보의 제공을 명하려면 피고의 신청이 있어야 한다(제117조 제1항). 소송비용의 담보는 오로지 피고의 이익을 위하여 존재하기 때문이다.[685] 이는 상소심 절차에서도 동일하게 적용되므로 원고가 본안소송의 항소심에서 승소하여 피고가 그에 대한 상고를 제기함에 따라 원고가 피상고인으로 되었다고 하여 원고에게 소송비용 담보제공 신청권이 인정되는 것이 아니다.[686]

(b) 피고가 적법한 담보제공을 신청한 때에는 그 신청이 기각되거나 원고가 담보를 제공할 때까지 소송에 응하지 아니할 수 있다(제119조). 피고가 소송에 응하지 아니한다는 항변을 방소(妨訴)항변이라고 한다. 만약 피고가 적법한 담보신청이 없이 본안에 관하여 변론을 하거나 변론준비기일에서 진술한다면 방소항변권을 상실한다.[687] 담보의 신청이 이유 있을 때에는 법원은 원고에게 담보제공을 명하는데 그 경우에는 담보액과 담보제공의 기간을 정하여야 한다(제120조). 담보제공의 신청에 관한 결정에 대해서는 즉시항고를 할 수 있다(제121조).

㈏ 담보제공의 방법은 금전이나 법원이 인정하는 유가증권의 공탁 또는 대법원규칙(민소규 제22조)이 정하는 지급보증위탁계약을 체결한 문서의 제출이다(제122조). 피고는 소송비용을

684) 대결 1996.5.9. 96마299.
685) 대결 2012.9.13. 2012카허15.
686) 대결 2017.9.14. 2017카담507.
687) 대결 2018.6.1. 2018마5162.

피담보채권으로 하여 원고가 공탁한 금전 또는 유가증권 위에 질권자(質權者)와 동일한 권리를 갖는다(제123조).

㈐ 원고가 담보를 제공할 기간 내에 제공하지 아니하는 때에는 법원은 변론 없이 판결로 소를 각하할 수 있다. 다만 판결 이전에 담보를 제공한 때에는 각하하지 못한다(제124조).

(3) 소송비용의 담보취소

원고가 담보를 되돌려 받기 위해서는 담보취소결정을 받아야 한다. 담보취소신청은 담보제공결정을 한 법원 또는 그 기록을 보관하고 있는 법원의 관할에 속한다(민소규 제23조 제1항).

㈎ **담보취소사유**

(a) **담보사유의 소멸**(제125조 제1항) 예를 들어 원고가 우리나라에 주소가 생기거나 소송구조를 받는 경우 또는 원고승소판결이 확정되어 소송비용을 전혀 부담하지 않게 된 경우 등이다.

(b) **담보권리자의 동의**(제125조 제2항) 담보제공자가 담보취소에 대한 담보권리자의 동의서등을 제출하여 그 동의를 받았음을 증명한 때에는 법원은 담보취소결정을 하여야 한다.

(c) **권리행사최고기간의 경과**(제125조 제3항) 담보제공자가 담보권리자의 동의 없이 담보취소신청을 한 경우에 담보권리자가 권리행사의 최고를 받고도 권리를 행사하지 아니하면 담보취소에 동의한 것으로 보는데(제125조 제3항) 최고를 받은 담보권리자가 소의 제기, 지급명령의 신청 등 소송의 방법으로 권리행사를 한 경우에도 권리 주장의 범위가 담보공탁금액 중 일부에 한정되어 있을 때에는 초과 부분에 대해서는 담보취소에 대한 동의가 있다고 보아야 하므로, 법원은 초과 부분에 대한 담보를 취소하여야 한다.[688]

㈏ **담보취소결정** 담보를 제공한 자가 담보취소신청을 하고 또 담보취소사유를 증명한 때에는 담보제공을 명한 법원은 담보취소의 결정을 하여야 한다(제125조 제1항). 이 결정이 확정되기 이전에 담보권리자가 권리행사를 하고 이를 증명하면 담보취소의 결정은 유지될 수 없다.[689] 담보취소결정에 대하여는 즉시항고를 할 수 있다(제125조 제4항).

(4) 소송비용의 담보에 관한 규정은 다른 법률에 의한 소제기에 관한 담보제공(상 제176조 제3항, 제237조, 제377조, 제380조)에도 준용된다(제127조). 특히 가집행선고시의 담보(제214조), 강제집행정지 · 취소 등을 위한 담보, 가압류 · 가처분을 위한 담보 등 집행법상 담보에도 준용되는데(제502조 제3항) 이 경우에 소송비용의 담보에 관한 규정이 주로 이용되고 있다.

---

688) 대결 2017.1.13. 2016마1180, 2024.1.5. 2023마7070.
689) 대결 2018.10.2. 2017마6092.

7. 소송구조

(1) 뜻

(가) 소송비용을 지출할 자금능력이 부족한 사람에 대해서는 승소의 확실성이 없더라도 패소할 것이 분명하지 아니하는 한[690] 국가가 소송구조를 한다(제128조 제1항). 소송구조의 대상은 자연인에 한정되지 아니하며 법인이나 비법인단체도 포함된다. 또 자금능력이 부족한 사람은 무자력자나 극빈자에 국한되지 아니하며 동거가족에게 필요한 생활을 해치지 않고서는 소송비용을 댈 수 없는 경우를 말한다. 소송비용에는 소송의 준비 · 소의 제기 · 수행뿐 아니라 변호사 선임비용도 포함한다.

(나) 제129조 제1항 2호의 '변호사의 보수'에 대한 소송구조는 쟁점이 복잡하거나 당사자의 소송수행능력이 현저히 부족한 경우 또는 소송의 내용이 공익적 성격을 지니고 있는 경우에 소송수행과정에서 변호사의 조력이 필요한 사건을 위해 마련된 것이다. 여기에서 말하는 '변호사의 보수'는 변호사가 소송구조결정에 따라 소송구조를 받을 사람을 위하여 소송을 수행한 대가를 의미하고 소송구조를 받을 사람의 상대방을 위한 변호사 보수까지 포함된다고 볼 수 없다.[691]

(다) 제129조 제1항 3호의 '소송비용의 담보면제'는 법원이 제117조에 따라 원고에게 피고가 부담하게 될 소송비용에 대한 담보를 제공하도록 명한 경우, 소송구조의 요건을 갖춘 원고가 재판을 받을 수 있도록 위 담보를 제공할 의무를 면제해 주기 위해 마련된 것이다. 따라서 소송비용 담보제공명령의 담보액에 대해 소송구조를 받기 위해서는 '소송비용의 담보면제'에 대한 소송구조결정을 받아야 한다.[692]

(2) 절차

(가) 소송구조는 각 심급마다 당사자의 신청에 의하며, 구조사유를 소명하게 하여 결정으로 재판한다(제128조, 제129조). 소송구조신청에 대한 각하결정이 확정되기 이전에는 소장 등에 인지가 첩부되지 아니하였다는 이유로 소장 등을 각하할 수 없다.[693] 구조신청을 각하한 결정에 대하여 신청인은 즉시항고를 할 수 있다(제133조). 구조결정이 있은 뒤에 구조를 받는 사람이 소송비용을 납입할 자금능력이 있는 것이 판명되거나 그 자금능력이 회복된 때에는 직권 또는 이해관계인의 신청에 의하여 구조결정을 취소하고 납입을 미루어 둔 소송비용을 지급하도록

690) 이에 대한 입증책임은 소송구조를 받는 사람이 진다(대결 1995.11.22. 95마1180 참조).
691) 대판 2017.4.7. 2016다251994.
692) 대판 2017.4.7. 2016다251994.
693) 대결 2018.5.4. 2018무513.

명할 수 있다(제131조).

(나) 민사소송법은 제128조 제1항에서 법원이 소송비용을 지출할 자금능력이 부족한 사람의 신청에 따라 또는 직권으로 소송구조를 할 수 있다고 규정하고, 제129조 제1항에서 소송구조의 객관적인 범위로 '변호사의 보수'(2호)와 '소송비용의 담보면제'(3호)를 별도로 규정하고 있다.

(3) 효력

(가) 소송구조는 ① 재판비용의 납입유예, ② 변호사 및 집행관의 보수(민소규 제26조 제2항), ③ 소송비용의 담보면제, ④ 대법원규칙이 정하는 그 밖의 비용의 유예나 면제의 효력이 있다(제129조).

(나) 구조를 받는 사람의 상대방이 소송비용을 부담하는 재판을 받는 경우에는 국가가 상대방에 대하여 추심권을 갖는다(제132조 제1항). 여기에는 제129조제2항에 의해 국고에서 지급된 소송구조변호사의 보수 등이 포함된다.[694] 변호사 또는 집행관은 소송구조를 받는 사람의 집행권원으로 보수와 대납금에 관한 비용액의 확정결정신청과 강제집행신청을 할 수 있으며(동조 2항), 보수와 대납금에 대하여 당사자를 대위하여 질권설정의 결정(제123조) 및 담보를 제공하지 아니하였다는 것을 원인으로 소각하 판결을 구할 수 있다(제124조).

(다) 구조의 효과는 개별적이므로 구조를 받는 사람에 한정하여 효력이 있다. 일신 전속적이기 때문에 승계인에게 미치지 않는다(제130조 제1항). 다만 유예한 비용의 납입을 명할 때에는 승계인에 대하여도 할 수 있다(제130조 제2항).

694) 대결 2023.7.13. 2028마6041.

제5장

복잡한 소송

제1절 병합청구소송

[91] 제1. 총설

(가) 소송상 청구는 같은 당사자 사이에서 언제나 하나만 성립하는 것이 아니다. 당사자는 하나의 소송절차를 이용하여 여러 개의 청구를 동시에 또는 때를 달리하여 함께 심판을 구할 수 있다. 청구가 여러 개라고 하여 소송절차를 일일이 달리한다면 소송수행의 부담이 과중하여지고 관련청구에 관하여 중복된 심리를 하게 됨으로써 모순된 재판이 생길 우려가 있기 때문이다. 물론 서로 관련성이 별로 없는 여러 개의 청구를 무조건 합쳐 심리하면 소송절차가 번잡해져서 소송이 혼란, 지연될 우려가 있다. 그러므로 여러 개의 청구를 병합하여 심리하려면 병합된 모습마다 합리적인 병합요건을 정하여야 하고, 그 병합요건을 갖춘 때에도 법원이 소송지휘를 잘하여 사건이 번잡하여지지 않도록 변론의 제한·분리 등 적절한 처리를 함이 바람직하다.

(나) 같은 당사자 사이의 여러 개의 청구에 관한 병합심판은 당사자의 신청 또는 법원의 병합결정에 의하여 이루어지는데 여기에는 원시적 병합과 후발적 병합이 있다. 원시적 병합은 원고가 소를 제기할 때 하나의 소로 여러 개의 청구를 같이 함으로써 이루어지는 병합을 말한다(제253조). 이를 고유의 소의 개관적 병합이라고도 한다. 후발적 병합은 소송 중에 병합이 이루어지는 것으로서 청구의 변경(제262조), 반소의 제기(제269조), 중간확인의 소(제264조) 및 법

원에 의한 변론의 병합(제141조) 등에 의하는 병합을 말한다.

[92] 제2. 소의 객관적 병합(제253조)

1. 뜻

(1) 개념

소의 객관적 병합이라고 함은 원고의 피고에 대한 여러 개의 청구를 합쳐서 하나의 소송절차에서 심판하는 것을 말한다. 소의 객관적 병합은 청구가 복수라고 하더라도 하나의 소송절차에서 이를 함께 심리하여 한 개의 판결을 하기 위한 것이므로 한 사람의 원고와 피고 사이에서 여러 개의 청구를 병합하는 경우는 물론 여러 사람의 원고와 피고 사이에서 하나 또는 여러 개의 청구를 병합하는 경우에도 성립한다. 다만 뒤의 경우에는 공동소송 형태로 된다는 점에 유의할 필요가 있다.

(2) 소송요건 · 직권조사사항

(가) 원래 민사소송절차는 한 사람의 원고가 한 사람의 피고에 대한 한 개의 소송목적을 심판대상으로 하여 만들어졌다. 이것이 민사소송절차의 최소기본단위이다. 법원의 분쟁해결기준도 이 최소 기본단위를 전제로 하므로 당사자로 된 사람, 소송목적으로 된 권리관계에 이 기준이 적용된다. 이 점에서 법원의 분쟁해결은 개별적이고 다른 사람과 관련이 없는 해결방법이다.

(나) 그런데 당사자 사이에서 여러 개의 권리관계에 관한 분쟁이 존재하는 경우에 관련분쟁을 동시에 해결하는 것이 소송수행의 부담을 경감하고, 청구가 서로 관련되었을 경우에는 심리를 중복시키지 않으면서 모순된 판단을 피할 수 있다. 이것이 소를 객관적으로 병합하는 취지이다.

(다) 그러나 이를 무제한적으로 허용한다면 심리가 복잡해질 뿐 아니라 절차의 지연, 혼란 등 소송경제상 바람직하지 않은 사태가 생길 우려가 있어 적절히 규제할 필요가 있다. 따라서 소의 객관적 병합의 요건(제253조)은 소송요건이면서 직권조사사항이다. 주의해야 할 점은 뒤에서 설명하는 공동소송의 주관적 요건(제65조)은 소송요건이지만 직권조사사항은 아니라는 것이다.

2. 병합의 요건

(1) 여러 개의 청구가 같은 종류의 소송절차에 따르는 경우일 것(제253조)

(가) (a) 위의 설명과 같이 여러 개의 청구를 병합하여 심리하면 그 소송절차는 하나가 된다. 그런데 심리의 원칙을 달리하는 청구를 병합하는 경우(예를 들어 어느 청구는 가사비송사건이고, 어느 청구는 행정사건인 경우)에 이를 병합하면 서로 다른 변론 및 증거조사에 관한 기본원리가 하나의 소송절차에서 서로 충돌하여 오히려 심리의 노고가 더 커질 우려가 있으므로 그 경우에는 차라리 병합을 하지 않는 것이 좋다.

(b) 통상의 민사사건과 행정사건은 원칙적으로 병합이 허용되지 않고 다만 행정사건과 관련되는 손해배상 · 부당이득반환청구 · 원상회복 등 관련청구소송만 병합이 허용된다(행소 제10조). 그러므로 원고가 민사소송으로 보험료부과 처분무효를 원인으로 채무부존재확인 및 부당이득반환청구를 구하다가 예비적으로 고용산재 보험료 부과처분이 무효임을 확인한다고 하는 행정소송을 추가한 경우에 수소법원인 민사법원이 민사사건과 행정사건의 관할권을 동시에 갖고 있지 않은 이상 추가청구를 병합할 수 없다.[1]

(c) 통상의 민사사건에 가사소송이나 이혼 및 재산분할청구와 같은 가사비송사건도 병합할 수 없다.[2] 그러나 가사소송법은, 가사사건과 관련되는 손해배상 및 원상회복, 사해행위 등 청구사건을 가사소송사건으로 규정하여{가소 제2조 제1항 1. 다류사건 2).4)} 가사소송으로 심판할 수 있도록 하였고, 여러 개의 가사소송사건 또는 다른 가사소송사건과 가사비송사건에서 청구의 원인이 동일한 사실관계에 기초하거나 1개의 청구의 당부가 다른 청구 당부의 전제가 되는 경우에는 이를 1개의 소로 제기할 수 있게 규정하였다(가소 제14조 제1항).

(d) 통상의 민사사건과 가처분에 대한 이의사건도 다른 종류의 사건이므로 병합할 수 없다.[3]

(나) 중재판정 취소소송은 민사소송절차에서 심리하므로(중재 제36조) 구태여 다른 민사소송과의 병합을 불허할 필요가 없다.[4]

(다) 판례[5]에 의하면 재심소송에 새로운 민사상 청구를 제기하는 것은 허용하지 않는다. 아마도 판례의 취지는, 재심소송에서 재심의 인용판결이 매우 적은 실정인데 다른 민사소송까지 병합하여 심리하면 재심소송보다 다른 민사소송에 심리가 집중되어 소송절차가 복잡해질 번잡할 우려가 있기 때문에 이를 회피하자는 데 이유가 있을 것이다. 그러나 재심소송은 재심대

---

1) 인천지판 2016.4.28. 2015나59177.
2) 대판 2006.1.13. 2004므1378.
3) 대판 2003.8.22. 2001다23225 · 23232.
4) 같은 취지: 이시윤, 701면.
5) 대판 1997.5.28. 96다41649, 2009.9.10. 2009다41977.

상판결절차라는 민소소송에서 심리하는 소송절차이다. 그러므로 재심소송의 수소법원인 민사법원이 각 청구에 관하여 관할권을 갖는 등 병합소송의 다른 요건을 갖춘다면 다른 민사상 청구의 병합을 허용하여 분쟁의 1회적 해결을 이루는 것이 바람직할 것이다.

㈑ (a) 제권판결에 대하여는 상소를 하지 못하고(제490조 제1항), 이에 대한 불복은 제490조 제2항의 각호에 해당하는 경우에 신청인에 대한 소로써 최고법원에 불복할 수 있는데(제490조 제2항) 이 불복소송은 확정판결의 취소를 구하는 형성을 청구하는 소로서 제소사유가 법정되어 있고 제소기간의 제한이 있는 등 재심소송과 유사하다. 그럼에도 불구하고 판례는 제권판결에 대한 불복소송(제490조)에는 관련 민사소송과의 병합, 예컨대 제권판결불복의 절차에, 수표 소지인이 수표의 무효로 인한 손해배상청구를 병합하는 것을 허용한다.[6] 그 이유는 제권판결(제487조)을 하는 공시최고절차(민사소송법 제6편)는 증권을 상실한 사람만 관여하여 이루어지고, 증권을 취득한 반대의 이해당사자는 이 절차의 당사자가 아니어서 제권판결을 송달받지 아니하므로 그들로 하여금 통상의 상소절차를 이용하여 제권판결에 대하여 상소하게 하는 것은 상소기간 등 매우 어려운 문제를 주기 때문이다. 그러므로 반대의 이해당사자를 위하여 통상의 상소절차와 다른, 별도의 제권판결에 대한 불복절차(제490조)를 마련한 것이므로 재심소송의 경우와는 성질상 차이가 있다. 나아가 이 경우에도 소송경제를 도모하고 서로 관련이 있는 사건에 대한 판결의 모순·저촉을 방지하기 위해서는 관련 민사소송의 병합을 허용하는 것이 합리적이기도 하다.

(b) 그러나 제권판결의 취소여부가 불확실한 상황에서 그 확정을 전제로 한 수표금 청구는 「미리 청구할 필요」의 요건(제251조)을 갖추지 못하였고 또 이를 허용하면 제권판결 불복의 소가 인용될 경우를 대비하여 방어해야 하는 수표금 청구소송의 피고에게 지나치게 부담을 준다. 이와 같은 이유로 판례는 제권판결에 대한 불복절차에 수표금 자체의 청구소송은 병합을 허용하지 않는다.[7] 이러한 판례의 차이는, 앞의 손해배상청구는 수표가 무효로 되어서 입은 현재의 손해에 대한 이행청구인데 대하여 뒤의 수표금 자체의 청구는 제권판결불복소송에서 승소를 전제로 하는 장래의 청구라는 점에 이유가 있다.

㈒ (a) 회계장부 등의 열람·등사를 명하는 판결에서 그 명령을 불이행하는 경우 일정한 배상을 하도록 명하는 간접강제결정은 아울러 할 수 있다.[8]

(b) 부작위채무의 집행권원 성립을 위한 판결절차에서는 장차 채무자가 채무를 불이행할 경우에 대비하여 간접강제를 할 수 있는데 이것은, 부작위채무에 관한 소송절차의 변론종결 당시에서 볼 때 부작위채무를 명하는 집행권원이 성립하더라도 채무자가 이를 단기간 내에 위

6) 대판 1989.6.13. 88다카7962.
7) 대판 2013.9.13. 2012다36661.
8) 대판 2013.11.28. 2013다50367(평석은 [38] 참조).

반할 개연성이 있고, 또 판결절차에서 민사집행법 제261조에 의하여 명할 적정한 배상액을 산정할 수 있는 경우여야 한다.[9]

(바) 정정보도등 청구의 인용을 조건으로 하는 장래이행의 소에서는 민사집행법 제261조 제1항에 따른 간접강제의 신청을 병합하여 제기할 수 있다(언론중재 제26조 제3항).

(2) 수소법원이 각 청구에 대하여 관할권을 가질 것

여러 개의 청구에 관하여 다른 법원에 각각 전속관할이 있을 때에는 서로 병합이 허용되지 않는다. 그러나 수소법원이 병합된 청구 가운데에서 하나의 청구에 대하여 관할권을 가질 때에는 나머지 청구에 전속관할의 정함이 없는 이상 제25조에서 정한 관련재판적에 의하여 나머지 청구에 관해서도 관할권을 갖게 된다. 관련재판적의 쓸모는 이와 같이 소의 객관적 병합과 같은 경우에 당사자가 쉽게 관할법원을 찾게 하는데 있을 것이다.

(3) 청구사이의 관련성은 필요하지 않다

(가) 각 청구 사이에는 원칙적으로 관련성을 필요로 하지 않는다. 피고로서는 어차피 어느 하나의 청구에 관하여 소송에 응하여야 하므로 다른 청구에 관해서도 동시에 같은 소송절차에서 심판을 받는 것이 별도로 소송에 응하는 것보다 편리하기 때문이다.

(나) 그러나 위에서 설명한 바와 같이 행정사건에 민사청구를 병합할 경우에는 관련청구이어야 하고(행소 제10조), 여러 개의 가사소송사건 또는 다른 가사소송사건과 가사비송사건의 청구 원인이 동일한 사실관계에 기초하거나 1개 청구의 당부(當否)가 다른 청구 당부의 전제가 되는 경우에는 이를 1개의 소로 제기할 수 있으므로(가소 제14조 제1항) 이 경우에도 관련청구이어야 한다.

3. * 소의 객관적 병합의 모습

(1) 단순병합

(가) 개념 원고가 여러 개의 청구를 각 청구에 대한 판결의 결과와 관계없이 병렬적으로 병합하여 심판을 구하는 형태를 말한다. 예를 들어 매매대금청구와 대여금지급청구, 토지인도와 그 토지를 인도할 때까지 차임상당의 손해배상청구를 병합하는 것 등이다. 앞의 매매대금청구는 대여금지급청구의 인용여부와 관계가 없고, 뒤의 토지인도청구는 그 인도할 때까지 차임 상당의 손해배상 청구의 승패와 관계가 없지만 이를 병합하면 각 청구에 관하여 한

9) 대판 2014.5.29. 2011다31225.

개의 판결을 할 수 있는 이점이 있다.

(나) **대상청구의 여러 법률관계** 원고가 어떤 물건의 인도를 구하면서 그 물건의 인도가 이행불능 또는 집행불능이 될 것에 대비하여 하는, 그 물건가액에 상당하는 금전청구를 대상청구(代償請求)[10]라고 한다. 본래의 청구에 대상청구를 아울러 병합하는 경우에 이 병합의 형태가 무엇인지 살펴본다.

(a) **인도를 구하는 물건이 종류물(예, 쌀이나 사과 등)인 경우** (i) 그 종류물의 인도이행판결이 확정되는 경우에 전국의 쌀이나 사과 등 종류물이 모두 멸실되는 사태가 발생하지 않는 한 인도를 구하는 물건의 이행불능은 있을 수 없다. 그러나 집행채무자가 현재 그 물건을 가지고 있지 않는다면 집행불능이 된다. 이 집행불능은 변론종결 이후 확정판결 등 집행권원에 기초해서 강제집행을 할 때에 비로소 발생되는 것이므로 이에 대비하여 미리 그 물건가액에 상당하는 금전청구, 즉 대상청구의 이행을 구하는 소송은 장래 이행을 청구하는 소이다. 따라서 원고가 어떤 물건의 인도를 구하면서 그 물건의 인도가 집행불능이 될 것에 대비하여 대상청구를 병합하여 청구하는 경우에 그 소송형식은 현재 이행을 청구하는 소와 장래 이행을 청구하는 소의 병합인데 법원이 원고의 인도청구를 인용하면 그 인도청구를 받아들이는 것을 전제로 하는 대상청구는 당연히 인용해야 하고 반대로 인도청구가 이유 없다고 하여 기각하면 대상청구도 기각해야 한다. 결국 인도청구와 대상청구는 선택적 병합이나 예비적 병합에서와 같이 청구 상호 간에 배척이나 양립 여부가 문제되지 않는다. 이 점에서 대상청구의 병합은 단순병합 형태이다.[11]

(ii) 이러한 대상청구를 본래의 급부청구에 예비적 형식으로 병합하였다고 하여 그로 말미암아 예비적 병합이 되는 것이 아니다(형식만 예비적 병합일 뿐이다). 따라서 그 병합의 형식이 단순병합인 이상 본래의 급부청구가 인용된다는 이유만으로 예비적 청구에 대한 판단을 생략할 수 없다.[12]

(b) **인도를 구하는 물건이 특정물(예. 특정 승용차)인 경우** 원고가 어떤 특정물의 인도를 청구하는 경우에, 그 물건 자체의 멸실을 예상하여 이행불능을 원인으로 한 전보배상청구를 병합하여 청구할 수도 있고, 그 인도이행확정판결 이후에 목적물의 멸실로 말미암은 집행불능을 예상하여 대상청구를 병합하여 청구할 수도 있다. 이 경우 인도청구는 그 특정물의 존재를 전제로 하고 있지만 이행불능을 원인으로 한 전보배상청구는 그 특정물의 멸실을 전제로 한다. 따라서 인도청구와 전보배상청구는 논리적으로 양립할 수 없는 관계이므로 그 청구들의

---

10) 대판 1995.12.22. 95다38080「…민법은 이행불능의 효과로서 전보배상과 계약해제 이외에는 다른 규정을 두고 있지 않으나 해석상 대상청구권을 부정할 이유가 없다」.

11) 대판 2011.8.18. 2011다30666 · 30673.

12) 대판 2011.8.18. 2011다30666 · 30673.

병합 형식은 예비적 병합이다. 그러므로 원고는 병합된 청구 가운데에서 주위적 및 예비적 심판을 구할 심판순위를 미리 정해야 한다.

(c) **결론** (i) 인도청구와 대상청구는 단순병합이므로 당사자가 미리 순위를 정할 필요가 없다. 따라서 인도청구를 기각하면 전보청구는 인용될 수 있으나 대상청구는 기각하여야 하며, 인도청구를 인용하면 전보청구에 관해서는 따로 판단할 필요가 없지만 대상청구는 인용하여야 한다. 따라서 대상청구는 본래적 급부청구의 현존함을 전제로 하여 이것이 판결확정 전에 이행불능이 되거나 또는 판결확정 후에 집행불능이 되는 경우에 대비하여 전보배상을 미리 청구하는 경우로서 양쪽의 병합은 현재의 급부청구와 장래의 급부청구와의 단순병합이다.[13]

(ii) **종류물이나 특정물이 아닌 경우** 종류물이나 특정물의 인도청구가 아니더라도 원고가 본래의 급부청구인 부동산소유권 이전등기청구에다가 이에 대신할 전보배상을 부가하여 청구하는 대상청구도 가능하다. 본래의 급부청구가 이행불능 또는 집행불능이 되는 것을 요건으로 하는 것이 아니라, 본래의 급부청구가 이행불능 또는 집행불능이 되는 경우에 대비하여 미리 청구하는 것이므로 본래의 급부청구와 함께 그 대상(代償)의 전보배상을 청구 하는 것이 허용되기 때문이다. 예를 든다. 원고가 피고를 상대로 제기한 소유권이전등기 청구의 대상이 된 부동산에 관하여, 2005.10.28. 소외인 명의로 소유권보존등기가 이루어지고, 이어서 2005.10.31. 피고 명의의 매매예약을 원인으로 한 소유권이전청구권 가등기가 마쳐졌다. 그런데 2008.5.21. 남양주세무서가 위 소유권이전청구권을 압류하였다. 따라서 원고의 피고에 대한 소유권이전등기 청구는 위 압류가 해제되어야만 가능하다. 그런데 피고가 무자력 상태여서 세금을 납부하지 못하는 경우에는 압류 해제가 불가능하므로, 원고는 직접적으로 피고의 소외인에 대한 소유권이전등기청구권을 대위 행사할 수 있다고 단정하기도 어렵다. 이러한 사정을 종합하면, 피고의 원고에 대한 소유권이전등기의무가 이행불능 또는 집행불능에 이를 가능성이 있다. 따라서 원고는 피고에 대한 소유권이전등기청구에 더하여, 미리 전보배상을 부가하거나 대상청구를 함께 제기할 수 있는 것이다.[14]

(d) **대상청구의 변제** 본래의 급부에 대한 집행불능으로 말미암아 대상급부의무가 발생하게 되면 채무자로서는 대상급부의무를 이행하여서 채무를 면할 수 있다. 따라서 본래의 급부인 백미 54가마에 대한 집행불능이 되어 그에 대한 대상청구에 대한 집행이 개시되었다면 채무자는 본래의 급부에 갈음하는 대상급부인 백미 1가마당 가격을 산정하여 백미 54가마 상당의 돈을 변제공탁함으로써 채무를 면할 수 있다.[15]

13) 대판 2006.3.10. 2005다55411.
14) 대판 2011.1.27. 2010다77781.
15) 대판 1984.6.26. 84다카320.

㈐ **부진정연대채무관계에서 채무의 일부변제** 이 경우 먼저 소멸하는 부분은 채무전액의 지급을 확실히 확보하려는 부진정연대채무의 취지에 비추어 다른 채무자와 공동으로 채무를 부담하는 부분이 아니라 단독으로 채무를 부담하는 부분이다.[16)]

(2) 선택적 병합

㈎ 개념 및 본질

(a) 뜻 (i) 청구의 선택적 병합이란 양립할 수 있는 여러 개의 청구권에 의하여 동일한 취지의 급부를 청구하거나 양립할 수 있는 여러 개의 형성권에 기초하여 동일한 형성적 효과를 구하는 경우에 그 어느 하나의 청구가 인용될 것을 해제조건으로 하여 다른 여러 개의 청구에 관한 심판을 구하는 병합 형태이다.[17)] 예를 들어 피고에 대한 손해배상청구를 불법행위 또는 채무불이행을 원인으로 하는 경우, 대지의 인도청구를 소유권 또는 점유권을 원인으로 하는 경우 등이다. 법원은 어느 하나의 청구를 받아들이면 해제조건의 성취에 의하여 다른 청구에 관하여 심판할 필요가 없으나, 병합된 청구들이 모두 이유 없을 때에는 해제조건이 결국 성취되지 아니하였으므로 일일이 청구 전부를 배척하는 판단을 하여야 한다. 또 주주총회결의 부존재확인을 구하다가 당사자가 예비적으로 주주권의 확인청구를 병합한 경우 이는 형식만 예비적 청구이지 실질은 택일적 또는 선택적 청구이다. 그럼에도 불구하고 그것이 상호배척관계에 있는 것도 아니고 기초되는 사실관계가 다르다 하여 위 예비적 청구가 부적법한 예비적 청구라는 이유로 실질적 판단을 하지 않고 이를 각하한 것은 위법이다.[18)]

(ii) ㈀ 판례[19)]는, 선택적 병합에서 여러 개의 청구는 하나의 소송절차에 불가분적으로 결합되었기 때문에 선택적 청구 중 하나만을 기각하는 일부판결은 선택적 병합의 성질에 반하는 것으로서 법률상 허용되지 않는다고 한다. 따라서 판례[20)]에 의하면 선택적으로 병합된 청구에 대하여 상고심 법원은 선택적 청구 중 어느 하나의 청구에 관한 상고가 이유 있다고 인정할 때에는 이를 전부 파기하여야 하며, 이 법리는 실질상 선택적 관계에 있는 청구를 당사자가 심판의 순서를 붙여 청구한다는 취지에서 예비적으로 병합한 경우에도 마찬가지라고 한다.

㈁ 이 입장을 엄격하게 고수한다면 법원은 선택적 청구 중 어느 하나 가운데 극히 일부분만 인용되는 경우에도 해제조건의 성취에 의하여 다른 청구에 관하여 심판할 수 없다. 우리나라의 통설과 판례에 의하면 청구의 취지와 원인에 의하여 특정되는 소송목적의 일부가 인용되면 그 기판력의 범위는 소송목적 전부에 미치므로 뒤에 이 소송목적과 동일 또는 모순관계가

16) 대전판 2018.3.22. 2012다74236.
17) 대판 1982.7.13. 81다카1120, 1998.7.24. 96다99 등 참조.
18) 대판 1966.7.26. 66다933.
19) 대판 1998.7.24. 96다99.
20) 대판 2025.5.15. 2023다306014.

있는 소송목적에 대해서는 그것이 앞 소송의 패소부분이라 하더라도 기판력의 차단효에 의하여 재차소송이 금지된다. 따라서 선택적 청구 하나에 대하여 극히 일부만 인용하고 나머지 전부가 기각되더라도 패소부분에 대하여 재차소송이 불가능한 이상 그 하나의 청구에 대해서는 전부 인용되는 경우와 동일하게 해제조건이 성취되었다고 보아야 한다.

(ㄷ) 그러나 뒤에서 보는 선택적 병합의 본질을 좀 더 깊이 관찰하면 다른 결론이 나올 수 있다.

(b) **선택적 병합의 본질** (i) (ㄱ) 선택적 병합에 의할 여러 개의 청구를 그러한 병합에 의하지 아니하고 별개의 소송에 의하여 동시에 제기하더라도 중복된 소제기의 금지(제259조)에 해당되지 아니하며, 또 여러 개의 청구 중 먼저 제기한 하나의 청구가 기각된 뒤에 다시 같은 청구취지로써 별개의 청구원인으로 별소를 제기하여 판결이 되더라도 앞의 소송에 대한 판결의 기판력에 어긋나지 않는다. 이렇게 본다면 논리적으로 양립할 수 있는 여러 개의 청구는 각각 별소로 제기할 수도 있고 또 단순병합으로도 가능하다. 예를 들어 원고가 피고를 상대로 건물 명도를 청구할 때에 청구원인은 소유권, 점유권, 명도약정 등을 생각할 수 있는데 원고는 이를 선택적으로 병합할 수도 있지만, 단순병합 또는 별소로도 제기할 수 있다. 각 청구는 소송목적을 달리하기 때문이다. 다만 선택적 병합을 하는 경우에는 소유권에 기초한 명도청구가 받아들여지면 나머지 병합청구에 대해서 더 이상 심판할 필요가 없지만 단순병합 또는 별소의 경우에는 승소한 명도청구 이외의 나머지 청구는 모두 청구기각으로 배척해주지 않으면 안 된다. 그 이유는 원고가 바라는 건물명도의 목적을 달성하여 나머지 청구들은 모두 소송을 계속할 소의 이익이 없어졌기 때문이다. 이렇게 본다면 선택적 병합은 원래 단순병합의 일종이었는데 여러 개의 청구 전부를 일일이 심리하여 그 중 하나의 청구가 인용되면 그와 양립하면서 인용된 청구와 동일한 급부를 목적으로 하는 다른 청구를 가려내어 배척하여야 하는 심리의 불편과 번잡을 제거하기 위해서 고안된 것이라 할 수 있다.

(ㄴ) 그렇다면 소송에서의 당사자 뜻이 청구의 전부가 인용되지 않을 경우에 다른 모든 청구에 대하여 판단하기를 바라는 취지로 각 청구를 불가분적으로 결합시켜 선택적 병합으로 제소하였다면 법원은 병합된 청구 하나 중에서 일부가 인용되고 나머지 부분이 기각되는 경우에 병합된 나머지 청구 중 원고의 청구를 인용하여 줄 부분을 찾아서 판단해주는 것이 당사자의 뜻을 존중하여 준다는 점에서 오히려 선택적 병합의 본질에 부합할 것이다.

(ㄷ) 판례[21]는, 원심이 그 주문에서 원고의 이 사건 예비적 청구원인 중 불법행위로 인한 손해배상청구를 이유로 한 원고의 청구금액 중 일부만 인용하고 나머지 부분은 배척하면서 선택적으로 구한 부당이득을 원인으로 한 청구원인에 대하여 명시적인 판단을 한 바 없으나 이

---

21) 대판 1991.10.11. 91다14604.

기각부분에는 이 사건 불법행위로 인한 손해배상청구 중 인용되는 부분을 제외한 나머지를 기각하는 한편 그 기각부분에 상당하는 부당이득반환청구를 배척하는 취지도 포함되어 있다고 볼 수 있다고 판시하였고, 판례[22]는, 원고가 피고 A를 상대로 불법행위를 원인으로 한 손해배상청구를, 피고 B를 상대로 채무불이행을 원인으로 한 손해배상청구를 하면서, 따로 부당이득반환청구를 A, B 피고들에 대한 앞에서 본 청구들과 선택적으로 청구하였음에도 불구하고 원심판결이 원고의 피고 A에 대한 불법행위로 인한 손해배상청구 중 일부, 피고 B에 대한 채무불이행으로 인한 손해배상청구 중 일부만 인용하고 다른 선택적 청구인 부당이득반환청구에 대하여 아무런 판단을 하지 아니한 것은 위법하다고 판시하였다.

(ii) 따라서 판례에 의하면, 선택적 청구 중 어느 하나 가운데 일부분만 인용한 경우에는 나머지 다른 선택적 청구에 관하여 판단을 생략할 것이 아니라 계속 판단을 하여야 하고 그 과정에서 다른 선택적 청구 중 이미 인용된 부분을 초과하여 인용하여야 할 부분이 있다면 이를 받아들여야 할 것이므로 결국 병합청구의 일부를 인용하는 경우에는 선택적으로 병합된 다른 모든 각 청구에 관하여 심리하여야 한다는 점에서 단순병합과 같은 결론이 된다.

(iii) 그렇다면 선택적 병합은 그 본질이 단순병합에 있다는 법리를 전제로 하여야 하며, 따라서 선택적 병합에서의 해제조건이 성취되려면, 병합된 청구 중 어느 하나가 전부 인용되거나, 그렇지 않고 일부만 인용된 경우에는 나머지 부분에 대한 인용여부가 결정될 때까지 선택적 병합 전부에 걸쳐 심리하여야 할 것이다.

(나) **논리적 양립가능성** 선택적 병합은 원칙적으로 논리적으로 양립할 수 있는 여러 개의 청구 사이에 인정되는 병합형태로서 병합된 청구 상호 간에는 심판순위를 따로 정할 필요가 없다는 점에서 예비적 병합과 다르다. 개별적인 문제를 검토한다.

(a) **단순병합으로 처리해야 할 사건을 선택적으로 병합할 수 있는가** (i) 판례[23]는, 원고의 청구가 병존하면서 중첩적으로 행사할 수 있는 경우에는 이를 선택적으로 병합하여 청구하였다고 하여 그 청구의 병합형태가 선택적으로 바뀌는 것이 아니라고 하였다

(ii) 그러나 단순병합으로 처리해야 할 것은 선택적으로도 병합할 수 있다고 해야 한다. 왜냐하면 소송의 제기는 확정적으로 하여야 하므로 조건을 붙일 수 없지만 선택적 병합에서의 선택조건은 그 소송 내에서 성취 여부가 밝혀지는 조건이므로 소송을 불안정하게 할 이유가 없기 때문이다. 실제로도 여러 개의 청구 중 어느 쪽이 승소할 것인가를 원고가 잘 알 수 없을 때 이들 청구를 선택적으로 병합해주면 원고나 법원으로서는 우선 승소가망이 있는 청구에 대하여 심리를 집중할 수 있어 시간·노력을 절약하는 장점이 있다.

22) 대전판 2016.5.19. 2009다66549. 이 판례에 관한 분석은, 강현중 「청구의 선택적 병합 중 어느 하나의 청구가 일부 인용된 경우의 취급」(법률신문 2017.5.18.자) 참조.

23) 대판 2012.9.27. 2011다76747, 2014.12.24. 2012다74304.

(b) **논리적으로 양립할 수 없는 청구를 선택적으로 병합할 수 있는가** (i) 예를 들어 매매계약의 유효를 이유로 하는 매매대금지급청구와 그 매매계약의 무효를 이유로 하는 목적물의 반환청구를 선택적으로 병합할 수 있느냐는 문제이다. 생각건대 논리적으로 양립할 수 없는 여러 개의 청구에 대한 선택을 법원의 전권에 맡긴다는 것은 처분권주의의 원칙에 위반될 뿐 아니라 서로 성질을 달리하는 여러 개의 청구 중 어느 것도 좋다는 신청이 되어 신청 자체가 불특정하게 되고, 상호 모순되고 배척적인 사실상 또는 법률상 주장을 같은 소송절차 내에서 동시에 주장하여야 하기 때문에 원고의 주장은 무의미하여지고 일관성이 없다. 따라서 논리적으로 양립할 수 없는 여러 개의 청구를 선택적으로 병합하여 청구할 수 없다.[24)]

(ii) **논리적 양립가능성의 의미** (ㄱ) 논리적으로 양립가능하다는 것은 어느 하나의 사실에 터 잡아 당사자가 구하는 여러 개의 청구 들이 서로 겹칠 수 있지만 결국 어느 하나만 선택되어야 하는 경우를 말한다. 예를 들어 원고가 피고에 대하여 어떤 대지의 인도를, 소유권 또는 점유권에 기초해서 청구하였는데 대지에 대한 인도청구의 권원이 소유권이라고 해서 점유권이 배제될 리 없어 이 경우 소유권과 점유권은 논리적으로 양립된다. 또 원고가 피고의 가해행위를 원인으로 손해배상청구를 하는데 그 권원이 불법행위일 수도 있고 채무불이행일 수도 있다. 이때 손해배상청구의 권원이 불법행위라고 해서 채무불이행이 성립되지 않는다고 할 수 없으므로 이 경우에도 논리적으로 양립된다.

(ㄴ) 반대로 논리적으로 양립불가능하다는 것은 어느 하나의 사실에 터 잡은 여러 개의 청구들이 양립된다면 모순되어 허용될 수 없는 경우를 말한다. 예를 들어 원고가 피고로부터 어떤 물건을 매수하였는데 이를 인도하지 않을 경우에 매매계약에 기초하여 그 물건의 인도를 청구할 수도 있지만 그 물건이 멸실될 경우에는 부득이 목적물의 멸실로 말미암은 손해배상청구를 할 수밖에 없는데, 인도청구는 목적물의 존재를 전제로 한 것이고 손해배상청구는 목적물의 멸실을 전제로 한 것이므로 서로 모순되어 양쪽 청구를 동시에 승소시킬 수 없다. 따라서 이 경우에는 어느 하나의 청구를 주위적으로 심판하여 달라고 청구를 하고 다른 청구에 관해서는 그 주위적 청구가 받아들여지지 않을 것을 조건으로 예비적으로 심판하여 달라고 청구하여야 한다. 이와 같이 논리적으로 양립할 수 없는 청구들에 대한 병합방식으로는 예비적 병합이 이용된다.

(ㄷ) 물론 논리적으로 양립 가능한 경우에도 당사자는 자기의 이익을 지키기 위하여 심판의 순위를 지정할 수 있는데 법원은 처분권주의의 원칙상 당사자가 지정한 순위에 따라서 심판할 의무가 있다. 하지만 그로 인하여 청구의 병합형태가 예비적으로 바뀌는 것이 아니다.

(c) **법조경합 · 선택채권** 법조경합관계에 있는 여러 개의 법규에 기초한 청구를 당사자가

24) 대판 2014.4.24. 2012두6773.

법원에 청구할 때에는 특별 또는 택일관계에 있는 법규 하나를 선택하여 하나의 청구를 하여야 하고, 선택채권(민 제380조)에 기한 청구는 하나의 실체법상 급부를 바탕으로 한 청구이므로 소송법적으로는 선택적 병합의 대상이 아니다.[25)]

(3) 예비적 병합

㈎ **개념** (a) (i) 청구의 예비적 병합이란 병합된 여러 개의 청구 중 주위적 청구(제1차 청구)가 인용되지 않을 것에 대비하여 그 인용을 해제조건으로 주위적 청구와 논리적으로 양립될 수 없는 배척적인 예비적 청구(제2차 청구)에 관하여 심판을 구하는 병합형태이다. 예비적 병합의 경우에 법원은 원고가 붙인 순위에 따라 심판하여야 하며 주위적 청구를 배척할 때에는 예비적 청구에 대하여 심판하여야 한다. 예를 들어 어떤 목적물에 관하여 그 소유권이 있다는 이유로 주위적으로 인도청구를 하면서, 그 목적물의 멸실로 말미암아 소유권이 상실될 것을 우려하여 예비적으로는 목적물의 멸실을 원인으로 한 손해배상청구를 하는 경우에 법원이 주위적 청구를 받아들일 경우에는 예비적 청구에 관하여 심판할 필요가 없지만 주위적 청구를 기각할 때에는 예비적 청구에 관하여 심판하지 않으면 안 된다. 행정처분의 무효확인청구와 취소청구도 그 소송의 요건을 달리하여 양립할 수 없으므로 예비적으로 병합할 수 있다.[26)]

(ii) 주위적 청구를 인용할 때에는 다음 순위인 예비적 청구에 대하여 심판할 필요가 없으므로, 주위적 청구를 인용하는 판결은 전부판결이다.

(b) 예비적 병합에 대한 판결에 대하여 항소인이 예컨대 제1심의 주위적 청구 인용판결에 대하여 항소를 제기하였더라도 확정차단과 이심(移審)의 효력은 불복한 주위적 청구의 인용 범위가 아니라 예비적 청구부분을 포함하는 사건 전체에 대하여 생기는 항소불가분의 원칙에 따라 제1심에서 심판을 받지 않은 다음 순위의 예비적 청구도 모두 이심되고 항소심이 제1심에서 인용하였던 주위적 청구를 배척할 때에는 당연히 다음 순위의 예비적 청구에 관하여서도 심판을 하여야 한다.[27)]

(c) (i) 법원이 만약 주위적 청구를 배척하면서 예비적 청구 부분에 대하여 판단하지 아니하였다면 예비적 병합의 제도취지에 반하여 위법하므로 상소에 의하여 바로잡아야 한다. 이 경우에는 단순병합의 경우에서와 같이 청구의 일부를 빠뜨린 재판의 누락이 아니므로[28)] 추가

25) 교통사고로 인한 손해배상청구에 관해서는 이에 관한 자동차손해배상보장법 제2조가 민법 제750조의 특별법으로서 우선 적용되는 것이므로 선택적 병합의 대상이 아니고, 선택채권(예컨대 갑 말 또는 을 소 중의 어느 하나의 급부를 선택할 것을 목적으로 하는 채권)도 선택적 급부를 목적으로 하는 1개의 채권이므로 선택적 병합의 대상이 아니다.

26) 대판 1970.12.22. 70누123.

27) 대전판 2000.11.16. 98다22253, 대판 2023.12.7. 2023다273206.

28) 대판 2002.9.4. 98다17145.

판결을 해서는 안 되고 상소에 의하여 바로잡아야 한다. 따라서 이와 같은 경우에는 상소불가분의 원칙상 상소에 의하여 주위적 청구는 물론 제1심에서 판단하지 아니한 예비적 청구도 상소심에 같이 이심되어 함께 판단을 받는다.

(ii) 항소심판결에서 예비적 청구에 관하여 이루어져야 할 판단이 누락되었음을 알게 된 당사자가 상고를 통하여 그 오류의 시정을 구하였어야 함에도 상고로 다투지 아니하여 그 항소심판결을 확정시켰다면 판단하지 않은 예비적 청구부분도 확정되는 결과가 되었으므로 그 후에 그 예비적 청구의 전부나 일부를 소송목적으로 하는 별개의 소송을 새로 제기하는 것은 전소판결의 기판력에 어긋나는 부적법한 소제기이어서 허용되지 않는다.[29)]

(iii) 그러나 만약 당사자가 상고하여 그 예비적 청구에 대한 항소심의 판단이 누락되었다는 위법사유를 지적하였음에도 법률심인 상고심에서 그 쟁점에 관한 판단을 빠뜨림으로써 그 오류가 시정되지 않은 채 상고심판결이 확정된 경우에는, 당사자는 제451조 제1항 9호에서 정한 판단누락의 재심사유를 주장·입증하여 그 상고심판결에 대한 재심을 구할 수 있다.[30)]

(d) 주위적 청구원인과 예비적 청구원인이 양립 가능하여 선택적임에도 불구하고 당사자가 주위적 및 예비적으로 심판의 순위를 붙여 청구를 할 합리적인 필요성이 있는 경우에는 심판에 순위를 붙여 청구할 수 있다. 이러한 경우 주위적 청구가 전부 인용되지 않을 경우에는 주위적 청구에서 인용되지 아니한 범위 내에서의 예비적 청구에 대해서도 판단하여 주기를 바라는 취지를 불가분적으로 결합시켜 제소할 수도 있는 것이므로, 주위적 청구가 일부만 인용되는 경우에 나아가서 예비적 청구를 심리할 것인지의 여부는 소송에서의 당사자의 의사 해석에 달린 문제이다. 따라서 법원이 주위적 청구원인에 기초한 청구의 일부를 기각하면서 예비적 청구취지보다 적은 금액만을 인용할 경우에는, 법원은 원고에게 주위적 청구가 전부 인용되지 않을 경우에 주위적 청구에서 인용되지 아니한 액수를 범위로 한 예비적 청구에 대해서도 판단하여 주기를 바라는 취지인지 여부를 석명하여 그 결과에 따라 예비적 청구에 대한 판단 여부를 정하여야 한다.[31)]

(e) 원고의 주위적 청구 중 일부를 인용하고 예비적 청구를 모두 기각한 제1심판결에 대하여 피고가 불복 항소하자 항소심이 피고의 항소를 받아들여 제1심판결을 취소하고 원고의 주위적 청구를 전부 기각하는 경우에 예비적으로 병합된 청구도 하나의 소송절차에 주위적 청구와 불가분적으로 결합되어 있기 때문에 항소심은 기각하는 주위적 청구 부분과 관련된 예비적 청구도 심판대상으로 삼아 판단하여야 한다.[32)]

29) 대판 2002.9.4. 98다17145.
30) 대판 2002.9.4. 98다17145.
31) 대판 2002.10.25. 2002다23598.
32) 대전판 2000.11.16. 98다22253.

(f) 주위적으로 무조건적인 소유권이전등기절차의 이행을 구하고, 예비적으로 금전 지급과 상환으로 소유권이전등기절차의 이행을 구하는 경우에는, 예비적 청구는 주위적 청구를 질적으로 일부 감축하여 하는 청구에 지나지 아니할 뿐, 그 목적물과 청구원인은 주위적 청구와 완전히 동일하므로 예비적 병합이 아니다.[33] 또한 주위적 청구와 동일한 목적물에 관하여 청구원인은 동일한데 주위적 청구에 대한 수량만을 감축하는 것에 지나지 않은 경우에도 예비적 청구로 볼 수 없다.[34]

(g) 당사자가 주주총회결의 부존재확인을 구하다가 예비적으로 주주권의 확인청구를 병합한 경우에 이는 상호배척관계에 있지 아니하여 선택적 병합이라고 볼 수 있으므로 선택적 병합의 법리에 따라 양 청구가 이유 없으면 모두 기각하는 판결을 하여야 하는데 그렇게 하지 아니하고 예비적 청구가 그것이 기초되는 주위적 청구와 사실관계를 달리하는 부적법한 예비적 청구라는 이유로 실질적 판단을 하지 않고 이를 각하하는 판결을 한 것은 잘못이다.[35]

(나) **부진정 예비적 병합** (a) 판례[36]는 부진정 예비적 병합이란 여러 청구 사이에 논리적 관계가 밀접하고 심판의 순위를 붙여 청구를 할 필요성이 인정되는 경우에 당사자가 붙인 순위에 따라서 먼저 구하는 청구를 심리하고, 그 청구가 이유가 없으면 다음 청구를 심리하는 병합이라고 하였다. 판례에 의하면 이 경우에 각 청구들 사이의 논리적 관련성이 양립되는 것인지 아닌지는 따질 필요가 없고(그 점에서 '부진정'이라고 표현한다), 주위적 청구가 전부(또는 일부) 기각되면 다음 청구를 심리하는 방식이 부진정 예비적 병합이다. 예컨대 피고가 원고를 상대로 제기한 토지인도청구의 소에서, 피고 소유 토지 위의 원고 소유주택을 철거하고 그 토지를 인도하라는 판결이 확정되었는데 원고는 위 소송의 변론종결 후 피고에게 지상물매수청구권을 행사하여 위 주택에 관하여 매매계약이 체결되었다는 이유로 주위적 청구로 청구이의의 소를 제기하고, 예비적으로 원고의 매수청구권행사에 따라 원고의 위 주택철거의무가 소멸하였음에도 피고가 종전 확정 판결을 집행권원으로 하여 철거대집행을 하고 원고로부터 상환 받아간 집행비용 등이 부당이득에 해당한다고 주장하며 부당이득반환청구를 추가하는 경우이다.

(b) 전제되는 청구가 인용될 것을 정지조건으로 다음 청구를 병합하는 형태가 부진정 예비적 병합이라고 하는 견해가 있다.[37] 예컨대 해고무효확인을 구하면서, 그 청구가 인용될 경우 그간 지급받지 못한 임금 청구를 함께 제기하는 경우이다. 그러나 전제 청구(해고무효확인)가 전부 인용되면 이미 승소 목적이 달성되어 더 이상 소의 이익이 존재하지 않는다. 따라서 이를 정지조건으로 하는 후순위 청구는 별개의 소의 이익을 추구하는 독립된 청구로 보아야 하

---

33) 대판 1999.4.23. 98다61463.
34) 대구고판 1988.1.14. 84나341(본소),342(반소).
35) 대판 1966.7.26. 66다933.
36) 대판 2023.3.16. 2022다279658.
37) 한충수, 727면.

므로, 이는 예비적 병합이 아니라 단순병합에 해당한다. 한편 판례와 같이, 전제 청구가 적어도 일부라도 이유 없는 경우에만 비로소 후순위 청구의 소의 이익이 발생하므로 이를 심리하는 병합을 부진정 예비적 병합이라고 보아야 한다. 이 점에서 어느 당사자에 대한 청구 전부가 인용되더라도 다른 당사자에 대해서도 청구할 수 있는 부진정 예비적 공동소송[38]과 다르다.

(c) 부진정 예비적 병합청구에서 심판을 구하는 양쪽 청구는 별개로도 제소할 수 있지만 이 병합의 형식에 의하여 1개의 소로 양쪽 청구를 병합하고, 그 양 쪽 청구에 대하여 심판을 구할 수 있다는 점에 이점이 있다.

(다) **특징**

(a) **여러 개의 청구가 논리적으로 양립되지 않는 관계에 있어야 한다** (i) **모순·배척적인 여러 개의 청구** 서로 모순되고 배척적인 여러 개의 청구를 같은 소송절차 내에서 동시에 심판하려면 각 청구의 심리에 논리적인 순서를 붙여 모순되는 한 쪽의 주장(예, 매매계약이 무효라는 주장)이 다른 쪽의 주장(예, 매매계약이 유효라는 주장)의 가정적(假定的) 주장이 되게 함으로써 양쪽 사이에 주위와 예비의 관계에 있다는 것을 명백하게 할 필요가 있다. 그렇지 않고 병렬적으로 단순 병합한 것으로 보면 서로 모순되는 청구를 동시에 주장하는 셈이 되어 원고의 주장이 무의미하여지고 그 주장의 일관성에 흠이 되기 때문이다.

(ii) **단순 병합할 청구들을 예비적 병합으로 청구한 경우** 판례[39]는 논리적으로 무관계한 여러 개의 청구는 단순병합으로 처리하여야 할 것이고 이를 선택적 병합은 물론 예비적 병합청구로 병합하더라도 그 성질이 선택적 또는 예비적 병합이 되는 것이 아니라고 하였다. 기초되는 사실관계가 주위적 청구와 전혀 관련성이 없는 경우라면 원칙적으로 예비적 병합으로도 부적법하기 때문에 이 경우에 예비적 병합의 형태를 취한다면 법원은 소송지휘권을 행사하여 단순병합으로 고쳐야 한다. 따라서 단순병합관계에 있는 대상청구를 본래의 급부청구에 예비적으로 병합하더라도 대상청구에 관한 판단원칙에 따라 본래의 급부청구가 인용된다는 이유만으로 예비적 청구에 대한 판단을 생략할 수 없다.[40]

(b) 예비적 청구는 주위적 청구와 서로 양립할 수 없는 관계에 있어야 하므로, 주위적 청구와 동일한 목적물에 관하여 동일한 청구원인을 내용으로 하면서 주위적 청구를 양적 · 질적으로 일부 감축하여 하는 예비적 청구는 주위적 청구에 흡수되는 것일 뿐 소송상 예비적 청구라고 할 수 없다.[41] 예를 들어 주위적으로 무조건적인 소유권이전등기절차의 이행을 구하고, 예비적으로 금전 지급과 상환으로 소유권이전등기절차의 이행을 구하는 경우에는, 예비적 청

38) [99] 1 (1) (나) (c) 참조.
39) 대판 2008.12.11. 2005다51471, 2015.12.10. 2015다207679 · 207686 · 207693(평석은 [53] 참조).
40) 대판 2011.8.18. 2011다30666,30673.
41) 대판 1991.5.28. 90누1120, 2017.2.21. 2016다225353(평석은 [40] 참조), 2017.10.31. 2015다65042 등 참조.

구는 주위적 청구를 질적으로 일부 감축하여 하는 청구에 지나지 아니할 뿐, 그 목적물과 청구원인은 주위적 청구와 완전히 동일하므로 예비적 병합이 아니다.[42] 또한 원고가 피고에게 토지의 인도를 청구하는데 그 토지의 면적을 주위적으로 1,000평으로 청구하면서 예비적으로 이를 500평으로 감평하여 청구하는 따위와 같이 주위적 청구와 동일한 목적물에 관하여 청구원인은 동일한데 주위적 청구에 대한 수량만을 감축하는 것에 지나지 않은 경우에도 예비적 청구로 볼 수 없다.[43]

(c) **법원은 원고가 정한 심판 순위에 따라 심판하여야 한다**[44] 심판순서는 원고의 이익을 표현한 것이기 때문에 법원은 원고가 구하는 심판순위에 따라 심판하여야 하는 것이다.

소의 객관적 병합의 모습

1. 단순병합

- 개념: 여러 청구를 병렬적으로 병합 → 각 청구의 승패가 서로 영향 없음
- 예시: 매매대금청구 + 대여금반환청구, 토지인도청구 + 차임 상당 손해배상청구
- 대상청구(代償請求): 본래의 급부청구가 이행불능·집행불능에 대비해 금전배상청구를 함께 하는 경우
- 종류물 인도청구 + 대상청구 → 단순병합(현재이행청구 + 장래이행청구)
- 특정물 인도청구 + 전보배상청구 → 예비적 병합(존재 전제 vs 멸실 전제 → 양립 불가)
- 인도청구 + 대상청구 → 단순병합
- 특징: 당사자가 심판순위를 정할 필요 없음

2. 선택적 병합

- 개념: 양립 가능한 여러 청구 중 하나만 인용되면 다른 청구는 해제조건적으로 판단 불필요
- 예: 불법행위에 기한 손해배상 vs 채무불이행에 기한 손해배상
- 특징
  - 하나가 인용되면 다른 청구 판단 불필요
  - 일부 인용된 경우 → 다른 선택적 청구도 심리해야 함(판례)
  - 결국 단순병합과 유사하게 처리되는 경우가 많음
- 요건
  - 논리적으로 양립 가능해야 함(예: 소유권 vs 점유권 명도청구)
  - 양립 불가능한 청구는 선택적 병합 불가 → 예비적 병합해야 함
  - 주의: 법조경합, 선택채권은 선택적 병합이 아님

42) 대판 1999.4.23. 98다61463.
43) 대구고판 1988.1.14. 84나341(본소),342(반소).
44) 대판 1993.3.23. 92다51204.

3. 예비적 병합

- 개념: 주위적 청구가 기각될 경우에 대비해 예비적 청구를 제기
- 논리적으로 양립 불가한 청구를 순위 붙여 병합하는 방식
- 예: 특정물 인도청구(주위적) + 목적물 멸실 시 손해배상청구(예비적)
- 특징
  - 법원은 반드시 원고가 정한 순위에 따라 심판
  - 주위적 청구 인용 → 예비적 청구 판단 불필요
  - 주위적 청구 기각 → 예비적 청구 심판해야 함
  - 심리 누락 시 → 상소로만 구제 가능, 추가판결 불가

4. 부진정 예비적 병합

- 여러 청구 사이에 논리적 관계가 밀접하고 심판의 순위를 붙여 청구를 할 필요성이 인정되는 경우에 당사자가 붙인 순위에 따라서 먼저 구하는 청구를 심리하고, 그 청구가 이유가 없으면 다음 청구를 심리하는 병합(청구 사이의 논리적 관련성 불문)
- 주위적 청구가 일부라도 이유 없을 때에만 예비적 청구의 소 이익 발생. 이점에서 통상공동소송의 일종인 부진정예비적 공동소송과 구별
- 주의: 주위적 청구 단순 감축형(예: 1000평 → 500평) → 예비적 병합 아님. 법원은 그 경우에도 원고의 지정 순위에 따라 반드시 판결해야 함

□ 핵심정리

구분	단순병합	선택적 병합	예비적 병합
청구 간 관계	독립, 병렬적	논리적 양립 가능	논리적 양립 불가
순위 지정	불필요	불필요	필요(주위·예비)
법원의 심판	각 청구 모두 판단	하나 인용되면 나머지 불필요(단, 일부 인용 시 다른 청구도 판단)	순위에 따라 판단
예시	매매대금청구＋대여금청구	불법행위 or 채무불이행 손해배상	특정물 인도청구 vs 멸실 시 손해배상청구

4. 병합청구의 심판

(1) 소가의 산정

사물관할과 인지액을 정할 소가를 산정할 때 단순병합의 경우에는 병합된 청구의 가액을 합산하지만(제27조 제1항), 선택적 병합이나 예비적 병합의 경우에는 가액을 합산하지 아니하고 다액인 청구가액을 소가로 한다(중복청구 흡수의 원칙)(민인규 제20조).

(2) 병합요건의 조사

(가) 병합요건은, 병합된 여러 소송을 한 개로 심판할 것인가 아니면 여러 개로 나누어 심판할 것인가의 법원심리에 관한 것이므로 소송요건으로서 직권조사사항이다. 그러므로 병합요건을 조사한 결과 여기에 흠이 있으면 병합이 허용되지 않기 때문에 소의 객관적 병합(제253조)의 경우에는 변론을 분리하여 별개의 소송으로 심리하여야 할 것이다.

(나) 그 밖의 다른 소송요건은 각 청구마다 별개로 조사하여 소송요건에 흠이 있는 청구는 그 청구에 한정해서 각하하여야 한다.

(다) 병합의 형태가 무엇인지는 직권조사사항이 아니다. 하지만 선택적 병합인지 예비적 병합인지 여부는 당사자의 의사가 아닌 병합청구의 성질을 기준으로 판단하여야 하므로 그 성질에 따라 병합형태를 정해야 한다.[45] 따라서 항소심에서의 심판 범위도 그러한 병합청구의 성질을 기준으로 결정하여야 하므로 실질적으로 선택적 병합 관계에 있는 두 청구에 관하여 당사자가 주위적·예비적으로 순위를 붙여 청구하였고, 그에 대하여 제1심 법원이 주위적 청구를 기각하고 예비적 청구를 인용하는 판결을 선고하여 피고 혼자서 항소를 제기한 경우에도, 성질이 선택적 병합임에는 변함이 없으므로 항소심 법원은 항소하지 아니한 주위적 청구를 포함하여 두 청구 모두를 심판의 대상으로 삼아 판결하여야 한다.

(3) 심리의 공통

(가) **같은 소송절차** 병합된 여러 개의 청구는 같은 소송절차에서 심판한다(제253조). 따라서 기일은 모든 청구에 공통되며 변론이나 증거조사도 병합된 청구 전부에 관하여 공통적으로 실시한다. 제출된 소송자료나 증거자료는 모든 청구에 관해서 공통된 판단자료가 된다. 변론을 일시적으로 어느 청구에 한정하여 제한할 수 있으나 그 결과는 모든 청구의 자료가 된다.

(나) **변론의 분리(제141조)**

(a) **단순병합** (i) 단순병합의 경우에 어느 하나의 청구에 관하여 다른 청구와 분리하여 심판하는 변론의 분리가 가능하다. 다만 변론의 분리는 주요한 쟁점을 공통으로 하지 않는 각 청구에 관하여 병합을 한 경우에 하여야 하고 관련적 병합은 변론 분리를 하지 않는 것이 좋다.

(ii) **관련적 병합** 어느 하나의 청구가 다른 청구의 선결관계에 있는 경우(예, 소유권확인과 소유권에 기초한 방해배제), 각 청구가 공통된 선결적 법률관계에서 파생한 경우(예, 소유권에 기초한 인도청구권과 퇴거청구권)의 병합을 관련적 병합이라고 한다. 이 경우에는 법원의 소송지휘에 의하여 변론의 분리를 피하는 것이 좋다. 관련적 병합에서 변론의 분리가 허용되면 재판

---

45) 대판 2014.5.29. 2013다96868, 2022.5.15. 2020다278873.

이 통일되지 않는 등 실체법상 허용하기 어려운 법률상태가 초래되는 판결이 생길 수 있기 때문이다. 예를 들어 소유권확인 청구와 소유권에 기초한 방해배제 청구를 병합하여 심리하다가 이를 분리하여 각각 별개의 소송절차에서 심판하게 되면 소유권확인은 기각되었는데 소유권에 기초한 방해배제 청구는 인용될 수 있다. 따라서 이 경우에는 소유권이라는 물권이 한 쪽에서는 인정되고 다른 한 쪽에서는 인정되지 않는 이상한 결론이 될 우려가 있기 때문이다.

(b) **선택적 병합** 선택적으로 병합된 여러 개의 청구는 하나의 소송절차에서 불가분적으로 결합되었기 때문에 선택적 청구 중 어느 하나 만을 기각하고 나머지는 내버려두는 형식의 일부판결은 선택적 병합의 성질에 반하는 것으로서 법률상 허용되지 않는다.[46]

(c) **예비적 병합** 논리적으로 양립할 수 없는 여러 개의 청구는 오로지 예비적 병합의 방법에 의해서만 심판하여야 하기 때문에 변론을 분리할 수 없다.[47]

(4) * 소의 객관적 병합과 종국판결

㈎ **단순병합** (a) 병합된 청구들 전부에 관하여 심리가 성숙되면 하나의 전부판결을 한다. 이 경우 병합된 청구 중 어느 하나에 관하여 재판이 누락되면 그 부분은 아직 소송계속 중이므로 추가판결(제212조)을 하여야 한다. 병합된 청구 중에서 어느 하나만 심리가 성숙되면 그 청구를 분리하여 일부판결을 할 수 있다. 다만 관련적 병합일 때에는 변론의 분리를 하여서는 안 되는 것과 마찬가지 이유로 일부판결도 하여서는 안 된다. 그러나 이와 달리 관련적 병합의 경우에 법원이 병합청구 하나에 대해서만 판결을 하였다면 관련적 병합이 본래 단순병합이라는 성격에 비추어 이것은 재판의 누락으로 취급하여야 한다. 따라서 병합된 나머지 청구에 관해서는 선택적 병합이나 예비적 병합과 달리 추가판결을 하여야 한다.

(b) **병합된 청구의 일부청구에 대한 판결(이하, 일부판결)에 대한 상소** (i) 일부판결에 대하여 상소하면 나머지 부분과 별개로 일부판결한 부분만 상소심에 이심되며 확정도 별도로 이루어진다. 그러나 전부판결의 일부 인용 또는 일부 기각판결 부분에 대하여 상소하면 상소심의 대상은 상소한 부분뿐이지만 이심과 확정차단의 효력은 청구 전부에 대하여 생긴다(상소불가분의 원칙). 이 점에서 전부판결과 일부판결이 다르다.

(ii) 예를 들어 설명한다. 원고가 피고에 대하여 A 건물에 대해서는 소유권이 있다는 이유로 건물명도청구와 퇴거청구를, B건물에 대해서는 임대차계약의 해지를 이유로 건물명도청구를 하였다. 제1심 법원은 A건물에 대한 원고의 건물명도청구와 퇴거청구를 모두 인용하는 판결을 하면서 B건물에 대한 원고의 청구에 대해서는 판결을 누락하였다.

㈀ 피고가 A건물에 대한 건물명도청구의 인용부분에 대해서만 항소하였을 경우에 항소심

---

46) 대판 1998.7.24. 96다99.

47) 대판 1995.7.25. 94다62017.

의 대상은 A건물의 명도청구 인용판결부분이지만 퇴거청구인용판결도 확정되지 아니하고 이심되므로 원심법원이 이에 대하여 추가판결을 해서는 안 된다. 피고가 이 부분에 관하여 항소를 확장하면 그때에는 항소심의 심판대상이 된다.

(ㄴ) B건물에 대한 건물명도청구부분은 아직 판결이 선고되지 아니하였으므로 제1심에서 추가판결을 하여야 한다.

(c) **일부 인용된 환송판결에 대한 항소심의 심리범위–상소불가분의 원칙과의 관계** (i) 판례[48]에 의하면 원고의 본소청구 및 피고의 반소청구가 각 일부 인용된 환송 전 원심판결에 대하여 피고만이 상고하였다면 피고 패소 부분만 각 상고되었으므로 원고의 상고나 부대상고가 없어서 위 상고심에서의 심리대상은 피고가 각 패소한 부분에 국한된다. 따라서 상고심이 상고를 받아들여 원심판결 중 본소 및 반소에 관한 각 피고 패소 부분을 파기 환송하였다면 환송 후 원심의 심판 범위도 환송 전 원심에서 피고가 각 패소한 부분(즉, 원고 일부 승소부분)에 한정되는 것이 원칙이므로 환송 전 원심판결 중 본소에 관한 원고 패소부분과 반소에 관한 피고 승소부분은 각 확정되어 환송 후 원심으로서는 이에 대하여 심리할 수 없다.

(ii) 원래 당사자가 단순 병합된 여러 개의 청구에 관한 항소심판결에 관하여 상고를 제기하였는데 상고심에서 그 전부를 파기 환송하였을 때에는 항소심 판결전부가 환송 후의 2차 심판대상이 된다. 그러나 상고심이 항소심판결의 일부만 파기환송하고 나머지를 상고 기각하였을 때에는 그 환송된 부분만 심판대상이 되고 상고 기각된 부분은 상고심의 판결 선고와 동시에 확정되어 2차 항소심의 심판대상에서 제외되는 것이다. 패소당사자 한쪽이 항소심 판결의 전부가 아니라 일부만 한정하여 상고를 제기하면 상소불가분의 원칙상 나머지 부분도 이심되지만 심판대상은 상고된 일부에 관한 판결뿐이기 때문에 상고되지 아니한 나머지 청구는 항소심에 환송되어 다시 심판대상이 되는 것이 아니라 상소불가분 원칙의 예외로서 상고심 판결의 선고와 동시에 확정되었다고 보아야 하는 것이다. 왜냐하면 그 경우에 소송당사자가 항소심의 여러 청구에 관한 판결 가운데서 일부만 상고하고 나머지는 상고하지 아니하였던 이유는, 상고하지 아니한 부분에 관해서는 불복할 의사가 없다고 보아야 할 것이고, 상고심의 환송판결도 비록 미확정이어서 재심의 대상은 되지 아니하지만 최종심의 종국판결[49]로서 더 이상 다툴 수 없으므로 상고되지 아니한 나머지 청구는 파기환송 판결의 선고와 동시에 상고불가분 원칙의 예외로서 2차 항소심에 이심되지 아니하고 그대로 확정된다고 보아야 한다.

(나) **선택적 병합**

(a) **전부승소판결** 선택적 병합은 심리의 결과 어느 청구 하나가 이유 있어 승소판결을 하면 그 심급에서 소송전부를 마치는 것이기 때문에 전부판결이다. 당사자가 청구 전부에 대

48) 대판 2014.6.12. 2014다11376,11383(평석은 [92] 참조).

49) 대전판 1995.2.14. 93재다27 참조.

한 심판을 바라면서 선택적으로 청구한 경우에도 전부심판을 청구하는 것으로 보아야 하므로 그 중 하나에 대하여 일부만 인용하고 다른 선택적 청구에 대하여 아무런 판단을 하지 않은 것은 위법이다.[50)]

(b) **선택적 병합의 일부판결** 판례[51)]에 의하면 선택적으로 병합된 여러 개의 청구는 하나의 소송절차에서 불가분적으로 결합되었기 때문에 변론의 분리를 할 수 없다고 하므로 일부판결을 할 수 없다.

(c) **항소심으로 이심** 전부 승소판결에 대하여 항소를 하면 항소불가분의 원칙상 판결이유에서 판단하지 않은 나머지 선택적으로 병합된 청구부분도 모두 항소심으로 이심된다. 따라서 선택적으로 병합된 여러 개의 청구를 모두 기각한 제1심판결에 대하여 상소를 하였는데 선택적 청구 중에서 어느 하나의 청구가 이유 있을 때에는 제1심판결 전부를 취소하고 원고의 청구가 이유 있다고 인용하는 판결주문을 선고하여야 한다.[52)] 여러 개의 청구가 제1심에서 처음부터 선택적으로 병합되고 그 중 어느 한 개의 청구에 대한 인용판결이 선고되어 피고가 항소를 제기한 경우는 물론, 원고의 청구를 인용한 판결에 대하여 피고가 항소를 제기하여 항소심에 이심된 후 청구가 선택적으로 병합된 경우에 있어서도 항소심은 제1심에서 인용된 청구를 먼저 심리하여 판단할 필요는 없고, 원심이 한 것처럼 선택적으로 병합된 여러 개의 청구 중 제1심에서 심판되지 아니한 청구를 임의로 선택하여 심판할 수 있다.[53)] 그러나 심리한 결과 그 청구가 이유 있다고 인정되고 그 결론이 제1심판결의 주문과 동일한 경우에도 피고의 항소를 기각하여서는 안 되므로 제1심판결을 취소한 다음 새로이 청구를 인용하는 주문을 선고하여야 한다.[54)]

(d) **상고심의 경우** 선택적으로 병합된 수개의 청구를 모두 기각한 항소심 판결에 대하여 원고가 상고한 경우에 상고법원은 선택적 청구 중 어느 하나의 청구에 관한 상고가 이유 있다고 인정할 때에는 원심판결을 전부 파기하여야 한다.[55)]

(e) **선택적 병합과 불이익변경금지의 원칙** 선택적 병합의 경우, 예를 들어 원고가 어떤 물건에 대한 인도청구의 권원으로 소유권 또는 점유권을 선택적으로 청구하였는데 제1심은 소유권에 기초한 인도청구 부분을 인용하였다. 그 판결에 대하여 피고 혼자서 항소하여 항소심 법원이 심리한 결과 제1심에서 인용된 소유권에 기초한 인도청구부분은 이유 없고 점유권에 기초한 인도청구 부분이 오히려 이유 있을 때에는 예비적 병합의 경우와 달리 불이익변경

---

50) 대전판 2016.5.19. 2009다66549.
51) 대판 1998.7.24. 96다99.
52) 대판 2007.3.29. 2006다79995.
53) 대판 2025.9.25. 2025다213846.
54) 대판 1992.9.14. 92다7023.
55) 대전판 2012.1.19. 2010다95390, 대판 2017.10.26. 2015다92599.

금지의 원칙을 적용하지 않고 제1심판결을 취소하여 제1심에서 인용된 그 건물에 관하여 점유권에 기초한 인도청구를 인용할 수 있다. 왜냐하면 선택적으로 병합된 위 두 개의 청구는 성질상 양립할 수 있고 양쪽 청구의 판단에 관하여 어떤 불이익의 차이를 예상할 수 없어 제1심에서 인용된 양적 분량을 초과하지 않는다면 불이익변경금지의 원칙은 문제되지 않기 때문이다.

(다) **예비적 병합**

(a) **전부승소판결** 예비적 병합을 심리한 결과 주위적 청구가 이유 있어 승소판결을 하면 그 심급에서 소송전부를 마치는 것이기 때문에 전부판결이다.

(b) **예비적 병합청구에서 변론의 분리** 논리적으로 양립할 수 없는 여러 개의 청구는 오로지 예비적 병합의 방법에 의해서만 심판하여야 하므로 변론의 분리나 일부판결은 허용되지 않는다.

(c) **예비적 병합청구에서 재판의 누락** (i) **항소심** 변론의 분리나 일부판결을 할 수 없으므로 재판의 누락이 있더라도 추가판결로 구제할 수 없다. 따라서 주위적 청구를 먼저 판단하지 않고 예비적 청구만 인용하는 판결을 하거나 주위적 청구만 배척하고 예비적 청구에 관하여 판단하지 않는 재판누락상태에서 항소된 경우에, 판례가운데에는 재판누락으로 보는 판결례[56]가 있으나 주류 판례[57]는 제1심판결이 예비적 병합사건에 관하여 일부판결을 하였다고 하더라도 항소불가분의 원칙상 전부판결로 취급하여 전체소송이 항소심에 이심된 것으로 인정한 다음 항소심에서 제1심 법원 판결의 전부를 취소한 뒤에 새로이 각 청구에 대하여 자판(自判)하여야 한다고 하였다.[58] 이러한 법리는 부진정 예비적 병합의 경우도 마찬가지이다.[59] 예비적 병합의 경우, 원심이 주위적 청구를 기각하고 예비적 청구를 인용한 판결에 대하여 피고만이 그 패소 부분을 상소한 경우, 불복하지 않은 주위적 청구 부분도 이심은 되지만 상소심의 심판대상은 되지 않는다는 판례[60]가 있다. 그러나 이 판례는 원심 법원이 단순병합으로 처리해야 할 수개의 사건을 잘못하여 주위적·예비적 병합으로 판단한 것을 시정한 것일 뿐, 예비적 병합의 경우를 직접적으로 다룬 것은 아니다. 따라서 이는 단순병합에서 피고만이 패소한 경우에 관한 판례로 보아야 하며, 예비적 병합의 경우로 해석해서는 안 된다. 왜냐하면 예비적 병합에서는 변론의 분리나 일부판결이 허용되지 않기 때문이다.

(ii) **상고심** 판례는 상고의 경우에 판단누락을 이유로 원심 판결을 파기·환송할 수 있

---

56) 대판 2000.1.21. 99다50422.

57) 대전판 2000.11.16. 98다22253, 2007.10.11. 2007다37790·37806.

58) 판례의 문제점은 누락된 주위적 청구 또는 예비적 청구의 재판에 관한 심급이익의 상실 우려일 것이다. 그러나 주위적 청구나 예비적 청구는 모두 밀접한 관련이 있고, 심리의 중요부분도 모두 공통되고 있기 때문에 누락된 청구에 관해서 실질적으로 심리를 다 마쳤다고 보아야 할 것이고, 또 항소심에서도 새로운 청구에 대한 추가적 변경이 가능한 점(제408조, 제262조)과의 균형상 각 청구에 대해서 자판할 수 있다는 판례가 정당하다.

59) 대판 2021.5.7. 2020다292411(평석은 [98] 참조).

60) 대판 2015.12.10. 2015다207679.

는데 만약 당사자가 판단누락의 위법사유를 지적하였음에도 불구하고 상고심이 이를 간과하여 판결이 확정된 경우에는 제451조 제1항 9호에서 정한 판단누락을 이유로 재심의 소를 제기할 수 있다고 하였다.[61] 그러므로 재판을 누락한 예비적 청구부분은 상소 또는 재심으로 다투어야 하고 별소로 다투어서는 안 된다. 다만 직권조사사항에 관한 당사자의 주장은 직권발동을 촉구하는 의미밖에 없으므로, 원심법원이 이에 관하여 판단하지 않았다고 하여 판단유탈의 상고이유로 삼을 수 없어 재심사유가 되지 않는다.[62]

(d) **판단의 순서** (i) **주위적 청구인용** 법원이 주위적 청구를 인용할 때에는 예비적 청구에 관해서는 판단할 필요가 없다. 이 경우에 주위적 청구의 일부만 이유 있어 인용된 경우에도 원고가 주위적 청구의 일부를 특정하여 그 부분이 인용될 것을 해제조건으로 예비적 청구를 하였다는 등 특단의 사정이 있으면 판단하여야 하겠지만 그러한 사정이 없는 한 예비적 청구에 관한 판단이 필요하지 않다.[63]

(ii) **주위적 청구기각** 주위적 청구를 기각할 때에는 예비적 청구에 관해서도 판단하여야 한다.

(iii) **예비적 병합과 불이익변경금지의 원칙** (ㄱ) 원고가 피고에 대하여 주위적으로 소유권에 기초한 목적물의 인도를 청구하고 예비적으로 목적물의 멸실을 이유로 손해배상청구를 하였는데 제1심은 주위적 청구를 기각하고 예비적 청구를 인용하였다. 예비적 청구의 인용판결에 대하여 피고 혼자서 항소한 경우에 주위적 청구도 이심은 되지만 부대항소가 없으면 항소심의 심판대상이 되지 않는다. 항소심에서 심리한 결과 오히려 원고의 예비적 청구가 이유 없고 주위적 청구가 이유 있는 경우에도 피고의 항소를 기각하여야 하고 제1심판결을 취소하여 주위적 청구를 인용할 수 없다.[64] 주위적·예비적으로 재판의 순서를 정하는 권리는 당사자의 전권에 속하는데 그 순서를 당사자의 의사와 관계없이 바꾸는 것은 불이익변경금지의 원칙에 저촉되기 때문이다. 따라서 이 경우에 불이익변경금지의 원칙을 배제하기 위해서는 원고가 항소 또는 부대항소를 하여 주위적 청구를 항소심의 심판대상으로 삼아야 할 것이다.

(ㄴ) **그러나 청구의 인낙은 다르다** 주위적 청구와 예비적 청구가 병합 심리된 사건에서 제1심 법원이 원고의 주위적 청구를 기각하고 예비적 청구만 인용하는 판결을 선고하였는데 피고 혼자서 항소를 제기한 경우에 그 주위적 청구 부분도 항소심에 이심되므로 항소심변론에서 피고가 주위적 청구를 인낙한다는 진술을 하였다면 그것을 조서에 기재함으로서 확정판결과 동일한 효력이 있다.[65] 피고가 스스로 불이익을 감수하였기 때문이다.

---

61) 대판 2002.9.4. 98다17145.
62) 대판 1997.1.24. 96다32706 등.
63) 대판 2000.4.7. 99다53742.
64) 대판 2002.12.26. 2002므852.
65) 대판 1991.11.26. 91다30163.

(5) 소의 객관적 병합청구에서 청구의 포기·인낙

(가) **단순병합** 단순병합의 청구는 어느 하나의 청구에 관해서도 청구의 포기·인낙을 자유롭게 할 수 있다. 그 포기·인낙을 한 청구부분은 소송이 종료되고 나머지 청구에 관하여서만 심리가 계속된다.

(나) **선택적 병합** 선택적 병합의 경우에는 병합된 청구들이 성질상 양립할 수 있고 양쪽 청구의 판단에 관하여 어떤 불이익 차이를 예상할 수 없으므로 어느 하나의 청구에 관하여 청구의 인낙이 성립되면 병합된 청구 전부에 관하여 소송이 종료된다고 하여야 한다. 그러나 어느 하나의 청구에 대한 청구의 포기는 선택적 병합의 철회로 풀이하고 나머지 청구에 관하여 심판하여야 할 것이다.

(다) **예비적 병합** 판례[66]는 예비적 병합의 경우에 그 성질상 주위적 청구에 관해서는 청구의 인낙이 허용되지만 예비적 청구만을 대상으로 한 청구의 인낙은 무효라고 한다. 그러나 주위적 청구가 인용되는 경우에 예비적 청구만의 인낙은 판례와 같이 무효로 보아야 할 것이지만 주위적 청구가 기각되는 경우에는 예비적 병합의 성질상 인낙의 효력을 인정하여야 할 것이다.[67] 주위적 청구에 대한 청구의 포기는 물론 예비적 청구에 대한 청구의 포기도 모두 병합신청의 철회로 풀이하여 나머지 청구에 관하여 심판하여야 하기 때문이다.

소의 객관적 병합과 종국판결

1. 단순병합
   - 전부판결: 모든 청구 심리 성숙 → 하나의 판결. 일부 누락 → 추가판결(제212조)
   - 일부판결: 일부만 심리 성숙 → 일부판결 가능. 그러나 관련적 병합은 일부판결 회피
   - 상소
     - 일부판결에 대한 상소 → 그 부분만 이심·확정
     - 전부판결 일부에 대한 상소 → 상소불가분 원칙 적용, 전부 이심되고, 확정 차단
   - 환송 후 심리범위
     - 전부 파기환송 → 전부 재심리
     - 일부 파기환송 → 환송된 부분만 심리, 나머지는 확정
2. 선택적 병합
   - 전부판결: 하나라도 인용되면 소송 전체 종결
   - 일부판결: 불가

66) 대판 1995.7.25. 94다62017.
67) 같은 취지: 이시윤, 574면.

- 항소: 전부 이심. 제1심이 전부 기각 → 항소심은 어느 하나 이유 있으면 전부 취소 후 인용
- 상고심: 하나라도 이유 있으면 원심 전부 파기
- 불이익변경금지 원칙: 적용 안 됨(예: 소유권 청구 인용 → 항소심에서 점유권 청구 인용 가능)

3. 예비적 병합

- 전부판결: 주위적 청구 인용 → 전부 종결
- 분리/일부판결: 불가
- 재판 누락
  - 항소심: 일부판결처럼 보여도 전부판결로 취급 → 전부 이심 후 자판
- ◦ 상고심: 판단 누락 → 파기환송 가능. 확정 시 재심사유(제451조 제1항 9호)
- 판단 순서
  - 주위적 청구 인용 → 예비적 판단 불필요
  - 주위적 청구 기각 → 예비적 판단 필요
  - 불이익변경금지 원칙: 원고 항소/부대항소 없으면 주위적 청구로 바꿀 수 없음
  - 단, 피고가 주위적 청구 인낙 시에는 가능

4. 청구의 포기·인낙

- 단순병합: 일부 청구 포기·인낙 자유, 해당 부분만 소송 종료
- 선택적 병합
  - 인낙 → 전부 종료
  - 포기 → 선택적 병합 철회의미, 나머지 청구 심리
- 예비적 병합
  - 주위적 청구 인낙 → 가능
  - 예비적 청구 인낙 → 원칙적으로 무효
  - 단, 주위적 청구 기각 시에는 예비적 인낙도 효력 인정
  - 포기는 모두 병합신청 철회로 취급

□ 핵심정리

- 단순병합 → 분리·일부판결 가능, 상소불가분 원칙 주의
- 선택적 병합 → 일부판결 불가, 불이익변경금지 적용 없음
- 예비적 병합 → 일부판결 불가, 불이익변경금지 적용, 판단순서 엄격

[93] 제3. 청구의 변경

1. 뜻

(1) 청구의 변경이라 함은 원고가 변론을 종결할 때까지(변론 없이 한 판결의 경우에는 판결을 선고할 때까지) 청구의 기초가 바뀌지 아니하는 한도에서 청구의 취지 또는 원인을 바꾸는 것을 말한다(제262조). 청구의 변경은 소송목적의 변경을 뜻하므로 단순히 청구를 이유 있게 하는 사실의 추가나 변경은 공격방법의 추가나 변경으로서 청구의 변경이 아니다. 청구의 변경은 소송계속 중에 이루어지므로 심리를 복잡하게 하는 면이 있어 로마법상 actio에서는 이를 금지하였었다. 그러나 사회가 발전하면서 생활관계가 복잡해짐에 따라 그 복잡한 생활관계를 법률적으로 단순하게 해결하는 방법으로 종래의 소송절차를 이용하면서 청구를 변경하여 심리할 필요성이 높아짐에 따라 민사소송법은 청구의 변경을 일정한 요건(「청구의 기초」의 동일성)아래에서 허용하고 있다.

(2) 행정소송에 관하여서도 특별한 규정이 없는 사항에 관하여 민사소송법이 준용하므로(행소 제8조 제2항) 청구의 변경이 가능하다. 따라서 민사소송법 제262조를 준용하여 민사소송인 매매계약에 따른 소유권이전등기절차의 이행을 구하는 소를 공장이주대책 대상자 선정결정 취소처분의 무효 확인 내지 취소를 구하는 항고소송으로 청구 변경이 가능하다.[68]

2. 범위 및 모습

(1) 청구변경의 범위

제262조는 청구의 취지와 원인을 바꾸는 것을, 청구의 변경이라고 규정하고 있다. 따라서 청구의 변경이란 청구취지와 청구원인을 변경하는 것을 의미한다. 판결절차로 이행하는 가압류이의 신청절차에서도 청구의 기초에 변경이 없으면 신청이유의 피보전권리를 변경할 수 있다.[69]

㈎ **청구 취지의 변경** (a) 소송상 청구는 원칙적으로 확인하는 소의 경우에는 청구취지로, 이행을 청구하는 소와 형성을 청구하는 소는 청구취지 및 청구원인으로 구성된다. 따라서 소송계속 중에 종전 소송절차를 유지하면서 청구취지만을 변경하는 것은 언제나 청구의 변경이 되므로 확인하는 소를 이행을 청구하는 소로, 확인하는 소를 형성을 청구하는 소로 청구취지를 변경하는 것은 청구의 변경에 해당한다.

---

68) 수원지판 2020.7.23. 2019구합68641.
69) 대결 2009.3.13. 2008마1984.

(b) (i) 청구의 확장(예, 상환조건부 이행청구에서 단순 이행청구로, 수량적 일부청구를 전부청구로 변경하는 경우 등)은 피고의 방어목표가 확대되므로 청구 기초의 동일성을 요구하는 청구변경의 요건을 갖추어야 한다. 청구변경의 요건, 그 가운데서 청구 기초의 동일성을 갖추면 항소심에서도 부대항소 없이 청구의 확장이 가능하다.[70] 예컨대 보험회사가 교통사고 피해자 1인에게 손해를 변제하고 피보험자의 공동불법행위자를 상대로 구상금청구를 한 다음 항소심에 이르러 소송 외에서 다른 피해자에게도 손해를 배상하면서 구상금청구의 청구취지를 확장하였다면 확장된 액수 이외의 나머지 청구원인에 대하여서는 청구의 기초가 동일하여 이미 실질적 심리를 마쳤으므로 심급의 이익을 박탈한 것이 아니다.[71]

(ii) 청구의 확장과 반대되는 청구의 감축은 피고의 방어목표가 확대되는 것이 아니므로 구태여 청구변경의 요건을 갖출 필요가 없다. 판례[72]는 청구의 감축을 소의 일부취하로 보아서 피고가 본안에 관하여 소송에 응한 경우에는 피고의 동의(제266조 제2항)를 받도록 하였다. 소의 일부취하로 보려면 일부청구 자체가 허용되는 경우여야 할 것이다. 따라서 종국판결 선고 이후 청구를 감축한 부분에 대하여 다시 청구를 확장하는 것은 소 취하 후 재소금지(제267조 제2항)에 어긋나서 부적법하다.[73]

(c) **동일한 청구취지의 범위 내에서 소장의 청구취지를 고치는 것** 소장에서 심판을 구하는 대상이 분명하지 아니하여 이를 명확하게 하기 위한 청구취지의 정정 · 보충 등[74]은 청구의 변경이 아니라 소장의 기재를 고치는 소장 정정에 해당한다. 청구취지의 변경은 서면으로 신청하여야 하는데(제262조 제2항) 준비서면의 형식으로 하여도 무방하다.[75]

(d) 청구원인을 그대로 유지한 채 청구취지만을 변경할 수 있다. 이 경우 청구취지의 변경에 따른 청구원인의 보충이 따로 없었다고 하더라도 변경된 청구는 특정된다 할 것이므로 그때까지 주장한 청구원인이 변경된 청구취지에 따른 청구원인이 된다.[76]

㈏ **청구원인의 변경** 청구취지를 그대로 두고 청구원인만 변경하는 경우에 확인하는 소를 제외하고는 청구의 변경에 해당한다. 예를 들어 금 1억 원의 지급을 구하면서 청구원인을 불법행위에서 채무불이행으로 변경하는 따위이다.

㈐ **청구취지 및 원인의 변경** 어느 경우에나 청구의 변경이다.

㈑ **공격방법의 변경** 원고가 같은 청구를 유지하면서 그 청구를 이유 있게 하는 공격방

70) 대판 1969.12.26. 69다406.
71) 대판 1992.10.23. 92다29962.
72) 대판 2005.7.14. 2005다19477.
73) 서울고판 1979.3.13. 79나572.
74) 대판 2008.2.1. 2005다74863.
75) 대판 2009.5.28. 2008다86232.
76) 대판 1988.2.23. 87다카1108.

법을 바꾸는 것은 공격방법의 변경이지 청구의 변경이 아니다. 예를 들어 매매계약의 취소를 원인으로 한 금 1,000만 원의 반환청구를 매매계약의 해제를 원인으로 한 금 1,000만 원의 반환청구로 변경하는 따위는 공격방법의 가장 전형적인 형태인 형성권의 변경(즉 취소권을 해제권으로 변경)으로서 그로 말미암아 소송목적이 되는 금 1,000만 원의 반환청구가 변경되는 것이 아니므로 청구의 변경이 아니다. 사해행위취소청구에서 소송목적은 사해행위취소청구권 자체이기 때문에 채권자가 그 보전하고자 하는 채권을 추가·교환하는 것은 공격방법의 변경이다.[77] 가등기에 기초한 본등기청구를 하면서 청구원인에서 그 등기원인을 매매예약완결이라고 주장하는 한편 위 가등기의 피담보채권을 처음에는 대여금채권이라고 주장하였다가 나중에는 손해배상채권이라고 주장하는 경우에도 가등기에 기초한 본등기청구의 등기원인은 위 주장의 변경에 관계없이 매매예약완결이므로 청구원인에 변경이 없다. 따라서 이 경우는 청구의 변경에 해당하지 아니하고, 위 가등기로 담보되는 채권이 무엇인지를 밝히는 공격방법에 불과하다.[78]

(2) 청구변경의 모습

(가) **교환적 변경** (a) 교환적 변경이라 함은 소송계속 중에 구 청구에 갈음하여 신 청구를 제기하는 형식을 말한다. 연혁적으로 보면 오랫동안 금지되었던 로마법상 actio의 변경이 바로 교환적 변경이다. 교환적 변경은 신청구의 추가적 병합과 구 청구의 취하를 합친 것이다. 따라서 피고가 본안소송에 응소한 때에는 제266조 제2항에 따라 피고의 동의를 받아야 구 청구에 대한 취하의 효력이 생긴다. 항소심에 있어서 제1심에서의 청구취지와 청구원인의 진술을 철회하고 새로운 청구취지와 청구원인을 진술하는 청구의 변경은 청구의 교환적 변경이다.[79] 따라서 이 경우에 만약 피고의 동의를 받지 못하면 청구의 변경은 구 청구와 함께 소송계속이 되는 신청구의 추가적 변경이 된다.

(b) 교환적 변경에 의하여 구 청구가 취하되더라도 청구의 기초에 변경이 없기 때문에 구 청구의 제기에 의한 시효중단의 효력은 소멸되지 않고, 구 청구에 관해서 제출된 소송자료는 신 청구의 심리에 사용할 수 있다.

(c) 본안에 대한 종국판결이 있은 후 항소심에서 구 청구를 신 청구로 교환적 변경을 한 다음 다시 본래의 구 청구로 교환적 변경을 한 경우에는 제267조 제2항의 종국판결이 있은 후 소를 취하하였다가 동일한 소를 다시 제기하는 것을 금지하는 경우에 해당하여 허용되지 않는다.[80]

77) 대판 2003.5.27. 2001다13532.
78) 대판 1992.6.12. 92다11848.
79) 대판 1969.5.27. 68다1798.
80) 대판 1987.11.10. 87다카1405.

㈏ **추가적 변경** 소송계속 중에 이전의 청구를 유지하면서 새로운 청구를 추가하는 것을 말한다. 청구가 소제기 이후에 객관적으로 병합되는 것이므로 병합요건(제253조)을 갖추어야 한다. 추가의 형태는 소의 객관적 병합의 형태에 따라 단순·선택적·예비적 모습이 된다. 추가적 변경은 쟁점 및 증거의 정리를 거쳐 청구 그 자체 혹은 청구원인을 수정하거나 변경할 필요성이 큰 경우에 이용되고 있기 때문에 실무상 널리 이용되고 있다.

3. 요건

(1) 청구의 기초에 변경이 없을 것(제262조 제1항)

㈎ **「청구의 기초」의 개념** (a) 청구의 기초라는 용어는 우리나라와 일본의 민사소송법에만 규정이 있다. 연혁적으로는 일본민사소송법이 청구변경금지의 원칙을 청구변경허용주의로 바꾸면서 청구의 동일성(同一性)을 표시하여 그 변경의 한계를 긋기 위하여 만든 개념으로서 우리 법이 이를 받아들인 것이다. 그 취지는 원고가 청구를 변경하여 그 결과 피고의 방어목표가 예상외로 변경됨으로써 피고에게 불이익이 생기지 않도록 청구변경의 허용범위를 제한하는 데 있다. 예컨대 주주총회결의 부존재 확인소송의 계속 중 아무런 관련이 없는 새로운 주주총회결의의 부존재확인을 구하는 것은 소송목적이 달라서 별도로 제기할 수 있음은 별론으로 하더라도 청구의 확장·변경으로 할 수 없다.[81] 따라서 법원이 원고의 새로운 청구에 관하여 종전 소송기록을 이용하여 심리하더라도 별 지장이 없는 경우, 즉 신·구 양쪽 청구의 주요한 쟁점이 공통되어 구 청구에 관한 소송자료나 증거자료를 신 청구의 심리에 이용할 수 있는 관계에 있고 각 청구의 이익주장이 사회생활에서 같거나 같은 분쟁에 관한 것이면 「청구의 기초」에 변경이 없는 경우로 볼 수 있다.

(b) 청구의 기초가 구체적으로 무엇을 의미하는가에 관하여 이익설과 사실설로 구별된다. 이익설에는 다시 ① 소에 의하여 주장하는 이익이라는 설, ② 청구를 특정한 권리주장으로 구성하기 이전의 사실적인 이익분쟁 그 자체라는 설들이 있고, 사실설에는 ① 소송목적인 권리의 발생사실이라는 설, ② 사건의 동일 인식을 표시하는 기본적 사실이라는 설, ③ 구 청구의 당부 판단에 필요한 주요사실과 신 청구의 당부 판단에 필요한 주요사실이 근간에서 공통되는 사실이라는 설, ④ 신 청구와 구 청구의 사실자료 사이에 심리의 계속적 시행을 정당화할 정도의 공통성이 있는 경우라고 하는 사실자료동일설[82]들이 있다. 어느 설이나 구체적인 적용결과에 큰 차이가 없으며 청구의 변경을 허용하는 경우에 그 합리적 한계를 어떻게 적절하게 표시할 것인가에 관한 차이에 불과하다. 사실자료동일설을 지지한다.

---

81) 서울고판 1979.7.27. 79나1204.
82) 이시윤, 714면; 호문혁, 720면; 정동윤 외 2, 928면.

(c) **보전처분의 피보전권리와 본안소송의 소송목적** (i) 보전처분의 피보전권리와 본안의 소송목적은 정확하게 일치할 필요가 없으며 청구의 기초가 동일하다고 인정되는 한 그 보전처분에 의한 보전의 효력은 본안소송의 권리에 미친다. 그러므로 가처분의 본안소송에서 그 청구취지와 청구원인을, 예컨대 원인무효로 말미암은 말소등기청구에서 명의신탁해지로 인한 이전등기청구로 변경하는 것은 동일한 생활 사실 또는 동일한 경제적 이익에 관한 분쟁에 관하여 그 해결 방법을 다르게 한 것일 뿐이어서 청구의 기초에 변경이 있다고 볼 수 없고, 이와 같이 가처분의 본안소송에서 청구의 기초에 변경이 없는 범위 내에서 적법하게 청구의 변경이 이루어진 이상, 변경 전의 말소등기청구권을 피보전권리로 한 위 가처분의 효력은 후에 본안소송에서 청구가 변경된 이전등기청구권의 보전에도 미친다.[83)]

(ii) 채권자가 가처분의 피 보전권리로 매매를 원인으로 한 소유권이전등기청구권을 주장하면서 그 신청원인으로 주장한 사실과 동일(同一) 사실을 본안소송에서 청구원인으로 주장하였고, 다만 주위적 청구취지로는 직접의 이전등기청구를 하고, 예비적 청구취지로는 채권자대위권에 기초하여 채무자를 대위하여 제3자무자에 대한 이전등기청구를 청구하였는데 그 중 예비적 청구에 대하여 승소확정판결을 받은 경우에도 가처분의 피보전권리와 본안소송의 소송목적인 권리 사이에 그 청구의 기초의 동일성이 인정되므로 가처분에 의한 보전의 효력이 승소확정판결을 받은 본안소송의 권리에 미친다.[84)]

(iii) 가압류의 처분금지 효력이 미치는 객관적 범위는 가압류결정에 표시된 청구금액에 한정되므로 가압류의 청구금액으로 채권의 원금만 기재되어 있다면 가압류채권자가 가압류채무자에 대하여 원금채권 외에 그에 부대하는 이자 또는 지연손해금 채권을 가지고 있다고 하더라도 가압류의 청구금액을 넘어서는 부분에 대하여는 가압류채권자가 처분금지의 효력을 주장할 수 없다.[85)]

(d) **회생채권의 청구변경** (i) 채무자회생법 제59조 제1항, 제118조, 제131조 등에 의하면 회생절차개시결정이 있는 때에는 채무자의 재산에 관한 소송절차는 중단되고, 회생절차개시 전의 원인으로 생긴 재산상의 청구권이나 회생절차개시 이후의 채무불이행으로 말미암은 손해배상금 등 회생채권에 관하여는 특별한 규정이 있는 경우를 제외하고는 회생계획에 규정된 바에 따르지 아니하고는 변제받는 등 회생절차 외에서 개별적인 권리행사를 할 수 없다. 따라서 회생채권자가 채무자에 대한 회생절차개시결정으로 중단된 회생채권 관련 소송절차를 수계하는 경우에는 회생채권의 확정을 구하는 것으로 청구취지 등을 변경하여야 하고, 이러한 법리는 회생채무자의 관리인 등이 회생절차에서 회생채권으로 신고된 채권에 관하여 이의를

83) 대판 2001.3.13. 99다11328.
84) 대판 2006.11.24. 2006다35223.
85) 대판 2006.11.24. 2006다35223.

하고 중단된 소송절차를 수계하는 때에도 마찬가지이다.[86)]

(ii) 회생채무자에 대한 회생절차개시결정으로 중단된 소송절차가 수계된 경우에 법원이 종전의 청구취지대로 채무의 이행을 명하는 판결을 할 수는 없고, 만일 회생채권자가 이를 간과하여 청구취지 등을 변경하지 아니한 경우에 법원은 원고에게 청구취지 등을 변경할 필요가 있다는 점을 지적하여 회생채권의 확정을 구하는 것으로 청구취지 등을 변경할 의사가 있는지를 석명하여야 한다.[87)]

(나) **구체적인 적용례** 다음의 예는 청구의 기초에 변경이 없는 경우이다.

(a) **같은 청구원인에 터 잡아 청구취지만을 변경하는 경우** 예를 들어 청구금액만의 증감, 무조건의 명도청구를 상환이행의 명도청구로, 매매대금 청구에 덧붙여 예비적으로 매매가 무효인 경우에 인도된 목적물의 반환을 구하는 청구 따위는 모두 매매라는 같은 청구원인에 터 잡은 경우이다. 그러나 같은 금액을 청구하는 경우라고 하더라도 매매대금 청구를 이와 전혀 관계없는 대여금청구로 바꾼다든가 갑 번지의 토지 소유권의 확인을, 을 번지의 토지 소유권 확인으로 바꾸는 것은 청구의 기초에 변경이 있는 경우이다.

(b) **신·구 청구 중 어느 한 쪽이 다른 쪽의 변형물이거나 부수물인 경우** 예를 들어 수표 또는 어음금 채권과 그 원인채권, 건물명도청구와 차임 상당의 손해배상청구 따위와 같이 어느 한 쪽이 다른 한 쪽의 변형물이거나 부수물인 경우이다.

(c) **같은 법률관계의 형성을 목적으로 하지만 법률적 구성을 달리하는 경우** (i) 예를 들어 물건의 인도를 소유권에 기초해서 청구하였다가 점유권으로 바꾸는 경우이다. 모두 목적물의 인도라는 법률관계의 형성을 목적으로 하지만 법률적 구성을 달리하는 경우이다.

(ii) 원고가 주위적 청구로서 소외 망인으로부터 부동산을 증여받았다는 이유로 그의 상속인들에게 위 부동산에 관하여 증여를 원인으로 한 소유권이전등기를 구하고, 예비적 청구로서 자신도 위 망인의 친자로서 위 부동산을 상속지분만큼 상속하였다고 주장하면서 다른 상속인들을 상대로 그 확인을 구하는 경우에 양쪽 청구는 동일한 목적물인 위 부동산에 관한 소유관계의 형성을 목적으로 하면서 다만 그 법률적 구성만을 달리하는 경우이다.[88)]

(d) **같은 생활 사실 또는 경제적 이익에 관한 분쟁에서 그 분쟁의 해결방법만을 달리하는 경우**

(i) 원고가 당초 피고의 원고에 대한 미완성 건물에 관한 건축도급공사보상금채권의 부존재확인을 구하였다가 그 후 위 미완성건물에 대한 원고 소유권확인과 공사비초과지불금의 반환청구로 변경한 것은 소송목적인 법률관계의 기초가 되는 사실관계의 변경에 해당한다.[89)]

---

86) 대판 2015.7.9. 2013다69866.
87) 대판 2015.7.9. 2013다69866.
88) 대판 1992.2.25. 91다34103.
89) 대판 1957.9.26. 4290민상230.

(ii) (ㄱ) 약속어음금 청구를 피용자의 불법행위로 인한 사용자의 손해배상청구로 바꾸는 경우,[90] 수표금 청구의 소를 그 원인 채무 청구의 소로 바꾸는 경우,[91] 대물변제를 원인으로 소유권이전등기절차의 이행을 청구하면서 예비적으로 소유권이전등기의무의 이행불능이 될 경우에 대비하여 손해배상청구를 추가한 경우,[92] 증여계약서의 위조를 원인으로 소유권이전등기의 말소를 구하였다가 예비적으로 명의신탁해지를 원인으로 소유권이전등기의 말소를 추가하는 경우,[93] 대물변제 예약을 원인으로 한 소유권이전등기절차의 이행을 구하는 소를 매매계약을 원인으로 한 소유권이전등기절차의 이행을 구하는 소로 바꾸는 경우,[94] 피고에 대하여 원고소유의 논을 불법 경작함으로써 원고가 입은 손해배상을 청구하였다가 피고가 논을 아무 법률상 원인 없이 경작하였다는 이유로 피고가 얻은 이익의 반환을 구하는 부당이득 반환청구로 변경한 경우와 같이 청구의 기초되는 사실은 피고가 원고 소유의 논을 경작하였다는 사실인데 그 분쟁의 해결방법만을 달리하는 경우,[95] 원고가 압류 및 전부명령에 터 잡아 제3채무자인 피고를 상대로 전부금의 지급을 청구하였는데 피고가 경합되는 압류 및 전부명령 채권자에게 피 전부채권을 함부로 변제함으로써 원고가 손해를 입었음을 이유로 그 배상을 구하는 청구로 변경하는 경우,[96] 원고 소유의 부동산에 관하여 피고 앞으로 된 근저당권설정등기가 원인무효임을 이유로 위 등기의 말소를 구하다가 이를 전제로 위 근저당권 실행 후 매각허가를 원인으로 하여 피고명의로 경료 된 소유권이전등기의 말소를 교환적으로 변경하는 경우,[97] 동일 부동산에 대하여 담보목적으로 경료된 가등기와 그에 기초한 본등기의 원인무효임을 이유로 말소를 구하였다가 그 등기의 유효를 전제로 손해배상 및 정산금의 반환을 구하는 경우[98] 등은 동일한 생활사실 또는 경제적 이익에 관한 분쟁에서 그 해결방법만을 달리하는 경우에 지나지 않는 것이어서 그 청구의 기초에 변경이 있다고 할 수 없다. 그러나 원고의 종전 토지에 대한 손실보상청구(구소)와 이에 갈음하여 환지처분을 받은 대지의 소유권에 기초한 구거철거청구(신소)는 같은 생활 사실 또는 경제적 이익에 관한 분쟁에서 그 분쟁의 해결방법만을 달리하는 경우가 아니므로 청구의 기초에 변경이 있어 청구변경이 허용되지 않는다.[99]

(ㄴ) 위의 예는 제한적인 것이 아니다. 청구의 기초에 변경이 없다는 것은 원고의 새로운

90) 대판 1966.10.21. 64다1102.
91) 서울고판 1965.4.29. 64나442.
92) 대판 2009.3.12. 2007다56524.
93) 대판 1998.4.24. 97다44416.
94) 대판 1997.4.25. 96다32133.
95) 대판 1965.4.6. 65다139,140.
96) 대판 1988.8.23. 87다카546.
97) 대판 1972.11.28. 72다1221.
98) 서울고판 1984.4.27. 83나105.
99) 광주고판 1970.10.20. 69나117.

청구에 관하여 법원이 종전 소송기록을 이용하여 심리하더라도 별 지장이 없는 경우이므로 피고가 원고의 새로운 청구에 관한 방어에 장애가 없는 경우에는 모두 청구의 기초에 변경이 없다고 할 수 있다.

㈐ **피고가 동의한 경우** (a) 이와 같이 청구기초의 동일성을 요구하는 이유는 피고의 방어목표가 예상외로 변경되어 입을지 모를 피고의 불이익을 구제하자는 데 있기 때문에 피고가 동의한 경우에는 문제되지 않는다.

(b) 그렇지 않더라도 피고의 항변에 기초한 주요사실뿐 아니라 적극부인의 내용이 되는 중요한 간접사실 등에서 진술한 사실에 기초하여 원고가 청구를 변경한 경우에는 청구의 기초의 동일성은 문제되지 않는다.

(c) 청구 기초의 동일성은 소송요건이 아니다. 그러므로 피고가 청구의 변경에 대하여 이의하지 않고 있다가 본안에 관한 변론을 한 다음 그 청구변경의 적법성을 논하는 것은 소송절차에 관한 이의권(제151조)을 상실한 경우에 해당하여 허용되지 않는다.[100]

(2) 소송절차를 현저히 지연시키지 않을 것(제262조 제1항 단서)

㈎ 청구의 기초에 변경이 없거나 피고가 동의 혹은 소송에 응한 경우에도 신 청구의 심판을 위한 종전 자료의 이용이 쉽지 아니하여 소송이 예상 이상으로 지연되는 경우, 예를 들어 이자청구에 원본청구를 추가하는 것과 같이 추가된 경제적 이익이 너무 커서 종전의 심리를 그대로 이용할 수 없거나, 종전 소송자료를 대부분 이용할 수 없고 별도의 증거제출과 심리로 말미암아 오히려 별소를 제기하는 것이 합리적일 때에는 청구의 변경을 허용해서는 안 된다.[101] 예컨대 2회에 걸쳐 상고심에서 파기 환송된 이후 항소심 변론종결 당시에 이르러 비로소 청구를 변경하는 경우[102] 등은 소송절차를 현저하게 지연시키는 경우이다. 민사소송의 이상을 공정 · 신속 · 경제에 두고 있고, 그중에서도 신속 · 경제의 이념을 실현하기 위해서는 당사자에 의한 고의적인 소송지연을 막을 필요가 있기 때문이다.[103]

㈏ 이 요건은 청구 기초의 동일성 요건과 달리 공익적 요건이기 때문에 직권으로 조사하여야 한다. 따라서 피고의 동의유무나 진술 여부는 문제되지 않는다.

㈐ 위와 같이 소송이 현저하게 지연된다는 이유로 추가적 변경이 허용되지 아니하여 부득이 별소를 제기하여야 한다면 이에 관하여는 재차의 소송이 가능하도록 중복된 소제기의 금지원칙(제259조)이 적용되지 않는다.

---

100) 대판 2011.2.24. 2009다33655.
101) 대판 2015.4.23. 2014다89287,89294(평석은 [91] 참조), 2017.5.30. 2017다211146.
102) 대판 1964.12.29. 64다1025.
103) 대판 2017.5.30. 2017다211146.

(3) 사실심의 변론종결(무변론선고의 경우에는 판결선고) 이전일 것(제262조 제1항)

(가) 이미 구 청구에 관해서 소송계속이 발생한 것을 전제로 한다. 따라서 소장이 피고에게 송달되기 이전에는 아직 소송계속이 없기 때문에 원고는 자유롭게 소장 기재를 정정하거나 보충할 수 있으나 일단 소장이 피고에게 송달되어 소송계속이 된 이후에는 제1심에서는 물론 항소심에서도 청구변경의 요건을 갖추어야 청구를 변경할 수 있다.

(나) 제1심에서 전부 승소한 원고가 청구의 변경만 목적으로 항소를 제기하는 것은 항소의 이익이 없어 원칙적으로 허용되지 않는다. 하지만 항소심에서 청구를 확장하지 않으면 묵시적 일부청구 등으로 뒤에 잔부청구를 할 여지가 없는 경우에는 청구금액 확장을 위한 항소를 허용하여야 한다. 다만 상대방이 항소한 경우에 원고는 언제나 청구를 확장할 수 있지만 그 확장부분은 부대항소의 성질이 있어[104] 상대방이 항소를 취하하면 원고청구의 확장부분도 당연히 효력을 잃는다.

(다) 판례[105]는 제1심에서 불법행위로 말미암은 손해배상청구 가운데서 적극적 손해배상 부분은 전부 승소하고, 정신적 손해배상 부분은 일부승소하여 항소한 경우에 전부승소한 적극적 손해배상에 관한 청구부분도 청구의 확장을 허용한다. 이 판례를 전부승소한 경우 상소의 이익이 인정되는 경우로 보는 견해[106]도 있으나, 불법행위로 말미암아 신체의 상해를 입었다고 하여 가해자에게 재산상 손해배상을 청구함에 있어서 소송목적인 손해는 적극적 손해와 소극적 손해로 나누어지고, 그 내용이 여러 개의 손해항목으로 나누어져 있는 경우 각 항목은 청구를 이유 있게 하는 공격방법에 불과하므로, 불이익변경 여부는 개별 손해항목을 단순 비교하여 결정할 것이 아니라 동일한 소송목적인 손해의 전체 금액을 기준으로 판단하여야 한다.[107] 그렇다면 위 판례는, 원고의 불법행위로 말미암은 손해배상청구는 제1심판결 주문에서 손해의 전체 금액 가운데서 일부 패소를 받은 것에 해당한다고 하여야 할 것이므로 전부 승소한 경우가 아니라 일부 패소한 경우에 해당한다고 하여 상소의 이익을 인정한 것으로 보아야 할 것이다.

(라) 제1심이 소각하의 소송판결을 하고 이에 대하여 원고가 불복하여 항소심의 심판대상은 소각하의 당부에 한정되므로 청구 자체의 당부를 심리하여야 하는 청구의 변경을 할 수 없다.

(마) 항소심에서 청구의 교환적 변경을 하면 구소는 취하되었으므로 다시금 항소심에서 구소와 같은 취지로 청구를 교환적으로 변경할 수 없다.[108]

---

104) 대판 1963.1.24. 62다801.
105) 대판 1994.6.28. 94다3063.
106) 이시윤, 854면.
107) 대판 1996.8.23. 94다20730.
108) 서울고판 1976.10.19. 75나2503.

(4) 소의 객관적 병합에 관한 일반요건을 갖출 것

(가) 추가적 변경은 소의 객관적 병합의 하나이므로 제253조의 요건을 갖추어야 한다. 따라서 수소법원에 관할권이 있어야 한다.

(나) 지방법원 항소부가 단독판사의 판결에 대한 항소심 심판을 하던 중에 원고가 청구를 확장하여 지방법원합의부의 관할사건이 되더라도 심급관할은 제1심판결에 의하여 고정되므로 고등법원으로 이송할 것이 아니라 지방법원 항소부에서 계속 심리를 하여야 한다.[109)]

(다) 행정소송에 관하여서도 특별한 규정이 없는 사항에 관하여 민사소송법이 준용하므로(행소 제8조 제2항) 행정소송의 계속 중에 청구를 변경한 경우에도 변경된 신 청구에 관하여 특단의 사정이 없는 한 전심절차 및 소제기기간 등의 소송요건을 갖추어야 하고(행소 제22조 제2항 · 제3항)[110)] 청구의 기초에 변경이 없어야 한다.[111)]

4. 청구변경의 절차

(1) 서면

청구취지의 변경은 서면으로 하여야 한다(제262조 제2항). 서면에는 전자문서의 서면요건(전자문서 제4조의 2)을 갖춘 전자문서를 포함한다.

그러나 소액사건은 말로 청구변경이 가능하다(소심 제4조). 청구원인의 변경은 소액사건이 아니더라도 언제나 말로 가능하다. 청구취지의 변경을 서면으로 하지 아니한 흠은 바로 이의를 제기하지 아니하면 소송절차에 관한 이의권 상실(제151조)로 그 흠이 치유된다.[112)]

(2) 상대방에게 송달

청구를 변경하는 서면은 신 청구의 소장에 해당하므로 상대방에게 바로 송달하여야 한다(제262조 제3항, 민소규 제64조 제2항 · 제1항). 전자문서의 경우에는 민소전자문서법 제11조의 규정에 따라 전산정보처리시스템에 의하여 전자적으로 송달하거나 통지할 수 있다. 이 송달에 의하여 신 청구에 관한 소송계속이 생기고, 시효중단 또는 법률상 기간준수의 효과는 청구변경의 서면을 법원에 제출한 때부터 소급하여 생긴다(265조). 원고는 피고가 불출석하더라도 청구원인의 변경을 진술할 수 있으나 방어의 기회를 주어야 하며 그렇지 않으면 피고의 절차기

---

109) 대판 1992.5.12. 92다2066.
110) 대판 1984.2.23. 83누638.
111) 대판 1999.11.26. 99두9407.
112) 대판 1993.3.23. 92다51204.

본권 침해로 위법이다.[113)]

5. 청구변경의 처리

(1) 직권조사사항

청구변경의 유무 또는 그 적법 여부는 법원의 직권조사사항이므로 그 요건에 관하여 당사자 사이에 다툼이 있거나 의심이 있으면 법원은 언제라도 직권으로 조사할 수 있다. 다만 제262조 제1항 「청구의 기초」의 변경 여부는 직권조사사항이 아니다.

(2) 부적법한 경우

(가) 청구의 변경이 부적법하다고 인정되면 상대방의 신청 또는 직권으로 그 변경을 불허하는 결정을 하여야 한다(제263조). 청구변경에 관하여 상대방이 이의하지 않고 본안에서 변론하였다면 더 이상 부적법하다고 다툴 수 없다.[114)]

(나) 변경불허의 결정은 심리를 정리하기 위한 중간적 재판이므로 이에 관해서 독자적으로 불복할 수 없고 종국판결에 대한 상소를 하면서 상소이유가운데서 하여야 한다.[115)] 항소심이 제1심의 불허결정이 부당하다고 인정할 때에는 그 결정을 취소하여 청구의 변경을 허용한 다음 제1심의 속심으로서 스스로 신 청구에 대하여 심판할 수 있다. 이 경우에는 제1심에 환송해서는 안 된다.[116)] 왜냐하면 청구의 기초에 변경이 없어 신 청구에 관한 사실심리가 제1심에서 이루어졌다고 볼 수 있으므로 피고의 심급 이익을 침해하는 것이 아니기 때문이다.

(3) 적법한 경우

청구의 변경이 적법하다고 인정되면 이를 허용하는 명시적 재판은 할 필요가 없으며 신 청구에 대하여 심판하면 된다. 청구의 변경을 허가하는 재판에 대해서는 상소에 의해서도 불복할 수 없다. 왜냐하면 이미 신 청구에 관하여 심리를 하여 본안판결까지 마쳤는데 청구의 변경을 취소시켜 별소에 의하여 다시 심리하도록 하는 것은 소송경제에 반하며, 또 신 청구에 의한 시효중단의 효과까지 상실시킴으로써 당사자에게 불이익을 주기 때문이다.

---

113) 대판 1989.6.13. 88다카19231.

114) 대판 2011.2.24. 2009다33655.

115) 대판 1992.9.25. 92누5096.

116) 같은 취지: 이시윤, 719면; 정동윤 외 2, 876면.

(4) 신 청구에 대한 재판

청구의 변경이 허용되면 신 청구에 관해서 심판하게 되는데 이 경우 구 청구에 관하여 이미 수집된 자료는 신청구의 자료가 되고, 청구의 변경 이전에 한 자백은 청구의 변경 뒤에도 효력이 있다. 변경 전후의 청구들은 모두 청구의 기초가 동일하기 때문이다. 항소심에서 교환적 변경이 있으면 변경된 신 청구에 대해서는 항소심이 사실상 제1심으로 재판하며,117) 제1심에서 반소를 제기한 당사자가 항소심에서 반소를 교환적으로 변경한 경우에 변경된 청구와 종전 청구의 쟁점이 실질적으로 동일하여 청구의 기초에 변경이 없으면 그와 같은 반소의 청구변경도 허용된다.118)

6. 소의 객관적 병합 형태의 변경

(1) 제1심에서의 변경

(가) 논리적으로 양립할 수 없는 여러 개의 청구를 같은 소송절차 내에서 심판하기 위해서는 예비적 병합의 방법에 의하여야 하고, 논리적으로 양립할 수 있는 여러 개의 청구의 경우에는 원칙적으로 선택적 병합의 방법에 의하여야 하지만 원고가 각 청구에 희망하는 순위를 붙이면 법원도 이에 구속되므로 예비적 병합의 방법에 의할 수도 있다.

(나) 따라서 원고는 양립할 수 없는 청구를 예비적으로 병합하였다가 병합의 모습을 변경하여 선택적으로 병합할 수 없으나, 논리적으로 양립할 수 있는 여러 개의 청구는 일단 선택적으로 병합하였다가 뒤에 각 청구에 희망하는 심리의 순위를 붙여 예비적 병합으로 변경할 수도 있고, 또 처음에는 예비적 병합의 방법에 의하였다가 뒤에 선택적 병합으로 변경할 수도 있다.

(다) 이와 같은 병합 모습의 변경은 법원의 청구에 관한 심판순위를 변경시킨다는 점에서 광의의 청구변경에 속하므로 법원은 병합 모습의 변경이 소송의 지연 그 밖에 부당하다고 인정될 때에는 직권 또는 상대방의 신청에 의하여 그 변경을 불허하는 결정(제263조)을 할 수도 있으나, 청구의 취지나 원인을 변경하는 것이 아니기 때문에 교환적 변경이나 추가적 변경의 요건을 갖출 필요는 없다.

(2) 항소심에서의 변경

(가) **문제의 제기** 제1심판결에 대하여 항소를 제기하면 사건은 항소심에 이심한다. 이와 같이 항소의 제기에 의하여 소송이 항소심에 이심하여 계속되더라도 원고의 청구 자체가

117) 대판 2009.2.26. 2007다83908.

118) 대판 2012.3.29. 2010다28338 · 28345.

항소심의 심판대상이 되는 것이 아니고 제1심판결의 취소·변경을 구하는 불복신청이 항소심의 직접적인 심판대상이 되는 것이다. 따라서 제1심에서의 청구변경은 법원의 심판대상을 직접적으로 변경시키지만 항소심에서의 청구변경은 제1심판결에 대한 불복신청과 관련되는 범위 안에서 간접적으로만 심판의 대상을 변경시키므로 항소에 대한 응답에는 청구의 변경에 관한 직접적인 응답이 포함되지 않는다.

(나) **항소심에서의 청구변경**

(a) **교환적 변경** (i) 예를 들어 원고가 피고에게 임대한 건물이 피고의 중과실에 의하여 화재로 소실된 경우를 본다. 원고는 피고에게 「임대차계약의 불이행을 이유로 한 손해배상청구」의 소송을 제기하여 제1심에서 승소하였으나 피고가 항소를 제기하자 항소심에서 피고의 동의를 받아 위 손해배상청구를 취하하고 앞의 청구와 교환적으로 새로이 「중과실의 불법행위에 기초한 손해배상청구」를 제기하였다. 청구가 교환적으로 변경되면 구소는 취하되고 신소를 제기한 셈이 된다. 따라서 제1심판결 선고 이후 항소심에서 교환적 변경이 되면 구소에 대하여는 제1심판결선고 이후 소를 취하한 것이 된다. 그 결과 항소심에서 다시 동일한 소를 추가적으로 병합할 수도 없고, 별소도 제기할 수도 없으며[119] 다시 본래의 구 청구로 교환적 변경도 할 수 없다.[120]

(ii) 위의 경우에 피고는 임대차계약불이행에 기초한 손해배상청구에 관한 제1심판결에 대하여 불복하여 항소하였으므로 항소심에서 교환적으로 중과실의 불법행위에 기초한 손해배상청구로 변경되면 피고의 불복신청의 대상이 상실되어 항소심은 피고의 항소에 대하여 응답할 필요가 없이 신 청구에 대하여 실질상 제1심으로 재판하여야 한다. 따라서 구 청구에 대한 제1심의 판단과 항소심의 판단이 같더라도 항소기각을 하여서는 안 되고 제1심과 같은 판결을 하여야 한다.[121] 이 경우 구 청구에 대한 제1심판결은 취소할 필요 없이 신 청구에 대해서만 제1심으로서 판결을 한다.[122] 따라서 항소심에서 청구가 교환적으로 변경된 경우에는 구 청구는 취하되고 신 청구가 심판의 대상이 되는 것이므로 원심판결이 그 주문에서 이미 취하로 끝난 구 청구를 인용한 제1심 판결을 취소한 것은 잘못이다.[123]

(iii) 항소심에서 소의 교환적 변경이 있으면 제1심판결은 소의 취하로 실효되고, 항소심의 심판대상은 교환된 청구에 대한 새로운 소송으로 바뀌어져 항소심이 이에 관한 사실상 제1심으로 재판하는 것이 되므로, 그 뒤에 항소인이 항소를 취하한다 하더라도 항소취하는 그 대상이 없어 아무런 효력을 발생할 수 없다.[124] 항소심은 이에 관하여 다툼이 있는 경우에는 소송

119) 대판 1969.5.27. 68다1798.
120) 대판 1987.6.9. 86다카2600.
121) 대판 1999.10.22. 98다21953.
122) 대판 1989.3.28. 87다카2372.
123) 대판 1980.11.11. 80다1182.

종료선언을 할 것이 아니라 기일을 지정하여 소송을 진행하거나, 원고 측에 대한 석명 등을 통하여 그 항소취하가 교환적으로 변경된 소를 취하하는 의미인 것으로 확인될 경우 그 항소취하서를 피고 측에 송달하여 소 취하에 대한 동의 여부를 확인하여야 한다.[125]

(b) **추가적 변경** (i) **단순병합** 위의 예에서 원고가 피고에 대하여 임대차계약불이행으로 말미암은 손해배상을 청구하여 제1심에서 승소한 후 피고의 항소에 부대하여 임대건물의 연체된 차임청구를 추가하여 병합한 경우를 본다. 이 경우에 항소심의 직접적 심판대상인 임대차계약불이행으로 말미암은 손해배상청구 부분에 관하여서는 항소기각 또는 제1심판결 취소의 판단을 하여야 한다. 그러나 연체차임 청구부분은 제1심으로 판단하여야 하기 때문에 위의 판단과 구별하여 인용 또는 기각의 판결을 하여야 한다.

(ii) **예비적 병합** 위의 예에서 원고가 피고에 대하여 임대차계약불이행에 기초한 손해배상을 청구하여 제1심에서 승소한 후 항소심에서 예비적으로 중과실의 불법행위에 기초한 손해배상청구를 추가하여 병합한 경우를 본다. 이 경우에도 항소심의 직접적인 심판대상은 제1심의 「임대차계약불이행에 기초한 손해배상청구」 부분에 관한 판단이기 때문에 제1심의 결론이 정당하다면 항소심은 항소기각의 판결을 하면 되고, 예비적으로 병합된 청구부분에 관하여서까지 판단할 필요가 없다. 만약 심리한 결과 원고의 주위적 청구가 이유 없을 때에는 제1심판결을 취소하여 원고의 주위적 청구를 기각한 다음 예비적 청구부분에 관하여 실질상 제1심으로 인용 또는 기각의 판단을 하여야 한다.[126]

(iii) **선택적 병합** 위의 예에서 원고가 피고에 대하여 임대차계약불이행에 기초한 손해배상을 청구하여 제1심에서 승소한 후 항소심에서 중과실의 불법행위에 기초한 손해배상을 선택적으로 추가하여 병합한 경우를 본다. 이 경우에도 항소심의 직접적인 심판대상은 제1심의 「임대차계약불이행에 기초한 손해배상청구」 부분에 관한 판단이기 때문에 제1심의 결론이 정당할 때에는 항소심은 항소기각의 판결을 하면 되고 선택적으로 병합된 청구에 관하여 판단할 필요가 없다. 만약 제1심의 결론이 부당하지만 제1심에서 판단하지 아니한 선택적으로 병합된 청구가 정당하여 그 결론이 제1심의 그것과 결과적으로 동일하게 된다고 하더라도 항소기각을 하여서는 안 되고 제1심판결을 취소하고 새로운 청구를 인용하는 주문을 선고하여야 한다.[127] 그러나 제1심의 결론이 부당할 뿐 아니라 선택적으로 병합된 청구까지 이유 없을 때에는 제1심판결을 취소하고 원고의 청구를 모두 기각하여야 한다. 제1심판결을 취소하여야 한다는 점에서 제1심판결의 취소를 할 필요가 없는 교환적 변경의 경우와 다르다.

---

124) 대판 1995.1.24. 93다25875.
125) 대판 2008.5.29. 2008두2606(평석은 [85] 참조).
126) 대판 1972.6.27. 72다546.
127) 대판 1992.9.14. 92다7023.

(다) 항소심에서 제1심의 병합모습을 변경한 경우

(a) **제1심에서의 예비적 병합을 항소심에서 선택적으로 변경하는 경우** 위의 예에서 제1심에서 원고가 임대차계약 불이행에 기초한 손해배상청구(갑 청구)를 주위적으로, 중과실의 불법행위에 기초한 손해배상청구(을 청구)를 예비적으로 병합한 경우에 제1심의 주문은 주위적 청구를 인용하든지, 주위적 청구를 기각하고 예비적 청구를 인용하든지, 주위 및 예비적 청구를 모두 기각하는 3개의 유형이 있을 수 있다. 원고 또는 원·피고 양쪽이 모두 항소한 경우는 물론 피고만 패소부분(즉 주위적 청구인용 또는 주위적 청구기각, 예비적 청구인용)에 대하여 항소하더라도 사건은 전부 항소심에 이심한다. 따라서 원고는 부대항소 없이도 청구취지만 변경하여 제1심에서의 예비적 청구를 선택적 청구로 병합모습을 변경할 수 있다.[128] 병합모습이 선택적 병합으로 변경된 경우의 항소심의 취급은 앞의 항소심에서 선택적 병합이 추가된 경우와 동일하다.

(b) **제1심에서의 선택적 병합을 항소심에서 예비적 병합으로 변경하는 경우** (i) **문제의 소재** 원고가 제1심에서 양립될 수 있는 여러 개의 청구를 선택적으로 병합하였는데 각 청구가 모두 기각된 경우에, 항소를 제기하여 항소심에서 여러 개의 청구에 희망하는 심리의 순서를 붙여 예비적 병합으로 병합의 모습을 변경할 수 있는데 이 경우에 항소심은 여러 개의 청구를 예비적 병합으로 처리하여 심리하여야 한다. 문제는 제1심에서 선택적으로 병합된 앞(a)의 갑과 을의 양 청구 중에서 갑 청구만 인용되었는데 항소심에서 을 청구를 주위적 청구로, 갑 청구를 예비적 청구로 병합 모습을 변경한 경우이다. 위의 경우에 먼저 절차적인 문제로서, 첫째 제1심에서 인용된 갑 청구가 항소심에서 예비적 청구로 전환됨으로써 주위적 청구가 인용되면 예비적 청구인 갑 청구는 심리에 들어가지 않게 되어 갑 청구에 관해서는 제1심판결 선고 후 소를 취하한 경우와 유사하게 되므로 피고의 이익을 옹호하기 위해서는 이러한 병합 모습의 변경에 피고의 동의를 필요로 하는지 여부이고, 둘째 항소심에서 을 청구가 인용되는 경우에 갑 청구를 인용한 제1심판결은 당연히 효력을 잃는지 그렇지 않으면 제1심판결을 취소하여야 하는지 여부이다.

(ii) **피고 동의의 필요성 여부** 생각건대 원고가 제1심에서 선택적으로 병합된 여러 개의 청구를 항소심에서 예비적으로 병합형태를 변경하는 주된 이유는, 여러 개의 청구 중 원고의 명예·신용 등 무형의 이익이나 집행상 편의 등 우선순위가 있는 청구에 관한 판단을 선택적 병합만으로는 확보할 수 없다는 데 있을 것이다. 따라서 항소심에서 피고가 원고의 병합형태의 변경에 동의해주지 아니함으로써 그러한 순위확보를 할 수 없게 한다면 원고는 그러한 무형의 이익을 희생당하지 않을 수 없게 된다. 한편 피고의 입장에서 본다면 원고의 여러 개의 청구는 선택적 병합이든 예비적 병합이든 청구의 기초를 같이 하는 것으로서, 원고의 청구가

128) 대판 1980.7.22. 80다982는 원고의 청구취지 확장은 부대항소로 의제된다고 하였다.

배척되어 피고의 이익이 지켜지기 위해서는 모두 심판되어야 한다는 점에서 동일하므로 그 점에 관한 피고의 이익은 같다. 이 점에서 교환적 변경에서의 피고의 이익과 다른 것이다. 즉 교환적 변경의 경우에는 구소의 취하에 관하여 피고가 동의하지 않는다면 구소만 유지되어 피고의 방어는 그 목적을 달성할 수 있다는 점에서 양쪽 사이에 차이가 있다. 따라서 병합모습의 변경에 관하여 원고는 커다란 이익을 갖는데 비하여 피고의 이해는 별로 없다 할 것인데도 피고를 위해서 병합모습의 변경에 대하여 동의를 받게 한다는 것은 원고에게 가혹하므로 피고의 동의는 필요 없다고 하여야 할 것이다.

(iii) **병합모습의 변경과 제1심판결의 취소 여부** (ㄱ) 원고가 피고에 대하여 임대한 건물이 피고의 중과실로 소실된 경우에 원고는 피고에 대하여 임대차계약의 불이행을 이유로 하는 손해배상청구(갑 청구)와 중과실의 불법행위로 인한 손해배상청구(을 청구)를 선택적으로 병합하여 소송을 제기한 결과 제1심에서 갑 청구가 인용되었는데 피고가 인용된 갑 청구에 관해서 항소를 제기하자 원고는 항소심에서 을 청구를 주위적 청구로, 제1심에서 인용된 갑 청구를 예비적 청구로 병합모습을 변경하였다. 항소심이 주위적 청구가 되는 을 청구를 인용하여야 할 경우에 제1심판결이 당연히 효력이 없게 되는지 문제이다. 또 원고가 제1심에서 갑 청구를 주위적으로, 을 청구를 예비적으로 병합하여 청구하였는데 제1심에서 예비적 청구가 되는 을 청구를 인용하였으나 항소심에서 주위적 청구인 갑 청구를 인용하여야 할 경우, 예컨대 원고가 매매대금의 지급을 피고에게 청구(본소)하였는데 피고는 매매계약의 무효를 주장하면서 원고의 청구가 각하 또는 기각될 것에 대비하여 예비적으로 이미 인도한 목적물이 부당이득이라고 하여 반환을 청구(예비적 반소)하였으나, 제1심에서 본소가 기각되고 예비적 반소가 인용되었고 항소심에서는 본소가 인용되는 경우에도 같은 문제가 제기된다.

(ㄴ) 항소심이 변경된 주위적 청구인 을 청구를 인용하여야 한다면 이론상으로는 이미 갑 청구에 관한 제1심판결에 대한 항소는 그 판단의 대상을 상실하므로 항소심은 제1심판결의 당부에 관하여 판단할 필요가 없을 것이다. 따라서 주위적 청구가 되는 을 청구에 대한 인용판결의 선고로 갑 청구에 관한 제1심판결은 당연히 효력을 잃게 된다. 물론 제1심판결에 가집행선고가 붙여진 경우에는 실무상으로 그 효력 상실을 명확하게 하기 위하여 판결이유 중에서 제1심판결의 실효를 명시할 필요가 있고 또 주문에서 제1심판결의 당연실효를 명확하게 하는 의미에서 제1심판결의 취소를 주의적으로 기재할 수 있다.

7. 청구변경의 간과

(1) 교환적 변경의 간과

청구가 교환적으로 변경되었는데도 신 청구에 대한 판결을 하지 않고 구 청구에 관해서만 판결을 한 경우이다. 이 경우에는 소가 취하되어 소송계속이 없는데도 판결을 한 셈이므로 내용상 효력이 없는 무효의 판결로 보아야 할 것이다. 따라서 기일지정신청에 의하여 신 청구에 대한 판결을 구하든가, 상소에 의하여 제1심판결을 취소 또는 파기하여 구 청구에 관해서는 소송종료선언을 하고 신 청구에 관해서는 추가판결을 하여야 한다. 간과 상태에서 판결이 확정되더라도 그 판결은 무효로서 재심으로 구제할 수 없다.

(2) 추가적 변경의 간과

(가) 단순병합의 형태로 신청구가 추가되는 추가적 변경을 하였는데도 구 청구에 대한 판결만을 하였거나 신 청구에 관하여서만 판결을 한 경우이다. 이때에는 판결을 하지 않은 청구는 아직 제1심에 소송계속 중이어서 그에 관해서는 상소의 여지가 없으므로 제1심에서 기일지정신청에 의하여 추가판결을 하면 된다.

(나) 이미 판결을 한 부분에 대해서 상소한 경우에는 상소심은 그 부분에 대해서만 판결을 하여야 한다. 다만 신청구의 추가가 선택적이거나 예비적일 때에 그 부분이 누락되었다면 제1심에서 이에 관하여 따로 판결할 수 없으므로 상소에 의하여 제1심 판결을 취소한 다음 구 청구와 병합된 청구의 전부에 관하여 심판하여야 한다.

[94] 제4. 중간확인의 소

1. 뜻

(가) 중간확인의 소라 함은 어느 청구의 소송계속 중에 그 청구에 관한 당부판단의 전제문제가 되는 선결적 법률관계의 존부 확인에 관하여 그 소송절차에 병합하여 제기하는 확인하는 소를 말한다(제264조). 예를 들어 소유권에 기초한 건물명도 소송의 계속 중에 선결문제인 소유권의 존재에 관하여 확인하는 소를 병합하여 제기하는 따위이다.

(나) 이 소송의 성질은 원고가 제기하면 청구의 추가적 변경, 피고가 제기하면 반소이다. 그러나 제264조에서 중간확인의 소를, 청구의 변경이나 반소와 별개로 규정하고 있으므로 청구기초의 동일성이나 반소의 관련성 등에 관한 요건이 필요하지 않다. 따라서 항소심에서 피고가 중간확인의 반소를 제기하더라도 반소제기에서 요구되는 상대방의 동의(제412조 제2항)를 받을 필요가 없다.

(다) 선결적 법률관계는 종국판결의 이유 중에서 판단되므로 판결의 기판력이 생기지 않는다. 따라서 판결 이유 중의 판단에 대한 기판력을 얻는다는데 중간확인의 소의 의미가 있다. 물론 별소에 의할 수도 있으나 그렇게 되면 심리의 중복으로 인한 비경제, 재판의 불통일이

우려되므로 소송 중의 소로써 이미 있는 소송절차를 이용하게 한 것이다.

(라) **중간확인의 소의 효용성** 예를 들어 원고가 어떤 목적물에 대하여 소유권에 기초하여 인도청구를 하였는데 그 소유권이 부인되어 기각되었다고 하자. 원고는 다시 그 목적물에 대한 소유권 침해를 이유로 손해배상청구를 한다면 이전 소송 확정판결의 기판력은 소유권에 기초한 인도청구권의 부존재에 관하여서만 발생하고 소유권자체의 부존재에 관해서는 기판력이 생기지 아니하므로 후소에서 소유권이 인정되더라도 기판력에 어긋나지 아니하여 원고의 손해배상청구는 승소판결이 가능하다. 피고는 이와 같이 패소될 경우에 대비하여 미리 중간확인의 반소로써 그 목적물에 관한 원고소유권부존재의 확인을 청구하고 승소판결을 받아둔다면 뒤의 소송에서도 원고의 소유권이 인정되는 사태를 방지할 수 있다.

2. 요건

(1) 시기

(가) 중간확인의 소는 신소제기의 실질이 있기 때문에 본래의 소가 당사자 사이에서 계속되고 사실심의 변론종결 이전이면 충분하다. 상고심에서는 제기할 수 없으나 항소심에서는 상대방의 동의 없이도 제기할 수 있다.

(나) 재심절차에서도 중간확인의 소를 제기할 수 있으나 재심사유가 인정되지 아니하여 재심청구가 기각되는 경우에는 중간확인의 소는 이를 심리하여야 할 소송계속이 소멸되었으므로 판결로 각하하여야 한다.[129] 이 경우에 별도로 확인하는 이익이 있으면 각하할 것이 아니라 독립된 확인하는 소로 취급하여야 할 것이다.

(2) 선결적 법률관계

(가) **선결적 법률관계의 의미** 선결적 법률관계란 소송목적의 전제되는 권리 또는 법률관계로서, 제264조의 법문은 「소송의 진행 중에 쟁점이 된 법률관계」라고 규정한다. 사실이 아니고 권리관계이지만 법적 3단 논법으로 따지면 대전제가 아니라 소전제에 해당한다. 예를 들어 소유권에 기초한 인도청구에서 소유권의 존부, 매매계약에 기초한 대금청구에서 매매계약의 존부 등이다.

(나) 중간확인의 소도 확인하는 소이기 때문에 그 대상은 원칙적으로 법률관계이어야 하며 사실관계나 증서의 진정여부(제250조) 혹은 과거의 법률관계는 이 소송의 대상이 아니다. 예컨대 불법행위로 말미암은 손해배상청구에서, 불법행위는 법률행위가 아니므로 선결적 법률관계

---

129) 대판 2008.11.27. 2007다69834 · 69941.

가 아니라 제201조 소정의 중간 판결사항이다. 따라서 불법행위의 존부를 중간확인의 소소로 제기할 수 없다. 재판기록의 부분공개청구에 대한 정보공개법 제4조 제1항의 법률이 부존재하다는 중간확인의 소는 당사자 사이의 구체적인 권리의무 또는 법률관계의 확인을 구하는 것이 아니므로 확인의 이익이 없다.[130]

(다) 본래의 청구를 판단하는데 선결적이어야 하기 때문에 비록 피고가 항변으로서 주장한 법률관계라고 하더라도 선결적이라고 한다면 그에 관하여 중간확인의 소를, 원고는 소의 추가적 변경의 형식으로, 피고는 반소의 형식으로 제기할 수 있다.

(라) 본래의 청구가 취하, 각하되거나 확인하는 대상이 된 법률관계에 관한 판단이 없이 청구기각 될 경우에는 선결적 법률관계가 소멸되므로 중간확인의 소도 각하된다. 그 점에서 선결적 법률관계는 중간확인의 소에 대한 판결을 할 때까지 현실적으로 존재하여야 한다. 그러나 본래의 청구가 취하, 각하되더라도 만일 별도의 확인하는 이익이 인정되면 독립된 확인하는 소로서 심리하여야 한다.

(마) 확인하는 이익이 있어야 한다. 즉, 당사자 사이에 원칙적으로 다툼이 있어야 하는 등 확인하는 이익을 갖추어야 한다.

(3) 다른 법원의 전속관할에 속하지 않을 것

(가) 본래 청구의 전속관할과 다른 법원의 전속관할에 속하지 아니하여야 한다. 중간확인의 소가 본래의 청구와 다른 법원의 전속관할에 속한 경우에는 본래의 청구와 병합하여 심판할 수 없기 때문에 이 경우에는 중간확인의 소가 독립된 소의 요건을 갖추었을 때에는 분리하여 전속관할이 있는 법원으로 이송할 수 있다.

(나) 중간확인의 소가 지방법원단독판사의 관할에 속하더라도 본래의 청구가 지방법원 합의부에 속하면, 「재판이 소송의 진행 중」이라는 제264조 제1항의 규정에 따라 본래의 청구를 관할하는 합의부에 관할권이 있다.

(다) 본래의 청구가 지방법원단독판사의 관할에 속하는 경우에 합의사건에 속하는 중간확인청구를 하는 경우에도 본래의 청구를 관할하는 지방법원 단독판사의 관할에 속하여야 할 것이나, 직권 또는 당사자의 신청에 따른 결정으로 소송의 전부를 같은 지방법원 합의부에 이송할 수 있다(제34조 제1항).

(4) 본래의 청구와 같은 종류의 소송절차에 의할 것

중간확인의 소도 소의 객관적 병합의 하나이기 때문에 제253조에서 정한 같은 종류의 소

---

130) 서울고판 2012.7.6. 2011누41009.

송절차가 아니면 병합하여 심판할 수 없다. 예를 들어 국가를 상대로 불법행위를 이유로 손해배상청구를 하는 경우에 선결문제로서 행정청에서 한 처분의 효력이 문제되더라도 항고소송사항이 되는 행정처분의 무효확인청구(행소 제35조)는 같은 종류의 소송절차가 아니어서 중간확인의 소로 제기할 수 없다.[131)]

3. 절차

(1) 소제기 절차

(가) 중간확인의 소는 소송중의 소이기 때문에 소장에 준하는 서면을 법원에 제출하여야 하며(제264조 제2항) 상대방에게 송달하여야 한다(제264조 제3항). 이 서면을 송달할 때에 선결적인 법률관계의 존부에 관하여 소송계속이 생긴다.

(나) 중간확인의 소를 원고가 제기하는 경우에는 소의 추가적 변경이다. 따라서 중간확인의 소를 제기할 권한은 본 소송의 소송대리권에 포함되므로 특별한 권한을 받을 필요가 없다. 그러나 피고가 중간확인의 반소를 제기하는 경우에는 특별한 권한을 받아야 한다(제90조 제2항 1호).

(다) 중간확인의 소를 제기함으로써 생기는 시효중단이나 법률상 기간준수의 효력은 모두 소장에 준하는 서면을 제출한 때에 생긴다(제265조).

(2) 심판

(가) 중간확인의 소의 처리 및 심판은 소의 추가적 변경(원고가 제기하는 경우) 또는 반소(피고가 제기하는 경우)에 준한다.

(나) 병합요건은 소송요건이고 직권조사사항이기 때문에 먼저 심리하여 흠이 있으면 독립된 소로써 취급해야 하고, 확인하는 이익이 없는 경우(예, 사실관계의 중간 확인)에는 부적법 각하하거나 그렇지 않으면 별소로 취급할 것이다.

(다) 본래의 청구와 중간확인의 소는 단순병합의 형태이지만 1개의 전부판결에 의하여 분쟁을 해결하여야 한다. 변론의 분리가 불가능한 것은 아니지만 관련적 병합의 관계에 있는 경우가 대부분이기 때문에 회피하여야 한다.

---

131) 같은 취지: 김홍엽, 882면. 반대취지: 이시윤, 723면.

[95] 제5. 반소

1. 뜻

(1) 개념

㈎ (a) 반소라 함은 본소의 소송계속 중에 피고가 원고를 상대로 제기하는 소송중의 소를 말한다(제269조). 피고에 의한 추가적 병합으로 본소의 능동적 주체와 수동적 주체가 반소에서는 바뀌게 되므로 본소원고를 반소피고로, 본소피고를 반소원고라고 부른다.

(b) 제79조에 의한 독립당사자참가나 제81조의 승계참가는 그 어느 것이나 당사자로서 소송에 참가하는 것이므로 참가의 상대방 당사자가 되는 원고나 피고, 즉 피참가인은 제79조 또는 제81조에 의하여 소송에 참가하는 참가인을 상대로 반소를 제기할 수 있다.[132] 그 경우에 피고는 물론 원고도 반소원고가 되고 참가인이 반소피고가 된다.

㈏ 반소가 인정되는 취지는, 첫째 원고에게는 소의 객관적 병합, 청구의 변경 등 이미 있는 소송절차를 이용하는 여러 가지 법적 수단을 제공하였으므로 이에 대응하여 피고에게도 계속 중인 소송절차를 이용할 기회를 주는 것이 공평의 원리에 들어맞고, 둘째 서로 관련된 청구를 같은 소송절차 내에서 심판하는 것이 소송경제에 합치되고 심판의 통일을 이룩할 수 있기 때문이다.

㈐ 청구의 변경이나 반소는 모두 추가적 병합의 형태로서 소송 중의 소가 된다는 점에서 공통된다. 그러나 청구의 변경은 원고가 스스로 제기한 소송절차를 이용하는 것인데 반소는 원고가 제기한 소송절차를 피고가 수동적 입장에서 이용한다는 점에서 서로 다르다. 그러므로 수동적 당사자인 피고가 제기하는 반소에 대하여 능동적 당사자인 원고가 이용하는 청구의 변경과 동일한 요건을 요구하는 것은 공평의 원리에 맞지 않는다. 따라서 청구의 변경과 달리 반소는 청구뿐만 아니라 방어방법과 관련되는 경우에도 제기할 수 있어 청구의 변경보다 그 소제기 요건이 완화되었다.

㈑ 반소에는 본소청구기각 이상의 적극적 내용이 포함되어 있어야 한다.[133] 본소청구기각은 피고가 본소에 대해 응소하는 것만으로도 기대할 수 있으므로 반소를 제기하려면 본소청구의 기각을 바라는 것 이상의 적극적인 내용을 포함하여야 소의 이익이 있는 것이다. 그러므로 같은 법률관계에 관한 적극적 확인이나 이행을 청구하는 본소청구에 대하여 그 부존재의 확인을 구하는 반소는 허용되지 않는다.

---

132) 대판 1969.5.13. 68다656.

133) 대판 2007.4.13. 2005다40709 · 40716.

(마) 그러나 이와 반대로 손해배상채무의 부존재확인과 같은 소극적 확인의 본소에 대하여 그 채무이행청구와 같은 적극적 반소를 제기하더라도 본소의 확인하는 이익은 소멸되지 않는다. 왜냐하면 여기서 반소의 제기로 소를 제기할 소송요건을 구비하여 적법하게 제기된 본소[134]는 그 후에 제기된 반소로 인하여 소급적으로 소송요건에 흠이 생겨서 다시 부적법하게 되어서는 안 되기 때문이다.[135] 또한 원고가 피고에 대하여 손해배상채무의 부존재확인을 구할 수 있어 본소로 그 확인을 구하였는데 피고가 그 후에 그 손해배상채무의 이행을 구하는 반소를 제기한 경우에 원고가 본소를 취하하고 반소만 유지되기를 원하더라도 본소가 취하되면 피고는 원고의 동의 없이 혼자서도 반소를 취하할 수 있어(제271조), 원고가 반소를 통하여 당초 추구하는 기판력을 취득할 수 없는 사태가 발생할 수 있기 때문에[136] 그러한 사태를 방지하기 위하여 본소의 확인하는 이익은 소멸되지 않는다. 이 경우에 원고가 스스로 본소를 취하하는 것은 자유이다.

(2) 반소의 당사자

(가) **반소는 피고가 원고를 상대로 한 소송이다** 우리 민사소송법에는 당사자의 소송인수신청(제82조 제1항), 추심의 소를 제기 받은 제3채무자가 원고 이외의 채권자에 대하여 공동소송인으로 참가하라는 신청(민집 제249조 제3항)과 같이 피고로 하여금 제3자에게 청구를 제기하게 하여 이를 추가·병합하는 규정이 있으나 이러한 명문의 규정 이외에도 피고에 의해 제3자에 대한 청구를 추가·병합할 수 있는지 문제된다. 왜냐하면 피고는 원고와 달리 청구기각판결을 받은 것으로서 만족해야 하는 소극적 당사자의 지위에 있기 때문에 피고에게 제3자에 대한 적극적인 청구를 정립하게 하는 것은 명문의 규정 이외에는 허용하기 어렵기 때문이다. 그러나 피고도 원고와 동일하게 소송에 의한 분쟁 해결을 소망하고 있어 제3자에 대한 추가신청을 인정하는 것이 합리적이다. 다만, 피고는 소극적 당사자의 지위에 있기 때문에 원고나 제3자보다 추가신청의 범위가 좁아지는 것이 당연하다.

(나) **피고의 제3자 추가신청** 처분권주의를 지배원리로 하는 우리 민사소송법에서는 소송은 원고의 지배에 두기 때문에 다른 사람의 의사에 따라 함부로 원고가 그의 지위를 벗어나거나 피고에 의하여 원고가 될 수 없다. 그러므로 피고가 교환적 변경절차에 의하여 반대 당사자인 원고를 경정하는 것은 있을 수 없고, 또 피고가 원고 이외의 제3자를 추가하여 반소피고로 하는 반소도 원칙적으로 허용되지 아니한다. 그러나 피고가 제기하려는 제3자 추가의 반

---

134) 전병서, 545면은, 채무부존재확인의 본소는 이행의 반소를 유발한 것에 의하여 그 목적을 이루었고, 본소 원고는 반소의 기각판결을 얻어 내면 본소의 목적을 달성할 수 있기 때문에 본소는 확인의 이익을 잃어 부적법하다고 한다.

135) 대판 1999.6.8. 99다17401.

136) 대판 2010.7.15. 2010다2428,2435.

소에 의하여 필수적 공동소송의 형태가 될 때에는 원고가 될 사람의 승낙이라는 제68조 제1항의 필수적 공동소송인의 추가 요건을 갖추면 허용할 수 있다.[137] 반소의 제기가 아니더라도 어차피 필수적 공동소송의 형태로 소송이 이루어져야 한다면 반소로 이를 허용하는 것이 소송경제의 원칙에 들어맞기 때문이다.

(다) **제3자를 추가 신청할 반소의 모습** (a) 제3자를 추가할 반소의 모습은 본소의 인용 여부와 관계없이 피고가 본소의 소송계속을 이용하여 원고에게 제기하는 단순 반소이다. 그 경우에 제3자 추가의 반소 제기로 본래의 당사자와 추가된 제3자 사이에 필수적 공동소송(제68조)의 형태가 되어야 한다. 따라서 제3자가 추가되더라도 본소, 반소 모두 인용되거나 기각될 수 있다.

(b) 본소청구가 인용 또는 기각될 것을 조건으로 심판을 구하는 예비적 반소나 반소에 대한 재차의 반소는 그 성질상 필수적공동소송의 형태가 될 수 없으므로 제3자의 추가가 허용될 수 없다.

(c) 소송계속 중에 반소로 새로운 소송목적을 추가할 수 있고, 다른 소송목적으로 교환할 수도 있다. 제1심에서 적법하게 반소를 제기하였던 당사자가 항소심에서 반소를 교환적으로 변경하는 경우에 변경된 청구와 종전 청구가 실질적인 쟁점이 동일하여 청구의 기초에 변경이 없으면 그와 같은 청구의 변경이 허용되는 점에 비추어[138] 추가적 반소는 물론이고 교환적 반소의 경우에도 제3자의 추가는 필수적 공동소송인의 추가에 관한 제68조의 요건을 갖추어 허용될 수 있다. 반소는 원고의 청구와 관련되는 경우에 제기할 수 있는데 방어방법과 관련되는 경우에도 제3자의 원고추가는 허용되어야 한다.

(라) **제3자 추가신청의 시기** 제1심의 변론종결이전(제68조 제1항)이다.

(마) **반소에 의한 제3자 추가와 필수적 공동소송**

(a) **고유필수적 공동소송** 공동소송인 전원이 원고 또는 피고가 되지 않으면 당사자적격에 흠이 있는 고유필수적 공동소송에서는 공동소송인 전원이 원고가 되지 아니함으로써 본소가 각하될 운명을 회피하기 위하여 피고가 반소로써 아직 당사자가 되지 않은 공동소송인을 원고로 추가하는 제3자의 추가가 가능하고 그로 인해서 원고의 제소는 적법하게 된다. 다만 이 경우에는 추가될 사람의 승낙이 있어야 하므로(제68조 제1항 단서) 승낙이 없는 경우에는 피고에 의한 제3자 추가는 할 수 없게 되어 원고의 본소는 각하될 것이다.[139]

(b) **유사필수적 공동소송** 공동소송인 상호 간에 구구한 판결이 허용되지 않는 유사필수적 공동소송에서 반소에 의하여 제3자를 추가함으로써 유사필수적 공동소송이 되는 것은 언제나

137) 대판 2015.5.29. 2014다235042,235059,235066(평석은 [42] 참조).
138) 대판 2012.3.29. 2010다28338,28345.
139) 따라서 이 경우에 법원은 원고에게 당사자적격의 흠을 막도록 당사자를 추가할 기회를 주어야 할 것이다.

가능하다. 예를 들어 제3채무자가 채무자에 대한 채무를 전부 변제하였는데도 공동채권자 중 다른 채권자가 이 사실을 모르고 채무자를 대위하여 제3채무자에 대하여 채권자대위권을 행사하려고 하는 경우에 제3채무자는 다른 공동채권자와의 사이에서의 재차소송의 번잡을 피하기 위하여 제68조 제1항의 요건에 따라 원고 이외의 다른 공동채권자의 동의를 받아 그들을 원고로 추가하여 자신은 반소원고, 그들은 반소피고로 추가함으로써 채무의 변제를 주장할 수 있다.

(바) **반소에 의한 제3자 추가와 통상 공동소송** 판례는 아직 미국 FRCP상 cross claims against a coparty[FRCP 13(g)]나 독일판례법상 제3자 반소(Dritt－widerklage)와 같은 반소에 의한 제3자 추가로 통상 공동소송이 이루어지는 소송형태를 허용하지 않고 있다.

2. 모습

(1) 단순반소

단순반소라 함은 본소의 인용 여부와 관계없이 피고가 본소의 소송계속을 이용하여 원고에게 제기하는 반소를 말한다. 예를 들어 원고가 제기한 이혼청구의 본소에 대하여 피고도 원고를 상대로 이혼청구의 반소를 제기하는 경우 등이다. 본소청구의 인용, 기각과 관계없이 반소를 독자적으로 심판하여야 하며 반소청구의 운명은 본소청구와 아무런 관계가 없다. 따라서 본소, 반소 모두 인용되거나 기각될 수 있다.

(2) 예비적 반소(조건부 반소)

(가) 본소청구가 인용 또는 기각될 것을 조건으로 심판을 구하는 반소를 말한다. 조건부 반소라고도 한다. 예를 들어 원고의 건물에 대한 소유권이전등기의 말소청구(본소)에 대하여 피고가 본소의 기각을 예상하여 위 건물부지에 대한 소유권을 이유로 위 건물철거를 구하는 반소,[140] 원고의 본소가 매매를 원인으로 한 소유권이전등기청구소송인 경우에 피고는 본소의 인용을 예상하여 제기하는 잔대금 또는 반대급부 이행의 반소, 또는 본소의 기각을 예상하여 제기하는 이미 이전해 준 부동산의 반환을 구하는 반소 등이다. 실무에서 자주 등장하는 가지급물 반환신청(제215조)도 성질은 예비적 반소이다.[141]

(나) 본소가 각하, 취하되거나 본소인용조건의 예비적 반소에서 본소가 기각되는 경우와 같이 반소제기의 조건이 성취되지 아니하면 예비적 반소에 관하여 판단할 필요가 없다.[142] 그런데 본소청구기각 판결에 관하여 원고가 항소한 경우에는 아직 판단하지 않은 예비적 반소도

140) 대판 1962.11.1. 62다307.
141) 대판 2005.1.13. 2004다19647 참조.
142) 대판 1991.6.25. 91다1615 · 1622.

같이 이심되므로 항소심에서 본소가 인용될 경우에는 예비적 반소에 관해서도 판단하여야 한다.[143] 본소와 예비적 반소의 논리적 양립불가능성. 상호관련성을 중시하여야 하기 때문이다. 이 점이 단순반소와 다르다.

(다) 예비적 반소의 원인채권인 계약금반환채권에 기초한 상계항변이 다른 사건에서 인용되어 이미 확정되었다면 그 기판력(제216조 제2항)에 의하여 예비적 반소는 소의 이익이 없게 되어 부적법하다. 예를 든다. 원고가 피고를 상대로 제기한 출자금 반환청구의 소에서, 피고는 원고와 맺은 매매계약의 무효를 이유로 그 계약금의 반환채권을 자동채권으로 하여 상계의 항변을 하면서, 이와 별도로 원고의 출자금반환청구가 이유 있다면 무효인 이 사건 매매계약에 따라 원고에게 지급한 계약금의 반환을 구한다는 취지의 예비적 반소를 한 경우에, 위 상계항변이 이미 인용되어 확정되었다면 피고의 예비적 반소는 소의 이익이 없게 되어 부적법한 것이다.[144]

(3) 재 반소

원고는 취하하였던 본소청구를 재 반소의 형식으로 부활시킬 수 있다.[145] 이를 금지하는 명문규정이 없는 이상 관련관계가 있는 여러 개의 청구를 재 반소에 의하여 한꺼번에 처리하는 것이 소송경제에 알맞기 때문이다. 따라서 진행 중인 소송절차를 현저하게 지연시키지 않은 등 반소로서의 요건을 갖추면 허용하여야 할 것이다.

(4) 교환적 반소, 추가적 반소

소송계속 중에 반소도 새로운 소송목적을 추가할 수 있고, 다른 소송목적으로 교환할 수도 있다. 제1심에서 적법하게 반소를 제기하였던 당사자가 항소심에서 반소를 교환적으로 변경하는 경우에 변경된 청구와 종전 청구가 실질적인 쟁점이 동일하여 청구의 기초에 변경이 없으면 그와 같은 청구의 변경도 허용된다.[146]

3. 요건

(1) 반소의 청구가 본소의 청구 또는 방어방법과 관련이 있을 것(제269조 제1항 단서)

이 요건은 청구의 변경에서 청구의 기초에 변경이 없어야 한다는 제262조 제1항의 요건과 같은 것이다. 다만 청구뿐만 아니라 방어방법과도 관련이 있으면 반소청구를 할 수 있다는 점에서 청구변경보다 그 요건이 완화되었다.

143) 대판 2006.6.29. 2006다19061 · 19078.
144) 대판 2010.8.26. 2010다30966,30973.
145) 이시윤 761면.
146) 대판 2012.3.29. 2010다28338,28345.

(가) **본소청구와 관련** 본소 및 반소가 소송목적이 되는 권리 또는 법률관계의 내용 또는 그 발생 원인에서 법률상 또는 사실상 공통되는 것을 말한다. 예를 들어 원고 및 피고가 본소 및 반소로써 서로 상대방의 부정행위를 이유로 이혼소송을 제기하는 경우, 동일물에 관한 소유권확인의 본소와 임차권확인의 반소, 같은 사고를 원인으로 한 손해배상청구를 본소와 반소로 상대방에 대하여 서로 청구하는 경우 등이다.

(나) **본소의 방어방법과 관련** 본소청구를 이유 있게 하는 사실이 반소청구를 이유 있게 하는 방어방법의 전부 또는 일부를 이루는 사실을 말한다. 예를 들어 원고의 소유권에 기초한 목적물인도청구의 본소에 대하여 피고가 유치권항변을 하면서 피담보채권의 지급을 반소로 청구하는 경우 등이다. 다만 그 방어방법은 반소의 제기 당시에 현실적으로 제출되어야 하며 실체법적으로 성립할 가능성이 있어야 한다. 따라서 상계금지채권(민법 제496조 내지 제498조)에 기초한 반소라든가 시기에 늦게 제출하여 각하된 항변(제149조, 제285조)에 기초한 반소는 모두 부적법하다.

(다) **상대방의 동의** 관련관계는 청구 기초의 동일성과 같이 상대방이 동의 또는 응소하면 문제되지 않는다. 항소심에서 피고가 반소장을 진술한 데 대하여 원고가 '반소기각' 답변을 한 것만으로는 '이의 없이 반소의 본안에 관하여 변론을 한 때'에 해당한다고 볼 수 없다.[147)]

(2) 시기

(가) (a) **사실심의 변론종결이전(제269조 제1항)** 반소제기 이후에 본소가 각하 또는 취하되더라도 예비적 반소가 아닌 한 반소에는 영향이 없다. 다만 본소가 취하되면 피고는 원고의 소송에 응한 뒤에라도 그의 동의 없이 반소를 취하할 수 있으나(제271조) 본소가 각하된 경우에는 원고의 동의가 있어야 반소를 취하할 수 있다.[148)] 제271조의 취지는 원고가 반소의 제기를 유발해놓고 그로 인하여 제기된 반소만 유지하게 하는 것이 공평에 반하다는 데 있으므로 원고가 자기의 의사로 본소를 취하한 경우에는 피고는 원고의 동의 없이 반소를 취하할 수 있으나 본소가 원고의 의사와 관계없이 부적법하다 하여 각하된 경우에 피고는 원고의 동의를 얻어서 반소를 취하하는 것이 공평에 맞기 때문이다.

(b) **변론종결이후에 제기된 반소의 취급** 건물명도청구와 같이 명도를 빨리하여야 하는 사건에서 피고가 명도를 지연시키고자 필요비 및 유익비를 청구한다는 명목으로 변론종결일 이후에 변론재개신청을 하면서 반소를 제기하는 경우가 있다. 이는 반소로서는 부적법하지만 독립된 소송이므로 각하해서는 안 된다. 그런데 피고의 의도가 오로지 명도를 지연시키고자 하는데 있는 것이 명백한 경우에는 변론을 재개하지 아니하고 본소에 관한 판결부터 선고한 다

---

147) 대판 1991.3.27. 91다1783.

148) 대판 1984.7.10. 84다카298.

음 반소는 별소로써 심리하면 될 것이다. 그렇지 않으면 본소에 대한 변론을 재개하여 본소와 반소를 함께 심리한다.

(c) **지방법원 항소부 사건에 대한 지방법원 합의부 관할에 속하는 반소의 취급** 지방법원단독사건에서 패소한 본소피고가 항소하여 지방법원 합의부가 지방법원단독판사의 판결에 대한 항소사건을 제2심으로 심판하는 도중에 본소피고가 지방법원 합의부의 관할에 속하는 반소를 제기하면서 제1심 합의부로 제269조 제2항의 이송신청을 하더라도 이미 정하여진 항소심 관할에는 영향이 없어 이송신청은 이유 없다.[149)]

(d) **가지급물 반환신청** 상고심에서는 반소를 제기할 수 없으나 가집행선고의 실효를 예상한 가지급물 반환신청(제215조)은 당사자 사이에 다툼이 없어 사실심리를 하지 않는 경우에는 예비적 반소로써 허용된다.[150)]

(나) **항소심의 반소** (a) (i) 항소심의 반소는 상대방의 '심급의 이익을 해할 우려가 없는 경우' 또는 상대방의 동의를 받은 경우에 제기할 수 있으며(제412조 제1항), 상대방이 이의를 제기하지 아니하고 본안에 관하여 변론을 한 때에는 반소제기에 동의한 것으로 본다(제412조 제2항). 여기서 '상대방의 심급의 이익을 해할 우려가 없는 경우'라 함은 반소청구의 기초를 이루는 실질적인 쟁점이 제1심에서 본소의 청구원인 또는 방어방법과 관련하여 충분히 심리되어 상대방에게 제1심에서의 심급 이익을 잃게 할 염려가 없는 경우를 말한다.[151)]

(ii) 상속재산의 분할에 관한 청구(민 제1013조 제2항)는 가사소송법 제2조 제1항 제2호 (나)목 10의 마류 가사비송사건에 속하는데 상대방은 제1심의 절차종결 시까지 청구인의 청구와 견련관계에 있는 마류 가사비송사건으로서 금전의 지급이나 물건의 인도, 기타 재산상의 의무이행을 구하는 반대청구를 할 수 있다(가소규 제92조). 한편 반대청구 상대방의 심급의 이익을 해할 우려가 없는 때 또는 반대청구 상대방이 동의하거나 이의 없이 반대청구의 심문에 응함으로써 동의한 것으로 간주되는 때에는 항소심에서도 반대청구를 할 수 있다.[152)]

(iii) 다만 제1심에서 반소의 소송목적인 권리관계에 관하여 충분한 심리가 이루어져서 상대방의 심급이익을 해칠 우려가 없는 경우, 즉 반소청구의 기초를 이루는 실질적인 쟁점이 동일하여 청구의 기초에 변경이 없는 경우에는 상대방의 동의나 응소가 없이도 반소의 제기가 가능하다.[153)] 예를 들어 중간확인의 반소, 본소와 청구원인을 같이하는 반소, 제1심에서 제출된 항변과 관련된 반소, 항소심에서 반소를 변경하여 예비적 반소를 추가하는 경우[154)] 등에는

149) 대결 2011.7.14. 2011그65.
150) 대판 2005.1.13. 2004다19647.
151) 대판 2005.11.24. 2005다20064,20071, 2024.12.12. 2022다200317.
152) 대결 2025.3.24., 2024스866,867,868.
153) 대판 2013.1.10. 2010다75044 · 75051, 2015.5.28. 2014다24327(평석은 [61] [90] 참조).
154) 대판 2003.6.13. 2003다16962,16979.

상대방의 동의나 응소가 불필요하다. 그러나 원고의 재판상 이혼청구에 대하여 피고가 항소심에 이르러 반소로써 이혼, 위자료의 지급 및 재산분할청구를 하고 이에 대하여 원고가 반소에 부동의 할 뿐 아니라 제1심에서 그에 대한 심리가 전혀 이루어지지 아니하였다면 항소심에서 피고의 반소는 원고의 심급이익을 해칠 우려가 있으므로 부적법하다.[155)]

(b) 항소심의 본소가 부적법 각하되면 항소심에서 제기한 반소도 소멸하므로 소송이 종료된다.[156)]

㈐ **항소심에서 반소의 교환적 변경** 제1심에서 적법하게 반소를 제기하였던 당사자가 항소심에서 반소를 교환적으로 변경하는 경우에, 변경된 청구와 종전 청구가 실질적인 쟁점이 동일하여 청구의 기초에 변경이 없으면 그와 같은 반소의 변경도 허용된다.[157)]

(3) 본소와 같은 종류의 소송절차(제253조)

반소의 제기에 의하여 소의 객관적 병합이 이루어지기 때문이다.

(4) 반소가 다른 법원의 전속관할에 속하지 않을 것(제269조 제1항 단서 전단)

반소가 다른 법원의 전속관할에 속하면 본소와 병합할 수 없기 때문이다. 다만 전속관할에는 전속적 합의관할을 포함하지 않는다. 본소를 지방법원단독판사가 심리 중에 피고가 합의사건에 속하는 청구에 관한 반소를 제기한 경우에는 직권 또는 당사자의 신청에 의하여 결정으로 본소와 반소를 합의부로 이송하여야 한다(제269조 제2항). 그러나 원고가 관할위반을 하지 아니하여 변론관할(제30조)이 생긴 뒤에는 이송할 수 없다(제269조 제2항 단서).

(5) 소송절차를 현저하게 지연시키지 않을 것(제269조 제1항 본문)

청구의 변경과 동일하게 이 요건을 반소에서도 요구하고 있다. 그러나 수동적 당사자인 피고가 제기하는 반소에 대하여 능동적 당사자인 원고가 이용하는 청구변경의 요건과 같이 소송절차를 현저히 지연시키지 않도록 요구하는 것은 무리이다. 따라서 청구의 변경과 달리 엄격하게 이 요건을 해석할 필요는 없다.

4. 심판절차

(1) 반소의 제기는 본소에 준한다(제270조)

㈎ 반소장에 반소의 취지를 명시하여야 하며 소액사건에서는 말로써 반소제기가 가능하

155) 창원지판 2001.4.13. 2000르43.
156) 대판 2003.6.13. 2003다16962,16979.
157) 대판 2012.3.29. 2010다28338.28345.

다(소심 제4조).

(나) 반소는 전자문서의 서면요건(전자문서 제4조의 2)을 갖춘 전자문서에 의해서도 제기할 수 있따.

(다) 인지는 소장에 붙이는 것과 같은 액수를 붙여야 하나, 반소의 소송목적이 본소와 같은 때에는 본소에 붙인 인지액을 공제한 액수의 인지만 붙이면 된다(민인 제4조).

(2) 반소의 요건과 일반적인 소송요건을 조사하여야 한다

다만 반소의 요건에 흠이 있다 하여도 반소를 각하할 것이 아니라 별개 독립의 소로써 요건을 갖추었을 때에는 독립된 소로써 취급하여야 한다.

(3) 반소는 본소와 병합하여 심판하여야 한다

따라서 한 개의 전부판결을 할 것이나 반소가 본소와 관련이 없는 경우에는 변론의 분리나 일부판결이 가능하다. 그러나 관련이 있는 경우에는 심리의 중복과 재판의 불통일을 방지하기 위하여 변론의 분리나 일부판결을 피하여야 한다. 하나의 전부판결을 하는 경우에도 본소와 반소에 대하여 따로 판결주문을 기재한다. 그러나 소송비용의 재판은 패소자가 소송비용 전부를 부담하는 소송비용 불가분의 원칙(제98조)상 본소비용과 반소비용을 합하여 정하고 있다.

제2절 다수당사자 소송

[96] 제1. 총설

1. 공동소송의 뜻

(가) 공동소송이라 함은 하나의 소송절차에 여러 사람의 원고 또는 피고가 관여하는 소송형태를 말한다. 여기서 같은 입장에 서 있는 여러 원고 또는 피고를 공동소송인이라 한다. 원래 소송의 최소 기본 단위는 한사람의 원고와 한사람의 피고 사이에서 한 개의 소송목적을 두고 이루어진다. 그런데 당사자가 여럿이거나 소송목적이 복수이면 소송의 개수도 늘어나서 판결할 사건도 그만큼 많아진다. 법원이 이것을 따로 따로 심리하여 판결하여야 한다면 심리의 노고가 그 만큼 커지는 것이 당연하다. 공동소송은 법원이 여러 당사자 사이의 관련분쟁을 같은 소송절차에서 동시에 심판할 수 있으므로 공통되는 문제점에 관하여 심리의 중복을 피하고 분

쟁의 통일적 해결을 기대할 수 있을 뿐만 아니라 심리에 관여하는 법원과 당사자의 부담을 줄여주는 장점이 있다.

(나) 이러한 장점 때문에 공동소송은 널리 이용되고 있는데 현행 민사소송법은 공동소송의 심판방식으로 통상 공동소송(제66조), 필수적 공동소송(제67조) 이외에 예비적·선택적 공동소송(제70조)을 규정하고 있고, 명문의 규정이 없지만 필수적 공동소송은 다시 고유필수적 공동소송과 유사필수적 공동소송으로 구별하고 있다.

2. 유래

고대 로마에서는 당사자가 여럿이 되는 것을 원칙적으로 금하였다(소의 주관적 병합의 금지원칙). 중세 이후 독일 보통민사소송법에서도 처음에는 로마법의 전통에 따라 공동소송(또는 소의 주관적 병합[158])을 원칙적으로 금지하였다. 당시에는 소송절차에서 서면주의와 법정증거주의를 채택하고 있었기 때문에 소의 주관적 병합을 허용한다면 서면 또는 증거가 복잡해져서 소송의 진행이 어렵기 때문이었다. 그러나 독일의 민족적 토대가 되는 게르만 사회에서는 예로부터 단체사상이 뿌리 깊어서 개인 위주의 로마법과 달리 법인(geselschaft)과 조합(gemein-schaft)의 중간형태인 비법인사단(genossenschaft)이 사회생활의 한 단위를 이루고 있었다. 따라서 그 구성원 들이 외부에 대하여 법적 주체로 활동하면서 분쟁이 생기는 경우의 소송을 막을 수 없었기 때문에 비법인사단은 소송단체(streitgenossenschaft)라는 이름으로 소송의 주체가 되었다. 때문에 그 소송단체의 소송에 대해서는 소의 주관적 병합 금지의 원칙을 적용할 수 없었다. 이와 같이 소의 주관적 병합 금지의 원칙은 처음에는 소송단체의 소송에서 적용되지 않다가 사회가 점차 발달하면서 나중에는 모든 소송에서 적용되지 않게 되었던 것이다.

3. 모습

(1) 고유필수적 공동소송

소송단체가 공동소송을 수행할 때 소의 주관적 병합금지의 원칙이 적용되지 않는다면 소송단체의 공동소송과 다른 사람의 공동소송과는 구별되어야 할 것인데 어떻게 이를 구별하여야 할 지 문제된다. 이 구별 기준이 피고가 하는 공동소송존재의 항변(exceptio plurium litisconsortium)이다. 다수의 원고가 공동소송을 제기하면 피고는 위의 항변을 제기할 수 있는데 이 경우 법원은 소송목적이 되는 실체법상 권리 또는 법률관계의 주체가 여러 사람일 때

158) 하나의 소송절차에 여러 사람의 당사자가 관여하는 소송형태를 처음에는 단수의 당사자들 사이의 소송을 병합한다고 해서 소의 주관적 병합이라고 하여 지금까지도 공동소송을 소의 주관적 병합이라고 부르기도 한다.

그 전원이 당사자가 되어야 소송을 계속하고 당사자가 일부라도 누락되면 소송은 더 이상 진행되지 않고 원고들의 소송 전부를 각하하였다. 결국 이 항변을 충족할 수 있는 여러 사람들의 원고는 소송단체인 경우로서 소송단체만 공동소송을 수행할 수 있어 여기에서 이른바 고유필수적 공동소송의 개념이 생성된 것이다.

(2) 유사필수적 공동소송

(가) 사회생활이 점차 발달하고 복잡해지면서 소송단체 이외의 인적결합체에도 공동소송을 허용할 필요성이 커지게 되었다. 학자들은 처음에는 소송목적을 가분적인 것과 불가분적인 것으로 구별하여 불가분채무의 경우에 한정하여 공동소송을 허용하였다. 그런데 불가분채무에서도 채무자는 모든 채권자를 위하여 각 채권자에게 채무를 이행할 수 있기 때문에(민 제409조 참조) 단독소송도 가능하여 문제가 생겼다. 이에 불가분채무의 경우에도 당사자들이 모두 소송당사자가 되는 경우에는 공동소송이 되지만 각 채권자들이 스스로 단독소송을 하는 경우까지 막을 수 없었던 것이다.

(나) 불가분채무의 당사자가 여럿인데 각자가 단독소송을 하는 경우를 제외하고 모두가 소송당사자가 되는 경우에는 소송목적인 채권 · 채무가 불가분이기 때문에 그 소송목적의 존부가 공동소송인 전원에 대하여 합일 · 확정되어야 한다. 이 경우에 모든 당사자는 고유필수적 공동소송의 경우와 같이 일치하여 소송을 수행할 의무가 생기는데 유수필수적 공동소송은 이로부터 생성된 것이다. 지금은 불가분채무에 관한 공동소송도 공동소송인 전원에 대하여 합일 · 확정될 필요가 없는 통상 공동소송의 범주에 들어간다.

(3) 통상 공동소송

(가) 20세기에 들어 사회생활이 더 복잡해지면서 소송단체나 소송목적이 불가분적인 경우가 아니고 가분적인 경우에도 공동소송의 필요성이 커지자 드디어 공동소송존재의 항변이 전혀 적용되지 않는 공동소송이 등장하게 되었다. 이것이 통상 공동소송인데 지금은 공동소송의 대세를 이루고 있다.

(나) **통상 공동소송과 필수적 공동소송의 차이** 예를 들어 갑이 을, 병, 정을 상대로 어떤 소송을 제기하여 판결이 확정하였다고 하자. 위 소송이 통상 공동소송이었다면 그 판결의 기판력은 갑과 을, 갑과 병, 갑과 정 사이에서만 생기고 갑, 을, 병, 정들 상호 간에는 생기지 아니한다. 그러나 위 소송이 필수적 공동소송이었다면 고유필수적 공동소송이든 유사필수적 공동소송이든 그 판결의 기판력은 갑, 을, 병, 정 상호 간에 모두 생긴다.

4. 공동소송의 발생원인

공동소송을 발생시키는 원인에는 처음 소를 제기할 때부터 여러 원고의 각 청구 또는 여러 피고에 대한 각 청구에 관하여 하나의 소로 동시에 심판을 청구하는 형식, 즉 소의 고유의 주관적 병합이 가장 많다. 그 외에 이미 제기된 소송에 제3자가 당사자로 가담하는 경우(승계 및 인수참가, 공동소송적 당사자참가 등)와 법원이 하는 변론의 병합(제141조)에 의하여 후발적으로 공동소송이 되기도 한다.

[97] * 제2. 통상 공동소송(제65조)

통상 공동소송 일반

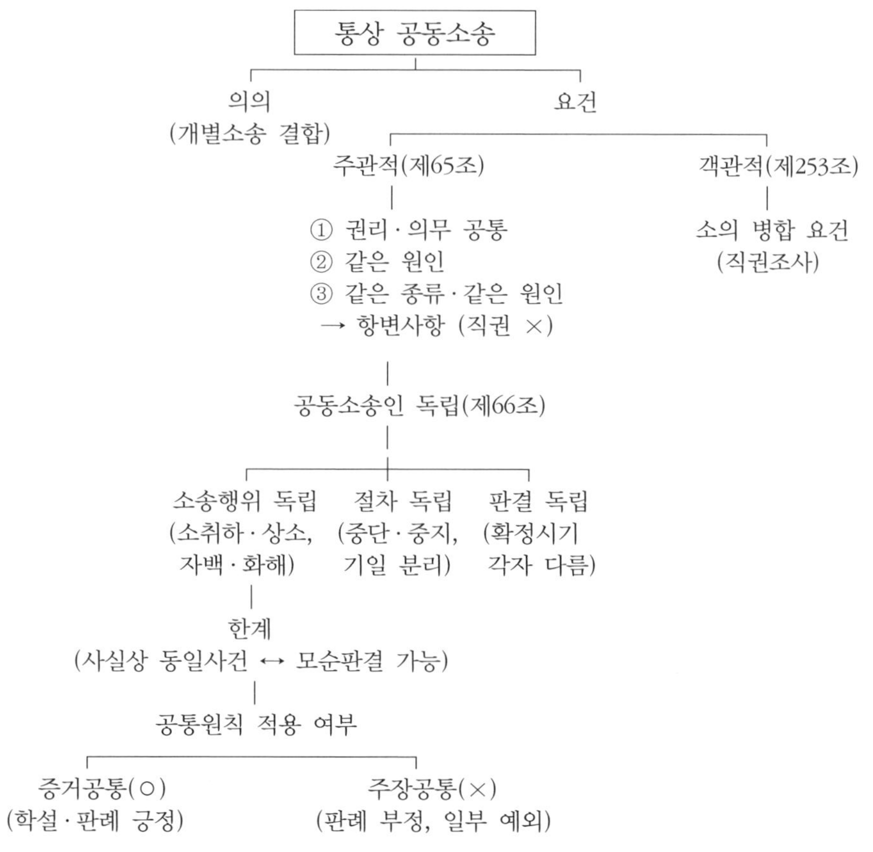

1. 뜻

통상 공동소송이라 함은 개별적이고 상대적으로 해결되어야 할 여러 사람의 개별 사건들이 하나의 소송절차에 결합된 형태의 소송을 말한다. 통상 공동소송은 그 본질이 개별적 단독소송의 결합이므로 판결의 기판력은 상대방과 공동소송인 각자에게 별개로 미치고 공동소송인 상호 간에는 생기지 아니한다. 따라서 통상 공동소송에서는 소송의 승패를 공동소송인 전원에 대하여 일률적으로 결정할 필요가 없고 공동소송인은 각자 독립하여 소송목적을 처분할 권능이 있기 때문에 공동소송 내에서 각 공동소송인들은 각자 개별적으로 소송을 수행할 수 있다.

2. 요건

(1) 주관적 병합요건(제65조)

통상 공동소송에서 각 공동소송인들은 각자 소송을 개별적으로 수행할 수 있지만 소송 자체는 여러 사람들 사이의 소송이 하나의 소송절차에서 병합된 형태이기 때문에 대외적으로는 같은 원고 또는 같은 피고의 지위에서 소송에 관여하여야 한다. 때문에 여러 공동소송인들을 하나의 소송절차에 관여시킬 만한 마땅한 이유와 합리성이 있어야 할 것이다. 이것을 통상공동소송의 주관적 병합요건이라 한다. 이 요건의 취지는, 공동소송인들의 청구 상호 간에 일정한 공통성 또는 관련성이 있을 때에는 하나의 소송절차로 묶어서 심리하는 것이 분쟁해결에 합리적이라는 데서 분쟁과 관계없는 사람들에 대해서까지 공동 심판하는 번잡을 피하자는데 있다. 따라서 원고 쪽의 의사에 따라 공동심판을 받게 되는 피고 쪽에서 이의하지 않으면 그 요건을 갖추지 못하더라도 문제 삼을 필요가 없다. 그 의미에서 주관적 병합요건은 소송요건이지만 직권조사사항이 아니라 항변사항이다.

㈎ 소송목적이 되는 권리·의무가 공통된 때(제 65조 전문)

(a) 여러 사람에 대한 같은 물건에 대하여 소유권확인을 하는 경우 예를 들어 여러 사람에 대한 같은 물건에 대하여 소유권확인청구를 하는 경우, 채권자의 여러 연대채무자에 대한 채무이행청구, 부 진정연대채무자에 대한 청구[159] 등의 경우이다.

(b) 불가분채무 여러 사람이 불가분채무를 부담하는 경우에 채권자는 1인의 채무자에게 전부의 이행을 청구할 수도 있고, 채무자 전원에게 동시 또는 순차로 이행을 청구할 수도 있다(민 제411조, 제414조). 불가분 채무자 상호 간에는 연대채무에 관한 규정이 준용된다. 따라

---

159) 대판 2012.9.27. 2011다76747.

서 변제를 한 채무자는 다른 채무자의 내부적 부담부분에 대하여 구상권을 행사할 수 있어(민 제411조, 제424조 내지 제427조) 그 소송관계는 통상 공동소송이다. 예를 든다. 소외 A는 추심채권자, 소외 B는 채무자이다. 만약 금전채권의 제3채무자가 2인 이상의 불가분채무자 또는 연대채무자인 경우, 그중 1인을 상대로 채권압류 및 추심명령이 내려지면 다음과 같다. 즉 채권압류 및 추심명령이 송달된 제3채무자에 대한 이행청구는 추심채권자 소외 A만 제기할 수 있다. 따라서 채무자 소외 B는 그 제3채무자에 대하여는 더 이상 이행소송을 제기할 당사자적격을 잃는다. 그러나 추심명령의 제3채무자로 지정되지 않은 나머지 불가분채무자들에 대해서는 사정이 다르다. 이들에 대해서는 채무자 소외 B가 여전히 채권자로서의 권한을 가지므로 직접 이행청구를 할 수 있다.

이러한 법리는 위 금전채권 중 일부에 대하여만 채권압류 및 추심명령이 이루어진 경우에도 마찬가지이다. 따라서 추심채권자의 피압류 불가분 제3채무자에 대한 소송과 채무자의 일반 불가분 제3채무자에 대한 소송은 별개여서 통상 공동소송에 속한다.[160] 또한 여러 사람 공유의 수목을 철거하는 채무도 불가분채무로서 그 철거를 구하는 소송을 통상 공동소송이다.[161]

㈏ **소송목적이 되는 권리·의무가 사실상 및 법률상 같은 원인으로 말미암아 생긴 때(제65조 전문)** 예를 들어 동일사고로 같은 피해를 입은 여러 피해자가 손해배상청구를 하는 경우 등이다. 판례[162]는 금액이 다른 채무가 서로 부진정 연대관계에 있을 때 다액채무자가 일부 변제를 한 경우에 변제로 인하여 먼저 소멸하는 부분은, 당사자의 의사와 채무전액의 지급을 확실히 확보하려는 부진정 연대채무제도의 취지에 비추어 볼 때 다액채무자가 단독으로 부담하는 부분으로 보아야 한다고 하였고, 이어서 이 법리는 사용자의 손해배상액이 피해자의 과실을 참작하여 과실상계를 한 결과 다액채무자인 사용자가 일부 변제한 경우에도 적용된다고 하였는데 이것은, 소송목적이 되는 권리·의무가 사실상 및 법률상 같은 원인으로 인하여 생긴 경우이다.

㈐ (a) **소송목적이 되는 권리·의무가 같은 종류이며 사실상 및 법률상 같은 종류의 원인으로 말미암아 생기는 때(제65조 후문)** 예를 들어 여러 어음 발행인에 대한 각 별개의 어음금 청구, 여러 세입자에 대한 각 차임청구 등의 경우와 같이 청구원인은 각자 다르지만 소송의 종류는 같은 경우이다. 이것은 (가)와 (나)의 경우와 달리 공동소송인들 서로 간에는 아무런 연관이 없고 단지 공동소송인들이 같은 원고나 피고가 된다는 것에 불과하다.

(b) (가)(나)의 경우에는 관련재판적의 규정이 준용되어(제25조 제2항) 원고는 제소의 편리성이 있으나 (다)의 경우에는 이 규정이 준용되지 않아서 원고에게 그러한 편리가 없다. 또

160) 대판 2013.10.31. 2011다98426.
161) 대구고판 1975.6.25. 74나769.
162) 대전판 2018.3.22. 2012다74236.

(가)(나)의 경우에는 당사자들이 선정당사자(제53조)를 세울 수 있으나 (다)의 경우에는 선정당사자를 세울 수 없다. 그럼에도 불구하고 (다)의 경우에 당사자들이 관련재판적을 이용하거나 선정당사자를 세우더라도 상대방이 이의하지 아니하면 공동소송에 지장이 없으므로 실제 소송과정에서는 큰 차이가 나지 않는다.

(2) 객관적 병합요건(제253조)

통상 공동소송은 여러 사람의 또는 여러 사람에 대한 개별적 청구를 합쳐 심판하는 과정에서 소의 객관적 병합(제253조)이 이루어지므로 제253조의 요건을 갖추어야 한다. 이 요건은, 소송을 한 개로 심판할 것인가 아니면 여러 개로 심판할 것인가 하는 법원의 심리에 관한 것이므로 소송요건이고, 앞의 주관적 요건과 달리 항변사항이 아니라 직권조사사항이다.

3. 공동소송인 독립의 원칙(제66조)

(1) 뜻

(a) 공동소송인 독립의 원칙이라 함은 공동소송인 중에서 한 사람의 소송행위 또는 한 사람에 대한 상대방의 소송행위는 다른 공동소송인에게 영향을 주지 않는다는 원칙을 말한다. 즉, 공동소송인들은 다른 공동소송인들로부터 제약을 받지 아니하고 각자 독립하여 소송을 수행할 권능이 있다는 의미이다. 통상 공동소송의 가장 큰 특징이다. 갑이 을, 병, 정을 상대로 공동소송을 제기한 경우에 갑의 소송행위는 갑과 을, 갑과 병, 갑과 정 사이에서만 분리하여 생기고 을과 병, 정의 소송행위들은 갑에게만 효력이 있을 뿐 을, 병, 정 상호 간에는 영향이 없다는 것은 이 원칙의 적용결과이다. 예들 들어 주 채무자 및 보증인을 공동피고로 하는 소송에서 주 채무자가 변제의 항변을 제출하더라도 그 사실은 주 채무자에 관해서만 소송자료가 된다. 따라서 법원이 변제의 항변을 제출하지 않은 보증인에 관해서도 주 채무의 변제사실을 인정하는 것은 변론주의에 반한다. 거꾸로, 주 채무자가 차용사실은 자백하더라도 자백의 효력은 주 채무자에 관해서만 생기고, 보증인에게 미치지 않는다.

(b) 이와 같이 통상 공동소송인들 각자는 개별적·상대적인 지위에 있다는 점에서 필수적 공동소송인과 다르다. 통상 공동소송인에 대한 이와 같은 취급은 이 소송형태를 공동소송인들 각자의 개별소송을 결합한 것으로 보기 때문이다. 그러므로 각 공동소송인과 상대방 사이의 계쟁이익은 실체법상 각 공동소송인과 상대방에 의하여 자유롭게 처분할 수 있는 것이기 때문에 이 처분의 자유는 다른 공동소송인의 간섭을 받아서는 안 된다는 점에서 계쟁이익을 처분할 수 있는 당사자의 자율성을 소송 공동의 강제보다 앞세운다는 데 특색이 있다. 이를 소송법적 관점에서 본다면 공동소송에 대한 심리의 결과로서 판결의 모순·저촉을 회피하기 위한

소송자료와 소송 진행의 통일이라는 소송공동의 요청이 필수적 공동소송보다 높지 않다는 의미가 된다.

(2) 내용

(가) 각 공동소송인에 대한 소송요건의 존부는 각 공동소송인마다 별개로 처리하여 소송요건을 갖추지 못한 공동소송인에 대해서는 개별적으로 소 각하 판결을 한다. 그러나 공동소송의 주관적 병합요건은 항변사항이므로 당사자가 이의할 때만 고려하여야 하며, 그 경우에 요건을 갖추지 아니하면 소 각하 판결을 하는 것이 아니라 병합형식을 풀어 별개·독립한 소송으로 취급하여 심리하여야 한다.

(나) 소 또는 상소의 취하, 청구의 포기·인낙, 재판상 화해도 각 공동소송인들이 각자 자유로이 하여 소송을 마칠 수 있다. 재판상 자백도 각 공동소송인마다 독자적으로 할 수 있다.

(다) 소송의 진행도 반드시 통일적으로 할 필요가 없다. 기일, 기간도 별개로 진행한다. 각 공동소송인에 대하여 생기는 소송절차의 중단·중지 사유는 다른 공동소송인에게 영향을 주지 않는다. 법원은 그와 같은 소송상태의 구체적 상황에 맞추어 어떤 공동소송인의 소송에 한정하여 변론의 분리를 할 수 있다.

(라) 각 공동소송인에 대한 소송자료는 모든 공동소송인에 대하여 공통되지 않으므로 소송의 결과도 각각 다를 수 있다.

(마) 상소기간도 공동소송인마다 따로 진행하며 한 사람이 상소하면 그 사람의 소송에 한정하여 확정의 차단, 이심의 효력이 생긴다. 판결의 확정시기도 공동소송인마다 다를 수 있다.

(바) 이와 같이 통상 공동소송에서 각 공동소송인이 공동소송인 독립의 원칙을 적용받아 각자 독립하여 소송을 수행할 수 있는 소송수행권권은 각 공동소송인들이 계쟁이익을 처분할 수 있는 당사자의 자율성에 기초하여 독립하여 행사할 때 비로소 드러난다. 따라서 공동소송인들이 각자 이 소송수행권을 행사하지 않는다면 법원은 공동소송인 전원에 대하여 소송의 진행이나 변론 및 증거조사를 공통으로 하여 소송경제나 재판의 통일을 도모할 수 있다.

(3) 공동소송인 독립 원칙의 한계

(가) **문제의 소재** 통상 공동소송인 가운데에서 위의 주관적 요건 (다)의 경우와 같이 소송목적이 되는 권리·의무가 같은 종류이며 사실상 및 법률상 같은 종류의 원인으로 말미암은 때에는 결론이 각각 다를 수 있기 때문에 심리의 병합만으로도 공동소송의 목적을 달성할 수 있다. 그러나 위의 주관적 병합요건 (가)와 (나)의 경우에는 공동소송인들 사이의 상호 관련성 때문에 이론상으로는 결론이 구구하게 달라지기 어렵다. 예를 들어 버스 운행 중에 동일 사고를 당하여 같은 사고를 입은 여러 피해자가 손해배상청구를 하는 경우에 누구는 승소하고

누구는 패소하는 경우란 상식적으로는 존재하기 어렵기 때문이다. 따라서 공동소송인들 사이에서 같은 결론이 나와야 하는데도 공동소송인독립의 원칙이 적용되면 실질적으로 같은 사건에 대하여 전혀 다른 결론이 나올 가능성이 있는 것이다. 여기서 어떻게 하면 실질적으로 하나의 사건에 관해서는 공동소송인 전원에게 같은 결론을 이끌어 낼 것이냐는 것이 문제로 등장한다. 이 경우에 우선 재판장이 석명권 등 소송지휘권을 행사하여 실질적으로 동일한 사건에 대하여 같은 결론을 유도할 수도 있으나 이것도 한계가 있다. 이 문제를 염두에 두고 다음에서 공동소송인 독립 원칙에 관한 개별적인 경우를 검토해본다.

(나) '순차로 이전된 소유권이전등기의 말소를 청구하는 소송'의 각 법률관계 (a) 예를 들어 X명의의 A부동산에 관하여 갑이 문서를 위조하여 자기 앞으로 소유권이전등기를 넘긴 다음 다시 순차로 을, 병, 정 이름으로 소유권이전등기가 넘어간 경우에 X의 갑, 을, 병, 정을 상대로 제기한 A부동산에 관한 소유권이전등기말소청구소송은 권리관계의 합일적인 확정을 필요로 하는 필수적 공동소송이 아니라 통상 공동소송이다. 따라서 공동소송인들 상호 간에 공격 또는 방어 방법의 차이에 따라 모순된 결론이 발생하더라도 이는 변론주의 아래에서 생기는 부득이한 현상으로서 판결이유가 모순되거나 이유 불비가 아니다.[163] 이 경우 순차 경료 된 소유권이전등기의 각 말소 청구소송은 통상 공동소송이므로 그 중의 어느 한 등기명의자만을 상대로 말소를 구할 수 있고, 최종 등기명의자에 대하여 등기말소를 구할 수 있는지와 관계없이 중간의 등기명의자에 대하여서도 등기말소를 구할 소의 이익이 있다.[164]

(b) X의 말소청구소송에서 피고 갑이 청구인낙을 하면 X와 피고 갑 사이에서는 다른 피고들과의 소송결과와 관계없이 청구인낙의 효과로 소송이 종료되고 또 X가 피고 을에 대하여 청구포기를 하면 다른 피고들과의 소송결과와 관계없이 X와 피고 을 사이에서도 청구포기의 효과로 소송이 종료된다. 피고 병이 X의 청구원인사실을 자백하면 다른 피고들과 관계없이 X와 병과의 사이에서는 재판상 자백이 성립한다.

(c) X의 말소청구소송에 대하여 피고 정이 시효취득을 주장하는 경우에 그 주장은 원칙적으로 X와 피고 정 사이에서만 관계되는 것이므로 그 주장도 위 당사자 사이에서만 작용된다. 이를 주장공통의 원칙이라고 한다. 여기서 이 원칙을 다른 공동소송인 사이에서도 적용할 수 있느냐는 문제는 뒤에서 검토한다.

(d) X의 말소청구소송에서 피고들 모두 시효취득의 주장을 하였는데 이 주장을 뒷받침하는 증거를 피고 을 혼자서 제출한 경우에 그 증거자료는 X와 피고 을 사이에서만 작용된다. 이를 증거공통의 원칙이라고 한다. 여기서도 이 원칙을 다른 공동소송인 사이에서도 적용할 수 있느냐는 문제가 생기는데 뒤에서 검토한다.

---

163) 대판 1991.4.12. 90다9872, 2008.6.12. 2007다36445.

164) 대판 1998.9.22. 98다23393.

(e) X가 이 소송에서 피고 을, 병에 대해서는 승소하였지만 피고 정에 대하여 패소한 경우에 후순위등기에 대한 말소청구가 패소 확정됨으로써 그 이전 순위의 말소등기실행이 결과적으로 불가능하게 되더라도 피고 갑에 대해서 그 말소를 구할 소의 이익이 있다.[165] X는 재판외의 거래에 의하여 정으로부터 A 부동산에 관한 소유권이전등기의 말소에 관한 승낙을 얻어 말소 등기할 가능성이 있기 때문이다. 이러한 사정을 무시하고 X의 소의 이익을 부정한다면 X는 처음부터 다시 갑, 을, 병을 상대로 소유권이전등기말소청구소송을 제기하여야 하는 불편이 생긴다.

(f) 위의 문제와 별도로 X는 순차 이전된 소유권이전등기의 말소청구소송에서 패소한 다음 최후 명의자 피고 정을 상대로 진정명의회복을 위한 소유권이전등기청구소송을 제기할 수 없다. 판례[166]는, 기판력이 작동되는 후 소의 소송목적이 이전 소송의 그것과 '같은 경우'를 실질적으로 풀이하여 소유권이전등기청구권과 소유권이전등기말소청구권의 각 소송목적은 모두 진정명의자의 등기명의 회복을 위한 소송으로서 그 법적 근거와 성질이 같으므로 청구취지와 원인 등 소송형식이 다르더라도 이전 소송의 기판력이 후소에 미친다고 하여 X의 말소청구소송에 관한 패소판결은 X의 소유권이전등기청구소송에도 미친다고 하였다. 왜냐하면 말소등기청구소송과 진정명의회복을 위한 소유권이전등기청구 소송은 비록 청구취지를 달리하더라도 그 법적 근거와 성질이 같기 때문이다.

(g) 한편 피고가 원고를 강박하여 소유권이전등기를 마친 후 이를 제3자 A에게 매도하여 A 명의로 이전등기가 된 경우, A 명의의 등기는 소송 등 절차에 따라 말소 여부가 결정될 수 있으므로, 이 단계에서는 피고의 말소등기의무가 아직 이행불능에 해당하지 않는다. 그러나 원고가 전득자 A를 상대로 한 소유권이전등기 말소청구 소송에서 패소가 확정되면, 원고는 더 이상 A로부터 소유권을 회복할 수 없게 된다. 이때 비로소 피고의 말소등기의무는 원고와의 관계에서 이행불능 상태에 이르며, 원고는 피고에게 말소등기를 청구할 수 없게 된다.[167]

㈐ 공동소송인 사이에서 증거공통의 원칙

(a) 증거공통의 원칙 　법원에서 실시한 증거조사의 결과는 그 증거제출자에게 유리하게 판단될 수 있을 뿐 아니라 상대방이 이 증거를 쓰겠다고 원용하지 아니하더라도 상대방을 위해서도 유리하게 작용할 수 있다. 자유심증주의 아래에서 법관은 증거제출자가 누구이냐를 따지지 않고 증거조사의 결과를 자유롭게 판단하여 심증을 형성할 수 있기 때문이다. 이것이 증거공통 원칙의 근거이며 이 원칙은 원·피고가 대립하는 대립당사자 관계에 있을 경우에 적용이 있다.

---

165) 대판 1998.9.22. 98다23393, 2008.6.12. 2007다36445.
166) 대전판 2001.9.20. 99다37894.
167) 대판 2005.9.15. 2005다29474, 2006.1.27. 2005다39013, 2006.3.10. 2005다55411 등 참조.

(b) **공동소송인 사이에서 증거공통의 원칙** (i) 문제는 대립당사자 아닌 공동 원고나 공동 피고 사이에서도 이 원칙이 적용되느냐이다. 증거공통의 원칙을 공동소송인들 사이에서도 적용을 하면 증거를 제출하지 않은 공동소송인에게도 그 증거가 유리하게 작용할 수 있게 되어 공동소송인독립의 원칙이 수정되므로 실질적으로 하나의 사건에 같은 결론을 이끌어낼 수 있기 때문이다. 우리나라 학설도 공동소송인 사이에 증거공통의 원칙을 적용하는데 반대하지 않는다. 또 이를 정면에서 부정하는 판례도 없다. 그 이유는 법원이 소송에서 해결하여야 할 사실이 하나라면 당사자가 다수라고 해도 자유심증주의 아래에서는 그 사실의 존부에 관한 법관의 심증 형성도 하나여야 하기 때문이다. 다만 공동소송인 사이에 이해관계가 상반되는 경우, 예를 들어 복수의 차량 충돌로 일어난 교통사고에서 피고들이 서로 상대방 차량의 과실로 사고가 생겼다고 하는 경우에는 당사자의 방어권 보장을 위하여 다른 당사자의 증거로 쓰겠다고 원용하지 않는 한 이 원칙을 적용해서는 안 된다.

(ii) **재판실무에서 증거공통 원칙의 적용** 구체적인 재판실무절차에서도 공동소송인 사이에서는 증거공통의 원칙을 적용할 필요가 있다. 준비서면은 물론 서증은 상대방뿐 아니라 같은 공동소송인에게 미리 보내주어야 하며, 서증에 관한 인부(認否)도 같은 공동소송인들에게 개별적으로 확인하여야 할 것이다. 또 증인신문에서도 주 신문을 신청한 공동소송인 이외의 다른 공동소송인들이 주 신문의 범위를 초과하는 신문을 원한다든가 신문사항이 기본적으로는 동일하지만 일부 다른 내용이 있거나 관점이 다른 경우에는 다른 공동소송인들에게 주 신문과 다른 별개의 증거신청서를 제출시켜 최초의 공동소송인의 주 신문, 다른 공동소송인의 별개의 주 신문에 이어서 상대방의 반대신문 순서로 증인신문을 진행할 필요가 있다.

(라) **공동소송인 사이에서 주장공통의 원칙**

(a) **주장공통의 원칙** 변론주의가 적용되면 법원은 당사자가 주장하지 않은 사실을 판결의 기초로 삼을 수 없는데 이를 주장책임이라고 한다. 그러나 그 주장은 당사자 한 쪽이 변론에서 진술하기만 하면 이를 판결의 기초로 삼을 수 있고 어느 당사자가 그 주장을 하였는지는 따지지 않는다. 이를 주장공통의 원칙이라고 한다. 이 주장공통의 원칙은 원·피고가 대립하는 대립당사자 관계에 있을 때만 적용이 있다. 예를 들어 갑이 을, 병, 정을 상대로 어떤 소송을 제기한 경우 주장공통의 원칙은 갑과 을, 갑과 병, 갑과 정 사이에서만 적용될 뿐 갑과 을, 병, 정 전체를 통하여서는 이 원칙이 적용되지 않는다.

(b) **공동소송인 사이에서 주장공통의 원칙** (i) 주장공통의 원칙을 공동소송인들 사이(위 예에서 갑과 을, 병, 정 사이)에서도 적용할 수 있다면 공동소송인 가운데에서 어느 한 사람이 주장을 하면 나머지 공동소송인도 주장한 것이 되어 주장하지 않은 공동소송인에 대한 관계에서도 그 주장을 판결의 기초로 할 수 있어 공동소송인 독립의 원칙이 수정된다. 즉 증거공통의 원칙은 법원에 의한 사실인정, 증거평가 차원의 문제인데 대하여 주장공통의 원칙은 소송자료

제출의 문제이기 때문에 주장공통의 원칙을 인정하면 자율적 소송수행의 자유를 확보하기 위한 심리 원칙으로서의 변론주의가, 소송공동의 사실상 효용이라는 관점에서 제약되는 방향으로 수정되는 것이다. 그러나 판례[168]는 증거공통의 원칙과는 달리 변론주의 원칙상 주장공통의 원칙은 통상 공동소송인 상호간에는 적용되지 아니한다고 하였다. 생각건대, 이해를 공통으로 하는 공동소송인 사이에 이 원칙을 적용한다는 것은 곧 공동소송인들 상호 간에 보조참가관계를 인정하는 것과 같다. 그 결과, 상소 등 소송행위에도 그 효력이 미쳐 공동소송인 독립의 원칙이 형해화될 우려가 있다. 또한, 어떤 사실을 심판 대상으로 삼을지에 대한 선택권이 당사자에게 있다는 전제를 기초로 하는 원칙은, 공동소송인 독립의 원칙의 핵심을 이루는 것이다. 따라서 이를 법관의 자유심증 확보를 정당화하는 증거공통의 원칙과 동일하게 보아서는 안 된다. 판례의 입장은 타당하다.

(ii) 하지만 어느 공동소송인의 주장이 다른 공동소송인에게 이익이 되는 경우에는 다른 공동소송인이 그와 어긋나는 행위를 적극적으로 하지 않는 한 묵시적으로 공통된 주장을 하였다고 인정함으로써 그 범위에서는 주장공통의 원칙을 허용하여야 할 것이다.[169] 그렇게 한다면 실질적으로 하나의 사건에 관해서는 공동소송인 전원에게 같은 결론을 이끌어 낼 수 있기 때문이다.

㈐ **공동소송인의 기일지정신청** 어느 한 공동소송인이 기일지정신청을 한 경우에는 법원은 소송지휘권을 통하여 공동소송인 독립의 원칙과는 관계없이 공동소송인 모두에게 같은 기일을 적용하여 심리를 같이 하는 것이 좋다.

[98] * 제3. 필수적 공동소송

필수적 공동소송

1. 개념
    - 합일확정 필요 → 전원에게 동일 판결
    - 기판력 = 공동소송인 전원에게 동일 적용
2. 구분
    (1) **고유필수적 공동소송**
    - 실체법상 관리처분권 공동귀속 → 전원 당사자 필수
    - 일부 누락 = 전부 부적법(각하)
    - 예: 공유물분할, 상속재산분할

168) 대판 1994.5.10. 93다47196.
169) 같은 취지: 이시윤, 727면.

(2) **유사필수적 공동소송**

- 단독소송 가능하나 판결 효력 전원 확정 필요
- 기판력 · 형성력 · 집행력이 제3자에게 확장
- 예: 회사설립/합병 무효소송, 주주총회 결의 취소 · 무효 · 부존재확인

3. 소송상 특징

- 유리한 행위: 1인으로 OK(전원에 효력)
- 불리한 행위: 전원 함께 해야 함
- 상대방 행위: 1인에 대한 것도 전원에 효력
- 상소: 일부만 해도 전원에 효력
- 소송비용: 패소 시 전원 연대부담
- 고유 = "누락 전부 각하"
- 유사 = "단독 가능, 합일확정 필요"
- 유리행위 → 1인 OK / 불리행위 → 전원 필요
- 상소 → 일부만 해도 전원에 효력
- 비용 → 연대부담

1. 뜻

(1) 개념

필수적 공동소송이라 함은 소송목적이 되는 권리 · 의무가 공동소송인들 모두에게 합일적으로 확정되어야 할 공동소송을 말한다(제67조). 소송목적에 관하여 이해관계가 있는 모든 사람이 공동소송인이 되지 않으면 안 된다는 의미에서 필수적 공동소송이라고 하였으나 현재는 각자 단독으로 제소할 수 있는 당사자들이 공동소송의 형태를 취하는 경우라도 그들 공동소송인들 사이에서 합일 · 확정할 필요가 있을 때에는 이를 필수적 공동소송에 포함시키고 있다. 앞의 것을 고유필수적 공동소송, 뒤의 것을 유사필수적 공동소송이라고 한다. 필수적 공동소송은 통상 공동소송과 달리 판결의 기판력이 상대방과 공동소송인 전원에게 일치하여 미친다.

(2) 제67조 제1항의「합일적으로 확정되어야 할」

제67조 제1항의「합일적으로 확정되어야 할」이라는 법문은, 법원이 판결의 효력으로 분쟁을 해결하기 위해서는 판결자체에서 모순된 판단을 해서는 안 된다는 법률상 요청을 말한다. 이 요청에 의하여 소송법적으로 소송공동의 강제라는 효과가 생긴다. 이와 대비되는 것이 제66조이다. 제66조의 법문은, 공동소송인 사이에서는 소송자료나 소송 진행은 서로 영향을 주지 않는다는 공동소송인 독립의 원칙을 명시함으로써 소송공동의 강제라는 소송법적 효과

를 부정하고 당사자의 자율적 소송수행을 존중한다. 결국 필수적 공동소송과 통상 공동소송과의 차이는, 당사자의 자율적 소송수행을 존중하고 통일적 분쟁해결은 사실상 효과에 그치게 할 것인가(통상 공동소송), 당사자의 소송수행 자유를 제약하더라도 분쟁의 통일적 해결을 확보하여야 할 법률상 요청을 존중할 것인가(필수적 공동소송)라는 관점에 있을 것이다.

2. 고유필수적 공동소송

(1) 뜻

고유필수적 공동소송이라 함은 공동소송인 전원이 원고 또는 피고가 되지 않으면 당사자적격에 흠이 있는 소송을 말한다. 즉 공동소송인들 사이에서의 합일·확정이라는 소송공동을 강제하기 위하여 공동소송인 전원이 당사자가 되어 소를 제기하거나 제소당하지 않으면 안 되는 공동소송이다. 이것은, 당사자적격의 기초가 되는 관리처분권이나 법률상 이익이 다수인에게 공동으로 귀속되어, 그 귀속의 모습에서 판결내용의 합일성이 요청되는 것이다.

(2) 범위

㈎ **원칙** 고유필수적 공동소송에서 합일·확정이 이루어져야 할 근거는 실체법상 권리에 관한 공동 관리처분권에 있다. 따라서 고유필수적 공동소송의 범위는 원칙적으로 소송목적이 되는 권리 또는 법률관계에 관한 실체법상 관리처분권이 여러 사람에게 공동으로 귀속되느냐를 기준으로 하므로 그 관리처분권이 여럿에게 공동으로 귀속된 경우에는 전원이 당사자로 되지 않으면 안 된다(관리처분권설[170]). 그러므로 개별적으로 행사할 수 있는 실체법상 권능인 공유지분권(민 제263조)·공유물의 보존행위(민 제265조)·불가분채권(민 제409조, 제410조)·불가분채무(제411조) 등이 있는 경우에는 판결의 기판력이 다른 사람에게 미치지 아니하기 때문에 단독소송을 제기할 수 있어, 이 경우에 여러 사람이 공동소송의 형식으로 소송을 제기하더라도 그 성질이 통상 공동소송임에는 변함이 없다. 고유필수적 공동소송의 범위는 사회생활이 점차 복잡해지면서 개별적으로 행사할 수 있는 실체법적 권리가 확대됨에 따라 점차 축소되는 경향이다. 다음에서 고유필수적 공동소송에 속하는 경우를 살핀다.

㈏ **소송담당자가 여럿인 경우** 법 또는 권리주체의 의사에 근거한 특정한 권리관계에 관하여 여러 사람의 소송담당자가 공동으로 관리처분권을 행사하여야 할 경우, 그 여러 사람에 대해서는 고유필수적 공동소송이 성립된다. 파산관재인이 여럿인 파산재단에 관한 소송(채무자회생 제360조 제1항),[171] 수탁자가 여럿인 신탁재산에 관한 소송(신 제45조), 여러 사람의 관

170) 다수설이다. 이시윤, 728면; 송상현/박익환, 638면 등.
171) 대판 2008.4.24. 2006다14363.

리인에 의한 회생절차상 직무집행으로 하는 소송(채무자회생 제75조 제2항), 같은 선정자단에 의하여 선정된 공동선정자들의 소송(제53조)들이 이에 속한다.

(다) 다른 사람들 사이의 권리관계를 변동시킬 목적으로 하는 형성소송 또는 이와 같이 볼 수 있는 확인소송

(a) **형성권** 당사자 한 쪽만의 의사표시로 다른 사람 사이의 권리 또는 법률관계를 변동시킬 수 있는 권리를 형성권이라고 하는데 그 형성권을 소송목적으로 하는 소송을 형성소송이라고 한다. 그 형성권이 여러 사람에게 귀속되는 경우에 그로 인한 권리관계의 변동은 모두에게 일률적으로 미쳐야 하므로 고유필수적 공동소송이 된다. 그러므로 특허권의 공유자가 특허청의 특허무효심판청구사건에서 패소한 경우에 법원에 제기하는 특허심결취소소송은 형성소송이므로 특허권 공유자 전원이 제기하여야 하는 고유필수적 공동소송이다.[172] 하지만 특허권의 공유자 가운데 1인에 대하여 명의신탁 해지를 원인으로 지분이전등록 또는 지분말소등록을 구하는 소송은 이행청구소송이므로 고유필수적 공동소송이 아니다.[173] 파산채권확정소송(채무자회생 제463조 제1항)에서 여러 명의 이의자가 당사자일 때에는 고유필수적 공동소송이다.

(b) **가사소송** (i) 인륜(人倫)을 기반으로 하는 가족관계는 당사자는 물론 제3자에 대해서도 동일해야 하므로 공동으로 제기되는 가족 간의 소송은 고유필수적 공동소송이다. 그러므로 제3자가 제기하는 친자관계 확인소송에서는 부모 및 자(子)를 공동피고로 하여야 하고,[174] 제3자가 제기하는 혼인무효, 취소소송도 부부를 공동피고로 하여야 한다(가소 제24조). 민법 제845조의 아버지를 정하는 소송은 자녀, 어머니, 어머니의 배우자 또는 어머니의 이전 배우자가 제기할 수 있고(가소 제27조 제1항) 자녀가 제기하는 경우에는 어머니, 어머니의 배우자 및 어머니의 이전 배우자를 상대방으로 하여야 하며, 어머니가 제기하는 경우에는 그 배우자 및 이전 배우자를 상대방으로 하여야 한다(가소 제27조 제1항). 모두를 공동피고로 하여야 하므로 가사소송에서 소제기의 당사자가 여럿인 경우에는 고유필수적 공동소송이다.

(ii) 공동상속인에 의한 상속재산 확인의 소는, 어느 재산이 공동상속인에 의한 공유관계에 있는 것의 확인을 청구하는 소송이므로 그 적격을 갖는 공유자 전원이 오로지 공동으로 소송을 수행해야 하는 고유필수적 공동소송이다.

(iii) 그러나 공동상속인이 수유자(受遺者)를 피고로 한 유언무효확인소송은 고유필수적 공동소송이 아니다. 여기서는 공동상속에 기초한 공유관계가 당사자적격의 기초가 되는 것이 아니라, 공유자의 한 사람으로서의 지분권을 기초로, 유언에 기초한 수유자 권리의 부존재를 청구하는 것이기 때문이다.

---

172) 특허판 1999.5.28. 98허7110.
173) 특허판 2017.2.7. 2016나1486.
174) 대판 1970.3.10. 70므1.

(c) * **공동상속재산관계소송**

(i) **공동상속재산** (ㄱ) 상속에 의한 권리의무의 이전은 피상속인이 사망하는 순간에 상속인에게 이전한다. 상속인이 여럿인 경우 상속재산의 승계와 분할과의 사이에 시간적인 간격이 있다고 하더라도 상속재산은 피상속인이 사망하는 그 순간 공동상속인들이 공동으로 승계한다. 그러므로 민법에서 공동상속인은 각자의 상속분에 따라 피상속인의 권리의무를 승계하지만(민 제1007조) 상속재산을 분할할 때까지는 상속재산은 상속인들의 공유이다(민 제1006조). 따라서 공동상속재산은 다른 공유물과 동일하게 다른 공동상속인들의 동의 없이 처분하지 못한다(민 제264조). 그러므로 공동상속인 중 일부 상속인만의 상속등기는 받아들일 수 없다.[175] 그러나 공유자들 중 한 사람은 그 공유물에 대한 보존행위(민 제265조 단서)로서 그 공유물에 관한 원인무효 등기의 말소를 청구할 수 있다.[176] 하지만, 어떤 부동산 공유자 1인의 상속지분이 확정판결에 따라 타인 앞으로 소유권이전등기가 마쳐졌다면, 그 확정판결이 재심에 의하여 취소되지 않는 한 확정판결의 기판력에 의하여 공유자는 타인 앞으로 마쳐진 자신의 상속지분에 관한 소유권 지분이전등기의 말소를 청구할 수 없는 지위에 있다. 따라서 여기서는 공유자 1인이 그 부동산을 다른 공동상속인들과 공유하고 있다고 하더라도, 자신의 상속지분에 관한 타인명의의 지분이전등기에 관하여 더 이상 말소청구를 할 수 없게 되었으므로 그 공유자 1인은 자신의 지분에 관한 한 보존행위로서도 타인 앞으로 마쳐진 위 소유권지분이전등기의 말소를 구할 수 없다.[177]

(ㄴ) 공동상속인이 다른 공동상속인을 상대로 어떤 재산의 상속재산 확인을 구하는 소송은 고유필수적 공동소송이고,[178] 따라서 상속재산의 협의분할은 공동상속인 전원이 참여하여야 하는 고유필수적 공동소송이다. 그러므로 일부 상속인만으로 한 협의분할은 무효라고 할 것이지만,[179] 협의는 반드시 한 자리에서 이루어질 필요는 없고 순차적으로 이루어질 수도 있으며,[180] 상속인 중 한 사람이 만든 분할 원안을 다른 상속인이 후에 돌아가며 승인하여도 무방하다.[181] 다만 민법 제1015조에 의하면 상속재산의 분할에 의하여 각 공동상속인에게 귀속되는 재산은 상속개시 당시에 이미 피상속인으로부터 직접 분할받은 자에게 승계되는 것이지 분할에 의하여 공동상속인 상호 간에 상속지분의 이전이 생기는 것은 아니므로 공동상속인 상호 간에 상속재산에 관하여 민법 제1013조의 규정에 의한 협의분할이 이루어짐으로써 공동상속

175) 대결 1995.2.22. 94마2116.
176) 대판 1996.2.9. 94다61649.
177) 대판 1994.11.18. 92다33701.
178) 대판 2007.8.24. 2006다40980.
179) 대판 1995.4.7. 93다54736 참조.
180) 대판 2001.11.27. 2000두9731 참조.
181) 대판 2004.10.28. 2003다65438,65445.

인 중 1인이 고유의 상속분을 초과하는 재산을 취득하게 되었더라도 이는 상속개시 당시에 피상속인으로부터 승계받은 것으로 보아야 한다.[182)]

(ㄷ) 공동상속인들 가운데 일부가 등기부에 공동상속인으로 기재되어 있지 않더라도 상속은 등기가 필요하지 않은 물권의 취득이므로(민 제187조) 특별한 사정이 없는 한 공동상속인으로서의 권리를 부정할 수 없다.[183)]

(ㄹ) ① 공동상속인들이 필수적 공동소송관계에 있는데 당사자 일부가 누락된 경우의 취급을 본다.

판례[184)]는 고유필수적 공동소송에서는 공동소송인 전부에 대하여 판결을 하여야 하고 일부에 대하여서만 할 수 없으므로 일부에 대한 판결은 위법으로서 추가판결로 그 위법을 시정할 수 없다고 한다. 왜냐하면 고유필수적 공동소송인중 일부에 대한 상대방의 상소는 다른 공동소송인에게도 효력이 미치는 것이므로 공동소송인 전원에 대한 관계에서 판결의 확정이 차단되고 소송은 전체로서 이심(移審)되며, 상소심판결의 효력은 상소를 하지 아니한 공동소송인에게도 미치므로 상소심으로서는 공동소송인 전원에 대하여 심리판단을 하여야 하기 때문이다. 이 이치는 유사필수적 공동소송에서도 달리 취급할 이유가 없을 것이다. 따라서 이 경우에는 합일·확정(제68조 제1항)의 필요성에 의하여 소송 진행이 공통된다. 공동상속인 중 일부는 소송대리인이 있고 다른 공동상속인에게는 소송대리인이 선임되어 있지 않다고 해서 그들의 소송절차가 중단되는 것은 아니다. 모든 소송 진행은 공통된다. 그 결과 공동소송인 일부가 항소를 제기하면 항소하지 않은 공동상속인들도 항소당사자로서 항소심에 이심된다. 그러므로 항소심에서는 항소하지 않은 나머지 모두를 포함하여 공동상속인 전원에 대하여 판결을 하여야 하고 공동소송인 중 어느 하나가 누락되면 그 흠이 변론종결일까지 공동소송참가(제83조), 필수적공동소송인의 추가(제68조) 등에 의하여 그 흠이 보정되지 않는 한 부적법하여 소송전부를 각하하여야 한다. 그렇지 않으면 위법이다.[185)] 그 위법판결은 상고에 의하여 취소하여야 하며, 판결이 확정된 경우에는 재심으로는 시정할 수 없으므로 공동상속인 모두가 당사자가 되는 새로운 소송을 제기하여야 할 것이다.

② 공동상속인들이 통상 공동소송관계에 있는데 당사자 일부가 누락된 경우를 본다.

예컨대 분할되기 전 공동상속채무에 대하여 각 공동상속인은 제3자에 대하여 각자 불가분채무를 부담하므로(민 제411조). 제3자는 공동상속인들 각자에 대하여 연대 또는 개별적으로 분할 전 상속재산 채무에 관하여 이행을 청구할 수 있어 그 소송형식은 통상 공동소송이다.

---

182) 대판 1989.9.12. 88다카5836.
183) 대판 1978.1.17. 77다1977.
184) 대판 2010.2.24. 2009다43355.
185) 대판 2011.6.24. 2011다1323.

㉠ 우선 제1심 소송 계속 중에 소송대리인이 있는 당사자가 사망하자 소송대리인이 공동상속인들 중 소송위임장을 제출한 일부 공동상속인에 대해서만 수계절차를 밟았을 뿐 소송위임장을 제출하지 않은 나머지 공동상속인들의 수계신청을 누락한 채 판결의 확정된 경우의 문제이다. 수계적격자인 망인의 공동상속인들 전원이 아니라 제1심에서 실제로 수계절차를 밟은 자만을 원고로 표시한 제1심판결은 당사자의 표시가 잘못되었다 할 것이다. 따라서 이 경우에는 소송절차가 중단되어야 할 것이나(제233조) 소송대리인이 선임된 공동상속인들에 대해서는 소송절차가 중단되지 아니한다(제238조).

㉡ 하지만 제1심 소송대리인의 항소제기로 인하여 제1심판결 전부에 대하여 확정이 차단되고 항소심절차는 개시된다.

여기까지는 고유필수적 공동소송이나 통상 공동소송 사이에 차이가 없다. 그러나 통상공동소송에서는 항소의 제기에 의하여 소송은 항소심에 이심되지만 필수적 공동소송과는 달리 공동소송인 전원이 대하여 항소심이 심리·판단은 할 수 없으므로 항소심절차가 개시되는 순간 제1심에서 소송대리인이 있어 이미 수계한 자 이외에 망인의 나머지 상속인들의 모든 청구부분은 소송대리인이 없는 관계로 중단상태로 들어갔다고 보아야 한다. 따라서 항소법원은 중단상태에 있는 망인의 나머지 상속인들이 소송수계신청을 한다면 이를 받아들여 그 부분 청구에 대하여서도 심리 판단하여야 할 것이다.[186)]

㉢ 항소법원이 누락된 상속인들의 소송수계신청이 없음에도 또는 이에 대한 소송수계신청을 간과하여 판결을 하였다면 누락되지 않은 상속인들에 대한 판결은 상소기간 경과로 확정되지만, 누락된 상속인들은 중단상태에서 여전히 항소심에 계속 중이므로 항소심에서 기일지정신청을 하여 추가판결을 하여야할 것이다. 이 점에서 필수적 공동소송과 통상공동소송 사이에서 차이가 있다.

(ii) **공동상속재산의 지분** (ㄱ) 분할되기 이전의 상속재산은 공유관계로서 그 지분은 처분할 수 있다(민 제263조). 따라서 공동상속재산의 지분에 관한 지분권존재확인소송은 고유필수적 공동소송이 아니라 통상 공동소송이다.[187)] 이 점에서 공유물 자체의 처분에 관한 소송이 고유필수적 공동소송인 것과 구별된다.

(ㄴ) 공동상속인 혼자서 상속재산 부동산을 전부 점유한다고 해도 달리 특별한 사정이 없는 한 다른 공유자의 지분비율의 범위에서는 타주점유이다.[188)] 따라서 공유부동산중 1부에 대하여 취득시효 완성을 원인으로 하는 소유권이전등기 절차의 이행을 청구하는 소송이 공유물 자체의 처분권에 관한 것이 아니라 지분권에 관한 소송이라면 반드시 공유자 전원을 공동피고로

186) 대판 2010.12.23. 2007다22859(평석은 [11] 참조).
187) 대판 1965.5.18. 65다279, 2010.2.25. 2008다96963,96970 참조.
188) 대판 1997.6.24. 97다2993.

할 필요가 없다.[189)]

(iii) **공동상속채무** 각 공동상속인은 분할되기 이전의 공동상속채무에 관해서는 제3자에 대하여 각자 불가분채무를 부담한다(민 제411조). 따라서 제3자는 건물철거나 토지인도의무, 대위변제금의 구상채무와 같은 가분채무인 경우에 공동상속인들 각자에 대하여 연대 또는 개별적으로 분할 전 상속재산 채무에 관한 이행을 청구할 수 있으므로 통상 공동소송이다.[190)] 그러므로 공동상속채무에 관한 소송계속 중 당사자가 사망하고 사망자에게 공동상속인들이 있더라도 소송대리인이 없는 경우에 소송절차는 중단되는데 이 경우 공동소송인들 전원이 소송을 수계하지 아니하고 일부만 수계하더라도 위법이 아니다.[191)]

(iv) **상속재산분할청구** (ㄱ) 상속재산분할청구는 가사소송법 제2조 제1항 2. 나. 10)에서 정한 마류 가사 비송사건으로서 가정법원의 전속관할에 속한다. 그러므로 공동상속인은 상속재산의 분할에 관하여 공동상속인 사이에 협의가 성립되지 아니하거나 협의할 수 없는 경우에는 위의 가사소송법이 정하는 바에 따라 가정법원에 상속재산분할심판을 청구할 수 있을 뿐이고 상속재산에 속한 개별재산에 대하여 민사법원에 민법 제268조의 규정에 의한 공유물분할청구의 소를 제기할 수 없다.[192)]

(ㄴ) 상속재산을 공동상속인 1인에게 상속시킬 방편으로 나머지 상속인들이 하는 상속포기신고가 민법 제1019조 제1항 소정의 3월 이내의 기간을 경과한 후에 신고된 것이어서 상속포기로서의 효력이 없다고 하더라도, 공동상속인들 사이에서는 1인이 고유의 상속분을 초과하여 상속재산 전부를 취득하고 나머지 상속인들은 이를 전혀 취득하지 않기로 하는 내용의 상속재산에 관한 협의분할이 이루어진 것으로 보아야 한다.[193)]

공동상속재산관계 소송

1. 공동상속재산

(1) 상속재산의 승계와 공동상속

• 상속권리·의무는 피상속인 사망 시점에 상속인에게 이전됨

189) 대판 1965.7.20. 64다412.
190) 대판 1963.3.21. 62다805.
191) 대판 1993.2.12. 92다29801은, 소송계속중 당사자인 피상속인이 사망한 경우 공동상속재산은 상속인들의 공유이므로 소송의 목적이 공동상속인들 전원에게 합일·확정되어야 할 필수적 공동소송관계라고 인정되지 아니하는 이상 반드시 공동상속인 전원이 공동으로 수계하여야 하는 것은 아니며, 수계되지 아니한 상속인들에 대한 소송은 중단된 상태로 그대로 피상속인이 사망할 당시의 심급법원에 계속되어 있다고 판시하였다(평석은 [27] 참조).
192) 대판 2015.8.13. 2015다18367.
193) 대판 1996.3.26. 95다45545,45552,45569.

- 상속인이 여러 명이면, 분할 전까지 상속재산은 공동상속인들의 공유(민법 제1006조)
- 공동상속재산 처분: 다른 공동상속인 동의 없이는 불가(민법 제264조)
- 부동산 공동상속재산 관련 소송: 고유필수적 공동소송 → 일부 상속인만의 등기·판결은 인정되지 않음. 단, 보존행위(민법 제265조 단서)는 가능
- 다만, 확정판결로 타인 명의로 등기된 지분은 말소청구 불가

(2) **상속재산 확인 및 협의분할**

- 상속재산 확인 소송 → 고유필수적 공동소송, 협의분할 시 공동상속인 전원 참여 필요
- 협의는 순차적·단계적 승인 가능
- 민법 제1015조: 분할 후 취득 재산은 상속 개시 시점에서 이미 상속인에게 귀속된 것으로 간주

(3) **등기와 상속권**

- 상속은 등기 없이도 물권 취득 가능(민법 제187조)

(4) **공동상속인 일부 누락 시 소송 처리**

- 고유필수적 공동소송(예, 상속재산확인): 일부 누락 시 판결 위법, 재심으로는 시정 불가 → 새 소송 필요
- 통상 공동소송(예, 제3자의 상속인들에 대한 상속채무이행): 누락 시 절차 중단, 항소심에서 수계 신청 가능 → 누락된 상속인 포함 판결 가능

2. 공동상속재산의 지분

- 분할 전 상속재산 지분은 공유관계, 처분 가능(민법 제263조)
- 지분권 관련 소송 → 통상 공동소송(공유물 자체 처분과 구별)
- 단독 점유하더라도 타 상속인 지분 범위 내에서는 타주점유

3. 공동상속채무

- 분할 전 공동상속채무는 각자 불가분채무(민법 제411조)
- 제3자가 청구 가능 → 통상 공동소송
- 상속인 사망 후 소송대리인 없는 경우 → 절차 중단, 일부만 수계하면 나머지는 중단

4. 상속재산분할청구

- 상속재산분할청구 → 가사소송, 가정법원 전속관할
- 민사법원에서 공유물분할청구 불가(상속재산 개별 재산도 포함)
- 상속포기 신고 지연 → 공동상속인 간 협의분할로 간주 가능, 1인이 전 재산 취득하고 나머지는 포기

□ 핵심정리

- 분할 전 공동상속재산 → 공유, 처분 시 동의 필요, 일부 등기·판결 불가
- 상속재산 확인·분할 소송 → 고유필수적 공동소송
- 지분권·채무 관련 소송 → 통상 공동소송
- 상속포기 지연 → 상속인 간 협의분할로 인정 가능

(d) **공유물분할청구소송** (i) 건물을 구분소유하거나(민 제215조) 경계표 등(민 제239조)을 제외하고는 공유자들은 공유물의 분할을 청구할 수 있다(민 제268조). 분할의 방법으로는 당사자의 협의가 성립되면 협의에 의하지만 그렇지 않으면 공유자는 법원에 분할을 청구할 수 있다(민 제269조 제1항). 공유물분할청구의 소는 분할을 청구하는 공유자가 원고가 되어 다른 공유자 전원을 공동피고로 하여야 하는 고유필수적 공동소송이다.[194] 따라서 공유자 일부에 대한 소의 취하는 당사자의 동의가 있더라도 효력이 없으며,[195] 소송계속 중 변론종결일 이전에 공유자의 지분이 이전된 경우 변론종결 시까지 승계참가나 소송인수 방식으로 지분권을 이전받은 자는 모두 소송당사자가 되어야 한다.[196]

(ii) 공유물분할청구는 공유자의 한 쪽이 그 공유지분권에 터 잡아서 하는 것이므로 공유지분권을 주장하지 아니하고 목적물의 특정부분을 소유한다고 주장하는 자(즉 구분소유적 공유자)는 그 부분에 대하여 신탁적으로 지분등기를 가지고 있는 자를 상대방으로 하여 그 특정부분에 대한 명의신탁 해지를 원인으로 한 지분이전등기절차의 이행을 구하면 되고, 이에 갈음하여 공유물분할청구를 할 수 없다.[197]

(iii) **협의분할과 소유권이전등기** 공유물분할의 소송절차 또는 조정절차에서 공유자 사이에 공유토지에 관한 현물분할의 협의가 성립하여 그 협의사항을 조서에 기재함으로써 조정이 성립되었다고 하더라도, 그와 같은 사정만으로 재판에 의한 공유물분할의 경우와 마찬가지로 그 즉시 공유관계가 소멸하고 각 공유자에게 그 협의에 따른 새로운 법률관계가 창설되는 것은 아니며, 공유자들이 협의한 바에 따라 토지의 분필절차를 마친 후 각 단독소유로 하기로 한 부분에 관하여 다른 공유자의 공유지분을 이전받아 등기를 마침으로써 비로소 그 부분에 대한 대세적 권리로서의 소유권을 취득하게 된다.[198] 요컨대 재판상 공유물분할은 형성의 소로서 등기를 거치지 아니하더라도 물권변동이 생기지만, 협의분할 또는 협의에 따른 조정분할은 통상 의사표시에 기초한 것이므로 민법 제186조가 정한 바에 따라 공유지분의 이전등기를 거쳐야 부동산 물권변동이 이루어지는 것이다.

(iv) **공유자들 사이의 공유물 분할청구** (ㄱ) 공유물분할에 관한 절차는 그 절차의 객관적 성질상 공유자들 사이에 이해의 대립이 생길 우려가 있다. 따라서 수인의 미성년자와 그 친권자가 공유물분할의 소의 당사자가 된 경우에는 미성년자마다 특별대리인을 선임하여 그 특별대리인이 미성년자를 대리하여 소송행위를 하여야 한다. (ㄴ) 민법 제921조의 이해상반행위란 행위의 객관적 성질상 친권자와 그 자(子) 사이 또는 친권에 복종하는 수인의 자 사이에 이해

194) 대판 2012.6.14. 2010다105310, 2014.1.29. 2013다78556.
195) 대구고판 1979.3.29. 77나667.
196) 대판 2022.6.30. 2020다210686 · 210693.
197) 대판 2011.10.13. 2010다52362.
198) 대전판 2013.11.21. 2011두1917(평석은 [74] 참조).

의 대립이 생길 우려가 있는 행위를 가리키고, 친권자의 의도나 그 행위의 결과 실제로 이해의 대립이 생겼는지의 여부는 묻지 않는다. 만약 친권자가 수인의 미성년자의 법정대리인으로서 소송행위를 하였다면 이는 민법 제921조 에 위반되어 미성년자들의 적법한 추인이 없는 한 무효이다.[199]

(e) **토지경계확정소송** (i) 토지와 건물은 다르다. 건물의 경계는 공적으로 설정 인증된 것이 아니고 단순히 사적 소유권의 한계선에 불과하므로 소유권확인소송에 의하여야 할 것이다.[200] 그러나 공법상 경계를 확정하는 토지경계확정의 소는 인접한 토지의 경계가 불분명하여 다툼이 있는 경우에 재판에 의하여 그 경계를 확정하여 줄 것을 구하는 소송으로써[201] 토지소유권의 범위 확인을 목적으로 하는 소와는 달리, 인접한 토지의 경계가 불분명하여 그 소유자들 사이에 다툼이 있다는 것만으로 권리보호의 필요가 인정된다. 따라서 원고는 특정된 경계선의 존재를 주장할 필요가 없고 설령 특정된 경계선의 존재를 주장하더라도 법원은 이에 구속되지 아니하며, 또 상소심에서 불이익변경금지의 원칙이 적용되지 않고, 소송 도중에 당사자 양쪽이 경계에 관하여 합의를 도출해냈다고 하더라도 원고가 그 소를 취하하지 않고 법원의 판결에 의하여 경계를 확정할 의사를 유지하고 있는 한, 법원은 그 합의에 구속되지 아니하고 진실한 경계를 확정하여야 하며,[202] 당사자가 토지 일부를 시효취득 하였는지의 여부는 토지경계확정소송에서 심리할 대상이 되지 못한다.[203] 이 소송은 청구가 권리의 존부(存否) 주장이라고 하는 형식을 갖추지 아니하더라도 법원은 경계확정의 필요가 인정되는 한 청구를 기각할 수 없고 반드시 경계선을 정하지 않으면 안 된다. 따라서 경계확정의 소는 소유권과 관련되지 않는 지적공부상 인접 토지 사이의 경계를 확정하는 소라 할 것이다. 그러므로 인접하는 토지의 한 쪽 또는 양쪽이 여러 사람의 공유에 속하는 경우의 경계확정소송은 고유필수적 공동소송이므로,[204] 원고는 다른 공유자 전원을 공동피고로 하여야 한다.

(ii) 그러나 경계확정의 소의 실질을 따져보면, 어디까지나 소유권의 효력 및 범위에 관한 사적 분쟁이므로 그 분쟁해결에 적절해야 할 것이다. 따라서 경계확정의 소를 순전히 경계만 정하고 소유권의 범위확인을 별개로 취급하는 것은 문제가 있다. 판례도 당사자의 청구가 단순히 인접된 토지의 경계를 형성하여 달라는 것이 아니고 소유권에 기초하여 인접된 토지 사이의 경계확정을 형성하여 달라고 함과 동시에 그 경계선 내의 토지소유권의 범위를 확정하여 달라는 소송이라고 한다면 그 확정판결의 기판력은 소유권의 범위에까지 미친다고 하였다.[205]

---

199) 대판 2024.7.11. 2023다301941.
200) 대판 1997.7.8. 96다36517 참조.
201) 대판 1993.11.23. 93다41792,41808.
202) 대판 1996.4.23. 95다54761 참조.
203) 대판 1993.10.8. 92다44503 참조.
204) 대판 2001.6.26. 2000다24207.

(f) * **편면적 대세효 있는 회사관계소송의 소송형태**[206] (i) 주주총회결의의 부존재 또는 무효 확인을 구하는 소에서, 상법 제380조에 의해 준용되는 상법 제190조 본문에 따라 청구를 인용하는 판결은 제3자에 대하여도 효력이 있다. 반면 위 소송의 기각판결은 제3자에 대하여 효력이 없는 소극적 확인판결이다. 이와 같이 승소판결은 그 판결의 효력이 제3자에게 미치고, 패소판결은 제3자에게 미치지 않는 소송이라고 하여 이를 편면적 대세적 효력이 있는 회사관계소송이라고 한다. 여러 사람이 공동으로 제기하는 이 소송의 형태를 통상 공동소송으로 볼 것인지 아니면 필수적 공동소송인지 문제된다.

(ii) 대전판 2021.7.22. 2020다284977의 [다수의견]은 주주총회결의의 부존재 또는 무효 확인을 구하는 소의 경우, 상법 제380조에 의해 준용되는 상법 제190조 본문에 따라 청구를 인용하는 판결은 제3자에 대하여도 효력이 있다. 이러한 소를 여러 사람이 공동으로 제기한 경우 당사자 1인이 받은 승소판결의 효력은 다른 공동소송인에게 미치므로 공동소송인 사이에서 소송법상 합일 확정의 필요성이 인정되고, 상법상 회사관계소송에 관한 전속관할이나 병합심리 규정(상법 제186조, 제188조)도 당사자 간 합일 확정을 전제로 하는 점 및 당사자의 의사와 소송경제 등을 함께 고려하면, 이는 제67조가 적용되는 필수적 공동소송에 해당한다고 하고. [별개의견]은 청구를 기각하는 판결은 제3자에 대해서 효력이 없고, 청구를 인용하는 판결은 상법상 회사관계소송에서와 같이 여러 사람이 공동으로 소를 제기한 경우로서 제3자에 대해 효력이 있는데 이러한 소송은 공동소송의 원칙적 형태인 통상 공동소송으로 보아야 한다고 한다.

(iii) 청구기각 판결이 선고된 경우에는 이를 통상 공동소송으로 취급함에는 이견이 없다. 그러나 먼저 이 소송의 판결이 선고되기 이전에 소의 취하, 자백, 청구의 포기 · 인낙 등이 되었다면 그 취급은 그 소송형태가 통상 공동소송이냐 아니면 필수적 공동소송이냐에 따라 달라진다. 또 승소 판결이 선고된 이후 상소의 취급에 관해서, 다수의견은 필수적 공동소송으로, 별개의견은 통상 공동소송으로 취급하여야 한다고 하여 차이가 있다. 개별적으로 살핀다.

(ㄱ) **자백, 청구의 포기 · 인낙, 화해의 취급** 다수의견에 의하면 자백, 청구의 포기, 화해와 같은 행위는 변론전체의 취지로서 불리하게 적용되는 경우를 제외하고는 공동소송인 전원이 함께 하지 않으면 효력이 없으므로, 편면적 대세효 있는 회사관계소송에서도 청구인낙이나 청구를 인용하는 내용을 포함하는 조정, 화해도 공동소송인 전원이 함께 하지 않으면 불가능하다.[207] 또 공동소송인 중에서 일부만 출석하여 자백하더라도 불리한 행위이므로 자백의 효력이 없다. 상소의 취하는 불리한 원심판결의 확정이 초래되므로 불리한 소송행위로 평가되어 공동으로 하지 않으면 효력이 없다. 그러나 다른 공동소송인에게 불리하지 않는 경우, 예컨대

205) 대판 1970.6.30. 70다579 참조.
206) 대전판 2021.7.22. 2020다284977(평석은 [81] 참조).
207) 대판 1993.5.27. 92누14908, 2004.9.24. 2004다28047 등.

청구를 포기하거나 패소판결에 대해 상소하지 않고자 하는, 즉 승소 의사가 없는 당사자는 소를 취하하여 소송에서 벗어날 수 있다. 유사필수적 공동소송에서도 소 취하에 다른 공동소송인의 동의는 필요 없다.[208] 한 편 별개의견에 의하면 예컨대 주주 갑, 을이 주주총회결의 무효확인의 소를 제기한 경우를 통상공동소송으로 본다면 공동소송인 갑과 을은 각자 소송수행을 하여 그에 따른 판결을 받을 수 있고, 갑, 을은 각자 자백, 소의 취하, 청구의 포기, 상소 취하 등 자신에게 불리한 행위도 자유롭게 할 수 있으며 이는 그 당사자에 대해서만 효력을 가진다. 그 결과 갑이 소송수행 의사를 상실한 경우에는 상대방의 동의를 얻어 단독으로 소를 취하하거나 청구를 포기하는 등으로 일찍 소송에서 벗어날 수 있고, 소송수행 의사가 있는 을만 당사자로 남아 소송절차가 가벼워진다는 장점이 있다는 것이다. 그러나 주주총회결의 무효는 단체행위의 무효로서 법리상 구성원 개인에 따라 구구해서는 안 된다. 별개의견을 따르면 이를 방지할 수 없어 문제이므로 이 견해를 따르기 어렵다.

(ㄴ) **상소의 취급** 다수의견에 의하면 갑, 을이 모두 패소판결을 받고서 갑이 이에 승복할 의사로 불복하지 않은 경우 을이 항소를 하면 갑에 대하여도 판결확정이 차단되고 항소심으로 이심되어 갑은 항소심에서 항소인도 피항소인도 아닌 '단순한 항소심 당사자'가 된다.[209] 이에 관하여, 패소판결을 받고 항소의 의사가 없는 갑이 소를 취하하려고 해도 상대방이 동의하지 않으면 불가능하여 갑이 소를 취하할 수 없다는 이유로, 다수의견과 같이 항소심 당사자로 취급해서는 안 된다는 별개의견의 지적이 있다. 또한 민사소송법이 상소심에서의 당사자를 상소인도 피상소인도 아닌 제3의 당사자 지위를 상정하고 있는지 의문인데 항소인도 피항소인도 아니라면 항소심에서 어떤 정도의 소송수행권한을 가지는지, 부대항소를 제기할 수 있는지, 소송비용을 부담하여야 하는지, 항소심판결에 대해 상고할 수 있는지 등에 대해 민사소송법에 아무런 정함이 없기 때문이라는 별개의견의 지적은 확실히 일리가 있다. 별개의견에 의하면 갑, 을이 제1심에서 패소판결을 받았고 을만 항소한 경우 갑의 패소 부분은 분리 확정되고 항소심으로 이심되지 않는다. 을은 단독으로 소송을 수행하여 항소심에서 승소판결을 받을 수 있고, 갑의 패소판결은 을의 승소에 장애가 되지 않는다. 따라서 별개의견에 의하면 앞서 본 '단순한 상소심 당사자' 등 불명확하고 부자연스러운 법리에 의할 필요가 없이 소송관계가 훨씬 간명해진다는 장점이 있다.

(ㄷ) 그러나 편면적 대세효 있는 회사관계소송에서도 구성원 사이의 재판의 통일을 이룩할 필요가 있으므로 필수적 공동소송설을 취하는 다수의견이 타당하다고 본다.

208) 대판 2013.3.28. 2011두13729 등.
209) 대판 1995.1.12. 94다33002 등.

편면적 · 대세효 회사관계소송

1. **편면적 대세효가 있는 회사관계소송의 개념**
   - 편면적 대세효: 주주총회결의 부존재 또는 무효 확인 소송에서 청구 인용판결은 제3자에게 효력 있음
   - 청구 기각판결은 제3자에게 효력이 없음 → 소극적 확인판결. 즉 승소판결은 제3자에게 효력이 미치지만 패소판결은 미치지 않는 소송
2. **공동소송 문제**
   - 쟁점: 여러 사람이 공동으로 소를 제기한 경우, 이를 통상 공동소송으로 볼지, 필수적 공동소송으로 볼지 여부
   - **대전판 2021.7.22. 2020다284977**

     [다수의견]
     - 청구 인용판결의 효력이 공동소송인 모두에게 미침 → 소송법상 합일 필요
     - 전속관할 · 병합심리 규정, 소송경제, 당사자 의사 등을 고려하면 필수적 공동소송

     [별개의견]
     - 공동소송인 간에도 독립적 소송수행 가능 → 통상 공동소송
     - 단, 주주총회결의 무효는 단체행위 무효로서 개인별 구분이 어려움 → 실제 적용 어려움
3. **청구 취하 · 자백 · 화해의 취급**

   [다수의견]
   - 공동소송인 전원이 참여하지 않으면 효력 없음
   - 일부만 자백 · 청구 포기 시 효력 없음
   - 불리하지 않은 경우(승소 의사 없는 당사자) 소 취하는 가능

   [별개의견]
   - 각자 소송수행 가능 → 자백 · 소 취하 · 청구 포기 등은 개인 효력만 발생
   - 문제점: 주주총회결의 무효를 개인별 판단으로 나누면 법리상 부적절
4. **상소의 취급**

   [다수의견]
   - 승소 · 패소 여부와 관계없이 공동으로 처리해야 함
   - 일부만 항소 시 항소하지 않은 다른 공동소송인도 이심(移審). 그 지위는 항소인도 피항소인도 아닌 항소당사자

   [별개의견]
   - 패소 후 일부만 항소 가능 → 패소 부분은 분리 확정, 항소심으로 이심되지 않음.
   - 이 견해는 공동재판 통일성 확보가 어려움

□ 핵심정리
- 편면적 대세효 있는 회사관계소송에서도 공동소송인 사이 재판 통일 필요 → 필수적 공동소송설(다수의견)이 타당
- 청구 인용 시 효력은 공동소송인 전체에 미치며, 소 취하 · 자백 · 화해 · 상소 등 소송행위는 공동으로 처리

(라) * 공동소유의 소송관계[210]

(a) **총설** (i) **공동소유의 뜻과 그 유형** 실체법상 공동소유란 여러 사람이 인적으로 결합하여 하나의 물건을 공동으로 하는 소유이다. 여기에는 공유(민 제262조 이하), 합유(민 제271조 이하) 및 총유(민 제275조 이하)가 있다. 한편 여러 사람의 인적 결합형태는 크게 사단과 조합(민 제703조 이하)으로 나뉘고, 사단은 다시 사단법인(민 제42조)과 법인 아닌 사단(제52조)으로 나뉜다. 사단법인의 소유는 형식상 단독소유이고 공동소유가 아니다.

(ii) **공동소유의 소송상 형태** 공동소유가 여러 사람에 의해서 소송상 문제가 되면 그 소송상 형태는 통상 공동소송이 되든지 때로는 고유필수적 공동소송이 되기도 하는데 고유필수적 공동소송이 되는 경우에는 공동소송인이 되어야 할 자가 모두 당사자가 되지 않으면 부적법해서 각하되는 결과가 되므로 공동소유에 관해서 이를 잘 살펴볼 필요가 있다.

(b) **공유의 소송관계** (i) **공유와 공유지분** 실체법상 공유는 공유물과 공유지분으로 나눌 수 있다. 공유지분이란 한 개의 소유권을 분량 적으로 나눈 한 부분을 말한다(양적 분할설). 지분은 그 성질이나 효력에서 소유권과 동일하고[211] 다만 양적으로 따지면 소유권의 일부일 뿐이다. 따라서 여러 사람이 물건을 지분으로 나누어 소유하는 모습을 공유라 하므로(민 제282조) 어느 공유자가 다른 공유자의 지분을 전부 매수하면 단독소유자가 된다. 공유지분은 자유롭게 처분할 수 있으므로(민 제263조) 이에 대한 공동소송은 통상 공동소송이다.

(ii) **공유물의 보존행위** (ㄱ) 공유물의 보존행위는 각자가 할 수 있다(민 제265조 단서). 그러므로 공유물의 보존행위에 기초한 공유물의 방해배제, 공유물의 인도 및 명도청구, 등기말소청구, 공유물지상 건물철거청구, 공동명의의 소유권이전청구권 보전을 위한 가등기의 말소청구,[212] 건물 공유지분권자의 건물전부에 대한 보존행위로서의 방해배제청구[213] 등은 모두 고유필수적 공동소송이 아니고 보존행위로서 통상 공동소송이다.

(ㄴ) 공유물의 보존행위를 각 공유자가 단독으로 할 수 있도록 한 취지는 그 보존행위가 긴급을 요하는 경우가 많고 다른 공유자에게도 이익이 되는 것이 보통이기 때문이다. 그러므로

210) 평석 [121] 침조.
211) 후술 대판 2021다276256 참조.
212) 대판 2003.1.10. 2000다26425.
213) 대판 1968.9.17. 68다1142,1143.

어느 공유자의 보존권 행사 결과로 다른 공유자와 이해가 충돌될 때에는 그 행사는 보존행위가 될 수 없다. 예를 들어 공유자 일부가 원고로서 제기한 말소등기청구소송의 진행 중에 원고 중 일부 공유자가 자신의 지분에 대한 소 제기 부분은 자신의 의사와 무관하게 제기되었다고 하면서 소취하서를 낸 다음 상대방 되는 피고의 증인으로 법정에 출석하여 피고의 주장이 사실이라고 진술하는 경우에는 그 소취하서를 제출한 공유자의 지분에 대하여는 보존행위가 허용되지 않는다.[214] 한편, 공유자는 자기의 지분권을 주장하여야 하므로 다른 공유자의 지분권을 대외적으로 주장하는 것은 보존행위에 속하지 않는다. 따라서 어느 공유자 1인이 자신의 소유 지분 범위를 초과하는 지분 부분에 관하여 타인에게 공유물의 보존행위라는 이유로 말소를 구할 수 없다.[215]

(iii) **공유물의 관리행위** (ㄱ) 공유물의 관리에 관한 사항은 공유자 지분의 과반수로서 결정한다(민 제265조 본문). 그러므로 공유자 가운데 어느 한 사람이 공유물을 배타적으로 점유하고 있더라도 공유자 지분의 과반수 결의가 없으면 공유물의 보존행위라는 이유로 그 인도를 청구할 수 없다.[216] 공유자들 상호간에는 보존행위가 되지 않기 때문이다.

(ㄴ) 모든 공유자는 공유물 전부를 지분의 비율로 사용·수익할 수 있다(민 제263조). 지분권은 독립된 소유권과 같은 성질을 가지고 있으므로 어떤 공유자중 한 사람이 공유물을 독점적으로 점유하여 사용하고 있더라도 공유자 아닌 제3자가 공유물을 무단으로 사용하는 것과 다르다. 따라서 공유자 한 사람이 건물을 독점적으로 점유하는 것은 그 소유지분과 관계없이 자기 소유의 건물에 대한 점유로 보아야 하지 무단점유가 아니므로 소유지분을 넘는 부분을 관념적으로 분리하여 그 부분을 타인의 점유로 보아 점유부분을 사용하지 못하게 하는 퇴거청구를 할 수 없다.[217]

(iv) **공유물의 반환, 철거에 관한 소송** (ㄱ) 건물소유자가 건물의 소유를 통하여 타인 소유의 토지를 점유하고 있는 경우에 토지소유자로서는 건물의 철거와 대지 부분의 인도를 구할 수 있다.[218]

(ㄴ) 공유물을 불법점유 한 공동 상속인 들 중 1인에 대한 공유물 반환, 철거청구는 다른 상속인들의 동의를 받아야 하는 처분행위가 아니므로 그 청구는 공유자 각자가 그의 지분권 한도 내에서 인도 또는 철거를 구하는 것으로 보고 그 당부에 관해서만 판단을 하여야 한다.[219] 따라서 공유물을 불법 점유한 공동상속인들 중 상속인 1인에 대해서는 그 지분 범위

214) 대판 1995.4.7. 93다54736 참조.
215) 대판 2023.12.7. 2023다273206.
216) 대전판 2020.5.21.2018다287522.
217) 대판 2022.6.30. 2021다276256.
218) 대판 2022.6.30. 2021다276256.
219) 대판 1969.7.22. 69다609.

내에서만 철거를 구할 수 있다.[220)]

(ㄷ) 건물이 공유관계에 있는 경우에 모든 공유자는 공유물 전부를 지분의 비율로 사용·수익할 수 있으므로 공유자가 건물을 점유하는 것은 그 소유지분과 관계없이 자기 소유의 건물에 대한 점유로 보아야 하고, 소유지분을 넘는 부분을 관념적으로 분리하여 그 부분을 타인의 점유라고 볼 수 없기 때문에 퇴거청구는 할 수 없다.[221)] 마찬가지로 인도청구도 할 수 없다. 보존행위가 아니기 때문이다.[222)]

(v) **공유물의 처분** (ㄱ) 공유물의 처분은 다른 공유자의 동의를 필요로 하므로(민 제264조) 이에 대한 공동소송은 고유필수적 공동소송이다. 따라서 공유물 전체에 대한 소유권확인청구는 공유자 전원이 하여야 한다. 즉 제3자에 대한 공유권 확인소송, 택지개발예정지구 내의 이주자 택지 공급대상자가 사망하여 그 공동상속인들이 이주자 택지에 관한 공급계약을 체결할 수 있는 청약권을 공동 상속한 경우에 그 청약권에 기초하여 청약의 의사표시를 하고 그에 대한 승낙의 의사표시를 구하는 소송[223)] 등과 같은 공유물의 처분에 관한 소송에서는 공동소송인들 전원이 당사자가 되어야 한다.

(ㄴ) 복수의 가등기권자가 매매예약완결의 의사표시를 하고 이에 기초한 소유권이전등기청구소송을, 판례는 가등기담보등에 관한 법률(1983.12.30., 법률 제3682호)이 시행되기 이전에는 이를 일률적으로 부동산의 처분행위로 보아 고유필수적 공동소송이라고 하였으나[224)] 가등기담보등에 관한 법률이 시행된 이후에는 그 매매예약을 하면서 명문의 규정을 두면 그에 의하고, 그렇지 않으면 그 가등기에 기초한 본 등기가 부동산의 처분행위가 아니라 담보목적 등의 실현을 위한 것인지 등을 종합적으로 고려하여 고유필수적 공동소송 여부를 판단하여야 한다고 변경되었다.[225)] 따라서 담보목적을 실현하기 위한 경우에는 고유필수적 공동소송이 아니다.

(vi) **공유자가 특허거절결정 등에 대한 불복심판에서 기각 심결을 받은 경우에 제기하는 심결취소의 소** (ㄱ) 판례[226)]는 특허를 받을 수 있는 권리의 공유자 모두가 공동으로 특허거절결정 등에 대한 심결의 취소를 구하는 소를 제기하여야 한다고 볼 경우 공유자 중 1인이라도 소의 제기에 협력할 수 없는 경우 나머지 공유자가 권리행사에 장애를 받거나 그 권리가 소멸되어 버리는 부당한 결과에 이르게 된다. 따라서 특허를 받을 수 있는 권리의 공유자가 특허거절결정 등에 대한 불복심판에서 기각 심결을 받은 경우에 제기하는 심결취소의 소는 심판청구인들

---

220) 서울고판 1983.3.4. 82나2207.

221) 대판 2022.6.30. 2021다276256.

222) 대전판 2020.5.21.자 2018다287522.

223) 대판 2003.12.26. 2003다11738.

224) 대판 1984.6.12. 83다카2282.

225) 대전판 2012.2.16. 2010다82530. 이 판례는 정당하다. 공동소유의 소송은 대외적 관계는 개별소송이 원칙이고, 대내적 관계는 필수적 공동소송이 원칙이므로 이 판례는 이 점을 고려하여 소송형태를 정하라는 취지이다.

226) 대판 2024.12.26. 2024후10825.

인 공유자 모두가 공동으로 제기하여야 하는 고유필수적 공동소송이라고 할 수 없고, 특허를 받을 수 있는 권리의 공유자 중 1인이라도 그 권리를 방해하는 심결이 있는 때에는 권리의 소멸을 방지하기 위해 단독으로 심결의 취소를 구할 수 있다고 하였다. 이 판례에 따라 특허를 받을 수 있는 권리의 공유자 중 1인이라도 그 권리를 방해하는 심결이 있는 때에는 권리의 소멸을 방지하기 위해 단독으로 심결의 취소를 구할 수 있다고 한다면 이는 통상공동소송으로서 다른 공유자와의 관계에서 합일·확정이 이루이지지 아니할 가능성의 크므로 문제가 된다.

(ㄴ) 고유필수적 공동소송에서 구성원 전원이 당사자가 된다는 의미는 반드시 구성원 전원이 모두 원고 또는 피고의 한 쪽 당사자로 되어야 한다는 의미로만 해석할 것이 아니다. 구성원 일부가 구성원이 아닌 제3자와 같은 입장에 있기 때문에 구성원 사이에서 서로 대립하는 관계에 있다면 제3자와 같은 입장에 있는 구성원을 제3자와 함께 반대 당사자로 정하여 소송을 할 수 있게 하는 것이 바람직하다.

(ㄷ) 공유자 중 1인의 심결 취소를 구할 때 심결취소를 반대하는 다른 공유자들을 모두 피고로 삼아 소송을 하게 한다면 모든 공유자들의 관계에서 특허거절결정 등에 대한 심결취소소송은 합일·확정이 이루어질 수 있을 것이다.

(vii) **수동소송** (ㄱ) 제3자가 공유자 쪽에 대하여 제기하는 수동소송은 공유자 전원을 상대로 제기할 필요가 없으므로 통상 공동소송이다. 그러므로 타인 소유의 토지위에 설치되어 있는 공작물을 철거할 의무가 있는 여러 사람을 상대로 한 공작물철거소송[227] 등은 고유필수적 공동소송이 아니다.

(ㄴ) 그러나 공유물분할청구나 공유토지경계의 확정청구, 공동상속인 사이의 상속재산확인 등과 같이 공동소송인들 사이에서 합일·확정이 반드시 요구되는 소송에서는 수동소송도 고유필수적 공동소송으로 보아서 소송공동의 강제를 확대할 필요성이 있다.

(c) **합유의 소송관계** (i) **합유와 합유지분** 여러 사람이 조합체를 이루어 물건을 소유하는 형태를 합유라고 한다(민 제271조 제1항). 여기서 조합체라 함은 동일한 목적으로 결합되었으나 아직 단체의 체제를 갖추지 못한 여러 사람의 결합체를 말한다. 합유는 소유권이 양적으로 여러 사람에게 나뉘어 귀속한다는 점에서 공유와 같지만, 합유자의 지분은 합유자 들의 공동사업을 위하여 귀속되므로 합유자 전원의 동의가 있어야 합유물의 처분·변경(민 제272조)과 합유물에 대한 지분 처분(민 제273조 제1항)을 할 수 있어서 합유물 및 합유지분에 관한 소송은 고유필수적 공동소송이다.

그러므로 여러 사람을 수탁자로 한 신탁재산(신 제31조)에 관한 소송, 여러 사람의 파산관재인에 의한 소송,[228] 합유재산에 대한 소유권이전등기청구소송,[229] 4인 합유로 등기하기로 약

227) 대판 1993.2.23. 92다49218.
228) 대판 2009.9.10. 2008다62533.

정한 경우 그 약정을 원인으로 한 소유권이전등기 청구소송,[230] 합유부동산에 관하여 명의신탁 해지로 말미암은 소유권이전등기청구소송[231] 등은 고유필수적 공동소송이다. 2인으로 된 조합관계에서 그 중 1인이 탈퇴하면 조합관계는 종료되지만 특별한 사정이 없는 한 조합은 해산되지 않으므로[232] 이 경우에는 조합원 1인의 또는 1인에 대한 소송으로서 단독소송이 된다.

(ii) **조합원의 조합채무** 해산 전 조합재산에 대하여 각 조합원의 손익분배비율을 정하지 아니한 때에는 출자가액에 비례하여 정해지므로(민 제711조 제1항) 제3자는 조합원 각자에 대하여 손익분배의 비율에 따라 조합채무의 이행을 청구할 수 있어(민 제712조) 이 경우에는 통상 공동소송이 된다.[233]

(iii) **조합원을 상대로 한 조합재산 소송** (ㄱ) 조합재산은 조합원의 합유(민 제704조, 제271조)이므로 그 관리처분권도 조합원의 합유에 속한다. 따라서 제3자가 조합체의 조합재산에 관하여 제기하는 조합원들에 대한 공동소송은 고유필수적 공동소송이다.[234] 예를 들어 아파트신축사업의 시공회사가 아파트신축사업을 동업하는 조합원들로부터 공사대금 명목으로 제공받은 건물에 관해서 조합원들을 상대로 분양계약을 원인으로 제기한 소유권이전등기청구소송과 같은 경우에는 고유필수적 공동소송이다.[235] 또 두 사람 이상이 단순히 공동으로 토지를 매수한 것이 아니라 동업목적을 위한 동업약정에 따라 공동으로 토지를 매수한 경우에는 소유권이전등기청구권을 준(準)합유한 것이므로 고유필수적 공동소송이다.[236]

(ㄴ) 한편 공동광업권자는 조합계약을 한 것으로 간주되므로 광업권 및 광업권침해로 인한 손해배상청구를 준(準)합유한 것으로서 이에 관한 광업권자들의 소송,[237] 공동광업권자의 일원으로부터 그의 지분을 적법하게 양수하였을 경우라 하더라도 그 지분권에 관하여 종전의 공동광업권자 전원으로부터 새로이 공동광업자가 될 전원에 대한 공동광업권 자체의 이전등록을 경료하기 전에는 그 양수지분권에 기초한 권리는 행사할 수 없으므로 새로운 광업권지분권자의 종전 공동광업권자 들에 대한 소송[238]들은 모두 고유필수적 공동소송이다.

(ㄷ) 그러나 동업자들이 동업자금을 공동 명의로 예금한 경우에는 채권을 준(準)합유한 것이므로 필수적 공동소송이지만 동업이외의 특정목적, 예컨대 예금채권자가 자신의 예금에 대

229) 대판 1983.10.25. 83다카850.
230) 서울지법 남부지판 1985.5.23. 84가합1530.
231) 대판 1996.12.10. 96다23238, 2015.9.10. 2014다73794,73800.
232) 대판 1972.12.12. 72다1651, 1997.10.14. 95다22511.
233) 대판 1991.11.22. 91다30705.
234) 대판 2012.11.29. 2012다44471 등.
235) 대판 2010.12.23. 2010다77750.
236) 대판 1994.10.25. 93다54064.
237) 대판 1997.2.11. 96다1733.
238) 대판 1968.9.30. 68다1496,1497 참조.

하여 혼자서는 인출할 수 없도록 방지, 감시하는 차원에서 공동명의로 예금을 개설한 경우에는 예금에 관한 동업관계가 성립되지 아니하여 고유필수적 공동소송이 아니다.[239]

(iv) **조합재산의 업무집행** 조합재산의 처분, 변경에 관한 업무집행에는 민법 제706조 제2항이 적용되므로 업무집행자가 없는 조합의 업무집행에 관해서는 조합원 전원의 동의는 필요하지 않고 과반수로 결정한다.[240] 그 결과 조합의 업무집행에 관하여 조합원 사이에서는 고유필수적 공동소송의 범주에 포함되지 않는 경우가 발생할 수 있다.

(v) **보존행위** 합유물의 보존행위는 각자 단독으로 할 수 있으므로(민 제272조 단서) 이를 공동으로 제소하더라도 고유필수적 공동소송이 아니라 통상 공동소송이다.[241] 따라서 합유물에 관하여 경료된 소유권이전등기의 원인무효를 이유로 한 말소등기청구는 합유물에 관한 보존행위로서 합유자 각자가 할 수 있고,[242] 합유재산이라고 하더라도 현실적으로 점유하고 있는 합유자 만을 상대로 명도청구를 할 수 있어 이 경우에도 합유자 모두를 상대로 할 고유필수적 공동소송이 아니다.[243]

(vi) **부동산 합유자 중 일부의 사망** 이 경우에는 합유자 사이에 특별한 약정이 없는 한 사망한 합유자의 상속인은 합유자로서의 지위를 승계하지 못하므로, 해당 부동산은 잔존 합유자가 2인 이상일 경우에는 잔존 합유자의 합유로 귀속되고, 잔존 합유자가 1인인 경우에는 잔존 합유자의 단독소유로 귀속된다.[244]

(vii) **공동광업권자 1인의 사망** 광업법 제30조 제1항, 제17조 제5항의 규정에 의하면 공동광업권자는 조합계약을 한 것으로 간주되므로 공동광업권자의 1인이 사망한 때에는 민법 제717조 1호에 따라 공동광업권의 조합관계로부터 당연히 탈퇴된다. 특히 조합계약에서 사망한 공동광업권자의 지위를 그 상속인이 승계하기로 약정하지 않은 이상 사망한 공동광업권자의 지위는 상속인에게 승계되지 않는다.[245]

(d) **총유의 소송관계** (i) **의의** 총유란 법인 아닌 사단의 사원이 집합체로서 물건을 소유하는 공동소유 형태이다(민 제275조). 그 권리주체는 법인 아닌 사단이고 구성원인 사원은 그 재산권의 사용수익권능을 갖고 있는데 불과하므로 지분권의 관념은 없다. 총유물의 관리 및 처분은 사원총회의 결의에 의한다(민 제276조 제1항). 총유물 그 자체의 처분이 따르는 채무부담행위도 총유물의 처분행위에 해당하므로 사원총회의 결의가 있어야 유효하다.[246] 법인 아

239) 대판 1994.4.26. 93다31825.
240) 대판 1998.3.13. 95다30345 참조.
241) 대판 2013.11.28. 2011다80449(평석은 [63] 참조).
242) 대판 1997.9.9. 96다16896.
243) 대판 1969.12.23. 67다1644.
244) 대판 1996.12.10. 96다23238.
245) 대판 1981.7.28. 81다145.
246) 대판 2025.8.14. 2024다262679.

닌 사단에 대표자 또는 관리인이 있는 경우에는 그 사단의 이름으로 당사자가 될 수 있는데 (제52조) 이 경우에도 대표자가 소송을 제기하려면 정관에 다른 규정이 없는 한 사원총회의 결의를 거쳐야 한다.[247] 그러므로 법인 아닌 사단의 사원이 총유자의 한 사람으로서 총유물인 임야를 사용하거나 수익할 수 있다고 하여도 위 임야에 대한 분묘설치행위는 단순한 사용수익에 불과한 것이 아니고 관습에 의한 지상권 유사의 물권을 취득하게 되는 처분행위에 해당된다 할 것이므로 사원총회의 결의가 필요하다.[248] 그러므로 총유에서는 구성원 각자가 보존행위를 할 수 있다는 민법 제265조 단서나 민법 제272조 단성의 규정이 없으므로 비록 보존행위라도 구성원 전원이 필수적 공동소송으로 제기하여야 한다.

(ii) **채권자가 채무자인 비 법인사단에 대한 채권을 보전하기 위하여 채무자의 권리를 대위하여 제3자에게 행사하는 경우의 채권자대위소송** 사원총회의 결의는 법인 아닌 사단의 대표자가 법인 아닌 사단 명의로 총유재산에 관한 소를 제기하는 경우에 그 의사결정과 특별수권을 위하여 필요한 내부적인 절차이다. 따라서 채권자가 채무자인 비 법인사단의 채무자에 대한 채권을 보전하기 위하여 제3채무자에게 채무자의 권리를 대위 행사하는 경우에는 그 권리행사에 채무자의 동의를 필요로 하는 것은 아니므로, 사원총회의 결의 등 채무자인 비법인사단의 내부적인 의사결정절차를 거칠 필요가 없다.[249]

(iii) **총유물의 보존행위** (ㄱ) **원칙** 총유물의 보존행위는 구성원 각자가 단독으로 할 수 없고 사원총회의 결의를 거쳐 사단 명의로 제소할 수 있다[250]. 그러므로 구성원 전원이 당사자가 되어 소송을 제기하여야 하는 고유필수적 공동소송이므로[251] 원고가 될 공동소유자중 일부가 제소를 반대하면 소를 제기할 수 없다. 다음에서 이와 관련된 문제를 검토한다.

(ㄴ) **고유필수적 공동소송에서 공동당사자가 될 일부당사자가 공동제소를 반대하는 경우** ① ㉠ 공동소유에 관하여 고유필수적 공동소송이 성립되는 경우에 공동소유자 전원이 원고가 되지 않으면 안 된다. 그 경우에 공동소유자 일부가 소의 제기를 반대하든지 응소를 반대한다면 나머지 공동소유자들 만으로는 소송을 수행할 수 없게 되어 소의 제기를 원하는 다른 사람의 소권이 실질적으로 부정되는 결과가 된다.

㉡ 따라서 이를 극복하기 위해서는 당사자가 되기를 거부한 사람을 피고로 하여 소를 제기할 수 있다고 하여야 할 것이다. 왜냐하면 원고로 될 것을 거부한 사람은 상대방의 이해와 공통되기 때문에 상대방과 함께 피고로 하더라도 무리가 없기 때문이다.[252]

---

247) 대표자는 사원총회의 결의를 거쳐서 소를 제기하여야 하며 그 결의 없이 제기한 소송은 특별수권에 흠이 있어 부적법하다(대판 2007.7.26. 2006다64573, 2011.7.28. 2010다97044 참조).

248) 대판 1967.7.18. 66다1600.

249) 대판 2014.9.25. 2014다211336 참조.

250) 이 경우는 공동소송이 아니라 단독소송이다.

251) 대전판 2005.9.15. 2004다44971.

㉢ 고유필수적 공동소송에서 구성원 전원이 당사자가 된다는 의미는 반드시 구성원 전원이 모두 원고 또는 피고의 한 쪽 당사자로 되어야 한다는 의미로만 해석할 것이 아니다. 구성원 일부가 구성원이 아닌 제3자와 같은 입장에 있기 때문에 구성원 사이에서 서로 대립하는 관계에 있다면 제3자와 같은 입장에 있는 구성원을 제3자와 함께 반대 당사자로 정하여 소송을 할 수 있게 함으로써 결국 구성원 전원이 당사자가 되는 것으로 충분하다고 풀이할 수 있다.

② 판례[253]는 허가 등에 관한 건축주 명의가 여러 사람으로 되어 있을 경우에, 허가 등은 해당 건축물의 건축이라는 단일한 목적을 달성하기 위하여 이루어지고 허가 등을 받은 지위의 분할청구는 불가능하다는 법률적 성격 등에 비추어 보면, 공동건축주 명의변경에 대하여는 변경 전 건축주 전원으로부터 동의를 얻어야 한다고 하여 고유필수적 공동소송으로 보면서도, 하지만 그 명의변경에 관한 동의의 표시는 변경 전 건축주 전원이 참여한 단일한 절차나 서면에 의하여 표시될 필요는 없고 변경 전 건축주별로 동의의 의사를 표시하는 방식도 허용되므로, 동의의 의사표시에 갈음하는 판결도 반드시 변경 전 건축주 전원을 공동피고로 하여 받을 필요는 없으며 부동의하는 건축주별로 피고를 삼아 그 판결을 받을 수 있다고 하여[254] 고유필수적 공동소송에서 소송공동의 강제를 축소하는 방향을 제시하고 있다. 한편 미등기 건물의 공동건축주 일부가 다른 사람에게 해당 건축물의 공유지분을 양도한 경우에는 나머지 건축주는 양수인의 건축주 명의변경 청구에 대하여 법령이나 약정의 근거가 없는 한 당연히 건축주 명의변경에 동의할 의무가 없다고 하였는데 이것은 공동건축명의자 상호 간의 관계를, 미등기 건물에 관한 등기청구권의 준 공유지분권자로 보았기 때문이다. 그 관계를 준합유지분권자로 보았다면 약정상 동의의무가 발생할 수 있을 것이다.[255]

③ 한편 분할되기 전 공동상속채무에 대하여 각 공동상속인은 제3자에 대하여 각자 불가분채무를 부담하므로(민 제411조), 제3자는 공동상속인들 각자에 대하여 연대 또는 개별적으로 분할 전 상속재산 채무에 관하여 이행을 청구할 수 있어 그 소송형식은 통상 공동소송이다. 따라서 공동상속채무에 대하여서는 고유필수적 공동소송관계에 있는 공동상속재산권보다 쉽게 권리를 행사할 수 있어 그 권리행사에 있어서 소송형식을 달리하는 현격한 차이가 있으므로 그 차이를 좁히기 위해서도 고유필수적 공동소송에서 소송공동 강제의 축소를 인정하는 해석이 필요하다.

(iv) **종중재산의 여러 사람에 대한 명의신탁** 종중 재산이 종중원의 총유라고 하더라도,

---

252) 예를 들어 A, B, C는 X라는 물건의 공유자인바 Y가 이을 부인하고 있어 Y를 상대로 공유권확인을 청구하고자 하는데 C가 이를 반대하는 경우 A와 B는 Y와 C를 피고로 하여 「Y와 C는 A, B, C가 X의 공유권자임을 확인한다」고 청구할 수 있다.

253) 대판 2015.9.10. 2012다23863.

254) 이 판결에 대한 분석은 강현중, 「고유필수적 공동소송에서 공동당사자의 지위」(법률신문, 2016.8.22.자 참조).

255) 대판 2022.8.31. 2019다2050.

여러 사람이 종중으로부터 그 부동산의 소유권신탁을 받은 경우에 수탁자들 상호 간의 소유형태는 단순한 공유관계이다. 따라서 그 여러 사람을 상대로 그들 소유명의로 있는 부동산을 매수하였다고 하더라도 소유권이전등기를 청구하는 소송의 형식은 통상 공동소송이고, 필수적 공동소송이 아니다.[256)]

(v) **단체내부의 소송** (ㄱ) 주주총회결의취소와 결의무효 확인소송 등 단체내부의 분쟁에 관해서 피고가 되는 자는 단체, 즉 회사이다.[257)] 왜냐하면 단체 자체를 피고로 하지 않으면 비록 승소판결을 받더라도 그 효력이 단체 구성원 전원에게 미치지 아니하기 때문이다. 그러나 어떤 법인 또는 법인이 아닌 단체의 이사를 선임한 결의의 무효확인소송과 같이 그 효력을 다투는 결의의 내용이 단체구성원 일반의 이해를 초월하여 특정 개인과 중대한 이해관계가 있는 경우의 법인의 이사 등 직무집행정지가처분사건에서, 판례[258)]는 채무자(피신청인)는 해당 단체가 아니라 채권자(신청인)와 대립되는 이사 기타 단체의 구성원이라고 하였다. 그 결과 위의 경우에 본안사건과 가처분 사건에서 당사자를 달리하게 된다.

(ㄴ) 위의 경우에 차라리 법인과 해당 이사 등 구성원을 공동피고로 하는 것이 분쟁의 획일적 처리와 실질 주체에 대한 변론권 보장차원에서 정당하다고 하겠다(공동피고설). 그러한 취지에서인지 판례는, 집합건물의 소유 및 관리에 관한 법률 제24조 제3항에서 정한 관리인 해임의 소는 관리단과 관리인 사이의 법률관계를 해소할 목적으로 하는 형성을 청구하는 소이므로 관리단과 관리인 모두를 공동 피고로 하여야 하는 필수적 공동소송이라고 하였고,[259)] 상법 제539조 제2항 · 제3항 규정의 청산인 해임은 상대방 회사의 본점 소재지 법원에 그 회사와 청산인들을 상대로 하는 소에 의해서만 이를 청구할 수 있을 뿐이라고 하여 공동피고설의 입장이다.[260)] 그렇다면 이사해임청구의 소(상 제385조)도 이사가 당해 법률관계의 당사자인 점과 절차보장을 위해 회사와 더불어 이사도 공동피고로 하여야 할 것이다.[261)]

공동소유관계소송

1. 공동소유의 기본 개념
   - 의미: 여러 사람이 하나의 물건을 공동으로 소유하는 것

256) 대판 1968.4.23. 67다1953.
257) 대전판 1982.9.14. 80다2425.
258) 대판 1972.1.31. 71다2351.
259) 대판 2011.6.24. 2011다1323.
260) 같은 취지: 대결 1976.2.11. 75마533 참조. 이 대법원판례는 비록 상법 제539조 제2항 제3항에 근거하여 본문과 같은 결론이지만 이를 일반적인 경우로 확대해석할 수 있다.
261) 같은 취지: 이시윤, 743면.

- 유형
  - 공유(민법 제262조~)
  - 합유(민법 제271조~)
  - 총유(민법 제275조~)
- 인적 결합 형태
  - 사단: 사단법인(단독소유, 공동소유 아님), 법인 아닌 사단
  - 조합: 법인 아님, 공동 소유 가능
- 소송상 형태
  - 통상 공동소송: 일부 공유자만 참여해도 가능
  - 고유필수적 공동소송: 구성원 전원이 참여해야 함

2. 공유의 소송관계

- 공유와 공유지분
  - 공유: 공유물 + 공유지분
  - 공유지분: 소유권 일부, 자유 처분 가능 → 통상 공동소송
- 공유물의 보존행위
  - 각 공유자가 단독으로 가능(민법 265조 단서) → 통상 공동소송
  - 보존행위가 다른 공유자의 이익과 충돌하면 인정 ×
- 공유물 관리
  - 관리·처분은 과반수 결의 필요
  - 공유자는 지분 비율로 사용·수익 가능
  - 독점 점유한 경우도 타인의 점유로 간주하지 않음 → 퇴거·인도청구 불가
- 공유물 반환·철거
  - 불법점유 시 지분 범위 내에서만 반환·철거 청구 가능
  - 지분을 넘어선 사용은 보존행위 아님
- 공유물 처분
  - 동의 필요(민법 264조) → 고유필수적 공동소송
  - 예외: 담보 목적 등 실질 판단 필요
- 특허 등 권리 관련 공유자 소송
  - 공유자 중 일부라도 권리 방해 시 단독 소송 가능
- 수동소송
  - 제3자 소송 → 통상 공동소송
  - 공유물 분할, 경계확정 등 → 고유필수적 공동소송

3. 합유의 소송관계

- 합유와 합유지분
- 조합체 구성원 공동 소유, 처분·변경 시 전원 동의 필요 → 고유필수적 공동소송

- 조합채무
  - 해산 전, 손익분배 비율 미정 → 출자액 비례, 제3자 상대 통상 공동소송
- 조합재산 소송
  - 관리·처분: 과반수 결의 가능 → 고유필수적 공동소송이 아닌 경우가 발생할 수 있음
  - 보존행위: 단독 가능 → 통상 공동소송
  - 합유자 사망: 잔존 합유자에게 귀속
- 공동광업권자
  - 조합계약으로 간주 → 소송은 고유필수적 공동소송
  - 1인 사망 시 상속인 승계 여부는 약정에 따라 결정

4. 총유의 소송관계

- 총유: 법인 아닌 사단의 사원이 집합체로 소유
  - 지분권 없음, 사원총회 결의 필요 → 고유필수적 공동소송
  - 법인 아닌 사단을 대위하는 채권자대위소송은 사단 내부 결의 필요 없음 → 단독 소송 가능
- 총유물 보존행위
  - 구성원 단독 불가, 총회 결의 필요 → 고유필수적 공동소송
  - 일부 반대 시: 피고로 삼아 소송 가능해야 함(저자 견해) → 소송 강제 축소 가능
- 종중재산 명의신탁
  - 수탁자 간 단순 공유 → 통상 공동소송
- 단체 내부 소송
  - 회사·단체 관련 내부 분쟁 → 회사·단체를 피고(판례). 그러나 회사와 해당 이사를 공동 피고로 함이 타당(저자 견해)

□ **핵심정리**

- **통상 공동소송: 일부 구성자만 참여 가능(보존행위, 일부 수동소송 등)**
- **고유필수적 공동소송: 구성원 전원 참여 필요(공유물 처분, 합유물 처분, 총유물 소송 등)**

3. 유사필수적 공동소송

(1) 뜻

(a) 유사필수적 공동소송이라 함은 소송목적인 권리관계의 성질상 확정판결의 기판력이 다른 소송수행권자에게 확장되는 경우를 말한다. 고유필수적 공동소송과 달리 공동소송인들이 반드시 공동으로 소송을 수행할 필요가 없고 개별적으로 각자 할 수 있으나 일단 공동소송의 모습으로 소송을 하는 경우에는 판결의 효력이 공동소송인 모두에게 합일적으로 확정되어야 하기 때문에 공동소송인 사이에서 서로 다른 판결이 허용되지 않는 소송형태이다

(b) 당사자적격은 각 당사자에게 인정되지만 어느 당사자에 대한 판결의 기판력이 다른 당사자로 되어야 할 사람에게 확장되기 때문에 합일·확정의 필요성이 생긴다. 즉 여기서 공동소송인 독립의 원칙을 적용하면, 판결 내용이 공동소송인마다 다를 가능성이 생기고, 또, 법원의 변론이 분리되더라도 마찬가지의 가능성이 있다. 그러나 공동소송인 1인에 대한 판결의 기판력이 다른 공동소송인에 관해서 확장되는 것을 전제로 한다면, 공동소송독립의 원칙은 공동소송인들 사이에 기판력의 저촉이 생길 우려가 있어 분쟁의 통일적 해결에 바람직하지 못하다. 그러므로 고유필수적 공동소송과 마찬가지로 공동소송인 독립의 원칙이 배제되는 것이다. 그 밖에 판결의 반사적 효력이 미치는 경우도 유사필수적 공동소송에 속한다. 이 공동소송은 합일·확정소송 또는 우연필수적 공동소송이라고도 한다.

(2) 범위

(가) **판결의 본래 효력이 제3자에게 확장되는 경우** 공동소송인 가운데 1인이 가령 단독으로 소송을 제기하더라도 그 판결의 효력이 제3자에게 확장되는 경우에 여러 사람이 공동으로 제기하는 경우가 가장 대표적인 유사필수적 공동소송이다. 여기서 판결의 효력이 제3자에게 확장되는 경우라 함은 기판력이나 형성력 또는 집행력 등 판결의 본래 효력이 제3자에게 확장되는 경우를 의미한다. 여러 사람이 제기하는 회사합병무효의 소(상 제236조), 회사설립 무효·취소의 소(상 제184조), 주주총회 결의취소의 소(상 제376조), 주주총회결의 무효 및 부존재확인의 소(상 제380조) 등 판결의 대세적 효력이 인정되는 회사법상 소송에 많다. 공동특허 무효심결 취소소송,[262] 이의를 하는 사람이 여럿인 파산채권·회생채권의 확정에 관한 소송(채무자회생 제462조, 제463조, 제171조), 동일 사업자를 상대로 한 여러 소비자 단체의 소비자단체소송(소비기 제70조 이하)도 이에 속한다.

(나) **판결의 반사적 효력[263]이 제3자에게 미치는 경우** 판결의 반사적 효력이 제3자에게 미치는 경우에도 여러 사람이 제기하는 공동소송은 합일·확정되어야 하므로 유사필수적 공동소송이다. 예를 들어 공동대위채권자가 채무자의 제3채무자에 대한 채무자의 권리를 공동으로 대위행사하는 경우,[264] 공동압류채권자에 의한 추심소송(민집 제249조), 다수 주주에 의한 회사대표소송(상 제403조 제3항) 등이 이에 해당한다.

262) 대판 2009.5.28. 2007후1510.
263) [88] (3) 참조.
264) 대판 1991.12.27. 91다23486.

4. 필수적 공동소송의 심판

(1) 필수적 공동소송인의 소송상 지위

(가) 필수적 공동소송에서는 판결의 합일·확정이 요구되기 때문에 소송을 수행할 때 각 공동소송인들 사이에 긴밀한 연합관계를 필요로 한다.

(나) **소의 취하** 고유필수적 공동소송에서 공동피고 중 한 사람에 대한 소의 취하는 인정되지 아니하며[265] 또 공동피고 중에서 한 사람이 본안에 관하여 변론을 한 이상 피고 전원의 동의를 받지 아니하면 소를 취하할 수 없다. 그러나 유사필수적 공동소송에서는 원래 단독소송이 가능하기 때문에 각자 소를 취하할 수 있다.[266] 또 공동소송인 일부의 쌍불취하간주도 허용된다(통설). 그러나 유사필수적 공동소송에서 공동소송인 일부의 쌍불취하간주는 다른 공동소송인과의 관계에서 합일·확정관계를 해치므로 허용해서는 안 된다는 유력한 반대설[267]이 있다.

(다) **기일의 출석요구, 판결의 송달** 필수적 공동소송은 합일 적으로 확정되어야 하므로 소송자료와 소송 진행이 통일되어야 한다. 따라서 이를 위해 기일의 출석요구, 판결의 송달도 각 공동소송인 전원에게 하지 않으면 안 된다.

(라) **소송요건** (a) 필수적 공동소송이라고 하더라도 공동소송인 이상 소송요건의 존부는 각 공동소송인마다 개별적으로 직권 조사한다. 그 결과 공동소송인 중에서 한 사람의 소송요건에 흠이 있고 그 흠을 사실심의 변론종결 시까지 보정할 수 없을 때에는 고유필수적 공동소송의 경우에는 소전부를 각하하여야 한다.[268] 예를 들어 공유물분할에 관한 소송계속 중 변론종결일 전에 공유자 중 1인의 공유지분 일부가 제81조에서 정한 승계참가나 제82조에서 정한 소송인수 등의 방식으로 제3자에게 이전되었는데도 그 일부 지분권을 이전받은 자가 변론종결 시까지 소송 당사자가 되지 않으면 위 소송 전부가 부적법하게 된다.[269] 이와 같이 고유필수적 공동소송에서는 원고가 되어야 할 사람에게 누구를 당사자로 할 것인가에 관한 조사 의무를 강하게 부담시켜 당사자가 되어야 할 사람 일부가 누락되면 소송 그 자체를 부적법하게 함으로써 소송공동을 강제로 실현하게 한 것이다.

(b) 유사필수적 공동소송에서는, 공동으로 소를 제기하거나 제소되면 합일·학정이 요청되지만 실체법상 개별 제소의 기회가 주어진다면 개별 제소가 가능하므로 일단 공동으로 소를 제기하거나 제소된 이상 일부 당사자의 소송요건에 흠이 있는 경우 그 당사자의 소송만 각하

265) 대판 2007.8.24. 2006다40980.
266) 대판 2013.3.28. 2011두13729.
267) 이기택, 「유사필수적 공동소송과 일부 쌍불취하」(법률신문 2025년 6월30일자).
268) 대판 2012.6.14. 2010다105310.
269) 대판 2014.1.29. 2013다78556.

한다.

(마) 고유필수적 공동소송에서 소송요건 흠의 보완방법

(a) **별소의 제기와 변론의 병합** 고유필수적 공동소송에서 어느 한 피고에 대한 소송요건에 흠이 있어 소송 전부에 대한 각하판결이 있기 이전까지 원고는 소송요건을 갖춘 별개의 소송을 제기하여 이미 제기한 공동소송의 변론에 병합하면 소송요건의 흠을 보완할 수 있다.

(b) **공동소송참가(제83조)** 소송목적이 한 쪽 당사자와 제3자 사이에서 합일적으로 확정되어야 할 경우에 그 제3자는 공동소송인으로 소송에 참가할 수 있어 당사자 일부가 누락된 경우의 흠을 보정할 수 있다.

(c) **필수적공동소송인의 추가(제68조)** (i) (ㄱ) 법원은 필수적 공동소송인 가운데 일부가 누락된 경우에는 제1심이 변론종결할 때까지 원고의 신청에 따라 결정으로 원고 또는 피고를 추가하도록 허가할 수 있다(제68조 제1항). 다만 원고의 추가는 추가될 원고의 동의를 받아야 한다(제68조 제1항 단서).

(ㄴ) 허가결정에 대하여 이해관계인은 추가될 원고의 동의가 없었다는 것을 사유로 하는 경우에만 즉시항고를 할 수 있는데(제68조 제4항) 이 즉시항고는 집행정지의 효력이 없다(제68조 제5항). 추가신청의 기각결정에 대하여는 언제든지 즉시항고를 할 수 있다(제68조 제6항).

(ㄷ) 고유필수적 공동소송인의 일부가 누락되었을 때에는 이 규정에 의하여 흠을 보정할 수 있고, 유사필수적 공동소송에서는 이에 의하여 당사자를 추가할 수 있게 된다. 공동소송인이 추가되면 처음에 소가 제기된 때에 추가된 당사자와의 사이에 소가 제기된 것으로 본다(제68조 제3항).

(ii) 고유필수적 공동소송인의 일부를 누락한 경우에는 다음 (3)(나)에서 취급한다.

(iii) 판례[270]는 통상 공동소송에서는 이 규정의 유추에 의해서 당사자의 추가를 허용하지 않는다.

(2) 소송자료의 통일

(가) **유리한 행위** 필수적 공동소송인에게 유리한 소송행위는 공동소송인 중에서 한 사람이 하더라도 전원을 위하여 효력이 있다(제67조 제1항). 예를 들어 한 사람이 상대방의 주장사실을 다투거나 증거를 제출하면 다른 공동소송인에게도 유리한 행위이므로 전원에게 효력이 있다. 또 공동소송인 중에서 한 사람이 기일에 출석하여 변론을 하거나 기간을 준수하면 다른 공동소송인에게 유리한 행위이므로 공동소송인 전원에게 기일 및 기간태만의 효과가 생기지 않는다. 따라서 결석한 공동소송인에 대하여 간주자백(제150조)이나 간주취하(제268

270) 대판 1993.9.28. 93다32095.

조)[271]의 규정이 적용되지 않는다. 필수적 공동소송인 중에서 일부만 상소를 제기하더라도 상소의 효력은 필수적 공동소송인 전원에게 미친다.[272]

(나) **불리한 행위** 그러나 불리한 소송행위는 변론전체의 취지로서 불리하게 적용되는 경우를 제외하고는 공동소송인 전원이 함께 하지 않으면 효력이 없다. 예를 들어 청구의 포기 · 인낙 또는 재판상 화해는 불리한 행위로 평가되므로 공동소송인 전원이 함께 하지 않으면 효력이 없다. 또 공동소송인 중에서 일부만 출석하여 자백하더라도 불리한 행위이므로 자백의 효력이 없다.[273] 상소의 취하는 불리한 원심판결의 확정이 초래되므로 불리한 소송행위로 평가되어 공동으로 하지 않으면 효력이 없다.

(다) **공동소송인 한사람에 대한 상대방의 소송행위** 공동소송인 중 한사람에 대한 상대방의 소송행위는 유리 · 불리를 묻지 않고 전원에게 효력이 있다(제67조 제2항). 따라서 기일에 한사람이라도 출석하면 상대방은 준비서면에 기재하지 않은 사실이라도 진술할 수 있고 그 효과는 유리 · 불리를 묻지 않고 공동소송인 전원에 대하여 생긴다.

(3) 소송 진행의 통일

(가) **변론 및 증거조사** 변론 및 증거조사는 공통된 기일에 실시한다. 기판력에 어긋나는 것을 회피하기 위하여 변론의 분리(제141조)는 할 수 없다.

(나) **공동소송인 일부에 대한 판결의 불허** (a) 고유필수적 공동소송에서는 공동소송인 전원에 대하여 판결을 하여야 하고 일부에 대하여서만 할 수 없으므로 일부에 대한 판결은 위법으로서 추가판결로 그 위법을 시정할 수 없다.

왜냐하면 고유필수적 공동소송인중 일부에 대한 상대방의 상소는 다른 공동소송인에게도 효력이 미치는 것이므로 공동소송인 전원에 대한 관계에서 판결의 확정이 차단되고 소송은 전체로서 이심(移審)되며, 상소심판결의 효력은 상소를 하지 아니한 공동소송인에게도 미치므로 상소심으로서는 공동소송인 전원에 대하여 심리판단을 하여야 하기 때문이다.[274]

(b) 이 경우에는 상소를 제기하여 상소심에서 원심판결을 취소하고 공동소송인 전원에 대하여 판단을 하여야 위법을 고칠 수 있다. 공동소송인 중 일부에 대한 판결에 대하여 그 일부에 대해서만 상소를 제기하였더라도 상소심에서는 상소하지 않은 나머지를 모두 포함시켜 필수적 공동소송인 전원에 대하여 판결을 하여야 하고 그렇지 않으면 위법이다.[275] 따라서 필수

271) 그러나 유사필수적 공동소송의 경우에는 소의 취하가 허용되므로 간주취하도 적용된다.

272) 대판 2010.12.23. 2010다77750.

273) 공동소송인 1인이 자백하고 나머지가 부인하여 다투는 경우에는 변론전체의 취지로서 법관에게 불리한 심증형성의 원인이 될 것이다.

274) 대판 2010.2.24. 2009다43355.

275) 대판 2011.6.24. 2011다1323.

적 공동소송인에 대한 판결에서 누락된 당사자도 위법한 일부판결을 시정하기 위하여 상소를 제기할 이익이 있다.[276] 이 이치는 유사필수적 공동소송에서도 달리 해석할 이유가 없다.

(c) 원고측이 고유필수적 공동소송인을 구성하고 있는데 그 일부 사람이 누락된 경우에 피고가 누락된 그 일부사람에 대하여 소송고지(제84조)를 하더라도 고지에 의하여 당연히 당사자가 되는 것이 아니라 당사자로 참가하여야 당사자가 되므로 소송고지만으로는 당사자 누락의 흠을 보정할 수 없다.

(다) **소송절차의 중단·중지** 공동소송인 일부에 대하여 소송절차의 중단·중지의 원인이 생기면 다른 공동소송인에게도 소송절차의 중단·중지의 효과가 생겨서 소송절차 전부의 정지 사유가 된다(제67조 제3항). 그 정지 기간 안에서는 유효한 소송행위를 할 수 없다.[277]

(라) **상소기간** 상소기간은 각 공동소송인에게 판결정본이 송달된 때부터 개별적으로 진행되나 한 사람이 상소하면 다른 사람에게도 효력이 있기 때문에 공동소송인 전원의 상소기간이 끝날 때까지 판결은 확정되지 않는다.

(마) **고유필수적 공동소송에서 상소제기가 되지 않은 당사자의 지위** (a) 고유필수적 공동소송에서는 공동소송인 중 일부가 제기한 상소 또는 공동소송인 중 일부에 대한 상대방의 상소는 다른 공동소송인에게도 효력이 미치는 것이므로 공동소송인 전원에 대한 관계에서 판결의 확정이 차단되고, 소송은 전체로서 상소심에 이심되며, 상소심 판결의 효력은 상소를 하지 아니한 공동소송인에게도 미친다.

(b) 일부 공동소송인만 상소를 제기한 경우에, 상소의 효력을 받으면서도 상소가 제기되지 않은 나머지 다른 공동소송인의 지위가 무엇인지 문제이다. 이들에 관해서는 공동소송인 상호간의 합일·확정 관계에 비추어 상소인 또는 피상소인으로 보아야 할 것이지만 그 경우에는 인지 및 패소시의 상소비용을 부담시켜야 한다. 학설은 상소가 제기되지 않은 당사자는 상소인 또는 피상소인이 아니지만 합일·확정의 요청 때문에 이심되는 특수한 상소심당사자로 본다.[278] 판례도 상소하지 않은 공동소송인을 상소인이나 피상소인이 아닌 상소 당사자(즉 원고 또는 피고)로 취급한다.[279] 그러나 실제로는 상소한 공동소송인이 상소에 필요한 인지(印紙) 및 패소시의 상소비용을 부담하고 상소심의 심판범위도 그에 의하여 그어지며 상소취하 여부도 그에 의하여 결정된다.

(c) 상소인이나 피상소인이 아닌 상소 당사자는 합일·확정의 필요에 의하여 인정되는 특

276) 서울고판 1983.3.25. 82나308.
277) 대판 1983.10.25. 83다카850.
278) 이시윤, 738면.
279) 예컨대 대판 1993.4.23. 92누17297은, 토지수용법 제75조의2 제2항에 따른 필요적 공동소송에 있어서 상고하지 아니한 피고를 '상고인'이라고 기재하지 아니하고 단순히 "피고"라고만 표시하고 상고비용을 상고한 피고에게만 부담시켰다.

수한 당사자이므로 불이익변경금지의 원칙이 합일·확정의 필요와 어긋나는 경우에는 부득이 후퇴될 수밖에 없다. 따라서 상소 당사자는 원심판결보다 불리한 판결을 받을 수 있다.

(바) **후견감독인의 특별권한** 필수적 공동소송인 가운데 한 사람이 상소를 제기한 경우에 제한능력자인 다른 공동소송인의 법정대리인은 그 상소에 관하여 후견감독인의 특별한 권한을 받을 필요가 없다(제69조, 제56조 제1항). 한 사람이 상소하면 전원을 위하여 효력이 생기기 때문이다.

(사) **소송비용의 부담** 필수적 공동소송인들이 패소하는 경우 패소시의 소송비용은 공동소송인들의 연대부담이다(제102조 제1항 단서).

[99] * 제4. 예비적·선택적 공동소송

1. 의의

(1) 개념

(가) **뜻** 예비적·선택적 공동소송이라 함은 공동소송인의 청구나 공동소송인에 대한 청구가 법률상 서로 순위를 정하여 주위적·예비적이거나, 그렇지 않더라도 선택적 또는 택일적 관계에 있는 공동소송을 말한다(제70조 제1항). 이것은 동일 당사자 사이의 예비적 병합이나 선택적 병합을 당사자를 달리하는 예비적 또는 선택적 병합으로 바꾼 소송형태이다.

(나) **예비적 공동소송**

(a) **개념** 공동소송인 가운데 일부의 청구가 다른 공동소송인의 청구와 법률상 양립할 수 없거나(원고측), 공동소송인 가운데 일부에 대한 청구가 다른 공동소송인에 대한 청구와 법률상 양립할 수 없는 경우(피고측)에 주위적·예비적으로 순위를 정하여 공동으로 제기하는 경우에 성립한다. 예를 들어 주위적 원고로써 채권양수인의 양수금 이행청구와 함께 예비적 원고로써 원래의 채권자가 채무자에 대하여 본래 채무의 이행청구를 제기하거나, 주위적 원고로써 입주자 대표회의, 예비적 원고로써 구분소유권자가 제기하는 소송의 경우,[280] 주위적 피고로써 본인에 대한 계약상 청구와 예비적 피고로써 무권대리인에 대한 손해배상청구, 주위적 피고로써 공작물 점유자에 대한 손해배상청구와 예비적 피고로써 공작물 소유자에 대한 손해배상청구 등이다.

(b) **필요성** 위와 같은 경우에 각각 별개로 소송을 제기할 수도 있다. 그러나 그 경우에 예를 들어 본인에 대한 계약상 청구는 무권대리를 이유로, 무권대리인에 대한 손해배상청구는

---

280) 대판 2012.9.13. 2009다23160.

유권대리를 이유로 양쪽 청구가 모두 기각됨으로써 당사자에게 불리하거나, 거꾸로 본인에 대한 계약상 청구는 유권대리를 이유로, 무권대리인에 대한 손해배상청구는 무권대리를 이유로 양쪽 청구가 모두 인용됨으로써 민사집행이 복잡해질 우려가 있다. 이 경우에 대비한 소송형식이 예비적 공동소송이다.

(c) **형식은 예비적 공동소송이지만 실질은 통상공동소송인 경우(부진정 예비적 공동소송)** (i) 당사자가 예비적 공동소송의 형태로 청구하고 있지만 그 공동소송인들에 대한 청구가 상호 간에 법률상 양립할 수 없는 관계에 있지 않다면 그 공동소송은 청구의 본래 성질에 따라 통상공동소송 등의 관계에 있다.[281]

(ii) 예컨대, 원고가 중개사무소의 중개보조원인 피고 1이 임대차 목적 부동산에 설정된 근저당권이 곧 말소될 것이고, 만약 말소되지 않을 경우 자신이 임대차 보증금의 반환을 책임지겠다고 기망하여 임대차계약을 체결하게 했다고 주장하면서, 피고 1을 상대로는 불법행위에 기한 손해배상을, 이 중개사무소의 공인중개사인 피고 2를 상대로는 사용자책임에 기한 손해배상을 청구하는 경우가 있다. 이와 같이 서로 별개의 원인에서 발생한 독립된 채무라 하더라도, 동일한 경제적 목적을 가지고 있고 서로 중첩되는 부분이 존재하여, 한 쪽의 채무가 변제 등으로 소멸하면 다른 쪽 채무도 소멸하는 관계라면, 부진정연대채무 관계가 성립할 수 있다. 이 경우 양 채무의 발생원인이나 채무액수가 반드시 동일해야 하는 것은 아니며, 부진정연대채무 관계에 있는 채무자들을 공동피고로 하여 이행을 청구하는 소를 제기하더라도, 각 피고에 대한 청구가 서로 법률상 양립할 수 없는 것은 아니므로, 그 소송은 예비적 공동소송이 아니라 통상 공동소송에 해당한다.[282] 따라서 피고 하나의 청구에 대해서만 인용될 수도 있지만 피고 전부의 청구에 대해서도 인용될 수 있다. 또, 원고가 피고1을 상대로 항소취하를 하였다면 피고 1에 대한 제1심 판결은 피고2에 대한 제1심판결과 분리·확정된다.

(iii) 그 외에도 논리적으로 양립할 수 있는 청구에 대하여 순위를 붙이거나,[283] 당사자가 수량적인 주위적 청구(예, 1억 원의 물건멸실청구)가 전부 인용되지 않을 경우에 대비하여 인용되지 않을 액수의 일부(예, 5천만 원의 정신적 손해배상청구)에 관하여 예비적으로 심판을 구할 수 있는데 이 경우에 소송에서 당사자의 의사가 주위적 청구의 전부가 인용되지 않을 경우에는 예비적 청구에 대해서까지 판단하기를 바라는 취지로 불가분적으로 결합시켜 제소하였다면 주위적 청구에서 인용되지 않은 액수에 관하여서는 예비적 청구까지 판단하여야 하는 것이다.[284] 또 주위적으로 계약의 유효확인을 구하고, 예비적으로 그 계약이 유효하면 계약의 이

281) 대판 2012.9.27. 2011다76747, 2024.2.8. 2020다201422.
282) 대판 2024.2.8. 2020다201422.
283) 대판 2002.2.8. 2001다17633.
284) 대판 2002.10.25. 2002다23598 참조.

행을 구하는 경우[285]도 있다.

(iv) 요컨대 부진정 예비적 공동소송은 통상공동소송이므로 주위적 및 예비적 양 당사자에 대한 판결결과는 전부 승소, 전부 패소 또는 어느 당사자는 승소 다른 당사자는 패소가 될 수 있다. 이 점에서 주위적 청구의 전부 또는 일부 청구의 기각을 전제로 다음 청구를 심리하여야 하는 부진적 예비적 병합과 차이가 난다. 주의할 점이다.

㈐ 선택적(또는 택일적) 공동소송

(a) **개념** 피해자 갑이 을, 병 가운데 어느 한 사람으로부터 폭행을 당하여 손해를 입었는데 가해자가 누구인지 알 수 없는 경우에 을, 병을 선택적(또는 택일적)으로 공동피고로 하여 손해배상을 청구하는 경우, 어떤 물건에 관하여 원고 갑이 피고에 대하여 소유권확인청구를 하였는데, 을도 원고로써 피고에 대하여 같은 물건에 관한 배타적 소유권확인청구를 선택적(또는 택일적) 공동원고로 소를 제기하는 경우 등에 선택적(또는 택일적) 공동소송이 성립한다.

(b) **선택적 공동소송과 독립당사자참가(제79조 제1항)와의 관계** (i) 선택적 공동소송에서 공동소송인은 예비적으로도 양립할 수 없는 관계에 있다는 점에서 제79조의 독립당사자 참가인의 한 쪽 참가와 같다. 예를 들어 어떤 물건의 소유권을 둘러싸고 그 배타적 소유권의 귀속에 관하여 원고와 피고가 소송 중에 있는데 제3자가 그 물건의 배타적 소유권을 주장하면서 피고에 대하여 선택적 원고로 소유권확인청구를 할 수도 있고, 원·피고 한 쪽을 피 참가인으로 하여 소유권확인청구를 하는 독립당사자의 한 쪽 참가를 할 수도 있다. 따라서 제3자는 자기 임의로 선택적 공동소송인이 될 수도 있고 독립당사자참가의 한 쪽 참가도 할 수 있다.

(ii) 이 경우를, 독립당사자참가 소송으로 취급하여야 할 지 아니면 선택적 공동소송으로 취급하여야 할 지 문제이다. 왜냐하면 선택적 공동소송이나 독립당사자참가에 관해서는 공통적으로 필수적 공공소송에 대한 특별규정인 제67조가 준용되지만, 청구의 포기·인낙, 화해는 예비적·선택적 공동소송에서만 가능하고(제70조 제1항 단서) 독립당사자참가에서는 할 수 없다는 점에서 무시할 수 없는 차이가 있기 때문이다.

(2) 예비적·선택적 공동소송인의 지위(제67조 내지 제69조의 준용)

㈎ 예비적·선택적 공동소송에는 제67조 내지 제69조가 준용된다(제70조 제1항). 그러므로 공동소송인 가운데 한 사람의 소송행위는 모두의 이익을 위하여서만 효력을 가지고(제67조 제1항), 공동소송인 가운데 한 사람에 대한 상대방의 소송행위는 공동소송인 모두에게 효력이 있으며(제67조 제2항), 공동소송인 가운데 한 사람에게 소송절차를 중단 또는 중지하여야 할 이유가 있는 경우에 그 중단 또는 중지는 모두에게 효력이 미치고(제67조 제3항), 소제기 당시(원

---

285) 정동윤 외 2, 1009면의 예이다.

시적 예비적·선택적 공동소송)는 물론 소송계속 중에도 당사자를 추가하여 할 수 있으며(후발적 예비적·선택적 공동소송)(제68조), 공동소송인 가운데 한 사람이 상소를 제기한 경우에 다른 공동소송인이 제한능력자이더라도 그 법정대리인이 그 상소심에서 하는 소송행위에는 후견감독인으로부터 특별한 권한을 받을 필요가 없어(제69조) 필수적 공동소송의 경우처럼 소송자료와 소송진행이 통일된다. 판결은 모든 공동소송인에 대해서 하여야 하므로(제70조 제2항) 재판의 통일, 소송경제 및 당사자의 편의를 도모할 수 있게 된다.

(나) 다만 청구의 포기·인낙, 화해 및 소의 취하의 경우에는 각 공동소송인들의 계쟁이익을 처분할 수 있는 자율성을 보장하기 위하여 제67조 내지 제69조가 준용되지 아니하므로(제70조 제1항 단서) 예비적·선택적 공동소송인들은 청구의 포기·인낙, 화해 및 소의 취하 등을 공동으로 할 필요가 없이 각 자가 단독으로 할 수 있어 이 경우에는 소송자료와 소송진행의 통일이 보장되지 않는다. 이 점에서는 예비적·선택적 공동소송은 법규정상 통상 공동소송에 속하여 공동소송인 독립의 원칙이 적용된다. 그러나 공동소송인들 사이에서 모순관계가 있는 경우에는 뒤에서 검토하는 것과 같이 독립당사자 참가소송을 유추·적용하여야 할 것이다.

2. 예비적·선택적 공동소송의 법적 구성

(1) 독립당사자참가의 유추적용설

이 학설은 피고 측 예비적 공동소송에서 주위적 피고와 예비적 피고 사이에는 형식상 공동피고로 되어 있으나 실질적으로는 원고와 위 공동피고들 사이에 3면적·3당사자적 이해대립이 있으므로 그 소송관계는 독립당사자참가와 유사하다 하여 그 심판에 있어서 독립당사자참가와 같이 제67조의 특칙이 준용되어야 한다는 견해이다.[286)]

(2) 준필수적 공동소송설

이 학설은 예비적·선택적 공동소송에서 관련 당사자에 대한 분쟁을 통일적으로 해결하여야 한다는 필요성은 통상 공동소송보다 강렬하지만 소 제기 당사자와 예비적·선택적 관계에 있는 당사자와의 사이에 판결이 일률적으로 미치지 아니하여 필수적 공동소송과 다르다는 점에서 이 소송은 통상 공동소송과 필수적 공동소송의 중간에 위치하는 준 필수적공동소송으로서 이를 제70조로 입법화하였다는 견해이다.[287)]

---

286) 이시윤(1999), 205면 참조.
287) 졸저(1999), 199면 참조.

(3) 결론

(가) 2002년 개정 민사소송법은 예비적·선택적 공동소송에서 소송자료와 소송진행을 통일시키기 위하여 제67조를 준용함으로써 변론의 분리나 일부판결을 금지시키면서도 한편에서는 청구의 포기·인낙, 화해 및 소의 취하는 예비적·선택적 공동소송인들 각자가 할 수 있도록 함으로써(제70조 제1항 단서) 준필수적 공동소송설을 법적 구조로 입법하였다고 평가할 수 있다.

(나) 그러나 위에서 본 바와 같이 선택적 공동소송은 독립당사자의 한 쪽 참가소송과 실질이 같다는 것이다. 따라서 예비적 공동소송은 물론 선택적 공동소송에서까지 제70조 제1항 단서를 적용하여 선택적 공동소송인과 그 상대방이 단독으로 청구의 포기·인낙, 화해를 할 수 있는 것은 문제가 있다. 청구의 포기의 경우를 본다. 예를 들어 어떤 물건에 관하여 원고가 피고에 대하여 배타적 소유권확인청구를 하였는데 동일물건에 관하여 제3자가 피고에 대하여서 배타적 소유권확인청구를 한 경우에, 원고의 청구와 제3자의 청구는 논리적으로 양립되지 않는 선택적 관계에 있다는 점에서는 동일한데 다만 소송형태에 있어서는 제3자가 원고로 되는 경우에는 원고측 선택적 공동소송이 되고 제3자가 참가인이 되는 경우에는 권리주장의 독립당사자참가의 한 쪽 참가소송이 된다.

(다) 여기서 문제가 발생한다. 즉 같은 법률사항에 관하여 한 쪽에서는 선택적 공동소송이 되면 청구의 포기·인낙, 화해를 공동소송인 각자가 할 수 있는데 다른 쪽에서 독립당사자참가의 한 쪽 참가가 되면 각 당사자가 청구의 포기·인낙, 화해를 각자가 할 수 없다는 결론이 되는 것이다.

또 원고가 피고에 대하여 어떤 물건에 관한 소유권확인청구를 하였는데 제3자가 피고에 대하여서 같은 물건에 관한 소유권확인청구를 선택적으로 한 경우에 여기서 원고가 제70조 제1항 단서에 따라 청구를 포기하면 소유권은 피고에게 있다고 확정되고, 제3자와 피고와의 소유권확인소송에서 제3자가 승소하면 그 물건의 소유권은 제3자에게 속한다는 일물일권(一物一權)주의의 원칙상 도저히 승복할 수 없는 결론이 된다. 이 문제는 청구의 인낙이나 화해의 경우도 동일하게 생길 수 있다. 이러한 오류는 논리적으로 양립할 수 없는 복수의 법률관계는「예비적」으로는 처리할 수 있지만「선택적」으로는 처리할 수 없는 것을 입법과정에서 제70조 제1항 단서가 이를 간과한 데 이유가 있다고 본다. 이와 같은 문제점은 우리나라가 독일이나 일본에서 입법을 주저하였던 예비적·선택적 공동소송을 입법화하면서 동시에 독립당사자참가에서 한 쪽 참가를 허용하였다는데 원인이 있을 것이다. 따라서 해석론으로라도 선택적 공동소송의 경우는 제70조 제1항 단서를 적용함에 있어서, 청구의 포기·인낙·화해 및 소의 취하가운데 소의 취하를 제외하고 나머지는 적용해서는 안 될 것이다. 그런 관점에서 본다면 예비적·선택적 공동소송의 법적 구성은 논리적으로는 오히려 독립당사자참가의 유추적용설이 타당하다고 보인다. 다만 이 견해를 취한다면 선택적 공동소송의 형태는 독립당사자참가의 한 쪽 참가와 동일하게 되어서 선택적 공동소송과 독립당사자참가의 한 쪽 참가를 어떻게 구별하여야 하는지 다른 문제가 생긴다. 앞으로 이에 대한 입법적 · 실무적 검토가 필요할 것이다.[288)]

* 참고로 일본 민사소송법의 동시심판공동소송을 소개한다.
일본에서는, 법원은 공동소송에서 원고 측의 편의를 고려하여 원고의 신청이 있으면, 변론 및 재판의 분리를 하지 않고 재판을 할 수 있다(일 민소 제41조 제1항). 원고의 이 신청을 동시심판공동신청이라 하고, 이 신청에 의한 법원의 소송수행을 동시심판공동소송이라고 한다. 원고는 이 신청에 의해서 상호 법률상 병존관계에 있는 공동피고에 대한 소송을, 각각 별개로 심리하면 상호 모순된다는 이유로 청구 전부가 기각되는 위험을 피할 수 있고, 또 예비적 피고에 관해서도 언제나 심판이 이루어져서 예비적이라는 불안정한 지위에서 벗어나게 된다. 원고의 동시심판신청은 복수의 피고를 상대로 항소심의 변론종결 시까지 할 수 있는데(일 민소 제41조 제2항), 복수의 피고에 대한 동시심판공동소송만 인정되고 복수의 원고에 대해서는 인정되지 않는다.[289)] 동시심판공동소송은 그 성질이 통상 공동소송에 속하기 때문에 공동소송독립의 원칙이 적용되어 자백, 청구의 포기 · 인락, 소 · 상소의 취하를 자유롭게 할 수 있다.

㈑ (a) 뒤에서 보는 바와 같이 판례는 제70조 제1항 본문의「법률상 양립할 수 없는 경우」를 실체법적으로 서로 양립할 수 없는 경우뿐만 아니라 소송법적으로 서로 양립할 수 없는 경우를 포함한다. 그런데 실체법상 논리적으로 양립할 수 없는 사건으로서 독립당사자참가의 한 쪽 참가에 의하여야 할 경우를 예비적 · 선택적 소송형식으로 한다면 제70조 제1항 단서 가운데에서 청구의 포기 · 인낙, 화해에 관한 규정을 적용하는 것은 위에서와 같이 무리이므로 이 경우에는 독립당사자 참가의 경우와 같이 제70조 제1항 단서 가운데에서 청구의 포기 · 인낙, 화해에 관한 규정을 적용해서는 안 될 것이다. 즉 실체법적으로 예비적 · 선택적 공동소송과 독립당사자참가소송이 경합되는 경우에는 독립당사자참가소송을 우선하여 심리하여야 할 것이다.

(b) 소송은 결국 실체법상 권리를 실현하는 절차에 불과하다. 그런데 소송의 결과로 말미암아 실체법에 맞지 않는 권리가 이루어지는 사태는 받아들이기 어려울 것이다.

3. 요건 및 절차

(1) 제1심 변론종결 시까지 소의 제기 또는 당사자의 추가에 의하여 할 수 있다

㈎ **원칙** (a) 제1심 변론종결 시까지 소의 제기 또는 당사자의 추가에 의하여 할 수

288) 같은 취지: 이시윤, 796면 참조.
289) 新堂幸司, 798면.

있다(제70조 제1항에 의하여 제68조 제1항의 준용). 당사자의 실질적 변론기회의 확보와 심급의 이익을 지키기 위해서이다. 그러므로 소 제기 당시는 물론 소송계속 중에도 당사자를 추가하여 할 수 있고(제68조의 준용), 각각 별개의 소송으로 제기된 소송을 제1심 변론의 종결 시까지 당사자의 병합신청에 의해서도 할 수 있다. 예비적 · 선택적 공동소송이 모순된 분쟁의 1회적 해결 취지에서 입법되었다고 본다면 법문에서는 제1심 변론종결 시로 제한하고 있으나 제1심에서 예비적 · 선택적으로 심리할 수 있을 정도로 변론이 성숙되었을 때에는 항소심에서도 상대방이 동의를 받는다면 예비적 · 선택적 공동소송의 심리도 가능하다고 하여야 한다.[290]

(b) (i) 법원은 예비적 · 선택적 공동소송의 경우에 제68조가 준용되므로 제1심의 변론이 종결될 때까지 원고의 신청에 따라 결정으로 예비적 · 선택적 관계에 있는 원고 또는 피고의 추가를 허가할 수 있다.[291] 다만 원고의 추가는 추가될 사람의 동의를 받은 경우에만 허가할 수 있지만 피고의 추가는 그의 동의가 필요 없이 허가할 수 있다(제68조 제1항 준용).

(ii) 제3자가 원고와 논리적으로 양립할 수 없는 권리(예컨대 소유권 등 물권)가 있다는 이유로 선택적 또는 택일적 원고로서 피고를 상대로 소송을 제기하는 경우에는 당연히 허가하여야 할 것이다.

(c) 판례[292]는 통상 공동소송에서는 이 규정의 유추에 의해서 당사자의 추가를 허용하지 않는다. 그러나 대판 2015.6.11. 2014다232913[293]은, 부진정연대채무관계에 있는 당사자들을, 순위를 붙여 예비적 공동소송으로 추가한 사안에 관하여 피고의 예비적 공동소송으로 심판하였다. 따라서 실질적으로 통상 공동소송관계의 당사자도 논리적 양립 · 모순성의 여부를 떠나 예비적 또는 선택적 형식으로 추가할 여지가 있다고 할 것이다.

(나) 각종참가의 경우

(a) **보조참가** 예비적 · 선택적 당사자들이 자신의 승소를 위하여 상대방에게 하는 보조참가, 예컨대 갑의 을 · 병에 대한 예비적 · 선택적 공동소송에서 갑이 을에게 승소하면 병에 대한 소송은 기각되므로 병이 갑에게 하는 보조참가는 언제라도 허용된다.

(b) **독립당사자참가** (i) 예비적 · 선택적 공동소송에서는 논리적으로 양립할 수 없는 여러 개의 소송관계가 성립하고 그 각각에 대한 독립당사자참가(예컨대 갑의 을 · 병에 대한 예비적 · 선택적 공동소송에서 갑 · 을 또는 갑 · 병을 상대로 한 정의 독립당사자참가, 또는 갑의 을 · 병에 대한 예비적 · 선택적 공동소송에서 을 · 병을 상대로 한 정의 독립당사자참가)가 가능한지 검토한다. 주위적 당사자들에 대한 독립당사자참가는 언제나 가능하다(즉 정의 갑 · 을에 대한 참가). 그러나 권리주장참

290) 이시윤, 792면은 이 경우에도 제1심에 한정하여야 한다고 한다.
291) 대판 2008.4.11. 2007다86860.
292) 대판 1993.9.28. 93다32095.
293) 평석은 [24] 참조.

가를 할 제3자가 피고 을 한 쪽에 대하여 선택적 공동소송을 하는 경우에는 독립당사자참가와 동일하게 청구의 포기 · 인낙, 화해를 인정해서는 안 된다는 점은 위에서 설명하였다.

(ii) 예비적 당사자에 대한 심판은 주위적 당사자의 청구가 인용되는 경우에는 언제나 기각되어야 하지만 주위적 당사자 청구의 인용을 해제조건으로 하는 예비적 당사자에 대한 독립당사자참가(즉, 정의 갑 · 병에 대한 참가)는 다른 예비적 소송과 동일하게 허용할 수 있다. 동일한 이유로 주위적 · 예비적 모든 당사자에 대한 독립당사자참가(즉 정의 갑 · 을 · 병에 대한 참가)도 허용할 수 있을 것이다.

(c) **공동소송참가**(제83조 제1항) 예비적 · 선택적 당사자(원고 또는 피고) 한 쪽과 합일 · 확정관계에 있는 제3자는 공동소송참가를 통하여 예비적 · 선택적 당사자 한 쪽과 공동원고 또는 공동피고가 될 수 있다.

(d) **승계인의 소송참가**(제81조)**와 소송인수**(제82조) 승계인이 소송참가하면서 승계인을 주위적 원고, 피승계인을 예비적 원고로 하는 예비적 · 선택적 공동소송(예, 갑의 을에 대한 건물명도청구소송에서 갑의 승계인이 주위적 원고가 되고 피승계인이 예비적 원고가 되는 경우)에서 예비적 원고가 동의한 경우에는 문제가 없으나 그렇지 않으면 처분권주의에 위반되어 허용할 수 없다. 그러나 피승계인에 대한 청구와 승계인에 대한 청구가 법률상 양립할 수 없는 경우 승계인을 예비적 또는 선택적 피고로 하는 소송인수신청은 가능하다. 예컨대 갑의 을에 대한 물건인도청구소송에서 그 물건의 점유가 을에서 병으로 이전되었는지 불분명한 경우에 갑이 을을 주위적 피고로, 병을 예비적 또는 선택적 피고로 하는 경우이다.

(2) 공동소송인 가운데 일부의 청구가 다른 공동소송인의 청구와 법률상 양립할 수 없어야 한다(제70조 제1항)

예비적 · 선택적 공동소송인들 사이의 모순된 법률관계를 하나의 판결로 가려야 하기 때문이다.

(가) **「법률상 양립할 수 없다」의 의미** (a) 판례는, 여기서 「법률상 양립할 수 없다」의 의미를 「…동일한 사실관계에 대한 법률적 평가를 달리하여 두 청구 중에서 어느 한 쪽에 대한 법률효과가 인정되면 다른 쪽에 대한 법률효과가 부정되어 두 청구 모두 인용될 수 없는 관계에 있거나, 당사자들 사이의 사실관계 여하에 따라 또는 청구원인을 구성하는 택일적 사실인정에 의하여 어느 한 쪽의 법률효과를 긍정하거나 부정하면 이로써 다른 한 쪽의 법률효과를 부정하거나 긍정하는 반대의 결과가 되는 경우로서 두 청구들 사이에서 한 쪽 청구에 대한 판단이유가 다른 쪽 청구에 대한 판단이유에 영향을 주어 각 청구에 대한 판단과정이 필연적으로 상호 결합되어 있는 관계를 의미한다.」고 판시하였다.[294] 예를 들어 주위적 피고에 대하여는 통정허위표시 또는 반사회질서의 법률행위를 이유로 소유권이전등기의 말소청구를, 예비적

피고에 대하여는 주위적 피고에 대한 청구가 배척되는 경우에 이행불능을 이유로 한 전보배상 청구를 하는 경우[295] 등이다.

(b) 「법률상 양립할 수 없다」라는 모순관계는 실체법적으로 서로 양립할 수 없는 경우뿐만 아니라 소송법적으로 서로 양립할 수 없는 경우를 포함한다. 예컨대 법인 또는 비법인 사단 등 당사자능력이 있는 단체의 대표자 또는 구성원의 지위에 관한 확인소송에서 그 대표자 또는 구성원 개인뿐 아니라 그가 소속된 단체를 공동피고로 하여 소가 제기된 경우에 있어서는, 누가 피고적격을 가지는지에 관한 법률적 평가에 따라 어느 한 쪽에 대한 청구는 부적법하고 다른 쪽의 청구만이 적법하게 될 수 있으므로, 서로 법률상 양립할 수 없는 관계에 해당하여 예비적·선택적 공동소송이 성립하는 이상 먼저 단체의 대표자 또는 구성원 개인을 피고로 하는 소송계속 중에 단체를 예비적 피고로 추가하여 소송을 제기할 수 있다.[296]

(나) 모순된 법률관계 이 소송은 예비적·선택적 공동소송인들 사이의 모순된 법률관계를 하나의 판결로 가려야 할 필요성에서 고안된 것이다. 이 요건은 권리주장 독립당사자참가와 같다. 청구가 법률상 양립할 수 있는 경우에는 비록 공동소송인들 사이에 순위를 부여한다 하더라도 주위적 당사자뿐만 아니라 예비적·선택적 당사자도 모두 인용될 수 있어 실체적 법률관계와 강제집행에 곤란을 초래하기 때문에 허용될 수 없다.

(다) 「공동소송인 가운데 일부의 청구」 판례[297]는 「공동소송인 가운데 일부의 청구」를 반드시 공동소송인 중 일부에 대한 모든 청구라고 해석할 근거가 없다고 하면서 주위적 피고에 대한 주위적·예비적 청구 가운데 주위적 청구부분이 인용되지 아니할 경우 그와 법률상 양립할 수 없는 관계에 있는 예비적 피고에 대한 청구를 인용하여 달라는 취지로 결합하여 소를 제기하는 것도 가능하다고 하였다. 이 경우 주위적 피고에 대한 예비적 청구와 예비적 피고에 대한 청구가 서로 법률상 양립할 수 있는 관계에 있다면 양쪽 청구를 병합하여 통상 공동소송으로 심리할 수도 있으며,[298] 나아가 이 법리는 주위적 피고에 대하여 실질적으로 선택적 병합관계에 있는 두 청구를 주위적·예비적으로 순위를 붙여놓고 청구한 경우에도 적용된다[299]고 하였다.

294) 대결 2007.6.26. 2007마515, 대판 2011.9.29. 2009다7076.

295) 대판 2008.3.27. 2005다49430.

296) 대결 2007.6.26. 2007마515.

297) 대판 2009.3.26. 2006다47677.

298) 이 판례는 두 가지 문제를 제기한다. 첫째, 주위적 피고와 예비적 피고는 논리적으로 양립할 수 없는 관계로서 단계를 달리하는 조건적 당사자들인데 조건을 무시하고 이들 청구를 조건이 없는 대등한 당사자 사이에서 통상 공동소송으로 심리할 수 있다는 판시는 이해할 수 없다. 둘째, 판시에 의하면 예비적·선택적 공동소송에서도 통상 공동소송이 파생할 수 있다는 결론이다. 그런데 통상 공동소송은 변론의 분리나 일부판결이 가능하게 되어 예비적·선택적 공동소송의 범주를 벗어나게 되는데 그 경우에 어떻게 처리할 것인지 문제이다. 실제로 이 판례의 사실관계는 순수한 예비적 공동소송의 경우가 아니라 부진정연대채무의 경우였다. 따라서 이 판례의 판시는 부진정연대채무의 경우를 예비적 공동소송으로 제기한 경우에만 한정적으로 적용하여야 한다고 생각된다.

(3) 예비적 공동소송인들에게 순위가 정해져야 한다

순위를 정하지 않으면 모순되고 배척적인 주장을 하나의 판결로 가리기 어렵기 때문이다. 다만 선택적인 경우는 그 자체가 모순·배척되는 관계이기 때문에 순위를 정할 필요가 없다.

4. 심판

(1) 소송요건

(가) 예비적·선택적 공동소송도 공동소송의 하나이므로 공동소송의 주관적(제65조)·객관적(제253조) 병합요건을 갖추어야 한다. 그 가운데서, 제253조의 요건 등 직권조사사항은 각 공동소송인마다 별개로 심리하여서 소송요건을 갖추지 못한 공동소송인에 대해서는 개별적으로 소 각하 판결을 하거나, 별개의 소송으로 처리하여야 할 것이다.

(나) 병합의 형태가 무엇인지 여부는 당사자의 뜻이 아닌 병합청구의 성질을 기준으로 판단하여야 하므로,[300] 주위적 피고에 대한 예비적 청구와 예비적 피고에 대한 청구가 서로 법률상 양립할 수 있는 관계에 있으면 양쪽 청구를 예비적·선택적 공동소송이 아니라 통상 공동소송으로 보아 심리·판단한다.[301]

(2) 소의 취하, 청구의 포기·인낙, 화해

(가) (a) 예비적·선택적 공동소송인들은 소의 취하, 청구의 포기·인낙, 화해를 각자가 자유롭게 할 수 있다(제70조 제1항 단서). 그러므로 공동소송인 중 일부가 소를 취하하거나 일부 공동소송인에 대한 소를 취하할 수 있고, 이 경우 소를 취하하지 않은 나머지 공동소송인에 대한 청구부분은 여전히 심판대상이 된다.[302]

(b) 예를 들어 원고가 주위적 피고(을)에 대해서는 대리인 병의 유권대리를 이유로 계약의 이행청구를 하고, 예비적 피고(병)에 대해서는 민법 제135조 제1항에서 정한 무권대리인에 대한 계약의 이행청구를 한 경우에 예비적 피고(병)가 원고의 청구를 인낙한 경우에 을과 원고와의 관계에서 병이 유권대리로 인정된다면 을에 대한 청구도 인용되어야 하는 모순된 심판이 된다. 그러나 소의 객관적 병합에서 예비적 청구만을 대상으로 한 청구의 인낙이 무효라는 판례[303]에 비추어 위의 예에서 예비적 피고가 인낙을 하더라도 주위적 피고에 대한 원고의 청구

299) 대판 2015.6.11. 2014다232913(평석은 [24] 참조).
300) 대판 2014.5.29. 2013다96868(평석은 [52] 참조).
301) 대판 2009.3.26. 2006다47677.
302) 대판 2018.2.13. 2015다242429.
303) 대판 1995.7.25. 94다62017.

가 유권대리를 이유로 인용된 경우에는 예비적 피고에 대한 원고의 청구는 기각하여야 할 것이다.[304]

(나) 대판 2008.7.10. 2006다57872 (a) 이 판례는, 조정을 갈음하는 결정에 관한 것이지만 예비적·선택적 공동소송에 관해서 매우 창의적인 입장을 취하고 있다. 즉, 조정을 갈음하는 결정에 대하여 당사자가 이의하지 아니하면 재판상 화해와 같은 효력이 있지만(민조 제34조 제4항 참조) 조정담당판사는 직권으로 당사자의 이익이나 그 밖의 모든 사정을 고려하여 사건의 공평한 해결을 위한 조정을 갈음하는 결정(민조 제30조)을 할 수 있으므로 그 결정문에서 공동소송인들 일부의 분리확정을 불허할 수도 있다. 판례는 이 점을 디딤돌로 하여, 일부 공동소송인만의 조정 성립이 모든 공동소송인들에 공통되는 법률관계의 형성을 조건으로 하는 이해관계의 조절 등 소송 진행의 통일을 목적으로 하는 제70조 제1항 본문의 입법취지에 반하는 결과가 될 때에는 일부 공동소송인들만의 조정을 성립시켜 다른 공동소송인과의 관계에서 분리하여 확정시켜서는 안 된다고 판시하여 조정의 상대적 성립을 불허함으로써 공동소송인들 사이의 법률관계를 통일적으로 해결할 수 있게 하였다. 나아가 이 법리는 화해권고결정에서 이의신청기간 이내에 이의신청이 없는 경우에도 적용된다고 하였다.[305]

(b) 이 판례는 예비적·선택적 공동소송에 관해서 모순된 심판이 초래될 우려가 있는 경우에는 제70조 제1항 단서의 규정에 불구하고 해석론으로 일부 공동소송인에 대한 재판상 화해를 불허할 수 있는 길을 열어놓아서 예비적·선택적 공동소송에 관해서 모순 없이 합리적으로 결론을 낼 수 있는 길을 터놓았다는 데 참 뜻이 있다. 그렇다면 명문의 규정과 관계없이 화해는 물론이고 인낙도 제70조 제1항 본문의 입법취지에 반하는 결과가 될 때에는 이를 불허하여야 할 것이다.

(3) 재판상 자백

재판상 자백의 경우에는 제67조를 준용할 수 없다. 제67조에 의하면 주위적 및 예비적·선택적 당사자 전원이 자백하면 자백의 효력이 생기도록 되어 있지만 주위적 당사자와 예비적·선택적 당사자는 서로 법률상 양립할 수 없는 관계에 있기 때문에 예비적·선택적 공동소송의 독자적 입장에서 판단하여야 할 것이다.

(가) 동시자백 주위적 및 예비적 당사자 전원의 동시자백은 먼저 주위적 당사자에 대한 자백의 성립을 인정하여야 한다. 그 결과 주위적 당사자에 대한 소송에서 승소하면 예비적 당사자에 대한 소송은 자백에도 불구하고 기각되어야 한다. 주위적 당사자에 대한 소송이 기각

304) 이 경우에도 인낙을 허용하고 주위적 피고에 대한 심리는 계속 진행된다는 견해는 전원열, 651면 참조. 그러나 이 견해에 의하더라도 주위적 피고에 대한 심리가 종결될 경우에는 어떤 결론을 내려야 하는지는 언급이 없다.

305) 대판 2015.3.20. 2014다75202(평석은 [30] 참조), 2022.4.14. 2020다224975.

되어 예비적 당사자에 대한 심판이 필요한 경우에는 예비적 당사자에 대한 자백을 인정하여 이를 전제로 판결하여야 한다. 선택적 관계에 있는 예비적·선택적 소송에서 동시자백은 무의미한 자백이므로 자백의 효력을 부정하고 심판하여야 한다.

(나) **한 쪽 자백** 주위적 당사자는 자백을 하고 예비적 당사자는 부인을 한다든가 그 반대의 경우이다. 먼저 주위적 당사자에 대한 관계에서 자백이 있으면 이를 전제로 심리를 하여 주위적 당사자의 소송이 인용되는 경우에는 예비적 당사자에 대해서는 기각하여야 한다. 그러나 주위적 당사자는 부인을 하였고 예비적 당사자가 자백을 하였는데 주위적 당사자에 대해서 패소한 경우에는 예비적 당사자에 대한 심리는 자백을 전제로 하여야 할 것이다. 선택적 관계에 있는 예비적·선택적 공동소송에서는 어느 한 쪽의 자백은 부인하는 다른 쪽과의 관계에서 배척되는 관계이므로 자백의 효력을 부정하여야 할 것이다.

(4) 자백간주(제150조), 무변론판결(제257조)

예비적·선택적 공동소송인 가운데서 한 사람이라도 출석하면 제67조 제1항이 준용되어 자백간주나 무변론판결의 불이익을 입지 않는다.

(5) 상대방 공동소송인에 대한 소송행위

(가) 제67조 제2항이 준용되면 공동소송인 가운데 한 사람에 대한 상대방의 소송행위는 공동소송인 모두에게 효력을 가진다.

(나) 그러나 공동소송인 1인에 대한 송달은 그와 이해 상반되는 다른 공동소송인에 대해서도 효력이 생긴다면 이것은 당사자의 절차기본권을 침해할 우려가 있다. 따라서 공동소송인들 사이에서 이해가 상반되는 경우에는 공동소송인들 각자에 대하여 소송행위를 하여야 효력이 있다고 풀이할 것이다.[306)]

(6) 판결

(가) (i) 예비적·선택적 공동소송인들의 모든 청구에 대하여 판결을 하여야 한다(제70조 제2항). 따라서 예비적 공동소송에서 주위적 피고에 대한 청구가 이유 있을 때에는 주위적 피고에 대해서는 인용판결을 하고 예비적 피고에 대해서는 기각판결을 하여야 한다(제70조 제2항).[307)] 이 경우 소송비용의 부담은 원고가 실질적으로 전부 승소하였지만 판결주문에서는 예비적 피고에 대해서는 패소하였으므로 소송비용 패소자부담의 원칙(제98조)에 의하여 주위적 피고의 소송비용은 주위적 피고가, 예비적 피고의 소송비용은 원고가 부담한다. 원고의 청구가 주위

---

306) 반대취지: 이시윤, 759면.
307) 서울중앙지판 2004.3.25. 2002나44385, 2003나27930.

적 및 예비적 피고 모두에게 이유 없을 때에는 원고의 청구를 모두 기각하여야 하고 소송비용은 모두 원고의 부담으로 한다. (ii) 선택적 공동소송에서 어느 한 피고에 대해서 인용판결을 한 경우에도 다른 피고에 대해서 기각판결을 하여야 한다(제70조 제2항).

(나) 예비적·선택적 공동소송인 가운데서 일부 공동소송인에 대해서만 판결할 수 없으므로 예비적·선택적 공동소송인 가운데 일부에 대해서 판결을 하지 않고 남겨놓은 경우에도 남겨진 자를 위하여 추가판결을 할 수 없다.[308] 이 경우에는 일부판결과 관계없이 전부판결을 한 것으로 취급하여 상소로써 시정하여야 할 것이다.[309] 따라서 판결문에서 누락된 예비적·선택적 공동소송인이라도 위법한 일부판결을 시정하기 위하여 상소할 이익이 있다.[310]

(7) 예비적·선택적 공동소송에 대한 상소심의 심판

(가) 원고의 주위적 피고에 대한 청구는 기각되고, 예비적 피고에 대한 청구가 인용된 경우에 주위적 청구에 관하여 전부 승소한 주위적 피고는 공동소송인 독립의 원칙이 적용되어 원고의 예비적 피고에 대한 전부 승소판결에 대하여 항소할 이익이 없다.[311] 주위적 피고는 원고의 예비적 피고에 대한 소송에서 당사자가 아니기 때문이다.

(나) 그러나 판례에 의하면 예비적·선택적 공동소송인들 중에서 한 사람이 상소를 제기하면 그 사람에 대해서만 상소의 효력이 있는 통상 공동소송과 달리 필수적 공동소송의 경우와 동일하게 공동소송인 모두에 대하여 판결의 확정이 차단되고 상소심으로 이심되어 심판대상이 된다고 하였다.[312] 위의 경우 원고의 주위적 피고에 대한 전부 패소 판결도 상소심에 이심된다. 따라서 이 경우 상소심의 심판대상은 주위적 예비적 공동소송인 및 그 상대방 당사자 사이에서 낼 결론의 합일 확정 필요성을 고려하여 그 심판범위를 판단하여야 한다.[313]

(다) 항소심에서 주위적 피고는 항소인 또는 피항소인이 아니지만 항소당사자이므로 제71조에서 정한 「소송결과에 이해관계」가 있는 때에는 예비적 피고를 위해서 보조참가를 할 수 있다.[314]

(라) (a) 판례에 의하면 주위적 예비적 공동소송에서 그 공동소송인 중 어느 한 사람이 상소를 제기하면 다른 공동소송인에 관한 청구부분도 상소심에 이심되어 심판대상이 되며, 이러한 경우 상소심의 심판대상은 주위적·예비적 공동소송인들 및 그 상대방 당사자 사이의 합일적

---

308) 대판 2008.4.10. 2007다36308, 2018.2.13. 2015다242429.
309) 대판 2011.2.24. 2009다43355.
310) 대판 2008.3.27. 2005다49430.
311) 대판 2011.2.24. 2009다43355.
312) 대판 2008.3.27. 2006두17765.
313) 대판 2015.3.20. 2014다75202.
314) 반대 취지: 이시윤, 780면.

인 확정의 필요성을 고려하여 그 심판범위를 판단하여야 한다.[315] 그러므로 예비적 공동소송인 가운데에서 어느 한 사람의 상소가 이유 있어 원심판결을 파기(또는 취소)하는 경우에는 상소가 이유 없는 다른 한 사람의 청구부분도 함께 파기(또는 취소)하여야 한다.[316] 그렇지 않고 일부 공동소송인에 대한 판단을 누락하였다면 추가판결을 할 수 없다.[317]

(b) **실례** 예를 들어 원고 갑이 어느 상점에 물건을 팔았지만 그 상점 주인이 을·병 가운데 누구인지 알 수 없어(택일관계) 을·병 모두에 대하여 선택적 공동소송을 제기하였는데 제1심에서 을에 대한 청구는 기각되고 병에 대한 청구는 인용된 경우에 항소심의 심판을 살펴본다.

(i) **갑은 항소하지 아니하고 병만 항소하였는데 상점 주인이 을로 판명된 경우** 을은 청구기각 되었으므로 항소하지 아니하였지만 제67조가 준용되는 결과 을에 대한 청구는 확정되지 아니하고 항소심에 이심되어 심판대상이 되었다. 그 경우 을의 지위는 항소인 또는 피항소인이 아니라 항소당사자로 보아야 할 것이다. 즉, 당사자의 청구가 피고를 상대로 하는 선택적 공동소송(제70조)에 해당하므로 상소심의 심판대상은 선택적 공동소송인 및 그 상대방 당사자 사이의 합일적인 확정의 필요성을 고려하여 그 심판범위를 판단하여야 하기 때문이다.[318] 따라서 심리한 결과 상점 주인이 을로 판명된 경우에는 법률상 양립할 수 없는 공동소송인 사이의 분쟁관계를 모순 없이 통일적으로 해결함으로써 재판의 통일을 다하려는 예비적·선택적 공동소송의 목적을 달성하기 위하여 원심판결을 취소하여 갑의 을에 대한 청구를 인용하고 병에 대한 청구를 기각하여야 한다. 그 경우에는 합일적인 확정의 필요에 의하여 불이익변경금지의 원칙(제415조)은 배제된다.[319]

(ii) **갑·병이 모두 항소한 경우** 이 경우에 을은 갑에 대한 관계에서 피항소인이므로 을이 상점 주인으로 판명된 경우에는 원심판결을 취소하여 갑의 을에 대한 청구를 인용하고 병에 대한 청구는 기각하여야 한다.

예비적·선택적 공동소송

1. 구분

- 예비적 공동소송(단, 부진정 예비적 공동소송은 통상공동소송임. 주위 및 예비 모두 인용될 수 있어 부진정예비적 청구와 구별 필요함)

315) 대판 2011.2.24. 2009다43355.
316) 대판 2009.4.9. 2008다88207.
317) 대판 2011.2.24. 2009다43355.
318) 대판 2011.2.24. 2009다43355.
319) 같은 취지: 이시윤, 780면.

- 주위적 청구 → 우선 심리
- 예비적 청구 → 주위적 청구 기각 시 심리

• 선택적 공동소송
  - 어느 한쪽 청구만 인정되면 됨, 순위 불필요

2. 법적 구성

• 준필수적 공동소송 성격

• 제70조 제1항 준용
  - 제67~69조 적용: 공동소송인 소송행위 효력, 당사자 추가 가능
  - 청구 포기·인낙·화해·소 취하: 각자 독자 가능

• 선택적 공동소송과 독립당사자참가 유사점 존재(구별 난제)

3. 요건 및 절차

• 소 제기 및 당사자 추가: 제1심 변론종결 시까지

• 법률상 양립 불가: 반드시 모순된 청구여야 함

• 참가
  - 보조참가: 가능
  - 독립당사자참가: 주위적·예비적 공동소송에서 가능, 선택적 공동소송에서는 원칙적 불허

4. 심판

• 판결: 모든 공동소송인에 대해 판결해야 함
  - 예비적 공동소송: 주위적 청구 인용 → 예비적 청구 기각
  - 선택적 공동소송: 어느 한쪽 청구만 인용되면 나머지 당사자 청구 기각

• 소 취하·청구 포기·인낙·화해
  - 각자 독자 가능, 단 모순 발생 시 제한 가능

• 재판상 자백
  - 예비적: 주위적 청구 우선 취급
  - 선택적: 동시/일부 자백 모두 효력 부정

• 상소심
  - 일부 공동소송인 상소 → 전체 공동소송 심판대상
  - 선택적 공동소송 → 모순 없이 통일적 확정 필요

□ 핵심정리

• **목적: 모순된 법률관계를 한 번에 통일적으로 해결. 인용·기각을 떠나 모든 당사자에 판결필요**

• **예비적 공동소송 → 순위 필요**

• **선택적 공동소송 → 순위 불필요**

• **준필수적 공동소송 성격**

• **청구 포기·인낙·화해 → 각자 독자 가능, 모순 시 제한 가능**

5. 추가적 공동소송(소의 주관적·추가적 병합)

(1) 개념

(가) 추가적 공동소송 또는 소의 주관적·추가적 병합이라고 함은 하나의 소로써 여러 원고의 각 청구 또는 여러 피고에 대한 각 청구에 관해서 동시에 심판을 바라는 공동소송이 소의 제기 단계에서 이루어지지 않고 소송계속 중에 발생하는 것을 말한다. 즉 소송 계속 중에 제3자가 스스로 당사자로서 소송에 참가하거나 종래의 원고 또는 피고가 제3자에 대하여 소를 추가하여 제기하여 병합됨으로써 공동소송의 형태가 되는 것이다. 필수적 공동소송인의 추가(제68조), 참가승계(제81조), 소송인수(제82조), 공동소송참가(제83조), 후발적 예비적·선택적 공동소송(제70조), 추심의 소에서 제3채무자에 의한 다른 채권자에 대한 참가신청(민집 제249조 제3항) 등은 명문으로 인정되는 예이다.

(나) 추가적 공동소송이 이루어지면 소송계속 중에 당사자가 변동되는, 즉 임의적 당사자 변경이 되므로 법이 명문으로 허용되는 경우 이외에도 일반적으로 인정할 수 있는지 문제된다. 그런데 필수적 공동소송이 아닌 소송의 도중에 피고를 추가하는 것은 그 경우가 어떻든 허용할 수 없다는 것이 판례[320]이므로 통상 공동소송에서 명문의 규정이 있는 경우 이외에 당사자의 추가는 일반적으로 인정하기 어려울 것이다. 다만 아래의 경우에는 추가적 공동소송이 이루어질 여지가 있다.

(2) 추가적 공동소송의 유형

(가) **제3자가 스스로 소송절차에 참가하여 종래의 원고 쪽이나 피고 쪽의 공동소송인이 되는 경우** 예를 들어 손해배상청구소송에서 동일한 사고를 입은 다른 피해자가 손해배상청구를 하면서 이미 계속 중인 손해배상청구소송과 병합심리를 청구하거나(원고 쪽 공동소송인), 피고의 연대채무자 A가 원고에 대하여 채무가 존재하지 않는다는 소극적 확인의 소를 제기한 뒤 이에 대한 응답으로 원고가 A에 대하여 채무의 이행청구를 하면 A가 그 청구의 병합심리를 청구하는 경우(피고 쪽 공동소송인) 등에는 법원의 재량에 의한 변론의 병합으로 추가적 공동소송이 성립된다.

(나) **종래의 원고가 제3자에 대한 소송을 병합하여 제기하는 경우(원고에 의한 제3자 인수)** 예를 들어 교통사고를 입은 원고가 운송회사를 상대로 손해배상청구소송을 제기하여 소송계속 중에 운송회사와 논리적으로 양립할 수 없는 지입차주를 피고로 추가하는 경우이다. 이 경우에는 위에서 본 바와 같이 원고의 뜻에 따라 피고를 추가하여 통상 공동소송으로 하는 것은

320) 대판 1993.9.28. 93다32095.

판례가 허용하지 않으나 제70조 제1항의 준용에 의한 제68조에 의하여 필수적 공동소송이 되지 아니하더라도 지입차주를 예비적 또는 선택적 피고로 추가하는 것은 허용된다.

(다) 종래의 피고가 제3자에 대한 소를 병합하여 제기하는 경우(피고에 의한 제3자 인수)

(a) **문제의 제기** 피고는 원고와 달리 청구기각의 판결을 받는 것으로 만족해야 하는 소극적 당사자의 지위에 있다. 그러한 당사자에게 제3자에 대한 적극적 청구를 정립하게 하는 것은 명문의 규정 이외에는 허용하기 어려울 것이지만 피고도 원고와 동일하게 소송에 의한 분쟁해결을 바라기 때문에 일정한 범위 안에서 제3자의 소송인수를 인정하여야 할 것이다. 다만 피고는 소극적 당사자의 지위에 있기 때문에 원고나 제3자보다 소송인수의 범위가 좁아지는 것이 당연하다.

(b) **소송인수의 유형** (i) **전보형** 예를 들어 원고 갑으로부터 매매의 목적물에 대해 추탈소송을 제기받은 피고 을('추가원고')이 매도인 병('추가피고')에 대하여 민법 제580조 제1항에 따라 하자담보책임을 추급하는 소송을 병합하여 제기하거나, 피고가 되는 보증인이 구상의무자를 새로운 피고로 하여 소송을 병합하여 제기하거나, 상환청구소송을 제기받은 어음의 배서인이 다시 어음상 앞사람을 상대로 한 어음금 소송을 병합하여 제기하는 것과 같이 종래의 청구('본 소송청구')에 추가피고에 대한 청구('추가청구')를 병합하여 심판하여 달라는 경우를 말한다. 제3자의 소송인수 가운데 가장 예가 많다.

(ii) **전가형** 예를 들어 불법행위에 기초한 손해배상청구를 받은 피고가, 자기는 진실한 의무자가 아니고 제3자('추가피고')가 의무자라고 주장하면서 그 제3자를 소송에 인수한 경우와 같이 피고가 추가피고와 원고와의 사이에 청구를 정립하여 이를 종래의 소송에 병합하는 것을 말한다.

(iii) **권리자 지명형** 추심의 소에서, 소를 제기당한 제3채무자에 대한 집행력 있는 정본을 가진 원고 아닌 다른 채권자의 원고 쪽 참가신청(민집 제249조 제3항)을, 집행력 있는 정본을 가진 사람으로 한정하지 않고 일반화한 경우로서 채무의 이행을 청구받은 피고가 그 채무에 관하여 채권자라고 자칭하는 제3자를 공동원고로 하여 소송에 끌어들이는 것을 말한다.

(c) **허용성 문제** (i) 전보형과 전가형의 경우에는 별개 소송의 제기와 법원의 병합 또는 병행심리에 의하여 추가적 공동소송을 수행할 수 있다. 다만 전보형의 경우에는 원고의 본 소송청구가 각하 또는 기각되거나 추가원고가 본 소송청구에서 이행의무를 다하지 아니함으로써 면책되지 아니한 경우에는 추가피고의 이행의무는 발생하지 아니하므로 추가소송은 조건부 소송이 아닌가 하는 의문이 제기될 수 있다. 그러나 전보형은 청구 혹은 당사자에게 심리의 순서를 붙이지 아니하였고, 변론이나 소송계속도 본소청구의 확정적 기각을 해제조건으로 하는 것이 아니므로 조건부소송이 아니다.

(ii) 권리자 지명형은 피고에게 제3자의 피고 자신에 대한 청구의 정립을 허용함으로써 제3자는 자기의 의사에 기초하지 않고 타인의 의사에 의하여 원고가 되는 중대한 결과가 초래되어 허용하기 어렵다. 다만 피고가 제3자에게 채무부존재확인과 같은 소극적 확인의 소를 제기한 후에 제3자가 이에 대한 응답으로 피고에 대하여 채무의 이행청구와 같이 적극적으로 이행을 청구하는 소를 제기하고 그 소를 본소청구와 병합하면 권리자지명형의 소송인수를 이룰 수 있게 된다(이 경우 피고의 제3자에 대한 소극적 확인의 소를 제3자의 동의를 받아 취하하면 제3자의 소송만 남는다). 만약 제3자가 피고에 대하여 적극적으로 이행의 청구를 하지 아니하면 권리자 지명형의 소송인수는 이루어지지 않는다.

[100] 제5. 선정당사자

1. 뜻

(가) 선정당사자라 함은 공동의 이해관계를 가지면서도 제52조의 당사자능력이 있는 법인 아닌 사단 등을 구성하지 아니하는 다수의 여러 사람 가운데에서 다수자 전체를 위해서 선정되어 당사자가 되는 자를 말한다(제53조). 선정당사자를 선정하는 자를 선정자라고 한다. 당사자가 다수이면 송달 및 변론이 복잡할 뿐 아니라 필수적 공동소송의 경우에 어느 당사자의 사망 또는 소송능력의 상실에 의하여 소송절차가 중단되면 심리가 복잡하여질 수 있다. 이러한 다수 당사자소송을 단순화하는 방책으로는 공동소송인이 일치하여 같은 소송대리인을 선임하는 것도 생각할 수 있지만 공동의 이익을 가진 다수자 가운데에서 일부의 사람을 당사자로 선정하여 그들에게 다른 사람의 소송을 맡기는 선정당사자도 생각할 수 있다. 이와 같이 선정당사자제도는 다수당사자제도를 단순화하기 위한 목적으로 인정된 것이다.

(나) 선정당사자는 선정자 전원으로부터 소송수행권을 신탁받은 사람이므로 임의적 소송담당에 해당한다. 따라서 이 제도를 이용하느냐의 여부는 다수당사자 각자의 자유에 속한다. 다만 증권관련집단소송에서 법원의 허가를 받은 대표당사자는 피해자구성원의 선정 없이도 스스로 소송을 수행할 수 있는 당사자적격이 있다(증집소 제2조 4호). 민사조정법에서는 판사가 대표당사자의 선임을 명할 수 있다(민조 제18조 제3항).

(다) 선정당사자제도는 성질상 당사자가 대립되는 소송사건에만 적용되므로 비송사건에는 선정당사자에 관한 제53조가 준용 또는 유추적용될 수 없다.[321] 배당절차에서 선정당사자가 선정되면 그 선정당사자만 배당기일에 출석한 채권자와 같이 배당받을 지위에 있으므로 선정

321) 대결 1990.12.7. 90마674.

당사자만 배당표에 대한 이의(민집 제151조)의 주체 및 상대방이 된 채권자로서 배당이의의 소의 당사자적격이 있다.[322)]

2. 선정의 요건

(1) 공동소송을 할 다수의 여러 사람이 존재할 것

다수의 여러 사람은 원고에 한정되지 아니하며 피고도 포함되고 법에 제한이 없기 때문에 두 사람 이상이면 충분하다. 권리능력이 없는 비법인사단이 제52조에서 정한 대표자 또는 관리인이 있어 당사자능력이 있는 경우에는 선정당사자를 선정할 여지가 없으나 대표자 또는 관리인이 없는 경우에는 그 구성원들이 공동소송인으로서 당사자가 될 수 있으므로 선정당사자를 이용할 실익이 있다. 민법상 조합의 경우에도 업무집행조합원(민 제709조)이 없는 경우에 조합원들은 선정당사자를 이용할 수 있다.

(2) 공동의 이해관계를 가질 것

㈎ 공동의 이해관계를 가진다는 것은 다수자들 사이에 주요한 공격·방어의 방법을 공통으로 하여 사회통념상 상대방에 대하여 일체로서 대립한다고 인정되는 경우를 말한다. 이와 같은 경우에는 소송자료의 중요부분이 공통으로 되어 소송을 단순화할 수 있기 때문이다. 필수적 공동소송에 국한하지 아니하며 제65조 전문(前文)에 해당하면 충분하다.[323)] 예를 들어 같은 사고를 입어 손해배상을 청구하는 다수의 피해자, 토지소유자로부터 건물철거소송을 제기당한 같은 토지위의 건물 소유자 및 임차인들, 임대인을 상대로 보증금의 반환을 청구하는 임차인들 등이 이에 속한다.

㈏ 제65조 후문과 같이 다수자의 권리·의무가 같은 종류일 뿐 주요한 공격·방어 방법을 공통으로 하지 아니한 경우에는 선정당사자의 선정이 허용되지 않는다.[324)] 하지만 이 경우에 선정된 선정당사자는 선정자 스스로 자기 의사에 기초하여 선정당사자에게 소송수행권을 수여한 것이므로 선정자는 실질적인 소송행위를 할 기회 또는 적법하게 해당 소송에 관여할 기회를 박탈당한 것이 아니어서 법원이 그 흠을 간과하여 선정당사자로 판결이 확정된 경우에는 제451조 제1항 3호의 재심사유에 해당되지 아니하여 적법한 선정당사자가 된다. 따라서 그 선정당사자가 청구의 인낙을 하더라도 위법이 아니다.[325)]

---

322) 대판 2017.12.13. 2015다61507.
323) 대판 1999.8.24. 99다15474, 2014.10.15. 2013다25781.
324) 대판 1997.7.25. 97다362.
325) 대판 2007.7.12. 2005다10470.

(3) 공동의 이해관계를 가진 자 가운데에서 선정될 것

공동의 이해관계가 없는 제3자도 선정당사자가 될 수 있다고 하면 변호사대리의 원칙(제87조)을 참탈할 우려가 있기 때문이다.

3. 선정행위

(1) 선정은 자기의 권리의무에 관한 소송수행권을 선정당사자에게 수여하는 소송행위이다. 따라서 선정행위에는 소송능력이 있어야 하며 선정방식에는 제한이 없으나 선정사실은 서면으로 증명하여야 하고(제58조 제1항), 이를 소송기록에 붙여야 한다(제58조 제2항).

(2) 선정은 다수자 전체의 의사를 형성하는 것이 아니고 선정자의 개인적 이익을 자기의 의사에 따라 처리하는 소송행위이다. 그러므로 선정행위는 합동행위가 아니라 대리권 수여와 유사한 상대방 있는 단독행위이다. 따라서 공동하여 같은 사람을 선정할 필요가 없고 다수자의 선정에 찬성하지 아니한 자는 스스로 소송을 수행할 수 있으며 또 다른 사람을 선정할 수도 있다. 예컨대 매매계약당시에는 매수인으로 표시된 "외 50명"이 구체적으로 특정되지 아니하였으나 원고가 매도인의 승낙을 받아 그 50명을 선정자들로 확정하였다면 원고는 적법한 선정당사자이다.[326)]

(3) 선정을 하는 데는 조건이 없어야 한다. 심급관할은 조건이 아니므로 심급을 한정한 선정도 허용되지만, 심급의 제한에 관한 약정이 없는 한 선정의 효력은 소송을 마칠 때까지 지속된다.[327)]

(4) 선정 시기는 소송 계속의 전후를 묻지 않는다. 소송계속 이후에 선정하면 선정자는 당연히 소송을 탈퇴한 것으로 보게 되어(제53조 제2항) 소송수행권을 상실하고 선정당사자가 소송을 수행한다.

4. 선정당사자의 지위

(1) 당사자

선정당사자는 선정자 전부 및 자기 자신의 소송에 관하여 소송당사자로서 소송을 수행할 자격이 있다. 따라서 선정당사자는 당사자이고 소송대리인이 아니므로 소송대리인에 관한 제90조 제2항의 특별한 권한을 따로 받을 필요가 없이 부제소의 합의,[328)] 상소의 제기,[329)] 소의

326) 서울고판 1987.4.8. 86나239, 86카531.
327) 대판 2003.11.14. 2003다34038.
328) 대판 2010.5.13. 2009다105246.

취하, 화해, 청구의 포기·인낙 등을 할 수 있다. 선정당사자의 권한 및 개개의 소송행위에 선정자의 개별적인 동의가 필요하지 않은 것은 당연하다.[330] 소송수행에 필요한 사법(私法)상 행위는 모두 할 수 있다.[331]

(2) 여러 사람의 선정당사자

(가) 같은 선정자단에서 여러 사람의 선정당사자가 선정되었을 때에는 선정당사자의 자격을 합유(合有)한다. 따라서 선정당사자 전원은 고유필수적 공동소송인이 되어 각 선정당사자의 소송수행권은 합일·확정의 요청에 따라 함께 행사하여야 한다.

(나) 그러나 다른 선정자단에서 여러 사람의 선정당사자가 각각 선정되었을 때에는 합유가 아니기 때문에 통상 공동소송인이 되어서 위와 같은 제약이 없다.

(3) 선정당사자의 자격상실

(가) (a) 선정당사자는 그의 사망, 선정자에 의한 선정행위의 취소나 철회[332]로 말미암아 그 자격을 상실한다. 선정당사자 본인에 대한 소 취하, 판결의 확정 등으로 공동의 이해관계가 소멸되어도 자격을 상실한다.[333]

(b) 그러나 선정당사자 자격의 상실 또는 변경은 선정당사자나 선정자로부터 상대방에게 통지하지 않으면 그 효력이 발생하지 않는다(제63조 제2항). 그 통지를 한 사람은 법원에 그 취지를 서면으로 신고하여야 한다(민소규 제13조 제2항). 예컨대 선정자가 패소한 제1심판결에 대하여 선정당사자 대신 항소를 제기하는 행위는 선정당사자에 대한 선정의 묵시적 철회로 볼 수 있지만 그 경우에도 선정당사자에게 선정행위를 철회한다는 의사표시를 통지하고 법원에 그 취지를 서면으로 신고하지 않으면 선정행위의 철회는 효력이 없다고 하여야 할 것이다.

(나) 선정자의 사망, 그 능력의 상실 및 단순한 공동의 이해관계 소멸 등은 제도의 취지로 보아 선정당사자의 자격에 영향이 없다(제95조의 유추).

(다) 선정당사자가 여러 사람인 경우에 그 가운데 일부가 사망 기타 사유로 자격을 상실하였을 경우에는 다른 선정당사자가 모두를 위하여 소송행위를 한다(제54조).

(라) 선정당사자 전원이 자격을 상실하였을 때에는 선정자 전원 또는 새로운 선정당사자가 수계할 때까지 소송절차가 중단된다(제237조 제2항). 그러나 소송대리인이 있는 경우에는 중단되지 않는다(제238조). 소송절차 중단을 간과하여 판결이 선고되었다면 이는 대리인에 의하여

329) 대판 2015.10.15. 2015다31513(평석은 [7] 참조).
330) 대판 2003.5.30. 2001다10748, 2012.3.15. 2011다105966.
331) 대판 2003.5.30. 2001다10748.
332) 당사자 선정의 철회는 묵시적으로도 할 수 있다(대판 2015.10.15. 2015다31513).
333) 대판 2015.10.15. 2015다31513(평석은 [7] 참조).

적법하게 대리되지 아니한 것과 같은 위법이 있어 재심사유가 된다.[334)]

5. 선정자의 지위

(1) 소송계속 이전

선정이 되면 선정당사자에게 선정자를 위한 소송수행권이 부여된다. 따라서 소송계속 이전에 원고 측에 선정당사자가 선정되었을 때에는, 선정당사자는 자기를 포함하여 선정자 전원을 위하여 소를 제기할 수 있다. 한편 소송계속 이전에 피고측에 선정당사자가 선정되었을 때에는 선정당사자만이 당사자적격을 갖기 때문에 선정자를 피고로 한 소는 부적법하게 되므로 원고는 부득이 선정당사자를 찾아 그를 피고로 하여 소를 제기하여야 할 것이다.

(2) 소송계속 이후: 소송 탈퇴

(가) 소송이 법원에 계속된 뒤에 선정당사자를 선정하여 그 사실이 서면으로 증명되면 그 선정자는 당연히 소송에서 탈퇴한 것으로 본다(제53조 제2항). 이에 관해서는 원·피고의 구별이 없다. 따라서 소송계속 중에 선정행위가 있을 때에는 법원은 선정당사자를 소송 당사자로 하여 판결을 하여야 하므로 피고가 선정당사자로 되면 원고는 피고 선정당사자에 대하여 청구의 취지를 경정할 필요가 있다.

이 경우 선정자는 소송대리인을 선정한 본인과 같이 자기 고유의 소송수행권을 상실하지 않는다는 견해(적격유지설)[335)]가 있다. 이 견해의 취지는 선정자로 하여금 당사자 본인이 소송대리인의 사실상 진술을 곧 취소하거나 경정할 수 있는 제94조의 경정권을 선정당사자에게 행사할 수 있게 함으로써(제94조의 유추) 선정당사자의 독주를 견제할 수 있다는 것이다. 그러나 이 견해에 의하면 선정자와 선정당사자가 모두 소송행위를 할 수 있게 되어 실질적으로 선정을 취소한 것과 같은 결과를 낳게 할 우려가 있다. 그러므로 일단 선정자가 선정당사자를 선정하면 선정자는 그 소송에 관하여 소송수행권을 상실한다고 보아야 할 것이다(소송수행권상실설). 이 경우 선정자가 선정당사자를 견제하기 위해 스스로 소송수행을 하고자 한다면 언제라도 선정을 취소하여 당사자로 복귀할 수 있으므로 소송수행권상실설을 취하더라도 불합리한 것이 아니다.

(나) 선정자는 당사자가 아니므로 그 소송에 보조참가를 할 수 있고 증인이 될 수도 있으며 선정자가 스스로 변론기일에 출석하여 상대방과 화해를 할 수 있다. 다만, 법원이 선정당사자의 변론을 금지하고 변호사선임명령을 하는 경우(제144조 제2항)에는 선정자들에게 그 취지를

334) 대판 2020.7.9. 2020두33596.
335) 이시윤, 768면; 정동윤 외2, 982면.

통지하여야 한다.[336)]

(다) 선정자는 당사자가 아니므로 그가 하는 소취하는 선정당사자가 이를 원용(援用)하지 않는 한 소 취하의 효력이 없다.

(라) 선정당사자가 변호사인 소송대리인과의 사이에서 체결하는 보수약정은 선정자의 소송위임에 필수적으로 수반되어야 하는 것은 아니므로 선정당사자가 선정자로부터 별도의 수권이 없이 변호사 보수에 관한 약정을 하였다면 추인 등 특별한 사정이 없는 한 선정자에 대하여 변호사 보수를 청구할 수 없다.[337)]

(3) 판결의 선정자에 대한 효력

(가) 선정당사자가 받은 판결은 선정자에게 그 효력이 미친다(제218조 제3항). 그러므로 판결문의 당사자표시에는 선정당사자만 표시하지만 별지에 선정자들을 표기한다. 선정당사자 자신도 선정행위를 하였다는 의미에서 선정자로 표기할 수 있다.[338)]

(나) 선정당사자가 이행판결을 받았을 때에는 선정자를 위해 강제집행을 할 수 있다. 소송당사자는 선정당사자 아닌 선정자에 대해서도 강제집행을 할 수 있는데 이 경우에는 승계집행문이 필요하다(민집 제31조). 별지에 선정자가 표시되더라도 당사자가 아니므로 승계집행문이 필요하다.

(다) 선정자가 선정당사자를 선정한 뒤에 상대방으로부터 소제기를 당하면 선정자는 타인을 선정당사자로 선정한 사실을 입증하여 당사자 아닌 사람에 대한 제소라는 이유로 소각하 신청을 할 수 있고, 반대로 상대방은 선정당사자의 소송이 계속 중인데도 선정자가 별소를 제기한 경우에 선정자와 상대방의 소송이 중복되었다고 하여 소각하를 신청할 수 있다(제259조).

(라) 선정당사자에 대해서 소를 취하하면 그 취하의 효력은 당연히 선정자에게도 미친다.

(마) 선정당사자에 대한 판결의 효력은 선정자에 대해서도 미치므로 선정자도 재심의 소를 제기할 당사자적격이 있다.[339)]

6. 선정당사자 자격의 흠

(1) 소송요건, 직권조사사항

선정당사자의 자격은 당사자적격의 문제이므로 소송요건이 되고 직권조사사항이다. 따라

336) 대결 2000.10.18. 2000마2999.
337) 대판 2010.5.13. 2009다105246.
338) 대판 2011.9.8. 2011다17090.
339) 대판 1987.12.8. 87재다24.

서 그 자격에 흠이 있는 경우에는 부적법 각하된다. 그러나 흠을 보정할 수 있으면 대리권에 흠이 있는 경우에 준하여 보정을 명할 수 있고 그 때까지 일시 소송행위를 하게 할 수 있다(제61조, 제59조).

(2) 추인

선정당사자로서 자격에 흠이 있는 자가 소송행위를 하였더라도 변론을 종결할 때까지 당사자 전원이 그 자를 선정하고 그의 소송행위를 추인하면 유효하게 된다(제61조, 제60조).

(3) 자격 흠의 간과

선정당사자의 자격에 흠이 있는 것을 간과한 판결은 당사자적격에 흠이 있는 경우와 동일하게 상소에 의하여 취소할 수 있으나 재심사유가 아니므로 판결이 확정되면 재심의 소로써 다툴 수 없다. 그러나 선정당사자의 자격에 흠이 있다면 그는 정당한 당사자가 아니다. 따라서 그에 대한 판결은 기판력 등이 작동되지 않는 점에서 무효이므로 선정자에게 아무런 효력이 생기지 않는다.

7. 집단소송

(1) 집단소송의 개념과 유형

㈎ **집단소송의 개념** 우리 민사소송법에는 집단소송이라고 하는 제도가 존재하지 않는다. 다만 특별법으로 제정된 증권관련집단소송법에서 '증권관련 집단소송'(증집소 제2조 1호)이란 용어를 사용할 뿐이다. 수십 명의 원고들이 공동하여 소를 제기하는 경우는 흔히 다수당사자소송으로 파악하고 있다. 그런데 다수당사자소송이라고 하면 객관적으로 무색무취(無色無臭)한 당사자의 다수를 의미하기가 쉬우므로 이와는 달리 일정한 공통된 이해관계를 갖고 있는 다수인이 집단을 이루어서 어떤 목적을 달성하기 위하여 소를 제기한 경우에 이를 다수당사자소송과 구별하여 집단소송이라고 부른다. 집단소송은 당사자 상호 간에 공통된 이해관계로 연대되고 있다는 점에서 단순한 다수당사자소송과 의미를 달리한다. 또 다수당사자소송은 피고 쪽의 다수도 의미하나 집단소송의 집단은 반드시 원고 쪽에만 존재한다.

㈏ **집단소송의 유형** 집단소송이 현실적으로 소송사건으로 나타나는 경우에 그 소송법상 형태는 대략 다음의 세 가지 유형으로 나누어 볼 수 있다.

(a) **공동소송형태** 집단구성원 전원이 원고가 되는 경우이다. 공해·환경·노동 등의 분쟁에서 쉽게 볼 수 있는 형태이다. 원고 집단은 미리 조직화되어 있는 것이 보통이다.

(b) **대표소송형태** 집단 구성원 일부의 사람만 원고가 되어 다른 구성원을 법률상 대표

하는 경우이다. 선정당사자 소송(제53조), 증권관련집단소송, 미국의 class action(대표당사자소송)이 이에 속한다.

(c) **단체소송형태** 집단 그 자체가 원고가 되는 경우이다. 소비자단체 등이 스스로 원고가 되어 소송을 수행할 때에 그 구성원은 원고가 되지 아니하고 단체가 구성원의 권리를 갈음하여 행사하는 경우(소송담당형)와, 단체 스스로의 권리에 터 잡아 소송을 하는 경우가 있다. 단체에는 법인격 있는 단체는 물론이고 법인이 아닌 단체(제52조)도 있으며, 법인이 아닌 단체에는 영속적 단체도 있고, 그 분쟁 해결을 위하여 일시적으로 성립한 단체도 있다(독일의 Verbandsklage).

(2) class action과 단체소송

(가) **미국의 class action(대표당사자소송)** (a) 다수의 소비자 혹은 투자자들이 소수의 기업 혹은 임원에 대하여 원인이나 쟁점을 공통으로 하는 소액의 손해배상청구권을 갖고 있는 경우에 그 권리를 하나하나 나누어서 소송을 하여야 한다면 소송에 들이는 비용·시간·노력과 비교하여 구제받을 권리가 지나치게 소액이어서 채산이 맞지 않는다고 하여 이를 포기할 가능성이 크다. 위의 경우에 피해자군(class)에 속하는 사람 가운데서 어느 한 사람 또는 여러 사람이 스스로 대표자가 되어 class에 속하는 권리를 전부 모아서 소송을 제기하여 한꺼번에 분쟁을 해결하려 한다면 적은 비용을 들여 쉽게 권리구제를 받을 수 있게 된다. 이와 같은 소송형태를 class action이라고 한다. class action은 영미법상 equity(형평법)에서 정하고 있는 공동소송의 요건을 완화하기 위하여 영미의 판례법이 발달시킨 것으로서 1966년에 개정된 미국연방민사소송규칙(FRCP) 제23조에서 성문화되었다.

(b) class action은 금전청구가 일반적이지만{FRCP 23(B) (3)}, 시민권소송 등 경우에 따라서는 공통된 쟁점에 관하여 보전처분이나 확인판결을 구하는 경우에도 가능하다{FRCP 23(B) (2)}. 그러나 class action이라고 하면 보통 FRCP 23(B) (3)의 금전청구가 일반적이다.

(c) class action의 구성원이 소를 제기한다고 해서 모두 class action이 되는 것이 아니라 그 성립 여부는 법원이 결정하는데 그 요건은 다음과 같다. 첫째, class에 속하는 자가 다수여서 전원을 당사자로 하는 것이 현실적으로 매우 곤란하여야 한다. 둘째, 그 class에 공통된 법률상·사실상 쟁점이 존재하여야 한다. 셋째, 대표당사자의 청구 또는 항변은 그 class에서 가장 전형적인 것이어야 한다. 넷째, 대표당사자는 그 class의 이익을 공정·적절하게 보호할 수 있어야 한다. 이와 같은 요건을 모두 갖추더라도 법원은 class action이 그 분쟁에 관하여 공정하고 능률적인 재판을 함에 있어서 다른 이용가능한 방법보다도 우수하다고 판단될 때에 비로소 class action으로서의 소송수행을 허가한다. 일단 class action이 허가되면 법원은 최선의 통지방법을 강구하여 class의 멤버에게 소송고지를 하여 소송참가의 기회를 열어주지 않으면

안 되며, 이 고지를 받은 멤버가 법원에서 정한 날까지 제외신청을 하지 않으면 판결의 효력은 승패를 불문하고 멤버 전원에게 미친다. 법원은 상당하다고 인정한 경우에는 특정한 쟁점에 관하여서만 class action을 허가할 수도 있고, 하나의 class가 지나치게 크면 class의 요구를 충분히 만족시킬 수 있는 규모의 크기로 class를 나눌 수도 있으며, 화해, 소의 취하 등에는 법원의 허가를 받게 하는 등 class action에 관하여 후견적 역할을 담당하고 있다.

(나) **단체소송(Verbandsklage)** (a) (i) 독일의 단체소송은 class action과 같이 소송절차상 기존의 제도로부터 전개된 것이 아니고 입법의 산물이다. 즉 제정법이 개별 분야마다 일정한 법인격 있는 단체에 당사자적격을 부여함으로써 성립한 것이다. 따라서 형식상으로는 단일한 법인이 원고가 되고 집단이 원고가 되는 것은 아니지만 원고는 다수인으로 구성된 단체이기 때문에 집단소송으로서의 성격을 갖는다.

(ii) 독일의 단체소송은 역사적으로 1908년의 부정경쟁방지법(UWG)에서 부정한 수단에 의한 경쟁행위를 금지하고 소송을 제기할 수 있는 권한을 해당 업계의 업자단체에 부여함으로써 비롯되었다. 업자단체에 의한 단체소송은 다른 법률에서도 인정되었으나 1965년에 부정경쟁방지법이 개정되어 업계의 외부자인 소비자단체도 금지소송을 제기할 수 있게 되자, 단체소송은 대단한 학문적 관심을 불러일으켰다. 그 후 1976년의 보통거래약관법(AGBG)도 소비자단체로 하여금 위법한 거래약관의 사용 금지소송을 제기할 수 있는 권리를 주었다.

(iii) 독일의 단체소송은 어디까지나 금지소송이 주가 되고 소비자의 손해배상청구소송은 따로 규정이 없다. 그러나 단체는 임의적 소송담당의 일반원칙을 좇아 그 구성원으로부터 수권을 받아서 자기의 이름으로 손해배상을 청구할 수 있다.

(b) 단체소송은 결국 법률에 의하여 당사자적격을 확장한 것에 지나지 않는다. 즉. 법이 단체에 실체법상 금지청구권을 주어 단체가 이를 행사하는, 즉 단체에 의한 법정소송담당이라고 할 수 있다. 이와 같은 독일의 단체소송은 실제로는 활발하게 이용되고 있지 않다. 그 이유는 단체소송의 소송목적 값이 고액일 경우 패소하면 상대방의 변호사비용을 포함하여 많은 소송비용을 부담하여야 한다는 위험이 따르는데, 소비자단체는 자금이 부족하여 정부의 자금원조에 크게 기대는 입장에 있어 소송비용에 자금을 낭비할 처지가 아니므로 소제기에 신중을 기한다는 데 있는 것이다.

(c) 단체소송의 결과 단체가 승소하여 기업의 부당한 어떤 행위가 금지되면, 단체구성원은 물론이고 소비자 일반의 이익도 지켜진다는 점에서 결국 단체는 일반 소비자의 이익을 대표하여 소송을 하는 면을 부인할 수 없다(단체의 민중소송권). 보통거래약관법(AGBG)은 이와 같은 금지소송의 실효성을 높이기 위하여 이미 단체소송 판결에 의하여 사용이 금지된 약관이 만약 실제로 사용되는 경우에 상대방 계약자가 금지판결의 효력을 쓰겠다고 원용한다면 그 약관은 당연무효가 된다고 하였다.

(3) 증권관련집단소송

㈎ **개념** 증권관련집단소송이란 유가증권의 매매 그 밖의 거래과정에서 다수인에게 피해가 발생한 경우 그 중의 1인 또는 수인이 대표당사자가 되어 수행하는 손해배상청구소송을 말한다(증집소 제2조 1호). 그 일반법으로 증권관련집단소송법이 있다. 증권관련집단소송은 제외신고를 하지 아니한 구성원 전체에 기판력이 미치고 소송이익이 피해자 구성원 전체에 귀속된다는 점에서 선정당사자제도와 같으나, 대표당사자는 미국의 class action과 같이 피해자 구성원의 선정행위 없이 소송을 수행한다는 점에서 선정당사자와 다르다.

㈏ **주요내용** (a) (i) 유가증권신고서 및 사업설명서의 허위 · 부실기재(금융투자 제125조), 사업보고서 등의 허위 · 부실기재(금융투자 제162조), 내부자거래 및 시세조작행위(금융투자 제175조, 제177조, 제179조), 감사인의 분식회계 · 부실감사(금융투자 제170조) 등을 원인으로 하는 손해배상청구에 한하여 인정된다(증집소 제3조 제1항).

(ii) 이 손해배상청구는 자본시장과 금융투자업에 관한 법률 제9조 제15항 3호에 따른 주식상장법인이 발행한 증권의 매매 또는 그 밖의 거래로 인한 것이어야 한다(증집소 제3조 제2항).

(b) 증권관련집단소송의 전문성과 복잡성을 고려하여 변호사강제주의를 채택하였다(증집소 제5조 제1항).

(c) 법원은 증권관련집단소송의 소장과 소송허가신청서가 제출되면 이를 공고한 후 구성원 중에서 대표당사자를 선정하도록 하고, 대표당사자가 총원의 이익을 적절히 대표하고 있지 못하거나 그 밖에 중대한 사유가 있는 때에는 직권 또는 신청에 의하여 대표당사자의 소송수행을 금지할 수 있도록 하였다(증집소 제10조 및 제22조).

(d) 소송을 제기하기 이전 3년간 3건 이상 증권관련집단소송의 대표당사자 또는 소송대리인으로 관여하였던 자는 증권관련집단소송의 대표당사자 또는 원고 쪽 소송대리인이 될 수 없다(증집소 제11조 제3항).

(e) 증권관련집단소송은 피해 집단의 구성원이 50인 이상으로서 피고회사의 발행 유가증권총수의 1만분의 1 이상을 보유하여야 하고, 법률상 또는 사실상 주요한 쟁점이 모든 구성원에게 공통되며, 당해 소송 총원의 권리실현이나 이익보호에 적합하고 효율적인 수단인 경우에 허용된다(증집소 제12조 제1항).

여기서 '피고회사'란 구성원이 보유하고 있는 증권을 발행하고 있는 회사를 의미하여, '법률상 또는 사실상 주요한 쟁점이 모든 구성원에게 공통된다'는 것은, 모든 구성원의 청구원인 가운데 중요사실이 공통되면 충족되고, 각 구성원의 청구에 약간의 다른 사실이 존재하거나 개별구성원의 청구에 약간의 다른 사실이 존재한다거나 개별 구성원에 대한 항변사항이 존재한다는 사정만으로 위 요건에 흠이 있다고 볼 수 없다. 또한 '당해 소송의 총원의 권리실현이나 이익보호에 적합하고 효율적인 수단인 경우에 허용'되므로 다수 구성원들의 피해 회복을 위하여 소송경제상 집단소송이 다른 구제수단보다 경제적일 것이 요구된다.[340)]

(f) 피해집단 구성원들의 권익을 보호하기 위하여 증권관련집단소송의 허가결정, 총원범위의 변경, 소 취하, 화해, 청구포기, 상소취하 및 판결이 있으면 이를 구성원 모두에게 주지시킬 수 있는 적당한 방법으로 고지한 후 전국을 보급지역으로 하는 일간신문에 게재하여야 한다(증집소 제18조 제2항 · 제3항, 제27조 제4항, 제35조 제3항, 제36조 제4항 및 제38조 제1항).

(g) 대표당사자 이외의 구성원에게도 증권관련집단소송에 의한 확정판결의 기판력이 미치는데 이를 원하지 아니하는 구성원은 서면으로 법원에 제외신고를 하여야 한다(증집소 제28조 및 제37조).

(h) 법원의 허가를 받지 아니한 소의 취하, 소송상 화해, 청구의 포기, 상소의 취하 또는 상소권의 포기는 효력이 없다(증집소 제35조 및 제38조).

(i) 법원은 직권 또는 대표당사자의 신청에 의하여 분배관리인을 선임하고, 분배관리인은 법원의 감독 하에 권리실행으로 취득한 금전 등의 분배업무를 행한다(증집소 제41조 제1항 및 제2항).

(j) 구성원은 권리신고기간 이내에 분배관리인에게 권리를 신고하고, 구성원이 책임 없는 사유로 권리신고기간 이내에 신고를 하지 못한 때에는 그 사유가 끝난 후 1개월 이내에 신고할 수 있다(증집소 제49조).

(k) 증권관련집단소송에 있어서 소를 제기하는 자, 대표당사자, 원고 쪽 소송대리인 또는 분배관리인이 그 직무에 관하여 부정한 청탁을 받고 금품 또는 재산상 이익을 수수 · 요구 또는 약속한 때에는 그 정도에 따라 7년 이하의 징역 또는 1억 원 이하의 벌금에서 최고 무기 또는 10년 이상 유기징역까지 처할 수 있다(증집소 제60조 제1항).

340) 대결 2016.11.4. 2015마4027 참조.

제3절 소송참가

[101] 제1. 총설

1. 참가의 모습

(1) 소송참가라 함은 제3자가 타인 사이에서 계속 중인 소송에 참가하는 것을 말한다. 현행법상으로는 보조참가(제71조), 공동소송적 보조참가(제78조), 독립당사자참가(제79조), 공동소송참가(제83조)가 있다.

(2) 소송외의 제3자가 소송 계속 중인 다른 사람들 사이의 소송 결과에 이해관계를 갖는 경우는 흔하다. 제3자로서는 그 소송절차에서 자기의 이익을 옹호. 보전할 기회를 갖고서 소송참가를 계기로 하여 분쟁의 일거 해결을 꾀하거나 소송당사자와 제3자와의 장래에 발생할 분쟁을 미리 방지할 수 있기를 바라기 때문이다. 한편, 소송계속 중인 당사자는 제3자의 참가에 의하여 관련분쟁을 전면적으로 해결하는 이익이 있지만 심리가 중복되고 복잡해지는 것도 부인할 수 없으므로 제3자의 참가를 꺼릴 수 있다. 법원은 하나의 소송절차에서 관련 분쟁을 전면적으로 해결한다고 하는 효율 및 분쟁해결 범위의 확대라는 이익이 있지만 심리가 복잡해지는 불편을 감수해야 하는 문제도 있기 때문에 제3자의 소송참가에 신중을 기한다.

(3) 민사소송법은 제3자의 소송참가에 관하여, 그 분쟁형태와 위와 같은 당사자 상호 간의 이해관계 정도에 따라 소송당사자와 같은 지위에서 참가하는 당사자참가(독립당사자참가, 공동소송참가)와 소송당사자를 보조하는 지위에서 하는 참가(보조참가, 공동소송적 보조참가)를 두고, 각 참가제도의 취지, 기능과 각 참가제도 상호 관련 및 역할분담의 관점에서 참가의 요건과 절차에 관한 규정을 두고 있다.

2. * 소송참가 상호 간의 관계

(1) 타인 간의 소송에서 제3자의 참가 여부는 그의 자유의사에 맡겨졌다는 것이 소송참가의 기본전제이다. 고유필수적 공동소송과 같이 관련분쟁의 통일적 해결을 위하여 제3자가 소송에 강제로 가입하여야 하는 것은 소송참가가 아니다. 소송참가에서는 관련분쟁의 통일적 해결보다는 제3자의 참가 이익 또는 참가 동기가 중요하다.

(2) 제3자가 소송에 참가하는 근본적 동기는 소송당사자의 사실상 및 법률상 주장과 다른 주장을 하기 위한 변론 및 증거신청의 요구 때문이다. 이 요구는 2개의 방향에서 나타난다.

첫째, 소송당사자 한 쪽을 승소시키기 위한 경우이다. 보조참가, 공동소송적 보조참가, 공동소송참가가 이에 속한다. 이 경우에 참가인으로서는 당사자 한 쪽을 승소시키기 위한 일체의 소송활동을 할 수 있다. 소송당사자 중 제3자로부터 지원을 받는 당사자는 참가인으로부터 도움을 받는다는 점에서 이익이 되지만 자기의 소송을 자기가 생각하는 방향으로 이끌겠다는 희망이 참가인의 변론에 의하여 방해를 받을 가능성이 있기 때문에 불편하게 느낄 수도 있다.[341] 한편 지원을 받는 당사자의 상대방은 참가인의 참가에 의하여 자기의 승소가능성이 줄어들기 때문에 참가를 불이익하게 받아들인다. 법원으로서는 소송당사자 한 쪽의 변론이 보강됨으로써 소송이 충실하여진다는 장점이 있으나 소송지연의 우려가 있고, 또 소송관계인이 늘어나서 소송운영이 어려워진다는 문제점이 있다.

둘째, 제3자가 자기의 청구를 정립(鼎立)하여 관련분쟁을 통일적으로 해결할 목적으로 참가하는 경우이다. 독립당사자참가가 이에 속한다. 제3자가 자신의 청구를 정립하기 때문에 참가인의 지위는 당사자와 같다. 따라서 참가인에게 당사자와 같이 충분한 절차기본권이 보장되어야 할 것이다. 반 면 종전 소송당사자로서는 참가인의 새로운 청구가 보태어지기 때문에 원래의 청구에 관한 심리의 지연을 각오하여야 하며, 또 소송의 실체 및 절차 면에서 여러 가지 제약을 받기 때문에 참가에 소극적이기 쉽다. 법원으로서는 관련분쟁을 한꺼번에 해결하는 장점과 소송절차의 복잡화 · 지연이라는 단점을 아울러 갖게 된다.

(3) 이와 같이 소송참가는 유형적으로 구별되고 있으나 이들은 같은 평면의 영역적 구분이 아니라 질적으로 차원을 달리한다. 따라서 실체법적으로 같은 권리 · 법률관계에 있더라도 상황에 따라 여러 참가요건을 동시에 구비할 수도 있다. 예를 들어 채권자가 보증인을 상대로 제기한 소송에 주 채무자가 참가하는 것이 보조참가의 전형적인 예인데, 만약 보증인이 사해적(詐害的)으로 소송을 수행하여 주 채무자가 보조참가 만으로서는 이를 막을 수 없는 우려가 있는 경우에는 보조참가에서 벗어나서 사해방지의 독립당사자참가를 할 수도 있다.[342] 거꾸로 독립당사자참가의 요건을 갖추지 못하였더라도 그 참가의 실질목적이 피고를 도와 원고의 청구를 부정하려는 취지인 경우에는 피고를 위한 보조참가인의 자격이 있으므로,[343] 원 · 피고 한쪽을 위하여 보조참가를 할 수 있다.[344] 결국 현행법상 참가형태는 일시적 구분이라 할 수 있으며, 구체적 분쟁에서는 제3자에게 여러 개의 참가방법이 제공되었다 할 것이다. 즉, 각종 참가의 중복 내지 상호 교환성이 소송참가의 특징이 된다.

341) 그러므로 보조참가에서는 지원을 받는 당사자의 이의(제73조 제1항 참조)를 인정하고 있다.

342) 이 경우 보조참가인이 독립당사자참가를 하면 보조참가는 종료되어 보조참가인의 입장에서는 더 이상 소송행위를 할 수 없다(대판 1993.4.27. 93다5727 참조).

343) 서울고판 1965.4.28. 64나1620,1621.

344) 서울고판 1984.11.2. 84나1179,1180.

소송참가 비교

구분	의의	참가인의 지위/특징	요건	효과·적용 조문
보조참가 (제71조)	제3자가 소송결과에 이해관계 → 한쪽 당사자 보조	• 종속성: 독자적 청구 불가, 피참가인 보조에 한정 • 독립성: 자기 이름·비용으로 참가 가능 (대리인과 구별)	소송결과에 법률상 이해관계 존재	참가인은 보조적 지위에서 소송행위 가능
공동소송적 보조참가 (제78조)	판결 효력이 제3자에게 직접 미치는 경우, 당사자적격이 없더라도 자기 권리 보호 위해 참가	• 유사필수적 공동소송에 준함 • 피참가인의 종속성 일부 탈피	판결 효력이 제3자에게 직접 미칠 것	참가인은 보조참가인. 그러나 제67조·제69조 준용
독립당사자 참가 (제79조)	• 권리주장참가: 소송목적이 자기 권리라고 주장 • 사해방지참가: 소송결과로 자기 권리가 침해될 우려	독립된 당사자 지위 • 소송구조 학설: 3당사자소송설(판례·통설) • 원·피·참가인 간 합일확정 필요	• 소송목적과 참가인의 권리가 양립 불가 • 원·피고 공모로 참가인 권리 침해 우려	제79조 준용 → 원·피·참가인 간 하나의 종국판결(합일확정)
공동소송참가(제83조)	소송목적이 당사자·제3자 간 합일확정 관계 있을 때, 공동소송인으로 참가	당사자로서 참가하므로 참가 즉시 공동소송인	필수적 공동소송 성립 합일확정관계 필요(없으면 부적법)	제67조 적용 → 필수적 공동소송 규율. 유사필수적은 물론 고유필수적 공동소송인도 참가할 수 있음

[102] 제2. 보조참가

1. 뜻

(1) 보조참가라 함은 소송결과에 대하여 이해관계 있는 제3자[345]가 한 쪽 당사자를 돕기 위하여 법원에 계속 중인 소송에 참가하는 것(제71조)을 말한다. 참가하는 사람을 보조참가인 또는 종(從)된 당사자, 참가를 받는 사람을 피참가인 또는 주된 당사자라고 한다.

345) 재외자를 대리하는 포괄적 대리권이 있는 상표관리인은 당사자본인에 준하므로 재외자를 위한 보조참가를 할 수 없다(대판 1997.3.25. 96후313,320 참조).

(2) 다른 참가와의 구별

보조참가인은 상대방에 대한 관계에서 자기의 청구에 관한 심판을 구하지 아니하고 피 참가인을 돕는데 그친다(보조참가의 종속성). 이 점에서 당사자의 지위에서 소송에 참가하는 독립당사자참가나 공동소송참가와 구별된다. 그러나 보조참가의 목적은 피 참가인의 승소를 통해 자기의 이익을 지키는데 있으므로 일정한 이해관계가 있는 범위에서 당사자의 의뢰가 없어도 자기의 이름과 비용으로 소송에 참가할 수 있다(보조참가의 독립성). 이 점에서 대리인과 구별되므로. 보조참가인 만을 위한 소송대리인이 인정된다.

2. 요건(제71조)

(1) 다른 사람 사이에서 소송이 계속 중일 것

㈎ 보조참가는 법원에 계속 중인 소송의 당사자를 돕기 위한 것이기 때문에 다른 사람 들 사이에서 소송이 계속 중이어야 한다.[346] 자기가 제기한 소송의 상대방을 돕는 것은 무의미하여 허용될 수 없으나 자기 쪽 공동소송인 또는 예비적 · 선택적 공동소송에서 자기와 모순관계에 있는 다른 공동소송인을 패소시키기 위해서 상대방 쪽 당사자에게 참가하는 것은 허용된다. 그러나 독립당사자참가인은 원 · 피고와 구별되는 제3당사자이므로 원 · 피고 어느 쪽을 위해서 주위적은 물론 예비적으로도 다른 당사자를 위한 보조참가를 할 수 없다.[347]

㈏ 참가인은 대립당사자 양쪽으로부터 소송고지(제84조)를 받을 수 있고, 그럼에도 참가를 하지 아니할 수 있으나 참가하는 경우에는 동시에 양쪽 당사자의 참가인이 될 수 없다. 예를 들어 갑은 을의 대리인 병을 통해 매매계약을 체결하고 목적물을 병에게 인도한 후, 을을 상대로 매매대금 청구소송을 제기하였다. 그런데 을이 매매계약의 존재를 부인하는 경우, 갑은 병에게 소송고지를 하여 병의 대리권이 부인되거나 표현대리에 의하더라도 을이 대금지급의무를 지지 않는 경우에 대비해 무권대리인에 대한 손해배상청구의 의사표시를 할 수 있다. 한편, 을도 갑에게 매매대금을 지급해야 할 가능성에 대비해 병에게 소송고지를 하여 목적물의 인도를 청구할 의사표시를 할 수 있다.

이 경우 병은 갑 또는 을 가운데 어느 한 쪽에 보조참가를 할 수 있지만 양쪽에 다 보조참가를 할 수 없다. 다만 갑 쪽에 보조참가를 하였더라도 이 참가를 취하하고 을 쪽에 보조참가는 할 수 있다.

---

346) 공정거래위원회가 명한 시정조치에 대하여 그 취소 등을 구하는 행정소송에서 그 행위의 상대방은 공정거래위원회를 보조하기 위하여 보조참가를 할 수 있다(대결 2013.7.12. 2012무84 참조).

347) 대판 1994.12.27. 92다22473,22480.

(다) 보조참가는, 법문에 「계속 중인 소송」이라고 되어 있어도 판결절차는 물론이고 판결절차 이외의 결정 등 다른 재판절차에도 참가할 수 있다. 판결절차라면 피 참가인의 법률상 주장을 조력해주기 위하여 상고심에서도 참가할 수 있고, 판결이 확정되더라도 재심의 소(제451조 제1항)를 제기함과 동시에 참가신청을 할 수 있다(제72조 제3항). 독촉절차는 판결절차로 이행될 수 있으므로(제462조) 보조참가신청이 가능하다. 특허심결의 취소소송은 행정소송에 해당하는데 행정소송법 제8조 제2항에 의하여 제71조가 준용되므로 소송결과에 이해관계가 있는 제3자는 한 쪽 당사자를 돕기 위하여 법원에 계속 중인 심결취소 소송에 보조참가를 할 수 있다.[348]

(라) 보조참가는 대립 당사자의 어느 한 쪽을 보조하기 위한 것이므로 대립당사자 소송구조를 갖추지 못한 결정절차, 예컨대 비송사건절차,[349] 항고절차[350] 등에는 보조참가를 할 수 없다. 그러나 사실상 대립당사자의 구조이고 결정 내용이 보조참가인의 권리상태에 법률상 영향을 줄 관계에 있으면 그의 절차기본권을 보장하기 위해서 보조참가의 규정을 준용하여 허용하여야 한다는 견해가 유력하고,[351] 이 견해가 타당하다. 예컨대 가압류·가처분절차 등은 결정절차이지만 그에 대한 이의신청이 있는 때에는 법원은 변론기일 또는 당사자 양쪽이 참여할 수 있는 심문기일에서 심리를 진행하여야 하는데(민집 제286조 제1항) 이 경우 제3자는 보조참가를 할 수 있는 것이다.

(마) 보조참가는 법원에 계속 중인 소송당사자를 돕기 위한 것이다. 그러므로 예컨대 피고로부터 임야를 매수하였다고 하여 원고가 소유권이전등기를 청구하는 소송에서 제3자가 그 임야의 시효취득을 주장하기 위해서 피고보조참가를 하는 것은 원고에 대하여 피고를 위해서가 아니라 자기의 주장을 하기 위한 것이므로 허용할 수 없다.[352]

(바) 보조참가는 그 신청을 취하하지 않는 한 심급(審級)을 묻지 않고 소송계속을 마칠 때까지 그 참가의 효력이 있다.

(2) 소송결과에 대한 이해관계가 있을 것

보조참가는 궁극적으로 피참가인의 승소를 통하여 참가인 자신의 이익을 지키기 위한 것이므로 소송결과에 대한 이해관계가 있어야 한다. 이를 참가의 이유 또는 참가의 이익이라고 한다.

(가) **법률상 이해관계** (a) (i) 특정 소송사건에서 당사자 한 쪽을 보조하기 위하여 보조

---

348) 대판 2013.10.31. 2012후1033.
349) 대결 1994.1.20. 93마1701.
350) 대구고결 1983.1.31. 82라21.
351) 이시윤, 773면.
352) 광주고판 1981.1.15. 78나121,129.

참가를 하려면 당해 소송 결과에 대하여 이해관계가 있어야 한다. 여기서 말하는 이해관계라 함은 사실상 · 경제상 또는 감정상 이해관계가 아니라 법률상 이해관계를 말한다.[353] 법률상 이해관계라 함은 법적 효과가 생기는 것으로서, 이는 당해 소송의 확정판결에 있는 기판력이나 집행력을 당연히 받는 경우 또는 그 확정판결의 효력이 직접 미치지는 아니한다고 하더라도 적어도 그 판결을 전제로 보조참가를 하려는 자의 법률상 지위가 결정되는 관계에 있는 경우를 의미한다.[354] 예컨대 원고는 피고를 상대로 약 300억 원의 대여금 지급을 청구하였다. 참가인 B는 피고에 대한 채권자로서 원고의 청구 결과에 법률상 이해관계가 있으므로 피고 측에 보조참가하였다. 한편 A는 참가인 B에 대한 약 269억 원의 채권을 가지고 있었고, 이를 청구채권으로 하여 B의 피고에 대한 약 257억 원의 대여금채권을 압류·전부하는 전부명령을 받았다. 이 전부명령이 확정됨에 따라 위 대여금채권은 B로부터 A에게 이전되었다. 따라서 A는 원·피고 사이의 대여금채권에 관한 불가분채권자가 되었고, 원고가 피고를 상대로 제기한 주위적 청구의 결과에 대하여 피고가 승소하여야 할 법률상 이해관계가 있으므로 피고 측에 보조참가 할 이익이 인정된다.

(ii) 법률상 이해관계는 공법상의 것도 포함하므로 행정소송에서 피고가 되는 행정청을 위해서 보조참가를 할 수 있다(행소 제16조).

(b) 법률상 이해관계는 법률상 효과와 관계없는 사실상의 것이어서는 안 된다.[355] 다음은 법률상 이해관계가 없는 경우이다.

(i) **독자적 이익이 인정되지 않는 경우** 예를 들어 단순한 우정에 기초한 참가, 특정물인도청구소송에서 자신을 위해서가 아니라 오로지 본인을 위해서 목적물을 소지하는 청구 목적물 소지인(제218조 제1항)의 참가는 독자적 이익이 인정되지 아니하므로 법률상 이해관계가 없다.

(ii) **보조참가인이 소송당사자로 예상할 수 없는 경우** 예를 들어 어떤 목적물의 인도청구소송에서 원고와 직접 관계가 없는 피고의 일반 채권자는 피고 패소의 경우에 책임재산의 감소가 염려되어 이를 방지하기 위하여 보조참가하고 싶더라도 인도청구소송의 당사자로 될 가능성이 없기 때문에 법률상 이해관계가 없다.

(나) **소송결과에 대한 이해관계**

(a) **선결적 법률관계** (i) 판례[356]는 소송결과에 대한 이해관계라 함은 판결주문에 나타난 소송목적인 권리 또는 법률관계에 관한 판단이 참가인의 법적 지위에 영향을 주는 경우, 즉 참가인의 법률상 지위가 논리적으로 소송목적인 권리관계의 존부를 전제로 하는 선결적 법

353) 대판 2007.6.28.2007다16885, 2023.8.31. 2018다289825.

354) 대판 1979.8.28. 79누74, 1999.7.9. 99다12796, 대결 2014.5.29. 2014마4009(평석은 [26] 참조). 대전판 2017.6.22. 2014다225809 등 참조.

355) 대판 2000.9.8. 99다26924, 2014.10.30. 2012두17223.

356) 대판 2007.4.26. 2005다19156.

률관계인 경우로 한정하고 판결이유 중의 판단에 대한 이해관계에까지 확대하지 않는다. 예를 들어 설명한다.

(ㄱ) 채권자가 보증인을 상대로 한 대여금청구소송에서 보증인이 패소하면 주 채무자에게 구상(求償)할 수 있는데 이 경우 주 채무자의 구상의무는 보증인의 패소판결이 논리적 전제가 되므로 주 채무자는 보증인의 승소를 위해서 보조참가를 할 수 있다.

(ㄴ) 갑과 을이 어떤 물건에 관해서 갑은 매도인, 을은 매수인이 되는 매매계약을 체결하였다. 제3자가 매수인을 상대로 어떤 물건의 소유권을 주장하여 인도청구를 한 경우에 매수인이 그 소송에서 패소하면 매수인은 매도인을 상대로 민법 제570조에 정한 매도인의 담보책임을 물어 손해배상청구를 할 수 있다. 이 경우 매도인의 손해배상의무는 매수인의 패소판결을 논리적 전제로 하므로 매도인은 매수인의 승소를 위해서 보조참가를 할 수 있다.

(ㄷ) 판례[357]에 의하면 원고가 피고에 대하여 소유권에 기초한 방해배제청구로서 건축주명의변경절차의 이행을 청구하였는데 이 소송에서 원고 패소 시에 매매계약이 해지되는 것을 해제조건으로 하여 당해 건물을 매수한 제3자는 원고의 보조참가인이 될 수 있다고 한다.[358]

(ㄹ) 교통사고에서 여러 사람의 피해자가 있는 경우에 어느 피해자의 손해배상청구소송의 결과는 다른 피해자의 손해배상청구소송의 논리적 전제가 아니고 과실(過失)과 같은 판결이유만 공통으로 할 뿐이다. 따라서 이 경우에는 보조참가를 할 수 없다. 그러나 공동불법행위로 인한 손해배상책임을 지는 자는 피해자가 자기 아닌 다른 공동불법행위자를 피고로 하여 제기한 소송에서 법률상 이해관계가 있으므로 피해자인 원고를 위해서 보조참가를 할 수 있다. 이 경우 원고의 승소는 보조참가인의 법적 책임을 완화시킬 수 있기 때문이다.[359] 같은 이유에서 피해자에 의하여 가해자인 피보험자가 제소당한 경우에 그를 승소시켜 법적 책임을 완화시키고자 하는 보험회사도 참가인이 될 수 있다고 보아야 한다.[360]

(ii) 보조참가의 요건으로서 「소송결과에 대한 이해관계」를 판결주문에 나타난 소송목적인 권리 또는 법률관계에 한정시킨다고 하면 보조참가의 범위가 좁아져서 제3자의 소송관여가 어렵게 되어 소송이 간편하여지는 장점이 있다. 그러나 오늘날 공해 · 환경 · 제조물책임 등 시민생활과 관련된 소송사건이 증가하면서 소송당사자 사이에서만 효력이 있는 기판력 등 본래의 효력뿐만 아니라 당사자 이외에 널리 제3자에게 영향을 주는 반사효 · 파급효 등이 중시되고 있는데 이와 같은 효력은 모두 판결주문이 아니라 판결이유 중의 판단과 관련된 효력들이다. 그런데 만약 「소송결과에 대한 이해관계」를 판결주문에 한정시킨다면 이들 반사효 · 파급

357) 대판 2007.4.26. 2005다19156.

358) 그러나 본 소송에서 원고의 승소가 참가인 건물매수의 선결적 법률관계라는 것인데 소송의 승패가 법률관계인지는 의문이다.

359) 대판 1999.7.9. 99다12796.

360) 반대: 이시윤, 772면.

效 등을 받는 제3자의 소송관여가 힘들게 되어 분쟁해결을 제2, 제3의 소송에 넘기게 됨으로써 결국 분쟁의 반복 · 다발화(多發化)를 초래할 우려가 있다. 그러므로 이들 제3자의 소송관여를 어렵게 함으로써 얻는 소송심리의 간편성을 양보하더라도 같은 분쟁에 관련되는 이해관계인을 되도록 많이 소송에 참가하게 하여 통일적 · 종합적 판단을 하는 것이 분쟁의 일회적 해결을 도모하는 길이 될 것이다. 판례[361]는 파급효가 미치는 경우의 보조참가를 불허한다고 하지만 「소송결과에 대한 이해관계」를 판결주문에 한정시킬 필요가 없으며 널리 판결이유 중의 판단에까지 확대함이 타당하다.

(b) **선택적·택일적 법률관계** 소송결과에 대한 이해관계는 위에서와 같은 선결적 법률관계뿐만 아니라 A권리와 B권리 가운데에서 실체법적으로 어느 한 쪽에 대한 권리만 인정되는 선택적 · 택일적 법률관계의 경우에도 인정된다. 예를 들어 갑이 을, 병 가운데 어느 한 사람이 자기의 물건을 훔쳐갔다고 하여 을, 병을 상대로 선택적으로 물건인도청구소송을 제기한 경우에 을은 갑의 병에 대한 청구소송에서 갑이 승소해야 자기에 대한 갑의 청구가 기각될 수 있으므로 갑을 위해서 보조참가를 할 수 있다.

(c) 참가인은 그 법적 지위를 지키기 위하여 다른 소송법상 구제수단(예, 제79조, 제83조)이 있다고 하여도 보조참가를 할 수 있다.

(3) 소송결과를 현저히 지연시키지 않을 것

소송결과를 현저히 지연시키지 아니하여야 한다. 뒤늦은 보조참가와 보조참가인의 새로운 주장을 심리하기 위하여 소송절차가 현저하게 지연되는 것은 소송당사자에게 불리하기 때문이다. 이 요건은 공익에 관한 것이므로 법원의 직권조사사항이다.

(4) 일반적 소송요건

보조참가신청은 소송행위이므로 당사자능력 및 소송능력이 필요하다. 행정청은 당사자능력 및 소송능력이 없으므로 보조참가를 할 수 없다.[362] 반면 학교법인의 임원에 대한 임원취임승인취소의 행정소송에서 학교법인은 당사자능력이 있으므로 피고가 되는 행정청을 위하여 보조참가를 할 수 있다.[363] 예컨대 사립학교 교원이 교원소청심사위원회를 상대로 행정소송을 제기하는 경우, 학교법인의 위임을 받아 교원 인사 관련 업무를 독자적으로 수행하고 소청심사의 피청구인이었던 사립학교의 장은 그 소송에서 교원소청심사위원회의 피고보조참가인으로 참여할 수 있다.[364]

361) 대판 1997.12.26. 96다51714 참조.
362) 대판 2002.9.24. 99두1519.
363) 대판 2001.1.19. 99두9674.

이 요건은 직권조사사항이므로 그 흠이 있으면 보정을 명하고 보정에 응하지 아니할 때에는 결정으로 보조참가신청을 각하하여야 한다.

3. 참가절차

(1) 참가신청

㈎ 보조참가 신청은 서면 또는 말(제161조)로 참가의 취지(참가할 소송 및 어느 당사자를 보조하는가의 표시)와 참가의 이유(소송의 결과에 대한 이해관계를 갖고 있다는 사정)를 밝혀 소송계속중인 법원에 제기한다(제72조 제1항).

㈏ 서면으로 참가를 신청한 경우에는 그 서면(제72조 제2항)을, 말로 신청한 경우에는 그 조서(제161조 제3항)를 당사자 양쪽에 송달하여야 한다. 여기의 서면에는 서면요건을 갖춘 전자문서(전자문서 제4조의 2)를 포함한다. 전자문서는 전산정보처리시스템에 의하여 전자적 방법으로 송달한다(민소전자문서 제11조).

㈐ 참가신청은 소를 제기하기 이전에 미리 할 수 없으나 참가인으로서 할 수 있는 소송행위, 예를 들어 재심의 소(제451조 제1항), 지급명령의 이의신청(제470조), 상소의 추후보완(제173조)과 동시에 할 수 있다(제72조 제3항).

(2) 참가의 허가 여부

㈎ 당사자는 참가에 대하여 이의를 신청할 수 있고(제73조 제1항), 법원도 직권으로 참가의 이유를 소명하라고 명할 수 있다(제73조 제2항). 여기서 이의 신청할 당사자에는 피 참가인 본인도 포함된다. 만약 당사자가 참가에 대하여 이의 없이 변론하거나 변론준비기일에서 진술한 때에는 이의를 신청할 권리를 잃는다(제74조).[365] 참가인은 당사자가 참가에 대하여 이의를 신청하거나 법원이 직권으로 참가의 이유를 소명하도록 명할 때에는 참가의 이유를 소명하여야 하며, 이 경우 참가의 허가 여부는 신청을 받은 법원이 결정으로 재판한다(제73조 제1항·제2항). 이 결정에 대하여는 당사자이든 참가인이든 즉시항고를 할 수 있다(제73조 제3항).

㈏ 참가인이 참가신청에 대한 이의신청이 있더라도 본 소송 절차는 정지되지 않으므로 참가불허의 결정이 있더라도 그 결정이 확정될 때까지 참가인으로서 할 수 있는 일체의 소송행위를 할 수 있다. 그러나 참가불허결정이 확정되면 그 소송행위는 효력을 잃는다(제75조 제1항). 다만 그 경우에도 피 참가인이 참가인의 그 소송행위를 쓰겠다고 원용하면 참가를 허용하지 아니하는 결정이 확정되어도 그 소송행위는 효력이 있으므로(제75조 제2항) 법원의 참가불

364) 대판 2023.10.26. 2018두55272.

365) 대판 1994.4.15. 93다39850.

허결정은 보조참가신청을 원하는 피참가인에게는 큰 의미가 없다.

4. 보조참가인의 소송상 지위

(1) 이중적 지위

보조참가인은 자기의 이익을 지키기 위하여 타인의 소송활동을 보조하는 사람이다. 따라서 피참가인으로부터는 참가인 자신의 이익을 지키기 위한다는 점에서 독립적이면서도, 피참가인의 승소를 돕는다는 점에서는 피참가인에게 종속적이라는 이중성격이 있다. 여기서 독립성을 강조하면 보조참가인은 소송당사자의 지위와 비슷하게 되고 종속성을 강조하면 당사자의 보조자에 가깝다.

(2) 독립적 지위

㈎ 보조참가인은 자신의 독자적 권능으로 소송에 관여한 사람이므로 법원은 당사자와 별도로 보조참가인에게 기일의 통지, 소송서류 등을 송달하여야 한다. 따라서 보조참가인에 대한 기일소환이 없으면 적법하게 기일을 열 수 없다.[366)]

㈏ 보조참가인은 자기의 계산으로 소송에 관여한 사람이기 때문에 피 참가인과 별도로 상대방과의 사이에서 소송비용의 부담에 관한 재판을 받는다(제103조).

㈐ 보조참가인은 참가신청을 자유롭게 취하할 수 있다. 그러나 그 경우에도 소송당사자로부터 소송고지를 받아 소송계속을 알 수 있는 자와 동일한 지위에 있기 때문에 참가적 효력(제77조)을 받는다.[367)] 또 참가인이 한 소송행위는 참가신청의 취하가 있더라도 피참가인이 이를 쓰겠다고 원용하면 그 효력이 있다(제75조 제2항의 유추).

㈑ 보조참가인은 원칙적으로 피 참가인과 동일한 일체의 소송행위를 할 수 있다(제76조 제1항 본문). 따라서 참가인은 계쟁 사실을 주장하거나 다툴 수 있으며 각종 이의, 증거신청, 상소 기타 일체의 소송행위를 할 수 있다. 다만 참가인의 소송행위는 뒤에서 설명하는 종속적 지위에 따른 여러 가지 제약을 받는다.

(3) 종속적 지위

㈎ **증인·감정인 자격** 보조참가인은 자기 또는 자기에 대한 청구에 관하여 심판을 청구한 자가 아니므로 당사자 이름으로 판결을 받을 수 없다는 점에서 제3자이다. 그러므로 증인 또는 감정인이 될 능력이 있다.

---

366) 대판 2007.2.22. 2006다75641.
367) 같은 취지: 이시윤, 776면.

㈏ **소송절차의 중단** 피참가인이 사망하거나, 소송능력의 흠 등 중단사유가 발생하면 피 참가인의 소송절차가 중단되므로 참가인에 대한 관계에서도 소송절차가 중단된다. 하지만 참가인에게 사망 등 위와 같은 사유가 발생한 때에는 피참가인의 소송절차는 중단되지 않는다.[368] 그 경우에는 새로운 참가인이 나올 때까지 참가인의 소송관여가 사실상 중단될 뿐이다. 그 기간 안에 참가인이 판결에 영향을 주는 중요한 소송행위를 할 기회를 상실하였을 때에는 참가적 효력을 받지 않는다.

㈐ **참가할 때의 소송정도로 보아 피 참가인도 할 수 없는 행위(제76조 제1항 단서)** (a) 보조참가인이 참가한 시점에서 소송의 진행상태로 보아 피 참가인이 이미 할 수 없게 된 행위는 참가인도 할 수 없다. 그와 같은 행위를 참가인에게 허용하는 것은 보조참가인의 종속적 성격에 반하며 상대방의 이익을 부당하게 해치기 때문이다. 그러므로 시기에 늦은 공격방어방법의 제출, 상고심에서 사실자료의 제출, 피 참가인이 철회할 수 없는 자백의 취소 등은 보조참가인도 할 수 없다.

(b) 판례[369]는 보조참가인의 종속적 성격을 이유로 피 참가인의 상소기간 경과 이후에 참가인의 상소기간이 남았다고 하여 상소를 제기할 수 없다고 하는데 그 이유는, 이 경우 참가인의 상소제기를 불허하더라도 그 경우에는 참가인에 대한 참가적 효력이 배제되기 때문에 참가인에게 특히 불리하지 아니하기 때문이라고 한다. 그러나 참가인은 단독으로 상소를 제기할 권능이 있는데 그 상소의 제기는 참가인에 대한 판결정본의 송달에 의해서 판결내용을 알았을 때 비로소 가능하다. 그런데도 판결정본의 송달이 없거나 송달이 되었더라도 피 참가인의 상소기간이 경과되었다고 하여 상소를 제기할 수 없다는 것은 참가인의 절차기본권을 침해하여 부당하다고 하겠다. 특히 참가인으로 보아 상소심에서 피 참가인의 패소판결을 변경할 개연성이 있는데도 피 참가인의 상소기간이 경과되었다는 이유로 참가인이 상소를 제기할 수 없다면 분쟁의 해결은 결국 참가인이 새로 제기하는 별개의 소송으로 넘어가게 됨으로써 일회적 분쟁해결의 이념에 반하게 된다. 그러므로 보조참가인이 하급심의 소송절차에 관여한 경우에는 보조참가인에게 판결정본이 송달된 때부터 독자적인 상소기간을 인정하여 분쟁의 통일적 · 종합적 해결을 도모함이 타당하다.

㈑ 피참가인의 소송행위와 어긋나는 행위(제76조 제2항)

(a) **원칙** (i) 「피참가인의 소송행위와 어긋난다」는 것은 피 참가인의 의사와 명백하게 또 적극적으로 어긋나는 경우를 의미한다.[370] 따라서 피참가인이 명백하게 다투지 아니한 경우에는 보조참가인이 다툴 수 있고,[371] 피참가인이 아직 상소하지 아니한 경우에는 상소도 할

---

368) 대판 1995.8.25. 94다27373.

369) 대판 2007.9.6. 2007다41966.

370) 대판 2007.11.29. 2007다53310.

수 있다.

(ii) 그러나 피참가인의 자백을 참가인이 부인할 수 없으며 피 참가인이 소를 취하하거나 상소포기를 한 뒤에는 참가인이 소제기를 하거나 상소를 제기할 수 없다.

(iii) 참가인이 피참가인의 행위와 어긋나는 행위를 한 경우에는 참가인의 행위는 무효로 된다. 피 참가인의 의사가 참가인의 뜻에 우선하기 때문이다. 따라서 참가인이 제기한 항소를 피 참가인이 취하 또는 포기할 수 있다.[372)]

(b) **행정소송** (i) 행정소송에서 피 참가인의 상고취하나 상고권 포기는 보조참가인에 대한 관계에 있어서는 그 효력이 없고, 피참가인의 소송행위와 어긋나는 행위를 제한하는 제76조 제2항의 규정은 그 적용이 배제된다.[373)] 왜냐하면 보조참가인이 피 참가인 패소의 행정소송판결에 대하여 상고한 경우에도 보조참가인의 소송행위가 「피참가인의 소송행위와 어긋나는 때」에는 그 효력이 없다고 하여 피참가인의 상고 취하나 상고권포기로 인해서 그 판결이 확정된다고 하면 행정소송 판결은 보조참가인에게도 미치는 대세적 효력이 있는데 보조참가인은 이를 다시 다툴 여지가 없게 되어 불측의 손해를 입게 될 우려가 있기 때문이다.

(ii) 같은 취지로 행정소송에서 보조참가인이 제기한 재심의 소를 피 참가인이 취하하는 경우에도 위 상고취하에 준하여 보조참가인에 대한 관계에 있어서는 그 취하의 효력이 없다.[374)]

(iii) 그러므로 행정소송에서는 민사소송과 달리 피 참가인의 상소기간 경과 이후라고 하더라도 참가인의 상소기간이 남았을 경우에는 참가인은 적법하게 상소를 제기할 수 있다고 하여야 할 것이다.

(마) **피참가인에게 불리한 행위** 명문의 규정이 없으나 피 참가인을 승소시키기 위해서 참가한다는 보조참가의 취지로 보아 보조참가인은 청구의 포기·인낙, 화해, 소 또는 상소의 취하와 같이 피 참가인에게 불리한 행위를 할 수 없다. 자백도 자기에게 불리한 사실을 인정하는 것이므로 허용해서는 안 된다. 그러나 여기서 자백의 대상이 되는 「불리한 사실」의 의미는 소송을 전체적으로 보아 평가하여야 한다. 예를 들어 상대방의 대여금청구에 대하여 참가인이 변제의 항변을 하려면 상대방의 대여사실을 자백하지 않으면 안 되는데 여기서 참가인의 자백을 허용하지 않으면 변제의 항변을 할 수 없게 되어 오히려 피 참가인에게 불리하게 된다. 따라서 이 경우와 같이 전체적으로 보아 피참가인에게 유리한 행위의 전제로서 하는 자백은 허용하여야 할 것이다.

---

371) 대판 2007.11.29. 2007다53310.
372) 대판 2010.10.14. 2010다38168.
373) 대판 1952.8.19. 4285행상4 참조.
374) 대판 1970.7.28. 70누35.

(바) **소송을 처분하거나 변경하는 행위** 보조참가는 종전의 소송을 전제로 하여 피 참가인의 승소를 위한 참가이기 때문에 청구의 변경,[375] 반소의 제기, 중간확인의 소[376]와 같이 피 참가인만 할 수 있는 소송행위를 할 수 없다. 그러나 재심대상판결의 보조참가인은 재심대상판결에 대하여 보조참가신청과 함께 재심의 소를 제기할 수 있다(제72조 제3항).

(사) **사법상 권리행사** (a) 피참가인이 재판 외에서 상계, 취소, 해제 등 의사표시를 한 경우에 보조참가인이 소송에서 이를 원용하여 쓰는 것은 문제가 없다. 또 법률에 의하여 제3자에게 그 권한행사를 인정하는 경우, 예를 들어 채권자대위권의 행사(민 제404조), 보증인이 주 채무자의 반대채권으로 상계할 수 있는 경우(민 제418조, 민 제434조)의 상계권행사 등에는 참가인도 제3자의 자기 권리로서 피참가인의 권리를 행사할 수 있다.

(b) 일반 소송대리인은 본인만 행사할 수 있는 사법행위, 예를 들어 계약의 취소권, 해제권, 해지권 등 형성권을 본인의 이름으로 행사할 수 있지만 보조참가인은 자기의 이름으로 이러한 형성권을 행사할 수 없다. 다만 이 경우 참가인이 본래 할 수 없는 피참가인의 권리를 행사하더라도 피참가인이 바로 이에 대하여 이의하지 아니하면 본인이 무권대리 행위를 묵시적으로 추인한 경우와 같이 유효로 볼 수 있다.

5. 판결의 보조참가인에 대한 효력(참가적 효력)(제77조)

(1) 총설

(가) 제77조에서 정한 보조참가인에 대한 재판의 효력을 참가적 효력이라고 하며, 기판력과 구별하고 있다. 따라서 피참가인이 확정판결과 동일한 효력이 있는 청구인낙을 하였더라도 그 인낙의 효력은 기판력이 있을 뿐 참가적 효력이 있는 것이 아니므로 참가인에게 미치지 않는다.[377]

(나) **기판력과 참가적 효력과의 차이** 첫째, 기판력은 국가의 공권적 해결을 담보하기 위한 법적인 안정 제도이지만 참가적 효력은 보조참가인이 피참가인과 협동하여 소송을 수행한 이상 소송의 결과에 관하여 책임을 분담하여야 한다는 공평의 관념에 터 잡았다.

둘째, 기판력은 당사자의 승패를 묻지 않고 생기는데 참가적 효력은 피 참가인이 패소한 경우에 한정하여 피참가인과 참가인 사이에서만 생긴다.

셋째, 기판력은 당사자의 소송수행상 고의·과실 등 구체적 사정에 의하여 효력이 좌우되지 않는데 참가적 효력은 참가인이 충분하게 소송을 수행할 수 없는 경우까지 책임을 부담시

375) 대판 1992.10.9. 92므266.
376) 서울고판 1972.12.14. 72나106·107.
377) 대판 1988.12.13. 86다카2289.

키는 것은 공평에 어긋난다고 하여 일정한 경우에 참가적 효력을 미치지 않게 하는 제외례를 인정한다.

넷째, 기판력은 법적 안정을 목적으로 하므로 그 유무를 직권으로 조사하여야 하는데 참가적 효력은 당사자의 공평 이념에서 유래하므로 당사자가 참가적 효력을 주장하여야 하는 항변사항이다.

다섯째, 기판력은 원칙적으로 주문에 포함된 것에 한정하여 효력이 있는데(제216조 제1항) 참가적 효력은 참가인과 피 참가인 사이에서 어떻게 책임을 분담하느냐가 주요문제이기 때문에 판결 주문의 판단뿐만 아니라 판결이유에서 표시한 사실상 · 법률상 판단에도 미친다.

여섯째, 기판력은 원칙적으로 당사자에 한정하여 효력이 있으나(제218조 제1항), 참가적 효력은 소송고지를 받았지만 보조참가를 하지 않은 제3자에게도 효력이 생긴다.

(2) 참가적 효력의 주관적 범위

㈎ 참가적 효력은 피 참가인이 패소한 경우에 피 참가인과 참가인 사이의 공평에 기초한 책임분담 사상에 근거한다. 따라서 피 참가인과 참가인 사이에서만 참가적 효력이 생기고 참가인과 피 참가인의 상대방과의 사이에서는 효력이 생기지 않는다.[378] 예를 들어 채권자와 보증인 사이의 보증채무 이행청구소송에서 주 채무자가 보증인 쪽에 참가하여 주채무의 부존재를 주장하였으나 채무가 존재한다고 하여 패소하였는데 뒤에 주 채무자가 보증인으로부터 구상청구를 당한 경우에 주 채무자는 참가적 효력에 의하여 보증인에 대하여 주채무의 존재를 다툴 수 없다. 그러나 채권자가 다시 주 채무자를 상대로 대여금청구소송을 제기한 경우에는 주 채무자는 채권자의 참가인이 아니어서 그들 사이에서는 참가적 효력이 생기지 아니하므로 주채무자는 채권자에 대하여 주채무가 존재하지 않는다고 다툴 수 있다.

㈏ 이에 대하여 보조참가소송에서 판결의 기초는 상대방, 피참가인, 보조참가인 3자 사이에서 형성되기 때문에 구속력의 근거인 소송결과에 대한 책임의 분배도 이들 3자 사이에 이루어져야 한다는 견해(신기판력설)가 있다. 이 견해에 의하면 위의 예에서 주채무자는 두 번째 경우에도 주채무의 존재를 다툴 수 없어 합리적인 면이 있으나 판례는 이 견해를 채택하지 않고 있다.

(3) 참가적 효력의 객관적 범위

㈎ 보조참가인이 피참가인을 보조하여 공동으로 소송을 수행하였으나 피참가인이 소송에서 패소한 경우에는 보조참가인이 피참가인에게 패소판결이 부당하다고 주장할 수 없도록 구

---

378) 대판 1974.6.4. 73다1030.

속력을 미치게 하는 효력, 즉 참가적 효력이 인정되는데[379] 참가적 효력의 객관적 범위는, 보조참가의 전제가 되는 보조참가인의 법률상 지위와 소송에서 법원의 판단사항과의 관계에서 결정된다.

(나) 즉 전소 확정판결의 참가적 효력은 판결 주문뿐만 아니라 전소 확정판결의 판결이유에 나타난 결론의 기초가 된 사실의 인정이나 선결적 법률관계, 공격방어의 방법에 관한 판단으로서 보조참가인이 피참가인과 공동이익으로 주장하거나 다툴 수 있었던 사항에 미치고, 전소 확정판결에 필수적인 요소가 아니어서 결론에 영향을 미칠 수 없는 부가적 또는 보충적인 판단이나 방론 등에는 참가적 효력이 미치지 않는다.[380]

(다) 종전 소송이 확정판결이 아닌 화해권고 결정으로 마친 때에는 확정판결에서와 같이 법원의 사실상 및 법률상 쟁점에 관한 판단이 이루어질 수 없으므로 참가적 효력이 인정되지 않는다.[381]

(4) 참가적 효력의 배제(제77조의 제외례)

참가인이 소송에 관하여 공격 · 방어, 이의, 상소, 그 밖의 모든 소송행위를 하여야 하는데 이를 할 수 없거나 소송행위를 하였더라도 그 소송행위가 효력을 가지지 아니한 때(제77조 1호), 피참가인이 참가인의 소송행위를 방해한 때(제77조 2호), 피참가인이 할 수 없는 소송행위를 고의나 과실로 하지 아니한 때(제77조 3호)에는 참가적 효력이 보조참가인에게 미치지 않는다. 참가적 효력은 참가인이 충분하게 소송을 수행할 수 있는 것을 전제로 하므로 그러한 보장이 없는 상태에서 참가적 효력을 인정하는 것은 보조참가인의 절차기본권을 침해하여 부당하기 때문이다. 제77조 1호 내지 3호는 참가인이 충분하게 소송을 수행할 수 없었던 경우를 유형적으로 열거하여 참가적 효력이 생기지 않게 한 것이다.

[103] * 제3. 공동소송적 보조참가

1. 뜻

(1) 개념

(가) 공동소송적 보조참가라 함은 소송결과에 대하여 이해관계가 있지만 당사자가 될 수 없는 제3자에 대하여 재판의 효력이 미치는 경우에 그 제3자가 자기의 권리를 지키기 위하여 법

---

379) 대판 2007.12.27. 2006다60229(평석은 [8] 참조).
380) 대판 1997.9.5. 95다42133.
381) 대판 2015.5.28. 2012다78184 참조.

원에 계속 중인 소송에 참가하는 것을 말한다(제78조). 참가하는 제3자를 공동소송적 보조참가인, 참가를 받는 사람을 피참가인이라고 한다.

(나) 공동소송적 보조참가인과 피참가인에 대해서는 필수적공동소송에 대한 특별규정인 제67조와 제69조가 준용된다. 그 취지는, 참가인은 계속 중인 소송의 당사자가 될 수 없어 소송에 참가하지 아니하더라도 다른 사람 사이의 판결의 효력을 받아야 하는 지위에 있기 때문에 참가인을 보호하기 위해서는 피참가인의 종속적 지위에서 벗어나 필수적 공동소송인에 준하는 소송수행의 권능을 참가인에게 인정할 필요가 있다는 데 있다.

(다) 판결의 효력이 미치지 않는데도 참가하는 것은 공동소송적 보조참가가 아니라 보조참가이다. 예를 들어 본다. 갑과 을이 공동으로 병에게 약속어음을 발행하면서 강제집행 인낙의 취지가 기재된 공정증서를 작성하였는데, 갑이 병을 상대로 공정증서에 기초한 강제집행의 불허를 구하는 소송을 제기한 뒤 파산선고를 받게 되었다. 파산관재인으로 선임된 정이 병의 파산채권으로 신고한 공정증서 채권에 대해 이의를 하는 한편 위 소송을 수계하였고, 을이 정의 승소를 보조하기 위하여 보조참가를 신청하였다. 위 소송은 채무자회생법 제468조 제1항에서 규정하는 '파산채권의 확정에 관한 소송'에는 포함되지만, 공정증서의 채권자인 병이 채권 전액에 관하여 파산채권자로서 권리를 행사하고 있는 이상 장래의 구상권자에 불과한 을로서는 그에 대한 판결의 효력을 받게 되는 파산채권자에 해당하지 아니한다. 따라서 파산채권자에 해당하지 않는 을의 참가는 공동소송적 보조참가가 아니라 통상 보조참가이다.[382]

(2) 성질

그 법률상 성질은 유사필수적 공동소송에 준한다.[383] 만약 고유필수적 공동소송에 준한다면 공동소송적 보조참가가 아니라 공동소송참가(제83조)가 가능하다. 그러나 공동소송적 보조참가인은 원래의 당사자가 아니라 어디까지나 보조참가인으로서 참가하는 자이므로 참가인이 참가할 때의 소송 진행 상태로 보아 피 참가인이 이미 할 수 없게 된 행위는 참가인도 할 수 없다(제76조 제1항 단서).

2. 예

(1) 제3자의 소송담당

(가) (a) 제3자가 소송담당을 하는 경우, 그것이 갈음형 소송담당이든 병행형 소송담당이든 간에, 소송담당자가 받은 판결의 효력은 권리 귀속 주체에게 미친다(제218조 제3항).

382) 대판 2012.6.28. 2011다63758.
383) 대결 2013.3.28. 2012아43 참조.

갈음형 소송담당에서는 피담당자가 소 제기 당사자적격을 가지지 않고, 병행형 소송담당에서는 피담당자가 당사자적격을 가지지만, 이미 소송담당자가 소를 제기한 경우 피담당자가 다시 소를 제기하면 중복제소금지에 해당하므로 이 경우 피담당자는 공동소송적 보조참가의 방식으로만 소송에 관여할 수 있다.

(b) 당사자적격이 있는 피담당자는 제척기간이 경과하여 직접 소를 제기할 수 없는 경우에도 공동소송적 보조참가를 할 수 있다. 이는 제척기간 경과가 권리의 소멸에 소급효를 갖지 않으므로, 제척기간 이전의 권리를 여전히 보호할 필요가 있기 때문이다. 그러나 권리자의 권리가 소멸시효 완성으로 소멸된 경우에는 다르다. 소멸시효는 소급효가 있어 권리가 처음부터 존재하지 않았던 것으로 되므로, 상대방이 소멸시효의 이익을 원용한 이상 공동소송적 보조참가로 권리를 보호할 수 없다.

(c) 추심명령을 얻은 압류채권자(민집 제238조), 유언집행자(민 제1101조)가 진행하는 소송에서의 상속인, 집행채권자가 제3채무자를 상대로 제기한 추심의 소(민집 제249조)에서의 채무자, 파산관재인의 파산재단에 관한 소송(채무자회생 제359조)의 파산 채무자 또는 파산재단에 속하는 재산의 소유자, 회생회사 관리인의 소송(채무자회생 제78조)에서의 회생절차개시회사 등은 갈음형 소송담당이고 채권질(債權質)의 질권자(민 제353조), 주주의 대표소송에서 주주(상 제403조), 선정당사자소송(제53조)에서의 선정자 등은 병행형 소송담당이다. 갈음형 소송담당의 경우에는 당사자 적격이 없기 때문에, 병행형 소송담당의 경우에는 중복제소금지에 위반되기 때문에 공동소송적 보조참가인으로써 제78조에 의거하여 제3자의 소송담당 소송에 관여할 수 있다.

(나) (a) 채권자가 제3채무자를 상대로 한 채권자대위소송이 제기된 후에 채무자가 제3채무자를 상대로 같은 내용으로 별개의 소송을 제기하는 것은 제218조 제3항에 따라 중복제소금지에 해당하여 부적법하므로 채무자는 제3채무자를 상대로 소송을 제기할 수 없다.[384] 하지만 채무자는 채권자의 제3채무자에 대한 채권자대위소송의 기판력을 받으므로 공동소송적 보조참가를 할 수 있다.[385]

(b) 공동채권자 중 어느 한 사람이 채권자대위소송을 제기하였는데 다른 공동채권자가 동일 채무자를 대위하여 채권자대위권을 행사하면서 소송참가를 하는 경우에는 채권자를 달리하므로 중복제소금지의 문제는 없다. 그러므로 공동채권자 사이에서, 양 청구의 소송목적이 제83조 제1항에서 요구하는 '소송목적이 한 쪽 당사자와 제3자에게 합일적으로 확정되어야 할 경우'에 해당한다면 다른 공동채권자는 채권자대위권을 행사하여 소송을 제기할 수 있는 당사자 적격이 있기 때문에 이 경우의 참가는 공동소송보조참가가 아니라 공동소송참가(제83조)이

384) 대판 1995.4.14. 94다29256 참조.

385) 같은 취지: 김홍엽, 1068면. 공동소송참가로 보는 견해: 한충수 817면.

다.[386] 다만 제83조 제1항에 해당하지 않는 경우에도 공동소송적 보조참가는 할 수 있다.

(다) 주주의 대표소송에 있어서, 회사가 원고로서 제대로 소송수행을 하지 못하거나 혹은 상대방이 된 이사와 결탁함으로써 회사의 이익이 침해될 염려가 있다고 하여 주주가 회사를 위하여 상법 제403조 제3항에 따라 대표소송을 제기한 경우에 그 판결의 효력을 받는 회사도 회사의 권익을 보호하기 위하여 상법 제404조 제1항의 규정에 의해서 상법 제403조 제3항의 주주 대표소송에 참가할 수 있는데 이는 상법 제404조 제1항에 의하여 법률상 당연히 허용되는 참가이므로 이때의 참가는 공동소송적 보조참가가 아니라 공동소송참가에 해당 한다.[387] 따라서 이 경우에 회사는 공동소송참가를 할 것이지 공동소송적 보조참가를 해서는 안 된다.

(라) 발행주식 총수의 100분의 1 이상에 해당하는 주식을 가진 주주는 회사를 위하여 이사의 책임을 추궁할 주주의 대표소송을 제기할 수 있는데(상 제403조) 이에 해당하지 않은 주식을 보유한 주주가 주주의 대표소송에 참가하려면 주주로서 그 판결의 효력을 받긴 하지만 소를 제기할 수 있는 당사자적격이 없기 때문에 공동소송적 보조참가를 해야 한다.

(2) 형성소송에서 제소기간이 지난 제3자

형성소송은 제소기간의 제한이 많다(상 제376조 제1항, 행소 제20조, 민 제861조, 제862조 등). 판결의 효력을 받는 제3자가 소송참가를 하는 경우에 제소기간 이내에는 당사자적격이 있으므로 공동소송참가를 할 수 있으나 제소기간이 지나면 당사자적격이 없지만 판결의 효력을 받으므로 공동소송적 보조참가를 할 수 있다.

(3) 가사소송, 회사소송, 행정소송 등에서 당사자적격이 없는 제3자

이들 소송에서는 판결의 효력이 일반 제3자에 미치는 경우가 많다(가소 제21조, 상 제190조, 행소 제29조 등). 이와 같은 소송에서 당사자적격이 없는 제3자는 공동소송적 보조참가로 소송에 참가할 수 있다. 그러므로 행정소송 사건에서 참가인이 한 보조참가는 행정소송법 제16조가 규정한 제3자의 소송참가에 해당하지 않는 경우에도, 판결의 대세적 효력으로 말미암아 참가인에게까지 그 효력이 미치는 점 등 행정소송의 성질에 비추어 보면 그 참가는 행정소송법 제16조의 참가가 아니라 제78조에 규정된 공동소송적 보조참가라고 볼 수 있다.[388] 같은 이치로 회사관계소송, 가사소송 등에서 판결의 대세효를 받는 참가인이 그러한 소송을 제기할 당사자적격이 없는데도 소송참가를 하였다면 그 참가는 공동소송적 보조참가이다.

386) 대판 2015.7.23. 2013다30301
387) 대판 2002.3.15. 2000다9086.
388) 대판 2017.10.12. 2015두36836.

3. 지위

공동소송적 보조참가인은 보조참가인의 소송상 지위 가운데서 종속적 성격이 제거되었다는 점에 특징이 있다.

(1) 불리한 행위

㈎ 공동소송적 보조참가인이나 피참가인 모두에게 불리한 행위는 피참가인과 참가인이 같이 하여야 한다(제67조 제1항의 준용). 그러므로 피참가인의 자백, 청구의 포기 · 인낙, 재판상 화해도 참가인이 다투면 효력이 없다. 거꾸로 참가인은 당사자가 아니므로 피참가인과 관계없이 함부로 자백, 청구의 포기 · 인낙, 재판상 화해 등을 할 수 없다.

(2) 유리한 행위

㈎ 참가인의 소송행위가 피참가인의 소송행위와 어긋나더라도 피참가인에게 유리하면 그 효력이 인정된다. 예컨대 참가인이 상고를 제기하면 피참가인이 상고를 포기하거나 상고를 취하하여도 상고의 효력은 있다.[389)]

㈏ 그런데 회사분할무효 소송에서는 피 참가인이 소를 취하하면 공동소송적 보조참가인은 이를 막을 수 없다. 원래 회사 분할무효의 소는 각 회사의 주주 · 이사 · 감사 · 청산인 · 파산관재인 또는 분할을 승인하지 아니한 채권자에 한하여 분할등기가 있은 날로부터 6월 이내에 소만으로 이를 주장할 수 있고(상법 제530조의11 제1항, 제529조) 이는 제척기간이므로 이들이 제척기간을 도과한 경우에는 독자적인 당사자로서 분할무효의 소를 제기할 수 없어 결국 원고들의 공동소송적 보조참가인이 되어서 원고들의 소제기로 인한 판결의 효력을 받는다. 판례[390)]는, 이 경우 회사분할무효의 소에 제척기간을 둔 상법의 취지로 보아 공동소송적 보조참가인에게 원고들의 소 취하를 저지하여 소를 계속 진행시킬 권리를 보장한다는 것은 불합리할 뿐 아니라 근거도 없으며, 처음부터 제척기간 도과로 소를 제기할 권리가 없었던 공동소송적 보조참가인으로서는 소가 취하된다고 하여 실질적으로 더 불이익하게 되었다고 할 수도 없다고 하여 피참가인이 소를 취하하면 공동소송적 보조참가인은 이를 저지할 수 없어 소취하의 효력이 생긴다고 하였다.

㈐ 즉 공동소송적 보조참가의 성질이 유사필수적 공동소송에 준한다고 본다면.[391)] 공동소송적보조참가인이 반대하더라도 피참가인이 소를 취하하면 소 취하의 효력이 생긴다는 것이

389) 대판 1967.4.25. 66누96.
390) 서울중앙지판 2004.8.19. 2001가합548(평석은 [111] 참조).
391) 같은 취지: 이시윤, 783면 및 대결 2013.3.28. 2012아43 참조.

다. 이 법리는 행정소송사건에서 참가인이 한 보조참가가 행정소송법 제16조에 의한 제3자 참가가 아니라 민사소송법의 준용에 의하여 보조참가를 한 경우에도 마찬가지이다.[392] 하지만 판례는 확정판결의 취소와 이미 종결된 사건의 재차 심판을 구하는 재심소송의 경우에는 재심의 소를 취하하면 종국판결에 대한 불복의 기회를 상실한다는 이유로 공동소송적 보조참가인이 동의하지 않으면 피참가인은 재심소송을 취하할 수 없다고 하여,[393] 이 경우와 다른 입장을 보이고 있다.

(3) 참가적 효력

공동소송적 보조참가인도 보조참가인에 속하기 때문에 참가적 효력을 받는다. 그러므로 판결주문에 대해서뿐만 아니라 판결이유 중에서 패소이유가 되었던 사실상 · 법률상 판단은 뒤의 소송에서 공동소송적 보조참가를 하였던 사람을 구속한다.

(4) 피참가인에 대한 상대방의 소송행위

피참가인에 대한 상대방의 소송행위는 유리 · 불리를 묻지 않고 참가인에게 효력이 있다(제67조 제2항의 준용).

(5) 소송절차의 중단 · 중지

공동소송적 보조참가인에게 생긴 소송절차의 중단 · 중지 사유는 피 참가인에게도 소송절차의 중단 · 중지 사유(제67조 제3항 준용)가 된다.

(6) 독립성

㈎ 공동소송적 보조참가인은 독립성이 있으므로 상소기간도 참가인에 대한 판결의 효력이 송달된 때로부터 독립하여 계산한다. 참가인이 상소하면 참가인 · 피 참가인 모두에게 효력이 있기 때문에 모두의 상소기간이 끝날 때까지 판결이 확정되지 않는다. 그러므로 피 참가인이 상고이유서 제출기간을 놓쳤더라도 공동소송적 보조참가인이 그 상고기간 내에 적법하게 상고를 제기하고 상고이유서 제출기간 내에 상고이유서를 제출하였다면,[394] 참가인이 참가한 시점에서 소송의 진행상태로 보아 피 참가인도 적법하게 소송행위를 할 수 있기 때문에 피 참가인의 상고기간 기간도과는 문제되지 않는다.[395]

---

392) 대판 2013.3.28. 2011두13729.

393) 대판 2015.10.29. 2014다13044(평석은 [17] 참조).

394) 예를 들어 상고기록접수통지서가 피고에게 2011.12.8.에, 피고보조참가인에게 2011.12.9.에 각 송달되었는데, 피고보조참가인이 자신의 상고이유서 제출기한인 2011.12.29.에 상고이유서를 제출하여 피고의 상고이유서 제출기한인 2011.12.28.을 도과한 경우이다.

(나) 공동소송적 보조참가인 가운데 한 사람이 상소를 제기한 경우에 다른 사람이 제한능력자인 때에 그 소송대리인은 상소에 관하여 후견감독인으로부터 특별한 권한을 받을 필요가 없다(제78조, 제69조, 제56조 제1항).

(다) 증거조사에 있어서 공동소송적 보조참가인은 당사자적격이 없으므로 증인신청방식에 의하여야 할 것이다.[396]

(라) 소송비용의 부담에 관하여는 참가소송의 경우에 관한 제103조에 의하므로 피참가인과의 관계에서는 제102조의 준용으로 공동소송의 경우와 같이 원칙적으로 균등하게 부담한다.

공동소송적 보조참가

1. 의의

- 개념: 소송 결과에 효력이 미치는 제3자가 자기 권리를 보호하기 위해 소송에 참가하는 경우(제78조)
- 성질: 유사필수적 공동소송에 준함
- 참가인은 당사자가 아니므로, 이미 피 참가인이 할 수 없는 행위는 참가인도 할 수 없음(제76조 단서)

2. 예시

- 제3자의 소송담당
  - 갈음형의 경우 피담당자는 당사자적격이 없고, 병행형 소송담당에서는 피담당자는 중복제소금지(제218조 제3항) 때문에 직접 소송을 제기할 수 없음 → 공동소송적 보조참가로만 소송관여
  - 제척기간 경과 시에도 가능(제척기간 경과가 소급적으로 권리를 소멸시키지 않으므로 제척기간 경과 이전의 권리보호 필요). 단, 소멸시효 완성 시에는 권리자체가 소멸되어 불가
  - 예: 채무자, 회사, 주주, 채권자대위소송의 채무자 등
- 형성소송
  - 제소기간 내: 공동소송참가 가능
  - 제소기간 후: 당사자적격 없음 → 공동소송적 보조참가
- 가사·회사·행정소송
  - 판결의 효력이 일반 제3자에게 미치는 경우(대세효) → 당사자적격 없는 제3자가 공동소송적 보조참가

3. 지위(특징)

- 불리한 행위 제한
  - 자백, 청구 포기·인낙, 화해 등은 참가인과 피참가인이 모두 동의해야 효력 있음(제67조 1항

395) 대판 2012.11.29. 2011두30069.

396) 당사자신문방식에 의하여야 한다는 견해로는 정영환, 1015면 참조.

준용)
- ◦ 단, 회사분할무효 소송의 소취하 등에서는 참가인이 저지할 수 없음
- ◦ 재심의 소 취하에서는 참가인 동의 필요

- 참가적 효력: 판결주문뿐 아니라 패소 이유가 된 사실·법률 판단에도 기속됨
- 상대방 소송행위의 효력: 유불리를 불문하고 참가인에게 효력 있음(제67조 2항)
- 절차 중단·중지: 참가인에게 발생한 중단·중지 사유는 피참가인에게도 미침(제67조 3항)
- 독립성
  - ◦ 상소기간 독립 계산
  - ◦ 참가인이 상소하면 피참가인에게도 효력
  - ◦ 증거조사: 당사자적격이 없어 '증인신청 방식' 필요
  - ◦ 비용: 원칙적으로 공동소송처럼 균등 부담(제103조, 제102조 준용)

[104] 제4. 소송고지

1. 뜻

(1) (가) 소송고지는 당사자가 그 소송에 참가할 수 있는 제3자에게 소송의 계속사실을 알리는 것을 말한다(제84조). 성질은 단순한 사실의 통지이지만 피고지자에게 소송참가의 기회를 주고 참가적 효력을 미칠 수 있게 하여 피고지자가 이전 소송의 확정판결에서 인정된 사실과 판단에 반하는 주장을 하지 못하게 함으로써 피고지자에게 당사자가 패소한 경우의 책임을 분담시킬 수 있다는 점[397]에서 많이 이용되고 있다.

(나) 제84조의 법문에는 「참가할 수 있는 제3자에게 소송고지를 할 수 있다」고 하여 피고지자는 독립당사자참가, 공동소송참가도 할 수 있지만 뒤에서 설명하는 소송고지의 요건을 갖추지 못하면 소송고지의 효과가 발생하지 아니하여 참가적 효력을 받지 않는다. 제86조의 소송고지 효과는 주로 참가적 효력에 관한 것이므로 주로 보조참가나 공동소송적 보조참가에서 문제된다.

(2) 소송고지의 목적 내지 실익은 제3자에게 소송참가의 기회를 주는 것과, 그에게 참가적 효력을 받을 수 있게 한다는 점에 있다. 민사소송법은 후자를 중심으로 규정하고 있으나(제86조) 절차기본권이 중시되면서 전자도 점차 강조되고 있다.

(가) (a) 헌법이 보장하는 국민의 민사재판청구권(헌 제27조 제1항)은 국민 자신이 직접 소송을 제기하여 실현할 수 있으나, 타인 간의 소송에 참가하여 이를 달성할 수도 있다. 그러한 소

---

397) 대판 2007.11.29. 2005다23759.

송참가는 그 전제로서 소송이 계속된 사실을 알아야 한다. 따라서 채권자가 보존행위 이외의 권리를 대위행사한 때에는 채무자에게 통지하여야 하고(민 제405조 제1항), 채권자가 추심소송을 제기하면 채무자에게 그 소를 고지하여야 하며(민집 제238조), 비송사건절차법에 의한 대위소송의 허가는 법원이 직권으로 채무자에게 고지하여야 하고(비송 제49조 제1항), 주주의 대표소송은 바로 회사에게 소송고지를 하는 등(상 제404조 제2항) 소송고지가 의무화된 경우도 있다.

ⓑ 채권자대위소송이나 주주의 대표소송에서의 소송고지는 제3자에 대하여 기판력의 확장 또는 반사효를 미치게 할 필요에 의한 것이므로 이들 경우에 제3자가 의무화된 소송고지를 받지 못하였거나 소송계속 사실을 알지 못하여서 소송에 참가할 기회를 상실하였다면 기판력 또는 반사효를 받지 않는다.[398]

㈏ 소송고지제도는 고지자로 하여금 제3자가 되는 피고지자에 대하여 판결의 참가적 효력을 받을 수 있게 한다는 점(제86조)에 주된 실익이 있다. 예를 들어 채권자대위권에 터 잡아 채무자의 권리를 대위 행사하는 채권자가 채무자에게 소송고지를 해두면 채무자의 제3채무자에 대한 권리가 인정되지 아니하여 패소되더라도 뒤에 참가적 효력에 의하여 채무자로 하여금 종전 소송에서 제3채무자에게 권리가 있다는 주장을 채권자에 대하여 할 수 없게 하는 실익이 있다. 그러나 전소가 확정판결이 아닌 조정에 갈음하는 결정에 의하여 종료된 경우에는 조정조서에 확정판결과 같이 법원의 사실상, 법률상 판단이 이루어지지 아니하였으므로 참가적 효력이 인정되지 않는다.[399]

㈐ 소송고지서는 피고지자뿐 아니라 상대방 당사자에게도 송달하는데 고지자의 상대방 당사자는 피고지자가 아니므로 소송고지의 효력을 원용할 수 없다. 따라서 소송고지의 효력을 원용할 수 있는 것을 전제로 한 참가적 효력은 고지자와 피고지자 사이에서만 생길 뿐 고지자의 상대방 당사자에게는 미치지 않는다.[400]

2. 요건(제84조)

(1) 소송계속 중일 것

㈎ 소송고지는 소송계속 중에 할 수 있으므로 당사자가 대립되는 판결절차 또는 판결절차로 이행하는 독촉절차, 재심절차 등에서도 소송고지가 가능하다. 소송계속 중이라면 상고심에서도 할 수 있다. 그러나 소송고지는 그 목적이 제3자에게 주장·입증을 다할 수 있도록 참가할 기회를 준다는데 있으므로 사실심의 계속 중에 하는 것이 바람직하다.

㈏ 강제집행, 화해, 조정, 중재, 제소전 화해 등은 소송계속이 없기 때문에 소송고지를 할

398) 대전판 1975.5.13. 74다1664가 이 원리를 적절하게 밝히고 있다.
399) 대판 2019.6.13. 2016다221085.
400) 대판 2007.11.29. 2005다23759.

수 없다. 가압류 · 가처분과 같은 보전처분절차에서는 제3자가 소송참가를 할 수 있으나 소송고지는 보전처분의 신속성 요청 때문에 할 수 없다고 풀이하여야 할 것이다.

(2) 고지자

(가) 고지자는 그 소송의 당사자인 원 · 피고, 보조참가인 및 피고지자(제84조 제2항)이다. 당사자라면 참가 또는 인수에 의해서 되는 당사자(제79조, 제81조, 제82조, 제83조)를 포함한다.

(나) 추심의 소(민집 제238조), 주주의 대표소송(상 제404조 제2항), 비송사건에서 재판상 대위(비송 제49조) 등에서는 고지의무가 정해져 있다.

(3) 피고지자

피고지자는 참가적 효력을 받아야 할 자이므로 소송결과에 이해관계가 있는 제3자이다. 따라서 이해관계가 없는 제3자에 대한 소송고지는 요건을 갖추지 못하였으므로 시효중단 등 소송고지의 효력이 없다.[401)]

3. 고지방식

고지자가 소송고지를 하려면 그 이유와 소송의 진행정도를 기재한 서면을 법원에 제출하여야 한다(제85조 제1항). 법원은 이 서면을 피고지자와 상대방에게 송달하여야 한다(제85조 제2항).

고지서의 송달만으로 참가인에 대한 재판과 동일한 효력이 피고지자에게 미치게 되므로 고지를 할 때에는 참가할 경우 및 참가하지 않을 경우에 고지자, 피고지자, 상대방에게 구체적으로 어떠한 효과가 있는지 예고하여야 하며, 고지의 내용도 피 고지자의 방어 이익을 실질적으로 보장할 수 있도록 소송의 내용을 상세하게 기재할 필요가 있다.

(1) 고지이유에는, 피고지자가 공격 · 방어를 하는데 부족함이 없도록 청구의 취지와 원인을 기재하여 계속 중인 소송 내용을 밝히고, 피고지자에게 참가할 이유가 있다는 것을 밝혀야 한다. 그런데 고지이유에는 채무의 이행을 청구하는 의사표명을 요구하고 있지 아니하므로 최고의 효력(민 제174조)을 인정할 것인지 문제된다. 이 경우에는 고지서의 전체적인 취지에 비추어 고지자가 피고지자에 대해 권리행사를 하는 취지가 있으면 너그럽게 최고의 효력을 인정해주어야 할 것이다.[402)]

(2) 소송의 정도에는, 피고지자가 소송을 준비할 수 있도록 소송의 진행단계와 변론 및 증

401) 대판 1970.9.17. 70다593.
402) 같은 취지: 한충수, 715면 참조.

거조사의 내용을 구체적으로 상세하게 기재하여야 한다.

(3) 소송고지는 소송의 진행을 중지하지 못한다. 그러나 피고지자가 고지에 따라 재판을 준비하는데 시간이 필요한 경우에는 피고지자는 당사자와 동일하게 기일의 연기 · 변경 · 속행을 구할 수 있을 것이다. 법원은 이 경우에 현저한 소송지연의 염려가 없는 한 피 고지자의 절차기본권을 보장하기 위하여 피고지자의 기일에 관한 신청을 들어 줄 필요가 있다.

(4) 소송고지의 방식에 관한 흠은 피고지자가 소송에 참가한 후 또는 고지자와의 소송에서 바로 이의하지 않으면 소송절차에 관한 이의권 상실(제151조)로 치유된다.

4. 효과

(1) 소송법상 효과

(가) 소송고지를 받았다고 당연히 참가인이 되는 것은 아니며 참가 여부는 피고지자의 자유이다. 그러나 피고지자가 소송고지를 받으면 실제 소송에 참가하였는지 여부를 떠나 참가적 효력을 받는다(제86조).[403] 그 결과 당해 소송의 판결이유에서 판시된 사실인정과 법률판단을, 피고지자는 후에 제기될 고지자와의 소송에서 다툴 수 없다.[404] 그러나 피고지자가 고지자측에 보조참가를 기대할 수 없을 사정이 있는 경우, 예컨대 고지이유에, 피고지자가 공격 · 방어를 하는데 부족함이 없도록 청구의 취지와 원인을 기재하여 계속 중인 소송 내용을 밝히고, 피고지자에게 참가할 이유가 있다는 것을 밝혀야 하는데 이러한 기재가 없거나 아주 충분하지 않은 경우에는 패소책임을 부담하는 의미의 참가적 효력을 피 고지자측이 받게 해서는 안 될 것이다.

(나) 피고지자가 참가신청을 한 경우에 고지자의 상대방 당사자는 이의할 수 있으나 고지자는 이의할 수 없다. 상대방의 이의로 말미암아 참가신청이 각하된 경우에는 참가적 효력이 발생하지 않는다.

(다) 피고지자는 고지자측에 보조참가 혹은 공동소송적 보조참가를 할 수 있다. 그러나 원 · 피고 양쪽에서 소송고지를 받은 피고지자는 양쪽 다 참가할 수 없고 어느 한 쪽에만 참가하여야 하는데 여기에는 아무런 제약이 없다. 따라서 피고지자는 고지자의 상대방 당사자에 대하여서도 참가할 수 있다. 이와 같이 양쪽으로부터 소송고지를 받거나 고지자의 상대방에 피고지자가 참가한 경우에 참가적 효력은, 어느 쪽에 참가하였느냐에 의해서 정해지는 것이 아니라 참가인에 대한 재판의 효력을 정한 제77조, 제86조가 정한 바에 따른다. 따라서 소송고지를 한 피고가 피참가인이 할 수 없는 소송행위 예컨대 취득시효의 주장 또는 소멸시효의

403) 대판 2021.1.30. 2019다268252.
404) 서울민사지판 1987.5.1. 87나59.

완성 등을 주장하지 아니하여 패소한 경우에는 피고 패소의 참가적 효력은 참가인에게 미치지 않는다.

(2) 실체법상 효과

(가) (a) 소송고지를 하면 실체법상 시효중단의 효력(어 제70조 제3항, 수 제51조)이 있다. 실체법에 규정이 없는 경우에도 소송고지의 요건을 갖춘 소송고지서에서 고지자가 피 고지자에게 채무의 이행을 청구하는 의사표시가 있으면 시효를 중단하는 최고의 효과(민 제174조)가 인정되는데, 그 시효의 중단은 소송고지서가 피고지자에게 송달된 때부터가 아니라 고지자가 법원에 소송고지서를 제출한 때부터 효력이 있다.[405)]

(b) 소송고지서의 제출을 소송계속 중에 하였다면 민법 제174조에서 정한 최고의 효과가 종료되는 6월의 기간은, 소송고지서를 제출한 소송이 종료한 때부터 진행한다. 왜냐하면 그 소송의 결과에 따라서 피고지자에 대한 참가적 효력이라는 일정한 소송법상 효력까지 발생함에 비추어 볼 때, 고지자로서는 소송고지를 통하여 당해 소송의 결과에 따라 피고지자에게 권리를 행사하겠다는 취지의 의사를 표명한 것으로 볼 것이므로, 당해 소송이 계속 중인 동안은 최고의 상태가 지속되는 것으로 보아야 하기 때문이다.[406)]

(나) 소송고지의 실체법상 효과를 주장하기 위해서는 고지 전 소송과 고지 후 피고지자가 제기한 소송이 소송목적을 같이 하는 동일한 소송이어야 한다. 예컨대 원고가 양곡횡령사고를 이유로 조합장을 상대로 하여 제기한 손해배상청구사건에서 피고지자에게 소송고지를 하였다고 하더라도 피고지자가 그 사고의 책임이 원고에게 있다고 주장하면서 원고에게 지급하여야 할 조작비중에서 사고나 양곡의 대금조로 공제하여 임치하고 있는 임치금의 반환청구를 하였을 경우, 위 두 개의 소송은 설사 동일한 사고를 원인으로 하더라도 청구권이 다른 별개의 소송(즉, 전자는 손해배상청구이고, 후자는 임치금반환청구이다)이므로 소송고지의 요건이 갖추어졌다고 볼 수 없다. 따라서 원고는 그 소송고지의 효과로서 피고지자에 대하여 임치금반환청구권의 소멸시효 중단을 주장할 수 없다.[407)]

(다) 피고지자가 후일의 소송에서 주장할 수 없는 것은, 전소 확정판결의 결론의 기초가 된 사실상·법률상 판단에 반하는 것으로서, 피고지자가 보조참가를 하여 상대방 당사자에게 고지자와 공동이익으로 주장하거나 다툴 수 있었던 사항이다.[408)]

405) 대판 2015.5.14. 2014다16494.
406) 대판 2009.7.9. 2009다14340.
407) 대판 1970.9.17. 70다593.
408) 대판 1986.2.25. 85다카2091.

[105] 제5. 독립당사자참가

1. 개념

(1) 뜻

(가) 독립당사자참가라 함은 참가인이 법원에 계속 중인 소송(본소)에서 소송목적의 전부나 일부가 자기의 권리라고 주장하거나(권리주장참가), 소송결과에 따라 자기의 권리가 침해된다고 주장하면서(사해방지참가), 당사자 양쪽 또는 한 쪽을 상대방으로 하여 참가하는 것을 말한다(제79조 제1항). 여기서 「소송목적의 전부나 일부가 자기의 권리」라고 함은 참가인의 권리가 원고의 본소 권리와 그 주장 자체에서 논리적으로 양립할 수 없는 관계에 있는 권리라는 의미이고, 「소송결과에 따라 자기의 권리가 침해된다」라고 함은 본소의 원고와 피고가 당해 소송을 통하여 참가인을 해칠 의사를 갖고 있다고 객관적으로 인정되어 그 소송 결과로 말미암아 참가인의 권리 또는 법률상 지위가 침해될 우려가 있는 경우를 말한다.

(나) 독립당사자참가소송은 동일한 권리관계에 관하여 원고 및 피고와 독립당사자참가인이 서로 간의 다툼을 하나의 소송절차로 한꺼번에 모순 없이 해결하는 소송형태이다. 따라서 독립당사자참가가 적법하다고 인정되어 원고 및 피고와 독립당사자참가인 간의 소송에 대하여 본안판결을 할 때에는 세 당사자를 판결의 명의인으로 하는 하나의 종국판결을 선고함으로써 세 당사자들 사이에서 합일확정적인 결론을 내려야 한다.[409)]

(2) 연혁

우리나라의 독립당사자참가는 일본 민사소송법에서 나온 것이다. 일본의 독립당사자참가 제도는 1926년 개정 전 민사소송법(일본의 구 민사소송법)에 규정된 주(主)참가소송에서 유래하여 이를 강화한 것이다. 일본의 구 민사소송법 제51조는 타인 간에 계속된 「소송 목적물의 전부 또는 일부가 자기의 권리라고 청구한 제3자」(제1항) 또는 「원고 및 피고의 공모로 인하여 자기의 채권에 손해가 생긴다고 주장하는 제3자」(제2항)는 주 참가를 할 수 있다고 규정하였다. 제1항의 주 참가는 독일보통법의 주 참가소송(Hauptintervention)에서 유래하였지만, 제2항은 그와 전혀 다른 프랑스 법에서 유래한 일본 구 민사소송법 제483조의 사해재심(詐害再審)[410)] 취지를 계속 중인 소송에 도입한 것으로서 제3자가 사해적 판결의 방지를 목적으로 원·피고의 사해소송에 개입할 수 있게 한 것이었다. 주 참가 소송은, 제3자가 본소와 별개로 소송계

409) 대판 2024.7.11. 2021다216872,216889.

410) 우리 민사소송법 제490조 제2항 7호(제권판결에 대한 불복소송)와 상법 제406조(대표소송과 재심의 소)의 규정에서 그 흔적을 찾을 수 있다.

속 중에 있는 당사자 양쪽을 공동피고로 하여 제기하는 소송으로서, 본소 절차와 당연히 병합되는 것이 아니기 때문에 정확하게 말한다면 참가라고 할 수 없었으며, 또 사해판결을 방지하기에도 불충분하였다. 그리하여 일본은 1926년에 민사소송법을 개정할 때 제3자가 소송의 목적에 관하여 자기의 권리라고 청구하는 경우의 주 참가는 공동소송의 하나로 남김과 동시에[411] 그와 별개로 구법이 주 참가로 인정한 제2항의 경우를 일보 발전시켜 제3자가 직접 당사자로서 타인간의 소송에 참가하는 독립당사자참가(일본 민사소송법 제47조 참조)를 창설한 것이다. 우리나라는 일본의 주 참가소송을 받아들이지 아니하였으나, 독립당사자참가는 그대로 받아들였는데 이와 같은 연혁적 이유 때문에 우리나라의 독립당사자참가는 제79조 전단(권리주장참가)에서는 동일 권리관계를 둘러싼 3자(또는 그 이상 다수의 자)가 서로 대립·견제하는 분쟁을 모순 없이 일거에 해결할 것을 목적으로 하고 있고, 제79조 후단(사해방지참가)에서는 사해소송 내지 사해판결의 방지를 목적으로 함으로써 서로 이질적인 두 요소를 독립당사자참가라고 하는 하나의 소송절차에 포섭하면서 또한 원고·피고·참가인들 간의 3파 분쟁을 동시에 해결하려는 소송형태를 취하고 있다.

2. 구조

(1) 개설

독립당사자참가는 참가인이 독립된 당사자로서 계속 중인 소송에 참가하는 독특한 제도이므로 그 소송구조에 관하여 학설이 나뉘고 있다. 로마법 이래 소송은 원고·피고의 2당사자 대립구조가 원칙이기 때문에 일본에서는 3당사자가 대립하는 형태의 독립당사자참가소송도 이를 2당사자대립소송으로 이해하는 학설로서, 공동소송설, 주참가소송병합설, 3개소송병합설 들이 있었고, 이와 대립하여 3당사자대립구조로 설명하는 3당사자소송설(또는 3면소송설)이 있었는데 우리나라에서는 이들 가운데 현재는 3개소송병합설과 3당사자소송설이 서로 대립하고 있다.

(2) 3개소송병합설

㈎ 3개소송병합설이란 제3자가 독립된 당사자로 소송에 참가하여 같은 권리관계를 둘러싼 3개의 소송, 즉 원·피고 사이, 참가인·원고 사이, 참가인·피고 사이의 3개소송이 병합됨으로써 제67조가 준용되어 3개 소송 사이에 같은 분쟁에 관하여 모순이 없는 통일적 판결이 성립한다는 견해이다.[412] 이 학설에 대해서는 어째서 2개 소송 또는 4개 소송이 병합되면 제

411) 일본에서도 1997년에 민사소송법을 개정하면서 주 참가소송에 관한 이 규정을 삭제하였다.
412) 이시윤, 790면.

67조가 준용되지 못하고 3개소송이 병합되어야 제67조가 준용되는지를 설명하지 못하며, 3개소송이 병합되더라도 변론의 분리, 당사자의 병합신청 철회로 인해 각각의 소송으로 돌아가게 되면 그 경우에는 모순 없는 해결이 불가능하게 된다는 비판을 받는다. 더구나 현행 독립당사자 참가는 한 쪽 참가가 가능하여 2개 소송만으로도 독립당사자참가의 구조가 가능한데 3개소송병합설로는 이 구조를 설명할 수 없다.

(나) 3개소송병합설의 「병합」은 제65조나 제253조의 병합과 성격이 다르다. 독립당사자참가 소송의 가장 쉬운 예를 들어 검토한다. 어떤 물건에 관하여 참가인의 원고에 대한 소유권확인, 참가인의 피고에 대한 소유권확인, 원고의 피고에 대한 소유권확인들의 3파 소송에서 제65조의 공동소송이나 제253조에 의한 소의 객관적 병합은 참가인의 피고에 대한 소유권확인과 원고의 피고에 대한 소유권확인뿐이고 참가인의 원고에 대한 소유권확인은 「병합」이 아니라 병행심리가 가능할 뿐인데 그것은 법원의 소송지휘에 의한 것이므로 법원이 그러한 소송지휘를 하지 않으면 병행심리 자체도 할 수 없는 경우가 생긴다. 그러나 제79조에 의해서 3개소송은 병합심리를 할 수 있으므로 제79조는 바로 3개소송의 「병합」을 허용하는 명문규정이라고 볼 수 있다. 즉, 제79조의 「병합」 규정은 제65조나 제253조의 병합」규정과 질적 차이가 있는 것이다. 그런데 제79조에 의하면 독립당사자참가는 한 쪽 참가가 가능하다. 즉, 앞의 예에서 참가인의 피고에 대한 소유권확인, 원고의 피고에 대한 소유권확인도 독립당사자참가로서 허용되는 것이다. 이 경우에 병합되는 소송은 2개뿐인데 2개 소송은 제65조나 제253조에 의하여서도 병합이 가능하여 구태여 제79조에 의할 필요가 없는 것이다. 즉, 여기서는 제65조나 제253조는, 제79조와의 사이에서 질적 차이가 없으므로 왜 필수적 공동소송에 대한 특별규정인 제67조가 제65조나 제253조에서는 준용되지 않고 제79조에서만 준용되는지 설명할 수 없다. 결국 3개소송병합설은 한 쪽 참가를 허용하지 않는 구 민사소송법상 양쪽 참가의 독립당사자참가에서는 설명할 수 있을지 몰라도 한 쪽 참가가 허용되는 현행 민사소송법 제79조에서는 더 이상 유지될 수 없다고 생각된다. 3면소송설 혹은 3당사자소송은 한 쪽 참가의 경우에도 당사자가 셋(이상)임은 변함이 없으므로 3개소송병합설과 같은 결함이 없다.

(3) 3당사자소송설(또는 3면소송설)

(가) 3당사자소송설(또는 3면소송설)이라 함은 소송은 하나이지만 대립하는 당사자가 셋(이상)이라는 견해로서 판례[413]가 지지한다. 독립당사자참가는 3개의 소송주체가 동시에 각각 다른 두 사람에 대하여 다투는 경우를 소송절차에 반영하지 않으면 안 되는 구조인데 2당사자대립의 원칙은 이 법리를 알지 못하므로 3당사자소송설이 타당하다. 더구나 현행 독립당사자참

413) 대판 1980.7.22. 80다362,363.

가는 한 쪽 참가를 할 수 있으므로 2개소송만으로도 독립당사자참가의 구조가 가능한데 이 경우에도 3당사자는 유지되므로 3당사자소송설로 독립당사자참가의 소송구조를 설명할 수 있다.

㈏ 3당사자소송설에 대한 비판은 첫째, 원고의 본소 취하 또는 참가신청의 취하로 소송전체가 취하되지 아니하고 2당사자소송으로 환원되는 것. 둘째, 참가인의 참가신청과 참가인이 원고가 되어 별개의 소송을 제기하는 것이 중복된 소송이 되는 것. 셋째, 판결주문이 3개가 되는 것을 설명하지 못한다는 것이다. 그러나 첫째, 대립경쟁관계의 3파소송에서 어느 1파의 소송이 취하된다고 하여 나머지 소송이 반드시 종료될 이유가 없고, 둘째, 소송경제와 사법(司法)의 위신을 위한 중복된 소제기 금지원칙이 독립당사자참가 소송에서만 제외될 이유가 없으며, 셋째, 3당사자소송이라고 해서 판결주문이 3개가 되지 못할 리 없기 때문에 3당사자소송에 대한 비판은 타당하지 못하다.[414]

3. * 요건

(1) 다른 사람 사이의 소송이 계속 중일 것

㈎ 독립당사자참가도 소송참가의 하나이므로 제3자는 법원에 다른 사람 사이의 소송, 즉 본소가 계속 중이어야 참가인으로 참가할 수 있다. 본소의 보조참가인도 제3자이므로 참가가 가능하며 통상 공동소송인도 각 공동소송인사이에서는 법률상 서로 기판력이 미치지 않는 각자 독립적 지위에 있으므로 서로 제3자로 취급되어 다른 공동소송인과 상대방과의 소송에 독립당사자참가를 할 수 있다. 다만 독립당사자참가를 하면서 예비적으로 보조참가를 할 수 없다.[415] 독립당사자참가는 제3자가 독립된 당사자로서 원·피고 한 쪽 또는 양쪽을 상대방으로 소송에 참가하여 3당사자 사이에 서로 대립되는 권리 또는 법률관계를 하나의 판결로써 모순 없이 일거에 해결하려는 제도이고, 보조참가는 원·피고 어느 한 쪽의 승소를 보조하기 위하여 소송에 참가하는 것이기 때문이다.

㈏ 독립당사자참가는 제3자가 계속 중인 소송에서 새로운 소를 제기하는 경우이기 때문에 판결절차가 법원에 계속 중인 경우에 한하여 참가할 수 있다. 따라서 판결절차 아닌 강제집행절차·경매절차·증거보전절차·제소전 화해절차 등에는 참가할 수 없다. 그러나 독촉절차는 이의신청 후 판결절차로 이행되므로(제470조) 참가할 수 있다. 독립당사자참가가 적법하면 상대방인 원·피고는 참가인을 상대로 반소를 제기할 수 있다.[416] 원·피고 사이의 본소가 이미 확

414) 한편, 강구욱 교수는, 3면소송설은 참가인에게 일방적으로 유리한 참가인을 위한 불공정학설이라고 비판하면서, 그 대안으로 독립당사자참가의 구조를 원고의 피고에 대한 본 소송에 참가인의 원·피고를 공동피고로 하는 주참가소송을 T자형으로 병합한 주참가소송병합으로 보자고 주장한다(「독립당사자참가소송의 구조와 심판에 관한 시론」, 민사소송 제25권 제3호, 151면 이하, 2021년 10월).

415) 대판 1994.12.27. 92다22473,22480.

정된 뒤에 제기된 재심의 소에서 재심 제기기간의 도과를 이유로 재심의 소를 부적법하다 하여 각하하는 경우에는 독립당사자 참가신청은 참가하려는 소송 계속이 없어 부적법하다.[417]

(다) (a) 독립당사자참가는 사실에 관한 주장 및 입증을 하여야 하므로 원칙적으로 사실심 계속 중에 참가하여야 한다. 판례[418]는 이 원칙에 따라 상고심에서는 참가할 수 없다고 하여 본소에 관한 상고가 받아들여지지 아니할 때에는 참가신청을 부적법 각하한다. 그러나 원심판결이 파기되어 사실심으로 환송 또는 이송되는 경우에는 다시 사실심리를 하여야 하므로 그 경우에 대비하여 상고심에서의 참가를 허용하는 것이 당사자의 편의, 소송경제 등에 합치된다 할 것이다.

(b) 판례[419]는 제3자가 타인 간의 재심소송에 제79조에 의하여 독립당사자참가를 하였다면, 이 경우 제3자는 재심대상판결에 재심사유가 있음이 인정될 때 비로소 본안소송이 부활되는 단계를 대비하여 독립당사자참가를 하는 것이라고 하여 재심소송에서 재심인용을 조건으로 하는 제3자의 독립당사자참가를 허용한다. 그렇다면 파기환송을 조건으로 하는 독립당사자참가도 사실심의 본안소송이 부활되는 단계를 대비하는 것이므로 이를 특별히 불허할 이유가 없어 판례에 반대한다.

(2) 참가사유가 있을 것

(가) **권리주장참가(제79조 제1항 전단)** (a) (i) 제3자가 소송목적의 전부나 일부가 자기의 권리에 속한다고 주장하고 참가하는 경우이다. 그러므로 참가인이 본소의 소송목적이 아닌 다른 별개의 소송목적 확인을 본소의 당사자에게 청구하는 참가는 할 수 없다.[420]

(ii) 소송목적이 자기의 권리에 속한다고 주장하려면 참가인의 청구 및 이를 이유로 한 권리주장이 본소의 청구 및 이를 이유로 한 권리주장과 논리적으로 양립될 수 없는 관계에 있어야 한다. 예컨대 참가인이 원고로부터 어떤 토지를 매수하여 원고에게 소유권이전등기를 청구할 수 있는 지위에 있더라도 아직 이전등기를 마치지 않은 이상 소유권을 주장할 수 없기 때문에 그 토지에 관하여 소유권이전등기를 마치고 건물을 건축하며 소유하는 사람에 대하여는 자기의 소유임을 주장할 권리주장참가를 할 수 없다.[421] 이를 보면 권리주장참가는 배타적이고 대세적 효력이 있는 물권인 경우가 대부분이다.

(iii) 채권의 경우에도 논리적으로 양립할 수 없는 경우에는 독립당사자참가가 가능하다.

---

416) 대판 1969.5.13. 68다656,657,658.
417) 대판 1981.7.28. 81다카65,66.
418) 대판 1994.2.22. 93다43682,51309.
419) 대판 1994.12.27. 92다22473,22480.
420) 대판 2002.2.5. 99다53674,53681.
421) 대판 1969.12.9. 69다1440,1441.

예를 들어 갑이 을에 대하여 취득시효 완성을 원인으로 한 소유권이전등기를 구하는 본소에 대하여, 병이 을에 대하여는 취득시효 완성을 원인으로 한 소유권이전등기를, 그리고 갑에 대하여는 관리위탁계약의 해제를 이유로 토지의 인도를 각 청구한 경우, 갑의 을에 대한 청구와 병의 을에 대한 청구는 주장하는 권리가 채권적인 권리인 등기청구권이기는 하나, 양쪽 청구는, 하나의 물건에 관해서 소유권이라는 물권취득을 목적으로 취득시효 완성을 원인으로 소유권이전등기를 청구하는 것으로서 서로 경합될 성질이 아니므로 어느 한 쪽의 청구권이 인정되면 다른 한 쪽의 청구권은 인정될 수 없는 것으로서 각 청구가 서로 양립할 수 없는 관계에 있다. 이 경우 병의 독립당사자참가 신청은 적법하다.[422] 또한 원고와 독립당사자참가인이 공동으로 매도하여 받을 물품대금채권에 관하여 서로가 채권전액이 자기에게 속한다고 주장하는 경우의 독립당사자참가인의 신청도 적법하다.[423]

(iv) 원고의 청구가 주위적, 예비적으로 병합된 경우에 참가인도 원고의 병합청구에 참가하여 원·피고를 상대로 독립당사자참가신청을 하였는데 그 중 어느 하나의 청구라도 독립당사자참가인의 주장과 양립하지 않는 관계에 있으면 그 본소청구에 대한 참가가 허용된다고 할 것이고, 양립할 수 없는 본소청구에 관하여 본안에 들어가 심리한 결과 모두 이유가 없는 것으로 판단된다고 하더라도 참가신청이 부적법하게 되는 것은 아니다.[424]

(v) 그러나 독립당사자참가인이 수개의 청구를 병합하여 독립당사자참가를 하는 경우에 각 청구별로 독립당사자참가의 요건을 갖추어야 하고, 편면적 독립당사자참가를 허용한다고 하여, 참가인이 독립당사자참가의 요건을 갖추지 못한 청구를 추가하는 것을 허용하는 것이 아니다. 예컨대 원고는 피고로부터 이 사건 양수도계약에 따라 지급받기로 한 20억 원과 관련하여, 주위적으로 그 지급보증을 위해 발행된 액면금 20억 원의 약속어음금 지급을 청구하였고, 예비적으로는 이 사건 양수도계약을 해제하면서 원상회복이 불가능하므로 그에 따른 가액배상으로 20억 원의 지급을 청구하였다. 소송 계속 중에 독립당사자참가인은, 원고에 대하여는 원고가 피고의 독립당사자참가인에 대한 20억 원의 채무를 연대보증하였다는 이유로 연대보증채무의 이행을 구하고, 피고에 대하여는 이 사건 양수도계약에 따른 20억 원의 채권이 독립당사자참가인에게 양도되었다는 전제하에 20억 원의 지급을 구하는 독립당사자참가신청을 하였다. 그런데 독립당사자참가인이 피고에 대하여 구하는 20억 원의 지급청구와 달리, 원고에 대하여 구하는 연대보증채무 이행청구는 원고의 본안 소송과 양립할 수 없는 것이 아니므로 권리주장참가의 요건을 충족하지 못한다. 또한 이 사건에서 사해방지참가의 요건을 갖추었다고 볼 만한 자료도 없으므로, 이 부분 독립당사자참가는 부적법하여 각하되어야 한다.[425]

---

422) 대판 1996.6.28. 94다50595.
423) 대구고판 1985.4.2. 84나1288,1289.
424) 대판 2007.6.15. 2006다80322,80339(평석은 [34] 참조).

(vi) 독립당사자참가인의 권리 또는 법률상 지위가 원고로부터 부인당하거나 또는 원고의 참가인 주장과 저촉되는 주장에 의하여 위협을 받거나 방해를 받는 경우에는 독립당사자참가인은 원고를 상대로 자기의 권리 또는 법률관계의 적극적 확인을 구하여야 한다. 그렇지 않고 독립당사자참가인이 참가인의 주장과 양립할 수 없는 제3자에 대한 권리 또는 법률관계를 주장하기 위해서 원고에 대하여 원고의 그 제3자에 대한 권리 또는 법률관계의 부존재확인을 소극적으로 구하는 것은, 설령 그 확인하는 소에서 독립당사자참가인이 승소판결을 받는다고 하더라도 그로 인하여 참가인이 원고에 대한 관계에서 자기의 권리가 확정되는 것도 아니고 판결의 효력이 제3자에게 미치는 것도 아니라고 하는 점에서 확인하는 이익이 없다.[426] 예컨대 원고가 A골프회원권이 자신에게 귀속되었다고 주장하면서 본소로 피고에게 그 지위확인을 구하였는데 참가인은 그 회원권이 피고를 통하여 자신에게 귀속되었다고 주장하면서 원고에 대하여는 A골프회원권의 부존재확인을, 피고에 대해서는 참가인에게 양도를 원인으로 위 골프회원권의 명의개서절차를 이행하라고 청구하는 것은, 참가인은 원고를 상대로 자기의 권리 또는 법률관계의 적극적 확인을 구하여야 하는데도 그렇지 않고 원고에 대하여 원고의 권리가 부존재한다고 소극적 확인만 주장하는 것으로써, 그 골프회원권이 원고에게 속하지 않은 점만 분명하고 그 골프회원권이 참가인에게 속하는 것인지 아니면 다른 제3자에게 속하는 것인지는 분명하게 하지 아니하기 때문에 확인하는 이익이 없어 부적법하다.[427]

(b) 독립당사자참가가 허용되는 논리적으로 양립할 수 없는 경우의 예 (i) 갑이 을에 대하여 어떤 부동산에 대한 소유권확인을 구하는 소송에서 병이 갑과 을을 상대로 자기의 소유권확인을 청구하는 참가를 한 경우에 부동산 소유권은 대세적 효력이 있으므로 갑과 병의 소유권은 논리적으로 양립할 수 없어 참가사유가 있다.

(ii) 갑이 을에 대하여 어떤 부동산에 대한 소유권이전등기청구소송을 제기하였는데 병이 갑을 상대로 매매를 이유로 소유권이전등기청구를 하고 을을 상대로 위 부동산의 인도를 청구하는 참가를 한 경우에 병의 을을 상대로 한 부동산인도청구는 갑의 을에 대한 청구를 대위해서만 가능하므로 결국 갑과 병의 청구는 논리적으로 양립할 수 있어 참가사유가 되지 않는다.

(iii) 원고가 피고 갑에 대하여 소유권이전등기절차이행을, 피고 을에 대하여는 피고 갑을 대위하여 소유권이전등기의 말소등기절차이행을 구하는 소송에서, 독립당사자참가인이 피고 을에 대하여 소유권이전등기청구권이 있다는 이유로 한 권리주장참가와 사해방지참가는 원고가 피고 갑을 대위하는 것이므로 원고의 청구와 양립할 수 없는 별개의 청구가 아니어서 부적법하다.[428]

---

425) 대판 2022.10.14. 2022다241608(평석은 [100] 참조).
426) 대판 1995.10.12. 95다26131 등 참조.
427) 대판 2014.11.13. 2009다71312,71329,71336,71413(평석은 [20] 참조).

(iv) 원고가 피고에게 가등기에 기초한 본등기 청구를 함에 대하여 독립당사자참가 신청인이 단지 원고의 가등기 이후에 소유자가 되었음을 이유로 한 소유권확인청구는 양 쪽 청구가 모두 소유권이전등기 청구에 관한 것이기 때문에 원고의 본소청구와 독립당사자참가 신청은 서로 모순·저촉되는 별개의 청구가 아니므로 참가사유가 없다.[429)]

(v) 타인 명의로 부동산을 매수하는 경우와 같이 이름만 매수자인 갑이 매도인 을을 상대로 소유권이전등기청구를 한 소송에서 매수대금을 댄 사실상 매수자 병이 갑을 상대로 매수인 지위확인을, 을을 상대로 해서는 소유권이전등기를 청구하는 참가를 한 경우에는 채권적 청구라고 하더라도 이름만 매수자와 사실상 매수자는 논리적으로 양립할 수 없으므로 참가사유가 있다.[430)]

(vi) 명의신탁자가 양립되어 누가 진정한 신탁자인지 알 수 없는 경우에도 모두 논리적으로 양립할 수 없는 경우이므로 독립당사자참가가 허용된다.[431)]

(c) **「소송목적의 전부나 일부가 자기의 권리」라는 주장** 판례[432)]는 원고의 본소청구와 독립당사자참가인의 청구가 그 주장 자체에서 양립할 수 없는 관계라고 볼 수 있는 경우에 권리주장참가가 허용된다고 하였다. 이를 주장설[433)]이라고도 한다. 그런데 주장설은 3면소송설이나 3당사자소송설에서는 가능할지 몰라도 3개소송병합설의 입장에서는 곤란하다. 3당사자소송설은, 소송은 하나이지만 대립하는 당사자가 셋이라는 견해이므로 참가인의 주장이 이유 없더라도 3당사자의 성립을 부인할 이유가 없다. 하지만 3개소송병합설에 의하면 독립당사자참가가 성립하려면 3당사자 간에 최소한 3개의 청구가 병합되어 종전의 원고는 피고에 대해 원고이면서 동시에 참가인에 대해서는 피고이며, 종전의 피고는 원고에 대해 피고이면서 동시에 참가인에 대해서도 피고라는 이중적인 지위에 서야 하는데 참가인이 원·피고 중 어느 한쪽에만 참가하면 3당사자 간에 2개의 청구만 성립되기 때문에 독립당사자참가로서는 곤란하다.[434)]

(d) **이중양도의 문제** (i) 예컨대 매수인 갑이 매도인 병을 상대로 매매를 원인으로 한 소유권이전등기청구소송을 제기한 본소에서, 다른 매수인 을이 자기가 갑보다 먼저 매수하였다고 주장하면서 독립당사자참가를 한 경우에는 매수인 을의 주장은 매도인 갑의 매수주장과 양립가능하다고 스스로 주장하는 것이므로 그 자체에서 이유 없어 허용되지 않는다.[435)]

(ii) 위의 경우에 매도인 병을 상대로 소유권이전등기 청구를 구하는 한 쪽 참가를 긍정하

---

428) 대판 1991.4.9. 90다13451,13468.
429) 서울고판 1977.7.14. 77나689,690.
430) 대판 1988.3.8. 86다148.
431) 대판 1995.6.16. 95다5905,5912.
432) 대결 2005.10.17. 2005마814.
433) 이시윤, 809면.
434) 자세한 것은, 강현중 「소의 객관적 병합과 독립당사자참가 신청」(법률신문 2017.9.18.자) 참조.
435) 서울중앙지판 2004.3.25. 2002나44365, 2003나27930.

는 견해[436]도 있으나 그렇다면 다른 한 쪽의 매매가 무효 또는 취소되지 않는 한 법원으로서는 매매를 원인으로 하는 매수인들 모두의 이전등기청구를 인용하지 아니할 수 없으므로, 참가인의 청구 및 이를 이유로 한 권리주장이 본소의 청구 및 이를 이유로 한 권리주장과 논리적으로 양립될 수 없는 관계에 있어야 하는 참가요건에 위반되어 허용될 수 없다.[437]

(나) **사해방지참가(제79조 제1항 후단)** (a) 제3자가 소송결과에 따라 권리가 침해된다고 주장하고 참가하는 경우이다. 「권리침해」라 함은 원·피고 당사자가 그 소송을 통하여 참가인을 해할 의사를 갖고 있다는 것을 객관적으로 판정할 수 있는 경우로서 그 소송의 결과 참가인의 권리 또는 법률상 지위가 침해될 염려가 있는 경우를 말한다(사해의사설).[438] 예를 들어 병이 을에게 보관시킨 어떤 물건에 관하여 갑이 그 물건의 소유권이 자기에게 있다고 하면서 을을 상대로 그 물건의 인도를 구하는 소송을 제기한 경우에 제3자 병은 그 판결의 효력을 받지 않더라도 원·피고 어느 당사자 한 쪽이 패소함으로 말미암아 법률상 또는 사실상 불리한 영향을 받을 염려가 있는 경우이다. 이 경우에 병은, 그 물건이 을에게 보관시킨 자기 물건인데 그 물건의 소유권이 없는 갑이 을과 통모하여 병의 권리를 침해할 목적으로 물건인도청구소송을 제기하였다고 주장하며, 갑에 대해서는 소유권확인을, 을에 대해서는 물건의 인도를 청구하면서 사해방지의 독립당사자참가를 할 수 있다.

(b) (i) '사해의사를 객관적으로 판정할 수 있는 경우'라 함은 당사자가 소송을 수행하는 모습으로 보아 사해적인 소송수행이 명백한 경우, 예를 들어 패소할 수 없는 당사자 한 쪽이 답변서나 준비서면을 제출하지 않고 기일에 불출석하거나, 제3자와 이해를 같이하는 당사자가 제3자의 의사에 반하여 자백·인낙 등을 하는 경우 등이다. 계쟁권리가 논리적으로 양립할 수 있다고 하더라도 사해의사가 있다고 인정되는 경우,[439] 본소에서의 사실관계가 참가인의 권리관계에 관한 소송에서도 유지될 것이어서 사실상 영향을 미치는 경우,[440] 원고의 피고에 대한 본소청구가 피고의 일반 채권자를 해치는 사해소송이어서 피고의 일반채권자인 독립당사자참가인이 원·피고 사이의 소송결과로 권리침해를 받게 되는 경우[441]에도 사해방지참가를 할 수 있다.

(ii) 제3자가 원고의 피고에 대한 청구원인이 사해행위라는 이유로 그 취소를 구하는 사해방지참가를 하는 경우에 그 사해행위 취소판결은 대세적 효력이 있는 다른 형성판결과 달리 제3자와 원고 또는 제3자와 피고 사이에서만 상대적 효력이 생길 뿐이고 원고와 피고 사이의 법률관계에는 영향이 줄 수 없다. 따라서 제3자가 원고의 피고에 대한 청구의 원인행위가 사

436) 이시윤, 810면.
437) 같은 취지: 김홍엽, 993면.
438) 대판 1999.5.28. 98다48552,48569.
439) 대판 1996.3.8. 95다22795,22801.
440) 대판 2001.8.24. 2000다12785,12792.
441) 서울고판 1986.3.12. 85나968(본소), 85나969,3599.

해행위라는 이유로 원고에 대하여 사해행위취소를 청구하면서 독립당사자참가신청을 하는 경우, 독립당사자참가인의 청구가 그대로 받아들여져서 그 사해행위가 취소된다하더라도 참가인과 원고 또는 참가인과 피고 사이에서만 상대적 효력이 생길 뿐이고 원고와 피고 사이의 법률관계는 아무런 영향이 없어 원·피고 사이의 사해방지 참가의 목적을 달성할 수 없으므로 부적법하다.[442]

(3) 참가의 취지가 있을 것

참가인은 원·피고에 대하여 자기의 청구를 정립해야 한다. 독립당사자참가제도의 취지가 원·피고 및 참가인 사이의 3파 분쟁을 한꺼번에 해결하려는 데 있기 때문이다.

(가) **양쪽 참가** 참가인은 원·피고에 대하여 적극적으로 청구를 정립하여 참가할 수 있다. 이것이 독립당사자참가의 본모습이다.

(나) **한 쪽 참가** (a) 2002년 민사소송법이 개정되기 이전에는 단순히 소의 각하 또는 기각의 판결을 구하는 경우, 참가인의 청구가 본소청구와 논리상 양립할 수 있는 경우, 형식상 별개의 청구가 있더라도 어느 한 쪽에 대해서는 소의 이익이나 확인하는 이익이 없는 경우, 종전 당사자에 대한 청구가 주장 자체에서 이유 없는 경우,[443] 당사자 한쪽에 대하여 승소가능성이 있으나 다른 당사자에 대하여는 승소가능성이 없는 경우[444] 등은, 형식상 양쪽 참가라고 하여도 3파 분쟁이 아니기 때문에 모두 부적법하다하다고 하였다. 그러나 2002년 민사소송법 개정으로 지금은 한 쪽 참가가 허용되기 때문에 형식상 양쪽 참가를 하지 아니하여도 실질적으로 3파 분쟁인 경우에는 독립당사자참가가 허용된다.

(b) 독립당사자참가인이 원·피고 중 어느 한 쪽 당사자에게만 참가한 경우에 참가인이 참가신청을 하지 않은 다른 한 쪽 당사자와의 관계에서도 독립당사자참가의 요건(즉 권리주장참가에서 대립·견제관계, 사해방지참가에서 사해의사)을 갖추지 않아도 되는지 문제이다.

학설로서는 한 쪽 참가는 전형적인 양 쪽 참가는 아니지만 이에 준하는 준 독립당사자참가로서 그 법적 성질은 참가인과 피참가인의 소송관계와 피참가인과 상대방(본소 원·피고 중 피참가인이 아닌 당사자)의 소송관계 두 개가 병합인 것이지, 구태여 3면소송의 일부 공백인 형태로 볼 필요가 없다는 설[445]이 있다. 이 견해에 의하면 양 당사자 및 참가인이 서로 견제하여 각각의 청구에 관하여 모순 없는 판결을 구한다고 하는 독립당사자참가제도의 구조를 갖추지 아니하더라도 두 개 소송의 병합요건만 갖추면 한 쪽 참가가 가능하다는 결론이다. 그러나

442) 대판 2014.6.12. 2012다47548·47555(평석은 [25] 참조).
443) 대판 1995.6.9. 94다9160·9177.
444) 대판 1992.8.18. 90다9452·9469.
445) 이시윤, 910면.

다수설에서는, 한 쪽 참가의 경우에도 양 당사자 및 참가인이 서로 견제하여 각각의 청구에 관하여 모순 없는 판결을 구한다고 하는 독립당사자참가제도의 취지는 양 쪽 참가의 경우와 다를 바 없으므로, 독립당사자참가인이 한 쪽 당사자에게만 참가신청을 하고 다른 반대 당사자에 대하여 아무런 참가신청을 하지 않더라도 서로 견제하여 각각의 청구에 관하여 모순 없는 판결을 구한다고 하는 참가의 이익을, 참가인이 참가신청을 하지 않은 당사자와의 관계에서도 갖추어야 한다고 한다.[446] 판례[447]도 다수설과 결론을 같이한다. 저자도 다수설을 지지한다.

(c) 결국, 계쟁권리가 참가인과 피참가인 사이에 논리적으로 양립할 수 없는 관계에 있기 때문에 소송 중 분쟁이 현재화될 관계에 있거나(권리주장참가), 계쟁권리가 참가인과 피참가인 사이에 양립할 수 있는 관계에 있다고 하여도 피참가인이 상대방과 결탁하여 참가인의 권리를 침해할 염려가 있는 경우(사해방지참가)에는 어느 한 쪽에만 참가하더라도 3당사자의 대립 모습은 유지되므로 독립당사자참가가 허용된다. 그 경우에도 제79조 제2항에 의하여 필수적공동소송의 특칙인 제67조가 준용되어 3당사자 사이에서 소송의 모습은 3파 분쟁을 유지한다.

(d) (i) 그런데 예컨대 물상보증인 갑 소유의 부동산과 채무자 을(참가인) 소유의 부동산을 공동담보로 하여, 병(피고) 은행 앞으로 각 근저당권설정등기가 마쳐졌다. 그 후, 갑은 자신의 부동산에 관하여 정(원고) 앞으로 후순위 근저당권설정등기를 하였다. 이후 갑 소유의 부동산에 대해 먼저 경매절차가 진행되었고, 병 은행은 그 절차에서 채권 전액을 회수하였다. 이에 따라 정(원고)은, 자신이 갑 소유의 부동산에 대한 후순위 저당권자이므로, 물상보증인 갑에게 이전된 근저당권보다 우선하여 변제를 받을 수 있다고 주장하면서, 병 은행을 상대로 근저당권설정등기의 이전을 구하는 본소를 제기하였다.

한편, 채무자 을(참가인)은, 갑이 을에 대하여 가지는 구상금채권이 상계로 소멸하였다고 주장하면서, 병 은행을 상대로 근저당권설정등기의 말소를 구하는 독립당사자참가(한 쪽 참가신청)를 한 경우를 본다.

(ii) (ㄱ) 이 설례의 사건에 관하여 판례[448]는, 을(참가인)의 말소등기청구는 등기의 이전을 구하는 정(원고)의 청구와 동일한 권리관계에 관하여 주장 자체로 양립되지 않는 관계에 있지 않으므로 제79조 제1항 전단에 따른 권리주장참가의 요건을 갖추지 못하였고, 정(원고)과 병(피고)은행이 소송을 통하여 을의 권리를 침해할 의사가 있다고 객관적으로 인정하기도 어려우므로 제79조 제1항 후단에 따른 사해방지참가의 요건을 갖추었다고 볼 수도 없다고 하여 을(참가인)의 독립당사자 참가신청은 부적법 각하하여야 한다고 하였다. 즉 위의 설 례에서 참가인의 한 쪽 참가는 병(피고) 은행을 상대로 근저당권설정등기의 말소를 구하는 이행을 청구하

446) 정동윤 외 2, 1121면; 김홍엽 1082면 등.
447) 대판 2017.4.26. 2014다221777,221784(평석은 [29] 참조).
448) 대판 2017.4.26. 2014다221777,221784 참조.

는 소이지만 원고의 병(피고) 은행을 상대로 근저당권설정등기의 이전을 구하는 소송과는 서로 당사자를 달리할 뿐 양립되는 관계에 있으므로 독립당사자참가신청으로서 부적법하다는 것이다. (ㄴ) 설례에서 참가인의 청구는 이행을 청구하는 소로서 비록 원고와의 대립·견제라는 권리주장참가의 요건을 갖추지 못하더라도 그 흠은 참가인이 참가신청을 하지 않는 원고와의 사이에서의 내부적인 흠에 불과하다. 이행을 청구하는 소에서 당사자적격은 소송목적인 이행청구권이 자신에게 있음을 주장하는 자에게 있고, 실제로 이행청구권이 존재하는지 여부는 본안심리를 거쳐서 판명되어야 할 사항이므로[449] 이행청구권의 내부적인 흠을 이유로 해서는 소 각하 판결을 하는 것이 아니라 청구기각판결을 하여야 할 것이다. 다만, 이행을 청구하는 소라고 하더라도 등기의 말소절차이행을 청구하는 소는 달리 취급한다. 판례[450]는, 등기의무자(등기명의인이거나 그 포괄승계인)가 아닌 자, 또는 등기에 관한 이해관계가 있는 제3자가 아닌 자를 상대로 한 등기의 말소절차이행을 구하는 소는 당사자적격이 없는 자를 상대로 한 부적법한 소라고 하였다. 그렇다면 위의 설례에서 참가인의 한 쪽 청구는 등기의 말소절차의 이행을 구하는 신청으로써 청구기각판결을 하는 것이 아니라 소 각하 판결을 하여야 할 것이므로 판례는 결론에서 정당하다. 하지만 등기의 말소청구가 아닌 다른 독립당사자참가의 한 쪽 참가에서는 원고의 청구와 대립·견제관계가 없는 내부적인 흠은, 다른 일반 이행을 청구하는 소와 동일하게 소각하 판결을 할 것이 아니라 청구기각판결을 하여야 할 것이다.[451]

(e) 주의하여야 할 것은 한 쪽 참가는 원·피고 가운데 피고에 대한 한 쪽 참가의 경우에만 성립하고 원고에 대한 한 쪽 참가는 성립하지 않는다는 점이다. 예를 들어 설명한다.

(i) 어떤 물건에 관하여 원고가 그 소유권이 자기에게 있다는 이유로 피고에 대하여 소유권확인청구를 하였는데 참가인 갑이 같은 물건에 관하여 자기가 소유자라고 하면서 원고에 대해서는 참가하지 아니하고 피고 한 쪽에 대하여서만 소유권확인청구를 하는 경우에 소송형식은 갑과 원고가 공동원고가 되어 피고를 상대로 한 공동소송으로서 2당사자 소송이 되지만 갑의 청구와 원고의 청구는 논리적으로 양립할 수 없으므로 독립당사자참가(권리주장참가)의 한 쪽 참가에 해당한다.[452]

(ii) 그러나 참가인 갑이 원고 한 쪽에 대하여 소유권확인청구를 하고 피고에 대하여 참가를 하지 않는 경우에 소송형식은 갑의 원고에 대한 소송과 원고의 피고에 대한 별개의 소송 2개가 병존되어 별개로 판결할 수밖에 없다. 따라서 이 경우에는 3파 분쟁이 잠재적으로도 성립되지 않기 때문에 독립당사자참가의 한 쪽 참가가 성립할 수 없다. 이러한 한 쪽 참가는 독

449) 대판 2005.10.7. 2003다44387,44394 참조.

450) 대판 1979.7.24. 79다345, 1992.7.28. 92다10173,10180 참조.

451) 대판 2022.7.28. 2020다231928의 제1심 및 항소심은, 저자와 같은 입장을 취하여 한 쪽 권리주장참가에서 참가인의 참가이유가 없는 경우에 각하판결을 하지 않고 기각판결을 하였다(평석은 [105] 참조)

452) 이 소송관계는 선택적 공동소송으로도 평가될 수 있다.

립당사자참가로서는 불허하고, 원 · 피고의 소송과 참가인과 원고의 소송 2개가 병존한 것으로 보아 심리 · 판단하여야 할 것이다.

(4) 참가인의 청구는 본소청구와 같은 종류의 절차에서 심판될 것

참가인의 독립당사자참가는 본소와 청구병합의 형태로 이루어지므로(제253조) 같은 종류의 절차에서 심판되어야 한다. 따라서 통상 민사소송절차와 재심은 병합할 수 없으므로[453] 본소가 통상 민사소송절차인 경우에 참가인은 재심청구로 참가할 수 없다.

(5) 일반적 소송요건

참가신청은 새로운 소제기와 같기 때문에 참가요건 이외에 당사자능력, 소송능력 등 소제기에 필요한 일반적 소송요건을 갖추어야 한다. 일반적 소송요건에 흠이 있고 그 흠을 보정할 수 없을 때에는 참가신청은 각하되고 그 각하판결이 확정되면 3당사자소송이 아니라 본래의 원 · 피고 사이에서 대립 당사자소송으로 환원된다.

독립당사자참가의 요건

1. 다른 사람 사이의 소송 계속
- 본소가 판결절차로 계속 중이어야 함
- 소송참가의 일종이므로 반드시 본소 계속 필요
- 강제집행, 경매, 증거보전, 제소전 화해 등에는 불가
- 독촉절차는 이의신청 후 판결절차 이행 시 가능
- 사실심 계속 중 참가 가능
- 원칙: 상고심에서는 참가 불가
- 예외: 파기환송 대비 상고심에서의 참가 가능(판례는 반대)
- 재심: 재심 인용을 조건으로 참가 가능

2. 참가사유 존재

(1) **권리주장참가(제79조 1항 전단)**
- 의의: 소송목적 전부·일부가 자기 권리에 속한다고 주장
- 요건: 본소 청구와 참가 청구가 논리적으로 양립 불가해야 함
- 인정 범위
  - 주로 물권적 권리
  - 채권적 권리라도 양립 불가하면 가능

453) 대판 1997.5.28. 96다41649, 2009.9.10. 2009다41977.

◦ 원고의 주위·예비적 병합청구 중 일부라도 양립 불가하면 참가 가능
◦ 참가인이 병합청구하는 경우 각 청구별 요건 충족 필요
◦ 소극적 확인청구만으로는 확인의 이익 없음 → 적극적 확인청구 필요

• 판례·예시
◦ 부동산 소유권 확인소송 ↔ 제3자의 자기 소유권 주장 → 허용
◦ 단순 가등기 이후 소유자라는 이유의 청구 → 불허
◦ 명의신탁자 간 다툼 → 허용
◦ 이중양도 매수인끼리의 참가 → 불허

(2) **사해방지참가(제79조 1항 후단)**

• 의의: 소송 결과 제3자의 권리가 침해될 염려가 있을 경우
• 요건: 원·피고가 참가인 권리 침해할 의사로 소송 수행
• 객관적으로 사해의사 인정 가능해야 함
• 소송수행 태도(자백·불출석 등)로 사해성이 드러나는 경우
• 원고 청구가 피고의 일반채권자를 해치는 사해소송인 경우
• 한계: 단순히 사해행위 취소만 청구하는 참가 → 부적법(사해행위 취소판결의 상대적 효력 때문. 원·피고 법률관계에는 영향 없음)

3. 참가의 취지

• 원칙: 원·피고 모두를 상대로 청구 정립(양쪽 참가)
• 예외: 2002년 개정 후 한쪽 참가도 허용
• 다만, 대립·견제 관계가 있어야 함
• 한쪽 참가라도 3당사자 구조가 형성되어야 함
• 제한: 한쪽 참가는 피고에 대한 한쪽 참가만 인정
• 원고에 대해서만 한쪽 참가하는 것은 본소와 병행심리로써 참가가 아님

4. 같은 절차에서 심판될 것

• 참가소송은 본소와 청구병합 형태이므로 절차 동일 필요
• 민사소송과 재심소송은 병합 불가

5. 일반적 소송요건 충족

• 당사자능력·소송능력 등 일반 소송요건 필요
• 흠결 시 참가신청은 각하
• 각하 확정 시 본래 원·피고 간 소송으로 환원

□ 핵심정리: 독립당사자참가의 적법요건

① 다른 사람 사이 소송 계속,

② 참가사유(권리주장·사해방지),

③ 참가 취지 명확(원칙: 양쪽, 예외: 한쪽),

④ 절차 동일성,
⑤ 일반 소송요건 충족
이 모두 충족되어야 한다.

4. * 참가절차

(1) 참가신청

(가) 참가신청의 방식은 보조참가의 신청방식(제72조)에 준하므로(제79조 제2항), 참가의 취지와 이유를 밝혀 본소가 계속 중인 법원에 제출하여야 한다. 다만 참가신청은 새로운 소제기와 같기 때문에 소액사건(소심 제4조) 이외에는 반드시 서면에 의하여야 하며, 소장에 준하는 인지를 붙여야 한다(민인 제6조 제1항). 당연히 서면요건을 갖춘 전자문서(전자문서 제4조의 2)도 허용된다.

(나) 본소 당사자는 참가인을 상대로 반소를 제기할 수 있으나[454] 3당사자소송의 특성상 보조참가의 경우와 달리 본소당사자는 제3자의 독립당사자참가에 이의를 할 수 없다.

(다) 권리주장참가는 독자적으로 자기의 실체법상 권리를 주장하는 것이므로 참가신청서를 제출하면 참가인의 청구에 관하여 시효중단·기간준수의 효력이 생긴다(제265조의 유추).

(라) **중첩적 독립당사자 참가** 판례[455]에 의하면 권리주장참가가 복수인 경우에 권리참가자 상호 간에는 아무런 소송관계가 성립하지 않으므로 참가인 갑의 참가인 을에 대한 청구는 부적법하다고 하여 중첩적 독립당사자참가를 부정한다. 그러나 독립당사자참가의 취지가 하나의 권리관계를 둘러싼 여러 사람의 분쟁을 일거에 해결하려는데 있다고 한다면 중첩적 독립당사자참가를 부정할 이유가 없을 것이다.[456]

(2) 참가의 허가여부에 대한 재판

(가) 독립당사자참가 신청은 새로운 소제기와 같으므로 그 소송요건 및 참가요건을 조사한다. 2002년 민사소송법 개정이전의 판례들에 의하면 제1심판결에서 참가인의 권리주장참가신청이 참가요건에 흠이 있을 경우에는 소송능력 등 일반적 소송요건에 흠이 있는 경우와 동일하게 참가신청을 각하하여야 하며, 나아가 원고의 청구까지 기각한 경우에 참가인이 항소기간 내에 항소를 제기하지 아니하였고, 원고만이 항소하였다면 위 권리주장참가신청을 각하한 부분은 원고의 항소에도 불구하고 피고에 대한 본소청구와는 별도로 확정되고 이로써 참가인의

---

454) 대판 1969.5.13. 68다656.
455) 대판 1958.11.20. 4290민상308; 서울고판 1961.11.30. 4292민222~225.
456) 같은 취지: 이시윤, 812면; 정동윤 외 2, 1070면; 정영환, 925면.

권리주장참가는 그 참가요건을 갖추지 못하여 부적법하다는 점에 기판력이 발생한다고 하였다.[457] 따라서 제1심에서의 권리주장참가가 참가요건을 갖추지 못하여 부적법하다는 점에 관하여 기판력이 발생한 이상 참가인이 항소심에서 다시 독립당사자참가를 하더라도 부적법하게 된다.

(나) (a) 물론 독립당사자참가 신청이 소송능력 등 일반적 소송요건의 흠을 이유로 각하되는 경우에는 판례의 판시가 당연하다. 따라서 각하판결이 확정되면 3당사자소송이 아니라 본래의 원·피고사이에서 대립 당사자소송으로 진행된다.

(b) (i) 그러나 2002년 개정민사소송법에서 독립당사자참가의 한 쪽 참가가 허용되고 공동소송에서도 예비적·선택적 공동소송(제70조)이 신설된 이상 참가요건에 관한 흠에 관해서는 위에서 설명한 등기말소청구의 경우 등을 제외하고는 권리주장참가 신청에 관하여서는 각하판결을 할 것이 아니라 기각판결을 하여야 한다. 이점에서 종전 판례의 입장은 변경되어야 할 것이다.

(ii) 왜냐하면 참가인의 권리주장참가 신청이 피고에 대한 한 쪽 참가로서 이행을 청구하는 소인 경우에는 비록 원고와의 대립·견제라는 권리주장참가의 요건을 갖추지 못하더라도 그 흠은 참가인이 참가하지 않는 원고와의 사이에서의 내부적인 흠에 불과하므로 피고에 대한 이행청구소송을 각하할 사유가 아니기 때문이다.

(iii) 그러므로 권리주장참가 신청이 소송능력 등 일반적 소송요건을 갖추고 있다면 비록 참가요건을 갖추지 못하였더라도 참가신청을 각하할 것이 아니라 등기말소청구 등을 제외하고는 청구기각판결을 하여야 할 것이고, 그 경우에 참가인이 항소를 제기하지 아니하였더라도 다른 당사자의 항소 제기에 의해서 참가인의 청구도 확정이 차단되고 항소심에 이심된다고 하여야 할 것이다.

(3) 본안의 심판

독립당사자참가소송의 취지는 원고·피고·참가인의 3당사자를 대립·견제시켜 한꺼번에 분쟁을 해결하는데 목적이 있다. 독립당사자참가소송에서 3당사자의 관계는 어느 한 쪽은 다른 양쪽과 서로 대립과 연합의 관계에 있어 이 경우의 연합관계는 마치 필수적 공동소송인 사이와 같고, 대립관계는 필수적 공동소송인과 그 상대방과의 관계와 같기 때문에 제79조 제2항에 의하여 제67조를 독립당사자참가의 소송수행 과정에 반영시키면 결국 전체적으로 3당사자 상호 간의 배척관계를 유지시킬 수 있다. 따라서 원고 및 참가인의 청구에 관하여 공통된 자료에 의하여 통일된 판결을 하여야 하고 3당사자의 일부에 대해서만 판결을 할 수 없다.[458]

457) 대판 1962.5.24. 4294민상251,252, 1972.6.27. 72다320,321.
458) 대판 2007.12.14. 2007다37776,37783.

㈎ 심리의 공통

ⓐ 제67조 제1항의 준용 (i) 두 당사자 사이의 소송행위가 나머지 한 사람에게 불이익을 주는 경우에는 두 당사자 사이에서도 효력이 없다(제67조 제1항의 준용). 예를 들어 원·피고 사이의 자백,[459] 청구의 인낙 또는 화해,[460] 상소 취하의 경우에는 참가인이 다투면 효력이 없다.

(ii) 그러나 처분권주의의 원칙상 3당사자가 모두 합의하면 재판상 화해를 할 수 있다고 하여야 한다.

(iii) 참가인은 언제나 참가를 취하할 수 있으므로 참가의 포기도 가능하다고 하여야 할 것이다.[461]

(iv) 원·피고·참가인 중에서 어느 한 사람에게 유리한 소송행위는 같은 입장에 있는 나머지 한 사람에 대하여도 효력이 있다. 예를 들어 피고가 불출석하여도 참가인이 출석하면 원고에 대항하여 같은 입장에 있는 피고에게 불출석의 불이익이 없다.

ⓑ 제67조 제2항의 준용 한 사람의 다른 한 사람에 대한 소송행위는 나머지 한 사람에 대하여도 효력이 있다(제67조 제2항의 준용). 예를 들어 참가인의 원고에 대한 준비서면 진술은 불출석한 피고에 대하여도 진술의 효력이 있다.

ⓒ 제67조 제3항의 준용 3당사자 중에서 한 사람이 기일지정신청을 하여 법원이 기일을 지정할 때에는 법원은 공통으로 기일을 정하지 않으면 안 된다. 3당사자 가운데에서 어느 한 사람에 대하여 중단·중지의 사유가 있으면 3당사자소송 전체가 정지되고(제67조 제3항의 준용), 변론의 분리는 허용되지 않는다.[462] 그러나 상소기간과 같이 소송행위를 위한 기간은 3당사자가 개별적으로 계산한다.

㈏ 본안에 관한 판결 ⓐ 3당사자 사이에 모순 없는 심판을 하여야 하기 때문에 하나의 전부판결로서 동시에 심판을 하여야 한다. 한 쪽 참가를 한 경우에도 동일하다. 일부판결은 양쪽 참가이든 한 쪽 참가이든 허용되지 아니하므로 어느 경우에나 추가판결로 보충할 수 없고, 위법을 시정하는 상소에 의하여 상소심의 전부판결로 구제를 받아야 한다.

ⓑ 소송비용은 3당사자 가운데서 한 사람이 승소하면 제102조를 준용하여 패소한 다른 두 사람의 분담으로 하고, 패소한 두 사람 사이에서는 청구를 정립한 적극적 당사자가 부담한다.

---

459) 대판 2009.1.30. 2007다9030,9047.
460) 대판 2005.5.26. 2004다25901,25918.
461) 반대: 이시윤, 799면.
462) 대판 1995.12.8. 95다44191.

(4) 독립당사자참가와 관련된 판결에 대한 상소

㈎ **참가인의 참가신청이 제1심에서 각하된 경우** (a) 판례에 의하면 제1심판결에서 참가인의 독립당사자참가 신청을 각하하고 원고의 청구를 기각한 데 대하여 참가인은 항소기간 내에 항소를 제기하지 아니하였고 원고만 항소한 경우, 독립당사자참가 신청을 각하한 부분은 원고의 항소에도 불구하고 피고에 대한 본소청구와는 별도로 확정되며,[463] 확정된 각하판결은 원고의 피고에 대한 청구에 대하여 그 참가요건을 갖추지 못하여 부적법하다는 점에 국한하여 기판력을 가진다고 하였다.[464] 항소심에서는 참가인이 항소하지 않은 이상 2당사자소송으로 진행된다. 다만 각하된 참가신청이 권리주장참가라면 참가인이 항소심에서 사해방지참가 신청을 하는데 지장이 없을 것이다.

(b) 그러나 이 판례들이 변경되어야 한다는 점은 위에서 지적하였다.[465]

㈏ **제1심에서 독립당사자참가소송에 본안판결을 한 경우** 예를 들어 갑이 본소로써 을을 상대로 어떤 물건에 대하여 소유권에 기초한 인도청구를 제기하였는데 병이 갑을 상대로 그 물건의 소유권확인을, 을을 상대로 소유권에 기한 인도청구를 신청하는 독립당사자참가를 하였다. 제1심에서 갑의 승소판결이 선고되었고 병의 참가신청은 기각되었는데 이에 대하여 을 혼자서 상소를 제기한 경우 상소심은 어떻게 할 것인가. 즉 상소하지 않은 병에 대한 판결부분이 분리 · 확정되는가. 그렇지 아니하고 이심된다면 상소심에서 병에 대하여 어떻게 판단할 것인가. 특히 상소심에서 심리한 결과 병의 독립당사자참가가 이유 있는 경우의 판단 등이 문제된다. 독립당사자참가는 분쟁의 실체가 3당사소송이지만 상소가 되면 그 형식은 상소인 · 피상소인의 2당사자소송이 되어 소송의 실체와 처리방식에 차이가 생기기 때문에 이런 문제가 발생한다.

㈐ **병의 소송상 지위**

(a) **상소인설 · 피상소인설** 이 학설은 병이 상소를 제기한 일도 상소를 제기당한 일도 없으므로 부당하다

(b) **2당사자소송환원설** 상소하지 않은 병은 분리 확정되고 상소를 계기로 갑과 을의 2당사자 소송으로 환원된다는 설이다. 그러나 그렇게 되면 갑, 을, 병 사이의 분쟁을 일거에 해결한다는 독립당사자 참가의 본래 취지에 반하여 부당하다.

(c) **상소인도 피상소인도 아닌 상소당사자설** 독립당사자참가의 취지를 살리기 위해서 병

---

463) 대판 1962.5.24. 4294민상251,252, 1972.6.27. 72다320,321 참조.

464) 대판 1992.5.26. 91다4669 · 4676(평석은 [28] 참조).

465) 앞의 4 (2) (나) (b) (i) 참조.

에 관한 판결이 분리·확정되지 않고 상소심에 이심되지만 병은 상소인이나 피상소인이 아닌 상소당사자라는 견해이다.[466] 판례[467]는, 독립당사자참가 신청이 있으면 반드시 각 그 청구 전부에 대하여 1개의 판결로 동시에 재판하지 않으면 안 되고, 일부판결이나 추가판결은 허용되지 않으며, 독립당사자참가인의 청구와 원고의 청구가 모두 기각되고 원고 혼자서 항소한 경우에 제1심판결 전체의 확정이 차단되고 사건 전부에 관하여 이심의 효력이 생기는 것이므로 독립당사자참가인도 항소심에서의 당사자라고 하여, 상소당사자설을 채택하였다. 학설로서도 우리나라에서는 현재 상소당사자설을 반대하는 견해가 없다.

이 학설은 당사자는 반드시 대립하여야 한다는 전통적인 입장을 벗어나서 3면 분쟁에서는 대립되지 않은 제3의 당사자 개념도 있을 수 있다는 입장으로서 우리나라에서는 고(故) 이시윤 교수가 제창하였고 판례가 주저 없이 채택하여 상소심에서 독립당사자참가의 3면구조를 간명하게 처리하고 있다. 독일이나 일본에서는 아직도 이러한 입장에 접근을 주저하여 상소심의 상소하지 않은 당사자는 상소인이냐 피상소인이냐를 따지는 학설만 심하게 대립할 뿐 우리나라의 상소당사자설과 같은 만족한 해답을 주지 못하고 있다.

㈑ **상소당사자설의 전개**

(a) **상소당사자** (i) 예컨대, 독립당사자참가소송의 제1심에서 원고승소, 피고 및 참가인 패소판결이 선고되었다. 여기서 피고 혼자서 상소를 제기하고 참가인이 상소를 제기하지 아니하더라도 참가인에 대한 판결부분은 3당사자소송을 유지하기 위해 상소심에 이심된다. 다만 참가인은 상소인이 아니므로 상소취하권이 없으며, 상소장에 인지를 붙일 의무가 없고, 상소비용을 부담하지 않으며, 상소심판결서에 상소인이나 피상소인이라고 표시를 해서는 안 된다.

(ii) 제79조에 의한 독립당사자참가소송은 동일한 권리관계에 관하여 원고·피고·참가인이 서로간의 다툼을 하나의 소송절차로 한꺼번에 모순 없이 해결하는 소송형태이다. 따라서 독립당사자참가가 적법하다고 인정되어 원고·피고·참가인 간의 소송에 대하여 본안판결을 할 때에는 위 세 당사자를 판결의 명의인으로 하는 하나의 종국판결을 선고함으로써 위 세 당사자들 사이에서 합일·확정적인 결론을 내려야 하고, 이러한 본안판결에 대하여 어느 한 쪽이 항소한 경우에는 제1심판결 전체의 확정이 차단되고 사건 전부에 관하여 이심의 효력이 생긴다. 그리고 이러한 경우 항소심의 심판대상은 실제 항소를 제기한 자의 항소 취지에 나타난 불복범위에 한정하되 3당사자 사이의 결론이 합일·확정되어야 할 필요성을 고려하여 그 심판의 범위를 판단하여야 하고, 이에 따라 항소심에서 심리·판단을 거쳐 결론을 내릴 때에는 3당사자 사이의 결론이 합일·확정될 수 있도록 하기 위하여 필요한 범위 내에서 항소 또는 부대항소를 제기한 바 없는 당사자에게 결과적으로 제1심판결보다 유리한 내용으로 판결이 변

466) 이시윤, 818면.
467) 대판 1981.12.8. 80다577, 2007.12.14. 2007다37776.

경될 수 있다.[468)]

(b) **불이익변경금지원칙의 부적용** (i) 불이익변경금지의 원칙은 2당사자소송구조에서 당사자의 상소권을 보장하기 위하여 인정되는 것이므로 3당사자 사이에서 합일·확정을 필요로 하는 3당사자소송에서는 그대로 적용하기 어렵다. 따라서 제1심에서 원고 및 참가인 패소, 피고 승소의 본안판결이 선고된 데 대하여 원고 혼자서 항소하고 참가인이 항소하지 아니하더라도 원고와 참가인 그리고 피고 사이의 3개 청구는 당연히 항소심의 심판대상이 되어서 항소심으로서는 참가인의 원·피고에 대한 청구에 대하여도 같은 판결로 판단을 하여야 한다.[469)] 이 경우 참가인의 본소청구에 대하여 판단을 하지 않은 원심판결의 흠은 소송요건에 준하여 직권으로 조사하여야 한다. 상소심에서 심리한 결과 병의 소유권이 인정되는 경우에는 병의 상소 여부에 불구하고 합일·확정의 필요에 의하여 병 승소의 판결을 할 수 있다.[470)]

(ii) 위에서와 같은 불이익변경금지원칙의 부적용은 참가인의 참가신청이 적법하고 나아가 합일확정이 필요한 경우에 한정된다.[471)]

(5) 독립당사자참가와 통상 공동소송과의 관계

㈎ 독립당사자 참가소송에 있어서 패소한 원고와 여러 명의 피고들 중 일부 피고만이 상소하였을 때에는 피고들 상호 간에 필수적 공동소송관계가 있지 않는 한 그 상소한 피고에 대한 관계에 있어서만 3당사자소송이 상소심에 계속되는 것이고 상소하지 아니한 피고에 대한 관계에 있어서의 3당사자소송은 상소기간이 도과됨으로서 확정된다.[472)]

㈏ 예를 들어 건물소유권을 주장하는 A가 B·C를 공동피고로 하여 각각 소유권이전등기를 청구하였는데 D가 독립당사자참가를 하여 A에 대하여 소유권확인, B·C에 대하여 소유권이전등기를 청구하였다. 이 경우에 D의 독립당사자참가에 의하여 A·B·D 간의 독립당사자참가 소송(갑 그룹)과 A·C·D 간(을 그룹)의 그것이 단순 병합된 형태가 된다. 그 결과 갑 그룹과 을 그룹은 상호관련성 없으므로 각 그룹들에 관하여 각자 독립된 판결을 한다.

5. 2당사자소송으로 환원

(1) 본소의 취하 또는 각하

㈎ 참가인이 독립당사자참가를 한 뒤에도 원고는 본소를 취하할 수 있다. 이 경우에 참가

468) 대판 2007.10.26. 2006다86573,86580, 2014.11.13. 2009다71312, 2022.7.28. 2020다231928.
469) 대판 1991.3.22. 90다19329,19336.
470) 대판 2007.10.26. 2006다86573,86580.
471) 대판 2007.12.14. 2007다37776,37783.
472) 대판 1974.6.11. 73다374,375.

인과 상대방은 본소를 유지할 이익이 있기 때문에 원고는 참가인과 상대방의 동의를 받아야 한다.[473] 원고가 본소를 취하하면 참가인의 원·피고에 대한 공동소송이 된다(공동소송잔존설).[474] 따라서 본소가 피고 및 당사자참가인의 동의를 얻어 적법하게 취하되면 그 결과 3당사자소송 관계는 소멸하고, 당사자참가인의 원·피고에 대한 공동소송이 독립한 소로서 성립하며 이때 당사자참가인의 신청이 비록 참가신청 당시 당사자참가의 요건을 갖추지 못하였다고 하더라도 이미 본소가 소멸되어 3당사자소송 관계가 해소된 이상 종래의 3당사자소송 당시에 필요하였던 당사자참가요건의 구비 여부는 더 이상 가려볼 필요가 없다.[475]

(나) (a) 본소가 각하되어도 참가인의 원·피고에 대한 공동소송이 된다. 판례[476]는 이 경우에 3당사자 간의 분쟁해결이라는 독립당사자참가 본래의 목적을 상실하게 되므로 참가신청을 각하하여야 한다고 한다. 그러나 참가신청이 각하되어도 본소는 잔존하고, 본소의 취하 뒤에도 원·피고가 독립당사자참가인에 대해서는 피신청인(즉, 피고)의 지위에 있는 점 등으로 볼 때 이 경우 참가인으로 하여금 새로 소송을 제기하게 하기보다는 당해 공동소송 또는 단일소송으로 잔존하게 하는 것이 분쟁의 1회적 해결의 이념 및 소송경제에 적합하다.

(b) 한 쪽 참가에서 본소가 취하 또는 각하되면 참가인과 피고 사이의 2당사자소송이 된다.

(2) 참가신청의 취하 또는 각하

(가) 참가인은 소의 취하에 준하여 참가신청을 취하할 수 있다. 따라서 원·피고가 본안에 관하여 변론을 한 경우에, 참가신청 전부를 취하하였을 때에는 양쪽의 동의(제266조 제2항)[477]를, 원·피고 중 어느 한 쪽을 취하하였을 때에는 취하된 당사자의 동의를 받아야 한다.

(나) (a) 양쪽 참가한 참가인이 참가신청을 전부 취하하거나 한 쪽 참가한 참가인이 참가신청을 취하하면 원·피고 사이의 본소만 남는다.

(b) 양쪽 참가한 참가인이 원·피고 가운데서 원고에 대해서만 참가신청을 취하하면 소송은 원고 및 참가인이 공동원고가 되는 소송형태가 된다. 참가인이 피고에 대해서만 취하하면 소송은 원고의 피고에 대한 소송과 참가인의 원고에 대한 소송이 서로 병존하는 형태가 된다.

(c) 참가신청이 전부 취하된 경우에 참가인이 제출한 증거방법은 원고나 피고가 쓰겠다고 원용하지 않는 한 그 효력이 없다. 그러나 당사자 한 쪽에 대해서만 취하한 경우에는 여전히 형태를 달리한 소송계속이 있으므로 참가인이 제출한 증거방법은 그 효력이 있다.

473) 대결 1972.11.30. 72마787.
474) 대판 1991.1.25. 90다4723, 2007.2.8. 2006다62188.
475) 대판 2007.2.8. 2006다62188.
476) 대판 1981.7.28. 81다카65,66 참조.
477) 대판 1981.12.8. 80다577.

(3) 소송탈퇴(제80조)

(가) 뜻 (a) 제3자가 독립당사자참가를 한 경우에 종전의 원고 또는 피고가 당사자로서 소송을 계속할 필요가 없는 때에는 소송에서 탈퇴할 수 있다(제80조). 이를 소송탈퇴라고 한다. 예를 들어 피고가 채무의 존재를 인정하지만 참된 채권자가 원고인지 제3자인지 알 수 없기 때문에 정당한 채권자에게 채무를 변제하고자 원고의 청구를 다투었는데 제3자가 채권자라고 하여 소송에 참가한 경우에 소송의 결말을 원고와 참가인에게 맡기고 소송에서 탈퇴하는 것과 같은 경우이다.

(b) (i) (ㄱ) 탈퇴는 종전 당사자 한 쪽이 자기 상대방과 참가인 사이의 소송결과에 전면적으로 승복할 것을 조건으로 소송에서 탈퇴하여 자기를 당사자로 한 청구의 소송계속을 소멸시킴으로써 소송절차를 간소화하는 것이다(조건부 청구의 포기 · 인낙설).

(ㄴ) 이에 대하여 소송탈퇴가 있는 때에는 탈퇴자가 잔존당사자에게 소송수행권만 맡기는 것일 뿐 탈퇴자에 관계되는 소송은 잔존한다는 입장이 있다(소송담당설).[478] 이는 마치 선정당사자 소송에서 선정자가 소송탈퇴하여도 선정자의 소송관계가 남는 것과 같다는 것이다.[479] 그러나 판례[480]는 소송탈퇴가 되면 독립당사자참가의 소송관계는 종료되고 2당사자소송으로 환원된다고 하여 이 견해를 취하지 않는다. 판례를 따르지 않더라도 소송담당설에 의하면 강제집행단계에서 뒤에서 설명하는 조건부 청구의 포기 · 인낙설과 달리 승계집행문(민집 제31조)을 따로 부여받아야 하므로 조건부 청구의 포기 · 인낙설보다 소송당사자에게 불편하다는 약점이 있어 쉽게 따르기 어렵다.

(ii) 원고가 탈퇴하면, 탈퇴행위의 내용으로서 참가인 · 피고 중 승소 당사자에 대한 조건부 청구의 포기가 인정되어서 탈퇴조서는 포기조서로서의 효력이 있다. 이것은 참가인의 피고에 대한 청구가 인용된 경우는 물론 참가인의 청구가 기각된 경우에도 마찬가지이다. 참가인과 피고 사이 판결의 효력은 탈퇴원고에 대해서 확장되어, 탈퇴원고는 참가인에 대해서 소송목적이 자기에게 귀속한다고 주장할 수 없다.

(iii) 피고가 탈퇴의 의사표시를 하면 참가인 · 원고 중 승소 당사자에 대한 조건부 인낙이 인정된다. 참가인의 원고에 대한 신청의 인용판결이 확정하면 참가인의 탈퇴조서는 인낙조서가 된다. 원고는 이 인낙조서를 집행권원으로 피고에 대하여 강제집행을 할 수 있다. 이때 소송담당설 에서와 같이 승계집행문을 따로 부여받을 필요가 없다. 이 경우 참가인의 청구인용판결은 탈퇴피고에 대해서도 기판력이 확장되어 원고는 탈퇴피고에 대헤서 자기의 권리를 주

---

478) 이시윤, 856면; 김홍엽, 1102면.
479) 이시윤, 856면.
480) 대판 2011.4.28. 2010다103048.

장할 수 없다. 반대로 참가인의 원고에 대한 신청의 기각판결이 확정되면 원고는 탈퇴조서를 집행권원으로 하여 피고에 대하여 강제집행을 할 수 있다. 이 경우에도 승계집행문이 필요하지 않은 것은 당연하다.

(iv) 법정대리인이 소송탈퇴를 하기 위해서는 후견감독인으로부터 특별한 권한을 받아야 하고(제56조 제2항), 소송대리인은 특별한 권한을 따로 받아야 한다(제90조 제2항 2호). 위의 경우 법원은 소송계속 후 필요하다고 인정할 때에는 제한능력자를 위한 특별대리인을 선임·개임하거나 해임할 수 있는데(제62조 제2항) 제한능력자 가운데에서 의사무능력자의 특별대리인이 탈퇴하는 경우에 그것이 본인의 이익을 명백히 침해한다고 인정할 때에는 그 행위가 있는 날부터 14일 이내에 결정으로 이를 허가하지 아니할 수 있고, 이 결정에 대해서는 불복할 수 없다(제62조의 2 제2항). 이 결정은 법원이 후견적 입장에서 직권으로 행하는 것이기 때문이다.

(v) 소송탈퇴가 되면 독립당사자참가의 소송관계는 종료되고 2당사자소송으로 환원되므로 탈퇴한 자는 제3자로서 증인이 될 수 있다.

(c) 제80조의 법문에서는 소송탈퇴의 범위를 권리주장참가에 국한시킨 듯이 되어 있으나 권리주장참가의 경우에 소송탈퇴를 할 필요성이 크다는 의미이지 사해방지참가를 제외하는 취지는 아니다. 사해방지참가에서도 참가인 지위의 논리적 전제를 이루는 청구의 권리자가 되는 당사자[481]에 관해서는 소송탈퇴의 필요성이 있다(다수설).

(나) 요건 (a) 제3자의 독립당사자참가가 적법·유효한 경우에 한정하여 본소의 당사자만 탈퇴할 수 있다.[482] 독립당사자참가가 부적법하여 각하되는 경우에 당사자들은 어차피 2당사자소송을 계속하여야 하므로 탈퇴할 수 없다.

(b) 상대방의 승낙을 받아야 한다. 탈퇴로 말미암아 상대방이 그동안 독립당사자참가소송을 유지한 이익이 침해될 우려가 있기 때문이다. 참가인의 승낙은 받을 필요가 없다. 왜냐하면 소송탈퇴를 하더라도 판결의 효력이 탈퇴당사자에게 미쳐서(제80조 단서) 마치 탈퇴당사자에 대한 소송계속이 유지되어 3당사자소송이 존재하는 것과 같은 결과가 되기 때문이다. 상대방의 그동안 독립당사자참가소송을 유지한 이익이 침해될 우려가 없다면 명문의 규정에도 불구하고 상대방의 승낙도 필요 없을 것이다.[483]

---

481) 예를 들어 갑이 소유권에 기하여 을을 상대로 물건의 인도를 구하는 소송에서, 병이 그 물건은 을에게 보관시킨 자기 물건인데 그 물건의 소유권이 없는 갑이 을과 통모하여 병의 권리를 침해할 목적으로 물건인도청구소송을 제기하였다고 하여 갑에 대해서는 소유권확인을, 을에 대해서는 물건의 인도를 청구하는 사해방지참가를 하였을 경우에 갑이, 참가인 지위의 논리적 전제를 이루는 청구의 권리자이다.

482) 대판 2012.4.26. 2011다85789(평석은 [35] 참조).

483) 같은 취지: 이시윤, 856면; 김홍엽, 1100면.

(다) 탈퇴자에 대한 판결의 효력

(a) **기판력** 소송탈퇴를 하더라도 남아 있는 당사자에 대한 판결의 효력은 탈퇴자에 대해서도 미친다(제80조 단서). 그 효력은 기판력으로 보아야 할 것이다. 독립당사자참가는 보조참가와 달리 피 참가인과 참가인과의 사이에 협력관계가 없기 때문에 참가적 효력으로 볼 수 없다.

(b) **집행력** 판결이 이행판결인 경우에 이행청구권의 존부만 탈퇴자에 미치고 집행력이 생기지 아니하면 강제집행의 길이 막히므로 집행력을 포함한다. 예를 들어 원 · 피고 사이의 건물명도청구소송에서 참가인이 원고에 대해서는 소유권확인을, 피고에 대해서는 건물명도 청구를 하면서 독립당사자참가를 하였는데 피고가 소송탈퇴를 하였다. 그 결과 2당사자소송으로 환원되면 참가인의 원고에 대한 소유권확인청구만 남게 된다. 법원의 심리 끝에 원고가 승소하면 판결주문은 「참가인의 원고에 대한 청구를 기각한다」라는 소극적 확인판결뿐이다. 여기서 판결의 효력을 오로지 기판력으로만 본다면 원고는 소극적 확인판결로서 피고에 대한 건물명도를 받을 수 없는 것이 당연하다. 따라서 이 경우에는 집행력을 포함하는 것으로 보아서 판결주문에 「참가인의 원고에 대한 청구를 기각한다」 이외에 「피고는 원고에게 00건물을 명도하라」고 이행의무를 선언하면 이것이 집행문(민집 제29조)과 같은 역할을 하여 강제집행을 할 수 있게 된다. 이행의무의 선언이 누락된 경우에는 판결 경정(제211조 제1항)으로 간략하게 보충할 수 있다.[484)]

독립당사자참가의 절차 등

1. **참가절차**

(1) **참가신청**

- 방식: 본소 법원에 서면제출(인지 필요, 전자문서 가능)
- 권리주장참가 → 시효중단/기간준수 효력
- 중첩적 독립당사자참가 → 판례 부정, 학설상 긍정 가능

(2) **허가 여부 재판**

- 독립당사자참가 = 새로운 소 제기 → 소송요건/참가요건 심사
- (구 판례) 요건 흠결 → 각하 → 기판력 발생
- (개정 후) 각하 ×, 기각 ○ (등기말소청구 등 예외 있음)

(3) **본안 심판**

- 목적: 3당사자(원 · 피 · 참)의 대립·견제로 분쟁 일괄 해결
- 심리의 공통성 (제67조 준용)

484) 같은 취지: 김홍엽, 1102면.

- ◦ 자백 · 인낙 · 화해: 참가인 이의 → 효력 없음
- ◦ 불출석 시 같은 편 참가인 출석 → 불이익 없음
- ◦ 준비서면 진술 → 다른 당사자에도 효력
- ◦ 중단 · 정지 → 3당사자 전체에 적용
- • 판결
  - ◦ 일부 당사자에 대한 판결 불가 → 반드시 전부판결
  - ◦ 소송비용: 1인 승소 → 나머지 2인 분담

(4) **상소**

- • 참가신청 각하
  - ◦ 원고만 항소해도 참가신청 각하 부분 확정
  - ◦ 단, 권리주장참가 → 항소심에서 사해방지참가 가능
- • 본안판결
  - ◦ 문제: 상소 안 한 참가인 판결 분리·확정 여부
  - ◦ 학설
    - – 2당사자소송 환원설(본래 취지 반함)
    - – 상소당사자설(○ 판례 · 통설)
      → 참가인도 상소심 당사자(상소인/피상소인은 아님)
- • 특징
  - ◦ = 전부 이심
  - ◦ 불이익변경금지원칙 적용 안 됨
  - ◦ 합일 · 확정 필요성 우선

2. 공동소송과의 관계

- • 일부 피고만 상소 → 그 피고에 대해서만 3당사자소송 계속
- • 복수 그룹 참가 시 → 그룹별 독립 판결 필요

3. 2당사자소송 환원

(1) **본소 취하 · 각하**

- • 원고 취하 가능(피고 · 참가인 동의 필요)
- • 본소 취하 후 → 참가인의 소송이 독립 소송으로 존속
- • 본소 각하 → 판례는 참가신청도 각하(학설은 참가인의 원 · 피고에 대한 공동소송)

(2) **참가신청 취하 · 각하**

- • 참가인 취하 가능(원 · 피고 동의 필요 경우 있음)
- • 전부 취하 → 본소만 남음
- • 일부 취하 → 소송구조 변형(공동원고 · 병존 등)

(3) **소송탈퇴(제80조)**

- 성질: 조건부 청구의 포기·인낙설(통설), 소송담당설
- 요건: 적법한 독립당사자참가 + 상대방 승낙
- 판례: 조건부 청구포기·인낙설(→ 2당사자소송 환원)
- 효과
  - ◦ 판결효력: 기판력 + 집행력 모두 미침
  - ◦ 승계집행문 불필요(소송담당설은 승계집행문 필요)
  - ◦ 탈퇴 후 제3자로서 증인 가능
- 참가인 승낙 불필요(효력이 자동 확장되므로)

[106] 제6. 공동소송참가

1. 뜻

(가) 공동소송참가라 함은 소송목적이 당사자의 한 쪽과 제3자에게 합일·확정될 경우에 그 제3자가 계속 중인 소송의 원고 또는 피고와 공동소송인이 되어 소송에 참가하는 것을 말한다(제83조). 제3자가 소송에 공동소송참가를 하면 제67조가 적용되어 필수적 공동소송이 된다. 합일·확정관계가 없으면 이 참가를 할 수 없다. 예컨대, 갑 은행이 을 회사에 대한 대출채권을 보전하기 위해 을 회사를 대위하여 병을 상대로 주식매매대금의 직접 지급을 청구한 경우, 을 회사에 대한 구상금채권을 가진 신용보증기금이 원고측에 공동소송 참가하여 구상금의 직접 지급을 청구하더라도, 갑의 채권자대위권 행사는 채무자의 권리행사에 그치지 않고 자신에 대한 직접 지급 청구를 포함하므로, 신용보증기금의 청구와는 합일확정관계가 없다. 따라서 신용보증기금의 공동소송참가는 부적법하다.[485)]

(나) 행정소송에서도 민사소송법의 규정이 준용되므로 공동소송참가를 할 수 있다.[486)]

2. 적용범위

(1) 일반적인 경우

(가) **원칙** 당사자와 참가인이 유사필수적 공동소송관계에 있는 경우에 공동소송참가를 할 수 있다는 점에는 이론이 없다. 유사필수적 공동소송은 원래 단독소송이 가능하지만 당사자들이 여럿인 경우에 판결이 합일·확정되어야 하기 때문이다. 예컨대 주주의 대표소송에 회

485) 서울고판 1998.9.24. 97구12015.
486) 서울고판 1998.9.24. 97구12015.

사가 상법 제404조 제1항에 의해서 참가하는 것,[487] 공동채권자 중 어느 한 사람이 채권자대위소송을 제기하였는데 다른 공동채권자가 동일 채무자를 대위하여 채권자대위권을 행사하면서 소송참가를 하는 경우[488] 등이다.

(나) 개별적인 경우

(a) (i) 채권자대위소송이 계속 중에 다른 채권자가 동일한 채무자를 대위하여 채권자대위권을 행사하면서 공동소송참가신청을 할 경우, 양 청구의 소송목적이 동일하다면 제83조 제1항이 요구하는 '소송목적이 한 쪽 당사자와 제3자에게 합일적으로 확정되어야 할 경우'에 해당하므로 그 참가신청은 적법하다. 이때 양 청구의 소송목적이 동일한지 여부는 채권자들이 각각 대위행사하는 피대위채권이 동일한지 여부에 따라 결정된다. 채권자들이 각각 자신을 이행청구의 상대방으로 하여 금전의 지급을 청구하였더라도 채권자들이 채무자를 대위하여 변제를 수령하게 될 뿐 자신의 채권에 대한 변제로서 수령하게 되는 것이 아니라면 이러한 채권자들의 청구는 서로 소송목적이 다르다고 할 수 없다.

(ii) 여기서 원고가 일부청구임을 명시하여 피대위채권의 일부만을 청구한 것으로 볼 수 있는 경우에는 참가인의 별소(別訴) 제기는 그 청구금액이 원고의 청구금액을 초과하지 아니하는 한 참가인의 청구가 원고의 청구와 소송목적이 동일하여 중복된다고 할 수 있으므로 중복제소금지의 원칙에 해당하여 위법하게 된다. 따라서 이 경우에는 별소가 아니라 소송목적이 원고와 참가인에게 합일적으로 확정되는 경우에 해당한다는 이유로 참가인이 공동소송참가를 하여야 적법해진다[489]

(iii) 제3자의 소송담당에서 추심명령을 얻은 압류채권자(민집 제238조),[490] 파산재단에 관한 소송을 하는 파산관재인(채무자회생 제359조)과 같이 채무자나 파산자 본인은 당사자적격이 없고 소송담당자가 본인에 갈음하여 당사자적격이 있는 갈음형 소송담당에서는 채무자나 파산자는 당사자적격이 없으므로 공동소송참가는 할 수 없고 공동소송적 보조참가만 할 수 있다.

(iv) 채권질(債權質)의 질권자(민 제353조), 채권자대위권을 행사하는 채권자(민 제404조),[491] 주주의 대표소송에서 주주(상 제403조)[492] 등과 같이 본인도 당사자적격이 있지만 소송담당자도 본인과 병행하여 당사자적격이 있는 병행형 소송담당에서는 본인은 당사자적격이 있으므로 공동소송참가를 할 수 있다.

(v) 모(母)회사 발행주식 총수의 100분의 1이상에 해당하는 주식을 가진 주주는 자(子)회

487) 대판 2002.3.15. 2000다9086.
488) 대판 2015.7.23. 2013다30301.
489) 대판 2015.7.23. 2013다30301(평석은 [18] 참조).
490) 대판 2000.4.11. 99다23888.
491) 대판 2015.7.23. 2013다30301,30325.
492) 대판 2002.3.15. 2000다9086.

사에 대하여 자회사 이사의 책임을 추궁할 소의 제기를 청구할 수 있고(상 제406조의 2 제1항), 자회사가 이 청구를 받은 날로부터 30일 내에 소를 제기하지 아니한 때에는 모회사의 주주는 즉시 자회사를 위하여 소를 제기할 수 있는데(상 제406조의 2 제2항) 이 경우 모회사의 주주는 자회사의 소송담당자로서 당사자적격이 있지만 이 소송을 제기하여야 할 자회사도 당사자적격이 있으므로 자회사는 상법상 모회사 주주의 대표소송에 공동소송참가를 할 수 있다.

(vi) 원고 주주들이 주주대표소송의 사실심 변론종결시까지 주주대표소송상의 주주요건을 유지하지 못하여 소가 각하될 운명에 있다고 하더라도 회사가 원고의 공동소송참가인으로 참가할 시점에서 원고 주주들이 주주요건을 갖추어 적법한 원고적격을 가진다고 할 경우에는 회사의 원고 공동소송참가는 적법하다. 그렇지 않더라도 원고 주주들의 주주대표소송이 확정적으로 각하되기 이전에는 여전히 그 소송계속 상태가 유지되고 있는 것이므로 회사가 그 각하판결 선고 이전에 원고 공동소송참가를 신청하였다면 그 참가 당시 피 참가소송의 소송계속이 없다거나 그로 인하여 참가가 부적법하게 된다고 볼 수 없다.[493)]

(b) 그런데 공동채권자 중 어느 한 사람이 민법 제404조의 채권자대위권을 행사하였을 경우에 다른 공동채권자는 채무자가 채권자대위권행사를 안 경우에 한정하여 이전 확정판결의 기판력을 받으므로[494)] 채무자가 채권자대위권 행사를 알지 못한 경우에는 채무자에게 기판력이 생기지 아니할 뿐 아니라 다른 공동대위채권자에게는 반사적 효력도 생기지 않게 된다. 그러므로 채권자대위소송의 계속 중에 다른 채권자가 동일한 채무자를 대위하여 채권자대위권을 행사하면서 공동소송참가신청을 할 경우에는 채무자에게 소송고지 등의 방법으로 이를 알리도록 하여야 할 것이다. 소송고지가 채무자에게 알려지는 시기는 공동소송참가소송의 변론종결시까지이다.

(c) 학교법인 이사회의 결의에 무효의 흠이 있는 경우에는 법률에 별도의 규정이 없으므로 이해관계인은 이사회결의 무효확인소송을 제기할 수 있으나 그 승소확정판결의 효력은 위 소송의 당사자 사이에서만 발생하고, 제3자에 대한 대세적 효력이 없다. 그러므로 제3자는 이사회결의 무효확인의 소에서 공동소송참가를 할 수 없다.[495)]

(2) 부적법한 채권자대위소송

채권자대위소송이 제기된 후에 채무자가 같은 내용으로 별개의 소송을 제기하는 것,[496)] 채무자의 제3채무자에 대한 소송 중에 제기된 채권자의 대위소송[497)] 등은 중복된 소제기에

493) 대판 2002.3.15. 2000다9086.
494) 대판 1994.8.12. 93다52808.
495) 대판 2001.7.13. 2001다13013.
496) 대판 1995.4.14. 94다29256.
497) 대판 1981.7.7. 80다2751.

해당되어 공동소송참가를 할 수 없다. 이 경우에는 공동소송적보조참가를 할 수 있다.

(3) 고유필수적 공동소송

고유필수적 공동소송의 경우에도 이 규정에 의하여 공동소송인 일부가 누락된 흠을 보정할 수 있느냐이다. 필수적 공동소송인의 추가규정(제68조)에 의하여 당사자적격의 흠을 보정할 수 있다는 것과의 균형상 제3자도 스스로 참가하여 당사자적격의 흠을 보정할 수 있다고 하여야 하므로 고유필수적 공동소송 관계에 있는 제3자도 이 규정에 의하여 참가함으로써 공동소송인 일부 누락의 흠을 보정할 수 있다고 하여야 한다.

3. 요건

(1) 소송계속중일 것

(가) 여기서의 소송계속이라 함은 판결절차를 의미한다. 문제는 상고심에서도 참가할 수 있느냐이다. 유사필수적 공동소송에서는 공동소송인이 되지 아니하여도 판결의 효력이 미치게 되므로 사실관계에 대한 주장을 하지 못한다고 하여 법률심인 상고심에 참가하지 못할 이유가 없을 것이다.

(나) (a) 고유필수적 공동소송에서는 공동소송인의 존재 자체가 당사자적격이므로 일부 공동소송인이 누락되는 흠이 있을 경우에 그 흠의 보정이 가능한 사실심에서 참가하는 것이 원칙이다. 사실심이라면 제1심의 변론종결 이후는 물론 항소심에서도 참가할 수 있다는 점에서[498] 제1심의 변론종결 이전에만 가능한 필수적 공동소송인의 추가(제68조)와 구별된다. 그런데 고유필수적 공동소송의 당사자적격 유무는 직권조사사항이다. 상고법원은 직권조사사항에 대해서는 심리권이 있는 이상(제434조) 상고법원에서도 당사자적격의 흠을 보정하기 위한 공동소송참가를 허용하여야 할 것이다.

(b) 당사자참가인이 제1심판결 선고 후 적법한 항소기간 이내에 당사자참가신청과 동시에 제1심판결에 대하여 항소를 제기하여 당사자참가인의 주위적 청구의 소가 항소심에 계속 중에 있다면 당사자참가인이 예비적으로 구한 추가적 청구가 항소기간 경과 후에 하여졌다고 위법이 아니다.[499]

(c) 공동소송참가는 항소심에서도 할 수 있는 것이고, 항소심절차에서 공동소송참가가 이루어진 이후에 피 참가인의 소송이 소송요건의 흠을 이유로 각하된다고 하더라도 소송목적이 당사자 한쪽과 제3자에 대하여 합일적으로 확정될 경우에 한하여 인정되는 공동소송참가의

498) 대판 2002.3.15. 2000다9086.
499) 대판 1978.11.28. 77다1515.

특성에 비추어 볼 때, 심급이익이 박탈되는 것이 아니다.[500)]

(2) 당사자적격

이 참가는 별소의 제기에 갈음하기 때문에 참가인이 상대방에 대하여 본소 청구의 인용 또는 기각과 같은 내용의 주장을 할 당사자적격이 있어야 한다. 당사자적격이 없으면 판결의 효력을 받더라도 공동소송적 보조참가밖에 할 수 없다.

4. 참가절차

참가신청은 보조참가의 방식(제72조)이 준용된다(제83조 제2항). 참가의 취지로서 어떤 소송의 어느 쪽 당사자에 참가하는가를 표시하고, 참가이유로서 합일·확정의 사유를 밝힌다. 참가신청은 소의 제기와 같기 때문에 당사자가 이의할 수 없으며 법원은 직권으로 그 소송요건의 구비 등 적법 여부를 조사하여 흠이 있을 때에는 결정이 아니라 종국판결로 당사자참가신청을 각하하여야 한다. 다만 당사자적격이 없는 자의 신청이 보조참가 또는 공동소송적 보조참가의 요건을 갖춘 경우에는 그러한 참가로 취급할 수 있다.

제4절 당사자의 변경

[107] 제1. 임의적 당사자 변경

1. 총설

(1) 뜻

㈎ 널리 당사자의 변경이라 함은 소송계속 중에 제3자가 종전 당사자에 갈음하거나(당사자의 교체), 당사자와 병행하여(당사자의 추가) 소송절차에 참가하는 것을 말한다. 여기에는 새로운 당사자가 종전 당사자의 지위를 승계하지 않는 임의적 당사자 변경과 종전 당사자의 지위를 그대로 승계하는 소송승계가 있다.

㈏ 임의적 당사자변경이라 함은 원고가 피고 이외의 자를 피고로 교체 또는 추가한다든지

500) 대판 2002.3.15. 2000다9086.

처음의 원고 이외의 제3자가 원고에 갈음하거나 원고로 추가되는 것을 말한다. 어느 청구에 관하여 당사자가 되어야 할 자를 잘못하여 빠뜨린 경우에 이를 보정하여 처음의 소송을 관철하기 위한 것이다. 종전 당사자의 지위를 승계하지 않는다는 점에서 소송승계와 다르다. 또 이전 당사자와 새 당사자와의 사이에 동일성이 없다는 점에서 그 동일성을 해치지 않고 소장 등의 표시만을 고치는 표시정정과 구별되고,[501] 동일 당사자 사이에 청구가 변경되는 청구의 변경과 구별된다.

(다) 예를 든다.

(a) 공동선조의 존재는 종중의 기본이 되므로, 종중이 당사자인 소송에서 공동선조의 변경은 단순한 당사자 표시의 변경으로 볼 수 없고, 당사자를 임의로 변경하는 것에 해당한다.[502]

(b) 원고가 당초 "삼척시교육장"을 피고로 표시하여 소를 제기한 후 당사자를 명확히 하라는 제1심 법원의 석명에도 불구하고 "삼척시교육장"이 정당한 피고임을 거듭 밝힌 이상 피고는 삼척시교육장으로 확정되었다고 보아야 한다. 따라서 항소심에 이르러 피고를 "삼척시"로 바꾸는 것은 당사자를 임의로 변경하는 당사자 경정에 해당하여 허용할 수 없다.[503]

(2) 이론구성

임의적 당사자변경은 뒤에서 보는 바와 같이 교환적 당사자 변경과 추가적 당사자 변경으로 나눌 수 있다. 제261조 제4항에서는 피고의 경정신청을 허가한 결정이 있는 때에는 종전의 피고에 대한 소는 취하된 것으로 본다고 규정하고 있고, 제68조 제3항에서는 필수적 공동소송인의 추가가 있을 때에는 처음 소가 제기된 때에 추가된 당사자와의 사이에 소가 제기된 것으로 본다고 규정하고 있다. 따라서 이 규정들을 합쳐 살펴보면 교환적 당사자 변경은 신소제기와 구소취하의 구조를, 추가적 당사자 변경은 공동소송의 구조를 취하였다고 할 것이다.

2. 형태

(1) 교환적 당사자 변경

(가) 뜻 　교환적 당사자 변경이라 함은 소송계속 중에 새로운 당사자가 종전 당사자를 갈음하여 소송절차에 가입하는 것을 말한다. 종전 당사자와 새로운 당사자 사이에 동일성이

501) 종중의 법적 성격에 관한 당사자의 법적 주장이 무엇이든 그 실체에 관하여 당사자가 주장하는 사실관계의 기본적 동일성이 유지되고 있다면 그 법적 주장의 추이를 가지고 당사자변경에 해당한다고 할 것이 아니다(대판 2016.7.7. 2013다76871(평석은 [47] 참조).

502) 대판 2002.5.10. 2002다4863.

503) 대판 1991.8.27. 91다19654.

없다는 점에서 단순한 표시정정과 구별된다.

(나) 형태

(a) **피고의 경정(更正)** (i) 피고의 경정이란 원고가 이전의 피고를 배제하고 새로운 제3자를 피고로 바꾸는 것을 말한다. 원고가 피고를 잘못 지정한 것이 명백한 때에는 제1심 법원은 변론을 종결할 때까지 원고의 신청에 의하여 결정으로 피고의 경정을 허가한다(제260조 제1항). 다만, 피고가 본안에 관하여 준비서면을 제출하거나, 변론준비기일에서 진술하거나 변론을 한 뒤에는 그의 동의를 받아야 한다(제260조 제1항 단서). 피고가 그 서면을 송달받은 날로부터 2주 이내에 이의를 제기하지 아니하면 동의를 한 것으로 본다(제260조 제4항). 피고의 경정은 서면으로 신청하여야 하며(제260조 제2항), 상대방에게 송달하여야 한다. 여기서의 서면에 서면요건을 갖춘 전자문서가 포함됨은 당연하다. 다만, 피고에게 소장의 부본을 송달하지 아니한 경우에는 송달할 필요가 없다(제260조 제3항).

(ii) 경정신청에 대한 결정은 피고에게 송달하여야 한다. 다만, 피고에게 소장 부본을 송달하지 아니한 때에는 송달할 필요가 없다(제261조 제1항). 신청을 허가한 결정을 한 때에는 그 결정의 정본과 소장의 부본을 새로운 피고에게 송달하여야 한다(제261조 제2항).

(iii) 신청을 허가한 결정에 대하여는 동의가 없었다는 사유로만 즉시항고를 할 수 있다(제261조 제3항). 허가결정의 당부는 즉시항고 외에는 불복할 수 없는 종국판결 이전의 재판에 관한 것이어서, 피고경정신청을 한 원고가 그 허가결정의 부당함을 내세워 불복하는 것은 허용될 수 없다.[504)]

(iv) 신청을 허가하는 결정을 한 때에는 종전의 피고에 대한 소는 취하된 것으로 본다(제261조 제4항).

(v) 제260조 제1항 소정의 피고경정신청을 기각하는 결정은 제439조 소정의 소송절차에 관한 신청을 기각한 결정에 해당한다. 따라서 이에 불복이 있는 원고는 통상항고를 제기할 수 있으므로 그 결정에 대하여 특별항고를 제기할 수 없다. 다만 항고인이 통상항고로 불복할 수 있는 피고경정신청 기각결정에 대하여 불복하면서 제출한 서면에 '특별항고장', '대법원 귀중'이라고 기재하였다면 이를 통상항고로 보아서 그 관할법원인 항고법원으로 이송하여야 한다.[505)]

(b) **원고의 경정** 소송계속 중에 원고가 자신에 대한 표시를 잘못하였을 경우에 그 동일성을 유지하는 범위에서 이를 바로잡는 것은 어느 경우에나 허용된다. 그러나 피고가 교환적 변경에 의하여 반대 당사자인 원고를 경정하는 것은 있을 수 없다. 처분권주의를 지배원리로 하는 우리 민사소송법에서는 소송을 원고의 지배에 두기 때문에 다른 사람의 의사에 의하여 함부로 원고가 그의 지위를 벗어날 수 없는 까닭이다.

---

504) 대판 1992.10.9. 92다25533.
505) 대결 1997.3.3. 97으1.

(2) 추가적 당사자 변경

㈎ 뜻 추가적 당사자 변경이라 함은 소송계속 중에 제3자가 종전 당사자와 병행하여 소송절차에 가입하는 것을 말한다.

㈏ 형태

(a) **각종소송참가** 보조참가(제71조) · 공동소송적 보조참가(제78조) · 독립당사자참가(제79조) · 공동소송참가(제83조)는 법이 명문으로 허용하는 당사자 추가의 형태이다. 그러나 각 종 소송참가와 추가적 당사자 변경은 구별되어야 한다. 즉 소송참가는 제3자가 자기의 의사에 의해 소송에 관여함으로써 추가되는 소송형태이고 추가적 당사자 변경은 소송계속 중에 당사자가 제3자를 소송에 관여시킴으로써 추가되는 소송형태이기 때문이다. 따라서 추가적 당사자 변경의 방식에 의하여 소송참가를 할 수 없으며, 소송참가의 형식으로 추가적 당사자 변경을 할 수 없다.

(b) **필수적 공동소송인의 추가(제68조)와 예비적·선택적 공동소송인의 추가(제70조)** 이 경우도 법이 명문으로 허용하는 당사자 추가의 형태이다.

3. 요건 및 효과

임의적 당사자변경의 요건 및 효과는 제68조의 규정과 제260조, 제261조에 관한 규정되어 있다.

(1) 요건

㈎ 제1심 법원의 변론이 종결될 때까지 할 수 있다(제260조 제1항, 제68조 제1항). 당사자의 실질적 변론 기회를 확보하고 심급 이익을 지키기 위해서이다. 그러므로 항소심에서도 심급 이익이 박탈되는 불이익을 입은 상대방이 새로운 당사자와의 사이에서 분쟁을 한꺼번에 해결할 필요에 의해서 새로운 당사자의 추가에 동의한다면 당사자 변경이 가능할 것이다.[506)]

㈏ 교환적 당사자 변경의 경우에는 당사자를 잘못 지정한 것이 명백하여야 한다(제260조 제1항). 판례[507)]는 청구원인의 기재 자체로 보아 원고가 법적 평가를 잘못하여 피고의 지정을 그르치거나 법인격의 유무에 관하여 착오를 일으킨 경우 등이 이에 해당한다고 하였다. 그러나 이 요건을 엄격하게 해석할 필요가 없으며 관련된 당사자를 소송에 가입시킴으로써 분쟁을 한꺼번에 통일적으로 해결할 필요가 있다면 어느 경우에도 허용하여야 할 것이다.[508)] 예를 들

506) 같은 취지: 이시윤, 812면.
507) 대결 1997.10.17. 97마1632.

어 학교법인을 피고로 한다는 것이 학교시설의 책임자를 피고로 한 경우, 공작물의 설치·보존의 흠을 이유로 손해배상을 청구할 때 피고를 점유자로 하여야 할 것을 소유자로 한 경우 등이 모두 당사자를 잘못 지정한 때에 해당한다. 법원은 원고가 피고를 잘못 지정한 경우에 석명권을 행사하여 피고를 경정하게 하여야 하고 이를 게을리 하면 위법이다.[509)]

(다) 교환적 당사자 변경은 신소의 제기와 구소의 취하로 이루어지므로 피고가 본안에 관하여 변론을 하였을 때에는 피고의 동의를 받아야 하고(제260조 제1항), 추가적 당사자 변경에서 제3자를 원고로 추가할 때에는 그 제3자의 동의를 받아야 한다(제68조 제1항 단서). 예컨대 원고가 피고로 지정한 자가 소제기 이전에 사망한 사실이 밝혀져 원고의 당사자표시정정 신청에 따라 그 상속인들이 피고로 된 후 피고가 상속포기를 이유로 원고의 청구를 다투는 경우에 원고가 피고를 차순위 상속인으로의 당사자표시정정 또는 경정은 피고들이 자신의 피고로서의 지위를 타인에게 승계하는데 동의하지 않을 것으로 보이므로 허용되지 않는다.[510)]

(라) 추가적 당사자 변경으로 필수적 공동소송이 되는 경우에는 합일·확정이라고 하는 필수적공동소송의 요건(제67조)을 갖추어야 하고, 예비적·선택적 공동소송이 되는 경우에는 법률상 양립할 수 없다는 예비적·선택적 공동소송의 요건(제70조)을 갖추어야 한다. 필수적 공동소송이 아닌 사건에서 소송 도중에 당사자를 추가하는 것은 허용될 수 없으므로, 회사의 대표이사가 개인 명의로 소를 제기한 후 회사를 당사자로 추가하여 공동소송으로 구성하더라도 그것은 필수적 공동소송이 아니므로 허용되지 않는다. 따라서 그 후 그 개인 명의의 소를 취하함으로써 결과적으로 당사자의 변경을 가져오는 당사자추가신청은 부적법하다.[511)] 추가적 당사자 변경에서 추가된 소의 소송계속은 당사자 변경의 서면을 상대방에게 송달하거나 교부한 때에 생긴다.[512)]

(2) 효과

(가) 임의적 당사자 변경에서는 신 당사자가 구 당사자 지위의 동일성을 유지하는데 목적이 있는 것이 아니므로 구 당사자가 한 종전 소송수행의 결과는 신 당사자에게 미치지 않는다. 따라서 법원은 신 당사자에 대하여 새로운 변론절차를 열어야 할 것이다. 다만 신 당사자가 구 당사자의 변론이나 증거조사의 결과를 원용하여 쓸 때에는 그 효력은 신 당사자에게 생긴다.

(나) 임의적 당사자 변경은 신 소제기의 실질이 있으므로 이행을 청구하는 소송에서 교환적

508) 같은 취지: 이시윤, 812면.
509) 대판 2004.7.8. 2002두7852 참조.
510) 서울지판 2003.5.27. 2002가합81445.
511) 대판 1998.1.23. 96다41496.
512) 대판 1992.5.22. 91다41187.

당사자 변경의 경우에는 변경신청이 있는 때(제265조), 추가적 당사자 변경의 경우에는 처음 소가 제기된 때(제68조 제3항)로 소급하여 시효의 중단 또는 법률상 기간 준수의 효력이 있다.

㈐ **잘못된 임의적 당사자 변경의 소송상 취급** 항소심이 제1심에서의 당사자 표시 변경이 임의적 당사자 변경에 해당하여 허용될 수 없는 것이라고 잘못 판단하여 소송당사자 아닌 자를 소송당사자로 취급하여 변론을 진행시키고 판결을 선고한 경우에, 진정한 소송당사자에 대하여는 아직 항소심에서 변론도 진행되지 않은 채 계속 중이라고 할 것이므로 진정한 소송당사자는 상고를 제기할 것이 아니라 항소심에 그 사건에 대한 변론기일지정신청을 하여 소송을 다시 진행하여야 한다. 항소심이 소송당사자 아닌 자에 대하여 선고한 판결은 진정한 소송당사자에 대한 관계에 있어서는 효력이 없으므로 적법하게 상고할 대상이 아니다.513)

[108] 제2. 소송승계

1. 총설

(1) 뜻

㈎ 소송승계라 함은 소송계속 중에 당사자의 사망, 소송목적의 양도등으로 말미암아 당사자를 둘러싼 실체관계의 변동이 생겨서 당사자적격이 종래의 당사자로부터 다른 자에게 동일성을 유지하면서 이전되는 것을 말한다. 소송승계가 이루어지면 종래의 당사자로부터 다른 사람에게 당사자적격이 이전되므로 종전 당사자는 당사자적격을 상실하고 새로운 당사자가 당사자적격을 취득하게 된다.

㈏ 그러므로 종전 당사자로 하여금 소송을 그대로 진행시켜도 좋은가라는 문제가 일어난다. 고대 로마에서는 소송계속 중에는 실체관계의 변동 자체를 금지하였다(양도금지주의). 독일 민사소송법은 비록 실체관계에 변동이 생기더라도 당사자적격에 영향을 주지 않게 하였다(당사자항정주의). 우리나라는 실체관계의 변동과 더불어 당사자적격의 변동을 인정하여 종전 당사자는 당사자적격을 상실하면서 새로운 실체법상 권리귀속자에게 당사자적격을 취득하게 하는 형식으로 소송승계를 허용한다(소송승계주의).

㈐ 소송승계주의는 실체법상 권리자와 소송수행자를 일치시키는 장점이 있으나 실체법상 권리가 변동되면 종전 당사자는 당사자적격을 상실하므로 새로운 당사자에게 소송승계가 이루어지지 않는 한 종전 당사자의 또는 그에 대한 소송은 당사자적격의 흠을 이유로 패소를 면할 수 없게 된다. 따라서 그와 같은 패소를 면하기 위해서는 실체법상 권리변동 때마다 승계

---

513) 대판 1996.12.20. 95다26773.

인을 새로운 당사자로 하지 않으면 안 되기 때문에 승계절차를 밟기 위한 시간과 비용의 부담이 크다는 점에 문제가 있다.

(2) 소송승계의 모습

소송승계에는 당사자의 사망 등 일정한 승계원인이 생기면 법률상 당연히 소송승계가 이루어지는 당연승계와 계쟁 목적물의 양도 등의 경우와 같이 당사자의 의사표시에 의해서 소송승계가 이루어지는 특정승계가 있다. 현행법상 특정승계의 방법으로는 승계인의 소송참가(제81조)와 소송인수(제82조)가 있다.

(3) 효과

㈎ 소송이 승계되면 신 당사자는 구 당사자의 지위를 그대로 승계한다. 그러므로 변론이나 증거조사의 결과는 그대로 신당사자에게 미치고, 종전의 소제기에 의한 시효중단이나 기간 준수의 효과도 그대로 신 당사자에게 미친다. 채권자대위권에 기초하여 계약금반환청구를 하다가 피 대위채권을 양수하여 교환적으로 양수금 청구로 청구를 변경하더라도 계약금반환청구의 동일성이 유지되고, 시효중단의 효력은 특정승계인에게 미치는 점에 비추어 채권자대위소송의 시효중단의 효력은 계약금반환청구소송에도 미친다.[514)]

㈏ 구 당사자가 할 수 없는 자백의 취소, 시기에 늦은 공격방어방법의 제출 등은 신 당사자도 할 수 없다.

㈐ 소송비용은 당연승계의 경우에는 신 당사자가 이어받는다. 특정승계의 경우에는 구 당사자는 당사자적격을 상실하므로 특별한 사정이 없는 한 신당사자에게 소송비용이 승계되지 않는다.

2. 당연승계

(1) 뜻

당연승계라 함은 소송계속 중에 실체법상 승계사유가 생기면 그 사유가 소송에 반영되어서 당사자가 법률상 당연히 교체되는 것을 말한다. 법은 이 경우에 신 당사자로 되어야 할 자의 이익을 보호하기 위하여 일정한 기간 동안 소송절차를 중단하고 승계인으로 하여금 소송을 수계(受繼)하도록 하고 있으므로 어떤 승계원인이 당연승계의 사유가 되는가는 주로 소송절차의 중단 및 수계의 규정으로부터 알 수 있다. 다만 소송승계는 소송주체의 지위 쪽에서 본 것

---

514) 대판 2010.6.24. 2010다17284.

이고 소송절차의 중단·수계는 소송절차의 진행 방향에서 파악한 것이기 때문에 양쪽은 별개의 관념이다. 당사자가 교체되더라도 소송대리인이 있어 소송을 수행하는데 지장이 없는 경우에는 소송절차가 진행되므로 소송절차가 중단되지 않는다.

(2) 승계의 원인

㈎ **당사자의 사망(제233조)** 가장 전형적인 당연승계의 사유이다. 그러나 권리의 성질이 일신전속권이어서 그 상속성·양도성이 부정되는 경우에는 당사자의 사망으로 대립당사자의 소송구조가 소멸되므로 이 경우의 소송은, 원고의 사망 등으로 다른 제소권자가 승계하는 가사소송법 제16조의 경우를 제외하고는, 승계되지 않고 종료된다(예외, 가소 제16조). 상속을 포기할 수 있는 기간 이내에 상속을 포기한 때(민 제1019조 내지 제1021조)에도 소송은 승계되지 않는다. 당사자 사명의 경우의 승계인에는 상속인 이외에 포괄적 수증자(受贈者)(민 제1078조), 유언집행자(민 제1093조 이하), 상속재산관리인(민 제1040조) 등이 있다. 재산 일부의 특정수증자는 유언의무자에 대하여 유증의 이행을 청구할 채권을 취득함에 불과하므로 당연승계자가 아니다.[515)]

㈏ **법인 기타 단체의 합병으로 인한 소멸(제234조)** 합병에 의하여 설립된 법인 또는 합병 후 존속하는 법인이 승계인이 된다. 자연인의 사망과 마찬가지로, 합병에 의한 포괄승계의 경우에는 실체법상 권리관계나 소송법상 지위도 포괄적으로 승계인에게 이전되기 때문에 승계인의 의사를 묻지 않고 당연 승계가 인정된다.

㈐ **당사자인 수탁자의 임무종결(제236조)** 수탁자의 임무가 종결되면 신탁재산에 관한 수탁자의 관리처분권이 소멸하고, 새로운 수탁자에게 수탁임무가 이전한다. 새로운 수탁자로서는 소송의 속행이 자기의 임무에 속하는 것이므로 법은 당연승계를 인정하는 것이다. 새로운 수탁자가 존재하지 않는 경우에는 신탁재산관리인(신 제17조) 또는 신탁관리인(신 제67조)이 승계인이 된다. 여기서의 임무종결은 신탁법에 의한 수탁자의 임무종결을 뜻하므로 명의신탁의 신탁해지는 이에 포함되지 않는다.[516)]

㈑ **일정한 자격에 의하여 법정소송담당이나 직무상 당사자로 된 사람이 그 자격을 잃거나 죽은 때(제237조 제1항)** 이 경우에도 소송절차가 중단되는데 죽은 때를 제외하고 자격상실의 경우에는 새로운 자격자가 그 임무를 당연하게 승계하여 소송을 수계한다.

㈒ **선정당사자 전원의 자격상실(제237조 제2항)** 이 경우에는 새로운 선정당사자가 그 자격에 근거하여, 또는 본래 소송수행권자인 선정자 전원이 승계인이 되어서 수계절차를 밟는다. 이에 대하여 선정당사자 일부의 사람이 자격상실을 하였을 때에는 다른 선정당사자가 선

515) 대판 2010.12.23. 2007다22866.
516) 대판 1966.6.28. 66다689.

정자 전원을 위하여 소송수행을 할 수 있어(제54조) 당사자의 지위에 변경이 생기지 않는다. 또 선정당사자가 소송계속 중에 선정되었을 때에는, 선정자는 소송에서 탈퇴하여(제53조 제2항)선정당사자가 그 승계인이 되므로 이 경우에도 수계절차는 취하지 않는다.

(바) **파산선고 또는 파산절차의 해지(제239조, 제240조)** 당사자가 파산선고를 받은 때에는 파산재단소속재산에 관해서의 관리처분권 및 그에 기초한 당사자적격이 채무자회생 법에 따라 파산자로부터 파산관재인에게 이전하고, 파산관재인은 그 직무상 당연히 파산자의 승계인이 된다(제239조). 또한, 채무자회생 법에 따라 파산재단에 관한 소송의 수계가 이루어진 뒤 파산절차가 해지된 때에도 소송절차는 중단되는데 이 경우 파산선고를 받은 자가 소송절차를 수계하여야 하므로(제240조), 파산선고를 받은 자는 그 직무상 당연히 파산자의 승계인이 된다.

(사) **회생개시절차개시결정 또는 회생절차종료(채무자회생 제59조 제1항, 제4항)** 채무자회생 법에 따라 회생절차개시결정이 있는 때에는 채무자의 재산에 관한 소송절차는 중단되는데(채무자회생 제59조 제1항) 중단된 소송절차 중 회생채권 또는 회생담보권과 관계없는 것은 관리인 또는 상대방이 이를 수계할 수 있고(채무자회생 제59조 제2항), 수계가 있은 후에 회생절차가 종료한 때에는 소송절차가 중단되며, 이 경우 채무자는 소송절차를 수계하여야 하는데(채무자 회생 제59조 제4항) 채무자는 이 경우 직무상 당연히 승계인이 된다.

(3) 소송상 취급

(가) **소송절차가 중단되는 경우** (a) 소송계속 중에 당연승계의 사유가 발생하면 소송절차가 중단된다. 그러므로 승계인 또는 그 상대방(제241조)은 소송절차의 수계(受繼)를 신청하여야 한다. 수계신청이 있으면 법원은 이를 상대방에게 통지한다(제242조). 그런데 파산선고 당시 계속 중이던 파산채권에 관한 소송은 파산관재인이 승계하는 것이 아니라 파산채권자의 채권신고와 그에 대한 채권조사의 결과를 따르므로 당사자는 파산채권이 이의채권으로 되지 아니한 상태에서는 미리 소송수계신청을 할 수 없다.[517]

(b) 수계신청의 적법 여부는 법원의 직권조사사항이므로(제243조 제1항) 법원은 직권으로 승계사유 및 승계인의 적격을 조사하여 흠이 있을 때에는 결정으로 수계신청을 기각하고 그 적격이 인정된 때에는 승계인에 의한 소송수행을 허용하여야 한다.

(c) 소송이 속행된 뒤에 수계인의 승계적격이 없다고 판명된 경우에는 당사자적격이 없는 것과 동일하게 취급하여야 한다. 따라서 참칭 수계인 또는 그에 대한 소송은 당사자적격의 흠을 이유로 판결로써 각하하여야 할 것이지만 판례는 이 경우에 수계재판을 취소하고 수계신청을 각하하라고 하였다.[518] 그러므로 진정 수계인에 대한 관계에서는 아직도 중단상태에 있으

517) 대판 2018.4.24. 2017다287587.
518) 대판 1981.3.10. 80다1895.

므로 다시 수계신청을 하여야 한다.

㈏ **소송대리인이 있어 중단되지 않는 경우** (a) 피승계인에게 소송대리인이 있는 경우에는 파산선고 또는 파산절차의 해지(제239조, 제240조)와 회생절차개시결정 또는 회생절차종료(채무자회생 제59조 제1항·제4항)를 제외하고는 소송절차가 중단되지 아니하므로 당연승계의 사유가 생기더라도 소송절차는 그대로 진행된다(제238조).

(b) 이 경우 소송대리인은 계속하여 구 당사자의 이름으로 소송을 수행하게 되지만 실질적으로는 신 당사자의 소송대리인으로 소송을 수행하는 것이므로 판결의 효력은 신 당사자에게 생긴다.[519]

(c) 그러나 강제집행을 하려면 승계인에 대하여 승계집행문을 부여받아야 하므로(민집 제31조) 이때 승계인이 누구인지 조사하여야 할 것이다. 만약 판결단계에서 승계사실과 승계인이 판명되었을 때에는 소송대리인이 있어 소송수계의 필요성이 없기 때문에 구태여 수계절차를 밟을 필요 없이 판결문의 승계인을 당사자로 표시하면 된다.

3. 특정승계

(1) 소송목적의 양도

㈎ **뜻** 소송계속 중에 당사자의 의사표시에 의하여 소송목적이 되는 권리 또는 법률관계가 제3자에게 양도됨으로써 당사자적격이 제3자에게 이전되는 것을 말한다. 소송 목적이 양도되면 당사자적격에 변동이 생기므로 제3자가 제81조 및 제82조에 의하여 소송승계를 하지 않는 한 종전 당사자의 또는 종전 당사자에 대한 소송은 당사자적격의 흠으로 말미암아 각하 또는 기각된다.

㈏ **평가** 당사자의 의사표시에 의하여 소송목적이 되는 권리 또는 법률관계가 제3자에게 양도되는 여러 경우를 평가하여 본다.

(a) **소제기 이전의 양도** 소송에 아무런 영향을 주지 않는다. 다만 소제기 이전에 소송목적의 양도사실을 원고가 모르고 양도인을 상대로 소송을 제기하였다가 소송계속 이후 그 사실을 안 경우에 새로 소송을 제기하지 않고도 양수인으로 당사자를 변경할 수 있느냐는 것은 당사자 변경의 문제이다. 교환적 당사자 변경의 경우에는 당사자를 잘못 지정한 것이 명백하여야 변경할 수 있다(제260조 제1항).

(b) **소제기 이후 변론종결 이전의 양도** (i) 전형적인 소송승계의 경우로서 참가승계(제81조)와 소송인수(제82조)에 의하여 소송승계가 이루어진다. 만약 소송목적의 양도가 이루어졌는

519) 대결 1991.5.29. 91마342.

데도 참가승계나 소송인수의 절차를 밟지 아니하였을 때에는 종전 당사자는 당사자적격을 상실하여 그의 또는 그에 대한 소송은 패소를 면치 못한다. 그러므로 판례[520]는 소송 목적인 권리관계의 승계라 함은 소송목적인 권리관계의 양도뿐만 아니라 당사자적격 이전의 원인이 되는 실체법상 권리의 이전을 포함하는 것이라고 하여, 여기서의 승계를 당사자적격의 승계로 보아 제218조 제1항에서 정한, '변론을 종결한 뒤의 승계인'과 통일적으로 파악한다(동일설).

(ii) 그러나 소송승계는 소송계속 중에 심리의 속행과정에서 문제되는 것이고, '변론을 종결한 뒤의 승계인'에 대한 기판력 및 집행력의 확장은 심리가 종결된 뒤의 문제이다. 이 차이로 말미암아 소송승계에서는 승계이전의 소송목적과 승계이후의 소송목적이 달라져서 소제기 후 변론종결 이전에는 비록 당사자적격이 그대로 승계되지 아니하더라도 소송승계를 인정하지 않을 수 없는 경우가 생긴다. 즉 소송승계인의 인정범위가 변론을 종결한 뒤의 승계인보다 확대될 수 있는 것이다(비동일설[521]). 뒤에서 설명하는 소송인수에서 추가적 인수가 그 예이다.

(c) **변론종결 이후의 양도** 변론종결 이후 소송목적이 양도되었을 때에는 종전 당사자에 대한 판결의 효력은 승계인에게 미치므로(제218조 제1항) 소송에 영향을 주지 않는다.

㈐ **소송승계주의의 결함에 대한 대책** 소송계속 중에 실체법상 권리관계가 변동되는 것을 소송승계에 반영하게 되면 당사자는 상대방의 권리변동 사실을 주의 깊게 관찰하여 실체관계의 변동이 있는 경우에는 즉시 소송승계의 방도를 갖추어야 하며, 그렇지 아니하고 피고의 실체관계에 변동이 있는 경우에 소송승계 조치를 이루지 않으면 원고의 소제기는 당사자적격을 상실한 자에 대한 소송이 되어 패소를 면치 못한다. 독일의 당사자항정주의는 소송승계주의의 이 결함을 해소하기 위한 입법이다. 소송승계를 허용함으로써 생기는 결함에 대한 현행법상 대처 방법으로 다음과 같은 방법이 있다.

(a) **추정승계인(제218조 제2항)** 제218조 제2항은 당사자가 변론을 종결할 때까지 승계사실을 진술하지 아니한 때에는 변론을 종결한 뒤에 승계가 있는 것으로 추정하여 승계인에게 기판력을 미치게 하고 있다. 이 규정은 승계사실을 은폐하여 기판력을 받지 않으려는 당사자를 제재하려는 취지에서 나온 것으로서 일본에 없는 우리나라 독자적 규정이다. 추정승계인 규정은 소송승계주의의 결함을 시정하는 역할을 할 수 있다.

(b) **가처분제도** 현상 변경으로 당사자가 권리를 실행하지 못하거나 이를 실행하는 것이 매우 곤란할 염려가 있을 경우에는 다툼의 대상에 관하여 가처분을 할 수 있다(민집 제300조). 가처분에 의하여 다툼의 대상에 관한 현상 변경을 금지시켜 피고 쪽 당사자를 고정시킬 수 있으므로 원고 측이 가장 잘 이용하는 방법이다.

---

520) 대판 2003.2.26. 2000다42786.
521) 정영환, 1046면; 정동윤 외 2, 1149면.

(2) * 승계인의 소송참가(제81조)

(가) 뜻 (a) 승계인의 소송참가, 즉 참가승계라 함은 소송계속 중에 소송 목적물이 양도되었을 때 그 양수인이 그 때까지 형성된 유리한 소송상태를 이용하기 위하여 스스로 소송절차에 참가하는 것을 말한다. 권리와 의무는 표리관계이므로 권리의 양수인은 물론이고 실체법상 의무의 승계인도 종전 소송수행과정에서의 유리한 소송 상태를 이용하기 위하여 이 방식으로 참가할 수 있다(제81조).

(b) **참가승계의 모습** (i) 2002년 개정 민사소송법 이전에는 예를 들어 원고로부터 권리를 승계하였다고 주장하는 Z가 참가승계를 하려면 원칙적으로 피고에 대해서는 원고의 청구와 동일한 청구의 취지 및 원인 외에 권리승계사실을 청구원인에 추가한 신 청구를 주장하여야 하고, 원고에 대해서는 권리의 승계원인에 관한 적극적 확인청구를 하여 3면소송이 되게 하였고, 피고로부터 채무를 승계하였다고 주장하는 Z가 참가승계를 하려면 원칙적으로 원고에 대해서는 채무부존재확인의 소극적 확인청구를 하고 피고에 대해서는 적극적 확인청구를 하여 3면소송이 되게 하였다. 그러나 2002년 개정 민사소송법 이후에는 독립당사자 참가에서 한쪽 참가(제79조 제1항)가 가능하고, 예비적·선택적 형식으로 공동소송(제70조 제1항)을 제기할 수 있게 됨으로써 구태여 3면소송의 형식을 갖출 필요가 없게 되었으므로 앞의 예에서 Z는 원고에 대한 청구를 정립함이 없더라도 참가승계를 할 수 있게 되었다.

(ii) 2002년 민사소송법 개정 이전의 판례는, 참가승계는 독립당사자참가(제79조)의 방식으로 소송에 참가하여야 하지만(제81조) 양수인과의 사이에서 대립·견제관계가 있는 것이 아니고 오히려 공동관계에 있으므로 권리의 일부 양도 혹은 양도인이 승계사실을 다투고 탈퇴하지 않는 경우를 제외하고는 3면소송관계가 성립하지 않는다고 하여,[522] 본 소송의 원고가 양도인인데 승계사실을 다투지 않는 경우에 참가인은 피고 한 쪽에 대해서만 참가승계가 가능하고[523] 종전 당사자의 소송대리인이 참가승계인의 소송대리를 하였다 하여도 양쪽 대리가 아니다[524]라고 하였다. 판례의 이 입장은 2002년 민사소송법 개정 이후에도 이어져서, 만약 피승계인이 되는 원고에 대한 참가승계가 이루어졌으나 피고의 부동의로 원고가 탈퇴하지 못한 경우에는 원고의 청구와 참가인의 청구는 서로 대립·항쟁하는 관계가 아니므로 통상 공동소송관계에 있다고 하였다.[525] 이러한 판례의 입장은, 2002년 개정 민사소송법 이전에 독립당사자 참가인은 원·피고 양쪽에 대하여 필수적으로 다 참가를 하여야 독립당사자참가가 가능한

522) 대판 1975.11.25. 75다1257·1258.
523) 대판 1976.12.14. 76다1999.
524) 대판 1991.1.29. 90다9520·9537.
525) 대판 2004.7.9. 2002다16729.

데 원고가 참가인의 채권 양수 사실을 인정함으로써 참가인이 원고에 대한 확인할 이익이 없게 된다면 원고에 대하여 참가를 할 수 없어[526] 양쪽 참가가 불가능하므로 그 경우에 참가인은 피고에 대한 개별적 소송밖에 할 수 없게 되고, 이것을 피고의 입장에서 볼 때 당시에는 예비적·선택적 공동소송 규정이 없었던 이유에서 그 소송형식을 참가인과 원고의 통상 공동소송으로 보았던 것에 이유가 있을 것이다.

(iii) 그러나 2002년 개정 민사소송법 이후에는 독립당사자 참가에서 한 쪽 참가(제79조 제1항)가 가능하고, 예비적·선택적 형식으로 공동소송(제70조 제1항)을 제기할 수 있게 됨으로써 소송목적물의 귀속에 관한 대립·견제의 실체법적 관계를 그대로 소송에 반영할 수 있다는 점에서 원고가 다투지 아니하는 참가승계를 한 참가인과 원고의 관계를 구태여 실체법적 법률관계에 맞지 않는 통상 공동소송관계로 볼 필요가 없게 되었다. 즉 소송목적의 양수인은 양도인과 관계없이 독립당사자참가소송의 한 쪽 참가에 의하여 피고에게 소송상 청구를 할 수 있고, 소송목적의 양도인인 원고와 선택적 원고로서 청구할 수도 있는데 어느 경우에나 제79조 제2항이나 제70조 제1항 단서에 의하여 필수적 공동소송에 대한 특별규정인 제67조가 준용됨으로써 계쟁 목적물의 귀속에 관한 합일·확정의 소송관계를 정립할 수 있기 때문이다. 따라서 참가승계는 예비적·선택적 공동소송이나 독립당사자 참가의 한 가지 형태일 뿐 통상 공동소송의 모습이 아니므로 승계로 인해 중첩된 원고와 승계참가인의 청구 사이에는 필수적 공동소송에 관한 제67조가 준용된다. 즉 소송계속 중 제3자가 제81조에 따라 소송에 참가한 후 원고가 승계참가인의 승계 여부에 대하여 다투지 않으면서 소송탈퇴, 소취하 등을 하지 않거나 이에 대하여 피고가 부 동의하여 원고가 소송에 남아 있을 경우 승계로 인해 중첩된 원고와 승계참가인의 청구 사이에는 필수적 공동소송에 관한 제67조가 준용되는 것이다.[527]

(c) 참가승계는 제79조의 규정에 따라 독립당사자참가의 방식으로 소송에 참가하여야 하지만(제81조) 본 소송의 원고가 양도인인데 승계사실을 다투지 않는 경우에 참가인은 피고 한 쪽에 대해서만 참가가 가능하다.[528] 이러한 참가는 종전원고와 논리적으로 양립할 수 없어 선택적 관계에 있는 당사자가 선택적 원고가 되어 제70조의 규정에 따라 피고에게 제기하는 선택적 공동소송과 동일하다. 그러나 피승계인이 되는 원고가 참가승계인의 승계사실 자체를 다투는 경우에는 전형적인 3면소송이 성립하므로 이 경우에 참가인은 추가적으로라도 원고에 대하여 청구를 정립하여야 할 것이다.

(나) **승계의 원인** (a) 참가승계는 실체법상 권리의무의 이전을 전제로 하여야 하므로 일신전속권에 속하는 권리에 관하여는 소송승계가 문제되지 않는다. 일신전속권이 아니라면 매

526) 대판 1968.12.24. 64다1574.
527) 대전판 2019.10.23. 2012다46170. 대판 2022.6.16. 2018다301350(평석은 [6] 참조).
528) 대판 1976.12.14. 76다1999.

매, 양도 등 의사표시에 의한 경우 이외에도 집행처분(예, 부동산 매각결정 · 전부명령)을 포함하며, 승계취득이든 원시취득(예, 수용 등)이든 가리지 않는다.

(b) 보전처분, 즉 가압류 · 가처분결정에 대한 이의신청(민집 제283조 제1항)을 할 수 있는 자는 채무자와 그 일반승계인이지만 특정승계인도 제81조에 의한 참가승계를 하면 이의신청을 할 수 있다. 그러나 그 밖의 3자는 가처분에 대하여 사실상 이해관계가 있다 하더라도 이의를 신청할 적격이 없다.[529)]

(c) **청구이의의 소** 청구에 관한 이의의 소(민집 제44조)가 계속 중에 그 소송에서 집행력 배제를 구하는 집행권원 표시의 청구권을 양수한 자는 소송 목적이 된 채무를 승계한 것이므로 승계집행문을 부여받았는지 여부와 관계없이 청구 이의의 소에 참가승계를 할 수 있으나, 위 소송이 제기되기 이전에 그 집행권원에 표시된 청구권을 양수한 경우에는 참가승계의 요건(제81조)이 결여되어 그 참가신청은 부적법하다.[530)] 한편 집행문 부여의 요건인 조건의 성취 여부는 집행문 부여와 관련된 집행문 부여의 소 또는 집행문 부여에 대한 이의의 소에서 주장 · 심리되어야 할 사항이지, 집행권원에 표시되어 있는 청구권에 관하여 생긴 이의를 내세워 그 집행권원이 가지는 집행력의 배제를 구하는 청구이의의 소에서 심리되어야 할 사항은 아니다.[531)]

(d) **배당이의의 소** 배당이의의 소의 원고적격은 채무자 또는 배당기일에 출석하여 배당표에 대하여 이의를 진술한 채권자에 한하여 인정되나, 담보권 실행을 위한 경매에서 경매목적물의 소유자도 위 채무자에 포함된다. 채무자나 소유자가 배당이의의 소를 제기한 경우의 소송목적은 피고로 된 채권자가 경매절차에서 배당받은 권리의 존부 · 범위 · 순위에 한정되는 것이지, 원고인 채무자나 소유자가 경매절차에서 장차 배당받을 권리까지 포함하는 것은 아니므로, 제3자가 채무자나 소유자로부터 위와 같이 배당받을 권리를 양수하였다고 하더라도 배당이의 소송이 계속되어 있는 동안에 소송목적인 권리 또는 의무의 전부 또는 일부를 승계한 경우에 해당된다고 볼 수는 없다.[532)]

(e) 승계는, 예를 들어 건물철거소송에서 철거청구권과 같이 소송상 청구로서 주장된 소송목적 그 자체의 양도는 물론 당사자적격 이전의 원인이 되는 실체법상 권리의 이전을 널리 포함한다. 그러므로 철거청구소송에서 철거대상물과 같이 소송목적의 대상 목적물을 양도하는 것을 포함하며, 신주발행무효의 소송계속 중 그 원고 적격의 근거가 되는 주식이 양도된 경우에는 그 양수인은 새로운 주주의 지위에서 신소를 제기할 수도 있고, 양도인이 이미 제기한

529) 대판 1970.4.28. 69다2108.
530) 대판 1983.9.27. 83다카1027.
531) 대판 2025.8.14. 2023다271033.
532) 대판 2023.2.23. 2022다285288.

기존의 위 소송을 적법하게 승계할 수도 있다.[533] 그러나 단순한 점유의 승계[534]나, 부동산에 대한 소유권이전등기의 이행의무 자체를 승계하지 않고 소유권이전등기를 제3자 앞으로 경료하는 것[535] 등은 승계가 아니다.

(다) **절차** (a) (i) 독립당사자참가(제79조)의 형식에 의한다. 따라서 참가승계인은 피승계인 및 상대방에 대하여 청구를 정립하여야 한다.

실체법상 권리 · 의무를 양수한 승계인의 피승계인에 대한 신청은 분쟁의 기초가 된 실체관계가 피승계인으로부터 승계인에게 이전된 것을 인정하라는 취지로서 피승계인이 승계사실을 다투지 아니할 때에는 상대방에 대해서만 하는 한 쪽 참가가 가능하다.

(ii) 피승계인이 승계사실을 다툰 경우에는 그에 대해서도 일정한 청구를 하여야 하며, 독립당사자참가신청서와 같은 액수의 인지를 붙여야 한다(민인 제6조 제2항). 상대방에 대한 청구는 그 내용이 비록 피승계인의 상대방에 대한 청구와 같거나 실질상 같은 분쟁이라고 하더라도 당사자가 달라지면 소송관계도 달라지기 때문에 반드시 독자적인 청구를 할 필요가 있다. 즉 권리승계인의 경우에는, 그 권리에 터 잡아 이행 또는 적극적 확인청구를 하여야 하고, 의무승계인의 경우에는 소극적 확인청구를 하여야 한다.

(b) 참가신청은 소의 제기에 해당하지만 사실심인 항소심에서도 참가할 수 있다. 그러므로 제1심에서 원고가 승소하였으나 항소심에서 원고에 대한 참가승계가 이루어졌음에도 참가승계인의 청구에 대한 판단 없이 단순히 피고의 항소를 기각한 원심판결에는 직권파기사유가 있다.[536] 그러나 법률심인 상고심에서는 참가승계신청을 할 수 없다.[537]

(c) (i) 소의 제기에 해당하는 참가신청에서 그 참가요건은 소송요건에 해당하기 때문에 그 요건을 갖추었는지 여부는 직권으로 조사하여야 하며 부적법하면 변론을 거쳐 판결로 참가신청을 각하하여야 한다.[538] 각하판결은 반드시 당사자에 대한 판결과 함께 할 필요가 없다.[539]

(ii) 승계인에 해당하는지 여부는 청구의 당부와 관련하여 판단할 사항이다. 따라서 심리결과 승계사실이 인정되지 않으면 참가승계인의 청구를 기각하는 판결을 하여야지 참가승계신청을 각하하는 판결을 하여서는 안 된다.[540] 예를 들어 참가승계인이 제1심 소송계속 중 소송행위를 하게 하는 것을 주목적으로 원고의 피고에 대한 부당이득금반환채권을 양수한 사실이 드러나서 그 부당이득금반환채권의 양수가 신탁법 제6조에 위반되어 무효인 경우에는 참

533) 대판 2003.2.26. 2000다42786.
534) 대결 1970.2.11. 69마1286.
535) 대결 1983.3.22. 80마283.
536) 대판 2004.1.27. 2000다63639.
537) 대판 2001.3.9. 98다51169.
538) 대결 2007.8.23. 2006마1171.
539) 대판 2012.4.26. 2011다85789.
540) 대판 2014.10.27. 2013다67105,67112 참조.

가신청은 부적법하여 각하하여야 한다.[541] 그러나 예를 들어 원고 참가승계인들이 어떤 건물 소유자임을 전제로 청구를 하였는데 이 청구를 기각한 원심판결에 대하여 불복한 항소심의 소송 계속 중에 제3자가 소송목적인 위 건물의 소유권을 승계하였다고 주장하며 소송에 참가한 경우에, 원고 참가승계인들의 그 건물 승계사실이 드러나지 않으면 참가승계신청을 각하하는 판결을 해서는 안 되고 참가승계인의 청구를 기각하는 판결을 하여야 한다.[542] 이와 같은 차이는 앞의 명의신탁금지에 위반되어 무효인 경우는, 참가신청의 이유로 주장하는 사실관계 자체에서 승계적격의 흠이 명백한 경우에 해당하는데 대해 뒤의 소유권 존부는, 사실관계 자체에서 승계적격의 흠이 명백하지 않으므로 이에 관한 사실심리를 하여야 하기 때문이다.

(iii) 제1심 소송계속중의 소송수계신청이 부적법하여 이를 기각하여야 할 것인데도 이를 간과하고 본안판결을 하고 이에 대하여 항소되었다면 항소심은 소송수계신청을 기각하고 소송이 아직도 제1심에 계속되어 있음을 명백하게 하는 의미에서 사건을 제1심 법원에 환송하여야 한다.[543]

㈃ **효과** (a) 참가승계를 하면 그 시기와 관계없이 소 제기할 때에 소급하여 시효의 중단, 법률상 기간준수의 효력이 생긴다(제81조).

(b) 참가승계에 의하여 소송승계가 이루어지므로 참가승계인은 종전 당사자와의 소송상태를 승인할 의무를 진다. 그러나 피 승계인이 승계인의 승계사실을 다투어 3면소송 또는 3당사자소송이 성립할 때에는 3자 사이에 대립·견제관계가 이루어지므로 승계인에게 참가할 때까지의 소송상태를 승인할 의무가 없다.

(3) * 승계인의 소송인수(제82조)

㈎ **뜻** (a) 승계인의 소송인수, 즉 인수승계라 함은 소송계속 중에 당사자의 인수신청에 의하여 제3자를 소송에 강제로 끌어들이는 것을 말한다. 인수인은 의무승계인에 한정되지 아니하며 권리양수인도 당사자의 신청에 의하여 인수승계인이 될 수 있다(제82조 제1항). 예를 들어 건물명도청구소송에서 피고의 점유권원이 명백하여 피고승소가 명백하게 되었는데 원고가 되는 건물소유자가 그 건물을 제3자에게 매도하여 피고로서는 재차 건물양수인의 명도청구소송에 응하여야 할 경우에 피고는 재차 응소의 번잡을 피하기 위하여 권리의 양수인인 건물양수인을 인수신청으로 소송에 끌어들임으로써 한꺼번에 분쟁을 해결할 수 있다. 결국 참가승계와 인수승계는 승계인이 권리자인가 의무자인가에 따라 구별되는 것이 아니라 승계인이 자발적으로 소송에 참가하느냐(참가승계) 아니면 당사자의 의사에 의하여 강제로 소송에 관여

541) 대판 2012.4.26. 2011다85789.

542) 대판 2014.10.27. 2013다67105,67112.

543) 부산고판 2005.5.13. 2004나4607.

하는가(인수승계)에 따라 달라진다고 할 수 있다.

(b) 그러나 의무를 승계한 자가 그 때까지 전주(前主)가 한 소송을 자기의사로 인수하는 것을 기대할 수 없기 때문에 권리자가 의무승계인을 상대로 인수신청을 하는 것이 일반적이다.

(c) 수익자를 피고로 한 사해행위 취소소송의 판결은 상대적인 효력밖에 없어 전득자에게 미치지 아니하므로 위 취소소송의 계속 중에 수익자로부터 목적물을 양수한 전득자는 수익자의 소송인수인이 될 수 없다.[544)]

(나) **요건**

(a) **소송계속중일 것** 인수신청은 신 소제기와 성질이 같으므로 사실심의 변론이 종결되기 이전에 하여야 하며 법률심인 상고심에서는 할 수 없다.

(b) **승계의 원인** (i) **교환적 인수** 원칙적으로 승계인에 대한 신 · 구 청구가 같아야 한다. 원고가 채권을 제3자에게 양도한 경우, 피고의 채무를 제3자가 인수한 경우, 소유권확인청구의 목적물을 제3자가 취득한 경우 등이다. 이를 교환적 인수[545)]라고 한다. 그러므로 교환적 인수에서는 동일하지 않은 청구의 소송인수는 할 수 없다. 예를 들어 임대차계약이 끝난 것을 이유로 대지의 인도를 구하는 소송에서 제3자가 그 대지 위에 건물을 신축한 경우에 대지와 건물은 별개의 부동산이므로 건물철거를 구하기 위한 인수신청은 허용할 수 없으며, 부동산소유권이전등기청구의 소송계속 중에 같은 부동산에 대한 소유권이전등기가 제3자 앞으로 경료되었다고 하더라도 제3자가 소송목적이 된 그 부동산에 대한 소유권이전등기의 이행의무 자체를 승계하지 않는 한 그 소송의 목적이 된 채무를 승계한 때에 해당할 수 없으므로 제3자 앞으로 경료된 각 등기의 등기말소를 구하기 위한 소송의 인수는 허용되지 않는다.[546)]

(ii) **추가적 인수** (ㄱ) 앞에서 언급한 것과 같이 소송목적의 양도에서 소송승계인의 범위는 변론을 종결한 뒤의 승계인보다 넓다. 따라서 승계인에 대한 신 청구가 구 청구와 다르더라도 쟁점이 공통되고 종전 소송자료를 이용할 수 있으며 분쟁의 실효적 해결을 기대할 수 있는 경우에는 소송인수를 허용하여야 할 것이다. 예를 들어 토지임차인에 대한 건물철거청구와 토지인도청구의 소송계속 중에 토지 임차인이 건물의 일부를 전대(轉貸)하였다면 철거의무는 퇴거의무를 포함하므로 전차인을 상대로 한 소송인수 신청, 또 원인무효를 이유로 한 소유권이전등기말소청구의 소송계속 중에 피고가 제3자에게 소유권이전등기를 경료하였을 때에는 제3자인 현재의 등기명의자는 전주의 등기말소의무를 승계하였다 할 것이므로 그 제3자에 대한 소송인수신청 등이다.

(ㄴ) 이러한 소송인수에는 제3자에 대한 청구취지를 새로 추가하여야 하므로 이를 추가적

544) 대전고판 2003.12.17. 2002나8706.
545) 교환적이라고 하여 종전 당사자에 대한 소 취하를 전제로 하지 않는다.
546) 대결 1983.3.22. 80마283.

인수라고 한다. 이 경우에는 신·구 청구가 반드시 동일할 필요가 없다.

㈐ 절차 (a) (i) 인수승계는 당사자의 신청에 의하여 이루어진다. 여기서의 당사자는 전주(前主)의 상대방인 양수인일 경우가 많겠으나 양수인이 참가신청을 하지 않는 경우에는 양도인도 인수신청을 할 수 있다고 본다.

(ii) ㈀ 인수신청이 있는 때에는 법원은 당사자와 제3자를 심문하고 결정으로 그 허부를 재판한다(제82조 제2항). 신청각하결정에 대하여는 항고할 수 있으나(제439조), 소송계속 중에 소송목적이 되는 의무의 승계가 있다는 이유로 하는 소송인수신청이 있는 경우에 신청의 이유로서 주장하는 사실관계 자체에서 그 승계적격의 흠이 없는 한 결정으로 그 신청을 인용(認容)하여야 한다. ㈁ 소송인수를 명하는 결정은 승계인의 적격을 인정하여 이를 당사자로서 취급하는 취지의 중간적 재판이므로 이에 불복이 있으면 본안에 대한 판결과 함께 상소할 수 있을 뿐이고, 승계인이 위 결정에 대하여 독립하여 불복할 수 없다.[547)]

(b) (i) 승계인의 소송인수에 관한 제82조는 참가승계와 달리 독립당사자참가방식에 따라 인수하도록 규정하고 있지 아니하므로 소송인수신청인이 전주(前主), 즉 피인수인에 대한 청구를 정립할 필요가 있는지 문제된다. 추가적 인수의 경우에 피인수인에 대한 청구를 정립하여야 한다는데 반대설이 없다.

(ii) 그러나 교환적 인수의 경우에 다수설은 인수인에 대한 청구를 정립할 필요가 없다고 한다. 하지만 전주(前主)에 대한 청구와 인수인에 대한 청구는 이론상 별개의 청구이기 때문에 인수신청인을 적극적 당사자로 하여 청구를 제시하게 하는 것이 정당하다. 소극적 당사자인 피고가 인수신청을 하는 경우에도 인수신청인은 피인수인에 대하여 채무부존재 확인의 소극적 확인청구를 할 필요가 있다. 명문이 없지만 승계인의 소송인수도 독립당사자참가 방식에 의하여야 할 것이다.

(iii) 결론적으로 승계인의 소송참가는 물론 소송인수도 독립당사자참가 방식에 의하여야 할 것이다.

(c) 인수승계인에 해당하는지 여부는 피인수신청인에 대한 청구의 당부와 관련하여 판단할 사항이므로 심리한 결과 승계사실이 인정되지 않으면 청구기각의 본안판결을 하면 되는 것이지 인수참가신청 자체가 부적법하다고 하여 각하할 것이 아니다.[548)]

(d) 인수승계인이 인수승계 요건인 채무승계 사실에 관한 상대방 당사자의 주장을 모두 인정하여 이를 자백하고 소송을 인수하여 이를 수행하였다면, 위 자백이 진실에 반한 것으로서 착오로 말미암은 것이 아닌 한 인수승계인은 자백을 철회하여 인수승계의 전제가 된 채무승계 사실을 다툴 수 없다.[549)]

---

547) 대결 1981.10.29. 81마357.
548) 대판 2005.10.27. 2003다66691.

(4) * 종전당사자의 탈퇴

㈎ **원칙** (a) 종전 당사자는 참가승계 및 인수승계 신청이 적법한 경우에 상대방의 동의를 얻어 소송탈퇴를 할 수 있다. 소송탈퇴를 하면 소송이 종료되므로 탈퇴한 피승계인의 청구에 관하여 심리 · 판단을 할 수 없다.[550] 그 경우 판결의 효력은 탈퇴당사자에게 미친다(제82조 제3항, 제80조).

(b) 승계참가인의 참가신청이 부적법함에도 법원이 이를 간과하여, 참가신청과 피참가인의 소송탈퇴가 적법한 것으로 전제한 뒤 승계참가인과 상대방 사이의 소송에 대해서만 판결을 내리더라도 피참가인과 상대방 사이의 소송은 여전히 탈퇴 당시의 심급에 계속되어 있는 것이다. 따라서 상소심에서 그 부적법성이 밝혀지더라도 상소심 법원은 이에 관해 심리 · 판단할 수 없으므로, 상소심은 제1심 판결을 취소하고 참가신청을 각하하여야 한다.[551]

㈏ **탈퇴의 효력** (a) 승계인의 소송참가는 제79조의 독립당사자참가 규정에 따라 이루어져야 하고(제81조), 소송인수의 경우에도 비록 명문의 규정은 없으나 마찬가지로 독립당사자참가의 방식에 의하여야 한다.

따라서 소송탈퇴란, 종전 당사자 중 한쪽이 자기의 상대방과 참가인 사이에서 내려질 소송결과에 전면적으로 승복한다는 조건 아래 소송에서 물러남으로써, 자기와 관련된 청구에 관한 소송계속을 소멸시키고 절차를 간소화하는 것으로 이해되어야 한다(이른바 조건부 청구의 포기 · 인낙설). 이에 대하여는, 소송탈퇴가 있더라도 탈퇴자가 단지 소송수행권만 참가인에게 맡기는 것일 뿐, 탈퇴자와 관련된 소송관계 자체는 여전히 존속한다는 견해도 있다(이른바 소송담당설). 그러나 소송담당설에 따르면 강제집행단계에서 승계집행문(민집 제1조)을 별도로 부여받아야 하는 번잡성이 발생하므로, 이를 따르기는 어렵다.

(b) 따라서 피고가 탈퇴하면, 참가인과 원고 중 승소한 당사자에 대한 조건부 인낙이 성립한다. 그 결과 참가인의 원고에 대한 신청이 인용되어 확정되면, 참가인은 탈퇴조서를 인낙조서와 동일하게 집행권원으로 삼아 피고에 대해 직접 강제집행을 할 수 있다. 이 경우 소송담당설에서와 같이 승계집행문을 따로 부여받을 필요가 없다.

(c) **시효중단의 효력** 소송목적인 권리를 양도한 원고가 제82조 제3항, 제80조에 따라 소송에서 탈퇴한 후 법원이 인수참가인의 청구 당부에 관하여 심리한 결과 인수참가인의 청구를 기각하거나 소를 각하하는 판결이 확정된 경우에는 원고가 제기한 최초의 재판상 청구로 인한 시효중단의 효력은 소멸한다. 다만 탈퇴 후 잔존하는 소송에서 내린 판결은 탈퇴자에 대

---

549) 대판 1987.11.10. 87다카473.

550) 대판 2014.10.27. 2013다67105 · 67112.

551) 대판 2012.4.26. 2011다85789.

3. 종전당사자의 탈퇴

(1) **원칙**

- 참가승계 · 인수승계가 적법하면, 상대방 동의 얻어 소송탈퇴 가능
- 탈퇴하면 그 당사자의 소송은 종료
- 판결 효력은 탈퇴자에게도 미침(제82조 제3항, 제80조)

(2) **탈퇴의 효력**

- 학설
  - ◦ 조건부 청구 포기 · 인낙설(통설·판례): 탈퇴자는 소송결과에 승복 → 절차 간소화, 별도의 승계집행문 불필요
  - ◦ 소송담당설: 소송수행권만 이양, 소송관계는 존속 → 집행권원이 필요 → 강제집행 번잡
- 따라서 통설 · 판례는 조건부 인낙설 채택
- 시효중단: 탈퇴 후 참가인의 청구 기각 확정되면 원고의 최초 청구로 인한 시효중단 효력 소멸 다만 6개월 내 다시 제기하면 중단 효력 유지

□ **핵심정리**

- 참가승계(제81조): 승계인이 스스로 참가 → 독립당사자참가 방식
- 인수승계(제82조): 당사자 신청으로 강제 인수 → 사실심 변론종결 전 가능
- 종전당사자 탈퇴: 적법한 참가·인수 승계 + 상대방 동의 → 소송 종료, 판결 효력은 탈퇴자에게도 미침

제 4 편

상소 · 재심 · 간이소송절차

제1장

상소심절차

제1절 총설

[109] 제1. 상소의 뜻과 목적

1. 상소의 뜻

상소라 함은 당사자가 원심 재판이 잘못되었다는 이유를 들어 상급법원에 그 취소·변경을 구하는 불복신청을 말한다.

(가) 상소는 원심 소송절차가 종료되지만 재판이 확정되기 이전에 하는 불복절차로서 그로 말미암아 재판은 확정되지 아니한다(제498조). 이 점에서 상소는 확정재판에 대한 재심(제451조 이하)이나 준재심(제461조) 또는 불복할 수 없는 결정 또는 명령에 대한 특별항고(제449조)와 구별된다.

(나) 상소는 상급법원에 대한 불복신청이므로 같은 심급 안에서 이루어진 재판에 대한 불복신청인 각종 이의(예, 제138조, 제441조, 제470조 등)나 심급을 전제로 하지 않는 제권판결에 대한 불복의 소(제490조), 중재판정취소의 소(중재 제36조)와 구별된다.

2. 상소의 종류

(1) 상소에는 항소, 상고, 항고의 세 종류가 있다

항소·상고는 모두 종국판결에 대한 상소로서 이에 터 잡아 판결절차인 상소심절차가 열리며, 항고는 결정·명령에 대한 상소이다.

(2) 재판의 형식과 불복신청

법원이 판결로 판단하여야 할 재판을 결정이나 명령으로 재판을 한 경우에 그 불복방법은 상소인지 항고인지 문제된다. 주관설과 객관설의 대립이 있다. 주관설은 현재 이루어진 법원의 판단형식에서 불복신청의 방법을 선택한다는 견해이다. 예를 들어 판결로 할 것을 결정으로 한 경우에는 항고의 방법으로 불복해야 한다는 것이다. 객관설은 현재 이루어진 법원의 판단형식에 구애받지 않고 마땅히 이루어져야 할 법원의 판단에 따라 불복신청의 방법을 선택해야 한다는 견해이다. 위의 예에서 불복의 방법은 항고가 아니라 상소이다. 객관설에 의하여야 하겠지만 당사자에게 원심법관 이상 정확한 법률지식을 기대하여야 하므로 주관설을 따른다.[1] 제440조에서 「결정이나 명령으로 재판할 수 없는 사항에 대하여 결정 또는 명령을 한 때에는 이에 대하여 항고할 수 있다」고 규정한 것도 같은 취지로 풀이된다. 다만 당사자의 불복신청방법이 무엇인지는 신청서에 적힌 제목만으로 판단해서는 안 되고 재판의 주체(법원·재판장), 객체 및 성립과정 내지 절차 등을 고려하여 되도록이면 당사자가 상소하는데 지장이 없도록 풀이하여야 할 것이다.[2]

3. 상소심의 심리구조

㈎ 재판은, 형식 논리적으로 보면 추상적인 법규를 대전제로 구체적 사실을 소전제로 하여 3단 논법의 논리적 방법으로 법규에 정한 법률효과의 발생 여부를 결론으로 판단한다. 여기서 구체적 사실의 확정영역을 사실문제, 추상적인 법규의 해석과 구체적 사실의 추상적인 법규에의 적용 영역을 법률문제라고 한다.

㈏ 상소심에는 사실문제를 다루는 사실심과 법률문제를 다루는 법률심이 있다. 우리나라의 항소심은 사실심과 법률심을 겸하고, 상고심은 법률심 역할만 한다. 즉 항소심은 사실인정의 잘못과 법령위반 모두를 심리하고 상고심은 법령위반 여부만 심리한다. 따라서 상소심의

---

1) 이시윤, 830면의 선택설도 결론에서 주관설과 일치한다.

2) 단순한 오기의 경우는 제외된다. 예컨대 재판의 표제를 명령이라고 표시하였다고 하더라도 그 재판에 합의부 전원이 참여하고 있다면 그것은 결정의 오기이다(대판 1971.6.30. 71다1027 참조).

심급구조는 내용을 달리하는 2단계 구조, 즉 사실심(항소심) 위에 법률심(상고심)을 두는 복합적 구조이다.

4. 상소의 목적

(1) 당사자의 구제

상소는 기본적으로 당사자가 부당한 재판으로 말미암아 입은 불이익을 구제하는 제도이다. 법원이 재판에 대한 국민의 신뢰를 획득하여 권위를 지키기 위해서는 적정한 재판을 수행하여 당사자의 불이익을 제거해주지 않으면 안 된다. 법은 이를 위해서 3심 제도를 채택하고 있는데 이는 재판에 불만이 있는 당사자로 하여금 3심의 반복심판 과정에서 불이익의 구제를 받을 수 있도록 한 것이다.

(2) 법령에 대한 해석·적용의 통일

법원은 상급심으로 올라갈수록 그 수가 줄어들어 상소제기를 계속하다보면 사건은 우리나라에서 유일하게 존재하는 상고법원인 대법원의 심판을 받게 되므로 결국 법령의 해석과 적용이 통일됨으로써 법적 안정을 도모할 수 있다.

(3) 신속 및 공평의 요청과 조화

상소에서는 재판의 적정과 함께 신속한 심리도 중요하다. 경미한 소액사건에 관하여 액수가 큰 다른 사건과 똑같이 3심 제도를 그대로 적용하는 것은 해결하여야 할 사항의 가치와 그에 드는 경비·노력에 견주어 볼 때 합리적이 아니다. 또 당사자의 구제라는 관점에서 보더라도 패소당사자의 불이익만을 강조하는 것은 공평하지 아니하므로 승소한 사람을 위해서 신속하게 재판을 확정할 필요가 있다. 현행법은 상소제기에 의한 부당한 소송지연을 방지할 목적으로 소액사건에서 상고 및 재항고 이유를 대폭 제한하고(소심 제3조) 기타 사건에서도 상고심법에서 상고이유를 제한하고 있다(특히 상고심 제4조, 제5조의 심리의 불속행 참조).

(4) 상소제도에서 당사자의 이익과 국가의 이익

상소제도에 관해서 당사자의 이익과 국가의 이익은 반드시 일치하지 않는다. 당사자는 재판이 자기에게 불이익하다면 상소를 통하여 구제를 받으려고 한다. 한편, 신속 및 공평의 요청 등을 배려하여야 하는 국가로서는 상급심 재판에 필요한 비용과 노력 등에 관해서 소송전체로서의 가치와 개개의 소송 안에서 각종 재판에 대한 가치와의 균형을 항상 유지하려 하므로 양쪽 사이에 갈등이 생길 우려가 있다. 이 갈등은 법원의 상소심 재판운영 과정에서 적절하게 해소되어야 할 것이다.

[110] 제2. 상소심의 심판대상

1. 심판대상

상소심은 제1심과 같이 당사자의 청구를 심판 대상으로 하는 것이 아니라 상소인의 원심재판에 대한 불복신청의 당부(當否)를 심판대상으로 한다. 상소심도 제1심에서 소송요건과 마찬가지의 상소요건을 갖추어야 하므로 상소심의 심판대상은 결국 상소요건과 원심재판에 대한 상소인의 불복신청 당부라고 할 것이다. 그 불복 주장 내지 이에 터 잡은 원심재판의 취소 · 변경 요구가 이유 없고 원심 판단이 정당할 때에는 상소를 기각하며, 그 이유가 있다고 인정되면 원심재판을 파기(상고심) 또는 취소 · 변경하고 새로운 재판을 하는 것이다. 이 재판이 상소심에서의 본안재판이다.

2. 상소요건

상소가 적법하여 상소심에서 본안판결을 받기 위한 요건을 상소요건이라고 하며 이것은 제1심의 소송요건에 해당한다. 상소요건의 존재 여부는 항소심은 물론 법률심인 상고심에서도 직권조사사항이므로 상소 요건에 흠이 있으면 상소를 각하하여야 한다.

(1) 일반적 요건

㈎ **원심재판이 불복 신청할 수 있는 성질의 재판이며, 당사자가 선택한 상소가 그 재판에 적법한 불복신청방법일 것** 즉 상소의 대상적격이 있어야 한다. 상소는 종국적 재판에 국한하여 제기할 수 있으며, 중간판결과 같은 중간적 재판은 원칙적으로 종국판결과 함께 재판을 받게 되므로 독립하여 상소를 제기할 수 없다. 그러나 항소심의 환송판결 · 이송판결은 중간판결이 아니라 종국판결[3]이므로 이 판결들에 대해서도 상소할 수 있다. 대법원의 환송 · 이송판결 역시 미확정의 종국판결[4]이지만 최종심인 대법원의 판결이므로 불복할 수 없다. 선고전의 재판에 대하여서는 상소할 수 없으므로[5] 판결의 선고를 기다려 상소하여야 한다.

㈏ **상소제기행위가 방식에 맞으며 유효할 것** 상소제기는 말로는 할 수 없고, 상소장이

3) 대전판 1981.9.8. 80다3271.
4) 대전판 1995.2.14. 93재다27 · 34.
5) 대결 1998.3.9. 98마12.

라는 서면을 법이 정한 방식에 따라 원심법원에 제출하여야 한다. 이를 원심법원제출주의라고 한다(제397조 제1항, 제425조, 제445조). 판례는 상소기간준수 여부를 상소장이 원심법원에 접수된 때를 기준으로 하므로, 상소장이 원심법원이 아닌 다른 법원에 접수되었다가 원심법원에 송부하였더라도 원심법원에 접수된 날짜를 상소제기일로 함으로써 소송이송의 효력을 인정하지 않는다.[6] 판결의 확정시기가 불확정하게 될 것을 우려해서이다. 그러나 상소제기기간의 도과는 상소라는 국민의 재판청구권 행사를 결정적으로 가로 막는 장애요인이므로 소송의 이송을 인정하여야 한다는 견해[7]가 유력하다.

(다) 상소기간이 경과되기 이전이거나 경과된 이후에는 추후보완의 요건을 갖출 것 (a) 상소기간은 법률로 정해져 있다. 항소·상고는 판결서가 송달된 때로부터 2주(제396조, 제425조), 즉시항고는 재판이 고지된 때로부터 1주(제444조)이다. 통상항고는 상소기간이 정함이 없다. 판결이 선고되면 그 판결서가 송달되기 이전이라도 상소를 제기할 수 있다(제396조 제1항 단서, 제425조).

(b) 그러나 주의할 점이 있다. 판결선고 후 판결문을 전자문서로 전산정보처리시스템에 등재하고 그 사실을 전자적으로 통지한 경우에는 송달받을 자가 등재된 전자문서를 확인한 때에 송달된 것으로 본다. 다만, 등록사용자가 판결문을 1주 이내에 확인하지 아니한 경우 판결문 송달의 효력이 발생하는 시기는 등재사실을 등록사용자에게 통지한 날의 다음날부터 기산하여 7일이 지난날의 오전 영시가 되고, 상소기간은 민법 제157조 단서에 따라 송달의 효력이 발생한 당일부터 초일을 산입해 기산하여 2주가 되는 날에 만료한다.[8] 전산정보처리시스템의 장애로 인하여 송달받을 자가 전자문서를 확인할 수 없는 기간은 제4항 단서의 기간에 산입하지 아니한다. 이 경우 전자문서를 확인할 수 없는 기간의 계산은 대법원규칙으로 정하는 바에 따른다(민소전자문서 제11조 제5항).

(라) 상소인은 상소적격이 있어야 한다 예컨대 원고적격이 없다는 이유로 각하된 사건에서 원고적격이 아니라 본안의 당부에 관하여 다투는 상고이유는, 원고가 원고적격이 있는 것을 전제로 한 것이어서 적법한 상고이유가 될 수 없다.[9]

(마) 상소인은 원심재판에 대하여 불복할 수 있는 상소 이익이 있을 것 즉 원심재판으로 말미암아 불이익을 받아야 불복하여 상소할 수 있는 이익이 있다.

(바) 당사자 사이에 상소하지 않는다는 불상소의 합의가 없거나 또는 상소인이 상소권을 포기하지 않을 것

---

6) 대판 2010.12.9. 2007다42907.
7) 같은 취지: 정동윤 외 2, 809면; 한충수, 769면.
8) 대법원 명령 2014.12.22.자. 2014다229016.
9) 대판 1991.11.26. 91누1219.

(2) 상소요건의 구비시기

상소요건 가운데서 상소제기기간 등 상소제기행위 자체에 관한 요건은 상소를 제기할 때를 표준으로 판단한다. 그러나 그 밖의 상소요건은, 항소심은 변론종결시, 상고심은 판결선고시 등 심리가 종결될 때를 표준으로 판단한다. 따라서 상소제기 이후라도 상소의 이익이 없어지면 상소는 부적법하게 되며, 거꾸로 제1심판결의 선고 이전에 항소를 제기하여 부적법하더라도 항소의 각하 이전에 판결이 선고되는 경우와 같이 상소요건의 흠이 없어지면 상소는 적법하게 된다.

3. 상소의 이익

(1) 개념

(가) 상소의 이익이라 함은 당사자가 원심재판에 대하여 불복하여 상소를 제기하였을 때 그 불복의 당부에 관하여 상소심 재판을 구할 수 있는 지위를 말한다. 불복의 이익이라고도 한다. 소의 이익에 대비되는 개념으로서 그 존재는 상소의 적법요건이므로 여기에 흠이 있는 경우에는 상소를 각하하여야 한다.

(나) 불복의 대상은 원심판결의 판단 가운데서 소송법상 효력이 생기는 부분에 한정된다. 그것은, 상소가 원심판결이 갖는 구속력을 배제하는 수단이기 때문이다. 따라서 기판력, 집행력, 혹은 형성력이 생기는 소송목적에 관한 판결의 주문 판단이 상소 대상이다.

(2) 상소 이익의 기준

(가) (a) 어떤 경우에 상소의 이익을 인정할 것인가에 관하여 판례[10]는 일찍부터 상소제기 당시를 기준으로 하여 원심에서 당사자의 「신청」과 이에 대한 원심 재판의 「주문」을 비교하여 앞이 뒤보다 질적 또는 양적으로 부족한 경우에만 상소의 이익을 인정한다.[11] 이 견해를 형식적불복설이라고 한다. 형식적불복설은 신청과 재판과의 형식적 차이라는 기준을 제시하여 상소 이익의 존부 판단을 용이하게, 또 객관적 · 획일적으로 확정하는 장점이 있다. 따라서 상소 이익의 존부는 상소제기 당시에 재판의 주문을 표준으로 하여 정한다.[12]

(b) 판결주문과 관계없는 판결이유에 대한 불만에는 상소의 이익이 없다.[13]

---

10) 대판 1981.7.28. 80다2298, 1997.10.24. 96다12276.
11) 대판 2019.6.13. 2016다221085.
12) 대판 1983.10.25. 83다515.
13) 대판 2011.2.24. 2009다43355, 2014.4.10. 2013다54390.

(나) (a) 형식적 불복설은, 원심에서 상소인의 신청이 없거나 신청이 명백하지 않은 경우, 피고가 명백하게 청구기각이나 소각하 판결을 구하지 않은 경우 또는 제3자가 상소의 제기와 동시에 참가신청을 하는 경우 등에는 상소 이익의 존부 판단이 명확하지 않는 단점이 있다.

(b) 그러므로 형식적 불복설을 기준으로 하되 당사자가 원심판결을 파기 또는 취소하지 않고 그대로 확정시키면 기판력 등으로 더 이상 다툴 수 없어 불이익을 받는 경우에는 예외적으로 상소의 이익을 인정하여야 할 것이다(예외를 인정하는 형식적 불복설).

(3) 구체적인 경우

(가) **전부 승소한 경우** (a) 전부 승소한 당사자는 원칙적으로 상소의 이익이 없다.[14] 따라서 전부 승소한 원고가 청구의 변경 또는 청구취지의 확장을 위하여 상소하거나, 전부 승소한 피고가 반소를 제기하기 위하여 상소하는 것은 부대상소를 제외하고는 허용되지 않는다.

(b) (i) 그러나 전부 승소한 당사자라도 확정된 원심판결의 기판력으로 말미암아 별개의 소송 제기가 차단됨으로써 원심 재판보다 유리한 신청을 할 기회가 상실될 우려가 있는 경우에는 청구의 확장(원고가 전부 승소한 경우) 혹은 반소(피고가 전부 승소한 경우)를 할 수 있는 상소의 이익을 인정한다. 예를 들어 묵시적 일부청구의 전부 승소판결을 받은 당사자의 청구확장을 위한 상소,[15] 이혼청구의 기각판결을 받은 피고로 하여금 반소로 자기의 이혼청구를 하기 위하여 제기하는 상소 등이다.

(ii) 청구이의의 사유가 여러 가지인 때에는 동시에 주장하여야 하는 청구이의 소(민집 제44조 제3항)에서 다른 이의사유를 추가하기 위한 상소의 경우도 상소의 이익을 인정하여야 한다.

(iii) 그런데 제1심에서 불법행위로 인한 손해배상청구 가운데에서 적극적 손해배상 부분은 전부 승소하고, 정신적 손해배상 부분은 일부 승소하여 항소한 경우에 전부승소한 적극적 손해배상에 관한 청구의 확장을 허용한 판례[16]가 있다. 이 판례를 전부 승소한 경우 상소의 이익이 인정되는 경우로 보는 견해[17]도 있으나, 불법행위로 인하여 신체의 상해를 입었다고 하여 가해자에게 재산상 손해배상을 청구함에 있어서 소송목적인 손해는 적극적 손해와 소극적 손해로 나누어지고, 그 내용이 여러 개의 손해항목으로 나누어져 있는 경우 각 항목은 청구를 이유 있게 하는 공격방법에 불과하므로, 불이익의 변경여부는 개별 손해항목을 단순 비교하여 결정할 것이 아니라 동일한 소송목적인 손해의 전체 금액을 기준으로 판단하여야 한다

14) 대판 2015.1.29. 2012다41069.
15) 대판 2010.11.11. 2010두14534.
16) 대판 1994.6.28. 94다3063.
17) 이시윤, 854면.

는 판례입장[18]에서 본다면, 원고의 불법행위로 인한 손해배상청구가 제1심판결 주문에서 청구일부의 기각판결을 받은 것은, 손해 전체 금액 가운데서 일부패소를 받은 것이 분명하므로 원고는 형식적 불복설에 의하더라도 상소의 이익이 있다.

㈏ **소각하 판결** (a) 소 각하 판결은 권리보호를 받지 못한 원고에게 불이익한 판결이다. 피고로서도 청구기각의 본안판결을 받지 못하였다는 점에서 불이익이 있으므로 원 · 피고 모두 상소의 이익이 있다. 그러나 원고는 청구기각 사유를 들어 상소할 수는 없다. 자기에게 더 불리한 사유를 주장하기 때문이다.[19] 또 원고의 이혼청구가 소 각하 판결을 받았을 때 피고가 원고의 이혼청구를 인용해달라고 할 상소의 이익도 없다.[20]

(b) 원래, 소송요건을 갖추었는지 여부는 직권조사사항이므로 소송판결을 할 것이냐 아니냐에 관해서는 피고의 신청권이 인정되지 않으며, 피고의 신청이 있더라도 이것은 직권발동을 촉구하는 의미에 불과하다. 따라서 법원이 청구기각판결을 하더라도 그것은 피고의 소 각하 신청을 배척하는 의미가 아니다. 법률상 쟁송 등 보정이 불가능한 소송요건의 흠에 관해서는 피고에게도 그 흠을 주장하는 이익을 인정하여야 할 것이다. 따라서 청구기각판결로 그 흠을 주장하는 이익이 부정되었다면 피고에게 소송요건의 흠을 이유로 소 각하를 구할 불복의 이익을 인정하여야 할 것이다.

㈐ **상계의 항변** 기판력은 원칙적으로 판결의 주문에만 생기고 판결이유 중의 판단에는 생기지 않기 때문에 판결결과에 영향을 주지 아니하여 승소당사자는 판결이유에 불만이 있더라도 상소의 이익이 없다.[21] 다만 상계의 항변으로 승소한 피고는 소구채권의 부존재를 이유로 승소하는 것이 자동채권을 소멸시키는 상계의 항변이 인용되는 경우보다 이익이 되기 때문에 피고 전부승소의 경우에도 피고에게 소구채권의 부존재를 다투기 위한 상소의 이익이 있다.[22]

㈑ **주위적 청구기각, 예비적 청구인용** 청구를 일부 받아들인 원심판결에 대하여 원 · 피고 모두 상소의 이익이 있다. 따라서 주위적 청구가 기각되고 예비적 청구가 인용된 경우에 원고는 주위적 청구기각에 대하여, 피고는 예비적 청구의 인용에 대하여 각각 상소의 이익이 있다. 예비적 · 선택적 공동소송에서 주위적 피고에 대하여 청구기각, 예비적 피고에 대하여 청구인용판결이 된 경우에도 원고와 예비적 피고는 각각 상소의 이익이 있다.[23]

㈒ **제1심판결 결과를 수용하고 불복하지 않은 경우** 제1심판결 결과를 그대로 수용하고

---

18) 대판 1996.8.23. 94다20730.
19) 대판 1987.4.14. 83누112.
20) 대판 2005.4.28. 2004므436 · 443.
21) 대판 1987.4.14. 86누233.
22) 대판 2002.9.6. 2002다34666.
23) 같은 취지: 이시윤, 838면.

불복하지 않은 당사자는 그에 대한 항소심 판결에 대하여 상고할 이익이 없다.[24] 예를 들어 원고의 청구를 일부 인용, 나머지 청구기각의 제1심판결에 대하여, 원고는 나머지 청구기각 부분(원고 패소부분)에 대하여 항소하였으나 피고는 청구 일부 인용부분(피고 패소부분)에 대하여 항소 또는 부대항소를 제기하지 않은 경우에 제1심판결 전부는 원고의 항소로 인하여 상소불가분의 원칙에 따라 항소심에 이심되지만 청구기각 부분만 심판대상이 되고 청구 일부 인용부분은 피고의 항소 또는 부대항소가 없으므로 심판대상에서는 제외된다. 따라서 항소심이 원고의 항소를 일부 인용하여 제1심판결의 원고 패소 부분 중 일부를 취소하고 그 부분에 대한 원고의 청구를 인용하였더라도 이것은 제1심에서의 원고 패소부분에 관한 것이므로 원고승소 부분은 항소심의 심판대상이 된 바 없어 항소심판결의 선고와 함께 그대로 확정이 되는 것이다.[25] 따라서 확정된 부분은 상고 대상이 될 수 없으므로 피고는 제1심판결에서 원고가 승소한 부분에 관하여는 상고를 제기할 수 없다.[26] 피고는 이 경우에 대비하여 미리 항소 또는 부대항소를 제기하여야 할 것이다.

(바) 소송 외에서 제1심판결대로 분쟁을 종결하기 합의한 경우 당사자들이 이미 항소를 제기하였더라도 소송 외에서 제1심판결 결과를 그대로 수용하고 제1심판결 주문을 기초로 하여 상호 간의 권리의무를 확정하고 정산하여 이행을 한 경우에는 이미 제기한 항소라도 소의 이익이 없어 부적법 각하한다.[27]

(사) 소송비용 및 가집행에 관한 재판 이것들은 종국판결의 주문에 포함되어 있지만, 이에 대한 독립한 상소는 허용되지 않는다(제391조).

4. 상소제기의 효력

(1) 확정차단의 효력

판결은 상소를 제기할 수 있는 기간 이내에 당사자가 적법하게 상소를 제기하였을 때에는 확정되지 아니하므로(제498조), 상소는 재판의 확정을 차단하는 집행정지의 효력이 있다. 따라서 가집행선고가 붙지 않는 한 상소가 제기되면 원심판결의 확정을 전제로 하는 집행을 할 수 없다. 다만 상소가운데 즉시항고에 관해서만 집행정지의 효력이 있고(제447조), 통상항고는 그러한 효력이 없으므로(민집 제56조 1호) 통상항고의 대상이 되는 결정 · 명령의 집행을 저지하려면 별개의 집행정지를 받아야 한다(제448조).

---

24) 대판 2009.10.29. 2007다22514.
25) 대판 2004.6.10. 2004다2151 · 2168 참조.
26) 대판 2014.2.13. 2013다212509, 2015.10.29. 2013다45037(평석은 [87] 참조).
27) 대판 1995.9.5. 95다17908 · 17915.

(2) 이심(移審)의 효력

(가) 뜻 (a) 소의 객관적 병합에서는 상소가 제기되면 상소하지 않은 사건을 포함하여 사건 전체가 상소불가분의 원칙에 따라 원심법원을 떠나 상소심에 계속하게 된다. 이를 이심의 효력이라고 한다. 형사소송에서도 피고인이 유죄판결에 대하여 상소를 제기하였을 때에는 배상명령에 대하여 상소를 하지 아니하였다고 하더라도 상소의 효력이 배상명령에 미쳐 확정차단과 이심의 효력이 생긴다(소촉 제33조 제1항).

(b) 주의하여야 할 것은, 여기서 이심(移審)이라는 의미는 당사자의 상소가 제기되면 상소불가분의 원칙에 따라 사건전체가 원심법원을 떠나 상소심에 옮겨진다는 뜻이지 상소법원에 이심된 사건 전체가 모두 심판대상이 된다는 의미가 아니다. 상소심의 심판대상은 어디까지나 당사자의 상소제기로 불복한 범위에 국한되는 것이다. 예를 들어 원고의 피고에 대한 갑, 을, 병 사건 전부가 제1심에서 기각되어 원고가 그 가운데 갑 사건에 한정해서 항소하더라도 항소불가분의 원칙에 따라 을, 병 사건도 모두 항소심에 이심되지만 항소심에서 심판할 사건은 원고가 불복한 갑 사건에 한정되는 것이다. 따라서 갑 사건에 대한 항소심 판결이 선고되면 을, 병 사건에 대한 이심의 효력도 소멸되어 을, 병 사건은 그대로 소송이 종료되고, 항소심이 판결한 갑 사건에 대한 상고여부만 남게 된다.

(나) 이심의 시기 (a) 상소의 제기는 상소장이라는 서면을 원심법원에 제출하여야 하므로(제397조 제1항, 제425조, 제445조) 그 시점에서 상소사건은 상소심에 이심되어 옮겨진다. 상소장이 적법하고 상소기간 이내에 상소장이 접수되면 제1심 법원은 사건의 소송기록을 2주일 이내에 상소심법원에 보내야 하지만(제400조) 이심은 상소장을 원심법원에 제출한 때에 생긴다. 항소장심사권은 원칙적으로 원심재판장에게(제399조), 보충적으로 항소심재판장에게(제402조) 있다는 것은 이를 전제로 한 것이다.

(b) 그러므로 판례[28]는 다른 법원에 항고장이 제출되었다가 원심법원에 송부되었다고 하여도 항고기간의 준수여부는 제1심판결을 한 원심법원에 항고장이 접수된 때를 기준으로 하여야 한다고 하였다.

(c) 판례[29]는, 항고인의 즉시항고에 대한 원심재판장의 항고장심사권에 기초한 항고장각하명령(제399조 제1항 · 제2항)은, 항고인이 제출한 즉시항고장에 필요한 기재사항이 기재되어 있는지 여부, 소정의 인지가 첩부되어 있는지 여부나 즉시항고 기간 이내에 항고가 제기되어 있는지 여부 등에 관하여 자기 몫으로 판단하는 1차적 처분이므로 그에 불복방법인 즉시항고는 성질상 최초의 항고라고 하였다.

---

28) 대결 1984.4.28. 84마251.
29) 대결 1995.5.15. 94마1059 · 1060.

(3) * 상소불가분의 원칙

(가) 개념 (a) 상소불가분의 원칙이라 함은 상소인이 원심재판의 일부에 한정하여 불복신청을 하더라도 확정차단과 이심의 효력은 불복한 범위가 아니라 사건 전체에 대하여 생기는 효력을 말한다(주로 소의 객관적 병합에 문제된다). 예를 들어 원·피고 사이에 하나의 거래관계에서 파생된 세 개의 약속어음금청구사건을 병합하였는데 제1심에서 제1의 약속어음금 청구만 인용되고 제2 및 제3의 약속어음금청구가 기각된 경우에 원고가 제2의 청구기각부분에 한정하여 불복하더라도 확정차단의 효력과 이심의 효력은 제2의 청구만 아니라 제1 및 제3의 청구 전체에 대하여 생기는 것이다.

(b) (i) 원래 상소인이 불복을 신청하지 아니한 부분에 대하여 당사자는 변론할 필요도 없고(제407조 제1항) 법원도 그 부분에 대한 원심재판을 변경할 수 없다(제415조). 그러나 재판의 확정은 상소불가분의 원칙이 적용되어 당사자가 불복을 신청하지 않은 부분만 따로 확정되지 않는다.

(ii) 이와 같이 이심의 범위와 상소심의 심판범위가 일치하지 않으므로 첫째, 인용된 제1의 청구도 항소심에 이심되어 미확정이어서 집행력이 없어 제1심판결에서 가집행선고가 되지 아니한 경우에는 항소심이 제1심판결에 대하여 가집행선고를 할 수 있고(제406조), 둘째, 제1 및 제3의 청구에 관하여서도 항소심에 이심되기 때문에 항소인은 제1 및 제3의 청구에 관하여 청구 및 항소취지를 확장하여 불복신청의 범위를 확대할 수 있고, 거꾸로 피항소인은 제1의 청구에 관하여 부대항소를 제기할 수 있다. 물론 제1 또는 제3의 청구에 관하여 당사자들이 상소하지 않기로 합의하거나 또는 부대상소권을 포기하였다면 그 부분이 독립하여 확정되는 것은 당연하다.

(c) 그러나 제1 및 제3의 청구에 관하여 청구취지를 확장하거나 부대항소가 없는 이상 제2의 청구에 대한 항소기각 판결이 선고되면 이와 동시에 제1 및 제3의 청구에 관한 원심판결도 확정되어 소송이 종료된다.[30] 이 경우에 항소심 법원이 심판대상이 아닌 제1 및 제3사건에 대해서 판결을 하는 것은 위법이다.[31] 이 이치는 여러 개의 청구를 기각 또는 각하한 제1심판결 중에서 일부의 청구에 대하여서만 항소가 제기된 경우에도 동일하게 적용된다.[32]

(d) 상고심에서도 상소불가분의 원칙이 적용되는 것은 항소심과 동일하지만 상고이유서제출기간(제427조) 내에서 상고이유를 제출할 수 있기 때문에 항소심에서와 같이 자유롭게 불복신청의 범위를 확장하거나 부대상고에 의하여 심판의 범위를 확대할 수 없다.

30) 대판 1994.12.23. 94다44644, 2001.4.27. 99다30312.
31) 대판 2009.10.29. 2007다22514·22521.
32) 대판 2014.12.24. 2012다116864(평석은 [86] 참조).

(나) **취지** 상소불가분의 원칙에 의하여 불복신청의 대상과 이심의 범위를 구별하는 취지는, 한편에서는 상소인의 의사를 존중하여 심판의 범위를 정하고 다른 편에서는 원심재판과의 일체성을 중시하여 당사자로 하여금 재판 전체를 공격할 수 있게 한다는 데 있다.

(다) **원칙의 범위**

(a) **개설** (i) 1개의 청구 중 일부를 기각하는 제1심판결에 대하여 한 쪽 당사자 혼자서 항소를 하더라도 제1심판결의 심판 대상이었던 청구 전부가 불가분적으로 항소심에 이심되지만 항소심의 심판 범위는 이심된 부분 가운데 항소인이 불복신청한 한도로 제한된다.[33] 따라서 항소심은 당사자가 신청한 불복의 한도를 넘어서 제1심판결을 불이익하게 변경할 수 없는데 이 경우 변경이 금지되는지 여부는 원칙적으로 기판력이 생기는 판결의 주문을 표준으로 판단하여야 하고, 기판력이 생기지 아니하는 판결 이유 중의 판단의 변경은 유리 · 불리 여부와 관계없다.

(ii) 항소심의 심판대상이 되지 아니한 부분에 관하여는 항소심판결의 선고와 동시에 확정되어 소송이 종료되므로[34] 이에 관하여 다툼이 있는 경우에는 변론을 열어 소송종료선언을 하여야 한다.

(b) **소의 개관적 병합** (i) **원칙** (ㄱ) ① 단순병합의 경우는 위의 원칙이 당연히 적용된다. 예컨대 원고가 건물명도와 손해배상을 청구하여 손해배상청구만 기각이 된 경우에 원고만 그 패소부분에 관하여 항소하였다면 승소한 건물명도청구 부분은 불복항소의 대상이 아니므로 항소심의 심판범위는 될 수 없으나 승소부분도 패소부분과 함께 항소심에 이심되고 그 확정이 차단되므로 피고는 항소심에서 제1심에서 원고가 승소한 건물명도청구부분에 관하여 부대항소할 수 있다.[35]

② 단순병합관계에 있는 여러 청구를 원고가 선택적 또는 예비적 병합으로 표시하였을 때, 법원이 이를 그대로 받아들여 일부 청구만 심리 · 판단하고 나머지를 생략하였다면, 이는 잘못된 것이다. 법원은 원고의 표시와 관계없이 본래의 단순병합으로 보아 모든 청구를 심리·판단해야 한다.[36]

(ㄴ) 선택적 병합이나 예비적 병합의 경우에도 상소불가분의 원칙이 적용된다. 선택적 병합에서는 하나의 청구가 인용되면 나머지 청구에 대한 판단이 없으므로 인용된 청구부분에 관하여 항소가 제기되면, 논리적으로 양립할 수 있는 여러 개의 청구 가운데서 어느 하나의 청구가 인용될 것을 해제조건으로 하는 선택적 병합의 성질상 인용된 1개의 청구와 논리상 양립할

33) 대판 1998.4.10. 97다58200, 2003.4.11. 2002다67321 등 참조.
34) 대판 2004.6.10. 2004다2151 · 2168, 2020.3.26. 2018다221867.
35) 대판 1966.6.28. 66다711.
36) 대판 2008.12.11. 2005다51495.

수 있는 청구 전부가 심판대상이 되므로 항소심에서 제1심에서 인용된 청구를 일부라도 배척하여야 한다면 선택적으로 병합된 모든 청구가 부정될 때까지 심리판단을 하여야 한다. 그러므로 선택적 청구 중 하나에 대하여 일부만 인용하고 다른 선택적 청구에 대하여 아무런 판단을 하지 않은 것은 위법이다.[37]

(ㄷ) 예비적 병합에서 주위적 청구가 인용되어 예비적 청구를 판단하지 않은 경우에도 주위적 청구의 인용을 해제조건으로 하는 예비적 청구의 성질상 상소를 제기하면 순차적으로 주위적·예비적 청구 전부가 상소심의 심판대상이 된다.

(ㄹ) 항소심에서 제1심판결에서 인용된 부분을 배척할 때에는 당사자가 항소심의 심판범위를 확장하지 아니하여도 제1심판결을 취소하고 이심된 청구 가운데 제1심에서 판단하지 아니한 부분에 대해서도 판단하여야 한다.[38] 따라서 예비적 병합의 경우에는 수개의 청구가 주위적 및 예비적으로 하나의 소송절차에 불가분적으로 결합되어 있기 때문에 주위적 청구를 배척하면서 예비적 청구에 대하여 판단하지 아니한 판단누락이 있더라도 그 판결에 대한 상소가 제기되었다면 판단이 누락된 예비적 청구 부분도 상소심으로 이심이 되어서 상소심이 판단하여야 할 것이지 재판의 누락에 해당한다고 하여 추가판결을 하여서는 안 된다.[39]

(ㅁ) 다만 주위적 청구기각, 예비적 청구인용판결에 대하여 피고만 항소한 경우에는 항소심의 심판대상은 원고의 부대항소가 없는 한 예비적 청구의 당부만 판단하지 않으면 안 된다.[40] 불이익변경금지의 원칙이 적용되기 때문이다.

(ii) **불법행위로 말미암은 손해배상청구** 원고가 재산상 손해에 대하여는 형식상 전부 승소하였으나 위자료에 대하여는 일부 패소하였고, 이에 대하여 원고가 원고 패소부분에 불복하는 형식으로 항소를 제기한 경우에는 형식상 전부 승소한 재산상 손해부분까지 포함하여 사건 전부가 확정이 차단되어 항소심에 계속되게 된다. 그런데 불법행위로 말미암은 손해배상청구에서 재산상 손해나 위자료는 단일한 원인에 근거한 것인데 편의상 이를 별개의 소송목적으로 분류하고 있는 것에 불과하므로 이를 실질적으로 파악하여, 항소심에서 위자료는 물론이고 재산상손해에 관하여도 청구의 확장을 허용하여야 할 것이다.[41] 이렇게 풀이한다고 하여 피고의 법적 안정성을 부당하게 해하거나 실체적 권리를 침해하는 것도 아니다. 그렇지 않고 재산상 손해에 대한 항소의 이익을 부정하고 청구취지의 확장을 허용하지 아니하면 원고는 판결이 확정되기도 전에 나머지 부분을 청구할 기회를 박탈당하게 되어 부당하다.[42]

---

37) 대전판 2016.5.19. 2009다66549, 대판 1982.7.13. 81다카1120, 1998.7.24. 96다99.
38) 대전판 2000.11.16. 98다22253.
39) 대전판 2000.11.16. 98다22253 참조.
40) 대판 2002.12.26. 2002므852.
41) 대판 1994.6.28. 94다3063.
42) 대판 1994.6.28. 94다3063.

(iii) **1개의 판결에 의한 본소·반소의 판단** (ㄱ) 1개의 판결에 의해서 본소와 반소가 모두 판단되었는데 그 가운데 한 쪽에 대해서만 상소가 제기되더라도 본소와 반소는 모두 항소심에 이심된다.

(ㄴ) 피고의 주위적 반소청구가 인용되어 본소가 배척되고 반소가 인용되면서 예비적 반소청구를 판단하지 아니하더라도 원고가 항소하면 제1심에서 판단하지 아니한 예비적 반소부분은 예비적 병합관계의 성질상 이심되어 심판대상이 된다.

(iv) **부대상소** 상소불가분의 원칙이 적용되더라도 상소인은 뒤에 불복의 범위를 확장할 수 있고, 피상소인은 부대상소에 의하여 자기에게 이익이 되는 방향으로 심판범위를 확장할 수 있다.

(c) **공동소송** (i) **통상 공동소송** 이 경우에는 공동소송인 독립의 원칙(제66조)이 적용되므로 상소불가분의 원칙이 적용되지 않는다. 이 점이 통상 공동소송과 소의 객관적 병합의 큰 차이이다. 통상 공동소송에서는 여러 공동소송인에 대하여 동시에 판결을 하였더라도 그 판결은 공동소송인 각자와 상대방 사이에서 이루어진 별개의 판결이기 때문에 공동소송인 독립의 원칙에 따라 1인의 공동소송인이 한 상소 또는 1인의 공동소송인에 대한 상소의 효력은 그 사람과 상대방과의 청구에 대해서만 이심의 효과가 생긴다. 따라서 공동당사자 중 일부가 항소를 제기한 때에는 피 항소인은 항소인 이외에 이심되지 않은 다른 공동소송인을 상대방으로 하여 부대항소를 제기할 수 없다.[43]

(ii) **필수적 공동소송** 이 경우에는 합일 · 확정의 요청(제67조)으로 말미암아 사건은 공동소송인 전원에 대한 관계에서 이심의 효과가 생긴다. 공동소송참가(제83조)의 경우도 동일하다. 예비적 · 선택적 공동소송(제70조)의 경우도 필수적 공동소송의 특칙인 제67조가 준용되므로 공동소송인 전원에 대한 관계에서 이심의 효과가 생긴다.

(iii) **독립당사자참가** (ㄱ) 제79조의 독립당사자참가에서 참가인이 양쪽참가를 한 경우에 3당사자소송설이든 3개소송병합설이든 어느 학설에 의하더라도 1인이 상소하면 3 당사자 사이의 모든 청구가 상소심에 이심한다. 그러므로 법원이 잘못하여 당사자 중 일부에 대하여 판결을 하더라도 원심에서 추가판결을 할 수 없고 상소심에서 사건 전체에 관하여 판결을 하여야 한다. (ㄴ) 한편 독립당사자참가소송에서 원고와 여러 명의 피고들 중 일부 피고만이 상소하였을 때에는 피고들 상호 간에 필수적 공동소송관계가 있지 않는 한 그 상소한 피고에 대한 관계에 있어서만 3당사자소송이 상소심에 계속되는 것이고 상소하지 아니한 피고에 대한 관계에 있어서의 3당사자소송은 상소기간도과로서 확정된다.[44] 예를 들어 건물소유권을 주장하는 A가 B · C를 공동피고로 하여 각각 소유권이전등기를 청구하였는데 D가 독립당사자참가를

43) 대판 2015.4.23. 2014다89287 · 89294(평석은 [91] 참조).
44) 대판 1974.6.11. 73다374 · 375.

하여 A에 대하여 소유권확인, B · C에 대하여 소유권이전등기를 청구하였다. 제1심에서 A만 승소하고 나머지는 모두 패소하였으나 C만 항소한 경우에 A와 C, D와 A, D와 C 간의 소송은 상소심에 이심하지만 A와 B, D와 B간의 소송은 이심하지 않는다. D의 독립당사자참가에 의하여 A · B · D 간의 독립당사자참가와 A · C · D 간의 그것이 (단순)병합된 형태가 되기 때문이다. 여기에 공동소송인 독립의 원칙이 적용되어 A · C · D 간의 소송만 항소심에 이심되므로 B는 상소심의 당사자가 되지 않는다. 따라서 위의 경우에 C는 B의 동의를 받을 필요가 없이 D의 동의를 받아 항소를 취하할 수 있고, 그 취하에 의하여 항소는 소급적으로 종료된다.

㈃ 대법원환송판결과 상소불가분의 원칙

ⓐ **단순병합 사건에서 상고심에서 상고된 일부에 관하여 파기환송된 경우의 취급－상소불가분 원칙의 예외** 여러 개의 청구가 논리적 관련이 없어 단순 병합된 청구의 항소심 판결 전부에 관하여 당사자가 상고를 제기하였는데 상고심에서 그 전부를 파기 환송하였을 때에는 항소심 판결전부가 환송 후의 2차 항소심에서 심판대상이 된다. 상고심에서 항소심판결의 일부만 파기 환송되고 나머지는 상고기각(또는 각하, 파기자판)되었을 때에는 그 환송된 부분만 심판대상이 되고 상고 기각된 부분은 상고심의 판결 선고와 동시에 확정되어 2차 항소심의 심판대상에서 제외된다. 전부 패소한 당사자 한쪽이 항소심 판결의 전부가 아니라 일부만 한정하여 상고를 제기하더라도 상소불가분의 원칙상 나머지 부분도 이심되지만 심판대상은 상고된 일부에 관한 판결뿐이기 때문이다.

ⓑ **환송판결에서 상소불가분 원칙** (i) 상고심에서 상고된 일부에 관하여 파기 환송된 경우에 상고되지 아니한 나머지 청구는 항소심에 환송되어 다시 심판대상이 되는 것이 아니라 상소불가분 원칙의 예외로서 상고심 판결의 선고와 동시에 확정된다.[45)]

(ii) 왜냐하면 첫째, 그 경우에 소송당사자가 항소심의 여러 청구에 관한 판결 가운데서 일부만 상고하고 나머지는 상고하지 아니하였던 이유는 상고하지 아니한 부분에 관해서는 불복할 의사가 없다고 보아야 할 것이고, 둘째, 상고심의 환송판결은 미확정이어서 재심리의 대상은 되지 아니하지만 최종심의 종국판결[46)]로서 더 이상 다툴 수 없으므로 상고되지 아니한 나머지 청구는 파기환송 판결의 선고와 동시에 2차 항소심에 이심되지 아니하고 그대로 확정된다고 보아야 하기 때문이다. 판례[47)]도, 원고의 본소청구 및 피고의 반소청구가 각 일부 인용된 환송 전 원심판결에 대하여 피고 혼자서 상고하고, 상고심이 이 상고를 받아들여 원심판결 중 본소 및 반소에 관한 피고 패소 부분을 파기 환송하였다면 피고 패소부분만 상고되었으므로 상고심에서의 심리대상은 이 부분에 국한되었고, 환송되는 사건의 범위, 즉 환송 후 원심

---

45) 대판 2020.3.26. 2018다221867.

46) 대전판 1995.2.14. 93재다27,34, 대판 2009.5.14. 2005다34190.

47) 대판 2014.6.12. 2014다11376,11383.

의 심판 범위도 환송 전 원심에서 피고가 패소한 부분에 한정되는 것이 원칙이어서 환송 전 원심판결 중 본소에 관한 원고 패소 부분과 반소에 관한 피고 승소 부분은 각 확정되었다고 하였다. 따라서 환송 후 원심으로서는 이에 대하여 심리할 수 없다고 판시하여 위의 법리를 명백하게 하였다.[48]

상소불가분의 원칙

1. 개념

- 상소불가분의 원칙: 소의 객관적 병합 또는 청구 일부에 불복해도 사건 전체가 이심되고 확정이 차단됨
- 다만, 상소심의 심판범위는 상소인이 불복한 부분에 한정됨

2. 취지

- 상소인의 의사 존중(심판범위 제한)
- 원심재판과의 일체성 중시(전체적 공격 가능)

3. 원칙의 범위

(1) **1개의 청구 중 일부 기각**

- 사건 전체가 항소심으로 이심됨
- 그러나 심판은 불복 부분에 한정
- 불이익변경금지 원칙 적용

(2) **소의 객관적 병합**

- 단순병합: 전체 이심, 부대항소 가능
- 선택적 · 예비적 병합: 인용 · 기각 여부에 따라 전부 이심, 빠진 청구도 항소심에서 판단해야 함
- 불법행위 손해배상: 재산상 손해 · 위자료는 단일원인 → 전체 이심 및 청구확장 허용

(3) **본소 · 반소**

- 본소와 반소 중 하나만 항소해도 양쪽 모두 이심
- 예비적 반소도 예비적 병합과 동일하게 이심됨

(4) **부대상소**

- 상소인은 불복 범위 확장 가능
- 피상소인은 부대상소로 심판범위 확장 가능

4. 공동소송과의 관계

- 통상 공동소송: 상소불가분 원칙 적용 ×(공동소송인 독립)
- 필수적 공동소송: 합일확정 필요 → 전원에게 효력
- 독립당사자참가: 3자 모두 이심

48) 평석은 [92] 참조.

5. 대법원 환송판결과의 관계

- 단순병합사건에서 상고심이 일부 파기·환송: 그 부분만 환송심의 심판대상, 상고되지 않은 부분은 즉시 확정됨 → 상소불가분 원칙의 예외
- 이유
  - 상고하지 않은 부분은 불복 의사 없음
  - 환송판결은 최종심 판결 → 상고 안 한 부분은 그대로 확정
- 판례: 본소·반소 사건에서 피고 패소 부분만 상고 → 환송 후에도 그 부분만 심판, 원고 패소 부분과 피고 승소 부분은 확정됨

□ 핵심정리

- 원칙: 일부 불복 → 전체 이심(확정 차단)
- 예외: 상고심 파기환송 → 상고된 부분만 환송, 나머지는 확정

제2절 항소심절차

[111] 제1. 항소의 뜻

1. 항소의 개념

항소라 함은 제1심의 종국판결에 대하여 그 취소·변경을 구하는 불복신청을 말한다(제390조). 항소의 목적은 주로 패소당사자의 불이익을 구제하는데 있으나 불복신청의 이유는 사실인정의 당부에 한정되지 않으며 법령위반도 주장할 수 있다.

(1) 소송목적의 값, 즉 소가가 5억 원 이하의 사건이더라도 (가) 소가가 2억 원을 초과하는 사건의 항소 또는 항고사건은 고등법원이 심판하고(사물관할 규칙 제4조 제1항 1호), (나) 소가가 2억 원 이하이고 3,000만 원을 초과하는 사건의 항소 또는 항고사건은 지방법원이 제2심으로 심판하며(중액단독사건)(법조 제32조 제2항), (다) 소가가 3,000만 원 이하의 사건은 시·군법원 판사가 담당할 수 있는데(소액심판사건)(법조 제33조, 소심법 제2조, 소심규 제1조의 2), 그 항소 및 항고사건은 지방법원이 제2심으로 심판한다(법조 제32조 제2항).

(2) 고등법원의 제1심판결에 대해서는 항소가 생략되고 상고만이 허용된다(제422조 제1항).

(3) 항소는 종국판결에 대하여 인정된다. 중간판결 기타 종국판결에 부수하는 소송비용의

재판이나 가집행선고에 관해서는 독립하여 항소할 수 없다.

(4) 항소제기에 의하여 비로소 항소심절차가 시작된다. 이 점에서 항소심절차가 시작된 뒤에 비로소 할 수 있는 항소인의 불복범위 변경이나 피 항소인의 부대항소와 구별된다.

2. 항소권

(1) 항소권의 발생

항소권이라 함은 항소할 이익이 있는 자가 제1심판결에 대하여 불복할 수 있는 권리를 말한다. 이것은 제1심판결에 의하여 불이익을 받는 당사자와 상대방 당사자와의 관계에서 생기는 개념이다.

(가) 항소권 행사의 주체는 원칙적으로 제1심의 원 · 피고 당사자에게 한정된다. 원 · 피고 가운데 항소의 이익을 가진 자를 항소인, 그 상대방을 피 항소인이라 한다. 피 항소인이 부대항소를 제기하면 부대항소인(제403조), 그 상대방은 부대 피 항소인이다. 보조참가인은 피 참가인이 항소권을 포기하지 않는 한 스스로 항소를 제기할 수 있으나 당사자가 아니기 때문에 항소인이 되지 않는다. 다만 항소와 동시에 당사자참가신청을 한 제3자, 즉 독립당사자참가인이나 공동소송참가인(제79조, 제83조)은 참가인이고 당사자가 아니지만 항소권이 있다.

(나) 가사소송에서 아버지를 정하는 소의 당사자는 상대방이 생존하지 않을 때에는 검사를 상대방으로 하여 소를 제기할 수 있으므로(가소 제27조 제4항) 이 경우에는 검사도 항소권이 있다.

(2) 불항소의 합의

(가) 뜻 (a) 당사자가 미리 항소하지 아니하기로 합의한 때에는 항소권은 발생하지 않는다. 이를 불 항소의 합의라고 한다. 불 항소의 합의는 특정한 사건에 관하여 심급제도를 배제하는 합의이다. 이 합의를 하면 항소권 자체가 생기지 않는다는 점에서 항소권이 일단 발생하였다가 소멸하는 항소권의 포기와 다르다.

(b) 민사소송법에는 제1심판결선고 후의 비약상고만을 규정하고 있으나(제390조 제1항 단서) 제1심 판결이전이라고 하더라도 제1심판결을 최종심으로 하는 불항소의 합의를 부인할 이유가 없다. 왜냐하면 법원에 판결을 구하지 않고 중재인의 판단으로 분쟁을 마친다는 중재계약도 허용되고 있는데 제1심만으로 분쟁을 종료하겠다는 당사자의 의사를 존중하지 않을 이유가 없기 때문이다.

(c) (i) 불항소의 합의를 하면 상고할 여지도 없다는 점에서 상고할 것을 유보하고 항소를 생략하기로 하는 비약상고의 합의와 다르다.

(ii) 비약상고의 규정은 상대방이 없는 비송사건에는 성질상 준용될 수 없다. 그러므로 비

송사건인 등기공무원의 처분에 대한 이의신청 기각결정에 대하여 불항고의 합의를 하였다고 하여 항고를 거치지 않고서 한 재항고는 부적법하다.[49]

(iii) 그런데 원고가 제1심판결에 대하여 항소를 하지 않고 바로 상고를 제기하면서 제390조 제1항 단서에서 정한 비약상고의 합의에 관한 서면을 제출한 바 없다면 상고는 부적법한 것으로서 그 흠은 보정할 수 없다.[50]

(나) **요건** (a) 당사자 양쪽이 항소하지 아니하기로 합의하여야 한다. 불항소의 합의는 제1심의 결과가 나오기도 전에 그 결론에 따르기로 하는 취지의 합의이므로 당사자 한 쪽만 항소하기로 하는 소송행위에 불항소 합의의 효력을 인정하는 것은 공평에 반하여 허용할 수 없다.[51]

(b) 일정한 법률관계에 터 잡은 소송에 관한 것이어야 한다(제390조 제2항, 제29조 제2항). 그 법률관계는 당사자가 처분할 수 있는 사항으로서 당연히 처분권주의 · 변론주의가 적용되어야 한다.

(c) 서면으로 하여야 한다(제390조 제2항, 제29조 제2항).[52]

(d) 불항소의 합의는 소송계약의 하나이기 때문에 당사자가 직접 합의할 경우에는 소송능력 등 소송행위 일반의 요건을 갖추어야 한다. 소송대리인이 할 경우에는 소송대리인에게 불항소의 합의에 관한 특별한 권한이 필요하다(제90조 제2항 3호).

(다) **효력** 제1심 판결선고 전에 불항소의 합의가 유효하게 성립하면 제1심판결은 선고와 동시에 확정되며 소송계속도 소멸된다. 따라서 이를 무시한 항소는 부적법 각하되어야 하며 판결선고 후 당사자가 다시 합의하여 불항소의 합의를 해제하더라도 소멸된 소송계속을 부활시킬 수 없다.

(3) 항소권의 소멸

항소권은 제1심판결의 선고로 발생하는데 그 뒤 항소권의 포기 또는 상실에 의하여 소멸된다. 그 소멸 이후에도 상대방이 항소하면 부대항소를 제기할 수 있다.

(가) **항소권의 포기**

(a) **개념** (i) 항소권을 가진 당사자가 이를 행사하지 않겠다는 의사를 법원에 표시하는 단독행위를 항소권의 포기라고 한다. 당사자는 항소권 발생 후에 이를 포기할 수 있다(제394조). 상고를 유보하고 항소권을 포기하려면 비약상고의 합의에 의하여야 한다(제390조 제1

49) 대판 1982.6.8. 82다261.

50) 대판 1995.4.28. 95다7680.

51) 대판 1987.6.23. 86다카2728.

52) 대판 2002.10.11. 2000다17803 참조.

항 단서). 항소권의 포기에는 상대방의 동의가 필요하지 않다. 항소권을 포기하면 항소권이 소멸하므로 그 후에 제기된 항소는 부적법하게 되므로 법원이 직권으로 항소장을 각하하거나 상소를 각하하여야 한다.

(ii) 다만 기판력이 제3자에게 미치는 경우에는 항소권의 포기로 인하여 제3자가 당사자참가(제83조)를 할 기회가 박탈되기 때문에 허용할 수 없다. 필수적 공동소송(제67조)과 예비적 · 선택적 공동소송(제70조)에서는 공동소송인 중 1인의 또는 1인에 대한 상소포기는 효력이 없다(제79조 제2항). 독립당사자참가에서도 셋 당사자 중 한 사람만 상소포기는 효력이 없다. 증권관련집단소송에서는 상소의 포기에 법원의 허가가 있어야 한다(증집소 제38조).

(iii) 항소권을 포기하면 그 성립과 동시에 판결이 확정된다.

(b) 포기의 형식은 항소제기 이전에는 제1심 법원에 대하여, 항소제기 이후에는 소송기록이 있는 법원에 서면으로 하여야 한다(제395조 제1항). 따라서 항소를 제기한 뒤에라도 소송기록이 제1심에 있을 때에 그곳에 항소권 포기서를 제출하였으면 그 즉시 항소권포기의 효력이 생기므로 원심재판장이 상소장 각하명령을 하여야 한다.[53] 항소권포기의 서면은 상대방에게 송달하여야 한다(제395조 제2항).

(c) 항소제기후의 항소권포기는 항소취하의 효력이 있다(제395조 제3항).

(d) 판결 선고 이전에 미리 항소권을 포기할 수 없다. 포기는 항소권자의 법원에 대한 단독행위인데 이를 허용하는 것은 판결선고 이전에 당사자 양쪽이 모두 항소하지 아니하기로 합의할 때 비로소 효력이 있는 불항소 합의와의 균형이 맞지 않기 때문이다. 따라서 판결선고 이전에는 불항소의 합의만 가능하다.

(나) **항소권의 상실** 항소권은 항소기간 이내에 항소를 제기하지 않으면 상실된다. 항소기간은 판결이 송달된 날로부터 2주일이다(제396조 제1항). 부적법한 항소가 각하되는 재판이 확정되면 그 동안 재판이 진행되었더라도 항소기간이 지난 때로 소급하여 제1심판결이 확정된다.[54]

---

53) 대결 2006.5.2. 2005마933.

54) 대판 2014.10.15. 2013다25781.

[112] 제2. 항소의 제기

1. 항소제기의 방식

(1) 항소장의 제출

(가) (a) 항소의 제기는 항소장을 제1심판결이 송달된 날로부터 2주일 이내에 제1심 법원에 제출하여야 한다(제396조 제1항, 제397조 제1항). 우편송달(제187조)은 판결정본을 발송한 때에 송달된 것으로 보므로(제189조) 항소기간도 그 때부터 기산한다.[55]

(b) 법원에서 판결 선고를 받은 당사자는 판결 내용을 알고 있으므로 판결을 송달받기 이전에도 항소할 수 있다(제396조 제1항 단서). 그러나 항소기간은 판결의 송달을 받은 날로부터 진행되는 것이고, 다만 판결송달 전에도 항소를 제기할 수 있을 따름이므로, 패소 당사자가 판결송달 전에 판결이 선고된 사실을 알았다고 하여 그 안 날로부터 항소기간이 진행되는 것은 아니다.[56]

(나) 항소제기기간은 불변기간이므로 이를 준수하지 아니할 때에는 상대방이 소송절차에 관한 이의권을 상실 또는 포기(제151조)한다고 하여도 기간을 지키지 않은 흠은 치유되지 않는다.[57]

(다) 항소장은 법원에 직접 제출하는 경우는 물론 우편제출로도 할 수 있다.

(라) 제1심 재판을 전자소송으로 진행하였다면 특별한 사정이 없는 한 당사자는 민소전자문서법 제5조의 정하는 바에 따라 전산정보처리시스템을 이용하여 전자문서로 항소장을 제출하여야 한다. 이때의 전자문서는 전자문서법 제4조의 2에서 정한 서면요건을 갖춘 전자문서이어야 한다. 그 송달은 법원사무관등이 송달할 전자문서를 전산정보처리시스템에 등재하고 그 사실을 송달받을 자에게 전자적으로 통지하는 방법으로 하는데(민소전자문서 제11조 제3항) 이 경우 송달받을 자가 등재된 전자문서를 확인한 때에 송달된 것으로 본다. 다만, 그 등재사실을 통지한 날부터 1주 이내에 확인하지 아니한 때에는 등재사실을 통지한 날부터 1주가 지난날에 송달된 것으로 본다(위 법 제11조 제4항). 따라서 항소기간도 그 때부터 기산하므로 서면에 의한 항소기간 보다도 그 만큼 늦어지게 된다.

(마) 판례[58]는 상소기간준수 여부를 상소장이 원심법원에 접수된 때를 기준으로 하므로, 원

---

55) 대판 1982.4.13. 81다523.
56) 대판 2007.12.14. 2007다52997.
57) 대판 1972.5.9. 72다379.
58) 대판 2010.12.9. 2007다42907.

심법원 이외의 법원에 항소장을 제출하였다가 항소기간이 경과된 경우에는 그 항소장을 원심법원으로 이송하더라도 제34조 제1항에서 정한 이송의 효력은 인정되지 않는다.

(2) 항소장의 기재사항과 항소이유

(가) (a) 항소장의 필수적 기재사항은 ① 당사자[59]와 법정대리인, ② 제1심판결의 표시와 그 판결에 대한 항소의 취지(제397조 제2항) 및 ③ 항소이유(제402조의 2)이다.

(b) 항소장에 붙이는 인지액은 제1심 소장에 붙인 인지액의 1.5배로 하되 상소로서 불복하는 범위의 소송목적 값을 기준으로 한다(민인 제3조). 항소장에 인지를 붙이지 아니한 흠이 있다면 소송대리인은 이를 보정할 수 있고 원심재판장도 소송대리인에게 인지의 보정을 명할 수 있다.[60] 왜냐하면 소송대리권의 범위는 원칙적으로 당해 심급에 한정되지만, 소송대리인이 상소 제기에 관한 특별한 권한을 따로 받았다면 상소장을 제출할 권한과 의무가 있기 때문이다.

(c) 피항소인들에게 항소장을 송달하여야 하므로 피항소인의 수만큼 부본을 제출하여야 한다(제408조. 제249조 제2항, 제273조).

(나) **항소이유** (a) 항소이유란 항소하는 불복의 범위와 불복의 이유를 말한다. 항소인은 1. 제1심 판결이 전속관할에 관한 규정에 어긋나거나 제1심 판결의 절차가 법률에 어긋난 때 2. 제1심 판결 중 사실을 잘못 인정하거나 법리를 잘못 적용한 부분이 있는 때 3. 제1심 판결의 이유를 밝히지 아니하거나 이유에 모순이 있는 때 4. 그 밖에 제1심 판결을 정당하지 아니하다고 인정하여 취소하거나 변경할 사유가 있는 때 가운데 어느 사유를 항소이유로 삼는지 항소이유서에 적어 제출하여야 한다(민소규 제126조의 2 제1항). 또한 항소이유를 적을 때에는 제1심 판결 중 소액사건심판법 제11조의 2 제3항 본문에 따라 제1심 판결에 이유를 적지 아니한 때를 제외하고, 항소로 다투는 부분을 구체적으로 특정하여야 한다.

(b) 항소인은 항소기록을 송부 받은 항소법원의 법원사무관등으로부터 항소이유를 제출하지 아니하였다는 통지를 받은 날부터 40일 이내에 항소이유서를 항소법원에 제출하여야 하고(제402조의 2 제1항) 항소법원은 항소인의 신청에 따른 결정으로 제출기한을 1회에 한하여 1개월 연장할 수 있다(제402조의 2 제2항).

(c) 항소인이 정당한 사유 없이 위 제출기한을 넘겨 항소이유서에 기재되지 않은 새로운 주장을 제출한 때에는 항소법원은 그 주장을 실기한 공격·방어방법이라고 하여 법 제149조 제1항에 따라 결정으로 그 주장을 각하할 수 있다(민소규 제126조의 2 제4항).

---

59) 항소장에 항소인의 기명날인 등이 누락되었다고 하더라도 그 기재에 의하여 항소인이 누구인지 알 수 있고, 그것이 항소인의 의사에 기하여 제출된 것으로 인정되면 이를 무효라고 할 수 없다(대판 1974.12.10. 74다1633, 1978.12.26. 77다1362 참조).

60) 대결 2013.7.31. 2013마670.

(3) 재판장의 항소장심사권

㈎ **원심재판장의 항소장 심사권(제399조)** (a) (i) 항소장은 원심법원에 제출하여야 하므로 원심재판장은 항소인이 항소장의 필수적 기재사항(제397조 제2항)을 빠뜨렸거나 정해진 인지액을 붙이지 아니한 경우에는 항소인에게 상당한 기간을 정하여 보정을 명하거나 법원사무관등으로 하여금 보정명령을 하게 할 수 있다(제399조 제1항). 다만 항소이유서 기재여부의 심사권은 항소법원에 있다(제402조의 2). 원심재판장은 항소인이 그 흠을 보정하지 아니한 경우와 항소기간을 넘긴 것이 분명한 때에는 명령으로 항소장을 각하한다(제399조 제2항). 항소인이 원심재판장이 정한 기간 이내에 인지를 보정하지 아니하여 원심재판장이 항소장을 각하하는 명령을 발하였다면 이는 위 규정에 따른 조치로서 적법하다. 여기서 명령을 발한 때는 명령이 적법하게 성립한 때를 말하고, 전자문서로 작성된 결정이나 명령은 법관이 사법전자서명을 완료한 때 성립한다. 결정이나 명령이 일단 성립하면 취소 또는 변경을 허용하는 별도의 규정이 있는 등의 특별한 사정이 없는 한 법원 스스로 이를 취소·변경할 수 없는 구속력을 가지게 된다. 따라서 인지보정명령에 응하지 않았다는 이유로 항소장각하명령이 성립한 시점 후에는 항소인이 인지를 보정하더라도 특별한 사정이 없는 한 그 각하명령이 위법하게 되는 것은 아니다[61]

(ii) 항소장이 각하되지 아니한 때에는, 원심법원사무관등은 항소장이 제출된 날로부터 2주 이내에 항소기록에 항소장을 붙여 항소법원에 보내야 하고(제400조 제1항), 원심재판장등이 흠을 보정하도록 명한 때에는 그 흠이 보정된 날부터 1주 이내에 항소기록을 보내야 하며(제400조 제2항), 항소기록을 송부 받은 항소법원의 사무관등은 바로 그 사유를 당사자에게 통지하여야 한다(제400조 제3항).

(iii) 선고가 필요하지 않은 결정이나 명령의 경우, 전자문서로 작성된 결정·명령은 법관이 사법전자서명을 완료한 때에 성립하고,[62] 일반 문서로 작성된 결정·명령은 그 원본이 법원사무관 등에게 교부된 때에 성립한다.[63]

따라서 법관의 사법전자서명이 완료하거나, 법원사무관 등에게 교부되어 각하 결정·명령이 성립한 이상, 비록 그 결정·명령정본이 당사자에게 고지되기 이전에 부족한 인지를 보정하였다 하더라도, 이미 성립한 각하명령이 위법하게 되거나 재도의 고안에 따라 취소될 수는 없다.[64] 결국, 부족한 인지액을 보정한 후 항소장 각하명령을 송달받았다 하더라도, 이미 성립

61) 대전결 2025.7.24. 2021마6542. 다만 상고장 부본 등의 송달을 위한 원심재판장의 송달료보정명령에 따른 보정을 하지 아니하였다고 하여 원심재판장은 그러한 사유만으로 상고장을 각하할 수 없다(대결 2014.5.16. 2014마588 참조).

62) 대전판 2025.7.2. 2021마6542.

63) 대결 1969.12.8. 69마703.

한 항소장 각하명령이 위법하게 되는 것은 아니다.[65]

(iv) 재판장의 소장 심사권에 의하여 소장 각하명령이 있었을 경우에 당사자가 즉시항고를 하면 그 흠을 보정하였을 경우라도 법원은 이를 경정할 수 없고 즉시항고의 결론에 따라야 한다.[66]

(b) (i) 소장 또는 상소장에 관한 재판장의 인지보정명령은 민사소송법에서 일반적으로 항고의 대상으로 삼고 있는 제439조에서 정한 '소송절차에 관한 신청을 기각한 결정이나 명령'에 해당하지 아니하고, 또 이에 대하여 불복할 수 있음을 정하는 별도의 규정도 없으므로, 그 명령에 대하여는 이의신청이나 항고를 할 수 없다.

(ii) 인지보정명령에 따른 인지를 보정하지 아니하여 소장이나 상소장이 각하되면 이 각하명령에 대하여서는 즉시항고로 다툴 수 있으므로, 인지보정명령은 소장 또는 상소장의 각하명령과 함께 상소심의 심판을 받는 중간적 재판의 성질을 가진다. 따라서 제449조에서 특별항고의 대상으로 정하고 있는 '불복할 수 없는 명령'에 해당하지 않는다.[67]

(c) 원심재판장의 항소장 심사권은 항소심에 이심의 효력이 당사자의 항소장 제출 시에 생기는 것을 전제로 한 것이다. 따라서 항소권의 포기 등으로 제1심판결이 확정된 뒤에 원심에 제출된 것이 분명한 항소장은 '항소기간을 넘긴 것이 분명한 때'(제399조 제2항)에 해당하므로 원심재판장이 각하할 수 있는데,[68] 이 각하명령은 원심재판장이 항소법원의 재판장을 대신하여 항소의 당부를 판단하는 2차적 처분이 아니라 항소장의 필수적 기재사항(제397조 제2항)을 빠뜨렸는지 여부를 심사하는 원심재판장의 자기 몫 항소장심사권으로 하는 1차적 처분이다.[69] 이 명령에 대해서는 즉시항고를 할 수 있는데(제399조 제3항) 그 성질은 재항고가 아니라 최초의 항고이므로 항고기간도 2주일(제425조, 제396조 제1항)이 아니라 1주일(제444조)이고, 항고법원은 제2심이고 대법원이 아니다.

(나) **항소심재판장의 항소장심사권(제402조)** (a) 항소장이 항소기록과 더불어 항소심으로 송부되면 항소심재판장은 항소이유의 기재를 제외한 나머지 항소장 기재사항에 관하여 심사하는데 원심재판장이 항소장의 필수적 기재사항(제397조 제2항)의 누락간과, 인지가 보정되지 아니하였는데도 그 보정명령을 하지 아니한 경우, 또는 주소 미보정으로 항소장의 부본을 송달할 수 없는 경우 등에는 항소인에게 상당한 기간을 정해서 그 기간 내에 흠을 보정하도록 하여 보정을 명한다. 항소심재판장은 법원사무관등으로 하여금 위 보정명령을 하게 할 수 있

64) 대결 1971.11.29. 71마964, 대전결 2014.10.8. 2014마667.
65) 대결 2013.7.31. 2013마670.
66) 대전결 1968.7.29. 68사49.
67) 대결 2015.3.3. 2014그352(평석은 [88] 참조).
68) 대결 2006.5.2. 2005마933.
69) 대전결 1995.1.20. 94마1961.

다(제402조 제1항). 이와 같이 항소심재판장의 항소장심사권은 원심재판장의 항소장심사권을 보충하는 역할을 한다.

(b) 항소심재판장은 항소인이 항소장의 흠이나 인지 또는 주소의 보정명령을 받고도 이에 따르지 아니한 때 또는 원심재판장이 제399조 제2항에 따른 항소장각하를 하지 아니한 때에는 명령으로 항소장을 각하하지 않으면 안 된다(제402조 제2항). 이 각하명령에 대해서는 즉시항고를 제기할 수 있다(동조 제3항). 이 경우의 즉시항고는 항소심재판장의 명령에 대한 항고이므로 성질은 대법원에 하는 재항고이다(제442조).[70] 따라서 항고제기기간은 7일이 아니라 재항고기간인 2주일이다(제443조 제2항, 제425조, 제396조 제1항). 피 항소인에게 항소장부본이 송달되면 항소심법원에 소송계속이 되므로 항소인에게 변론기일통지서가 송달불능이 되더라도 공시송달로 변론기일을 실시함은 별론으로 하고 명령으로 항소장을 각하할 수 없다.[71]

(c) 항소한 당사자가 항소장각하명령을 송달받은 후에는 항소인이 그 흠을 보정하여 불복신청을 하여도 재도의 고안(제446조)에 의하여 그 각하명령을 취소할 수 없다.[72] 문서로 된 결정이나 명령은 그 재판의 원본이 법원 사무관등에게 교부되었을 때에 성립되므로 항소장 각하명령이 법원사무관등에게 교부되어 성립된 이상 그 명령이 고지되기 전에 인지보정 등 그 흠을 보정하더라도 이미 성립된 결정이나 명령을 재도의 고안에 의하여 취소할 수 없기 때문이다.[73] 한편 원심 재판장이 상고장에 첨부할 인지의 부족액이 있음을 이유로 보정명령을 하였으나, 이에 대하여 상고인이 보정기간 이내에 일부만을 보정하자 상고장 각하명령을 한 경우, 위와 같은 상고장의 각하명령이 있은 후에 그 나머지 부족인지액을 보정하고 불복을 신청하였다고 하더라도 위와 같은 이유로 그 각하명령을 취소할 수 없다.[74]

(d) (i)항소심 재판장은 항소장 송달이 불능으로 되어 그 보정을 명하였음에도 항소인이 이에 응하지 아니한 경우에 항소장 각하명령을 할 수 있다. 판례[75]는, 송달불능의 경우 항소심재판장은 항소인에게 상당한 기간을 정하여 그 기간 이내에 피항소인의 주소를 보정하도록 명하여야 하고, 항소인이 그 기간 이내에 피항소인의 주소를 보정하지 아니한 때에는 명령으로 항소장을 각하하여야 하지만, 한편 주소보정명령의 보정기간이 경과하여 항소장 각하명령을 할 수 있음에도 항소심재판장이 항소장 각하명령을 하지 아니하고 다시 보정기간을 정하여 주소보정명령을 하였다면, 다시 한 주소보정명령의 보정기간이 경과하기 전에는 종전 주소보정명령의 보정기간 내에 보정의무를 이행하지 않았음을 이유로 항소장 각하명령을 할 수 없다

70) 대결 2004.4.28. 2004스19.
71) 대결 1995.5.3. 95마337.
72) 대결 1969.9.30. 69마684.
73) 대결 1969.12.8. 69마703.
74) 대결 1991.1.16. 90마878.
75) 대결 2024.11.14. 2024마7117.

고 하였다. 이 판례의 취지는 민사소송에서 항소심은 사실관계를 다투는 마지막 절차이므로 항소장 각하절차를 신중하게 함으로써 당사자의 사실관계를 다툴 수 있는 절차기본권을 보장하자는데 있는 것으로 보인다.

(ii) 그러나 항소장이 피 항소인에게 송달되어 항소심의 변론이 개시된 후에는 피 항소인에게 변론기일통지서 등이 송달 불능된다는 이유로 그 보정을 명하고 항소인이 이에 응하지 않는다고 항소장 각하명령을 할 수 없다.[76)]

(e) 독립당사자참가소송과 같은 3당사자소송에서는 3당사자 사이의 합일 · 확정 필요 때문에 피 항소인 1인에게 송달된 경우에는 독립당사참가소송 전체가 항소법원에 소송계속이 되므로 나머지 피항소인에게 송달불능이 되더라도 항소장각하명령을 할 수 없다.[77)]

(f) 항소심재판장의 항소장 심사권에는 추후보완 항소사유를 심사할 권한이 포함되지 않는다. 그러므로 추후보완 사유에 관한 주장이 이유 있을 때에는 항소법원이 추후보완 사유의 당부, 즉 상소의 이유 유무에 관한 실질적 판결을 하여야 하고, 추후보완 사유에 관한 주장이 이유 없을 때에는 불변기간 도과 후의 부적법한 상소라고 해서 각하하여야 한다. 또 제1심 법원의 재판장은 추후보완 항소장을 접수하면 인지 미보정과 같은 추후보완 항소장 자체의 각하 사유가 없으면 소송기록을 항소법원에 송부하여야 한다.[78)]

(다) **항소법원의 항소이유에 대한 심사권(제402조의 2)** 항소장에 항소이유를 적지 아니한 경우에는 이에 대한 심사권은 항소심재판장이 아니라 항소법원에 있다. 항소인은 항소기록을 송부받은 항소법원의 법원사무관등으로부터 제400조 제3항에 따른 항소이유를 제출하지 아니하였다는 통지를 받은 날부터 40일 이내에 항소이유서를 항소법원에 제출하여야 하고(제402조의 2 제1항) 항소법원은 항소인의 신청에 따른 결정으로 제출기한을 1회에 한하여 1개월 연장할 수 있는데(제402조의 2 제2항) 연장된 제출기한에도 항소이유서를 제출하지 아니한 때에는 항소법원은 결정으로 항소를 각하하여야 한다. 다만, 직권으로 조사하여야할 사유가 있거나 항소장에 항소이유가 기재되어 있는 때에는 그러하지 아니하다(제402조의 3 제1항). 항소장 각하결정에 대하여는 즉시항고를 할 수 있다(제402조의 3 제1항). 이때의 즉시항고는 대법원에 하는 재항고의 성질이 있다. 항소이유에 기재한 불복의 이유는 준비서면의 구실을 한다(제398조). 항소장에 공격방어방법을 기재하였으면 그 부분에 관하여도 준비서면의 구실을 하므로 법원은 이에 관해서 판단하여야 한다,

---

76) 대결 1981.11.26. 81마275.
77) 대결 2020.1.30. 2019마5599.
78) 광주고결 2010.3.10. 2009라101.

2. 항소제기의 효력

항소제기에 의하여 확정차단의 효력과 이심의 효력이 생긴다([110] 4. 참조).

3. 항소의 취하

(1) 뜻

항소의 취하라 함은 항소인이 항소를 철회하는 의사표시를 말한다. 항소를 철회하는 것이므로 소 자체를 철회하는 소의 취하나 항소권을 소멸시키는 항소권의 포기와 다르다. 적법한 항소취하서가 항소심 법원에 제출되면 그때에 취하의 효력이 발생하여 항소의 효과는 소급적으로 소멸하고, 항소의 취하는 항소인의 단독적 소송행위이기 때문에 상대방의 동의를 필요로 하지 아니한다. 그러나 항소심에서 청구를 감축한 것은 그 부분의 소를 취하한 것으로 보아야 하므로 그 후에 다시 청구를 확장하는 것은 제267조 제2항에 저촉되어 부적법하다.[79)]

(2) 항소취하의 요건

㈎ 항소의 취하는 항소제기 이후에 항소심의 종국판결 이전에 할 수 있다(제393조 제1항). 소의 취하가 종국판결이 확정될 때까지 가능한 것(제266조 제1항)과 다르다. 따라서 항소심판결 선고 이후에는 항소의 취하가 허용되지 않는다. 항소인이 상대방의 부대항소로 인하여 제1심판결보다 불리한 판결을 받은 경우에 항소를 취하하여 제1심판결을 선택하는 간계를 부림으로써 공권적 판단인 항소심 판결을 휴지화시킬 우려가 있기 때문이다.

㈏ 항소의 제기는 항소불가분의 원칙에 의하여 청구 전부에 미치기 때문에 항소의 취하도 청구 전부에 대하여 하여야 하므로 소의 일부 취하와 달리 항소의 일부취하는 허용되지 않는다. 제1심에서 병합된 수개의 청구 전부에 대하여 패소당하여 이에 불복한 항소에서 항소인이 그중 일부 청구에 대한 불복신청을 철회하였다 하더라도 그것은 단지 불복의 범위를 감축하여 심판의 대상을 좁히는 효과에 그친다. 따라서 항소인이 항소심의 변론종결 시까지 언제든지 서면 또는 말로 불복의 범위를 다시 확장할 수 있는 이상 패소당한 청구의 일부에 대해서 취하를 하였다고 하여 항소 자체의 효력에 아무런 영향이 없다.[80)]

㈐ 항소의 취하는 항소인 한 쪽 의사표시에 의한 단독적 소송행위이므로 일반적으로는 상대방의 동의를 필요로 하지 않으나(제393조 제1항) 증권관련 집단소송에서는 법원의 허가를 받아야 한다(증집소 제35조, 제38조).

---

79) 서울고판 1979.3.13. 79나572.
80) 대판 2017.1.12. 2016다241249.

(라) 필수적 공동소송에서는 공동소송인 전원의 또는 전원에 대하여 항소를 취하하여야 한다(제408조, 제67조). 예비적 · 선택적 공동소송도 필수적 공동소송의 경우와 같다(제408조, 제70조, 제67조).

(마) 3당사자소송 구조의 독립당사자참가 소송에서 원 · 피고 한쪽이 승소한 경우에 항소인은 항소를 유지할 이익이 있는 참가인의 동의를 받아서 항소를 취하할 수 있다(제408조, 제79조). 참가인이 승소하고 원 · 피고 양쪽이 모두 패소하여 다 같이 항소한 경우에는 항소인 모두가 항소를 취하하여야 효력이 있다. 어느 한 쪽 당사자만 항소를 취하하더라도 다른 항소인의 항소제기에 의하여 항소심 당사자의 지위를 유지하기 때문이다. 그러나 어느 한 쪽만 항소한 경우에는 다른 패소자의 동의가 없어도 참가인의 동의를 받아서 유효하게 항소를 취하할 수 있고, 그 경우에 항소심은 종료된다.[81]

(바) 보조참가인은 피 참가인이 제기한 항소를 독자적으로 취하할 수 없지만 항소를 제기한 보조참가인은 피 참가인의 동의를 얻어서 항소를 취하할 수 있다.[82] 피 참가인은 언제든지 제기된 항소를 취하하거나 포기할 수 있다.[83]

(사) 항소의 취하는 소송행위이기 때문에 소송행위 일반의 유효요건을 갖추어야 한다. 그러므로 항소취하의 의사표시에는 조건을 붙일 수 없으며 또 그 의사표시가 제451조 제1항 5호에 해당되는 타인의 행위로 인하여 이루어진 것이 아닌 이상 설사 사기 · 강박 등 외부에서 알 수 없는 흠이 있는 경우라도 그 흠을 이유로 이를 취소하거나 이의 무효를 주장할 수 없다.[84]

(아) 항소의 취하는 소의 취하와 동일하게 변론주의 하에서는 물론 직권탐지주의 아래에서도 자유롭게 할 수 있다.

(자) 일단 항소심의 종국판결이 있은 뒤에라도 그 종국판결이 상고심에서 파기되어 사건이 다시 항소심에 환송된 경우에는 먼저 있은 종국판결은 그 효력을 잃고 그 종국판결이 없었던 것과 같은 상태로 돌아가게 되므로, 새로운 종국판결이 있기까지는 항소인은 피 항소인이 부대항소를 제기하였는지 여부에 관계없이 항소를 취하할 수 있다. 그 때문에 피 항소인이 부대항소의 이익을 잃게 되어도 부대항소를 제기할 이익은 그 이익이 본래 상대방의 항소에 의존한 은혜적인 것이므로 주된 항소의 취하에 따라 그 이익이 소멸되더라도 어쩔 수 없다. 따라서 이미 부대항소가 제기되어 있다 하더라도 주된 항소의 취하는 그대로 유효하다.[85]

---

81) 같은 취지: 이시윤, 869면.
82) 같은 취지: 이시윤, 869면. 반대취지: 한충수, 785면.
83) 대판 2010.10.14. 2010다38168.
84) 대판 1967.10.31. 67다204.
85) 대판 1995.3.10. 94다51543.

(3) 방식

(가) 소의 취하에 관한 규정이 준용되므로 항소취하는 서면의 제출 또는 말로 할 수 있다(제393조 제2항, 제266조 제3항).

(나) 항소의 취하는 상대방에 대한 의사표시가 아니라 법원에 대한 의사표시이기 때문에 취하의 효력은 취하서가 법원에 제출된 때이고 상대방에 송달된 때가 아니다. 항소취하서는 상대방에게 송달하여야 하지만(제393조 제2항, 제266조 제4항) 이는 항소취하사실을 상대방에게 알려주라는 뜻이지 항소취하의 요건 내지 효력에 관한 것이 아니다.[86)]

(다) 항소의 취하에는 조건을 붙일 수 없으며, 착오 · 사기 · 강박 등 의사표시의 흠을 이유로 그 무효나 취소를 주장할 수 없는 것은 다른 소송행위와 같다.

(라) 항소취하의 합의가 있는데도 항소취하서가 제출되지 않았다면 상대방은 이를 항변으로 주장할 수 있는데 그 항변이 이유 있으면 항소심 법원은 항소의 이익이 없다고 하여 그 항소를 각하할 수 있다.[87)]

(4) 효과

(가) 항소의 취하에 의하여 항소의 효과는 항소기간 만료 시로 소급하여 소멸되고 이로써 항소절차는 종료된다(제393조 제2항, 제267조 제1항).

(나) 항소기간 경과 후에 항소취하가 있는 경우에도 항소기간 만료 시로 소급하여 제1심판결이 확정된다.[88)]

(다) 소의 취하와 달리 항소의 취하는 원심판결에 아무런 영향을 주지 아니하므로 상대방은 물론 항소인은 항소를 취하하였다 하더라도 항소기간이 남아 있으면 다시 항소를 제기할 수 있다.[89)]

4. 부대항소

(1) 뜻

(가) 부대항소라 함은 피 항소인이 항소권의 소멸로 말미암아 독립하여 항소를 할 수 없게 된 경우에 항소인의 항소에 부대(附帶)하여 원심판결을 자기에게 유리하도록 항소심의 심판

86) 대판 1980.8.26. 80다76.
87) 대판 2018.5.30. 2017다21411.
88) 대판 2016.1.14. 2015므3455.
89) 대판 2016.1.14. 2015므3455.

범위를 확장하는 신청을 말한다. 당사자 양쪽이 모두 항소권이 있을 때에는 각자 독립하여 항소를 제기할 수 있으므로 부대항소의 문제가 일어나지 않는다. 그러나 피 항소인이 자기의 항소권을 포기 또는 상실 당하여 더 이상 항소를 제기할 수 없는 경우에 항소인 혼자서 불복의 범위를 마음대로 변경할 수 있다면 공평에 반한다. 그리하여 피 항소인으로 하여금 항소인의 불복주장으로 한정된 심판범위를 피 항소인에게도 유리하게 원심판결을 변경할 기회를 줌으로써 당사자 사이의 공평(公平)을 도모하자는 것이 부대항소의 취지이다. 따라서 피 항소인이 부대항소를 할 수 있는 범위는 항소인이 주된 항소에 의하여 불복을 제기한 범위에 의하여 제한을 받지 아니한다.[90] 그러므로 원고의 청구가 모두 인용된 제1심판결에 대하여 피고가 지연손해금 부분에 대하여서만 항소를 제기하고, 원금 부분에 대하여는 항소를 제기하지 아니하였다고 하더라도 제1심에서 전부 승소한 원고가 항소심 계속 중 부대항소로써 제1심보다 더 청구취지를 확장할 수 있다. 그러므로 항소심이 원고의 부대항소를 받아들여 제1심판결의 인용금액을 초과하여 원고 청구를 인용하였더라도 불이익변경금지의 원칙이나 항소심의 심판범위에 관한 잘못이 없다.[91]

(나) 통상 공동소송에서는 일부 공동소송인이 항소를 제기하였을 때 항소한 공동소송인 이외의 다른 공동소송인을 상대로 부대항소를 제기할 수 없다.[92] 이 경우 항소하지 않은 다른 공동소송인의 원심판결은 그대로 확정되므로 공동소송인 독립의 원칙에 따라 항소심에 이심되지 않기 때문이다.

(2) 성질

부대항소에도 항소와 동일하게 항소의 이익이 필요한가에 관하여 다툼이 있으나 판례[93]는 피고 혼자서 항소를 한 경우에 원고가 항소심에서 청구취지를 확장하였다고 하면 그 한도에서 부대항소를 한 것으로 의제된다고 하여, 부대항소는 항소가 아니라 공격적 신청 내지 특수한 구제방법으로서 항소의 이익이 필요 없다고 하였다(비항소설).

(3) 요건

(가) 상대방과의 사이에 항소가 계속되어야 한다.

(나) 항소심의 변론종결 이전(제403조)이어야 한다.

(다) 피 항소인이 항소인을 상대로 제기하여야 한다(제403조). 당사자 양쪽이 모두 항소를

90) 대판 1999.11.26. 99므1596 · 1602.
91) 대판 2003.9.26. 2001다68914.
92) 대판 2015.4.23. 2014다89287 · 89294.
93) 대판 2008.7.24. 2008다18376.

제기한 경우에는 그 한 쪽은 상대방의 항소에 부대항소를 제기할 여지가 없다.

㈑ 피 항소인이 자기의 항소권을 포기 또는 항소기간의 도과로 항소권이 소멸한 경우에도 부대항소를 제기하는 데는 지장이 없다(제403조). 독립하여 항소를 제기하였다가 항소를 취하한 경우에도 다시 부대항소를 제기할 수 있다. 그러나 부대항소권을 포기한 경우에는 재차 부대항소를 제기할 수 없다.

(4) 방식

㈎ 항소에 관한 규정을 적용하여야 하므로(제405조) 부대항소장(제397조)을 제출하여야 하고, 부대항소장에 부대항소이유를 적지 아니하였을 때에는 40일 이내에 부대항소이유서를 항소법원에 제출하여야 한다. 판례에 의하면 일부 패소한 원고가 부대항소를 하지 아니하고 청구취지를 확장하거나 변경하더라도 부대항소의 취지로 보아야 하고,[94] 일부 패소한 피고가 항소기간이 지난 뒤에 부대항소에 의하지 아니하고 '피고 패소부분의 취소와 그 취소부분에 해당하는 원고의 청구를 기각한다'고 진술하더라도 부대항소의 취지로 보아야 한다[95]고 하였다.

㈏ 부대항소도 취하할 수 있는데 항소의 취하와 같이 상대방의 동의를 필요로 하지 않는다.

(5) 효력

㈎ **불이익변경금지 원칙의 배제** 부대항소에 의하여 항소심의 심판범위가 확장된다. 항소심의 심판범위는 불복신청의 범위에 국한되기 때문에(제407조 제1항, 제415조) 항소인의 불복신청뿐이라면 항소인에게 원심판결 이상으로 불이익한 변경을 할 수 없다(불이익변경금지의 원칙). 그런데 부대항소를 제기하면 항소법원의 심판범위가 그만큼 확장되는 결과 항소인에게 원심판결 이상 불이익한 판결이 가능하여 불이익변경의 원칙이 배제된다.

㈏ **항소의 취하 등에 의한 소멸** 부대항소는 상대방의 항소에 부대한 것이기 때문에 항소의 취하 또는 각하에 의하여 효력을 잃는다(제404조 본문). 항소심의 종국판결이 상고심에서 파기 환송되더라도 항소인이 항소를 취하하면 부대항소의 효력이 상실된다.[96] 물론 부대항소인이 독립하여 항소할 수 있는 기간 안에 제기한 부대항소는 독립된 항소이다(제404조 단서). 이를 독립부대항소라고 한다. 항소가 취하 또는 각하되더라도 독립부대항소는 독자적인 항소이므로 항소의 이익이 있어야 함은 당연하다.

---

94) 대판 1995.6.30. 94다58261.
95) 대판 2022.10.14. 2022다252387.
96) 대판 1995.3.10. 94다51543.

[113] 제3. 항소심의 심리

1. 항소심의 심리대상

(1) 원칙

㈎ 항소심의 심리대상은, 제1심에서와 같이 원고의 청구에 대한 당부를 직접 심리대상으로 하는 것이 아니라, 당사자가 제1심의 판결에 대하여 항소 또는 부대항소로 불복신청한 범위가 대상이다. 그러므로 제1심판결의 변경을 구하는 불복의 범위는 항소인 및 부대항소인에 의하여 특정된다. 이 경우 항소의 객관적 · 주관적 범위는 항소장에 기재된 항소취지만을 기준으로 판단하여야 할 것이 아니고 항소취지와 함께 항소장에 기재된 사건명이나 사건번호, 당사자의 표시, 항소인이 취소를 구하는 제1심판결의 주문내용 및 항소이유를 종합적으로 고려해서 판단하여야 한다.[97]

㈏ 심리 대상은 제1심의 종국판결이다. 당사자는 불복할 수 없는 재판과, 항고로 불복할 수 있는 재판(제392조)을 제외하고는 종국판결에 이르기까지의 전제문제나 절차문제에 관한 재판에 대해서도 모두 불복을 신청할 수 있으나 이들은 종국판결에 대한 불복 이유의 하나로 심리되는데 불과하다.

㈐ 당사자가 제1심판결 중에서 불복하지 않은 부분은 심리의 대상이 되지 않는다. 제1심에서 소의 객관적 병합으로 심판한 사항은 당사자의 불복과 관계없이 모두 항소불가분의 원칙에 의하여 항소심에 이심되지만 항소심의 심리 대상은 당사자가 불복한 사항에 국한된다.

(2) 항소심에서 병합청구의 심리대상

㈎ **단순병합사건** A청구인용, B청구기각판결에서 원고만 항소한 경우에 항소심은 피고가 항소 또는 부대항소하지 않는 한 A청구의 당부를 판단할 수 없다.

㈏ **선택적 병합사건** 원고가 A청구와 B청구를 선택적으로 병합하여 청구한다는 것은, 심급 전체를 통하여 한 쪽 청구가 인용되지 않을 때에는 다른 청구에 관해서 판단을 구한다는 취지이다. 따라서 제1심의 A청구인용판결에 대하여 피고가 항소하여 항소심이 심리한 결과 A청구를 기각하여야 할 때에는 당연히 불복하지 않은 B청구라도 그 당부를 심판대상으로 하여 판단하지 않으면 안 된다. 그러므로 이 경우에는 원고의 부대항소가 필요 없다.

㈐ **예비적 병합사건** (a) 원고가 주위적 청구의 인용을 해제조건으로 예비적 청구를 병

---

97) 대결 2020.1.30. 2019마5599,5600.

합하였는데 제1심이 주위적 청구인용판결을 한데 대하여 피고가 항소하여 항소심이 주위적 청구기각의 결론을 내렸을 때에는 주위적 청구인용의 해제조건이 성취되지 아니하였으므로 비록 원고가 부대항소를 하지 아니하더라도 예비적 청구의 당부를 판단하지 않으면 안 된다.

(b) (i) 그러나 제1심의 주위적 청구기각, 예비적 청구인용판결에 대하여 피고 혼자서 예비적 청구인용판결에 항소한 경우에는 항소제기에 의한 이심의 효력은 당연히 사건 전체에 미쳐서 주위적 청구에 관한 부분도 항소심에 이심되지만, 항소심의 심판범위는 피고가 불복 신청한 범위, 즉 예비적 청구를 인용한 제1심 판결의 당부에 한정되는 것이다. 그러므로 원고의 제1심의 주위적 청구기각 판결에 대한 부대항소가 없는 한 예비적 청구의 당부만 판단하여야 한다.[98]

(ii) 예비적 병합의 경우에는 여러 개의 청구가 하나의 소송절차에 불가분적으로 결합되어 있기 때문에 주위적 청구를 배척하면서 예비적 청구에 대하여 판단하지 아니한 판단누락이 있다고 하더라도 그 판결에 대한 항소가 제기되면 판단이 누락된 예비적 청구 부분도 항소심으로 이심이 되므로 그 부분은 재판의 누락에 해당되지 아니한다. 따라서 주위적 및 예비적 청구 전부에 대하여 판결을 하여야 하고,[99] 제1심에서 누락된 예비적 청구에 대해서 추가판결을 해서는 안 된다.

(iii) 주위적 청구기각, 예비적 청구인용판결에 대하여 원고 혼자서 주위적 청구기각판결에 대하여 항소한 경우에 심판대상은 주위적 청구의 당부뿐이므로 주위적 청구가 인용되면 예비적 청구인용판결은 당연히 실효된다. 주위적 및 예비적 청구 양쪽 모두의 기각판결에 대하여 원고가 항소한 경우에는 양쪽 청구가 항소심의 심판대상이 됨은 당연하다.

(3) 이심(移審)에 의한 항소심의 심리범위

㈎ 소의 객관적 병합에 대한 제1심 판결에 대하여 항소가 제기되면 항소불가분의 원칙에 의하여 비록 제1심판결의 일부에 관하여 항소가 제기되더라도 제1심판결 사항 전체가 항소심에 이심되므로 제1심판결 전체에 대하여 확정이 차단된다. 다만 당사자처분권주의의 원칙상 소송목적의 일부에 관해서 불항소의 합의가 있거나 양쪽이 부대항소권을 포기한 경우에는 그 부분은 항소된 사건과 별개로 확정된다.

㈏ 항소불가분의 원칙을 적용하는 경우의 기준단위는, 제1심판결의 주문에서 표시한 판단의 개수이고, 당해 판결에서 판단된 청구(소송목적)의 개수가 아니다. 예를 들어 제1심에서 불법행위로 말미암은 손해배상청구 가운데서 금 1억 원이 인용되고, 채무불이행으로 인한 손해배상청구 가운데서 금 1억 원이 인용되어 합계 금 2억 원을 피고가 원고에게 이행하라는 판결

98) 대판 2002.12.26. 2002므852.
99) 대전판 2000.11.16. 98다22253 참조.

이 선고된 경우에 소송목적은 2개이지만 판결주문은 1개이므로 항소불가분의 원칙은 병합청구의 모습은 따지지 않고 판결주문에 표시된 금 2억 원을 기준으로 한다. 따라서 1개의 제1심 판결에 대하여 수량적으로 가분할 수 있는 1개의 청구가 일부 인용, 일부 기각된 사건에서 한 쪽 당사자만 항소한 경우에도 그 청구 전부에 관해서 이심과 확정차단의 효력이 생기므로 그에 관한 항소심의 판단은 제1심 주문의 판단을 기준으로 한다. 또 객관적으로 병합된 수개의 청구에 관해서 1개의 청구는 인용, 다른 청구는 기각의 판결을 하였는데 한 쪽 당사자만 항소한 경우에도 위와 동일하게 주문의 판단을 기준으로 하므로 병합청구의 모습은 묻지 않는다.

(다) 결국 항소인은 항소심에서 변론종결 당시까지 수시로 제1심 판결의 주문의 판단 표시를 기준으로 불복신청의 범위를 확장하거나 축소할 수 있고, 피 항소인도 부대항소를 통하여 주문 표시를 기준으로 심판대상의 범위를 확장할 수 있다.

2. * 제1심과 항소심과의 관계

(1) 개괄적 고찰

제1심의 심판대상은 원고가 주장하는 청구의 당부(當否)이므로 제1심에서 청구의 변경은 바로 심판대상 변경을 초래한다. 그러나 항소심의 심판대상은 청구의 당부가 아니라 제1심판결에 대한 항소인 불복주장의 당부이므로 항소심에서 청구를 변경하려면 그 청구의 당부와 항소인의 항소에 대한 응답이 어떠한 관계에 있는지 따져야 하는데 이에 관해서는 먼저 제1심과 항소심과의 관계, 즉 항소심의 구조를 이해할 필요가 있다.

(가) 항소심의 구조에 관한 기본 원칙

(a) **복심주의**　　이 원칙은 제1심의 소송자료와 관계없이 항소심 자신이 수집한 자료에 기초하여 항소인의 불복주장에 대한 당부를 판단하는 것을 말한다.

(b) **사후심주의**　　이 원칙은 항소심이 스스로 사실인정을 할 수 없고 제1심의 자료로부터 제1심판결의 사실인정이 납득할 수 있는가를 검토하여 그 판결의 당부를 판단하여야 하는 원칙을 말한다.

(c) **속심주의**　　이 원칙은 복심주의와 사후심주의의 절충방식으로서 항소심이 필요한 한도에서 스스로 독자적인 사실인정을 하고 여기에 법을 적용하여 사건을 재심리한 다음 그 결과가 제1심판결과 일치하는가를 조사하는 것을 말한다. 스스로 사실인정을 할 수 있다는 점에서 복심주의와 유사하고 사후심주의와 구별되나, 항소심이 사실인정을 하여 사건을 재심사하더라도 제1심이 수집한 자료에 기초한다는 점에서 사후심주의와 가깝고 복심주의와 구별된다.

(나) 원칙의 적용례–항소심에서 청구가 교환적으로 변경된 경우　　위의 각 원칙들이 뚜렷하게 차이를 드러내는 것은, 항소심에서 청구를 교환적으로 변경하는 경우이다. 예를 들어 원고

가 피고에 대하여 대여금채권에 터 잡아 금 1억 원의 지급을 구하는 소를 제기하였는데 제1심이 원고의 청구를 전부 받아들이는 승소판결을 하였고, 이에 대해서 피고가 항소하였다. 항소심에서 원고는 청구를 교환적으로 변경하여 부당이득반환청구로서 금 1억 원의 지급을 구하였다. 항소심에서 청구가 교환적으로 변경되면 구 청구에 대하여는 소송계속이 소멸되므로 항소심에서는 제1심판결에 대한 불복주장의 당부를 판단할 대상이 없게 되고 신 청구에 대하여서만 심리할 의무만 지게 된다. 항소심에서 심리한 결과 교환적으로 변경한 청구가 이유 있지만 제1심판결에서 인용된 액수와 동일한 금액의 지급을 명하여야 할 경우에 어떻게 판결하여야 할지 검토한다.

(a) **복심주의** 항소심이 신 청구에 대하여 제1심으로 심리하였으므로 제1심판결과 주문을 같이 하였더라도 항소를 기각하여서는 안 되고 피고에게 부당이득반환으로 금 1억 원의 지급을 명하는 새로운 판결을 하여야 한다.

(b) **사후심주의** 항소심의 재판은 제1심판결에 대한 불복주장의 당부를 심판하는 과정을 통하여서만 실시되므로 비록 항소심에서 청구의 교환적 변경이 이루어졌다고 하더라도 신 청구에 대해서는 제1심에서 판결이 이루어진 것으로 취급하여 그에 대한 불복주장이 있는 것으로 판단하여야 한다. 따라서 앞의 경우에 피고에게 금 1억 원의 지급을 명하는 판결을 하여서는 안 되고, 제1심판결의 주문이 정당하다고 하여 항소를 기각하는 판결을 하여야 한다.

(c) **속심주의** 항소심은 제1심판결에 대한 불복의 당부를 심판의 제1차 대상으로 하며 원고 청구의 당부는 제2차적 간접적이므로 항소가 이유 있는 경우에 한정하여 청구의 당부에 대한 판단이 주문에 나타나게 되나, 항소심에서 청구의 교환적 변경이 이루어진 때에는 신 청구에 관한 항소심의 심판은 구 청구에 관한 제1심판결과 관계없이 이루어졌기 때문에 비록 판결의 주문 표현이 동일하더라도 신 청구에 대하여 실질상 제1심으로 새로운 판결을 하여야 한다. 따라서 청구의 교환적 변경은 복심주의와 동일한 결론이 된다. 또 항소심에서 신청구가 추가된 경우에 그 신 청구에 관해서도 제1심으로 새로운 판결을 하여야 한다.[100] 따라서 제1심이 청구를 기각한 데 대하여 원고가 항소하였고 항소심이 기존의 청구와 항소심에서 추가된 청구를 모두 배척할 경우 단순히 "원고의 항소를 기각한다"라는 주문 표시만 해서는 안 되고, 이와 함께 항소심에서 추가된 청구에 대하여 "원고의 청구를 기각한다"라는 주문표시를 하여야 한다.[101] 즉 "원고의 항소를 기각한다. 당심에서 추가된 원고의 청구를 기각한다."이다.

(d) **결론** (i) 속심주의의 입장은 판례와 학설이 모두 지지한다. 결국 속심주의에 의하면 항소심은 청구가 제1심에서 판단되었을 때에는 그 판단의 당부만 심사하여 제1심판결의 잘못을 이유로 취소하더라도 반드시 제1심에 환송할 필요가 없고,[102] 청구가 제1심에서 판단되

100) 대판 2011.7.28. 2010다36568.
101) 대판 2024.9.13. 2024다234239.

지 아니한 새로운 것일 때에는 제1심판결을 취소할 필요가 없이 실질적으로는 제1심으로 판단하는 것이다.

(ii) 제1심에서 인용된 종래의 청구에 대하여 피고가 항소한 사건에서, 원고가 항소심에서 예비적 청구를 추가하여 심리한 결과, 주위적 청구는 이유 없고 항소심에서 추가된 예비적 청구가 인용되어 결과적으로 주위적 청구를 인용한 제1심판결의 주문과 같거나 유사한 결과가 된다고 하더라도, 단순히 항소를 기각한다는 주문을 내어서는 안 되고, 제1심판결을 취소하여 주위적 청구를 기각한 다음 예비적 청구에 따라서 다시 주문을 내야 한다.[103]

(iii) 여러 개의 청구가 제1심에서 처음부터 선택적으로 병합되고 그 중 어느 한 개의 청구에 대한 인용판결이 선고되어 피고가 항소를 제기한 경우는 물론, 원고의 청구를 인용한 판결에 대하여 피고가 항소를 제기하여 항소심에 이심된 후 항소심에서 청구가 선택적으로 병합된 경우에도 항소심은 제1심에서 인용된 청구를 먼저 심리하여 판단할 필요는 없고, 선택적으로 병합된 수개의 청구 중 제1심에서 심판되지 아니한 청구를 임의로 선택하여 심판할 수도 있다. 심리한 결과 그 청구가 이유 있다고 인정되고 그 결론이 제1심판결의 주문과 동일한 경우에도 피고의 항소를 기각하여서는 안 되며 제1심판결을 취소한 다음 새로이 청구를 인용하는 주문을 선고하여야 한다.[104]

(iv) 항소심에서 소의 교환적 변경이 이루어지면 제1심판결은 소의 취하로 실효되므로 항소심은 교환된 새로운 청구에 관하여 제1심으로 재판하여야 하는데 그 뒤에 항소인이 항소를 취하하더라도 항소취하는 그 대상이 없어 아무런 효력이 없다.[105] 이 경우 법원은 항소취하와 관계없이 기일을 정하여 소송을 속행하고, 사실상 새로운 청구의 당부를 제1심으로 판단하여야 한다.[106]

(v) 항소심에서 청구의 교환적 변경이 이루어져서 항소심이 그 판결에서 청구취지로 변경된 청구를 기재하고 판결 이유에서 변경된 청구에 대하여 판단하면서도 주문에서 '원고의 항소를 기각한다'고 기재한 것은, 항소심에서 교환적으로 변경된 원고의 청구를 기각한다고 할 것을 잘못 표현한 것이 명백하므로 항소심 법원은 그 판결의 주문과 이유의 결론 부분을 바로잡는 판결경정 결정을 할 수 있다.[107]

---

102) 대판 2013.8.23. 2013다28971.
103) 대판 2011.2.10. 2010다87702.
104) 대판 1992.9.14. 92다7023.
105) 대판 1995.1.24. 93다25875.
106) 대판 2018.5.30. 2017다21411.
107) 대판 1999.10.22. 98다21953.

(2) 청구의 양적 확장

㈎ **문제되는 경우** 예를 들어 원고가 피고를 상대로 금 1억 원의 손해배상청구를 하였을 때에 제1심판결 후 항소심에서 청구의 양적 확장이 되는 경우를 본다. 첫째 원고의 청구가 전부 기각되어 원고가 항소한 다음 금 2억 원으로 청구를 확장한 경우, 둘째 원고의 청구 중 금 2,000만 원 부분만 받아들여지고 나머지가 기각되었는데 그 제1심판결에 대하여 원·피고 양쪽 또는 어느 한쪽이 항소한 다음 원고가 금 2억 원으로 청구를 확장한 경우, 셋째 원고의 청구가 전부 받아들여졌는데 피고가 항소함에 따라 항소심에서 원고가 청구를 금 2억 원으로 확장한 경우이다.

㈏ **원고의 청구가 전부 기각된 경우** (a) 본래의 원고 청구나 확장된 청구가 모두 이유 없을 때에는 속심주의의 원칙에 따라 항소심에서는 본래의 청구를 기각한 제1심판결이 정당하므로 이에 대한 원고의 항소는 기각하고, 확장된 청구에 대해서는 항소심이 사실상 제1심으로서 심판하였으므로 확장된 청구를 기각하여야 한다. 따라서 항소심판결의 주문은 「원고의 항소 및 당심에서 확장된 청구를 기각한다」이다.

(b) 원고 본래의 청구만 이유 있을 때에는 항소심은 속심주의의 원칙에 따라 제1심판결을 취소하고 피고에 대하여 금 1억 원의 지급을 명하여야 하고 확장된 청구는 기각한다. 항소심판결의 주문은 「제1심판결을 취소한다. 피고는 원고에게 금 1억 원을 지급하라. 원고의 당심에서 확장된 청구를 기각한다」이다.

(c) 원고의 확장된 청구만 이유 있을 때의 항소심 판결 주문은 「원고의 항소를 기각한다. 피고는 원고에게 금 1억 원을 지급하라」이다.

(d) 원고 본래의 청구 및 확장된 청구가 모두 이유 있을 때의 항소심 판결주문은 「제1심판결을 취소한다. 원고는 피고에게 금 2억 원을 지급하라」이다.

㈐ **원고의 청구가 일부만 인용되는 경우** 제1심에서 원고의 청구 금 1억 원 중 금 2,000만 원 부분만 인용되고 나머지가 기각되었을 경우에 원·피고 양쪽 또는 어느 한 쪽이 항소할 수 있다. 문제되는 경우를 검토한다.

(a) **항소인이 일부만 한정하여 불복한 경우** 항소하는 원고 또는 피고는 패소부분 전부에 대하여 불복하지 아니하고 일부에 한정하여 불복할 수 있다. 예를 들어 원고는 청구 중 금 8,000만 원 부분이 기각되었으나 항소취지에서 금 7,000만 원 또는 6,000만 원에 한정하여 불복할 수 있고, 피고도 인용된 원고청구 금 2,000만 원 중 항소취지에서 금 1,000만 원 부분에 한정하여 불복신청을 할 수 있다. 처분권주의가 적용되기 때문이다. 이 경우에 항소심의 심판대상은 항소인이 항소취지에서 불복 신청한 범위에 국한되지만 항소에 의한 확정차단의 효력과 이심의 효력은 불복한 부분에 대하여서만 생기는 것이 아니라 사건 전체에 대하여 생기므

로 항소인은 뒤에 항소취지를 확장하거나 감축하여 불복신청의 범위를 조절할 수 있다. 여기서 감축하여 항소심의 심판대상이 되지 아니한 부분은 항소심판결 선고와 동시에 확정되어 소송이 종료된다.108)

(b) **속심주의** 위의 경우에 항소가 이유 있는 경우와 이유 없는 경우의 항소심의 재판은 앞에서와 같이 속심주의의 원칙에 따라 처리한다. 즉 원고가 항소심에서 청구를 확장하였는데 청구 전부가 이유 없을 때에는 제1심판결을 취소하여 원고의 제1심 및 항소심에서의 확장된 청구를 기각하고, 반대로 원고의 본래 청구와 확장된 청구가 모두 이유 있을 때에는 제1심판결을 취소하여 피고에게 원고의 항소심 확장청구 전액의 지급을 명하여야 한다. 피고가 감축하여 불복한 경우도 위의 예에 의한다. 다만 이 경우 '원고의 나머지 항소를 기각한다'는 표시를 해서는 안 된다. 청구감축으로 불복하지 아니하여 심판대상이 되지 아니한 부분은 항소심판결 선고와 동시에 소송이 확정되었기 때문이다.

(c) **항소인이 전부 불복한 경우** (i) 항소하는 원고 또는 피고가 패소부분 전부에 대하여 불복하였는데 항소심에서 일부만 인용한 경우에도 속심주의 원칙에 따라 처리한다.

(ii) 원고가 전부 불복하였는데 일부만 인용하는 경우에는, 항소심에서 인용하는 원고 청구부분을 초과한 제1심 판결을 취소하고 피고에게 그 일부인용부분의 이행을 명한다음 원고의 나머지 항소를 기각한다고 표시한다.

(iii) 피고가 패소부분 전부에 관하여 불복하였는데 그중 일부가 인용된 경우에는 그 일부인용부분을 초과한 피고 패소부분을 취소하고, 그 부분에 해당하는 원고의 청구를 기각한 다음 피고의 나머지 항소를 기각한다고 표시한다.

㈑ **원고의 청구가 전부 인용된 경우**

(a) **피고의 항소가 없는 경우** (i) 피고의 항소가 없는 데도 원고가 청구를 확장하기 위해서 항소할 수 있는지 문제되는데 이는 상소 이익의 문제로서 예를 들어 묵시적 일부청구의 전부인용판결에 대하여 일부청구를 전부청구로 확장하기 위하여 항소하는 경우와 같이 피고의 항소가 없으나 원고가 항소할 수 있는 경우가 있다.

(ii) 원고가 항소하여 청구를 확장하였으나 항소심에서 심리한 결과 오히려 확장된 청구는 물론 본래의 청구마저 이유 없다 하더라도 원고의 항소와 확장된 청구만 기각하여야 하고 그 이상 더 나아가 제1심판결마저 취소하고 원고의 청구를 기각할 수 없다. 불이익변경금지의 원칙이 적용되기 때문이다. 이 원칙에 의하여 당사자는 불복신청을 하더라도 제1심판결 이상으로 불이익한 판결을 받을 염려가 없게 됨으로써 상소권을 보장받게 된다.

(iii) 본래의 청구 및 확장된 청구가 모두 이유 있을 때에는 제1심판결을 취소하고 피고에

108) 대판 2020.3.26. 2018다221867.

대하여 본래의 청구 및 확장된 청구의 합계액을 지급하라고 명한다.

(b) **피고의 항소가 있는 경우** 이미 부대항소 부분에서 설명한 바와 같이 피고만 항소한 경우에 전부 승소한 원고는 부대항소에 의하여 청구를 확장할 수 있는데 그 취급은 앞에서와 같다.

(3) 청구의 양적 감축

피고가 항소하였는데 원고가 항소심에서 청구의 양적일부를 취하하거나 감축한 때에는 그 부분은 처음부터 소송계속이 없었던 셈이 되므로 제1심판결은 그 범위에서 당연히 효력이 없다. 따라서 항소심은 나머지 부분에 대해서만 제1심판결의 당부를 가려야 한다. 그 결과 원고의 청구가 모두 이유 없을 때에는 제1심판결을 취소하고 원고의 청구를 기각하여야 하겠지만 청구가 이유 있을 때에는 항소기각의 판결을 한다. 실무상으로는 주문의 내용을 명백하게 하기 위하여「피고의 항소를 기각한다. 제1심판결의 주문 제 ○항은 당심에서 청구의 감축에 의하여 다음과 같이 변경되었다. 피고는 원고에게 금 ○○원을 지급하라」고 판시한다.

3. 가집행선고

항소법원은 제1심판결 가운데서 당사자가 불복신청을 하지 아니한 주문 부분 중 아직 가집행선고가 붙지 아니한 것에 대해서는 당사자의 신청에 의하여 결정으로 가집행선고를 할 수 있다(제406조 제1항). 가집행선고의 재판에 대하여는 불복신청을 할 수 없으나 가집행선고 신청을 기각한 결정에 대하여는 즉시항고할 수 있다(제406조 제2항).

제1심과 항소심의 관계

1. 항소심의 구조

- 복심주의: 제1심 자료와 무관, 항소심이 독자적으로 심리·판단
- 사후심주의: 제1심의 사실인정을 검토하여 납득 가능한지 심사. 독자적 사실인정 불가
- 속심주의(절충): 항소심이 필요한 범위 내에서 사실인정 가능. 제1심 자료를 토대로 하므로 사후심주의와 가깝지만, 독자 심리 가능성은 복심주의와 유사
- 판례와 다수 학설은 속심주의 채택

2. 청구 변경(교환적 변경·추가)

(1) **교환적 변경 시**: 구 청구는 소송계속 소멸 → 신 청구만 심리해야 함

- 항소심이 신 청구를 인용하더라도 단순히 "항소기각"이라 할 수 없고, 제1심판결 취소 후 신 청구 인용 판결 내려야 함

(2) **추가적 변경 시**: 항소심에서 추가된 청구도 독립적으로 판결 주문에 표시해야 함
- 예: 「원고의 항소를 기각한다. 당심에서 추가된 원고의 청구를 기각한다.」

3. 청구의 양적 확장

(1) **원고 청구 전부 기각 후 항소심에서 확장**
- 본래·확장 모두 기각 → 「원고의 항소 및 당심에서 확장된 청구를 기각한다.」
- 본래만 인용 → 제1심 취소 후 본래 인용 + 확장 기각
- 확장만 인용 → 「원고의 항소를 기각한다. 피고는 원고에게 ○원 지급하라.」
- 본래·확장 모두 인용 → 제1심 취소 후 확장 전액 인용

(2) **일부 인용 후 항소**
- 항소는 불복 부분에 한정 가능(처분권주의)
- 불복하지 않은 부분은 항소심 판결 선고와 동시에 확정됨
- 속심주의 원칙 따라 불복 부분과 확장된 청구만 심리
- 원고 전부 인용 후 피고 항소 없는 경우 → 원고의 항소 가능 여부는 상소이익 문제(묵시적 일부 청구)
- 불이익변경금지 원칙 적용 → 원고는 본래 청구보다 더 불리한 판결을 받을 수 없음

4. 청구의 감축

- 원고가 항소심에서 일부 청구 취하·감축 → 그 부분은 소송계속 없음
- 따라서 제1심판결은 해당 범위에서 실효
- 주문 예: 「피고의 항소를 기각한다. 제1심판결 주문 제○항은 다음과 같이 변경된다. 피고는 원고에게 금 ○○원 지급하라.」
- 피고가 감축하여 불복한 경우도 위의 예에 의함. 다만 이 경우 '원고의 나머지 항소를 기각한다'는 표시를 해서는 안됨. 청구감축으로 불복하지 아니하여 심판대상이 되지 아니한 부분은 항소심 판결선고와 동시에 확정되기 때문

5. 가집행선고

- 항소심은 제1심 판결 중 불복 없는 부분에 대하여 신청이 있으면 가집행선고 가능(민소법 406조).
- 가집행 선고에 대해서는 불복 불가
- 다만 가집행 신청 기각 결정은 즉시항고 가능

□ 핵심정리
- 항소심은 속심주의 채택
- 청구 변경 · 확장 · 감축에 따라 주문 작성 방식이 달라짐
- 불이익변경금지 원칙 중요(항소인 보호)
- 항소심은 제1심판결을 단순히 확인하는 곳이 아니라 필요하면 실질적 제1심 역할을 수행할 수 있음

4. 항소심에서의 변론

항소심절차에는 일반적으로 지방법원의 제1심 절차에 관한 규정이 준용된다(제408조).

(1) 항소의 요건에 흠이 있고, 그 흠을 보정할 수 없을 때에는 항소가 부적법하므로 변론을 거칠 필요 없이 판결로 항소를 각하한다(제413조). 항소가 적법한 때에는 변론을 열어 그 불복의 당부에 관하여 판결한다.

(2) 항소심은 속심주의를 취하고 있기 때문에 당사자는 법관의 경질이 있는 경우(제204조 제2항)와 동일하게 제1심의 변론결과를 진술하지 않으면 안 된다(제407조 제2항). 그 진술은 형식적 보고에 그치므로 당사자 한 쪽만 출석하여 진술할 수도 있지만 자기에게 유리한 일부 부분만 따로 떼어서 진술할 수는 없다. 변론결과의 진술에는 제1심에서 제출한 증거조사의 결과도 포함되어 제1심의 변론, 증거조사 그 밖의 소송행위는 항소심에서도 모두 효력이 있다(제409조). 제1심의 변론준비절차도 항소심에서 유효하다(제410조). 다만 의제자백(제150조)은 당사자가 다투면 그 효력을 상실한다. 항소법원은 속심주의의 원칙상 당사자의 제1심에서의 주장이 그대로 유지되므로 제1심에서 배척된 주장을 항소인이 따로 주장하지 아니하여도 항소심에서 이를 받아들였다하여 직접주의나 변론주의의 원칙에 위반되지 않는다.[109]

(3) (가) 항소심에서는 제1심 소송절차가 준용되므로(제408조) 당사자는 항소심의 변론이 종결될 때까지 종전 주장을 보충할 수 있고, 제1심에서 제출하지 않은 새로운 공격·방어방법을 제출할 수 있다. 이를 행사할 수 있는 권리를 변론의 갱신권이라 한다.

(나) 실기한 공격·방어방법은 각하되는데(제408조, 제149조) 실기의 여부는 제1심 및 항소심에서 경과되는 심리 전부를 통하여 판단하여야 한다.[110]

(다) 가집행을 피하기 위한 변제는 원고의 청구권을 승인하여서 한 변제가 아니고 국가의 강제집행에 복종한 결과이기 때문에 가집행으로 지급한 금원을 변제의 항변이라는 방어방법으로 제출할 수 없다.[111]

(4) 항소심에서도 청구의 기초에 변경이 없고 소송을 현저하게 지연시키지 않으면 청구의 취지 또는 원인을 변경할 수 있으며(제408조, 제262조, 제263조), 심급의 이익을 해할 우려가 없거나, 상대방의 동의를 받아 반소를 제기할 수 있는데(제412조 제1항) 상대방이 이의를 제기하지 아니하고 반소의 본안에 관하여 변론을 한 때에는 반소제기에 동의한 것으로 본다(제412조 제2항). 여기서 '상대방의 심급의 이익을 해할 우려가 없는 경우'라 함은 반소청구의 기초를 이루는 실질적인 쟁점이 제1심에서 본소의 청구원인 또는 방어방법과 관련하여 충분히 심리되

109) 대판 1996.4.9. 95다14572.
110) 대판 2017.5.17. 2017다1097.
111) 대판 2000.7.6. 2000다560 등.

어 상대방에게 제1심에서의 심급 이익을 잃게 할 염려가 없는 경우를 말한다.[112)]

(5) 청구의 변경은 제1심의 청구를 교환적 또는 추가적 병합 형태로 변경하는 것이고, 반소의 경우에는 피고에 의한 추가적 병합이므로 모두 제1심판결의 취소를 전제로 한다. 따라서 이에 대하여는 항소 또는 부대항소의 내용으로 하지 않으면 안 된다.

[114] 제4. 항소심의 종국판결

1. 개설

항소심에서도 중간판결 기타 중간적 재판을 할 수 있으나 항소 또는 부대항소에 대한 응답은 종국판결로 판단하지 않으면 안 된다. 여기에는 항소각하 · 항소기각 · 항소인용의 판결이 있다.

2. 항소각하

항소요건에 흠이 있어 항소가 부적법할 때에는 판결로 항소를 각하한다. 항소각하는 항소법원에서 하여야 한다(제413조). 부적법한 항소를 각하하는 재판이 확정되면 제1심판결은 항소기간이 지난 때로 소급하여 확정된다.[113)]

3. 항소기각

㈎ 항소법원은 제1심판결이 정당하거나 그 이유가 부당하다고 하여도 다른 이유로 결론이 정당하다고 인정할 때에는 항소기각판결을 한다(제414조). 즉 항소기각판결은 항소심의 변론이 종결할 때를 표준으로 하여 항소심의 결론과 제1심판결의 주문이 일치하면 판결이유를 달리하더라도 기각판결에 지장이 없다.

㈏ 다만 (예비적) 상계의 항변에 의하여 승소한 피고가 소구채권의 부존재를 이유로 항소하였는데 항소심에서 심리한 결과 소구채권의 부존재 또는 변제의 항변 등 상계에 의할 필요 없이 청구를 기각할 수 있을 때에는 제1심판결을 취소하면서 상계의 항변에 들어가지 않고 청구기각의 판결을 하여야 한다. 상계의 항변에 관한 판단에는 기판력이 생기므로(제216조 제2항) 비록 제1심판결과 결론이 같다고 하더라도 상계의 항변에 관해서 판단을 해서는 안 된다.

㈐ 소각하 원심판결에 대하여 항소심에서 심리한 결과 원고의 청구가 이유 없다고 인정되

---

112) 대판 2005.11.24. 2005다20064 · 20071.
113) 대판 2014.10.15. 2013다25781.

더라도 불이익변경금지의 원칙상 원고의 항소를 기각하여야 한다.[114)]

(라) **항소심판결의 주문** 제1심 판결의 결론이 정당한 때에는 주문에서 「항소를 기각한다. 항소비용은 패소자의 부담으로 한다」라고 표시한다.

4. 항소인용

(1) 제1심판결의 취소·변경

(가) (a) 항소법원은 제1심판결이 부당하다고 인정하거나(제416조) 제1심판결 절차가 법률에 어긋난 때(제417조)에는 그 판결을 취소하여야 한다.

(b) (i) 원고패소부분에 대한 새로운 판단결과와 불복하지 아니한 원고승소부분을 일괄하여 기재하는 변경판결도 가능하다. 즉 제1심판결에 대하여 양쪽이 항소한 경우 항소심판결은 양쪽의 불복범위 안에서 원고 청구의 당부를 판단하여 항소가 이유 있는 범위 안에서 제1심판결을 취소하여 그 부분 원고의 청구를 인용하거나 기각하고, 이유 없는 부분의 항소는 기각하는 것이 원칙이나, 이와 같은 방식에 의할 경우 주문이 복잡하게 되는 것을 피하고 주문의 내용을 알기 쉽게 하기 위하여 제1심판결을 변경하는 판결을 하는 것도 허용된다. 이와 같이 제1심판결을 변경하는 판결은 제1심판결을 일부 취소하는 판결의 한 형태이다. 항소심에서 변경판결을 하는 경우에 항소법원은 당사자의 불복범위 안에서 원고 청구의 당부를 판단하면 되고, 주문이나 이유에 반드시 항소의 당부에 관하여 별도의 판단을 하여야 하는 것이 아니다.[115)]

(ii) 항소심에서의 변경판결은 실질적으로는 항소가 이유 있는 부분에 대하여서는 항소를 인용하여 제1심판결 중 일부를 취소하고, 항소가 이유 없는 부분에 대하여서는 항소를 기각하는 판결과 동일하다. 다만 이것은 주문 내용이 복잡하게 되는 것을 피하고 주문 내용을 알기 쉽게 하기 위한 편의상 요청을 따른 것에 불과하므로 위 변경판결에 의한 제1심판결 실효(失效)의 효과도 일부취소판결의 경우와 마찬가지로 항소가 이유 있는 부분에 국한된다.[116)] 제1심판결에 가집행선고가 붙은 경우에는 일부취소를 의미하는 항소심의 변경판결에 의하여 청구인용의 범위가 줄어들더라도 그 가집행선고는 제1심판결보다 청구인용범위가 줄어든 차액부분에 한하여 실효되지만 그 나머지 부분에는 여전히 효력이 미친다.[117)]

(나) 판결 절차가 법률에 어긋난 때라 함은 판결의 성립과정 자체에 흠이 있어 그 존재에 의심이 있는 경우로서 예를 들어 변론에 관여한 일이 없는 법관이 판결에 관여하거나 판결원

114) 대판 1987.7.7. 86다카2675.
115) 대판 1992.11.24. 92다15987 · 15994.
116) 대판 1992.8.18. 91다35953.
117) 대판 1992.8.18. 91다35953.

본에 의하지 않고 판결을 선고한 경우, 변론기일통지서를 송달하지 아니하여 당사자가 출석하지 못한 변론기일에서 판결선고 기일을 지정하여 고지하고 따로 판결선고 기일통지서를 송달하지 아니한 상태에서 판결을 선고한 경우,[118] 피고가 추후보완 항소를 통해 소장 부본이 자신에게 송달되지 아니하였다고 지적하였는데도 소장 부본을 송달하지 않은 채 변론절차를 진행하여 항소를 기각한 경우[119] 등이다.

(2) 제1심판결을 취소한 경우의 조치

이 경우에는 다음과 같은 조치를 한다.

㈎ **자판(自判)** (i) 항소법원이 스스로 제1심을 대신하여 소에 대한 판결을 하는 경우이다. 항소심은 사실심인 제1심의 속심이므로 자판이 원칙이다.

(ii) **항소의 전부인용** (ㄱ) 원고의 항소가 전부 이유 있을 때에는, 주문에서 「1. 제1심 판결을 취소한다. 2. 피고는 원고에게 금 00원을 지급하라. 3. 소송비용은 제1, 2심 무두 피고의 부담으로 한다. 4. 제2항은 가집행할 수 있다.」라고 표시한다.

(ㄴ) 피고의 항소가 전부 이유 있을 때에는, 주문에서 「1. 제1심 판결을 취소한다. 2. 원고의 청구를 기각한다. 3. 소송비용은 제1, 2심 모두 원고의 부담으로 한다」라고 표시한다.

(iii) **항소의 일부 인용** (ㄱ) **취소 주문례** ① 원고 항소의 일부인용의 경우에는 「1. 제1심 판결 중 2항에서 지급을 명하는 원고패소부분을 취소한다. 2. 피고는 원고에게 금 00원을 지급하라. 3. 원고의 나머지 항소를 기각한다. 4. 소송비용은 제1, 2심 모두 3등분하여 그 1은 원고의, 나머지는 피고의 부담으로 한다. 5. 제2항은 가집행할 수 있다」라고 표시한다. ② 피고항소의 일부인용의 경우에는 「1. 제1심 판결 중 금 00원을 넘는 피고 패소부분을 취소하고 그 취소부분에 해당하는 원고의 청구를 기각한다. 2. 피고의 나머지 항소를 기각한다. 3. 소송비용은 제1, 2심 모두 3등분하여 그 1은 원고의, 나머지는 피고의 부담으로 한다」라고 표시한다.

(ㄴ) **변경주문례** 「제1심 판결을 다음과 같이 변경한다. 1. 피고는 원고엑 금00원을 지급하라. 2. 원고의 나머지 청구를 기각한다. 3. 소송비용은 제1, 2심 모두 3등분하여 그 1은 원고의, 나머지는 피고의 부담으로 한다」라고 표시한다. 주문이나 이유에 반드시 항소의 당부에 관하여 별도의 판단을 하여야 하는 것이 아니라는 점은 위에서 설명하였다.

(iv) **항소심에서 청구의 양적 확장 및 감축이 있는 경우** 이에 관해서는 2.(2) 및 (3)을 참조하기 바란다.

㈏ **환송** (a) (i) 항소법원이 소송요건의 흠을 이유로 소각하 판결을 한 제1심판결을

---

118) 대판 2003.4.25. 2002다72514.

119) 대판 2011.4.28. 2010다108388.

취소한 경우에는 본안의 심리를 위하여 제1심 법원으로 환송하여야 한다(제418조 본문).

(ii) 그러나 항소심이 소송요건의 흠 이외의 이유로 제1심판결을 취소하는 경우에는 반드시 사건을 제1심 법원에 환송하여야 하는 것이 아니다. 우리 민사소송법이 항소심의 구조에 관하여 기본적으로 사후심제도가 아닌 속심제도를 채택하고 있는 만큼 심급제도의 유지나 소송절차의 적법성 보장이라는 이념이 재판의 신속과 경제라는 민사소송제도의 또 다른 이념에 항상 우선한다고 볼 수 없을 뿐만 아니라, 현행 민사소송법은 소송 지연을 방지하기 위하여 항소심이 재량에 의하여 임의로 사건을 제1심 법원에 환송할 수 있는 임의적 환송에 관한 규정을 두지 않고, 나아가 제418조가 항소법원은 소가 부적법하다고 각하한 제1심판결을 취소하는 경우에만 사건을 제1심 법원에 필요적으로 환송하도록 규정하면서 그 경우에도 제1심에서 본안판결을 할 수 있을 정도로 심리가 된 경우 또는 당사자 동의가 있는 경우에는 항소법원은 스스로 본안판결을 할 수 있도록 규정함으로써, 재판의 신속과 경제를 위하여 심급제도의 유지와 소송절차의 적법성 보장이라는 이념을 제한할 수 있는 예외적인 경우를 인정하고 있는 점 등에 비추어 볼 때, 항소법원이 제1심판결을 취소하는 경우 반드시 사건을 제1심 법원에 환송하여야 하는 것은 아니다.[120] 따라서 제1심에서 피고의 답변서 제출을 간과하고 무변론 판결한 것을 취소하는 경우에도 제1심 법원에 환송하지 않고 직접 판결할 수 있다.[121]

(b) 소송요건의 흠을 이유로 소각하 판결을 한 제1심판결을 취소할 경우에도 제1심에서 본안판결을 할 수 있을 정도로 심리가 성숙된 경우 또는 당사자의 동의가 있는 경우에는 항소법원은 스스로 판결할 수 있다(제418조 단서). 제1심이 각하할 판결을 기각으로 판결하였을 때에도 제1심판결을 취소하고 각하하여야 하고 환송하는 것이 아니다.[122]

(c) 판결로써 재판하여야 할 사항을 결정으로 재판한 경우에는 제1심판결은 취소되어야 하지만 제1심에서 본안판결을 할 수 있는 정도로 심리가 되어 있다면 제418조 단서를 준용하여 제1심 결정을 취소하되 이를 제1심 법원으로 환송하지 아니하고 항소법원 스스로 본안판결을 할 수 있다.[123]

(d) 항소심의 환송판결도 종국판결[124]이지만 대법원의 환송판결과 같이 최종심의 판단이 아니므로 이에 대하여 불복하여 상고할 수 있다. 이 경우에는 사건이 제1심으로 돌아가지 아니하고 소송기록은 상고심으로 송부된다. 환송판결에 대한 상고기각 판결이 선고되면 비로소 소송기록은 제1심으로 보내져서 환송받은 제1심 법원이 다시 심판하게 되는데 그 때에는 제1

120) 대판 2013.8.23. 2013다28971.
121) 대판 2020.12.10. 2020다255085.
122) 대판 1991.8.27. 91다13243.
123) 서울고판 1997.6.10. 96라265.
124) 대전판 1981.9.8. 80다3271.

심 법원은 항소법원이 취소 이유로 한 법률상 및 사실상 판단에 기속된다(법조 제8조).

(다) **이송** 전속관할위반을 이유로 제1심판결을 취소할 때에는 판결로 사건을 제1심 전속관할 법원에 이송하여야 한다(제419조).

5. 불이익변경금지의 원칙

(1) 개념

(가) 제1심에서 심판된 사건은 항소가 제기되면 원칙적으로 그 전부가 제1심을 떠나 항소심에 이심된다. 그러나 이 경우 항소심은 사건 전부에 대하여 심판하는 것이 아니라 당사자가 불복신청한 범위 내에서만 심판하지 않으면 안 된다(제415조). 그 결과 법원은 항소인이 불복신청한 이상으로 유리한 재판을 할 수 없고(이익변경의 금지), 항소인에게 제1심판결 이상으로 불이익하게 재판할 수 없다(불이익변경의 금지). 이 원칙을 불이익변경금지의 원칙이라고 하며, 상고심(제425조), 항고심(제443조), 재심[125]에서도 준용된다. 이 원칙이 인정되는 근거는, 불복신청인에게 불복 범위를 한정할 권능을 주어야 한다는 사상에 터 잡은 것으로서 결국 처분권주의가 상소심에 구현된 것이다. 당사자는 불복신청을 하더라도 이 원칙에 의하여 원심판결 이상으로 불이익한 판결을 받을 염려가 없게 되어 상소권이 보장받게 되는 것이다.

(나) 독립당사자참가소송의 제1심 본안판결에 대하여 어느 한 쪽이 항소한 경우에는 제1심판결 전체의 확정이 차단되고 사건 전부에 관하여 이심의 효력이 생긴다. 이 경우 항소심의 심판대상은 실제 항소를 제기한 자의 항소취지에 나타난 불복범위에 한정하되 세 당사자 사이의 결론이 합일 확정될 필요성을 고려하여 그 심판범위를 판단하여야 한다. 이에 따라 세 당사자 사이에서 결론의 합일 확정을 위하여 필요한 경우에는 그 한도에서 항소 또는 부대항소를 제기하지 않은 당사자에게 결과적으로 제1심판결보다 유리한 내용으로 판결이 변경될 수 있다.[126]

(다) 결국 불이익변경금지의 원칙은 두 당사자 사이의 소송에서 상소권의 보장을 위한 제도이므로 세 당사자 사이의 독립당사자참가소송에는 적용되지 않는다.

(2) 내용

(가) **원칙**

(a) **유리 · 불리의 기준** (i) 불이익변경금지 원칙을 적용할 때 「불이익의 유무」는 기판력의 객관적 범위를 기준으로 한다. 예를 들어 청구를 일부 인용하고 일부 기각한 제1심판결에

125) 대판 2003.7.22. 2001다76298.
126) 대판 2022.7.28. 2020다231928.

대하여 원고 혼자서 항소한 경우에 항소심이 원고 청구가 전부 이유 없다고 판단하여도 항소를 기각할 수 있을 뿐 제1심판결을 취소하여 청구 전부를 기각할 수 없다. 왜냐하면 제1심판결 중에서 인용 및 기각된 부분에 한정하여 기판력이 생기는데 원고는 기각부분에만 불복신청을 하였기 때문에 불복하지 않은 인용부분은 심리의 대상이 되지 아니하여 변경할 수 없기 때문이다. 따라서 피고가 제1심판결을 취소하려면 인용부분에 대하여서만 항소 또는 부대항소를 제기하여 심리 대상을 확장하여야 한다. 다만 기판력이 생기지 아니하는 판결이유 중의 판단부분에는 불이익변경금지의 원칙이 적용되지 않으므로[127] 판결이유는 항소인에게 더 불리하게 변경될 수도 있다.

(ii) 그러나 동시이행의 판결에 있어서는 원고가 그 반대급부를 제공하지 아니하고서는 판결에 따른 강제집행을 할 수 없으므로 비록 피고의 반대급부 이행청구에 관하여 기판력이 생기지 아니하더라도 반대급부의 내용이 원고에게 불리하게 변경된 경우에는 불이익변경금지 원칙에 위반된다.[128]

(iii) 판결이 경정되면 당초의 원심판결과 일체가 되어 처음부터 경정된 내용의 판결이 있었던 것과 같은 효력이 있으므로 불이익변경금지의 원칙은 경정된 판결을 기준으로 적용하여야 한다.[129]

(iv) 금전채무불이행의 경우에 발생하는 원본채권과 지연손해금채권은 별개의 소송목적이므로, 불이익변경 금지에 해당하는지 여부는 원금과 지연손해금 부분을 각각 따로 비교하여 판단하여야 하는 것이고, 원금과 지연손해금 부분을 합산한 전체 금액을 기준으로 판단하여서는 아니 된다.[130] 따라서 피고 혼자서 항소하였는데 항소심의 심리 결과 피고가 원고에게 지급하여야 할 지연손해금이 제1심에서 인용한 액수보다 줄어들었지만 원본채권에 대한 인용액이 늘어난 경우, 원본채권 부분은 불이익변경금지 원칙에 따라 기각하고, 액수가 줄어든 지연손해금채권에 대한 부분만 취소하여 바로잡아야 한다.[131]

(v) 이행권고결정에 관한 청구이의의 소에 있어서도 그 이행권고결정에서 병합된 각 소송목적 별로 불이익변경 여부를 따로 판단하여야 한다.[132]

(b) **상계의 항변** 상계의 항변은 판결이유 중의 판단이더라도 기판력이 생기므로(제216조 제2항) 불이익변경의 원칙이 적용된다.

(i) 예를 들어 금 1,000만 원의 대여금청구(소구채권 또는 수동채권)에 대하여 피고가 금

127) 대판 2004.7.9. 2003므2251 · 2268.
128) 대판 2005.8.19. 2004다8197 · 8203.
129) 대판 2011.9.29. 2011다41796.
130) 대판 2005.4.29. 2004다40160, 2009.6.11. 2009다12399 등 참조.
131) 대판 2005.4.29. 2004다40160.
132) 대판 2013.10.31. 2013다59050.

1,000만 원의 물품대금채권(반대채권 또는 자동채권)으로 상계항변을 하였더니 제1심판결이 소구채권의 존재를 전제로 피고의 반대채권에 관한 상계의 항변을 받아들여 원고의 청구를 기각하였는데 원고 혼자서 항소한 경우에 항소심이 심리한 결과 소구채권의 부존재, 반대채권의 존재를 긍정하더라도 제1심판결을 취소하여 청구기각을 할 수 없고 항소기각의 판결을 하여야 한다.[133] 제1심판결에 대하여 피고도 소구채권의 부존재 또는 불성립을 입증하여 항소 또는 부대항소로 청구기각을 구할 이익이 있는데 그러한 피고의 항변 또는 부대항소가 없는 데도 제1심판결을 취소하는 것은 불이익변경금지의 원칙에 어긋나기 때문이다. 따라서 이 경우에 청구기각판결을 하려면 피고의 항소 또는 부대항소가 있어야 하여야 한다.

(ii) 위의 경우에 소구채권의 부존재를 이유로 피고 혼자서 항소하였는데 소구채권이 아니라 반대채권의 부존재가 인정된다고 하더라도 상계의 항변을 배척하여 청구인용판결을 할 수 없고 항소기각판결을 하여야 한다.[134]

(c) **예비적 청구의 병합** (i) 예비적 청구가 병합된 경우에 제1심의 주위적 청구를 기각, 예비적 청구를 인용한 전부판결에 대하여 원고 혼자서 항소하였는데 항소심에서 심리한 결과 주위적 청구는 물론 예비적 청구도 이유 없다는 결론에 이르더라도 불이익변경금지의 원칙에 의하여 항소기각판결을 하여야 한다. 항소심의 심판대상은 주위적 청구기각판결 뿐이기 때문이다.

(ii) 위의 경우에 피고 혼자서 항소하였다면 주위적 청구가 이유 있고 예비적 청구가 이유 없다는 결론에 이르더라도 불이익변경금지의 원칙에 의하여 항소기각판결을 하여야 한다. 항소심의 심판대상은 예비적 청구인용판결뿐이기 때문이다.[135]

(iii) 그러나 청구의 인낙은 다르다. 주위적 청구와 예비적 청구가 병합 심리된 사건에서 제1심 법원이 원고의 주위적 청구를 기각하고 예비적 청구만을 인용하는 판결을 선고한 데 대하여 피고 혼자서 항소를 제기한 경우에 그 주위적 청구부분도 항소심에 이심되는 것이므로 항소심변론에서 피고가 주위적 청구를 인낙한다는 진술을 하였다면 그것을 조서에 기재함으로써 주위적 청구인용의 확정판결과 동일한 효력이 있다.[136] 피고가 스스로 불이익을 감수하였기 때문이다.

(iv) 항소심에서 주위적 청구를 기각하고 예비적 청구를 인용하였는데 피고 혼자서 상고한 경우에 상고심에서 심리한 결과 주위적 청구에 관한 판단은 정당하지만 예비적 청구에 관한 판단은 잘못되어 원심판결을 파기하더라도 불이익변경금지의 원칙이 적용되어 상고심판결의 선고와 동시에 주위적 청구기각의 원심판결이 확정되고, 예비적 청구만 원심법원에 환송된

133) 대판 2010.12.23. 2010다67258.
134) 대판 1995.9.29. 94다18911.
135) 대판 1995.2.10. 94다31624.
136) 대판 1991.11.26. 91다30163.

다.[137] 즉, 주위적 청구기각의 원심판결에 대하여서는 원고의 상고 또는 부대상고가 없어 상고심의 심리대상이 아니기 때문에 최종심인 상고심의 종국판결인 환송판결의 선고와 동시에 주위적 청구기각의 원심판결은 확정되고, 예비적 청구만 상고심의 판결에 따라 원심법원에 환송되는 것이다. 그 결과 환송 이후의 원심법원이 예비적 청구에 관해서 재심리를 하여 예비적 청구도 기각될 수 있어 결과적으로 주위적 및 예비적 청구 모두 기각될 수도 있다. 그와 같은 위험을 피하기 위하여 원고는 주위적 청구 기각의 원심판결에 대하여 상고 또는 부대상고를 하여야 할 것이다.

(d) **토지경계확정소송** (i) 이 소의 성질을 인접한 토지의 경계가 사실상 불분명하여 다툼이 있는 경우에 재판에 의하여 그 경계를 확정하여 줄 것을 구하는 소송[138]이라고 한다면, 이 소송은 처분권주의가 적용되지 않는 비송적 성질이 있으므로 원고는 특정된 경계선의 존재를 주장할 필요가 없고 설령 특정 경계선의 존재를 주장하더라도 법원은 이에 구속되지 아니하며, 또 상소심에서 불이익변경금지의 원칙이 적용되지 않는다.

(ii) 그러나 단순히 인접된 토지의 경계를 형성하여 달라는 것이 아니고 소유권에 기초하여 인접된 토지들 사이의 경계확정을 형성하여 달라고 함과 동시에 그 경계선 내의 토지소유권 범위를 확정하여 달라는 소송이라고 한다면 그 확정판결의 기판력은 소유권의 범위에까지 미치므로[139] 이 경우에는 불이익변경금지의 원칙이 적용된다.

㈏ **예외**

(a) **판결절차위반(제417조)** 제1심판결의 성립절차가 법률에 어긋나고 그것이 당사자가 포기할 수 없는 성질인 경우에는 항소심은 항소인의 이익·불이익을 묻지 아니하고 제1심판결을 취소할 수 있다(제417조). 예를 들어 판결이 선고기일 아닌 때에 선고된 경우(제207조) 등에는 원고의 일부승소판결에 대하여 원고 혼자서 항소하더라도 항소심은 제1심판결 전부를 취소할 수 있다.

(b) **직권탐지주의·직권조사사항** 불이익변경금지의 원칙은 처분권주의가 구현된 것이기 때문에 직권탐지주의가 적용되거나 법원의 직권조사를 원칙으로 하는 직권조사사항에 관해서는 적용이 없다. 따라서 법원이 원고의 여러 청구 중에서 하나의 청구를 인용하고 나머지 청구를 기각한 제1심판결에 대하여 원고 혼자서 항소를 제기하고 피고가 부대항소를 하지 아니하였다고 하더라도 항소심이 직권조사사항인 확인의 이익 유무를 조사하여 확인의 이익이 없다고 인정되는 경우에는 원고의 청구를 부적법각하할 수 있다.[140]

---

137) 대판 2001.12.24. 2001다62213 참조.
138) 대판 1993.11.23. 93다41792·41808.
139) 대판 1970.6.30. 70다579.
140) 대판 1995.7.25. 95다14817.

(c) **부적법한 일부판결** 일부판결을 할 수 없는데도 일부 판결을 한 경우에는 항소심에서 제1심판결을 취소하여 청구 전부에 대하여 판결을 하여야 하므로 불이익변경금지의 원칙이 적용되지 않는다.

(d) **소송판결** 판례[141]는 소각하한 제1심판결에 대하여 원고 혼자서 항소를 제기한 경우에 항소심에서 심리한 결과 오히려 소송요건에 흠이 없고 청구가 이유 없는 경우에도 소각하 판결보다는 청구기각의 판결이 원고에게 더 불리하므로 항소기각의 판결을 하여야 한다고 한다. 판례에 따라 청구가 이유 없는데도 항소기각을 하면 제1심의 각하판결이 확정되는 이상한 결론이 된다. 그러므로 위의 경우에는 불이익변경금지의 원칙을 적용하지 아니하고 제1심판결을 취소하여 원고의 청구를 기각하는 판결이 정당할 것이다. 왜냐하면 본래 불이익변경금지 원칙의 취지는 원심판결이 당사자에게 부여한 바를 상소심에서 함부로 박탈하는 것을 금지하는데 있는데 원심이 아직 아무런 판단을 한 바 없다면 항소심이 청구기각판결을 하더라도 불이익변경금지의 원칙에 위반되지 않기 때문이다.[142] 따라서 소송요건의 흠을 이유로 소를 각하한 소송판결에는 원칙적으로 불이익변경금지의 원칙이 적용되지 않는다고 하여야 한다.

(e) **성질상 비송사건** 성질상 비송사건으로서 법원의 재량으로 판결내용을 정할 수 있는 형식적 형성소송은 불이익변경금지의 원칙이 적용되지 않는다.

(f) **항소심에서의 상계항변(제415조 단서)** (i) 항소심은 제1심판결을 그 불복 한도에서 바꿀 수 있다. 그러나 항소심에서 처음으로 상계의 항변을 하고 그 주장이 인정될 때에는 예외적으로 불복의 한도를 넘어 판결할 수 있다(제415조 단서). 상계의 항변은 방어방법이지만 기판력이 미치므로(제216조 제2항) 항소심에서 상계항변이 인정되는 경우에 기판력을 관철시키기 위하여 불이익변경 원칙의 예외를 둔 것이다. 예를 들어 원고의 대여금청구소송에서 피고가 변제의 항변을 한 결과 원고의 청구가 일부 기각된 경우에 피고는 불복하지 아니하고 원고 혼자서 항소하였는데 항소심에서 피고가 상계항변을 하여 이를 받아들인 경우에는 비록 원고 혼자서 항소를 하였어도 제1심판결을 취소하여 원고의 청구를 기각하여야 한다. 위의 경우에 불이익변경금지의 원칙에 따라 원고의 항소를 기각하여 제1심판결대로 원고 청구 일부인용판결을 할 수밖에 없다면 피고는 항소심에서 상계로 주장한 반대채권까지 상실하게 되어 부당하기 때문이다.

(g) **소송비용의 재판** 소송비용의 재판은 당사자의 신청이 없어도 직권으로 하여야 하기 때문에 불이익변경금지의 원칙이 적용되지 않는다. 그러나 항소심이 항소기각의 재판을 할 때

---

141) 대판 2001.12.11. 99다56697.

142) 같은 취지: 정동윤 외 2, 785면; 호문혁, 623면. 이시윤, 870면은, 제1심에서 본안심리가 이루어졌거나 당사자의 동의가 있으면 제418조 단서에 따라 제1심판결을 취소하고 청구기각판결을 할 것이로되 그렇지 않으면 제418조 본문에 따라 환송하여야 한다는 절충설의 입장에 있다.

에는 소송비용의 재판에 관하여서도 재판하는데(제104조) 그 재판은 당사자의 불복신청의 범위 내에서 이루어지기 때문에 제1심 소송비용의 재판도 그 한도에서 이루어진다. 반면 항소심이 제1심판결을 변경할 때에는 총비용에 관하여 재판을 하여야 하기 때문에(제105조) 당사자의 신청 유무와 관계없이 총 비용에 관하여 재판을 하여야 한다.

(h) **가집행선고** 가집행선고는 직권으로 붙이기 때문에(제213조 제1항) 불이익변경금지의 원칙이 적용되지 않는다. 따라서 항소심이 항소기각판결을 할 때에도 직권으로 제1심판결에 가집행선고를 붙일 수 있다. 또 항소심이 제1심판결을 변경하는 판결을 할 때에도 제1심에서 붙인 가집행선고를 변경할 필요가 인정되면 직권으로 이를 변경할 수 있다.

(i) **상고심환송판결 후 원심의 소송절차** 환송 후 원심의 소송절차는 환송 전 항소심의 속행이므로 당사자는 원칙적으로 새로운 사실과 증거를 제출할 수 있음은 물론, 소의 변경, 부대항소의 제기뿐만 아니라 청구의 확장 등 그 심급에서 허용되는 모든 소송행위를 할 수 있다. 그 소송행위의 결과로 말미암아 환송 전의 판결보다 상고인에게 더 불리해질 수도 있다.[143)]

(j) **부대항소에 의한 배제** 불이익변경금지의 원칙은 피항소인의 항소 또는 부대항소에 의하여 그 적용이 배제된다. 피고 혼자서 항소한 항소심에서 원고가 청구취지를 확장하여 변경한 경우에는 그에 의하여 피고에게 불리하게 되는 한도에서 부대항소를 한 취지라고 볼 것이므로, 항소심이 제1심판결의 인용금액을 초과하여 원고 청구를 인용하더라도 불이익변경금지의 원칙에 위배되는 것이 아니다.[144)]

(k) **예비적 · 선택적 공동소송의 경우**[145)]

(l) **독립당사자소송의 경우**[146)]

(3) 이익변경의 금지

불이익변경금지의 원칙은, 신청인에게 그 신청을 초과하여 이익을 주는 것을 금지하는 취지도 포함한다. 이를 이익변경의 금지라고 한다. 따라서 항소심은 항소인의 불복신청 범위를 초과할 수 없다. 예를 들어 원고가 제기한 금 1억 원의 대여금 청구 가운데서 제1심이 금 6,000만 원만 받아들였는데 원고가 항소취지로 금 3,000만 원으로 한정하여 항소를 제기한 경우에 항소심에서 금 6,000만 원이 다 인정되더라도 금 3,000만 원 이상으로 원고의 청구를 인용할 수 없다.

---

143) 대판 1991.11.22. 91다18132 등 참조.
144) 대판 2000.2.25. 97다30066.
145) [99] 4. (7) 참조.
146) [105] 4. (라) (b) 참조.

6. 소송기록의 반송

항소심의 소송이 완결된 뒤 상고가 제기되지 아니하고 상고기간이 끝난 때에는 법원사무관등은 판결서, 제402조에 따른 명령 또는 제402조의 3에 따른 결정의 정본을 소송기록에 붙여 제1심 법원에 보내야 한다(제421조).

제3절 상고심절차

[115] 제1. 상고의 개념과 목적

1. 상고의 뜻

상고라 함은 사실심의 종국판결에 대하여 법률심인 상고법원에 상소하는 것으로서, 원심판결이 적법하게 확정한 사실을 전제로 법률적인 면에서 그 당부에 대한 판단을 구하는 불복신청이다.

(1) 상고는 원칙적으로 항소심의 종국판결에 대한 상소이다. 즉 고등법원이 제2심으로서 한 판결과 지방법원 본원 합의부가 제2심으로서 한 판결이 상고의 대상이 된다(제422조 제1항, 법조 제32조 제2항). 다만 당사자 사이에 비약상고의 합의가 있는 제1심판결에 대해서는 항소심이 생략되므로 직접 상고할 수 있다(제422조 제2항, 제390조 제1항 단서). 이 경우 그 합의는 제29조 제2항에 따라 반드시 서면으로 하도록 되어 있으므로, 제1심판결에 대하여 상고를 하면서 비약상고의 합의에 관한 서면을 제출한 바 없다면 상고는 부적법한 것으로서 그 흠은 보정할 수 없다.[147)]

(2) 법원의 판결이 아닌 준(準)사법기관의 심판에 대하여도 명문의 규정이 있는 경우에는 상고할 수 있다. 해난사건에 관한 중앙심판원의 재결에 대한 상고(해난심판 제74조) 등이 이에 속한다.

147) 대판 1995.4.28. 95다7680.

2. 상고의 목적과 기능

상고는 법률심에 상소하는 불복신청이므로 항소와 비교하면 불복의 범위가 매우 제한된다. 그러나 상고 역시 항소나 항고와 같이 부당한 재판으로부터 불이익을 받는 당사자의 구제를 제1의 목적으로 하는 제도이다. 다만 상고의 이유가 법령위반으로 제한되고, 국가의 최고법원인 대법원에서 재판을 받기 때문에 상고제도는 법령의 해석·적용을 전국적으로 통일함으로써 국민의 법률생활을 안정화시키는 구실을 하는 것이다. 이 기능을 충분하게 실현하기 위해서는 대법원을 전원합의체로 하여 상고법원을 하나로 하고 상고이유를 제한하여 불필요한 사건의 심리로 말미암은 상고심 법관의 부담을 완화시킬 필요가 있다. 이 필요에 따라 상고심법은 상고이유를 제한하고 있다. 그러나 상고법원이 하는 법령의 해석·적용을 통일한다는 작용은 어디까지나 당사자에 의한 상고의 제기를 매개로 하는 것이고 상고심의 시작 자체는 당사자의 뜻과 비용으로 하는 것이므로 법령해석의 통일 작용만 중시하고 당사자의 구제목적을 무시해서는 안 될 것이다.

3. 법률심으로서의 상고심

상고심은 원심판결의 당부를 그 법률적인 면에서만 심사하기 때문에 항소와 달리 사후심적 구조를 취한다. 따라서 상고심은 새로운 사실인정을 할 수 없고 원심의 사실인정을 전제로 판단해야 하므로 당사자도 상고심에서는 새로운 청구를 하거나 청구 취지의 변경 등을 하지 못하며 원심에서 인정된 사실관계에 관하여 새로운 주장이나 증거를 제출하지 못한다. 그러나 예외적으로 직권조사사항인 소송요건이나 상소요건의 존부, 재심사유의 존부, 원심의 소송절차 위반 여부 등을 판단할 때에는 새로운 사실의 참작과 필요한 증거조사를 할 수 있으므로(제434조), 그 범위에서는 상고심도 속심적 역할을 한다.

[116] 제2. 상고이유

1. 민사소송법상 상고이유

(1) 개설

㈎ 당사자가 상고를 제기할 수 있는 사유를 상고이유라고 한다. 그 사유를 주장하지 않은 상고는 부적법하며 그 주장이 정당하다고 인정할 때에는 원심판결을 파기하여야 한다. 상고는 법령위반에 관한 주장을 이유로 하지 않으면 안 되지만 모든 법령위반이 상고이유가 되는 것

은 아니다. 민사소송법은 상고제도의 취지 혹은 소송경제 등의 관점에서 중대한 절차위반을 열거하고 그 위반이 원심판결에 영향을 미쳤는지 여부에 따라 영향을 미친 경우에만 상고할 수 있는 경우(일반적 상고이유, 제423조)와, 원심판결에 영향을 미치지 않더라도 중대한 절차위반만 있으면 상고할 수 있는 경우(절대적 상고이유, 제424조)로 구별하여 상고이유를 제한하고 있다.

(나) 다만 원심에서 주장한 일이 없는데 상고심에 이르러 새로이 하는 주장은 적법한 상고이유가 아니다.[148] 소송에서 다투어지고 있는 권리 또는 법률관계의 존부가 동일한 당사자 사이의 이전(以前)소송에서 이미 다루어져 이에 관한 확정판결이 있는 경우에 당사자는 이에 저촉되는 주장을 할 수 없고, 법원도 이에 저촉되는 판단을 할 수 없음은 물론, 위와 같은 이전 소송에서의 확정판결 존부는 당사자의 주장이 없더라도 법원이 이를 직권으로 조사하여 판단하지 않으면 안 된다. 따라서 당사자가 이전 소송에서의 확정판결 존재를 사실심의 변론종결 시까지 주장하지 아니하였더라도 상고심에서 새로이 이를 주장, 입증할 수 있다.[149]

(2) 일반적 상고이유

상고는 판결에 영향을 미친 헌법 · 법률 · 명령 또는 규칙의 위반, 즉 '법령의 위반'이 있다는 것을 이유로 드는 때에만 할 수 있다(제423조).

(가) **법령의 범위** 여기서의 법령이라 함은 법원이 준수하여야 할 법규를 말한다. 제423조가 열거하고 있는 헌법 · 법률 · 명령 · 규칙 이외에 지방자치단체의 조례, 우리나라가 비준 · 체결한 국제조약 · 국제협정도 포함되며 외국의 법령도 준거법이 되는 한 우리나라의 법령과 같이 취급하여야 한다.

(나) **법령위반의 원인** 법령위반의 원인에는 법적 3단 논법의 대전제가 되는 법령 자체의 효력이나 내용을 오해하는 경우(법령해석의 오해)와 법적 3단 논법의 결론부분을 이끌어내기 위해서 어떤 구체적인 사실을 인정할 때 그것이 법규의 구성요건에 해당하는지 여부에 대한 평가를 잘못한 경우(법령적용의 오해)가 있다.

(다) **법령위반과 판결에 대한 영향** (a) 법령위반은 판결에 영향을 미칠 때 비로소 상고이유로 삼을 수 있다. 판결에 영향을 미친다는 의미는, 법령위반이 없었더라면 다른 판결이 나올 수 있는 개연성이 있는 경우를 말한다. 법령위반은 실체법규에 관해서는 물론 소송법규에 관해서도 생길 수 있는데 앞의 것이 이른바 '판단에서의 과오'이고, 뒤의 것이 '절차에서의 과오'이다.

(b) 사실문제 및 법률문제를 심리하는 심급을 사실심, 사실에 관한 심리 없이 법령위반이

148) 대판 2002.7.12. 2002다19254.
149) 대판 1989.10.10. 89누1308.

있는지 여부만 심리하는 심급을 법률심이라고 하는데 원심판결이 적법하게 확정한 사실은 상고법원을 기속하므로(제432조) 사실의 인정권한은 직권조사사항(제434조)을 제외하고는 사실심에 전속한다.

㈑ 법령위반의 형태

(a) 절차에서의 과오 (i) (ㄱ) 원심 절차에 소송법규위반이 있는 경우이다. 예를 들어 당사자가 주장하지 않는 사실의 인정, 자백의 효력에 관한 오인, 증거조사절차의 위법 등이 이에 속한다. '채증법칙 위반 및 심리미진의 위법'은 사실관계의 인정에 필요한 절차에서의 과오로서 법률심인 상고심에 원심법원이 한 사실인정의 부당성을 따질 수 있는 중요한 상고이유가 된다. 따라서 당사자들이 원심의 사실인정에 불만이 있는 경우에 이 상고이유를 주로 들고 있고, 대법원 역시 이 상고이유를 인용하는 경우가 아주 많다.

(ㄴ) 헌법위반 주장에는 원심법원이 헌법규정을 잘못 적용하였다는 주장과 재판의 전제가 되는 법률·명령·규칙 등이 위헌이라는 주장이 포함되는데 후자의 주장이 이유 있으면 헌법재판소에 위헌제청을 하여야 하고(헌재 제41조), 합헌인 경우에는 대법원이 합헌선언을 한다.

(ㄷ) 소송법규위반 중 훈시규정 위반은 법률상 효력에 영향이 없기 때문에 상고이유가 될 수 없다. 임의규정 위반도 소송절차에 관한 이의권을 포기하거나 상실하면(제151조) 상고이유가 되지 않는다.

(ii) 절차에서의 과오는 그것이 소송요건이나 상소요건 등 직권조사사항에 관한 것이면 상고이유로서 주장하지 아니하여도 당연히 조사대상이 되지만 그 밖에는 상고이유로서 주장된 것에 한하여 조사하여야 한다. 일반적으로 법관이 주재하는 소송절차에는 위법이 없다고 보아야 하며 가령 위법이 있다고 하더라도 당사자가 주장하지 않는 한 결론에 영향이 없다고 추정할 수 있기 때문이다. 절차에서의 과오는 그것이 명백하게 판결 내용에 영향을 미치는 범위에서 원심판결의 파기이유가 된다. 다만 판결절차의 위반 및 절대적 상고이유는 그러하지 아니하다.

(b) 판단에서의 과오 원심판결 중 청구의 당부에 관한 법률 판단이 부당한 경우를 판단에서의 과오라고 한다. 주요사실에 관하여 법령을 적용하는 것은 법관의 직책에 속하기 때문에 이에 관한 판단에서의 과오는 당사자가 상고이유로 지적하지 않더라도 조사의 대상이 된다. 다만 이 과오가 인정되어 판결의 결론에 대한 영향이 명백하더라도 다른 이유로 판결의 결론을 유지할 수 있는 경우에는 상고이유는 결과적으로 이유 없게 된다.

(3) 절대적 상고이유(제424조)

절차에서의 과오는 판결 내용에 대한 영향이 명백하지 않은 경우가 많기 때문에 제424조 제1항은 중대한 절차위반을 열거하고 그 사유가 있으면 판결에 대한 영향이 있는지 여부를 묻지 않고 원심판결을 파기하도록 하였다. 이와 같은 사유를 절대적 상고이유라고 한다.

(가) **판결법원 구성의 위법(1호)** 판결법원은 민사소송법이나 법원조직법 등 법규에 의하여 구성되어야 한다. 그 법규에 위반되어 판결법원이 구성되었을 경우 이에 해당한다. 예를 들어 임명자격에 흠이 있는 사람으로 구성된 법원, 합의체의 구성원수가 부족하거나 초과되는 경우 또는 기본이 되는 변론에 관여하지 아니한 법관이 판결에 관여한 경우(제204조 제1항) 등이다.

(나) **판결에 관여할 수 없는 법관의 관여(2호)** 예를 들어 제척원인 또는 기피의 재판이 있는 법관(제41조), 파기 환송된 원심판결에 관여한 법관(제436조 제3항) 등이 관여한 경우이다.

(다) **전속관할에 관한 규정에 어긋난 때(3호)** 전속관할이 정해진 사건을 관할권이 없는 법원이 판결한 경우이다. 임의관할위반에 대해서는 상소로 불복할 수 없으므로(제425조, 제411조) 위법이 아니다.

(라) **법정대리권 · 소송대리권 또는 대리인의 소송행위에 대한 특별한 권한의 수여에 흠이 있는 때(4호)** (a) 미성년자 또는 피성년후견인 등 제한능력자의 법정대리인이라고 하는 사람에게 실제로는 법정대리권이 없는 경우, 소송대리인이라고 하는 사람에게 실제로는 소송대리권이 없는 경우, 법정대리인 또는 소송대리인이 특별한 권한(제56조, 제90조 제2항)을 받아야 하는데 이 권한을 받지 못한 경우 등이다. 법인 기타 단체의 대표자 또는 관리인의 대표권에 흠이 있는 경우에도 이에 해당한다. 또한 법원이 파산선고사실을 알지 못하여 파산관재인이나 상대방의 소송수계가 이루어지지 아니한 상태로 진행하여 판결을 선고한 경우에도 적법한 대리인에 의하여 대리되지 아니하였던 경우와 같다.150)

(b) 이 조항은 당사자의 절차기본권을 보장하기 위한 것이기 때문에 예를 들어 소장 부본부터 공시송달의 방법으로 송달되어 피고가 귀책사유 없이 소나 항소가 제기된 사실조차 모르는 상태에서 피고의 출석 없이 변론기일이 진행되어 피고가 자신의 주장에 부합하는 증거를 제출할 기회를 상실한 경우에는, 당사자로서 절차상 부여된 권리를 침해당한 경우로서 당사자가 대리인에 의하여 적법하게 대리되지 않았던 경우와 마찬가지로 보아 이 조항을 유추 · 적용하여야 한다.151) 하지만 처를 통하여 재심소장 부본을 송달하였으나 그 후 이사불명으로 송달불능이 되는 경우와 같이 당사자의 귀책사유로 인하여 그러한 기회를 얻지 못하게 된 것이라면 이로 인하여 절차상 부여된 권리를 침해당하였다고 할 수 없으므로 위 규정 소정의 절대적 상고이유에 해당하지 않는다.152)

(c) 이 조항은 대리권에 흠이 있었던 당사자 및 그 대리인이 당사자 본인의 이익을 위하여 대리권의 흠을 상고이유로서 주장할 수 있다. 그러나 상대방은 당사자 본인을 패소시키기 위하여 당사자 본인의 대리인에게 법정대리권 · 소송대리권 또는 대리인의 소송행위에 대한 특별

150) 대판 2018.4.24. 2017다287587.
151) 대판 2011.4.28. 2010다98948 참조.
152) 대판 2005.4.29. 2004재다344.

한 권한의 수여에 흠이 있다는 것을 상고이유로 주장할 수 없다. 대리인은 당사자 본인을 위한 사람이라는 점을 고려하여 본다면 상대방이 자기가 선임하지도 않은 당사자 본인의 대리권 흠을, 당사자 본인을 패소시키기 위한 방법으로 주장하는 것은 허용할 수 없기 때문이다.

(d) 이 사유는, 원심판결이 파기될 때까지 본인의 추인(제60조, 제97조)이 있으면 상고이유가 되지 않는다(제424조 제2항).

㈒ **공개규정에 어긋난 때(5호)** 이것은 헌법 제109조, 법원조직법 제57조에 위반되기 때문이다.

㈓ **이유를 밝히지 아니하거나 이유에 모순이 있는 때(6호)** (a) (i) '판결에 이유를 밝히지 아니하였다'는 것은 판결에 이유를 전혀 기재하지 아니하거나 이유의 일부를 빠뜨리는 경우 또는 이유의 어느 부분이 명확하지 아니하여 법원이 어떻게 사실을 인정하고 법규를 해석 · 적용하여 주문에 이르렀는지가 명확하지 않은 경우이다.[153] 예컨대 사망자에 대한 판결에 의하여 사망자로부터 지분소유권이전등기된 경우에 이 등기가 실체적 권리관계에 부합한다고 원고가 주장하였는데도 실체적 권리관계의 부합여부에 관하여 심리하지 않고 원인무효의 등기라고 단정하는 따위이다.[154]

(ii) 판결이유의 기재가 누락되거나 불명확한 경우[155] 또는 당사자가 소송상 제출한 공격방어방법으로서 판결에 영향을 미치는 중요 사항에 관하여 판결이유 중에서 판단을 명시하지 아니한 판단누락,[156] 당사자가 서증의 성립을 인정하였음에도 불구하고 판시사실에 이를 부지라고 적시하고 그 서증의 기재내용에 부합되는 취지의 주장을 그 서증으로는 인정하기 곤란하다고 한 판시,[157] 채무불이행을 이유로 손해배상을 청구한데 대하여 불법행위가 없었다는 이유로 그 청구를 배척한 판시[158] 등도 이에 속한다.

(iii) 그러나 판결이유에서 주문에 이르게 된 경위가 명확하게 표시되어 있는 이상 당사자의 주장을 판단하지 아니하였다는 사정만으로 판결에 이유를 명시하지 아니한 잘못이 있다고 할 수 없고, 당사자의 주장이나 항변에 관한 판단은 반드시 명시적으로만 하여야 하는 것이 아니고 묵시적 방법이나 간접적인 방법으로도 할 수 있다.[159]

(b) (i) '판결이유에 모순이 있다'는 것은 우선, 판결이유의 문맥이 일의성(一義性)을 잃어서 전후 모순됨으로써 판결이유로서의 체제를 갖추지 못한 경우이다. 예컨대 부진정연대채무를

153) 대판 1995.3.3. 92다55770, 2004.5.28. 2001다81245.
154) 대판 1966.3.27. 66다256.
155) 대판 2005.1.28. 2004다38624, 2021.2.4. 2020다259506.
156) 대판 2002.1.25. 99다62838.
157) 대판 1955.7.27. 4288민상47.
158) 대판 1966.3.23. 66다130.
159) 대판 2011.7.14. 2011다23323.

부담하는 피고(갑), (을)에게 자동차 사고로 말미암아 원고에게 배상할 금액이 모두 8,714,898원이라고 확정하고 사고 버스회사인 피고(을)에 관해서는 상계항변을 인정한 후, 판결주문에서 피고(갑)은 금 5,174,898원을, 피고(을)은 금 8,714,898원을 각 지급하라고 명하였다면 이는 합계 13,889,796원의 지급을 명한 결과가 되어서 그 이유와 주문에 모순이 있는 경우[160]이다. 판결에 이유를 기재하도록 하는 취지는 법원이 증거에 의하여 인정한 구체적 사실에 법규를 적용하여 결론을 도출하는 방식으로 이루어진 판단과정이 불합리하거나 주관적이 아니라는 것을 보장하기 위하여 그 재판과정에서 이루어진 사실인정과 법규의 선정, 적용 및 추론의 합리성과 객관성을 검증하려고 하는 것이다.[161]

(ii) 법원은 독립된 공격 또는 방어의 방법, 그 밖의 중간 다툼에 대하여 필요한 때에는 중간판결을 할 수 있는데(제201조 제1항) 중간판결을 선고하면 그 판결이유는 당해 법원을 구속하는 기속력이 생기므로(제205조) 종국판결을 선고할 때에는 중간판결의 기속력에 어긋나는 판결을 할 수 없다. 그럼에도 중간판결을 선고한 재판부가 종국판결을 선고할 때 이에 어긋난 판단을 하였다면 이것은 이유모순에 해당한다.

(c) 판결에 이유를 밝히지 아니한 위법의 정도가 단순히 이유의 일부를 빠뜨리거나 이유의 어느 부분을 명확하게 하지 아니한 정도가 아니라 판결에 이유를 전혀 기재하지 아니한 것과 같은 정도가 되어 당사자가 상고이유로 내세우는 법령 위반 등 주장의 당부를 판단할 수도 없게 되었다면 그와 같은 사유는 당사자의 주장이 없더라도 법원이 직권으로 조사하여 판단할 수 있다.[162]

(4) 재심사유

(가) 재심사유는 상소에 의하여 주장할 수 있기 때문에(제451조 제1항 단서) 상고이유로 삼을 수 있다.[163] 그러나 그 재심사유는 당해 사건에 대한 것이어야 하고, 당해 사건과 관련된 다른 사건에 재심사유가 존재한다는 점을 들어 당해 사건의 상고이유로 삼을 수는 없다.[164]

(나) (a) 다만 제451조 제1항 1호 내지 3호까지의 재심사유는 제424조 제1항의 절대적 상고이유와 겹치므로 제451조 제1항 4호 이하의 재심사유가 상고이유가 된다.

(b) 제451조 제1항 4호 내지 7호에서 정한 가벌적 행위에 관한 상고이유는 제451조 제2항에서 정한 유죄의 확정판결 등을 제출하여야 하므로 이 재심사유를 상고에 의하여 주장하는 경우에도 유죄의 확정판결이 있어야 하는 등 재심의 적법요건을 갖추어야 한다.

---

160) 대판 1984.6.26. 84다카88 · 89.
161) 대판 2014.8.28. 2014다23508 참조.
162) 대판 2005.1.28. 2004다38624.
163) 대판 2001.1.16. 2000다41349.
164) 대판 2001.1.16. 2000다41349.

2. 상고심법상 상고이유

(1) 개설

㈎ **취지** 상고제도는 법령의 해석·적용을 통일하기 위해서 대법원을 꼭 지점으로 하여 각급법원을 피라미드형으로 이루어지게 함으로써, 사건의 심리가 상고법원에 집중된다. 그 결과 상고법원의 부담이 과중하여지고 그로 인하여 소송이 현저하게 지연되어 국민의 권리구제가 늦어지는 결함이 생길 수 있다. 그러므로 법령의 해석·적용을 통일한다는 국가적 목적 수행의 효율과 국민 권리구제의 실제적 효과를 꾀하기 위하여 상고를 제한할 필요성이 있다. 상고제한의 방법으로서는 상고제기가능 금액의 증액이나 상고허가에 의하여서도 할 수 있으나 상고이유를 제한하는 방법에 의하여서도 이루어진다. 우리나라에서는 1994.9.1.부터 시행된 상고심법에서 심리불속행제도를 신설하여 특정한 상고이유 이외에는 심리를 불속행시키는 형식으로 상고이유를 제한한다.

상고심법은 대법원이 법률심으로서의 기능을 효율적으로 수행하게 하고 법률관계를 신속하게 확정함을 목적으로 하므로(상고심 제1조), 상고이유를 제한함으로써 상고 남용으로 인한 승소자의 권리실현 지연을 방지하고 상고심의 과중한 업무량을 줄여서 법률심으로서의 기능을 강화한다는데 있다 할 것이다.

㈏ **상고심법의 적용범위** (a) 상고심법은 민사소송·가사소송 및 행정소송(특허법 제9장과 이를 준용하는 규정에 따른 소송을 포함)의 사건에 적용한다(상고심 제2조).

(b) 가압류·가처분에 관한 결정(상고심 제4조 제2항) 및 민사소송·가사소송 및 행정소송의 재항고 및 특별항고사건(상고심 제7조)에 관하여서는, 상고이유를 더욱 제한하여 뒤에서 설명하는 상고심법 제4조 제1항 4호 내지 6호의 사유까지도 심리의 불속행사유로 하고 있다.

(2) 심리의 불속행(상고심법 제4조 제1항)

㈎ **개설** 대법원은 상고이유에 관한 주장이 상고심법 제4조 제1항 각 호의 사유를 포함하지 아니하거나 또는 상고심법 제4조 제3항에 해당된 때에는 더 나아가 심리를 하지 아니하고 판결로 상고를 기각하는데, 이러한 심리불속행에 의한 판결은 판결이유를 기재하지 아니할 수 있게 함으로써, 판결이유를 작성하는 법관의 노고를 경감하게 하고 있다. 이 경우 판결은 선고하여야 한다는 원칙에 대한 예외를 인정하여 판결은 선고를 요하지 아니하고(상고심 제5조 제2항) 판결원본을 법원사무관등에게 교부하여 즉시 영수일자를 부기하고 날인한 후(상고심 제5조 제3항) 상고인에게 송달함으로써 그 효력이 생긴다(상고심 제5조 제2항). 심리불속행판결은 법원조직법 제7조 제1항 단서에 의하여 3인 이상 대법관으로 구성된 소부에서 심리하는

경우에 한하여 할 수 있으므로(상고심 제6조 제1항) 대법원 전원합의체 사건의 경우에는 심리불속행판결을 할 수 없다. 심리불속행 판결은 원심법원으로부터 상고기록을 송부 받은 날로부터 4월 이내에 하여야 한다(상고심 제6조 제2항). 심리불속행 판결도 당사자에게 송달되어야 확정된다.[165]

(나) **상고심법 제4조 제1항의 사유** 상고인의 상고이유에 관한 주장이 다음과 같은 사유를 포함하지 아니하면 심리불속행 사유가 된다.

(a) **원심판결이 헌법에 위반하거나 헌법을 부당하게 해석 한 때(1호)** 헌법에 위반된다고 함은 법관이 주재하는 소송절차의 운용이 헌법에 위반되거나 판결이유가 헌법에 위반되어 국민의 기본권을 침해하는 경우이다. 예를 들어 법관이 남 · 여를 구별하여 여성이 제기한 민사재판은 무조건 비공개로 심리한다든지, 여성의 당사자적격을 부인하는 따위로 헌법상 평등권 규정을 위반한 경우 등이다. 한편 헌법을 부당하게 해석한 때라 함은 판결 이유를 설시함에 있어서 헌법해석을 잘못한 경우와 법률 · 명령 · 규칙 또는 처분이 헌법에 위반되는지 여부의 해석을 잘못한 경우를 말한다. 다만, 법률이 헌법에 위반되는지 여부가 재판의 전제되는 경우에 법률의 위헌여부심판은 헌법재판소의 관할사항이므로(헌재 제111조 제1항 1호) 대법원이 해당 법률의 헌법 위반을 인정할 때에는 헌법재판소에 심판을 제청하여 그 심판에 따라 재판을 하여야 한다.

(b) **원심판결이 명령·규칙·처분의 법률위반여부에 대하여 부당하게 판단한 때(2호)** 명령 · 규칙 · 처분이 법률에 위반되는지 여부는 대법원에 최종심사권이 있다(헌 제107조 제2항). 행정청의 처분 등 어떤 사실에 적용된 명령 · 규칙 · 처분이 상위 법률에 위반되는지 여부는 하급심법원도 심사하여 판단하는데 그 판단이 부당한 때에는 심리의 속행사유가 된다. 그러나 하급심이 법령 자체의 해석을 잘못하는 것은 법리오해로서 본 호에 해당되지 아니하고 상고심법 제4조 제1항 5호에 해당될 것이다.

(c) **원심판결이 법률·명령·규칙 또는 처분에 대하여 대법원판례와 상반되게 해석한 때(3호)** 여기서의 대법원판례라 함은 대법원이 법률 · 명령 · 규칙 또는 처분에 대해서 현재의 법률적 견해를 표시한 판결 · 결정을 말한다. 판례위반을 주장하려면 그 판례를 구체적으로 명시하여야 한다(민소규 제131조).

(d) **법률·명령·규칙 또는 처분에 대한 해석에 관하여 대법원판례가 없거나 대법원판례를 변경할 필요가 있는 때(4호)** 이것은 구체적 사실에 적용된 법률 · 명령 · 규칙 또는 처분에 대한 해석, 즉 법리에 관하여 아직 대법원판례가 없거나 이에 관한 대법원판례가 있더라도 이를 변경할 필요가 있는 경우를 말한다. 따라서 구체적 사실에 적용되지 않은 법리에 관하여는 제외된다

---

165) 대판 2010.4.29. 2010다1517.

할 것이다.

(e) **1호 내지 4호 외에 중대한 법령위반에 관한 사항이 있는 때(5호)** 여기서의 법령위반이 무엇인가에 관하여 의문이 있으나 이 법 제정 당시의 법원행정처장이 국회에서 답변할 때 「여기에는 종래의 채증법칙위반도 포함된다고 발언한 점[166]」에 비추어 제423조에서 정하고 있는 판결에 영향을 미친 헌법 · 법률 · 명령 또는 규칙의 위반에는 「채증법칙 위반」도 포함된다 할 것이며, 나아가 「심리미진의 위법」을 제외할 이유가 없다. 그렇다면 당사자들이 원심의 사실인정에 불만이 있는 경우에 주로 들고 있는, 「채증법칙위반 및 심리미진」이 심리속행사유가 된다면 사실상 일체의 법령위반이 모두 상고이유로 되어 특례법을 제정한 의미가 없게 된다. 따라서 법령위반 중 중대한 법령위반만을 심리불속행사유로 함으로써 상고의 남발을 억제시켜야 할 것이다. 문제는 중대한 법령위반의 의미인데 그 의미는 결국 대법원판례가 정할 것이지만 원심판결의 승패를 달리할 법령위반, 즉 상고인에게 승소 가능성이 있는 경우에는 일단 중대한 법령위반이 있다고 풀이하여야 할 것이다.

(f) **제424조 제1항 1호 내지 5호의 사유가 있는 때(6호)** 제424조 제1항 1호 내지 5호의 의미는 앞에서 설명하였다. 6호(이유불비 또는 이유모순)는 제외되고 있으나 이유불비 또는 이유모순의 정도가 심하여 원심판결의 승패를 달리할 경우에는 중대한 법령위반에 관한 사항이 있다고 하여 심리속행의 사유가 될 것이다.

(다) **상고심법 제4조 제2항의 사유** 보전처분, 즉 가압류 및 가처분에 관한 판결에 대하여는, 상고이유에 관한 주장이 원심판결이 헌법에 위반하거나 헌법을 부당하게 해석하거나(1호), 명령 · 규칙 · 처분의 법률위반여부에 대하여 부당하게 판단한 때(2호), 또는 원심판결이 법률 · 명령 · 규칙 또는 처분에 대하여 대법원판례와 상반되게 해석한 때(3호)를 포함하지 아니한다고 인정되는 경우에는 심리불속행판결을 한다.

(라) **상고심법 제4조 제3항의 사유** 상고이유에 관한 주장이 그 주장 자체로 보아 이유가 없거나(1호), 원심판결과 관계가 없거나 원심판결에 영향을 미치지 아니하는 때(2호)에는 심리불속행판결을 할 수 있다. 그러나 제424조 제1항 1호 내지 5호는 직권조사사항인 점에 비추어 원심판결에 영향을 미치지 아니하더라도 심리불속행판결을 할 수 없다고 하여야 할 것이다.

3. 소액사건심판법상 상고이유

소액사건에서는 민사소송사건과 달리 상고이유를 더욱 제한하고 있다. 즉 소액사건심판법 제3조는 ① 법률 · 명령 · 규칙 또는 처분의 헌법위반 여부와 명령 · 규칙 또는 처분의 법률위반

---

166) 국회사무처 간행, 제169회 국회법제사법위원회 회의록 제4호, 63면.

여부에 대한 판단이 부당한 때 ② 대법원판례에 상반되는 판단을 한 때만을 상고이유로 삼을 수 있다. 따라서 제423조의 상고이유는 그 적용이 배제된다. 그러나 판례는 소액사건에서 구체적 사건에 적용할 법령의 해석에 관한 대법원판례가 아직 없는 상황에서 「같은 법령의 해석이 쟁점으로 되어 있는 다수의 소액사건들이 하급심에 계속되어 있을 뿐 아니라 재판부에 따라 엇갈리는 판단을 하는 사례가 나타나고 있을 경우」,[167] 또는 「국민생활의 법적 안정성을 해칠 우려가 있는 경우」[168]에는 '대법원 판례에 상반되는 판단을 한 때'의 요건을 갖추지 아니하였다고 하더라도 대법원의 본질적 기능을 수행하는 차원에서 실체법 해석적용에 있어서의 잘못에 관하여 직권으로 판단할 수 있다고 하였다.

[117] 제3. 상고의 제기방식

상고와 상고심의 소송절차에는 특별한 규정이 없으면 항소의 규정이 준용되고(제425조) 항소심의 소송절차에는 특별한 규정이 없으면 제1심의 규정이 준용된다(제408조). 그러므로 상고와 상고심의 소송절차에는 항소심절차 · 제1심절차가 모두 준용된다.

1. 상고장의 제출

(1) 상고를 제기하여야 할 자는 판결서 송달 일로부터 2주 이내(제425조, 제396조)에 상고장을 원심법원에 제출하여야 한다(제425조, 제397조). 전자문서도 서면요건(전자문서 제4조의 2)을 갖추면 이에 의한 상고장 제출도 가능하다. 상고제기기간의 준수여부는 상고장의 원심법원에 접수된 때를 기준으로 한다.[169] 이에 의하여 항소심 사건은 상고심에 이심된다.

(2) 상고장의 기재사항은 항소장에 준하며, 붙이는 인지액은 소장의 2배이다(민인 제3조). 이 밖에 정해진 송달 · 통지에 필요한 송달료를 미리 내야 한다. 상고장에는 당사자와 법정대리인 및 원심판결을 표시하고 그 판결에 대하여 상고하는 취지를 기재하면 충분하다.[170] 상고법원의 심리범위 및 상고장에 붙일 인지액을 확정하기 위하여 불복신청의 범위를 명확히 할 필요가 있으므로 상고장에 불복신청의 범위를 기재하지 아니한 때에는 상고인에게 그 보정을 명하여야 할 것이다. 그러나 불복신청의 범위는 상고장의 필수적 기재사항이 아니므로, 상고인이 위 보정명령에 불응한다고 하더라도 재판장은 불복신청의 범위를 보정하지 아니하였다

167) 대판 2004.8.20. 2003다1878, 2024.1.25.2023다283913.
168) 대판 2021.4.29. 2016다224879.
169) 대결 1992.4.15. 92마146.
170) 대판 1994.11.25. 93다47400 등 참조.

는 이유로 상고장을 각하할 수 없다. 이 경우 재판장은 상고인이 패소한 부분 전부에 관하여 불복하는 것으로 처리하여 인지 등을 붙이도록 한다.[171]

2. 원심재판장의 상고장심사권

(1) 상고장이 원심법원에 제출되면 원심재판장은 상고장에 필수적 기재사항(제425조, 제397조 제2항)이 누락되었는지, 정해진 인지액을 제대로 붙였는지를 조사하여 미비점이 있으면 상고인에게 상당한 기간을 정하여 보정을 명한다(제425조, 제399조 제1항). 상고인이 흠을 보정하지 아니하거나 상고기간을 경과한 때에는 원심재판장은 명령으로 상고장을 각하한다(제425조, 제399조 제2항). 그러나 상고장 부본 등의 송달을 위한 원심재판장의 송달료 보정명령에 따른 보정을 하지 않았다고 하더라도 원심재판장으로서는 그러한 사유만으로 상고장을 각하할 수 없다.[172]

(2) 원심재판장의 상고장 각하명령에 대하여는 즉시항고를 할 수 있는데(제425조, 제399조 제3항) 그 제기기간은 1주일이다(제444조 제1항).[173] 이것은 원심재판장의 자기 몫 상고장심사권으로 하는 1차적 처분이이기 때문에 이 명령에 대한 즉시항고는 그 성질이 재항고가 아니라 최초의 항고이므로 항고기간도 2주일(제425조, 제396조 제1항)이 아니라 1주일(제444조)인 것이다.

만약 원심재판장이 그러한 잘못을 간과하여 상고장을 각하하지 아니한 때에는 상고심재판장이 명령으로 그 상고장을 각하한다(제425조, 제402조 제2항). 여기에 대해서는 불복할 수 없다. 대법원의 재판은 더 이상 불복할 수 없는 최종심이기 때문이다.

3. 소송기록의 송부

상고장의 제출이 적법하면 원심법원사무관등은 상고장이 제출된 날로부터 2주일 이내에 상고기록을 상고법원에 보내야 한다(제425조, 제400조 제1항). 그러나 원심재판장이 보정을 명하였을 때에는 보정된 때로부터 1주일 이내에 소송기록을 보내야 한다(제425조, 제400조 제2항). 상고장이 적법하면 상고법원은 피상고인으로 하여금 상고의 제기사실을 알고 부대상고를 할 수 있도록 상고장 부본을 피상고인에게 송달하여야 한다(제425조, 제401조).

---

171) 대결 2011.10.27. 2011마1595.

172) 대결 2012.9.4. 2012마876, 2014.5.16. 2014마588.

173) 대판 2017.4.11. 2016무876.

4. 상고이유서의 제출

(1) 상고법원의 사무관 등이 소송기록을 받은 때에는 바로 당사자에게 통지를 하여야 한다(제426조). 상고인이 상고장에 상고이유를 기재하지 않은 때에는 그 통지를 받은 날로부터 20일 이내에 상고이유서를 제출하여야 한다(제427조). 상고인이 제출기간 이내에 상고이유서를 제출하지 않은 때에는 상고법원은 변론 없이 판결로 상고를 기각하여야 한다(제429조 본문). 다만 직권으로 조사할 사유가 있는 때에는 예외이다(제429조 단서). 상고이유서의 제출기간은 법정기간이지만 불변기간이 아니므로[174] 소송행위의 추후보완(제173조)이 허용되지 않는다. 그러나 기간을 늘이고 줄이는 것(제172조 제1항)은 허용되므로 이것이 인정되어 기간이 늘게 되면 기간 경과 후의 상고이유서를 적법하게 제출할 수 있다.

(2) 상고이유를 기재할 때에는 구체적으로 법령위반의 사유, 법령의 조항 또는 내용, 절차위반의 사실을 표시하여야 하며, 절대적 상고이유인 경우에는 해당 조항 및 이에 해당하는 사실을, 판례위반을 주장하는 때에는 그 판례를 명시하여야 한다(민소규 제129조 내지 제131조). 상고이유서에 구체적이고 명시적인 이유 설시가 없을 때에는 상고이유서를 제출하지 않는 것으로 취급된다.[175] 예컨대 상고장에 상고이유로서 원심이 사실을 오인하고 법리해석을 잘못하여 판결에 영향을 미친 위법이 있다는 것만 기재하고 그 사유를 적시하지 않은 것으로는 상고이유가 구체적으로 명시되었다고 볼 수 없다.[176] 원심에 제출한 준비서면의 기재내용만 원용하여 상고이유로 쓸 수 없다.[177]

(3) 상고이유서 제출기간 경과 후에 제출된 상고이유보충서에 기재된 새로운 주장은 직권조사사항에 관한 것이 아닌 한 제출기간을 도과하였으므로 적법한 상고이유가 될 수 없다.[178]

5. 부대상고

피상고인은 상고에 부대하여 부대상고를 할 수 있다(제425조, 제403조). 부대상고를 제출할 수 있는 시한은 항소심에서의 변론종결 시에 대응하는 상고이유서 제출기간 만료 시까지다.[179] 그러나 통상 공동소송에 있어 공동당사자 일부만이 상고를 제기한 때에는 공동소송독립의 원칙상 피상고인은 상고인 공동소송인 이외의 다른 공동소송인을 상대방으로 하거나 상대방으로 보태어 부대상고를 제기할 수는 없다.[180]

174) 대결 1981.1.28. 81사2.
175) 대판 2001.3.23. 2000다29356,29363, 2023.4.27. 2022다302497,302503, 2023.12.28. 2023다268686 참조.
176) 대판 1991.5.28. 91다9831.
177) 대판 1993.11.12. 93누11159.
178) 대판 2006.12.8. 2005재다20.
179) 대판 2001.3.23. 2000다30165.

[118] 제4. 상고법원의 심판

1. 심리

(1) 상고법원은 상고이유서를 제출받으면 바로 그 부본이나 등본을 상대방에게 송달한다(제428조 제1항). 상대방은 그 송달을 받은 날로부터 10일 이내에 답변서를 제출할 수 있다(제428조 제2항). 답변서의 부본이나 등본은 상고인에게 송달하여야 한다(제428조 제3항).

(2) 상고심은 상고를 각하하는 경우는 물론 본안판결을 하는 경우에도 상고장·상고이유서·답변서 기타 소송기록에 기초하여 변론 없이 서면심리만으로 판결할 수 있다(제430조). 변론을 열더라도 임의적 변론이므로 양쪽 2회 불출석에 의한 상고취하간주의 규정(제425조, 제408조, 제268조 제4항)은 준용되지 않는다.

(3) 상고심의 심리범위는 직권조사사항을 제외하고는 적법하게 제출한 상고이유서에 기초한 불복신청 한도에서만 원심판결의 당부를 심사한다. 상고법원은 상고이유서에 의하여 불복신청의 한도 내에서만 심리하여 판단할 수 있으므로, 상고이유서에는 상고이유를 특정하여 원심판결의 어떤 점이 법령에 어떻게 위반되었는지에 관하여 구체적이고 명시적인 상고이유가 있어야 한다. 그러므로 상고인이 제출한 상고이유서에 위와 같은 구체적이고 명시적인 이유가 없는 때에는 상고이유서를 제출하지 않은 것으로 취급된다.[181)]

(4) 상고심의 심리범위에 관해서도 불이익변경금지의 원칙이 적용된다.

(5) 상고심에서도 직권조사사항에 관해서는 사실심리가 가능하다(제434조). 예컨대 확정판결의 존재를 사실심 변론종결 시까지 주장하지 아니하였더라도 상고심에서 이를 주장·입증할 수 있다.[182)]

(6) 제1심에서 주위적 청구를 기각하고 예비적 청구를 인용한 판결에 대하여 피고 혼자서 항소한 때에는, 이심의 효력은 사건 전체에 미치더라도 원고로부터 부대항소가 없는 한 항소심의 심판대상으로 되는 것은 예비적 청구에 국한된다. 그럼에도 불구하고, 원심이 심판의 대상으로 되지 않은 주위적 청구에 대하여도 제1심과 마찬가지로 원고의 청구를 기각하는 판결을 하였을 경우에, 원심이 위와 같은 판결은 제1심판결과 결과적으로 동일하더라도 판단대상이 되지 않은 부분에 대한 판결로서 소송상 의미가 없다. 따라서 원고가 그에 대하여 상고하더라도 주위적 청구부분이 상고심의 심판대상이 되는 것이 아니므로 이 경우 원고의 주위적 청구부분에 관한 상고는 심판의 대상이 되지 않은 부분에 대한 상고로서 불복의 이익이 없어

180) 대판 1994.12.23. 94다40734.
181) 대판 2017.5.31. 2017다216981.
182) 대판 1989.10.10. 89누1308, 2017.5.17. 2017다202616.

부적법하다.[183)]

2. 종국판결

항소심판결에 준한다.

(1) 상고각하판결

상고요건에 흠이 있는 경우에는 부적법한 상고로서 변론 없이 판결로 상고를 각하할 수 있다(제425조, 제413조). 원심재판장이 상고의 방식에 잘못이 있는 등의 흠을 발견하지 못하고 상고장을 각하하지 아니한 경우에는 상고심의 재판장이 명령으로 상고를 각하하여야 한다(제425조, 제402조 제2항).

(2) 상고기각판결

상고인이 소송기록을 받고도 20일 이내에 상고이유서를 제출하지 아니하거나(제429조) 원심판결이 정당하다고 인정되어 상고가 이유 없을 때에는 상고기각판결을 하여야 한다(제425조, 제414조 제1항). 원심판결이 정당하지 아니한 경우에도 다른 이유에 따라 그 판결이 정당하다고 인정되는 때에도 상고를 기각하여야 한다(제425조, 제414조 제2항).

(3) 상고인용판결

상고에 정당한 이유가 있다고 인정할 때에는 원심판결을 파기하고 사건을 원심법원에 환송하거나, 원심법원과 동등한 다른 법원에 이송하여야 한다(제436조 제1항).

㈎ **환송 또는 이송** (a) 대법원의 환송판결이라고 하더라도 당해 사건에 대하여 재판을 마치고 더 이상 불복할 수 없어 그 심급을 이탈시킨다는 점에서 종국판결이다. 다만 실제로는 환송받은 하급심에서 다시 심리를 계속하게 되므로 소송절차를 최종적으로 종료시키는 확정판결이 아니다. 따라서 재심의 대상을 규정한 제451조 제1항 소정의 '확정된 종국판결'에는 해당되지 않는다.[184)]

(b) 사건에 관하여 사실심리를 하지 않으면 원심판결에 갈음하는 재판을 할 수 없을 때에는 사건을 원심법원에 환송하며, 제436조 제3항에 의하여 환송 전 원심판결에 관여한 판사가 재판에 관여하지 못함으로써 환송심을 구성할 수 없을 때에는 다른 동등한 법원으로 이송하여야 한다(제436조 제1항). 여기서 원심판결에 관여한 판사란 파기된 원심판결 자체에 관여한 판

183) 대판 1995.1.24. 94다29065.
184) 대전판 1995.2.14. 93재다27.

사만을 말하는 것이고 그 이전에 파기되었던 판결까지 포함하는 것이 아니다.[185] 또 소가 부적법하다고 하여 각하한 제1심판결을 유지한 항소심 판결을 파기하였을 때에는 제1심판결을 취소하여 사건을 제1심 법원에 환송하여야 한다(제425조, 제418조).

(c) (i) 전속관할의 규정에 어긋난 제1심판결을 유지한 항소심판결을 파기하였을 때에는 제1심판결을 취소하여 관할 제1심 법원에 이송하여야 한다(제425조, 제419조).

(ii) 채무자회생법이 개정되어 개인회생채권자표에 대한 청구이의사건에 대한 전속관할을 가진 서울회생법원이 새로 설치되었으므로, 종전 서울중앙지방법원의 청구이의사건을 파기하였을 때에는 새로 설치된 관할법원인 서울 회생법원으로 이송하여야 한다.[186]

(나) **환송 또는 이송이후의 심리절차** (a) (i) 환송 또는 이송을 받은 법원은 그 심급의 소송절차에 따라 새로 변론을 열어 심리하지 않으면 안 된다(제436조 제2항 본문). 환송 후 원심의 소송절차는 환송 전 항소심 변론의 재개·속행이 되므로 당사자는 변론종결에 이르기까지 항소범위의 변경, 소의 변경이나 새로운 공격방어방법을 제출할 수 있고,[187] 부대항소의 제기뿐 아니라 청구의 확장 등 그 심급에서 허용되는 모든 소송행위를 할 수 있다. 이때 소를 교환적으로 변경하면, 제1심판결은 소 취하로 실효되고 항소심의 심판대상은 교환된 청구에 대한 새로운 소송으로 바뀌어 항소심은 사실상 제1심으로 재판하는 것이 된다.[188]

(ii) 환송 전 원심이 원고의 예비적 청구인 부당이득반환청구를 일부 인용하고 나머지부분은 기각하는 판결을 하였고 피고 혼자서 일부 인용된 피고 패소부분에 상고한 결과 상고심이 원심에서 일부 인용된 피고 패소부분을 파기 환송하였다면, 환송 전 원심판결 중 원고 청구가 기각된 원고패소부분은 확정되었다 할 것이므로, 환송 후 원심의 심판범위도 환송 전 원심에서 피고 패소한 부분에 한정되는 것이 원칙이다. 따라서 환송 후 원심에서 원고가 예비적 청구의 청구원인과 청구금액을 같이하는 파산채권확정의 소로 청구를 교환적으로 변경하였더라도, 환송 전 원심판결의 예비적 청구 중 일부 인용한 금액을 초과하는 부분은 원고 패소로 확정되어 이와 실질적으로 동일한 소송목적인 파산채권확정청구에 대하여도 다른 판단을 할 수 없으므로, 이와 달리 교환적으로 변경된 예비적 청구 중 환송 전 원심판결에서 인용한 금액을 초과하는 부분을 인용한 원심판결은 잘못된 것이다.[189]

(b) 환송 또는 이송 이후의 항소심은 새로 재판부를 구성하여야 하므로(제436조 제3항) 변론의 갱신절차를 밟아야 하고, 당사자는 종전(환송 또는 이송의 이전) 변론의 결과를 진술하여야 한다(제407조 제2항의 유추). 이에 의하여 환송 전 원심의 소송자료와 증거자료를 쓰겠다고 원

185) 대판 1973.11.27. 73다763 등.
186) 대판 2017.6.19. 2017다204131 참조.
187) 대판 1969.12.23. 67다1664.
188) 대판 2013.2.28. 2011다31706.
189) 대판 2013.2.28. 2011다31706.

용하면 새 판결의 인정자료로 쓰일 수 있다.

(c) 환송 전의 소송절차도 파기의 이유가 되지 않는 범위에서는 효력이 있다. 환송 이전에 선임한 항소심에서 소송대리인의 대리권도 환송에 의하여 부활된다.190)

(다) **환송 후 항소심의 심판범위**

(a) **원칙** (i) 항소심의 패소자만 상고하여 원심판결 중 패소 부분이 파기 환송된 경우 원심에 환송되는 사건의 심판범위는 위 패소 부분을 넘을 수 없고 따라서 이 한도를 초과하여 패소자에게 불이익한 판결을 할 수 없다.191) 예컨대 피해자가 가해자로부터 이미 치료비 등의 손해배상금을 지급받아 그중 피해자의 과실비율 상당액을 재산상 손해액에서 공제하는 경우에는, 과실 참작 후의 금액이 아니라 나아가 그 공제 후에 인정된 최종적인 금액을 기준으로 삼아 항소심과 제1심 사이에 불이익변경이 있는지의 여부를 가려 보아야 하고,192) 이는 환송 전 원심과 환송 후 원심 사이에 불이익변경이 있는지를 판단할 경우에도 마찬가지이다.

(ii) 환송 후 원심의 소송절차는 환송 전 항소심의 속행이므로 당사자는 원칙적으로 새로운 사실과 증거를 제출할 수 있음은 물론, 소의 변경, 부대항소의 제기뿐만 아니라 청구의 확장 등 그 심급에서 허용되는 모든 소송행위를 할 수 있고, 이러한 이유로 환송 전의 판결보다 상고인에게 불리한 결과가 생기는 것은 불가피하다.193) 환송판결에서 환송 전 원심판결 중 피고 패소 부분만 파기하고 나머지 상고는 기각하였다면, 환송 후 원심의 심판범위는 피고 패소 부분과 환송 후 원심에서 확장된 부분에 한정되므로,194) 환송 후 원심에서 인용할 수 있는 한도액은 피고 패소 부분에 환송 후 원심에서 청구가 확장된 부분을 더한 금액이다.

(b) **단순병합** (i) 여러 개의 청구가 논리적 관련이 없어 단순 병합된 청구의 항소심 판결 전부에 관하여 당사자가 상고를 제기하였는데 상고심에서 그 전부를 파기 환송하였을 때에는 항소심 판결전부가 환송 후의 2차 항소심에서 심판대상이 된다. 상고심에서 항소심판결의 일부만 파기 환송되고 나머지는 상고기각(또는 각하, 파기자판)되었을 때에는 그 환송된 부분만 심판대상이 되고 상고 기각된 부분은 상고심의 판결 선고와 동시에 확정되어 2차 항소심의 심판대상에서 제외된다. 전부 패소한 당사자 한쪽이 항소심 판결의 전부가 아니라 일부만 한정하여 상고를 제기하더라도 상소불가분의 원칙상 나머지 부분도 이심되지만 심판대상은 상고된 일부에 관한 판결뿐이다.

(ii) 상고심에서 상고된 일부에 관하여 파기 환송된 경우에 상고되지 아니한 나머지 청구는 항소심에 환송되어 다시 심판대상이 되는 것이 아니라 상소불가분 원칙의 예외로서 상고심

190) 대판 1984.6.14. 84다카744 등.
191) 대판 1991.11.22. 91다18132, 2024.3.12. 2022다4212.
192) 대판 1996.8.23. 94다20730.
193) 대판 2014.6.12. 2014다11376,11383(평석은 [92] 참조).
194) 대판 2016.9.23. 2016다2925.

판결의 선고와 동시에 확정된다.[195] 왜냐하면 첫째, 그 경우에 소송당사자가 항소심의 여러 청구에 관한 판결 가운데서 일부만 상고하고 나머지는 상고하지 아니하였던 이유는 상고하지 아니한 부분에 관해서는 불복할 의사가 없다고 보아야 할 것이고, 둘째, 상고심의 환송판결은 미확정이어서 재심리의 대상은 되지 아니하지만 최종심의 종국판결[196]로서 더 이상 다툴 수 없으므로 상고되지 아니한 나머지 청구는 파기환송 판결의 선고와 동시에 2차 항소심에 이심되지 아니하고 그대로 확정된다고 보아야 하기 때문이다. 판례[197]도, 원고의 본소청구 및 피고의 반소청구가 각 일부 인용된 환송 전 원심판결에 대하여 피고 혼자서 상고하고, 상고심이 이 상고를 받아들여 원심판결 중 본소 및 반소에 관한 피고 패소 부분을 파기 환송하였다면 피고 패소부분만 상고되었으므로 상고심에서의 심리대상은 이 부분에 국한되었고, 환송되는 사건의 범위, 즉 환송 후 원심의 심판 범위도 환송 전 원심에서 피고가 패소한 부분에 한정되는 것이 원칙이어서 환송 전 원심판결 중 본소에 관한 원고 패소 부분과 반소에 관한 피고 승소 부분은 각 확정되었다고 할 것이다. 따라서 환송 후 원심으로서는 이에 대하여 심리할 수 없다고 판시하여 위의 법리를 명백하게 하였다.[198]

(iii) 제1심이나 항소심이 모두 피고에 대하여 소장 부본 및 변론기일 통지서 등 모든 서류를 공시송달의 방법으로 송달하고 피고가 출석하지 않은 상태에서 변론기일을 진행하여 제1심이 원고의 청구를 일부 인용하는 판결을 선고하였고 이에 원고가 항소함으로써 원심도 추가로 원고의 청구를 일부 인용하는 판결을 선고한 경우, 피고로서는 제1심판결 중 피고 패소 부분에 대하여는 추후보완 항소를, 원심판결 중 피고 패소 부분에 대하여는 상고나 추후보완 상고를 각각 제기할 수 있다. 이러한 경우 제1심판결에 대한 원고의 항소로 제1심판결 전부가 원심법원으로 이심되어 그에 관한 원심판결이 선고되기까지 하였으나 제1심판결 중 피고 패소 부분은 원심의 심판대상이 되지 않았으므로 원심으로서는 피고의 추후보완 항소가 적법하다고 판단되면 그 부분을 심판대상으로 삼아 심리한 후 그에 관하여 추가판결을 하면 된다. 그런데 원심이 피고의 추후보완 항소 부분에 관하여 심리하지 않고 있는 동안에 피고의 상고가 받아들여져 원심판결 중 피고 패소 부분에 관하여 파기환송 판결이 선고된 경우에는 환송 후 원심으로서는 피고의 추후보완 항소가 적법하다고 판단되면 그 추후보완 항소 부분과 파기환송된 부분을 함께 심리하여 그에 관하여 하나의 판결을 선고하여야 할 것이다.[199]

(c) **선택적 병합** 선택적 병합 청구에서 그 중 1개의 청구를 인용한 원심판결을 상고심이 파기 환송하였을 때에는 단순병합과 달리 보아야 한다. 왜냐하면 선택적 병합은 단순병합

195) 대판 2020.3.26. 2018다221867.

196) 대전판 1995.2.14. 93재다27,34, 대판 2009.5.14. 2005다34190.

197) 대판 2014.6.12. 2014다11376,11383.

198) 평석은 [92] 참조. 이에 대한 분석은 강현중, 「환송후 항소심의 심리범위」(법률신문 2017.4.10.자) 참조.

199) 대판 2011.4.28. 2010다98948.

과 달리 논리적으로 양립할 수 있는 여러 개의 청구 가운데서 어느 하나의 청구가 인용될 것을 해제조건으로 하기 때문이다. 따라서 이 경우에는 2차 항소심의 심판대상은 단순병합과 달리 상소불가분의 원칙이 적용되어 그 1개의 청구와 논리상 양립할 수 있는 청구 전부에 미친다고 보아야 하므로 2차 항소심에서는 선택적으로 병합된 모든 청구가 부정될 때까지 심리판단을 하여야 할 것이다. 판례도 선택적으로 병합된 청구에 대하여 상고심 법원이 선택적 청구 중 어느 하나의 청구에 관한 상고가 이유 있다고 인정할 때에는 이를 전부 파기하여야 한다고 하였다.[200]

(d) **예비적 병합** (i) 상고심이 주위적 청구를 인용한 항소심판결을 피고의 상고에 기초하여 파기 환송하였을 경우에 2차 항소심의 심판대상은 상소불가분의 원칙이 적용되어 주위적 청구의 인용을 해제조건으로 하는 예비적 청구의 성질상 순차적으로 주위적 · 예비적 청구 전부에 미친다고 하여야 한다.

(ii) 주위적 청구기각, 예비적 청구인용의 항소심 판결에 대하여 원고 혼자서 상고한 결과, 주위적 청구기각부분이 파기 환송되었을 때 2차 항소심은 당연히 주위적 청구를 심리하여 만약 이를 인용하여 그것이 확정되었을 때에는 원고의 주위적 청구인용을 해제조건으로 하는 예비적 병합의 성질상 1차 항소심에서의 예비적 청구인용 판결은 실효된다. 이 경우 2차 항소심으로서는 주문에 괄호를 쳐서 「이 판결이 확정되었을 경우에는 앞의 1차 항소심판결에서의 예비적 청구인용부분은 실효된다」고 기재하는 것이 2중 집행을 피하는 점에서 친절하다. 그러나 환송 후 2차 항소심에서 다시 주위적 청구가 기각되고 이 판결이 확정되었을 때에는 그 확정에 의하여 1차 항소심의 예비적 청구인용부분이 확정된다. 이와 같이 예비적 청구 인용판결은 주위적 청구가 인용될 때까지 미확정이라고 풀이하여야 할 것이므로 피고는 2차 항소심에서 미리 예비적 청구에 관하여 부대항소를 하는 것이 좋을 것이다. 예비적 병합도 주위적 청구와 일체의 청구라고 본다면 부대항소를 통하여 분쟁을 통일적으로 해결할 필요가 있기 때문이다.

(iii) 예비적으로 병합된 수개의 청구를 모두 기각한 원심판결에 대하여 원고가 상고한 경우 상고법원이 주위적 청구에 관한 상고가 이유 있다고 인정할 때에는 원심판결 중 예비적 청구를 기각한 부분을 포함하여 원심판결을 전부 파기하여야 한다.[201]

㈑ **환송(또는 이송)판결의 기속력**

(a) **취지** (i) 환송(또는 이송)을 받은 법원이 다시 심판을 하는 경우에 환송이후의 심리과정에서 새로운 주장이나 증거가 제출되어 기초된 사실관계에 변동이 생기지 않는 한 상고법원이 파기이유로 한 사실상 및 법률상 판단에 기속된다(제436조 제2항 단행, 법조 제8조).[202] 만

200) 대전판 1993.12.21. 92다46226, 대판 2023.4.12. 2022다296776.
201) 대판 2002.2.5. 2001다74032, 2023.6.1. 2022다294367.

약 환송 후 원심이 상고심 법원의 판시를 따르지 아니하고 종전의견을 고집하여 상고심 법원과 다른 판단을 한다면 사건은 원심과 상고심을 왕래하게 되어 심급제도를 유지하기 곤란하기 때문이다. 따라서 이 기속력은 그 성질이 기판력이 아니라 심급제도를 유지하기 위한 특수한 효력으로 보아야 한다. 따라서 위와 같은 환송판결의 하급심법원에 대한 기속력을 절차적으로 담보하고 그 취지를 관철하기 위해서는 원칙적으로 하급심법원뿐만 아니라 상고법원 자신도 동일 사건의 재상고심에서 환송판결의 법률상 판단에 기속된다.

(ii) 상고법원이 파기의 이유로 삼은 사실상 및 법률상의 판단은 하급심을 기속하므로 조리 상 상고심판결의 파기이유가 된 사실상의 판단도 기속력을 가지며, 상고심으로부터 사건을 환송받은 법원이 상고법원이 파기이유로 한 사실상 및 법률상의 판단에 대하여 심리하는 과정에서 새로운 증거가 제시되어 기속적 판단의 기초가 된 증거관계에 변동이 생기지 아니하는 한 그 판단에 기속되는 것이다. 따라서 기속적 판단의 기초가 된 증거관계에 변동이 생기지 아니하였음에도 불구하고 하급심이 상급심판결의 파기이유와 달리 판단하였다면 그 하급심판결에는 파기판결의 기속력에 관한 법리를 위반한 위법이 있다고 보아야 한다.[203]

(iii) 그러나 대법원은 법령의 정당한 해석적용과 그 통일을 주된 임무로 하는 최고법원이고, 대법원의 전원합의체는 종전에 대법원에서 판시한 법령의 해석 · 적용에 관한 의견을 스스로 변경할 수 있으므로(법조 제7조 제1항 3호), 환송판결이 파기이유로 한 법률상 판단도 여기에서 말하는 '대법원에서 판시한 법령의 해석적용에 관한 의견'에 포함된다. 따라서 대법원의 전원합의체가 종전의 환송판결의 법률상 판단을 변경할 필요가 있다고 인정하는 경우에는, 환송판결에 기속되지 아니하고 통상적인 법령의 해석적용에 관한 의견의 변경절차에 따라 이를 변경할 수 있다. 환송판결이 한 법률상 판단을 변경할 필요가 있음에도 불구하고 대법원의 전원합의체까지 이에 기속되어야 한다면, 그것은 전원합의체의 권능 행사를 통하여 법령의 올바른 해석적용과 그 통일을 이루고 무엇이 정당한 법인가를 선언함으로써 사법적 정의를 실현하여야 할 임무가 있는 대법원이 자신의 책무를 스스로 포기하는 셈이 될 것이고, 그로 인하여 하급심법원을 비롯한 사법전체가 심각한 혼란과 불안정에 빠질 수도 있을 것이며 소송경제에도 반하게 될 것이기 때문이다. 그리고 이와 같은 환송판결의 자기기속력을 부정하는 것은 법령의 해석적용에 관한 의견변경의 권능을 가진 대법원의 전원합의체에게만 그 권한이 주어지는 것이므로 그로 인하여 사건이 대법원과 원심법원을 여러 차례 왕복함으로써 사건의 종국적 해결이 지연될 위험도 없다.[204]

(iv) 대법원의 제1차 환송판결과 제2차 환송판결이 서로 어긋나는 경우라고 하더라도 제2

202) 대판 1997.2.28. 95다49233.
203) 대판 2024.6.27. 2022오5.
204) 대전판 2001.3.15. 98두15597.

차 환송판결에 의하여 환송받은 원심으로서는 제436조 제2항의 규정에 의하여 제2차 환송판결의 법률상 판단에 기속된다.[205]

(b) **기속을 받을 판단** (i) (ㄱ) 하급심법원은 상고심이 파기이유로 한 사실상 및 법률상 판단에 기속된다. 파기이유란 파기에 이르게 된 원심판결 이유에 대한 부정적 판단이다. 예컨대 상고심 판결의 파기 이유가 기판력의 주관적 범위에 관한 원심판결 판단에 위법이 있다는 것이라면, 파기환송판결에서 원심판결의 주관적 범위에 관한 위법을 수긍하는 한 원심판결의 사실판단에 위법이 없다는 것을 판단하였다고 하더라도 원심을 구속하는 것은 파기이유뿐이다.[206]

(ㄴ) 상고법원으로부터 사건을 환송받은 법원은 그 사건을 다시 재판함에 있어서 상고법원이 파기 이유로 한 사실상과 법률상 판단에 기속을 받기는 하지만, 환송 후의 심리 과정에서 새로운 주장 · 입증이 제출되어 기속적 판단의 기초가 된 사실관계에 변동이 생긴 때에는 그 기속력은 미치지 아니한다.

(ㄷ) 따라서 환송판결의 하급심에 대한 법률상 판단의 기속력은 그 파기 이유로서 원심판결의 판단이 정당하지 못하다는 소극적인 면에서만 발생하는 것이므로 하급심은 파기의 이유로 된 잘못된 견해만 피하면 다른 견해에 의하여 환송 전의 판결과 동일한 결론을 가져온다고 하여도 환송판결의 기속을 벗어나는 것이 아니다.[207]

(ii) **사실상 판단** (ㄱ) 기본적으로 법률심에서 하는 판결에 사실상 판단은 있을 수 없다. 그러나 상고심에서도 예외적으로 직권 조사사항에 관해서는 상고이유나 사실심 법원의 확정사실에 구속되지 아니하고 심리 · 판단할 수 있는데(제434조) 여기서의 사실상 판단이라 함은 상고심의 심리대상인 본안에 관한 구체적 사건의 사실 자체에 관한 것이 아니라 상고심이 확정한 직권조사사항에 관한 사실,[208] 재심사유의 존재에 관한 사실 및 절차위반[209]에 관한 판단을 말한다. 즉, 제436조 제2항 후행에, 사건을 환송받은 법원은 상고법원이 파기이유로 삼은 사실상 판단에 기속된다고 규정한 것은 상고심이 직권조사사항에 관하여 한 사실상 판단에 기속된다는 뜻으로 풀이되고 본안에 관계되는 사실인정은 사실심의 전권에 속한다.[210] 환송판결에서 파기이유로 하지 아니한 부분에서 부수적으로 지적한 사항에는 기속력이 미치지 아니한다.[211]

205) 대판 1995.8.22. 94다43078.
206) 대판 1965.1.19. 64다1260.
207) 대판 1996.1.26. 95다12828.
208) 대판 2011.12.22. 2009다75949.
209) 대판 1964.6.30. 63다1193.
210) 대판 1988.11.22. 89누6.
211) 대판 1997.4.25. 97다904.

(ㄴ) 또한 환송을 받은 법원은 변론을 거쳐 새로운 증거나 보강된 증거에 의하여 본안의 쟁점에 관하여 새로운 사실인정을 할 수 있으므로, 그 심리과정에서 당사자의 주장·증명이 새로이 제출되거나 또는 보강되어 상고법원의 기속적 판단의 기초가 된 사실관계에 변동이 생긴 때에는 여기에 환송판결의 기속력은 미치지 않는다.[212] 그러므로 환송을 받은 법원이 새로운 증거에 의하여 직권조사사항이 아닌 사실을 환송판결과 달리 인정하였다고 하더라도 위법이 아니다.[213] 이에 따라 환송받은 법원에서는 소의 변경이나 새로운 공격방어방법을 제출할 수 있고[214] 새로운 사실을 인정할 수 있다.[215]

(iii) **법률상 판단** 법률상 판단이라 함은 구체적 사실에 대한 법률적 가치판단을 말한다. 예를 들어 일정한 계약에 터 잡은 청구권이 민법 제103조에서 정한 선량한 풍속 기타 사회질서에 위반되는지 여부 혹은 민법 제746조에서 정한 불법원인급여에 해당되는지 여부 등에 관하여 표시한 판단을 말한다.

(iv) (ㄱ) 기속력은 파기의 이유가 된 판단에 대해서 생긴다. 법률상 판단에는 상고법원이 명시적으로 설시한 법률상 판단뿐 아니라 명시적으로 설시하지 아니하였다고 하더라도 파기이유가 된 직접적, 부정적 판단은 아니지만 이와 논리적·필연적 관계가 있어서 상고법원이 파기이유의 전제로서 당연히 판단하였다고 볼 수 있는 법률상 판단도 포함한다.[216] 예를 들면 상고이유가 원심판결의 소송요건 흠의 간과와, 본안에 관한 위법한 판단인 경우에 상고심이 전자를 배척하고 후자를 인용하여 파기 환송하였다면 전자의 배척판단, 즉 당해 소송요건의 존재에 관해서도 논리 필연적으로 기속력이 생긴다. 이 경우에 설령 상고심이 소송요건에 관한 판단을 하지 않은 채 실체법상 상고이유만 판단을 하여 파기 환송하였더라도 소송요건의 존재는 본안판단의 전제요건이므로 이 파기 환송판결은 소송요건의 존재를 인정한 것으로 보아서 그 부분에 관하여 기속력을 인정하여야 할 것이다.[217]

(ㄴ) 그러나 파기이유와 논리적 필연적 관계가 없지만 판결할 기회에 표시하는 법률상 방론(傍論), 부수적 지적사항에는 기속력이 없다.[218] 따라서 상고심이 원심판결의 A법규의 적용을 부정하면서 부수적으로 B법규의 적용이 적당하다고 설시하더라도 환송받은 법원으로서는 A법규만 적용할 수 없을 뿐 B법규를 적용하지 아니하고 별개의 C법규를 적용하더라도 지장이 없다.

212) 대판 1992.9.14. 92다4192.
213) 대판 1981.3.24. 81누28.
214) 대판 2007.6.29. 2005다48888.
215) 대결 1987.1.30. 86프2.
216) 대판 1991.10.25. 90누7890.
217) 대판 2012.3.29. 2011다106136(평석은 [89] 참조).
218) 대판 1997.4.25. 97다904.

(v) 상고법원의 원심판결 파기이유가 2개 이상 지적되는 경우에 당연히 2개 이상 파기이유에 기속력이 생긴다. 문제는 상고법원이 상고이유를 제1점부터 순차적으로 판단하여 배척하다가 마지막에서 상고를 인용하여 파기 환송한 경우에 앞의 배척 판단에도 기속력이 미치는가이다. 제436조 제2항의 문언에 의하면 제2차 항소심은 「상고법원이 파기이유로 삼은 사실상 및 법률상 판단에 기속」되므로 앞의 배척판단의 기속력은 부정해야 할 것이다.

(vi) 환송을 받은 법원은 환송판결의 파기사유로 한 법률상 판단에 기속을 받으므로 설사 위 판단이 다른 대법원 판례에 저촉된다 하더라도 당해 사건에 있어서는 환송판결과 다른 견해를 취할 수 없다.[219)]

제4절 항고

[119] 제1. 항고의 뜻과 범위

1. 항고의 뜻과 본질

(1) 뜻

(가) 항고라 함은 결정 또는 명령이라고 하는 형식적 재판에 대한 독립된 상소를 말한다. 상급법원에 대한 불복신청이라는 점에서 결정 · 명령에 대한 같은 심급내의 불복신청인 이의(예, 제138조, 제441조 제1항 등)와 다르다. 항소 · 상고와의 차이점은, 항고는 간이 · 신속한 결정절차에 의하며 원심법원이 항고의 기회에 스스로 자기가 한 결정을 변경할 수 있다는 점에 있다. 그러므로 항고는 기본적으로 대립당사자의 구조를 가지지 않는 편면적인 한 쪽 불복절차로서 항고장에 반드시 피항고인의 표시가 있어야 하는 것은 아니고, 또 항고장을 반드시 상대방에게 송달하여야 하는 것도 아니다.[220)]

(나) 원래 각 심급의 종국판결에 대해서는 항소 · 상고가 인정되고 종국판결의 전제 또는 준비를 위한 부수적 · 파생적인 중간적 재판에 대한 불복은 종국판결과 함께 상급심의 판단을 받을 수 있다(제392조). 그러나 소송의 진행에 부수하거나 또는 그로부터 파생하는 사항을, 모두 필수적 변론을 전제로 하는 종국판결에 대한 상소와 같은 절차로써 해결하려 한다면 소송절차

219) 대판 1983.11.27. 84다391.
220) 대결 1966.8.12. 65마473.

를 복잡하게 하고 또 소송경제에도 반하게 된다. 사건의 실체와 관련이 깊지 아니하고 또 절차 안정을 위하여 신속하게 해결할 필요가 있는 사항은 종국판결과 별개의 상소에 의하게 한 다음 간략한 절차로 신속하게 처리하는 것이 합리적이라는 데 항고의 취지가 있다. 이 밖에 종국판결절차에서도 판결에 이르지 않고 결정·명령으로 사건이 종결되는 경우(예, 소장각하명령), 재판이 종국판결 이후에 이루어진 경우(예, 소송비용액 확정결정), 종국판결의 명의인이 아닌 제3자에 대한 재판(예, 제3자에 대한 문서제출명령) 등에 대해서는 종국판결에 대한 불복절차인 상소와 별개의 항고를 인정할 필요가 있다.

(다) 한편 강제집행, 가압류·가처분, 비송, 채무자회생절차는 성질상 종국판결을 할 독립적 재판 사항이지만 신속과 경제의 이념에 비추어 간략한 결정절차에 맡긴 것이므로 그 항고는 상소의 성질이 있다. 따라서 이 경우에는 상소와 같이 제기기간의 정함이 있는 즉시항고가 원칙이다.

(2) 항고의 본질

(가) (a) 상소는 법제사적으로 18세기까지 종국판결에 한정하여 인정되었고, 종국판결까지의 여러 가지 다른 재판, 즉 부수적이고 파생적인 사항에 관한 중간적 재판에는 원칙적으로 인정되지 아니하였다. 왜냐하면 상소에는 그 제기에 수반하여 이후의 절차진행을 가로막는 확정차단의 효력이 인정되는데 중간적 재판을 할 때마다 상소의 제기를 허용하면 종국판결을 향한 소송절차가 진행되기 어렵기 때문이다. 이것은, 청구취지의 변경을 불허하는 결정이나 소송인수결정, 경매절차의 속행명령,[221] 강제집행정지결정 등을 명하기 위한 담보제공명령[222] 등 중간적 재판에 독립된 상소를 허용하지 않는 이유이기도 하다.

(b) 그러나 중간적 재판에도 상소제기가 인정되는 경우가 있다. 그것은 중간적 재판으로 인하여 그 후에 종국재판이 될 기회가 없거나,[223] 그 기회가 있더라도 장차 종국판결을 기다려서는 당사자에게 회복할 수 없는 손해가 생기는 경우[224] 등이다. 이와 같이 예외적으로 어떤 중간적 재판 단계에서는 상소의 제기를 인정할 필요성이 있기도 하다.

(c) 그런데 중간적 재판에 대한 상소나, 종국판결에 대한 상소를 모두 같은 상소라고 하여

---

221) 대결 1974.2.27. 74마8.

222) 대결 2001.9.3. 2001그85.

223) 예: 소장의 필요적 기재사항을 누락하여 법원이 그 소장을 각하한 경우 그 소장에 기초한 소송절차는 전개될 여지가 없기 때문에 그 소송절차 내에서 종국판결을 할 기회가 없다. 그러므로 이 경우에는 소장 각하단계에서 원고에게 상소제기를 인정하여야 한다.

224) 예컨대 장차 제기할 소송에 대비하여 어떤 사람을 증인으로 세우려고 하였는데 그 사람이 중한 질병을 앓고 있어 법원에 증거보전신청을 하였던바 그 신청이 각하된 경우에 뒤에 소송을 제기하여 종국판결이 선고되더라도 그 종국판결에 대한 상소를 기다려서는 사망 등으로 그 사람에 대한 증인신청이 어려울 경우에는 증거보전신청을 각하할 때 당사자에게 상소의 기회를 주어야 한다.

절차나 구조가 모두 같게 한다면 문제이다. 왜냐하면 종국판결이라면 재판 가운데서 필수적 변론을 거쳐야 하는 등 가장 중요한 재판이기 때문에 그에 알 맞는 복잡한 절차의 상소가 인정되는 것이 당연하지만 중간적 재판은 종국판결과 비교하여 비중이 가벼운 재판이므로 그에 상응한 간략한 절차에 의한 상소가 인정되어야 하기 때문이다. 그리하여 중간적 재판에 맞는 간략한 절차에 의한 상소방법이 바로 항고라고 할 수 있다.

(나) 항고는 본래 사법행정상 하급법원에 대한 감독권이 있는 상급법원에 대한 불복신청으로 시작하였다. 즉, 하급법원에서 당사자, 대리인 또는 증인 · 감정인에 대하여 위법한 처분을 한 경우 이들 소송관계인들이 사법행정상 그 하급법원의 감독권이 있는 상급법원에 위법한 처분의 취소를 요구하는 신청이 독일에서는 옛날부터 인정되었고 이 감독권이 있는 상급법원에 하는 소송관계인의 신청을 항고라고 불렀다. 이 항고는 그 성질상 상소와 비교하면 절차가 간단하였으므로, 세월이 지나면서 중간적 재판을 대상으로 하는 상소에 사법행정상 불복신청인 항고를 이용함으로서 항고가 상소로 전용된 것이다.

(다) 상소 대상은 원칙적으로 종국판결에 한정되지만 중간적 재판에 관해서도 뒤에 종국판결과 결부될 가능성이 없고, 불복을 허용하지 않으면 소송당사자에게 회복할 수 없는 손해를 주는 경우에는 예외적으로 상소가 인정되었다. 그런데 중간적 재판에 대하여서도 이와 같이 사법행정상 불복신청에서 전용된 상소를 이용한다면, 상소로서의 항고대상은 소송당사자등의 절차에 관한 신청을 기각한 재판이 가장 많을 것이다. 그러므로 제439조는 항고의 대상을, 소송절차에 관한 신청을 기각한 결정이나 명령으로 한 것이다.

(라) 그러나 현재는 소송절차에 관한 신청을 인용하여 받아들인 중간적 재판에도 항고가 일부 허용되고 있다. 그 이유는, 만약 소송절차에 관한 신청을 인용한 재판에 독립된 항고를 인정하지 않으면 그 재판에 불복의사가 있는 당사자는 뒤에 종국판결을 기다려 그 종국판결에 대한 상소와 같이 불복하여야 할 것이다. 그런데 절차에 관한 신청을 인용한 재판이 있고, 그 재판을 전제로 소송절차가 진행되어 최종단계에서 종국판결이 된다면 그 종국판결은 선행절차에 관한 신청을 인용한 재판을 전제로 한 것이므로 선행신청을 인용한 재판에 위법이 있을 때에는 후행 종국판결까지 위법하게 된다. 그 결과 당사자로부터 종국판결에 대한 상소가 되면 이를 접수한 상소법원은 종국판결에 관한 심리 이외에 그 전제가 되는 선행절차에 관한 신청을 인용한 재판까지 심리하여야 하는 부담이 가중된다. 그러므로 절차에 관한 신청을 인용한 재판 가운데서 종국판결의 판단과 직접 관계없는 재판을 따로 떼어내서 독립된 항고를 하게 하여 심리하는 것이 상소법원의 부담을 경감시키는 것이다. 소송이송결정(제39조), 판결경정결정(제211조 제3항), 문서제출명령(제348조) 등에 대한 불복신청으로서의 즉시항고가 바로 신청을 인용한 재판에 대한 항고의 예이다.

2. 항고의 종류

(1) 통상항고·즉시항고

(가) 뜻　　통상항고라 함은 항고 제기기간에 제한이 없는 항고를 말한다. 원심재판을 취소할 실익(항고이익)이 있는 한 언제라도 제기할 수 있다.[225] 예컨대 재항고인의 제62조 또는 제62조의2에 기초한 특별대리인 선임신청을 기각하는 결정에 대하여는 즉시항고를 하여야 한다는 규정이 없어 통상항고로 불복해야 하므로 이 경우에는 항고기간의 제한이 없다.[226]

즉시항고라 함은 불변기간인 항고기간 이내에 제기될 것이 요구되는 항고를 말한다. 특히 신속하게 확정시킬 필요가 있는 재판에 관하여 법이 허용한 때에 한정하여 인정된다.[227] 그 기간은 재판이 고지된 날로부터 1주일이며(제444조 제1항) 즉시항고를 하면 원칙적으로 원심재판의 집행이 정지되는 효력이 있다(제447조). 독일에서는 2011년 민사소송법이 개정되면서 통상항고를 폐지하였다.

(나) **통상항고와 즉시항고의 본질**　　(a) 항고의 원래 모양은 앞에서 본 바와 같이 사법행정상 불복신청이었다. 따라서 제기기간을 정할 필요가 없으므로 당사자가 불복의 이익이 있는 한 언제든지 제기할 수 있었다. 그런데 항고의 성질이 사법행정상 불복신청에서 상소로 바뀌면서 이제는 거꾸로 상소와 동일하게 제기기간이 정해진 즉시항고의 형태가 되어야 했다.

(b) 그러나 항고에 모두 제기기간이 정해진다면 문제가 있다. 상소로 전용된 전형적인 예가 당사자의 소송절차상 신청을 기각한 경우(제439조), 증거보전신청을 각하한 경우 등인데 이 경우 신청이 배척되어 불이익을 입은 사람은 그 신청이 배척당한 사람뿐이고 상대방 당사자는 아무런 손해가 없으므로 그에게는 불복신청을 인정할 필요성이 없는 것이다. 그렇다면 이 경우에는 일체의 신청에 제기기간의 제한을 두지 않고 불이익을 입은 당사자의 자유판단에 맡겨는 것이 좋을 것이다.

(c) 그렇다고 제기기간에 제한이 없는 항고만 인정할 수는 없다. 소송절차상 신청을 인용(認容)한 경우의 불복 이익은, 신청이 인용된 당사자의 상대방이다. 이 경우 상대방의 불복신청은 되도록 일찍 제기하게 할 필요가 있다. 왜냐하면 신청이 인용되면 이를 전제로 그 후의 소송절차가 진행되는데 당사자의 한쪽 신청이 각하된 경우와 달리 신청이 인용된 경우에는 불복하는 상대방뿐만 아니라 인용된 당사자 및 법원 모두 영향을 받기 때문이다.

(d) 재판의 영향이 중대하여 일찍 항고를 제기할 필요성은 당사자 한 쪽만의 신청이 인용

---

225) 권리행사최고 및 담보취소 신청의 기각결정에 대한 항고는 통상항고이다(대결 2011.2.21. 2010그220 참조).
226) 대결 2018.9.18. 2018무682.
227) 민법 제837조에서 정한 이혼당사자 사이의 양육비청구사건은 즉시항고의 대상이다(대판 2014.9.4. 2012므1656 참조).

된 경우에 한정되지 않는다. 당사자 한 쪽만의 신청을 배척한 경우에도 생길 수 있다. 예를 들어 법관의 제척 · 기피 신청이 있는 경우에 그 제척 · 기피신청이 소송절차에 주는 영향이 중대하여 민사소송법은 그 제척 · 기피신청의 재판이 확정될 때까지 법관은 원칙적으로 소송절차를 정지하도록 하였다(제48조 본문). 이와 같이 한편에서는 신중을 다하도록 소송절차를 정지시키는데 다른 편에서는 그 신청각하의 재판에 대하여 언제든지 항고를 제기할 수 있도록 하여 그 신청에 관한 재판이 조속히 확정되지 않는다면 그 사이에 상대방 당사자나 법원이 입는 피해가 막대한 것은 두말할 필요가 없다. 이 경우의 그 피해를 최소화하기 위해서는 제기기간을 정할 필요가 있는 것이다(제47조 제2항 참조).

(e) 당사자 사이의 권리의무가 소송절차에서 소송목적이 되었을 때에는 원칙적으로 종국판결로 재판한다. 그러나 당사자 사이의 권리의무에 관한 것이라고 해도 소송비용액 확정결정(제110조 제1항)과 같은 경우에는 판결로 재판하는 것이 바람직하지만 사건이 비교적 간단하므로 판결과 같이 복잡한 절차를 필요로 하는 재판은 되도록 중요한 사건에서 쓰는 것이 좋다는 입법적 배려에서, 보다 간략한 결정절차에 의하도록 하였다. 결정이므로 그 불복절차는 항고인데 그 항고는 그 대상이 판결에 갈음하는 결정이므로 제기기간을 정한 즉시항고이다(제110조 제3항 참조).

(2) 최초의 항고 · 재항고

최초의 항고는 문자 그대로 처음에 제기되는 항고이고 재항고는 최초의 항고에 대한 항고심의 결정과 고등법원 또는 항고법원의 결정 · 명령에 대한 항고를 말한다(제442조). 최초의 항고에는 항소의 규정이 준용되고 재항고에는 상고의 규정이 준용된다(제443조).

(3) 특별항고 · 일반항고

특별항고는 불복신청을 할 수 없는 결정 · 명령에 대해서 대법원에 하는 항고이다(제449조).[228] 이것은 형식적으로 확정된 결정이나 명령에 대한 비상구제절차라는 점에서 본래의 상소는 아니다. 특별항고가 아닌 항고를 일반항고라고 한다.

3. 항고의 적용범위

항고는 모든 결정 · 명령에 허용되는 것이 아니며 상소의 여지가 있거나 법률이 인정한 경

---

228) 민사집행법상 담보물변경신청을 기각한 결정에 대하여는 즉시항고를 할 수 있다는 규정이 없고 또 항고를 일반적으로 허용하는 제439조, 제440조의 적용대상도 아니므로 특별항고로써만 불복할 수 있다(대결 2014.1.3. 2013마2042 참조).

우에 한하여 허용된다.

(1) 항고할 수 있는 결정 · 명령

㈎ **소송절차에 관한 신청을 기각한 결정 · 명령(제439조)** (a) 소송절차에 관한 신청이라 함은 법원의 모든 소송처리 방법에 관한 신청을 말한다. 예를 들어 관할의 지정신청(제28조), 제척 또는 기피신청(제45조), 소송인수신청(제82조), 수계신청(제243조 제1항), 공시송달신청(제194조) 따위이다. 이를 기각한 결정 · 명령에 대하여 항고할 수 있다. 신청각하도 포함한다.

(b) 재항고인의 제62조 또는 제62조의2에 기초한 특별대리인 선임신청을 기각하는 결정에 대해서는 즉시항고를 하여야 한다는 규정이 없으므로 통상항고의 방법으로 불복한다. 따라서 항고기간의 제한이 없다.[229]

(c) 전자문서로 작성된 결정이나 명령은 법관이 사법전자서명을 완료한 때 성립하고,[230] 일반 문서로 된 결정 · 명령은 원본이 법원사무관등에게 교부되면서 성립되므로 제221조에 따라 당사자에게 고지되지 않았더라도 결정·명령의 재판을 안 당사자는 항고할 수 있다.[231]

그러나 관할의 지정결정(제28조 제2항), 제척 또는 기피결정(제47조 제1항), 소송수계결정(제243조 제2항), 재판장의 인지보정명령,[232] 기일의 변경신청기각결정[233] 따위는 항고할 수 없다.

(d) 명문의 규정이 없으나 필수적 변론에 터 잡은 모든 재판은 항고의 대상이 되지 않는다. 필수적 변론에 터 잡은 재판은 종국판결의 전제로서 사건의 심리와 밀접한 관련이 있기 때문에 종국판결과 함께 불복을 신청하게 하는 것이 적당하기 때문이다. 그러므로 필수적 변론을 거친 증거신청의 각하결정(제290조)이나 실기한 공격방어방법의 각하결정(제149조) 등은 항고할 수 없다.

(e) 재판부의 변론재개결정이나 재판장의 기일지정명령은 원칙적으로 민사소송법이 일반적으로 항고의 대상으로 삼고 있는 제439조 소정의 '소송절차에 관한 신청을 기각한 결정이나 명령'에 해당하지 아니하고 또 이에 대하여 불복할 수 있는 특별규정도 없으므로 항고를 할 수 없고,[234] 또한 그 성질은 상소가 있는 경우에 종국판결과 함께 상소심의 심판을 받는 중간적 재판이므로 특별항고의 대상이 되는 불복할 수 없는 결정이나 명령에도 해당되지 않아 원칙적으로 항고할 수 없다.[235]

---

229) 대결 2018.9.18. 2018무682.
230) 대전판 2025.7.2. 2021마6542.
231) 대전결 2014.10.8. 2014마667 참조.
232) 대결 2012.3.27. 2012그46.
233) 대결 2008.11.13. 2008으5.
234) 대결 1995.6.30. 94다39086 · 39093 참조.

(나) 형식에 어긋나는 결정 · 명령(제440조) 판결로 재판하여야 할 사항에 대해서 결정 또는 명령을 한 재판에 대한 불복신청은 재판의 형식과 불복신청에 관한 주관설에 따라 상소가 아니라 항고이다.

(다) 법률이 개별적으로 인정한 경우 이 경우의 항고는 거의 즉시항고이다.[236)]

(라) 집행절차에 관한 집행법원의 결정 · 명령 집행절차에 관한 집행법원의 재판에 대하여는 특별한 규정이 있어야 즉시항고를 할 수 있고(민집 제15조 제1항)[237)] 여기에는 집행정지의 효력이 없다(민집 제15조 제6항). 압류명령 · 추심명령 · 전부명령 등은 즉시항고 할 수 있는 경우이다(민집 제229조 제6항). 사법보좌관이 결정하였을 때에는 먼저 소속법원 판사에게 이의신청을 해야 한다(사보규 제4조 제1항 · 제6항). 이에 따라 사법보좌관이 판사에게 이의 신청사건을 송부한 이후에는 판사는 이를 각하하거나 처분의 인가 또는 경정을 할 수 있을 뿐 그 사건을 다시 사법보좌관에게 환송할 수 없으므로 사건은 종료된다.[238)]

부동산경매절차의 매각허가결정에 대하여 항고를 할 때에는 항고를 억제하기 위한 취지로 보증금을 공탁하게 하였다(민집 제130조 제3항).

(마) 보전처분에 대한 이의 · 취소 가압류 · 가처분 이의신청과 가압류 · 가처분 취소신청에 대하여는 결정으로 재판하도록 되어 있다(민집 제286조 제3항, 제287조 제3항, 제288조 제3항, 제301조, 제307조 제2항). 이 결정에 대하여는 즉시항고할 수 있다(민집 제286조 제7항, 제287조 제5항, 제288조 제3항, 제301조, 제307조 제2항).

(2) 항고할 수 없는 결정 · 명령

(가) 불복이 금지된 재판 제28조 제2항, 제337조 제3항 전단, 제465조 제2항 등이다.

(나) 항고 이외의 방법으로 불복이 인정된 재판 화해권고결정, 조정을 갈음하는 결정, 지급명령, 가압류결정, 위헌제청신청기각결정 등은 이의신청(제226조) 등 항고이의의 불복방법이 인정된다. 중재법 제12조 제5항의, "제3항, 제4항에 규정에 의한 법원에 결정에 대하여는 항고할 수 없다"는 규정은 법원의 중재인선정 결정만을 가리키고 법원의 중재인선정 신청 기각결정은 포함되지 아니한다.[239)]

(다) 대법원의 재판 대법원의 결정이나 명령에 대해서는 항고 · 재항고를 할 수 없음은

---

235) 대결 2007.6.8. 2007그47 참조.

236) 직권에 의한 소송비용담보제공결정(제117조)에 대해서도 담보제공신청결정에 대한 즉시항고 규정인 제121조를 준용하여 즉시항고를 할 수 있다(대결 2011.5.2. 2010부8 참조).

237) 집행법원의 집행처분에 관한 이의신청에 대하여는 민사집행법상 즉시항고의 규정이 없으므로 민집 제23조 제1항에 의하여 준용되는 제449조의 특별항고로서만 불복할 수 있다(대결 2016.6.21. 2016마5082(평석은 [93] 참조)).

238) 서울고결 2010.8.30. 2009라1631.

239) 대결 2009.4.15. 2007그154.

물론이고 특별항고도 할 수 없다.[240]

(라) **준(準)항고(제441조)** 항고는 법원의 결정 및 재판장이 독립된 자격으로 한 명령의 불복신청이므로 합의체의 구성원으로 한 수명법관이나 수탁판사의 명령에 대해서는 항고할 수 없다. 이 경우에는 당사자가 이의하면 수소법원이 결정으로 재판을 한다(제138조, 제443조). 수명법관 또는 수탁판사의 재판이 증인을 신문하는 경우와 같이 수소법원이 할 재판인데(예, 제332조) 이를 담당한 수명법관 또는 수탁판사가 당사자의 증인신청을 기각하는 결정을 하였다면 당사자는 먼저 수소법원에 이의한 다음(제441조 제1항) 그 결정을 거쳐서 항고할 수 있다(제441조 제2항). 이를 준 항고라고 한다. 상고심이나 제2심에 계속된 사건에 대한 수명법관이나 수탁판사의 재판에는 준 항고에 관한 규정을 준용한다(제441조 제3항).

(마) **즉시항고의 제기기간이 경과하거나 항고권이 상실되는 경우** 당연히 항고할 수 없다.

(바) **위헌제청신청의 기각결정** 항고는 물론 재항고·특별항고도 할 수 없다.[241]

[120] 제2. 항고절차

1. 당사자

항고절차는 판결절차와 같이 항상 대립하는 당사자가 존재하는 것이 아니다. 항고장에는 원고·피고 대신에 항고인·상대방이라고 표시한다. 과태료의 결정을 받은 증인이 즉시항고하는 경우에도 상대방은 존재하지 않는다(제311조 제1항·제8항). 그러므로 항고장에 반드시 피항고인의 표시가 있어야 하는 것이 아니며 항고장을 상대방에게 송달하여야 하는 것도 아니다.[242] 하지만 비송사건은 두 당사자가 대립하는 구조가 아니므로 당사자가 아니더라도 권리침해를 당한 제3자는 항고할 수 있다(비송 제20조 제1항), 신청에 의하여서만 비송재판을 하여야 하는 경우에 신청을 각하한 재판에 대하여서는 신청인 혼자서 항고할 수 있는데(비송 제20조 제2항) 이 항고는 집행정지의 효력이 없다(비송 제21조).

2. 항고제기의 방식

(1) 항고를 제기하려면 항고장을 원심법원에 제출하여야 한다(제445조). 항고장은 전자문서의 서면요건(전저문서 제4조의 2)을 갖춘 전자문서에 의해서도 할 수 있다.

240) 대결 1984.2.7. 84그6.
241) 대결 2015.1.6. 2014그247.
242) 대결 1966.8.12. 65마473.

(2) (a) 통상항고는 기간의 제한이 없고 즉시항고는 원심 재판을 고지한 날로부터 1주일 이내에 제기하여야 하며 그 기간은 불변기간이다(제444조).

(b) 민사집행법상 즉시항고를 하면서 제출하는 항고이유서는 항고장을 제출한 날부터 10일 이내에 제출하여야 하는데 그 기간은 불변기간이 아니다. 그러므로 추후보완은 할 수 없으나 법원은 불변기간을 제외한 법정기간은 늘리거나 줄일 수 있으므로(제172조 제2항) 항고이유서 제출기간을 늘리는 것은 가능하다.[243)]

(3) 항고장에는 민사소송 등 인지법에서 정한 인지액을 붙여야 한다(민인 제11조 제2항). 인지부족을 이유로 한 재판장의 인지보정명령에 대해 당사자가 불응하여 소장각하명령을 하고 이것이 법원사무관에게 교부되어 그 명령이 성립하였다면 여기에 당사자가 즉시항고를 제기한 후 부족인지를 보충하더라도 소장각하명령은 경정할 수 없다.[244)]

(4) 항고법원의 소송절차에는 항소에 관한 규정이 준용되므로(제443조 제1항) 제402조의 2 및 제402조의 3 규정에 따라 항고이유서를 필수적으로 제출하여야 한다.

(5) 제1심재판장에게는 항고장심사권이 있어 항고장각하명령을 할 수 있는데(제399조 제1항 · 제2항) 이것은 제1심 법원이 항고법원의 재판을 대신하여 하는 것이 아니라 자기 몫으로 판단하는 1차적 처분이다. 그러므로 원심재판장의 항고장 심사권에 기초한 항고장 각하명령(제399조 제1항 · 제2항)은 원심법원이 자기 몫으로 판단하는 1차적 처분이다.[245)]

여기에 대해서 즉시항고를 할 수 있는데(제399조 제3항) 그에 대한 항고는 최초의 항고이고 재항고가 아니므로[246)] 항고법원은 제2심 법원이고 대법원이 아니다. 제1심 법원이 즉시항고를 각하하여야 함에도 불구하고 이를 각하하지 아니하고 사건을 송부한 경우에 항고법원은 곧바로 즉시항고를 각하하여야 할 것이고, 이와 같은 법리는 민사집행법상 재항고의 경우도 마찬가지이다.[247)]

(6) (a) 그러나 집행절차에 관한 집행법원의 재판에 대한 즉시항고에서 항고장에 항고이유를 적지 아니한 때에는 항고인은 항고장을 제출한 날로부터 10일 이내에 항고이유서를 원심법원에 제출하여야 한다(민집 제15조 제3항). 재항고의 경우도 동일하다(민집규 제14조의2 제2항).

(b) 가압류신청이나 가처분신청을 인용한 결정에 대하여 채무자나 피신청인은 민사집행법 제283조, 제301조에 의하여 그 보전처분을 발한 법원에 이의를 신청할 수 있을 뿐이고, 그 인용결정이 항고법원에 의하여 행하여진 경우라 하더라도 이에 대하여 제442조에 의한 재항고나 제444조의 즉시항고로는 다툴 수 없고,[248)] 보전처분을 발한 법원에 이의를 신청해야 한다.

243) 대결 2024.6.24. 2024마5813.
244) 대전결 1968.7.29. 68사49.
245) 대결 1995.5.15. 94마1059,1060.
246) 대결 1995.5.15. 94마1059 · 1060.
247) 대결 2004.9.13. 2004마505, 2005.5.19. 2004마593 등 참조.

(c) 가압류이의신청에 대한 재판은 통상의 민사재판으로서 집행절차에 관한 집행법원의 재판에 해당하지 아니한다. 그러므로 그에 대한 즉시항고에는 민사집행법 제15조가 적용될 수 없고, 민사소송법의 즉시항고에 관한 규정이 적용된다.

(d) 보전처분에 대한 제소명령절차는 통상의 민사재판절차로서 집행에 관한 절차가 아니므로 제소명령 불이행을 이유로 한 보전처분 취소결정은 민사집행법 제15조의 '집행절차에 관한 집행법원의 재판'에 해당한다고 볼 수 없다.[249)]

3. 항고제기의 효과

(1) 항고의 처리(재도의 고안)

㈎ **뜻**　(a) 항고가 제기되면 판결의 경우와 달리 원심재판의 불가철회성이 배제되므로 원심법원은 스스로 항고의 당부를 심사하고 만약 항고가 이유 있다고 인정하면 스스로 자기의 결정을 경정할 수 있다(제446조). 조문에서는 항고의 처리라고 규정하고 있지만 일반적으로는 다시 한 번 살펴보라는 의미로 「재도의 고안」이라고 한다. 여기서의 「경정」이라 함은 단순히 잘못된 계산이나 기재를 고치는 것이 아니라 재판주문의 취소·변경까지 포함한다. 법령위반의 경우뿐만 아니라 사실인정이 부당하다는 이유로 취소·변경을 할 수 있으며 이를 위해서 새로운 사실 및 증거를 참작할 수 있다.[250)] 그러나 절차상 과오를 이유로 한 취소의 경우를 제외하고는 주문을 바꾸지 않고 이유만을 고치는 것은 허용할 수 없다.

(b) 재도의 고안에 의한 경정은 항고가 적법한 경우에만 할 수 있다. 이 제도의 취지는 항고법원의 부담경감에 있기 때문이므로 어차피 부적법한 항고로서 각하되어야 한다면 구태여 재도의 고안을 인정할 필요가 없기 때문이다.[251)]

㈏ **취지**　(a) (i) 결정·명령에는 판결과 달리 이른바 자기구속력, 즉 기속력(羈束力)이 인정되지 아니하므로 재판장은 직권 또는 당사자의 신청에 의하여 그가 한 재판을 언제든지 취소·변경할 수 있다.

(ii) 항고가 사법행정상 하급법원의 감독권이 있는 상급법원에 대한 불복신청으로 시작하였을 때에는 신청인은 직접 상급법원에 불복신청하고 상급법원은 감독권의 행사방법으로 하

248) 대결 1999.4.20. 99마865, 2005.9.15. 2005마726 등 참조.

249) 대결 2005.8.2. 2005마201, 2006.5.22. 2006마313 등 참조.

250) '판결의 결과를 좌우할 수 있는 관건적 요증사실'에 관한 변론재개신청에 관하여 법원이 반드시 그 재개여부를 결정하여야 한다면 이에 관한 당사자의 변론재개신청에 대하여 항소법원이 「재개기각」의 결정을 한 경우에 당사자는 항고(제439조)할 수 있다. 이 경우에 항고법원은 재도의 고안에 의하여 원심재판의 심리미진 여부를 심사할 수 있으므로 재도의 고안은 상고심의 부담을 더는 방법이 될 수 있다.

251) 이시윤, 923면; 정동윤 외 2, 81면. 반대: 한충수, 826면.

급법원에 대하여 의견서의 송부를 요구하였을 뿐 하급법원에 자기의 재판을 검토할 것을 요구하지 아니하였다. 그런데 시간이 지나면서 항고가 결정 · 명령을 대상으로 하는 통상 상소로 전용되면서 그 대상인 결정 · 명령에 재판의 취소 · 변경이 인정되기 때문에 항고를 제기하는 경우에도 원심법원에 재도의 고안을 인정하는 것이 항고인에게도 신속한 해결을 기대할 수 있고 항고법원의 부담도 그만큼 경감할 수 있는 것이다.

(iii) 그러나 특별항고의 경우에 대법원은 사법행정상 상급법원의 감독 기능보다는 위헌이나 위법의 심사권을 행사하여야 한다. 그러므로 원심법원에 반성의 기회를 부여하는 재도의 고안을 허용하는 것은 특별항고의 취지에 맞지 않아서 원심법원은 경정결정을 할 수 없고 기록을 그대로 대법원에 송부하여야 한다.[252)]

(b) 즉시항고는 재판을 가급적 조속하게 안정시킨다는 취지에서 인정된 것이다. 그런데 만약 즉시항고에 재도의 고안을 인정하여 항고인이 재도의 고안을 신청한 결과 원심 재판의 취소 · 변경이 허용된다면 이번에는 항고인의 상대방에게도 불복신청을 인정하지 않을 수 없어 결국 재판을 빨리 안정시키자고 하는 입법자의 의도는 실패할 수 있다. 그러므로 재도의 고안은 즉시항고에는 인정되지 않고 통상 항고에서만 허용된다.[253)]

(다) **효력** 재도의 고안에 의하여 한 경정결정에 대하여서도 다시 즉시항고로 불복할 수 있다.[254)] 불복이 없는 경우 원 결정은 효력이 상실되고 항고절차는 종료된다.

(2) 이심의 효력

(가) 항고는 항고장을 원심법원에 제출하여야 하므로(제445조) 그 시점에서 항고사건은 항고심에 이심된다. 항고장심사권은 원칙적으로 원심재판장에게(제443조, 제399조), 보충적으로 항고심재판장에게(제443조, 제402조) 있다는 것은 이를 전제로 한 것이다. 그러므로 판례[255)]는 항고기간의 준수여부를 원심법원에 항고장이 접수된 때를 기준으로 하여야 하므로 다른 법원에 항고장이 제출되었다가 원심법원에 송부되어서 그 사이에 항고기간이 경과됨으로써 항고기간이 준수되지 아니하였다는 이유로 소송의 이송을 인정하지 아니하였다.

(나) 다만 항고의 처리에 관한 제446조의 경우, 즉 재도의 고안에서는 항고의 제기에 의하여 항고법원에 이심의 효력이 있지만 제446조의 범위에서 사건은 원심법원에도 계속되어 재도의 고안으로 재판이 경정되었을 때에는 이심의 효력이 소멸된다.

---

252) 대결 2001.2.28. 2001그4.
253) 같은 취지: 정동윤 외 2, 874면 참조.
254) 대결 2023.7.14. 2023그585,586.
255) 대결 1984.4.28. 84마251.

(3) 집행정지의 효력

(가) **뜻** 결정 · 명령은 즉시 효력이 생기는 것이 원칙이지만(제221조 제1항) 즉시항고를 하면 뒤에서 설명하는 것과 같이 명문으로 집행정지를 배제하는 규정이 있는 경우를 제외하고 원심재판이 집행 정지되는 효력이 있다(제447조). 통상항고에는 집행정지의 효력이 없으나 항고법원 또는 원심법원이나 판사는 항고에 대한 결정이 있을 때까지 재량으로 원심재판의 집행을 정지하거나 기타 필요한 처분을 명할 수 있다(제448조). 집행정지 등의 재판은 신청 또는 직권으로 할 수 있는데 이 재판에 대하여 당사자는 불복할 수 없다(제500조 제3항의 유추).

(나) **본질** (a) 재판이 결정 · 명령일 때에 이를 고지하면 효력이 생기는데 이것은 통상항고이든 즉시항고이든 묻지 않는다. 통상 항고에 의할 때에는 항고기간에 정함이 없으므로 재판을 빨리 확정시키려면 재판을 고지할 때에 효력을 생기게 하여야 할 것이다. 그러나 즉시항고는 단기의 제기기간이 있기 때문에 그 기간이 지나면 재판이 확정되고 또 즉시항고를 제기하더라도 그 항고에 대한 심리가 비교적 빨리 처리될 수 있기 때문에 재판의 확정을 기다려 효력이 생기게 하더라도 무방하다. 우리 민사소송법은 재판이 결정 · 명령일 때에 고지에 의하여 그 효력이 생기게 하면서도 즉시항고를 하면 집행을 정지시킨다(제447조 참조). 이것은 한쪽에서는 재판의 효력을 인정하면서 다른 쪽에서는 그 효력을 빼앗는 형태이다.

(b) (i) 원래 상급법원에 대한 불복신청으로서의 항고가 정규의 상소로 전용될 무렵, 즉시항고를 제기할 수 있는 재판은 상대방 또는 제3자의 법적 지위에 중요한 영향을 주는 재판으로서, 항고 제기 시에 이 재판의 집행정지를 인정하지 아니하면 상대방이나 제3자에게 불측의 손해를 입을 우려가 있었기 때문에 집행정지의 효력이 인정된 것이다.

(ii) 한편 재판의 집행정지를 인정하면 그 후의 절차진행이 정지되어 신청당사자나 법원이 곤란한 경우가 생길 우려가 있다. 여기서 재판의 집행정지를 인정하는 한편, 그 항고는 될 수 있는 한 제기기간을 단기로 할 필요가 있었던 것이다. 이러한 재판 성격에 주목하여 재판의 집행정지 필요와, 빨리 제소하여야 하는 항고의 필요가 어울려져 즉시항고를 제기하여야 하는 재판 일반에, 1주 이내의 제기기간(제444조)과 집행정지(제447조)를 인정하게 된 것이다.

(iii) 그러나 신청당사자나 법원이 곤란한 경우가 생길 우려가 없는 경우에는 집행정지의 필요성을 인정할 필요성이 없다. 그러한 이유에서 증인이 불출석으로 말미암은 과태료(제311조 제1항), 감치(제311조 제2항)결정에 대한 즉시항고에는 집행정지의 효력이 없고(제311조 제8항). 증언거부에 대한 제재에 대해서도 즉시항고를 할 수 있지만(제317조 제2항) 집행정지의 효력이 없으며(제318조), 집행법원의 재판에 대한 즉시항고(민집 제15조 제1항)도 집행정지의 효력이 없다(민집 제15조 제6항).

(c) **기타** (i) 파산신청에 관한 재판에 대한 즉시항고에는 집행정지의 효력이 없다(채무

자회생 제316조 제1항 · 제3항). 만약 집행정지의 효력이 인정되면 파산법원에서 선임한 파산관재인은 파산재단의 점유 및 관리에 착수할 수 없어 파산자에 의한 파산재단의 은익 · 손괴를 수수방관할 수밖에 없기 때문이다. 같은 취지로 파산선고 이전에 회생법원이 한 가압류 · 가처분 등 보전처분(채무자회생 제323조 제1항)에 대한 즉시항고에도 집행정지의 효력이 없다(채무자회생 제323조 제5항).

(ii) 집행절차를 취소하는 결정, 집행절차를 취소한 집행관의 처분에 대한 이의신청을 기각 · 각하하는 결정 또는 집행관에게 집행절차의 취소를 명하는 결정에 대해서도 즉시항고를 할 수 있는데(민집 제17조 제1항) 이 결정은 확정되어야 효력을 가진다(민집 제17조 제2항). 만약 이 경우에, 즉시항고 결정이 확정되기 이전에 즉시항고 신청에 자동적으로 집행정지의 효력을 인정하면 종전 집행절차는 속행하게 되어 가령 즉시항고 신청이 뒤에 각하되더라도 종전 집행이 벌써 종료됨으로써 처음의 집행정지 결정이 무의미하게 되기 때문이다. 그러나 집행할 판결 또는 그 가집행을 취소하거나 강제집행을 허가하지 아니하거나 그 정지를 명하는 취지 또는 집행처분의 취소를 명한 취지를 적은 집행력 있는 재판의 정본(민집 제49조 1호), 집행을 면하기 위하여 담보를 제공한 증명서류(민집 제49조 3호), 집행할 판결 그 밖의 재판이 소의 취하 등의 사유로 효력을 잃었다는 것을 증명하는 조서등본 또는 법원사무관등이 작성한 증서(민집 제49조 5호), 강제집행을 하지 아니한다거나 강제집행 신청이나 위임을 취하한다는 취지를 적은 화해조서의 정본 또는 공정증서의 정본(민집 제49조 6호)을 제출한 경우에는 집행을 취소하여야 하는데(민집 제50조 제1항) 이 경우에는 집행취소의 효력이 바로 발생하므로 즉시항고 자체를 할 수 없다(민집 제50조 제2항).

4. 항고심의 심판

(1) 항고심은 결정절차이기 때문에 변론을 열 것인지 여부는 법원이 임의적으로 정한다(제134조 제1항 단서).[256]

(2) ㈎ 항고심 절차는 성질에 반하지 않는 범위에서 항소 및 상고의 절차 규정을 준용한다(제443조 제1항, 민소규 제137조 제1항). 따라서 새로운 사실이나 증거를 제출할 수 있다. 항고이유서가 제출되더라도 비송사건에서와 같이 직권에 의한 사실탐지가 허용되는 경우에는 조사범위가 항고이유로 제한되지 않는다.[257]

㈏ 항고법원이 제1심 결정을 취소하는 때에는 특별한 규정이 없는 한 사건을 제1심 법원으로 환송하지 아니하고 직접 신청의 당부에 관한 결정을 할 수 있고(제443조 제1항, 제416조,

---

256) 대결 2020.6.11. 2020마5263.
257) 대결 2007.3.29. 2006마724.

第417조, 제418조),[258] 이 경우 그 사건이 항고법원에 계속 중인 때에는 항고법원은 당해 항고사건과 관련되는 사건의 관할법원이 될 수 있다.

(3) 항고심 절차는 기본적으로 대립당사자의 소송구조가 아니기 때문에 보조참가가 허용되지 않는다.[259] 동일한 이유로 소송참가도 허용되지 않을 것이며, 피항고인이 존재하지 아니하므로 부대항고도 허용되지 않을 것이다.[260]

(4) 항고심의 종국재판은 결정이고 그 내용은 항소심의 종국판결에 준한다. 항소는 항소심의 종국판결이 있기 전까지 취하할 수 있으므로, 항고 역시 항고심의 결정이 있기 전까지 취하할 수 있다.[261] 이 점에서 종국판결의 확정이전에는 언제든지 할 수 있는 소의 취하와 다르다.

(5) 제443조 제1항, 제399조에 의한 항고장 각하명령은 항고장이 제397조 제2항의 사항을 적지 아니하거나, 소정의 인지를 붙이지 아니한 경우와, 항고기간을 넘긴 것이 분명한 때에 한하여 이를 할 수 있다.[262]

(6) 항고법원은 항고가 이유 없을 때에는 항고를 기각하거나 각하의 결정을 하고, 항고가 이유 있을 때에는 스스로 자판을 하거나 제418조에서 정한 필수적 환송이 아니더라도 자유롭게 원심 법원에 환송할 수 있다. 따라서 원심 법원의 결정에 관여한 법관이더라도 상고심절차에 관한 제406조 제3항의 제한을 받지 않고 환송 후의 사건에 관여할 수 있다.[263]

[121] 제3. 재항고

1. 뜻

재항고라 함은 항고법원의 종국결정과 고등법원 또는 항소법원의 결정 및 명령에 대하여 대법원에 제기하는 항고를 말한다. 재판에 영향을 미친 헌법·법률·명령 또는 규칙의 위반을 이유로 하는 때에만 할 수 있다(제442조). 제424조의 절대적 상고이유도 재항고이유가 된다.[264] 재항고 절차에 준용되는 상고소송절차 규정 중 제390조 제1항 단서의 비약상고 규정은 상대방이 없는 비송사건에는 성질상 준용될 수 없다.[265]

258) 대판 1971.10.11. 71다1805.
259) 대결 1973.11.15. 73마849.
260) 반대: 이시윤, 924면; 정동윤 외 2, 874면.
261) 대결 2004.7.21. 2004마535.
262) 대결 2008.5.26. 2008마368.
263) 대전결 1975.3.12. 74마413.
264) 이시윤, 925면.
265) 따라서 등기공무원의 처분에 대한 이의신청 기각결정에 대하여 항고를 거치지 않은 재항고는 부적법하다(대판

2. 재항고의 적용범위

(1) 항고법원의 결정과 고등법원 또는 항소법원의 결정 · 명령이 재항고의 대상이다. 여기서 항고법원의 결정이라 함은 고등법원 · 지방법원항소부가 항고심으로서 한 결정(법조 제28조 1호 · 2호, 법조 제32조 제2항)을 말하고, 고등법원 또는 항소법원의 결정 · 명령이라 함은 고등법원이 제1심으로서 한 결정 · 명령(예, 항소장 각하명령) 또는 지방법원항소부가 제1심으로 한 결정(예, 항소법원인 지방법원 합의부 소속법관에 대한 기피신청의 각하결정[266]) · 명령을 말한다(법조 제14조 2호).

(2) (가) 재항고를 할 수 있는지 여부는 항고법원의 결정 내용에 의한다. 항고를 부적법하다고 각하한 재판에 대해서는 언제나 재항고할 수 있다(제439조). 항고를 기각한 결정도 항고를 제기한 원심 재판을 유지하는 것이므로 재항고할 수 있으며 재항고권자는 항고인에 한정된다. 항고를 받아들인 결정에 대하여는 그 내용이 항고에 적합한 것에 한하여 재항고할 수 있다. 예를 들어 기피신청을 받아들인 결정에 대해서는 항고할 수 없으므로(제47조 제1항) 항고심의 기피를 받아들인 결정에 대해서도 재항고할 수 없다.

(나) 신청인이 제1차 원심결정에 대하여 재항고를 제기하였으나 이를 각하하는 제2차 원심결정을 받은 후 제2차 원심결정에 대한 재항고를 제기하면서 제1차 원심결정에 대하여도 이미 제기한 재항고와 동일한 내용의 재항고를 다시 제기하였다면 이는 중복 재항고에 해당하여 부적법하다.[267]

(3) (가) 재항고가 통상항고인가 즉시항고인가도 항고법원의 결정 내용에 의한다. 최초의 항고가 즉시항고인 때에는 이를 각하나 기각한 결정에 대한 재항고는 즉시항고이다. 예컨대 즉시항고로만 불복할 수 있는 낙찰허가결정에 대한 재항고는 즉시항고에 해당하므로 항고제기기간은 20일이 아니라 1주일이다(제444조 제1항).[268]

(나) 민사집행법 제16조의 집행에 관한 이의신청에 대한 재판이 민사집행법 제17조 제1항에 해당하지 않는 한 그에 대해서는 즉시항고를 제기할 수 없으므로 민사집행법 제23조 제1항에 의하여 준용되는 제449조의 특별항고에 의해서만 불복할 수 있다.[269] 그런데 제450조, 제425조에 의하여 특별항고에 준용되는 제399조 제2항, 제3항에 의하면 위 특별항고에 관한 집행법원 재판장의 항고장각하명령에 대하여는 즉시항고를 할 수 있다. 여기서 집행법원 재판장의 항고장각하명령은 1차적인 처분으로서 그에 대한 불복방법인 위 즉시항고는 성질상 최초

1982.6.8. 82다261 참조).

266) 이 결정에 대한 즉시항고는 재항고로 보아 기록을 대법원에 송부하여야 한다(대결 2008.5.2. 2008마427).

267) 대결 2004.5.17. 2004마246.

268) 대결 2004.5.17. 2004마246.

269) 대결 2015.4.7. 2014그351.

의 항고라고 할 것이며, 위 각하명령에 대한 불복신청을 재항고 또는 특별항고로 볼 수 없다.[270]

(4) (가) 통상항고 또는 즉시항고의 인용 결정에 대한 재항고는 그 결정내용이 즉시항고를 할 수 있도록 규정되어 있으면 즉시항고이고, 즉시항고 규정이 없더라도 항고의 인용결과 소송절차에 관한 신청이 기각되면 통상항고이다. 통상항고이면 제기기간에 제한이 없지만 즉시항고이면 제기기간이 1주일이다.

(나) 항고의 인용결과 소송절차에 관한 신청이 인용되었는데 이에 대한 불복방법에 관한 규정이 없으면 재항고를 할 수 없고 특별항고에 의하여야 한다. 항고심이 원 재판을 변경한 경우에도 위와 같은 요령으로 풀이한다.

3. 재항고의 절차

(1) 재항고에 관하여는 상고에 관한 규정이 준용된다(제443조 제2항). 예컨대 변호사 징계위원회의 징계결정에 대한 불복에는 상고에 관한 규정이 준용되므로 만약 변호사 징계위원회의 징계심의 기일에, 증거서류는 강박에 의하여 날조된 임의성 없는 허위내용의 것이라는 등을 주장하지 아니하였다면, 사실심에서 주장하지 않은 그와 같은 사유를 들어 징계결정에 대한 재항고이유로 삼을 수 없다.[271]

(2) 통상항고이든 즉시항고이든 소송기록의 접수통지서를 받은 날로부터 20일 이내에 상고법원에 재항고이유서를 제출하여야 한다.[272] 항고장의 기재는 재항고이유서로 쓸 수 없으므로[273] 반드시 재항고이유서를 제출하여야 한다.

(3) 법률심이므로 새로운 증거를 제출할 수 없다.[274]

(4) 상고심법이 준용되므로 ① 헌법위반이나 헌법의 부당해석 ② 명령·규칙·처분의 법률위반여부에 대한 부당판단 ③ 대법원판례에 상반되는 해석 등 세 가지 심리속행사유를 재항고이유에 포함시키지 않으면 심리불속행의 재항고기각 사유가 된다(상고심 제7조, 제4조 제2항, 제4조 제1항 1호 내지 3호).

---

270) 대전결 1995.1.20. 94마1961, 대결 2010.6.7. 2010그37 등 참조.
271) 대결 1981.7.20. 81두4.
272) 같은 취지: 이시윤, 926면; 정영환, 1164면.
273) 대결 1985.3.7. 85마31.
274) 대결 2010.4.30. 2010마66.

[122] 제4. 특별항고

1. 개념

(1) ㈎ 특별항고라 함은 불복할 수 없는 결정 · 명령에 대하여 대법원에 제기하는 항고이다. 재판에 영향을 미친 헌법위반이 있거나 재판의 전제가 된 명령 · 규칙 · 처분이 헌법 또는 법률의 위반되는지 여부에 대한 판단이 부당하다는 것을 이유로 하는 때에만 제기할 수 있다(제449조 제1항). 특별항고는 재판확정 이후의 불복방법으로서 재판의 확정을 차단하는 효과가 없으므로 보통의 상소가 아니며 재심에 유사한 비상불복절차이다.

㈏ 특별항고는 불복할 수 없는 결정 · 명령에 대한 헌법적 통제를 위한 제도로서 헌법재판소가 아니라 대법원에 그 헌법적 통제 기능을 맡겼다는데 특색이 있다.[275]

(2) ㈎ 여기서 불복할 수 없는 결정이나 명령에 대하여 「재판에 영향을 미친 헌법위반」이 있다고 하려면 결정이나 명령 절차에 있어서 헌법 제27조 등에서 규정하고 있는 적법한 절차에 따라 공정한 재판을 받을 권리가 침해된 경우를 말한다. 예컨대 판결경정신청을 기각한 결정에 대하여 위와 같은 헌법 위반이 있으려면, 신청인이 그 재판에 필요한 자료를 제출할 기회를 전혀 부여받지 못한 상태에서 그 결정이 있었다든가, 판결과 그 소송의 전 과정에 나타난 자료에 의하여 판결에 명백한 오류가 있어 판결이 경정되었어야 할 것인데도 불구하고 법원이 이를 간과하여 기각 결정한 경우 등을 말한다.[276] 경정이 가능한 잘못 가운데에는 법원의 과실뿐 아니라 당사자의 청구에 잘못이 있는 경우도 포함한다.[277]

㈏ 명문으로 불복신청이 금지되는 결정 · 명령(예, 제28조. 제47조 제1항)뿐만 아니라 불복신청방법이 인정되지 않는 경우에도 특별항고를 할 수 있다.[278] 승계집행문부여 거절에 대한 이의신청에 관한 재판에 대해서는 특별항고만 허용된다.[279] 그러나 불복신청의 방법이 있는 경우[280]나, 대법원의 결정 · 명령[281] 등에 대해서는 특별항고를 할 수 없다. 불복할 수 없는 결정이나 명령이라고 하더라도 법률에 위반되거나 대법원판례에 위반된 것은 특별항고사유가 아니다.[282]

(3) 당사자가 그 본안사건에 대하여 상소를 제기한 때에 상소심은 어떤 법률이 위헌인지

---

275) 같은 취지: 이시윤, 927면.
276) 대결 2011.10.28. 2011그184, 2023.8.18. 2022그779.
277) 대결 2020.2.16. 2020그507.
278) 대결 1984.3.27. 84그15.
279) 대결 2008.8.21. 2007그249, 2017.12.28. 2017그100.
280) 대결 1983.11.25. 83그37.
281) 대결 1987.9.15. 87그30.
282) 대결 2014.5.26. 2014그502.

여부를 독자적으로 심리 · 판단하여야 한다. 그러므로 위헌제청신청기각결정은 본안에 대한 종국판결과 함께 상소심의 심리를 받는 중간적 재판의 성질을 갖는 것으로서 결국 법관이 재판을 하지 않으면 안 되는 성질이 있다. 따라서 이 결정은 특별항고의 대상이 되는 불복을 신청할 수 없는 결정에 해당되지 않는다.[283)]

2. 절차

(1) 특별항고는 재판의 고지가 있은 때로부터 1주일 이내에 제기하여야 한다. 이 기간은 불변기간이다(제449조 제2항 · 제3항). 특별항고의 제기는 원 재판의 집행을 정지시키지 못한다. 다만 원심법원 또는 대법원은 이 경우에 집행정지에 관한 처분을 명할 수 있다(제450조, 제448조).

(2) (가) 특별항고에는 그 성질이 반하지 않는 한 상고에 관한 규정을 준용한다(제450조). 제450조, 제425조에 의하여 특별항고에 준용되는 제399조 제2항 · 제3항은 특별항고 제기기간을 넘긴 것이 분명한 때에 원심재판장은 명령으로 항고장을 각하하여야 하고 그 명령에 대하여는 즉시항고를 할 수 있다고 규정하고 있다. 따라서 특별항고인은 특별항고 제기기간을 넘긴 것이 분명하다는 이유로 특별항고를 각하한 집행법원의 재판에 대하여 불복이 있다면 즉시항고를 제기할 수 있고 재항고나 특별항고를 제기할 수 없다.[284)]

(나) 그러나 특별항고만이 허용되는 재판의 불복에 대하여는 당사자가 특히 특별항고라는 표시와 항고법원을 대법원으로 표시하지 아니하였다고 하더라도 그 항고장을 접수한 법원으로서는 이를 특별항고로 보아 소송기록을 대법원에 송부하여야 한다.[285)] 대법원에서 하는 항고재판이므로 성질상 재도의 고안(제446조)이 허용되지 않는다.[286)]

(다) 헌법위반 여부를 재판하는 경우이므로 상고심법의 준용여지가 없다.[287)]

(3) 특별항고에 관하여는 상고에 관한 규정을 준용하는데(제450조) 상고와 상고심절차에는 특별한 규정이 없으면 항소에 관한 규정을 준용하므로(제425조) 항소심에서와 같이 특별항고이유서를 제출하지 않으면 안 된다(제402조의 2). 특별항고에 의하여야 할 재판을 일반항고로 혼동한 경우에는 특별항고로 선해하여 대법원에 송부하여야 하고,[288)] 그 반대의 경우에는 즉시항고로 보아야 한다.[289)]

---

283) 대결 2015.1.6. 2014그247.
284) 대결 2010.6.7. 2010그37.
285) 대결 1999.7.26. 99마2081, 2014.1.3. 2013마2042 등 참조.
286) 대결 2001.2.28. 2001그4.
287) 같은 취지: 이시윤, 928면.
288) 대결 2011.2.21. 2010마1689.
289) 대결 2016.9.30. 2016그99(평석은 [96] 참조).

제2장

재심절차

[123] 제1. 재심의 뜻

1. 재심의 개념과 목적

(1) 재심의 개념

재심이라 함은 당사자가 확정된 종국판결에 대하여 그 소송절차나 판결의 기초가 된 자료에 그냥 둘 수 없는 중대한 흠이 있을 때에 그 판결의 취소와 재차의 심판을 구하는 불복신청을 말한다. 종국판결이 확정되면 기판력이 생기는데 이 기판력을 깨뜨리는 유일한 방법이 재심이다.

(2) 재심의 목적

소송이 종국판결의 확정으로 종결되었다면 그 확정판결을 존중하는 것이 사회질서 유지라는 국가의 입장에서나 승소한 당사자의 지위안정이라는 개인의 입장에서나 바람직하다. 그러나 소송절차나 판결자료에 중대한 흠이 있어 당사자 한쪽이 억울하게 패소당한 경우에도 법적 안정을 이유로 이를 방치한다는 것은 재판의 적정 내지 정의의 관념에 반한다. 그러므로 법은 법적 안정의 요구와 재판의 적정 내지 실체적 정당성의 요청이 모순·충돌되는 것을 조정하기 위해서 판결이 확정되면 함부로 이를 취소·변경할 수 없게 하면서도 예외적·한정적인 재심사유를 정해 놓고 그에 국한하여 확정판결의 취소와 재심을 청구할 수 있게 하였다.

재심은 실로 법적 안정성과 정의 또는 구체적 타당성의 조정을 위한 제도라고 할 수 있다.

2. 재심의 성질

(1) 재심은 소의 형식으로 확정판결의 취소를 구한다는 점에서 소송상 형성을 청구하는 소에 속하며 종결된 소송절차의 재심을 목적으로 한다는 점에서 부수(附隨)소송이다.

(2) 재심은 상소와 마찬가지로 재판에 대한 불복신청이다. 그러나 확정판결에 대한 불복신청이라는 점에서 상소와 근본적으로 다르다. 관할 법원은 재심에서는 상급심이 아니라 동일심급의 재심할 원래의 법원이기 때문에 상소에서 인정되는 확정차단의 효력이나 이심의 효력이 없다. 또 판결 이전의 절차나 자료의 흠을 그 이유로 한다는 점에서 오로지 판결 이후에 생긴 상소제기의 장애를 사유로 하는 상소의 추후보완신청(제173조)과도 다르다.

(3) 재심의 소는 확정판결의 소급적 취소를 구하면서, 재심이 불복하는 이유로 내세운 사유에 터 잡아 확정판결의 집행배제를 구할 수 있다(제500조 제1항). 청구에 관한 이의의 소(민집 제44조)도 확정판결의 집행배제를 구한다는 점에서 재심의 소와 유사하지만 확정판결의 취소를 구하지 아니하고, 확정판결 이후의 사유에 기초하여 집행력의 소멸을 구한다는 점에서 재심과 구별된다.

3. 재심소송의 구조

(1) 단계적 구조

소의 제기에는 소송요건이, 상소에는 상소요건이 필요하듯이 재심에도 재심요건이 요구된다. 그런데 동일사건을 재차 심리하려면 재심대상판결의 기판력을 배제하여야 하므로 우선 확정판결을 취소할 필요가 있는 데 이것이 종래부터 재심의 소를 소송상 형성의 소라고 부르는 이유이다. 그런데 재심은 먼저 재심할 사유가 있는지, 즉 재심사유의 존부부터 심리하여 그 존재가 인정되는 경우에 국한하여 재심할 판결(즉 재심대상판결)을 한 구(舊) 소송의 본안에 관하여 재차의 심리를 한다. 재심소송은 이처럼 재심사유의 존부와 본안의 심리를 단계적으로 심리하는 2단계 소송구조이다. 재심을 일체적 소송구조로 하면 재심사유와 본안에 관하여 각각 다른 공격방어방법이 동시에 병렬적으로 제출되어 심리가 복잡하여지고, 제1심에 재심사유가 존재한다고 하여 본안판단을 하였더라도 항소심에서 재심사유가 부존재한 것으로 판단되면 결과적으로 제1심의 본안심리가 무의미해지는 결함이 있다. 2002년 개정 민사소송법은 이러한 결함을 해소하기 위하여 재심사유에 관한 중간판결(제454조)제도를 도입하여 재심의 단계적 구조를 소송절차상 명확하게 하였다. 다만 실무상으로는 재심사유가 인정되기보다는 인정되지 않는 경우가 압도적으로 많아서 실제 중간 판결을 하는 경우가 매우 드물다.

(2) 재심소송의 소송목적론

재심에 관한 종래 소송목적론은 재심소송이 형성소송인 것을 전제로 하여, 재심판결의 기판력에 의한 권리 상실의 범위를 둘러싸고 이른바 구 소송목적(또는 구 소송물)론과 신 소송목적(또는 신 소송물)론의 대립이 있었으나 지금은 재심소송의 기본구조가 무엇인지에 관한 형식으로 논의되고 있다.

(가) 2원론(소송상 형성소송설) 재심의 소를 제기하는 소송목적은 재심대상 확정판결의 취소 요구와 구 소송, 즉 재심대상판결의 본안에 관한 재차심리의 두 가지로 구성된다는 견해이다. 확정판결의 취소 요구가 소송목적이 된다는 점에서 소송상 형성을 청구하는 소에 속한다. 다만 2원론 가운데에서도 개개의 재심사유마다 소송목적이 별개라는 견해(구 소송목적론)와, 재심사유는 공격방어방법에 불과하고 확정된 1개 판결의 취소를 구하는 법적 지위가 소송목적이라는 견해(신 소송목적론)가 대립되었다. 2원론은 소송절차에 중대한 흠이 있는 확정판결을 취소하여 새로운 판결을 한다고 하는 재심 목적과 그 절차를 그대로 소송목적론에 반영한다는 점에서 뛰어나서 2002년 개정 민사소송법 이전에는 통설, 판례[1)]였다. 확정판결의 취소 여부에 중점을 두는 2원론은 확정판결이 취소되지 않으면 구태여 본안에 관한 재심리를 할 필요가 없으므로 재심사유의 부존재가 압도적으로 많은 재판 실무에서 이 견해가 주로 환영받는다. 그러나 재심사유의 존재를 중간판결 사항으로 하는 2002년 개정 민사소송법의 명문에 맞지 않는 결함이 있다.

(나) 1원론(본안소송설) 재심의 소를 제기하는 소송목적은 구 소송, 즉 재심대상판결의 본안에 관한 재심요구 한 가지로 구성된다는 견해이다.[2)] 따라서 확정판결의 취소 요구는 독립하여 소송목적이 되지 아니하고 재심의 적법요건에 불과하다는 점에서 재심소송을 상소와 유사하게 본다. 재심의 소는 재심사유가 존재하지 않으면 재심대상판결과 다른 판결을 할 수 없다는 점을 제외하고 재심대상판결로 확정된 청구와 동일한 청구에 관해서 소를 다시 제기하는 것과 같은 모습이므로 상소의 연장선상에 있다고 볼 수 있기 때문이다. 다만 1원론에 의하더라도 구 소송이 잘못된 경우에 재심할 판결을 취소하는 판결을 하는데 그것은 재심할 판결을 방치하면 혼란이 생기기 때문에 이를 회피하기 위한 수단이라는 것이다. 이 견해는 이론적으로 타당할지 모르나 실무에서는 재심사유의 부존재가 일반적이어서 본안에 관한 심리가 별로 없는데도 재심사유가 아니라 본안심리를 중점으로 재심을 심리하는 부담을 갖는다는 점에서 문제가 있다.

---

1) 대판 1994.12.27. 92다22473 · 22480 등.
2) 정동윤 외 2, 882면.

(다) **개정민사소송법상 재심소송의 소송목적론** (a) 2002년 개정 민사소송법에 의하면, 재심의 소가 적법한지 여부와 재심사유가 있는지 여부에 관한 심리 및 재판을 본안에 관한 심리 및 재판과 분리하여 먼저 시행할 수 있고(제454조 제1항), 법원은 재심사유가 있다고 인정한 때에는 그 취지의 중간판결을 한 뒤 본안에 관하여 심리 · 재판한다(제454조 제2항). 이와 같이 재심사유의 존재는 중간판결을 하여야 하는 독립된 공격 또는 방어의 방법으로서 소송목적이 되지 아니하므로 재심사유의 존재는 수단적인 것이고 근본적인 것이 아니다. 그 의미에서 재심소송의 구조는 2원론이 아니라 1원론이므로 당사자가 재심사유를 여러 개 주장하더라도 재심소송의 소송목적은 1개로서 여기에 새로운 청구를 병합하는 청구의 병합은 허용될 수 없다.[3] 다만 1원론에 의하더라도 재심사유는 재심의 적법요건이 아니어서 이를 알지 못하여 주장하지 못할 경우에는 재심기간(제456조 제1항 참조)을 넘겼다고 하여 재심할 권리가 상실되지 아니하므로 재심사유를 주장하여 새로운 재심의 소를 제기할 수 있다.

(b) 그런데 제454조 제1항에서 정한 재심의 소가 적법한지 여부와 재심사유가 있는지 여부에 관한 심리 및 재판을 본안에 관한 심리 및 재판과 분리하여 시행하려면 제454조 제2항의 중간판결을 하여야 한다는 점에서 이때의 중간판결은 제201조의 재량적 중간판결과 달리 강제적이다. 하지만 이에 대한 불복은 종국판결과 함께 하여야 하므로 설령 중간판결을 하지 아니하고 재심사유를 인정한다 하더라도 중간판결을 하지 않은데 대하여 불복할 수 없다. 따라서 제454조 제2항의 중간판결은 실무상 거의 활용되지 않고 있는 실정인데 이를 구태여 명문으로 규정한 것은 사족(蛇足)처럼 보인다.

(c) (i) 판례[4]는, 원래의 확정판결을 취소한 재심판결에 대하여 재심사유를 인정한 종전 재심법원의 판결에 다시 재심사유가 있다고 하여 종전 재심청구에 관하여 심리를 한 결과 원래의 확정판결에 재심사유가 인정되지 않을 경우에는 재심판결을 취소하고 종전 재심청구를 기각하면 되고, 그 경우 재심사유가 없는 원래의 확정판결 사건의 본안에 관하여서는 다시 심리와 재판을 할 수 없다고 하였다.

(ii) 이 경우 제454조 제2항의 규정을 엄격하게 적용한다면 원래의 확정판결을 취소한 재심판결에 재심사유가 있다면 그에 관한 중간판결을 한 뒤 종전 재심판결의 대상이 되는 원래의 확정판결의 본안에 관하여 심리 · 판단을 하여야 할 것이다. 그런데 판례는 원래의 확정판결을 취소할 재심사유가 없는데도 재심이 인정되었다는 이유를 들어 원래의 확정판결을 취소한 재심판결에 관한 중간판결을 생략한 상태에서 원래의 확정판결에 대한 재심판결을 취소하고 그에 대한 재심청구를 기각한 것이다.

(iii) 이 판례는 이론상으로는 따질 부분이 있지만 심리를 절약하는 소송경제의 입장과 제

---

3) 대판 2009.9.10. 2009다41977.

4) 대판 2015.12.23. 2013다17124, 2016.1.14. 2013다40070(평석은 [95] 참조).

454조에 규정된 재심사유에 관한 중간판결을 좀처럼 시행하지 않는 실무상 입장을 반영하였다고 볼 수 있다.

[124] 제2. 재심의 소 제기

1. 재심 소장

(1) 소장의 기재사항 등

재심의 소를 제기하려면 원칙적으로 재심 소장이라는 서면을 제출하여야 한다(제248조). 이 서면에는 전자문서의 서면요건(전자문서 제4조의 2)을 갖춘 전자문서가 포함된다. 소액사건에 관한 재심은 말로 가능하다(소심 제4조). 그 소장에는 ① 당사자와 법정대리인 ② 재심할 판결(즉, 재심대상판결)의 표시와 그에 대하여 재심을 청구하는 취지(재심의 취지) ③ 재심의 이유를 적어야 한다(이상 제458조). 재심의 이유에서는 재심사유가 제451조 제1항 몇 호에 해당하는지를 명백하게 하여야 한다. 재심의 이유는 본안의 변론과 재판을 하면서 바꿀 수 있으나(제459조 제2항), 제454조의 재심사유에 관한 중간판결을 하는 경우에는 그 이전에만 가능하다. 재심의 소송절차에는 각 심급의 소송절차에 관한 규정을 준용하므로(제455조) 재심소장에 붙일 인지액은 재심을 제기하는 심급에 따라 소장 · 항소장 · 상고장의 그것과 같다(민인 제8조 제1항). 재심법원의 재판장은 재심 소장의 적법여부를 심사할 권한이 있다(제455조, 제254조).

(2) 재심의 소를 제기한 효과

재심소장을 제출하면 재심사유에 대한 기간 준수 및 시효중단[5]의 효력이 생긴다(제265조). 그러므로 재심소송 중에 새로운 재심사유를 추가한 경우에는 그 때를 기준으로 새로운 재심사유에 대한 기간준수의 유무 등을 판단하여야 한다. 추가한 재심사유가 기간을 준수하지 못하였을 때에는 그에 대한 심리에 들어갈 필요 없이 그 재심사유에 대한 주장을 배척하여야 한다.

2. * 재심기간

(1) 재심기간의 제한이 없는 경우

절차기본권을 보장하기 위한 적법한 대리권의 흠(제451조 제1항 3호) 및 기판력의 저촉사

5) 대판 1996.9.24. 96다11334.

유가 되는 흠(제451조 제1항 10호)에 관해서는 그 흠을 바로잡기 위해서 재심기간에 제한을 두지 아니하였다(제457조). 따라서 이 경우에는 재심을 제기할 당사자는 그 사유를 아느냐를 묻지 않고 언제든지 그 흠을 바로잡기 위해서 재심의 소를 제기할 수 있다. 다만 여기서 대리권의 흠이란 대리권이 처음부터 없는 경우를 말한다.[6] 예컨대 종중대표자가 제기한 소송에서 종중대표자의 대표권이 처음부터 존재하지 않는 경우이다.[7] 대표권이 있지만 특별수권에 흠이 있는 경우, 예컨대 종중의 대표지만 종중총회에서 소제기에 필요한 특별수권을 받지 못한 경우들은 포함되지 않는다.

(2) 재심기간이 30일인 경우-재심사유를 안 날

㈎ 대리권의 흠 및 기판력의 저촉사유를 제외한 그 밖의 재심사유에 관해서는 재심대상판결이 확정된 후 재심사유를 안 날로부터 30일 이내에 재심의 소를 제기하여야 한다(제456조 제1항). 확정판결의 효력을 조속하게 안정시키기 위해서이다. 이 기간은 불변기간이므로(제456조 제2항) 추후보완(제173조)이 허용된다. 추후보완할 수 있는 제173조 제1항의 '당사자가 그 책임을 질 수 없는 사유'라 함은 당사자가 그 소송행위를 하기 위하여 일반적으로 하여야 할 주의의무를 다하였음에도 불구하고 그 기간을 준수할 수 없었던 사유를 가리키고,[8] 그 당사자에는 당사자 본인뿐만 아니라 소송대리인 및 대리인의 보조인도 포함한다.[9]

㈏ 대리권은 있지만 소송행위에 필요한 특별수권의 흠이 있는 경우,[10] 화해가 성립된 소송사건에서 원고들의 소송대리인이었던 변호사가 원고들로부터 그 소송사건만을 위임받아 그 소송의 목적이 된 부동산에 관하여서만 화해할 권한을 부여받았음에도 불구하고 그 권한의 범위를 넘어 당해 소송목적 이외의 권리관계를 포함시켜 화해하였음을 이유로 하는 준재심 청구[11] 등에는 456조에서 정한 30일 이내의 재심기간 제한을 받는다.

㈐ 판례[12]는, 법인 등의 대표자가 청구의 포기 · 인낙 또는 화해를 하면서 그에 관한 특별한 권한을 받지 아니하거나 그 권한을 남용하여 그런 행위를 한 경우의 재심기간 30일은, 무권한 대표자가 그 사유를 아는 것만으로는 부족하고 법인 등의 이익을 정당하게 보전할 권한을 가진 다른 임원 등도 그 사유를 안 때에 그때부터 재심기간이 비로소 진행된다고 하여 법인 등의 이익을 두텁게 보호하려 한다.

---

6) 대판 1994.6.24. 94다4967.
7) 대판 1990.4.24. 89다카29891.
8) 대판 1987.3.10. 86다카2224, 1998.10.2. 97다50152 등 참조.
9) 대판 1999.6.11. 99다9622.
10) 대판 1980.12.9. 80다584.
11) 대판 1993.10.12. 93다32354.
12) 대판 2016.10.13. 2014다12348(평석은 [94] 참조).

㈑ 국가를 상대로 한 재심대상사건에서 증인의 허위증언에 대한 유죄판결이 확정되어 그 재판결과가 대검찰청에 통지된 경우, 국가가 재심사유를 안 시기는 대검찰청이 그 결과를 통지받은 때이다.[13]

(3) 재심사유를 안 날의 구체적인 경우

㈎ 판결법원 구성의 위법[14](제451조 제1항 1호)이나 판단누락[15](제451조 제1항 9호) 등 일반적으로 재심할 소의 제기기간은 특별한 사정이 없는 한 당사자가 판결정본을 받았을 때부터, 소송대리인이 있었던 경우에는 그 대리인이 판결정본을 송달받았을 때부터 진행한다.[16] 소송대리인이 송달받았다면 당사자가 송달을 받지 아니하더라도 특별한 사정이 없는 한 소송당사자도 재심사유를 알게 되었다고 보아야 하기 때문이다.[17] 판단누락을 이유로 하는 재심의 소 제기기간은 재심대상판결이 확정된 날로부터 계산하여야 한다.[18] 그러므로 이미 판단누락을 이유로 재심의 소를 제기하여 기각판결을 받은 원고는 자기가 판단누락이라고 주장하는 사유를 알았다고 보아야 할 것이므로 그로부터 30일이 지난 후 다시 제기한 재심사건에서 대리권의 흠이나 제451조 제1항 10호의 '재심을 제기할 판결이 이전에 선고한 확정판결에 어긋나는 때'가 아닌 다른 판단누락 사유를 재심사유로서 주장할 수 없다.[19]

㈏ 증거부족 이외의 이유로 유죄의 확정판결이나 과태료 부과의 확정재판을 할 수 없을 때에만 재심의 소를 제기할 수 있는 경우(제451조 제2항 후단), 예를 들어 공소시효의 완성으로 불기소처분을 한 때의 재심기간은 불기소처분이 있는 것을 안 날,[20] 재심대상판결 확정이후에 공소시효완성으로 증인의 허위진술이 유죄의 확정판결을 받을 수 없게 된 경우에는 공소시효가 완성된 때,[21] 검사의 불기소처분에 불복하여 항고나 재정신청절차를 거친 경우에는 그 결정의 통지를 받은 때[22]로부터 계산한다. 재심대상이 되는 확정판결이 있은 소송의 제1심 변론 당시 이미 서증이 위조된 것을 알고 있었고 또한 그 당시 이미 공소시효가 완성된 이후였다면 증거의 흠 이외의 이유로 유죄의 확정판결을 할 수 없는 것이라는 사실도 알았다고 확정함이 상당하므로 그 경우에는 재심대상이 되는 판결의 확정이 있은 때부터 30일 이내에 재심의 소

---

13) 대판 1994.12.9. 94다38960.
14) 대판 2000.9.8. 2000재다49.
15) 대판 1991.2.12. 90누8510.
16) 대판 2000.9.8. 2000재다49.
17) 대판 1991.11.12. 91다29057.
18) 대판 1993.9.28. 92다33930.
19) 대판 1990.9.25. 90재다26.
20) 대판 2006.10.12. 2005다72508.
21) 대판 1995.5.26. 94다37592.
22) 대판 1997.4.11. 97다6599.

를 제기하여야 한다.[23] 재심대상판결에서 증언한 증인에 대하여 위증죄로 공소가 제기되었으나 소재불명으로 재판을 진행할 수 없게 된 경우는 '증거부족 외의 이유로 유죄의 확정판결이나 과태료부과의 확정재판을 할 수 없을 때'(제451조 제2항 후단)의 재심을 제기할 수 없는 사유에 해당하지 않는다.[24]

(다) 국가를 상대로 한 소유권보존등기말소 등 청구사건의 증인이 허위증언에 대한 유죄판결을 받아 그 유죄판결이 확정되고 대법원이 유죄판결이 확정되자 같은 날 그 재판결과를 대검찰청에 통지하였다면, 국가로서는 그 유죄판결이 확정된 사실을, 국가소송에 있어서 국가를 대표하는 법무부장관의 산하 기관으로서 법무부장관을 보좌하고 나아가 그 명을 받아 국가를 당사자로 하는 소송 일부의 수행을 지휘 · 감독 · 관장하는 대검찰청이 그 결과를 통지받았기 때문에 그 때부터 알았다고 보아야 할 것이다.[25]

(4) 판결이 확정된 뒤 5년이 경과되면 재심사유의 존재를 몰랐다고 하더라도 재심을 제기할 수 없다

(가) (a) 판결이 확정된 뒤 5년이 지난 때에는 재심의 소를 제기하지 못하며(제456조 제3항), 재심의 사유가 판결이 확정된 뒤에 생긴 때의 기간 5년은 그 사유가 발생한 날부터 계산한다(제456조 제4항). 이와 같이 재심제기기간은 당사자 사이에 일어나는 법적 불안상태를 막기 위하여 마련한 기간이다.[26] 이 5년은 제척기간으로서 불변기간이 아니므로(제456조 제2항의 반대해석) 그 기간을 지난 후에는 당사자가 책임질 수 없는 사유로 그 기간을 준수하지 못하였더라도 그 재심의 소제기를 적법하게 추후보완할 수 없다.[27]

(b) 5년의 제척기간은 판결이 확정되기 이전에 재심사유가 발생하였을 때에는 재심대상판결의 확정일로부터, 재심사유가 재심대상판결이 확정된 후에 발생한 경우에는 그 사유가 발생한 때부터 계산한다(제456조 제3항 · 제4항).

(나) 피의자의 사망이나 공소시효의 완성 또는 사면 등 증거부족 이외의 이유로 확정판결을 할 수 없거나 과태료부과의 확정재판을 할 수 없을 때(제451조 제2항 후단)에는 이들 사유가 발생한 날로부터 5년의 제척기간이 진행되는 것이고 이러한 사유를 안 날로부터 진행되는 것이 아니다.[28] 그러므로 이들 사유가 재심대상판결의 확정 이전에 생긴 때에는 그 판결 확정 일부터, 확정 이후에 생긴 때에는 이들 사유가 발생한 날로부터 5년의 제척기간을 계산하므로[29]

---

23) 대판 1970.3.24. 69다2244.
24) 대판 1994.9.23. 93누20566.
25) 대판 1994.12.9. 94다38960.
26) 대판 1991.6.25. 91다1561.
27) 대판 1992.5.26. 92다4079.
28) 대판 1990.2.13. 89재다카119.

그때부터 5년이 경과된 후에는 재심의 소를 제기할 수 없다.[30)]

(다) 유죄의 확정판결이나 과태료부과 재판의 확정이 요구되는 경우(제451조 제2항 전단)에는 당사자가 재심사유의 존재를 알지 못하여도 그 유죄의 판결 등이 확정된 때로부터 5년 이내에 제기하여야 하고(제456조 제3항) 만약 당사자가 유죄의 판결이 확정된 뒤에 재심의 사유를 안 때에는 안 날로부터 30일 이내에 재심의 소를 제기하여야 한다(제456조 제1항).

(5) 항소법원에 이송된 뒤의 재심기간

재심의 소가 재심 제기기간 이내에 제1심 법원에 제기되었으나 재심사유 등에 비추어 항소심판결을 대상으로 한 것이라고 인정되어 위 소송을 항소심법원에 이송한 경우에 재심제기기간의 준수여부는, 이송결정의 확정으로 소송은 처음부터 이송법원에 계속된다는 제40조 제1항의 규정에 비추어 제1심 법원에 제기된 때를 기준으로 할 것이고, 항소법원에 이송된 때를 기준으로 할 것은 아니다.[31)] 예컨대 항소심판결을 재심대상판결로 표시하여 제1심 법원에 재심의 소를 제기하였으나 제1심 법원이 관할법원인 항소심법원으로 이송하여 관할법원에 접수된 경우 제1심 법원에 재심기간 이내에 재심의 소가 제기된 이상 위 이송결정에 따라 적법한 재심기간 내에 재심관할 법원에 제기된 것으로 본다.[32)]

(6) 심리불속행판결에 대한 재심기간

심리불속행판결에 대한 재심기간은 상고인에게 판결이 송달된 때로부터 진행한다.[33)]

(7) 개별적 재심사유

제451조 제1항 각호 소정의 재심사유는 각각 별개의 청구원인을 이루는 것이므로 재심의 소 제기기간의 준수 여부도 위 각호 소정의 재심사유별로 가려야 한다.[34)]

(8) 재심제기기간의 적법요건성

재심의 소가 위 재심제기의 불변기간 이내에 제기된 것인지 여부는 재심의 소 적법요건에 관한 것으로서 직권조사사항에 해당한다.[35)]

---

29) 대판 1988.12.13. 87다카2341.
30) 대판 1991.6.25. 91다1561.
31) 대전판 1984.2.28. 83다카1981.
32) 서울고판 1986.7.8. 85사13.
33) 대판 2009.9.10. 2009다41977.
34) 대판 1993.9.28. 92다33930.
35) 대판 1989.10.24. 87다카1322.

재심기간

재심기간의 구분

1. 재심기간 제한이 없는 경우
   - 대상: 적법한 대리권 흠(제451조 제1항 3호), 기판력 저촉사유 흠(제451조 제1항 10호)
   - 기간: 제한 없음(제457조)
   - 특징
     - 당사자가 사유를 알았는지와 관계없이 재심 제기 가능
     - 대리권 흠은 처음부터 권한이 없는 경우를 의미
     - 예: 종중대표자가 대표권 없이 소송 제기
     - 단, 특별수권에 흠이 있는 경우(예: 총회 승인 없는 소송)에는 적용되지 않음
2. 재심기간 30일
   - 대상: 대리권 흠 및 기판력 저촉사유 외의 재심사유
   - 기간: 재심사유를 안 날로부터 30일(제456조 제1항)
   - 특징
     - 확정판결 효력의 안정화를 위해 설정
     - 불변기간(제456조 제2항), 추후보완 가능(제173조)
     - 특별수권 흠 있는 경우: 30일 제한 적용
     - 법인 등 무권한 대표가 행한 행위: 재심기간은 법인 이익 보호 관점에서 다른 임원이 사유를 알 때부터 진행
   - 국가 상대 사건: 재심사유 인식 시점 = 대검찰청 통지 시점
3. 재심사유를 안 날의 구체적 사례
   - 판결법원 구성 위법·판단누락
     - 당사자가 판결정본을 받은 시점부터
     - 대리인이 송달받은 경우, 당사자도 알았다고 봄
   - 증거부족 외의 이유로 확정판결할 수 없을 때
     - 공소시효 완성, 불기소처분 시점으로부터 계산
     - 이미 증거 흠 알고 있었으면, 확정 후 30일 내 재심 제기 필요
   - 국가 상대 사건
     - 허위증언 유죄 확정 → 대검찰청 통지 시점부터 재심사유 인식
4. 5년 제척기간
   - 규정: 제456조 제3·4항
   - 특징
     - 판결 확정 후 5년 경과 시, 재심 제기 불가
     - 제척기간은 불변기간 아님 → 추후보완 불가

- 재심사유 발생 시점에 따라 계산
  - 확정 전: 판결 확정일부터 5년
  - 확정 후: 사유 발생일부터 5년

5. 항소법원 이송 시
- 재심 제기 적법 여부 판단 기준 = 제1심에 재심 제기한 시점
- 항소심 이송은 재심기간 계산에 영향 없음

6. 심리불속행판결
- 재심기간 계산 기준 = 상고인에게 판결 송달된 날

7. 개별적 재심사유
- 제451조 제1항 각호 재심사유는 별개의 청구원인
- 재심기간 준수 여부도 각 사유별로 판단

8. 재심제기기간 적법요건성
- 재심이 불변기간 내에 제기되었는지 여부는 재심 소 적법요건
- 직권조사 사항

□ 핵심정리

구분	재심사유	기간	기준점
제한 없음	대리권 흠, 기판력 저촉	없음	사유 인식과 무관
30일	일반 재심사유	재심사유 안 날로부터 30일	당사자/대리인 인식 시점
5년 제척	모든 재심사유	확정 후 5년	판결 확정일 또는 사유 발생일
심리불속행	–	상고인 송달일	송달 시점
항소법원 이송	–	제1심 제기 시점	제1심 기준
개별 사유	제451조 각호	각각 별도	재심사유별 판단

3. 재심 관할법원

(1) 상고법원이 채증법칙의 위법이 없다는 이유로 상고를 기각한 판결에 대하여 서증의 위조 · 변조(제451조 제1항 6호), 거짓 진술(제451조 제1항 7호) 등 사실인정에 관한 것을 재심사유로 하는 경우에는 법률심인 상고심판결의 취소를 구할 수 없으므로 그에 대한 사실심 법원의 판결에 대하여 재심의 소를 제기하여야 한다.[36] 그러나 상고법원이 직권으로 조사하여야 할 사항에 대해서는 사실인정을 할 수 있으므로(제434조) 그 사실인정 과정에 위의 재심사유가

36) 대판 2000.4.11. 99재다746.

있는 경우에는 상고심 판결에 대하여 재심을 청구할 수 있다.

(2) 소송의 이송 ㈎ 재심대상판결이 단독사건인 경우, 그 재심의 소는 단독판사의 전속관할에 속하므로 이를 합의부가 심판하였다면 전속관할 규정에 위반된다.[37] 그러나 항소심은 제1심의 속심이므로 항소심의 본안판결이 재심대상판결인 경우에는 제1심판결에 대하여서 재심을 제기할 수 없어(제451조 제3항) 항소심에 제기하여야 한다. 만약 당사자가 잘못하여 제1심 법원에 재심의 소를 제기하였다면 항소법원으로 이송하여야 하며,[38] 재심대상판결이 항소심판결인데도 상고기각판결을 재심대상판결로 오해하여 대법원에 재심의 소를 제기한 경우에도 항소심법원에 이송하여야 한다.[39] 이 경우에 관할위반을 이유로 재심의 소를 각하한다면 당사자는 재심기간의 경과로 말미암아 회복할 수 없는 손해를 받기 때문이다. 따라서 기간준수의 효력은 이송의 효과로 재심소장이 처음부터 이송받은 법원에 계속되므로, 재심소장을 접수시켰을 때 생긴다(제40조 제1항).

㈏ 나아가 재심사유가 항소심판결에 관한 것이 그 주장자체나 소송자료에 의하여 분명한 경우에 재심소장을 제출받은 제1심 법원은 이를 관할법원인 항소심 법원으로 이송하여야 한다. 그러나 제1심 법원이 이와 같은 조치를 취하지 않고 그 본안에 대하여 심리한 후 재심의 소를 기각하는 판결을 하고 이에 대하여 재심원고의 항소로 인하여 사건이 항소심에 적법하게 계속된 때에는 항소심 법원으로서는 전속관할 위반을 이유로 제1심판결을 취소하고 제1심 법원으로부터 이송 받은 경우와 마찬가지로 재심사건을 심리·판단하여야 한다.[40]

(3) 재심은 재심을 제기할 판결을 한 법원의 전속관할로 하는데(제453조 제1항) 같은 사건에 대하여 심급을 달리하는 법원이 한 판결에 대하여 각각 재심사유가 있어 재심청구를 병합하여 제기한 경우에는 상급법원에 재심사건 전부에 대한 관할권이 있다(제453조 제2항 본문). 예를 들어 제1심의 패소 본안 판결에 대하여 항소심이 항소각하 판결을 한 경우에는 각 판결마다 재심사유가 있으면 각각 재심의 대상이 되므로 해당 법원마다 재심의 소를 제기할 수 있지만 당사자가 재심사유를 병합하여 재심의 소를 제기하는 경우에는 재판의 모순 회피와 당사자의 편의를 도모하기 위하여 상급법원인 항소심이 모두 관할하도록 한 것이다. 다만 항소각하 판결이 정당하다고 하여 그에 대한 상고를 기각하였을 때에는 항소심과 상고심 판결에 각각 재심사유가 있다고 하더라도 법률심인 상고법원이 모든 재심사유를 병합하여 사실심으로까지 심판할 수 없으므로 항소심과 상고심이 각각 심판하여야 한다(제453조 제2항 단서).

(4) 대표권 흠의 재심제기권자 재심대상판결의 원심판결에 원고종중 대표자에게 대표

37) 서울고판 1970.7.29. 69나2698.
38) 대전판 1984.2.28. 83다카1981.
39) 대판 1994.10.15. 94재다413.
40) 대판 1989.10.27. 88다카33442.

권의 흠이 있다 하더라도 피고가 그 판결을 재심대상으로 하여 그 판결법원에 재심의 소를 제기하지 아니하고 그 상고심판결을 재심대상으로 하는 재심의 소는 대표권의 흠을 재심의 사유로 삼을 수 없다. 왜냐하면 법정대리권 등의 흠을 재심사유로 한 민사소송법의 규정 취지는 원래 그러한 대표권의 흠이 있는 당사자의 보호를 위한 것이므로 그 상대방인 피고가 이를 재심사유로 하기 위해서는 그러한 사유를 주장함으로써 이익을 받을 수 있는 경우에 한정된다 할 것이고 여기서 이익을 받을 수 있는 경우란 위와 같은 대표권 흠 이외의 사유로도 종전의 판결이 종국적으로 상대방의 이익이 되게 변경할 수 있는 경우를 의미하기 때문이다.[41]

(5) 재심 대상이 되는 판결이 제1심판결이 아니라 그에 대하여 항소기각을 한 제2심판결인데도 재심 대상도 아닌 제1심판결에 대하여 재심소송이 계속 중에 다시 제2심 판결에 대하여 재심의 소가 제기되었다고 하더라도 그것이 적법한 재심기간 도과 후에 제기되어 부적법한 것이라면 이 부적법한 제2심 판결에 대한 재심의 소의 흠은 치유되지 않는다.[42]

4. 재심당사자

(1) 재심 원고는 확정판결의 효력에 의하여 불이익을 받는 자(즉 패소당사자)이고 재심피고는 그 상대방이다. 따라서 확정판결에서 전부승소한 당사자는 재심을 제기할 이익이 없다.[43]

(2) ㈎ (a) (i) 확정판결의 기판력이 미치는 패소 당사자, 변론종결 후의 그 일반 또는 특정승계인(변론 없이한 판결의 경우에는 판결을 선고한 뒤의 승계인) 또는 그를 위하여 청구의 목적물을 소지한 사람(제218조 제1항)은, 재심 소송의 당사자가 된다. 기판력이 이들에게 미치기 때문이다.

(ii) 그러나 비록 청구의 목적물을 소지한 사람으로서 기판력이 미치는 당사자라고 하더라도 예컨대 인도청구의 집행을 면할 목적으로 집행당할 피고로부터 가장(假裝)하여 허위로 양수를 받은 점유자 및 등기명의인 같은 목적물의 명의상 점유자 및 소유자는 자기의 고유한 이익이 없기 때문에 재심 소송의 당사자가 될 수 없다. 그러므로 보조참가신청과 함께라도 재심청구를 할 수 없다.

(b) 확정판결의 패소 당사자가 소송목적을 타인에게 양도하여 당사자적격을 상실하였을 때에는 재심의 소를 제기할 수 없다. 예컨대 재심대상판결에 기초하여 피고로부터 원고 앞으로 소유권이전등기가 경료되고, 그 후 원고로부터 승계인 앞으로 매매를 원인으로 한 소유권이전등기가 경료된 사건에서 재심대상판결의 소송목적이 취득시효 완성을 이유로 한 소유권

41) 대판 1983.2.8. 80사50.
42) 대판 1980.7.8. 80다528.
43) 대판 1993.4.27. 92다24608.

이전등기청구권으로서 채권적 청구권인 경우, 그 변론종결 후에 원고로부터 소유권이전등기를 마친 승계인은 물권자이다. 따라서 물권자인 승계인은 채권적 청구권의 기판력이 미치는 변론종결 후의 제3자에 해당하지 아니하므로 피고는 재심대상판결의 기판력을 배제하기 위하여 물권자인 승계인에 대하여 재심의 소를 제기할 수 없다. 그러므로 승계인 명의로 마친 소유권이전등기의 말소를 구하는 청구는 별소로 제기하여야 할 것이고 이를 재심의 소에 병합하여 제기할 수 없다.[44)]

(c) (i) 다른 사람을 위하여 원고나 피고가 된 사람, 즉 제3자 소송담당(예, 선정당사자 소송, 주주대표소송)의 경우에 확정판결의 기판력은 피담당자에게 미치므로 피담당자(예, 선정자, 회사)가 소송목적에 관하여 소송을 할 권능이 있을 때에는 소송담당자(예, 선정당사자, 주주)의 소송에 관하여 재심의 소를 제기할 수 있다.[45)]

(ii) 피담당자가 재심 소송을 제기하여 패소로 확정된 뒤에라도 소송담당자는 피담당자의 재심소송에 제451조 제1항의 각 재심사유가 있다고 주장하여 새로운 재심소송을 제기할 수 있다.

(나) (i) 패소확정 판결의 효력이 제3자에게 확장되는 경우(예, 증집소 제27조 제3항의 증권관련 집단소송에서 제외신고를 하지 아니한 구성원 등)에 제3자가 당사자적격이 있는 경우에는 판결의 취소에 관하여 고유한 이익이 있는 자이므로 비록 판결의 당사자가 아니더라도 재심의 소를 제기할 수 있다. 다만 그 경우에는 재심대상판결의 원·피고를 모두 피고로 하여야 하기 때문에 독립당사자참가의 방식에 따라 본소의 양쪽 당사자를 피고로 하여야 한다(제79조).[46)]

(ii) (ㄱ) 패소확정 판결의 효력이 제3자에게 확장되더라도 그 제3자에게 당사자적격이 없는 공동소송적 보조참가인(예, 유언집행자가 진행하는 소송에서의 상속인)이라고 하더라도 보조참가인의 독립적 지위에서 패소확정판결의 취소에 관하여 고유한 이익이 있는 자이므로 보조참가신청과 함께 재심의 소를 제기할 수 있고(제72조 제3항), 그 방법은 당사자적격이 있는 경우와 같이 독립당사자참가의 방식에 따라 본소의 양 쪽 당사자를 피고로 하여야 한다. 다만 원래의 당사자가 아니라 어디까지나 보조참가인으로서 참가하는 자이므로 참가인이 참가할 때의 소송 진행 상태로 보아 피참가인이 이미 할 수 없게 된 행위는 참가인도 할 수 없다(제76조 제1항 단서).

(ㄴ) 판례[47)]는 재심의 소에 공동소송적 보조참가를 한 후에 피참가인은 참가인의 동의 없이 재심의 소를 취하할 수 없다고 하였다. 그 이유는, 재심의 소의 취하는 통상 소의 취하와

---

44) 대판 1997.5.28. 96다41649.
45) 대판 1987.12.8. 87재다24.
46) 이시윤, 975면.
47) 대판 2015.10.29. 2014다13044(평석은 [17] 참조).

달리 확정된 종국판결에 대한 불복의 기회를 상실하게 하여 더 이상 확정판결의 효력을 배제할 수 없게 하므로 이것은 재판의 효력과 직접적인 관련이 있는 소송행위로서 확정판결의 효력이 미치는 참가인에 대하여는 불리한 행위라는 것이다. 따라서 재심의 소에 참가인이 참가한 후에는 피참가인이 재심의 소를 취하하더라도 참가인의 동의가 없는 한 효력이 없다는 것이다. 그러나 한편 판례[48]는 재심의 소가 아니라 소 취하에 관해서, 공동소송적 보조참가는 그 성질상 필수적 공동소송 중에서 이른바 유사필수적 공동소송에 준한다 할 것인데 유사필수적 공동소송의 경우에는 원고들 중 일부가 소를 취하하는 데 다른 공동소송인의 동의를 받을 필요가 없으므로 피참가인이 참가인의 동의 없이 소를 취하하였다 하더라도 유효하다고 하였다. 피참가인이 재심의 소를 취하하더라도 재심기간이 경과되지 아니하였다면 통상 보조참가인이든 공동소송적 보조참가인이든 다시 재심의 소를 제기할 수 있다는 점을 생각하여 본다면 공동소송적 보조참가인의 동의에 관하여 소의 취하와 재심의 소 취하를 구별하는 것은 의문이다.[49]

(다) 다른 사람 사이의 재심소송에 제기할 독립당사자참가는 참가인의 재심사유가 인정되어 본안에 관한 심리에 들어갔을 때 비로소 허용된다.[50]

(라) 본안소송이 고유필수적 공동소송인 경우에 원고 공동소송인 중 한 사람이 재심의 소를 제기하려면 공동소송인 전원이 재심원고가 되어야 하며, 피고가 재심의 소를 제기하는 경우에는 공동원고 전원을 재심 공동피고로 하여야 한다.

(마) 가사소송에서 상대방이 될 자가 사망한 경우에 검사(가소 제24조 제3항)를 상대로 재심의 소를 제기할 수 있다.

(바) 주주의 대표소송(상 제403조)이 제기된 경우에 원고와 피고가 공모하여 소송의 목적인 회사의 권리를 사해할 목적으로 판결을 하게 한 때에는 대표소송을 제기하지 않은 회사 또는 주주는 확정된 종국판결에 대하여 재심의 소를 제기할 수 있다(상 제406조).

(사) (a) 재심대상판결에 보조참가의 이익이 있는 자는 재심대상판결에 대하여 보조참가신청과 같이 재심의 소를 제기할 수 있다(제72조 제3항). 그러나 이 경우 보조참가인은 기존 소송을 전제로 피 참가인의 승소를 목적으로 하기 때문에 청구의 변경 등을 할 수 없다.

(b) 독립당사자참가인은 재심소송에 참가신청을 하면서 재심의 소를 제기할 수 있으나 그 소송행위가 피참가인의 소송행위에 어긋나는 경우에는 소송행위의 효력이 없으므로(제76조 제2항) 원고가 재심소송의 취하서를 제출하여 재심대상판결을 더 이상 다투지 아니할 의사를 명

48) 대판 2013.3.28. 2012아43.

49) 강현중, 「공동소송적 보조참가인의 동의 없이 피참가인이 한 재심의 소 취하의 효력」(법률신문 2016.5.16.자) 참조.

50) 대판 1994.12.27. 92다22473,22480.

백하게 한 경우에는 독립당사자참가인의 재심의 소는 효력이 없다.51)

(아) 채권자는 채권자대위권에 기초하여 재심청구를 할 수 없다.52) 채권을 보전하기 위하여 대위행사가 필요한 경우에는 실체법상 권리뿐만 아니라 소송법상 권리에 대하여서도 대위가 허용되지만, 채무자와 제3채무자 사이의 소송이 계속된 이후의 소송수행과 관련된 개개의 소송상 행위는 상소의 제기와 마찬가지로 그 권리의 행사를 소송당사자에게만 맡겨야 하기 때문이다.

5. 재심의 소에서 청구적격

(1) (가) 재심의 소는 확정된 종국판결을 대상으로 한다. 따라서 확정된 재심판결도 재심의 대상이다.53) 미확정판결이나 중간판결 또는 사망자를 당사자로 한 당연무효의 판결54)에 대해서는 재심의 소를 제기할 수 없다. 미확정 재심대상 판결에 대한 재심의 소는 뒤에 재심대상 판결이 확정되더라도 재심의 소가 적법하게 되는 것이 아니다.55) 대법원의 파기 환송판결은 종국판결이지만 확정되지 아니하였으므로 재심의 소를 제기할 수 없다.56)

(나) 독립하여 불복할 수 없는 제454조의 중간판결에 대해서도 거기에 재심사유가 있고 그 재판이 종국판결의 기본이 된 때에는 그 재심사유를 이유로 중간판결이 아니라 중간판결을 기본으로 한 종국판결에 대하여 재심을 제기할 수 있다(제452조).

(다) 확정된 지급명령(제474조)은 집행력만 있을 뿐 기판력이 없으므로 재심의 대상이 아니다.

(2) 같은 사건의 하급심 판결과 이에 대한 상소를 각하 또는 기각한 상급심판결이 다 같이 확정되었을 때에는 각각 재심을 제기할 수 있다. 다만 항소심에서 본안의 실체심리를 하여 항소기각 또는 취소의 자판을 하였을 경우에는 항소심 판결에 대해서만 재심의 소를 제기할 수 있다(제451조 제3항).

(3) 종국판결은 전부판결 · 일부판결, 본안판결 · 소송판결을 구별하지 않고 재심의 소를 제기할 수 있다. 그러므로 소송판결인 소송종료를 선언한 재심대상판결에서 소송이 종료되었다는 사실의 인정 자료인 소취하서가 형사판결에서 위조된 것이 판명된 때에는 제451조 제1항 6호의 재심사유에 해당된다.57)

---

51) 서울남부지판 2013.12.20. 2013나11398.
52) 대판 2012.12.27. 2012다75239.
53) 대판 2015.12.23. 2013다17124.
54) 대판 1994.12.9. 94다16564.
55) 대판 2016.12.27. 2016다35123(평석은 [41] 참조).
56) 대전판 1995.2.14. 93재다27 · 34.
57) 대판 1982.2.23. 81누216.

(4) 확정판결과 같은 효력이 있는 청구의 포기 · 인낙 또는 재판상 화해조서(제220조)에 대해서는 준재심(제461조)이 인정된다. 소송비용의 재판에 대해서는 독립하여 항소할 수 없으므로(제391조) 재심의 소를 독립하여 제기할 수 없다. 중재판정은 별도로 중재판정취소의 소가 인정되므로(중재 제36조) 재심의 소가 인정되지 않는다.

(5) 재심대상판결 이전에 있었던 위법 사유는 현재의 재심대상판결에 대한 적법한 재심사유가 될 수 없다.[58)]

(6) 한정위헌결정의 재심사유여부

헌법재판소가 법률 조항 자체는 그대로 둔 채 그 법률 조항에 관한 특정한 내용의 해석 · 적용만을 위헌으로 선언하는 이른바 한정위헌결정에 관하여서는 헌법재판소법 제47조가 규정하고 있는 법률자체의 위헌을 결정하는 효력을 부여할 수 없으므로, 한정위헌결정은 법원을 기속할 수 없어 재심사유가 될 수 없다.[59)]

[125] 제3. 재심사유

1. 뜻

(가) 재심의 소는 제451조 제1항에서 한정적으로 열거된 재심사유에 근거한 경우에만 제기할 수 있다. 주장된 사유가 위의 법조항 소정의 재심사유에 해당하는 경우에는 그 취지의 중간판결을 한 뒤에 본안에 관하여 심리 · 재판을 하지만(제454조 제2항) 재심사유에 해당하지 아니하여 부적법한 때에는 중간판결을 거치지 아니하고 각하한다. 그러한 의미에서 재심사유는 재심의 소의 적법요건이다.

(나) 그러나 각 개의 재심사유 주장은, 재심청구를 이유 있게 하는 공격방어방법으로서, 그 주장마다 별개의 재심청구를 하지 않으면 안 된다. 여러 사유를 하나의 소송으로 주창하더라도 청구를 병합하는 것이 아니며, 공격방어방법을 선택적으로 주장하는 것으로 보아야 한다.[60)]

(다) 제451조 제1항에 법정되어 있는 각 재심사유는 그 소송절차에 중대한 흠이며 판단의 기초자료에 묵과할 수 없는 결함 내지 불공평이 있는 것을 간과한 경우이고, 법의 해석 · 적용 혹은 사실인정에 관한 과오는 포함되지 않는다.

---

58) 대판 1990.9.25. 90재누34.
59) 대판 2013.3.28. 2012재두299.
60) 新堂幸司, 신민사소송법, 974면.

2. 상소와 재심과의 관계

(1) 제451조 제1항 단서-재심사유의 보충성

㈎ 「당사자가 상소에서 재심사유를 주장하였거나, 재심사유가 있음을 알면서도 주장하지 않은 경우에는 재심을 청구할 수 없다」(제451조 제1항 단서). 여기서 '이를 알고도 주장하지 아니한 때'란, 상소심에서 재심사유가 있음을 알면서도 주장하지 않은 경우뿐만 아니라, 아예 상소를 제기하지 않아 판결이 확정된 경우까지 포함한다.[61] 이를 재심사유의 보충성이라 하며, 재심의 이와 같은 성질은 재심사유가 당연히 상소이유가 되는 것을 전제로 한 것이다.[62] 그 취지는, 당사자가 상소를 제기할 수 있는 시기에 재심사유의 존재를 안 경우에는 상소에 의하여 이를 주장하게 하고, 재심사유의 존재를 알지 못하여 이를 상소로 주장할 수 없었던 경우에 한정하여 재심의 소에 의한 비상 구제를 인정하려는데 있다.

㈏ 따라서 판결의 기초된 형사판결이 다른 재판에 의하여 변경되고 그 재판이 확정되었는데 당사자가 상소로 이와 같은 사유를 주장하였을 경우,[63] 상고심에서 당사자가 위증하였다는 사실(제451조 제1항 7호)을 주장하였을 뿐 아니라 유죄판결이 확정되었다는 등 제2항의 사실을 주장한 경우,[64] 당사자가 재심사유의 존재를 알았음에도 불구하고 상소를 제기하면서 이를 상소심에서 주장하지 아니한 경우뿐만 아니라, 상소 자체를 제기하지 아니하여 판결을 확정시킨 경우,[65] 피고가 원고종중 대표자의 대표권에 흠이 있다는 것을 이미 사건 확정 전에 상고이유로서 주장하였던 경우[66] 등에는 피고는 그와 같은 사유를 들어 재심의 소를 제기할 수 없다(제451조 제1항 단서).

㈐ 결국 상소는 미확정 판결에 대한 불복신청이고, 재심은 확정판결에 대한 불복신청인 점에서 구별되지만 이와 같이 상소로서의 주장 유무에 따라 재심사유가 결정된다는 점에서 서로 관련을 맺고 있다.

(2) 제451조 제2항-유죄의 확정판결 등 존재

㈎ (a) 제451조 제1항 4호 내지 7호의 경우에는 처벌받을 행위에 대하여 유죄의 판결이나 과태료부과의 재판이 확정된 때 또는 증거부족 이외의 이유로 유죄의 확정판결이나 과태료부과의 확정재판을 할 수 없을 때에만 재심의 소를 제기할 수 있다(제451조 제2항). 이와 같이 4

61) 대판 1991.11.12. 91다29057 참조.
62) 소액사건에서는 재심사유가 상고이유로 되지 아니하므로 재심사유의 보충성이 없다.
63) 대판 1976.4.27. 76다492.
64) 대판 1988.2.9. 87다카1261.
65) 대판 1985.10.22. 84후68.
66) 대판 1979.6.12. 77다2338.

호 내지 7호의 가벌적 행위는 유죄의 확정판결 등 제451조 제2항 사실의 존재를 필요로 하는데 대하여 나머지 재심사유는 재심의 소를 제기하는데 제451조 제2항 사실의 존재를 요구하지 않는다.

(b) 동일 증인이 두 개의 형사사건을 동시에 심리하는 같은 날 같은 법정에서 선서만을 별도로 하고 단일한 증언을 하였는데 그 증언내용이 허위의 진술이었다면 증인은 단일 증언으로서 두 개의 형사사건에서 위증한 경우이다. 이는, 형법 제40조의 상상적 경합에 해당한다. 따라서 그중 한 개 사건의 증언내용에 관하여서만 공소가 제기되었다 하더라도 법원은 다른 사건의 증언내용에 대한 심리까지 하여 동시에 처벌할 수 있는데, 법원이 공소된 사건의 증언 내용에 대하여서만 유죄의 판결을 하여 그것이 확정되었으므로 다른 사건의 증언내용에 대하여는 상상적 경합에 관한 형법 제40조의 적용 결과 다시 처벌할 수 없다. 하지만 공소 제기된 어느 한 사건이 일반사면을 받아 공소기각결정이 되었다면 다른 사건은 형법 제40조의 원칙에 따라 제451조 제2항의 '유죄의 확정판결을 할 수 없을 때'에 해당하므로 재심의 소를 제기할 수 있다.[67]

(나) 당사자가 제451조 제1항 4호부터 7호까지의 가벌적 행위를 이유로 재심을 청구하는 경우, 여기서 "당사자가 상소로서 주장하였거나 주장하지 아니한 그 사유"가 의미하는 바가 무엇인지에 대하여 견해가 나뉜다. 즉 이는 가벌적 행위만을 가리키는 것인지, 아니면 가벌적 행위뿐만 아니라 제451조 제2항의 유죄 확정판결 등까지 포함하는 것인지에 관하여 학설이 대립한다.

(a) **적법요건설** (i) 재심사유는 제451조 제1항에서 정한 사유에 한정되므로 제2항 사실은 재심의 적법요건이라는 설이다. 이 견해는 재심이 남용될 우려를 예방하기 위해서는 재심의 소를 재심사유가 존재할 개연성이 높은 경우로 국한하여야 하는데, 유죄의 확정판결 등 제2항 사실의 존재가 재심의 남용을 억제하는 역할을 할 수 있다는 것이다. 따라서 재심의 소에서는 먼저 제2항 사실의 존재를 요구하여 이것에 흠이 있으면 재심사유의 유무에까지 들어가 판단할 필요 없이 재심의 소를 각하하여 심리를 마치며, 제2항 사실을 구비하여 재심의 적법요건을 갖춘 경우에는 그때에 비로소 재심법원은 유죄 확정판결 등의 판단 내용에 구속받지 아니하고 독자적으로 재심사유에 관하여 심리할 수 있다는 견해이다. 독일과 일본은 물론 우리나라의 통설이며, 판례[68]이다. 판례에 의하면 제451조 제1항 단서의 규정에 따라 같은 제1항 7호의 사유를 재심사유로 삼을 수 없는 경우가 되려면 상고심에서 당사자가 단지 위증을 하였다는 사실만 주장하는 것으로서는 부족하고 재심의 대상이 되는 상태, 즉 유죄판결이 확정되었다는 등 제2항 사실도 아울러 주장하였어야 하고,[69] 판결의 기초된 형사판결이 다른 재

67) 대판 1965.3.2. 64다1435.
68) 대판 1989.10.24. 88다카29658.
69) 대판 1988.2.9. 87다카1261.

판에 의하여 변경된 사유가 제451조 제1항 단서에 의하여 재심사유로서 결격이 되려면, 당사자가 상소로 판결의 기초된 형사판결이 다른 확정 재판에 의하여 변경되었다는 사유까지 주장하였을 경우라고 하였다.[70] 생각건대 재심사유를 구실삼아 반복하여 재심의 소를 쉽게 제기할 수 있다면 법적 안정성을 크게 해치게 되므로 재심절차의 제1단계인 적법요건의 심리절차에서 재심사유가 존재할 개연성이 높은 증거로서 유죄의 확정판결 등을 요구함이 타당하다. 그러한 견지에서 적법요건설이 옳다고 하겠다.

(ii) 그런데 재심의 소는 당사자가 판결확정 이후 재심사유를 안 날로부터 30일 이내에 제기하여야 하고(제456조 제1항), 재심사유가 판결의 확정 이전에 생기더라도 판결확정 이후 5년을 경과한 때에는 재심의 소를 제기하지 못하며(동조 제3항), 재심사유가 판결 확정이후에 생긴 때에는 5년의 기간은 재심의 사유가 발생한 날로부터 계산하는데(동조 제4항) 만약 판결 확정 이전에 재심사유가 발생하였는데 형사재판의 지연으로 인하여 유죄판결 등의 확정이 5년을 경과한 때에는 재심의 적법요건을 갖추지 못하는 결과가 초래되게 된다. 그러므로 이 경우에는 제456조 제4항의 「재심의 사유가 발생한 날」을 제451조 제1항 4호 내지 7호 소정의 가벌적 행위뿐만 아니라 제451조 제2항에서 정한 유죄의 확정판결 등 사실을 포함하는 것으로 보아[71] 유죄의 확정판결이 있은 후 5년이 경과하기까지는 재심의 소를 제기할 수 있다고 하여야 권리구제수단으로서 재심의 실효성이 있다. 결국 적법요건설에 의하면 제2항 사실은 재심소송의 적법요건이지만 재심기간을 정할 때에는 그 기산점이 된다.

(b) **합체설** 이 견해는 제451조 제2항 사실이 그 제1항 사유와 함께 일체로서 재심사유가 된다는 견해이다. 이 견해에 의하면 재심사유에 제2항 사실이 포함되므로 유죄의 확정판결이 있기 이전에는 재심기간이 경과되지 않기 때문에 제456조 소정의 재심기간 문제는 쉽게 해결할 수 있다. 그러나 제2항 사실의 심리를 가벌적 행위의 심리와 동시에 하여야 하기 때문에 양쪽의 구별은 의미가 없게 되어 법원은 당사자가 재심청구만 하면 언제나 복잡한 가벌적 행위의 유무와 재심사유를 같이 심리하여야 하는 부담을 지게 되는 문제가 있어 찬성할 수 없다.

(다) **유죄의 확정판결 등 주장** (a) 재심소송은 이와 같이 상소를 보충하는 비상절차이기 때문에 당사자가 재심사유를 상소로 주장하였으나 기각되거나, 재심사유를 알면서 상소를 제기하지 아니한 경우, 상소를 제기하였으나 상소심에서 재심사유를 주장하지 아니하여 그대로 확정된 경우에도 같은 사유로 재심의 소를 제기할 수 없다(제451조 제1항 단서). 다만 이에 관한 재심사유를 상소로 주장하려면 재심소송과 동일한 절차를 밟아야 하기 때문에 재심의 적법요건인 유죄의 확정판결 등을 함께 주장하여야 한다(제451조 제2항). 그래서 유죄 판결이 확정되기 전

70) 대판 1976.4.27. 76다492.
71) 대판 1975.12.23. 74다1398.

에는 단순히 처벌받을 만한 행위가 있었다고 주장했다는 이유만으로, 재심을 청구할 수 없게 하는 사유("상소에서 이미 주장했거나 알면서도 주장하지 않은 경우")에 해당한다고 볼 수 없다.

(b) 따라서 유죄의 확정판결 등이 있었는데도 상소로 이를 주장하지 아니하였거나, 항소심에서 유죄의 확정판결 등을 이유로 가벌적 행위를 주장하였으나 배척되어 상고하였지만 상고기각이 되었을 때에도 다시 재심을 제기할 수 없음은 당연하다.

(라) (a) 적법요건설에 의하면, 제2항 해당사실의 존재에 관한 판결 등이 존재하지 않으면 재심사유에 관한 심리에 들어갈 것도 없이 재심청구를 각하한다. 또 재심법원은 제2항 해당사실이 존재하더라도 재심사유의 심리에 들어가서 그 사실의 존부에 관한 실질적 판단을 통하여 재심대상 판결을 정당하다고 인정할 때에는 새로운 증거의 제출이 없더라도 재심청구를 배척할 수 있다.[72)]

(b) 합체설에 의하면 제2항 해당사실에 관한 판결 등의 존재와 재심사유에 관한 심리를 모두 다 거친 다음 제2항 해당사실이나 재심사유 중 어느 하나 또는 양쪽이 갖추어지지 않으면 비로소 재심청구를 각하한다. 그러나 소송의 실제에 있어서 재심청구를 각하하는 비율이 압도적으로 많다는 점을 감안해보면 합체설을 따르는 심리는 법원에 큰 부담을 줄 수 있어 적법요건설의 유용성을 따를 수 없다.

(마) 제1심 혹은 항소심판결이 편취판결이라고 하면서 상고이유로 가벌적 행위를 주장하였는데 상고심 계속 중에 유죄의 확정판결 등이 나와서 제451조 제2항 사실을 구비한 경우에 원심판결을 파기 · 환송하여야 할 것이고, 자판(自判)해서는 안 된다. 상고심이라고 하더라도 직권조사사항에 관한 사실심리를 할 수 있지만(제434조) 상고심의 부담경감의 필요성과 법률심으로서의 성격을 고려한다면 사실심리는 어디까지나 예외적으로 하여야 하기 때문이다.

(바) 위에서 이미 설명한 것과 같이 제451조 제1항 4호 내지 7호의 경우는 처벌받을 행위에 대하여 유죄의 판결이나 과태료부과의 재판이 확정된 때 또는 증거부족 이외의 이유로 유죄의 확정판결이나 과태료부과의 확정재판을 할 수 없을 때에 한정하여 재심의 소를 제기할 수 있는데(제451조 제2항), 다만 이 경우에 해당하더라도 당사자가 상소에 의하여 그 사유를 주장하였거나, 이를 알고도 주장하지 아니한 경우에는 재심의 소를 제기할 수 없다(제451조 제1항 단서). 재심사유의 보충성에 위반되기 때문이다. 예컨대 제451조 제1항 7호에 규정된 재심사유인 증인 등의 거짓 진술 사유를 재심사유로 삼을 수 있는 경우가 되려면 당사자가 상소심에서 단지 거짓 진술을 하였다는 사실만 주장하는 것으로는 부족하고 재심의 대상이 되는 상태, 즉 증인 등의 거짓 진술이 유죄판결로 확정되었다거나 증거부족 외의 이유로 유죄판결을 할 수 없다는 등 동조 제2항 사실의 존재를 아울러 주장하여야 하는 것이다.[73)]

---

72) 대판 1975.2.25. 73다933.

73) 대판 1988.2.9. 87다카1261, 2006.10.12. 2005다72508.

(사) 항소 · 상고 등으로 가벌적 행위 등을 주장하였으나 상소심이 그 주장을 판단하지 않은 경우에는 다시 재심을 청구할 수 있음은 당연하다.

(아) 제451조 제2항 소정의 적법요건 해당사실은, 같은 제1항 4호 내지 7호 소정의 재심의 소를 제기한 당사자가 증명해야 한다.[74)]

3. * 재심사유

(1) 재심사유의 개괄적 고찰

(가) 원칙 (a) 재심의 소는 확정판결에 대하여 그 판결의 효력을 인정할 수 없는 흠이 있을 때에 법적 안정성을 희생시키면서 구체적 정의를 위하여 확정판결의 취소를 허용하는 비상수단이다. 따라서 소송제도의 기본목적인 분쟁해결의 실효성과 정의실현과의 조화를 도모하여야 하는 것이므로 재심사유의 존부에 관하여는 당사자의 처분권을 인정할 수 없고, 재심법원은 직권으로 당사자가 주장하는 재심사유에 해당하는 사실의 존부에 관한 자료를 조사하여 판단할 필요가 있다. 따라서 재심사유에 대하여는 당사자의 자백이 허용되지 아니함은 물론 의제자백에 관한 제150조 제1항은 적용되지 않는다.[75)]

(b) 상고심의 판결에 대하여 재심의 소를 제기하려면, 상고심의 소송절차 또는 판결에 제451조 제1항 소정의 사유가 있는 경우에만 할 수 있다. 그런데 상고심은 직권조사사항을 제외하고서는 사실인정의 직책은 없고 다만, 사실심인 제2심 법원이 한 증거의 판단과 사실인정의 적법 여부를 판단할 뿐이다. 따라서 사실심에서 적법하게 확정한 사실은 상고심을 기속하므로, 재심사유 가운데 사실인정 자체에 관한 것, 예컨대 제451조 제1항 6호에서 정하고 있는 서증의 위조 · 변조에 관한 것이나 7호에서 정한 허위진술에 관한 것 등은 사실심 판결에 대한 재심사유는 될지언정 상고심 판결에 대한 재심사유로 삼을 수 없다.[76)]

(나) 제451조 제1항 1호 내지 3호 1, 2호는 재판의 공정을 담보할 법원의 적법한 구성, 법관자격의 흠이 재심사유가 된 것이고 3호는 절차기본권을 보장하기 위해서 적법한 대리권의 흠을 재심사유로 한 것이다. 제451조 제1항 1호에서 3호까지는 절대적 상고이유와 같으므로 각 사유가 판결에 영향을 미쳤는지 여부 및 그 인과관계의 존부를 묻지 않는다.

(다) 제451조 제1항 4호 내지 7호 (a) 이들 재심 사유는 가벌적(可罰的) 행위에 관한 재심사유라고 한다. 가벌적 행위는 유죄의 확정판결, 과태료의 재판이 확정되거나 또는 증거부족 이외의 이유로 유죄의 확정판결이나 과태료부과의 확정판결을 할 수 없을 때에 한정하여

74) 대판 1989.10.24. 88다카29658.
75) 대판 1992.7.24. 91다45691.
76) 대판 2000.4.11. 99재다746.

재심의 소를 제기할 수 있다(제451조 제2항 전단). 이 경우에는 1호 내지 3호와 달리 재심사유와 판결결과와의 인과관계가 있어야 한다. 유죄의 확정판결은 재심의 소에 대한 판결이 있을 때까지 있으면 충분하다.[77)]

(b) 가벌적 행위는, 「증거 부족 외의 이유로 유죄의 확정판결이나 과태료 부과의 확정재판을 할 수 없는 때」에만 재심의 소를 제기할 수 있다(제451조 제2항 후단). 여기에서 말하는 증거부족이외의 이유로 유죄의 확정판결 등을 할 수 없을 때라 함은 범인의 사망, 사면, 공소시효의 완성,[78)] 피고의 정신착란[79)] 등으로 말미암아 증거가 부족하지 아니하였더라면 위조나 변조의 유죄확정판결을 받을 수 있으리라는 경우를 말하므로 소재불명으로 인한 기소중지,[80)] 무혐의 불기소처분[81)] 등은 포함되지 않는다. 유죄의 확정판결을 받을 수 있으리라는 점은 재심청구인이 입증하여야 한다.[82)] 판결의 증거가 된 문서가 위조된 것이 분명하지만 공소시효의 완성으로 그 문서를 위조한 범인에 대하여 유죄판결을 할 수 없게 되었다면, 그 위조행위의 범인이 구체적으로 특정되지 않았다고 하더라도 '증거부족 외의 이유로 유죄의 확정판결을 할 수 없을 때'에 해당한다.[83)]

(c) 증언의 일부내용이 허위이긴 하지만 증언당시 그것이 허위라는 인식이 있었음을 인정할 만한 증거가 없어 범죄혐의가 없다는 이유로 검사가 불기소결정을 하였다면 이는 증거의 부족이 아니라 곧 증거의 흠을 이유로 한 것이므로 재심사유가 되지 못한다.[84)]

㈑ **제451조 제1항 8호 내지 10호** 8호는 재판 또는 행정처분이 변경된 경우이고, 9호는 공격방어방법에 관한 판단누락이며, 10호는 기판력이 서로 어긋난 경우의 해결방법을 각 재심으로 한 경우이다. 판단누락과 같은 재심사유는 특별한 사정이 없는 한 당사자가 판결정본의 송달로 알게 되었다고 볼 것이다.[85)]

㈒ **제451조 제1항 11호** 11호 전단은 상대방의 주소 또는 거소를 알면서도 소재불명이라고 법원을 속여 공시송달의 방법으로 소송절차를 진행하는 경우를 말하고 11호 후단은 상대방의 주소 또는 거소를 허위로 기재하여 그 상대방으로 하여금 소송서류를 받을 수 없게 하고 허위주소에 기재된 제3자가 송달을 받는 경우를 말한다.

---

77) 대판 1972.6.27. 72므3.
78) 대판 1985.11.26. 85다418. 검사가 공소시효완성을 이유로 공소권이 없다고 불기소결정한 날이 아니라 실제 공소시효가 완성한 날이다(대판 1980.3.25. 78다819 참조).
79) 대판 1964.5.12. 63다859.
80) 대판 1959.7.23. 4291민상444, 1989.10.24. 88다카29658.
81) 대판 1999.5.25. 99두2475.
82) 대판 1985.2.26. 84누734.
83) 대판 2006.10.12. 2005다72508.
84) 대판 1985.11.26. 85다418.
85) 대판 1989.5.23. 88누5570, 2015.10.29. 2014다13044.

(바) 재심사유는 그 사유가 있는 사람의 상대방도 그 재심사유를 주장함으로써 이익을 받을 수 있는 경우에는 재심사유를 주장할 수 있다.[86] 그러나 제1항 3호는 해당 당사자를 보호하기 위한 것이므로 그 당사자가 주장하여야 할 것이고, 상대방은 이 사유를 들어 재심청구를 할 수 없다.

(2) 개별적 고찰

(가) 판결법원 구성의 위법(제451조 제1항 1호) 판결법원이 법원조직법과 민사소송법에 의하여 구성되지 아니한 경우이다. 종전의 대법원판례와 다른 판시를 하든가,[87] 재심대상 대법원판결에서 표시한 의견이 그 전에 선고된 대법원판결에서 표시한 의견을 변경하는 경우,[88] 법률 등의 해석·적용에 관하여 종전 대법원 판시 견해를 변경하는 것[89] 등은 대법원전원합의체에서 할 수 있는데 이를 대법원 소부가 하는 경우에도 이에 해당한다. 대법원의 판례가 법률해석의 일반적인 기준을 제시한 경우에 유사한 사건을 재판하는 하급심법원의 법관은 판례의 견해를 존중하여 재판하여야 하는 것이지만, 대법원판결이라고 하더라도 사안이 서로 다른 사건을 재판하는 하급심법원을 직접 기속하는 효력이 있는 것은 아니므로 하급심법원이 대법원판결과 다른 견해를 취하여 재판한 경우에는 상고를 제기하여 구제받을 수 있음을 별론으로 하고 재심사유인 법률에 의하여 판결법원을 구성하지 아니한 때에 해당되지 아니한다.[90]

(나) 재판에 관여할 수 없는 법관의 재판관여(제451조 제1항 2호) (a) 법률상 당연히 직무집행에서 제외되는 법관(제41조), 상고심에서 파기된 원심판결에 관여한 법관(제436조 제3항)의 재판관여가 이에 해당된다.

(b) 재심사건에 있어서 그 재심 대상으로 삼고 있는 재심대상판결은 법관의 제척이유인 제41조 5호의 '이전(以前) 심급의 재판'에 해당한다고 할 수 없으므로, 재심청구사건의 상고심 관여 법관이 당해 재심사건의 재판에 관여하였다 하더라도 이는 '법률상 그 재판에 관여할 수 없는 법관'에 해당되지 않는다.[91]

(c) 기피원인이 있는 법관이 재판에 관여하더라도 여기에 해당되지 않는다.[92]

(다) 법정대리권·소송대리권 또는 대리인이 소송행위를 함에 필요한 수권의 흠(제451조 제1항 3호) (a) (i) 적법한 대리권의 흠을 재심사유로 한 이 조항은 헌법상 절차기본권(헌 제27조)

86) 대판 1990.11.13. 88다카26987.
87) 대전판 1967.6.29. 65사24.
88) 대전판 1995.4.25. 94재다260.
89) 대전판 2000.5.18. 95재다199.
90) 대판 1996.10.25. 96다31307.
91) 대판 2000.8.18. 2000재다87.
92) 대판 1993.6.22. 93재누97.

의 침해에 해당하는 경우로서 당사자 본인이나 그 대리인의 소송행위가 배제되는 경우가 이에 해당하고, 이들 경우에는 재심기간의 제한도 받지 아니한다(제457조). 그러나 본인이나 소송대리인이 무권대리인과 무관하게 공격 또는 방어방법을 제출하는 등 실질적인 소송수행을 하였다면 절차기본권의 침해가 없으므로 제451조 제1항 3호에 해당되지 않는다.[93]

(ii) 재심제기의 기간 제한을 받지 아니하는 제457조가 적용되는 경우란 대리권이 처음부터 없는 경우를 말한다.[94] 예컨대, 원고가 피고 법인의 참칭 대표자에게 소송서류가 송달되게 하여 법원이 참칭 대표자에게 적법한 대표권이 있는 것으로 알고 그를 송달받을 자로 지정하여 소송서류 등을 송달하고 그 송달받을 자로 지정된 참칭 대표자가 송달받아 자백간주로 승소판결을 받는 경우와 같이 피고 법인은 당사자로서 변함이 없는데 그 대표자가 처음부터 대리권이 없는 무권대리인인 경우,[95] 조합의 적법한 대표자 아닌 참칭 대표자에게 소송서류를 송달하여 본인인 조합이 소송절차에 관여할 기회를 상실한 경우,[96] 당사자가 우체국집배원[97]의 배달착오로 소송기록 접수통지서를 송달받지 못하여 소정의 기간 이내에 상고이유서를 제출하지 못한 경우,[98] 종중의 대표자가 적법한 절차에 의하여 선임된 대표자가 아닌 경우[99] 등이다. 여기서의 대리권의 흠에는 법인이나 단체의 대표권한 흠도 포함된다.

(iii) 이러한 경우에 제451조 제1항 3호에 기초하여 제기한 재심의 소에는 제456조의 규정은 적용되지 아니하므로 재심기간의 제한이 없다.

(b) 그러나 무권대리인이지만 대리인으로서 본인을 위하여 실질적인 소송행위를 하였을 경우, 일반적인 대리권은 있으나 소송행위를 하는데 필요한 특별수권에 흠이 있어 본인이나 그의 소송대리인이 실질적인 소송행위를 할 수 없었던 경우에는 제457가 적용되지 않는다.[100] 예를 들어 비법인사단의 대표자가 총유물의 처분에 관한 소송행위를 하려면 특별한 사정이 없는 한 민법 제276조 제1항에 의하여 사원총회의 결의가 있어야 하는 것이지만, 그 결의 없이 소송행위를 하였다고 하더라도 이는 소송행위를 함에 필요한 특별수권을 받지 아니한 경우로서, 제451조 제1항 3호 소정의 재심사유에 해당하되, 전혀 대리권을 갖지 아니한 자가 소송행위를 한 대리권 흠결의 경우와 달라서 제457조는 적용되지 아니하여 제456조에서 정한 30일 재심제기기간의 제한을 받는다.[101] 같은 취지로 부재자의 재산관리인이 법원의 허가를 받지

93) 대판 1992.12.22. 92재다259.
94) 대판 1994.6.24. 94다4967.
95) 대판 1994.1.11. 92다47632, 1999.2.26. 98다47290.
96) 대판 1994.1.11. 93다28706.
97) 성질상 법정대리인에 속한다.
98) 대판 1998.12.11. 97재다445.
99) 대판 1990.4.24. 89다카29891.
100) 대판 1992.12.22. 92재다259, 1994.6.24. 94다4967.
101) 대판 1999.10.22. 98다46600.

아니하고 한 인낙행위와 같이 특별대리인을 선임하여야 할 경우(제62조)에 그 선임 없이 소송수행을 한 경우,[102] 대표이사가 주주총회의 특별결의사항에 관하여 그 결의 없이 제소전 화해를 한 경우,[103] 법원의 가처분결정에 의한 회사의 대표이사 직무대행자는 그 가처분에 다른 정함이 있는 때 이외에는 법원의 허가 없이 그 회사의 상무에 속하지 않는 행위를 할 수 없는데 법원의 허가 없이 회사를 대표하여 변론기일에서 상대방의 청구를 인낙한 경우,[104] 합자회사 사원이 자기가 그 합자회사의 대표자라고 주장하면서 원고가 되어 회사를 상대로 소송을 수행하는 경우에는 수소법원으로부터 특별대리인의 선임을 받아 소송행위를 하여야 하는데도 특별대리인 선임 없이 수행된 소송에 대하여 사실심에서 이를 간과하여 본안판결을 하였고 상고심에서는 소송요건에 대한 직권조사 없이 상고를 기각한 경우[105] 등에는 제457조가 적용되지 아니하므로 제456조에서 정한 30일 재심제기기간의 제한을 받는다. 그러나 예컨대 부재자인 피고를 상대로 소송을 하는데 피고가 재산관리인을 둔 바도 없고, 또 법원이 선임한 부재자 재산관리인도 없는데 원고가 그대로 피고 본인을 상대방으로 하여 소송을 제기하여 판결이 선고된 경우까지 포함하는 것이 아니다.[106] 이 경우에는 판결이 선고된 후에 선임된 부재자 피고의 재산관리인이 제173조에 의한 추후보완신청과 동시에 상소를 제기할 수 있을 것이다.

(c) 직접 대리권과는 관계가 없어도 소송에서 당사자의 절차기본권이 침해를 받는 경우, 예를 들어 당사자명의를 모용(冒用)하여 이루어진 결정이 확정된 경우,[107] 소송절차의 중단사유가 생겼는데도 이를 간과하고 판결이 선고된 경우,[108] 한 쪽 당사자에게 회생절차개시결정이 있었는데 관리인의 소송수계가 없는 상태에서 법원이 소송절차를 진행하여 판결을 선고한 경우와 같이 적법한 승계인의 권한을 배제한 위법이 있는 경우[109] 등에는 적법한 대리인의 대리가 없는 것과 같이 취급하여 상소로 구제받을 수 있다. 만약 상소심에서 이를 지적하였는데도 이를 간과하여 판결이 확정된 경우에는 재심의 소를 제기할 수 있지만 그 경우의 재심사유는 3호(대리권등의 흠)가 아니라 9호(판단누락)이다.

(d) 민사소송법이 법정대리권 등의 흠을 재심사유로 규정한 취지는 원래 그러한 대리권의 흠이 있는 당사자를 보호하기 위한 것이지 상대방을 보호하기 위한 것이 아니다. 따라서 그 상대방이 이를 재심사유로 삼기 위해서는 그러한 사유를 주장함으로써 이익을 받을 수 있는 경우에 한정된다. 여기서 이익을 받을 수 있는 경우란 위와 같은 대리권의 흠 이외의 사유로

102) 대판 1965.9.7. 65사19.
103) 대판 1980.12.9. 80다584.
104) 대판 1975.5.27. 75다120.
105) 대판 1965.9.7. 65사19.
106) 대판 1968.11.19. 68다1735.
107) 대판 1964.3.31. 63다656.
108) 대전판 1995.5.23. 94다28444.
109) 대판 2012.3.29. 2011두28776.

종전의 판결이 종국적으로 상대방, 즉 재심소송의 원고에게 이익이 되게 변경될 수 있는 경우를 의미한다.[110] 그러므로 재심원고가 재심 피고인 종중대표자의 대표권 흠을 주장하려면 종중대표자의 대표권에 흠이 있더라도 다른 어떤 사유로 재심을 제기할 이익을 얻을 수 있는지를 밝혀야 한다.[111]

(e) 대리권의 흠은 판결확정 이후에도 본인의 추인이 있으면 재심사유가 되지 아니한다(3호 단서). 법인의 대표자로 선임된 특별대리인은 그 선임된 소송에 관하여서는 본인인 법인을 위하여 이익이 되는 소송행위를 할 수 있는 이른바 법정대리인의 지위에 있으므로 재심대상소송에서 흠이 있는 대표이사의 대리권을 추인할 수 있다.[112]

(f) 인지보정명령이 송달받을 권한이 없는 자에게 잘못 송달되어 청구인이 인지보정명령이 있었는지조차 알지 못한 상태에서 상고장 각하명령을 받게 되었다 하더라도 이러한 사유는 제461조에 의하여 준용되는 제451조 제1항 3호의 준재심사유에는 해당되지 아니하며 달리 제451조 제1항 소정의 어느 준재심사유에도 해당하지 아니한다.[113] 재판장의 보정명령은 소송지휘권에 속하므로 당사자는 보정명령 자체에 대하여는 이의신청이나 항고 등 불복을 할 수 없고,[114] 인지를 보정하지 아니하였다는 이유로 한 소장각하명령에 대하여서만 즉시항고로 불복할 수 있기 때문이다(제254조 제3항). 그러므로 이 경우에는 인지보정명령 자체가 당사자에게 송달되지 아니하였다는 것을 이유로 하여 즉시항고 또는 즉시항고의 추후보완(제173조) 절차를 밟아야 할 것이다. 따라서 항소장 각하명령에 대하여 항소장의 부족인지액에 대한 보정명령의 적법한 송달이 없었다는 사유는 항소장각하명령의 당연무효사유가 아니다.[115]

(g) 제65조 후문의 경우와 같이 다수자 사이에서 공동소송인이 될 관계에 있기는 하지만 주요한 공격방어방법을 공통으로 하는 것이 아니어서 공동의 이해관계가 없는 자가 선정당사자로 선정되었음에도 법원이 그러한 선정당사자 자격의 흠을 간과하여 그를 당사자로 한 판결이 확정된 경우에도 선정자는 스스로 당해 소송의 공동소송인 중 1인인 선정당사자에게 소송수행권을 수여하는 선정행위를 하였으므로 그 선정자로서는 실질적인 소송행위를 할 기회 또는 적법하게 당해 소송에 관여할 기회를 박탈당한 것이 아니다. 따라서 비록 그 선정당사자와의 사이에 공동의 이해관계가 없었다고 하더라도 그러한 사정은 제451조 제1항 3호가 정하는 재심사유에 해당하지 않는다. 이 법리는 그 선정당사자에 대한 판결이 확정된 경우뿐만 아니라 그 선정당사자가 청구를 인낙하여 인낙조서가 확정된 경우에도 마찬가지이다.[116]

110) 대판 1983.2.8. 80사50.
111) 대판 1983.2.8. 80사50.
112) 대판 1969.7.22. 69다507.
113) 대판 1982.11.24. 81사6.
114) 대결 2009.3.27. 2009그35.
115) 대구고판 1975.5.15. 74나35.

㈑ 법관의 직무상 범죄(제451조 제1항 4호)

㈒ 형사상 처벌받을 다른 사람의 행위로 말미암아 자백하였거나 공격 또는 방어방법의 제출방해(제451조 제1항 5호) (a) (i) 「형사상 처벌받을 행위」라 함은 형법상 범죄행위에 국한되지 아니하며 특별형법을 비롯하여 각종 형사법의 범죄행위를 뜻한다. 그러나 경범죄처벌법위반행위나 질서벌은 제외된다.

(ii) 「다른 사람」이라 함은 상대방 또는 제3자를 말하며 그 중에는 상대방의 법정대리인 및 소송대리인을 포함한다. 예컨대 재심대상사건에 관한 공격방어방법이 담긴 합의 의견서를 재심대상사건의 소송계속중 제3자가 반환을 거부하였다면 그 반환을 거부한 행위는 공격방어방법의 제출을 방해한 것이므로 그 반환거부로 인하여 횡령의 유죄확정판결을 받았다면 이는 제451조 제1항 5호 소정의 재심사유이다.[117)]

(iii) 다른 사람의 범죄행위로 말미암아 자백이나 공격 또는 방어방법의 제출을 방해하는 행위는 판결에 영향을 미쳐야 하는 인과관계를 필요로 한다. 즉 그 범죄행위로 인하여 재심대상판결 절차에서 당사자의 공격방어방법 제출이 직접 방해받아야 하고, 이것이 간접적인 원인에 불과할 때에는 여기에 해당되지 않는다.[118)] 그런데 여기서는 소송사기 등 '방해행위' 자체에 대하여서 형사상 처벌을 받아야만 되는 것이 아니고 공정증서원본부실기재 등 죄로 처벌받는 경우도 '방해행위'에 해당하는 것으로 본다.[119)]

(iv) 「공격 또는 방어방법」에는 주장 · 항변 · 답변 등 소송행위는 물론이고 증거방법의 제출도 포함된다. 따라서 소송의 승패에 중대한 영향을 미치는 문서의 제출 또는 증인 신청이 상대방의 범죄행위로 인한 방해, 즉 증명방해로 인한 경우에도 재심을 청구할 수 있다.

(b) (i) 다른 사람의 형사상 처벌받을 행위로 인한 자백 또는 공격방어방법의 제출행위는 유죄의 확정판결(제451조 제2항)을 근거로 제심사유로 할 수 있다. 그런데 판례는 형사상 처벌받을 다른 사람의 행위로 말미암아 상소를 취하하거나,[120)] 지급명령이의신청을 취하한 경우[121)]에도 원심판결의 확정 또는 지급명령의 확정이라는 결과가 초래되므로 제451조 제1항 5호에서 정한 '형사상 처벌을 받을 다른 사람의 행위로 말미암아 자백을 하였거나'의 '자백을 하였거나'에 준하는 재심사유가 인정된다는 이유로 상소의 취하 또는 지급명령이의신청 취하의 효력을 재심으로 다툴 수 있도록 하였다. 다만 제451조 제2항에 따라 유죄의 확정판결 등을 조건으로 한다.[122)]

---

116) 대판 2007.7.12. 2005다10470.
117) 대판 1985.1.29. 84다카1430.
118) 대판 1993.11.9. 93다39553.
119) 대판 1969.4.29. 69사36.
120) 대판 1985.9.24. 82다카312 · 313 · 314, 2012.6.14. 2010다86112.
121) 대결 2012.11.21. 2011마1980.
122) 위 대결 2011마1980 참조.

(ii) 당사자가 형사상 처벌받을 행위로 인하여 자백한 경우에는 제451조 제1항 5호를 유추하여 제288조 단서에서 정하고 있는, 진실에 어긋나느냐의 여부와 관계없이 자백을 취소할 수 있다. 다만 확정판결에 대한 재심과는 달리 자백의 취소에 관한 문제이므로 유죄의 확정판결을 받는 것을 전제로 할 필요는 없다.

(iii) (ㄱ) 원고의 공시송달 신청이 법원을 기망한 행위인 경우에는 그로 인한 편취판결에 대해서는 5호와 11호의 사유가 병존한다.[123] 즉 제451조 제1항 11호의 재심사유인 상대방의 주소가 분명함에도 불구하고 재산을 편취할 목적으로 고의로 소재불명이라고 하여 법원을 속이고 공시송달의 허가를 받아 상대방의 불출석을 기화로 승소판결을 받은 경우에 그 소송의 준비단계에서부터 판결확정시까지 문서위조 등 형사상 처벌을 받을 어떤 다른 위법사유가 전혀 개재되지 않았기 때문에 오로지 소송사기로밖에 처벌할 수 없는 경우라고 하더라도, 형사상 처벌받을 타인의 행위로 인하여 공격 또는 방어방법의 제출이 방해되었음을 부정할 수 없으므로, 이러한 경우 제451조 제1항 5호의 재심사유도 11호의 재심사유와 병존하는 것이다.

(ㄴ) 따라서 5호를 주장하는 경우에는 제451조 제2항 사실을 주장 · 입증하여야 할 것이다.

(바) 판결의 증거가 된 문서, 그 밖의 물건이 위조 · 변조(제451조 제1항 6호) (a) (i) 판결의 증거가 된 문서라 함은 재심대상이 된 판결에서 사실인정의 자료로 삼고 있는 문서를 말한다. 그 문서가 실은 위조된 문서로서 그 문서 등이 판결주문의 이유가 된 사실인정의 직접적 또는 간접적인 자료로 제공되어 법원이 그 위조문서 등을 참작하지 않았더라면 당해 판결과는 다른 판결을 하였을 개연성이 있는 경우에 재심사유에 해당한다.[124]

(ii) 따라서 법관의 심증에 영향을 주었을 것이라고 추측되는 문서라고 하더라도 사실인정의 자료로 채택된 것이 아니거나, 그 위조문서 등을 제외한 나머지 증거들만으로 사실인정을 할 수 있거나, 그 위조문서 등이 없었더라면 판결주문이 달라질 수 있을 것이라는 개연성이 없는 경우, 또는 그 위조문서 등이 판결이유에서 가정적 · 부가적으로 설시한 사실을 인정하기 위하여 인용된 경우에는 이에 해당되지 않는다.[125]

(iii) 행위의 모습은 위조 · 변조 · 공정증서원본불실기재는 물론 허위공문서작성[126]도 포함된다. 다만 형사상 처벌대상이 되지 않는 사문서의 무형위조는 제외된다.[127]

(b) 확정된 지급명령이, 채권자가 채무자에 대한 식육(食肉)의 상거래에 관한 장부를 위조하여 그것을 증빙서류로 첨부함으로써 발급받았다고 하더라도 지급명령은 그 본질상 위와 같은 증빙서류의 진실 여부를 심리 판단하여 그 채무의 존부를 확정한 후에야 비로소 발급되는

123) 대판 1997.5.28. 96다41649.
124) 대판 1997.7.25. 97다15470.
125) 대판 1997.7.25. 97다15470.
126) 대판 1982.9.28. 81다557.
127) 대판 1995.3.10. 94다30829 · 30836 · 30843.

것이 아니므로 위의 사실은 제451조 제1항 6호 및 제2항의 재심사유가 아니다.[128)]

(c) 증거로 제출된 문서가 조정에 갈음하는 결정에서 사실인정 및 판단의 자료가 되었는데 그 문서가 위조 또는 변조되었음이 밝혀지고 이에 대한 유죄의 확정판결이 있게 됨으로써 그 조정에 갈음하는 결정에 영향을 미쳤을 가능성이 있는 경우에는 당사자가 이를 이유로 확정된 조정에 갈음하는 결정조서에 대하여 준재심 청구를 할 수 있다.[129)]

(사) 증인 등의 거짓 진술(제451조 제1항 7호) (a) (i) 증인·감정인·통역인의 거짓 진술 또는 당사자신문에 따른 당사자나 법정대리인의 거짓 진술이 판결의 증거로 된 때라 함은 그 거짓 진술이 판결주문의 이유가 된 사실인정의 자료가 되었을 뿐 아니라[130)] 그 거짓 진술을 참작하지 아니하였더라면 그 판결과 다른 판결을 하였을 개연성이 있는 경우를 말한다.[131)] 여기서 사실인정의 자료가 된다는 것은 판결주문에 영향을 미치는 자료가 되는 것을 의미하는데 이는 직접적인 증거가 될 뿐 아니라 대비증거로 사용되어 간접적인 영향을 준 경우도 포함된다.[132)]

(ii) 증인 등의 거짓 진술이 없었더라면 판결주문이 달라질 수 있는 경우라고 하더라도 증거로 채용되어 판결서에 기재되지 아니한 경우에는 재심사유가 되지 않고,[133)] 거꾸로 대비증거[134)]라도 판결서에 기재되어 판결에 영향을 주었다면 재심사유가 된다.

(iii) 이 재심사유는 그 허위진술이 판결주문의 이유가 된 사실인정의 직접적 또는 간접적인 자료로 제공되어 법원이 그 허위진술을 참작하지 않았더라면 당해 판결과 다른 판결을 하였을 개연성이 있는 경우를 말한다. 만약 그 허위진술이 당사자의 주장사실에 부합하는 증거를 배척하는 반대증거로 사용된 경우에 주장사실을 뒷받침하는 증거가 그 내용자체로 보아 신빙성이 없는 것이어서 반대증거가 없더라도 도저히 채용할 수 없는 것일 때에는 비록 허위진술이 위증으로 유죄의 확정판결을 받았다고 하더라도 재심사유에 해당되지 않는다.[135)]

(b) 증인 등의 거짓 진술은 재심의 대상이 된 소송사건을 심리하는 법원에서 이루어져야 하고 다른 사건에서 거짓 진술한 증인신문조서가 재심대상이 되는 소송에 서증으로 제출된 경우에는 서증이지 증언이 아니므로 여기에 포함되지 않는다.[136)]

(c) 서로 관련된 두 사건을 같은 법원에서 병행 심리 도중 그 두 사건에 대한 증인으로 한

---

128) 대판 1969.12.9. 69다1637.
129) 대판 2006.5.26. 2004다54862.
130) 대판 1998.3.24. 97다32833.
131) 대판 1997.9.30. 96다32539.
132) 대판 1995.4.14. 94므604.
133) 대판 1997.9.26. 96다50506, 2001.5.8. 2001다11581,11598.
134) 예: 증인 누구의 증언에 의하여 갑 증거는 믿지 아니하고 등.
135) 대판 1991.7.23. 91다10107.
136) 대판 1997.3.28. 97다3729.

사람을 채택하여 그 증인이 두 사건에 관하여 동시에 같은 내용의 증언을 하고 그 두 사건 중 하나의 사건에 관한 증언이 위증으로 확정된 경우라도 그 증인의 위증은 그 사건에 관한 재심사유가 될 뿐이고 동시 진행된 다른 사건의 재심사유는 될 수 없다.[137]

(d) 재심대상판결이 상고이유에 대하여 법률판단을 한 것이지 증거에 의하여 사실을 인정한 것이 아니라면 설사 원심판결의 사실인정의 자료가 된 증거에 제451조 제1항 7호에 해당하는 사유가 있더라도 이것이 바로 재심대상판결에 대한 적법한 재심사유가 될 수 없다.[138]

(e) 재심대상판결에서 채택되어 증언을 한 증인이 위증으로 유죄판결을 받아 확정된 경우, 그 허위진술이 재심사유에 해당하는지 여부를 판단하려면 재심대상판결에서 인용된 증거들과 함께 재심소송에서 조사된 각 증거들까지 종합하여 그 판단의 자료로 삼아야 한다.[139] 그러므로 그 허위진술을 제외한 나머지 증거들만으로도 그 판결주문과 같은 판단이 나올 수 있다면 비록 허위진술이 유죄의 확정판결을 받았다 하더라도 재심사유에 해당되지 않는다.[140]

(f) 제451조 제1항 단서의 규정에 따라 제451조 제1항 7호의 사유를 재심사유로 삼을 수 없는 경우가 되려면 상고심에서 당사자가 단지 위증을 하였다는 사실만 주장하는 것으로서는 부족하고 재심의 대상이 되는 상태, 즉 유죄판결이 확정되었다는 등 제2항의 사실도 아울러 주장하였어야 하는데 이를 하지 않은 경우이다.[141]

(아) 판결의 기초가 된 민사나 형사의 판결, 그 밖의 재판 또는 행정처분의 변경(제451조 제1항 8호) (a) 이것은 확정판결에 법률적으로 구속력을 미치거나 또는 확정판결에서 사실인정의 자료가 된 재판 등이 그 후 다른 재판 등에 의하여 변경된 경우를 말한다. 여기서 사실인정의 자료가 되었다고 하는 것은 변경 전 재판내용 등이 확정판결 주문에 영향을 미치는 사실인정의 자료가 된 경우를 의미하므로, 변경 전 재판내용 등을 제외한 나머지 증거들에 의하여도 판결 주문에 아무런 영향도 미치지 않는 경우에는 위 재심사유에 해당되지 않는다.[142]

(b) (i) 그 확정판결에 법률적으로 구속력을 미치거나 또는 그 확정판결에서 사실인정의 자료가 된 재판이나 행정처분이 그 후 다른 재판이나 행정처분에 의하여 확정적이고 또한 소급적으로 변경된 경우,[143] 화해권고결정[144] 등을 말하며, 행정처분이 당연무효인 경우는 포함되지 않는다.[145] 법에서 말하는 "판결의 기초가 된 행정처분이 다른 행정처분으로 바뀐 경우"란,

---

137) 대판 1998.3.24. 97다32833.
138) 대판 1990.2.13. 89재누106.
139) 대판 1991.11.8. 90다12861.
140) 대판 1991.2.22. 89다카24247.
141) 대판 1988.2.9. 87다카1261.
142) 대판 2024.10.8. 2022다217056.
143) 대판 2001.12.14. 2000다12679.
144) 서울고판 2004.4.22. 2013재나660.
145) 대판 1977.9.28. 77다1116.

단순히 재판의 대상이 된 행정처분이 나중에 다른 처분으로 바뀐 경우를 뜻하지 않는다. 그보다는, 그 행정처분이 확정판결에 직접적인 법적 영향을 주거나, 판결에서 사실을 인정할 때 중요한 근거가 된 행정처분이 뒤에 내려진 다른 행정처분으로 확정적이고 소급적으로 바뀐 경우를 말한다.[146] 즉 재판의 직접 대상이 된 처분 자체가 아니라, 재판에 영향을 주는 근거가 된 처분이 나중에 바뀐 경우를 뜻한다. 따라서 판결의 전제가 된 행정처분의 적법여부에 관한 법원의 해석이나 판단이 그 후 다른 사건에서의 판례변경으로 그와 상반된 해석을 내렸다는 것만으로는 이에 해당되지 않는다.[147]

(ii) 검사의 불기소처분에는 확정재판에 있어서의 확정력과 같은 효력이 없어 불기소처분을 한 후에도 공소시효가 완성되기까지 언제라도 공소를 제기할 수 있는 것이다. 그러므로 일단 불기소처분이 되었다가 후에 공소가 제기되었다고 하여 종전의 불기소처분이 소급적으로 변경된 것으로 보기 어렵고, 나아가 그 기소된 형사사건이 유죄로 확정되었다고 하여도 마찬가지이다.[148]

(c) '사실인정의 자료가 되었다'는 것은 그 재판 등이 확정판결의 사실인정에 있어서 증거자료로 채택되었거나, 증거자료로 채택되지 아니하였더라도 그 재판 등의 변경이 확정판결의 사실인정에 영향을 미칠 가능성이 있는 경우를 말한다.[149] 예를 들어 유죄의 형사판결이 재심대상판결의 사실인정자료로 채택되었는데 그 뒤 그 형사판결이 상소심에서 무죄로 확정된 경우,[150] 불하처분을 받아 그로 인한 소유권취득을 근거로 건물철거소송을 제기하여 승소확정판결을 받았는데 그 뒤 불하처분이 취소된 경우[151] 등은 재심사유가 된다. 법령이나 판례의 변경 등은 이에 해당되지 않는다.

(d) '판결의 기초가 된 재판 또는 행정처분이 변경된다'고 함은 그 재판 또는 행정처분이 다른 재판이나 행정처분에 의하여 확정적이고 또한 소급하여 변경된 때를 말한다.[152] 그러므로 판결의 기초된 행정처분이 확정판결 이전에 이미 취소되었음에도 당사자가 그 사정을 알지 못하여 소송에서 주장하지 못한 경우,[153] 재심 대상판결이 전소판결의 기초가 된 재심원고 주장의 판결 또는 행정처분이 소급하여 변경될 수 없는 재판상 화해에 어긋난 경우[154] 등은 여기에 해당되지 않는다.

---

146) 대전판 2020.1.22. 2016후2522의 다수의견.
147) 대판 1987.12.8. 87다카2088.
148) 대판 1998.3.27. 97다56655.
149) 대판 2001.12.14. 2000다12679.
150) 대판 1980.1.15. 79누35.
151) 대판 1966.2.28. 65다2452.
152) 대판 2019.10.17. 2018다300470.
153) 대판 1981.1.27. 80다1210,1211.
154) 대판 1962.6.7. 62누20.

(e) '재판이 판결의 기초가 되었다는 것'은 재판이 확정판결에 법률적으로 구속력을 미치는 경우 또는 재판의 내용이 확정판결에서 사실인정의 자료가 되었고 그 재판의 변경이 확정판결의 사실인정에 영향을 미칠 가능성이 있는 경우를 말한다.[155)]

(f) 재판내용이 담겨진 문서가 확정판결이 선고된 소송절차에서 반드시 증거방법으로 제출되어 그 문서의 기재 내용이 증거자료로 채택되지 아니하더라도 그 재판내용이 확정판결에서 사실인정의 자료가 되었고 그 재판의 변경이 확정판결의 사실인정에 영향을 미칠 가능성이 있는 이상 재심사유가 존재하므로 재심청구는 적법하다.[156)] 예컨대 사건을 심리하던 수소법원이 사건을 조정에 회부하였는데 조정기일에 당사자 사이에서 합의가 성립되지 않아 법원이 직권으로 조정에 갈음하는 결정을 한 경우라도 이러한 조정에 갈음하는 결정은 수소법원의 사실인정과 판단에 기초하여 이루어진 것이므로 만약 관련된 재판내용이 위 조정에 갈음하는 결정에서 사실인정의 자료가 되었고 그 재판의 변경이 그 조정에 갈음하는 결정에 영향을 미칠 가능성이 있었다면 당사자는 그 재판의 변경을 이유로 확정된 조정에 갈음하는 결정조서에 대하여 제461조, 제451조 제1항 8호의 준재심청구를 할 수 있어 그 재심청구 자체는 적법하다.[157)]

(g) 재판 등의 변경으로 인하여 이미 확정된 화해권고결정이 당사자의 정당한 권리를 침해하거나 정의에 어긋나는 경우에는 여기서의 재심사유에 해당한다.[158)]

(자) 판단누락(제451조 제1항 9호) (a) (i) 판단누락이라 함은 법원이 판결이유 중에서 당사자가 소송상 적법하게 제출한 공격방어방법으로서 판결에 영향을 미칠 중요한 사항에 관하여 판단을 표시하지 아니한 경우[159)]를 말한다. 그러므로 판결이유의 기재가 없는 소송상 화해,[160)] 대법원의 심리불속행판결[161)] 등에서는 판단누락의 위법이 있을 수 없다. 재심대상판결에 판단누락이 있는 것을 알고서도 상소에 의하여 이를 주장하지 아니하였다면 제451조 제1항 단서에 의하여 그 사유로는 재심의 소를 제기할 수 없다.[162)]

(ii) 판결에 영향을 미칠 중요한 사항이라 함은 직권조사사항이건 아니건 불문하지만 당사자가 주장하지도 아니하였거나 그 조사를 촉구하지 아니한 사항에 관한 판단누락,[163)] 판단내용의 잘못이나 이유설시의 불충분,[164)] 소송요건에 흠이 있어 본안판단을 할 수 없는 경우의

155) 대판 1996.5.31. 94다20570.
156) 대판 2005.6.24. 2003다55936.
157) 대판 2005.6.24. 2003다55936.
158) 서울고판 2004.4.22. 2003재나660.
159) 대판 1995.12.22. 94재다31.
160) 대판 1963.10.31. 63다136.
161) 대판 1997.5.7. 96재다479, 2023.3.30. 2022재다300253,782.
162) 대판 1971.3.30. 70다2688.
163) 대판 1982.12.29. 82사19.
164) 대판 1983.4.12. 80사30.

본안에 관한 판단생략,[165] 직권발동을 촉구하는 의미의 직권조사사항[166] 등은 재심사유가 되지 않는다. 판결에서 당사자가 주장한 사항에 대하여 직접적 · 구체적인 판단이 표시되어 있지 않지만 판결이유의 전반적인 취지에 비추어 주장의 인정 여부를 알 수 있는 경우 또는 실제로 판단을 하지 않았지만 주장이 배척될 것이 분명한 경우에도 판단누락이 아니다.[167] 특히 직권조사사항에 관해서는 상고이유서나 그 이전의 소송절차에서 예컨대 대표자의 대표권 흠 등 직권조사사항에 관하여 어떠한 주장을 하였거나 그 조사를 촉구하였음에도 불구하고 이에 관한 판단을 누락한 흔적이 있어야 한다.[168] 그러나 그에 관해서 판단한 이상 상고이유로 내세운 주장을 배척한 근거에 대하여 개별적으로 일일이 설명하지 아니하였다거나 그 판단내용에 설령 잘못이 있다고 하더라도 이를 판단누락이라고 볼 수 없다.[169]

(b) 재심대상판결에 대하여 판단누락의 점을 들어 상고를 제기하였던 자가 상고심판결의 송달을 받아보고서야 비로소 상고이유가 되지 못하고 오로지 재심의 소로써만 주장할 수 있다는 점을 알게 되었을 경우의 판단누락을 재심사유로 하는 재심의 소는, 제456조 제1항에 따라 위 상고심판결의 송달을 받은 날로부터 계산하여 30일 이내에 제기하여야 한다.[170]

(c) (i) 적법한 기간 이내에 상고이유서를 제출하였는데도 그 제출이 없다는 이유로 상고를 기각한 경우라면 이는 판단누락의 재심사유가 된다.[171]

(ii) 재항고이유서 제출기간 이내에 제출된 재항고이유서에 사건번호가 잘못 기재되어 있었던 관계로 재항고이유서가 사건의 기록에 편철되지 아니하여, 재항고이유서 제출기간 이내에 재항고이유서를 제출하지 아니하였다는 이유로 재항고이유에 관하여 판단하지 않고 재항고를 기각한 경우라면 판단누락의 준(準)재심사유가 된다.[172]

(iii) 상고이유서 제출기간 도과 후에 제출된 상고이유보충서에 기재된 상고이유라도 그것이 직권조사사항에 관한 것이라면 이에 대한 판단누락은 재심사유가 된다. 예컨대 사면령에 의한 사면 여부와 같은 소의 이익의 존재여부는 직권조사 사항에 속한다 할 것이므로 이에 대한 판단을 누락하는 경우 등이다.[173]

(d) 상고심이 소송당사자의 원심 판결에 판단누락이 있다는 상고이유에 대하여 그 판단누락이 원심 판결 결과에 영향을 미칠 쟁점임에도 불구하고 아무런 판단이 없는 경우에는 판단

165) 대판 1994.11.8. 94재누32.
166) 대판 2017.3.9. 2013두16852(평석은 [39]참조)
167) 대판 2016.12.1. 2016두34905.
168) 대판 1983.2.8. 80사50.
169) 대판 1988.1.19. 87재후1.
170) 대판 1987.6.9. 85다카2192.
171) 대판 1998.3.13. 98재다53.
172) 대결 2000.1.7. 99재마4.
173) 대판 1981.10.27. 81무5.

누락의 위법이 있다.[174)]

(e) (i) 여기에서의 판단누락에는 당사자, 소송목적이나 청구의 재판누락은 제외된다.

(ii) 법률상 일부판결을 할 수 없는데도 일부판결을 한 경우에 원심에서 나머지에 대해서 잔부판결을 할 수 없는데 판례[175)]는 이 경우에 제451조 제1항 9호의 '판단누락'을 응용하여, 원심의 일부판결을 잘못된 전부판결로 취급하여 상소로 사건 전체를 상소심에 이심시켜서 상소심으로 하여금 원심판결을 취소한 다음 환송(제418조, 제436조) 또는 자판하도록 하여 위법한 일부판결을 시정하도록 하였다. 원래 판단누락은 공격방어의 방법에 관한 판단누락을 의미하고 청구 또는 소송목적의 누락과는 다름에도 불구하고 위법한 일부판결에 대해서는 추가판결을 할 수 없으므로 판례는 이를 판단누락으로 취급하여 구제방법을 마련한 것으로 보인다.

(iii) 소의 예비적 병합과 같이 일부판결을 할 수 없는 병합청구소송에서 주위적 청구기각, 예비적 청구 판단누락과 같은 위법한 일부판결을 한 경우에도 전부판결을 한 것으로 취급하여 상소로 구제를 받을 수 있다. 그런데 판례[176)]는 더 나아가 상소심에서 이를 지적하였음에도 이를 간과하여 판단누락이 확정된 경우에는 공격방어의 방법에 관한 판단누락으로 보아 제451조 제1항 9호의 사유를 이유로 재심의 소를 제기할 수 있도록 하였다.

㈕ 재심을 제기할 판결이 이전에 선고한 확정판결에 어긋남(제451조 제1항 10호) (a) 여기서의 확정판결이라 함은 재심 제기 이전에 확정된 기판력 있는 본안의 종국판결을 말한다. 따라서 재심을 제기할 판결이 그 보다 늦게 선고된 확정 판결과 어긋나는 경우는 이에 해당하지 않는다.[177)]

(b) 소가 부적법하다 하여 각하한 본안전 판결은 여기에 해당되지 않는다.[178)]

(c) 「재심을 제기할 판결이 이전에 선고한 확정판결에 어긋난다」는 것은 당사자 사이에 같은 내용의 사건에 관하여 재심 제기 이전에 선고한 확정판결의 기판력과 재심대상이 된 확정판결의 기판력이 서로 저촉되는 경우를 말한다.[179)] 일단 재판이 확정되면 법원으로서는 같은 사건에 대하여 이전 확정판결과 어긋나는 판단을 할 수 없기 때문이다.[180)] 따라서 이전에 선고한 확정판결이라 함은 전에 확정된 기판력이 있는 본안의 종국판결을 의미하지만,[181)] 화해나 청구의 포기 · 인낙조서(제220조), 조정조서, 외국판결(제217조), 중재판정(중재 제35조) 등은 확정판결과 동일한 효력이 있으므로 그들 상호 간에 어긋날 때에도 재심사유가 된다.

---

174) 대판 1963.3.7. 62사23.
175) 대판 1998.7.24. 96다99.
176) 대판 2002.9.4. 98다17145.
177) 대판 1981.7.28. 80다2668.
178) 대판 1957.6.27. 4289민재1.
179) 대판 1966.10.4. 66사21.
180) 대판 1998.3.24. 97다32833.
181) 대판 1957.6.27. 4289민재1.

(d)「재심을 제기할 판결이 이전에 선고한 확정판결에 어긋난다」는 것은 재심이 청구된 재판의 기판력과 이전에 확정된 판결의 충돌을 막는데 있으므로, 준재심의 대상이 되는 결정이 종전 대법원의 판례 등에 어긋난다는 것은 확정판결의 기판력 저촉과는 달라서 재심사유가 되지 않는다.[182)]

(e) 행정소송사건에 대한 재심대상판결이 이전에 선고된 형사판결의 내용이나, 당사자도 다른 민사판결의 취지에 어긋난다고 하여도 재심의 대상으로 삼는 판결의 기판력이 그 전에 확정되어 있는 판결의 기판력과 모순, 저촉되는 경우가 아닌 이상 재심사유가 되지 않는다.[183)]

(f)「어긋난다」는 의미는, 같은 당사자 사이에 같은 내용의 사건에 관하여 기판력이 어긋나는 두 개의 확정판결이 있는 경우를 말하는 것이므로, 두 판결의 사건 내용이 유사하기는 해도 당사자나 청구원인을 달리한 경우에는 재심사유가 되지 않는다.[184)]

(g) 재심을 제기할 판결과 이전에 선고한 확정판결이 모두 재심원고의 청구를 기각한 경우에 재심원고의 청구가 기각된 이유와 설명이 두 판결에서 서로 다르다고 하더라도 전 후 두 판결이 모두 재심원고의 청구를 기각한 것으로서 서로 어긋나지 아니하다면[185)] 재심사유가 되지 아니한다.

(h) 원고의 청구가 확정판결의 기판력에 저촉되어 배척되어야 할 경우라면 그 청구원인사실의 실체적 당부는 판단할 필요가 없다.[186)]

㈕ **상대방의 주소 또는 거소를 알고 있었음에도 있는 곳을 잘 모른다고 하거나 주소나 거소를 거짓으로 하여 소를 제기한 때(제451조 제1항 11호)** (a) 이 재심사유는 사기(詐欺)판결을 얻어내기 위하여 상대방의 주소를 알고 있음에도 불구하고 소재불명 또는 허위의 주소나 거소로 소를 제기함으로 말미암아 소의 제기사실을 전혀 알 수 없었던 상대방을 구제하기 위한 것이다. 따라서 상대방이 소송 진행 중 그 소송계속사실을 알고 있었고, 그럼에도 불구하고 아무런 조치를 취하지 아니하여 판결이 선고되고 확정에 이르렀다면 특별한 사정이 없는 한 그 판결에는 재심사유가 있다고 할 수 없다.[187)]

(b) (i) 11호 전단은 상대방의 주소 또는 거소를 알면서도 소재불명이라고 법원을 속여 공시송달의 방법으로 소송절차를 진행하는 경우를 말하고 11호 후단은 상대방의 주소 또는 거소를 허위로 기재하여 그 상대방으로 하여금 소송서류를 받을 수 없게 하고 허위주소에 기재된

182) 대결 1983.12.28. 83사14.
183) 대판 1990.2.13. 89재누106.
184) 대판 1990.3.27. 90재누10.
185) 대판 2001.3.9. 2000재다353.
186) 대판 1989.11.28. 89다카21309.
187) 대판 1992.10.9. 92다12131.

제3자가 송달을 받는 경우를 말한다. 11호 후단에 관해서 대법원전원합의체 판결[188]은 재심에 의하지 아니하고 상소나 별소에 의하여야 한다고 하였는데 이것은 이미 「[40] 당사자 확정부분」에서 설명한 바 있다.

(ii) 11호 전단의 법관의 명령에 의한 공시송달(제194조 제3항)의 방법으로 소송절차를 진행한 경우에 재심사유에 해당한다는 것은 다른 반대견해가 없다. 공시송달은 그 요건에 흠이 있더라도 공시송달 명령의 확정력 때문에 송달의 효력에는 영향이 없으므로[189] 상소기간이 진행되어 판결의 확정에 지장이 없기 때문이다. 또 당사자가 그 상대방의 주소 내지 거소를 알고 있음에도 불구하고 소재불명 또는 허위의 주소나 거소로 하여 소를 제기한 탓으로 공시송달의 방법에 의하여 판결 등 정본이 송달되어 불변기간인 상소기간이 도과된 경우에는 특단의 사정이 없는 한 상소 기간을 준수하지 못한 것은 그 상대방이 책임질 수 없는 때에 해당된다고 할 것이므로 이런 경우 제451조 제1항 11호에 의한 재심을 제기할 수도 있고, 제173조에 의한 추후보완 상소도 할 수 있다.[190]

(c) (i) 원고의 공시송달 신청이 법원을 기망한 행위인 경우에는 그로인한 편취판결에 대해서는 5호와 11호의 사유가 병존한다.[191] 따라서 11호를 주장하는 경우에는 제451조 제2항 사실을 주장 · 입증할 필요가 없다.

(ii) 그러나 당사자가 재심의 소를 선택하여 제기하는 이상 제456조 제3항 · 제4항 소정의 제척기간 이내에 제기하여야 하고 위 제척기간은 불변기간이 아니어서 그 기간을 지난 후에는 당사자가 책임질 수 없는 사유로 그 기간을 준수하지 못하였더라도 그 재심의 소제기가 적법하게 추후 보완될 수 없다.[192]

(d) 민사소송법이 개정되어 법원사무관등은 직권으로 또는 당사자의 신청에 따라 공시송달 처분을 할 수 있다(제194조 제1항 참조). 그 경우 확정력이 없는 법원사무관등의 위법한 공시송달처분은 일반 송달의 경우와 다를 바 없이 무효라고 해야 한다. 따라서 이 경우에는 재심이 아니라 상소 또는 별소를 제기할 수 있다.[193]

(타) 판결의 기본이 되는 재판의 재심사유(제452조) (a) 판결의 기본이 되는 재판에 제451조에 정한 사유가 있을 때에는 그 재판에 대하여 독립된 불복방법이 있는 경우라도 그 사유를 재심의 이유로 삼을 수 있다(제452조).

(b) 여기서 "판결의 기본이 되는 재판"이란 종국판결의 전제가 되어 그 종국판결에 직접

188) 대전판 1978.5.9. 75다634.
189) 대전결 1984.3.15. 84마20.
190) 대판 1985.10.8. 85므40.
191) 대판 1997.5.28. 96다41649.
192) 대판 1992.5.26. 92다4079.
193) 자세히는 [61]5.(5)(c) 참조.

영향을 준 재판(중간판결이나, 종국판결에 선행된 소송절차상 결정이나 명령)을 가리키는 것이고 재심대상 판결의 원심판결은 여기에 해당하지 않는다.[194]

(c) 이송재판(제38조)이나 제척, 기피의 신청이 이유 없다고 하는 결정(제47조) 등 종국판결에 선행된 소송절차상 결정이나 명령은 그 자체가 종국재판이어서 그 재판에 독립된 재심사유가 있으면 그 재판에 대하여도 재심의 소를 제기할 수 있다. 그러나 그 결과 이들 재판이 재심에 의하여 취소된다면 이들 사유에 기초한 종국판결에 대하여 재심의 소를 제기하여야 목적을 달성할 수 있으므로 번거롭다. 때문에 그와 같은 중복절차를 취할 것 없이 선행 결정이나 명령을 기초로 한 종국판결에 대하여 직접 재심의 소를 제기할 수 있도록 한 것이다.

(d) 판결의 기본이 되는 재판의 재심사유는, 그 기본이 되는 절차 또는 재판자료에 재심사유가 있으면 그것으로 충분하며, 판결 자체에 재심사유가 있을 필요는 없다.

(e) 소송절차가 아니라 일정한 사항의 확정을 목적으로 하는 종국적 재판인 결정이나 명령, 예컨대 법원의 부동산 매각허가결정(민집 제128조) 등에 대하여서는 그 자체에 확정력이 있어 이들 재판에 재심사유가 있는 때에는 독립하여 준재심(제461조)을 제기할 수 있으므로 그 재판의 재심사유를 종국판결의 재심사유로 할 수 없다.

(파) **민사소송법이외의 재심사유** 상법 제406조 제1항의 사해(詐害)재심, 헌법재판소법 제68조 제2항의 위헌여부심판의 제청신청기각결정에 대한 헌법소원이 인용된 경우의 재심(헌재 제75조 제7항),[195] 행정소송법 제31조에서 정한 제3자에 의한 재심청구에서 책임 없는 사유로 소송에 참가하지 못한 제3자가 판결결과에 영향을 미칠 공격 또는 방어방법을 제출하지 못한 것을 이유로 한 재심 등이다.

재심사유 분류표(제451조 제1항)

1. 절차적 하자

호수	재심사유	주요 내용	판례·설명 포인트
①	법원 구성 위법	전원합의체 관할사안 소부 판결 등	판례와 다른 판단은 재심사유 아님
②	재판에 관여 불가 법관	제척사유 있는 법관, 상고심 파기 전 원심관여 법관	기피사유는 제외

194) 대판 1990.2.13. 89재누106.

195) 그러나 법률조항 자체는 그대로 둔 채 법률조항에 관한 특정내용의 해석만을 위헌으로 선언한 한정위헌결정에는 헌재 제47조가 규정하는 위헌결정이 효력이 없으므로 법원에 대한 기속력이 없어 재심사유가 아니라는 것이 판례이다(대판 2013.3.28. 2012재두299 참조). 이시윤(제8판), 917면은, 이 판례는 헌결 1997.12.24. 96헌마172·173과 저촉되는 문제가 있다고 하여 의문을 표시하고 있다.

③	대리권·소송대리권 흠결	무권대리, 특별수권 흠결 등	무권대리: 기간 제한 없음 / 제한적 하자: 기간 제한 있음
④	법관의 직무상 범죄	법관의 범죄가 판결에 영향 준 경우	유죄 확정 필요
⑨	판단 누락	중요한 공격 · 방어방법에 대한 판단 빠짐	단순 이유불비 · 법적 오해는 제외

2. 증거 · 사실 왜곡

호수	재심사유	주요 내용	판례 · 설명 포인트
⑤	타인의 범죄로 자백 · 공격방해	범죄행위로 방어권 침해	사기로 공시송달 / 유죄 확정(편취판결) 필요
⑥	증거 문서·물건 위조 · 변조	판결의 근거가 된 경우	단순 제출만 된 건 불포함
⑦	증인 · 감정인 · 통역 허위 진술	판결에 영향 준 허위 진술	유죄 확정 필요
⑧	기초된 재판 · 행정처분 변경	확정적 · 소급적 변경	판례 변경 · 법해석 변경은 불포함
⑩	선행 확정판결과 저촉	기판력 충돌	외국판결 · 중재판정도 포함
⑪	(가) 11호 전단 (나) 11호 후단	(가) 공시송달 → 재심사유 (나) 재심 ×, 상소 별소	⑤와 병존 가능

□ 핵심정리

- 절차적 하자(①~④, ⑨) → 재판을 열고 판단하는 과정의 위법
- 증거 · 사실 왜곡(⑤~⑧, ⑩~⑪) → 판결의 기초가 된 사실 · 증거가 거짓 · 변조되거나, 선행 판결과 모순되거나, 상대방의 사기공시송달로 왜곡된 경우
- 유죄의 확정판결 필요(④⑤⑥⑦)
- 재심사유와 판결의 인과관계 필요
- 범인의 사망, 사면, 공소시효 완성, 피고의 정신착란 등으로 말미암아 증거가 부족하지 아니하였더라면 위조나 변조의 유죄확정판결을 받을 수 있으리라고 하는 경우
- 소재불명으로 인한 기소중지, 무혐의 불기소처분 등은 불포함

[126] 제4. 재심의 소의 심판

1. 준용절차

재심소송절차에는 그 성질에 반하지 않는 한 각 심급의 소송절차에 관한 규정이 준용된다(제455조, 민소규 제138조). 따라서 제1심판결의 재심에는 제1심의, 항소심판결의 재심에는 항소심의, 상고심판결의 재심에는 상고심의 각 소송절차가 준용된다. 재심피고는 부대재심을 청구

할 수 있으며, 자기측의 재심사유에 기초하여 재심 반소도 제기할 수 있다. 그러나 재심소송 중의 독립당사자참가는 재심사유가 있다고 인정되는 경우에 한하여 허용되므로[196] 재심사유가 있다는 취지의 중간판결(제454조 제2항)을 거칠 필요가 있다.

2. 심리방법

(1) 재심의 소의 적법성 및 재심사유에 관한 심리

(가) 재심은 확정판결의 취소와 본안에 대하여 확정판결에 갈음하는 판결을 구하는데 목적이 있으므로 그 심판절차도 이론상으로는 재심의 허부(許否)와, 재심의 허용됨을 전제로 한 본안심판의 2단계로 구성된다. 따라서 재심의 소가 적법한지, 재심사유가 있는지 여부에 관한 심리 및 재판을 본안에 관한 심리 및 재판과 분리하여 먼저 시행할 수 있고(제454조 제1항), 법원은 재심사유가 있다고 인정한 때에는 그 취지의 중간판결을 한 뒤 본안에 관하여 심리·재판한다(제454조 제2항). 그러나 실제로는 재심사유 자체가 인정되는 경우가 매우 적어서 중간판결은 거의 행하지 않는다. 재심의 소에 있어서도 재심 소의 취하, 재심 소송요건의 흠에 의한 재심 소의 각하, 관할위반에 의한 이송, 재심사유의 변경(제459조 제2항)이 인정되며, 부대재심, 독립당사자참가, 반소등이 모두 허용된다.

(나) 재심청구와 통상 민사상 청구는 병합이 허용되지 않는다.[197] 그러나 재심의 소송절차에서 재심청구가 인용될 것을 전제로 하여 재심대상소송의 본안청구에 대하여 선결관계에 있는 법률관계의 존부 확인을 구하는 중간확인의 소를 제기하는 것은 허용된다.[198] 다만 재심사유가 인정되지 않아서 재심청구를 기각하는 경우에는 중간확인의 소의 심판대상인 선결적 법률관계의 존부에 관하여 심리할 필요가 없으나, 중간확인의 소는 단순한 공격방어방법이 아니라 독립된 소이므로 이에 관한 판단은 판결의 이유에 기재할 것이 아니라 종국판결의 주문에 기재하여야 할 것이므로 재심사유가 인정되지 않아서 재심청구를 기각하는 경우에는 중간확인의 소를 각하하고 이를 판결 주문에 기재하여야 한다.[199]

(다) 법원은 우선 소로서의 일반적 소송요건과 재심의 적법요건(재심당사자·재심기간·관할법원·재심청구적격 등)을 조사하여 여기에 흠이 있는데도 그 흠을 보정할 수 없거나 보정되지 않을 때에는 변론 없이 판결로 소를 각하한다(제219조, 제413조). 제451조제1항 단서의 재심사유 보충성, 제451조 제2항 사실의 존부도 이 단계에서 심리하여야 한다.

196) 대판 1994.12.27. 92다22473.
197) 대판 1971.3.31. 71다8.
198) 대판 2008.11.27. 2007다69834,69841.
199) 대판 2008.11.27. 2007다69834,69841.

(라) 재심의 소가 적법하면 재심사유의 존부를 조사하여야 한다. 확정판결의 취소는 공익과 관계되므로 주장된 재심사유의 존부는 직권으로 사실탐지를 할 수 있으며 청구의 포기 · 인낙이 허용되지 않고 자백의 구속력이 없다.[200] 재심사유가 없다고 인정되면 종국판결로 재심의 소가 부적법하다고 각하하여야 한다. 재심사유에 해당하지 않은 사유를 재심사유로 주장한 경우에도 같다.

(마) 재심의 소를 제기하였다고 하여 확정판결의 집행력을 막지 못하므로 강제집행을 저지하기 위해서는 별도의 집행정지 신청을 하여야 한다(제500조).

(바) 재심소송의 변론은 재심 전 절차의 속행이지만 재심의 소는 신소의 제기라는 형식을 취하고 재심 전 소송과는 일단 분리되므로 사전 또는 사후의 특별수권이 없는 이상 재심 전 소송의 소송대리인이 당연히 재심소송의 소송대리인이 되는 것이 아니다.[201]

(사) **재심각하와 전제법률의 위헌신청** 재심의 소가 재심의 요건을 구비하지 못하여 소각하의 판결을 받을 것이 명백하다면 그 재판의 전제가 되는 법률이 헌법에 위반되었다는 이유로 법원이 그 법률의 위헌여부를 심판하도록 헌법재판소에 제청할 수 없다.[202]

(2) 재심사유에 관한 본안 심리

재심사유가 인정되면 본안에 관한 심리에 들어간다. 여기에서 재심대상판결로 마친 소 또는 상소에 대하여 다시 심판을 하는데 본안에 관한 변론은 재심대상판결을 한 전소의 변론을 속행하는 것으로 전소와 일체를 이룬다. 그러므로 변론을 갱신하여야 하며(제455조, 제204조 제2항) 사실심의 경우에는 새로운 증거방법을 제출할 수 있다. 특히 재심대상판결의 변론종결 이후에 발생한 공격방어방법이라고 하더라도 재심소송의 변론종결 시까지 당연히 제출할 수 있으며 그 제출을 태만하게 하여 재심소송에서 패소한 경우에는 기판력에 의하여 실권되어 더 이상 제출할 수 없다. 재심대상판결이 이루어진 종전 전소의 소송절차는 재심사유의 흠이 없는 한 모두 효력을 유지한다. 서증번호도 재심전 전소 소송의 서증번호에 연속한다(민소규 제140조 제1항 참조). 본안의 변론과 재판은 재심청구이유의 범위, 즉 재심대상판결에 대한 불복신청의 범위 내에서 행하여야 한다(제459조 제1항).

3. 재심의 종국판결

(1) 본안을 심리한 결과 재심대상판결이 부당하다고 인정되면 불복의 범위에서 종국판결

---

200) 대판 1992.7.24. 91다45691.
201) 대결 1991.3.27. 90마970.
202) 대결 1990.11.28. 90마866.

로 재심대상판결을 취소하고 이에 갈음하는 판결을 하여야 한다. 이 판결은 재심대상판결을 소급적으로 취소하는 소송상 형성판결이다.

(2) 재심대상판결이 재심사유가 있지만 결과가 정당하다고 인정되면 재심청구를 기각하여야 하며(제460조) 이 경우 기판력의 표준시는 재심대상판결에서 재심소송의 변론종결한 때로 이동한다.[203] 재심대상판결이 정당한지 여부 및 증인의 거짓 진술 등 재심사유가 확정판결에 영향을 주는지 여부는 그 판결에서 인용된 증거들과 재심소송에서 조사한 각 증거들까지 종합하여 판단하여야 한다.[204]

(3) 재심의 소에 대한 종국판결에는 다시 그 심급에 맞추어 항소나 상고가 인정된다.

[127] 제5. 준재심

1. 뜻

확정판결과 같은 효력이 있는 제220조의 조서(화해조서, 포기 · 인낙조서)와 즉시항고로 불복을 신청할 수 있는 확정된 결정 · 명령에 대한 재심을 준재심이라 한다(제461조). 원래 준재심의 대상은 즉시항고로 불복을 신청할 수 있는 결정 · 명령뿐이었으나 1961.9.1.자 민사소송법 중 개정 법률에 의하여 제220조의 조서까지 준재심의 범위가 확대됨으로써 재판상 화해의 흠은 오로지 준재심의 방법으로밖에 다툴 수 없게 되어 이른바 무제한기판력설의 근거가 되었다.

2. 준재심의 청구적격

준재심의 대상은 「제220조의 조서」와 「즉시항고로 불복을 신청할 수 있는 결정이나 명령」이다.

(1) 제220조의 조서에는 화해, 청구의 포기 · 인낙조서가 있으나 그 밖에 화해와 동일한 효력의 조정조서(가소 제59조 제2항. 민조 제29조)도 포함된다. 화해권고결정은 조서가 아니라 법원의 결정이지만 재판상 화해와 같은 효력(제231조)이 있으므로 준재심의 대상이 된다.[205]

(2) ㈎ 「즉시항고로 불복을 신청할 수 있는 결정이나 명령」에는 소장각하명령(제254조 제2항), 소송비용에 관한 결정(제110조, 제113조, 제114조), 과태료의 결정(제363조, 제370조 제1항),

---

203) 대판 1993.2.12. 92다25150, 2003.5.13. 2002다64148.

204) 대판 1980.9.9. 80다915.

205) 서울고판 2004.4.22. 2003재나660.

상소장 각하명령(제402조, 제425조), 매각허가결정(민집 제128조 제1항) 등이 있다.

(나) 여기서 준재심의 대상을 '즉시항고로 불복할 수 있는 결정이나 명령'으로 한정하고 있으나, 이는 대표적인 사례를 든 것에 불과하므로 종국적 재판의 성질을 가진 결정이나 명령 또는 종국적 재판과 관계없이 독립하여 확정되는 결정이나 명령에 해당하는 경우에는 독립하여 준재심을 신청할 수 있다.[206)]

(다) 하지만, 담보권실행을 위한 경매개시결정(민집 제268조, 제83조)에 대하여는 즉시항고를 할 수 있다는 취지의 규정도 없고, 경매개시결정에 대하여서는 즉시항고에 의한 상급심의 판단을 받지 아니하더라도 매각허가결정(민집 제128조 제1항)에 대한 즉시항고로써 다툴 수 있는 것이므로, 이와 같은 경매개시결정은 종국적 재판의 성질을 가진 결정이나 명령 또는 종국적 재판과 관계없이 독립하여 확정되는 결정이나 명령에 해당하지 아니하므로 준재심의 대상이 아니다.[207)]

3. 준재심사유

원칙적으로 재심사유(제451조)가 준용된다(제461조). 그러나 재심사유 중 판결에서만 생길 수 있는 흠을 예상하여 규정하고 있는 제451조 제1항 1호, 6호 내지 11호 등은 준용되기 어렵다. 제451조 제1항 5호의 경우에도 '형사상 처벌받을 다른 사람의 행위로 말미암은 사유'가 청구의 인낙에 대한 준재심사유가 되기 위해서는 그것이 당사자가 인낙의 의사표시를 하게 된 직접적인 원인이 된 경우뿐이라고 할 것이고, 그렇지 않고 그 형사상 처벌받을 타인의 행위가 인낙에 이르게 된 간접적인 원인밖에 되지 않았다고 보이는 경우까지 준재심사유가 되는 것은 아니다.[208)]

4. 준재심절차 및 심판

(1) 준재심절차

(가) 준재심절차에는 확정판결에 대한 재심절차가 모두 준용되므로(제461조) 재심법원(제453조), 재심기간(제456조, 제457조), 재심소장(제458조), 심판의 범위(제549조), 결과가 정당한 경우의 재심기각(제460조)[209)] 등의 각 규정이 준용된다.

---

206) 대결 2004.9.13. 2004마660.

207) 대결 2004.9.13. 2004마660.

208) 대판 1995.4.28. 95다3077.

209) 대판 1998.10.9. 96다44051은 제460조의 준용을 반대한다. 그 이유는, 제소전 화해에 있어서는 종결될 본안 소송이 계속되었던 것이 아니고 종결된 것은 제소전 화해절차뿐이므로, 이러한 제소전 화해절차의 특성상 제461

(나) 제소전 화해조서,[210] 제220조의 조서는 확정판결과 같은 효력이 있어 그에 대한 준재심은 신청이 아니라 소의 방법으로 제기하여야 하므로, 결정절차가 아니라 판결절차에서 심판하여야 한다. 다만 인지는 소장의 1/5만 납부하면 된다(민인 제8조 제2항, 제7조 제1항). 심판대상이 결정 · 명령인 경우에는 신청의 방식으로 준재심 신청을 제기하여야 한다.

(다) 일반적으로 소송대리권의 존재는 그 대리인을 선임한 본인이 그 대리권의 존재를 입증하여야 한다. 그러나 준재심(제461조)의 경우에는 소송대리권의 흠이 준재심사유로 되어 있으므로 그 입증책임도 이를 주장하는 준재심 원고에게 있다.[211]

(2) 준재심의 심리방법

(가) 심판대상이 확정판결과 같은 효력이 있는 제220조의 조서인 경우에는 소의 방식으로 준재심의 소를 제기하여 판결절차에서 심판한다.

(나) 심판대상이 결정 · 명령인 경우에는 신청의 방식으로 준재심신청을 제기하여 결정으로 심판한다.

(다) 제소전 화해 절차에서 대리권의 흠을 추인할 수 있는 권리는 제소전 화해의 당사자이므로 화해당사자가 아닌 제소전 화해의 목적물인 대지의 명의신탁자로서는 화해당사자인 명의수탁자 명의의 소송위임장을 위조한 결과로 이루어진 제소전 화해신청인 명의의 소유권이전등기를 추인할 수 있음은 별론으로 하고 신탁자의 지위에서 명의수탁자인 피신청인을 대리하여 제소전 화해조서를 추인할 권한은 없다.[212]

(3) 준재심의 심판

(가) 준재심신청이 방식에 어긋나거나 이유 없으면 각하한다.

(나) (a) 준재심신청이 이유 있는 경우에 심판대상이 결정 · 명령이면 원 결정이나 명령을 취소하여야 하고, 확정판결과 같은 효력이 있는 제220조의 조서이면 판결로 그 조서를 취소하고 부활하는 소송에 대하여 심리를 열어 자판하여야 한다.

(b) 심판대상이 제소전 화해이면 판결로 화해조서를 취소하고 제소전 화해신청을 각하하여야 할 것이다.

조의 규정에도 불구하고 제소전 화해조서를 대상으로 한 준재심의 소에서는 제460조가 적용될 여지는 없고, 재심사유가 인정되는 이상 그 화해의 내용 되는 법률관계의 실체 관계의 부합 여부를 따질 수도 없어 화해조서를 취소할 수밖에 없다는 것이다. 그러나 준재심의 절차에서도 실체 관계의 부합 여부를 따질 수 있는 경우가 있으므로 이때에는 결과가 정당하다면 준재심을 기각하여야 할 것이다.

210) 대판 1962.10.18. 62다490.

211) 대판 1996.12.23. 95다22436.

212) 대판 1990.12.11. 90다카4669.

(4) 준재심판결의 효력

(가) 심판대상이 제220조의 조서인 경우에는 준재심판결의 확정에 의하여 조서의 효력은 실효되므로 재판상 화해 등에 의하여 종결된 종전 소송은 부활되어 변론이 속행된다.

(나) 심판대상이 제소전 화해인 경우에는 준재심판결의 확정에 의하여 그 제소전 화해에 의하여 생긴 법률관계는 처음부터 없었던 것이 된다.[213)]

(다) 부동산에 관한 소유권이전등기가 제소전 화해조서의 집행으로 이루어진 것이라면 제소전 화해가 이루어지기 전에 제출할 수 있었던 사유에 기초한 주장이나 항변은 그 기판력에 의하여 차단되므로 그와 같은 사유를 원인으로 제소전 화해의 내용에 반하는 주장을 할 수 없다. 그러나 제소전 화해가 이루어진 이후에 새로 발생한 사실을 주장하여 제소전 화해의 내용에 반하는 청구를 하는 것은 제소전 화해의 기판력에 어긋나지 않는다.

(라) 소송상 화해에 재심사유가 있다고 인정하는 경우에 법원은 그 소송사건을 다시 재판할 수 있는 권리가 회복되는 것이므로 그 소송상 화해를 취소하는 동시에 원고의 주장사실을 인정할 자료가 없다는 이유로 원고의 청구자체를 기각할 수 있다.[214)]

---

213) 그러므로 소유권이전등기의 근거가 된 제소전 화해가 준재심대상 판결로 실효되더라도 그 등기가 실체관계에 부합하여 유효하다는 새로운 주장은 준재심판결의 기판력에 어긋나지 않는다(대판 1996.3.22. 95다14275 참조).

214) 대판 1971.7.29. 71다983.

제3장

간이소송절차

[128] 제1. 소액사건심판절차

1. 소액사건의 의의 및 범위

(1) 의의

소액사건심판법은 지방법원 및 지방법원지원에서 소액의 민사사건을 간이한 절차에 따라 신속히 처리하기 위하여 민사소송법에 대한 특례를 규정하고 있다(소심 제1조). 소액사건이라 함은 지방법원 및 지방법원지원의 관할 사건 중 대법원규칙으로 정한 민사사건을 말한다(소심 제2조 제1항). 소액사건심판법은 상고 및 재항고의 제한에 관한 규정(소심 제3조)을 제외하고 제1심에 국한하여 적용되는 특별절차이다.

(2) 범위

㈎ **소액사건심판규칙**　　(a) 대법원의 소액사건심판규칙은, 소액사건을 제소한 때의 소송목적 값이 3,000만 원을 초과하지 아니하는 금전 기타 대체물이나 유가증권의 일정한 수량의 지급을 목적으로 하는 제1심 민사사건이라고 규정하고 있다(소심규 제1조의2 본문).

(b) 다만 ① 소의 변경으로 소송목적의 값이 3,000만 원을 초과하는 사건 ② 당사자참가, 중간확인의 소 또는 반소의 제기 및 변론의 병합으로 인하여 소송목적의 값이 3,000만 원을 초과하는 사건과 병합심리하게 된 사건은 제외한다(소심규 제1조의2 단서). 소의 변경에는 예비

적 병합이 포함되므로 주위적 청구가 3,000만 원 이하가 되더라도 예비적청구가 3,000만 원을 초과하는 경우에는 소액사건이 아니다.

(c) 당연하지만 동 · 부동산 등 특정물에 관한 청구는 소송목적의 값이 3,000만 원을 초과하지 아니하여도 소액사건이 아니다.

(나) **소액사건의 병합** 소송 중에 여러 개의 소액사건을 법원이 병합 심리하여 그 합산액이 소액사건의 범위를 넘어도 위의 소액심판규칙 제1조의2 단서에 해당하지 않는 한(예, 판결의 병합이나 소액사건 들을 변론의 병합이 없이 개별적으로 심리하는 경우) 소제기할 때 소액사건이면 소액사건이다.

(다) **주택 및 상가건물임대차보호법에 준용** 소액사건심판법에는 소장의 송달, 기일의 지정 등 재판의 신속을 위한 규정이 있기 때문에 주택임대차보호법이나 상가건물임대차보호법상에서 정한 보증금반환청구에 관한 소송에서도 소송목적의 값 액수를 묻지 아니하고 소액사건심판법의 일부조항(제6, 7, 10, 11조의2)을 준용하고 있다(주택임대차보호법 제13조. 상가건물임대차보호법 제18조 참조).

2. 소액사건의 관할

소액사건은 지방법원(또는 지원) 관할구역 내에서는 단독판사의, 시 · 군법원관할구역에서는 시 · 군 법원 판사의 사물관할에 속한다(법조 제7조 제4항, 제33조, 제34조). 소액사건이었다가 변론의 병합 등으로 소액사건이 아니 되면 시 · 군법원은 사물관할이 있는 관할지방법원으로 이송해야 한다(소심규 제1조의2, 제34조 제1항).

3. 이행권고제도

(1) 개념

(가) 법원은 독촉절차 또는 조정절차에서 소송절차로 이행되거나, 청구의 취지나 원인이 분명하지 아니한 때, 그 밖에 이행권고가 적절하지 아니하다고 인정하는 때를 제외하고는 결정으로 소장 부본이나 제소조서 등본을 붙여서 피고에게 청구의 취지대로 이행할 것을 권고할 수 있다(소심 제5조의3 제1항). 이를 이행권고라고 한다.

(나) 피고가 이행권고에 대하여 결정서 등본을 송달받은 날로부터 2주일 이내에 서면으로 이의신청을 하면 변론기일이 열리지만(소심 제5조의4), 2주일 이내에 이의신청을 하지 아니하거나 이의신청이 취하 또는 각하결정이 확정되면 확정판결과 같은 효력이 있다(소심 제5조의7 제1항). 이행권고결정이 확정되면 ① 이행권고결정의 집행에 조건을 붙인 경우 ② 당사자의

승계인을 위하여 강제집행을 하는 경우 ③ 당사자의 승계인에 대하여 강제집행을 하는 경우 등을 제외하고는 집행문이 없더라도 결정서 정본에 의하여 강제집행을 할 수 있다(소심 제5조의8 제1항).

(다) 이행권고결정은 당사자의 청구취지대로 이행할 것을 권고하여야 하는데 당사자가 청구취지에서 제1심판결 선고일 다음날부터 소송촉진 등에 관한 특례법 제3조 제1항에서 정한 법정이율에 의한 지연손해금을 구하는 취지는 위 특례법 제3조 제1항에서 정한 바와 같이 소장이 채무자에게 송달된 날의 다음날부터 특례법 소정의 법정이율 적용을 구하는 것이 아니라, 제1심판결이 선고되어 효력이 발생하는 날의 다음날부터 지연손해금 산정에서 특례법 소정의 법정이율을 적용하여 줄 것을 구하는 취지이다. 그런데 이행권고결정의 효력은 당사자에게 고지한 날에 발생하므로 그 다음날부터 특례법 소정의 법정이율에 의한 지연손해금을 지급할 것을 명하는 것이 당사자가 구하는 취지에 부합하므로 이행권고결정의 이행조항 제1항에서 인용한 청구취지 제1항의 '판결 선고일'의 의미는 '이 사건 이행권고결정의 고지일', 즉 '이 사건 이행권고결정서 등본의 송달일'이다.[1]

(2) 특질

(가) **기판력의 배제** 소액사건심판법 제5조의8 제3항은, 확정판결에 대한 청구에 관한 이의 주장을 변론이 종결된 뒤(변론 없이 한 판결의 경우에는 판결이 선고된 뒤)에 생긴 것으로 한정하고 있는 민사집행법 제44조 제2항과는 달리, 이행권고결정에 대한 청구에 관한 이의의 주장에는 민사집행법 규정에 의한 제한을 받지 아니한다고 규정하고 있다. 따라서 확정된 이행권고결정에 관하여는 그 결정 이전에 생긴 사유도 청구에 관한 이의의 소에서 주장할 수 있다.[2] 소액사건심판법의 위 규정 취지는 결국 확정된 이행권고결정에 확정판결이 가지는 효력 중 기판력을 제외한 나머지 집행력 및 법률요건적 효력 등의 부수적 효력만 인정하는 것이고, 기판력까지 인정하는 것이 아니다.

(나) **준재심의 배제** 제461조에 의하여 준용되는 제451조의 재심은 확정된 종국판결에 재심사유에 해당하는 중대한 흠이 있는 경우에 그 판결의 취소와 이미 종결된 소송을 부활시켜 재심판을 구하는 비상의 불복신청방법으로서 확정된 종국판결이 갖는 기판력, 형성력, 집행력 등 효력의 배제를 주된 목적으로 한다. 그러므로 기판력이 없는 확정된 이행권고결정에 설사 재심사유에 해당하는 흠이 있다고 하더라도 이를 이유로 제461조가 정한 준재심의 소를 제기할 수 없다. 이 경우에는, 청구이의의 소를 제기하거나 강제집행 전체가 이미 완료된 경우에는 부당이득반환청구의 소 등을 제기할 수 있을 뿐이다.[3]

---

1) 대결 2013.6.10. 2013그52.
2) 대판 2009.5.14. 2006다34190.

4. 소액사건의 절차상 특례

(1) 일부청구의 제한(소심 제5조의2)

금전 그 밖의 대체물이나 유가증권의 일정한 수량의 지급을 목적으로 하는 청구에 있어서 원고는 소액사건심판법의 적용을 받을 목적으로 청구를 분할하여 그 일부만을 청구할 수 없고(동조 제1항), 이에 위반한 소는 판결로 이를 각하하여야 한다(동조 제2항).

(2) 소송대리에 관한 특칙(소심 제8조)

소액사건에서는 민사소송법 제87조의 특칙으로 당사자의 배우자 · 직계혈족 또는 형제자매는 변호사가 아니더라도 법원의 허가 없이 소송대리인이 될 수 있게 하였고, 이러한 소송대리인 자격은 당사자와의 가족관계 및 대리권위임관계를 서면으로 증명하여야 한다. 다만 대리권위임관계는 당사자가 판사의 면전에서 말로 하고 법원사무관등이 조서에 이를 기재하는 것으로 충분하다.

(3) 말로 하는 소제기등(소심 제4조, 제5조)

소액사건에서는 소장이라고 하는 서면 대신에 말로 하는 소제기가 가능하고 양쪽 당사자가 법원에 임의로 출석하여 변론할 수 있다.

(4) 1회 심리의 원칙(소심 제7조)

소액사건에서 판사는 바로 변론기일을 정하여야 하며, 되도록 1회의 변론기일로 심리를 종결하도록 함으로써 소송절차를 신속하게 끝마치게 하였다. 1회 심리종결의 원칙을 이루기 위해서 다음과 같은 방안을 강구하도록 하였다.

㈎ **소장송달과 준비명령(소심 제6조)** 소장이나 말로 한 소제기조서등본은 바로 피고에게 송달하여야 하며, 그 경우에 판사는 피고에 대하여 그 송달을 받은 날로부터 10일 이내에 원고의 주장에 대한 답변 · 증거방법 및 그 입증취지를 명시한 답변서를 제출할 것을 명하는 준비명령을 발한다. 준비명령에는 피고가 소송에 응하고자 하면서 답변서를 제출하지 아니하면 절차상 불이익을 받게 되는 것이 기재되어 있다.

㈏ **기일 전의 입증촉구 등(소심 제7조 제3항)** 판사는 변론기일 이전이라도 되도록 1회의 변론기일로 심리를 마치도록 하기 위하여 당사자로 하여금 증거신청을 하게 하는 등 필요한 조치를 취할 수 있게 하였다.

---

3) 위 대판 2006다34190 판결 참조.

(다) **최초의 기일소환장에 의한 사전준비촉구와 증거신청방식의 고지(소심규 제5조 제1항)** 원고에 대한 최초의 기일소환장에는 ① 필요한 모든 증거방법을 최초의 기일에 제출할 수 있도록 사전준비할 것, ② 최초의 기일전이라도 증거신청이 가능하다는 것, ③ 서증 또는 증인신문신청방식을 기재하여 알리게 하였다.

(5) 심리절차상의 특칙

(가) **서면심리에 의한 청구기각(소심 제9조 제1항)** 법원은 소장·준비서면 기타 소송기록에 의하여 청구가 이유 없음이 명백한 때에는 변론 없이 청구를 기각할 수 있다. 구술심리주의(제134조 제1항)에 대한 예외이다.

(나) **변론갱신의 생략(소심 제9조 제2항)** 판사의 경질이 있는 경우에도 변론갱신 없이 판결할 수 있다. 직접심리주의(제204조)에 대한 예외이다.

(다) **조서의 기재 생략(소심 제11조)** 조서는 당사자의 이의가 있는 경우를 제외하고 판사의 허가가 있는 때에는 이에 기재할 사항을 생략할 수 있다. 그러나 변론의 방식에 관한 규정의 준수와 화해, 인낙·포기, 취하, 자백에 대하여는 그 기재를 생략할 수 없다. 다만 화해, 인낙 또는 포기의 각 조서를 작성할 때 청구원인은 기재하지 아니할 수 있다(민소규 제31조 단서).

(라) **공휴일·야간의 개정(소심 제7조의2)** 판사는 필요한 경우 근무시간 외의 야간 또는 공휴일에도 개정할 수 있다.

(6) 증거조사에 관한 특칙

(가) **직권증거조사(소심 제10조 제1항)** 소액사건에서는 법원이 당사자가 신청한 증거에 의하여 심증을 얻을 수 없는 경우가 아니더라도 판사가 필요하다고 인정하면 직권으로 증거조사를 할 수 있도록 함으로써 보충적인 직권증거조사(제292조)를 수정하였다

(나) **교호신문제도의 수정(소심 제10조 제2항)** 소액사건은 본인소송인 경우가 많으므로 소송기술이 부족한 본인에게 증인 등의 교호신문(제327조)을 맡기기 어렵다. 따라서 소액사건에서는 판사가 주 신문을 하고 당사자가 보충신문을 한다.

(다) **증인·감정인 등에 대한 서면신문제도(소심 제10조 제3항)** 소액사건에서는 판사가 상당하다고 인정할 때에 증인 또는 감정인에게 신문에 갈음하여 서면을 제출하게 할 수 있다. 증인출석의 불편을 덜고 신속한 심리를 위한 특례이다.

(7) 판결에 관한 특례

(가) **변론종결 후 판결의 즉시 선고(소심 제11조의2 제1항)** 소액사건에서는 신속한 재판을 위하여 변론종결 후 판결을 즉시 선고할 수 있다.

(나) 말에 의한 판결이유 요지의 설명과 판결이유 기재의 생략(소심 제11조의2 제3항) 변론 종결 후 즉시 판결 선고를 가능하도록 판결이유의 요지는 말로 설명하게 하고 판결이유는 원칙적으로 그 기재를 생략할 수 있다.

(8) 상고 및 재항고의 제한(소심 제3조)

(가) 소액사건에 대한 제2심판결이나 결정 · 명령에 대하여는 ① 법률 · 명령 · 규칙 또는 처분의 헌법위반 여부와 명령 · 규칙 또는 처분의 법률위반 여부에 대한 판단이 부당한 때 ② 대법원판례에 상반되는 판단을 한 때에 한정하여 상고 또는 재항고를 할 수 있게 함으로써 상고 및 재항고를 대폭 제한하고 있어(소심 제3조 1호 · 2호) 일반적인 상고이유(제423조)는 원칙적으로 상고이유가 되지 않는다.

(나) (a) 그러나 소액사건심판법 제3조는 '민사소송법 제423조' 중 '헌법 · 법률 · 명령 또는 규칙의 위반' 부분에 대한 특칙을 규정한 것에 불과하므로 '판결에 영향을 미친 경우'에 한하여 적법한 상고이유가 된다고 한 '민사소송법'의 규정은 소액사건심판의 경우에도 당연히 적용된다.[4)]

(b) 판례[5)]는, 다수의 소액사건들이 하급심에 계속되고 재판부에 따라 엇갈리는 판단을 하는 경우에는 '대법원 판례에 상반되는 판단을 한 때'의 요건을 갖추지 아니하여도 법령위반의 잘못에 관하여서는 대법원의 본질적 기능을 수행하는 차원에서 제423조를 적용하여 직권으로 판단할 수 있다고 하였다.

[129] 제2. 독촉절차

1. 뜻

독촉절차라 함은 금전 그 밖의 대체물이나 유가증권의 일정한 수량을 지급하라는 청구에 대하여 법원이 신청인의 신청에 따라 상대방에게 그 지급을 명령할 수 있는 절차를 말한다(제462조). 지급명령의 신청인을 채권자, 상대방을 채무자라고 한다. 채권자가 통상의 소송절차에 의할 것인가, 독촉절차에 의할 것인가는 자유로이 선택할 수 있으며 독촉절차도 소송절차의 하나이기 때문에 특별한 규정이 없는 한 민사소송법 총칙편의 규정이 적용된다. 채무자가 지급명령을 받고도 다투지 않은 경우에는 지급명령에 확정력 및 집행력이 부여됨으로써 통상의 판결절차보다 간이하고 신속하게 집행권원을 얻게 한다는 점에서 특별소송절차라 할 수 있다.

---

4) 대전판 1977.9.28. 77다1137.

5) 대판 2004.8.20. 2003다1878, 2017.3.16. 2015다3570.

이 절차는 당사자를 법정에 출석시키지 아니하고, 인지액이 저렴한 점 등에 이용가치가 있다.

2. 지급명령의 신청

(1) 관할법원

독촉사건은 시·군 법원판사(법조 제34조 제1항 2호) 또는 사법보좌관(법조 제54조 제2항 1호)의 업무에 속하며, 토지관할은 채무자의 보통재판적이 있는 곳이나 근무지(제7조), 거소지 또는 의무이행지(제8조), 어음·수표의 지급지(제9조) 또는 사무소·영업소가 있는 곳(제12조) 또는 불법행위지(제18조)의 지방법원에 전속한다(제463조).

(2) 특별요건

민사소송법의 일반요건 이외에 다음의 지급명령에 관한 특별요건이 필요하다.

(가) (a) **청구는 금전 그 밖의 대체물 또는 유가증권의 일정한 수량의 지급을 목적으로 할 것(제462조 본문)** 이와 같은 청구는 그 집행이 용이함과 함께 미리 집행하더라도 원상회복에 별로 지장이 없기 때문이다. 그러므로 현재(즉 최초의 이의신청기간 경과 이전) 즉시 집행할 수 없는 조건부 또는 기한부 청구, 예비적 병합청구들은 허용되지 않는다. 그러나 현재의 청구라면 반대급여와 맞바꾸어 이행을 구하는 것도 가능하다. 즉 반대급부의 이행과 상환하여 금전 등 대체물이나 일정한 수량의 유가증권지급을 명하는 지급명령이 허용되는 것이다.[6)]

(b) 채권자대위권을 행사하는 경우 채권자와 채무자는 일종의 법정위임의 관계에 있으므로 채권자는 민법 제688조를 준용하여 채무자에게 그 비용의 상환을 청구할 수 있고, 그 비용상환청구권은 강제집행을 직접 목적으로 하여 지출된 집행비용이라고 볼 수 없으므로 지급명령신청에 의하여 지급을 구할 수 있다.[7)]

(나) **채무자에 대한 지급명령을 국내에서 공시송달에 의하지 아니하고 송달할 수 있는 경우일 것(제462조 단서)**

(a) 지급명령을 공시송달에 의하지 아니하고는 송달할 수 없는 경우에는 법원은 직권으로 사건을 소송절차로 부치는 결정을 할 수 있다. 독촉절차에서 채무자는 유일하게 2주 이내의 이의신청으로 지급명령의 효력을 상실시키는 권리가 있기 때문에(제470조 제1항) 독촉절차는 채무자가 지급명령의 내용을 잘 아는 것을 전제로 한다. 따라서 채무자가 공시송달을 받는 것으로는 지급명령의 내용을 잘 알 수 없는 경우가 대부분이므로 지급명령의 채무자에 대한 송달방법에서 공시송달을 제외시킨 것이다.

---

6) 대결 2022.6.21. 2021그753.
7) 대결 1996.8.21. 96그8.

(b) 그런데 소송촉진 등에 관한 특례법 제20조의2 제1항은 제1호의 은행법에 따른 은행 등부터 제19호의 대법원규칙으로 정하는 자에 이르기까지 공시송달을 제외시킨 지급명령의 예외를 인정하여 공시송달에 의한 송달을 허용하면서 그 제2항 및 제3항에서 지급명령을 공시송달에 의하지 아니하고는 송달할 수 없는 경우의 청구원인을 소명하도록 하고 그 소명이 없는 때에는 결정으로 지급명령신청을 각하하도록 하였으며, 공시송달로 인해서 지급명령에 대한 이의신청기간을 지킬 수 없을 때에는 제173조 제1항에서 정한 소송행위의 추후보완사유가 있는 것으로 본다고 하여 이에 의해서 구제받을 수 있도록 하였다.

(3) 신청절차

(가) 지급명령의 신청은 그 성질에 반하지 않는 한 소에 관한 규정이 준용되므로(제464조) 원칙적으로 서면에 의하여야 하며 신청서에는 당사자, 법정대리인, 청구의 취지와 원인을 적어야 한다(제249조). 전산정보처리시스템을 이용하여 지급명령을 신청하고자 하는 자는 신청서를 전자문서로 작성하여 제출할 수 있다(민소전자문서법 제3조).

(나) 인지액은 소장에 붙여야 할 인지액의 10분의 1이다(민인 제7조 제2항).

(다) 채무자가 이의신청을 하여 지급명령을 발령한 법원이 인지보정명령을 한 경우 채권자는 인지보정 대신에 해당기간 이내에 조정으로의 이행신청을 할 수 있다(민조 제5조의2 제1항). 적법한 이행신청이면 이의신청된 청구목적의 값에 관하여 조정이 신청된 것으로 본다(민조 제5조의2 제3항).

(라) 지급명령의 신청이라 하더라도 재판상 청구이므로 그 신청할 때에 청구에 관하여 시효중단의 효력이 생긴다(제265조).

3. 지급명령신청에 대한 재판

(1) 신청의 각하

(가) 신청이 관할위반이거나 신청요건에 흠이 있는 경우 또는 신청의 취지 자체로 보아도 청구가 이유 없는 것이 명백한 때[8]에는 신청을 각하한다(제465조 제1항 전문).

(나) 독촉절차도 소송의 특별절차이다. 그러므로 그 성질에 반하지 아니하면 소에 관한 규정이 준용된다 할 것이므로 법원은 지급명령이 채무자에게 송달불능이 되면 일단 채권자에게 그 주소의 보정을 명한 연후에 그 각하여부를 결정할 것이지 한번 송달불능이 되었다고 하여 곧바로 공시송달의 방법에 의하지 아니하고는 송달할 수 없는 경우에 해당한다고 보아 지급명

---

8) 예를 들어 사해행위의 취소나 물건의 인도를 지급명령으로 신청한 경우 등이다.

령신청을 각하할 수 없다.[9)]

㈐ 병합된 여러 청구의 일부에 관하여 제465조 제1항 전문의 사유가 있으면 그 일부만을 각하한다(제465조 제1항 후문). 각하결정에 대해서 채권자는 불복신청을 할 수 없다(제465조 제2항). 각하결정에 대해서는 확정판결과 달리 기판력이 생기지 아니하므로 거듭 지급명령을 신청하거나 새로 소를 제기할 수 있기 때문이다.

(2) 지급명령

각하사유가 없으면 그 취지에 따라 지급명령을 할 수 있고 당사자 양쪽에 송달한다(제469조 제1항). 지급명령에는 당사자, 법정대리인, 청구의 취지와 원인을 적고 지급명령이 송달된 날로부터 2주일 이내에 이의신청을 할 수 있음을 덧붙여 적어야 한다(제468조).

(3) 소제기신청 및 소송절차에 회부

채권자는 법원으로부터 채무자의 주소를 보정하라는 명령을 받은 경우에는 소제기신청을 할 수 있고(제466조 제1항) 지급명령을 공시송달에 의하지 아니하고는 송달할 수 없거나 외국으로 송달하여야 할 때에는 법원은 직권에 의한 결정으로 사건을 소송절차에 부칠 수 있다(동조 제2항). 이 결정에 대하여는 불복할 수 없다(동조 제3항).이 경우에 소의 제기는 지급명령을 신청한 때에 이의신청된 청구목적의 값에 관한 것으로 본다(제472조 제2항).

4. 채무자의 이의

(1) 지급명령에 대한 이의

㈎ 지급명령에 대한 이의라 함은 채무자가 청구의 당부에 관하여 통상의 소송절차에서 심판을 해달라는 신청을 말한다. 독촉절차에서 채무자에게 주어진 유일한 대항수단이다. 이의신청에는 아무런 이유를 붙일 필요가 없으며 그 신청만으로 독촉절차에서 통상소송으로 이행한다. 이의신청기간은 지급명령송달 이후 2주일 이내이다(제470조, 제468조). 그러나 이의신청기간 이내에 회생절차개시결정등과 같은 소송중단사유가 생긴 경우에는 이의신청기간의 진행이 정지된다.[10)]

㈏ 지급명령에 적법한 이의신청을 하여 제1심 법원에 소로서 계속되면 그 이의신청을 취하할 수 없다.[11)]

---

9) 대결 1986.5.2. 86그10.
10) 대판 2012.11.15. 2012다70012.
11) 대판 1977.7.12. 76다2146 · 2147.

(다) 지급명령에 대한 이의신청을 취하하면 지급명령이 바로 확정되고, 설령 이의신청을 취하한 후 아직 이의신청기간이 남아 있다고 하더라도 채무자는 다시 이의신청을 할 수 없다.12)

(2) 이의신청의 효력

채무자가 이의신청을 하면 그 범위 안에서 지급명령은 그 효력을 상실하며(제470조 제1항) 소의 제기는 이의할 때가 아니라 지급명령을 신청한 때에 있는 것으로 본다(제472조 제2항). 다만 지급명령에 대한 이의신청서에 기재한 이의사유라고 하더라도 변론기일에 이를 주장하지 아니하면 효력이 없다.13)

(3) 소송절차의 이행

지급명령에 대한 이의신청은 이의를 적법한 것으로 취급하여 변론기일의 지정이나 소송기록의 송부 등 소송절차로 이행하는 조치를 할 때까지 이의를 취하할 수 있다.

5. 지급명령의 확정

지급명령에 대하여 이의신청이 없거나 이의신청을 취하하거나 각하결정이 확정된 때에는 지급명령이 확정되어 집행력이 생긴다(제474조). 따라서 확정된 지급명령은 집행권원이 되므로 집행문을 부여받을 필요 없이 지급명령 정본에 의하여 강제집행을 할 수 있다(민집 제58조 제1항). 제474조는 확정판결과 같은 효력이 있다고 규정하고 있으나 그 취지는 지급명령으로 확정된 채권의 소멸시효기간을 10년으로 하기 위한 것일 뿐 기판력을 인정하기 위한 것이 아니다(이설없음). 따라서 채권자도 기판력을 얻기 위해 채무자를 상대로 채권존재의 확인소송을 제기할 수 있고, 채무자가 채무를 갚았을 때에는 채권자를 상대로 채무부존재확인소송을 제기할 수 있다.

[130] 제3. 형사배상명령

1. 뜻

형사배상명령이라 함은 형사 제1심 또는 제2심의 공판절차에서 소송촉진 등에 관한 특례법 제25조 1항에 규정된 범죄에 관하여 유죄판결을 선고할 경우에 법원이 직권 또는 피해자나

12) 대결 2012.11.21. 2011마1980.
13) 대판 1970.12.22. 70다2297.

그 상속인의 신청에 의하여 피고사건의 범죄행위로 인하여 발생한 직접적인 물적 피해, 치료비 손해 및 위자료의 배상을 명하는 것을 말한다(소촉 제25조 제1항). 배상명령제도는 형사소송에 부대하여 인정되는 특수한 사소(私訴)로서 부대소송 또는 부대사소라고 하는데 계속 중인 형사재판절차에서 그 범죄행위로 인하여 발생한 손해에 관한 소송을 병합하여 심판함으로써 분쟁의 1회적 해결과 민사재판과 형사재판 상호 간에 재판이 어긋나는 것을 회피하면서도 범죄행위로 인한 손해를 간이·신속하게 배상해 준다는 데 그 취지가 있다.

2. 배상명령의 종류

배상명령에는 피고인과 피해자 사이에 합의가 없는 경우의 배상명령(소촉 제25조 제1항)과 합의된 손해배상액에 대한 배상명령(소촉 제25조 제2항)이 있다. 전자가 배상명령의 원칙적인 형태이고 후자가 예외적이다. 후자는 일종의 재판상 합의가 성립된 것으로서 합의된 배상액에 대하여 집행력을 부여하는데 목적이 있다. 따라서 합의한 바 없는 경우와 달리 특정된 범죄에 한정되지 않고 어떠한 범죄로 인한 손해라도 배상을 명할 수 있으며(소촉 제25조 제2항), 피고사건에 대하여 유죄판결을 하지 않는 경우에도 피고인과 피해자 사이에 합의된 손해배상액에 관하여는 배상을 명할 수 있다(소촉 제33조 제3항, 제25조 제2항).

3. 형사배상명령의 요건

피고인과 피해자 사이에 합의가 없는 제25조 제1항의 배상명령에 대한 요건은 다음과 같다.

(1) 제1심 또는 제2심의 형사공판절차에서 일정한 범죄에 관하여 유죄판결을 선고할 경우일 것

㈎ **일정한 범죄** (a) 상해·중상해죄(형법 제257조 제1항, 258조 제1항), 상해치사·폭행치사상죄(형법 제259조 1항, 제262조, 단 존속치사상죄 제외), 과실치사상의 죄(형법 제26장), 강간과 추행의 죄(형법 제32장, 단 형법 제304조의 미성년자에 대한 간음, 추행은 제외), 절도와 강도의 죄(형법 제38장), 사기와 공갈의 죄(형법 제39장), 횡령과 배임의 죄(형법 제40장), 손괴의 죄(형법 제42장)(소촉 제25조 제1항 1호)

(b) 성폭력범죄의 처벌 등에 관한 특례법 제10조부터 제13조까지, 제14조(제3조부터 제9조까지의 미수범은 제외), 아동·청소년의 성보호에 관한 법률 제12조, 제14조에 규정된 죄(소촉 제25조 제1항 2호)

(c) (a)의 죄를 가중처벌하는 죄(예, 폭력행위 등 처벌에 관한 법률, 특정범죄가중처벌 등에 관한

법률 등) 및 그 죄의 미수범을 처벌하는 경우 미수의 죄 등을 말한다.

(나) 이상 열거한 범죄에 관하여 유죄판결을 선고하는 경우에 한하기 때문에 무죄 · 면소 또는 공소기각의 재판을 하는 때에는 배상명령을 할 수 없다(소촉 제33조 제2항).

(2) 피고사건의 범죄행위로 인하여 물적 피해, 치료비 손해 및 위자료를 지급할 정신적 손해가 발생하였을 것

(3) 소극적 요건(소촉 제25조 제3항)

다음의 경우에는 형사배상명령을 할 수 없다.

(가) 피해자의 성명 · 주소의 불명, 피해금액의 불특정, 피고인의 배상책임의 유무 또는 그 범위의 불분명, 형사공판절차가 현저히 지연될 우려가 있거나 형사소송절차에서 배상명령을 하는 것이 상당하지 않을 것(소촉 제25조 제3항).

(나) 범죄사건으로 인하여 발생한 피해에 관하여 민사소송 등 다른 절차에 의한 손해배상청구가 법원에 계속 중일 것(소촉 제26조 제7항).

4. 배상명령의 절차

(1) 배상명령의 신청

(가) **신청권자** 직권으로 배상명령을 하는 경우를 제외하고 배상명령의 신청은 피해자 또는 그 상속인이 할 수 있다(소촉 제25조 제1항). 피해자는 법원의 허가를 받아 그 배우자 · 직계혈족 · 형제자매에게 배상신청에 관하여 소송행위를 대리하게 할 수 있다(소촉 제27조 제1항).

(나) **신청의 방법** (a) 배상신청은 형사사건의 제1심 또는 제2심 공판의 변론이 종결할 때까지 사건이 계속된 법원에 배상신청을 할 수 있다. 이 경우 인지를 붙일 필요가 없다(소촉 제26조 제1항). 배상신청은 강제되지 않으므로 형사절차에 부대하여 배상신청을 하느냐, 민사소송에 의한 별개의 배상청구를 하느냐는 피해자의 자유이다.

(b) 배상신청은 서면에 의하는 것이 원칙이나 피해자가 증인으로 법정에 출석한 때에는 말에 의해서도 배상신청을 할 수 있다. 말로 신청을 하는 경우에는 공판조서에 신청의 취지를 기재하여야 한다(소촉 제26조 제5항). 신청서의 기재사항은 소촉법 제26조 제3항에 자세하게 기재되어 있다.

(c) 신청인은 배상명령이 확정될 때까지 언제든지 배상신청을 취하할 수 있다(소촉 제26조 제6항).

(다) **신청의 효과** 배상신청은 민사소송에 있어서의 소의 제기와 동일한 효력이 있다(소

촉 제26조 제8항). 따라서 시효중단 · 기간준수의 효력이 있다. 배상명령은 기판력이 없고 배상신청이 있었다 하여 반드시 배상명령이 발부된다고도 할 수 없으므로 배상명령을 신청한 다음 별소로 민사소송을 제기한다 하더라도 중복된 소제기(제259조)에 해당하지 않는다.[14)]

㈑ 신청인의 지위　　배상신청이 있을 때에는 신청인에게 반드시 공판기일을 통지하여야 하며 신청인이 기일에 불출석한 때에는 그 진술 없이 재판할 수 있다(소촉 제29조). 따라서 배상신청절차에는 민사소송법상의 기일태만의 제재(의제자백, 의제취하)가 따르지 않는다.[15)] 신청인이나 대리인은 공판절차를 현저하게 지연시키지 않는 범위에서 재판장의 허가를 받아 소송기록을 열람할 수 있고 공판기일에 피고인 또는 증인을 신문할 수 있으며, 그 밖에 필요한 증거를 제출할 수 있다(소촉 제30조).

(2) 형사배상명령의 재판

㈎ 신청의 각하　　신청이 부적법한 때 또는 그 신청이 이유 없거나 배상명령을 함이 상당하지 아니하다고 인정할 때에는 결정으로 각하하여야 한다(소촉 제32조 제1항). 다만 별도의 결정에 의하지 않고 유죄판결의 선고와 동시에 각하할 때에는 유죄판결의 주문에 이를 표시할 수 있다(소촉 제32조 제2항). 각하재판에 대하여는 불복신청을 하지 못하며 다시 동일한 배상신청을 할 수 없다(소촉 제32조 제4항).

㈏ 배상명령의 선고　　배상명령은 유죄판결의 선고와 동시에 하여야 하며(소촉 제31조 제1항) 금전지급을 명하되 배상의 대상과 금액을 유죄판결의 주문에 표시하여야 한다. 배상명령의 이유는 특히 필요하다고 인정되는 경우가 아니면 이를 기재하지 아니한다(소촉 제31조 제2항). 배상명령의 절차비용은 국고부담을 원칙으로 하므로(소촉 제35조) 그에 관하여 따로 재판할 필요가 없다. 배상명령에는 가집행의 선고를 할 수 있으며(소촉 제31조 제3항) 이 경우에는 제213조 제3항, 제215조, 제500조 및 제501조의 규정을 준용한다(소촉 제31조 제4항). 배상명령을 한 때에는 유죄판결의 정본을 피고인과 피해자에게 바로 송달하여야 한다(소촉 제31조 제5항).

㈐ 배상명령에 대한 상소　　(a) 피고인이 유죄판결에 대하여 상소를 제기하였을 때에는 배상명령에 대하여 상소를 하지 아니하였다 하더라도 상소의 효력이 배상명령에 미쳐 확정차단과 이심의 효력이 생긴다(소촉 제33조 제1항). 그러므로 상소심에서 원심의 유죄판결을 취소하고 무죄 · 면소 또는 공소기각의 재판을 한 때에는 배상명령을 취소하여야 하며 취소주문을 내지 아니하여도 취소한 것으로 의제된다(소촉 제33조 제2항). 비록 상소심에서 유죄판결을 유지하더라도 배상명령이 잘못된 경우에는 배상명령만 따로 취소 · 변경할 수 있다(소촉 제33조

14) 방순원, 715면; 이시윤, 375면.
15) 방순원, 716면; 이시윤, 375면.

제4항).

(b) 피고인은 배상명령에 대해서만 불복할 수 있으며 그 불복방법은 상소제기기간 내 형사소송법의 규정(형소 제405조, 제406조, 제410조)에 의한 즉시항고이다(소촉 제33조 제5항). 그러나 신청인은 배상일부 인용의 재판에 대하여 불복할 수 없다(소촉 제32조 제4항).

(라) **배상명령의 효력** (a) 확정된 배상명령이 기재된 유죄판결의 정본은 강제집행에 관하여는 집행력 있는 민사판결정본과 동일한 효력이 있다(소촉 제34조 제1항). 따라서 확정된 배상명령은 집행력만 있고 기판력은 없다. 그러므로 배상명령이 확정된 때에 피해자는 그 인용금액의 범위 안에서 민사소송 등 다른 절차에 의한 배상청구를 할 이익이 없으나, 인용금액을 넘은 손해가 있는 경우에는 그 부분에 대해서 별도의 민사소송으로 손해배상청구를 할 수 있다(소촉 제34조 제2항).

(b) 배상신청에 대해서는 그 고유의 관할에 불구하고 형사사건이 계속된 법원의 관할에 따른다(소촉 제34조 제3항). 청구에 관한 이의의 소에 있어서는 민사집행법 제44조 제2항의 예외로서, 그 이의가 변론이 종결된 뒤(변론없이 한 판결의 경우에는 판결이 선고된 뒤)에 생긴 것이 아니더라도 이의사유로 삼을 수 있다(소촉 제34조 제4항).

부 록

민사소송법 핵심판례 요지

QR코드를 스캔하시면 판례 평석 본문을 참고하실 수 있습니다.

I. 총설

[1] 순환소송과 민사소송법 제1조

대판 2017.2.15. 2014**다**19776 · 19783 — 법률신문 2017.6.12.

[원 · 피고 사이의 순환소송을 인정하는 것은 소송경제에 반할 뿐만 아니라 원고는 결국 피고에게 반환할 것을 청구하는 것이 되어 이를 허용하는 것은 신의성실의 원칙에 비추어 타당하지 않다]

[2] 민사소송법 제1조에서의 법원의 의무

대판 2017.4.26. 2017**다**201033 — 법률신문 2017.11.20.

[법원의 재판이 당사자의 심급이익을 박탈할 위험이 있을 경우에는 법원의 신의칙 위반이 된다. 제1심의 무변론판결은 원고의 청구를 인용할 경우에만 가능하므로 원고의 청구가 이유 없음이 명백하더라도 변론 없이 하는 청구기각 판결은 인정되어서는 안 된다. 제1심은 이 원칙을 무시하고 원고의 청구를 기각하였고, 이에 원고가 항소하였으나 피고는 제1심판결대로 결론이 날 것을 예상하고 계속 불출석한 결과 원심은 피고의 자백간주로 인정하여 원고승소판결을 하였다. 이는 결과적으로 불출석한 피고로 하여금 변론할 기회를 주지 아니하여 당사자

* 이에 대한 자세한 판례평석은 QR코드의 '민사소송법 핵심판례 평석'을 참고하기 바랍니다.

로 하여금 심급의 이익을 박탈당하게 한 것이므로 법원의 신의칙 위반에 해당한다]

[3] 변호사법 제31조 제1항 1호의 규정에 위반된 소송행위의 효력

대판 2003.5.30. 2003**다**15556

[변호사가 당사자 한쪽으로부터 상의를 받아 그 사건을 승낙한 사건의 상대방이 위임하는 사건에 관하여는 그 직무를 수행할 수 없고(변호사법 제31조 제1항 1호), 이를 위반한 변호사는 제명 등의 징계를 받을 수 있다(변호사법 제90조 제2항 1호). 이 규정에 위반한 변호사의 소송행위에 대하여는 상대방 당사자가 법원에 대하여 이의를 제기하는 경우 그 소송행위는 무효이고, 다만 상대방 당사자가 그와 같은 사실을 알았거나 알 수 있었음에도 불구하고 사실심의 변론종결 시까지 아무런 이의를 제기하지 아니하였다면 그 소송행위는 효력이 있다]

[4] 헌법재판소가 결정한 해산 정당 소속 국회의원직 상실 결정의 소송법상 효력

헌결 2014.12.19. 2013**헌다**1 — 법률신문 2016.6.20.

[(평석) 헌법재판소 결정의 주문에서, 소송 당사자가 아닌 사람에 대하여 마치 당사자인 것처럼 취급하여 국회의원직 상실결정을 하였다는 점과, 결정의 이유에서, 헌법이나 법률에 국회의원직 상실에 관한 규정이 있어야 국회의원직 상실을 시킬 수 있음에도 불구 국민을 보호하고 헌법을 수호하기 위한 방어적 민주주의의 정신이라는 추상적 이유로 이 규정이 없는데도 해산정당인 통합진보당 소속 국회의원들의 의원직을 상실시킨 점은 잘못되었다]

[5] 징벌적 손해배상의 법적 성격

대판 2015.10.15. 2015**다**1284 — 법률신문 2016.9.12.

[민사소송법 제217조의2 제1항은 "법원은 손해배상에 관한 확정재판 등이 대한민국의 법률 또는 대한민국이 체결한 국제조약의 기본질서에 현저히 반하는 결과를 초래할 경우에는 해당 확정재판 등의 전부 또는 일부를 승인할 수 없다."라고 규정하고 있는데, 이는 징벌적 손해배상과 같이 손해전보의 범위를 초과하는 배상액의 지급을 명한 외국법원의 확정판결 또는 이와 동일한 효력이 인정되는 재판의 승인을 적정 범위로 제한하기 위하여 마련된 규정이다]

II. 소송의 주체

[6] '승계참가 이후 피참가인이 승계인의 승계참가를 다투지도 않고 소송에서 탈퇴하지도 않는 경우'의 승계참가인과 피참가인의 소송관계

대전판 2019.10.23. 2012**다**46170 — 법률신문 2020.2.17.

[소송이 법원에 계속되어 있는 동안에 제3자가 소송목적이 되는 권리의 전부나 일부를 승계하였다고 주장하며 소송에 참가한 경우, 원고가 승계참가인의 승계 여부에 대해 다투지 않으면서도 소송탈퇴나 소 취하 등을 하지 않거나 이에 대하여 피고가 부 동의하여 원고가 소송에 남아있다면 승계로 인해 중첩된 원고와 승계참가인의 청구 사이에는 필수적 공동소송에 관한 민사소송법 제67조가 적용된다]

[7] 선정자의 선정당사자에 대한 선정행위의 묵시적 철회

대판 2015.10.15. 2015**다**31513

[선정당사자의 선정은 언제든지 장래를 위하여 이를 취소·변경할 수 있으나, 선정을 철회한 경우에 선정자 또는 당사자가 상대방 또는 법원에 대하여 선정 철회 사실을 통지하지 아니하면 철회의 효력을 주장하지 못한다. 하지만 선정의 철회는 반드시 명시적이어야만 하는 것은 아니고 묵시적으로도 가능하다]

[8] 보조참가인에 대한 참가적 효력

대판 2007.12.27. 2006**다**60229

[보조참가인이 피참가인을 보조하여 공동으로 소송을 수행하였으나 피참가인이 소송에서 패소한 경우에 인정되는 전소 확정판결의 참가적 효력은 전소 확정판결의 결론의 기초가 된 사실상 및 법률상의 판단으로서 보조참가인이 피참가인과 공동이익으로 주장하거나 다툴 수 있었던 사항에 한하여 미친다. 그런데 그 다투는 사항이 원고가 피고의 보조참가인으로 참가하였던 종전의 소송에서 상대방인 에이치엔건설에 대하여 피고와의 공동이익으로 다툴 수 있었던 사항이 아니라 피참가인인 피고와 다투어야만 할 사항이라면 이는 위 종전 소송의 확정판결의 참가적 효력에 반하지 않는다]

[9] 흡수합병으로 소멸된 A회사를, 합병한 B회사로 당사자표시정정할 수 있는가

대판 2016.12.27. 2016**두**50440 — 법원 코트넷 2019.6.3.

[개인이나 법인이 과세처분에 대하여 심판청구 등을 제기하여 전심절차를 진행하던 중 사망하거나 흡수 합병되는 등으로 당사자능력이 소멸하였으나, 전심절차에서 이를 알지 못한 채 사망하거나 합병으로 인해 소멸된 당사자를 청구인으로 표시하여 청구에 관한 결정이 이루어지고, 상속인이나 합병법인이 결정에 불복하여 소를 제기하면서 소장에 착오로 소멸한 당사자를 원고로 기재하였다. 이 경우 실제 소를 제기한 당사자는 상속인이나 합병법인이고 다만 그 표시를 잘못한 것에 불과하므로, 법원으로서는 이를 바로잡기 위한 당사자표시정정신청을 받아들인 후 본안에 관하여 심리 · 판단하여야 한다]

[10] 법인 등 단체의 특별대리인

대판 2011.1.27. 2008**다**85758

[법인 대표자의 자격이나 대표권에 흠이 있어 그 법인이 또는 그 법인에 대하여 소송행위를 하기 위하여 민사소송법 제64조, 제62조에 따라 수소법원에 의하여 선임되는 특별대리인은 법인의 대표자가 대표권을 행사할 수 없는 흠을 보충하기 위하여 마련된 제도이다. 따라서 특별대리인이 선임된 후 소송절차가 진행되던 중에 법인의 대표자 자격이나 대표권에 있던 흠이 보완되었다면 특별대리인에 대한 수소법원의 해임결정이 있기 전이라 하더라도 그 대표자는 법인을 위하여 유효하게 소송행위를 할 수 있다]

[11] 잘못 기재된 상속인 당사자에 대한 상소제기의 효력

대판 2010.12.23. 2007**다**22859

[판결 상 망인의 소송상 지위를 당연승계한 정당한 상속인들에 관한 당사자 표시가 잘못되었음에도 불구하고 그 잘못된 당사자 표시를 신뢰한 망인의 소송대리인이나 상대방 당사자가 그 잘못 기재된 당사자 모두를 상소인 또는 피상소인으로 표시하여 상소를 제기한 경우에도, 상소제기의 효력은 정당한 상속인들 모두에게 미친다]

[12] 임의적 소송담당

대판 2016.12.15. 2014다87885 · 87892

[관리단으로부터 집합건물의 관리업무를 위임받은 위탁관리회사는 특별한 사정이 없는 한 구분소유자 등을 상대로 자기 이름으로 소를 제기하여 관리비를 청구할 당사자적격이 있다]

[13] 이미 사망한 당사자에 대한 소제기 효력

대판 2015.8.13. 2015다209002

[소 제기 당시 이미 사망한 망인과 그 상속인들인 원고 등의 위자료 등을 각 청구하는 내용의 소부분은 부적법한 것이어서 각하되어야 한다]

[14] 당사자의 사망과 소송수계

대판 2015.1.29. 2014다34041

[사망자를 피고로 하는 소제기는 원고와 피고의 대립당사자 구조를 요구하는 민사소송법상의 기본원칙이 무시된 부적법한 것으로서 실질적 소송관계가 이루어질 수 없으므로, 그와 같은 상태에서 제1심판결이 선고되었다 할지라도 그 판결은 당연무효이며, 그 판결에 대한 사망자인 피고의 상속인들에 의한 항소나 소송수계신청은 부적법하다. 이러한 법리는 소제기 후 소장부본이 송달되기 전에 피고가 사망한 경우에도 마찬가지로 적용된다]

[15] 무권대리인의 촉탁에 의한 공정증서의 효력

대판 2016.12.29. 2016다22837

[공정증서가 집행권원으로서 집행력을 가질 수 있도록 하는 집행인낙의 표시는 공증인에 대한 소송행위이므로, 무권대리인의 촉탁에 의하여 공정증서가 작성된 때에는 집행권원으로서의 효력이 없다]

[16] 종교단체에서 임의적 소송담당 대표자의 소송법상 적법성

대판 2011.5.13. 2010**다**84956

[불교단체의 총무원장으로 하여금 피고를 대표하여 소송행위를 할 수 있도록 하는 취지의 종헌 개정은 민사소송법의 소송대리에 관한 강행규정을 잠탈하는 것이 아니다]

[17] 공동소송적 보조참가인의 동의 없이 피참가인이 한 재심의 소 취하의 효력

대판 2015.10.29. 2014**다**13044 — 법률신문 2016.5.16.

[재심의 소에 공동소송적 보조참가인이 참가한 후에는 피참가인이 재심의 소를 취하하더라도 참가인의 동의가 없는 한 효력이 없다]

[18] 공동대위채권자의 공동소송참가

대판 2015.7.23. 2013**다**30301 — 법률신문 2015.12.18.

[채권자대위소송 계속 중인 상황에서 다른 채권자가 동일한 채무자를 대위하여 채권자대위권을 행사하면서 공동소송참가신청을 할 경우, 양 청구의 소송목적이 동일하다면 민사소송법 제83조 제1항이 요구하는 '소송목적이 한쪽 당사자와 제3자에게 합일적으로 확정되어야 할 경우'에 해당하므로 그 참가신청은 적법하다]

[19] 대학교의 교수협의회와 총학생회의 교육부장관의 학교법인 이사 선임처분 취소를 구할 법률상 이익

대판 2015.7.23. 2012**두**19496 · 19502 — 법률신문 2016.1.14.

[대학교의 교수협의회와 총학생회는, 교직원·학생 등의 학교운영에 참여할 기회를 부여하기 위한 개방이사 제도에 관한 법령의 규정 내용과 입법 취지 및 임시이사제도의 취지, 법인 정관 규정 등에 의하여, 교육부장관의 이사선임처분을 다툴 법률상 이익이 있다]

[20] 독립당사자참가소송에서 참가인의 원고에 대한 소극적 확인의 이익

대판 2014.11.13. 2009다71312 · 71329 · 71336 · 71343 — 법률신문 2016.2.22.

[독립당사자참가소송에서 참가인의 「확인의 이익」은, 독립당사자참가인의 권리 또는 법률상의 지위가 원고로부터 부인당하거나 또는 그와 저촉되는 주장을 당함으로써 위협을 받거나 방해를 받는 경우에 원고를 상대로 자기의 권리 또는 법률관계의 확인을 구하여야 할 것이므로, 자기의 권리 또는 법률상의 지위를 부인하는 원고가, 참가인의 주장과 양립할 수 없는 제3자(즉, 피고)에 대한 권리 또는 법률관계가 부존재하다고 주장하는 부존재확인의 소는 자기의 권리 또는 법률적 지위에 현존하는 불안, 위험을 해소시키기 위한 적절한 수단이 될 수 없어 확인의 이익이 없다]

[21] 고유필수적공동소송에서 공동당사자의 지위

대판 2015.9.10. 2012다23863 — 법률신문 2016.8.22.

[고유필수적 공동소송에서 공동당사자의 지위에 있는 공동건축주 전원의 명의변경에 관한 동의의 표시는, 변경 전 건축주 전원이 참여한 단일한 절차나 서면에 의하여 표시될 필요는 없고 변경 전 건축주별로 동의의 의사를 표시하는 방식도 허용된다. 따라서 각 동의의 의사표시에 갈음하는 판결도 반드시 변경 전 건축주 전원을 공동피고로 하여 받을 필요는 없으며 부 동의하는 건축주별로 피고로 삼아 그 판결을 받을 수 있다]

[22] 소송계속 전 원고가 사망한 경우 그 소송대리인의 소송대리권

대판 2016.4.29. 2014다210449 — 법률신문 2016.11.10.

[당사자가 사망하더라도 소송대리인의 소송대리권은 소멸하지 아니하므로, 원고가 소송대리인에게 소송위임을 한 다음 소 제기 전에 사망하였는데 소송대리인이 원고가 사망한 것을 모르고 당사자를 원고로 표시하여 소를 제기하였다면 소의 제기는 적법하다]

[23] 채권자대위소송에서 피대위채권의 존부와 당사자적격

대판 2015.9.1. 2013**다**55300 — 법률신문 2016.12.15.

[채권자가 채권자대위소송을 제기한 경우, 제3채무자는 채무자가 채권자에 대하여 가지는 항변권이나 형성권 등과 같이 권리자에 의한 행사를 필요로 하는 사유를 들어 채권자의 채무자에 대한 권리가 인정되는지 여부를 다툴 수 없지만, 채권자의 채무자에 대한 권리의 발생원인이 된 법률행위가 무효라거나 위 권리가 변제 등으로 소멸하였다는 등의 사실을 주장하여 채권자의 채무자에 대한 권리가 인정되는지 여부를 다투는 것은 가능하다]

[24] 예비적 공동소송과 통상의 공동소송

대판 2015.6.11. 2014**다**232913 — 법률신문 2018.3.13.

[주위적 피고에 대한 주위적·예비적 청구 중 주위적 청구 부분이 받아들여지지 아니할 경우 그와 법률상 양립할 수 없는 관계에 있는 예비적 피고에 대한 청구를 받아들여 달라는 취지로 주위적 피고에 대한 주위적·예비적 청구와 예비적 피고에 대한 청구를 결합하여 소를 제기하는 것도 가능하고, 처음에는 주위적 피고에 대한 주위적·예비적 청구만을 하였다가 주위적 청구 부분이 받아들여지지 아니할 경우 그와 법률상 양립할 수 없는 관계에 있는 예비적 피고에 대한 청구를 받아들여 달라는 취지로 예비적 피고에 대한 청구를 결합하기 위하여 예비적 피고를 추가하는 것도 가능하다. 이 경우 주위적 피고에 대한 예비적 청구와 예비적 피고에 대한 청구가 서로 법률상 양립할 수 있는 관계에 있으면 양 청구를 병합하여 통상의 공동소송으로 보아 심리·판단할 수 있다. 그리고 이러한 법리는 원고가 주위적 피고에 대하여 실질적으로 선택적 병합 관계에 있는 두 청구를 주위적·예비적으로 순위를 붙여 청구한 경우에도 그대로 적용된다]

[25] 독립당사자참가에서의 사해방지참가와 채권자취소권상의 사해행위

대판 2014.6.12. 2012**다**47548·47555

[사해행위취소의 상대적 효력에 의하면, 원고의 피고에 대한 청구의 원인행위가 사해행위라는 이유로 원고에 대하여 사해행위취소를 청구하면서 독립당사자참가신청을 하는 경우, 독립당사자참가인의 청구가 그대로 받아들여지더라도 원고와 피고 사이의 법률관계에는 아무런

영향이 없으므로, 그러한 독립당사자 참가신청은 사해방지참가의 목적을 달성할 수 없어 부적법하다]

[26] 보조참가의 요건으로서 소송 결과에 대한 '이해관계'

대결 2014.5.29. 2014마4009

[특정 소송사건에서 당사자 한 쪽을 보조하기 위하여 보조참가를 하려면 당해 소송의 결과에 대하여 이해관계가 있어야 한다. 여기서 말하는 이해관계는 사실상·경제상 또는 감정상의 이해관계가 아니라 법률상의 이해관계를 말하는 것으로, 이러한 이해관계가 있다는 것은 당해 소송에서 판결의 기판력이나 집행력을 당연히 받는 경우 또는 당해 소송에서 판결의 효력이 직접 미치지는 아니하더라도 적어도 그 판결을 전제로 보조참가를 하려는 자의 법률상 지위가 결정되는 관계에 있는 경우를 의미한다]

[27] 공동상속채무의 소송법적 구성

대판 1993.2.12. 92다29801

[소송계속중 당사자인 피상속인이 사망한 경우 공동상속재산은 상속인들의 공유이므로 소송의 목적이 공동상속인들 전원에게 합일 확정되어야 할 필수적 공동소송관계라고 인정되지 아니하는 이상 반드시 공동상속인 전원이 공동으로 수계하여야 하는 것은 아니므로, 수계되지 아니한 상속인들에 대한 소송은 중단된 상태로 그대로 피상속인이 사망한 당시의 심급법원에 계속된다]

[28] 참가요건을 갖추지 못한 권리주장 독립당사자참가의 취급

대판 1992.5.26. 91다4669·4676 — 법률신문 2017.10.19.

[참가인은 제1심판결 중 참가인의 독립당사자참가신청을 각하한 부분에 관하여 항소기간 내에 항소를 제기하지 아니하여 원고의 항소에도 불구하고 피고에 대한 본소청구와는 별도로 확정되었다. 따라서 위 확정된 각하판결로 인하여 원고의 피고에 대한 소유권이전등기청구에 대하여 참가인이 이 사건 부동산 매수인의 지위에서 하는 권리주장참가는, 그 참가요건을 갖추지 못하여 부적법하다는 점에 한하여 기판력이 발생한다]

[29] 독립당사자참가의 참가요건이 불비된 경우의 재판의 형식

대판 2017.4.26. 2014**다**221777 · 221784

[을(참가인)의 말소등기청구는 등기의 이전을 구하는 정(원고)의 청구와 동일한 권리관계에 관하여 주장 자체에서 양립될 수 있으므로 제79조 제1항 전단에 따른 권리주장참가의 요건을 갖추지 못하였고, 정(원고)과 병(피고)은행이 소송을 통하여 을의 권리를 침해할 의사가 있다고 객관적으로 인정하기도 어려우므로 제79조 제1항 후단에 따른 사해방지참가의 요건을 갖추었다고 볼 수도 없으므로 을(참가인)의 독립당사자 참가신청은 모두 부적법각하하여야 한다]

[30] 예비적 · 선택적 공동소송과 화해권고결정

대판 2015.3.20. 2014**다**75202

[조정을 갈음하는 결정이 확정된 경우에는 재판상 화해와 동일한 효력이 있으므로 그 결정에 대하여 일부 공동소송인이 이의하지 않았다면 원칙적으로 그 공동소송인에 대한 관계에서는 조정을 갈음하는 결정이 확정될 수 있다. 다만, 조정을 갈음하는 결정에서 분리 확정을 불허하고 있거나, 그렇지 않더라도 그 결정에서 정한 사항이 공동소송인들에게 공통되는 법률관계를 형성함을 전제로 이해관계를 조절하는 경우 등과 같이 결정 사항의 취지에 비추어 분리 확정을 허용한다면 형평에 반하고, 또한 이해관계가 상반된 공동소송인들 사이에서 소송 진행의 통일을 목적으로 하는 민사소송법 제70조 제1항 본문의 입법 취지에 반하는 결과가 초래되는 경우에는 분리 확정이 허용되지 않는다. 이러한 법리는 이의신청 기간 내에 이의신청이 없으면 재판상 화해와 동일한 효력을 가지는 화해권고결정의 경우에도 마찬가지로 적용된다]

Ⅲ. 제1심의 소송절차

[31] '재판상 청구'가 있다는 점에 대하여만 확인을 구하는 형태의 새로운 방식의 확인소송

대전판 2018.10.18. 2015**다**232316 — 법원 코트넷 2019.6.25.

[시효중단을 위한 후소로서 이행소송 외에 전소판결로 확정된 채권의 시효를 중단시키기

위한 조치, 즉 '재판상의 청구'가 있다는 점에 대하여만 확인을 구하는 형태의 '새로운 방식의 확인소송'을 허용할 필요가 있다]

[32] 동영상 파일 등에 대한 문서제출명령신청의 적부

대결 2010.7.14. 2009마2105

[음성·영상자료에 해당하는 동영상 파일은 검증의 방법으로 증거조사를 하여야 하므로 문서제출명령의 대상이 될 수 없다. 사진이나 도면의 경우에는 그 사진·도면의 형태, 담겨진 내용 등을 종합하여 감정·서증조사·검증의 방법 중에서 가장 적절한 증거조사 방법을 택하여 이를 준용하여야 할 것이다]

[33] 변론전체의 취지

대판 2013.8.22. 2012다94728

[변론 전체의 취지는 변론의 과정에 현출된 모든 상황과 소송자료로서 증거조사의 결과를 제외한 것이므로, 변론종결 후에 제출된 자료는 여기에 포함되지 아니한다]

[34] 소의 객관적 병합과 독립당사자참가 신청

대판 2007.6.15. 2006다80322·80339 — 법률신문 2017.9.18.

[독립당사자참가 소송에 수개의 청구가 병합된 경우 그 중 어느 하나의 청구라도 독립당사자참가인의 주장과 양립하지 않는 관계에 있으면 그 본소청구에 대한 참가가 허용된다. 양립할 수 없는 본소청구에 관하여 본안에 들어가 심리한 결과 이유가 없다고 판단되더라도 참가신청이 부적법하게 되는 것은 아니다. 원고의 주위적 및 예비적 청구들이 모두 이유 없다고 하더라도 주위적 청구와 논리상 양립할 수 없는 독립당사자참가신청은 각하해서는 안 되고 이를 심리하여야 한다]

[35] 승계참가와 소송탈퇴

대판 2012.4.26. 2011**다**85789

[소송의 탈퇴는 승계참가가 적법한 경우에만 허용된다. 승계참가가 부적법한 경우에는 피참가인의 소송 탈퇴는 허용되지 않고 피참가인과 상대방 사이의 소송관계가 유효하게 존속한다]

[36] 의사표시를 갈음하는 소

대판 2016.12.15. 2015**다**247325

[민법 제218조에 근거하여 수도 등 시설권이 있음을 주장하면서 해당 토지의 소유자를 상대로 '수도 등 시설공사에 필요한 토지 사용을 승낙한다.'는 진술을 구하는 이 사건 소는, 그 시설공사를 하는 데 필요한 증명자료를 소로써 구하는 것에 불과하므로 민법 제389조 제2항에서 규정하는 '채무가 법률행위를 목적으로 한 때에 채무자의 의사표시에 갈음할 재판을 청구하는 경우'에 해당하지 않는다]

[37] 청구의 선택적 병합 중 어느 하나의 청구가 일부 인용된 경우의 취급

대전판 2016.5.19. 2009**다**66549 — 법률신문 2017.5.15.

[청구의 선택적 병합의 경우에는 여러 개의 청구가 하나의 소송절차에 불가분적으로 결합되어 있기 때문에, 선택적 청구 중 하나에 대하여 일부만 인용하고 다른 선택적 청구에 대하여 아무런 판단을 하지 아니한 것은 위법하다]

[38] 비대체적 작위의무의 이행과 간접강제

대판 2013.11.28. 2013**다**50367

[비대체적 작위채무를 명하는 판결의 실효성 있는 집행을 보장하기 위해서는, 판결절차의 변론종결 당시로 보아서 뒤에 집행권원이 성립하더라도 채무자가 그 채무를 임의로 이행할 가능성이 없고, 그 판결절차에서 채무자에게 간접강제결정의 당부에 관하여 충분히 변론할 기회가 부여되었으며, 민사집행법 제261조에 의하여 명할 적정한 배상액을 산정할 수 있는 경우에

는, 그 판결절차에서도 민사집행법 제261조에 따라 채무자가 장차 그 채무를 불이행할 경우에 일정한 배상을 하도록 명하는 간접강제결정을 할 수 있다]

[39] 직권조사사항과 판단유탈

대판 2017.3.9. 2013두16852

[이 사건 '난민불인정처분'의 상대방은 허무인이 아니라 '○○○○'이라는 위명을 사용한 원고이므로, 원고는 이 사건 처분의 취소를 구할 법률상 이익이 있다. 그러나 이를 다툴 법률상 이익이 있는지 여부는 직권조사사항으로 이에 관한 당사자의 주장은 직권발동을 촉구하는 의미밖에 없다. 따라서 원심법원이 이에 관하여 판단하지 않았다고 하여 이를 판단누락의 상고이유로 삼을 수 없다]

[40] 주위적 청구의 감축과 예비적 청구

대판 2017.2.21. 2016다225353

[예비적 청구는 주위적 청구와 서로 양립할 수 없는 관계에 있어야 하므로, 주위적 청구와 동일한 목적물에 관하여 동일한 청구원인을 내용으로 하면서 주위적 청구를 양적이나 질적으로 일부 감축하여 하는 청구는 주위적 청구에 흡수되는 것일 뿐이므로 소송상 예비적 청구라고 할 수 없다]

[41] 채무자회생절차의 중단이 소송절차에 미치는 영향

대판 2016.12.27. 2016다35123 — 법률신문 2017.7.17.

[이 사건 채권은 회생절차개시 전의 원인으로 생긴 재산상 청구권으로서 회생채권에 해당하므로, 재심대상판결에 대한 소송절차는 채무자회생법 제59조 제1항에 따라 피고에 대한 회생절차개시결정으로 말미암아 중단되었다. 그런데 제1심과 항소심은 이를 간과한 채 소송절차를 진행하여 판결을 선고하였으므로, 재심대상판결에는 회생절차개시결정으로 인하여 소송절차를 수계할 적법한 소송수계인이 법률상 소송행위를 할 수 없는 상태에서 심리가 진행되어 판결이 선고된 잘못이 있다. 따라서 항소심법원이 피고 소송대리인에게 한 판결정본의 송달은 적법한 수계 전에 행하여진 송달로서 무효이므로, 재심대상판결에 대한 상고기간은 진행되지

아니한다]

[42] 반소원고(본소피고)에 의한 제3자 추가신청

대판 2015.5.29. 2014**다**235042 등

[피고가 원고 이외의 제3자를 추가하여 반소피고로 하는 반소는 원칙적으로 허용되지 아니한다. 다만 피고가 제기하려는 반소가 필수적 공동소송이 될 때에는 민사소송법 제68조의 필수적 공동소송인 추가의 요건을 갖추면 허용될 수 있다]

[43] 정기금판결을 변경하는 소의 법리와 당사자

대판 2016.6.28. 2014**다**31721

[토지의 전 소유자가 소유권에 기하여 그 토지의 무단 점유자를 상대로 차임 상당의 부당이득반환을 구하는 소송을 제기하여 무단 점유자가 그 점유 토지의 인도 시까지 매월 일정 금액의 차임 상당 부당이득을 반환하라는 판결이 확정된 경우에 이 소송의 소송목적은 채권적 청구권인 부당이득반환청구권이다. 따라서 이 소송의 변론종결 후에 위 토지의 소유권을 새로 취득한 사람은 제218조 제1항에 의하여 위 확정판결의 기판력이 미치는 변론을 종결한 뒤의 승계인에 해당한다고 볼 수 없다. 그러므로 승계인이 그 토지의 무단 점유자를 상대로 다시 부당이득반환청구의 소를 제기하지 아니하고, 그 토지의 전 소유자가 앞서 제기한 위 부당이득반환청구소송에서 내려진 정기금판결에 대하여 변경의 소를 제기하는 것은 부적법하다.]

[44] 폐쇄등기에 대하여 말소회복등기절차의 이행을 구할 소의 이익

대판 2016.1.28. 2011**다**41239

[등기가 부적법하게 말소된 상태에서 현재 효력이 있다고 보이는 등기만을 새로운 등기기록에 옮겨 기록한 후 종전 등기기록을 폐쇄함으로써 진정한 권리자의 말소된 등기가 폐쇄등기로 남게 되는 경우와 같이 새로운 등기기록에 옮겨 기록되지는 못하였지만 진정한 권리자의 권리실현을 위하여 말소회복등기를 마쳐야 할 필요가 있는 때에는, 등기가 폐쇄등기로 남아 있다는 이유로 말소회복등기절차의 이행을 구하는 소의 이익을 일률적으로 부정할 수 없다]

[45] 증언의 신빙성 판단

대판 2015.11.26. 2014**다**45317

[소외 1은 원고와 소외 2, 소외 3이 이 사건 차용약정서를 작성하는 자리에 있었다고 하면서도 원고와 소외 2를 만나지 않고 소외 3이 대리로 작성하였다고 증언하였으나, 원고와 소외 2가 현장에 있음에도 직접 서명이나 날인을 받지 않았다는 것은 쉽게 납득하기 어려운 점 등에 비추어 보면, 증인 소외 1의 증언은 믿기 어렵고, 달리 소외 3에게 원고와 소외 2를 대리하여 이 사건 차용약정서를 작성할 권한이 있다고 볼 자료가 없다]

[46] 손해의 액수 증명이 어려운 경우의 손해배상액 산정방법

대판 2014.7.10. 2013**다**65710

[불법행위로 인한 손해배상청구소송에서 재산적 손해의 발생 사실은 인정되지만 구체적인 손해의 액수를 증명하는 것이 사안의 성질상 곤란한 경우, 법원은 증거조사의 결과와 변론 전체의 취지에 의하여 밝혀진 당사자들 사이의 관계, 불법행위와 그로 인한 재산적 손해가 발생하게 된 경위, 손해의 성격, 손해가 발생한 이후의 여러 정황 등 관련된 간접사실을 종합하여 손해의 액수를 판단할 수 있다]

[47] 소송행위의 추인 시기

대판 2016.7.7. 2013**다**76871

[적법한 대표자 자격이 없는 비법인사단의 대표자가 한 소송행위는 후에 대표자 자격을 적법하게 취득한 대표자가 그 소송행위를 추인하면 행위 시에 소급하여 효력을 가지게 되고, 이러한 추인은 상고심에서도 할 수 있다]

[48] 원고와 제3자 사이의 법률관계확인

대판 2016.5.12. 2013**다**1570

[확인의 소는 반드시 원·피고 간의 법률관계에 한하지 아니하고 원·피고의 한쪽과 제3자 또는 제3자 상호 간의 법률관계도 대상이 될 수 있다. 그러나 그러한 법률관계의 확인은

원고의 권리 또는 법적 지위에 현존하는 위험, 불안이 야기되어 이를 제거하기 위한 법률관계를 확인의 대상으로 삼아야 할 것이다. 따라서 원·피고 간의 확인판결에 의하여 즉시 확정할 필요가 있고, 또한 그것이 가장 유효하고도 적절한 수단이 되어야 확인의 이익이 있다]

[49] 토지경계확정의 소의 성질

대판 2016.5.24. 2012**다**87898

[실제의 경계에 따른 토지 부분의 소유권이 자신의 지적공부에 등록된 경계에 맞지 않는 잘못이 있다고 주장하는 사람은 지적소관청에 인접 토지 소유자의 승낙서 또는 이에 대항할 수 있는 확정판결서 정본을 제출하여 지적공부의 경계에 대한 정정을 신청할 수 있는데, 여기서 인접 토지 소유자에 대항할 수 있는 '확정판결'은 지적공부를 기준으로 하여 그 지번에 해당하는 토지를 특정하고 소유자로서 인접 토지 소유자를 상대로 그에 관한 소유권의 범위나 경계를 확정하는 내용이 담긴 판결을 말하므로 경계확정의 판결, 공유물분할의 판결, 지상물 철거 및 토지인도의 판결, 소유권확인의 판결 및 경계변경 정정신청에 대한 승낙 의사의 진술을 명하는 판결 등이 포함될 수 있다]

[50] 선행자백과 원용

대판 2016.6.9. 2014**다**64752

[선행자백은 당사자 한 쪽이 자진하여 자기에게 불리한 사실상 진술을 한 후 그 상대방이 이를 쓰겠다고 원용(援用)함으로써 그 사실에 관하여 당사자 양쪽의 주장이 일치하여야 하므로 그 일치가 있기 전에 하는 당사자 한 쪽의 진술은, 선행자백이 아니다. 따라서 일단 자기에게 불리한 사실을 진술한 당사자도 그 후 상대방의 원용이 있기 전에는 그 자인한 진술을 철회하고 이와 모순되는 진술을 자유로이 할 수 있다]

[51] 권리자백

대판 2016.3.24. 2013**다**81514

[일반적으로 법원에서 당사자가 자백한 사실은 증명을 필요로 하지 아니하고, 자백이 성립된 사실은 법원을 기속한다. 그러나 이는 법률 적용의 전제가 되는 주요사실에 한정되고, 사

실에 대한 법적 판단이나 평가 또는 적용할 법률이나 법적 효과에 관한 자백은 권리자백으로서 자백의 대상이 되지 아니한다]

[52] 소의 객관적 병합에 관한 법리

대판 2014.5.29. 2013다96868

[병합의 형태가 선택적 병합인지 예비적 병합인지는 당사자의 의사가 아닌 병합청구의 성질을 기준으로 판단하여야 한다. 항소심에서의 심판 범위도 그러한 병합청구의 성질을 기준으로 결정하여야 한다. 따라서 실질적으로 선택적 병합 관계에 있는 두 청구에 관하여 당사자가 주위적·예비적으로 순위를 붙여 청구하였고, 그에 대하여 제1심 법원이 주위적 청구를 기각하고 예비적 청구만을 인용하는 판결을 선고하여 피고만이 항소를 제기한 경우에도, 항소심으로서는 두 청구 모두를 선택적 병합의 관계로 보아서 심판의 대상으로 삼아 판단하여야 한다]

[53] 단순병합을 주위적·예비적 병합으로 판단한 경우의 상소심 취급

대판 2015.12.10. 2015다207679·207686·207693

[논리적으로 전혀 관계가 없어 순수하게 단순병합으로 구하여야 할 수개의 청구를 주위적·예비적 청구로 병합하여 청구하는 것은 부적법하여 허용되지 않는다. 원고가 그와 같은 형태로 소를 제기한 경우 원심법원이 그 모든 청구의 본안에 대하여 심리를 한 다음 그중 하나의 청구만을 인용하고 나머지 청구를 기각하는 내용의 판결을 하였다면, 이는 법원이 위 청구의 병합관계를 본래의 성질에 맞게 단순병합으로서 판단한 것이라고 보아야 할 것이고, 따라서 피고만이 위 인용된 청구 부분에 대하여 상고를 제기한 때에는 일단 단순병합관계에 있는 모든 청구가 전체적으로 상고심으로 이심되기는 하나 상고심의 심판 범위는 이심된 청구 중 피고가 불복한 청구에 한정된다]

[54] 서증의 증거능력

대판 2015.11.26. 2014다45317

[서증은 문서에 표현된 작성자의 의사를 증거자료로 하여 요증사실을 증명하려는 증거방법이다. 우선 그 문서가 거증자에 의하여 작성자로 주장되는 자의 의사에 의하여 작성된 것임

이 밝혀져야 하고, 이러한 형식적 증거력이 인정되지 아니하면 이를 증거로 쓸 수 없다. 그 형식적 증거력이 인정된 다음 비로소 작성자의 의사가 요증사실의 증거로 얼마나 유용하느냐에 관한 실질적 증명력을 판단하여야 한다]

[55] 변호사가 무권대리인인 경우의 소송비용부담자

대결 2016.6.17. 2016**마**371

[민사소송법 제108조, 제107조 제2항에 따라 소송대리인이 대리권 또는 소송행위에 필요한 권한을 받았음을 증명하지 못한 경우라도, 소송대리인이 소송위임에 관하여 중대한 과실이 없는 경우에는 소송비용은 소의 제기를 소송대리인에게 위임한 자가 부담한다]

[56] 외국공문서의 증거력

대판 2016.3.10. 2013**두**14269

[외국의 공문서라고 제출한 문서가 진정성립을 추정 받기 위해서는 제출한 문서의 방식이 외관상 외국의 공공기관이 직무상 작성하는 방식에 합치되어야 하고, 문서의 취지로부터 외국의 공공기관이 직무상 작성한 것이라고 인정되어야 한다. 현실적으로 공문서의 진정성립을 증명할 만한 증거를 확보하기 곤란한 경우가 많은 난민신청자가 제출한 외국 공문서인 경우, 반드시 엄격한 방법에 의하여 진정성립이 증명되어야 하는 것은 아니지만, 적어도 문서의 형식과 내용, 취득 경위 등 제반 사정에 비추어 객관적으로 외국 공문서임을 인정할 만한 상당한 이유가 있어야 한다]

[57] 변론재개의무가 인정되는 예외적인 요건

대판 2014.10.27. 2013**다**27343

[변론재개신청을 한 당사자가 변론종결 전에 그에게 책임을 지우기 어려운 사정으로 주장·증명을 제출할 기회를 제대로 갖지 못하였고, 주장·증명의 대상이 판결 결과를 좌우할 수 있는 관건이 되는 요증사실에 해당하는 경우 등과 같이, 당사자에게 변론을 재개하여 주장·증명을 제출할 기회를 주지 않은 채 패소의 판결을 하는 것이 민사소송법이 추구하는 절차적 정의에 반하는 경우에는 법원은 변론을 재개하고 심리를 속행할 의무가 있다]

[58] 사본의 증명력

대판 2014.9.26. 2014다29667

[문서의 제출은 원본으로 하여야 하는 것이고, 원본이 아니고 단순한 사본만에 의한 증거의 제출은 정확성의 보증이 없어 원칙적으로 부적법하다. 그러므로 원본의 존재 및 원본의 성립의 진정에 관하여 다툼이 있고 사본을 원본의 대용으로 하는 것에 대하여 상대방으로부터 이의가 있는 경우에는 사본으로써 원본을 대신할 수 없다. 그러나 사본을 원본으로서 제출하는 경우에는 그 사본이 독립한 서증이 되는 것이지만 그 대신 이에 의하여 원본이 제출된 것으로 되지는 아니하고, 이때에는 그 원본이 진정하게 성립하였음이 인정되지 않는 한 그와 같은 내용의 사본이 존재한다는 것 이상의 증거가치는 없다. 다만 서증사본의 신청 당사자가 문서 원본을 분실하였다든가, 선의로 이를 훼손한 경우, 또는 문서제출명령에 응할 의무가 없는 제3자가 해당 문서의 원본을 소지하고 있는 경우, 원본이 방대한 양의 문서인 경우 등 원본 문서의 제출이 불가능하거나 비실제적인 상황에서는 원본의 제출이 요구되지 아니한다고 할 것이지만, 그와 같은 경우라면 해당 서증의 신청당사자가 원본의 부 제출을 정당하게 하는 구체적 사유를 주장·입증하여야 할 것이다]

[59] 채권자취소소송과 중복제소

대판 2014.8.20. 2014다28114

[채권자취소권의 요건을 갖춘 각 채권자는 고유의 권리로서 채무자의 재산처분 행위를 취소하고 그 원상회복을 구할 수 있으므로 여러 명의 채권자가 동시에 또는 시기를 달리하여 사해행위취소 및 원상회복청구의 소를 제기한 경우 이들 소는 중복제소에 해당하지 아니한다]

[60] 일부청구의 법리

대판 2016.7.27. 2013다96165

[가분채권의 일부에 대한 이행청구의 소를 제기하면서 나머지를 유보하고 일부만을 청구한다는 취지를 명시하지 아니한 이상 확정판결의 기판력은 청구하고 남은 잔부청구에까지 미치는 것이므로, 나머지 부분을 별도로 다시 청구할 수는 없다. 그러나 일부청구임을 명시한 경우에는 일부청구에 대한 확정판결의 기판력은 잔부청구에 미치지 아니하고, 이 경우 일부청구

임을 명시하는 방법으로는 반드시 전체 채권 액을 특정하여 그중 일부만을 청구하고 나머지에 대한 청구를 유보하는 취지임을 밝혀야 할 필요는 없으며, 일부청구를 하는 채권의 범위를 잔부청구와 구별하여 심리의 범위를 특정할 수 있는 정도의 표시를 하여 전체 채권의 일부로서 우선 청구하고 있는 것임을 밝히는 것으로 충분하다]

[61] 불상소합의의 존부에 관한 당사자 의사의 해석 방법

대판 2015.5.28. 2014**다**24327 · 24334 · 24341 · 24358 · 24365 · 24372

[소송 계속 중 당사자들이 작성한 서면 속에 상소를 하지 않겠다는 합의가 포함되어 있는지에 관한 해석을 둘러싸고 이견이 있어 그 서면에 나타난 당사자의 의사해석이 문제되는 경우에, 이러한 불상소합의와 같은 소송행위의 해석은 일반 실체법상의 법률행위와는 달리 내심의 의사가 아닌 그 표시를 기준으로 하여야 한다. 만약 표시된 문언 내용이 불분명하고 객관적·합리적인 의사해석에 의하거나 외부로 표시된 행위에 의하여 추측하더라도 당사자의 의사가 불분명하다면 그러한 불상소합의의 존재는 부정할 수밖에 없다]

[62] 모색적 증거

춘천지판 2015.6.3. 2014**가단**32802

[갑의 주장이 수시로 변경되고, 대금을 지급하였다거나 자판기를 공급하였다는 사정을 짐작할 수 있을 만한 실마리를 제시하거나 실마리를 추론할 만한 자료를 제시하지 아니하였다면, 을의 기망사실을 증명한다는 이유로 한 갑의 증거신청은 당사자가 증명할 사실을 특정하지 아니한 채 증거조사를 통하여 새로운 주장사항을 만들어 내려는 모색적인 증거신청에 해당하여 부적법하다]

[63] 부제소합의의 존재에 관한 심리방법

대판 2013.11.28. 2011**다**80449

[부제소합의는 소송당사자에게 헌법상 보장된 재판청구권의 포기와 같은 중대한 소송법상 효과를 발생시키는 것이므로 그 합의 당시에 예상할 수 있는 상황에 관한 것이어야 유효하다. 그 효력의 유무나 범위를 둘러싸고 이견이 있을 수 있는 경우에는 당사자의 의사를 합리

적으로 해석한 후 이를 판단하여야 한다. 따라서 당사자들이 부제소합의의 효력이나 그 범위에 관하여 쟁점으로 삼아 소의 적법 여부를 다투지 아니하는데도 법원이 직권으로 부제소 합의에 위배되었다고 판단하기 위해서는 그와 같은 법률적 관점에 대하여 당사자에게 의견을 진술할 기회를 주어야 한다]

[64] 중간판결의 기속력

대판 2011.9.29. 2010**다**65818

[중간판결이 선고되면 그 판결을 한 법원은 이에 구속되므로 종국판결을 할 때에도 그 주문의 판단을 전제로 하여야 한다. 설령 중간판결의 판단이 그릇된 것이라 하더라도 이에 저촉되는 판단을 할 수 없다. 이러한 중간판결은 종국판결 이전의 재판으로서 종국판결과 함께 상소심의 판단을 받는다]

[65] 주위토지통행권확인의 일부인용

대판 2017.1.12. 2016**다**39422

[주위토지통행권의 확인을 구하기 위해서는 통행의 장소와 방법을 특정하여 청구취지로써 이를 명시하여야 하고, 그 정한 요건을 충족하지 못할 경우에는 다른 토지 부분에 주위토지통행권이 인정된다고 하더라도 원칙적으로 그 청구를 기각하여야 한다. 하지만 이와 달리 통행권의 확인을 구하는 특정의 통로 부분 중 어느 한 부분이 민법 제219조에 정한 요건을 충족하거나 특정의 통로 부분에 대하여 일정한 시기나 횟수를 제한하여 주위토지통행권을 인정하는 것이 가능한 경우라면, 그와 같이 한정된 범위에서만 통행권의 확인을 구할 의사가 없다고 명백하게 인정되는 경우가 아니라면 그 청구를 전부 기각할 것이 아니라, 그렇게 제한된 범위에서 청구를 인용함이 상당하다]

[66] 변론종결후의 승계인

대판 2014.10.30. 2013**다**53939

[소송목적이 동일하거나 선결문제 또는 모순관계에 의하여 기판력이 미치는 객관적 범위에 해당하지 아니하는 경우에는 전소판결의 변론종결 후에 당사자로부터 계쟁물 등을 승계한

자가 후소를 제기하더라도 후소에는 전소판결의 기판력이 미치지 아니한다]

[67] 근저당권자의 유치권부존재확인의 일부인용

대판 2016.3.10. 2013다99409

[근저당권자는 유치권 신고를 한 사람을 상대로 유치권 전부의 부존재뿐만 아니라 경매절차에서 유치권을 내세워 대항할 수 있는 범위를 초과하는 유치권의 부존재확인을 구할 법률상 이익이 있다. 심리한 결과 유치권 신고를 한 사람이 유치권의 피담보채권으로 주장하는 금액의 일부만이 경매절차에서 유치권으로 대항할 수 있는 것으로 인정되는 경우에는 법원은 특별한 사정이 없는 한 그 유치권 부분에 대하여 일부패소의 판결을 하여야 한다]

[68] 국가상대 토지소유권확인

대판 2016.10.27. 2015다230815

[어떤 사람이 국가를 상대로 자기 토지에 관하여 토지소유권확인청구를 하려면, 그 토지가 미등기이고 토지대장이나 임야대장에 등록명의자가 없거나 등록명의자가 누구인지 알 수 없는 경우이거나 미등기 토지에 대한 토지대장이나 임야대장의 소유자에 관한 기재에 권리추정력이 인정되지 아니하는 경우, 또는 그 밖에 국가가 등기 또는 등록된 제3자의 소유를 부인하면서 계속 국가 소유를 주장하는 등 특별한 사정이 있는 경우에 한하여 그 확인의 이익이 있다]

[69] 개성공업지구의 현지 기업 사이에서 건물인도청구의 가부

대판 2016.8.30. 2015다255265

[개성공업지구 현지기업 사이의 민사 분쟁은 우리 헌법이 규정하고 있는 자유시장 경제질서에 기초한 경제활동을 영위하다가 발생하는 것이라는 점 등까지 고려하면, 대한민국 법원은 개성공업지구 현지기업 사이의 민사 분쟁에 대하여 당연히 재판관할권을 가진다고 할 것이다. 이는 소송의 목적물이 개성공업지구 내에 있는 건물 등이라고 하여 달리 볼 것이 아니다]

[70] 회사의 내부이용 목적으로 작성된 문서의 「자기이용문서」적 성격

대결 2016.7.1. 2014**마**2239

[회사에서 주관적으로 내부 이용을 주된 목적으로 회사 내부에서 결재를 거쳐 작성된 문서이더라도 신청자가 열람 등을 요구할 수 있는 사법상 권리를 가지는 문서와 이와 동일 수준의 정보 또는 직접적 기초·근거가 되는 정보가 문서의 기재 내용에 포함되어 있거나, 객관적으로 외부에서의 이용이 작성 목적에 전혀 포함되어 있지 않다고는 볼 수 없는 경우, 또는 문서 자체를 외부에 공개하는 것이 예정되어 있지 않더라도 문서에 기재된 '정보'의 외부 공개가 예정되어 있거나 정보가 공익성을 가지는 경우 등에는 내부 작성의 문서라는 이유만으로 법원에 문서의 제출을 거부할 수 있는 「자기이용문서」라고 쉽게 단정해서는 안 된다]

[71] 실기한 공격방어방법

대판 2017.5.17. 2017**다**1097

[제149조에 정한 실기한 공격·방어방법이란 당사자가 고의 또는 중대한 과실로 소송의 정도에 따른 적절한 시기를 넘겨 뒤늦게 제출함으로써 소송의 완결을 지연시키는 공격 또는 방어의 방법을 말한다. 따라서 항소심에서 새로운 공격·방어방법이 제출된 경우에는 특별한 사정이 없는 한 항소심뿐만 아니라 제1심까지 통틀어 시기에 늦었는지 여부를 판단해야 한다. 나아가 당사자의 고의 또는 중대한 과실이 있는지 여부를 판단함에는 당사자의 법률지식과 함께 새로운 공격·방어방법의 종류, 내용과 법률구성의 난이도, 기존의 공격·방어방법과의 관계, 소송의 진행경과 등을 종합적으로 고려해야 한다]

[72] 확정판결에 기한 집행이 권리남용이 되는 경우

대판 2014.2.21. 2013**다**75717

[확정판결의 내용이 실체적 권리관계에 배치되어 판결에 의한 집행이 권리남용에 해당된다고 하기 위해서는, 판결에 의하여 집행할 수 있는 것으로 확정된 권리의 성질과 내용, 판결의 성립 경위 및 판결 성립 후 집행에 이르기까지의 사정, 집행이 당사자에게 미치는 영향 등 제반 사정을 종합하여 볼 때, 확정판결에 기한 집행이 현저히 부당하고 상대방으로 하여금 집행을 감당하도록 하는 것이 정의에 반함이 명백하여 사회생활상 용인할 수 없다고 인정되는

경우이어야 한다. 그리고 위와 같이 확정판결에 기한 집행이 권리남용에 해당하여 청구이의의 소에 의하여 집행의 배제를 구할 수 있는 정도의 경우라면 그러한 판결금 채권에 기초한 다른 권리의 행사, 예를 들어 판결금 채권을 피보전채권으로 하여 채권자취소권을 행사하는 것 등도 허용될 수 없다고 보아야 한다]

[73] 소송절차의 중단과 소송수계

대판 2016.9.8. 2015다39357 — 코트넷 2019.09.30.

[소송계속 중 법인 아닌 사단 대표자의 대표권이 소멸한 경우 이는 소송절차 중단사유에 해당하지만 소송대리인이 선임되어 있으면 소송절차가 곧바로 중단되지 아니하고, 심급대리의 원칙상 그 심급의 판결정본이 소송대리인에게 송달됨으로써 소송절차가 중단된다. 이 경우 상소는 소송수계절차를 밟은 다음에 제기하는 것이 원칙이나, 소송대리인이 상소제기에 관한 특별수권이 있어 상소를 제기하였다면 그 상소제기 시부터 소송절차가 중단되므로 이때는 상소심에서 적법한 소송수계절차를 거쳐야 소송중단이 해소된다고 할 것이다. 이 사건에서 원고 대표자로 되어 있는 소외인이 제1심 계속 중이던 2014년 4월경 제20대 동별 대표자로 선출된 것이 이 사건 관리규약상 중임제한 규정에 위배되어 무효라면 이는 대표자의 대표권이 소멸한 경우로서 소송절차 중단사유에 해당할 뿐 소제기 자체가 부적법한 것이 아니다. 그렇다면 원심으로서는 이 사건 소송절차가 중단되는 시점을 확정하여 적법한 대표자 내지 직무대행자의 소송수계절차를 거친 다음 본안 심리에 나아갔어야 했는데 원고의 소제기를 부적법각하한 것은 잘못이다]

[74] 조정에 의한 공유토지의 분할과 공유자의 단독소유권취득

대전판 2013.11.21. 2011두1917 — 법률신문 2016.3.7.

[공유물분할의 소송절차 또는 조정절차에서 공유자 사이에 공유토지에 관한 현물분할의 협의가 성립하여 그 합의사항을 조서에 기재함으로써 조정이 성립하였다고 하더라도 재판에 의한 공유물분할의 경우와 마찬가지로 그 즉시 공유관계가 소멸하고 각 공유자에게 그 협의에 따른 새로운 법률관계가 창설되는 것은 아니다. 이 경우에는 공유자들이 협의한 바에 따라 분할절차를 마친 후 각 단독소유로 하기로 한 부분에 관하여 다른 공유자의 공유지분을 이전받아 등기를 마침으로써 비로소 그 부분에 대한 대세적 권리로서의 소유권을 취득하게 된다]

[75] 민주화보상법상 재판상화해간주규정의 효력

대전판 2015.1.22. 2012**다**204365 — 법률신문 2016.4.4.

[다수의견] 국가의 불법행위에 의한 복역으로 인하여 원고들이 입은 피해는 민주화보상법에서 정한 민주화운동과 관련하여 입은 피해에 해당하여 원고들이 위원회의 보상금등 지급결정에 동의한 이상 그 동의로 인하여 민사소송법상의 재판상 화해가 성립한 것으로 보아야 하므로 불법행위에 의한 복역으로 인한 위자료청구는 소의 이익이 없어 부적법하다]

[76] 재판상 간주화해와 공시송달

대판 2016.4.15. 2015**다**201510 — 법률신문 2016.07.18.

[재판상 간주화해가 인정되는 환경분쟁조정법에 의한 재정의 경우 그 재정문서의 송달은 공시송달의 방법으로는 할 수 없다]

[77] 보증채무의 부종성이 소송에 미치는 효과

대판 2015.7.23. 2014**다**228099 — 법률신문 2016.10.17.

[채권자와 주채무자 사이의 소송에서 주채무의 존부나 범위에 관하여 주채무자가 전부 또는 일부 승소하는 판결이 확정된 경우에도 그 판결의 기판력이 보증인에게는 미치지 아니하므로, 보증채무의 부종성 원칙에도 불구하고 보증인이 주채무자 승소판결을 원용하여 자신의 보증채무의 이행을 거절할 수 없다]

[78] 기판력의 시적한계와 선결적 법률관계

대판 2016.8.30. 2016**다**222149 — 법률신문 2017.1.12.

[어떤 아파트 한 부분에 관한 제1차 인도소송과 제2차 인도소송의 소송목적이 모두 소유권에 기한 방해배제를 구하는 건물인도 청구권으로 동일하고, 매매계약이 정당한 권한이 있는 사람에 의하여 체결되어 그 아파트를 점유할 정당한 권원이 있는지는 제1차 인도소송의 변론종결 전에 존재하던 사유로써 제1차 인도소송에서 공격방어방법으로 주장할 수 있었던 사유에 불과하다면 비록 그에 대한 법적 평가가 담긴 무효확인 소송의 확정판결이 제1차 인도소송

의 변론종결 후에 있었더라도 그 판결이 법적 평가에 관한 것이 이상 이를 변론종결 후에 발생한 새로운 사유로 볼 수 없다]

[79] 이행소송과 추심소송은 중복소송인가

대전판 2013.12.18. 2013**다**202120 — 법률신문 2017.2.27.

[압류채권자가 제3채무자를 상대로 제기한 추심의 소는 채무자가 제기한 이행의 소에 대한 관계에서 중복된 소제기 금지원칙에 위배되지 않는다]

[80] 소극적으로 확인하는 소에서「확인하는 이익」에 관한 법리

대전판 2021.6.17. 2018**다**257958 · 257965

[다수의견] 확인하는 소에서 확인하는 이익은 원고의 권리 또는 법률상의 지위에 현존하는 불안 · 위험이 있고 그 불안 · 위험을 제거하는 데 피고를 상대로 확인판결을 받는 것이 가장 유효적절한 수단일 때에만 인정된다고 할 것이므로 원고의 권리 또는 법률관계를 다툼으로써 원고의 법률상 지위에 불안 · 위험을 초래할 염려가 있다면 확인하는 이익이 있다. 그러므로 보험계약의 당사자 사이에 계약상 채무의 존부나 범위에 관하여 다툼이 있는 경우 그로 인한 법적 불안을 제거하기 위하여 보험회사는 먼저 보험수익자를 상대로 소극적 확인하는 소를 제기할 확인하는 이익이 있다.

[반대의견] 소극적 확인하는 소에서 확인하는 이익이 인정되는지 여부를 판단할 때에는 확인하는 이익의 공적인 기능이나 소극적 확인하는 소가 채권자에게 미치는 영향 등도 고려해야 하므로, 모든 계약 관계에서 계약 당사자들 사이에 다툼이 있다는 사정만으로 항상 채무자가 소극적 확인하는 소를 제기할 수 있는 확인하는 이익이 인정될 수 있는 것은 아니다.

[81] 편면적 대세효 있는 회사관계소송의 소송형태

대전판 2021.7.22. 2020**다**284977

[다수의견] 주주총회결의의 부존재 또는 무효 확인을 구하는 소의 경우, 상법 제380조에 의해 준용되는 상법 제190조 본문에 따라 청구를 인용하는 판결은 제3자에 대하여도 효력이 있다. 이러한 소를 여러 사람이 공동으로 제기한 경우 당사자 1인이 받은 승소판결의 효력이

다른 공동소송인에게 미치므로 공동소송인 사이에서 소송법상 합일확정의 필요성이 인정되고, 상법상 회사관계소송에 관한 전속관할이나 병합심리 규정(상법 제186조, 제188조)도 당사자 간 합일확정을 전제로 하는 점 및 당사자의 의사와 소송경제 등을 함께 고려하면, 이는 민사소송법 제67조가 적용되는 필수적 공동소송에 해당한다.

[별개의견] 청구를 기각하는 판결은 제3자에 대해서 효력이 없지만 청구를 인용하는 판결은 제3자에 대해 효력이 있는 상법상 회사관계소송에 관하여 여러 사람이 공동으로 소를 제기한 경우, 이러한 소송은 공동소송의 원칙적 형태인 통상공동소송이라고 보아야 한다. 공동소송의 경우 갑이 하나의 판결에서 함께 이루어진 을의 승소판결의 대세효를 받는다고 하여, 갑에 대한 패소판결이 아무런 의미가 없다고 볼 수도 없다. 갑에 대한 판결은 소송을 종료시키는 형식적 확정력과 기판력을 지닌 유효한 판결이다. 그렇기 때문에 두 판결 사이의 충돌을 해결하고 실체 법률관계를 통일적으로 규율하기 위하여 편면적 대세효 규정이 마련된 것이다. 다수의견은 이와 거꾸로 회사관계소송에 편면적 대세효 규정이 적용됨을 이유로 공동소송에서 승소판결과 동시에 패소판결을 할 수 없다는 것인데 이는 선후관계를 잘못 파악한 것이다. 그러므로 이 경우에는 필수적 공동소송의 요건인 합일확정의 필요성을 인정할 수 없어, 민사소송법 제67조를 적용하여 소송자료와 소송 진행을 엄격히 통일시키고 당사자의 처분권이나 소송절차에 관한 권리를 제약할 이유나 필요성이 있다고 할 수 없다.

[82] 판결절차에서 부작위채무 또는 부대체적 작위채무의 이행을 명하면서 동시에 집행권원 없이 간접강제를 명할 수 있는가

대전판 2021.7.22. 2020**다**248124

[다수의견] 부작위채무에 관하여 판결절차의 변론종결 당시에 보아 부작위채무를 명하는 집행권원이 성립하더라도 채무자가 이를 단기간 내에 위반할 개연성이 있고, 또한 판결절차에서 민사집행법 제261조에 의하여 명할 적정한 배상액을 산정할 수 있는 경우에는 판결절차에서도 채무불이행에 대한 간접강제를 할 수 있다.

또한 부대체적 작위채무에 관하여서도 판결절차의 변론종결 당시에 보아 집행권원이 성립하더라도 채무자가 부대체적 작위채무를 임의로 이행할 가능성이 없음이 명백하고, 판결절차에서 채무자에게 간접강제결정의 당부에 관하여 충분히 변론할 기회가 부여되었으며, 민사집행법 제261조에 의하여 명할 적정한 배상액을 산정할 수 있는 경우에는 판결절차에서도 채무불이행에 대한 간접강제를 할 수 있다.

[반대의견] ① 판결절차와 강제집행절차의 준별이라는 측면에서 볼 때, 민사집행법에서

정한 절차 규정이 강행규정이라는 점, 강제집행은 국가가 채무자에 대하여 강제력을 행사하는 것이므로 반드시 법률에 근거가 있어야 하는 점, 판결절차에서 간접강제를 명할 경우 생략되는 절차의 내용을 고려하면 판결절차에서 명하는 간접강제는 민사집행법이 예정한 간접강제와는 전혀 다른 절차인 점, ② 집행의 실효성 확보라는 측면에서 볼 때, 집행권원의 성립과 간접강제결정 사이의 시간적 간격은 집행권원의 성립에 소요되는 기간과 비교할 때 극히 짧은 기간인 점, 다수의견이 우려하는 집행공백 기간의 문제는 가처분절차를 통해 충분히 대비할 수 있는 점, ③ 당사자의 이익형량이라는 관점에서 볼 때, 부작위채무 등과 그와 다른 종류의 채무를 차별 취급하는 것은 부당한 점, 판결절차에서 간접강제를 명한다고 해도 결과적으로 채권자에게 실효적인 조치도 아니고 채무자에게 매우 불리한 조치인 점 등을 종합하여 보면, 판결절차에서 간접강제를 명할 수는 없다고 보아야 한다.

[83] 직권조사사항의 법리

대판 2021.11.16. 2021**다**238902

[종중이 당사자인 사건에서 종중의 대표자에게 적법한 대표권이 있는지는 소송요건에 관한 것으로서 법원의 직권조사사항이므로, 법원으로서는 그 판단의 기초자료인 사실과 증거를 직권으로 탐지할 의무까지는 없다 하더라도, 이미 제출된 자료들에 의하여 그 대표권의 적법성에 의심이 갈만한 사정이 엿보인다면 상대방이 이를 구체적으로 지적하여 다투지 않더라도 이에 관하여 심리, 조사할 의무가 있다]

[84] 제1심판결선고 후 상계항변의 철회와 중복제소금지

대판 2022.2.17. 2021**다**275741

[상계의 항변은 방어방법의 행사에 불과하므로 원칙적으로 중복된 소제기의 금지 원칙이 적용되지 않는다. 그러므로 상대방이 본안에 관하여 준비서면을 제출하거나 변론준비기일에서 진술 또는 변론을 한 뒤에는 상대방의 동의를 받아야 효력을 가지는 소의 취하와 달리 소송상 방어방법으로서의 상계 항변은 그 수동채권의 존재가 확정되는 것을 전제로 하여 행하여지는 일종의 예비적 항변으로서 상대방의 동의 없이 이를 철회할 수 있고, 그 경우 법원은 처분권주의의 원칙상 이에 대하여 심판할 수 없다. 따라서 먼저 제기된 소송의 제1심에서 상계항변을 제출하여 제1심판결로 본안에 관한 판단을 받았다가 항소심에서 상계항변을 철회하였더라도 이는 소송상 방어방법의 철회에 불과하여 제267조 제2항의 중복제소금지 원칙이 적용되지

않으므로 그 자동채권과 동일한 채권에 기한 소송을 별도로 제기할 수 있다]

IV. 상소

[85] 항소심에서의 교환적 변경

대판 2008.5.29. 2008**두**2606

[항소심에서 소의 교환적 변경이 있으면 제1심판결은 소 취하로 실효되고, 항소심의 심판 대상은 교환된 청구에 대한 새로운 소송으로 바뀐다. 따라서 항소심은 사실상 제1심으로 재판하는 것이 되므로, 그 뒤에 항소인이 항소를 취하한다 하더라도 항소취하는 그 대상이 없어 아무런 효력을 발생할 수 없다]

[86] 상소불가분의 원칙

대판 2014.12.24. 2012**다**116864

[수개의 청구를 기각 또는 각하한 제1심판결 중 일부의 청구에 대하여만 항소가 제기된 경우, 항소되지 아니한 나머지 부분도 확정이 차단되고 항소심에 이심은 된다. 그러나 항소심 변론종결 시까지 나머지 부분에 대하여 항소취지가 확장되지 않는다면 그 나머지 부분은 항소심의 심판대상이 되지 않고 항소심의 판결선고와 동시에 확정되어 소송이 종료된다]

[87] 항소하지 않은 당사자의 상고

대판 2015.10.29. 2013**다**45037

[원고의 청구를 일부 받아들이는 제1심판결에 대하여 원고는 항소하였으나 피고는 항소나 부대항소를 하지 아니한 경우, 제1심판결의 원고 승소 부분은 원고의 항소로 인하여 항소심에 이심되기는 하였으나 항소심의 심판범위에서는 제외되었다. 이러한 경우 항소심이 원고의 항소를 일부 받아들여 제1심판결의 원고 패소 부분 중 일부를 취소하고 그 부분에 대한 원고의 청구를 받아들였다면, 이는 제1심에서의 원고 패소 부분에 한정된 것이며 제1심판결 중 원고 승소 부분에 대하여는 항소심이 판결을 한 것이 아니다. 따라서 이 부분은 피고의 상고대상이 될 수 없다. 그러므로 원고 일부 승소의 제1심판결에 대하여 아무런 불복을 제기하지 않은 피

고는 제2심판결에서 원고가 승소한 부분에 관하여는 상고를 제기할 수 없다]

[88] 인지보정명령에 대한 이의신청이나 항고의 성질

대결 2015.3.3. 2014**그**352 — 코트넷 2019.6.10.

[인지보정명령에 따른 인지를 보정하지 아니하여 소장이나 상소장이 각하되면 이 각하명령에 대하여 즉시항고로 다툴 수 있으므로, 인지보정명령은 소장 또는 상소장의 각하명령과 함께 상소심의 심판을 받는 중간적 재판의 성질을 가지는 것이다. 따라서 제449조에서 특별항고의 대상으로 정하고 있는 '불복할 수 없는 명령'에 해당하지 않는다]

[89] 환송판결의 기속력

대판 2012.3.29. 2011**다**106136 — 법원 코트넷 2019.11.4.

[채권자대위소송에서 대위에 의하여 보전될 채권자의 채무자에 대한 권리(피보전채권)가 존재하는지 여부는 소송요건으로서 법원의 직권조사사항이다. 따라서 환송판결이 구 특조법에 의하여 경료된 등기의 추정력이 번복되는 경우인지 여부에 대해서만 판단하였다고 하더라도, 그 판단은 소송요건을 구비하였다는 판단을 당연한 논리적 전제로 하고 있다고 할 것이므로, 환송판결의 기속력은 원고의 이 사건 청구가 그와 같이 소송요건을 구비한 적법한 것이라는 판단에 대하여도 미친다. 그럼에도 환송 후 원심이 원고의 이 사건 청구가 소송요건을 구비하지 못한 부적법한 소라고 판단한 것은 환송판결의 기속력에 반하는 것으로서 위법하다]

[90] 항소심에서의 반소

대판 2015.5.28. 2014**다**24327 **등**

[민사소송법 제412조 제1항은, 상대방의 심급의 이익을 해할 우려가 없는 경우 또는 상대방의 동의를 받은 경우에 항소심에서 반소를 제기할 수 있다고 규정하고 있고, 여기서 '상대방의 심급의 이익을 해할 우려가 없는 경우'라 함은 반소청구의 기초를 이루는 실질적인 쟁점이 제1심에서 본소의 청구원인 또는 방어방법과 관련하여 충분히 심리되어 상대방에게 제1심에서의 심급의 이익을 잃게 할 염려가 없는 경우를 말한다]

[91] 통상 공동소송과 부대항소

대판 2015.4.23. 2014**다**89287 · 89294

[통상의 공동소송에 있어 공동당사자 일부만이 항소를 제기한 때에는 피항소인은 항소인인 공동소송인 이외의 다른 공동소송인을 상대방으로 하거나 상대방으로 보태어 부대항소를 제기할 수는 없다]

[92] 환송판결 후 항소심의 심리범위

대판 2014.6.12. 2014**다**11376 · 11383 — 법원 코트넷 2019.7.29.

[원고의 본소청구 및 피고의 반소청구가 각 일부 인용된 환송 전 원심판결에 대하여 피고 혼자 상고하고, 상고심은 이 상고를 받아들여 원심판결 중 본소 및 반소에 관한 각 피고 패소부분을 파기 환송하였다면 피고 패소부분만 각 상고되었으므로 위 상고심에서의 심리대상은 이 부분에 국한되었고, 환송되는 사건의 범위, 즉 환송 후 원심의 심판 범위도 환송 전 원심에서 피고가 각 패소한 부분에 한정되는 것이 원칙이다. 따라서 환송 전 원심판결 중 본소에 관한 원고 패소 부분과 반소에 관한 피고 승소 부분은 각 확정되었다고 할 것이므로 환송 후 원심으로서는 이에 대하여 심리할 수 없다]

[93] 특별항고

대결 2016.6.21. 2016**마**5082

[「집행처분이의신청에 대한 기각결정」은 민사집행법 제17조 제1항에 해당되지 아니하여 즉시항고를 제기할 수 없고 민사집행법 제23조에 의하여 준용되는 특별항고(제449조)사유가 된다. 특별항고만이 허용되는 재판의 불복에 대하여는 당사자가 특히 특별항고라는 표시와 항고법원을 대법원으로 표시하지 아니하였다고 하더라도 그 항고장을 접수한 법원으로서는 이를 특별항고로 보아 소송기록을 대법원에 송부하여야 하고 항고법원이 항고심으로서 재판할 수 없다]

V. 재심

[94] 법인 등이 준재심의 사유를 안 날

대판 2016.10.13. 2014**다**12348

[법인 등의 대표자가 준재심의 사유인 청구의 포기·인낙 또는 화해를 하는 데에 필요한 권한을 수여받지 아니한 것에서 더 나아가 자기 또는 제3자의 이익을 도모할 목적으로 권한을 남용하여 법인 등의 이익에 배치되는 청구의 포기·인낙 또는 화해를 하였고 또한 상대방 당사자가 대표자의 진의를 알았거나 알 수 있었을 경우에는, 적어도 법인 등의 이익을 정당하게 보전할 권한을 가진 다른 임원 등이 준재심의 사유를 안 때에 비로소 준재심 제기기간이 진행된다]

[95] 재심에 대한 재심

대판 2016.1.14. 2013**다**40070

[확정된 재심판결에 대한 재심의 소에서 그 재심판결에 재심사유가 있다고 인정하여 본안에 관하여 심리한다는 것은 그 재심판결 이전의 상태로 돌아가 전(前) 소송인 종전 재심청구에 관한 변론을 재개하여 속행하는 것을 말한다. 따라서 종전 재심법원의 판단에 재심사유가 있어 종전 재심청구에 관하여 다시 심리한 결과 원래의 확정판결에 재심사유가 인정되지 아니할 경우에는 재심판결을 취소하고 종전 재심청구를 기각하고 재심사유가 없는 원래의 확정판결 사건의 본안에 관하여 다시 심리와 재판을 할 수는 없다]

VI. 집행

[96] 강제집행정지신청기각결정의 성질

대결 2016.9.30. 2016**그**99 — 법원 코트넷 2019.06.19.

[강제집행정지신청 기각결정에 대한 특별항고는 민사집행법 제15조가 규정한 집행법원의 재판에 대한 불복에 해당하지 아니하고, 특별항고장을 각하한 원심재판장의 명령에 대한

즉시항고는 민사소송법상 즉시항고에 불과하므로 거기에 민사집행법 제15조가 적용될 여지는 없다]

[97] 승계집행문부여에 대한 이의의 소에서 '승계'에 대한 입증책임

대판 2016.6.23. 2015**다**52190 — 법률신문 2017.08.21.

[채무자 A의 승계인 원고가 채무자 지위의 승계를 부인하여 다투는 경우에는 승계집행문부여에 대한 이의의 소를 제기할 수 있고(민집 제45조), 이때 승계사실에 대한 증명책임은 승계를 주장하는 채권자인 피고에게 있다. 따라서 승계집행문 부여에 대한 이의의 소에서 법원은 증거관계를 살펴 과연 집행권원에 표시된 당사자에 관하여 실체법적인 승계가 있었는지의 사실관계를 심리한 후 승계사실이 충분히 증명되지 않거나 오히려 승계의 반대사실이 증명되는 경우에는 승계집행문을 취소하고 승계집행문에 기한 강제집행을 불허하여야 한다]

[98] 항소심의 구조, 부진정예비적 병합 및 상소불가분의 원칙

대판 2021.5.7. 2020**다**292411

[(1) 소의 객관적 병합에서 항소심에 이르러 새로운 청구가 추가된 경우 항소심은 추가된 청구에 대해서는 실질상 제1심으로서 재판하여야 한다. 제1심이 기존의 청구를 기각한 데 대하여 원고가 항소하였고 항소심이 기존의 청구와 항소심에서 추가된 청구를 모두 배척할 경우 단순히 "원고의 항소를 기각한다."라는 주문 표시만 해서는 안 되고, 이와 함께 항소심에서 추가된 청구에 대하여 "원고의 청구를 기각한다."라는 주문 표시를 해야 한다.

(2) 청구의 예비적 병합은 논리적으로 양립할 수 없는 수개의 청구에 관하여 주위적 청구의 인용을 해제조건으로 예비적 청구에 대하여 심판을 구하는 형태의 병합이다. 그러나 논리적으로 양립할 수 있는 수개의 청구라고 하더라도, 주위적으로 재산상 손해배상을 청구하면서 그 손해가 인정되지 않을 경우에 예비적으로 같은 액수의 정신적 손해배상을 청구하는 것과 같이 수개의 청구 사이에 논리적 관계가 밀접하고, 심판의 순위를 붙여 청구를 할 합리적 필요성이 있다고 인정되는 경우에는, 당사자가 붙인 순위에 따라서 당사자가 먼저 구하는 청구를 심리하여 이유가 없으면 다음 청구를 심리하는 이른바 부진정 예비적 병합 청구의 소도 허용된다.

(3) 예비적 병합의 경우에는 수개의 청구가 하나의 소송절차에 불가분적으로 결합되어 있기 때문에 주위적 청구를 먼저 판단하지 않고 예비적 청구만을 인용하거나 주위적 청구만을

배척하고 예비적 청구에 대하여 판단하지 않는 등의 일부판결은 예비적 병합의 성질에 반하는 것으로서 법률상 허용되지 않는다. 그런데도 주위적 청구를 배척하면서 예비적 청구에 대하여 판단하지 않은 판결을 한 경우에는 그 판결에 대한 상소가 제기되면 판단이 누락된 예비적 청구 부분도 상소심으로 이심이 되고 그 부분이 재판의 누락에 해당하여 원심에 계속 중이라고 볼 것은 아니다. 이러한 법리는 부진정 예비적 병합의 경우에도 달리 볼 이유가 없다]

Ⅶ. 기타

[99] 미등기부동산의 공동건축명의자 중 일부 명의자의 명의변경에서 다른 공동건축명의자가 명의변경을 거부한 경우의 효과

대판 2022.8.31. 2019다282050 — 대판 2015.9.10. 2012다23866과 관련하여

[행정청으로부터 허가를 받거나 행정청에 신고를 하여 건축이 이루어지고 허가 등에 관한 건축주 명의가 여러 사람으로 되어 있을 경우, 허가 등은 해당 건축물의 건축이라는 단일한 목적을 달성하기 위하여 이루어지고, 허가 등을 받은 지위의 분할청구는 불가능하다는 법률적 성격 등에 비추어 보면, 공동건축주 명의변경을 위해서는 변경전 건축주 전원에게서 동의를 얻어야 한다. 그리고 공동건축주 일부가 다른 사람에게 해당 건축물의 공유지분을 양도하기로 하였더라도 법령이나 약정의 근거가 없는 한 나머지 공동건축주가 당연히 건축주 명의변경에 동의할 의무는 없다]

[100] 독립당사자 참가인이 수개의 청구를 병합하여 소의 객관적 병합에 참가한 경우의 독립당사자참가 신청의 적법성 요건

대판 2022.10.14. 2022다241608 — 대판 2007.6.15. 2006다80322 · 80339와 관련하여

[독립당사자참가인이 제79조 제1항 전단의 권리주장참가를 하기 위해서는 독립당사자참가인은 우선 참가하려는 소송의 당사자 양쪽 또는 한쪽을 상대방으로 하여 원고의 본소 청구와 양립할 수 없는 청구를 하여야 하며 그 청구는 소의 이익을 갖추는 외에 그 주장 자체에 의하여 성립할 수 있는 경우에 허용되고, 제79조 제1항 후단의 사해방지참가는 본소의 원고와 피고가 당해 소송을 통하여 독립당사자참가인을 해할 의사를 가지고 있다고 객관적으로 인정되고 그 소송의 결과 독립당사자참가인의 권리 또는 법률상 지위가 침해될 우려가 있다고 인

정되는 경우에 허용된다. 독립당사자참가인이 수개의 청구를 병합하여 독립당사자참가를 하는 경우에 각 청구별로 독립당사자참가의 요건을 갖추어야 하고, 편면적 독립당사자참가를 허용한다고 하여, 참가인이 독립당사자참가의 요건을 갖추지 못한 청구를 추가하는 것을 허용하는 것이 아니다. 이 사건에서 독립당사자참가인이 피고에 대하여 구하는 20억 원의 지급청구와 달리 원고에 대하여 구하는 연대보증채무의 이행청구는 원고의 본안소송과 양립할 수 없다고 볼 수 없으므로 독립당사자참가 중 권리주장참가의 요건을 갖추지 못하였고, 달리 사해방지참가의 요건을 갖추었다고 볼 만한 자료도 없으므로 어느 모로 보나 부적법하다]

[101] 임의적 소송신탁을 받은 위탁관리업자의 임의적 소송담당 한계 및 관리위탁계약의 종료로 인한 소송절차의 중단 여부

대상판결: 대판 2022.5.13. 2019다229516 — 대판 2016.12.15. 2014다87885 · 87892 [12]와 관련하여

[1] 집합건물의 관리업무를 담당할 권한과 의무는 관리단과 관리인에게 있고(집합건물의 소유 및 관리에 관한 법률 제23조의2, 제25조), 관리단이나 관리인은 집합건물을 공평하고 효율적으로 관리하기 위하여 전문적인 위탁관리업자와 관리위탁계약을 체결하고 건물 관리업무를 수행하게 할 수 있다. 이 경우 위탁관리업자의 관리업무의 권한과 범위는 관리위탁계약에서 정한 바에 따르나 관리비의 부과 · 징수를 포함한 포괄적인 관리업무를 위탁관리업자에게 위탁하는 것이 통상적이므로, 여기에는 관리비에 관한 재판상 청구 권한을 수여하는 것도 포함되었다고 봄이 타당하다. 이러한 관리업무를 위탁받은 위탁관리업자가 관리업무를 수행하면서 구분소유자 등의 체납 관리비를 추심하기 위하여 직접 자기 이름으로 관리비에 관한 재판상 청구를 하는 것은 임의적 소송담당에 해당하지만, 집합건물 관리업무의 성격과 거래현실 등을 고려하면 이는 특별한 사정이 없는 한 허용되어야 하고, 이때 위탁관리업자는 관리비를 청구할 당사자적격이 있다고 보아야 한다.

[2] 관리비징수 업무를 위탁받은 위탁관리업자는 제237조 제1항에서 정한 '일정한 자격에 의하여 자기의 이름으로 남을 위하여 소송당사자가 된 사람'에 해당한다. 따라서 위탁관리업자가 구분소유자 등을 상대로 관리비청구 소송을 수행하던 중 관리위탁계약이 종료되어 그 자격을 잃게 되면 소송절차는 중단되고, 같은 자격을 가진 새로운 위탁관리업자가 소송절차를 수계하거나 새로운 위탁관리업자가 없으면 관리단이나 관리인이 직접 소송절차를 수계하여야 한다(제237조 제1항). 다만 소송대리인이 있는 경우에는 관리위탁계약이 종료하더라도 소송절차가 중단되지 않는다(제238조).

[102] 집합건물의 구분소유자와 관리단의 소송상 관계

대상판결: 대판 2022.6.30. 2021**다**239301

[1] 정당한 권원 없는 사람이 집합건물의 공용부분이나 대지를 점유·사용함으로써 이익을 얻고, 구분소유자들이 해당 부분을 사용할 수 없게 됨에 따라 부당이득 반환을 구하는 법률관계는 구분소유자의 공유지분권에 기초한 것이어서 그에 대한 소송은 1차적으로 구분소유자가 각각 또는 전원의 이름으로 할 수 있다. 한편 관리단은 집합건물에 대하여 구분소유 관계가 성립되면 건물과 그 대지 및 부속시설의 관리에 관한 사업의 시행을 목적으로 당연히 설립된다. 관리단은 건물의 관리 및 사용에 관한 공동이익을 위하여 필요한 구분소유자의 권리와 의무를 선량한 관리자의 주의의무로 행사하거나 이행하여야 하고, 관리인을 대표자로 하여 관리단 집회의 결의 또는 규약에서 정하는 바에 따라 공용부분의 관리에 관한 사항에 관련된 재판상 또는 재판 외의 행위를 할 수 있다(집합건물법 제16조, 제23조, 제23조의2, 제25조 참조). 따라서 관리단은 관리단 집회의 결의나 규약에서 정한 바에 따라 집합건물의 공용부분이나 대지를 정당한 권원 없이 점유하는 사람에 대하여 부당이득의 반환에 관한 소송을 할 수 있다. 그런데 관리단이 집합건물의 공용부분이나 대지를 정당한 권원 없이 점유·사용하는 사람에 대하여 부당이득반환청구 소송을 하는 것은 구분소유자의 공유지분권을 구분소유자의 공동이익을 위하여 행사하는 것으로 구분소유자가 각각 부당이득반환청구 소송을 하는 것과 다른 내용의 소송이라 할 수 없다. 관리단이 부당이득반환 소송을 제기하여 판결이 확정되었다면 그 효력은 구분소유자에게도 미치고(제218조 제3항), 특별한 사정이 없는 한 구분소유자가 부당이득반환 소송을 제기하여 판결이 확정되었다면 그 부분에 관한 효력도 관리단에게 미친다고 보아야 한다. 다만 관리단의 이러한 소송은 구분소유자 공동이익을 위한 것으로 구분소유자가 자신의 공유지분권에 관한 사용수익의 실현을 목적으로 하는 소송과 목적이 다르다. 구분소유자가 부당이득반환청구 소송을 제기하였다가 본안에 대한 종국판결이 있은 뒤에 소를 취하하였더라도 관리단이 부당이득반환청구의 소를 제기한 것은 특별한 사정이 없는 한 새로운 권리보호이익이 발생한 것으로 제267조 제2항의 재소금지 규정에 반하지 않는다고 볼 수 있다.

[2] 소외 2 가 이 사건 상가의 구분소유자 중 한 명이고 피고 1과 소외 1을 상대로 부당이득반환청구의 소를 제기하였다가 제1심에서 패소한 후 항소취하를 하였다면 소외 2에 대한 판결은 확정되었고 이에 대한 효력이 원고에게 미친다고 볼 여지가 있다. 원심으로서는 소외 2에 대한 판결의 효력이 원고에게 미치는지를 심리하여 만약 그 효력이 미친다면 이를 고려하여 인정되는 원고의 청구 범위를 정하여야 했다. 그런데도 원심은 이에 대한 아무런 심리·판단 없이 재소금지 규정이 적용되는지만 판단하였다. 이러한 원심의 판단에는 기판력 등에 관

한 법리를 오해하고 필요한 심리를 다하지 아니하여 판결에 영향을 미친 잘못이 있다.

[103] 다수채권자취소소송에서 공동담보가액의 산정과 청구이의

대상판결: 대판 2022. 8.11. 2018**다**202774

가. 채권자취소권의 요건을 갖춘 각 채권자는 고유의 권리로서 채무자의 재산처분 행위를 취소하고 원상회복을 구할 수 있다. 그러므로 여러 채권자가 동시에 또는 시기를 달리하여 사해행위취소 및 원상회복청구의 소를 제기한 경우, 어느 한 채권자가 동일한 사해행위에 관하여 사해행위취소 및 원상회복청구를 하여 승소판결을 받아 그 판결이 확정되었다는 것만으로는 그 후에 제기된 다른 채권자의 동일한 청구가 권리보호의 이익이 없게 되는 것은 아니고, 그에 기초하여 재산이나 가액의 회복을 마친 경우에 비로소 다른 채권자의 사해행위취소 및 원상회복청구가 그와 중첩되는 범위 내에서 권리보호의 이익이 없게 된다. 따라서 여러 채권자가 사해행위취소 및 원상회복청구의 소를 제기하여 여러 개의 소송이 계속 중인 경우에는 각 소송에서 채권자의 청구에 따라 사해행위의 취소 및 원상회복을 명하는 판결을 선고하여야 하고, 수익자가 가액배상을 하여야 할 경우에도 수익자가 반환하여야 할 가액 범위 내에서 각 채권자의 피 보전 채권 액 전액의 반환을 명하여야 한다(대판 2005.11.25. 2005다51457 참조).

나. 여러 개의 사해행위취소소송에서 각 가액배상을 명하는 판결이 선고되어 확정된 경우, 각 채권자의 피 보전 채권 액을 합한 금액이 사해행위 목적물의 가액에서 일반채권자들의 공동담보로 되어 있지 않은 부분을 공제한 잔액(이하 '공동담보가액'이라 한다)을 초과한다면 수익자가 채권자들에게 반환하여야 할 가액은 공동담보가액이 될 것인데, 그럼에도 수익자는 공동담보가액을 초과하여 반환하게 되는 범위 내에서 이중으로 가액을 반환하게 될 위험에 처할 수 있다. 이때 각 사해행위취소 판결에서 산정한 공동담보가액의 액수가 서로 달라 수익자에게 이중지급의 위험이 발생하는지를 판단하는 기준이 되는 공동담보가액은, 그중 다액(多額)의 공동담보가액이 이를 산정한 사해행위취소소송의 사실심 변론종결 당시의 객관적인 사실관계와 명백히 다르고 해당 소송에서의 공동담보가액의 산정 경위 등에 비추어 그 가액을 그대로 인정하는 것이 심히 부당하다고 보이는 등의 특별한 사정이 없는 한 그 다액에 해당하는 금액이라고 보는 것이 채권자취소권의 취지 및 채권자취소소송에서 변론주의 원칙 등에 부합한다.

다. 수익자가 어느 채권자에게 자신이 배상할 가액의 일부 또는 전부를 반환한 때에는 다른 채권자에 대하여 각 사해행위취소 판결에서 가장 다액으로 산정된 공동담보가액에서 자신이 반환한 가액을 공제한 금액을 초과하는 범위에서 청구이의의 방법으로 집행권원의 집행력의 배제를 구할 수 있을 뿐이다 .

[104] 일부청구와 소멸시효의 중단 – 채권액 비율로 안분한 추심금액의 일부 청구 소송

대상판결: 대판 2022.5.26. 2020**다**206625

(1) 하나의 채권 중 일부에 관하여만 판결을 구한다는 취지를 명백히 하여 소송을 제기한 경우에는 소의 제기에 의한 소멸시효중단의 효력이 그 일부에 관하여만 발생하고, 나머지 부분에는 발생하지 않는다. 다만 소장에서 청구의 대상으로 삼은 채권 중 일부만을 청구하면서 소송의 진행경과에 따라 장차 청구금액을 확장할 뜻을 표시하고 해당 소송이 종료될 때까지 실제로 청구금액을 확장한 경우에는 소 제기 당시부터 채권 전부에 관하여 재판상 청구로 인한 시효중단의 효력이 발생하나, 소장에서 청구의 대상으로 삼은 채권 중 일부만을 청구하면서 소송의 진행경과에 따라 장차 청구금액을 확장할 뜻을 표시하였더라도 그 후 채권의 특정 부분을 청구범위에서 명시적으로 제외하였다면, 그 부분에 대하여는 애초부터 소의 제기가 없었던 것과 마찬가지이므로 재판상 청구로 인한 시효중단의 효력이 발생하지 않는다.

(2) 이와 같은 경우에도 소를 제기하면서 장차 청구금액을 확장할 뜻을 표시한 채권자는 장래에 나머지 부분을 청구할 의사를 가지고 있는 것이 일반적이라고 할 것이므로, 다른 특별한 사정이 없는 한 당해 소송이 계속 중인 동안에는 나머지 부분에 대하여 권리를 행사하겠다는 의사가 표명되어 최고에 의해 권리를 행사하고 있는 상태가 지속되고 있는 것으로 보아야 하고, 채권자는 당해 소송이 종료된 때부터 6월 이내에 민법 제174조에서 정한 조치를 취함으로써 나머지 부분에 대한 소멸시효를 중단시킬 수 있다.

(3) 이 사건과 같이, 추심할 수 있는 금액 중 각자 채권액 비율로 안분하여 일부만 청구한 경우 선행소송의 경과 등 제반 사정에 비추어 나머지 부분에 대하여 권리행사를 하였다고 볼 여지가 있더라도, 실제 나머지 부분을 청구하지 않은 이상 그 부분에 대하여는 처음부터 소의 제기가 없었던 것과 마찬가지로 볼 수밖에 없고, 다만 선행소송이 계속 중인 동안에는 나머지 부분에 대하여 '최고(催告)'로서 권리를 행사하고 있는 상태가 지속되고 있다고 볼 수 있을 뿐이므로, 선행소송이 종료된 때로부터 6월 이내에 민법 제174조 에서 정한 조치를 취하여 나머지 부분의 소멸시효를 중단시켰다는 등 특별한 사정이 없다면, 나머지 부분은 이미 소멸시효기간이 도과한 것으로 볼 수 있다.

[105] 한 쪽 독립당사자 참가의 소송법상 취급

대상판결: 대판 2022.7.28. 2020다231928

(1) 제79조에 따른 독립당사자참가소송은 동일한 권리관계에 관하여 원고, 피고와 독립당사자참가인이 서로 간의 다툼을 하나의 소송절차로 한꺼번에 모순 없이 해결하는 소송형태이다. 독립당사자참가가 적법하다고 인정되어 원고, 피고와 독립당사자참가인 간의 소송에 대하여 본안판결을 할 때에는 세 당사자를 판결의 명의인으로 하는 하나의 종국판결을 선고함으로써 세 당사자들 사이에서 합일확정적인 결론을 내려야 한다. 이러한 본안판결에 대하여 어느 한 쪽이 항소한 경우에는 제1심판결 전체의 확정이 차단되고 사건 전부에 관하여 이심의 효력이 생긴다. 그리고 이러한 경우 항소심의 심판대상은 실제 항소를 제기한 자의 항소 취지에 나타난 불복범위에 한정하되 세 당사자 간 결론의 합일확정 필요성을 고려하여 그 심판 범위를 판단해야 한다(대판 2014.11.13. 2009다71312, 71329, 71336, 71343 등 참조). 이에 따라 항소심에서 심리·판단을 거쳐 결론을 내릴 때 세 당사자 간 결론의 합일확정을 위하여 필요한 경우에는 그 한도에서 항소 또는 부대항소를 제기하지 않은 당사자에게 결과적으로 제1심판결보다 유리한 내용으로 판결이 변경되는 것도 배제할 수는 없다. 그러나 판결 결론의 합일확정을 위하여 항소 또는 부대항소를 제기한 적이 없는 당사자의 청구에 대한 제1심판결을 취소하거나 변경할 필요가 없다면, 항소 또는 부대항소를 제기한 적이 없는 당사자의 청구가 항소심의 심판대상이 되어 항소심이 그 청구에 관하여 심리·판단해야 하더라도 그 청구에 대한 당부를 반드시 판결 주문에서 선고할 필요가 있는 것은 아니다. 그리고 이와 같이 항소 또는 부대항소를 제기하지 않은 당사자의 청구에 관하여 항소심에서 판결 주문이 선고되지 않고 독립당사자참가소송이 그대로 확정된다면, 취소되거나 변경되지 않은 제1심판결의 주문에 대하여 기판력이 발생한다.

(2) 부당이득반환청구에서 법률상 원인 없는 사유를 계약의 불성립, 취소, 무효, 해제 등으로 주장하는 것은 공격방법에 지나지 않으므로, 그중 어느 사유를 주장하여 패소한 경우에 다른 사유를 주장하여 청구하는 것은 기판력에 저촉되어 허용할 수 없다(대판 2007.7.13. 2006다81141 등 참조). 또한 판결의 기판력은 그 소송의 변론종결 전에 주장할 수 있었던 모든 공격방어방법에 미치는 것이므로, 그 당시 당사자가 알 수 있었거나 또는 알고서 이를 주장하지 않았던 사항에 한해서만 기판력이 미친다고 볼 수 없다. 이에 따라 항소심에서 심리·판단을 거쳐 결론을 내릴 때 세 당사자 간 결론의 합일확정을 위하여 필요한 경우에는 그 한도에서 항소 또는 부대항소를 제기하지 않은 당사자에게 결과적으로 제1심판결보다 유리한 내용으로 판결이 변경되는 것도 배제할 수는 없으나(대판 2007.10.26. 2006다86573, 86580 참조) 이 사건

에서는 적용될 수 없다.

[106] 재산분할청구사건에서 정한 제척기간의 소송상 취급
– 직권조사주의와 직권탐지주의의 관계

대결 2022.11.10. 2021스766

(1) 민법 제843조, 제839조의2 제3항은 협의상 또는 재판상 이혼 시의 재산분할청구권에 관하여 '이혼한 날부터 2년을 경과한 때에는 소멸한다.'고 정하고 있다. 이 기간은 제척기간이고, 나아가 재판 외에서 권리를 행사하는 것으로 충분한 기간이 아니라 그 기간 내에 소로써 재산분할심판 청구를 하여야 하는 출소기간이다.

(2) 재산분할청구 후 제척기간이 지나면 그때까지 청구 목적물로 하지 않은 재산에 대해서는 특별한 사정이 없는 한 제척기간을 준수한 것으로 볼 수 없다. 그러나 청구인 지위에서 대상 재산에 대해 적극적으로 재산분할을 청구하는 것이 아니라, 이미 제기된 재산분할청구사건의 상대방 지위에서 분할대상 재산을 주장하는 경우에 그 주장할 수 있는 기간에는 제척기간이 적용되지 않는다.

[107] 압류 및 추심명령을 받은 압류채권자의 소송상 지위

대전판 2022.11.24. 2018두67 — 대전판 2013.12.18. 2013다202120 [79]와 관련하여

(1) 토지보상법 제85조 제2항에 따른 보상금의 증액을 구하는 소(이하 '보상금 증액 청구의 소')의 성질, 토지보상법상 손실보상금 채권의 존부 및 범위를 확정하는 절차 등을 종합하면, 토지보상법에 따른 토지소유자 또는 관계인(이하 '토지소유자 등')의 사업시행자에 대한 손실보상금 채권에 관하여 압류 및 추심명령이 있다면, 추심채권자는 보상금 증액 청구의 소를 제기할 수 없고, 채무자인 토지소유자 등이 보상금 증액 청구의 소를 제기하여야 하므로 채무자는 그 소송을 수행할 당사자적격을 상실하지 않는다.

(2) 채권자는 장래 확정될 손실보상금 채권에 관하여 압류 및 추심명령을 받을 수 있지만, 그 압류 및 추심명령이 있다고 하여 추심채권자가 위와 같은 손실보상금 채권의 확정을 위한 절차에 참여할 자격까지 취득하는 것이 아니다.

(3) 추심채권자는 채무자인 토지소유자 등이 제기한 보상금 증액청구소송에, 행정소송법 제44조 제1항, 제16조에 따라 소송참가를 하거나 행정소송법 제8조 제2항 의 준용에 따라 민사소송법상 보조참가를 할 수 있다.

[108] '공유', '구분소유적 공유' 및 '구분소유'의 법적 검토

대상판결: 대전판 2022.8.25. 2017**다**257067

집합건물에서 전유부분의 면적 비율에 상응하는 적정 대지지분을 가진 구분소유자는 그 대지 전부를 용도에 따라 사용·수익할 수 있는 적법한 권원을 가지므로, 구분소유자 아닌 대지 공유자는 그 대지의 공유지분권에 기초하여 적정 대지지분을 가진 구분소유자를 상대로는 대지의 사용·수익에 따른 부당이득반환을 청구할 수 없다.

[109] 소멸된 근저당권에 기초한 경매로 소유권을 취득한 매수인의 지위와 신의칙의 적용

대전판 2022.8.25. 2018**다**205209

(가) 제1쟁점

[다수의견] 담보권 실행을 위한 경매(즉, 임의경매)는, 담보권에 내재하는 실체적 환가권능에 기초하여 국가에 주어진 처분권에 근거한다. 따라서 임의경매의 정당성은 실체적으로 유효한 담보권의 존재에 근거하므로, 담보권에 실체적 하자가 있다면 그에 기초한 경매는 원칙적으로 무효이다. 특히 채권자가 경매를 신청할 당시 실행하고자 하는 담보권이 이미 소멸하였다면, 그 경매개시결정은 아무런 처분권한이 없는 자가 국가에 처분권을 부여한 데에 따라 이루어진 것으로서 위법하다. 반면 일단 유효한 담보권에 기하여 경매개시결정이 개시되었다면, 이는 담보권에 내재하는 실체적 환가권능에 기초하여 그 처분권이 적법하게 국가에 주어진 것인데 종래 대법원은 민사집행법 제267조가 신설되기 이전에도 실체 상 존재하는 담보권에 기초하여 경매개시결정이 이루어졌으나 그 후 경매 과정에서 담보권이 소멸한 경우에 한정하여 예외적으로 공신력을 인정함으로써 경매개시결정에 대한 이의 등으로 경매절차가 취소되지 않고 매각이 이루어졌다면 경매는 유효하여 매수인이 소유권을 취득한다고 해석해 왔다.

대법원은 민사집행법 제267조가 신설된 후에도 같은 입장을 유지하였다. 즉, 민사집행법 제267조는 경매개시결정이 있은 뒤에 담보권이 소멸하였음에도 경매가 계속 진행되어 매각된 경우에만 적용된다고 보는 것이 대법원의 일관된 입장이다. 위와 같은 현재의 판례는 타당하므로 그대로 유지되어야 한다.

[별개의견] 민사집행법 제267조 의 입법 취지와 경위, 문언의 통상적인 의미에 비추어 보면 이 조항은 '담보권 소멸', 즉 담보권이 유효하게 성립한 후 나중에 발생한 사유로 소멸한 경우에는 담보권이 경매절차개시 전에 소멸한 것인지 여부를 묻지 않고 그 경매는 유효하다고

해석하여 경매의 공신력을 인정하는 것이 타당하다.

(나) 제2쟁점

(1) 피고는 이 사건 근저당권에 기하여 제2차 경매를 신청하고 경매 과정에서 배당금을 수령하였다. 이는 모두 이 사건 근저당권이 유효함을 전제로 한 행동이다.

(2) 피고는 제1심에서도 이 사건 근저당권이 소멸하지 않아 배당받을 권리가 있다고 다투었다가 패소하자, 원심에서 비로소 피고 스스로 신청하여 개시된 경매가 소멸한 근저당권에 기한 것으로 무효라고 주장하기 시작하였다.

(3) 원심 변론종결일을 기준으로 제2차 경매가 종료된 지 이미 7년 이상 경과하였다. 경매 종료 후 현재까지 제2부동산 소유자와 매수인 사이에 제2부동산의 소유권 귀속에 관한 다툼이 있다는 사정은 보이지 않는다.

(4) 제2차 경매절차에서 원고는 소외 1의 채권자로서 배당받을 자격이 있는 반면 피고는 이 사건 근저당권이 소멸하였으므로 배당받을 자격이 없다.

(5) 제2차 경매절차에서 배당받을 자격이 없는 피고가 부당하게 배당을 받고도 제2차 경매절차의 무효를 주장하는 것은 금반언 또는 신의성실의 원칙에 반하여 허용될 수 없으므로 원고는 위 경매절차에서 배당받을 수 있었던 범위에서 피고에게 부당이득반환을 청구할 수 있다고 보아야 한다.

[110] 실체법상 시효중단과 민사소송법상 송달과의 관계

대전고판 2004.12.15. 2004**나**7109(**재판장 판사 김용덕 판사 이두형 마용주**)

(1) 피고의 소멸시효 항변에 관한 판단

민법 제433조에 의하면, 주 채무가 시효로 소멸한 때에는 보증인도 그 시효소멸을 원용할 수 있으며 주 채무자가 시효의 이익을 포기하더라도 보증인에게는 그 효력이 없다(대판 1991. 1. 29. 89다카1114 참조). 이미 주 채무자인 소외2 의 채무에 관한 소멸시효가 완성된 후 제기된 이 사건 제1심 소송에서 소외2가 소멸시효를 주장하지 아니하여, 즉 시효이익을 포기하여 대출금채무의 존재가 확정되었다고 하더라도 이에 따른 시효이익 포기의 효과는 보증인인 피고에게는 미치지 아니하므로 보증인인 피고에 대해서는 소멸시효가 완성되었다할 것이다. 따라서 피고의 항변은 이유 있다.

(2) 원고의 재항변에 관한 판단

임의경매개시결정이 연대보증인 겸 물상보증인인 부동산 소유자에게 송달되거나 그 임의경매개시결정에 관한 등기가 경료된 때에는 민사집행법 제268조, 제83조 제4항에 의하여 위 경매개시결정은 압류의 효력이 생기지만 그 압류로 인한 시효중단의 효력은 원칙적으로 부동산의 소유자에 대하여서만 미칠 뿐이고, 소유자가 아닌 주 채무자에 대해서는 따로 압류하지 않는 한 부동산 소유자에 대한 압류 사실을 통지하지 아니하면 시효중단의 효력이 미치지 아니한다(민 제176조). 따라서 연대보증인 겸 물상보증인에 대하여 시효중단의 사유가 있다고 하더라도 주 채무자 까지 시효가 중단되지는 아니하므로, 원고의 재항변은 이유 없다.

나. 민사소송법상 송달에 관한 대상판결의 이유

(1) 민법상의 쟁점, 즉 소멸시효의 중단이 주 채무자인 피고에게 미치는지 여부는 민법 제176조의 규정에 따라 피고에게 임의경매절차에 관한 압류사실이 통지되어 피고가 그 사실을 알 수 있었느냐에 달려있을 것이다.

(2) 민법 제176조의 규정에 따라 이해관계인인 주 채무자에게 임의경매절차에 관한 압류사실이 통지되었다고 보아 시효중단의 효력을 인정하려면, 그 압류사실을 주 채무자가 알 수 있도록 경매개시결정이나 경매기일통지서가 교부송달의 방법으로 주채무자에게 송달되어야만 한다(대판 1994.1.11. 93다21477 참조). 이 사건 시행당시 시행되던 구 금융기관의 연체대출금에 관한 특별조치법(1999.1.29. 법률 제5693호로 폐지)이 적용되는 금융기관의 신청에 의하여 진행하는 임의경매절차에 있어서는 같은 법 제3조 에 따라 경매개시결정이나 경매기일통지서를 경매신청 당시 그 부동산의 등기부에 기재되어 있는 주소로 발송함으로써 송달된 것으로 보고 또 그 부동산의 등기부에 주소의 기재가 없거나 주소를 법원에 신고하지 아니한 때에는 공시송달의 방법에 의하여 송달할 수 있다. 그러나 발송송달이나 공시송달로는 민법 제176조에서 정한 시효중단의 효력에 관한 요건, 즉 주 채무자가 그 압류사실을 알 수 있도록 할 수가 없다.

[111] 회사분할무효소송의 소 취하와 공동소송적 보조참가

서울중앙지판 2004.8.19. 2001가합548(재판장 판사 박태동 판사 김진오 안희길)

가. 공동소송적 보조참가인의 일반적 지위

상법 제530조의 11에 규정된 분할무효판결은 대세적 효력이 있어(상법 제530조의11, 제240조, 제190조 전문) 제3자가 분할무효소송에 보조참가를 하면 공동소송적 보조참가가 되므로 보조참가인은 공동소송적 보조참가인으로서의 지위를 갖게 된다. 공동소송적 보조참가는 재판의 효력을 받을 제3자가 계속 중인 소송에 보조참가하는 것으로서(제78조), 공동소송적 보조참가인이나 피 참가인 모두에게 불이익한 행위는 전원이 함께 하여야 효력이 있고, 공동소송적 보조참가인이 이를 다투는 경우에는 그 효력이 없으므로 피참가인인 원고들은 위 보조참가인들의 동의 없이 자백, 청구의 포기·인낙, 재판상 화해와 같은 불이익한 행위를 할 수 없다. 그렇다면 소 취하 및 소 취하를 내용으로 하는 조정 성립도 원고들 보조참가인들에게 불이익한 행위로서 그 동의를 요하는지에 관하여 본다.

나. 원고들의 소취하 및 조정 성립과 원고들 보조참가인의 지위

(1) 소 취하

민사소송법 제78조, 제67조 제1항에서 공동소송적 보조참가의 피 참가인이 보조참가인의 동의 없이는 그에게 불이익한 행위를 할 수 없도록 규정한 것은, 공동소송적 보조참가인은 단순한 보조참가인의 경우와는 달리 판결의 효력을 받게 되는데, 피 참가인이 소송절차 내에서 판결의 효력에 직결되는 행위 중 공동소송적 보조참가인에게 불이익한 행위를 임의로 할 수 있게 하고 그러한 피참가인의 행위로 인한 효과인 판결 등의 효력을 보조참가인이 일방적으로 감수하게 하는 것이 불합리하다는 입법적 판단에 따라 공동소송적 보조참가인에게 제한적으로 당사자에 준하는 권리를 준 것임에 그치고, 공동소송적 보조참가인이라 해도 본질적으로는 당사자가 아닌 보조참가인인 이상 그에게 일반적으로 당사자에 준하는 권리를 주는 취지는 아니다. 또한, 판결 확정 전에 소가 취하되면 소가 취하된 부분에 대하여는 소가 처음부터 계속되지 아니한 것으로 보게 되고 판결이 선고되지 아니하여, 공동소송적 보조참가인에게 판결의 효력이 미칠 여지가 전혀 없다. 따라서 공동소송적 보조참가인의 동의를 요하는 불이익한 행위란, 피 참가인이 소송절차 내에서 하는 행위 중에서 자백이나 청구의 포기·인낙, 재판상 화해와 같이 소송목적의 처분·변경이라는 결과를 가져오거나 판결의 효력과 직결되는 행위이다. 나아가 원고는 소를 제기할 수 있을 뿐 아니라 이미 제기한 소를 취하하여 처음부터 소가 계속되지 않은 것으로 할 수 있는 권리가 있는 것이고 이러한 권리는 피고가 변론한 경우에 그에 의하여서만 저지(沮止)될 수 있는 본질적인 처분권이어서, 참가인에 불과한 공동소송적 보조참가인은 이러한 당사자의 처분권을 침해할 수 없다할 것이다. 그렇다면 소취하는 공동소송적 보조참가인의 동의를 요하는 그에게 불이익한 행위라 할 수 없어, 이와 관련된 보조참가인들의 주장은 이유 없다.

(2) 조정조서 및 그 내용인 소 취하

조정은 당사자 사이에 합의된 사항을 조서에 기재함으로써 성립하고 재판상의 화해와 동일한 효력이 있으며(민사조정법 제28조 , 제29조), 소송이 계속 중인 사건이 조정에 회부된

경우에 조정이 성립하면 소의 취하가 있는 것으로 보게 되고(민사조정규칙 제4조 제3항), 재판상의 화해를 조서에 기재한 때에는 그 조서는 확정판결과 동일한 효력이 있고 당사자 간에 기판력이 생기는 것이어서 확정판결의 당연 무효 사유와 같은 사유가 없는 한 준재심의 소에 의하여만 효력을 다툴 수 있는데(대판 2000.3.10. 99다67703 참조), 재판상의 화해와 동일한 효력이 있는 조정조서의 경우에도 마찬가지이다.

원고들 보조참가인은, 원고 B와 피고들 사이의 조정조서와 그 내용인 소취하가 모두 무효라는 취지라고 다투는데, 위 조정조서의 내용인 소취하는 공동소송적 보조참가인의 동의를 요하는 그에게 불이익한 행위라 할 수 없으므로 이와 관련된 보조참가인의 주장은 이유 없다.

(3) 회사분할무효 소송에서 공동소송적 보조참가인의 지위

회사 분할무효의 소는 각 회사의 주주 · 이사 · 감사 · 청산인 · 파산관재인 또는 분할을 승인하지 아니한 채권자에 한하여 분할등기가 있은 날로부터 6월 이내에 소만으로 이를 주장할 수 있고(상법 제530조의11 제1항 , 제529조) 이는 제척기간이므로 원고들 공동소송 적 보조참가인은 제척기간을 도과하였기 때문에 독자적인 당사자로서 분할무효의 소를 제기할 수 없고 보조참가를 통하여 원고들의 소제기로 인한 판결의 효력을 받는 자에 불과하다. 그렇다면 분할무효의 소에 제척기간을 둔 상법의 취지로 보더라도 공동소송적 보조참가인에게 원고들의 소취하를 저지하여 소를 계속 진행시킬 권리를 보장한다는 것은 불합리할 뿐 아니라 근거도 없으며, 처음부터 제척기간 도과로 소를 제기할 권리가 없었던 공동소송적 보조참가인으로서는 소가 취하된다고 하여 실질적으로 더 불이익하게 되었다고 할 수도 없다.

[112] 전자문서의 소송상 의의와 법적 성질

서울고판 2009.6.4. 2008나117688(재판장 판사 곽종우 판사 박광우, 이일영)

전자서명법 제2조 1호 는 '전자문서라 함은 정보처리시스템에 의하여 전자적 형태로 작성되어 송신 또는 수신되거나 저장된 정보'라고 규정하고 있는 점, 같은 조 2호 는 '전자서명은 서명자를 확인하고 서명자가 당해 전자문서에 서명을 하였음을 나타내는데 이용하기 위하여 당해 전자문서에 첨부되거나 논리적으로 결합된 전자적 형태의 정보를 말한다'라고, 같은 법 제3조 제3항 에서 '공인전자서명 외의 전자서명은 당사자 간의 약정에 따른 서명, 서명날인 또는 기명날인으로서의 효력을 가진다'라고 각 규정하고 있는바, ① 갑제3호증의 1의 기재에 의하면, 이 사건 전자투표는 구분소유자들에게 우편으로 발송한 문서와 동일한 내용으로 의사를 표현하게 하였으며, 이 사건 전자투표를 하기 위해서는 반드시 투표자의 주민등록번호와 이름을 확인하도록 되어 있어 그 서명성까지 갖추고 있는 것으로 볼 수 있는 점, ② 집합건물법 제

29조 제1항 은 규약의 설정, 변경, 폐지는 관리단 집회에서 구분소유자 및 의결권의 각 4분의 3 이상의 찬성을 얻어 행한다고 규정하고, 집합건물법 제41조 제1항 은 이 법 또는 규약에 의하여 관리단 집회에서 결의할 것으로 정한 사항에 관하여 구분소유자 및 의결권의 각 5분의 4 이상의 서면에 의한 합의가 있는 때에는 관리단 집회의 결의가 있는 것으로 본다고 규정하고 있는데, 이는 대규모 집합건물의 경우 전체 구분소유자들의 관리단 전체 집회를 일시에 개최하여 의사정족수를 확보하기 힘든 현실을 감안하여 서면으로도 결의가 가능하도록 마련된 규정인 점, ③ 집합건물법 제41조 제1항(2012.12.18. 법제11555호로 개정되기 이전의 규정)은 의결정족수에 대해서만 규정하고 있을 뿐 서면결의의 방식에 대해서는 아무런 규정을 두고 있지 않은 점, ④ 앞에서 본 바와 같이 이 사건 집합건물의 구분소유자들은 전국 각지에 흩어져 거주하고 있으며, 그 구분소유자들의 85% 이상이 점포를 임차하고 있어 서면동의서를 작성하여 우편으로 반송해야 하는 수고를 덜기 위해 이 사건 전자투표방식이 고안되어 실행된 점, ⑤ 이 사건 전자투표를 위해서는 주민등록번호와 이름을 입력하여야만 로그인이 될 수 있도록 하여 본인임을 확인하고 이중 투표를 방지하였으며, 원고들 주장과 같이 구분소유자가 아닌 자들에 의하여 이 사건 전자투표가 부정하게 실시되었음을 인정할 자료는 없는 점, ⑥ 현대 사회는 인터넷 활용도가 높아 전자문서를 서면에 해당하는 것으로 보는 것이 일반 국민들의 정서에도 부합하는 점 등에 비추어 보면, 이 사건 전자투표는 비록 공인전자서명의 요건까지 충족한 것은 아니라고 할지라도, 이에 응한 구분소유자들로서는 발기인들이 제안한 전자투표의 의미를 충분히 이해하고 요청한 방식에 따라 자신들의 의사를 표시한 것이므로, 그 자체가 일반 전자서명에 해당하여 집합건물법 제41조 제1항에 정한 서면에 의한 합의로 볼 수 있다고 할 것이다.

[113] 보이스피싱과 전자문서
- 전자서명이 있는 전자문서의 소송상 취급 -

대판 2018.3.29. 2017**다**257395-**서울중앙지판** 2017.8.9. 2016**나**80085

가. 참고판결의 요지

1) 전자문서법 제7조 제2항은 “전자문서의 수신자는 다음 각 호의 어느 하나에 해당하는 경우에는 전자문서에 포함된 의사표시를 작성자의 것으로 보아 행위할 수 있다.”라고 규정하면서, 제2항 2호에서 “수신된 전자문서가 작성자 또는 그 대리인과의 관계에 의하여 수신자가 그것이 작성자 또는 그 대리인의 의사에 기한 것이라고 믿을 만한 정당한 이유가 있는 자에 의하여 송신된 경우”를 규정하고 있다. 아울러 전자문서법 제11조는 “전자거래 중에서 전자서명에 관한 사항은 전자서명법에서 정하는 바에 따른다.”라고 규정하고 있고, 전자서명법 제18

조의2 는 "다른 법률에서 공인인증서를 이용하여 본인임을 확인하는 것을 제한 또는 배제하고 있지 아니한 경우에는 이 법의 규정에 따라 공인인증기관이 발급한 공인인증서에 의하여 본인임을 확인할 수 있다."라고 규정하고 있다.

2) 공인인증서를 통해 본인임을 확인한 전자거래의 효력을 인정함으로써 전자거래의 안전성과 신뢰성을 확보하고 그 이용을 촉진할 필요가 있는 반면, 보이스피싱 등 범행의 피해자가 제공한 금융정보 등을 이용하여 부정하게 발급된 공인인증서의 사용으로 손해를 입게 되는 피해자를 보호할 필요도 부정할 수 없으므로, 전자문서법 제7조 제2항 2호 의 정당한 이유가 있는지 여부는, 물리적 서면을 전제로 하지 않는 비대면 거래라는 전자거래의 본질적 특성과 함께 원고들과 같은 전자문서 명의 피모용자의 측면에서는 발급받은 접근매체의 사용·관리상의 주의의무 위반의 정도 등을, 피고들과 같은 대부업체의 측면에서는 고객과 비대면의 전자대출계약을 체결하기 위해 공인인증서에 의한 본인확인 외에 전자대출계약 체결과정에서 별도의 본인확인절차를 거쳤는지 여부 등을 종합적으로 고려하여 판단하여야 할 것이다.

3) 위 인정사실에 의하면, 피고들이 원고들 앞으로 이 사건 각 대출을 할 당시 인터넷을 통하여 전자문서로 대출계약서를 작성하면서 해당 원고 명의의 공인인증서를 이용하여 본인 여부를 확인하고, 해당 원고의 신분증 사본을 송부 받은 다음, 대출금을 해당 원고 명의 계좌로 입금한 사실, 원고들이 이 사건 보이스피싱 사기단의 일원에게 공인인증서 재발급에 필요한 계좌번호, 보안카드번호, 공인인증서의 비밀번호 등을 알려준 사실을 알 수 있다.

그러나 위 인정사실과 앞서 든 증거들 및 을나 제1호증, 을다 제1 내지 22호증의 각 기재에 변론 전체의 취지를 종합하여 인정할 수 있는 아래와 같은 사정 등에 비추어 보면, 위에서 든 사실만으로 피고들이 이 사건 각 대출 당시 수신한 대출계약서가 해당 원고 또는 그 대리인과의 관계에 의하여 피고들이 그것이 해당 원고 또는 그 대리인의 의사에 기한 것이라고 믿을 만한 정당한 이유가 있는 자에 의하여 송신된 경우에 해당한다고 보기 어렵고, 달리 이 점을 인정할 증거가 없으므로, 전자문서법 제7조 제2항 2호 가 적용된다고 할 수 없다.

① 이 사건 각 대출계약 체결에 사용된 원고들 명의의 공인인증서는 제3자인 이 사건 보이스피싱 사기단이 취업을 빌미로 원고들을 기망하여 원고들의 금융거래 관련 인적 정보를 취득한 후 이를 이용하여 재 발급받은 것이다.

② 원고들로서는 위와 같이 원고들 명의의 공인인증서가 재발급될 것을 인식하거나 의욕하지 않은 것으로 보인다.

③ 원고들은 이 사건 보이스피싱 사기단 중 원고들 계좌번호, 보안카드번호, 공인인증서 비밀번호 등을 알아내는 역할을 담당한 소외 2 나 원고들 명의의 공인인증서를 발급받아 인터넷 대출을 신청하여 대출계약서를 작성하는 역할을 담당한 소외 1 과 직접 관계를 맺은 것이 아니라, 아르바이트 업체 직원 역할을 한 소외 3 내지 소외 4 와 연락을 하고 일을 받아 근로

계약서를 작성해 주는 등의 신뢰관계를 형성하였다.

④ 이 사건 각 대출을 받는데 사용된 원고들 명의의 공인인증서는 재 발급된 공인인증서로 원고들 본인의 신원 확인이 직접 대면하는 방법으로 이루어지지 않은 채 발급된 것으로 보인다.

⑤ 우리 사회에서 타인 명의로 공인인증서를 발급받아 대출을 받는 범죄 행위가 적지 않게 발생하고 있는 것이 현실이다. 이를 감안하여 전기통신금융사기 피해 방지 및 피해금 환급에 관한 특별법(이하 '전기통신금융사기 피해방지법') 제2조의4 제1항 은 '금융회사는 전기통신금융사기 피해 방지를 위하여 이용자가 해당 금융회사에 대출을 신청하는 경우 등에 대통령령으로 정하는 바에 따라 본인임을 확인하는 조치를 하여야 한다'고 규정하고 있고, 같은 법 시행령 제2조의3 제1항 은 본인확인조치로 '이용자와 대면하여 확인하는 방법' 외에 '금융회사에 등록된 이용자의 전화(휴대전화를 포함한다)를 이용하는 방법'과 '이와 같은 수준 이상의 본인확인조치 방법이라고 금융위원회가 인정하여 고시하는 방법'을 열거하고 있다.

⑥ 피고들과 같은 대부업체는 그 거래상대방과 대부계약을 체결하는 경우 거래상대방이 본인임을 확인해야 한다(대부업법 제6조 제1항 참조). 그리고 원고들과 동종 영업을 하는 제1심 공동피고 주식회사 오케이저축은행, 산와대부 주식회사는 해당 원고에 대한 대출 당시 공인인증서를 통한 확인, 신분증 사본의 수령·확인, 해당 원고 명의 계좌로의 대출금 입금 등에 그치지 않고 해당 원고 명의의 휴대전화를 이용하여 본인 여부를 확인한 것으로 보인다. 그런데 피고들이 해당 원고 명의의 휴대전화를 이용하여 본인 여부를 확인하거나 이에 준하는 본인확인조치를 하였다는 주장이나 그와 같은 사실을 인정할 만한 아무런 자료가 없다.

4) 따라서 이 사건 각 대출계약은 원고들에 대하여 유효하다고 할 수 없으므로, 원고들의 주장은 이유 있고 피고들의 주장은 이유 없다.

나. 대상판결의 요지

1) 위 참고판결에서 인용한 전자문서법 제7조 제2항 2호에 해당하는 경우에는 전자문서의 수신자가 전자문서에 포함된 의사표시를 작성자의 것으로 보아 행위를 할 수 있다고 규정하고 있다. 전자문서법 제11조 는, 전자거래 중에서 전자서명에 관한 사항은 전자서명법에서 정하는 바에 따르도록 하고 있는데, 전자서명법 제3조 제2항 은 "공인전자서명이 있는 경우에는 당해 전자서명이 서명자의 서명, 서명날인 또는 기명날인이고, 당해 전자문서가 전자서명된 후 그 내용이 변경되지 아니하였다고 추정한다."라고, 제18조의2 는 "다른 법률에서 공인인증서를 이용하여 본인임을 확인하는 것을 제한 또는 배제하고 있지 아니한 경우에는 이 법의 규정에 따라 공인인증기관이 발급한 공인인증서에 의하여 본인임을 확인할 수 있다."라고 각 규정하고 있다.

이러한 규정들의 내용과 전자문서 및 전자거래의 안전성과 신뢰성을 확보하고자 하는 그 입법 목적 등을 종합하여 보면, 전자문서에 의한 거래에서 공인인증기관이 발급한 공인인증서에 의하여 본인임이 확인된 자에 의하여 송신된 전자문서는, 설령 본인의 의사에 반하여 작성·송신되었다고 하더라도, 특별한 사정이 없는 한 전자문서법 제7조 제2항 2호에 규정된 '수신된 전자문서가 작성자 또는 그 대리인과의 관계에 의하여 수신자가 그것이 작성자 또는 그 대리인의 의사에 기한 것이라고 믿을 만한 정당한 이유가 있는 자에 의하여 송신된 경우'에 해당한다고 봄이 타당하다. 따라서 이러한 경우 그 전자문서의 수신자는 전화 통화나 면담 등의 추가적인 본인확인절차 없이도 전자문서에 포함된 의사표시를 작성자의 것으로 보아 법률행위를 할 수 있다. 나아가 대부업법의 아래와 같은 규정들까지 더하여 보면, 위와 같은 법리는 대부계약에도 그대로 적용된다고 할 것이다. 즉 대부업법은 공인인증서를 이용한 본인 확인을 제한하고 있지 아니할 뿐만 아니라, 제6조의2 제3항 1호에서 '대부계약 또는 이와 관련된 보증계약을 체결할 때 전자서명법 제2조 8호에 따른 공인인증서를 이용하여 거래상대방 또는 보증인이 본인인지 여부를 확인하고, 인터넷을 이용하여 대부계약 또는 보증계약상 자필로 기재해야 할 중요사항을 거래상대방 또는 보증인이 직접 입력하게 하는 경우에는, 대부업자는 위 중요사항을 거래상대방 또는 보증인이 자필로 기재하게 한 것으로 본다'고 규정하고 있다.

2) 원심판결 이유에 의하면, 대부업자인 피고들과 원고들 사이의 이 사건 각 대출계약은 공인인증서를 통한 본인확인절차를 거쳐 체결된 것임을 알 수 있다. 따라서 위와 같은 법리에 의하여, 설령 원고들의 의사에 반하여 대출신청이 이루어졌다고 하더라도, 특별한 사정이 없는 한 전자문서법 제7조 제2항 2호 에 규정된 '수신된 전자문서가 작성자 또는 그 대리인과의 관계에 의하여 수신자가 그것이 작성자 또는 그 대리인의 의사에 기한 것이라고 믿을 만한 정당한 이유가 있는 자에 의하여 송신된 경우'에 해당한다고 봄이 타당하다.

원심이 들고 있는 '이 사건 각 대출계약 체결에 사용된 공인인증서는 보이스피싱 사기단이 원고들을 속여 원고들의 개인정보를 취득한 후 이를 이용하여 재 발급받은 것이라는 점' 등의 사정들만으로는 위와 같은 '정당한 이유'가 부정된다고 보기 어렵다. 또한 대출신청의 경우, 휴대전화 등을 이용한 본인확인절차를 거치도록 한 전기통신금융사기 피해 방지법 제2조의4 제1항 의 규정은 대부업자에게 적용되는 규정이 아니므로, 이 규정을 근거로 피고들이 휴대전화 등을 이용한 본인확인절차를 거쳤어야 한다고 보기도 어렵다.

[114] 민사소송과 행정소송법상의 당사자소송

서울고판 2014.1.10. 2013**누**8174(**재판장 판사 조영철 판사 여운국 권순민**)

행정소송법 제3조 2호는 행정소송 중 당사자소송에 관하여 '행정청의 처분 등을 원인으로 하는 법률관계에 관한 소송 그 밖에 공법상의 법률관계에 관한 소송으로서 그 법률관계의 한 쪽 당사자를 피고로 하는 소송'이라고 규정하고 있다. 이 중 '행정청의 처분 등을 원인으로 하는 법률관계'는 처분 등에 의하여 발생·변경·소멸된 법률관계를, '그 밖에 공법상의 법률관계'는 처분 등을 원인으로 하지 않은 공법이 규율하는 법률관계를 의미한다. 민사소송과 당사자소송은 양 쪽 모두 당사자의 대등한 존재를 전제로 하고, 공권력 행사 자체를 다투는 것이 아니라는 점에서는 동일하지만 당사자소송은 그 대상인 법률관계가 공법상의 법률관계인데 반하여, 민사소송은 사법상의 법률관계를 그 대상으로 하는 점에서 구별된다.

[115] 민법상 공동저당과 대위변제의 법리, 독립당사자참가의 한 쪽 참가 요건

대전고판 2014.7.25. 2013**나**11735 · 11766(**재판장판사 정선재 판사 신혜영 오명희**)

1) 공동저당의 목적인 채무자 소유의 부동산과 물상보증인 소유의 부동산에 각각 채권자를 달리하는 후순위 저당권이 설정되어 있는 경우, 물상보증인 소유의 부동산에 대하여 먼저 경매가 이루어져 그 경매대금의 교부에 의하여 1번 저당권자가 변제를 받은 때에는 물상보증인은 채무자에 대하여 구상권을 취득함과 동시에 민법 제481조, 제482조 의 규정에 의한 변제자대위에 의하여 채무자 소유의 부동산에 대한 1번 저당권을 취득하고, 이러한 경우 물상보증인 소유의 부동산에 대한 후순위 저당권자는 물상보증인에게 이전한 1번 저당권으로부터 우선하여 변제를 받을 수 있다. 따라서 자기 소유의 부동산이 먼저 경매되어 1번 저당권자에게 대위변제를 한 물상보증인은 1번 저당권을 대위취득하고, 그 물상보증인 소유의 부동산의 후순위 저당권자는 1번 저당권에 대하여 물상대위를 할 수 있으므로, 물상보증인이 대위취득한 선순위 저당권설정등기에 대하여는 말소등기가 경료될 것이 아니라 물상보증인 앞으로 대위에 의한 저당권이전의 부기등기가 경료 되어야 하고, 아직 경매되지 아니한 공동저당물의 소유자로서는 1번 저당권자에 대한 피담보채무가 소멸하였다는 사정만으로 말소등기를 청구할 수 없다(대판 2011.8.18. 2011다30666, 30673 등 참조).

2) 반면, 공동저당의 목적인 채무자 소유의 부동산과 물상보증인 소유의 부동산 중 채무자 소유의 부동산에 대하여 먼저 경매가 이루어져 그 경매대금의 교부에 의하여 1번 공동저당권자가 변제를 받더라도 채무자 소유의 부동산에 대한 후순위 저당권자는 민법 제368조 제2항

후단에 의하여 1번 공동저당권자를 대위하여 물상보증인 소유의 부동산에 대하여 저당권을 행사할 수 없다(대판 2014.1.23. 2013다207996 참조).

3) 이 사건의 경우, 물상보증인인 피고 갑 소유 부동산이 먼저 경매되었고, 원고는 피고 갑 소유 부동산의 후순위 근저당권자이다. 그렇다면 피고 갑은 피고 은행의 이 사건 근저당권을 대위취득하고, 원고는 피고 갑이 대위 취득한 피고 은행의 이 사건 근저당권에 대하여 물상대위를 할 수 있으므로, 피고 갑이 대위 취득한 피고 은행의 이 사건 근저당권설정등기에 대하여는 말소등기가 경료될 것이 아니라 피고 갑 앞으로 대위에 의한 근저당권이전의 부기등기가 경료 되어야 하고, 아직 경매되지 아니한 이 사건 각 부동산의 소유자인 참가인으로서는 피고 은행이 이 사건 전체 근저당권의 피담보채권 전액을 배당받았다는 사정이나 참가인의 위 상계 주장과 같이 피고 갑의 구상금 채권이 참가인의 구상금 채권 등과 상계된다 하더라도 참가인의 피고 갑에 대한 구상금 채권은 일반 채권으로서 원고의 후순위 근저당권보다 우선할 수 없고, 따라서 원고의 후순위 근저당권을 침해하는 내용으로 행사할 수 없다.

[116] 이행을 청구하는 소에서 당사자적격

대상판결: 대판 2019.5.30. 2015**다**47105

3. 대법원판결이유

(1) 등기부상 진실한 소유자의 소유권에 방해가 되는 불실등기가 존재하는 경우에 그 등기명의인이 허무인 또는 실체가 없는 단체인 때에는 소유자는 그와 같은 허무인 또는 실체가 없는 단체 명의로 실제 등기행위를 한 자에 대하여 소유권에 기한 방해배제로서 등기행위자를 표상하는 허무인 또는 실체가 없는 단체명의 등기의 말소를 구할 수 있을 뿐이다. 따라서 등기부상으로 형식상 그 등기에 의하여 권리를 상실하거나 기타 불이익을 받을 자(등기명의인이거나 그 포괄승계인)가 아닌 자를 상대로 위 불실 등기의 말소절차이행을 구하는 소를 제기할 수 없다.

(2) 그러므로 이 사건에서 무효인 등기의 말소를 청구할 수 있는 상대방은 위와 같은 실체 없는 단체 명의로 실제 등기행위를 한 원고이지, 대한불교○○○○ 명의의 소유권이전등기를 주등기로 하여 단체의 대표자 변경을 원인으로 한 부기등기를 마친 것에 불과한 피고가 아니다. 따라서 피고는 위 소유권이전등기의 말소등기와 관련된 등기의무자가 아니므로 등기의무자가 아닌 피고를 상대로 무효인 위 소유권이전등기의 말소절차의 이행을 구하는 원고의 이 사건 소는 당사자적격이 없는 사람을 상대로 한 부적법한 소이다.

[117] 외국국가에 대한 민사재판권의 면제

대상판결 대판 2023.4.27. 2019**다**247903

[1] 국제관습법에 의하면 국가의 주권적 행위는 다른 국가의 재판권으로부터 면제되는 것이 원칙이다. 그러나 우리나라의 영토 내에서 행하여진 외국의 사법적(私法的) 행위에 대해서는 그것이 주권적 활동에 속하는 것이거나 이와 밀접한 관련이 있어서 이에 대한 재판권의 행사가 외국의 주권적 활동에 대한 부당한 간섭이 될 우려가 있다는 등의 특별한 사정이 없는 한 해당 국가를 피고로 하여 우리나라 법원이 재판권을 행사할 수 있다.

[2] 외교공관은 한 국가가 자국을 대표하여 외교 활동을 하고 자국민을 보호하며 영사 사무 등을 처리하기 위하여 다른 국가에 설치한 기관이므로, 외국이 부동산을 공관지역으로 점유하는 것은 그 성질과 목적에 비추어 주권적 활동과 밀접한 관련이 있다고 볼 수 있고, 국제법상 외국의 공관지역은 원칙적으로 불가침이며 접수국은 이를 보호할 의무가 있다. 따라서 외국이 부동산을 공관지역으로 점유하는 것과 관련하여 해당 국가를 피고로 하여 제기된 소송이 외교공관의 직무 수행을 방해할 우려가 있는 때에는 그에 대한 우리나라 법원의 재판권 행사가 제한되고, 이때 그 소송이 외교공관의 직무 수행을 방해할 우려가 있는지 여부는 원고가 주장하는 청구 권원과 내용, 그에 근거한 승소판결의 효력, 그 청구나 판결과 외교공관 또는 공관직무의 관련성 정도 등을 종합적으로 고려하여 판단하여야 한다.

[3] 피고가 토지의 경계를 침범하여 인접한 원고 소유 토지 일부를 피고의 주한대사관 건물의 부지 또는 그 부속토지로 사용하고 있는 피고 건물의 일부 철거 및 이 사건 계쟁토지의 인도 청구 부분에 대한 원심의 주권면제 판단은 정당한 것으로 수긍할 수 있으나, 외국의 공관지역 점유로 부동산에 관한 사적 권리나 이익이 침해되었음을 이유로 해당 국가를 상대로 차임 상당의 부당이득반환을 구하는 판결절차는 그 자체로 외국의 공관지역 점유에 영향을 미치지 아니하고, 그 청구나 그에 근거한 판결이 외교공관의 직무 수행과 직접적인 관련성이 있다고 보기도 어려우므로 이러한 금전지급을 청구하는 판결절차는 특별한 사정이 없는 한 외교공관의 직무 수행을 방해할 우려가 있다고 할 수 없어 주권면제를 인정할 수 없다.

[118] 고유필수적 공동소송에서 당사자 일부를 누락한 확정판결의 흠을 치유하는 방법

대상판결 대결 2023.8.18. 2022**그**779

가. <u>민사소송법 제95조 제1호, 제238조에 따라 소송대리인이 있는 경우에는 당사자가 사</u>

망하더라도 소송절차가 중단되지 않고 소송대리인의 소송대리권도 소멸하지 아니한다. 이때 망인의 소송대리인은 당사자 지위의 당연승계로 인하여 상속인으로부터 새로이 수권을 받을 필요 없이 법률상 당연히 상속인의 소송대리인으로 취급되어 상속인들 모두를 위하여 소송을 수행하게 되는 것이고, 당사자가 사망하였으나 그를 위한 소송대리인이 있어 소송절차가 중단되지 않는 경우에 비록 상속인으로 당사자의 표시를 정정하지 아니한 채 망인을 그대로 당사자로 표시하여 판결하였다고 하더라도 그 판결의 효력은 망인의 소송상 지위를 당연승계한 상속인들 모두에게 미치는 것이므로, 망인의 공동상속인 중 소송수계절차를 밟은 일부만을 당사자로 표시한 판결 역시 수계하지 아니한 나머지 공동상속인들에게도 그 효력이 미친다(대결 1992.11.5. 91마342, 대판 2010.12.23. 2007다22859 등 참조).

심급대리의 원칙상 그 판결이 망인의 소송대리인에게 송달된 때 소송절차가 중단되지만, 망인의 소송대리인에게 상소제기에 관한 특별수권이 부여되어 있는 경우에는, 그에게 판결이 송달되더라도 소송절차가 중단되지 아니한 채 상소기간은 진행하므로, 망인의 소송대리인이나 상속인 또는 상대방 당사자에 의하여 적법하게 상소가 제기되면 그 판결이 확정되지 않는다.

나. 당사자 표시가 잘못되었음에도 망인의 소송상 지위를 당연승계한 정당한 상속인들 모두에게 효력이 미치는 판결에 대하여 그 잘못된 당사자 표시를 신뢰한 망인의 소송대리인이나 상대방 당사자가 그 잘못 기재된 당사자만을 상소인 또는 피상소인으로 표시하여 상소를 제기한 경우에는, 상소를 제기한 자의 합리적 의사에 비추어 특별한 사정이 없는 한 상소를 제기하지 않은 정당한 상속인들 모두에게도 효력이 미치는 위 판결 전부에 대하여 상소가 제기된 것으로 보는 것이 타당하다(대판 2010.12.23. 2007다22859). 그런데 상소제기에 관한 특별수권이 부여되어 있는 망인의 소송대리인이 상소를 제기하였더라도 판결의 선고 등으로 그 소송대리권이 소멸되면 망인의 공동상속인 중 수계절차를 밟은 일부 상속인 외에 나머지 수계절차를 밟지 않은 상속인에 대한 소송절차는 중단된 상태에 있으므로(제233조 제1항 참조), 위 나머지 상속인 또는 상대방이 그 소송절차가 중단된 상태에 있는 상소심법원에 소송절차의 수계신청을 할 수 있다(대판 2010.12.23. 2007다22859, 대판 2016.4.29. 2014다210449 참조).

다. 신청외 1은 본안소송 제1심에서 사망하기 전 신청외 3 변호사를 소송대리인으로 선임하였는데 그 소송위임장에 의하면 상소 제기에 관한 권한이 부여되어 있고, 제1심판결을 송달받은 신청외 3 변호사와 신청인은 피신청인 1, 피신청인 2, 피신청인 3, 피신청인 4만 신청외 1의 소송수계인으로 표시된 제1심판결 중 각자 패소 부분 전부에 대하여 항소를 제기하는 항소장을 제출하였으며, 그 이후로도 피신청인 5, 피신청인 6, 피신청인 7, 피신청인 8 에 관하여는 수계절차 없이 본안소송 항소심에서 선고된 경정대상 판결이 그대로 확정되었다.

라. 본안소송 제1심 계속 중 사망한 신청외 1의 소송상 지위는 그를 공동상속한 피신청인 5, 피신청인 6, 피신청인 7, 피신청인 8 에게도 당연승계되었다할 것이므로 비록 수계절차가 있었던 피신청인 1, 2, 3, 4들만 신청외 1 의 소송수계인으로 표시된 제1심판결이 선고되었더라도, 피신청인 5, 6, 7, 8들에 관하여는 수계절차가 없었으나 신청외 3 변호사가 신청외 1의 공동상속인들 모두를 위하여 소송대리인의 지위를 여전히 보유하고 있었으므로 제1심판결은 신청외 1의 공동상속인 모두에 대하여 그 상속지분에 따라 효력이 있다.

마. 그런데 신청인과 상소제기에 관한 특별수권을 부여받은 신청외 3 변호사가 패소 부분 전부에 대하여 전부 불복하는 취지의 각 항소를 제기한 이상, 그 항소로 인하여 제1심판결 전부에 대하여 확정이 차단되고 수계절차를 밟지 아니한 피신청인 5, 피신청인 6, 피신청인 7, 피신청인 8에 관한 소송절차는 항소심에서 중단된 상태이다.

마. 결론적으로 신청인은 항소심법원에 수계신청을 할 수 있을 뿐이다. 따라서 항소심에서 선고된 경정대상 판결에 대한 경정을 통하여 피신청인 5, 피신청인 6, 피신청인 7, 피신청인 8을 당사자와 주문에 반영하도록 변경할 수는 없다.

판 례 색 인

[대법원]

[고등법원]

[지방법원]

[헌법재판소]

사항색인

[ㅅ]

저자약력

강현중

서울대학교 법과대학 졸업
사법시험합격
서울민사지법 부장판사
국민대학교 법과대학 교수 및 학장
한국민사소송법학회 회장
사법정책연구원 원장
법무법인(유) 에이펙스 고문 변호사

제9판
민사소송법

초판발행	1988년 7월 22일
제9판발행	2026년 1월 5일
지은이	강현중
펴낸이	안종만 · 안상준
편 집	김선민
기획/마케팅	조성호
표지디자인	권아린
제 작	고철민 · 김원표
펴낸곳	(주) 박영사 서울특별시 금천구 가산디지털2로 53, 210호(가산동, 한라시그마밸리) 등록 1959. 3. 11. 제300-1959-1호(倫)
전 화	02)733-6771
f a x	02)736-4818
e-mail	pys@pybook.co.kr
homepage	www.pybook.co.kr
ISBN	979-11-303-9875-4 93360

정 가 67,000원